NIESCHLAG · DICHTL · HÖRSCHGEN

Marketing

Marketing

Von

Dr. Dr. h. c. Robert Nieschlag †
em. o. Professor der Betriebswirtschaftslehre
an der Universität München

Dr. Dr. h. c. Erwin Dichtl
o. Professor der Betriebswirtschaftslehre
an der Universität Mannheim

Dr. Hans Hörschgen
o. Professor der Betriebswirtschaftslehre
an der Universität Hohenheim

Achtzehnte, durchgesehene Auflage

Duncker & Humblot · Berlin

Die Auflagen 1-3 dieses Buches sind unter dem Titel „Einführung in die Lehre von der Absatzwirtschaft" erschienen.

Die Deutsche Bibliothek – CIP-Einheitsaufnahme

Nieschlag, Robert:
Marketing / von Robert Nieschlag ; Erwin Dichtl ;
Hans Hörschgen. – 18., durchges. Aufl. –
Berlin : Duncker und Humblot, 1997
ISBN 3-428-08785-2
NE: Dichtl, Erwin:; Hörschgen, Hans:

Satz der Abbildungen: Hermann Hagedorn GmbH & Co., Berlin
Fremddatenübernahme und Druck:
Berliner Buchdruckerei Union GmbH, Berlin
Umschlagentwurf: Hauke Sturm
Printed in Germany

ISBN 3-428-08785-2

Vorwort zur achtzehnten Auflage

Die Resonanz auf die siebzehnte Auflage – eine völlige Neubearbeitung – war so erfreulich, daß rund zwei Jahre nach deren Erscheinen ein Nachdruck erforderlich wurde. Wir haben die Gelegenheit genutzt, Druckfehler auszumerzen, die Schreibweise von mehrgliedrigen Begriffen zu vereinheitlichen sowie an einigen Stellen Aussagen an die inzwischen eingetretene Entwicklung, vor allem im Bereich des Rechts, anzupassen.

Mannheim und Stuttgart-Hohenheim
im Dezember 1996

Erwin Dichtl und *Hans Hörschgen*

Vorwort zur siebzehnten Auflage

Mittlerweile sind 26 Jahre vergangen, seitdem die erste Fassung dieses Buches – damals noch unter dem Titel *Einführung in die Lehre von der Absatzwirtschaft* – erschienen ist. Wesentlich überarbeitet haben wir es in den Jahren 1971, 1975, 1985, 1988 und – nunmehr erneut – 1994. In den Phasen dazwischen wurde gelegentlich die jeweils letzte Auflage einmal oder mehrmals nachgedruckt.

Viel hat sich in dem Vierteljahrhundert ereignet. Unser akademischer Lehrer, Professor Dr. Dr. h. c. *Robert Nieschlag,* der ursprünglich einmal das Werk auf den Weg gebracht hat, weilt nicht mehr unter uns. Unser Umfeld hat sich in einem Maße gewandelt, wie es sich niemand hatte vorstellen können. Ein kleines Indiz dafür bildet der Umstand, daß von uns ein Buch über „Angewandtes Marketing" in russischer Sprache verfügbar ist, in dem verständlicherweise manche Anleihe konzeptioneller und inhaltlicher Art bei dem *NDH* aufgenommen wurde. Zwischen der Sowjetunion von einst und dem Rußland von heute liegen Welten.

Es war auch diesmal wieder unser Bestreben, ein geschlossenes Werk – mit nur wenig mehr als 1.000 Seiten – vorzulegen, in dem ein fundierter Überblick über das gesamte Fach Marketing, wie es heute an Hochschulen gelehrt wird, geboten wird. Von ihm können indessen, wie wir meinen, nicht nur Studierende, sondern auch Praktiker profitieren, da wir bewußt von der einen zur anderen Seite eine Brücke zu schlagen und in Stoffauswahl, Aufbau sowie Diktion den Bedürfnissen beider Lesergruppen Rechnung zu tragen versuchten. Mit Absicht haben wir im übrigen an der modularen Struktur des Buches festgehalten und dabei fünf Blöcke gebildet, die der Einbettung der Unternehmung in den Markt, strategischen Festlegungen, den Marketing-Instrumenten, Methodenfragen und der Verankerung des Marketing in der Unternehmung gewidmet sind. Die Lesefreundlichkeit sollte dadurch gefördert werden, daß wir in den Text zahlreiche Tabellen, Abbildungen und authentische Beispiele eingestreut haben.

Gegenüber der 16. Auflage hat sich vieles geändert. Die Kapitel 1 und 2 sind neu konzipiert worden, 3 und 4 hinzugekommen, die Kapitel 5 - 12 (bisher: 3 - 10) wurden allesamt wesentlich überarbeitet; einige davon sind gegenüber früher nicht wiederzuerkennen. Textelemente sind weggelassen, andere hinzugenommen sowie Abschnitte an eine andere Stelle im Buch verlagert worden.

Wesentliche Hilfe bei der Überarbeitung, die sich über mehrere Jahre erstreckte, vor allem auch bei der Erfassung des Textes auf Disketten, ist uns durch derzeit an unseren Lehrstühlen tätige sowie durch ehemalige Mitarbeiterinnen und Mitarbeiter zuteil geworden. Zur ersten Gruppe zählen Dipl.-Kff. *A. Dohet,* Dipl.-Kff. *M. Friese,* Dipl.-Kff. *P. Hardock,* Dipl. oec. *A. Hellwig,* Dipl. oec. *A. Kaapke,* Dipl. oec. *U. Lotz,* Dipl.-Kfm. *O. Paulick,* Dipl.-Kfm. *M. Ohlwein,* Dipl.-Kff. *S. Peter,* Dipl.-Kfm. *R. Schellhase,* Dipl.-Kfm. *W. Schneider,* Dipl. oec. *R. Steinbach,* Dipl.-Kfm. *L. Weinland* und Dipl.-Kfm. *B. Wolf,* zur zweiten Dipl.-Kff. *C. Augustin,* Dr. *I. Braun,* Dipl. oec. *M. Frohöse,* Dr. *R. Mayer* und Dipl.-Wirt.Ing. *A. Metzger.* Wertvolle Hinweise haben uns außerdem die Herren Professor Dr. *H. Schmalen,* Passau, Dr. *A. Herrmann,* Mannheim, sowie Dipl.-Kfm. *R. Geissel,* Idar-Oberstein, gegeben. Allen hier aufgeführten Damen und Herren, nicht zuletzt auch Frau *H. Fischer,* Frau *H. Gehrung* und Frau *H. Gurk,* die Schreibarbeiten übernommen und Fehler des Scanners ausgemerzt haben, schulden wir großen Dank.

Noch ein Wort zu den am Ende eines jeden Kapitels aufgeführten Büchern, Beiträgen zu Sammelwerken und Aufsätzen: Angesichts der erdrückenden Zahl an Publikationen, die auf den Markt kommen, und des Erscheinungsrhythmus von Neuauflagen ist es praktisch unmöglich, hier ständig auf dem laufenden zu sein. Wir haben uns deshalb entschlossen, nicht einen sinnlosen Ehrgeiz zu entwickeln, sondern uns mit der Wiedergabe jener Quellen zu begnügen, aus denen wir Zitate oder uns wesentlich erscheinende Erkenntnisse übernommen haben. Darüber hinaus wird auf einige in der Sache weiterführende Titel verwiesen, die uns im Zuge der Neubearbeitung aufgefallen sind. Wenn wichtige Werke fehlen sollten, liegt darin ein Versäumnis, auf keinen Fall jedoch Absicht.

Obwohl die Arbeit nicht bei Null begann, gibt es in diesem Buch noch viel und notwendigerweise immer wieder etwas, was der Korrektur oder der Verbesserung bedarf. Für konstruktive Hinweise darauf, was falsch sein könnte, welche Passagen schwer zu verstehen sind oder wo nach Überzeugung eines kritischen Lesers die ganze Richtung nicht stimmt, wären wir deshalb außerordentlich dankbar.

Mannheim und Stuttgart-Hohenheim
im Juni 1994

Erwin Dichtl und *Hans Hörschgen*

Inhaltsverzeichnis

Teil I

Marketing als unternehmerische und gesamtwirtschaftliche Aufgabe

Teil II

Strategische Dimensionen des Handelns 75

§ 3 Betätigungsfeld und Wertebasis 77

§ 8 Kommunikationspolitik 527

Teil IV

Marketing-Prozeß 667

§ 9 Marketing-Forschung 669

§ 10 Marketing-Planung 870

§ 11 Marketing-Kontrolle 942

Teil I

Marketing als unternehmerische und gesamtwirtschaftliche Aufgabe

§ 1 Grundlagen

1. Das Erfahrungsobjekt

1.1. Das Marketing als Element des Wertschöpfungsprozesses

1.1.1. Die Notwendigkeit der Entfaltung absatzwirtschaftlicher Bemühungen

Die Aufgabe der **Produktion** bzw. der **Produktionswirtschaft** besteht primär darin, die in der Natur in irgendeiner Form vorkommenden Grundstoffe unter Einsatz von Intellekt und physischer Arbeitskraft des Menschen für dessen Verwendungszwecke und Bedürfnisse umzuformen. Für die Urformen des Wirtschaftens ist charakteristisch, daß der einzelne Mensch und die Sippe ausschießlich für den **eigenen Bedarf** produzieren bzw. Dienste verrichten. Ein Austausch von Leistungen mit anderen Wirtschaftssubjekten oder Wirtschaftseinheiten findet auf dieser Elementarstufe nicht statt. Man beschafft und fertigt gerade jenes Maß an Gütern, das zur Befriedigung der eigenen Bedürfnisse geboten erscheint. Selbst Vorräte werden nur dort angelegt, wo sich die Notwendigkeit dazu aus naturbedingten, insbesondere klimatischen Gründen ergibt.

Der damit angesprochene Fall der autarken, d. h. isoliert lebensfähigen Einzelwirtschaft ist indessen, an den heutigen Verhältnissen gemessen, alles andere als realistisch. Ausgangspunkt für unsere Betrachtung muß deshalb eine Stufe des gesellschaftlichen Wirtschaftens sein, die sich als extrem **arbeitsteilig** darstellt.

Für die Produktion charakteristisch waren seit Beginn der **Industrialisierung** ein hohes Maß an Komplizierung und Spezialisierung, während die Bedürfnisse gleichzeitig ein nie vorher gekanntes Maß an Differenzierung erreicht haben, so daß das einzelne Wirtschaftssubjekt weder all das zu produzieren vermag, was es braucht, noch all das zu verbrauchen vermag, was es produziert.

Ein Blick in unsere Umwelt zeigt deutlich, daß selbst dieses Bild den Gegebenheiten nur noch selten gerecht wird, da infolge der unvermeidlichen **Spezialisierung** in der heutigen Zeit fast ausschließlich für die Erfüllung der Bedürfnisse anderer gearbeitet wird. Gleichwohl ist nicht zu übersehen, daß im „do it yourself" gerade in hochentwickelten Volkswirtschaften das „Produzieren für den eigenen Bedarf" eine gewisse Renaissance erlebt (z. B. Schneidern von Kinderkleidern, Backen von Brot, Montage von Möbeln und Durchführung von Malerarbeiten im eigenen Haus). Die Gründe dafür liegen einmal in strukturellen Veränderungen in Industrie und Handwerk, zum anderen im zunehmenden Drang der Menschen nach aktiver Freizeitgestaltung, die gar noch mit einer Schonung des Haushaltsbudgets verbunden ist.

Das Entstehen immer neuer Bedürfnisse, die zumindest bis zu Beginn der neunziger Jahre stetige Erhöhung der Realeinkommen und die fortwährende Entdeckung neuer Technologie führen dazu, daß immer mehr Güter auf dem Markt angeboten werden und im Interesse der Aufrechterhaltung des Wirtschaftskreislaufs Abnehmer finden müssen. Man kann davon ausgehen, daß es rund 2,5 - 3 Millionen verschiedene Produkte sind, die ausgangs des zwanzigsten Jahrhunderts in einem Land wie der Bundesrepublik Deutschland erworben werden können. Hinzu kommt eine nur schwer zu quantifizierende Fülle unterschiedlicher Dienstleistungen.

Ein gewerblicher Anbieter kann somit ganz verschiedenartige Leistungen erbringen. Eine **betriebliche Leistung** liegt zunächst immer dann vor, wenn eine Unternehmung Erzeugnisse der Natur entnimmt (Bergbau, Fischerei, Landwirtschaft, Forstwirtschaft) oder aber wenn sie im Wege der Veredelung oder Weiterverarbeitung aus sog. Urprodukten höherwertige Sachgüter erstellt. Schließlich kann sie auch Dienstleistungen bereitstellen. Entsprechend ordnet man die betroffenen Wirtschaftseinheiten dem Primären, dem Sekundären oder dem Tertiären Sektor einer Volkswirtschaft zu, je nachdem, ob es sich um Betriebe der Urerzeugung, des Handwerks bzw. der Weiterverarbeitenden Industrie oder des Dienstleistungsbereichs handelt.

Letzterer gliedert sich in zwei Teile: **Primäre Dienstleistungen** bilden den Kern dessen, was die betroffenen Unternehmen anzubieten haben. Diesem Bereich hat man z. B. Banken, Versicherungsgesellschaften, Transportunternehmen, Chemische Reinigungs- und Friseurbetriebe zuzuordnen. **Sekundäre Dienstleistungen** sind dadurch geprägt, daß sie das gelieferte Produkt oder auch die erbrachte Primärdienstleistung ergänzen. Im einzelnen können sie der „Hauptleistung" vorausgehen, sie flankieren oder ihr folgen. Dazu zählen z. B. vielfältige

Formen des kaufmännischen und technischen Kundendienstes, von denen in § 5 eingehend die Rede sein wird. Daß insbesondere die sekundären Dienstleistungen in einer modernen Volkswirtschaft eine immer größere Bedeutung erlangen, verdeutlichen folgende Überlegungen.

Schon vor einem halben Jahrhundert stellte der französische Nationalökonom *Jean Fourastié* fest, daß in reifen Volkswirtschaften die Bedeutung des Tertiären Sektors (Dienstleistungen) wachse, während die des Primären (Landwirtschaft) und des Sekundären (Produktion) abnehme. Die Statistik hat ihn scheinbar bestätigt. In der Bundesrepublik Deutschland trat die Wende, die sich darin manifestiert, daß der Anteil der in der Produktion Beschäftigten zu sinken beginnt, vor zwei Jahrzehnten ein. 1988 arbeiteten bei uns in der Land- und Forstwirtschaft nur noch 4,0%, in den USA gar lediglich 2,9% und in Japan etwas mehr, nämlich 7,9% der einer Erwerbstätigkeit nachgehenden Menschen. Für das Produzierende Gewerbe lauten die Werte 39,8% (D), 26,9% (USA) und 34,1% (J), während es der Dienstleistungssektor seinerzeit auf 56,1% (D), 70,2% (USA) bzw. 58,0% (J) brachte (Näheres dazu bei: *Kaske* 1991).

Die griffige Einteilung der Wirtschaft in drei Blöcke verleitet zu der folgenschweren Fehlinterpretation, daß sich jene nebeneinanderher und isoliert voneinander entwickelten. In der Ökonomie hängt indessen alles mit allem zusammen. Ein Blick unter die Oberfläche verrät, daß der Dienstleistungsbereich seine stürmische Expansion entgegen der Vorstellung von *Fourastié* nicht der Nachfrage der privaten Haushalte, sondern seiner engen **Verflechtung** mit der **Produktion** verdankt.

Die zunehmende Komplexität in diesem Bereich und der wachsende Wunsch nach Bereitstellung kundenspezifischer Lösungen verlangen einerseits nach immer mehr Software und Service, während andererseits Industrieunternehmen neuerdings dazu neigen, selbst erbrachte Dienstleistungen organisatorisch und rechtlich auszugliedern, indem sie u. U. eigene Gesellschaften dafür gründen. Insofern wird ein Teil der Wertschöpfung, der früher im Sekundären Sektor verborgen war, heute dem Tertiären zugeschlagen. Die Statistik verzerrt somit die Realität.

In den Vereinigten Staaten erreichen mit der Erzeugung verbundene Dienstleistungen inzwischen ein Viertel des Bruttosozialproduktes. Längst werden nicht mehr nur nackte Investitions-, Produktions- und Konsumgüter verkauft, sondern umfassende Problemlösungen (sog. Systemangebote), bei denen der Anteil der flankierenden Elemente wertmäßig heute oft schon über jenem des „harten Kerns" liegt. Die Herstellungskomponente und der durch sie bedingte Servicebestandteil bringen es hierzulande auf über die Hälfte des Bruttosozialproduktes, in den USA auf einen Wert knapp unter der 50%-Marke. Beide bilden also nach wie vor das Rückgrat einer modernen Volkswirtschaft. Den zwischen dem **Tertiären** und dem **Sekundären Sektor** bestehenden Zusammenhang zu übersehen, wäre nicht nur ein Irrtum, sondern auch ein verhängnisvoller Fehler.

Das Ergebnis einer Gewinnungs- oder Produktionstätigkeit stellt streng genommen noch keine betriebliche **Leistung** dar. Es kommt entscheidend darauf an, daß das physische oder immaterielle Ergebnis wirtschaftlicher Tätigkeit einem nützlichen Zweck dient und als solches begehrt ist. Diese Bedingung schlägt sich auch in dem Postulat der Bilanzierungslehre nieder, nicht veräußerte Fertigprodukte nach dem Grundsatz der Vorsicht nur zu Herstellungskosten und nicht etwa zu Verkaufspreisen zu bewerten. Entsprechend hat ein Dienstleistungsbetrieb im eigentlichen Sinne noch keine Leistung erbracht, solange er auf Kunden wartet, also nur leistungsbereit ist.

Im Prinzip kann die **Verwertung** auf zweierlei Weise erfolgen, zum einen durch Nutzung der erstellten Leistung bzw. durch Inanspruchnahme eines Dienstes im eigenen Betrieb (z. B. durch Einsatz von Halb- oder Fertigfabrikaten, durch Verwendung von selbsterzeugtem Strom oder durch Heranziehung eigener Forschungs- und Entwicklungsergebnisse), zum anderen durch Absatz der Güter bzw. Verrichtung von Diensten auf einem Markt. Damit wird ein „Wert“ geschaffen, **„Wertschöpfung“** betrieben. Der von Stufe zu Stufe realisierte Wertzuwachs resultiert aus der Verarbeitung von Gütern und dem Einsatz von Dienstleistungen im betrieblichen Leistungsprozeß, wobei an diesem alle Funktionsbereiche (z. B. Einkauf, Fertigung, Logistik und Marketing) beteiligt sind.

Diesen Prozeß stellt *Porter* (1992, S. 59 ff.) anschaulich im Modell der **Wertkette** dar, das wie kaum ein anderes Anstöße für Rationalisierungsüberlegungen zu geben vermag. Allerdings ist anzumerken, daß *Porter* die Begriffe Distributionslogistik, Marketing und Vertrieb sowie Kundendienst anders verwendet, als es in diesem Buch der Fall sein wird (siehe Abb. 1.1.).

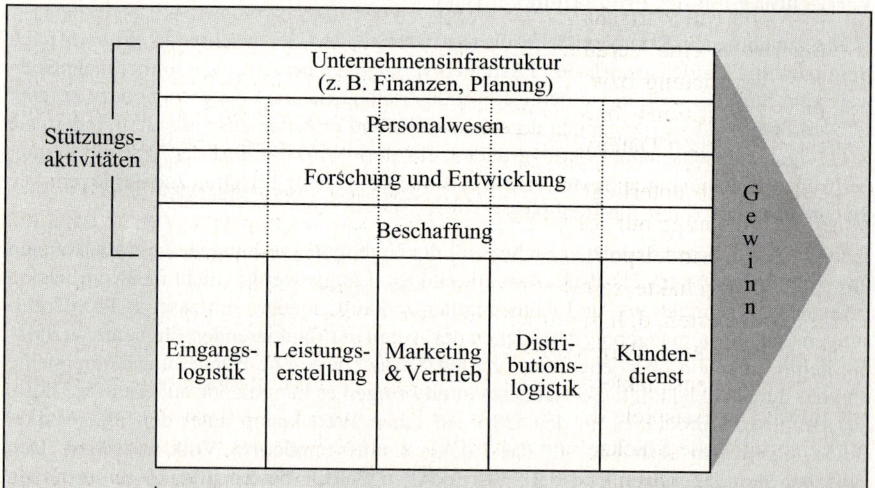

Quelle: in Anlehnung an *Porter* 1992, S. 62.

Abb. 1.1: Wertkette

Aus betriebswirtschaftlicher Sicht ermittelt man die **Wertschöpfung**, indem man alle von einem Unternehmen nach außen abgegebenen, in Geld gemessenen

Leistungen addiert und von der Summe die von außen in dieses geflossenen Werte (Roh-, Hilfs- und Betriebsstoffe; Bauteile; Dienstleistungen) abzieht. Dieser „Mehr-Wert“, die Basis der Mehrwerttheorie von *Karl Marx,* allein unterliegt der Mehrwertsteuer, die in Deutschland seit 1968 als Allphasen-Netto-Umsatzsteuer ausgestaltet ist.

Sofern man die Wertschöpfung zum Umsatz in Beziehung setzt, erhält man eine für Wirtschaftlichkeitserwägungen nicht weniger wichtige Kennzahl, die als **Fertigungs-, Betriebs-** oder **Leistungstiefe** bekannt ist. Diese wird gleichwohl von zwei Enden her beeinflußt, von den **Kosten** und den **Erlösen**. Gelingt es einem Unternehmen, durch verstärkten Zukauf von Leistungen von außen die Eigenproduktion zu drosseln und die Kosten zu senken, vermindert sich die Fertigungstiefe, wobei ceteris paribus, d. h. wenn alles andere gleich bleibt, der Gewinn steigt. Daß indessen die häufig erhobene Forderung nach Reduktion der Eigenleistung mit Vorsicht aufzunehmen ist, zeigt sich, wenn man das Problem von der **Erlösseite** her betrachtet. Angenommen, ein Unternehmen schafft es, durch ein Mehr an Qualität und Service für seine Erzeugnisse höhere Preise am Markt zu erzielen, ohne daß der dafür erforderliche zusätzliche Einsatz die Kosten prozentual in gleichem Maße in die Höhe triebe, steigt ceteris paribus wiederum der Gewinn, jedoch bei **Zunahme** der Betriebstiefe.

Konstituierendes Merkmal einer modernen Wirtschaft ist der **Tausch von Gütern gegen Geld** zwischen rechtlich und wirtschaftlich zumindest nach außen hin selbständigen Wirtschaftssubjekten. Dabei muß den Transaktionen nicht notwendigerweise eine Veräußerung zugrunde liegen; es kann sich vielmehr auch um eine Vermietung bzw. ein sog. Leasing eines Gutes handeln, wie dies bei manchen Investitions- bzw. Gebrauchsgütern häufig vorkommt (z. B. Anlagen der Elektronischen Datenverarbeitung, Fernsprechanlagen, Kraftwagen).

Grundsätzlich unterliegt die **Tauschfreiheit** im Rahmen unserer Rechts- und Wirtschaftsordnung nur solchen Einschränkungen, die in gesundheitspolitischen, militärischen, handelspolitischen oder sonstigen nationalen Interessen begründet sind. Die Tauschakte selbst vollziehen sich lediglich zu einem Bruchteil auf institutionalisierten, d. h. räumlich und zeitlich abgegrenzten Märkten (z. B. Wochen-, Viehmärkten, Warenbörsen und Auktionen). Außerdem gibt es nicht wenige Versuche, Tauschakte zustande zu bringen, die aus den vielfältigsten Gründen scheitern. Die Beispiele der Wertpapierbörse und der Versteigerung zeigen, daß täglich erhebliche Stückzahlen bzw. Posten angeboten oder nachgefragt werden, ohne daß es zu Abschlüssen kommt, und zwar größtenteils deshalb, weil die Preisvorstellungen der Betroffenen zu stark divergieren.

Es wird somit deutlich, daß beide Beteiligte, Anbieter wie Nachfrager, bestrebt sind, einen **Verhandlungserfolg** bzw., sofern es den institutionellen Gegebenheiten oder Gepflogenheiten gemäß nicht zu Verhandlungen kommt, für sich einen **Vorteil** zu erringen. Bei der Frage, welche Erwartungen einen Verbraucher, Händler oder industriellen Nachfrager motivieren, sich für ein Produkt zu interessieren, stoßen wir auf den für die Theorie des Tausches überaus bedeutsamen, wenngleich wenig konkreten Begriff des **Nutzens**, unter dem man ein nur nach individuellen Maßstäben bewertbares und deshalb intersubjektiv nur schwer überprüfbares Maß an Bedürfnisbefriedigung versteht.

Was jemanden bewegt, sich für ein ganz bestimmtes Produkt zu entscheiden bzw. gerade mit diesem oder jenem Hersteller eine Geschäftsverbindung einzugehen, hat im Einzelfall nach aller Erfahrung vielfältige Ursachen. Die diesem Vorgang zugrundeliegenden Nutzenerwartungen hat *Vershofen* (1959, S. 89 ff.) mit Blick auf Verbrauchsgüter zweigeteilt:

Jedes Produkt stifte zunächst einen gewissen **Grundnutzen**, der aus den wirtschaftlichen, technisch-stofflichen und funktionalen Eigenschaften eines Gutes resultiere und objektiv überprüfbar sei. Einen **Zusatznutzen** erlange man, wenn dieses, etwa durch sein Design, seine Markierung oder das Image, das ihm anhaftet, auch seelisch-geistige Bedürfnisse befriedige. Hierbei ließen sich ein persönlich bedingter **Individualnutzen** (z. B. Erfüllung eines Verlangens nach Schönheit) und ein **Geltungsnutzen** (Vermittlung von Sozialprestige, Förderung von Zuneigung etc.) unterscheiden.

Diese Art der Differenzierung erscheint heute nicht mehr zeitgemäß. Man denke etwa an Abendkleidung, an Luxuskarossen und an den „echten" Teppich im Büro, bei denen der von diesen gestiftete Grundnutzen eindeutig gegenüber der Befriedigung sozialer Bedürfnisse zurücktritt. Nicht von ungefähr spricht man in diesem Zusammenhang von **Statussymbolen, demonstrativem Konsum** („conspicuous consumption") und Befriedigung von **Geltungsstreben**.

Inwieweit das Gefühl, eine Nutzenmehrung bzw. einen persönlichen Vorteil erlangt zu haben, entsteht, hängt in der Regel davon ab, ob der Betroffene davon überzeugt ist, die Verbesserung seiner Situation zu einem im Vergleich zu anderen Möglichkeiten, die er gehabt hätte, besonders günstigen Preis erkauft zu haben. Dieses Streben reflektiert die auch im privaten Bereich anzutreffende Verfolgung des **Rationalprinzips**, das zumindest von der Absicht her die Maximierung einer Zweck-Mittel-Relation verlangt. Auch wenn man im Wirtschaftsalltag oft nicht den Eindruck hat, als ob es mit der Rationalität des Verhaltens von Verbrauchern und gewerblichen Abnehmern weit her sei, so ist dies doch kein überzeugender Gegenbeweis, da die in Verfolgung des Vernunftprinzips vorzunehmenden Bewertungen Außenstehenden zumeist nicht zugänglich sind.

Diese, wie man es in der Wissenschaftstheorie zu bezeichnen pflegt, Immunisierung einer Behauptung gegenüber Angriffen von Dritten verhindert nicht, daß, bezogen auf unseren Kontext, ein Betroffener nach einem Kauf selbst die Rationalität seiner Entscheidung in Frage stellt. Erfahrungsgemäß kommt es bei einem Nachfrager dann nicht selten zu inneren Spannungen, die sich darin äußern, daß ihn Zweifel befallen, ob er sich wirklich richtig entschieden hat. Er sieht gewissermaßen nur noch die Vorteile der nicht realisierten Alternativen, während er die mit diesen verbundenen Nachteile auf Miniaturgröße zusammenschrumpfen läßt.

Um solche sog. **kognitiven Dissonanzen** abzubauen, werden sowohl von den Betroffenen selbst als auch von den Anbietern verschiedene Wege beschritten. Aus Unternehmenssicht bedeutsam ist vor allem die Bereitschaft zum Umtausch oder zur Zurücknahme des gekauften Gutes innerhalb einer bestimmten Frist. Wichtig wird weiterhin eine besonders intensive Betreuung eines Kunden nach dem Kauf (After-Sales-Service), wo sich z. B. ein Autokäufer erfahrungsgemäß erst so richtig dem Prospektstudium widmet, um ihm stets ein Gefühl der Sicherheit zu vermitteln und so gegebenenfalls aufkeimende Bedenken bereits im Stadium ihrer Entstehung zu zerstreuen.

Worin liegt der **Nutzen** desjenigen, der gewerbsmäßig **Leistungen erbringt**? Üblicherweise wird er in Gewinn, Rentabilität, Bestand oder Wachstum des Unternehmens, in Sicherheit, Kapazitätsauslastung und Prestige gesehen, Zielen, die im Hinblick auf jeden Einzelfall präzisiert und mit Rücksicht auf die absatzwirtschaftlichen Belange eines Unternehmens konkretisiert werden müssen. So wird sich eine Unternehmensleitung beispielsweise vornehmen, auf einzelnen Teilmärkten einen Marktanteil in ganz bestimmter Höhe, bei einem neu einzuführenden Produkt nach einem Jahr einen Gewinn von mindestens 5 Mio. DM, nach drei Jahren einen kumulierten Überschuß von 30 Mio. DM oder eine genau spezifizierte Veränderung des Produkt- oder Unternehmensimage innerhalb einer vorgegebenen Frist zu erreichen.

Ob sich die Ziele der Anbieter oder jene der Nachfrager früher, leichter oder besser als erwartet realisieren lassen, hängt entscheidend davon ab, wer von beiden die stärkere Position innehat. Obwohl dies im Einzelfall je nach Konjunkturlage, Wirtschaftszweig, Produktgattung und Wettbewerbssituation sehr differenziert und nur auf Grund eingehender Sondierung der Lage zu beurteilen ist, wird in den Industrieländern gemeinhin der **Nachfrageseite** ein Übergewicht zugeschrieben. Das bedeutet, daß die Anbieter tendenziell erheblich größere Anstrengungen als die potentiellen Nachfrager unternehmen müssen, um am Marktgeschehen teilnehmen zu können, eine Situation, die als **Käufermarkt** umschrieben wird. Unter bestimmten Voraussetzungen betrieblicher Art oder in Zeiten mangelnder Güterversorgung bemühen sich dagegen die Kunden um die Lieferanten, werden also bei ihrer Beschaffung aktiv (z. B. bei der Versorgung mit weltweit knappen Rohstoffen). Bei dieser Art der Machtverteilung spricht man von **Verkäufermarkt.**

Art und Komplexität heutiger Produktionsverhältnisse bringen es mit sich, daß Hersteller und Verbraucher normalerweise nicht mehr unmittelbar miteinander in Berührung kommen. Es schieben sich verschiedene Organe dazwischen, die die **Spannungen**, die **zwischen Produktion und Konsumtion** herrschen, zu überwinden trachten. Die betrieblichen Organe und externen Institutionen, die damit befaßt sind, aber auch die Maßnahmen, die dazu ergriffen werden, faßt man unter dem Begriff **Absatzwirtschaft** zusammen.

Diese Wortverbindung ist somit mehrdeutig: Auf der einen Seite handelt es sich um Organe, nämlich die **Verkaufsorgane** der Produzenten, ferner die wirtschaftlich und rechtlich selbständigen Gebilde, die man als **Absatzmittler** (Groß- und Einzelhandel) bezeichnet, schließlich die **Einkaufsorgane** der Abnehmer, die allenfalls bei gewerblichen Abnehmern voll ausgebildet sind. Kennzeichnend für die Absatzmittler ist die Tatsache, daß sie Ware kaufen und verkaufen, ohne sie einer nennenswerten Bearbeitung oder Veränderung zu unterwerfen, aber nach bestimmten Grundsätzen kombinieren, d. h. zu Sortimenten zusammenstellen.

Bei Erfüllung ihrer Aufgaben werden die absatzwirtschaftlichen Organe von sog. **Absatzhelfern** unterstützt (z. B. Handelsvertretern, Maklern, Kreditinstituten, Marktforschungsspezialisten, Werbeagenturen und Spediteuren). Für eine Reihe von Gütern sind im übrigen Ort und Zeit sowie Bedingungen des Zusammentreffens von Angebot und Nachfrage festgelegt und in sog. **Marktveranstaltungen** institutionalisiert. Dazu gehören Einrichtungen wie Messen, Ausstellungen, Auktionen und Warenbörsen.

Was schließlich die Aktivitäten betrifft, die die absatzwirtschaftlichen Organe entfalten, geht es im einfachsten Falle darum, die von der Produktion im weitesten Sinne erstellten Leistungen auf den Markt zu bringen und dort zu verwerten. Diese Sicht erweist sich indessen als nicht hinreichend, was im nächsten Abschnitt ausführlich begründet werden wird. Gleichwohl bedarf es an dieser Stelle noch einiger Erläuterungen terminologischer Art dazu.

Der **Absatz** verkörpert nach unseren Feststellungen eine betriebliche Hauptfunktion, die in eine Reihe von Teilfunktionen zerfällt, als ein Glied der **Wertkette**. Die Absatzbemühungen gipfeln, wenn sie erfolgreich sind, im **Verkauf**, worunter man die **Veräußerung** einer **Ware** versteht. Geht es nicht um Sachgüter, sondern um Dienstleistungen, so entspricht dem der Abschluß eines **Dienst-** oder **Werkvertrags**, handelt es sich um Nutzung, analog die Vereinbarung eines **Miet-**, **Leasing-** oder **Pachtvertrags.**

Eine gewisse Nuancierung wird auch mit den Begriff **Vertrieb** angestrebt, der, obgleich häufig synonym mit Absatz verwendet, auf Aspekte wie Warenverteilung, Steuerung der Außendienstorganisation und Pflege der Beziehungen eines Herstellers zum Handel abhebt. Manch ein Unternehmen verfügt über eine Vertriebs-, aber nicht über eine für Marketing zuständige Abteilung. Von deren Aufgabenbereich wird noch die Rede sein.

Eindeutig abgrenzbar ist dagegen Absatz gegenüber **Umsatz**. Hierbei tritt eine weitere Bedeutung des Begriffes zutage. Absatz wird häufig auch zur Kennzeichnung der veräußerten Warenmenge verwandt, also z. B. der Stückzahl oder der Anzahl der Raum- bzw. Gewichtseinheiten. Unter Umsatz versteht man demgegenüber einmal den wertmäßigen Ausdruck der abgesetzten Ware, also das Produkt von Menge und Preis, auf der anderen Seite den Umsatzprozeß, d. h. den gesamten betriebswirtschaftlichen Umformungsvorgang, der etwa bei einem Industriebetrieb die Leistungsstufen vom Rohstoffbezug über die Fertigung bis hin zur Veräußerung eines Gutes an die Abnehmer, wenn nicht gar die Rücknahme ausgedienter Geräte einschließt. Absatz umfaßt damit lediglich eine, nämlich die Endphase des Umsatzprozesses, das letzte Glied der Wertschöpfungskette. Im übrigen greift der Umsatzbegriff auch insofern weit über den Absatz hinaus, als er das Bindeglied zwischen den betrieblichen Hauptfunktionen Absatz und Finanzierung darstellt.

Die Notwendigkeit einer eindeutigen Abgrenzung ergibt sich vor allem gegenüber dem Begriff **Handel**. Auch dieser Terminus ist doppeldeutig: Einmal versteht man darunter die Tätigkeit der Leistungsverwertung. Handel im Sinne von **Funktionserfüllung** bezeichnet nichts anderes als den Ankauf und Verkauf von Waren ohne wesentliche Bearbeitung. Begriffslogisch zulässig sind dabei Verrichtungen wie Lagern, Sortieren, Verpacken und Umpacken. Handel in diesem funktionalen Sinne findet sich bei Herstellern, Händlern und anderen Gewerbetreibenden. Handel wird aber auch **institutional** verstanden. In diesem Sinne beschreibt der Begriff Einrichtungen, die sich um die Leistungsverwertung bemühen, also Betriebe des Groß- und des Einzelhandels, aber auch Ein- und Ausfuhrhändler, die sich auf den Import bzw. Export von Waren spezialisiert haben.

Innerhalb des institutionellen Handels wird zwischen Groß- und Einzelhandel differenziert. **Großhandel** spielt sich grundsätzlich unter Kaufleuten ab, während unter **Einzelhandel** der Absatz an Verbraucher bzw. Verwender verstanden wird. Als Verbrauch resp. Verwendung gilt die sog. Marktentnahme. Dabei ist allerdings nicht zu übersehen, daß manche Waren später als Gebrauchtwaren, Antiquitäten oder im Wege des sog. Recycling als Altmaterial erneut in den Wirtschaftsprozeß eintreten.

Die hier angedeutete Differenzierung zwischen Groß- und Einzelhandel ist heute nur noch schwer aufrechtzuerhalten, gleichwohl von erheblicher Tragweite. Davon zeugen nicht zuletzt langjährige juristische Auseinandersetzungen zwischen dem *HDE (Hauptverband des Deutschen Einzelhandels)* und Unternehmen der *Metro*-Gruppe, einem der größten Handelskonzerne der Welt, darüber, was der SB-Großhandel an wen verkaufen darf (im einzelnen dazu § 7, Abschn. 6.). Daneben zeigt sich, daß alle größeren Gebilde dieser Art Groß- und Einzelhandel zugleich betreiben. Für die Preis- bzw. Konditionenforderungen, mit denen ein Lieferant konfrontiert wird, ist es nur von geringer praktischer Relevanz, in welcher Rolle ihm sein Kontrahent gegenübertritt.

Interessiert man sich im übrigen für die Stationen, die ein Gut von der Herstellung bis zum Konsum zurücklegt, spricht man von **Absatzweg, -kanal** oder **Vertriebsweg**; gilt die Betrachtung dagegen mehr den davon tangierten Institutionen, sind die Termini **Absatz-** oder **Handelskette** gebräuchlich. Für welche Lösung sich das einzelne Unternehmen hierbei entscheidet, wird in § 7, Abschn. 3., ausführlich behandelt.

Die bisherigen Erörterungen zeigen, daß es sich beim **Absatz** des liefernden Unternehmens und bei der **Beschaffung** des Kunden um eine gemeinsame Aufgabe handelt, die einmal aus der Perspektive des einen und das andere Mal aus der Sicht des anderen betrachtet wird. Da – zumal auf Käufermärkten – die Wahrnehmung der Absatzaufgabe hohe Anforderungen an die Leitung eines Unternehmens stellt, während sich aus dem Blickwinkel des Abnehmers im Normalfall ein vergleichbares Problem nicht ergibt, hat es sich in Wissenschaft und Praxis eingebürgert, in die Rolle des **Anbieters** zu schlüpfen.

Zwangsläufig werden dadurch einige spezifische Probleme, die bei der Beschaffung auftreten, in den Hintergrund gedrängt, wenn nicht überhaupt aus den Überlegungen ausgeklammert. Dazu zählen Fragen der **Beschaffungsorganisation**, des **Gemeinschaftseinkaufs**, der **Einkaufskalkulation**, der **Konditionen** und die Ableitung der jeweils **optimalen Bestellmenge**.

Diese immer schon bedeutsamen Facetten des Problembereichs werden in neuerer Zeit überlagert von den bereits angedeuteten Bestrebungen um Verringerung der **Fertigungstiefe**, was eo ipso mit einer Intensivierung der Beschaffungsbemühungen bis hin zum **Global Sourcing** und einer juristischen Absicherung des Güterflusses von außen einhergehen muß. Hinzu kommt der Versuch, über eine **Just-in-Time**-Belieferung Bestände an Einsatzstoffen drastisch zu reduzieren und die Vorratshaltung bzw. die Sorge um rechtzeitige Verfügbarkeit auf die Lieferanten zu verlagern.

Das Beschaffungswesen wird im übrigen häufig mit der Lagerhaltung unter dem Sammelbegriff **Materialwirtschaft** zusammengefaßt, weil sich dies angesichts der großen Affinität der beiden Aufgabenkomplexe anbietet. Es versteht sich, daß die betriebswirtschaftliche Theorie, auch wenn sie den Zugang zu den anstehenden Fragen oftmals nur von einer Seite her sucht, die Belange sowohl der Anbieter als auch der Nachfrager in angemessener Weise berücksichtigen muß.

1.1.2. Merkmale des absatzbezogenen Marketing

Nach dem Zweiten Weltkrieg wurde die deutsche Fachsprache mit einer Reihe von angelsächsischen Begriffen durchsetzt, darunter auch dem Wort **Marketing.** Anfangs verstand man darunter nichts anderes als die **Vermarktung von Gütern**, für die ausreichend Nachfrage bestand, so daß sich die absatzwirtschaftlichen Anstrengungen im wesentlichen auf die Erfüllung der Verteilungsfunktion (Distribution) beschränkten. Nicht von ungefähr haben sich Begriff und Bedeutungsgehalt von **Vermarktung** bei landwirtschaftlichen Erzeugnissen bis zur Gegenwart gehalten.

Mit dem Übergang von der **Knappheitswirtschaft** zur **Gesellschaft des Überflusses** war man in zunehmendem Maße gezwungen, Märkte systematisch zu erschließen und zu pflegen. Marketing ist deshalb immer mehr zu einem Schlagwort für eine gewisse **Grundhaltung** der für ein Unternehmen Verantwortlichen und der in ihm Tätigen geworden, die sich mit einer konsequenten Ausrichtung aller unmittelbar und mittelbar den Markt berührenden Entscheidungen an den Erfordernissen und Bedürfnissen der Verbraucher bzw. Bedarfsträger umschreiben läßt (Marketing als **Maxime**). Man sieht sich dabei unablässig herausgefordert, sich auf den Nutzen, den eine Leistung den Abnehmern vermittelt, zu konzentrieren und ein Höchstmaß an Kundenzufriedenheit zu erreichen. Dies ist nicht nur eine Frage der Mentalität, der grundsätzlichen Einstellung gegenüber den Marktpartnern, sondern auch ein Ergebnis des gezielten Einsatzes von Instrumenten (Marketing als **Mittel**) und einer systematischen Entscheidungsfindung (Marketing als **Methode**), die bewußt auf Erkenntnisse von Nachbarwissenschaften (z. B. Sozialpsychologie und Volkswirtschaftslehre) zurückgreift und sich vielfältiger analytischer Hilfsmittel bedient.

Allerdings ist es nicht bei der einseitigen Ausrichtung des Denkens und Handelns an den Belangen der **Bedarfsträger** geblieben (vgl. *Hörschgen u. a.* 1993, S. 12 ff.). Ein Hersteller von Konsumgütern z. B., der sich für den indirekten Absatz entschieden hat, muß sich mittlerweile mindestens ebenso stark um den **Handel** als Mittler zwischen Produktion und Konsumtion kümmern wie um die Letztverbraucher. Der Akzent wird dabei von der Überlegung, welchen Nutzen er letzteren stiftet, auf die Frage verlagert, weshalb ein Absatzmittler just jenes Produkt in seinem Sortiment führen soll. Insofern ist eine klassische Front, an der Marketing getrieben wird, hinzugekommen (Näheres dazu in § 2, Abschn. 2.).

In dem Maße, in dem die **horizontale Dimension** des **Wettbewerbs** (Anbieter – Konkurrenten), die bis in die sechziger Jahre hinein das Bild geprägt hatte, von einer **vertikalen** (Lieferanten – Hersteller – Handel) ebenso wie von gesellschaftlichen Zwängen bis dahin unbekannter Art überlagert wurde, verschärfte sich die Notwendigkeit einer **integrativen Sichtweise** (detailliert dazu § 2, Abschn. 2.). Von daher erscheint es verständlich, wenn Marketing heute von vielen schlechthin als **Führungskonzeption** verstanden wird (Näheres dazu in Abschn. 1.2.).

Nach der Epoche der Vermarktung mit der im Grunde unproblematischen „Verwertung" bereits erstellter Leistungen ist der **Absatz** zum **Engpaßsektor**, mithin zu einem Problem geworden. Diese Entwicklung hat in der Bundesrepublik Deutschland keineswegs alle Wirtschaftszweige gleichzeitig und mit gleicher Intensität erfaßt. Vorreiter war die Konsumgüter-, insbesondere die Markenartikelindustrie, der im Laufe der Zeit die Hersteller von Investitions- und Produktionsgütern, schließlich mit einigem Abstand der Tertiäre und der Primäre Sektor folgten.

Marketing wird heute weithin auch von nicht erwerbswirtschaftlich ausgerichteten Einrichtungen betrieben (**Marketing für Non-Profit-Organisationen**), wobei diese Spielart von ganz anderen Faktoren bestimmt wird. Relativ weit gediehen ist die Übernahme von Ideen und Maßnahmen des kommerziellen Marketing bei all jenen öffentlichen Unternehmen, die prinzipiell auch mit Hilfe des erwerbswirtschaftlichen Prinzips gesteuert werden könnten. Man denke etwa an Betriebe der Versorgung (Energie, Wasser) und Entsorgung (Müllabfuhr), an Schlachthäuser, Verkehrsbetriebe, Spar- und Bausparkassen, ferner an Bahn, Post, Rundfunk- und Fernsehanstalten. Beispielhaft sei hier auf die Einführung und ständige Verbesserung des *Intercity*-Zug-Systems verwiesen, das fraglos eine spektakuläre (und überaus erfolgreiche) Marketingleistung darstellt.

In zunehmendem Maße bemühen sich auch Parteien, Theater, Museen, Bildungseinrichtungen und Glaubensgemeinschaften auf eher unkonventionelle Weise um Zuspruch. Wenn sich z. B. die katholische Kirche vor Jahren dazu durchgerungen hat, u. a. die sog. Vorabendmesse einzuführen, die Bänke zu polstern und in der kalten Jahreszeit die Gotteshäuser zu heizen, so werden dadurch für manch einen, der auf keinen Fall auf seinen sonntäglichen Ausflug verzichten möchte oder der Kirche sonst eher fernsteht, die Bedingungen für den Besuch einer Messe verbessert. Man denke auch an etliche Hochschulen, die im Interesse einer besseren Auslastung ihrer Kapazität um Studenten werben („bei uns ist die Mensa so gut, daß Professoren ihre Familien zum Essen herbringen"), oder auch an Kommunen und Landkreise, die eine reizvolle landschaftliche Lage, eine vorzügliche Infrastruktur, niedrige Lebenshaltungskosten, günstige Kreditbedingungen und steuerliche Vorteile ins Feld führen, um potentielle Investoren zur Ansiedlung zu bewegen.

Ausgesprochen schwach ausgeprägt ist das Marketingdenken dagegen noch in der öffentlichen Verwaltung, wo man über einige bescheidene Versuche, dem Bürger „entgegenzukommen", nicht hinausgeraten ist. Was bedeuten schon die Verlängerung der Sprechzeiten in einigen Ämtern an einem Tag der Woche, die Einrichtung von Kummerkästen und die Abgabe von Absichtserklärungen, daß man bestrebt (nicht wirklich dabei!) sei, Formulare zu vereinfachen, angesichts des autoritären Stils, mit dem sich der einzelne allenthalben konfrontiert sieht? Es ist erwiesen, daß viele Bürger aus einem Gefühl der Unterlegenheit heraus manche Unbequemlichkeit im Umgang mit Behörden in Kauf nehmen oder dringend benötigte staatliche Leistungen, die ihnen rechtlich zuständen, aus unverschuldeter Unkenntnis heraus nicht in Anspruch nehmen. Hier könnten bei mehr Aufgeschlossenheit durch Übernahme einfacher Marketingprinzipien mehr soziale Gerechtigkeit verwirklicht und – auch im Interesse eines verbesserten Arbeitsablaufs – manche Friktion zwischen beiden Seiten abgebaut werden.

Im Zuge der Bestrebungen, den Marketingbegriff zu entmythologisieren, ist oft darauf hingewiesen worden, daß diese Art von Unternehmensführung seit Jahrhunderten praktiziert werde, somit nichts Neues darstelle. Es sei deshalb überflüssig, die deutsche Sprache um ein weiteres Schlagwort angelsächsischer Herkunft zu bereichern. Die Sprachpuristen vermochten sich indessen nicht durchzusetzen.

1.1.3. Ein Phasenmodell des Marketing

Kein anderes Wort als **Marketing** kennzeichnet prägnanter den **Denkstil**, der sich durch eine schöpferische, systematische und zuweilen auch aggressive Note auszeichnet. Man begnügt sich nicht damit, auf eine Entwicklung zu reagieren, also Fakten zu registrieren, sondern strebt danach, selbst Daten zu setzen. Zu unterscheiden sind dabei drei verschiedene Stoßrichtungen:

(1) Preiswürdigkeit, hohe Qualität, vorbildlicher Kundendienst usw. bilden nur eine Seite der unternehmerischen Leistung. Wenn der Bezugspunkt aller betrieblichen Maßnahmen die Interessen, Wünsche und Sorgen der Verbraucher bzw. Verwender sind, muß eine Unternehmung zunächst beharrlich darum bemüht sein, ihren Abnehmern sog. **Problemlösungen** zu bieten. Unter Problem ist dabei schlechthin alles zu verstehen, was die Menschen bewegt. So sollten die Produkte beispielsweise so konzipiert sein, daß sie Bequemlichkeit bieten, das Haushaltsbudget entlasten und über den ursprünglich intendierten Zweck hinaus zusätzliche Verwendungsmöglichkeiten eröffnen, also ein reichhaltiges Bündel an materiellen und immateriellen Nutzenkomponenten bieten.

Man denke etwa an die immer wieder auftauchenden Neuheiten im Bereich der Nahrungsmittel, die z. B. viele Arbeiten überflüssig machen, die einstmals von der Hausfrau verrichtet werden mußten (Fertiggerichte, Konserven, Teebeutel usw.), an den Komfort, den wir im Bereich des Wohnens, der Fortbewegung und der Unterhaltung genießen, und an die vielfältigen Möglichkeiten, Kredite zu erlangen, was eine zeitliche Vorwegnahme des Konsums erlaubt („Reise jetzt, zahle später!").

Symptomatisch für Marketing sind somit die meist systematisch betriebene Erforschung der Bedürfnisse der Menschen und die darauffolgende Suche nach Wegen, wie jene bestmöglich befriedigt werden können. Häufig ist damit die **Erschließung** bzw. **Schaffung** eines **völlig neuen Marktes** verbunden. Daß dazu immer Kreativität und oft gewaltige Forschungsanstrengungen, verbunden mit einem beträchtlichen Kapitaleinsatz, gehören, liegt auf der Hand.

Beispielsweise war man bei der Gestaltung von Beleuchtungskörpern Jahrhunderte lang auf die Wahl des geeigneten Materials und auf formale Schönheit fixiert, ehe ein Außenseiter entdeckte, daß es hierauf gar nicht ankommt. Er verkauft in erster Linie Licht und dann erst Leuchten. Beleuchtungsprobleme gibt es in Wohnlandschaften, am Arbeitsplatz, in Universitäten, Museen und Krankenhäusern. Durch sog. Klimabeleuchtung werden Banken, Büros und Supermärkte in einem Zug mit Licht und Frischluft versorgt. Aspekte dieser Art sind heute mindestens ebenso bedeutend wie breitgefächerte Einsatzmöglichkeiten einer Leuchte, Montage- und Wartungsfreundlichkeit, Wirtschaftlichkeit und ansprechendes Produktdesign. Daß sich im übrigen Energie, eine überragende Forderung unserer Zeit, nicht nur durch Abschalten des Stroms, sondern auch durch einen raffinierten Einsatz neuartiger Leuchtmittel einsparen läßt, zeigt sich daran, daß noch Mitte der siebziger Jahre für die Erzeugung von 1000 Lux 35 Watt pro qm Gebäudefläche nötig waren, während sich schon ein halbes Jahrzehnt später mit 20 Watt pro qm die gleiche Leistung bei höherem Sehkomfort erzielen ließ.

Das zentrale Element der Marketingbemühungen von *Yamaha Europe* bildet ein Musikerziehungsprogramm, mit dem das Unternehmen in allen Altersgruppen die Bereitschaft zu musizieren zu fördern versucht. Dazu werden rund 500 Musikschulen mit nahezu 30.000 Schülern unterhalten. Weltweit sollen es mehr als 800.000 Lernbeflissene sein, die bei *Yamaha* die Kompetenz, später Kunde zu werden, erwerben.

Außerordentlich clever verhält sich ein spanischer Verleger, dem Dutzende von Verlagshäusern gehören. Er verleiht in periodischen Abständen einen mit rund 700.000 DM dotierten Preis an einen in spanischer Sprache schreibenden Autor, der von der iberischen Halbinsel oder aus Lateinamerika stammt. Allein der Nobelpreis für Literatur bringt noch mehr an irdischem Lohn ein. Den Ausschlag für die Zuerkennung der Auszeichnung gibt in aller Regel ein angeblich sensationelles neues Werk eines oft kaum bekannten Verfassers, das freilich von einem dem Stifter gehörenden Verlag herausgebracht wurde. Das Ereignis wird in einem Maße vermarktet, daß von dem Buch auf Anhieb zwischen 250.000 und 300.000 Exemplare abgesetzt werden. Auch ohne die Kalkulation zu kennen, ist davon auszugehen, daß der großherzige Mäzen letztlich keine einzige Pesete zuschießen muß. Bei allen, die die Zusammenhänge nicht durchschauen, wird er gar noch an Ansehen gewinnen.

Vielfach verdanken neue Produkte ihr Entstehen keineswegs Versuchen der Unternehmer, neue Bedürfnisse zu wecken, sondern soziologischem Wandel und ökonomischen Sachzwängen. Ein typisches Beispiel dafür stellen die immer höheren Personalkosten dar, denen andererseits eine wachsende Nachfrage speziell nach Dienstleistungen gegenübersteht. Für den marketingbewußten Unternehmer ergeben sich daraus zweierlei Konsequenzen:

Zum einen besteht für ihn die Notwendigkeit, nicht nur die Produkte so zu gestalten, daß sie den zunehmenden Arbeitskosten, dem Zeitmangel und dem Preisanstieg entgegenwirken, daß sie also Arbeiten, zumal von Hausangestellten und Handwerkern im oder für den Haushalt wegfallen lassen bzw. verbilligen, sondern auch Geräte zu entwickeln, die solche Mühen, wie man sie früher allgemein auf sich nahm, beseitigen. Beispiele dafür bilden Wasch- und Geschirrspülmaschine, Gefriertruhe, Staubsauger, Wäschetrockner und elektrischer Rasierapparat. Zum anderen resultiert daraus gleichzeitig die Forderung, bei der **Produktgestaltung** darauf zu achten, daß die Geräte möglichst wenig störanfällig, dazu noch umweltfreundlich sind und keiner aufwendigen Wartung bedürfen. Erstaunlich, wie stark in den letzten Jahren bei Kraftfahrzeugen die Wartungsintervalle ausgedehnt werden konnten!

Menschen kaufen aber nicht nur Produkte, durch die sie entlastet werden, sei es physisch, zeitlich oder finanziell. In der sog. Wohlstandsgesellschaft besteht auch lebhafter Bedarf an Gegenständen und Gelegenheiten, die eine passive oder aktive (Freizeit-)Beschäftigung ermöglichen (Fernsehen, Hobbys, Sport, Reisen usw.). Auch hieraus ergibt sich eine Fülle von Anregungen für ideenreiche Unternehmer.

(2) Auf die Markterschließung folgt als zweites Hauptanliegen des Marketing die **Marktausweitung**, wobei sich die Geschehnisse im Wirtschaftsalltag häufig

keineswegs eindeutig der einen oder der anderen Phase zuordnen lassen. Grundsätzlich ist die Marktausweitung durch folgende Ansatzpunkte gekennzeichnet:

(a) Zunächst kann man versuchen, mit **vorhandenen Produkten** das Absatzvolumen auf den **angestammten Märkten** zu erhöhen, sei es dadurch, daß man die **Verbrauchsintensität** erhöht, die Lebenszeit eines Gutes verkürzt und so den **Ersatzbedarf** stimuliert, oder sei es dadurch, daß man die eigene Wettbewerbskraft zu stärken und über **höhere Marktanteile** zusätzlichen Umsatz zu erzielen oder aber **Substitutionsprodukte** zu verdrängen vermag.

(b) Daneben besteht die Möglichkeit, für ein **bestimmtes Erzeugnis**, gelegentlich unter gewisser Abwandlung von Aussehen und Eigenschaften, **neue Absatzmärkte** zu erschließen, etwa indem man **neue Abnehmerschichten** aktiviert, **neue Einsatzfelder** und **Verwendungszwecke** entdeckt oder in **neue Absatzgebiete** eindringt, wie dies z. B. bei Aufnahme von Exportlieferungen der Fall ist.

(c) Denkbar erscheint aber auch, daß ein Unternehmen seine Funktion als Lieferant einer **bestimmten Abnehmergruppe** dadurch zu erhalten trachtet, daß es deren Bedarf durch **geeignete Gestaltung** des **Angebotsprogramms**, d. h. durch **neue Produkte** in umfassender Weise abzudecken sucht. Hollywood produziert z. B. längst nicht mehr nur Filme, sondern Unterhaltung jeglicher Art. *Mannesmann* stellt zwar nach wie vor Stahlrohre, im übrigen aber Leitungen für jeden Verwendungszweck und aus jedem geeigneten Material her. Bekleidungs- und Möbelhäuser decken im Gegensatz zu früher den gesamten einschlägigen Bedarf ihrer Abnehmer. Vielfach ist damit verbunden, daß die Anbieter in für sie neuartige Produktbereiche eindringen, die jedoch jeweils insofern dafür prädestiniert erscheinen, als dabei z. B. material- bzw. produktionstechnische Erfahrungen verwertet, vorhandene Absatzkanäle genutzt und bestehende Beziehungen zu Kunden ausgebaut werden können.

(d) Letztlich kann es sich auch empfehlen, mit **neuen Produkten in neue Märkte** vorzustoßen. Dies ist z. B. der Fall, wenn ein deutscher Medienkonzern Varianten (nicht lediglich Übersetzungen!) eines in unserem Lande erfolgreichen Magazins in anderen Sprachen herausbringt und so fast schlagartig sein Marktpotential vervielfacht. Ähnlich läßt sich dadurch eine beträchtliche Umsatzsteigerung erzielen, daß man tropische Länder mit bestimmten Pharmaprodukten beliefert, für die es bei uns überhaupt keinen Markt gibt.

Gelegentlich liegt dieser Marketingstrategie allerdings nicht ein Wachstumsziel zugrunde, sondern das Motiv der Risikoreduktion. Man prüft beispielsweise auf einem „ungefährlichen" Markt, wie sich der Vertrieb eines für ein Unternehmen aus welchen Gründen auch immer riskanten Produktes auf dessen ökonomische Situation und Image in der Öffentlichkeit auswirkt, ehe man sich der dann zumeist verminderten Gefahr eines Fehlschlags auf dem heimischen Markt aussetzt.

(3) Die Absatzausweitung ist stets von dem Bemühen um **Erfolgssicherung** begleitet. Häufig geschieht dies nicht ohne Ausübung eines mehr oder minder

massiven Drucks auf Abnehmer und Konkurrenten. Rechtlich und moralisch unbedenklich erscheint dabei im allgemeinen z. B. das Angebot von Systemen, d. h. von aufeinander abgestimmten (Bau-)Teilen im Rahmen eines größeren Ganzen, wie dies bei Büchern, Möbeln, Küchengeschirr, Maschinen, Werkzeugen, Anlagen der Elektronischen Datenverarbeitung, Mehrzweckfahrzeugen und Versicherungsdiensten der Fall ist. Ähnliche Effekte werden durch Erlangung von Schutzrechten, wie z. B. Patenten für technisch innovative Güter, oder durch eine – nur zum Teil durch Kostendegression und höhere Produktivität legitimierte – Niedrigpreispolitik erzielt, die den etablierten Anbietern unweigerlich zu schaffen macht. Ungleich problematischer sind Versuche marktstarker Unternehmen, die Kunden etwa durch Einräumung einer überzogenen (Jahres-)Umsatzrückvergütung an sich zu binden, sowie Strategien, durch unangemessen hohe Werbeaufwendungen Märkte gegenüber schwächeren Konkurrenten oder „newcomers" zu verteidigen bzw. zu sperren, die sich solche Ausgaben in aller Regel nicht zu leisten und damit die Hürden des Marktzugangs nicht zu nehmen vermögen.

Der zuverlässigste Weg zur Erfolgssicherung und Kundenbindung wird indessen immer darin bestehen, daß man durch Qualität und Preiswürdigkeit der eigenen Leistung und durch Zuverlässigkeit des Kundendienstes die Zufriedenheit der Abnehmer fördert und das Eindringen von Konkurrenten in bestehende Geschäftsbeziehungen erschwert. Dies setzt voraus, daß es gelingt, geschlossene **Marketingkonzeptionen** zu entwickeln. Wenn alle absatzpolitischen Instrumente, die Unternehmen zur Erzeugung von Präferenzen einsetzen, also Produkt, Preis, Distribution und Kommunikation, zu einer Einheit zusammengefügt werden, verhindert man das Entstehen von Angriffsflächen, die Wettbewerbern einen Einbruch erleichtern. Je exklusiver und „geschlossener" die Marketingkonzeption ist, desto geringer sind die Chancen der anderen.

Wie sich diese Anforderungen in der Marketingpraxis umsetzen lassen, geht andeutungsweise aus dem folgenden Beispiel hervor. Es handelt sich dabei um die Absatzstrategie, die ein internationaler Mineralölkonzern Anfang der siebziger Jahre in Großbritannien bei leichtem Heizöl verfolgt hat. Verkauft wurde dabei nicht Brennstoff, sondern im Sinne einer echten Problemlösung ein „Zentralheizungspaket", das aus folgenden Komponenten bestand:

- Eine Auswahl aus fünf erprobten Ölfeuerungsanlagen, die den Wärmebedürfnissen verschiedener Haus- bzw. Wohnungsgrößen entsprechen.
- Qualitätsöl, das auf seinem Weg von der Raffinerie bis zum Tank des Verbrauchers immer wieder geprüft wird.
- Ein Vertriebssystem, das selbst die abgelegensten Inseln Schottlands und Nordirlands einbezieht.
- Sicherheit der Belieferung dank der weltweiten Ressourcen eines der größten Ölkonzerne der Welt, was auch in der Werbung immer wieder betont wird.
- Automatische Belieferung der Kunden auf Grund von Verbrauchsprognosen, die auf den jeweiligen örtlichen Temperaturverhältnissen basieren.

- Regelmäßige Inspektion und Wartung der Befeuerungs- und Tankanlagen durch geschulte Techniker, für deren Aus- und Weiterbildung das Unternehmen eine eigene Trainingsstätte unterhält.
- Ein Reparaturdienst für Notfälle, der Kessel, Pumpe, Tank usw. einschließt und garantiert innerhalb von 24 Stunden verfügbar ist.
- Ein Ersatzteillager für alle Bestandteile der verkauften Anlage, so daß jede Reparatur schnell und relativ billig ausgeführt werden kann.
- Eine preiswerte Versicherung für die gesamte Zentralheizungsanlage.
- Bezahlung der Heizöl- und Servicekosten in gleichen Monatsraten, und zwar ohne jeden Aufschlag, durch Abbuchung, Überweisung oder Bareinzahlung. Außerdem kann auf Grund einer Übereinkunft mit einer befreundeten Bank die Investition in bis zu 10 Jahresraten abgezahlt werden.

Aus einem solchen „package deal" resultieren für beide Seiten Vorteile: Der Lieferant vermag einen Verbraucher nicht nur für die Ölfeuerung zu gewinnen, sondern ihn auch für mindestens 10, oft sogar 25 Jahre an sich zu binden. Dies bedeutet sowohl eine Sicherung des mengenmäßigen Absatzes als auch eine Erlösgarantie, da vom Kunden für alle Leistungen die jeweiligen Marktpreise bezahlt werden müssen. Dennoch fährt der Heizölverbraucher dabei keineswegs schlecht; denn auf Grund der langfristigen Bindung beider Seiten aneinander spart die Ölgesellschaft **Akquisitionskosten** und kommt vor allem dort, wo neue Siedlungen entstehen, in den Genuß der zentralen Vorratshaltung, wodurch die Belieferung vereinfacht und verbilligt wird. Ein mehr am Rande gelegener Vorteil für die Verbraucher besteht zusätzlich darin, daß dank der umfassenden Betreuung durch den Heizöllieferanten das Versicherungsrisiko für Haus und Hausrat sinkt. Diesem Aspekt trug das Versicherungsunternehmen *Lloyds* durch Einräumung besonders günstiger Tarife Rechnung.

Die umfassende und wohlüberlegte **Marketingkonzeption** war gleichwohl nicht gegen Nachahmungen gefeit, was indessen der von dem Lieferanten erlangten Marktstellung keinen spürbaren Abbruch tat. So bemühte sich ein namhafter Konkurrent, durch spektakuläre Preisunterbietung verlorenes Terrain zurückzugewinnen. Es spricht viel für die Vermutung, daß das betroffene Unternehmen bewußt eine raffinierte Marketingidee des legendären *Rockefeller* aufgriff, der um die Jahrhundertwende in China im Interesse der Bedarfsschaffung ein paar Millionen Petroleumlampen sogar verschenkte. Ähnlich ging übrigens ein bekanntes deutsches Unternehmen vor, als es japanische Konsumenten für den Genuß von Filterkaffee zu erwärmen trachtete.

Der Stellenwert des Marketing wäre unzulänglich gekennzeichnet, wenn nicht einschränkend darauf hingewiesen würde, daß das in diesem Konzept verankerte **Primat** des **Absatzes** gegenüber anderen betrieblichen Funktionen, wie z. B. der Beschaffung, der Produktion und der Finanzierung, nicht uneingeschränkt gilt. So würde beispielsweise die Mißachtung der finanziellen Möglichkeiten eines Unternehmens rasch zur Katastrophe führen. Auf lange Sicht dagegen ist der betriebliche Mitteleinsatz an den Marketingzielen auszurichten.

1.1.4. Das Marketing-Management

Im Unterschied zu den Verbrauchern, die häufig auf die Einholung für sie relevanter Informationen verzichten und sich kaum Gedanken darüber machen, wie sie sich verhalten sollen, sind sich professionelle Anbieter in der Regel ihrer Rolle und ihrer Möglichkeiten, die eigene Position zu verbessern, bewußt. Sie gehen dazu planmäßig vor und rekurrieren nicht nur auf Nachbarwissenschaften, die sich gleichfalls mit dem ökonomisch bedeutsamen Verhalten des Menschen befassen, sondern sie ziehen auch die modernsten Entscheidungstechniken und Planungsverfahren, spezialisierte Berater und eine Fülle von Hilfsmitteln heran, um jeweils Maßnahmen treffen zu können, die unter den gegebenen Umständen den höchstmöglichen Zielerreichungsgrad erwarten lassen.

Pointiert ausgedrückt heißt dies, daß sich auf der Seite der Anbieter normalerweise ein leistungsfähiges institutionalisiertes Management findet, während die Nachfragerseite, zumindest soweit es sich um Letztverbraucher oder Unternehmungen ohne ausgebaute Beschaffungsorgane handelt, ein Tummelfeld von Amateuren darstellt. Eine Art Gleichgewicht oder gar Ungleichgewicht zu Gunsten der Nachfrager kommt zuweilen dann zustande, wenn sich diese zu Verbundgruppen zusammenschließen oder auf andere Weise in Größenordnungen hineinwachsen, die ihnen die Ausübung (und den Mißbrauch) von Nachfragemacht ermöglichen.

Die zielgerichtete Vorgehensweise der Anbieter schlägt sich vor allem in der Orientierung, Ausgestaltung und Handhabung der sog. **Management-Funktionen** nieder, die die Bereiche Analyse von Problemen sowie Planung und Kontrolle der zu deren Lösung ergriffenen strategischen und operativen Maßnahmen umspannen. Die für den Marketingbereich einer Unternehmung vorrangigen Sachfragen bzw. Problemkomplexe sind dabei folgende:

(1) Wenn wir einfachheitshalber von einer Unternehmung ausgehen, die einen sachlich, zeitlich und regional definierten Markt versorgt und über ein konsistentes **Zielsystem** verfügt, sind es grundsätzlich vier Kategorien von Informationen, die diese benötigt:

(a) Daten über die **Umwelt**, also vor allem über Bedarfsträger, Konkurrenten, Absatzmittler, Lieferanten und Staat,

(b) Daten über die vorhandenen Instrumente und Möglichkeiten, das Marktgeschehen zu beeinflussen und insbesondere Präferenzen für die Unternehmung zu schaffen,

(c) Daten über alle kurz- und mittelfristig nicht überwindbaren innerbetrieblichen Restriktionen produktionsmäßiger, finanzieller, personeller und sonstiger Art sowie

(d) Daten – soweit möglich in Form bewährter sog. nomologischer Hypothesen – über die **Wirkung**, mit der bei jeder von mehreren in Betracht gezogenen

Handlungsweisen (gemäß b) angesichts der je nach Situation verschiedenen Reaktionen der Umwelt (gemäß a) zu rechnen ist.

Um den Menschen als Individuum und als gesellschaftliches Wesen, vor allem aber als Verbraucher und als Unternehmer zu analysieren, hat die sozialwissenschaftliche Forschung zahlreiche Instrumente und Methoden entwickelt, die von der Marketing-Forschung übernommen und zum Teil für ihre Zwecke weiterentwickelt wurden. Wenn es dabei heute möglich ist, unvergleichlich größere Datenmengen als früher zu erfassen und zu speichern, methodisch weitaus anspruchsvoller zu verarbeiten und sie oft auf Abruf verfügbar zu machen, so liegt dies an einer Reihe von Faktoren. Hervorzuheben sind dabei die stürmische Entwicklung der Elektronischen Datenverarbeitung und – begünstigt dadurch – von **Marketing-Informationssystemen**, gepaart mit einer zunehmenden Institutionalisierung der Datengewinnung in Gestalt von einschlägig tätigen Dienstleistungsbetrieben.

(2) Die von Fall zu Fall unterschiedlich ausgeprägte Kenntnis der Marktgegebenheiten erlaubt es einem Anbieter häufig, seine Offerten in einer Weise auszugestalten und zu einem Zeitpunkt abzugeben, daß sich seine Chancen nachhaltig verbessern, die von ihm angestrebte Zahl von Kaufabschlüssen zu den von ihm gewünschten Bedingungen zu erreichen. Im einzelnen stehen ihm dazu folgende vier **Aktionsparameter** oder Maßnahmenbündel zur Verfügung.

(a) Die **Produktpolitik** erstreckt sich auf die eigentliche Produktqualität, worunter in erster Linie die Festlegung bzw. Variation der Produkteigenschaften, die Gestaltung des Produktäußeren und die Markenbildung zu verstehen sind. Hinzu kommen die Wahl von Produktionsprogramm (Industrie) bzw. Sortiment (Handel), die Entwicklung neuer Produkte sowie die Bereitstellung vielfältiger Dienstleistungen.

(b) Die **Preispolitik** umschließt die erstmalige Festsetzung und spätere Änderung von Preisen, Möglichkeiten der Preisdifferenzierung und Preisempfehlung, die Rabattgewährung, die Gestaltung der Zahlungsbedingungen sowie Kreditgewährung und Leasing.

(c) Die **Distributionspolitik** umfaßt die Wahl der Absatzwege, das Management der physischen Distribution sowie die Gestaltung des Vertriebs, in deren Rahmen u. a. Entscheidungen über die Vertriebsorganisation und die Führung der im Vertrieb tätigen Kräfte zu treffen sind.

(d) Die **Kommunikationspolitik** schließlich stützt sich auf die Instrumente Werbung, Verkaufsförderung, Public Relations und Sponsoring. Hierbei geht es primär darum, die potentiellen Abnehmer zu informieren und zu aktivieren, sie von der Vorteilhaftigkeit eines Angebots zu überzeugen und sie zu einem bestimmten Verhalten, z. B. zum Kauf, anzuregen.

Die hier aufgeführten **absatzpolitischen Instrumente** verkörpern nur Sammelbegriffe und umschließen im konkreten Fall eine Fülle denkbarer Handlungsmöglichkeiten, deren Verwirklichung normalerweise umfassende Bemühungen im Bereich der Marketing-Forschung und Marketing-Planung voraussetzt. Ausgangspunkt der Überlegungen ist dabei das von der Unternehmungsspitze aus der obersten Zielsetzung abgeleitete **Aktivitätsniveau**, in dem sich das Gewicht der Absatzbemühungen im Rahmen des Unternehmungsganzen manifestiert. Dieses ist sodann auf die einzelnen **Marktsegmente, Planungsintervalle** sowie die für den Einsatz der absatzpolitischen Instrumente zuständigen **Ressorts** aufzuteilen, wobei sich der Planungsprozeß von (Hierarchie-)Ebene zu Ebene fortpflanzt und immer weiter auffächert.

Die Komplexität der Aufgabe sowie die Größenordnung der Beträge, um die es dabei geht, haben zu Überlegungen Anlaß gegeben und Versuche ausgelöst, das auch im deutschen Sprachraum mit **Marketing-Mix** umschriebene Gestaltungsproblem mit Hilfe formaler Methoden, wie sie im Rahmen der Ökonometrie und der Unternehmungsforschung entwickelt wurden, zu lösen. Die Bemühungen auf diesem Gebiet sind indessen noch nicht so weit gediehen, daß von einem entscheidenden Durchbruch gesprochen werden könnte.

(3) Wie jedes zielgerichtete menschliche Handeln bedarf auch die Verfolgung absatzwirtschaftlicher Aufgaben neben einer systematischen Planung immer wieder der **Kontrolle**. Die Quellen des Unternehmungserfolges sind indessen so vielfältiger Art, daß sie sich einer auch nur annähernd vollständigen Erfassung und Durchleuchtung entziehen. Worum es geht, läßt sich deshalb mehr als Wunsch denn als Programm formulieren, nämlich fortwährend die Richtigkeit der getroffenen Marketingmaßnahmen zu überprüfen und aus den unvermeidlichen Abweichungen zwischen den antizipierten und den tatsächlich eingetroffenen Ergebnisssen mögliche Schlußfolgerungen zu ziehen sowie Denkanstöße für neue Entscheidungsprozesse zu gewinnen.

Je stärker sich die Überzeugung durchsetzt, daß die Unternehmer nicht nur den Kapitalgebern gegenüber verpflichtet sind, sondern auch eine gesellschaftliche Verantwortung, vor allem gegenüber Abnehmern (Verbrauchern), Umwelt und Mitarbeitern, tragen, desto mehr nimmt die Marketing-Kontrolle Züge des **„social auditing"** an, d. h. die Unternehmung muß sich rechtfertigen, ob sie ihren gesamtwirtschaftlichen Verpflichtungen gerecht geworden ist. Hierbei geht es zunächst um so elementare Forderungen wie Wahrheit in der Werbung, Angemessenheit der Preise, Umweltfreundlichkeit der verarbeiteten Materialien, Schutz der Gesundheit und Verzicht auf die Verfolgung von Obsoleszenzstrategien (= geplante Veralterung), dann aber um komplexere Phänomene wie Verzicht auf Maßnahmen zur Beeinträchtigung des Wettbewerbs, Schonung der nicht ersetzbaren natürlichen Ressourcen und Abkehr von der Stimulierung egoistischer Bedürfnisse zu Gunsten der Förderung gesellschaftlicher Belange.

(4) Die Entwicklung und Umsetzung von Plänen der geschilderten Art setzen die Existenz einer dem Charakter der zu lösenden Aufgaben angemessenen

Aufbau- und **Ablauforganisation** voraus, die zudem noch von einem entsprechenden **Informationssystem** gestützt sein müssen. Es besteht kein Zweifel, daß eine Unternehmung nur dann eine konsequent marktorientierte Unternehmungspolitik verfolgen kann, wenn gewährleistet ist, daß alle Abteilungen zumindest prinzipiell das Primat des Marketingsektors anerkennen. Dies erscheint am ehesten dann gewährleistet, wenn die Unternehmung keine mehr oder minder unabhängig von anderen Abteilungen operierende Marketing-Organisation hat, sondern sich selbst als Marketing-Organisation begreift.

In allen Fällen, in denen die mit Marketingaufgaben betraute Abteilung hinsichtlich Vielfalt und Volumen der anfallenden Arbeiten oder hinsichtlich der Mitarbeiterzahl eine bestimmte Größe erreicht, ergibt sich die Notwendigkeit, sie unter Verwendung geeigneter Kriterien zu strukturieren. Hierfür kommen in erster Linie Funktionen, Produkte, Kundengruppen und geographische Kategorien in Betracht, die sich zu einer Vielzahl von Marketing-Organisationstypen kombinieren lassen. Jenes Merkmal, das dabei als erstes herangezogen wird, wirkt gewissermaßen typenbildend.

1.2. Das Marketing als Führungskonzeption für Unternehmen

Ursprünglich war Marketing mit einfacher **Vermarktung** gleichzusetzen, wobei es zu einer nach und nach immer **konsequenteren Kundenorientierung** kam. Diesem Ziel sollten sich alle Mitarbeiter eines Unternehmens, vom Vorstand bis zum Pförtner, quer durch alle betrieblichen Funktionen hindurch unterwerfen und verpflichtet fühlen. Es würde nicht angehen, wenn zwar die für den Absatz Verantwortlichen marktbezogen dächten und handelten, während Konstrukteure, Einkäufer, Arbeiter am Fließband usw. ganz verschiedene Vorstellungen davon entwickeln dürften, woran man sich zu orientieren habe. Aus dieser Sicht wird oft darauf hingewiesen, eine Unternehmung **verfüge nicht** über eine, sondern **sei** eine **Marketing-Organisation**. Ein guter Geist liegt gewissermaßen über dem Geschehen.

(1) Doch blieb es nicht bei dieser Perspektive. Eine weitere Entwicklungsstufe sieht Marketing als Führungsfunktion, zu allererst als eine **Konzeption zur Bewältigung von Engpässen**. Seit Überwindung der Knappheitswirtschaft war man es gewohnt, dabei zunächst an den Absatzsektor zu denken. Insoweit wären wir wieder bei dem angelangt, was im letzten Abschnitt beschrieben wurde, eine Sicht, die im übrigen Ausrichtung und Inhalt dieses Buches prägt.

Nun treten aber immer wieder Situationen ein, in denen nicht der Absatz der produzierten Güter, sondern Restriktionen im Bereich von Rohstoffen, Maschinen, Kapital, Mitarbeitern oder Maßnahmen des Staates die Entfaltungsmöglichkeiten eines Betriebes behindern. Ob aus akutem Anlaß oder auch nur prophylaktisch wird ein Unternehmen deshalb stets alles daransetzen, um sich etwa als verläßlicher Abnehmer, solider Schuldner, vorbildlicher Arbeitgeber oder ordentlicher Steuerzahler zu präsentieren. Man profiliert sich als Partner, der es gut mit einem meint. Insofern spricht man z. B. auch von **Beschaffungs-**, **Finanz-** (Investor Relations), **Personal-** oder **Public Marketing**. Wenn alle Bereiche austariert sind, resultiert daraus ein **Balanced Marketing**.

Der **Engpaß** kann jedoch auch auf der **Marktgegenseite** liegen. Daß Marketing, um einen solchen zu überwinden, weit über den Rahmen eines mit Vermarktungsaufgaben befaßten Ressorts gleichen Namens hinausgreift, zeigt sich an folgender Konstellation, die durch ganz spezifische Erwartungen potentieller Abnehmer geprägt ist.

Bei dem Bemühen um den **Absatz** von **Großobjekten**, etwa Passagierflugzeugen, Hochgeschwindigkeitszügen, Untergrundbahnen und Kernkraftwerken, für die man sich im Ausland interessiert, erschöpfen sich die Nutzenvorstellungen von Interessenten längst nicht mehr in produktbezogenen Dimensionen. In aller Regel haben hier bei der Auftragsvergabe **staatliche Organe** ein entscheidendes Wort mitzureden. Ihnen muß mindestens ebenso wie an der Qualität und Preiswürdigkeit der zu beschaffenden Güter bzw. Einrichtungen zunächst daran gelegen sein, daß diese von Institutionen außerhalb des eigenen Landes vorfinanziert werden, um die Devisenreserven zu schonen. Sie sollten sodann möglichst auch zu einem erheblichen Teil dort, wo sie gebraucht werden, hergestellt bzw. von einheimischen Kräften erstellt werden, damit Arbeitsplätze gesichert, ein Technologietransfer vom einen Land zum anderen in Gang gesetzt und so die wirtschaftliche Entwicklung vorangetrieben werden.

Dazu kommt es, wenn ein Unternehmen oder Konsortium, das den Zuschlag erhält, die technischen Voraussetzungen für ein hohes Maß an lokaler Wertschöpfung schafft, indem es im Abnehmerland Anlagen, die für die Produktion benötigt werden, installiert, lokale Mitarbeiter schult, Zulieferer, Banken und andere Dienstleister aus dem Ausland nachzieht sowie dafür sorgt, daß Verkehrswege, Kommunikations- und medizinische Einrichtungen ebenso wie das Schulwesen verbessert werden.

Im Wettbewerb um den Bau eines Hochgeschwindigkeitszuges für die Vereinigten Staaten hat *Siemens* angeboten, bis zu vier Fünftel des Auftragsvolumens in Höhe von rund einer Mrd. DM an Subunternehmen in den USA weiterzugeben. Bei dem von *VW* in Shanghai hergestellten Modell *Santana* wird, bezogen auf die Volksrepublik China, eine lokale Wertschöpfung von zufällig auch 80% erzielt.

(2) Marketing im Sinne von Führungskonzeption bedeutet auch ein Stück Sinngebung. Das Streben nach Markterfolg ist immer wieder Anfeindungen und harscher Kritik ausgesetzt, daß es Menschen zu unsinnigem Konsum verführe, übervorteile oder sonstwie schädige. Davon wird in den §§ 2 und 3 noch eingehend die Rede sein. Dies hat unter den davon Betroffenen weithin zu der Einsicht geführt, daß man sich mindestens in gleichem Maße wie über das Wie („Can it

be sold?“) über das Ob („Should it be sold?“) Gedanken machen müsse. In vielen Fällen ist deshalb nicht an die Stelle, aber an die Seite von Gewinnprinzip, Wirtschaftlichkeitskriterien und Nutzenerwägungen eine Haltung getreten, die von **zwischenmenschlicher** und **gesamtwirtschaftlicher Verantwortung** durchdrungen ist. Davon müssen alle in einem Unternehmen Tätigen erfüllt sein, was eine entsprechende Überzeugungsarbeit voraussetzt.

Nicht selten werden solche Formen der Selbstverpflichtung in eherne **Leitsätze** gegossen, um sich daran von Mitarbeitern, Marktpartnern und Obrigkeit messen zu lassen. Es ist jedoch nicht zu übersehen, daß jene oft lediglich aus Worthülsen bestehen oder zu unverbindlich formuliert sind, als daß man von ihnen eine nachhaltige Wirkung erwarten dürfte.

1.3. Das Marketing als Instrument zur Förderung öffentlicher Anliegen

Anfang der fünfziger Jahre wurde erstmals die Frage gestellt, ob man nicht genauso wie Seife auch Nächstenliebe „verkaufen“ könne (vgl. *Wiebe* 1951/52). Dahinter steckt der Gedanke, daß man Marketing noch sehr viel weiter, als dies bis dahin der Fall gewesen war, nämlich als **Sozialtechnik**, als technologische Beeinflussungskonzeption (vgl. *Raffée* 1980), verstehen könne. Diese Auffassung hat seit etwa 1970 rasch an Boden gewonnen. Marketing überwindet damit seinen vormals spezifisch absatzwirtschaftlichen Charakter und wird mehr und mehr zu einer Schlüsselvariablen im Rahmen der Steuerung zwischenmenschlicher und gesellschaftlicher Prozesse (**Generic Marketing**). Es geht um das Eintreten für bestimmte **Ideen** („issues“), für **Anliegen**, die **zum Nutzen der Gesellschaft** verfolgt werden (sollten). Dies ist der Bereich des auch im Deutschen oft so bezeichneten **Social Marketing**. Welche Bewandtnis es damit hat, läßt sich am besten durch einen Vergleich mit anderen Konzepten, mit denen man soziale Veränderungen herbeizuführen trachtet, demonstrieren.

Angenommen, man möchte den Verbrauch an Zigaretten nachhaltig eindämmen: Wenn der Staat dies wirklich wollte (und z. B. nicht auf die Einnahmen aus der Tabaksteuer angewiesen wäre), könnte er einmal das Rauchen schlechthin oder an bestimmten Plätzen einfach verbieten (**juristische Perspektive**). Ein **technologisches Mittel** bestünde demgegenüber darin, daß man die Industrie ermuntert, etwas zu entwickeln (etwa eine Tablette oder ein Pflaster), durch das es den Menschen erleichtert wird, auf den Konsum von Zigaretten zu verzichten. Das Medium sollte zumindest die mit dem Rauchen verbundene gesundheitliche Gefährdung vermindern, also dem Tabak das Nikotin entziehen. Aus **ökonomischer** bzw. **fiskalischer** Sicht läge es nahe, das Rauchen zu einem nur noch schwer erschwinglichen Vergnügen zu machen, indem die Tabaksteuer massiv erhöht wird oder die Krankenversicherungsbeiträge für Raucher drastisch angehoben werden. Bleibt schließlich das Instrument der **persönlichen Einflußnahme**, der Information und Überzeugung, mit deren Hilfe man den Menschen die gesundheitlichen Risiken, die mit dem Genuß von Nikotin verbunden sind, vor Augen führen und sie zu einer Verhaltensänderung bewegen kann. Dieser Weg hätte gegenüber den anderen u. a. den Vorzug sozialer Gerechtigkeit, da eine drastische Verteuerung des Rauchens die sog. Besserverdienenden überhaupt nicht, die sozial Schwächeren dagegen um so härter träfe.

Auf ähnliche Weise, oft auch als flankierende Maßnahme zu einer gesetzlichen Regelung, versucht man, die Menschen dazu zu veranlassen, übermäßigem Alkohol- und jeder Art von Drogenkonsum zu entsagen, Städte und Natur sauber zu halten („Keep Britain tidy") sowie Staatsanleihen zu zeichnen und damit dem Fiskus Mittel zuzuführen, die er sich sonst vorzugsweise über höhere Steuern von den Bürgern beschaffen müßte. Wichtige Einsatzfelder des **Social Marketing** sind sodann die Familienplanung in Entwicklungsländern, die Sensibilisierung der Menschen für gesellschaftliche Belange wie die stärkere Rücksichtnahme auf Alte, Kranke, Behinderte und Umwelt, das gemeinsame Ringen um Ausrottung bzw. Früherkennung bestimmter Krankheiten (z. B. Schluckimpfung gegen Kinderlähmung, Vorsorgeuntersuchungen gegen Krebs) sowie – häufig in Verbindung damit – die Stimulierung der Bereitschaft der Bürger, für wohltätige bzw. gemeinnützige Zwecke Geld zu spenden.

Mit Social Marketing wird aber noch ein anderer Sachverhalt belegt, nämlich ein **gesellschaftlich verantwortungsbewußtes Handeln** bei allem, was herkömmlicherweise mit Marketing etikettiert wird. Dieser Fall unterscheidet sich von den zuletzt geschilderten Beispielen dadurch, daß das gesellschaftliche Anliegen nicht mehr im Mittelpunkt der Überlegungen und Bemühungen steht, sondern nur noch eine – oftmals durchaus bedeutsame – **Restriktion** bei der Verfolgung **einzelwirtschaftlicher** Ziele darstellt.

Als gesellschaftlich verantwortungsbewußt können somit prinzipiell alle Fälle deklariert werden, bei denen ein Unternehmer darauf verzichtet, egoistische Ziele zu Lasten der Belange der Allgemeinheit zu verwirklichen. Dies ist nichts Spektakuläres und wird seit jeher praktiziert. Eine neue Dimension erhält der Tatbestand allerdings dadurch, daß ein Unternehmen nicht mehr nur darauf verzichtet, ein lukratives Geschäft wahrzunehmen, sondern aktiv und unter Hinnahme von nicht unbeträchtlichen Kosten für eine Sache eintritt. Gesellschaftlich verantwortungsbewußt in diesem Sinne handelt z. B. eine Mineralölgesellschaft, die in aufwendigen Anzeigen dafür wirbt, mit Benzin und Heizöl sparsam umzugehen (**Demarketing**).

Aus dem Umstand, daß sich solche Maßnahmen letztlich zu Gunsten des fraglichen Unternehmens auswirken werden, sollte man nicht vorschnell folgern, daß es ein gesellschaftlich verantwortungsvolles Marketing überhaupt nicht gibt. Man denke in diesem Zusammenhang auch an Stromerzeuger, die der Bevölkerung deutlich machen, wo im

Haushalt Energie vergeudet wird bzw. an welchen Stellen, ohne sich größere Beschränkungen aufzuerlegen, Strom eingespart werden könnte.

Überhaupt nicht selbstlos, aber nicht minder wirksam im Sinne der Erreichung gesellschaftlicher Ziele ist auch die Gepflogenheit einzelner Elektrogerätehersteller, jeweils die Höhe des Strombedarfs auszuweisen. Schließlich sei noch auf das Fernsehen verwiesen, das im Rahmen bestimmter Sendungen gute Kinderbücher vorstellt und dadurch mittelbar dazu beiträgt, daß sich die Betroffenen vom Fernsehen weg- und dem Lesen zuwenden.

2. Das Objektverständnis als Werturteilsproblem

Die große Spannweite der Einsatzfelder, die für das Marketingdenken und die einschlägigen Instrumente erschlossen wurden, lassen leicht den Verdacht aufkommen, daß man mit **Marketing** letztlich alle Arten von **zielorientierten Austauschprozessen** umschreiben und erklären kann, die zwischen Menschen oder Organisationen stattfinden. Davon erfaßt würden somit alle Spielarten dieses Phänomens, wie sie etwa bei privaten und öffentlichen Unternehmen, bei sportlichen, kulturellen und religiösen Einrichtungen, bei politischen Parteien und ihren Exponenten oder bei Behörden und den Promotoren irgendwelcher gesellschaftlicher Anliegen auftreten (vgl. *Dichtl* 1981, S. 249 ff.). Dazu gehörte aber auch der nicht seltene Fall, daß ein junger Mann um eine Frau wirbt und damit Erfolg hat. Diese Konsequenzen ergeben sich dann, wenn man sich nicht mehr nur auf die Betrachtung von Transaktionen beschränkt, die auf Märkten für Waren und Dienstleistungen stattfinden und im übrigen auf Geld als Tauschmittel basieren, sondern sofern man sich für jede Art von Austauschprozeß interessiert. Kann dies vernünftigerweise noch dem Marketing subsumiert werden? Wo liegen dessen **Grenzen**, wo seine **Schwerpunkte**? Kann es darauf überhaupt verpflichtende Antworten geben (vgl. *Schneider* 1983)?

Fragen dieser Art gehören unbestritten in den Bereich der **Wissenschaftstheorie**. Unter den an der Diskussion Beteiligten besteht heute weitgehend Konsens darüber, daß derartige Abgrenzungsprobleme zwar durchaus einer rationalen Erörterung zugänglich sind, aber letztlich nicht durch wissenschaftliche Erkenntnis, sondern allein im Wege der Konvention entschieden werden können (vgl. *Kroeber-Riel* 1992, S. 3). Die Antwort auf die Frage nach dem sog. **Objektbereich** impliziert somit keine Sachaussage, sondern eine Festsetzung (vgl. *Raffée / Specht* 1974, S. 373 ff.). Da niemand gezwungen ist, sich Vereinbarungen dieser Art zu unterwerfen, liegt es grundsätzlich im Ermessen jedes einzelnen, wie er für sich die Grenzen zieht.

Genauso wie der Versuch, dem Fach auf analytischem Wege einen Zuständigkeitsbereich zuzuordnen (extensionale Sicht), scheitert auch das Unterfangen, verbindliche Standards oder Spielregeln dafür abzuleiten, wie weit das Erkenntnisinteresse der Marketingdisziplin an einem wie auch immer konturierten Erfahrungsobjekt reichen darf bzw. muß (intensionale Sicht). Daß z. B. die Absatzbemühungen der Investitionsgüterindustrie für die Marketingwissenschaft eine Herausforderung darstellen, wird kaum jemand bestreiten. Wenn nun aber ein Fachvertreter glaubt, am besten über die Stimmfrequenzanalyse einen tieferen Einblick in Ablauf und Ziele von Einkaufs- bzw. Verkaufsverhandlungen zu gewinnen, wird man ihn nicht mit Ressortbetrachtungen davon abbringen können, zumal dann nicht, wenn er sich der Unterstützung eines Mediziners versichert und damit interdisziplinäre Forschung betreibt.

Von welchen Überlegungen läßt sich der einzelne **Marketingwissenschaftler** bei der **Auswahl** von **Forschungsfeldern** und **Fragestellungen** leiten? Welche sachbezogenen Kriterien – im Gegensatz zu persönlichen Motiven, wie intrinsisches Erkenntnisinteresse oder Prestigestreben – sind dafür maßgebend?

Zunächst wird sich jeder Betroffene unter den Gesichtspunkten der **Zweckmäßigkeit**, **Karrieresicherheit** und **Forschungsökonomie** darauf besinnen, den Bogen nicht zu überspannen und sich so weder dem Vorwurf, sich anderer wissenschaftlicher Disziplinen ohne Not zu bemächtigen, noch der Gefahr des Dillettierens auf Gebieten, für die er nicht kompetent ist, aussetzen (vgl. *Dichtl* 1983). Wie leicht man dieser Gefahr erliegen kann, ergibt sich aus folgendem Dilemma: Ohne Rücksicht darauf, wie man Marketing abgrenzt oder versteht, besteht doch kein Zweifel daran, daß die Basisvariante, das Business Marketing, enge Bezüge zur **Volkswirtschaftslehre**, **Psychologie**, **Soziologie** und **Rechtswissenschaft** aufweist. Für die an anderer Stelle hervorgehobene, als unabdingbar erachtete methodische Versiertheit bedarf es zusätzlich fundierter Kenntnisse in **empirischer Sozialforschung**, **mathematischer Statistik**, **psychologischer Testtheorie**, **Informatik**, **Operations Research** und **Wissenschaftstheorie**. Es wird nicht viele Leute geben, die sich auf all diesen Gebieten zuhause fühlen. Wer somit im Bereich des Marketing forscht oder lehrt, hat, vereinfacht ausgedrückt, die Wahl, sich auf ein Spezialgebiet zurückzuziehen und den Blick für größere Zusammenhänge zu verlieren oder von allem ein wenig und von fast nichts viel zu verstehen.

Auch im Interesse einer gewissen Einbindung der **Marketingdisziplin** in die **traditionelle Betriebswirtschaftslehre** (vgl. *Schneider* 1983) wird deshalb mitunter vorgeschlagen, neben Transaktionen eindeutig wirtschaftlicher Natur nur solche nichtökonomischen Tauschprozesse in den Objektbereich des Marketing einzubeziehen, bei denen spezielle Instrumentarien, wie z. B. Techniken der Marktforschung oder spezifische Aktionsvariablen, zum Einsatz gelangen (vgl. *Raffée* 1980, S. 317 ff.). Selbst wenn die dafür erforderliche Abgrenzung gelänge und das Ergebnis in Wissenschaft und Praxis akzeptiert würde, wäre damit, wie gesagt, wohl eine **Konvention** etabliert, aber keine prinzipielle Klärung im Sinne einer unumstößlichen Wahrheit erzielt. Immerhin würde dadurch aber für jedermann die Orientierung erleichtert.

Neben dem Argument, daß gewissermaßen jeder seine eigenen Grenzen erkennen sollte, bietet der Umstand eine gewisse Hilfe, daß sich in allen akademischen Disziplinen, oft sogar nebeneinander, Gemeinsamkeiten in der Sichtweise und einheitliche Problemlösungstechniken herausbilden, die das Feld konturieren und strukturieren, die Standortbestimmung des einzelnen ermöglichen und seine Verständigung mit anderen erleichtern. Fraglos dient der Rekurs auf solche alten und neuen **Paradigmen** dem Streben nach Ordnung, Sicherheit und Forschungsökonomie; zweifellos trägt dies auch dazu bei, daß die Fachvertreter nicht die internationale Entwicklung auf ihrem Gebiet aus den Augen verlieren. Doch fordert dies auch seinen Preis.

Gar viele scheuen sich, auch nur gelegentlich gewohnte Denkkategorien zu überwinden und nicht immer nur auf Vorhandenem aufzubauen. Die zu starke **Anlehnung** an das **Tradierte** verhindert, daß das verfügbare kreative und analytische Potential voll zur Entfaltung gelangt. Zu wenige Forscher nehmen das Risiko auf sich, das damit verbunden ist, wenn man sich oftmals für lange Zeit einem bestimmten Gebiet verschreiben muß oder wenn man völlig neue Fragen aufgreift und die zu deren Lösung erforderlichen Methoden gar noch selbst entwicklen muß. Wer läßt sich schon darauf ein, das anscheinend Bewährte in Frage zu stellen, wenn er nicht einer Schar von Sympathisanten gewiß sein kann, die ihm notfalls zur Seite stehen?

Es erfordert deshalb viel Mut und Selbstbewußtsein (sowie soziale Absicherung), wenn sich ein Wissenschaftler der vorgegebenen Ordnung entzieht und sein Betätigungsfeld allein nach seinen Neigungen und den **erkenntnismäßigen Anreizen** aussucht, die von einer Fragestellung oder einem Forschungsfeld für ihn ausgehen. Als Avantgardist wird er sich wenig darum kümmern, wie seine Kollegen oder auch prominente Praktiker Marketing definieren. Wer allerdings den auf ihm lastenden sozialen Druck und die mehr oder minder subtilen Sanktionen, die von der Fach(um)welt gegen ihn ergriffen werden, nicht zu ertragen bzw. wer die „scientific community" auf Dauer nicht von der Überlegenheit seiner Ansätze, Methoden oder Befunde zu überzeugen vermag, gilt als gescheitert und findet sich wohl bald im Lager der Konformisten wieder.

Der **wissenschaftstheoretische Bezug** mag geboten, die **pragmatische** Sicht nützlich, die **wissenschaftssoziologische** Erkenntnis hilfreich sein, aber sie alle greifen zu kurz. Sie vermögen allenfalls Hinweise darauf zu geben, womit sich ein Forscher beschäftigt, was ihn davon abhält, gegen den Strom zu schwimmen, und was ihm vielleicht widerfährt, wenn er sich dennoch dazu entschließt. Es ist viel von individueller und akademischer Freiheit die Rede, jeder pocht auf die Unabhängigkeit des Wissenschaftlers, niemand, der nicht an die persönliche Verantwortung appellierte!

Gleichwohl bringt uns all das der Lösung gravierender Fragen der Gegenwart nicht näher. Können wir es uns auch heute noch leisten, den einzelnen Forscher allein seinen Neigungen nachgehen zu lassen, statt ihn „in die Pflicht zu nehmen“? Hat nicht auch die **Gesellschaft** ein **Recht**, **Ansprüche** an ihn zu **stellen**? Was ist und wer kontrolliert das **soziale Gewissen** des Wissenschaftlers? Wie kann man ihn dazu motivieren, sich auch solchen Fragen zuzuwenden, die zwar für die Gesellschaft bedeutsam sind, ihm selbst aber zu wenig ergiebig erscheinen?

Welche Objektfelder aus bundesdeutscher Sicht stärkere Beachtung durch die Marketingwissenschaft finden sollten, wurde vor Jahren in einer umfassenden empirischen Studie untersucht. Es würde zu weit führen, die Befunde an dieser Stelle mehr als anzudeuten (vgl. *Kaiser* 1979, S. 122 ff.). Auch hier zeigte sich jedenfalls einmal mehr, daß für die **Wirtschaftspraxis** nichts so interessant wie die **Zukunft** ist. Dies schlug sich in zahlreichen konkreten Anregungen und als vordringlich deklarierten Informationswünschen nieder. Keinesfalls so selbstverständlich war es indessen, daß sich die Marketingpraxis in einem ungewöhnlich hohen Maße auch für **ordnungspolitische** und **weltwirtschaftliche Zusammenhänge** interessierte. Kann sich der Marketingfachmann diesem Aufklärungsbedürfnis mit Ausflüchten der Art entziehen, daß ein solcher Appell aus Gründen fachlicher Zuständigkeit an ganz andere Adressaten gerichtet werden müßte?

Bezeichnenderweise wurde die Marketingwissenschaft erstmals in den achtziger Jahren von massiven Zweifeln befallen, ob man sich nicht allzu lange belanglosen, oft auch esoterischen Fragen zugewandt und die eigentlichen **Herausforderungen** der **Zeit nicht begriffen** habe. Wovon, wollten viele wissen, hängt die Wettbewerbsfähigkeit eines Landes ab, worauf sind die gewaltigen Exporterfolge von Staaten wie Japan und Deutschland zurückzuführen? Welche Konsequenzen für das Marketing ergeben sich aus den Umwälzungen und der Öffnung der Märkte in Osteuropa, aus der Bevölkerungsbewegung von Süd nach Nord und von Ost nach West, aus der hohen Arbeitslosigkeit in den Industrienationen, der, wie sich abzeichnet, finanziellen Überforderung des Sozialsystems und der Notwendigkeit, die Umwelt zu schützen?

Was nützt es demgegenüber, noch mehr darüber zu erfahren, welch differenzierte Struktur manche sozialen Randgruppen aufweisen? Wen kümmert es, ob ein Algorithmus unter Extrembedingungen versagt oder nicht? Stellt es im Hinblick auf die ungelösten gesellschaftlichen Fragen eine vordringliche Aufgabe dar, den Anzeigen der berühmt-berüchtigten „soapers“ (Herstellern von Waschmitteln) zu noch mehr Durchschlagskraft zu verhelfen?

Das Eingeständnis, daß man über die meisten der angedeuteten, für die Gesellschaft überaus bedeutsamen Probleme wenig weiß, verträgt sich schlecht mit dem von vielen Wissenschaftlern praktizierten **intellektuellen Egoismus**. Die Freiheit der Forschung ist zwar unteilbar, aber sie verzehrt sich selbst, wenn sich der einzelne unter Berufung auf sie seiner sozialen Verantwortung entzieht. Er sollte sich nicht dadurch entmutigen lassen, daß die Wettbewerbstheorie Skepsis verbreitet. Keiner wisse, was bei dem ständigen Suchen nach Neuem letztlich herauskomme (Einzelheiten dazu in § 2, Abschn. 3.1.2.).

Vor allem in den USA haben sich die meisten Fachvertreter einseitig auf das **Anbieter**- und **Nachfragerverhalten** kapriziert, während sie das übrige Feld, das die Marketingdisziplin bestellen könnte oder sollte, **Management-Theoretikern** überließen. Dabei wird die praktische Relevanz selbst dessen, was die Betroffenen auf ihrem ureigensten Gebiet zutage fördern, von einigen Fachvertretern in Zweifel gezogen (vgl. *Armstrong* 1991). Ob indessen die Wirtschaftspraxis leicht ohne die kaum noch überschaubaren, in Hunderten von Fachzeitschriften veröffentlichten Befunde insbesondere zum **Käuferverhalten** auskommt bzw. ob jene geldwertes Wissen bewußt oder aus Nachlässigkeit nicht nutzt, hat die Wissenschaft bislang noch nicht in dem Maße interessiert, wie dies von einer anwendungsorientierten Disziplin zu erwarten gewesen wäre.

Quellen

Armstrong, J. S., Prediction of Consumer Behavior by Experts and Novices, in: Journal of Consumer Research, Vol. 18 (1991), S. 251-256.

Dichtl, E., Marketing als Sozialtechnik, in: WiSt, 10. Jg. (1981), S. 249-255.

– Marketing auf Abwegen, in: ZfbF, 35. Jg. (1983), S. 1066-1077.

Hörschgen, H., u. a., Marketing-Strategien – Konzepte zur Strategienbildung im Marketing, 2., überarb. und erw. Aufl., Ludwigsburg–Berlin 1993.

Kaiser, A., Orientierungsrahmen für die handels- und absatzwirtschaftliche Forschung – Ergebnisse einer Befragung, in: Marketing · ZFP, 1. Jg. (1979), S. 122-128.

Kaske, K., Die Vision von der Dienstleistungsgesellschaft – ein gefährlicher Irrtum, in: *Siemens*-Zeitschrift, 65. Jg. (1991), Nr.1, S. 4-6.

Kroeber-Riel, W., Konsumentenverhalten, 5., überarb. und erg. Aufl., München 1992.

Porter, M. E., Wettbewerbsvorteile: Spitzenleistungen erreichen und behaupten, 3. Aufl., Frankfurt / Main–New York 1992.

Raffée, H., Nicht-kommerzielles Marketing – Möglichkeiten, Chancen, Risiken, in: *Jarges, W. / Haeberlin, F.* (Hrsg.), Marketing für Erwachsenenbildung, Hannover u. a. 1980, S. 272-290.

Raffée, H. / Specht, G., Basiswerturteile der Marketing-Wissenschaft, in: ZfbF, 26. Jg. (1974), S. 373-396.

Schneider, D., Marketing als Wirtschaftswissenschaft oder Geburt einer Marketingwissenschaft aus dem Geiste des Unternehmensversagens?, in: ZfbF, 35. Jg. (1983), S. 197-223.

Vershofen, W., Die Marktentnahme als Kernstück der Wirtschaftsforschung, Berlin–Köln 1959.

Wiebe, G. D., Merchandising Commodities and Citizenship on Television, in: Public Opinion Quarterly, Vol. 15 (1951 / 52), S. 679-691.

Weiterführende Literatur

Arnold, U. / Hassemer, K., Eine Konzeption des Produktmanagement in Nonprofit-Organisationen, in: *Arnold, U. / Eierhoff, K.* (Hrsg.), Marketingfocus: Produktmanagement, Stuttgart 1993, S. 55-90.

Backhaus, K., Investitionsgütermarketing, 4. Aufl., München 1995.

Barth, K., Betriebswirtschaftslehre des Handels, 2. Aufl., Wiesbaden 1993.

Becker, J., Marketing-Konzeption, Grundlagen des strategischen Marketing-Managements, 5. Aufl., München 1993.

Berekoven, L., Grundlagen des Marketing, 5. Aufl., Herne–Berlin 1993.

Berndt, R., Marketing, 3 Bände, 2. bzw. 3. Aufl., Berlin u. a. 1995 bzw. 1996.

Böcker, F., Marketing, 5. Aufl., Stuttgart 1994.

Diller, H. (Hrsg.), Vahlens Großes Marketinglexikon, München 1992.

Engelhardt, W. H. / Günter, B., Investitionsgüter-Marketing – Eine Einführung, Stuttgart u. a. 1981.

Gierl, H., Marketing, Stuttgart–Berlin–Köln 1995.

Gümbel, R., Handel, Markt und Ökonomik, Wiesbaden 1985.

Hammann, P. / Lohrberg, W., Beschaffungsmarketing, Stuttgart 1986.

Hasitschka, W. / Hruschka, H., Nonprofit-Marketing, München 1982.

Hill, W. / Rieser, I., Marketing-Management, 2. Aufl., Bern–Stuttgart 1993.

Kotler, P., A Generic Concept of Marketing, in: Journal of Marketing, Vol. 36 (1972), No. 4, S. 46-54.

– Marketing für Non-Profit-Organisationen, Stuttgart 1978.

Kotler, P. / Bliemel, F., Marketing-Management. Analyse, Planung, Umsetzung und Steuerung, 8., vollst. neu bearb. u.. erw. Aufl., Stuttgart 1995.

Meffert, H., Marketing, Nachdruck der 7. Aufl., Wiesbaden 1991.

Müller-Hagedorn, L., Handelsmarketing, 2. Aufl., Stuttgart u. a. 1993.

Plinke, W., Die Geschäftsbeziehung als Investition, in: *Specht, G. / Silberer, G. / Engelhardt, W. A.* (Hrsg.), Marketing-Schnittstellen – Herausforderungen für das Management, Stuttgart 1989.

Raffée, H. / Wiedmann, K. P., Nicht-kommerzielles Marketing – ein Grenzbereich des Marketing?, in: BFuP, 35. Jg. (1983), S. 185-208.

Raffée, H. / Fritz, W. / Wiedmann, P., Marketing für öffentliche Betriebe, Stuttgart u. a. 1994.

Scheuch, F., Dienstleistungsmarketing, München 1982.

Steffenhagen, H., Marketing – Eine Einführung, 3., überarb. Aufl., Stuttgart u. a. 1994.

Tietz, B., Marketing, 3., vollst. neubearb. u. erw. Aufl., Tübingen u. a. 1993.

Webster, F. E., Top Management's Concerns about Marketing: Issues for the 1980's, in: Journal of Marketing, Vol. 45 (1981), No. 3, S. 9-16.

§ 2 Markt und Marktwirtschaft

1. Charakteristika und Arten von Märkten

Der ökonomische Ort des Tausches ist der Markt. Hier begegnen sich Angebot und Nachfrage. Dadurch kommt es zur Preisbildung. In einer Marktwirtschaft übernehmen Märkte und Preise, die sich auf diesen bilden, eine zentrale Steuerungsfunktion. Sie stimmen die Einzelpläne der Haushalte und der Unternehmungen aufeinander ab.

1.1. Merkmale eines Marktes

In *Vahlens Großes Wirtschafts Lexikon* (1993) finden sich über 60, in *Vahlens Großes Marketing Lexikon* (1992) gar über 80 Begriffe, die mit der Silbe „**Markt**" beginnen, und noch weit mehr, die damit enden. Nicht alle kennzeichnen Märkte (z. B. Marktforschung oder Marktordnung), doch darf diese Häufung als ein Indiz dafür gewertet werden, daß die den einzelnen Wortverbindungen zugrundeliegenden Sachverhalte in einer Marktwirtschaft eine zentrale Rolle spielen.

(1) Ein Markt läßt sich zunächst einmal nach der primären **Richtung** einer **Transaktion** charakterisieren. Je nachdem, ob man kauft oder verkauft, agiert man auf dem **Beschaffungs**- oder dem **Absatzmarkt**. Geht es um das Objekt, also um Sachen, Dienstleistungen, Kapital oder Menschen, stößt man auf Begriffe wie **Güter-**, **Faktor-**, **Wohnungs-**, **Versicherungs-**, **Banken-**, **Geld-**, **Kapital-**, **Devisen-**, **Aktien-**, **Renten-**, **Medien-**, **Arbeits-** oder **Personalmarkt**. Selbst der soziale Sektor wird von Angebot und Nachfrage bestimmt, worauf auch Begriffe wie **Heirats-** oder **Spendenmarkt** hindeuten.

(2) Konzentriert man sich auf „**Güter**“, meint man entweder **Konsum-**, **Investitions-**, **Produktionsgüter** oder **Dienstleistungen**. Erstere dienen den Menschen zur Befriedigung spezifischer Bedürfnisse. Dabei sind **Verbrauchsgüter** zur einmaligen und **Gebrauchsgüter** zur mehrmaligen oder auch andauernden Verwendung bestimmt. **Produktions-** und **Investitionsgüter** werden bei der Herstellung von Erzeugnissen bzw. bei der Erstellung von Dienstleistungen benötigt. Investitionsgüter unterliegen, vereinfacht ausgedrückt, lediglich einer Abnutzung (z. B. Maschine), während Produktionsgüter in die zu erstellenden Erzeugnisse direkt als Rohstoffe (z. B. Kupfer, Eisen, Getreide, Baumwolle) bzw. Bauteile (z. B. Chips, Aggregate, Accessoires) oder indirekt als Hilfs- (z. B. Lack, Leim, Schrauben) oder Betriebsstoffe (z. B. Energie, Schmieröl) eingehen. Nachgefragt werden sie von Gewerbetreibenden und öffentlichen Einrichtungen. Je nach Status des Bedarfsträgers kann ein und dasselbe Gut einmal Konsum-, das andere Mal Investitions- oder Produktionsgut sein (z. B. Computer, Automobil, Strom und Benzin).

Bei **Investitionsgütern** empfiehlt es sich, zwischen drei Geschäftstypen, dem **Produkt-**, **System-** und **Anlagengeschäft**, zu trennen. Im ersten Fall handelt es sich um standardisierte Massenerzeugnisse, während das Systemgeschäft durch mehrere, aufeinanderfolgende Kontakte gekennzeichnet werden kann, wobei es stets um Bausteine eines größeren Ganzen geht. Beim Anlagengeschäft ist die Absatzphase im wesentlichen bereits beendet, wenn der Fertigungsprozeß beginnt. Es handelt sich hierbei um komplette, zumeist auf die spezifischen Bedürfnisse von Abnehmern zugeschnittene Kombinationen von Aggregaten.

Dienstleistungen stellen Verrichtungen an oder zum Nutzen von Menschen oder Objekten dar, die unter Vorhaltung entsprechender Ressourcen in Form einer geistigen Leistung (z. B. Rechtsberatung), manuell (z. B. Friseur) oder maschinell (z. B. Autowaschanlage) nach dem Uno-actu-Prinzip (also in Anwesenheit oder unter Mitwirkung dessen, der die Leistung empfängt) erbracht werden, aber weder auf Vorrat produziert oder gelagert noch transportiert oder weiterveräußert werden können. Daß diese Kennzeichnung ihre Tücken hat, illustriert folgendes Beispiel.

Betrachtet man den von einer Bank erstellten Konto- oder Depotauszug als Information, die ohne weiteres auch auf andere Weise hätte übermittelt werden können, erscheint die übliche Kennzeichnung eines solchen Service als **immaterieller Natur** gerechtfertigt. Sieht man darin jedoch ein Stück bedruckten Papiers, kann dieses aufbewahrt, befördert, ja sogar widerrechtlich veräußert werden, falls sich ein Dritter dafür unbefugterweise interessiert. Es handelt sich somit um ein materielles Gut. Noch komplizierter verhält es sich mit einem Computerprogramm, welches zweifellos das Ergebnis einer geistigen Leistung und sogar urheberrechtlich geschützt (§ 2 *UrhG)* ist, aber ohne ein Speichermedium nicht transaktionsfähig wäre.

Man unterscheidet, wie bereits in § 1 dieses Buches erwähnt, **primäre** und **sekundäre Dienstleistungen**. Erstere stehen im Zentrum, bilden den Kern des Kontrakts. Es existiert daneben kein physisches, sichtbares Produkt. Diesem Bereich subsumiert man z. B. Banken, Versicherungsgesellschaften, Auskunfteien, Chemische Reinigungs-, Transport- und Beherbergungsbetriebe. Sekundäre Dienstleistungen flankieren demgegenüber den eigentlichen Gegenstand einer Geschäftsbeziehung, wobei dieser in einem Sachgut oder einer primären Dienstleistung bestehen kann. Üblicherweise rechnet man dazu jede Art von Service, wobei dieser gratis oder gegen Entgelt, auf freiwilliger Basis oder in Erfüllung einer juristischen Verpflichtung gewährt werden kann. Beispielsweise sind, wie ein Reisebüro betont, „Urlaubsdiebe chancenlos", wenn dieses nicht nur eine erholsame Kreuzfahrt veranstaltet (Primärdienstleistung), sondern auch das dann leerstehende Haus einer mitreisenden Familie bewacht (Sekundärdienstleistung).

(3) In **räumlicher Hinsicht** gibt es **regionale Märkte**, z. B. Deutschland, Frankreich, die EU-Länder, oder den **Weltmarkt. Zeitpunktbezogene Märkte** verkörpern etwa die **Börse** oder Veranstaltungen wie **Wochen-**, **Jahrmarkt** und **Auktion.**

(4) An einem Markt interessiert vor allem dessen **Größe**. Man möchte wissen, wie das **Marktvolumen** (= von allen Anbietern pro Zeiteinheit realisierter Absatz) zu veranschlagen oder wie das **Marktpotential** (= unter bestimmten Bedingungen von allen erreichbarer Absatz) einzuschätzen sind. Setzt man den einen Begriff zu dem anderen in Beziehung, resultiert daraus die **Marktdurchdringung**, die sich von Null bis 100% erstrecken kann. Im letzteren Fall hat man den Zustand der **Marktsättigung** erreicht. Zur Kennzeichnung des Status quo dienen auch Begriffe wie Sättigungsgrad, Marktdurchdringung, -penetration, -ausschöpfung oder Reifegrad eines Marktes. Vor allem bei dem zuletzt genannten Begriff schwingt insofern eine zeitliche Dimension mit, als im Zustand der Maturität, der oft erst nach vielen Jahren erreicht wird, Innovationen nicht mehr zu erwarten sind bzw. solche dem Absatz keine Impulse mehr geben könnten.

Wenn, wie in der Marktwirtschaft idealtypisch unterstellt wird, alle für die Befriedigung konkreten Bedarfs erforderlichen Ressourcen verfügbar sind, hängt die **Größe** eines **Marktes** letztlich von der **Zahl** der **Bedarfsträger** und deren **Bedarfsintensität**, diese wiederum von der **Kaufkraft** der Abnehmer, deren eigenen **Absatzmöglichkeiten**, soweit es sich um Gewerbetreibende handelt, und von den **Bemühungen** der **Anbieter** um Weckung oder Ausweitung von Kaufwünschen ab.

(5) Aus betriebswirtschaftlicher Sicht erscheint ein Markt, in den man eindringen möchte, vor allem dann attraktiv, wenn sowohl die **Eintrittsschranken** für einen Interessenten als auch die **Marktaustrittsschranken** für die auf jenem agierenden Wettbewerber niedrig sind. Hat man die Zugangshürden erst einmal übersprungen, können diese – für andere – nicht hoch genug sein. Weiterhin sollten die Produkte des Newcomers **Marktgeltung** beanspruchen können und vergleichsweise hohe Preise erzielen, kein Konkurrent sollte über ausgeprägte **Marktmacht** verfügen oder sich gar der **Marktbeherrschung** nähern. Für den Staat darf kein Anlaß zur **Marktregulierung** bestehen, etwa indem er durch Erlaß von Ge- und Verboten in den Preismechanismus eingreift oder als Nachfrager bzw. Anbieter sein Gewicht in die Waagschale wirft, um so die Verhältnisse in seinem Sinne zu verändern. Entscheidend aber ist, daß die auf dem Markt bestehenden Möglichkeiten noch lange nicht ausgereizt erscheinen.

Auf die Unterscheidung zwischen **Käufer-** und **Verkäufermarkt** ist bereits in § 1 hingewiesen worden. Völlig fehl am Platz in dieser Aufzählung wäre der Verbrauchermarkt, eine Betriebsform des Einzelhandels, die in § 7, Abschn. 2.2.1.2.3., charakterisiert werden wird.

(6) Bleibt noch auf eine in der Volkswirtschaftslehre seit alters her getroffene, bei modelltheoretischen Betrachtungen beliebte Unterscheidung hinzuweisen, nämlich die **Vollkommenheit** bzw., das Gegenteil davon, die **Unvollkommenheit** eines **Marktes**. Als vollkommen gilt ein solcher, wenn folgende Merkmale gegeben sind, als unvollkommen, wenn auch nur eine einzige Bedingung nicht erfüllt ist:

- Alle Anpassungsprozesse an Veränderungen der Umweltbedingungen vollziehen sich unendlich schnell. Beispielsweise können die Produktions- und Vertriebskapazität – je nach den Erfordernissen – beliebig variiert, Preise technisch von einer Sekunde auf die andere erhöht oder gesenkt werden, und, wenn ein Wettbewerber einen grandiosen Einfall (z. B. in der Werbung) hat, vermögen andere dem unverzüglich Vergleichbares entgegenzusetzen.
- Es bestehen keinerlei Präferenzen in räumlicher, zeitlicher, persönlicher oder sachlicher Hinsicht. Dies bedeutet, daß es dem einzelnen Bedarfsträger völlig gleichgültig sein kann, wo, wann, von wem er ein bestimmtes Produkt und welches Fabrikat er dabei erwirbt. Ein Unternehmen kann sich somit praktisch nicht profilieren, es sei denn über den Preis.
- Es herrscht völlige Markttransparenz, d. h. beide Seiten verfügen über alle in einer Bedarfssituation erforderlichen Informationen. Was auch immer es zu wissen gilt, ist bekannt und verfügbar.

– Es gibt weder Markteintritts- noch Marktaustrittsbarrieren. Es handelt sich demnach um sog. bestreitbare Märkte („contestable markets"). Damit ist folgendes gemeint: Es bedarf einerseits nicht erst gewaltiger Aufwendungen, um auf einem Gebiet „mitmischen" zu können. Auf der anderen Seite sind nicht Investitionen in Millionen- oder gar Milliardenhöhe getätigt worden, die sich zuerst amortisieren müssen, ehe man z. B. statt Autos mit Benzinmotoren solche mit Elektroantrieb fertigt.

Solange vollkommene Konkurrenz als wettbewerbspolitisches Leitbild anerkannt war, galt Marktunvollkommenheit als grundsätzlich unerwünscht. Ihre Beseitigung durch staatliche Gegenmaßnahmen erschien unabdingbar. Das mittlerweile zur Richtschnur für die Marktwirtschaft avancierte Konzept des **funktionsfähigen Wettbewerbs** („workable competition"; siehe Abschn. 3.1.2.) hat indessen zu einer völligen Abkehr von der betriebswirtschaftlich schon immer irrigen Befürwortung des vollkommenen Marktes geführt. Es wird nicht mehr bestritten, daß Unvollkommenheit, gemessen an den skizzierten Maßstäben, wettbewerbspolitisch zumeist (nicht immer!) erwünscht ist.

Weshalb z. B. sollte ein findiger Unternehmer mit einer Produktinnovation einen Vorsprung vor seinen Konkurrenten gewinnen und einen Pioniergewinn erzielen wollen, wenn diese unverzüglich nachzuziehen in der Lage wären? Auch eine Preissenkung verlöre jeden Sinn, wenn der damit angestrebte Effekt einer überproportionalen Mengenausweitung dadurch torpediert würde, daß sich alle Wettbewerber zeitgleich zu derselben Maßnahme entschlössen. Was aus der Sicht des Marketing sinnvoll, mehr noch: geboten erscheint, wird somit nach einer langen Phase gegenteiliger Auffassung von der Nationalökonomie heute durchaus weithin gutgeheißen.

1.2. Der relevante Markt

Wer als Wettbewerber in Betracht kommt, hängt davon ab, wie der sog. **relevante Markt** definiert ist. Dessen konkrete Festlegung erweist sich von unmittelbarer praktischer Bedeutung, und zwar sowohl für das **Marketing** als auch für das **Wettbewerbsrecht**. Daß es keineswegs einfach ist, im konkreten Fall die Grenzen zu ziehen, illustriert folgendes Beispiel.

Jedes Wirtschaftssubjekt hat als Individuum aus seinem laufenden Einkommen Ausgaben für Nahrungs- und Genußmittel, für Getränke, für Miete oder Unterhalt des eigenen Domizils, für Versorgung (Strom, Wasser, Heizung) und Entsorgung (Müllabfuhr), ferner für Kommunikations-, Versicherungs- und Transportdienstleistungen zu tätigen. Was hierbei monatlich an Belastungen zusammenkommt, liegt der Art und Höhe nach einigermaßen fest. Den Rest, über den der einzelne verfügen kann, nennt man **vagabundierende Kaufkraft**. Damit lassen sich z. B. eine Wochenendreise oder ein teurer Theater- samt Lokalbesuch mit der Familie finanzieren, ein Kleidungsstück erstehen oder Wertpapiere erwerben. Folglich konkurrieren alle Anbieter von Leistungen miteinander, die aus den vom Haushalt noch nicht verplanten Mitteln bezahlt werden. Die Theorie spricht hier von **totaler Konkurrenz**.

Wie ist der relevante Markt abzugrenzen? Die Frage erweist sich durchaus als bedeutsam; denn wie soll sich jemand auf seine Konkurrenten einstellen, wenn er keine Ahnung davon hat, wer diese sind, genauer: wie weit der Kreis zu ziehen ist?

Dem Interesse der Wettbewerbsjuristen an dem Problem liegt ein ganz anderes Anliegen zugrunde. Nach § 22 *GWB* sind marktbeherrschende Unternehmungen einer Mißbrauchsaufsicht durch die Kartellbehörden unterworfen. Im Ernstfall gilt es, drei, hier bewußt in der falschen Reihenfolge gestellte Fragen zu klären: Worin äußert sich **Mißbrauch**, was heißt **Marktbeherrschung**, was gilt als **Markt**?

Das Kartellamt unterscheidet zwischen **Behinderungs-** und **Ausbeutungsmißbrauch**. Ersterer besteht in der Beeinträchtigung der Handlungsfreiheit anderer Unternehmen im Wettbewerb, während die zweite Variante darauf abhebt, daß die Marktgegenseite, z. B. durch Fordern oder Anbieten von – je nach Fall – zu hohen oder zu niedrigen Preisen, geschädigt wird. Die Befugnisse der Behörde ergeben sich vor allem aus § 26 Abs. 2 *GWB*, der ein **Diskriminierungsverbot** statuiert, und § 24 *GWB*, der eine **Fusionskontrolle** ermöglicht.

Marktbeherrschung liegt vor, wenn ein Unternehmen für eine bestimmte Art von Waren oder gewerblichen Leistungen keinem bzw. keinem wesentlichen Wettbewerb ausgesetzt ist oder über eine im Verhältnis zu seinen Konkurrenten überragende Marktstellung verfügt. Vermutet wird dies, wenn ein Anbieter, außer bei geringfügigen Umsätzen, einen Marktanteil von einem Drittel oder mehr besitzt, ferner wenn bis zu drei, unter bestimmten Bedingungen zusammenzufassende Unternehmungen gemeinsam mindestens die Hälfte und bis zu fünf Betriebe zwei Drittel oder einen noch höheren Prozentsatz des auf dem relevanten Markt erzielten Umsatzes auf sich vereinen.

Damit man einen Markt**anteil** bestimmen kann, muß man wissen, worauf sich **Markt** bezieht. Dazu sind in der wirtschaftswissenschaftlichen Fachliteratur drei Vorgehensweisen vorgeschlagen worden (eingehend dazu *Dichtl / Schobert* 1979, S. 89 ff.; *Bauer* 1989), von denen die Kartelljuristen die ersten beiden Varianten der hier an dritter Stelle skizzierten Spielart favorisieren.

(1) Man kann einmal von der **Kreuz-Preiselastizität** ausgehen (Näheres zur Bestimmung der Preiselastizität in § 6, Abschn. 3.2.3.2.; um zur Kreuz-Preiselastizität zu gelangen, werden Mengen und Preise auf zwei verschiedene Produkte bezogen). Danach sind solche Güter und damit deren Anbieter, aber nur mit dieser Produktgruppe (!), demselben Markt zuzurechnen, deren Elastizitätskoeffizienten (ohne Rücksicht auf das Vorzeichen) eine bestimmte Schwelle auf der

von Null bis Unendlich reichenden Werteskala überschreiten. Die Heranziehung dieses Kriteriums ist jedoch aus mehreren Gründen problematisch. So erscheint es zum einen unter Marketinggesichtspunkten nicht angemessen, Konkurrenzbeziehungen zwischen zwei Rivalen allein auf preispolitische Maßnahmen zu reduzieren und von allen anderen absatzpolitischen Aktivitäten abzusehen. Ein weiterer Einwand besteht darin, daß kein numerischer Schwellenwert existiert, bei dessen Überschreitung eine Wettbewerbsbeziehung als gegeben erachtet wird. Oft fehlen in der Praxis auch die erforderlichen Daten.

(2) Als zweites Kriterium kommt das **Verhalten** von **Betrieben** in Betracht. Danach umfaßt der relevante Markt alle Unternehmungen, die Aktionen und Reaktionen der jeweils anderen bei ihren Absatzaktivitäten zu antizipieren gehalten sind. Die Problematik der Datenbeschaffung schränkt die Praktikabilität auch dieses Ansatzes so stark ein, daß ihm keine empirische Bedeutung zukommt.

(3) Ein dritter Ausgangspunkt zur Abgrenzung des relevanten Marktes besteht darin, auf die **Affinität** der einzelnen **Produkte** bzw. **Leistungen** abzuheben. Dabei kann zwischen einer **chemisch-physikalischen**, einer **funktionalen** und einer **perzipierten** Ähnlichkeit unterschieden werden. Meßtechnisch vergleichsweise einfach sind die beiden ersten Spielarten zu handhaben; denn es bedarf keiner großen Anstrengungen, um festzustellen, ob zwei Produkte aus weithin identischem Material bestehen oder die gleiche Funktion erfüllen. Darin indessen liegt nicht das Problem! Es kommt weniger auf die materielle oder funktionale Beschaffenheit eines Erzeugnisses an als vielmehr auf die **Reaktion** der potentiellen Abnehmer auf das **Angebot** eines Unternehmens. Allein diese entscheidet über Zielsetzung und Verhaltensweise der Anbieter im Markt.

Als Wettbewerber müssen nach diesem Kriterium daher solche Unternehmen angesehen werden, die sich mit ihrem Angebot um die Deckung eines von der Gegenseite als **homogen** oder **ähnlich empfundenen Bedarfs** bewerben. Studien, die einem derartigen Informationsanliegen gewidmet sind, werden im Wirtschaftsalltag durchaus durchgeführt. Um den Kreis der Kandidaten einzugrenzen, wird man sich dabei an deren Standort und Absatzreichweite, an der Art des Angebots und am Preisniveau, an der Lieferfähigkeit und ähnlichen Kriterien orientieren. Die Abgrenzung eines Marktes fällt um so schwerer, je mehr es um die Erfüllung solcher Wünsche geht, die dem Repräsentations-, Bildungs- und Erholungsstreben dienen, also über die Grundbedürfnisse hinausgehen.

(4) Einer justitiablen Form der Abgrenzung des **relevanten Marktes** bedarf es im Rahmen der **Fusionskontrolle** und des **Diskriminierungsverbots** nach deutschem Recht. In beiden Fällen kommt dem Begriff der **Marktbeherrschung** eine Schlüsselrolle zu. Eine solche gilt als gegeben, wenn ein Unternehmen auf einem Markt ohne wesentlichen Wettbewerber ist oder eine überragende Marktstellung innehat. Der für die Feststellung relevante Markt reicht so weit, wie Bedarfsträgern aus ihrer Sicht in sachlicher und räumlicher Hinsicht funktional

austauschbare Waren bzw. Leistungen angeboten werden. Wann der Tatbestand der Beherrschung erfüllt ist, regelt § 22 *GWB*.

Was **sachlich substituierbar** bedeutet, bestimmt sich danach, ob nach Verwendungszweck, Beschaffenheit und Preis vergleichbare Güter existieren. Bei der Bestimmung der **geographischen Grenzen** ist davon auszugehen, daß den Anstoß dazu stets ein konkreter Fall bzw. ein namentlich bekanntes Unternehmen gibt, das den Bezugspunkt bei der Definition bildet. Der (nur!) für dieses Unternehmen relevante Markt umschließt alle jene Anbieter, die für seine Kunden zumutbare Versorgungsalternativen darstellen. Im Einzelhandel gelten beispielsweise für den Nahrungsmittelsektor 20 Pkw-Minuten, für andere Bereiche wesentlich mehr, so z. B. für die Unterhaltungselektronik u. U. gar ca. 50 km als „Grenzwerte".

2. Triebkräfte des Marktgeschehens

Wer und was prägt einen Markt? Welche Faktoren sind verantwortlich für die Dynamik des Geschehens? Im Grunde sorgen sieben Gruppen von Akteuren dafür (siehe Abb. 2.1.), die hier aus der Sicht eines Herstellers näher gekennzeichnet werden sollen.

2.1. Bedarfsträger, Nachfrager, Käufer und Verbraucher

Ein vom Markt her gesteuertes Unternehmen kann nicht umhin, die **Bedarfsträger** bzw. Nachfrager, Käufer und Verbraucher zum Dreh- und Angelpunkt aller seiner Überlegungen zu machen. Die Begriffe bilden keine Synonyme, obwohl sie häufig als solche verwendet werden; denn um nachfragewirksam zu werden, muß Bedarf mit der nötigen Kaufkraft einhergehen. Auch **Nachfrager**, **Käufer** und **Verbraucher** fallen oft auseinander, dies insbesondere im gewerblichen Bereich. Nicht jeder, der Ware nachfragt, kauft auch. Und wer kauft, verbraucht das, was er erstanden hat, nicht unbedingt im eigenen Betrieb. Er könnte es weiterveräußern oder aus spekulativen Gründen horten. Was den privaten Sektor betrifft, so verzehrt z. B. nicht immer der, der Nahrungs- und Genußmittel erwirbt, diese allesamt selbst. Von Krawatten weiß man, daß sie überwiegend von Frauen erworben, jedoch von Männern getragen werden. **Kunden**, insbesondere Stammkunden nennt man solche Abnehmer, die bei einem bestimmten Anbieter mit einem gewissen Maß an Regelmäßigkeit ihren Bedarf decken, wobei es im Einzelhandel ein sprachliches Pendant dazu in Laufkunden bzw. Laufkundschaft gibt.

Als Bedarfsträger in Betracht kommen **Privatpersonen**, **Großhaushalte**, **Gewerbetreibende** und der **Staat**, ob im Inland oder im Ausland. Bei allen Bezugsgruppen herrschen unterschiedliche Absatzbedingungen.

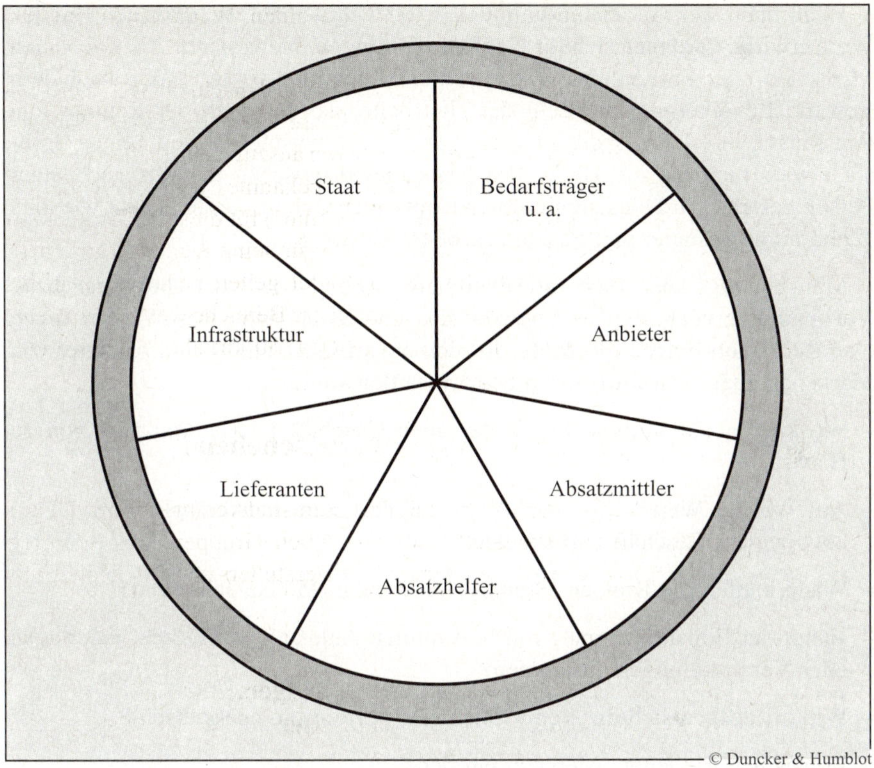

Abb. 2.1.: Triebkräfte des Marktgeschehens

In jedem der Fälle interessiert zunächst, **wer** von einem kauft und **wer nicht**. Beide Sektoren lassen sich z. B. mit Hilfe **demographischer Variablen** oder von **Firmenmerkmalen** beschreiben. Zu ersteren gehören etwa Wohnort, Geschlecht, Alter, Familienstand, Konfession, Beruf, soziale Schicht, Einkommens- und Besitzverhältnisse, zu letzteren Unternehmensgröße, Wirtschaftszweig, Abnehmerstufe (Hersteller, Wiederverkäufer, Großverbraucher etc.) und möglicherweise sogar Bilanzpositionen.

Wer nicht zu den Kunden zählt, kann entweder bei Konkurrenten oder überhaupt nicht kaufen, obwohl er eigentlich Bedarf hätte. Beispielsweise gibt es in der Bundesrepublik Deutschland viel mehr Menschen, die einer Hörhilfe bedürfen, als solche, die tatsächlich ein derartiges Gerät tragen. Fraglos müssen jeweils ganz verschiedene Marketingmaßnahmen getroffen werden, je nachdem, ob ein Anbieter Leute überzeugen will, die es nicht wahrhaben wollen, daß sie hörgeschädigt sind, oder ob er bei Bedarfsträgern Präferenzen für seine eigenen Erzeugnisse schaffen möchte.

Weiß man, wer von einem unmittelbar oder mittelbar, also über den Handel, Ware erwirbt, wird man sich für **Größenordnungen** interessieren. Mit wie vielen Menschen oder Firmen sind die einzelnen Kategorien besetzt? Wie verändern sich die Bevölkerung, die Zahl der Haushalte, das Segment der Rentner und Pensionäre, ihre Lebensbedingungen usw.? Wenn beispielsweise in einer Großstadt wie Hamburg die Hälfte der Haushalte inzwischen aus nur noch einer Person besteht, wird dies unmittelbare Konsequenzen z. B. dafür haben, wie man Wohnräume gestaltet und Packungsgrößen bemißt.

Man benötigt aber auch Informationen darüber, wie sich **Abnehmer** bzw. **Verbraucher verhalten** und wovon dies jeweils abhängt. Das Wie sei durch eine Reihe von Fragen illustriert, die sich etwa Einzelhändler und Anbieter von Markenerzeugnissen im Konsumbereich stellen werden:

- Wo kaufen die Verbraucher, in welchen Geschäften, wie weit weg von zu Hause?
- Auf welche Weise wird der Weg von dort zum Einkaufsplatz bzw. zum bevorzugten Geschäft zurückgelegt?
- Wann kaufen die Kunden (Stunde, Wochentag, Monat, Jahreszeit)?
- Hängt der Einkaufsvorgang mit bestimmten Anlässen wie Festen, Feiertagen oder Veranstaltungen zusammen?
- Wie oft decken sich die Betroffenen ein (periodisch, aperiodisch)?
- In welchen Einheiten, Mengen, Größen?
- Welche Preislage, Qualität, Verpackung usw. bevorzugen sie?
- Welche Güter erwerben sie jeweils zusammen?
- Kaufen sie auch Konkurrenzprodukte, suchen sie weitere Geschäfte auf?
- Wie hoch ist der durchschnittliche Einkaufsbetrag und wie wird dieser entrichtet (sofort, später; bar, per Scheck, mittels Kreditkarte etc.)?
- Welche Bedeutung kommt geplanten und impulsiv getätigten Käufen zu?
- Wie bzw. durch wen lassen sich die Betroffenen zu Einkäufen anregen?
- Wie verhalten sie sich im Verkaufsraum? Wie lange verweilen sie dort, welche Wege schlagen sie im Laden ein, wie entnehmen sie die Waren dem Regal usw.?

Es liegt auf der Hand, daß es mit der Erlangung von Antworten auf die hier skizzierten Fragen bezüglich des Verbraucherverhaltens noch nicht getan ist. Nicht minder wichtig sind Informationen über **Ort, Zeit** und andere **äußere Umstände** des **Verbrauchs** bzw. **Gewohnheiten** beim **Gebrauch** des erworbenen Gutes.

Beispielsweise hatte ein internationaler Mineralölkonzern vor Jahren große Schwierigkeiten bei dem Versuch, ein in anderen Ländern erprobtes Schmieröl für Dieselmotoren in Algerien einzuführen. Die Ursache dafür lag nicht etwa, wie vielleicht zu erwarten gewesen wäre, in den dort herrschenden klimatischen Verhältnissen, sondern, wie man bald herausfand, in der Gepflogenheit, Lastkraftwagen beträchtlich zu überladen und so Motoren und Schmieröle Belastungen auszusetzen, die von deren Herstellern nicht antizipiert und folglich nicht eingeplant worden waren. Es versteht sich, daß derartige Gesichtspunkte vor allem bei **technischen** Gebrauchsgütern Bedeutung erlangen.

Bei den **Bestimmungsfaktoren** des **Verbraucherverhaltens** gibt es solche **ökonomischer** (Kaufkraft, Einkommen, Vermögen, Kreditfähigkeit), **soziokultureller** (Kultur, soziale Klasse), **sozialer** (Gruppeneinflüsse) und **individueller** (Motivation und Persönlichkeit) **Natur**. Der Marketing-Forschung stellt sich hier die Aufgabe, unablässig zu verfolgen, wie sich die wirtschaftliche Lage der Zielgruppe entwickelt, ob sich deren Gewohnheiten, Einstellungen und Vorlieben verändern und dgl. mehr. Inwieweit wandeln sich die Werte, die eine Gesellschaft prägen? Befürwortung von Genuß (Hedonismus), Bevorzugung von Freizeit gegenüber Arbeit, Bedeutungsschwund von Tugenden wie Pflichtgefühl und Leistung, Überwindung traditioneller Familienbindung, Einsicht in die Notwendigkeit des Umweltschutzes, Verwässerung sozialer Schichten sind nur einige wenige Stichworte für Vorgänge, die hierbei interessieren.

Was hierüber an konkreten Erkenntnissen vorliegt (siehe z. B. *Kroeber-Riel* 1992), wird von vielen nicht wahrgenommen, von manchen nicht oder zu spät ernstgenommen und von nicht wenigen verdrängt. In der Marketingwissenschaft spielt die Erforschung des Käufer- und Konsumentenverhaltens eine große Rolle. Dem wird hier dadurch Rechnung getragen, daß im Kontext der in den §§ 5 bis 8 behandelten Fragen jeweils auf einschlägige Befunde Bezug genommen wird.

Das Kaufverhalten im **gewerblichen Bereich** weist gegenüber dem privater Abnehmer einige strukturelle Eigentümlichkeiten auf:

- Gewerbliche Kunden äußern keinen ursprünglichen, sondern einen **abgeleiteten Bedarf**, d. h. sie erwerben nur dann Ware, wenn ihre eigene Auftragslage bzw. Erwartung über den Geschäftsverlauf dies sinnvoll erscheinen läßt.
- Der **Einkauf** ist zumeist **institutionalisiert**. Es existieren dafür besondere Organe, die üblicherweise mit Fachleuten besetzt sind.
- Über einen Kauf entscheiden in aller Regel **mehrere Personen**, die von außen her oft schwer auszumachen sind und nicht selten unterschiedlichen Hierarchiestufen angehören.
- Die **Beziehungen** zu **Firmenkunden** sind zumeist **zeitlich stabiler** als jene zu Privatleuten.

Im konkreten Fall geht es vor allem um folgende Fragen:

- Wer kommt als Abnehmer für die angebotenen Erzeugnisse in Betracht?

- Wer ist für den Einkauf zuständig? Wieviele Instanzen sind in den Beschaffungsprozeß eingeschaltet? Auf welcher hierarchischen Ebene wird verhandelt? Bestehen kapitalmäßige Verflechtungen oder sonstige Bindungen an andere Unternehmen, die für die Wahl des Lieferanten maßgebend sein können (Konzernabschlüsse, Gemeinschaftseinkauf usw.)?

- Wo wurde bisher Ware bezogen? Wurden langfristige Lieferverträge abgeschlossen? Würde die Abwerbung eines bedeutenden Kunden die Beziehung zu dem fraglichen Konkurrenten belasten und dessen künftiges Wettbewerbsverhalten präjudizieren?

- Welchen Jahresbedarf hat ein bestimmter Abnehmer? Wieviel hat er bisher und insbesondere im laufenden Jahr bezogen (mehr oder weniger als im Vorjahr)?

- Wie verhält es sich mit der Zahlungsmoral des Kunden?

- Welche Präferenzen gegenüber den am Markt befindlichen Anbietern und Produkten kann man erkennen (z. B. nicht Preis, sondern Zuverlässigkeit der Belieferung, Möglichkeit der Nachlieferung, Beratung maßgebend; Bevorzugung inländischer gegenüber ausländischen Lieferanten)? Worauf kommt es an?

Ist die Beschaffungsentscheidung für ein Investitionsgut einfach strukturiert (geringe Neuartigkeit des Problems, kaum Anlaß zu organisatorischem Wandel, relativ niedriger Wert) und handelt es sich um **einen** personalen Entscheidungsträger, so können die Beschaffungsprozesse mit Hilfe von S-O-R-Modellen (vgl. § 5, Abschn. 2.3.) beschrieben und erklärt werden. Je komplexer jedoch die Struktur der Beschaffungsentscheidung und je höher die Anzahl der an einem solchen Prozeß beteiligten Individuen sind, desto bedeutsamer wird die Berücksichtigung der jeweiligen Organisations- und Umwelteinflüsse auf das Kaufverhalten der gewerblichen Abnehmer.

Auch der **Staat** ist – weniger in Gestalt von Körperschaften (z. B. Sozialversicherung), Stiftungen und Bundeswehr, dafür um so mehr in Form von Anstalten (Eisenbahn, Postdienst etc.) – Nachfrager. Zu Bund und Ländern kommen noch die Kommunen hinzu, die beispielsweise mit Versorgung und Entsorgung befaßt sind oder Verkehrsbetriebe und Einrichtungen wie Krankenhäuser, Theater und Sparkassen unterhalten. Ferner haben halbstaatliche oder staatsnahe Institutionen wie Rundfunk- und Fernsehanstalten an mancherlei Gütern Bedarf. Nicht zuletzt tätigt die Öffentliche Hand in hohem Maße sog. Realausgaben, d. h. sie erwirbt Güter oder Dienste, die dem privaten Sektor zumeist ohne spezielles Entgelt zur Verfügung gestellt werden (z. B. innere und äußere Sicherheit, Verkehr, Ausbildung). Bei Beschaffungsmaßnahmen all dieser Art bedarf es grundsätzlich der **öffentlichen Ausschreibung**, um Chancengleichheit der Anbieter und Nachprüfbarkeit der Auftragsvergabe zu gewährleisten.

2.2. Die Anbieter

Das Marktgeschehen wird von Nachfragern und Anbietern zusammen bestimmt. Unserem wirtschaftspolitischen Ideal entspricht es, wenn tendenziell **viele Akteure** um die Gunst der Käufer ringen, da dies alle Beteiligten antreibt, Produkt- und Prozeßinnovationen hervorzubringen, also neue Erzeugnisse und z. B. leistungsfähigere Vertriebsverfahren zu entwickeln. Außerdem hält scharfe Konkurrenz die Preise in Schach. Wie der Kreis der Wettbewerber abzugrenzen ist, hat uns bereits im Rahmen der zum relevanten Markt (vgl. Abschn. 1.2.) angestellten Überlegungen beschäftigt.

Es gibt im übrigen nicht nur Unternehmungen, die hier und heute als Anbieter auf dem Markt agieren, sondern auch solche, die jederzeit auf diesem auftreten könnten, darauf aber vorderhand oder auf absehbare Zeit verzichten. Solche **potentiellen Wettbewerber** verfügen über alles, was dazu an Wissen, Menschen, Maschinen, Rechten usw. erforderlich wäre, halten sich aber aus dem Geschehen heraus, weil sie sich auf andere Aufgaben konzentrieren oder weil ihnen der fragliche Bereich gegenwärtig nicht lukrativ genug erscheint. All dies könnte sich rasch ändern.

Eine dritte Gefahr verkörpern Unternehmen, die **Substitutionsgüter** herstellen und vertreiben. Die Behälterglasindustrie bietet dafür ein illustratives Beispiel. Die diesem Wirtschaftszweig zugehörigen Betriebe stehen nicht nur mit ihresgleichen, sondern auch mit solchen, die Blechdosen (z. B. für Bier), Kartons (Milch), Aluminiumbehältnisse (Fruchtsaft) und Plastikgebinde (Joghurt) vermarkten, im Wettbewerb. Es geht wiederum um den relevanten Markt. Wenn das Speditionsunternehmen mit der Bahn, diese mit der Fluggesellschaft und die Airline, vor allem bei Frachtgut, mit der Reederei um die Gunst der Nachfrager ringt, erscheinen die Verhältnisse, mit denen sich jeder einzelne konfrontiert sieht, noch einigermaßen überschaubar. Man hat sich aber auch dagegen vorzusehen, daß völlig **neuartige Produkte** oder **Verfahren** auf den Markt kommen, die die vorhandenen sukzessive oder schlagartig verdrängen.

2.3. Absatzmittler, Absatzhelfer und Lieferanten

Ein gewichtiges Versäumnis der mikroökonomischen Theorie besteht darin, daß diese die Beziehungen einer Unternehmung zu den eigentlichen Bedarfsträgern nur **einstufig analysiert**, d. h. ohne die Rolle der Absatzmittler zu würdigen. **Hersteller**, **Handel** und **Helfer** wirken indessen zumeist zusammen bei der Versorgung der Bevölkerung mit Gütern des kurz-, mittel- und langfristigen Bedarfs. Bei Investitions- und Produktionsgütern spielen Absatzhelfer eine ähnlich wichtige, Absatzmittler dagegen eine weitaus weniger bedeutsame Rolle. Immerhin gibt es Spielarten wie den Produktionsverbindungshandel, ferner landwirtschaftliche Bezugs- und Absatzgenossenschaften sowie den Import- und Exporthandel, die alle vielfältige Aufgaben im Rahmen der Versorgung von Gewerbetreibenden mit den von diesen benötigten Gütern wahrnehmen.

Große Teile des **Handels** verfügen heute über **Nachfragemacht**, Ergebnis einer Entwicklung, die die Väter unseres Kartellgesetzes *(GWB)* Mitte der fünfziger Jahre nicht hatten voraussehen können. Dies drückt sich darin aus, daß dieser Wirtschaftszweig weithin seine eigene Politik verfolgt und keinesfalls mehr, wie früher, den Erfüllungsgehilfen der Produzenten spielt. Die zwischen Herstellern und Handel eingetretene Machtverlagerung führte zu einer komplizierten Situation insofern, als dem auf der **horizontalen Ebene** ausgetragenen **Wettbewerb** noch eine **vertikale Dimension** hinzugefügt wurde. Weder die Wirtschafts- noch die Rechtstheorie sind damit bisher fertiggeworden.

Bis etwa Anfang der siebziger Jahre stellte man sich unter Wettbewerb einen Kampf der Anbieter um die Gunst der Nachfrager vor, wobei die Betroffenen mit nahezu gleichen Waffen ausgerüstet ins Gefecht zogen. Um Verstöße gegen die Spielregeln zu ahnden, genügte im allgemeinen das Gesetz gegen den unlauteren Wettbewerb *(UWG)*. Mit der Herausbildung von Nachfragemacht versuchen heute diejenigen, die diese Entwicklung prägen, bei ihren Lieferanten Sondervorteile für sich herauszuschlagen, die sie jedoch nicht für sich selbst beanspruchen, sondern überwiegend an die Verbraucher weitergeben.

Umgekehrt tendieren Hersteller dazu, nur ganz bestimmte Betriebsformen des Handels oder ausgewählte Adressaten zu beliefern, und zwar entweder aus eigenem Antrieb heraus oder deshalb, weil sie den Pressionen einiger ihrer marktmächtigen Abnehmer erliegen. Auf derselben Ebene angesiedelt ist die Praxis von Anbietern, handverlesenen Abnehmern bei Rabatten und sonstigen Konditionen Zugeständnisse in einem Ausmaß zu gewähren, das die übrigen Abnehmer von vornherein ihrer Chancen beraubt, den Wettbewerbskampf auf der Verbraucherebene zu bestehen. Dieser Tatbestand ist als **Rabattspreizung** in die Rechtsprechung eingegangen.

Die vom Staat zu betreibende **Ordnungspolitik** befindet sich hier insofern in einer zwiespältigen Lage, als sie auf der einen Seite die Vertragsfreiheit gewährleisten, auf der anderen aber auch den Bestand des Wettbewerbs schützen, insbesondere dem Mißbrauch von Macht einen Riegel vorschieben muß. Letztlich darf der eine vom anderen nur verlangen, der eine dem anderen nur gewähren, was angesichts der jeweiligen Gegenleistung als angemessen gelten kann. Doch wo dieser Punkt liegt, wo also der **Leistungs-** in den **Nichtleistungswettbewerb** umschlägt, hat man bislang nie anders als kasuistisch zu klären vermocht.

Wenn es im Wege der Synchronisation gelänge, den Absatzaktionen von Herstellern und Händlern die gleiche Stoßrichtung zu geben, würde die Wirkung u. U. potenziert, während mangelnde Koordination möglicherweise ein völliges Verpuffen der Anstrengungen des einzelnen Partners zur Folge hat. In der Regel sind die Verhältnisse so gelagert, daß Industrieunternehmen, die Konsumgüter herstellen, zweigleisig vorgehen, nämlich zugleich die Händler als unmittelbare und die Verbraucher als mittelbare Abnehmer umwerben. Dieses vor allem bei Markenartikeln gebräuchliche Verfahren induziert eine gewisse Sogwirkung bei den Absatzmittlern, die „gezwungen" sind, sich auf Grund des Drängens ihrer Kunden mit den Erzeugnissen des Herstellers XY einzudecken.

Absatzhelfer werden all jene Funktionsträger genannt, die an der **Anbahnung** von **Kontakten** zwischen den einzelnen Gliedern der Kette und am reibungslosen **Durchfluß** der **Ware** durch die Distributionskanäle beteiligt sind. Als **Beispiele** kommen etwa folgende in Betracht:

- Handelsvertreter
- Kommissionär
- Handelsmakler
- Versteigerer und Auktionator
- Spediteur und Frachtführer
- Lager- und Kühlhausbetrieb
- Auskunftei
- Bank
- Versicherungsgesellschaft
- Marketing- und Unternehmensberater
- Werbeagentur
- Markt- und Meinungsforschungsinstitut
- Adressenverlag
- Übersetzungsbüro

Ob Absatzmittler und -helfer herangezogen werden, verkörpert einen Schulfall der **Transaktionskostentheorie** (eingehend dazu § 7, Abschn. 3.1.2.1.), gleichzeitig eine Illustration für die Fragestellung, die uns bereits in § 1 Abschn. 1.1.1., begegnet ist, als es um die anzustrebende **Betriebs-** bzw. **Leistungstiefe** ging. Im konkreten Fall ist jedenfalls zu prüfen, ob und gegebenenfalls wie eine absatzwirtschaftliche Entscheidung vom mutmaßlichen Verhalten dieser Partner in positiver oder negativer Weise beeinflußt wird bzw. wie die Betroffenen für die ihnen im Rahmen der Marketingkonzeption zugedachte Rolle erwärmt werden können. Dazu gilt es sich u. a. zu fragen:

- Welche Akteure stehen zur Verfügung?
- Welche Dienste können sie leisten?
- Zu welchem Preis?
- Wie reagieren sie, falls sie (nicht) eingeschaltet werden?
- Wie verhalten sich die Konkurrenten bezüglich der Heranziehung von Absatzhelfern? Was ist in der Branche üblich?

Daß auch **Lieferanten** Einfluß auf die Absatzentwicklung ausüben können, ergibt sich aus einer spiegelbildlichen Betrachtung der Rolle der **Absatzmittler**. Dabei ist weniger an die physische Distribution gedacht als vielmehr an die Maßnahmen, die die Lieferanten zur Aktivierung des Absatzes an die Weiterverarbeiter oder Letztverbraucher bzw. Verwender ergreifen. Als Beispiele seien hier die gelegentlich als **Vertriebssystem** verstandene Konzeption des **Markenartikels** genannt, die **Verkaufsförderung** der **Hersteller** sowie die **gemeinsame**

Werbung von Rohstofflieferanten und Herstellern von Fertigprodukten, die bei einem Absatzmittler oder Weiterverarbeiter den Ausschlag zu Gunsten der Führung oder Verwendung eines bestimmten Produktes zu geben vermögen.

Aber auch **negative** Einwirkungen der Lieferanten sind zu befürchten, dies etwa dann, wenn ihre Erzeugnisse vom Handel als **Lockvögel** verwendet werden, weil die Produkte auf diese Weise in den Augen der Konsumenten abgewertet werden, wodurch wiederum der übrige Handel das Interesse am Vertrieb dieser Güter verliert. Damit ist auch bei Durchbrechung einer **Vertriebsbindung**, bei Vernachlässigung des **Kundendienstes** und im Falle des Führens von bestimmten **Konkurrenzprodukten** im Sortiment zu rechnen.

2.4. Infrastruktur und Staat

Unter **Infrastruktur** versteht man die Gesamtheit gewisser für das Funktionieren einer arbeitsteiligen Wirtschaft erforderlicher langlebiger **Basiseinrichtungen**. Das *Bundesraumordnungsprogramm* subsumiert dem Begriff folgende Bereiche: Verkehrswesen und Nachrichtenübermittlung; technische Ver- und Entsorgung; Bildungswesen; Gesundheitswesen; Sozialwesen; Sport und Erholung; allgemeine Verwaltung, innere Sicherheit und Verteidigung; Wohnungswesen. Bei der staatlichen Förderung zur „Verbesserung der regionalen Wirtschaftsstruktur" werden nur fünf Sektoren, nämlich Verkehr, Energie, Sozialwesen, Ausbildung und Umwelt unterschieden.

Es bedarf keiner ausführlichen Begründung dafür, daß die Wahrnehmung von Marketingaufgaben beispielsweise entscheidend von der Verfügbarkeit von **Transport**- und **Kommunikationseinrichtungen**, aber auch von den mit deren Beanspruchung verbundenen Kosten abhängt. Die **Entsorgung** beherrscht wie kaum ein anderes Thema die öffentliche Diskussion. Eine ineffiziente allgemeine **Verwaltung** behindert z. B. unter bestimmten Umständen Investitionen. Das **Bildungswesen** determiniert zusammen mit anderen Faktoren die Wettbewerbsfähigkeit von Unternehmen und Ländern, prägt aber auch die Abnehmer. Ein höherer allgemeiner Ausbildungsstand schafft kompetentere und kritischere Konsumenten, die der oft subtilen Formen der Beeinflussung, denen sie unterliegen, gewahr werden und nicht alles, was ihnen von Anbieterseite vorgesetzt wird, für bare Münze nehmen. Bezeichnenderweise ist man in zahlreichen Studien zu dem Ergebnis gelangt, daß die Glaubwürdigkeit von Werbeaussagen von Menschen mit einem Gymnasial- oder Hochschulabschluß als ungleich geringer eingeschätzt wird als von solchen, die die Schule früher verließen.

Dem **Staat** begegnet der in der Wirtschaft Tätige in vielfältigen Formen. Jener **sorgt** zunächst einmal für **Recht** und **Ordnung**, indem er Gebote und Verbote erläßt, aber auch für deren Einhaltung sorgt. Er schafft damit die Voraussetzung für ein geordnetes Zusammenleben der Menschen untereinander. Der Staat besitzt oder **betreibt** ferner, wie wir sahen, **Unternehmen** und tritt als zum Teil gewichtiger **Nachfrager** in Erscheinung. Er **gewährt Hilfe** in Gestalt von **Subventionen** und **Zuschüssen**, **nimmt** aber auch **Geld**, das dann für investive und konsumtive Zwecke nicht mehr zur Verfügung steht, und zwar über **Steuern** oder in Form von **Gebühren** für von ihm dem einzelnen Bürger erbrachte Leistungen. Die Obrigkeit greift mittels Tausenden von Gesetzen, Verordnungen, Durchführungsverordnungen und sog. klärenden Schreiben, etwa der obersten Finanzbehörde, ferner über Erlasse, Genehmigungs- oder Ablehnungsbescheide der Verwaltungsorgane und nicht zuletzt über Gerichtsurteile unmittelbar oder mittelbar in das Wirtschaftsgeschehen ein (Näheres dazu im folgenden Abschnitt).

3. Der ordnungspolitische Rahmen

3.1. Postulate des marktwirtschaftlichen Systems

Ausgangspunkt aller unserer Überlegungen ist eine **Wirtschaftsordnung marktwirtschaftlicher Prägung**. Hier übernimmt der Wettbewerb die zentrale Steuerungsfunktion im Rahmen des Austausches von Gütern und Dienstleistungen zwischen Anbietern und Nachfragern. Eine erste Modifikation der klassischen Laissez faire-Wirtschaft erwirkten dabei neoliberale Wirtschaftstheoretiker wie *Eucken* und *Röpke*, die die Institution des Wettbewerbs in einen Rahmen integriert wissen wollten, der einen Mißbrauch des Wettbewerbs und damit eine Gefährdung des marktwirtschaftlichen Systems verhindern sollte. Erweitert wurde das Konzept durch Einbeziehung sozialer Belange. Das so entstandene **ordnungspolitische System**, wie wir es heute kennen, ist durch eine Verknüpfung der **Privatinitiative** – auf der Grundlage des **Wettbewerbs** – mit der Idee des **sozialen Ausgleichs** charakterisiert (im einzelnen dazu *Erhard* 1987; *Müller-Armack* 1981).

3.1.1. Die Koordination individueller Wirtschaftspläne über den Markt

Ein elementarer wirtschaftssystembezogener Zusammenhang zwischen Marktwirtschaft und Marketing erwächst aus der Tatsache, daß der Staat seine wirtschaftspolitischen Ziele, wie z. B. Wachstum und Vollbeschäftigung, dadurch zu erreichen versucht, daß er die Voraussetzungen für die Erzielung einer hinreichenden Rendite der Marktteilnehmer zu schaffen bemüht ist, ohne indessen für eine ausreichende Höhe des Gewinns einzelner Unternehmen oder Wirtschaftszweige bzw. Branchen Sorge zu tragen oder gar einzustehen. **Marketing** wird hier insofern zum **systembezogenen Sachverhalt**, als nach Gewinn strebende Betriebe zur Erlangung ihrer Ziele Marketingmaßnahmen treffen müssen.

Was indessen haben die Verbraucher davon? Die Anfänge des Marketing waren durch eine allgemeine Euphorie bezüglich des mutmaßlichen Beitrags, den dieses Steuerungselement für die Wohlfahrt der Menschen zu leisten vermag, gekennzeichnet. Zu augenfällig sind die **Unterschiede im Lebensstandard** zwischen den **ehemals zentral gelenkten früheren sozialistischen Staaten** und den von der **Marktwirtschaft geprägten Ländern der westlichen Welt**. Doch führte ein zunehmendes Unbehagen über eine Reihe zweifelhafter Errungenschaften der „Gesellschaft des Überflusses" (*Galbraith* 1959), die von vielen in recht einseitiger Weise dem Unternehmertum zur Last gelegt wurden, zu einer je nach Standpunkt mehr oder minder starken Revision der herkömmlichen Bewertung.

Tabelle 2.1.

Verfügbares Einkommen der Privathaushalte			
Jahr	Anzahl der Haushalte	Nominaleinkommen je Haushalt	Realeinkommen je Haushalt
	1.000	DM	
1950	15.371	4.017	12.398
1955	16.425	6.509	18.335
1960	19.129	9.364	24.259
1965	20.712	13.539	30.289
1970	21.827	18.802	37.306
1975	23.571	27.238	40.353
1980	24.568	36.055	43.756
1985	25.929	41.518	41.518
1990	27.700	52.472	48.902
1991	28.002	54.067	48.666
1992	28.670	55.400	47.700

Hinweise: Angaben für 1950 und 1955 ohne Saarland und Berlin (West), bis 1991 altes Bundesgebiet. Als Deflator zur Berechnung der Realeinkommen wurde der Preisindex des privaten Verbrauchs (Basisjahr 1985) verwendet.

Quelle: Zahlen bereitgestellt vom *Statistischen Bundesamt*, Wiesbaden.

Immerhin ist nicht an der Tatsache zu rütteln, daß sich seit 1950 in einem Land wie der Bundesrepublik Deutschland der **Lebensstandard** – fraglos zu einem wesentlichen Teil dank Marketing – in spektakulärer Weise verbessert hat. Wenn man dazu beispielsweise am realen Privatverbrauch in DM je Kopf der Bevölkerung anknüpft, wird deutlich, daß sich die in dieser Weise operationalisierte Wohlfahrt des Menschen innerhalb einer einzigen Generation annähernd vervierfacht hat (siehe Tab. 2.1.). Eine vergleichbare Entwicklung hat es in der

Geschichte Deutschlands nie vorher gegeben. Hinzu kommt, daß sich im Zuge der Sicherung der Versorgung mit Waren und Dienstleistungen auch die Möglichkeiten zur Befriedigung außerökonomischer Bedürfnisse, wie z. B. die Verfolgung sportlicher oder kultureller Interessen, erheblich ausgeweitet haben.

Gleichwohl muß an dieser Stelle betont werden, daß der **reale Verbrauch** in DM je Kopf der Bevölkerung keinen untrügerischen Indikator für die **Wohlfahrt** darstellt. Dies läßt sich u. a. daran erkennen, daß in diese Größe auf der einen Seite sozial erwünschter ebenso wie unerwünschter Konsum einfließen. So sind darin etwa alle Arbeiten, die zur Behebung des bei einem Autounfall eingetretenen Schadens durchgeführt werden, erfaßt. In der Tat würde hier kein vernünftiger Mensch von einem „Mehr = Besser" ausgehen. Auf der anderen Seite nutzen wir mancherlei Einrichtungen, deren Tätigkeit vom Staat subventioniert und deshalb vom Bürger überhaupt nicht oder nur teilweise entgolten wird, insoweit also auch nicht in die Berechnung der Kenngröße eingeht. Schließlich gibt es eine Reihe von Aktiva und Passiva in unserem Dasein, die sich überhaupt nicht oder nur vereinzelt in Kategorien wie Konsum messen lassen. Dazu gehören u. a. folgende (siehe dazu *Zapf* 1978):

- Persönliche Gesundheit,
- Persönlichkeitsentfaltung durch Erziehung und Ausbildung,
- Beschäftigung und Qualität des Arbeitslebens,
- Zeit und Freizeit,
- Verfügbarkeit eines breiten Spektrums von Sachgütern und Dienstleistungen,
- physische Umwelt (natürliche Umwelt, Wohnverhältnisse, Verkehrsverhältnisse),
- persönliche Sicherheit und Rechtsstaatlichkeit sowie
- Chancengleichheit und Möglichkeiten der aktiven Teilnahme am Leben der Gesellschaft.

Es besteht somit kein Zweifel, daß es sich bei **Wohlfahrt**, **Wohlstand** oder **Lebensqualität** um eine **Residualgröße** handelt, die sich durch Saldierung bzw. Verknüpfung einer Vielzahl teils positiv, teils negativ zu bewertender Faktoren ergibt, wobei sich diese selbst nur außerordentlich schwer operationalisieren lassen.

Unabhängig von diesem systemindifferenten Tatbestand weist jedoch die **Flexibilität** eines **dezentralen,** auf **Marketing** basierenden **Planungssystems** gegenüber dem zentralen Planungsmechanismus, wie er noch heute in sozialistischen Staaten wie Kuba, Nordkorea oder Vietnam sowie in einigen Entwicklungsländern anzutreffen ist, zumindest von dem Erreichen einer gewissen Entwicklungsschwelle an offensichtlich große Vorteile im Hinblick auf die nötige Angleichung von Produktion und Verbraucherpräferenzen auf. Abgesehen von den großen technischen Schwierigkeiten, den selbst in einfach strukturierten Gesellschaften überaus komplexen Wirtschaftsprozeß von oben herab zu steuern, impliziert der zentrale Plan einen weitgehenden Verzicht auf den Kontrollmechanismus, der uns in Gestalt wertender Wahlhandlungen der Entscheidungsträger begegnet.

Die Konsumenten verbrauchen dort in Ermangelung von Alternativen genau das, was im Plan für sie vorgesehen ist. Dies bestätigt scheinbar die Richtigkeit des Plans, obwohl in Wirklichkeit dessen Fehlerhaftigkeit zunimmt, die volkswirtschaftlichen Friktionsverluste oft dramatische Ausmaße annehmen und die individuelle Bedürfnisbefriedigung immer weiter zurückgeht. Der Markt als Regulativ hat keine Chance. Hinzu kommt, daß mit zunehmender Entfernung des Einkommensniveaus vom Existenzminimum und der Herausbildung differenzierter Konsumwünsche die ungenügende Beachtung der Verbraucherpräferenzen zusehends zu einem Hindernis für die wirtschaftliche und gesellschaftliche Entwicklung wird.

3.1.2. Die Gewährleistung eines funktionsfähigen Wettbewerbs

Es stellt eine Eigenart des marktwirtschaftlichen Systems dar, daß die **dezentrale Koordination** der **Wirtschaftspläne** nicht im Wege eines – gar noch bürokratischen – Abstimmungsprozesses herbeigeführt wird, sondern sich im Zuge des ständigen Bemühens, die Konkurrenten zu übertreffen, ergibt. Deshalb ist es von existentieller Bedeutung, daß der Wettbewerb in seinem Bestand geschützt wird. Eine zentrale Rolle spielen dabei das Wirtschafts- und das Bauplanungsrecht.

Obwohl nicht einheitlich abgegrenzt, gehört zu ersterem die Gesamtheit der Normen, die die selbständige Erwerbstätigkeit in Industrie, Handel, Handwerk, Landwirtschaft, Verkehr, im sonstigen Dienstleistungsbereich und in den Freien Berufen begrenzen und steuern. Dabei geht es einerseits um die Zulassung zu Beruf bzw. Gewerbe, andererseits um Wirtschaftslenkung und -förderung. Einen wichtigen Bestandteil bilden ferner das Recht der wirtschaftlichen Organisationen, für den internationalen Bereich nicht zuletzt das Außenwirtschaftsgesetz.

Daß mit diesen Rechtsgebieten das **Bauplanungsrecht** in einem Atemzug genannt wurde, hängt mit folgender Praxis zusammen: Seit dem Erlaß des sog. Apothekenurteils durch das Bundesverfassungsgericht im Jahre 1958 darf in Deutschland die Gründung eines Gewerbebetriebs grundsätzlich nicht mehr vom Ausgang einer Bedürfnisprüfung abhängig gemacht werden. Von wohlbegründeten Ausnahmen abgesehen kann also jeder, wenn er will und über die nötigen Mittel verfügt, eine Firma gründen und als Anbieter auf einem Markt auftreten. Gleichwohl bietet das Bauplanungsrecht staatlichen Organen eine gewisse Handhabe dafür, dies im konkreten Fall für eine gewisse Zeit eben doch zu verhindern, sofern damit bauliche Maßnahmen verbunden wären. Davon betroffen ist in erster Linie der Einzelhandel, dessen Strukturwandel dadurch, wie die Erfahrung zeigt (vgl. *Koob* 1993), zwar verzögert, aber letztlich doch nicht zum Erliegen gebracht werden kann.

Beliebte Vehikel, den Wettbewerb zu unterlaufen, stellen einmal die – wie auch immer bewerkstelligte – Ausschaltung von Mitbewerbern dar, zum anderen die Beeinträchtigung der Markttransparenz auf seiten der Nachfrager, die die Wirksamkeit positiver und negativer Sanktionsmöglichkeiten erheblich beschränkt: Der leistungsfähige Anbieter wird nicht mehr durch Kaufzuwanderung „belohnt", der leistungsschwache nicht mehr durch Abwanderung „bestraft".

In der **Wettbewerbstheorie** hat man lange Zeit nicht erkannt, daß Ungewißheit und Unsicherheit wesensnotwendige Merkmale eines funktionierenden Wettbewerbs (vgl. *Woll* 1974) darstellen. Der einzelne geht unablässig von bestimmten Erwartungen aus, die er immer wieder zu korrigieren gezwungen ist. Dieses oft mit Enttäuschungen verbundene Wechselspiel rührt einerseits daher, daß er als Anbieter in der Regel nur über begrenzte Möglichkeiten verfügt, sich Informationen über geplante Aktionen seiner Konkurrenten zu verschaffen, um auf dieser Grundlage entsprechende Gegenmaßnahmen treffen zu können. Andererseits weiß er häufig auch nur sehr ungenau, welchen Erfolg in einer konkreten Situation der Einsatz von absatzpolitischen Instrumenten haben wird. Es verwundert deshalb nicht, daß jeder Marktteilnehmer permanent bestrebt ist, mit Mitteln des Marketing (und u. U. auch auf gesetzwidrige Weise) eine Position zu erringen, die ihn möglichst wenig verwundbar macht oder die zumindest die Reaktionszeit der Wettbewerber erheblich verlängert.

Man ist heute davon überzeugt, daß der einzelne Anbieter, ob Hersteller oder Händler, bei dieser Form der Organisation von Produktion und Distribution von Gütern stärker motiviert ist, sein Bestes zu geben, d. h. Energie freizusetzen und Wissen zu nutzen, als bei jeder anderen Form der Organisation einer Volkswirtschaft. Entsprechend höher erscheint auch die ihm winkende Belohnung. Allerdings setzt das **marktwirtschaftliche Konzept** voraus, daß die Beteiligten ihre Wünsche und Bedürfnisse selbst am besten kennen und zu artikulieren vermögen. Daran wird indessen, wovon noch zu berichten sein wird, gezweifelt.

Wettbewerb wird heute als ein **Such-** und **Informationsgewinnungsprozeß** verstanden, bei dem ständig Tatsachen entdeckt werden, die ohne ihn unbekannt oder ungenutzt blieben. Die Wettbewerbstheorie kann dabei weder angeben, wie sich dieser Vorgang im einzelnen abspielt, noch was dabei als Ergebnis herauskommt. Seit *Clark* (1963), auf den das Konzept des arbeitsfähigen Wettbewerbs (**„workable competition"**) im wesentlichen zurückgeht, ist man sich immerhin darüber im klaren, daß sich das Wettbewerbsphänomen realistischerweise nicht mit Vorstellungen von Gleichgewicht und Harmonie in Einklang bringen läßt. Man wird ihm viel eher dadurch gerecht, daß man ihn als eine ständige produktive

Auseinandersetzung zwischen agierenden und reagierenden, letztlich also Marketing treibenden Marktteilnehmern begreift, die zu einem Höchstmaß an Innovation (*v. Hayek* 1968) führt.

3.1.3. Die Selbstbeschränkung des Staates

In einer zur sozialen Marktwirtschaft ausgebauten Wirtschaftsordnung hat der Staat nur in ganz bestimmten Fällen eine Veranlassung und das Recht, in den Wirtschaftsprozeß steuernd einzugreifen. Im wesentlichen handelt es sich um folgende Handlungszwänge:

- Das marktwirtschaftliche System ist offensichtlich nicht in der Lage, automatisch, d. h. aus sich heraus Ziele wie **Wachstum**, **Vollbeschäftigung**, **Geldwertstabilität**, **Ausgleich** der **Leistungsbilanz** und gerechte **Verteilung** des **Volkseinkommens** zu gewährleisten. Hierzu bedarf es der Intervention des Staates, der freilich gehalten ist, sich dabei, wo immer möglich, marktkonformer Mittel zu bedienen. Nicht wenige der dazu beschrittenen Wege tangieren das Marketing, so z. B. wenn der Staat die Bereitschaft zu investieren fördert, wenn er die Wettbewerbsfähigkeit der heimischen Wirtschaft gegenüber anderen Ländern stärkt, etwa durch steuerliche Erleichterungen, oder im Export liegende Risiken teilweise übernimmt und dadurch eine Umsatzausweitung der betroffenen Unternehmen stimuliert, zusätzliche Beschäftigung schafft und die Erwirtschaftung von Devisen erleichtert.
- Andererseits wurde das **Außenwirtschaftsrecht** nach dem Golfkrieg (1991) beträchtlich verschärft. Manches könnten, dürfen deutsche Unternehmen seitdem aber nicht mehr an ausländische Abnehmer verkaufen. Hier kollidieren sicherheitspolitische auf der einen und erwerbswirtschaftliche sowie beschäftigungspolitische Interessen auf der anderen Seite miteinander.
- Der Staat muß aber auch aktiv werden, um bestimmte **öffentliche Güter** bereitzustellen. Die Notwendigkeit dazu resultiert einmal aus strukturellen Grenzen oder einem Versagen des Marktmechanismus in einzelnen Bereichen (Aufrechterhaltung der Sicherheit, Bereitstellung von Leuchttürmen etc.), zum anderen aus politischen und sozialen Motiven (z. B. Bildungs- und Gesundheitswesen). Bezüge zum Marketing ergeben sich hier auf zwei Ebenen: Einmal ermöglicht das durch Erfolge des Marketing induzierte hohe Steueraufkommen die Finanzierung eines breiten Stromes an öffentlichen Gütern, zum anderen kann die Effizienz der Versorgung mit diesen ihrerseits durch Anwendung von Marketingmethoden verbessert werden (vgl. das Marketing öffentlicher Betriebe).

Ein weiteres Charakteristikum der Marktwirtschaft, mit dem gleichwohl auch die Zentralverwaltungswirtschaft zu kämpfen hat, besteht in dem Auftreten **exter-**

ner Effekte bei **Produktion** und **Verbrauch** (z. B. Verschmutzung von Luft und Gewässern). Diese werden durch Marketing treibende Unternehmen tendenziell verstärkt, da die Steuerungsfunktion des Marktes im Hinblick auf die Produktion umweltfreundlicher und damit in aller Regel teurerer Produkte weithin versagt. Die oft beschworenen Selbstheilungskräfte des Marktes reichen nicht aus, solche „Konstruktionsfehler der Marktwirtschaft“ (*Siebert* 1973) zu überwinden.

3.1.4. Die Verwirklichung von Konsumfreiheit und Konsumentensouveränität

Der letzte Komplex wurzelt in der Vorstellung von der **Freiheit** des **menschlichen Willens**, die auch die Basis des demokratischen Systems bildet. Sie ist für das Marketing in zweifacher Weise von Bedeutung:

Marketing bestimmt zunächst den Umfang der **Konsumfreiheit**, also den Entscheidungsspielraum, über den die Verbraucher bei der Auswahl von Gütern und Dienstleistungen aus dem vorhandenen Angebot verfügen. Wie ein Blick auf das jeweilige Warenangebot in den beiden polaren Wirtschaftssystemen, Marktwirtschaft und Zentralverwaltungswirtschaft, zeigt, bestehen in ersterer ungleich größere Wahlmöglichkeiten. Hinzu kommt, daß der Spielraum einer zentralen Planungs- und Koordinationsinstanz, bestimmte Verbraucherwünsche zu ignorieren, größer ist als bei einem dezentral organisierten Wirtschaftssystem, weil hier ganz andere Mechanismen vorhanden sind, um Bedürfnisse zu artikulieren und diesen durch Sanktionen Geltung zu verschaffen.

Gleichwohl ist die Konsumfreiheit, so sehr sie auch von den Verbrauchern im Prinzip begrüßt werden mag, mit einem gravierenden Problem behaftet: Die Fülle des Güterangebots auf der einen und die begrenzte Informationsaufnahme und -verarbeitungskapazität des Individuums auf der anderen Seite führen zu **Intransparenz**, der die Verbraucher oft nicht gewachsen sind.

Da auch die Erlangung von Informationen ihre Grenzen und ihren Preis, und sei es nur in Form von Verzicht auf Freiheit, hat, müssen Verbraucher **Kaufentscheidungen** immer auf der Basis eines mehr oder minder **unzulänglichen Informationsstandes** bezüglich Verfügbarkeit, Qualität, Preisen etc. von Gütern treffen. Je geringer der Überblick ist, den der einzelne über das Angebot am Markt hat, desto eher läuft er Gefahr, einen Fehlkauf zu tätigen, d. h. die ihm zur Verfügung stehenden Mittel nicht in einer seinen Bedürfnissen am besten entsprechenden Weise einzusetzen. Was indessen ziehen wir vor: mangelnde Markttransparenz bei Überversorgung oder einen völligen Überblick über ein unzulängliches Güterangebot?

Der Durchgriff von oben, der für die Zentralverwaltungswirtschaft typisch ist, für die Marktwirtschaft aber die Ausnahme darstellt, kann gelegentlich auch einmal von Vorteil sein, so z. B. wenn die Produktion gesellschaftlich unerwünschter Erzeugnisse wie etwa Kriegsspielzeug oder das Anbieten gefährlicher Produkte verhindert werden können. Gleichwohl ist diese Tatsache für die betroffenen Bürger kein hinreichendes Äquivalent für sonstige Unzulänglichkeiten des Wirtschaftssystems. An dieser Einschätzung vermag auch der Umstand nichts zu ändern, daß im marktwirtschaftlichen System die Befriedigung solcher Bedürfnisse, hinter denen aus Unternehmersicht ein nur geringes Gewinnpotential steht, tendenziell zu kurz kommt. Einen gewissen Ausgleich, etwa im Bereich sozialer Dienstleistungen, schafft hier im Bedarfsfall der Staat.

Das Urteil über ein anderes konstitutives Element der Marktwirtschaft, die sog. **Konsumentensouveränität**, muß notwendigerweise ambivalent ausfallen. Es ist die uralte Streitfrage, ob die Wirtschaft ihre Impulse letztlich von den Konsumenten, wie die Väter des marktwirtschaftlichen Systems meinten, oder eher von den Produzenten empfängt, eine Auffassung, die auch ihre Anhänger hat. Wie die **klassische Wirtschaftstheorie** den Verbraucher sieht, glossiert *Galbraith* (1968, S. 238) mit folgenden Worten:

„Praktisch die gesamte Wirtschaftsanalyse und Wirtschaftslehre gehen davon aus, daß die Initiative beim Verbraucher liege. Auf Grund von Bedürfnissen, die aus ihm heraus entstehen oder die ihm von seiner Umgebung vermittelt werden, kauft er auf dem Markt Güter und Dienstleistungen. Hieraus ergeben sich Gelegenheiten, mehr oder weniger Geld zu verdienen – die Signale des Marktes an die Herstellerfirmen. Diese richten sich nach den Signalen, die vom Markt und damit letztlich vom Verbraucher ausgehen. Der Weg dieser Instruktionen verläuft nur in einer Richtung: vom einzelnen an den Markt und vom Markt an den Hersteller. Das alles wird recht gefällig durch eine Terminologie unterstützt, die unterstellt, daß alle Macht beim Verbraucher liege. Man nennt es die Souveränität des Verbrauchers.“

Die Wirklichkeit sieht, so *Galbraith,* ganz anders aus. Der Verbraucher sei durch eine das Unterbewußtsein ansprechende Werbung so programmiert, daß er nicht die Güter nachfrage, die er an sich zu haben wünscht, sondern jene, von denen die Anbieter wollen, daß er sie konsumiere. Wie dies funktioniert, erläutert der bekannte Systemkritiker an Hand eines konkreten Beispiels aus der Automobilindustrie:

„Um Nachfrage nach neuen Autos zu schaffen, müssen wir Jahr für Jahr höchst verzwickte und zwecklose Änderungen ersinnen und dann den Verbraucher rücksichtslos unter psychologischen Druck setzen, um ihm ihre Wichtigkeit einzureden.“

Hier wird uns ein Bild vermittelt, das dem Zerrbild eines nach freien Entschlüssen wirtschaftenden Menschen gleicht, eines Individuums, das lediglich einen Spielball unternehmerischer Interessen, ein zwar notwendiges, aber beliebig einsetzbares und ersetzbares Rädchen im Mechanismus der Marktwirtschaft darstellt. Dieses Wesen handelt nicht auf Grund eigener Einsicht, sondern allein nach dem Willen der Anbieter.

Daß sich die Verbraucher, selbst wenn sie sich ihrer fatalen Rolle bewußt werden, nicht dagegen wehren, ergibt sich für den Soziologen *Riesman* und seine

Mitautoren (1965) unmittelbar aus der geschichtlichen Entwicklung: Nach dem Zerbrechen der metaphysischen Mächte, die den Menschen in Form des Glaubens Orientierungshilfe für ihr Handeln boten, sei der einzelne aus seiner Verankerung herausgerissen worden, mit der Folge, daß er in der modernen Gesellschaft in seinem Verhalten immer mehr dem normierenden Druck von Organisationen, Verbänden und Massenmedien erlag. *Riesman* u. a. nennen diese Spezies den **außengeleiteten Menschen**, der die Maxime seines Handelns in der Meinung seiner Umwelt, der Öffentlichkeit, findet. In seiner reinsten Form begegnet er uns – nach der Sprachregelung jener Kritiker – als „Konsumidiot".

In der möglichen Ablösung des klassisch-traditionsgeleiteten oder innengeleiteten Menschen von früher durch diesen neuen, der Manipulation zugänglichen Typus sehen *Riesman* u. a. eine Entwicklung, durch die letztlich das demokratische Potential einer Gesellschaft systematisch zerschlagen werde. Sie stützen damit die von *Galbraith* später formulierte These, wonach die Werbung und ihr „verwandte Künste" zur Formung genau des Menschentyps beitrügen, den das Industriesystem brauche: eines Menschen, der zuverlässig sein Einkommen ausgibt und immerfort arbeitet, weil er nie genug bekommt. Dafür, daß sich daran nichts ändert, sorge die moderne Industriegesellschaft; denn aus der ökonomischen Notwendigkeit einer immer größeren Produktion heraus würden von ihr Wertmaßstäbe entwickelt, die die Ängste, Hoffnungen und Antriebe der Konsumenten (und Arbeitnehmer) formten.

Die Klärung der Frage, ob die **Kritik** an der **These** von der **Konsumentensouveränität** für stichhaltig befunden werden kann oder nicht, setzt eine Übereinkunft darüber voraus, was dieser Terminus tatsächlich ausdrücken soll. Es steht außer Frage, daß ein Konsument laufend einer Fülle von Anregungen und gesellschaftlichen Zwängen verschiedenster Art ausgesetzt ist, die gar nicht oder nur in geringem Maße in dem Bemühen von Unternehmern um Vergrößerung ihres akquisitorischen Potentials wurzeln. Daraus zu schließen, daß das Individuum grundsätzlich ein nur von außen gesteuertes, hilfloses Wesen sei, widerspricht aber nicht nur aller Erfahrung, sondern auch den Erkenntnissen von Psychologie und Soziologie.

Man ist sich heute weitgehend darüber einig, daß die prinzipiell nur auf empirischem Wege, wahrscheinlich aber überhaupt nicht zu ermittelnde Antwort auf die gestellte Frage unterschiedlich ausfallen muß, je nachdem, worauf man **Manipulation** bzw. deren begriffliches Korrelat, die **Willensfreiheit**, bezieht. Es überrascht deshalb keineswegs, daß einzelne Wissenschaftler, die sich mit diesem Problem beschäftigen, in dieser Hinsicht zu ganz verschiedenen Ergebnissen gelangen, ohne sich dabei zu widersprechen.

Eine auf dem **Liberalismus** basierende Wirtschaftsordnung verkörpert ein System von ethischen Prinzipien, rechtlichen Normen und gesellschaftlichen Konventionen, die das menschliche Zusammenleben in einer von der Mehrheit der Betroffenen gewünschten Weise steuern bzw. dies leisten sollen. Wenn dieses Konglomerat von Regeln, das den einen Orientierung bietet, für die anderen aber eine Last darstellt, nicht immer und überall beachtet, oft geradezu bewußt mißachtet wird, liegt dies an seinem Zustandekommen sowie seinem normativen Anspruch und ist geradezu systemimmanent.

Jeder Realist wird zugeben, daß eine völlige Annäherung an ein **Leitbild**, etwa das Ideal der **Konsumentensouveränität**, nicht gelingen kann. Dies ist in der Formbarkeit (Plastizität) der Bedürfnisse begründet, die es den Anbietern erlaubt, die Wünsche der Konsumenten bis zu einem gewissen, von Produkt zu Produkt und von Kaufsituation zu Kaufsituation durchaus verschiedenen Grade zu beeinflussen. Absurd erschiene indessen der Versuch, aus dem Auseinanderklaffen von Wunschbild und Wirklichkeit den Schluß zu ziehen, daß es überhaupt keinen Wettbewerb und niemals Konsumentensouveränität gebe. Die Frage kann deshalb nur lauten, wie weit wir jeweils vom Idealbild entfernt sind bzw. ob die konterkarierenden Kräfte so stark an Bedeutung gewinnen, daß ihnen mit rechtlichen oder wirtschaftspolitischen Maßnahmen entgegengewirkt werden muß.

Auch einer **Rechtsordnung** bedarf es nur deshalb, weil sich nicht jeder Bürger so verhält, wie es nach der Überzeugung der Mehrheit der Bevölkerung für ein gedeihliches Zusammenleben der Menschen erforderlich wäre. Es entspricht keineswegs dem Zufall, daß weder unsere Rechts- noch unsere Wirtschaftsordnung ohne das vom Humanismus übernommene (Leit-)Bild der **Freiheit** des **menschlichen Willens** auskommen. Man muß sich darüber im klaren sein, daß die Negation des freien Willens nicht nur unser demokratisches System gefährden, sondern auch die Basis unserer Gesellschaft zerstören würde, da sich niemand mehr für sein Verhalten zu verantworten bräuchte. Es kann somit nur darum gehen, eine Fehlentwicklung nicht resignierend zur Kenntnis, sondern sie zum Anlaß für korrigierende Eingriffe in den Wirtschaftsprozeß zu nehmen (vgl. dazu auch *Specht* 1974).

3.2. Die Berücksichtigung elementarer Belange der Verbraucher

Es gibt kaum ein älteres Lehrbuch der Nationalökonomie oder der Betriebswirtschaftslehre, in dem nicht postuliert wird, daß der Sinn jeglichen Wirtschaftens darin bestehe, die ökonomischen Bedürfnisse der Konsumenten optimal zu befriedigen. Wenngleich diese Auffassung wegen der Einseitigkeit, die darin zum Ausdruck kommt, heute als überholt gilt, besteht doch kein Zweifel daran, daß die Wirtschaftswissenschaften ihr Interesse zu allen Zeiten auf die bedarfsgerechte Versorgung der Bevölkerung konzentriert haben. Man sollte indessen nicht verkennen, daß Menschen in ihrem Arbeits- oder Verbrauchsalltag auch andere als ökonomische Bedürfnisse empfinden und die Anbieter auf den verschiedenen

Stufen des Wertschöpfungsprozesses zu allererst eigene Ziele verfolgen, die denen der jeweiligen Kontrahenten durchaus zuwiderlaufen können.

3.2.1. Die Gewährleistung einer bedarfsgerechten Versorgung

Nicht selten wird hierzulande die Sorge um eine bedarfsgerechte Versorgung mit dem Hinweis darauf zu verharmlosen versucht, es sei noch niemand verhungert, weil er nicht habe kaufen können, was er habe erwerben wollen. Symptomatisch für diese Haltung erscheinen auch Struktur und Ergebnisse des „Sozialreport 1990", mit dem das *Institut für Soziologie und Sozialpolitik* der *Akademie der Wissenschaften* der DDR zuletzt 1991 über die soziale Lage im Osten Deutschlands berichtete. Die **Versorgung** mit **Gütern** des **täglichen Bedarfs** war hierin nicht einmal als Problembereich erfaßt.

Demgegenüber hat man etwa in Österreich ein *Bundesgesetz zur Verbesserung der Nahversorgung und der Wettbewerbsbedingungen* erlassen, das beispielsweise Unternehmen verpflichtet zu liefern, „wenn durch die Nichtbelieferung eines Letztverkäufers die Nahversorgung" gefährdet wäre (§ 4 Abs. 1). Diesen Zustand hält man – auch im Zeitalter des Automobils – dann für gegeben, „wenn es einer maßgeblichen Anzahl von Verbrauchern nicht möglich ist, die zur Befriedigung der notwendigen Bedürfnisse des täglichen Lebens dienenden Waren unter zumutbarem Zeit- und Kostenaufwand ohne Benützung eines Kraftfahrzeuges oder öffentlichen Verkehrsmittels zu kaufen" (§ 4 Abs. 2).

Zweifellos wird namentlich in Notzeiten ein **dichtes Distributionsnetz geringere Beschaffungsprobleme** aufwerfen als ein weitmaschiges, zu dem wir hintendieren. Gleichwohl wäre es verfehlt, daraus abzuleiten, allein schon die **Existenz** einer genügend **großen Zahl** von **Einzelhandelsbetrieben**, möglichst noch in unmittelbarer Nachbarschaft jedes Verbrauchers, garantiere eine bedarfsgerechte Versorgung. So hat sich z. B. in diversen Untersuchungen gezeigt, daß die meisten Konsumenten gerade nicht das jeweils nächstgelegene Nahrungsmittelgeschäft regelmäßig aufsuchen.

Von daher leuchtet es ein, daß der bequeme Zugang zu einer Einkaufsstätte nicht der einzige oder auch der dominante Gesichtspunkt bei der Beurteilung der Versorgungslage sein kann. Selbst das Fehlen von Betriebsstätten des Einzelhandels in unmittelbarer Nähe der Wohnung braucht also nicht automatisch **Unterversorgung** zu bedeuten, zumal die Verbraucher von heute überwiegend motorisiert, finanziell für Großeinkäufe gerüstet und von den häuslichen Gegebenheiten her auch zu einer ungleich größeren Vorratshaltung als früher fähig sind.

Soweit es zu **Versorgungsengpässen** kommt, steht zumindest für den **Staat** von vornherein fest, wer die Verantwortung dafür trägt bzw. wo der Hebel anzusetzen ist. Nicht nur zahlreiche Entwicklungsprogramme der Bundesländer, sondern auch die *Baunutzungsverordnung* sind darauf angelegt, den „Wildwuchs" von Großbetrieben des Einzelhandels über eine drastische Eingrenzung möglicher Standorte für (weitere) Großprojekte einzudämmen. Da die Selbstregulierungskraft der Wirtschaft anscheinend nicht ausreicht, eine „ausgewogene Einzelhandelsstruktur" und funktionsfähige zentrale Orte zustande zu bringen, greift die Obrigkeit mit Mitteln der **Orts-** und **Landesplanung** in das ökonomische Geschehen ein, das nach unserem *Grundgesetz* von Gewerbe- und Berufsfreiheit bestimmt sein soll.

Daß solche **Interventionen** fast immer mit der für derartige Maßnahmen gesetzlich geforderten **Wettbewerbsneutralität** kollidieren, nimmt man im Interesse der Schaffung bzw. Erhaltung lebensfähiger Regionen bewußt in Kauf. Rechtfertigen lasse sich dies damit, daß die Bemühungen, die weitere Expansion von großflächigen Betriebsformen des Einzelhandels auf Kern- und Sondergebiete im Sinne der *BauNVO* zu beschränken, letztlich nicht nur dem mittelständischen Handel, sondern auch den Verbrauchern zum Vorteil gereiche.

Was ist den Menschen wichtig, worauf kommt es ihnen bei ihren täglichen Einkäufen an (eingehend dazu *Beeskow* 1985; *Finck* 1990; *Dichtl* 1992)? Im Westen wie im Osten Deutschlands geht es zu allererst um vernünftige Preise, ein anspruchsvolles Angebot und gute Erreichbarkeit der Geschäfte, die durch Gestaltungsformen, die ein One-Stop-Shopping ermöglichen, gefördert wird. Die Zufriedenheit hängt sodann von der Breite des Warenangebotes, der Einkaufsatmosphäre, der Verfügbarkeit einer großen Anzahl gleichartiger Geschäfte, aber auch von einer gewissen Betriebsformenvielfalt, ferner von der Möglichkeit, zur gewünschten Zeit, aber auch davon, die jeweils benötigte Menge (also sowohl Großgebinde wie auch Anbruchpackungen) einkaufen zu können, ab.

Die Verbraucher in den Neuen Bundesländern sind sehr viel mehr als die Menschen im Westen auf eine Gelegenheit zum One-Stop-Shopping erpicht. Hier herrscht offenbar ein erheblicher Nachholbedarf. Wollte man deshalb in diesem Teil Deutschlands dieselben Anforderungen an Anträge auf Errichtung von Großbetrieben des Handels wie im Westen stellen, würde man den Bedürfnissen der Bürger keineswegs gerecht. Sie verlangen geradezu nach Einkaufszentren, Verbraucher-, Fach- und Baumärkten.

Inwieweit sehen die Menschen die von ihnen artikulierten **Ansprüche erfüllt**? Zwar erscheinen, wenn man die einzelnen Dimensionen des Bedürfnisspektrums nacheinander durchgeht, weder die West- noch die Ostdeutschen rundum unzufrieden, doch liegen die Werte im Westen auf einer siebenstufigen Skala um bis zu drei Urteilsstufen weiter im positiven Bereich. Gravierende **Unterschiede** zeigen sich vor allem bei der verfügbaren Anzahl der Geschäfte, der Betriebsformenvielfalt und, was daraus folgt, bei der Erreichbarkeit der Einkaufsstätten.

Wenn man Anspruch und Erfüllungsgrad miteinander verknüpft und über alle Versorgungsdimensionen hinweg addiert, resultiert daraus ein komplexes Maß der **Versorgungs(un)zufriedenheit**. Dieses bildet die Basis für die Beurteilung der Lage aus überbetrieblicher Sicht.

Das Versorgungsklima war 1991, wie sich an Indexwerten ablesen läßt (vgl. *Dichtl* 1992), beispielsweise in Mannheim heiter, in Chemnitz, Jena und Rostock erträglich, während es sich in Leipzig der Null-Grad-Grenze näherte. Dort stand, was sich schon bei der isolierten Betrachtung einzelner Dimensionen abzeichnete, ein beträchtlicher Teil der Bevölkerung vor größeren, ein kleines Segment sogar vor ernsthaften Versorgungsproblemen.

Von ganz wenigen Ausnahmen abgesehen unterscheiden sich im übrigen alle ostdeutschen Werte deutlich von jenen, die etwa für Mannheim Anfang der achtziger Jahre galten. So empfanden die Probanden an Rhein und Neckar zu 43 % (Stadtkern) bzw. 30 % (Außenbezirke) keinerlei Versorgungsprobleme, während z. B. nur 2 bzw. 9 % ihrer Mitbürger in Chemnitz eine ähnlich positive Sicht der Lage zum Ausdruck brachten. Nicht weniger als 46 bzw. 41 % der Probanden in Leipzig waren ernsthaften oder größeren Schwierigkeiten ausgesetzt, sich mit dem Nötigsten zu versorgen.

Daß für **Abhilfe** zu sorgen ist, ergibt sich aus allgemeinen sozialpolitischen Grundsätzen, aber auch aus § 2 Abs. 1 Nr. 3 des *Raumordnungsgesetzes,* nach dem „in Gebieten, in denen die Lebensbedingungen in ihrer Gesamtheit im Verhältnis zum Bundesdurchschnitt wesentlich zurückgeblieben sind, die allgemeinen wirtschaftlichen und sozialen Verhältnisse verbessert werden“ sollen. Eine ähnliche Forderung enthält auch das *Bundesraumordnungsprogramm* von 1975, nach dem überall gleichartige Versorgungsgegebenheiten gewährleistet sein müssen. Gemäß den „Besondere(n) Bedingungen zur Überleitung von Bundesrecht gemäß Artikel 8 und 11“ des *Einigungsvertrags* gilt all dies auch für die Neuen Bundesländer.

Was müßte **geändert** werden? Es fehlt nicht nur an der angestrebten Vielfalt der Betriebsformen und an einem günstigeren Zugang zu Einkaufstätten sowie an Möglichkeiten zum One-Stop-Shopping, sondern auch an Faktoren wie Einkaufsatmosphäre und Attraktivität des Angebots. Hier eröffnet sich ein weites Feld für Flexibilität und Engagement bei Unternehmen sowie Weitsicht bei Planungs- und Genehmigungsbehörden.

Überall dort, wo mit der Ansiedlung neuer Betriebe vorderhand nicht zu rechnen ist oder bestehende sich nicht zu halten vermögen, bietet sich die **Einrichtung mobiler Einkaufsstätten** ähnlich rollenden Bankfilialen an, wie sie in der Schweiz seit Jahrzehnten im Einsatz sind. Allerdings ist nicht von der Hand zu weisen, daß, wo immer jemand auf fahrende Läden setzt, oft auch noch der letzte Tante-Emma-Laden in der Gegend vom Markt verdrängt wird. Um diese Erfahrung reicher hat deshalb Österreich deren Betrieb Einschränkungen unterworfen.

In Betracht kommt ferner die **Bereitstellung** von speziellen **Omnibussen** für die Heranholung von Kunden zu den Mittelpunktmärkten, womit man beispielsweise in Finnland gute Erfahrungen gemacht hat. Auch die Organisation von

Zustelldiensten und der **Ausbau** des **Versandhandels** helfen gravierende Engpässe überwinden.

In weiten Teilen Ostdeutschlands vermochten Verwaltung und Gesetzgeber allerdings noch nicht die Voraussetzungen dafür zu schaffen, daß sich neue Kräfte auf der Anbieterseite regen. Es gibt Probleme beim Eigentumserwerb, eine Raumordnung, die erst noch zu einer solchen werden will, unverständliche Verzögerungen bei der Erteilung von Baugenehmigungen sowie Unsicherheit bei der Bewältigung von Alt- und anderen Lasten.

All dies führt dazu, daß, was den **Handel** betrifft, in den Innenstädten der Neuen Bundesländer auch Jahre nach dem Fall der Mauer erst zögerlich neues Leben erwacht. Zwar sind die westdeutschen Ketten und Filialbetriebe längst bis hierher vorgedrungen, doch finden sich, wo immer sich Kaufkraft konzentriert, erst vereinzelt attraktive Ladenpassagen und Fußgängerzonen. Der spürbare Mangel an Einzelhandelsobjekten hat deshalb in den Zentren die Mieten auf westdeutsches Niveau emporschnellen lassen.

Überlagert wird all dies von dem Problem, daß es vielfach noch an **unternehmerischem Denken** fehlt bzw. sich allmählich entfaltende Risikobereitschaft als Raubrittertum verunglimpft wird. Der Westen stand 1948 vor einer vergleichbaren Herausforderung, doch war das Unternehmertum zwar auf Eis gelegt, aber im Gegensatz zu den Staaten des ehemaligen Ostblocks im Prinzip noch vorhanden gewesen.

Auch in den Alten Bundesländern hat man es im übrigen nicht geschafft, einen **Ausgleich** zwischen **existenziellen Belangen** des **Mittelstandes** und solchen der **Verbraucher** herbeizuführen. Der Gesetzgeber will den Mittelstand – gerade auch im Handel – ob seiner „staatstragenden Funktion“ schützen, indem er vor allem die Expansionslust der Großbetriebe zügelt. Daß und inwieweit diese jedoch spezifischen Bedürfnissen der Konsumenten besser als andere Rechnung tragen, wird weithin verkannt oder verdrängt.

Versorgungsmängeln im Sinne eines Auseinanderklaffens von Wunsch und Wirklichkeit läßt sich aber auch dadurch begegnen, daß man möglichst parallel zur Verbesserung der realen Bedingungen die **Ansprüche** nach unten **korrigiert**. Es wirkt alles andere als abwegig, Unzufriedenheit in gewissen Grenzen durch Auslösung von Bewußtseinsänderungen abzubauen. Nicht jeder Versorgungswunsch ist auf Anhieb erfüllbar, nicht jede Erwartung ernst zu nehmen. Appelle an die menschliche Einsicht erscheinen indessen bei all den sozial Schwachen fehl am Platze, die weder viel Geld noch ein Auto besitzen und im Umkreis von Kilometern keine Einkaufsstätte mehr finden.

3.2.2. Der Schutz der Nachfrager vor schädlichen Praktiken der Anbieter

Die **Konsumfreiheit** stellt, wie wir sahen, einen der tragenden **Pfeiler unserer Wirtschaftsordnung** dar, sie gilt als unantastbar und ist bei uns höchst selten Gegenstand parteipolitischer oder wissenschaftlicher Auseinandersetzungen gewesen. Der Bewahrung dieses Gutes liegt die Überzeugung zugrunde, daß der Konsum eine Angelegenheit jedes einzelnen bzw. der Familie sei und daß die Freiheitssphäre des Individuums in dieser Hinsicht Beschränkungen kaum vertrage. Gleichzeitig werden damit die Fähigkeit und die Bereitschaft jedes Marktteilnehmers unterstellt, seinen eigenen Lebensbereich autonom zu gestalten und ihn gegen alle Anfechtungen von außen zu verteidigen.

Nicht ohne Grund stellt sich indessen die auch von Wissenschaftstheoretikern aufgegriffene Frage, ob autonomes Handeln in diesem Sinne überhaupt möglich sei. In der Tat wird bezweifelt, ob der einzelne dieser ihm von den Befürwortern eines freiheitlichen Wirtschaftssystems zugedachten bzw. zugeschriebenen Rolle voll gerecht zu werden vermag. Vielfältige, als **Dysfunktionen** des **marktwirtschaftlichen Systems** etikettierte Erscheinungen deuten darauf hin, daß insbesondere Verbraucher häufig nicht willens oder – auf Grund von Macht- und Informationsdefiziten – nicht in der Lage sind, den von ihnen erwarteten Beitrag zur Aufrechterhaltung eines ungestörten Wirtschaftsablaufs zu leisten. Den Betroffenen erwachsen daraus in der Regel ideelle oder materielle Schäden, die es, sofern dieses Unvermögen nicht aus Desinteresse oder Indifferenz, sondern aus einer institutionellen Überforderung resultiert, zu verhindern bzw. zu lindern gilt. Voraussetzung dafür ist, daß Übereinstimmung darüber besteht, ob bzw. inwieweit es zu einer solchen systembedingten Benachteiligung der Verbraucher in einer freiheitlichen Wirtschaftsordnung kommen kann und welche Gründe gegebenenfalls dafür maßgebend sind.

3.2.2.1. Zur Schutzbedürftigkeit der Verbraucher

Während wir bisher zu Recht davon ausgingen, daß eine Steuerung des Wirtschaftsablaufs durch die Nachfrageseite möglich sei, gilt es nunmehr zu prüfen, ob die Bereitschaft selbst einer großen Mehrheit, sich den Spielregeln des marktwirtschaftlichen Systems zu unterwerfen, eine **mißbräuchliche Nutzung** von Freiheitsräumen durch einige wenige Anbieter zum Schaden insbesondere der Konsumenten zu verhindern vermag. Was ist damit konkret gemeint?

Nach vielen Untersuchungen zu Fragen der Verbraucherpolitik und Verbraucheraufklärung steht der Großteil der Betroffenen dem Konsumgüterangebot mit einer gewissen Hilflosigkeit gegenüber. Es besteht offenbar ein spürbares Mißverhältnis zwischen den Aufgaben, die ihnen in einer Marktwirtschaft gestellt sind, und dem notwendigen Wissen um wirtschaftliche Vorgänge. Dringend erforderlich ist deshalb eine gründliche Schulung der Bevölkerung auf ökonomischem, insbesondere hauswirtschaftlichem Gebiet, da es mit der Verbraucherberatung allein nicht getan ist.

Es versteht sich, daß viele Anbieter aus dieser Situation nicht ungern Vorteile ziehen, gemäß den Spielregeln des marktwirtschaftlichen Systems vielleicht sogar dazu gezwungen sind. Wie sich die **Unwissenheit** der **Verbraucher** im einzelnen auswirken kann, mögen folgende Beispiele verdeutlichen:

Auf Grund mangelnder Markttransparenz betragen die Preise für Grundnahrungsmittel in manchen Geschäften ein Vielfaches dessen, was der günstigste Anbieter fordert. Bei Dienstleistungen wie z. B. der Reparatur einer Uhr variieren die Preise im Verhältnis von 1:10. Prozentual nicht ganz so hoch, aber immer noch gravierend sind die Unterschiede bei praktisch identischen Pauschalarrangements verschiedener Touristikunternehmen.

Auf einer ganz anderen Ebene liegt die absichtliche **Vorenthaltung wichtiger Tatsachen**:

Ein Produzent von Kinderkochherden, die mit Trockenbrennstoff beheizt werden, warnt angelsächsische Käufer vor den verheerenden Folgen, die mit einem versehentlichen Verschlucken der Tabletten verbunden sind, während er deutschen Käufern gegenüber auf entsprechende Hinweise, insbesondere auf die im Ernstfall zu treffenden Gegenmaßnahmen, verzichtet.

Bei einem häufig gekauften Modell eines deutschen Waschmaschinenherstellers öffnet sich während des Waschvorgangs nicht selten die Trommel mit der Folge, daß mehrere aus Blech bestehende innere Bauteile verbogen oder zerstört werden. Die betroffenen Käufer müssen (zum Teil sogar mehrmals) den nicht unerheblichen Schaden durch Vertragsfirmen auf eigene Kosten beheben lassen, während sich der Produzent nur jenen Kunden gegenüber zur Übernahme der in Rechnung gestellten Beträge bereit erklärt, die zufällig gewahr werden, daß es sich hierbei um einen Konstruktionsfehler handelt, und entsprechenden Druck auf ihn ausüben. Da eine Waschmaschine bei normaler Beanspruchung eine mittlere Lebensdauer von 12 - 15 Jahren hat, vermag die Erklärung der klassischen Wettbewerbstheorie nicht zu befriedigen, daß sich ein Hersteller, der sich so verhält, langfristig selbst aus dem Markt manövriere. Dies gilt im Grunde für alle langlebigen Gebrauchsgüter, die entweder nur einmal im Leben oder in relativ großen Zeitabständen erworben werden, da das jeweilige Folgemodell in aller Regel erheblich weiterentwickelt ist und insoweit kein vergleichbares Gut mehr darstellt.

Die bislang geschilderten Fälle verkörpern keineswegs nur einmalige Entgleisungen oder vorübergehende Erscheinungen, sondern Praktiken, die zumindest in den Randzonen unserer Wirtschaft gang und gäbe sind. Diese Erfahrung wird dadurch bestätigt, daß sich der *Bundesgerichtshof* häufig mit der Frage der **Wahrheit** in der **Werbung** und damit der Anwendbarkeit des § 3 *UWG* zu befassen hatte. Nach dieser Vorschrift ist es unzulässig, im geschäftlichen Verkehr zu Zwecken des Wettbewerbs irreführende Angaben über geschäftliche Verhältnisse zu machen, insbesondere über die Beschaffenheit, den Ursprung, die Herstellungsart oder die Preisbemessung einzelner Waren oder gewerblicher Leistungen. Recht deutlich zeigt sich die Absicht der Irreführung in folgendem Beispiel:

Ein Hersteller von Plastikbechern macht seine Erzeugnisse denjenigen, die Verkaufsautomaten bestücken, mit dem Hinweis schmackhaft, daß seine Becher nur mehr 150 ccm gegenüber bisher 180 ccm fassen, ohne daß man dies an der Form erkennen könne. Der Absatz von Getränken werde dadurch um 20% rentabler!

Im Zusammenhang mit **Mogelpackungen**, die den Inhalt entschieden größer erscheinen lassen, als er wirklich ist, sei auch auf eine alte, nicht nur produktionstechnisch begründete Vorliebe vieler Anbieter hingewiesen, die Vergleichbarkeit von Preisen und Produkten durch die Wahl unterschiedlicher Packungsgrößen und Füllmengen nach Kräften zu erschweren. Allerdings wurde hier mit der Einführung des „unit pricing" (siehe dazu § 5, Abschn. 6.) Abhilfe zu schaffen versucht.

Die Sachwalter von Verbraucherinteressen haben heute insofern einen schweren Stand, als die Methoden der Beeinflussung subtiler geworden sind. Die Konsumenten werden kaum mehr so offen getäuscht, wie dies früher der Fall war. Oftmals verführt die werbliche Argumentation nur zu einer bestimmten Schlußfolgerung, ohne daß tatsächlich eine zu beanstandende Behauptung aufgestellt wird.

Auf dieser Linie liegen Versuche, Bedarfsträger mit markanten Slogans auf Produkteigenschaften hinzuweisen, die für die Funktionstüchtigkeit eines Erzeugnisses geradezu vorhanden sein müssen oder aber völlig irrelevant sind. So versuchte sich ein großer Kraftstoffanbieter durch den Zusatz „... *mit Platformat*" von den Konkurrenten abzuheben, obwohl jeder Eingeweihte weiß, daß sich alle Hersteller der Platinveredelung bedienen.

Eine Irreführung liegt z. B. auch darin, wenn für XY-Kaffee mit dem Zusatz „nichts als Kaffee" geworben wird, weil jeder Kaffee-Extrakt nach § 1 Abs. 9 der *Kaffee-Verordnung* ausschließlich aus gerösteten, zerkleinerten Kaffeebohnen gewonnen werden muß.

Auch wenn die Werbung mit Selbstverständlichkeiten nach geltendem Recht eindeutig unzulässig ist und die Rechtsprechung kompromißlos gegen Verstöße vorgeht, kommen Fälle dieser Art immer wieder vor.

Eine weitere Stufe der Eskalation verkörpern Tatbestände wie **Mißbrauch** von **Macht, Überrumpelung** und **Ausnützung** von **Notlagen**. Das Streben nach wirtschaftlichem Erfolg und andere Gründe führen immer häufiger dazu, daß eine Marktseite den Freiheitsspielraum der anderen zu deren Schaden einzuengen trachtet und ihr letztlich nicht einmal mehr die Möglichkeit beläßt, ein Vertragsangebot in Ermangelung von Alternativen abzulehnen. Eine Voraussetzung dafür bildet die Existenz von Macht.

Offensichtlich vermag unser Kartellrecht die Entstehung eines Ungleichgewichts nicht zu vereiteln. Es ist strittig, ob wir mehr oder weniger juristischer Perfektion bedürfen: Auf jeden Fall ist es bislang weder Rechtsgelehrten noch Wirtschaftstheoretikern gelungen, die Grundlagen für eine einwandfreie rechtliche Regelung zu schaffen, nämlich Begriffe wie relevanter Markt, abgestimmte Verhaltensweise, funktionierender Wettbewerb oder Machtmißbrauch so zu definieren, daß es darüber nicht immer wieder zu Auseinandersetzungen kommt. Die Lage wird noch dadurch erschwert, daß die Sanktionsgewalt von Einrichtungen wie *Bundeskartellamt* oder *Monopolkommission* nicht ausreicht, die Aktivitäten multinationaler Konzerne unter Kontrolle zu bringen.

Man muß zugestehen, daß die Grenze zwischen dem, was ein Unternehmer unbedingt tun soll, und dem, was er keinesfalls tun darf, nicht einfach zu ziehen ist. So verlangen **Wettbewerb** und **technischer Fortschritt** von ihm, unablässig bemüht zu sein, Produkt- und Firmenmärkte aufzubauen, also einen Vorsprung vor den Konkurrenten zu erzielen, während er andererseits u. U. in ernsthafte Schwierigkeiten gerät, falls daraus eine Monopolstellung oder ein Abhängigkeitsverhältnis (im Sinne des *GWB)* resultieren.

Daß Marktmacht nicht nur in eindrucksvollen Marktanteilen zum Ausdruck kommt, gilt als unstrittig. Oftmals ist dieser Zustand nur von kurzer Dauer oder bloß von Fall zu Fall gegeben. Besonders begünstigt wird das Entstehen eines Ungleichgewichts in Verkaufsverhandlungen dann, wenn sich einer der Marktpartner in einer Notlage befindet.

Folgenreich z. B. ist die Situation bei den sog. Haustürgeschäften, die der Gesetzgeber keineswegs zufriedenstellend geregelt hat. Abgesehen davon, daß es sich hierbei häufig um ein unerwünschtes Eindringen in die Privatsphäre des Verbrauchers handelt, geht es dabei oft nicht ohne Täuschung, Betrug oder gar Nötigung ab.

Gefährdet werden schließlich sogar **Leib** und **Leben** sowie **Hab** und **Gut** anderer. Lange Zeit stand man auf dem Standpunkt, daß eine **effiziente Wettbewerbspolitik** die beste **Verbraucherpolitik** darstelle. Daß dem nicht so ist, wird heute nicht mehr bestritten, weil dieses Instrument dem Bedürfnis der Verbraucher, vor Unfähigkeit, Leichtfertigkeit oder rücksichtslosem Egoismus im Umgang mit ihrer Gesundheit oder ihrem Vermögen geschützt zu werden, nicht hinreichend Rechnung trägt. Genauso wie im Bereich der Technik mit ungleich höheren Sicherheitskoeffizienten gearbeitet wird, wenn die körperliche Unversehrtheit von Menschen auf dem Spiele steht, muß auch im wirtschaftlichen Bereich scharf unterschieden werden zwischen vergleichsweise harmlosen Sachverhalten, wie etwa schlechten Erfahrungen, die ein Verbraucher mit einem Hersteller oder einem Produkt macht und in der Regel über kurz oder lang vergißt, und gravierenden Ereignissen, wie z. B. dem Verlust der persönlichen Ersparnisse, dem Wegfall der Altersversorgung oder gar der Gefährdung von Leib und Leben, wie etwa bei der im Einzelfall jahrzehntelangen Beeinträchtigung der Gesundheit von Hausbewohnern durch Holzschutzmittel.

Es steht außer Frage, daß die Verbraucher in dieser Hinsicht eines wirkungsvolleren Schutzes bedürfen, als ihn der Markt- bzw. Preismechanismus zu bieten vermag. In der Bundesrepublik Deutschland gibt es zu diesem Zweck u. a. eine Reihe von Aufsichtsbehörden, so z. B. das *Bundesaufsichtsamt für das Kreditwesen* und das *Bundesaufsichtsamt für das Versicherungs- und Bausparwesen,* die die Tätigkeit von Banken, Versicherungsgesellschaften, Verkehrsbetrieben usw. überwachen. Hinsichtlich der hier angesprochenen Problematik liegt allerdings noch einiges im argen, wie folgendes Beispiel illustriert:

Noch immer werden bei Spielzeugen giftige Farben verwendet. Welche Mutter weiß schon oder untersucht gar, ob eine Babyrassel aus einem Material besteht, auf dem ein

Säugling gefahrlos herumkauen darf? Auch der Erlaß des Gesetzes über technische Arbeitsmittel, das sog. *Maschinenschutzgesetz,* samt Änderungen sowie das 1975 in Kraft getretene *Lebensmittel- und Bedarfsgegenständegesetz (LMBG)* vermochten bislang Gefährdungen dieser Art nicht zu verhindern.

Die Marktwirtschaft vermag offenkundig eine den Interessen der Verbraucher entgegengerichtete Nutzung von Freiheitsräumen durch die Anbieter von Gütern und Dienstleistungen nicht zu verhindern. Hinzu kommt noch ein Zweites:

Es gibt weder eine **Übereinstimmung** der **Interessen** von **Anbietern** und **Nachfragern** noch eine **systemimmanente Harmonie** zwischen persönlichen, gruppenspezifischen und gesamtwirtschaftlichen Belangen. Die gängige Behauptung, das marktwirtschaftliche System führe über den **Preismechanismus** zu einem natürlichen Ausgleich der Erwartungen von Anbietern und Nachfragern, kann nur so verstanden werden, daß Kontrakte ausschließlich zu solchen Bedingungen zustande kommen, die den Nutzenerwartungen beider Seiten Rechnung tragen. Daß dies weder im binnenwirtschaftlichen noch im zwischenstaatlichen Handel der Fall zu sein braucht, ergibt sich zunächst aus dem Fehlen vollkommenen Wettbewerbs. Maßgebend dafür ist in aller Regel die Existenz von **monopolartigen Konstellationen** auf der Angebots- oder Nachfrageseite.

Dies verleitet zu Überlegungen darüber, wie die Verbraucher durch Bildung von Koalitionen, etwa in Form von Konsumgenossenschaften oder Verbraucherverbänden, eine stärkere Position gegenüber den Anbietern erringen können. Wenn **Konsumenten** im übrigen kaum jemals als **geschlossene Gruppe** auftreten, liegt dies an der Verschiedenartigkeit ihrer Interessen, aber auch an der ungleichen Einkommens- und Vermögensverteilung, die das Problem um eine sozialpolitische Dimension erweitert.

Daß sich einzel- und gesamtwirtschaftliche Ziele nicht immer in Übereinstimmung bringen lassen, erweist sich auch dann, wenn auf einem Markt nur ganz bescheidene Gewinne oder gar Verluste erzielt werden, so daß sich die Unternehmer hier entweder von Anfang an nicht betätigen oder davon zurückziehen. Die Vorstellung, eine völlige **Harmonisierung** der **Schutzbedürfnisse** verschiedener Gruppen sei möglich, ist schon deswegen abwegig, weil Bedürfnisse als solche miteinander im Widerstreit liegen können. Es wäre deshalb verfehlt zu glauben, daß sich rivalisierende Ansprüche gewissermaßen nacheinander erfüllen oder Verteilungskonflikte über einen Deus ex machina lösen ließen.

3.2.2.2. Maßnahmen zur Verbesserung des Verbraucherschutzes

Die Kritik an verbraucherfeindlichen Auswüchsen der Marketingpraxis wird sowohl vom Staat als auch von Industrie und Handel in zunehmendem Maße anerkannt und ernstgenommen. In den letzten Jahren sind deshalb immer mehr Initiativen ergriffen worden, die auf einen gerechteren **Ausgleich** der **Interessen** abzielen.

(1) In erster Linie bemüht man sich um eine Verbesserung des **Informationsgrades** der **Konsumenten**, da diesen fehlende Marktübersicht und mangelnde Vertrautheit mit wirtschaftlichen Grundtatbeständen immer wieder zum Nachteil gereichen. Die vergleichsweise besten Möglichkeiten, dieses Anliegen zu fördern, haben **Presse**, **Funk** und **Fernsehen**, die sich ihrer Möglichkeiten, als Sachwalter der Verbraucher zu wirken, im allgemeinen bewußt sind, aber dazu über die nötige Sach- und Fachkenntnis verfügen müssen. Überaus wirksam ist auch die Tätigkeit der **Warentestinstitute**, deren Arbeit immer größere Resonanz findet. Bezeichnenderweise hat der *BGH* in einem Urteil vom 9. 12. 1975 im Zusammenhang mit der Klage eines bekannten Herstellers von Skibindungen der *Stiftung Warentest* attestiert, daß ihre Tätigkeit für die Verbraucher wie für die gesamte Volkswirtschaft von unverzichtbarem Nutzen sei.

(2) Neben der als notwendig empfundenen Anhebung des Bildungs- und Wissensstandes der Konsumenten wird die nicht minder bedeutsame **rechtliche Sicherung** unabdingbarer Verbraucherinteressen ausgebaut. Die Bemühungen erstreckten sich zunächst auf die Schließung eklatanter Lücken im Bereich des **Arznei-** und **Lebensmittelrechts**. Bei der Reform des Arzneimittelrechts ging es vor allem darum, die erforderliche Wirksamkeit und Unbedenklichkeit der Pharmaprodukte sicherzustellen. Dazu gehört in erster Linie die gründliche Erforschung der Folgewirkung, die mit der Verwendung von Präparaten verbunden sein kann. Deshalb trat an die Stelle der bloßen Registrierung neuer Arzneimittel ein strenges Zulassungsverfahren.

Das Lebensmittelrecht bezieht sich nicht nur auf Nahrungsmittel im eigentlichen Sinne, sondern auch auf Güter, die wie etwa kosmetische Erzeugnisse, Farben, Kerzen und Verpackungsmaterial gesundheitliche Schäden hervorrufen können. Auch wenn die Gesetzgebung hier nach wie vor ziemlich zersplittert ist (vgl. *Lebensmittel-, Farben-, Fleischbeschau-, Weingesetz* usw.), trägt doch die im August 1974 vom *Deutschen Bundestag* verabschiedete Gesamtreform des Lebensmittelrechts den Wünschen der Verbraucherseite weitgehend Rechnung. Dies gilt namentlich für das *Gesetz über den Verkehr mit Lebensmitteln, Tabakerzeugnissen, kosmetischen Mitteln und sonstigen Bedarfsgegenständen* vom 15. 8. 1974, das im übrigen seitdem mehrfach geändert wurde.

Die Überwachung der Einhaltung der lebensmittelrechtlichen Bestimmungen obliegt den Gewerbeaufsichtsämtern. Im Gegensatz zu den USA sind die Hersteller in der Bundesrepublik Deutschland nicht verpflichtet, die Zusammensetzung von Produkten, etwa die chemischen Formeln für Waschmittel, Lippenstifte, Deosprays, Farben, Zahnpasten, Silberputzmittel, Wasserweichmacher und Photoentwickler, die gesundheitliche Schäden (z. B. allergische Reaktionen) hervorrufen können, preiszugeben.

Zu den staatlichen Initiativen, die Rechtsstellung der Verbraucher zu stärken, gehört auch die Einführung der sog. **Produkt-** und **Produzentenhaftung** (siehe dazu auch § 5, Abschn. 6.). Damit wird bezweckt, die Hersteller, die üblicherweise nicht Vertragspartner der Verbraucher sind, grundsätzlich für Schäden an Leben oder Eigentum der Verwender bzw. Verbraucher haftbar zu machen, wenn jene auf bestimmte Fehler der Produkte zurückzuführen sind.

Schließlich ist in diesem Zusammenhang auf die Reform der **Allgemeinen Geschäftsbedingungen** hinzuweisen, durch die eine wesentliche Besserstellung der – meist nicht rechtskundigen – Konsumenten erreicht wurde. Eine Regelung dieser Materie erschien dringend geboten, da die „freiwillig" und auf der Basis vorformulierter Klauseln getroffenen Vereinbarungen regelmäßig die Anbieter begünstigt hatten und vom Wettbewerb praktisch nicht erfaßt worden waren.

(3) Daneben ist in den letzten Jahren eine Reihe spezieller **Verbraucherschutzeinrichtungen** geschaffen worden, die es als ihre wichtigste Aufgabe ansehen, die Öffentlichkeit (Parlament, Behörden, Industrie, Handel, Konsumenten usw.) über alle relevanten Vorgänge zu unterrichten und diese im Sinne ihrer Ziele zu beeinflussen, ferner interessierte Kreise individuell oder über die Massenmedien zu beraten, Stellungnahmen zu Projekten, die die Interessen der Verbraucher berühren, abzugeben sowie Verbraucheraufklärung und hauswirtschaftliche Beratung zu betreiben.

Dazu gehört u. a. die überwiegend vom Staat finanzierte ***Arbeitsgemeinschaft der Verbraucher (AGV)***, deren Mitgliedsverbände jedoch nicht nur für die Belange der Verbraucher eintreten, sondern auch andere, u. a. karitative Ziele verfolgen. Der *AGV*, die als Dachverband indirekt Millionen von Menschen vertritt, sind auch die in allen Bundesländern errichteten **Verbraucherzentralen** angeschlossen, die vor allem individuelle Beratung gewähren. Zur Einrichtung einer Schiedsstelle für Verbraucherbeschwerden nach dem Muster des in den skandinavischen Ländern zu einer Institution gewordenen **Ombudsmannes**, an den sich die Bürger mit bestimmten Sorgen wenden können, vermochte man sich dagegen hierzulande nicht durchzuringen.

Der Gedanke der „countervailing power" (= Marktgegenmacht), der bis zum Käuferstreik führen kann, tritt auch in einer Reihe von **Selbsthilfeorganisationen der Verbraucher** zutage. So kam es zu einer Aktion Ärgerfreier Urlaub, die das Ziel verfolgt, Beschwerden von Touristen über in- und ausländische Urlaubsorte, schlechte Leistungen der Reiseveranstalter und Beherbergungsunternehmen sowie irreführende Prospektangaben zu sammeln und an interessierte Urlauber weiterzugeben oder selbst auf Abhilfe hinzuwirken. Zuweilen sehen auch Verfechter spezifischer Gruppeninteressen, wie etwa die Gewerkschaften, der *Allgemeine Deutsche Automobil-Club (ADAC)* und die Industrie- und Handelskammern, ein lohnendes Betätigungsfeld in der Förderung von Verbraucherbelangen.

(4) Schon lange vor dem Aufbegehren der Verbraucher, das sich schlagwortartig mit dem Begriff **Konsumerismus** kennzeichnen läßt, sind auch von seiten der Anbieter Schritte unternommen worden, die geeignet erscheinen, Informationsgrad und Sicherheit der Konsumenten maßgeblich zu verbessern. Was sind

z. B. die **Markenartikel** (vgl. *Dichtl / Eggers* 1992), die um die Jahrhundertwende aufkamen, letztlich anderes als der gelungene Versuch, den Konsumenten Produkte von gleichbleibender oder verbesserter Qualität in die Hand zu geben, die dank dieser Eigenschaft die Orientierung auf zahlreichen Märkten überhaupt erst ermöglichten?

Einige Bedeutung hat vor allem in den Großunternehmen der Industrie und des Handels die **Warenprüfung**, also die **Gütesicherung** der diesen angebotenen und von diesen vertriebenen Erzeugnisse erlangt. Es ist dadurch gelungen, die Verbraucher in vielen Fällen vor dem Erwerb fehlerhafter, unsicherer oder ungeeigneter Produkte zu bewahren und die Reklamationsquoten auf ein Mindestmaß zu senken.

Eine nicht geringe Rolle spielt bei dem Versuch der Verbesserung der Produktsicherheit die **Kennzeichnung** von **Erzeugnissen**, die in § 5, Abschn. 4.3., behandelt wird. Dabei ist vor allem auf die Gütezeichen des *Ausschusses für Lieferbedingungen und Gütesicherung (RAL)* zu verweisen. Die Hersteller verpflichten sich dabei, sich an die von den Gütegemeinschaften festgelegten Regeln zu halten, was sie zur Führung eines von diesen Gremien vergebenen Zeichens berechtigt. Einen beachtlichen Bekanntheitsgrad hat z. B. das *VDE*-Signum der Elektrotechnischen Industrie erlangt, das die Sicherheit von Elektrogeräten bei bestimmungsgemäßem Gebrauch garantiert. In einigen Bundesländern führt schließlich der *Technische Überwachungsverein (TÜV)* Sicherheitsprüfungen dieser Art durch. Im übrigen ist in diesem Zusammenhang auf die hinsichtlich der Zielsetzung ähnliche Funktion der *DIN* (= Deutsche Industrie-Normen) zu verweisen, die es für eine Vielzahl von Verbrauchsgütern gibt, ferner auf die Kennzeichnung von Kunststoffen, Textilien und Bekleidungsgegenständen (etwa bezüglich der Zusammensetzung der Rohstoffe, Pflegevorschriften usw.), die zum Teil Eingang in das *Textilkennzeichnungsgesetz* gefunden haben.

(5) Bemühungen zur Schaffung bzw. Verbesserung der Markttransparenz kommen den Verbrauchern auch insofern zugute, als sie den **Wettbewerb** und den **technologischen Fortschritt** beflügeln. Nicht wenige Wirtschaftspolitiker sehen im Abbau von Wettbewerbsbeschränkungen das wirksamste Instrument zum Schutz der Verbraucher. Gleichwohl gilt dies nur bis zu einem gewissen Grad:

Das Konkurrenzprinzip wird herkömmlicherweise als Garant für Stetigkeit der Versorgung, unbehinderten Zugang zu den gewünschten Waren, freie Wahl der Bezugsquelle und preisgünstige Bedarfsdeckung angesehen. Diese Vorstellung durchzieht auch das *Gesetz gegen Wettbewerbsbeschränkungen (GWB)*. Daß all dies nur bis zu einer bestimmten Ausprägung des Wettbewerbs gewährleistet ist, ergibt sich aus dem Dilemma, daß marketingbewußte Unternehmungen zugleich bemüht sind, Präferenzen für sich zu schaffen und dadurch Firmenmärkte aufzubauen, die ihnen einen gewissen Vorsprung vor den Konkurrenten sichern und ihnen die Erzielung von Pioniergewinnen im *Schumpeter*schen Sinne erlauben.

(6) Wie manche der in diesem Abschnitt geschilderten Beispiele dokumentieren, gibt es vielfältige Möglichkeiten, gegen die Interessen der Verbraucher zu verstoßen, ohne mit dem geltenden Recht in Konflikt zu geraten. Freilich bedarf es dazu einer oft nur schwer zu erreichenden Übereinstimmung im Urteil darüber, was den Konsumenten zu- und abträglich ist.

Von großer Bedeutung ist deshalb die Bereitschaft der Unternehmer, **soziale Verantwortung** zu tragen, auch wenn diese weder genau konkretisierbar noch einklagbar ist („human concept of marketing"). Wenn sie allenthalben vorhanden wäre, würden sich beispielsweise viele manchen Verpflichtungen, die ein Gesetz mit sich bringt, nicht mit einer fadenscheinigen Begründung entziehen. Beispielsweise würde man auf eine technisch mögliche, sozial wünschenswerte Weiterentwicklung nicht etwa deshalb verzichten, weil die alten Produkte noch genügend Gewinn abwerfen.

Dabei stellt sich die Frage, ob das soziale Gewissen auf das Individuum beschränkt bleiben oder gewissermaßen institutionalisiert bzw. kodifiziert werden soll, wozu sich eine Reihe berufsständischer Vereinigungen entschlossen haben. So kam es z. B. in der Bundesrepublik Deutschland 1972 zu dem vom *ZAW (Zentralverband der deutschen Werbewirtschaft e. V.)* ins Leben gerufenen *Deutschen Werberat,* der die Aufgabe hat, durch Aufforderung zur Selbstdisziplin eine in Form und Inhalt lautere, vorbildliche Werbung zu erreichen und jeder Fehlentwicklung entgegenzuwirken. Er bemüht sich, auf werbungtreibende Unternehmungen, Werbeagenturen und Werbeträger Einfluß zu nehmen, um sie von Werbeaussagen und anderen Werbemaßnahmen abzuhalten, die als unfair, unredlich oder unzulässig anzusehen sind. Schwerwiegende Verstöße, bei denen es dem *Deutschen Werberat* nicht gelingt, auf freiwilliger Basis Abhilfe zu schaffen, verweist er an die *Zentrale zur Bekämpfung von unlauterem Wettbewerb,* die nach dem Scheitern gütlicher Einigungsversuche üblicherweise eine gerichtliche Klärung solcher Fälle veranlaßt. Daneben hat der *Deutsche Werberat* „Verhaltensmaßregeln für die Werbung mit und vor Kindern in Werbefunk und Werbefernsehen" erarbeitet, nach denen die Werbung weder eine direkte Aufforderung an Kinder zum Kauf oder Konsum enthalten noch das besondere Vertrauen mißbrauchen soll, das Kinder bestimmten Personenkreisen entgegenzubringen pflegen.

Ergebnis derartiger Bestrebungen sind auch Einrichtungen zur Selbstkontrolle der Wirtschaft wie etwa die **Freiwillige Filmselbstkontrolle** oder die im Bereich der Werbung in mehreren Wirtschaftszweigen getroffenen **Selbstbeschränkungsabkommen**. So verzichtet z. B. die Zigarettenindustrie auf die Verwendung bestimmter Werbesujets, während die Automobilindustrie über das Beschleunigungsvermögen eines Fahrzeugs nur versteckt unter „Technische Daten" Auskunft gibt. In diesem Zusammenhang ist auch auf die Einrichtung von **Schiedsstellen** zu verweisen, die namentlich im Kraftfahrzeughandwerk bei der

Schlichtung von Streitfällen zwischen Reparaturbetrieben und Kunden eine gewisse Bedeutung erlangt haben.

Eine Möglichkeit, Verbraucherbelangen in den Unternehmungen selbst auch organisatorisch stärkeres Gewicht beizumessen, ist die Schaffung von **Abteilungen** für **Consumer Relations**, deren Aufgabe darin besteht, alle Teile einer Unternehmung verbraucherbewußt zu machen und so manch einen Konflikt, zu dem es zwischen Unternehmung und Verbrauchern kommen könnte, schon von vornherein zu vereiteln. In einigen Fällen ist es auch zur Einrichtung sog. **Kundenbeiräte** gekommen, denen vor allem bei der Produktentwicklung der Hersteller sowie der Sortiments- und Preispolitik der Händler ein gewisses Mitspracherecht eingeräumt wird. Auf weitergehende Möglichkeiten wird in § 11, Abschn. 2.1., eingegangen.

Alle diese Beispiele zeugen von der Klugheit der Betroffenen, auf die Ausschöpfung des ihnen von der Rechtsordnung eingeräumten Freiheitsspielraums zu verzichten, um nicht einschneidende und kaum revidierbare gesetzliche Regelungen herauszufordern. Obgleich die im einzelnen getroffenen Maßnahmen und Vereinbarungen keineswegs immer altruistische Motive reflektieren, ist nicht von der Hand zu weisen, daß sie den Verbrauchern oftmals mehr als starre gesetzliche Regelungen nützen.

Quellen

Bauer, H. H., Marktabgrenzung: Konzeption und Problematik von Ansätzen und Methoden zur Strukturierung von Märkten unter besonderer Berücksichtigung von marketingtheoretischen Verfahren, Berlin 1989.

Beeskow, W., Qualität der Versorgung und Versorgungszufriedenheit, Frankfurt / Main 1985.

Clark, J. M., Competition as a Dynamic Process, Washington, D.C., 1963.

Dichtl, E., Versorgungsmängel in den Neuen Bundesländern, in: Volkswirtschaftliche Korrespondenz der Adolf-Weber-Stiftung, 31. Jg. (1992), Nr. 5.

Dichtl, E. / Eggers, W. (Hrsg.), Marke und Markenartikel als Instrumente des Wettbewerbs, München 1992.

Dichtl, E. / Issing, O. (Hrsg.), Vahlens Großes Wirtschafts Lexikon, 2. Aufl., München 1993.

Dichtl, E. / Schobert, R., Mehrdimensionale Skalierung, München 1979.

Diller, H. (Hrsg.), Vahlens Großes Marketing Lexikon, München 1992.

Erhard, L., Soziale Marktwirtschaft – Fundament für morgen, Bonn 1987.

Finck, G., Versorgungszufriedenheit, Berlin 1990.

Galbraith, J. K., Die moderne Industriegesellschaft, München–Zürich 1968.

– Gesellschaft im Überfluß, München–Zürich 1959.

Hayek, F. A. von, Der Wettbewerb als Entdeckungsverfahren, Kiel 1968.

Koob, F., Die Wirkung des Bauplanungsrechts auf die Entwicklung des deutschen Handels, München 1993.

Kroeber-Riel, W., Konsumentenverhalten, 5., überarb. und erg. Aufl., München 1992.

Müller-Armack, A., Ausgewählte Werke, Bd. 3: Genealogie der sozialen Marktwirtschaft: Frühschriften und weiterführende Konzepte, 2., erw. Aufl., hrsg. von *E. Dürr*, Bern–Stuttgart 1981.

Riesman, D. / Denney, R. / Glazer, Z., Die einsame Masse – eine Untersuchung der Wandlungen des amerikanischen Charakters, Hamburg 1965.

Siebert, H., Das produzierte Chaos, Stuttgart u. a. 1973.

Specht, G., Marketing-Management und Qualität des Lebens, Stuttgart 1974.

Woll, A., Wettbewerb, in: *Tietz, B.* (Hrsg.), Handwörterbuch der Absatzwirtschaft, Stuttgart 1974, Sp. 2300-2310.

Zapf, W., Lebensbedingungen in der Bundesrepublik: Sozialer Wandel und Wohlfahrtsentwicklung, 2. Aufl., Frankfurt / Main–New York 1978.

Weiterführende Literatur

Bauer, H. H. / Hermann, A., Eine Methode zur Abgrenzung von Märkten, in: ZfB, 62. Jg. (1992), S. 1341-1360.

Dichtl, E. (Hrsg.), Verbraucherschutz in der Marktwirtschaft, Berlin 1975.

Dichtl, E. / Andritzky, K. / Schobert, R., Ein Verfahren zur Abgrenzung des „relevanten Marktes“ auf der Basis von Produktperzeptionen und Präferenzurteilen, in: WiSt, 6. Jg. (1977), S. 290-301.

Gemünden, H. G., Interaktionsstrategien im Investitionsgütermarketing, in: Marketing · ZFP, 2. Jg. (1980), S. 21-32.

Kuhlmann, E., Verbraucherpolitik, München 1990.

Porter, M. E., Wettbewerbsstrategie: Methoden zur Analyse von Branchen und Konkurrenten, 7. Auflage, Frankfurt / Main 1992.

Schade, C. / Schott, E., Kontraktgüter im Marketing, in: Marketing · ZFP, 15. Jg. (1993), S. 15-25.

Tietz, B., Binnenhandelspolitik, 2., neubearb. Aufl., München 1993.

Teil II
Strategische Dimensionen des Handelns

§ 3 Betätigungsfeld und Wertebasis

1. Das Leistungsangebot

1.1. Der Unternehmungszweck

Die *Mannesmann AG* definiert die Tätigkeiten, durch die sie Umsatz und Gewinn erzielen möchte, in § 2 ihrer **Satzung** in der im umseitigen Kasten wiedergegebenen Form.

Hiermit wird der Rahmen abgesteckt, der für jedermann im Unternehmen maßgebend ist. Dies hat nicht nur **juristische Konsequenzen**, etwa im Hinblick darauf, welche Art von Entscheidungen der Vorstand allein oder im Einvernehmen mit dem Aufsichtsrat treffen darf, sondern auch **praktische**. Auf all den aufgelisteten Feldern wird sondiert, geforscht, geplant, organisiert und kontrolliert, selbst wenn noch nicht überall Güter erstellt oder Dienstleistungen verrichtet, m. a. W. sichtbare Werte geschaffen werden.

Die präzise **Festlegung** des **Betätigungsfeldes** trägt dazu bei, alle Ressourcen auf bestimmte Fixpunkte hin auszurichten. Die Konzentration der Kräfte sensibilisiert die Betroffenen für relevante Trends, Chancen und Gefahren. Sie bestimmt die nötige Qualifikation der Mitarbeiter, erhöht deren Motivation und fördert die Koordination von Abteilungen und Aktivitäten.

(1) Gegenstand des Unternehmens sind

Herstellung von industriellen Erzeugnissen in den Bereichen Maschinen- und Anlagenbau, Fahrzeugtechnik sowie Elektrotechnik und Elektronik;

Planung und Bau von Gesamtanlagen sowie Erstellung von kompletten Systemlösungen;

Gewinnung und Verarbeitung von Rohstoffen;

Erzeugung und Verarbeitung von Eisen, Stahl und anderen Werkstoffen;

Herstellung von Rohren und Rohrerzeugnissen;

Erbringung von Dienstleistungen auf dem Gebiet der Telekommunikation einschließlich

Planung, Errichtung und Betrieb von Telekommunikationsnetzen;

Forschung und Entwicklung auf den vorgenannten Gebieten;

Handel und sonstige Dienstleistungen, insbesondere Vertrieb von eigenen Erzeugnissen und von fremden Erzeugnissen gleicher und verwandter Wirtschaftszweige.

(2) Die Gesellschaft ist zu allen Geschäften und Maßnahmen berechtigt, die geeignet sind, den Gesellschaftszweck unmittelbar oder mittelbar zu fördern. Insbesondere kann die Gesellschaft dazu andere Unternehmen gründen, erwerben, sich an ihnen beteiligen und sie unter einheitlicher Leitung zusammenfassen.

Nicht jedes Unternehmen muß sich, etwa auf Grund juristischer Zwänge bei der Rechtsform der Aktiengesellschaft, in deren Satzung nach § 23 Abs. 3 *AktG* der Unternehmensgegenstand genannt sein muß, oder wird sich freiwillig so genau festlegen, aber jedes dürfte bzw. sollte eine gewisse Vorstellung von seiner **Business Mission** besitzen. Diese unterliegt Veränderungen, weil man sich immer wieder einmal veranlaßt sieht, sich von Betriebsteilen zu trennen und sich damit von bestimmten Märkten zu verabschieden oder auch auf Neuland vorzustoßen. So betont eines der führenden Unternehmen der Chemischen Industrie, *Hoechst,* in seinem Geschäftsbericht von 1990, einerseits eine Reihe von Beteiligungen aufgestockt und mit Akquisitionen das Stammgeschäft abgerundet, gleichzeitig aber Arbeitsgebiete aufgegeben zu haben, denen man, obwohl sie eine lange Tradition im Hause *Hoechst* hatten, keine Entwicklungsmöglichkeiten mehr einräumte.

Nicht immer stimmt der in der Satzung verankerte Unternehmenszweck mit der täglichen Praxis überein. Beispielsweise trugen bei *Siemens* im Geschäftsjahr 1990 / 91 Gewinne aus Finanzanlagen fast 60 % zum Gesamtergebnis von 3,4 Mrd. DM (vor Steuern) bei, während nur der kleinere Rest aus Aktivitäten stammte, die man gemeinhin mit dem Elektrokonzern assoziiert. Wer in einem einzigen Jahr 2 Mrd. DM mit Geldgeschäften verdient, kann nicht für sich in Anspruch nehmen, es handle sich um etwas, was eigentlich gar nicht vorgesehen war.

Welchen **Sektoren** sich ein Unternehmen zuwendet, hängt von einer Reihe von Faktoren ab:

Oft bedarf es, um mithalten zu können, ganz spezifischer Fähigkeiten, die einem, wenn sie vorhanden sind, gleichzeitig lästige Konkurrenten vom Halse halten. Je nach Größe des Geschäftsvolumens benötigt man neben **Kompetenz** auch eine entsprechende Forschungs-, Fertigungs- und Vertriebskapazität oder aber Kapital und Mitarbeiter, um eine solche aufbauen zu können.

Nicht selten erweisen sich die darin liegenden **Marktzutrittsschranken** als unüberwindbar, sei es, daß einem qualifizierte Kräfte oder das Geld oder beides fehlen. Beispielsweise ist es in oligopolistischen Märkten, die dadurch charakterisiert sind, daß es nur wenige (maßgebliche) Anbieter gibt, nicht unüblich, einen gewaltigen Werbedruck zu erzeugen, dem sich Newcomer zumeist nicht entgegenzustemmen vermögen. Entweder verfügen sie nicht über die erforderlichen Mittel oder es erscheint ihnen zu riskant, Gelder entsprechender Größenordnung aufs Spiel zu setzen.

Mitunter spielt auch der **Staat** eine gewisse, in Einzelfällen sogar eine entscheidende Rolle, weil er Vorhaben zu fördern, zu be- und zu verhindern vermag. Zu denken ist dabei einerseits an Investitionsanreize steuerlicher Art bzw. Subventionen, andererseits an Auflagen im Bereich des Datenschutzes oder an Restriktionen bis hin zu Verboten, denen etwa die gentechnische Forschung, die Produktion gefährlicher Güter an bestimmten Orten oder die Ausfuhr von militärisch verwendbaren Produkten, von dem Artenschutzabkommen unterliegenden Tieren wie auch von nationalem Kulturgut unterworfen sind (siehe dazu *Dolzer / Hartwig* 1992).

Kein Unternehmen wird sich sodann den Risiken eines Engagements in einem Bereich aussetzen, wenn die dort winkenden, d. h. tatsächlich erzielten oder erhofften **Gewinne** dies nicht rechtfertigen. Ob es dazu kommt, hängt nicht nur vom Absatzpotential und den Kosten, sondern auch vom Konkurrenzdruck jetzt und in der Zukunft ab.

Gelegentlich drängt sich die Überwindung traditioneller Grenzen geradezu auf, weil man **synergetische Effekte** auslösen kann (Näheres dazu in § 4, Abschn. 2.2.2.). Sofern sich z. B. aus einer Idee bzw. Leistung ohne entsprechende Mehrkosten zweimal Kapital schlagen oder wenn sich ein bestimmter Aufwand im nachhinein mehr als einem Träger aufbürden läßt, liegt es nahe, diese Chance zu ergreifen.

Die Suche nach Bereichen, in denen sich eine Betätigung lohnt, ist aufs engste mit dem Anliegen der Erlangung oder Erhaltung der **Wettbewerbsfähigkeit** eines **Landes** verknüpft. Wenn Unternehmen in Deutschland weltweit mit den höchsten Arbeitskosten pro Stunde im Gewerblichen Bereich konfrontiert sind, die Jahresarbeitszeit hier um Hunderte von Stunden unter der von maßgeblichen Wettbewerbern wie Japan und den USA liegt, die Umweltschutzkosten und die Steuern so hoch wie kaum sonst irgendwo sind, stellt sich unweigerlich die Frage, wie man es anstellt, dennoch konkurrenzfähig zu bleiben. Dieser Herausforderung kann man sich vor allem dann nicht entziehen, wenn man sich dessen bewußt ist, daß ein knappes Drittel der Arbeitsplätze in der Bundesrepublik Deutschland vom Export abhängt.

Es liegt auf der Hand, daß sich Unternehmen unter diesen Bedingungen auf Produkte bzw. Leistungen konzentrieren müssen, deren Bereitstellung ein hohes Maß an **Kreativität**, **Kompetenz**, **Kapitalkraft** und – oft – **Kundennähe** bedingt, so daß die Bedeutung der **Kosten** relativ zum Produktionswert abnimmt. Als aussichtsreiche Felder gelten u. a. Fertigungssteuerung, Telekommunikation, Biochemie und Gentechnik. Nicht von ungefähr spricht man in diesem Zusammenhang von High tech- und High chem-Produkten. Es ist jedoch unverkennbar, daß auch andere Wege zum Erfolg führen (Näheres dazu in § 4). Immerhin gilt es als erwiesen, daß mit einer konsequenten Technologieorientierung sowohl dem Anliegen der Qualitätsführerschaft als auch dem Streben nach Kostensenkung, zwei möglichen (in § 4 behandelten) strategischen Stoßrichtungen eines Unternehmens, Rechnung getragen wird. Dementsprechend unterscheidet man zwischen **Produkttechnologie** auf der einen sowie **Prozeß-** und **Steuerungstechnologie** auf der anderen Seite.

Es wäre gleichwohl töricht, hierbei auf dem Stand einer **Basistechnologie** zu verharren und das Feld jenseits davon anderen zu überlassen. Begrifflich werden die einzelnen Niveaustufen wie folgt voneinander abgegrenzt (*Sommerlatte / Walsh* 1983, S. 304 ff.):

- Die **Basistechnologie** repräsentiert den heutigen Stand der Technik und ist jedem Wettbewerber zugänglich. Sie gilt als ausgereift und erlaubt nur noch eine marginale Verbesserung.
- Eine **Schlüsseltechnologie** wird erst in geringem Maße eingesetzt. Sie birgt noch ein erhebliches Entwicklungspotential in sich, bietet aber denjenigen Unternehmen, die sich ihrer bereits bedienen, die Chance, Wettbewerbsvorteile zu erlangen.
- Das, was aus heutiger Sicht als **Schrittmachertechnologie** gilt, soll in absehbarer Zukunft die Schlüsseltechnologie ersetzen. Sie befindet sich noch weitgehend im Entwicklungsstadium und ist über Testanwendungen noch nicht hinausgekommen.
- Die **Zukunftstechnologie** besteht bestenfalls aus prinzipiellen Lösungsmustern, doch erscheint die Wahrscheinlichkeit dafür nicht gering, daß jene eines Tages in die Rolle des Schrittmachers schlüpfen wird.

Von woher Unternehmen in hochindustrialisierten Ländern Gefahr droht und in welchem Maße sich dieser mit Technik begegnen läßt, kann man mit Hilfe der **Produktzyklustheorie** (*Vernon* 1966, S. 190 ff.) erklären. Zwar erlangen innovative Erzeugnisse und Verfahren heute nicht mehr uneingeschränkt nach diesem Muster Marktgeltung, doch kann keine Rede davon sein, daß es von dem neuen Paradigma des Global Marketing (Näheres dazu in Abschn. 1.2.1. und § 4, Abschn. 2.2.1.) gänzlich abgelöst worden wäre.

In einer ersten Phase (siehe Abb. 3.1.) wird dabei das fragliche Gut entwickelt und für den heimischen Markt hergestellt (**Innovationsphase**). Nachdem genügend Erfahrung im Produktions- und Absatzbereich gewonnen worden ist, bietet man das Produkt auch im Ausland an, wo es den einheimischen Herstellern vorderhand noch an einschlägigem Wissen fehlt, um mithalten zu können (**Exportphase**). In einem dritten Abschnitt wird der Produktionsprozeß verbessert, vereinheitlicht und von ausländischen Herstellern übernommen (**Imitationsphase**), die dabei vor allem ihre oft unvergleichlich niedrigeren Personalkosten in die Waagschale zu werfen vermögen. Der technologische Vorsprung des Innovators geht nunmehr Schritt für Schritt verloren, bis dieser schließlich beginnt, das von ihm zur Marktreife entwickelte Produkt selbst einzuführen (**Importphase**). Manchmal schließt sich noch eine fünfte Stufe (**Repatriierungsphase**) an, nämlich dann, wenn es gelingt, dank einer inzwischen verbesserten Fertigungstechnologie die in Niedriglohnländer verlagerte Produktion wieder nach Hause zu holen.

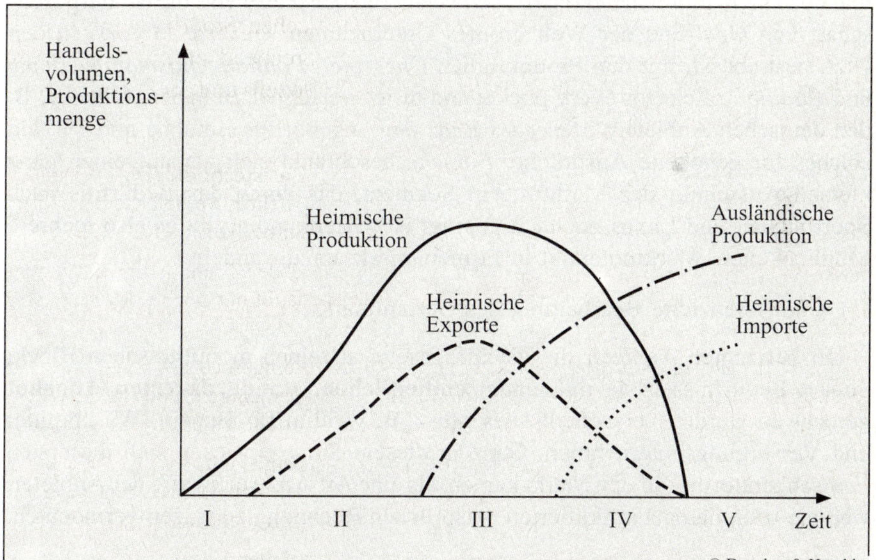

Abb. 3.1.: Phasenfolge nach der Produktzyklustheorie

Die Produktzyklustheorie unterstreicht den zwischen **Wettbewerbsfähigkeit** und **Innovationsvermögen** bestehenden engen Zusammenhang. Neue Anbieter aus süd- und osteuropäischen Ländern oder solchen aus der Dritten Welt werden im allgemeinen erst mit einer gewissen Verzögerung wettbewerbsfähig, dann aber in einem Ausmaß, daß den im nationalen wie internationalen Markt Etablierten häufig nur noch der Rückzug als Ausweg verbleibt. Weil also Unternehmen in hochindustrialisierten Ländern nur in den frühen Phasen des Produktzyklus konkurrenzfähig sein können, kommt es entscheidend darauf an, immer wieder Innovationen von einer Art hervorzubringen, die ein Aufschließen von Konkurrenten, ob aus dem Inland oder dem Ausland, möglichst schwierig macht. Verstärkt wird dieser Druck noch dadurch, daß die Produkt**lebens**zyklen (eingehend dazu § 10, Abschn. 3.1.2.), in denen sich Marktdurchdringungs- und Nachfrageverhalten (ohne geographischen Bezug) widerspiegeln, tendenziell immer kürzer werden.

1.2. Die Konturierung des Angebots

1.2.1. Gesamtmarkt-, Segmentierungs- und Nischenstrategie

Angenommen, ein Unternehmen sieht seine Aufgabe darin, Fahrzeuge für den Individualverkehr herzustellen und zu vermarkten, so ist damit dessen Tätigkeitsfeld noch nicht hinreichend fixiert; denn während beispielsweise die Muttergesellschaft von *Opel* und der Welt größtes Unternehmen, *General Motors,* in den USA bestrebt ist, mit den Produktlinien *Chevrolet, Pontiac, Oldsmobile, Buick* und *Cadillac* „a car for every pocket and taste“ verfügbar zu haben, fehlen z. B. den deutschen Anbietern *Mercedes Benz* ein Angebot für einfache und *VW* ein solches für gehobene Ansprüche. *Porsche* beschränkt sich gar auf einen ganz kleinen Ausschnitt des Marktes, ein Segment, das durch das Bedürfnis nach Sportlichkeit und Luxus zugleich geprägt ist. Offenkundig gibt es also mehrere Möglichkeiten, Marktpotential in Firmenumsatz umzuwandeln.

(1) Undifferenzierte Bearbeitung des Gesamtmarktes

Oft betrachten Anbieter die Nachfrageseite als einen monolithischen Block, dessen Bedürfnissen sie mit einem **einheitlichen**, **standardisierten Angebot** gerecht zu werden versuchen. Dies gilt z. B. weithin für Benzin, Waschmittel und Versorgungsunternehmen. Ganz in diesem Sinne erwiesen sich die ersten Fernsehgeräte, die auf den Markt kamen, als eine Art Allzweckwaffe der Anbieter, weil sie allen damals artikulierten Ansprüchen Rechnung zu tragen vermochten.

(2) Marktsegmentierung

Inzwischen gibt es Schwarzweiß- und Farbfernseher, Geräte in der Größenordnung von Schrankteilen bis hinunter zum Format einer Armbanduhr, solche mit und andere ohne Zusatzfunktionen, strom- und batteriebetriebene usw., eben ein Angebot für jeden Geldbeutel, Nutzungsanspruch oder Sehkomfort. Vor allem dann, wenn sich ein neuer Markt zu entwickeln beginnt und der Einstieg geschafft ist, erkennen die Anbieter über kurz oder lang, daß sie mit einem auf durchschnittliche Ansprüche ausgerichteten Qualitätsniveau das vorhandene Marktpotential nicht auszuschöpfen vermögen. Dies veranlaßt sie, durch eine sog. Line extension (= Erweiterung der Produktpalette), durch Setzen unterschiedlicher Preise, Nutzung verschiedener Absatzwege und Wahl zielgruppenorientierter Kommunikationskonzepte **spezifischen Bedürfnissen** eines Großteils der potentiellen Käufer stärker Rechnung zu tragen, um auf diese Weise Nachfrage zu aktivieren und einen möglichst großen Teil davon auf sich zu ziehen.

(3) Besetzung einer Nische

Abb. 3.2. illustriert, daß ein Unternehmen bei einer einheitlichen Bearbeitung des Marktes (a) im Normalfall aus allen Schichten Kunden zu rekrutieren vermag. Bei der Variante (b) schneidet es indessen in drei von vier Segmenten besser ab. Option (c) ist dadurch gekennzeichnet, daß sich der fragliche Anbieter von vornherein nur auf eine einzige Bedarfskonstellation einstellt. Er entdeckt und besetzt eine sog. **Marktnische**, was verschiedene Ursachen haben kann.

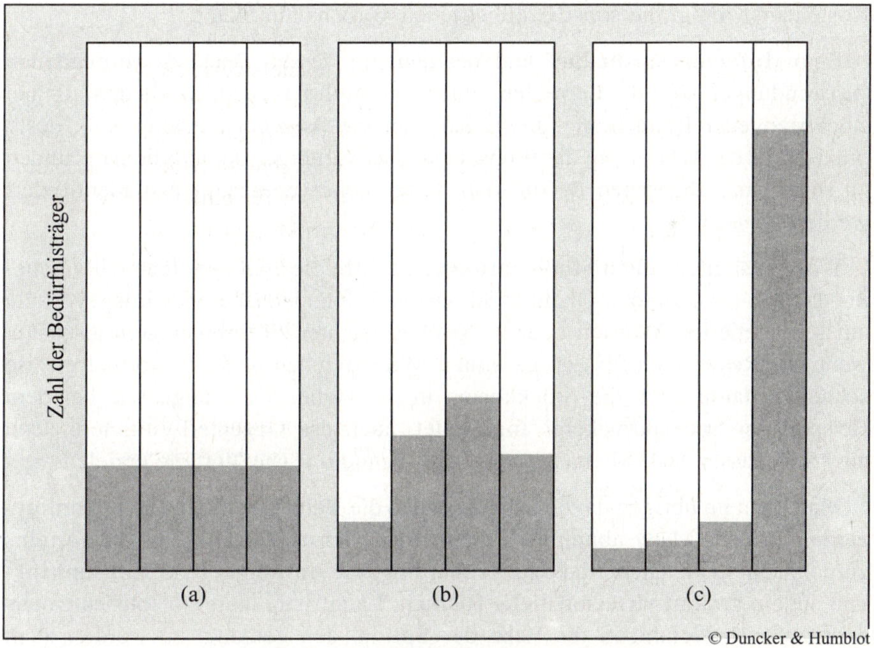

Abb. 3.2.: Formen der Marktausschöpfung

Marktnischen zu besetzen, bietet sich vor allem für kleinere Unternehmen an, die dadurch ihre finanziellen und personellen Ressourcen auf ein Segment konzentrieren können. Es wäre indessen ein Trugschluß zu glauben, daß sich die drei Varianten gegenseitig rigoros ausschlössen. Beispielsweise wenden sich die meisten Banken mit ihrem Basisangebot und in ihrer Medienwerbung an die sog. breite Öffentlichkeit, während etwa Firmen- und sog. vermögende Privatkunden spezielle Segmente bilden, die eine bevorzugte Behandlung genießen. Oft unterhält man dann noch (rechtlich ausgegliederte) eigenständige Institute für Sonderaufgaben wie das Teilzahlungsgeschäft, das Factoring und das Bausparkassenwesen, die jeweils eine ganz verschiedene, vom sonstigen Geschäft zumeist unabhängige Klientel aufweisen. Was spricht für, was gegen jede der drei Strategien?

Um den **Gesamtmarkt** bearbeiten zu können, bedarf es einer ungleich größeren **Produktions-** und **Vertriebskapazität** als beim Rückzug auf eine Nische. Doch stimmt dies nicht uneingeschränkt. Nehmen wir als Beispiel eine Druckerei, die sich auf die Herstellung von Flugtickets spezialisiert, gewiß ein winziger Ausschnitt aus dem möglichen Leistungsspektrum eines derartigen Betriebes, so erscheint der Fall in einem ganz anderen Licht, wenn es jenem gelingt, dafür, wie tatsächlich geschehen, beinahe ein Monopol auf dem Weltmarkt zu erringen. In solch einem Fall erreicht man Stückzahlen und eine damit einhergehende Kosteneinsparung, die sonst Großbetrieben vorbehalten bleibt.

Beim **Informationsbedarf** und bei den mit dessen Deckung verbundenen Aufwendungen sind die Gewichte genau umgekehrt verteilt, dies jedenfalls bei stückbezogener Betrachtung. Je spezifischer ein Angebot ausfallen soll, desto präziser hat das Wissen um die Wünsche und Erwartungen der möglichen Kunden zu sein, ganz abgesehen davon, daß diese vorher überhaupt erst identifiziert werden müssen.

Was die **strategischen Stoßrichtungen** betrifft, die man verfolgen will (Näheres dazu in § 4), werden Qualitätsführerschaft, Kundennähe oder Imagevorteile auf segmentierten Märkten oder in Nischen leichter zu erringen sein als dann, wenn die Ressourcen für den gesamten Markt reichen müssen. Normalerweise schnellen damit auch die Stückkosten in die Höhe, doch kann, wie bei dem Beispiel der Spezialdruckerei angedeutet, auch das Gegenteil eintreten; denn auch hier lassen sich Mengeneffekte und technologische Vorteile erzielen.

Man kann im übrigen davon ausgehen, daß die **Verletzlichkeit** durch **Konkurrenten** in dem Maße abnimmt, in dem man sich auf einen Teil des Terrains zurückzieht. In gleichem Maße steigt allerdings die **Anfälligkeit** für **Konjunktur-** und andere **gesamtwirtschaftliche Risiken**. Langfristig läuft ein solches Unternehmen auch Gefahr, in die Ecke des Spezialisten gedrängt zu werden, dem Kompetenz auf zentralen Feldern nicht mehr zugetraut wird.

Beurteilt man die drei Strategien hinsichtlich der hier gewählten Reihenfolge der Argumente, so stehen einer von links nach rechts fallenden Stückzahl in derselben Blickrichtung steigende Stückkosten, Preise und Stückerträge gegenüber. Da jedoch letztere, um zum Gesamtergebnis zu gelangen, mit der Menge multipliziert werden müssen, läßt sich losgelöst vom konkreten Fall nicht angeben, was am vorteilhaftesten ist.

Trends wie das **Customizing**, also die Bereitschaft, für Kunden, die dies wünschen, jeweils eine maßgeschneiderte Leistung zu erbringen, und das von der *Boston Consulting Group* propagierte **Segment of one-Management** (SOOM) deuten darauf hin, wodurch man in der Zukunft vorrangig Vorteile gegenüber Wettbewerbern erringen will. Im letzteren Fall wird jeder Kunde als ein Segment für sich betrachtet, und zwar im Sinne einer Sache „fürs Leben".

Es geht dabei nicht nur um den nächsten und übernächsten Kauf von Windeln, den eine Mutter tätigt, sondern um das gesamte Geschäftsvolumen, das von der Geburt bis zu jenem Zeitpunkt zustande kommt, da das Baby „aus den Windeln" ist. Man gelangt dabei leicht zu Beträgen in der Größenordnung von mehreren Tausend DM. Wenn jemand gar einer Automarke ein Leben lang treu bleibt, bringt er es beispielsweise bei 10 Fahrzeugen auf 300.000 DM (zu konstanten Preisen), die er dem Hersteller „wert" ist. Die Beispiele belegen, daß es sich lohnt, die langfristige über die kurzfristige Perspektive zu stellen, die im Marketing immer noch vorherrscht.

Abschließend bleiben noch einige **methodische Fragen** zu klären, allen voran die, wie sich Segmente präzise **identifizieren** bzw. von anderen **abgrenzen** lassen. Bei **Verbrauchsgütern** greift man vorzugsweise auf biologische, soziodemographische und geographische Bestimmungsfaktoren zurück, also etwa auf Geschlecht, Alter, Beruf, Einkommen, Wohnort und Haushaltsgröße. Diese waren bereits den Vertretern der klassischen Wettbewerbstheorie geläufig, die vorschlugen, Preise u. a. nach räumlichen und zeitlichen Gesichtspunkten zu differenzieren. Mit der Heranziehung dieser ersten Kategorie von Trennvariablen begnügt man sich in der Regel dann, wenn es nicht so sehr darum geht, welche Marken von wem erworben werden, sondern sofern die Alternative **Kauf** oder **Nichtkauf** heißt. Dies kann beispielsweise dann der Fall sein, wenn soziodemographische Merkmale in einem erkennbaren Zusammenhang mit dem Verbrauch stehen (z. B. bei diätetischer Nahrung oder bei Baby-Artikeln), wenn persönlichkeitsbedingte Produktpräferenzen fehlen (z. B. bei sog. „low interest products" und bei Rohstoffen) oder wenn diese von Faktoren der jeweiligen Kaufsituation überlagert werden.

Die Strukturierung eines Marktes nach Frauen und Männern, nach jungen und alten Personen, nach Alleinstehenden und Verheirateten usw. schafft durchaus die Möglichkeit, ein Produkt etwa speziell für junge Leute zu konzipieren, es betont weiblich oder besonders männlich anzulegen oder es den finanziellen Möglichkeiten der Zielgruppe anzupassen. Damit wird aber nicht erklärt, **weshalb** demographisch identisch strukturierte oder auch heterogene Gruppen gleiches, ähnliches oder völlig unterschiedliches Verhalten an den Tag legen.

Ein häufig beschrittener Weg besteht deshalb in der Erfassung des **beobachtbaren Kaufverhaltens** der Konsumenten, das z. B. in Markenpräferenzen, in der Markenloyalität bzw. im Markenwechsel, in der Einkaufshäufigkeit, der Verbrauchsintensität und in der Wahl der Einkaufsstätte zum Ausdruck kommt. Die Differenzierung der Verbraucher nach Maßgabe ihres Kaufverhaltens baut auf der Hoffnung auf, daß man durch eindeutige Bestimmung der Symptome eines beobachteten Zustands auf dessen Verursachungsfaktoren schließen kann.

Die Klassifizierung der Marktteilnehmer nach Maßgabe ihrer vielfältigen ökonomisch relevanten Daseinsäußerungen ist allerdings gleichfalls ein nur bedingt taugliches Verfahren zur Marktsegmentierung, da diese das Verbraucherverhalten wohl **beschreiben, nicht** dagegen **erklären** können. Hinzu kommt der Umstand, daß alle sonstigen Kenntnisse über die potentiellen Zielgruppen insofern ungenutzt bleiben, als die auf getrennten Wegen erlangten Informationen in der Regel unverbunden nebeneinanderstehen. Deshalb fehlt es z. B. auch an Hinweisen auf die adäquate werbliche Argumentation sowie das zweckmäßigste Medium zur Ansprache der interessierenden Gruppen.

Wenn das beobachtbare Kaufverhalten wie auch andere leicht erhebbare Merkmale meistens nicht genügen, Zielgruppen sinnvoll zu bestimmen, liegt es nahe, in solchen Fällen die Unterschiede im Verbraucherverhalten über psychologische Kriterien zu erfassen und einen Markt auf dieser Basis zu **segmentieren**. Dieser Ansatz folgt unmittelbar aus der Erkenntnis, daß sich Markenpräferenzen nicht allein über die objektiv zu bestimmende Produktqualität, sondern auch – selbst im Investitionsgüterbereich – über die subjektiv erlebten Eigenschaften der angebotenen Erzeugnisse und die damit verbundenen Nutzenerwartungen bilden.

- Es geht dabei vor allem um die **Einstellungen** der Verbraucher zu Gütern, wobei jene positiv, negativ oder indifferent sein können.
- Auch die Art und Weise, bestimmte Meinungsgegenstände wahrzunehmen, d. h. das **Wahrnehmungsverhalten**, kann als Differenzierungsmerkmal verwendet werden.
- Einen weiteren Ansatzpunkt bildet die **Motivationsstruktur**, die je nach Ausprägung Verbraucher ein Produkt beispielsweise aus Sorge um die Gesundheit, aus dem Streben nach Prestige heraus oder aus Freude an der Selbstverwirklichung erwerben läßt.
- Nicht zuletzt kann auch die Ausrichtung an einem bestimmten **Lebensstil** die Präferenzen eines Individuums für ein spezifisches Produktspektrum determinieren. Lebensstile sind durch Ziele, Interessen und Struktur des jeweiligen Personenkreises gekennzeichnet. Populär gewordene Beispiele hierfür stellen **Yuppies** („young urban professional people“) oder **Dinks** („double income, no kids“) dar.

Die Identifikation von Marktsegmenten nach Maßgabe des Life Style der sie konstituierenden Elemente war mit der Erkenntnis verbunden, daß es in verschiedenen Ländern Gruppen von Menschen gibt, die sich sehr viel mehr ähneln – oder, umgekehrt formuliert, weniger stark unterscheiden – als Teile der Bevölkerung ein und desselben Landes. Statt somit abgestufte Konzepte für die Befriedigung differenzierter Ansprüche im Binnenmarkt zu entwickeln, wäre es oft viel sinnvoller, den Sprung über die Grenzen zu wagen und sich dort auf Kunden zu konzentrieren, deren demographische Daten und psychologische Merkmale denen der Zielgruppe im Inland entsprechen. Auf diese Weise entstehen sog. **Cross Cultural Target Groups**.

Der Ansatz bringt uns in die Nähe des **Global Marketing** (siehe dazu auch § 4, Abschn. 2.2.1.); denn dessen Kernidee besteht darin, länderübergreifende Gemeinsamkeiten bei potentiellen Abnehmern zu entdecken, um dann die fraglichen Märkte mit einheitlichen Produkten zu versorgen sowie mit standardisierten Strategien zu bearbeiten. Auch wenn dabei nicht allen von Land zu Land geringfügig variierenden Wünschen Rechnung getragen werden kann, erscheint dies in vielen Fällen dennoch sinnvoll, weil sich so die Stückkosten senken lassen, was über günstigere Preise auch den Nachfragern zugute kommt.

Ein Nachteil der Verwendung psychologischer Zielgruppenmerkmale besteht darin, daß sich die daraus resultierenden Segmente noch weitgehend dem Zugriff entziehen. Es bedarf deshalb der Einführung einer weiteren Gruppe von Trennvariablen, der **Ansprachemöglichkeiten** der Zielgruppe(n). Hier interessieren beispielsweise die Nutzung von Presse, Funk und Fernsehen durch die Betroffenen, ihr Qualitäts- und Preisbewußtsein sowie ihr Vertrauen zu bestimmten Betriebsformen des Handels.

Geht es um **gewerbliche Bedarfsträger**, kommen Kriterien wie **Abnehmertyp** (Industrie, Wiederverkäufer, Großverbraucher, Handwerk u. s. w.), **Betriebsgröße**, eine **Firmen-** oder **Produktklassifikation**, wie sie das *Statistische Bundesamt* benützt, oder Besonderheiten der **Institutionalisierung** des **Einkaufs** (Beschaffung über Zentrale, Genossenschaft, Verein etc.) in Betracht. Für die Zwecke einer Feinsegmentierung läßt sich, wie bereits an anderer Stelle erwähnt (§ 2, Abschn. 2.1.), zusätzlich auf Bilanzpositionen oder firmeninterne Beschaffungsmodalitäten zurückgreifen. Beispielsweise kann man feststellen, daß bei der Wahl einer Lkw-Marke ganz unterschiedliche Koalitionen von Geschäftsleitung, Einkaufschef, Fuhrparkleiter und Fahrern, die alle in die Entscheidung involviert sein können, zustande kommen (*Zinser* 1978).

Was die Frage betrifft, wie die Bedarfsträger, realistischerweise Probanden (= Befragte, Versuchspersonen), die jeweils an Hand von 20 oder mehr Kriterien charakterisierbar sind, zu Typen (Segmenten) zusammengefaßt werden können, muß auf § 9 verwiesen werden. Es eignen sich dazu verschiedene sog. **Multivariate Methoden**, von denen die wichtigsten dort behandelt werden.

Während wir bislang stillschweigend davon ausgingen, daß es in einem konkreten Fall immer eine **bestimmte Anzahl** von **Segmenten** gibt, die es lediglich aufzufinden gilt, sieht die Wirklichkeit ganz anders aus. Dies läßt sich leicht verdeutlichen:

Angenommen, wir kennen auf Grund einer auf Stichprobenbasis durchgeführten empirischen Erhebung von 500 Probanden jeweils 20 Merkmale, Eigenschaften, Ansichten etc., so erhalten wir eine Datenmatrix im Umfang von $500 \cdot 20$, also 10.000 Werte. Unsere Aufgabe besteht nun darin, **Gruppen** von **Befragten** zu identifizieren, die untereinander möglichst homogen, von Gebilde zu Gebilde aber so verschieden wie möglich sind. Wieviele Segmente man bei diesem Vorhaben erhält, hängt abgesehen von dem logischen Extremfall, daß alle Zahlen in den 10.000 Zellen identisch sind, allein davon ab, was der Forscher unter **„ähnlich"** bzw. **„verschieden"** versteht. Insofern ist er mit einem Kontinuum konfrontiert, das hier von 1 (alle Probanden zusammen bilden ein Segment) bis 500 (keiner ist wie der andere) reicht.

Letztlich wird er sich für eine Zahl entscheiden, die soviele Segmente entstehen läßt, wie man im Marketingalltag unterschiedlich bearbeiten kann; denn es wäre sinnlos, beispielsweise sechs Gruppen herauszufiltern, wenn anschließend nur für drei jeweils ein individuelles Konzept entwickelt werden könnte (oder sollte). Es gibt mathematische Methoden bzw. Computerprogramme, die für jede vorherbestimmte Anzahl von Segmenten (≤ Elementen) die erforderliche Zuordnung liefern (für eine – auch mathematisch – präzisere Behandlung der Materie siehe § 9, Abschn. 3.5.2.5.). Dies bedeutet, daß man eine Liste erhält, die genau ausweist, welche Probanden **Segment I** (1, 7, 8, 11, . . .), **II** (2, 6, 10, 12, . . .) und **III** (3, 4, 5, 9, . . .) zugehören.

Ein letzter Schritt der Analyse besteht darin, jede Gruppe, deren Mitglieder man nunmehr kennt, unter Nutzung des Wissens, das man über sie hat, möglichst **treffend** und **kompakt** zu **kennzeichnen**. Man orientiert sich dabei primär an dem Element, das im Mittelpunkt des Gebildes steht. Kein anderes ist so „typisch" wie dieses.

1.2.2. Leistungsanspruch und Produktpositionierung

Man kann sich mit dem teuersten *Mercedes* wie mit dem billigsten *VW* passabel fortbewegen; beide verkörpern Automobile und doch gehören sie verschiedenen Welten an. Der eine Wagen kostet leicht zehnmal soviel wie der andere, wobei dieser aber möglicherweise „more value for money", „a better bargain" bietet. Es kommt letztlich auf das **Preis / Leistungsverhältnis** an, eine Relation, die offenkundig von zwei Determinanten bestimmt wird.

Viele Unternehmen haben eine ziemlich klare Vorstellung davon, wo das Schwergewicht liegen soll. Das Spektrum reicht von „nur das Beste oder nichts", das *Gottlieb Daimler* zu seinem Wahlspruch erkoren hat, bis hin zu „we are the cheapest in town". Manche amerikanischen Einzelhändler versprechen einem Kunden, sollte dieser einen Artikel irgendwo am Ort billiger angeboten bekommen, ihm jenen zu schenken. Die *Lufthansa* warb zeitweise mit dem Slogan „wir wollen unübertroffen sein", während sich z. B. *Air Canada* in einem konkreten Fall, keineswegs in einer Ausnahmesituation, damit begnügte, den Reisenden auf einem internationalen Flug wahlweise einen Pappbecher mit Kaffee oder Tee nebst zwei Keksen im Format einer größeren Münze zu kredenzen. Deutlich in Richtung Mittelfeld beim Leistungsanspruch tendiert z. B. *C & A Brenninkmeyer,* das umsatzstärkste Bekleidungshaus der Bundesrepublik, dessen Firmenphilosophie auf den Nenner, „hochwertig wirkende Ware zu erschwinglichen Preisen" zu offerieren, gebracht werden kann. Eine Extremposition nimmt *Aldi,* Deutschlands größter Discounter, ein, dessen Niedrigpreispolitik eine ganze Branche herausgefordert und zu Höchstleistungen angespornt hat.

Leitmotive der angedeuteten Art prägen das Verhalten eines Unternehmens gegenüber Abnehmern und Öffentlichkeit. Wenn z. B. Menschen die Marke *Miele* für den „*Mercedes* unter den Haushaltsgeräten" halten und das Unternehmen dieses Image noch kultiviert, muß sich jenes bei all seinen Aktivitäten daran messen lassen *(Langmann* 1992, S. 852). Umgekehrt wird von einem Anbieter, der sich rühmt, daß es keinen preiswerteren im weiten Umkreis gebe, nicht erwartet werden, daß er auch noch ein aufwendiges Servicepaket schnürt.

Der Leistungsanspruch, den ein Anbieter für sich erhebt, stellt die Vorstufe zu einer eindeutigen **Positionierung** (vgl. dazu auch *Brockhoff* 1993, S. 41 ff.) seines Angebotes dar. Was bedeutet dies?

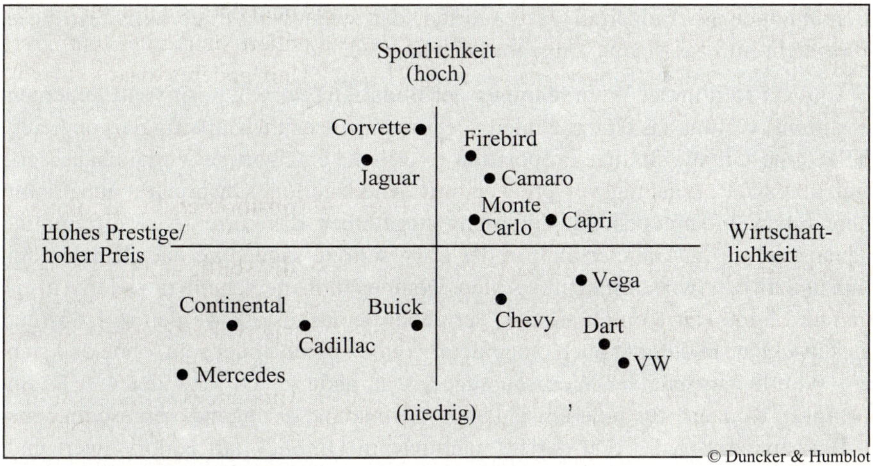

Quelle: *Wind* 1982, S. 84.

Abb. 3.3.: Grundform eines Marktmodells

Märkte lassen sich, geometrisch gesprochen, als **Räume** abbilden, deren Dimensionen zentrale image- oder präferenzbildende Faktoren verkörpern (für ein Beispiel siehe Abb. 3.3.). Verständlicherweise kann man nun für jedes in Betracht zu ziehende Produkt dessen Koordinatenwerte in solch einem – der Anschaulichkeit halber möglichst nur zwei- oder dreidimensionalen – „Raum" bestimmen.

Hierbei kommt es entscheidend darauf an, daß sich ein Erzeugnis von anderen in seiner Umgebung, sei es von solchen aus dem eigenen Hause oder sei es von Konkurrenzprodukten, deutlich abhebt. Es geht darum, eine unverwechselbare Stellung einzunehmen, die Nachbarn „auf Distanz" zu halten, über ein **prägnantes Profil**, möglichst mit positiven Konturen, zu verfügen.

Ob das Ergebnis, nämlich eine bestimmte Koordinatenkonstellation, auch ökonomisch sinnvoll erscheint, steht auf einem ganz anderen Blatt; denn Bedarfsträger, Kaufkraft, Nachfrageintensität etc. sind innerhalb des Koordinatensystems höchst unterschiedlich verteilt. Insofern vermag eine eindrucksvolle Positionierung den Marketingmanager erst dann zufriedenzustellen, wenn sich um sein(e) Produkt(e) eine stattliche Käuferschaft schart. Der auf ein spezifisches Leistungsversprechen ansprechende Teil des Marktes muß vom **Volumen** her einigermaßen **attraktiv** sein. Der Umkehrschluß, daß man immer nach der größten Nachfragedichte im Raum suchen sollte, wäre gleichwohl auf Grund der im Abschn. 1.2.1. angestellten Überlegungen falsch.

Weshalb ist **Profilierung** so wichtig? Zunächst wird damit lediglich die Gefahr der **Austauschbarkeit reduziert**, der vor allem Unternehmen erliegen, die so erfolgreich sind, daß deren Marken zu Gattungsbegriffen geworden sind *(Nescafé, Tesa-Film, UHU-Alleskleber* etc.). Es hätte wenig Sinn, wenn die akquisitorischen Bemühungen im Einzelfall dazu führten, daß zwar Nachfrage aktiviert, diese aber nicht auf das eigene Angebot gelenkt wird.

Ist das Profil in der Wahrnehmung der Bedarfsträger von positiven Elementen bestimmt, verfügt das Unternehmen über einen, wie es im Marketingjargon heißt, **USP**, eine Unique Selling Proposition (wörtlich: einzigartige Verkaufsaussage; frei übersetzt: Leistungsversprechen mit Alleinstellungsanspruch), und damit über einen entsprechenden Vorsprung gegenüber Konkurrenten („differential advantage"). Ein Anbieter muß in der Lage sein zu sagen, weshalb Kunden bei ihm und nirgendwo sonst kaufen sollen. Demgegenüber erscheint in vielen Anzeigen und Spots der Kommunikator, der dabei herausgestellt werden soll, absolut austauschbar. Es könnte auch ein anderer Name eingeblendet sein, ohne daß sich am Wahrheitsgehalt der Werbeaussage etwas änderte. Es fehlt der – z. B. im *Unilever*-Konzern für jede einschlägige Maßnahme zwingend vorgeschriebene – **Reason why** (z. B. „Du darfst", nämlich im Hinblick auf Kalorienwert und Cholesteringehalt das so gekennzeichnete Produkt bedenkenlos verzehren), also weshalb z. B. bei weißer Ware *Bauknecht, Bosch, Siemens* oder *Miele* als Marken gewählt werden sollen. Eine derartige Unterlassung läßt sich, sofern es tatsächlich einen USP gibt, korrigieren. Die Erfahrung zeigt freilich, daß viele Unternehmen einen solchen nicht haben, einen vorhandenen nicht kennen oder diesen unverständlicherweise nicht offensiv herausstellen.

1.3. Die Strategischen Geschäftseinheiten

Die effiziente Bearbeitung von Märkten oder Marktsegmenten, für die man sich auf Grund von Überlegungen, wie sie im letzten Abschnitt angestellt wurden, entschieden hat, setzt voraus, daß man dafür geeignete **organisatorische Vorkehrungen** trifft. Oftmals löst sich das Problem von selbst oder es stellt sich allenfalls in abgeschwächter Form, weil ein Unternehmen, vor allem ein Konzern, in eine Reihe von weithin unabhängig voneinander agierenden **Entscheidungszentren**, z. B. Firmen oder Profit Centers, aufgegliedert ist.

In anderen Fällen fehlt es an der Übereinstimmung von **formaler** (Marketing-)**Organisation** (eingehend dazu § 12), welche Kriterien auch immer diese prägen, und **Erfordernissen** der (Marketing-)**Planung**. Hierbei behelfen sich vor allem Großunternehmen oft mit der Einrichtung sog. **Strategischer Geschäftseinheiten (SGE)**. Sie bilden jeweils einen Ausschnitt aus dem gesamten Betätigungsfeld der Unternehmung und zeichnen sich durch eine eigenständige Marktaufgabe, durch gegenüber anderen SGE klar abgrenzbare Produkte oder Erzeugnisgruppen und durch einen jeweils eindeutig bestimmbaren Kreis von Anbietern aus. Zudem werden sie von unterschiedlichen Chancen und Risiken, denen sich ein Unternehmen gegenübersieht, geprägt (Näheres dazu in § 10, Abschn. 3.1.3.).

Bei dem Mindener Unternehmen *Melitta* beispielsweise hat man das Problem in dem Sinne gelöst, daß nicht nur eindeutig abgegrenzte Geschäftsfelder gefunden, sondern diesen auch Produkte und Marken überschneidungsfrei zugeordnet werden konnten. Das Ergebnis ist Abb. 3.4. zu entnehmen.

Geschäftsfelder	Kaffeegenuß	Teegenuß	Frische und Geschmack	Praktische Sauberkeit	Bessere Wohnumwelt
Produkte	Kaffee Filterpapier Kaffeeautomaten Kaffeefilter	Teefilter Teefiltersystem	Lebensmittelfolien zum Frischhalten, Einfrieren, Backen und Braten	Staubsaugerbeutel Müllbeutel Dunstbeutel	Luftreiniger Luftbefeuchter
Marken	*Melitta*	*Cilia*	*Toppits*	*swirl*	*aclimat*

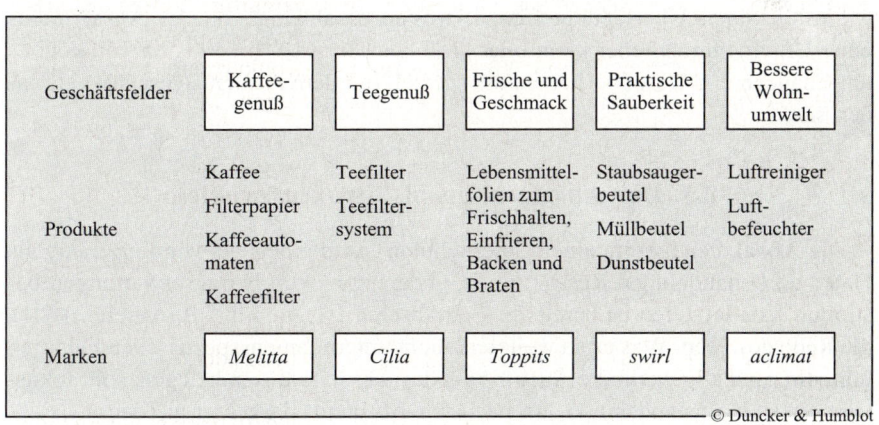

Abb. 3.4.: Strategische Geschäftsfelder und Marken bei *Melitta*

Vom sog. **relevanten Markt** (Näheres dazu in § 2, Abschn. 1.2.) unterscheidet sich die Strategische Geschäftseinheit dadurch, daß sich ersterer zumeist auf Grund umfangreicher nachfrager- und anbieterorientierter Analysen sowie ohne

Rücksicht darauf, worin die Leistungspalette des an der Frage interessierten Unternehmens besteht, gleichsam von selbst ergibt, während eine SGE bzw. ein Geschäftsfeld eine im Hinblick auf Business Mission, Angebotsprogramm und Ressourcen **bewußt getroffene Entscheidung** reflektiert. Der relevante Markt ist somit Ergebnis einer Analyse, die SGE Resultat eines normativen Akts.

Es ist müßig, darüber zu diskutieren, wie vorzugehen ist, um SGE mit hinlänglich scharfen Konturen zu bilden. Ein Unternehmen, das oft Zehntausende, zum Teil völlig unterschiedliche Produkte vertreibt und auf allen wichtigen Märkten der Welt präsent ist, kommt nicht umhin, Erzeugnisse und Regionen bzw. Länder für die Zwecke der Informationsgewinnung, Planung und Kontrolle in einer letztlich pragmatischen Weise zu bündeln. Zuweilen kollidiert das Unterfangen mit der auf längeren Bestand angelegten formalen Organisation eines Unternehmens, so daß es einer Art **Sekundärorganisation** bedarf (vgl. *Hinterhuber* 1992, S. 144). Diese konkretisiert sich vor allem in **Arbeitskreisen** und **Projektgruppen**. Nicht selten laufen die Fäden auch hier bei einem **Geschäftsbereichs-** oder **Abteilungsleiter** zusammen, so daß formale und informale Organisation zumindest an derselben Stelle in der Unternehmenshierarchie „aufgehängt" erscheinen.

2. Die Präsenz der Unternehmung im Markt

Die englische Sprache unterscheidet scharf zwischen **„market"** und **„market place"**, also dem Markt als abstraktem Gebilde und jenem im geographischen Sinne. Allein der letztere soll uns im folgenden interessieren. Beginnen wollen wir mit einigen Überlegungen dazu, wovon es abhängt, ob der Absatzradius einer Unternehmung eher klein oder groß bemessen ist. Im zweiten Teil geht es um Chancen und Besonderheiten, die speziell mit dem Auslandsgeschäft verbunden sind.

2.1. Der Absatzradius als Strukturproblem

Die **Absatzreichweite** eines Unternehmens wird einerseits von kurzfristig als Daten zu behandelnden Restriktionen, andererseits von Ertragserwartungen bestimmt. Von letzteren ist bereits in § 2, Abschn. 1.1., und in § 3, Abschn. 1.2.1., die Rede gewesen. Was es an weiteren, nicht unternehmensspezifischen Faktoren gibt, die ganz allgemein die Ausweitung des Absatzradius nahelegen, soll, fokussiert auf den Auslandsmarkt, im nächsten Abschnitt dargelegt werden.

Eine erste Einschränkung stellt das **Liefervermögen** dar, das seinerseits von der Produktions- und Distributionskapazität auf der einen sowie etwaigen Zukaufsmöglichkeiten auf der anderen Seite bestimmt wird. Eine weitere Hürde bilden die **Transportkosten**. Beispielsweise ist die Behälterglasindustrie empfindlich für die Belastung, die aus der Überwindung des Raumes zwischen

Produktionsort und Sitz der Kunden resultiert. Die Ware kann nur eine bestimmte Strecke befördert werden, weil dann die Distanzbewältigung so stark zu Buche schlägt, daß die Gesamtkosten einen prohibitiv hohen Wert erreichen. Irgendwo vorher enden für den Anbieter die Konkurrenzfähigkeit und damit sein Absatzgebiet, soweit er nicht in einiger Entfernung jenseits davon weitere Glashütten errichtet oder erwirbt.

Dasselbe gilt beispielsweise für Lieferanten von Heizöl oder Handwerker, die bei Kunden zu Hause Dienstleistungen (z. B. Reparatur einer Waschmaschine und Malerarbeiten) erbringen. Vor einem ähnlichen Dilemma steht ein Unternehmen, das ein hohes Maß an Abnehmernähe erreichen muß, etwa weil sich seine Erzeugnisse als störungsanfällig erweisen oder regelmäßig gewartet werden müssen. Wo es dies aus Entfernungsgründen nicht mehr gewährleisten kann, konvergieren seine Verkaufschancen gegen Null.

Eine **Kapazität**, die **nicht ausgelastet** ist, wirkt genau umgekehrt als in dem eingangs skizzierten Fall; denn durch sie wird der Absatzradius grundsätzlich vergrößert. So dürfte ein Gewerbebetrieb, der nur in diskreten Schritten (d. h., bezogen auf das Personal, jeweils um einen ganztags arbeitenden Mitarbeiter bzw. um eine Gruppe von Menschen) wachsen kann, nicht zögern, seine akquisitorischen Bemühungen auf Nachbargemeinden auszudehnen, wenn das Nachfragepotential am Ort für ihn ausgeschöpft erscheint, um die zusätzlichen Kräfte auch wirklich beschäftigen zu können.

Vergleichbare Zwänge löst die **Nutzung** neuerer Formen der **Telekommunikation** wie Btx aus. Sofern sich ein Unternehmen schon einmal solch einer Möglichkeit als Distributions- bzw. Kommunikationskanal bedient und ohnedies Post, private Zustelldienste oder Bahn als Beförderungsmittel braucht, verlangen die laufend zu entrichtenden, umsatzunabhängigen Kosten geradezu danach, über stattliche Stückzahlen, die nur in einem größeren Einzugsgebiet erreichbar sind, „amortisiert“ zu werden.

2.2. Die Überwindung nationaler Absatzbarrieren

Die Bundesrepublik Deutschland war in den letzten Jahren stets der führende oder zweitgrößte Exporteur der Welt. Was veranlaßt Unternehmen, sich im Ausland zu engagieren? Was spricht aus volkswirtschaftlicher Sicht dafür? Auf welchen Wegen versuchen die Verantwortlichen, Märkte jenseits der nationalen Grenzen zu erschließen? Welche sind zuerst an der Reihe?

2.2.1. Die Attraktivität eines Auslandsengagements

Als beträchtlicher Anreiz erweisen sich zunächst die gewaltigen **Absatzchancen**, die viele europäische und überseeische Länder bieten, ferner die dort oftmals geringer ausgeprägte Konkurrenz und die auch deshalb höheren **Gewinne**, die im Ausland im Vergleich zum Inland zu erzielen sind. So gab es Phasen, in denen es sich der *VW*-Konzern leisten konnte, für seine Modelle im Inland um 5%, im restlichen Europa um 15% und in der übrigen Welt um 25% höhere Preise zu fordern, als sie Konkurrenten für leistungsmäßig vergleichbare Fahrzeuge verlangten.

Die durch den Auslandsabsatz erreichbaren höheren Stückzahlen fördern zudem die **Fixkostendegression** (siehe § 4, Abschn. 2.2.1.) und vergrößern den **Erfahrungskurveneffekt** (siehe § 4, Abschn. 2.2.2.), so daß die Gewinne von daher einen zusätzlichen Auftrieb erfahren. Nüchtern betrachtet dient der Export oft auch nur als **Absatzventil** für überschüssige Mengen, die im Inland kurzfristig nicht unterzubringen wären oder dort das Preisniveau ins Rutschen brächten.

Gleichwohl verkörpert der Auslandsabsatz nicht etwa eine Option, die man wählen kann oder auch nicht. Oft stellt er ein **zwingendes Erfordernis** dar, um wettbewerbsfähig zu bleiben. Wenn beispielsweise Japan allen von Laien gehegten Vorstellungen zum Trotz das Exportvolumen der Bundesrepublik Deutschland noch nicht erreicht hat, hängt dies auch damit zusammen, daß Bevölkerung und Binnenmarkt unseres fernöstlichen Konkurrenten um ca. 50% größer als die unseres Landes sind. Folglich können viele Kostenvorteile bereits durch Arbeitsteilung im Inland realisiert werden.

Aus gesamtwirtschaftlicher Sicht verbreitern Lieferungen ins Ausland die Absatzbasis und tragen so dazu bei, daß **Arbeitsplätze** erhalten bzw. neue geschaffen werden. Beispielsweise bedeutet das Engagement eines Unternehmens wie *Siemens* in Brasilien, daß dadurch hierzulande (neben den dort tätigen) viele tausend Menschen Beschäftigung finden.

Durch den Export fließen uns zugleich **Devisen** zu, die wir brauchen, um rund 50% des Primärenergiebedarfs bezahlen, um für unsere Industrie unverzichtbare Rohstoffe erwerben und ausländische Spitzentechnologie nutzen zu können, z. B. über den Kauf von Anlagen oder den Erwerb von Lizenzen, nicht zuletzt auch um Touristik-, Fracht-, Versicherungs- und andere Dienstleistungen, die Bürger der Bundesrepublik Deutschland im Ausland oder von Ausländern in Anspruch nehmen, abgelten zu können. Hinzu kommt noch ein Bedarf an Geldern in Fremdwährung, damit Gastarbeiter den in ihren Heimatländern lebenden Angehörigen Mittel zuzuwenden und unsere Regierung vielfältige Zahlungen an die EU und andere Adressaten zu leisten vermögen. Schließlich erwerben wir auch viele Erzeugnisse im Ausland, die das inländische **Angebot abrunden** (z. B. Südfrüchte) oder dort in besserer bzw. billigerer Form verfügbar sind als bei uns (z. B. Schuhe und Textilien).

Exporte entfalten im übrigen einen mittelbaren Effekt insofern, als das Bestreben ausländischer Konkurrenten, an einem Markt zu partizipieren, den **Angebotsdruck** im **Inland verstärkt** und so die heimischen Unternehmen zwingt, ihre Leistungen unablässig an die Wünsche der lokalen Nachfrager anzupassen und im Gefolge davon immer wieder Innovationen hervorzubringen sowie Möglichkeiten der Rationalisierung auszuschöpfen.

Daß der Export beiden Seiten zugute kommt, läßt sich mittels des **Theorems** der **komparativen Kosten** demonstrieren, das auf berühmte Nationalökonomen des 19. Jahrhunderts zurückgeht. Es besagt, daß der internationale Warenaustausch selbst dann zu einem sog. **Handelsgewinn** führt, wenn **ein** Land bei der Produktion **sämtlicher Güter** absolute Kostenvorteile aufweist, jeder der Beteiligten sich jedoch auf die Herstellung solcher spezialisiert, bei denen er einen „komparativen Kostenvorteil" genießt. Betrachten wir dazu ein **Beispiel**:

Angenommen, die Welt besteht aus nur zwei Ländern (L_1, L_2). Beide begnügen sich damit, die Güter G_1 und G_2 herzustellen, mit denen der Markt noch lange nicht gesättigt ist. Wieviel Arbeitseinheiten (AE) pro Outputeinheit (E) jeweils erforderlich sind, läßt sich Tab. 1.1. entnehmen. Die Produktionskapazität betrage in jedem Land 500 AE. Transportkosten werden vernachlässigt. Eine Wanderung der Arbeitskräfte von einem ins andere Land sei nicht möglich.

Die Ausgangslage (Situation A) ist mehr oder weniger beliebig gewählt. In dem vorliegenden Fall können, wie die folgenden Zeilen belegen, von jedem Erzeugnis 200 E hergestellt werden.

Tabelle 3.1.

Produktionsbedingungen im Fall I		
Land	Arbeitseinheiten / Outputeinheit	
	G_1	G_2
L_1	1	4
L_2	2	3

Situation A

$$L_1: \quad 1\,{}^{AE}/_{E} \cdot 100\,E(G_1) + 4\,{}^{AE}/_{E} \cdot 100\,E(G_2) = 500\,AE$$
$$L_2: \quad 2\,{}^{AE}/_{E} \cdot 100\,E(G_1) + 3\,{}^{AE}/_{E} \cdot 100\,E(G_2) = 500\,AE$$

$$\text{Produktion:} \quad 200\,E \quad + \quad 200\,E \quad = 400\,E$$

Wenn nun L_1 Produktivitätsvorteile bei G_1 und L_2 solche bei G_2 aufweisen, kommt – bei gegebenem (Zeit-)Budget – insgesamt mehr heraus, wenn sich jeder der Beteiligten darauf spezialisiert, was er effizienter als der andere herzustellen vermag. Sofern das ursprüngliche Versorgungsniveau von 200 E bei keinem der beiden Güter unterschritten und die Kapazität ausgelastet werden sollen, erhalten wir folgendes (Situation B):

Situation B

L_1:	$1\,{}^{AE}/_{E} \cdot 368\,E(G_1) + 4\,{}^{AE}/_{E} \cdot 33\,E(G_2) = 500\,AE$
L_2:	$2\,{}^{AE}/_{E} \cdot 0\,E(G_1) + 3\,{}^{AE}/_{E} \cdot 167\,E(G_2) = 500\,AE$
Produktion:	368 E + 200 E = 568 E

Wie man sieht, führen Spezialisierung und Warenaustausch zu einem Handelsgewinn von (568 E – 400 E =) 168 E (= 42%).

Wir modifizieren nunmehr die Datenlage so, daß L_1 zur Produktion einer Einheit von G_1 statt bisher 1 AE deren 5 benötigt. Alle anderen Zahlen bleiben gleich. Der Unterschied gegenüber Fall I besteht darin, daß L_1 bei beiden Produkten gegenüber L_2 im Nachteil ist. Daß bei konstanter Kapazität und erhöhten Einsatzkoeffizienten nicht mehr das Versorgungsniveau von Fall I erreicht wird, erscheint verständlich. Gleichwohl kann man erkennen, daß selbst unter den verschärften Bedingungen durch Spezialisierung und internationalen Warenaustausch ein Handelsgewinn von immerhin noch 17% zu erzielen ist.

Tabelle 3.2.

Produktionsbedingungen im Fall II		
Land	Arbeitseinheiten / Outputeinheit	
	G_1	G_2
L_1	5	4
L_2	2	3

Situation A

L_1:	$5\,{}^{AE}/_{E} \cdot 60\,E(G_1) + 4\,{}^{AE}/_{E} \cdot 50\,E(G_2) = 500\,AE$
L_2:	$2\,{}^{AE}/_{E} \cdot 100\,E(G_1) + 3\,{}^{AE}/_{E} \cdot 100\,E(G_2) = 500\,AE$
Produktion:	160 E + 150 E = 310 E

Situation B

L_1:	$5\,^{AE}/_{E} \cdot 0\,E(G_1)$	$+\,4\,^{AE}/_{E} \cdot 125\,E(G_2)$	$= 500\,AE$
L_2:	$2\,^{AE}/_{E} \cdot 212{,}5\,E(G_1)$	$+\,3\,^{AE}/_{E} \cdot 25\,E(G_2)$	$= 500\,AE$
Produktion:	212,5 E	+ 150 E	= 362,5 E

Das Theorem der komparativen Kosten allein ist nicht in der Lage, **Art** und **Umfang** des **internationalen Warenaustausches** hinreichend zu erklären. Dazu bedürfte es der Einbeziehung der Nachfrageseite, der Berücksichtigung der Terms of Trade und dgl. mehr. Die Außenhandelstheorie ist verständlicherweise nicht auf dem Stand von 1817 stehengeblieben.

Nicht überall ist man sich der einzel- und gesamtwirtschaftlichen Vorteile bewußt, die ein Auslandsabsatz mit sich bringt, oder aber in der Lage, bestehende Hürden zu überwinden. Doch darf dies **nicht** eine **Privatangelegenheit** jedes einzelnen sein; denn es erscheint ziemlich sicher, daß die Bundesrepublik Deutschland, wäre die Auslandsorientierung des Managements überall vorhanden, einen um 100-200 Mrd. DM höheren Auslandsumsatz erreichen könnte (*Dichtl* u. a. 1986). Was dies für die **Beschäftigung** bedeutet, fällt nicht schwer zu ermessen. Es überrascht deshalb nicht, daß Ministerien, Verbände, Industrie- und Handelskammern, Banken und Wirtschaftsinformationsdienste vielfältige **Hilfen** bereitstellen, um vor allem mittelständische Unternehmen bei ihrer Entscheidung zu unterstützen, ob bzw. inwieweit sie sich auf ein Auslandsengagement einlassen sollen (*Hörschgen* 1983, S. 3 ff.). Die **finanzielle Förderung**, die der Staat der Exportwirtschaft zuteil werden läßt, weist demgegenüber – angesichts der Exporterfolge der deutschen Wirtschaft verständlich – eine im Vergleich zu anderen Ländern eher bescheidene Größenordnung auf (eingehend dazu *Sickenberger* 1992).

2.2.2. Die Auswahl der Länder

Als nicht unbeachtlich bei all diesen Überlegungen erweist sich die Frage, nach welchen Gesichtspunkten die Länder, in denen man sich betätigen will, ausgewählt werden sollen. Wenn wir von Tradition und Zufall absehen, ist das beherrschende Kriterium die **Entfernung**. Als Mitteleuropäer haben wir es in dieser Hinsicht viel leichter als z. B. Japaner oder Koreaner, Umsätze zu erzielen, die in der Statistik als internationaler Warenverkehr ausgewiesen werden. Maßgebend sind sodann Aspekte wie (u. U. gemeinsame) **Sprache**, **Vertrautheit** mit dem jeweiligen **Kulturkreis**, **Aufnahmefähigkeit** eines **Marktes**, **Konkurrenzdruck**, **Transferierbarkeit** von **Verkaufserlösen** in die heimische Währung, **politische Stabilität** und **wirtschaftliche Risiken**, die man bei einer Aufnahme bzw. Aufrechterhaltung von Geschäftsbeziehungen mit Menschen bzw. Institutionen des jeweiligen Ziellandes eingeht. Als wichtig erweist sich auch, ob man im Ernstfall **Rechtsschutz** genießt.

Eine ganz besondere Rolle spielen in diesem Rahmen sog. **tarifäre** und **nichttarifäre Handelshemmnisse**. Erstere sind Zölle verschiedenster Art, auf die man sich in zwischenstaatlichen oder multinationalen Abkommen geeinigt hat. Es handelt sich dabei um Faktoren, die zwar dem Handel nicht zuträglich, aber immerhin bekannt und kalkulierbar sind.

Unter **nichttarifären Handelsbeschränkungen** versteht man demgegenüber verschiedenerlei Subventionen, die Rückvergütung von Steuern bei Ausfuhr und Erhebung einer Steuerausgleichsabgabe bei Einfuhr, Außenhandelsverbote (Embargo), Außenhandelskontingente (Einfuhr-, Ausfuhrverbote, Selbstbeschränkungsabkommen) sowie eine Fülle von kaum durchschaubaren und schwer überwindbaren administrativen Praktiken, von Tricks und Kniffen, mit denen Staaten Importe generell oder solche aus bestimmten Ländern abzublocken versuchen, ohne dabei immer gegen internationale Vereinbarungen wie das *GATT* zu verstoßen. Zu letzteren zählen z. B. ein Übermaß an Bürokratie, schleppende Abfertigung von Waren an den Landesgrenzen, schikanöse Behandlung durch die Zollbehörden, Erlaß von oftmals unsinnigen, die einheimischen Anbieter begünstigenden Normen und Sicherheitsvorschriften, Insistieren auf Vorlage von Ursprungszeugnissen oder Echtheitszertifikaten (z. B. für *Scotch Whisky)* sowie die Bevorzugung inländischer Unternehmen bei staatlichen Aufträgen. Um heute Erfolg auf vielen außereuropäischen Märkten zu haben, kommt es oft mehr darauf an, mit allen einschlägigen Praktiken bis hin zu den bei der Korruption zu beachtenden Spielregeln vertraut zu sein, als bei den Preisen mithalten zu können.

Oftmals wird der Zugang zu einem Markt praktisch auch dadurch verhindert, daß sich ein ausländisches Unternehmen nicht des **lokalen Distributionssystems** bedienen kann, weil marktmächtige einheimische Wettbewerber dies vereiteln oder weil die in Frage kommenden Outlets einem oder mehreren von diesen gehören. Der Ausweg, selbst ein entsprechendes Netz aufzubauen, wird im allgemeinen nur dort beschritten werden, wo man auch im Inland nicht anders verführe, wie z. B. beim Vertrieb von Autos.

2.2.3. Die Form der Präsenz

Bei dem Bemühen, in Staaten, die die eigene Wirtschaft durch protektionistische Maßnahmen gegen unliebsame Konkurrenz von außen abzuschirmen trachten, Fuß zu fassen, greifen die betroffenen Firmen oft zu dem Instrument der **Mergers & Acquisitions**, d. h. sie kaufen sich in bestehende Unternehmen ein oder solche auf. Wenn man Betriebe erwerben kann, kommt man in den Genuß eines eingeführten **Namens**; ferner übernimmt man einen tragfähigen **Kundenstamm** und eine eingespielte **Vertriebsorganisation**, nicht zuletzt auch eine eingearbeitete **Belegschaft**, die sonst nicht ohne weiteres für ein ausländisches Unternehmen arbeiten würde.

Ein weiterer Vorteil eines auf Investitionen gestützten Auslandsengagements liegt darin, daß man von **Kursschwankungen** weitgehend unabhängig wird, weil neben den Erlösen auch ein großer Teil der Kosten in der Landeswährung anfällt. Schließlich hat die Erfahrung gezeigt, daß z. B. amerikanische Abnehmer **lokale Lieferanten** gegenüber solchen aus fernen Ländern **bevorzugen**, die manche von ihnen nicht einmal dem Namen nach kennen.

Bertelsmann, einer der größten Medienkonzerne der Welt, hielt es für vorteilhafter, den amerikanischen Markt durch Akquisitionen zu erschließen, als sich dort aus eigener Kraft nach oben zu arbeiten. Deshalb hat man über Jahre hinweg das Ziel verfolgt, das Geschäft in den USA durch strategisch sinnvolle Firmenkäufe in den Produktlinien Buch, Zeitschriften und Musik voranzubringen.

Ähnlich verfuhr *Nestlé (Nescafé, Maggi, Alete, Sarotti* etc.), das z. B. Anfang 1985 die amerikanische Lebensmittelgruppe *Carnation* (Tierfutter, Milchprodukte) erwarb. Einerseits sollte dadurch die Abhängigkeit von den Stammprodukten verringert, andererseits in den USA eine Marktposition käuflich erworben werden, zu deren Aufbau aus eigener Kraft man, wie es hieß, 20 bis 25 Jahre gebraucht hätte.

Soweit ein gewisses Maß an Fremdeinfluß nicht für schädlich gehalten wird, bietet sich als Alternative zu Mergers & Acquisitions das **Joint Venture** an. Hierbei handelt es sich um ein Gemeinschaftsunternehmen von mindestens je einem in- und ausländischen Partner. Jede Seite bringt dabei in die Kooperation ein, worüber die andere nicht oder in weitaus geringerem Maße verfügt, z. B. Kapital, Know-how (Patente etc.), Produktionsanlagen, Zugang zu Behörden, öffentlichen Aufträgen und zum lokalen Kapitalmarkt *(Pausenberger* 1992, S. 214 ff.), ferner spezifische Rechte (z. B. Anspruch auf Steuervorteile) oder qualifizierte Arbeitskräfte (vgl. *Berekoven* 1985, S. 48 f.; *Eichenberg* 1986, S. 422 f.). Nach *Stopford / Wells* (1972, S. 103) sehen amerikanische Unternehmen in **Informationsvorteilen** und in der **Beschleunigung** des **Zugangs** zu **neuen Märkten** den entscheidenden Faktor für ein Zusammengehen.

Es ist oft nachgewiesen worden (vgl. z. B. *Franko* 1971, S. 3 f.; *Davidson* 1982, S. 49 ff.), daß und weshalb sich Joint Ventures zumeist schon nach wenigen Jahren in **Tochterunternehmen** zumeist des aus dem Ausland kommenden Partners verwandeln. Die **Stabilität** derartiger Gebilde ist **gering**, weil üblicherweise rasch Interessengegensätze aufbrechen, beispielsweise wenn es um die Gewinnverwendung, Exportpolitik oder Festlegung von Transferpreisen für Lieferungen an eines der beiden beteiligten Unternehmen geht *(Pausenberger* 1992, S. 214). Außerdem schmilzt der Informations- und „Kontakt"-Vorsprung des örtlichen Partners im Laufe der Jahre dahin.

Weniger anfällig für derartige Schwierigkeiten scheinen die sog. **Strategischen Partnerschaften** oder **Strategischen Allianzen** zu sein, da sie zumeist auf Zeit angelegt sind und vergleichsweise geringeren vertraglichen Restriktionen unterliegen. Sie können sich auf alle Ebenen der Wertkette beziehen und sollen die Beteiligten befähigen, rascher auf **Nachfrage-** und **Technologieveränderungen** zu reagieren (vgl. *Timmermann* 1985, S. 213 ff.), die beiderseitige **Position** in besonders **schwierigen Märkten** zu **stärken** oder aber gemeinsam **Mittel** in Milliardenhöhe **aufzubringen**, wie sie heute für eine Neuentwicklung z. B. auf dem Computersektor, in der Pharmazie, bei der Gentechnik, in der Autobranche und im Flugzeugbau benötigt werden. Bekannte Beispiele bilden *Ford – Mazda, VW – Ford* sowie *General Motors – Toyota* in der Automobilindustrie, *Siemens – IBM – Toshiba, Hitachi – Texas Instruments, NEC – AT&T, Sharp – Intel* und *Toshiba – Motorola* in der Elektronikindustrie, *British Airways – USAir, Swissair – SAS – AUA* und *Lufthansa – Air France* in der Luftfahrt, *General Electric – Snecma, Boeing – Kawasaki – Mitsubishi* und *BMW – Rolls-Royce* in der Luft- und Raumfahrt sowie *Merck – DuPont* und *Glaxo – Merck – Fournier* im Bereich Pharma und Chemie. Wenn Strategische Allianzen zu Bruch gehen, dann zumeist deshalb, weil sich eine Seite von der anderen ausgenützt fühlt, weil es am kulturellen „Fit" unter den Angehörigen verschiedener Nationen fehlt oder weil Kartellbehörden Einwände erheben.

Ohne an dieser Stelle Überlegungen vorzugreifen, die wir in § 4, Abschn. 1.1.1., anstellen werden, sei, auch im Sinne einer Zusammenfassung, darauf hingewiesen, daß es sich fast immer auszahlt, fremde Länder nicht vom Unternehmenssitz aus zu beliefern, dort bestenfalls Repräsentanten zu stationieren oder Vertriebsgesellschaften zu unterhalten, sondern vor Ort Flagge zu zeigen und zu investieren. So ist sowohl bei *Siemens* als auch bei *General Motors* festgestellt worden, daß man in **Märkten** mit **eigenen Fabrikationsstätten** vergleichsweise **höhere Marktanteile** erzielt als in solchen, in denen man sich mit der Einfuhr von Ware und dem Unterhalt einer Mittlerorganisation begnügt.

Man erringt dadurch sogar noch einen zusätzlichen Vorteil. Jahrelang unterhielt z. B. der *VW*-Konzern in Japan eine Tochterunternehmung, nicht weil spektakuläre Autoverkäufe dies rechtfertigten, sondern weil man den **Markt** aus der **Nähe beobachten** und die **Technologie**, die dort im Entstehen war, vor Ort **mitverfolgen** wollte, um rechtzeitig reagieren zu können. Es ist deshalb nicht die ganze Wahrheit, wenn vor allem von Gewerkschaftsseite immer wieder behauptet wird, Auslandsinvestitionen kosteten zu allererst Arbeitsplätze im Inland.

3. Das Selbstverständnis der Unternehmung

3.1. Ordnungspolitische Grundpositionen

Ein Unternehmen vermag sich langfristig nur dann am Markt zu behaupten, wenn es **Gewinn** (wie auch immer sprachlich verbrämt) erzielt. Dadurch werden Arbeitsplätze erhalten, finden Zulieferfirmen ihr Auskommen, können Investitionen im Betrieb finanziert werden, erhalten Staat, Unternehmer bzw. Manager sowie Kapitalgeber Geld. All dies ist nicht strittig; selbst eingefleischte Kritiker des marktwirtschaftlichen Systems akzeptieren, daß es ohne Gewinne nicht geht.

Dies bedeutet keineswegs, daß darin nicht doch politischer Sprengstoff läge. Kontrovers beurteilt wird dabei vor allem, ob Gewinne zu hoch ausfallen, was als Zeichen der **Ausbeutung** von Mitarbeitern, Zulieferern oder Kunden gedeutet werden müßte, und ob die Aufteilung eines Überschusses auf Betrieb (Einbehaltung von Gewinn), Arbeitnehmer (Erfolgsbeteiligung), Eigentümer (z. B. Dividenden) und Öffentlichkeit (Mäzenatentum, Spenden etc.) als gerecht gelten kann. Außerdem wird es heute nicht mehr als gleichgültig empfunden, unter welchen Bedingungen Unternehmen Überschüsse erzielen. Sie sehen sich teilweise schon einer geballten Macht organisierter Kritiker gegenüber; das Wort „**Umweltdemokratie**“ macht die Runde.

So rät etwa der einflußreiche New Yorker *Council on Economic Priorities* Verbrauchern über ein weit verbreitetes Buch mit dem Titel „Einkaufen für eine bessere Welt“, wo sie welche Ware erwerben sollen. Nicht die Qualität im herkömmlichen Sinne oder das Preis / Leistungsverhältnis geben den Ausschlag dafür, ob ein Anbieter aufgenommen wird, sondern ganz andere Gesichtspunkte. Die Berücksichtigung umweltpolitischer Belange (z. B. Eintreten für die Schonung des Regenwaldes), die von einem Hersteller gegenüber Frauen und Minderheiten („Latinos“, Schwarzen etc.) geübte Einstellungspraxis, der Verzicht auf Rüstungsgeschäfte, auf Tierversuche und den Besitz von Aktien von Zigarettenfirmen ebenso wie die Bereitschaft, soziale Anliegen finanziell zu unterstützen, entscheiden darüber, ob ein Unternehmen „gelistet“ oder bekämpft wird.

Man erkennt, daß es auch für Großunternehmen nicht länger angeht, nach dem Grundsatz zu verfahren: „What is good for *General Motors,* is good for the country.“ In Japan, wo Wirtschaft und Regierung ungleich enger als in allen anderen Industrienationen zusammenarbeiten, wird der Satz gewissermaßen von hinten nach vorne gelesen: Was für das Land gut ist, erlegt den Unternehmen eine unabdingbare Verpflichtung auf.

Schon jedes mittelständische Unternehmen ist heute herausgefordert, zu **gesellschaftlichen Fragen** eine eindeutige Position zu beziehen. Beispielsweise gibt es in den Unternehmensgrundsätzen der *Vorwerk*-Gruppe für die neunziger Jahre einen mit „Unser Verhältnis zur Gesellschaft und zur Umwelt“ überschriebenen Abschnitt, in dem es u. a. heißt (S. 15):

> Verantwortliches unternehmerisches Handeln schließt heute den Schutz der Umwelt ebenso ein wie die Schonung der Rohstoffe. Umweltschutz ist kein lästiger Kostenfaktor, sondern Ausdruck der gesellschaftlichen Verantwortung, ohne die nicht nur Marktanteile in Frage gestellt würden, sondern auch die öffentliche Legitimation des Unternehmenserfolgs gefährdet wäre.
>
> Das bedeutet: Alle unsere Unternehmensentscheidungen müssen unter den Gesichtspunkten der Umweltverträglichkeit überprüft werden. *Vorwerk* will auf diesem Gebiet mehr tun, als der Gesetzgeber verlangt.

Daß ein derartiges öffentliches Commitment gelegentlich dazu dienen kann, Betroffene zur Räson zu rufen, nützt der Sache und rechtfertigt auch von daher seine Existenz. Beispielsweise haben einige deutsche Großunternehmen massive Kritik der Medien auf sich gezogen, weil sie sich auf der einen Seite nachdrücklich zu den Idealen einer freiheitlichen Wirtschaftsordnung bekannten, auf der anderen aber vom Staat Subventionen für die Entwicklung eines Megachips, von der in Aussicht genommenen Kommune ein Gratisgrundstück für ein neues Automobilwerk oder von den Kartellbehörden eine Auslegung der Vorschriften erwarteten, die diesen widerstrebte.

Nicht selten zeitigt das Bemühen, gesamtwirtschaftlichen Interessen Rechnung zu tragen, ein Ergebnis, das man mit *Bert Brecht* wie folgt charakterisieren könnte: Das Gegenteil von „gut" ist „gut gemeint". Beispielsweise haben der hohe Einfuhrüberschuß, unter dem die USA seit Jahren leiden, und die Folgen, die sich dort aus der Importflut für die Beschäftigung ergeben, zahlreiche Anbieter veranlaßt, in ihre **Werbung wirtschaftspolitische Argumente** einfließen zu lassen. Wer z. B. Textilien mit dem Etikett „Made in USA" erwirbt, kleide sich nicht nur modisch, wie auch Fernsehstars (gegen Honorar) dem Publikum beteuern, sondern sichere auch noch Arbeitsplätze im Lande.

Das **patriotische Marketing** hat, von der Bekleidungsbranche ausgehend, rasch auf andere Wirtschaftszweige übergegriffen. Wer etwa bei *Wal-Mart Stores,* der umsatzstärksten Handelskette der Vereinigten Staaten, als potentieller Lieferant nicht nachweisen kann, daß seine Ware einheimischer Provenienz ist, hat keine Chance, mit dem Unternehmen ins Geschäft zu kommen. Dieses rechnet seinen Kunden in Anzeigen vor, wie viele Arbeitsplätze in Amerika durch diese Beschaffungspolitik gerettet oder geschaffen worden sind. Da die einzelnen Filialen überwiegend in Gegenden zu finden sind, in denen Arbeiterfamilien wohnen, stößt dort das Argument auf beachtliche Resonanz, was sich auch in dem von dem Unternehmen erzielten Umsatz bemerkbar macht.

Die Nützlichkeit einer nach außen getragenen gesellschaftlichen Verantwortung läßt Zweifel an der lauteren Gesinnung der Verantwortlichen aufkommen. Im übrigen stellen die beiden zuletzt genannten Beispiele aus der Sicht des internationalen Handels alles andere als Vorbilder dar, so daß man es auch nicht zu bedauern braucht, wenn dem Bemühen der Textilwirtschaft, die in dem einen Fall dahinterstand, kein nachhaltiger Erfolg beschieden war.

3.2. Die ethische Basis

Wie auch immer ein Unternehmen agiert, gibt es nicht nur bei dem, was es anstrebt, sondern auch im Hinblick darauf, wie es dabei zu Werke geht, Grenzen. Sowohl die **Ziele** selbst als auch die zu deren Erreichung eingesetzten **Mittel** können somit auf **Bedenken** stoßen. Wie läßt sich zwischen **Gut** und **Böse**, **Recht** und **Unrecht**, unterscheiden?

In den USA wird Schülern in der High School zumeist folgendes beigebracht: „**Freiheit** ist das Recht, all das zu tun, was nicht verboten ist – durch Gesetze, die wir uns selbst gegeben haben.“ Eine solche Sichtweise wäre, wenn sich Unternehmen ausschließlich davon leiten ließen, mit verheerenden Konsequenzen verbunden; denn nicht alles, dessen es zu einem gedeihlichen Zusammenleben der Menschen und zum Funktionieren einer Wirtschaft bedarf, ist einer **Regelung** durch – hier offensichtlich gemeinte – schriftlich fixierte **Rechtsnormen** zugänglich. Außerdem würde man dadurch ermuntert, geradezu systematisch nach **Gesetzeslücken** oder auch **Ländern** zu suchen, wo man im Inland geltende Normen noch nicht kennt.

Vor einigen Jahren z. B. wurde in **Dänemark** verboten, **Bier** in **Dosen** abzufüllen. Doch dachten die Brauer nicht daran, ihre Anlagen zu verschrotten, sondern stellten von nun an auch Gerstensaft nach dem deutschen Reinheitsgebot her und lieferten dieses in Dosen nach Deutschland. Ein eher harmloser Fall.

Nur eine erste Hilfe bieten somit **Gesetze** und **Verordnungen**. Hier haben sachkundige Leute darüber nachgedacht und festgelegt, was sein darf und was nicht. Daneben gibt es bekanntermaßen auch nicht geschriebenes Recht, wie **Gewohnheits-** und **Naturrecht**. Daß die Anwendung geltenden Rechts gelegentlich gehörige Probleme aufwirft, sei nicht verkannt, gleichwohl an dieser Stelle nicht weiter thematisiert. Dieser Komplex stellt indessen nur einen Ausschnitt aus dem Spektrum einsetzbarer und notwendiger Verhaltensregulative dar.

Es bedarf weiterer Steuerunginstrumente, wie z. B. **Konventionen**, die sich in manchen gesellschaftlichen Kreisen, Berufen, Branchen, Regionen etc. herausgebildet haben, oft auch schriftlich fixiert und als für alle Beteiligten bindend vereinbart worden sind. Eine ähnliche Funktion erfüllen **Handelsbräuche**, die vor allem im Rahmen der sog. Allgemeinen Geschäftsbedingungen Bedeutung erlangt haben und gemäß § 346 *HGB* in der Rechtsprechung zu berücksichtigen sind.

Das geschriebene Recht enthält notwendigerweise eine Anzahl **abstrakter Begriffe**, denen sich ganz verschiedene Sachverhalte subsumieren lassen, so z. B. „Verkehrssitte“, „Treu und Glauben“ und „Mißbrauch“. Dieses Kniffes bedarf es, weil sich nicht alles, was sich einer juristischen Regelung als notwendig erweisen könnte, dingfest machen, sprachlich fassen, ja sogar vorhersehen läßt, ganz abgesehen davon, daß sich die Vorstellungen im Einzelfall im Lauf der Zeit auch wandeln können. Eine **Interpretationshilfe** und einen festen Anker bilden dabei Charakterzüge des Menschen wie **Anstand** und **Moral**. Ohne diese geht es auch im Marketingalltag nicht, dies selbst dort, wo es Gesetze gibt, mehr noch aber dort, wo rechtliche Regelungen fehlen, aber doch ein Bedarf an Leitlinien herrscht.

Wie weiß man, was vertretbar ist und was nicht? Es kommt hier auf den einzelnen und die Gesellschaft an. Dies spiegelt sich auch in der Differenzierung zwischen **Gesinnungsethik** auf der einen und **Erfolgsethik** auf der anderen Seite wider, die beide im Gegensatz zum **Sein** der **Moral** ein **Sollen** zum Ausdruck bringen. Bei ersterer ist der Handelnde allein seinem **Gewissen** verpflichtet, wobei er sich z. B. von seiner Weltanschauung, von der sog. **Goldenen Regel** („handle stets so, wie Du auch von anderen behandelt werden möchtest") oder vom **Kategorischen Imperativ** *Kants* („handle so, daß die Maxime Deines Willens jederzeit als Prinzip einer allgemeinen Gesetzgebung gelten könnte") leiten lassen kann. Die Erfolgsethik fragt demgegenüber nicht nach Einstellungen und Motiven, sondern bewertet Verhalten allein an Hand von dessen **Folgen** für die **Gesellschaft**. Daß beide Spielarten zu völlig entgegengesetzten Befunden gelangen können, zeigt folgendes Beispiel:

Eine **Public Relations-Agentur** betreut jahrelang einen namhaften Zigarettenhersteller, lernt und erfährt dabei eine Menge über den Wirtschaftszweig und die dort angewandten Marketingpraktiken, um anschließend in das Lager der Kritiker überzulaufen. In dem konkreten Fall bemühte sich das fragliche Unternehmen mit Erfolg um einen Auftrag mit einem stattlichen Etat für eine **Anti-Raucher-Kampagne**. Wer bei einem solchen Sinneswandel nicht von einem schlechten Gewissen übermannt wird, ist wahrscheinlich zu allem fähig. Aus der Sicht der Gesellschaft, die die Hintergründe des Falles nicht kennt und möglicherweise am Gelingen der Aktion interessiert ist, nähme sich die Sache freilich ganz anders aus, wenn feststünde, daß die fragliche Agentur für die Aufgabe am besten qualifiziert ist.

Wie können wir **Dilemmata** dieser Art, in die man offenkundig leicht hineingerät, entrinnen? Zwar ist dies das Feld der Theologen und Philosophen, die viel Bedenkenswertes zu diesem Thema zusammengetragen und zu Papier gebracht haben, doch lassen sie den Fragenden in aller Regel gerade dann im Stich, wenn dieser vor einer konkreten Entscheidung steht. Soweit sich Wirtschaftswissenschaftler mit der Materie beschäftigt haben, setzen sie vor allem auf einen **vernünftigen Diskurs** unter den von einem Problem unmittelbar Betroffenen. Wir wollen uns hier damit begnügen, Fallgruppen von Verhaltensweisen im Marketingalltag herauszuarbeiten, die nicht immer eindeutige Verstöße gegen geltendes Recht darstellen, aber so geartet sind, daß sie je nach Einsichtsvermögen, Verantwortungsbewußtsein und Temperament des Lesers bei diesem Verwunderung, Verärgerung oder Abscheu hervorrufen werden.

(1) Bereitstellung und Verkauf fragwürdiger Erzeugnisse

Zu denken ist hierbei zu allererst an die Bereitstellung und den Verkauf von Gütern, deren **Herstellung**, **Verbrauch**, **Gebrauch** oder **Entsorgung** den **Erwerbern**, **Bedarfsträgern** oder **Menschen um sie herum schaden** können. Einen Verursacher wird man nur dann nicht auf die moralische Anklagebank bringen dürfen, wenn er im guten Glauben handelt und die Konsequenzen seines Tuns ohne Schuld nicht übersieht. Davon kann indessen in den folgenden Fällen vermutlich keine Rede sein, die, von einem nigerianischen Juristen mitgeteilt (vgl. *Agege* 1985), aus der Sicht Außenstehender jeweils einen skandalösen **Mißbrauch unternehmerischer Freiheit** reflektieren.

Das *National Cancer Research Institute* der USA äußerte den Verdacht, daß eine bestimmte Sorte von **Höschenwindeln** Krebs erzeuge. Die *Consumer Product Safety Commission* untersagte daraufhin deren Verkauf in den Vereinigten Staaten und ordnete sogar die Rückholung der im Handel befindlichen Stücke an. Ehe jedoch diese Behörde auch die Ausfuhr verbot, veräußerte der Hersteller schnell noch zwei Millionen Packungen an Abnehmer in der Dritten Welt.

Das texanische Unternehmen *Velsicol* stellte ein **Unkrautvernichtungsmittel** unter der Markenbezeichnung *Leptophos* ausschließlich für Exportzwecke her, da dieses in den USA keine Freigabe durch die Umweltschutzbehörde erhielt. Allein im Jahre 1975 vertrieb es sein Produkt in mehr als 30 Ländern, darunter auch Ägypten, wo z. B. 1976 nachweislich nicht nur über 1.000 Wasserbüffel an dem Mittel zugrunde gingen, sondern auch viele Bauern, zum Teil mit Todesfolge, daran erkrankten. Trotz einer erdrückenden Beweislast und eines von Ägypten erlassenen Einfuhrverbotes bestand das Unternehmen auf der Unbedenklichkeit seines Erzeugnisses.

Lomotil, ein **Mittel** gegen **Durchfall** und leichte **Verdauungsstörungen**, ist in den USA verschreibungspflichtig und wird dort als für Kinder nicht geeignet angesehen. Letzteres liegt vor allem daran, daß das Mittel in hohem Maße toxisch wirkt, wobei nur ein winziger Unterschied zwischen der empfohlenen und einer tödlichen Dosis besteht. Nichtsdestotrotz vertrieb der amerikanische Hersteller das Präparat in Entwicklungsländern, wo es „over the counter" (= ohne Verschreibung) und entweder ohne jegliche Warnung oder nur mit einem kleinen Hinweis auf die davon ausgehende Gefahr erhältlich war. Im Sudan brüstete sich der Produzent sogar damit, daß das Mittel während diverser Raumflüge auch von Astronauten eingenommen worden sei. In diesem afrikanischen Land wurde das Präparat explizit schon für einjährige Kinder empfohlen.

Namentlich von der **Chemischen** und der **Pharmazeutischen Industrie**, aber auch von **Nahrungs-** und **Genußmittelherstellern** sowie **Erbauern** und **Betreibern** von **Kernkraftanlagen** wird man fordern können, daß sie alles in ihrer Macht Stehende unternehmen, um zur Klärung der von ihren Produkten und Anlagen ausgehenden Gefahren beizutragen, und sodann aus ihren Befunden die entsprechenden Konsequenzen ziehen. Zumeist nicht an Unwissenheit liegt es allerdings, wenn es immer wieder zu Lebensmittelskandalen kommt. Mag der Kostendruck, dem manch ein Unternehmen ausgesetzt ist, noch so groß sein, rechtfertigt dieser doch nicht die Verwendung von Rohstoffen, die nicht einwandfrei sind oder von Anfang an ungeeignet waren. Dem dürfte kein seriöser Mensch widersprechen. Zu einer echten Gewissensentscheidung wird indessen folgender Fall:

Für die Herstellung diverser Sorten von Baby-Früchtebrei benötigt *Sopad,* ein Unternehmen des *Nestlé*-Konzerns in Frankreich, jährlich jeweils mehrere tausend Tonnen Äpfel und Karotten. Wegen des in unserem westlichen Nachbarlande schwächeren Wettbewerbs kann es sich dieser Produzent leisten, qualitativ schlechtere Ware zu verwenden, als sie sein deutsches Schwesterunternehmen *Alete* einzusetzen gezwungen ist. Dieses muß für Äpfel um 40 % und für Karotten um über 60 % höhere Preise bezahlen. Wollte *Sopad* ein vergleichbares Qualitätsniveau erreichen, müßte es für die beiden Rohstoffe umgerechnet rund 1 Mio. DM im Jahr mehr ausgeben. Unnötig, vertretbar oder unabdingbar?

Immer dringlicher wird auch die **Rücksichtnahme** auf **Belange** der **Umwelt**. Unternehmen kommen nicht länger umhin, die Folgen abzuschätzen, die sich aus der Verarbeitung nicht nachwachsender Rohstoffe, der von der Produktion verursachten Emissionen, dem Ver- bzw. Gebrauch ihrer Erzeugnisse sowie deren Entsorgung für die Natur ergeben (Näheres hierzu z. B. bei *Meffert / Kirchgeorg* 1992; *Wagner* 1993).

Ist es, um ein authentisches Beispiel zu zitieren, angängig, Vorwürfe wegen der Einleitung giftiger Abfallstoffe in den nahen Fluß mit einem Hinweis darauf abzuwehren, man habe dafür eine Genehmigung durch die Öffentliche Hand erwirkt? Sowohl das Verhalten an sich als auch dessen Rechtfertigung reflektieren nichts anderes als die mitunter als ausreichend erachtete, aber völlig unzulängliche juristische Perspektive. Viel zu wenig verbreitet ist das Bewußtsein um die möglichen **Schäden**, die Unternehmen in Verfolgung ihrer Ziele bei Gewässern, Atmosphäre, Luft und Landschaft verursachen. Wie die dafür Verantwortlichen zumindest zur **Kasse** gebeten, wenn schon nicht strafrechtlich zur Verantwortung gezogen werden können, ist alles andere als geklärt. Das Unterfangen wäre fraglos leichter zu meistern, wenn stets Klarheit darüber herrschte, welche **Langzeit-** und **Nebenwirkung** bestimmte Maßnahmen entfalten.

Wir müssen uns in diesem Zusammenhang auch unserer **Verantwortung** für **Tiere** als lebende Mitgeschöpfe bewußt sein. Wo verläuft hier die Grenze zwischen Kommerz und edler Gesinnung? Sind moderne Stallmast und Käfighaltung artgerecht, Ausdruck effektiver Fleisch-, Eier- bzw. Pelzproduktion oder Zeichen von Gewissenlosigkeit? Wollen wir die letzten Schildkröten in der Natur oder in der Suppe genießen, Krokodile in ihrer natürlichen Umgebung oder am Arm einer Dame baumelnd bewundern? Zu fragen ist auch, ob sich **Tierversuche** vertreten lassen, wenn es allein um Schönheit, sprich: die Entwicklung neuer Kosmetika geht.

Experimente mit Tieren zur Erprobung von Kosmetika sind seit Mai 1994 verboten. Deren Hersteller führten früher, obwohl nicht vorgeschrieben, entsprechende Versuche durch, weil dies das **Haftungsrisiko verminderte** und sie in Schadensfällen gegen mögliche Ersatzansprüche schützte.

(2) Verzicht auf Ausschöpfung von Umsatzpotential

Seinen Mitmenschen schaden kann man auch dadurch, daß man bestimmte **Produkte nicht** in den **Verkehr bringt** oder andere **nicht verbessert**. Auch der Verzicht auf augenscheinlich gewinnbringende Geschäfte ist somit u. U. moralisch verwerflich.

In den USA glaubte man, einen effizienten Weg zur Eindämmung des **Drogenflusses** von Süd- nach Nordamerika und Europa gefunden zu haben. Die Regierungen von Bolivien und Peru hatten sich nach langen Verhandlungen damit einverstanden erklärt, die Anbaufelder der Coca-Pflanze mit einem in den Vereinigten Staaten entwickelten Pflanzenschutzmittel vernichten zu lassen. Doch scheiterte das Vorhaben daran, daß der potentielle Hersteller nicht mitspielte. Er wollte das Mittel aus Sorge um seine Mitarbeiter vor Ort und den Absatz seiner übrigen Produkte in jener Region nicht liefern. Das Unternehmen befürchtete, von der **Drogen-Mafia** aufs Korn genommen zu werden. Da das **Produktionsverfahren patentiert** ist, genießt derjenige, der das Recht daran hat, ein **Monopol**. Er könnte nur durch ein **Notstandsgesetz** zur Aufnahme der Fertigung oder zur Preisgabe seines Wissens an einen Lizenzverwerter gezwungen werden.

Oft werden Verbrauchern oder gewerblichen Abnehmern Produktverbesserungen für einige Zeit vorenthalten, weil man zu deren Verwirklichung z. B. **neue Anlagen** benötigt, während die **alten** noch **nicht** einmal zur Hälfte **abgeschrieben** sind. (Ähnlich denken Unternehmen bei Aufwendungen für Forschung und Entwicklung, auch wenn diese im bilanztechnischen Sinne natürlich nicht „abgeschrieben" werden können.) Der Grund dafür kann auch darin liegen, daß das an sich verfügbare höherwertige Modell länger hält und dadurch den **Ersatzbedarf reduzieren** würde. Der betroffene Anbieter könnte das Ganze für eine simple Rechenaufgabe halten, doch steht hierbei mehr auf dem Spiel; denn jede derartige Entscheidung wirkt sich zugleich auf die Ertragslage des Unternehmens, Belange der Bedarfsträger, den technischen Fortschritt wie auch den Arbeitsmarkt aus.

(3) Belieferung problematischer Abnehmer

Manchmal liegt das Problem primär nicht darin, **was**, sondern darin, **an wen** man etwas verkauft. Wie leicht hier ein Unternehmen gravierende Fehler begehen, es an Sensibilität gegenüber allen Betroffenen fehlen lassen oder sogar, ohne böse Absichten zu hegen, in Schuld verstricken kann, zeigt folgender Fall (vgl. *Hartley* 1986):

In den siebziger Jahren vertrieb *Nestlé* ein Muttermilchersatzprodukt, das für die Ernährung von Säuglingen unerläßlich ist, wenn deren Mütter nicht stillen können oder wollen. Das Geschäft florierte. Nicht wenige Frauen in der Dritten Welt setzten indessen das Produkt insofern falsch ein, als sie zur Zubereitung der Milch verschmutztes Wasser verwendeten, die Trockenmilch falsch dosierten und unsaubere Gefäße benutzten. Wie weithin behauptet wurde, soll dies bei vielen Kindern zu Durchfall und Austrocknung, in einigen Fällen sogar zum Tod geführt haben. Der Hersteller hat sich in einem Prozeß, der zwei Jahre dauerte und weltweite Aufmerksamkeit auf sich zog, erfolgreich gegen den Vorwurf einer Schweizer Aktionsgruppe, der in dem Slogan „*Nestlé* tötet Babys" gipfelte, zur Wehr gesetzt. Die Richter legten freilich dem Unternehmen nahe, seine Marketingpraktiken zu ändern. Dies ist 1976 geschehen. Das Unternehmen verzichtet seit 1978 auch auf jegliche Mediawerbung für Säuglingsmilchprodukte in der Dritten Welt und hat sich 1981 zur Einhaltung der in einem von der *World Health Organization (WHO)* aufgestellten Kodex enthaltenen Richtlinien für die Vermarktung derartiger Erzeugnisse verpflichtet. Ein Rückzug aus den fraglichen Märkten, der oft erwogen worden war, wurde jedoch verworfen, weil offenkundig ein eklatanter Bedarf an solchen Produkten besteht.

Sowohl um den **Gegenstand** als auch die **Abnehmer** geht es bei Gütern, die in kriegerischen Auseinandersetzungen eine Rolle spielen könnten. Was **Waffengeschäfte** betrifft, scheint die Angelegenheit ganz einfach zu sein, zumal da Exporte fast überall gewissen Ausfuhrverboten unterliegen. Doch können nicht nur Panzer und Kanonen, Düsenjäger und Raketen, sondern auch „**dual use**"-Produkte wie Lastkraftwagen, Eisenbahnwaggons, Computer, optische Geräte und Medikamente, um nur einige wenige Beispiele zu nennen, in Krisen Bedeutung erlangen. Demnach gibt es schon einmal ein schwieriges **Abgrenzungsproblem**, das oft nur über die Identifikation des Auftraggebers zu lösen sein wird.

Ist ein Entscheidungsträger häufig nicht ganz froh darüber, daß er nicht weiß, wer sich hinter der harmlosen Deckadresse, über die er mit seinem Geschäftspartner kommuniziert, verbirgt? Und spielt er noch immer den Felsen in der Brandung, wenn ihm bewußt wird, daß seine, sagen wir, französischen und britischen Konkurrenten nur darauf warten, daß er die Verhandlungen mit einem Interessenten abbricht? Wird er trotz des damit u. U. verbundenen Verlustes von Arbeitsplätzen der Versuchung widerstehen?

Nicht jeder, der Waffen erwirbt, führt Böses im Schilde. Insofern erscheinen solche Geschäfte, sofern man die **Motive** des Käufers kennt, möglicherweise völlig unbedenklich. Kann man daraus ableiten, daß sich ein Anbieter generell dafür interessieren **muß**, weshalb jemand eine bestimmte Leistung von ihm zu erlangen wünscht?

Als Ende 1989 bekannt geworden war, daß die *Deutsche Lufthansa*, um der steigenden Nachfrage Rechnung zu tragen, die Zahl ihrer wöchentlichen Flüge von Frankfurt nach Bangkok zu erhöhen beabsichtigte, reagierte eine **Fraueninitiative** mit Empörung darauf. Der Reisezweck von 70% der deutschen Männer, die sich nach Thailand und anderen südostasiatischen Staaten aufmachten, lasse sich doch nur mit **Sex-Tourismus** kennzeichnen. Wie könne ein Unternehmen, noch dazu eines, das sich mehrheitlich im Bundesbesitz befinde, solch schändliches Treiben fördern?

Ist von einer Fluggesellschaft ernsthaft zu erwarten, daß sie prüft, weshalb Passagiere mit ihr einen bestimmten Zielort anzusteuern gedenken? Und was wäre, wenn sich belegen ließe, daß die hier geäußerte Vermutung stimmt? Daß das Motiv nicht frei erfunden sein kann, bestätigt ein Blick in den *NUR*-Fernreisen-Katalog vom Sommer '90, wo manch ein Quartier in Bangkok als „von Unternehmungslustigen bevorzugtes Standardhotel" angepriesen wird. Wer nicht zu dieser Kategorie Menschen zählt, ist dem Hinweis zu entnehmen: „Familien und alleinreisenden Damen empfehlen wir eines unserer anderen Häuser in Bangkok."

Seit Jahren kontrovers diskutiert wird die Frage, inwieweit man sich mit **totalitären** und **pseudodemokratischen Staaten** geschäftlich einlassen soll. Wegen des Zerfalls des früheren Ostblocks verliert das Problem an Bedeutung. Selbst Kirchenmänner waren sich darin uneins, ob ausländische Unternehmen denjenigen, die in Südafrika unter der **Apartheid** litten, halfen oder schadeten, als sie dort wie an jedem anderen Ort der Welt Geschäfte machten. Mag man hier auch zu unterschiedlichen Ergebnissen gelangen, so war doch doppelte Moral im Spiel, wenn **Fernsehanstalten** auf der einen Seite die Unterdrückung der Mehrheit der Bevölkerung und die Verletzung von Menschenrechten am Kap der Guten Hoffnung anprangerten, auf der anderen aber an den dortigen Staatssender munter Programme verkauften.

(4) Wahrnehmung von Marktchancen unter Einsatz bedenklicher Mittel

Einen Ethiktest nicht bestehen dürfte schließlich auch, wer Marktchancen unter Einsatz von bedenklichen Mitteln wahrnimmt. Dies kann in so vielfältigen Formen geschehen, daß wir uns hier mit der Wiedergabe von ein paar **typischen Beispielen** begnügen müssen.

Bekanntermaßen eröffnen sich Unternehmen unzählige Möglichkeiten, Verbraucher zu verführen, zu übertölpeln oder sonstwie zu schädigen, ohne daß die Betroffenen oder die Justiz dagegen vorgehen (könnten). Auch wenn es Hunderte von gesetzlichen Bestimmungen gibt, die dem **Verbraucherschutz** dienen, kommt es doch immer wieder einerseits zu – meist ungeahndeten – Verstößen gegen diese, andererseits zu moralisch verwerflichen Praktiken, gegen die der Gesetzgeber noch keine Vorkehrungen getroffen hat (Näheres dazu in § 2, Abschn. 3.2.2.).

In dieser Hinsicht besonders gefährdet sind **Verbraucher** in der **Dritten Welt**, die oftmals schon auf Grund ihres Analphabetentums oder ihres bescheidenen Bildungsgrades den Verlockungen des marktwirtschaftlichen Systems hilflos ausgeliefert sind. Hinzu kommt, daß der Verbraucherschutz dort auch nicht annähernd so weit wie in den Industrieländern entwickelt ist.

In manchen Teilen der Welt oft gar nicht vermeiden läßt sich, daß ausländische Anbieter in den Sog der **Korruption** gezogen werden. Beispielsweise stellt die

Zuwendung „kleiner Aufmerksamkeiten“ im koreanischen Alltag eine Pflichtübung dar. Der Zöllner, der Importeur, der Personalchef, sie alle erhalten etwas, wovon diese aber ihren Vorgesetzten und Untergebenen einen Teil abgeben müssen. Im übrigen ist dort der Bestechungsaufwand genau kalkulierbar; die Korruption folgt festen Spielregeln.

Wenn man vielerorts Geschäftsabschlüsse nicht anders zu erzielen vermag, als daß man Mittelsmännern, Beamten oder Politikern Provisionen zukommen läßt, wird man sich, soweit es sich um exotische Länder handelt, den örtlichen Gepflogenheiten unterwerfen müssen. Dafür hat sogar der **Fiskus** ein Einsehen: Das deutsche **Steuerrecht** toleriert derartige Schmiergelder als nützliche Ausgaben (§ 4 Abs. 4 *EStG)*, sofern der Empfänger mit Namen genannt wird, wodurch diese als Aufwand in der Gewinn- und Verlust-Rechnung anerkannt werden.

Nicht selten hängen geschäftlicher Erfolg und die Erhaltung von Arbeitsplätzen davon ab, daß man Ware im Ausland zu **Dumpingpreisen** verschleudert. Ist dies gegenüber in- und ausländischen Konkurrenten, die sich so um den Lohn für ihre Mühe gebracht sehen, fair? Wie würden Verbraucher im Inland reagieren, wenn sie wüßten, in welchem Maße sie über die von einem Anbieter praktizierte **Mischkalkulation** für Verluste aufkommen müssen, die bei derlei Geschäften häufig auftreten?

Wenig Verständnis wird man auch für die **Zigarettenindustrie** aufbringen. Die Branche hat erkannt, daß sich ihr Absatzpotential am ehesten halten, wenn schon nicht ausweiten läßt, wenn sie Jugendliche im Alter von 15 bis 19 Jahren zum Rauchen animiert. Nun hat der Gesetzgeber mancherlei Anstrengungen unternommen, um genau dies zu verhindern, doch sind ihm findige Marketingleute immer wieder einen Zug voraus.

Daß auch ein „sauber“ zustande gekommenes Geschäft den Anbieter bei Bekanntwerden schlimmer **Spätfolgen** nicht aus seiner rechtlichen oder ethischen Verpflichtung entläßt, zeigt ein anderer spektakulärer Schulfall. Bei dem ab 1970 / 71 von der *Ford Motor Company* hergestellten Modell *Pinto* führten Zusammenstöße zu verheerenden Folgen (vgl. *Robin / Reidenbach* 1987). Mehr als 500 **Brände** und eine allein für die Jahre 1975 - 1978 auf 37 geschätzte Zahl von **Todesfällen** (vgl. *Dardis / Zent* 1982) wurden darauf zurückgeführt, daß jeweils das Kraftstoffsystem unterbrochen und dadurch das Fahrzeug in Brand gesetzt wurden. Offenbar war man sich bei dem Hersteller dieses Umstandes bewußt gewesen, lange bevor *Mark Dowie* und *Ralph Nader,* der sich schon oft als unbequemer Kritiker der amerikanischen Automobilindustrie erwies, die Öffentlichkeit auf den Zusammenhang aufmerksam gemacht hatten (vgl. *Dowie* 1977). Wie konnte es so weit kommen?

Statt alle gefährdeten Fahrzeuge der betroffenen Baujahre von den Eigentümern **zurückzurufen** und den **Defekt** zu **beheben**, ließen die „Verantwortlichen“ eine **Kosten-Nutzen-Analyse** durchführen, die zu dem Entschluß führte, weitere zu erwartende Schäden finanziell zu regulieren. Der Fall fehlt in kaum einer rechtswissenschaftlichen Abhandlung darüber, wann und unter welchen Bedingungen ein Hersteller heute zu einem **Rückruf** von **fehlerhaften Erzeugnissen**, die er in den Verkehr gebracht hat, **verpflichtet** ist.

Solange eine Erfolgsethik noch nicht existiert, muß sich jeder selbst prüfen, ob er das, was er unternimmt oder unterläßt, nicht nur juristisch, sondern auch ethisch verantworten kann. Wer sich davon überfordert fühlt, darf nicht an exponierter Stelle tätig sein und entsprechende Entscheidungen nicht treffen. Man kann sich der Aufgabe, um die es – gerade auch im Marketing – geht, nicht mit dem beschwichtigenden Hinweis darauf entziehen, man sei nur ein kleines Rädchen im Getriebe. Insofern ist dies auch eine Frage der eigenen **Identität**.

Daß manche Menschen **Entscheidungen** unglaublicher **Reichweite** treffen müssen, erfüllt ihre Umwelt mit **Respekt** und **Sorge** zugleich. Die moderne Medizintechnik z. B. läßt Wissenschaftler zu Herren über Leben und Tod werden. Bald wird sogar eine Manipulation des menschlichen Erbgutes möglich sein. Konstitution und Verhalten kann man dann als eine Abfolge binärer Codes speichern und überwachen.

Mit all dem verantwortlich umzugehen, erfordert fortwährend, moralische Güter gegeneinander abzuwägen: dieses gegen jenes, die Rechte dieses Menschen oder dieser Gruppe gegen die Belange von anderen. Um Lösungen in schwierigen, für die **Gemeinschaft** bedeutsamen Fragen ringt die sog. **Praktische Ethik**. Sie stützt sich nicht auf Religion oder Weltanschauung, sondern fragt im Sinne der Erfolgsethik danach, für wie viele Betroffene eine bestimmte Entscheidung die beste Alternative wäre, wobei gleichzeitig gewährleistet sein muß, daß dabei die ethischen Grundlagen des menschlichen Lebens nicht in Gefahr geraten. Ähnlich verfährt auch das *Ethics Commitee,* dessen Einsatz die amerikanische Regierung zur Bewertung des Verhaltens von Volksvertretern für nötig befunden hat, die wegen ihres Finanzgebarens ins Gerede gekommen sind. Es ist nicht davon auszugehen, daß Ethikkommissionen schlechtere Arbeit leisten als z. B. Gremien, die sich mit der Abschätzung von Technikfolgen befassen.

Quellen

Agege, Ch. O., Dumping of Dangerous American Products Overseas: Should Congress Sit and Watch?, in: Journal of World Trade Law, Vol. 19 (1985), S. 403-410.

Berekoven, L., Internationales Marketing, 2., erw. und verb. Aufl., Wiesbaden 1985.

Brockhoff, K., Produktpolitik, 3. Aufl., Stuttgart 1993.

Dardis, R. / Zent, C., The Economics of the Pinto Recall, in: The Journal of Consumer Affairs, Vol. 16 (1982), No. 2, S. 261-277.

Davidson, W. H., Global Strategic Management, New York etc. 1982.

Dichtl, E. / Köglmayr, H.-G. / Müller, S., Die Auslandsorientierung als Voraussetzung für Exporterfolge, in: ZfB, 56. Jg. (1986), S. 1064-1076.

Dolzer, R. / Hartwig, M., Konzeption und Struktur des Außenwirtschaftsgesetzes, in: *Dichtl, E. / Issing, O.* (Hrsg.), Exportnation Deutschland, 2., völlig neubearb. Aufl., München 1992, S. 181 - 198.

Dowie, M., How Ford Put Two Million Firetraps on Wheels, in: Business and Society Review, Fall 1977, S. 46 - 55.

Eichenberg, W., Strategien zur Erschließung von Auslandsmärkten – Internationalisierung des Marketing, in: *Wieselhuber, N. / Töpfer, A.* (Hrsg.), Handbuch Strategisches Marketing, 2. Aufl., Landsberg / Lech 1986, S. 408 - 425.

Franko, L. G., The European Multinationals, Stamford, Conn., 1976.

Hartley, R. F., Marketing Mistakes, 3rd Ed., New York etc. 1986.

Hinterhuber, H. H., Strategische Unternehmungsführung, Bd. 2, Strategisches Handeln, 5., neubearb. Aufl., Berlin u. a. 1992.

Hörschgen, H., Internationale Unternehmenstätigkeit Baden-Württembergischer Unternehmen, Stuttgart 1983.

Langmann, H. J., Entwicklung und Umsetzung des Unternehmensleitbildes bei *Merck*, in: ZfbF, 44. Jg. (1992), S. 847 - 853.

Meffert, H. / Kirchgeorg, M., Marktorientiertes Umweltmanagement, Stuttgart 1992.

Pausenberger, E., Internationalisierungsstrategien industrieller Unternehmungen, in: *Dichtl, E. / Issing, O.* (Hrsg.), Exportnation Deutschland, 2., völlig neubearb. Aufl., München 1992, S. 199 - 220.

Robin, D. P. / Reidenbach, R. E., Social Responsibility, Ethics, and Marketing Strategy: Closing the Gap Between Concept and Application, in: Journal of Marketing, Vol. 51 (1987), No. 1, S. 44 - 58.

Sickenberger, P., Formen staatlicher Exportförderung, in: *Dichtl, E. / Issing, O.* (Hrsg.), Exportnation Deutschland, 2., völlig neubearb. Aufl., München 1992, S. 101 - 120.

Sommerlatte, T. / Walsh, S. I., Das strategische Management von Technologie, in: *Töpfer, A. / Afheldt, H.* (Hrsg.), Praxis der strategischen Unternehmungsplanung, Frankfurt / Main 1983, S. 298 - 321.

Stopford, J. M. / Wells, L. T., Managing the Multinational Enterprise, London 1972.

Timmermann, A., Strategisches Denken – Lebenslanges Lernen auch für Unternehmer, in: *Raffée, H. / Wiedmann, K.-P.* (Hrsg.), Strategisches Marketing, 2. Aufl., Stuttgart 1989, S. 197 - 227.

Vernon, R., International Investment and International Trade in the Product Cycle, in: Quarterly Journal of Economics, Vol. 80 (1966), S. 190 - 207.

Wagner, G. R. (Hrsg.), Betriebswirtschaft und Umweltschutz, Stuttgart 1993.

Wind, Y., Product-Policy. Concepts, Methods and Strategy, Reading, Mass., 1982.

Zinser, W., Der Absatz von Investitionsgütern, Berlin 1978.

Weiterführende Literatur

Backhaus, K. / Piltz, K. (Hrsg.), Strategische Allianzen, in: ZfbF, Sonderheft 27, Düsseldorf, Frankfurt / Main 1990.

Biervert, B. / Held, M. (Hrsg.), Ökonomische Theorie und Ethik, Frankfurt / Main 1987.

Böckle, F., Verlangen Wirtschaft und Technik eine „neue Ethik", in: ZfB, 58. Jg. (1988), S. 898 - 907.

Bronder, C. / Pritz, R. H. (Hrsg.), Wegweiser für Strategische Allianzen, Frankfurt / Main–Wiesbaden 1992.

Gahl, A., Die Konzeption strategischer Allianzen, Berlin 1991.

Hammer, R. M., Unternehmungsplanung, 6., durchges. Aufl., München u. a. 1995.

Hansen, U., Marketing und soziale Verantwortung, in: DBW, 48. Jg. (1988), S. 712-721 (mit weiterführenden Hinweisen, insbes. zu amerikanischen Quellen).

Homburg, C., Modellgestützte Unternehmensplanung, Wiesbaden 1991.

Kashani, K., Managing Global Marketing – Cases and Text, Boston, Mass., 1992.

Koslowski, P., Prinzipien der Ethischen Ökonomie, Tübingen 1988.

Kreikebaum, H., Strategische Unternehmensplanung, 5. Aufl., Stuttgart u. a. 1993.

Lay, R., Ethik für Manager, Düsseldorf 1989.

Schauenberg, B. (Hrsg.), Wirtschaftsethik – Schnittstellen von Ökonomie und Wissenschaftstheorie, Wiesbaden 1991.

Steinmann, H. / Löhr, A. (Hrsg.), Unternehmensethik, 2., überarb. und erw. Aufl., Stuttgart 1991.

§ 4 Erlangung von Wettbewerbsvorteilen

Das **Tätigkeitsfeld** einer Unternehmung in der in § 3 skizzierten Weise festzulegen oder – weit häufiger – sich bewußt dazu zu entschließen, am Status quo nichts zu ändern, entscheidet oft schon darüber, ob das ständige Streben, den Wettbewerbskampf zu bestehen, von Erfolg gekrönt ist oder nicht. Allerdings kommt es nur ganz selten einmal vor, daß jemand im Sinne eines „zero base planning" neu anfängt, also über finanzielle Mittel und spezielle Fähigkeiten verfügt, die kommerziell genutzt werden können, daß er Absatzchancen wahrnimmt, die vor ihm noch keiner erkannt hat, und daß er sich, ohne auf bestehende Bindungen (Mitarbeiter, Kundenstamm, Anlagen, Verträge etc.) Rücksicht nehmen zu müssen, unbeschwert einer reizvollen Herausforderung stellen kann. Im Normalfall vermag ein Unternehmen, selbst wenn es dies wollte, nicht all das, was bislang war, von heute auf morgen über Bord zu werfen, d. h. Geschäftszweige aufzugeben, Produktionsstätten und Vertriebseinrichtungen zu schließen, Märkte preiszugeben etc., um sich anderen, möglicherweise lukrativeren Aufgaben zuzuwenden.

Die Alltagsarbeit ist dadurch gekennzeichnet, daß man die erreichte Position zu sichern sucht, beharrlich auf Verbesserungen hinarbeitet, behutsam Stützpunkte ausbaut und unablässig die Effizienz der Marketingarbeit zu steigern bestrebt ist. Der Fortschritt wird selten spektakulärer, sondern zumeist marginaler Natur sein. Die entscheidende Frage dabei lautet, wo man am besten ansetzt. Welche **strategischen Stoßrichtungen** kommen überhaupt in Frage?

Es liegt nahe, sich dabei auf Befunde der **Erfolgsfaktorenforschung** zu stützen, die in den letzten Jahren einen gewaltigen Aufschwung genommen hat (einen Überblick vermitteln z. B. *Fritz* 1990; *Lingenfelder* 1990, S. 54 ff.; *Pümpin* 1982). So interessant und vielversprechend jene auch sein mögen, eignen sie sich doch nicht als Rezepte, und zwar aus mehreren Gründen:

Die Erkenntnisse über Voraussetzungen und Bedingungen erfolgreichen unternehmerischen Handelns sind oft situativ bedingt, d. h. sie gelten nur für eine genau definierte Umwelt. Teilweise erscheinen sie auch widersprüchlich, zuweilen überdies nicht strategieorientiert, d. h. sie knüpfen nicht an Größen an, die eine Unternehmung unmittelbar zu beeinflussen vermag (z. B. Struktur der Branche und Konkurrenzintensität). Nicht selten kennzeichnen sie etwas, was bei vorbildlichem Marketing herauskommt (hoher Marktanteil, gutes Image), statt den Weg dorthin zu weisen. Außerdem liegt es geradezu im Wesen des Wettbewerbs, das, was üblich ist, zu durchbrechen, d. h. Faktoren ausfindig zu machen, die bisher nicht bekannte Lösungen hervorzubringen vermögen. Insofern lassen sich sowohl für die tägliche Arbeit als auch für die strategische Planung nur **Richtungen** für das **Handeln** angeben, die sich in der Vergangenheit bewährt haben oder nach allem, was man über Wettbewerb weiß, Perspektiven für die Zukunft eröffnen.

1. Die Verbesserung der Marketingleistung durch Markt- und Kundennähe

Wenn ein deutscher Tourist eine Rundreise durch ein Land wie Marokko oder Mexiko unternimmt, werden, gleichgültig, bei welchem Reisebüro er diese zu Hause gebucht hat, in der Regel alle damit im Zielgebiet verbundenen Leistungen von einem örtlichen Veranstalter erbracht, zu dem *TUI, NUR, ITS* etc. vertragliche Beziehungen unterhalten. Weshalb eigentlich können diese „local agents" ihr Angebot nicht direkt deutschen Nachfragern unterbreiten? Sind nicht auch sie es, die die geforderte Qualität gewährleisten und letztlich den Preis bestimmen?

Allein, es fehlt ihnen an Markt- und Kundennähe. Sie kennen weder Art und Zahl der Bedarfsträger noch deren Ansprüche, hätten Mühe, Interessenten ausfindig zu machen, mit diesen in Verbindung zu treten und im übrigen eine breite Programmpalette zustande zu bringen. Zudem wäre kein Kunde bereit, an eine ihm nicht vertraute Stelle, gar in einem nicht-europäischen Land, vor Antritt der Reise Geld zu überweisen. Mit anderen Worten: Die eigentlichen Leistungsträger sind zu weit weg. Allein schon deshalb verfügen inländische Reiseveranstalter über einen gewaltigen Wettbewerbsvorsprung vor Ausländern.

Das **Argument** läßt sich **verallgemeinern**. Nach einer Erhebung des *Ifo-Instituts (Ruppert* 1989, S. 22 ff.) besteht in Deutschland für das **Verarbeitende Gewerbe** insgesamt der **drittwichtigste Standortvorteil** (nach der Qualifikation der Mitarbeiter und der Infrastruktur) in der Kundennähe (siehe auch *Albers* 1989). Für die Hersteller von Verbrauchsgütern rangiert dieser Faktor sogar auf dem ersten, für Firmen, die Nahrungs- und Genußmittel, ebenso wie für solche, die Grundstoffe und Produktionsgüter hervorbringen, auf dem zweiten Platz. In weitgehender Übereinstimmung damit belegen gemäß einer 1992 vom *Institut der deutschen Wirtschaft* (1993, S. 2 f.) durchgeführten Untersuchung markt- und absatzorientierte Motive die ersten fünf Plätze auf einer Liste, die insgesamt 19 Gründe für Investitionen von Ausländern in der Bundesrepublik Deutschland umfaßt.

1.1. Dimensionen der Nähe

1.1.1. Die physische Nähe

Seit Beginn des Jahres 1991 hat sich eine Vielzahl ausländischer Konzerne, die bis dahin nicht in Deutschland vertreten gewesen waren, Stützpunkte bei uns geschaffen. Als wichtigste Argumente dafür wurden immer wieder die **Größe** des **deutschen Marktes** und die **zentrale Lage** unseres Landes in Europa genannt *(o. V.* 1992, S. 17). Darin manifestieren sich Vorteile, die sich die ungleich größere Zahl deutscher Anbieter nicht erst zu verschaffen braucht.

Die Bundesrepublik weist seit der Vereinigung des alten Teils mit der früheren DDR eine **Bevölkerung** von über 81 Mio. auf und verfügt über einen von einem leistungsfähigen Verkehrswesen begünstigten, von Zollbarrieren und nichttarifären Handelshemmnissen nahezu nicht behinderten **Zugang** zu 380 Mio. weiteren potentiellen **Bedarfsträgern** in der *EU.* Der Vorzug, vielen Kunden mit einer zum Teil beachtlichen Kaufkraft physisch nahe zu sein, wird in der Zukunft noch an Gewicht gewinnen, wenn die Aufnahmefähigkeit osteuropäischer Länder für deutsche Erzeugnisse steigt.

Ist der Binnenmarkt groß genug, sind daran zahlreiche Vorteile geknüpft, in deren Genuß man sonst nur durch eine extensive Exporttätigkeit gelangen würde.

Davon wird noch die Rede sein. Da Deutschland in dieser Hinsicht aber schon immer ein Handicap gegenüber seinen auf dem Weltmarkt wichtigsten Wettbewerbern, den USA und Japan, aufwies, gab es für unsere Unternehmen nie eine Alternative dazu, **weltweite Präsenz** anzustreben.

Wenn beispielsweise *BMW* in den USA und *Daimler Benz* dort wie in Mexiko Werke errichten, ist darin nicht nur eine Flucht vor Widrigkeiten im Stammland zu erblicken, sondern auch ein Indiz des Bemühens, mit der Produktion **näher an die Kunden heranzurücken** (*Maier-Mannhart* 1992, S. 21). Darin spiegelt sich eine Philosophie wider, die in Japan im Gegensatz zu uns keine Kontroversen mehr entfacht. Als die dortigen Konzerne die Welt mit Netzen von Produktionsstätten überzogen, wußte jeder Sachkundige, daß dies nicht primär der Einsparung von Transportkosten, sondern der **Absatzsicherung** diente, ein Ziel, das durch Exporte allein nicht zu schaffen gewesen wäre.

Aus ähnlichen Erwägungen heraus hat die amerikanische *Coca-Cola*-Organisation in Ostdeutschland allein 1990 / 91 rund 600 Mio. DM investiert. Daß man dort zum Marktführer geworden sei, verdanke man primär der „**Produktion vor Ort**“ (*o. V.* 1992, S. 17). **Kundennähe** ist deshalb nichts, was sich nur auf die Bundesrepublik Deutschland bezöge, gewissermaßen ein spezifischer Standortvorteil deutscher Unternehmen in Deutschland, sondern ein **strategisches Erfordernis** für die gesamte Marketingtätigkeit.

Nicht anders ist das wachsende deutsche **Auslandsengagement** zu deuten. Ein erheblicher Anteil der dafür eingesetzten Mittel hat, wie das *Institut der deutschen Wirtschaft* (1993, S. 2) schreibt, die Aufgabe, „die Absatzmärkte deutscher Exporteure zu pflegen, zu sichern und auszuweiten“. Deren Investitionen im Ausland seien deshalb nicht unbedingt als Votum gegen den Standort Bundesrepublik zu verstehen.

Wie sehr es auf die Nähe zu den Kunden ankommt, haben beispielsweise auch die Großen der deutschen Chemie – *BASF, Bayer* und *Hoechst* – erkannt. Schon früh errichteten sie beachtliche **Brückenköpfe** in den **USA**, wo sie inzwischen einen ansehnlichen Teil ihres Weltumsatzes erzielen. Ausschlaggebend für die auf dem nordamerikanischen Markt getätigten Investitionen waren zum einen die reizvollen Absatzchancen, die sich auf dem größten geschlossenen Chemiemarkt der Erde ergaben, zum anderen das Bestreben, bestehende Einfuhrhürden zu überwinden, sowie der mit einem möglichen Prestigegewinn verbundene Anreiz, mit den amerikanischen Konkurrenten auf deren „home market“ mithalten zu können oder dort gar besser zu sein als diese.

Oft erweisen sich freilich alle Versuche eines potentiellen Anbieters, auf einem Markt Fuß zu fassen, als fruchtlos, weil es ihm nicht gelingt, die Eintrittsbarrieren, die ihm den Einlaß verwehren, zu überwinden. Man braucht dabei keineswegs nur an prohibitiv hohe **Zölle** und überzogene **Local Content-Vorschriften** zu denken, mit denen wagemutigen ausländischen Anbietern schnell der Schneid abgekauft wird. Wenn beispielsweise ein Touristikunternehmen definitiv keinen Anschluß an bestehende Flug- und Hotelreservierungssysteme findet, wird es sich mit der Wahrnehmung von Aufgaben wie der Organisation von Busfahrten begnügen müssen. Viel einschneidender wirken somit solche nichttarifären Handelshemmnisse.

Nicht selten z. B. wird der Zugang zu einem Markt praktisch dadurch verwehrt, daß sich ein ausländisches Unternehmen nicht des **lokalen Distributionssystems** bedienen kann, weil dies mächtige einheimische Wettbewerber vereiteln. Beispielsweise fällt es bundesdeutschen Anbietern gerade aus diesem Grunde schwer, in Japan Fuß zu fassen. Wenn dann noch die Bedingungen für Exporte anderswo viel günstiger sind, werden sich die betroffenen Unternehmen nicht ernsthaft bemühen, die vorhandenen Hürden zu nehmen.

Für ausländische Anbieter kommt es deshalb darauf an, daß sie sich von Anfang an auf der richtigen Seite der Barriere befinden oder dort etablieren, noch ehe die Hürden zu hoch werden. Das erklärt auch die Hektik von Firmen aus Drittländern, sich dagegen vorzusehen, daß die „**Festung Europa**" Wirklichkeit werden könnte.

1.1.2. Die psychische und kommunikative Nähe

In der Bundesrepublik Deutschland ebenso wie z. B. in Finnland, Japan, Korea und Südafrika (im einzelnen dazu: *Dichtl / Müller* 1992) gibt es – mittelständische – Unternehmen, die bis zu 40 % ihres Umsatzes im Ausland erzielen, aber auch solche, die es, obwohl mit jenen vergleichbar, auf eine Exporthöhe von lediglich ein paar Prozent bringen. Wenn man den Ursachen für diese Diskrepanz nachgeht, stößt man auf einen Faktor, der sich mit fehlender **Auslandsorientierung** des **Managements** kennzeichnen läßt. Die mentale Distanz zu Märkten jenseits des bekannten Terrains ist zu groß (eingehend dazu: *Müller* 1991). Es geht somit auch um die **psychische Nähe**.

Die Verantwortlichen wären weder mit patriotischen Appellen noch mit Exporthilfen des Staates zu einem Auslandsengagement zu bewegen, weil sich damit die geistige Sperre, die dem entgegensteht, nicht überwinden läßt. Sie wagen nicht, über die nationalen Grenzen zu blicken, schrecken vor vermeintlichen Hürden, die mit einem Vorstoß in Neuland verbunden sind, zurück oder verdrängen jeden Anflug von Weltoffenheit mit dem vorgeschobenen Argument, die Produktionskapazität reiche gerade aus, um die Inlandsnachfrage zu befriedigen. Zumeist liegt der Grund für die einem Außenstehenden schwer verständliche Abwehrhaltung darin, daß die fraglichen Unternehmen an einem **Mangel** an **Mitarbeitern** leiden, die über **Auslandserfahrung** verfügen und **Fremdsprachen** beherrschen. Dies indessen läßt sich ändern.

Beispielsweise nahm nach der ersten Ölkrise (1973 / 74) in Japan die Verbreitung der arabischen Sprache einen gewaltigen Aufschwung. Die dortige Wirtschaft erkannte damals, daß es nicht genügte, den Ölscheichs im Vorderen Orient hohe Preise zuzugestehen und dort Kapital zu investieren, um eine stetige Ölversorgung Japans zu sichern. Man entschloß sich deshalb, in diesem Teil der Welt größere technologische Veränderungen einzuleiten, die die betroffenen Länder von japanischem Know-how abhängig machen sollten. Um diesem Vorhaben zum Erfolg zu verhelfen, benötigte man eine Fülle von Informationen über Geschäftsgebräuche und Verhaltensweisen der Menschen im Mittleren Osten. Dies führte u. a. dazu, daß die Zahl der Japaner, die Arabisch studierten und sich mit den Kulturen dieses Teils der Welt befaßten, sprunghaft zunahm.

Einem ähnlichen Konkurrenzvorteil verdankt die Kronkolonie Hongkong, wo viele Kaufleute die wichtigsten chinesischen Dialekte beherrschen, ihre Sonderstellung im Außenhandel der Volksrepublik China. Manch ein Geschäft könnte aus deutscher Sicht in direktem Kontakt abgewickelt, manch ein zusätzlicher Exportauftrag hereingeholt werden, wenn wir mit Stützpunkten näher am Geschehen und sprachlich dazu in der Lage wären.

Marktnähe muß sich nicht unbedingt darin niederschlagen, daß man auf Sichtweite an die Kunden heranrückt, sondern kann auch erreicht werden, indem man über **Kommunikationskanäle** mit diesen Kontakt hält. Dazu dienen in erster Linie Kundenzeitschriften, Geburtstagsbriefe usw. Psychische Distanz baut auch ab, wer Verbrauchern bei Anfragen und Bestellungen die Möglichkeit einräumt, gebührenfrei oder zum Ortstarif zu telefonieren, wer sie zu bestimmten Zeiten Beschwerden bei leitenden Leuten loswerden läßt oder wer die zwischen Unternehmen und Außenwelt bestehenden Verbindungen technisch unterstützt, etwa durch elektronische Vernetzung. Daß sich **kommunikative Nähe** auszahlt, hat sich nirgends so deutlich wie beim *Otto Versand* erwiesen, der schon von seiner Betriebsform her auf Direktkontakte angewiesen ist. Ihm verhalf die Einschaltung von Sammelbestellern zu einem entscheidenden Vorteil gegenüber seinen Konkurrenten. Verständlich auch, wenn beispielsweise japanische Autohändler gerade **nach** dem Kauf darauf achten, daß der Faden zu einem Kunden nicht abreißt, denn dieser wird in wenigen Jahren erneut ein Fahrzeug erwerben.

1.2. Marktnähe und Kundenkontakt als Katalysatoren des Erfolgs

Nach dem allgemeinen Sprachverständnis bedeutet der an sich wertfreie Begriff Marktnähe „große Nähe zu einem geographisch attraktiven Markt". Man geht dabei von bestimmten Dimensionen des Absatzgebietes aus, seien dies ein Land wie die Bundesrepublik Deutschland, die *Europäische Union,* die Triade oder der Weltmarkt, deren jeweiliges Abnahmepotential die Grundlage für die strategische und die operative Marketing-Planung bildet.

Die Bedingungen für einen Anbieter, hierbei **Mengeneffekte** zu erzielen, sind um so günstiger, je größer die Zahl der Bedarfsträger, je homogener die Nachfrage und je geringer der Konkurrenzdruck sind. Er profitiert dabei von Fixkostendegression, höheren Rabatten, Lernchancen, synergetischen Effekten und Spezialisierungsgewinnen (im einzelnen dazu: Abschn. 2.2., ferner *Dichtl* 1992). Marktnähe führt aber auch zu einer Verbesserung des Leistungsangebots, mehr Flexibilität bei der Preisgestaltung, höherer Leistungsbereitschaft und weniger Leerlauf bei den kommunikationspolitischen Aktivitäten.

1.2.1. Die Verbesserung des Leistungsangebots

Ein Anbieter verfügt regelmäßig dann über einen **Wettbewerbsvorteil**, wenn er **Kundenwünsche schneller** und **deutlicher erkennt** oder **von Interessenten**, mit denen er in Kontakt steht, **zu Neuerungen gedrängt** wird. Vor allem, falls sich Abnehmer, die man im Blick hat, als anspruchsvoll erweisen, verhelfen sie sensiblen Anbietern insofern zu Vorteilen, als sie das, was der Markt in anderen Ländern später verlangt, vorwegnehmen oder sogar prägen (*Porter* 1990, S. 108).

Beispielsweise wohnen die meisten Japaner in kleinen Häusern und sie müssen mit feuchtheißen Perioden im Sommer sowie hohen Stromkosten zurechtkommen. Dies führte dazu, daß dort leise, kompakte Klimageräte mit energiesparenden Kreiselkompressoren entwickelt wurden, die mittlerweile auch im Ausland ihre Abnehmer finden.

Anpassungsbereitschaft auf dem fernöstlichen Markt demonstrierte auch *Braun* bei Rasierapparaten (*Wilfert* 1992, S. 108). War die Schwingkopftechnologie ohnehin schon besser geeignet für das japanische Barthaar, modifizierte man auch noch das Design, um dem Geschmack und der Handgröße der Japaner Rechnung zu tragen. Belohnt wird man dafür durch einen anhaltend hohen Marktanteil.

Manche **Bedürfnisse** erwachsen einer ganz spezifischen **Grundhaltung** eines **Volkes**, die sich aus der Distanz nicht angemessen erkennen bzw. umsetzen läßt. So sah man in Schweden schon immer ein nationales Anliegen darin, auf die Bedürfnisse von Behinderten Rücksicht zu nehmen. Bei vielem, dessen es dazu bedarf, ist die Industrie im Norden Europas heute weltweit führend. Ähnlich verhalf die vorbildliche Umweltschutzpolitik, die in Dänemark betrieben wird, dortigen Unternehmen, die sich auf die Herstellung von Anlagen zur Aufbereitung von Wasser und zur Nutzung von Windkraft spezialisierten, zu einem nicht unerheblichen Vorsprung.

In der **Produktions-** und **Investitionsgüterindustrie** waren zu allen Zeiten **individuelle, kundenspezifische Lösungen** gefragt. Beispielsweise gibt es selbst bei Schmierstoffen Varianten, die nur für einen einzigen Käufer bestimmt sind. Maschinenbauer und Kunststofferzeuger rühmen sich in Anzeigen ihrer Fähigkeit und Bereitschaft, für jedes Problem und jeden Kunden eine maßgeschneiderte Lösung zu liefern. Bei der *BASF* hält man im Bereich Chemikalien für die Papierproduktion die anwendungstechnische Beratung der Abnehmer für den wichtigsten Faktor, um Wettbewerbsvorteile zu erlangen.

In manchen Sektoren, wie z. B. bei wissenschaftlichen Geräten und Maschinen zur Herstellung von Plastikerzeugnissen, sind bis zu 90% der Innovationen, zu denen es hier kommt, auf handfeste Verbesserungsvorschläge oder spezifische Erwartungen von potentiellen Käufern zurückzuführen (Näheres dazu bei: *von Hippel* 1982; ders. 1986). Bei einem Verzicht auf die unmittelbare **Interaktion** von **Herstellern** und **Bedarfsträgern** gäbe es somit viele Neuerungen überhaupt nicht, damit also weder Umsatz noch technischen Fortschritt.

Möglicherweise wäre der *VW*-Bully ohne die Anregung eines holländischen Eierhändlers nicht entwickelt worden *(Hahn* 1991, S. 106). Er ließ die Leute im Werk wissen, daß es doch toll wäre, wenn sein Käfer, dieses „nicht kaputt zu kriegende Ding", über eine Vorrichtung auf dem Dach verfügte, der er seine kostbare Fracht anvertrauen könnte.

Auf die spezifischen Bedürfnisse jedes einzelnen Abnehmers einzugehen, ist das absolute Gegenteil von dem, was *Henry Ford* vor über einem halben Jahrhundert mit seinem Einheitsauto *(Ford Model T)* in einer Einheitsfarbe (schwarz) zu erreichen versuchte: Erschließung eines Marktes und Deckung von Massenbedarf durch Fließbandfertigung sowie ein extrem preiswertes Angebot. Dies würde heute nicht mehr reichen. Der niedrigen Kosten wegen kauft kaum einer mehr ein Auto.

Wie Kundennähe sowohl zum Kauf anspornen als auch Neues hervorbringen kann, demonstriert abschließend folgendes Beispiel:

Im Herbst 1992 hat der japanische Elektrokonzern *Matsushita* 500 seiner Angestellten ausgesandt, um rund 19.000 Einzelhändler im ganzen Land am Abend und am Wochenende beim Haus-zu-Haus-Verkauf zu unterstützen. Die Basis für die Besuche bildeten Computerdaten über Stammkunden. Bei diesen sollte vor allem geprüft werden, ob die vorhandenen Geräte einwandfrei funktionierten. Defekte wurden für die Kunden kostenlos behoben. Man wollte auch erkunden, ob es Beschwerden gibt; außerdem erhoffte man sich von der Aktion Hinweise darauf, an welchen neuen Produkten die Menschen interessiert sind.

1.2.2. Die Steigerung der Flexibilität bei der Preisgestaltung

Auch in der Preispolitik geht es nicht mehr ohne Marktnähe. Dazu einige Belege aus dem Dienstleistungssektor.

Die Freigabe der Tarife im amerikanischen **Luftverkehr**, zu der es im Zuge der dort seit 1978 betriebenen Deregulierung im Jahre 1985 kam, veranlaßte die Fluggesellschaft *Delta Airlines,* zeitweilig bis zu 147 Mitarbeiter allein dafür einzusetzen, das Preisgebaren der konkurrierenden Fluggesellschaften zu beobachten. Zu welch einer Überhitzung der Wettbewerbssituation es auf einem Markt kommen kann, spiegelt sich darin wider, daß in den USA zuweilen täglich zwischen 40.000 und 50.000 Flugtarife geändert werden. Hier haben Papier und Druckkunst ausgedient. Ohne Electronic Mail und direkten Kundenkontakt wären die Preise, ob eine solche Politik nun sinnvoll ist oder nicht, schon vom Technischen her weder an Buchungsstellen noch an Flugreisende heranzubringen.

Durch die flexible Handhabung des Instrumentes Preispolitik gelingt es, die Auslastung vorhandener Anlagen zu steigern und dadurch zusätzliche Deckungsbeiträge zu erwirtschaften. Man nennt dies **Yield** (= Ertrag, Ausbeute) **Management**.

Angenommen, ein Autofahrer, der beruflich bedingt unterwegs ist, beabsichtigt, am Tage X in der Stadt Y zu übernachten, wo indessen gerade eine Sportveranstaltung, eine Messe oder ein kulturelles Ereignis mit vielen auswärtigen Besuchern stattfindet. Mit leeren Betten hat man hier nicht zu rechnen. In solch einem Fall liegt es für eine Hotelkette nahe, besagten Gast dazu zu bringen, daß er auf deren nur schwach belegtes Haus in dem benachbarten Ort Z ausweicht, statt ihn abzuweisen oder an einen Konkurrenten zu verweisen. In den USA wird ihm dies mit **Rabatten** von bis zu 50% schmackhaft gemacht.

Dieses Metier beherrschen auch die Fluggesellschaften. Sie ködern ihre Kunden zwar mit *Economy-, Flieg & Spar-* oder gar *Super Flieg & Spar*-Tarifen, doch stellen sie – für Außenstehende nicht erkennbar – dafür zunächst nur ganz wenige Sitzplätze zur Verfügung. Erst wenn sich abzeichnet, daß doch nicht so viele „Normalzahler", wie man sich erhofft hatte, an Bord zu bringen sind, werden die Kontingente für Billigflieger aufgestockt. Es erfordert einerseits **präzise Daten** über die jeweilige Buchungssituation, andererseits ein großes Maß an **Erfahrung**, um die imaginären Trennwände zwischen den einzelnen Tarifklassen in den einem Flug vorausgehenden 360 Tagen, an denen man einen Sitz buchen (und Platz reservieren) kann, so hin und her zu schieben, daß der größtmögliche Ertrag erzielt wird.

Ohne präzise, tagesaktuelle Informationen über die **Preispolitik** der **Konkurrenten**, die man nur „vor Ort" erlangen kann, einen **direkten Draht** zu den Reisevermittlern, in den USA sogar zu den Flugpassagieren, die sich dort im Gegensatz zu den Gegebenheiten in unserem Land selbst in ein Reservierungssystem wie *Apollo* einwählen können, und ohne einen minutiös genauen **Überblick** über die jeweils erreichte **Kapazitätsauslastung** pro Flugzeug und Tarifklasse stünde es um die Fluggesellschaften noch schlechter, als dies derzeit der Fall ist. Das Beispiel illustriert gleichwohl, daß Marktnähe eine zwar notwendige, aber keine hinreichende Bedingung für geschäftlichen Erfolg darstellt.

1.2.3. Die Festigung der Kundenbeziehungen durch Service

Thomas Watson, unter dessen Ägide *IBM* Weltgeltung erlangt hat, erhob folgende Forderung zum Leitmotiv: „Unter allen Unternehmen der Welt wollen wir den besten Kundendienst bieten." So ist es mehr als ein Scherz, wenn ein

Repräsentant des österreichischen Ablegers anläßlich der Einführung des „*IBM*-Service für Notfälle“ erklärte: „Auf Wunsch unserer Kunden gießen wir auch deren Blumen.“ Bedenkt man, welche Pionierleistungen dieser Konzern bei der Computerentwicklung vollbracht hat, ist man überrascht zu erfahren, daß einst **nicht Hardware**, sondern **Service** zum Dreh- und Angelpunkt aller Marketinganstrengungen erhoben wurde.

Service setzt **physische Nähe** voraus; denn „ausgezeichnete Dienstleistungen können nicht aus der Ferne geboten werden, sondern erfordern entsprechende Ressourcen vor Ort“ (*Simon* 1992, S. B 2). Hierin – und nicht bei den Produkten – sehen sich deutsche Weltmarktführer im Vorteil gegenüber ihren Konkurrenten. Sie halten es für unabdingbar, in allen wichtigen Abnehmerländern mit **Tochtergesellschaften** vertreten zu sein, da sich nur mit eigenen Mitarbeitern die erforderliche hohe Qualität der Dienstleistungen gewährleisten lasse.

Die **Distanz** zu den **Abnehmern** zu **verringern**, verlangt also zuerst einmal, ihnen räumlich „entgegenzukommen“. Die *Kaufhof AG* verweist mit Stolz darauf, daß sie über mehr als 80 Filialen in den alten Bundesländern verfüge, in denen täglich zwischen 1,5 und 3 Mio. Menschen ein und aus gingen. Von sichtbarer **Präsenz** im Markt profitieren auch Kreditinstitute, die früher gemeint hatten, nicht sie müßten auf die Kunden zugehen, sondern diese zu ihnen kommen. Die Zulieferer von Automobilfirmen schließlich wären nicht zu einer Bereitstellung von Bauteilen **Just-in-Time** in der Lage, wenn sie sich nicht im Umkreis ihrer Partner ansiedeln und sich in ihrer Logistik auf deren Erwartungen einstellen würden.

Räumliche Nähe stellt auch eine wesentliche **Voraussetzung** für hohe **Service- und Lieferbereitschaft** dar. Gestützt auf entsprechende Einrichtungen vermag deshalb der Baumaschinenhersteller *Caterpillar* seinen Kunden zu garantieren, daß sie, wo immer in der Welt sie sich befinden, Ersatzteile innerhalb von 48 Stunden erhalten. Sollte er dazu nicht in der Lage sein, gesteht er diesen kostenlose Belieferung zu. Der deutsche Maschinenbauer *Trumpf* ist davon überzeugt, daß in dem schwierigen japanischen Markt alles darauf ankomme, Ersatzteile sogar innerhalb eines einzigen Tages heranzuschaffen. Dies, nicht Qualität und Preis, bei denen vernünftige Niveaus von vornherein vorausgesetzt werden, erweist sich als der entscheidende Wettbewerbsfaktor.

Eine besondere Rolle spielt bei derartigen Bemühungen die **elektronische Vernetzung**. Daß daraus selbst Verbraucher Nutzen ziehen können, zeigt sich an *Temex*, einem Dienst der *Telekom*, der z. B. zur Ferndiagnose des Brennstoffvorrats ebenso wie zum Ablesen des Strom-, Wasser- oder Gasverbrauchs aus der Distanz eingesetzt werden kann. Man vermag damit auch festzustellen, ob jemand unberechtigterweise in ein leerstehendes Haus eindringt. Bei Heizöl etwa muß, wer schon bald auf dem Trockenen säße, nicht einmal mehr zum Telefon greifen, um für Nachschub zu sorgen. Das Elektrizitätswerk dagegen vermag, statt pauschalierte Abschlagszahlungen zu fordern, monatlich den Stromverbrauch exakt abzurechnen.

Ein amerikanischer Flugzeughersteller konnte seine wichtigsten **Zulieferer** dafür gewinnen, sich auf Computer Aided Design (CAD) umzustellen und ihre EDV-Systeme mit dem seinen zu vernetzen. Dadurch sind der Zeitbedarf und die Kosten, die mit jeder Änderung des Designs einer Maschine, aber auch mit der Beschaffung von Teilen und der Vorhaltung von Beständen verbunden sind, spürbar gesenkt worden. In der Branche war es üblich gewesen, Leistungsfähigkeit durch Gewährleistung von Qualität und die Fähigkeit, spezifischen Wünschen der Kunden Rechnung zu tragen, unter Beweis zu stellen. Dies schafften irgendwann fast alle. Deshalb mußte das Spektrum der Möglichkeiten, einen Wettbewerbsvorteil zu erringen, um die nun entscheidende Dimension, die **Kundennähe**, erweitert werden.

1.2.4. Die Erhöhung der Zielgenauigkeit in der Werbung

Einem amerikanischen Versandhausmagnaten wird das folgende geflügelte Wort zugeschrieben: „Die Hälfte des Geldes, das man in die Werbung steckt, ist zum Fenster hinausgeworfen; man weiß nur nicht welche." Darin stecken zwei Wahrheiten: Werbung muß sein, aber es könnte, was den „Return on Investment" anbetrifft, mehr dabei herauskommen. Das angedeutete Ausmaß an Fehlstreuung ist man heute nicht mehr hinzunehmen bereit.

Es gibt nach wie vor viele Unternehmen, vor allem im Handwerk, die der Auffassung sind, die Leute müßten zu ihnen kommen, wenn sie etwas von ihnen wollten. Auf den Luxus, eine Kundenkartei zu führen, werden sie deshalb verständlicherweise verzichten. Andere jedoch betrachten jede Adresse als Teil des Betriebsvermögens. So werden z. B. von einem Großversender nicht ohne guten Grund Millionen Besteller und die einzelnen Aufträge für eine Anzahl von Jahren gespeichert.

Die Chance, die darin steckt, jeden einzelnen Kunden zu registrieren und jede Berührung mit diesem zu dokumentieren, ergreifen viele Unternehmen nicht. Banken, Bausparkassen, Versicherungsgesellschaften und Versandhäuser z. B. können sich dem überhaupt nicht entziehen. Wenn allerdings *Ikea, Metro* und *Mövenpick* Clubs mit einer Million Mitglieder und mehr unterhalten oder wenn ein amerikanischer Zigarettenhersteller nahezu zwanzig Millionen Raucher namentlich erfaßt, steckt dahinter etwas anderes: nicht das Unabdingbare, das Archivieren von Daten, weil es anders nicht geht, sondern die Erkenntnis, daß sich mit derlei Informationen und Kontakten etwas anfangen läßt.

Der in diesem Ansatz liegende Vorteil ist offenkundig: Potentielle Bedarfs- bzw. Entscheidungsträger lassen sich genau zu der Zeit ansprechen, zu der sie am aufnahmefähigsten für eine Botschaft sind. Der Werbungtreibende wird somit nicht nur auf ein offenes Ohr treffen, sondern zumeist auch einem akuten Informationsbedürfnis seiner Kunden Rechnung tragen.

Diese Vorgehensweise kontrastiert mit dem herkömmlichen **Massenmarketing**, bei dem nicht nur viele „Falsche", sondern oft auch die „Richtigen" zu einem denkbar ungeeigneten Zeitpunkt angesprochen werden. Dies ist z. B. dann der Fall, wenn man Leute, die vor kurzem Ware bezogen haben, über eine Preissenkung unterrichtet. Da herkömmliche Massenkommunikation einer gewaltigen Fehlstreuung unterliegt, kann eine Direktwerbemaßnahme in einem durchaus realistischen Fall (vgl. *Dichtl* 1973) bis zum 38fachen pro Kundenkontakt kosten, ehe der Break-even-Punkt erreicht ist.

1.3. Von der Marktnähe zur Kundenbindung

Immer bedeutsamer wird in diesem Zusammenhang die sog. **Kundenbindung**, d. h. das Bemühen, Abnehmer mit ökonomischen, sozialen, technischen oder juristischen Mitteln an einen Lieferanten zu ketten. Ein **ökonomischer Ansatzpunkt** besteht etwa darin, daß man mit den Betroffenen Jahresabschlüsse (für Stahl, Heizöl, Zeitschriften etc.) tätigt oder für möglichst alle deren Betriebsstätten Liefervereinbarungen trifft, die beiden Seiten zu finanziellen Vorteilen verhelfen. **Soziale Bindung** schafft, wer zu Kunden bzw. deren Repräsentanten privaten Kontakt hält, diesen eine Vorzugsbehandlung zuteil werden läßt, sie, wie bereits in § 1, Abschn. 1.1.2., erwähnt, etwa zu Essen, Tennisturnieren oder Jagdausflügen einlädt, wer sie in einen Kundenbeirat bzw. den Aufsichtsrat beruft oder die Entstehung eines Wirgefühls unter den Abnehmern fördert (z. B. *Porsche* Club). Eine **technische Klammer** kennzeichnet die in § 2, Abschn. 1.1., skizzierten Systemgüter, wobei jene ein Abweichen von dem einmal eingeschlagenen Weg kaum mehr zuläßt. Demselben Zweck dient die elektronische Vernetzung von Geschäftspartnern, weil damit beispielsweise Bestellungen, Konstruktionspläne oder Störmeldungen übermittelt werden können, was die Lieferzeit verkürzt, einen rascheren Service gewährleistet oder sonstwie beiden Seiten Zeit und Geld sparen hilft.

Ein Beispiel dafür bietet die *Cigna Corporation,* ein amerikanischer Versicherungskonzern, der es seinen Vertragspartnern möglich macht, bestimmte Daten, über die er verfügt, im direkten Zugriff zu nutzen. Die Betroffenen können so Betriebsstätten mit hoher Unfallhäufigkeit lokalisieren, ihre Sicherheitsvorkehrungen verstärken und dadurch die Prämienlast verringern. Der Schluß, daß in diesem Fall höhere Marktnähe zu einer Umsatzminderung führt, ist gleichwohl falsch; denn das Angebot wird von ca. 300 Unternehmen in Anspruch genommen, von denen einige wie *Firestone, Monsanto* und *Shell Oil* allein des skizzierten Vorteils wegen als Kunden gewonnen werden konnten.

Der **juristische Weg** schließlich führt über den Abschluß von Verträgen, die Geschäftspartner auf unterschiedlichen Wirtschaftsstufen für einige Zeit aneinanderschmieden.

Was wird mit all dem bezweckt? Wenn z. B. ein Zulieferer eines Automobilherstellers diesem in dem Sinne folgt, daß er neben dessen neuer Produktionsstätte auch seinerseits eine solche errichtet, um zu der von jenem verlangten Just-in-Time-Belieferung fähig zu sein, dient die Kundenbindung dazu, **Planungssicherheit** zu schaffen und den **Rückfluß** der **investierten Mittel** zu gewährleisten. Ein zweiter wichtiger Grund besteht darin, einen **Lieferantenwechsel** zu **erschweren**. Dem liegt die Erfahrung zugrunde, daß es im allgemeinen ungleich preisgünstiger ist, Kunden zu halten, als neue hinzuzugewinnen. Typischerweise setzt man hierfür Treuerabatt, Jahresrückvergütung oder Programme wie „Miles & More“ der *Deutschen Lufthansa* ein, mit denen Fluggesellschaften Vielflieger mit Gratisflügen und anderen Vergünstigungen von einem ins Auge gefaßten „Markenwechsel“ abhalten wollen.

In Einzelfällen sind bestimmte Kunden für einen Lieferanten so bedeutsam, daß dessen Schicksal von der Aufrechterhaltung der Geschäftsbeziehung abhängt. Hier geht es also nicht mehr allein um Umsatzsteigerung oder Kostensenkung, sondern um das **Überleben**. Daß in solchen Fällen alles unternommen wird, Kunden an sich zu binden, also ein Abwandern zu erschweren und, wenn dies schon nicht mehr zu verhindern zu sein scheint, möglichst frühzeitig von solch einer Absicht zu erfahren, versteht sich von selbst.

2. Das Streben nach Überlegenheit im Leistungsprofil

2.1. Die Gewährleistung hoher Qualität und innovativer Leistungen

2.1.1. Qualität und Innovationsgrad von Gütern

2.1.1.1. Die Basis der Bewertung

Wer immer ein Gut zu erwerben gedenkt, achtet darauf, daß dieses von **„guter Qualität“** ist. Damit kann Verschiedenes gemeint sein. Bei Produktions- und Investitionsgütern gibt es meistens, bei Konsumwaren und Dienstleistungen oft **objektive Kriterien** dafür, wie ein Erzeugnis im Vergleich zu anderen einzustufen ist. Um etwa die Beschaffenheit von Stoßdämpfern eines Autos vor Aufnahme der Serienfertigung zu überprüfen, wird der Autohersteller Belastungstests durchführen und danach wissen, ob er sich auf dem richtigen Weg befindet. In anderen, ähnlichen Fällen werden Anbieter die Haltbarkeit, Reißfestigkeit, Lebensdauer,

Materialeignung, Störungs- und Reparaturanfälligkeit usw. feststellen und die Werte, falls sie gut ausfallen, in ihrem Marketing offensiv einsetzen.

Die Ansprüche, die ein Käufer an ein Produkt stellt, erschöpfen sich jedoch nicht in der Art von Anforderungen, die etwa Erwerber komplexer Anlagen oder die *Stiftung Warentest* ihren Prüfungen zugrunde legen. Zumeist muß ein Erzeugnis auch **ansprechend aussehen**, **sympathisch stimmen**, **anmutend wirken**. Dafür existieren keine objektiven Meßkriterien.

Schließlich gibt es Fälle, in denen sich die Beteiligten rasch über die **Existenz** bzw. **Ausprägung** einer bestimmten **Eigenschaft** einigen dürften, während die Abstimmung darüber, ob der **Befund** nun als **gut** oder **schlecht** zu werten ist, eine heftige Kontroverse unter ihnen auslöst. Beispielsweise hat ein Auto mit einem automatischen Getriebe unbestreitbar mehr zu bieten als ein Fahrzeug mit herkömmlicher Schaltung. Doch selbst wenig sportliche Fahrer werden darin nicht unbedingt einen Vorteil erblicken, dies zumal dann, wenn sie den damit verbundenen erhöhten Kraftstoffverbrauch scheuen. Nicht minder zwiespältig dürfte die Beurteilung eines Fahrzeuges ausfallen, das es auf eine Geschwindigkeit von mehr als 200 km pro Stunde bringt.

Im Marketing richtet sich die Aufmerksamkeit vorrangig **nicht** auf die **objektive**, sondern auf die **subjektive Seite** der **Qualität**. Die Gründe dafür werden in § 5, Abschn. 3.1.2.2., dargelegt. Noch nicht entschieden ist damit allerdings, **wer** im Einzelfall in den Beurteilungsprozeß einbezogen wird. An wem liegt es festzustellen, worauf es bei dem ins Auge gefaßten Autokauf ankommt? Haushaltsvorstand, Ehefrau, Kinder oder alle zusammen? Inwieweit werden deren Ansprüche von Außeneinflüssen geprägt? Wer genau entscheidet in Unternehmen, wer gibt den Ausschlag im Buying Center?

Bei Glasflaschen z. B. haben Abfüller (diejenigen, die die Behälter z. B. mit Bier, Milch oder Saft befüllen), Handel und Verbraucher teils übereinstimmende, teils divergierende Vorstellungen davon, wie jene gestaltet sein sollten. Wenn man auch nicht umhinkommt, einen Kompromiß zu finden, da es im konkreten Fall nur **eine** Flasche geben kann, werden doch die Urteile über deren Zweckeignung je nach Bezugsgruppe unterschiedlich ausfallen.

An dieser Stelle bleibt noch darauf hinzuweisen, daß sich **Produkte** gleich welcher Art und **Dienstleistungen** bei der Beurteilung von Qualität und Innovationsgrad nicht über einen Kamm scheren lassen. Wodurch hier wie dort Wettbewerbsvorteile zu erzielen sind, wird in den beiden folgenden Abschnitten erörtert. Es geht dabei nicht um Einzelmaßnahmen, sondern um Qualitätskriterien, die naturgemäß auch Bestandteile von Meßkonzepten sein können. Der enge zwischen Wettbewerbsfähigkeit und Innovationsvermögen bestehende Zusammenhang ist bereits in § 3, Abschn. 1.1., thematisiert worden.

2.1.1.2. Bezugsebenen und Beurteilungskriterien

In welchen Eigenschaften sich die Beschaffenheit eines Gutes äußern kann, läßt sich anschaulich in Form einer Matrix darstellen, deren Dimensionen **Bezugsebenen** und **Beurteilungskriterien** bilden. Wie stark beide aufgefächert werden, hängt von der Komplexität der zu beurteilenden Produktkategorie ab. Der hier als Beispiel vorgestellte Ansatz (siehe Tab. 4.1.) weist 20 Prüffelder auf, die nicht nur entsprechend viele Denkanstöße für Ansatzpunkte zur Erzielung qualitativer Überlegenheit geben, sondern in vielen Fällen auch ein differenziertes, ausgewogenes Gesamturteil gewährleisten.

Tabelle 4.1.

Dimensionen der Qualität von Gütern					
	Beurteilungskriterium				
Bezugsebene	Technische Angemessenheit	Umweltfreundlichkeit	Wirtschaftlichkeit	Komfort	Sicherheit
1 Material 2 Funktionalität 3 Verarbeitung 4 Äußere Gestaltung					

(1) **Materialinnovationen** resultieren vor allem aus dem Wissen darum, daß die Menschheit knapper werdende **Rohstoffe ersetzen**, **Energie einsparen** und **Umweltprobleme lösen** muß. Dafür braucht man leichte und feste Werkstoffe, bessere Isoliermaterialien, wirksame Katalysatoren, preiswerte Silicium-Solarzellen und leistungsstarke Hochtemperatur-Supraleiter für die Erzeugung, Übertragung und Nutzung von Energie. Bei dem Chemieunternehmen *Bayer* z. B. glaubt man, daß Leichtmetall-Legierungen, technische Kunststoffe, Hochleistungsverbundwerkstoffe und Keramik die Materialien der Zukunft sein werden.

Wenn etwa Kraftfahrzeug, Eisenbahn und Flugzeug in bezug auf Rohstoffeinsatz, Energieverbrauch, Sicherheit und Umweltverträglichkeit verbessert werden sollen, bedarf es zudem sog. **intelligenter Werkstoffe**. Es handelt sich hierbei um Materialien, die wie ein lebendiger Organismus auf Einflüsse von außen reagieren. Manche sind sogar zu einer Diagnose ihres eigenen Zustandes fähig, was die Voraussetzung dafür bildet, sich selbst zu warten, zu reparieren oder Warnsignale nach außen zu geben. Was schließlich die **Sicherheit** anbetrifft, ist damit nicht nur deren **technische**, sondern auch deren **soziale** Seite gemeint.

Dies bedeutet, daß jemand z. B. kein gesellschaftliches Risiko eingeht, wenn er bzw. sie Erzeugnisse aus Skai statt Leder, aber auch einen Webpelz statt eines Nerzmantels erwirbt.

(2) Bei dem, was mit **Funktionalität** zum Ausdruck gebracht wird, kann man an Kriterien anknüpfen, die für die Messung des **technischen Fortschritts** entwickelt worden sind (siehe *van Wyk* 1984). Es lassen sich indessen leicht weitere Dimensionen finden.

Einen ersten Ansatzpunkt bildet die **Größe** von technischen Systemen. Deren Grenzen verschieben sich unablässig sowohl nach außen als auch nach innen. Beispielsweise erlauben es moderne Formen der Kommunikation, einerseits die gesamte Welt als Markt, andererseits Millionen von Individuen einzeln anzusprechen.

Damit hängt die **Kapazität** eines Aggregats zusammen. Dieses Merkmal hebt auf den Output ab, den eine Anlage, eine Maschine, ein Beförderungsmittel etc. pro Zeiteinheit hervorbringt. 1931 schaffte das leistungsfähigste Passagierflugzeug lediglich 1500 Pkm/h, 1970 waren es schon 400000 und inzwischen ist man bei 600000 angelangt (das bedeutet, daß ein Flugzeug beispielsweise 600 Menschen in einer Stunde 1000 km weit befördern kann).

Systeme zeichnen sich aber auch durch ein steigendes Maß an **Komplexität** aus. Bei vielen technischen Lösungen lassen sich typischerweise drei Entwicklungsstufen feststellen. Zunächst gibt es eine Art lebloser Vorrichtung, die sodann mit einer Energiequelle versehen wird, ehe das Aggregat schließlich die Fähigkeit zur Informationsverarbeitung erwirbt. Es kann sich dann u. a. selbst überwachen oder steuern. Nach diesem Phasenmuster sind z. B. Flugzeuge entstanden.

Die **Dichte** setzt die von einem Objekt übernommenen Funktionen zu dem von diesem benötigten Raum respektive Volumen in Beziehung. Beispielsweise arbeiten *Siemens, IBM* und *Toshiba* an einem Speicherchip mit einer Kapazität von 256 Megabit. Dieser würde ausreichen, um auf einer Fläche von der Größe eines Daumennagels 25.000 Seiten eines per Schreibmaschine getippten Textes zu speichern. Dazu bedarf es einer Technologie, die es ermöglicht, auf Silizium-Chips Schaltkreise zu ätzen, die 0,25 Micron breit, d. h. etwa vierhundertmal feiner als menschliches Haar sind.

Damit ist auch schon ein weiteres Kriterium angesprochen, die **Genauigkeit**. Die *BASF* stellt in Großserienproduktion ein Zahnrad her, das einen Durchmesser von 1/100 mm aufweist und deshalb nur mit dem Mikroskop zu sehen ist. Solche extrem kleinen Bauteile benötigt man in der Elektronik und Mikrooptik sowie in der Medizin- und Biotechnik.

Das augenfälligste Element technologischen Wandels stellt die unablässige Steigerung der **Effizienz** dar, die sich in der Verbesserung des Output / Input-Verhältnisses niederschlägt. Beispielsweise zeichnen sich die sog. Neuen Medien allesamt dadurch aus, daß Texte, Daten, Töne, feste und bewegte Bilder über größere Entfernung übermittelt oder billiger befördert werden, ungleich rascher an ihre(n) Adressaten gelangen oder eine höhere Wiedergabequalität erreichen.

Es gibt technische Aggregate, die eleganter als andere wirken, **Bequemlichkeit** und **Sicherheit** der Besitzer fördern sowie insbesondere die Arbeit derer erleichtern, die damit umgehen müssen. Die Registrierung dessen, was eine Kundin in einem Nahrungsmittelgeschäft erwirbt, fällt der an der Kasse tätigen Mitarbeiterin wesentlich leichter, wenn sie die Daten per Scanning statt durch Eintippen von Zahlen erfassen kann. Gleichzeitig werden damit die Fehlerrate und der hiermit verbundene Geldverlust vermindert.

(3) Technische Überlegenheit, die der Markt honoriert, zeigt sich auch in der **Verarbeitung**, der **Perfektion** der **Ausführung** notwendiger Arbeiten. Ob etwa der Motor aus Eisen oder Keramik, die Karosserie aus Kunststoff oder Blech besteht, welche Fahreigenschaften und wieviel Bequemlichkeit ein Wagen aufweist, wie dessen Äußeres auf die Umwelt wirkt, all dies eröffnet Differenzierungschancen, deren Potential indessen völlig verpufft, wenn ein Käufer an ein sog. Montagsauto gerät. Es geht hier somit nicht um das, **was** das Fahrzeug leistet, sondern um das **Wie**, die einwandfreie technische Umsetzung von Konzepten und die Vollkommenheit der Verarbeitung. In manchen Unternehmen nimmt dabei die sog. **Null-Fehler-Philosophie** fast schon hypertrophe Formen an.

Bezogen auf unser Prüfraster lassen sich für die ersten drei Kriterien etwa folgende Fragen stellen: Sind die bei einem Produkt verwendeten Materialien entsprechend der zu erfüllenden Aufgabe verarbeitet? Halten die (Schweiß-)Nähte oder ist vielleicht zuviel des Guten getan worden, was gleichzeitig die Wirtschaftlichkeit und den Preis berühren würde? Beispielsweise brauchen Nahrungsmittel, die man über extrem umschlagsstarke Diskontgeschäfte wie *Aldi* vertreibt, nicht gleichermaßen aufwendig verpackt zu werden wie solche, die wesentlich länger in den Regalen des Handels verweilen. Ein Kleidungsstück, das doppelte Nähte aufweist, erhöht die Strapazierfähigkeit, bietet mehr Sicherheit, und, weil Kunden wissen, daß dies seinen Preis hat, u. U. sogar Prestige. Ist all dies wirklich gewollt? Nicht weniger bedeutsam erscheint die Überlegung, ob Produkt und Produktionsprozeß den Umwelttest bestehen. Werden nichtregenerierbare Ressourcen vergeudet? Wie stark wird die Natur durch Herstellung, Transport (Just-in-Time!), Einsatz und Entsorgung belastet?

(4) Auch die **Ästhetik**, die **äußere Gestaltung**, fordert ihren Tribut. Sieht das, was aus hochwertigem Material besteht und vorzüglich funktioniert, auch ansprechend aus? Reflektiert die „Verpackung“ einen zu hohen Aufwand oder stellt sie gerade das gewisse Etwas dar, auf das es ankommt? Vergrößert sie später den Müllberg bzw. die Schadstoffemission oder eignet sie sich für ein Recycling? Die gewählte Form sollte im übrigen nicht nur schön, sondern auch praktisch und benutzerfreundlich sein. Außerdem darf Ästhetik nicht zu Lasten der Sicherheit gehen.

Gutes Design sowie gediegene äußere Gestaltung von Produkt und Verpackung fordert man heutzutage nicht mehr nur von Gegenständen, die sich im Bannkreis der Mode befinden. Was für Konsumartikel weithin selbstverständlich erscheint, erfaßt in zunehmendem Maße auch Investitionsgüter. So sind z. B. Betontransporter (mit rollierender Trommel) und manche Maschinen nicht länger nur in düsteren Tönen, sondern auch in Pop-Farben zu erhalten.

Alle Bezugsebenen zusammen summieren sich zu dem **Nutzen** („benefit"), den ein Erzeugnis seinem Erwerber bzw. Verwender oder Verbraucher stiftet. Bereits in § 1, Abschn. 1.1.1., wo auf die von *Vershofen* getroffene Unterscheidung zwischen Grund- und Zusatznutzen hingewiesen wurde, ist indessen deutlich geworden, daß Produkte zumeist differenziert beurteilt, die „benefit bundles" bewußt aufgeschnürt werden. Dabei erweist sich allerdings, daß sich manche der Prüfkriterien gegenseitig ausschließen. Beispielsweise kann eine technisch wünschenswerte Lösung nicht immer wirtschaftlich sein. Was schön aussieht, widersetzt sich zumeist der Bequemlichkeit. Wenn etwas besonders sicher sein soll, kostet dies mehr Geld, etc. Im einzelnen gibt es in unserem Prüfschema nicht weniger als $\binom{20}{2} = 190$ Zweierbeziehungen dieser Art, die eigentlich zu prüfen und deren Elemente miteinander in Einklang zu bringen wären.

2.1.2. Möglichkeiten der Differenzierung von Dienstleistungen

Die deutschen Verbraucher sind mit dem Angebot an Konsumgütern im wesentlichen zufrieden, während sie den von Herstellern gebotenen **Service** geradezu vernichtend beurteilen. Einer *GfK*-Umfrage zufolge *(o. V.* 1992, S. 8) meinten nur 4% der Westdeutschen und 6% der Ostdeutschen, Schwierigkeiten mit gekauften Waren seien leicht zu beseitigen gewesen. 37% bzw. 32% waren mit dem Kundendienst immerhin einigermaßen zufrieden.

Dieses Urteil gibt zu denken, selbst wenn man nicht jede Zahl für bare Münze nehmen sollte; denn offenkundig liegt hier einiges im argen. Darin zeigt sich auch, daß **Dienstleistungen** ein **Potential** an **Wettbewerbsvorteilen** verkörpern, das noch der Ausschöpfung harrt. Bemerkenswert erscheint dies insofern, als industrielle Erzeugnisse immer rascher imitiert werden, wodurch sich die Zeit der Alleinstellung entsprechend verkürzt, während sich ein im Dienstleistungsbereich liegender Wettbewerbsvorteil oft über Jahre hinweg erhalten läßt *(Simon* 1992, S. B 2). Dies liegt daran, daß es sehr viel leichter fällt, ein Erzeugnis „nachzuempfinden" oder ein Produktionsverfahren zu kopieren, als die **Kompetenz** und die **Einstellung** von **Mitarbeitern**, die Dienstleistungen erbringen, zu verändern. Eigenschaften dieser Art sind vor allem im Rahmen des **Customizing** unverzichtbar, d. h. wenn es um die Lieferung eines auf die spezifischen Bedürfnisse eines bestimmten Kunden zugeschnittenen Erzeugnisses geht. In diesem Fall bilden Produkt und Dienstleistung eine Einheit, ganz anders als im Fall des

Friseurs, der, um über die Wartezeit hinwegzuhelfen, Illustrierte bereithält, für gedämpfte Musik sorgt und seinen Kunden vielleicht sogar noch eine Tasse Kaffee anbietet.

Worin Dienstleistungen im einzelnen bestehen können, wird ebenso wie die Gestaltung von Produkten in § 5, Abschn. 4., behandelt. Vielfältige Hinweise darauf fanden sich auch im letzten Abschnitt, wo es um **Kundennähe** ging. Was an dieser Stelle allein interessiert, sind mögliche **Dimensionen** der **Dienstleistungsqualität** (im einzelnen hierzu: *Meyer / Mattmüller* 1987, *Stauss / Hentschel* 1991, *Hentschel* 1992), die zum Nachdenken zwingen, Verbesserungen induzieren und so Wettbewerbsvorteile mit sich bringen.

Eine Abstufung auf Grund **objektiver Kriterien** wird zumeist nicht in Frage kommen, ist aber nicht undenkbar. So etwa weist eine Fluggesellschaft darauf hin, daß 98 % ihrer Maschinen im Jahresdurchschnitt pünktlich starten und landen. Ein anderes Unternehmen hält sich zugute, daß ein Anrufer am Telefon nicht länger als 10 Sekunden warten muß, ehe er einen kompetenten Gesprächspartner vermittelt bekommt. Ein weiteres garantiert, daß Ersatzteile jederzeit und auch noch nach 20 Jahren verfügbar sind. „Objektiv" äußert sich in diesem Falle darin, daß wohl **jeder** (bei anderen) auf Pünktlichkeit Wert legt, seinen Zeitplan eingehalten sehen möchte, rasch beliefert werden will usw. Außerdem ist all das, was dazu beiträgt oder dies gewährleistet, intersubjektiv überprüfbar.

Zumeist kommt es jedoch auf individuell in ganz unterschiedlichem Maße erwartete **Qualitätsmerkmale** an. Große Beachtung in der Literatur hat hier der von *Parasuraman, Zeithaml* und *Berry* (1988) entwickelte, mit **SERVQUAL** bezeichnete Ansatz gefunden, der aus einer **Einstellungs-** und einer **Zufriedenheitskomponente** besteht. Erfaßt werden hiervon die Annehmlichkeit des Umfeldes, in dem eine Dienstleistung erbracht wird, sowie Verläßlichkeit, Reaktionsgeschwindigkeit, Leistungskompetenz und Einfühlungsvermögen derjenigen, die für sie verantwortlich zeichnen. Es entscheiden dabei nicht absolute Werte, sondern jeweils die **Differenz** zwischen **erwarteter** und **erlebter Leistung**.

Ein Stück Objektivität enthält dieser Ansatz insofern, als er eine Batterie von **vorgegebenen Sachverhalten** bzw. Fragen integriert. Das Urteil eines Probanden ist insoweit vorstrukturiert. Wie eine Dienstleistung abschneidet, ob sie sich z. B. noch verbessern läßt, hängt nun aber wesentlich davon ab, wie den fünf Arten von **Anforderungen** in den Augen des Leistungsempfängers Rechnung getragen wird und welches **Anspruchsniveau** (pro Dimension) er überhaupt besitzt.

Stauss / Hentschel (1991) plädieren dafür, bei der Überwindung des Status quo methodisch nichts zu präjudizieren und an **Kundenerlebnissen** anzuknüpfen. Wichtige Hinweise vermögen z. B. von Abnehmern vorgebrachte Beschwerden zu geben. Während hierbei die Initiative von den Betroffenen ausgeht, werden diese bei der **Methode** der **kritischen Ereignisse** vom Anbieter aufgefordert, über außergewöhnliche positive oder negative Erfahrungen zu berichten, die sie im Umgang mit ihm gemacht haben. Dem damit in Verbindung stehenden sog. **Blueprinting** liegt ein Ablaufdiagramm zugrunde, das sämtliche Kontaktsituationen systematisch erfaßt und insofern zu einer detaillierten Überprüfung jeder Phase einer Dienstleistung anregt.

Beispielsweise fällt einem Passagier, der am Schalter einer Fluggesellschaft einen Flug umbuchen, seinen Koffer loswerden und eine Bordkarte bekommen möchte, folgendes auf (in Anlehnung an *Haller* 1993, S. 31):

- Es ist nur ein einziger Schalter besetzt, wobei sich vor diesem eine Schlange von 20 Leuten gebildet hat.
- Die Fluggesellschaft bietet an diesem Tag keinen weiteren Flug zum Zielort an.
- Es erweist sich als schwierig, Informationen über Flugverbindungen anderer Gesellschaften zu erhalten.
- Durch Umschreiben des Flugscheins entstünde ein höherer Flugpreis, was dem Passagier nicht einleuchten will.
- Der Vertreter der Fluggesellschaft unternimmt keinerlei Anstrengungen, sich um das Problem des Kunden zu kümmern. Er wird sogar barsch: „Sehen Sie denn nicht, daß ich hier eine Menge Leute abzufertigen habe?"

Will man wissen, wie dringlich die Behebung eines bestimmten Problems erscheint, muß man sich noch für das Ausmaß einer möglichen Verärgerung, die von dem Kunden geplante Reaktion und dgl. mehr interessieren.

2.1.3. Die strategische Verankerung des Qualitätsstrebens

Daß Unternehmen die Qualität ihrer Leistungen immer wieder zu verbessern vermögen, verdanken sie nicht nur ihrem eisernen Willen dazu, sondern auch strategischen Festlegungen, die sich zudem in organisatorischen Regelungen oder im Budgetierungsverhalten niederschlagen. So fördert man z. B. das Betriebliche Vorschlagswesen, installiert Qualitätszirkel oder betreibt ein Total Quality Management.

Da Arbeitsabläufe, insbesondere damit verbundene Schwachstellen, niemand, auch kein Berufsorganisator, so hautnah erlebt wie die daran unmittelbar beteiligten Mitarbeiter, werden diese als Individuen oder Gruppen ermuntert, jedwede Maßnahme, die ihnen selbst und dem Unternehmen zugute kommen könnte, im Rahmen des **Betrieblichen Vorschlagswesens** zur Diskussion zu stellen (siehe *Thom* 1993). Für den Fall der Verwirklichung winken beachtliche Prämien. Bei **Qualitätszirkeln** (für Einzelheiten dazu siehe: *Kregoski / Scott* 1982) handelt es sich um Arbeitsgruppen informeller Art, die sich in zwanglosen Zusammenkünften, am oder fern vom Arbeitsplatz, während oder außerhalb der Arbeitszeit, gemeinsam darüber Gedanken machen, wie sich Erzeugnisse, die sie herstellen helfen, oder Stufen des Produktionsprozesses, in die sie integriert sind, verbessern bzw. effizienter gestalten lassen. Das **Total Quality Management** (Näheres dazu bei: *Engelhardt / Schütz* 1991; *Töpfer / Mehdorn* 1993) schließlich ist dadurch gekennzeichnet, daß durch die Perfektionierung aller Unternehmensabläufe von Anfang an alles unternommen wird, das Auftreten von Fehlern in der Fertigung zu vermeiden, statt später nachbessern, d. h. Materialmängel, Funktionsstörungen, Lackschäden usw. beheben zu müssen.

Wichtige Anregungen erhält man auch durch die **Wertanalyse** (siehe *Jehle* 1991). Entwickelt wurde diese von einem früheren Chefeinkäufer von *General Electric, Lawrence D. Miles,* der in ihr eine organisierte Anstrengung sah, die Funktion eines Produkts oder eines Verwaltungsablaufs zu den niedrigsten Kosten zu erstellen, ohne die erforderliche Qualität zu vernachlässigen und die Marktfähigkeit negativ zu beeinflussen.

Keine dieser Bemühungen ist in ihrer Bedeutung dem vergleichbar, was Marktführer einerseits im Bereich von **Forschung** und **Entwicklung**, andererseits in Sachen **Schulung** unternehmen. Firmen wie *Siemens* geben mehr als 10% ihres Umsatzes für neue Produkte und Verfahren aus; sie können sich mit Recht zu den maßgeblichen Innovatoren ihres Wirtschaftszweiges zählen. Bei *IBM* z. B. hat im Jahre 1988 jeder Beschäftigte im Durchschnitt elf Tage für Weiterbildungsveranstaltungen aufgewandt.

Bei technisch anspruchsvollen Produkten gelingt es oft auch, gefährdete Positionen über **Patente** abzusichern. Vor allem Pharmaunternehmen bedauern es indessen sehr, daß von rechtlich möglichen 20 Jahren oft tatsächlich nur noch sechs für die Amortisation der in Forschung und Entwicklung sowie Produktion investierten Mittel verbleiben. Dies liegt zunächst daran, daß die Schutzdauer bereits einen Tag nach der Anmeldung beginnt (§ 16 *PatG).* Zu diesem Zeitpunkt wird gleichwohl noch lange nicht produziert, da eine Innovation bis zur Marktreife zumeist mehrerer Patente bedarf, die man jeweils zum frühestmöglichen Zeitpunkt zu erlangen versucht. Erst wenn das letzte angemeldet ist, könnte somit die Herstellung aufgenommen werden, die ihrerseits oft mehrjähriger Vorarbeiten bedarf. Im Pharmabereich kommt indessen hinzu, daß die sich hieran anschließende Genehmigung eines Präparates durch die zuständige Behörde oft Jahre beansprucht. Insofern wird also die Spanne, die von der Anmeldung des letzten bis zum Ablauf der Schutzfrist des ersten Patentes bestimmt wird, noch weiter verkürzt.

2.2. Die Erlangung von Kostenvorteilen

Markt- und **Kundennähe**, **hohe Produktqualität** und **innovative Leistungen** bedingen sich zum Teil gegenseitig und sind insofern keineswegs als miteinander rivalisierende strategische Stoßrichtungen zu verstehen. Gleichwohl sollten im Marketing deutliche Akzente gesetzt werden, um jeder Fehlwahrnehmung im Markt vorzubeugen. Einen Ansatzpunkt ganz anderer Art, sich dem Wettbewerb zu stellen, bildet das Streben nach **Kostenführerschaft**, dem zwei verschiedene Motive, ein unterstützendes und ein eigenständiges zugrunde liegen können.

Bei den zuvor genannten Wettbewerbsdimensionen anderen überlegen zu sein, verursacht einen gewaltigen **Aufwand**, der, wie die Erfahrung zeigt, leicht außer Kontrolle geraten kann. Insofern stützt das Streben nach **Kostenwirtschaftlichkeit** die Verfolgung **anderer Ziele**, weil der Schritt etwa von hoher zu noch höherer Qualität zumeist mit einer Aufwandssteigerung verbunden sein wird, die indessen im Verhältnis zum Ausgangspunkt möglichst etwas niedriger ausfallen sollte. Daß ein Hersteller hart mit seinen Kosten ringt, ist im übrigen für die Abnehmer nicht immer erkennbar.

Es gibt aber auch ganz andere Anbieter, z. B. Diskontgeschäfte im Handel, die gezielt eine **Niedrigpreispolitik** verfolgen. Sie erachten es als ihre vordringlichste Aufgabe, das Preis / Leistungsverhältnis jedes Artikels, ausgehend von einem bescheidenen bis mittleren Qualitätsniveau, so weit wie möglich nach unten zu drücken. Hier liegen – im Gegensatz zu vielen in Abschn. 2.3. noch zu skizzierenden Beispielen – **Preise** und **Kosten** dicht beieinander. Da Ware der in Frage kommenden Art gewissermaßen jeder bereitstellen kann, konkretisieren sich **Leistungsvermögen** und **Wettbewerbsstärke** vorrangig, wenn nicht ausschließlich, im **Preis**. Um hierbei mithalten zu können, muß die Kostenschraube immer noch stärker angezogen werden.

Nicht selten haben im übrigen Bedarfsträger ziemlich genaue Vorstellungen davon, wieviel sie für ein bestimmtes Gut ausgeben wollen. In diesem Fall kann sich ein Hersteller nicht damit begnügen, die Stückkosten zu ermitteln und sich mit einem noch so geringen Gewinnaufschlag zufrieden zu geben (**Cost-plus-pricing**). Hier muß vom Ende her gerechnet und dann gehandelt werden. Gehen wir, um den Vorgang zu illustrieren, von einem Konsumgut aus.

Die Verbraucher sind bereit, dafür höchstens 10 DM auszugeben. Davon beansprucht der Fiskus 1,30 DM für Mehrwertsteuer (15 % von 8,70 DM); die Handelsspanne beträgt 3,30 DM und der Hersteller möchte gerne 1,00 DM (vor Steuern) verdienen. Die Stückkosten dürfen somit nicht mehr als 4,40 DM betragen. Dieser Wert wird zur unumstößlichen **Vorgabe** für alle Bereiche eines Unternehmens. Gelingt es nicht, ihn zu erreichen, gibt es einen Wettbewerber weniger auf dem Markt. Das Ziel (engl. target) ist nicht erreicht. Man spricht hier konsequenterweise von **Target Costing**.

2.2.1. Die Nutzung von Mengeneffekten

Ein probates Mittel besteht zunächst darin, **Fixkosten**, die in einem Unternehmen anfallen, insoweit **abzubauen**, als **Leerkapazität** existiert. Zuweilen ist den Beteiligten gar nicht bewußt, daß es eine solche gibt, dies etwa dann, wenn die

Maschinenlaufzeit technisch ohne weiteres über 8 oder 10 Stunden pro Tag hinaus verlängert und dadurch Anlagen besser ausgelastet werden könnten. *Bücher* (1910) meinte, ein Gesetz entdeckt zu haben, als er auf folgende Formel gestoßen war:

$$\text{Stückkosten} = \frac{\text{Fixkosten}}{\text{Menge}} + \text{variable Kosten}$$

Je größer die hergestellte bzw. veräußerte Menge ist, desto weniger schlagen die Fixkosten pro Einheit zu Buche; im logischen Extremfall fallen sie überhaupt nicht mehr ins Gewicht. Dem Ganzen liegt indessen **kein Gesetz**, sondern lediglich eine **definitorische Beziehung**, die die sog. **Fixkostendegression („economies of scale“**) zum Ausdruck bringt, zugrunde.

Wenn man modernste Fertigungsanlagen auslasten will, benötigt man Stückzahlen, die zumeist nur der Weltmarkt aufzunehmen vermag. Insofern präjudiziert das Streben nach Effizienz und ansehnlichen Größenordnungen eine breite geographische Basis für die unternehmerischen Aktivitäten. Wer als erster bestimmte Schlüsselländer erobert, verschafft sich, wie wir in Abschn. 3. auch von einer anderen Seite her sehen werden, z. B. Vorteile im Einkauf, in der Produktion und in der Distribution, kann damit, falls der Markt dies verlangt, die Verbraucherpreise senken und dadurch wieder Konkurrenten aus dem Rennen werfen. Erfahrungsgemäß haben nur die beiden stärksten Anbieter auf dem Weltmarkt die Chance, über den gesamten Lebenszyklus eines Produktes hinweg ansehnliche Gewinne zu erwirtschaften.

Hinzu kommt noch ein weiteres: Während früher immer erst nationale Normen geschaffen wurden, die dann nach oft jahrelangen Verhandlungen internationalen Vereinbarungen weichen mußten, werden heute **Standards** vom jeweiligen Marktführer vorgegeben, also z. B. von *IBM* in der Datenverarbeitung, von *Intel* bei Mikroprozessoren und von japanischen Anbietern bei Videorekordern. Normen haben sich somit zu einer wichtigen Waffe im Wettbewerb entwickelt, weil es Zeit und Geld kostet, demjenigen, der als erster am Zuge ist, zu folgen.

Eine stärkere Auslastung vorhandener Ressourcen läßt sich nun nicht nur dadurch erreichen, daß man mittels größerer Stückzahlen einen sog. Skaleneffekt auslöst, sondern auch dadurch, daß man für Menschen, Maschinen, Immobilien etc. weitere Nutzungsmöglichkeiten findet. Mit dieser als **„economies of scope“** umschriebenen Überwindung gewohnter Denkmuster hat es eine Bewandtnis, deren Tragweite sich am besten an Hand eines Beispiels verdeutlichen läßt.

Ein Mensabetrieb vermag um so kostengünstiger zu produzieren, je größer sein Output an täglichen Mahlzeiten ist. Nun sind indessen die Räume, wenn sie nur während der üblichen Essenszeiten (und der für Reinigungszwecke erforderlichen Perioden) beansprucht werden, nicht wirklich ausgelastet. Hier läge es nahe, nach zusätzlichen Nutzern zu suchen und die so zu erzielenden Mieteinnahmen dafür zu verwenden, den Anstieg der Essenspreise in Schach zu halten.

Wenn man sich der Kapazitätsgrenze nähert und allem Anschein nach auf Dauer einiges mehr am Markt absetzen könnte, wird man eine Erweiterung der Anlagen in Betracht ziehen, dabei aber möglichst einen **Technologiesprung** zu erzielen versuchen. Dies bedeutet, daß nunmehr auf leistungsfähigeren Anlagen produziert wird. Dies bietet sich u. U. schon vor Erreichen der derzeitigen Kapazitätsgrenze an, wie das folgende Beispiel zeigt.

Unsere fixen Kosten mögen bislang 100, die variablen konstant 2 Geldeinheiten (GE) betragen. Der maximale Output liege bei 125 Einheiten (E). Im günstigsten Fall werden wir hier Kosten von 2,80 GE / E erreichen. Bei einer alternativen Fertigungstechnologie sei mit einer beschäftigungs**un**abhängigen Komponente von 200 und einem variablen Element von 0,75 GE zu rechnen. Das konkurrierende Verfahren würde bei der gleichen Ausbringung Stückkosten von 2,35 GE zu erzielen erlauben. Der sog. Break-even-Punkt, d. h. die Stelle, an der beide gleich leistungsfähig sind (Einzelheiten dazu in § 10, Abschn. 3.2.), läge für die gewählte Datenkonstellation bei 80 E; schon bei einer Auslastung von knapp mehr als zwei Dritteln der ursprünglich vorhandenen Anlagen würde es sich also auszahlen, das neue Fertigungsverfahren einzuführen.

Einen weiteren Ansatzpunkt, Kosten zu verringern, bildet die Erlangung höherer **Mengenrabatte**. Wann und wofür derartige Nachlässe eingeräumt werden, ist Gegenstand ausführlicher Erörterung in § 6, Abschn. 2.2.2.3.

Wichtig an dieser Stelle erscheint noch ein Hinweis darauf, **wie** sich die **Stückzahlen** zu dem genannten Zweck **steigern** lassen. Eine Reihe von Möglichkeiten, die sich auf der **Absatzseite** anbieten, sind bereits in § 1, Abschn. 1.1.2., aufgezählt worden. Man kann beispielsweise in neue Absatzgebiete eindringen, zusätzliche Abnehmerschichten erschließen, weitere Einsatzfelder für seine Erzeugnisse finden, eine höhere Verbrauchsintensität bei vorhandenen Kunden bewirken, die Lebensdauer der Produkte verkürzen und so den Ersatzbedarf stimulieren, seinen Marktanteil im bisherigen Betätigungsbereich ausbauen oder Substitutionserzeugnisse zurückdrängen. Eine größere Stückzahl läßt sich oft auch dadurch erreichen, daß man die Zahl der Varianten eines Erzeugnisses vermindert, vielleicht auch die Angebotspalette strafft. Aus **kostenwirtschaftlicher Sicht** ist dies immer von Vorteil, doch fragt sich, wie der Markt darauf reagiert. Bedarf es unbedingt einer Preissenkung und übertrifft gegebenenfalls der Mengen- den Preiseffekt?

Eine zusätzliche Dimension des Denkens erschließt sich, wenn man Produkte nicht als monolithische Gebilde, sondern als Kombinationen von **Substanzen**, **Bauteilen** etc. auffaßt und überdies davon ausgeht, daß jedes Unternehmen über eine stattliche Palette von Erzeugnissen verfügt, die sich aber oft nur graduell voneinander unterscheiden. Hier liegt es geradezu auf der Hand, **Komponenten**, insbesondere solche, die die Käufer nicht sehen können, über möglichst viele **Varianten** hinweg zu **standardisieren** und so zu Stückzahlen und Losgrößen zu gelangen, die ein Mehrfaches der ursprünglichen Mengen ausmachen. Diese Strategie ist z. B. in der Automobilindustrie gang und gäbe.

Demselben Zweck dient der **Gemeinschaftseinkauf**, der vor allem im Handel weit verbreitet ist. Auch wenn sich die Betroffenen im Kampf um die Kunden gegenseitig nichts schenken, hält sie dies nicht davon ab, bei der Beschaffung gemeinsame Sache und vereint Front gegen die Lieferanten zu machen. Bewegt man sich hier auch hart am Rande dessen, was wettbewerbsrechtlich noch zulässig erscheint, weil die Bündelung von Volumina die Nachfragemacht der Beteiligten erhöht und leicht zu einem Machtmißbrauch verleitet, läßt sich doch nicht leugnen, daß davon nicht nur der Mittelstand, sondern auch Großbetriebe ausgiebig Gebrauch machen.

2.2.2. Die Verbesserung von Prozessen

Den Zwang, Ineffizienz und damit Kosten abzubauen, verspürt ein Unternehmen vor allem dann, wenn der Wettbewerb härter wird. *Leibenstein* erklärt dies in seiner Theorie der „X-Efficiency" (1966) damit, daß eine nur schwach ausgeprägte Konkurrenz mit einer niedrigen Auslastung von Produktions- und Vertriebseinrichtungen, einer schlechten Allokation von Menschen und Maschinen, Doppelarbeit, organisatorischer Schwerfälligkeit und dgl. mehr einhergeht. Im Grunde handelt es sich hierbei um Erscheinungen, wie sie von deren Aufgabenbereich her von Controllern oder externen Beratern aufzudecken sind. Woran lohnt es sich anzusetzen, wenn eine Steigerung der Stückzahl zunächst nicht in Betracht kommt?

(1) Eine erste, rigorose Überlegung richtet sich darauf, ob sich **Kostenarten** oder **-stellen völlig ausmerzen** lassen. Schlagworte wie **Lean Production** und **schlankes Management** deuten darauf hin, daß manch ein Unternehmen in guten Zeiten Speck angesetzt, d. h. sich einer für unabdingbar erachteten Stellenvermehrung nicht entschieden genug widersetzt, das unablässige Ansteigen der Kosten als schicksalhaft hingenommen hat und sich jetzt veranlaßt sieht, das Rad zurückzudrehen. Man kann sich dem Problem von zwei Seiten her nähern:

Solange sich auf manchen Märkten fast jeder Preis durchsetzen läßt, besteht kein Anlaß, die sog. **Wertanalyse** (Value Engineering) zu forcieren, d. h. ein Erzeugnis daraufhin zu überprüfen, ob es die ihm zugedachte Funktion auch ohne jedes einzelne derzeit vorhandene Element, und zwar in seiner gegenwärtigen Form, erfüllt. Viele Produkte hätten entschieden bessere Absatzchancen, wenn sie weniger Elektronik oder modischen Schnickschnack enthielten, dadurch kostengünstiger hergestellt und zu einem entsprechend niedrigeren Preis angeboten werden könnten.

Gleichzeitig kann man die **Wertkette** (siehe § 1, Abb. 1.1.) unter die Lupe nehmen und jedes Glied im Hinblick auf das in ihm steckende Rationalisierungspotential untersuchen. Bei einem bedeutenden deutschen Nahrungsmittelhersteller z. B. hat sich herausgestellt, daß man über viele Jahre hinweg regelmäßig für jeweils mehrere Hunderttausend DM Informationen von einem Marktforschungsunternehmen erworben hat, die von niemandem ernsthaft genutzt worden sind. Ein Chemiekonzern entdeckte, daß sich jährlich DM 360.000 einsparen ließen, wenn darauf verzichtet würde, die Büros von Führungskräften ab einer bestimmten Hierarchiestufe zweimal wöchentlich mit frischen Blumen auszustatten. Manch ein Mitarbeiter, den man, wenn die Geschäfte gut gehen, „mitschleppt", erhält, sobald sich die Zeiten ändern, den Laufpaß, ein ungleich gravierenderes Ereignis für jeden Betroffenen als der Wegfall von Annehmlichkeiten des Alltags und Statussymbolen.

(2) Nur selten wird es gelingen, **Kostenarten** oder **-stellen** völlig zum Verschwinden zu bringen. Eine **Reduktion** von Kosten erscheint indessen oft erreichbar, beispielsweise dadurch, daß man leistungsfähigere Lieferanten findet, an allen Ecken und Enden automatisiert, die Fertigungstiefe vermindert, preisgünstigere Materialien verwendet, die Produktion ins Ausland verlagert oder Vertriebsfunktionen ausgliedert, z. B. auf die Unterhaltung eines eigenen Fuhrparks verzichtet und statt dessen mit Spediteuren zusammenarbeitet. Daß jeder derartigen Entscheidung eine u. U. überaus schwierige Bewertung vorausgehen muß, verdeutlicht das Beispiel der **Fertigungstiefe**, deren rigorose Absenkung viele fälschlicherweise für unvermeidlich oder geradezu für geboten erachten (eingehend dazu: *Dichtl* 1991; ders. 1993).

Nicht zuletzt lassen sich vorhandene **organisatorische Mängel beseitigen**, z. B. Schwachpunkte und Engpässe erkennen, unnötige Wege und Wartezeiten abbauen, ferner Abläufe vereinfachen sowie handwerkliche **Fähigkeiten** und die **Geschicklichkeit** der **Mitarbeiter** steigern (Übung macht den Meister!). All dies beruht auf dem entschiedenen Bemühen um Rationalisierung, auf einem von Unternehmungsberatern, EDV-Herstellern und Software-Häusern erzeugten Angebotsdruck, auf Erfahrung und systematischer Schulung aller Beteiligten, die freilich ihren Preis hat. Die Entsendung eines Mitarbeiters zu einem Seminar, die ein Unternehmen mit Ausgaben für Teilnahmepreis, Reise, Unterkunft und Verpflegung, zumal unter Einrechnung des Arbeitsausfalls, in der Größenordnung eines Monatsgehalts belasten würde, mag im Einzelfall verzichtbar erscheinen, doch wäre es verhängnisvoll, Aus- und Weiterbildung auf Dauer nachhaltig zu drosseln.

(3) Einen Versuch wert erscheint auch die **Überwälzung** von **Kosten** auf Marktpartner. Das „Burden Sharing" läßt sich – und nicht nur im Hinblick auf Risiken – gegenüber fast allen, zu denen man Geschäftsbeziehungen unterhält, betreiben. So kann man etwa Kunden Konstruktionsaufgaben übertragen oder sie dafür gewinnen, Ware auf eigene Kosten abzuholen, statt sie sich zustellen zu lassen. Wenn sie kürzere Zahlungsfristen hinnehmen, erspart dies dem Lieferanten Kreditkosten. Beim Just-in-Time-Verfahren wird die Lagerhaltung weithin anderen aufgebürdet und beim POS (Point of Sale)-Banking teilen sich Einzelhandel und Geldinstitute den Aufwand für den elektronischen Zahlungsverkehr. Die

Postgirobank verlangt für die Aus- und Zustellung jedes Kontoauszuges (abgesehen von einem pro Monat) Geld, worum indessen derjenige herumkommt, der nicht tagesaktuell informiert sein möchte oder seine Kontobewegungen auf einem Btx-Gerät verfolgt. Was schließlich spricht dagegen, daß z. B. fünf deutsche Maschinenbauer, die nicht miteinander konkurrieren, gemeinsam eine Vertriebsorganisation in Asien aufbauen, um so die Belastung für jeden einzelnen in Grenzen zu halten?

(4) Eng damit verknüpft ist die Auslösung **synergetischer Effekte**, die nichts anderes als **Economies of Scope** verkörpern. Solche kommen in ihrer einfachsten Form zustande, wenn es gelingt, aus dem Einsatz von Produktions- bzw. Distributionsfaktoren, der bereits als Aufwand verbucht ist, gemessen an der ursprünglichen Planung oder an den Möglichkeiten, die Konkurrenten offenstehen, noch einmal Geld herauszuschlagen bzw., umgekehrt betrachtet, Erlöse, die man aus der Erst-, Zweit-, Drittverwertung usw. erzielt, von Anfang an oder im nachhinein auf mehrere Kostenträger aufzuteilen. Natürlich werden sich in beiden Fällen die Kosten etwas erhöhen, doch ist, solange der Zuwachs unter dem Steigerungssatz der Erlöse liegt, am Entstehen eines synergetischen Effektes nicht zu rütteln.

Häufig wirkt der zuweilen mit $2 + 2 = 5$ umschriebene Effekt wie eine Art Katalysator, d. h. das **Ganze** ist nicht nur **mehr als die Summe seiner Teile**, sondern jenes käme überhaupt nicht zustande, würde nicht jemand eine zwischen diesen bestehende Verbindung erkennen ($1 + 1 \neq 0$). Beispielsweise hätten vier potentielle Referenten, von denen jeder nur einen oder zwei Vorträge zu einem übergeordneten Thema „auf Lager" hat, auf sich allein gestellt kaum eine Chance, damit Geld zu verdienen, wohl aber, wenn sie sich zusammenfinden und ein Ein- oder Zweitagesseminar veranstalten. Nach diesem Muster entstehen viele Bücher, bei denen ein oder mehrere Herausgeber die Initiative ergreifen. Nicht viel anders liegt der Fall, wenn sich mittelmäßige Musiker, von denen kaum einer über solistische Qualität verfügt, zu einem hörenswerten Kammerorchester zusammenschließen.

Zu wahrer Meisterschaft auf diesem Felde haben es die weltweit agierenden **Medienkonzerne** gebracht, die einen publikumswirksamen Stoff oft parallel oder hintereinander als wertvolles Buch, als Paperback- und Buchclub-Version, in Form eines Vorabdrucks in einer Illustrierten oder Zeitung, als Kinostreifen, Fernsehfilm und Videokassette vermarkten. All dies gelingt um so leichter, je stärker man die entsprechenden Medien im In- und Ausland auf Grund von Besitz oder auf andere Machtmittel gestützt zu steuern vermag. Wer z. B., wie in der Branche nicht unüblich, auch noch an einem Fernsehsender zumindest beteiligt ist, braucht sich keine Sorgen darüber zu machen, daß ein für dieses Medium gedrehter, noch so schlechter Film im Laufe der Jahre nicht sogar mehrmals ausgestrahlt werden kann.

In kaum einem Land setzt man so konsequent auf synergetische Effekte wie in Japan. Bei *Yamaha* z. B. profitierte man in mehrfacher Weise von der Erfahrung und dem Ruf, die man auf verschiedenen Betätigungsfeldern erworben hatte. Das Know-how z. B., das sich bei der Herstellung von Sportartikeln ansammelte, floß in die später aufgenommene Motorradproduktion ein. Die Aufnahme der Möbelherstellung wäre ohne die Beherrschung der für den Bau von Pianos notwendigen Holztechnik nicht vorstellbar gewesen, und für die Vermarktung von Stereoanlagen erwies sich das von Kompetenz in Sachen Musik und Holz geprägte Image des Unternehmens als unabdingbar.

Was bei dem Unterfangen, auf den hier skizzierten Wegen einen Fortschritt zu erzielen, herauskommt, läßt sich im Sinne einer groben Approximation sogar quantifizieren. Das Ergebnis schlägt sich in der sog. **Erfahrungskurve** nieder, die keineswegs nur den Wert der „Erfahrung" mißt. Mit ihr hat es folgende Bewandtnis:

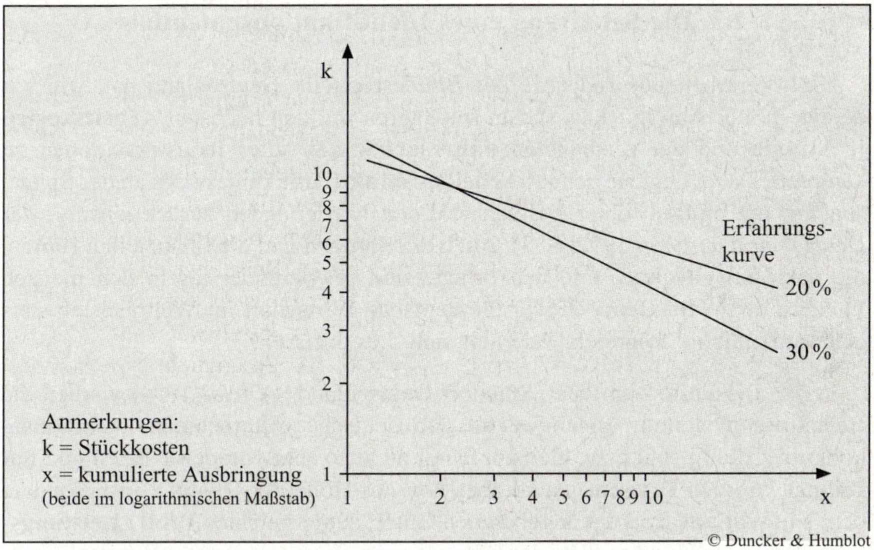

Abb. 4.1.: Idealtypische Form der Erfahrungskurve

In den dreißiger Jahren hat *Wright* erstmals auf den Umstand hingewiesen, daß mit jeder Verdoppelung der kumulierten Ausbringung eines Produktes ein Kostensenkungspotential von 20-30% einhergeht (siehe Abb. 4.1.). Wenn es also ein Automobilhersteller im Laufe der Zeit auf 1 Million Exemplare eines bestimmten Modells bringt, so werden (müssen aber nicht!) die Kosten des letzten Stückes um einiges niedriger als die des 500.000. sein, weil man inzwischen leistungsfähigere Maschinen einsetzt, für Zulieferungen – mengenbedingt – niedrigere Preise entrichtet, vorhandene Anlagen u. U. besser ausnützt und organisatorische Mängel, die man bis dahin erkannt hat, zu beseitigen vermochte. Auch die Geschicklichkeit und die handwerkliche Fähigkeit der Mitarbeiter haben sich inzwischen verbessert.

Dieses auch als *Boston*-Effekt bekannte Phänomen, das bereits in einer Vielzahl von Fällen nachgewiesen, theoretisch indessen noch nicht überzeugend begründet worden ist, gehört heute zum festen Inventar der strategischen Planung *(Bauer* 1986). Wer ganz gezielt darauf setzt, verfügt über eine echte Alternative zur Marktsegmentierung, die ihrem Wesen nach kleinere Stückzahlen bedingt. So gibt es Unternehmen, die in Verfolgung einer Marktdurchdringungsstrategie ihre Preise so niedrig ansetzen, daß diese unter den Stückkosten von heute liegen, im Vertrauen darauf, auf diese Weise rasch große Stückzahlen zu erzielen. Damit gelangt man alsbald in die Gewinnzone, doch – und dies ist der springende Punkt – bei Preisen, die den meisten möglichen Konkurrenten von vornherein die Lust nehmen, in diesem Markt mitzumischen.

2.3. Die Schaffung eines Identifikationspotentials

Die Verarbeitende Industrie der Bundesrepublik Deutschland hat, wie wir bereits in § 3, Abschn. 1.1., sahen, seit Jahren mit den höchsten **Arbeitskosten je Stunde** und der **niedrigsten Jahresarbeitszeit** aller Industrienationen zu kämpfen. Dabei liegt sie bei der **Arbeitsproduktivität** keineswegs an der Spitze, sondern um einiges hinter Belgien und den Niederlanden zurück *(Institut der Deutschen Wirtschaft* 1992, S. 7). Auch die **Steuern** und die finanziellen Härten, die der **Umweltschutz** mit sich bringt, sind gravierender als in den meisten Ländern der Welt. Dennoch war die deutsche Wirtschaft im Weltmaßstab stets außerordentlich erfolgreich. Wie läßt sich dies erklären?

In der Diskussion um den „Standort Deutschland" *(Dichtl* 1994) werden die **Belastungen** weithin **überbewertet**. Ob deutsche Unternehmen international konkurrenzfähig sind bzw. bleiben, hängt nicht so sehr von den **Kosten** und nur bedingt von den **Preisen**, gewiß aber von der Höhe der Qualität, insbesondere dem **Innovationsgrad** der angebotenen Güter, dem erreichten **Preis / Leistungsverhältnis**, der **Kundennähe** der Hersteller, der **Kompetenz** und **Einsatzbereitschaft** der Mitarbeiter, der **Infrastruktur** des **Landes**, der im Staatswesen herrschenden **Ordnung** und dgl. mehr ab.

Sofern es tatsächlich auf die Höhe der geforderten **Entgelte** ankommt, stellt sich die Frage, inwieweit diese von dem Umstand der **Knappheit** oder, mehr noch, von den **Kosten** bestimmt ist. Zweifellos gibt es Bereiche, in denen beide Größen dicht beieinander liegen, so bei Textilien, Autos und Geräten der Unterhaltungselektronik. Bei anderen, etwa bei dem, womit bekannte Maler, Musiker, Schauspieler und Sportler die Menschheit beglücken, besteht überhaupt kein Zusammenhang. Bei der Computerfertigung z. B. ist insbesondere der Lohnanteil so gering, daß die Höhe der Stundensätze praktisch nicht ins Gewicht fällt *(Maier-Mannhart* 1992, S. 21). Auch in der Pharmaindustrie erweist sich diese Größe als nicht der Rede wert. Bei Teppichen schließlich fließt denjenigen in der Dritten

Welt, die sie hergestellt haben, der geringste Teil dessen zu, was deren Nutzer für sie entrichten. Ob etwas gekauft wird, hat somit oft einen ganz anderen Grund.

Vieles verdankt seine Attraktivität allein dem **Image** des **Besonderen**, **Elitären** und **Teuren**, das die Verantwortlichen zu erringen verstanden. Nicht wenige Artikel profitieren auch von der mit ihnen verbundenen **Erlebnisqualität**, so z. B. Zigaretten, die den „Duft der großen weiten Welt" verströmen, oder *Swatch*-Uhren, die auf Grund ihres Designs dem Träger Modebewußtsein bescheinigen und so aus dem Rahmen des Üblichen fallen. Manche Produkte werden überhaupt nur deswegen erworben, viele Dienstleistungen allein deshalb in Anspruch genommen, weil die Öffentlichkeit weiß, welch stattliche Beträge im Einzelfall für sie zu bezahlen sind. Man denke hier an Modeartikel, Markenkleidung, Schmuck, Kosmetika, Luxusautos und Sportgeräte, an exotische Urlaubsländer, die gehobene Gastronomie, traditionsreiche Hotels und – ganz anders als in Europa oder Amerika – Warenhäuser in Japan.

Eine solche Strategie zu verfolgen, hat ihren Preis; denn sie erfordert immense Anstrengungen hinsichtlich **Werbung**, **Produktgestaltung** und **Distribution**. Wäre dem nicht so, würde sich z. B. die **Markenpiraterie** (siehe dazu *Meister* 1992) nicht so großer Beliebtheit erfreuen, gäbe es nicht Unternehmen, deren Werbeausgaben den mit Abstand größten aller Aufwandsposten verkörpern. Den angedeuteten Weg zu beschreiten empfiehlt sich vor allem dort, wo die für die Erbringung einer bestimmten Leistung erforderlichen **Rohstoffe** knapp sind, wo es dazu nur noch selten vorhandener **Kenntnisse** oder **Fähigkeiten** bedarf, wo es nicht oder kaum zu **technischem Fortschritt** kommt, wo man unter „**Motivenge**" leidet, d. h. für eine eher rational ausgerichtete Kommunikationspolitik zu wenige konkrete Argumente zur Hand hat (z. B. bei Zigaretten), wo **Statussymbole** benötigt werden oder wo dem Wunsch nach **demonstrativem Konsum**, einem **exklusiven Life Style** oder dem – schwer faßbaren – **Zeitgeist** Tribut gezollt werden soll.

Das Konzept dient aber auch dazu, die **Spielregeln**, nach denen der Wettbewerb in einer Branche ausgetragen wird, zu verändern. Wenn z. B. ein Anbieter von Alltagsartikeln einsehen muß, daß er die **Kostennachteile**, unter denen er (z. B. in einem Hochlohnland) leidet, niemals wird beseitigen können, kann er versuchen, den Spieß umzudrehen, d. h. **Nutzendimensionen** zu kreieren, die das Kaufverhalten verändern, Kosten in den Hintergrund treten und niedrige Preise irrelevant erscheinen lassen. Gefragt ist dann eben nicht mehr die billige, sondern die besondere Uhr. Es versteht sich, daß alle derartigen Maßnahmen sorgfältig auf die anvisierte **Corporate Identity** ausgerichtet sein müssen.

3. Die Nutzung der Zeit als Wettbewerbsdimension

Eine weitere Möglichkeit zur Erlangung von Wettbewerbsvorteilen stellt, wie schon mehrfach angedeutet, der sog. **Zeitwettbewerb** dar. Dieser ist vor allem dadurch gekennzeichnet, daß Anbieter unablässig bestrebt sind, früher als ihre Konkurrenten mit Produkten bzw. Problemlösungen herauszukommen. Weshalb erscheint dies so wichtig?

Die Gründe, die dafür ins Feld geführt werden, sind gegenüber dem, was in diesem und im vorausgegangenen Kapitel dargestellt wurde, überwiegend nicht neu. Sie akzentuieren aber – im Stil einer Querschnittsbetrachtung – eine zentrale Herausforderung für jedes Unternehmen, der es auf den hier skizzierten Wegen Rechnung tragen kann. Die Darlegungen geben auch Gelegenheit, auf einige Implikationen von institutionellen Restriktionen, denen deutsche Unternehmen unterworfen sind, hinzuweisen.

(1) Eine zentrale Erklärung liefert die **Produktzyklustheorie** (siehe § 3, Abschn. 1.1.). Wer als erster mit einem aussichtsreichen Erzeugnis auf den Markt kommt, genießt am längsten Schutz vor ausländischen Anbietern, die nach diesem Konzept erst in der dritten Phase in Erscheinung treten. Jeder, der sich – im Inland – erst später in den Kreis der Wettbewerber einreiht, muß sich auf eine entschieden kürzere Amortisationszeit seiner Investitionen einrichten und im übrigen auf die Pioniergewinne verzichten, die der Innovator für sich verbuchen kann.

(2) Ein früher Beginn der **Erfahrungskurve** (siehe § 4, Abschn. 2.2.2.) auf der Zeitachse ist überdies mit dem Vorteil verbunden, daß das betroffene Unternehmen lange vor seinen in- und ausländischen Konkurrenten den Break-even-Punkt (siehe § 10, Abschn. 3.2.) erreicht bzw. von Anfang an höhere Gewinne erzielt. Dies verschafft ihm die Möglichkeit, entweder von vornherein einen so niedrigen, zunächst nicht kostendeckenden Preis zu verlangen oder die Entgeltforderung sukzessive soweit abzusenken, daß es den maßgeblichen Konkurrenten nicht mehr gelingt, den Anschluß zu finden bzw. im Wettbewerb mitzuhalten. In jedem Fall hat, wer anderen voraus ist, bereits erhebliche Deckungsbeiträge erzielt, die sich dazu einsetzen lassen, beispielsweise „question marks“ im Sinne der Portfoliotheorie (eingehend dazu § 10, Abschn. 3.1.3.), die der Förderung bedürfen, in „stars“ zu verwandeln.

(3) Einen dritten Ansatzpunkt zur Verdeutlichung der Rolle, die die Zeit im Wettbewerb spielt, bilden der **technische Fortschritt** und damit einhergehende **Erwartungen** der **Käufer,** die sich beide in einer **Verkürzung** der **Produktlebenszyklen** (Näheres dazu in § 10, Abschn. 3.1.2.) niederschlagen. Auf den Anbietern lastet von dieser Seite her ein permanenter Druck. Welche gravierenden Konsequenzen mit einer Fehleinschätzung dieser Frage verbunden sind, verdeutlicht folgendes Beispiel.

Wenn japanische Automobilhersteller **neue Modelle** nicht mehr nach durchschnittlich **fünf**, sondern schon nach **vier Jahren** herausbringen und der **Markt** dies **honoriert**, geraten deren europäische Wettbewerber in Zugzwang. Angenommen, diese schaffen es nicht, mit den **vorhandenen** Ressourcen nachzuziehen (noch besser wäre es, den fernöstlichen Konkurrenten vorauszusein!) und die Phase der Konstruktion und Fertigungsvorbereitung um ein Jahr zu verkürzen, müssen ceteris paribus die entsprechende **Kapazität ausgeweitet** und die damit verbundenen **Mehrkosten hingenommen** werden, um nicht ins Hintertreffen zu geraten.

Betrachten wir dazu einen Zeitraum von 2 Jahrzehnten. Um die Zykluszeit von fünf Jahren in dem erforderlichen Maße zu drosseln und die Häufigkeit des Modellwechsels um den angestrebten Faktor zu erhöhen, muß die Kapazität in dem angedeuteten Sinne unter Ceteris-paribus-Bedingungen um einen zwischen 25 und 100% liegenden Prozentsatz ausgebaut werden (siehe Abb. 4.2.).

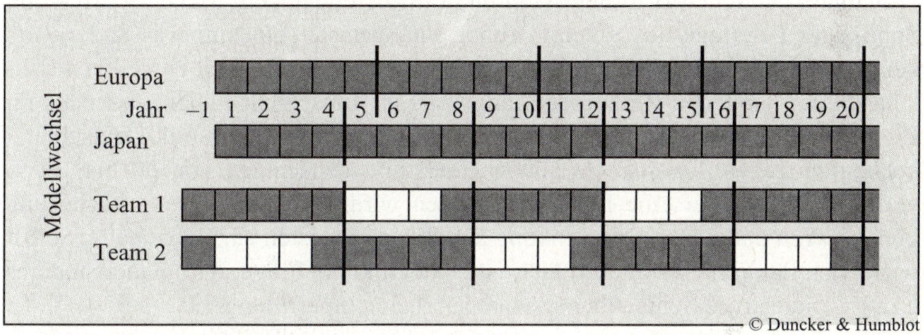

Abb. 4.2.: Kapazitätseffekt des Zeitwettbewerbs

Man benötigt nunmehr, da sich der Kompetenzzuwachs an bestimmten Stellen – nach dem mathematischen Sprachgebrauch – nur in diskreten Schritten bewerkstelligen läßt, gewissermaßen zwei Teams, denen zwar zusammen 40 Jahre für ihre Arbeit zur Verfügung stehen, von denen jedoch 15 nicht produktiv eingesetzt werden können. (Über eine Ungenauigkeit, die in der für die Zwecke der Modellbetrachtung nötigen, aber schwierigen Begrenzung des Planungszeitraums bedingt ist, sei hier hinweggesehen. Betroffen davon ist das Jahr – 1 bei Team 1.) Wieviel zusätzliche Kapazität letztlich tatsächlich benötigt und auch ausgelastet wird, hängt davon ab, inwieweit es gelingt, bei der ursprünglich vorhandenen Mannschaft unter Verzicht auf Verstärkung eine entsprechende **Effizienzsteigerung** zustande zu bringen, die **beschäftigungslosen Phasen** beider Teams mit anderen Arbeiten zu **überbrücken** oder eine dazwischenliegende Lösung in dem Sinne zu finden, daß zusätzliche **Ressourcen** bei Team 1 nur dort bereitgestellt werden, wo **Engpässe** zu überwinden sind.

(4) Nicht zuletzt ist in diesem Zusammenhang auf die Diskrepanz zwischen der Dauer des vom Gesetzgeber gewährten **Patentschutzes** und dem Intervall, in dem in der Regel ein Bündel von Patenten gemeinsam genutzt werden kann, zu verweisen. Woran dies liegt, ist in § 4, Abschn. 2.1.3., dargelegt worden.

Es leuchtet nunmehr auch ein, was eine etwa in Japan und in den U.S.A. um mehrere hundert Stunden pro Jahr höhere **Arbeitszeit** mit einer entsprechend ausgeweiteten **Maschinenlaufzeit** für die Wettbewerbsfähigkeit der deutschen Wirtschaft bedeutet. Wenn Führungskräfte, Ingenieure usw. dort z. B. um 20-30% mehr arbeiten, ist dies angesichts der gewaltigen Investition, die die Schaffung eines Arbeitsplatzes erfordert, wesentlich weniger aufwendig, als wenn die Personalstärke hierzulande in vergleichbarem Maße aufgestockt würde. Die Lage wird noch dadurch erschwert, daß die Art von Kräften, die man dabei benötigt, auf dem Arbeitsmarkt zumeist überhaupt nicht zur Verfügung steht.

Ein vergleichbares Problem stellt die **Maschinenlaufzeit**, allgemein: der Teil des Tages, an dem Anlagen genutzt werden können, dar. Das Intervall genügt oftmals betrieblichen Erfordernissen nicht in ausreichendem Maße. Selbst wenn Sonn- und Feiertage aus gutem Grunde unangetastet bleiben, was anderwärts keineswegs so selbstverständlich erscheint, sähe man sich doch zuweilen veranlaßt, die vorhandenen Ressourcen länger als im Einschicht-, aber kürzer als im Zweischichtbetrieb zu nutzen. Vor allem ein in der Bundesrepublik Deutschland hochentwickeltes Arbeitsrecht sowie Überstundenzuschläge von 50 bis 100% verhindern, daß hier eine Lösung gefunden wird, die eine bessere Auslastung von Anlagen und damit eine Senkung anteiliger Fixkosten zur Folge hätte. Selbst wenn sich daran nichts ändern läßt, ist es doch keine Frage, daß manch anderes Land weniger rücksichtsvoll mit seinen Arbeitnehmern umgeht.

Der Vollständigkeit wegen sei darauf hingewiesen, daß auch im operativen Bereich eine Reihe von Ansatzpunkten existiert, über den Faktor Zeit Vorteile gegenüber Wettbewerbern zu erringen. Beispielsweise entscheidet die **Lieferzeit** in vielen Fällen über die Vergabe eines Auftrags. Im Kraftwerksbau z. B. beschert jeder Monat, den eine Anlage früher in Betrieb genommen werden kann, deren Eigentümer zusätzliche Erlöse. Um hierbei mithalten zu können, bedarf es einer ständig höheren **Prozeßgeschwindigkeit**, die zugleich die Ressourcennutzung verbessert, die Kapitalbindung reduziert, die Lernzyklen bei den Mitarbeitern verkürzt und die Flexibilität des Gesamtunternehmens erhöht. Für einen bewußt geführten Zeitwettbewerb gibt es bislang keine wirksame Gegenstrategie.

Quellen

Albers, S., Kundennähe als Erfolgsfaktor, in: *Albers, S.* u. a. (Hrsg.), Elemente erfolgreicher Unternehmenspolitik in mittelständischen Unternehmungen, Stuttgart 1989, S. 101-122.

Bauer, H. H., Das Erfahrungskurvenkonzept – Möglichkeiten und Problematik der Ableitung strategischer Handlungsalternativen, in: WiSt, 15. Jg. (1986), S. 1-10.

Bücher, K., Das Gesetz der Massenproduktion, in: Zeitschrift für die gesamte Staatswissenschaft, 66. Jg. (1910), S. 429-444.

Dichtl, E., Trennstriche durch den Massenmarkt – Wann ist es rentabel, Gruppen gezielt anzusprechen?, in: Direkt Marketing, 9. Jg. (1973); S. 226-229.

– Orientierungspunkte für die Festlegung der Fertigungstiefe, in: WiSt, 20. Jg. (1991), S. 54-59.

– Die Beseitigung von Grenzkontrollen und technischen Hemmnissen im Warenverkehr, in: *Dichtl, E.* (Hrsg.), Schritte zum Europäischen Binnenmarkt, 2., völlig überarb. Aufl., München 1992, S. 15-38.

– Produktionstiefe, in: *Wittmann, W.,* u. a. (Hrsg.), Handwörterbuch der Betriebswirtschaft, Teilband 2, 5., völlig neu gestaltete Aufl., Stuttgart 1993, Sp. 3519-3529.

– (Hrsg.), Standort Bundesrepublik, Frankfurt / Main 1994.

Dichtl, E. / Köglmayr, H.-G. / Müller, S., Die Auslandsorientierung als Voraussetzung für Exporterfolge, in: ZfB, 56. Jg. (1986), S. 1064-1076.

Dichtl, E. / Müller, S., Was erfolgreiche von erfolglosen Exporteuren unterscheidet, in: *Dichtl, E. / Issing, O.* (Hrsg.), Exportnation Deutschland, 2., völlig neubearb. Aufl., München 1992, S. 337-357.

Engelhardt, W. H. / Schütz, P., Total Quality Management, in: WiSt, 20. Jg. (1991), S. 394-399.

Fritz, W., Marketing – ein Schlüsselfaktor des Unternehmenserfolges? – Eine kritische Analyse vor dem Hintergrund der empirischen Erfolgsfaktorenforschung, in: Marketing · ZFP, 12. Jg. (1990), S. 91-110.

Hahn, C., A European Platform for Global Competition, in: Harvard Business Review, Vol. 69 (1991), No. 4, pp. 103-113.

Haller, S., Methoden zur Beurteilung von Dienstleistungsqualität, in: ZfbF, 45. Jg. (1993), S. 19-40.

Hentschel, B., Dienstleistungsqualität aus Kundensicht, Wiesbaden 1992.

Hippel, E. von, Get New Products from Customers, in: Harvard Business Review, Vol. 60 (1982), No. 2, pp. 117-122.

– Lead users: A Source of Novel Product Concepts, in: Management Science, Vol. 32 (1986), pp. 791-805.

Institut der deutschen Wirtschaft (Hrsg.), Industriestandort Deutschland – Ein graphisches Portrait, Köln 1992.

– Standort Deutschland – Das Urteil des Auslands, Informationsdienst des Instituts der deutschenWirtschaft (iwd), 19. Jg. (1993), Nr. 2, S. 2 f.

Jehle, E., Wertanalyse – Ein System zum Lösen komplexer Probleme, in: WiSt, 20. Jg. (1991), S. 287-294.

Krause, K. P., Standort Deutschland, in: Frankfurter Allgemeine Zeitung, Nr. 43, 20.2.1992, S. 15.

Kregoski, R. / Scott, B., Quality Circles, Chicago u. a. 1982.

Leibenstein, H., Allocative Efficiency versus X-Efficiency, in: American Economic Review, Vol. 56 (1966), pp. 392-415.

Lingenfelder, M., Die Marketingorientierung von Vertriebsleitern als strategischer Erfolgsfaktor, Berlin 1990.

Maier-Mannhart, H., Vorstoß in die vierte Dimension, in: Süddeutsche Zeitung, Nr. 130, 6./7./8.6.1992, S. 21.

Meister, H. E., Der Kampf gegen die Markenpiraterie, in: *Dichtl, E. / Eggers, W.* (Hrsg.), Marke und Markenartikel als Instrumente des Wettbewerbs, München 1992, S. 269-286.

Meyer, A. / Mattmüller, R., Qualität von Dienstleistungen – Entwurf eines praxisorientierten Qualitätsmodells, in: Marketing · ZFP, 9. Jg. (1987), S. 187-195.

Müller, S., Die Psyche des Managers als Determinante des Exporterfolges, Stuttgart 1991.

o. V., Präsenz am größten europäischen Einzelmarkt, in: Frankfurter Allgemeine Zeitung, Nr. 52, 2.3.1992, S. 17.

o. V., Service läßt zu wünschen übrig, in: iwd – Informationsdienst des Instituts der deutschen Wirtschaft, 18. Jg., Nr. 38, 17.9.1992, S. 8.

Parasuraman, A. / Zeithaml, V. A. / Berry, L.L., SERVQUAL: A Multiple-Item Scale for Measuring Consumer Perception of Service Quality, in: Journal of Retailing, Vol. 64 (1988), pp. 12-40.

Porter, M. E., Nationale Wettbewerbskraft – woher kommt die?, in: HARVARDmanager, 12. Jg. (1990), Heft 4, S. 103-118.

Pümpin, C., Management strategischer Erfolgspositionen, Bern–Stuttgart 1982.

Ruppert, W., Standort Bundesrepublik im Urteil des verarbeitenden Gewerbes, in: ifo-Schnelldienst, 42. Jg. (1989), Nr. 4, 8.2.1989, S. 22-28.

Simon, H., Vorteile durch Dienstleistungen, in: Frankfurter Allgemeine Zeitung, Nr. 127, 2.6.1992, S. B 2.

Stauss, B. / Hentschel, B., Verfahren der Problementdeckung und -analyse im Qualitätsmanagement von Dienstleistungsunternehmen, in: Jahrbuch der Absatz- und Verbrauchsforschung, 36. Jg. (1990), Heft 3, S. 232-259.

Thom, N., Betriebliches Vorschlagswesen – Ein Instrument der Betriebsführung, 4., durchges. Aufl., Bern u. a. 1993.

Töpfer, A. / Mehdorn, H., Total Quality Management, 2., durchges. Aufl., Neuwied u. a. 1993.

van Wyk, R. J., Panoramic Scanning and the Technological Environment, in: Technovation, Vol. 2 (1984), pp. 101-120.

Wilfert, C., Stell Dir vor, es gibt Japan, und keiner geht hin!, in: absatzwirtschaft, Sondernummer Oktober 1992, S. 106 + 108 f.

Weiterführende Literatur

Dichtl, E., Strategische Optionen im Marketing, 3., neubearb. Aufl., München 1994.

Fritz, W., Marketing-Management und Unternehmenserfolg, 2., überarb. und erg. Aufl., Stuttgart 1995.

Homburg, Ch., Kundennähe von Industriegüterunternehmen, Wiesbaden 1995.

Kumar, B. N. / Haussmann, H. (Hrsg.), Handbuch der internationalen Unternehmenstätigkeit, München 1992.

Meffert, H., Marketing Management, Wiesbaden 1994.

Porter, M. E., Wettbewerbsstrategie, 7. Aufl., Frankfurt / Main–New York 1992.

– Wettbewerbsvorteile, 3. Aufl., Frankfurt / Main–New York 1992.

Raffeé, H. / Wiedmann, K.-P. (Hrsg.), Strategisches Marketing, 2. Aufl., Stuttgart 1989.

Sabel, H. / Weiser, Ch., Dynamik im Marketing, Wiesbaden 1995.

Simon, H., Die Zeit als strategischer Erfolgsfaktor, in: ZfB, 59. Jg. (1989), S. 70-93.

Stalk, G., Zeit – die entscheidende Waffe im Wettbewerb, in: HARVARDmanager, 11. Jg. (1989), Heft 1, S. 37-46.

Teil III

Optionen im Instrumentalbereich

§ 5 Produkt- und Programmpolitik

1. Grundlagen

1.1. Produkt- und programmpolitische Komponenten der Marketingleistung

Die Beschäftigung mit dem **Produkt**, d. h. dem Vermarktungsgegenstand eines Unternehmens, sowie dem (Angebots-)**Programm,** d. h. der Gesamtheit aller produktbezogenen Marktaktivitäten, gehört zu den traditionellen Teilgebieten des Marketing. Dementsprechend steht eines der klassischen „four p's“, mit denen im angelsächsischen Bereich das absatzpolitische Instrumentarium umschrieben wird, für „product“ (neben „price“, „promotion“ und „place“). Man kann diesen Teil durchaus als Kern eines qualifizierten Marketing (vgl. *Koppelmann* 1993, S. 16; *Kotler / Bliemel* 1992, S. 658) begreifen und ihm eine Sonderstellung einräumen.

Bevor darauf eingegangen wird, was ein Produkt überhaupt ist, bedarf es der Entwicklung einer **Systematik** von **Gütern** (Abb. 5.1.). Über lange Zeit hinweg war der Begriff auf materielle Gegenstände beschränkt *(Maleri* 1991, S. 5, sowie *Smith* 1910, insbesondere S. 1, 3 f. und 13). Immaterielle Güter wurden damit implizit als nicht existent angesehen. Dieses enge Begriffsverständnis überwand erstmals *Jean Baptiste Say* (1830, S. 170 ff.), der darauf hinwies, daß eine Nutzenstiftung nicht notwendigerweise an ein physisches Produkt gebunden sei (vgl. auch *Rieger* 1962, S. 18; *Berekoven* 1983, S. 6).

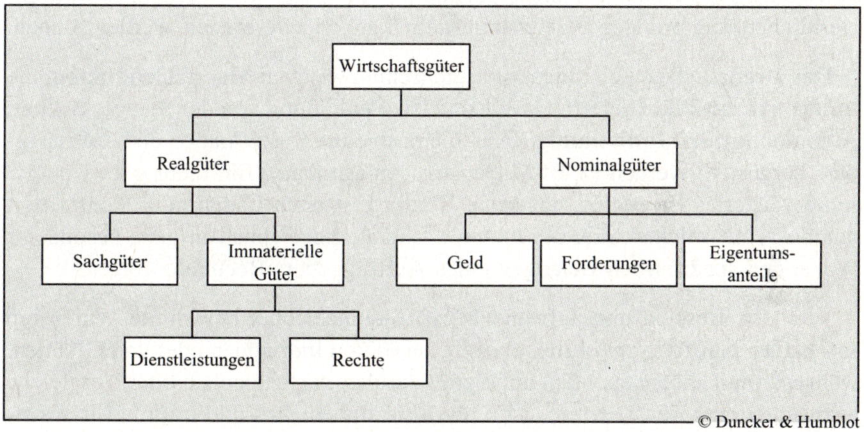

Abb. 5.1.: Systematik der Güter

Durch diese „Entmaterialisierung“ *(Maleri* 1991, S. 6) des Gutsbegriffs und dessen Erweiterung auf nichtkörperliche Leistungen wird es möglich, auch eine Dienstleistung als Produkt zu bezeichnen, nämlich dann, wenn man hierunter – umfassender – ganz pauschal den Vermarktungsgegenstand eines Unternehmens, der sich als ein vom physischen Zustand unabhängiges Eigenschaftsbündel darstellt, versteht (vgl. auch *Brockhoff* 1993, S. 15 f.; *Mayer* 1993, S. 12; *Kotler / Bliemel* 1992, S. 621).

Eine solche Leistung muß nicht notwendigerweise ein alleinstehendes Produkt oder eine vergleichbare Dienstleistung verkörpern; es kann sich auch um eine **Kombination** aus **beiden Elementen** handeln. Wenn hierbei gelegentlich zwischen **Haupt-** und **Nebenleistung** unterschieden wird, ist damit keine Wertung über den jeweiligen Beitrag zum Unternehmenserfolg verbunden. Mitunter kann letztere, die ihrer Natur nach ergänzenden Charakter hat, sogar wichtiger sein als das, was im Mittelpunkt steht.

Andere Einteilungen der Güterwelt zielen auf (1) das **Ausmaß** der **Verwendungsreife**, (2) den **Individualisierungsgrad** und (3) den von Erwerbern getriebenen **Beschaffungsaufwand** ab.

Nach dem ersten Kriterium unterscheidet man zwischen **Roh-** oder **Urstoffen**, **Halbfertig-** (Halbwaren, Zwischenprodukte) und **Fertigerzeugnissen**. Rohstoffe sind aus der Natur gewonnene Güter, Halbfabrikate hingegen das Ergebnis von Bearbeitungsprozessen, als solche gleichwohl noch nicht fähig, dem eigentlichen Verwendungszweck zu dienen. Sie müssen in einer weiteren Stufe ein- bzw. mehrfach umgeformt (z. B. Metalle, Kunststoffe, Zement) oder mit anderen Produkten ihrer Art (z. B. Kotflügel, Lenkrad, Autositz) zu einem verwendungsfähigen Ganzen (z. B. Auto, Haus, chemische Anlage) zusammengefügt werden. Als Fertigerzeugnisse sind dementsprechend solche Güter aufzufassen, die im gewerblichen oder privaten Bereich unmittelbar ge- oder verbraucht werden können.

Das zweite Differenzierungskriterium trennt zwischen **Massenprodukten**, die für anonyme Märkte gefertigt werden (z. B. Bekleidung von der Stange, Bücher, Automobile), und **Individualgütern**, die nach einer Spezifikation des Auftraggebers hergestellt werden (z. B. Maßanzug, Anlagenbau). Ein mehr oder weniger standardisiertes Erzeugnis, das seine Käufer erst noch finden muß, kontrastiert demnach mit solchen, die, oft auch als Unikate bezeichnet, in ganz besonderer Weise den spezifischen Belangen eines Auftraggebers Rechnung tragen.

Was den Beschaffungsaufwand betrifft, kennzeichnet bestimmte Waren ein **intensiver Kaufentscheidungsprozeß**, sei es von Individuen oder von Gremien, während man andere spontan, ohne groß darüber nachzudenken oder Vergleiche anzustellen, erwirbt. Letzteres ist typisch für **habituelles** und **impulsives Kaufverhalten**. Noch etwas feiner differenziert eine auf Anfang der zwanziger Jahre zurückgehende, auch im deutschen Sprachraum gebräuchliche Einteilung in „convenience goods", „shopping goods" und „specialty goods".

„Convenience goods" kaufen Konsumenten zumeist mit einem Minimum an Aufwand (z. B. Lebensmittel, Zigaretten). Die Betroffenen wissen genau, was sie wollen, verfügen über ein „evoked set of alternatives", d. h. einen Satz von qualitativ und preislich etwa gleichwertigen Optionen. Ist das gesuchte Produkt, aus welchen Gründen auch immer, nicht verfügbar, weicht der Interessent eher auf ein ihm vertrautes Substitut aus, als zusätzliche Beschaffungsanstrengungen zu unternehmen. Er ist also nicht darauf bedacht, seinen Nutzen durch Erlangung der allerbesten Variante zu maximieren, sondern darauf aus, den Beschaffungsaufwand möglichst gering zu halten.

„Shopping goods" erwirbt man relativ selten und erst nach einem sorgfältigen Vergleich von Qualität und Preisen (z. B. Möbel, Schuhe). Für solche Güter besitzt der Käufer kein vorgegebenes Präferenzsystem, das ihm einen aufwendigen Entscheidungsprozeß ersparen würde.

„Specialty goods“ werden ebenfalls in größeren Abständen gekauft, befriedigen spezielle Bedürfnisse und rechtfertigen daher beachtliche Kaufanstrengungen durch einen Interessenten (z. B. Herrenanzug, Photoausrüstung). Es handelt sich hierbei um Güter, für die im Bewußtsein des Verbrauchers – ähnlich wie bei den „convenience goods“ – präzise Vorstellungen existieren. Da sie aber für den Verbraucher von besonderem Interesse sind (hohes „ego involvement“), begnügt sich dieser nicht mit einer sog. satisfizierenden Kaufentscheidung, sondern trachtet nach Maximierung seines Nutzens durch Erlangung der für ihn allerbesten Alternative. Dies setzt extensive Vergleiche voraus.

Die zuletzt skizzierte Einteilung überschneidet sich mit der gleichfalls gängigen Dichotomie **„high interest products“** und **„low interest products“**. Ein Bedarfsträger wird diesen je nach Beschaffenheit und Preis hohe oder aber nur geringe Aufmerksamkeit schenken. Verständlicherweise hat die Werbung in beiden Fällen ganz unterschiedliche Funktionen zu erfüllen. In eine ähnliche Richtung geht auch die Unterscheidung zwischen **„problemlosen“ Produkten**, die „sich selbst verkaufen“ (z. B. Kondensmilch, Waschmittel), und **„problemvollen“ Gütern**, die beim Verkauf im allgemeinen eine Beratung der Käufer erforderlich machen (z. B. Damenkostüme, Elektrogeräte, Kunstgegenstände).

Für Abnehmer stellt ein Produkt ein **Bündel** aus **verschiedenen nutzenstiftenden Eigenschaften** dar (vgl. auch *Böcker* 1994, S. 190; *Brockhoff* 1993, S. 16 f.); es dient damit als Mittel zur Erfüllung von wie auch immer gearteten Ansprüchen. Dies leuchtet insofern ein, als im gegenteiligen Falle, also wenn kein Bedürfnis mit dem Kauf eines Produktes befriedigt würde, jenes nicht auf Nachfrage stieße.

In bestimmten Fällen läßt sich die Produkteigenschaft verhältnismäßig leicht erfassen. So erscheint bei einem Hersteller von Schnürsenkeln oder einem solchen von Zement die Antwort auf die Frage, worin das Angebot bestehe, relativ unproblematisch. Nicht ganz so leicht läßt sich diese Frage bei einem Automobilunternehmen beantworten. Ein konkretes Produkt sind die ca. zwei Tonnen an Metall, Kunststoff, Gummi etc., die z. B. ein fertiggestellter *Mercedes* der *S-Klasse* verkörpert, ohne Zweifel. Aber wird dieser deswegen nachgefragt? Ist es nicht eher jenes Bündel von Eigenschaften wie Form, Farbe und Fahrverhalten, das von der Klientel des betroffenen Unternehmens verlangt wird? Oder verkauft der Hersteller seinen Kunden gar Status, Prestige, Seriosität und ein Stück Lebensanschauung? Wenn aber schon bei einem so greifbaren Erzeugnis wie einem Kraftfahrzeug die Produktdefinition Schwierigkeiten bereitet, um wieviel problematischer muß ein solches Unterfangen erst bei Reisebüros, Versicherungsgesellschaften, Filmproduzenten oder Universitäten sein! Sie alle sind – mehr oder weniger bewußt – im Rahmen ihres Marketing produktpolitisch aktiv.

Ein Nachfrager bewertet ein ihm angebotenes Gut durch Vergleich des damit erlangbaren Nutzens mit den Kosten bzw. Opfern, die mit dessen Erwerb und

Konsum verbunden sind. Diese zwei Beurteilungskomponenten lassen sich unschwer analytisch trennen und mit anderen Begriffen näher kennzeichnen bzw. meßbar machen. So kann man die Gesamtheit aller positiven Effekte (Nutzenkomponenten), die mit einem Angebot assoziiert werden, als **Leistung,** alle von einem Käufer zu deren Erlangung erbrachten Opfer dagegen als **Preis** auffassen. In diesem Sinne steht Leistung also für die Fähigkeit eines Produzenten, Bedürfnisse von Nachfragern zu befriedigen, d. h. ihnen Problemlösungen zu liefern. So kaufen Verbraucher beispielsweise bestimmte Zigarettenmarken oder Kosmetika kaum wegen des Geschmacks (Blindtests bezeugen das fehlende Differenzierungsvermögen) bzw. deren chemischer Zusammensetzung (fachliche Überforderung des Verbrauchers) und noch weniger wegen der mit diesen Produkten meistens einhergehenden beträchtlichen Distributionsleistung (Bekanntheitsgrad, Überallerhältlichkeit), sondern wegen der Freiheit, Männlichkeit, Weiblichkeit oder Schönheit, die in ihnen stecken. Die Leistungsgestaltung muß sich also, um eine positive Wirkung auf den Unternehmenserfolg entfalten zu können, an den Ansprüchen der Nachfrager, den Anforderungen des Marktes, ausrichten. Die **Marktadäquanz** bildet somit den **Ausgangspunkt aller leistungsbezogener Gestaltungsmaßnahmen.**

Damit ein potentieller Abnehmer beurteilen kann, ob bzw. inwieweit ein Angebot seinen Erwartungen oder Bedürfnissen entspricht, muß er dieses zunächst **wahrnehmen**. Eine Leistung ist also nicht allein durch ihre objektive Beschaffenheit im Sinne ihrer technisch-konstruktiven und physikalisch-chemischen Merkmale (bei Sachgütern), der Art der körperlichen resp. maschinellen Verrichtung (bei Dienstleistungen) oder durch ihren Ge- oder Verbrauch charakterisiert, sondern erst durch Verschmelzung all dessen mit der Wahrnehmung als einem Ergebnis eines psychischen Informationsverarbeitungsprozesses.

Eine solche **Perzeption** kann auch durch kommunikative, distributions- und preispolitische Aktivitäten ausgelöst werden. Dies erweist sich dann von Vorteil, wenn z. B. die Abnehmer Leistungen trotz gleicher Substanz auf Grund unterschiedlich ansprechender Werbebotschaften verschieden hohe Nutzenwerte zuordnen. Dieser Sachverhalt ist namentlich für die Markenpolitik von großer Bedeutung (eingehend dazu Abschn. 4.3.). Nicht zuletzt stellt die kommunikative Herausstellung unauffälliger Nutzenkomponenten häufig eine wesentliche Voraussetzung dafür dar, daß diese überhaupt ins Kalkül gezogen werden. Aus einer solchen Intention heraus wird beispielsweise eine Produktneuheit unter den Imageschirm einer bekannten Markenfamilie gerückt.

Auf der Einzelhandelsebene begegnet der Verbraucher einem Produkt stets im Rahmen eines Sortiments, wobei die Geschäftsatmosphäre und oft auch das Verkaufspersonal auf ihn einwirken. Es leuchtet ein, daß die gleiche Ware unterschiedlich erlebt werden kann, je nachdem, ob sie in einem anspruchsvollen Fachgeschäft von einem fachkundigen Verkäufer präsentiert wird oder, in Pappkartons verpackt, eigenhändig dem Regal entnommen werden muß.

Erst das Konglomerat von Wahrnehmung, Erfahrung, Einstellungen und Werten läßt im Bewußtsein des Verbrauchers das entstehen, was hier als **Leistung**

(= erwartete Problemlösungskraft) bezeichnet und im Rahmen von Bewertungsprozessen dem **Preis** (den Kosten, mit denen der Käufer zu rechnen hat) gegenübergestellt wird. Nicht die unmittelbare objektive Leistung, sondern das **erwartete Problemlösungspotential** muß folglich der Anbieter im Auge haben.

Die Bedeutung der Wahrnehmung tritt dort gegenüber objektiven Produktmerkmalen in den Hintergrund, wo mehrere Personen an einer Entscheidung beteiligt sind, wie es in der Regel bei der Beschaffung von Produktions- und Investitionsgütern der Fall ist. Obwohl auch die Mitglieder eines Buying Center bestimmte Sachverhalte jeweils isoliert voneinander und subjektiv erfassen, wird sich doch die Gruppenwahrnehmung als Resultat von Verhandlungs- und expliziten Bewertungsprozessen näher an der objektiven Realität befinden, als dies bei einer Begutachtung durch eine Einzelperson der Fall sein kann.

Vor dem Hintergrund der großen Bedeutung, die der Wahrnehmung zumindest bei Produkten, die Konsumzwecken dienen, zukommt, wird verständlich, weshalb eine Definition, die als Produkt das umreißt, was spezifische Bedürfnisse befriedigt, als zu global zu kennzeichnen wäre. Die erwartete Problemlösungskraft, von der der Kauf oder Nicht-Kauf eines Gutes abhängt, resultiert aus dem Wirkungsverbund des gesamten absatzpolitischen Instrumentariums, der Marketingleistung in ihrer Gesamtheit. Die Beiträge der einzelnen Instrumentalbereiche sind nicht unmittelbar identifizier- und voneinander isolierbar (vgl. dazu auch *Koppelmann* 1993). Daher bedarf es eines Kunstgriffs der Art, daß die Marketingleistung das komplexe, ineinander verwobene Wirkungsgesamt, das Produkt dagegen jenen Teil davon darstellt, der unmittelbar auf die Wahrnehmung oder Nutzung eines konkreten Vermarktungsobjektes zurückzuführen ist. Abgestellt wird m. a. W. auf ein konkretes, als physische Einheit oder Verrichtung erkennbares Aggregat aus wahrgenommenen, mit Nutzenerwartungen verknüpften Eigenschaften. Demgemäß zählen zur **Produktpolitik** alle Überlegungen, Entscheidungen und Handlungen, die in unmittelbarem Zusammenhang mit der Kombination und Variation dieser Eigenschaften stehen.

Die Gesamtheit aller Leistungen eines Unternehmens bildet dessen **Angebotspalette**. In der Industrie spricht man vorzugsweise von **Produktionsprogrammen,** während der Begriff **Sortiment** Handelsbetrieben vorbehalten ist. Obwohl die Produkte stets Elemente eines Programms verkörpern, erfordert die Programmpolitik einige weitergehende Überlegungen und Entscheidungen. Sie bezieht sich im Gegensatz zur Produktpolitik nicht auf das einzelne Produkt, sondern auf die Zusammenstellung verschiedener Erzeugnisse oder Erzeugnisgruppen zu einer in den Augen der Nachfrager attraktiven, zum Kauf **anregenden Gesamtheit.** Dies hat zur Folge, daß für die Programmpolitik auch die zwischen den einzelnen Produkten und Produktgruppen bestehende Interdependenz (Beziehungen der Konkurrenz, Komplementarität, Ähnlichkeit usw.) sowie deren Auswirkung auf die Erreichung unternehmerischer Ziele von Bedeutung sind. Auch bietet ein Unternehmen vielfach Nebenleistungen, wie Beratungs-, Zustellungs-,

Montage- und Reparaturdienste an, aber auch Garantieversprechen und Schulungsveranstaltungen, deren Wahrnehmung aus einer übergeordneten Perspektive gesteuert werden muß.

Das Programm kann anhand von drei **Dimensionen** gekennzeichnet werden (siehe dazu insbes. Abschn. 5.): Programmpolitische Grundorientierung, Programmbreite und Programmtiefe (vgl. auch *Dichtl* 1994; *Backhaus* 1989, S. 710). Die **programmpolitische Grundorientierung** hebt auf die alle angebotenen Leistungen prägenden Gemeinsamkeiten ab. Dies können etwa die Fertigung auf der gleichen Anlage oder die Bedienung identischer Kundensegmente sein. Die beiden anderen Begriffe kennzeichnen die Anzahl der Produkte, die das Angebotsprogramm ergeben, und die zwischen ihnen bestehende Affinität. Während sich die **Programmbreite** auf die Zahl der geführten Artikel bezieht, spiegelt die **Programmtiefe** die Anzahl der Varianten innerhalb einer Produktlinie wider (siehe Abb. 5.2.).

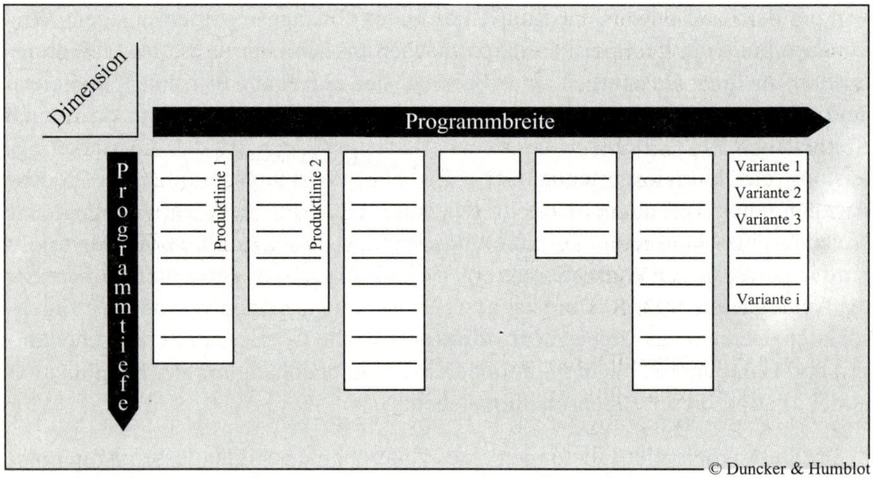

Abb. 5.2.: Breite und Tiefe des Angebotsprogramms

Ein Großteil der im Rahmen der Produkt- und Programmpolitik zu treffenden Entschlüsse stellt echte Führungsentscheidungen dar. Dies resultiert daraus, daß die Überlebensfähigkeit eines Unternehmens bzw. dessen Erfolgspotential vor allem davon abhängt, welche Erzeugnisse es in welcher Ausgestaltung anbietet. Hinzu tritt, daß Maßnahmen, die diese betreffen, überwiegend ungleich länger vorausgeplant und vorbereitet werden müssen als Aktivitäten im Rahmen der anderen absatzpolitischen Instrumente. Davon betroffen sind naturgemäß auch Konkurrenten, so daß ein marktaktives Unternehmen von einem Vorsprung auf diesem Sektor vergleichsweise länger profitiert.

1.2. Die Bedeutung der Produkt- und Programmpolitik in Wettbewerbstheorie und Wettbewerbspraxis

Der wirtschaftliche und soziale Stellenwert von Produkten ist offenkundig. Es leuchtet ein, daß ohne Sachen, Dienste und Ideen fundamentale individuelle und soziale Bedürfnisse unbefriedigt blieben. Neben dieser **wohlfahrtszentrierten Bedeutung** von Produkten wird ihre hohe Relevanz in Theorie und Praxis auch durch deren **ordnungspolitische Rolle** in marktwirtschaftlich organisierten Wirtschaftsformen hervorgerufen. Wie dargestellt wurde, enthält die Marketingleistung, mit der ein Anbieter an potentielle Käufer herantritt, neben dem materiellen oder immateriellen Kern auch eine distributions-, kommunikations- und preispolitische Komponente. Letztere werden durch das Produkt „transportiert" und einem Anbieter erst dadurch honoriert, daß das eigentliche Produkt erworben und bezahlt wird.

Dies kennzeichnet die große Bedeutung der Produktpolitik als Mittel zur Erlangung von Wettbewerbsvorteilen. Besonders in den letzten Jahrzehnten gewann sie für Wachstum und Sicherung von Unternehmen noch erheblich an Gewicht. So entfällt immer wieder ein großer Teil des Umsatzes von Unternehmen auf Erzeugnisse, die es wenige Jahre vorher noch nicht gegeben hat. Die gesamtwirtschaftliche Palette an Produkten wurde hierdurch immer breiter. Vor dem Ersten Weltkrieg soll sich die Gesamtzahl aller auf dem deutschen Markt angebotenen Artikel noch auf etwa 100.000 belaufen haben. Vergegenwärtigt man sich demgegenüber, daß allein im Einzelhandel der Bundesrepublik Deutschland Mitte der neunziger Jahre mehrere Millionen Artikel verfügbar gehalten werden, wird das Maß, in dem der Wettbewerb über neue Produkte bestritten wird, offenkundig (vgl. *Brockhoff* 1993, S. 1).

Neue oder **verbesserte Produkte,** die der Markt akzeptiert, leisten deswegen einen hohen Beitrag zum Erfolg von Unternehmungen, weil sie eine gewisse Zeitlang einen Vorsprung vor den Konkurrenten sichern. Sie verschaffen den Unternehmen damit vorübergehend eine zumindest **monopolähnliche Stellung**. Diese Strategie dient vor allem dazu, dem Preiswettbewerb, dessen Intensität bei alten Produkten hoch zu sein pflegt, immer wieder auszuweichen (siehe auch *Aberle* 1992, S. 13). Die Offensive mit neuen Erzeugnissen, die zunächst keine oder nur wenige Konkurrenten haben, ist der Verteidigung alter und anfällig gewordener Marktpositionen vorzuziehen (siehe dazu auch *Mayer* 1993, S. 63 f.). Mit der Politik der Durchsetzung von Produktneuheiten kann darüber hinaus auch ein aus der gesamtwirtschaftlichen Perspektive wichtiger Beitrag zum **wissenschaftlich-technischen** und **wirtschaftlichen Fortschritt** verbunden sein.

Beispielsweise wirken sich Innovationen im Bereich der Elektronik, insbesondere der Mikroprozessortechnik bei weitem nicht nur auf das Wachstum derjenigen Unternehmen aus, die entsprechende Erzeugnisse herstellen, sondern sie beeinflussen auch die Wettbewerbsfähigkeit anderer. 1988 hing in der Bundesrepublik Deutschland ein Umsatzvolumen von mindestens 610 Milliarden DM direkt oder indirekt von der Mikroelektronik ab. Die betroffenen Wirtschaftszweige, nämlich Elektrotechnik, Maschinenbau, Fahrzeugbau, Feinmechanik und Optik sowie Büro- und Datentechnik, vereinigten seinerzeit mehr als 40% der Wertschöpfung des Verarbeitenden Gewerbes auf sich. Insbesondere die ebenso umfang- wie erfolgreiche Forschungs- und Entwicklungstätigkeit japanischer Unternehmen induziert bei den einschlägig tätigen europäischen Herstellern einen unablässigen Innovationsdruck. Ende der achtziger Jahre verfügten fernöstliche Hersteller über einen Anteil am Weltmarkt für integrierte Schaltungen von fast 50%. Dies löste hierzulande einen starken Anstieg der Aufwendungen für Forschungs- und Entwicklungsaktivitäten sowie der Investitionen in geeignete Fertigungsanlagen aus (vgl. *Kaske* 1989, S. 349 ff.).

Gleichwohl ziehen Innovationen mitunter massive Kritik auf sich. Man denke etwa an die Kernkraft und verschiedene medizinische Präparate. Die häufige Gleichsetzung von „innovativ = erfolgreich" muß daher zumindest an der zuweilen unterschiedlichen Zielsetzung der von einer Innovation Betroffenen relativiert werden (vgl. dazu auch *Hauschildt* 1993, S. 19 f.). Die hohe Bedeutung der Produkt- und Programmpolitik wird jedoch im Rahmen der wettbewerbstheoretisch begründeten Leitbilder der praktischen Ordnungspolitik heute weitgehend anerkannt (vgl. hierzu *Bartling* 1980).

Tabelle 5.1.

Ausstattungsgrad von bundesdeutschen Haushalten mit verschiedenen Gebrauchsgütern 1980 und 1990 (in % aller Haushalte)

Gebrauchsgut	Haushaltstyp / Jahr					
	Typ 1		Typ 2		Typ 3	
	1980	1990	1980	1990	1980	1990
Pkw	20	47	82	97	96	100
Telefon	73	97	86	98	98	99
Videorecorder	...	13	...	54	...	47
Heimcomputer	...	1	...	32	...	45
Fotoapparat	51	65	96	99	99	100
Geschirrspülmaschine	1	8	26	58	62	86
Nähmaschine	34	47	76	77	79	80
Waschvollautomat	61	89	79	98	71	98
Staubsauger	97	99	99	100	100	100
Mikrowellenherd	...	10	...	42	...	42
CD-Player	...	...	...	15	...	23

Quelle: *Statistisches Bundesamt.*

Da der Absatz in einer hochentwickelten Wirtschaft den zentralen unternehmerischen Engpaß darstellt, sollen an dieser Stelle kurz einige Ursachen sowie Möglichkeiten zur Entschärfung des Problems angedeutet werden, soweit sie sich auf die Produkt- und die Programmpolitik beziehen. Abgesehen von konjunkturellen Schwächen liegt die erlahmende Kauflust in vielen Konsumgüterbereichen vornehmlich an der sog. **Sättigung** von Märkten. Die in Tab. 5.1. wiedergegebenen Daten des *Statistischen Bundesamtes,* Wiesbaden, dessen Verbraucherstichprobe drei unterschiedliche Haushaltstypen kennt (Typ 1: 2-Personen-Haushalte von Renten- und Sozialhilfeempfängern mit geringem Einkommen; Typ 2: 4-Personen-Arbeitnehmerhaushalte mit mittlerem Einkommen; Typ 3: 4-Personen-Haushalte von Angestellten und Beamten mit höherem Einkommen), belegen den vereinzelt erreichten Grad an Marktversorgung.

Akzeptiert man, daß der Besitz bestimmter Güter nicht für alle Haushalte in Frage kommt (so wird beispielsweise die Sättigungsgrenze für Kaffeemaschinen bei 75% vermutet), dann dürften die Absatzprobleme, denen deren Hersteller gegenüberstehen, deutlich werden. Bei vielen Erzeugnissen, insbesondere z. B. bei Bügeleisen, Staubsaugern oder Haarpflegegeräten, bei denen zum Teil bereits eine Mehrfachausstattung festzustellen ist, erscheinen die **Märkte gesättigt**; der Absatz wird ausschließlich vom **Ersatzbedarf** bestimmt. Segmente, die zusätzliche Nachfrage auslösen, sind kaum mehr zu erschließen. Die zunehmende Verengung der Märkte, mit der eine Verschärfung des Wettbewerbs einhergeht, versuchen die Unternehmen auf unterschiedliche Art und Weise zu bewältigen:

- Ein naheliegender, doch schwieriger Schritt besteht trivialerweise darin, Produkte zu entwickeln, für die sich noch **keine Sättigungsgrenzen** abzeichnen (siehe hierzu auch *Hauschildt* 1993). Erzeugnisse, die bislang latente Bedürfnisse befriedigen können, führen zu neuen Märkten und schaffen eine gute Wettbewerbsposition. So führten Molkereien, als in den sechziger Jahren der Milchverbrauch kontinuierlich sank, eine Vielzahl veredelter Milchprodukte ein, um zusätzliche Nachfrage zu erzeugen (z. B. Joghurts mit allerlei Früchten oder mit Körnern, ferner Fitneßdrinks auf Milchbasis und anderes mehr). Weit verbreitet ist auch das Bemühen, in bekannte, noch **wachsende Märkte** einzudringen. Dies trifft etwa auf das erfolgreiche Bemühen deutscher Brauer zu, durch das Angebot alkoholfreien oder -reduzierten Biers an der stark steigenden Gesundheitswelle der Bevölkerung teilzuhaben.

- Eine andere Strategie besteht darin, mit produktpolitischen Mitteln den **Ersatzbedarf** zu **beleben**. Dies kann durch die Entwicklung von immer neuen, noch attraktiveren Varianten des gleichen Produktes geschehen, was sich offensichtlich vor allem bei Waschmitteln besonderer Beliebtheit erfreut. Hier wird immer wieder mit „neuen Reinigungsformeln“ für noch reineres Weiß geworben. Allerdings birgt eine solche Vorgehensweise die Gefahr in sich, daß es zu einer unüberschaubaren Produktvielfalt und gerade bei langlebigen Gebrauchsgütern zu einer für die Konsumenten ärgerlichen **vorzeitigen Veralterung** der Modelle kommt.

Theoretisch denkbar und insbesondere in der marxistischen Kapitalismuskritik stark vertreten (vgl. *Bodenstein / Leuer* 1977), wenngleich in keinem einzigen Fall überzeugend nachgewiesen (vgl. *Röper* 1976), ist die Strategie der bewußten Verschlechterung der Qualität eines Produktes (**„built in obsolescence“**). Sie führt, sofern es sie gibt, zwangsläufig zu einer Verkürzung des Rhythmus der Ersatzbeschaffung (vgl. *Raffée / Wiedmann* 1981).

– Gleichfalls in Betracht kommt die **Internationalisierung** der Unternehmensaktivitäten, d. h. das (weitere) Vordringen auf ausländische Märkte (vgl. *Dichtl / Issing* 1992). Zwar sind die relevanten Felder häufig ebenfalls stark umkämpft und zum Teil von ähnlichen Sättigungserscheinungen wie der heimische Markt gekennzeichnet, doch eröffnen diese andererseits bei adäquater Bearbeitung mitunter reizvolle Absatzchancen (vgl. *Kreutzer* 1989). Dies gilt vor allem dann, wenn es gelingt, ein produktspezifisch gutes Image des Herkunftslandes in die angebotenen Erzeugnisse zu verweben. Kommt es zu einem solchen Imagetransfer, läßt sich oft beobachten, daß ausländische Abnehmer bereit sind, für solch ein Gut einen gegenüber dem Inland vergleichsweise höheren Preis zu entrichten (zum Fall deutscher Produkte in Japan vgl. *Dichtl / Beeskow / Puls* 1983). Als unabdingbar für einen solchen Schritt erweist sich die Überwindung nicht nur landesspezifischer tarifärer und nichttarifärer Handelshemmnisse, sondern auch solcher Barrieren, die in einer unzureichenden Informationsbasis über die Absatzsituation auf dem Auslandsmarkt begründet sind.

– Immer häufiger bewältigen Unternehmungen Absatzprobleme, indem sie erfolgreiche Leistungen anderer nachahmen. Als besonders verwerflich erscheinen dabei die illegale und detailgetreue **Imitation** einer von anderen gefundenen Problemlösung sowie das Einschleusen eines häufig in Niedriglohnländern hergestellten, minderwertigen Plagiats in die inländischen Vertriebskanäle unter der Originalmarke. So sind beispielsweise Armbanduhren bestimmter Hersteller, Markentextilien, Schallplatten, Musik- und Video-Kassetten ebenso wie Computer-Software beliebte Objekte der **Markenpiraterie** (vgl. *Meister* 1992).

Beispielsweise gelangten 1993 größere Mengen gefälschter Markenjeans in deutsche Warenhäuser. Die betroffenen Händler mußten nach Entdeckung der illegalen Aktion die allzu billig eingekaufte falsche Ware aus dem Verkehr ziehen, sofern sie nicht bereits durch die Polizei beschlagnahmt worden war.

Kaum weniger schmarotzt an der Leistung eines Konkurrenten, wer dessen Kreationen stilistisch „nachempfindet“. Nicht unüblich sind solche Praktiken in der Bekleidungsbranche, wo Modekollektionen oft schon unmittelbar nach ihrer Vorstellung nachgeahmt werden. Aber auch andere Branchen erscheinen vor solchen Wettbewerbsmethoden nicht gefeit: So gerieten sich zwei Verlage in die

Haare, weil sich der eine für eines seiner Bücher grafischer Gestaltungskomponenten bediente, die der andere für die Umschläge der Werke eines Bestsellerautors verwendete.

2. Grundfragen des Käuferverhaltens

2.1. Das Markenwahlverhalten als Erklärungsproblem

Bei Käufermärkten befindet sich ein Anbieter in einer Situation, die im Hinblick auf den angestrebten Erfolg von starker Unsicherheit geprägt ist. Er weiß nicht im voraus, welche Produkte (Marketingleistungen) potentielle Nachfrager durch Kauf honorieren und welche sie durch Nicht-Kauf ökonomisch bestrafen. Um den **Absatzerfolg** zu sichern, wird er aber bemüht sein, seine Produkte bzw. sein gesamtes Leistungsangebot so auszugestalten, daß die Mitglieder der von ihm anvisierten **Zielgruppe** mit möglichst großer Wahrscheinlichkeit darauf positiv reagieren. Dies setzt fundierte Kenntnisse darüber voraus, welche Faktoren und Mechanismen auf der Nachfrageseite ein Produkt stark begehrt und erfolgreich, ein anderes dagegen zum Mißerfolg werden lassen.

Ein Anbieter hat grundsätzlich davon auszugehen, daß die Kaufentscheidung des Konsumenten einen psychischen Prozeß verkörpert, in dem neben dem Produkt (als Reiz) eine Vielzahl von Faktoren aus der ökonomischen (Produkte und Marketing der Konkurrenten, Einkommen, Konjunktur etc.), der politisch-rechtlichen (Reglementierung des Konsums, wie Verbot des Windsurfens auf bestimmten Gewässern, Devisenbewirtschaftung, Regelung des Waffenbesitzes u. a.) und der sozialen Umwelt (Mode, Gruppenkonformität u. a.) verarbeitet werden. Eine nicht zu unterschätzende Rolle spielen dabei auch situative Gegebenheiten (Zeitdruck, Beschaffungsort, Verfügbarkeit u. a.) sowie die Lebensumstände des Konsumenten (Alter, Beruf, Familiengröße u. ä.). Nur der Input (Produkt, Einflüsse aus der Umwelt, Lebensumstände) sowie der Output des Entscheidungsprozesses sind dabei beobachtbar, d. h. empirisch mehr oder weniger direkt feststellbar, nicht dagegen, was sich „dazwischen", im Inneren der Verbraucherpsyche, abspielt. Welche Konsequenzen ergeben sich daraus?

(1) Zum einen liegt es bei der Erklärung des beobachtbaren Verhaltens nahe, die psychischen Vorgänge bei den Kaufentscheidungs- bzw. Markenwahlprozessen auszusparen, da sie meist nur schwierig zu erfassen sind. Ein solches Vorgehen kennzeichnet Ansätze, die dem klassisch-behavioristischen **Stimulus-Response-Paradigma** verhaftet sind. Sie beschränken sich auf die Untersuchung des objektiv beobachtbaren Inputs (Stimulus = S) sowie des damit korrespondierenden beobachtbaren Outputs (Response = R). Das sichtbare Verhalten des Individuums, z. B. die Wahl einer Marke, stellt dann eine Funktion der Reize dar, die im Augenblick wirksam sind oder es früher waren. Über die Brücken, die im Kopf des Verbrauchers den Input mit dem Output verbinden, werden

keinerlei Überlegungen angestellt. Vielmehr ist man bemüht, den Input-Output-Zusammenhang allein formal abzubilden. Da hierbei die psychischen Prozesse im Dunkeln bleiben, spricht man von einem **Black Box**-Ansatz.

(2) Zum anderen kann man dem nicht-beobachtbaren psychischen Innenleben eine hypothetische Struktur zuschreiben. Dadurch wird ein theoretischer und begrifflicher Bezugsrahmen geschaffen, der es erlaubt, über die Funktionsweise der psychischen Kaufentscheidungsmechanismen sinnvolle Aussagen zu treffen. Damit eine solche Vorgehensweise jedoch nicht zur reinen Spekulation abgleitet, müssen die zur Fixierung der hypothetischen psychischen Struktur verwendeten Begriffe, die sog. **theoretischen Konstrukte** (Motive, Einstellungen, Lernen u. ä.), durch Operationalisierungsanweisungen (vgl. § 9, Abschn. 3.2.) empirisch verankert werden. Durch das Postulat einer bestimmten psychischen Struktur wird das S-R-Schema somit zu einem (neobehavioristischen) **S-O- R-Paradigma** erweitert: Bestimmte Stimuli (S) treffen auf einen Organismus (O); Stimulusfaktoren und Organismus gemeinsam führen zur Reaktion (R).

Einem Vorschlag von *Kroeber-Riel* (1992, S. 45 ff.) folgend bietet sich aus analytischen Überlegungen heraus eine Zweiteilung der Vorgänge, die im Rahmen der Kaufentscheidungen wirksam werden, an:

- Ein Teil der psychischen Prozesse ist **kognitiver** (= erkenntnisbezogener, verstandesmäßiger) Natur. Hierzu zählen all jene Vorgänge im psychischen Bereich, mit denen das Individuum sich selbst und die Umwelt erkennt (**Wahrnehmen, Denken, Entscheiden, Lernen**). Durch sie wird das Verhalten willentlich gesteuert, so z. B. auf den Kauf einer Marke hin.
- Diese Zielorientierung setzt indessen voraus, daß die Menschen zum bewußten Erleben und Reflektieren überhaupt veranlaßt werden. Daher erscheint es sinnvoll, neben kognitiven auch **aktivierende** (= antreibende) **Prozesse** in der menschlichen Psyche als gegeben zu betrachten. Dabei handelt es sich um Vorgänge, die mit innerer Spannung und Erregung verbunden sind und als Antriebskräfte die menschliche Existenz mit Handlungsenergie versorgen (**Emotionen, Motive, Einstellungen**).

Durch Einbeziehung der genannten theoretischen Konstrukte in die Betrachtung des Kaufverhaltens erweitern sich die **Erklärungsmöglichkeiten** in zweifacher Hinsicht: Es erhöhen sich zum einen die **Menge** und zum anderen die **prognostische Qualität** der Variablen, die zu Erklärungszwecken herangezogen werden. Dabei bildet neben den Anforderungen an die empirische Verankerung und Meßbarkeit gerade die prognostische Qualität ein zentrales Kriterium dafür, ob ein theoretisches Konstrukt sinnvoll ist. Die Verwendung solcher Konstrukte erschließt dem mit der Erklärung von Kaufentscheidungen befaßten Forscher das Arsenal an theoretischen und methodischen Erkenntnissen, die in Nachbardisziplinen wie Psychologie und Soziologie gewonnen wurden.

2.2. Verhaltenswissenschaftliche Grundlagen des Käuferverhaltens

Auch als Konsumenten haben Menschen ihre zwar liebenswerten, doch zugleich oft unerforschbaren Eigenarten und Launen, Vorlieben und Abneigungen, Stärken und Schwächen. Gleichzeitig sind sie zuweilen leicht durchschaubar und bis zu einem gewissen Grade manipulierbar. Beide Aspekte machen die Beschäftigung mit dem **Konsumentenverhalten** zum Dreh- und Angelpunkt aller produkt- und programmpolitischen Überlegungen. Es versteht sich, daß an dieser Stelle nur eine Skizze der psychischen und sozialen Hintergründe des menschlichen (Kauf-)Verhaltens vermittelt werden kann. Selbst dieser Versuch unterliegt noch weiteren Einschränkungen:

- Die Schilderung verhaltenswissenschaftlicher Erkenntnisse zum Konsumentenverhalten betrifft das **Kaufverhalten** von **Individuen**. Dies impliziert, daß Beschaffungsentscheidungen von Organisationen (z. B. Unternehmen) oder Gruppenentscheidungen (Kaufentscheidungen von Haushalten) nur insofern tangiert werden, als auch dort Menschen agieren. Die Besonderheiten solcher Kaufentscheidungsprozesse, so z. B. soziale Interaktionen, eine transparente, explizite Zielausrichtung, der Zwang zur Rationalität und kommunikative Einflüsse, werden hier nicht herausgearbeitet.
- Den Ausführungen liegt als Referenzfall das **Markenwahlverhalten** zugrunde. Dies führt zu einer gewissen Überbetonung von kognitiven Aspekten psychischer Prozesse. Die beträchtliche Bedeutung der Affekte bei Kaufakten in der Realität kommt dadurch möglicherweise zu kurz.
- Auch die **Werbung** berücksichtigt in hohem Maße verhaltenswissenschaftliche Erkenntnisse. Darauf wird in § 8 näher eingegangen.

Für eine eingehende Darstellung dieser Aspekte des Marktgeschehens muß auf die einschlägige Literatur verwiesen werden (siehe u. a. v. *Rosenstiel / Neumann* 1991; *Kroeber-Riel* 1992).

2.2.1. Aktivierende psychische Prozesse

2.2.1.1. Die Motivation

Der Begriff **Motiv** umschließt Bezeichnungen wie Bedürfnis, Trieb, Neigung und Streben. Bei allen Bedeutungsunterschieden, die verschiedene Lehrmeinungen den einzelnen Begriffen zuschreiben, wird darunter doch stets eine dynamische Richtungskomponente im Verhalten verstanden. Motive lassen sich als Mangelzustände kennzeichnen, die den Organismus veranlassen, nach Mitteln und Wegen zu suchen, die geeignet erscheinen, den Status quo zu überwinden. Im allgemeinen unterscheidet man zwei Kategorien: Zur Gruppe der **primären** (physiologischen) Motive rechnet man Versorgungs- (z. B. Hunger und Durst) und Vermeidungsmotive (z. B. Schmerz und Furcht) sowie arterhaltende Motive (Sexualität). Solche primären Motive, häufig auch als **Triebe** bezeichnet, sind angeboren. **Sekundäre (soziale) Motive** wie das Bedürfnis nach Prestige, Macht oder Selbstverwirklichung sind demgegenüber gelernt, d. h. aus den Grundtrieben abgeleitet.

Das Wirksamwerden eines Motivs bezeichnet man als **Motivation**. Mit seiner Befriedigung (Abbau der durch die Spannung begründeten Energie) erlischt – zumindest temporär – die Motivation. Das Verhalten einer Person zu einem gegebenen Zeitpunkt wird dabei nicht von irgendwelchen oder allen möglichen ihrer Motive gesteuert, sondern von dem relativ stärksten (vgl. *Heckhausen* 1989, S. 11).

Im folgenden sollen zwei grundlegende motivationale Vorgänge skizziert werden: die Aktivierung und die kognitive Handlungsorientierung. Eine ausführliche, an den verschiedenen Motivationstheorien ausgerichtete Darstellung des Motivationskonzeptes findet sich in § 8, Abschn. 2.2.2.

(1) Aktivierung (energetische Motivationskomponente)

Mit dem Begriff der **Aktivierung** umschreibt man die innere Erregung oder Anspannung, die den Organismus mit Energie (Antrieb) versorgt und in einen Zustand der Reaktionsbereitschaft und Leistungsfähigkeit versetzt (vgl. *Berlyne* 1974, S. 73). Man kann sich darunter ein Erlebenskontinuum mit den Polen Schlaf und höchste Erregung (Panik, Wut, Schrecken u. ä.) vorstellen. Physiologisch wird die Aktivierungsfunktion dem im Hirnstamm lokalisierten „retikulären Aktivationssystem“ (**RAS**) zugeordnet. Die Umweltreize wirken auf das RAS ein und versetzen dieses in Erregung. Über das „aufsteigende retikuläre Aktivierungssystem“ (**ARAS**) werden die dadurch erzeugten Impulse an die Großhirnrinde (Kortex) weitergeleitet, wo sie die dort ablaufende bewußte Informationsverarbeitung aktivieren. Die Leistungsfähigkeit und die Informationsverarbeitungskapazität des Menschen steigen jedoch nicht proportional zum Grad der Aktivierung an; vielmehr ist davon auszugehen, daß jene zunächst zunehmen, an einem bestimmten Punkt aber abzufallen beginnen (∩-Hypothese). Daher wirken sowohl eine extreme Aktivierung als auch Ruhestellung leistungshemmend. *Hansen* (1972, S. 68 ff.) unterscheidet drei generelle Reiz- bzw. Aktivierungsquellen:

(a) Das RAS aktiviert den Organismus zunächst auf Grund von Stimuli aus der Umwelt. Die Außenreize müssen vorab grob dechiffriert werden, um dann als für eine Person relevant und irrelevant eingeteilt zu werden (selektive Wahrnehmung). Wird ein Reiz als relevant angesehen, aktiviert das RAS das Informationsverarbeitungssystem. Nunmehr wird der Außenreiz genauer entschlüsselt und u. U. weiterverarbeitet. Diesen Mechanismus macht sich das Marketing in vielfacher Hinsicht zunutze (vgl. *Kroeber-Riel* 1992, S. 68), so z. B. durch die Verwendung von erotischen, furchterregenden oder Abenteuer, Freiheit und

Schönheit verheißenden Reizen in der Werbung (emotionale Reize; vgl. § 8, Abschn. 2.2.2.3.) oder durch die gekonnte Handhabung von Gestaltungselementen wie Größe, Farbe (vgl. § 8, Abschn. 3.5.1.) oder Form bei der Produkt- und Verpackungsgestaltung (physische Reize; vgl. hierzu den Begriff „Anmutung" bei *Koppelmann* 1993, S. 113 ff.).

(b) Auch die von kognitiven, also verstandesmäßig gesteuerten Prozessen ausgehenden Stimuli können über das RAS zu einer starken Aktivierung führen, vor allem dann, wenn die Außenreize bei kognitiver Verarbeitung gedankliche Konflikte, Überraschung und Widerspruch hervorrufen (kognitive Reize). Man denke hierbei z. B. an sprechende Tiere in der Werbung oder an neue, ungewohnte Muster und Formen bei der Produktgestaltung. Dieser Mechanismus erklärt auch das starke Interesse, das Verbraucher Produktinnovationen entgegenbringen.

(c) Von echten inneren Stimuli spricht man bei einer physiologisch bedingten Aktivierung. Solche inneren Reize stellen gewissermaßen Informationen über Veränderungen im biologischen Gleichgewicht des Körpers dar (Warnung vor Unterkühlung des Körpers, Signalisierung von Mangelerscheinungen usw.).

(2) Handlungsorientierung (kognitive Motivationskomponente)

Neben der Aktivierung, der Versorgung des Organismus mit Handlungsenergie, muß es im Inneren des Menschen auch zu einer **Kanalisierung** dieser Energie kommen. Dies geschieht durch kognitive Prozesse der **Informationsverarbeitung**. Das erlebnismäßige Resultat der kognitiven Interpretation bestimmter, durch bioelektrische Vorgänge ausgelöster Erregungs- bzw. Aktivierungsmuster wird **Emotion** genannt. Emotionale Erlebnisse entstehen erst, wenn eine innere Erregung kognitiv verarbeitet und bewußt wird. Eine identische Erregung kann folglich in Abhängigkeit von der subjektiven Interpretation einmal als Ärger, das andere Mal als Freude interpretiert werden.

Sie wird zur **Motivation**, wenn zu der subjektiven Interpretation von neurophysiologischen Erscheinungen (Aktivierung) eine kognitive Handlungsorientierung, d. h. eine Ausrichtung auf ein Ziel hinzutritt. Ein nervöses Erregungsmuster wird beispielsweise als (unangenehmes) Gefühl des Hungers interpretiert und, um es zu beseitigen, mit Handlungsrichtung ausgestattet. Die kognitive Motivationskomponente umfaßt also den Prozeß der Herausbildung einer groben Handlungsanweisung, die zur Erreichung / Vermeidung von allgemeinen, subjektiv mit dem Prädikat „angenehm" bzw. „unangenehm" versehenen Situationen bzw. Zuständen führt.

Wie Motive zustande kommen, ist Gegenstand einer Vielzahl von Theorien (siehe dazu § 8, Abschn. 2.2.2.). Aus der Sicht der Produktpolitik erscheint es wichtig, daß Produkte je nach ihrer Beschaffenheit (z. B. dem Grad der Neuartigkeit) bzw. nach der Situation, in der sich ein Verbraucher befindet (ist er durch innere Stimuli bereits motiviert?), in unterschiedlichem Ausmaß **Anreizcharakter**, also die Fähigkeit, latente Bedürfnisse zu aktivieren, besitzen.

Es wäre unrealistisch anzunehmen, daß Menschen zu jedem Zeitpunkt von nur einem Motiv geleitet würden. Wo aber eine große Zahl von Antriebsfaktoren zugleich wirksam wird, müssen zwangsläufig antagonistische Beziehungen entstehen. In Anlehnung an ein Modell von *Miller* (1944) sind speziell bei der Kaufmotivation zwei Typen von Konflikten zu berücksichtigen (vgl. *Kroeber-Riel* 1992, S. 153 ff.):

- Ein **Appetenz-Appetenz-Konflikt** entsteht, wenn zwei Motive mit unterschiedlicher Handlungsorientierung und etwa gleicher Intensität aktiviert werden, so etwa, wenn das Bedürfnis nach Unterhaltung (Kinobesuch) mit jenem nach Ruhe und Schlaf kollidiert.
- Ein **Appetenz-Aversions-Konflikt** (Ambivalenzkonflikt) ergibt sich dann, wenn der Zielzustand, der die Befriedigung eines Motivs ermöglicht, zugleich etwas repräsentiert, was ein anderes Motiv zu vermeiden sucht. Solche Konflikte sind im Wirtschaftsleben deswegen an der Tagesordnung, weil die meisten Mittel zur Bedürfnisbefriedigung die Ausgabe von Geld voraussetzen; so steht z. B. das Motiv, fremde Länder und Kulturen kennenzulernen, dem Spartrieb diametral gegenüber.

2.2.1.2. Die Einstellung

Die **Einstellung** wird häufig als Schlüsselbegriff der modernen Sozialpsychologie angesehen und spielt auch in der Analyse des Konsumentenverhaltens zunehmend die zentrale Rolle. Einstellung läßt sich allgemein als Bereitschaft zur positiven oder negativen Bewertung eines Bezugsobjektes, z. B. eines bestimmten Urlaubslandes, charakterisieren (vgl. *Stroebe* 1980, S. 142). *Roth* (1967, S. 43 und 52 ff.) kennzeichnet Einstellungen als gegenstandsbezogene, erfahrungsbedingte und systemabhängige Größen. Sie zeichnen sich durch folgende Eigenschaften aus:

(1) Objektbezug

Wie jedes Erleben das Erleben von etwas ist und jedes Verhalten in bezug auf etwas erfolgt, richtet sich jede Einstellung als Antecedens von Erleben und Verhalten auf einen bestimmten Gegenstand. **Bezugsobjekt** von **Einstellungen** kann alles sein, was physisch oder psychisch existiert, so z. B. Individuen, Gruppen, tote Materie oder auch Tugenden.

(2) Erworbenheit

Einstellungen entwickeln und wandeln sich in einer individuellen Lerngeschichte nach allgemeinen Lerngesetzen (vgl. Abschn. 2.2.2.3.). Sie bilden das

Ergebnis einer Auseinandersetzung des einzelnen mit seiner Umwelt; ihr gegenwärtiger Ausdruck spiegelt Erfahrung wider. Dieser Auffassung liegt die sog. Ziel-Mittel-Betrachtung zugrunde (vgl. Abschn. 3.1.2.2.). Einstellungen können aber auch mittelbar erworben werden, z. B. durch Kommunikation mit anderen oder durch nachahmendes Lernen. Sie sind insofern auch durch die Umwelt determiniert (**Sozialisierungsprozeß**), weil sie Erwartungen und Werthaltung anderer Personen sowie soziale Normen reflektieren. Vor allem Bezugs- und Mitgliedsgruppen üben unmittelbar Einfluß auf den Lernprozeß aus.

(3) Systemcharakter

Krech, Crutchfield und *Ballachey* (1962, S. 149) erweitern den Begriff um eine Verhaltenskomponente (**Drei-Komponenten-Theorie**). Danach bestehen Einstellungen aus einer **kognitiven** (Wissen über den Einstellungsgegenstand), einer **affektiven** (das mit dem Gegenstand verbundene Gefühl) und einer **Handlungskomponente** (Tendenz, sich in bezug auf den Gegenstand zu verhalten). Diese Erweiterung macht verständlich, warum **Einstellungen** (eindimensional) bzw. dem inhaltlich ähnlichen Begriff **Image** (multidimensional) in der **Marketing-Forschung** so großes Interesse entgegengebracht wird: Mit diesem Konstrukt glaubte man, einen Weg dafür gefunden zu haben, aus Aussagen über die Ausprägungen hypothetischer Konstrukte in der Psyche auf das (künftige) beobachtbare Verhalten schließen zu können. Sichtbaren Ausdruck findet die z. B. von *Roth* (1967, 1981) favorisierte deterministische Sichtweise in der sog. **E-V-Hypothese**: Einstellungen bestimmen das Verhalten. Hat ein Konsument beispielsweise zur Marke *Audi* eine überaus positive Einstellung, so impliziert dies zumindest eine gewisse Neigung, bei nächster Gelegenheit einen entsprechenden Wagen zu kaufen.

Daß Einstellungen aber keinen unmittelbaren Rückschluß auf das Verhalten ermöglichen und ein dazu konträres Verhalten keine Seltenheit darstellt, ist spätestens seit *La Piere* (1934) bekannt, der mit einem chinesischen Ehepaar die USA bereiste und als Gruppe problemlos in 66 Hotels übernachten konnte. Nur ein einziges Mal wurde man abgewiesen, was angesichts der für jene Zeit typischen Vorurteile gegenüber Asiaten nicht zu erwarten gewesen war. *La Piere* wandte sich später schriftlich an dieselben Hotels und erhielt auf seine Anfrage, ob sie Chinesen als Gäste aufnähmen, in 92% der Fälle eine Absage.

Es sind viele Versuche, den unbefriedigenden Einstellungs-Verhaltens-Zusammenhang zu erklären bzw. ein taugliches Paradigma zu entwickeln, unternommen worden (vgl. dazu *Ajzen/Fishbein* 1980). Festzuhalten ist, daß sich **einzelne, spezifische Verhaltensweisen** durch Einstellungswerte nicht vorhersagen lassen (vgl. *Stroebe* 1980, S. 169). Ob ausgerechnet das nächste Kleidungsstück, das jemand kaufen wird, in dessen Lieblingsfarbe, nämlich in einem Blauton gehalten sein wird, erscheint fraglich; daß aber unter den nächsten zwanzig Käufen Blau am häufigsten vertreten sein wird, kann als sehr wahrscheinlich gelten.

Ajzen / Fishbein (1977) haben auf die **Spezifitätsproblematik** hingewiesen. Während die Einstellung zumeist sehr allgemein erhoben wird, z. B. gegenüber Skifahren, blickt man beim Verhalten zumeist auf eine spezifische Tätigkeit: „Haben Sie die letzten Weihnachtsferien für einen Skiurlaub genutzt?" Dies bedeutet, daß die Vorhersage eines Verhaltens, das in einer bestimmten Situation bezogen auf eine bestimmte Person bzw. ein bestimmtes Objekt an den Tag gelegt wird, eine Einstellungsmessung voraussetzt, der dieselben Situationen bzw. zeitlichen Spezifikationen zugrunde liegen. So mancher, der den Weihnachtsansturm auf den Pisten scheut, gibt sich wenige Wochen später seinem Hobby mit Freude hin.

Die Spezifikation, d. h. der Versuch, einzelne Verhaltensweisen zu erklären, müßte auch den **Einfluß sozialer Faktoren** auf die E-V-Relation berücksichtigen. Beispielsweise besagt eine negative Einstellung eines Angestellten zum Tragen von Krawatten noch nicht, daß er an seinem Arbeitsplatz auf einem damit korrespondierenden Verhalten beharrt. Erst wenn Informationen darüber vorliegen, wie „man" in seinem Betrieb darüber denkt und wie groß die Anpassungsbereitschaft der fraglichen Person ist, lassen sich genauere Vorhersagen treffen.

So ist es z. B. durchaus denkbar, daß ein Verbraucher einer bestimmten Marke gegenüber äußerst positiv eingestellt ist, diese jedoch auf Grund vorhandener Restriktionen (etwa mangelnde Kaufkraft) doch nicht erwirbt. Um diesem Dilemma bei der Untersuchung des Käuferverhaltens zu begegnen, bietet es sich an, auf die **Kaufabsicht** (vgl. hierzu *Rothman* 1964) als Zielgröße auszuweichen. Diese verkörpert ein hypothetisches Konstrukt, das angibt, für wie wahrscheinlich ein Konsument den Erwerb einer bestimmten Marke hält. Eine solche Erklärung hat im Vergleich zur Einstellungsmessung den Vorteil, daß der Betroffene gehalten ist, sich die Kaufsituation in allen ihren Dimensionen vor Augen zu führen. Das Konstrukt drückt somit nicht nur die Wertschätzung, die ein Individuum einem Produkt entgegenbringt, aus, sondern auch die subjektive Beurteilung der gesamten Verhaltenssituation (vgl. *Kroeber-Riel* 1992, S. 170).

Als weitere Merkmale einer Einstellung werden häufig deren relative Konstanz und Dauerhaftigkeit angesehen, wobei man jedoch nicht ausschließt, daß auch sie beeinflußbar sind. Der Erfolg solcher Bemühungen wird allerdings wesentlich von der Zentralität der jeweiligen Einstellung für das Individuum („ego involvement") bestimmt (ausführlich dazu § 8, Abschn. 2.2.3.).

Um die Aufhellung von Einstellungen im allgemeinen und von Einstellungsänderungen im besonderen bemüht sich eine Reihe von **Einstellungstheorien** (vgl. *Eyferth / Kreppner* 1972):

(1) **Lerntheoretisch geprägte Ansätze** basieren darauf, daß Einstellungen erlernt sind und deren Modifikation durch lerntheoretische Erkenntnisse (Konditionierung, Verstärkung, Nachahmung) erklärbar ist (siehe § 8, Abschn. 2.2.1.).

(2) Nach der sog. **funktionalen Theorie** vollziehen sich Einstellungsänderungen auf motivationaler Grundlage. Der Erfolg von Maßnahmen zur Änderung von Einstellungen hängt danach davon ab, welche Einstellungsfunktionen jeweils vorherrschen. *Katz / Stotland* (1959; vgl. auch *Müller / Thomas* 1976, S. 235 ff.) sind der Meinung, daß diese

- die soziale Integration erleichtern können (**Anpassungsfunktion**),
- dem Menschen helfen, mit inneren Konflikten oder äußeren Gefahren besser fertig zu werden (**Abwehr-** bzw. **Ich-Verteidigungsfunktion**),
- die Wertvorstellungen und das Selbstbild von Individuen zum Ausdruck bringen (**Wertausdrucksfunktion**) und
- eine klare und konsistente Erfassung der Umwelt ermöglichen (**Wissensfunktion**).

(3) Eine wichtige Variante bilden sodann die **Theorien** der **kognitiven Konsistenz** bzw. **Inkonsistenz**. Maßgebende Vertreter der sog. Gleichgewichtstheorien sind *Heider* (1965) und, darauf aufbauend, *Osgood / Tannenbaum* (1955), *Festinger* (1978) sowie *Abelson / Rosenberg* (1958). Gemeinsam ist ihnen allen, daß sie annehmen, Menschen seien bestrebt, ihr System von Überzeugungen, Meinungen und Einstellungen im Gleichgewicht zu halten.

Dies gelingt nicht immer. Ein Verbraucher hat beispielsweise eine positive emotionale Haltung (affektive Komponente) zu einer Marke. Nun liest er einen Testbericht, in dem „seine" Marke schlecht beurteilt wird (kognitive Komponente). Die kognitive Komponente steht somit im Widerspruch zur affektiven. Solche Ungereimtheiten motivieren Menschen zur Wiederherstellung der Harmonie. Eine Möglichkeit, dies zu erreichen, bildet die Wandlung der affektiven Haltung gegenüber dem Produkt („Taugt nichts!"), eine andere die, daß sich die Einstellung zum Testbericht ändert („Ist unglaubwürdig!"). Eine ausführliche Darstellung des bekanntesten dieser Erklärungsversuche, *Festingers* **Theorie der kognitiven Dissonanz**, findet sich in § 8, Abschn. 2.2.2.1.2.

2.2.2. Kognitive psychische Prozesse

Bei den bislang erörterten psychischen Faktoren handelte es sich um hypothetische Konstrukte vorwiegend mit Antriebscharakter. Die nachfolgend zu diskutierenden psychischen Konstrukte repräsentieren hingegen Mechanismen der Verhaltenssteuerung, die der **Informationsverarbeitung** subsumiert werden (vgl. z. B. *Bettman* 1979, *Kroeber-Riel* 1992). Diese gliedert sich in:

- Informationsaufnahme,
- Informationsverarbeitung und
- Informationsspeicherung.

2.2.2.1. Die Informationsaufnahme

Eine **Entscheidung** kann nur so „gut" wie die hierzu herangezogenen Informationen sein. Um Kaufakte erklären zu können, muß man deshalb versuchen, die Informationen, die im Rahmen einer solchen Entscheidung verarbeitet werden, zu analysieren. Vorab ist darauf hinzuweisen, daß es keine Information an sich gibt. In der Realität existieren letztlich nur belebte und unbelebte Dinge mit Merkmalen bzw. Eigenschaften. Erst die Konfrontation eines Organismus mit Stimuli und deren Repräsentation im Bewußtsein begründen etwas, was über die Außenwelt informiert und Unsicherheit reduziert bzw. Unwissenheit beseitigt. Diese kognitive Repräsentation von Reizen im Bewußtsein wird im folgenden Information genannt.

Ehe ein Mensch über eine Information verfügt, muß also zunächst ein Stimulus durch die Sinne empfangen, in körpereigene Signale umgewandelt und gespeichert werden. Es gibt eine Reihe apparativ unterstützter Möglichkeiten, dies nachzuvollziehen; diese werden in § 9, Abschn. 3.4.3., behandelt (vgl. dazu auch *Kroeber-Riel* 1992, S. 240 ff., und die dort angeführten Quellen). Im Anschluß an die sensorische Reizaufnahme muß der Sinneseindruck zum Gegenstand kognitiver Prozesse gemacht werden.

Man kann davon ausgehen, daß jeder Mensch unablässig eine Vielzahl von Informationen zufällig aufnimmt und einen Teil davon auch speichert. Dies wird in der Literatur mit Begriffen wie „**low involvement learning**" (vgl. *Krugman* 1965), „**incidental learning**" (vgl. *Postman* 1975) oder „**spectator learning**" (vgl. *Posner* 1973) umschrieben. Die drei Begriffe beziehen sich auf Lernvorgänge, die passiv und ohne die Absicht einer Informationsgewinnung ablaufen. Man denke hierbei an das zufällige Aufschnappen von Äußerungen anderer, an die unbewußte Aufnahme von Werbebotschaften und ähnliches mehr. Mit dem von *Simon* (1967) gewählten Terminus des **latenten Lernens** ist hingegen eine Informationsbeschaffung gemeint, die durchaus absichtlich erfolgt, ohne jedoch einer unmittelbaren Kaufentscheidung zu dienen. So lesen viele Menschen mit Interesse Testberichte auch für Produkte, die sie nicht unmittelbar erwerben wollen. Auch unternehmen Konsumenten gern einen ausgedehnten Schaufensterbummel um seiner selbst willen.

Diese Information sowie die bei früheren Kaufentscheidungs- und Konsumprozessen gewonnene Erfahrung bilden einen **internen Informationsvorrat**, auf den bei anstehenden Problemlösungsprozessen zunächst stets zurückgegriffen wird (interne Suche; vgl. *Bettman* 1979, S. 197 ff.). Wird der Organismus z. B. durch die Aktivierung des Motivs Hunger in Handlungsbereitschaft versetzt, so löst dieses Motiv im Informationsverarbeitungssystem eine Suche nach Problemlösungen aus. Hierzu werden aus dem Gedächtnis alle bekannten Möglichkeiten der Motivbefriedigung abgerufen: „im Kühlschrank Vorhandenes essen", „in ein Restaurant zum Essen gehen", „Produkt XY einkaufen", „Pizza-Express anrufen"

u. ä. Zugleich werden auch andere Komponenten aus dem Langzeitspeicher hinzugezogen: Produkterfahrung, Markenkenntnis, Wissen über den Inhalt des häuslichen Kühlschranks, Telefonnummer des Pizza-Dienstes, Einstellungen zu den Produktalternativen etc.

Bei einem als ausreichend empfundenen **Informationsstand** kann das Ergebnis des Entscheidungsprozesses unmittelbar in einen motorischen Bewegungsablauf münden: „Zum Kühlschrank gehen – Produkt XY entnehmen – Produkt XY aufessen." Im anderen Falle erweist sich die Einholung weiterer Informationen als erforderlich, so z. B. zu schauen, was sich im Kühlschrank findet (externe Suche; vgl. *Bettman* 1979, S. 111 f.).

Das dargestellte einfache Beispiel kann als bildhafte Illustration eines Modells aufgefaßt werden, das von *Miller / Galanter / Pribram* (1991) entwickelt wurde. Diese Autoren verstehen entsprechend der sog. kybernetischen Hypothese das menschliche Verhalten als eine Kette elementarer Rückkopplungsschleifen, der sog. **TOTE-Einheiten**: Test-Operate-Test-Exit (vgl. Abb. 5.3.).

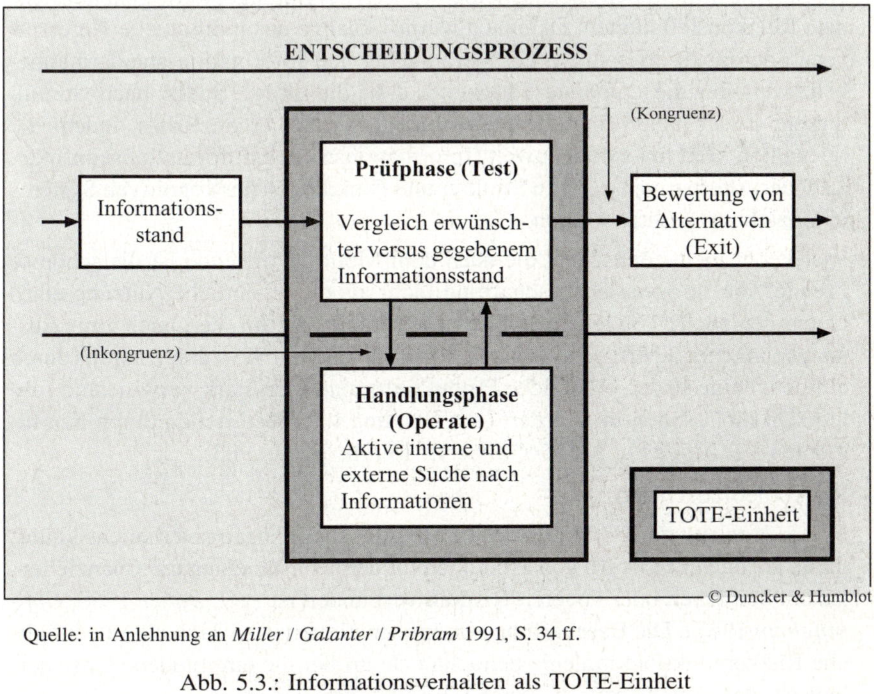

Quelle: in Anlehnung an *Miller / Galanter / Pribram* 1991, S. 34 ff.

Abb. 5.3.: Informationsverhalten als TOTE-Einheit

Für den hier interessierenden Fall läßt sich die Funktionsweise der TOTE-Einheit wie folgt verdeutlichen: Im Rahmen des auf die Befriedigung eines bestimmten Motivs ausgerichteten Entscheidungsprozesses wird geprüft, ob der gegebene Informationsstand einem bestimmten, subjektiv vorgegebenen Standard entspricht (Test). Ist dies der Fall (Kongruenz), kann der Entscheidungsprozeß – wie hier durch die Phase der Alternativenbewertung – fortgesetzt werden (Exit), wenn nicht (Inkongruenz), muß sich der Organismus auf Informationssuche begeben: intern, indem überlegt und „im Gedächtnis geforscht" wird, oder extern, indem auf Prospekte, Testberichte oder z. B. den Rat von Bekannten zurückgegriffen wird. Dabei prüft man immer wieder (Test), ob der erwünschte Informationsstand nunmehr erreicht worden ist. Der Organismus kann dabei die TOTE-Schleife mehrfach durchlaufen (z. B. Test-Operate-Test-Operate-Test-Exit). Gegebenenfalls wird der Informationsverarbeitungsprozeß auch unterbrochen (vgl. dazu *Bettman* 1979, S. 54 ff.), der Standard modifiziert oder der Entscheidungsprozeß endgültig abgebrochen.

Wie läßt sich erklären, daß bei Verbrauchern unterschiedliches Informationsverhalten zu beobachten ist? *Silberer* (1979a, S. 95 ff.) verweist dazu auf folgende Möglichkeiten:

– Arousal- und Komplexitätsansatz

  Dieses Konzept besagt, daß der Mensch versucht, ein bestimmtes **Arousal-Niveau** (innere Erregung auf Grund äußerer Reize) aufrechtzuerhalten, indem er reizarme Situationen ebenso meidet wie von übermäßiger Fülle gekennzeichnete Reizkonstellationen. Demnach würde, solange das individuelle Anreizniveau noch nicht erreicht ist, der Verbraucher den Informationsstandard anheben, weil ihn die „Operate-Tätigkeit", d. h. die aktive Suche nach Stimuli diesem Level näherbringt. Der Komplexitätsansatz ergänzt dies, indem die relevanten Merkmale der Umwelt (Informationsmenge, Informationskonflikte, Zahl der Alternativen u. ä.) zu Struktur und Fähigkeiten des kognitiven Systems in Beziehung gesetzt werden.

  Wer kennt nicht Menschen, die nach dem Motto „Vorfreude ist die schönste Freude" die Informationsbeschaffung mehr als die eigentliche Nutzung eines Gutes genießen? Umgekehrt gibt es auch Leute, die im Vergleich zum Ausgangspunkt ein niedrigeres Arousal-Niveau anstreben. Sie werden bereits durch einige wenige widersprüchliche Produktinformationen stark verwirrt und fühlen sich nicht selten überfordert (zur Nutzung von Testurteilen durch Konsumenten vgl. *Raffée* u. a. 1976; *Silberer* 1979b; *Tölle* 1983).

– Risikotheoretischer Ansatz

  Dieses Konzept zur Erklärung des Informationsbeschaffungsverhaltens knüpft daran an, daß der Erwerb von Produkten für den Konsumenten mit finanziellen, gesundheitlichen oder anderen **Risiken** verbunden ist (vgl. *Bauer* 1960; *Cunningham* 1967). Die Beschaffung von Informationen wird dann als eine mögliche Risikoreduktionsstrategie betrachtet. Je größer die empfundene Unsicherheit ist, desto mehr bzw. besserer Informationen bedarf es.

– Allgemeines Gedächtnismodell

  Hierbei geht man davon aus, daß es beim Transfer von Informationen vom sensorischen in den Kurzzeit- und dann in den Langzeitspeicher zu einem

Informationsverlust kommt. Dieser ist bei manchen Sachverhalten größer, bei anderen kleiner („gewisse Dinge merkt man sich besser"). Bestimmte Bereiche haben also die Eigenschaft, daß der interne Informationsvorrat als nicht ausreichend erachtet wird und zu aktiver Suche veranlaßt.

– Dissonanztheoretischer Ansatz

Dieser Erklärungsansatz postuliert, daß sich ein Konsument bei der Informationsbeschaffung auf jene Informationen konzentriert, die ein auftretendes **kognitives Ungleichgewicht** abzubauen helfen (vgl. § 8, Abschn. 2.2.2.1.2.).

– Kosten-Nutzen-Ansatz

Innerhalb dieses Erklärungsrahmens geht man davon aus, daß Umfang, Inhalt und Richtung der Informationsbeschaffung von den jeweils erwarteten **Kosten** und **Erträgen** abhängen. Informationen werden demnach dann und dort beschafft, wenn bzw. wo der mutmaßliche Beschaffungserfolg die damit verbundenen Beschaffungskosten rechtfertigt (vgl. *Silberer* 1979b, S. 101).

In diesem Zusammenhang ist die Frage von Bedeutung, welche Faktoren den **Wert** der empfangenen Informationen beeinflussen. Insbesondere geht es dabei um das Zusammenwirken von persönlicher Kommunikation und Massenkommunikation als Informationsquellen. Die auch für die Kommunikationspolitik zentrale Thematik der Meinungsführerschaft wird in § 8, Abschn. 2.3.2.1., ausführlich behandelt.

Die Beschäftigung mit dem Informationsverhalten der Konsumenten kann auch für die Erklärung der Ausbreitung neuer Produkte, Verfahren und Ideen in sozialen Systemen wertvolle Hinweise liefern. Die Erhellung der Vorgänge, die mit der Penetration einer Innovation in den Markt verbunden sind, ist dabei das besondere Anliegen der **Diffusionsforschung** (vgl. *Rogers* 1962; *Kaas* 1973). Diese geht vor allem der Frage nach, durch welche Merkmale sich die Gruppe der Innovatoren auszeichnet und welche Kommunikationskanäle für eine dem Innovationserfolg förderliche Verbreitung von Informationen benutzt werden sollen (siehe § 8, Abschn. 2.3.2.2.).

2.2.2.2. Die Informationsverarbeitung

2.2.2.2.1. Die Wahrnehmung

Unter **Wahrnehmung** wird im folgenden die kognitive Repräsentation von Stimuli (Informationen) im Bewußtsein verstanden. Diese kommt dadurch zustande, daß chemisch-physikalische Energie (Ereignisse der Außenwelt wie Lichtwellen, Luftschwingungen u. ä.) die entsprechenden Sinnesorgane aktiviert. Voraussetzung einer kognitiven Auseinandersetzung mit der Außenwelt sind zunächst die Aufnahme von Stimuli durch das sensorische Empfangs- und Speichersystem sowie die selektive Weiterleitung der umgewandelten Signale in den Kurzzeitspeicher. Diese werden dort jedoch nicht wahllos aufgenommen, sondern vor dem Hintergrund der im Langzeitspeicher vorhandenen Erfahrung, Kenntnisse, Wertungen, emotionalen Prädisposition (Assoziationen) und dgl. mehr geordnet, verknüpft und bewertet. Der Charakter der Wahrnehmung als Prozeß der Informationsverarbeitung bzw. -bewältigung (vgl. *Hajos* 1991) wird dadurch offenkundig.

Das Interesse bei dem Versuch, Kaufverhalten von Konsumenten zu erklären, richtet sich begreiflicherweise vor allem darauf, wie die Vorgänge, die zu einem Urteil über die **Qualität** (= Zweckeignung) eines Produktes führen, ablaufen und wie sie gegliedert sind. Dabei bietet sich in Anlehnung an *Kroeber-Riel* (1992, S. 276 f.) an, davon auszugehen, daß es bei einer unmittelbaren Konfrontation mit einem Produkt in der Psyche des Verbrauchers zu zwei Phasen der Informationsverarbeitung kommt:

- **Produktwahrnehmung**, d. h. das Erkennen eines Produktes durch die Verarbeitung von aufgenommenen Reizen (Produktmerkmalen), deren Entschlüsselung und gedankliche Weiterverarbeitung, sowie

- **Produktbeurteilung**, d. h. das Ordnen und Bewerten von aufgenommenen Produktinformationen, so daß ein Qualitätsurteil entsteht.

Beide Vorgänge laufen vor dem Hintergrund langfristig gespeicherter Ergebnisse früherer Informationsverarbeitung (Einstellungen, Images, Erfahrung etc.) ab. Um die für die Kaufentscheidung wichtige Produktbeurteilung nachvollziehbar zu machen, wird bei der Erforschung des tatsächlichen Kaufverhaltens von Konsumenten üblicherweise unterstellt, daß diese ein Erzeugnis nicht als Ganzheit, sondern als Bündel von relevanten und für bestimmte Zwecke mehr oder minder nützlichen Eigenschaften und Merkmalen wahrnehmen. Dann postuliert man, daß die erlebte Qualität, das **Produkturteil**, davon abhängt, in welchem Maße die einzelnen Attribute, soweit sie wahrgenommen werden, als nützlich bewertet worden sind. Das Urteil über die Nützlichkeit eines wahrgenommenen Attributes bezeichnet man gemeinhin als **Eindruck**. Es gilt:

(5.1.) $$Q_A = f(B_i)$$

Dabei bedeuten:

Q_A = wahrgenommene Qualität des Produktes A

B_i = zielorientierte Bewertung einzelner am Produkt A wahrgenommener Eigenschaften ($i = 1, \ldots, k$).

Wird eine solche Struktur des kognitiven Prozesses angenommen, so ergeben sich folgende Fragen:

- Welche Eigenschaften werden wahrgenommen und bei der Beurteilung berücksichtigt?

- Wie werden diese bewertet?
- Wie werden die Urteile über die Nützlichkeit einzelner Eigenschaften zu einem Gesamturteil verknüpft?

Die Antwort auf derartige Fragen muß unterschiedlich ausfallen, je nachdem, wieviel von seinen psychischen Ressourcen (individuelle Informationsverarbeitungskapazität und Energie) ein Verbraucher für die Produktbeurteilung aufzuwenden bereit ist. So wird es Situationen geben, in denen Konsumenten nicht zu einem großen psychischen Aufwand neigen und eher auf vereinfachte kognitive Beurteilungsprogramme zurückgreifen. Zu diesen gehören (vgl. *Kroeber-Riel* 1992, S. 302 ff.):

- Attributdominanz

  Mit **Attributdominanz** wird ein psychologisches Beurteilungsprogramm umschrieben, bei dem der Konsument von einer Produkteigenschaft auf die Produktqualität insgesamt schließt. Der einzige relevante Eindruck dient also als Schlüsselinformation und erspart dem Konsumenten die Berücksichtigung anderer Attribute. Als Schlüsselstimuli fungieren häufig der Markenname, der Preis (zur Rolle des Preises als Qualitätsindikator vgl. § 6, Abschn. 2.3.2.4.) oder ein Urteil der *Stiftung Warentest.*

- Irradiation

  Von **Irradiation** spricht man, wenn ein Verbraucher von einem Attribut auf ein anderes schließt, wenn also zwei Eindrücke nicht unabhängig voneinander sind. So besteht subjektiv ein unmittelbarer Zusammenhang zwischen dem Geschmack von Margarine und deren Farbe, der wahrgenommenen Kühlleistung von Kühlschränken und der Tönung der Innenlackierung (vgl. *Spiegel* 1970, S. 137 f.), aber auch – empirisch nachgewiesen – zwischen dem als mangelhaft empfundenen Beschleunigungsvermögen eines Automobils und der zu leichten Bedienbarkeit des Gaspedals, der mit einer stärkeren Rückholfeder abzuhelfen wäre.

- Halo-Effekt

  Mit **Halo-Effekt** umschreibt man das Phänomen, daß die Wahrnehmung einzelner Produktattribute von einem bereits gebildeten Qualitätsurteil beeinflußt wird (vgl. *Beckwith / Lehmann* 1975). Im realen Beurteilungsverhalten äußert sich der Halo-Effekt (engl. halo = Heiligenschein) darin, daß man bei Gütern, die man schätzt, auch all ihre Eigenschaften für gut hält.

Sieht man einmal von den unterschiedlichen Standpunkten der Exponenten der an anderer Stelle behandelten Wahrnehmungstheorien ab (siehe § 8, Abschn. 2.1.) und konzentriert sich auf die für die Produktpolitik besonders wichtige Wahrnehmungsqualität, so ist in diesem Zusammenhang folgendes von Belang: Wahrnehmung, d. h. die Repräsentation von komplexen Stimuli, wie z. B. Produkten, erfolgt nicht auf einmal, sondern über verschiedene Stufen, nämlich von einem gefühlsmäßig gefärbten Gewahrwerden oder Ahnen bis hin zu einem zunehmend klärenden gegenständlichen Erfassen (vgl. *Graumann* 1959, S. 414). Diesen Vorgang, der zu schnell abläuft, als daß er bewußt gesteuert werden könnte, bezeichnet man als **Aktualgenese** (vgl. dazu auch § 8, Abschn. 2.1.2.). Dabei bietet es sich an, zwei Phasen zu unterscheiden:

- Es beginnt mit der sog. **Anmutung**. In diesem Stadium bilden sich positive oder negative Stimmungen und Gefühle gegenüber dem wahrgenommenen Gegenstand, die dann im Prozeß der zunehmend bewußt werdenden Wahrnehmung in der Aktualgenese von der Vernunft überlagert und korrigiert werden. *Wiswede* (1972, S. 35) umschreibt die Anmutung eines Konsumenten durch ein Produkt als das Ergebnis eines ersten Abtastens im Hinblick darauf, inwieweit es dem vorhandenen Bedürfnisbündel entspricht.
- Die zweite Phase konkretisiert sich in der kognitiv gestützten **Interpretation** der Stimuli. Nunmehr treten die für alle Menschen gültigen Gestaltfaktoren sowie die sog. individuellen Faktoren hinzu. Die **Gestaltfaktoren** stellen gewissermaßen die objektiven Bedingungen für das Zustandekommen von Ordnung dar und bestimmen, welche Erscheinungen als Einheit bzw. als Verschiedenheit erlebt werden. Dafür hat man sog. **Gestaltgesetze** (vgl. § 8, Abschn. 2.1.2.) formuliert. Den **individuellen (subjektiven) Faktoren** subsumiert man demgegenüber den aus Erfahrungen, Einstellungen, Erwartungen, Stimmungen u. ä. bestehenden Bezugsrahmen, der zur Ordnung und Bewertung des Wahrgenommenen benötigt wird. Auch die individuellen Faktoren erweisen sich als für die Strukturierung des Wahrnehmungsfeldes unabdingbar. Zugleich verleihen sie dem Wahrgenommenen eine bestimmte Bedeutung.

Bereits die **ganzheitspsychologische Theorie** hat die **subjektive Bedingtheit der Wahrnehmung** erkannt. Sie hob vor allem auf den Einfluß der menschlichen Gefühle auf die Wahrnehmung ab. Bei der Beschäftigung mit der **sozialen Wahrnehmung** als Forschungsgegenstand der Sozialpsychologie interessiert hingegen die Frage, wie personale und soziale Faktoren die Wahrnehmung von Objekten, also auch Produkten, beeinflussen. Hier hat man z. B. festgestellt, daß soziale Einflüsse vor allem dann, wenn die Reizanordnung mehrdeutig ist und deshalb Entscheidungsunsicherheit besteht, zu einer subjektiven, von Außenstehenden als verfälscht erlebten Wahrnehmung führen *(Social Perception-Schule;* vgl. § 8, Abschn. 2.1.2.).

Speziell aus produktpolitischer Sicht erscheint von Bedeutung, daß **Anmutungen unthematische Daten**, d. h. sinnliche Gegebenheiten hinsichtlich der Beschaffenheit eines Erzeugnisses sind, die in der Zielperson Stimmungslagen, Gefühle oder gefühlsartige Zustände auslösen oder verfestigen (vgl. *Brückner* 1967, S. 111). Dies kann auf zwei Wegen erfolgen (vgl. *Bauer / Chur-Lahl* 1982, S. 51):

- Sie lösen beim Empfänger **spontane Emotionen** aus. Beispiele für Anmutungsleistungen von Produkten bilden erzeugnisbezogene Eindrücke wie luxuriös, edel, originell, ungewöhnlich, apart und erfrischend (vgl. *Koppelmann* 1993, S. 113 ff.).

– Anmutungsinformationen können beim Empfänger aber auch zur Reproduktion von Erlebnissen, Einstellungen etc. führen, d. h. **gelernte Assoziationen** aktivieren. Hierdurch lassen sich einem Erzeugnis früher erlebte Emotionen zuordnen. Überdies können Produkt- bzw. Produktumfeldinformationen auf weitere Objekte, Situationen etc. hinweisen, die ihrerseits emotional geladen sind. Wird z. B. ein Kuchen auf einem hübsch dekorierten Tisch präsentiert, so entsteht der Eindruck eines gemütlichen Zusammenseins. Das an sich unwichtige Produktumfeld vermittelt im Wege der Assoziation mit Gemütlichkeit dem Produkt eine neue Dimension.

Die Rolle der Anmutungsleistung von Erzeugnissen im Kaufentscheidungsprozeß liegt auf der Hand. Versteht man unter Emotion das „... Gesamtprodukt aus physiologischer Erregung und einer kognitiven Bewertung der Situation, in der die Erregung auftritt" (*Cofer* 1979, S. 103), so beeinflußt ein Produkt im Wege der Anmutung das allgemeine Aktivierungsniveau des Verbrauchers. Dies ist insofern wichtig, als gemäß der ∩-Hypothese in Abhängigkeit von der Intensität der Erregung die von diesem Objekt ausgehenden Informationen zumindest anfangs besser wahrgenommen, aufmerksamer und intensiver verarbeitet sowie länger gespeichert werden.

Ist ein Konsument bereit, mehr an psychischen Ressourcen in die Produktbeurteilung zu investieren, als es u. a. die oben dargestellten Beurteilungsprogramme nahelegen, dann kann er „rationalere", d. h. komplexere psychologische Programme heranziehen. Welche Attribute in diesem Fall und in welcher Weise diese bewertet werden, ferner wie die einzelnen Eindrücke zu einem Produkturteil verknüpft werden, ist Gegenstand von Abschn. 3.1.2.2.

2.2.2.2.2. Psychische Auswahlprozesse

Ein Konsument mag eine vorzügliche Meinung von der Qualität eines bestimmten Produktes haben, doch ergibt sich daraus noch lange nicht, daß er dieses auch erwirbt. In der Realität wird die Kaufentscheidung unter einer Vielzahl von Restriktionen (Einkommen, Erhältlichkeit etc.) getroffen. Auch können konkurrierende Erzeugnisse ähnlich gut beurteilt werden, so daß die Produktqualität nicht unbedingt den Ausschlag gibt. Will man Kaufentscheidungen erklären, muß man folglich einen Schritt über die Erforschung des **Wahrnehmungsprozesses** hinausgehen und sich auch der **Präferenzbildung**, dem eigentlichen Auswahlprozeß, zuwenden.

Auch hier kommt man nicht umhin zu erklären, inwiefern Wahlhandlungen kognitive Informationsverarbeitungsprozesse einschließen. Im einzelnen lassen sich **vier Typen** von **Kaufentscheidungsprozessen** unterscheiden (zu unterschiedlichen Verhaltenstypologien siehe *Weinberg* 1981, S. 12 f.):

- Intensive Kaufentscheidung

  Bei dieser Spielart des Kaufentscheidungsverhaltens ist die **kognitive Beteiligung** sehr stark ausgeprägt, weil sich die generelle Kaufabsicht erst im Entscheidungsprozeß herausbildet. Der Konsument geht hierbei subjektiv-rational vor, indem er sich in dessen Verlauf über seine Ziele und die Eignung der Kaufalternativen, diese zu erreichen, Klarheit verschafft. Dies gilt vor allem dann, wenn ein unbekanntes Produkt gekauft werden soll, ein Bedürfnis erstmals artikuliert wird, eine Entscheidung von großer persönlicher Bedeutung ansteht, sich die Beschaffungssituation grundlegend verändert hat oder das Anspruchsniveau an Entscheidungsziele erst entwickelt werden muß (vgl. *Weinberg* 1981, S. 53).

- Limitierte Kaufentscheidung

  Hier verfügt der Konsument bereits über **Kauferfahrung,** ohne jedoch eine auf eine bestimmte Marke ausgerichtete Präferenz herausgebildet zu haben. Da aber ein gespeichertes Auswahlprogramm (System von Kaufentscheidungskriterien) vorliegt, kann die Auswahlprozedur beendet werden, sobald ein Produkt seinen Ansprüchen genügt. Der kognitive Aufwand ist folglich limitiert, doch trifft der Betroffene seine Entscheidung weitgehend frei von emotionalen und reaktiv-impulsiven Einflüssen.

- Habitualisierte Kaufentscheidung

  Wird die Produktwahl zur **Gewohnheit**, schwindet die kognitive Steuerung der Entscheidungsfindung; der geistige Aufwand reduziert sich auf die Markenerkennung (Identifikation). Hier spielen selbst Affekte oder das Anspruchsniveau keine Rolle, da die gleiche Marke bzw. das gleiche Produkt immer wieder gekauft wird.

- Impulsive Kaufentscheidung

  Ein Impulskauf verkörpert eine **emotional geladene**, schnell ablaufende, durch Produktinformation stimulierte, **spontane** und nur einer geringen kognitiven Steuerung unterliegende **(Kauf-)Reaktion**.

Neben diesen mehr oder weniger bewußten oder auch affektiv-reflexiven Wahlmechanismen gibt es in der Realität zweifellos auch ein einfaches Zufallshandeln. Ein Kaufakt, so z. B. ein Wiederholungskauf, trägt somit potentiell Elemente aller unterschiedenen Kaufentscheidungstypen sowie Zufallselemente in sich. Dies macht deutlich, weshalb **Black Box-Ansätze** das Markenwahlverhalten nur unzureichend zu erklären vermögen. Ob eine Auswahl nach einer Heuristik (habitualisierte Markenwahl, Markentreue) verläuft oder ob nur ein spontaner Griff ins Regal vorliegt, läßt sich ohne die Einbeziehung psychischer Informationsverarbeitungsprozesse nicht erklären (vgl. dazu vor allem Abschn. 2.3.2.1.). Eine oberflächliche Beobachtung des Wiederkaufverhaltens könnte demnach zu völlig verfehlten Schlußfolgerungen über den Grad der **Markenbindung** eines

Käufers führen; denn die Markentreue als psychisches Konstrukt muß mit dem beobachtbaren **Markenwahlverhalten** nicht notwendigerweise korrespondieren (zum Phänomen der Markentreue vgl. *Nolte* 1976; *Weinberg* 1977).

Im Mittelpunkt der weiteren Ausführungen stehen Kaufentscheidungsprozesse mit starker **kognitiver Kontrolle**. Was die nur in geringem Maß von Informationen beeinflußten habitualisierten und impulsiven Kaufakte betrifft, sei auf Spezialliteratur verwiesen (vgl. *Kroeber-Riel* 1992; *Weinberg* 1981 und die dort angegebenen Quellen).

Mit kognitiv gesteuerten Entscheidungen kann man sich einmal so auseinandersetzen, daß man für Verbraucher die Existenz eines streng rationalen Entscheidungsmodells postuliert und prüft, ob dieses deren Verhalten gut wiedergibt. Als Illustration dient das simple normative Denkschema rationaler Entscheidungsfindung im Rahmen der **Preispolitik** (vgl. § 6, Abschn. 3.1.1.). Diese für die mikroökonomische Theorie charakteristische normative Vorgehensweise interessiert hier nur bedingt. Von größerer Bedeutung für das Verständnis des Zustandekommens von Kaufakten ist die **empirische Entscheidungsforschung**, die sich mit der Durchdringung der psychischen Abläufe bei tatsächlichen Wahlentscheidungen beschäftigt. Sie liefert Belege dafür, daß in realen Kaufentscheidungsprozessen offenbar zwei grundlegende **Produktselektionsmuster** wirksam sind, die Auswahl nach Alternativen und jene nach Attributen.

(1) Die Auswahl nach Produktalternativen

Hierbei handelt es sich um ein Auswahlprogramm, wie es von der klassischen Entscheidungstheorie angenommen wird. Ein Konsument beurteilt jede der verfügbaren bzw. für ihn in Frage kommenden Produktalternativen („**evoked set**") einzeln und gelangt bei jeder zu einem Qualitätsurteil. Anschließend wählt er jene mit der höchsten wahrgenommenen Qualität (= Nutzen) aus.

Hält man ein solches Auswahlverfahren in der Realität für gegeben, ist zu klären, wie ein Konsument die Preise der von ihm berücksichtigten Produkte in seine Entscheidung einbezieht. Zweifellos gibt es Fälle, bei denen sich Betroffene kleineren Unterschieden gegenüber indifferent verhalten, so z. B. dann, wenn die fraglichen Produkte ungefähr der gleichen Preislage angehören oder wenn die Entgeltforderung im Sinne einer Nebenbedingung ein bestimmtes, als akzeptabel erachtetes Niveau nicht überschreitet. Denkbar erscheint aber auch eine Art **subjektive Kosten-Nutzen-Analyse**, bei der die wahrgenommene Qualität der Produkte dem jeweiligen Preis gegenübergestellt wird (vgl. § 6, Abschn. 2.3.3.).

(2) Die Auswahl nach Attributen

Ein Konsument, der seine Kaufentscheidung nach diesem Kriterium trifft, betrachtet nicht jede Kaufalternative für sich, sondern vergleicht alle relevanten Möglichkeiten bezüglich der ihm wichtigen Attribute. Aus diesem Grund gibt es kein eindeutiges eindimensionales Entscheidungskriterium, das wie im Falle der Abwägung von Alternativen unmittelbar die Auswahl des besten Produktes präjudizieren würde. Da jedoch Konsumenten offenbar dennoch zu Kaufentscheidungen gelangen, gilt es zu untersuchen, nach welchen Auswahlregeln sie verfahren. In der Literatur werden u. a. die Dominanz-, die lexikographische, die konjunktive und die disjunktive Regel als Möglichkeiten genannt (vgl. *Aschenbrenner* 1977, S. 28; *Bettman* 1979, S. 176 ff.).

(a) Die **Dominanzregel** besagt, daß ein Produkt dann nicht gewählt wird, wenn es ein anderes gibt, das ihm bei allen Attributen mindestens ebenbürtig und bei einem oder mehreren überlegen ist.

(b) Kommt die **lexikographische Auswahlheuristik** zum Zuge, bringt man die Produkteigenschaften zunächst gemäß der Bedeutung, die sie für einen Nachfrager haben, in eine Rangordnung. Dann werden die dem Vergleich zugrunde gelegten Güter im Hinblick auf das wichtigste Attribut miteinander verglichen. Erweist sich eines als besser, so wird es ohne Rücksicht auf seine sonstigen Vorzüge gewählt. Gibt es mehrere Erzeugnisse, die die Anforderungen gleich gut erfüllen, dehnt der Kaufwillige den Vergleich auf das zweit-, drittwichtigste usw. Attribut aus.

(c) Bei der **konjunktiven Auswahlheuristik** spezifiziert dieser bezüglich aller wichtigen Attribute Standards, die nicht unterschritten werden dürfen. Ein Produkt, das bei irgendeinem davon das vorgegebene Niveau unterschreitet, scheidet als Lösung aus. Erfüllen mehrere Optionen die gestellten Anforderungen, kann der Entscheidungsträger jede davon so lange erhöhen, bis nur noch eine übrig bleibt, die dann den Ausschlag gibt.

(d) Bei der **disjunktiven Regel** geht der Betroffene umgekehrt vor und setzt bei allen für ihn wichtigen Attributen Standards fest, die das zu wählende Produkt erreichen sollte. Wählen wird er jenes Erzeugnis, das zumindest bei einem Merkmal seinen Vorstellungen entspricht.

Es leuchtet ein, daß die konjunktive Regel die höchsten Anforderungen an die Produkte, damit aber auch an den Informationsverarbeitungsprozeß eines Konsumenten stellt. Sie wird also vornehmlich bei intensiven Entscheidungen anzutreffen sein (vgl. *Kroeber-Riel* 1992, S. 407). Im Vergleich dazu verkörpert die Anwendung der disjunktiven Regel eine bedeutende Vereinfachung (z. B. „Kaufe stets die billigste / teuerste Marke!“). Wie *Bettman / Zins* (1977) belegen, werden derartige vereinfachte Auswahlheuristiken gespeichert und je nach Bedarf angewandt.

2.2.2.2.3. Die Informationsspeicherung

Die meisten Verhaltensweisen eines Menschen sind durch die Erfahrung, die er im Laufe seines Lebens gemacht hat, geprägt. Er hat gewisse geistige und körperliche Fähigkeiten entwickelt und gelernt, bestimmte Verhaltensmuster in dieser oder jener Situation als zweckmäßig bzw. als unzweckmäßig zu erachten. Die mehr oder weniger dauerhafte Veränderung der Wahrscheinlichkeit, mit der einzelne Reaktionen in Reizsituationen auftreten, die weder auf endogene Reifungsprozesse noch z. B. auf Krankheiten oder Verletzungen zurückzuführen sind, sondern primär auf Umwelteinflüssen beruhen, werden als **Lernvorgang** oder **Lernen** bezeichnet (vgl. *Hofstätter* 1972).

Lernvorgänge implizieren eine Thesaurierung von Informationen im Langzeitspeicher, wenngleich klassische behavioristische Lerntheorien vom **S-R-Paradigma** ausgehen und den **Organismus** als **Black Box** betrachten. Diese kognitiven Elemente werden vor allem bei limitierten (Kauferfahrung, Einstellungen, Auswahlregeln u. ä.) und habituellen Kaufentscheidungen (Produkterfahrung) wirksam. Bei intensiven dagegen treten weniger problemspezifische als allgemeine, gelernte Heuristiken in Aktion. Es geht dabei nicht darum, wie man eine optimale oder immerhin noch befriedigende Alternative findet, sondern darum, wie man sein Zielsystem aufbaut. Lernen ist somit als Teil der Informationsverarbeitung anzusehen.

Durch den Vorgang verändert sich die Verbindung zwischen einem Reiz und dem möglichen Reaktionsspektrum des Organismus. Die Wahrscheinlichkeit des Auftretens bestimmter Reaktionen steigt, die der anderen verringert sich. Indessen hätte Lernen für den Organismus keinen Zweck im Sinne einer effektiveren Bewältigung der Lebensanforderungen, wenn es nicht mit zwei wichtigen Phänomenen einherginge, der **Generalisierung** und der **Diskriminierung**. Würde nämlich jeder mit vertrauten Stimuli nicht kompatible Reiz als neuartig empfunden, könnte der Organismus den Anpassungsvorteil des Lernens nicht nützen. Wir hätten z. B. Probleme damit, unterschiedliche Designformen der gleichen Produktkategorie und, allgemein, singuläre Beobachtungen Begriffen zuzuordnen, z. B. ein Gewächs als Baum, einen Organismus als Menschen zu identifizieren.

- Generalisierungsphänomen

  Hierbei ist zwischen Reiz- und Reaktionsgeneralisierung zu unterscheiden. Bei ersterer reagiert der Organismus auf ähnliche Stimuli gleich. Eine solche Verallgemeinerung der Stimulusbedeutung begegnet uns im Marketing in der **Imitation erfolgreicher Produkte**. Andererseits muß bei der Individualisierung von Produkten die Grenze der Generalisierung erst durchbrochen werden, wenn die Konsumenten in einer bisher nicht gewohnten Weise auf Impulse ansprechen sollen. Unter Reaktionsgeneralisierung ist hingegen ein Verhaltensmuster zu verstehen, das auf einen bestimmten Reiz hin nicht nur die ursprünglich gelernte Reaktion, sondern auch andere, ähnliche Verhaltensweisen zuläßt, dem Individuum also Handlungsspielraum verschafft.

- Diskriminierungsphänomen

  Die Fähigkeit, auf unterschiedliche Stimuli verschiedenartig zu reagieren, bildet den Grundbaustein der Handlungsfreiheit. Die Voraussetzung dafür, nämlich zwischen Stimuli unterscheiden zu können, ist als Ergebnis unablässiger Lernvorgänge gerade für die Produktpolitik von höchster Bedeutung. Jeder Versuch, **Produktpersönlichkeiten** (Marken) zu schaffen, setzt ein Diskriminierungsvermögen seitens der Konsumenten voraus.

Bei der Vielfalt der Aktivitäten und Ergebnisse, um die es geht, vermag es nicht zu verwundern, daß **Lerntheorien** mit ganz unterschiedlichem Geltungsbereich entwickelt wurden. Wer Standardwerke der Lern- und Gedächtnisforschung wie *Foppa* (1975), *Hilgard / Bower* (1984 und 1985), *Bredenkamp / Wippich* (1977), *Krais* (1977) sowie *Behrens* (1976) zu Rate zieht, dem mag sich der Eindruck der Existenz einer verwirrenden Zahl von Lerntheorien aufdrängen, die unterschiedliche, ja konkurrierende Erklärungsansätze bieten. Um dieser weitverbreiteten Fehleinschätzung entgegenzutreten, sei deshalb betont, daß es zwar zu Überschneidungen kommt, primär aber komplementäre Beziehungen zwischen diesen Theorien bestehen. Eine umfassende Lerntheorie, die die Gesamtheit des (nicht angeborenen) Verhaltens zu erklären vermag, vermochte noch nicht entwickelt zu werden.

Worin besteht die praktische Relevanz von Lerntheorien, etwa für die Gestaltung eines Produktes oder einer Anzeige?

(1) Lernen durch Konditionierung

Das Lernen durch Kopplung von Stimuli wird als klassisches bzw. reaktives **Konditionieren** bezeichnet. Die Grundannahmen dieser Lerntheorie stammen von dem russischen Physiologen *Pawlow.* Er stellte bei Untersuchungen fest, daß die Speicheldrüsen seiner Versuchstiere ihr Sekret nicht erst bei Aufnahme des Futters im Maul, sondern bereits bei dessen bloßem Anblick abgaben. Darüber hinaus wies er nach, daß auch ein ganz beliebiger neutraler Reiz, der mit Futter überhaupt nichts gemeinsam hat, wie z. B. ein Klingelzeichen, die Speichelabsonderung auslöst, sofern dieser vorher des öfteren mit der Fütterung aufgetreten war.

Diese Erscheinung bezeichnete *Pawlow* zunächst als „psychische Reaktion", später als „**bedingten Reflex**". Der notwendige Bedingungszusammenhang liegt in der zeitlichen Nähe des neutralen Reizes und der Fütterung bzw. der dadurch entstandenen Assoziation. Allerdings läßt sich der natürliche Verursachungsfaktor durch den Vorgang der Konditionierung nicht völlig ersetzen. Tritt der neue, durch Erfahrung bedingte Auslöser (konditionierter Reiz) eine Zeitlang allein auf, wird die bedingte Reaktion allmählich geschwächt oder ausgelöscht (Extinktion).

Kotler (1966, S. 81 ff.) weist darauf hin, daß ein Verbraucher einer Marke, die er in einem bestimmten Produktbereich normalerweise bevorzugt, dieser dadurch untreu wird, daß er auf Grund der Generalisierungstendenz zu einer ähnlichen greift. Erweist sich diese dann jedoch als ungeeignet, wird sie einem Extinktionsprozeß unterworfen, der letztlich dazu führt, daß sie auch unter den denkbar besten Umständen nicht mehr als Kaufalternative in Betracht kommt (Differenzierung). Bei Einführung eines neuen Produktes müsse man deshalb darauf achten, daß über eine längere Zeitspanne hinweg „diskriminierende" Maßnahmen getroffen werden, damit entsprechende Auslöser aufgebaut werden können.

In der Theorie der **klassischen Konditionierung** wird bei der Erklärung des Entstehens von S-R-Verknüpfungen die Stimulus-Komponente hervorgehoben, während die Konsequenzen des Verhaltens keine Rolle spielen. Es wäre dort sinnlos, von Belohnung oder Bestrafung zu sprechen. Der Organismus unternimmt bei der klassischen Konditionierung nichts, um das Futter zu erlangen, und die Bestätigung, den richtigen Weg eingeschlagen zu haben, erhält man, unabhängig vom Verhalten, bei jedem Versuchsdurchgang (vgl. *Krais* 1977, S. 51). Demgegenüber widmet die Theorie der **operanten** (= instrumentellen) **Konditionierung** der Response-Seite besondere Aufmerksamkeit. Bei Lernprozessen kommt es danach vor allem auf die Verbindung von Verhalten und dessen Konsequenzen an.

Den Ausgangspunkt bildet die instrumentelle Konditionierung, die von *Thorndike* (1925) zum ersten Mal bei Tieren angewandt und von *Skinner* (1938) sowie *Hull* (1943) später ausgebaut wurde. Sie konkretisiert sich darin, daß ein Versuchstier lernt, in einer bestimmten Weise zu agieren, um ein unerwünschtes Geschehen (z. B. Elektroschocks) zu vermeiden. Eine der bekanntesten einschlägigen Versuchsanordnungen stellt die *Skinner*-Box dar, ein besonderer Käfig, in dem die Versuchstiere lernen, auf einen Hebel zu drücken, z. B. um Futter zu erhalten. Die entsprechenden Bewegungen sind zweckgerichtet, die Grundlage ihrer Konditionierung bildet der Erfolg. Für *Skinner* ist Verstärkung jedes Ereignis, das die Wahrscheinlichkeit des Auftretens der Reaktion erhöht, die zu diesem Ereignis führt. Sämtliche Reize, die in dieser Weise wirken, rechnet er zu den positiven Verstärkern, zu den negativen dementsprechend solche, die sich als kontraproduktiv erweisen.

(2) Lernen am Modell

Bandura (1976) bewies, daß durch **Nachahmung** neue Reaktionen spontan gelernt werden, wobei sich die imitative Übernahme der Verhaltensweise eines Modells, z. B. einer anderen Person, durch bloßes Beobachten vollziehen kann. Die Reaktion braucht dabei nicht zeitgleich aufzutreten, sondern kann auch später erfolgen. Ein „Modell" ist dabei um so wirksamer, je größer sein Prestige und seine soziale Macht zu sein scheinen. Insbesondere Personen mit geringer Selbstwertschätzung und solche, die zwischen sich selbst und dem Vorbild eine Ähnlichkeit zu erkennen glauben, zeigen hohe Nachahmungsbereitschaft.

(3) Kognitive Lerntheorien

Kognitive Lerntheorien gehen von der Annahme aus, daß das Verhalten der Menschen durch die geistige Bewältigung von Herausforderungen, d. h. durch das Erkennen der jeweiligen Zusammenhänge, insbesondere der bestehenden

Mittel-Zweck-Beziehungen, gelenkt wird. Sofern ein Individuum einsichtig handelt, findet es sich verhältnismäßig rasch auch in solchen Situationen zurecht, die neuartig und ungewohnt sind. Das ziellose Herumprobieren, das zufällige Auffinden der richtigen Lösung, die Gewohnheit und dgl. mehr sind hier nur von geringer Bedeutung. Die **Einsicht** selbst ist zum Teil durch Erfahrung bedingt, sie stellt sich mehr oder weniger spontan ein, wird gut gespeichert und kann leicht auf ähnliche Problemsituationen übertragen werden. Entscheidende Impulse verdanken die kognitiven Lerntheorien der Gestalttheorie und der auf ihr aufbauenden Feldtheorie.

(a) Die Gestalttheorie

Von Gestalttheoretikern durchgeführte Untersuchungen über den Lernvorgang ergaben, daß sog. gute Gestalten, z. B. prägnante Wortkomplexe, leichter gelernt und langsamer vergessen werden als schlechte. Das Gedächtnis bewirkt, daß Eindrücke nicht spurlos verschwinden, sondern später wieder wirksam werden und sich gegebenenfalls aktiv, d. h. willentlich reproduzieren lassen.

(b) Das Orientierungslernen

Nach *Tolman* (1932) ist das Verhalten zweckorientiert; ob man ein Ziel, z. B. Nahrung zu erhalten, erreicht, wird durch verschiedene Variablen (Erwartung, Erkenntnis etc.) gesteuert. Ist der Organismus in der Lage, die in einer bestimmten Situation vorhandenen Verhaltensalternativen mit den Zielvorstellungen zu verknüpfen, kann er also die Konsequenzen der Handlungsalternativen antizipieren, so hat er seine Lage bewältigt. Bezogen auf eine Reizsituation erlernt in der Konzeption von *Hull* (1943) ein Organismus Bewegungsabläufe, während dieser in *Tolmans* Theorie die Ergebnisse solcher Bewegungsabläufe vorwegzunehmen vermag. Die kognitive Verknüpfung der gegenwärtigen Lage mit zukünftigen Situationen, die sich auf Grund des potentiellen Verhaltens einstellen, steht im Mittelpunkt des Modells.

In späteren Untersuchungen spricht *Tolman* von gelernten bzw. erfahrungsbedingten „Bildern" (Vorstellungen, Annahmen, Kenntnissen usw.) über Gegenstände, Sachverhalte und Lebewesen, die das Individuum, in sog. Überzeugungs-Wert-Matrizen gespeichert, mit sich herumträgt. Je nach der vermeintlichen Eignung der durch die Bilder repräsentierten Objekte, bestimmte Bedürfnisse zu befriedigen, weisen jene eine positive oder negative Valenz auf. Tritt nun ein Bedürfnis(-gefüge) auf, wird das dafür zuständige Überzeugungs-Wert-Subsystem aktiviert. Diejenigen Bilder, die für die zu bewältigende Situation bedeutsam erscheinen, werden gewissermaßen abgerufen.

Auf eine Kaufsituation übertragen heißt dies, daß sich ein Verbraucher all die Bilder vergegenwärtigt, die er für die Befriedigung seiner Bedürfnisse als relevant erachtet. Gemeinsam mit den wahrgenommenen Produkten stellen jene die Kauf- bzw. Konsumalternativen dar. Je nachdem, welchen Nutzen sich ein Konsument von der Realisation der verschiedenen Alternativen jeweils zu erlangen verspricht, wird er diese unterschiedlich bewerten und sich letztlich für jene entscheiden, die für ihn den höchsten Wert besitzt. Die mit dem erworbenen Gut gewonnene Erfahrung kann die Richtigkeit der

Kaufentscheidung nachträglich bestätigen oder widerlegen, was sich seinerseits wiederum auf spätere Kaufhandlungen auswirkt. Auf die Feldtheorie von *Lewin* (1963), die dem Tolmanschen Ansatz ähnlich ist, soll hier nicht näher eingegangen werden.

2.2.3. Die soziale Umwelt des Konsumenten

Die Interpretation des menschlichen Verhaltens war lange Zeit durch den Widerstreit zweier Anschauungen gekennzeichnet. Auf der einen Seite bemühte man sich, menschliches Verhalten ausschließlich aus dem Individuum heraus zu erklären. Die entgegengesetzte Auffassung sah alles Verhalten als sozial bedingt an. Heute wird kaum mehr bestritten, daß sowohl die dispositionale als auch die situative Erklärung ihre Berechtigung haben.

In jüngerer Zeit mißt man den sozialen Aspekten des menschlichen Verhaltens wachsende Bedeutung bei. Die Erforschung der hypothetischen Konstrukte Wahrnehmung, Lernen, Motivation und Einstellung ließ erkennen, daß diese in starkem Ausmaß durch soziale und sozio-kulturelle Faktoren geprägt sind (siehe auch Abb. 5.4.). Im folgenden soll deshalb kurz darauf eingegangen werden, welche Rolle Gruppe, Schicht und Kultur als Faktoren dieser Umwelt für das Konsumentenverhalten spielen (siehe dazu u. a. *Wiswede* 1991; *Kroeber-Riel* 1992).

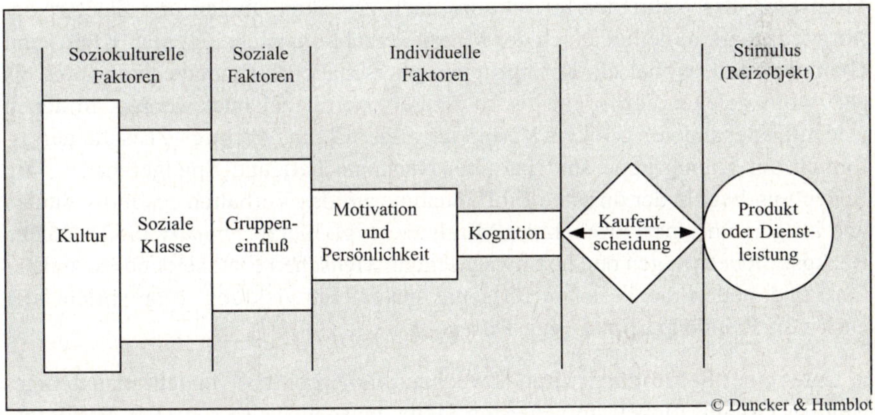

Quelle: *Kassarjian / Robertson* 1968, S. 4.

Abb. 5.4.: Das Kaufverhalten von Konsumenten beeinflussende Faktoren

(1) Soziale Gruppe

Die „Gruppe" stellt eine im einzelnen höchst unterschiedlich verwendete Bezeichnung für eine Mehrheit von Individuen dar. Der soziologische Begriff ist dabei vor allem von der Gruppe als Kategorie (statistische Gruppe oder Sozialkategorie) zu unterscheiden. Eine Ansammlung von Personen konstituiert noch keine Gruppe, wenn es unter ihnen nicht auch zu Interaktion kommt. Folglich setzen soziale Gruppen das Vorhandensein relativ dauerhafter zwischenmenschlicher Beziehungen voraus. Die Betroffenen entwickeln häufig ein starkes Zusammengehörigkeitsgefühl (Wir-Bewußtsein), oft verbunden mit einer ausgeprägten Sympathie für Leute ihresgleichen.

Innerhalb des skizzierten Beziehungsgefüges nimmt das Individuum einen bestimmten Ort ein. Das Wertbewußtsein, das mit dieser Position verbunden ist, nennt man **Status**. Als **Rolle** wird demgegenüber das Bündel von Erwartungen bezeichnet, das andere Gruppenmitglieder gegenüber den Positionsinhabern hegen. Die mit ihr verbundenen Vorstellungen beeinflussen das Konsumentenverhalten, da sie Konsumstile prägen (z. B. Konsum, der darauf hinzielt, einen bestimmten Status zu festigen) und den Verbrauch von solchen Produkten und Dienstleistungen fördern, die stark mit Rollenattributen verknüpft sind.

Gruppen entwickeln **Normen,** d. h. Regeln für das individuelle Verhalten, die für ihre Mitglieder verbindlich sind. Die Erfüllung von Normen kann z. B. durch Anerkennung belohnt werden, während Normverletzung häufig Sanktionen, die bis zum Gruppenausschluß führen, nach sich zieht.

Gruppen lassen sich nach vielerlei Gesichtspunkten, z. B. nach der Zahl ihrer Mitglieder, der Natur der Interaktion, nach Zwecken, Zielen und der Art der Mitgliedschaft, einteilen. Nach der Mitgliederzahl unterscheidet man **Klein-** und **Großgruppen**, wobei als Kleingruppen überschaubare Einheiten von zwei bis ca. zwölf, gelegentlich sogar bis zu 30 Personen bezeichnet werden, in denen jede mit jeder anderen direkt in Verbindung treten kann. Wichtigste Erscheinungsformen der Kleingruppe sind Familie, Nachbarschaft und Spielgefährten. Ihre Bedeutung liegt in der direkten Einflußnahme auf das Verhalten des Individuums und im gemeinsamen Erleben der Mitglieder (vgl. hierzu *Thomas* 1983). Solche Bezugsgruppen prägen den heranwachsenden Menschen entscheidend (Sozialisation) und stellen die Weichen für seine spätere Entwicklung. Man spricht hier auch von **Primärgruppen** (vgl. *Filser* 1978).

Unter einer **Sekundärgruppe** (Zweckzusammenschluß) versteht man demgegenüber Organisationen im weitesten Sinne, beispielsweise Betriebe, Behörden, Verbände und Vereine. Schon aus dieser kurzen Aufzählung ergibt sich, daß jeder Mensch Mitglied mehrerer Gruppen ist, die alle, wenn auch mit unterschiedlicher Intensität, sein Verhalten beeinflussen. Zu allseitigen direkten Interaktionsbeziehungen kommt es indessen hier nicht.

Sozialbeziehungen sind in der Regel durch fixierte formelle Abmachungen geregelt, oft unpersönlich, weiter verzweigt und deshalb für das einzelne Gruppenmitglied schwer überschaubar. Der Kontakt wird nicht selten durch Dritte bzw. durch technisch-organisatorische Medien wie Telefon und Rundschreiben aufrechterhalten. In Großgruppen dominieren klar umrissene Rollen und Positionen.

Als **Bezugsgruppe** („reference group") bezeichnet man eine Personenmehrheit, deren Normen, Werte, Meinungen und Verhaltensweisen man übernimmt, gleichgültig ob man Mitglied dieser Gruppe ist (Mitgliedschaftsgruppe) oder nicht. Sie dient einmal als Vergleichsbasis für die Beurteilung des eigenen Verhaltens, zum anderen übt sie eine normative Funktion aus, indem z. B. Konsumenten Verhaltensrichtlinien übernehmen, um die Zustimmung ihrer Bezugspersonen zu erlangen („man spielt Tennis").

Das Verhältnis des Individuums zur Gruppe wird durch das Phänomen der Anpassung charakterisiert. Kaufen bzw. Verbrauchen bestimmter Produkte läßt sich durchaus in diesem Sinne verstehen, da das Individuum sein Bekenntnis zu den in der eigenen Gruppe vorherrschenden Normen oder Auffassungen gerade auch im Konsum zum Ausdruck bringt. Daran läßt sich im übrigen erkennen, wann jemand von einer bestimmten Gruppe abwandert, um sich einer anderen, der er sich eher zugehörig fühlt oder der er gerne angehören möchte, anzuschließen.

Diese menschlichen Strebungen nutzt man u. a. bei der sog. Leitbildwerbung (vgl. § 8, Abschn. 3.5.2.). Der Frage nach dem für ein bestimmtes Produkt zu wählenden Leitbild geht die Bestimmung der Zielgruppe bzw. der für diese relevanten Bezugsgruppe voraus; denn wenn der soziale Abstand zwischen den Umworbenen und dem Leitbild zu groß ist, kommt die angestrebte Identifikation des Individuums mit dem Leitbild nicht zustande, was aber die Voraussetzung für das angepaßte Verhalten bildet.

(2) Schicht und Kultur

Innerhalb der soziokulturellen Faktoren sind für das Käuferverhalten vor allem die **soziale Schicht** und die **Kultur** von Bedeutung. Erstere umfaßt eine große Zahl von Individuen oder Familien, die den gleichen Status oder bestimmte gemeinsame Merkmale aufweisen. Für die Schichtzugehörigkeit des einzelnen erweisen sich Aspekte wie Beruf, Ausbildung, Herkunft, Einkommen, Besitz- und Wohnverhältnisse als entscheidend. Oft wird der Beruf als dominante Variable angesehen, weil er bis zu einem gewissen Grade die anderen Charakteristika einschließt.

Die Zugehörigkeit der Konsumenten zu bestimmten Schichten wirkt sich auch auf das Verbraucherverhalten aus, wie eine Zusammenstellung von *Wiswede* (1972) über tendenzielle Merkmale schichtspezifischer Konsumeinstellungen erkennen läßt (vgl. Tab. 5.2.). Nicht selten möchte ein Individuum gerade im Konsumbereich den Anschein erwecken, einer bestimmten Schicht anzugehören.

Der Einfluß der **Kultur** auf das Konsumverhalten ist geringer als der der sozialen Schicht oder gar der Gruppe. „Kultur", als ein sehr komplexes Phänomen, weist folgende Dimensionen auf:

Tabelle 5.2.

Tendenzielle Merkmale schichtspezifischer Konsumeinstellungen	
„höhere" Schicht	„niedrigere" Schicht
zukunftsbezogen	gegenwartsbezogen
städtisch	ländlich
feminin	maskulin
planend	impulsiv
mobil	immobil
selektiv	rezeptiv
risikofreudig	risikomeidend
egalitär	autoritär
aktiv	passiv
abstrakt	konkret
informiert	uninformiert

Quelle: *Wiswede* 1972, S. 147.

– Sie verkörpert ein System von Leitvorstellungen, das sich im Rahmen des menschlichen Zusammenlebens entwickelt hat und vielen gemeinsam ist.

– Sie umfaßt neben Vorstellungen und Verhaltensweisen (immaterielle Kultur) auch materielle Güter und Geräte (materielle Kultur).

Für das Marketing bedeutet dies, daß z. B. Design, Farbgebung oder Material eines in Skandinavien erfolgreichen Produkts nicht notwendigerweise auch in Japan Anklang finden. Selbst in Europa sind die kulturkreisbezogenen Unterschiede in einzelnen Produktfeldern so stark, daß diesen im Rahmen des internationalen Marketing Rechnung getragen werden muß.

2.3. Modelle des Käuferverhaltens

Wie sich zeigte, vermag eine Vielzahl von Faktoren aus dem psychischen und sozialen Bereich das Kaufverhalten zu beeinflussen. Was indessen vor allem interessiert, ist deren Verzahnung mit den absatzpolitischen Handlungsmöglichkeiten einer Unternehmung. Dazu dienen formalisierte und operationalisierte Marketingmodelle. In Anlehnung an *Topritzhofer* (1974) und *Mazanec* (1978) soll zwischen drei Varianten unterschieden werden: **Black Box-**, **Struktur-** und **Simulationsmodelle**. Eingegangen wird hier indessen nur auf die beiden ersten Varianten, da sich letztere durch eine zu große strukturelle Komplexität auszeichnen, die von vornherein jeden Versuch einer praktischen Nutzanwendung vereitelt (Näheres dazu bei *Amstutz* 1970; *Klenger / Krautter* 1972; *Meffert / Steffenhagen / Freter* 1979).

2.3.1. Die Black Box-Betrachtung

Kaufreaktionen von Verbrauchern können, wie erinnerlich, grundsätzlich auf zweierlei Art und Weise modelliert werden, als echte Verhaltensmodelle (**S-O-R-Ansatz**) und als Black Box-Modelle (**S-R-Ansatz**). Der Unterschied zwischen beiden ist in dem Ausmaß begründet, in dem die Umwandlung der Stimuli (z. B. Produkte) in Reaktionen (z. B. Kaufakte) erklärt wird.

Black Box- oder globalanalytische Modelle zeichnen sich dadurch aus, daß der Transformationsvorgang als unbekannt akzeptiert bzw. als irrelevant angesehen wird. Marketingaktivitäten und Daten der Umwelt werden lediglich als Input behandelt. Wie und warum dieser das Verhalten steuert, interessiert nicht. Wichtig dagegen ist der beobachtbare Output – Kaufakte, Absatzgrößen, Marktanteile u. ä. –, der möglichst in mathematischer Form mit den Inputvariablen zu verknüpfen ist.

2.3.1.1. Regressionsanalytische Modelle

Regressionsanalytische Modelle bestehen aus einer abhängigen, zu erklärenden Größe (= Output) und einer oder mehreren unabhängigen, erklärenden Variablen (= Input; zur Regressionsanalyse siehe § 9, Abschn. 3.5.2.1.). In der Struktur der Regressionsgleichung spiegelt sich die Funktionsweise der Black Box wider, die jedoch nicht Gegenstand inhaltlicher Hypothesen ist. In diesem Sinne sind solche Modelle also **theorielos**. Sie dienen dazu, Schwankungen etwa des Absatzvolumens einer Marke aus Veränderungen im Marketing-Mix der anbietenden Unternehmung oder in der Umwelt zu erklären. Demgemäß bezeichnet man solche Modelle auch als **Marktreaktionsfunktionen** („sales response functions"). Die in der mikroökonomischen Theorie anzutreffende Preis-Absatz- bzw. Nachfragefunktion stellt nichts anderes als einen Spezialfall eines solchen Marktreaktionsmodells dar.

Als abhängige, zu erklärende Variable tritt hier zumeist nicht der individuelle Kaufakt, sondern das Aggregat aller Kaufvorgänge einer bestimmten Marke auf dem interessierenden Markt auf. Als unabhängige Variablen werden je nach Forschungsanliegen ganz verschiedene Größen herangezogen. Letztlich geht es dabei aber immer um den Einfluß der eigenen **Marketingaktivitäten** (Veränderung von Produktbeschaffenheit, Preis, Werbebudget und dgl. mehr) auf die **Höhe** des **Absatzes**. Als erklärende Variablen kommen aber auch das Verhalten von Konkurrenten (Einführung eines neuen Produktes, Preisaktionen u. ä.), Daten der Zielgruppe (Ausstattung mit bestimmten Haushaltsgeräten, Einkommen etc.) und gesamtwirtschaftliche Größen (Volkseinkommen, Konjunktur, saisonale Zyklen etc.) in Betracht.

Von großer Bedeutung sind dabei nicht nur die **Auswahl** der **unabhängigen Variablen**, sondern auch die **Art** deren **Verknüpfung**. Dafür bieten sich vor allem folgende Möglichkeiten an:

– Linear-additive Modelle

Diese sind durch folgende Form gekennzeichnet:

(5.2.) $$y_i = k - a \cdot P + b \cdot W + c \cdot Q + d \cdot D$$

Dabei bedeuten:

y_i	=	Absatzvolumen der Marke i
k	=	Konstante
P, W, Q, D	=	Marketinginstrumente (Preis, Werbung, Produktqualität, Distribution)
a, b, c, d	=	Regressionskoeffizienten

Diesem Ansatz liegt die Annahme zugrunde, daß jedes Marketinginstrument einen verschiedenen, aber **konstanten** und von anderen Maßnahmen unabhängigen Beitrag zum Absatzerfolg der Marke i leistet. Eine für Werbezwecke ausgegebene DM bewirkt also stets die gleiche Absatzerhöhung, ohne Rücksicht darauf, wie hoch das Werbebudget absolut ist. Dies erscheint ebenso problematisch wie die Ausklammerung von Verbundbeziehungen im Marketing-Mix. So bedingt beispielsweise eine Verbesserung der Produktqualität um eine Einheit immer den gleichen Absatzanstieg, gleichgültig, ob z. B. zugleich Werbung betrieben wird oder nicht.

– Multiplikative Modelle

(5.3.) $$y_i = k \cdot a \cdot P \cdot b \cdot W \cdot c \cdot Q \cdot d \cdot D$$

Ansätze dieser Art tragen der Existenz von **Verbundbeziehungen** zwischen den Instrumentalbereichen Rechnung. Die Einzelwirkung jedes absatzpolitischen Instruments hängt hier vom Niveau aller übrigen ab. Noch realistischer ist die folgende Beziehung, die auch noch die Restriktion linearer Wirkungsveränderungen aufhebt.

(5.4.) $$y_i = k \cdot P^a \cdot W^b \cdot Q^c \cdot D^d$$

Ein solches, der *Cobb-Douglas*-Produktionsfunktion analoges Modell kann durch Logarithmierung linearisiert und dadurch leicht gehandhabt werden. Ein anderer wichtiger Vorteil besteht darin, daß dessen Exponenten empirische Bedeutung insofern zukommt, als diese als Preis-, Werbe-, Distributions- resp. Produktqualitätselastizität der Nachfrage interpretiert werden können.

Dies läßt sich leicht am Beispiel der **Preiselastizität** der **Nachfrage** (siehe dazu § 6, Abschn. 3.2.3.2.) demonstrieren. Da die marginale Wirkung von Preisänderungen ermittelt werden soll, differenzieren wir (5.4.) nach P:

(5.5.) $$\frac{\delta y_i}{\delta P} = k \cdot a \cdot P^{a-1} \cdot W^b \cdot Q^c \cdot D^d$$

Nach Einsetzen von (5.4.) in (5.5.) ergibt sich:

(5.6.) $$\frac{\delta y_i}{\delta P} = a \cdot \frac{y_i}{P} \Rightarrow a = \frac{\delta y_i}{y_i} : \frac{\delta P}{P} = -\varepsilon$$

Der marginale Beitrag der einzelnen Instrumente hängt also zum einen von der (konstanten) Nachfrageelastizität, zum anderen von der Höhe des Marketingbudgets ab.

Eine wesentlich genauere Abbildung realen Geschehens durch regressionsanalytische Verfahren wird erreicht, wenn auch dynamische Aspekte im Sinne von **Carry over-Effekten** (vgl. § 8, Abschn. 3.4.) von der Modellstruktur erfaßt werden.

Obwohl sie einer verhaltenswissenschaftlichen Fundierung entbehren, erfreuen sich regressionsanalytische Modelle im Alltag großer Beliebtheit. *Topritzhofer* (1974) führt die Anziehungskraft, die dieser Modelltypus auf die Praxis ausübt, im wesentlichen auf folgende Gründe zurück:

- Die ihm innewohnende Pragmatik bewirkt, daß derartige Kaufverhaltensmodelle unmittelbar und anscheinend universal einsatzfähig sind, und zwar ohne daß man dafür eine theoretische Basis entwickeln muß.
- Der Charakter der abhängigen Variablen – Gesamtmarkt, Absatzvolumen, Marktanteil u. ä. – kommt den Bedürfnissen der Praxis entgegen. Weiterhin bildet diese Modellvariante oft eine wichtige Grundlage („response function") für Optimierungskalküle. Ein zusätzlicher Vorzug liegt in deren methodischer Flexibilität. Wie erkennbar, ist deren mathematische Struktur geeignet, Interdependenzen, Carry over-Effekte und variierende Nachfrageelastizität abzubilden.
- Im Gegensatz zu S-O-R-Modellen werfen regressionsanalytische Untersuchungen meistens auch keine unüberwindlichen Operationalisierungs- und Datenbeschaffungsprobleme auf. Im übrigen bleibt, um Mißverständnissen vorzubeugen, darauf hinzuweisen, daß die Regressionsanalyse keineswegs nur „harten" Daten vorbehalten ist, sondern auch psychische Kategorien zu verarbeiten erlaubt.

2.3.1.2. Stochastische Prozeßmodelle

Bei stochastischen Prozeßmodellen wird jeder Einkaufsakt als „outcome" eines Zufallsprozesses angesehen, der sich innerhalb der Black Box abspielt (vgl. *Topritzhofer* 1974, S. 38). Der **Kaufentscheidungsprozeß** stellt sich demnach als **Zufallsmechanismus** dar, dessen Struktur aus dem Muster des Outputs der Black Box erschlossen und mathematisch-statistisch abgebildet wird. Das Ergebnis stochastischer Kaufverhaltensmodelle verkörpert keine Voraussage, wie sich ein Individuum verhalten, etwa welche Marke es wählen wird, sondern eine spezifische Wahrscheinlichkeit, mit der es auf einen bestimmten Stimulus im interessierenden Sinne reagiert („response probability"). Je nach dem Zweck der Modellbildung wird als Reaktion, für die die Wahrscheinlichkeit geschätzt wird, die Wahl von Marken, Kaufzeitpunkten oder Einkaufsstätten gewertet. (Eine Einführung in die Methodik bieten *Topritzhofer* 1974, S. 58 ff.; *Meffert / Steffenhagen / Freter* 1979, S. 99 ff.; *Herrmann* 1992, S. 96 ff.)

Stochastische Modelle sind primär auf das individuelle Kaufverhalten ausgerichtet; sie geben die Wahrscheinlichkeit bestimmter Reaktionen von Einzelpersonen an. Die Aggregation für ein Marktsegment oder den Gesamtmarkt erweist sich solange als problemlos, wie für alle Angehörigen der Zielgruppe hinsichtlich ihres Verhaltens Homogenität unterstellt wird, was indessen selten gerechtfertigt ist.

Von besonderem Interesse unter den stochastischen Prozeßmodellen erscheinen die sog. **Fluktuationsmodelle**, die die Wiederkaufrate bzw. Markenloyalität auf der einen und den Markenwechsel (Brand Switching) auf der anderen Seite transparent zu machen erlauben. Zur Verdeutlichung diene das Zahlenbeispiel von Tab. 5.3.

Tabelle 5.3.

<table>
<tr><th colspan="7">Markenloyalität und Käuferfluktuation in einem konkreten Fall</th></tr>
<tr><td colspan="2" rowspan="2"></td><td colspan="3">Käufer der Marke in Periode t</td><td colspan="2">Marktanteil in Periode $t-1$</td></tr>
<tr><td>A</td><td>B</td><td>C</td><td>absolut</td><td>in %</td></tr>
<tr><td rowspan="3">Käufer der Marke in Periode $t-1$</td><td>A</td><td>270</td><td>190</td><td>65</td><td>525</td><td>35</td></tr>
<tr><td>B</td><td>170</td><td>445</td><td>60</td><td>675</td><td>45</td></tr>
<tr><td>C</td><td>85</td><td>115</td><td>100</td><td>300</td><td>20</td></tr>
<tr><td rowspan="2">Marktanteil in Periode t</td><td>absolut</td><td>525</td><td>750</td><td>225</td><td>1.500</td><td></td></tr>
<tr><td>in %</td><td>35</td><td>50</td><td>15</td><td></td><td>100</td></tr>
</table>

Quelle: *Topritzhofer* 1972, S. 297.

Die abgebildete **Fluktuationsmatrix** spiegelt die Situation auf einem Markt wider, der nicht mehr wächst, aber bedeutsamen strukturellen Veränderungen unterliegt. Dies bezieht sich auch auf Marke A, die sich keineswegs jener Popularität erfreut, die man auf Grund ihres gleichgebliebenen, hohen Marktanteils anzunehmen geneigt wäre. Es wird dem Marketing-Manager zu denken geben, daß nur 270 von 525 Probanden, also nicht viel mehr als die Hälfte, bereit waren, dieses Produkt in der Periode t wiederzukaufen.

Die Ausgangsmatrix kann man nun dadurch in Wahrscheinlichkeitswerte überführen, daß jedes ihrer Elemente durch die zugehörige Zeilensumme dividiert wird. Bei entsprechender Stichprobengröße, die bei Haushaltspanels (vgl. § 9, Abschn. 3.4.2.), die solche Daten liefern, gewährleistet ist, lassen sich die sich ergebenden Werte als die (durch die entsprechenden relativen Häufigkeiten angenäherten) Wahrscheinlichkeiten des Markenwechsels bzw. der Markentreue in dem betrachteten Intervall interpretieren.

Der Vorteil dieser Vorgehensweise besteht darin, daß wir hierdurch eine Übergangsmatrix erzeugen, auf die sich die aus der Physik bekannte Theorie *Markov*scher Ketten anwenden läßt. Dadurch eröffnet sich die Möglichkeit, eine Reihe abgeleiteter Kennzahlen zu ermitteln, die die Wirkungsweise der von einer Unternehmung getroffenen Marketingmaßnahmen reflektieren. Wenn man in entsprechender Weise verfährt, ergibt sich eine stochastische Matrix gemäß Tab. 5.4.

Tabelle 5.4.

Übergangswahrscheinlichkeit für den Markenwechsel				
		Käufer der Marke in Periode t		
		A	B	C
Käufer der Marke in Periode $t-1$	A	0,52	0,36	0,12
	B	0,25	0,66	0,09
	C	0,28	0,38	0,34

Quelle: in Anlehnung an *Topritzhofer* 1972, S. 297 ff.

Unter den restriktiven Annahmen der Theorie homogener *Markov*scher Ketten 1. Ordnung läßt sich daraus folgender Gleichgewichtszustand ableiten:

$$A = 0{,}52\ A + 0{,}25\ B + 0{,}28\ C$$
$$B = 0{,}36\ A + 0{,}66\ B + 0{,}38\ C$$
$$C = 0{,}12\ A + 0{,}09\ B + 0{,}34\ C$$

Außerdem gilt: $A + B + C = 1\ (\mathrel{\hat{=}} 100\%)$

Nach Auflösung dieses überbestimmten linearen Gleichungssystems ergeben sich folgende endgültigen Marktanteile:

$$A \approx 35\%;\ B \approx 52\%;\ C \approx 13\%\ .$$

Bei einer iterativen Vorgehensweise wird dieses Resultat schon nach drei Perioden nahezu erreicht.

Es erübrigt sich, an dieser Stelle näher auf diesen Ansatz einzugehen, dessen Stärke in seiner eleganten mathematisch-statistischen Struktur, dessen Schwäche aber in der **Theorielosigkeit** und im **Fehlen** jeglicher **verhaltenswissenschaftlicher Fundierung** liegt. Daran ändert sich auch dann nichts, wenn versucht wird, bestimmte Prozeßparameter im nachhinein verhaltenswissenschaftlich zu interpretieren, wie dies in den sog. linearen Lernmodellen der Fall ist. Abb. 5.5. gibt deren Grundstruktur wieder.

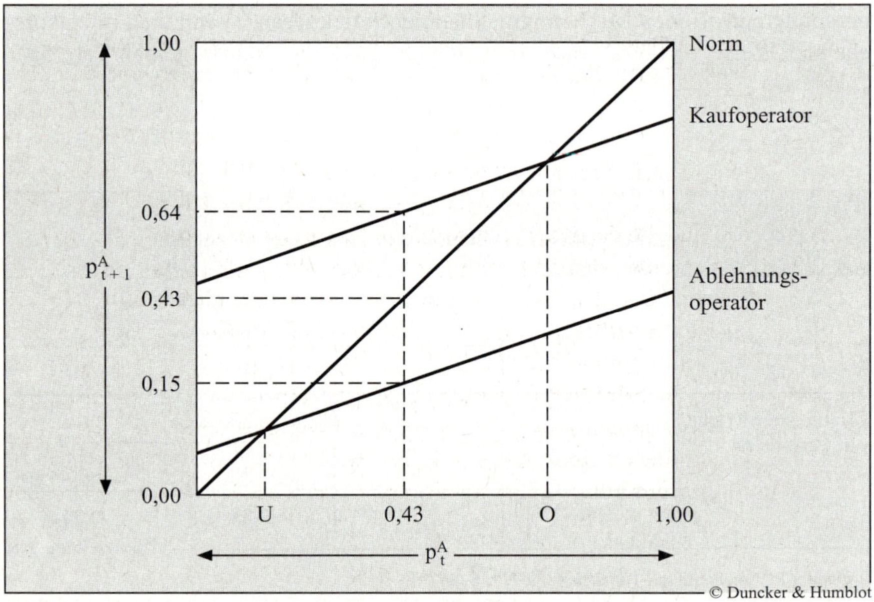

Abb. 5.5.: Grundstruktur des linearen Lernmodells

- Auf der Abszisse ist die Wahrscheinlichkeit des Kaufs der Marke A in der Periode $t(p_t^A)$, auf der Ordinate die des Erwerbs von A in $t+1$ abgetragen. Es wird unterstellt, daß konkurrierende Marken zu einer Kaufalternative mit der komplementären Kaufwahrscheinlichkeit zusammengefaßt werden können.
- Die drei Geraden verkörpern unterschiedliche Antworten auf die gleiche Frage: Wie verändert sich die Kaufneigung eines Verbrauchers gegenüber Marke A von Periode zu Periode in Abhängigkeit vom tatsächlichen Kaufverhalten?
- Die Norm-Gerade (45°) besagt, daß ein Konsument, der in t Marke A mit einer Wahrscheinlichkeit von $p_t^A = 0{,}43$ kauft, auch in $t+1$ die gleiche Wahrscheinlichkeit beibehält, gleichgültig ob er A wirklich erworben hat oder nicht ($p_{t+1}^A = 0{,}43$). Es kommt also nicht zu einem Lernprozeß.

- Die Kaufoperator-Gerade bringt zum Ausdruck, daß ein Konsument mit $p_t^A = 0{,}43$ im Falle eines Kaufs von A die Marke zu schätzen lernt, so daß sich in unserem Beispiel eine Periode später die Kaufwahrscheinlichkeit von $p_t^A = 0{,}43$ auf $p_{t+1}^A = 0{,}64$ erhöht.
- Der Ablehnungsoperator gibt den umgekehrten Sachverhalt wieder, nämlich daß der Konsument (bei gleicher Kaufneigung wie bisher) die Marke A in t nicht erwirbt. Die Wahrscheinlichkeit, daß er sie in $t + 1$ kauft, vermindert sich, weil sie seinem Bewußtsein entschwindet, von $p_{t+1}^A = 0{,}43$ auf $p_{t+1}^A = 0{,}15$.
- Die Abb. 5.5. enthält auch zwei Schwellenwerte (U und O), die nicht unter- bzw. überschritten werden. Die Wahrscheinlichkeit des Kaufs von A wird nie zur Sicherheit, aber auch nie Null.

Obwohl hier Termini wie **Lernen** und **Vergessen** verwendet werden, kann das Modell über seine mangelhafte verhaltenswissenschaftliche Fundierung nicht hinwegtäuschen. Lerneffekte werden nur auf den letzten Kaufakt zurückgeführt, während die Kaufgeschichte und andere Faktoren außer acht gelassen werden.

2.3.2. Strukturmodelle des Kaufverhaltens

Als Strukturmodelle des Kaufverhaltens bezeichnet man am S-O-R-Paradigma ausgerichtete Versuche, den geistigen Prozeß des Zustandekommens von Kaufentscheidungen im Detail zu rekonstruieren und abzubilden, d. h. die **Struktur** des **Konsumentenbewußtseins** zu ergründen. Darunter gibt es einerseits solche, die die Black Box in ihrer vermuteten Komplexität umfassend nachzuempfinden trachten, die sog. **Totalmodelle**, andererseits aber auch solche, die nur die zwischen einzelnen Variablen bestehenden Beziehungen durchleuchten, wobei von den Variablen zumindest eine ein hypothetisches psychisches Konstrukt ist. Diese nennt man **Partialmodelle**.

2.3.2.1. Totalmodelle

Mit Hilfe von Totalmodellen des Konsumentenverhaltens versucht man einen **umfassenden Einblick** in die Struktur psychischer Kaufentscheidungsprozesse zu gewinnen. Dabei haben sich zwei grundverschiedene Ausgangspunkte herausgebildet.

(1) Systemmodelle des Konsumentenverhaltens

Die Vertreter des Systemgedankens postulieren auf Grund theoretischer Überlegungen die Existenz einer bestimmten psychischen Struktur, d. h. eines harmonischen Gefüges von aufeinander abgestimmten Hypothesen. Sie teilen die **mentalen Prozesse** in Phasen ein, die durch Variablen wie Einstellungen, Produkterfahrung und Kaufabsicht charakterisiert sind. Wird ein derart modellierter Organismus mit einem Reiz konfrontiert, läßt sich idealtypisch der Prozeß seiner Verarbei-

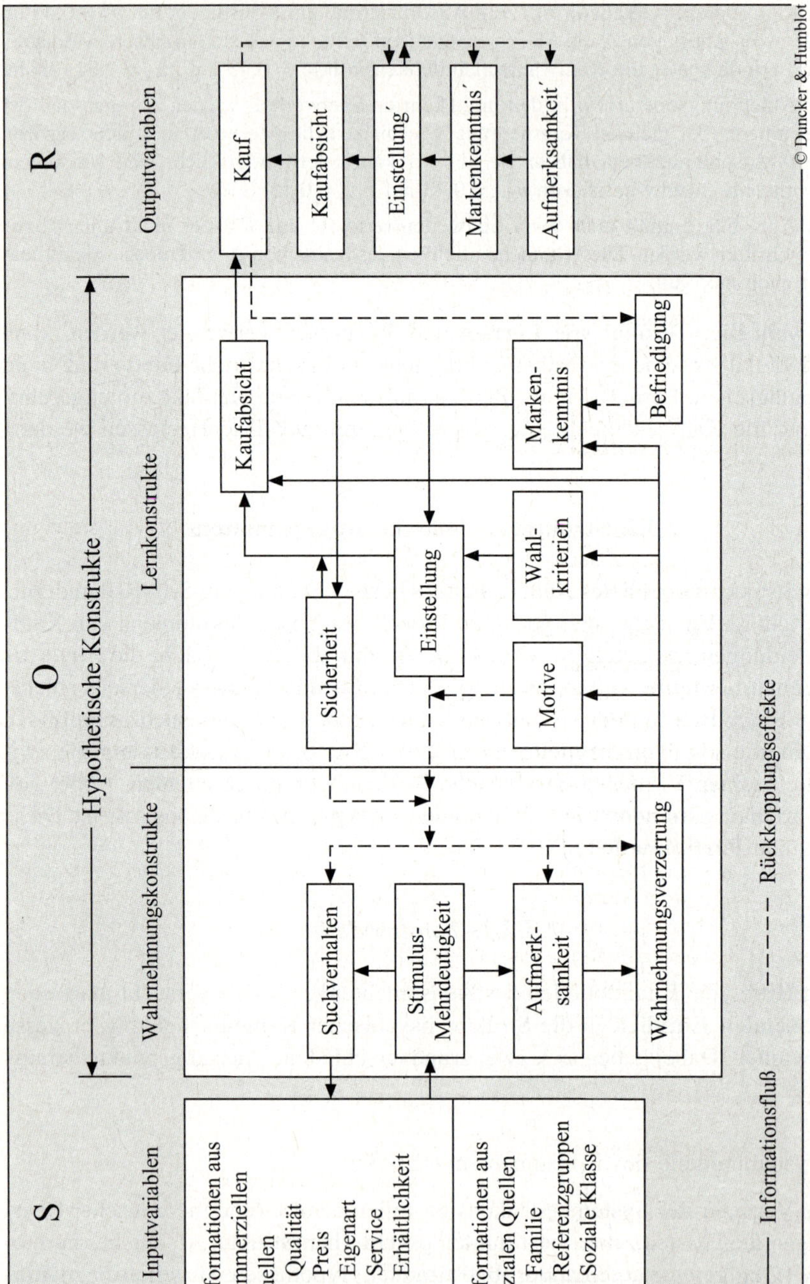

Quelle: in Anlehnung an *Howard / Sheth* 1969, S. 351.

Abb. 5.6.: Vereinfachte Darstellung eines Modells des Konsumentenverhaltens von *Howard / Sheth* (1969)

tung, d. h. sein Weg durch die Black Box daran ablesen, wie sich einzelne Variablen nun verändern. Die Frage der empirischen Gültigkeit der postulierten komplexen Prozeßstruktur wird dabei nicht unterschätzt, doch als nachrangig erachtet.

Exemplarisch für die Vielzahl von Ansätzen dieser Art (vgl. u. a. *Nicosia* 1966; *Engel / Blackwell / Miniard* 1993) soll als der bislang konsequenteste Versuch, verschiedene Theorien zur Erklärung des Kaufverhaltens zu integrieren, das Modell von *Howard / Sheth* (1969) skizziert werden. Dieses verknüpft empirisch meßbare **Inputvariablen** bzw. Stimuli (S) und gleichfalls beobachtbare **Outputvariablen** bzw. Reaktionen (R), indem man im Organismus (O), in dem Input zu Output transformiert wird, eine Reihe **untereinander vernetzter hypothetischer Konstrukte** als gegeben unterstellt (für einen Versuch der empirischen Überprüfung des Gesamtmodells vgl. *Farley / Ring* 1974). Soziale, soziokulturelle, demographische, situative sowie Persönlichkeitsfaktoren werden demgegenüber als **exogene Variablen** betrachtet und im Modell nicht explizit berücksichtigt (vgl. Abb. 5.6.).

Inputvariablen wirken von außen und verursachen eine Erregung des Organismus. Hinter den **hypothetischen Konstrukten** verbergen sich zwei Mechanismen der Reizverarbeitung: Wahrnehmung und Lernen.

- Im Subsystem **Wahrnehmung** werden die auf den Organismus treffenden Informationen individuell aufbereitet und umgeformt. Die aufgenommene Menge hängt von den Ausprägungen der Konstrukte Suchverhalten, Stimulus, Mehrdeutigkeit und Aufmerksamkeit ab. Durch das Element Wahrnehmungsverzerrung, das eng mit Einstellungen, Wahlkriterien und Motiven zusammenhängt, werden hingegen die im Stimulus enthaltenen Informationen qualitativ verändert.
- Dem Subsystem **Lernen** kommt die Aufgabe zu, ein Programm zur Lösung des Kaufentscheidungsproblems bereitzustellen. Der Input dazu besteht in einem intrapersonalen Reiz, der auf Grund der Einwirkung der hypothetischen Konstrukte im Wahrnehmungssubsystem vom ursprünglichen Reiz abweicht. Dessen weitere Verarbeitung hängt davon ab, inwiefern der Organismus hierzu motiviert wird und inwiefern der Verbraucher über kaufentscheidungsrelevantes Wissen (Markenkenntnis, Wahlkriterien als gelernte, den individuellen Motiven entsprechende Entscheidungsregeln) verfügt. Motive, Wahlkriterien und Markenkenntnis verdichten sich zu einem Urteil über die Eignung des Produktes zur Bedürfnisbefriedigung (Einstellung) und, sofern sich der Verbraucher seines Urteils sicher ist und keine modellexogenen Faktoren (Preis, Zeitmangel u. ä.) dem entgegenwirken, zur Kaufabsicht.

Im Bereich der **Outputvariablen** differenziert das Modell zwischen mehreren Möglichkeiten der Stimuluswirkung. Die spezifische Kennzeichnung (') einiger von ihnen weist darauf hin, daß mit ihrer Hilfe auf das Vorhandensein entsprechender nicht beobachtbarer hypothetischer Konstrukte geschlossen wird. Die Outputvariablen unterscheiden sich von den gleichnamigen Wahrnehmungs- und Lernkonstrukten jedoch dadurch, daß sie der Beobachtung zugänglich und grundsätzlich meßbar sind. Kommt es zu einem Kauf, so schlägt sich die Produkterfahrung im Konstrukt Zufriedenheit nieder, das wiederum die Markenkenntnis und

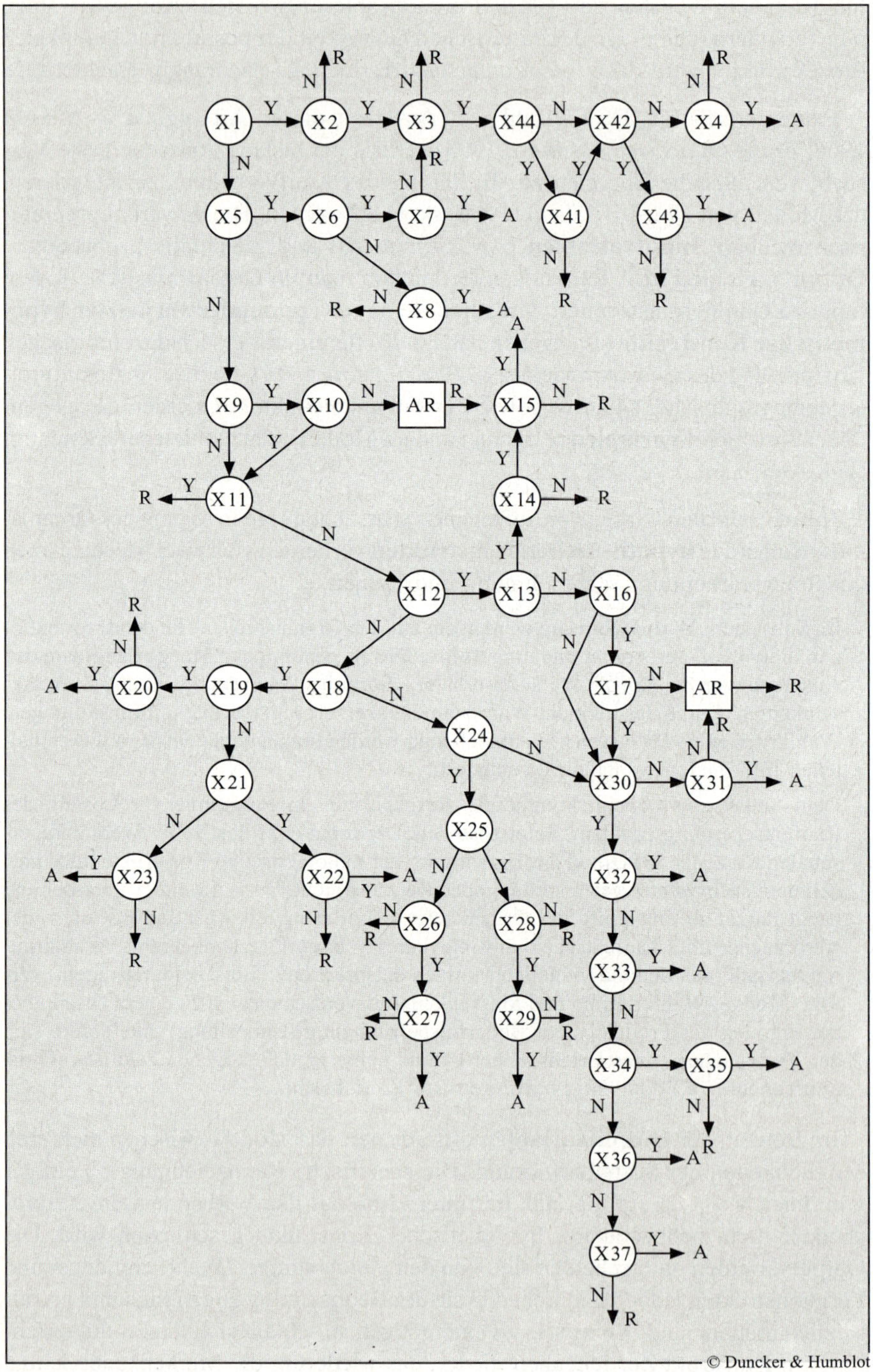
X1
X2
X3
X44
X42
X4
X5
X6
X7
X41
X43
X8
X9
X10
AR
X15
X11
X14
X12
X13
X16
X20
X19
X18
X17
AR
X24
X30
X31
X21
X25
X23
X22
X32
X26
X28
X33
X27
X29
X34
X35
X36
X37
Y
N
A
R

Key

A: Accept
R: Reject
AR: Associate risk (bad experience) with this product
Y: Yes
N: No

X1: Is this meat or produce?
X2: Is price below justified level?
X3: Is color okay?
X4: Is this the biggest "okay" one?
X5: Are these eggs?
X6: Is the price of extra large over five cents more than the price of large?
X7: Is this large size?
X8: Is this extra large size?
X9: Was this product bought last time for this product type?
X10: Was experience with it okay?
X11: Is risk associated with this product (bad experience)?
X12: Is this product class high risk?
X13: Do children or husband have a specific preference?
X14: Is this their preference?
X15: Is it the cheapest size?
X16: Does this class have health (hygiene, diet) factors?
X17: Is this okay on these factors?
X18: Is this for company?
X19: Is the cheapest brand good enough?
X20: Is this the cheapest?
X21: Had a good experience with any brands in this class?
X22: Is this that brand?
X23: Is this the cheapest national brand?
X24: Are children the main users?
X25: Did they state a preference this week?
X26: Have they used this up in the last two weeks?
X27: Is this cheapest size?
X28: Is this that one?
X29: Is this the cheapest size?
X30: Are several "okay" brands cheapest (that they have in stock)?
X31: Is this the cheapest (that they have in stock)?
X32: Have a coupon for this one?
X33: Is this one biggest?
X34: Is there a single national brand?
X35: Is this it?
X36: Have I used this before?
X37: Is this the closest?
X41: Does this feel okay?
X42: Is this for a specific use?
X43: Is this size okay for that?
X44: Is this produce?

Quelle: *Bettman* 1979, S. 240 f.

Abb. 5.7.: Beispiel für ein Entscheidungsnetz

die Einstellung prägt und somit die Wahrscheinlichkeit des Wiedererwerbs des gleichen Produktes verändert.

(2) Entscheidungsnetzmodelle des Konsumentenverhaltens

Im Gegensatz zur Vorgehensweise beim Entwurf von Systemmodellen beginnt man beim Aufbau von **Entscheidungsnetzmodellen** des Verbraucherverhaltens mit der Analyse tatsächlicher Entscheidungsprozesse (vgl. u. a. *Bettman* 1979). Dazu werden bei Testpersonen mit Hilfe der sog. Thinking aloud-Methode die mit der Kaufentscheidung bei einzelnen Produkten verbundenen psychischen Vorgänge (Fragen, Überlegungen, Argumente etc.) registriert.

Aus den individuellen **Kaufprotokollen** wird dann die Entscheidungslogik herausdestilliert, indem diese jeweils einzeln in ein sog. Entscheidungsnetz überführt werden (vgl. Abb. 5.7.). Darunter ist ein System miteinander vermaschter Fragen und Antworten zu verstehen, die wiedergeben, wie die Testperson auf ihrem Weg durch die Einkaufsstätte auf das Gewahrwerden der einzelnen Produkte reagiert. Da aus dem Kaufprotokoll zugleich bekannt ist, wie sich jene an den einzelnen Gabelungspunkten verhalten hat, liegt die bislang verschlossene mentale Struktur nunmehr offen.

Diese gilt als hinreichend identifiziert, sobald die logischen Bausteine der Entscheidungsfindung (Wahrnehmungselemente, Kriterien, logische Verknüpfungen), die der Käufer in der Realität verwendet, ermittelt sind. Die Modellvalidität (vgl. dazu § 9, Abschn. 3.2.5.) wird daran gemessen, wie gut ein Computer, in dem das Entscheidungsnetz gespeichert ist, bei Eingabe entsprechender Daten (Einkaufsziele, Sortiment, Präsentation etc.) das von einem Verbraucher bei nächster Gelegenheit gezeigte Einkaufsverhalten vorherzusagen vermag.

2.3.2.2. Partialmodelle

Als Partialmodelle bezeichnet man Ansätze, die nur einen Ausschnitt von extensiven Kaufentscheidungsprozessen erklären. Dabei wird jeweils ein zentrales theoretisches Konstrukt in den Mittelpunkt der Betrachtung gestellt. Dazu eignen sich je nach Erklärungszweck sämtliche der bislang besprochenen psychischen Größen. *Hansen* (1972, S. 432 ff.) zählt in einer Synopse von „basic models“ insgesamt 28 Partialmodelle auf. Als unabhängige psychische Variablen treten dabei u. a. folgende auf:

- Subjektiv empfundener Produktnutzen,
- Einstellungen (Images),
- wahrgenommenes Kaufrisiko,
- kognitive Dissonanz,

- Wahrnehmung von Produkten,
- Motive.

Die jeweils postulierte zentrale Stellung eines theoretischen Konstruktes ergibt sich aus dem überragenden Beitrag zur Verhaltenserklärung, der jenem vom einzelnen Modellbauer zugesprochen wird. Bildet man die Stimulusverarbeitung in der Black Box mit Hilfe eines Flußdiagramms ab, so äußert sich der dominierende Stellenwert des **Hauptkonstruktes** darin, daß keine Relationenfolge das zu erklärende Realverhalten erreicht, ohne die Station des Hauptkonstruktes durchlaufen zu haben (vgl. *Mazanec* 1978, S. 47).

Gleichwohl erscheinen derartige Größen, wie z. B. Einstellung oder kognitive Dissonanz, in Partialmodellen nicht nur als unabhängige bzw. **intervenierende Variablen**. Häufig interessiert auch, wie sie sich herausbilden. In diesem Falle werden sie in die einzelnen Relationen als abhängige Variablen einbezogen. So muß z. B. eine Einstellung nicht die einzige psychische Größe sein, die zur Erklärungskette S (Marke A) – O (Einstellung zur Marke A) – R (Kauf / Nichtkauf von A) gehört. Vielmehr werden häufig **periphere Konstrukte** in den Ansatz einbezogen, die der Bildung und Wirkung von Einstellungen vor-, gleich- oder nachgelagert sind (vgl. dazu *Mazanec* 1978, S. 54 ff.).

- Vor allem Emotionen und Motive üben eine aktivierende, in bezug auf konkrete Produkte und Marken aber richtungsmäßig nicht fixierte Wirkung aus. Erst wenn Produktwissen (gespeicherte Produkterfahrung, unmittelbare Produktwahrnehmung) hinzutritt, kann die psychische Antriebsenergie gebündelt und auf mögliche Befriedigungsmittel hingelenkt werden.
- Die Prognoserelevanz von Einstellungen sollte jedoch nicht einfach angenommen, sondern danach beurteilt werden, wie **sicher** sich die Auskunftsperson ihres eigenen Produktwissens ist. Bekanntlich äußern sich Verbraucher über ihre Einstellungen zu Produkten oft auch dann, wenn sie nur über eine geringe Produktkenntnis verfügen. Mit Hilfe des Konstruktes Ausmaß subjektiver Sicherheit kann abgeschätzt werden, inwieweit eine empirisch erhobene Einstellung das Ergebnis spontaner Reaktion oder ein solches kognitiver Bewertungsprozesse darstellt.
- Eine mögliche Diskrepanz zwischen dem realen und dem auf Grund von erhobenen Einstellungen erwarteten Kaufverhalten läßt sich dadurch vermindern, daß man bei Befragungen auch auf **Kaufabsicht** oder **Präferenz** abstellt, da diese Konstrukte zumindest zum Teil situations- oder personenbedingten Kaufrestriktionen Rechnung tragen.

2.3.3. Das *Webster / Wind* Modell

Beschaffungsentscheidungen im Investitionsgüterbereich weisen üblicherweise eine sehr komplexe Struktur auf, insbesondere wenn mehrere Individuen am

Entscheidungsprozeß beteiligt sind. In einem Modell, das *Webster / Wind* (1972, S. 12 ff.) entwickelt haben, wird versucht, diesen Gegebenheiten Rechnung zu tragen. Die Autoren führen die Vorgänge bei der Beschaffung von Investitionsgütern auf einen idealtypischen Entscheidungsprozeß zurück, der in einer Gruppe von Menschen, unter den Mitgliedern des sog. **Buying Center**, abläuft. Dieses wird durch organisatorische Bedingungen sowie durch verschiedene Umweltfaktoren geprägt (vgl. Abb. 5.8.).

Vier Determinantenklassen bestimmen das Kaufverhalten:

- Umweltfaktoren,
- Bedingungen der Organisation,
- Interaktion der Personen im „Buying Center“ sowie
- individuelle Eigenschaften der am Beschaffungsprozeß beteiligten Individuen.

Das Modell dient dazu, Entscheidungsprozesse gedanklich zu durchdringen, an denen mehrere Personen mit unterschiedlicher Zielsetzung beteiligt sind. Die Determinanten sind so definiert, daß bewährte individualpsychologische und organisationstheoretische Hypothesen berücksichtigt werden können. *Webster / Wind* postulieren allerdings keine strenge, gesetzmäßige Abhängigkeit des Beschaffungsprozesses von diesen Determinanten, sondern begnügen sich damit, diese aufzuzählen und das mögliche Zusammenwirken der Faktoren, die den Prozeß beeinflussen können, zu demonstrieren. Das Modell berücksichtigt aber, wie die Autoren selbst feststellen, weder die Vielfalt konkreter Gegebenheiten, noch ist es empirisch überprüfbar.

Im Mittelpunkt dieses ebenso wie ähnlicher Modelle des organisationalen Kaufverhaltens (vgl. dazu u. a. *Backhaus* 1992; *Huppertsberg / Kirsch* 1977; *Kirsch / Kutschker / Lutschewitz* 1980) steht die **Struktur** des **Verhaltenssystems** der beschaffenden Einrichtung. Auch wenn darauf aufbauend marketingstrategische Überlegungen für die absetzenden Unternehmen angestellt werden, wird doch nicht berücksichtigt, daß von den bei komplexen Investitionsentscheidungen sehr häufig anzutreffenden intensiven **Verhandlungen** zwischen Anbieter- und Abnehmerorganisation eigenständige Einflüsse auf das Käuferverhalten ausgehen. Es finden sich daher in der Marketingtheorie immer wieder Ansätze, in denen versucht wird, gewerbliches Kaufverhalten auf der Grundlage von **Interaktionsprozessen,** zu denen es zwischen den beteiligten Organisationen bzw. deren Organen kommt, zu beschreiben und zu erklären (vgl. *Hakansson / Östberg* 1975, S. 113 ff.; *Kern* 1990).

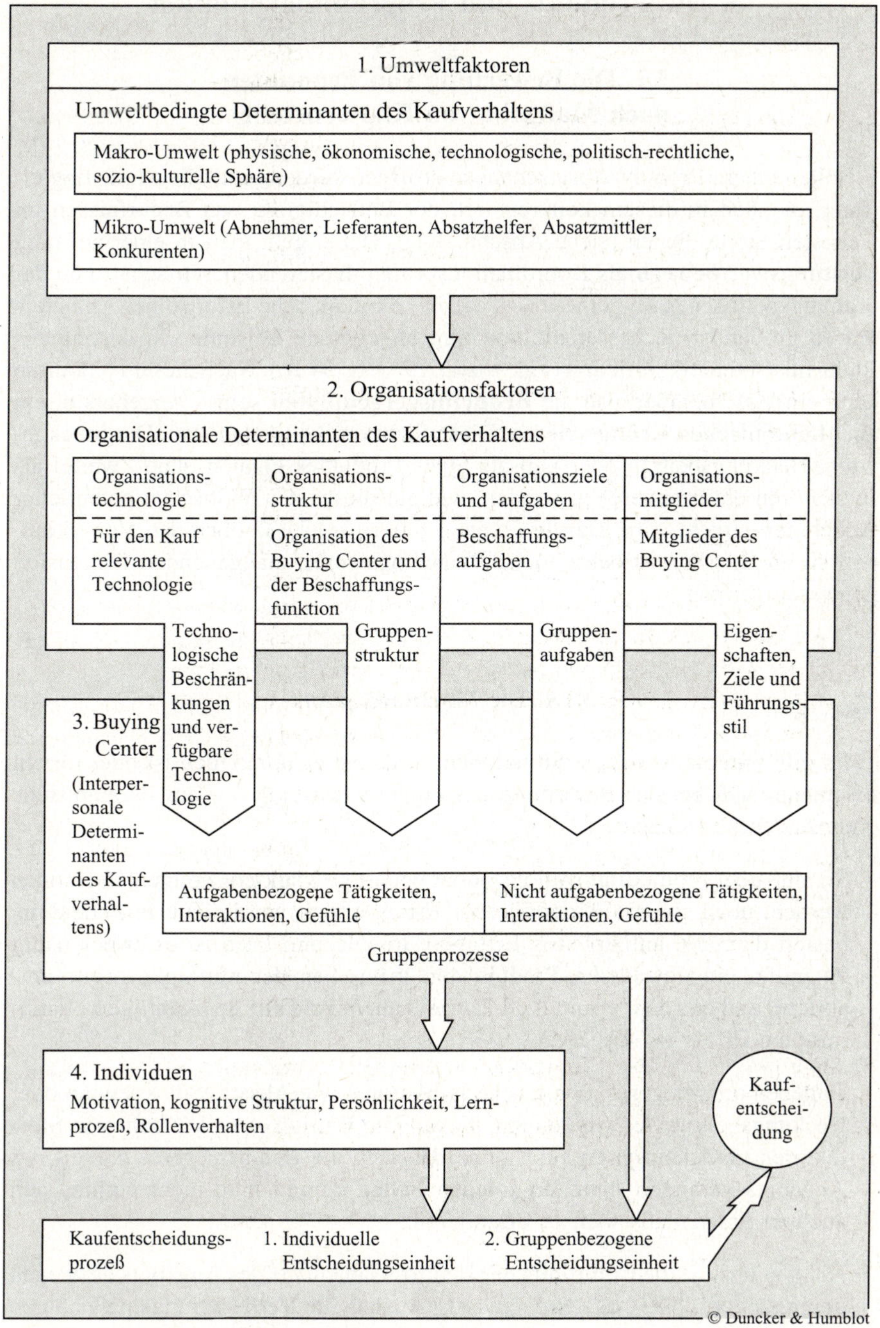

Quelle: in Anlehnung an *Webster / Wind* 1972, S. 15.

Abb. 5.8.: Modell des Kaufverhaltens gewerblicher Abnehmer

3. Die Produkt- und Programmevaluation

3.1. Die Bewertung von Produkten nach Maßgabe von Käuferurteilen

Sollen einem Produkt Absatzchancen eröffnet werden, muß die Marketingleistung, die sich in diesem konkretisiert, der Befriedigung von Bedürfnissen im weitesten Sinne dienen (siehe Abschn. 1.1.). Dabei geht man in einer auf dem **Leistungswettbewerb** als Koordinationsprinzip basierenden Wirtschaft von der ordnungspolitischen Hypothese aus, daß der ökonomische Erfolg eines Anbieters um so größer ist, je besser die von ihm angebotene Leistung ein bestimmtes Bedürfnis(-bündel) befriedigt (vgl. *Mayer* 1993, S. 54 ff.). Nach dieser Hypothese kann ein Unternehmer also die **Bedürfnisgerechtigkeit** seines Angebots direkt am **ökonomischen Erfolg** ablesen. Diese Sicht erscheint plausibel: Der Stückgewinn, Deckungsbeitrag oder Umsatz eines Produktes können ohne Zweifel als Indikatoren dafür angesehen werden, wie gut dieses den Wünschen potentieller Abnehmer gerecht wird. Darüber hinaus weisen solche Größen den Vorteil auf, daß sie in der für das betriebliche Rechnungswesen maßgebenden Dimension gemessen werden.

3.1.1. Die Marktadäquanz

Es gibt unternehmerische Situationen, in denen es unmöglich ist oder töricht erschiene, sich bei der Bewertung der eigenen Leistung nur auf ökonomische Kennzahlen zu stützen:

- So muß über Produktinnovationen oder neuartige Marktengagements befunden werden, noch ehe ein ökonomischer Ertrag erzielt wurde. Die Entscheidung basiert dann auf antizipierten Erfolgen. In solchen Fällen ist es zweckmäßig zu prüfen, inwieweit das Produkt den Wünschen der Marktgegenseite entspricht, und aus dem ermittelten Zufriedenheitsgrad auf den künftigen ökonomischen Erfolg zu schließen.
- Daneben unterliegen ökonomische Indikatoren wie Absatz, Stückgewinn oder Deckungsbeitrag Schwankungen, die auf den Einfluß einer Vielzahl von Störfaktoren zurückzuführen sind, ohne daß sich die Bedürfnisgerechtigkeit des Angebots verändert hätte. In solchen Fällen kommt man nicht umhin, sich auch an Ersatzmaßstäben zu orientieren.
- Nicht zuletzt ist die Ermittlung der Bedürfnisadäquanz des Angebots deswegen unumgänglich, weil das Ergebnis als Anstoß für Verbesserungsmaßnahmen wirkt und – im Sinne eines Vorher / Nachher-Vergleichs – als Ausgangspunkt einer Erfolgskontrolle dient.

In allen derartigen Situationen bemüht man sich zu ermitteln, wie gut ein Produkt bzw. Angebot den Vorstellungen der Nachfrager entspricht. Dies soll im folgenden als **Marktadäquanz** bezeichnet werden.

Es leuchtet ein, daß neben der Erfolgskontrolle an Hand ökonomischer Kriterien die Ermittlung der **Bedürfnisgerechtigkeit** des Angebots einen unverzichtbaren Orientierungspunkt unternehmerischen Handelns darstellt. Gleichwohl stößt dies in der Praxis auf Probleme. Ein wesentliches äußert sich bereits in der Frage, wie die Bedürfnisgerechtigkeit gemessen werden soll.

In einer arbeitsteiligen Wirtschaft sind Bedürfnisse nicht unmittelbar ökonomisch wirksam. Sie müssen vielmehr von den Betroffenen in marktrelevante Aktivität umgesetzt werden, d. h. letztlich zu einem Kauf führen. Doch ehe es dazu kommt, unterliegt der Bedürfnisträger und potentielle Käufer im Kontext des psychischen Prozesses, der der Kaufhandlung vorausgeht, einer Vielzahl von Einflüssen und Reizen, die er kognitiv verarbeiten muß (siehe dazu Abb. 5.9.).

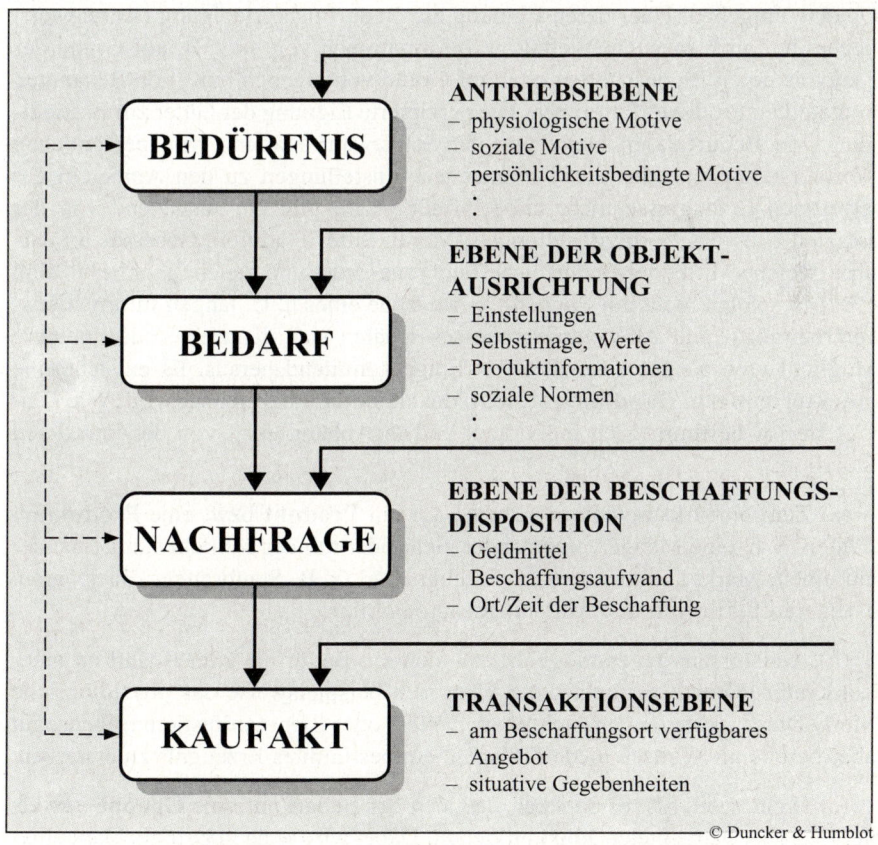

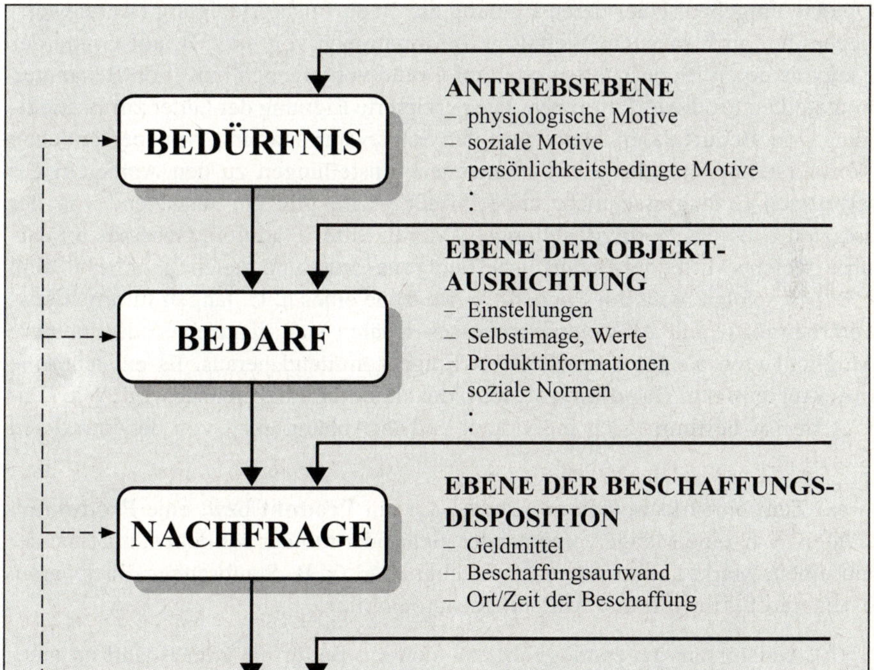

Abb. 5.9.: Prozeß der Bedürfniskonkretisierung

(1) Antriebsebene

In der älteren ökonomischen Theorie verstand man unter **Bedürfnis** das Gefühl eines Mangels, verbunden mit dem Bestreben, diesen zu beseitigen (vgl. *Sandig* 1974, S. 313). Heute werden Bedürfnisse bzw. Motive im Sinne der Motivationstheorie als autonom entstehende oder durch Sozialisation gelernte Antriebskräfte im Inneren des Menschen angesehen, die sowohl von aktivierenden als auch von kognitiven Komponenten gekennzeichnet sind. Wichtig ist dabei, daß Bedürfnisse handlungswirksame, aber unspezifische Antriebsempfindungen darstellen, also auf **kein konkretes Objekt** der Bedürfnisbefriedigung (Produktart, Produkt, Marke) gerichtet sind (vgl. *Böcker* 1994, S. 13 f.; *Schäfer / Knoblich* 1978, S. 109 ff.).

(2) Ebene der Objektausrichtung

Bedürfnisse veranlassen den Menschen, nach Mitteln zu deren Befriedigung zu suchen. In der realen Welt sieht sich jeder einzelne von einer Vielzahl solcher Objekte umgeben. Über deren Eignung zur Bedürfnisbefriedigung (Anreizwert) liegen ihm auch meistens vielfältige Informationen vor, so z. B. auf Grund der Kenntnis deren Eigenschaften oder auf Grund von eigenen bzw. von Bekannten mitgeteilten Produkterfahrungen. Die perzipierte Eignung der Güter zur Befriedigung von Bedürfnissen bleibt von der Selbstwahrnehmung, von persönlichen Wertvorstellungen oder von vorhandenen Einstellungen zu den Anbietern der jeweiligen Erzeugnisse nicht unbeeinflußt. Auch gibt es, ausgehend von der sozialen Umwelt, Normvorstellungen (Moral, Sitte, Tradition, Gesetz u. ä.) darüber, welche Mittel der Bedürfnisbefriedigung „gut" und welche „schlecht" sind („Buben spielen nicht mit Puppen!"). Am Ende eines u. U. langen Informationsverarbeitungs- und Abwägungsprozesses schälen sich dann eine oder mehrere Möglichkeiten als für einen Kauf in Frage kommend heraus. Es entsteht eine **objektorientierte Handlungsabsicht**, die als **Bedarf** bezeichnet wird. Wie konkret sie ist, bestimmt sich individuell und in Abhängigkeit von der jeweiligen Situation:

(a) Zum einen kann sich der Bedarf auf ein **Produkt** bzw. eine **Produktart** richten, d. h. eine Menge von einander mehr oder minder ähnlichen, miteinander auf einem Markt konkurrierenden Erzeugnissen (z. B. Staubsauger, Backwaren, Theateraufführungen und Mittelklasseautomobile).

(b) Andererseits ist es möglich, daß sich ein Bedürfnis zum Bedarf an einer **konkreten Marke** verdichtet. So kann sich beispielsweise das physiologische Motiv Durst im Verlangen nach Wasser, Wein oder Bier manifestieren, ebensogut aber bereits im Wunsch niederschlagen, ein bestimmtes Erzeugnis zu erwerben.

(c) Nicht zuletzt ist es denkbar, daß sich der Bedarf auf eine **Gruppe** von als vergleichbar betrachteten **Marken** richtet. Dabei wird je nach Dringlichkeit eines Bedürfnisses und abhängig von Produktart und Informationsverarbeitungsvermögen das sog. **„evoked set“** mehr oder minder umfangreich sein. Als solches bezeichnet man die Menge an Marken oder Objekten, die einem Interessenten bei einem Kaufakt in den Sinn kommen.

Das Angebotsspektrum repräsentiert alternative Möglichkeiten zur Befriedigung von Bedürfnissen. Die jeweiligen Anbieter sind dabei bestrebt, durch eine Erhöhung des Anreizwertes ihrer Leistungen zu bewirken, daß solche Bedürfnisse an der eigenen Marke konkretisiert werden. Diesem Streben liegt die Erfahrung zugrunde, daß der Kauf einer Marke um so wahrscheinlicher wird, je stärker der Bedarf auf sie fixiert ist. Je schwächer hingegen die Markenbezogenheit des Bedarfs ist, desto stärker wird der Absatz einer Marke dem Wettbewerb sowie den vielfältigen störenden Einflüssen auf den nachfolgenden Konkretisierungsebenen (Nachfrage, Kaufakt) ausgesetzt sein. Die Ausrichtung des Bedarfs auf eine Marke verkörpert dabei das Ergebnis des Einsatzes aller Marketinginstrumente. Insofern bildet das Objekt, auf das sich der Bedarf richtet, nicht das Produkt im engeren, produktpolitischen Sinne, sondern die Marketingleistung schlechthin.

(3) Ebene der Beschaffungsdisposition

Der Bedarf stellt, da er bereits produkt- oder gar markenorientiert ist, für einen Anbieter eine wichtige Größe dar, ohne allerdings auf dem Markt unmittelbar wirksam zu werden. Dies liegt daran, daß er die ökonomisch eigentlich interessante Größe, den Kauf, nicht determiniert. Bedarf ist weder auf einen Zeitpunkt noch auf einen Ort bezogen. Erst wenn er sich soweit konkretisiert, daß das Individuum auch Beschaffungsdispositionen trifft, wird aus dem Bedarf marktwirksame **Nachfrage**. Durch solche Entscheidungen werden knappe Ressourcen des Bedarfsträgers (Geldmittel, Zeit, psychische und physische Energie) jenem Objekt, auf das sich das Interesse richtet, zugewiesen.

Es ist offenkundig, daß die vorhandene Kaufkraft bei der Konkretisierung des Bedarfs in Form marktwirksamer Nachfrage eine überragende Restriktion darstellt, die gegebenenfalls zum Kaufaufschub bzw. -verzicht oder zu einer Umorientierung des Bedarfs zwingt. Ebenso häufig kommt es vor, daß man auf immer weniger präferierte Alternativen ausweicht, bis schließlich die Kaufkraft keine Restriktion mehr darstellt (vgl. die Rückkopplungspfeile in Abb. 5.9.).

Obgleich nicht von ähnlicher Bedeutung, hängt die Nachfrage doch auch von der Distributionsstruktur ab. In dünn besiedelten, mit Einzelhandelsbetrieben schlecht versorgten Gebieten läßt es sich nicht vermeiden, daß der zeitliche Beschaffungsaufwand auch für geringwertige Waren so stark anwächst, daß sich der Bedarf nur mit einer zeitlichen Verzögerung (Wochenendeinkauf) oder auch überhaupt nicht (Konsumverzicht) als Nachfrage äußert.

(4) Transaktionsebene

Die Entscheidung, ein ins Auge gefaßtes Produkt zu beschaffen, schlägt sich für dessen Anbieter unmittelbar im Absatz nieder, solange es ihm gelingt, die

Verfügbarkeit des nachgefragten Gegenstandes am gewählten Beschaffungsort sicherzustellen. Insofern wäre es für ihn verheerend, wenn sein Erzeugnis nicht in den von ihm für wichtig erachteten Geschäften vorrätig gehalten oder gar überhaupt nicht geführt würde. Inwieweit ein Käufer bereit ist, bei der Beschaffung eines bestimmten Produktes zusätzliche Wege auf sich zu nehmen und z. B. ein anderes Geschäft aufzusuchen, hängt vor allem von dessen Loyalität bzw. Markenbindung ab.

Als Fazit läßt sich ziehen, daß ein **Produkt**, das **bedürfnis-**, **bedarfs-** und **nachfragegerecht** ist, als **marktgerecht** gelten kann. Einem anderen ist es immer dann überlegen, wenn bei ihm der sich beim Verbraucher vollziehende Bedürfniskonkretisierungsprozeß von der ersten Empfindung bis hin zum Kaufakt mit weniger Hemmnissen und Konflikten verbunden ist.

3.1.2. Die Bedarfsgerechtigkeit

Der Prozeß der Bedürfniskonkretisierung läuft als psychischer Vorgang im Verborgenen ab. Zentrales Charakteristikum ist dabei, zumindest bei sorgfältig geplanten Kaufentscheidungen, die sich mit zunehmender Nähe des Kaufakts verstärkende kognitive Kontrolle (siehe auch Abschn. 2.2.2.2.2.). Dies bedeutet, daß je nach dem Grad der Bedürfniskonkretisierung unterschiedliche **psychische Konstrukte** zur Erfassung der Bedarfsgerechtigkeit eines Produktes verwendet werden müssen:

- Auf einer ersten Ebene, der des Antriebs, interessiert, wie gut ein Erzeugnis bestehende oder latente Bedürfnisse ansprechen, sie aktivieren kann. Das Aktivierungspotential eines Produktes nennt man, wie bereits erwähnt, **Anmutung**.

- Auf der Bedarfsebene wird eine Vielzahl von Stimuli kognitiv bewältigt. Die Produkte werden wahrgenommen, beurteilt und mit Prädikaten versehen: Es bilden sich Präferenzen heraus. Die psychischen Vorgänge auf dieser Stufe legen es nahe, zu ihrer Abbildung Konstrukte mit ausgeprägtem kognitivem Einschlag heranzuziehen, also vor allem **Einstellungen** im Sinne von subjektiv wahrgenommener Produktqualität, **Zufriedenheit** als Grad der Bedürfnisbefriedigung sowie **Präferenz** als Ergebnis eines Auswahlprozesses.

- Auf der Nachfrageebene muß der Verbraucher diverse Ressourcen auf Bezugsobjekte aufteilen. Ein Teil dieser Aktivitäten schlägt sich mehr oder minder deutlich in den bereits erwähnten Einstellungen oder Produkturteilen nieder. Gleichwohl tritt dabei eine Reihe von Restriktionen zutage, die bei der Herausbildung etwa von Einstellungen nur eine untergeordnete Rolle spielen, so z. B. die Länge des Beschaffungsweges. Das Entstehen von Nachfrage soll hier durch das Konstrukt **Kaufabsicht** erfaßt werden. Eine ähnliche Funktion erfüllen indessen auch die Konzepte der **Preisbereitschaft** und **Preiselastizität**, auf die in § 6, Abschn. 2.3.2.3. und 3.2.3.1., eingegangen wird.

Die anzusprechenden Meßkonstrukte und -kriterien werden im folgenden losgelöst von konkreten unternehmerischen Anlässen betrachtet. Grundsätzlich liegt ihr Anwendungsfeld überall dort, wo Marktdiagnosen und Marktreaktionsprognosen eine produkt- bzw. programmpolitische Perspektive zugrunde liegt.

3.1.2.1. Die Anmutungsqualität

Die Anmutungsqualität eines Produktes beruht auf seiner Fähigkeit, bei Verbrauchern emotionale Empfindungen auszulösen. Es handelt sich dabei um eine erste, gefühlsmäßig gefärbte und nicht thematisierte Interpretation von Außenstimuli, die noch nicht von kognitiven Aspekten der Wahrnehmung beeinflußt ist.

Am ehesten erscheint deren Messung mit Hilfe des Tachistoskops möglich, eines Gerätes, mit dessen Hilfe die visuelle Wahrnehmung von Objekten (meist Produktabbildungen) insofern erschwert werden kann, als das wahrzunehmende Objekt nur für extrem kurze Zeit dargeboten wird (vgl. dazu *Hossinger* 1982; siehe auch § 9, Abschn. 3.4.4.2.). Die Expositionszeit läßt sich dabei von Bruchteilen einer Sekunde bis zu mehreren Sekunden variieren. Bei derart kurzen Intervallen kann das Gesehene noch nicht kognitiv verarbeitet, d. h. entschlüsselt, bewertet und geordnet werden; es entstehen vielmehr zunächst nur undeutliche Empfindungen und Assoziationen. Diese sind für die Produktpolitik aus dem Grunde wichtig, weil sie auf die nachfolgende kognitive Verarbeitung der vermittelten Produktinformationen abfärben.

Emotionale Wirkungen von Produkten können auf unterschiedlichen Ebenen gemessen werden:

(1) Motorische Ebene

Hierbei wird aus beobachtbaren körperlichen Veränderungen (Gesichtssprache, Kopfbewegungen u. ä.) auf im Inneren ablaufende psychische Prozesse geschlossen. Für die praktische Marktforschung ist dieser Ansatz jedoch noch nicht genügend ausgereift. Er bietet sich etwa an, wenn die Reaktion von Verbrauchern auf ein neues Produkt in einem Geschäft beobachtet werden soll.

(2) Physiologische Ebene

Als physiologische Indikatoren für das Vorliegen von Emotionen werden u. a. folgende herangezogen (vgl. hierzu *Hossinger* 1982, S. 81 ff.; *Kroeber-Riel* 1992, S. 63 ff. und 104 f., sowie die dort angeführte Vertiefungsliteratur): Veränderungen des elektrischen Hautwiderstandes und des Durchmessers der Pupille (Pupillometrie) sowie bioelektrische Vorgänge im Zentralnervensystem (Elektroencephalogramm). Mit Hilfe solcher Indikatoren kann die Stärke der inneren Erregung (aktivierende Komponente von Emotionen), nicht jedoch deren Qualität (z. B. angenehm / unangenehm) ermittelt werden. Diese muß notwendigerweise erfragt werden.

(3) Verbale Ebene

Da verbale Äußerungen von Versuchspersonen bereits stark von kognitiven Aspekten durchdrungen sind, muß ein auf sprachlichen Indikatoren basierendes Meßinstrument sicherstellen, daß solche Kognitionen möglichst unterdrückt werden und diese die Artikulation deshalb nicht verzerren. Hierzu bieten sich mehrere Möglichkeiten an (vgl. *Bauer / Chur-Lahl* 1982, S. 59):

(a) Einmal kann an Hand eines einfachen Rating mit Polen wie „angenehm – unangenehm" oder „gut – schlecht" die **Richtung** der Anmutung global erfragt werden.

(b) Zum anderen läßt sich mit Hilfe eines Semantischen Differentials (siehe § 9, Abschn. 3.2.4.2.) die **Position** eines Produktes im Anmutungsraum ermitteln. Beispielsweise könnte man die relevanten Eigenschaften einer Automarke u. a. mit den Begriffspaaren „sportlich – träge", „modern – antiquiert" oder „vernünftig – verschwenderisch" erfassen. Der je nach Anzahl der verwendeten Items unterschiedlich breit gefächerte Katalog kann anschließend mit Hilfe der Faktorenanalyse (siehe § 9, Abschn. 3.5.2.6.) auf einige wenige Dimensionen verdichtet werden.

(c) Letztlich läßt sich die Anmutungsleistung auch mit Hilfe der Mehrdimensionalen Skalierung (siehe § 9, Abschn. 3.5.2.7.) feststellen. Um hierbei das Ergebnis interpretieren zu können, werden als Vergleichsobjekte auch bestimmte Begriffe und Gegenstände herangezogen. Diese kennzeichnen Stereotype, die von den Mitgliedern einer Sprachgemeinschaft in weitgehend übereinstimmender Art und Weise verwendet und verstanden werden. Durch die räumliche Distanz der Produkte zu den im selben Raum positionierten Referenzobjekten vermag man konkrete **inhaltliche Aspekte** der Anmutungsqualität deutlich zu machen.

3.1.2.2. Die wahrgenommene Leistungsfähigkeit

Obwohl Produkte reale Gegenstände verkörpern, ist es für die Zwecke des Marketing im allgemeinen untauglich, von einer **objektiven Produktqualität** auszugehen. Dies liegt daran, daß ein solches Konstrukt ein eindimensionales Bewertungskriterium voraussetzt, während in Wirklichkeit Aggregate aus Nutzenkomponenten wie z. B. funktionale Adäquanz (Wirkungsprinzip, technisch-konstruktive Eigenschaften etc.), wirtschaftliche Leistungsfähigkeit (Kostenwirtschaftlichkeit, Wertbeständigkeit, Haltbarkeit u. ä.) oder physische Gestalt (Material, Größe, Design u. ä.) zu bilden sind (siehe dazu § 4, Abschn. 2.1.1.). Die einzelnen Elemente lassen sich aber ohne Verfügbarkeit eines – subjektiv begründeten – Zielsystems nicht miteinander verknüpfen.

Nach Lage der Dinge bietet es sich an, von einem **teleologischen Qualitätsbegriff** auszugehen, der eng mit dem Konzept der Zweckeignung verknüpft ist. Ein Qualitätsurteil reflektiert demnach neben einem objektiven Bezugsgegenstand (Gut, Produkteigenschaften) auch dessen Erfassung (kognitive Repräsentation im Bewußtsein) sowie eine Bewertung im Lichte individueller Nutzenerwartungen. Die Qualität ist folglich der Grad der Eignung eines Produktes für intendierte Verwendungszwecke. Aus Anbietersicht unterstellt man dabei, daß ein Verbraucher ein Produkt mit einer um so größeren Wahrscheinlichkeit kauft, je höher die wahrgenommene Qualität ist.

3.1.2.2.1. Eindimensionale Meßverfahren

Will man von Konsumenten erfahren, inwieweit ein bestimmtes Produkt ihren Vorstellungen entspricht, bieten sich zwei grundlegend verschiedene Vorgehensweisen an:

(1) Man kann bei den Betroffenen erkunden, wie gut sie die (im obigen Sinne verstandene) Produktqualität finden. Hierzu kommen einfache Ratings wie „gut – schlecht" in Frage, mit deren Hilfe die Befragten ihr Gesamturteil über das Produkt zum Ausdruck bringen können. Man mag die Verbraucher auch dazu auffordern, Erzeugnisse nach Maßgabe ihrer Qualität in eine Rangordnung zu bringen. Diese Methode weist zahlreiche Schwächen auf, ist aber im Alltagsleben weit verbreitet. Sie führt zu Feststellungen wie „die Marke X halte ich für die beste" oder „Spanien als Reiseland gefällt mir besser als Bulgarien". So vorzugehen ist nur möglich, wenn man die Verbraucher für fähig hält, ihr Zielsystem und die Wahrnehmung von Produkten zu einem Gesamturteil zu aggregieren. Andernfalls kommt es zu verzerrten Befunden.

(2) Daneben läßt sich bereits die Ausgangsfragestellung nach der wahrgenommenen Produktqualität in einzelne Elemente (Eigenschaften und Merkmale) zerlegen. Dabei unterstellt man mehr oder minder explizit, daß objektiv oder subjektiv feststellbare **Produkteigenschaften** von den Käufern hinsichtlich bestimmter Zwecke einzeln und bewußt bewertet werden. Unterschiede, zu denen es hierbei kommt, können sich in verschiedenartigen Merkmalslisten und unterschiedlichen Gewichten für die einzelnen Kriterien äußern. Ein solches Verständnis von Produktqualität entspricht der Grundidee, die den im folgenden behandelten komplexen psychologischen Beurteilungsprogrammen innewohnt.

Psychologische Verfahren, die eine Ganzheit in ihre Elemente zerlegen, um so deren kognitive Verarbeitung abzubilden, weisen die Form sog. **Multiattributivmodelle** auf. Die kognitive Repräsentation eines einzelnen Attributes (etwa Farbe, Form sowie Zahl und Anordnung der Bedienungselemente eines Fernsehgerätes) bezeichnet man als **Eindruck**. Bei der **Aggregation** der **Einzeleindrücke** zu einem **Gesamteindruck** im Sinne einer gedanklichen Repräsentation der zu beurteilenden Ganzheit beschreitet man unterschiedliche Wege:

- Bei einer **nicht-kompensatorischen Verknüpfung** der einzelnen Eindrücke kann ein nachteiliger Eindruck (z. B. ein mißlungenes Essen in einem Restaurant) durch einen guten (das angenehme Ambiente oder den bekömmlichen Wein) nicht ausgeglichen werden. Überspitzt gesagt heißt dies: Ein schlechter Eindruck bei einem Detail verdirbt das gesamte Bild.

- Bei einer **kompensatorischen Verknüpfung** gilt dies hingegen nicht. So wird man beispielsweise für den Rostansatz am Kotflügel eines Gebrauchtwagens durch dessen geringe Kilometerleistung entschädigt.

Die meisten Studien zur Wahrnehmungsforschung bedienen sich der **linear-kompensatorischen Regel** (vgl. *Wilkie / Pessemier* 1973; *Bettman* 1977; *Lutz* 1977). Dabei geht man von zwei Komponenten aus: der sachlichen **Information** („ein Automobil mit vier Türen") und deren **Bewertung** („das finde ich gut"). Das Gesamturteil entsteht durch deren multiplikative Verknüpfung zu einem Eindruckswert mit anschließender Summation aller Eindruckswerte. Da sich die Gesamtbeurteilung, die im Sinne von „besser schlechter" auch eine Präferenzordnung verkörpert, aus Teilwerten zusammensetzt, spricht man hier von **kompositionellen Verfahren** (vgl. dazu *Beeskow* u. a. 1983). Die drei folgenden Varianten zählen zu den bekanntesten:

(1) *Rosenberg*-Modell

In der Fassung von *Rosenberg* (1956) wird das linear-additive Modell stark funktionalistisch interpretiert. Dieser Autor geht davon aus, daß Verbraucher Produkte danach beurteilen, inwieweit diese geeignet sind, ihre Motive zu befriedigen („means end analysis"). Konkret läßt sich die Urteilsbildung wie folgt formalisieren:

(5.7.) $$A_j = \sum_i V_i \cdot I_{ij}$$

Dabei bedeuten:

A_j = wahrgenommene Zweckeignung eines Produktes j („attitude")

V_i = Wichtigkeit eines Motivs i („value importance")

I_{ij} = wahrgenommene Eignung des Produktes j zur Befriedigung des Motivs i („perceived instrumentality")

Soll beispielsweise das Urteil eines Verbrauchers über ein bestimmtes Automobil in Erfahrung gebracht werden, gilt es zunächst, die mit dem Erwerb eines Fahrzeugs verbundenen Bedürfnisse wie Sicherheit, Bequemlichkeit und soziale Anerkennung (Prestige) zu ermitteln („values") sowie nach deren Bedeutung für den Betroffenen zu gewichten („value importance"). Anschließend muß dieser danach gefragt werden, wie gut er seine spezifischen Anforderungen bei dem betreffenden Wagen erfüllt sieht („perceived instrumentality"). Die daraus resultierenden Eignungswerte werden dann mit den jeweiligen Motivgewichten multipliziert, um anschließend zu einem Globalurteil summiert zu werden.

Für die Zwecke der Produktpolitik birgt dieses Modell beträchtliche Probleme in sich. Zum einen lassen sich nur schwer alle relevanten Motive ermitteln, zum anderen geben die Angaben der Befragten kaum Aufschluß darüber, hinsichtlich welcher Eigenschaften ein Erzeugnis verbessert werden soll, um ein besseres Gesamturteil zu erzielen.

(2) Adequacy Importance-Modell

Das allgemeine **Adequacy Importance-Modell** kann als eine pragmatische und insbesondere auf die Messung der Qualität von Produkten hin orientierte Variante des *Rosenberg*-Modells aufgefaßt werden. Dabei wird anstelle von Motiven, deren Ermittlung besondere Schwierigkeiten bereitet, von wahrgenommenen Produktattributen ausgegangen, denen Wichtigkeitswerte zuzuordnen sind. Die Bedeutung einzelner Motive wird also auf indirekte Weise erfaßt.

(5.8.) $$Q_j = \sum_{k=1}^{n} W_{jk} \cdot A_{jk}$$

Dabei bedeuten:

Q_j = Qualitätsurteil eines Konsumenten über die Marke j

W_{jk} = Wichtigkeit der Eigenschaft k ($k = 1, \ldots, n$) von Marke j für einen Konsumenten

A_{jk} = wahrgenommene Ausprägung der Eigenschaft k von Marke j

Werden auf diese Weise Qualitätsurteile von Konsumenten über mehrere Produkte erfragt, erhält man folgende Informationen:

- Gesamtwerte, die sich als Prädiktoren für die Präferenzordnung der Betroffenen deuten lassen,

- Befunde darüber, wie Probanden die einzelnen Objekte wahrnehmen, d. h. welche Position diese jeweils in dem durch die Attribute k aufgespannten Wahrnehmungsraum einnehmen, sowie

- Äußerungen dazu, wie wichtig einzelne Produktmerkmale Interessenten für die Bildung eines Gesamturteils sind.

Die unterschiedlichen Produktanforderungen schaffen ideale Voraussetzungen für eine Marktsegmentierung (siehe § 3, Abschn. 1.2.1.).

(3) Idealpunkt-Modelle

Bei den bislang dargestellten Ansätzen wird implizit unterstellt, daß jedes Attribut wünschbar ist und gleichzeitig ein „je mehr, desto besser“ gilt. Die Kritik daran führte zur Entwicklung sog. **Idealpunkt-Modelle** (vgl. *Trommsdorff* 1975), in denen eine zusätzliche Komponente, die attributspezifische Idealausprägung, eingeführt wird.

(5.9.) $$Q_j = \sum_{k=1}^{n} W_k \mid A_{jk} - I_k \mid^r$$

Dabei bedeuten:

Q_j = Qualitätsurteil eines Konsumenten über Produkt j

W_k = Wichtigkeit des Attributs k ($k = 1, \ldots, n$)

A_{jk} = wahrgenommene Ausprägung des Attributs k von Produkt j

I_k = als ideal empfundene Ausprägung des Attributs k

r = Parameter, der mit $r = 1$ einen konstanten und mit $r = 2$ einen abnehmenden Grenznutzen impliziert

Ein Erzeugnis wird nach diesem Modell einem anderen dann vorgezogen, wenn seine Entfernung zum subjektiven Idealprodukt geringer ist. Der Vorteil einer Orientierung der Produktbewertung an den Idealvorstellungen eines Konsumenten liegt auf der Hand: Die individuelle Bewertungsgrundlage des Befragten, das Ideal, wird offengelegt und die daran relativierten Produkturteile können verhältnismäßig leicht in produktpolitische Zielgrößen umgewandelt werden (vgl. *Kroeber-Riel* 1992, S. 196).

Eine Variante dieses Ansatzes stellt die Messung des Ausmaßes der Bedürfnisbefriedigung, die ein Gut stiftet, dar. Hierzu wird üblicherweise das psychische Konstrukt der **Zufriedenheit** herangezogen. Dabei geht man etwa so vor, daß für eine Menge von Produkteigenschaften jeweils erfragt wird, welche Ausprägungen bei den einzelnen Eigenschaften erwartet (Soll-Leistung) und welche tatsächlich wahrgenommen werden (Ist-Leistung). Dies führt zu zwei Profilen, wie sie beispielhaft in Abb. 5.10. dargestellt sind. Die Zufriedenheit ergibt sich hierbei aus dem Grad an Übereinstimmung zwischen dem Anforderungs- und dem Leistungsprofil, der mittels Distanzmaßen, der Rangkorrelation oder der Mehrdimensionalen Skalierung gemessen werden kann.

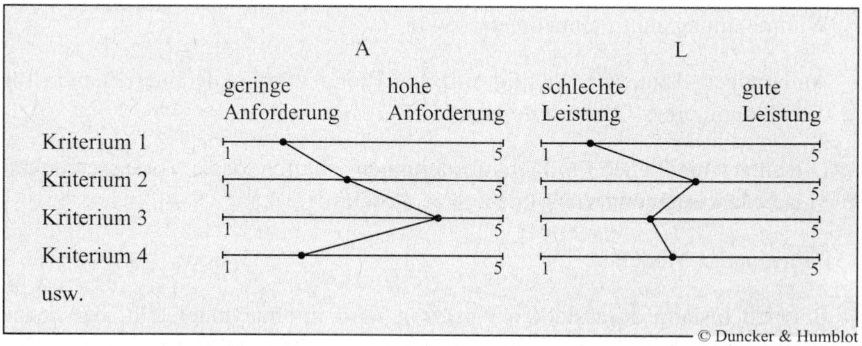

Quelle: *Andritzky* 1976, S. 191.

Abb. 5.10.: Hypothetisches Beispiel für ein Anforderungs- und ein Leistungsprofil eines Produktes

3.1.2.2.2. Mehrdimensionale Meßverfahren

In einigen der angesprochenen Modelle durchläuft die **Produktbeurteilung** analytisch einen **zweistufigen Prozeß**. Deutlich getrennt wird dabei die **Wahrnehmung** von Produkteigenschaften (kognitive Komponente) von deren **zweck-** bzw. **motivorientierter Bewertung** (motivationale Komponente). In diesem Abschnitt werden Verfahren behandelt, die allein auf die Verarbeitung und Verdichtung der sachlichen, kognitiven Komponente des Wahrnehmungsvorgangs abzielen und die psychischen Wahrnehmungsräume der Konsumenten zu rekonstruieren erlauben. Dabei sei von folgenden Prämissen und Überlegungen ausgegangen:

- Es gibt eine Menge von Produkten (Konkurrenten, Substituten oder – allgemein – Wahrnehmungsobjekten), die jeweils an Hand einer Vielzahl von Attributen beschrieben werden können.

- Jedes Attribut läßt sich als Achse im psychischen Wahrnehmungs- bzw. Beurteilungsraum auffassen. Alle zusammen spannen einen nach ihrer Anzahl dimensionierten kognitiven Raum auf.

- Es liegen Konsumentenurteile darüber vor, wie stark einzelne Attribute bei den einzelnen Produkten ausgeprägt sind (kognitive Komponente der Produktbeurteilung).

- Mit all dem ist es möglich, jedes Produkt einem bestimmten Punkt im kognitiven Raum, dem sog. Produktmarktraum, zuzuordnen.

Unter Heranziehung eines oder mehrerer denkbarer mathematisch-statistischer Verfahren können nun mindestens drei Ziele verfolgt werden: Einmal läßt sich die Zahl der Dimensionen (Achsen) des Wahrnehmungsraums ohne allzu großen Informationsverlust verringern, wodurch jener transparenter und handlicher wird. Dies ist im Ergebnis gleichbedeutend mit der Suche nach den **zentralen Dimensionen**, die für die Wahrnehmung von Produkten durch Käufer maßgebend sind. Daneben könnte es sinnvoll sein, die **Position** der einzelnen **Produkte**, bezogen auf diese zentralen **Dimensionen**, zu ermitteln. Schließlich wird auch die **relative Position** der Produkte zueinander in diesem Raum von Bedeutung sein, da dies Aufschluß über die Ähnlichkeit, Austauschbarkeit oder Konkurrenzintensität gibt.

Der erste Schritt bei der Rekonstruktion von Wahrnehmungsräumen potentieller Käufer mit Hilfe einschlägiger Modelle besteht in der Bestimmung des **relevanten Marktes**. Wie man hierbei vorgeht, war Gegenstand der in § 2, Abschn. 1.2., angestellten Überlegungen. Für den nächsten Schritt sind zwei verschiedene Vorgehensweisen denkbar (zu den nachfolgend aufgeführten Verfahren siehe *Rehder* 1975 und *Dichtl / Schobert* 1979).

(1) Produktmarktmodelle mit expliziter Vorgabe von Attributen

Eine Möglichkeit besteht darin, daß man Probanden auffordert, ihre Meinung über die Beschaffenheit von Produkten an Hand einer Menge vorgegebener Merkmale zu äußern. Damit wird gewissermaßen der kognitive Raum der Befragten vorstrukturiert. Verständlicherweise bildet deshalb die Auswahl der vorzugebenden Kriterien eine empfindliche Phase beim Aufbau von Produktmarkträumen. Es kommt dabei vor allem auf Eigenschaften an, die möglichst unabhängig voneinander sind, ohne weiteres wahrgenommen werden können, die interessierenden Objekte gut trennen und für Kaufentscheidungen zumindest nicht irrelevant sind (vgl. *Brockhoff* 1993, S. 28). Zudem liegt es im Interesse eines Anbieters, daß sich die Attribute relativ leicht beeinflussen bzw. kontrollieren lassen.

Danach werden ausgewählte Bedarfsträger aufgefordert, existierende, u. U. auch fiktive neue Produkte unabhängig voneinander hinsichtlich jedes bedeutsamen Attributes einzustufen. Hierzu verwendet man bipolare, meist siebenstufige Ratingskalen. Diese lassen sich mit Hilfe sog. multivariater Methoden (siehe § 9, Abschn. 3.5.2.) komprimieren. Dadurch gewinnt man ein von Informationsredundanz befreites, niedrig dimensioniertes, höchst anschauliches **Marktmodell**, in dem jedes einzelne Objekt seinen Platz einnimmt.

(2) Produktmarktmodelle ohne explizite Vorgabe von Attributen

Bei der in (1) geschilderten Vorgehensweise ist nicht immer zu vermeiden, daß der Wahrnehmungsraum Attribute enthält, die für die Perzeption und Beurteilung von Produkten durch die Konsumenten in der Realität ohne Bedeutung sind, während gleichzeitig Eigenschaften unberücksichtigt bleiben, die das Bild in starkem Maße prägen. Solche Fehler können bei Anwendung z. B. der Mehrdimensionalen Skalierung (vgl. § 9, Abschn. 3.5.2.7.) vermieden werden.

Hierbei werden Produkte von den Probanden nicht bezüglich vorgegebener Attribute, sondern an Hand der von ihnen wahrgenommenen globalen Ähnlichkeit paarweise beurteilt. Die Dimensionen des dadurch entstehenden Raumes werden also nicht durch Vorgabe vorbestimmt, sondern aus den Affinitätsurteilen erschlossen. Man spricht daher in diesem Zusammenhang auch von **dekompositionellen Verfahren**.

Einer ihrer wesentlichen Vorzüge besteht darin, daß die Betroffenen bei der Beurteilung der Ähnlichkeit von Produkten von ihrem eigenen, individuellen Attribute- und Relationensystem ausgehen können. Weiterhin müssen deren Angaben lediglich ordinalskaliert sein. So wäre selbst ein völlig unbedarfter Autofahrer nicht überfordert, wenn er sich dazu äußern müßte, ob er eher Modelle vom Typ *Mercedes C-Klasse* und *BMW 318* oder aber *VW Golf* und *Rolls Royce* für einander ähnlicher hält.

Die Leistungsfähigkeit des skizzierten Ansatzes illustriert Abb. 5.11. Es handelt sich dabei um ein aus den achtziger Jahren stammendes Marktmodell für $n = 14$

Automobile, das aus $n\ (n-1)/2 = 91$ Paarvergleichen erstellt wurde. Die räumlichen Entfernungen von einem Punkt zum anderen sind unmittelbar Abbild der wahrgenommenen Ähnlichkeit. Das Ergebnis erscheint plausibel: Die eher sportlichen Typen wie *Firebird, Camaro, Capri* oder Luxus-Limousinen wie *Mercedes* und *Lincoln Continental* sind einander jeweils ähnlicher als z. B. *Jaguar* und *VW*.

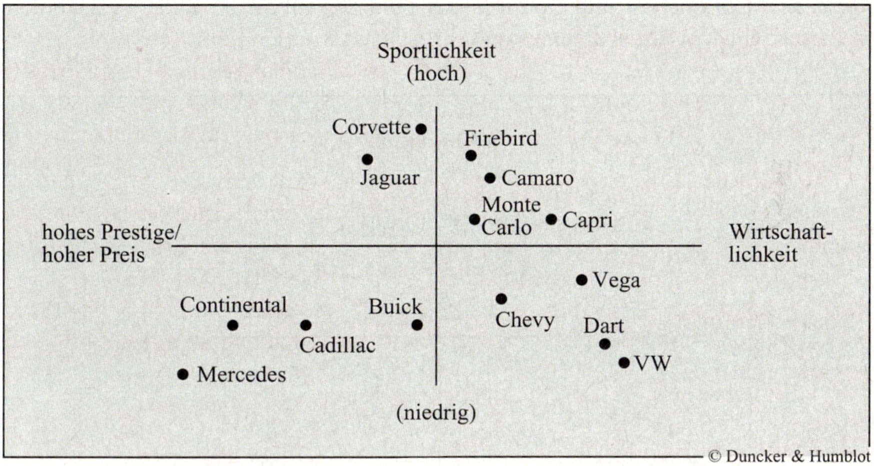

Quelle: *Wind* 1982, S. 84.

Abb. 5.11.: Ausschnitt aus einem zweidimensionalen Modell des amerikanischen Automobilmarktes der frühen achtziger Jahre

Neben den relativen Positionen der Pkws zueinander interessieren naturgemäß auch die **Dimensionen** selbst, die in den Köpfen der Probanden für die ausgewiesene Verteilung der Automobile im Wahrnehmungsraum verantwortlich sind. Was sich materiell hinter den Koordinaten des Modells verbirgt, bedarf der Interpretation, und zwar im Wege der (intuitiven) Expertise oder unter Heranziehung ergänzender statistischer Verfahren. Angesichts der Anordnung der einzelnen Marken handelt es sich bei der Abszisse offenkundig um die Dimension „Prestige / Wirtschaftlichkeit“, während die Ordinate den Grad der „Sportlichkeit / Unsportlichkeit“ zu verkörpern scheint.

Will man sich nicht auf mehr oder weniger spekulative Expertenurteile verlassen, kann man für die Achseninterpretation auch zusätzliche, modellexterne Angaben der Befragten nutzen. Hierzu werden diese gebeten, die Automarken bezüglich einiger vorgegebener Eigenschaften wie Wirtschaftlichkeit, Geräumigkeit und Komfort zu beurteilen, sie beispielsweise in eine Rangordnung zu bringen. Jede davon läßt sich als ein **Vektor** auffassen, den man ergänzend in den aufgespannten Wahrnehmungsraum projiziert und stufenweise um das Koordinatenkreuz rotiert. Dies geschieht so lange, bis im Idealfall die von den einzelnen Marken aus auf den Vektor gefällten Lote eine Reihenfolge eben dieser Marken anzeigen, die genau der extern erhobenen Rangordnung entspricht. Das Verfahren ist als *PROFIT* („property fitting") bekannt.

Abb. 5.12. enthält zwei solche Eigenschaftsachsen. Nach der einen erweist sich der *VW* als das sparsamste Gefährt, während *Mercedes, Jaguar, Continental* und *Corvette* die Schlußlichter bilden. Was die Geräumigkeit betrifft, führen *Mercedes, Continental* und *Cadillac* das Feld an; *VW, Dart* und *Vega* werden in dieser Hinsicht am schlechtesten eingeschätzt.

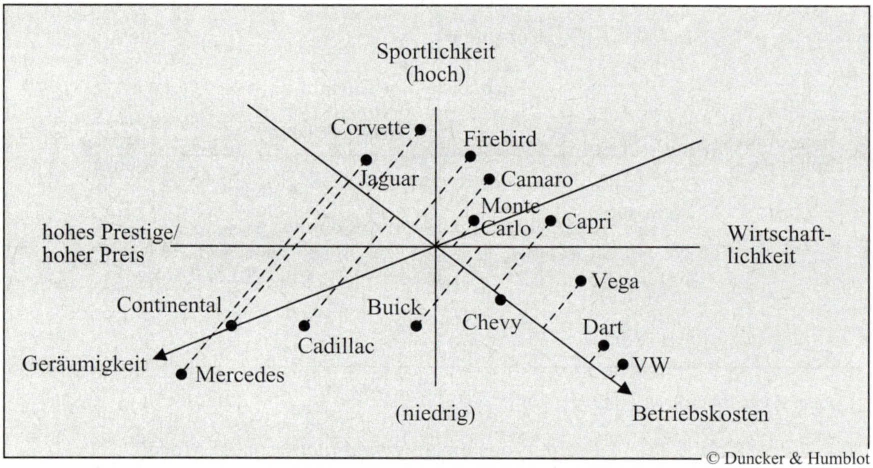

Quelle: *Wind* 1982, S. 85.

Abb. 5.12.: Produktmarktraum für Automobile
mit zwei extern erhobenen Attributen

Solche externen Kriterien sollten möglichst unabhängig voneinander sein. In Abb. 5.12. ist dies gerade nicht der Fall, da die beiden Vektoren keinen rechten Winkel zueinander bilden, was deren Interpretation entschieden vereinfacht hätte. Die Orthogonalität von Attributeachsen (Beurteilungskriterien) in Produktmarkträumen bedeutet, daß Interessenten bei der Einschätzung von Automobilen und bei der anschließenden Präferenzbildung sog. „trade offs" zwischen Merkmalen vornehmen müssen. Es gibt dann also kein allgemeines eindimensionales Kriterium zur Beurteilung von Kraftfahrzeugen hinsichtlich deren Produktqualität.

3.1.2.3. Die Kompatibilität des Angebots mit den Präferenzen der Nachfrager

Aus einem Marktmodell, wie es im letzten Abschnitt vorgestellt wurde, vermag man noch nicht abzuleiten, welche Produkte von (bestimmten) Verbrauchern bzw. Verbrauchergruppen bei der Kaufentscheidung letztlich vorgezogen und welche abgelehnt werden. Was noch fehlt, sind deren Präferenzen. Dies impliziert Bewertung.

Ein Käufer, der die Erzeugnisse A und B als sehr ähnlich, C und D jedoch als wenig ähnlich beurteilt, also zur **Ähnlichkeitsrangordnung** AB > . . . > CD gelangt, kann eine davon völlig verschiedene **Präferenzordnung** (z. B. C > D > . . . > A > . . . > B) entwickeln. Wahrnehmung oder empfundene Ähnlichkeit auf der einen und Präferenzurteile auf der anderen Seite können demnach alles andere als identisch sein. Die Bewertungskomponente läßt sich wie folgt in Produktmarkträume einbauen (vgl. *Dichtl / Schobert* 1979, S. 56 ff., und die dort angegebene, weiterführende Literatur):

(1) Bei der **internen Präferenzanalyse** wird ein Produktmarktraum ausschließlich auf der Basis von Präferenzurteilen gebildet; eine Skalierung auf der Basis der Ähnlichkeit entfällt. Die Datengrundlage besteht z. B. aus Präferenzmatrizen ($n \times n$), die dadurch zustande kommen, daß jede der Auskunftspersonen ($h = 1, \ldots, H$) eine an jedem der n Objekte orientierte Präferenzordnung aufstellt. Dabei fungiert jedes Produkt einmal als Ankerreiz, während die verbleibenden ($n - 1$) Objekte nach Maßgabe ihrer Vorziehenswürdigkeit gegenüber dem Ankerstimulus Präferenzwerte zugewiesen erhalten. Aus dieser Datenbasis kann z. B. mit Hilfe des MDPREF-Verfahrens (vgl. *Green / Rao* 1972, S. 212 ff.) ein sog. „joint space" entwickelt werden, in dem sowohl die n realen Produkte als auch die Merkmals-Wunsch-Kombinationen, d. h. Richtungen, die zunehmende Präferenz im Raum anzeigen, zu finden sind.

(2) Bei der **externen Präferenzanalyse** werden sowohl Perzeptionen (Ähnlichkeitsurteile) als auch Präferenzdaten verarbeitet. Die Rekonstruktion umfaßt dabei zwei Stufen: Zunächst erstellt man nach Maßgabe der Ähnlichkeitsdaten den Produktmarktraum für die n Produkte. Im Anschluß daran versucht man, mit Hilfe geeigneter Verfahren für jedes beteiligte Individuum den Ort im Produktmarktraum zu finden, der den höchsten Präferenzwert verkörpert.

Unabhängig davon, ob man zur Ermittlung von Präferenzen die interne oder die externe Analyse wählt, bedarf es Transformationsregeln, die es gestatten, aus der Anordnung der Produkte im kognitiven Raum Aussagen über das zu erwartende Verhalten von Bedarfsträgern abzuleiten. Dazu dienen sog. **Idealmodelle**, von denen zwei Varianten, das Idealpunkt-Modell (IP) und das Idealvektor-Modell (IV), existieren.

(1) Idealvektor-Modell

Hier unterstellt man, daß die Präferenzrangordnung eines Individuums bzw. einer Gruppe aus der Richtung eines **Fahrstrahls** (Vektors) und aus den Projektionen der Objekte (z. B. Marken) auf diesen rekonstruiert werden kann. Dieser gibt einerseits die Richtung zunehmender Vorziehenswürdigkeit, andererseits die Bedeutung der einzelnen das Marktmodell formenden Attribute für das Zustande-

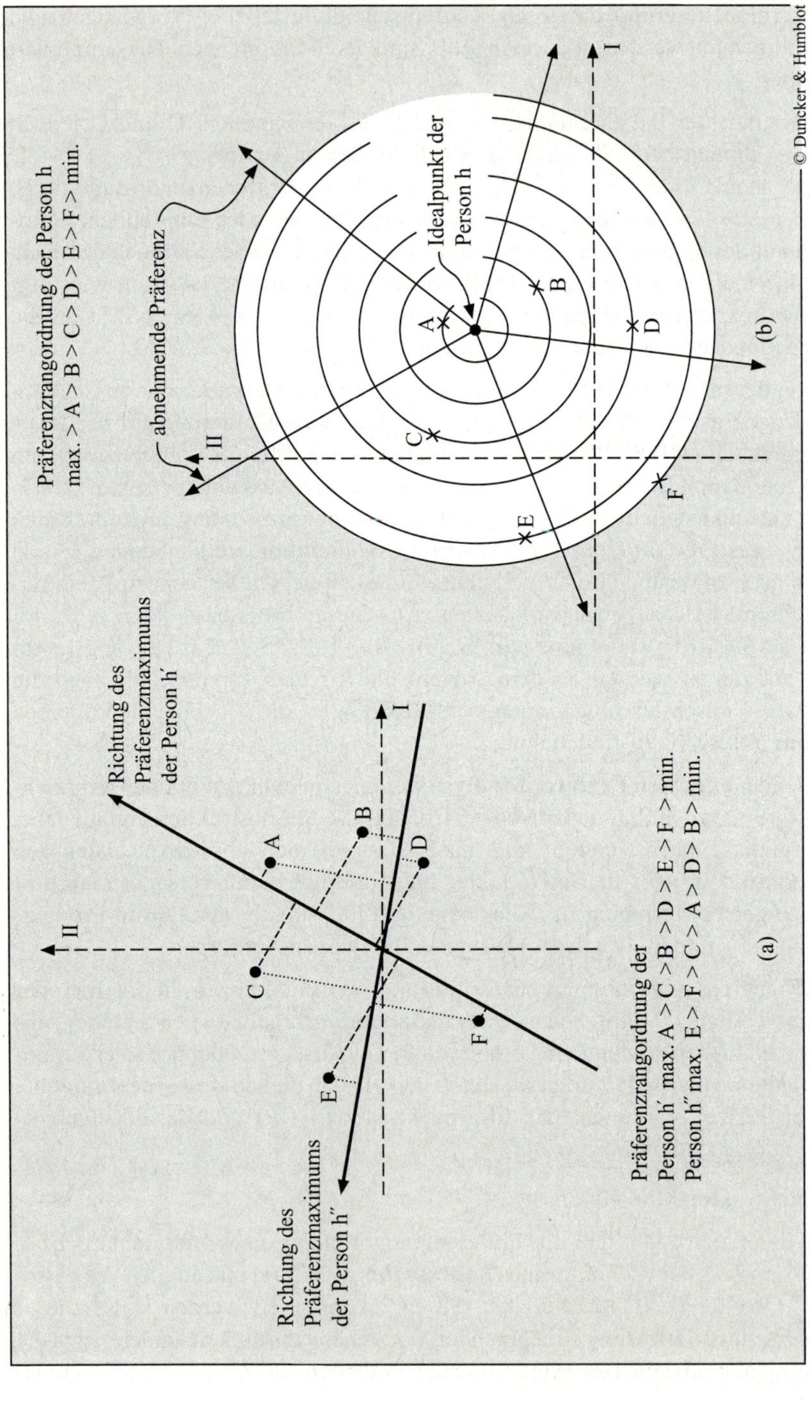

Abb. 5.13.a / b: Idealvektor- und Idealpunkt-Modell

Quelle: *Dichtl / Schobert* 1979, S. 61 f.

kommen der Präferenzordnung an, dies insofern, als der Cosinus des Winkels zwischen dem Präferenzvektor und einer Achse des Merkmalsraumes als Beitrag des jeweiligen Merkmals zu der entsprechenden eindimensionalen Präferenzrangordnung interpretiert werden kann. So wäre z. B. in Abb. 5.13.a für die Präferenzstruktur des Interessenten h″ die Achse I des Wahrnehmungsraumes von großer Bedeutung (= starke negative Korrelation).

Im gleichen Umfang bevorzugte Produkte liegen bei Anwendung des Idealvektor-Modells auf einer senkrecht zum Präferenzvektor verlaufenden Isopräferenzlinie. Fällt man von jedem Punkt ein Lot auf den Präferenzvektor, erhält man eine eindeutige Rangordnung und u. U. sogar eine metrische Abbildung der Vorziehenswürdigkeit der betrachteten Produkte. Der Ansatz hat seinen Platz vor allem dort, wo ein Individuum nur eine seine Präferenzordnung bestimmende Gewichtung von Eigenschaften, nicht jedoch konkrete Ausprägungen seines Ideals auf einzelnen Merkmalskontinua, also den Achsen des Raumes, angeben kann.

(2) Idealpunkt-Modell

Hier repräsentiert ein einziger Punkt die Wunschvorstellungen des bzw. der Betroffenen. Nach diesem Konzept wird dasjenige Gut ausgewählt, das die kürzeste richtungsunabhängige Distanz zum **Idealpunkt** aufweist. Die Isopräferenzkurven bilden im zweidimensionalen Produktmarktraum konzentrische Kreise um den Idealpunkt. Objekte mit gleichem Abstand von diesem werden gleichermaßen bevorzugt. Mit zunehmender Entfernung der realen Produkte vom Idealprodukt nimmt hingegen die Präferenz kontinuierlich ab. Wie aus Abb. 5.13.b zu ersehen ist, kommt für die Präferenzbildung beiden Dimensionen gleiche Bedeutung zu, d. h. eine geringere Ausprägung auf der ersten Dimension kann durch einen entsprechenden Zuwachs auf der zweiten ausgeglichen werden (und umgekehrt).

Es liegt auf der Hand, daß Austauschfunktionen der beschriebenen Art eine spezielle Variante des allgemeinen Falles darstellen, bei dem jede Achse des Raumes unterschiedlich gewichtet werden kann. Die zugehörigen Isopräferenzkonturen gleichen dann Ellipsen mit je nach Gewichtungsverhältnis mehr oder weniger stark ausgeprägter Exzentrizität.

Ein Beispiel für die externe Präferenzanalyse auf der Basis des Idealpunkt-Modells vermittelt Abb. 5.14. Es handelt sich hierbei um den aus dem vorigen Abschnitt bekannten, aus Ähnlichkeitsurteilen gewonnenen Produktmarktraum für Kraftfahrzeuge, in dem zwei Idealpunkte in Erscheinung treten. Individuum I_1 präferiert offensichtlich sportliche, aber nicht allzu exklusive Marken wie *Camaro, Capri* oder *Firebird,* während I_2 prestigeträchtige Luxus-Limousinen wie *Continental, Mercedes* oder *Cadillac* bevorzugt.

Je nach Aufgabenstellung können Idealvorstellungen von Individuen oder von Käufergruppen abgebildet werden. Im ersteren Fall ließen sich die Betroffenen ohne weiteres nach Maßgabe der Ähnlichkeit ihrer Präferenzen (also Distanzen zwischen den Idealpunkten) segmentieren. Alternativ wäre auch eine bereits auf den ursprünglichen Präferenzurteilen aufbauende Segmentierung mit anschließender Projektion von Idealpunkten in die einzelnen Teilmärkte möglich (vgl. *Wind* 1982, S. 88).

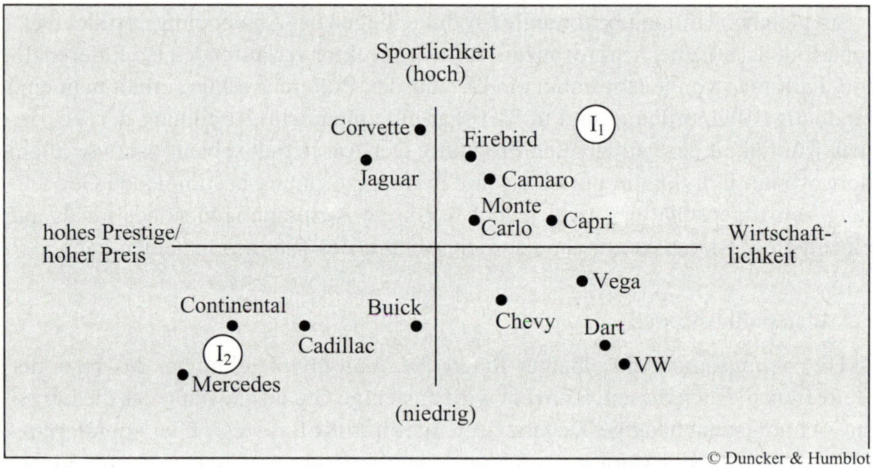

Quelle: *Wind* 1982, S. 87.

Abb. 5.14.: Produktmarktraum für Automobile
mit den Idealproduktpositionen zweier Individuen

3.1.2.4. Die Kaufabsicht

Die Bedeutung des Konstrukts Kaufabsicht für die Prognose des Kaufverhaltens kann man am einfachsten durch eine Gegenüberstellung von Einstellung und Präferenz verdeutlichen. Erstere läßt sich im Sinne eines subjektiven Urteils über die Eignung von Produkten zur Befriedigung von Bedürfnissen (= wahrgenommene Produktqualität) als Prädisposition (psychische Haltung) interpretieren, aus der ein entsprechender Kauf resultiert, sofern die dafür erforderlichen individuellen Ressourcen vorhanden sind und die bevorzugte Marke am Point of Purchase (POP) verfügbar ist.

Präferenzurteile weisen manche Gemeinsamkeiten mit der Qualitätseinschätzung auf. Ein Unterschied besteht lediglich darin, daß bei letzterer der Grad der Vorziehenswürdigkeit im Rahmen eines kognitiven Prozesses ermittelt wird, während ein Präferenzurteil einen unmittelbaren Vergleich reflektiert: Marke A wird B vorgezogen (Paarvergleich). Denkbar sind auch ein Triadenurteil oder letztlich sogar die Aufstellung einer vollständigen Rangfolge von Objekten des relevanten Produktraums hinsichtlich ihrer Vorziehenswürdigkeit.

Das Konstrukt **Kaufabsicht** („intention to buy") reflektiert darüber hinaus unter Vorwegnahme der individuellen Ressourcenallokation und der Beschaffungssituation eine entsprechende Verhaltensweise. Daher wird dieses Element als eine psychische Größe aufgefaßt, die als intervenierende Variable die Relation „Präferenz → Realverhalten" mitbestimmt und noch näher am tatsächlichen Wahlgeschehen liegt.

Die Verwandtschaft der Kaufabsicht mit dem Präferenzkonstrukt bringt es mit sich, daß dieses häufig als Determinante der Bereitschaft, ein Gut zu erwerben, interpretiert und zu deren Ermittlung herangezogen wird. So verwendet dazu *Rothman* (1964, S. 289 ff.) nach einem Vergleich verschiedener Formen der Operationalisierung der Kaufabsicht das Idealpunkt-Modell. Dabei begreift er als „propensity to buy" die Distanz zwischen dem Idealpunkt einer Auskunftsperson im Produktmarktraum (z. B. I_1 oder I_2 in Abb. 5.14.) und der Produktposition:

(5.10.) $$D_{ik} = \sqrt{\sum_j d_{ijk}^2 \cdot W_j}$$

Dabei bedeuten:

D_{ik} = Distanz zwischen Idealpunkt des Individuums i und Position der Marke k

d_{ijk} = Distanz zwischen Idealpunkt des Individuums i und Position der Marke k bezüglich der Raumdimension j

W_j = Gewicht der Achse j

Neben solchen abgeleiteten Intentionsindices gibt es eine Reihe von direkt zugreifenden Verfahren zur Ermittlung der Kaufabsicht:

(1) Einer ersten Kategorie gehören Ansätze an, bei denen die Auskunftspersonen unmittelbar zur Angabe der Intensität ihrer Kaufabsicht aufgefordert werden. Offenkundig handelt es sich hierbei um eine Spielart der Selbstskalierung der Befragten. Hierzu zählen einfache **Ratings** wie z. B. folgendes (vgl. *Wind* 1982, S. 298):

würde mit Bestimmtheit kaufen	würde wahrscheinlich kaufen	vielleicht ja, vielleicht nein	würde wahrscheinlich nicht kaufen	würde mit Bestimmtheit nicht kaufen
2	1	0	−1	−2

Man kann aber auch versuchen, die Intensität der Kaufintention direkt zu erheben. So wird von *Stapel* (1973, S. 312) für die Ermittlung einer unspezifischen, d. h. nicht markenbezogenen Kaufwahrscheinlichkeit beispielsweise folgende Frage- / Antwort-Konstellation vorgeschlagen:

Frage: „Wie hoch schätzen Sie die Wahrscheinlichkeit dafür ein, daß ein Mitglied Ihrer Familie in diesem Jahr einen Neuwagen oder einen Gebrauchtwagen kauft?"

Antwort:

100 absolut sicher	50 unentschieden
90 fast sicher	40 eher nein als ja
80 sehr wahrscheinlich	30 wenig wahrscheinlich
70 ziemlich wahrscheinlich	20 sehr unwahrscheinlich
60 eher ja als nein	10 so gut wie nicht
	0 bestimmt nicht

Einen anderen Weg zur Bestimmung der Kaufabsicht verkörpert nach *Rothman* (1964) die sog. **Geschenkmethode**. Hierbei wird ausgewählten Personen die Teilnahme an einer Verlosung angeboten und mitgeteilt, daß sie als ersten Preis den Jahresbedarf eines bestimmten Produkts frei Haus geliefert bekämen. Ihre Aufgabe besteht allein darin, ihre Bereitschaft dazu zu bekunden und sich für eine Marke zu entscheiden.

(2) Zu einer zweiten Kategorie gehören Meßverfahren, die eine Zerlegung der Intention in einzelne Komponenten erfordern. Die Stärke der Kaufabsicht wird dabei durch Verknüpfung der attributbezogenen Angaben der Auskunftspersonen erschlossen. In Betracht kommen hierfür vor allem zwei Varianten von *Fishbein*s „Behavioral Intention Model" (vgl. *Bearden / Woodside* 1977 und die dort angegebene Literatur):

(5.11.) $$\text{Kaufverhalten} \approx BI = w_1\,(A_{act}) + w_2\,(SN)$$

Dabei bedeuten:

BI = Handlungsintention, hier also die Absicht, ein Produkt zu erwerben und zu konsumieren

A_{act} = individuelle Einstellung zu der betreffenden Handlung, also zum Erwerb und Konsum eines Produktes

SN = subjektive Norm als Ausdruck der wahrgenommenen Einstellung der sozialen Umwelt (Referenzgruppe) zu der betreffenden Handlung

w_1, w_2 = empirisch zu ermittelnde standardisierte Regressionskoeffizienten

Wie ersichtlich ist, besteht die Grundidee des Modells darin, die **Verhaltensintention** im Wege der Regressionsanalyse (siehe § 9, Abschn. 3.5.2.1.) zu schätzen, wobei als unabhängige Variablen die Einstellung zu der Handlung (Erwerb, Konsum, Nutzung des Produktes) und der soziale Einfluß (Anpassungsdruck) in die Gleichung eingehen. Die Regressionskoeffizienten w_1 und w_2 geben wieder, ob ein Individuum eher einstellungsgeleitet ($w_1 > w_2$) oder aber den sozialen Normen entsprechend ($w_1 < w_2$) handelt. Die subjektive Wahrnehmung sozialer Verhaltensnormen (SN) wird dabei wie folgt ermittelt:

(5.12.)
$$SN = \sum_{j=1}^{m} NB_j \cdot MC_j$$

Dabei bedeuten:

SN = subjektive Norm (s. o.)

m = Anzahl relevanter Mitglieder der Referenzgruppe

NB_j = Wahrnehmung der Erwartungen (Verhaltensnorm) der Referenzgruppe seitens der Person j im Hinblick auf die betreffende Handlung

MC_j = Motivation der Person j, den Erwartungen der Referenzgruppe zu entsprechen (Anpassungswille; „*m*otivation to *c*omply")

Die Einstellung zu der interessierenden Handlung A_{act} wird demgegenüber im Grundmodell (= Variante I) wie folgt erhoben:

(5.13.)
$$A_{act} = \sum_{i=1}^{n} B_i \cdot a_i$$

Dabei bedeuten:

B_i = Grad der Überzeugung („belief"), daß die Handlung zur Konsequenz i führen wird

a_i = individuelle Bewertung der Konsequenz i der Handlung des Individuums

n = Anzahl relevanter Handlungskonsequenzen

Die Variante I, in der als unabhängige Variable die Einstellung zur Handlung (A_{act}) auftritt, ist im Marketingbereich vornehmlich dann von Bedeutung, wenn das Zustandekommen eines Kaufakts oder eine Erhöhung der Kauf- bzw. Konsumfrequenz angestrebt werden. Indessen gibt es viele Fälle, bei denen es primär um etwas anderes, nämlich um das Objekt der Handlung geht. So werden unabhängig von Marketinganstrengungen Brot gekauft und gegessen sowie Seife und Fernsehgeräte erworben und genutzt. Für diese Fälle schlagen *Bearden* und *Woodside* (1977) vor, die Einstellung zum Handeln A_{act} (= Einstellung z. B. zum Brotessen) durch jene zum Objekt A_0 (= Einstellung zur Brotmarke) im Sinne der erläuterten subjektiv wahrgenommenen Produktqualität zu ersetzen (Variante II).

3.2. Die Beurteilung des Angebotsprogramms nach Maßgabe ökonomischer Kriterien

Als ein Teil des Marketing-Mix richtet sich die Produkt- und Programmpolitik an den zentralen Marketingzielen aus, die aus den Oberzielen der Unternehmung abgeleitet sind. Ohne hier auf die in der Betriebswirtschaftslehre geführte Zieldiskussion einzugehen, wird im folgenden unterstellt, daß die zentrale Vorgabe für den Marketingbereich darin besteht, unter Wahrung bestimmter Nebenbedingungen zum Fortbestand des Unternehmens als sozioökonomischem System beizutragen. Dazu orientiert man sich in der Produkt- und Programmpolitik an qualitativen Zielen wie Image, Goodwill, Qualität und Bekanntheitsgrad, die nur unter Rekurs auf Konsumentenurteile zu kontrollieren sind, auf der einen und Größen wie Umsatz, Deckungsbeitrag, Gewinn, Kosten, Wachstum, Marktanteil sowie Distributions- bzw. Penetrationsgrad auf der anderen Seite. Diese Anknüpfungspunkte beziehen sich zunächst auf das Gesamtprogramm, werden aber von Hierarchieebene zu Hierarchieebene immer detaillierter auf Produktbereiche, Erzeugnisse, räumliche Märkte, Kunden und ähnliche Bezugsgrößen aufgegliedert. Im folgenden soll zwischen zwei Grundausrichtungen der Produkt- und Programmbewertung unterschieden werden:

(1) Die erste Variante fußt auf quantitativen, aus dem Bereich des **Rechnungswesens** stammenden Informationen. Der Rückgriff auf derartige Daten dient der laufenden Erfolgskontrolle des Angebotsprogramms, wobei die Ergebnisse zur kurz- bzw. mittelfristigen Steuerung herangezogen werden. Angesichts der Tatsache, daß ein derartiges Erfassungssystem die ökonomischen Reaktionen der Umwelt Periode für Periode streng an betriebliche Aktionen knüpft, eignet es sich nicht für die strategische Steuerung des Marketing-Mix. Gleichwohl bedeutet dies aber nicht, daß nicht auch aus der betrieblichen Leistungs- und Erfolgsrechnung gelegentlich Anhaltspunkte für strategische Entscheidungen gewonnen werden können.

(2) Die zweite Richtung stützt sich auf Informationen über die Umwelt, die mangels fehlender unmittelbarer Kosten- oder Erfolgsrelevanz nicht in das betriebliche Rechnungswesen eingehen. Hierbei handelt es sich vor allem um Ergebnisse der **Marketing-Forschung**, d. h. Erkenntnisse über Marktstruktur, Wachstumsraten, Konkurrenten, Nischen und dgl. mehr. Die Berücksichtigung solcher Daten bildet eine unabdingbare Voraussetzung für das frühzeitige Erkennen von Gefahren, Chancen, Trendänderungen und Strukturverschiebungen, denen im Rahmen der Marketing-Planung (siehe § 10) zu begegnen ist. Wertvolle Hinweise lassen sich auch aus Konzepten der Marketing-Kontrolle, die in § 11 für die Ebene der Gesamtunternehmung behandelt werden, gewinnen.

3.2.1. Umsatz und Deckungsbeitrag

Die Bewertung von Produkten und Programmteilen bedient sich unterschiedlicher Bezugsgrößen und verschiedenartiger **Bewertungskriterien**. Als Erfolgsmaßstäbe bieten sich vor allem der **Umsatz** bzw. **Absatz** und der **Deckungsbeitrag** an. Im Handel tritt als dritte zentrale Größe die **Umschlagsgeschwindigkeit** hinzu. Als Bezugsgrößen kommen dagegen primär Produkte, Kunden(-gruppen), Auftragsgrößen und Absatzkanäle, und zwar einzeln oder kombiniert, in Betracht.

3.2.1.1. Die Umsatzstrukturanalyse

Der **Umsatz** stellt ein aussagekräftiges Bewertungskriterium dar, solange eine Unternehmung im Prinzip nur ein Erzeugnis herstellt. In einer Mehrproduktunternehmung büßt er auf Grund damit einhergehender Zurechnungsprobleme beträchtlich an Aussagekraft ein (vgl. dazu auch § 11, Abschn. 2.2.). Dennoch bleibt er für die Produkt- und Programmbewertung eine unentbehrliche Größe, u. a. aus folgenden Gründen:

- Der Umsatz ist Bestandteil anderer relevanter Kenngrößen.
- Umsatzwerte, auch die von Konkurrenten, sind relativ leicht, preiswert und genau zu ermitteln.
- Umsatzpläne fungieren als Vorgaben für andere Bereiche (Einkauf, Produktion u. ä.).
- Der Umsatz ist ein einfacher und stichhaltiger Indikator für das unternehmerische Wachstum.

Die Umsatzberichterstattung soll primär die absolute und relative Bedeutung einzelner Produkte und Produktgruppen als Umsatzträger widerspiegeln (vgl. Tab. 5.5.), darüber hinaus aber auch Werteabweichungen ausweisen, und zwar sowohl im Hinblick auf Plandaten als auch Vergleichsgrößen aus der Vorperiode. Ein weiteres Erfordernis ist darin zu sehen, daß es möglich sein muß, Umsätze einzelnen Auftragsgrößen, Preisklassen, Kunden, Regionen, Absatzwegen etc. zuzurechnen.

Tabelle 5.5.

Beispiel für eine Umsatzanalyse von Produktvarianten

Produkt	Zahl der Ausführungen	Umsatz in TDM	∅ Umsatz pro Ausführung in TDM	Anteil am Gesamtumsatz in %
1	1	1.020	1.020	3,1
2	4	6.780	1.695	20,4
3	15	15.650	1.043	47,2
4	7	9.700	1.386	29,3
		33.150		100,0

Umsatzangaben können darüber hinaus auch Hinweise auf Produkte liefern, die als eliminationsverdächtig gelten. Hierzu eignen sich vor allem sog. **Konzentrationsanalysen**, von denen eine Variante die sog. **ABC-Analyse** darstellt. Bei diesem Verfahren werden die Erzeugnisse in drei Klassen eingeteilt, und zwar nach Maßgabe ihres Beitrags zum jeweils zu definierenden Unternehmenserfolg (als Kriterium könnten somit z. B. auch Deckungsbeiträge fungieren). Einen Eindruck davon vermittelt Abb. 5.15.

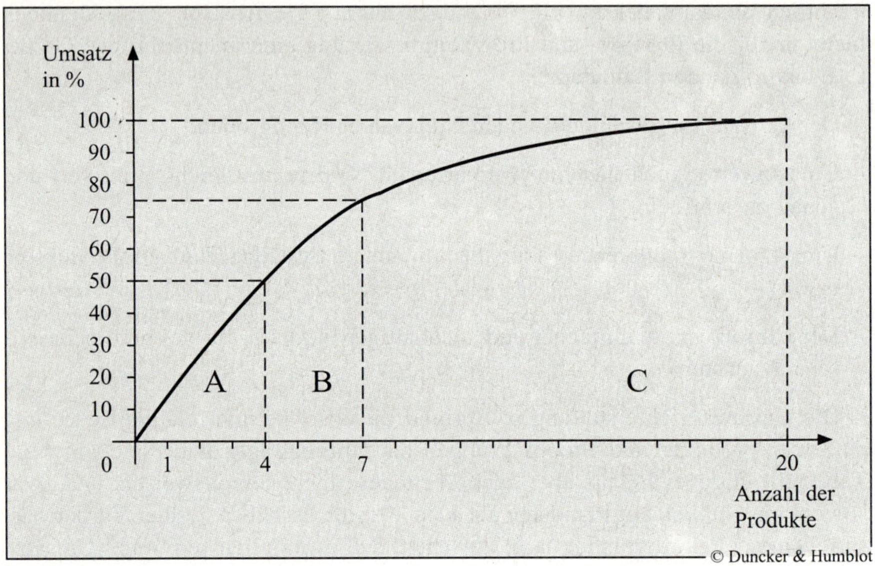

Anmerkungen:
A: hoher Beitrag zum Gesamtumsatz (Produkte 1-4)
B: mittlerer Beitrag zum Gesamtumsatz (Produkte 5-7)
C: geringer Beitrag zum Gesamtumsatz (Produkte 8-20)

Abb. 5.15.: Beispiel für eine umsatzorientierte ABC-Analyse

Die Schlußfolgerungen, die aus den Ergebnissen einer ABC-Analyse zu ziehen sind, erscheinen durchaus ambivalent:

- So kann z. B. aus Kostengesichtspunkten eine hohe Konzentration im Angebotsprogramm (hoher Umsatzanteil weniger Produkte) wünschenswert sein. Umgekehrt sind, wenn ein Großteil des Umsatzes auf nur wenige Produkte entfällt, die Risiken u. U. nicht genügend verteilt.
- Nach dem Ergebnis einer ABC-Analyse mag es naheliegen, die meisten C-Produkte zu eliminieren. Bei Prüfung bestehender Verbundbeziehungen (vgl. dazu Abschn. 5.1.3.) könnte sich dies indessen als verhängnisvoll erweisen.
- Bei Eliminationsentscheidungen gebietet es die unternehmerische Vorsicht, zumindest auch noch die Deckungsbeiträge der betroffenen Produkte zu berücksichtigen.

3.2.1.2. Die Deckungsbeitragsstrukturanalyse

Die Kosten- und Leistungsrechnung gehört zu den klassischen Hilfsmitteln der Bewertung und Gestaltung von Produktionsprogrammen. Da verschiedenartige Programme unterschiedlich hohe Kosten verursachen und auch im Hinblick auf ihren Erfolg variieren, kann an Hand der Kosten- und Leistungsrechnung jenes Angebotsprogramm gewählt werden, welches unter Einhaltung gegebener Restriktionen einen bestimmten (zufriedenstellenden) oder den höchsten kalkulatorischen Erfolg zu erzielen erlaubt. Die zur Verfügung stehenden Rechensysteme lassen sich danach einteilen, ob sie dem Prinzip der Voll- oder der Teilkostenrechnung folgen (vgl. dazu auch §§ 6 und 11).

Die Kosten- und Leistungsrechnung auf Vollkostenbasis hat sich trotz der ihr innewohnenden Logik als Instrument der programmpolitischen Steuerung nicht bewährt. Als wesentlich flexibler und insgesamt leistungsfähiger erweist sich insbesondere die **Deckungsbeitragsrechnung**. Produkte bzw. Programmelemente werden dabei nach folgendem Schema bewertet (bezogen auf einen Zeitraum):

	Abgesetzte Mengen × erzielte Preise
./.	direkt zurechenbare Vertriebskosten
./.	abgesetzte Mengen × Verrechnungsstückkosten des Fertigungsbereichs
=	Deckungsbeitrag je Produkt bzw. Produktgruppe

Der Deckungsbeitrag eines Erzeugnisses stellt somit nichts anderes als den Teil des Umsatzes dar, der nach Abzug der ihm direkt zurechenbaren Kosten zur Deckung anderer Kosten in der Unternehmung sowie zur Gewinnerzielung übrigbleibt. Diese Restgröße bildet indessen lediglich den Ausgangspunkt für weitergehende Überlegungen. So erscheint es oft sinnvoll, den Deckungsbeitrag eines Leistungsträgers oder einer Leistungsträgergruppe auf verschiedene, dem Zweck der Analyse entsprechende Basen zu beziehen:

- Deckungsbeitrag je Produkt und Periode,
- Deckungsbeitrag in % vom Nettoerlös,
- Deckungsbeitrag je 1 DM variabler Kosten,
- Deckungsbeitrag je Engpaßeinheit.

Die einzelnen Varianten können, wenn man sie als Kriterien für die Bildung einer Rangordnung heranzieht, durchaus zu unterschiedlichen Ergebnissen führen.

Im Hinblick auf den Einsatzzweck ist folgendes zu beachten: Die Deckungsbeitragsrechnung soll es dem Entscheidungsträger ermöglichen, eine Rangfolge von Produkten nach Maßgabe des mit diesen erwirtschafteten Deckungsbeitrags aufzustellen. Gleichwohl ist auch hier nur fallweise zu entscheiden, ob bei einer

Unterdeckung (= negativer Deckungsbeitrag, d. h. das betreffende Produkt erbringt nicht einmal die ihm direkt zurechenbaren Kosten) eine Eliminierung aus dem Angebot angebracht erscheint. So kann es sich durchaus empfehlen, einen Artikel, der von den Deckungsbeiträgen anderer Erzeugnisse zehrt, weiterhin im Programm zu führen, wenn dadurch (und nur dadurch) Verbundkäufe ausgelöst und damit an anderer Stelle Gewinne erwirtschaftet werden.

Als besonders wichtig erweist sich, vor allem im Handel, die Berücksichtigung des jeweiligen **Engpaßfaktors**. So kann ein hoher Deckungsbeitrag mit einer starken Belastung eines bestimmten Produktionsfaktors (im Einzelhandel häufig die Verkaufsfläche) einhergehen, während andere Artikel zwar geringere Dekkungsbeiträge abwerfen, allerdings auch den Engpaßfaktor wesentlich weniger beanspruchen. Hierbei hat man abzuwägen, ob bei einem Verzicht auf die Produktion bzw. den Vertrieb einer bestimmten Menge des durch hohe Deckungsbeiträge gekennzeichneten, zugleich aber faktorintensiven Produktes so viel Spielraum gewonnen wird, daß über eine anderweitige Auslastung insgesamt ein höherer Deckungsbeitrag erzielt werden kann.

3.2.2. Die Akzeptanz der Erzeugnisse beim Handel

Der ökonomische Erfolg eines Produktes hängt von der Akzeptanz nicht nur bei Verbrauchern bzw. Verwendern, sondern auch seitens des Handels ab. Dabei läßt sich grundsätzlich nicht davon ausgehen, daß all das, was bei den Konsumenten hohe Sympathie genießt, automatisch auch Zugang zu den Verkaufsregalen des Handels findet. Daß dieser nicht jedes Erzeugnis, das die Marktreife erlangt, in seine Sortimente aufnehmen kann, ergibt sich allein schon aus dem Ausmaß der Neuentwicklung. So drängen beispielsweise im Nahrungsmittelsektor in der Bundesrepublik Deutschland jährlich nicht weniger als ca. 1.200 angeblich oder wirklich neue Erzeugnisse in die Regale des Einzelhandels. Sie alle werden einem mehr oder minder strengen Auswahlverfahren unterworfen, das sich bezüglich der Zahl der Kriterien, deren Gewichtung und des Grades der Formalisierung von Branche zu Branche und von Unternehmen zu Unternehmen zum Teil erheblich unterscheidet.

Aus diesem Grunde ist ein Anbieter, der einen bestimmten Absatzkanal wählt, gehalten, vor Beginn seiner Verkaufsbemühungen die eigenen Produkte sowie ihr marketingpolitisches Umfeld im Lichte der Ziele und Anforderungen des Handels zu prüfen. Damit geht die Notwendigkeit einher, über die bei der Aufnahme neuer Produkte durch diesen verwendeten Kriterien Klarheit zu erlangen.

Als beherrschendes Kriterium fungiert hierbei die Attraktivität des Produktes für die Zielgruppe, an die sich ein Handelsbetrieb vorzugsweise wendet. Daraus leiten sich die wesentlichen Determinanten der Beschaffungsentscheidung ab, nämlich die Umsatz- und Gewinnerwartungen, die ihrerseits von einer Reihe von Faktoren, wie z. B. Höhe der Handelsspanne, erhoffter Umschlagsgeschwindigkeit, Lieferungs- und Zahlungsbedingungen und Ausstrahlung des Artikels auf das übrige Sortiment, abhängen.

Beachtung geschenkt wird auch den Ergebnissen der **Warenprüfung**, die Großunternehmen und Gruppen des Handels zum Teil in eigenen Laboratorien, zum Teil unter Zuhilfenahme öffentlicher Einrichtungen durchführen. Tests dieser Art erstrecken sich vor allem auf die Gebrauchstauglichkeit, die Störanfälligkeit und das Preis / Leistungsverhältnis eines Produktes. Oft interessiert sich ein Wiederverkäufer auch für die Ergebnisse einer von einem Hersteller durchgeführten Marktuntersuchung, um die Erfolgsaussichten für ein neues Produkt besser abschätzen zu können. Häufig legen Produzenten solche Informationen schon von sich aus vor. Im Verlagsmarketing z. B. ist dies gang und gäbe.

Weitere wichtige Kriterien bilden für den Handel die **Unterstützung** seiner **Absatzbemühungen** durch die Lieferanten, wie sie etwa in der Verbraucherwerbung und in der Schulung von Mitarbeitern des Wiederverkäufers zum Ausdruck kommt. Daneben geht es auch darum, ob ein Hersteller dem Händler das Recht des Exklusivvertriebs einräumt, bestimmte Muster seiner Kollektion für ihn „reserviert", ob er sich fachhandelstreu verhält, Kundendienstleistungen übernimmt, Reklamationen kulant regelt, Nachbestellungen akzeptiert, die Lager- und Versandfunktion wahrnimmt und dgl. mehr.

Die verhaltenswissenschaftliche Analyse der Interaktionsbeziehungen zwischen Herstellern und Handel ist in den letzten Jahrzehnten zu einem bevorzugten Forschungsobjekt im Marketingbereich geworden. Bei einer Untersuchung von *Bauer* (1980) zeigte sich, daß die für den Einkauf Verantwortlichen selten mehr als ein halbes Dutzend unterschiedlicher Kriterien heranziehen, dabei aber verschiedene Strategien verfolgen.

- Es gibt Merkmale, die gewissen Mindestanforderungen Rechnung tragen müssen, wenn das neue Produkt akzeptiert werden soll (z. B. attraktive Handelsspanne, Fehlen ähnlicher Produkte und Kompatibilität mit dem übrigen Sortiment).
- Andere Kriterien wie Übernahme der Preisauszeichnung, Gewährung von Einführungsrabatten und Rücknahmegarantie müssen durch den Lieferanten oft unabhängig von weiteren Überlegungen erfüllt sein, damit der neue Artikel überhaupt berücksichtigt wird.
- Ferner gibt es Anforderungen, die im Sinne eines „Je-mehr-desto-besser" wirken, wobei zwischen diesen Kompensationsmöglichkeiten bestehen (z. B. Neuheitsgrad, Ruf des Herstellers, Verbrauchernutzen und Produktqualität).
- Schließlich beeinflussen bei einigen Entscheidungsdimensionen Idealvorstellungen das Beurteilungsverhalten der Absatzmittler. Beispiele hierfür bilden Verbraucherwerbung und Verkaufsförderung. Ein bestimmtes Niveau wirkt

positiv, zu wenig Unterstützung kontraproduktiv, während ein Übermaß die Betroffenen in sortimentspolitischen Zugzwang brächte, was sie gleichermaßen ablehnen.

4. Der produktpolitische Gestaltungsspielraum

Aus der Sicht des Marketing stellt ein Produkt bzw. eine Leistung ein Konglomerat von nutzenstiftenden Eigenschaften dar, wobei es dazu durch den sinnvollen Einsatz von Elementen wie Material, Form, Farbe in Verbindung mit Arbeit und menschlichem Intellekt kommt. Aus der Sicht einer wirtschaftswissenschaftlichen Disziplin läßt sich lediglich angeben, wohin das Bemühen führen soll, nicht jedoch, was wann für den einen oder den anderen Werkstoff spricht, welche Konstruktionsprinzipien zu beachten sind und dgl. mehr.

Aus Gründen der Darstellung unterscheiden wir vier Ebenen, die des eigentlichen **Leistungskerns**, wobei dies ein Produkt oder eine (Primär-)Dienstleistung sein kann, ferner die **Verpackung**, die **Markierung** sowie kauf- und nutzungsbezogene (Sekundär-)**Dienstleistungen**. Alle genannten Bereiche bedingen sich gegenseitig und sind auch nicht immer scharf voneinander abzugrenzen.

4.1. Der Leistungskern

(1) Denken wir an ein Konsum- oder Investitionsgut, erwarten wir von diesem, daß es die ihm zugedachte Aufgabe angemessen erfüllt, also gebrauchstüchtig, funktionssicher, nicht störanfällig, haltbar und wertbeständig ist. Gemeinhin sind dies Eigenschaften, die die **Qualität** eines Erzeugnisses ausmachen, wobei sich gleichwohl diese nicht darin erschöpft. Daß dazu noch weit mehr gehört, ist in § 4, Abschn. 2.1.1., ausführlich dargelegt worden, so daß es an dieser Stelle nur noch einiger Ergänzungen bedarf.

Die Gestaltung von so verschiedenartigen Objekten wie Werkzeugmaschinen, Kassenterminals, Bildschirmarbeitsplätzen, Möbel- und Kücheneinrichtungen sowie Sitzen und Bedienungselementen von Automobilen ist stark von Belangen der **Ergonomie** geprägt. Diese sieht ihre Aufgabe darin, Daten über den Menschen, die für sein körperliches Verhalten gegenüber der Umwelt relevant sind, zu ermitteln. Aus der Sicht der Produktgestaltung führt dies zu der Forderung, daß an den Berührungspunkten zwischen Produkt und Verwender keine Reibung im Sinne von Störungen, Unzulänglichkeiten oder Funktionsdissonanzen entsteht, da dies zu dessen Überlastung, Übermüdung oder gar Gefährdung führen kann. So war der Aufbau der menschlichen Hand zwar seit Jahrtausenden bekannt, doch erst *Röntgen*analysen und thermophotographische Untersuchungsmethoden haben zutage gefördert, daß z. B. die herkömmliche Form eines klassischen Werkzeugs, der Zange, diesem Organ nicht angemessen ist.

(2) Seit vielen Jahren wird das Qualitätsstreben vom Zug zum **fertigen Produkt** geprägt. Dem Verbraucher Erzeugnisse an die Hand zu geben, die im Haushalt keiner ins Gewicht fallenden Be- und Verarbeitung mehr bedürfen, also Kleidungsstücke anstelle von Garnen und Geweben, Konserven und Tiefkühlprodukte anstelle von frischen Lebensmitteln, die in der Küche von Grund auf zubereitet werden müssen, bildet eines der großen Erfolgsgeheimnisse des Marketing. Hausarbeit wird in die Fabrik verlagert, wo diese weitgehend Maschinen übernehmen. Der höhere Verarbeitungsgrad der Produkte neben Hilfsmitteln wie Mikrowellenherd und Tiefkühltruhe erspart der Hausfrau und dem Gastgewerbe Zeit und Mühe. All diesen Erzeugnissen ist gemeinsam, daß sie mehr **Bequemlichkeit** bieten. Nicht von ungefähr spricht man deshalb in diesem Zusammenhang von „convenience goods".

Convenience in diesem Sinne liegt auch dann vor, wenn im Laufe der letzten Jahrzehnte synthetische Textilien entwickelt wurden, die nicht nur bügelfrei und pflegeleicht sind, sondern sich auch ebenso angenehm wie Stoffe aus Wolle oder Baumwolle tragen lassen. Man denke ferner an die beträchtliche Verlängerung der Wartungsintervalle bei Autos, die deren Halter nur noch selten veranlassen, eine Werkstätte aufzusuchen. Im Grunde trägt zur Convenience in dem hier genannten Sinne alles bei, was körperliche Mühen verhindert, Menschen Zeit sparen läßt, ihnen Flexibilität verschafft (z. B. Walkman, Videorecorder) oder sie psychisch entlastet (z. B. Geräte, die sich selbst überwachen oder steuern; Wartungsdienste, die von sich aus tätig werden; Versicherungsgesellschaften, die ihre Vertragspartner rechtzeitig auf Handlungsbedarf hinweisen).

(3) Kaum zu trennen von den beiden genannten Aspekten ist das Verlangen nach **Sicherheit**. Schon immer hielt man es für unabdingbar, Störungs- und Bedienungssicherheit zu gewährleisten, ob es sich dabei nun um Bohrmaschinen, Rasenmäher oder Küchengeräte handelt. Sicher sein müssen auch Lebensmittel und Pharmazeutika, verständlich im übrigen deren Beipackzettel. Dabei ist auch dem Umstand Rechnung zu tragen, daß nicht jeder mit einem Gerät so umgeht, wie sich dessen Hersteller den „bestimmungsgemäßen Gebrauch" vorstellt. Geradezu einen Boom erleben in neuerer Zeit Produkte und Dienste, die vor Diebstahl schützen oder einen solchen am Erzeugnis selbst, etwa an einem Auto, verhindern sollen.

(4) Ein weiteres wichtiges Kriterium bildet die **Wirtschaftlichkeit**, bezogen sowohl auf die Herstellung als auch den Betrieb bzw. die Nutzung eines Gutes. Niemand bezahlt mehr als unbedingt nötig, um in den Genuß einer bestimmten Leistung zu gelangen. Dieser Gesichtspunkt erlangt dann geradezu dominante Bedeutung, wenn es, wie in Zeiten einer Rezession, vielen Menschen wirtschaftlich schlecht geht, die Wettbewerbsfähigkeit eines Landes gerade auch auf Grund

hoher Löhne und Arbeitszusatzkosten auf dem Spiel steht oder der Fiskus beträchtliche Verbrauchsteuern erhebt, wie bei Benzin.

(5) Unwirtschaftlichkeit, ob bei Produkten oder Prozessen, impliziert zugleich fast immer fehlende **Umweltfreundlichkeit,** weil zuviel an – oft nicht regenerierbaren – Ressourcen verbraucht, unnötige Transportleistungen erbracht, Luft, Gewässer und Boden verschmutzt, das Müllproblem verschärft werden usw. Auch aus dieser Perspektive führt kein Weg daran vorbei, beispielsweise wirtschaftlichere Autos zu entwickeln und daran zu arbeiten, daß Waschmaschinen noch weniger Wasser, Strom und Waschpulver verbrauchen.

(6) Das Produktäußere, d. h. die materielle Gestalt und Umhüllung, vermittelt dem Käufer und seiner sozialen Umwelt bei dessen Wahrnehmung (Betrachten, Berühren, Hören, Riechen, Schmecken) mehr oder weniger angenehme Empfindungen. Darüber hinaus ist dieser Gesichtspunkt auch deswegen von Bedeutung, weil insbesondere bei Innovationen potentielle Käufer an Hand der äußeren Erscheinung des Erzeugnisses auf dessen Tauglichkeit, den elementaren Produktnutzen, schließen. Die wichtigsten Gestaltungsmittel zur Steigerung der **Anmutungsqualität** bilden Material, Form, Farbe und Geruch.

Die Wahl des **Materials** erweist sich insofern von überragender Bedeutung, als von den einzelnen Substanzen eine unterschiedliche Anmutung ausgeht. Einige Materialien wirken sympathisch und werden gerne angefaßt, andere erscheinen kalt und abweisend. Mit Holz und Leder kann beispielsweise das Gefühl der Geborgenheit und Behaglichkeit vermittelt werden, während Metalle fest bzw. technisch und Glas reinlich anmuten. Die optische Wirkung der Materialwahl fußt dabei nicht nur auf der Eigenästhetik der stofflichen Substanz, sondern auch auf dem Zusammenspiel von Material, Form und Farbe. So kann beispielsweise die jedem Material eigene Oberflächenstruktur nicht ohne Berücksichtigung der Farbe gesehen werden. Dieselbe Beschaffenheit wirkt je nach Farbe ganz anders. Eine rauhe, strukturierte Oberfläche kann, wird sie grün gefärbt, warm und angenehm anmuten. Wäre sie hingegen z. B. gelb, würde der positive Eindruck zunichte gemacht, da diese Farbe auf rauher Fläche den ihr eigenen fröhlichen Charakter zugunsten des Eindrucks von Schmuddeligkeit verliert.

Alles Stoffliche hat eine **Form**. Dies bedeutet, daß jedes Erzeugnis Objekt einer mehr oder minder bewußten Formgebung ist. Da bereits die Veränderung eines einzigen äußeren Merkmals eine Variante in eine andere überführt, gibt es streng genommen unendlich viele Formen. Gleichwohl läßt sich diese unübersehbare Vielfalt auf die Grundformen Kugel, Ellipsoid, Würfel, Zylinder, Pyramide und Kegel zurückführen, durch deren Kombination und Variation die verschiedensten Produktgestalten erzeugt werden können.

Neben der für die Ergonomie bedeutsamen Gebrauchs- und Funktionstauglichkeit geht es vor allem auch um die ästhetische Qualität der Formgebung. Hierbei stellt sich die Frage, wodurch der Eindruck von Schönheit (Ästhetik) entsteht.

Der physiologische Erklärungsansatz unterstellt, daß der für das Auge bequemste und mit den wenigsten Bewegungen erfaßbare Eindruck auch ästhetisch ist. Einfach und visuell bequem zu bewältigen sind z. B. Formen, die aus klaren, geordneten, einander nicht widersprechenden, möglichst symmetrischen Linien und Elementen bestehen.

Um die Vergabe des Prädikats „schön" für visuelle Reize zu erklären, reicht allerdings der physiologische Ansatz nicht aus. Es erscheint vielmehr nötig, die im Prozeß der Wahrnehmung wirksamen Bezüge zu angenehmen und unangenehmen Assoziationen zu berücksichtigen. Diese sind für die Individualität des Geschmacks verantwortlich. Zugleich hängt, ob man eine Form als schön empfindet, auch von Tradition (überlieferte, vertraute Formen werden fremdartigen vorgezogen) und Umgebung (Produkte wirken in ihrer natürlichen, d. h. ihrer Funktion gemäßen Umgebung schöner als in einer widernatürlichen, dissonanten) ab. Nicht zu unterschätzen ist ferner die Bedeutung der relativen Größe für das ästhetische Empfinden. So werden Erzeugnisse, die größer als ein Mensch sind, im allgemeinen als überdimensioniert, unförmig und inhuman erlebt. Ein ähnliches Regulativ bildet die jeweils vorherrschende Stilrichtung. Je nach Ausprägung von Stil und Mode werden Gestaltungsformen aus anderen Epochen als häßlich bis lächerlich empfunden.

Während die **Mode** früher hauptsächlich auf Kleidung beschränkt war, unterliegen ihr heute in hohem Grade auch technische Konsumgüter, wie z. B. Kraftfahrzeuge, Rundfunkgeräte, zum Teil auch Möbel, ja selbst Haushaltsgeräte. Eine Änderung der Möbel war früher lediglich stilbedingt, wobei unter Stilperiode eine relativ lange Zeitspanne verstanden wird. Es bleibt jedoch nicht bei der **Erweiterung** des **Einflußbereichs** der Mode; hinzu kommt das Bestreben, die **Modezyklen** zeitlich zu **verkürzen**, um auf diese Weise eine vorzeitige Veralterung herbeizuführen und dadurch den Absatz der jeweils neuen Kreationen zu fördern.

In diesem Zusammenhang ist zwischen der funktionsbedingten und der ästhetischen Formgebung (z. B. Ornamentierung) zu unterscheiden. Nicht immer sind beide gefragt: Zum einen gibt es z. B. Produkte, die bei der Verwendung unsichtbar sind (Salz), bei denen Schönheit akquisitorisch völlig **unfruchtbar** wäre (Medikamente) oder bei denen diese als Attribut nicht zur Diskussion steht (Stacheldraht). In derartigen Fällen wird die Form häufig über die Verpackung geliefert. Zum anderen wird eine eigenständige ästhetische Gestaltung von bestimmten Stilrichtungen schlichtweg abgelehnt und verurteilt. So postuliert beispielsweise der Funktionalismus, daß das, was technisch richtig, zugleich auch schön ist („form follows function").

Der Spielraum für Formgebung ist dort größer, wo die technischen Grundwerte, die eigentlichen Gebrauchsfunktionen, durch die Formgebung wenig beeinflußt werden. So existieren bei einem Rennwagen, einer Turbine oder einem Flugzeug sicherlich ungleich weniger Optionen als bei einem Pkw oder einem Kleidungsstück. Ähnlich verhält es sich mit bestimmten Warenkategorien, bei denen trotz jahrtausendelanger Bemühungen keine verbindliche Form geschaffen werden konnte (Liegemöbel, Stühle, Tische etc.). Es gibt andererseits aber auch Fälle, in denen der Gestaltungsspielraum aus dem Grunde geringer ist, weil das Nonplusultra offenbar bereits gefunden worden ist (Tabakpfeife, Schraube, Fahrrad u. ä.).

Die **Farbe** bildet das kostengünstigste und flexibelste Mittel, Produkte zu variieren. Ähnlich wie bei der Formenvielfalt steht dem Produktgestalter auch hier eine nicht mehr überschaubare Palette von Möglichkeiten zur Verfügung. So soll es auf der Welt ca. 7,5 Millionen Farben und annähernd 2800 Farbnamen geben. Der Einsatz des Gestaltungsmittels Farbe wird durch die Wahl des Materials sowie durch eine Reihe weiterer Faktoren beeinflußt.

Farben werden von Person zu Person verschieden erlebt. Alle rufen psychische Regungen hervor, wobei einige aktivieren, andere beruhigend wirken. Sie drücken Trauer oder Freude aus, können glatt oder griffig wirken, ein Produkt schwer oder leicht, schmuddelig oder sauber, nah oder fern erscheinen lassen.

Farben spielen auch als soziales Symbol eine Rolle. Erinnert sei an die Kleiderordnung von Vereinen und gesellschaftlichen Institutionen, an die dunklen Farben von Regierungslimousinen, an das Kapitänsblau und dgl. mehr.

Zu beachten hat der Designer bei der Farbenwahl auch den in einem Unternehmen vorherrschenden Grundton. Gemeint ist damit, daß manche Betriebe im Rahmen ihrer Bemühungen um Erlangung einer **Corporate Identity** an speziellen Farbkombinationen festhalten (z. B. Gelb und Rot von *McDonald's,* Rot von *Coca-Cola,* Blau von *Aral* etc.). In manchen Fällen gibt es für den Produktgestalter allerdings keinen Spielraum, weil für bestimmte Erzeugnisse die Farbe entweder gesetzlich vorgeschrieben bzw. durch das Wettbewerbsrecht geschützt ist oder gewohnheitsmäßig verlangt wird (Warnfarben resp. Signalfarben bei manchen Fahrzeugen, Arbeitskleidung u. ä.).

Die Variation des Produktäußeren bietet, wie man sieht, ein wirksames produktpolitisches Instrument. Doch ist dies, vor allem bei einer allzu unbekümmerten Vorgehensweise, nicht frei von Gefahr. In kurzen Abständen betriebener Modellwechsel kann zwar einerseits bei manchen Konsumenten den Wunsch erwecken, die jeweils neueste Ausführung zu erwerben, doch ist andererseits zu befürchten, daß sich viele Abnehmer aus Verärgerung über den schnellen Wechsel und die rasche Entwertung des erst kürzlich erworbenen Gegenstandes Erzeugnissen zuwenden, die solchen Veränderungen nur in begrenztem Umfange unterliegen und als zeitlos gelten. Darüber hinaus lassen sich Güter, die vor dem Modellwechsel noch nicht verkauft sind, häufig nur unter großen Preiszugeständnissen abstoßen.

Ein Grund, sich für den Kauf gerade des *VW-Käfers* zu entscheiden, lag lange Zeit darin, daß er seine äußere Form behielt und dadurch nicht vorzeitig unmodern wurde.

Symptomatisch für eine solche Politik war auch die von einigen amerikanischen Automobilherstellern gegebene Garantie, bestimmte Modelle für mindestens fünf Jahre äußerlich unverändert weiterzubauen.

Ein beschleunigter **Mode-** und **Modellwechsel** führt nicht zuletzt auch zu einem Ansteigen der stückbezogenen Fixkosten, die durch die Entwicklung der neuen Variante und die Umstellung des Betriebes auf deren Herstellung verursacht werden. Damit ist zumeist auch eine Verteuerung der Erzeugnisse verbunden.

Zur Abrundung der in diesem Abschnitt angestellten Überlegungen sei darauf hingewiesen, daß Leistungsverbesserungen für die betroffenen Unternehmen durchaus ein zweischneidiges Schwert darstellen können. Am Beispiel von Autoreifen, deren Lebensdauer in den letzten 60 Jahren dank dem technischen Fortschritt auf ein Vielfaches gestiegen ist, läßt sich dies anschaulich zeigen.

Zunächst wird der Anbieter von Autoreifen einen Wettbewerbsvorteil erlangen; denn die fraglichen Reifen bieten den Käufern offenbar einen erhöhten Nutzen. Die Absatzsteigerung kann jedoch nur kurzfristiger Natur sein; auf längere Sicht wird die Nachfrage nachlassen, weil die Ausdehnung der Lebensdauer zwangsläufig zu Lasten des Ersatzbedarfs geht.

Dieses Beispiel verweist deutlich auf die Grenzen der Qualitätsverbesserung als eines produktpolitischen Gestaltungselements und legt den Gedanken nahe, u. U. geradezu umgekehrt zu verfahren, nämlich zu einer Qualitätsminderung überzugehen oder zumindest von einer Steigerung im Sinne einer verlängerten Lebensdauer abzusehen. Die in diesem Zusammenhang oft genannte **künstliche Veralterung** ist allerdings nicht durch vorzeitigen Ersatz eines noch brauchbaren Gutes wie bei der Mode, sondern durch vorzeitigen Ausfall eines an sich noch länger lebensfähigen Gutes gekennzeichnet.

Im angelsächsischen Sprachgebrauch unterscheidet man in diesem Zusammenhang zwischen „**planned obsolescence**“ und „**built-in obsolescence**“. Erstere bezeichnet den Vorgang bewußter technischer oder psychologischer Veralterung, während mit „built-in obsolescence“ der Einbau von Sollbruchstellen gemeint ist. Ein absichtliches Unterlassen möglicher Qualitätsverbesserung wird beispielsweise oftmals den Herstellern von Glühbirnen und Damenstrümpfen angelastet.

Qualitätsreduktion kann dort ihren Sinn haben, wo man die Absicht verfolgt, Luxuserzeugnisse und Güter des gehobenen Bedarfs breiten Bevölkerungskreisen zugänglich zu machen. Einer Minderung der gebotenen Leistung bedarf es hier deshalb, um über eine Senkung der Produktionskosten zu niedrigeren Preisen zu gelangen. Geht man dabei zu weit, beeinträchtigt dies den Wert eines Gutes und kann ein solches leicht zu einem Wegwerfartikel werden lassen.

4.2. Die Verpackung

Einen Wettbewerbsvorteil vermag ein Unternehmen auch dadurch zu erringen, daß es ihm gelingt, ein Produkt durch eine ansprechende Verpackung begehrenswert erscheinen zu lassen. Diese hat zwar in erster Linie den Zweck, Erzeugnisse (z. B. Flüssigkeiten) verkäuflich zu machen und sie bei Transport, Handling im Laden oder Lager sowie bei der Bevorratung vor Beschädigung und Verderb zu schützen, doch bietet es sich geradezu an, die Umhüllung auch für Werbezwecke und für Mitteilungen an die Verbraucher (Gebrauchsanweisung) zu verwenden. Die Verpackungsgestaltung ist somit eng mit der **Distributionspolitik**, zumal diese auch für die **Entsorgung** zuständig ist, und der **Kommunikationspolitik** verzahnt, weil die Umhüllung eines Erzeugnisses in der Regel auch als Werbeträger genutzt werden kann. Insoweit wird auf § 7, Abschn. 2.2.2., und § 8, Abschn. 1.3.2., verwiesen.

Daß es im Grunde **drei Bezugsgruppen** sind, die **Ansprüche** an die Verpakkung erheben, illustriert Abb. 5.16., der Getränke als Referenzobjekt zugrunde liegen. Nicht alle darin aufgeführten Forderungen lassen sich gleichzeitig erfüllen. Welchen und in welchem Maße diesen im Einzelfall Rechnung getragen wird, hängt von der Art des Produktes und der Wettbewerbssituation ab.

<table>
<tr><th colspan="2">Hersteller/Abfüller</th><th colspan="2">Handel</th><th colspan="2">Verbraucher</th></tr>
<tr><td colspan="2">• hohe Abfüllgeschwindigkeit
• Eignung zur Profilierung
• Eignung als Informationsträger
• kostengünstig
• Vermittlung intendierter Preis- und Qualitätsvorstellungen</td><td colspan="2">• optimale Nutzung von Regalplatz
• scanningfähig
• selbstbedienungsgerecht
• optimales Handling
• Eignung für Verkaufsförderung</td><td colspan="2">• ansprechendes Design, hohe Anmutungsqualität
• Sichtbarkeit des Inhalts
• leicht zu öffnen/verschließen
• Verbrauchswirtschaftlichkeit
• Möglichkeit der Zweitverwendung
• ökologische Qualität</td></tr>
<tr><td colspan="3">• stapelfähig
• palettierungsfähig
• raumsparend</td><td colspan="3">• Sicherheit vor mißbräuchlicher Öffnung
• verbrauchergerechte Größe</td></tr>
<tr><td colspan="6">• gewichtsgünstig
• bruchsicher
• Haltbarkeit des Inhalts
• Schutz des Inhalts</td></tr>
</table>

Abb. 5.16.: Anforderungen an die Verpackung aus der Sicht von drei Bezugsgruppen

Von **Markenartikeln** beispielsweise wird folgendes gefordert:

- Die Umhüllung muß den Inhalt für die angegebene Zeit schützen (Mindesthaltbarkeitsdatum).
- Anwendungsbereich und Vorteile des Produkts müssen aus der Packung eindeutig hervorgehen (Funktion, Eignung, Verträglichkeit usw.).
- Diese sollte den Verwendungs- und Verbrauchsgewohnheiten der Käufer, also z. B. der Inhalt einer Konservendose der typischen Bedarfsmenge entsprechen.
- Die Packung muß dem Erzeugnis adäquat sein, d. h. Aufmachung und Text dürfen weder mehr noch weniger versprechen, als jenes zu halten vermag. Beispielsweise wäre es wenig sinnvoll, eine teure Seife „billig“ zu verpacken (und umgekehrt).
- Die Packung sollte Modernität und Fortschrittlichkeit ausstrahlen sowie emotional ansprechen, d. h. Sympathie erzeugen.
- Die Marke muß deutlich erkennbar sein.

4.3. Die Markierung

Wo ein Produkt herkommt, was es auszeichnet, wie es dessen Hersteller eingeordnet sehen möchte etc., all dies wird einem Kaufwilligen weder allein über die Werbung vermittelt noch bleibt dies der Erfahrung überlassen, die dieser später mit dem erworbenen Gut macht. Es gibt eine Reihe von Möglichkeiten, ein solches aus der Anonymität herauszuheben, auf Merkmale hinzuweisen und bestimmte Qualitätsassoziationen zu wecken. Keineswegs die einzige, aber die bedeutendste stellt dabei die Markierung dar.

4.3.1. Formen der Heraushebung der eigenen Leistung

(1) Im Lebensmittel- und Bedarfsgegenständegesetz oder im Textilkennzeichnungs- und im Handelsklassengesetz, ferner in Verordnungen für eine Vielzahl von Nahrungsmitteln, so z. B. für Eier, hat der **Gesetzgeber** Spielregeln dafür aufgestellt, ob bzw. welche Qualitätsmerkmale zu erfüllen und wie die Herkunft eines Erzeugnisses kenntlich zu machen sind.

(2) Eine zweite Kategorie stellen **Gütezeichen**, **Qualitätssiegel** oder **Zertifikate** verschiedener Art dar, zuweilen sogar mit amtlichem Charakter, wie z. B. die *TÜV*-Plakette bei Autos. Die Bandbreite reicht hier vom Wollsiegel des *Internationalen Wollsekretariats* über das *VDE-*, Fleischer- und Augenoptikerzeichen bis hin zum „Blauen Engel“, der einem Produkt dessen (angebliche) Umweltfreundlichkeit attestiert.

(3) Kaum verwandt mit Unbedenklichkeitsbescheinigungen dieser Art sind **Auszeichnungen**, die auf Grund einer **vergleichenden Qualitätsprüfung** durch eine nationale neutrale Einrichtung (z. B. *Stiftung Warentest)* oder einen maßgeblichen Abnehmer (z. B. *Quelle, Ford)* vergeben werden. Auf derselben Ebene liegen **Urteile** von **unabhängigen Experten** (z. B. bestes Buch des Jahres), **Ergebnisse** von **Verbraucherbefragungen** (von Hitlisten für Hochschulen bis hin zum Ausweis des Schlagers des Monats) oder die **Auswertung sekundärstatistischer Daten** (z. B. Häufigkeit der Inanspruchnahme der durch den *ADAC* auf den Autobahnen geleisteten Pannenhilfe durch bestimmte Kfz-Typen).

(4) Je nach Land positive oder negative Assoziationen ruft ein Erzeugnis hervor, das erkennbar **„Made in . . .“** ist. Dem **„. . . Germany“** beispielsweise war ursprünglich eine ganz andere Rolle zugedacht, als sie ihm in den vergangenen hundert Jahren zugewachsen ist. Großbritannien wollte damals den hohen Stand seiner Wirtschaftsgüter gegen die Billigprodukte eines industriellen Emporkömmlings vom Kontinent wie des deutschen Kaiserreichs schützen und verabschiedete 1887 ein Gesetz, nach dem auf der Insel und in seinen Kolonien das Herkunftsland eines Erzeugnisses anzugeben war. Aus den als minderwertig gebrandmarkten Waren wurden, wie wir wissen, erstklassige Güter und aus dem Stigma ein Unterpfand zumeist hoher Qualität.

Ursprungshinweise ähnlich dem „Made in Germany“ liefern bzw. für eine bestimmte Qualitätsanmutung sorgen aber auch Aufdrucke und Slogans wie „Käse aus Holland“, „California Quality“, „Aus deutschen Landen frisch auf den Tisch“ oder „Solinger Schneidwaren“, die als geographische Herkunftsangaben zumindest dann durch das Markengesetz (MarkenG) geschützt sind, wenn es sich nicht um eine Gattungsbezeichnung handelt. Noch präziser allerdings erlaubt die Marke, Rückschlüsse auf den Hersteller und oft auch die Güte eines Gutes zu ziehen.

(5) Eine letzte Fallgruppe ist davon geprägt, daß sich jemand im Rahmen seiner Werbung rühmt, „By appointment supplier to Her Majesty the Queen“, **Lieferant** der Fußball-Nationalmannschaft oder Ausstatter der Olympiateilnehmer eines Landes zu sein. Während man höfischen Nimbus normalerweise durch Leistung erlangt, kann man den Vorzug, im Schlepptau eines angesehenen Spitzensportlers oder anderen Sponsoringpartners zu segeln, kaufen.

4.3.2. Terminologische und gesetzliche Grundlagen des Markenwesens

Im Gegensatz zur Umgangssprache und zur betriebswirtschaftlichen Literatur spricht der Gesetzgeber erst seit dem Inkrafttreten des MarkenG am 1.1.1995 von einer Marke. Darunter versteht man ein Kennzeichen, das es dessen legitimem Verwender (Inhaber oder Lizenznehmer) erlaubt, seine Ware(n) im Sinne eines Exklusivrechts von der bzw. denen der Wettbewerber abzuheben. Es muß sich dabei um ein flächiges Zeichen, etwa einen Buchstaben (z. B. M für *McDonald's)*, einen Eigennamen (z. B. *HB, Nestlé)*, ein Wort anderer Art (z. B. *FA)*, ein Akronym (z. B. *Persil)*, ein Bild (z. B. Krokodil von *Lacoste)* oder eine Zahl (z. B. *4711)*, ein Hörzeichen (z. B. die Melodie von *Haribo*), eine dreidimensionale Gestalt einschließlich der Form einer Ware oder ihrer Verpackung (z. B. *Coca Cola*-Flasche), eine Farbe bzw. Farbzusammenstellung (z. B. gelb-rot von *Maggi*) oder eine Kombination verschiedener der skizzierten Elemente handeln.

Der Markenschutz entsteht nach dem MarkenG dadurch, daß das Zeichen in das Markenregister des *Deutschen Patentamtes* in München eingetragen wird, daß es – ohne Eintragung – innerhalb der beteiligten Verkehrskreise Verkehrsgeltung erlangt hat oder daß es im Sinne des Art. 6bis der Pariser Verbandsübereinkunft notorisch bekannt ist (§ 4 MarkenG). Die damit geschützte Marke gewährt allein dessen Inhaber und anderen, die dieser daran teilhaben läßt, das Recht, Waren, ihre Verpackung oder Aufmachung mit dem Zeichen zu versehen, jene in den Verkehr zu bringen, unter dem Zeichen Dienstleistungen anzubieten oder zu erbringen sowie dieses in der Werbung, auf Preislisten, Briefpapier, Rechnungen etc. einzusetzen. Diese exklusive Nutzung wird für zehn Jahre zugestanden und kann immer wieder um diese Frist verlängert werden. Ende 1995 waren beim *Deutschen Patentamt* 410 170 Marken registriert.

Für **Markenwaren** gibt es eine Legaldefinition. Nach § 38a Abs. 2, Satz 1 des *Gesetzes gegen Wettbewerbsbeschränkungen (GWB)* sind dies „Erzeugnisse, deren Lieferung in gleichbleibender oder verbesserter Güte von dem preisempfehlenden Unternehmen gewährleistet wird und

1. die selbst oder
2. deren für die Abgabe an den Verbraucher bestimmte Umhüllung oder Ausstattung oder
3. deren Behältnisse, aus denen sie verkauft werden, mit einem ihre Herkunft kennzeichnenden Merkmal (Firmen-, Wort- oder Bildzeichen) versehen sind".

Der Umkehrschluß, daß Markenware ohne vertikale Preisempfehlung nicht vorstellbar sei, wäre jedoch falsch.

Deutliche absatzwirtschaftliche Akzente setzte schon früh *Mellerowicz*, der **Markenartikel** damals definierte als „für den privaten Bedarf geschaffene Fertigwaren, die in einem größeren Absatzraum unter einem besonderen, die Herkunft kennzeichnenden Merkmal (Marke) in einheitlicher Aufmachung, gleicher Menge sowie gleichbleibender oder verbesserter Güte erhältlich sind und sich dadurch sowie durch die für sie betriebene Werbung die Anerkennung der beteiligten Wirtschaftskreise (Verbraucher, Händler und Hersteller) erworben haben (Verkehrsgeltung)" *(Mellerowicz* 1963, S. 39). Wenn allerdings „öffentlich" das Gegenteil von „privat" bedeutet, ist nicht einzusehen, weswegen nicht auch Einrichtungen wie Behörden, Bundeswehr und Hochschulen in den Genuß von Markenartikeln kommen sollten. Außerdem gelangen in zunehmendem Maße Produktionsgüter, also nichtfinale Erzeugnisse als Markenartikel auf den Markt (z. B. Kunststoffe wie Hostalen oder Styropor), so daß die Eingrenzung auf „Fertigwaren" heute nicht mehr zeitgemäß erscheint.

Eine völlige Abkehr von dieser Art der Betrachtungsweise fordert *Berekoven,* der all dies eher dem Begriff der **Markentechnik** subsumiert sehen will. Er hebt allein auf die Wirkung, den Erfolg, von Maßnahmen ab und meint, eine **Marke** bzw. ein **Markenerzeugnis** entstehe dadurch, daß eine größere Zahl von Menschen ein bestimmtes Produkt kennt und diesem hohe Wertschätzung entgegenbringt. Es wird dadurch aus der Masse der übrigen Erzeugnisse herausgehoben, was sich im Markt in Gestalt großer Nachfrage niederschlägt *(Berekoven* 1992; vgl. dazu ferner *Größer* 1991, S. 200).

Seit 1979 sind auch **Dienstleistungsmarken** schutzfähig. Es wäre kaum einzusehen, wenn dem Angebot etwa von Großbanken, namhaften Touristikunternehmen wie *TUI, NUR* und *ITS* oder der *Deutschen Lufthansa* der Markenschutz vorenthalten würde. In enger Anlehnung an die für Erzeugnisse übliche Definition von Marke will *Schreiner* die Dienstleistungsmarke „als ein im Rahmen der gesetzlichen Bestimmungen frei gewähltes, kraft Eintragung besonders geschütztes Zeichen" verstanden wissen, „das in eigenständiger Form dazu dient, Dienstleistungen, die von einem bestimmten Geschäftsbetrieb erbracht werden, gegenüber solchen anderer Unternehmen zu unterscheiden" *(Schreiner* 1982, S. 209). Dienstleistungen sind für ihn „gewerbliche, wissenschaftliche oder künstlerische Tätigkeiten, die in der Regel gegen Entgelt im wirtschaftlichen Verkehr angeboten werden, eine selbständige wettbewerbliche Bedeutung besitzen und weder originär die Produktion von Sachgütern noch den Vertrieb solcher zum Gegenstand ihrer Marktleistung haben" *(Schreiner* 1982, S. 173). Eine Charakterisierung und Bewertung der Dienstleistungsmarke aus absatzwirtschaftlicher Sicht verdanken wir *Graumann* (1983).

4.3.3. Erscheinungsformen von Markenangeboten

Es gibt eine Vielzahl von Wortverbindungen, die sich der Marke als Begriffskern bedienen.

(1) Heute fast nur noch von historischem Interesse ist die **Hausmarke**. Im Mittelalter diente sie in erster Linie der Identifizierbarkeit von Erzeugnissen bzw. als Instrument für einen Zeichenbesitzer, seine Ansprüche geltend zu machen. Das Wort findet sich noch immer in der Gastronomie, wo ein Wirt einen Wein oder Sekt von bisweilen nur mittlerer Qualität, den er als anonyme Ware preisgünstig einkauft, seinen Kunden als Spezifikum seines „Hauses" anbietet.

(2) Die nach dem Kriterium des Wirtschaftszweiges oder Leistungsträgers wichtigste Variante bildet nach wie vor die **Herstellermarke**, die alle Zweige der Konsumgüterindustrie, aber auch einige Sektoren jenseits davon völlig oder weithin durchdrungen hat. Das Markenkonzept dehnt sich in zunehmendem Maße auch auf landwirtschaftliche Erzeugnisse (z. B. Bananen und Wein), bei denen man früher die geforderte Qualitätskonstanz nicht gewährleisten zu können glaubte, auf langlebige Gebrauchsgüter (z. B. Möbel und Fertighäuser) sowie auf die Produktions- und Investitionsgüterindustrie (z. B. Werkzeuge, Röhren und Kunststoffe) aus.

In den letzten Jahrzehnten hat sich der Handel verstärkt in einer für manchen Hersteller unliebsamen Weise des Markenkonzepts bemächtigt. **Handelsmarken** erhält man heute bei praktisch allen Großbetriebsformen des Handels, wie etwa Filialbetrieben, Versandhäusern, Einkaufs- und Konsumgenossenschaften oder Freiwilligen Ketten, die sich mit diesem Instrument in ähnlicher Weise wie die Hersteller zu profilieren und sich ein gutes Stück aus der Abhängigkeit von diesen zu lösen versuchen.

Oft führt ein Handelsunternehmen alle in einem Produktbereich gängigen Herstellermarken, aber als zumeist preisgünstige Alternative dazu auch noch ein Erzeugnis, das es in Lohnfertigung nur für sich produzieren läßt und somit – als Handelsmarke – exklusiv vertreibt. Dies wird durch den Begriff **Eigenmarke** akzentuiert.

Dienstleistungsmarken finden sich vor allem bei Banken, Versicherungsgesellschaften, Touristik- und Verkehrsbetrieben. Oft knüpft man dabei am Namen des Unternehmens an (z. B. *Deutsche Lufthansa)*, doch nicht selten wachsen dem Angebot selbst alle Attribute eines Markenartikels zu (z. B. *Bahncard* der *Deutsche Bahn* AG oder „Plus-Sparen" der *Deutschen Bank)*. Mit der besonderen Problematik dieser neuesten Spielart von Marken, die im strengen Sinne des Wortes keine Marken**artikel** sein können, beschäftigt sich *Graumann* (1983).

(3) Früher einmal ging es allein darum, einem ganz bestimmten Erzeugnis und nur diesem den Status eines Markenartikels zu verschaffen. Bleibt es bei dieser zahlenmäßigen Begrenzung, spricht man von **Einzel-**, **Mono-** oder **Produktmarke**. Hiermit wird der höchste Individualisierungs- oder Identifikationsgrad angestrebt bzw. erreicht.

Da sich das Angebot aber häufig nur an ein eng umgrenztes Kunden- bzw. Abnehmersegment richtet, wäre es in solchen Fällen der Marktsegmentierung gleichermaßen unökonomisch wie töricht, für ein Produkt allenthalben hohen Bekanntheitsgrad und allgemeine Verkehrsgeltung anzustreben. Die Aufspaltung der Märkte hat deshalb zwangsläufig dazu geführt, daß ein Anbieter heute nicht nur Produkte und Preise differenziert, sondern auch ganz unterschiedliche Vertriebs- und Kommunikationswege in seiner Marketingpolitik beschreitet. Um dabei einerseits den Überlegungen, die zur Strategie bewußter Marktaufspaltung führen, Rechnung zu tragen, andererseits aber das Konzept des Markenartikels nicht aufgeben zu müssen, wird man hier zunächst eine **Zweitmarke** und dann gegebenenfalls weitere, segmentspezifische Marken auf den Markt bringen.

Zumeist verkörpert die Zweitmarke eine im Vergleich zu ihrer Vorläuferin billigere Variante. Doch auch der umgekehrte Fall ist denkbar. Im Interesse einer höheren Wertschöpfung wird der Ableger in einem höheren Qualitätssegment angesiedelt, anspruchsvoller ausgestattet und dementsprechend zur **Premium Marke** hochstilisiert. Diese Strategie verfolgen vor allem Brauereien. Die Zweitmarke ist jedoch noch immer eine Einzelmarke, weil der gemeinsame Ursprung nach außen hin bewußt verschleiert wird.

Verfährt man nach dem Grundsatz „Der Name – ein Programm", entstehen sog. **Gruppenmarken**, die vor allem bei Handels- und Dienstleistungsunternehmen zu finden sind. So vertreiben beispielsweise das Versandhaus *Quelle* seine Elektrogeräte allesamt unter der Bezeichnung *Privileg* und *TUI (Touristik-Union-International)* Flugreisen, die auf individueller Basis und mit Linienmaschinen durchgeführt werden, unter dem Label *airtours.*

Simple ökonomische Überlegungen sprechen dafür, den Goodwill, den eine Marke besitzt, auch auf ein zweites, drittes usw. Produkt zu übertragen. Über allem thront oft eine **Dachmarke**; darunter entstehen **Markenfamilien**. Kein Auto beispielsweise kommt ohne den Namen seines Herstellers auf den Markt, wobei dann noch nach Fahrzeugtyp und Ausstattungsniveau differenziert wird (z. B. *Volkswagen Polo Fox).* Hierbei bildet also *Volkswagen* mit dem bekannten *VW*-Emblem die Dachmarke. Da diese – unter Vernachlässigung juristischer Feinheiten – identisch mit dem Namen des Unternehmens ist, handelt es sich insoweit auch um eine **Firmenmarke**. Eine Dachmarke mit **Produkt**charakter verkörpert demgegenüber *Nivea* aus dem Hause *Beiersdorf.*

Eine Markenfamilie kommt erkennbar dadurch zustande, daß die Mitglieder der Sippe – wie im bürgerlichen Leben auch – einen identischen Namensbestandteil aufweisen. Dies begegnet uns beispielsweise bei *VW Polo, VW Golf, VW Passat* usw. von *Volkswagen,* bei *R6* und *R1* von *Reemtsma* oder bei *Badedas, Duschdas* und *Cremedas* von *Lingner und Fischer.*

Die Wahl einer solchen **Transferstrategie** bietet sich überall dort an, wo man vom Set- oder Systemgedanken profitieren kann, also z. B. bei Datenverarbeitungsanlagen, Möbeln und Toilettenartikeln, ferner da, wo Abnehmer über Jahrzehnte hinweg an einen Lieferanten gebunden werden sollen, etwa indem einem älter und wohlhabend gewordenen Kunden (Aufsteiger!) eine seinen veränderten Ansprüchen Rechnung tragende Alternative geboten werden muß (z. B. die Range vom *VW Polo* bis zum *VW Passat).* So simpel und verlockend dieses Konzept auch erscheint, so sehr ist doch zu bedenken, daß sich nicht nur Erfolge, sondern auch Mißerfolge von einem Produkt auf das andere übertragen.

(4) Eine Spezies besonderer Art, was den Identifikationsgrad eines Unternehmens und dessen Profilierungsstreben anbetrifft, verkörpern die sog. **Gattungsmarken** (No names, No frills, Weiße Ware oder – im Pharmabereich – Generika). Es handelt sich hierbei zumeist um Güter des täglichen Bedarfs, die weiß oder unifarben verpackt sind, nüchtern, fast lieblos gestaltet wirken, weder Hersteller noch Händler ausweisen und ohne Service und Werbung zurechtkommen müssen (No frills!). Vor allem aber werden sie von Handelsunternehmen, die damit ihre Wettbewerbsfähigkeit insbesondere gegenüber *Aldi,* Deutschlands größtem Diskonter, demonstrieren möchten, so preisgünstig angeboten, daß jene daran nichts oder kaum mehr etwas verdienen. Dies erklärt auch, weswegen der traditionelle Einzelhandel nicht daran interessiert ist, den No names in seinen Häusern einen Umsatzanteil von mehr als ein paar Prozent zuzugestehen. Gleichwohl haben sich Generika, die in der Regel bekannte Herstellermarken, deren Patentschutz erloschen ist, ersetzen, in einem Maße am Markt durchgesetzt, daß kein Apotheker mehr daran vorbeikommt, sie zu führen.

Weisen Gattungsmarken bestenfalls ein **mittleres Qualitätsniveau** auf, erfreuen sie sich doch wegen ihres günstigen Preis / Leistungsverhältnisses einer gewissen **Beliebtheit** bei den Verbrauchern. Diese wird auch dadurch gefördert, daß jede Hausfrau sie erkennt, mit ganz bestimmten Handelsunternehmen in Verbindung bringt und somit eben doch in die Nähe von Markenartikeln rückt.

(5) Vor allem in der Gastronomie (z. B. *McDonald's, Wienerwald),* im Beherbergungsgewerbe (z. B. *Holiday Inn)* und im Einzelhandel (z. B. *Benetton*-Geschäfte), aber auch bei Bier (z. B. *Löwenbräu)* und *Cola*-Getränken vollzieht sich eine interessante Entwicklung insofern, als die Marke hier immer mehr zur **Norm** für eine bestimmte Leistung wird, die im Wege der **Lizenzierung** ganz verschiedene Unternehmen erbringen. Beteiligt an diesem mit **Franchising** bezeichneten Vorgang sind jeweils ein Franchisegeber und eine Reihe von Franchisenehmern (Näheres dazu in § 7, Abschn. 3.2.2.).

Eine wesentlich schwächere, aber nicht weniger geschickte Form der Lizenzierung stellt die produktübergreifende **kommerzielle Ausschlachtung** des **Goodwill** dar, der einer Marke innewohnt. Hierbei überträgt derjenige, dem die Marke gehört, das Recht der Nutzung für Erzeugnisse, die er weder herstellt noch vertreibt, an andere. Bekannte Namen, die auf diese Weise zu Geld gemacht werden, sind *Adidas, Boss, Davidoff* und *Pierre Cardin.*

Derlei Markenrechte erwachsen gelegentlich auch aus Filmen oder anderen Tätigkeiten künstlerischer Art (z. B. *Micky Mouse*-Figuren, *Biene Maja* und *ET),* die manch einen Kunstschaffenden – nicht nur bei der *Biene Maja* – ein zweites, drittes, . . . Mal aus dem Ergebnis seiner Arbeit Honig saugen lassen. Der Lizenzgeber profitiert dabei nicht nur durch die Zahlungen, die ihm als unverhoffte Gewinne („windfall profits") von seinen Vertragspartnern zufließen, sondern auch davon, daß diese durch ihre eigenen Kommunikationsbemühungen den

Absatz nicht nur ihrer, sondern auch seiner Produkte fördern (zum Lizenzgeschäft siehe v. a. *Henning-Bodewig / Kur* 1988, Band 1, S. 41 ff., 104 ff.).

Dieses auf einen **Imagetransfer** angelegte Konzept (eingehend dazu: *Hätty* 1989) erweist sich als ausbaufähig. Beispielsweise bedarf es nur eines geringen Einfallsreichtums, damit der Hersteller eines Produktes, für das er nur in eingeschränktem Maße werben darf (z. B. Zigarette der Marke *Milde Sorte)*, nachhaltig die akquisitorischen Bemühungen des Produzenten eines in dieser Hinsicht unbelasteten, ganz anderen Gutes unterstützt, das zufällig oder dank vertraglicher Vereinbarung genauso heißt (Kaffee der Marke *Milde Sorte)*. Es gibt aber auch den umgekehrten Weg, nämlich daß ein Unternehmen dafür, daß es sich von einem anderen bei seinen eigenen Absatzbemühungen unterstützen läßt, auch noch Lizenzeinnahmen einstreicht, wie z. B. bei *Camel Boots*.

(6) Nach der geographischen Reichweite schließlich lassen sich die **Regional-**, **Euro-** und **Weltmarke** unterscheiden. Erstere ist nur in einem eng begrenzten Gebiet bekannt und verbreitet, während die beiden anderen ihr Entstehen dem Streben nach dem Zustandekommen der *Europäischen Union* oder auch der von vielen Großunternehmen verfolgten Strategie eines Global Marketing verdanken.

Eine einzige Marke für viele Länder oder, was naheliegt, alle *EU*-Staaten zusammen erscheint überaus reizvoll, dies zumal dann, wenn man in der Lage ist, eine **Gemeinschaftsmarke** für den gesamten damit definierten Raum zu schaffen bzw. zugesprochen zu erhalten. Es bedürfte dazu dann nur noch eines einzigen Anmeldeverfahrens, statt bislang deren fünfzehn, um in allen Mitgliedstaaten sämtliche mit einer Marke verbundenen Vorteile und Schutzrechte zu erlangen. Man muß sich freilich auch der Risiken bewußt sein, die in der Verschiedenartigkeit der Konsumgewohnheiten der einzelnen Länder und in der von Region zu Region oft ganz anderen Symbolik von Zeichen und Namen liegen. Unter den *EU*-Staaten besteht Einvernehmen darüber, daß es nach wie vor auch **nationale Marken** geben soll.

4.4. Kauf- und nutzungsbezogene Dienstleistungen

Dem in Abschn. 4.1. erläuterten Stellenwert der Convenience kann oft nur mittels Dienstleistungen Rechnung getragen werden. Daß sich häufig überhaupt nur über die Neben- im Gegensatz zur Hauptleistung ein Wettbewerbsvorteil erringen läßt, begreift man leicht, wenn man sich einen Pharmagroßhändler oder eine Apotheke vorstellt. Beide kaufen und verkaufen Ware, ohne an dieser das geringste zu verändern. Wodurch können sie sich im Konkurrenzkampf profilieren?

Früher war es üblich, bei den dafür in Frage kommenden Maßnahmen zwischen **technischem** und **kaufmännischem Kundendienst** zu unterscheiden, dem dann irgendwie noch die **Garantieleistung** zugeordnet wurde. Wir wollen hier am Kauf- und Nutzungsprozeß anknüpfen, und das, was bereits in § 4, Abschn. 2.1.2., zu den Möglichkeiten, über Dienstleistungen zu einem strategischen Wettbewerbsvorteil zu gelangen, ausgeführt wurde, eher exemplarisch konkretisieren und erhärten. Noch an vielen Stellen dieses Buches wird implizit, in § 11, Abschn. 2.1.1., wo es um die Kundenzufriedenheit und deren Determinanten geht, sogar explizit darauf zurückzukommen sein (für eine eingehendere Behandlung der Materie siehe auch *Dichtl* 1994).

(1) Ein erster Anhaltspunkt besteht darin, daß man einem potentiellen Abnehmer hilft zu **erkennen**, daß und woran genau er **Bedarf** hat. Viele Menschen benötigen z. B. ein Hörgerät, ohne sich dessen bewußt zu sein oder dies wahrhaben zu wollen. Konsequentes Marketingdenken verlangt, daß ein Unternehmen nicht nur seine eigenen Informationsbedürfnisse, sondern auch die seiner Kunden befriedigt. Als unverzichtbar erweisen sich dabei heutzutage Expertensysteme (siehe § 10, Abschn. 3.4.), mit deren Hilfe es beispielsweise möglich ist, die Anforderungen, die ein Bedarfsträger an ein Produkt richtet oder stellen sollte, zu spezifizieren und die Konsequenzen jeder noch so geringen Modifikation des Angebots für Lieferzeit und Preis, zu der es in den Kaufverhandlungen bzw. im Konstruktionsprozeß kommt, in Minuten zu ermitteln.

Beispielsweise befinden in der Chemischen Industrie Landwirtschaftsberater über Auswahl und Zusammensetzung von Düngemitteln und Pflanzenschutzpräparaten. Um die richtige Einsatzentscheidung treffen zu können, müssen Aspekte wie Bodenqualität, Wachstumsstadium, Wetterbedingungen und bisherige Düngung berücksichtigt werden.

Dem vergleichbar statten Versicherungsgesellschaften ihren Außendienst mit tragbaren Kleinrechnern aus, die es diesem möglich machen, einem Interessenten im Rahmen eines Verkaufsgesprächs zahlreiche Vertragsvarianten vorzustellen. Es ist keine Frage, daß daraus ein wesentlicher Wettbewerbsvorteil erwächst, weil ein Gesprächspartner – genau wie ein Großunternehmen bei einer Investitionsentscheidung – mehrere Alternativen durchspielen und sich dann für diejenige entscheiden kann, die ihm unter Berücksichtigung seiner Ziele, Einkommensverhältnisse und der von ihm sonst noch genutzten Möglichkeiten, Steuern zu sparen, am meisten zusagt.

Ein amerikanischer Pressegrossist hatte jahrelang daran gearbeitet, mit Hilfe der Elektronik Zeitschriften kostengünstiger zu distribuieren. Einsparungen resultierten dabei vor allem aus dem Abbau von Personal und der Chance, die Lagerbestände zu vermindern. Doch waren seine Möglichkeiten damit nicht erschöpft. Er erkannte, daß seine Kunden zumeist keine Ahnung davon hatten, welche Deckungsbeiträge ihnen die einzelnen – von ihm gelieferten – Titel erbrachten.

Mit Hilfe von Daten, die die wöchentlichen Lieferungen und Retouren für einen längeren Zeitraum widerspiegelten, konnte der Grossist feststellen, wie sich die diversen Blätter an den einzelnen Outlets verkauften. Er ermittelte die Raumproduktivität für jeden Abnehmer und verglich diese mit den Werten von Kunden mit einer in wirtschaftlicher und ethnischer Hinsicht ähnlichen Käuferstruktur. Der Grossist vermochte dadurch monatlich jedem der Betroffenen vorzuschlagen, wieviel er wovon beziehen sollte.

Statt also lediglich Presseerzeugnisse kostengünstig an die Verkaufsfront zu schaffen, gelang es dem fraglichen Unternehmen, seinen Kunden einen ganz entscheidenden Vorteil zu verschaffen. Der Grossist konnte auf diese Weise nicht nur seine Preise anheben, sondern auch die Spielregeln des Wettbewerbs insofern zu seinen Gunsten verändern, als die Kostenorientierung durch Leistungsorientierung ersetzt wurde.

Nicht selten wünscht ein Abnehmer ein klares Bild davon zu erhalten, was er im Begriff ist zu erwerben. Dem dienen in einfachen Fällen Videokassette und Bildplatte, etwa um Kleidungsstücke, Einrichtungsgegenstände oder Urlaubsorte plastischer, als dies mündliche Erläuterung oder Katalog vermögen, hervortreten zu lassen. Immer häufiger setzt man dazu auch die sog. Virtual Reality ein, d. h. die durch die EDV ermöglichte, nahezu wirklichkeitsgetreue Abbildung dessen, worum es geht, auf einem Bildschirm.

(2) Bei der **eigentlichen Bedarfsdeckung** kommt es u. a. darauf an, daß der Kunde alles aus einer Hand erhält, also etwa bei Flug, Mietauto, Hotel und Dolmetscherdienst nur **einen** Ansprechpartner benötigt, daß er sich, sofern ihm daran gelegen ist, nicht um die Zustellung der Ware kümmern muß, daß man ihm klar verständliche Montage- und Betriebshinweise gibt, wenn nötig die Installation übernimmt, Personal für die erste Zeit nach Inbetriebnahme einer Anlage bereitstellt, ihn bzw. von ihm Beauftragte schult und dgl. mehr. Oft ergeben sich dabei reizvolle Gelegenheiten zu einem **Cross Selling**, weil z. B. jemand, der eine Heizanlage erwirbt, kaum ohne Wartungsvertrag auskommt, weil der Kauf mancher hochwertiger technischer Gebrauchsgüter vom Abschluß einer Bruch- oder Diebstahlversicherung begleitet sein sollte, oder weil der Verkäufer oft eine preisgünstigere Finanzierung zu vermitteln vermag als die Hausbank des Kunden.

Wird man auch, wenn Tausende von Gebrauchtwagen unverkauft auf den Höfen der Händler herumstehen, ungern einen solchen in Zahlung nehmen, so dürfte man doch nichts unversucht lassen, einem Kaufwilligen Zugang zu dem Informationssystem, das der Hersteller für solche Zwecke eingerichtet hat, zu verschaffen, um ihn dadurch bei der Veräußerung seines Altfahrzeuges zu unterstützen. Oft entscheidet ein solcher Service – und nicht Styling, Preis und PS-Zahl – darüber, welche Marke letztlich erworben wird.

(3) In der **Nutzungsphase** darf der Erwerber nicht allein gelassen, geschweige denn aus den Augen verloren werden. Kundennähe zahlt sich aus. Es geht dabei nicht nur darum, bei diesem aufkeimende Dissonanz zu zerstreuen und im Hinblick auf erneuten Bedarf am Ball zu bleiben. Der Käufer muß die Sicherheit haben, bei Störfällen auf ein Ersatzaggregat des Lieferanten zurückgreifen, dessen Pannendienst in Anspruch nehmen zu können, einen solchen in seiner Nähe zu wissen und das defekte Gerät in angemessener Zeit repariert oder ausgetauscht zu bekommen.

Er sollte auch davon ausgehen können, daß ihm der Verkäufer in der fraglichen Phase produkt- bzw. bedarfsbezogene Informationen zukommen läßt, obsolete Elemente (z. B. eine veraltetete Version eines Computerprogramms oder novellierte Teile einer in Loseblattform gespeicherten Gesetzessammlung) unaufgefordert ersetzt oder ihn vor Gefahren bewahrt, wie sie regelmäßig Rückrufaktionen bei Automobilen zugrunde liegen. Ist das Erzeugnis am Ende seines Lebenszyklus angelangt, hat dessen Erwerber auch noch Anspruch darauf, daß dieses von dessen Hersteller zurückgenommen wird, jedenfalls aber umweltgerecht und preisgünstig entsorgt werden kann. Insofern verwandelt sich ein solcher Service oftmals geradezu in den Kern der Leistung (zum folgenden siehe *Dichtl* 1994).

Zum Abbau von Kaufwiderständen und zur Schaffung von Präferenzen trägt in nicht geringem Maße die vom Lieferanten übernommene, in der Nutzungsphase wirksame **Garantieleistung** bei, die sich auf die Funktionsfähigkeit, Haltbarkeit etc., m. a. W. auf die einwandfreie Beschaffenheit des veräußerten Gutes erstreckt. Sowohl der Umfang als auch die Frist, auf die sich beide beziehen, sind jenseits der vom Gesetzgeber vorgeschriebenen Gewährleistungspflicht gestaltbar.

Die Verschärfung des Wettbewerbs auf der einen und die technische Verbesserung vieler Erzeugnisse auf der anderen Seite haben dazu geführt, daß dieses Instrument heute in verstärktem Maße als Wettbewerbsfaktor eingesetzt wird. Beispielsweise vermochten Automobilhersteller die Garantie für ihre Fahrzeuge sowohl hinsichtlich deren Reichweite als auch bezüglich der Frist, für die sie eingeräumt wird, in einem ungewöhnlichen Ausmaß auszuweiten.

In vielen Fällen ist diese Funktion vom Handel auf den Hersteller übergegangen. Dieser Entwicklung liegt das Bestreben zugrunde, Wiederverkäufer von derartigen Leistungen zu befreien und insbesondere den Fachhandel nicht mit einer Pflicht für solche Erzeugnisse zu belasten, die von den Betroffenen bei Billiganbietern erworben wurden. Die Hersteller haben dazu oft ein Netz von Niederlassungen errichten müssen; dies bliebe auch Handelsunternehmen nicht erspart, die sich für den Vertrieb von Handelsmarken entscheiden.

Für den mit der Zusicherung und Erbringung einer Garantieleistung erzielbaren akquisitorischen Effekt sind vor allem Großzügigkeit und Schnelligkeit, die das Handeln prägen, sowie die Qualität der Leistung bedeutsam. Erlebt ein Käufer in dieser Hinsicht Enttäuschungen, bewirkt das Instrument genau das Gegenteil von dem, was damit bezweckt war. Von daher stellt sich z. B. die Frage, ob es nicht unzweckmäßig und überdies unredlich ist, auf Grund eines – u. U. sogar gesetzlich bedingten – Garantieversprechens auf die Berechnung von – oft ohnehin geringwertigen – Ersatzteilen zu verzichten, dafür aber unangemessen hohe Sätze für Arbeitsleistung und Wegeentschädigung zu verlangen.

Dies führt abschließend zu der Frage, inwieweit **Dienstleistungen gratis gewährt** oder **in Rechnung gestellt** werden sollten. Neigte man früher eindeutig dazu, diese unentgeltlich zu erbringen, hat sich die Auffassung dazu unter dem

Druck der Entwicklung eindeutig gewandelt. Die Relation von Haupt- zu Nebenleistung ist im Lauf der letzten Jahre aus Kostensicht fast auf den Kopf gestellt worden. Dies läßt keine andere Wahl, zumal man sich immer schon daran störte, daß die Deckung insbesondere der von technischen Dienstleistungen verursachten Kosten über den Verkaufspreis des Basisobjekts all jene benachteiligt, die mit ihrem Besitz pfleglich umgehen und insofern unter der Mischkalkulation leiden.

Ein ganz anderes Problem liegt darin, daß man, sofern man über ein leistungsfähiges Kostenrechnungssystem verfügt, zwar halbwegs weiß, wie hoch das greifbare Produkt zu stehen kommt, während dies bei vielen Dienstleistungen, zumindest im Verbund mit neuen Produkten und in deren Einführungsphase, nicht der Fall ist. Es läßt sich oft nicht absehen, welchen einschlägigen Herausforderungen der Anbieter begegnen muß, so daß er Schwierigkeiten hat, kalkulatorisch entsprechende Vorsorge zu treffen.

5. Der programmpolitische Entscheidungsbereich

Die Bildung eines Angebotsprogramms, seien es Produktionsprogramm oder Handelssortiment, erfordert zum einen eine Festlegung von dessen Ausrichtung und artmäßiger Zusammensetzung, zum anderen Entscheidungen über dessen Umfang.

5.1. Umfang und Struktur des Angebots

5.1.1. Die programmpolitische Grundorientierung

Bei der Gestaltung des Angebots von **Handelsunternehmen** lassen sich folgende Prinzipien bzw. Leitlinien beobachten:

(1) Ausrichtung am Material oder an der Herkunft der Güter

Noch bis vor wenigen Jahrzehnten wurden die Sortimente überwiegend von dem **Material** bestimmt, aus dem die Waren bestanden. Textil-, Eisenwaren- und Möbelgeschäfte bilden auch heute noch typische Beispiele für Handelsbetriebe, deren Angebot material- oder herkunftsbestimmt ist. Dies gilt in gewisser Weise auch für die Kolonialwaren- und späteren Lebensmittelgeschäfte, die namentlich vor dem Zweiten Weltkrieg vorzugsweise branchenmäßig spezialisiert waren.

(2) Ausrichtung an bestimmten Preislagen

Eine neue Entwicklung bei der Sortimentsgestaltung bahnte sich mit dem Aufkommen der Einheitspreisgeschäfte in der zweiten Hälfte der Zwanziger

Jahre in Deutschland an. Deren Abteilungen waren zwar auch noch in der herkömmlichen Weise, nämlich branchenmäßig gegliedert, doch kam als zusätzliche Leitlinie die Preispolitik hinzu. Es wurden Waren in wenigen, niedrigen Preislagen geführt, womit sich diese Betriebe vor allem dem **Preisbewußtsein** bestimmter Verbraucherschichten anzupassen suchten. Später ging man zwar vom Prinzip weniger Preisklassen ab, doch blieb die starke **Preisorientierung** der **Sortimente,** wie übrigens auch bei den Versandhäusern, Verbrauchermärkten, Warenautomaten, Discount-Geschäften und Fachmärkten, erhalten.

(3) Ausrichtung an Bedarfskreisen

Hierbei sind die Sortimente von den **Bedarfsgelegenheiten** der **Verbraucher** her konzipiert. Handelsbetriebe stellen sich die Aufgabe, einem ganz bestimmten Sektor des Verbraucherbedarfs zu dienen, und bieten alles an, was dazu gehört, gleichgültig, aus welchen Branchen die Waren stammen. So führen beispielsweise Sportartikelgeschäfte Textilien, Leder-, Eisenwaren und Plastikerzeugnisse, soweit sie zu dem Bereich gehören, der sich mit den Stichworten Sport, Freizeit, Reisen und Camping umschreiben läßt. Das programmpolitische Selbstverständnis etwa eines Pharmagroßhändlers gebietet es, für die von ihm belieferten Apotheken nicht nur verschreibungspflichtige Medikamente für die verschiedensten Indikationsgebiete vorzuhalten, sondern auch freiverkäufliche Präparate, Verbandstoffe, Hustenbonbons u. ä. sowie teilweise sogar das Büromaterial, das der Apotheker für seine Arbeit benötigt, und den Wein, den er am Feierabend trinkt.

Einzelhandelsbetriebe mit herkömmlichen, branchenorientierten Sortimenten gehen in zunehmendem Maße zu bedarfsorientierten über, wodurch ihr Angebot an Anziehungskraft gewinnt und Impulskäufe begünstigt werden, weil man alle Waren, die von ihrer Verwendung her zusammengehören, nunmehr an einem Ort findet. So sind beispielsweise aus den zunächst am Rohstoff Holz orientierten Möbelgeschäften vielfach Einrichtungshäuser geworden, die auch viele andere Güter anbieten, die dem Bedarfskreis Wohnen zu subsumieren sind. Die Möglichkeit, z. B. Zimmer einer bestimmten Stilrichtung zu präsentieren, nimmt auf diese Weise zu. Weitere Beispiele bilden Geschäfte, die „Alles für das Kind", „. . . das Auto", „. . . die Küche" oder „. . . das Bad" führen.

(4) Ausrichtung an der Selbstverkäuflichkeit der Ware

Auch die Selbstbedienung ist nicht ohne Wirkung auf die Gestaltung der Handelssortimente geblieben. Zahlreiche Produkte sind den Konsumenten nach Art, Qualität, Verwendungsweise, Preis usw. so vertraut, daß sie verkaufstechnisch als problemlos angesehen werden. Für ihren Absatz kommen vorzugsweise Super-, Verbrauchermärkte, Waren-, Versandhäuser, Selbstbedienungswarenhäuser sowie Warenautomaten in Frage. Dem Bereich der problemlosen Güter stehen die problemvollen gegenüber, die im Wege der Bedienung und individuellen Beratung hauptsächlich über den Fach- und Spezialhandel abgesetzt werden. Aus dieser Differenzierung ergeben sich wertvolle Anregungen sowohl für die Gestaltung der Handelssortimente als auch für die Produktpolitik der Hersteller, die bewußt auf die **Konzipierung** von **problemlosen Artikeln** hinarbeiten, indem sie Erzeugnisse technisch vereinfachen und damit für den Verkauf im Wege der Selbstbedienung geeignet machen (z. B. Heimcomputer).

Bei der Gestaltung von **Produktionsprogrammen** orientieren sich Unternehmungen vornehmlich an folgenden Prinzipien:

(1) Problemtreue

Angesichts der raschen technologischen und sonstigen Veränderungen verlieren zahlreiche Produkte an Bedeutung, während andere aufkommen. In diesen Fällen kann es für eine Unternehmung sinnvoll sein, sich ständig an den Bedürfnissen ihrer Kunden auszurichten. Der einmal erworbene Abnehmerkreis wird zum Bezugspunkt des absatzpolitischen Verhaltens. Dies impliziert, daß beispielsweise die Hersteller von technischer Ausrüstung die Probleme ihrer Kunden studieren und nicht selten dadurch zum Träger des technischen Fortschritts werden. Eine solche Politik kann man als **problem-** oder **bedarfstreu** kennzeichnen. Mit weiterentwickelten oder andersartigen Produkten werden im Grunde gleichbleibende Aufgaben bewältigt.

In der Regel sind es die Anliegen eines bestimmten Kundenkreises, zu dem ein Lieferant enge Beziehungen unterhält. Dabei knüpft beispielsweise *Beiersdorf* (jenseits der Klebstoff-Sparte) an der menschlichen Haut an, für die nicht nur Pflegemittel (Cremes, Deodorants, Sonnenschutzmittel), sondern auch Verbandstoffe, Heftpflaster und medizinische Präparate bereitgestellt werden.

(2) Materialtreue

In gewissen Fällen kann es sich verbieten, die Problemtreue zur Maxime zu machen. Möglicherweise lassen die Produktionsanlagen eine andere als die gewohnte Fertigung nicht zu; vielleicht ist man auch an die Ausbeutung und Veredelung bestimmter Rohstoffe gebunden oder das Produkt verfügt noch über Marktchancen, die ohne große Anstrengung ausgeschöpft werden können. In solchen Situationen bietet sich ein absatzpolitisches Verhalten an, das als **produkt-** oder **materialtreu** bezeichnet wird. Wenn der Wechsel des Produktionsprogramms kurzfristig weder möglich noch opportun erscheint, müssen für die fraglichen Erzeugnisse – oft unter Abwandlung von bestimmten Eigenschaften – neue Verwendungszwecke und Märkte gesucht werden. Bei dieser Verhaltensweise bildet gewissermaßen das Produkt das konstante Element, während der Abnehmerkreis je nach den Verwendungsmöglichkeiten, die für das Erzeugnis erschlossen werden, wechselt.

(3) Wissenstreue

Eine dritte Option stellt die sog. **Wissenstreue** dar. Damit wird zum Ausdruck gebracht, daß ein Produktionsprogramm auch auf einem bestimmten Wissens- und Erfahrungsschatz aufgebaut werden kann. Als typische Beispiele dafür gelten Unternehmen der Datenverarbeitungsindustrie und der Raumfahrt. In gleicher Weise wirkt die Verwertung von Patenten. Oftmals wird das Know-how nicht selbst genutzt, sondern über Lizenzverträge anderen Unternehmungen überlassen.

5.1.2. Dimensionen der Leistungsgestaltung

Bei der Zusammenstellung einer Angebotspalette, gleichgültig, ob für einen Handelsbetrieb oder ein Industrieunternehmen, ist ein **Kompromiß** zwischen divergierenden Interessen zu schließen. Eine Tendenz geht aus **Kostengründen** dahin, die Zahl der in das Angebot aufzunehmenden Güter oder Dienstleistungen möglichst gering zu halten. Die Erweiterung des Produktionsprogramms eines Industriebetriebes erfordert ceteris paribus eine häufigere Umstellung des Fertigungsapparates, möglicherweise einen Übergang von Spezial- zu Mehrzweckmaschinen, ferner kleinere Produktionsserien; damit verbunden kommt es zu erhöhten Stückkosten, größeren Lagerbeständen im Beschaffungs- und im Absatzsektor, vermehrter Kapitalbindung, schließlich einer stärkeren Arbeitsbelastung der Abteilungen Einkauf, Arbeitsvorbereitung und Verkauf. Eine Kompromißlösung wird häufig darin gesehen, das Produktionsprogramm durch Zukäufe zu ergänzen (Frage des „make or buy").

Ähnlich liegen die Verhältnisse im Handel. Bei Beschränkung des Sortiments auf relativ wenige Artikel braucht nur ein vergleichsweise kleines Lager gehalten zu werden. Kapitalbindung, Lagerkosten und die Gefahr von Veralterung, Schwund oder Diebstahl sind entsprechend geringer. Auch hier zeigt sich also, daß Kostenerwägungen die Begrenzung des Sortiments zweckmäßig erscheinen lassen.

Diesen Überlegungen steht indessen die Tatsache gegenüber, daß derjenige, der nur ein schmales Sortiment anbietet, im allgemeinen keinen nachhaltigen Absatzerfolg erzielen kann. Die Abnehmer verlangen in der Regel, die Güter ihres Bedarfs aus einem **reichhaltigen Angebot** auswählen zu können; denn der sortimentsmäßige Verbund, in den die Waren gestellt werden, schafft Vergleichsmöglichkeiten mit Erzeugnissen gleicher oder ähnlicher Art, insbes. Qualität und Preislage, und weist zugleich auf komplementäre Produkte hin. Sowohl Endverbraucher als auch Weiterverwender wollen mit einem vielfältigen Güterangebot konfrontiert werden, selbst wenn sie ziemlich genaue Vorstellungen von dem haben, was sie zu kaufen wünschen. Gleichwohl zeigt sich, daß die Produktionsprogramme und die Sortimente oft stark ausgedehnt werden, ohne daß die Umsätze im erwarteten Umfang steigen. Die Folge davon ist ein Rückgang der

Umschlagsgeschwindigkeit des Warenlagers, der seinerseits mit einer Erhöhung der Lagerkosten (Lagerverwaltung usw.) und der Lagerrisiken (Gefahr von Preisnachlässen auf alte Bestände und dgl. mehr) verbunden ist.

Umfang und **Grundstruktur** eines **Sortiments** werden herkömmlicherweise in den Dimensionen breit / schmal und tief / flach charakterisiert:

(1) Breites / schmales Sortiment

Ein **breites,** gewöhnlich aber zugleich flaches Sortiment kennzeichnet z. B. ländliche Gemischtwarenläden, Warenhäuser, Verbrauchermärkte und SB-Warenhäuser. Ihr Angebot wirkt umfassend, doch ist die Auswahl innerhalb einzelner Warenbereiche bzw. Produktarten beschränkt. Aus der Sicht des Verbrauchers bieten breite Sortimente erweiterte Einkaufsmöglichkeiten, bis hin zum Fall des **„one stop shopping"**, das sich anschaulich in der von einer Genossenschaft gewählten Bezeichnung *ALUEDA*-Märkte (Alles unter einem Dach!) widerspiegelt.

(2) Tiefes / flaches Sortiment

Führt eine Unternehmung innerhalb eines Warenkreises jeweils eine größere Zahl von Artikeln und Sorten (Abstufungen nach Größe, Farbe, Muster, Ausführung, Qualität, Marke, Preislage usw.), wird ihr Sortiment als tief charakterisiert. Dieser Fall ist typisch für Spezialgeschäfte (Tabak-, Kaffee-, Bekleidungsgeschäfte usw.). Aus der Sicht der Verbraucher bietet ein tiefes Sortiment zahlreiche Optionen; es ermöglicht also eine bessere Auswahl und macht somit die Realisierung individueller Präferenzen wahrscheinlicher.

Im allgemeinen gehen breit mit flach und schmal mit tief einher. Neben Betriebe, die das Warenangebot einer Branche möglichst vollständig zu erfassen suchen, treten solche, die nur auf einem speziellen Gebiet, das ihnen aussichtsreich erscheint, tätig sind. Auf diesem Sektor will man führend sein und mehr bieten, als die Konkurrenzgeschäfte mit dem Streben nach vollständigen Sortimenten zu leisten vermögen.

In unmittelbarem Zusammenhang damit steht die Frage, welche **Preisklasse** bzw. welches **Genre** (Qualitäts-, Geschmacksniveau usw.) innerhalb des Sortiments bevorzugt bzw. schwerpunktmäßig geführt werden soll. Von besonderer Bedeutung ist dieser Aspekt für die meisten Warenbereiche, die dem Stil- oder Modewandel unterworfen sind. Hier zeigt sich die enge Verbindung zwischen Sortiments- und Preispolitik, die im Rahmen der Absatzkonzeption zu einer Einheit verschmelzen.

Verständlicherweise hängen diese Teilentscheidungen von den **finanziellen Möglichkeiten** und den **Fach-** bzw. **Branchenkenntnissen** des Unternehmers, vom Standort seines Geschäfts, von der Art und Lage der Konkurrenzbetriebe und von der **Kaufkraft** der **Verbraucher** im Einzugsbereich ab. Hinzu kommen spezifische Beschaffungsmöglichkeiten (z. B. Verbindungen zum Ausland, Exklusivvertriebsrechte) sowie die Höhe der von den Herstellern gewährten Rabatte und ähnliche Faktoren (Kulanz, fachliche und werbliche Unterstützung usw.).

Die **Bildung** von **Produktionsprogrammen** ist schwieriger als die Zusammenstellung von Handelssortimenten, weil Entscheidungen darüber angesichts der hierzu benötigten Fertigungsanlagen von ungleich längerer Wirkungsdauer sind. Die von einschlägigen Entscheidungen betroffenen Fragenbereiche lassen sich wie folgt zusammenfassen (*Dichtl* 1970):

(1) Welche Produkte sollen bei einer Ausdehnung des Planungszeitraums auf mehrere bzw. viele Perioden (weiterhin) hergestellt werden bzw. welche anderweitige Anlage vorhandener oder verfügbarer Mittel ist zu empfehlen? Die Einführung des **Faktors Zeit** ist deshalb bedeutsam, weil die Erfolgsbeiträge pro Intervall keineswegs konstant sind.

(2) Welche **Produktionsmengen** sind pro **Erzeugnis** und **Periode** vorzusehen? Davon wird die Lieferbereitschaft bestimmt.

(3) Wann soll mit der **Einführung neuer Produkte** begonnen werden? Der Zeitpunkt hängt sowohl von Kapazitätsreserven, Konkurrenzaktivitäten und der konjunkturellen Lage als auch von der Struktur des Programms ab. Neue Elemente sollten stets so zeitig eingeführt werden, daß der mit ihnen verbundene Erfolg (gemessen am Marktanteil, Umsatz oder Deckungsbeitrag) rückläufige Erfolgsbeiträge von in der Degenerationsphase befindlichen Erzeugnissen mindestens ausgleicht.

(4) Wann sollen die im Programm befindlichen Artikel aus dem Markt genommen und wann soll die Produktion eingestellt werden? Zu welchem Zeitpunkt soll m. a. W. der **Lebenszyklus** jeweils abgebrochen werden?

(5) Wie ist die Kapazität zu dimensionieren, sofern ein gleichmäßiges Wachstum der Unternehmung angestrebt wird und die Marktchancen möglichst weitgehend ausgenützt werden sollen? Ein Auswahlproblem tritt bekanntlich immer dann auf, wenn bei einer Entscheidung Restriktionen zu beachten sind. Würde man auf die Berücksichtigung von Beschränkungen des Handlungsspielraums verzichten, die dem Unternehmen etwa von der Produktions- und Vertriebskapazität, den finanziellen Ressourcen und der personellen Ausstattung her auferlegt sind, fiele die Problematik in sich zusammen, weil dann alle Betätigungsmöglichkeiten wahrgenommen werden könnten.

(6) Eine wichtige Frage, mit der sich viele Hersteller auseinandersetzen, ist die des **„make or buy"**, des Selbstherstellens oder des Zukaufens. Es ist bekannt, daß Unternehmen nicht alle Produkte, die sie anbieten, selbst fertigen. Manches wird vielmehr zur Abrundung des Angebots hinzugekauft. Von ähnlichen Überlegungen ist die Festlegung der sog. Fertigungstiefe bestimmt (siehe *Dichtl* 1993).

Es spricht viel für die Heranziehung von Lieferanten, die auf bestimmten Gebieten Spezialisten sind. Oftmals ist dies die einzige Möglichkeit, Anschluß an die technische Entwicklung zu erlangen. Sodann werden im Zuge der internationalen Arbeitsteilung Erzeugnisse, die mit hohen Arbeitskosten belastet sind, aus Ländern mit vergleichsweise niedrigen Löhnen bezogen und zur Ergänzung des eigenen Programms verwendet. Ein vergleichbarer Effekt läßt sich auch durch Kooperation zweier oder mehrerer Hersteller erreichen, die ihre Produktionsprogramme so aufeinander abstimmen, daß in den Augen der Kunden jeweils ein geschlossenes, attraktives Gesamtangebot zustande kommt.

5.1.3. Die Nutzung von Verbundeffekten

Sowohl in Produktions- als auch in Handelsunternehmen ist es üblich, daß Kunden mehrere Produkte auf einmal kaufen. Dies hat verschiedene Ursachen:

- So können bestimmte Artikel in einer komplementären Beziehung zueinander stehen **(Bedarfsverbund).** Die Intention, ein festliches Essen zuzubereiten, schafft z. B. Bedarf an Steakfleisch, Erbsen, Kartoffeln, Rotwein, Servietten, Kerzen und Blumen.
- Das Bestehen eines Bedarfsverbundes bedeutet jedoch nicht, daß die fraglichen Artikel allesamt in einem einzigen Geschäft gekauft werden. Besteht indessen die Absicht dazu, spricht man von **Nachfrageverbund**.
- Werden, aus welchen Gründen auch immer, mehrere Artikel bei einer Gelegenheit erworben, erleben wir einen **Kaufverbund**. Oft wohnt den betreffenden Produkten nicht mehr an Gemeinsamkeit inne, als daß sie zusammen angeboten bzw. beworben werden.

Betrachtet man die Einkäufe einer Vielzahl von Verbrauchern, so stellt man fest, daß es Artikelpaare gibt, die häufig miteinander erstanden werden, während andere selten bzw. nie zusammen in einem Einkaufswagen oder auf einem Bestellzettel zu finden sind. Zwischen den Produkten besteht demnach eine unterschiedliche Verbundintensität. Diese zu erfassen und absatzpolitisch zu nutzen, ist für die Programmpolitik ein vorrangiges Anliegen. Die einfachste Methode, um Verbundbeziehungen zu messen, besteht darin auszuzählen, wie oft jeweils zwei von allen denkbaren Artikeln bzw. Artikelpaaren zusammen erworben werden. Nehmen wir zunächst an, ein Sortiment bestehe aus sechs Erzeugnissen, wobei sieben Käufe mit der in Tab. 5.6. wiedergegebenen Struktur getätigt werden.

Daraus läßt sich eine Auszähl- bzw. Frequenzmatrix aller Verbundkäufe erstellen (vgl. Tab. 5.7.), wobei jeder gemeinsame Kauf von zwei Produkten mit $d = 1$ gewichtet wird. Die Frequenzmatrix in Tab. 5.7. gibt z. B. an, daß A mit B einmal, mit C viermal usw. gemeinsam erworben worden ist. Die höchste Verbundintensität weisen C und D auf.

Tabelle 5.6.

Sieben Verbundkäufe vor dem Hintergrund eines Sortiments von sechs Artikeln							
Artikel	A	B	C	D	E	F	Zahl der gekauften Artikel
Kauf 1	1		1	1			3
Kauf 2					1	1	2
Kauf 3					1	1	2
Kauf 4		1	1	1	1		4
Kauf 5	1		1	1	1		4
Kauf 6	1	1	1	1	1		5
Kauf 7	1		1	1			3
Summe der Käufe eines Artikels	4	2	5	5	5	2	23

Die Spalten- resp. Zeilensummen verkörpern einen vordergründigen Indikator der Verbundträchtigkeit von Produkten; diese gibt jeweils an, wie stark ein Artikel mit dem übrigen Sortiment verzahnt ist. Bereits auf diesen Werten aufzubauen empfiehlt sich indessen deshalb nicht, weil ein Artikel, der nur einmal, dafür aber im Rahmen eines umfangreichen Einkaufs erworben wurde, in der Spalten- resp. Zeilensumme ungleich stärker zu Buche schlägt als ein anderer, der häufiger mit anderen Produkten, gleichwohl aber im Rahmen von Kleinkäufen erworben wurde. So sind B und F zweimal erstanden worden, aber jeweils in einem ganz anderen Umfeld.

Tabelle 5.7.

Frequenzmatrix der Verbundkäufe							
Artikel	A	B	C	D	E	F	Zeilensumme
A	0	1	4	4	2	0	11
B	1	0	2	2	2	0	7
C	4	2	0	5	3	0	14
D	4	2	5	0	3	0	14
E	2	2	3	3	0	2	12
F	0	0	0	0	2	0	2
Spaltensumme	11	7	14	14	12	2	60

Die dadurch zustande kommende Verzerrung läßt sich in der Weise beseitigen, daß jeder Verbundkauf mit dem Faktor $d = 1/(n-1)$ gewichtet wird, wobei n

die Zahl der Artikel eines Einkaufs darstellt, die den jeweiligen Verbundkauf ausmachen. Die aus Tab. 5.7. entsprechend abgeleitete Frequenzmatrix hat die in Tab. 5.8. wiedergebene Form.

Tabelle 5.8.

Modifizierte Frequenzmatrix der Verbundkäufe							
Artikel	A	B	C	D	E	F	Zeilensumme
A	0	$^3/_{12}$	$1^7/_{12}$	$1^7/_{12}$	$^7/_{12}$	0	4
B	$^3/_{12}$	0	$^7/_{12}$	$^7/_{12}$	$^7/_{12}$	0	2
C	$1^7/_{12}$	$^7/_{12}$	0	$1^{11}/_{12}$	$^{11}/_{12}$	0	5
D	$1^7/_{12}$	$^7/_{12}$	$1^{11}/_{12}$	0	$^{11}/_{12}$	0	5
E	$^7/_{12}$	$^7/_{12}$	$^{11}/_{12}$	$^{11}/_{12}$	0	$^{24}/_{12}$	5
F	0	0	0	0	$^{24}/_{12}$	0	2
Spaltensumme = Zahl der gekauften Artikel	4	2	5	5	5	2	23

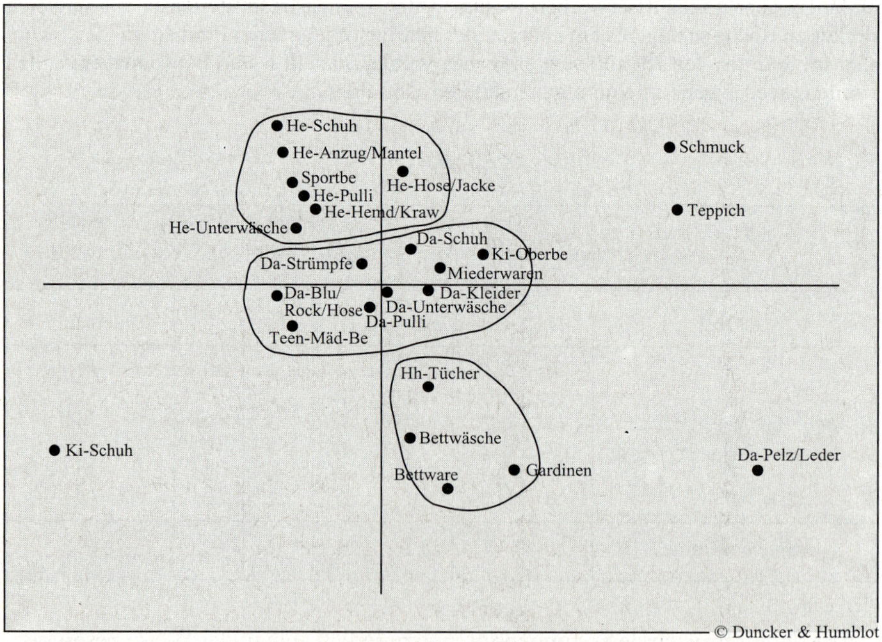

Abb. 5.17.: Ergebnis einer mit Hilfe der MDS durchgeführten Verbundanalyse

Wie durch einen Vergleich von Tab. 5.7. und 5.8. zu erkennen ist, drücken die Spalten- und Zeilensummen jetzt wieder die Zahl der Käufe des jeweiligen Artikels aus, wobei die in den Zeilen der modifizierten Frequenzmatrix enthaltenen Werte nunmehr die zwischen den einzelnen Artikeln bestehenden Verbundbeziehungen unverzerrt wiedergeben. Die größte Affinität ist demnach zwischen E und F gegeben, die zweimal miteinander erworben worden sind.

Die Verzahnung eines Artikels mit dem übrigen Sortiment läßt sich an dem Zeilen- resp. Spaltenvektor in Tab. 5.8. ablesen (für den Artikel A also $^{3}/_{12}$, $1^{7}/_{12}$, $1^{7}/_{12}$, $^{7}/_{12}$, 0). Die Mehrdimensionale Skalierung erlaubt eine simultane Verarbeitung und Darstellung aller bestehenden Verbundbeziehungen (siehe dazu § 9, Abschn. 3.5.2.7.), die zu einem Ergebnis gemäß Abb. 5.17. führt.

Wie läßt sich das Wissen um solche Verbundeffekte im Angebotsprogramm instrumentell nutzen?

- Einschlägige Erkenntnisse können unmittelbar zu **programmpolitischen Eingriffen** insofern führen, als z. B. Artikel, die nur geringe Deckungsbeiträge erzielen und zugleich isoliert im Sortiment stehen, eliminiert werden. Andererseits wird man auch Produkte hinzunehmen, die selbst zwar kaum einen Ertrag abwerfen, aber in starkem Maße Verbundkäufe auslösen.

- Die Ergebnisse von Verbundanalysen erweisen sich auch für andere Aktionsparameter als nützlich. So bietet es sich beispielsweise an, Werbeaktionen unter Beachtung von Verbundeffekten durchzuführen oder speziell Verbundartikel in **Verkaufsförderungsaktionen** einzubeziehen. Ähnliche Vorteile ergeben sich u. a. bei der **innerbetrieblichen Standortpolitik** im Handel, bei der **Plazierung** von **Artikeln** im Lager eines Selbstbedienungsgeschäftes, bei der **Ausgestaltung** eines **Leistungslohnsystems** sowie bei der **artikelverbundorientierten Preispolitik** (siehe dazu *Merkle* 1981, S. 149 ff.).

5.2. Die Veränderung der Angebotspalette

5.2.1. Die Produktinnovation

Das Objekt der Produktpolitik, das einzelne Erzeugnis, bildet in vielfältiger Weise einen Gegenstand unternehmerischer Entscheidungen: Es wird kreiert, unterstützt vom übrigen Marketinginstrumentarium auf dem Markt eingeführt und dort in seiner Entwicklung gefördert, bei Bedarf modifiziert bzw. repositioniert und, falls für die Unternehmung ökonomisch nicht mehr sinnvoll, aus dem Angebotsprogramm eliminiert. Die zumal in Zeiten zunehmender Sättigungserscheinungen und schärfer werdender Konkurrenz zentrale produktpolitische Aktivität ist die Schaffung neuer und zugleich erfolgreicher Produkte. Es kann sich hierbei sowohl um sog. **Marktneuheiten** als auch um **Betriebs-** oder **Unterneh-**

mensneuheiten handeln. Erstere stellen prinzipiell neue Problemlösungen dar, wobei eine Aufgabe entweder auf eine völlig neue Weise bewältigt (z. B. Taschenrechner gegenüber Rechenschieber) oder aber ein Bedürfnis befriedigt werden, für das es bisher noch kein Konzept gab (z. B. Videorecorder). **Betriebs**- bzw. **Unternehmensneuheiten** hingegen sind solche, die sich entweder nur in ihrer äußeren Gestaltung oder in einer etwas modifizierten, meist verbesserten Funktionserfüllung von ähnlichen, bereits am Markt befindlichen Produkten unterscheiden.

5.2.1.1. Die Innovation als Prozeß

Sämtliche bis zur Einführung eines neuen Produktes auf dem Markt erforderlichen marketingbezogenen Aktivitäten werden **Phasen** eines sog. **Planungs**- und **Realisierungsprozesses** zugeordnet. Generell unterscheidet man etwa folgende:

- Ideenfindung,
- Ideenselektion,
- Analyse,
- Entwicklung von Produktkonzeptionen und / oder Prototypen,
- Tests sowie
- Einführung.

Produktinnovationen sind in zahlreichen Branchen für die Entwicklung eines Unternehmens von zentraler Bedeutung. So erzielte beispielsweise die *Siemens AG* 1986 55% ihres Umsatzes mit Produkten, die fünf Jahre vorher noch nicht angeboten worden waren. Bei der *OSRAM GmbH* schwankte 1987 der Anteil der Erzeugnisse, die jünger als fünf Jahre waren, an der Gesamtzahl der angebotenen Artikel je nach Warengruppe zwischen 35 und 40%.

Der Bedeutung von Innovationen für den Unternehmenserfolg steht die Tatsache gegenüber, daß die Entwicklung neuer Produkte meist mit hohen Aufwendungen verbunden ist. Darüber hinaus sind Neuheiten auf Grund der zunehmenden Komplexität und Instabilität der Rahmenbedingungen vieler Märkte mit einem hohen Scheiterrisiko behaftet.

So kam *Schelker* (1978, S. 57) in einer empirischen Untersuchung zu dem Ergebnis, daß von 100 Produktideen im Durchschnitt nur 3,7 zu Markterfolgen werden. Das Beratungsunternehmen *Booz, Allen & Hamilton* (1968, S. 9) ermittelte, daß sich in den USA im Branchendurchschnitt von 58 Ideen nur eine einzige am Markt durchsetzt. Deutsche und amerikanische Forschungsergebnisse weisen jedoch darauf hin, daß sich durch die Beachtung einiger Grundsätze die mit **Produktinnovationen** verbundenen **Risiken** erheblich reduzieren lassen:

- Innovationen sollten prinzipiell auf einer längerfristigen Ziel- und Strategienplanung beruhen.
- Größe und Struktur eines Unternehmens sowie die zur Verfügung stehenden finanziellen Mittel müssen die geplante Innovation zu verwirklichen erlauben.
- Es muß ausreichend Know-how bezüglich der erforderlichen Technologie und der zu bearbeitenden Märkte vorhanden sein.
- Um neue und veränderte Bedürfnisse rasch erkennen und entsprechend reagieren zu können, bedarf es eines ständigen Informationsaustausches mit potentiellen Abnehmern und Experten.

An den Akt der **Ideenfindung** schließt sich die **Screening-Phase** an, in der eine erste Vorauswahl der Produktideen getroffen wird. In der **Analysephase** werden sodann die zuvor als brauchbar ermittelten Ideen weiteren Untersuchungen unterzogen, wobei vor allem Wirtschaftlichkeitsaspekte zum Tragen kommen. Ferner können in diesem Intervall bereits Vorschläge für **Produktkonzeptionen** bzw. -beschreibungen vorgelegt werden. In der Testphase werden Alternativen und / oder Prototypen hinsichtlich ihrer Akzeptanz durch die Verbraucher analysiert. Jene Variante, die sich am Ende dieser Aktivität als die voraussichtlich erfolgreichste herausstellt, wird schließlich am Markt eingeführt. Tab. 5.9. verdeutlicht das Aufgabenspektrum.

Tabelle 5.9.

Aktivitäten im Rahmen der Planung und Realisierung von Produktneuheiten

Phase	Techniken / Tätigkeiten / Quellen
1. Ideenfindung	Analyse von Verbraucherbedürfnissen und Konkurrenzaktivitäten, Erfahrungen des Außendienstes und Ergebnisse von Warentestinstituten, kreative Techniken
2. Screening	Ideenprüfung mit Hilfe von Bewertungsmatrix, Profil-, Wertskala- oder Punktwert-Verfahren
3. Analyse	Wirtschaftlichkeitsanalyse mit Hilfe der Methode des internen Zinsfußes oder der Barwertmethode, Kosten- und Gewinnanalyse mittels Deckungsbeitragsrechnung
4. Produktentwicklung	Erarbeitung von Produktkonzeptionen, Erzeugnisbeschreibung oder Prototypen
5. Tests	Bewertung der Ergebnisse aus Phase 4 mit Hilfe diverser Testmethoden
6. Einführung	

Charakteristisch für ein derartiges Ablaufschema ist, daß in jeder der ersten fünf Phasen Entscheidungen zu treffen sind, die den Ausgangspunkt für die jeweils nachfolgende bilden und so den Fortgang der Produktentwicklung bestimmen. Für die Strukturierung derart komplexer Aufgaben werden häufig **Ablaufplanungsmodelle** wie die Critical Path Method (CPM) oder die Program Evaluation and Review Technique (PERT) empfohlen, doch ist deren Eignung für den von vielen Unsicherheiten geprägten Prozeß der Neuproduktentwicklung allenfalls in eingeschränktem Maße gegeben. Aussichtsreicher erscheint der Einsatz bestimmter als globalanalytisch resp. partialanalytisch zu kennzeichnender Modelle.

Zu den bekanntesten **globalanalytischen Ansätzen** gehört das **DEMON**-Modell (Decision Mapping via Optimum Go-No Networks) von *Charnes* u. a. (1966). Dieses bildet den Produktentwicklungsprozeß in seiner Gesamtheit phasenmäßig ab, wobei in jeder Phase das zu entwickelnde Konzept bewertet wird. Dabei ist die jeweils zu treffende Entscheidung davon bestimmt, ob

– das Produktkonzept weiterverfolgt werden soll (GO),

– es aufgegeben werden soll (NO) oder

– weitere Informationen beschafft werden sollen (ON).

Der Ansatz besteht aus zwei Submodellen mit jeweils unterschiedlichen Funktionen: Im Planungssystem wird das Marketing-Mix nachgebildet, wobei man sich einer aus vielen empirischen Untersuchungen abgeleiteten multivariaten Nachfrage- resp. Marktreaktionsfunktion bedient. Im Entscheidungssystem hingegen spezifiziert man jenen Marketingplan (= Ausprägungen der Aktionsparameter), der unter den gegebenen Nebenbedingungen (Marktforschungsbudget, Mindestgewinn, Kapitalwiedergewinnungszeit) zum maximalen (erwarteten) Gewinn führt. (Eine Erweiterung von DEMON verkörpert das **SPRINTER**-Modell; siehe *Urban* 1967.)

Als **partialanalytische Modelle** werden eine Reihe von Entscheidungshilfen bezeichnet, die die Bewertung eines Produktes in den einzelnen Phasen der Ideenkonkretisierung erleichtern. Von ihnen wird im folgenden die Rede sein.

5.2.1.2. Die Stufen des Innovationsprozesses

5.2.1.2.1. Die Generierung von Produktideen

Grundsätzlich entspringen Produktideen drei Quellen: Die wichtigste bildet der **Markt,** wobei sowohl von Kunden als auch von Konkurrenten entsprechende Impulse ausgehen können. Eine zweite ist die **Unternehmung** selbst. Hier sind es Forschungsabteilung, Management und andere aufgeschlossene Mitarbeiter, von denen Anregungen kommen. Darüber hinaus kann man auch Beratungsunternehmen damit beauftragen, auf diesem Gebiet tätig zu werden. Anregungen erreichen eine Unternehmung auf unterschiedlichen Wegen:

Kundenwünsche, Reklamationen, Ursachen typischer, immer wiederkehrender Reparaturen, Inanspruchnahme von Garantiezusagen usw. geben deutliche Hinweise darauf, was sich verbessern läßt. Ferner fordern Verbraucherverbände die Hersteller immer wieder auf, der Sicherheit und Unschädlichkeit ihrer Erzeugnisse erhöhtes Gewicht beizumessen; sie scheuen sich auch nicht, Mißstände auf diesem Gebiet anzuprangern. Gleichermaßen bedeutsam sind Berichte, die unabhängige Warentestinstitute über die von ihnen geprüften Produkte veröffentlichen.

In- und ausländische Konkurrenzprodukte, die z. B. auf Messen und Ausstellungen besichtigt und analysiert werden können, das Studium von Patentschriften und die Beobachtung von Forschungsergebnissen auch auf verwandten Gebieten vermitteln weitere Anregungen. Immer mehr greift man auch auf Vorstellungen zurück, die Mitarbeiter von der Produktpolitik, die eingeschlagen werden sollte, haben (Betriebliches Vorschlagswesen).

Die Entwicklung neuer Produkte ist unter den heutigen Bedingungen ohne intensive Forschung nur noch in seltenen Fällen möglich. Große Unternehmungen gelten dank der finanziellen Mittel, die sie für diese Zwecke einsetzen können, als begünstigt.

Abgesehen davon, daß kleinere Unternehmungen oftmals zum Zwecke der Forschung kooperieren, d. h. gemeinsam Forschungseinrichtungen schaffen und nutzen, oder sich der Vertragsforschung bedienen, also unabhängige Institute mit Forschungsaufträgen betrauen, stammen zumindest bisher manche Weiterentwicklung und Innovation aus diesem Kreis, was sich z. B. aus der Anmeldung von Patenten ergibt. Allerdings kommt es bei deren Auswertung häufig zu einer Beteiligung von Großunternehmen, wenn nicht gar zu einer Übernahme der betroffenen Firmen, da den kleinen Betrieben oft die finanziellen Mittel fehlen, um die Marktchancen, die sich ihnen bieten, wahrnehmen zu können.

Zur Generierung von Produktideen werden neben den genannten Quellen auch sog. kreative Techniken herangezogen. „Kreativität" bezeichnet einen mentalen Prozeß des schöpferischen Denkens, bei dem an sich nicht zusammengehörende Elemente, Aspekte, Erfahrungen usw., vor dem Hintergrund einer bestimmten Aufgabenstellung zusammengefügt, eine angemessene Problemlösung erlauben. Üblicherweise werden derartige Verfahren von Gruppen angewandt, um auf diese Weise das schöpferische Potential mehrerer Personen nutzbar zu machen.

Zur Gruppe der **systematisch-logischen** Varianten gehört vor allem die von *Zwicky* (1966) entwickelte **morphologische Methode,** die an Funktionen anknüpft. Sie umfaßt fünf Schritte:

1. Schritt: Das Problem wird sehr allgemein umrissen, ohne daß dabei bestimmte Lösungsansätze präjudiziert werden.

2. Schritt: Man zerlegt es nun in Komponenten, die dessen Lösung beeinflussen. Dadurch treten die sog. intensionalen Merkmale des Problems zutage.

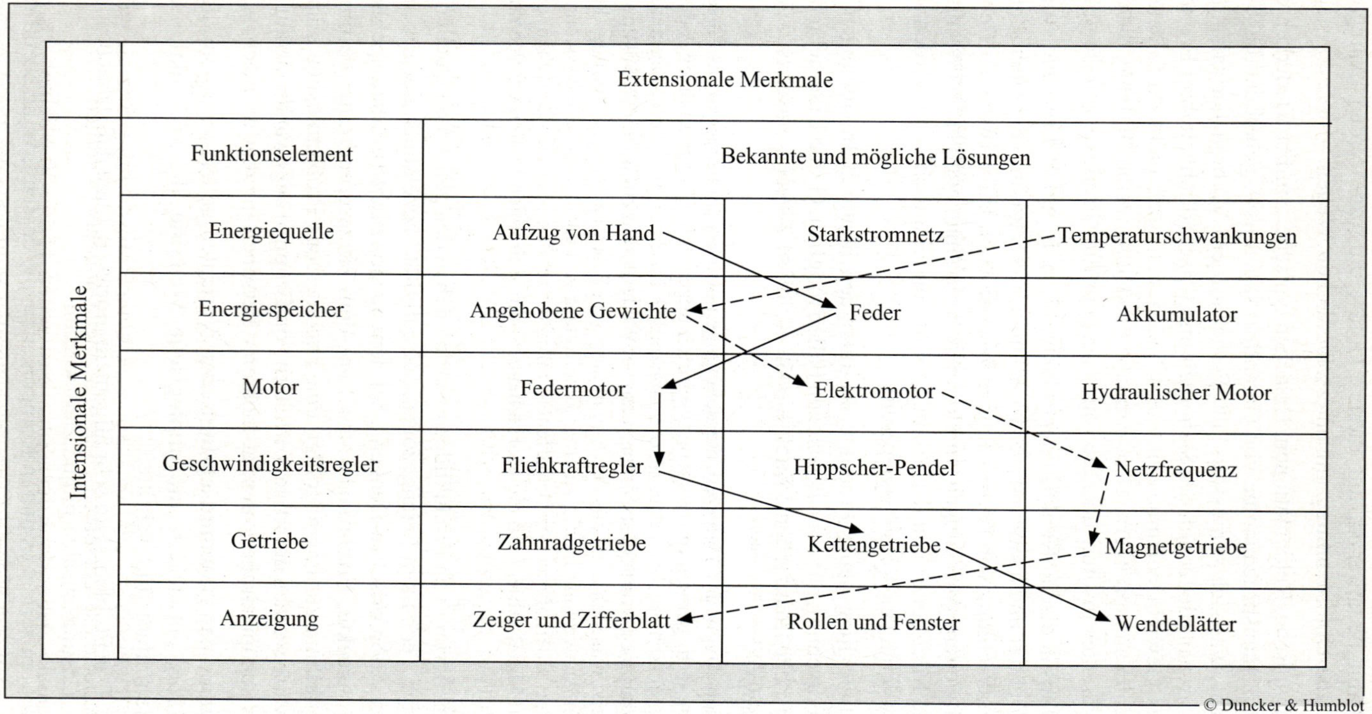

Abb. 5.18.: Morphologischer Kasten für eine Uhr

3. Schritt: Für jedes derartige Merkmal werden daraufhin sog. extensionale Aspekte oder Lösungsalternativen gesucht und beide sodann zu einer Matrix, dem sog. morphologischen Kasten, zusammengefügt (vgl. Abb. 5.18.).

4. Schritt: Die im morphologischen Kasten enthaltenen Lösungsalternativen kombiniert man zu kreativen Lösungen.

5. Schritt: Die nach Maßgabe unternehmensinterner Kriterien optimale Alternative wird ausgewählt und realisiert.

Varianten der Funktionsanalyse bilden **Problemkreisanalyse** und **Relevanzbaum-Verfahren**. Der Unterschied besteht darin, daß nicht Funktionen, sondern Aufgabenfelder im Vordergrund der Überlegungen stehen. Um zu einer bisher nicht bekannten Lösung zu gelangen, würde man eine Aufgabe etwa wie folgt auffächern.

1. Problemkreis: Energiegewinnung
2. Problemkreis: In Frage kommen Kohle, Erdgas usw.
3. Problemkreis: Bei Erdgas sind erforderlich: Förderanlagen, Verteilersysteme, Verarbeitungswerke usw.
4. Problemkreis: Als Verteilersysteme kommen in Betracht: Fernleitungen, Hauptanschlüsse, Straßentransport usw.
5. Problemkreis: Hauptanschlüsse können sein: Metall-, Kunststoff- oder Asbestrohre usw.

Während bei den systematisch-logischen Verfahren ein Problem in Teilaspekte zerlegt wird, um aus der Vielfalt möglicher Kombinationen von Elementen neue Lösungsansätze zu gewinnen, wird bei den **intuitiv-kreativen** Spielarten das Problem stets als Ganzes gesehen. Die bekanntesten Vertreter dieser Gruppe sind das Brainstorming und die Synektik.

Das **Brainstorming** wurde von dem amerikanischen Werbeberater *Osborn* entwickelt. Grundprinzip dieser Technik sind das Aufgreifen und spontane Weiterspinnen von Ideen, die im Verlauf einer Sitzung von den Teilnehmern geäußert werden. Auf diese Weise entstehen Assoziationsketten, die möglicherweise bisher nicht gesehene Lösungsmöglichkeiten eines Problems zutage fördern.

Brainstorming kann allerdings nur dann erfolgreich sein, wenn folgende Regeln beachtet werden:

- Es sollten zwischen 7 und 12 Personen an einer Brainstorming-Sitzung teilnehmen, wobei diese derselben Hierarchieebene angehören sollten.
- Als optimale Dauer derartiger Sitzungen gelten 15 bis 30 Minuten.
- Die Quantität der Lösungen ist wichtiger als deren Qualität.

- Es gibt keinerlei Urheberrechte bei der Ideenproduktion. Jeder Teilnehmer kann die Gedanken eines anderen aufnehmen und weiterführen.
- Kritik an Vorschlägen („Ideen-Killing") soll unterbleiben. Logik, Erfahrung und irgendwelche Gegenargumente können den Prozeß des Assoziierens nur hemmen.

Die während einer Brainstorming-Sitzung produzierten Ideen werden protokolliert und anschließend hinsichtlich ihrer Realisierbarkeit ausgewertet.

Eine Variante des Brainstorming bildet die **Methode 635**. Sechs Mitgliedern einer Gruppe wird hierbei eine schriftlich fixierte Problemstellung mit der Bitte vorgelegt, auf einem Blatt mindestens drei Lösungsvorschläge festzuhalten. Dazu stehen fünf Minuten zur Verfügung. Anschließend reicht jeder Teilnehmer sein Stück Papier an seinen Nachbarn weiter, der die ihm vorgelegte Idee weiterentwickelt. Dann zirkuliert jedes der Lösungsblätter erneut im Teilnehmerkreis. Auf diese Weise gelingt es, bei sechs Gruppenmitgliedern 18 Lösungsvorschläge jeweils fünfmal zu variieren.

Als Methode mit besonders hohem kreativem Potential gilt die **Synektik**, deren Grundprinzip in der schrittweisen Verfremdung eines Ausgangsproblems besteht. Dazu bedient man sich der Bildung von Analogien zu anderen Lebensbereichen. Nach mehreren Stufen kommt es zu einer gewaltsamen Rückbesinnung auf das Ausgangsproblem.

Ein bekanntes Beispiel verkörpert die sog. Wirbelknochen-Antenne. Die Herausforderung bestand darin, eine mindestens 20 Meter hohe Antenne zu entwickeln, die sich innerhalb kürzester Zeit aufrichten und wieder zusammenlegen läßt und zudem von einer Person bequem getragen werden kann. Die damit befaßten Leute erinnerten sich an die Wirbelsäule von Dinosauriern (Analogie), die lang und elastisch war und es dieser Tierart erlaubte, sich hoch aufzurichten. In Rückbesinnung auf das ursprüngliche Problem wurde daher vorgeschlagen, eine Antenne aus Plastikteilen zu konstruieren, durch die ein Kabel verläuft. Je nachdem, ob auf die Teile Druck ausgeübt wird oder nicht, richtet sich die Antenne auf oder bleibt zusammengelegt.

5.2.1.2.2. Die Bewertung und Selektion von Produktideen

Das Ziel der Produktbewertung besteht darin, möglichst frühzeitig die Spreu vom Weizen zu trennen. Gegenstand der Bewertung sind dabei nicht Produkte im eigentlichen Sinne, sondern eher Ansätze dazu.

Zunächst müssen sämtliche generierten Ideen daraufhin geprüft werden, inwiefern sie bestimmten innerbetrieblichen **Muß-** resp. **Sollanforderungen** gerecht werden. Um dies festzustellen, greift man üblicherweise auf das Urteil unternehmenseigener Experten zurück, die die Produktideen an Hand ausgewählter Kriterien in verfolgenswerte und nichtverfolgenswerte trennen. Dieses Vorab-Screening ist insofern wichtig, als dadurch schon a priori als untauglich erkennbare

Kandidaten ausgesondert werden können, ehe kostspielige weitere Schritte unternommen werden.

So interessieren im Hinblick auf den zu bearbeitenden Markt das zu erwartende Volumen, dessen Wachstum, die erreichbare Marktdurchdringung, die Verträglichkeit des Erzeugnisses mit den bisher benutzten Distributionskanälen u. ä. Hinsichtlich des Produktvorteils wird ergründet, inwieweit das Konzept auf eine echte Neuheit schließen läßt, welche Vorteile es im Vergleich zu Konkurrenzerzeugnissen besitzt und ob es rechtliche und ethische Probleme geben könnte. Zugleich sind die Experten aufgerufen, die Realisierbarkeit sowie Verträglichkeit der Produktideen mit den Zielen der Unternehmung, ihrem Image, ihren finanziellen und technischen Möglichkeiten etc. abzuschätzen.

Als Bewertungstechniken haben sich in der Praxis vor allem **Punktbewertungsverfahren** bewährt. Dabei werden alle mit dem Produkt befaßten Abteilungen oder Unternehmensbereiche aufgelistet und mit einem (relativen) Gewicht versehen, das deren Bedeutung für den Unternehmenserfolg zum Ausdruck bringt. Diesen Gewichten stellt man Koeffizienten (z. B. von 0,1 bis 1,0) gegenüber, aus denen hervorgeht, in welchem Maße eine Produktidee mit den Gegebenheiten der jeweiligen Abteilungen kompatibel sein kann. Die Multiplikation der zugewiesenen Werte und deren Summation ergeben einen Index für die Brauchbarkeit der Produktidee (vgl. Tab. 5.10.).

Tabelle 5.10.

Beispiel für eine Bewertungsmatrix

Unternehmensbereich (1)	relatives Gewicht von (1) (2)	Koeffizient (3) 0	0,1	0,2	0,3	0,4	0,5	0,6	0,7	0,8	0,9	1,0	Index (2) × (3)
Forschung und Entwicklung	0,25							×					0,150
Personal	0,1					×							0,040
Finanzen	0,1			×									0,020
Produktion	0,3						×						0,150
Marketing	0,25										×		0,225
	1,00												0,585

Bewertungsskala: 0 bis 0,4 = schlecht
0,41 bis 0,75 = mittel
0,76 bis 1,0 = gut

(5.14.)
$$\text{Punktwert } j = \sum_{i=1}^{n} a_i x_{ij}$$

In der Formel kennzeichnen a_i die Bedeutung des Bewertungskriteriums i und x_{ij} das Ausmaß, in dem Idee bzw. Produkt j diesem Kriterium entspricht. Der Index wird allerdings erst dann aussagekräftig, wenn man ihn mit den Werten anderer Optionen vergleicht oder ihn an Hand eines subjektiven Bewertungsmaßstabs relativiert.

Die Produktideen, die das Vorab-Screening überstehen, werden nun im zweiten Schritt an Hand der Urteile ausgewählter Auskunftspersonen im Rahmen von sog. **Konzepttests** auf ihre Chancen im Markt hin überprüft. Dabei interessieren u. a. folgende Fragen:

- Wie verständlich und glaubwürdig erscheint die Produktidee?
- Welche mit der Problemlösung verbundenen Vor- und Nachteile erkennen die Bedarfsträger?
- Welche Eigenschaften des Produktkonzepts sind für das Verbraucherverhalten letztlich von Bedeutung?

In verstärktem Maße werden neuerdings auch Fakten erhoben, die die Positionierung eines Erzeugnisses im Markt sowie eine Segmentierung der Verwender ermöglichen:

- Welche Verwendergruppen sind erkennbar?
- Wie lassen sich die einzelnen Segmente unterscheiden resp. charakterisieren (Einkaufs- und Konsumgewohnheiten, demographische, sozioökonomische, psychologische Merkmale)?
- Welche Produkte sind die stärksten potentiellen Konkurrenten für die Neuentwicklung?
- Welche eigenen Erzeugnisse würden von der Markteinführung negativ betroffen (Kannibalisierung)?

Ein **Konzepttest** beginnt damit, daß die zu prüfenden Produktideen kommunizierbar gemacht werden. Dazu bringt man sie in eine verbale oder visuelle Form. Bei der Beschreibung wird Wert auf eine Hervorhebung der Besonderheiten und Vorteile gelegt, bei einem visualisierten Konzept wird diese durch eine bildhafte Darstellung ergänzt. Denkbar erscheint auch die Darstellung eines Erzeugnisses in einer Anzeige; man spricht dann von einem **Konzeptionstest**.

Der eigentliche Konzepttest umfaßt drei Elemente: **Gruppendiskussion,** die nach Präsentation der Produktkonzepte sowie von Vergleichsobjekten unter der Leitung eines Moderators mit Probanden über die interessierenden Fragen veranstaltet wird; mündliche oder schriftliche **Befragung** von Bedarfsträgern; **Verhaltenstest,** wobei die Auskunftspersonen gezwungen werden, zwischen Konzepten, Konkurrenzprodukten und Geld zu wählen.

Eine spezifische Variante von Konzepttests sind die sog. Produktkliniken, die etwa als Automobilkliniken („car clinics") bei der Entwicklung neuer Modelle eine gewisse Rolle spielen. Hierbei handelt es sich um meist großangelegte, im Verlauf des Produktentwicklungsprozesses wiederholt und unter strenger Abschirmung gegenüber der Öffentlichkeit abgehaltene Veranstaltungen, bei denen bis zu 1000 potentiellen Käufern neue Modelle im Umfeld von Konkurrenzprodukten vorgestellt werden. Die neuen, oft anonymisierten Modelle werden dabei je nach Entwicklungsstand in Form von Bildern, Holz- bzw. Plastilinmodellen oder Prototypen dargeboten. Man interessiert sich hierbei vor allem dafür,

- ob der Hersteller erkannt wird,
- wie das Styling empfunden wird,
- wie neue konstruktive Lösungen bewertet werden,
- wie technische und gestalterische Detaillösungen das Produkterlebnis beeinflussen sowie
- welche Erwartungen die Befragten hinsichtlich des Gebrauchsnutzens des neuen Modells hegen.

5.2.1.2.3. Die Analyse der Wirtschaftlichkeit potentieller Marktleistungen

In der Analyse-Phase geht es um die Bewertung der verbliebenen Produktkonzepte unter dem Aspekt der Wirtschaftlichkeit. Da die Schaffung und Einführung jedes neuen Produktes mit mehr oder weniger großen Ausgaben verbunden sind, bietet es sich an, hierzu **Methoden** der **Investitionsrechnung** einzusetzen.

Ein wichtiger Schritt besteht zunächst in der Abschätzung der mit der Entwicklung, Einführung und Vermarktung eines bestimmten Erzeugnisses verbundenen Kosten. Sie unterliegt insofern beträchtlichen Risiken, als dazu von vornherein Festlegungen bezüglich Nachfragesituation, Zeithorizont und geographischer Verbreitung des Produktes, vor allem aber hinsichtlich dessen Akzeptanz durch den Markt getroffen werden müssen. Um die Größenordnung unweigerlich auftretender Fehleinschätzungen transparent zu machen, empfiehlt es sich, für alle hier diskutierten Kategorien optimistische, wahrscheinliche und pessimistische Werte zu verwenden.

Die Güte der Voraussage hängt sodann wesentlich davon ab, inwieweit es gelingt, Marktwachstum, erzielbaren Marktanteil und mutmaßlichen Preis, die ihrerseits wiederum bis zu einem gewissen Grad von den Kosten bestimmt werden, zutreffend einzuschätzen. Dies ist fraglos der unsicherste Faktor.

Wenn Kosten und Erlöse für die interessierenden Intervalle als bekannt gelten, kann jedes der üblichen Verfahren der Investitionsrechnung für die Prognose der Gewinne herangezogen werden. Eine mehrperiodige Betrachtung erscheint in jedem Falle angebracht, da die ersten Perioden unter Gewinngesichtspunkten als völlig atypisch gelten müssen.

Auf einer anderen Ebene liegt die sog. **Wertanalyse.** Sie wurde zur Rationalisierung und Aufdeckung von Schwachstellen entwickelt. Dabei geht es darum, unabhängig von allen anderen Kriterien aus Kostengründen auf jeden Fall solche Qualitätsdimensionen abzubauen bzw. von vornherein zu vermeiden, die die Funktionstüchtigkeit eines Gutes nicht beeinträchtigen. Vorhandene Produktalternativen werden deshalb u. a. hinsichtlich folgender Fragen untersucht:

- Welche Funktionen muß ein bestimmtes Element erfüllen?
- Welche Hilfsfunktionen nimmt es wahr?
- Welche Kosten verursacht es?
- Ist die Funktion des betreffenden Elementes unabdingbar?
- Könnte die Funktion durch ein anderes, billigeres Element übernommen werden und welche Kostenersparnis ließe sich dadurch erzielen?

In die engere Auswahl werden dann nur jene Produktentwürfe gezogen, deren Realisierung sich bei gegebener Funktionstüchtigkeit vergleichsweise am kostengünstigsten bewerkstelligen läßt.

5.2.1.2.4. Die Testphase

Produktideen, die die Testphase erreichen, haben bereits eine Reihe von Hürden genommen. Viele sind verworfen, einige modifiziert worden. Den verbleibenden, die die Gestalt von **marktfähigen Produkten** bzw. von **Prototypen** angenommen haben, steht indessen die eigentliche Bewährungsprobe noch bevor. Sie müssen in ihrer endgültigen Form von den Abnehmern akzeptiert werden und ökonomisch erfolgreich sein. Nicht alle bestehen diesen Test. So schätzt man, daß von 1000 ursprünglich generierten Produktideen letztlich nur eine einzige zu einem wirklich erfolgreichen Erzeugnis wird.

Da eine überregionale Markteinführung üblicherweise mit gewaltigen **Marketingkosten** verbunden ist, wird man bestrebt sein, ein neues Produkt bei jedem seiner Schritte zum Markt hin immer wieder im Hinblick auf dessen Erfolgsträchtigkeit hin zu prüfen, um gegebenenfalls von weiteren Aktivitäten Abstand nehmen zu können. Dies zu leisten ist Gegenstand aller Tätigkeiten und Überlegungen, die man üblicherweise der Testphase zuordnet.

Die **Absatzprognose** basiert normalerweise auf der Analyse von Daten über die Absatz- bzw. Umsatzentwicklung in vergangenen Zeitperioden. Verständlicherweise müssen bei neuen Erzeugnissen andere Wege beschritten werden:

- Vor allem in Situationen, in denen nur wenige oder vorwiegend qualitative Daten vorliegen, kommt der **Absatzvorausschätzung** durch erfahrene unternehmenseigene **Experten** (Marktforscher, Verkaufsleiter, Produktmanager

u. ä.) große Bedeutung zu. Dies gilt auch für die Beurteilung von Prognosen, die auf modellanalytischem Wege gewonnen wurden (siehe dazu § 9, Abschn. 3.6.).

- Unter **Produktnormen** versteht man systematisch ermittelte Erfahrungswerte bezüglich des Kaufverhaltens bei spezifischen Produktarten, also nichts anderes als für bestimmte Gütergruppen typische Lebensläufe. Praktische Bedeutung erlangen solche idealtypischen Absatzkurven z. B. in dem bereits erwähnten *DEMON*-Modell.
- Anknüpfungspunkte liefern auch **allgemeine Käufermerkmale** wie soziodemographische, sozioökonomische, psychographische (Persönlichkeitsstruktur, nichtproduktbezogene Einstellungsstruktur) und konsumbezogene Daten (Konsumstil, Markentreue, Kaufverhalten u. ä.) der potentiellen Abnehmer des betreffenden Erzeugnisses. Verwendet werden solche Informationen vor allem zur Abgrenzung von Zielgruppen sowie zur Evaluierung des Umsatzpotentials.
- Im Rahmen von Produkt- (siehe § 9, Abschn. 3.6.1.2.) ebenso wie von Konzepttests lassen sich Angaben über die Anmutungsleistung einer Innovation, die wahrgenommene Produktqualität, die perzipierte Position der Neuentwicklung im Marktraum, die Präferenzordnung der Betroffenen oder deren Kaufabsicht erlangen. Die **Auskünfte** der Befragten können sich dabei sowohl auf das bloße Erzeugnis als auch auf dessen Verpackung und u. U. die geplante Werbestrategie erstrecken.
- Da Absatzdaten vor Einführung eines Produktes in den Markt nicht verfügbar sind, solche indessen die Akzeptanz der Innovation offenkundig am verläßlichsten widerspiegeln, wird man versuchen, einen möglichst vollwertigen Ersatz dafür zu erlangen. Das Mittel hierzu bilden vielfältige Tests, wobei entsprechend der jeweiligen Nähe zum realen Marktgeschehen zwischen **Produkt-**, **Store-** und **Markttest** unterschieden wird (zu den Test-Typen siehe § 9, Abschn. 3.6.1.2.).

Aus Labor-Testmärkten stammende Werte werden üblicherweise als **simulierte**, in Test- und Mini-Testmärkten erhobene Informationen als **reale** Kaufdaten bezeichnet. In beiden Fällen bildet folgender Ansatz die Grundlage der Prognose:

$$\text{Absatzvolumen} = \text{Erstkäufe} + (\text{Wiederkäufe} \times \text{Kaufintensität})$$

In sog. **Durchdringungsmodellen** wird die Anzahl der Käufer, die das Testprodukt einmal erworben haben, in der Regel als von der Zeit abhängig angesehen. Somit entsprechen sie weitgehend zeitabhängigen Marktreaktionsfunktionen, wobei aber zur Approximierung der Entwicklung der kumulierten Zahl der Erstkäufe(r) durchweg einem Grenzwert der Marktdurchdringung zustrebende Kurvenverläufe verwendet werden.

Mit **Wiederkaufmodellen** versucht man, meistens ausgehend von Ergebnissen, die mit Durchdringungsmodellen gewonnen wurden, das Volumen der Wiederkäufe zu quantifizieren. Bekannt ist jenes von *Parfitt / Collins* (1968), das der Prognose des langfristig zu erzielenden Marktanteils (relativen Absatzvolumens) dient. Die Autoren stellen auf Zeiträume ab, in denen sich der Prozeß der Diffusion des neuen Produktes stabilisiert hat, so daß keine neuen Erstkäufer mehr hinzuzugewinnen sind. Der Absatz resultiert somit ausschließlich aus Wiederkäufen. Die Prognose beginnt mit der Ermittlung des Grenzwertes der Marktdurchdringung (α). Dies ist ein Parameter der exponentiellen Funktion, durch die die Entwicklung der kumulierten Zahl der Erstkäufer des neuen Produktes approximiert wird:

(5.15.) $$K_t = \alpha \cdot (1 - e^{-\beta t})$$

Dabei bedeuten:

K_t = kumulierte Zahl der Erstkäufer zum Zeitpunkt $t (t = 1, \ldots, T)$

α = oberster Grenzwert der langfristig erreichbaren Erstkäufer in Prozent der potentiellen Käuferschaft $\left(\lim\limits_{t \to \infty} K_t = \alpha\right)$

e = Konstante

β = Annäherungsrate von K_t an α

Der langfristige Marktanteil M_T wird so ermittelt, daß man die Zahl der maximal erreichbaren Erstkäufer (α) mit der langfristigen Wiederkaufrate des Testproduktes innerhalb der relevanten Produktklasse (w) sowie der konstanten relativen Kaufintensität (i) multipliziert:

(5.16.) $$M_T = \alpha \cdot w \cdot i$$

Dabei bedeuten (neben dem bereits bekannten α):

w = Anteil der von Erstkäufern des neuen Produktes im Wiederholungsintervall wiedergekauften Menge dieses Produktes an der gesamten von den Erstkäufern des neuen Produktes im Wiederholungsintervall innerhalb der relevanten Produktklasse gekauften Gütermenge (in Prozent)

i = relative Kaufintensität des neuen Produktes

Der relativen Kaufintensität kommt dabei die Funktion zu, Abweichungen in der produktklassenspezifischen Kaufintensität bei den Käufern des neuen Erzeugnisses zu korrigieren. Entspricht sie beim Testprodukt der in der Produktklasse üblichen, beträgt $i = 1$.

Als wesentlicher Vorteil des Modells wird der getrennte Ausweis einzelner Determinanten des Marktanteils betrachtet. Andererseits bleibt beispielsweise der Handel, bei dem von einem ähnlichen Durchdringungsprozeß auszugehen ist, außer Betracht.

Für Absatzprognosen, die sich auf im Wege der **Simulation,** d. h. im Rahmen von Labortestmärkten gewonnene Daten stützen, ist eine Vielzahl von Modellen entwickelt worden (vgl. die Übersichten bei *Robinson* 1981; *Beeskow* u. a. 1983).

Silk / Urban (1978) schätzen z. B. in ihrem Modellkomplex ASSESSOR den langfristig von einem neuen Produkt erreichbaren Marktanteil einerseits aus einem Kauf-Wiederkauf-Modell unter Rückgriff auf simulierte Kaufdaten, andererseits aus einem Modell von Käuferpräferenzen, welche über das sog. „evoked set" vor und nach Ausprobieren des neuen, zu testenden Produktes erfragt werden. Beim Kauf-Wiederkauf-Modell wird ähnlich wie bei *Parfitt / Collins* der Marktanteil zum Zeitpunkt t, M_t, wie folgt zerlegt (vgl. *Silk / Urban* 1978):

(5.17.) $$M_t = T \cdot S$$

Dabei bedeuten:

T = langfristige kumulative Erstkaufrate für das Testprodukt (Anteil aller Personen der Zielgruppe, die das Produkt mindestens einmal kaufen)

S = langfristige Wiederkaufrate für das Testprodukt (Anteil der Wiederkäufer innerhalb der Produktklasse, und zwar seitens der Personen, die das Testprodukt einmal gekauft haben)

Wie angedeutet, entsprechen T und S den Größen α bzw. w bei *Parfitt / Collins*. Auf die Berücksichtigung der Kaufintensität (bei letzteren die Größe i) wird zwangsläufig verzichtet, da Labortests keine Aussage darüber erlauben. Sie wird deshalb als invariant für die gesamte Produktklasse angesehen. Man kann jedoch versuchen, die Kaufintensität durch Befragung im Verlauf des Tests oder aus der Erfahrung mit anderen Produkten der Warengruppe abzuleiten.

Die **Erstkaufrate** T entspricht der in der realen Marktsituation auftretenden Probierkaufrate und ist wie folgt spezifiziert:

(5.18.) $$T = F \cdot K \cdot D + C \cdot U - (F \cdot K \cdot D) \cdot (C \cdot U) \text{ oder}$$

(5.19.) $$T = F \cdot K \cdot D + (C \cdot U) \cdot (1 - F \cdot K \cdot D)$$

Dabei bedeuten:

F = langfristige Wahrscheinlichkeit, daß ein Verbraucher einen Erstkauf des Testproduktes tätigt, wenn dieses ihm bekannt und verfügbar ist (operationalisiert als Anteil der Testproduktkäufer an den Testpersonen)

K = langfristige Wahrscheinlichkeit, daß die Testmarke dem Verbraucher bekannt wird (Expertenschätzung auf Grund von geplanten Werbeausgaben)

D = langfristige Wahrscheinlichkeit, daß das Testprodukt dem Verbraucher zugänglich ist (Expertenschätzung auf Grund der erwarteten gewichteten Distributionsquote)

C = Wahrscheinlichkeit, daß der Verbraucher eine Probe des Produktes erhält (Expertenschätzung auf Grund der geplanten Sales Promotions)

U = Wahrscheinlichkeit, daß ein Konsument, der das Testprodukt als Gratisprobe bekommt, dieses bei nächster Gelegenheit erwirbt (wird im Verlauf einer Nachfaßaktion zum Labor-Testmarkt erhoben), wobei der Effekt der Probenverteilung jedoch nicht zwingender Bestandteil der Prognose ist.

Wie man aus der Umformung der Formel (5.19.) ersehen kann, stellt diese letztlich ein Aggregat dar, das durch additive Verknüpfung von zwei Komponenten entsteht, nämlich aus

— $F \cdot K \cdot D$ = um Einflüsse der Distribution und der Bekanntheit bereinigte Erstkaufwahrscheinlichkeit (Erstkaufrate) und

— $(C \cdot U) \cdot (1 - F \cdot K \cdot D)$ = Wirkung von Gratisproben bei Nichtkäufern.

Die **Wiederkaufrate** *S* als zweiter Term der Ausgangsgleichung wird demgegenüber als der bei einem *Markov*-Prozeß erster Ordnung (vgl. Abschn. 2.3.1.2.) im Gleichgewicht erreichbare Marktanteil spezifiziert:

(5.20.) $$S = \frac{R(k,t)}{1 + R(k,t) - R(t,t)}.$$

Dabei bedeuten:

$R(k,t)$ = (bedingte) Wahrscheinlichkeit dafür, daß ein Käufer des Testprodukts, der dieses bei der nächsten Kaufgelegenheit nicht mehr erworben hat, es zu einem späteren Zeitpunkt doch wieder kaufen wird (geschätzt auf Grund von Angaben über die Präferenzen der Verbraucher im Hinblick auf das Testobjekt wie auch die Konkurrenzmarken)

$R(t,t)$ = (bedingte) Wahrscheinlichkeit dafür, daß ein Verbraucher, der die Testmarke gekauft hat, diese auch bei nächster Gelegenheit erwerben wird (echte individuelle Wiederkaufrate)

Beim Präferenzmodell werden mit der Methode konstanter Summen alle Marken des „evoked set" zunächst ohne das Neuprodukt, später unter dessen Einbeziehung paarweise miteinander verglichen und die so gewonnenen Präferenzen mit Hilfe der Maximum-Likelihood-Methode durch Bildung der Relation der Präferenzsumme jeder Marke zur Gesamtsumme der Präferenzen für alle Marken in Kaufwahrscheinlichkeiten umgewandelt. Im Idealfall liefern das Kauf-Wiederkauf-Konzept und Käuferpräferenzen gleiche Werte.

Obwohl *Silk / Urban* von nur geringen Differenzen zwischen erzielten und prognostizierten Marktanteilen berichten, erscheinen die *Markov*-Prozessen innewohnenden vereinfachenden Annahmen, wie z. B. gleiche Kaufintensität bei den Konsumenten und Konstanz der Übergangswahrscheinlichkeiten in der Zeit, ebenso wie die Operationalisierung der Wiederkaufwahrscheinlichkeit problematisch. Dem stehen aber der im Vergleich zu konventionellen Markttests deutlich niedrigere Zeit- und Kostenaufwand sowie die Möglichkeit gegenüber, das neue Produkt geheimzuhalten und somit die Verzerrung von Testergebnissen durch Aktivitäten der Konkurrenten zu verhindern. Die häufige Anwendung dieses und ähnlicher Verfahren sowie die dabei erzielte hohe Übereinstimmung von Testergebnis und späterer Marktsituation deuten jedoch darauf hin, daß dieses relativ einfach strukturierte Modell eine hinreichende prognostische Qualität aufweist.

5.2.2. Die Modifikation von Produkten

5.2.2.1. Die Produktvariation

Als **Produktvariation** bezeichnet man die bewußte Veränderung des Bündels an Nutzenkomponenten, die ein bisher angebotenes Produkt auszeichnen. Diese Charakterisierung entbehrt nicht einer gewissen Willkür. Die Frage, ob durch Modifikation ein völlig neues oder nur ein verändertes Erzeugnis entsteht, kann letztlich nur von der Wahrnehmung der Käufer her entschieden werden.

Die Gründe für die Wahl dieser Strategie sind vielfältiger Art. So können sich die Vorstellungen von dem von einem Gut zu stiftenden Grundnutzen im Laufe der Zeit durchaus ändern. Beispielsweise wird heute von Fernsehgeräten gefordert, daß sie eine Beteiligung am Videotextsystem erlauben. Oder aber es sind gesetzliche Auflagen, wie im Bereich des Automobils, die immer wieder zu einer Änderung zwingen. Nicht zuletzt machen produktpolitische Vorstöße von Konkurrenten oftmals Anpassungsmaßnahmen unumgänglich.

Daraus wird deutlich, daß die Produktvariation zwei elementaren Zielen dient: Zum einen ist man bestrebt, eine als optimal erkannte Position im Markt, wenn diese von anderen attackiert wird, durch eine entsprechende Produktveränderung zu verteidigen. Zum anderen wird dadurch das Bemühen um **Repositionierung** eines **Erzeugnisses,** dessen Abschneiden im Umfeld der Konkurrenten zu wünschen übrig läßt, unterstützt. Es leuchtet ein, daß diesem Unterfangen die bekannten Marktmodelle (siehe Abschn. 3.1.2.) sehr zustatten kommen.

5.2.2.2. Die Produktdifferenzierung

Produktdifferenzierung impliziert die Modifikation eines Erzeugnisses in dem Sinne, daß es einen Ableger erhält. Das Motiv für diese Vorgehensweise, die zu den beliebtesten Strategien einer abnehmerorientierten Produktpolitik zählt, liegt im Bestreben von Unternehmungen, den Besonderheiten einzelner Märkte oder Segmente Rechnung zu tragen. Dies kann sowohl von gesetzlichen Auflagen als auch von unterschiedlichen Verbraucherpräferenzen herrühren.

So müssen Automobilhersteller ihre Fahrzeuge den Verkehrsgesetzen all ihrer **Exportmärkte** (Links- / Rechtsverkehr, Weiß- / Gelbscheinwerfer), landesspezifischen und regionalen Abgasvorschriften (USA ohne Kalifornien, Kalifornien, Japan, Schweiz, Schweden etc.) und abgestuften Geräuschnormen (Europa ohne Schweiz, Schweiz) anpassen. Zugleich sind aber auch unterschiedliche Besteuerungs- und Versicherungssysteme zu beachten. Zu allem Überfluß kommen die Produzenten im Ringen um Käufer nicht umhin, spezifischen Bedürfnissen durch unterschiedliche Karosserien (2 / 4 / 5-Türen, Cabriolet, Kombi u. ä.), Aggregate (Hubraum, PS-Zahl u. ä.), Farben sowie Ausstattungsvarianten zu entsprechen.

Die Anzahl der hierdurch bedingten Varianten kann leicht astronomische Größenordnungen erreichen.

Wenn auch die angebotene Palette an Varianten nicht annähernd solch einen Umfang annimmt, so ist doch die Bewältigung der Verschiedenheit von Rechtsnormen und Kundenwünschen eine gewichtige Herausforderung für eine Unternehmung (vgl. dazu *Dichtl* u. a. 1983). Das Problem besteht vor allem darin, einen Kompromiß zwischen einer aus der Sicht des Marketing wünschenswerten Individualisierung von Produkten auf der einen sowie beschaffungs- und fertigungstechnischen Erfordernissen auf der anderen Seite zu finden.

5.2.3. Die Produktelimination

Produkte, die den Unternehmenszielen nicht mehr förderlich erscheinen, müssen, ehe sie zu einer Belastung werden, aus dem Angebotsprogramm entfernt werden. Eine normale Erscheinung ist die **Elimination** von **Artikeln,** die sich in der Degenerationsphase des Lebenszyklus (siehe § 10, Abschn. 3.1.2.) befinden, oder aber von Neueinführungen, die als gescheitert („flops") gelten. Gelegentlich gebietet sich eine Programmbereinigung auch aus strategischen Gründen.

Bei der Entscheidung ist zweierlei zu beachten: Ein eliminationsverdächtiges Produkt, in welcher Phase des Produkt-Lebenszyklus auch immer es sich befindet, hat bereits beträchtliche Ressourcen verschlungen (Entwicklungs-, Marktforschungs-, Marketingkosten u. ä.). Die Aussonderung soll also nicht leichtfertig erfolgen. Zweitens liegt zur Situation des Produktes üblicherweise eine Fülle von Informationen vor. Es erscheint deshalb in der Regel möglich, eine Wirtschaftlichkeitsanalyse durchzuführen, deren Ergebnis an unternehmensspezifischen Normen gemessen wird.

Sieht man von Umsatz- resp. Absatzgrößen ab, so verkörpern die wichtigsten **Indikatoren** Differenzen (z. B. Gewinn, Deckungsbeitrag) oder Verhältniszahlen (z. B. Rentabilität, Umschlagshäufigkeit). Je nachdem, welche Kosten dabei berücksichtigt werden, unterscheidet man zwischen Voll- und Teilkostenrechnung (vgl. hierzu auch § 6, Abschn. 3.2.2.1.). Beide bergen Gefahren in sich, wie das folgende Beispiel zeigt:

Nehmen wir der Einfachheit halber an, daß das Sortiment eines Unternehmens nur fünf Artikel (A, B, C, D, E) umfaßt. Absetzbare Mengen, erzielbare Markt- sowie Einstandspreise seien bekannt (vgl. Tab. 5.11.). Die den einzelnen Objekten anzulastenden Beträge sind in diesem Beispiel die Einstandskosten. Darüber hinaus fallen aber auch Gemeinkosten in Höhe von DM 23.220 an, die sich den Leistungs- und Kostenträgern nicht unmittelbar zurechnen lassen.

Bei einer Wirtschaftlichkeitsanalyse auf **Vollkostenbasis** würde man versuchen, sämtliche, also auch die nicht unmittelbar zurechenbaren Kosten auf die fünf Bezugsobjekte

Tabelle 5.11.

Beispiel für eine Programmbereinigungsanalyse

Produkt	Absatzmenge (in Stück)	Einstandspreis je Stück (in DM)	erzielbarer Marktpreis je Stück (in DM)	Einstandskosten (Einstandspreis × Absatzmenge) (in DM)	Selbstkosten (Einstandskosten + Kalkulationsaufschlag von 30 %) (in DM)	Erlös (Marktpreis × Absatzmenge) (in DM)	Gewinn (in DM)
1	2	3	4	5	6	7	8
A	1.200	10,00	14,99	12.000	15.600	17.988	2.388
B	4.800	4,55	6,80	21.840	28.392	32.640	4.248
C	2.150	5,90	9,48	12.685	16.491	20.382	3.891
D	1.800	13,47	15,60	24.246	31.520	28.080	– 3.440
E	750	8,84	11,58	6.630	8.619	8.685	66
Summe	—	—	—	77.401	100.622	107.775	7.153

aufzuteilen. Als Schlüssel dafür bietet sich z. B. die Höhe der Einstandskosten (Tab. 5.11., Spalte 5) an. Der zur Deckung der Gemeinkosten bestimmte Kalkulationsaufschlag beträgt dabei (23.220 : 77.401 × 100 ≙) 30%. Offenkundig erbringt dann das Produkt D einen Verlust von DM 3.440. Würde dessen Elimination das Gesamtergebnis verbessern (vgl. Tab. 5.12.)?

Tabelle 5.12.

Wirtschaftlichkeitsanalyse auf Vollkostenbasis nach Elimination von Produkt D (in DM)

Produkt	Einstandskosten	Selbstkosten (Einstandskosten + Kalkulations-aufschlag von 43,68%)	Erlös	Gewinn
1	2	3	4	5
A	12.000	17.242	17.988	746
B	21.840	31.380	32.640	1.260
C	12.685	18.226	20.382	2.156
D	eliminiert			
E	6.630	9.526	8.685	– 841
Summe	53.155	76.374	79.695	3.321

Die Gemeinkosten müssen nunmehr über einen kalkulatorischen Aufschlag von (23.220 : 53.155 × 100 ≙) 43,68% verrechnet werden. Dadurch erhöhen sich allenthalben die Selbstkosten, was bei unveränderten Erlösen dazu führt, daß jetzt auch *E* eliminationsverdächtig erscheint. Der Gesamtgewinn hat sich keineswegs verbessert, sondern um DM 3.832 auf DM 3.321 verschlechtert. Würde man auch noch E abstoßen, würde das Unternehmensergebnis gar auf DM 1.266 schrumpfen.

Offenkundig birgt eine Programmbereinigung auf Vollkostenbasis die Gefahr in sich, trotz bester Absichten dem Unternehmen zu schaden. Einen Ausweg bietet hier der **Teilkostenansatz** (vgl. Tab. 5.13.), der die Angebotspalette als eine Einheit sieht, so daß letztlich nur der vom gesamten Programm erwirtschaftete Gewinn interessiert. Bei Eliminationsentscheidungen ist dann stets zu prüfen, wie sich die Herausnahme eines Produktes aus dem Sortiment auf das Gesamtergebnis auswirkt.

Die Programmanalyse auf **Teilkostenbasis** trägt so dazu bei, eklatante Fehlentscheidungen zu vermeiden. Gleichwohl wohnen auch ihr gewisse Gefahren inne, die u. a. in der Einseitigkeit des Zielkriteriums, in der Vergangenheitsorientierung (und Kurzfristigkeit) der Betrachtung sowie in der Ausklammerung positiver und negativer Ausstrahlungseffekte liegen (vgl. dazu *Dichtl* 1970 und 1977).

Tabelle 5.13.

Programmanalyse auf Teilkostenbasis (in DM)

Produkt	Einstandskosten (= Einzelkosten des Produktes)	Erlös	Deckungsbeitrag (= Erlös – direkt zurechenbare Kosten)
1	2	3	4
A	12.000	17.988	5.988
B	21.840	32.640	10.800
C	12.685	20.382	7.697
D	24.246	28.080	3.834
E	6.630	8.685	2.055
Summe	77.401	107.775	30.374
Gemeinkosten	–	–	23.220
Gewinn	–	–	7.154

Im vorliegenden Fall ergibt sich, daß alle fünf Produkte zumindest einen Beitrag zur Abdeckung der Gemeinkosten leisten und deshalb prinzipiell erhaltenswert erscheinen. Würde man auf *D* verzichten, fehlten just jene DM 3.834, um die sich (abgesehen von einem Rundungsfehler) die Ergebnisse der Voll- und der Teilkostenrechnung voneinander unterscheiden.

5.3. Die Diversifikation

Unter **Diversifizierung** oder **Diversifikation** versteht man die Aufnahme bedarfsverwandter oder sonstiger Produkte und Leistungen, die in keinem direkten Zusammenhang mit dem bisherigen Betätigungsfeld der Unternehmung stehen. Damit dringt diese stets in einen für sie neuen Markt ein.

In vielen Fällen erscheint es zweckmäßig, Kenntnisse, Erfahrungen, Beziehungen und andere spezifische Vorteile der bisherigen Tätigkeit in einem neuen Geschäftsfeld einzusetzen, um die Krisenanfälligkeit zu mindern oder Marktchancen durch die Nutzung von Wettbewerbsvorteilen gegenüber Konkurrenten auszuschöpfen. Bei Schaffung eines neuen Standbeins hängt die Erfolgswahrscheinlichkeit wesentlich davon ab, ob das Unternehmen an Wettbewerbsvorteile anknüpfen kann, die es in seinen angestammten Tätigkeitsbereichen aufbauen konnte. Zu den Faktoren, auf die dabei zurückgegriffen werden kann, gehören beispielsweise **Absatzorganisation** und **Kundenkontakte** sowie Erfahrung auf den Gebieten **Markenpolitik, Absatzforschung, Werbung** und **Packungsgestaltung.**

Es ist üblich, zwischen **horizontaler, vertikaler** und **lateraler Diversifikation** zu unterscheiden:

(1) Ein klassisches Beispiel für **horizontale Diversifikation** stellt das Eindringen von Brauereien, z. B. als *Coca Cola*-Konzessionäre, in die Herstellung und den Vertrieb alkoholfreier Getränke (gleicher Abnehmerkreis, bessere Auslastung des Fuhrparks usw.) dar. Ähnlich ist die Motivation der Zigarettenindustrie für ihr Engagement im Nahrungsmittelsektor zu erklären, auf dem sie ihre umfangreiche Marketingerfahrung nutzen kann. Dasselbe Motiv war für jene Großbetriebe des Handels bestimmend, die heute eine bedeutende Stellung im Touristikgeschäft, also auf einem Gebiet einnehmen, das ihnen ursprünglich völlig fremd war *(Neckermann, Quelle, Kaufhof)*.

Kennzeichnend für die horizontale Diversifikation sind damit folgende Merkmale: Mit dem neuen Zweig des Leistungsprogramms wendet man sich in der Regel an bereits vorhandene Kunden oder aber an Abnehmer, die sich auf **derselben** Wirtschaftsstufe wie diese befinden. Zudem hängen „alte" und „neue" Produkte fertigungstechnisch **nicht unmittelbar** zusammen, stellen also nicht etwa aufeinanderfolgende Verarbeitungs- oder Veredelungsstufen dar.

(2) Bei der **vertikalen Diversifikation** werden Erzeugnisse hinzugenommen, die im Güterumwandlungsprozeß der eigenen Stufe **vor-** oder **nachgeschaltet** sind. Typisch ist diese Politik z. B. für die Eisen- und Stahlindustrie, für Zellstoff- und Papierhersteller oder Chemiekonzerne, die durch den Aufbau eigener Verarbeitungsstätten und Vertriebsorganisationen oder durch den Erwerb von Beteiligungen an entsprechenden Unternehmungen in die Weiterverarbeitung drängen.

Der Grund dafür liegt zumeist darin, daß die Entgelte für die häufig homogenen Grundstoffe durch den Wettbewerb unter starkem Druck stehen. Bei Fertigerzeugnissen (z. B. Maschinen, Papierwaren, Pharmazeutika) eröffnen sich in der Regel mehr Ansatzpunkte, durch Erlangung qualitativer Wettbewerbsvorteile dem direkten Preisvergleich zu entgehen und zudem eine höhere Wertschöpfung zu erreichen. Zuweilen ist man auch bestrebt, durch Angliederung von Betrieben der Lieferantenstufe bzw. durch verstärkte Einflußnahme auf diese im Wege des Erwerbs einer Beteiligung die Versorgung mit Rohstoffen sicherzustellen oder zu verbilligen.

(3) Bei der **lateralen Diversifikation,** die sich einer präzisen Definition weitgehend entzieht, ist am wenigsten ein sachlicher Zusammenhang mit der bisherigen Angebotspalette zu erkennen. Entscheidende Motive scheinen hier oftmals der Wunsch, am Wachstum einer Branche teilzuhaben, die Streuung des Risikos, die gute Verzinsung des vorhandenen Kapitals sowie die Ausnutzung von Managementerfahrung zu sein. Nicht anders läßt sich der Erwerb einer Mehrheitsbeteiligung an einem der bedeutendsten Sportgerätehersteller der USA durch *Pepsi Cola* deuten. Nicht selten entspringt das Streben nach lateraler Diversifikation auch persönlichen Neigungen bzw. Hobbies eines Unternehmers oder dem Zufall. Im übrigen sind die Vorteile, die mit sog. Mischkonzernen verbunden sind, nicht einfach zu durchschauen. Immerhin steht fest, daß zumeist **steuerliche** Erwägungen im Spiele sind.

Ähnlich wie bei der Einführung neuer Produkte muß auch bei der Diversifizierung u. U. mit langen Anlaufzeiten gerechnet werden, bis die Gewinnzone erreicht wird, selbst wenn es gelingt, in wachsende Märkte einzudringen. Sich solchen zuzuwenden, erscheint überall dort unabdingbar, wo die Nachfrage auf dem bisherigen Betätigungsfeld stagniert oder sich eine Erhöhung des Marktanteils auf Grund von zunehmendem Marktwiderstand als zu schwierig erweist. Vielfach scheut man dort auch vor einer weiteren Expansion zurück, da man sich zu nahe an jener Größe befindet, die der Gesetzgeber mit **Marktbeherrschung** gleichsetzt. In solchen Fällen erscheint es häufig leichter und unverfänglicher, auf neuen Feldern tätig zu werden.

6. Relevante Rechtsnormen

Der Schutz der Gesundheit der Bevölkerung macht es in vielen Fällen notwendig, **Zusammensetzung** bzw. **Beschaffenheit** vor allem von **Grundnahrungsmitteln**, die zum Verkauf feilgeboten werden, rechtlichen Regelungen zu unterwerfen. Diesem Anliegen dient in erster Linie das *Gesetz über den Verkehr mit Lebensmitteln, Tabakerzeugnissen, kosmetischen Artikeln und sonstigen Bedarfsgegenständen,* das sich nicht nur auf Nahrungsmittel im eigentlichen Sinne, sondern auch auf Güter wie Farben, Kerzen und Verpackungsmaterial erstreckt. Diese können gleichfalls gesundheitliche Schäden hervorrufen. Einschlägige Bestimmungen finden sich auch im *Gaststättengesetz* und in der *Gewerbeordnung.*

Aus ähnlichen Erwägungen heraus wurde in den letzten Jahrzehnten das deutsche Arzneirecht erheblich verschärft. An die Stelle der bloßen Registrierung neuer Präparate, die vor 1976 genügte, ist ein strenges Zulassungsverfahren getreten, das auch die Folgewirkungen berücksichtigt, die mit der Einnahme bzw. Verwendung von Medikamenten verbunden sind.

Die Verbraucher vor gesundheitlichen und vor wirtschaftlichen Schäden bewahren soll auch die *Lebensmittelkennzeichnungsverordnung.* Danach müssen bei jedem von ihr erfaßten Produkt u. a. der Name des Herstellers, Inhalt, Herstellungs-, Abgabe- und Abfülldaten, ferner Mindesthaltbarkeit und Konservierungsstoffe offen ausgewiesen werden.

Eine nicht geringe Rolle spielt bei dem Versuch der Verbesserung der Produktsicherheit auch die sog. **Warenkennzeichnung**, die in vielerlei Spielarten auftritt und sich in Gütezeichen wie etwa dem *VDE*-Sicherheitszeichen des *Verbands Deutscher Elektrotechniker,* im *TÜV*-Maschinenschutz-Prüfzeichen der *Technischen Überwachungsvereine,* in den *RAL*-Gütezeichen und *RAL*-Testdaten des *RAL-Ausschusses für Lieferbedingungen und Gütesicherung,* im Test-Kompaß der *Stiftung Warentest* oder in Rechtsnormen wie der *Textilkennzeichnungsverordnung* und der bereits erwähnten *Lebensmittelkennzeichnungsverordnung* manifestiert.

Nicht der Integrität von Leib und Leben, sondern dem **Schutz** vor **Irreführung** dienen die *Handelsklassenverordnung,* nach der zum Verkauf bestimmte landwirtschaftliche Erzeugnisse nach Maßgabe gewisser äußerer Merkmale in mehrere Klassen eingeteilt werden, ferner das *Eichgesetz* und die 1977 in Kraft getretene *Fertigpackungsverordnung,* mit der man den berüchtigten Mogelpackungen, die den Inhalt eines Behältnisses größer erscheinen lassen, als er wirklich ist, zu Leibe rückt. Dem Bestreben vieler Hersteller, die Vergleichbarkeit von Preisen und Produkten durch die Wahl unterschiedlicher Packungsgrößen und Füllmengen nach Kräften zu erschweren, wird mit dem „unit pricing“, also dem Ausweis von Preisen für bestimmte Normgrößen bzw. leicht umrechenbare Referenzfälle, ein gewisser Riegel vorzuschieben versucht, der allerdings wegen zahlreicher Ausnahmeregelungen ohne große Wirkung blieb.

Eine wichtige Orientierungshilfe bietet in diesem Zusammenhang auch die **Markierung,** die der Gesetzgeber u. a. durch das Institut des Warenzeichens schützt. Durch die Markierung werden an sich homogene Güter, wie z. B. Zigaretten, Waschmittel, Glühbirnen und Zucker, heterogenisiert (eingehend dazu Abschn. 4.3.). Die Ahndung, aber auch Begehung von Wettbewerbsverstößen wäre oft nicht denkbar, wenn ein Produzent nicht die Möglichkeit hätte, seinem Erzeugnis durch die Markierung, die ein konstitutives Element des Markenartikels darstellt, eine eigene, unverwechselbare Note zu verleihen. Für die Verbraucher ist dies auch noch in anderer Hinsicht bedeutsam: Die in den §§ 15, 24, 25 und 31 des *Warenzeichengesetzes* verankerte Möglichkeit der Individualisierung bietet zwar nicht im rechtlichen, aber doch im wirtschaftlichen Sinne eine gewisse Garantie dafür, daß der Hersteller mit seinem Namen oder dem von ihm beanspruchten Warenzeichen für die Qualität seines Erzeugnisses einsteht.

Die **unberechtigte Nachahmung** einer normalerweise mit erheblichen Aufwendungen und Opfern erzielten außergewöhnlichen **technischen Leistung**, wie z. B. einer Erfindung, soll das Patentrecht verhindern, dessen Bedeutung für die Forschungs- und Entwicklungsarbeit kaum hoch genug zu veranschlagen ist.

Ohne eine entsprechende Regelung müßte der wirtschaftliche und technische Fortschritt unweigerlich zum Erliegen kommen. Ähnliche Ziele wie mit dem Patentrecht werden mit dem **Geschmacks**- und **Gebrauchsmusterrecht** verfolgt.

Soweit Erzeugnisse einen Schaden bei deren Erwerber verursachen, stellt sich die Frage der Haftung des Herstellers. Vor allem folgende Fehlerarten kommen dafür in Betracht:

Konstruktionsfehler entstehen bei der Konzipierung und Planung eines Produktes; sie betreffen somit ganze Serien.

Fabrikationsfehler treten bei der Herstellung eines Erzeugnisses auf, und zwar nicht nur bei sog. Ausreißern.

Instruktionsfehler gehen auf eine mangelhafte Gebrauchsanweisung, ungenügende Bedienungsanleitung oder unzureichende Warnung vor gefahrbringenden Eigenschaften eines Produktes zurück.

Überwachungsfehler resultieren aus Versäumnissen derart, daß sich ein zunächst als unproblematisch angesehenes Erzeugnis einige Zeit nach dessen Einführung in den Markt als fehlerhaft erweist. Der Hersteller ist insoweit verpflichtet, dieses laufend zu beobachten sowie, sofern erforderlich, dieses im Rahmen einer Rückrufaktion von den Nutzern zurückzuholen und in Ordnung zu bringen.

Zwischen dem Hersteller einer Ware und deren Endabnehmer bestehen in der Regel keine unmittelbaren vertraglichen Beziehungen. Deshalb scheiden für Schäden, die diesem infolge einer Fehlerhaftigkeit des von ihm erworbenen Erzeugnisses entstehen (z. B. Verlust eines Zahnes auf Grund eines artfremden, harten Gegenstandes in einer Konservendose, Verenden eines Tieres nach Genuß eines untauglichen Futtermittels), Ansprüche aus Gewährleistung oder positiver Vertragsverletzung aus. Seit Erlaß des 1990 in Kraft getretenen ***Produkthaftungsgesetzes*** gibt es jedoch für Körper-, Gesundheits- und Sachschäden, die durch Fehler der genannten Art hervorgerufen wurden, eine verschuldens**un**abhängige Gefährdungshaftung.

Ein Hersteller muß dafür Sorge tragen, daß durch derartige Fehler eines Produktes, das nicht die berechtigterweise zu erwartende Sicherheit bietet, der Körper oder die Gesundheit von Käufern bzw. Verwendern keinen Schaden nehmen. Im Falle der Sachbeschädigung gilt dies nur gegenüber privaten Verbrauchern und soweit eine andere Sache als das fehlerhafte Produkt beschädigt wird. (Der defekten Dichtung an der Waschmaschine wird durch die Sachmängelhaftung Rechnung getragen, während Wasserschäden im Haus einen Fall für die Produkthaftung darstellen.) Die Existenz eines Fehlers, die Entstehung eines Schadens und den zwischen beiden gegebenen Ursachenzusammenhang, nicht aber daß dessen Hersteller schuldhaft gehandelt hat, muß der Geschädigte, Ausschlußtatbestände dagegen, etwa daß diesen ein beträchtliches Mitverschulden trifft, der Hersteller nachweisen.

Der **Schadensersatz** wegen Personenschäden (z. B. Arzt-, Krankenhauskosten, Erwerbsausfall, Berufsunfähigkeit) ist auf DM 160 Mio begrenzt; bei Sachbeschädigung unterliegt der Geschädigte einer Selbstbeteiligung in Höhe von DM 1.125. Der Anspruch verjährt drei Jahre, nachdem letzterer von Fehler, Schaden und Anspruchsgegner Kenntnis erlangt hat, und zehn Jahre nach dem Zeitpunkt, zu dem das Produkt in den Verkehr gebracht worden ist.

Eine **Haftung** des Produzenten auf Grund anderer Vorschriften, vor allem aus dem Arzneimittelgesetz und aus **unerlaubter Handlung**, und zwar, soweit ein Schutzgesetz (z. B. Lebensmittelrecht) verletzt wurde, bleibt von all dem unberührt. Es gibt also eine **Produkthaftung** nach dem ***Produkthaftungsgesetz*** und eine **Produzentenhaftung** nach **§§ 823 ff. *BGB*** nebeneinander. Für letztere bedarf es gleichwohl eines Verschuldens des Herstellers, wobei **dieser** – auf Grund einer von der Rechtsprechung vollzogenen Beweislastumkehr – überzeugend darlegen muß, daß er für den fraglichen Fehler nicht verantwortlich gemacht werden kann. Früher mußte der **Geschädigte** den entsprechenden Nachweis erbringen, was ihm indessen vor allem wegen fehlender Waffengleichheit oft nicht gelang.

Die **deliktrechtliche Produzentenhaftung** geht weiter als die Produkthaftung, weil sie bei Personenschäden keinen Haftungshöchstbetrag vorsieht, bei Sachschäden immer, also nicht nur bei Verbrauchersachschäden eingreift, die Forderung eines Schmerzensgeldes zuläßt und keine Bagatellgrenze (Selbstbeteiligung) kennt. Außerdem verjähren die Haftungsansprüche erst 30 Jahre nach Einführung eines Produktes in den Markt. Das Produkthaftungsgesetz seinerseits verschafft dem Geschädigten insofern einen Vorteil, als es auch für sog. Ausreißer, also für jeden vom Produzenten verschuldeten Fabrikationsfehler Schadensersatz vorsieht. Außerdem darf danach jeder in der *EU* ansässige Importeur als Quasi-Hersteller behandelt werden, während diesem nach §§ 823 ff. *BGB* nur unter höchst restriktiven Bedingungen beizukommen ist.

Quellen

Abelson, R. P. / Rosenberg, M. J., Symbolic Psycho-Logic: A Model of Attitudinal Cognition, in: Behavioral Science, Vol. 3 (1958), pp. 1 - 13.

Aberle, G., Wettbewerbstheorie und Wettbewerbspolitik, 2., überarb. Aufl., Stuttgart u. a. 1992.

Ajzen, I. / Fishbein, M., Attitude-Behavior Relations: A Theoretical Analysis and Review of Empirical Research, in: Psychological Bulletin, Vol. 84 (1977), pp. 888 - 918.

– / – Understanding Attitudes and Predicting Social Behavior, Englewood Cliffs, N. J., 1980.

Albers, S., Gewinnorientierte Neuproduktpositionierung in einem Eigenschaftsraum, in: ZfbF, 41. Jg. (1989), S. 186 - 209.

Amstutz, A. E., Computer Simulation of Competitive Market Response, Cambridge, Mass.-London 1970.

Andritzky, K., Die Operationalisierbarkeit von Theorien zum Konsumentenverhalten, Berlin 1976.

Aschenbrenner, K. M., Komplexes Wahlverhalten: Entscheidungen zwischen multiattributiven Alternativen, in: *Hartmann, K. D. / Koeppler K.* (Hrsg.), Fortschritte der Marktpsychologie, Bd. 1, Frankfurt / Main 1977, S. 21-52.

Backhaus, K., Investitionsgütermarketing, in: *Bruhn, M.* (Hrsg.), Handbuch des Marketing, München 1989, S. 699-723.

– Investitionsgüter-Marketing, 3. Aufl., München 1992.

Bandura, A., Lernen am Modell, Stuttgart 1976.

Bartling, H., Leitbilder der Wettbewerbspolitik, München 1980.

Bauer, H. H., Die Entscheidung des Handels über die Aufnahme neuer Produkte, Berlin 1980.

Bauer, H. H. / Chur-Lahl, S., Die Erfassung der Anmutungsleistung von Werbebotschaften, in: Jahrbuch der Absatz- und Verbrauchsforschung, 28. Jg. (1982), S. 50-77.

Bauer, R. A., Consumer Behavior as Risk Taking, in: *Hancock, R. S.*, Dynamic Marketing for a Changing World, Chicago, Ill., 1960, pp. 389-398.

Bearden, W. O. / Woodside, A. G., Testing Variations of Fishbein's Behavioral Intention Model within a Consumer Behavior Context, in: Journal of Applied Psychology, Vol. 62 (1977), pp. 352-377.

Beckwith, N. E. / Lehmann, D. R., The Importance of Halo-Effects in Multi-Attribute Attitude Models, in: Journal of Marketing Research, Vol. 12 (1975), pp. 265-275.

Beeskow, W. / Dichtl, E. / Finck, G. / Müller, S., Die Bewertung von Marketing-Aktivitäten, in: *Irle, M.* (Hrsg.), Methoden und Anwendungen in der Marktpsychologie, Göttingen u. a. 1983, S. 483-674.

Behrens, G., Werbewirkungsanalyse, Opladen 1976.

Berekoven, L., Der Dienstleistungsmarkt in der Bundesrepublik Deutschland. Theoretische Fundierung und empirische Analyse, Bd. 1, Göttingen 1983.

– Von der Markierung zur Marke, in: *Dichtl, E. / Eggers, W.* (Hrsg.), Marke und Markenartikel als Instrumente des Wettbewerbs, München 1992, S. 25-45.

Berlyne, D. E., Konflikt, Erregung und Neugier, Stuttgart 1974.

Bettman, J. R., Data Collection and Analysis. Approaches for Studying Consumer Information Processing, in: *Perreault, W. D. jr.* (Ed.), Advances in Consumer Research, Vol. 4 (1977), pp. 342-348.

– An Information Processing Theory of Consumer Choice, London etc. 1979.

Bettman, J. R. / Zins, M. A., Constructive Processes in Consumer Choice, in: Journal of Consumer Research, Vol. 4 (1977), pp. 75-85.

Bodenstein, G. / Leuer, H. (Hrsg.), Geplanter Verschleiß der Marktwirtschaft, Frankfurt / Main-Zürich 1977.

Böcker, F., Marketing, 5., überarb. Aufl., Stuttgart 1994.

Booz, Allen & Hamilton, Management of New Products, 6. Aufl., New York 1968.

Bredenkamp, J. / Wippich, W., Lern- und Gedächtnispsychologie, Bd. 1+2, Stuttgart u. a. 1977.

Brockhoff, K., Produktpolitik, 3. Aufl., Stuttgart-Jena 1993.

Brückner, P., Die informierende Funktion der Wirtschaftswerbung, Berlin 1967.

Charnes, A. / Cooper, W. W. / De Voe, J. K. / Learner, D. B., Demon: Decision Mapping via Optimum Go-No-Networks – A Model for Marketing New Products, in: Management Science, Vol. 45 (1981), pp. 60-67.

Cofer, C. N., Motivation and Emotion, 2. Aufl., München 1979.

Cunningham, S. M., The Major Dimensions of Perceived Risk, in: *Cox, D. F.* (Ed.), Risk Taking and Information Handling in Consumer Behavior, Boston, Mass., 1967, pp. 82-108.

Dichtl, E., Die Beurteilung der Erfolgsträchtigkeit eines Produktes als Grundlage der Gestaltung des Produktionsprogramms, Berlin 1970.

– Ein Ansatz zur simultanen Optimierung von Produktionsprogramm und Investitionspolitik, in: *Köhler, R. / Zimmermann, H.-J.* (Hrsg.), Entscheidungshilfen im Marketing, Stuttgart 1977, S. 487-499.

– Strategische Optionen im Marketing (1./2. Aufl.: Der Weg zum Käufer), 3., neubearb. Aufl., München 1994 (dtv).

– Produktionstiefe, in: *Wittmann, W. / Kern, W. / Köhler, R. / Küpper, H.-U. / Wysocki, K. v.* (Hrsg.), Handwörterbuch der Betriebswirtschaft, 5., völlig neugestaltete Aufl., Teilband 2, Stuttgart 1993, Sp. 3519-3529.

Dichtl, E. / Beeskow, W. / Puls, S., Deutsche Erzeugnisse auf japanischen Konsumgütermärkten – eine empirische Untersuchung zum Wert des Labels „Made in Germany", in: Jahrbuch der Absatz- und Verbrauchsforschung, 29. Jg. (1983), S. 19-29.

Dichtl, E. / Raffée, H. / Beeskow, W. / Köglmayr, H.-G., Faktisches Bestellverhalten als Grundlage einer optimalen Ausstattungspolitik bei Pkw-Modellen, in: ZfbF, 35. Jg. (1983), S. 173-196.

Dichtl, E. / Schobert, R., Mehrdimensionale Skalierung, München 1979.

Dichtl, E. / Issing, O. (Hrsg.), Exportnation Deutschland, 2., völlig neubearb. Aufl., München 1992.

Engel, J. / Blackwell, R. D. / Miniard, P., Consumer Behavior, 7th Ed., Chicago etc. 1993.

Eyferth, K. / Kreppner, K., Entstehung, Konstanz und Wandel von Einstellungen, in: *Graumann, C.-F.* (Hrsg.), Handbuch der Psychologie, Bd. 7: Sozialpsychologie, 2. Halbbd.: Forschungsbereiche, Göttingen 1972, S. 1342-1370.

Farley, J. U. / Ring, L. W., Deriving an empirically testable Version of the Howard-Sheth Model of Buyer Behavior, in: *Sheth, J. N.* (Ed.), Models of Buyer Behavior: Conceptual, Quantitative & Empirical, New York etc. 1974, pp. 137-159.

Festinger, L. A., Theorie der kognitiven Dissonanz, Bern 1978.

Filser, F., Einführung in die Familiensoziologie – mit Quellentexten, Paderborn u. a. 1978.

Foppa, K., Lernen, Gedächtnis, Verhalten, 9. Aufl., Köln 1975.

Graumann, C. F., Aktualgenese, in: Zeitschrift für experimentelle und angewandte Psychologie, 6. Jg. (1959), S. 410-448.

Graumann, J., Die Dienstleistungsmarke – Charakterisierung und Bewertung eines neuen Markentypus aus absatzwirtschaftlicher Sicht, München 1983.

Green, P. E. / Rao, V., Applied Multidimensional Scaling. A Comparison of Approaches and Algorithms, New York etc. 1972.

Größer, H., Der klassische Markenartikel – Versuch einer Wesensbestimmung, in: Markenartikel, 53. Jg. (1991), S. 200-207.

Hätty, H., Der Markentransfer, Heidelberg 1989.

Hakansson, H. / Östberg C., Industrial Marketing: An Organizational Problem?, in: Industrial Marketing Management, Vol. 4 (1975), pp. 113-123.

Hansen, F., Consumer Choice Behavior. A Cognitive Theory, New York-London 1972.

Hauschildt, J., Innovationsmanagement, München 1993.

Heckhausen, H., Motivation und Handeln, 2., völlig überarb. und erg. Aufl., Berlin u. a. 1989.

Heider, F., The Psychology of Interpersonal Relations, 4th Ed., New York etc. 1965 (Nachdruck 1983).

Henning-Bodewig, F. / Kur, A., Marke und Verbraucher – Funktionen der Marke in der Marktwirtschaft, 2 Bde, Weinheim 1988.

Herrmann, A., Produktwahlverhalten: Erläuterung und Weiterentwicklung von Modellen zur Analyse des Produktwahlverhaltens aus marketingtheoretischer Sicht, Stuttgart 1992.

Hilgard, E. R. / Bower, G. H., Theorien des Lernens, Bd. I, 5., unveränd. Aufl. 1985; Bd. II, 3., veränd. Aufl., Stuttgart 1984.

Hofstätter, P. R., Psychologie, 2. Aufl., Frankfurt / Main 1972.

Hojos, A., Einführung in die Wahrnehmungspsychologie, 2., unveränd. Aufl., Darmstadt 1991.

Hossinger, H.-P., Pretest in der Marktforschung, Würzburg-Wien 1982.

Howard, J. A. / Sheth, J. N., The Theory of Buyer Behavior, New York etc. 1969.

Hull, C. L., Principles of Behavior, New York 1943.

Huppertsberg, B. / Kirsch, W., Beschaffungsentscheidungen auf Investitionsgütermärkten, München 1977.

Kaas, K. P., Diffusion und Marketing. Das Konsumentenverhalten bei der Einführung neuer Produkte, Stuttgart 1973.

Kaske, K.-H., Die Unternehmer im Wettbewerb auf den Weltmärkten, in: ZfbF, 41. Jg. (1989), S. 347-357.

Kassarjian, H. H. / Robertson, T. S. (Eds.), Perspectives in Consumer Behavior, Glenview, Ill., 1968.

Katz, D. / Stotland, E., A Preliminary Statement to a Theory of Attitude Structure and Change, in: *Koch, S.* (Ed.), Psychology: A Study of a Science, Vol. 3 (1959), pp. 423-475.

Kern, E., Der Interaktionsansatz im Investitionsgütermarketing, Berlin 1990.

Kirsch, W. / Kutschker, M. / Lutschewitz, H., Ansätze und Entwicklungstendenzen im Investitionsgütermarketing, 2., überarb. und erw. Aufl., Stuttgart 1980.

Klenger, F. / Krautter, J., Simulationsmodell des Kaufverhaltens, Bd. II, Analyse eines Kaufprozesses, Wiesbaden 1972.

Koppelmann, U., Produktmarketing – Entscheidungsgrundlage für Produktmanager, 4. Aufl., Berlin usw. 1993.

Kotler, P., Wissenschaftliche Modelle für die Erklärung des Käuferverhaltens, in: Der Markt, 1. Jg. (1966), S. 79-87.

Kotler, P. / Bliemel, F., Marketing-Management. Analyse, Planung, Umsetzung und Steuerung, 7. Aufl., Stuttgart 1992.

Krais, A., Lernpsychologie der Markenwahl – Lernpsychologische Grundlagen des Konsumgütermarketing, Frankfurt / Main–Zürich 1977.

Krech, D. / Crutchfield, R. S. / Balachey, E. L., Individual in Society, New York 1962.

Kreutzer, R., Global Marketing: Konzeption eines länderübergreifenden Marketing. Erfolgsbedingungen, Analysekonzepte, Gestaltungs- und Implementierungsansätze, Wiesbaden 1989.

Kroeber-Riel, W., Konsumentenverhalten, 5., überarb. und erg. Aufl., München 1992.

Krugman, H. E., The Impact of Television Advertising: Learning without Involvement, in: Public Opinion Quarterly, Vol. 29 (1965), pp. 349-356.

La Piere, R. T., Attitudes vs. Actions, in: Social Forces, Vol. 13 (1934), pp. 230-237.

Lewin, K., Feldtheorie in den Sozialwissenschaften, in: *Cartwright, D.* (Hrsg.), Ausgewählte theoretische Schriften, Bern-Stuttgart 1963.

Lutz, R. J., An Experimental Investigation of Causal Relations among Cognitions, Affect and Behavioral Intention, in: Journal of Consumer Research, Vol. 4 (1977), pp. 197-208.

Maleri, R., Grundlagen der Dienstleistungsproduktion, 2. Aufl., Berlin u. a. 1991.

Mayer, R., Strategien erfolgreicher Produktgestaltung – Individualisierung und Standardisierung, Wiesbaden 1993.

Mazanec, J., Strukturmodelle des Konsumverhaltens, Wien 1978.

Meffert, H. / Steffenhagen, H. / Freter, H. (Hrsg.), Konsumentenverhalten und Information, Wiesbaden 1979.

Meister, H. E., Der Kampf gegen die Markenpiraterie, in: *Dichtl, E. / Eggers, W.* (Hrsg.), Marke und Markenartikel als Instrumente des Wettbewerbs, München 1992, S. 269-286.

Mellerowicz, K., Markenartikel. Die ökonomischen Gesetze ihrer Preisbildung und Preisbindung, 2. Aufl., München-Berlin 1963.

Merkle, E., Die Erfassung und Nutzung von Informationen über den Sortimentsverbund in Handelsbetrieben, Berlin 1981.

Miller, N. E., Experimental Studies of Conflict, in: *Hunt, J. M.* (Ed.), Personality and the Behavioral Disorders, Vol. I, New York 1944.

Miller, G. A. / Galanter, E. / Pribram, K. H., Strategien des Handelns, 2. Aufl., Stuttgart 1991.

Müller, E. F. / Thomas, A., Einführung in die Sozialpsychologie, 2. Aufl., Göttingen 1976.

Nicosia, F. M., Consumer Decision Processes, Englewood Cliffs, N. J., 1966.

Nolte, H., Die Markentreue im Konsumgüterbereich, Bochum 1976.

Osgood, Ch. E. / Tannenbaum, P. H., The Principle of Congruity in the Prediction of Attitude Change, in: Psychological Review, Vol. 62 (1955), pp. 42-55.

Parfitt, J. H. / Collins, B. J. K., The Use of Consumer Panels for Brand-Share Prediction, in: Journal of Marketing Research, Vol. 5 (1968), pp. 131-145.

Posner, M. I., Cognition: An Introduction, Glenview, Ill., 1973.

Postman, L., Verbal Learning and Memory, in: Annual Review of Psychology, Vol. 26 (1975), pp. 291-335.

Raffée, H. / Hefner, M. / Schöler, M. / Grabicke, K. / Jacoby, J., Informationsverhalten und Markenwahl, in: Die Unternehmung, 30. Jg. (1976), S. 95-107.

Raffée, H. / Wiedmann, K. P., Obsoleszenz – eine „deklaratorische Kategorie"?, in: Zeitschrift für Verbraucherpolitik, 5. Jg. (1981), S. 357-365.

Rehder, H. K. K., Multidimensionale Produktmarktstrukturierung – Theorie und Anwendung auf einen Produktmarkt, Meisenheim am Glan 1975.

Rieger, H., Der Güterbegriff in der Theorie des Qualitätswettbewerbs. Ein Beitrag zur Reduktion der subjektiven Qualität auf ihre psychologischen Grundlagen, Diss., Universität Mannheim, 1962.

Robinson, P. J., Comparison of Pretest-Market New Product Forecasting Models, in: *Wind, Y. / Mahajan, V. / Cardozo, R. N.* (Eds.), New Product Forecasting, Lexington, Mass.-Toronto 1981, pp. 181-204.

Röper, B., Gibt es den geplanten Verschleiß? – Untersuchungen zur Obsoleszenztheorie, Göttingen 1976.

Rogers, E., Diffusion of Innovations, London 1962.

Rosenberg, M. J., Cognitive Structure and Attitudinal Affect, in: Journal of Abnormal and Social Psychology, Vol. 53 (1956), pp. 367-372.

Rosenstiel, L. v. / Neumann, P., Einführung in die Markt- und Werbepsychologie, 2., unveränd. Aufl., Darmstadt 1991.

Roth, E., Einstellungen als Determinanten individuellen Verhaltens, Göttingen 1967.

– Persönlichkeitspsychologie. Eine Einführung, 6., unveränd. Aufl., Stuttgart u. a. 1981.

Rothman, J., Intention: Planned Purchase, in: Journal of Marketing Research, Vol. 1 (1964), pp. 22-25.

Sabel, H., Produktpolitik in absatzwirtschaftlicher Sicht, Wiesbaden 1971.

Sandig, C., Bedarf, Bedarfsforschung, in: *Tietz, B.* (Hrsg.), HWA-Handwörterbuch der Absatzwirtschaft, Stuttgart 1974, Sp. 313-326.

Say, J. B., Ausführliche Darstellung der Nationalökonomie oder der Staatswirtschaft, 1. Buch, 3. Aufl., Heidelberg 1830 (zit. nach Berekoven, Dienstleistungsmarkt 1983, S. 6).

Schäfer, E. / Knoblich, H., Grundlagen der Marktforschung, 5. Aufl., Stuttgart 1978.

Schelker, T., Methodik der Produkt-Innovation. Ergebnisse einer praktischen Untersuchung, Bern u. a. 1978.

Scheuing, E. E., Das Marketing neuer Produkte, Wiesbaden 1972.

Schreiner, R., Die Dienstleistungsmarke – Typus, Rechtsschutz und Funktionen, Diss., München 1982.

Silberer, G., Die Verwendung von Gütertestinformationen im Konsumentenbereich, in: *Meffert, H. / Steffenhagen, H. / Freter, H.* (Hrsg.), Konsumentenverhalten und Information, Wiesbaden 1979, S. 85-111.

– Warentest – Informationsmarketing – Verbraucherverhalten. Die Verbreitung von Gütertestinformationen und deren Verwendung im Konsumentenbereich, Berlin 1979.

Silk, A. J. / Urban, G. L., Pre-Test Market Evaluation of New Packaged Goods: A Model and Measurement Methodology, in: Journal of Marketing Research, Vol. 15 (1978), pp. 171-191.

Simon, H. A., Motivational and Emotional Controls of Cognition, in: Psychological Review, Vol. 74 (1967), pp. 29-39.

Skinner, B. F., The Behavior of Organisms – An Experimental Analysis, New York 1938.

Smith, A., Der Reichtum der Nationen, 1. Bd., Leipzig 1910.

Spiegel, B., Werbepsychologische Untersuchungsmethoden, Berlin 1970.

Stapel, J., Predictive Attitudes, in: *Adler, L. / Crespi, I.* (Eds.), Attitude Research on the Rocks, Chicago 1968; reprinted in: *Howard, J. A. / Ostlund, L. E.* (Eds.), Buyer Behavior, New York 1973, pp. 310-320.

Stroebe, W., Grundlagen der Sozialpsychologie, Stuttgart 1980.

Thomas, L., Der Einfluß von Kindern auf die Produktpräferenzen ihrer Mütter, Berlin 1983.

Thorndike, G. L., Educational Psychology – Briefer Course, New York 1925.

Tölle, K., Das Informationsverhalten des Konsumenten: Zur Nutzung und Wirkung von Warentestinformationen, Frankfurt / Main-New York 1983.

Tolman, E. C., Purposive Behavior in Animals and Men, New York-London 1932.

Topritzhofer, E., Möglichkeiten einer Beurteilung der Wirkung absatzpolitischer Maßnahmen auf der Basis einer Analyse der Käuferfluktuation, in: *Kroeber-Riel, W.* (Hrsg.), Marketingtheorie, Köln 1972, S. 294-315.

– Absatzwirtschaftliche Modelle des Kaufentscheidungsprozesses unter besonderer Berücksichtigung des Markenwahlaspektes, Wien 1974.

Trommsdorff, V., Die Messung von Produktimages für das Marketing – Grundlagen und Operationalisierung, Köln 1975.

Urban, G. L., SPRINTER: A Tool for New Product Decision Makers, in: Industrial Management Review, Vol. 8 (1967), No. 2, pp. 43-54.

Webster, F. E. / Wind, Y. A., A General Model for Understanding Organizational Buying Behavior, in: Journal of Marketing, Vol. 36 (1972), No. 2, S. 12-19.

Weinberg, P., Die Produkttreue der Konsumenten, Wiesbaden 1977.

– Das Entscheidungsverhalten der Konsumenten, Paderborn u. a. 1981.

Wild, J., Produktmanagement, 2. Aufl., München 1973.

Wilkie, W. L. / Pessemier, E. A., Issues in Marketing's Use of Multi-Attribute Attitude Models, in: Journal of Marketing Research, Vol. 10 (1973), pp. 428-441.

Wind, Y., Product-Policy. Concepts, Methods and Strategy, Reading, Mass., 1982.

Wiswede, G., Soziologie des Verbraucherverhaltens, Stuttgart 1972.

– Soziologie. Ein Lehrbuch für den wirtschafts- und sozialwissenschaftlichen Bereich, 2., völlig überarb. und erw. Aufl., Landsberg / Lech 1991.

Zwicky, F., Entdecken, Erfinden, Forschen im morphologischen Weltbild, München u. a. 1966.

Weiterführende Literatur

Ahlert, D. / Schröder, H., Rechtliche Grundlagen des Marketing, Stuttgart u. a. 1989.

Bänsch, A., Käuferverhalten, 6., durchges. Aufl., München–Wien 1995.

Brauckschulze, U., Die Produktelimination, Münster 1983.

Dichtl, E. / Eggers, W. (Hrsg.), Marke und Markenartikel als Instrumente des Wettbewerbs, München 1992.

Dichtl, E. / Eggers, W. (Hrsg.), Markterfolg mit Marken, München 1996.

Engelhardt, W. H. / Kleinaltenkamp, M. / Reckenfelderbäumer, M., Leistungsbündel als Absatzobjekte, in: Zfbf, 45. Jg. (1993), S. 395-426.

Friedrich-Liebenberg, A., Anmutungsleistungen von Produkten, Bd. 3 der Schriftenreihe „Beiträge zum Produktmarketing", 2., unveränd. Aufl., Köln 1986.

Gussek, F., Erfolg in der strategischen Markenführung, Wiesbaden 1992.

Hansen, U., Verpackung und Konsumentenverhalten, in: Marketing · ZFP, 8. Jg. (1986), S. 5-12.

– Absatz- und Beschaffungsmarketing des Einzelhandels, 2., neubearb. und erw. Aufl., Göttingen 1990.

Hansen, U. / Leitherer, E., Produktpolitik, 2., neubearb. und erw. Aufl., Stuttgart 1984.

Holm, K. F. (Hrsg.), Produktforschung, Mölln 1987.

Hüttel, K., Produktpolitik, 2., überarb. und erw. Aufl., Ludwigshafen / Rhein 1992.

Isermann, H., Verpackungsgestaltung im Spannungsfeld zwischen ökologischen und ökonomischen Anforderungen an die Verpackung, OR Spektrum, Bd. 13, 1991, S. 173-188.

Jacobs, S., Strategische Erfolgsfaktoren der Diversifikation, Wiesbaden 1992.

Klöcker, I., Produktgestaltung: Aufgabe, Kriterien, Ausführung, Berlin 1981.

Kullmann, H. J., Produkthaftungsgesetz: Gesetz über die Haftung für fehlerhafte Produkte (ProdHaftG), Kommentar, Berlin 1990.

Kuß, A., Käuferverhalten, Stuttgart 1991.

Meffert, H., Markenstrategien im Wettbewerb, in: *Meffert, H.* (Hrsg.), Strategische Unternehmensführung und Marketing, Wiesbaden 1988, S. 115-138.

Narasimhan, Ch. / Sen, S. K., Test-Market Models for New-Product Introduction, in: *Wind, Y. / Mahajan, V. / Cardozo, R.* (Eds.), New Product Forecasting, Lexington, Mass.-Toronto 1981, pp. 293-321.

Oehme, W., Handels-Marketing, 2., neubearb. und erw. Aufl., München 1992.

Rolland, W., Produkthaftungsrecht, Kommentar, München 1990.

Schaumann, U. W., Schwache Produkte im Sortiment – was tun?: Ein Leitfaden zur systematischen Planung der Produktausscheidung, Zürich 1987.

Schmelzer, H. J., Organisation und Controlling von Produktentwicklungen: Praxis des wettbewerbsorientierten Entwicklungsmanagement, Stuttgart 1992.

Schmitz, C. A. (Hrsg.), Managementfaktor Design, München 1994.

Spelsberg, H., Das Rechnungswesen als Informationsquelle für Planung und Kontrolle der Produktpolitik: Ein konzeptioneller Beitrag zur Integration von Marketing und Rechnungswesen, Köln 1989.

Tennagen, U., Produktrelaunch in der Konsumgüterindustrie: Diagnosekonzept zur Auswahl, Ermittlung und Bewertung von Informationen, Wiesbaden 1993.

Tscheulin, D. K., Optimale Produktgestaltung: Erfolgsprognose mit Analytic Hierarchy Process und Conjoint-Analyse, Wiesbaden 1992.

Uebele, H., Zur Praxis der Kreativitätstechniken – Anwendungserfahrungen bei der Produktinnovation, in: DBW, 48. Jg. (1988), S. 777-785.

Vogel, R., Der Prozeß der Produktelimination aus entscheidungsorientierter Sicht, Frankfurt / Main 1989.

Wild, H., Marktgerechte Produkte, Zürich 1986.

Wimmer, F., Das Qualitätsurteil des Konsumenten. Theoretische Grundlagen und praktische Ergebnisse, Frankfurt / Main 1975.

§ 6 Preispolitik

1. Preis, Rabatt und Entgelt

1.1. Begriffliche Grundlagen

Über 150 Jahre ging die mikroökonomische Theorie davon aus, daß der Preis die einzige Variable sei, mit der sich die abzusetzende Menge beeinflussen lasse. Diese Überschätzung des Preises erklärt sich einmal daraus, daß zu Lebzeiten von *Adam Smith* oder *David Ricardo* vorwiegend Rohstoffe und relativ **homogene Konsumgüter** produziert wurden und die Gelegenheit zu einer **Differenzierung** durch attraktive Verpackung, Markenbildung oder Werbung im Gegensatz zu heute noch **nicht genutzt** wurde. Eine der wenigen Möglichkeiten für einen Produzenten, sich von seinen Konkurrenten abzuheben, bestand eben in der Variation des Preises. Auf der anderen Seite orientierten sich auch die Konsumenten bei ihren Einkäufen vorrangig am Preis, da das seinerzeit außerordentlich niedrige durchschnittliche **Pro-Kopf-Einkommen** ihren Entscheidungsspielraum stark einschränkte.

Ein anderer Grund für die Konzentration des fachlichen Interesses auf das Produktmerkmal Preis mag darin gelegen haben, daß sich dieser dank seiner scheinbar rein quantitativen, eindimensionalen Natur und der **leichten Operationalisierbarkeit** ungleich einfacher in ein Modell von Angebot und Nachfrage integrieren ließ als vergleichsweise komplexe Konstrukte wie Produktqualität, Image oder Werbewirkung.

Schließlich sah man in einem **Marktmechanismus**, der ausschließlich den Preiswettbewerb als Regulativ kennt, eine auf den ersten Blick überzeugende und elegante Begründung für die Forderung nach einer freiheitlichen Wirtschaftsordnung. Man war sich sicher, daß sich über flexible Preise am einfachsten ein Ausgleich zwischen Angebot und Nachfrage und damit auch ein Höchstmaß an volkswirtschaftlicher Effizienz erzielen ließen. Im klassischen Modellfall der Preistheorie kommt es bei einem Überangebot automatisch zu niedrigeren Preisforderungen und zu einer Drosselung der Produktion auf seiten der Anbieter, während bei den Nachfragern die Kaufbereitschaft bei sinkenden Preisen zunimmt. Im umgekehrten Fall, nämlich in einer Knappheitssituation (Nachfrageüberschuß), steigen die Preise. Dies regt die Unternehmer zu einer Erweiterung der Produktionskapazität an, während sich die potentiellen Käufer zurückhalten und auf einen Rückgang der Preise hoffen. Die erhöhte Produktion kann aber wiederum nur zu sinkenden Preisen abgesetzt werden. In der Folge kommt es dann zu einem **Gleichgewichtspreis**, bei dem gerade soviel angeboten wie nachgefragt wird.

Das in sich geschlossene Modell der **Preisbildung** auf **vollkommenen Märkten** beruht auf einer Vielzahl von Annahmen, die vor allem die Zahl der Teilnehmer und deren Zielsetzung, die Art der Güter, die Markttransparenz, das Fehlen von Präferenzen und die Reaktionsgeschwindigkeit beider Marktseiten betreffen. Die Realitätsferne einiger dieser Annahmen soll hier zur Verdeutlichung des im folgenden zu entwickelnden Konzepts kurz beleuchtet werden.

Das mikroökonomische Modell der **Preisbildung auf vollkommenen Märkten** setzt u. a. homogene, d. h. völlig substituierbare Güter voraus. In einer solchen Situation, die, wie bereits erwähnt, den Marktgegebenheiten im frühen Stadium der Industrialisierung durchaus entsprochen haben mag, orientieren sich die potentiellen Käufer zwangsläufig an dem Parameter Preis. Die Lage auf den heutigen Märkten ist indessen anders. Industrialisierung und Massenproduktion, Produktvielfalt und „Markenhypertrophie", verbunden mit einer Zunahme des disponiblen Pro-Kopf-Einkommens, führten gemeinsam mit der Entwicklung der Verkäufer- zu Käufermärkten zu einer grundlegenden Änderung des **Kaufverhaltens** der Menschen und der **Ausgabenstruktur** der Haushalte. Neben der Produkteigenschaft Preis wurden zunehmend auch andere Merkmale (Qualität, Design, technische Leistung, Marke u. ä.) wichtig und kaufentscheidungsrelevant. Dies relativierte zwangsläufig die Bedeutung der Preispolitik in der Praxis.

Auch der in vielen Produktbereichen zu beobachtende **Rückgang** der **Preiselastizität** („high price convenience goods"), das **steigende Qualitätsbewußtsein** und die Zunahme von **Prestige-** und **Statuskonsum** (demonstrativer Konsum) oder beispielsweise der seit einigen Jahren zutage tretende Trend zur **Konsum-**

verweigerung (z. B. Betonung des Sparens, der Gesundheit, des Einfachen, Ländlichen oder Natürlichen) im Sinne der „demonstrativen Vernunft" (vgl. *Heller* 1979) lassen zunehmend die Bedeutung der übrigen (Marketing-)Instrumente (insbesondere Produkt- und Kommunikationspolitik) hervortreten. Dem genannten Wandel nicht adäquat erscheint daher die übliche analytische Trennung zwischen dem Preis sowie seinem Bezugsobjekt, der Leistung (Sache, Idee, Dienst). Sie bilden ein unzertrennliches Ganzes. Der Preis ist eines der Merkmale der Leistung, die der Nachfrager bei deren Bewertung im Rahmen seiner Beschaffungsentscheidung heranzieht.

Eine gewisse Sonderstellung des Preises innerhalb des Spektrums solcher leistungsbeschreibender Merkmale liegt zum einen darin begründet, daß die **Rechnungseinheit Geld**, in der er ausgedrückt wird, unmittelbar die Dimension sowohl der betrieblichen Wirtschaftspläne (Kosten, Umsatz, Gewinn u. ä.) als auch jener der privaten Haushalte (Einkommen) bildet; zum anderen wird er durch eine Art Ambivalenz geprägt. Gemeint ist damit das Phänomen, daß die Entscheidung, ein Produkt zu kaufen, durch einen hohen bzw. niedrigen Preis je nach den Umständen positiv oder negativ beeinflußt werden kann.

Das Modell der **Preisbildung** auf **vollkommenen Märkten** setzt weiterhin das Fehlen jeglicher persönlicher, zeitlicher oder räumlicher Präferenzen voraus. Das bedeutet, daß keine individuell unterschiedlichen Wege- oder Transportkosten anfallen. Die Kosten der Bedürfnisbefriedigung entsprechen folglich dem Marktpreis für das entsprechende Konsumobjekt. Die Bedürfnisbefriedigung wiederum wird ausschließlich dem Konsumobjekt zugeschrieben. Eine solche Fiktion läßt sich jedoch nicht aufrechterhalten. So sind z. B. die Beschaffungsorte nicht nutzenneutral. Vielmehr verschaffen sie dem eigentlichen Produkt u. U. zusätzliche Attraktivität (z. B. auf Grund von Prestige, einer angenehmen Einkaufsatmosphäre, Beratung und einem tiefen Sortiment). Da auch dieser als Bestandteil der Leistung entgolten werden muß, ist sein **Kostenäquivalent** als eine **Komponente** des **Preises** aufzufassen. Andererseits beschränken sich die Kosten der Bedürfnisbefriedigung nicht auf jene der Beschaffung, sondern es müssen auch die der Nutzung selbst berücksichtigt werden. Eine weitere Annahme der Preistheorie erweist sich ebenfalls als Fiktion. Sowohl der Nutzen als auch die Kosten der Bedürfnisbefriedigung treffen häufig nicht allein den Käufer (**externe Effekte**).

Aus diesen Überlegungen wird deutlich, daß Preispolitik hier in einem weiten Sinne verstanden wird. Bezugspunkt ist der **Kaufentscheidungsprozeß** des **Nachfragers**, bei dem die auf dem Markt angebotenen Mittel zur Befriedigung bestehender Bedürfnisse bewertet werden. Aus dieser Sicht kann man sich unschwer darauf einigen, daß es keinen „Preis an sich", sondern stets nur einen „Preis für etwas" gibt. Dies läßt das **Konstrukt** des **Preis / Leistungsverhältnisses** in den Mittelpunkt preispolitischer Überlegungen treten. Objekt und Aktionsparameter einschlägiger Entscheidungen ist folglich die preispolitische Ausgestaltung einer absatzpolitischen Gesamtleistung, somit die ziel- und marktgerechte Gestaltung des Preis / Leistungsverhältnisses.

Unter **Leistung** ist die Gesamtheit aller Nutzen stiftenden Komponenten dinglicher oder ideeller Natur zu verstehen, die der Nachfrager in Anspruch nimmt. Unter **Preis** sind demgegenüber alle objektiven oder subjektiven Kosten bzw. Leistungsäquivalente aufzufassen, die für den Nachfrager aus der Inanspruchnahme der Leistung erwachsen. Der Preis kann dabei ganz oder teilweise in Form von Geldeinheiten, Produkten (beim Naturaltausch oder bei Kompensationsgeschäften), Dienstleistungen oder in Gestalt eines wie auch immer bewerteten Aufwandes zur Beschaffung einer Leistung entrichtet bzw. ermittelt werden.

Aus der Sicht des Abnehmers zerfällt der Preis folglich in zwei Teile:

(1) Zunächst verkörpert er das **Äquivalent** für die **Erbringung** einer bestimmten **Leistung** durch den Anbieter. Damit entgilt also ein Wirtschaftssubjekt die mit deren Produktion und Distribution bis hin zur Übergabe an den Abnehmer verbundenen Kosten. Der entsprechende Betrag spiegelt eine Kongruenz der meist monetären Forderung des Anbieters und der Bereitschaft des Nachfragers, ihr zu entsprechen, wider. In diesem Zusammenhang wird unter Preis nicht nur die unmittelbar feststellbare, in monetären Einheiten ausgedrückte Geldforderung verstanden, sondern er umschließt auch Rabatte und Boni sowie Lieferungs- und Zahlungsbedingungen.

(2) Ein Teil des vom **Käufer** zu erbringenden **Opfers** geht nicht an den Anbieter über, sondern muß von ersterem hingenommen werden, um in den Besitz der Ware bzw. in den Genuß deren Nutzung zu gelangen (z. B. Fahrtkosten). Hierunter fällt auch jene von ihr ausgehende Wirkung, die als **externer Effekt** von nur indirekt Betroffenen zu tragen ist.

Diese Sichtweise impliziert, daß die **Preispolitik** die Gesamtheit aller Entscheidungen im Marketing-Mix verkörpert, die der **zielorientierten Gestaltung** des **Preis / Leistungsverhältnisses** dienen. Die Ausgewogenheit dieser Betrachtungsweise gewährleistet, daß von allen Betroffenen nicht nur lediglich der Art und der Höhe der monetären Preisforderung, sondern auch denjenigen Preisbestandteilen Beachtung geschenkt wird, die beim Käufer üblicherweise als **Zusatzkosten**, resultierend etwa aus dem Kauf bestimmter Marken, aus der Wahl einer speziellen Einkaufsstätte oder aus den Betriebs- und Unterhaltskosten eines Gutes während seines Gebrauchs, anfallen.

Als von unbestreitbarem Vorteil erweist sich diese umfassende Perspektive in zweierlei Hinsicht auch für die **Verbraucherpolitik.** Zum einen erlaubt sie eine bessere Abschätzung einer etwaigen dysfunktionalen Wirkung, die mit einer einseitig am monetären Verkaufspreis orientierten Preisaufklärung der Konsumenten verbunden ist. Zum anderen bietet sie einen Orientierungsrahmen für die Formulierung von verbraucherpolitischen Forderungen nach Bereitstellung adäquater Preisinformationen seitens der Hersteller.

1.2. Die Rolle des Preises in Theorie und Praxis

Dem Einfluß der nationalökonomischen Theorie ist es zuzuschreiben, daß die Preispolitik zumindest in der Literatur trotz der angesprochenen Wettbewerbswandlungen nach wie vor als das entscheidende absatzpolitische Instrument angesehen wird. Dies schlägt sich auch darin nieder, daß die dem Konzept des **funktionsfähigen Wettbewerbs** („workable competition") verhaftete Wettbewerbsgesetzgebung und Rechtsprechung die Höhe des Preises (und somit den Preiswettbewerb) als Indikator für einen funktionstüchtigen Wettbewerb höher werten als den Nichtpreiswettbewerb. Im Wettbewerbskonzept der „workable competition" kommt dem Preis also eine normative Funktion zu, die in der Wettbewerbspraxis auf vielen Produktmärkten, in denen der sog. Nichtleistungswettbewerb dominiert, tatsächlich nicht gegeben ist.

Die Folgen einer solchen theoriegeleiteten Wettbewerbsauffassung sollen am Beispiel des sog. *Valium / Librium*-Falls aus den siebziger Jahren kurz verdeutlicht werden, der die Gerichte 5 ½ Jahre lang beschäftigte:

Damals gebot das *Bundeskartellamt* der *Hoffmann-La Roche AG,* die Preise für die Pharmazeutika *Valium* und *Librium* um 40 bzw. 30% zu senken. Das Unternehmen wurde wegen seines Marktanteils von 53,3%, bezogen auf den Absatz an öffentliche Apotheken, als marktbeherrschend nach § 22 Abs. 1 *GWB* eingestuft. Der Hersteller wehrte sich dagegen auf dem Rechtsweg hartnäckig und letztlich mit Erfolg, allerdings nur deshalb, weil zur Quantifizierung des vermeintlich überhöhten Preises kein dafür notwendiger „Vergleichsmarkt" gefunden werden konnte.

Als interessant an diesem Fall erscheint nun, welche Indikatoren das Berliner *Kammergericht* für das Vorliegen eines funktionsfähigen Wettbewerbs heranzog: „Es handelt sich um komplexe Vorgänge, bei denen zahlreiche Parameter eine von Fall zu Fall unterschiedliche Rolle spielen." Aber das Gericht stellt sofort klar, worauf es besonders zu achten gilt: „Dem Parameter Preis kommt eine herausragende Bedeutung zu." Im Hinblick auf den Wettbewerb über die Produktqualität heißt es demgegenüber: „Eine Verbesserung, die sich für den Verbraucher nicht als deutliches Positivum darstellt, kann nicht dieselben Wirkungen wie der Preis-Wettbewerb entfalten und diesem nicht gleichkommen."

Obwohl *Hoffmann-La Roche* in den Jahren zuvor Marktanteilsverluste hatte hinnehmen müssen, aber dennoch nicht mit Preissenkungen reagierte, bestand nach Ansicht des *Kammergerichts* zwar ein „beachtlicher", aber kein „wesentlicher" Wettbewerb. Dieser feine Unterschied hat weitreichende Folgen; denn „der auf bestimmte Parameter unter Ausklammerung des Preises beschränkte Wettbewerb ist im vorliegenden Fall nach außen nicht hinreichend leistungsorientiert".

Bei ihrer Vorstellung von der Preisbildung stützen sich die Richter auf folgende Passage des *Gemeinschaftskommentars zum Gesetz gegen Wettbewerbsbeschränkungen:* „Für wesentlichen Wettbewerb ist maßgeblich, daß der Preis für ein Unternehmen eine von seinem Verhalten im wesentlichen unabhängige Größe ist, also nicht in sein Belieben gestellt ist, sondern sich aus den Marktverhältnissen ergibt."

Die Bedeutung, die dem Preis von diesem auf Wettbewerbsangelegenheiten spezialisierten Gericht zugemessen wird, konkretisiert sich damit in folgenden Punkten:

- Unter den vielen Wettbewerbsparametern kommt dem Preis eine „herausragende Bedeutung“ zu.
- Der Preis soll für das Unternehmen nur in begrenztem Maße gestaltbar, d. h. weitgehend durch den Wettbewerbsdruck vorgegeben sein.
- Bei nicht funktionsfähigem Wettbewerb sind *Kartellamt* bzw. Gerichte berechtigt, eine Preissenkung zu verfügen.
- Deren Ausmaß ist anhand eines Vergleichsmarktes zu bestimmen.

Dieser normativen Etikettierung eines Aspekts des Wettbewerbs widerspricht die allgemein zu beobachtende Abneigung vieler Unternehmen, eine **aggressive Preispolitik** zu betreiben, so wirkungsvoll sie ihnen vielleicht auch erscheinen mag. Der Grund dafür liegt darin, daß sie ihre eigene Verwundbarkeit gerade auf diesem Gebiet fürchten, weil die Konkurrenten rasch und scharf zurückschlagen können und der Preiswettbewerb stets von der Gefahr bedroht ist, ruinös zu werden – auch für den, der dieses Mittel als erster einsetzt und damit zumindest Anfangserfolge zu erzielen vermag. Dazu kommt, daß zum einen Preissenkungen nur relativ schwer rückgängig gemacht werden können, und zum anderen, daß auf Anbieterseite die Reaktionsgeschwindigkeit auf Preisänderungen der Konkurrenten im Zuge der Verdichtung und Verbesserung der Kommunikationsnetze ständig zunimmt.

Zu den Mitteln, den Preiswettbewerb auszuschalten oder zu begrenzen, gehören von alters her zunächst **Absprachen** unter den Anbietern, vor allem Preiskartelle. Dabei können sogar eherne Marktgesetze angetastet werden. Das ehemals größte Preiskartell, die *OPEC,* ließ nämlich in den siebziger Jahren Zweifel an der Erfahrung aufkommen, daß steigende Preise bei einem Gut das mengenmäßige Angebot an diesem Gut zu vergrößern tendieren. Nicht so bei Erdöl, wo es zu einem **Preis-Angebots-Paradoxon** gekommen ist.

Der Anstieg der Preise geht einher mit einer Verknappung des Angebots, während die Erlöse aus dem Ölabsatz gleich bleiben oder sogar steigen. Mikroökonomisch zu erklären ist dieses Paradoxon zum einen durch den nach 1973 vollzogenen Übergang vom Oligopol- zum kartellbedingten Monopolmarktverhalten der Anbieter (mit einer entsprechenden Verschiebung der Angebotskurve), zum anderen durch die Verlängerung des Planungshorizonts der Anbieter angesichts der abzusehenden Erschöpfung der Erdölvorräte. Allerdings kann diese aus der Sicht der *OPEC*-Mitglieder durchaus sinnvolle Preispolitik nur so lange mit Erfolg betrieben werden, wie die eine monopolähnliche Marktsituation begründende Kartellabsprache hält. Erfahrungsgemäß bildet dies jedoch stets einen heiklen Punkt jeder Vereinbarung unter nicht gleich starken Partnern, was die in der Vergangenheit häufig aufgetretenen Alleingänge einzelner Mitglieder und daraus resultierende Preissenkungen bei Erdöl unterstreichen.

Unter den Kartellen erweisen sich **Syndikate** als besonders wirkungsvoll. Sie sind dadurch gekennzeichnet, daß die beteiligten Unternehmungen auf die Pflege eigener Beziehungen zum Absatzmarkt verzichten und ihre Erzeugnisse (homogene Güter wie Kohle, Düngemittel und Zement) gemeinsam über eine Zentralstelle absetzen, um dadurch der Gefahr entgegenzuwirken, daß einzelne Syndikatsmitglieder aus der Reihe tanzen. Vorhandene Außenseiter vermögen im allgemeinen das Marktgeschehen nicht spürbar zu beeinflussen.

Ähnlich wie Kartellverträge wirken **geheimes Einverständnis** unter den Beteiligten, also konformes oder Parallelverhalten der Konkurrenten, sowie die stillschweigende Anerkennung der Preisführerschaft eines bedeutenden Wettbewerbers (vgl. dazu Abschn. 3.2.4.2.).

Lange Zeit meinte man, daß der Preiswettbewerb überall dort gesichert sei, wo zahlreiche Anbieter miteinander konkurrieren, eine Situation, die in weiten Teilen des Einzelhandels und des Gastgewerbes sowie in Bereichen der Verbrauchsgüterindustrie und des Handwerks anzutreffen ist. In Wirklichkeit neigen aber gerade Angehörige dieser Wirtschaftszweige, vornehmlich die kleinen und mittelgroßen Unternehmungen, dazu, dem **Preiswettbewerb auszuweichen** und andere absatzpolitische Instrumente, wie z. B. Produkt- bzw. Sortimentspolitik und Service, einzusetzen, um sich Vorteile gegenüber den Konkurrenten zu verschaffen.

Für den Fall, daß nur wenige große Anbieter und einige kleine Mitbewerber das Wettbewerbsgeschehen prägen (oligopolartige Bedingungen), ist der Preiswettbewerb erfahrungsgemäß unterschiedlich stark entwickelt. Diese **Marktkonstellation** sagt somit wenig über die **Intensität** des **Preiswettbewerbs** aus. Charakteristisch erscheinen gelegentlich aufflackernde, scharfe Preiskämpfe, die jedoch nach relativ kurzer Zeit beendet zu werden pflegen, weil sich die Beteiligten rasch den neuen Bedingungen anpassen. Dies hat z. B. der Treibstoffmarkt gelehrt. Die dazwischenliegenden, ziemlich langen Perioden wirtschaftsfriedlichen Verhaltens können indessen mit Auseinandersetzungen anderer Art unter den Konkurrenten, z. B. mit aggressiven Werbekampagnen, ausgefüllt sein.

Wenngleich die Masse der Unternehmungen, wie hier in kurzen Zügen angedeutet wurde, dem Preiswettbewerb aus dem Wege zu gehen sucht, lehrt die Erfahrung, daß diese Form des Wettbewerbs, insbesondere im Verhältnis Hersteller – Handel, alles andere als eine untergeordnete Rolle spielt. In diesem Zusammenhang ist auf folgenden Aspekt des vertikalen Wettbewerbs hinzuweisen: Ein Hersteller möchte, wenn möglich, zwei Preise kontrollieren, den **Abgabepreis**, zu dem er den Handel beliefert, und den **Verbraucherpreis**, den letzterer fordert. Der Erlös des Produzenten hängt direkt von seinem Abgabepreis ab; für die Produktpositionierung ist dagegen der Endverbraucherpreis maßgeblich. Seit Aufhebung der vertikalen Preisbindung kann die Absatzpolitik eines Herstellers, für den der Endverbraucherpreis ein wesentliches Element der Produktpositionierung darstellt, durch die Preisgestaltungsautonomie des Handels durchkreuzt werden.

Der Hersteller ist zwar in der Lage abzuschätzen, welche Verbraucherpreise sich bei den üblichen Handelsspannen auf der Basis eines Abgabepreises ergeben, doch kann er nicht ausschließen, daß einzelne Handelsunternehmen sein Produkt quasi als **Lockvogel** einsetzen, um ihre Preiswürdigkeit zu demonstrieren, und andere diesem Beispiel folgen (müssen). Auf diesem Weg wird das Erzeugnis u. U. auf ein Preisniveau herabgedrückt werden, das der absatzpolitischen Konzeption des Herstellers nicht mehr entspricht. Auch die bei vielen Artikeln anzutreffende unverbindliche Endverbraucher-Preisempfehlung kann vom Handel als Referenzwert benutzt werden, um sich durch konsequentes Unterbieten in den Augen der Verbraucher preispolitisch zu profilieren.

In den Fällen, in denen der (vertikale oder horizontale) Wettbewerb über die Preise ausgetragen wird, rekrutieren sich die Beteiligten vorzugsweise aus leistungsfähigen, aggressiven Unternehmungen, die in der Regel auf stagnierenden Märkten ihren Marktanteil zu erhöhen bestrebt sind. Ein typisches Beispiel dafür stellen die **großflächigen Betriebsformen** des **Einzelhandels** (z. B. Verbrauchermärkte) dar, die überwiegend eine außerordentlich aggressive Preispolitik betreiben. Durch vielfältige Formen der **Kooperation** versuchen die zahlreichen kleinen und mittleren Groß- und Einzelhandelsbetriebe Rationalisierungs- bzw. Beschaffungsvorteile zu erlangen, um der auf Größe beruhenden Wettbewerbsstrategie der Großbetriebsformen angemessen begegnen zu können („countervailing power“ als Wettbewerbskonzept).

Viele **Fusionen** in Industrie und Handel dienen demselben Zweck: Durch sie können Gebilde von hinreichender Stärke geschaffen werden, um einen Vorstoß auf dem Absatzmarkt auch mit dem Mittel der Preispolitik zu wagen und eine überkommene Marktstruktur zu verändern.

Wir stellen also fest, daß es das der Wettbewerbspolitik in der Bundesrepublik Deutschland zugrundeliegende Konzept der **„workable competition“** (im Gegensatz zum Konzept der vollkommenen Konkurrenz) erlaubt, nicht nur aus Zahl und Größe der Marktpartner, sondern auch aus deren Verhalten (Aktivität, Aggressivität) und aus dem Marktergebnis auf das Vorliegen eines wesentlichen Wettbewerbs zu schließen. Darin, daß als zentraler Indikator für die Existenz eines funktionsfähigen Wettbewerbs der Preis angesehen wird, liegt jedoch eine Überschätzung der Wirkung dieser Aktionsvariablen der Unternehmung. Zugleich wird damit die Bedeutung der übrigen absatzpolitischen Instrumente auf hochentwickelten Märkten verkannt.

2. Die Evaluation des Preises durch die an einer Transaktion Beteiligten

2.1. Die Problemstellung

Es hat sich gezeigt, daß der eigentliche Aktionsparameter der betrieblichen Preispolitik nicht die Höhe der monetären Preisforderung, sondern die komplexe

Gestaltungsgröße **Preis / Leistungsverhältnis** ist, die damit den engen zwischen der Preispolitik und den übrigen (leistungsbildenden) Instrumentalbereichen bestehenden Zusammenhang deutlich zutage treten läßt. Eine solche Betrachtung erscheint indessen keineswegs neu. Auch der *homo oeconomicus* der klassischen Preistheorie trachtet als Produzent (unter der Annahme einer gegenseitigen Abhängigkeit von Leistungsqualität und Kosten) stets danach, das Preis / Leistungsverhältnis zu maximieren, während er als Konsument (unter der Annahme einer ähnlichen zwischen Leistungsqualität und Nutzenstiftung bestehenden Beziehung) das Preis / Leistungsverhältnis zu minimieren sucht.

Die auf differenzierten Märkten auftretende Problematik der unzureichenden Vergleichbarkeit der Leistungen und somit auch der Preis / Leistungsrelation umgeht die klassische Preistheorie durch die erwähnte Annahme der **Homogenität der Leistungen** (Güter). Gekoppelt mit der Fiktion des Fehlens jeglicher Präferenzen räumlicher, zeitlicher oder persönlicher Art, stellt dieser Kniff eine strenge Vergleichbarkeit der Leistungen im theoretischen Modell sicher. Aus solch einer verengten Perspektive muß zwangsläufig die Leistung als für den Gesamtmarkt einheitlich in den Hintergrund treten (formal gesehen als konstanter Nenner der Preis / Leistungsrelation bei allen Anbietern). Die Evaluation der Angebote kann sich dann ausschließlich an der Höhe der Preisforderung orientieren.

Das Vorhandensein ähnlich strukturierter, doch komplexer Evaluationsprozesse läßt sich indessen auch auf Märkten für heterogene, nicht direkt vergleichbare Güter vermuten. Sie finden mehr oder weniger bewußt, formalisiert oder institutionalisiert bei Individuen ebenso wie bei Beschaffungsgremien statt. Die Beschäftigung mit diesen „marktbildenden" Prozessen muß sich mit zwei grundlegenden Fragestellungen auseinandersetzen:

- Welche objektiven Anhaltspunkte zur Beurteilung des Preis / Leistungsverhältnisses stehen den Kontrahenten zur Verfügung? Anders ausgedrückt: Welche **Bestandteile** enthält der **Preis**?
- Welche psychischen, im Bewußtsein der Wirtschaftssubjekte wirksamen Größen beeinflussen die **Evaluation** der objektiv vorgegebenen **Angebote**?

2.2. Objektive Komponenten des Preis / Leistungsverhältnisses

2.2.1. Die Leistungsabgabe

2.2.1.1. Die Leistung in meßbaren Kategorien

Die Leistung im Sinne eines Gutes oder Dienstes kann als ein **Aggregat** von **Teilleistungen** oder **Leistungskomponenten** aufgefaßt werden. Eine triviale, aber unverzichtbare Art des Leistungsvergleichs besteht zunächst darin festzustellen, ob eine bestimmte Leistungskomponente vorliegt oder nicht. Dem wird man sich immer dann unterziehen, wenn es sich um sog. Ausstattungsgüter, also um komplexe, auf vielfältige Bedürfnisse hin konstruierte bzw. ausgestaltete Erzeugnisse handelt (Investitionsgüter, Kraftfahrzeuge, Softwarepakete etc.). Ein Beispiel dafür vermittelt Tab. 6.1.

Tabelle 6.1.

Unterschiede im Preis/Leistungsverhältnis von drei Automobilmarken

Ausstattung	Automobiltyp		
	VW Golf CL, 44 kW	Opel Astra GL, 44 kW	Ford Escort CL, 44 kW
Grundpreis dreitürig DM	22.360,–	21.900,–	21.900,–
ABS	1.910,–	1.816,–	1.200,–
Airbag für Beifahrer	1.210,–*)	❍	600,–
Airbag für Fahrer	1.210,–*)	807,–	●
Anhängevorrichtung	1.070,–	959,–	960,–
Diebstahlwarnanlage	365,–	823,–*)	❍
Drehzahlmesser	230,–	210,–	❍
Elektrisch verstellbarer und beheizbarer Außenspiegel	262,–	312,–	❍
Elektrische Fensterheber	❍	648,–	❍
Katalysator	●	●	●
Klimaanlage	2.270,–	❍	❍
Leichtmetallräder	1.240,–	1.316,–	❍
Lenksäule höheneinstellbar	●	❍	●
Metallic-Lackierung	610,–	560,–	610,–
Nebelscheinwerfer	280,–	274,–	❍
Scheinwerferreinigungsanlage	❍	251,–	❍
Schiebedach	1.290,–	1.105,–	1.160,–
Servolenkung	920,–	902,–	❍
Sportlenkrad	240,–	❍	❍
Wärmeschutzverglasung	530,–	335,–	❍
Zentralverriegelung	710,–	823,–*)	600,–

● = serienmäßig; ❍ = nicht ab Werk lieferbar; *) Preis eines Ausstattungspaketes inklusive der jeweiligen Nutzenkomponente.

Quelle: eigene Erhebung (Stand Mai 1994).

Wie man sieht, variieren die Grundpreise der drei zu vergleichenden Mittelklassemodelle so gut wie nicht. Dennoch ist das Preis / Leistungsverhältnis in den fraglichen drei Fällen unmittelbar und objektiv nicht vergleichbar, und zwar deswegen, weil die Basisversionen in unterschiedlichem Maße mit zusätzlichen Nutzenkomponenten ausgestattet sind. Auch dadurch, daß bestimmte dieser Elemente bei einzelnen Herstellern nicht erlangt und andere nur innerhalb von Ausstattungspaketen erworben werden können, wird ein objektiver Preis / Leistungsvergleich zwischen den Marken praktisch vereitelt. Dies entspricht durchaus der Intention der Anbieter.

Einem objektiven **Vergleich** zwischen **Preis** und **Leistung** stehen auch Unterschiede in der **Qualität** einzelner **Nutzenkomponenten** entgegen. So läßt sich die Ausprägung vieler Produkteigenschaften durchaus objektiv messen, seien es z. B. die (durchschnittliche) Lebensdauer von Glühbirnen und die Stärke ihrer Leuchtkraft oder seien es die Geschwindigkeit, das Kofferraumvolumen sowie der Bremsweg von Automobilen. Selbst wenn also zwei Fahrzeuge hinsichtlich des Vorhandenseins bestimmter Ausstattungselemente völlig identisch wären, könnten dennoch deutliche Unterschiede bei deren Qualität bestehen. Das bedeutet, daß das urteilende Subjekt anstatt eines **kategorialen** Urteilsraumes, der aus Ja-Nein-Dimensionen gebildet ist, einen solchen mit Hilfe von **ordinal-** oder **metrischskalierten Raumachsen** aufspannen muß.

Anhaltspunkte für einen Preis / Leistungsvergleich bieten häufig die Testergebnisse der *Stiftung Warentest,* Berlin, von der zum einen die auf objektiven Kriterien basierenden Qualitätsurteile und zum anderen die mittleren Angebotspreise der geprüften Produkte zur Verfügung gestellt werden. Ob zwischen den Ergebnissen für insgesamt 4.006 Produkte aus 12 Warenbereichen und den dafür auf repräsentativer Basis erhobenen Durchschnittspreisen ein Zusammenhang besteht, hat *Diller* (1977, S. 227 ff.) überprüft. Einige Befunde sind in Tab. 6.2. wiedergegeben.

Idealtypisch, d. h. der allgemeinen Vorstellung entsprechend, daß teurere Produkte qualitativ höherwertige Leistungsbestandteile umfassen und eine (objektiv) bessere Qualität aufweisen, würde man hohe negative Korrelationskoeffizienten erwarten. (Das negative Vorzeichen ist in der Meßmethode begründet, die jener bei der Vergabe von Schulnoten ähnlich ist.) Wie Tab. 6.2. erkennen läßt, stimmt bei den durchschnittlichen Korrelationskoeffizienten zwar in allen Fällen das **Vorzeichen**, doch ist der ausgewiesene **Zusammenhang** häufig sehr **schwach**, in einigen Fällen die Situation sogar so, daß man von einem solchen überhaupt nicht sprechen kann.

Nicht uninteressant sind auch die maximalen und die minimalen Werte, die die Situation bei einzelnen Warengruppen widerspiegeln und in Einzelfällen den erwarteten strengen Zusammenhang anzeigen, in anderen jedoch genau das Gegenteil davon ausweisen. So kann das Ergebnis in Teilbereichen der Warengruppe „Kfz und Kfz-Zubehör" nur wie folgt gedeutet werden: Je teurer das Produkt, desto schlechter die Qualität!

Die anstehenden **Bewertungsprobleme** lassen sich nur durch Heranziehung eines – möglichst explizierten – (subjektiven) Präferenzsystems bewältigen. Die

Notwendigkeit dazu ergibt sich in einem um so stärkeren Maße, je schwieriger die zu lösenden Operationalisierungsprobleme sind. Wenn schon die Bewertung des mit dem Vorhandensein eines Heckscheibenwischers verbundenen Nutzens Schwierigkeiten bereitet, um wieviel mehr gilt dies für Farbgebung und Design.

Tabelle 6.2.

Korrelativer Zusammenhang zwischen Produktqualität und Produktpreis

Warengruppe	Durchschnittlicher Korrelations-koeffizient aller Produktarten pro Warengruppe	Maximaler Korrelations-koeffizient	Minimaler Korrelations-koeffizient
Artikel für Kinder	– 0,230	0,123	– 0,573
Möbel	– 0,293	0,109	– 0,673
Kleingeräte	– 0,149	0,548	– 0,846
Lebensmittel	– 0,108	0,677	– 0,894
Reinigungsmittel	– 0,575	0,395	– 0,640
Textilien	– 0,058	0,627	– 0,626
Freizeit/Hobby/Sport	– 0,273	0,441	– 0,935
Phono/Radio/TV	– 0,299	0,464	– 0,921
Phono/Optik/Uhren	– 0,325	0,176	– 0,880
Kosmetika	– 0,007	0,164	– 0,345
Große Haushaltsgeräte	– 0,183	0,499	– 0,679
Kfz und Kfz-Zubehör	– 0,002	0,906	– 0,763

Quelle: *Diller* 1977, S. 227.

Zu einer Bewertungsproblematik kommt es jedoch nicht nur in bezug auf die Güter selbst, sondern auch hinsichtlich der **situativen Gegebenheiten** ihres **Erwerbs**. So macht es für einen Verbraucher u. U. einen erheblichen Unterschied, ob er einen bestimmten Markenartikel in einem Fachgeschäft in der City oder in einem Verbrauchermarkt „auf der grünen Wiese“ erwirbt, ob er ein bestimmtes Gericht in einem Feinschmeckerlokal oder in einer Autobahngaststätte zu sich nimmt usw. Worauf sich die Leistung und der Nutzenvergleich im einzelnen beziehen können, wird in den folgenden Abschnitten noch deutlicher werden.

2.2.1.2. Nutzenstiftende externe Effekte

Wie bereits angesprochen, entgelten Käufer mit dem von ihnen entrichteten Betrag die erworbene nutzenstiftende Leistung. Dabei werden im theoretischen Marktmodell sowohl der Nutzen (Leistung) als auch die Kosten (Preis) stets voll internalisiert. Der Nutzen des Gutes kommt ausschließlich demjenigen (bzw. einem von ihm bestimmten Empfänger) zugute, der den Marktpreis entrichtet, oder, umgekehrt, die Kosten trägt ausschließlich derjenige, der den Nutzen hat (Ausschluß- oder Rivalitätsprinzip). Es leuchtet ein, daß eine solche Modellvorstellung nicht unmittelbar der Realität entspricht. Alle realen Güter weisen mehr oder weniger ausgeprägte **externe Effekte** (Externalitäten) auf. Dies sind Vor- oder Nachteile, die sich aus dem Ver- bzw. Gebrauch eines Gutes durch einen Erwerber für Dritte ergeben, ohne daß diese im allgemeinen für die ihnen zufließenden Vorteile zur Zahlung herangezogen bzw. für Nachteile, die sie erleiden, entschädigt werden. Das bedeutet nichts anderes, als daß die **Nutzenfunktionen** von Wirtschaftssubjekten **interdependent** sind. Ein externer Effekt liegt also dann vor, wenn die Nutzen- oder Zielfunktion des Individuums A neben den nur von ihm kontrollierten Variablen auch mindestens eine Größe enthält, die unter Kontrolle eines Akteurs B steht, und wenn es nicht möglich ist, die Interdependenz zwischen den betroffenen Parteien durch den Preismechanismus aufzulösen.

Positive Interdependenz zwischen individuellen Nutzenfunktionen läßt sich an einer Vielzahl von Produkten verdeutlichen. Das Paradebeispiel dafür bildet die Erstellung bzw. Unterhaltung eines Leuchtturms. Er nützt nicht nur dem Erbauer, sondern auch manchem Reeder, der zu dessen Unterhalt nichts beiträgt.

2.2.2. Das Leistungsäquivalent aus Anbieter- und aus Nachfragersicht

2.2.2.1. Der Grundpreis

Das Problem der objektiven Evaluierung des **Preis / Leistungsverhältnisses** besteht nicht nur in der bereits angesprochenen Schwierigkeit, die **Leistungsqualität** zutreffend einzuschätzen. Probleme, wenngleich anderer Art, wirft auch die Bemessung des **Gesamtpreises** eines Gutes, d. h. des mit der Abgabe erzielbaren Erlöses bzw. der mit der Beschaffung verbundenen Gesamtkosten auf. So sind z. B. die Gesamtaufwendungen, die mit dem Erwerb eines Fahrzeuges zusammenhängen, keineswegs mit dem angesprochenen Grundpreis identisch. Die Höhe des Gesamtpreises wird in diesem Fall vielmehr zusätzlich beeinflußt durch

- die Anzahl der zusätzlich gewünschten Ausstattungsextras,
- etwaige Transport- und Bereitstellungskosten (Überführungskosten),
- die Beschaffungskosten, d. h. jene Wegekosten, die bei der Anfahrt zu und Rückkehr von der Transaktionsstätte anfallen,
- die in Anspruch genommenen Rabatte (Nachlaß bei Barzahlung oder bei Verzicht auf Inzahlunggabe eines Gebrauchtfahrzeugs) sowie

– die Finanzierungskosten im Falle der Inanspruchnahme eines Kredites oder Leasingangebotes.

Je nachdem, welcher Zeithorizont bei der Berechnung des Gesamtpreises gewählt wird (von der Ebene der Transaktion bis hin zu jener der gesamten Nutzungsdauer), können weitere Preis- bzw. Kostenbestandteile in die Überlegungen einbezogen werden (vgl. Abb. 6.1.):

– Kosten für Wartung und Reparaturen,

– Betriebskosten (Versicherung, Steuer, Kraftstoff, Garage),

– Kosten der Inbetriebnahme,

– Kosten des im Fahrzeug gebundenen Kapitals (Kapitalkosten).

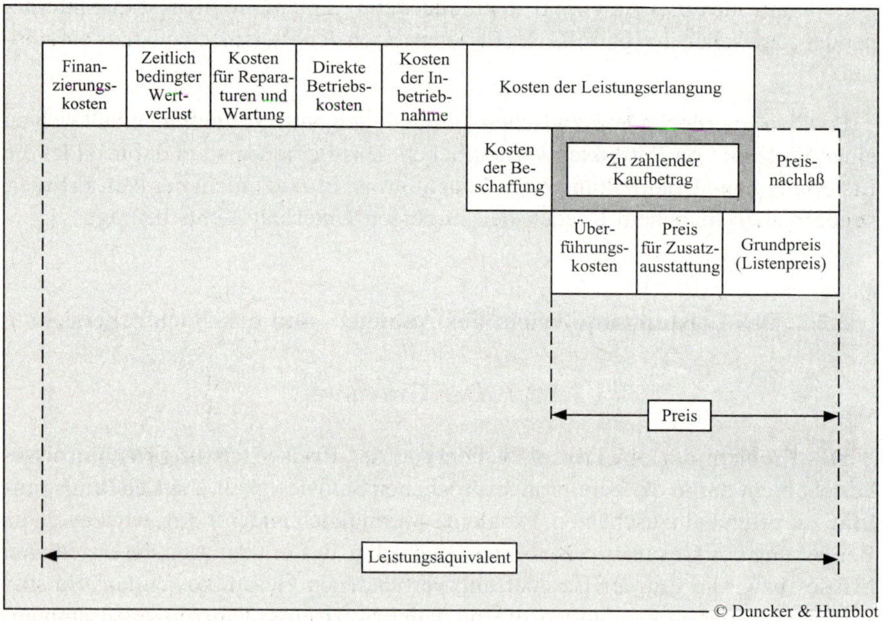

Abb. 6.1.: Bestandteile des Leistungsäquivalents (am Beispiel des Automobilkaufs)

In bezug auf den Grundpreis lassen sich grundsätzlich zwei Formen der Gestaltung der Preisforderung unterscheiden: Freie Preisfestsetzung und Listenpreis.

Bei einer **freien Preisfestsetzung** ergibt sich die Entgeltforderung als Resultat eines Bargaining-Prozesses (ausgehandelter Preis). Dabei kann der auf diesem Wege zustande kommende Preis den Erfordernissen einer Transaktion (eines bestimmten Abnehmers) problemlos angepaßt werden. Solche Verhandlungsprozesse werden vornehmlich dort auftreten, wo es um ein nur wenig standardisiertes, oft stark individualisiertes Gut geht.

Die Preisforderung wird jedoch auch (und bei Massengütern zumeist) in Form eines **Listenpreises** erhoben. Dann erweist es sich allerdings als notwendig, ein Instrumentarium zur Verfügung zu haben, mit dem preispolitisch relevante Kundenspezifika berücksichtigt werden können. Dazu zählen z. B. die Zugehörigkeit eines Abnehmers zu einer bestimmten Wirtschaftsstufe, die Höhe der abgenommenen Menge, die Aussicht auf die Erlangung zusätzlicher Aufträge und die Übernahme bestimmter Distributionsleistungen durch den Abnehmer (z. B. Verkaufsförderung, Transport, Werbung und Reparaturdienst). Diesen preisrelevanten Eigenschaften einzelner Abnehmer läßt sich mit Hilfe eines breiten Spektrums von Zu- und Abschlägen auf den bzw. von dem Listenpreis Rechnung tragen.

Nach der Reichweite der Entscheidung wird zwischen **Netto-** und **Brutto-Preisbildungssystem** unterschieden. Bei ersterem fixiert der Anbieter Preise nur für die erste Transaktionsebene, also allein gegenüber dem unmittelbaren Abnehmer. Ist dieser ein sog. Wiederverkäufer, der sich ebenfalls für ein Netto-Preisbildungssystem entschieden hat, so legt dieser seinerseits einen Preis nur für seine eigenen Kunden fest. In ähnlicher Weise schließen sich in einem mehrstufigen Absatzkanal weitere Preisbildungsprozesse an, bis hin zum Letztverbraucher bzw. Letztverwender. In einem solchen System zielt der Hersteller nicht explizit darauf ab, auf die Höhe des Verbraucherpreises seiner Produkte Einfluß zu nehmen.

Im Unterschied dazu beruht das **Brutto-Preisbildungssystem** auf einem gedanklichen Überspringen der Zwischenmärkte bei der Preisfestlegung. Der Entscheidungsträger antizipiert dabei die Preisstellung bei Transaktionen, an denen er nicht beteiligt ist, und gibt den Endpreis für die nachfolgenden Wirtschaftsstufen vor. So kann z. B. ein Hersteller einen bestimmten Verbraucherpreis als den marktoptimalen erkennen und diesen dem Einzelhandel als Verkaufspreis zwingend vorschreiben oder auch nur nahelegen. Ausdruck dieses Preisstellungssystems, das jedoch zunehmend an Bedeutung verliert, sind die vertikale Preisbindung bzw. die unverbindliche Preisempfehlung.

Von einer **vertikalen Preisbindung** (auch als „Preisbindung der zweiten Hand" bezeichnet) spricht man dann, wenn sich der Handel vertraglich verpflichtet, einen vom Hersteller festgesetzten Endpreis einzuhalten (in der Bundesrepublik Deutschland seit 1974 grundsätzlich verboten). Eine **unverbindliche Preisempfehlung,** mit der viele Hersteller ihre Produkte versehen, stellt eine andere, gleichwohl schwächere Möglichkeit dar, einen gewissen Einfluß auf die Absatzpreisgestaltung (gemäß dem Brutto-Preisbildungssystem) zu erhalten. Dabei ist es gleichgültig, ob die unverbindliche Preisempfehlung nur im Umgang mit den Kontrahenten im Absatzkanal ausgesprochen (**Händlerpreisempfehlung**) oder dem Verbraucher, z. B. in Form eines entsprechenden Aufdrucks auf der Ware, mitgeteilt wird (**Verbraucherpreisempfehlung**).

Es leuchtet unmittelbar ein, daß sich die Preisempfehlung (wie früher auch die vertikale Preisbindung), die die Handelsspanne der Weiterveräußerer berücksichtigt, an den mit den höchsten Kosten arbeitenden Betrieben des Handels orientieren muß. Daher bleibt es nicht aus, daß rationeller wirtschaftende Großbetriebe sowie andere preisaggressive Anbieter ihre Leistungsfähigkeit durch starke Unterbietung der Verbraucherpreisempfehlung unter Beweis zu stellen trachten. Wird dies indessen vom Hersteller bewußt angestrebt, verleitet der Bruttopreis also geradewegs dazu, unterboten zu werden, so bezeichnet man eine solche Preisempfehlung als **Mondpreis**. Man darf auf Grund von § 38a Abs. 3 *GWB* dann von einer mißbräuchlichen Verwendung der Preisempfehlung ausgehen, wenn ständig eine Unterbietung um mindestens etwa 10% festzustellen ist. Dies kann eine Untersagung durch die Kartellbehörden nach sich ziehen.

Der Preis für den unmittelbaren Kontrahenten wird beim Brutto-Preisbildungssystem meist in Form von prozentual ausgedrückten Abschlägen (Handelsrabatten) auf den angestrebten „Endpreis" ausgedrückt. Bei deren Bemessung muß der Hersteller also die Distributionsspanne (Endverkaufspreis minus Produktionskosten, wobei letztere auch den Gewinn des Herstellers umfassen) entsprechend dem Umfang der von einzelnen Absatzorganen erbrachten Distributionsleistungen auf jene aufteilen.

Bei den vorgegebenen Bruttolistenpreisen kann es sich – je nach Zielsetzung des Herstellers – um Höchst-, Mindest- oder Festpreise handeln. Durch die Festlegung von **Mindestpreisen** schützt sich der Preissteller (zumeist Produzent) vor ungehemmtem Preiswettbewerb und Preisschleuderei auf der nachgelagerten Stufe, während die Festlegung von **Höchstpreisen** Preissteigerungen und daraus resultierenden unerwünschten Konsequenzen für das Produktimage entgegenwirken soll. Bei einer hoch bemessenen Handelsspanne dient die **Festpreisfestlegung** als Ertragsstabilisator.

Im wesentlichen erfüllt der **Listenpreis** die Funktion eines **Grund-** oder **Referenzpreises**; er stellt das Entgelt für eine fest umrissene Produktions- und Distributionsleistung dar und signalisiert, daß alle – etwa in der Art eines Baukastensystems – zusätzlich nachgefragten Leistungskomponenten auch gesondert entgolten werden müssen. Beispielsweise bildete auf dem Automobilsektor lange Zeit der optisch günstige Grundpreis das Entgelt für eine verhältnismäßig schlecht ausgestattete („nackte") Basisversion eines Fahrzeugs. In Frage gestellt wurde diese Gepflogenheit dadurch, daß fernöstliche Anbieter mit Produkten auftraten, bei denen man für den (absolut höheren) Grundpreis bereits eine üppig ausgestattete Fahrzeugversion erhielt.

Eine solche Funktion erfüllt der Listenpreis in vielen Branchen, so auch bei Reiseveranstaltern. Dort wird beispielsweise für eine Reise nach New York die einem bestimmten Angebotspreis entsprechende Leistung im Katalog klar und fest wie folgt umrissen: ABC-Flug Frankfurt-New York und zurück, Empfang und Betreuung durch Reiseleitung, Transfer Flughafen-Hotel-Flughafen, Stadtrundfahrt, Infococktail, 7 Übernachtungen im *New York Sheraton* Hotel, Gepäckträgerentgelt und Steuer.

Daß der letztlich zustande kommende Betrag den oft zu Werbezwecken herausgestellten Grundpreis **(Preisoptik!)** in der Regel nicht unerheblich übersteigt, liegt an einer Reihe von Faktoren, von denen vor allem im übernächsten Abschnitt die Rede sein wird. Im Kfz-Bereich z. B. beschränkt sich die Leistung, die im Grundpreis enthalten ist, üblicherweise auf die Lieferung eines Fahrzeugs ab Werk. Gleichwohl können Grundpreise auch auf der Basis umfangreicherer Distributionsleistungen fixiert werden. Der **Grundpreis** stellt also zunächst das Entgelt für das geringste Leistungsbündel dar, das gerade noch lieferbar ist bzw. angeboten wird.

Auf der anderen Seite bilden Listenpreise bei allen, also auch bereits „vollständigen“, nicht mehr ausbaufähigen Produkten eine Berechnungsgrundlage für die Anpassung der endgültigen Preishöhe an die Erfordernisse einer bestimmten Transaktion, und zwar mit Hilfe von **Rabatt-** und **Zuschlagssystemen**. Solche – zumeist auf den Grundpreis bezogenen – Berechnungsmodalitäten sind weit verbreitet; die Gestaltung der für sie wesensnotwendigen Abstufungen gehört zu den zentralen Fragen der Preispolitik.

Ein Spezifikum des Anlagengeschäftes sind schließlich sog. **Systempreise.** Was damit gemeint ist, läßt sich leicht an einem Beispiel verdeutlichen. Der Systempreis für ein Passagierflugzeug erfaßt beispielsweise neben dem „nackten“ Fluggerät nicht selten auch

– die für die voraussichtliche Einsatzzeit berechnete Ersatzteilgrundausstattung,

– bestimmte Wartungs- und Reparaturarbeiten sowie

– die Schulung von Piloten und Flugbegleitern.

Ein offenkundiger Unterschied zwischen Transaktionen unter Kaufleuten und solchen, an denen Letztverbraucher beteiligt sind, besteht im übrigen darin, daß der Grund- oder Listenpreis im letzteren Falle die **Mehrwertsteuer** enthält, während diese bei Umsatzsteuerpflichtigen entsprechend dem Wertschöpfungsprinzip des deutschen Umsatzsteuersystems getrennt ausgewiesen werden muß.

2.2.2.2. Erscheinungsformen von Leistungsäquivalenten

Die Bereitstellung eines Gutes führt als solche noch keine Bedürfnisbefriedigung herbei. Soll ein Gut einem Abnehmer von Nutzen sein, so muß die Produktionsleistung in vielen Fällen um eine Vielzahl von (Zusatz-)Leistungen ergänzt werden. Zu deren Systematisierung wurden in der Literatur umfangreiche Kataloge von (Handels- bzw. Distributions-)Funktionen entwickelt (vgl. z. *B. Seyffert* 1972, S. 6 ff.; *Hansen* 1990, S. 18 ff.). *Oberparleiter* (1955) beispielsweise unterscheidet folgende: räumliche und zeitliche Funktion, Mengen-, Qualitäts-, Kredit- und Werbefunktion (im Sinne von Akquisitions- oder Absatzfunktion). Ihre Erfüllung dient der Lösung von drei zentralen Aufgaben:

- Es muß das für ein Gut bestehende Absatzpotential erschlossen, d. h. es müssen Abnehmer (Bedürfnisträger) gefunden und akquiriert werden.
- Das Gut muß den Anforderungen der Abnehmer bezüglich Qualität, Menge sowie Zeit und Ort der Bereitstellung angepaßt werden.
- Wo erforderlich, muß durch Bereitstellung finanzieller Mittel an die Abnehmer die Transaktion zum gewünschten Zeitpunkt ermöglicht werden.

Der Wahrnehmung dieser Aufgaben, die aus einem Produkt erst ein nutzbares Element entstehen läßt, dienen die **Kommunikation** und die **Distribution.** Auf jeder Stufe des Absatzkanals enthält der Preis für ein Gut folglich neben dem Entgelt für die Produktion auch das Äquivalent für die bis zur Transaktion erbrachte Distributionsleistung. Der Preis variiert entsprechend dem Ausmaß, in dem die Akteure an dieser Leistung beteiligt sind, da jene Leistungen, die der jeweilige Abnehmer (Absatzorgan, Verbraucher) selbst übernimmt, dem Anbieter nicht explizit entgolten werden müssen.

Der Käufer muß bestrebt sein, jene Teil- bzw. Zusatzleistungen zu erbringen und nicht zu einem Bestandteil des zu zahlenden Betrages werden zu lassen, die er effizienter als der Lieferant bewerkstelligen kann. Verzichtet letzterer nämlich auf eine Teilleistung und gewährt er hierfür eine Preisminderung, so ist zu erwarten, daß der entsprechende Betrag größer sein wird als die Kosten, die bei der Leistungsübernahme durch den effizienter arbeitenden Abnehmer anfallen.

Dabei erhöht sich bei Leistungen, die der **Lieferant** über das im Listen- oder Grundpreis abgegoltene Leistungsbündel hinaus erbringt, üblicherweise die Entgeltforderung um einen oft nur ungenau spezifizierten (Geld-)Betrag bzw. Zuschlag. Äquivalente für Leistungen, die vom **Abnehmer** übernommen werden, verringern hingegen den Preis; solch ein Nachlaß nimmt jedoch häufig auch eine andere als eine monetäre Gestalt an. Dennoch sind Abschläge in Form von **Rabatten** die gebräuchlichste Methode, um der Übernahme von Zusatzleistungen durch Kunden Rechnung zu tragen. Dabei können jene sowohl mit dem **Netto-** als auch dem **Brutto-Preisbildungssystem** kombiniert werden. Ihre zielorientierte und bewußte Gestaltung im Sinne der Ausformung von Staffeln bildet den Gegenstand der **Rabattpolitik.**

Der Einsatz dieser Option erscheint allerdings nur dann sinnvoll, wenn für das abzusetzende Gut ein „normaler", d. h. ein eingeführter Preis, oft ein Listenpreis bekannt ist, von dem sich der Anbieter abheben möchte. Wenn bei jedem Kaufvertrag der Preis Gegenstand einer Verhandlung ist wie bei Gütern, die nach individuellen Anforderungen erstellt werden (z. B. Investitions- oder Luxusgüter) und für die es daher ihrer Besonderheiten wegen keinen Listenpreis geben kann, erübrigt sich die Gewährung von Rabatten. Die Entgeltforderung basiert hier auf einer individuellen Kalkulation bzw. Vereinbarung.

Die **Rabattgewährung** kann deshalb – neben ihrer besonderen Bedeutung im Rahmen der Beziehungen zwischen Hersteller(n) und Absatzmittlern – als ein

Mittel der **preispolitischen Feinsteuerung** angesehen werden, dessen man sich bedient, wenn man generell gültige Preise – eben etwa in Gestalt von Listenpreisen – letztlich doch variieren möchte. Je mehr in einer Branche Rabatte gewährt und je einheitlicher diese dort gehandhabt werden, desto stärker verblaßt indessen die Wirkung der Rabattpolitik und desto häufiger wird der Rabatt als allgemein üblich und als Element der Preisstellung betrachtet.

Die der Rabattgewährung innewohnende **Transparenz** kann **verringert**, der von beiden Seiten erwünschte **Effekt** einer **Preisminderung** aber dennoch **erreicht** werden, wenn der Lieferant anstatt einer Preisminderung eine **Mehrleistung** erbringt. In den siebziger und achtziger Jahren sind die sog. **Nebenleistungen**, insbesondere im Verhältnis zwischen Herstellern und Handel, Gegenstand leidenschaftlicher Diskussion gewesen. Ausgangspunkt war die Tatsache, daß sich im Gefolge der Erstarkung des Handels die Machtverhältnisse in den Absatzkanälen zu Gunsten des Handels verändert hatten. Der Wettbewerb um den knappen Regalplatz im Einzelhandel veranlaßte die Hersteller, nicht nur das Produkt und den Preis, sondern auch die Nebenleistung als Marketing-Instrument einzusetzen. Daraus wird der Vorwurf abgeleitet, der Wettbewerb um die Präsenz im Handel sei ein **Nebenleistungswettbewerb** geworden. Was man sich darunter vorzustellen hat, illustrieren die Einkaufsbedingungen eines Filialunternehmens, die u. a. folgende Klauseln enthalten :

„– Bei Änderung von Verkaufspreisen ist der Lieferant für die rechtzeitige Umzeichnung des gesamten Bestandes verantwortlich.
- Der Lieferant muß darauf achten, daß die von ihm gelieferte Ware mit den gültigen Verkaufspreisen ausgezeichnet ist.
- Der Lieferant gewährt jederzeit die günstigsten Konditionen, d. h. er wird den Abnehmer in keinem Fall schlechter stellen als andere Besteller. Räumt der Lieferant vor oder nach Vertragsschluß Dritten günstigere Preise oder Konditionen ein, so werden diese automatisch Bestandteil der vorliegenden Bestellung.
- Der Lieferant übernimmt die Aufgabe, die ihm zugewiesenen Verkaufsregale verkaufsgerecht aufzubauen, diese zu reinigen und regelmäßig den Vorrat zu überprüfen.
- Ware, die älter als zwei Monate ist, wird vom Lieferanten zurückgenommen oder durch gängige Artikel ausgetauscht.
- Durch Anlieferung oder Verkaufsgeschehen beschädigte oder defekte Ware wird vom Lieferanten grundsätzlich zurückgenommen und gutgeschrieben. Dieser ist bei seinen Besuchen verpflichtet anzufragen, ob Retouren vorliegen, und gegebenenfalls die Ware zurückzunehmen.
- Im Falle der Kündigung haben wir das Recht, sämtliche gelieferten Waren auf Kosten des Lieferanten zurückzugeben und diesem in Rechnung zu stellen. Der Ausgleich erfolgt innerhalb 10 Tagen durch Scheck.“

Als wettbewerbspolitisch brisant erscheint ein solcher Nebenleistungswettbewerb vornehmlich deswegen, weil in der Regel **nicht** die **Abgeltung** einer konkreten **Distributionsleistung** durch den Abnehmer Anlaß für deren Erbringung ist, sondern weil vielmehr der Abnehmer gestützt auf seine **Nachfragemacht** den Lieferanten zu zwingen vermag, Aufgaben der geschilderten Art unentgeltlich zu übernehmen und mancherlei Zahlungen zu leisten. Der Tatbestand ist als **„Anzapfen"** in die Rechtsprechung eingegangen.

Daß all dies nur einen Ausschnitt aus dem Spektrum der Möglichkeiten verkörpert, zeigt das in Tab. 6.3. wiedergegebene, vom *Bundeswirtschaftsministerium* (1974) zusammengestellte sog. **Sündenregister.**

Tabelle 6.3.

Katalog ausgewählter wettbewerbsfremder Geschäftspraktiken zwischen Industrie und Handel	
1. Eintrittsgeld für Erstauftrag 2. Regalmiete 3. Werbekostenzuschuß 4. Sonderleistungen bei Neueröffnung 5. Verlagerung der Regalpflege 6. Verlagerung der Preisauszeichnung 7. Inventurhilfe 8. Listungsgebühr 9. Deckungsbeitrag für Umsatzausfälle 10. Darlehen zu nicht marktgerechten Bedingungen 11. Investitionszuschuß 12. Beteiligung an Geschäftseinrichtung 13. Buß- und Strafgelder 14. Fordern eines Bündels von Sonderleistungen mittels Fragebogen 15. Preisfallklausel	16. Jederzeitige Kontrolle des Abnehmers im Betrieb des Herstellers 17. Rabattkumulierung 18. Nachträgliche Erhöhung der vereinbarten Rückvergütungssätze für die Umsatzprämie 19. Besonders langes Zahlungsziel 20. Abwälzung von Kosten organisatorischer Betriebsumstellung auf Lieferanten 21. Lieferverpflichtung in ungewisser Höhe 22. Ausschluß der Kreditsicherung durch Forderungsabtretung 23. Gespaltener Anzeigenpreis 24. Gespaltener Abonnementpreis 25. Bereitstellung kostenloser Werbeexemplare über einen längeren Zeitraum

2.2.2.3. Die Abgeltung von Zusatzleistungen

2.2.2.3.1. Die Abgeltung raum- und zeitbezogener Überbrückungsleistungen

In einer Transaktion überträgt der Verkäufer üblicherweise Zug um Zug mit der Zahlung des vereinbarten Entgelts das Eigentum an dem fraglichen Objekt an den Käufer. Erst danach kann letzterer über dieses verfügen und es z. B. weiterveräußern. Häufig strebt darüber hinaus der Erwerber auch den Besitz des Gutes an, um es privat oder gewerblich nutzen zu können.

Nur selten dürfte in einer arbeitsteiligen Wirtschaft der Bedarf unmittelbar zu der Zeit und an dem Ort entstehen, zu der bzw. an dem das Gut produziert wird. Somit gilt es, die räumliche und zeitliche Distanz, die zwischen Produktion und Nutzung liegt, zu überwinden. Dabei ist von großer Bedeutung, wo sich der Übergang von der einen zur anderen Sphäre vollzieht, weil sich danach bestimmt,

- wie die Kosten für Transport, Lagerung, Versicherung, Dokumentenbeschaffung, Zölle und sonstige Abgaben, Verpacken, Wiegen, Messen und Qualitätsprüfung zwischen dem Lieferanten und dem Abnehmer aufgeteilt werden und
- wo der sog. Gefahrenübergang vom Verkäufer auf den Käufer stattfindet.

Die Lieferkonditionen bilden neben den Zahlungsmodalitäten und anderen Regelungen (z. B. Gerichtsort) einen Bestandteil der sog. **Geschäftsbedingungen** (auch Konditionen oder Nebenbedingungen genannt). Diese finden sich üblicherweise auf der Rückseite von Vertragsangeboten, auf Rechnungen und Flugscheinen oder auch in Prospekten abgedruckt. Sie werden bei Zustandekommen eines Abschlusses Bestandteil eines Vertrages. Die Banken pflegen sie ihren Kunden in Broschürenform zu übergeben. Oftmals wird auch darauf hingewiesen, daß die *Allgemeinen Geschäftsbedingungen (AGB)* für einen Wirtschaftszweig einheitlich geregelt sind (z. B. für Fluggesellschaften und Touristikunternehmungen, wo u. a. die Haftung eine große Rolle spielt) oder beim Anbieter auf Wunsch jederzeit eingesehen werden können.

Eine für den internationalen Handel bedeutsame Fixierung der unterschiedlichen Lieferleistungen, die in ihren Ausprägungen den Etappen des Weges der Ware vom Ursprung über die Verladestelle bis zur Entladung folgen, bilden die von der *Internationalen Handelskammer* 1953 verabschiedeten und 1990 überarbeiteten ***INCOTERMS***. Sie umfassen eine Reihe von Abstufungen, deren wichtigste in Tab. 6.4. zusammengefaßt sind.

Welche Unterschiede hinsichtlich der Kosten die einzelnen Leistungsstufen aufweisen, soll das Beispiel demonstrieren, das in Tab. 6.5. wiedergegeben wird. Hierbei handelt es sich um eine im Jahre 1993 tatsächlich ausgeführte Lieferung von Maschinenteilen von Mannheim nach Bombay / Indien durch die Spedition *Schenker International AG,* Mannheim.

Räumliche Aspekte der Transaktion spielen z. B. auch bei der Beschaffung eines Automobils eine Rolle. Der Käufer kann hier die von einem Kfz-Händler in Rechnung gestellten Überführungskosten jenen Aufwendungen gegenüberstellen, die ihm aus einer Abholung des Wagens im Werk, soweit überhaupt möglich, erwüchsen. Dieses Problem stellt sich in abgewandelter Form überall im Einzelhandel. Da sich im Zuge des strukturellen Wandels dieses Wirtschaftszweigs die großflächigen Betriebsformen des Handels mit Vorliebe am Stadtrand etablieren, würden die Verbraucher einen Rechenfehler begehen, wenn sie die dort u. a. dank günstigerer Standortkosten realisierbaren niedrigen Preise nicht ihren eigenen Anfahrts- bzw. Wegekosten gegenüberstellten. Mehr- bzw. Minderkosten

Tabelle 6.4.

Incoterms 1990 Transportart und geeignete Lieferklausel		
Alle Transporte einschließlich multimodaler Transport	**EXW**	Ex Works . . . (named place) Ab Werk . . . (benannter Ort)
	FCA	Free Carrier . . . (named place) Frei Frachtführer (benannter Ort)
	CPT	Carriage Paid to . . . (named point of destination) Frachtfrei . . . (benannter Bestimmungsort)
	CIP	Carriage and Insurance Paid to . . . (named point of destination) Frachtfrei versichert . . . (benannter Bestimmungsort)
	DAF	Delivered at Frontier . . . (named point) Geliefert Grenze . . . (benannter Ort)
	DDU	Delivered Duty Unpaid . . . (named point) Geliefert unverzollt . . . (benannter Ort)
	DDP	Delivered Duty Paid . . . (named point) Geliefert verzollt . . . (benannter Ort)
Lufttransport	**FCA**	Free Carrier . . . (named place) Frei Frachtführer . . . (benannter Ort)
Eisenbahntransport	**FCA**	Free Carrier . . . (named place) Frei Frachtführer . . . (benannter Ort)
See- und Binnenschiffstransport	**FAS**	Free alongside Ship . . . (named port of shipment) Frei Längsseite Seeschiff . . . (benannter Verschiffungshafen)
	FOB	Free on Board . . . (named port of shipment) Frei an Bord . . . (benannter Verschiffungshafen)
	CFR	Cost and Freight . . . (named port of destination) Kosten und Fracht . . . (benannter Bestimmungshafen)
	CIF	Cost, Insurance and Freight . . . (named port of destination) Kosten, Versicherung und Fracht . . . (benannter Bestimmungshafen)
	DES	Delivered ex Ship . . . (named port of destination) geliefert ab Schiff . . . (benannter Bestimmungshafen)
	DEQ	Delivered ex Quay (duty paid) . . . (named port of destination) Geliefert ab Kai (verzollt) . . . (benannter Bestimmungshafen)

Quelle: zusammengestellt nach *Bredow / Seiffert* 1990, S. 10 ff.

Tabelle 6.5.

Beispiel für die Kalkulation eines Seetransportes		
Selbstkosten, inkl. seemäßiger Verpackung, ab Werk Mannheim		83.745,60 DM
+ LKW-Fracht Mannheim-Bremen: 29,04 DM per 100 kg	696,96 DM	
= **FAS** Bremen		84.442,56 DM
+ Umschlagskosten: 42,50 DM je 1000 kg + FOB-Provision: 22,65 DM je 1000 kg + Verschiffungsprovision: 33,90 DM je 1000 kg + Ausfuhrzollabfertigung: 6,55 DM je 1000 kg + Spesen (Bill of Lading)	102,– DM 54,36 DM 81,36 DM 15,72 DM 45,– DM	
= **FOB** Bremen		84.741,– DM
+ Seefrachtkosten: 67,50 $ je cbm + 2% Bunkerzuschlag Kurs: 1,65 DM / $ für 607,96 $	596,03 $ 11,93 $ = 1.003,14 DM	
= **CFR** Bombay		85.744,14 DM
+ 5‰ Versicherungsprämie auf 85.744,14 DM + 2‰ Versicherungsprämie für Krieg und Minen auf 85.744,14 DM + 10% Gewinn auf 600,21 DM + 10% Versicherungssteuer auf 660,23 DM	428,72 DM 171,49 DM 60,02 DM 66,02 DM	
= CIF Bombay gem. INCOTERMS 1990		**86.470,39 DM**

Anmerkung: Es handelt sich um Frachtgut, das aus einer Kiste mit Maschinenteilen besteht. Gewicht: brutto 2.400 kg, netto 2.100 kg; Volumen: 8,830 cbm.

bei der Bereitstellung einer Leistung im Sinne des raum-zeitlichen Ausgleichs werden im allgemeinen durch **Rabatte** (Abholrabatte) bzw. **Preiszuschläge** (Zustellzuschläge) abgegolten.

Wie bereits erwähnt, hat ein Abnehmer stets abzuwägen, ob die mit dem Preis zu entgeltende Leistung Teile enthält, die er selbst besser oder kostengünstiger erfüllen könnte. Vor dieser Frage steht z. B. auch ein Heizölkäufer, nämlich insofern, als ihm ein Kauf im Sommer oft durch beträchtliche **Preiszugeständnisse** honoriert wird, wobei jedoch nunmehr er die Lagerhaltungs- einschließlich der Zinskosten zu tragen hat. Entscheidungsdeterminanten sind in solchen und ähnlichen Fällen auch zu erwartende **Preissteigerungen** für das betreffende Gut. Ebenso fällt die Zusage bzw. Einhaltung garantierter **Lieferfristen** in die Kategorie der hier anzustellenden Überlegungen, da sie den Abnehmer weitgehend eigener Lagerhaltung enthebt.

Ein Verhalten des Abnehmers, das die terminlichen Dispositionen des Lieferanten erleichtert, wird oft durch die Gewährung von **Zeitrabatten** veranlaßt bzw. angeregt. Deren Einräumung ist an den Zeitpunkt der Bestellung oder des Warenübergangs geknüpft. Sie ermöglichen es dem Preissteller, Umsatzschwankungen zumindest teilweise auszugleichen sowie die eigenen Marketingaktivitäten besser mit denen des abnehmenden Unternehmens zu koordinieren. Hierunter fallen vor allem der **Saison-** (als Nach- oder Vorsaisonrabatt) und der **Einführungsrabatt.** Letzterer soll die Lancierung eines neuen Produkts erleichtern. Er stellt ein Äquivalent dar, das dem Handel dafür geboten wird, daß er sich dem Absatz noch unbekannter Artikel widmet und speziell in der Einführungsperiode anfallende Kosten und Mühen auf sich nimmt.

Solche Anreize werden häufig nicht als **Bar-** (also in Gestalt eines Abzugs vom Preis bzw. Rechnungsbetrag oder als Gutschrift), sondern als **Naturalrabatte** gewährt, d. h. man liefert mehr Ware als berechnet. Nicht zu verwechseln sind diese zeitpunktbezogenen Rabatte mit einigen Formen der zeitlichen Preisdifferenzierung, die sich etwa in niedrigen Vor- und Nachsaisontarifen bei Pauschalreisen oder unterschiedlichen Preisstrategien (Skimming vs. Penetration) bei der Einführung neuer Produkte niederschlagen, auf die später genauer eingegangen wird.

2.2.2.3.2. Die Abgeltung quantitäts- und qualitätsbezogener Überbrückungsleistungen

Zwischen der Produktion und dem Konsum von Gütern gibt es Spannungen nicht nur zeitlicher und räumlicher Art, sondern auch solche bezüglich der Menge. Die Überführung der durch Erfordernisse der Produktion bedingten Produktionsvolumina in Mengen, in denen sich der Bedarf äußert, bildet den Inhalt der **Quantitätsfunktion.** Die Entscheidung, eine bestimmte Zahl von Einheiten nachzufragen resp. abzunehmen, wird dabei nicht nur durch den Umfang des Bedarfs, sondern auch durch die Gegenüberstellung der mit der Abnahme größerer Mengen verbundenen Kosten und des hierfür gewährten Preisnachlasses (Mengenrabatt, Bonus) beeinflußt.

Um welche Kosten geht es? Zum einen bedeutet eine größere Menge stets eine höhere Kapitalbindung. Zugleich werden, sofern die Ware zunächst auf Lager genommen wird, auch die Lagerhaltungskosten sowie das Risiko des Verderbs und Verlustes durch Diebstahl größer. Auf der anderen Seite wird mit steigender Bezugsmenge eine Gütereinheit weniger stark mit bestell-, d. h. transaktionsfixen Kosten belastet.

Die Übernahme der entsprechenden Kosten honoriert der Lieferant mit Hilfe des **Mengenrabattes**. Ihm erwachsen aus großen Aufträgen Dispositions- und Produktionsvorteile, während der Käufer mit umfangreichen Bestellungen Preis- und sonstige Risiken, die Lagerhaltung und u. U. die Weiterveräußerung in kleinen Mengen übernimmt. Der Mengenrabatt trägt somit den spezifischen Interessen beider Seiten Rechnung. Dessen Höhe ist häufig durch Kartellvereinbarungen **(Rabattkartelle)** geregelt. Soweit Lieferanten derartige Vereinbarungen für sich gelten lassen, scheidet jener als individuelles absatzpolitisches Instrument aus.

Gelegentlich werden Abnehmern, die sehr große Stückzahlen beziehen, Nachlässe und andere Vorzüge zugestanden, die über die oberste Stufe der **Rabattstaffel** hinausgehen. Solche Praktiken sind namentlich aus der Textil- und Bekleidungswirtschaft bekannt, wo die preispolitische „Feinsteuerung" allem Anschein nach über **Geheimrabatte**, auch in Form überhöhter Skonti, erfolgt. In den USA werden solche Verhaltensweisen durch den berühmt gewordenen *Robinson Patman Act* strafrechtlich verfolgt. Darüber hinaus birgt eine solche Vorgehensweise zweifellos Gefahren in sich. Was z. B. geschieht, wenn zwei oder mehr Unternehmen im Einkauf kooperieren oder sogar fusionieren? Eine Neufassung der Konditionen, und zwar auf dem niedrigsten Niveau, wird hierbei für den Lieferanten noch das geringste Übel darstellen, während die nachträgliche Einforderung von in den letzten Jahren zuviel gezahltem Geld manch einen Verkäufer hart treffen kann.

Eine dem Mengenrabatt ähnliche Form des Preisnachlasses bildet der **Bonus.** Er stellt einen Nachlaß oder eine Gutschrift dar, die dem Abnehmer am Ende einer Bezugsperiode für alle Bezüge gewährt wird. Der Bonus enthält Elemente des **Mengen**- und des **Treuerabatts.** Letzterer dient als Anreiz für einen Abnehmer, eine Ware nach Möglichkeit ausschließlich von **einem** Lieferanten zu beziehen. Er vermag so eine Auftragskonzentration herbeizuführen und auch das Eindringen von Konkurrenten in bestehende Geschäftsverbindungen zu verhindern oder wenigstens zu erschweren.

Für die bisher erwähnten Formen der Rabattgewährung charakteristisch ist, daß sie nur im Verkehr unter Kaufleuten vorkommen. Der **Verbraucherrabatt** hingegen verkörpert einen Preisnachlaß gegenüber dem letzten Glied im Absatzkanal, dem Letztverbraucher; er wird in aller Regel als Barrabatt gewährt. Durch das *Rabattgesetz* war diese Form des Preisnachlasses in der Bundesrepublik Deutschland fast vier Jahrzehnte lang auf 3 % begrenzt. Inwieweit die Bestimmungen des Rabattgesetzes im alltäglichen Leben tatsächlich beachtet wurden, läßt sich nur schwer abschätzen. Unstrittig ist jedoch, daß in bestimmten Branchen neue Wege der Nachlaßgewährung gefunden wurden, die zwar im Widerspruch zur Intention des Gesetzgebers standen, aber rechtlich nicht angreifbar erschienen.

So konnte ein Kunde, der beim Kauf eines Automobils nach einem Rabatt auf den Listenpreis fragte, nach den gesetzlichen Bestimmungen einen Preisnachlaß von maximal 3% erzielen. Ließ er sich dagegen unabhängig vom Listenpreis einen sog. Hauspreis einräumen, durfte ihm der Händler auf völlig legalem Weg eine wesentlich höhere Ermäßigung zugestehen.

Wie erwähnt, erwachsen einem Lieferanten bei Bezug großer Mengen durch den Abnehmer Kostenvorteile, die er zumindest teilweise in Gestalt des Rabattes an jenen weitergibt. Es existiert jedoch auch der umgekehrte Fall. Der Erlös aus dem Absatz einer geringen Menge einer Ware ist häufig durch auftragsfixe Kosten derart belastet, daß kein oder nur ein geringer positiver Deckungsbeitrag erzielt wird. Diesen Nachteil kann der Lieferant dadurch vermeiden, daß er einen **Mindermengenzuschlag** erhebt. Eine ähnliche Wirkung läßt sich durch die Festlegung einer **Mindestauftragsgröße** erzielen. Bei kleineren Bestellungen verweist der Hersteller den Abnehmer oft auch an den nachgeordneten Handel, dessen Aufgabe gerade darin besteht, die regional weit gestreute Nachfrage nach relativ kleinen Mengen zu befriedigen.

In ihrer ursprünglichen Bedeutung umfaßt die **Qualitätsfunktion**

(1) die Hinzufügung von Nutzenkomponenten spezifischer Art zu einer Produktionsleistung in Form von Veredeln, Mischen, Wiegen und Abpacken, Transformieren und Kombinieren sowie

(2) eine Selektionsleistung, die darin besteht, daß aus dem am Markt angebotenen Bündel produktiver Leistungen ein dem Bedarf des Abnehmers entsprechendes Spektrum (Sortiment) ausgewählt wird.

Es erscheint unnötig zu betonen, daß in einer Zeit der hochtechnisierten Massenfertigung von Waren die unter (1) angeführten Leistungen heute weitgehend vom Hersteller wahrgenommen und im Herstellerpreis entgolten werden. Weiterhin vermag es nicht zu überraschen, daß immer häufiger auch die Gewährleistung und Sicherung der vom Abnehmer angestrebten Qualität zu Bestandteilen des Entgeltes gemacht werden. In diesem Zusammenhang ist vor allem an die **Rücknahme-** und **Umtauschgarantie** zu denken. Namentlich im Handel wird häufig die Zusage gegeben, den Kaufpreis bei Nichtgefallen der Ware unter bestimmten Bedingungen zu erstatten (und nicht nur gutzuschreiben).

Dies ist u. a. im Versandhandel weithin üblich, um die Abneigung vieler Verbraucher überwinden zu helfen, Waren zu bestellen, die sie vor der Kaufentscheidung weder besichtigen noch prüfen konnten. Für den Abnehmer verringert sich durch die Rückgabemöglichkeit das Beschaffungsrisiko, für den Lieferanten erhöhen sich dadurch die Betriebskosten. Solch eine Rückgabegarantie ist auch im Verkehr unter Kaufleuten nicht unüblich. Der auf die Absatzleistung des Handels angewiesene Hersteller verpflichtet sich, wie wir sahen, auf entsprechenden Druck hin nicht selten, unverkäufliche Ware (Ladenhüter) oder auch Ware, die im Regal (!) beschädigt worden ist, zurückzunehmen und deren Wert gutzuschreiben oder durch andere, fehlerfreie Ware zu ersetzen.

Der Minderung des Beschaffungsrisikos dienen zum Teil auch die sog. **kaufmännischen Kundendienstleistungen** wie Beratung, Unterbreitung von Kostenvoranschlägen, Bereitstellung von Probe- oder Testmöglichkeiten sowie Einräumung der Möglichkeit der Leistungsänderung (Änderungsdienste beim Kleiderverkauf). Eine ähnliche Aufgabe kommt den **technischen Kundendienstleistungen** zu. Sie erstrecken sich auf die Gewährleistung oder Wiederherstellung der einwandfreien und kostengünstigen Funktion eines Aggregates, die Mithilfe bei der Lösung anwendungstechnischer Probleme, die Prüfung der Kompatibilität mit anderen Geräten oder Betriebsstoffen sowie die laufende Bereitstellung von Informationen, die der Erhaltung oder Steigerung der Effizienz eines technischen Objekts dienen. Beispiele hierfür bilden Installations-, Inspektions-, Wartungs- und Reparaturdienste oder die Ersatzteilversorgung. Der Aufbau solcher Dienste ist für den Hersteller oft mit beträchtlichen Kosten verbunden.

Eine vergleichbare Funktion erfüllt auch die **Garantiezusage.** Sie gewährleistet dem Käufer für eine bestimmte Frist die einwandfreie Funktion des von ihm erworbenen Produkts. Für den sie Gewährenden erscheint sie in zweierlei Hinsicht von Bedeutung: Auf der einen Seite wirkt sie kostenerhöhend (wegen der möglicherweise in Anspruch genommenen Garantiezusage), während sie produktionstechnisch insofern eine Entlastung bedeutet, als sie eine auf den Durchschnitts- und nicht auf den Grenzfall abgestellte Qualitätssicherung zuläßt.

2.2.2.3.3. Die Abgeltung von Finanzierungsleistungen

Sofern bei einer Transaktion die Bereitstellung der Leistung nicht mit der Geldübergabe (resp. Gewährung eines Äquivalents) zusammenfällt, liegt **Kreditierung** (im weiteren Sinne) vor. Damit entstehen automatisch Finanzierungskosten resp. -erträge. Die Festlegung der Zahlungsweise ist neben der Fixierung der Frist und Zahlungsabwicklung wesentlicher Gegenstand der **Zahlungsbedingungen**, die einen Teil der bereits angesprochenen Geschäftsbedingungen bilden. Folgende Möglichkeiten stehen zur Verfügung:

- Vorauszahlung,
- Barzahlung bei Erhalt der Ware,
- Zahlung nach Erhalt der Ware.

Es ist zu erkennen, daß sowohl die Vorauszahlung als auch die Einräumung einer Zahlungsfrist (Zahlen nach Erhalt der Ware) zu einer Kreditbeziehung zwischen Lieferant und Abnehmer führen. Deutlich kommt diese in der Gewährung eines **Skontos**, eines Barzahlungsrabatts, zum Ausdruck. Er verkörpert eine Sonderform des Rabatts und stellt einen Anreiz für den Abnehmer dar, den Rechnungsbetrag unverzüglich zu begleichen, damit also auf die Inanspruchnahme eines Kredits durch den Lieferanten zu verzichten. Was die **Zahlungsabwick-**

lung anbetrifft, gilt es, sich darüber zu einigen, ob die Zahlung bei Zugang der Rechnung, gegen Wechsel- oder Akkreditivpräsentation erfolgen soll, ob Sicherheiten verlangt werden und dgl. mehr.

Die Zahlungsbedingungen legen auch fest, ob die **Inzahlungnahme** gebrauchter Waren, wie sie z. B. beim Verkauf von Kraftfahrzeugen gang und gäbe ist, zulässig sein soll. Auf diese Weise wird ein Bedarfsträger gedrängt, ein neues, verbessertes, der neuesten Mode- oder Geschmacksrichtung entsprechendes Erzeugnis zu erwerben, obwohl das Modell, das er besitzt, noch durchaus gebrauchsfähig ist. Nicht selten verstecken sich allerdings hinter der bekundeten Bereitschaft, Gebrauchtes in Zahlung zu nehmen, preispolitische und steuerliche Tricks.

Eine andere Art der Inzahlungnahme von Sachgütern bilden sog. Gegen- oder **Kompensationsgeschäfte**. Darunter sind Transaktionen zu verstehen, bei denen der Lieferant für seine eigenen Erzeugnisse nicht Geld, sondern gleichfalls Waren erhält. Über derartige Kontrakte, die deutsche Exporteure vor allem mit Entwicklungsländern und den Staaten des ehemaligen *Comecon* abwickeln, liegen nur spärliche Informationen vor. Dennoch sind einige spektakuläre Beispiele bekannt geworden, so ein Geschäft, das *Mannesmann* 1970 mit der früheren UdSSR über 1,2 Millionen Tonnen Röhren abschloß. Die Gegenleistung bestand in der Lieferung von Gas, das noch heute durch die damit gebaute Rohrleitung in die Bundesrepublik Deutschland fließt.

Mitunter können Kompensationsgeschäfte jedoch auch geradezu groteske Formen annehmen. So tauschte *Krupp* Maschinen gegen Obst und Gemüse, *BMW* Autos gegen Schafe, ein deutscher Maschinenbaukonzern Produktionsanlagen u. a. gegen Klosettdekkel, während *Daimler Benz* von Rumänien als Gegenleistung für 30 Sattelzug-Lkw 152 Jeeps akzeptierte, die zunächst in Ekuador gegen Bananen eingetauscht und schließlich in der Bundesrepublik Deutschland bei einer Supermarktkette zu Geld gemacht wurden.

Freilich gibt es auch Fälle, in denen Geschäftsabschlüsse nicht zustande kommen, weil es für das in Zahlung zu nehmende Produkt keinen gesicherten Absatzmarkt oder keinen zahlungskräftigen Käufer gibt, so bei einer Offerte der Mongolei, für 100 Autos ein 150 Millionen Jahre altes Dinosaurierskelett zu liefern. Dieses war indessen keinem europäischen Museum den Preis von 100 Personenwagen wert.

Es stellt sich nun die Frage, inwieweit eine Warenlieferung als Äquivalent für eine andere die Höhe des letztlich realisierten Entgelts beeinflußt. Betrachtet man das Preisbemessungsproblem, so erkennt man zunächst einen wesentlichen Unterschied zu „normalen“, mit Geld als Leistungsäquivalent abgewickelten Geschäften: Der „Gegenwert“ bedarf erst noch der **Bewertung**. Erschwert wird diese Aufgabe dadurch, daß die Kompensationsware oft den Anforderungen von Industrieländern nicht genügt und deshalb schwer zu vermarkten ist. Darüber hinaus muß analog der Einräumung von Zahlungszielen die zeitliche Diskrepanz zwischen Leistung und Gegenleistung berücksichtigt werden, die eine Überbrükkungsfinanzierung impliziert.

Problemlos bewerten läßt sich die Gegenleistung dann, wenn ein Exporteur Ware, so z. B. bei Rohstoffen und Energie, entweder im eigenen Betrieb verwenden oder sie in sein Sortiment aufnehmen kann. Dies wird indessen nur selten der Fall sein, so daß sich der Lieferant nach einem Geschäftspartner umsehen muß, der bereit ist, den Entgeltersatz zu akzeptablen Preisen abzunehmen. Nicht immer gelingt es jedoch, für die Kompensationsware einen Käufer zu finden, der einen angemessenen Preis zu zahlen bereit ist. Der Exporteur sieht sich in diesem Fall gezwungen, dem Abnehmer der Kompensationsware einen beträchtlichen Preisabschlag zu gewähren. Die Stützungsprämie, deren Höhe von der Absatzfähigkeit der Ware bestimmt wird, soll die Kosten decken, die durch die Übernahme verschiedener Marketing-Funktionen, wie Absatzvorbereitung und -anbahnung, Lagerhaltung, Verkauf, physische Distribution und Absatzfinanzierung, entstehen.

Der liefernde Partner ist verständlicherweise stark daran interessiert, die Höhe der Prämie vor seiner Angebotsabgabe zu kennen, um sie in der Kalkulation berücksichtigen zu können. Gleichwohl erscheint er damit nicht gegen alle Risiken abgesichert. Dies liegt daran, daß andere Kompensationsware gleicher Provenienz u. U. zur selben Zeit auf den Weltmarkt gelangt, und zwar zu niedrigeren Preisen. Mit einer derartigen Konkurrenzsituation muß vor allem bei weltmarktfähigen Erzeugnissen gerechnet werden, die von staatlichen Außenhandelsgesellschaften exportiert werden.

Bei der **Kreditgewährung** kann man zwei Formen unterscheiden: Typisch ist zunächst die Einräumung mehr oder weniger langer Zahlungsfristen, die gewissermaßen der Geschäftsabwicklung dient, gleichwohl für den Abnehmer mit erheblichen Vorteilen verbunden sein kann. So wird z. B. bestimmten Großbetriebsformen des Einzelhandels nachgesagt, daß sie, bedingt durch ihre Nachfragemacht, exzessiv lange Zahlungsfristen „erzwingen" können und auf diese Weise nicht nur Lagerbestände, sondern auch Anlageinvestitionen zu finanzieren vermögen.

Auf der anderen Seite gibt es die Kreditgewährung zum Zweck der Akquisition von Aufträgen, m. a. W. eine meist längerfristige **Kreditierung** des **Kaufpreises** eines Gutes durch den Lieferanten. Der Gegenwert ist vom Abnehmer demnach nicht bei bzw. kurz nach Empfang des Gutes, sondern erst später zu entrichten, vielfach auf mehrere Raten verteilt. Der Einsatz dieses absatzpolitischen Instruments bezweckt die Erweiterung des Abnehmerkreises um diejenigen, die zwar kaufwillig sind, denen es aber zum fraglichen Zeitpunkt an Kaufkraft mangelt. Dadurch, daß den Betroffenen der Kaufpreis kreditiert wird, gewinnt man sie als Kunden hinzu und kann auf diese Weise zu einer gegebenenfalls beträchtlichen Ausweitung der Absatzmöglichkeiten gelangen.

Oft dient das kreditierte Objekt auch dazu, sich selbst zu finanzieren. Man denke an die bereits erwähnte Pipeline, die es überhaupt erst möglich macht, vorhandene Ressourcen wie Rohöl oder Erdgas auf dem Weltmarkt in Geld zu verwandeln. Ähnlich ist die Situation bei einer Fluggesellschaft, wo die von irgendeiner Seite vorfinanzierten neuen Maschinen den für sie zu entrichtenden Preis gewissermaßen selbst „einfliegen" müssen.

Besonders bei Investitionsgütern entsteht eine Vielzahl spezieller Risiken (vgl. *Zimmermann* 1992), etwa der komplette Zahlungsausfall sowie die Änderung von Wechselkurs oder Zinsniveau. Gegen sie versucht sich ein Anbieter in vielfältiger Weise abzusichern. Hierzu dienen ihm etwa die *Hermes*-Exportkreditversicherung oder finanzwirtschaftliche Instrumente wie Devisentermin- bzw. Devisenoptionsgeschäfte, die Aufnahme von Fremdwährungskrediten oder die Forfaitierung, d. h. der regreßlose Verkauf von Ausfuhrforderungen.

2.2.2.3.4. Die Abgeltung akquisitorischer Bemühungen

Ein Unternehmen muß sich unablässig um Aufträge bemühen. Die im Rahmen dieser Anstrengungen anfallenden Kosten sind beträchtlich, seien es nun – ganz weit gefaßt – Ausgaben für die betriebliche Kommunikationspolitik oder – etwas enger – die Belastung, die der Außendienst verursacht. Besonders kritisch wird die Situation, wenn jemand eigens auf den Wunsch eines ganz bestimmten Kunden ein detailliertes und damit kostenintensives Angebot erstellt und dann damit nicht zum Zuge kommt.

Plant ein Architekt ein Haus für einen Bauherrn oder beauftragt eine Kommune einen Gartenarchitekten, einen Spielplatz zu entwerfen, werden beide für ihre Leistungen bereits im Vorfeld ein Honorar vereinbaren, das unabhängig davon anfällt, ob sich ein Projekt realisieren läßt oder nicht. Eine ganz andere Situation ergibt sich, wenn sich ein Hersteller von Investitionsgütern darum bemüht, den Zuschlag für die Fertigung einer Anlage zu erhalten. Hier fallen im Rahmen der Angebotserstellung u. a. Personal-, Reise- und Verwaltungskosten an, die häufig die Millionengrenze überschreiten und, soweit der erstrebte Auftrag nicht zustande kommt, von niemandem erstattet werden.

Auf hart umkämpften Märkten kann es sich dennoch kein Unternehmen leisten, nur dort Angebote abzugeben, wo ein Zuschlag nahezu sicher erscheint. Vielmehr ist es für das Unternehmensimage bzw. unter Berücksichtigung attraktiver Anschluß- bzw. Zusatzaufträge u. U. unabdingbar, sich gerade dort zu bemühen, wo man sich nur geringe Chancen ausrechnet. Um die Kosten für die Angebotserstellung nicht ausufern zu lassen, bedient man sich vor allem bei Investitionsgütern in der Praxis häufig einiger mehr oder minder grober **Kalkulationsansätze** (vgl. *Backhaus* 1990, S. 431 ff., und *Diller* 1991, S. 266 f.):

Bei der **Kilokostenmethode** nutzt man Erfahrungswerte je kg Anlage; es können aber auch andere Größen wie Kubikmeter umbauter Raum oder Längenmeter Walzstraße zur Anwendung kommen. Gewonnen werden die Werte im Wege der Einfach-Regression auf der Basis von abgewickelten Aufträgen.

Bei der **Einflußgrößenkalkulation** zieht man Kostenfunktionen heran, wobei technische Merkmale wie Motorstärke, Walzendurchmesser oder Temperaturwiderstand dominieren. Wenngleich dieses Verfahren bereits erheblich differenzierter als die Kilokostenmethode erscheint, verzichtet man auch hier auf eine genaue Ausweisung des Mengengerüsts der zu erwartenden Kosten.

Beim **Grobprojektierungsansatz** hingegen entwickelt man zunächst den Umriß einer Anlage („scope of work"), dessen Komponenten dann unter Heranziehung von **Erfahrungswerten** und prognostizierten Preisen mit den zu erwartenden Kosten bewertet werden. Hieraus ergibt sich der sog. Basispreis, der je nach Bestimmungsort noch modifiziert, d. h. um Transportkosten, Versicherungsprämien, Montageleistungen etc. erhöht wird.

Der **Lernansatz** basiert auf dem Grundgedanken einer systematischen Aufgliederung bereits abgewickelter Projekte in einzelne Module und deren Speicherung. Auf diese Weise können Neuprojektierungen, einem Baukastensystem gleich, aus bereits bekannten Subsystemen zusammengesetzt werden.

Es geht indessen nicht nur um eigene akquisitorische Bemühungen, sondern auch um solche, die Absatzmittler unternehmen. Der Preis eines Gutes wird letztlich erst beim Endabnehmer realisiert. Auf allen vorgelagerten Wirtschaftsstufen kommen Transaktionen nur im Hinblick resp. im Vorgriff auf den letztlich realisierbaren Preis zustande. Nun können die Kontrahenten in all diesen Transaktionen Leistungen übernehmen, die die Realisierung des Endpreises sicherer machen, weil sie zur Akquisition eines nachgelagerten Absatzorgans oder des Endabnehmers beitragen. Für die Übernahme dieser Leistungen müssen sie jedoch über den an die Vorstufe, den Lieferanten, entrichteten Preis entschädigt werden. Die gewährte Preisminderung muß die Kosten der Erfüllung der Akquisitions- bzw. Absatzfunktion (Verkaufsförderungsaktion, Werbung, Messebeteiligung etc.) decken. Hierzu bedient man sich der **Funktionsrabatte**.

Die Einräumung von Rabatten bietet sich insbesondere dort an, wo Brutto-Preisbildungssysteme zur Anwendung gelangen. Wie erinnerlich, wird dabei vom Hersteller der Wiederverkaufspreis oder gar der Verbraucherpreis eines Erzeugnisses festgesetzt, so z. B. bei Markenartikeln mit vom Hersteller empfohlenen Preisen. In diesem Falle müssen den einzelnen Handelsstufen auf den Bruttopreis Rabatte gewährt werden, die für die Deckung der Betriebskosten einschließlich der Erzielung eines Gewinns bestimmt sind. Der ursprüngliche Zweck des Funktionsrabatts bestand darin, die in der Verschiedenartigkeit der Leistungsbündel einzelner Absatzorgane bedingten Differenzen in der Kostenbelastung mit Hilfe von hierauf abgestimmten Entgelten zu erfassen.

Das Vordringen der Markenartikel und die zunehmenden Anstrengungen der Hersteller, den Handel für die Aufnahme immer neuer Erzeugnisse in seine Sortimente zu gewinnen, haben zur **Rabattkonkurrenz** und dadurch bedingt zu einer Aufblähung der Funktions- oder Stufenrabatte geführt, die nicht mehr an der Übernahme einer (kostenverursachenden) Handelsfunktion durch den Nachfrager anknüpfen, sondern hinsichtlich ihrer Höhe allein in der Nachfragemacht einzelner Absatzorgane bedingt sind. Zwangsläufig ergab sich daraus eine nichtmarktgerechte Aufblähung der Bruttopreise (**Mondpreise**). Die Folge davon war häufig der Zusammenbruch dieser Politik (vgl. Beziehungshandel, Discounter) und damit auch der vertikalen Preisbindung.

Unter akquisitorischem Vorzeichen zu sehen ist auch die Erwartung eines Anbieters, sich über **Anschluß-** und **Zusatzaufträge** (oft mehr als) einen Ausgleich für verbilligt oder gar kostenlos abgegebene Ware zu schaffen. In dieser Situation gilt der zunächst nicht kostendeckend kalkulierte Erstauftrag als Referenzfall, der möglichst weitere Transaktionen nach sich ziehen soll.

In diesem Zusammenhang ist erstmals auf die Problematik der Mischkalkulation hinzuweisen, auf die an anderer Stelle noch näher eingegangen wird. Sie besteht darin, daß bestimmte Artikel unter Hinnahme negativer Deckungsbeiträge, andere dagegen oft mit beachtlichen positiven Deckungsbeiträgen verkauft werden. Es wäre sinnlos, sich hier auf der Artikelebene um einen Erfolgsausweis zu bemühen. Nicht grundlos spricht man in diesem Zusammenhang von Sortimentsverbund und Sortimentskalkulation.

2.2.2.4. Die Berücksichtigung von Folgelasten und negativen externen Effekten

Marktfähige Güter zeichnen sich aus der Sicht von Endabnehmern dadurch aus, daß die Abgeltung des in ihnen enthaltenen Nutzens mit dem Vollzug der Transaktion noch nicht abgeschlossen bzw. voll vorweggenommen ist. Vielmehr fallen in der Phase des Verbrauchs oder Gebrauchs mannigfaltige Kosten an. Die trivialste und im privaten Bereich eine häufig nicht als solche wahrgenommene Komponente bildet der Verzehr bzw. die Abnutzung eines Gutes, die einer **Wertvernichtung** gleichkommt. Ihren sichtbaren Ausdruck findet dieses Phänomen in der Betriebswirtschaftslehre im bilanztechnischen Konstrukt der **Abschreibung**, im Bereich der Konsumgüter als **Wertverlust**. In unserem Kontext bedeutsam erscheint die Überlegung, daß es für einen Verbraucher einen erheblichen Unterschied ausmacht, wenn von zwei im Grundpreis etwa gleich teuren Autos das eine eine Lebensdauer von sechs, das andere eine solche von zwölf Jahren hat.

Abgesehen vom Wertverlust, der sowohl auf physische Abnutzung als auch auf technologische oder psychische Veralterung zurückzuführen ist, führt die erwähnte Abnutzung auch dazu, daß einzelne **Leistungskomponenten verschleißen** und **gewartet, repariert** oder **erneuert** werden müssen. Die dadurch bedingten Kosten, die von Fabrikat zu Fabrikat oft beträchtlich variieren, können das Resultat des Preis / Leistungsvergleichs zweier Produkte ohne Zweifel gleichfalls erheblich beeinflussen. Ähnlich vermag man sich eine Reihe weiterer **Betriebskosten** bis hin zu **Opportunitätskosten** vorzustellen, die letztlich nur im Rahmen einer umfassenden Investitionsrechnung zu berücksichtigen sind, die die vordergründige Preiswürdigkeit eines Produktes gleichwohl beträchtlich relativieren. Allerdings erweist sich die Ausrichtung der Entscheidungsträger ausschließlich auf Investitionsausgaben häufig als kurzsichtig und verhängnisvoll. Vielfach wird außer acht gelassen, daß erstens mit Folgekosten zu rechnen ist und diese zweitens die Eigenschaft haben, ebenso wie alle anderen Kosten zu steigen.

Steht man etwa beim Kauf eines neuen Haushaltsgerätes wie eines Kühlschranks vor der Wahl zwischen einem herkömmlichen und einem modernen Typ, der mit einem sparsameren Motor ausgestattet ist, sieht man zunächst einmal nur den Preisnachteil des

Energiesparmodells in Höhe von DM 200,– bis DM 300,–. Zieht man jedoch die Folgekosten mit ins Kalkül und bedenkt man, daß bei einer Nutzungsdauer von ca. 15 Jahren hinsichtlich der Stromkosten ein Unterschied von weit mehr als tausend Mark zu erwarten ist, dürfte die Entscheidung nicht mehr ganz so schwerfallen.

Nicht zuletzt wird ein Wirtschaftssubjekt die **negativen externen Effekte**, die mit dem Ge- oder Verbrauch bestimmter Güter verbunden sind, in seine Überlegungen einzubeziehen haben. Obwohl der sog. Externalität eigen ist, daß sie einen Nachteil für Dritte darstellt, ohne daß man sie dem bzw. den dafür Verantwortlichen anlasten kann, ist zumindest langfristig davon auszugehen, daß letzten Endes zumindest ein Teil davon in irgendeiner Form, z. B. durch höhere Steuern, die zu deren Beseitigung verwendet werden, wieder internalisiert wird (z. B. Zigarettenkonsum → Anhebung der Versicherungsprämien, Umweltbelastung → Erhöhung öffentlicher Abgaben etc.). Im übrigen wird deutlich, daß angesichts mangelnden Deponieraums, wachsender Schwierigkeiten bei der Beseitigung von Problemmüll sowie bestehender Hindernisse bei der Umsetzung neuer Verwertungskonzepte der Frage der umweltgerechten Entsorgung eine ständig steigende Bedeutung zukommt. Kein Hersteller wird künftig neue Produkte kreieren können, ohne bereits in der Planungsphase zu bedenken, wie man diese am Ende sinnvoll entsorgen kann.

2.3. Das Preis / Leistungsverhältnis in Kaufentscheidungsprozessen

2.3.1. Wahrnehmungs- und Auswahlprozesse

Das Zustandekommen einer Markttransaktion kann ohne weiteres mit Hilfe des behavioristischen Stimulus-Response-Schemas beschrieben werden. Das Angebot einer Leistung stellt den **Stimulus** (Reiz, Aktion) dar, während sich der Kauf als **Response** (Reaktion) seitens des Nachfragenden auffassen läßt. Nun reagieren aber Individuen auf gleiche Stimuli (Produkte) nicht gleich. Einige kaufen, andere nicht. Um den Gründen für solche Diskrepanzen im Verhalten auf die Spur zu kommen, bietet es sich an, zwischen den direkt beobachtbaren Größen Angebot (= Stimulus) und Kaufverhalten (= Response) einen für alle Individuen formal gleich strukturierten **Informationsverarbeitungsprozeß,** freilich mit unterschiedlichem Ausgang, zu vermuten. Sieht man von dem direkt beobachtbaren Vorgang des Produkterwerbs (Response) ab, so sind aus neobehavioristischer Sicht folgende Phänomene bzw. Prozesse von Bedeutung:

(1) Stimulus

Jedes Produkt verkörpert ein Bündel an Merkmalen (Attributen). Gemeint sind damit objektive Bestandteile des Preis / Leistungsverhältnisses, denen die Ausführungen der vorangegangenen Abschnitte galten. Sie stellen teils positive, teils negative Aspekte, die mit der Inanspruchnahme einer Leistung verbunden sind, dar und beziehen sich sowohl auf das Produkt (physikalisch-technische Eigenschaften wie Farbe, Geschwindigkeit, Form; sonstige Bestandteile der Gesamtleistung wie Garantie und Lieferzeit, Höhe des geforderten Entgelts usw.) als auch auf das Umfeld (Produktdarbietung, Geschäftsausstattung, Art der Beratung und Bedienung).

(2) Wahrnehmung

Unter Wahrnehmung wird allgemein der Vorgang der Aufnahme und Verarbeitung von Informationen über die Welt außerhalb des Individuums verstanden. Bei einem Produkt bedeutet dies dementsprechend die Verarbeitung von Informationen über den multiattributiven Stimulus. Neben solchen Informationen, die direkt beobachtbare Eigenschaften beschreiben, nutzt ein Verbraucher auch abgeleitete Informationen, d. h. solche, die aus den direkt beobachtbaren gefolgert werden, so z. B. über Haltbarkeit, Korrosionsbeständigkeit und Zuverlässigkeit eines Autos (vgl. *Kroeber-Riel* 1992, S. 277). Das Ergebnis der Wahrnehmung konkretisiert sich in einer Repräsentation des Produktes im Bewußtsein.

Dies impliziert, daß der Wahrnehmungsprozeß nicht ausschließlich die Aufnahme der Informationen (Eindrücke) über die Produktattribute umfassen kann. Vielmehr werden diese neuen (Außen-) Informationen mit einem **subjektiven Bezugssystem** konfrontiert, das von Elementen wie Vor-Wissen, Vor-Urteilen, Werten, Einstellungen, Erwartungen, Ansprüchen etc. gebildet wird. Das bedeutet, daß die Ordnung und Bewertung der aufgenommenen Produktinformationen sowie ihre Verknüpfung zu einem **Produkturteil** wesentliche Bestandteile des Wahrnehmungsprozesses in dem hier gemeinten Sinne bilden.

Da man nun nicht unmittelbar ersehen kann, welche Informationen es sind und wie diese verarbeitet werden, gibt es in dieser Hinsicht eine Vielzahl von Ansätzen und Darstellungsweisen. So geht, wie bereits ausgeführt, die klassische mikroökonomische Theorie von der stark vereinfachenden Annahme aus, daß sich Wirtschaftssubjekte bei der **Evaluierung** von **Produktangeboten** an der Höhe des monetären Entgelts orientieren. Diese Einengung der Evaluierungsmerkmale auf ein einziges (eindimensionales und operationales) wird durch die Annahme der Güterhomogenität ermöglicht.

Im Gegensatz zu der Überbetonung in der mikroökonomischen Theorie wird die Rolle des Preises bei der Kaufentscheidung bzw. bei der Herausbildung von Produktpräferenzen in verhaltenswissenschaftlich fundierten Theorien zum **Konsumentenverhalten** weitgehend in den Hintergrund gedrängt. Dies äußert sich darin, daß, wenn überhaupt berücksichtigt, der Preis gewissermaßen „in den Kanon der anderen Produktmerkmale eingereiht und so als untersuchungswürdige eigenständige Variable vernachlässigt" wird (*Müller* 1981, S. 41; ähnlich auch *Kaas* 1977, S. 13).

Dies ist in extremer Form dann der Fall, wenn der Preis als Beurteilungsmerkmal vollkommen ausgeschaltet wird. In diesen Fällen behilft man sich, indem man Evaluierungsprozesse bei solchen Gütern untersucht, die entweder denselben Preis aufweisen oder bei denen Entgeltdifferenzen nicht wahrgenommen bzw. als nicht bedeutsam eingestuft werden. Wird die Produktbeurteilungsrelevanz des Preises derart unterdrückt, so orientiert sich der Nachfrager verständlicherweise ausschließlich am wahrgenommenen Nutzen (Attraktivität, Qualität) der gebotenen Leistung. Ein anderes Mittel stellt die Einführung einer Nebenbedingung in dem Sinne dar, daß zwar als Evaluierungskriterium weiterhin das komplexe und mehrdimensionale Merkmal Nutzen oder Qualität beibehalten wird, der Preis der Leistung dabei jedoch eine bestimmte Höhe, den subjektiven Leit- oder Schwellenwert, nicht überschreiten darf (vgl. *Kroeber-Riel* 1992, S. 402).

Im folgenden wird dieser Perspektive, für die der Preis nur ein Produktmerkmal ohne eigenständige Bedeutung darstellt, gefolgt. Weniger aus sachlichen denn aus didaktischen Überlegungen heraus soll in Anlehnung an *Ölander* (1969) und entsprechend dem Konzept des Preis / Leistungsverhältnisses von einer **Zweiteilung** der **beurteilungsrelevanten Merkmale** einer Leistung ausgegangen werden:

(a) Leistungsattraktivität („attractiveness")

Darunter werden alle positiven Aspekte, die die Inanspruchnahme einer Leistung charakterisieren, im Sinne von objektiv gegebenen und subjektiv empfundenen Vorteilen zusammengefaßt. Es ist unmittelbar einsichtig, daß es eine Vielzahl von Begriffen gibt, die mit jenem der Leistungsattraktivität verwandt sind, so z. B. Nutzen, Nutzwert und wahrgenommene Qualität. Entsprechend versteht z. B. *Rao* (1973, S. 366) unter „perceived brand quality" die wahrgenommene Qualität einer Marke unter Ausschluß jeglicher Budgetrestriktionen. Ähnliche Vorstellungen vermitteln Termini wie **Einstellung** zu einer **Marke** bzw. **Image** eines **Produktes.** Diese begriffliche Nähe sowie das reichhaltige methodische Instrumentarium, das zur Messung der zuletzt genannten Konstrukte zur Verfügung steht, veranlaßten einige Autoren (z. B. *Kaas* 1977), die Leistungsattraktivität von Produkten als den Wert der sie betreffenden Einstellungen zu operationalisieren.

(b) Leistungskosten („sacrifice")

Darunter sind alle negativen Aspekte zu verstehen, die man bei Inanspruchnahme einer angebotenen Leistung hinnehmen muß. Dabei werden nicht nur die monetäre Komponente (Entgang einer alternativen Nutzung), sondern auch all jene objektiven Preisbestandteile, die im vorangegangenen Abschnitt aufgeführt wurden, ebenso wie negative psychische Wirkungen (psychischer Einkaufsaufwand) erfaßt. Wie in Abb. 6.2. veranschaulicht, sind die Komponenten des **subjektiven Preis / Leistungsverhältnisses** (Leistungskosten und Leistungsattraktivität) das Ergebnis einer selektiven Aufnahme und wertenden Verarbeitung von Informationen über eine angebotene Leistung. Das Gesamturteil läßt sich gedanklich mit Hilfe eines zweidimensionalen Produktbeurteilungsraumes darstellen (vgl. Güter A, B und C).

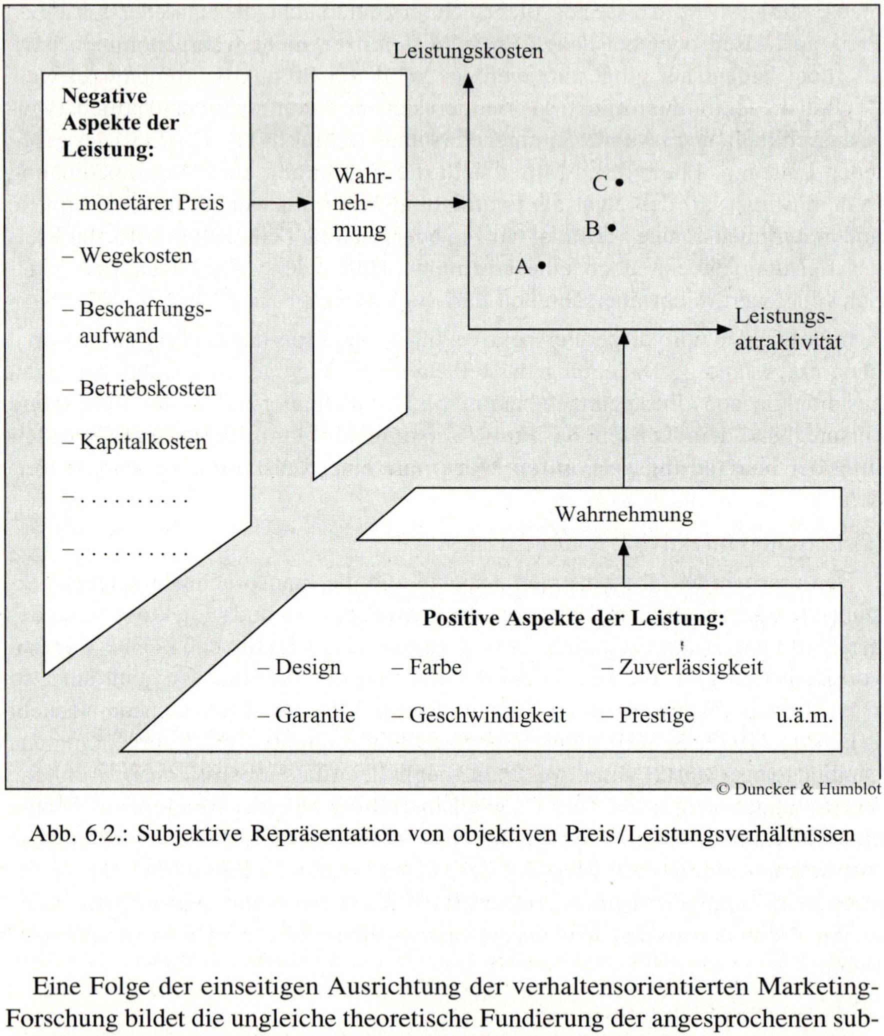

Abb. 6.2.: Subjektive Repräsentation von objektiven Preis/Leistungsverhältnissen

Eine Folge der einseitigen Ausrichtung der verhaltensorientierten Marketing-Forschung bildet die ungleiche theoretische Fundierung der angesprochenen subjektiven Konstrukte. Dem der **„wahrgenommenen Qualität"**, das mit dem hier verwendeten Begriff der Leistungsattraktivität als weitgehend identisch aufgefaßt werden kann, hat man eine Vielzahl von theoretischen und meßtheoretischen Arbeiten gewidmet (vgl. § 5). Im Vergleich dazu ist die Bestimmung subjektiver Leistungskosten kaum Gegenstand theoretischer Überlegungen oder empirischer Untersuchungen gewesen. Im Zusammenhang mit der Messung der Produktqualität soll vor allem auf die **multiattributiven Verfahren,** die im Wege der Aggregation von Urteilen über Einzelmerkmale zu der Bewertung des Produktganzen gelangen (kompositionelle Modelle), hingewiesen werden. Prinzipiell erscheint hierbei, wie mehrfach betont, auch die Einbeziehung negativer Aspekte der Leistung (Preis) möglich.

(3) Auswahl

Wahrgenommen wird immer ein bestimmtes Produkt. Hat man zwei Erzeugnisse im Visier, stellt sich die Frage, welchem von beiden der Vorzug gegeben wird. Hierzu bedarf es eines Auswahlkriteriums (und gegebenenfalls der Beachtung bestimmter Restriktionen), das es ermöglicht, die Produkturteile in eine Dimension zu überführen, die der subjektiven Zielsetzung entspricht. **Auswahlprogramme** können, müssen aber nicht die gleiche Struktur aufweisen wie Beurteilungsprogramme. Einige Überlegungen zur Produktauswahl unter Berücksichtigung des Preises finden sich in Abschn. 2.3.3. An dieser Stelle bietet es sich gleichwohl an, kurz die Relevanz von mehr oder weniger stark formalisierten **Auswahlprogrammen** für das reale Kaufverhalten zu beleuchten (vgl. *Kroeber-Riel* 1992, S. 371 ff.):

(a) Es gibt Situationen, in denen der Käufer seine Wahl unter geringer kognitiver Kontrolle trifft, was in den formalen und meist recht komplexen Entscheidungsmodellen oft nicht berücksichtigt wird. Typisch dafür erscheinen impulsive und habituelle (gewohnheitsmäßige) Kaufhandlungen. Ein **Impulsivkauf** stellt eine unmittelbare und situationsbedingte, gewissermaßen automatisch ablaufende Reaktion auf eine Reizkonstellation dar. Wie sehr eine solche diese Art von Kaufverhalten fördert, ist insbes. im Einzelhandel längst erkannt und entsprechend umgesetzt worden: Musik im Verkaufsraum, Wühltische, Zweitplazierung an der Kasse usw.

Habituelles Einkaufsverhalten ist insofern von impulsivem zu unterscheiden, als die Gewohnheit durchaus ein Ergebnis vorausgegangener echter, komplexer Entscheidungen sein kann, mit deren Ausgang man zufrieden war (Marken-, Geschäftstreue). Die Beibehaltung der getroffenen Wahl verringert das Kaufrisiko. Auf der anderen Seite kann eine habituelle Verhaltensweise auch das Ergebnis von Lernprozessen in der Phase der Sozialisation sein, so z. B. das Rauchen einer bestimmten Zigarettenmarke. Es gibt aber auch Kaufentscheidungen, die unter stärkerer kognitiver Kontrolle ablaufen, also solche, bei denen der Konsument intensiv zwischen Pro und Kontra einer Leistung abwägt.

(b) Da sich Beurteilungs- und Auswahlvorgänge im Verborgenen vollziehen, ist auch ihre Struktur nicht offenkundig. Bei der Untersuchung des beobachtbaren Verhaltens kann man ein bestimmtes Muster unterstellen und prüfen, ob das Verhalten mit den Ergebnissen des verwandten Modells übereinstimmt. Typisch dafür sind sog. **normative Entscheidungsmodelle.** In ihnen wird eine eindeutige Logik postuliert, die bei einer gegebenen Menge von Alternativen, Umweltsituationen und Restriktionen zu einer zieloptimalen Auswahl führt.

Das reale Entscheidungsverhalten wird sich von dem im normativen Modell unterstellten erheblich unterscheiden. Verantwortlich hierfür sind begrenzte Informationsverarbeitungskapazität, Subjektivität und Instabilität von Entscheidungsregeln, ferner die Einwirkung von emotionalen und sozialen Faktoren auf den Entscheidungsprozeß und dgl. mehr. Aussagensysteme, die das **tatsächliche Verhalten** zu erfassen und zu erklären versuchen, werden als **deskriptive Entscheidungsmodelle** bezeichnet.

2.3.2. Determinanten der Wahrnehmung von Preis/Leistungsverhältnissen

2.3.2.1. Das Kostenbewußtsein

Wenn behauptet wird, die Leistungskosten beeinflußten das Verhalten der Wirtschaftssubjekte, dann setzt man einmal voraus, daß die Betroffenen jene überhaupt erfassen können. Zum anderen unterstellt man, daß diese die mit der Inanspruchnahme der Leistungen entstehenden Kosten kognitiv verarbeiten. Dem ist schon wegen der beschränkten Informationsverarbeitungskapazität nicht so. Zwei Hinweise sollen die Problematik verdeutlichen:

(1) Das Bewußtsein für die Kosten, die neben dem unmittelbar zu zahlenden monetären Betrag mit der Inanspruchnahme einer Leistung verbunden sind (so beispielsweise Wegekosten, psychischer Beschaffungsaufwand, Zeitaufwand für die Beschaffung, Lagerungskosten, Kosten des Gebrauchs u. a.), ist bei vielen Letztverbrauchern gering. Einige Gründe für dieses offenkundige Phänomen nennt *Diller* (1978, S. 130 ff., und 1991, S. 94):

- Niedrige Verkaufspreise im Einzelhandel erlangen auf Grund ihres belohnenden und dissonanzvermindernden Charakters eine starke suggestiv-emotionale Anziehungskraft auf den Verbraucher und somit eine dominante Stellung im kaufrelevanten Entscheidungskalkül. Diese führt zu einer verzerrten Wahrnehmung und partiellen Verdrängung nicht direkt im Kaufbetrag enthaltener Preisbestandteile, die in ihrer absoluten Höhe durchaus beträchtlich sein können. So wird berichtet, daß die Wegekosten im Durchschnitt aller Lebensmitteleinkäufe, also auch der zu Fuß getätigten, zwischen 3 und 4, in Extremfällen sogar 10 Prozent der Einkaufssumme ausmachten.
- Das nur geringe Bewußtsein für die nicht im monetären Preis enthaltenen Kostenfaktoren erklärt sich auch daraus, daß diese subjektiv und situativ bedingt teilweise umbewertet werden. Sie verlieren dann nicht nur ihren Kostencharakter, sondern können sogar auch einen immateriellen Gewinn stiften: Mit dem Einkaufsbummel wird nicht mehr Zeitaufwand, sondern Einkaufserlebnis assoziiert; eigene Mühen bei Do it yourself-Arbeiten erzeugen Leistungsstolz etc.
- Nicht zuletzt fehlt den zum monetären Transaktionspreis hinzuzurechnenden Kostenbestandteilen der Charakter des Monetären. Sie sind nicht exakt zu quantifizieren.

(2) Ein anderes, gleichwohl verwandtes Problem stellt die Kenntnis der monetären Preise dar, die für eine bestimmte oder vergleichbare Leistung gefordert

werden. Eine solche **Preiskenntnis** ist Vorbedingung jeder vernünftigen Evaluierung von Preisforderungen. Obwohl sich hierzu in der Literatur widersprüchliche Befunde finden (vgl. z. B. *Gabor / Granger* 1961; *Stephens / Moore* 1975), erscheint zusammenfassend die Feststellung berechtigt, daß die Preiskenntnis auch bei täglich benötigten Produkten gering ist.

Dieses Informationsdefizit verringern wollten die Verbraucherverbände, als sie in den achtziger Jahren eine Vielzahl von **Preisvergleichen** initiierten, die vor allem braune und weiße Ware zum Gegenstand hatten. Dazu stellten sie für einen meist städtischen Raum die Einzelhandelspreise in allen gängigen Einkaufsstätten für bestimmte, genau gekennzeichnete Elektrogeräte zusammen. Da das Interesse der Konsumenten an diesem Informationsangebot Ende der achtziger Jahre spürbar abgenommen hatte, ist von Preisvergleichen heute nicht mehr viel zu sehen.

Der gewerblichen Nutzung der Kenntnis bestehender Preisdifferenzen widmen sich sog. **Preisagenturen**. Sie bieten interessierten Konsumenten an, das preislich günstigste Angebot für ein ganz bestimmtes Produkt ausfindig zu machen. Dazu informiert man solch eine Stelle über den niedrigsten einem selbst bekannten Preis und erteilt ihr einen Beschaffungsauftrag. Gelingt es der Agentur, ein günstigeres Angebot in Erfahrung zu bringen bzw. vorteilhaftere Konditionen auszuhandeln, partizipiert sie an der Differenz.

Eine ähnliche Funktion erfüllen sog. **Diverter**. Sie sind bestrebt, im Auftrag eines Handelsunternehmens oder aus eigenem Antrieb herauszufinden, welche Hersteller intensiv regionale Preisdifferenzierung betreiben oder wo, etwa im Rahmen einer Verkaufsförderungsaktion, Ware gerade besonders günstig angeboten wird. Daß Hersteller solch ein Bemühen zur Schaffung von Markttransparenz, das letztlich zu einer Preis- und Konditionenangleichung auf niedrigstem Niveau führt, nicht sonderlich schätzen, liegt auf der Hand.

2.3.2.2. Die Darbietungsform der Preisinformation

Die Wahrnehmung von Preisangaben kann auch durch Manipulation der äußeren Form der Nennung sowie durch Gestaltung des Angebotsumfeldes beeinflußt bzw. verzerrt werden. Jedem Verbraucher sind aus seinem Alltag die sog. **gebrochenen Preise** geläufig. Gemeint ist damit die Tatsache, daß das geforderte Entgelt knapp unter der nächsthöheren Dezimalstufe (z. B. DM 1,99, DM 9,95, DM 99,90) angesiedelt ist („**odd pricing**"). Einer solchen Gestaltung der sog. **Preisfigur** liegt die Hypothese zugrunde, daß Verbraucher beispielsweise DM 9,95 eher der Neun-Mark-Stufe als dem Zehn-Mark-Bereich zugehörig empfinden (**Primacy-Effekt;** vgl. *Asch* 1946). Dies würde bedeuten, daß die Nachfrage auf solche Preise vergleichsweise elastischer reagiert (vgl. die formale Wiedergabe des Sachverhalts in Abb. 6.3.).

Die Befunde empirischer Forschungsarbeiten dazu sind uneinheitlich; insgesamt scheint sich eine solche Verzerrung in der Wahrnehmung von gebrochenen Preisen nicht zu bestätigen. Andererseits läßt sich deren Auftreten durchaus plausibel erklären (vgl. *Gabor / Granger* 1964). Da sie ein empirisches Phänomen darstellen, betrachtet man sie als Normalzustand, während die (in der Realität kaum anzutreffenden) runden Werte als nicht korrekt empfunden werden. (Beispielsweise kommt bei den Preisen von Lebensmitteln die „9" ungleich häufiger als jede andere Endziffer vor.) Die ausgeprägte Sensibilität der Verbraucher solchen Zahlen gegenüber mag auch aus dem Eindruck einer „ehrlichen", genauen Kalkulation, den sie vermitteln, resultieren.

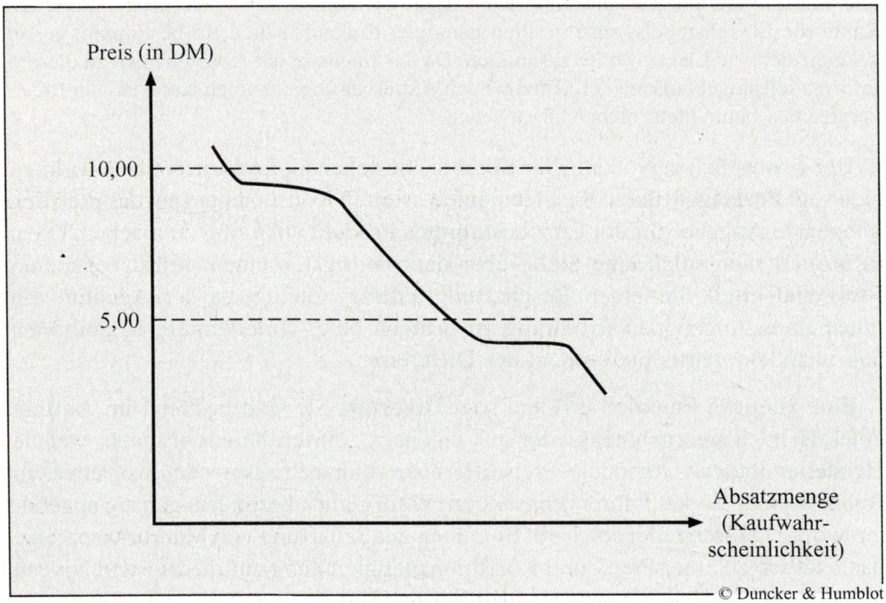

Abb. 6.3.: Preiselastizität der Nachfrage bei gebrochenen Preisen

Eine weitere Möglichkeit, Verbrauchern Preisgünstigkeit zu suggerieren, besteht in einer optischen Herausstellung des Preises oder eines Angebots, und zwar durch dessen plakative **Hervorhebung** im **Verkaufsraum** unter Verwendung von **„Preisbrechersymbolen"** (Fäuste, Blitze, Sterne u. ä.) oder durch entsprechende **sprachliche Etikettierung** (Sonderangebot, Fabrikpreis, Gelegenheit, Selbstkostenpreis u. ä.). Solche Gags werden von Kunden häufig als Indikator für eine von ihnen nicht weiter nachgeprüfte Preisgünstigkeit des Angebots aufgefaßt.

Wie problematisch und irreführend derlei Praktiken sein können, ergibt sich aus einer Untersuchung von *Diller* (1978), der in Großbetriebsformen des Einzelhandels im Raum Mannheim / Heidelberg für acht Produktgruppen alle Angaben, die auf Grund ihrer Darbietungsform Preiswürdigkeit suggerierten, einem eingehenden Vergleich unterzog. Dabei stellte sich heraus, daß ca. 30 % dieser Angebote im Vergleich zu anderen Geschäften einen mindestens gleich hohen, wenn nicht gar höheren Preis aufwiesen.

Eine ähnliche Wirkung versucht man auch mit bestimmten **Plazierungsstrategien** im Verkaufsraum von Einzelhandelsgeschäften zu erzielen. Dies gilt namentlich für die Zweit- und Schüttplazierung, bei der man suggeriert, daß sich hier nicht einmal mehr eine ordentliche Präsentation lohnt. Eine Irreführung über die korrekte Höhe des geforderten Entgeltes kann schließlich die Verwendung von **Groß**- oder **Multipackungen** verursachen, deren „Preiswürdigkeit" von einem Konsumenten nur über umständliches Nachrechnen überprüft werden könnte, wozu er indessen nach aller Erfahrung nicht bereit bzw. in der Lage ist.

2.3.2.3. Die Preisbereitschaft

Es entspricht sowohl der Alltagserfahrung als auch den Befunden empirischer Untersuchungen (vgl. *Gabor / Granger* 1961, 1964, 1966; *Diller* 1987; *Dickson / Sawyer* 1990), daß bei vielen Produkten Verbraucher mehr oder weniger klare Vorstellungen von einem „fairen" oder akzeptablen Preis hegen, auch wenn sie nur eine geringe Preiskenntnis besitzen. Tatsächlich handelt es sich um einen Toleranzbereich (Preisbereitschaft), der nach oben hin durch den höchsten Preis begrenzt wird, den ein Verbraucher für ein bestimmtes Produkt prinzipiell noch zu zahlen bereit ist. Die untere Schranke liegt demgegenüber bei einer Größe, die er noch als normal ansieht. Alles, was sich darunter bewegt, würde von ihm als Ausreißer, verbunden mit einer inferioren Qualität, eingestuft.

Wenn man vernünftigerweise davon ausgeht, daß innerhalb dieser Zone nicht jeder Preis gleich akzeptabel erscheint, läßt sich die Spanne der Preisbereitschaft als ein Schwankungsbereich um einen wie auch immer zustande gekommenen **Referenz-** oder **Standardpreis** auffassen (zum mittleren Preisempfinden vgl. *Diller* 1991, S. 100). Diese Überlegung kann auch auf mehrere Güter ausgedehnt werden. Der Referenzpreis gilt dann nicht für ein konkretes Produkt, sondern für die Menge bewußt gewordener, vergleichbarer Substitute, das sog. „evoked set". Darunter ist jener Kreis von miteinander konkurrierenden Erzeugnissen zu verstehen, die dem Bedarfsträger bei der Kaufentscheidung als echte Alternativen erscheinen (vgl. *Howard / Sheth* 1969, S. 26). Liegt das geforderte Entgelt für ein Erzeugnis außerhalb der Toleranzgrenzen, gehört es nicht mehr zum „evoked set".

Bei der Erklärung der Reaktion von Verbrauchern empfiehlt es sich, an der Differenz zwischen dem Referenz- und dem jeweils geforderten Preis anzusetzen. Von Nutzen ist dabei die **Adaption-Level-Theorie** von *Helson* (1947). Diese besagt, daß die Beurteilung eines Preises – ob hoch, niedrig oder normal – von einem individuellen Preis-Adaptions-Niveau, dem Referenzpreis, abhängt, der aus der einschlägigen Erfahrung resultiert. Nach diesem Ansatz ergibt sich der Referenzpreis aus Begegnungen des Individuums mit den Entgeltforderungen für die Güter des „evoked set". Jede neue Konfrontation mit Preisen, gleichgültig, wie es dazu kommt, wird bei der Bildung des Adaption Level verarbeitet, d. h.

in die Überlegungen einbezogen. Die beste Annäherung an den mittleren Preis, der daraus resultiert, wurde in einer Reihe von empirischen Untersuchungen durch Verwendung des geometrischen Mittels erzielt.

Welche Erkenntnisse lassen sich daraus für die betriebliche Preispolitik gewinnen?

- Es gibt für jedes Qualitätsniveau und jede Produktkategorie einen Referenzpreis.
- Dieser dient als Anker, als Beurteilungsgrundlage, bei der Wahrnehmung und Bewertung von Preisforderungen.
- Er ist Ergebnis einer subjektiven Umformung von Preisinformationen, wobei dieses mit keinem tatsächlich geforderten Preis übereinzustimmen braucht.
- In unmittelbarer Nachbarschaft der kritischen Größe werden Preisänderungen nicht wahrgenommen (Preisindifferenzbereich).

Gelegentlich zieht man zur Erklärung der individuellen Reaktion auf Preise auch die **Assimilations-Kontrast-Theorie** (vgl. *Sherif / Hovland* 1961) heran und unterteilt dabei die implizite Skala, die der Beurteilung dient, in Zonen der Akzeptanz, Indifferenz und Zurückweisung. Der Referenz- als Ankerpreis liegt in der Mitte des Akzeptanzbereichs. Fällt eine Forderung in diesen, wird sie wahrnehmungsmäßig in Richtung des Ankers verschoben, d. h. assimiliert. Bei Zurückweisung tritt der entgegengesetzte Effekt ein. Der Preis wird dann als einem anderen (höheren oder niedrigeren) Bereich zugehörig angesehen. Dies bedeutet, daß innerhalb des Akzeptanzintervalls Preisdifferenzen nicht wahrgenommen, unterschätzt oder toleriert werden, während starke Ausschläge wahrnehmungsmäßig vergrößert werden, so daß sich ein noch stärker spürbarer Kontrast ergibt.

2.3.2.4. Die Qualitätsbezogenheit der Preiswahrnehmung

Eine fundamentale Voraussetzung einer rationalen Evaluierung von Preis / Leistungsverhältnissen von Gütern besteht darin, daß Preis und Leistung unabhängig voneinander wahrgenommen werden. Diese Trennung ist jedoch in der Realität zumeist nicht durchzuhalten. Bereits die Ausführungen über die für bestimmte Qualitätsstufen bzw. „evoked sets" jeweils gültigen Preisbereitschaftsschwellen implizierten eine Verquickung der Wahrnehmung von Preis und Leistungsqualität.

Intuitiv leuchtet ein, daß hohe Preise mit hoher Produktqualität einhergehen, und zwar unabhängig von allen zusätzlichen Leistungen eines Anbieters, von denen in Abschn. 2.2.2.3. die Rede war. Begründet werden kann dies durch die Verwendung besonders teurer Materialien oder eine aufwendige Fertigung und Kontrolle, die Voraussetzungen hoher Qualität sind.

Das dominante Erklärungskonzept für die vielfach belegte Tatsache, daß Verbraucher von der Höhe des Preises auf die Güte der Qualität schließen, ist die **Theorie** des **wahrgenommenen Kaufrisikos** (vgl. dazu *Diller* 1991, S. 87 und S. 117 ff., sowie die dort angegebene Literatur). Dieses von *Bauer* (1960) in die Kaufverhaltenstheorie eingeführte Konzept betrachtet den Konsumenten als ein Subjekt, das sich bei seinen Kaufentscheidungen mit dem Problem konfrontiert sieht, die Konsequenzen der eigenen Wahlhandlung nicht genau antizipieren zu können. Der Kauf eines „falschen" Produktes kann aber nicht nur zur Mittelverschwendung führen, sondern auch andere Schäden, Frustration und Verlust an Selbstachtung bei den Betroffenen verursachen.

Solche mit einem Kauf verbundenen Risiken versucht der Konsument durch bestimmte Risikoreduktionsstrategien zu vermindern bzw. ganz abzubauen. Dazu gehören z. B. der Erwerb nur von bekannten, ihm vertrauten oder von national verbreiteten Marken bzw. von nur kleinen Mengen eines Erzeugnisses, ferner der Kauf der billigsten (Verminderung des finanziellen Risikos) oder der teuersten Marke (Abschwächung der Gefahr eines funktionellen Versagens des Objektes oder eines Prestigeverlustes des Käufers). Im letzteren Fall fungiert also der Preis als Indikator für Qualität.

Ein anderer Ansatz, der zur Erklärung der Preis / Leistungsverbundenheit in der Wahrnehmung der Konsumenten herangezogen wird, ist die **Theorie** der **kognitiven Dissonanz** (ausführlich dazu § 8, Abschn. 2.2.2.1.). Dabei wird unterstellt, daß immer dann, wenn die Höhe des (wahrgenommenen) Preises der perzipierten Produktqualität nicht entspricht, eine Dissonanz entsteht. Der für das kognitive Gleichgewicht erforderliche Abbau der Dissonanz erfolgt dann durch eine Umbewertung der Produktqualität im Sinne einer Anpassung an die wahrgenommene Preishöhe.

Zusammenfassend läßt sich feststellen, daß der Preis insbesondere dann als Qualitätsindikator herangezogen wird, wenn

- die Produktkenntnis gering ist,
- keine oder unzureichende Produktinformationen vermittelt werden,
- das zu beurteilende Erzeugnis sehr komplex erscheint,
- das wahrgenommene Risiko des Kaufs als hoch empfunden wird und
- die Urteilssicherheit gering ist.

Diese Zusammenhänge wird ein Anbieter berücksichtigen müssen, sowohl dann, wenn er einen Preis relativ hoch, als auch dann, wenn er ihn vielleicht allzu tief anzusetzen geneigt ist.

2.3.3. Die Evaluierung verschiedener Preis / Leistungsverhältnisse

In den vorangegangenen Abschnitten wurden u. a. die objektiven Komponenten von Leistungen sowie deren subjektive Umformung zu Produkturteilen im Prozeß der Wahrnehmung thematisiert. Nun stellt sich die Frage, nach welchen Kriterien ein Artikel aus einer Vielzahl von wahrgenommenen Alternativen ausgewählt wird.

Die klassische mikroökonomische Theorie verzichtet auf die Disaggregation von Produkten in nutzenstiftende Einzelkomponenten. Das Wirtschaftssubjekt entscheidet hier stets auf Grund eines globalen ordinalen oder kardinalen Urteils über den Nutzen, den ein Gut stiftet, und der Höhe der Preisforderung.

Den theoretischen Gegenpol bilden Ansätze, die Produkte als Aggregate von objektiven Eigenschaften auffassen. Bei der Herstellung einer Beziehung zwischen dem Eigenschaftsbündel und der geäußerten Präferenz resp. dem Kaufverhalten werden zwei Wege beschritten: Zum einen untersucht man, welche Eigenschaften von Subjekten wahrgenommen, als kaufrelevant bewertet und zu einem Urteil verknüpft werden. Zum anderen wird auf die Einbeziehung von subjektiven Informationsverarbeitungsprozessen in die Erklärung verzichtet, d. h. die objektiven Produkteigenschaften werden direkt zu dem die Existenz von Präferenzen reflektierenden Kaufverhalten in Beziehung gesetzt. Diesen Gedanken macht sich z. B. die **hedonistische Preistheorie** zu eigen, die im Abschn. 2.4. vorgestellt wird.

Unterstellen wir, daß das Wirtschaftssubjekt imstande ist, die angebotenen Produktalternativen im Hinblick auf die Kategorien Leistungskosten und -attraktivität einzuschätzen. Einfach ist die Entscheidung zugunsten eines Gutes dann, wenn die Kaufalternativen im Hinblick auf die Leistungskosten resp. die Leistungsattraktivität als gleich empfunden werden und dem ausgewählten Individuum Rationalität (normative Sicht) unterstellt wird. Dann wählt es von den konkurrierenden Alternativen diejenige aus, die ihm den höchsten Nutzen stiftet bzw. die geringsten Kosten verursacht oder – anders ausgedrückt – seinen Zielen am besten gerecht wird.

Die **Rationalität** ist ein typisch **ökonomisches Verhaltensmodell.** Dementsprechend zwingt sie stets dazu, zwischen den positiven und den negativen Effekten, die mit der Inanspruchnahme einer Leistung verbunden sind, abzuwägen. Nehmen wir z. B. an, daß die Wahrnehmung der jeweiligen Leistungskomponenten von drei Gütern zu der in Abb. 6.4. wiedergegebenen subjektiven Repräsentation der jeweiligen Preis / Leistungsverhältnisse führt. Zwischen A, B und C werden keine Unterschiede bezüglich der Leistungsattraktivität wahrgenommen bzw. als auswahlrelevant erachtet.

Die homogenen Produkte unterscheiden sich nur bezüglich der Höhe der Leistungskosten, die hier vereinfachend dem Preis gleichgesetzt werden. Angesichts knapper Geldmittel entspricht es einer normativen Rationalität, ein bestimmtes Maß an Leistungsattraktivität zu einem möglichst niedrigen Preis zu erlangen. Dies ist gleichbedeutend mit der Feststellung, daß die Kaufwahrscheinlichkeit mit fallendem Preis steigt. Dieser Zusammenhang wird in der mikroökonomischen Theorie mit Hilfe von **Preis-Absatz-Funktionen** formalisiert.

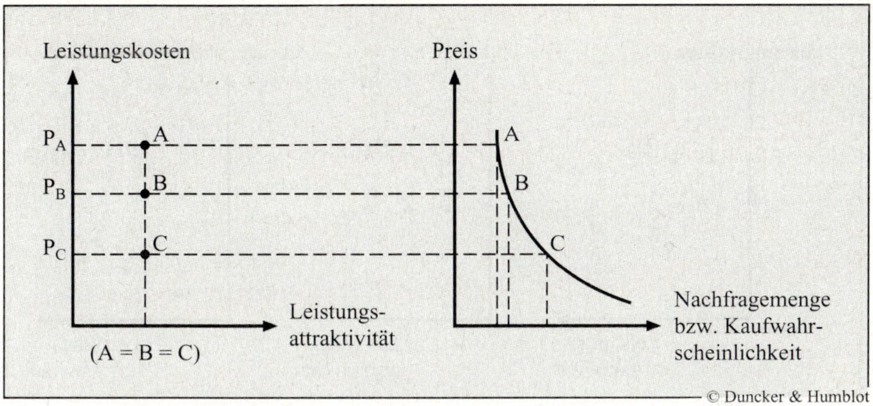

Abb. 6.4.: Formale Verknüpfung einer Preis-Absatz-Funktion mit einer Repräsentation der homogenen Güter A, B und C im subjektiven Evaluierungsraum

Eine solche entsteht durch funktionale Verknüpfung des Preises eines Produktes mit der auf einem Markt ceteris paribus abzusetzenden, für alle Nachfrager aggregierten Produktmenge. In ihrer individuellen Form reflektiert die Preis-Absatz-Funktion den Zusammenhang zwischen dem Preis und der Kaufentscheidung, die als Kaufwahrscheinlichkeit operationalisiert wird. Die in Abb. 6.4. gezeigte Variante weist eine nicht-lineare Gestalt auf. Modellkonform wäre auch ein linearer Kurvenverlauf.

Den unterschiedlichen Möglichkeiten entsprechen verschiedenartige Annahmen über die Austauschrate zwischen dem Nutzen des Geldes und dem des Gutes:

- Ein linearer Verlauf der Preis-Absatz-Funktion impliziert, daß es zwischen Nutzen und Nutzenentgang (Geldausgabe) eine **konstante Relation** gibt, die besagt, daß eine zusätzliche Einheit eines Gutes stets den gleichen Nutzenzuwachs stiftet, wie hoch das mengenmäßige Ausgangsniveau auch sein mag.
- Ein abflachender, nichtlinearer Verlauf der Preis-Absatz-Funktion läßt sich mit Hilfe des ersten *Gossen*'schen Gesetzes plausibel erklären: Der von jeder zusätzlichen Produkteinheit ausgehende **Nutzen nimmt relativ ab** (Sättigungserscheinung). Entsprechend muß bei einer Preissenkung um jeweils einen konstanten Betrag die Menge an Gütern, die dem Nutzen dieses Geldbetrags äquivalent ist, immer größer werden.

Gelangt nun ein Nachfrager zu dem Urteil, daß die Produkte A, B und C in ihrer Leistungsattraktivität divergieren, so sind die drei Konstellationen gemäß Abb. 6.5. zu unterscheiden. Wofür wird er sich entschließen?

(1) Bei Variante I fällt die Entscheidung zugunsten der Alternative C aus, da sie ein Höchstmaß an Attraktivität zum niedrigsten Preis verkörpert.

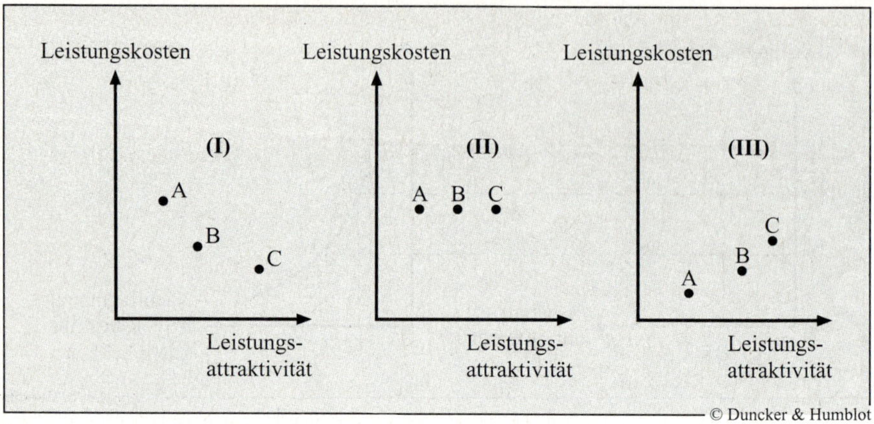

Abb. 6.5.: Konstellationen von Preis / Leistungsverhältnissen

(2) Auch im Falle II ist es rational, C zu wählen, da dieses Produkt bei gleichem Preis mehr an Leistung als seine Konkurrenten bietet.

(3) Im Fall III – ähnlich jeder Konstellation, bei der zumindest bei zwei Produkten ein Mehr an Kosten mit einem Mehr an Attraktivität einhergeht – bedarf es eines zusätzlichen Kriteriums, um bestimmen zu können, welche Wahl rational erscheint. In den Wirtschaftswissenschaften ist es angesichts negativer und positiver Konsequenzen von Handlungen üblich, die Güte einer Entscheidung entweder als Quotient von Größen (Produktivität, Effizienz) oder als Differenz (Überschuß, Gewinn) darzustellen.

(a) Für die Relation „Leistungskosten / Leistungsattraktivität" spricht, daß Nenner und Zähler der Kenngröße nicht die gleiche Dimension aufweisen müssen. Eine Person, die dieses Kriterium anwendet, beurteilt die Produktalternativen danach, wie bei diesen eine ausgegebene Mark in Nutzen umgesetzt wird.

(b) Die Bestimmung des Netto-Attraktivitätsüberschusses über die Leistungskosten setzt für beide Komponenten dieselbe (wenn möglich monetäre) Dimension voraus. Daß die Überführung psychischer Konstrukte der hier verwendeten Art in monetäre Kategorien prinzipiell möglich ist, wurde von *Kaas* (1977) unter Verwendung eines der klassischen Meßverfahren der **Einstellungstheorie** *(Thurstone's* Law of Comparative Judgement) demonstriert. Eine Person, die ihr Verhalten an diesem Kriterium ausrichtet, orientiert sich an der Nutzendifferenz, die nach Abzug der Leistungskosten als Ergebnis der Transaktion übrigbleibt (vgl. *Kroeber-Riel* 1992, S. 402 f.).

Die Rationalität einer Wahlentscheidung läßt sich allerdings nur bezüglich des jeweiligen Kriteriums beurteilen. Wie Abb. 6.6. an Beispielen veranschaulicht, kann die Verwendung dieser beiden Kriterien zu durchaus unterschiedlichen Ergebnissen führen.

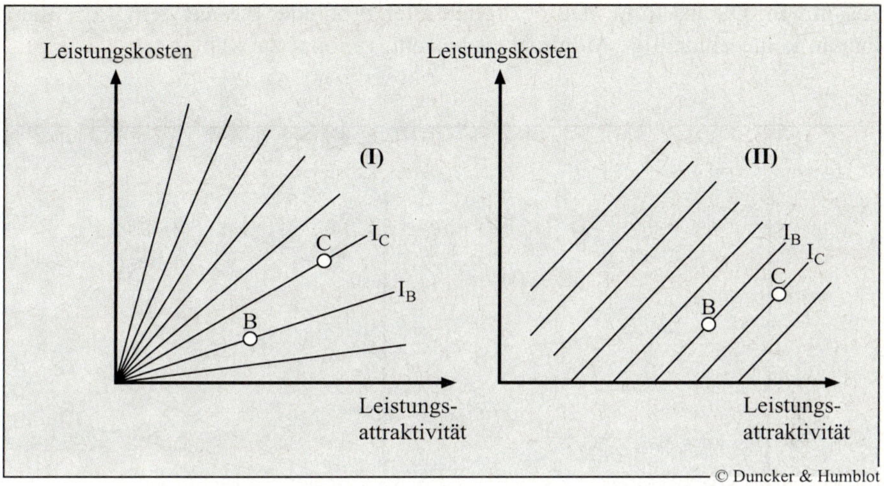

Abb. 6.6.: Wahlentscheidung bei Anwendung unterschiedlicher Kriterien

Fall I: Der Käufer müßte sich hier für die Produktalternative mit dem geringsten Preis / Leistungsquotienten entscheiden. Da die geometrischen Orte gleicher Quotienten (= Indifferenzkurven) durch den Ursprung gehende Strahlen sind, wird nach dem Gut gesucht, das auf dem Strahl mit der geringsten Steigung liegt. Im vorliegenden Fall würde dies für Produkt B gelten.

Fall II: Da die geometrischen Orte gleichen Attraktivitätsüberschusses (= Indifferenzkurven) parallel verlaufende Geraden mit einer Steigung von 45° sind, muß der Erwerber jene Alternative wählen, die auf einer möglichst weit rechts plazierten Indifferenzkurve liegt. Im konkreten Beispiel ist dies Produkt C.

Probleme der Wahl wird es geben, wenn zwei Produkte jeweils auf ein und derselben **Indifferenzkurve** plaziert sind. Klarheit über die optimale Wahl verschafft dann z. B. die Heranziehung des jeweils anderen Kriteriums als Nebenkriterium (vgl. Abb. 6.7.) oder einer anderen Nebenbedingung.

Im Fall I sind die Produkte A und B, da auf einem Strahl gelegen, bezüglich Leistungskosten / Leistungsattraktivität gleichwertig. Zieht man zusätzlich das Kriterium des Attraktivitätsüberschusses über die Leistungskosten heran, erweist sich B als besser; denn ergeben sich z. B. für die Quotienten $Q_A = {}^2/_3$ und $Q_B = {}^6/_9$, so sind sie zwar wertmäßig identisch, bezüglich der Differenz zwischen dem Nenner und dem Zähler jedoch ungleich.

Im Fall II hingegen erweisen sich die Produkte B und C hinsichtlich des Netto-Attraktivitätsüberschusses als gleich; die optimale Wahl ist jedoch im Hinblick auf den Quotienten von subjektiven Kosten zu subjektivem Nutzen die Alternative B, da sie zugleich auf dem Strahl mit der geringeren Steigung liegt.

Mit Hilfe dieser zwei normativen Kriterien läßt sich für nahezu alle Punkte des subjektiven Raums die relative Vorteilhaftigkeit beurteilen. Eine Ausnahme bilden lediglich jene, die auf der Winkelhalbierenden liegen. Dort fallen nämlich, wie aus Abb. 6.8. ersichtlich, die Indifferenzkurven bezüglich beider Kriterien zusammen. Daraus folgt, daß bezüglich aller Produkte, die auf dem 45°-Strahl liegen, keine eindeutige Möglichkeit besteht, rational zu wählen.

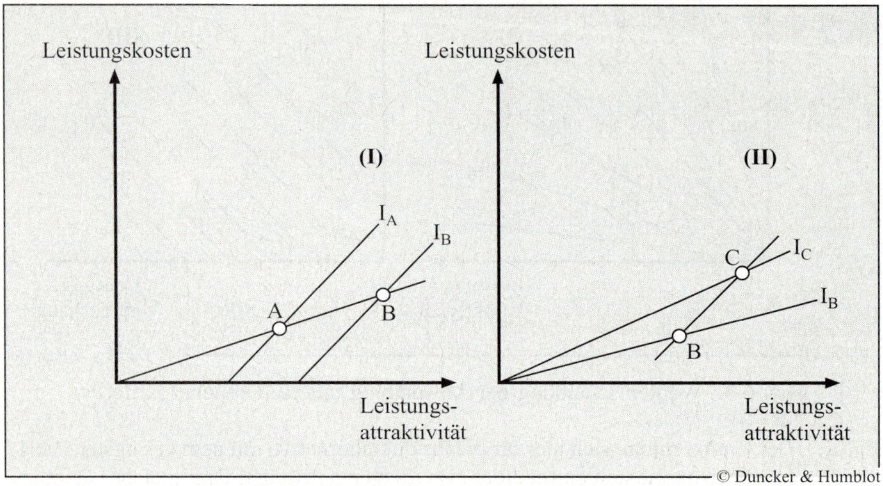

Abb. 6.7.: Verknüpfung von Rationalitätskriterien

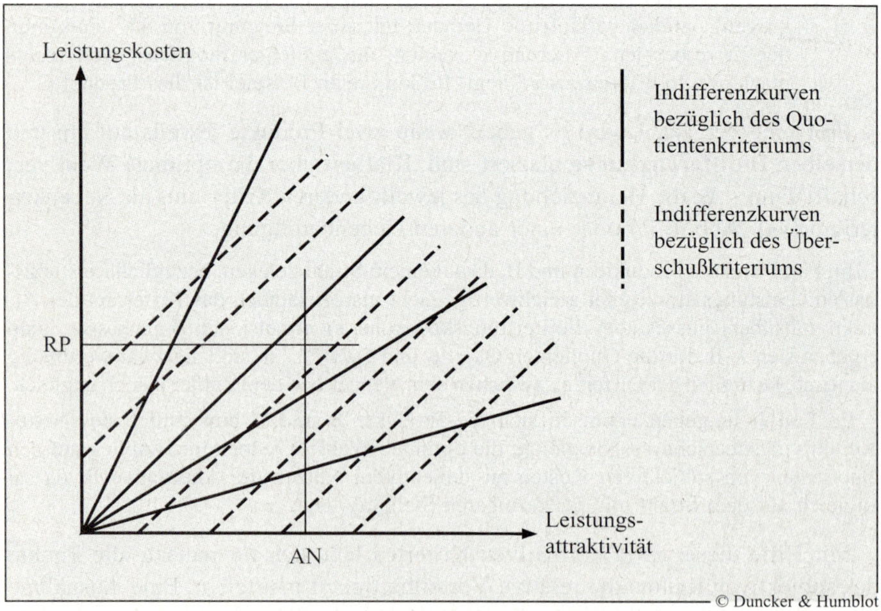

Abb. 6.8.: Zusammenfallen zweier Rationalitätskriterien auf der 45°-Geraden

In diesem Zusammenhang ist indessen zu fragen, ob die Produkte auf der Winkelhalbierenden überhaupt entscheidungsrelevant sein können, besteht doch angesichts der Gleichheit des subjektiv empfundenen Nutzens mit den subjektiv empfundenen Kosten (= Nutzenentgang) ebensowenig Anlaß zum Kauf wie in dem Bereich oberhalb der Winkelhalbierenden, wo subjektive Kosten den subjektiven Nutzen übersteigen und somit die Transaktion subjektiv irrational wäre. Würde man dennoch die Relevanz der Produkte auf der 45°-Geraden für die Kaufentscheidung bejahen, ließe sich Optimalität durch die Heranziehung eines weiteren Kriteriums herstellen. So könnte das Produkt gewählt werden, dessen Preis am nächsten einem Referenzpreis (RP) oder dessen Leistungsattraktivität am nächsten einem a priori festgelegten Anspruchsniveau (AN) liegt.

Die hier angestellten normativen Überlegungen beziehen sich auf die Fähigkeit eines Nachfragers, alle relevanten **Kosten-** und **Nutzenkomponenten** von **Leistungsangeboten** wahrzunehmen und sie zu einem Urteil zusammenzufassen. In realen Entscheidungen neigen Käufer indessen häufig dazu, nicht die beste, sondern nur eine satisfizierende und damit in der Regel suboptimale Alternative zu suchen (Prinzip der beschränkten Rationalität). Ein psychisches Hilfsmittel hierfür stellt z. B. das bereits erwähnte **Anspruchsniveau** dar. Hierunter ist ein von einem Individuum angestrebtes Maß an Zielerreichung zu verstehen. Der Mechanismus der Anspruchsniveaubildung wirkt insofern entlastend, als nicht die Attraktivität aller Produktalternativen (gegeneinander) abgeschätzt werden muß. Vielmehr begnügt man sich mit einer Einteilung der Optionen in solche, die den subjektiven Standards genügen, und solche, bei denen dies nicht der Fall ist. Formal gesehen liegt darin eine Homogenisierung der Angebote, so daß sich die Evaluierung nur mehr an der Preiskomponente orientieren muß.

Eine suboptimale Produktwahl kann auch die Folge einer unvollständigen Erfassung der verfügbaren Alternativen sein. Der Interessent bezieht nur einen Ausschnitt der Alternativenmenge in den Entscheidungsprozeß ein, eben das „evoked set“, das durchaus nicht die objektiv besten verfügbaren Varianten enthalten muß.

Weicht das Kaufverhalten in der Realität vom Modell des Rationalverhaltens ab, so ist dies zum großen Teil auch dadurch bedingt, daß der menschlichen **Informationsverarbeitungskapazität** enge Grenzen gezogen sind. Insbesondere im Hinblick auf verbraucherpolitische Belange erscheint es indessen von Bedeutung, daß durch die Zufuhr von zusätzlichen Informationen die Entscheidungsgüte durchaus negativ beeinflußt werden kann, nämlich dann, wenn es zu einer Informationsüberlastung kommt. Darüber hinaus ist zu beobachten, daß die von Konsumenten anstelle komplizierter Auswahlprogramme verwendeten vereinfachten Entscheidungsregeln unter entscheidungsökonomischen Gesichtspunkten u. U. nicht weniger effizient sind. Die Verwendung komplexerer Modelle würde sich also nicht notwendigerweise in einer Verbesserung der Entscheidungsqualität niederschlagen.

Ein Paradebeispiel für ein scheinbar modellwidriges Verhalten stellt ein Individuum dar, das von zwei homogenen Gütern das teurere nachfragt resp. ein Gut um so eher kauft, je höher der Preis ist. Solche Fälle sind gleichwohl in der Realität durchaus anzutreffen (siehe dazu auch Abb. 6.9.). Aus der Sicht des *homo oeconomicus* ist ein solches Verhalten irrational und unter Beibehaltung zentraler **Axiome** der **Preistheorie** (knappe Mittel, Nutzenmaximierung, Preis als einzige Erklärungsvariable) nicht zu rechtfertigen. Daher werden üblicherweise zur Erklärung positiv geneigter Preis-Absatz-Funktionen zusätzliche Variablen herangezogen. Neben dem Konzept des wahrgenommenen Risikos, dessen Auswirkung auf den Verlauf der Kurve bereits kurz dargestellt wurde, werden dazu folgende Argumente bemüht:

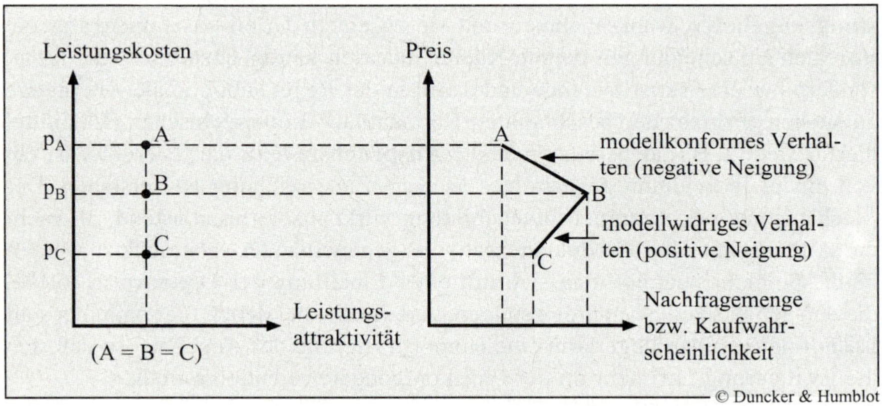

Abb. 6.9.: Steigender Abschnitt der Preis-Absatz-Funktion als Ausdruck objektiver Irrationalität

- Der Eitelkeit als menschlichem Phänomen wird durch demonstrativen Konsum teurer Güter mehr gedient als durch Verbrauch billiger (*Veblen*-Effekt).

- Bei einem Ansteigen des Preises (Hausse) mutmaßt der Kaufwillige, daß jener noch weiter nach oben gehen wird, und beschafft größere Mengen. Der umgekehrte Fall ist bei fallenden Preisen gegeben.

- Eine Steigung der Preis-Absatz-Funktion kann auch aus der mangelnden Substituierbarkeit inferiorer Güter resultieren (*Giffen*-Paradoxon). In einer – allerdings seltenen – Situation, in der ein substantieller Teil des Einkommens für ein nicht substituierbares inferiores Gut ausgegeben wird, ergibt sich aus einer Preissteigerung bei diesem Gut die Notwendigkeit, noch mehr davon zu verbrauchen. Dies liegt daran, daß die Bindung eines immer größeren Teils des konstant bleibenden niedrigen Einkommens ein Ausweichen auf andere, teurere Güter zusehends schwieriger macht.

2.4. Grundzüge der hedonistischen Preistheorie

Die klassische Preistheorie stellt Nachfrage, Kosten und Wettbewerbssituation in den Mittelpunkt ihrer Überlegungen. Sie behilft sich mit vielerlei Vereinfachungen, um ihrem Anliegen, Preise von einzelnen Gütern zu erklären, gerecht zu werden. Dazu zählen vor allem Homogenitäts- und Rationalitätsannahmen, als gegeben vorausgesetzte Preis-Absatz- und Kostenfunktionen sowie Präferenzen, die Einengung der Fragestellung auf einstufige Absatz-Beschaffungs-Beziehungen und die Konzentration der Analyse auf den Ein-Produkt-Fall. Das Erkenntnisinteresse richtet sich dabei letztlich immer auf die Bestimmung einer oder mehrerer für einen Anbieter optimaler Preis-Mengen-Kombinationen in einer durch Markttransparenz und Zeitlosigkeit gekennzeichneten Welt.

Um das Anliegen einer Variante der Preistheorie zu verstehen, die im angelsächsischen Sprachraum als **„hedonistic pricing"** gekennzeichnet wird, erweist es sich als nützlich, sich des Grundgedankens der **Commodity Characteristics-Theorie** von *Lancaster* (1966) zu besinnen. Danach ist ein Produkt kein homogenes Ganzes, sondern ein Bündel von objektiven, wahrnehmbaren Eigenschaften, die jeweils für sich Nutzen stiften. Obgleich also z. B. ein *VW Golf* und ein *Opel Astra* Automobile derselben Klasse und somit Konkurrenten auf demselben Markt sind, verkörpern sie dennoch höchst verschiedenartige Eigenschaftsbündel. Der Markt ist m. a. W. durch Unvollkommenheit (vgl. dazu Abschn. 1.1. und 3.1.1.) gekennzeichnet. Einem potentiellen Käufer bleibt indessen die Aufgabe, trotz der Unterschiedlichkeit der Gegebenheiten einen Vergleich anzustellen, wegen der von ihm zu treffenden Wahl nicht erspart. Wie könnte bzw. müßte er aus normativer Sicht dabei vorgehen?

Üblicherweise eignet sich eine ganze Reihe von Produktalternativen, Ausstattungskombinationen, Marken etc. zur Befriedigung eines bestimmten Konsumwunsches. Jene Teilmenge, die bei einem Verbraucher ins Bewußtsein tritt, wird, wie erinnerlich, als „evoked set" bezeichnet. Wichtig ist, daß es sich hierbei um einen subjektiv wahrgenommenen Ausschnitt aus dem gesamten Spektrum an Möglichkeiten handelt. Wovon dieser bestimmt wird und wie er sich empirisch ermitteln läßt, soll hier nicht behandelt werden (vgl. *Dichtl / Schobert* 1979).

Gleichzeitig wird sich der Kaufinteressent für die Preise der sein „evoked set" bildenden Objekte interessieren. Aus der Sicht des Analytikers stellen sich dabei ein theoretisches und ein empirisches Problem. Daß mit dem Preisbegriff ganz verschiedene Sachverhalte verbunden sein können, ist schon in Abschn. 2.2.2., insbesondere aus Abb. 6.1., deutlich geworden. Wieviele Aspekte bezieht ein Käufer in seine Überlegungen ein? Wie weit reichen dessen ökonomischer Sachverstand, Planungsvermögen und Verhandlungsmacht?

Unabhängig von der Abgrenzung des Preises gegenüber dem Investitionsbegriff kommt man nicht um die Erlangung empirischer Daten, zumindest aber um die Bildung präziser Vorstellungen über die einzelnen Preiskomponenten herum.

Was man braucht, sind numerische Werte für alle als bedeutsam erachteten Preisbestandteile. Ganz konkret heißt dies z. B.: Welche Autovertretungen kommen als Bezugsquellen in Betracht? Mit welchen Nachlässen auf die von den Herstellern empfohlenen Preise ist bei ihnen zu rechnen? Wie steht es jeweils um die Qualität des Kundendienstes (und dessen Kosten)? In die Fragestellung hineinverwoben ist also ein komplexes Informationsbeschaffungsproblem, wobei sich ein Käufer für die für ihn günstigste Möglichkeit, ein Marktforscher eher für Durchschnittswerte und Varianten interessieren wird. In jedem Falle aber muß es sich um am Markt tatsächlich erzielbare Entgelte handeln, damit diese als Ausdruck der „revealed preference" gedeutet werden können. Es wird m. a. W. angenommen, daß die ermittelten Preise bzw. Preisbestandteile die Präferenzen der Nachfrager unverzerrt widerspiegeln.

Unterstellt, all diese Fragen sind geklärt, geht es nunmehr darum festzustellen, welche Modelle sich unser Autokäufer eigentlich leisten kann oder will. Eines solchen Filters bedient sich auch die klassische Konsumtheorie, wenngleich die Bestimmung des Budgets eines Haushalts für sie kein ernsthaftes Problem darstellt. Wir hingegen gehen davon aus, daß die einzusetzenden Mittel von den Erwartungen über die Entwicklung der eigenen finanziellen Lage und der relevanten Preise, von der Möglichkeit, sich zu verschulden, von dem Zeitpunkt, zu dem sich das alte Fahrzeug am günstigsten verkaufen läßt, und von der Attraktivität des Angebots abhängen. Mit dem zuletzt genannten Bestimmungsgrund wird keine Argumentationsschleife hergestellt, sondern lediglich hervorgehoben, daß die Finanzierungsbemühungen eines Käufers ihrerseits eine Funktion der Marketinganstrengungen der Anbieter und insofern nicht unbedingt ein Datum sind.

Der Kreis der Alternativen umfaßt danach ein u. U. auf wenige Elemente zusammengeschrumpftes, vielleicht aber auch erweitertes Angebotsspektrum („consideration set"), aus dem letztlich ein Produkt ausgewählt werden muß. Alle Optionen zeichnen sich durch einen bekannten Preis und ein individuell verschiedenes Leistungsbündel aus, das aus Eigenschaften, Ausstattungselementen, einer Marke und Modalitäten der Erhältlichkeit besteht. Welche Merkmale oder Kriterien im einzelnen herangezogen werden, kann vom Analytiker – z. B. in Anlehnung an Produktvorteile, die von den Anbietern in ihrer Werbung herausgestellt werden – nach sachgemäßem Ermessen bestimmt oder im Sinne von „salient features" empirisch erschlossen werden. Die auf diese Weise gewonnenen, oft nur kategorialskalierten Leistungsbestandteile werden danach unter Einschluß des Preisvektors in einer Matrix zusammengefaßt (siehe Tab. 6.6.).

Unser eigentliches Anliegen besteht nun darin, den Beitrag jedes Leistungsbestandteiles zum Zustandekommen der Präferenzen bzw. der Präferenzordnung, wie sie der Preisvektor widerspiegelt, auf einer metrischen Skala zu bestimmen. Dadurch erhalten wir die gesuchten monetären Gegenwerte der einzelnen Produkteigenschaften bzw. jeder ihrer Ausprägungen. Diese verkörpern die sog. **hedonistischen Preisfunktionen**.

Tabelle 6.6.

Datenbasis für eine Bewertungsstudie in einem exemplarischen Fall

Produkt (i)	Präferenzwert P_i (z. B. Preis in DM)	Leistungsbestandteil								
		A	B	...	D			E	...	Z
		A_1 A_2 ... A_k			D_1	D_2 ...	D_l			
1	22.489	×	×				×	×		×
2	22.295		×			×		×		
3	21.989		×		×					
4	21.745					×		×		×
.										
.										
.										
n										

Anmerkung: × = vorhanden.

Welches Verfahren für die Ermittlung der Teilwerte in Frage kommt, hängt von einer Reihe von Faktoren ab. Zu beachten sind dabei vor allem Skalierungsniveau, Definitionsbereich und Verteilungsform der Variablen, der Funktionstyp (z. B. Linearität und Additivität; Vorliegen von Interaktionen und Interkorrelationen), die Bewältigung von „missing data", die Testbarkeit von Koeffizienten sowie die Möglichkeit der Überprüfung der internen Validität (Näheres zu den Verfahren in § 9 , Abschn. 3.2.5.). Es empfiehlt sich, zunächst vom Skalierungsniveau (siehe § 9, Abschn. 3.2.1.) der zur Verfügung stehenden Variablen auszugehen; Anhaltspunkte bezüglich der in Abhängigkeit davon einsetzbaren Methoden vermittelt Tab. 6.7. Ist die Datenbasis gemischtskaliert, kann man sich u. a. mit einer Polytomisierung der entsprechenden Größen behelfen und alle Variablen auf Nominalskalenniveau herunterstufen.

Auf die formale Darstellung des eigentlichen Auswahlproblems sei an dieser Stelle verzichtet (siehe dazu *Dichtl* 1984). Letzten Endes kommt es für den potentiellen Autokäufer darauf an, jene Alternative aus seinem „evoked set" herauszufiltern, bei der folgende Relation maximiert wird:

$$\frac{\text{Summe der Werte jener Leistungsbestandteile des Produktes i, die für das Individuum j bedeutsam sind}}{\text{Für Produkt i geforderter Preis}} \rightarrow \text{Max!}$$

Das Konzept liefert somit einen Gradmesser für die Beurteilung von Preisen von nicht direkt vergleichbaren, aber zu einem „evoked set" gehörenden Produkten, und zwar aus Nachfrager- wie aus Anbietersicht. Der erstere kann, wenn er weiß, auf welche Eigenschaften es ihm bei einem Produkt ankommt, rechnerisch ermitteln, welche Alternative für ihn am günstigsten ist. Der Anbieter vermag demgegenüber die Angemessenheit seiner Preisforderung zu überprüfen; außerdem erleichtert sich für ihn die Preisfindung bei neuen Produkten. Weit darüber hinausgehend erhält er auch wertvolle Hinweise für die Gestaltung seiner Produkt- und Kommunikationspolitik.

Tabelle 6.7.

Verfahren zur Bewertung von Produkteigenschaften in Abhängigkeit vom Skalenniveau			
Abhängige Variable	Unabhängige Variablen		
	metrisch	ordinal	nominal bzw. 0/1
metrisch	Regression Conjoint Measurement	AID	Kategoriale Regression MCA (Multiple Classification Analysis) AID Varianzanalyse Conjoint Measurement
ordinal		Ordinale Regression	Conjoint Measurement

Daß die Ermittlung von Werten für Produktbestandteile bereits Realität verkörpert, belegt das in Tab. 6.8. wiedergegebene Beispiel. Es handelt sich dabei um einen sog. Mietspiegel, wie er in vielen deutschen Städten regelmäßig und unter Hinnahme von beträchtlichen Kosten aufgestellt wird (zu dessen Funktion siehe *Weber* 1986). Ermittelt wurden die Werte mit Hilfe der sog. M(ultiple) C(lassification) A(nalysis). Der hier wiedergegebene Befund kann auf Grund von Untersuchungen von Stichproben aus mehreren Jahren für das Referenzjahr als reliabel und gemessen sowohl am offiziellen Mietspiegel als auch an den unter Einsatz anderer **multivariater Verfahren** erzielten Ergebnissen als valide betrachtet werden (vgl. *Dichtl / Weber* 1983).

Die Leistungsfähigkeit des hedonistischen Ansatzes hat dazu geführt, daß dieser mittlerweile auch in anderen Bereichen, etwa bei der Bestimmung des Marktwertes von Gebrauchtwageneigenschaften in den *DAT*-Gebrauchtwagenreports und den *Schwacke*-Marktgutachten, regelmäßig eingesetzt wird.

Tabelle 6.8.

Mietpreisrelevanz ausgewählter Merkmale in Mannheim		
Durchschnittspreis (1979) aller freifinanzierten Wohnungen 4.18 DM/m²		
Merkmal	Ausprägung	Zu-, Abschlag (DM/m²)
Wohnungsgröße (m²)	bis 30	+ 1,71
	31 bis 40	+ 0,72
	41 bis 90	− 0,05
	über 90	− 0,49
Art der Heizung	Zentralheizung	+ 0,26
	bedienungsfreie Einzelöfen	− 0,02
	keine bedienungsfreien Einzelöfen	− 0,30
Baujahr des Hauses	bis 1918	− 0,31
	1919 bis 1948	− 0,17
	1949 bis 1960	+ 0,05
	1961 bis 1970	+ 0,26
	nach 1970	+ 0,60
Badezimmer	kein Badezimmer	− 0,50
	Badezimmer ohne Warmwasserversorgung	+ 0,01
	Badezimmer mit Warmwasserversorgung	+ 0,16
Toilette	mehr als eine Toilette	+ 0,24
	eine Toilette (separat oder im Badezimmer)	+ 0,00
	Toilette außerhalb der Wohnung	− 0,48
Art der Küche	Wohn-/Kochküche	− 0,03
	Kochnische	+ 0,29
Küchenausstattung	komplette Einbauküche	+ 0,93
	Edelstahlspüle	+ 0,05
	keine	− 0,06
Balkon/Terrasse	vorhanden	+ 0,09
	nicht vorhanden	− 0,12
Gemeinschaftsantenne	vorhanden	+ 0,10
	nicht vorhanden	− 0,09
Fahrstuhl	vorhanden	+ 0,37
	nicht vorhanden	− 0,06
Treppenreinigung	vorhanden	+ 0,15
	nicht vorhanden	− 0,04
Wohndauer (Jahre)	1 bis 2	+ 0,35
	3 bis 5	+ 0,11
	6 bis 10	− 0,11
	über 10	− 0,23

3. Die Bestimmung des Angebotspreises für ein Produkt

3.1. Die Preisbildung in der mikroökonomischen Theorie

3.1.1. Elemente preistheoretischer Modelle

Wird für eine bestimmte Leistung ein Entgelt verlangt, kann man nach den Komponenten des Preis / Leistungsverhältnisses oder auch danach fragen, wie diese wahrgenommen bzw. kognitiv verarbeitet werden. Dies ist im letzten Abschnitt geschehen. Nun aber gilt es zu klären, welche Preisforderung für eine bestimmte Leistung aus der Sicht des **Anbieters** angebracht erscheint. Sicherlich hängt dies vorrangig davon ab, welche Ziele dieser verfolgt. Wir bewegen uns durchaus in der ökonomischen Tradition, wenn wir unter bewußter Vereinfachung der unternehmerischen Motive für die Zwecke unserer Analyse davon ausgehen, daß dieser nach Maximierung seines Gewinns bzw. Deckungsbeitrags strebt.

Um entscheiden zu können, welcher Preis gewinnmaximal ist, muß der Anbieter zumindest noch wissen, welche Kosten die Erbringung einer Leistung verursacht, wie die Nachfrager auf verschiedene Preise reagieren und – last but not least – was die Konkurrenten dem entgegenstellen werden. All dies setzen **Preisentscheidungsmodelle** voraus, die auf der mikroökonomischen Preistheorie basieren. In der betrieblichen Realität verfügt man bestenfalls über mehr oder minder begründete Erwartungen darüber.

Die mikroökonomische Theorie fordert also mehr, als die Realität zu leisten vermag. Dies beeinträchtigt ohne Zweifel die Übertragbarkeit ihrer Modelle auf die betriebliche Praxis. Die bestechende Eleganz und Stringenz der theoretischen Ableitungen, vor allem aber die Tatsache, daß die mikroökonomische Theorie das betriebswirtschaftliche Denken beeinflußt, elementare Kenntnisse daher auch das Verständnis der betrieblichen Preisbildung zu fördern vermögen, sind Grund genug, in diesem Abschnitt die wesentlichen Konzepte dieses Theoriegebäudes, das fester Bestandteil eines jeden Lehrbuchs der **Volkswirtschaftslehre** ist, darzulegen.

(1) Die Wechselwirkung zwischen der Höhe des für eine Leistung geforderten **Preises** und dem Verhalten der Nachfrager, d. h. dem zu erwartenden **Absatzvolumen** erscheint in den preistheoretischen Modellen in der Gestalt der bereits mehrfach angesprochenen Preis-Absatz-Funktion. Da wir uns hier mit preispolitischen Entscheidungen befassen, die – notgedrungen – auf Nachfrageaggregate (Märkte, Marktsegmente, Zielgruppen) abzielen, interessiert das Konzept der Preis-Absatz-Funktion nunmehr als Modell des Verhaltens vieler Nachfrager im Hinblick auf Preisforderungen unterschiedlicher Höhe. Es handelt sich also um eine **Marktreaktionsfunktion,** die die Beziehungen zwischen der Absatzmenge x (= abhängige Variable) und dem Produktpreis p (= unabhängige Variable) abbildet: $x = f(p)$. Die Auswirkung der Preishöhe auf die Absatzmenge wird

dabei, wie bei monoinstrumentalen Marktreaktionsfunktionen üblich, unter der Ceteris paribus-Annahme bezüglich der Wirkung der übrigen Marketinginstrumente untersucht.

(2) Der betriebliche **Input,** dessen für die Existenz der Unternehmung unabdingbare Abgeltung eine weitere Determinante der Preispolitik darstellt, erscheint in den Modellen der Preistheorie in der Gestalt der Kostenfunktion. Darunter ist die funktionale Verknüpfung zwischen der Ausbringungs- bzw. Absatzmenge (x) und der Höhe der betrieblichen Kosten (K) zu verstehen. Üblicherweise unterscheidet man zwischen einem S-förmigen, dem Ertragsgesetz entsprechenden, und einem linearen **Kostenverlauf.** Die ertragsgesetzliche Variante bringt zum Ausdruck, daß mit zunehmender Ausbringungsmenge eines Gutes die Kosten zunächst degressiv (der Zuwachs wird mit jeder Einheit kleiner) und später progressiv ansteigen, d. h. der Kostenzuwachs wird mit jeder zusätzlichen Ausbringungseinheit größer. Die lineare Kostenfunktion dagegen besagt nichts anderes, als daß der durch jede zusätzliche Ausbringungseinheit ausgelöste Kostenzuwachs stets gleich ist.

Aus dem Verlauf der Gesamtkostenkurve (K), die aus der Aggregation der fixen (K_f) und der variablen Kosten (K_v) resultiert, lassen sich Informationen über weitere Kostenarten ableiten:

(a) Grenzkosten (K')

Als Grenzkosten wird der Kostenzuwachs bezeichnet, den die Schaffung der jeweils letzten Einheit eines Gutes verursacht. Bei einem S-förmigen Verlauf der Gesamtkostenkurve erreicht die Grenzkostenkurve ihr Minimum im Inflexionspunkt der Gesamtkostenkurve, d. h. in dem Punkt, an dem die Kostendegression in die Kostenprogression übergeht. Bei einem linearen Verlauf der Gesamtkostenkurve, wenn also die Ergiebigkeit des variablen Faktors stets gleich bleibt, hat die Grenzkostenkurve (als Steigungsmaß der Gesamtkostengeraden) die Form einer Parallelen zur Abszisse. Vergleicht man die Grenzkosten mit dem jeweils erzielten Preis, so kann man erkennen, ob dieser die mit der Ausbringung der letzten Gütereinheit verbundenen Kosten deckt.

(b) Stückkosten (k)

Werden die Gesamtkosten durch die jeweilige Ausbringungsmenge dividiert, erhält man die Stückkosten oder durchschnittlichen Gesamtkosten. Der Vergleich dieser Kosten mit dem erzielten Preis vermittelt Anhaltspunkte hinsichtlich der Gewinnsituation sowie letzten Endes der Sicherung des Unternehmensbestandes.

(c) Durchschnittliche variable Kosten (k_v)

Darunter ist die Gesamtheit der variablen, d. h. beschäftigungsabhängigen Kosten, geteilt durch die Ausbringungsmenge, zu verstehen. Diese Kosten erreichen bei S-förmigem Kostenverlauf ihr Minimum im Schnittpunkt mit der Grenzkostenkurve; bei linearem Verlauf sind sie mit dieser identisch. Ist der erzielte Preis höher als diese Kosten, so trägt das Produkt zur Deckung der fixen Kosten und möglicherweise zum Gewinn bei (positiver Deckungsbeitrag). Idealtypische Verläufe der genannten Kostenarten sind in Abb. 6.10. graphisch veranschaulicht.

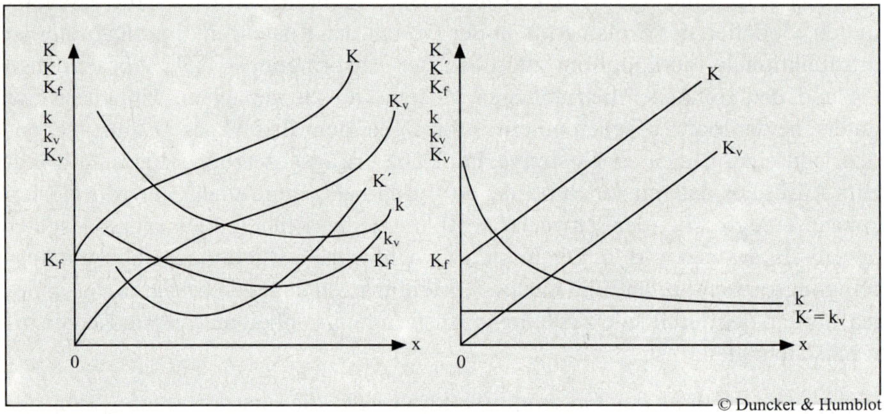

Abb. 6.10.: Kostenverlauf bei S-förmigem (a) resp. linearem Verlauf (b) der Gesamtkostenkurve *K*

(3) Das Verhalten der **Wettbewerber** wird insofern in die Modellbetrachtung einbezogen, als angenommen wird, daß dieses durch deren Zahl determiniert ist. Daraus resultiert die bekannte Unterscheidung zwischen monopolistischer, oligopolistischer und polypolistischer (atomistischer) **Angebotsstruktur**, je nachdem, ob ein, mehrere oder viele Anbieter am Markt sind.

Eine zweite Differenzierung zum Zwecke der Beschreibung der Konkurrenzverhältnisse richtet sich nach dem **Vollkommenheitsgrad** des **Marktes**. Als vollkommen gilt ein Markt dann, wenn folgende Merkmale gegeben sind:

– Die Marktteilnehmer handeln nach dem Maximumprinzip (Nachfrager streben Nutzenmaximierung, Anbieter Gewinnmaximierung an).

– Die Anpassungsprozesse an Veränderungen der Umweltbedingungen (Preis- oder Mengenänderungen) vollziehen sich unendlich schnell.

– Es bestehen keine Präferenzen räumlicher, zeitlicher, persönlicher oder sachlicher Natur.

– Es herrscht vollkommene Markttransparenz.

– Der Marktzugang ist nicht durch Zutrittsbarrieren behindert, das Ausscheiden aus dem Markt nicht z. B. durch noch nicht amortisierte Investitionen beeinträchtigt.

Fehlt es an mindestens einer dieser Prämissen, sind wir mit einem **unvollkommenen Markt** konfrontiert. Den genannten **Marktformen,** die hier wie dort denkbar sind, entspricht jeweils ein unterschiedlich dimensionierter Spielraum bei der Handhabung des Instrumentes Preis. Im folgenden soll kurz auf die grundlegenden Formen preispolitischen Handelns, die adaptive und die aktive Preispolitik, eingegangen werden.

3.1.2. Die atomistische Anbieterkonkurrenz auf vollkommenem Markt

Adaptives preispolitisches Verhalten erscheint insbesondere für die **atomistische Anbieterkonkurrenz** auf **vollkommenen Märkten** charakteristisch. Diese ist dann gegeben, wenn auf einem Markt viele Anbieter mit jeweils winzigen Marktanteilen operieren. Der Marktanteil eines jeden von ihnen fällt so klein aus, daß das Verhalten des einzelnen ohne jede Wirkung auf das Preisniveau bleibt. Der Preis, der sich auf dem Markt bildet, stellt für jeden Beteiligten ein Datum dar. Unterbietet ihn jemand, zieht er zwar jegliche Nachfrage auf sich, doch kann er diese auf Grund seiner begrenzten Kapazität nicht befriedigen. Er verschenkt damit Geld. Überbietet er hingegen den Marktpreis, so verliert er gemäß den Annahmen des vollkommenen Marktes alle Kunden.

Es ist nun zu klären, welche Gestalt die Preis-Absatz-Funktion eines Anbieters bei atomistischer Konkurrenz auf vollkommenem Markt aufweist. Da der Marktpreis, wie oben erwähnt, für den Anbieter ein Datum darstellt und da dieser zu diesem Preis seine gesamte Produktion abzusetzen vermag, kann die Preis-Absatz-Funktion nur die Gestalt einer Geraden aufweisen, die in Höhe des Marktpreises (p) parallel zur Abszisse verläuft. Auch die bei den jeweiligen Ausbringungsmengen erzielbaren Erlöse ergeben folglich eine Gerade ($E = p \cdot x$). Daraus folgt, daß bei einer so gearteten Nachfragefunktion der Grenzerlös gleich dem Preis der letzten verkauften Einheit, also gleich dem Marktpreis ist: $E' = p$.

Eine der zentralen Fragen, die man mit Hilfe preistheoretischer Modelle zu beantworten sucht, stellt die nach jener Preis-Mengen-Kombination dar, die für den Anbieter gewinnoptimal ist. Maßgebend dafür sind unter den beschriebenen Marktbedingungen allein die Kosten, die ihrerseits von der Menge abhängen (= Mengenanpasser).

Der Gewinn ergibt sich als Differenz zwischen Erlös und Kosten. Wie bereits angedeutet, sind die Kosten (K) eine Funktion der Ausbringungsmenge (x). Der Erlös kann als Produkt aus dem erzielten Preis und der zu diesem Preis abgesetzten Menge ($E = p \cdot x$) dargestellt werden. Dann läßt sich das **Gewinnoptimum** wie folgt formal ableiten:

(6.1.) $$G = p \cdot x - K \rightarrow \text{Max!}$$

Nach Differentiation nach x und Nullsetzen ergibt sich:

(6.2.) $$G' = p - K' = 0$$

Das Gewinnoptimum erreicht ein Polypolist somit bei einer Ausbringungsmenge, bei der der Preis (die Nachfragefunktion für den Polypolisten) und die Grenzkosten gleich sind:

$$p = K' \qquad (6.3.)$$

Dies läßt sich auch graphisch veranschaulichen, wobei man allerdings die Art der zugrunde gelegten Kostenfunktion zu beachten hat.

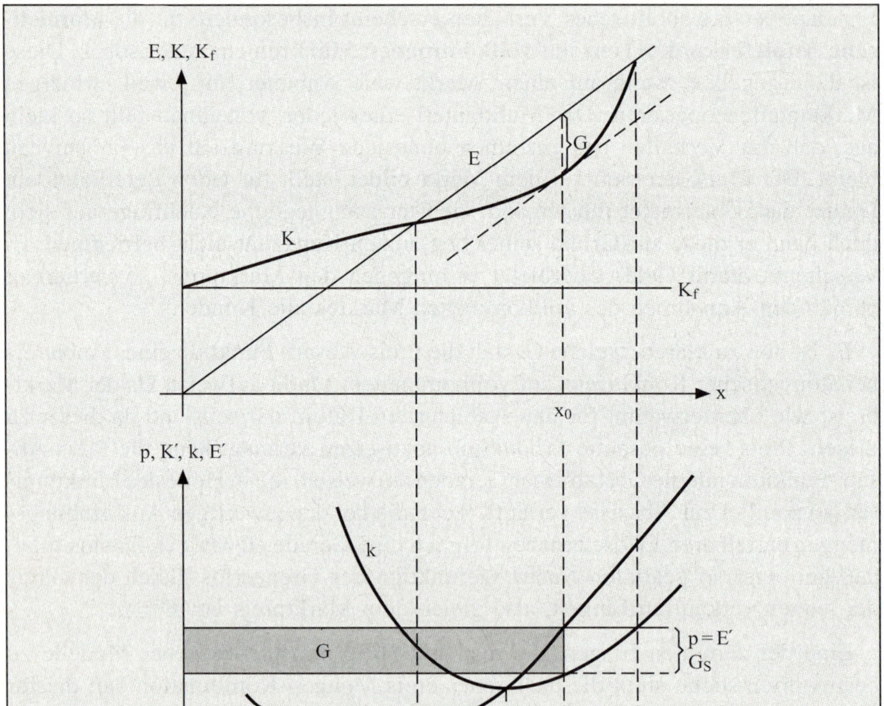

Abb. 6.11.: Gewinnmaximum beim Polypol auf vollkommenem Markt unter der Annahme eines ertragsgesetzlichen Kostenverlaufes

Dabei bedeuten in Abb. 6.11. und 6.12.:

E = Erlös	p = Preisgerade
E' = Grenzerlös	x = Ausbringungsmenge
K = Gesamtkosten	x_0 = gewinnmaximale Ausbringungsmenge
K' = Grenzkosten	G_s = Stückgewinn
K_f = gesamte Fixkosten	BO = Betriebsoptimum
k = gesamte Stückkosten	KG = Kapazitätsgrenze
G = Gewinn	

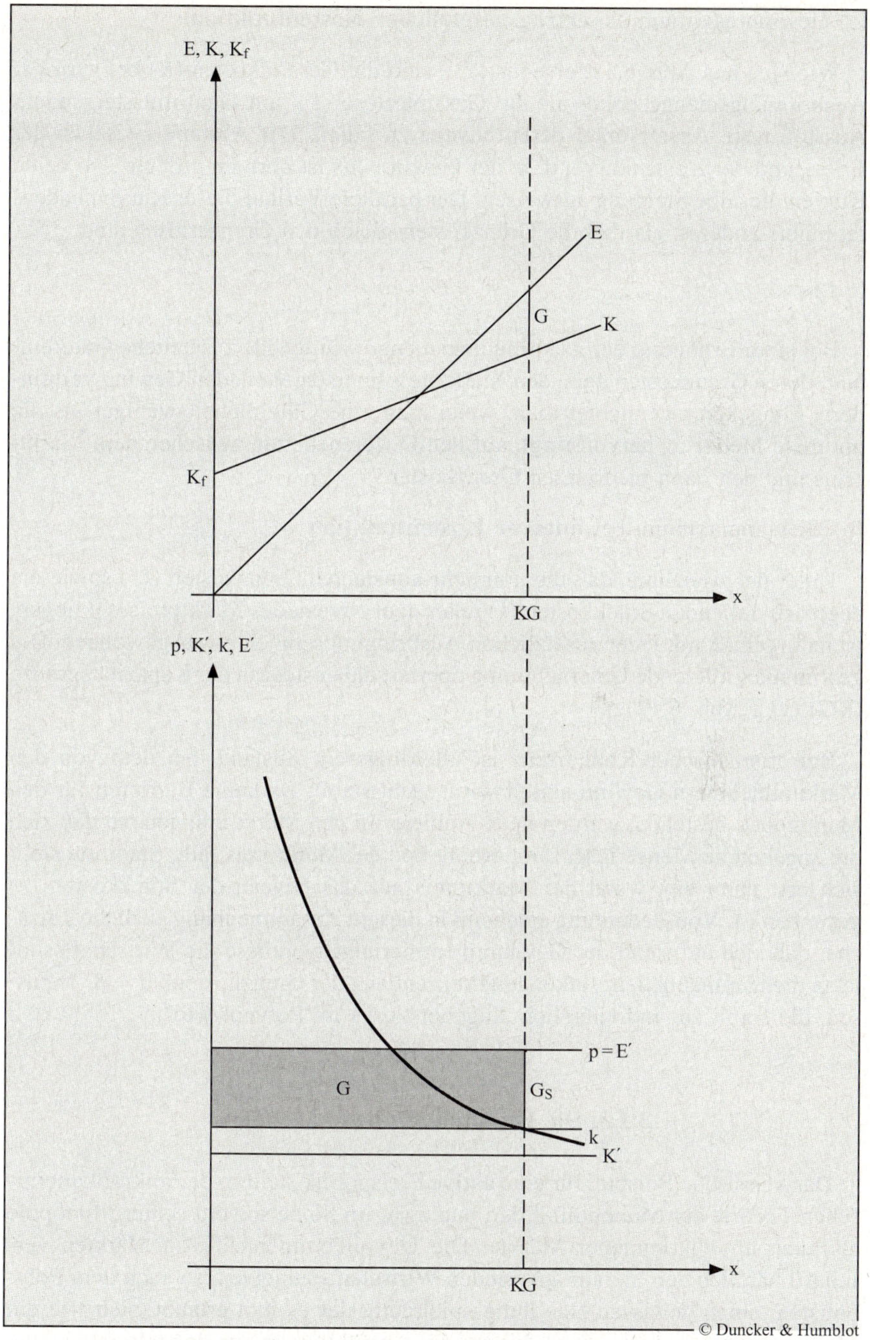

Abb. 6.12.: Gewinnmaximum im Polypol auf vollkommenem Markt unter der Annahme eines linearen Kostenverlaufes

(a) Gewinnmaximum bei **ertragsgesetzlicher Kostenfunktion**

Wie sich aus Abb. 6.11. ersehen läßt, sind die Gesamtkosten (*K*) bei geringer Ausbringungsmenge höher als die Gesamterlöse (*E*), um dann mit steigendem Ausstoß resp. Absatz unter deren Niveau zu fallen. Der Abstand zwischen der Erlös- und der Kostenkurve, d. h. der Gewinn (*G*) ist dort am größten, wo beide Kurven dieselbe Steigung aufweisen. Der parallele Verlauf dieser Kurven bedeutet nichts anderes, als daß die Grenzkosten gleich den Grenzerlösen sind.

(6.4.) $$K' = E' (= p)$$

Bei einer Erhöhung der Ausbringungsmenge würde jede zusätzliche Gütereinheit, deren Grenzkosten dann den Marktpreis überschreiten, den Gewinn vermindern. Umgekehrt verzichtet man, wenn man eine Gütereinheit weniger als die optimale Menge x_o hervorbringt, auf den Differenzbetrag zwischen dem Marktpreis und den dann niedrigeren Grenzkosten.

(b) Gewinnmaximum bei **linearer Kostenfunktion**

Unter der Annahme, daß die nunmehr konstanten Grenzkosten (*K'*) sowie die degressiv fallenden Stückkosten (*k*) unter dem Niveau des Marktpreises *p* liegen, ist naturgemäß mit jeder zusätzlichen Ausbringungseinheit etwas gewonnen. Die gewinnmaximierende Unternehmung operiert daher stets an der Kapazitätsgrenze (*KG*) (vgl. Abb. 6.12).

Bei atomistischer Konkurrenz ist allerdings ein Zustand, bei dem von den Marktteilnehmern Gewinn erzielt wird, nicht stabil. Da keine Barrieren für den Marktzutritt bestehen, werden neue Anbieter in den Markt drängen, so daß sich die angebotene Menge insgesamt erhöht und der Marktpreis fällt. Stabilität stellt sich erst dann ein, wenn der Marktpreis auf das Niveau der Stückkosten (*k*) gesunken ist. Von Bedeutung erscheint in diesem Zusammenhang auch die Tatsache, daß sich aufgrund der Gewinnmaximierungshypothese die Wirtschaftssubjekte mengenmäßig dem sinkenden Preis entlang der Grenzkostenkurve *K'* anpassen, die somit zur individuellen Angebotskurve im Polypol wird.

3.1.3. Die Preisbildung beim Monopol

Das klassische Beispiel für eine aktive Preispolitik stellt in der mikroökonomischen Theorie der Monopolfall dar, und zwar im Sinne sowohl echter Monopole als auch unvollkommener Märkte. Die Unvollkommenheit von Märkten verschafft nämlich den hierauf agierenden Wirtschaftssubjekten, so auch dem Polypolisten, einen gewissen Handlungsspielraum, der es ihm erlaubt, sich wie ein Monopolist zu verhalten (vgl. hierzu die Ausführungen zur doppelt-geknickten Preis-Absatz-Funktion in Abschn. 3.2.3.1.)

Ein echtes **Monopol** ist dadurch gekennzeichnet, daß ein Gut von nur einem Wirtschaftssubjekt angeboten wird. Dieses hat, theoretisch betrachtet, den größten Entscheidungsspielraum, da ihm die Befriedigung der marktwirksamen Nachfrage von keinem Konkurrenten streitig gemacht wird. Der Monopolist kann im Gegensatz zum Polypolisten entweder den Preis oder die Menge festlegen. Fixiert er den Preis, so ist dieser sein Aktionsparameter, während sich die Menge aus der Preis-Absatz-Funktion ergibt und einen Erwartungsparameter bildet (und umgekehrt).

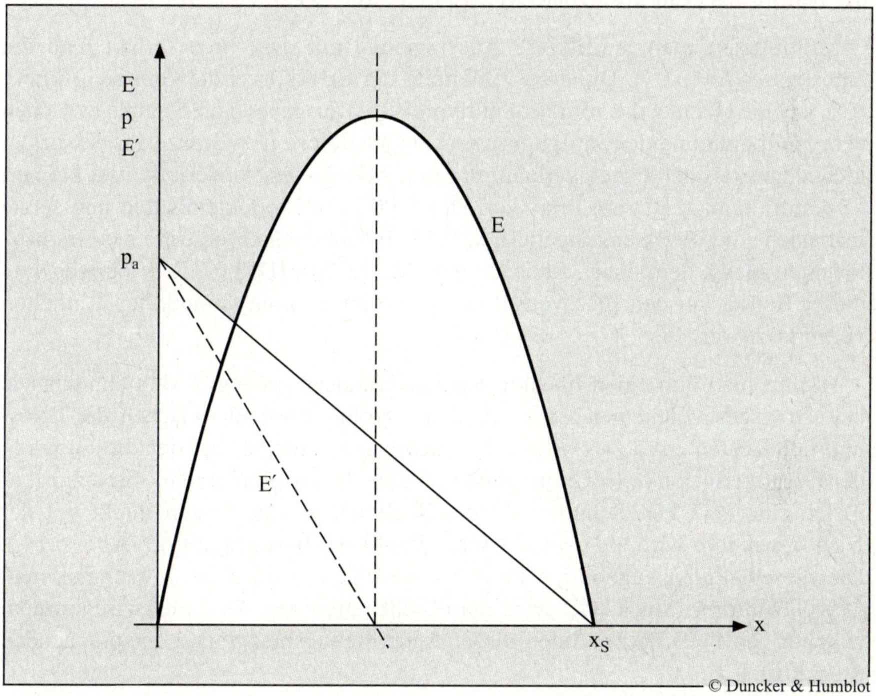

Abb. 6.13.: Preis-Absatz-, Erlös- und Grenzerlösfunktion eines Monopolisten

Dabei bedeuten in Abb. 6.13. und 6.14.:

E	= Erlös	G	= Gewinn
E'	= Grenzerlös	G_s	= Stückgewinn
K	= Gesamtkosten	p	= Preis
K'	= Grenzkosten	p_0	= gewinnmaximaler Preis
K_f	= Fixkosten	p_a	= Prohibitivpreis
k	= Stückkosten	x	= Ausbringungsmenge
k_0	= Stückkosten bei gewinnmaximaler Ausbringungsmenge	x_0	= gewinnmaximale Ausbringungsmenge
		x_s	= Sättigungsmenge
		C	= Cournot'scher Punkt

Aus dem Vergleich der Absatzkurven bei Polypol und Monopol folgt demnach: Im Gegensatz zum Polypolisten, dessen Gesamterlös immer linear ansteigt, muß der Monopolist darauf achten, ob eine Preissenkung bzw. -erhöhung mit der dadurch bestimmten Änderung der Ausbringungsmenge eine Zu- oder eine Abnahme des Erlöses bewirkt. Den höchsten Gewinn erzielt ein Monopolist trivialerweise dann, wenn die Differenz zwischen Erlösen und Kosten am größten ist.

Wie sieht die Erlösfunktion beim Monopolisten aus? Er kann davon ausgehen, daß er von einem Gut um so mehr absetzt, je billiger er dieses anbietet. Die folglich negativ geneigte Preis-Absatz-Funktion verläuft von einem Prohibitivpreis (p_a), zu dem nichts abgesetzt wird, bis zum Punkt der Marktsättigung, der die beim Preis Null absetzbare Menge (x_s) angibt (vgl. Abb. 6.13.).

Multipliziert man jeweils die Absatzmenge mit dem Preis, erhält man die Erlöskurve ($E = p \cdot x$). Die erste Ableitung der Erlöskurve, die Grenzerlöskurve (E'), ist eine Gerade, die vom Prohibitivpreis (p_a) ausgehend die Strecke zwischen dem Nullpunkt und der Sättigungsmenge (x_s) halbiert. Der Grenzerlös entspricht nicht dem Preis der letzten verkauften Einheit des Gutes, sondern ist stets kleiner. Verkaufte man z. B. zum Preis von DM 1,00 zehn Produkteinheiten und setzte man nach einer Preissenkung auf DM 0,95 elf Einheiten ab, so wäre der Grenzerlös nicht gleich dem neuen Preis für die elfte Einheit (DM 0,95). Vielmehr muß dieser Betrag um den Erlösverfall bei den zehn anderen veräußerten Einheiten vermindert werden.

Nimmt man nun einen linearen Kostenverlauf an, so ergibt sich ähnlich wie bei ertragsgesetzlichem Kostenverlauf der größte Abstand zwischen der Erlös- und der Kostenkurve (= G) bei der Ausbringungsmenge, bei der die Steigung der Gesamterlöskurve (= Grenzerlös) und jene der Kostenkurve (= Grenzkosten) gleich sind (x_0). Der Schnittpunkt der Senkrechten von diesem Punkt mit der Nachfragekurve wird als *Cournot*'scher Punkt (C) bezeichnet (vgl. Abb. 6.14.). Die diesem Punkt zugehörige Preis-Mengen-Kombination ist gewinnmaximal. Der Gewinn pro Stück (G_s) wird dargestellt durch den Abstand zwischen dem zugehörigen Preis (p_0) und den dieser Ausbringungsmenge (x_0) entsprechenden Stückkosten k_0.

Bemerkenswert am Modell von *Cournot* ist die Möglichkeit der Vernachlässigung von Fixkosten bei der Bestimmung des Betriebsoptimums. Diese Sicht findet sich in der später darzustellenden Direct Costing-Kalkulation wieder. Formal erhält man das Gewinnmaximum wie folgt:

$$\text{Gewinn} = \text{Erlös} - \text{Kosten} \rightarrow \text{Max!}$$

Die Erlösfunktion hat folgende Form:

(6.5.) $$E = p \cdot x$$

Da der Preis von der Ausbringungsmenge abhängt, gelangen wir zu folgender Beziehung:

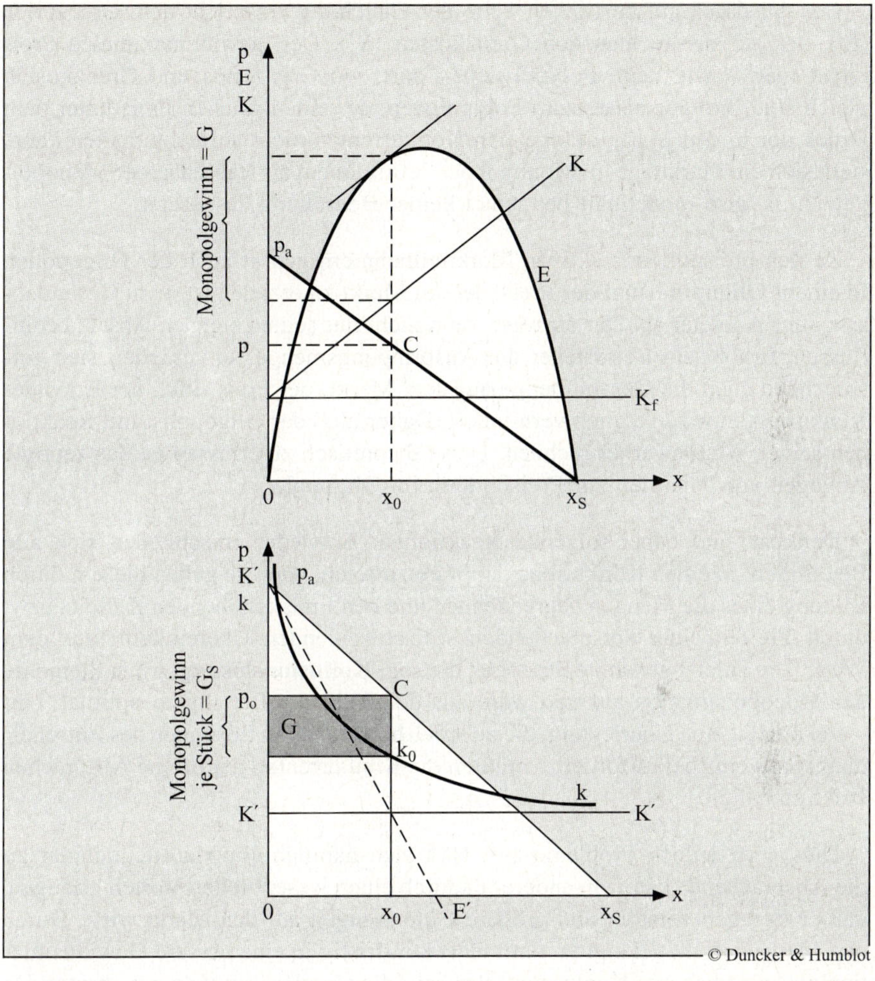

Abb. 6.14.: Gewinnmaximum im Angebotsmonopol bei linearem Kostenverlauf

(6.6.) $$G = p(x) \cdot x - K \rightarrow \text{Max!}$$

(6.7.) $$\frac{dG}{dx} = p + x \cdot \frac{dp}{dx} - \frac{dK}{dx} = 0$$

Nach Umformung ergibt sich:

(6.8.) $$p + x \cdot \frac{dp}{dx} = \frac{dK}{dx}$$

Der Ausdruck auf der linken Seite der Gleichung entspricht dem Grenzerlös (E'), der auf der rechten den Grenzkosten (K'). Den gewinnmaximalen Preis erhält man – wie beim Polypolisten – dort, wo Grenzerlös und Grenzkosten gleich sind. Im Gegensatz zum Polypolisten, der einen solchen Preis unter dem Druck der in den Markt drängenden Konkurrenten nicht aufrechterhalten kann, stellt sich die Marktlage im Monopol per definitionem als stabil dar, der Monopolgewinn ist also modellhaft betrachtet keiner Bedrohung ausgesetzt.

Zu den preispolitisch aktiven Marktteilnehmern gehört auch der Oligopolist. In einem **Oligopol** hängt der Preis, der am Markt zu erzielen ist, vom Gesamtabsatz aller Anbieter ab. Der einzelne kann nicht nur seinen eigenen Absatz beeinflussen. Erhöht ein Betroffener die Ausbringungsmenge, so verändert sich entsprechend auch die Gesamtmenge auf dem Markt; der Preis sinkt, der Erlös der Konkurrenten wird folglich vermindert. Daher muß der Oligopolist mit Reaktionen seiner Wettbewerber rechnen. Diese theoretisch zu erfassen ist das zentrale Anliegen von Theorien zur Preisbildung im Oligopol.

Denkbar sind dabei folgende Reaktionen: Entweder entschließen sich alle Beteiligten, in einen Konkurrenzkampf einzutreten, oder sie gehen diesem durch Bildung eines die Mengen begrenzenden und den Preis erhöhenden Kartells bzw. durch Treffen einer entsprechenden stillschweigenden Übereinkunft aus dem Wege. Die zuletzt genannte Strategie, die sog. **Kollusionslösung**, weist Elemente der Monopolsituation auf und wäre aus der Sicht der Beteiligten optimal. Nur – und dies ist eine Überlegung, die zu **spieltheoretischen** Lösungen des Entscheidungsproblems herausfordert – müßten die Konkurrenten getroffene Absprachen strikt einhalten.

Dies wirft jedoch Probleme auf. Hält sich nämlich ein Marktteilnehmer an die Absprache, so kann ein anderer dadurch einen wesentlichen Vorteil erlangen, daß er dagegen verstößt und größere Gütermengen auf den Markt wirft. Durch den Mengeneffekt gelangt er zumindest kurzfristig in eine bessere Gewinnsituation als sein ehrlicher Konkurrent, der bei fallenden Preisen weniger absetzt. Da diese Möglichkeit aber beiden offensteht, gilt es für jeden der zwei Anbieter zu überlegen, welche Strategie er verfolgen soll, nämlich die Mengenabsprache einzuhalten (Strategie I) oder sie zu brechen (Strategie II). Das Ergebnis ist für beide günstig, wenn jeder die Strategie I verfolgt (Kollusionslösung). Brechen sie gemeinsam die Absprache (Strategie II), so ergibt sich eine schlechtere Lösung. In der absolut schlechtesten Situation befindet sich jedoch ein Oligopolist, wenn er die Mengenabsprache einhält (Strategie I) und von seinen Wettbewerbern hintergangen wird (Strategie II). Wie leicht ersichtlich, neigt ein Risikominimierer zu Strategie II, deren schlechtestes Ergebnis immer noch besser als das für die Strategie I denkbar ungünstigste Resultat ist. Jeder von den beiden wird also die Absprache brechen und größere Mengen als vereinbart anbieten. Obwohl subjektiv vernünftig handelnd, wählen beide eine objektiv unvorteilhafte Lösung.

3.2. Die Preisbildung in der betrieblichen Praxis

3.2.1. Der Preis als Wettbewerbsparameter

Ein zentrales Problem der Preispolitik besteht, wie gesagt, in der Frage, welche Anhaltspunkte ein Anbieter hat, um die Höhe des Entgeltes zu bestimmen, das er für die erbrachte Leistung fordern soll. Sie stellt sich einem Investitionsgüterhersteller, der eine Großanlage verkauft, ebenso wie einem kleinen Einzelhändler, der die Preise der einzelnen Artikel im Sortiment festlegen muß. Dabei werden ihm Modelle, die die klassische Preistheorie bereithält, seine Entscheidung kaum erleichtern. Abgesehen von den realitätsfernen Annahmen der Preistheorie stehen dem auch die utopischen Informationsvoraussetzungen (z. B. Kenntnis der Preis-Absatz-Funktion) im Wege. Die Preisfindung in der Praxis wird im Regelfall also nicht durch ein Optimierungskalkül abgesichert, sondern durch ein auf vorhandene, wenngleich unvollkommene Informationen gestütztes Herantasten an den „optimalen" Preis gekennzeichnet sein.

Entsprechend der im vorausgegangenen Abschnitt angeführten klassischen Dreiteilung der Entscheidungsdeterminanten in Kosten, Nachfrage und Wettbewerbsverhalten läßt sich das Problem der **Preisfindung** logisch in drei grundlegende Teile zerlegen:

- Jede Unternehmung muß stets bestrebt sein, ihren Fortbestand zu sichern. Dieses Postulat, das in der Gewerbe- und Umsatzsteuergesetzgebung seinen Niederschlag in der Forderung nach der „Nachhaltigkeit" der wirtschaftlichen Betätigung findet (§ 1 Abs. 1 *Gewerbesteuer-Durchführungsverordnung,* § 2 Abs. 1 Satz 3 *Umsatzsteuergesetz),* beschreibt im betriebswirtschaftlichen Sinne nichts anderes als das Streben nach Deckung der Unternehmensgesamtkosten aus dem aus den erbrachten Leistungen erzielten Erlös. Preispolitisch bedeutet dies, daß der für eine Leistung geforderte Preis immer daraufhin zu prüfen ist, inwieweit er zur Deckung der mit der unternehmerischen Tätigkeit verbundenen Kosten (kurzfristig oder langfristig) beiträgt.
- Indessen würde die unternehmerische Tätigkeit nur altruistisch eingestellten Personen vorbehalten bleiben und auch jegliches Unternehmenswachstum ausschließen, wollte man ihr als vorrangiges Motiv nur Kostendeckung unterstellen. Dementsprechend stattet z. B. das Gewerberecht den Begriff der Unternehmung als Gewerbebetrieb mit dem begriffsnotwendigen Merkmal der Gewinnerzielungsabsicht (§ 1 Abs. 1 *Gewerbesteuer-Durchführungsverordnung)* aus. Im preispolitischen Bereich äußert sich diese in dem Bemühen, für erbrachte Leistungen Preise (= Stückerlöse) zu fordern, die neben der Kostendeckung auch die Erzielung eines ansehnlichen Gewinns ermöglichen. Da eine Preisforderung erst nach ihrer Akzeptierung durch die Abnehmer als Erlös wirksam wird, gilt es daher auszuloten, welche Preishöhe einzelne Bedarfsträger bzw. Segmente hinzunehmen bereit sind.

– In einer Marktwirtschaft steht ein Anbieter in der Regel im Wettbewerb mit anderen. Aus diesem Grunde wird die Höhe des Preises, den die Verbraucher bzw. Nachfrager für ein Gut (noch) zu bezahlen bereit sind, wesentlich davon abhängen, welches Entgelt die Konkurrenten fordern. Die Bedarfsträger haben bekanntlich die Möglichkeit, durch Abwanderung zu anderen Anbietern einer überhöhten Preisvorstellung auszuweichen.

Die zentralen **Determinanten** einer **Preisentscheidung** sind also die Kosten, das Verhalten der Nachfrager und das der Wettbewerber. In Abhängigkeit von der beim Preisfindungsprozeß gewählten Blickrichtung kann dementsprechend zwischen einer kosten-, abnehmer- und wettbewerberorientierten Preisbildung unterschieden werden, wodurch gleichzeitig die Richtungen akzentuiert werden, die *Tucker* (1966, S. 19) als „die Eckpunkte des magischen Dreiecks der Preispolitik" bezeichnet (für eine differenziertere Sicht des Problems siehe *Dichtl* 1994).

(1) Kostenorientierte Preisfindung

Eine kostenorientierte Preispolitik geht grundsätzlich davon aus, daß das geforderte Entgelt die Voll- oder zumindest bestimmte Teilkosten decken soll. Die für die Preisgestaltung notwendigen Ausgangsinformationen werden dem betrieblichen Rechnungswesen (Kostenrechnung) entnommen. Das methodische Mittel, das die Kostenrechnung mit der Preisbildung verbindet, ist die Kalkulation. Im Hinblick auf das Preis / Leistungsverhältnis des Angebots stellt jene die bei der Erbringung der Leistung entstandenen Kosten dem am Markt hierfür erzielbaren monetären Äquivalent gegenüber. Je nach Ansatz und Ziel nimmt sie dabei zwei Formen an:

(a) Im Wege der **progressiven Kalkulation** wird aus den angefallenen betrieblichen Kosten die Preisforderung errechnet, bei der jene ganz oder teilweise gedeckt sind. Der grundlegende Mangel dieses Preisermittlungsverfahrens besteht darin, daß marktbezogene Bestimmungsgrößen (z. B. Preiselastizität der Nachfrage, Wettbewerbsverhältnisse) allenfalls indirekt in die Betrachtung einfließen. Ein auf diese Weise gewonnener Preis gewährleistet keineswegs, daß er am Markt zu realisieren ist.

(b) Mit der **retrograden,** d. h. einer von einem Verkaufspreis rückwärts rechnenden **Kalkulation** wird logischerweise nicht der Verkaufspreis bestimmt. Sie ist vielmehr ein Hilfsmittel, um zu kontrollieren, ob marktbezogene Preise unter Kostengesichtspunkten vertretbar sind. Es geht somit um die betriebswirtschaftliche Tragfähigkeit von solchen Preisen, die die Abnehmer erwarten oder die Konkurrenten nahelegen. Dann werden, ausgehend von einem vorgegebenen Marktpreis, mit Hilfe einer schrittweisen Rückrechnung Preisobergrenzen für den Einkauf sowie die dabei zu erwartenden Beiträge zur Deckung der Fixkosten und zum Gewinn ermittelt.

Nicht selten haben Bedarfsträger ziemlich genaue Vorstellungen davon, wieviel sie für ein bestimmtes Gut ausgeben wollen. In diesem Fall kann sich ein Hersteller nicht damit begnügen, die Stückkosten zu ermitteln und sich mit einem noch so geringen Gewinnaufschlag zufrieden zu geben (**Cost-plus-pricing**). Hier muß vom Ende her gerechnet und dann gehandelt werden. Gehen wir, um den Vorgang zu illustrieren, von einem Konsumgut aus.

Die Verbraucher sind bereit, dafür höchstens 10 DM auszugeben. Davon beansprucht der Fiskus 1,30 DM für Mehrwertsteuer (15% von 8,70 DM); die Handelsspanne beträgt 3,30 DM und der Hersteller möchte gerne 1,00 DM (vor Steuern) verdienen. Die Stückkosten dürfen somit nicht mehr als 4,40 DM betragen. Dieser Wert wird zur unumstößlichen **Vorgabe** für alle Bereiche eines Unternehmens. Gelingt es nicht, ihn zu erreichen, gibt es einen Wettbewerber weniger auf dem Markt. Das Ziel („target") ist nicht erreicht. Man spricht hier konsequenterweise von **Target Costing**.

Eine rein kostenorientierte Preisfindung kann nur in den Marktausschnitten als unproblematisch gelten, in denen das Preisbewußtsein der Nachfrager gering ist, in denen die Käufer folglich eine überhöhte Preisfestsetzung nicht bestrafen resp. eine Preisunterbietung nicht honorieren. Für Betriebe mit vergleichsweise ungünstiger Kostensituation, die beispielsweise durch fehlende „economies of scale", eine technologische Lücke oder organisatorische Mängel bedingt sein kann, birgt die Kostenorientierung in der Preispolitik die Gefahr eines „sich aus dem Markt Hinausmanövrierens" in sich; denn da hierbei Verkaufspreise stets an den Kosten gemessen werden, kommt es leicht zu einer Perpetuierung der überkommenen Struktur. Möglich ist eine kostenorientierte Preispolitik hingegen dort, wo ein extremer Rationalisierungs- bzw. Kostenwettbewerb herrscht, gleichzeitig jedoch ein breiter Konsens darüber besteht, daß die Erzielung eines angemessenen Gewinns jedem Wirtschaftssubjekt zugebilligt werden muß.

So gehen Wettbewerber oft so weit, daß bei Preisverhandlungen beide Kontrahenten ihre Karten, sprich: Kalkulationsunterlagen auf den Tisch legen. Wenn jeder die Kosten des anderen zu beurteilen vermag, ihre zumindest kurzfristig gegebene Unabänderlichkeit anerkennt und die Erzielung eines adäquaten Gewinns als legitim erachtet, bleibt für Preisverhandlungen nicht mehr viel Raum.

(2) Abnehmerorientierte Preisfindung

Die Gefahr einer kostenbedingten Abkopplung vom Wettbewerbsgeschehen ist dort gebannt, wo die Ausrichtung auf den Markt zu einem expliziten Leitprinzip der Preispolitik wird. Diese kann die Gestalt entweder einer Wettbewerber- oder einer Abnehmerorientierung annehmen. Im letzteren Falle wird die Wertvorstellung der Abnehmer, die diese im Hinblick auf das betreffende Gut hegen, zur zentralen Größe. Dabei interessiert vor allem die Frage, wie ein möglichst hoher Überschuß des für eine Leistung gezahlten Äquivalents über die mit ihrer Erbringung verbundenen Kosten erreicht werden kann. Im Vordergrund steht dabei nicht die Begrenzung der Kosten, der Ansatzpunkt liegt vielmehr in der Abschöpfung einer etwaigen Konsumentenrente. Darunter ist die positive Differenz zwischen dem Preis, den die Abnehmer bereit wären zu zahlen, und jenem, den sie auf Grund der Marktsituation entrichten müssen, zu verstehen.

Gegenstand abnehmerorientierter Überlegungen bei der Preisfixierung sind dementsprechend die Preisbereitschaft (**Preisobergrenzen**), die Reaktion der Nachfrager auf Preisänderungen (**Preiselastizität**) sowie die Möglichkeiten zur **Preisdifferenzierung**. Sieht man einmal von der Notwendigkeit, zumindest auf längere Sicht bestimmte Preisuntergrenzen nicht zu unterschreiten, ab, so besteht bei reiner Abnehmerorientierung zwischen der Festsetzung des **Preises** und den **Kosten kein unmittelbarer Zusammenhang**. Wenn behauptet wird, daß sich die abnehmerorientierte Preisfindung an der von den Nachfragern für das Gut gehegten Wertschätzung orientiere, so bedeutet dies nicht, daß diese bereits verfestigt und ausgeprägt sein muß. Im Gegenteil, bei Produkten, bei denen etwa Konsumenten kaum Vorstellungen von einem angemessenen Preis haben, wird sich die Wertschätzung oft erst auf Grund des geforderten Preises herausbilden. Insbesondere bei echten Neuheiten kann ein hohes Entgelt eine solche Signalwirkung entfalten und die Preisbereitschaft positiv beeinflussen.

Eine bei der Einführung neuer Produkte betriebene Politik dieser Art bezeichnet man als **Abschöpfungsstrategie**. Der anfänglich hohe Preis für das neue Erzeugnis, der mit geringeren Absatzmengen und hohen Stückkosten einhergeht, wird erst mit zunehmender Erschließung des Massenmarktes nach unten korrigiert. Auf diese Weise versucht man, bei Innovatoren, die bereit sind, für Neuheiten hohe Preise zu entrichten, die Konsumentenrente abzuschöpfen. Sinnvoll erscheint ein solches „skimming pricing“ vor allem dann, wenn das Marktsegment der Innovatoren groß genug und die Innovation von kurzem Bestand sind. Vorteile dieser Preisstrategie liegen darin, daß verschiedene Marktinvestitionen aus den hohen Deckungsbeiträgen, die das Produkt abwirft, finanziert werden können. Die größte Gefahr besteht, wie unmittelbar einsichtig, dagegen darin, daß der überhöhte Preis Konkurrenten anlockt. Daher bietet sich eine solche Strategie vor allem für solche Unternehmen an, die exklusiv über bestimmte Ressourcen (Know-how, Kapital, Technologie usw.) verfügen.

(3) Wettbewerberorientierte Preisfindung

Eine wesentliche Bestimmungsgröße der Abnehmerreaktion stellt das Verhalten der Konkurrenten dar. Da die Preisbereitschaft der Bedarfsträger in starkem Maße von der (preislichen) Attraktivität von Alternativangeboten der Mitbewerber abhängt, erweist es sich für einen Anbieter als zweckmäßig, bei der Festsetzung seiner Forderungen das besondere Augenmerk auf die Preise seiner Konkurrenten zu richten. Je nach Beschaffenheit des Marktes, insbesondere im Hinblick auf die Anzahl und die Marktmacht der Konkurrenten sowie den Homogenitätsgrad der Güter, eröffnen sich einem Unternehmen drei Verhaltensweisen, nämlich die **Anpassung** an den **Marktpreis** (z. B. in Gestalt der Unterordnung unter einen Preisführer oder der Anlehnung an den Durchschnitt der Preise der Konkurrenten), eine konsequente **Preisunter-** oder aber eine **Preisüberbietung,** wobei letztere auf einem höheren Goodwill oder einem Qualitätsvorsprung beruhen kann. Charakteristisch für eine solche Preisstellung ist die Gepflogenheit eines Anbieters, seine Preispolitik von der Kostensituation und zum Teil auch vom Abnehmerverhalten abzukoppeln.

Eine wettbewerberorientierte Niedrigpreispolitik bietet sich häufig auch bei der Einführung von neuen Produkten in den Markt an. Bezweckt werden mit einer solchen **Penetrationspreisstrategie** eine rasche Erschließung eines großen Kundenpotentials, die Ausnutzung von „economies of scale" sowie die Abschreckung potentieller Konkurrenten. Mit dem niedrigen Preis wird auch eine Markteintrittsbarriere für sog. Me too-Produkte erreicht. Andererseits können gerade die Anbieter von solchen Erzeugnissen, soweit sie sich dies von der Finanzierung her leisten können, zu einer wettbewerberorientierten Preisunterbietung greifen, um sich im Markt zu etablieren. Die Probleme der subjektiven Wirkung von niedrigen Preisen (Assoziation minderer Qualität) sowie die Einschränkung des Spielraums für künftige Preisvariation nach oben aufgrund der Herausbildung eines Referenzpreises im Bewußtsein der Nachfrager bilden die hauptsächlichen Gefahren, denen ein solches Vorgehen ausgesetzt ist.

Die dargestellten Varianten der Preisbestimmung sind im Hinblick auf ihre Entscheidungsrelevanz bei der Preisfindung keineswegs als alternative Vorgehensweisen zu betrachten, die sich gegenseitig ausschließen. Letztlich hat man bei einer Preisentscheidung sowohl die Marktverhältnisse als auch die Kostensituation zu berücksichtigen. Wird ein bestimmter marktorientierter Preis angestrebt, sollte man sich in jedem Fall Gewißheit darüber verschaffen, daß die bei der damit verbundenen Absatzmenge anfallenden Kosten durch den Erlös auch gedeckt werden.

Eine Preisstrategie, die die kostenorientierte mit der abnehmer- bzw. wettbewerberorientierten Sicht verknüpft, stellt der **kalkulatorische Ausgleich** dar. Praktiziert wird dieser insbesondere bei der simultanen Preisgestaltung für mehrere Produkte. Ein Spezifikum bildet hier zum einen der Verzicht auf eine streng kostenorientierte Preisstellung bei Produkten, die Indikatoren für die Leistungsfähigkeit des Anbieters darstellen und bei denen hohe Preistransparenz herrscht. Zum anderen wird die auf Grund der marktorientierten Preissetzung entstehende Kostenunterdeckung im Rahmen einer Misch- bzw. Verbundkalkulation durch Überdeckung bei anderen Produkten, die z. B. auf der Basis von Analysen über das Verbundkaufverhalten ausgewählt werden, ausgeglichen.

3.2.2. Die kostenorientierte Preisfindung

3.2.2.1. Der Einsatz von Kalkulationsverfahren

Nachdem gezeigt wurde, wonach sich der Preis eines Produkts bestimmt, sollen im folgenden einzelne Verfahren näher beleuchtet werden. Der Schwerpunkt wird dabei auf den klassischen Eckpunkten des sog. magischen Dreiecks der Preisfindung, nämlich Kosten, Nachfrage und Konkurrenten, liegen.

Für alle Kalkulationsverfahren gilt, daß die Preisfindung die mit der Erbringung einer Leistung zusammenhängenden Kosten als Ansatzpunkt zur Berechnung und Beurteilung eines Verkaufspreises verwendet. Wesentliche Unterschiede bestehen zwischen den einzelnen Kalkulationsschemata vor allem im Hinblick auf zwei Aspekte:

(1) Sollen **alle** im Unternehmen anfallenden Kosten auf die Kostenträger und / oder -stellen verteilt werden, so spricht man von einer Kalkulation auf **Vollkostenbasis.** Werden hingegen nur solche berücksichtigt, die in einem eindeutigen Verursachungszusammenhang mit den Kostenträgern (= Leistungsträgern, Leistungen) stehen, handelt es sich um eine Kalkulation auf **Teilkostenbasis.**

(2) Hinsichtlich des angesprochenen Verursachungszusammenhangs erscheint es zweckmäßig, vorrangig zwei Arten näher zu betrachten: Unter Verzicht auf eine detaillierte Darstellung möglicher Kriterien zur Gliederung von Kosten (vgl. z. B. *Eisele* 1993, S. 494 ff., und *Scherrer* 1993, S. 466 ff.) erscheinen folgende Aspekte von Bedeutung:

- Zurechenbarkeit

- Beschäftigungsabhängigkeit.

Der Verursachungszusammenhang oder, anders ausgedrückt, die Zurechnungsproblematik wird jeweils unterschiedlich konkretisiert. Bezüglich der Zurechenbarkeit kann zwischen **Einzel-** und **Gemeinkosten** unterschieden werden. Während die ersteren den betrieblichen Kostenträgern (z. B. Produkten) direkt zugeordnet werden können, ist dies bei den letzteren nicht der Fall; sie müssen gegebenenfalls mit Hilfe von Schlüsseln oder Zuschlagssätzen auf die Kostenträger umgelegt werden.

In bezug auf die Beschäftigungsabhängigkeit unterscheidet man zwischen **variablen** und **fixen** Kosten. Letztere fallen auch dann an, wenn vorhandene Ressourcen nicht genutzt werden, eine Leistung nicht erbracht wird; sie sind also von ihr nicht direkt verursacht. Im Gegensatz dazu existiert bei den variablen ein direkter (z. B. proportionaler) Zusammenhang zwischen Ausbringung und Werteverzehr.

Tabelle 6.9.

Beispiel für die summarische Zuschlagskalkulation (Divisionskalkulation)

Kenngröße	Handlungskosten insgesamt 3.194,7 (in Tsd. DM), Aufschlag = 32,9%				
	Abteilung X			Abteilung Y	
	Artikel A	Artikel B	Artikel C	Artikel D	Artikel E
(1) Absatz (in Tsd. Stück)	170	510	290	530	690
(2) Wareneinstandskosten (in Tsd. DM)	1.300	2.800	2.000	1.500	2.100
(3) Handlungskostenaufschlag (in Tsd. DM) (2) × 0,329	428,2	922,2	658,7	494,0	691,6
(4) Selbstkosten (in Tsd. DM) (2) + (3)	1.728,2	3.722,2	2.658,7	1.994,0	2.791,6
(5) Gewinnaufschlag von 10% auf Wareneinstandskosten (in Tsd. DM) (2) × 0,10	130	280	200	150	210
(6) ·Angestrebter Erlös (in Tsd. DM) (4) + (5)	1.858,2	4.002,2	2.858,7	2.144,0	3.001,6
(7) Angestrebter Stückpreis (in DM) (6) : (1)	10,93	7,84	9,86	4,05	4,35

(1) Kalkulationsverfahren auf Vollkostenbasis

Da mit den Verfahren der Vollkostenkalkulation das Ziel verfolgt wird, Aufschluß darüber zu erhalten, inwieweit ein Preis zur Deckung aller im Unternehmen anfallenden Kosten beiträgt, liegt hier die zentrale Problematik darin, wie die den Kostenträgern nicht direkt zurechenbaren Gemeinkosten möglichst verursachungsgerecht zuordnet werden können. Das einfachste Kalkulationsverfahren auf Vollkostenbasis stellt die **summarische Zuschlagskalkulation** dar, im Handel auch **Divisionskalkulation** genannt. Hier geht man von der Annahme aus, daß die Kostenträger Gemeinkosten jeweils proportional zur Höhe der ihnen zurechenbaren Einzelkosten bedingen. Dazu setzt man die gesamten Gemeinkosten zu der Summe der Einzelkosten der Kostenträger in Beziehung und berechnet auf diese Weise den Gemeinkostenaufschlag.

Tab. 6.9. enthält ein einfaches Beispiel für die **progressive** Divisionskalkulation, und zwar für fünf Artikel eines Handelsbetriebs. Anzumerken ist dazu, daß hier der Einstandspreis (Einstandskosten) als Einzelkosten, während die übrigen Handlungskosten (Miete, Personalkosten, Werbung etc.) vereinfachend als Gemeinkosten betrachtet werden. Nachdem ein für alle Artikel einheitlicher Handlungskostenaufschlagssatz von 32,9% (3194,7: 9700) errechnet wird, ergibt sich kalkülbedingt eine dem Anteil an den Wareneinstandskosten proportionale Belastung der Artikel durch die Gemeinkosten.

Ein wesentlicher Nachteil dieses Verfahrens besteht darin, daß die für die einzelnen Artikel unterschiedlichen Kosteneinflußfaktoren (z. B. Kapitalbindung, Beanspruchung des Verkaufsraums, Beratungsintensität) über einen Kamm geschoren werden. Auch führt der undifferenzierte prozentuale Kostenaufschlag dazu, daß Produkte mit hohem Preis noch teurer werden, während geringwertige Artikel besser wegkommen. Je heterogener also die Sortiments- oder Programmstruktur und das Gefüge der Handlungskosten sind, um so weniger eignet sich die Divisionskalkulation als Entscheidungshilfe bei der Preisfindung.

Bei der **retrograden** Rechnung geht man von einem gegebenen oder geplanten Preis auf dem Absatzmarkt aus und errechnet diejenigen Einstandskosten, die auf dem Beschaffungsmarkt maximal akzeptiert werden können, um über den anvisierten Verkaufspreis die direkten und indirekten Handlungskosten abdecken zu können sowie den angestrebten Gewinn zu erzielen.

Eine gerechtere Aufschlüsselung der Gemeinkosten auf einzelne Kostenträger ermöglicht die **differenzierende Zuschlagskalkulation,** im Handel auch **Abteilungskalkulation** genannt. Ihr Einsatz bedingt eine detaillierte Betriebsabrechnung, die neben einer Kostenartenrechnung auch eine Kostenstellenrechnung umfaßt. Der Einteilung eines Unternehmens in Kostenstellen können vielfältige Kriterien zugrunde liegen, so z. B. räumliche Gesichtspunkte, Funktionen und Verantwortungsbereiche (Abteilungen, Artikelgruppen etc.). Die Logik der Kostenstellenbildung besteht darin, daß es häufig Kostenarten gibt, die zwar nicht direkt einer Leistung, wohl aber der für deren Erbringung zuständigen Kostenstelle zugeordnet werden können (Kostenstelleneinzelkosten).

Die Stellenkosten, die zugleich Artikelgemeinkosten sind, umfassen die direkt zurechenbaren Stelleneinzelkosten sowie die der Kostenstelle nach einem bestimmten Umlageschlüssel zugeordneten Stellengemeinkosten. Mit Hilfe der aus der Betriebsabrechnung gewonnenen Gemeinkostenzuschlagssätze werden dann die Stellenkosten den Einzelkosten der innerhalb der Kostenstelle erbrachten Leistungen angelastet.

In Anlehnung an Tab. 6.9. zeigt Tab. 6.10. eine progressive differenzierende Kalkulation für fünf Artikel. Für die betrachteten Erzeugnisse sind die Abteilungen X und Y des Handelsunternehmens zuständig. Die letzte Zeile in Tab. 6.10. verdeutlicht den Unterschied zwischen den im Wege der summarischen Kalkulation und den durch eine differenzierende Vorgehensweise ermittelten Preisen. Durch die verursachungsgerechte Zuordnung der Gemein-, d. h. Handlungskosten verwandelt sich die ursprünglich für das gesamte Unternehmen einheitlich geltende Belastung mit Handlungskosten (32,9% bezogen auf die Einstandskosten) in zwei nach Abteilungen unterschiedliche Quoten: 37,9% in der Abteilung X und 24,5% in Y. Daher sind die Preise der kostenintensiveren Artikel A, B und C im Vergleich zur pauschalierenden summarischen Zuschlagskalkulation ausnahmslos höher geworden. Offenkundig waren vorher Teile der von ihnen verursachten Kosten auf Grund des einheitlichen Aufschlags von den Artikeln D und E mitgetragen worden. Durch die differenzierende Zuschlagskalkulation versucht man sicherzustellen, daß kein Kostenträger mit Gemeinkosten belastet wird, die in einer anderen Kostenstelle anfallen.

Daß das Problem damit noch immer nicht befriedigend gelöst ist, beweist das Interesse, das seit etwa 1990 der **Prozeßkostenrechnung** entgegengebracht wird. Man will sich letztlich doch nicht mit pauschalen Zuschlagssätzen, wie fein auch immer differenziert, zufriedengeben, sondern einen unmittelbaren Zusammenhang mit den auslösenden Faktoren herstellen. Soweit es sich z. B. um menschliche Arbeit handelt, wirkt sich dies so aus, daß nunmehr die Fix- bzw. Gemeinkosten den einzelnen Erzeugnissen nach Maßgabe des Anteils an dem für eine Wertschöpfungsstufe zur Verfügung stehenden Zeitbudget zugerechnet werden, den diese jeweils beanspruchen (Näheres dazu u. a. bei: *Franz* 1992). Der Grundgedanke soll an einem stark vereinfachten **Beispiel** erläutert werden.

Eine Verkäuferin in einem Einzelhandelsgeschäft sei für einen Umsatz von DM 30.000 pro Monat verantwortlich. Sie selbst verursacht ihrem Arbeitgeber insgesamt Kosten in Höhe von DM 3.750 im selben Zeitraum (= 12,5 % vom Umsatz). Die Einstands- und alle Betriebs- außer den Personalkosten belaufen sich auf knapp DM 22.000. Man strebt eine Umsatzrendite von 2,0% für die Abteilung an. Damit ergibt sich die in Tab. 6.11, Spalte 2, wiedergegebene Rechnung.

Tabelle 6.10.

Beispiel für die differenzierende Zuschlagskalkulation (Abteilungskalkulation)

Kenngröße	Abteilung X				Abteilung Y		
	Kostenstelle insgesamt	Artikel A	Artikel B	Artikel C	Kostenstelle insgesamt	Artikel D	Artikel E
(1) Absatz (in Tsd. Stück)	970	170	510	290	1.220	530	690
(2) Einstandskosten in Tsd. DM (in Prozent der Zeilensumme)	6.100 (100)	1.300 (21,3)	2.800 (45,9)	2.000 (32,8)	3.600 (100)	1.500 (41,7)	2.100 (58,3)
(3) Handlungseinzelkosten in Tsd. DM (Lagerhaltungskosten, Versandkosten, Manipulationskosten u. ä.)	1.200	300	500	400	400	200	200
(4) Artikeleinzelkosten (2) + (3)	7.300	1.600	3.300	2.400	4.000	1.700	2.300
(5) Kostenstelleneinzelkosten in Tsd. DM (geschlüsselt nach Einstandskosten) (Personalkosten, Raumkosten, Energiekosten, Werbekosten u. ä.)	800	170,4	367,2	262,4	300	125,1	174,9
(6) Kostenstellengemeinkosten in Tsd. DM (5,1% von den Einstandskosten) (Allgemeine Verwaltung, Abschreibungen auf Anlagen, nicht zurechenbare Kosten des Fuhrparks u. ä.)	311,1	66,3	142,8	102,0	183,6	76,5	107,1

Fortsetzung Tab. 6.10.

Kenngröße	Abteilung X				Abteilung Y		
	Kosten-stelle insgesamt	Artikel A	Artikel B	Artikel C	Kosten-stelle insgesamt	Artikel D	Artikel E
(7) Selbstkosten in Tsd. DM (4) + (5) + (6)	8.411,1	1.836,7	3.810,0	2.764,4	4.483,6	1.900,6	2.582,0
(8) Gewinnaufschlag in Tsd. DM (10 % von den Einstandskosten) (2) × 0,10	610,0	130,0	280,0	200,0	360,0	150,0	210,0
(9) Angestrebter Erlös in Tsd. DM (7) + (8)	9.021,1	1.966,7	4.090,0	2.964,4	4.843,6	2.051,6	2.792,0
(10) Stückpreis in DM (9) : (1)	—	11,57	8,02	10,22	—	3,87	4,05
Stückpreis nach der Divisionskalkulation (aus Tab. 6.9.)	—	10,93	7,84	9,86	—	4,05	4,35

Tabelle 6.11.

Rechenbeispiel zur Prozeßkostenrechnung			
Kenngröße	Abteilung	Warengruppe	
		I	II
1	2	3	4
Diverse Kosten	21.737	10.868	10.869
Personalkosten	3.750	937	2.813
Zwischensumme I	25.487	11.805	13.682
Gewinnaufschlag (2,35 %)	600	278	322
Zwischensumme II	26.087	12.083	14.004
MwSt (15 %)	3.913	1.812	2.101
Endsumme	30.000	13.895	16.105

Eine Arbeitszeitstudie zeigt nun, daß sich der Umsatz ungefähr gleichgewichtig auf zwei Warengruppen (I, II) verteilt, von denen die zweite gegenüber der ersten einen dreimal so hohen Betreuungs- bzw. Beratungsaufwand erfordert. Dies sollte sich auch in einem differenzierten Ausweis der **Personalkosten** widerspiegeln. Das Ergebnis weisen die Spalten 3 und 4 in Tab. 6.11. aus. Eigentlich müßten also die zur Warengruppe I zusammengefaßten Artikel im Durchschnitt um 7,37 % billiger, jene von II dagegen im gleichen Umfang teurer verkauft werden. (Eine analoge Überlegung bestünde darin, die Waren als homogene Größe zu betrachten und die Abnehmer in zwei oder mehr Segmente aufzuteilen).

Inwieweit man derartige Konzepte in der Praxis verwirklicht, ist eine Frage der Kostenstruktur und der Informationsökonomie. Man mag es für müßig halten, eine Größe, die nur 12,5 % vom Umsatz ausmacht, aufzufächern. Ebensowenig wird jemand die Abweichung von DM 1.105 vom Mittelwert (DM 15.000) als dramatisch erachten, doch entspricht der Prozentwert von 7,37 immerhin dem 3,14-fachen des hier herangezogenen Gewinnaufschlags.

Ein fundamentaler Nachteil der **vollkostenorientierten Kalkulationsverfahren** liegt in dem Streben nach Kostendeckung ohne Rücksicht auf die Marktverhältnisse. Wie gefährlich eine solche Preispolitik dann wird, wenn die Fixkosten des Unternehmens auf der Basis der jeweiligen Istbeschäftigung auf die Kostenträger verrechnet werden, veranschaulicht Abb. 6.15.

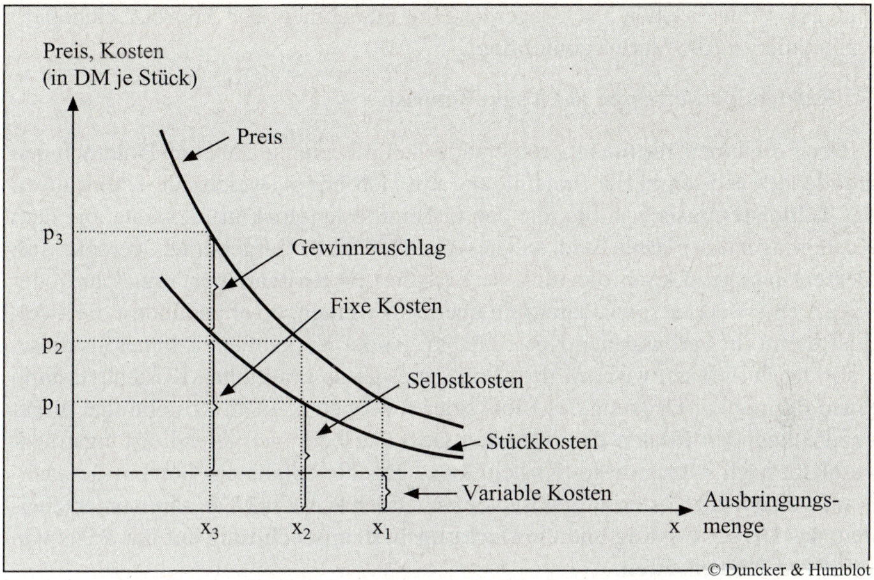

Abb. 6.15.: Wirkung der Vollkostenkalkulation auf die Preishöhe bei negativ geneigter Preis-Absatz-Funktion

Das Unternehmen strebt in unserem Referenzfall die Deckung aller Kosten sowie die Erzielung eines Gewinns an. Dies erfordert, daß der Stückpreis die Selbstkosten und einen prozentualen Gewinnzuschlag enthält. Die kalkulatorisch ermittelten Stückselbstkosten (Einzel- plus geschlüsselte Gemeinkosten) sind, da nur andere Betrachtungsebenen desselben Sachverhalts, gleich der Summe aus variablen und fixen Stückkosten. Während jedoch die ersteren bei einem Absatzrückgang ($x_1 \rightarrow x_2$) konstant bleiben (Proportionalität vorausgesetzt), werden die Anteile der Fixkosten, die jedes Stück zu tragen hat, immer größer; analoges gilt für den Gewinnzuschlag pro Stück. Daraufhin reagieren die Abnehmer (bei negativ geneigter Preis-Absatz-Funktion) mit einem weiteren Nachfragerückgang ($x_2 \rightarrow x_3$). Auf diese Absatzsituation wird ein auf Vollkostenbasis kalkulierender Anbieter mit einer erneuten Preissteigerung reagieren. Seine Beschäftigungslage und seine Konkurrenzfähigkeit verschlechtern sich bei dieser Strategie von Schritt zu Schritt immer weiter.

Zwar gibt es Kostenrechnungsverfahren, die bei der Verteilung der Fixkosten auf die Kostenträger nicht auf die tatsächliche, sondern auf die Normal-, Plan- oder Durchschnittsbeschäftigung abstellen, so daß eine Zunahme der Gemeinkostenzuschläge bei rückläufigem Auslastungsgrad vermieden wird, doch bieten auch diese Verfahren keinen Schutz vor Kostenunterdeckung. Sind die auf diese Weise ermittelten Preise im Vergleich zu denen von Wettbewerbern zu hoch, muß ein Anbieter einen Nachfragerückgang hinnehmen, der ihn trotz „richtiger“ Kalkulation in die Verlustzone bringt.

(2) Kalkulationsverfahren auf Teilkostenbasis

Den Problemen, die die oft problematische Einbeziehung aller im Unternehmen anfallenden Kosten in die Preisfindung mit sich bringt, weicht die **Kalkulation** auf **Teilkostenbasis** aus. Sie löst den Gesamtkostenblock in Elemente, die dem Kostenträger angelastet, und solche, die ihm nicht aufgebürdet werden, auf. Dementsprechend kann der für eine Leistung (= Kostenträger) erzielbare oder angestrebte Verkaufspreis daraufhin überprüft werden, ob er zumindest die zweifelsfrei mit ihr verbundenen Kosten deckt. Ist der Verkaufspreis höher als diese, stellt die Differenz zwischen dem Preis und der so ermittelten Kostenbelastung einen Beitrag zur Deckung des Blocks der sonstigen, keinem Kostenträger direkt zuzurechnenden Kosten dar. Aus den Deckungsbeiträgen aller Leistungsträger verbleibt nach Abzug dieses Kostenblocks gegebenenfalls ein Gewinn. Je nachdem, wonach die Kosten aufgelöst werden, lassen sich zwei Verfahren unterscheiden, das **Direct Costing** und die **Deckungsbeitragsrechnung** auf der Basis von **relativen Einzelkosten.**

Für das (einfache und mehrstufige) **Direct Costing** ist vorrangig die Auflösung der Gesamtkosten in **variable** und **fixe Bestandteile** kennzeichnend. Erstere werden den Kostenträgern zugerechnet, letztere nicht. Schematisch läßt sich das Direct Costing wie folgt darstellen:

Erlös
./. variable Kosten
= Deckungsbeitrag

Die Tatsache, daß der Deckungsbeitrag eine Restgröße darstellt, macht die dominante Aufgabenstellung des Kalküls als retrogrades Kalkulations- und Kontrollinstrument deutlich. Es leuchtet unmittelbar ein, daß dieses Verfahren ebensowenig wie die Vollkostenrechnung die Bestimmung eines kostengerechten Verkaufspreises zuläßt, da das primäre Ziel der Preispolitik, über die Verkaufserlöse letztlich für eine Deckung aller Kosten und die Erzielung eines Gewinns zu sorgen, auf Grund der ausschließlichen Berücksichtigung von variablen Kosten nicht erreicht werden kann.

Soll das Direct Costing als Mittel der progressiven Kalkulation eingesetzt werden, behilft man sich mit einem Soll-Deckungsbeitrag, der so bemessen sein muß, daß die angestrebte Kostendeckung insgesamt erreicht wird. Werden die Soll-Deckungsbeiträge einheitlich und schematisch zu den variablen Kosten hinzugefügt, kommt es zu einer der Vollkostenrechnung analogen Situation der Zuschlagskalkulation. Gleichwohl stellt die Festsetzung von Soll-Deckungsbeiträgen ein vergleichsweise flexibleres Instrument dar, das eine stärker auf die

Tabelle 6.12.

Vergleich der vollkosten- und der teilkostenorientierten Kalkulation an einem Beispiel

Summarische Zuschlagskalkulation

Kenngröße	Artikel A	Artikel B	Artikel C
(1) Verkaufspreis (DM)	8,99	8,12	10,20
(2) Absatzmenge (Tsd. St.)	170	510	290
(3) Erlös (Tsd. DM)	1.528,3	4.140,8	2.957,7
(4) Einstandskosten (Tsd. DM)	1.300,0	2.800,0	2.000,0
(5) Handlungskosten (Tsd. DM) Handlungskostenaufschlag auf Einzelkosten = 37,89 %	492,5	1.060,8	757,7
(6) Erfolg je Artikel (Tsd. DM) [(3) – (4) – (5)]	– 264,2	280,0	200,0
(7) Gewinn der Abteilung X (Tsd. DM)	215,8		

„Verlustbringer“ →

Deckungsbeitragsrechnung auf der Basis relativer Einzelkosten

Kenngröße	Artikel A	Artikel B	Artikel C
(1) Verkaufspreis (DM)	8,99	8,12	10,20
(2) Absatzmenge (Tsd. St.)	170	510	290
(3) Erlös (Tsd. DM)	1.528,3	4.140,8	2.957,7
(4) Einstandskosten (Tsd. DM)	1.300,0	2.800,0	2.000,0
(5) Deckungsbeitrag je Artikel (Tsd. DM) [(3) – (4)]	228,3	1.340,8	957,7
Summe der Artikeldeckungsbeiträge	2.526,8		
(6) Handlungskosten der Abteilung X (Tsd. DM)	2.311,0		
(7) Erfolg der Abteilung X (Tsd. DM)	215,8		

Deckungsbeitragsrechnung nach Eliminierung von A

(5a) Deckungsbeitrag je Artikel (Tsd. DM)		1.340,8	957,7
Summe der Artikeldeckungsbeiträge	2.298,5		
(6a) Handlungskosten der Abteilung X (Tsd. DM)	2.311,0		
(7a) Erfolg der Abteilung X (Tsd. DM)	– 12,5		

Marktverhältnisse abgestellte Preisfindung ermöglicht und deshalb als preispolitische Entscheidungshilfe der Vollkostenrechnung überlegen ist.

Im Unterschied zum Direct Costing löst man bei der **Deckungsbeitragsrechnung** auf der Basis **relativer Einzelkosten** (vgl. *Riebel* 1990) den Gesamtkostenblock in **Einzel**- und **Gemeinkosten** auf. Auch hier stellt der Deckungsbeitrag jenen monetären Betrag dar, der nach Abzug der direkt zugerechneten Kosten den Block der Gemeinkosten reduzieren hilft. Auf die für den Ansatz von *Riebel* typische Aufspaltung dieser Kosten nach Maßgabe von Ketten hierarchisch geordneter Bezugsgrößen wird hier nicht näher eingegangen.

Weiterhin sei kurz auf die Unterschiede hingewiesen, die sich aus den Ansätzen der Vollkosten- und der Teilkostenkalkulation für die Beurteilung von Verkaufspreisen ergeben. Hierzu bietet sich ein einfaches **Rechenbeispiel** gemäß Tab. 6.12. an: In einer Abteilung eines **Handelsunternehmens**, in der die Artikel A, B und C angeboten werden, lasse sich der für A errechnete Kostendeckungspreis am Markt nicht durchsetzen. Mit einem realisierten Preis von DM 8,99 beschert der Artikel A dem Unternehmen, wie mit Hilfe einer retrograden Vollkostenkalkulation (vgl. Tab. 6.12.) festgestellt wird, einen Verlust. Die durch diese Feststellung untermauerte Entscheidung, diesen Artikel nicht mehr zu führen, erweist sich indessen als falsch. Wie die Deckungsbeitragsrechnung auf Einzelkostenbasis beweist, wird sich ein solcher Entschluß in einer Verminderung des Gewinns niederschlagen.

Zu erklären ist dies damit, daß der vermeintliche Verlustbringer immerhin einen Beitrag von DM 228,30 zur Deckung des Gemeinkostenblocks (Handlungskosten) leistet, einen Betrag, der nunmehr von den im Sortiment verbleibenden Artikeln zu absorbieren ist. Vereinfacht ausgedrückt stellen also die Einzelkosten von A eine Preisuntergrenze dar, deren Überschreiten das Weiterführen eines vermeintlichen Verlustartikels im Sortiment durchaus rechtfertigt.

3.2.2.2. Die Bestimmung kostenwirtschaftlicher Preisuntergrenzen

Unter Preisuntergrenze soll jene Höhe des Entgelts für eine betriebliche Leistung verstanden werden, bei deren Unterschreitung der Verzicht auf die Leistungserbringung zu einem bestimmten Zeitpunkt nach der Zielsetzung des Entscheidungsträgers geboten erscheint. Entsprechend der Vielfalt von betrieblichen Zielen kann zwischen verschiedenen Preisuntergrenzen unterschieden werden, so z. B. zwischen finanzwirtschaftlichen (liquiditätsmäßigen) und leistungs- bzw. erfolgswirtschaftlichen, zu denen auch kostenwirtschaftliche gehören.

In bezug auf letztere wird üblicherweise zwischen **kurz-** und **langfristigen Preisuntergrenzen** differenziert. Hierzu bietet es sich an, von einem bestimmten Preisniveau ausgehend die Auswirkung einer Preissenkung auf die Kostendekkung eines Polypolisten zu untersuchen. Abb. 6.16. vermittelt folgende Einsichten:

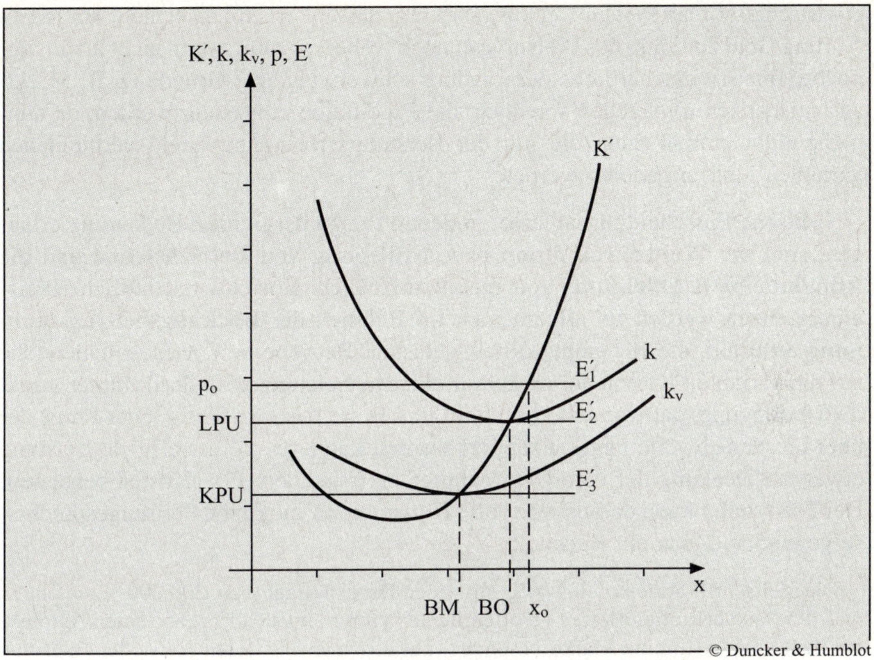

Abb. 6.16.: Preisuntergrenzen eines Polypolisten bei ertragsgesetzlichem Kostenverlauf

Dabei bedeuten:

K'	= Grenzkosten	x	= Ausbringungsmenge
k	= Stückkosten	LPU	= langfristige Preisuntergrenze
k_v	= variable Stückkosten	KPU	= kurzfristige Preisuntergrenze
p	= Preis	BM	= Betriebsminimum
E'	= Grenzerlös	BO	= Betriebsoptimum

- p_0 (= E'_1): Bei der Ausbringung x_0 ist der Preis p_0 höher als die Stückkosten k. Das Unternehmen deckt alle Kosten und erwirtschaftet **Gewinn**.

- LPU (= E'_2): Sinkt bei ungünstiger Marktsituation der Preis, so verringert sich zunächst einmal der erzielte Gewinn, bis der Preis eben noch die im Punkt LPU niedrigsten (betriebsoptimalen) Stückkosten k deckt. Das Unternehmen erwirtschaftet bei diesem Preis und dieser Ausbringungsmenge keinen Gewinn, vermag jedoch angesichts der Vollkostendeckung die Produktion längerfristig aufrechtzuerhalten. Der Punkt LPU kann also als die **langfristige Preisuntergrenze** bezeichnet werden.

- KPU (= E'_3): Sinkt das Preisniveau weiter, geht dies zu Lasten der Substanz. Fortan werden nicht mehr alle Kosten gedeckt. Mit dem neuen Preisniveau wird zugleich die **kurzfristige Untergrenze** erreicht. In diesem Punkt (KPU)

erwirtschaftet man keinen Deckungsbeitrag, das Unternehmen schießt bei jedem Auftrag Geld zu. Sinkt das Preisniveau noch weiter, so muß, wenn nicht akquisitorische, finanzwirtschaftliche oder andere schwerwiegende Gründe (z. B. Marktaustrittsbarrieren) dagegen sprechen, die Produktion eingestellt werden, da nunmehr nicht einmal mehr die mit der Leistungserbringung direkt verbundenen variablen Kosten gedeckt werden.

Typische Entscheidungsanlässe, in denen Preisuntergrenzen Bedeutung erlangen, sind die **Weiterproduktion** bzw. **Stillegung** von **Betriebsteilen** und die **Annahme** bzw. **Ablehnung** von **Zusatzaufträgen.** Kostenwirtschaftliche Preisuntergrenzen werden im allgemeinen im Rahmen der **Deckungsbeitragsrechnung** ermittelt, die für nicht voll ausgelastete Betriebe bzw. Geschäftsbereiche auf die variablen Kosten der zu kalkulierenden Leistung abstellt. Dahinter steckt die Überlegung, daß von unterbeschäftigten Betrieben kurzfristig jeder Preis, der über dieser Schwelle liegt, akzeptiert werden kann, da die betreffende Leistung etwas zur Deckung der vom Unternehmen zu tragenden (Fix-)Kosten beisteuert. Der Preissteller kann daraus wertvolle Hinweise auf mögliche Preiszugeständnisse gewinnen. Dazu ein Beispiel:

Die Zeitschrift *Automobiltechnik* mit einer Druckauflage von 200.000 Exemplaren und 195.000 verkauften Heften veröffentlichte in ihrer jüngsten Ausgabe einen Autotest, bei dem eine bestimmte Marke besonders gut abschneidet. Deren Hersteller fragt nun beim Verlag an, ob dieser bereit sei, für eine große Werbeaktion 200 000 Exemplare dieses Heftes zu einem Stückpreis von DM 1,60 nachzudrucken. Bei der Entscheidung über die Annahme oder Ablehnung dieses Zusatzauftrages wirft der Verleger zunächst einen Blick in seine Bücher (vgl. Tab. 6.13.).

Tabelle 6.13.

Hypothetisches Beispiel einer kurzfristigen Erfolgsrechnung eines Zeitschriftenverlags	
Fixkosten pro Nummer (Autorenhonorare, Personalkosten u. ä.)	DM 400.000,–
Variable Kosten bei 200.000 Heften (Papier, Druckerschwärze, Maschinenlaufzeit etc.)	DM 300.000,–
Gesamtkosten	DM 700.000,–
Gesamterlös für 195.000 verkaufte Exemplare	DM 780.000,–
Gewinn	DM 80.000,–

Zur Beurteilung des Zusatzgeschäftes macht der Verleger nun folgende Rechnung auf (vgl. Tab. 6.14.):

Tabelle 6.14.

Erlös und Kosten pro Heft vor Annahme eines zusätzlichen Auftrags	
Selbstkosten / Heft	DM 3,50
davon: Anteilige Fixkosten / Heft	DM 2,00
Variable Kosten / Heft	DM 1,50
Verkaufserlös / Heft	DM 4,00
Erlös aus Zusatzgeschäft / Heft	DM 1,60

Wie eine Anfrage bei der hauseigenen Druckerei ergibt, bestehen zur Zeit, saisonal bedingt, keine Kapazitätsengpässe, so daß der Zusatzauftrag von seiten der Produktion angenommen werden könnte. Die Frage lautet also: Welche Zusatzerlöse stehen welchen Zusatzkosten gegenüber? Lohnt sich die Auftragsannahme, obwohl der Erlös aus dem Zusatzauftrag DM 1,60 pro Heft beträgt, der auf Vollkostenbasis ermittelte Selbstkostenpreis der bisherigen Produktion sich aber auf DM 3,50 beläuft?

Bei seiner Entscheidung kann der Verleger den **Block** der **Fixkosten außer acht lassen**, weil dieser vorhanden (z. B. das Personal wird nicht völlig ausgelastet) ist, gleichgültig, ob der Zusatzauftrag ausgeführt wird oder nicht. Entscheidungsrelevant aus kostenwirtschaftlicher Sicht sind lediglich die variablen Kosten, die im Rahmen des Zusatzauftrages entstehen. Sie müssen durch den daraus resultierenden Erlös mindestens gedeckt werden. Im vorliegenden Fall liegt eine Kostenüberdeckung vor; der Zusatzauftrag führt zu einer Verbesserung der Gewinnsituation. Der Verleger wird sich demnach für die Annahme des Zusatzauftrages entscheiden, wodurch sich ein um DM 20.000,– verbessertes Ergebnis für das Gesamtunternehmen einstellt (siehe Tab. 6.15.).

Tabelle 6.15.

Erlöse und Kosten unter Einbeziehung eines zusätzlichen Auftrags	
Hauptgeschäft:	
Gesamtkosten	DM 700.000,–
Gesamterlös	DM 780.000,–
Zusatzgeschäft:	
Variable Kosten	DM 300.000,–
Erlös	DM 320.000,–
Gewinn insgesamt	DM 100.000,–

Die dem skizzierten Fall zugrundeliegende Aufgabenstellung soll kurz variiert werden: Angenommen, der Verleger wird von dem Automobilunternehmen gedrängt, bei einer um 10% höheren Abgabemenge noch einen Preisnachlaß von 10% einzuräumen (DM 1,44 / Ex.). Wie ist die Sachlage jetzt zu beurteilen?

Ein Erlös von DM 1,44 / Ex. würde in diesem Fall nicht einmal mehr die variablen Kosten decken, d. h. pro Exemplar müßte der Verleger DM 0,06 zuschießen. Der Zusatzauftrag wäre also zumindest aus kostenwirtschaftlicher Sicht abzulehnen. Denkt man allerdings an die Erhöhung der durchschnittlich verkauften Auflage, so würde man durch die davon ausgelöste Anhebung der Anzeigenpreise den winzigen Verlust vermutlich mehr als wettmachen. Hinzu kommt die Werbewirkung von 200.000 zusätzlichen Exemplaren für die Zeitschrift selbst.

Besondere Aufmerksamkeit verdient im Zusammenhang mit Zusatzaufträgen die Frage, ob diese ohne Entstehung von Kapazitätsengpässen abgewickelt werden können. Erscheint dies nicht gewährleistet, muß ein Zusatzgeschäft zusätzlich die Opportunitätskosten der „verdrängten" Kapazität tragen, wodurch sich die Preisuntergrenze entsprechend erhöht. Es darf auch nicht übersehen werden, daß sich durch Übernahme eines zusätzlichen Auftrages in bestimmten Betriebsbereichen oder in künftigen Perioden (Verwaltung und Serviceverpflichtungen etc.) Kostensteigerungen ergeben können, die bei einer nur kurzfristigen Disposition möglicherweise unberücksichtigt bleiben.

Wichtig ist es insbesondere auch zu erkennen, daß die auf dem Wege der Deckungsbeitragsrechnung ermittelte kostenwirtschaftliche Preisuntergrenze keineswegs die absolute, ökonomisch allein noch vertretbare Schwelle darstellt. Im Zuge von **Verbundkäufen** mit anderen Produkten, die vorteilhafter kalkuliert sind, oder in der Hoffnung auf **Folgeaufträge,** die die Hinnahme von kurzfristigen Gewinneinbußen angesichts längerfristiger Erfolgsaussichten gerechtfertigt erscheinen lassen, können auch Preise, die unterhalb der „normalen" kostenwirtschaftlichen Preisuntergrenze liegen, ökonomisch sinnvoll sein. Das Gleiche gilt beispielsweise für den Fall, daß ein Anbieter bei der Verfolgung einer konsequenten **Preisunterbietungsstrategie** bewußt die Unterschreitung der Preisuntergrenze in Kauf nimmt, um bestimmte Marketing-Ziele zu erreichen (siehe dazu auch die Ausführungen zur Erfahrungskurve in § 4, Abschn. 2.2.2.). Das Preisuntergrenzen-Kalkül liefert in diesem Fall allerdings genaue Informationen darüber, welche Erlöseinbußen das Unternehmen bei einer solchen Marktstrategie in Kauf nehmen muß.

Eine Gefahr des leichtfertigen Umgangs mit Preisuntergrenzen resultiert aus der Tatsache, daß die Deckungsbeitragsrechnung zu einer allzu nachgiebigen Preispolitik verführen kann, wenn aus dem Vorliegen eines Deckungsbeitrages vorschnell auf einen preispolitischen Spielraum geschlossen wird. Die Erwirtschaftung eines Deckungsbeitrages bzw. allein der variablen Kostenbestandteile reicht weder zur „Sättigung" der Fixkosten noch zur Gewinnerzielung aus.

3.2.2.3. Die Gewährleistung eines kalkulatorischen Ausgleichs

Die bisher angestellten Überlegungen machen folgendes deutlich: Ein Unternehmen, das die Erzielung eines ökonomischen Erfolges anstrebt, wird dies u. a. dann erreichen, wenn es für jede einzelne Leistung (Gut, Produkt, Leistungsträger) einen Preis fordert, der mindestens den speziell durch diese Leistung verursachten Kosten entspricht. Eine solche Preisbildung orientiert sich am sog. **Kostenprinzip (Verursachungsprinzip).** Im Falle eines Ein-Produkt-Unternehmens reduziert sich die Aufgabe letztlich auf die vollständige Erfassung der Kosten (plus Gewinnvorgabe) für eine Periode und die Verteilung des Betrages auf die abzusetzende Stückzahl. Die Tatsache, daß ein Anbieter mehrere oder gar viele Leistungsträger führt (so umfaßt das Sortiment eines großen Warenhauses weit über 100.000 Artikel), kompliziert zwar die verursachungsgerechte Zuordnung vieler Kostenarten, ändert jedoch prinzipiell nichts an der Vorgehensweise.

Bei der Anwendung des Verursachungsprinzips geht man von der Annahme aus, daß der so ermittelte (Kosten-)Preis von den Abnehmern akzeptiert und von den Konkurrenten hingenommen, also nicht unterboten wird. Es erscheint müßig auszuführen, daß die Annahme, der kostenorientierte Preis könne problemlos am Markt durchgesetzt werden, zumindest auf Käufermärkten, auf denen Wettbewerber aus unterschiedlichen Situationen heraus (verschiedenes Gewinnanspruchsniveau, unterschiedliche Kostenstruktur u. ä.) ihre Preise autonom festsetzen, problematisch erscheint.

Was geschieht, wenn sich ein mindestens alle Kosten deckender Preis auf dem Markt nicht durchsetzen läßt? Sofern dies bei **allen** Leistungsträgern der Unternehmung der Fall ist, hängt die Entscheidung über ihren Fortbestand letztlich davon ab, welche der zuletzt angesprochenen kostenwirtschaftlichen Preisuntergrenzen für wie lange unterschritten werden. Kann man jedoch die Preise von **nur einigen** Produkten auf dem Markt nicht realisieren oder erscheint in bezug auf bestimmte Teile des Produktionsprogramms bzw. Sortiments eine den Kostenpreis unterschreitende Preisstellung akquisitorisch sinnvoll, während für die übrigen Produkte ein preispolitischer Spielraum erkennbar ist, so gilt es folgendes zu beachten: Die gesamtbetriebliche Kostendeckung sowie ein Überschuß sind häufig auch erreichbar, wenn die Summe der bei verschiedenen Leistungen anfallenden Kosten auf die Produkte (Leistungs- bzw. Kostenträger) nicht nach dem Ausmaß der Verursachung, sondern nach anderen Gesichtspunkten verteilt wird.

Dies bedeutet nichts anderes, als daß die Unternehmung bei einzelnen Produkten ihre Forderung an dem Grundsatz ausrichtet: „what the traffic will bear". Ein solches preispolitisches Verhalten orientiert sich am **Wert-** bzw. **Tragfähigkeitsprinzip.** Dieses knüpft an der Erfahrung an, daß, bedingt durch bestimmte Wettbewerbs- und Nachfragesituationen, im Leistungsprogramm einer Unternehmung ergebnisstarke und ergebnisschwache Produkte nebeneinander vorkommen. Im Hinblick auf das Gesamtresultat müssen also im Wege des **kalkulatorischen Ausgleichs** (Synonyme: Misch-, Kompensations-, Ausgleichs-, Sortimentskalkulation, Erfolgsausgleich und preispolitische Gewinndifferenzierung) die hohen Deckungsbeiträge und damit u. U. Gewinne einzelner Leistungsträger die niedrigen Deckungsbeiträge (und etwaigen Verluste) anderer, ergebnisschwacher, mindestens kompensieren. Die Unterscheidung zwischen **Ausgleichsträgern** und **Ausgleichsnehmern** im Leistungsprogramm impliziert, daß es einen je nach unternehmerischer Zielsetzung vorzugebenden stückbezogenen Erlösgrenzwert gibt, der von den ersten über- und von den letzteren unterschritten werden darf bzw. muß.

Tabelle 6.16.

Rechenbeispiel für den kalkulatorischen Ausgleich im Einzelhandel

	Artikel A	Artikel B	Artikel C
(1) (Geplanter) Absatz in Tsd. Stück	170	510	290
(2) Angestrebter Erlös in Tsd. DM	1.966,70	4.090,00	2.964,40
(3) Kostenorientierter Stückpreis in DM	11,57	8,02	10,22
(4) Realisierbarer Stückpreis in DM	9,98	–	9,99
(5) = (1) · (4) Realisierbarer Erlös in Tsd. DM (Absatz ∞ realisierbarer Stückpreis)	1.696,60	–	2.897,10
(6) = (5) – (2) Unterdeckung in Tsd. DM	– 270,10	–	– 67,30
(7) = ΣAggregiertes Erlösdefizit der Ausgleichsempfänger in Tsd. DM	–	-337,40	–
(8) = (2) – (7) Angestrebter Erlös nach dem kalkulatorischen Ausgleich in Tsd. DM	–	4.427,40	–
(9) = (8) : (1) Stückpreis nach dem kalkulatorischen Ausgleich in DM	9,98	8,68	9,99

In Tab. 6.16. wird der Sachverhalt an einem Zahlenbeispiel aus dem Handelsbereich illustriert, das auf dem bereits dargestellten Fall der differenzierenden Zuschlagskalkulation aufbaut und sich wiederum auf die Abteilung X konzentriert. Hierzu einige Anmerkungen:

- Die für die Artikel A und C ermittelten Stückpreise (11,57 DM resp. 10,22 DM, vgl. Tab. 6.10., Zeile 10) seien auf dem Markt nicht durchsetzbar. Durchaus realisierbar erscheinen dem Preissteller dagegen in beiden Fällen gebrochene Preise knapp unter der 10 DM-Schwelle.
- Die Anpassung der Entgelte von A und C an das marktübliche Preisniveau führt jedoch zu einem Mindererlös; beide Artikel rutschen unter den durch den angestrebten Erlös determinierten Grenzwert, der volle Kostendeckung sowie einen Gewinnzuschlag von 10% auf die Einstandskosten sichern würde. Vergleicht man die realisierbaren Erlöse (vgl. Tab. 6.16., Zeile 5) mit den Selbstkosten gem. Tab. 6.10., Zeile 7, so erweist sich A als echter Verlustartikel (1.696,6 – 1.836,7 = – 140,1 Tsd. DM), während C einen Gewinn abwirft (2.897,1 – 2.764,4 = 132,7 Tsd. DM), wobei dieser jedoch geringer als die Gewinnvorgabe von 200,0 Tsd. DM (vgl. Tab. 6.10., Zeile 8) ausfällt.
- Um auf einen Gewinnaufschlag über alle drei Produkte von 10% zu kommen, muß B nicht, wie nach der ursprünglich kostenorientierten Kalkulation vorgesehen, zu DM 8,02, sondern zu dem am Markt offenbar durchsetzbaren Preis von DM 8,68 verkauft werden. Was also A und C (– 337,4 Tsd. DM) nicht zu leisten vermögen, muß von B zusätzlich bewältigt werden.

Ein solcher kalkulatorischer Ausgleich zwischen den Leistungsträgern in einer Periode, die für die Preispolitik von Handelsbetrieben gang und gäbe ist, wird auch als **Simultanausgleich** bezeichnet. Im Gegensatz dazu bezieht sich der **Sukzessivausgleich** auf das Phänomen der Kompensation zeitlich gestaffelter Preise eines Produktes (Produktgruppe), die z. B. in der saisonal unterschiedlichen Dringlichkeit des Bedarfs begründet sein kann. Von Interesse ist hier jedoch primär der Simultanausgleich, der aus verschiedenen Gründen angestrebt wird:

Zunächst entspringt die **Mischkalkulation** dem dargestellten Bemühen um einen Spannenausgleich bei verschiedenen Leistungsträgern oder Trägergruppen, und zwar ohne Berücksichtigung von Verbundbeziehungen, die zwischen den einzelnen Artikeln bestehen mögen. Bevorzugte Objekte solch einer Preispolitik bilden sog. **Schlüssel-** oder **Leitartikel**. Hier geht der Preissteller von der plausiblen Überlegung aus, daß sich Abnehmer einen Eindruck von der Preisgünstigkeit einer Einkaufsstätte nicht über irgendwelche Durchschnittswerte und deren Vergleich mit jenen anderer Betriebe verschaffen (Kapazitätsproblem in der Informationsverarbeitung), sondern sich bei der Beurteilung von einer begrenzten Anzahl von Indikatoren der Preiswürdigkeit leiten lassen.

Dazu eignen sich vornehmlich die Entgeltforderungen für bestimmte Artikel (-gruppen), bei deren Erwerb gerade Konsumenten ausgesprochen preisbewußt reagieren. Daher wird der Preissteller bestrebt sein, diese gewissermaßen kritischen Sortimentsteile als Ausgleichsempfänger (entweder als **Sonderangebote** oder im Wege einer **Dauerniedrigpreispolitik**) demonstrativ preisgünstig zu „kalkulieren". Die Spanne, auf die er deswegen verzichtet, muß dann zwangsläufig bei den übrigen Sortimentsteilen erwirtschaftet werden. Als Ausgleichsträger können ausgewählte Sortimentsteile oder aber das gesamte übrige Sortiment fungieren. Besonders geeignet hierfür erscheinen Produkte, deren Preise Verbrauchern nicht geläufig sind (z. B. Prestigeobjekte) oder aber den Betroffenen als Qualitätsindikatoren dienen.

Neben dieser eher defensiv gehandhabten Mischkalkulation ist es dem Preissteller auch möglich, sich die **Komplementaritäts**- bzw. **Verbundbeziehungen**, die zwischen einzelnen Produkten bestehen, zunutze zu machen. Gemeint ist damit die Tatsache, daß z. B. Verbraucher Güter des täglichen Bedarfs nicht Position für Position nach der Preisgünstigkeit des Angebots in unterschiedlichen Geschäften erwerben, sondern Verbundkäufe tätigen, d. h. in einer einmal aufgesuchten Einkaufsstätte so ziemlich alles, was sie benötigen, einkaufen (**„one stop shopping“**).

Dies hat mehrere Ursachen (vgl. dazu die Ausführungen zur Sortimentspolitik in § 5, Abschn. 5.1.3.). Eine große Rolle spielen dabei das Bequemlichkeitsstreben sowie der Hang zu Impulskäufen, der von In Store-Promotions gefördert wird. Aus diesen Gründen gibt es Artikel(-gruppen), die von einem Käufer häufiger miteinander gekauft werden als andere. Liegen solche Verbundbeziehungen vor und lassen sich deren Intensität und vielleicht sogar Richtung im Sinne von Initial- und Folgekauf feststellen, so ist es ohne weiteres möglich, sich bei der Kalkulation der Zugkraft des Ankerartikels zu bedienen.

Nicht zuletzt bedarf es der Mischkalkulation, weil es in vielen Fällen völlig unwirtschaftlich wäre, auch nur zu versuchen, Kosten Leistungsträgern nach dem Verursachungsprinzip zuzurechnen. Die Kenntnis von Verbundbeziehungen im Sortiment wird im übrigen preispolitisch um so intensiver genutzt, je stärker Scanning und darauf aufbauend EDV-gestützte Warenwirtschaftssysteme in der Praxis verbreitet sind (siehe dazu § 9, Abschn. 3.4.3.).

Eine weitere dem kalkulatorischen Ausgleich zu subsumierende Option bei der Preisfindung stellt die sog. **Preislinienpolitik** dar (vgl. *Diller* 1991, S. 204 f.). Sie bemüht sich um die interne Abstimmung aller Preise innerhalb einer Produktlinie. Letztere verkörpert einen Ausschnitt aus dem Angebot einer Unternehmung, innerhalb dessen relativ starke kosten- und / oder nachfragemäßige Interdependenzen bestehen. Lassen sich etwa die Kosten eines Produktes nicht mehr diesem selbst, sondern nur noch der Produktlinie zurechnen, muß die Kalkulation fast zwangsläufig auf den Gesichtspunkt der Tragfähigkeit zurückgreifen.

3.2.3. Die abnehmerorientierte Preisfindung

3.2.3.1. Die Preis-Absatz-Funktion als Ausgangspunkt einer marktorientierten Preisbildung

Im letzten Abschnitt wurde dargelegt, daß die Kostenorientierung als Mittel zur Beurteilung der betriebswirtschaftlichen Angemessenheit von Verkaufspreisen primär dem Ziel der Sicherung des Unternehmensbestandes dient. Dennoch darf sich die Preispolitik, sofern sie sich als Teil der Marketingpolitik versteht, nicht darin erschöpfen. Vielmehr muß sie zum einen als Restriktion, zum anderen als Chance das preisbezogene Verhalten der Marktpartner, nämlich Abnehmer und Konkurrenten, beachten und preispolitisch adäquat beantworten. Hierzu bedarf es zuverlässiger Informationen über die Wechselwirkung zwischen der Höhe des für eine Leistung geforderten Preises und der zu erwartenden Nachfrage.

Das gedankliche Gerüst zu deren Erfassung liefert das Konzept der **Preis-Absatz-Funktion**. Da diese den geometrischen Ort aller mengenmäßigen Reaktionen der Nachfrager auf Preise darstellt, kann man durch deren Multiplikation mit den dazugehörigen Absatzmengen unschwer die der jeweiligen Preisforderung entsprechenden Erlöse errechnen. Wenn man diese – im Sinne einer retrograden Kalkulation – zu den bei der jeweiligen Absatz- bzw. Ausbringungsmenge anfallenden Kosten in Beziehung setzt, lassen sich einzelne ins Auge gefaßte Preise in bezug auf Kostendeckung und Gewinnbeitrag beurteilen. Damit wird deutlich, daß die Ermittlung des Verlaufs der Preis-Absatz-Funktion sowie deren Besonderheiten hinsichtlich des jeweiligen Marktes die Grundlage für eine abnehmerorientierte Preispolitik bilden.

Obwohl die Preis-Absatz-Funktion primär ein Modell des Verhaltens der **Nachfrager** und somit eine Entscheidungshilfe bei der abnehmerorientierten Preispolitik darstellt, sagt sie mittelbar auch etwas über das Verhalten von etwaigen **Konkurrenten** aus. Dies ist dadurch bedingt, daß Verbraucher bei der Beurteilung der Höhe eines Preises zum Zweck des Vergleichs auch Angebote von anderen Anbietern heranziehen und bei überhöhtem Preis auf eine vorteilhaftere Alternative ausweichen. Daher werden in Darstellungen der Preistheorie üblicherweise für einzelne Marktformen (**Monopol, Oligopol, Polypol**) verschiedenartige Preis-Absatz-Funktionen unterstellt.

Ein Unternehmen mag unterschiedlichen Wettbewerbssituationen ausgesetzt sein – es kann Monopolist, Oligopolist oder Polypolist sein –, doch haben die Preis-Absatz-Funktionen der meisten Anbieter eines gemeinsam: Ihr Verlauf wird durch den Einsatz von Marketing-Instrumenten entscheidend geprägt. Diese schaffen bei den Adressaten Präferenzen, begründen eine Bindung an eine Marke oder Einkaufsstätte und tragen somit zur Entstehung von **unvollkommenen Märkten** bei. Das Vorhandensein von Präferenzen für ein Produkt schlägt sich dann unmittelbar in der Preis-Absatz-Funktion für dieses nieder. Sie weist in diesem Falle einen **monopolistischen Bereich** auf.

Betrachten wir hierzu kurz die Gestalt einer Preis-Absatz-Funktion, der sich ein Monopolist gegenübersieht. Sie entspricht, da in ihr Absatz und Nachfrage (Marktvolumen) begriffslogisch zusammenfallen, der negativ geneigten Preis-Absatz-Funktion im allgemeinen Preismodell (vgl. Abb. 6.17.). Inhaltlich bildet sie das Nachfrageverhalten von Abnehmern ab, die auf steigende oder überhöhte Preise nur durch Verringerung der Nachfrage bzw. Verzicht auf Erwerb eines

Gutes reagieren können, nicht jedoch durch Abwanderung zu einem anderen Anbieter. Ebenso sind hier Absatzsteigerungen nur durch Erschließung neuer, bisher nicht als Nachfrager aufgetretener Wirtschaftssubjekte möglich, nicht hingegen durch Abwerbung von Kunden, die derzeit ein anderes Erzeugnis präferieren.

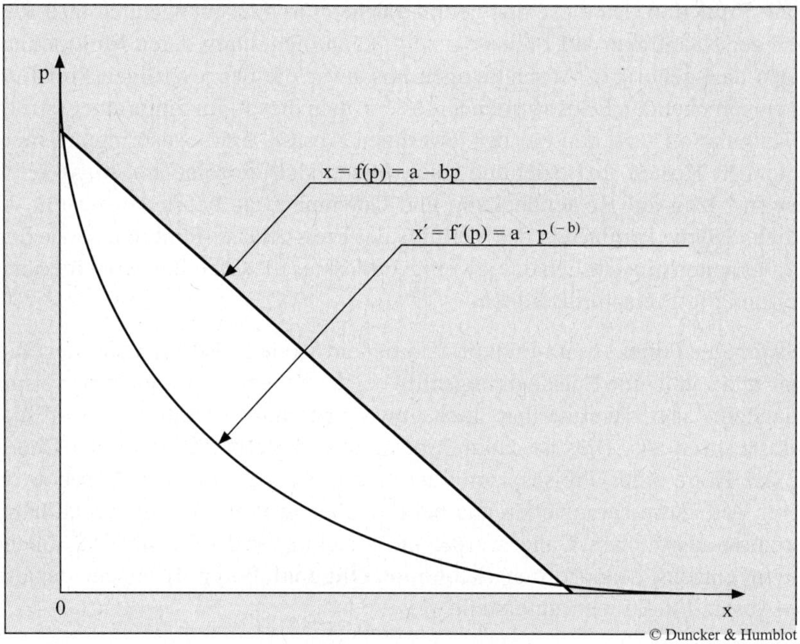

Abb. 6.17.: Varianten der Preis-Absatz-Funktion eines Monopolisten

Nun sind, abgesehen vom Versorgungssektor (Wasser, Elektrizität, Gas, Telefon etc.), monopolistische Märkte in der Realität selten. Sobald Substitutionsgüter in den Marktbegriff einbezogen werden, verändert sich zwangsläufig der Verlauf der Preis-Absatz-Funktion, da nunmehr überhöhten Preisforderungen ausgewichen werden kann. Stellen wir uns vor, daß es zu einem Produkt A (Monopolprodukt) plötzlich ein Surrogat B gibt, das A im Ernstfall zu ersetzen vermag. Setzt in einer solchen Situation der Anbieter des Produktes A den Preis stetig herauf, so gerät er in eine Zone, in der für immer mehr Kunden die Hinnahme der Unzulänglichkeiten des Surrogats B eher zumutbar erscheint als die Zahlung des für A geforderten (Mehr-)Preises. Dies bedeutet, daß neben den Kunden, für die das Produkt von Anfang an zu teuer war, nun weitere potentielle Käufer ausfallen. Andererseits sind Verbraucher, die das Surrogat B präferieren, für das wiederum Produkt A ein schlechter Ersatz ist, erst dann bereit, zu A zu wechseln, wenn der dafür geforderte (Minder-)Preis beträchtlich unter dem des Surrogats liegt. Das heißt aber, daß bei einem sehr niedrigen Preis der Anbieter von A seinen Absatz nicht nur durch Erschließung neuer Nachfrager, sondern auch durch Abwerbung von Leuten, die bisher B vorzogen, erhöhen kann.

Graphisch dargestellt schlägt sich dieser Sachverhalt darin nieder, daß die Preis-Absatz-Funktion in Abb. 6.18. sowohl oberhalb von 0 als auch unterhalb von U etwas weniger, aber immer noch leicht abflacht. Die beiden Äste, die durch ausgeprägte Kundenfluktuation gekennzeichnet sind, werden oft als kompetitive Preisbereiche bezeichnet, während der dazwischenliegende Abschnitt den monopolistischen Preisbereich verkörpert. *Gutenberg* (1984, S. 247) spricht hier anschaulich von einer **doppelt geknickten Preis-Absatz-Funktion.**

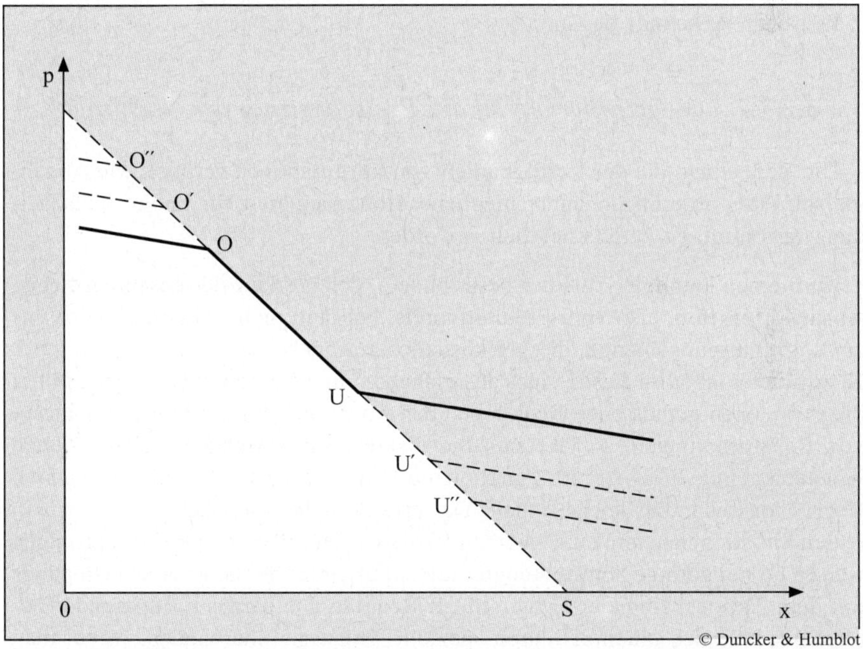

Anmerkung: Zur Modellierung des Funktionsverlaufs bieten sich lineare, nur für die jeweiligen Abschnitte definierte Funktionen oder z. B. Umkehrfunktionen von Sättigungskurven (logistische Funktion, *Gompertz*funktion etc.) an.

Abb. 6.18.: Doppelt geknickte Preis-Absatz-Funktion

Ausgehend von den auf einem Markt herrschenden Machtverhältnissen lassen sich daraus einige Schlußfolgerungen über die vernünftigerweise einzuschlagende Preispolitik ableiten:

– Ein Polypolist kann aufgrund seiner begrenzten Produktions- und Vertriebsmöglichkeiten den Absatz seiner Konkurrenten nicht ernsthaft beeinträchtigen.

Daher braucht er im Falle einer Unterschreitung des Grenzwertes U nicht mit Repressalien zu rechnen. Für ihn ist daher die Preis-Absatz-Funktion vom oberen Ende des monopolistischen Bereichs (0) bis zur Sättigungsgrenze (S) entscheidungsrelevant. Damit hängt es letztlich von der Höhe der betrieblichen Kosten bei der jeweiligen Ausbringung ab, ob er im monopolistischen oder im kompetitiven Bereich seinen optimalen Preis findet.

– Ein Oligopolist muß hingegen mit Gegenmaßnahmen rechnen, wenn er einen Preis unterhalb der Schwelle U fordert; denn bedingt durch seine vergleichsweise größere Kapazität und die geringe Zahl an Konkurrenten ist die von ihm ausgelöste Kundenabwanderung für jeden von ihnen spürbar. Auf der anderen Seite erwiese sich eine Preisfestsetzung oberhalb von 0 als ausgesprochen gefährlich. Daher wird der für ihn optimale Preis in der Regel auf dem monopolistischen Abschnitt liegen.

3.2.3.2. Die Orientierung an der Preiselastizität der Nachfrage

Die Bedeutung, die der Verfügbarkeit von Informationen darüber, wie Abnehmer auf Preisforderungen unterschiedlicher Höhe reagieren, für die Preisentscheidung zukommt, ist bereits deutlich geworden.

Zum einen kann ein Anbieter bestrebt sein, den Verlauf der gesamten **Preis-Absatz-Funktion,** also vom Prohibitivpreis, bei dem nichts abgesetzt wird, bis zur sog. Sättigungsmenge, die bei kostenloser Abgabe der Ware erreicht wird, zu ermitteln. Ist er im Besitz eines ausreichend dimensionierten Datensatzes über die in Mengen gemessenen Reaktionen der Abnehmer auf ein breites Spektrum von Preisforderungen, so läßt sich die diskrete Preis-Mengen-Kombinationen widerspiegelnde Preis-Absatz-Funktion mit Hilfe der linearen oder nicht-linearen Regressionsrechnung leicht finden. Die erforderliche Datenbasis ist jedoch in realen Situationen kaum jemals vorhanden; denn Zeitreihen von Preisforderungen weisen oft nur geringe Schwankungen auf, ein Ergebnis des behutsamen Umgangs mit dem Aktionsparameter Entgelt in der Realität. Die daraus resultierende Problematik läßt sich allenfalls durch spezielle Preistests überwinden, wobei man jedoch mit erheblichen Validitätsproblemen zu kämpfen hat.

In der Realität setzt man sich bei der Bestimmung von (Abschnitten von) Absatzkurven über derlei methodische Ansprüche ziemlich gelassen hinweg. Zum Teil werden die zu bestimmten Preisen abzusetzenden Mengen von Marktforschungsexperten direkt oder auf Umwegen (z. B. über die *Delphi*-Methode) geschätzt, zum Teil mutmaßliche Marktanteile auch durch einfache Befragung („Würden Sie das Produkt XY zum Preis von . . . kaufen?") ermittelt. Erst in jüngerer Zeit tauchen in der Literatur anspruchsvollere Ansätze zur empirischen Ermittlung von Preis-Absatz-Funktionen, etwa mit Hilfe des Conjoint-Measurement, auf (vgl. *Balderjahn* 1991, S. 33 ff., und *Simon* 1992, S. 109 ff.).

Angesichts der Probleme, die die Erlangung von Daten für die Schätzung kompletter Preis-Absatz-Funktionen aufwirft, begnügt man sich im allgemeinen damit, die Abnehmerreaktionen bei geringfügiger Variation eines bereits festgesetzten Preises zu beobachten. Den theoretischen Rahmen hierzu bietet das Konzept der **Preiselastizität** der **Nachfrage.** Darunter versteht man das Verhältnis zwischen einer relativen Änderung des Preises und der dadurch bewirkten relativen Änderung der Absatzmenge, wobei jenes durch den Koeffizienten ε ausgedrückt wird. Da die Steigung der Nachfragekurve meistens negativ ist, versieht man ε, wie in Formel (6.9.) dargestellt, üblicherweise mit einem negativen Vorzeichen, um letztlich zu einem positiven Wert zu gelangen.

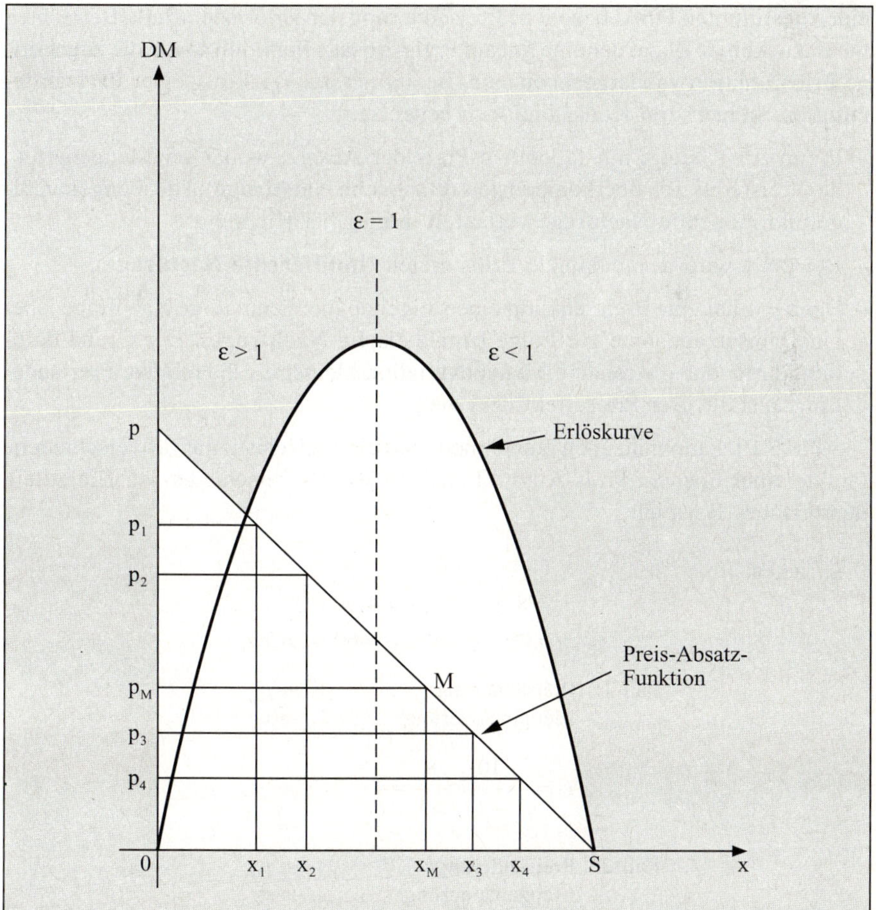

Abb. 6.19.: Konzept der Preiselastizität unter Zugrundelegung einer linearen Preis-Absatz-Funktion

(6.9.) $$\varepsilon = -\frac{\frac{dx}{x}}{\frac{dp}{p}} = -\frac{dx}{dp} \cdot \frac{p}{x}$$

Vom theoretischen Anspruch des Konzeptes her soll jede Änderung der betrachteten Größen infinitesimal klein sein, somit als Differentialquotient ausgedrückt werden können. Nun würde jedoch die simple Tatsache, daß Preise nicht stetige, sondern diskrete Variablen bilden, das theoretische Konzept stören. Daher behilft man sich damit, die relative Änderung als Differenzenquotient bzw. als prozentuale Änderung darzustellen.

Der Koeffizient ε gibt dem Preissteller einen Hinweis darauf, wie eine auf einen bestimmten Punkt bezogene Preisänderung den Erlös beeinflußt. Betrachten wir dazu Abb. 6.19., in der eine lineare Preis-Absatz-Funktion sowie die zugehörige Erlösfunktion wiedergegeben sind. Bezüglich der **Wirkung** einer **Preisänderung** erscheinen drei Konstellationen bedeutsam:

- Wenn $\varepsilon > 1$, steigt mit fallendem Preis der Absatz, wobei der Mengeneffekt die Preisreduktion überkompensiert (**elastische Nachfrage**). Die mengenmäßige und monetäre Nachfrage verlaufen in gleicher Richtung.
- Bei $\varepsilon = 1$ wird der maximale Erlös erzielt (**indifferente Nachfrage**).
- Bei $\varepsilon < 1$ hat eine Preissenkung eine steigende mengenmäßige Nachfrage, aber eine Umsatzabnahme zur Folge (**unelastische Nachfrage**). Der Grund dafür liegt darin, daß die relative Mengenvariation kleiner als die relative Preisänderung ausfällt. Der Preiseffekt überwiegt.

Abb. 6.19. kann man auch entnehmen, daß die Preiselastizität für verschiedene Punkte einer linearen Preis-Absatz-Funktion jeweils verschieden ist. Hierzu ein numerisches Beispiel:

Es gelten:

$$p_1 = 8,\ p_2 = 7,\ p_3 = 4,\ p_4 = 3$$
$$x_1 = 20,\ x_2 = 30,\ x_3 = 60,\ x_4 = 70$$

Fall 1: Preisänderung: $p_1 \rightarrow p_2$
Mengenänderung: $x_1 \rightarrow x_2$

$$\varepsilon_1 = -\frac{10}{-1} \cdot \frac{8}{20} = 4$$

Fall 2: Preisänderung: $p_3 \rightarrow p_4$
Mengenänderung: $x_3 \rightarrow x_4$

$$\varepsilon_2 = -\frac{10}{-1} \cdot \frac{4}{60} = 0{,}67$$

Der Grund für das Auftreten unterschiedlicher Werte liegt darin, daß entlang der Preis-Absatz-Funktion nach unten der Nenner von $dx : x$ immer größer, während der Nenner der Relation $dp : p$ immer kleiner wird, so daß – bei konstanter Kurvensteigung – der Koeffizient ε in Richtung zum Sättigungspunkt S immer kleiner wird, bis er an dieser Stelle den Wert 0 erreicht. Umgekehrt entspricht dem Prohibitivpreis p ein Wert von $\varepsilon = \infty$.

Will man bei einer vorgegebenen linearen Preis-Absatz-Funktion für einen bestimmten Punkt M die Preiselastizität berechnen, dann kann man sich folgenden Zusammenhang zunutze machen: Zur Ermittlung von ε (Abb. 6.19.) setzt man einfach den unterhalb von M befindlichen Abschnitt der Preis-Absatz-Funktion (MS) zu dem oberhalb von M liegenden Teil (pM) in Beziehung:

(6.10.)
$$\varepsilon_M = \frac{\overline{MS}}{\overline{pM}}$$

Auf Grund des Strahlensatzes läßt sich der Koeffizient dann wie folgt berechnen:

(6.11.)
$$\varepsilon_M = \frac{p_M}{p - p_M} = \frac{S - x_M}{x_M}$$

Analog verfährt man bei der aus linearen Abschnitten zusammengesetzten doppelt geknickten Preis-Absatz-Funktion. Zur Berechnung der Preiselastizität der Nachfrage verlängert man ihre unterschiedlich geneigten Abschnitte bis zum Schnittpunkt mit zumindest einer Achse und fällt von dem Punkt, für den man sich interessiert, das Lot auf diese Achse, um anschließend in der dargestellten Weise fortzufahren. Bei nicht-linearen Funktionen muß entsprechend mit der Tangente verfahren werden, die durch den interessierenden Punkt geführt wird. Im Unterschied zu linearen Funktionen ist für multiplikative, hyperbolische Absatzkurven charakteristisch, daß die Preiselastizität in jedem ihrer Punkte gleich ist und den Wert des Exponenten b der Funktion $x = a \cdot p^{-b}$ annimmt.

Es gilt:

(6.12.)
$$\varepsilon = \frac{dx}{dp} \cdot \frac{p}{x} = \left(- bap^{-b-1} \right) \cdot \frac{p}{ap^{-b}} = \frac{- bap^{-b}}{ap^{-b}} = - b$$

Die **Preiselastizität** stellt ein wichtiges Hilfsmittel der abnehmerorientierten Preispolitik dar. Dennoch darf dabei nicht außer acht gelassen werden, daß mit steigender Absatzzahl auch die Stück- und Gesamtkosten mit den sich daraus für den Deckungsbeitrag bzw. Gewinn ergebenden Konsequenzen variieren können. Bei Annahme konstanter Kosten muß wiederum die stückbezogene Gewinn- bzw. Deckungsbeitragsspanne beachtet werden. Hierzu ein Beispiel (vgl. Tab. 6.17.):

Tabelle 6.17.

Wirkung einer unterschiedlichen Preiselastizität			
Kenngröße	Preisforderung DM 10,–	Preissenkung auf DM 9,80 ($\varepsilon_1 = 6{,}0$)	Preissenkung auf DM 9,– ($\varepsilon_2 = 8{,}0$)
Absatz (in Stück)	100.000	112.000	180.000
Gewinn / Stück (in DM)	2,–	1,80	1,–
Gewinn (in DM)	200.000	201.600	180.000

Ein Unternehmen setzt zu einem Preis von DM 10,–, der bei Stückkosten in Höhe von DM 8,– einen Stückgewinn von DM 2,– erbringt, 100.000 Einheiten eines Produktes pro Bezugsperiode ab. Nun ermittelt die Marktforschungsabteilung, daß bei einer Preissenkung auf DM 9,80 die Preiselastizität $\varepsilon_1 = 6{,}0$, bei einer solchen auf DM 9,– diese hingegen $\varepsilon_2 = 8{,}0$ beträgt. Wie stark soll unter Annahme konstanter Stückkosten der Preis reduziert werden?

Trotz der überaus elastischen Nachfrage im zweiten Fall verschlechtert sich die Gewinnsituation im Vergleich zur Ausgangslage. Dagegen führt die Preissenkung auf DM 9,80 zu einer Verbesserung des Ergebnisses trotz geringerer Preiselastizität. Daraus ist abzuleiten, daß diese bei unelastischer Kostenlage um so höher sein muß, je stärker durch die Preissenkung der Gewinn (Deckungsbeitrag) ausgehöhlt wird. So wäre bei Entgeltforderungen zwischen DM 9,50 und DM 8,20 zur Aufrechterhaltung eines Gewinns von DM 200.000 jeweils folgende Preiselastizität notwendig:

DM 9,50 $\rightarrow \varepsilon = 6{,}6$; DM 9,00 $\rightarrow \varepsilon = 10$; DM 8,50 $\rightarrow \varepsilon = 20$; DM 8,20 $\rightarrow \varepsilon = 50$.

Neben dem Rückgriff auf Erfahrungswerte kann sich ein Anbieter bei der Ermittlung der Preiselastizität auch einer experimentellen Erhebung bedienen. Will er z. B. wissen, wie sich drei unterschiedlich starke Formen der Preissenkung im Absatz eines Produktes niederschlagen, läßt sich ein Design in Form eines Lateinischen Quadrats (siehe dazu § 9, Abschn. 3.5.2.2.) mit vier Verkaufsstätten und vier Erhebungszeiträumen wählen, das zudem noch den Einfluß der Störvariablen Verkaufsstätte und Zeit kontrolliert.

Wir definieren vier sog. Treatments:

A = Preis wird nicht geändert (100 %).
B = Preis wird um 10 % gesenkt.
C = Preis wird um 20 % gesenkt.
D = Preis wird um 30 % gesenkt.

Die vier Preisstufen werden so in vier Geschäften zu vier verschiedenen Zeitpunkten getestet, daß jedes Treatment in jedem Geschäft und in jeder Periode einmal vorkommt (vgl. Tab. 6.18.).

Tabelle 6.18.

Lateinisches Quadrat zur Ermittlung der Preiselastizität des Absatzes				
Zeitperiode	Geschäft			
	1	2	3	4
1	A	B	C	D
2	B	D	A	C
3	C	A	D	B
4	D	C	B	A

Die in den jeweiligen Geschäften in den einzelnen Perioden erzielten Verkaufszahlen gibt Tab. 6.19. wieder.

Tabelle 6.19.

Ergebnis eines Experiments zur Ermittlung der Preiselastizität des Absatzes					
Zeitperiode	Geschäft				Summe
	1	2	3	4	
1	68	86	75	60	289
2	82	127	59	57	325
3	97	56	79	53	285
4	108	105	63	51	327
Summe	355	374	276	221	1.226

Mit Hilfe der Varianzanalyse wird nun die Signifikanz des jeweils zwischen Preis- und Absatzänderung bestehenden Zusammenhanges geprüft und hier als gegeben festgestellt, danach untersucht, welche Preiselastizität jeder Preisänderung zugrunde liegt. Dazu bildet man zunächst die Summe der während des gesamten Experiments abgesetzten Stücke:

A: 234
B: 284
C: 334
D: 374

Daraus folgt:

$$\varepsilon_B = -\frac{\frac{50}{234}}{\frac{-10}{100}} = 2{,}14$$

$$\varepsilon_C = -\frac{\frac{100}{234}}{\frac{-20}{100}} = 2{,}14$$

$$\varepsilon_D = -\frac{\frac{140}{234}}{\frac{-30}{100}} = 1{,}99$$

Eine Empfehlung, sich für eine der drei Optionen zu entscheiden, läßt sich angesichts der geringen Streuung der Ergebnisse kaum geben. Zudem bedürfte es dazu der Einbeziehung kostenwirtschaftlicher Daten in die Analyse.

3.2.3.3. Die Bestimmung preispolitischer Obergrenzen

Während, wie bereits dargelegt, kostenwirtschaftliche Preisuntergrenzen gewährleisten sollen, daß durch den Absatz von Produkten zu bestimmten Preisen langfristig die Unternehmenssubstanz nicht ausgehöhlt wird, hat die Beachtung preispolitischer Obergrenzen ein anderes Ziel. Dabei sind zwei Fälle zu unterscheiden:

(1) Der Betrag, den eine Person für ein Produkt aus einem mehr oder weniger homogenen „evoked set" von Kaufalternativen auszugeben bereit ist, wird durch die Preisbereitschaft vorgegeben. Dies impliziert, daß ab einer bestimmten Entgeltforderung die Nachfrage ausfällt, weil finanzielle Restriktionen dies bedingen oder weil zu diesem Preis bereits Erzeugnisse aus einem höherwertigen „evoked set" zu erhalten sind. Beispielsweise wird es einen **Höchstpreis** geben, den Verbraucher für eine Pocket-Kamera zu akzeptieren bereit sind, da sie ab einer bestimmten Grenze bereits Geräte aus dem höherwertigen Produktbereich der Spiegelreflexkameras erhalten können. Eine solche Obergrenze, die für alle Elemente des „evoked set" gilt, stellt der Prohibitivpreis auf einer für alle Anbieter aggregierten Preis-Absatz-Funktion (Nachfragefunktion) dar. So verstandene Preisobergrenzen, für die ein Anbieter mit allgemein gehaltenen Fragen wie „Was wäre Ihnen eine Pocket-Kamera höchstens wert?" Anhaltspunkte zu erlangen vermag, sollen jedoch nicht Gegenstand der folgenden Überlegungen sein.

(2) Hier interessiert vielmehr die Preisobergrenze für das einzelne Produkt. Wenn wir annehmen, daß durch das Hersteller- und Händler-Marketing Präferen-

zen für jede Marke aufgebaut werden, so interessiert vorrangig jener Preis, den Nachfrager gerade noch dafür zu entrichten bereit sind. Aggregiert für eine Vielzahl von Interessenten bedeutet dies, daß es am oberen Ende eines durch die aufgebauten Präferenzen abgeschirmten Preisbereichs einen **Schwellenwert** gibt, bei dem die Bindung an das Produkt nachläßt und eine Abwanderung zu einem Konkurrenzprodukt naheliegt. Einen Ansatzpunkt zur Verdeutlichung der Problematik bietet wiederum die doppelt geknickte Preis-Absatz-Funktion (siehe Abb. 6.18, Abschn. 3.2.3.1.):

(a) Im monopolistischen Abschnitt ist die Preiselastizität des Absatzes (modellgemäß) an jeder Stelle geringer als in den kompetitiven Abschnitten, in denen zu den üblichen Folgen unterschiedlicher Preisforderungen die Fluktuation von Käufern hinzukommt. Den Extremfall bildet eine Situation, bei der die Abnehmer auf Preisänderungen überhaupt nicht mehr reagieren, bei der also der monopolistische Bereich senkrecht verläuft.

(b) Je unelastischer die Nachfrage in diesem Abschnitt, desto günstiger ist es unter Erlösgesichtspunkten für einen Anbieter, einen Preis an der oberen Grenze des monopolistischen Bereichs zu wählen. Bei der Ermittlung dieses Eckwertes muß man indessen berücksichtigen, daß es sich dabei in der Realität nicht um einen Punkt im strengen Sinne handelt, sondern um einen Bereich von Preis-Mengen-Kombinationen. So dürfte es von Unternehmen zu Unternehmen und Markt zu Markt unterschiedlich zu beurteilen sein, wenn bei einem bestimmten Preis 20, 30 oder 40 % der Kaufwilligen abwandern. Die Preisobergrenze liegt dann genau dort, wo der Ausfall von Käufern nicht mehr akzeptabel erscheint.

Es gibt verschiedene Möglichkeiten, **Preisobergrenzen** zu **fixieren.** Implizit werden diese bei der Schätzung des Verlaufs der Absatzkurve oder der Bestimmung der Preiselastizität stets mitgeliefert. So läßt sich beispielsweise eine von *Gabor / Granger* (1969) zur Preisfindung für neue Produkte verwandte Ermittlungsmethode auch für die Erkennung von Preisobergrenzen nutzen. Die Probanden werden dabei u. a. folgendes gefragt:

- „Wenn Sie das Produkt XY kaufen möchten, wo läge der höchste Preis, den Sie zu bezahlen bereit wären?“
- „Was wäre der niedrigste Preis, den Sie noch für XY ausgeben würden, ohne an der Qualität Zweifel zu hegen?“

Denkbare Antworten der Probanden sind in Tab. 6.20. zusammengestellt.

Die Anzahl der potentiellen Käufer in jeder Preisklasse errechnet sich dabei wie folgt: Man bildet die Differenz zwischen dem Anteil jener Interessenten, die zu diesem oder einem höheren Preis zu kaufen bereit wären, und dem Anteil jener, für die das geforderte Entgelt zu hoch ist. So sind z. B. 91 % der Personen willens, XY zu DM 8,99 zu erwerben. Dieser Wert ergibt sich dadurch, daß für 93 % der Befragten DM 8,99 als nicht zu gering, hingegen für 2 % bereits als inakzeptabel erscheint. Unter Vernachlässigung weiterer Aspekte läßt sich vermuten, daß über DM 9,00 ein kritischer Bereich gegeben wäre, in dem die Verbraucher von XY zu anderen Marken abwandern würden.

Tabelle 6.20.

Ergebnis einer Befragung zur Ermittlung von Preisschwellen

Preis	Personen, für die DM ... den höchsten noch annehmbaren Preis darstellen		Personen, für die DM ... den niedrigsten noch annehmbaren Preis darstellen		Anteil der potentiellen Käufer
DM	%	% kum.	%	% kum.	%
7,49	0	0	5	5	5
7,99	0	0	27	32	32
8,49	2	2	48	80	80
8,99	15	17	13	93	91
9,49	46	63	6	99	82
9,99	34	97	1	100	37
10,49	3	100	0	100	3

Quelle: in Anlehnung an *Gabor / Granger* 1969, S. 546.

In einer Studie haben *Hammann / Lohrberg / Schuchard-Ficher* (1981) die Schwelle des monopolistischen Bereichs auf der Preis-Absatz-Kurve als jenen Preis operationalisiert, bei dem mehr als 50% des ursprünglichen Marktanteils verlorengehen. Um an diesen Grenzwert möglichst nahe heranzukommen, wurde der Preis der interessierenden Marke bis zu einem Punkt erhöht, bei dem ihr gerade noch 50% der Käufer treu blieben, dann jedoch wieder gesenkt. Interessanterweise konnten bereits bei einem verhältnismäßig einfachen Design eindeutige Käufertypen festgestellt werden: der „preisbewußte" Verbraucher, der bereits aus kleinen Preisdifferenzen seine Konsequenzen in Form der Abwanderung zieht, und der „Markenkäufer", der seine Präferenzen ohne Rücksicht auf Preiserhöhungen beibehält.

3.2.3.4. Die Preisdifferenzierung

3.2.3.4.1. Elementare Formen der Preisdifferenzierung

Die Preisdifferenzierung knüpft an der Erfahrung an, daß es unter den potentiellen und tatsächlichen Nachfragern **Segmente** gibt, die mehr oder weniger als einen Referenzpreis für ein Gut zu bezahlen bereit sind. Deshalb bietet es sich an, den jeweiligen Gruppen verschieden hohe Entgelte abzuverlangen. Je nachdem, ob die Märkte für die betriebliche Marketing-Politik bereits eindeutig abgegrenzt sind oder erst gefunden werden müssen, kann man zwischen einer horizontalen (= deglomerativen) und einer vertikalen (= agglomerativen) Preisdifferenzierung unterscheiden:

(1) Im Falle der **horizontalen** Preisdifferenzierung prüft man, wie ein bestehender Gesamtmarkt aufgeteilt werden kann und welche Preispolitik jeweils geboten erscheint. Dabei wird gewissermaßen eine bestimmte Preis-Absatz-Funktion in Stücke zerlegt, die dann Abnehmergruppen verkörpern, welche eine unterschiedliche Preisbereitschaft im Hinblick auf das Produkt aufweisen. Dahinter steckt die Überlegung, daß es, gleichgültig welcher Preis gefordert wird, vom oberen Grenzfall abgesehen, immer Menschen gibt, die für das Produkt noch mehr zu bezahlen bereit wären. Dieses Mehr, die sog. **Konsumentenrente**, soll auf diese Weise zumindest teilweise abgeschöpft werden.

(2) Bei der **vertikalen** Preisdifferenzierung bildet den Ausgangspunkt der Preispolitik die Existenz von mehreren, eindeutig zu identifizierenden Teilmärkten, die jeweils durch eine andere Preis-Absatz-Funktion gekennzeichnet sind. Unter der Voraussetzung, daß dabei die Preiselastizität der Nachfrage variiert, kann dadurch, daß jeweils ein anderer Preis gefordert wird, die Gewinnsituation verbessert werden. Hierzu ein Beispiel:

Eine Unternehmung sieht sich auf einem Markt einer Nachfrage- und einer Kostenfunktion folgender Art gegenüber:

$$x = 34 - 0{,}3p$$

oder:

$$p = 113{,}22 - 3{,}33x$$

$$K = 100 + 40x$$

Dabei bedeuten:

x = nachgefragte Menge
p = geforderter / erzielter Preis
K = Kosten

Wenn wir die Gleichung für p mit der Menge x multiplizieren, erhalten wir die Erlösfunktion (E):

$$E = px = 113{,}22x - 3{,}33x^2$$

Bekanntlich erzielt ein Monopolist den maximalen Gewinn, wenn der Grenzerlös den Grenzkosten entspricht, also:

$$\frac{dE}{dx} = \frac{dK}{dx}$$

Dann gilt:

$$\left.\begin{aligned} \frac{dE}{dx} &= 113{,}22 - 6{,}66x \\ \frac{dK}{dx} &= 40 \end{aligned}\right\} \quad \begin{aligned} 6{,}66x &= 73{,}22 \\ x &= 11 \end{aligned}$$

Dies führt zu einem optimalen Preis von $p = 77$, bei dem ein Erlös von $E = 850$ erzielt wird. Als Differenz zwischen dem Erlös und den Kosten ($K = 540$) errechnet sich ein Gewinn von $G = 310$.

Gesetzt den Fall, es gelingt uns, den Markt in zwei Segmente aufzuspalten und für jeden der beiden Teile eine eigene Nachfragefunktion zu finden (vgl. Abb. 6.20.), könnte sich z. B. folgendes Bild ergeben:

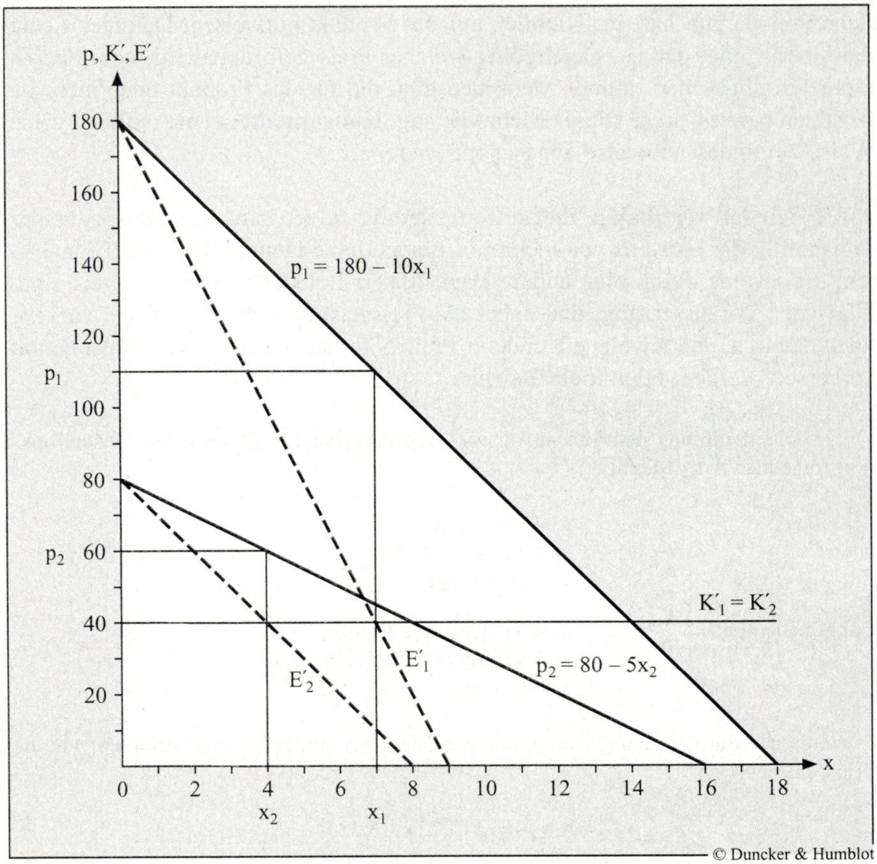

Abb. 6.20.: Gewinnsituation bei vertikaler Preisdifferenzierung

$$p_1 = 180 - 10x_1$$
$$p_2 = 80 - 5x_2$$

(Die Subskripte 1 und 2 beziehen sich auf den jeweiligen Teilmarkt.) An der Kostenfunktion möge sich nichts ändern. Für die Erlösfunktion gilt dann:

$$E_1 = p_1 x_1 = 180x_1 - 10x_1^2$$
$$E_2 = p_2 x_2 = 80x_2 - 5x_2^2$$

Zunächst werden die Grenzerlöse den Grenzkosten ($K_1' = K_2' = 40$) gleichgesetzt und dann die gewinnoptimalen Preise berechnet:

$$\frac{dE_1}{dx_1} = 180 - 20x_1 = 40; \rightarrow x_1 = 7; p_1 = 110$$

$$\frac{dE_2}{dx_2} = 80 - 10x_2 = 40; \rightarrow x_2 = 4; p_2 = 60$$

Der Gesamterlös beträgt jetzt:

$$E_1 + E_2 = 110 \cdot 7 + 60 \cdot 4 = 1010$$

Als Gewinn ergibt sich:

$$G^* = 1010 - K = 1.010 - [100 + 40(7 + 4)] = 470$$

Die Marktaufspaltung führt in dem geschilderten Fall zu einer Verbesserung des Gewinns von 310 auf 470 Einheiten, also um knapp 52%. Prüfen wir noch, ob die Teilmärkte zusammengenommen den Gesamtmarkt bilden:

$$10x_1 = 180 - p_1; \rightarrow x_1 = 18 - 0{,}1p_1$$
$$5x_2 = 80 - p_2; \rightarrow x_2 = 16 - 0{,}2p_2$$

Wenn die Preise auf beiden Märkten gleich sind, ist $p_1 = p_2$. Deshalb erhalten wir:

$$x = (x_1 + x_2) = 34 - 0{,}3p$$

Für eine erfolgreiche Politik der (vertikalen) Preisdifferenzierung müssen einige **Voraussetzungen** erfüllt sein:

- Es muß verschiedene Preis-Absatz-Funktionen auf den ins Auge gefaßten Teilmärkten geben.
- Es muß technisch möglich sein, unterschiedliche Preise zu verlangen.
- Für die Nachfrager, die in den Genuß des niedrigeren Preises kommen, muß ein Wiederverkauf auf dem anderen Markt ausgeschlossen sein.

Eine Preisdifferenzierung erscheint z. B. zwischen dem Inlandsmarkt und Auslandsmärkten oder zwischen regionalen inländischen Märkten möglich (**internationale** bzw. **regionale** Preisdifferenzierung). Werden für dasselbe Gut oder dieselbe Leistung je nach dem Zeitpunkt, zu dem die Nachfrage in Erscheinung tritt, unterschiedliche Preise verlangt und entrichtet, spricht man von **zeitlicher**

Preisdifferenzierung. Diese dient hier vor allem dazu, eine ausgewogene Beanspruchung der Kapazität zu erreichen (Sommer- und Winterpreis; Tag- und Nachtstrom; tageszeitlich gestaffelte Telefontarife; Haupt-, Vor- und Nachsaisonpreis; Sommer-, Winterschlußverkauf usw.). Zeitliche Preisdifferenzierung liegt auch dann vor, wenn etwa bei Einführung eines neuen Produktes zuerst die kaufkräftigsten Schichten zu hohen Preisen versorgt, während im Laufe der Zeit mittels Preissenkung neue Käufersegmente erschlossen werden (Abschöpfungsstrategie). Eine Spaltung der Preise – oft in Verbindung mit einer Produktdifferenzierung – ist schließlich möglich nach dem **Verwendungszweck** eines Gutes (z. B. Haushaltsstrom – Kraftstrom; Speisesalz – Viehsalz; Alkohol – Spiritus), u. U. auch nach der **Kaufkraft** der Abnehmer (Erwachsenen- und Kindertarife im Dienstleistungsgewerbe) sowie nach der Umgebung oder Atmosphäre, in der ein Produkt angeboten wird (Getränke in einer einfachen Gaststätte oder im Luxusrestaurant).

Eine Strategie, die über mehrere Perioden optimal sein soll, läßt sich nicht festlegen, ohne die **Obsoleszenzrate** eines Produkts zu berücksichtigen. Es ist für die Preispolitik durchaus von Bedeutung, ob dieses ein „Dauerbrenner" oder ein hochmodisches Erzeugnis darstellt, das am Saisonende ökonomisch obsolet wird. Intuitiv würde man bei schnell alternden Gütern zu einer **Skimming-Preisstrategie** raten. Durch eine anfänglich hohe Preisforderung sollen der Statussymbolcharakter der Produktneuheit betont und die Konsumfreude der Innovatoren ausgenützt werden. Der im Verlauf des Produkt-Lebenszyklus einsetzenden Nachfrageerosion kann dann durch rechtzeitige Preissenkung begegnet werden, durch die die preiselastisch reagierenden Imitatorenschichten angesprochen werden.

Ändern sich die Absatzbedingungen des neuen Produktes in der Zeit wenig, erscheint es sinnvoll, mittels einer **Penetrationsstrategie** in den Markt einzutreten. Bedingt durch den niedrigen Einführungspreis können das Marktpotential schnell erschlossen und das ins Auge gefaßte Marktsegment besetzt werden, wodurch dieses für denkbare Konkurrenten unattraktiv wird. Gewinne lassen sich im Laufe der Zeit in diesem Falle durch die Realisierung sog. „economies of scale" oder auch durch allmähliche Preiserhöhung in dem dann monopolähnlichen Marktsegment erzielen.

3.2.3.4.2. Die Preisbündelung

Wenn sich der Gesamtpreis für zwei oder mehr Erzeugnisse durch einfaches Zusammenzählen ergibt, liegt dem eine linear-additive Funktion zugrunde. Vielfach bleiben jedoch Anbieter mit ihrer Entgeltforderung in solchen Fällen unter dem fraglichen Wert, um Nachfrager zu veranlassen, mehr als geplant zu erwerben bzw. den gesamten ihnen verfügbaren Betrag auszugeben; sie legen es darauf an, **Kaufkraft abzuschöpfen**, und nutzen dazu die **Preisbereitschaft** der Betroffenen. Betrachten wir dazu ein *Simon* (1992, S. 446 ff.) und *Diller* (1993, S. 273 f.) nachempfundenes einfaches Beispiel (siehe Tab. 6.21.).

Tabelle 6.21.

Zahlenbeispiel zur Nutzung der Preisbereitschaft			
Person	Preisbereitschaft für		
	A	B	Σ
I	6	1	7
II	2	5	7
III	5	4	9
IV	3	2,5	5,5
V	2,5	2	4,5
Summe			33

Die Personen I, II, . . . , V sind bereit, in einer Videothek die Filme A und B auszuleihen, aber höchstens zu den in Tab. 6.21. angegebenen Preisen. Angenommen, der Verleiher kalkuliert einheitlich mit Kosten von 1 Geldeinheit (GE) pro Film und Person, so erzielt er bei der Einzelpreisbildung, d. h. wenn er die Vermietung von A und B als getrennte Vorgänge betrachtet, den höchsten Gewinn, sofern er für A 5 GE und für B 4 GE verlangt. Wie Tab. 6.22. zeigt, ist dies jeweils die beste von sieben für den Fall relevanten Konstellationen.

Tabelle 6.22.

Ableitung der optimalen Lösung bei der Einzelpreisbildung								
Preis	Zahl der Abnehmer, die Preis von . . . GE bezahlen		Erlös		Kosten		Gewinn	
	A	B	A	B	A	B	A	B
1,0	5	5	5	5	5	5	0	0
2,0	5	4	10	8	5	4	5	4
2,5	4	3	10	7,5	4	3	6	4,5
3,0	3	2	9	6	3	2	6	4
4,0	2	2	8	8	2	2	6	**6**
5,0	2	1	10	5	2	1	**8**	4
6,0	1	0	6	0	1	0	5	0

Hier werden nur (2 · 5 + 2 · 4 =) 18 von 33 Einheiten Kaufkraft abgeschöpft. Dies veranlaßt uns, die individuellen Angebote zusammenzufassen, also **Preisbündelung** zu betreiben oder, wie man dies auch nennt, einen **Paket-** bzw. **Komplettpreis** zu setzen, wobei sich letzterer vom Paketpreis materiell nicht, sprachlich nur dadurch unterscheidet, daß keinerlei Einzelpreise für Bausteine genannt werden. Der **Gesamtpreis** (= Paket-, Komplettpreis) muß irgendwo zwischen 5 und 9 angesiedelt sein, weil er einerseits nicht unter dem Betrag liegen darf, den wir für A allein schon verlangen, während andererseits niemand mehr als 9 GE auszugeben bereit ist. Tab. 6.23. dokumentiert, daß wir den bei der additiven Preisbildung erzielbaren Gewinn von (8 + 6 =) 14 GE auf 15 GE steigern können, wenn wir beide Videokassetten zum Gesamtpreis von 7 GE anbieten. In diesem Fall kommt zwar, wie auch Abb. 6.21. zeigt, kein Käufer hinzu, doch werden nunmehr 6 Filme statt bisher 4 verliehen.

Tabelle 6.23.

Optimale Lösung bei der Paketpreisbildung

Preis für A + B	Zahl der Abnehmer, die insgesamt mindestens . . . GE auszugeben bereit sind	Erlös	Kosten	Gewinn
5,5	4	22	8	14
7	3	21	6	**15**
9	1	9	2	7

In der Praxis beliebt ist die **gemischte Preisbündelung**, die die Einzel- und die Paketpreislösung miteinander verbindet. Bei der hier gewählten Zahlenkonstellation erscheint sie kaum vorstellbar, und zwar aus folgenden Gründen: Ein Entgelt von weniger als 4 GE pro Videokassette zu fordern, kommt nicht in Betracht, weil man dadurch die Paketpreisbildung (mit einem Durchschnittspreis von 3,5 GE) aus den Angeln heben würde. Gleichzeitig bewegt sich die Preisbereitschaft der beiden Interessenten IV und V, die bei keinem der beiden vorgestellten Konzepte zum Zuge kamen, zwischen 2 und 3 GE pro Film. Ihre gesamte Preisbereitschaft beläuft sich allerdings auf 5,5 bzw. 4,5 GE. Gelingt es, die Limits für die Einzelprodukte zu Fall zu bringen, erscheint es nicht unvernünftig, für A wie bei der Einzelpreisbildung 5 GE und für B 4 GE zu verlangen, und zwar unabhängig von bzw. zusätzlich zu der angebotenen Paketlösung. Schon bei einem erzielbaren Entgelt von 4 GE pro Film ließen sich 29 von 33 Einheiten Kaufkraft abschöpfen und der Gewinn um (2 · 4 – 2 · 1) = 6 auf 21 GE, letztlich also gegenüber der Einzelpreisbildung um 50% steigern.

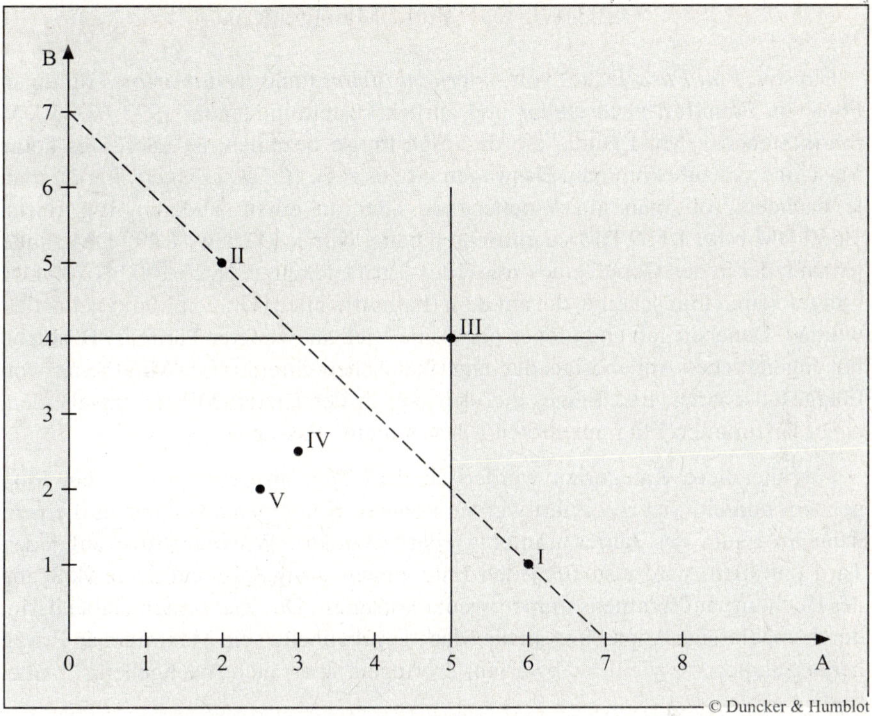

Abb. 6.21.: Geometrische Illustration der Preisbündelung

Das gesamte Konzept steht und fällt mit der Möglichkeit, die **Preisbereitschaft** der potentiellen Abnehmer zuverlässig zu ermitteln. Im übrigen kann es zu **wettbewerbsrechtlichen Widrigkeiten** kommen. Beispielsweise hätte das mit *Ganz Deutschland zum halben Preis* gekennzeichnete Angebot der damaligen *Deutschen Bundesbahn,* bei dem man 1993 z. B. durch einmalige Zahlung von je nach Alter oder Status 50, 110 oder 220 DM ein Jahr lang alle Fahrkarten für die 2. Klasse mit einem Rabatt von 50% erwerben konnte, gegen das *Gesetz gegen Wettbewerbsbeschränkungen* verstoßen, sofern die Bahn diesem unterlegen wäre. Nach deren völliger Privatisierung wird das Fahrvergnügen zum Vorzugspreis ein jähes Ende finden (vgl. dazu *Nacken* 1993, S. 27).

Naturgemäß entwickelt die Praxis vielfältige Formen nichtlinearer Preisbildung. Ein wesentlicher Grund dafür besteht gerade darin, Kaufkraft freizusetzen, aber dennoch die der Preissenkung zugrundeliegende Rechnung zu verschleiern. Wer denkt schon daran, daß z. B. eine **Gaststätte**, die Menüs zum Komplettpreis anbietet, mit **„Produkt-"** und **„Preisbaukästen"** spielt? Nichts anderes verbirgt sich auch hinter den **Vielfliegerprogrammen**, die Airlines entwickelt haben. Verfügt man über ein entsprechend hohes (mit Tickets angesammeltes) Guthaben auf seinem Meilenkonto, kommt man in den Genuß von allerhand Annehmlichkeiten, die sogar über interkontinentale Freiflüge in der Ersten Klasse hinausreichen.

3.2.3.4.3. Das Yield-Management

Ein sog. *Full Fare*-Ticket von *American Airlines* und *Delta Airlines* für einen Flug von Frankfurt nach Dallas und zurück kostete im Januar 1993 6.006 DM (ohne Steuern). Mit Leuten, die derartige Preise bezahlen, ist allerdings keine Maschine vollzubekommen. Deswegen gibt es z. B. *Holiday Tickets,* für die man je nachdem, ob man am Wochenende oder an einem anderen Tag reiste, 1.669 DM bzw. 1.569 DM zu entrichten hatte. Nur 1.300 bzw. 1.299 DM zahlte jemand, der in den Genuß eines sog. *Apex*-Tarifs gelangte. Noch 100 bis 200 DM billiger waren Flugscheine, die auf dem (halboffiziellen) Grauen Markt gehandelt wurden. Daneben gab und gibt es noch eine Vielzahl weiterer Tarife, z. B. solche für Jugendliche, Angehörige der amerikanischen Streitkräfte, Mitarbeiter von Fluggesellschaften und Leute, die sich erst in der letzten Minute entscheiden, einen bestimmten Flug anzutreten („last minute"-Passagiere).

Für alle diese Kategorien werden ab dem Tag, ab dem erstmals ein Flug gebucht und ein Sitz reserviert werden können, Kontingente festgelegt, die man dann im Laufe des Jahres immer wieder verändert. Wieviele Sitze auf jeden Tarif entfallen, wird also für jeden Flug einzeln festgelegt und nach Maßgabe des Buchungsaufkommens immer wieder korrigiert. Das Ziel besteht dabei darin, durch unablässige Anpassung an die Marktgegebenheiten ein Maximum an Ertrag herauszuholen (to yield = abwerfen, erbringen, aber auch: nachgeben, flexibel sein).

Wieviele Plätze von wo nach wo verschoben werden, läßt sich, obwohl die Fluggesellschaften naturgemäß Computerprogramme dafür einsetzen, kaum mittels Optimierungsmodellen lösen, weil das zentrale Problem in der Datenbeschaffung liegt. Hierzu bedarf es eines großen Maßes an Erfahrung, Spürsinn und Fingerspitzengefühl. Hat man zu knapp kalkuliert, werden notfalls sogar die teuren Tarifklassen überbucht, im Wissen darum, daß einige Vollzahler ohnedies nicht auftauchen werden („no show"). Kommen sie wider Erwarten doch alle, läßt man lieber einige Billigflieger am Boden und bezahlt ihnen die von den Fluggesellschaften für solche Fälle vorgesehene, von der Dauer der Wartezeit bis zum nächsten Flug abhängige Entschädigung.

Ähnliche Konzepte finden sich bei Reiseveranstaltern, die Betten- und Flugkontingente einkaufen (und in jedem Falle bezahlen müssen), ferner bei Hotelketten. Steht beispielsweise in einer Stadt ein sportliches oder kulturelles Großereignis vor der Tür, muß das Beherbergungsgewerbe dort nicht mit leeren Betten rechnen. Folglich wird man solche Gäste, die aus ganz anderen Gründen übernachten (und vielleicht auch dem zu erwartenden Trubel entrinnen) möchten, mittels reizvoller Preisnachlässe dazu zu bewegen versuchen, auf andere, in der Nähe gelegene Häuser der Hotelkette auszuweichen, die über genügend freie Kapazität verfügen. (Die heute üblichen Reservierungssysteme bilden dafür eine unabdingbare Voraussetzung.) Letztlich kommt es bei all dem allein darauf an, daß man sich als Dienstleistungsunternehmen seiner Verpflichtung insbesondere gegenüber Stammkunden bewußt ist und möglichst für den Gesamtkonzern noch eine Ertragssteigerung erzielt.

3.2.3.5. Die Veranstaltung von Auktionen

Auktionen stellen sog. Marktveranstaltungen dar, bei denen räumlich und zeitlich konzentriert einem oder mehreren Anbietern eine je nach den Umständen mehr oder minder große Zahl von Kaufinteressenten gegenübersteht, die sich im Bestreben, die angebotene Ware zu erhalten, gegenseitig überbieten (vgl. auch § 7, Abschn. 2.2.3.). Der erzielte Preis ist somit das Ergebnis eines Wettbewerbs von Nachfragern. Kosten- und wettbewerberorientierte Überlegungen spielen hier demgegenüber eine zweitrangige Rolle. In bezug auf den Ablauf ist zwischen zwei Spielarten der Auktion zu unterscheiden:

(1) Bei der üblichen **Versteigerung** wird die Ware vom Auktionator Los für Los bzw. Stück für Stück aufgerufen, worauf sich die am Erwerb interessierten Anbieter gegenseitig auszustechen suchen. Dabei herrscht in bezug auf die Entwicklung des Preises totale Transparenz. Den Zuschlag erhält der Nachfrager, der den höchsten Preis nennt. Im Gegensatz dazu ist bei der sog. **Submission** eine Anpassung des eigenen Preisgebotes an die Markterfordernisse nicht mehr möglich.

(2) Beim sog. **Veiling** vollzieht sich der Preisbildungsprozeß gewissermaßen von oben nach unten. Der geforderte Preis wird dabei vom Auktionator stetig herabgesetzt, oft mit Hilfe einer Uhr, deren Zeiger im Extremfall vom höchsten bis zu einem vom Auktionator angestrebten Mindestpreis läuft, bis ein Abnehmer zugreift. Im Unterschied zu Fall (1), bei dem sich der Anbieter in einer Entscheidungssituation unter Gewißheit befindet, prägt das Veiling höchste Ungewißheit, da kein Interessent weiß, bei welchem Preis welcher Konkurrent seine Zeit für gekommen hält.

3.2.4. Die wettbewerberorientierte Preisfindung

3.2.4.1. Die Identifikation optimaler Preisfolgen und die Preisfindung bei Submission

Wenn auch Unternehmen auf Märkten oft im monopolistischen Preisbereich operieren können, so sind doch ihre Preisentscheidungen von den Entgeltforderungen ihrer Wettbewerber nicht völlig unabhängig. Als Konkurrenten kommen dabei die Anbieter von solchen Leistungen in Betracht, die bei einer größeren Zahl von Nachfragern einen Bestandteil des gleichen „evoked set" bilden (zu einer auf dem Konzept des „evoked set" basierenden Abgrenzung des relevanten Marktes vgl. *Dichtl / Schobert* 1979). Die Preisvorstellungen der Wettbewerber bilden wesensnotwendig wichtige Determinanten der oberen und unteren Grenze des wettbewerbsfreien Abschnitts der Preis-Absatz-Funktion. Wird von einem Anbieter für eine Leistung ein Preis unterhalb der unteren Grenze des Monopolbereichs gefordert, spricht man üblicherweise von **Preiswettbewerb.**

Doch bedarf es nicht zwangsläufig einer Unterschreitung des vorherrschenden Preisniveaus, z. B. des Durchschnitts der Preise der Konkurrenten. Bei heterogenen Gütern kann auch ein Entgelt, das über dem Konkurrenzpreis liegt, Preiswettbewerb verkörpern, und zwar dann, wenn die resultierende Spanne nicht der **Qualitäts-** bzw. **Attraktivitätsdifferenz** entspricht. Im Falle homogener Angebote hingegen ist preisaktives Verhalten immer mit einer Unterbietung des Konkurrenzpreises verbunden. Dem liegt das Bestreben zugrunde, durch Variation des einzigen Aktionsparameters Präferenzen aufzubauen und zusätzliche Nachfrager anzuziehen.

Ob der Preiswettbewerb allerdings eine betriebswirtschaftlich sinnvolle Strategie darstellt, hängt von der Nachfragesituation und den Machtverhältnissen auf dem Markt ab. Zum einen muß die Nachfrage auf die Preisunterbietung elastisch genug reagieren, um die durch den niedrigeren Preis bewirkte Aushöhlung des Deckungsbeitrags pro Stück durch die höhere Absatzmenge in der Gesamtwirkung mehr als auszugleichen. Zum anderen müssen bei einem preispolitischen Vorpreschen die Reaktionen der Konkurrenten berücksichtigt werden. Sind diese in der Lage, nachzuziehen und somit die frühere Preisrelation auf einem allerdings niedrigeren Niveau wiederherzustellen, so wird durch eine aggressive Entgeltpolitik lediglich ein **Preiskampf** ausgelöst, dessen Konsequenz, wenn nicht gar schwache Konkurrenten vom Markt verdrängt werden, ein für alle Beteiligten unvorteilhafter Erlösverfall ist. Trotz gelegentlichen Aufflackerns solcher Preiskämpfe, bedingt durch die Existenz von Überkapazität bei Stagnation des Marktvolumens, kann als empirisch belegt betrachtet werden, daß auf sog. oligopolistischen Märkten und insbesondere auf solchen für homogene Güter ein Preiswettbewerb im klassischen Sinne kaum üblich ist.

Bezieht ein Unternehmen A das Verhalten seiner Mitanbieter in seine preispolitischen Überlegungen ein, so hat es unter mehreren möglichen Preisforderungen als Handlungsmöglichkeiten zu wählen. Auf einen bestimmten von ihm gesetzten Preis können Konkurrenten durch eine Preisanpassung reagieren, worauf A durch eine erneute Variation seines Preises antworten kann, usw. Das **Preisentscheidungsproblem** besteht daher in der Regel nicht in der Festlegung eines endgültigen Preises, sondern im Auffinden optimaler Preisfolgen. Dies deckt sich auch mit den Vorstellungen vom Wettbewerb als einem keineswegs statischen Zustand, sondern einem dynamischen Vorgang.

Einen der Wege, dieses Entscheidungsproblem, das durch weitgehende Unsicherheit über das künftige Verhalten sowohl der Konkurrenten als auch der Nachfrager gekennzeichnet ist, rational anzugehen, bilden die gedankliche Vorwegnahme aller denkbaren Aktions-Reaktions-Folgen sowie deren Bewertung. Hierzu benötigt man Informationen nicht nur über mögliche Preisforderungen (Aktionen) und die Art und Weise, wie Konkurrenten darauf reagieren können (Ereignisse), sondern auch über die Wahrscheinlichkeit des Eintretens der Alternativen und die monetären Konsequenzen, die mit diesen Aktions-Reaktions-Mustern jeweils verbunden sind. Die Ähnlichkeit des preispolitischen Entscheidungsproblems mit dem Grundmodell der Entscheidungstheorie liegt auf der Hand.

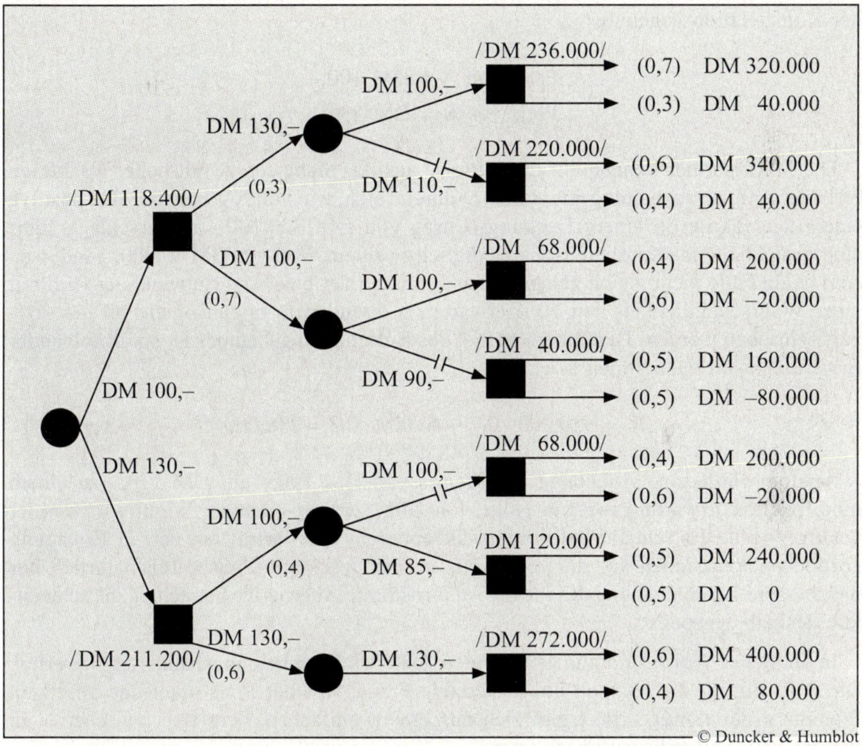

Abb. 6.22.: Entscheidungsbaum für eine preispolitische Entscheidung

Ein Mittel zur Formalisierung der gegebenen Problemstruktur ist die **Entscheidungsbaumanalyse,** deren Eignung an einem einfachen Beispiel verdeutlicht werden soll. Ein Unternehmen A stehe vor der Aufgabe, den Preis für ein neues Produkt festzulegen. Ein vergleichbares Konkurrenzerzeugnis wird von B zum Preis von DM 130,– angeboten. Für A stellt sich damit die Frage, sich an den Konkurrenzpreis anzupassen oder diesen mit beispielsweise DM 100,- zu unterschreiten. Der Einfachheit halber möge der betroffene Konkurrent nur zwei Gegenstrategien ins Auge fassen, nämlich seinen Preis beizubehalten oder diesen gleichfalls auf DM 100,– zu senken. Dies wiederum könnte A veranlassen, seinerseits erneut darauf zu reagieren. Welche Aktions-Reaktions-Ketten sich dabei ergeben können, ist Abb. 6.22. zu entnehmen. Darin kennzeichnen Kreise Entscheidungen von A, während Kästchen die von ihm nicht beeinflußbaren Ereignisse in der entscheidungsrelevanten Umwelt, d. h. die Reaktionen des Konkurrenten symbolisieren.

Betrachten wir dazu einmal die „oberste“ Aktions-Ereignis-Kette, die folgendes zum Ausdruck bringt: Nachdem der Konkurrent B auf die Preisunterbietung seitens A nicht reagiert, behält dieser seine Entgeltforderung bei. Die Nachfrager sehen sich also folgender Konstellation gegenüber:

Preis von A = DM 100,–

Preis von B = DM 130,–

Die Marktpartner können auf diese Preise aus der Sicht von A mit hoher Nachfrage oder mit Kaufzurückhaltung antworten. Während sich, wie von A geschätzt, eine positive Nachfragereaktion in einem Deckungsbeitrag von DM 320.000,– niederschlägt, führt eine zurückhaltende Kaufbereitschaft lediglich zu einem Wert von DM 40.000,–. Indessen sind beide Fälle nicht gleich gelagert. Das Eintreten der positiven Entwicklung wird mit einer Wahrscheinlichkeit von 70% erwartet, während dem ungünstigen Fall nur 30% zugeschrieben werden. Dem obersten Ast des Entscheidungsbaumes ist somit folgender Erwartungswert zuzuordnen:

$$E_1 = 320.000 \cdot 0{,}7 + 40.000 \cdot 0{,}3 = 236.000$$

Analog würde eine Anhebung des Preises von DM 100,– auf DM 110,– zu einem modifizierten Erwartungswert in Höhe von DM 220.000,– führen. Wenn wir das hier herangezogene Entscheidungskriterium akzeptieren, dann wird von den in Erwägung gezogenen Reaktionen auf die vom Konkurrenten verfolgte Preispolitik natürlich nur die „bessere“ (Beibehaltung des Preises) als ernsthafte Alternative betrachtet, die schlechtere deshalb „gesperrt“.

In ähnlicher Weise sind nun alle übrigen Äste des Entscheidungsbaums zu bewerten. Die Antwort auf die letztlich interessierende Frage, welcher Preis unter den gesetzten Prämissen der richtige ist, ergibt sich aus einem einfachen Vergleich zwischen – in diesem Fall – zwei Erwartungswerten:

$$E_{100} = 236.000 \cdot 0{,}3 + 68.000 \cdot 0{,}7 = 118.400$$
$$E_{130} = 120.000 \cdot 0{,}4 + 272.000 \cdot 0{,}6 = 211.200$$

Das Unternehmen wäre folglich gut beraten, eine preispolitische Anpassungsstrategie zu betreiben, d. h. für sein Produkt DM 130,– zu verlangen und ebenso wie der Konkurrent dabei zu bleiben oder aber, falls dieser auf DM 100,– zurückgeht, den eigenen Preis auf DM 85,– zu senken.

Es gibt Situationen, in denen ein Anbieter jeder anderen Möglichkeit als der, konsequenten Preiswettbewerb zu betreiben, beraubt ist. Dies gilt vor allem für

Preisentscheidungen bei **Submissionen**. Dies sind Marktveranstaltungen, deren primärer Zweck darin besteht, eine Anbieterkonzentration, verbunden mit höchster Preistransparenz, herbeizuführen. Der Fall läßt sich kurz wie folgt umreißen (**„competitive bidding“**):

- Die Leistungskomponente des Preis / Leistungsverhältnisses wird von der Stelle, die zur Abgabe von Geboten auffordert, eindeutig beschrieben und dadurch homogenisiert.
- Die Gleichartigkeit der zu erbringenden Leistung impliziert, daß der Preis (normalerweise) darüber entscheidet, wer den Zuschlag erhält.
- Eine Absprache unter den Mitbietern, die sog. **Ringbildung**, ist verboten, so daß jeder sein Gebot in Unkenntnis dessen abgibt, wer sich neben ihm noch an der Ausschreibung beteiligt und mit welchen Preisen die anderen zum Zuge zu kommen hoffen.

Trivialerweise geht es dabei für den um einen Auftrag konkurrierenden Unternehmer darum, den aus seiner Sicht höchstmöglichen Preis zu finden, mit dem er das Gebot des billigsten Konkurrenten gerade noch unterbietet. Analog zu dem vorausgegangenen Beispiel ist es auch hier zweckmäßig, den Erwartungswert des bei unterschiedlichen Angebotspreisen erzielbaren Gewinns bzw. Deckungsbeitrags als Kriterium für die Preisfestsetzung heranzuziehen:

(6.13.) $$E(p_i) = (p_i - k) \cdot P(p_i) \rightarrow \text{Max!}$$

Dabei bedeuten:

$E(p_i)$	=	Erwartungswert des Gewinns bei Preis p_i
p_i	=	der bei der Submission genannte Angebotspreis ($i = 1, 2, \ldots, m$)
k	=	Kosten
$P(p_i)$	=	Wahrscheinlichkeit, bei einem bestimmten Preis p_i den Zuschlag zu erhalten

Es ist unmittelbar einsichtig, daß die eigentliche Problematik des **„competitive bidding“** in der Einschätzung der verschiedenen Preisen zuzuordnenden Zuschlagswahrscheinlichkeit besteht. Streng genommen müßte man dazu die Preisgebote aller Konkurrenten kennen. Man muß sich hier aus verständlichen Gründen damit behelfen, für jeden bekannten Mitbieter die Wahrscheinlichkeit alternativer Preisgebote zu schätzen, sei es, daß man dabei auf Daten von ähnlichen Fällen zurückzugreifen vermag, oder sei es, daß man seiner Intuition und Erfahrung freien Lauf läßt.

So kann man z. B. die von einem Konkurrenten in der Vergangenheit geforderten Preise durch passende eigene Vergleichswerte (z. B. eigenes Preisgebot oder Kosten, die der jeweilige Auftrag verursachte) dividieren, wodurch man eine bestimmte Verteilung dieses Quotienten erhält. Diese zeigt dann an, wie häufig der Betreffende mit seinem Preisgebot die Höhe der von uns geforderten Preise oder – besser noch – Kosten „getroffen", über- oder unterschritten hat. Nun ist die Kostenseite des ausgeschriebenen Projekts eine der wenigen bekannten Größen. Interpretiert man die relative Häufigkeit als Eintrittswahrscheinlichkeit um, so kann man durch Multiplikation der eigenen Kosten mit den so gewonnenen Quotienten eine Verteilung der Wahrscheinlichkeit erhalten, mit der ein Konkurrent unterschiedlich hohe Preisgebote unterbreiten wird.

Das gedankliche Gerüst des dazu erforderlichen Kalküls soll anhand eines einfachen Beispiels verdeutlicht werden: Nehmen wir an, der mittelständische Malerbetrieb A nimmt an einer Ausschreibung teil, die sich auf genau spezifizierte Malerarbeiten, die im Rathaus durchzuführen sind, bezieht. Der Auftrag verursache direkt zurechenbare Kosten in Höhe von DM 10.000,–. Um dessen Erteilung konkurrieren weitere drei Malerbetriebe (B, C und D). Wir unterstellen nun, daß es aufgrund langjähriger Erfahrung möglich ist, für alle drei die Wahrscheinlichkeit zu schätzen, mit der von diesen alternative Preisgebote unterbreitet werden (vgl. Tab. 6.24.).

Wie sind die in Tab. 6.24. enthaltenen Werte zu interpretieren? Beispielsweise wird die Wahrscheinlichkeit, daß der Konkurrent B ein Preisgebot zwischen DM 11.001 und 11.500 abgibt, mit 0,23 veranschlagt. Mit einem Gebot in dieser Größenordnung würde A, wie sich aus den Daten unschwer ersehen läßt, das Preisgebot von B mit 62% Wahrscheinlichkeit unterbieten (0,25 + 0,20 + 0,10 + 0,07 = 0,62). Der Vergleichswert für C beträgt 35%, jener für D 58%. Wie hoch aber ist die Wahrscheinlichkeit, mit einem solchen Preisgebot alle Konkurrenten aus dem Feld zu schlagen?

Die Wahrscheinlichkeit $P(p_i)$, daß ein Unternehmen mit dem Preis p_i unter dem aller übrigen Anbieter liegt, ergibt sich (bei Unabhängigkeit der Variablen) aus folgender Beziehung:

$$P(p_i) = \prod_{j=1}^{n} P_j(p_i) \tag{6.14.}$$

Dabei bedeutet:

$P_j(p_i)$ = Wahrscheinlichkeit, daß der Angebotspreis p_i ($i = 1, 2, \ldots, m$) kleiner ist als der Angebotspreis des j-ten Konkurrenten ($j = 1, 2, \ldots, n$)

Für alternative (diskrete) Preisgebote kann man also die Zuschlagswahrscheinlichkeit $P(p_i)$ wie folgt errechnen:

$$
\begin{aligned}
P\,(\;\;9.500) &= 1{,}00 \cdot 1{,}00 \cdot 1{,}00 = 1{,}00\\
P\,(10.000) &= 1{,}00 \cdot 0{,}97 \cdot 0{,}98 = 0{,}95\\
P\,(10.500) &= 0{,}98 \cdot 0{,}87 \cdot 0{,}93 = 0{,}79\\
P\,(11.000) &= 0{,}85 \cdot 0{,}65 \cdot 0{,}83 = 0{,}46\\
P\,(11.500) &= 0{,}62 \cdot 0{,}35 \cdot 0{,}58 = 0{,}13\\
P\,(12.000) &= 0{,}37 \cdot 0{,}15 \cdot 0{,}28 = 0{,}02\\
P\,(12.500) &= 0{,}17 \cdot 0{,}00 \cdot 0{,}05 = 0{,}00\\
P\,(13.000) &= 0{,}07 \cdot 0{,}00 \cdot 0{,}00 = 0{,}00\\
P\,(13.500) &= 0{,}00 \cdot 0{,}00 \cdot 0{,}00 = 0{,}00
\end{aligned}
$$

Tabelle 6.24.

Wahrscheinlichkeit der Festsetzung bestimmter Preise durch die Konkurrenten B, C und D

Unter-nehmen	p_1	p_2	p_3	p_4	p_5	p_6	p_7	p_8	p_9
	9.001 bis 9.500	9.501 bis 10.000	10.001 bis 10.500	10.501 bis 11.000	11.001 bis 11.500	11.501 bis 12.000	12.001 bis 12.500	12.501 bis 13.000	13.001 bis 13.500
B	0,00	0,00	0,02	0,13	0,23	0,25	0,20	0,10	0,07
C	0,00	0,03	0,10	0,22	0,30	0,20	0,15	0,00	0,00
D	0,00	0,02	0,05	0,10	0,25	0,30	0,23	0,05	0,00

Die Werte lassen erkennen, daß das Unternehmen A bei einem Gebot von DM 9.500,– den Zuschlag sicher erhält; der erzielte Preis deckt allerdings nicht einmal die dem Auftrag direkt zurechenbaren Kosten. Andererseits beträgt der Deckungsbeitrag bei einem Preisgebot von DM 13.500,– immerhin DM 3.500,–, wobei aber die Wahrscheinlichkeit, den Zuschlag zu erhalten, Null ist. Wird der Erwartungswert des Deckungsbeitrages $EDB(p_i)$ als Entscheidungskriterium angewandt, muß sich das Unternehmen, wie die folgende Rechnung zeigt, für ein Preisgebot von DM 11.000,– entscheiden:

$$
\begin{aligned}
EDB\,(\ 9.500) &= (\ 9.500 - 10.000) \cdot 1{,}00 = -500\\
EDB\,(10.000) &= (10.000 - 10.000) \cdot 0{,}95 = 0\\
EDB\,(10.500) &= (10.500 - 10.000) \cdot 0{,}79 = 395\\
EDB\,(11.000) &= (11.000 - 10.000) \cdot 0{,}46 = \mathbf{460}\\
EDB\,(11.500) &= (11.500 - 10.000) \cdot 0{,}13 = 195\\
EDB\,(12.000) &= (12.000 - 10.000) \cdot 0{,}02 = 40\\
EDB\,(12.500) &= (12.500 - 10.000) \cdot 0{,}00 = 0\\
EDB\,(13.000) &= (13.000 - 10.000) \cdot 0{,}00 = 0\\
EDB\,(13.500) &= (13.500 - 10.000) \cdot 0{,}00 = 0
\end{aligned}
$$

3.2.4.2. Die Unterordnung unter einen Preisführer

Sich in einen ausgesprochenen Preiswettbewerb einzulassen, stellt dann keine sinnvolle Strategie dar, wenn die Wettbewerber stark und willens sind, ihre Position auf Biegen und Brechen zu verteidigen. In solchen Fällen empfiehlt es sich, keinen ruinösen Preiskampf vom Zaune zu brechen, sondern auf andere Wettbewerbsparameter auszuweichen, sich insbesondere mit der Art der angebotenen Leistung von denen der Konkurrenten abzuheben. Faktisch ordnet man sich bei der Entgeltvorstellung der vom Preisführer gezogenen Linie unter und versucht, einerseits durch Rationalisierung Kosten einzusparen, andererseits durch Individualisierung der Leistung Präferenzen zu schaffen und das eigene akquisitorische Potential auszubauen.

Wird die Rolle des Preisführers durch ein oder mehrere Unternehmen mit großer Marktmacht ausgeübt, dem bzw. denen sich eine größere Zahl von kleinen, marktschwachen Unternehmen gegenübersieht, spricht man von **dominierender** Preisführerschaft. Dieser Fall tritt in der Praxis recht häufig auf, namentlich im Handel und im Handwerk, wo Anbieter oft ohne rechnerische Prüfung in die Preisforderungen größerer Konkurrenten eintreten oder diese sogar geringfügig unterbieten müssen, um am Markt zu überleben.

Für die **barometrische** Preisführerschaft typisch hingegen ist, daß es keinen überlegenen Anbieter, sondern nur eine kleine Gruppe etwa gleich starker Wettbewerber gibt. Um keinen ruinösen Preiswettbewerb aufkommen zu lassen, wird dennoch ein Preisführer anerkannt. Ihm fällt die Aufgabe zu, einen allgemein akzeptablen Preis vorzugeben, ohne sich selbst hieraus einen besonderen Vorteil zu verschaffen. Freilich wäre eine solche friedliche Koexistenz nicht möglich, wenn sich die Kostensituation und somit das Gewinnpotential der einzelnen Anbieter in größerem Maße unterschieden. Die Rolle des Preisführers zu spielen ist demnach an keine besonderen materiellen Voraussetzungen gebunden.

Aus wettbewerbstaktischen Gründen und aus der Sorge heraus, mit dem geltenden Kartellrecht in Konflikt zu geraten, wird deshalb jeder der Konkurrenten ab und zu als Preisführer auftreten, ein Phänomen, das z. B. in der Mineralöl- und in der Automobilwirtschaft beobachtet werden kann. Hier nimmt jeweils ein anderer die „jüngst eingetretene Kostensteigerung" bei Rohöl bzw. den neuesten Tarifabschluß zum Anlaß, die Verbraucherpreise zu erhöhen und dafür in der Öffentlichkeit mit anscheinend guten Argumenten um Verständnis zu werben.

3.2.4.3. Die Anwendung branchenüblicher Kalkulationsgrundsätze

Einige andere Varianten der **adaptiven Preispolitik,** die vornehmlich für die Preisfindung im Handel typisch sind, sollen hier nur gestreift werden. Wenn einem Unternehmer die Preise, zu denen er anbietet, von anderen diktiert werden, treibt er keine aktive Preispolitik. Dies gilt z. B. für Handelsbetriebe insoweit, als sie der **vertikalen Preisbindung** unterliegen. Der Groß- und Einzelhandel verpflichtet sich hier gegenüber dem Produzenten vertraglich, bestimmte Endverkaufspreise einzuhalten. Als Gegenwert für deren Bereitschaft, auf eine eigenständige Preispolitik zu verzichten, bietet dieser ihnen die Sicherheit, daß ihnen ein Preiswettbewerb erspart bleibt und „auskömmliche" Spannen gewährleistet werden. Die sog. **Preisbindung der zweiten Hand** ist allerdings in Deutschland nur noch in wenigen Fällen (s. S. 419) zulässig.

Eine große Zahl der mittelständischem Denken verhafteten kleinen Betriebe lehnt es in ihrem oft schwierigen Existenzkampf auch heute noch ab, von preispolitischen Maßnahmen nennenswerten Gebrauch zu machen. Dafür gibt es einleuchtende Gründe:

- Zunächst wird die Gefahr sehr ernst genommen, daß ein **aktives Vorgehen** in diesem Bereich für viele Beteiligte **ruinös** werden könnte. Man überläßt deshalb den Einsatz des Instruments Preispolitik lieber den Großunternehmungen (Verbrauchermärkten, SB-Warenhäusern, Discountern u. ä.) und verlegt sich auf Sortimentspflege, Kreditgewährung, Kundendienst und andere Aktionsparameter (Heterogenisierung der Gesamtleistung).
- Ein weiterer Faktor, der zur passiven Handhabung des Instruments Preispolitik beiträgt, ist die teils den Verbrauchern offenkundige, teils nur für den Handel bestimmte und von diesem oft als verbindlich erachtete **Preisempfehlung**, um diesem „die Kalkulation zu erleichtern", in Wirklichkeit jedoch die betroffenen Erzeugnisse dem Preiswettbewerb zu entziehen. Dagegen kann in den Kalkulations- oder Preisvorschlägen, die Freiwillige Verbundgruppen des Handels im Wege von **Mittelstandsempfehlungen** ihren Mitgliedern unterbreiten, in der

Tat eine Entlastung der Partner gesehen werden, wobei die dadurch bewirkte Einheitlichkeit der Preise bei den Mitgliedern auch den Marketing-Vorstellungen der Gruppenleitung entsprechen wird.

- Bedenkt man schließlich, daß die **Kalkulation** nach Maßgabe branchenüblicher Aufschläge außerordentlich **bequem** ist, so wird die Unbeweglichkeit vieler Spannen und Preise verständlich, die lange Zeit für große Bereiche des Handels charakteristisch war.

4. Relevante Rechtsnormen

4.1. Die Preispolitik

Unternehmen können die Höhe des von ihnen für Güter und Dienstleistungen geforderten Entgelts grundsätzlich frei bestimmen. Wie jeder Freiheit sind jedoch auch jener der Preisfixierung Grenzen gesetzt, wo immer wichtige Interessen der Allgemeinheit oder Rechte anderer Marktteilnehmer berührt werden. Staatliche Eingriffe in die Preisautonomie erscheinen beispielsweise dann am Platze, wenn es für ein Gut bzw. eine Leistung keinen Markt gibt oder wenn die Marktverhältnisse geeignet sind, unerträgliche soziale Schäden hervorzurufen.

§ 2 des aus dem Jahre 1948 stammenden *Preisrechts* verleiht dem Staat eine Generalermächtigung zur Preisregelung, „durch die der Preisstand aufrechterhalten werden soll". Das allgemeine Preisniveau soll dort „stabilisiert" werden können, wo dies aus sozialen (z. B. Schutz der Verbraucher) oder aus allgemeinwirtschaftlichen Erwägungen heraus (Erhaltung von Wirtschaftszweigen u. ä.) angezeigt ist. Trotz dieser globalen Ermächtigung hat der Gesetzgeber für viele Sachgebiete spezielle Ermächtigungsvorschriften und Verordnungen erlassen, deren wichtigste hier skizziert werden sollen.

So unterliegen die für landwirtschaftliche Produkte geltenden „politischen Preise" seit Jahrzehnten staatlicher Kontrolle. Kernstücke dieses Preissystems bilden die sog. **Interventions-** und **Richtpreise**. Ein Interventionspreis wird niemals unterschritten, da staatliche Stellen verpflichtet sind, bei Erreichen dieser Marke jede angebotene Menge aus einheimischer Produktion aufzukaufen. Ein Richtpreis stellt die Basis für die beim Grenzübertritt erhobene Abschöpfung bzw. den Zoll dar, mit deren Hilfe an sich niedrigere Importpreise von ausländischen Agrarprodukten auf das wettbewerbsneutrale Niveau der *EU* hinaufgeschleust werden.

Im Bereich der Energiewirtschaft obliegt dem Staat eine direkte Preisfestsetzung, weil hier das sog. Leitungsmonopol das Entstehen von Wettbewerb von vornherein ausschließt. Wenn auch aus unterschiedlichen Motiven, so kommt dem Staat doch auch eine zentrale Rolle bei der Fixierung von Krankenhauspflegesätzen (mangels marktwirtschaftlicher Preisbildung), von Prämien der Versicherungsgesellschaften (zum Schutz der Versicherten) sowie von Tarifen im Straßen-Personen- und Straßen-Güterverkehr (mit Ausnahme des Werkkraftverkehrs) zu.

Aus einer Reihe von Gründen gibt es auch eine verbindliche Regelung für die Mietpreisgestaltung bei Altbauten und öffentlich geförderten Wohnungen sowie für die Preisbildung bei öffentlichen Aufträgen. Bestimmungen wie die *Verdingungsordnung für Leistungen – ausgenommen Bauleistungen (VOL)* und die *Verdingungsordnung für Bauleistungen (VOB)* sollen einerseits den (öffentlichen) Auftraggeber vor Übervorteilung und andererseits den Auftragnehmer vor Ausbeutung schützen. Auf amtlichen Gebührenordnungen beruhen die Honorarforderungen von so unterschiedlichen Berufsgruppen wie Ärzten, Rechtsanwälten, Architekten oder Schornsteinfegern. Stark reglementiert sind auch die Preise der Arzneimittel, weil die *Arzneimittelpreisverordnung* von 1980 eine von der Höhe der Herstellerabgabepreise abhängige Staffelung von nicht zu überschreitenden Großhandelszuschlägen und genau einzuhaltenden Apothekenzuschlägen vorsieht.

Vergleicht man die verschiedenen Formen staatlicher Preiseingriffe, so zeigt sich, daß die Obrigkeit über ein differenziertes und daher sehr anpassungsfähiges Instrumentarium rechtlicher Maßnahmen verfügt, um Entgeltforderungen zu beeinflussen bzw. zu überwachen. Zeichnet man gedanklich ein Kontinuum, das den individuellen Freiheitsgrad bei der Preisfestlegung für bestimmte Produkte abbildet, so steht am einen Ende die staatliche Preissetzung, die den stärksten Eingriff darstellt. Das andere Extrem verkörpert die Verfolgung des Laissez-faire-Prinzips in Gestalt einer rein marktorientierten Preisfindung. Zwischen diesen Polen liegen das Verordnen von **Höchst-** oder **Mindestpreisen** sowie das Unterbinden mißbräuchlicher Angebotspraktiken.

Im Hinblick auf die angestrebte Breitenwirkung greift ein staatlich verfügter **Preisstopp,** bei dem die an einem bestimmten Stichtag zustande gekommenen Preise eingefroren werden, am stärksten ein. Die Effektivität dieses Instruments, das in der Vergangenheit in vielen Ländern zur Eindämmung hoher Inflationsraten eingesetzt wurde, ist angesichts der Gefahr, daß sich bereits nach kurzer Zeit „schwarze“ oder „graue“ Märkte herausbilden, höchst umstritten. Darüber hinaus wird ein derartiger Eingriff regelmäßig dadurch unterlaufen, daß scheinbar oder wirklich neue Erzeugnisse eingeführt werden, für die eine solche Regelung naturgemäß nicht gilt. Bei den übrigen Produkten entsteht ein inflationsbedingter Preiserhöhungsstau, der sich nach Lockerung oder Aufhebung des Preisstopps nur durch Inkaufnahme einer um so stärkeren Preissteigerungswelle abbauen läßt. Im Gegensatz zum Preisstopp, der im Regelfall alle Wirtschaftsbereiche trifft, können durch die Fixierung von geeigneten Kriterien bei der Preisbildung bzw. von bestimmten Kalkulationsprinzipien von seiten des Staates auch branchen- bzw. produktspezifische Restriktionen des Preisspielraumes eingeführt werden (bei Versicherungen, Mieten etc.).

Der Spielraum der Preisfestlegung nach oben wird durch § 138 Abs. 2 *BGB*, den sog. Wucherparagraphen, eingeengt, der Verträge mit extrem hohen Preisforderungen (sogenannte Wucherverträge) für nichtig erklärt. Neben dem Zivilrecht wird mit Hilfe des § 302e *StGB* der sog. Individualwucher, d. h. die Ausnutzung einer Zwangslage oder bestimmter persönlicher Eigenschaften des einzelnen durch die Verhängung von Freiheits- oder Geldstrafen bekämpft. Dagegen begeht nach § 4 *WiStG* derjenige eine Ordnungswidrigkeit, der „in einem Beruf oder Gewerbe für Gegenstände oder Leistungen des lebenswichtigen Bedarfs ein Entgelt fordert, verspricht, vereinbart, annimmt oder gewährt, das infolge einer Beschränkung des Wettbewerbs oder infolge der Ausnutzung einer wirtschaftlichen Machtstellung oder einer Mangellage unangemessen hoch ist". Der darin liegende sog. Sozialwucher kann mit Geldbußen geahndet werden. Speziell dem Mietwucher sind die §§ 5 f. *WiStG* gewidmet.

Ebenso wie das *WiStG* legt auch das *GWB* besonderes Augenmerk auf die Preisbildung marktmächtiger Anbieter. Verfügt ein Unternehmen über eine marktbeherrschende Stellung im Sinne von § 22 Abs. 1-3 *GWB* und nutzt es diese mißbräuchlich aus, z. B. indem es wesentlich überhöhte Preise fordert, kann das *Bundeskartellamt* eine bestimmte Preissenkung verlangen. Erinnert sei in diesem Zusammenhang an den eingangs dieses Kapitels erwähnten *Valium-Librium*-Fall, bei dem es um folgendes ging:

Nach Ansicht der Kartellbehörden hatte *Hoffmann-La Roche* in den siebziger Jahren für die beiden genannten Präparate unter Ausnutzung einer marktbeherrschenden Stellung stark überhöhte Preise gefordert. Bei der Ermittlung eines hypothetischen Wettbewerbspreises („Als-ob-Wettbewerb") folgte das *Bundeskartellamt* (und später auch das *Kammergericht)* dem **Vergleichsmarkt-Konzept**, wobei es diesen in dem konkreten Fall mit dem holländischen Markt identifizierte, wo das Handelshaus *Centrafarm* vergleichbare Psychopharmaka zu einem wesentlich niedrigeren Preis anbot. Die ursprünglich im Urteil des *Kammergerichts* verlangte Preissenkung um 24% wurde letztlich wieder aufgehoben, weil *Centrafarm* auf Grund seiner geringen Größe nicht den erforderlichen Vergleich zuließ und darüber hinaus die bundesdeutschen Konkurrenten von *Hoffmann-La Roche* mittlerweile erstarkt waren.

Seit der *Vierten Kartellrechtsnovelle* können im übrigen die aus einem Preismißbrauch resultierenden ungerechtfertigten Mehrerlöse abgeschöpft werden.

Das Interesse des Staates richtet sich jedoch nicht nur auf die Einhaltung bzw. Unterschreitung von **Preisobergrenzen,** sondern auch auf wettbewerbswidrige Formen der Preisunterbietung. Unbestritten ist, daß ein funktionierender Wettbewerb Preisunterbietung nicht nur zuläßt, sondern sie als eines der wichtigsten Wettbewerbsmittel geradezu fordert. Ein **Verkauf unter Einstandspreis** oder unter den – außerordentlich schwierig zu ermittelnden – Selbstkosten gilt dann als rechtswidrig, wenn besondere Begleitumstände vorliegen. Die Unterbietung muß insbesondere systematisch bzw. planmäßig und mit dem Ziel erfolgen, die wirtschaftliche Existenz des Unterbotenen zu vernichten. Da sich diese Intention allerdings nur selten nachweisen läßt, wird von der Rechtsprechung nicht die Verdrängungsabsicht, sondern das Vorliegen einer machtbedingten Unterbietung bei der Feststellung der Wettbewerbswidrigkeit herangezogen.

Ein solcher Fall spielte sich nach Überzeugung des *Bundeskartellamtes* vor Jahren auf dem Reisemarkt ab: Ein auf Mexiko spezialisierter, außerordentlich erfolgreicher Reiseveranstalter sah sich der Gefahr ausgesetzt, durch das größte Unternehmen der Branche mit Preisen für völlig gleichartige Leistungen, die nicht einmal die Kosten für Flug, Transfer und Unterbringung deckten, aus dem Markt gedrängt zu werden. Angesichts einer drohenden Untersagungsverfügung durch das *Kartellamt* gab der Branchenführer sein Vorhaben später auf.

Seit einiger Zeit stützen sich Kartellbehörden und Gerichte bei ihrem Bemühen um Ausmerzung bzw. Ahndung von Untereinstandspreisverkäufen vereinzelt auf §37a Abs. 3 *GWB,* eine Bestimmung, die 1980 zum Zweck des Mittelstandsschutzes in das Normenwerk eingefügt wurde.

Als eindeutiger Fall unlauterer Preisunterbietung wird auch die sog. Preisschleuderei angesehen, die u. a. dann gegeben ist, wenn die von einem aus dem Markt ausscheidenden Anbieter geforderten Minimalpreise offenkundig nur noch dazu dienen, den verbleibenden Wettbewerbern ökonomischen Schaden zuzufügen. Um solche Formen ruinösen Preiswettbewerbs einzuschränken, werden z. B. die §§ 7-9 *UWG* mit ihren Bestimmungen über die Zulässigkeit von Aus- und Räumungsverkäufen herangezogen. Desgleichen sollen die seit 1987 geltenden Vorschriften gegen die Werbung mit bezifferter Preisreduktion (§ 6e *UWG)* und gegen die Werbung mit mengenmäßiger Abgabebeschränkung je Kunde (§ 6d *UWG)* dazu beitragen, ruinöse Preisunterbietung zu unterbinden. Verwiesen sei auch auf das *Rabattgesetz,* das entgegen allen Erwartungen nicht aufgehoben wurde. Art und Umfang von zulässigen Zugaben sind eigens in einer entsprechenden Verordnung geregelt.

Nicht jede Preisunterbietung ist rechtswidrig. Nach herrschender Ansicht kann von einem Mißbrauch selbst dann nicht gesprochen werden, wenn ein Konkurrent zwar in seiner Existenz gefährdet wird, Anlaß und Ziel der Unterbietung aber im Rahmen der Gepflogenheiten des Wirtschaftsverkehrs bleiben, der Unterbietende sich keiner verwerflichen Mittel bedient und sein Handeln nicht außer Verhältnis zur Wirkung steht. Dieser Fall liegt typischerweise bei **Sonderangeboten** vor, bei denen in der Regel nicht primär ein Konkurrent attackiert, sondern bei Kunden der Eindruck außergewöhnlicher Leistungsfähigkeit hervorgerufen werden soll.

Anders ist der Sachverhalt zu beurteilen, wenn eine besonders günstige Offerte als **Lockvogelangebot** dient. Grundlage für deren wettbewerbsrechtliche Beurteilung, insbesondere einer solchen mit einer Entgeltforderung, die unter dem Einstandspreis liegt, sind § 3 *UWG* sowie wichtige Entscheidungen des *BGH* aus den Jahren 1969 und 1973. Ein den niedrigsten Fabrikabgabepreis unterschreitendes Lockvogelangebot wertete der *BGH* als irreführende Angabe, weil dadurch beim Käufer fälschlicherweise der Eindruck erzeugt werde, das übrige Sortiment des Werbenden sei ähnlich preisgünstig kalkuliert. Die Gefahr einer Irreführung sei jedoch dann definitiv zu verneinen, wenn ein solches Angebot deutlich als eine aus dem übrigen Sortiment herausragende besonders attraktive Offerte (z. B. Sonderaktion) gekennzeichnet werde.

Rechtlich unbedenklich sind **Verkäufe unter Einstandspreis** grundsätzlich bei Einführungsangeboten, als Reaktion auf entsprechendes Verhalten von Konkurrenten, beim Abstoßen veraltender Ware (z. B. von verderblichem Obst am Spätnachmittag), bei Räumungsverkäufen oder bei Vorliegen kurzfristiger Liquiditätsschwierigkeiten. Gleichwohl ist nicht zu übersehen, daß es sich hierbei um ein kontrovers beurteiltes betriebswirtschaftliches Phänomen handelt, wobei speziell vom mittelständischen Handel immer wieder gefordert wird, Unter-Einstandspreis-Verkäufe grundsätzlich zu verbieten.

Ein Anbieter kann nicht nur insoweit mit Rechtsnormen in Konflikt geraten, als er in bestimmten Situationen unangemessen hohe oder niedrige Preise fordert, sondern auch dann, wenn er zwar ein durchaus leistungsadäquates Entgelt verlangt, dessen Höhe aber mit Mitbewerbern abspricht. Derartige Vereinbarungen von Unternehmen, mit denen Preise im Rahmen von sog. Preiskartellen festgesetzt oder koordiniert werden, verstoßen grundsätzlich gegen § 1 *GWB,* soweit diese Preisabsprachen dazu angetan sind, die Marktverhältnisse durch die damit einhergehende Wettbewerbsbeschränkung zu beeinflussen. Dies ist beispielsweise der Fall, sofern durch ein **Einheitspreis-** oder **Mindestpreiskartell** Preiswettbewerb verhindert oder durch ein **Submissionskartell** für einen einzelnen Anbieter monopolähnliche Preisspielräume künstlich erzeugt werden sollen. Vom allgemeinen Preiskartellverbot gibt es nur wenige Ausnahmen. Im Rahmen des anmeldepflichtigen **Rabattkartells** verzichten Hersteller auf eine – diskriminierende – Gewährung von Sonderrabatten. Da die Abnehmer dadurch die Möglichkeit verlieren, die Hersteller preispolitisch gegeneinander auszuspielen, verlagert sich der Wettbewerb zwischen den Kartellmitgliedern in der Regel auf Instrumente der „non price competition". Darüber hinaus kann vom *Bundesminister für Wirtschaft* in Ausnahmesituationen jede nur denkbare zwischenbetriebliche Vereinbarung durch ein sog. Ministerkartell sanktioniert werden.

Da Preiskartelle den Wettbewerb zumindest beeinträchtigen, bemüht sich das *Bundeskartellamt* mit aller Entschiedenheit, gegen vermutete Kartellabsprachen vorzugehen. Seit der *Zweiten Kartellrechtsnovelle* entfällt dabei für diese Behörde die Notwendigkeit, vertragliche Vereinbarungen nachweisen zu müssen. Bereits der begründete Verdacht eines „aufeinander abgestimmten Verhaltens" kann zur Eröffnung eines Kartellverfahrens führen.

Induzieren aber z. B. allgemeine Kostensteigerungen in einer ganzen Branche Preiserhöhungen, wie dies alljährlich in der Automobilindustrie und immer wieder bei Kraftstoffen vorkommt, so ist dies kartellrechtlich grundsätzlich nicht bedeutsam. Bei einer solchen sog. **barometrischen Preisführerschaft** geht immer wieder ein anderer Preisführer mit einer Preiserhöhung voran, worauf alle Konkurrenten über kurz oder lang nachziehen.

Neben der **Angemessenheit** von Preisen ist der Staat auch um **Preistransparenz** bemüht. Zu diesem Zweck wurde vor allem die *Preisangabenverordnung* erlassen, die eine Pflicht zur Preisauszeichnung im Einzelhandel begründet. Darüber hinaus dienen verschiedene Spezialbestimmungen *(Gesetz über Preisstatistik,* Amtliche Preisnotierung usw.) u. a. dazu, das Preisbewußtsein zu fördern. Eine Doppelrolle spielt in diesem Zusammenhang die sog. **unverbindliche Preisempfehlung.** Mit der weitgehenden Abschaffung der vertikalen Preisbindung mußte eine gesetzliche Regelung der unverbindlichen Preisempfehlung für Markenwaren gefunden werden. Zulässig ist die **Preisbindung** nach wie vor bei Verlagserzeugnissen sowie in einigen ausgewählten Wirtschaftsbereichen (z. B. bei Verkehrsträgern, landwirtschaftlichen Erzeugervereinigungen, Kreditinstituten, Versicherungsunternehmen, Bausparkassen sowie in der Elektrizitäts-, Gas- und Wasserwirtschaft).

Die Preisempfehlung soll dem Verbraucher als preisliche Orientierungshilfe dienen sowie eine Art Preisobergrenze signalisieren. Für den Hersteller liegt ihre Bedeutung in der Möglichkeit, Einfluß auf die Höhe der Ladenverkaufspreise auf dem Weg entweder der Verbraucher- oder der Handelspreisempfehlung zu nehmen. Der Fachhandel, insbesondere der Vertragshändler in geschlossenen Vertriebssystemen, schätzt die Preisempfehlung vor allem wegen ihres preisbindungsähnlichen Charakters. Zudem verheißt sie Rationalisierungseffekte (Kalkulationserleichterung, Preisauszeichnungshilfe, Grundlage für Rabattgewährung). Preisaktive Unternehmen können durch Unterschreiten einer Verbraucherpreisempfehlung allerdings auch ihre besondere Leistungsfähigkeit demonstrieren. Die wettbewerbspolitische Bedeutung dieses Instruments ist insgesamt als ambivalent zu bewerten.

Die Preisempfehlung unterliegt den Bestimmungen des § 38 a *GWB* in Verbindung mit § 38 Abs. 1 Nr. 11 und 12 *GWB.* Das Gesetz enthält zunächst ein generelles Verbot von Preisempfehlungen, sieht dann aber unter bestimmten, genau definierten Voraussetzungen eine Freistellung der unverbindlichen Preisempfehlung für Markenwaren vor. Dabei wurde einerseits die Handhabung der Preisempfehlung durch Aufhebung der von der Rechtsprechung in Analogie zu § 16 *GWB* (alte Fassung) entwickelten Anmeldepflicht beim *Bundeskartellamt* wesentlich erleichtert, während andererseits gleichzeitig die Zulassungsbedingungen und die Mißbrauchsaufsicht verschärft wurden.

Die Zulässigkeit einer **Preisempfehlung** ist im einzelnen an folgende Voraussetzungen geknüpft: (1) Es sind – bei Markenwaren – nur ziffernmäßig bestimmte Preise erlaubt, die (2) ausdrücklich als unverbindlich gekennzeichnet werden müssen. (Der Kunde soll wissen, daß der Verkäufer – in der Regel der Einzelhändler – nicht an den empfohlenen Preis gebunden ist, sondern von diesem abweichen kann, um z. B. seine Preiswürdigkeit zu demonstrieren.) Es muß sich (3) um eine generelle Empfehlung handeln, d. h. es darf nicht nach Abnehmergruppen differenziert werden. Weiterhin darf ein Unternehmen (4) keinerlei Druck zur Einhaltung der von ihm ausgesprochenen Preisempfehlung auf seine Abnehmer ausüben. Schließlich muß (5) der empfohlene Preis realistisch sein; es darf sich also nicht um einen sog. Mondpreis handeln.

Um u.a. Verteuerungs- und Täuschungseffekten entgegentreten zu können, wurde das *Bundeskartellamt* mit weitreichenden Rechten ausgestattet. Die Behörde konnte allerdings von den ihr übertragenen, von ihr selbst als „schwer handhabbar" bezeichneten Befugnissen zur Verhinderung von überhöhten Preisempfehlungen bisher nur selten in nennenswerter Weise Gebrauch machen, so etwa, als die Brot- und Backwarenindustrie Anfang der achtziger Jahre in den Verdacht geraten war, auf der Basis unrealistischer Verbraucherpreise dem Handel bzw. dem Handwerk Handelsspannen zuzubilligen, die in keinem angemessenen Verhältnis zu den hierfür erbrachten Leistungen standen. Einige tausend Preisempfehlungen wurden dabei auf dem Verfügungsweg für unwirksam erklärt.

Von offensichtlich nicht marktgerecht kalkulierten oder auf Grund der Marktentwicklung überholten Preisempfehlungen spricht der Gesetzgeber, wenn in einem wesentlichen Teil der Bundesrepublik in einer Vielzahl von Fällen (im Lebensmittelbereich beispielsweise 20%) die empfohlenen Preise erheblich unterschritten werden. Das *Bundeskartellamt* geht in der Praxis oft so vor, daß es nach Überprüfung der Gegebenheiten informell zu Beanstandung und Abmahnung greift, um die Unternehmen möglichst zu einer freiwilligen Aufgabe oder Überprüfung ihrer Preisempfehlungen zu bewegen. In einigen Fällen hat sich diese Vorgehensweise auch bewährt.

Eine Sonderstellung nehmen die sog. **Mittelstandsempfehlungen** (§ 38 Abs. 2 Nr. 1 *GWB)* ein. Vereinigungen von kleinen und mittleren Unternehmen dürfen zum Zweck der Steigerung der Leistungs- und Wettbewerbsfähigkeit gegenüber Großbetrieben Preis- und Kalkulationsempfehlungen aussprechen, deren Unverbindlichkeit weit weniger streng aufgefaßt wird. Entsprechend können z. B. mit festen Preisangaben versehene gemeinsame Zeitungsanzeigen oder Gemeinschaftskataloge herausgebracht werden. Außerdem beschränkt sich die Möglichkeit, Preise zu empfehlen, hier nicht auf Markenwaren, sondern gilt für Erzeugnisse jeder Art (z. B. Frischfleisch und Käse) sowie Dienstleistungen. Die Beurteilung der Zulässigkeit reiner Preisempfehlungen nach § 38 Abs. 2 Satz 3 *GWB* bereitet jedoch erhebliche Probleme (vgl. *Ahlert / Schröder* 1989).

4.2. Die Konditionenpolitik

In die Gestaltung der Konditionen eines Anbieters, also Vereinbarungen bezüglich der Lieferungs- und Zahlungsbedingungen, greift der Staat, soweit es sich nicht um Börsen- bzw. Termingeschäfte handelt, die besonderen Bestimmungen unterliegen, und abgesehen von den allgemeinen Normen des *BGB* und des *HGB*, vor allem mit zwei Gesetzen ein.

Das bereits 1894 erlassene und 1969 novellierte *Abzahlungsgesetz* bezieht sich auf Kaufverträge über bewegliche Sachen. Es unterscheidet drei Typen von Krediten, von denen allerdings nur die ersten beiden für konsumtive Zwecke gedacht sind. Auf der Ebene Einzelhandel - Verbraucher hat im Zuge des wirtschaftlichen Wachstums und der Herausbildung neuer Formen der Konsumfinanzierung (Finanzierungsleasing, Kredit-, Scheckkarten, „charge accounts" etc.) die Bedeutung der traditionellen Formen der Kreditierung abgenommen. Auf Grund einer Klausel von weitreichender Natur – des unabhängig vom Ort des Geschäftsabschlusses auf eine Woche befristeten **Rücktrittsrechts** bei **Kaufverträgen** auf **Teilzahlungsbasis** – hat das *Abzahlungsgesetz* jedoch auch in der heutigen Gerichtspraxis nicht an Gewicht verloren. Nach § 1b Abs. 2 *AbzG* ist der Verkäufer verpflichtet, den Käufer schriftlich über sein Rücktrittsrecht zu belehren, sich durch Unterschrift des Käufers die Belehrung bestätigen zu lassen und eine Abschrift des Dokuments dem Käufer auszuhändigen. Unterbleibt dies, so steht dem Käufer ein Widerrufsrecht bis zur Lieferung der Sache und der vollständigen Bezahlung des Kaufpreises zu.

Da der Käufer das Rücktrittsrecht verwirkt, wenn er sich entschließt, den Kaufpreis in einer Summe zu entrichten, wurde in der verbraucherpolitischen Diskussion gefordert, den Verbraucherschutz auch auf die mit dem Direktvertrieb verbundenen Gefahren zu erweitern. Konkret sind damit Fälle angesprochen, in denen Güter (z. B. Teppiche, Decken), für die oft kein echter Bedarf besteht, an der Haustür oder bei sog. Kaffeefahrten unter starker rhetorischer Beeinflussung verkauft werden. Um die Verbraucher vor solchen Formen der geschäftlichen Überrumpelung zu schützen, wurde 1986 ein *Gesetz über den Widerruf von Haustürgeschäften und ähnlichen Geschäften (HausTWG)* verabschiedet, das in § 1 ein einwöchiges Rücktrittsrecht bei Geschäften, die an bestimmten Orten (z. B. Wohnung, Arbeitsplatz, Freizeitveranstaltungen) abgeschlossen werden, und bei Vorliegen genau definierter Voraussetzungen (z. B. muß die Kaufsumme DM 80,– übersteigen) festlegt.

Das zweite hier zu behandelnde Normensystem, das *Gesetz zur Regelung des Rechts der Allgemeinen Geschäftsbedingungen (AGB-Gesetz)*, kann im Rückblick wegen der Breite seiner Wirkung als eines der wichtigsten Wirtschaftsgesetze der Nachkriegszeit gelten. *AGB* sind nach § 1 Abs. 1 alle für eine Vielzahl von Verträgen vorformulierten Vertragsbedingungen, die eine Vertragspartei (Verwender) der anderen bei Abschluß eines Vertrages stellt. Gleichgültig ist dabei, ob die Bestimmungen einen äußerlich gesonderten Bestandteil des Vertrages bilden oder in die Vertragsurkunde selbst aufgenommen werden, welchen Umfang sie haben, in welcher Schriftart sie verfaßt sind und welche Form der Vertrag hat. Nach § 1 Abs. 2 liegen *AGB* dagegen nicht vor, soweit Vertragsbedingungen zwischen den Beteiligten ausgehandelt, m. a. W. Individualabreden getroffen werden.

Nach der Generalklausel des § 9 *AGB-Gesetz* sind Bestimmungen unwirksam, wenn sie einen Vertragspartner, ob Kaufmann oder Nichtkaufmann, entgegen Treu und Glauben unangemessen benachteiligen. Davon ist dann auszugehen, wenn „eine Bestimmung mit wesentlichen Grundgedanken des dispositiven Rechts nicht zu vereinbaren ist oder wesentliche Rechte oder Pflichten, die sich aus der Natur des Vertrages ergeben, so einschränkt, daß die Erreichung des Vertragszwecks gefährdet ist".

Nach § 3 *AGB-Gesetz* dürfen ferner sog. überraschende Klauseln, nämlich Bestimmungen, die nach den Umständen, insbesondere nach dem äußeren Erscheinungsbild des Vertrages, so ungewöhnlich sind, daß der Vertragspartner mit ihnen nicht zu rechnen braucht, nicht Bestandteil eines Vertrages werden. Damit dürfen also wichtige Aspekte nicht im sog. Kleingedruckten geregelt werden.

Eine weitere Neuerung, die das Gesetz mit sich brachte, liegt in der Einführung ganz spezifischer Vorkehrungen zur **Verbesserung** des **Verbraucherschutzes.** Dies manifestiert sich einmal darin, daß in § 10 *AGB-Gesetz* eine Reihe von Klauseln zusammengefaßt sind, die einer besonderen Überprüfung auf **Angemessenheit** unterliegen. Noch einschneidender wirkt § 11 *AGB-Gesetz,* der zahlreichen Gepflogenheiten, die vor Erlaß des Gesetzes gang und gäbe waren, wie z. B. einer kurzfristigen Preiserhöhung oder dem Ausschluß der Haftung bei grobem Verschulden, den Boden entzieht. Die Situation heute ist gekennzeichnet durch

- Unwirksamkeit von Preiserhöhungsklauseln für die Dauer von vier Monaten nach Abschluß eines Vertrags,
- weitgehende Unwirksamkeit von Vertragsstrafen,
- Unwirksamkeit des Ausschlusses der gesetzlichen Ersatzansprüche des Abnehmers bei Verzug des Schuldners und bei Unmöglichkeit der Leistung,
- Unwirksamkeit des Ausschlusses zahlreicher Gewährleistungsklauseln in Kauf- und Werkverträgen,
- weitgehende Unwirksamkeit von Klauseln, die den Eintritt einer dritten Person in den Vertrag und Übernahme der Rolle des ursprünglichen Vertragspartners durch diese gestatten, sowie
- Unwirksamkeit des Haftungsausschlusses für Vorsatz und grobe Fahrlässigkeit auch einfacher Erfüllungsgehilfen.

In verfahrensrechtlicher Hinsicht können Verbraucher- und Wirtschaftsverbände sowie die Industrie- und Handelskammern jeden, der unzulässige *AGB* verwendet oder ihre Verwendung empfiehlt, auf Unterlassung bzw. auf Widerruf der Empfehlung verklagen. Soweit in solchen Fällen bestimmte Klauseln für unwirksam erklärt werden, präjudiziert dies die Urteile aller zur Regelung von Einzelfällen angestrengten weiteren Prozesse. Dies wird u. a. dadurch erleichtert, daß alle Verfahren und dabei ergangene Urteile beim *Bundeskartellamt,* das darüber gegenüber jedermann zur Auskunft verpflichtet ist, registriert werden.

Quellen

Ahlert, D. / Schröder, H., Rechtliche Grundlagen des Marketing, Stuttgart 1989.

Asch, S. E., Forming Impressions of Personality, Journal of Abnormal and Social Psychology, Vol. 41 (1946), pp. 258-290.

Backhaus, K., Investitionsgütermarketing, 3., überarb. Aufl., München 1992.

Balderjahn, J., Ein Verfahren zur empirischen Bestimmung von Preisresponsefunktionen, in: Marketing · ZFP, 13. Jg. (1991), S. 33-42.

Bauer, R. A., Consumer Behavior as Risk Taking, Proceedings, 43rd Conference of the American Marketing Association, Chicago 1960, pp. 389-398, reprinted in: *Cox, D. F.* (Ed.), Risk Taking and Information Handling in Consumer Behavior, Boston, Mass. 1967, pp. 25-33.

Bredow, J. / Seiffert, B., Incoterms 1990, Bd. 1 der Reihe Internationale Wirtschaftspraxis, *Dresdner Bank AG* (Hrsg.), Köln 1990.

Dichtl, E., Möglichkeiten einer monetären Bewertung von Produkteigenschaften, in: Marketing · ZFP, 6. Jg. (1984), S. 121-128.

– Strategische Optionen im Marketing (1./2. Aufl.: Der Weg zum Käufer), 3., überarb. Aufl., München 1994.

Dichtl, E. / Schobert, R., Mehrdimensionale Skalierung, München 1979.

Dichtl, E. / Weber, M., Mietspiegel mit Methode, in: Blick durch die Wirtschaft, 26. Jg., Nr. 192, 5.10.1983, S. 1, 5.

Dickson, P. R. / Sawyer, A. G., The Price Knowledge and Search of Supermarket Shoppers, in: Journal of Marketing, Vol. 54 (July 1990), pp. 42-53.

Diller, H., Das Preisbewußtsein der Verbraucher und seine Förderung durch Bereitstellung von Verbraucherinformationen, Habilitationsschrift, Mannheim 1978.

– Der Preis als Qualitätsindikator, in: DBW, 37. Jg. (1977), S. 219-234.

– Preisbaukästen als preispolitische Option, in: WiSt, 22. Jg. (1993), S. 270-275.

– Preiskenntnisse von Konsumenten, Ein Untersuchungsbericht, Arbeitspapier Nr. 19, Institut für Marketing, Universität der Bundeswehr, Hamburg 1987.

– Preispolitik, 2., überarb. Aufl., Stuttgart 1991.

Eisele, W., Technik des betrieblichen Rechnungswesens, 5., überarb. und erw. Aufl., München 1993.

Franz, K.-P., Die Prozeßkostenrechnung, in: WiSt, 21. Jg. (1992), S. 605-610.

Gabor, A. / Granger, C. W. J., Price as an Indicator of Quality, Report on an Enquiry, in: Economica, N. S., Vol. 33 (February 1966), pp. 43-70.

– Price Consciousness of Consumers, in: Applied Statistics, Vol. 10 (November 1961), pp. 170-188, reprinted in: *Taylor, B. / Wills, G.* (Eds.), Pricing Strategy, Princeton, N. J., 1969, pp. 5-25.

– Price Sensitivity of the Consumer, in: Journal of Advertising Research, Vol. 4 (1964), No. 4, pp. 40-44.

– The Attitude of the Consumer to Price, in: *Taylor, B. / Wills, G.* (Eds.), Pricing Strategy, Princeton, N. J., 1969.

Gutenberg, E., Grundlagen der Betriebswirtschaftslehre, 2. Bd., Der Absatz, 17. Aufl., Berlin usw. 1984.

Hammann, P. / Lohrberg, W. / Schuchard-Ficher, C., Ein adaptiver Ansatz zur empirischen Ermittlung von Preisobergrenzen für Konsumgüter, in: Die Unternehmung, 35. Jg. (1981), S. 73-87.

Hansen, U., Absatz- und Beschaffungsmarketing des Einzelhandels, 2., neubearb. und erw. Aufl., Göttingen 1990.

Heller, E., Vom demonstrativen Konsum zur demonstrativen Vernunft, in: Interview und Analyse, 6. Jg. (1979), S. 471-475.

Helson, H., Adaptation Level as a Frame of Reference for Prediction of Psychophysical Data, in: American Journal of Psychology, Vol. 60 (1947), pp. 1-29.

Howard, J. A. / Sheth, J. N., The Theory of Buyer Behavior, New York etc. 1969.

Kaas, K. P., Empirische Preisabsatzfunktionen bei Konsumgütern, Berlin usw. 1977.

Kroeber-Riel, W., Konsumentenverhalten, 5., überarb. und erw. Aufl., München 1992.

Lancaster, K. J., A New Approach to Consumer Theory, in: Journal of Political Economy, Vol. 74 (1966), pp.132-157.

Müller, S., Die Rolle des Preises im Kaufentscheidungsprozeß, in: Jahrbuch der Absatz- und Verbrauchsforschung, 27. Jg. (1981), S. 40-63.

Nacken, G., Verstößt die BahnCard der Deutschen Bundesbahn gegen das Rabattgesetz?, in: BAG-Magazin, o. Jg. (1993), Nr. 5, S. 27.

Oberparleiter, K., Funktionen und Risiken des Warenhandels, 2. Aufl., Wien 1955.

Ölander, F., The Influence of Price on the Consumer's Evaluation of Products and Purchases, in: *Taylor, B. / Wills, G.* (Eds.)., Pricing Strategy, Princeton, N. J. 1969, pp. 50-69.

Rao, V. R., A Model for Brand Choice under Price-Quality Hypothesis, in: *Becker, B. W. / Becker, H.* (Eds.), Combined Proceedings – Marketing Education and the Real World and Dynamic Marketing in a Changing World, Series No. 34, Chicago 1973, pp. 366-371.

Riebel, P., Einzelkosten- und Deckungsbeitragsrechnung, 6., wes. erw. Aufl., Wiesbaden 1990.

Scherrer, G., Kostenrechnung, in: *Bea, F. X. / Dichtl, E. / Schweitzer, M.*, Allgemeine Betriebswirtschaftslehre, Bd. 2: Führung, 6., neubearb. Aufl., Stuttgart 1993, S. 466-559.

Seyffert, R., Wirtschaftslehre des Handels, 5., neubearb. Aufl., Opladen 1972.

Sherif, M. / Hovland, C. J., Social Judgment, New Haven, Conn., 1961.

Simon, H., Preismanagement, 2., völlig überarb. und erw. Aufl., Wiesbaden 1992.

Stephens, L. F. / Moore, R. L., Price Accuracy as a Consumer Skill, in: Journal of Advertising Research, Vol. 15 (1975), No. 4, pp. 27-34.

Tucker, S. H., Pricing for Higher Profit: Criteria, Methods, Applications, New York etc. 1966.

Weber, M., Der Marktwert von Produkteigenschaften, Berlin 1986.

Zimmermann, A., Spezifische Risiken des Auslandsgeschäfts, in: *Dichtl, E. / Issing, O.* (Hrsg.), Exportnation Deutschland, 2. Aufl., München 1992, S. 71-100.

Weiterführende Literatur

Haedrich, G., Preisfestsetzung mit Hilfe von Competitive Bidding-Modellen, in: *Haedrich, G.* (Hrsg.), Operationale Entscheidungshilfen für die Marketingplanung, Berlin 1977, S. 119-132.

Schmalen, H., Preispolitik, Stuttgart 1982.

Schneider, K. H., Die Preisstellung unter Einstandspreis im Einzelhandel, Berlin 1982.

§ 7 Distributionspolitik

1. Grundlagen

1.1. Die Distribution vor neuen Herausforderungen

Ein Kennzeichen einer modernen Wirtschaft liegt darin, daß weder der Ort der **Produktion** mit jenem des **Konsums** bzw. der **Weiterverarbeitung** zusammenfällt noch die Zeitpunkte beider Vorgänge unmittelbar aufeinanderfolgen. Den Vorteilen, die ein hochentwickeltes Wirtschaftssystem mit sich bringt, stehen somit auch gravierende Nachteile gegenüber, weil es die mannigfaltigen Spannungen, die aus dieser Diskrepanz erwachsen, abzubauen bzw. auszugleichen gilt. Diese Aufgabe übernimmt die **Distributionspolitik** eines Unternehmens. Sie umfaßt die Regelung bzw. Festlegung aller betrieblichen Aktivitäten, die dazu beitragen, eine Leistung vom Ort ihrer Entstehung unter Überbrückung von Raum und Zeit an jene Stelle(n) heranzubringen, wo sie nach dem Wunsch von Anbieter und Nachfrager in den Verfügungsbereich des letzteren übergehen soll.

Traditionell war diese Distanzüberbrückung ein eher logistisches Problem, das die Hersteller entweder selbst oder aber mit Hilfe des Handels zu lösen versuchten, wobei jeweils zusätzlich Absatzhelfer wie z. B. Handelsvertreter oder Spediteure bei der Aufgabenbewältigung hinzugezogen werden konnten. Dem Handel kam dabei lediglich die Funktion eines Erfüllungsgehilfen des Herstellers zu, der nach dessen Vorgaben tätig wurde. Im Laufe der Zeit gelang es dem Handel jedoch – wie im einzelnen noch darzustellen sein wird (vgl. Abschn. 3.2.1.) –, dieser Rolle zu entwachsen und sich zum selbständigen Marktpartner zu entwickeln, der nicht länger darauf angewiesen war, als verlängerter Arm der Produzenten zu fungieren. Die latent vorhandenen Konflikte zwischen beiden Wirtschaftsstufen traten auf Grund der zunehmenden Nachfragemacht des Handels offen zu Tage und prägten über Jahre, wenn nicht gar Jahrzehnte die Diskussion über die Distribution.

Die Ursachen für diese Konflikte lagen vor allem in den systemimmanenten Zieldivergenzen. Obwohl beide Parteien insbesondere bei öffentlich geführten Diskussionen Bereitschaft zeigten, Kompromisse einzugehen, um durch die Bewältigung der Konflikte und den Aufbau einer partnerschaftlichen Beziehung bessere Ergebnisse zu erzielen, ist über lange Zeit keine Annäherung der Standpunkte festzustellen gewesen. Das mag an der Tatsache gelegen haben, daß es sich bei dem Bestreben um Einigung um ein ideologisches Ablenkungsmanöver handelte; man operierte mit „letzten Wahrheiten", in der

Absicht, Vorteile für sich zu erlangen oder Privilegien zu konservieren. Es wurde so versucht, den aus konkurrierenden Interessen resultierenden Konflikt zwischen beiden Marktparteien zu verschleiern, die systembedingten Spannungen als Ergebnis mangelnder Einsicht zu deklarieren und so den anderen zu Wohlwollen zu bewegen. Eine weitere denkbare Erklärung kann man darin sehen, daß die zahlreichen Symposien und Kongresse, die zur Lösung dieses Konflikts beitragen sollten, der Tagesordnung nach zwar der Erörterung der Probleme zwischen Herstellern und Handel gewidmet waren, de facto aber eine öffentlichkeitswirksame Plattform bildeten, auf der die jeweiligen Interessenvertreter bemüht waren, ihre einmal eingenommene Position zu verteidigen, was letztlich zu einem eher kontraproduktiven Ergebnis solcher Veranstaltungen geführt hat.

Erst die gestiegene **Wettbewerbsintensität**, insbesondere der durch internationale Konkurrenz ausgelöste Druck auf die Industrie, scheint den Hersteller-Handels-Konflikt zu relativieren und zu einer Neubesinnung zu führen. Die Unternehmen sehen sich mehr und mehr gezwungen, um die Wettbewerbsfähigkeit zu sichern, effizienter zu arbeiten und Kosten zu sparen. Eine Folge dessen ist beispielsweise die Verringerung der Fertigungstiefe. Die damit verbundene Auslagerung von Aufgabenbereichen auf andere Unternehmen (**Outsourcing**) macht es erforderlich, daß die Hersteller zu diesen eine enge Beziehung aufbauen, um sich auf diese Weise eine gewisse Einwirkungs- und Steuerungsmöglichkeit zu schaffen. So zeigt sich z. B. immer stärker der Trend, nicht mehr einzelne Produkte von vielen, sondern Systemkomponenten von wenigen, im Extremfall sogar nur von einem Lieferanten zu beziehen (**Single Sourcing**), mit dem aber eine sehr enge Bindung eingegangen wird.

Doch nicht nur auf der Beschaffungsseite kam es wegen der Notwendigkeit einer intensiveren Beziehung zwischen Hersteller und Lieferant zu einer Aufwertung der Distribution. Auch auf der Absatzseite zeigt sich eine vergleichbare Entwicklung. Die Unternehmen haben erkannt, daß neben der Akquisition von Neukunden der Aufbau einer langfristigen Beziehung zu den bisherigen Abnehmern notwendig ist, um erfolgreich zu sein. Die Distributionspolitik bietet hier vielfältige Ansatzpunkte, um Präferenzen bei den Kunden zu schaffen und diese an das Unternehmen zu binden. Mit eine Voraussetzung für diese Entwicklung waren Innovationen im technologischen Umfeld. Zu denken ist hier beispielsweise an die Vernetzung der Informationssysteme von Hersteller und Lieferant, um eine minutiöse Warenanlieferung bei der **Just-in-Time**-Produktion zu gewährleisten, oder den Einsatz **Neuer Kommunikationsmedien** im Vertrieb, um z. B. durch telefonische Kundenbetreuung bzw. das Einrichten einer „Hot-line" schnell auf die Wünsche und Probleme der Kunden eingehen zu können.

Eine völlig neue Dimension wuchs der Distributionspolitik durch Veränderungen im ökologischen Bereich zu: Eine gestiegene Sensibilisierung der Gesellschaft hinsichtlich der **Umweltproblematik** und die Tatsache, daß sich ein beträchtlicher Anteil am gesamten Entsorgungsaufkommen in der Bundesrepublik Deutschland auf Verpackungsabfälle zurückführen läßt, hat gesetzliche Interventionen ausgelöst. Innerhalb der Möglichkeiten zur Bekämpfung des Abfallproblems kristallisierten sich dabei mit der weitgehenden Verminderung des Anfalls von Packgut und der Rückführung angefallener Verpackungen zwei Handlungsansätze heraus. Unabhängig davon bemühte man sich um den Einsatz umweltverträglicher Verpackungsmaterialien.

Während die Verminderung des Anfalls von Verpackungen eine Verhaltensänderung bei den Herstellern, weniger und umweltfreundlichere Verpackungsmaterialien zu verwenden, erfordert, stellen die Rückführung von Verpackungen und deren Wiederverwendung eine „end of pipe"-Betrachtung dar, die beim Bedarfsträger ansetzt und eine **Retrodistribution** notwendig macht. Dies wiederum bedeutet für die Unternehmen eine zusätzliche Herausforderung und führt zudem zu einer noch stärkeren Einflußnahme des Gesetzgebers auf das unternehmerische Verhalten. Auch steht zu vermuten, daß die Frage der Aufteilung dieser Aufgabe auf Hersteller und Handel den alten Konflikt insoweit wieder aufleben läßt, als beide versuchen könnten, einen möglichst großen Anteil der durch die Retrodistribution anfallenden Kosten auf den jeweils anderen abzuwälzen.

1.2. Die Aktionsparameter der Distributionspolitik

Auf Grund dieser Entwicklung ergeben sich eine Fülle an Fragestellungen, auf die im Rahmen der Distributionspolitik eine Antwort gefunden werden muß:

- Soll ein Hersteller seinen Vertrieb in eigener Regie durchführen oder sich externer Aufgabenträger bedienen?
- Wann bietet der Absatz der Produkte über den Handel Vorteile im Vergleich zum Direktvertrieb?
- Welche Betriebsformen des Handels eignen sich als Absatzmittler am besten?
- Wie sichert sich ein Hersteller die Kooperationsbereitschaft des Handels?
- Zur Erfüllung welcher Aufgaben können Neue Kommunikationsmedien eingesetzt werden?
- Unter welchen internen und externen Rahmenbedingungen arbeiten Reisende effizienter als Handelsvertreter?
- Welche Organisation des Innen- bzw. Außendienstes erleichtert die Erreichung der Distributionsziele?
- Wie kann man Außendienstmitarbeiter zu höheren Leistungen motivieren?
- In welchem Ausmaß beeinflußt die Retrodistribution distributionspolitische Entscheidungen?
- An welchen Standorten empfiehlt es sich, Auslieferungslager einzurichten, und wie läßt sich der Transport der Waren optimieren?

Versucht man, Ordnung in das weitgefächerte Spektrum von Entscheidungsbereichen zu bringen, bietet es sich zunächst an, die Distributionspolitik in eine physische und eine akquisitorische Komponente zu untergliedern: Während sich die **physische Distribution** auf die Warenverteilung, also auf den (körperlichen) Transfer der Güter vom Anbieter zu den Nachfragern bezieht, hat die **akquisitorische Distribution** den Verkauf der Ware und damit auch die Anbahnung des Kontakts zum Kunden sowie dessen Bindung an das Unternehmen zum Ziel. Allerdings wäre es äußerst problematisch, bei konkreten Distributionsvorgängen beide Bereiche eindeutig voneinander trennen zu wollen, da mit derartigen Entscheidungen neben einer physischen in der Regel immer auch eine akquisitorische Wirkung einhergeht. Nur in seltenen Fällen, so beispielsweise bei einem Streckengroßhändler, der als Vermittler zwischen Hersteller und Bedarfsträger ausschließlich akquisitorische Aufgaben übernimmt, können beide Wirkungskomponenten gegeneinander abgegrenzt werden.

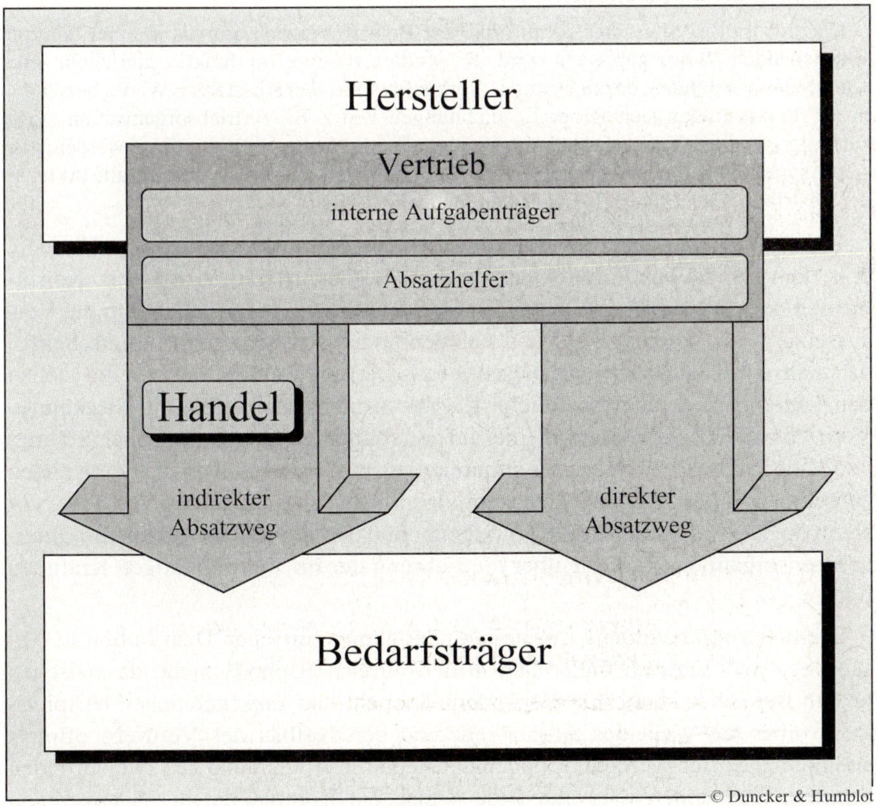

Abb. 7.1.: Absatzweg und Vertrieb als Bereiche distributionspolitischer Entscheidungen

Bei der akquisitorischen Distribution lassen sich die Absatzwegepolitik und das Management des Vertriebs unterscheiden. Der **Absatzweg** kennzeichnet jenen Weg, auf dem das Angebotsprogramm eines Herstellers an die Bedarfsträger gelangt. Die hier zu treffende Grundsatzentscheidung richtet sich auf die Wahl zwischen direktem und indirektem Absatzweg. Diese Entscheidung hat konstitutiven Charakter und bestimmt maßgeblich andere absatzpolitische Festlegungen. Haben sich z. B. Hersteller für den indirekten Absatzweg entschieden – was insbesondere für Konsumgüter charakteristisch ist –, ergibt sich für sie die Notwendigkeit, die Besonderheiten des Handels zu berücksichtigen und in ihre Marketingüberlegungen einzubeziehen.

Unabhängig davon, welche Absatzwegealternative Unternehmen wählen, müssen sie Entscheidungen über den **Vertrieb** treffen (vgl. Abb. 7.1.). Wir verstehen darunter jene organisatorische Einheit, die sich aus internen Aufgabenträgern, insbesondere Mitarbeitern der Verkaufsabteilung und Reisenden, in Ausnahmefällen aber auch der Geschäftsleitung, sowie Absatzhelfern wie beispielsweise Handelsvertretern zusammensetzt.

Hinzuweisen ist allerdings darauf, daß der Begriff Vertrieb oftmals in einer hiervon abweichenden Weise gebraucht wird. So werden darunter in funktionaler Sicht jene Tätigkeiten verstanden, die sich auf das Verkaufen bzw. den Absatz von Waren beziehen. In der Praxis finden sich ferner Bezeichnungen wie z. B. Vertriebsorganisation, Verkaufsorganisation, Verkauf, Verkaufs- und Außendienstorganisation; diese werden teilweise synonym mit dem Terminus Vertrieb verwendet, umfassen oft auch alle Akteure der Distributionspolitik, d. h. sogar den Handel.

Die zentrale Aufgabe des Vertriebs besteht darin, den Kontakt zu Kunden, d. h. dem Handel beim indirekten Absatz bzw. Bedarfsträgern wie z. B. Konsumenten oder Weiterverarbeitern beim direkten Absatz, herzustellen, um die Voraussetzung für Warenverkauf und Kundenbindung zu schaffen. Zu entscheiden hat man dabei zunächst, wie diese Aufgabe erfüllt werden soll. Hierzu stehen den Unternehmen unterschiedliche Kontaktformen zur Verfügung. Sie können Vertriebsmitarbeiter einsetzen, die auf persönlichem Wege (Personal Selling) und / oder mit Hilfe Neuer Kommunikationsmedien den Kontakt zu Kunden aufnehmen. Weiterhin sind Entscheidungen über den Aufbau des Vertriebs, vor allem die Auswahl der Vertriebsmitarbeiter und deren Eingliederung in die Unternehmensorganisation, sowie über die Führung der im Vertrieb tätigen Kräfte zu treffen.

Die hier vorgenommene Zweiteilung der akquisitorischen Distribution in Absatzwege und Vertrieb findet sich in der Wirtschaftspraxis nicht, da zwischen beiden Bereichen starke Interdependenz herrscht und Entscheidungen beispielsweise über die Wahl des Absatzwegs und den Aufbau des Vertriebs oftmals simultan getroffen werden. Dennoch erscheint diese Trennung aus zwei Gründen geboten: Zum einen wird auf diese Weise die Komplexität der Sachverhalte reduziert, wofür allein schon didaktische Gründe sprechen, zum anderen lassen sich so die einzelnen Entscheidungen in ihrer Wirkungsweise besser analysieren.

Da alle distributionspolitischen Entscheidungen, ob sie sich nun auf die akquisitorische bzw. physische Distribution, auf Absatzwege bzw. den Vertrieb oder auf die Retrodistribution richten, in mehr oder minder starkem Ausmaß die gleichen Akteure bzw. Aufgabenträger betreffen, erscheint es hilfreich, diese vorzustellen, bevor Einzelentscheidungen erörtert werden. Dies geschieht in Abschn. 2; in Abschn. 3 werden dann die Absatzwegepolitik und in Abschn. 4 das Management des Vertriebs behandelt. Während die Ausführungen über Absatzwege und Vertrieb, um die Komplexität zu reduzieren, vornehmlich akquisitorische Fragen betreffen, befaßt sich Abschn. 5 mit der physischen Seite distributionspolitischer Entscheidungen. Abschn. 6 vermittelt abschließend die rechtlichen Rahmenbedingungen der Distributionspolitik.

2. Die Akteure im Rahmen der Distributionspolitik

Die den Unternehmen für die Bewältigung distributionspolitischer Aufgaben zur Verfügung stehenden Akteure lassen sich in zwei Gruppen einteilen: Als unternehmenseigene bzw. **interne Aufgabenträger** sind zunächst die Mitarbeiter in Verkaufsabteilungen bzw. Verkaufsniederlassungen zu nennen, die neben einer eigenständigen Verkaufs- auch eine Unterstützungsfunktion für den Außendienst übernehmen. Weitere interne Aufgabenträger der Distribution bilden die dem Außendienst zuzurechnenden Reisenden und, sofern sie sich selbst aktiv um den Verkauf der Waren kümmert, die Geschäftsleitung.

Neben den internen existieren eine Vielzahl unternehmensfremder bzw. **externer Aufgabenträger.** Hierzu zählen vor allem die auch als Absatzmittler bezeichneten Handelsbetriebe, denen insbesondere bei der Distribution von Konsumgütern eine entscheidende Bedeutung zukommt. Darüber hinaus können auch Absatzhelfer bei der Erfüllung distributionspolitischer Aufgaben eingesetzt werden. Sie umfassen sowohl die „klassischen" Formen Handelsvertreter, Makler und Kommissionär als auch absatzunterstützende Organe und Institutionen wie z. B. Spediteur und Frachtführer. Eine gewisse Sonderstellung im Rahmen der externen Aufgabenträger nehmen schließlich die Marktveranstaltungen ein.

2.1. Interne Aufgabenträger

(1) Verkaufsabteilung

Die Gewinnung und organisatorische Abwicklung von Aufträgen sind seit altersher der **Verkaufsabteilung** übertragen. Sie leistet dies auf unterschiedliche Weise: Die verbreitetste Form stellt der persönliche Verkauf dar, bei dem Kunden und Aufträge durch unmittelbare Einwirkung auf potentielle oder tatsächliche Abnehmer akquiriert werden. Jedoch kommt dem Telefonverkauf, der darüber hinaus auch als Instrument der Kundenbetreuung dient, zunehmende Bedeutung zu. Daneben besteht für die Verkaufsabteilung noch die Möglichkeit, durch Mailings oder Prospekt- bzw. Katalogversand Aufträge zu erlangen.

Häufig pflegt die Verkaufsabteilung die Beziehung zu ihren Kunden durch Reisende oder Handelsvertreter, den Außendienst des Unternehmens. In diesem Fall übernimmt die Verkaufsabteilung als Verkaufsinnendienst die Aufgabe der Unterstützung und Entlastung des Außendienstes beispielsweise durch Vereinbarung von Besuchsterminen für die Außendienstmitarbeiter, durch telefonisches Nachfassen bei noch nicht endgültig erteilten Aufträgen oder durch die Bestätigung und Abwicklung der eingehenden Orders. Hinzu kommen die Beantwortung von Anfragen durch Kunden, die Erledigung von Reklamationen und neben anderen verwaltenden Funktionen die Erstellung und Auswertung von Verkaufsstatistiken (vgl. *Ohletz* 1978).

Insgesamt läßt sich innerhalb der vielfältigen von der Verkaufsabteilung zu übernehmenden Funktionen in jüngerer Zeit eine wachsende Bedeutung der **verkaufsaktiven Tätigkeiten** feststellen. Die Ursachen für diese Entwicklung liegen in den steigenden Betreuungsansprüchen verschiedener Abnehmergruppen und den stark gestiegenen Außendienstkosten. Sie führen z. B. zu einer Intensivierung des Telefonverkaufs, mit dem der Verkaufsinnendienst teilweise die Funktionen der Außendienstmitarbeiter übernimmt.

(2) Verkaufsniederlassung

Bei großen Unternehmen (z. B. der Investitionsgüterindustrie, der Chemischen und der Pharmazeutischen Industrie sowie des Handels mit Grundstoffen und Walzwerkserzeugnissen) bietet es sich an, die Verkaufsabteilungen räumlich aus dem Herstellerunternehmen auszulagern und eigene **Verkaufsniederlassungen** zu errichten. Diese Dezentralisierung ermöglicht es den Betroffenen, den Abnehmern im In- und Ausland nahe zu sein, die Geschäftspartner vor allem bei großen Projekten intensiv beraten zu können, für Kundendienstleistungen rasch zur Verfügung zu stehen oder die unverzügliche Belieferung der Abnehmer aus nahegelegenen Lägern (z. B. mit Pharmazeutika) sicherzustellen. Der Grad der wirtschaftlichen Selbständigkeit dieser Niederlassungen, also die Weisungsgebundenheit bzw. Entscheidungsfreiheit ihrer Leiter, ist ebenso wie die Rechtsform sehr verschieden geregelt. Mitunter finden sich im selben Unternehmen unterschiedliche Lösungen nebeneinander.

Eine noch weitergehende Ausgliederung des Absatzes aus Produktionsbetrieben liegt bei der Übertragung der Verkaufsfunktionen auf **(Verkaufs-)Syndikate** vor. Auf Grund der nur noch sehr begrenzten Gebundenheit an das einzelne Mitglied kann man sie nur sehr bedingt zu den internen Aufgabenträgern rechnen. Diese Verkaufsform findet sich zuweilen bei homogenen Produkten, die kaum eine Möglichkeit zur Differenzierung bzw. Profilierung bieten (Kohle, Zement, Baustahl, landwirtschaftliche Düngemittel) und häufig einem starken Preiswettbewerb, wenn nicht gar einem anhaltenden Preisverfall ausgesetzt sind. Der Zusammenschluß der Hersteller zu einem Syndikat (nur ein Anbieter, ausgenommen relativ unbedeutende Außenseiter) liegt in solchen Fällen nahe. Das *GWB* zieht jedoch diesen Bestrebungen im Interesse der Aufrechterhaltung eines funktionsfähigen Wettbewerbs enge Grenzen (§ 4 und § 5 Abs. 3 *GWB).*

(3) Reisende

Neben den in Abschn. 2.2.2. noch näher zu charakterisierenden Handelsvertretern stellen **Reisende** die wichtigsten Aufgabenträger des Außendienstes dar. Bei ihnen handelt es sich um Angestellte des Unternehmens, die die Kunden in regelmäßigen Abständen aufsuchen; sie sind an Weisungen ihres Arbeitgebers gebunden. Die Frage, ob und in welchem Umfang sie das Unternehmen rechtlich vertreten können, unterliegt jeweils einer individuellen Regelung. Vielfach besteht ihre Aufgabe lediglich in der Anbahnung von Geschäften und in der Gewinnung von Aufträgen.

Juristisch gesehen stellen Reisende Handlungsgehilfen dar, deren Rechte und Pflichten die §§ 59-75 *HGB* regeln. Zu dieser Gruppe zählen sie wegen § 84 Abs. 2 *HGB,* wo Personen, die, ohne selbständig zu sein, ständig damit beauftragt sind, für einen Unternehmer Geschäfte zu vermitteln oder in dessen Namen abzuschließen, als Angestellte bezeichnet werden.

Reisende begegnen uns in mancherlei Erscheinungsform und unter vielerlei Bezeichnungen (z. B. Gebietsleiter, Verkaufsförderer und Verkaufsinspektor). Üblicherweise führen sie das gesamte Produktprogramm eines Herstellers in einem Verkaufsgebiet, in dem sie alle oder nur ausgewählte Kunden betreuen. Über ihnen steht in der Regel ein Gebietsverkaufsleiter, der sie steuert, kontrolliert und die Koordination aller Reisenden übernimmt.

(4) Geschäftsleitung

Reisende und all jene Aufgabenträger, die wie diese permanent mit der Akquisition von Aufträgen und Betreuungsaufgaben befaßt sind, werden oftmals durch die **Geschäftsleitung** unterstützt. Dies gilt üblicherweise bei ungewöhnlicher Größe eines in Aussicht stehenden Auftrags, bei überragender Bedeutung eines Geschäftspartners, aber auch dort, wo an eine begrenzte Anzahl von Kunden abgesetzt wird. Häufig anzutreffen ist der Verkauf durch Mitglieder der Geschäftsleitung bei klein- und mittelständischen Unternehmen sowie im Investitionsgütersektor.

2.2. Externe Aufgabenträger

2.2.1. Absatzmittler

2.2.1.1. Der Großhandel

2.2.1.1.1. Die Situation des Großhandels

Der Großhandel als Institution kauft Waren ein und setzt sie entweder unverändert oder nach nicht nennenswerter Be- bzw. Verarbeitung an Wiederverkäufer (vor allem Einzelhändler), Weiterverarbeiter (Industrie, Handwerk), sonstige Verarbeiter (Gaststätten, Kantinen) oder andere Großverbraucher (auch Behörden und Angehörige der sog. Freien Berufe) ab. Funktional betrachtet kann er daher auch als Handel unter Kaufleuten definiert werden. Das Schwergewicht liegt dabei auf der Sortimentsbildung, Kundenberatung, Lagerhaltung, Kreditgewährung und physischen Distribution. Die Bedeutung dieser Aufgaben variiert je nach den Bedürfnissen der jeweiligen Abnehmergruppen (vgl. dazu im einzelnen *Hörschgen / Käser-Pawelka* 1989).

Dort, wo große Warenmengen gleichartiger Güter umgeschlagen werden, bei denen Fracht- und Manipulationskosten hohe Werte erreichen, spielt das **Streckengeschäft** eine große Rolle. Charakteristisch dafür ist, daß sich der Streckengroßhändler im wesentlichen auf das Dispositive beschränkt, also den Güterstrom lenkt, ohne daß die Waren sein Lager berühren.

In der Bundesrepublik Deutschland gibt es rund 134.400 steuerpflichtige Großhandelsunternehmen, die 1992 zusammen einen Jahresumsatz von ca. 1.230 Mrd. DM erzielten. Knapp 52% der Firmen blieben unter einem Jahresumsatz von 1 Mio. DM und waren insgesamt nur mit rund 2,0% am gesamten Umsatzvolumen beteiligt. Die Zahl der Unternehmen mit Umsätzen bis zu 1 Mio. DM ist stark rückläufig; umgekehrt nahm die Umsatzbedeutung der Großunternehmen in diesem Wirtschaftszweig in den letzten beiden Jahrzehnten beträchtlich zu. Nähere Aufschlüsse vermittelt Abb. 7.2.

Der Großhandel findet sich vor allem im Bereich der Roh- und Grundstoffe, z. B. bei Kohle, Baumaterial, Walzwerkserzeugnissen und Agrarprodukten, die zum Teil, wie Baumwolle, Wolle und Tabak, industriell weiterverarbeitet werden. Er ist ferner zwischen den Produktionsstufen tätig, z. B. bei Garnen, Geweben, Leder, Installationsmaterial oder Maschinen. Schließlich befaßt er sich mit Fertigwaren, vor allem Verbrauchsgütern, unter denen die Nahrungs- und Genußmittel dominieren. Vom Inlandsabsatz der Industrie nahmen 1990 etwa 40% den Weg über den Großhandel, bei der Verbrauchsgüterindustrie fast 97% *(Statistisches Bundesamt 1992)*. Große Bedeutung hat der Großhandel vor allem im Rahmen der Ein- und Ausfuhr von Waren in das bzw. aus dem Ausland erlangt.

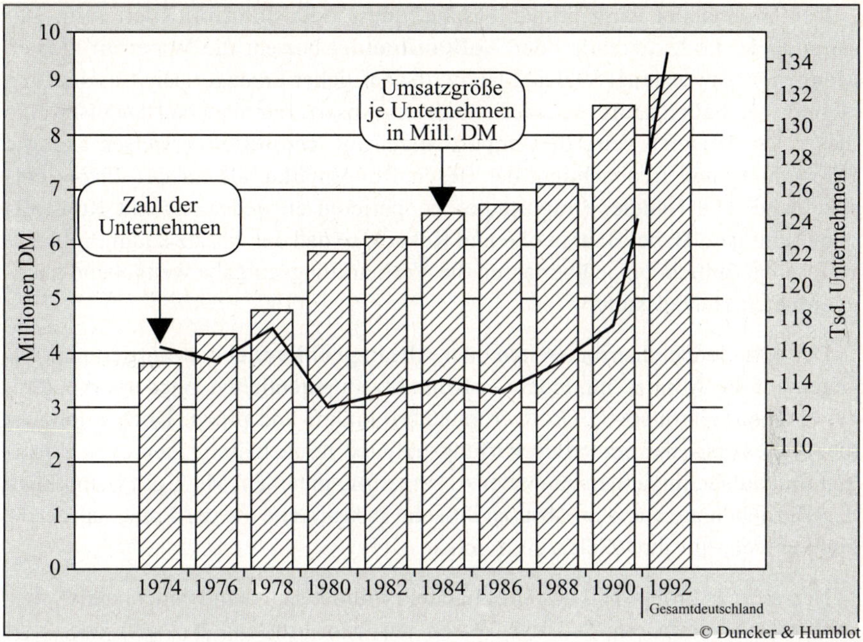

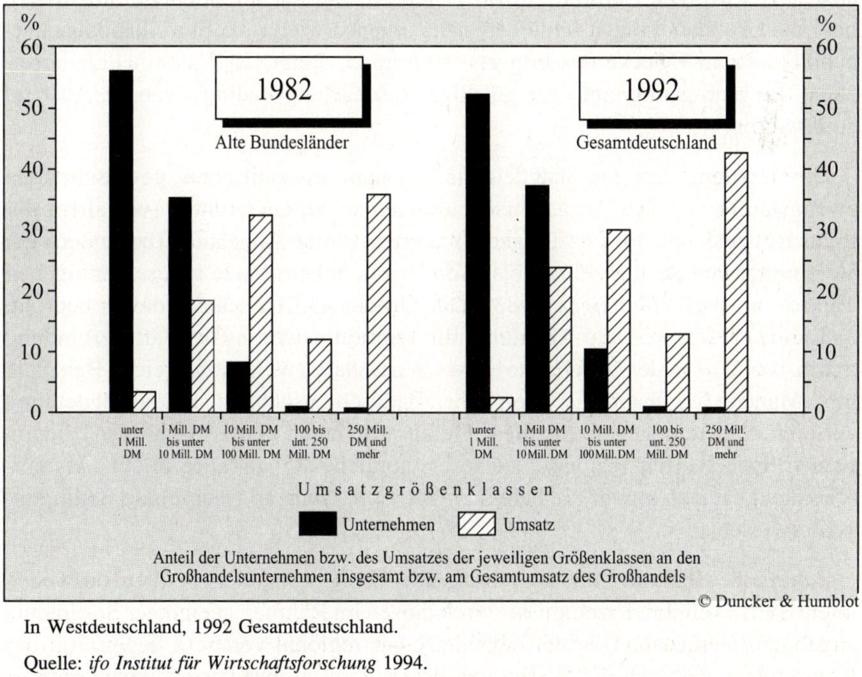

In Westdeutschland, 1992 Gesamtdeutschland.

Quelle: *ifo Institut für Wirtschaftsforschung* 1994.

Abb 7.2.: Unternehmens- und Umsatzkonzentration im Großhandel

Der Großhandel kann primär beschaffungs- oder absatzorientiert sein. Der sammelnde, kollektierende oder **Aufkaufhandel** bezieht die Waren in kleinen Mengen, z. B. von einer Vielzahl landwirtschaftlicher Erzeuger. Die Beschaffung ist in diesen Fällen häufig schwieriger als der Absatz. Für manche Handelszweige dieser Art, beispielsweise den Importhandel mit Rohstoffen, erweisen sich die Erforschung und Beobachtung der Beschaffungsmärkte als für den Erfolg entscheidend. Die Händler (Importeure) kooperieren entweder eng mit Rohstoffverarbeitern (z. B. bei Baumwolle und Kakao), so daß der Absatz kaum Probleme zu lösen aufgibt, oder sie überlassen die Vermarktungsaufgabe weitgehend nachgeordneten Handelsstufen.

Der verteilende, distribuierende oder **Absatzgroßhandel** konzentriert sich dagegen auf die Absatzseite, indem er Kontakte zu potentiellen Wiederverkäufern, Weiterverarbeitern sowie Großverbrauchern knüpft und pflegt. Doch impliziert dies keineswegs, daß er die Beschaffungsaufgabe vernachlässigt; denn von günstigen Einkaufsbedingungen hängt der Absatzerfolg in hohem Maße ab, wenngleich den Betrieben auch andere absatzpolitische Instrumente als der Preis zur Verfügung stehen, um ihre Ziele zu erreichen.

Der weitaus größte Teil des Großhandels widmet sich dem Binnenhandel, dies selbst dann, wenn ein Teil der Waren aus dem Ausland bezogen oder dort abgesetzt wird. Die Einfuhr wird in vielen Fällen dem Importhandel überlassen oder die Großhandlungen schließen sich – ebenso wie große Einzelhandelsunternehmen – zum Zwecke des Imports zusammen, damit sie Warenmengen erreichen, die groß genug sind, um günstige Beschaffungsbedingungen im Ausland zu erwirken.

Die Existenz des Großhandels hängt nicht einseitig und gewissermaßen zwangsläufig von den Absatzentscheidungen seiner Lieferanten (vor allem der Industrie) und den Beschaffungsmaßnahmen seiner Abnehmer (besonders der Verarbeiter und des Einzelhandels), sondern in hohem Maße von seiner eigenen Tatkraft ab (vgl. *Hörschgen* 1983). Der Großhandel ist ständig davon bedroht, daß seine Lieferanten und Abnehmer direkt miteinander in Geschäftsverbindung treten, wofür es in der Geschichte dieses Wirtschaftszweiges zahlreiche Beispiele gibt. Manche Großhandelssparten haben dadurch tatsächlich stark an Bedeutung verloren, andere dagegen, die diese Gefahr erkannten und z. B. mit der Bildung **Freiwilliger Ketten** reagierten, eine erstaunliche Renaissance erlebt. Als entscheidend hat sich immer die Fähigkeit zur Anpassung an wechselnde Bedingungen erwiesen.

Zahlreiche Hersteller sind am Absatz über den Großhandel vor allem deswegen interessiert, weil ihre Erzeugnisse durch diesen im Rahmen geeigneter Sortimente angeboten werden und die Großhandelslager regional verstreut liegen, mit der Konsequenz, daß sich die Waren von dort aus rasch und kostengünstig an eine Vielzahl von Wiederverkäufern (Einzelhandel, Handwerkshandel, Gastgewerbe) absetzen lassen. Dabei spielt oft auch die vom Großhandel übernommene **Kreditgewährung** eine wichtige Rolle. Weitere Vorteile können sich daraus ergeben, daß der Hersteller durch die Einschaltung des Großhandels die Zahl seiner Kunden zu beschränken vermag (anstatt vieler kleiner Abnehmer wenige relativ große Partner), die überdies ihre Aufträge häufig geraume Zeit vor dem gewünschten Liefertermin erteilen. Daß dies weitreichende Möglichkeiten der Rationalisierung der Produktion eröffnet, liegt auf der Hand.

Die zunehmende Breite des Warenangebots und die wachsende Zahl ausländischer Erzeugnisse, die auf den heimischen Markt drängen, unterstreichen die Bedeutung von Sortimentsbildung und Lagerhaltung des Großhandels für dessen Abnehmer, vor allem für den Einzelhandel. Darüber hinaus wird die Beratung des Einzelhandels durch den Großhandel auch auf anderen Gebieten (Ladengestaltung, Warenpräsentation, Rechnungswesen, Finanzierung, Steuerwesen etc.) immer wichtiger.

2.2.1.1.2. Betriebsformen des Großhandels

Aus den Funktionen, die der Großhandel wahrnimmt, lassen sich die wichtigsten Bestimmungsmerkmale der verschiedenen Betriebsformen ableiten:

(1) Eine erste Unterscheidung zielt auf die **Breite** des **Angebots** und die **Art** der **Zustellung** der Ware ab. Die bereits angedeutete, für die neuere Zeit typische Ausdehnung der Leistungen des Großhandels steht in engem Zusammenhang mit seinem Bemühen um eine produktive Zusammenarbeit mit seinen Abnehmern, für die sowohl die bewußte Auswahl der Kunden als auch die Auftragskonzentration wichtige Kennzeichen darstellen. Auftragskonzentration bedeutet, daß Bestellungen in hohem Grad bei **einem** Lieferanten, hier: dem Großhändler, getätigt werden. Voraussetzungen dafür bilden die Einräumung günstiger Bezugsbedingungen sowie eine weitgehende Übereinstimmung der Sortimente von Lieferant und Abnehmer. Die Leistungen für letzteren auf diese Weise auszuweiten und einen organisatorischen Verbund mit ihm einzugehen ist für **Sortimentsgroßhandlungen** vergleichsweise problemlos zu schaffen, während das Unterfangen bei **Spezialgroßhandlungen** wegen deren schmalem Warensortiment auf Schwierigkeiten stößt.

Den Gegenpol zu den **Zustellgroßhandlungen** stellen die **Cash & Carry-Betriebe** dar, die, um Kosten zu senken und Arbeitskräfte einzusparen, nach dem Prinzip der Selbstbedienung arbeiten. Die Wiederverkäufer und Großverbraucher können bzw. müssen selbst in dem mit Waren vollgefüllten C&C-Lager die von ihnen benötigten Erzeugnisse auswählen. Außerdem zahlen sie unmittelbar am Check-out und übernehmen den Abtransport der gekauften Waren. Als Vorteile für die Käufer gelten außer niedrigen Preisen die Sicherheit raschen Warennachschubs, die Gelegenheit zum Einkauf auch kleiner Mengen, etwa zur Abrundung der Sortimente, und nicht zuletzt die Möglichkeit der Gewinnung eines Überblicks über ein umfassendes Warenangebot (nach Art einer Messe oder Ausstellung). Die C&C-Läger führen sowohl Nahrungs- und Genußmittel als auch Non Food, dessen Anteil am Gesamtumsatz sich zusehends ausdehnt.

Zu ihren Kunden gehören vereinzelt auch Letztverbraucher, die diese für sie günstige Einkaufsgelegenheit in der Regel zum Bezug vergleichsweise großer Warenmengen nutzen. Der Großeinkauf von Verbrauchern (Haushalten) ist u. a. eine Folge der Motorisierung der Bevölkerung und stellt eine der Ursachen dar, die zur Entstehung von sog. Verbauchermärkten und SB-Warenhäusern geführt haben (Näheres dazu im nächsten Abschnitt).

Trotz fortwährender Bedeutungszunahme der Generalisten gibt es eindrucksvolle Beispiele dafür, daß sich Spezialgroßhandlungen auch unter den heutigen Bedingungen behaupten können (z. B. im Bereich von Frischwaren, wie Obst, Gemüse und Molkereiprodukten, ferner bei Tiefkühlerzeugnissen und Elektrogeräten). Voraussetzung dafür ist, daß sie Leistungen erbringen, denen die sog. Sortimenter nichts Gleichwertiges entgegenzusetzen vermögen.

Eine wichtige Rolle bei der Ausdehnung des Anteils von Non Food in C&C-Betrieben kommt den **Rack Jobbern** (Regalgroßhändlern) zu; sie betreuen und verwalten dort, aber auch in Einzelhandelsbetrieben (vorzugsweise Supermärkten und Verbrauchermärkten), bestimmte Sortimentsbereiche, z. B. Heimwerkerbedarf. Dabei kann die Geschäftsgrundlage zwischen ihnen und den Partnern sehr verschieden gestaltet sein und bis zur Übernahme des vollen Risikos durch die eine oder die andere Seite reichen.

(2) Die Unterteilung der Betriebsformen des Großhandels nach den erwähnten Gesichtspunkten hat ein anderes Kriterium in den Hintergrund treten lassen, das früher eine große Rolle spielte, nämlich die Unterscheidung zwischen **einzelwirtschaftlichen** und **genossenschaftlichen** Betrieben.

Unzufriedenheit mit den Leistungen des Großhandels sowohl als Lieferant als auch als Abnehmer war in der zweiten Hälfte des neunzehnten Jahrhunderts in einer Reihe von Wirtschaftszweigen (vor allem in der Landwirtschaft, dem Handwerk und dem Einzelhandel) Anlaß zur Gründung von genossenschaftlichen Zusammenschlüssen, den sog. **Warengenossenschaften,** z. B. in Gestalt von landwirtschaftlichen Bezugs- und Absatzgenossenschaften sowie Einkaufsgenossenschaften des Handwerks und des Einzelhandels. Die Warengenossenschaften übernahmen für ihre Mitglieder Großhandelsaufgaben. Teilweise bediente man sich zur Realisierung der Genossenschaftsidee auch anderer Rechtsformen wie der AG und der GmbH.

Die Zusammenarbeit mit einem abgegrenzten, sich nur wenig verändernden, bekannten Mitglieder- und somit Kundenkreis bot den genossenschaftlichen Großhandlungen bei der Warenbeschaffung, Lagerhaltung und Preispolitik beachtliche Vorteile gegenüber dem einzelwirtschaftlichen Großhandel. Vor allem vermochten jene lange Zeit die kostspielige und risikovolle Lagerhaltung zu begrenzen, wozu fraglos auch die Konzentration der Aufträge ihrer Mitglieder beitrug.

Bedeutende Erfolge werden auch mit dem sog. **Regulierungsgeschäft** erzielt. Dabei übernehmen die Genossenschaften unter Ausnützung des Skontos die Bezahlung der Warenrechnungen ihrer Mitglieder, räumen diesen aber gewisse Zahlungsziele ein. Zu diesen Leistungen traten schon früh sog. Sonderleistungen für die Mitglieder, vor allem in Gestalt der Beratung auf den verschiedensten Gebieten (Betriebsvergleich, Erfahrungsaustausch, Ladenbau, Sortimentsgestaltung, Finanzierung, Steuerwesen u. ä.).

Ein großer Teil der Warengenossenschaften beschränkt seinen Tätigkeitsbereich und Mitgliederkreis lokal oder regional. Das gilt z. B. für die landwirtschaftlichen, die Bäcker- und die Lebensmittelhändlergenossenschaften. Die einzelwirtschaftlichen Großhandlungen der fraglichen Branchen verfahren ganz ähnlich. Die Lokalgenossenschaften haben sich ihrerseits zu Zentralorganisationen zusammengeschlossen, die übergeordnete Aufgaben wahrnehmen: Warenbeschaffung, insbesondere Import, Erarbeitung einer unternehmenspolitischen Konzeption für die gesamte Gruppe, Beratung der Mitgliedsgenossenschaften, Pflege der Beziehungen zur Öffentlichkeit usw. Eine weitere Stufe stellen internationale genossenschaftliche Zusammenschlüsse eines bestimmten Wirtschaftszweigs dar, welche sich solchen Aufgaben widmen, die den nationalen Organisationen gemeinsam sind, etwa die Erarbeitung einer gemeinsamen Linie gegenüber Gesetzesvorhaben auf der Ebene der *Europäischen Union*. Eine ähnliche Struktur weisen die Freiwilligen Ketten auf, bei denen eine einzelwirtschaftliche Großhandlung etwa die gleichen Aufgaben wahrnimmt wie die Zentrale der Genossenschaft.

Aus den anfänglich ziemlich locker gefügten Zusammenschlüssen im Handel, den **Genossenschaften** und den **Freiwilligen Ketten,** entstanden innerhalb kurzer Zeit mehr oder weniger straff geleitete Unternehmen, wozu die **Mitgliederselektion** (weniger, aber größere Mitglieder) wesentlich beigetragen hat. Außer den bereits erwähnten C&C-Lägern werden an aussichtsreichen Standorten und in eigener Regie großhandelseigene Einzelhandelsbetriebe errichtet bzw. erworben (Regiebetriebe). Dadurch sind – ähnlich wie bei Filialunternehmen – Groß- und Einzelhandelsstufe in einer Hand vereinigt.

Darüber hinaus führte der seit Jahrzehnten zu beobachtende **Ausleseprozeß im Handel** zu vielen Fusionen im Großhandel sowie zwischen Groß- und Einzelhandelsbetrieben. Die Zahl der Großunternehmen im Großhandel, von denen es früher nur wenige gab, hat deshalb erheblich zugenommen. Im genossenschaftlichen Großhandel wird bewußt auf die Verschmelzung benachbarter Regional- und Lokalgenossenschaften hingearbeitet, um die Beschaffungsmenge zu steigern, Lagerraum, Fahrzeugpark, EDV-Anlagen u. ä. besser auszunutzen und einem leistungsfähigen Management größere Entfaltungsmöglichkeiten zu verschaffen.

2.2.1.2. Der Einzelhandel

2.2.1.2.1. Die Lage des Einzelhandels

Noch stärker als der Großhandel hat sich in den Jahren nach dem Zweiten Weltkrieg der Einzelhandel verändert. Die durchschnittliche Betriebsgröße, vor allem die Verkaufsfläche ist mit der starken Ausdehnung der Sortimente gewachsen. Großunternehmen und die auf freiwilliger Zusammenarbeit aufgebauten Gruppen konnten gegenüber den Kleinbetrieben erheblich an Boden gewinnen. Schließlich entstanden neue Betriebsformen wie die Fachmärkte und SB-Warenhäuser. Die Investitionen je Beschäftigtem erreichen hier mittlerweile ähnliche Dimensionen wie in der Industrie.

In der Bundesrepublik Deutschland gibt es rund 490.000 steuerpflichtige Einzelhandelsunternehmen, die 1992 einen Jahresumsatz von rund 815 Mrd. DM erzielten. Insgesamt verdienen über 2,5 Mio. Menschen ihren Lebensunterhalt in diesem Wirtschaftszweig. Das Ausmaß der hier herrschenden Konzentration kommt zunächst in der einfachen Relation zum Ausdruck, daß 1992 ca. 98 % der Unternehmen nur gut 40 % des gesamten Umsatzes auf sich vereinigten. Wie sich die Unternehmens- und Umsatzkonzentration zwischen 1982 und 1992 entwickelt haben, ist Abb. 7.3. zu entnehmen.

Bei solchen Vergleichen darf indessen nicht übersehen werden, daß die Umsatzsteuerstatistik die **Konzentration** im **Einzelhandel,** d. h. die Zusammenballung großer, wachsender Marktanteile in den Händen weniger, nicht voll zum Ausdruck bringt. Viele kleine und mittelgroße Betriebe gehören Gruppen an, wobei vor allem unter wettbewerbsrechtlichen Gesichtspunkten strittig ist, wie weit der Zusammenhalt entwickelt bzw. wie es um die Möglichkeit des einzelnen Mitglieds, von einer Gruppe zu einer anderen zu wechseln, bestellt ist. Die Aufgaben dieser kooperativen Gebilde erstrecken sich heute über die ursprüngliche gemeinsame Warenbeschaffung hinaus auf eine Vielzahl von Dienstleistungen (sog. „full service", der den Mitgliedern angeboten wird). Der Wettbewerb im Handel wird daher oft als **Gruppenwettbewerb** bezeichnet.

Der für viele beunruhigende Auslese- und Konzentrationsprozeß dürfte sich aus einer Reihe von Gründen fortsetzen. Der Wettbewerb wird vor allem von kleinen Betrieben als besonders hart empfunden. Die daraus resultierenden, zumeist nur noch bescheidenen Verdienstmöglichkeiten führen zu einem Mangel an Nachfolgern der vielfach überalterten Inhaber. Hinzu kommt, daß für den notwendigen Ausbau der Betriebe oft die finanziellen Mittel fehlen. Die Bereitschaft bzw. der Zwang zur Schließung von Kleinbetrieben wird durch diese Umstände teils ausgelöst, teils unterstützt. Manche kleinen ländlichen Gemeinden sind dadurch bereits ohne ein Lebensmittel- oder Gemischtwarengeschäft, was vor allem ältere Menschen zuweilen vor große Probleme bei der Warenbeschaffung stellt (vgl. § 2, Abschn. 3.2.1.).

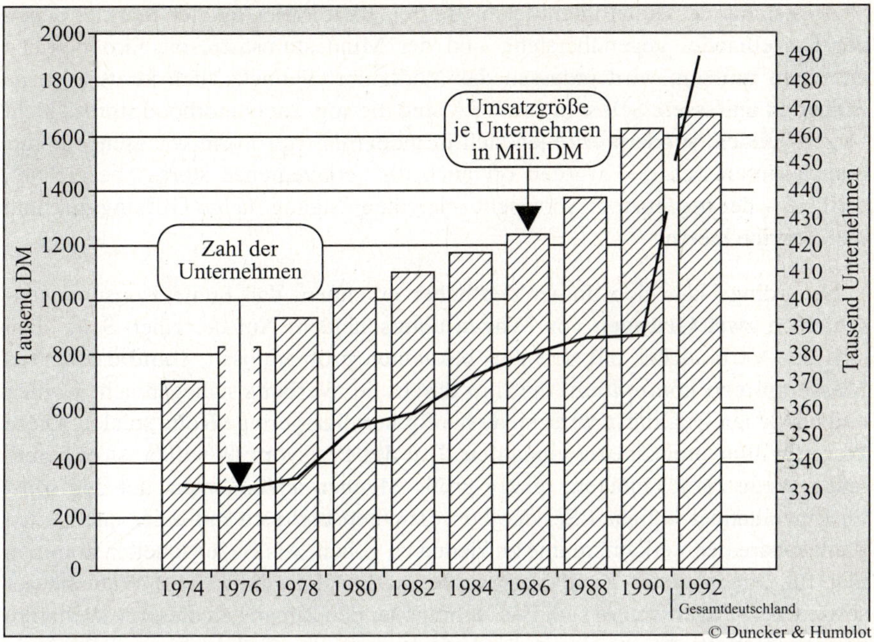

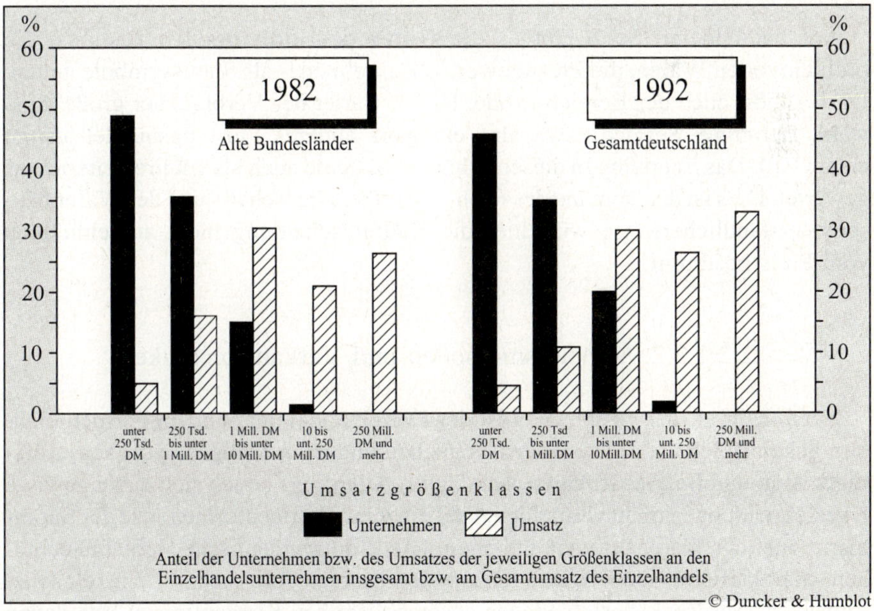

In Westdeutschland, 1992 Gesamtdeutschland.

Quelle: *ifo Institut für Wirtschaftsforschung*, 1994.

Abb. 7.3.: Unternehmens- und Umsatzkonzentration im Einzelhandel

Angesichts der außerordentlichen Begrenztheit vieler lokaler Märkte, denen der Einzelhandel gegenübersteht, und der Mindestumsätze, die Großbetriebe erreichen müssen, wird indessen das Verkaufsstellennetz auch künftig kleine Einheiten umfassen. Selbst in den USA sind die sog. „neighborhood stores" nicht verschwunden, sondern erfreuen sich in modernisierter Form wachsenden Verbraucherinteresses. Sie werden oft auch als „convenience stores" bezeichnet, weil sie – bei begrenztem Sortiment – leichten Zugang, lange Öffnungszeit und viel Service bieten.

Neuerdings läßt sich immer deutlicher erkennen, daß breite Konsumentenschichten **zwei Gruppen** von **Waren** unterscheiden: Auf der einen Seite sieht sich der Verbraucher mit den ihm bekannten problemlosen, **standardisierten Massengütern** konfrontiert, die ihm durch die Werbung nahegebracht werden und bei denen Qualitätsunterschiede häufig nur eine geringe Rolle spielen. Diese Waren will er preisgünstig einkaufen. Um des Preisvorteils willen ist er bereit, lange Wege zurückzulegen, relativ große Mengen abzunehmen, auf den sonst im Einzelhandel üblichen Service zu verzichten und sich mit einer nüchternen Atmosphäre der Verkaufsräume zufrieden zu geben. Als Bezugsquellen kommen hier für ihn in erster Linie Verbrauchermärkte, Discounter, SB-Warenhäuser sowie C&C-Läger, sofern sich Endverbraucher den Zugang zu diesen verschaffen können, in Betracht, die damit die Aufgabe typischer Billiganbieter erfüllen.

Auf der anderen Seite gibt es die **Güter** des **individuellen Bedarfs,** die problemvollen Waren, die Prestigewert vermitteln oder als Statussymbole gelten. Dazu gehört auch der Bereich Mode. Hier erwartet der Verbraucher große Auswahl, Beratung, Service usw., also ein ganz anderes Leistungsbündel als im ersten Fall. Das Shopping in diesem Sinne wird heute auch als ein Freizeiterlebnis gewertet. Dies ist die Domäne des Fach- oder Spezialgeschäfts und der Warenhäuser. Verständlicherweise wird hier die Kaufentscheidung nicht ausschließlich vom Preis bestimmt.

2.2.1.2.2. Verkaufsmethoden und Verkaufstechniken

Noch mehr als der Großhandel ist der Einzelhandel durch einen Formenreichtum gekennzeichnet, der zu einer Unterscheidung nach Maßgabe von **Verkaufsmethoden** und **Betriebsformen** Anlaß gibt. Allerdings lassen sich dabei gewisse Überschneidungen nicht vermeiden, weil einzelne Betriebsformen, wie der Supermarkt oder der Warenautomat, in hohem Grade durch identische Verkaufstechniken charakterisiert sind. Die Vielzahl der Formen, die sich im Einzelhandel findet, ist Ausdruck verschiedener absatzpolitischer Konzeptionen, mit denen die Unternehmen ihre Aufgaben erfüllen. Hierbei geht es darum, den unterschiedlichen Wünschen der Verbraucher gerecht zu werden und sich zugleich von den Konkurrenten abzuheben.

(1) Bei den Verkaufsmethoden stellt sich zunächst die Frage, ob die Kunden von Mitarbeitern bedient werden, ob sie sich selbst bedienen oder ob von Zwischenformen zwischen Bedienung und Selbstbedienung, der Vor- oder Selbstwahl und Teilselbstbedienung, Gebrauch gemacht wird. Wenngleich Bedienung und Beratung der Kunden zu den zentralen Aufgaben des Einzelhandels gehören und das Verkaufsgespräch beachtliche werbliche Effekte zu erzielen erlaubt, gewinnt seit dem Entstehen der Warenhäuser die Tendenz, die Ware für sich selbst sprechen und „sich selbst verkaufen“ zu lassen, für problemlose Güter immer mehr an Bedeutung. Unabhängig von anderen Gründen liegt dies vor allem an den unablässig steigenden Personalkosten im Einzelhandel.

Der Verkauf nach den Katalogen der Versandhäuser und der Warenautomat stellten zusammen mit den ersten, noch primitiven Selbstbedienungsläden, die in den USA in Gestalt der „piggly wiggly stores“ aufkamen, frühe Formen der **Selbstbedienung** dar. Ende der zwanziger, Anfang der dreißiger Jahre entschlossen sich Lebensmittelgroßhandlungen jenseits des Atlantiks, an letzte Verbraucher zu verkaufen, wenn diese bereit waren, auf den im Einzelhandel üblichen Service zu verzichten, sich also selbst zu bedienen, relativ große Warenmengen abzunehmen und bar zu zahlen.

Durch die Selbstbedienung will der Handel Arbeitskräfte einsparen, somit die Produktivität der menschlichen Arbeit, die man hier vorzugsweise am Umsatz je Beschäftigtem mißt, erhöhen und gleichzeitig die personalbedingten Betriebskosten senken. Auf diese Weise läßt sich auch die Basis für eine aggressive Preispolitik schaffen. Die entscheidende Frage besteht darin, in welchem Ausmaß der Verbraucher diese Form des Warenangebots akzeptiert. Selbstbedienung bedingt ohne Zweifel, daß die Übertragung von Handelsfunktionen auf den Käufer von diesem positiv aufgenommen und als Fortschritt bzw. Erleichterung empfunden wird. In der Tat hat jene die Voraussetzung sowohl für eine Beschleunigung der Einkaufstätigkeit der Konsumenten als auch für eine größere Beschaulichkeit geschaffen.

Eine besondere Ausprägung der Selbstbedienung stellen die **Warenautomaten** dar. Bei dieser mechanisierten Verkaufsmethode entnimmt der Käufer nach Eingabe von Zahlungsmitteln die ausgesuchten Waren dem „stummen Verkäufer“. Obwohl die Warenautomaten durch die gesetzlich streng geregelten Ladenschlußzeiten des Einzelhandels begünstigt werden, weisen sie keinen so eindrucksvollen Erfolg auf wie die Selbstbedienungsläden. Immerhin vermochten die sog. Innenautomaten (zur Versorgung von Belegschaftsmitgliedern, z. B. mit Getränken, als Ergänzung zu oder Ersatz von Kantinen) relativ große Bedeutung zu erlangen. Als nachteilig für die Ausbreitung der Warenautomaten erweisen sich die dafür erforderlichen hohen Investitionen, die Störanfälligkeit der Apparate, die Kosten für Bestückung und Wartung, vor allem aber der Umstand, daß die Zahl der Waren, die sich für diese Verkaufsform in bezug auf Größe, Format, Wert, Haltbarkeit, Häufigkeit des Bedarfs usw. eignen, begrenzt ist. Bisher hat der Automatenverkauf allein bei Zigaretten, die heute rund zur Hälfte auf diese Weise abgesetzt werden, große Bedeutung erlangt.

(2) Neben der Frage, ob Waren durch Bedienung, Selbstbedienung oder Warenautomaten den Käufern zugänglich gemacht werden sollen, bedürfen auch die **räumliche Gestaltung** eines Geschäfts und die davon abhängige **Ladenatmosphäre** einer bewußten Entscheidung. Es geht hierbei darum, inwieweit die durch einzelne Gestaltungselemente erzeugte Atmosphäre das Einkaufsverhalten der Konsumenten beeinflußt. So haben Untersuchungen ergeben, daß bei Produkten von geringem Wert gewisse atmosphärische Reize wie Wühltische, stimulierende Musik oder größere Einkaufswagen verstärkt zu Impulskäufe führen (im einzelnen dazu *Kroeber-Riel* 1992; *Rook* 1987; *Weinberg* 1981).

Ein Problem bei der Gestaltung des Ladens bzw. der Beeinflussung dessen Atmosphäre stellt die Tatsache dar, daß eine theoretische Fundierung von Aussagen über ihre Wirkung mit Schwierigkeiten verbunden ist. Die Ursache dafür liegt in der starken Subjektivität der Verarbeitung von Eindrücken und der Problematik, daß Probanden diese nur bedingt artikulieren und operationalisieren können. Erste Untersuchungen stammen u. a. von *Berman / Evans* (1979) und *Baumgartner* (1981), die jedoch über den Rang der Beschreibung nicht hinauskommen. Zu den wenigen Autoren, die sich um eine theoretische Fundierung bemühten, gehören *Donovan / Rossiter* (1982). Ihre Feststellungen laufen darauf hinaus, daß die emotionalen Eindrücke Vergnügen und Erregung, die ein Laden vermittelt, sowie dessen wahrgenommene Größe vorrangig darüber entscheiden, wie lange sich Kunden in diesem aufhalten. Dies wiederum korreliert positiv mit deren Bereitschaft, dort mehr Geld als ursprünglich geplant auszugeben. Neuere Untersuchungen befürworten deshalb eine bewußt erlebnisorientierte Ladengestaltung, da eine solche das Kaufverhalten positiv beeinflußt (vgl. *Diller / Kusterer* 1986; *Weinberg* 1986; *Gröppel* 1991).

Wesentlich bestimmt wird die Ladengestaltung von der Art der **Präsentation** der Ware, d. h. beispielsweise der Wegeführung bzw. den Regalsystemen, der Dekoration oder dem Einsatz von Licht (im einzelnen dazu: *Dustmann* 1988), und der **Plazierungspolitik**, die auf die Optimierung der zur Verfügung stehenden Regalfläche abzielt. In deren Rahmen ist beispielsweise darüber zu entscheiden, welche Artikel in räumlicher Nähe zueinander präsentiert werden, um Verbundeffekte zu erzielen (vgl. § 5, Abschn. 5.1.3.), in welchem Teil des Verkaufsraums bzw. welchem räumlichen Umfang sich eine Plazierung der jeweiligen Artikelgruppen anbietet und wie man die einzelnen Elemente auf die Regale aufteilen soll. In diesem Zusammenhang belegten *Heidel / Müller-Hagedorn* (1993) am Beispiel des Lebensmittelhandels, daß eine räumlich benachbarte Anordnung komplementärer Artikel deren Absatz steigert. Nicht eindeutig bestätigen ließ sich die Vermutung, daß eine Darbietung von Waren entsprechend dem Verwendungsverbund einen Mehrumsatz auslöst; hingegen war nachzuweisen, daß sich eine Zweit- gegenüber einer Stammplazierung positiv auswirkt.

Während die Plazierung von weitgehend selbstverkäuflichen Waren in Regalen die normale Präsentationsform darstellt, zielen Zweitplazierung und Sonderdisplay darauf ab, die Aufmerksamkeit der Verbraucher auf ganz bestimmte Aktionsartikel zu lenken. Die Darbietung von Ware in sog. Schütten zählt zu den vielfältigen Möglichkeiten, im Wege der Präsentation optischer Schlüsselreize latente Konsumentenbedürfnisse zu aktivieren. Dies läßt sich beispielsweise darauf zurückführen, daß Konsumenten diese Art der Präsentation als ein Signal für ein Sonderangebot interpretieren und verstärkt die vermeintlich preisgünstige Ware nachfragen (vgl. *Berekoven* 1990). Meist wird sie kombiniert mit einer Preisreduzierung, was angeblich Absatzsteigerungen von bis zu 800% auslöst (vgl. dazu z. B. *Schober* 1976). Beachtenswert in dieser Hinsicht ist, daß Sonderdisplays differenzierte Preisnachlässe zu neutralisieren scheinen. Eine Preissenkung von 16% vermochte in einem Experiment von *Chevalier* (1975) nicht mehr als eine solche von 8% auszurichten (für weitere Details siehe *Beeskow* u. a. 1983).

Da die Plazierung von Waren deren Absatz entscheidend beeinflußt, ist der Handel sehr an der sog. Regaloptimierung interessiert. Dabei sollte sowohl absatz- als auch kostenorientierten Erfahrungen Rechnung getragen werden. So sind Artikel beispielsweise nicht nur in Abhängigkeit von ihrem jeweiligen akquisitorischen Potential zu plazieren, sondern auch unter Einbeziehung der von ihnen verursachten Kosten (vgl. *Günther / Mattmüller* 1993). Vor diesem Hintergrund ist auch das Bemühen von Industrie und Handel zu sehen, bei der Ermittlung der **Direkten Produkt-Rentabilität (DPR)** einheitlich vorzugehen. Das Anliegen besteht dabei darin, durch eine artikelgenaue Kostenträgerrechnung den individuellen Gewinnbeitrag jedes einzelnen Produkts zu bestimmen. Unter Zuhilfenahme solcher Daten sieht sich der Handel in der Lage, weiterführende Entscheidungen in Richtung Um- oder Sonderplazierung bzw. Auslistung von Artikeln zu treffen (im einzelnen dazu *Jediss* 1991; *Tietz* 1993).

Die Vermutung, daß im Rahmen der **Regalflächenoptimierung** auch die gewählte Präsentationsebene (Augen-, Griffhöhe, Bückzone) den Verkaufserfolg beeinflusse, vermochten *Frank / Massy* (1970) in einem groß angelegten Experiment nicht generell zu bestätigen. Ihren Ergebnissen zufolge stimuliert die Präsentationshöhe nur in umsatzstarken Supermärkten die Verkaufszahlen, wobei sich bei einer Differenzierung nach Packungsgrößen ein völlig unerwarteter Effekt einstellte: Die unteren Regalebenen erwiesen sich für Kleinpackungen, die oberen für mittelgroße Packungen am wirkungsvollsten. *Curhan* (1972) ging noch einen Schritt weiter und versuchte, nicht nur die Existenz eines Regaleffekts nachzuweisen, sondern auch noch dessen Ausmaß abzuschätzen. Seine Ergebnisse waren indessen, gemessen am Kriterium der Varianzaufklärung, überaus enttäuschend. Spärlichkeit und Widersprüchlichkeit einschlägiger Befunde lassen es also nicht als geraten erscheinen, die positive Regalflächenelastizität als Element gesicherten Marketingwissens zu inventarisieren.

Fast überhaupt nicht untersucht wurde bisher die Wirkung von Regallücken, m. a. W. die Nichtverfügbarkeit bestimmter Artikel. In einer der wenigen Studien, die zu diesem Problemkreis durchgeführt wurden (vgl. *Friedrichs* 1976), zeigte sich, daß z. B. qualitätsbewußte Verbraucher eher dazu neigen, gegebenenfalls andere Geschäfte aufzusuchen, als den Kauf aufzuschieben oder auf eine andere Marke auszuweichen. Als Erklärung für **hohe Marken-** und **geringe Geschäftsstättentreue** können sowohl reaktanz- als auch risikotheoretische Konzepte verwendet werden. Nach *Brehm* (1966) führt Produktknappheit bzw. ein unregelmäßiges Angebot zu einer Höherbewertung der blockierten Alternative und zu zusätzlichen Beschaffungsanstrengungen, um den gewünschten Artikel doch noch zu erhalten. Voraussetzung dafür ist allerdings, daß die Nichterhältlichkeit des fraglichen Gutes als bedeutsame Einschränkung der Freiheit der Produktwahl empfunden wird. Im übrigen stellt der Wechsel von einer wohlvertrauten zu einer unbekannten Marke für manch einen Käufer einen Risikofaktor dar, den er auszuschalten trachtet. Es ist indessen nicht auszuschließen, daß jemand vor dem Gedanken, die gewohnte Atmosphäre seines Stammgeschäftes zugunsten eines neuen, fremden Ladens aufgeben zu müssen, noch viel stärker zurückschreckt.

2.2.1.2.3. Betriebsformen des Einzelhandels

Es sind zahlreiche Versuche unternommen worden, die Erscheinungsformen des Einzelhandels systematisch zu gliedern. Ansatzpunkte dafür bieten so heterogene Kriterien wie Gestaltung des Sortiments, Größe des Betriebs, Art des Angebots (offene, feste Verkaufsstelle, nach Fahrplan verkehrendes Verkaufsauto, Versandhandel), Preispolitik, Umfang des Kundendienstes, den ein Betrieb bietet, Standort, Finanzierung, Rechtsform und andere Kennzeichen (z. B. Verkauf von Neu- und Gebrauchtwaren). Dabei handelt es sich um absatzpolitisch bedeutsame Formen der Selbstdarstellung, die die Unternehmen wählen, um die Eigenart ihrer eigenen Leistung zu betonen (Ausdruck des **Handels-** bzw. **Händlermarketing).**

Will man die Erscheinungsbilder des Einzelhandels nach diesen Kriterien gruppieren, so zeigt sich rasch die geringe Stabilität solcher Merkmale. Die Betriebsformen folgen einer bestimmten **Dynamik** und verändern damit zumindest teilweise ihre Struktur. Neue Betriebsformen als Inbegriff veränderter unternehmenspolitischer, speziell absatzpolitischer Konzeptionen pflegen in aller Regel zunächst eine aggressive Preispolitik zu verfolgen. Sie bemühen sich, durch intensiven Preiswettbewerb die Aufmerksamkeit potentieller Kunden zu erregen. Rascher Umschlag eines begrenzten Lagers, drastische Beschränkung der Nebenleistungen, hohe Produktivität der menschlichen Arbeit, damit niedrige Kosten und Spannen sollen die Voraussetzungen für eine aktive Preispolitik schaffen.

Doch wird diese Konzeption in den meisten Fällen über kurz oder lang erheblich modifiziert; denn die Wirkung der Preispolitik beginnt allmählich zu erlahmen, weil sich viele Konkurrenten anpassen und im übrigen auch andere Elemente aus der Konzeption einer neuen Betriebsform übernehmen. Hinzu kommt, daß die Niedrigpreispolitik auf Grenzen stößt und ruinös zu werden droht, sobald die Zahl der Wettbewerber wächst, die sich gleichfalls einer aktiven Preispolitik verschreiben. In dieser Situation bemüht sich eine neue Betriebsform, ihre Anziehungskraft durch verstärkten Einsatz anderer absatzpolitischer Instrumente zu erhalten (für eine detaillierte Darstellung der **Dynamik der Betriebsformen** siehe *Nieschlag / Kuhn* 1980; zur Diskussion über den von *Nieschlag* erstmals 1954 und in präzisierter Form 1974 vorgestellten Erklärungsansatz vgl. *Müller-Hagedorn* 1993 sowie *Potucek* 1987 und *Köhler* 1990).

Der Wechsel der absatzpolitischen Schwerpunkte, zu dem sich neue Betriebsformen geradezu gezwungen sehen, erschwert deren logisch einwandfreie Gliederung. Der Begriff Betriebsform kann deshalb nicht statisch definiert werden, sondern muß als Ausdruck einer bestimmten historischen Entwicklung verstanden werden. Eine konkrete Variante ist deshalb nicht nur das Ergebnis der Kombination von Unterscheidungsmerkmalen, die am Anfang steht, sondern auch zahlreicher Veränderungen, die sich aus der Heranziehung weiterer absatzpolitischer Instrumente (neben der Preispolitik) ergeben und die Anziehungskraft der Betriebe erhöhen sollen. Dieser Prozeß wird **Trading up** genannt.

Die Bezeichnungen für die verschiedenen Betriebsformen (wie z. B. **Warenhaus, Verbrauchermarkt, Discountgeschäft**) unterstreichen also stets ein dominierendes Merkmal, doch wandelt sich der Inhalt dieser Begriffe im Zeitablauf mehr oder minder stark. Ein modernes Warenhaus unterscheidet sich beispielsweise wesentlich von seinen Vorgängern um die Jahrhundertwende oder aus den zwanziger Jahren. Die Verbrauchermärkte sind in kurzer Zeit von ihrer ursprünglich recht primitiven Form abgerückt und befinden sich auf dem Wege zu SB-Warenhäusern.

Die folgende Darstellung der Betriebsformen geht vom Sortiment als Gliederungskriterium aus, weil dieses am ehesten eine Unterscheidung ermöglicht. Jedoch lassen sich mit dessen Hilfe nicht alle Betriebsformen eindeutig charakterisieren, so daß dafür weitere Differenzierungsmerkmale heranzuziehen sind. Die Problematik einer eindeutigen Klassifikation der Betriebsformen zeigt sich auch in Abb. 7.4., da die verwendeten Bezeichnungen keine überschneidungsfreie Einordnung konkreter Erscheinungsformen des Einzelhandels zulassen.

(1) Die fortschreitende Industrialisierung, die Entstehung neuer Industriezweige und die Differenzierung des Warenangebots führten zwangsläufig dazu, daß Großhandel und Einzelhandel ihre Sortimente in den vergangenen hundert Jahren fachlich, also nach Branchen, Warenarten und Warengruppen ausrichteten (**Fachhandel**). Die Kraftfahrzeugindustrie, mit ihr die Treibstofferzeuger und die Reifenhersteller, die Elektro- und die Rundfunkindustrie machten, um nur einige Beispiele zu nennen, eigene, fachlich orientierte Handelszweige notwendig. Mit wachsender Warenfülle gliederten sich aus den Gemischtwaren-, Kolonialwaren-,

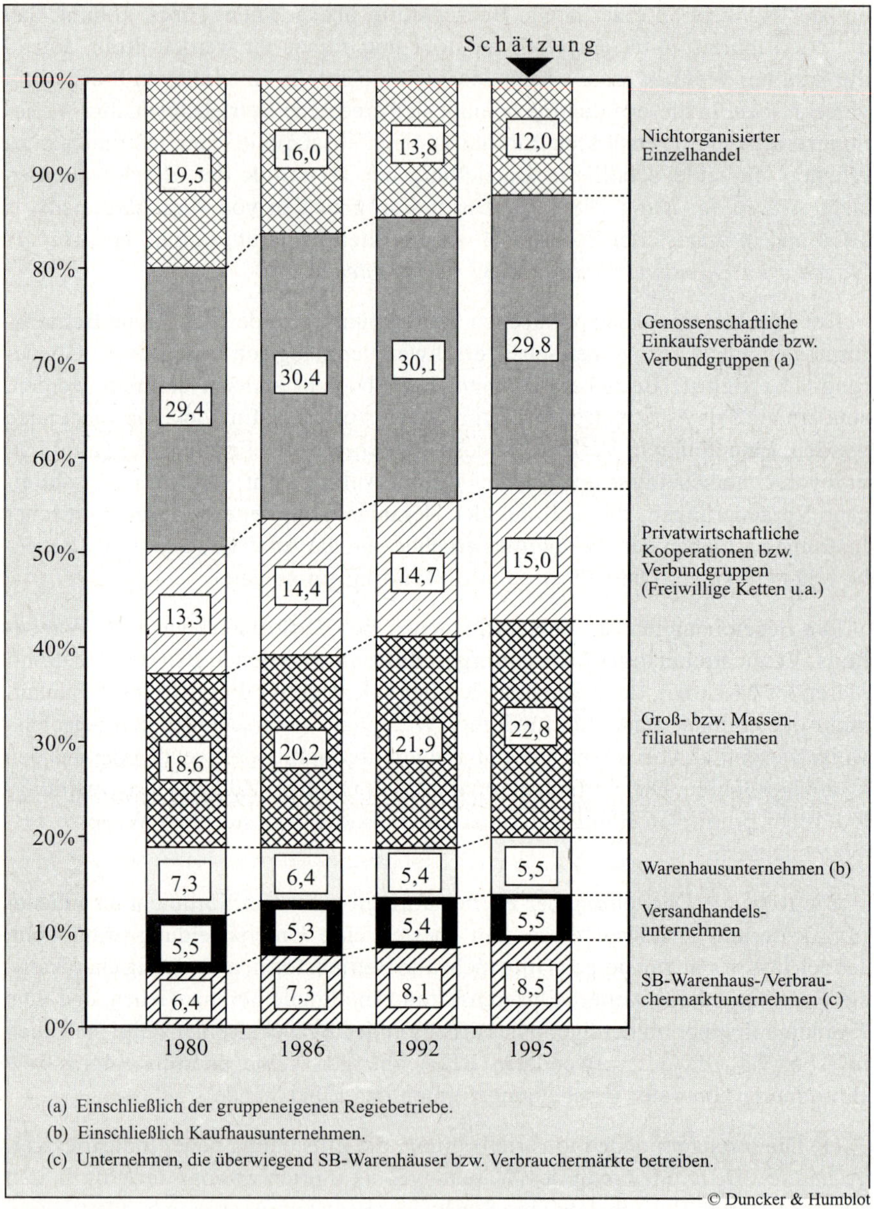

Gliederung nach dem Schwerpunktprinzip der Tätigkeit. In Westdeutschland.

Quelle: Berechnungen und Schätzungen des *ifo Instituts* anhand von Unterlagen des *Statistischen Bundesamts*, Verbänden, Verbundgruppen und Unternehmen.

Abb. 7.4.: Marktanteile wichtiger Betriebsformen des Einzelhandels (in % vom Gesamtumsatz)

Manufaktur- und Eisenwarengeschäften alten Stils bestimmte Teilbereiche aus, wie z. B. die Kaffee-, Strumpf-, Handschuh- oder Porzellangeschäfte.

Auf der einen Seite waren die Händler darauf bedacht, den Verbrauchern einen möglichst vollständigen Überblick über das Warenangebot einer Branche zu vermitteln (Fachgeschäft), während sich auf der anderen Seite etliche von ihren Konkurrenten dadurch abheben wollten, daß sie auf einem Teilgebiet ihr Angebot vertieften und sich als Spezialisten in einem vergleichsweise kleinen Bereich auswiesen, soweit die Größe des Markts, mit der die Anbieter rechnen konnten, eine solche Begrenzung des Sortiments überhaupt als zweckmäßig erscheinen ließ **(Spezialhandel).**

So sind viele Jahrzehnte lang Fach- und Spezialgeschäfte mit den verschiedensten Sortimentsabstufungen und unter völlig uneinheitlichen Standortbedingungen entstanden. Strebten Einzelhandelsunternehmen mit den Waren des täglichen Bedarfs in die Wohnbezirke und die Arbeitsstätten der Berufstätigen, so drängten Händler mit den Waren des periodischen und aperiodischen Bedarfs (z. B. Kleidung, Möbel, Uhren und Schmuck) in die Kaufzentren der Städte mit ihren großen Möglichkeiten sowohl für eine Spezialisierung als auch für eine Ausweitung des Angebots. Mit der branchenmäßigen Ausrichtung des Einzelhandels sind wichtige Orientierungsmöglichkeiten sowohl für die Gestaltung der Handelssortimente als auch für die Verbraucher verbunden, die in zahlreichen Fällen ein fachlich gegliedertes, tief gestaffeltes Warenangebot suchen.

Ein aktuelles Beispiel für die Weiterentwicklung von Betriebsformen mit branchenmäßiger Ausrichtung stellen die **Off-price-Stores** dar. Diese bieten Markenartikel mittlerer bis hoher Qualität (insbesondere Oberbekleidung und Schuhe), wenn auch häufig als Überhang-, Auslauf- und Zweite-Wahl-Ware, mit dauerhaft hohen Preisabschlägen (20-70%) an. Sie liegen üblicherweise an verkehrs- und kostengünstigen Standorten außerhalb der traditionellen Einkaufszonen.

Seit einiger Zeit setzen sich jedoch im Handel in verstärktem Maße Fach- und Spezialgeschäfte eines ganz anderen Typs durch. Nicht mehr die branchenmäßige Orientierung ist für sie charakteristisch, vielmehr sind die Betriebe bestrebt, einem bestimmten Sektor des Bedarfs der Verbraucher zu dienen. Typische Beispiele dafür stellen Sportgeschäfte, Einrichtungshäuser, Geschäfte, die „Alles für das Kind" oder „Alles für das Auto" anbieten, dar. Die Bedarfsorientierung der Handelssortimente weitet sich zu einer Gruppierung der Waren nach Erlebnisbereichen (wie Freizeit, Reisen, Bildung) aus.

In dieser sortimentspolitischen Konzeption ist eine neue Art fachlicher Orientierung zu erblicken, die nicht mehr an der Ware oder Branche, sondern am Bedarf anknüpft. Gegner der Bedarfsorientierung befürchten einen Trend zur Branchenverwischung und Entspezialisierung des Handels, der der Verschärfung der Konkurrenzsituation zwischen den Handelsbetrieben weiteren Auftrieb gibt.

Eine moderne Ausprägung dieser Entwicklung stellen die **Fachmärkte** dar, die sich zwischen Fachgeschäft auf der einen und dem später noch zu charakterisierenden Verbrauchermarkt auf der anderen Seite ansiedeln lassen und im übrigen eine Konsequenz des deutschen Bauplanungsrechts sind. Hinsichtlich Standort, äußerem Erscheinungsbild, Preisniveau und – mit Einschränkungen – Größe ähneln sie Verbrauchermärkten, während sie sich sortimentsmäßig Fachgeschäften annähern. Zu den markantesten Beispielen für diesen zunehmend an Popularität gewinnenden Geschäftstyp zählen Drogerie- und Baumärkte sowie Garten-Center.

Auch die **Boutiquen** stellen, wenn auch nur bedingt, eine charakteristische Erscheinungsform dieser Entwicklung dar. Bei ihnen handelt es sich um kleine Einzelhandelsgeschäfte, die durch auffällige Aufmachung ganz bestimmte Käuferkreise ansprechen wollen. Ausgehend von der Mode übertrug sich der Boutiquegedanke zunehmend auf den Verkauf von Einrichtungsgegenständen, Antiquitäten und Schmuck; in Waren- und Kaufhäusern findet man diesen Typus häufig auch als Shop-in-the-Shop (*Falk / Wolf* 1992).

(2) Das sortimentsmäßige Pendant zum Fach- und Spezialhandel stellt der Gemischtwarenhandel dar. Zu ihm rechnet man seit altersher zunächst das sog. ländliche Gemischtwarengeschäft, das in Dörfern und Kleinstädten zu finden ist, Waren aus verschiedenen Branchen (neben Lebensmitteln auch Textilien, Hausrat, Schreibwaren und dgl.) führt und sich vielfach (vor allem in Österreich) als Kaufhaus bezeichnet. Dieser Typ befindet sich im Rückgang, da überall moderne Geschäfte vordringen.

Als die eigentlichen Repräsentanten des Gemischtwarenhandels gelten die **Warenhäuser** und **Kleinpreisgeschäfte.** Später kamen die **Supermärkte, Verbrauchermärkte** und **SB-Warenhäuser** hinzu, die neben Nahrungs- und Genußmitteln in größerem Umfang andere Waren führen und sich auf ein warenhausähnliches Sortiment hinbewegen.

Die **Warenhäuser** stellen eine typische Erscheinung des städtischen Einzelhandels dar. Als Standorte haben sie vorzugsweise die Stadtkerne oder die Mittelpunkte der Vorstädte, von denen die Großstädte umgeben sind, gewählt. An diesen Stellen bildeten sie die Keimzellen bedeutender Kaufzentren.

Nach dem Zweiten Weltkrieg haben die deutschen Warenhausunternehmen auch in kleineren Orten Niederlassungen errichtet, was nach Aufhebung diskriminierender gesetzlicher Bestimmungen und angesichts des raschen Bevölkerungs- und Kaufkraftwachstums der betroffenen Kommunen und ihrer Einzugsgebiete nahelag. Daneben hat die Neigung der Warenhauskonzerne, sich an modernen Einkaufszentren zu beteiligen, die an den Stadträndern bzw. auf der grünen Wiese entstanden sind, zugenommen.

Die Warenhäuser bieten heute ein Sortiment an, das sich auf nahezu alle Waren, in Einzelfällen auf weit über 100.000 Artikel erstreckt. Die Zusammenfassung des Warenangebots unter einem Dach und dessen geschickte Präsentation üben nach wie vor eine starke Anziehungskraft auf große Teile der Bevölkerung aus. Die aggressive Preispolitik, die früher von den meisten Warenhausunternehmen verfolgt wurde, ist dabei zugunsten anderer absatzpolitischer Schwerpunkte (große Auswahlmöglichkeit, Kreditgewährung, sonstiger Kundendienst etc.) zurückgetreten. Den Kern des Warenhausumsatzes bilden noch immer Textilien und Bekleidung, wenngleich die Sektoren Hartwaren sowie Nahrungs- und Genußmittel in den letzten Jahren an Bedeutung gewonnen haben.

In den vergangenen Jahrzehnten kam es auch zur Gründung von **Gemeinschaftswarenhäusern.** Dabei handelt es sich um warenhausähnliche Betriebe, deren Abteilungen von selbständigen Händlern geführt werden, und zwar nach einem einheitlichen Konzept, so daß sich die Kunden jenes Spezifikums normalerweise überhaupt nicht bewußt werden. Die in der Bundesrepublik Deutschland durchgeführten Versuche scheiterten fast alle an der mangelnden Bereitschaft der Beteiligten, eine für alle verbindliche unternehmenspolitische Konzeption zu akzeptieren und an deren Realisation mitzuwirken. Immerhin ist es in Schweden durch geeignete vertragliche Abmachungen und geschickte Leitung in einigen Fällen gelungen, dieser Schwierigkeiten Herr zu werden.

Als **Kaufhäuser** werden den Warenhäusern verwandte Einzelhandelsbetriebe bezeichnet, die sich von ihren größeren Konkurrenten vor allem darin unterscheiden, daß sie über kein umfassendes Sortiment verfügen. Deren Hauptgewicht liegt auf Textilien, Bekleidung und Einrichtungsgegenständen, während Lebensmittelabteilungen fehlen.

Die **Kleinpreisgeschäfte** oder **Juniorwarenhäuser** gingen aus den Einheitspreisgeschäften hervor, die ursprünglich nur Waren weniger Preisstufen (in den USA 5 und 10 cts, in Deutschland 0,10, 0,25, 0,50, 1,- RM) führten, wobei freilich zu bedenken ist, daß vor und nach dem Ersten Weltkrieg das Preisniveau unvergleichlich niedriger war. Diese Einengung des eigenen Handlungsspielraums erwies sich indessen auf Dauer als nicht tragfähig und mußte einer flexibleren Preis- und Sortimentspolitik weichen.

Bei den **Supermärkten** handelt es sich um Selbstbedienungsläden mit einer Verkaufsfläche von mindestens 400 qm. Sie führen neben einem vollen Nahrungs- und Genußmittelsortiment auch andere Waren des täglichen Bedarfs (Non Food), die als nicht beratungsbedürftig angesehen werden. Um dem verstärkten Wunsch der Konsumenten nach bequemen Einkaufsmöglichkeiten Rechnung zu tragen („one stop shopping"), werden nicht nur im Warenhaus, sondern auch im Supermarkt viele Spezialsortimente unter einem Dach zusammengefaßt. Dadurch vereinigen sie das Nahrungs- und Genußmittelangebot, das sich in den Jahrzehnten zuvor, zumindest in den Städten, auf viele Spezialgeschäftstypen aufgespalten hatte, wieder in einer Hand.

Für die Entscheidung über die Ausweitung der Sortimente gaben teils kalkulatorische, teils absatzwirtschaftliche Erwägungen den Ausschlag. Die Handelsspannen sind bei Nahrungs- und Genußmitteln durch den Preiswettbewerb zum Teil so stark zusammengeschrumpft, daß ein Ausgleich durch andere Waren, die vergleichsweise hohe Spannen „abwerfen", unabdingbar erschien (Haushalts-, Textilwaren und Bekleidung, Elektroartikel, Spielzeug, Schreibwaren, Bücher usw.). Aus absatzwirtschaftlicher Sicht war für die Eingliederung von Non Food in die Sortimente der Supermärkte das Bemühen, die Anziehungskraft der Betriebe zu erhöhen und dem Publikum den Einkauf zu erleichtern, maßgebend.

Die **Verbrauchermärkte** (mindestens 1.000 qm Verkaufsfläche) und die aus ihnen hervorgegangenen **SB-Warenhäuser** (mindestens 3.000 qm Verkaufsfläche) stellen zusammen mit den bereits erwähnten Fachmärkten die erfolgreichsten Neuerungen in der Entwicklungsreihe der Betriebsformen des Einzelhandels dar. Sie führen in der Regel ein warenhausähnliches Sortiment mit Nahrungs- und Genußmitteln als Kern. Allerdings hat diese Warengruppe hier im allgemeinen einen niedrigeren Anteil am Umsatz als im Supermarkt. Je größer Verbrauchermärkte und SB-Warenhäuser sind, um so kleiner ist die fragliche Zahl; in Betrieben mit einer Verkaufsfläche von 5.000 qm und mehr beläuft sie sich in der Regel auf nur noch ca. 25%.

Weiterhin unterscheiden sich beide von den Supermärkten dadurch, daß sie sich bevorzugt des Preises als Wettbewerbsparameter bedienen und von anderen absatzpolitischen Instrumenten nur vergleichsweise geringen Gebrauch machen. Als Standorte dominieren Randlagen der Städte und Ballungsräume, die sich durch niedrige Grundstückspreise und günstige Verkehrsverhältnisse auszeichnen, vor allem aber den von vielen Fachleuten als überaus restriktiv empfundenen Regelungen des § 11 Abs. 3 der *Baunutzungsverordnung* („Verbrauchermarktbremse") Rechnung tragen.

Eine Sonderform des Gemischtwarenhandels stellen **Tankstellen** dar. Ausgehend vom Vertrieb von Kraft- und Schmierstoffen nahmen diese anfangs Autozubehör wie z. B. Reifen, Batterien, Glühlampen und Scheibenwischerblätter in ihr Sortiment auf. War bei diesen Produkten noch ein direkter Bezug zum Kraftfahrzeug gegeben, so erweiterten die Tankstellen in einem zweiten Schritt ihr Angebot um Waren wie Nahrungsmittel, Getränke, Zigaretten und Zeitschriften, die überdies, um von Ausnahmeregelungen des Ladenschlußgesetzes zu profitieren, als Reisebedarf deckend deklariert wurden. Damit entwickelten sie sich zu direkten Konkurrenten vor allem von Lebensmittelgeschäften, dies zumal in Zeiten, in denen der sonstige Einzelhandel auf Grund des Ladenschlußgesetzes seine Versorgungsfunktion nicht wahrnehmen kann.

Eine ähnliche Sonderstellung nehmen auch **Kioske** ein. Sie führen in der Regel Bier sowie alkoholfreie Getränke, aber auch Süßigkeiten, Tabakwaren, Zeitungen und Zeitschriften, die den Kunden in der Regel durch ein Fenster aus dem Verkaufsraum herausgereicht werden.

(3) Die **Versandhäuser** haben nach dem Zweiten Weltkrieg einen geradezu ungestümen Aufschwung erlebt. Sie gelten je nach ihrer konkreten Ausgestaltung

als Repräsentanten sowohl des Gemischtwaren- als auch des Fach- und Spezialhandels. Mehr noch als in anderen Ländern sind in Deutschland Großversender *(Neckermann Versand, Otto Versand, Großversandhaus Quelle)* entstanden, die die Sortimente auf einen warenhausähnlichen Umfang erweiterten und zum Teil auch Dienstleistungen (z. B. Touristik und Versicherungen) in ihr Angebot einbezogen. Ein weiteres wichtiges Kennzeichen der Absatzpolitik der Großversender war die Errichtung von offenen Verkaufsstellen (Waren- und Kaufhäuser, Spezialgeschäfte, Bestellkontore etc.), in denen zuweilen mehr umgesetzt wurde als im Wege des Versands (vgl. *Nieschlag* 1976).

Neben den großen Versandhäusern gibt es eine stattliche Zahl kleiner **Spezialversender**, deren Sortimente häufig stark spezialisiert sind, was für den deutschen Versandhandel bis zu Beginn der fünfziger Jahre schlechthin galt. Die Schwierigkeiten und die hohen Kosten, denen die Gewinnung neuer Kunden begegnet, führen jedoch mit einer gewissen Zwangsläufigkeit zu einer Politik, die darauf abzielt, durch Verbreiterung der Sortimente die Bestellungen zu vergrößern und den Umsatz je Kunden zu erhöhen.

Der reine Versandhandel unterbreitet sein Angebot entweder auf schriftlichem Weg, vor allem mit Hilfe von Katalogen, oder er bedient sich dazu eines Stabes von sog. Vertretern im Nebenberuf und Sammelbestellern. Auf diese Weise versuchen die Versandhäuser, die Geschäftsbeziehungen zu ihren Kunden zu festigen und ihnen eine persönliche Note zu geben. Ein nicht unbeachtlicher Teil des Umsatzes basiert neuerdings bereits auf dem Einsatz Neuer Kommunikationsmedien (vgl. Abschn. 4.2.2.).

Der große Erfolg der Versandhäuser wird immer wieder deren Preiswürdigkeit und der Bequemlichkeit des Einkaufs, verbunden mit einer großen Auswahl, zugeschrieben. Diesen Vorteilen steht die Schwierigkeit gegenüber, daß Interessenten die Waren vor dem Kauf weder besichtigen noch prüfen können. Auch die Zusicherung, daß alle Wünsche auf Umtausch oder Rücknahme der gelieferten Artikel weit über das gesetzlich vorgeschriebene Maß hinaus erfüllt werden, hat daran nicht viel zu ändern vermocht. Mit der – bereits erwähnten – Errichtung offener Verkaufsstellen und der Einschaltung von Vertretern und Sammelbestellern wollte man diese strukturellen Nachteile zumindest zum Teil abbauen.

Eine Kombination von Versandhandel einerseits und stationärem Einzelhandel andererseits stellen die **Catalogue-Showrooms** dar. Diese bieten an verkehrs- und kostengünstig gelegenen Standorten ein ausgewähltes Sortiment von Markenartikeln – zumeist Waren aus dem Hartwarenbereich wie z. B. Uhren, Schmuck, Lederwaren, optische Geräte und Elektrogeräte mit guter Qualität – zu extrem niedrigen Preisen an. Bei Kauf wird die Ware aus einem angegliederten Lager geholt und originalverpackt dem Kunden zur sofortigen Mitnahme ausgehändigt. Den Kontakt zu diesen stellt ein Katalog her, mit dessen Hilfe Interessenten zu Hause eine Vorauswahl treffen. Catalogue-Showrooms zeichnen sich durch eine aggressive Preispolitik aus, die durch eine rationelle Betriebsform – kostengünstigen Standort, wenig Personal bzw. Service, niedrige Diebstahlquote, nur Katalogkosten als Werbeausgaben – ermöglicht wird (vgl. *Falk / Wolf* 1992).

(4) Eine primär auf aggressive Preispolitik ausgerichtete Betriebsform des Einzelhandels verkörpern neben Catalogue-Showrooms und Off-price-Stores vor allem **Diskontgeschäfte (Discounter)**. Sie verzichten weitgehend auf die Erbringung von Dienstleistungen und bieten ein zu niedrigen Preisen kalkuliertes Sortiment sich schnell umschlagender Waren an. Unter ihnen finden sich sowohl Repräsentanten mit einem Fach- als auch solche mit einem gemischten Warensortiment. Weit verbreitet ist die Diskontidee im Lebensmittelhandel (z. B. *Aldi, Lidl)*, aber auch in anderen Branchen, wie im Radio- / Fernseh- / Phonohandel, finden sich Beispiele für Fachdiscounter (z. B. *Brinckmann, Media-Markt).*

Wie andere Betriebsformen des Einzelhandels unterliegen auch die Diskontgeschäfte der im Zusammenhang mit der Dynamik der Betriebsformen bereits erwähnten Tendenz zum Trading up: So dehnen einige klassische Repräsentanten den Artikelumfang kontinuierlich aus und nehmen Warengruppen in ihr Sortiment auf, die bislang als nicht diskontfähig galten, wie z. B. Frischfleisch bei Lebensmitteldiskontern. Darüber hinaus bieten sie ihren Kunden vermehrt Serviceleistungen. Allerdings läßt sich auch eine entgegengerichtete Entwicklung feststellen: So ist z. B. *Aldi* bemüht, sich der generellen Tendenz zum Trading up zu entziehen und an der ursprünglichen Diskont-Idee festzuhalten.

(5) Die bisher beschriebenen Betriebsformen können sowohl als unabhängige, nichtorganisierte Einzelshandelsbetriebe als auch in Filialbetriebe bzw. Verbundgruppen eingegliedert auftreten. Bei letzteren lassen sich Formen privatwirtschaftlicher Kooperation wie z. B. **Freiwillige Ketten** und **Einzelshandelsringe** einerseits und genossenschaftliche wie z. B. **Einkaufsgenossenschaften** andererseits unterscheiden. Obwohl hier die Einzelhandelsbetriebe rechtlich selbständig sind, kommt es auf Grund des gemeinsamen Marketingkonzepts und der stark ausgeprägten Bemühungen um zentralen Warenbezug zu einer im Einzelfall hohen faktischen Abhängigkeit der Mitglieder von der jeweiligen Zentrale.

Unternehmen wie *Spar* bei den Freiwilligen Ketten sowie *Edeka* und *Rewe* bei den Einkaufsgenossenschaften bilden bekannte Beispiele für den in Verbundgruppen organisierten Lebensmitteleinzelhandel. Nicht zu verwechseln sind die Einkaufsgenossenschaften des Einzelhandels mit den **Konsumgenossenschaften**. Diese entstanden in der Frühzeit des Kapitalismus durch eine Initiative von Verbrauchern. Industriearbeiter wollten ihre ungünstige wirtschaftliche und soziale Lage dadurch verbessern, daß sie selbst die Versorgung mit den wichtigsten Gütern in die Hand nahmen, wobei man sich anfangs auf die ehrenamtliche Arbeit der Mitglieder stützte. In einigen Ländern, vor allem in Skandinavien, haben die Konsumgenossenschaften große Bedeutung erlangt. In anderen erwuchsen ihnen in den Einkaufsgenossenschaften der Händler sowie in Filialunternehmen leistungsfähige Konkurrenten, mit denen sie in heftigem Wettbewerb stehen.

Eine in der Regel noch weitergehende Abhängigkeit von einer zentralen Geschäftsleitung zeigt sich bei den **Filialbetrieben**. Hierbei werden die Geschicke des einzelnen Geschäfts durch Filialleiter bestimmt, die als Angestellte weisungsgebunden sind. Als Filialbetriebe gelten solche Unternehmen des Fach- und Spezial- bzw. des Gemischtwarenhandels, bei denen mindestens fünf standörtlich getrennte Verkaufsstellen existieren, die von einer Zentrale aus gesteuert werden. Bei mehr als zehn Outlets gilt ein derartiges Unternehmen im allgemeinen als Großbetriebsform des Handels. Bei den Filialbetrieben sowohl des Fach- und Spezial- als auch des Gemischtwarenhandels findet man eine Reihe populärer Unternehmen mit teils regionaler, teils nationaler Repräsentanz. So zählen zu den Filialbetrieben des Fach-und Spezialhandels z. B. *Douglas* und *Schlecker,* zu denen des Gemischtwarenhandels z. B. *Nanz* und *Tengelmann.*

(6) Eine Sonderstellung im Rahmen dieses Katalogs von Betriebsformen nehmen die **Einkaufszentren** (Shopping Center) ein. Zu den gewachsenen Varianten, die in Jahrhunderten an den Marktplätzen und Hauptstraßen der Städte und Dörfer entstanden waren, sind in der Zeit nach dem Zweiten Weltkrieg geplante Einkaufszentren oder Shopping Center getreten, die im Zuge der Errichtung neuer vorstädtischer Siedlungen oder Städte in den USA aufkamen und sich rasch über andere Erdteile ausbreiteten.

Die Investitionen, die moderne Einzelhandelsbetriebe erfordern, und die damit verbundenen Risiken machen eingehende Untersuchungen über Zahl, Standort und Größe der Betriebe erforderlich, die in den Einkaufszentren gebraucht werden, um einerseits die Versorgung der Haushalte und den Wettbewerb zu sichern und andererseits eine unzureichende Ausnutzung der Kapazität zu vermeiden. Dabei gilt es nicht nur die voraussichtliche Zahl, Zusammensetzung, Einkommensverhältnisse, Einkaufs- und Verbrauchsgewohnheiten der Bewohner eines Gebiets, sondern auch auf Grund der einschlägigen baurechtlichen Bestimmungen die Anziehungskraft bzw. Überlebensfähigkeit benachbarter Einkaufsgelegenheiten in die Überlegungen einzubeziehen.

Häufig setzt sich zwischen den Einkaufszentren von Satellitenstädten und der City eine Art Arbeitsteilung durch. In ersteren bieten die Unternehmen Waren des täglichen und eines Teils des aperiodischen Bedarfs in angemessener Auswahl an. Die City dagegen nimmt für sich in Anspruch, daß die Verbraucher hier mit dem denkbar breitesten Angebot an Gütern und Dienstleistungen und allen sonstigen Reizen konfrontiert werden, das die Entstehung eines Einkaufserlebnisses erfordert.

2.2.1.2.4. Determinanten der Wahl der Einkaufsstätte

Bei der Wahl der Einkaufsstätte spielen eine Vielzahl **objektiver** Faktoren wie beispielsweise räumliche Nähe eines Geschäfts, Bedürfnisdruck, Zeitbudget und Einkaufsmobilität eine wichtige Rolle. Während der Handel auf diese, wenn überhaupt, nur geringen Einfluß nehmen kann, stehen ihm durch die bei der Typologie von Erscheinungsformen des Einzelhandels bereits dargestellten Kriterien Sortimentsbreite und -tiefe, Bedienungsform, Art der Warendarbietung, Größe der Verkaufsfläche, Preisverhalten und Umfang der gebotenen Nebenleistungen Parameter zur Verfügung, mit deren Hilfe er gestaltend auf die Einkaufsstättenwahl einwirken kann. Neben diesen objektiven Sachverhalten wurde der **subjektiven** Bewertung von Betrieben in der Literatur erst verhältnismäßig spät explizit Bedeutung beigemessen.

Martineau (1958) wies als einer der ersten darauf hin, daß Geschäfte nicht nur unter funktionalen, sondern auch unter marktpsychologischen Gesichtspunkten betrachtet werden müssen. Berücksichtigt werden soll damit vor allem das Phänomen **Image**. Es wird häufig als die Gesamtheit aller Einstellungen, Kenntnisse, Erfahrungen, Wünsche und Gefühle definiert, die mit einem bestimmten Meinungsgegenstand in Verbindung gebracht werden. Einen wesentlichen Unterschied zur Einstellung, die ebenso wie das Konstrukt Image aus kognitiven, affektiven und konativen Komponenten besteht, stellt die ganzheitliche Charakterisierung des Bezugsobjekts dar. Das Image vereint also u. a. alle als relevant erachteten Einstellungsdimensionen in sich. Ein weiterer Unterschied liegt im Ausmaß des Handlungsanreizes. Einstellungen gegenüber sozialen Objekten rufen Handlungsabsicht hervor, während es bei Images eines Vergleichs mit rivalisierenden Objekten bedarf. Schließlich besitzen Einstellungen eine größere Änderungsresistenz als Images, da erstere in stärkerem Maße mit Grundwerten im Zusammenhang stehen.

Das Geschäftsimage kennzeichnet die komplexe Gesamtheit aller Vorstellungen, Eindrücke und Gefühle einer Person bzw. einer Personengruppe gegenüber einem Einzelhandelsbetrieb und stellt somit eine zentrale Determinante im Zusammenhang mit der Wahl einer Einkaufstätte (vgl. *Büttner* 1986) dar. Es setzt sich aus zwei sich überlagernden Elementen zusammen, dem **Erscheinungsbild** der jeweiligen **Betriebsform** und wahrgenommenen **Spezifika** eines bestimmten **Betriebs** (vgl. *Henseler* 1978). *Lindquist* (1974) konnte durch Auswertung von 23 Imagestudien nicht weniger als 31 empirisch überprüfte Attribute von Geschäften identifizieren (siehe dazu Tab. 7.1.).

Anfänglich diente die Erforschung von Geschäftsimages lediglich deskriptiven Zwecken. Für das Marketing interessanter ist indessen die Frage, inwiefern das Image von Geschäften die **Einkaufsstättenwahl** beeinflußt. Ein Versuch dazu, der von *Schiffman / Dash / Dillon* (1977) unternommen wurde, ergab, daß diese durch wenige auf das Geschäft bezogene Imagemerkmale, ohne einschränkende Bedingungen zu setzen, nicht zufriedenstellend erklärbar ist. Wie *Cardozo* (1974) gezeigt hat, erhält man bei einer nach Warenbereichen differenzierten Analyse wesentlich bessere Ergebnisse. Gleichwohl ist die Gefahr nach wie vor groß, die Gegebenheiten nur unzulänglich zu erfassen, wenn man etwa mit standardisierten

Tabelle 7.1.

Attributebereiche von Geschäftsimages und diesen subsumierte Einzelattribute	
Attributebereich	Einzelattribute
Ware	– Qualität – Auswahl bzw. Sortimentsbreite – Gestaltung bzw. Mode – Garantie – Preis
Dienst am Kunden	– Kundendienst – Bedienung durch Verkaufspersonal – Selbstbedienung – Warenrückgabe – Warenzustellung – Kundenkredit – Telefonbestellung
Kundenkreis	– Zugehörigkeit zu sozialen Klassen – Übereinstimmung mit dem Selbstimage – Geschäftspersonal
Einrichtung	– Geschäftsgestaltung – Einkaufsbequemlichkeit (z. B. Aufzüge, Temperatur, Licht, Waschräume) – Architektur (z. B. Anordnung von Gängen und deren Breite, Teppiche)
Bequemlichkeit	– räumliche Nähe – Parken
Werbeaktivitäten	– Verkaufsförderung – Werbung – Warendarbietung – Rabattmarken – Symbole und Farben
Geschäftsatmosphäre	– Atmosphäre – Angemessenheit
Institution	– Modernität – Ruf – Glaubwürdigkeit
Nach-Kauf	– Nach-Kauf-Zufriedenheit

Quelle: in Anlehnung an *Lindquist* 1974, S. 33 f.

Itemkatalogen arbeitet und eine relativ große Zahl von Objekten in die Analyse einbezieht.

(1) Eine wichtige Fehlerquelle besteht darin, daß die individuelle Präferenz für ein bestimmtes Geschäft auch vom Grad der Korrespondenz zwischen dem **Image** des **Bezugsobjekts** und dem **Selbstimage** abhängt. *Stern / Bush / Hair* (1977) überprüften dazu einige einschlägige Hypothesen mit dem Ergebnis, daß sich zwischen dem realen Selbstimage von Probanden und dem Image der von diesen aufgesuchten Geschäfte hohe Übereinstimmung zeigte (und umgekehrt). Ein weiteres Korrektiv liegt in der Vorstellung, daß Konsumenten einzelnen Geschäften ganz bestimmte Kundenschichten zuordnen und mit ihrem Selbstbild vergleichen (vgl. die Untersuchung von *Windhorst* 1985). Beispielsweise ist die Ehefrau eines Bankdirektors jahrelang zufriedene Kundin einer Boutique, bis sie eines Tages bemerkt, daß sich dort auch ihre Haushaltshilfe einkleidet. In einer Studie von *Marcus* (1972) wurden sechs Warenhausketten mit zum Teil stark divergierender Angebotspolitik überaus klar sieben Frauentypen zugeordnet, die sich in ihrem sozialen Status eindeutig unterschieden.

(2) Eine modifizierende Wirkung geht im übrigen auch vom **Erscheinungsbild** des **Verkaufspersonals** aus (vgl. hierzu auch die Ausführungen über den persönlichen Verkauf in Abschn. 4.2.1.). Dabei steht die Frage im Mittelpunkt, ob das Verkaufspersonal den Käufern ähnlich sein soll oder nicht. Sie basiert auf der These *Homans* (1961), daß ähnliche Lebensumstände zu einer vergleichbaren Werthaltung führen. *Evans* (1963) vermochte dies für Versicherungsvertreter eindeutig zu bestätigen, da die Wahrscheinlichkeit eines Vertragsabschlusses dadurch beträchtlich anstieg. *McCarthy* (1971) zog daraus den Schluß, daß ein Einzelhändler unbedingt seine Zielgruppe(n) kennen müsse, um geeignete Verkäufer(innen) auswählen zu können. *Churchill / Collins / Strang* (1975) konnten die Behauptung, daß eine Ähnlichkeit der Interaktionspartner das Kaufverhalten positiv beeinflusse, allenfalls tendenziell bestätigen.

(3) Obwohl das Verhältnis von **Geschäfts-** zu **Produktimage** eine zentrale Fragestellung marktpsychologischer Forschung verkörpern sollte, sind dazu bislang kaum Studien durchgeführt worden. *Meyer* (1965) weist, gestützt auf eine Reihe von Studien, darauf hin, daß dem Image der Einkaufsstätte bei Marken mit eindeutigem psychologischem Profil lediglich zweitrangige Bedeutung zukommt, solange ein Käufer sicher ist, „seine“ Marke zu erhalten. Umgekehrt schiebt sich das Geschäft um so mehr in den Vordergrund, je weniger eine „Markenpersönlichkeit“ existiert.

Eine weitere hier zu besprechende Bestimmungsgröße der Wahl der Einkaufsstätte verkörpert das **Einkaufsrisiko,** das Verbraucher mit einzelnen Geschäften assoziieren. Dieses ist zumindest zweischichtig: Eine Dimension verkörpert das Kontakt-, die andere das Produktrisiko. *Hefner* (1978) hat z. B. festgestellt, daß in der Bundesrepublik Deutschland lebende Ausländer, soweit sie Sprachprobleme haben, beim Kauf größerer elektrischer Geräte Warenhäuser und Selbstbedienungsgeschäfte bevorzugen, da diese ein größeres Maß an Anonymität gewährleisten und die Angst vor Vorurteilen und diskriminierender Behandlung verringern. Es ist davon auszugehen, daß auch bei Deutschen (mangelndes) Artikulationsvermögen und Selbstwertgefühl eine Vorliebe für bestimmte Betriebsformen bzw. Geschäfte entstehen lassen. Für den Lebensmittelbereich zeigt eine Untersuchung, daß in der Bundesrepublik Deutschland lebende Türken frische Produkte wie Fleisch- oder Wurstwaren, bei denen die Gefahr besteht, daß sie nicht ihren religiösen Vorschriften entsprechend verarbeitet wurden, vorwiegend in Geschäften von Landsleuten, andere Waren dagegen im Supermarkt erwerben (vgl. *Ünver* 1991).

Dash / Schiffman / Berenson (1976) berichten davon, daß sich z. B. Kunden von Fachgeschäften selbstbewußter geben, ein geringeres Kaufrisiko wahrnehmen und die Breite des Angebots für wichtiger halten als die Klientel von Kaufhäusern. Ähnlich fanden *Hisrich / Dornoff / Kernan* (1972) heraus, daß die Höhe des einem Geschäft zugeschriebenen Risikos mit dem Selbstvertrauen tendenziell negativ und mit der Informationssuche positiv korreliert.

Bei all diesen Befunden stellt sich die Frage nach deren plausibler Erklärung. Weshalb z. B. gilt ein Geschäft als wenig vertrauenerweckend, warum ist dort ein Einkauf riskant? Liegt es an der nachlässigen Preisauszeichnung, an aufdringlichen Verkaufskräften, an dem wenig ansprechenden Angebot? Aus der Sicht des Managements sind solche Sachverhalte von großer Bedeutung für die gesamte Marketing-Planung des Einzelhandels. Für sie bedarf es Informationen darüber, welches Image die Kunden von einer Einkaufsstätte besitzen und wie sie dieses im Vergleich zu dem von konkurrierenden Betrieben beurteilen. Hinzu kommt die Erkenntnis, welche Vorstellungen die Konsumenten von einer von ihnen als ideal angesehenen Beschaffungsquelle haben.

Ein wesentlicher Faktor für das Maß, in dem eine Einkaufsstätte die Bedürfnisse eines Konsumenten befriedigt, liegt dabei im eigenen **Anspruchsniveau** (vgl. *Barth* 1993, *Kroeber-Riel* 1992). Je stärker die Forderungen eines Konsumenten im Hinblick darauf, wie ein Geschäft sein sollte, mit seinem Meinungsbild im konkreten Fall übereinstimmen, desto geringer sind die psychologischen Widerstände, dort einzukaufen.

2.2.2. Absatzhelfer

Absatzhelfer stellen in den Absatzweg eingeschaltete externe Aufgabenträger dar, die ebenso wie die Absatzmittler rechtlich selbständig sind, im Gegensatz zu jenen aber kein Eigentum an der abzusetzenden Ware erwerben. Zu ihnen gehören sowohl Handelsvertreter, Makler und Kommissionär als auch sonstige absatzunterstützende Organe und Institutionen wie z. B. Spediteur und Frachtführer.

(1) Handelsvertreter

Handelsvertreter verkörpern nach § 84 *HGB* rechtlich **selbständige Gewerbetreibende**, die ständig damit betraut sind, für mindestens ein anderes Unternehmen Geschäfte zu vermitteln oder abzuschließen. Ihre Funktion entspricht in gewisser Weise der des **Reisenden**, von dem sie sich aber vor allem durch ihre rechtliche Selbständigkeit und den Umstand, daß sie in der Regel für mehrere Unternehmen (Mehrfirmenvertreter) arbeiten, unterscheiden. Die **Selbständigkeit** des Handelsvertreters kommt darin zum Ausdruck, daß er seine Tätigkeit weitgehend frei gestalten und über seine Arbeit selbst bestimmen kann, was freilich nicht ausschließt, daß sich vor allem der Einfirmenvertreter in einer mehr oder weniger starken Abhängigkeit von dem von ihm repräsentierten Unternehmen befinden kann und daher dem Status des Reisenden recht nahekommt.

Obwohl sich das Interesse der Unternehmen in neuerer Zeit aus Kostengründen oft mehr dem Handelsvertreter als dem Reisenden zuneigt, ist dessen Stellung zwischen den Marktparteien dennoch nicht ungefährdet. Die fortschrcitende Konzentration und Kooperation in Industrie und Handel, die Zunahme der Vertragshandelssysteme und das Streben nach straff geleiteten Absatzorganisationen führen zu einem Rückgang der Zahl sowohl der Vertretungen als auch der Kunden, obwohl mit der Entstehung der *Europäischen Union (EU)* viele Vertretungen ausländischer Anbieter hinzugekommen sind. Nach der Umsatzsteuerstatistik (Stand 1992) gibt es in der Bundesrepublik Deutschland ungefähr 50.000 steuerpflichtige Handelsvermittlungsunternehmen, die pro Jahr einen Warenumsatz von ca. 300 Mrd. DM vermitteln.

Die Handelsvertreter begreifen sich heute nicht mehr als bloße Auftragssammler, sondern als Berater und damit als gleichwertige und ebenbürtige Partner sowohl ihrer Kunden als auch der von ihnen vertretenen Unternehmen. Ihre spezifische Funktion besteht mehr denn je darin, daß sie die Probleme beider Seiten verstehen und lösen helfen, um das notwendige **Vertrauensverhältnis** zwischen Lieferanten und Abnehmern herzustellen und zu pflegen (vgl. *Hildenbrand* 1983).

Dem Zweck der Existenzsicherung dienen auch weit darüber hinausgehende Maßnahmen, so z. B. außer der bereits erwähnten Übernahme von Auslieferungslägern die Bildung von Büro- und Lagergemeinschaften zusammen mit Kollegen, die gemeinsame Durchführung von Musterungen in Handelsvertreterzentren und an anderen günstig gelegenen Plätzen sowie die Bildung von Interessengemeinschaften – oft als Handelsvertreterketten bezeichnet –, bei denen ein Handelsvertreter ähnlich wie in einem Konsortium die Führung einer Gruppe von Kollegen übernimmt und die Verbindung mit den vertretenen Unternehmen hält. Kundenkreise und Verkaufsbezirke der Gruppenmitglieder ergänzen sich hier derart, daß das gesamte Absatzgebiet, das bearbeitet werden soll, erfaßt wird.

(2) Kommissionär

Vom Handelsvertreter, der in fremdem Namen und für fremde Rechnung arbeitet, unterscheidet sich der Kommissionär dadurch, daß er in eigenem Namen für die Rechnung seines Auftraggebers (des **Kommittenten**) tätig wird (§ 383 *HGB)*. Er übernimmt für diesen gewerbsmäßig den Ein- oder Verkauf von Waren (und Wertpapieren), die jedoch nur im Fall des Selbsteintritts in sein Eigentum übergehen. Die Vergütung für die Tätigkeit besteht in einer im allgemeinen umsatzabhängigen **Kommission** oder **Provision.** Der Kommissionär ist heute besonders im Wertpapiergeschäft, im Handel mit Agrarprodukten und im Außenhandel anzutreffen.

Daneben wird häufig auch an den Einzelhandel Ware „auf Kommission" geliefert; der Einzelhändler arbeitet insoweit also als Kommissionär. Das Verfahren hat nach der Aufhebung der vertikalen Preisbindung erheblich an Beliebtheit gewonnen.

(3) Makler

Die Tätigkeit eines Maklers besteht darin, Gelegenheiten zum Abschluß von Verträgen nachzuweisen; er hat die Interessen beider Parteien, für die er tätig ist und zwischen denen er vermittelt, zu wahren (§§ 93 und 98 *HGB)*. Während dem Makler für den ständigen Absatz von Sachgütern außer bei Versteigerungen (z. B. Wolle, Obst, Gemüse) keine große Bedeutung mehr zukommt, hat er im Grundstückshandel sowie im Versicherungs- und Finanzanlagenbereich eine starke Position inne.

(4) Sonstige absatzunterstützende Organe und Institutionen

Zu den sonstigen Organen und Institutionen, die den Distributionsprozeß unterstützen, gehören neben den bereits erwähnten Spediteuren, Frachtführern und Lagerhaltern auch Marketing- und Finanzdienstleister. Im Bereich der **Warenlogistik** gibt es Spezialisten für die Lagerung und den Transport der Ware. Ihre Leistungen erstrecken sich oft auch auf Sammeln und Auswerten von Marktinformationen, Beratung, Auftragsabwicklung, Finanzierung, Übernahme des Delkredere, Factoring und Kundenbetreuung (vgl. *Delfmann / Darr / Simon* 1992). Der Einsatz von Logistikdienstleistern bietet Unternehmen die Möglichkeit, Rationalisierungspotential auszuschöpfen (vgl. *Zentes* 1991), da sie im Rahmen eines **Outsourcing** weniger rentable Aufgaben, die oftmals einen hohen Fixkostenanteil aufweisen, z. B. an Spediteure, Frachtführer oder Lagerhalter übertragen können.

Von Überlegungen dieser Art war auch die Gründung der ***Duale-System-Deutschland GmbH (DSD)*** bestimmt. Hierbei handelt es sich um ein Rücknahmeorganisation, die neben dem kommunalen Entsorgungssystem flächendeckend im Einzugsgebiet der Vertreiber eine regelmäßige Abholung gebrauchter Verkaufsverpackungen sicherstellen soll. Man spricht hierbei von **Retrodistribution**.

Die Vertreiber von Verpackungen wollen auf diese Weise dem Anliegen des Gesetzgebers, den Anfall von Verpackungsabfällen zu verringern bzw. zu vermeiden, Rechnung tragen (vgl. Abschn. 6). Da für Hersteller und Handel eine schwerwiegende Belastung, insbesondere Hygieneprobleme im Lebensmittelhandel und eine Kostensteigerung, bedingt durch einen Mehraufwand an Personal und Fläche, zu erwarten waren, hat sich der Gesetzgeber veranlaßt gesehen, die Rücknahmeverpflichtung für **Verkaufsverpackungen** zu modifizieren.

Finanziert wird das System über einen Fond, der aus Beiträgen für jede in den Verkehr gebrachte Verpackung („Verpackungspfennig") gespeist wird. Hersteller von Konsumgütern bzw. Importeure schließen mit der Trägergesellschaft einen Zeichennutzungsvertrag ab und kennzeichnen gegen Zahlung eines Nutzungsentgelts ihre Verpackungen mit einem **Grünen Punkt**. Die Industrie stellt dem Handel den Verpackungspfennig in Rechnung; dieser gibt die Belastung an die Verbraucher im Verkaufspreis weiter.

Wie die ersten Erfahrungen mit der Retrodistribution zeigen, bleibt ihr Beitrag zur Lösung von Umweltproblemen weit hinter den ursprünglichen Erwartungen zurück. Dies läßt sich im wesentlichen auf die Schwächen des *DSD* zurückführen, die vor allem in technischen und organisatorischen Problemen bei der Sammlung und Trennung der Verpackungen begründet sind. Darüber hinaus hängt der Erfolg des Systems in starkem Maße von der nur schlecht zu steuernden Mitwirkungsbereitschaft der Konsumenten ab.

Das Aufgabengebiet von **Marketingdienstleistern** liegt in der Markt- und Handelsforschung, Verkaufsförderung und Direktwerbung. Dabei übernehmen Marktforschungsinstitute, Werbeagenturen und Marketingberater vielfältige die Distribution unterstützende Marketingfunktionen, während sich z. B. Adressenverlage (Listbroker), Telefonagenturen oder Auskunfteien auf Einzelaufgaben spezialisieren.

Da der An- und Verkauf von Gütern mit einem erheblichen Aufwand einhergehen, sind viele Unternehmen auf die Hilfe von **Finanzdienstleistern** angewiesen. Hierzu zählen vor allem Kreditinstitute, die durch Zahlungsabwicklung und Kreditgewährung die Distribution unterstützen, sowie Versicherungen, die zur Absicherung der im Rahmen der Distribution bestehenden Risiken (Transportschäden, Diebstahl, Zahlungsausfall usw.) beitragen.

2.2.3. Marktveranstaltungen

Die Auflistung der Aufgabenträger im Bereich der Distributionspolitik wäre nicht komplett ohne die sog. **Marktveranstaltungen**, denen für den Absatz und die Beschaffung auf bestimmten Warengebieten Bedeutung zukommt. Im Gegensatz zu den bisher genannten Akteuren stellen sie institutionalisierte Gelegenheiten für die Gewinnung von Informationen über die Marktlage, für die Herstellung und Pflege von Kontakten zu Abnehmern und Lieferanten sowie für die Anbahnung und den Abschluß von Geschäften dar. Kraft dieser Eigenschaft implizieren sie eine zeitliche und örtliche Konzentration von Angebot und Nachfrage. Allerdings können sich die Unternehmen nicht allein auf diese Veranstaltungen stützen, um die Kontinuität des Absatzes und der Beschaffung zu sichern, sondern sie müssen noch zahlreiche andere Maßnahmen ergreifen, um dieses Ziel zu erreichen; denn Marktveranstaltungen finden oftmals nur in großem zeitlichen Abstand statt.

Für verschiedene Warengruppen haben sich den jeweiligen Erfordernissen entsprechende Marktveranstaltungen und in Verbindung damit bestimmte, teilweise sehr streng geregelte Formen des Geschäftsverkehrs entwickelt, die oft nur die Teilnahme eines begrenzten Personen- und Firmenkreises an diesen Veranstaltungen erlauben.

(1) Marktveranstaltungen, die sich an Verbraucher wenden, sind außer den **Jahrmärkten,** die im Laufe der Zeit stark an Bedeutung verloren haben, die **Wochen-** und **Tagesmärkte,** auf denen heute eher Händler als Erzeuger (Bauern, Gärtner) ihre Waren, insbesondere Nahrungsmittel, anbieten. In manchen Großstädten finden diese Märkte nicht mehr ausschließlich unter freiem Himmel, sondern in Markthallen statt.

(2) **Großmärkte** dienen dem Absatz der Waren von landwirtschaftlichen Erzeugergenossenschaften, Importeuren und Großhändlern an nachgeordnete Großhändler, Einzelhändler, Großverbraucher und Verarbeiter. Gehandelt werden dort vor allem einheimisches Obst, Gemüse, Südfrüchte, Seefische und Blumen, also vorzugsweise leicht verderbliche Güter.

Die Großmärkte, auf denen Geschäfte teils „freihändig", teils im Wege der Versteigerung – auf Aufstrich oder auf Abstrich (Veiling) – geschlossen werden, sind häufig gleichfalls in Markthallen lokalisiert. Verbraucher können hier mitunter gegen Ende der Marktzeit einkaufen, sofern sie bestimmte Mindestmengen (bei Obst z. B. ganze Steigen) abnehmen.

(3) Die wohl wichtigsten und bekanntesten Marktveranstaltungen bilden die **Mustermessen** für industrielle und handwerkliche Fertigwaren. Lange Zeit waren jene auf Konsumgüter beschränkt. Seit einigen Jahrzehnten erfassen sie auch Investitionsgüter, vor allem Maschinen (Technische oder Industrie-Messen).

In Übereinstimmung mit dem *AUMA,* dem *Ausstellungs- und Messeausschuß der Deutschen Wirtschaft,* einem Koordinationsorgan für das nationale und internationale Messe- und Ausstellungswesen, das von den Spitzenorganisationen der deutschen Wirtschaft getragen wird und mit den zuständigen Behörden zusammenarbeitet, können Messen als zeitlich begrenzte Veranstaltungen mit Marktcharakter definiert werden, die ein umfassendes Angebot eines oder mehrerer Wirtschaftszweige darbieten. Sie finden im allgemeinen in regelmäßigem Turnus am selben Ort statt. Auf Messen wird auf Grund von Mustern für den Wiederverkauf oder für die gewerbliche Verwendung verkauft. Der Zutritt zu ihnen ist grundsätzlich Fachbesuchern vorbehalten.

Wegen der Überfülle des Warenangebots in Industriestaaten haben die Allgemeinen Mustermessen, die das gesamte Warenangebot eines Landes zeigen, an Bedeutung verloren. An ihre Stelle sind spezialisierte Messen (Einbranchen- und Mehrbranchenmessen) getreten, die teils branchen-, teils bedarfsorientiert sind (Lederwaren, Spielzeug, Sport- und Campingartikel sowie Gartenmöbel usw.). Die Veranstalter achten dabei darauf, das Programm dieser Veranstaltungen so abzugrenzen, daß es in möglichst vollkommener Weise den Bedürfnissen eines weitgehend geschlossenen Kreises von Anbietenden und Nachfragenden entspricht, so daß jeder, der diesem Kreis angehört, im besten Fall nur eine Veranstaltung zu beschicken bzw. zu besuchen braucht, um die nötigen Informationen zu finden und Kontakte herzustellen.

Große Bedeutung haben die Messen im Außenhandel erlangt. Die Messewerbung bemüht sich, Ausländer zum Besuch inländischer Veranstaltungen zu veranlassen. Nicht weniger Gewicht hat die Beteiligung der inländischen Industrie an ausländischen Messen.

(4) Mit einer **Exportmusterschau**, die teils im Inland, teils im Ausland und oftmals mit wechselndem Standort veranstaltet wird, verfolgt man im Prinzip ähnliche Ziele wie mit Messen. Man versucht damit vor allem Kontakte zum Ausland zu pflegen und Interessenten einen umfassenden oder auch fachlich begrenzten Überblick über das Warenangebot zu bieten.

(5) Messeähnliche Veranstaltungen führen Warenhausunternehmen, Einkaufsgenossenschaften, Freiwillige Ketten usw. durch, indem sie ausgewählte Hersteller auffordern, sich an sog. **Musterungen, Submissionen** oder **Einkaufsbörsen** zu beteiligen. Diese Veranstaltungen sollen den Einkäufern Gelegenheit geben, aus einem bewußt begrenzten, auf den speziellen Bedarf ausgerichteten Angebot auszuwählen. Um eine objektive Einkaufsentscheidung zu erzielen, wird bei den vorgestellten Mustern oftmals bewußt auf eine Herkunftsbezeichnung verzichtet.

(6) Im Gegensatz zu Messen wenden sich **Ausstellungen,** unter denen die Weltausstellung die bekannteste darstellt, an die breite Öffentlichkeit (z. B. Hygiene-Ausstellung) oder an Fachkreise (z. B. Bau-Ausstellung). Sie finden unregelmäßig und nicht immer wieder am selben Ort statt. Mit ihnen will man informieren, aufklären, belehren, werben und nach Möglichkeit natürlich noch Bestellungen erwirken.

Allerdings werden die Begriffe **Messe** und **Ausstellung** nicht immer in dem hier angedeuteten, strengen Sinne gebraucht. Viele Messen werden als Ausstellungen bezeichnet. Manche Veranstaltungen dieser Art dienen beiden Zwecken zugleich, dem der Messe und dem der Ausstellung; sie sind also nicht nur eine für Fachleute bestimmte Informations-, Verkaufs- und Einkaufsgelegenheit, sondern tragen auch zur Aufklärung und Belehrung bei.

(7) Zu **Auktionen** kommt es beim Handel mit Obst, Gemüse, Blumen, Fischen, ferner bei einer Reihe von Rohstoffen (Wolle, Tabak, Holz, Häute und Felle, Rauchwaren, Vieh u. a.). Es handelt sich dabei durchweg um Produkte, die sich nicht in dem Umfang standardisieren lassen, daß sie als sog. vertretbare (fungible) Waren börsenmäßig gehandelt werden könnten (wie Getreide, Kaffee, Baumwolle u. ä.). Dort, wo die Präsenz der Ware für den Verkauf notwendig erscheint, also Gelegenheit geboten werden muß, die angebotene Partie zu besichtigen bzw. Proben zu ziehen, stellt die Versteigerung die geeignete Form des Umschlags großer Warenmengen in kurzer Zeit dar. Die Preise, die dabei erzielt werden, haben oft weltweiten Signalcharakter.

Auktionen unterliegen sehr strengen Bedingungen (Festsetzung von Mindestmengen, die gehandelt werden, Zahlungsmodus, Sicherheitsleistung durch den Käufer, Schlichtung von Streitigkeiten durch Schiedsgerichte usw.). Durch Erhöhung der Mindestmengen läßt sich im übrigen der Kreis der als Käufer in Frage kommenden Unternehmen bzw. Personen beschränken (und umgekehrt). Die Aufteilung großer Warenlose in kleinere Partien ist dann Sache der nachgeordneten Handelsstufen.

(8) Eine spezifische Marktveranstaltung stellen **Einschreibungen** dar. Interessenten reichen dabei die Preisangebote, zu denen sie zu kaufen bereit sind, dem Verkäufer (z. B. Importeur) bis zu einem bestimmten Termin schriftlich ein. Auf diese Weise sollen Absprachen unter potentiellen Käufern über die Höhe des Preises, bis zu der sie mitbieten wollen (sog. Ringbildung), erschwert werden. Gewährt auch die Einschreibung dem Verkäufer einen gewissen Schutz vor ungerechtfertigt niedrigen Preisen, also Entgelten, die nicht der Marktlage entsprechen, sondern in der angedeuteten Weise manipuliert werden können, so muß dabei doch bedacht werden, daß der Anbieter der Ware bei der Einschreibung in der Regel nicht oder nur wenig von Haussestimmungen profitiert, die sich auf Auktionen durch gegenseitiges Überbieten der Interessenten ergeben können.

(9) Die **Warenbörsen** dienen dem Handel fungibler Waren, die sich durch international gültige Standards (Sorte, Güte usw.) eindeutig kennzeichnen lassen, wie Getreide, Kaffee, Zucker und NE-Metallen. An den Warenbörsen werden normalerweise Effektivgeschäfte durchgeführt, also Transaktionen, die tatsächlich, und zwar sofort oder zu einem späteren Zeitpunkt (Loko- oder Lieferungsgeschäft) zustande kommen. Es können aber auch sog. Termingeschäfte zugelassen sein. Diese stellen einen Handel mit Kontrakten dar, die nur selten tatsächlich, d. h. durch Lieferung der Ware, erfüllt werden. Durch den Kauf und Verkauf von Verträgen (oft noch dazu in verschiedenen Währungen) als Gegengeschäft zu effektiven Verkäufen und Käufen ist es möglich, sich gegen das Risiko von Preisschwankungen, die für Rohstoffmärkte typisch sind, abzusichern. Dadurch werden Preisbewegungen abgeschwächt und die unternehmerischen Dispositionen erheblich erleichtert.

Im Zuge der Verknappung mancher Rohstoffe hat die **Warenterminspekulation** in den letzten Jahren einen erheblichen Aufschwung genommen. Dabei stand allerdings weniger der Wunsch nach Absicherung gegen Preisschwankungen als vielmehr das Streben nach Erzielung von Spekulationsgewinnen im Vordergrund der Überlegungen. Durch Statistik und Marktforschung ist es indessen gelungen, die Rohstoffmärkte transparenter zu machen. Überdies sind durch den Abschluß internationaler Rohstoffabkommen (z. B. für Kaffee und NE-Metalle) die Risiken, die sonst nur durch Tätigung von Gegengeschäften begrenzt werden können, erheblich verringert worden.

Abschließend bleibt darauf hinzuweisen, daß die Bedeutung der Marktveranstaltungen schwindet, weil ein großer Teil der Geschäftsabschlüsse, die ihnen bisher vorbehalten waren, inzwischen, zumal angesichts der heute zur Verfügung stehenden, die Welt umspannenden Kommunikationsmittel, auf andere Weise zustande kommt. Dies gilt namentlich für Messen, Großmärkte und Auktionen. Mit wachsender Konzentration werden einmal die Hersteller marketingbewußter, d. h. die Absatzmärkte werden von ihnen intensiver bearbeitet, andererseits baut der Handel sein Beschaffungswesen immer weiter aus. Dies hat zur Folge, daß sich die Beziehungen zwischen großen Marktpartnern so eng gestalten, daß kaum mehr Veranlassung für sie besteht, sich an Messen und anderen Marktveranstaltungen zu beteiligen.

3. Die Absatzwegepolitik

Hinsichtlich des **Absatzwegs** stehen den Herstellern unterschiedliche Optionen zur Verfügung. Grundlegend ist dabei die Entscheidung, ob Handelsbetriebe einbezogen werden oder nicht, d. h. ob die Waren auf dem indirekten oder dem direkten Weg an die Bedarfsträger gelangen. Die Auswahl der für ein Unternehmen am besten geeigneten Alternative ist in Abhängigkeit von seinen situativen Gegebenheiten und seinem Umfeld zu treffen. Entscheidet sich ein Anbieter für die indirekte Variante, gilt es die **Wirkung** der **gestiegenen Handelsmacht** bei distributionspolitischen Entscheidungen zu berücksichtigen.

3.1. Die Absatzwegeentscheidung

3.1.1. Optionen bei der Wahl der Absatzwege

3.1.1.1. Grundprobleme bei der Absatzwegeentscheidung

(1) Wie bereits dargelegt, konstituiert sich der Absatzweg aus einer Vielzahl von Akteuren; dabei ist es für die Unterscheidung zwischen direktem und indirektem Absatz unerheblich, **wie viele Handelsstufen** und damit Betriebe ein Hersteller im Einzelfall in den **Distributionsprozeß** integriert (Zentralgroßhandel, Groß-

handel und Einzelhandel). Vielmehr stellt der Sachverhalt, daß beim **indirekten Absatz** von einem Produzenten unabhängige Handelsunternehmen die Waren an die Verbraucher bzw. Verwender weiterleiten, während beim **direkten Absatz** kein Handelsbetrieb eingeschaltet wird, das entscheidende Differenzierungskriterium dar. Bei beiden Kategorien findet sich eine Vielzahl von konkreten Ausgestaltungsmöglichkeiten. Abb. 7.5. spiegelt typische Beispiele wider.

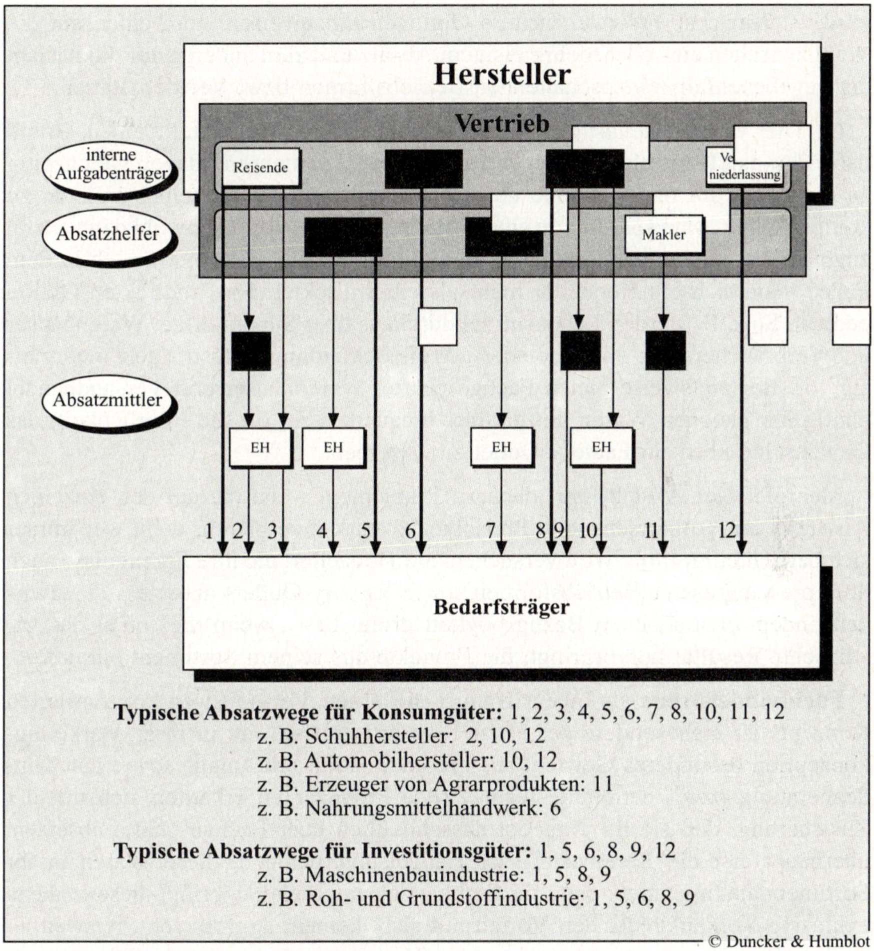

Abb. 7.5. Typische Absatzwege

Hinzuweisen ist allerdings darauf, daß der Begriff des direkten Absatzes oft in einer hiervon abweichenden Weise Verwendung findet. Dies läßt sich einmal darauf zurückführen, daß fast jeder Anbieter für sich in Anspruch nimmt, direkt, sprich: preisgünstig, abzusetzen. Zum anderen versteht man unter **direktem Export** den Absatz eines Herstellers unmittelbar an einen Abnehmer im Ausland, wobei es nicht darauf ankommt, ob es sich um Händler oder Verwender bzw. Verbraucher handelt. Kriterium für die Verwendung des Wortes „direkt" ist hier die Bedingung, daß der Produzent seine Erzeugnisse ohne Einschaltung eines Händlers, dessen Sitz im Inland liegt, ins Ausland verkauft. Demgegenüber spricht man von indirektem Export immer dann, wenn sich ein Hersteller beim Absatz seiner Erzeugnisse eines inländischen Ausfuhrhändlers bedient (vgl. *Hörschgen* 1989).

(2) Bevor auf den direkten und indirekten Absatz im einzelnen eingegangen wird, ist zunächst auf zwei weitere Optionen hinzuweisen: zum einen auf die Wahl zwischen ein- oder mehrgleisigem Absatz und zum anderen auf die Anzahl der gegebenenfalls einzuschaltenden Betriebsformen bzw. Vertriebsstätten.

(a) Die Verschiedenartigkeit der einzelnen Absatzwege stellt einen Grund dafür dar, daß Hersteller zunehmend versuchen, sich mehrerer davon gleichzeitig zu bedienen, um die Nachteile des einen durch die Vorteile eines anderen zu kompensieren. Man spricht von einem **mehrgleisigen Absatz** sowohl dann, wenn zugleich die direkte und die indirekte Option gewählt werden, als auch in dem Falle, wenn sich ein Hersteller mehr als einer direkten bzw. indirekten Option bedient. So z. B. werden Lebensmittel durchaus über Supermärkte, Warenhäuser und Verbrauchermärkte angeboten. Auch die Bekleidungsindustrie geht mehrgleisig vor. Beispielsweise bieten Fachgeschäfte, Warenhäuser und Versandhandel häufig die gleichen Waren an; darüber hinaus besteht oft die Möglichkeit, das Gewünschte über ein Factory Outlet zu erwerben.

Mehrgleisiger Absatz führt dann zu Problemen, wenn die auf den einzelnen Absatzwegen vorherrschenden Preisniveaus stark divergieren; denn wer immer sich benachteiligt fühlt, wird versuchen, auf Hersteller, die ihre Erzeugnisse auch über preisaggressive Betriebsformen sowie Factory Outlets absetzen, einzuwirken, indem er mit einem Bezugsboykott droht, bzw., wenn dies nicht das gewünschte Resultat hervorbringt, die Produkte aus seinem Sortiment eliminiert.

Fachhandelstreue als Inbegriff eines auf **einen** Vertriebsweg konzentrierten Konzepts ist insbesondere bei Herstellern anzutreffen, die in ihrer Marketingkonzeption besonderes Gewicht auf Produktqualität und Image sowie auf Kundenberatung bzw. -betreuung legen. Viele Produzenten erkaufen sich mit der Zusicherung, daß sie ihr Angebot ausschließlich über Fachgeschäfte absetzen, überhaupt erst die Bereitschaft der Handelsunternehmen, diese Waren in ihr Sortiment aufzunehmen; denn für Fachhandelsunternehmen bringt dieses nahezu exklusive Verkaufsrecht den Vorteil mit sich, keinem aggressiven Preiswettbewerb z. B. mit preisgünstig anbietenden Verbrauchermärkten oder Discountern ausgesetzt zu sein.

(b) Der Zahl der einzusetzenden Betriebsformen bzw. Vertriebsstätten und der zu realisierenden Distributionsquote kommt lediglich bei Konsumgütern praktische Relevanz zu. Man steht hier vor der Wahl, entweder hohe Präsenz zu erreichen oder aber ein auf Exklusivität angelegtes Konzept zu verwirklichen.

Bei **intensivem Absatz** streben die Unternehmen hohe Präsenz ihrer Produkte an und versuchen, diese in möglichst vielen Vertriebsstätten unterzubringen. Vorzugsweise handelt es sich dabei um problemlose Güter des täglichen Bedarfs, die für die Verbraucher bzw. Verwender mühelos zu erwerben sein sollten. Ein derartiges Absatzkonzept findet sich üblicherweise bei Nahrungs- und Genußmitteln.

Von **exklusivem Absatz** spricht man, wenn die Anzahl der eingeschalteten Händler bewußt niedrig gehalten wird. Hierbei erhalten die Betroffenen ein Alleinvertriebsrecht für ein bestimmtes geographisches Gebiet eingeräumt. Der Hersteller sucht die für den Absatz seiner Produkte am besten geeigneten Händler zu gewinnen; er möchte auf diese Weise Preiskämpfe rivalisierender Wiederverkäufer vermeiden und verspricht sich darüber hinaus von dieser Vertriebspolitik eine engere Bindung der in diesem Sinne Privilegierten an ihn. Als Gegenleistung für die höhere Handelsspanne, die durch das nach oben verlagerte Preisniveau ermöglicht wird, verpflichten sich seine Partner im allgemeinen, keine Erzeugnisse von Wettbewerbern zu vertreiben. Allerdings gilt es bei diesem Auswahlprozeß die Bestimmungen des § 26 II *GWB* zu beachten.

Eine Mittelposition zwischen der intensiven und exklusiven Variante nimmt der **selektive Absatz** ein, bei dem der Hersteller die Einschaltung einer begrenzten Anzahl an Distributionspartnern anstrebt. Auf diese Weise will er sicherstellen, daß eine ausreichende Präsenz am Markt erreicht, ein „Allerweltscharakter" seiner Produkte jedoch vermieden wird. Ähnlich wie bei dem exklusiven Absatz liegt auch hier der Vorteil in einer engen Anbindung der ausgewählten Händler, wodurch sich eine gute Steuerungs- und Kontrollmöglichkeit ergibt (vgl. hierzu und zu den rechtlichen Implikationenen von § 26 II *GWB* auch die Ausführungen in Abschn. 6.)

3.1.1.2. Der direkte Absatz

Traditionell spielt der direkte Absatz bei Investitionsgütern eine dominierende Rolle. Durch die zunehmenden Probleme im Umgang mit dem Handel, die sich aus dessen Nachfragemacht ergeben, scheinen sich aber auch Unternehmen aus dem Konsumgüterbereich in immer stärkerem Maße für den direkten Absatz ihrer Waren zu entscheiden.

(1) Einem Hersteller von **Konsumgütern** stehen beim Absatz seiner Produkte unterschiedliche Formen des Direktvertriebs zur Verfügung, die häufig je nach Unternehmenssituation auch kombiniert zum Einsatz gelangen.

(a) Das charakteristische Merkmal des Vertriebs über den **Außendienst** ist der Verkauf der Ware im Wege des **persönlichen Kontakts** zwischen Verkäufer und Kunden (vgl. Abschn. 4.1.1.2.). Die klassische Form des Außendienstes stellt der **Vertreterverkauf** dar, bei dem Reisende oder Handelsvertreter die Verbraucher zu Hause besuchen („door to door-selling").

Ein viel beachtetes Beispiel für den Direktvertrieb liefert die *Avon Cosmetics GmbH*. Als Hauptgrund für den Erfolg des Unternehmens wird von ihm selbst neben der Sortimentspolitik der Haus-zu-Haus-Verkauf angeführt. Um dem Motto „Avon bringt Schönheit direkt ins Haus" nachzukommen, setzt *Avon* in der Bundesrepublik Deutschland einen Stab von „Beraterinnen" ein, die im Turnus von drei Wochen „ihre" Verbraucherinnen besuchen und auf diese Weise hohe Umsätze erzielen.

Nicht minder bekannt ist die Vertriebspolitik der Firma *Vorwerk*. Nachdem sich der von diesem Unternehmen entwickelte Handstaubsauger *Kobold* im Fachhandel als – angeblich – unverkäuflich erwiesen hatte, entschloß man sich, den Interessenten das Gerät an ihrer Haustür anzubieten. Innerhalb weniger Jahre entwickelte sich der *Kobold* so zum meistverkauften Handstaubsauger Deutschlands. Der Hersteller ist diesem Absatzweg, seitdem er ihn 1930 einschlug, treu geblieben und stützt sich dabei heute auf ca. 4000 Handelsvertreter, die ausschließlich für ihn arbeiten und mittlerweile auch *Vorwerk*-Einbauküchen vertreiben.

Zunehmende Bedeutung im Rahmen des direkten Absatzes erlangen auch **Verkaufsfahrer.** Sie akquirieren Kunden, indem sie Kataloge und Preislisten an Haushalte in logistisch günstig gewählten Bezirken verteilen. Der erste Auftrag wird in der Regel telefonisch erteilt. Bei Auslieferung der bestellten Ware nimmt der Fahrer Leergut zurück und die nächste Bestellung entgegen. Speziell für Tiefkühlprodukte setzen beispielsweise *Eismann* und *Bofrost* Verkaufsfahrersysteme ein. Neben einem hohen Qualitätsstandard und breiten Angebot führen diese Unternehmen ihren Erfolg auf die Lieferung frei Haus zurück.

Eine Sonderform des Direktvertriebs stellen **Home-Party** und **Partygeschäft** dar. Zum Zweck der Präsentation und Vorführung von Produkten arrangieren Gastgeberinnen Treffen, um Freundinnen, Nachbarinnen etc. eine positive Einkaufsatmosphäre in der Gruppe zu vermitteln. Das Konzept ist vor allem von *Tupperware* geprägt worden.

Sog. **Kaffeefahrten** werden von Direktvertriebsfirmen initiiert. Im Rahmen ein- oder mehrtägiger Ausflüge führen diese Werbe- und Verkaufsveranstaltungen durch, bei denen sie primär Haushaltsgeräte, Elektroartikel, Teppiche, Textilien und langlebige Konsumgüter, die oftmals medizinischen Zwecken bzw. der Gesundheitsvorsorge dienen, anbieten.

(b) Produzenten können ihre Erzeugnisse auch über **Verkaufsniederlassungen**, die rechtlich und wirtschaftlich in die Gesamtorganisation eingebunden sind, direkt an Verbraucher bzw. Verwender absetzen. Jene übernehmen häufig nicht nur die Aufgabe des Verkaufs, sondern es sind ihnen auch Reparatur, Service und Ersatzteilebevorratung übertragen, wie beispielsweise in der Automobilindustrie. Bekannte Beispiele von Unternehmen, die ihre Produkte ausschließlich bzw. größtenteils über Verkaufsniederlassungen vertreiben, bilden *Tchibo* und

Eduscho (Kaffee), *Salamander* (Schuhe), *Rosenthal* (Porzellan), *WMF* (Bestekke), *Vobis* (Computer) sowie *Singer* und *Pfaff* (Nähmaschinen). Gliedert ein Produzent die Verkaufsniederlassung räumlich nicht aus, sondern vertreibt er seine Ware am Ort oder nahe ihrer Herstellung, spricht man von Verkauf durch **Factory Outlets** oder von **Fabrikverkauf**.

(c) **Club-Systeme** stützen sich auf Mitglieder, die entweder einen Beitrag bezahlen, der sie berechtigt, Leistungen in Anspruch zu nehmen (z. B. *ADAC)*, oder die sich verpflichten, regelmäßig bestimmte Güter zu beziehen. Ein typisches Beispiel dafür bilden Buchgemeinschaften (z. B. *Bertelsmann Club, Deutscher Bücherbund)*, die von Verlagen Lizenzen erwerben und ihrer Klientel Bücher in veränderter Ausstattung, zeitversetzt zur Originalausgabe und mit deutlichem Preisvorteil anbieten (vgl. *Dallmer* 1991).

(d) Entschließt sich ein Anbieter, Erzeugnisse per **Katalogversand** zu vertreiben, kommt der Kontakt mit den Abnehmern nicht wie bei den bislang vorgestellten Formen des Direktabsatzes über Personen zustande, sondern über entsprechende Druckwerke. Kaufwillige wählen hieraus Produkte aus und ordern diese schriftlich, telefonisch oder unter Einschaltung eines **Sammelbestellers**. Bei diesen handelt es sich zumeist um Kunden des Anbieters, die für Verwandte, Freunde und Bekannte mitbestellen. Sie stehen den Betroffenen beratend zur Seite und nehmen deren Aufträge entgegen. Darüber hinaus koordinieren sie die Einzelaufträge, indem sie Kaufwünsche zusammentragen und an den Anbieter weiterleiten. Dieser honoriert die Bemühungen der Sammelbesteller mit einer Umsatzprovision. Neben dem Versand von Katalogen gelangen in zunehmendem Maße **Neue Kommunikationsmedien** wie z. B. Videobänder bzw. Bildplatten zum Einsatz, die anstelle oder zur Unterstützung des Katalogs die Bedarfsträger über das Angebot informieren.

Eine Voraussetzung für effektiven Direktabsatz liegt in der Nutzung von **Data-Base-Marketing**. Hierunter versteht man computergestützte Systeme, die dazu dienen, adreß- und personenbezogenes Datenmaterial aufzubereiten, um auf dieser Basis eine gezielte Kundenansprache zu erreichen. Sie erweitern und verfeinern die traditionelle Kundenkartei. Auf diese Weise versuchen Unternehmen, zum einen große und somit kostenintensive Streuverluste bei der Kundenansprache zu vermeiden, zum anderen jene Abnehmer zu identifizieren, denen auf Grund ihres Kaufpotentials besondere Bedeutung zukommt. Die in einer Data-Base enthaltenen Informationen schlagen sich dabei vor allem in Direct-Marketing-Aktionen nieder und erleichtern überdies die Tourenplanung beim Außendienst. Darüber hinaus können Unternehmen eine Data Base mit kaufverhaltensbezogenen Daten anreichern, die sie beispielsweise dadurch gewinnen, daß die Abnehmer ihre Einkäufe per Kundenkarte bezahlen. Die so erhaltenen Informationen lassen dann Rückschlüsse auf das Kauf- und Konsumverhalten zu und schaffen die Voraussetzung dafür, daß Bedarfsträger individuell angesprochen werden sowie ihren Bedürfnissen und Gewohnheiten entsprechende Produkte angeboten bekommen. Insgesamt zielen die Hersteller durch den Einsatz von Data-Base-Marketing darauf ab, eine Verbesserung der individuellen Ansprache und der Kundenbindung bei einer gleichzeitigen Senkung der Streuverluste zu erreichen.

(2) In sehr viel stärkerem Ausmaß als im Konsumgüterbereich ist der Direktvertrieb beim Absatz von **Investitionsgütern** anzutreffen. Hier erwarten die Käufer der zumeist erklärungsbedürftigen und teuren Objekte fachlich qualifiziertes Vertriebspersonal, das sie berät und betreut. Weiterhin empfiehlt es sich, daß dieses über entsprechende Preiskompetenz verfügt.

Der direkte Absatz erscheint für solche Investitionsgüterunternehmen wenig vorteilhaft, die geringwertige Produkte wie beispielsweise Elektrobaumaterial vertreiben oder deren Kundenpotential sich aus einer großen Zahl kleiner Abnehmer zusammensetzt. Hier bietet es sich an, den Handel einzuschalten, um die Vorteile eines branchen- bzw. bedarfsorientierten Sortiments und des Verbundverkaufs zu nutzen. Eine Ausnahme stellen industrielle Großabnehmer (Original Equipment Manufacturer) dar, die ein Hersteller direkt beliefert, da sie über ein hohes Nachfragepotential verfügen. Ein Beispiel hierfür bilden Produzenten von Zulieferteilen (Autoreifen, Elektrozubehör usw.), die direkt an Automobilhersteller absetzen.

Vergleichbar Konsumgütern stehen auch einem Produzenten von Investitionsgütern verschiedene Formen des Direktabsatzes offen, wobei sich in der Wirtschaftspraxis immer stärker der parallele Einsatz mehrerer davon durchsetzt. Im wesentlichen haben die Betroffenen die Möglichkeit, Verkaufsabteilung und -niederlassungen, Mitglieder der Geschäftsleitung sowie Reisende und Handelsvertreter mit Verkaufsfunktionen zu betrauen. Zusätzlich werden – insbesondere von seiten der Kunden – häufig Ingenieurfirmen (**Consulting Engineers**) als beratende Instanz hinzugezogen (vgl. *Backhaus* 1992). Diese betreuen Investitionsobjekte mindestens bis zur Ausschreibungsreife, oftmals aber bis zur Abnahme durch den Auftraggeber. Der Einsatz von derartigen Beratern unterbricht in gewisser Weise den direkten Kontakt zwischen Auftraggeber (Verwender) und Auftragnehmer, also dem Hersteller bzw. dem für die Ausführung eines Auftrags verantwortlichen Konsortium. Allein die Notwendigkeit des Einsatzes von Consulting Engineers läßt erkennen, daß technische Besonderheiten der Produkte die Modalitäten des Absatzes bzw. der Beschaffung von Investitionsgütern in sehr viel stärkerem Maße bestimmen als bei Konsumgütern.

Verdeutlichen läßt sich die große Bedeutung des direkten Absatzes in der Investitionsgüterindustrie am Beispiel des **Direktexports** (vgl. *Hörschgen* 1984). Sowohl die Lieferanten als auch die ausländischen Abnehmer (Verwender) bekunden wegen der technischen Besonderheiten der herzustellenden Anlagen, der Finanzierungsmodalitäten und aus weiteren, sich aus der Eigenart der Materie ergebenden Gründen großes Interesse, in **unmittelbare** Verbindung miteinander zu treten. Dazu stationieren Anbieter oftmals Vertriebsmitarbeiter im Ausland. Diese sollten Einwohner des jeweiligen Landes sein, um einerseits Sprachbarrieren abbauen und andererseits Markt-Know-how in das Marketing einbringen zu können. Nicht selten kommt es aber auch zur Gründung von Verkaufsniederlassungen, die für Beratung und Betreuung der Kunden zuständig sind. Verlegt ein Hersteller auch Montage, Produktion und After-Sales-Service ins Ausland, errichtet er dazu in der Regel ein gesellschaftsrechtlich selbständiges Tochterunternehmen.

3.1.1.3. Der indirekte Absatz

Obwohl auch im Konsumgüterbereich eine Tendenz zum vermehrten Einsatz des direkten Absatzes festzustellen ist, kommen gerade Hersteller von Konsumgütern nicht umhin, den Handel mit der Distribution ihrer Produkte zu betrauen. Dies gilt namentlich dort, wo starke Erzeuger fehlen, die zu einer zielbewußten Absatzpolitik fähig sind (z. B. bei Agrarprodukten), sowie bei einer flächenmäßig weit verteilten Nachfrage, also in erster Linie beim Absatz von Ge- und Verbrauchsgütern an Letztverbraucher. Nur in Ausnahmefällen besitzen Hersteller eigene Verkaufsstellen im Einzelhandel oder entsprechende Beteiligungen, während die Mehrzahl der Erzeugnisse der in der Regel spezialisierten Produzenten der Einordnung in die Sortimente des Groß- und Einzelhandels bedarf und die Verkäuflichkeit der Produkte oftmals erst durch den so entstandenen Sortimentsverbund erreicht wird. Mit einer Vielfalt an Betriebsformen (Fachgeschäfte, Warenhäuser, Supermärkte usw.), Sortimentstypen (breite und schmale, flache und tiefe, branchen- und bedarfsorientierte Sortimente) und Verkaufsmethoden (Bedienung, Selbstbedienung und Teilselbstbedienung) vermag der Handel selbst differenzierten Bedürfnissen und Wünschen der Produzenten in dieser Hinsicht Rechnung zu tragen.

Während **Konsumgüterhersteller** im Prinzip das gesamte in Abschn. 2.2.1. vorgestellte Spektrum an Betriebsformen des Groß- und Einzelhandels einsetzen, konzentrierten sich die Kollegen von der **Investitionsgüterseite**, soweit sie sich überhaupt des Handels bedienen, bis vor wenigen Jahren auf den klassischen Zustell-Großhandel, der bei Investitionsgütern die Bezeichnung **Produktionsverbindungshandel** trägt. Neuerdings zeigt sich aber auch hier eine Tendenz, sich auf Fach- und Cash & Carry-Märkte zu stützen, die insbesondere kleinere Handwerksbetriebe zur Beschaffung nutzen.

3.1.2. Die Auswahl der Absatzwege

3.1.2.1. Ansätze zur Entscheidungsfindung

Die Ausführungen zur Absatzwegeentscheidung veranschaulichten die Vielzahl der Optionen, die Herstellern für die Distribution ihrer Produkte zur Verfügung stehen. Daraus resultiert ein gravierendes Entscheidungsproblem.

(1) Auch für die Auswahl von Absatzwegen werden die bereits bei der Bewertung von Produktinnovationen vorgestellten Verfahren (vgl. § 5, Abschn. 5.2.1.2.) herangezogen. Hierbei versuchen die Entscheidungsträger im Rahmen einer **Grobauswahl** (Screening) zunächst jene Alternativen herauszufiltern, die offensichtlich nicht geeignet erscheinen. Die wichtigsten Hilfsmittel dazu stellen Punktbewertungs- und Skalierungsverfahren sowie Portfolio-Analysen dar (vgl.

Specht 1992). Bei der sich anschließenden **Detailanalyse** besteht die Möglichkeit, zum einen wiederum Punktbewertungsverfahren, allerdings mit stärker aufgefächerten Kriterien einzusetzen, zum anderen die Investitionsrechnung oder Breakeven-Analyse hinzuzuziehen, um zu einer konkreten Absatzwegeentscheidung zu gelangen.

Deren Qualität hängt davon ab, inwieweit es gelingt, den formalen Rahmen der einzelnen Bewertungsverfahren durch geeignete Entscheidungskriterien inhaltlich auszugestalten, um auf dieser Basis eine vernünftige Wahl zu treffen. Dabei setzt eine im Hinblick auf die jeweilige Unternehmenssituation optimale Wahl nicht nur die Identifikation geeigneter Kriterien, sondern auch eine deren Bedeutung reflektierende sachgemäße Gewichtung voraus.

(2) Mit der **Transaktionskostentheorie** wird in der Literatur ein weiterer Ansatz vorgeschlagen, um eine vernünftige Auswahl unter den denkbaren Absatzwegen zu treffen. Der von *Williamson* (1975) erarbeitete mikroanalytische Bezugsrahmen zur Systematisierung, Erklärung und Handhabung von Transaktionsproblemen basiert auf Überlegungen von *Coase*. *Williamson* berücksichtigt jedoch in seiner Analyse wesentlich detaillierter als der richtungsweisende Aufsatz von *Coase* (1937) neben den klassischen Koordinationsmechanismen Markt und Unternehmen auch kooperative Zwischenformen. Zentrales Element seiner Argumentation bildet die für alle Spielarten der Transaktionskostentheorie charakteristische Annahme, daß die Wahl einer situativ angenommenen Koordinationsform von den niedrigsten Transaktionskosten bestimmt wird. Transaktions- oder Koordinationskosten umschließen hierbei alles, was bei der Anbahnung, Konkretisierung, Anpassung und Überwachung von Verträgen anfällt. Gegenstand von vertraglichen Vereinbarungen ist die jeweilige Regelung einer wirtschaftlichen Austauschbeziehung (anschauliche Darstellungen des Transaktionskostenansatzes und Beispiele zu seiner Nutzung finden sich bei *Fischer* 1993 und *Oesterle* 1993).

Den Transaktionskostenansatz auf distributionspolitische Entscheidungen hat inbesondere *Picot* (1986) übertragen, der ihn als eine ökonomische, die Effizienzfrage in den Mittelpunkt stellende Theorie zur Erklärung und Gestaltung einer Handels- bzw. Distributionsstruktur bezeichnet. Es geht dabei um die Frage, ob es – im Sinne einer „make or buy"-Entscheidung – ökonomisch sinnvoller ist, distributionspolitische Aufgaben durch eigene Verkaufsorgane zu erfüllen oder dafür am Markt verfügbare Handelsunternehmen einzusetzen. Hierbei wird versucht, diejenige Distributionsform ausfindig zu machen, die eine zielgerichtete Aufgabenerfüllung zu den niedrigsten Kosten ermöglicht. Die Daseinsberechtigung des Handels – oder einzelner seiner Betriebsformen – ist demnach nur gegeben, wenn die Kosten der Anbahnung eines Geschäfts, des Vertragsabschlusses und des Vollzugs sowie der Anpassung an veränderte Bedingungen für mindestens einen der Marktpartner geringer sind, als sie es ohne dessen Hinzuziehung wären.

Der Transaktionskostenansatz eignet sich für die hier zu treffende Entscheidung nur bedingt, da er bestenfalls der Kostenseite des Problems gerecht wird. Andere für die Absatzwegewahl wichtige Aspekte wie z. B. die Imagewirkung einer Absatzwegealternative, ihre Kompatibilität mit dem Marketingkonzept oder auch die Abhängigkeit eines Herstellers von Kooperationspartnern werden von ihm nicht erfaßt.

3.1.2.2. Die Evaluation alternativer Absatzwege

Die Kritik am Transaktionskostenansatz macht deutlich, daß es erforderlich ist, Kriterien zur Evaluation alternativer Absatzwege heranzuziehen, die alle relevanten Bereiche, also **Unternehmen**, **Markt** und **Umfeld**, abdecken. Aber selbst dann bleibt die Wahl des Absatzwegs problematisch: Zum einen basieren einschlägige Entscheidungen auf Prognosen und vermuteten Wirkungszusammenhängen, wodurch die Erfolgswahrscheinlichkeit im vorhinein nicht zu bestimmen und nur Trendaussagen zu treffen sind. Zum anderen erweisen sich die einzelnen Kriterien als nicht überschneidungs- und widerspruchsfrei; sie liefern erst im Gesamtzusammenhang sinnvolle Ergebnisse. Zudem spielt die Tradition eines Herstellers, aber auch einer Branche eine beachtliche Rolle bei der Gestaltung von Absatzwegen; darüber hinaus wählen Unternehmen hier häufig solche Lösungen, die von der Regel abweichen, da dies eine Möglichkeit darstellt, sich von Konkurrenten abzuheben.

(1) Hinsichtlich des **Unternehmens** bedeutsam sind dessen Ziele und Strategien, die Eigenschaften der von diesem vertriebenen Produkte sowie dessen Finanzkraft.

(a) Die übergeordneten **Ziele** eines Herstellers dienen als Orientierungsgröße für alle unternehmerischen Handlungen, so auch für die Wahl der Absatzwege. Beide bedürfen der Kongruenz. Beispielsweise erscheint es im Hinblick auf die Maximierung von Umsatz oder Marktanteil im Konsumgütersektor sinnvoll, durch den Einsatz möglichst vieler Handelsunternehmen – auch unterschiedlicher Betriebsform – eine hohe Distributionsquote anzustreben.

Eng damit zusammen hängt die zu wählende **Strategie**. Setzt ein Hersteller etwa auf Differenzierung, Qualität und schnelle Belieferung, erfordert dies die Verfügbarkeit einer entsprechenden Anzahl an Verkaufsstellen, Lägern und Servicepunkten. Er würde auch nicht ein auf aggressive Preispolitik ausgerichtetes Diskontgeschäft favorisieren, sondern primär über nach qualitativen Selektionskriterien ausgewählte Fachhändler absetzen, die seine Ware in einem adäquaten Umfeld präsentieren können.

(b) Auch **Produkteigenschaften** wie Größe, Gewicht, Sperrigkeit, Lebensdauer und Transportempfindlichkeit implizieren Anforderungen an den zu wählenden Absatzweg (vgl. *Bänsch* 1991). So tendieren Unternehmen um so eher zum direkten Absatz, je größer, schwerer und sperriger ihre Erzeugnisse sind, da sich hier eine gewaltige logistische Herausforderung stellt. Auch bei Gütern, die an individuelle Kundenwünsche anzupassen sind, der Erklärung bedürfen und einen relativ hohen Preis aufweisen, empfiehlt sich der direkte Weg, dies zumal dann, wenn die Produzenten auf Grund ihrer Fachkompetenz Nachfrager besser beraten und eher Hilfe z. B. bei technischen Problemen leisten können. Beispielsweise erwarten Käufer komplizierter Investitionsgüter ein hochqualifiziertes Verkaufs- und Betreuungspersonal, das ihnen als kompetenter Ansprechpartner zur Verfügung steht. Standardisierte Erzeugnisse können hingegen problemlos über den Handel vertrieben werden.

Der Absatz über eigene Vertriebsstätten bietet sich ferner für Unternehmen an, die über ein breites **Produktprogramm** verfügen. Fehlt es daran, würde sich dieser Weg als zu aufwendig erweisen.

(c) Ob ein Hersteller Vertriebsaufgaben durch Reisende oder Handelsvertreter wahrnehmen läßt, hängt stark von seiner **Finanzkraft** ab, da beispielsweise der Aufbau eines Reisendenstabs – unabhängig von der jeweiligen Auftragslage – zu einer erheblichen Belastung mit Fixkosten führt. Bei indirektem Absatz haben solvente Hersteller ferner die Möglichkeit, gestaltend auf Handelsbetriebe einzuwirken, während ihren schlechter gestellten Kollegen in der Regel keine andere Möglichkeit bleibt, als sich dem Marketingkonzept des Handels unterzuordnen.

Beispielsweise können Hersteller mit großen finanziellen Ressourcen durch starke Markenpolitik und Sprungwerbung den Handel förmlich zwingen, auf Grund der so generierten Nachfrage ihre Produkte in dessen Sortimente aufzunehmen. Ergänzend dazu bietet es sich an, durch die Art der Produktpräsentation, durch Verkaufsgespräche, Konditionen- und Servicepolitik einen starken Anreiz für diesen zu schaffen, bestimmte Produkte zu führen. Die Gefahr einer Abhängigkeit vom Handel erscheint somit für große, finanzkräftige Unternehmen weniger stark ausgeprägt als für kleinere.

(2) Auch von **marktorientierten** Kriterien, also Kunden, Konkurrenten und Handel, hängt es ab, wofür man sich bei der Absatzwegewahl entscheidet.

(a) Bei einer nur geringen Anzahl potentieller **Kunden**, die für das jeweilige Produkt als Interessenten in Betracht kommen oder die räumlich konzentriert in Erscheinung treten, sollte man sich diesen direkt, auf kurzem Wege, nähern. Ebenso verhält es sich bei einer relativ hohen Einkaufsmenge pro Einkaufsvorgang und einer damit einhergehenden geringen Einkaufsfrequenz.

Existieren zwischen Produktion und Nachfrage zeitliche und quantitative Spannungen, Sachverhalte, die sich beispielsweise auf saisonale Zyklen oder auf Chargen-, Großserien- oder Massenfertigung zurückführen lassen, wäre ein direkter Absatz mit Schwierigkeiten verbunden. In diesem Fall bietet es sich an, Kundenbedürfnisse und Produktionspezifika über den Handel abzustimmen. Diesem fällt dabei die Aufgabe zu, die hergestellten Mengen in nachfragegerechte Quanten aufzuteilen und bis zum Bedarfszeitpunkt zu lagern (Ausgleichsfunktion).

Gelingt es Herstellern, mit Verwendern bzw. Verbrauchern auf einfachem und kostengünstigem Weg zu kommunizieren, bedarf es keiner Absatzmittler. Stehen dem aber die räumliche Entfernung beider Parteien, Sprachbarrieren, eine geringe Vertrauensbasis und eine bescheidene Umsatzbedeutung eines einzelnen Bedarfsträgers entgegen, scheidet dieser Weg aus.

Unternehmen mit schmalem Programm erwächst beim Absatz über den Handel die Chance, die Vorteile zu nutzen, die sich aus dessen Sortiment ergeben. Da der Handel eher als ein Hersteller in der Lage ist, Güter, die sich gegenseitig ergänzen, im Sortimentsverbund anzubieten, erleichtert dies die Kaufentscheidung der Nachfrager und erhöht zugleich den Absatz der Hersteller.

Für die Wahl der Absatzwege bedeutsam ist nicht zuletzt der Trend zu einem **hybriden Käuferverhalten**, der dazu geführt hat, daß die Nachfrager auf der einen Seite bei nicht alltäglichen Gütern wie z. B. Bekleidung, Elektroartikeln oder Automobilen intensive Beratung und ein ansprechendes Verkaufsumfeld erwarten, wobei sie auch bereit sind, Freizeit einzusetzen und hohe finanzielle Mittel aufzubringen. Auf der anderen Seite erwerben sie Produkte des täglichen Bedarfs vorzugsweise im Diskontgeschäft, wo sie intensiv nach Sonderangeboten Ausschau halten und den Zeitbedarf auf ein Minimum zu beschränken trachten.

(b) Maßgeblich wird die Wahl des Absatzwegs auch von der Verfügbarkeit geeigneter **Handelspartner** bestimmt. Es geht dabei nicht nur um die Frage, ob überhaupt solche existieren, sondern auch darum, ob diese über eine entsprechende Qualifikation verfügen bzw. bereits an konkurrierende Anbieter gebunden sind.

(c) Die Stärke von **Konkurrenten** am Markt zeigt sich an der bereits erwähnten Möglichkeit, Absatzwege zu blockieren, indem sie Handelsunternehmen z. B. durch vertragliche Vereinbarung an sich binden. Daneben ist denkbar, daß ein maßgeblicher Wettbewerber einen neuen Absatzweg geschaffen hat und seine Konkurrenten nachziehen müssen, um als unmittelbarer Wettbewerber identifiziert und bei Kaufentscheidungen von Kunden überhaupt berücksichtigt zu werden.

(3) Wesentlichen Einfluß auf die Beurteilung einzelner Absatzwegealternativen nehmen schließlich die **Umfeldfaktoren**. Distributionsrelevant ist beispielsweise die durch die weitgehende Motorisierung der Verbraucher veränderte **ökonomische** Situation. Sie schuf die Voraussetzung für das Entstehen von Verbrauchermärkten außerhalb der Stadtzentren und trug zugleich dazu bei, daß kleinere Geschäfte mit z. B. Nahrungs- und Genußmitteln im ländlichen Raum und in

den Stadtgebieten immer weniger Resonanz bei den Käufern finden. Daneben beeinflussen auch konjunkturelle Schwankungen das Geschehen. Wie sich am Beispiel der USA, aber auch der Bundesrepublik Deutschland zeigen läßt, führt z. B. eine schlechte konjunkturelle Lage dazu, daß die Attraktivität preisaggressiver Betriebsformen des Handels steigt, was ihrerseits die Hersteller dazu veranlassen kann, dieser Absatzwegalternative gesteigertes Interesse entgegenzubringen.

Der Wandel im **sozio-kulturellen** Umfeld schlägt sich in Werthaltung, Normen und Einstellungen der Gesellschaft nieder: Traditionelle Werte wie Pflichtbewußtsein, Arbeitsmoral und Disziplin verlieren zunehmend an Bedeutung, während hedonistische wie Freizeit- und Erlebnisorientierung, Selbstverwirklichung und Spaß an Bedeutung gewinnen. Es ist anzunehmen, daß durch diesen Wandel erlebnisorientierte Betriebsformen des Einzelhandels wie Boutiquen oder auch Einkaufszentren, die wegen der Einbeziehung von Dienstleistungsanbietern eine Attraktion darstellen, als Absatzmittler an Gewicht gewinnen.

Das zunehmende **Ökologiebewußtsein** der Gesellschaft tangiert die hier anstehende Frage insofern, als Bedarfsträger landwirtschaftliche Produkte vermehrt direkt bei Erzeugern erwerben, um Ware zu erhalten, deren Herkunft sie sich sicher sein können. Daneben zwingt die Ökologieorientierung die Anbieter, z. B. darüber nachzudenken, ob die Warenzustellung „frei Haus", ein Service par excellence, die damit verbundene Verkehrsbelastung noch rechtfertigt.

Veränderungen im **technologischen Umfeld** waren vielfach die Voraussetzung für das Entstehen von Absatzwegealternativen wie beispielsweise das Teleshopping. Zu denken ist hierbei an die weite Verbreitung und die vielfältigen Einsatzmöglichkeiten Neuer Kommunikationmedien (vgl. Abschn. 4.2.2.) oder an Verkaufsfahrersysteme bei Tiefkühlprodukten. Erst technologische Innovationen beim Gefrierguttransport ermöglichten die sog. Kühlkette und trugen so zur Entwicklung dieser Verkaufsform bei.

Schließlich bestimmen, wie im einzelnen in Abschn. 6 dargestellt, **rechtliche Vorschriften** die Entscheidung über einen Absatzweg maßgeblich. Von besonderem Interesse sind hierbei *GWB, HGB, UWG, BauNVO* und *Ladenschlußgesetz.*

3.2. Die Wirkung gestiegener Handelsmacht

Auf Grund des zunehmenden Machtpotentials des Handels ist es insbesondere für Konsumgüterhersteller zu einer Überlebensfrage geworden, den Handel für sich bzw. die eigenen Produkte zu gewinnen. Viele Hersteller sind deshalb bestrebt, eine möglichst enge Beziehung zu diesem aufzubauen und ihn an sich zu binden. Dies führt dazu, daß an die Stelle einer dyadischen Beziehung zwischen Produzent und Konsument, die der erstere durch konsumentenorientiertes Marketing gestalten konnte, eine Triade aus Hersteller, Verwender bzw. Verbraucher und Handel getreten ist, was dazu führt, daß ein ausschließlich an Bedarfsträgern ausgerichtetes Verhalten nicht mehr ausreicht und durch ein handelsorientiertes Marketing ergänzt werden muß (vgl. *Hörschgen* u. a. 1993).

(1) Die Polarisierung der Positionen von Herstellern und Handel

Die Notwendigkeit für die Mehrzahl der Hersteller, eine partnerschaftliche Beziehung zum Handel aufzubauen, ergibt sich aus der Polarität beider Parteien. Die Ursachen dafür liegen zum einen in der durch zunehmende Konzentration und Kooperation im Handel entstandenen **Nachfragemacht,** zum anderen in dessen **Informationsvorsprung**, den er durch den direkten Kontakt mit seinen Kunden erhält.

(a) Früher kam dem Handel im wesentlichen eine Verteilerfunktion zu; als **Erfüllungsgehilfe** der Industrie verfügte er auf Grund seiner atomistischen, mittelständischen Struktur sowie gravierender Ausbildungsdefizite weder über die Macht noch über das spezifische Wissen, um maßgeblichen Einfluß auf das Marktgeschehen zu nehmen. Die Macht im Absatzkanal lag bei den Herstellern, die lediglich diejenigen Handelsunternehmen bestimmen mußten, die sie als Verteiler heranziehen wollten. Die Bedingungen für diese Art von Zusammenarbeit legten die Hersteller dabei weitgehend autonom fest; sie orientierten sich bei ihren Marketingaktivitäten ausschließlich an den Bedarfsträgern, während der Handel, über den der weitaus größte Teil der Konsumgüter (auch heute noch) abgesetzt wird, in den Marketingüberlegungen vergleichsweise wenig Beachtung fand. Für die Industrie kam es entschieden mehr darauf an, mit Hilfe intensiver Endverbraucherwerbung einen Nachfragesog in Gang zu setzen, der die Absatzmittler dazu veranlassen sollte, die nachgefragten Waren bei ihr zu ordern.

Diese Situation begann sich in den sechziger Jahren grundlegend zu ändern. Im Handel vollzieht sich seither ein tiefgreifender **Strukturwandel**, der sich auch auf die Beziehungen zwischen Herstellern und Handel auswirkte. Kennzeichnend für diese Veränderung ist vor allem der Rückgang der Zahl der Unternehmen auf der Groß- und Einzelhandelsebene bei gleichzeitig fortschreitender relativer Unternehmenskonzentration (vgl. Abschn. 2.2.1., Abb. 7.2. und Abb. 7.3.). Beispielsweise haben die zehn größten Betriebe des deutschen Lebensmitteleinzelhandels im Jahr 1993 einen Umsatz von 242 Mrd. DM erreicht; sie verfügten damit über einen Anteil von mehr als 70% am Markt.

Diese Entwicklung führte zur Bildung von professionell geleiteten Handelsgruppen und -konzernen, die auf Grund ihres Auftragsvolumens den Verhandlungs- und Dispositionsspielraum auch großer Hersteller maßgeblich zu beeinflussen vermögen. Um ihre Wettbewerbsfähigkeit zu sichern bzw. wiederherzustellen, schlossen sich vielfach kleinere und mittlere Handelsunternehmen zu kooperativen Gebilden zusammen, die in vielen Fällen eine ähnlich starke **Nachfragemacht** erlangen wie Großbetriebe.

Die Möglichkeit eines von den Herstellern unabhängigen Agierens und die ihm zugewachsene Macht ließen den Handel seine Rolle als bloßer Verteiler überwinden. Er stellt heute einen selbstbewußten Marktpartner dar, der bestrebt ist, seine eigenen Zielvorstellungen notfalls auch gegen die Interessen der Hersteller durchzusetzen (vgl. im einzelnen *Kirsch* 1987; *Bergmann* 1988).

(b) In der Vergangenheit nutzten Hersteller ihre Vorteile im Bereich der Marktforschung, während der Handel auf Grund von fehlendem Know-how das an sich verfügbare Instrumentarium kaum einsetzen bzw. anfallende Daten nicht so aufbereiten konnte, daß sie seine Entscheidungen zu stützen vermochten. Man war folglich auf das Wohlwollen der Produzenten angewiesen, wodurch diese maßgeblichen Einfluß auf die Entwicklung im Handel nehmen konnten.

Heute sieht man sich dort zunehmend in der Lage, aus dem direkten Kontakt zu den Kunden resultierende **Vorteile** bei der **Informationsgewinnung** zu nutzen und sie als Druckmittel gegen Lieferanten einzusetzen. Hier geraten Anbieter immer stärker in eine Abhängigkeit vom Handel, weswegen sie sich vermehrt um dessen Kooperationsbereitschaft bemühen.

In welchem Ausmaß Handelsunternehmen ihren Informationsvorteil als Machtinstrument einsetzen, zeigt sich besonders deutlich bei *Wal-Mart*. Vergleichbar dem Just-in-Time-Konzept bei der Anlieferung von Bauteilen und Komponenten hat das Unternehmen ein Informationsnetz aufgebaut, das den Abfluß jedes einzelnen Stückes im Handel registriert. Diese Daten fließen unmittelbar in Produktions- und Lieferpläne der Hersteller ein. Beide Parteien scheinen Vorteile aus dieser Beziehung zu ziehen. Der Produzent partizipiert an den Informationen des Handels und *Wal-Mart* vermag auf diese Weise seine Lagerkapazität zu minimieren, da Ware stets rechtzeitig angeliefert wird. Darüber hinaus bietet die Informationsvernetzung dem Filialisten die Möglichkeit, Zwischenhandelsstufen auf Grund des direkten Kontaks zu den Herstellern auszuschalten, woraus Preisvorteile erwachsen.

Eine wesentliche Voraussetzung für den Informationsvorteil des Handels liegt in der Entwicklung der modernen Informations- und Datentechnik. Dem Einsatz von **Warenwirtschaftssystemen** (im einzelnen dazu § 9, Abschn. 3.4.3.) kommt hierbei besondere Bedeutung zu, da diese den Handel in die Lage versetzen, den gesamten Warenfluß transparent zu machen und auf dieser Basis Marketingaktivitäten gezielt zu entfalten, insbesondere die verfügbare Regalfläche optimal zu nutzen. Derlei Informationen ermöglichen es dem Handel, Rückschlüsse auf das Konsumentenverhalten, auf Art, Menge und Zeitpunkt des Bedarfs sowie auf Wünsche und Anforderungen der Kunden im Hinblick auf neue oder modifizierte Produkte zu ziehen.

(2) Konsequenzen des Rollenwandels

Die Machtverlagerung im Distributionskanal zwingt die Hersteller zu einer bewußten Gestaltung ihrer Beziehungen zum Handel. Es stehen ihnen zwei Möglichkeiten offen, entweder durch direkten Absatz einer Konfrontation mit ihm ausweichen oder sich einem möglichen Konflikt zu stellen. In diesem Fall können beide auf Strategien der Spieltheorie zurückgreifen und versuchen, die Beziehung zu **dominieren** oder sich auf eine **kooperative Verhaltensweise** zu einigen.

Bei der **Dominanz-Strategie** gewinnt derjenige die Oberhand, der über die größere Macht verfügt. Befindet sich der Hersteller in dieser Situation, hat dieser z. B. die Möglichkeit, einem Wiederverkäufer sein Marketingkonzept zu oktroyieren, indem er durch intensive Endverbraucherwerbung einen Nachfragesog auslöst, der den Absatzmittler unter Druck setzt, die Waren des Herstellers in sein Sortiment aufzunehmen. Diese Strategie verfolgen üblicherweise solche Produzenten, deren Erzeugnisse einen hohen USP aufweisen und bei denen der Handel großes Interesse daran hat, diese zu führen. Verfügt hingegen der Handel über mehr Macht, ist ein Hersteller gezwungen, seine eigene Marketingkonzeption an die des Abnehmers anzupassen und sich im Extremfall mit der Rolle eines Lieferanten von Handelsmarken abzufinden.

Anders als bei dem Versuch, die Beziehung zu dominieren, sind Hersteller und Handel bei einer **Kooperations-Strategie** bestrebt, gemeinsam eine tragbare Lösung zu finden und Synergieeffekte zu erzielen.

(a) Oftmals basiert die Kooperationswilligkeit des Handels auf **Zugeständnissen**, zu denen ein Hersteller bereit ist. Diese Form der Zusammenarbeit erfordert wenig an Vorbereitung und geringes Involvement beider Parteien, entfaltet aber auch nur eine begrenzte Wirkung. Zu denken ist hierbei an finanzielle Anreize, beispielsweise in Form von Sonderrabatten oder Werbekostenzuschüssen (WKZ), wobei derartige Maßnahmen oftmals mit geltendem Recht kollidieren (vgl. hierzu die Ausführungen in § 8, Abschn. 1.1.2.).

(b) Eine zeitlich längerfristig angelegte Möglichkeit der Konfliktbewältigung auf kooperativer Basis bildet das **Key-Account-Management** (vgl. dazu Abschn. 4.3.2. und § 12, Abschn. 1.3.3.). Im Rahmen der Schlüsselkundenbetreuung stellt ein Hersteller Abnehmern mit dem Key-Account-Manager einen kompetenten Gesprächspartner zur Seite, der für deren Belange direkt zuständig ist. Dies führt zu einer effizienteren Zusammenarbeit zwischen Hersteller und Handel und trägt so zu einer Konfliktminimierung bei. Eng mit diesem Konzept verbunden ist die Kooperation in Form von Projektteams. Im Rahmen einer **personellen Vernetzung** arbeiten Mitarbeiter beider Unternehmen zusammen, um auf diese Weise Schnittstellenprobleme zu reduzieren und so Entscheidungen zu treffen, die beiden Seiten zum Vorteil gereichen.

(c) Bei der **vertraglichen Verhaltensabstimmung** versuchen Produzenten, die Realisierung ihrer Marketingkonzeption dadurch sicherzustellen, daß sie mit dem Handel genau fixierte Vereinbarungen über die Rechte und Pflichten beider Seiten treffen. Sie wollen auf diese Weise erreichen, daß sich der Handel vorrangig um den Absatz ihrer Waren kümmert, so daß sich in diesen Fällen der

Vertrieb de facto dem direkten Absatz annähert. Dies hat im übrigen dazu geführt, daß vertragliche Vertriebssysteme in der Literatur gelegentlich dem direkten Absatz subsumiert werden.

Zu den **Standardtypen** vertraglicher Vertriebssysteme, deren rechtliche Implikationen in Abschn. 6 behandelt werden, zählen das Vertriebsbindungs-, Alleinvertriebs-, Vertragshändler- und Franchise- sowie Agentursystem (vgl. *Müllerschön* 1986).

Ein **Vertriebsbindungssystem** ermöglicht es Herstellern, Handelsunternehmen nach qualitativen Kriterien zu selektieren. In einer Vielzahl zumeist gleichlautender Verträge mit den Ausgewählten wird festgelegt, mit wem die Vertragsparteien Geschäftsbeziehungen eingehen dürfen. So verpflichten Lieferanten beispielsweise bei der sog. Fachhandelsbindung ausgewählte Großhändler, die Produkte ausschließlich an Facheinzelhändler zu verkaufen.

Ein **Alleinvertriebssystem** gewährleistet Vertragspartnern einen absoluten Gebietsschutz. Hierzu unterteilt der Hersteller einen Markt in einzelne Gebiete und beliefert innerhalb dieser jeweils nur einen ausgewählten Händler. Um zu verhindern, daß dessen regionales Ausschließlichkeitsrecht verletzt wird, unterwerfen Hersteller alle Abnehmer einer Vertriebsbindung, so daß diese nicht in den geographischen Bereich eines anderen hineinverkaufen können.

In der Literatur finden sich kontroverse Auffassungen über die Abgrenzung von Vertragshändlerschaft und Franchising. Während einige Autoren beide Begriffe synonym verwenden, interpretieren andere Franchising als eine vertragliche Regelung, die dem Franchisegeber eher noch weiterreichende Beeinflussungsmöglichkeiten als eine **Vertragshändlerschaft** bietet.

Bei letzterer gewinnt ein Hersteller eine Gruppe von Abnehmern dafür, seine Erzeugnisse exklusiv, also ohne konkurrierende Erzeugnisse zu führen. Damit vermag er die Marketingaktivitäten von Vertragspartnern so zu kanalisieren, daß diese seine eigenen Intentionen fördern. Solche Regelungen, Inbegriff für sog. lizenzierten oder konzessionierten Handel, sind bei Kraftfahrzeugen und Mineralöl verbreitet. Brauereien nehmen Gaststätten in dieser Weise unter Vertrag, um den kontinuierlichen Absatz von Bier und anderen Getränken zu sichern sowie die Amortisation der finanziellen Hilfen, die sie ihren Abnehmern zum Aufbau ihrer Betriebe zubilligten, zu gewährleisten. Absatzsysteme dieser und ähnlicher Art haben auch in zahlreichen anderen Bereichen, z. B. bei Kosmetika und Kaffee, Eingang gefunden.

Versucht ein Anbieter über die Durchsetzung seiner Marketingkonzeption hinaus einen einheitlichen Marktauftritt der Vertragspartner im Hinblick auf deren Erscheinungsbild (Corporate Design) und Kommunikationsverhalten (Corporate Communications) zu erreichen, spricht man von **Franchising**. Hierbei handelt es sich um ein Konzept, bei dem ein Unternehmen den Absatz seiner Produkte oder Dienstleistungen in Form vertikaler Kooperation einer begrenzten Zahl von Vertragspartnern überläßt. Diese bleiben zwar rechtlich selbständig und tragen das Geschäftsrisiko, doch sorgen der Name des Franchisegebers, das Erscheinungsbild und ein gemeinsames, werbewirksames Emblem für eine Art gemeinsames Band. Daß die Franchiseidee beim Absatz von Konsumgütern weite Verbreitung gefunden hat, illustrieren *Benetton* und *Escada.* Aber auch im Dienstleistungssektor wie bei Gaststätten *(McDonalds, Wienerwald)* sowie Reisebüros *(TUI, Reiseland)* finden sich entsprechende Beispiele.

Der Franchisevertrag regelt den Gebrauch von Namen, Warenzeichen, Symbolen und sonstigen Schutzrechten, die Modalitäten einer Anschubfinanzierung durch den Franchisegeber, die einzuschlagende Werbestrategie und die Bereitstellung von Informationen; er verpflichtet den Franchisegeber überdies zur Unterstützung des Franchisenehmers in vielfacher Hinsicht. Als Gegenleistung zahlen die Franchisenehmer ein einmaliges oder laufendes, umsatzabhängiges Entgelt an den Franchisegeber und räumen ihm Steuerungs- und Kontrollbefugnisse ein. Ein Franchisenehmer profitiert vom Know-how und von den Erfahrungen des Partners. Dieser hingegen erreicht eine hohe Marktdurchdringung, ohne die finanziellen Mittel aufwenden zu müssen, die er in den Aufbau eigener Verkaufsstellen investieren müßte.

Im Unterschied zu anderen Varianten treten bei **Agentursystemen** die Absatzmittler nicht mehr in vollem Umfang als Eigenhändler auf, da diese weitgehend an Weisungen des Herstellers gebunden sind und das Absatzrisiko nicht allein tragen. Agentursysteme basieren auf Kommissions- und Handelsvertreterverträgen, die Hersteller- und Handelsunternehmen miteinander abschließen. Um sich eine höhere Einwirkung auf die Marktpartner zu sichern, stellte z. B. die *Telefunken AG* ihr Vertriebssystem mit bis dahin unabhängigen Fachhandelsunternehmen auf Agenturhandel um, indem sie mit letzteren Kommissions- oder Handelsvertreterverträge abschloß. Durch diese Maßnahme, die der *BGH* 1986 als zulässig beurteilte, bestand für die *Telefunken AG* die Möglichkeit, Eigentümer an der zu vermittelnden Ware zu bleiben und ihr Weisungsrecht gegenüber dem Handel dazu einzusetzen, um die Preispolitik, aber auch das Sortiment und die Warenpräsentation bei diesem zu steuern.

4. Die Gestaltung der Schnittstelle zu den Abnehmern

Unabhängig davon, ob Hersteller den direkten oder indirekten Absatzweg wählen, sind Entscheidungen über die Kontaktform und den Aufbau des dafür relevanten Bereichs der Organisation zu treffen; ferner ist über die Art der Führung der mit Vertriebsaufgaben befaßten Kräfte zu befinden.

4.1. Die zu bewältigenden Aufgaben

Die Hauptaufgabe des **Vertriebs** stellt das Verkaufen dar. Daneben geht es um die Betreuung von Kunden, die Gewährleistung von Service, die Versorgung der Geschäftsleitung mit Informationen sowie in Einzelfällen um die Warenauslieferung und das Inkasso.

Der **Verkauf** eines Produkts gliedert sich in die Phasen **Vorbereitung**, **Durchführung** und **Nachbereitung**. Der Begriff wird hierbei nicht im juristischen Sinne als die Übertragung von Eigentumsrechten aufgefaßt, sondern als eine Handlung, die dem Käufer formal (durch Abschluß eines Vertrags) ein Nutzungsrecht an dem angebotenen Erzeugnis einräumt, sei es durch einen Kauf-, Miet- oder Leasingvertrag. Zur Unterstützung dieses Vorgangs erbringen Unternehmen Serviceleistungen, wobei die Literatur zwischen Pre- und After-Sales-Service unterscheidet.

Der **Pre-Sales-Service** umfaßt alle Aufgaben eines Vertriebsmitarbeiters, die zum Abschluß eines Vertrags führen sollen. Hierzu zählen insbesondere die Beratung und Information der Kunden über das Unternehmen und dessen Produkte, aber auch die Vermittlung von Finanzierungsmöglichkeiten und die Durchführung von Verkaufsförderungsaktionen. Durch den **After-Sales-Service** soll der Kontakt zu den Abnehmern aufrechterhalten werden; denn Folgegeschäfte, beispielsweise in Form von Wartung technischer Geräte sowie Ersatz- und Zusatzkäufen, bieten auch bei intensivem Wettbewerb eine Möglichkeit zur Bindung von Kunden an das Unternehmen. Dies stellt für letzteres eine Chance dar, sich insbesondere bei homogenem Produktangebot von Konkurrenten abzuheben, und kennzeichnet somit einen wichtigen Ansatzpunkt zum Aufbau und zur Sicherung von Wettbewerbsvorteilen.

Da die Vertriebsorganisation in unmittelbarem Kontakt mit den Abnehmern steht, bietet sich dem Anbieter eine günstige Gelegenheit zur Gewinnung von Informationen über den Markt und die ihn formenden Kräfte. Der Außendienst tritt mit vielen (potentiellen) Kunden in Kontakt, die zugleich auch bei Konkurrenzunternehmen Waren erwerben. Dies ermöglicht es ihm, ein detailliertes Reaktionsprofil für die wichtigsten Wettbewerber zu erarbeiten (vgl. *Hörschgen* 1989). Die hierdurch gewonnenen und durch Besuchs-, Tages- und Wochenberichte der Vertriebs- bzw. Unternehmensleitung übermittelten Informationen stellen eine wichtige Grundlage für Marketingentscheidungen dar.

4.2. Die Festlegung der Kontaktform

4.2.1. Der persönliche Verkauf

Der **persönliche Verkauf** kennzeichnet die Akquisition von Kunden und die Erlangung von Aufträgen durch unmittelbare, nicht mediale Einwirkung auf potentielle oder tatsächliche Abnehmer. Er zeigt sich in vielfältigen Erscheinungsformen (vgl. z. B. *Schwab* 1982) und umfaßt beispielsweise Aktivitäten einer Bedienungskraft an der Käsetheke in einem Nahrungsmittelgeschäft ebenso wie den Einsatz von Außendienstmitarbeitern von Versicherungsgesellschaften, die Kunden zu Hause aufsuchen. Aber auch der Verkauf schlüsselfertiger Industrieanlagen im Großkraftwerksbereich durch ein Team hochspezialisierter Experten gilt als persönlicher Verkauf.

Während die Einführung der Selbstbedienung auf der Verbraucherebene zu einem Bedeutungsverlust des persönlichen Verkaufs führte, läßt sich beim Handel auf Grund des anhaltenden Konzentrationsprozesses eine entgegengesetzte Entwicklung feststellen: Infolge der Abnahme der Anzahl der Kontakte zu den Einkäufern des Handels bei gleichzeitiger Zunahme des Wertes des einzelnen Auftrags gewinnen die persönliche Beratung und Betreuung der Abnehmer durch in der Unternehmenshierarchie des Anbieters hoch angesiedelte Verkäufer oder Teams von Spezialisten zunehmend an Gewicht.

Angesichts der besonderen Bedeutung des persönlichen Verkaufs beim Absatz von Waren an den Handel, aber auch im Investitionsgüterbereich sowie im Hinblick auf die dabei anfallenden Kosten verwundert es nicht, daß es eine Vielzahl von Ansätzen gibt, mit denen man zu erklären versucht, auf welche Faktoren der Erfolg bzw. Mißerfolg beim persönlichen Verkauf zurückzuführen ist.

(1) Die verkäuferorientierten Erklärungsansätze knüpfen an Kriterien an, denen auch bei der Auswahl und Ausbildung von Verkaufsmitarbeitern Bedeutung zugemessen wird (vgl. *Bänsch* 1993; *Kirsch / Kutschker / Lutschewitz* 1980; *Schoch* 1969). Sie führen Erfolg im Verkauf auf **Persönlichkeitsmerkmale** wie Alter, Familienstand, äußere Erscheinung, Selbstvertrauen und Aggressivität (vgl. *Lamont / Lundstrom* 1977) zurück. Das Bemühen um eindeutige Identifikation einer Verkaufsbegabung als Konglomerat verschiedener Eigenschaften eines Verkäufers blieb indessen bislang weitgehend erfolglos (vgl. *Bauer* 1980).

(2) Im Mittelpunkt eines anderen Versuchs, das Dunkel aufzuhellen, steht das richtige Verhalten beim **Verkaufsgespräch**. Hierzu liegen im wesentlichen vier Hypothesen vor (vgl. *Schoch* 1969; *Bauer* 1980):

- Der Verkaufsvorgang kennzeichnet eine Abfolge von Reiz (Stimulus) und Reaktion (Response). Gelingt es dem Verkäufer, den „richtigen" Reiz, z. B. die Darstellung des mit dem Erwerb des Gutes verbundenen Nutzens, zu finden, so stellt sich der Erfolg quasi von selbst ein.
- Eine strenge Orientierung an den Wünschen und Bedürfnissen des Käufers führt am ehesten zum Ziel. Also gilt es, jene Eigenschaften des eigenen Angebots herauszustellen, die zur Lösung der vorab zu ergründenden Probleme des Abnehmers (z. B. ungenügende Handelsspanne) am meisten beitragen.

- Der Verkaufsvorgang besteht aus mehreren Phasen, die der Käufer im Laufe des Verkaufsgesprächs bewußt durchlaufen muß, um Erfolg zu haben (z. B. Aufmerksamkeit, Interesse, Kaufwunsch und Kaufentschluß).
- Ein Verkäufer wirkt um so überzeugender, je mehr es ihm gelingt, einen potentiellen Abnehmer bei seiner Entscheidung zu unterstützen. Im Einklang mit entscheidungstheoretischen Erkenntnissen versucht der Verkäufer beispielsweise eine positive Einstellung beim Käufer gegenüber dem angebotenen Produkt herzustellen und das vom Partner wahrgenommene Risiko zu reduzieren (vgl. Weitz 1978).

(3) Bei den **Interaktionsansätzen** unterscheidet man hinsichtlich der Anzahl der beteiligten Personen dyadische und Multi-Aktoren-Ansätze. Weiterhin läßt sich zwischen Struktur- und Prozeßansätzen differenzieren (eingehend dazu *Kern* 1990; *Hanseh* 1990). Ausgehend von der Erkenntnis, daß beide Parteien an der Erzielung eines Kaufabschlusses interessiert sind, postuliert man, daß der Verkaufserfolg sowohl vom Käufer als auch vom Verkäufer und insbesondere von den zwischen ihnen bestehenden Beziehungen bestimmt wird. Einzelheiten dazu vermittelt Abb. 7.6.

Nach empirischen Untersuchungen von *Evans* (1963) und *Schoch* (1969) ist der **dyadische Ansatz** den allein an Persönlichkeitsmerkmalen und Verhaltensweisen der Verkäufer anknüpfenden Ansätzen bei der Erklärung des Erfolgs bei Verkaufsvorgängen überlegen. Als Fazit läßt sich dabei festhalten, daß es um so wahrscheinlicher zu einem Verkaufsabschluß kommt,

- je mehr sich potentielle Käufer und Verkäufer hinsichtlich ihrer Persönlichkeit ähneln,
- je stärker die Rollenerwartungen bei beiden am Verkaufsgespräch beteiligten Parteien hinsichtlich der Verkäuferrolle übereinstimmen und
- je mehr das tatsächliche Verhalten des Gesprächspartners den Erwartungen des Kunden über das Verhalten von Verkäufern entspricht.

Für Unternehmen, die auf den persönlichen Verkauf setzen, erweist es sich folglich bei der Auswahl und Schulung von Vertriebsmitarbeitern als unumgänglich, auch die Eigenschaften und Erwartungen der potentiellen Abnehmer zu berücksichtigen.

Ungleich komplexer als bei einer Dyade erscheint die Erklärung erfolgreicher Verkaufsprozesse bei **Multi-Aktoren-Ansätzen,** also beispielsweise dann, wenn auf der Käuferseite die Verhandlungsführung und Kaufentscheidung nicht einer einzelnen Person, sondern z. B. einem **Einkaufsgremium** (Buying-Center) obliegen. Hierbei erfordern die Rollen, die dessen Mitglieder im Zusammenhang mit der Einkaufsentscheidung spielen, besondere Berücksichtigung. Der durch das dyadische Konzept gespannte Rahmen erweist sich in diesem Fall als zu eng. Für einen erfolgreichen Ausgang von Verkaufsverhandlungen sind bei einem

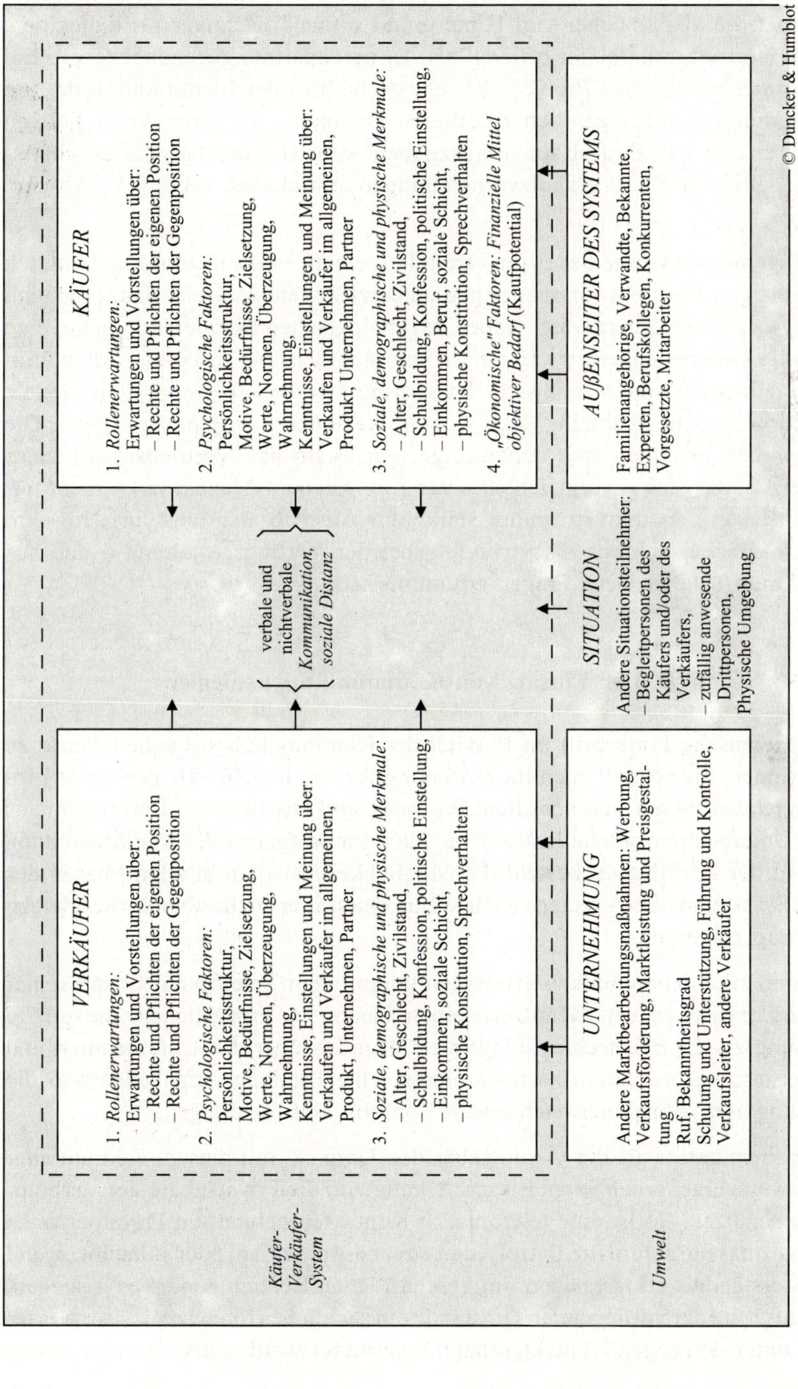

Quelle: *Schoch* 1969, S. 119.

Abb 7.6.: Struktur des dyadischen Interaktionssystems

Entscheidungsgremium die mit der Erlangung von Informationen betrauten Mitarbeiter und die „Drahtzieher“ im Hintergrund oftmals wichtiger als diejenigen, die dem Vertriebsmitarbeiter offiziell als Ansprechpartner gegenüberstehen. Ein bedeutsames praktisches Problem besteht deshalb in der Identifikation der am Entscheidungsprozeß eigentlich beteiligten Personen, um deren Vorstellungen zu erfahren und u. U. Einfluß auf sie auszuüben, wenn sich nicht gar die Geschäftsleitung selbst in die Verkaufsverhandlungen einschaltet (vgl. § 5, Abschn. 2.3.2.1.).

Im allgemeinen vermeidet es ein Hersteller, einem Einkaufsgremium lediglich einen einzigen Vertriebsmitarbeiter gegenüberzustellen, da dieser damit fachlich und physisch überfordert wäre. Neben psychologischen Nachteilen brächte eine personelle Unterlegenheit des Herstellerunternehmens bei Verkaufsverhandlungen auch Imagenachteile mit sich. Diesem Sachverhalt tragen organisationale Interaktionsansätze Rechnung (vgl. *Kirsch / Kutschker / Lutschewitz* 1980). Die Unternehmen bemühen sich demzufolge, ein Team aus Vertriebsmitarbeitern einzusetzen, das sich – vergleichbar einer Key-Account-Mannschaft – nicht nur aus Kaufleuten, sondern in immer stärkerem Ausmaß auch aus Juristen – im Hinblick auf die rechtliche Absicherung bei der Vertragsgestaltung – und aus Ingenieuren für technische Fragen zusammensetzt.

4.2.2. Der Einsatz von Kommunikationsmedien

Der technische Fortschritt im Bereich der Kommunikationsmedien führte zu Innovationen, die schnell auch im Marketing Einzug hielten. Als geeignete Einsatzbereiche erwiesen sich vor allem Werbung und Distribution. Darüber hinaus ziehen Unternehmen solche Instrumente auch für Aufgaben der Marktforschung heran. In der Distribution besteht die Möglichkeit, Medien in allen Phasen des Verkaufsprozesses einzusetzen, auch wenn ihnen hier nicht überall die gleiche Bedeutung zukommt.

(1) Von allen Kommunikationsmedien kommt dem **Telefon** auf Grund seiner Fähigkeit, zwischen den Benutzern einen Dialog zu ermöglichen, die größte Bedeutung zu. Es bietet eine Gelegenheit, Kunden über das Unternehmen und dessen Leistungsprogramm zu informieren, eine Bindung aufzubauen und die Beziehung zum Abnehmer nach einem Kaufabschluß zu pflegen.

Allerdings unterwarf der Gesetzgeber den Umgang mit diesem Kommunikationsmedium einer erheblichen Einschränkung, um die Privatsphäre der Verbraucher zu schützen. So ist eine telefonische Kontaktaufnahme mit Privatpersonen nur dann zulässig, sofern die Betroffenen zuvor ausdrücklich oder stillschweigend ihr Einverständnis erklärt haben. Im geschäftlichen Bereich genügt es hingegen, wenn aufgrund der vorliegenden Umstände ein sachliches Interesse des Angerufenen an einer derartigen Kontaktaufnahme vermutet werden darf.

Grundsätzlich lassen sich zwei Formen des Telefonmarketing unterscheiden (vgl. *Greff* 1991). Bei der **passiven** Variante („inbound") wird der Kontakt von einem Kunden aufgenommen, den Fernseh- bzw. Rundfunkspots, Zeitungen oder Werbebriefe dazu angeregt haben. Hier dient das Medium vor allem dazu, Bestellungen entgegenzunehmen, offene Fragen zu klären oder Reklamationen zu bearbeiten. Die Einsatzgebiete des **aktiven Telefonmarketing** („outbound"), bei dem die Unternehmen unter Berücksichtigung der rechtlichen Restriktionen den Kontakt zur Zielgruppe selbst herstellten, liegen z. B. in der Gewinnung neuer Kunden, Betreuung von Stammkunden und Unterstützung des Außendienstes.

(2) Eine boomartige Entwicklung verzeichnet das **Telefax** als Medium zur Übermittlung von Angeboten und Bestellungen. War die Nutzungsmöglichkeit ursprünglich auf den Business-to-Business-Bereich beschränkt, setzt sich das Medium, unterstützt durch die Entwicklung leistungsfähigerer und bedienungsfreundlicherer Geräte, auch im privaten Bereich durch. Vergleichbar den rechtlichen Beschränkungen des Telefonverkaufs bewahrt beim Telefax § 1 *UWG* Verbraucher vor nicht erwünschter Kontaktaufnahme.

(3) Das 1983 von der damaligen *Deutschen Bundespost* eingeführte **Bildschirmtextsystem** (Btx) verkörpert ein Informations- und Kommunikationssystem, das jedermann als Sender und Empfänger einsetzen kann, der über einen Telefonanschluß, ein (Farb)-Fernsehgerät mit Btx-Decoder und Fernbedienung bzw. Tastatur sowie ein Modem (Btx-Anschlußbox) verfügt. Ein Anbieter stellt hierbei Informationen bereit, zu denen Interessenten über ihren Bildschirm Zugang erlangen. Er hat so die Möglichkeit, mit Kaufofferten oder sonstigen Informationen an Kunden heranzutreten. Der Vorteil des Systems liegt in seiner Interaktionsfähigkeit, d. h. man empfängt nicht nur Nachrichten, die ein Anbieter zur Verfügung stellt, sondern kann sich an diesen auch mit der Bitte um Bereitstellung weiterer Informationen wenden bzw. konkrete Bestellungen aufgeben. Das Einsatzfeld des Btx ist auf Grund seiner nur geringen Verbreitung sehr begrenzt. So benutzen Unternehmen Btx hauptsächlich zur inner- und zwischenbetrieblichen Kommunikation, beispielsweise um von der Zentrale Informationen an Verkaufsniederlassungen zu übermitteln.

(4) Das **Kabel-** und **Satellitenfernsehen** hat seinen Platz weniger in der Distribution als in der Kommunikation. Die über Kabel oder Satellit zu empfangenden Privatsender bieten Unternehmen in sehr viel stärkerem Maße als die öffentlich-rechtlichen Rundfunkanstalten die Möglichkeit, sich in Form von Werbespots oder eigenständigen Werbesendungen mit zielgruppengerechten Werbebotschaften an die Verbraucher zu wenden und so Streuverluste zu minimieren (vgl. § 8, Abschn. 3.6.1.). Sie verfügen über vergleichsweise mehr Zeit für die Ausstrahlung von Werbung und sind überdies dazu auch nach 20 Uhr sowie an Sonn- und Feiertragen befugt.

Im Bereich der Distribution kommt dem Kabel- und Satellitenfernsehen insbesondere durch das **Teleshopping** zunehmende Bedeutung zu. Unternehmen bieten

Fernsehzuschauern vornehmlich im Rahmen von Werbe- und Verkaufs-Shows Produkte zum Kauf an, die jene über eine eingeblendete Telefonnummer sofort bestellen können.

(5) **Video-** und **Bildplattensysteme** zählen zu den audiovisuellen Medien, die optische und akustische Signale aufnehmen, speichern und wiedergeben. Vergleichbar dem Kabel- und Satellitenfernsehen kommt ihnen primär eine kommunikative Wirkung zu, da sie, anders als beispielsweise Telefon oder Btx, nicht dialogfähig sind und nur eine einseitige Übertragung von Informationen und Werbebotschaften vom Hersteller an die Kunden gestatten.

Während Videosysteme im privaten Bereich weite Verbreitung fanden, ist die Bildplatte wegen der hohen Kosten dort kaum anzutreffen. Die Vorteile von Videosystemen liegen vor allem in den geringen Anschaffungs- und Unterhaltskosten. Nachteilig ist jedoch, daß sich auf Grund des sequentiellen Ablaufs des Bandes bestimmte Passagen nicht direkt ansteuern lassen. Dieser technische Mangel findet sich bei Bildplattensystemen nicht, da hier ein Laser den Datenträger berührungsfrei abtastet sowie Bilder und Ton von sehr viel höherer Qualität erzeugt, als es ein Videosystem vermag.

Unternehmen setzen beide Verfahren dazu ein, um sich selbst und ihre Produkte bzw. Dienstleistungen den Kunden vorzustellen, ohne daß dies der Präsenz eines Mitarbeiters bedarf. Dank der Möglichkeit, Abläufe zu visualisieren, lassen sich Waren nicht nur zeigen, sondern auch in ihrer Funktionsweise und Handhabung darstellen, was insbesondere bei erklärungsbedürftigen Erzeugnissen Vorteile aufweist. Daneben dienen Video- und Bildplattensysteme in immer stärkerem Ausmaß auch der Information und Schulung von Mitarbeitern.

(6) Eine reine Unterstützungsfunktion kommt dem Einsatz von **Portables** (tragbaren Personalcomputern, Laptops) zu. Diese Kleinrechner mit eigener Stromversorgung dienen der Erfassung, Speicherung und Verarbeitung von Daten. Vertriebsmitarbeiter verwenden solche Geräte bei Verkaufsgesprächen, um unter Variation möglicher Leistungskomponenten Angebote zu erstellen und Finanzierungsalternativen durchzurechnen. Man spricht hier deshalb von *Computer Aided Selling* oder *CAS* (vgl. *Hermanns* 1992). Darüber hinaus lassen sich durch Zwischenschaltung eines Modems Informationen über das Telefonnetz mit der Zentrale austauschen, wodurch sich einerseits Daten aktualisieren, andererseits direkt Bestellungen eingeben und mit den Lagerbeständen abgleichen lassen.

Bei der **Mobilen Datenerfassung** (MDE) ermöglicht eine Tastatur oder optische Lesevorrichtung die Registrierung von Daten am Ort ihrer Entstehung in EDV-gerechter Form; über das öffentliche Fernsprech- und Datennetz werden diese dann vom Handterminal an den Zentralrechner des Unternehmens übertragen. Das Medium dient dazu, Aufträge, die ein Mitarbeiter im Außendienst erzielt, an den Zentralrechner weiterzuleiten. Ferner lassen sich im Einzelhandel vor Ort, also am Regal oder im Lager, nachzubestellende Warenmengen erfassen und als Bestellungen direkt an die Lieferanten übermitteln.

Trotz des vermehrten Einsatzes von Kommunikationsmedien sind diese nur bedingt in der Lage, Vertriebsaufgaben eigen- und vollständig zu übernehmen. So erfordern z. B. Kabel- und Satellitenfernsehen oder Video- und Bildplattensysteme zusätzlich den Einsatz entweder von weiteren, dialogfähigen Medien oder aber von Vertriebsmitarbeitern.

4.3. Die Verankerung der Vertriebsfunktion im Unternehmen

4.3.1. Die Auswahl der mit Vertriebsaufgaben befaßten Kräfte

Zu dem, was in einem Unternehmen den „Vertrieb" ausmacht, zählen, wie errinnerlich, vor allem in der Verkaufsabteilung tätige Kräfte, Reisende und, in Ausnahmefällen, die Geschäftsleitung. Im übrigen gehören dazu auch Handelsvertreter, Kommissionäre und Makler.

(1) Der **Außendienst** spielt beim Absatz von Waren eine tragende Rolle. Hierbei stellt sich für Unternehmen die Frage, ob sie einen solchen mit **Reisenden** oder **Handelsvertretern** aufbauen sollen.

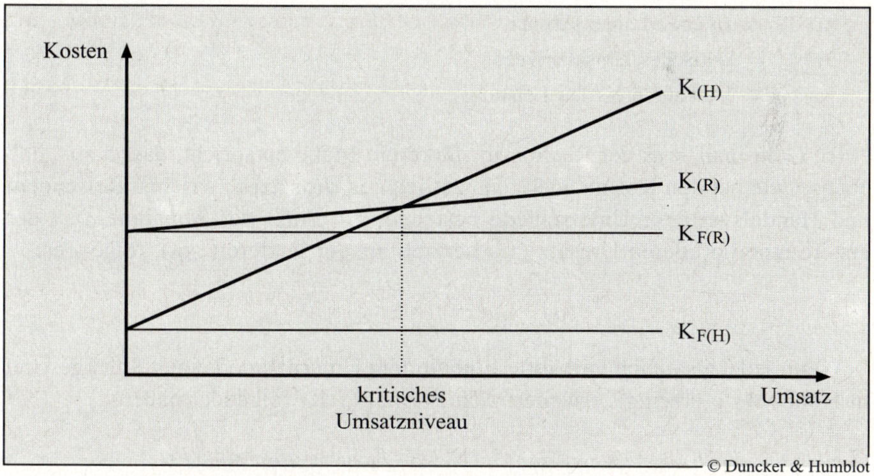

Abb 7.7.: Kostenvergleich zwischen Reisenden und Handelsvertretern

(a) Um zu einer Entscheidung zu gelangen, bietet es sich an, in einem ersten Schritt einen Kostenvergleich durchzuführen, bei dem man davon ausgeht, daß hinsichtlich aller anderen Parameter zwischen beiden kein Unterschied besteht. Er zeigt, welche Kosten bei unterschiedlichem Umsatzniveau durch den Einsatz eines Reisenden $K_{(R)}$ bzw. eines Handelsvertreters $K_{(H)}$ jeweils entstehen. Wie Abb. 7.7. verdeutlicht, fährt man mit einem Handelsvertreter, der ein nur geringes

Fixum erhält und primär durch Provision entlohnt wird, bei einem Umsatz, der unter dem kritischen Niveau liegt, vergleichweise günstiger. Überschreitet der Umsatz diesen Wert, ist der Reisende vorzuziehen, der neben seinem Gehalt nur eine bescheidene Provision erhält.

Wo unter den gesetzten Prämissen der sog. Break-even-Punkt, das kritische Umsatzniveau, liegt, läßt sich wie folgt ermitteln:

(7.1.) $$K_{F(R)} + (q_{(R)} \cdot x \cdot p) = K_{F(H)} + (q_{(H)} \cdot x \cdot p)$$

$$x^* = \frac{K_{F(R)} - K_{F(H)}}{p\,(q_{(H)} - q_{(R)})}$$

Dabei bedeuten:

$K_{F(R)}$ = fixe Kosten (Reisender)

$K_{F(H)}$ = fixe Kosten (Handelsvertreter)

$K_{V(R)}$ = variable (umsatzabhängige) Kosten (Reisender)

$K_{V(H)}$ = variable (umsatzabhängige) Kosten (Handelsvertreter)

$q_{(R)}$ = umsatzabhängige Kosten und Provision (Reisender) in %

$q_{(H)}$ = Provisionssatz (Handelsvertreter) in %

x = zu erwartender Absatz

x^* = kritisches Umsatzniveau

p = Verkaufspreis der Leistung

(b) Geht man, was der Realität in stärkerem Maße entspricht, davon aus, daß ebenso wie bei den Kosten auch hinsichtlich des Umsatzes zwischen Reisendem und Handelsvertreter Unterschiede bestehen, gilt unter der Annahme, daß der erstere einen größeren Umsatz ($x_{(R)}$) erzielt als der letztere ($x_{(H)}$), folgendes:

(7.2.) $$x_{(R)} > x_{(H)} \rightarrow x_{(R)} = x_{(H)} + dx$$

Wenn jede zusätzlich verkaufte Einheit dem Unternehmen einen Stückgewinn in Höhe von g erbringt, erweitert sich Formel (7.1.) folgendermaßen:

(7.3.) $$K_{F(R)} + (q_{(R)} \cdot x_{(R)} \cdot p) - dx \cdot g = K_{F(H)} + (q_{(H)} \cdot x_{(H)} \cdot p)$$

Die Kosten des Reisenden abzüglich des Gewinnvorteils, den dieser auf Grund des höheren Umsatzes erzielt, ergeben sich aus dem linken Teil der Gleichung, während sich im rechten Teil der Formel die Kosten widerspiegeln, die beim Einsatz des Handelsvertreters entstehen. Die Entscheidung ist also dann zugunsten des ersteren zu treffen, wenn die linke Seite kleiner ist als die rechte.

Da der durch den Einsatz der Vertriebsmitarbeiter zu erwartende Gewinn eine dominante Größe bei der Entscheidungsfindung darstellt, erscheint dieser Ansatz sinnvoller als ein simpler Kostenvergleich. Der Nachteil sowohl der kosten- als auch der gewinnorientierten Vergleichsrechnung liegt darin, daß die Berechnung auf einer Prognose des Umsatzniveaus beruht und andere über den Gewinn hinausgehende Entscheidungsfaktoren nicht berücksichtigt werden.

(c) Welche Entscheidungskriterien der Wirtschaftspraxis zur Verfügung stehen und welche Vor- und Nachteile Reisende bzw. Handelsvertreter jeweils aufweisen, geht aus Tab. 7.2. hervor, die eine Zusammenfassung einiger in der Literatur vorzufindender Aussagen zu diesem Entscheidungsproblem bietet (vgl. im einzelnen *Bänsch* 1991; *Dichtl / Raffée / Niedetzky* 1981; *Tietz* 1992).

Die einzelnen Aspekte lassen erkennen, daß die Vorteile des **Reisenden** in einer besseren Steuer- und Kontrollierbarkeit sowie in der aus seiner Fachkenntnis herrührenden Beratungsqualität liegen. Insbesondere bei technisch komplizierten, erklärungsbedürftigen Gütern, bei denen auch Garantieleistung und Kundendienst eine wichtige Rolle spielen, scheint der Reisende Vorteile gegenüber dem Handelsvertreter aufzuweisen. Weitere Vorzüge liegen darin, daß er sich stärker mit dem Unternehmen und dessen Produkten identifiziert, sowie in der dadurch gewährleisteten Sicherung des Informationsflusses vom Markt zum Unternehmen, aber auch in dem Umstand, daß man ihm Zusatzaufgaben wie z. B. die Unterhaltung eines Lagers übertragen kann. Im wesentlichen basieren diese Vorteile darauf, daß der Reisende Angestellter des Unternehmens und somit weisungsgebunden ist.

Die Stärken des **Handelsvertreters** beruhen hingegen vor allem auf dessen Markt- und Kundenkenntnis, ferner einem breiten und somit Vergleichsmöglichkeiten sowie Verbundeffekte bietenden Sortiment. Auch die umsatzabhängige Entlohnung wirkt sich positiv aus, und zwar sowohl hinsichtlich der geringeren Fixkostenbelastung des Unternehmens als auch bezüglich der durch sie bedingten stärkeren Motivation bei den Verkaufsaktivitäten. Ein weiterer Vorteil des Handelsvertreters resultiert aus dessen Interesse, eine langfristige Bindung mit dem Unternehmen einzugehen, während Reisende ihre Verkaufstätigkeit oftmals lediglich als Karrieresprungbrett betrachten.

(2) Weiterhin ist über die **Anzahl** der **Vertriebsmitarbeiter**, mit denen die anfallenden Aufgaben bewältigt werden sollen, zu befinden. Bedeutung kommt dabei auch der Frage zu, ob die Mitarbeiter zusätzlich zur eigentlichen Verkaufstätigkeit innerhalb des Verkaufsgebiets z. B. Servicefunktionen erfüllen und welche Entfernungen zwischen den einzelnen Kunden zurückzulegen sind. Darüber hinaus gilt es zu berücksichtigen, welche Besuchshäufigkeit angestrebt wird.

Ein Unternehmen verfüge über 40.000 Kunden, die entsprechend der Marketingkonzeption und den Verkaufsrichtlinien jeweils zwölfmal pro Jahr besucht werden sollen; dies führt zu einem Sollwert von 480.000 Kundenkontakten. Auf Grund der Spezifität des anzubietenden Produkts und der Marktbedingungen strebt die Unternehmensleitung

Tabelle 7.2.

Handelsvertreter und Reisender im Vergleich

Kriterium	Reisender		Handelsvertreter	
	Vorteil	Nachteil	Vorteil	Nachteil
Entlohnung		— Fixum (+ Provision, Prämien etc.)	— nur Provision	
Motivation		— Fixum und fester Arbeitsplatz können zu geringerer Leistungsbereitschaft führen — Leistungssteigerung oft nur durch kostspielige Verkaufswettbewerbe, Prämien etc. möglich	— Vergütung leistungsabhängig, deshalb besonders hohe Motivation	
Fachliche Kenntnisse	— Spezialist: durch intensive innerbetr. Schulung gute spezifische Produktkenntnisse vorhanden (v. a. bei erklärungsbedürftigen Gütern)			— weniger spezifische Kenntnisse, da verschiedene Unternehmen/Produkte
Fluktuation		— hoch, da oft nur Karrieresprungbrett	— äußerst niedrig, da hohes Interesse an langfristiger Bindung	
Steuerung	— strategische Stoßrichtung wegen strikter Weisungsgebundenheit gut durchsetzbar			— strategische Stoßrichtung schwieriger durchsetzbar, nur begrenzte Steuerungsmöglichkeit
Kontrolle	— gut möglich			— eingeschränkt möglich
Informationsfluß	— gute Rückinformation möglich — Ausbau eines institutionalisierten Berichtswesens			— seltene Informationsweitergabe — institutionalisiertes Berichtswesen häufig nur schwer realisierbar
Produkt-/Unternehmensidentifikation	— hohe Identifikation und starker Einsatz auf Grund des Angestelltenverhältnisses			— niedrige Identifikation, da in der Regel mehrere Produkte/Firmen betreut werden
Sortiment		— Produkte nur eines Herstellers	— breites, kundenorientiertes Sortiment versch. Hersteller führt zu vielseitigen Kundenkontakten (nicht bei Einfirmenvertreter)	

Verkaufsfunktion — Verkaufsbemühungen	— prinzipiell vorhanden			— intensive Bemühungen, allerdings mit der Gefahr verbunden, daß sich der HV nur um Produkte mit hoher Provision kümmert
— Einteilung der Verkaufsbezirke	— Problem bei Schaffung homogener Verkaufsbezirke, da bei ungleicher Verteilung mit Verschlechterung des Außendienstklimas und Umsatzrückgang zu rechnen ist		— relativ problemlose Abgrenzung der Verkaufsbezirke, da Haupt- und Nebenvertretung möglich	
Übernahme zusätzlicher Aufgaben (z. B. Service)	— problemlos, da Weisungsgebundenheit			— Zusatzleistungen müssen oft extra vereinbart werden, dadurch erhöhte Kosten
Kostenbelastung		— hohe Fixkosten	— kaum Fixkosten	
Bearbeitung — alter Märkte	— durch Vorgabe von Besuchsnormen höherer Ausschöpfungsgrad			— Ausschöpfung nur durch zusätzliche Anreize möglich
— neuer Märkte		— Kundenkreis muß erst erschlossen werden	— gute Kundenerschließung auf Grund des vorhandenen Kundenstamms	
Kundenbindung		— bei zentraler Organisation Kontaktprobleme zu den Kunden	— hoch, da räumliche Nähe zu Kunden	
Besuchsfrequenz		— begrenzt	— groß (bei breitem Sortiment)	
Unternehmensrepräsentation im Markt	— direkt, da Reisender als Unternehmensvertreter auftritt			— Unternehmen wird nur indirekt vertreten
Rechtliche Rahmenbedingungen	— Ausgleichsanspruch nicht vorhanden			— § 89b HGB: Ausgleichsanspruch gesetzlich gesichert (Fälligkeit und Höhe nicht vorher bekannt)

eine durchschnittliche Besuchsdauer von 0,4 Std. pro Kunde an. Zugleich veranschlagt man die Reisezeit mit 0,2 Std., so daß jeder Kundenkontakt mit 0,6 Std. zu Buche schlägt. Die Multiplikation dieser beiden Werte führt zu einer Soll-Arbeitsbelastung von 288.000 Std. Berücksichtigt man, daß die Arbeitszeit eines einzelnen Außendienstmitarbeiters 1.800 Std. pro Jahr beträgt (8 Std. pro Tag × 225 Arbeitstage im Jahr), so ergibt sich ein Wert von 160 Außendienstmitarbeitern, die benötigt werden, um die Kundenbetreuung zu gewährleisten.

(3) Ein Problem stellt ferner die **Entscheidung** über die einzustellenden **Personen** dar. Die Bedeutung der Rekrutierung von Vertriebsmitarbeitern liegt in den für die Auswahl und Einarbeitung notwendigen Aufwendungen sowie in den Konsequenzen einer personellen Fehlentscheidung. Diese gehen damit einher, daß Kunden bedingt durch schlechte Arbeit ihres Betreuers verärgert werden und sich im Extremfall von dem Unternehmen abwenden.

Obwohl in empirischen Untersuchungen kein eindeutiger Zusammenhang zwischen Persönlichkeitsmerkmalen und Erfolg bzw. Mißerfolg beim Verkauf festgestellt werden konnte (vgl. Abschn. 4.2.1.), orientieren sich Verantwortliche bei der Einstellung von Bewerbern häufig an personenbezogenen Anforderungs- und Auswahlkriterien (vgl hierzu z. B. *Kotler / Bliemel* 1992, S. 981 ff.). Weiterhin verlangen die Unternehmen allgemein von Kandidaten, unabhängig davon, in welchem Funktionsbereich sie zum Einsatz kommen, daß sie Interesse an ihrem Beruf haben, selbständig arbeiten und sich in ein Team integrieren lassen (vgl. *Goehrmann* 1984).

Die fachlichen Fähigkeiten, die von einem Vertriebsmitarbeiter erwartet werden, erstrecken sich im wesentlichen auf das Verkaufen, also Gesprächseröffnung, gezielte Gesprächsführung und Geschäftsabschlußtechnik. Darüber hinaus kann es hilfreich sein, wenn jemand zusätzlich zu dem methodischen Know-how über Marktkenntnis verfügt. Gerade bei der Einstellung von Vertriebsmitarbeitern empfiehlt es sich ferner, daß Unternehmen Befunde der Interaktionstheorie in ihre Entscheidung einfließen lassen und solche Personen bevorzugen, die Gewähr dafür bieten, daß sie sich mit ihren Kunden verstehen.

4.3.2. Implikationen für die Organisation

Es gilt nicht nur, die richtigen Vertriebsmitarbeiter auszuwählen, sondern diese auch so zu organisieren, daß sie zu einer möglichst effizienten Aufgabenerfüllung beitragen. Eine erste Orientierungsgröße stellen dabei die Marketingziele dar. Ergänzend dazu müssen die Unternehmen je nach der Situation, in der sie sich befinden, weitere Kriterien als Entscheidungshilfe hinzuziehen. Im Prinzip besteht die Möglichkeit, hier auf Bewertungs- und Beurteilungsmethoden zurückzugreifen, wie sie auch bei der Wahl der Absatzwege eingesetzt werden.

Wenngleich in § 12 Organisationsfragen ausführlich behandelt werden, erscheint es notwendig, an dieser Stelle auf einige für die Strukturierung des Vertriebs relevante

Besonderheiten hinzuweisen (vgl. im einzelnen z. B. *Goehrmann* 1984). Anzumerken ist zudem, daß die Wirtschaftspraxis die skizzierten Strukturformen kaum in der hier vorgestellten idealtypischen Weise anwendet, sondern sie entsprechend ihren Anforderungen abwandelt.

Grundsätzlich haben Unternehmen die Wahl zwischen einer eindimensionalen und einer mehrdimensionalen Organisationsform. Bei ersterer kann nach Funktionen oder nach Sparten gegliedert werden. Dem steht bei einer mehrdimensionalen Variante der parallele Einsatz von zwei (Matrixorganisation) oder mehr (Tensororganisation) Strukturierungskriterien gegenüber (vgl. Abb. 7.8.).

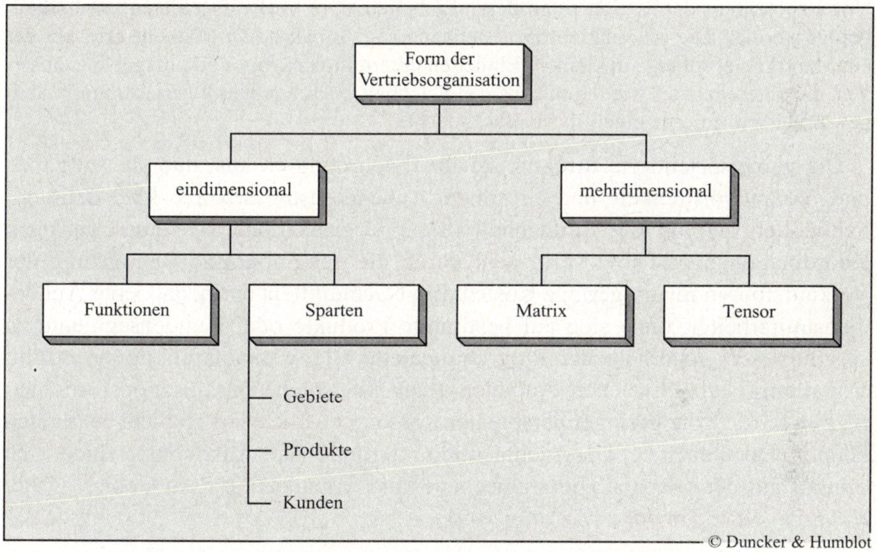

Abb. 7.8.: Formen der Vertriebsorganisation

(1) Bei einer Strukturierung nach **Funktionen** konzentrieren sich die einzelnen Verkaufsorgane auf die Wahrnehmung bestimmter Tätigkeiten wie z. B. Verkauf und Service bzw. Verkaufsförderung oder Neukundengewinnung und Stammkundenbetreuung. Das Problem der funktionsspezifischen Aufteilung liegt allerdings darin begründet, daß Hersteller oftmals weniger kompetente und erfahrene Vertriebsmitarbeiter mit der Pflege der Stammkunden beauftragen bzw. für den After-Sales-Service heranziehen, während sie Top-Vertriebsmitarbeiter für die Akquisition von Neukunden und den Pre-Sales-Service einsetzen. Eine derartige Aufteilung birgt insofern Gefahren in sich, als langjährigen Abnehmern im Zeitablauf unterschiedliche Vertriebsmitarbeiter als Ansprechpartner zur Verfügung stehen, was sich oftmals negativ auf deren Betreuung auswirkt.

Bei der Gliederung des Vertriebs nach **Sparten** findet sich in der Praxis am häufigsten eine Ausrichtung nach **Gebieten,** in denen jeweils einzelne Außendienstmitarbeiter für die gesamte Produktlinie eines Unternehmens zuständig sind. Bei der Einteilung in Verkaufsgebiete hat ein solches die Möglichkeit, deren Größe entsprechend der individuellen Leistungsfähigkeit jedes Vertriebsmitarbeiters festzulegen. Bevorzugt man etwa gleich große Verkaufsbezirke, sollten sich diese vor allem hinsichtlich der Arbeitsbelastung des Betreuers und des Umsatzpotentials ähneln. Die Bestimmung der einzelnen Verkaufsgebiete folgt oftmals politischen Kreisen, Gemeinden oder Postleitzahlen.

Solche kleinsten geographischen Einheiten bilden in der Praxis oft die Basis für eine Verkaufsgebietseinteilung, indem jene z. B. im Rahmen der sog. Build-up-Methode unter Berücksichtigung der jeweiligen Arbeitsbelastung des Außendienstmitarbeiters und des Umsatzpotentials der Region zu größeren Einheiten, d. h. Verkaufsgebieten, zusammengefügt werden. Die Alternative dazu stellt die sog. Break-down-Methode dar, bei der ein Marktgebiet solange in kleinere Einheiten unterteilt wird, bis Verkaufsgebiete entstehen, die untereinander wiederum Chancengleichheit zwischen den Vertriebsmitarbeitern gewährleisten (im einzelnen dazu *Albers* 1989).

Die gebietsorientierte Struktur zeichnet sich dadurch aus, daß sie Aufgaben und Verantwortlichkeit der einzelnen Außendienstmitarbeiter klar definiert. Schließlich bedingt die Einfachheit dieser Organisationsform einen geringen Koordinationsbedarf und verursacht durch die geographische Begrenzung der Verkaufstouren relativ geringe Kosten. Ein Nachteil liegt darin, daß jeder Außendienstmitarbeiter, ohne sich auf bestimmte Produkte oder Kundensegmente zu spezialisieren, innerhalb der Programmpalette alle Verkaufsfunktionen erfüllt. Vor allem finanzschwächere Anbieter setzen eine solche Organisationsform häufig ein, da sie trotz geringer personeller Ressourcen alle Marktgebiete bearbeiten können. Doch auch bei Unternehmen mit internationaler Ausrichtung findet sich oftmals auf der obersten Hierarchieebene eine Organisation nach Gebieten (vgl. *Kulhavy* 1981; *Terpstra / Sarathy* 1991).

Kennzeichnend für die organisatorische Ausgestaltung des Vertriebs nach **Produkten** ist die Tatsache, daß ein Außendienstmitarbeiter nur für den Verkauf eines Produkts bzw. einer Produktlinie Verantwortung trägt. Dies hat den Vorteil, daß sich die Vertriebsmitarbeiter mit „ihrem Artikel" besonders gut vertraut machen können. Insbesondere Unternehmen, die technisch komplexe Erzeugnisse anbieten oder über ein breit gefächertes Programm verfügen, setzen diese Organisationsform ein. Der Vorteil liegt dabei in der Möglichkeit einer problemlosen Koordination von Vertrieb und (ebenfalls produktorientiert organisierter) Produktion, der Nachteil in der Duplizierung der Verkaufsanstrengungen. Da Mitarbeiter unterschiedlicher Divisionen in der Regel dieselben Gebiete bereisen und über einen identischen Kundenstamm verfügen, besteht die Gefahr, daß mehrere Außendienstmitarbeiter eines Unternehmens die Zeit der Kunden in Anspruch nehmen. Das darin begründete Verärgerungspotential macht eine sorgfältige Koordination aller Repräsentanten eines Betriebes notwendig.

Für Unternehmen, welche ihre Waren an Zielgruppen vertreiben, die eine differenzierte Bearbeitung erfordern, bietet sich eine **kundenorientierte** Organisation an. Hierbei konzentrieren sich Außendienstmitarbeiter jeweils auf einzelne Kundengruppen, was dazu beiträgt, daß sie sich vergleichweise besser auf die Bedürfnisse, Wünsche und Verhaltensweisen der Bedarfsträger einstellen können. Diese Ausprägung einer Spartenorganisation entspricht somit am stärksten der Grundforderung des Marketing nach Kundenorientierung. Ähnlich wie bei der produktorientierten Variante liegt auch hier ein wesentlicher Nachteil in der Vervielfachung von Verkaufsbemühungen und den damit verbundenen höheren Kosten und Koordinationsanstrengungen (vgl. *Rumler* 1990).

Eine spezielle Form der Strukturierung nach Kunden stellt das **Key-Account-Management** dar (vgl. Abschn. 3.2.), das auf die Konzentration im Handel zurückgeht und eine Möglichkeit bietet, den Schlüsselkunden eine intensive, ihrer Stellung im Markt und für das Herstellerunternehmen gemäße Betreuung zuteil werden zu lassen. Deren Heraushebung macht es möglich, zu ihnen eine enge Beziehung aufzubauen und sie langfristig an sich zu binden. Es handelt sich hierbei demnach um sehr viel mehr als lediglich eine Organisationsform des Vertriebs. Vielmehr reflektiert das Konzept eine strategische Denkhaltung, die als Inbegriff eines **handelsorientierten Marketing** gelten kann.

Wie sich anhand von empirischen Studien belegen läßt (vgl. *Diller / Gaitanides* 1989), ist für den Erfolg des Key-Account-Managements von zentraler Bedeutung, daß dem Funktionsträger hohe Kompetenz, vergleichbar der eines Verkaufsleiters, zukommt. Ähnlich einem Produkt-Manager, der mit allen sein Metier betreffenden Sachverhalten vertraut zu sein hat, muß jener die für seine Zielgruppe relevanten Informationen sammeln und so aufbereiten, daß diese für die Unternehmensleitung als sinnvolle Entscheidungshilfe dienen können. Darüber hinaus hat er sämtliche die Key-Accounts betreffenden planenden, koordinierenden und kontrollierenden Tätigkeiten zu übernehmen.

In jüngster Zeit zeigt sich ein Trend, nicht lediglich **einen** Mitarbeiter als Key-Account-Manager einzusetzen, sondern mit einem **Key-Account-Team** zu arbeiten, das die Betreuung der Schlüsselkunden übernimmt. Die Unternehmen versuchen auf diese Weise, auf das Vorgehen von Handelsunternehmen, Einkaufsgremien mit der Beschaffung der Waren zu beauftragen, zu reagieren (vgl. Abschn. 4.2.1.).

(2) Eine Gestaltungsalternative der **mehrdimensionalen Strukturform** stellt die **Matrixorganisation** dar, die aus der wechselseitigen Überlagerung zweier Dimensionen hervorgeht. Als solche dienen beispielsweise Produkte und Funktionen. Bei der sog. **Tensororganisation** kommt, etwa mit Kundengruppen, noch eine weitere Ebene hinzu.

Beispielsweise könnten, wenn der Vertrieb eines Konsumgüterherstellers in Matrixform organisiert würde, die eine Dimension nach Verkaufsinnen-, Verkaufsaußendienst und Key-Account-Betreuung, die andere nach den einzelnen Produkten bzw. Erzeugnisgruppen gegliedert werden. Dem jeweiligen Produktverantwortlichen käme hierbei neben einer Verkaufsförderungs- und Controllingfunktion vor allem die Aufgabe zu, alle Marketingaktivitäten für die Produkte, die in seinen Verantwortungsbereich fallen, zu koordinieren.

4.4. Vertriebsspezifische Aspekte der Personalführung

Der Begriff der Personalführung wird in der betriebswirtschaftlichen Literatur mit unterschiedlichem Bedeutungsinhalt belegt, doch zeigt sich eine Gemeinsamkeit insoweit, als man darin eine Tätigkeit sieht, die eine zielgerichtete Verhaltensbeeinflussung von Mitarbeitern zum Gegenstand hat (vgl. *Hentze / Brose* 1990). Führung von Mitarbeitern ist demnach weniger ein originäres Problem des Vertriebs als vielmehr eines aller Funktionsbereiche in Unternehmen, in denen Menschen arbeiten. Dabei versucht man, durch **Steuerung** und **Kontrolle** auf deren Verhalten einzuwirken. Während durch Steuerung das Verhalten direkt, unmittelbar beeinflußt werden soll, zielt Kontrolle auf eine indirekte, mittelbare Lenkung ab.

(1) Die Steuerung

Zur **Steuerung** von Mitarbeitern steht den Unternehmen eine Vielzahl von Instrumenten zur Verfügung. Eine eher geringe Möglichkeit dazu bieten Verträge. Sehr viel stärker läßt sich auf das Verhalten der im Vertrieb tätigen Kräfte durch Verkaufsrichtlinien und motivierende Maßnahmen einwirken (vgl. *Goehrmann* 1984).

(a) **Vertragliche Vereinbarungen** zwischen Mitarbeitern und Unternehmen legen fest, welche Aufgaben erstere zu übernehmen haben, und definieren die Rechte sowie Pflichten beider Vertragsparteien (vgl. Abschn. 6). Zusammen mit der jeweiligen Stellenbeschreibung ist damit der Kompetenzbereich eines Betroffenen bestimmt.

(b) Eine Ergänzung zu derartigen Verträgen bieten **Verkaufsrichtlinien**, die vorgeben, wie Mitarbeiter ihre Verkaufsaufgaben zu erfüllen haben. Sie leiten sich aus den Zielen und der Philosophie des Unternehmens ab und orientieren sich an dessen Grundsätzen sowie dem von diesem angestrebten Image. In einem Verkäuferhandbuch zusammengefaßt geben sie Aufschluß über Betrieb, Produkte, Kunden sowie Wettbewerber. Auf Grund ihres Detaillierungs- und Konkretisierungsgrads ermöglichen sie eine differenziertere Steuerung als jede vertragliche Vereinbarung.

Verkaufsrichtlinien können sowohl **Handlungsmaximen**, an denen die Vertriebsmitarbeiter ihr Verhalten ausrichten sollen, als auch **Leistungsgrößen** enthalten. Letzere stellen oftmals aus den Unternehmenszielen abgeleitete Richtwerte wie z. B. Vorgaben bezüglich Umsatz, Deckungsbeitrag oder Besuchsfrequenz und -intensität dar. Eine Sonderstellung in diesem Kontext nehmen **Besuchs-** und **Tourenpläne** ein; hierbei handelt es sich um ein Instrument nicht der Verhaltensbeeinflussung, sondern der effizienten Organisation von Verkaufsaktivitäten. Mit ihrer Hilfe versucht man die verkaufsaktive Zeit zu vergrößern und zudem Wegekosten zu sparen (siehe dazu im einzelnen Abschn. 5.).

Eine vorgegebene **Umsatzgröße** zu schaffen hat für manch einen Vertriebsmitarbeiter eine hohe (materielle) Anreizwirkung, da die von ihm erreichte Umsatzhöhe zuweilen die Bemessungsgrundlage für seine Entlohung darstellt (im einzelnen dazu *Albers* 1988). Gleichwohl besteht hierbei die Gefahr, daß sich Betroffene auf Produkte mit hohem Verkaufspreis konzentrieren, um so ein entsprechendes Umsatzniveau zu erreichen. Um derartige Praktiken zu unterbinden, sind viele Unternehmen dazu übergegangen, die Vergütung nicht länger am Erlös, sondern am zu realisierenden **Deckungsbeitrag** auszurichten. Dabei läßt sich nicht vermeiden, daß die Betroffenen Einblick in die Kalkulationsgepflogenheiten gewinnen.

Um dem zu entgehen, arbeiten Unternehmen häufig mit einem **Punktsystem**. Hierbei rechnet man dem Vertriebsmitarbeiter für jede verkaufte Produkteinheit Punkte an, deren Anzahl sich nach dem Deckungsbeitrag bemißt, ohne daß dieser offenzulegen ist. Erweitern läßt sich solch ein System dadurch, daß der Betroffene über einen Geschäftsabschluß hinaus noch für Folgegeschäfte wie z. B. Wartungsverträge bei technischen Gütern oder auch für die Pflege des Kundenkontakts und somit die Schaffung von Kundenbindung honoriert wird.

Durch die **Besuchsfrequenz** legen Unternehmen fest, wie oft ein Vertriebsmitarbeiter Kontakt mit den einzelnen Kunden aufnehmen soll, um so einerseits eine optimale Betreuung zu sichern und andererseits eine Belästigung durch zu häufige Besuche zu vermeiden. Dazu bietet es sich an, die Abnehmer im Sinne einer ABC-Analyse (vgl. § 5, Abschn. 3.2.1.1.) entsprechend ihrer Bedeutung beispielsweise nach dem Umsatz-, Gewinn- oder Wachstumspotential in verschiedene Kategorien einzuteilen. Auf dieser Basis legt man dann die Besuchsfrequenz bei den einzelnen Klassen fest. Oftmals ergänzt die Vorgabe einer **Besuchsintensität** die der Besuchshäufigkeit; sie legt den Zeitaufwand für einen Kundenbesuch der jeweiligen Kategorie fest. Durch derartige Standards soll sichergestellt werden, daß die Vertriebsmitarbeiter ihre Zeit für jene Kunden einsetzen, von denen gewinnträchtige Aufträge zu erwarten sind, und nicht für wenig rentable Kleinkunden (vgl. *Hörschgen* 1990).

(c) Den wichtigsten Ansatzpunkt zur Steuerung der im Vertrieb tätigen Kräfte stellen Maßnahmen zur Förderung deren **Motivation** dar (vgl. dazu im einzelnen § 5, Abschn. 2.2.1.1.). Die aktivierte Verhaltensbereitschaft eines Individuums im Hinblick auf die Erreichung bestimmter Ziele (vgl. *Hentze / Brose* 1990) wirkt sich positiv auf dessen Leistung aus; diese wiederum unterstützt die Erfüllung der Vertriebsaufgaben. Darüber hinaus bildet die erbrachte Leistung die Bemessungsgrundlage für eine materielle bzw. immaterielle Belohnung des Mitarbeiters.

Materielle Anreize im Vertriebsmanagement basieren auf einem an den Verkaufserfolg gekoppelten Entlohnungssystem. So erhalten z. B. Reisende in der Regel eine Kombination aus einem fixen Entlohnungsbetrag und einem leistungsabhängigen Anteil. Die sachgerechte Vergütung basiert auf der exakten Leistungsbeurteilung des Vertriebsmitarbeiters, die u. a. deshalb schwierig ist, weil es zu sog. Überweisungsaufträgen kommt. Dies bedeutet, daß Aufträge in dem einen Bezirk hereingeholt, in dem anderen ausgeführt werden.

Prämien dienen dazu, außergewöhnliche Anstrengungen bzw. Erfolge zu belohnen. Der Vorteil dieser Vergütungsform liegt darin, daß sie zeitlich und sachlich flexibel einsetzbar ist und so den im Vertrieb tätigen Kräften laufend neue Anreize für bestimmte Aktivitäten gibt (vgl. *Scholz* 1993). Prämien können dabei monetärer, aber auch, wie z. B. Reisen oder andere Incentives, sachlicher Natur sein. Ferner wirken sich z. B. zusätzliches Urlaubsgeld oder Lebens- und Pensionsversicherungen positiv auf die Motivation der Mitarbeiter aus.

Bedingt durch den Wertewandel haben **materielle Anreize** etwas an Motivationskraft verloren, während bei den **immateriellen** das Gegenteil der Fall zu sein scheint. Man denke an die in Worten zum Ausdruck gebrachte Anerkennung von Leistungen oder Wertschätzung einer Person, Gewährung von mehr Handlungsspielraum oder auch Karrierezusagen. Dennoch dürften aber gerade für Außendienstmitarbeiter materielle, insbesondere finanzielle Anreize nach wie vor den größten Einfluß auf deren Verhalten und Verkaufsaktivitäten ausüben.

Obwohl die **Aus-** und **Weiterbildung** an sich eine rein immaterielle Anreizwirkung besitzen, da sie den Bedürfnissen der Mitarbeiter nach persönlicher Weiterbildung und Karriere entgegenkommen, kann von ihnen auch eine Art materieller Motivationsschub ausgehen, wenn sie z. B. mit einem attraktiven Schulungsort oder mit einer Reise in Verbindung stehen. Durch **Verkäuferschulung** soll die Qualifikation speziell der im Vertrieb tätigen Kräfte verbessert werden. Damit zielt man auf eine Erweiterung bzw. Aktualisierung des Wissens sowie eine Veränderung von Verhalten und Einstellungen ab.

Schulungsbedarf besteht hinsichtlich Markt-, Kunden- und Produkt-Knowhow, rechtlicher Restriktionen sowie formaler Richtlinien über Auftragsabwicklung und Liefermodalitäten. Gegenstand der Verhaltensbeeinflussung bei Schulungsmaßnahmen stellen beispielsweise Verhandlungstechnik, Körpersprache sowie allgemeine Methoden der Gesprächsführung dar, die in starkem Maße auf verhaltenspsychologische Erkenntnisse zurückgreifen. Eine Veränderung der Einstellung eines Mitarbeiters gegenüber seiner Tätigkeit, den zu verkaufenden Produkten oder dem Unternehmen versucht man dadurch zu erreichen, daß diesem die Unternehmens- und Verkaufsphilosophie nähergebracht werden und er durch eine aktive Informationspolitik in das Geschehen eingebunden wird.

Die Unternehmen erachten die durch Trainingsaktivitäten verbesserte Leistungsbereitschaft und -fähigkeit als einen zentralen Ansatz zur Steigerung der Vertriebseffizienz, obwohl solche Maßnahmen hohe Kosten verursachen. Zu denken ist hier beispielsweise an die Konzipierung von Schulungsprogrammen, die Hinzuziehung externer Verkaufstrainer und die Beherbergung von Teilnehmern. Darüber hinaus entstehen Opportunitätskosten, weil die Mitarbeiter während der Aus- und Weiterbildung ihrer eigentlichen Tätigkeit nicht nachgehen können, ganz abgesehen davon, daß die Gehälter weiterbezahlt werden müssen.

(2) Die Kontrolle

Kontrolle kennzeichnet im Kern einen Vergleich zwischen Soll- und Ist-Größen und dient vornehmlich der Überprüfung des Zielerreichungsgrads, der Analyse von Abweichungen und der Ermittlung von Konzepten zur Gegensteuerung (vgl. § 11). Obwohl jene sowohl ergebnis- als auch verhaltensbezogen angelegt sein kann, geht die Wirtschaftspraxis vermehrt dazu über, das Ergebnis von Tätigkeiten und nicht das Verhalten von Personen zum Gegenstand von Kontrolle zu machen. Diese Tendenz läßt sich auf zwei Ursachen zurückführen: Werden Leistungsgrößen kontrolliert, ist es den Mitarbeitern freigestellt, wie sie diese erreichen, d. h. daß ihnen im Vergleich zu einer Tätigkeitskontrolle ein größerer Handlungsspielraum und ein höheres Maß an Selbstbestimmung bei der Aufgabenerfüllung eingeräumt werden, was zu einer stärkeren Leistungsmotivation beiträgt. Hinzu tritt eine vertriebsspezifische Besonderheit insoweit, als sich Personen, die im Außendienst tätig sind, naturgemäß schlechter als solche, deren Arbeitsplatz sich z. B. am Sitz des Unternehmens befindet, überwachen lassen.

Als Kontrollinstrumente stehen **Verkaufsberichte** und **Verkaufsanalysen** zur Verfügung. Erstere übermitteln markt-, kunden- und mitarbeiterbezogene Informationen an die Unternehmensleitung. Sie bilden einerseits die Grundlage für die Beurteilung der Vertriebsmitarbeiter, andererseits eine wichtige Basis für Marketing- bzw. Vertriebsentscheidungen. Je nach Informationsbedarf lassen sich dabei

- Besuchsberichte, die individuelle Informationen über Kunden enthalten,
- Tagesberichte, die die Tätigkeit eines Vertriebsmitarbeiters dokumentieren, sowie
- Wochenberichte, die bei einer nur geringen Besuchsanzahl pro Tag zu erstellen sind, unterscheiden.

Eine **Verkaufsanalyse** soll die Leistung eines Vertriebsmitarbeiters widerspiegeln; sie verkörpert einen Vergleich der Ist-Werte mit den aus Unternehmens- und Marketing- bzw. Distributionszielen abgeleiteten Soll-Größen. Darüber hinaus zeigt sie die Entwicklung der Verkaufsleistung im Zeitablauf und ermöglicht einen Vergleich des Verkaufserfolgs einzelner Personen.

Sowohl bei ergebnis- als auch bei verhaltensorientierten Kontrollen kommt der **Verwendung** von **Kennzahlen** große Bedeutung zu. Sie stellen aussagefähige

Maßgrößen dar, nach denen sich auch Entlohnung und Gratifikationen von Mitarbeitern bemessen können. Einen unmittelbaren Tätigkeitsbezug weisen z. B. Besuche pro Auftrag, Umsatz pro Artikel, Umsatz je Besuch, Deckungsbeitrag pro Auftrag, Deckungsbeitrag pro Kunde und Kosten pro Besuch auf (vgl. *Hinkel* 1986), einen mittelbaren etwa die Anzahl der Besuche, der neu gewonnenen Kunden oder der Käuferanfragen pro Zeiteinheit. Aber auch die Häufigkeit der Besuche bei einem Bedarfsträger innerhalb eines bestimmten Zeitraums sowie die Anzahl akzeptierter bzw. nicht akzeptierter Angebote, die einem Interessenten unterbreitet wurden, fallen darunter (vgl. *Goehrmann* 1984).

5. Die physische Distribution

Trotz der gängigen Unterscheidung zwischen akquisitorischer und physischer Distribution geht von beiden eine absatzfördernde Wirkung aus. Für den Erfolg eines Unternehmens kommt es nicht mehr nur darauf an, gute Produkte anzubieten und möglichst viele Kontakte zu Kunden zu knüpfen, sondern auch deren Bedürfnis nach Lieferservice bzw. Lieferqualität Rechnung zu tragen.

5.1. Die Bedeutung der physischen Distribution

Die oftmals zu beobachtende Vorrangstellung der **Liefer-** und **Servicebereitschaft** gegenüber anderen absatzpolitischen Instrumenten wird dann verständlich, wenn man sich vergegenwärtigt, daß beispielsweise ein Ausfall von Maschinen oder eine längere Produktionsstockung sehr teuer zu stehen kommen können. Darüber hinaus bietet vor allem eine geringe Lieferzeit sowohl im Investitionsgüter- als auch im Konsumgüterbereich einen Ansatzpunkt zur Präferenzbildung bei den Kunden und somit zum Aufbau von Wettbewerbsvorteilen gegenüber Konkurrenten. Dies läßt sich insbesondere darauf zurückführen, daß sich die Anbieter hinsichtlich der Fähigkeit, bedarfsgerechte Produkte bereitzustellen, einander zunehmend ähneln, so daß Leistungen, die über den eigentlichen Produktkern hinausgehen, eine immer bedeutendere Rolle bei der Kaufentscheidung spielen.

Beim **Just-in-Time**-Konzept wird die Wichtigkeit einer kurzen Lieferzeit bei gleichzeitig hoher Liefertreue für einen reibungslosen Produktionsprozeß offenkundig. In der Automobilindustrie beispielsweise, wo man dieses Konzept fast ausnahmslos praktiziert, fordern die Hersteller von ihren Lieferanten, daß diese Bauteile und Komponenten oft nur 1,5 Stunden vor deren Verarbeitung bereitstellen. Dies führt dazu, daß sich Lieferanten in unmittelbarer Nähe ansiedeln müssen, um diesem Anspruch gerecht zu werden, wie auch das Beispiel *BMW* zeigt, in dessen Umgebung im Raum München, Regensburg, Dingolfing mittlerweile 20 Zulieferbetriebe Fuß gefaßt haben.

Wie Erfahrungen im Investitionsgüterbereich, zunehmend aber auch bei Konsumgütern bestätigen, hängt die Akquisition eines Auftrags oftmals weniger von der Preiswürdigkeit und Qualität eines Angebots, die man gewissermaßen als selbstverständlich voraussetzt, als von der **Schnelligkeit**, mit der die Unternehmen Waren liefern oder eine Leistung erbringen, ab. Daneben spielen die Schnelligkeit der Beseitigung aufgetretener Störungen beispielsweise bei technischen Geräten und die Bereitstellung von Ersatzaggregaten (z. B. das Zurverfügungstellen eines Ersatzwagens während einer Autoreparatur) eine immer stärkere Rolle bei der Kaufentscheidung der Kunden (vgl. *Stalk / Hout* 1990).

Eine Verkürzung der **Lieferzeit**, also der Zeitspanne von der Auftragserteilung durch den Kunden bis hin zum Erhalt der Ware, bedingt jedoch in der Regel einen überproportionalen Kostenanstieg, der in der Notwendigkeit zum Aufbau zusätzlicher Zwischenläger, zur Ausdehnung der Lagerhaltung, zum Einsatz schnellerer Transportmittel (z. B. Luftfracht) und zur Beschleunigung der Auftragsbearbeitung (z. B. Mehrschichtbetrieb) begründet liegt. Insgesamt erreicht dieser Kostenblock einen Anteil am Umsatz der betroffenen Wirtschaftszweige von über 20% in der Bundesrepublik Deutschland und – wegen der größeren Entfernungen – von über 30% in den USA. Empirische Studien belegen, daß z. B. die Ausführung von 95% aller Bestellungen innerhalb von 24 Stunden gegenüber einer Zustellung von 90% der Aufträge innerhalb von 48 Stunden zu einer Verdoppelung der Distributionskosten führen kann (vgl. *Bowersox* 1969).

Während die Möglichkeit besteht, die aus einer Veränderung der Lieferzeit resultierende Mehr- oder Minderbelastung relativ gut zu erfassen, läßt sich der zwischen Lieferzeit und Kundentreue bestehende Zusammenhang nur schwer quantifizieren. Daß freilich besondere Leistungsfähigkeit auf diesem Gebiet die Attraktivität eines Angebots zu erhöhen vermag, unterliegt keinem Zweifel. In einigen Wirtschaftszweigen existiert ein so intensiver Wettbewerb, daß eine auch nur geringfügige Überschreitung der branchenüblichen Lieferzeit erhebliche Umsatzeinbußen zur Folge hat. Die betroffenen Unternehmen versuchen deshalb, die kritische Grenze keinesfalls zu verletzen.

Welche Zeitvorstellungen sich damit verbinden, hängt von der jeweiligen Branche ab. So erwartet man im Pharma-, Blumen- und Buchhandel, daß die Unternehmen eine morgens eingehende Bestellung noch am selben Tag ausführen, während die Kunden bei der Lieferung von Großanlagen u. U. fünf bis acht Jahre in Kauf nehmen. Welches Ausmaß der Konkurrenzdruck gerade auf diesem Gebiet annimmt, verdeutlicht das Beispiel eines namhaften Pharma-Grossisten, der sich gezwungen sah, die Samstagsbelieferung der Apotheken wieder einzuführen, nachdem ein kleiner Konkurrent dazu übergegangen war. Ähnliche Anstrengungen unternehmen die Versandhäuser, die sich zu allen Zeiten mit dem Problem der Annahmeverweigerung konfrontiert sahen. Es zeigte sich, daß die Quote der Rücksendungen erstaunlich hoch mit der Zeit, die zwischen Aufgabe und Eintreffen einer Bestellung verstreicht, korreliert.

Nicht selten drängen übergeordnete gemeinwirtschaftliche Ziele erwerbswirtschaftliche Determinanten der Lieferbereitschaft zurück. Beispiele dafür stellen die von jedermann als selbstverständlich erachtete unbeschränkte Betriebsbereitschaft der Versorgungsbetriebe (Kraftwerke, Heizwerke, Wasserwerke), der Krankenhäuser, der teils öffentlichen, teils gemischtwirtschaftlichen Transport- und Verkehrsträger *(Deutsche Bahn AG, Deutsche Lufthansa)*, schließlich die staatlich verordnete Warenbevorratung der Mineralölgesellschaften oder die Pflichtlagerhaltung dar, die manche Länder für wichtige Grundnahrungsmittel einführten.

5.2. Die Entscheidungsfelder

Da oftmals allein schon einfache organisatorische Maßnahmen wie Einsatz **Neuer Kommunikationsmedien** bei der telefonischen Auftragsübermittlung, Eingabe von Bestellungen über Computer-Terminals, Auftragserfassung mit Hilfe maschinell lesbarer Ordersätze und automatische Erstellung der Versandpapiere eine erhebliche Zeiteinsparung erzielen lassen, setzen die Unternehmen bei den Bemühungen um Rationalisierung der Distribution zweckmäßigerweise hier an. Den Wünschen der Kunden nach schnellerer Belieferung trägt beispielsweise aber auch die Schaffung von **Schnell-Service-Programmen** Rechnung, die eine kurze Auslieferungszeit garantieren. Die dadurch bewirkte Verbesserung der Lieferbereitschaft eines Herstellers versetzt den Handel seinerseits in die Lage, die Umschlagshäufigkeit seiner Warenvorräte zu erhöhen, da er mit niedrigeren Lagerbeständen auskommt.

Da sich mit Maßnahmen dieser Art normalerweise nur marginale Produktivitätsverbesserungen erzielen lassen und darüber hinaus noch eine Vielzahl von Zielkonflikten zwischen einzelnen logistischen Entscheidungsfeldern (Lagerhaltung, Transport, Service etc.) besteht, die zu einer suboptimalen Erfüllung der Distributionsaufgaben beitragen, stellt sich früher oder später das Problem der Überprüfung des Gesamtsystems, um so zu einer ganzheitlichen Betrachtungsweise zu gelangen. Im einzelnen geht es dabei etwa um folgende Fragen:

- Welche Lieferzeit ist unter Würdigung von Kosten- und Nutzen-Gesichtspunkten anzustreben?
- Wie viele Auslieferungspunkte, von welcher Größe, an welchen Orten und mit welcher Ausstattung erweisen sich dafür als notwendig?
- Welche Transportmittel stehen zur Verfügung und wie lassen sich diese am besten nutzen?
- Welche Distributionsleistungen erbringt das Unternehmen selbst, welche vergibt es an andere (z. B. Spediteure)?
- Welche Anforderungen stellt die Distribution an die Gestaltung der Verpackung?

(1) Die **Lieferzeit** und die damit einhergehenden **Kosten** bestimmen die **Struktur** eines betrieblichen **Distributionssystems**. Da sich beide Komponenten nicht gleichzeitig optimieren lassen, strebt man zumeist eine Minimierung der Kosten bei Einhaltung einer vorgegebenen Lieferzeit an. Sowohl diese als auch die Kosten hängen bei einem weitläufigen Absatzgebiet von der **Zahl** der **Zwischenläger** ab. Während sich die Lieferzeit mit deren Zunahme kontinuierlich verkürzt, ist für die Kosten zunächst ein sinkender, dann ein ansteigender Verlauf charakteristisch. Diesen Zusammenhang verdeutlicht Abb. 7.9.

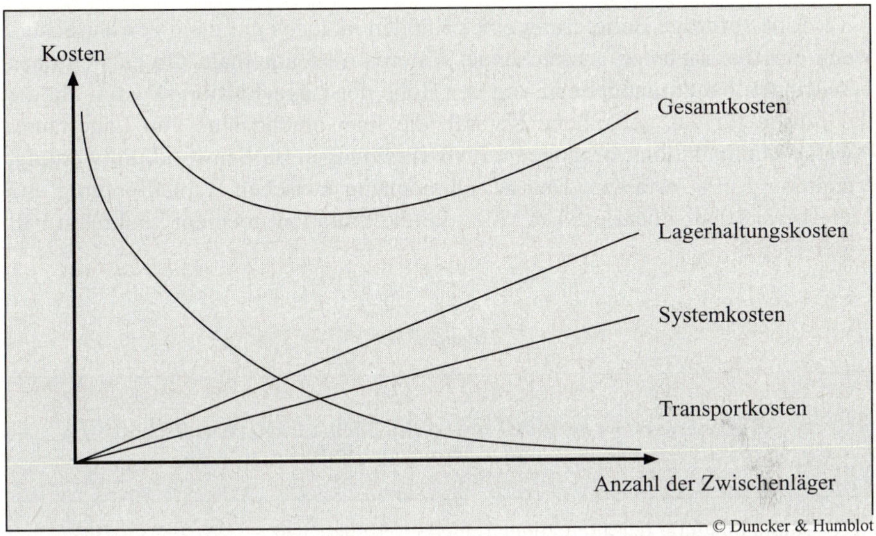

Abb. 7.9.: Distributionskosten in Abhängigkeit von der Zahl der Zwischenläger

Was in der Summe herauskommt, resultiert aus zwei gegenläufigen Tendenzen: Auf der einen Seite sinken mit zunehmender Anzahl der Bevorratungsstellen wegen der damit einhergehenden Verkürzung der Wege die Transport-, auf der anderen Seite nehmen die Lagerhaltungskosten und die Aufwendungen für den Betrieb der Zwischenläger, die sog. Systemkosten, zu. (Aus Gründen der Vereinfachung sind im Diagramm die sprungfixen Systemkosten linearisiert.)

Die Optimierung der Zahl der Zwischenläger erfordert allerdings eine simultane Bestimmung ihrer Lage und jeweiligen Kapazität. Dieses Problem ist theoretisch durchaus exakt lösbar, bei den in der Praxis gegebenen Größenordnungen allerdings mit einem so hohen Rechenaufwand verbunden, daß selbst Großcomputer ein exaktes Optimum (im Wege der totalen Enumeration) nur mit einigem Zeitaufwand ermitteln können. Man muß deshalb zwangsläufig mit Näherungslösungen vorliebnehmen, die jedoch, wie u. a. *Kaiser / Lades* (1977) nachwiesen, überaus effizient sein können.

Ein anderer interessanter Ansatz, der überdies die mit der verzögerten Ausführung eines Kundenauftrags verbundenen Opportunitätskosten einbezieht, stammt von *Kuehn / Hamburger* (1963). Das von diesen Autoren vorgeschlagene und in der Praxis erprobte Verfahren umfaßt einmal das sog. Hauptprogramm, das so lange **Standorte** von **Absatzlägern** festlegt, bis kein weiteres mehr ohne Inkaufnahme erhöhter Gesamtkosten in das System aufgenommen werden kann, zum anderen das sog. Bump and Shift-Verfahren, mit dem sich die im Hauptprogramm gewonnene Lösung daraufhin überprüfen läßt, ob eine Verschiebung oder auch Elimination von Absatzlägern eine Senkung der Gesamtkosten bewirken.

(2) Eine sofortige Belieferung eines Kunden läßt sich nur dann gewährleisten, wenn ein Unternehmen ausreichende Warenvorräte unterhält. Ob es sich dazu bereitfindet, hängt maßgeblich von der Höhe der **Lagerhaltungskosten** ab, die die Zinsen für das gebundene Kapital, die Inanspruchnahme von Lagerraum, etwaige Manipulationsvorgänge und Abschreibungen für Schwund, Entwertung, Veralterung usw. erfassen. Den Zusammenhang zwischen Kapitalbindung und Lieferbereitschaft illustriert Tab. 7.3., die die Situation in einem konkreten Fall widerspiegelt.

Tabelle 7.3.

Wertmäßiger Bestand bei unterschiedlicher Lieferbereitschaft in einem konkreten Fall

Artikelgruppe	Kapitalbindung bei alternativer Lieferbereitschaft von . . . Prozent in DM								
	99,0%	98,0%	97,0%	96,0%	95,0%	93,0%	90,0%	80,0%	60,0%
01 Milch-75	18.998	16.999	15.684	14.679	13.886	12.595	11.145	7.921	5.438
09 6erPack	19.475	17.798	16.772	16.022	15.528	14.616	13.606	11.535	9.272
03 Mini/Tub.	386	347	322	302	288	265	238	180	113
10 Art. 121	519	470	440	417	398	368	336	267	188
02 10er P. Kak.	314	284	264	250	238	220	199	155	104
07 Tier/Ins.	962	867	806	760	722	663	598	457	297
06 Baby-S	998	898	832	784	746	685	616	468	293
04 Baby-B/J	1.983	1.780	1.651	1.554	1.478	1.357	1.215	921	592
08 Baby-K	563	512	480	457	437	405	371	297	210
05 Kaugummi	684	619	576	544	520	482	436	341	235

Quelle: IBM-Nachrichten, Nr. 216, Juli 1973, S. 676.

Bei der Festsetzung des anzustrebenden Grades an **Lieferbereitschaft** kommt es deshalb entscheidend darauf an, wie hoch ein Unternehmen die sog. **Fehlmengenkosten** ansetzt. Darunter versteht man (Opportunitäts-)Kosten, die dadurch entstehen, daß bei Auftragserteilung überhaupt nicht oder nicht innerhalb der gewünschten Frist geliefert werden kann. Hinzu kommt eine dritte Kostenart, die **Bestellkosten**, die auflagenfix, d. h. unabhängig von der zu wählenden Bestellmenge sind. Das Problem besteht also darin, einen vernünftigen Ausgleich zwischen diesen drei Kostenkategorien herzustellen.

Es versteht sich, daß sich die damit verbundenen Planungsprobleme, nämlich die Berechnung des Bedarfs, der Bestellmenge und des Bestelltermins für mehrere tausend Artikel, und zwar unter Berücksichtigung von Liefer- und Einlagerungszeiten, Sicherheitsbeständen, Warenzugängen und -abgängen überhaupt nur mit Hilfe der EDV lösen lassen. Da die notwendigen Input-Daten in aller Regel ohnehin anfallen, ist es bei entsprechender Gestaltung des Informations- bzw. Datenverarbeitungssystems ohne weiteres möglich, Routineentscheidungen dieser Art der EDV zu übertragen und menschliche Disponenten nur in Ausnahmefällen bzw. zur Kontrolle einzuschalten (vgl. *Mertens* 1993).

(3) Bei der Auswahl der **Transportmittel** kommt den Betriebskosten und der Geschwindigkeit, daneben aber auch warenmäßigen Erfordernissen (z. B. Kühlbedürftigkeit, Verderblichkeit, Transportempfindlichkeit) zentrale Bedeutung zu. Eine isolierte Betrachtung der Transportkosten müßte insofern zu falschen Entscheidungen führen, als es gerade hier zu kompensatorischen Effekten kommen kann, die die Rangfolge der Alternativen auf den Kopf stellen. Gelingt es beispielsweise, durch Nutzung des Lufttransports die Lagerbestände überdurchschnittlich stark zu senken oder in beträchtlichem Umfang Verpackungs- und Versicherungskosten einzusparen, wird man nicht zögern, sich gegen den eigentlich vorteilhafteren Bahn- oder Seetransport zu entscheiden. Außerdem fallen bei fast allen Transportmitteln Fixkosten in unterschiedlicher Höhe an, so daß sich abhängig von der Versandmenge ganz verschiedene Kostenverläufe für die einzelnen Transportalternativen ergeben. Die für einen konkreten Fall gültige Rangfolge veranschaulicht Abb. 7.10.

Maßgebend für die Auswahl eines Transportmittels ist somit allein die Summe aus Transport-, Lagerhaltungs-, Verpackungs-, Versicherungs-, Umschlags- und Verwaltungskosten (vgl. *Teller* 1982). Dazu können von Fall zu Fall Konventionalstrafen und / oder Opportunitätskosten treten, die bei nicht termingerechter Belieferung (z. B. wegen Stornierung eines Auftrags) anfallen.

(4) Unternehmen, die ihre Erzeugnisse an eine Vielzahl von Verkaufsstellen und mit eigenem Fuhrpark ausliefern, stehen regelmäßig vor dem Problem, die Aufträge zu einzelnen **Touren** zusammenzufassen. Diese Fragestellung kennzeichnet eines der bekanntesten Einsatzgebiete der Unternehmensforschung. Geht es um die Vorbereitung einer einzigen Rundreise, spricht man von **„travelling salesman problem"**, während sich für die simultane Planung einer größeren Zahl von Touren und die Zuweisung der einzelnen Bedarfspunkte zu verschiedenen Routen der Ausdruck **„vehicle scheduling problem"** eingebürgert hat.

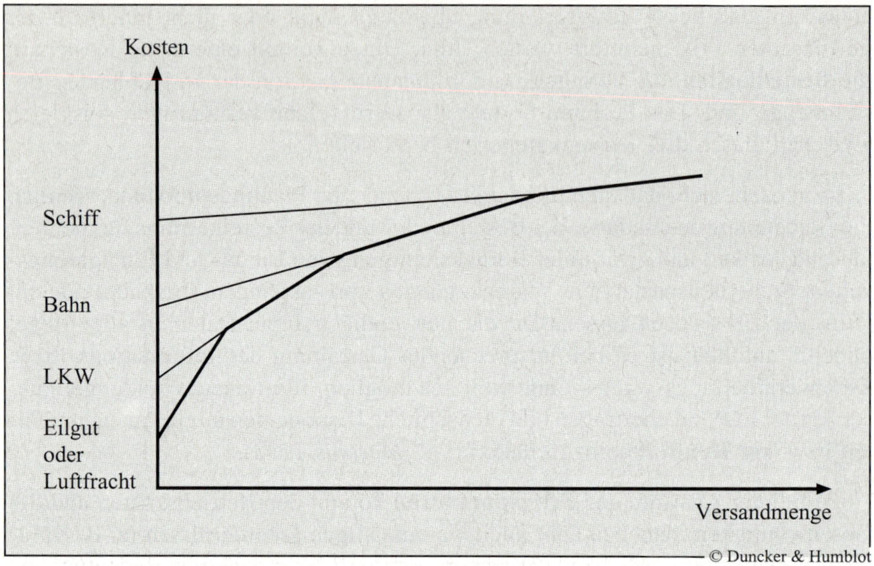

Abb. 7.10.: Zusammenhang zwischen Versandmenge sowie fixen und variablen Kosten pro Transport

Die Aufgabenstellung besteht darin, für die in einem konkreten Fall anzusteuernden Orte eine Reihenfolge festzulegen, die die insgesamt zurückzulegende Strecke oder die Wegekosten minimiert. Da eine Prüfung sämtlicher $(n-1)!/2$ Möglichkeiten bei den in der Praxis gegebenen Größenordnungen nicht in Betracht kommt, begnügt man sich mit auf heuristischem Wege gewonnenen brauchbaren Näherungslösungen. Die bekanntesten (und im einzelnen z. B. bei *Neumann / Morlock* 1993 oder *Zimmermann* 1990 beschriebenen) Lösungsansätze zur Bestimmung einer relativ guten Rundreisestrecke sind die Verfahren

– des besten Nachfolgers (vgl. *Böcker / Börschlein* 1975),

– der sukzessiven Einbeziehung von Stationen (vgl. *Müller-Merbach* 1973) und

– der besten Teilrouten („savings method"; vgl. *Clarke / White* 1964).

Der Fortschritt auf dem Gebiet der Computertechnologie führt dazu, daß man sich heute auch an das weitaus komplexere Problem der simultanen Zuordnung einzelner Stationen zu bestimmten Touren in Verbindung mit der Abstimmung der einzelnen Routen untereinander heranwagt. Die von den führenden Herstellern von Datenverarbeitungsanlagen angebotenen Programmpakete basieren überwiegend auf dem Verfahren der besten Teilrouten, wobei man diese im Wege der begrenzten Enumeration zu Gesamtrouten verknüpft.

Ähnlich der Lieferbereitschaft in der Industrie stellt sich im Handel das artspezifische Problem der **Betriebsbereitschaft**. Sie läßt sich durch eine bedarfsgerechte Dimensionierung der Faktoren Mensch, Raum, Anlagen und Öffnungszeit bestimmen, durch deren bewußte Variation den individuellen Wünschen bestimmter Abnehmerschichten Rechnung getragen werden kann.

Denkbare Maßnahmen im Hinblick auf eine Steigerung des Bereitschaftsgrads in diesem Bereich stellen die Verstärkung des Stammpersonals, die Heranziehung von Teilzeitkräften, die Schaffung oder Anmietung zusätzlicher Geschäftsräume, der Ausbau der Lagerhaltung sowie die zeitliche Ausdehnung oder Verlagerung der Einkaufsgelegenheiten dar. Allerdings hat der Einzelhandelsunternehmer hierbei nicht völlig freie Hand, weil die Ladenöffnungszeiten in manchen Ländern durch entsprechende Gesetze einer mehr oder weniger starren Regelung unterliegen und sich die Einkaufsgewohnheiten der Verbraucher erfahrungsgemäß nur schwer ändern lassen.

6. Relevante Rechtsnormen

Die bisherigen Ausführungen haben bereits an einigen Stellen deutlich gemacht, daß nicht nur ökonomische oder verhaltenswissenschaftliche Größen distributionspolitische Entscheidungen beeinflussen, sondern in erheblichem Ausmaß auch rechtliche Vorschriften reglementierend wirken. Restriktionen dieser Art finden sich bei nahezu allen distributionspolitischen Entscheidungen; sie beeinflussen die Auswahl der einzelnen Absatzmittler durch Hersteller ebenso wie deren Umgang mit dem Handel. Darüber hinaus unterliegen auch personalpolitische Entscheidungen im Vertrieb sowie weite Teile der physischen Distribution der Steuerung durch den Gesetzgeber. In starkem Maße von rechtlichen Vorschriften geprägt ist schließlich die Retrodistribution, die als Konsequenz der zunehmenden Sensibilisierung der Gesellschaft für die Umweltproblematik einem Hersteller als zusätzliche distributionspolitische Aufgabe erwachsen ist.

(1) Weitreichender rechtlicher Reglementierung unterworfen sind **Entscheidungen** über die **Absatzwege**. Hierbei nimmt der Gesetzgeber nicht nur Einfluß auf die Frage, **wer mit wem** eine Geschäftsverbindung eingehen darf, sondern auch darauf, **wie** diese zu gestalten ist.

(a) Rechtliche Beschränkungen bei der **Auswahl** der zu **Beliefernden** ergeben sich aus der Sicht der Industrie und des Großhandels zunächst insofern, als der Handel mit ganz bestimmten Waren auch heute noch eine entsprechende Erlaubnis voraussetzt, für deren Erteilung neben der **Zuverlässigkeit** des **Antragstellers** die **Sach-** bzw. **Fachkunde** nachzuweisen sind. Dies gilt etwa für den Vertrieb von Milch, den Verkauf von Hackfleisch, den Einzelhandel mit freiverkäuflichen Arzneimitteln und ärztlichen Hilfsmitteln, den Groß- und Einzelhandel mit Waffen sowie den Großhandel mit unedlen Metallen. Diesen Beschränkungen liegt der Gedanke zugrunde, gesundheits- und sicherheitspolitische Risiken zu minimieren.

Unmittelbar daran schließt sich die Frage an, ob ein Hersteller bzw. Großhändler berechtigt ist, den Rahmen noch enger zu ziehen, indem er nur ganz bestimmte Abnehmer auswählt und alle sonstigen Interessenten von der Belieferung ausschließt. Der zu einer **Abnehmerselektion** entschlossene Unternehmer, der dafür handfeste erwerbswirtschaftliche Gründe ins Feld führen kann, bewegt sich dabei auf dem schmalen Grat zwischen der von unserer Wirtschaftsordnung grundsätzlich gewährleisteten Vertragsfreiheit auf der einen und der unbilligen Behinderung oder der sachlich nicht gerechtfertigten Diskriminierung potentieller Kunden auf der anderen Seite.

In welchem Ausmaß einer Abnehmerselektion Rechtsnormen entgegenstehen, hängt davon ab, ob ein Hersteller für die Selektion qualitative oder quantitative Kriterien heranzieht. Bei einer **qualitativen** Abnehmerselektion kann er den Ausschluß eines Handelsunternehmens damit rechtfertigen, daß dieses nicht die zum Absatz seiner Produkte entsprechende Qualifikation oder räumlichen Voraussetzungen mitbringt. Anders hingegen bei einer rein **quantitativen** Aussparung an sich durchaus geeigneter Betriebe: In diesem Fall liegt u. U. eine Diskriminierung nach § 26 II *GWB* vor, wenn eine Belieferung aus unbilligen und / oder sachlich nicht gerechtfertigten Gründen verweigert wird, das betroffene Unternehmen zum Geschäftskreis des Herstellers gehört und der die Lieferung verweigernde Anbieter über absolute oder relative Marktmacht verfügt, so daß das diskriminierte Unternehmen keine ausreichende Möglichkeit besitzt, auf andere Lieferanten auszuweichen. Eine Diskriminierung wird in aller Regel auch dann gegeben sein, wenn ein Wettbewerber eines nicht belieferten Unternehmens durch die Vorzugsbehandlung seitens des Herstellers eine Alleinstellung erlangt und sich dadurch einem Leistungsvergleich entziehen kann. Der Zweck des Diskriminierungsverbots ist darin zu sehen, daß Hersteller dort in ihre Schranken gewiesen werden, wo deren Aktivitäten zu einer Beschränkung des Wettbewerbs führen können.

Einen wichtigen Prüfstein hinsichtlich der rechtlichen Zulässigkeit der Abnehmerselektion stellt neben den Bestimmungen des § 26 II *GWB* die Mißbrauchsaufsicht der Kartellbehörde über vertikale Verträge gem. § 18 *GWB*, hinsichtlich der Aufhebung von Ausschließlichkeitsbindungen, dar. Hiernach kann sie Verträge zwischen Unternehmen über Waren oder gewerbliche Leistungen dann verbieten, wenn diese durch einen Mißbrauch der Vertragsfreiheit zu einer Einschränkung des Wettbewerbs führen.

(b) Von der Abnehmerselektion kaum zu trennen sind Rechtsnormen, die den **Umgang** mit dem **Handel** regeln. Die Ausführungen zur Gestaltung einer kooperativen Beziehung zu diesem Wirtschaftskreis haben gezeigt, daß von den Herstellern in zunehmendem Maße eine vertragsrechtliche Bindung des Handels angestrebt wird (vgl. Abschn. 3.2.). Es geht um die **Vertriebs-** und die **Ausschließlichkeitsbindung**. Erstere ist dadurch gekennzeichnet, daß sich ein Wiederverkäufer – u. U. auf mehr oder minder sanften Druck eines Herstellers hin – verpflichtet, die bezogene (Marken-)Ware nur an von diesem festgelegte Abnehmer, etwa an Fachgeschäfte, nicht aber an Verbrauchermärkte, weiterzuveräußern.

Vertriebsbindung ist grundsätzlich zulässig, bedarf jedoch der Schriftform. Sie unterliegt gemäß § 18 I *GWB* lediglich der **Mißbrauchsaufsicht** der Kartellbehörde. Diese kann eine solche für unwirksam erklären oder die Anwendung neuer, gleichartiger Konzepte verbieten, wenn eine wesentliche Beeinträchtigung des Wettbewerbs auf dem entsprechenden Markt durch das Ausmaß solcher Beschränkung hervorgerufen wird. Grundsätzlich ist davon auszugehen, daß die Mißbrauchsaufsicht den (Hersteller-)Unternehmen einen breiten Entscheidungsspielraum zur Gestaltung ihrer Vertriebssysteme offenläßt; mißbräuchlich sind jedoch vor allem solche, die den Zweck verfolgen, das Verbot der Preisbindung zu umgehen oder bestimmte neue Betriebsformen von vornherein von der Belieferung auszuschließen.

Kein einheitliches Meinungsbild ergibt sich hinsichtlich der sog. durchlaufenden Vertriebsbindung, d. h. der Verpflichtung der Abnehmer, auch ihren Abnehmern wiederum eine entsprechende Bindung aufzuerlegen. Ein Teil des Schrifttums sieht in diesen eine eindeutige Fixierung von Geschäftsbedingungen für den Zweitvertrag („Inhaltsbindung") und damit einen Verstoß gegen § 15 *GWB*, wonach insbesondere Preis- und Konditionenbindung nicht erlaubt sind. Andere Autoren subsumieren die durchlaufende Vertriebsbindung § 18 I Nr. 3 *GWB* mit der sich hieraus ergebenden prinzipiellen Zulässigkeit (lediglich Mißbrauchsaufsicht).

Die im Rahmen von Alleinvertriebssystemen eingesetzte Absatz- und Bezugsbindung stellt eine sog. **Ausschließlichkeitsbindung** dar, die von § 18 I Nr. 2 *GWB* erfaßt wird. Eine solche ist grundsätzlich zulässig und unterliegt lediglich der Mißbrauchsaufsicht durch die Kartellbehörden. Unabhängig davon ist jedoch das Diskriminierungsverbot nach § 26 II *GWB* in aller Regel zu beachten.

Mit der Ausschließlichkeitsbindung versucht der Produzent eine Alleinstellung für seine Ware im Sortiment des Händlers zu erlangen, der also keine konkurrierenden Erzeugnisse (mehr) führen darf. Soweit dies nicht branchenüblich, wie z. B. bei Bier, das von bestimmten Gaststätten geführt wird, oder durch technische bzw. qualitative Gründe der vertriebenen Produkte, die z. B. eine besonders anspruchsvolle Art des Kundendienstes erfordern, bedingt ist, kann die Kartellbehörde bei Vorliegen der in § 18 *GWB* angeführten Voraussetzungen die Ausschließlichkeitsbindung aufheben.

(c) Weitere Ansatzpunkte rechtlicher Restriktionen stellen einzelne **Betriebsformen** des **Handels** und bestimmte **Verkaufsmethoden** bzw. **Verkaufstechniken** dar. Beispielsweise ist es für die Absatzwegeentscheidung eines Herstellers wichtig, an **wen** die einzelnen Absatzmittler Waren überhaupt verkaufen dürfen. Einzelhändler dürfen grundsätzlich an jedermann Ware veräußern, während Großhändler überwiegend, d. h. zu mehr als 50% an Wiederverkäufer, Gewerbetreibende, Großverbraucher und Freie Berufe absetzen müssen (vgl. *Emmerich* 1990). Das oftmals zitierte *Metro* I-Urteil des *Bundesgerichtshofs* aus dem Jahre 1977 hat die Aufmerksamkeit der Fachwelt auf die Frage der Verwischung von Branchen und Handelsstufen gelenkt, mit der sich die Rechtsprechung in den letzten Jahren noch häufiger beschäftigen mußte.

Im Prinzip geht es dabei darum, ob **gewerbliche Abnehmer** und ihnen gleichgestellte **Großverbraucher**, die bei einem Selbstbedienungsgroßhändler (Cash & Carry-Großhändler) betriebs- oder branchenfremde Ware erwerben, **letzte Verbraucher** im Sinne des § 6a Abs. 2 *UWG* sind. Das Gericht hat dies verneint. Geschäftlicher Verkehr mit Letztverbrauchern liegt im Sinne des *BGH* demnach nur dann vor, wenn die von Gewerbetreibenden bzw. Großverbrauchern für Eigenbedarf gekauften Waren die Toleranzgrenze von 10% des Umsatzes, die der *BGH* dem Großhändler im Gegensatz zur Vorinstanz zubilligte, überschreitet.

Die Bezeichnung „Großhandel" ist demnach nur dann zu beanstanden, wenn nachweislich die Toleranzgrenze überschritten wird. Die Tatsache, daß die fragliche Betriebsform fast alle Waren des täglichen (sprich: privaten) Bedarfs führt, bildet dafür noch kein hinreichendes Indiz. Das angesprochene *Metro* I-Urteil des *BGH* hat, auch wenn der Fall an das *OLG* Hamburg zurückverwiesen werden mußte, auf einem wichtigen Teilbereich des Wettbewerbsrechts einem Zustand erheblicher Unsicherheit ein gewisses Ende bereitet, da so der Rahmen dafür abgesteckt wurde, unter welchen Umständen und in welchem Ausmaß ein Selbstbedienungsgroßhändler Einzelhandelsfunktionen wahrnehmen darf. Dies erleichtert einem solchen Unternehmen auch die Orientierung darüber, wann es Gefahr läuft, gegen die Preisangabenverordnung, das Ladenschlußgesetz sowie andere Bestimmungen zu verstoßen.

Damit seine Funktionsechtheit erhalten bleibt, muß der **Selbstbedienungsgroßhandel** durch wirksame Kontrolle gewährleisten, daß sein Kundenkreis auf gewerbliche Abnehmer beschränkt bleibt, private Verbraucher somit keinen Zutritt erhalten. Neben der Eingangskontrolle hat er, wie der *BGH* in seinem *Metro* III- bzw. IV-Urteil vom 30.11.1989 entschied, durch eine ständige waren- oder branchenbezogene Ausgangskontrolle sicherzustellen, daß die erwähnte Toleranzgrenze von 10% des Umsatzes, erzielt durch Deckung von privatem Bedarf an nicht betriebstypischen Waren seitens an sich Einkaufsberechtigter, nicht überschritten wird. Diese Toleranzgrenze darf jedoch nach Auffassung des *BGH* nicht als Element des funktionsechten Großhandels verstanden werden, sondern soll verdeutlichen, „welche Nebenumsätze eines durch ausreichende Kontrollmaßnahmen gesicherten Selbstbedienungsgroßhandels . . . die Funktionsechtheit als Großhandelsunternehmen unberührt lassen und dessen Privilegierung gegenüber dem Einzelhandel nicht in Frage stellen" (*BGH*-Urteil vom 30.11.1989, NJW, 1990, S. 1294-1301; im einzelnen dazu auch *Dichtl* 1990).

Weiterhin ist für distributionspolitische Entscheidungen von Interesse, an welchen Standorten sich die verschiedenen Betriebsformen des Handels ansiedeln dürfen. Diesbezüglich regelt vor allem § 11 Abs. 3 *Baunutzungsverordnung (BauNVO),* daß Einkaufszentren, großflächige Einzelshandelsbetriebe sowie sonstige großflächige Handelsbetriebe, die die Raumordnung und Landesplanung oder die städtebauliche Entwicklung und Ordnung nicht lediglich unwesentlich beeinflussen, nur in Kerngebieten (§ 7 *BauNVO)* sowie in Sondergebieten (§ 11 Abs. 2 *BauNVO),* die von den Planungsträgern als solche ausgewiesen werden, zulässig sind. Dadurch wurde den Gemeinden faktisch die Möglichkeit eingeräumt, eine Ansiedlung großflächiger Handelsbetriebe außerhalb der Kerngebiete zu verhindern. Jedoch erwies sich diese Bestimmung nur zum Teil als wirksam, da andere preisaggressiv agierende Betriebsformen wie Fachmärkte oder Fachdiskonter mit kleinflächigen Outlets die Vorschriften der *BauNVO* zusehends unterliefen (Einzelheiten darüber bei *Dichtl / Schenke* 1988).

Ebenfalls rechtlichen Restriktionen unterworfen sind bestimmte **Verkaufsmethoden** bzw. **Verkaufstechniken.** So finden sich in der *Gewerbeordnung* eine Reihe von Vorschriften, aus welchen hervorgeht, welche Güter etwa in Automaten, auf Sondermärkten wie z. B. Wochen-, Vieh- und Weihnachtsmärkten oder von Hausierern angeboten werden dürfen. Diese Bestimmungen sollen dazu beitragen, die Bevölkerung vor gesundheitlichen Schäden und Übervorteilung zu schützen und die Lauterkeit des Wettbewerbs zu gewährleisten.

Es liegt in der Natur der Sache, daß solche Einrichtungen allenfalls eine periphere Rolle bei der Versorgung der Verbraucher mit Gütern des täglichen Bedarfs zu spielen vermögen. Angesichts des rapiden Rückgangs von Geschäften namentlich im Lebensmitteleinzelhandel wird deshalb immer häufiger die Bereitstellung von **Verkaufswagen** befürwortet, wie sie etwa in der Schweiz, in den Niederlanden und in Skandinavien zum Einsatz kommen.

Eine vom *Hauptverband des Deutschen Lebensmittel-Einzelhandels e. V.,* Bonn, in Zusammenarbeit mit drei anderen großen Verbänden herausgegebene Broschüre, in der auf nicht weniger als 50 Seiten die *Rechtsgrundlagen für den Betrieb einer fahrbaren Verkaufsstelle* zusammengestellt sind, verkörpert nicht nur für Unternehmer, die mit dieser Frage befaßt sind, eine wertvolle Orientierungshilfe, sondern sie ist auch geeignet, das Ausmaß staatlicher Einflußnahme auf die Versorgung als nationales Anliegen deutlich zu machen. Der dort wiedergegebene Katalog gesetzlicher Bestimmungen dokumentiert mit großer Deutlichkeit, daß die auf den ersten Blick eher unproblematische, für die Distribution von Waren und die Versorgung der Bevölkerung gleichwohl bedeutsame Frage des Betriebs einer fahrbaren Verkaufsstelle unabhängig von allen betriebswirtschaftlichen Erwägungen außerordentlich differenzierte Überlegungen erfordert, von denen verschiedene Sektoren der Wirtschafts- und Sozialpolitik sowie ganz unterschiedliche Rechtsgebiete berührt werden.

(d) Ein Relikt aus alten Zeiten, für manche einen Anachronismus, stellen das **Ladenschlußgesetz** und die Regelung der sog. **Schluß-** und **Sonderverkäufe** dar. Diese entwickelten sich in den letzten Jahren zu einem Gegenstand heftiger politischer Diskussion, und es erscheint nur noch eine Frage der Zeit, bis sie geändert bzw. aufgehoben werden.

Einer ungewöhnlichen Koalition von Interessenvertretern gelang es bislang, alle Versuche um Lockerung, wenn nicht gar Aufhebung des vor allem von vielen Berufstätigen als belastend empfundenen **Ladenschlußgesetzes** zu vereiteln. Einzelhandel und Gewerkschaften sind sich in der Überzeugung einig, daß dieses Gesetz, für dessen Erlaß allein sozialpolitische Motive maßgebend waren, den günstigsten Ausgleich der Ziele von Unternehmern, Arbeitnehmern, Verbrauchern und Kommunen gewährleiste. Von seiten engagierter Konsumenten, aber auch mancher Großbetriebsformen des Handels, die die Einnahme einer flexibleren Haltung mit Vorteilen verbunden sehen, und zahlreicher Städte, die gegen eine weitere Verödung der Citys in den Abendstunden ankämpfen, wird dies bestritten.

Auch die heftigen Reaktionen der Verbände des Einzelhandels können nicht darüber hinwegtäuschen, daß Tarifverträge mittlerweile einen weit wirksameren Schutz der Arbeitnehmer im Handel bieten, als es das Ladenschlußgesetz zu leisten vermag, daß große Teile der erwerbstätigen Bevölkerung in der Bundesrepublik Deutschland regelmäßig sogar nachts arbeiten, daß bei einer Liberalisierung des Gesetzes kein Unternehmer gezwungen wäre, sein Geschäft auch nur eine Stunde pro Woche länger offenzuhalten, und daß sich nicht zuletzt die Verkehrssituation zu den üblichen Stoßzeiten erheblich entspannen würde.

Einen ersten Schritt in Richtung Liberalisierung unternahm man 1989. Seinerzeit wurde es Einzelhandelsunternehmen ermöglicht, Geschäfte am Donnerstag bis 20:30 Uhr offenzuhalten (Verkaufsoffener Donnerstag). Ausgelöst hat diese Änderung u. a. die zunehmende Integration Europas bzw. die Tatsache, daß Unternehmen in den europäischen Partnerländern, vor allem in Frankreich, Spanien und Italien, hinsichtlich der Ladenöffnungszeiten wesentlich weniger rechtlichen Restriktionen unterliegen als ihre deutschen Kollegen.

Umstritten unter Fachleuten ist freilich, wie sich eine weitere Lockerung oder gar Abschaffung des Gesetzes auf die Ertragslage des Handels und die Konzentration auswirken würde und wie viele Verbraucher es wirklich wären, die den so oft beschworenen Einkaufsbummel außerhalb der jetzigen Ladenöffnungszeiten auch längerfristig als attraktive Alternative zu anderen Formen der Freizeitgestaltung, etwa zum Fernsehen, empfänden. Vermuten läßt sich, daß eine Liberalisierung des Ladenschlußgesetzes, vergleichbar den USA, zu einer Bedeutungsverschiebung bei den Betriebsformen beitragen würde. Insbesondere Shopping-Center als eine Ansammlung von Sach- und Dienstleistungen anbietenden Unternehmen würden an Attraktivität gewinnen. Demgegenüber ergäben sich für kleinere Handelsunternehmen insofern Probleme, als die zusätzliche Arbeitsbelastung insbesondere deren Eigentümer bzw. Familienangehörige träfe, die dann Verkaufsfunktionen im Laden übernehmen müßten. Vor allem Großfamilien, wie sie oftmals bei Gastarbeitern anzutreffen sind, würden wohl die Vorteile einer längeren Ladenöffnungszeit besser als andere nutzen und daher verstärkt in den selbständigen Handel drängen.

Ein Spezifikum der Bundesrepublik Deutschland und zugleich ein Beispiel dafür, daß gesetzliche Vorschriften nicht nur umgangen, sondern zum Teil auch vollständig mißachtet werden, ist die Regelung der sog. **Schluß-** und **Sonderverkäufe.** Nach §§ 7 Abs. 3 und 8 *UWG* dürfen Unternehmen Sommer- und Winterschlußverkäufe ausschließlich unter dieser Bezeichnung und nur 12 Werktage lang vom letzten Montag im Juli bzw. Januar an durchführen, wobei genau bestimmt ist, auf welche Warenbereiche sich diese jeweils erstrecken. Ähnlich sind Räumungsverkäufe, entsprechende Aktionen anläßlich Jubiläumsveranstaltungen und dgl. mehr nur unter ganz bestimmten Voraussetzungen gestattet.

Den bestehenden Vorschriften kommt heute nicht mehr jene Bedeutung für die Aufrechterhaltung eines lauteren Wettbewerbs zu wie einstmals, da der Handel in den vergangenen Jahrzehnten vielfältige andere Formen legitimer (und illegitimer) Preisaktivität gefunden und entwickelt hat. So ist es kaum verwunderlich, wenn die gegenwärtige Regelung immer mehr dadurch unterlaufen wird, daß Schlußverkäufe faktisch bereits einige Zeit vor den offiziell vorgeschriebenen Terminen stattfinden. Auch wenn im Handel der durch eine Reihe von Urteilen gefestigte Brauch besteht, in den beiden Wochen vor Beginn eines Saisonschlußverkaufs „schlußverkaufsfähige" Artikel werblich nicht mehr als Sonderangebote herauszustellen, um nicht den Eindruck einer Vorwegnahme des bevorstehenden Ereignisses zu erwecken, ändert dies nichts an dieser Tatsache, da diese Gepflogenheit den Verbrauchern mittlerweile hinlänglich bekannt ist.

(2) Gesetzlichen Vorschriften unterworfen sind auch den **Vertrieb** betreffende Sachverhalte. Die hier für richtig gehaltene Einschränkung der unternehmerischen Entscheidungsfreiheit läßt sich im wesentlichen darauf zurückführen, daß innerhalb dieses Bereichs Personen eingesetzt werden, deren Beziehung zum Unternehmen vertraglich zu regeln ist. Im Vertrieb finden hinsichtlich der mit den dort tätigen Mitarbeitern abzuschließenden **Arbeitsverträge** die gleichen arbeitsrechtlichen Vorschriften Anwendung, die auch für die übrigen Funktionsbereiche im Unternehmen gelten. Die im Dienstvertragsrecht des *Bürgerlichen Gesetzbuchs* (§§ 611 - 630) zu findenden Bestimmungen betreffen die jeweiligen Rechte und Pflichten der Vertragsparteien, insbesondere im Hinblick auf die zu erbringende Arbeitsleistung, Vergütung, (Mindest-)Kündigungsfrist, Fürsorgepflicht des Arbeitgebers sowie Treuepflicht des Arbeitnehmers.

Weiterhin sollen **Tarifverträge** und **Sondergesetze** wie z. B. das *Jugendarbeitsschutz-, Mutterschutz-* und *Lohnfortzahlungsgesetz* den schutzwürdigen Interessen bestimmter Gruppen von Arbeitnehmern Rechnung tragen. Durch das *Betriebsverfassungsgesetz* werden über den Arbeitsvertrag hinausgehende Rechte des Arbeitnehmers geregelt, die sich ausgehend vom Schutz des Persönlichkeitsbereichs nach § 75 II *BetrVG* insbesondere auf die Unterrichtungssrechte über den Arbeitsplatz, die zu erfüllende Tätigkeit und die mit der Arbeit verbundene Unfall- und Gesundheitsgefahr nach § 81 I *BetrVG* sowie auf das Anhörungsrecht, das Recht auf Einsicht in die eigene Personalakte und das Beschwerderecht nach §§ 82-84 *BetrVG* beziehen.

Nicht in den Geltungsbereich der Bestimmungen für Arbeitnehmer eines Unternehmens fallen die **Absatzhelfer**. Wie bereits in Abschn. 2.2.2. angesprochen, regelt das *Handelsgesetzbuch* deren Legitimation. Vergleichbar dem Arbeitsvertrag mit einem Angestellten werden zwischen dem Unternehmen und den mit distributionspolitischen Aufgaben betrauten Absatzhelfern Verträge geschlossen, die die jeweiligen Rechte und Pflichten der Vertragsparteien regeln. Der **Maklervertrag** nach §§ 652-656 *BGB* legt fest, daß ein Anspruch auf Provision nur dann besteht, wenn das Tätigwerden des Maklers ursächlich für den Geschäftsabschluß war. Nach den Bestimmungen des *BGB* ist jener in seiner Entscheidung frei und kann ein angebotenes Geschäft ablehnen. Den Vertragsparteien steht es offen, vom Gesetz abweichende Vereinbarungen zu treffen, die sich oftmals darauf beziehen, daß der Auftraggeber darauf verzichtet, weitere Makler einzuschalten, wenn der von ihm Beauftragte im Gegenzug eine Tätigkeitsverpflichtung übernimmt.

Ein **Kommissionsvertrag** kann sowohl auf einem Werks- als auch auf einem Dienstvertrag basieren, die beide im *BGB* geregelt sind. Der Kommissionär ist nach § 384 *HGB* zur Sorgfalt eines ordentlichen Kaufmanns, nach § 386 *HGB* zur Einhaltung von Preislimits und nach § 384 Abs. 2 *HGB* zur Rechnungslegung und Herausgabe des Erlangten verpflichtet. Die Ansprüche des Kommissionärs beziehen sich auf die Zahlung einer Provision und den Ersatz für erbrachte Aufwendungen, die er mittels eines Pfandrechts (§§ 396 f. *HGB)* und eines Selbsteintrittsrechts (§§ 400 f. *HGB)* durchsetzen kann.

Die Beziehung des Unternehmens zu einem Handelsvertreter regelt der **Handelsvertretervertrag** gem. §§ 84 ff. *HGB*. Im Gegensatz zu anderen Absatzhelfern und auch zu Angestellten des Unternehmens haben Handelsvertreter gem. § 89b *HGB* einen **Ausgleichsanspruch** für den Fall, daß jenes nach Beendigung des Vertragsverhältnisses Vorteile aus dessen Aktivitäten zieht, ohne daß dieser dafür eine entsprechende Vergütung erhält. Dies kann beispielsweise dann von Bedeutung sein, wenn der Handelsvertreter einen Kundenstamm aufgebaut hat und dieser auch nach seinem Ausscheiden weiterhin Waren bei dem Unternehmen bestellt, um z. B. Ergänzungs- und Ersatzbedarf zu decken. Durch den Ausgleichsanspruch sollen die finanziellen Einbußen des Handelsverteters wegen nicht mehr anfallender Provision kompensiert werden. Zusätzlich treffen Unternehmen mit Absatzhelfern oftmals Vereinbarungen gem. § 86 b *HGB* über die Übernahme des Delkredere und gem. § 90 a *HGB* hinsichtlich eines Wettbewerbsverbots.

Kommissionärs- und Handelsvertreterverträge werden nicht nur bei Absatzhelfern eingesetzt, sondern auch dann, wenn ein Hersteller ein **Agentursystem** mit vertraglich gebundenen Absatzmittlern aufbauen möchte. Hier stößt man auf die Problematik der Unzulässigkeit der Preisbindung; denn es geht um die Frage, ob ein Hersteller vertraglich in dieser Weise gebundenen Händlern Wiederverkaufspreise vorschreiben darf oder nicht. Ein einheitliches Meinungsbild ist bisher in Rechtsprechung und Schrifttum nicht ersichtlich. Ein Entscheidungsträger, der sich im Rahmen eines Agentursystems einer derartigen Preisbindung bedient, muß – insbesondere, wenn eine wesentliche Abweichung von der gesetzestypischen Ausgestaltung des Handelsvertreter- bzw. Kommissionsagenturvertrags vorliegt – mit einer Untersagung gemäß § 37 a *GWB* durch die Kartellbehörde wegen Verstoßes gegen § 15 *GWB* rechnen.

Das Problem der Preisbindung stellt sich auch bei **Franchiseverträgen**, bei denen es im Kern um die Lizensierung einer besonderen Vertriebsidee, gegebenenfalls in Verbindung mit der Überlassung sonstiger Schutzrechte, geht. Soweit es sich hierbei um Austauschverträge handelt, findet § 15 *GWB* ohne jede Einschränkung Anwendung, da Franchisenehmer selbständige Kaufleute sind. Die Beurteilung von Franchiseverträgen erlangt darüber hinaus auch eine europäische Dimension, wenn sie geeignet sind, den Handel zwischen den Mitgliedstaaten zu beeinträchtigen. Ihre Zulässigkeit richtet sich nach Art. 85 I *EWGV*, demzufolge alle Vereinbarungen zwischen Unternehmen, Beschlüsse von Unternehmensvereinigungen und aufeinander abgestimmte Verhaltensweisen verboten sind, die den Handel zwischen Mitgliedstaaten beeinträchtigen können und eine Verhinderung, Einschränkung oder Verfälschung des Wettbewerbs innerhalb des Gemeinsamen Marktes bezwecken oder bewirken.

Im richtungsweisenden *Pronuptia*-Urteil vom 28.1.1986 (vgl. *EuGH*-Urteil vom 28.1.1986, NJW 1986, S. 1415-1417) entschied der *Europäische Gerichtshof*, daß Franchiseverträge grundsätzlich wirtschaftlich sinnvolle Abreden darstellen, weshalb in ihnen sämtliche Wettbewerbsbeschränkungen erlaubt sind, ohne die solche Verträge ihrem Wesen nach keinen Sinn hätten. Auf Grund der in diesem Verfahren gesammelten Erfahrungen hat die Europäische Kommission schließlich durch die *GruppenfreistellungsVO* Nr. 4087 / 88 im einzelnen die Voraussetzungen festgelegt, unter denen Franchisevereinbarungen nach Art. 85 III *EWGV* vom Verbot ausgenommen sind.

(3) Auch für den **Transport** und die **Lagerung** von **Waren** finden sich zahlreiche rechtliche Vorschriften, die bei Entscheidungen hinsichtlich der **physischen Distribution** Bedeutung erlangen. So beziehen sich die §§ 407-415 *HGB* auf die Rechte und Pflichten eines **Spediteurs**, der mit dem Transport von Ware beauftragt wird. Darüber hinaus unterliegt dieser auch den für einen Kommissionär geltenden Vorschriften der §§ 377-390 *HGB* über die Annahme, Aufbewahrung und Versicherung von Waren. Neben bzw. in Verbindung mit Spediteuren übernehmen oftmals **Frachtführer** die Beförderung von Gütern. Auch hier regelt

das *HGB,* vergleichbar den Bestimmungen beim Spediteur, mit den §§ 425-452 Rechte und Pflichten. Weiterhin gilt es beim Transport von Waren noch einige Spezialgesetze zu beachten. Sie beziehen sich zum einen auf bestimmte Transportmittel, wie z. B. das *Binnenschiffahrtsgesetz* oder die *Eisenbahnverordnung,* zum anderen auf das zu transportierende Produkt, wie etwa im Falle des Gefahrgütertransports.

Hinsichtlich der **Lagerung** von Gütern gilt der Blick zunächst den §§ 416-424 *HGB,* die sich auf die Rechte und Pflichten von **Lagerhaltern**, also solchen Personen beziehen, die gewerbsmäßig die Lagerung und Aufbewahrung von Erzeugnissen übernehmen. Daneben wird, u. a. mit dem *Ernährungssicherstellungsgesetz* und dem *Wirtschaftssicherstellungsgesetz,* die Versorgung der Bevölkerung in Krisen- und Kriegszeiten mit lebensnotwendigen Gütern gewährleistet.

Eine ähnliche Verpflichtung begründet das 1965 erlassene und seither mehrfach modifizierte *Gesetz über Mindestvorräte an Erdölerzeugnissen,* das nach den Vorstellungen der *Europäischen Union* ein Pendant im Bereich der für die Stromerzeugung bedeutsamen fossilen Brennstoffe erhalten soll. Für die Apotheken schließlich werden Dienstbereitschaft, Vorratshaltung und Aufbewahrung von Medikamenten in der *Apothekenbetriebsordnung* geregelt.

(4) Ein Ergebnis der politischen Diskussion zur Lösung der **Abfallproblematik** stellt die Verordnung über die Vermeidung von Verpackungsabfällen *(Verpackungsverordnung)* von 1991 dar. Sie bildet den Auftakt zu einer Reihe von Rechtsverordnungen, mit denen Abfallmengen wirkungsvoll eingedämmt und der drohende Müllinfarkt verhindert werden sollen, da anderenfalls Ende der neunziger Jahre bei unverändertem Müllanfall ca. 50 % der zur Verfügung stehenden Deponiekapazität erschöpft wären.

Die *Verpackungsverordnung* sieht ein Bündel von Maßnahmen vor, um die Menge an gebrauchten Verpackungen zu vermindern und die öffentliche Abfallentsorgung möglichst wenig damit zu belasten. Mit ihnen erfaßt der Gesetzgeber Institutionen, die gewerbsmäßig im Rahmen wirtschaftlicher Tätigkeit oder öffentlicher Einrichtungen in der Bundesrepublik Deutschland Verpackungen oder entsprechende Vormaterialien herstellen (Hersteller) bzw. Verpackungen, Vormaterialien oder Waren in Verpackungen – auf welcher Handelsstufe auch immer – in den Verkehr bringen (Vertreiber). Dabei unterscheidet er hinsichtlich der Rücknahme-, Verwertungs- und Pfandpflicht zwischen Transport-, Um-, Verkaufs- und Getränkeverpackungen sowie Verpackungen für Wasch- und Reinigungsmittel bzw. Dispersionsfarben.

Das zentrale Element bei der Durchsetzung der *Verpackungsverordnung* bildet die Implementierung von **Rücknahmesystemen**, die zahlreiche gesetzliche Veränderungen und Neuerungen notwendig machten:

– Hersteller und Vertreiber sind verpflichtet, sämtliche Verpackungen, die dazu dienen, die Ware auf dem Weg vom Hersteller zum Händler vor Schäden zu bewahren (**Transportverpackung**), nach Gebrauch zurückzunehmen und einer erneuten stofflichen Verwertung außerhalb der öffentlichen Abfallentsorgung zuzuführen.

- Bei der Abgabe von Waren an Endverbraucher muß in der Verkaufsstelle oder auf dem zu einer solchen gehörenden Gelände Gelegenheit zur Entfernung und kostenlosen Rückgabe der **Umverpackung** gegeben werden. Dies gilt insoweit, als diese die Selbstbedienung ermöglicht oder aber den Diebstahl erschweren bzw. verhindern soll.
- Außerdem sind sämtliche Verpackungen, die vom Endverbraucher zum Transport oder bis zum Verbrauch der Ware verwendet werden (**Verkaufsverpackung**), vom Vertreiber in den Verkaufsstellen oder in deren unmittelbarer Nähe zurückzunehmen.
- Schließlich wird bei Getränkeverpackungen und solchen für Wasch- und Reinigungsmittel bzw. Dispersionsfarben ein Pflichtpfand erhoben, das bei deren Rücknahme erstattet wird.

Quellen

Albers, S., Entscheidungshilfen für den Persönlichen Verkauf, Berlin 1989.

– Steuerung von Verkaufsaußendienstmitarbeitern mit Hilfe von Umsatzvorgaben, in: *Lücke, W.* (Hrsg.), Betriebswirtschaftliche Steuerungs- und Kontrollprobleme, Wiesbaden 1988, S. 5-18.

Arnz, K., u. a., Praktische Erfahrungen mit DIOS, in: IBM Nachrichten, 23. Jg. (1973), S. 674-679.

Backhaus, K., Investitionsgütermarketing, 3., überarb. Aufl., München 1992.

Bänsch, A., Einführung in die Marketing-Lehre, 3., wesentl. erw. Aufl., München 1991.

– Verkaufspsychologie und Verkaufstechnik, 5., überarb. u. erw. Aufl., München 1993.

Barth, K., Betriebswirtschaftslehre des Handels, 2., überarb. und wesentl. erw. Aufl., Wiesbaden 1993.

Bauer, H. H., Die Entscheidung des Handels über die Aufnahme neuer Produkte, Berlin 1980.

Baumgartner, R., Ladenerneuerung, Diss., St. Gallen 1981.

Beeskow, W. / Dichtl, E. / Finck, G. / Müller, S., Die Bewertung von Marketing-Aktivitäten, in: *Irle, M.* (Hrsg.), Methoden und Anwendungen in der Marktpsychologie, Göttingen u. a. 1983, S. 483-674.

Berekoven, L., Erfolgreiches Einzelhandelsmarketing – Grundlagen und Entscheidungshilfen, München 1990.

Bergmann, G., Strategisches Absatzkanalmanagement in Märkten mit hoher Nachfragemacht des Handels, Diss., Frankfurt 1988.

Berman, B. / Evans, J. R., Retail Management: A Strategic Approach, New York 1979.

Böcker, F. / Börschlein, E., Planung und Kontrolle von Auslieferungslagern, in: *Böcker, F. / Dichtl, E.* (Hrsg.), Erfolgskontrolle im Marketing, Berlin 1975, S. 253-272.

Bowersox, D. J., Physical Distribution Development, Current Status, and Potential, in: Journal of Marketing, Vol. 33 (1969), No. 1, pp. 63-70.

Brehm, J. W., The Theory of Psychological Reactance, New York 1966.

Büttner, H., Die segmentorientierte Marketingplanung im Einzelhandelsbetrieb, Göttingen 1986

Cardozo, R. N., How Images Vary by Product Class, in: Journal of Retailing, Vol. 50 (1974), No. 4, pp. 85-98.

Chevalier, M., Increase in Sales Due to In-Store Display, in: Journal of Marketing Research, Vol. 12 (1975), pp. 426-431.

Churchill, G. A. / Collins, R. H. / Strang, W. A., Should Retail Salespersons be Similar to their Customers?, in: Journal of Retailing, Vol. 51 (1975), No. 3, pp. 29-42.

Clarke, G. / White, J. W., Scheduling of Vehicles from a Central Depot to a Number of Delivery Points, in: Operations Research, Vol. 12 (1964), pp. 568-581.

Coase, R. H., The Nature of the Firm, in: Economica, Vol. 4 (1937), S. 386-405.

Curhan, R. C., Shelf Space Elasticity: Reply, in: Journal of Marketing Research, Vol. 11 (1974), pp. 221 f.

Dallmer, H. (Hrsg.), Handbuch Direct Marketing, 6., völlig überarb. Aufl., Wiesbaden 1991.

Dash, J. F. / Schiffman, L. G. / Berenson, C., Risk and Personality – Related Dimensions of Store Choice, in: Journal of Marketing, Vol. 40 (1976), No. 1, pp. 32-39.

Delfmann, W. / Darr, W. / Simon, R.-P., Logistik-Dienstleister, in: *Diller, H.* (Hrsg.), Vahlens großes Marketing Lexikon, München 1992.

Dichtl, E., Wenn betrieblich nicht verwendbare zu betrieblich verwerteter Ware wird – Die Anatomie zweier Entscheidungen des *BGH* zum SB-Großhandel: I ZR 55 / 87 und I ZR 184 / 88, in: Betriebs-Berater, 45. Jg. (1990), S. 1913-1917.

Dichtl, E. / Raffée, H. / Niedetzky H.-M., Reisende oder Handelsvertreter, München 1981.

Dichtl, E. / Schenke, W.-R. (Hrsg.), Einzelhandel und Baunutzungsverordnung, Heidelberg 1988.

Diller, H. / Gaitanides, N., Großkundenmanagement – Überlegungen und Befunde zur organisatorischen Gestaltung und Effizienz, in: DBW, 49. Jg. (1989), S. 185-197.

Diller, H. / Kusterer, M., Erlebnisorientierte Ladengestaltung im Einzelhandel – Eine empirische Studie, in: *Trommsdorff, V.* (Hrsg.), Handelsforschung – Jahrbuch der Forschungsstelle für den Handel, Berlin 1986, S. 105-123.

Donovan, R. J. / Rossiter, J. R., Store Atmosphere: An Environmental Psychology Approach, in: Journal of Retailing, Vol. 58 (1982), No. 1, pp. 34-57.

Dustmann, H. H., Die Ladengestaltung als absatzpolitischer Erfolgsfaktor des Einzelhandels, in: Thexis, 5. Jg. (1988), Nr. 1, S. 7-15.

Emmerich, V., Das Recht des unlauteren Wettbewerbs, 3., völlig neubearb. Aufl., München 1990.

Evans, F. B., Selling as a Dyadic Relationship, in: American Behavioral Scientist, Vol. 6 (1963), No. 9, pp. 76-79.

Falk, B. / Wolf, J., Handelsbetriebslehre, 11. Aufl., Landsberg am Lech 1992.

Fischer, M., Make-or-Buy-Entscheidungen im Marketing – Neue Institutionenlehre und Distributionspolitik, Wiesbaden 1993.

Frank, R. E. / Massy, W. F., Shelf Position and Space Effects on Sales, in: Journal of Marketing Research, Vol. 7 (1970), pp. 59-66.

Friedrichs, (o. Vorn.), So reagiert die Hausfrau auf Lücken im Regal, in: absatzwirtschaft, 19. Jg. (1976), Nr. 10, S. 96.

Goehrmann, K. E., Verkaufsmanagement, Stuttgart u. a. 1984.

Greff, G., Möglichkeiten und Grenzen des Telefon-Marketing, in: *Dallmer, H.* (Hrsg.), Handbuch Direct Marketing, 6., völlig überarb. Aufl., Wiesbaden 1991.

Gröppel, A., Erlebnisstrategien im Einzelhandel: Analyse der Zielgruppen, der Ladengestaltung und der Warenpräsentation zur Vermittlung von Einkaufserlebnissen, Heidelberg 1991.

Günther, T. / Mattmüller, R., Möglichkeiten und Grenzen der Regaloptimierung im Handel, in: Marketing · ZFP, 15. Jg. (1993), S. 77-86.

Hansen, U., Absatz- und Beschaffungsmarketing des Einzelhandels, 2., neuberarb. und erw. Aufl., Göttingen 1990.

Hefner, M., Der Gastarbeiter als Konsument, Göttingen 1978.

Heidel, B. / Müller-Hagedorn, L., Plazierungspolitik nach dem Verbundkonzept im stationären Einzelhandel – Eine Wirkungsanalyse, in: Marketing · ZFP, 15. Jg. (1993), S. 19-26.

Henseler, R., Imagepolitik in Betrieben des mittelständischen Facheinzelhandels – Anwendungsbedingungen und Anwendungsstand in der Praxis, Göttingen 1978.

Hentze, J. / Brose, P., Personalführungslehre, 2., überarb. Aufl., Stuttgart 1990.

Hermanns, A., Computer Aided Selling (CAS), in: *Diller, H.* (Hrsg.), Vahlens großes Marketing-Lexikon, München 1992, S. 147-151.

Hildenbrand, W., Informationsmarketing in der Kommunikation zwischen Hersteller und Handelsvertreter, Frankfurt / Main u. a. 1983.

Hinkel, M., Zeitgemäßes Verkaufsmanagement – Neue Trends, Ausbildung, Führung, Organisation und Motivation, Landsberg am Lech 1986.

Hisrich, R. D. / Dornoff, F. J. / Kernan, J. B., Perceived Risk in Store Selection, in: Journal of Marketing Research, Vol. 9 (1972), pp. 435-439.

Holland, H., Direktmarketing, München 1992.

Homans, G. C., Social Behavior: Its Elementary Forms, New York 1961.

Hörschgen, H., Erfolgsfaktoren für den Elektrogroßhandel in den neunziger Jahren, Stuttgart 1990.

– Internationale Distributionskanäle, in: *Macharzina, K. / Welge, M. K.* (Hrsg.), Handwörterbuch Export und internationale Unternehmung, Stuttgart 1989, Sp. 341-348.

– Marketing-Mix international, in: werben und verkaufen, 20. Jg. (1984), Nr. 8, S. 45-47.

– Strategische Marketingplanung im Elektro-Großhandel, Arbeitskreis Elektro-Installationstechnik (Hrsg.), München 1983.

Hörschgen, H. / Käßer-Pawelka, G., Strategische Positionsbestimmung im Großhandel, in: *Trommsdorff, V.* (Hrsg.), Handelsforschung 1989 – Grundsatzfragen, Jahrbuch der Forschungsstelle für den Handel Berlin, Wiesbaden 1989, S. 209-222.

Hörschgen, H., u. a., Marketing-Strategien – Konzepte zur Strategienbildung im Marketing, 2., überarb. und erw. Aufl., Ludwigsburg – Berlin 1993.

ifo Institut für Wirtschaftsforschung, Spiegel der Wirtschaft 1992 / 1993, München 1992.

Jediss, H., Ökonomisierung des Gesamtdistributionssystems durch DPR-Analysen, in: *Zentes, J.* (Hrsg.), Moderne Distributionskonzepte in der Konsumgüterwirtschaft, Stuttgart 1991, S. 243-274.

Kaiser, A. / Lades, R., Die Planung von Versorgungssystemen – Ein clusteranalytischer Ansatz, in: ZfB, 47. Jg. (1977), S. 313-326.

Kern, E., Der Interaktionsansatz im Investitionsgütermarketing – Eine konfirmatorische Analyse, Berlin 1990.

Kirsch, J., Handelsorientiertes Herstellermarketing, Diss., Stuttgart 1987.

Kirsch, W. / Kutschker, M. / Lutschewitz, H., Ansätze und Entwicklungstendenzen im Investitionsgütermarketing. Auf dem Wege zu einem Interaktionsansatz, 2. Aufl., Stuttgart 1980.

Köhler, F. W., Die Dynamik der Betriebsformen des Handels – Bestandsaufnahme und Modellerweiterung, in: Marketing · ZfP, 12. Jg. (1990), S. 59-64.

Kotler, P. / Bliemel, F., Marketing-Management – Analyse, Planung, Umsetzung und Steuerung, 7., vollst. neu bearb. und erw. Aufl., Stuttgart 1992.

Kroeber-Riel, W., Konsumentenverhalten, 5., überarb. u. erg. Aufl., München 1992.

Kuehn, A. A. / Hamburger, M. J., Heuristic Program for Locating Warehouses, in: Management Science, Vol. 9 (1963), pp. 643-666, dt. Übersetzung in: *Weinberg, P. / Behrens, G. / Kaas, K. P.* (Hrsg.), Marketingentscheidungen, Köln 1974, S. 290-317.

Kulhavy, E., Internationales Marketing, Linz 1981.

Lamont, L. M. / Lundstrom, W. J., Identifying Successful Industrial Salesmen by Personality and Personal Characteristics, in: Journal of Marketing Research, Vol. 14 (1977), pp. 517-529.

Lindquist, J. D., Meaning of Image, in: Journal of Retailing, Vol. 50 (1974), No. 4, S. 29-38.

Marcus, B. H., Image Variation and the Multi-Unit-Retail Establishment, in: Journal of Retailing, Vol. 48 (1972), No. 2, pp. 29-43.

Martineau, P., The Personality of the Retail Store, in: Harvard Business Review, Vol. 36 (1958), No. 1, pp. 47-55.

McCarthy, E. J., Basic Marketing: A Managerial Approach, 4th Ed., Homewood, Ill., 1971.

Mertens, P., Integrierte Informationsverarbeitung, Bd. 1, Administrations- und Dispositionssysteme in der Industrie, 9. Aufl., Wiesbaden 1993.

Meyer, G., Psychologische Aspekte der Geschäftswahl, in: *Bergler, R.* (Hrsg.), Psychologische Marktanalyse, Bern 1965, S. 106-120.

Müller-Hagedorn, L., Handelsmarketing, 2., überarb. u. erw. Aufl., Stuttgart u. a. 1993.

Müller-Merbach, H., Operations Research, 3. Aufl., München 1973.

Müllerschön, B., Marketing-Rechts-Forschung als integraler Bestandteil des Marketing-Research, Diss., Stuttgart 1986.

Neumann, K. / Morlock, M., Operations Research, München 1993.

Nieschlag, R., Betriebsformen des Handels, Dynamik der, in: *Tietz, B.* (Hrsg.), Handwörterbuch der Absatzwirtschaft, Stuttgart 1974, Sp. 366-376.

– Die Dynamik der Betriebsformen im Handel, Essen 1954.

– Versandhandelsbetriebe, in: *Grochla, E. / Wittmann, W.* (Hrsg.), Handwörterbuch der Betriebswirtschaft, 4., völlig neu gest. Aufl., Stuttgart 1976, Sp. 4202-4207.

Nieschlag, R. / Kuhn, G., Binnenhandel und Binnenhandelspolitik, 3., neubearb. Aufl., Berlin 1980.

Oehme, W., Handels-Marketing – Entstehung, Aufgabe, Instrumente, 2., neubearb. und erw. Aufl., München 1992.

Oesterle, M. J., Joint Ventures in Rußland: Bedingungen – Probleme – Erfolgsfaktoren, Wiesbaden 1993.

Ohletz, H., Verkaufs- und Marketing-Praxis, Stuttgart u. a. 1978.

Picot, A., Transaktionskosten im Handel: Zur Notwendigkeit einer flexiblen Strukturierung in der Distribution, in: Betriebs-Berater, 41. Jg. (1986), Nr. 27, S. 1-16.

Potucek, V., Strukturelle Wandlungen im deutschen Lebensmitteleinzelhandel und ihre Auswirkungen auf den Wettbewerb, Berlin 1987.

Rook, W. D., The Buying Impulse, in: Journal of Consumer Research, 14. Jg. (1987), S. 189-199.

Rumler, A., Konsumentenbezogenes Marktmanagement, Wiesbaden 1990.

Schiffman, L. G. / Dash, J. F. / Dillon, W. R., The Contribution of Store-Image Characteristics to Store-Type Choice, in: Journal of Retailing, Vol. 53 (1977), No. 2, pp. 3-14, 46.

Schober, H., Platz und Lücke, in: absatzwirtschaft, 19. Jg. (1976), Nr. 10, S. 95 f.

Schoch, R., Der Verkaufsvorgang als sozialer Interaktionsprozeß, Winterthur 1969.

Scholz, C., Personalmanagement: informationsorientierte und verhaltenstheoretische Grundlagen, 3. Aufl., München 1993.

Schwab, R., Der Persönliche Verkauf als kommunikationspolitisches Instrument des Marketing, Frankfurt / Main 1982.

Specht, G., Distributionsmanagement, 2., überarb. u. erw. Aufl., Stuttgart u. a. 1992.

Stalk, G. / Hout, T. M., Zeitwettbewerb – Schnelligkeit entscheidet auf den Märkten der Zukunft, Frankfurt / Main u. a. 1990.

Statistisches Bundesamt (Hrsg.), Statistisches Jahrbuch 1992, Wiesbaden 1992.

Stern, B. L. / Bush, R. F. / Hair, J. F. jr., The Self-Image / Store-Image Matching Process. An Empirical Test, in: Journal of Business, Vol. 50 (1977), pp. 63-69.

Teller, K.-J., Logistische Funktionen, Transportieren, Umschlagen, Lagern, in: RKW-Handbuch Logistik, Kennziffer 2050, 1982, S. 1-35.

Terpstra, V. / Sarathy, R., International Marketing, 5. Aufl., Hinsdale, Ill. 1991.

Tietz, B., Der Handelsbetrieb, 2., neubearb. Aufl., München 1993.

– Marketing, 3., überarb. und erw. Aufl., Düsseldorf 1992.

Ünver, K., Medien- und Konsumverhalten der in der Bundesrepublik Deutschland lebenden Türken, Stuttgart 1991.

Weinberg, P., Das Entscheidungsverhalten der Konsumenten, Paderborn u. a. 1981.

– Erlebnisorientierte Einkaufsstättengestaltung im Einzelhandel, in: Marketing · ZFP, 8. Jg. (1986), S. 97-102.

Weitz, B. A., Relationship between Salesperson Performance and Understanding of Customer Decision Making, in: Journal of Marketing Research, Vol. 15 (1978), pp. 501-516.

Williamson, O. E., Markets and Hierarchies: Analysis and Antitrust Implications, New York–London 1975.

Windhorst, K.-G., Wertewandel und Konsumentenverhalten, Münster 1985.

Zentes, J. (Hrsg.), Moderne Distributionskonzepte in der Konsumgüterwirtschaft, Stuttgart 1991.

Zimmermann, W., Operations Research, 6., verb. und erg. Aufl., München 1990.

Weiterführende Literatur

Ahlert, D., Distributionspolitik: Das Management des Absatzkanals, 2., überarb. Aufl., Stuttgart u. a. 1991.

Ahlert, D. / Schröder, H., Rechtliche Grundlagen des Marketing, Stuttgart 1989.

Böcker, F., Marketing, 5., durchges. Aufl., Stuttgart u. a. 1994.

Donovan, R. J. / Rossiter, J. R. / Marcoolyn, G. / Nesdale, A., Store Atmosphere and Purchasing Behavior, in: Journal of Retailing, Vol. 70 (1994), S. 283-294.

Drezè, X. / Hoch, S. J. / Purk, M. R., Shelf Management and Space Elasticity, in: Journal of Retailing, Vol. 70 (1994), S. 301-326.

Greff, G. / Töpfer, A. (Hrsg.), Direktmarketing mit neuen Medien, 3. Aufl., Landsberg am Lech 1993.

Ihde, G.-B., Distributions-Logistik, Stuttgart u. a. 1978.

Irrgang, W. (Hrsg.), Vertikales Marketing im Wandel – Aktuelle Strategien und Operationalisierungen zwischen Hersteller und Handel, München 1993.

Köhler, R., Beiträge zum Marketing-Management – Planung, Organisation, Controlling, 3., erw. Aufl., Stuttgart 1993.

Liebmann, H.-P., Die Standortwahl als Entscheidungsproblem, Würzburg–Wien 1971.

Meffert, H., Marketing, Nachdruck der 7. Aufl., Wiesbaden 1991.

Pfohl, H.-C., Logistiksysteme: betriebswirtschaftliche Grundlagen, 4., erw. u. korr. Aufl., Berlin u. a. 1990.

Ruhleder, R. H., Verkaufstraining intensiv, 5. Aufl., Stuttgart 1994.

ter Haseborg, F., Optimale Lagerhaltungspolitiken für Ein- und Mehrproduktläger, Göttingen 1979.

Tietz, B., Binnenhandelspolitik, 2., neubearb. Aufl., München 1993.

Treis, B. (Hrsg.), Der mittelständische Einzelhandel im Wettbewerb, München 1981.

Weis, H. C., Verkauf, 4. Aufl., Ludwigshafen 1995.

§ 8 Kommunikationspolitik

1. Aufgaben, Erscheinungsformen und Träger

1.1. Die Kommunikationspolitik als Sprachrohr des Marketing

Sind das Leistungsprogramm der Unternehmung definiert, das hierfür zu fordernde Entgelt bestimmt sowie die zu ergreifenden distributionspolitischen Maßnahmen festgelegt, gilt es, mit Hilfe der Kommunikationspolitik die aus der Sicht des Unternehmens relevanten Bezugsgruppen zielgerichtet hierüber zu informieren. Dabei soll vor allem den tatsächlichen und potentiellen Abnehmern ein den Intentionen des Unternehmens förderliches Bild von dessen Angebot oder von ihm als ganzem vermittelt werden.

Zwischen der Kommunikationspolitik und den übrigen Aktionsfeldern des Marketing-Mix (vgl. dazu §§ 5 - 7) bestehen vielfältige **Interdependenzen**. Einerseits unterstützen kommunikationspolitische Maßnahmen die anderen Instrumente des Marketing-Mix, andererseits entfalten auch diese eine kommunikative Wirkung. Diese wechselseitige Beeinflussung der Instrumente behindert die Erfolgskontrolle bei Marketingmaßnahmen in erheblichem Maße, wie im Zusammenhang mit der Werbewirkungsforschung (vgl. Abschn. 4.) noch darzulegen sein wird.

Auch wenn einschlägige Entscheidungen zuweilen isoliert getroffen werden müssen, sollten idealerweise alle Elemente des Marketing-Mix im Rahmen einer ganzheitlichen Marketingkonzeption koordiniert werden. Ein Unternehmen darf sich also nicht damit begnügen, eine respektable Leistung anzubieten, sondern muß potentielle Abnehmer auch gezielt darüber informieren, welche Rolle es am Markt zu spielen gedenkt. Die hierzu anzustellenden Überlegungen werden in Abschn. 3 diskutiert.

Obwohl es bislang nicht gelungen ist, die vielfältigen **Ausprägungen** der **Kommunikationspolitik** (siehe Abschn. 1.2.) in ein erschöpfendes und gleichzeitig praxisgerechtes Klassifikationsschema einzuordnen, besteht doch insoweit Einigkeit, als man üblicherweise die Bereiche Werbung, Verkaufsförderung (Sales Promotions) und Öffentlichkeitsarbeit (Public Relations) diesem Bereich subsumiert. Als eigenständiges Aktionsfeld wird zunehmend auch das Sponsoring anerkannt.

Auf vielen Märkten sind seit geraumer Zeit nicht nur ein insgesamt wachsender **Stellenwert** der **Kommunikationspolitik** zu beobachten, sondern auch eine Verschiebung der Gewichte der genannten Aktionsfelder. Zu einer solchen Einschätzung geben vornehmlich Aspekte der Markt- und Konjunkturentwicklung Anlaß. Zu denken ist hierbei u. a. an

- nahezu gesättigte Märkte, auf denen fast nur noch Ersatzbedarf wirksam wird,
- eine zunehmende Schwierigkeit, innovative Problemlösungen systematisch aufzuspüren und diese in marktfähige Produkte umzusetzen,
- ein von zahlreichen Konkurrenten erreichter, vergleichsweise hoher Fertigungsstandard, der zur Folge hat, daß sich ausgereifte Erzeugnisse weder durch die Produktqualität noch durch den Preis von den Marktleistungen der Wettbewerber nachhaltig abheben lassen, sowie
- den Zeitwettbewerb, von dem bereits in § 4 die Rede war.

Der gestiegene **Stellenwert** der **Kommunikationspolitik** bringt es mit sich, daß z. B. den im Zusammenhang mit Werbemaßnahmen erbrachten Leistungen eine hohe gesamtwirtschaftliche Bedeutung zukommt. Im Jahre 1993 summierten sich in der Bundesrepublik Deutschland die sog. Nettowerbeumsätze auf über 32 Mrd. DM, was rund 1% des Bruttosozialprodukts (BSP) entsprach. Mit Nettoumsätzen sind die von Produktionskosten, Skonti, Rabatten und Mittlerentgelten bereinigten Werbeumsätze der vom *Zentralverband der deutschen Werbewirtschaft ZAW e. V.* erfaßten Werbeträger gemeint.

Einige weitere Daten sind geeignet, die **quantitative Dimension** des **Werbesektors** zu verdeutlichen:

- Die in Düsseldorf ansässige, größte deutsche Werbeagentur, die *BBDO-Gruppe,* erzielte 1993 mit fast 800 Mitarbeitern einen Gesamtumsatz von rund 1.011 Mio. DM.

- 1993 führte *Procter & Gamble* die Rangliste der Werbungtreibenden an. Mit über 396 Mio. DM Bruttowerbeumsatz lag das Unternehmen damit deutlich vor dem Filialisten *C & A Brenninkmeyer*, der etwa 271 Mio. DM aufwandte, und der *Volkswagen AG*, die für ca. 255 Mio. DM Werbung betrieb.
- Rund 355.000 Personen fanden 1992 in Verbindung mit der Werbung einen Arbeitsplatz, und zwar in Werbeagenturen, in den zuständigen Abteilungen der werbungtreibenden Unternehmen, in den Anzeigenressorts der Verlage, bei Funk und Fernsehen, in Druckereien oder in Zulieferbetrieben.
- Die einmalige Schaltung einer ganzseitigen Vierfarbenanzeige kostet in einer auflagenstarken Illustrierten knapp 100.000 DM.
- Infolge des Hinzutretens der privaten Programmveranstalter sind die Netto-Werbeumsätze der *ARD* zwischen 1988 und 1992 um 39% gesunken, die des *ZDF* um lediglich 14% gestiegen, während der Gesamtmarkt in diesem Zeitraum um 136% gewachsen ist. Die Privatsender *RTL* bzw. *SAT 1* konnten demgegenüber, wenn auch von einem niedrigen Niveau ausgehend, eine Steigerung um 1.081% bzw. 809% verzeichnen.

Um die künftige Bedeutung der Kommunikationspolitik abschätzen zu können, bedarf es auch der Berücksichtigung **qualitativer Trends**. Von den sich für die neunziger Jahre abzeichnenden gesellschaftlichen Strömungen gilt es vor allem folgende zu beachten:

- Die vom Arbeitsmarkt geforderte höhere Qualifikation der Beschäftigten führt dazu, daß sich die Kommunikationspolitik auch mit entsprechend besser ausgebildeten Konsumenten auseinanderzusetzen hat. Dies wird sowohl Verschiebungen in der Bedeutung der Kommunikationsträger nach sich ziehen als auch neue Anforderungen an die Gestaltung der Kommunikationsmittel stellen.
- Der Einfluß der Frau auf Politik, Wirtschaft und Medien wird weiterhin steigen. Typisch feminine Fähigkeiten wie Sensibilität, Intuition und Emotionalität gewinnen bei der Kommunikationsmittelgestaltung an Relevanz.
- Eine zunehmende Individualisierung prägt das Konsumentenverhalten auf den Märkten und in bezug auf den Umgang mit den Medien.
- Sowohl die wachsende Kaufkraft von Kindern und Jugendlichen als auch deren verstärkte Einbindung in familiäre Kaufentscheidungsprozesse verdeutlichen, daß diese im Rahmen unternehmerischer Kommunikationsaktivitäten stärker berücksichtigt werden sollten.
- In zunehmendem Maße unterliegt der Kauf von Konsumgütern komplexen Entscheidungsprozessen in der Familie.
- Die anhaltende Verschiebung in der Altersstruktur wird sich verstärken. Der Anteil der Bevölkerung mit mehr als 60 Jahren erhöht sich deutlich, wodurch die Zielgruppe der Senioren an Bedeutung gewinnt.

Daß die Kommunikation ein wichtiges Regulativ der marktwirtschaftlichen Ordnung darstellt, wird weder von den Befürwortern noch von den Gegnern dieses Systems bestritten. Was beide unterscheidet, ist neben der Frage des **Kommunikationsstils**, der zunehmend auch vor dem Hintergrund ethischer Grundpositionen gesehen wird, vor allem das Maß an Aufwendungen, das sie für angemessen halten. Die damit gemeinte Gefahr einer **Hypertrophie** vor allem der Werbung, von den einen schlimmstenfalls als leidiges Übel hingenommen, von den anderen als persönliche Belästigung und geistige Umweltverschmutzung verurteilt, hat insofern weitreichende praktische Konsequenzen, als sie den an sich konkurrenzfähigen Erzeugnissen kleiner Anbieter fast alle Chancen, am Marktgeschehen zu partizipieren, nimmt. Wenn z. B. in bestimmten Branchen eine national distribuierte Marke nur noch mit einem Werbeaufwand von rund 100 Mio. DM in den Markt eingeführt werden kann, werden dadurch Zutrittsschranken errichtet, die kleineren Anbietern von vornherein jegliche Entfaltungsmöglichkeit nehmen.

1.2. Das Profil spezifischer Erscheinungsformen der Kommunikationspolitik

Die Kommunikationspolitik stellt keine Errungenschaft modernen Marketingdenkens dar, sondern ist, wie *Buchli* (1962) detailliert belegt, als eine vertraute, ja alltägliche Erscheinung anzusehen. Ausrufer und Marktschreier (lat. reclamare = entgegenschreien) sowie Messen und Märkte sind uns aus zahlreichen historischen Schilderungen vertraut. Ursprungs- und Firmenzeichen, Schilder und Abzeichen waren schon zu Zeiten des römischen Imperiums gebräuchlich. An den großen Heerstraßen machten Rast- und Gaststätten mit Hinweistafeln auf sich aufmerksam, und auf dem Signum des in Pompeji ausgegrabenen Gasthauses *Zum Elefanten* stand in großen Lettern geschrieben, daß in dem Hospitium ein Speisezimmer mit drei Lagern verfügbar sei.

Auf den überschaubaren Märkten früherer Epochen genügte das persönliche Gespräch vollauf, um den Absatz der meist individuell und häufig auf Bestellung gefertigten Produkte zu gewährleisten. Die uns heute geläufigen Kommunikationsstrategien wurden dagegen erforderlich, als technische und soziale Veränderungen im vergangenen Jahrhundert zur Massenproduktion führten und die Mehrzahl der Märkte sich von **Verkäufer-** zu **Käufermärkten** wandelte. Zu den Voraussetzungen dieser Form anonymer Umwerbung eines nunmehr dispersen Publikums zählten die **Vervollkommnung** der **Druckkunst,** der **Rückgang** des **Analphabetentums** und das **Aufkommen elektronischer Medien**.

1.2.1. Die Werbung

Trotz erheblicher Zweifel an der Wirksamkeit werblicher Maßnahmen, die insbesondere in der vermeintlich zunehmenden Informationsüberlastung der Konsumenten gründen, kommt diesen im Rahmen der unternehmerischen Kommunikation große Bedeutung zu. Werbung kennzeichnet den bewußten Versuch,

Marktpartner mit Hilfe eines spezifischen Mix an Mitteln zu einem bestimmten, unternehmenspolitischen Zielen dienenden Verhalten zu veranlassen. Im folgenden soll das breite Spektrum der dem Begriff Werbung subsumierten Erscheinungsformen anhand zentraler Kriterien systematisiert werden.

(1) Nach der **Art** des **Werbeobjekts** unterscheidet man zwischen **Produkt-**, **Programm-** und **Firmenwerbung**. Während bei ersterer ein einzelnes Erzeugnis im Zentrum der einschlägigen Bemühungen steht, hat Programmwerbung ausgewählte, gegebenenfalls auch alle Elemente des unternehmerischen Leistungsangebots zum Gegenstand. Im Rahmen der Firmenwerbung hingegen stellt die Unternehmung als Ganzes das Werbeobjekt dar.

(2) Im Hinblick auf die **Werbungtreibenden** lassen sich **Individual-** und **Kollektivwerbung** voneinander abgrenzen. Erstere wird von einem einzelnen, letztere von mehreren Werbungtreibenden gemeinsam betrieben.

(3) Bezüglich der **Zahl** der **Umworbenen** kommt es zu **Einzel-** und **Mengenumwerbung**. Je nachdem wird eine Werbebotschaft auf einzelne Marktpartner oder aber auf die Bevölkerungsgesamtheit bzw. ausgewählte Zielsegmente ausgerichtet.

Es erscheint hilfreich, den bei der **Werbung** ablaufenden **Prozeß** in einzelne **Phasen** zu gliedern und das Verhalten sowie den Einfluß der jeweiligen Akteure zu betrachten. Abb. 8.1. illustriert die im folgenden modellhaft beschriebene Wirkungsweise der Werbung bei einmaliger Aussendung einer Botschaft.

Vor deren Aussendung ist in der sog. **Kodierungsphase** ein den Intentionen der werbungtreibenden Unternehmung dienliches Werbemittel zu konzipieren. Sodann gibt man die Werbebotschaft einem Werbeträger (Kommunikationskanal) bei, dem die Aufgabe zukommt, jene an die Empfänger heranzutragen. In der **Transmissionsphase** muß der Werbungtreibende darauf achten, solche Werbeträger auszuwählen, die bei den Umworbenen erfahrungsgemäß stark verbreitet sind. Ist die Botschaft einmal einem Medium anvertraut, bestimmen der Werbeträger bzw. die ihn gestaltenden und mit seiner Verbreitung befaßten Organe den weiteren Verlauf des Prozesses. In der dritten Phase, der sog. **Rezeptionsphase**, bemerkt der Umworbene die Botschaft (Perzeption) und verarbeitet diese (Apperzeption). Einfluß auf die Perzeption haben sowohl die Gestaltung und die Anordnung des Werbemittels im Werbeträger als auch verschiedene Störfaktoren. Die Apperzeption hängt in entscheidendem Ausmaß von der Interessenlage sowie den Einstellungen des Umworbenen ab. Hat der Umworbene den Inhalt der Werbebotschaft aufgenommen und verstanden, so kann sich folgende **Werbewirkung** einstellen:

(a) Der Umworbene merkt sich den Inhalt der Botschaft mehr oder weniger genau, ohne daß es zunächst zu weiteren Reaktionen kommt. Maßgebend für den Verbleib im Gedächtnis des Umworbenen sind die **subjektiven Faktoren** des **Empfängers** (Einstellungen, Interessenlage usw.) sowie die **objektiven Eigenschaften** des **Werbemittels** (inhaltliche und formale Gestaltung). Es liegt nahe, daß ein Verbraucher ein Werbemittel dann besonders schnell vergißt, wenn er z. B. mit einer Überfülle von Werbebotschaften, möglicherweise gar noch aus demselben Produktbereich, konfrontiert wird (objektiv) oder wenn er sich für das beworbene Erzeugnis auch nicht im geringsten interessiert (subjektiv).

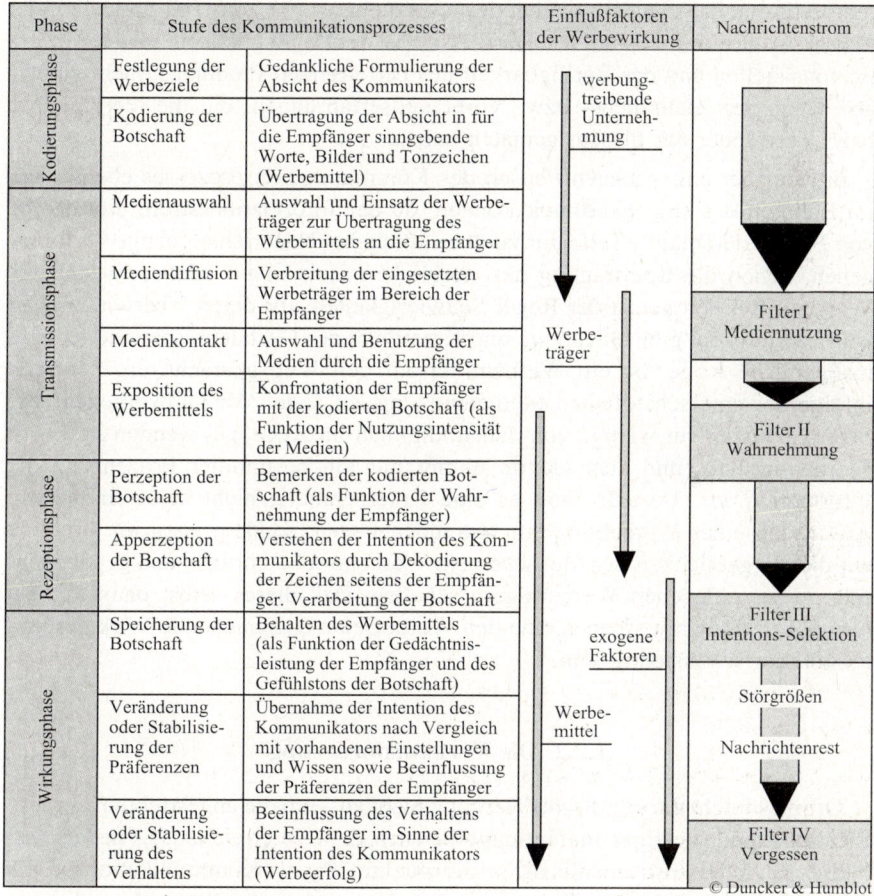

Phase	Stufe des Kommunikationsprozesses	
Kodierungsphase	Festlegung der Werbeziele	Gedankliche Formulierung der Absicht des Kommunikators
	Kodierung der Botschaft	Übertragung der Absicht in für die Empfänger sinngebende Worte, Bilder und Tonzeichen (Werbemittel)
Transmissionsphase	Medienauswahl	Auswahl und Einsatz der Werbeträger zur Übertragung des Werbemittels an die Empfänger
	Mediendiffusion	Verbreitung der eingesetzten Werbeträger im Bereich der Empfänger
	Medienkontakt	Auswahl und Benutzung der Medien durch die Empfänger
	Exposition des Werbemittels	Konfrontation der Empfänger mit der kodierten Botschaft (als Funktion der Nutzungsintensität der Medien)
Rezeptionsphase	Perzeption der Botschaft	Bemerken der kodierten Botschaft (als Funktion der Wahrnehmung der Empfänger)
	Apperzeption der Botschaft	Verstehen der Intention des Kommunikators durch Dekodierung der Zeichen seitens der Empfänger. Verarbeitung der Botschaft
Wirkungsphase	Speicherung der Botschaft	Behalten des Werbemittels (als Funktion der Gedächtnisleistung der Empfänger und des Gefühlstons der Botschaft)
	Veränderung oder Stabilisierung der Präferenzen	Übernahme der Intention des Kommunikators nach Vergleich mit vorhandenen Einstellungen und Wissen sowie Beeinflussung der Präferenzen der Empfänger
	Veränderung oder Stabilisierung des Verhaltens	Beeinflussung des Verhaltens der Empfänger im Sinne der Intention des Kommunikators (Werbeerfolg)

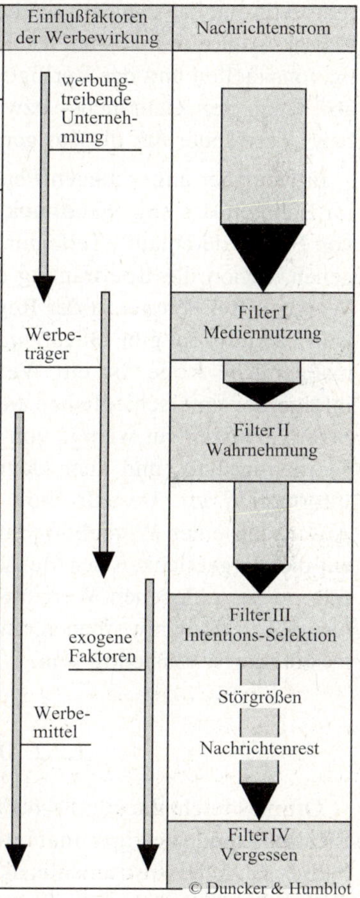

Quelle: in Anlehnung an *Dohmen* 1973, S. 1014.

Abb. 8.1.: Ablauf des werblichen Kommunikationsprozesses im Modell

(b) Das Werbemittel aktualisiert, festigt oder verändert die **Präferenzen** des Umworbenen für ein Produkt im Sinne des Werbungtreibenden. Manchmal bestätigt es auch lediglich den Bedarfsträger im Hinblick auf eine bereits getroffene Kaufentscheidung. Ob und inwieweit die Bewußtseinslage des Betroffenen verändert wird, hängt, abgesehen von der Güte der Werbeaktion, maßgeblich von dessen Einstellungen, Erfahrungen und den in seiner sozialen Umgebung bestehenden Normen und Rollenerwartungen ab.

(c) Letztlich kann die Werbebotschaft das **Verhalten** des Empfängers **beeinflussen.** So mag es zu einer bewußten Suche nach weiteren Informationen, beispielsweise in Form eines Geschäftsbesuches, oder aber zu einem (Probe-) Kauf kommen. Das Verhaltensresultat wird wiederum von einer Reihe von Faktoren bestimmt, die von dem werbenden Unternehmen nur zum Teil und allenfalls indirekt kontrollierbar sind, wie beispielsweise der Zugänglichkeit weiterer Informationsquellen und der Verfügbarkeit des betreffenden Produktes, nicht zuletzt aber auch den Gebrauchs- bzw. Verbrauchserfahrungen, die die Verbraucher bzw. Verwender mit diesem gemacht haben.

In jeder der angegebenen Phasen des Kommunikationsprozesses ebenso wie im Rahmen des sog. **Feedback** können, da der Informationsstrom eine Reihe von Filtern durchläuft, Teile der zu übermittelnden Nachrichtenmenge verlorengehen. Schon die Übertragung des werblichen Ziels in ein adäquat gestaltetes **Werbemittel** bereitet in der Regel Schwierigkeiten, für deren Überwindung es kein Patentrezept gibt. Begabung und Kreativität des Gestalters spielen hier eine maßgebliche Rolle. Ist ein Werbemittel auf den Weg gebracht, ergeben sich infolge der unterschiedlichen Mediennutzung auf seiten der Umworbenen sog. **Streuverluste**. Nur wenige von denen, die man im Auge hat, wenden sich dem Werbeträger zu, und auch davon nimmt nur ein bestimmter Prozentsatz die Information auf. Deshalb wird es eine Unternehmung nicht beim einmaligen Aussenden einer Werbebotschaft bewenden lassen, sondern auch im Hinblick auf die Vergeßlichkeit der Menschen ein Werbemittel mehrmals und gegebenenfalls in verschiedenen Werbeträgern schalten. Daß dieses selbst dann nur bei einem Teil der Umworbenen eine den Werbezielen entsprechende Wirkung hinterläßt, dürfte einsichtig sein.

1.2.2. Die Verkaufsförderung

Oftmals reicht die klassische Werbung nicht aus, um die angestrebten kommunikations- und sonstigen marketingpolitischen Ziele zu erreichen. Es bedarf deshalb zusätzlicher Instrumente, die schwerpunktmäßig der Kommunikationspolitik zuzurechnen sind, aber häufig zugleich distributions-, preis- oder auch produktpolitische Dimensionen aufweisen. Entsprechende Maßnahmen werden wahlweise den Begriffen **Verkaufsförderung, Sales Promotion** und **Absatzförderung** subsumiert, die hier synonym verwendet werden.

Über die Frage, welche Maßnahmen im einzelnen einer derart verstandenen Verkaufsförderung zuzurechnen sind, herrscht keineswegs Einmütigkeit. Einer engen Definition zufolge ist darunter jener Bereich zu verstehen, der früher als Direktwerbung bezeichnet wurde. Darunter fallen z. B. Werbebrief, Prospekt und

Katalog sowie Produktvorführung bei Bedarfsträgern. Zuweilen findet sich aber auch die Auffassung, daß Verkaufsförderung alle absatzpolitischen Maßnahmen umfasse, die der Öffnung bzw. Offenhaltung von Märkten dienten. Weitgehende Übereinstimmung herrscht lediglich darüber, daß es sich hierbei um einen **Sammelbegriff** für **Aktionen** handelt, die den Absatz **kurzfristig** und **unmittelbar** stimulieren sollen.

Je nach Zielgruppe der Verkaufsförderung unterscheidet man:

- Verbraucher-Promotions,
- Außendienst-Promotions und
- Händler-Promotions.

(1) **Verbraucher-Promotions** können beispielsweise folgende Gestalt annehmen:

- Veranstaltung von Gewinnspielen (Preisausschreiben).
- Einräumung von Preisnachlässen, z. B. in Form von Einführungspreisen oder Treuerabatten.
- Verteilung von Produktproben oder Gutscheinen: Verfügt ein Hersteller bereits über andere eingeführte Produkte, so bietet sich u. U. eine sog. Huckepack-Promotion an. Einem in der Regel normal kalkulierten Produkt werden dabei Gratisproben eines anderen beigefügt.
- Angebot der Warenrücknahme: Dazu greift man z. B., um das von Verbrauchern beim Kauf eines Produktes wahrgenommene Risiko zu mindern.
- Einsatz sog. „self liquidating offers": Dabei handelt es sich um attraktive Angebote mit Zugabecharakter, für die ein zumindest kostendeckender Preis verlangt wird. Typische Beispiele bilden Bücher, Uhren und ähnliche Artikel in Kaffeegeschäften.

Verbraucher-Promotions zielen vorrangig auf die **Schaffung** eines **Kaufanreizes** durch Verbesserung des von den Betroffenen wahrgenommenen Preis / Leistungs-Verhältnisses ab. Ähnlich wie durch den Einsatz klassischer Werbemaßnahmen wird dabei ein sog. **Pull-Effekt**, d. h. das Entstehen einer Sogwirkung angestrebt, da dies die Vorräte des Handels rascher schrumpfen läßt. Bei neuen Produkten kann durch Verbraucher-Promotions versucht werden, in kurzer Zeit eine große Zahl von Erst- und Probierkäufern zu gewinnen, die ihre im Umgang mit dem Produkt gesammelten Erfahrungen an andere weitergeben können und so eine Art Meinungsführerfunktion ausüben. Händler- und Außendienst-Promotions sind dagegen eher auf die Erzielung eines **Push-Effektes** angelegt, d. h. die Ware wird gewissermaßen in den Handel hineingedrückt, der dann zwangsläufig sehen muß, wie er diese an den Mann oder die Frau bringt.

(2) **Außendienst-Promotions** sollen, wie das Wort schon erkennen läßt, vornehmlich die Motivation der betreffenden Mitarbeiter und / oder deren Fähigkeit zum Verkaufen verbessern. Typische Maßnahmen sind dabei:

– Veranstaltung von Wettbewerben: Zusätzlich zu der im Außendienst ohnedies üblichen leistungsorientierten Entlohnung können Sonderprämien und Sachpreise ausgelobt werden, etwa sog. Incentive-Reisen für die tüchtigsten Verkäufer und deren Ehefrauen (engl. „incentive" = Anreiz, Ansporn). Solche Aktionen wird man nicht nur mit dem Ziel einer allgemeinen Steigerung der Verkaufsleistung, sondern auch beispielsweise zur Förderung neuer oder schwer verkäuflicher Artikel oder zur Gewinnung zusätzlicher Kunden durchführen. Es versteht sich, daß derartige Preise erstens attraktiv genug und zweitens für viele erreichbar sein müssen. Insofern liegt eine gewisse Auffächerung nahe, die im Laufe der Jahre oft einen Club der Spitzenverkäufer (oder ähnliches) entstehen läßt.

– Durchführung von Schulungs- und Informationsveranstaltungen: So werden z. B., sobald das Leistungsprogramm der nächsten Saison festgelegt ist, Außendienstmitarbeiter üblicherweise zu einem Treffen eingeladen, in dessen Verlauf sie mit allen erforderlichen Informationen versorgt, mit Argumenten ausgestattet und neuen Verkaufstechniken vertraut gemacht werden.

– Bereitstellung von Verkaufshilfen, z. B. in Form von Broschüren (Sales Folder) oder Filmen, die sich in Verkaufsgesprächen einsetzen lassen.

(3) Die meisten der skizzierten Maßnahmen können auch im Rahmen von **Händler-Promotions** getroffen werden, die sich nicht nur an Inhaber und Filialleiter, sondern auch an deren Mitarbeiter richten. Hinzu kommen u. a. noch folgende:

– Gewährung von Preiszugeständnissen bei Einführung neuer Produkte und bei Sonderaktionen des Handels, z. B. in Form von Naturalrabatten.

– Einsatz von Propagandisten im Handel zur Produktdemonstration bzw. zur Verteilung von Produktproben.

– Bereitstellung von Display-Material, z. B. für Sonderplazierungen.

Die Praxis der Verkaufsförderung gegenüber nachfragestarken Einzelhandelsorganisationen birgt ein großes Konfliktpotential und viel an ordnungspolitischem Sprengstoff in sich. Ohne in Verkaufsförderungsmaßnahmen wie z. B. die Gewährung sog. Werbekostenzuschüsse einzuwilligen, vermag ein Hersteller auf einem hart umkämpften Markt wie z. B. dem für Lebensmittel heute ein marktstarkes Handelsunternehmen kaum noch zur Listung bzw. Weiterführung seiner Artikel im Sortiment zu bewegen. Da solche Vergünstigungen aber nicht etwa allen Abnehmern gewährt werden, liegt in dieser Praxis eine beträchtliche Benachteiligung (Diskriminierung) kleiner und mittlerer Kunden. Jene kommen ohnedies schon wegen geringerer Abnahmemengen nicht in den Genuß ähnlich hoher Mengenrabatte, wie sie ihren großen Konkurrenten zugestanden werden.

Sowohl die Gewährung als auch die Forderung derartiger nicht in der Höhe der Abnahmemenge, sondern in der Marktmacht des Abnehmers begründeter Vergünstigungen verstoßen gegen geltendes Recht (insbesondere §§ 26 Abs. 2 Satz 2 und 26 Abs. 3 *GWB)*. Gleichwohl ändert dies offenbar in der Praxis wenig daran, daß derartige Sondervergünstigungen auf hart umkämpften Märkten gang und gäbe sind. Generell ist die Wirksamkeit von Verkaufsförderungsaktionen dadurch bedroht, daß diese zu häufig oder über zu lange Zeiträume hinweg veranstaltet werden, so daß sich die Zielgruppe daran gewöhnt und derartige Aktivitäten an Wirkung einbüßen.

1.2.3. Die Öffentlichkeitsarbeit

Während man bei der Werbung und der Verkaufsförderung eine unmittelbare Beeinflussung der Absatzchancen anstrebt, zielt die **Öffentlichkeitsarbeit (Public Relations)** vornehmlich auf die Schaffung einer für das Unternehmen wohlwollenden Atmosphäre ab. Deren Zielgruppe sind somit nicht nur die unmittelbaren Marktpartner, sondern die Gesamtheit jener Personen, die einen Einfluß auf den Unternehmenserfolg zu entfalten vermögen. Diese werden insbesondere über das Unternehmen als Ganzes sowie dessen wirtschaftliche und gesellschaftliche Aktivitäten in Kenntnis gesetzt.

Gelingt es einer Organisation, der interessierten Öffentlichkeit und insbesondere den für sie relevanten gesellschaftlichen Gruppen einschließlich der eigenen Mitarbeiter ein positives Bild von sich und ihrer Tätigkeit zu vermitteln, so kann dies die Erreichung der Organisationsziele in beträchtlichem Maße erleichtern. Viele Probleme, z. B. die Gewinnung von Nachwuchskräften und anderen Mitarbeitern sowie deren Identifikation mit den Unternehmenszielen, lassen sich auf der Basis eines vorteilhaften **Firmenimage** besser bewältigen. Organisationen, denen ein positives Image anhaftet, profitieren überdies bei ihrer Produktwerbung davon, daß ihre Verlautbarungen und Werbeaussagen eher als glaubwürdig empfunden werden.

Eine systematische Pflege der Beziehungen zur Gesellschaft wird deshalb vielfach als unabdingbar erachtet, weil sich ein günstiges Bild von einer Organisation in deren Umwelt nicht selbständig entwickelt. Für die betroffenen Institutionen besteht sogar die Gefahr, daß allein negative Aspekte ihres Wirkens bekannt werden und daß es durch Angriffe, die gegen sie in der Öffentlichkeit geführt werden, zu einer Belastung ihres Image kommt. Erinnert sei in diesem Zusammenhang z. B. an die Kritik, die von ökologisch interessierten Bürgern immer wieder gegenüber Chemieunternehmen und Pharmakonzernen geübt wird. Das primäre Ziel von Bemühungen, mit denen dem entgegengearbeitet wird, besteht darin, eine Atmosphäre der **Offenheit** und des **Verständnisses** zu schaffen.

Public Relations (PR) und Produktwerbung lassen sich unschwer auseinanderhalten (vgl. *Hörschgen* 1974, S. 529 ff.). Dagegen gehen Firmenwerbung und PR ineinander über, zumal in der Firmenwerbung ebenso wie in der Öffentlichkeitsarbeit der direkte Versuch gesehen werden kann, ein harmonisches Bild von der Unternehmung in der Außenwelt zu zeichnen.

Während sich Firmenwerbung weitgehend auf Massenmedien stützt, bedient sich die **PR** vorzugsweise folgender **Instrumente:**

- Herstellung guter Kontakte zu Presse, Rundfunk und Fernsehen,
- Abhaltung von Pressekonferenzen,
- Einsatz attraktiv gestalteter Geschäftsberichte, Broschüren und Zeitschriften,
- Aufstellung von Sozialbilanzen und Verwertung der Ergebnisse in Sozialberichten,
- Organisation von Vorträgen und Symposien,
- Herausgabe von Jubiläumsschriften sowie
- Durchführung von Betriebsbesichtigungen und ähnlichen Veranstaltungen für die Öffentlichkeit (z. B. Tag der offenen Tür).

Eine besondere Form der Öffentlichkeitsarbeit stellt das **„advocacy advertising“** (vgl. *Barnet* 1975) dar. Als Reaktion auf die zunehmend skeptische Einstellung breiter Schichten der Bevölkerung zu einzelnen Unternehmungen bzw. wirtschaftlich relevanten Strömungen nehmen die von dieser Kritik Betroffenen im werblichen Umfeld öffentlich Stellung zu kontroversen Themen. Im Gegensatz zu PR-Aktivitäten werden der eigene Standpunkt ausgesprochen aggressiv vertreten und jener der Opponenten deutlich kritisiert. Als Themenbereiche hierfür eignen sich z. B. Umweltfragen und das kapitalistische Wirtschaftssystem. Es ist jedoch noch weitgehend unerforscht, wie sich eine derartige Strategie auf die Wahrnehmung der Produkte seitens der Bedarfsträger auswirkt.

1.2.4. Das Sponsoring

Die durch die Informationsüberlastung von Konsumenten und Phänomene wie Zapping und Reaktanz hervorgerufene Verunsicherung in bezug auf die Wirksamkeit klassischer Kommunikation hat Anfang der achtziger Jahre das **Sponsoring** entstehen lassen. Gegenüber dem Mäzenatentum bzw. dem Spendenwesen, die primär durch idealistische bzw. altruistische Motive gekennzeichnet sind, basiert jenes auf dem **Prinzip** des **gegenseitigen Leistungsaustauschs**. Hierbei stellt ein Unternehmen der geförderten Person bzw. Institution Geld, Sachmittel und / oder Dienstleistungen mit der Intention zur Verfügung, hierfür eine wirtschaftlich relevante oder ideelle Gegenleistung zu erhalten. Aus der Sicht des Begünstigten verkörpert es somit ein Instrument der Finanzierung, aus jener des Sponsors eines der Kommunikation.

Die Spielregeln sehen vor, daß derjenige, der Geld erhält, eine Gegenleistung erbringt. Diese kann z. B. in der Duldung von Werbemaßnahmen bestehen. Einen Schritt weiter gehen die unentgeltliche Schaltung von Werbeanzeigen in Publikationen der geförderten Organisation (z. B. Jahresbericht, Mitgliederzeitschrift, Broschüre) sowie die Gestaltung von Werbeaktionen im Rahmen von Veranstaltungen des Geförderten (z. B. Aushang von Plakaten, Verteilen von Informations- und Werbematerial, Präsentation von Produkten).

Wirklich Farbe bekennt der Geförderte, wenn er den Sponsor bei Veranstaltungen sowie in Publikationen, Pressemitteilungen und Anzeigen durch Hinweise wie „... wurde möglich durch die freundliche Unterstützung von ..." oder „Gefördert von ..." nennt. Daneben spielen die Vergabe von Titeln (z. B. *AEG* Kunstpreis Ökologie), Prädikaten („Offizieller Sponsor ...") und Emblemen (z. B. Pandabär des *WWF)* eine bedeutsame Rolle. Schließlich sei noch auf die Möglichkeit der Durchführung gemeinsamer Veranstaltungen wie beispielsweise von Vorträgen oder Workshops hingewiesen.

Gefördert werden in erster Linie die Bereiche **Sport**, **Kultur** und **Soziales**, wobei sich das Sportsponsoring besonderer Beliebtheit erfreut. So stammen die Einnahmen bei den Olympischen Spielen in Lillehammer (1994) und Atlanta (1996) zu nahezu der Hälfte aus von Sponsoren zu leistenden Zahlungen. Allerdings zeichnet sich insofern eine gewisse Trendwende ab, als das Soziosponsoring, das der Förderung von gemeinnützigen Anliegen vor allem auf den Gebieten Umweltschutz, Gesundheitswesen sowie Wissenschaft und Bildung gewidmet ist, in seiner Bedeutung erkennbar zunimmt.

Sponsoring zeichnet sich dadurch aus, daß mit diesem Instrument Zielgruppen erreicht werden, die herkömmlicher Werbung kaum ausgesetzt sind oder von dieser nur schwer erfaßt werden können. Außerdem lassen sich so Werbebeschränkungen unterlaufen, denen bestimmte Güterarten oder Berufsstände unterliegen. Sponsoring vermag jedoch, abgesehen von solchen Sonderfällen, die herkömmlichen Erscheinungsformen der Kommunikationspolitik wie Werbung und Verkaufsförderung nicht zu ersetzen, sondern sie nur zu ergänzen. Nicht selten muß es sogar selbst von diesen ins Bild gesetzt werden, d. h. die Öffentlichkeit erführe gar nichts davon, wenn das soziale oder karitative Engagement eines Unternehmens nicht mittels anderer Medien an die große Glocke gehängt würde.

1.3. Die Werbewirtschaft

1.3.1. Die Werbungtreibenden

Jeder Werbemaßnahme liegt letztendlich der Versuch zugrunde, marktbezogene Ziele zu erreichen. Organisationen, die Aktivitäten dieser Art initiieren, bezeichnet man als **Werbungtreibende**. Im Rahmen der Planungsphase obliegen diesen vor allem die Festlegung von Kommunikationsobjekt (vgl. Abschn. 3.1.) und -ziel (vgl. Abschn. 3.2.), die Definition des mit kommunikativen Maßnahmen zu bearbeitenden Aktionsfeldes (vgl. Abschn. 3.3.) sowie die Bestimmung des für entsprechende Maßnahmen zur Verfügung stehenden Budgets (vgl. Abschn. 3.4.). Oftmals gemeinsam mit Dienstleistungsunternehmen im Mediensektor (vgl. Abschn. 1.3.3.) werden das kommunikationspolitische Anliegen in transmittierbare Form überführt (vgl. Abschn. 3.5.), Kommunikationsmittel und Trägermedien festgelegt (vgl. Abschn. 3.6.) sowie Entscheidungen bezüglich der Streuungszeitpunkte (vgl. Abschn. 3.7.) getroffen.

In den einzelnen **Wirtschaftssektoren** ist divergierenden Anforderungen an die Kommunikationspolitik Rechnung zu tragen. Im folgenden sollen einige wesentliche Unterschiede skizziert werden, die sich aus der **Art** der **Leistung** und der **Wirtschaftsstufe**, der der Werbungtreibende zuzurechnen ist, ergeben.

Große Differenzen bezüglich der anvisierten Zielgruppen und der Kommunikationsziele gibt es zwischen **Investitions-** und **Konsumgütern**. Kommunikationspolitische Aktivitäten im ersten Bereich sind von der Hypothese geleitet, daß der Beschaffung von industriellen Anlagen, Ausrüstungsgegenständen und Produktionsmitteln extensive, rationale Entscheidungsprozesse vorausgehen. Einen vergleichsweise geringen Raum nimmt hierbei die reine Sympathiewerbung ein; im Vordergrund der Bemühungen steht die Übermittlung von Informationen. Anzeigen in Fachzeitschriften, insbesondere aber Maßnahmen des persönlichen Verkaufs (vgl. hierzu § 7, Abschn. 4.2.1.) kommt folglich ein höherer Stellenwert zu, als dies bei Konsumgütern der Fall ist. Bei letzteren gewinnt die Verkaufsförderung zunehmend an Bedeutung, da der kontraproduktive Effekt, der durch eine von der Werbung zu verantwortende Reizüberflutung erzeugt wird, neutralisiert werden muß.

Bei der Planung kommunikativer Aktivitäten für **Dienstleistungen** gilt es, dem im Vergleich zu **Sachgütern** vermehrten Informationsbedarf der Abnehmer und der größeren Bedeutung eines direkten Informationsflusses zwischen Mitarbeitern des Anbieters und potentiellen Kunden Rechnung zu tragen. Darüber hinaus kommt all dem, was unternehmensunabhängige Informationsmittler weitergeben, sowie persönlichen Erfahrungen ein vergleichsweise höherer Stellenwert zu.

Kommunikationspolitische Aktivitäten von **Herstellern** unterscheiden sich von jenen des **Handels** insbesondere hinsichtlich der von beiden verfolgten Ziele. Die jeweilige Interessenlage wird durch Tab. 8.1 verdeutlicht.

Auch **staatliche Institutionen**, Kirchen, kulturelle Einrichtungen, Parteien, Gewerkschaften und ähnliche Organisationen entdecken mehr und mehr die der Kommunikationspolitik inhärenten Chancen. Sie bedienen sich dieses Instruments vornehmlich mit dem Ziel, neue Mitglieder zu gewinnen, Verständnis für ihre Aufgaben und Ziele zu wecken, Spenden einzuwerben, Forderungen zu erheben oder, ganz allgemein, ihre Haltung zu verdeutlichen.

Das Spektrum der institutionellen Kommunikation reicht also von der Vermarktung realer bis hin zu ideellen Gütern im Sinne des **Sozio-Marketing**. Die Kommunikationspolitik als den bewußten Versuch erwerbswirtschaftlicher Unternehmungen zu kennzeichnen, Menschen unter Einsatz spezifischer Maßnahmen zu einem bestimmten, absatzwirtschaftlichen Zwecken dienenden Verhalten zu bewegen, wird dem nicht mehr gerecht.

Tabelle 8.1.

Kommunikationspolitische Ziele von Herstellern und Handel	
Kommunikationsziele	
Hersteller	Handel
• Produktwerbung auf nationaler Ebene • geschlossene Werbekonzeption zur Schaffung profilierter Produktimages • Priorität der überregionalen Mediawerbung • werbewirksame, aufwendige Verpackung	• Firmenwerbung auf lokaler oder regionaler Ebene • geschlossene Werbekonzeption zur Schaffung eines profilierten Unternehmensimage • Priorität der gruppengebundenen Verkaufsstellenwerbung • rationelle, funktionsgerechte Verpackung

1.3.2. Die Medien

Grundsätzlich kommen aus der Sicht werbungtreibender Unternehmen als Werbeträger Personen oder Sachen jeder Art in Betracht, die zwei Anforderungen erfüllen:

– Sie müssen dergestalt sein, daß man ihnen Nachrichten auf- bzw. einprägen kann (sogar Luft erfüllt diese Voraussetzung, man erinnere sich nur der früher üblichen Himmelsschreiber).

– Der Kontakt mit dem Werbeträger sollte den Umworbenen Nutzen stiften.

Zu denken ist dabei zunächst an die von der ***I****nformationsgemeinschaft zur* ***F****eststellung der* ***V****erbreitung von* ***W****erbeträgern e. V. (IVW)* dokumentierten Organe (vgl. Abschn. 1.3.4.). Tab. 8.2. gibt die von diesen in den Jahren 1980-1992 realisierten Netto-Werbeumsätze wieder.

(1) **Zeitungen** stellen den Werbeträger mit den höchsten Netto-Werbeeinnahmen dar. Im Jahr 1992 betrugen jene in den rund 430 Tageszeitungen 10.025 Mio. DM und in den über 30 Wochen- bzw. Sonntagszeitungen 465 Mio. DM. Dieses Medium zeichnet sich vor allem durch eine nahezu unbegrenzte räumliche sowie zeitliche Verfügbarkeit aus und erreicht weite Kreise der Bevölkerung. Insbesondere für informierende und aktionsbezogene Kommunikationsmaßnahmen im lokalen und regionalen Bereich kommt ihm besondere Bedeutung zu. Zunehmend gewinnt es jedoch auch für nationale Werbekampagnen an Relevanz.

Tabelle 8.2.

Netto-Werbeumsätze ausgewählter Werbeträger in den Jahren 1980-1992 (in Mio. DM; 1992 inkl. Neue Bundesländer)

Werbeträger	1980	1984	1988	1992
Printmedien				
Tageszeitungen	5.289	6.008	7.148	10.025
Wochen- und Sonntagszeitungen	205	201	337	465
Publikumszeitschriften	2.286	2.678	2.818	3.378
Fachzeitschriften	1.035	1.324	1.642	2.110
Adreßbücher	474	738	1.199	1.904
Summe Printmedien	**9.289**	**10.949**	**13.144**	**17.882**
Elektronische Medien				
Fernsehen	1.119	1.356	1.834	4.328
Hörfunk	398	534	793	981
Filmtheater	102	117	187	241
Summe Elektronische Medien	**1.619**	**2.007**	**2.814**	**5.550**
Sonstige				
Außenwerbung	422	455	587	843
Direktwerbung	1.320	1.759	2.235	4.111
Summe Sonstige	**1.742**	**2.214**	**2.822**	**4.954**
Gesamtsumme	**12.650**	**15.170**	**18.780**	**28.386**

Quelle: *Zentralausschuß der Werbewirtschaft e. V.* 1981, S. 14; 1985, S. 11; 1989, S. 9; *Zentralverband der deutschen Werbewirtschaft e. V.* 1993, S. 13.

(2) Mit Netto-Werbeeinnahmen von 4.328 Mio. DM im Jahr 1992 ist das **Fernsehen** der zweitbedeutendste Werbeträger. Das Werbefernsehen eignet sich insbesondere für Botschaften, die eine szenische Darstellung erfordern. Mit seiner Hilfe lassen sich vor allem der Bekanntheitsgrad eines Objekts erhöhen und das für dieses angestrebte Image vermitteln. Die Eignung des Fernsehens als Werbeträger wird jedoch durch dessen überwiegend passive Nutzung seitens der Zielgruppe nachhaltig eingeschränkt. Zudem umgehen Zuschauer die zu Blöcken

zusammengefaßten Werbeeinheiten in beträchtlichem Umfang durch „zapping" (= bewußtes Ausblenden aus der Werbung).

(3) Im Jahre 1992 wurden von der *IVW* 619 **Publikumszeitschriften** erfaßt. Infolge ihrer Vielfältigkeit eignen sich jene sowohl zur Ansprache weiter Bevölkerungskreise als auch über Special-Interest-Titel zur Erfassung eng definierter Segmente. Mit Hilfe von Publikumszeitschriften läßt sich somit eine hohe Kontaktdichte sowohl in Massenmärkten als auch in Nischen erreichen. Da die Nutzung von Zeitschriften in aller Regel kaum Nebenbeschäftigungen erlaubt, kommt es zu vergleichsweise intensiven und in der Regel wiederholten Kontakten mit dem Werbeträger. Als Medium für eine zielgruppenspezifische Ansprache eignen sich darüber hinaus auch **Fachzeitschriften**, bei denen die Werbungtreibenden mit einem hohen Produktinvolvement der Leser rechnen können.

(4) Das **Anzeigenblatt** verkörpert eine periodisch erscheinende Werbedrucksache, die unentgeltlich und unaufgefordert allen Haushalten im Verbreitungsgebiet zugestellt wird und im Gegensatz zur Direktwerbung neben den im Vordergrund stehenden Anzeigen auch redaktionelle Beiträge enthält. In Abhängigkeit von der Ausrichtung unterscheidet man drei Erscheinungsformen:

- Verbraucherblätter, die vornehmlich Konsumenteninformationen enthalten, dabei aber häufig redaktionelle Werbung betreiben,
- unpolitische Lokalblätter, die schwerpunktmäßig über lokale Vereins-, Kultur- und Sportereignisse berichten, sowie
- politische Lokalblätter, die auch lokalpolitische Themen behandeln.

Im Jahre 1993 erschienen die rund 1.200 Einzeltitel in der Bundesrepublik Deutschland mit einer wöchentlichen Gesamtauflage von etwa 68 Mio. Stück, was rund zwei Exemplaren pro Haushalt entspricht.

Großer Beliebtheit erfreuen sich auch die der Kategorie des Anzeigenblattes zu subsumierenden **Kundenzeitschriften**, die in der Regel branchenspezifisch ausgerichtet sind und im Einzelfall eine Auflage von über einer Million erreichen. Diese ermöglichen eine vergleichsweise zielgruppengenaue Ansprache der anvisierten Bedarfsträger, die sich zudem durch ein relativ hohes Involvementniveau auszeichnen, und qualifizieren diese Variante somit zunehmend als ein geeignetes Trägermedium.

(5) Unter **Adreßbüchern** versteht man sämtliche Arten von gedruckten Anschriftenverzeichnissen. Auch andere Druckerzeugnisse, die zum überwiegenden Teil systematisch geordnet Adressen enthalten, fallen darunter. Am bekanntesten sind die nach Branchen geordneten *Gelben Seiten* der amtlichen Fernsprechbücher, die insbesondere für regional tätige Betriebe ein wichtiges Werbemedium darstellen.

(6) Mit Hilfe des **Hörfunks** werden täglich rund 75% aller Erwachsenen erreicht. Über dieses Medium ausgestrahlte Werbung zeichnet sich durch ein relativ günstiges Preis / Leistungs-Verhältnis und eine beachtliche Reichweite

aus. Von Nachteil erweist sich, daß sich damit keine spezifischen Zielgruppen erreichen lassen und, zumindest tagsüber, kaum jemand dem Rundfunk als Hauptbeschäftigung lauscht.

(7) Die Hauptform der **Außenwerbung** bildet das **Plakat**, dessen Verwendung untrennbar mit der im Jahre 1855 von *E. Litfaß* in Berlin eingeführten gleichnamigen Säule verbunden ist. Andere Anschlagstellen werden je nach Abmessung als Großflächen oder Allgemeinstellen bezeichnet. Zu den wichtigsten mobilen Plakat-Werbeträgern zählen Straßenbahn, S- und U-Bahn, Omnibus, Taxi, Freiluftballon und Zeppelin. Die sog. Verkehrsmittelwerbung begegnet uns in Bahnhöfen und Wartehallen, an Haltestellen, Brücken und Unterführungen. Der Kategorie Außenwerbung wird in der Regel auch die Banden- und Sportwerbung subsumiert. Dagegen sind die aus dem Berlin der zwanziger Jahre bekannten „wandelnden Litfaßsäulen" und Plakatträger heute weitgehend bedeutungslos.

(8) Werbeträger, mit deren Hilfe man sich unmittelbar an ausgewählte Empfänger wendet, werden als **Direktmedien** bezeichnet. Hierunter fallen vor allem Werbebrief, Versandhauskatalog, Handzettel oder Postwurfsendung, nicht zuletzt auch die Warenprobe. Außer diesen eignen sich insbesondere Telefon, Telefax und Btx für eine direkte Ansprache von Bedarfsträgern. Für den Kommunikationssektor relevante technische Innovationen, wie z. B. interaktives Fernsehen, die Erzeugung virtueller Realität und Multi-Media Systeme, lassen für die Zukunft eine steigende Bedeutung der Direktkommunikation erwarten.

(9) Trotz qualitativer Vorteile, wie z. B. des vergleichsweise hohen Involvement der Rezipienten, kann das **Kino** auf Grund seiner beschränkten Reichweite und seiner relativ hohen Kontaktkosten allenfalls auf anderen Medien basierende Kommunikationsaktivitäten unterstützen. Vor allem wegen seiner Fähigkeit, junge Menschen mit nur geringem Streuverlust zu erreichen, hat dieser Werbeträger in den letzten Jahren gleichwohl an Bedeutung gewonnen.

(10) **Messen** und **Ausstellungen** bilden neben dem persönlichen Verkauf das klassische Kommunikationsmittel der Investitionsgüterindustrie. Während die Verkaufsfunktion an Bedeutung verliert, nimmt der Stellenwert der Informationsvermittlung ständig zu. Der persönliche Kontakt zwischen Anbieter und Nachfrager, die Möglichkeit, ein Objekt in natura begutachten zu können, sowie die Chance, einen umfassenden Überblick über das Angebot zu gewinnen, begründen die besondere kommunikative Qualität von Messen (siehe dazu auch § 7, Abschn. 2.2.3.).

(11) Mehr noch als die Tageszeitung gilt das **Schaufenster** als der traditionelle Werbeträger des Einzelhandels. Wer jemals in einem solchen Betrieb gearbeitet hat, weiß aus eigener Erfahrung, daß aus dem Schaufenster „fast alles", aus den Regalen heraus häufig vieles nicht verkaufbar ist.

Bei der Schaufenstergestaltung fallen Kosten für Dekorateure und Material sowie Sachkosten (z. B. Strom, Reinigung, Versicherung) an. Daß auch die Wertminderung der ausgestellten Waren und der anteilige Mietwert zu berücksichtigen sind, wird häufig übersehen. Der Textileinzelhandel z. B. gibt rund 2 % seines Umsatzes für dieses Werbemedium aus.

(12) Eine Aufzählung von Medien ohne **Romane** wäre nicht vollständig. Die vielerorts noch stark mit dem Image des Groschenheftes vergangener Tage belasteten Liebesromane werden insbesondere von jüngeren Frauen gerne gelesen, in der Altersgruppe zwischen 14 und 29 beinahe von jeder dritten. Dieses Medium gilt deshalb als zielgruppengenauer und zudem preiswerter Werbeträger. Selbst der Erwerb von Pfandbriefen und Kommunalobligationen wird der Öffentlichkeit auf diese Weise schmackhaft gemacht.

(13) Mit dem Aufkommen der Selbstbedienung veränderten sich die Bedingungen der physischen Distribution der Waren für Hersteller, Handel und Konsumenten grundlegend. Die Ware mußte selbstverkäuflich abgepackt werden, wodurch sich die **Verpackung** zu einem der wichtigsten Werbeträger entwickelte. Auch das Anbringen von Kleinplakaten an der Stirnseite von Einkaufswagen ist in diesem Zusammenhang zu sehen.

1.3.3. Dienstleistungsunternehmen im Mediensektor

Sieht man von den wenigen Großunternehmen ab, deren Werbeabteilungen eine Kampagne von der Konzipierung über die Realisation bis hin zur Erfolgskontrolle selbständig abzuwickeln in der Lage sind, liegt das Schwergewicht des kommunikationspolitischen Geschehens bei unternehmensexternen Organen. Angesichts des geringen Volumens der Mehrzahl der Kommunikationsetats wäre es unökonomisch, wenn Unternehmen dieser Kategorie eigene Werbeabteilungen unterhielten. Selbst Großkunden der Werbewirtschaft machen sich überwiegend die Erfahrung von **Kommunikationsagenturen** zunutze. Wenn schon die zentrale unternehmerische Entscheidung, jene über den Etat, in zahlreichen Fällen von Agenturen zumindest mitgetroffen wird, so gilt dies in noch stärkerem Maße für die Bewertung von Marktdaten und die Definition von Zielen. Insbesondere aber die Lösung **konzeptioneller Aufgaben** (Idee und Entwurf) sowie die **Produktion** bzw. **Streuung** von z. B. **Werbemitteln** bzw. **Warenproben** sind deren angestammtes Arbeitsgebiet. Zur Erfolgskontrolle werden häufig Marktforschungsinstitute hinzugezogen.

Schalten Unternehmen Kommunikationsagenturen ein, so müssen sie diese über ihre Zielvorstellung informieren. Diesen Prozeß der Abstimmung zwischen Auftraggeber und Auftragnehmer nennt man **Briefing**. Da die hinzugezogenen Experten oftmals über das zu bewerbende Produkt und die zu beachtende Marktsituation nicht ausreichend informiert sind, muß ihnen das entsprechende Hintergrundmaterial in geeigneter Weise zur Verfügung gestellt werden. Neben der Skizzierung der Aufgabenstellung und der Vermittlung von Informationen über

Termine, Etats und Bewertungsmaßstäbe werden vor allem die kommunikationspolitischen Zielvorstellungen des Auftraggebers Gegenstand der Unterrichtung sein. Auf dieser Basis erarbeiten die Betroffenen ein Arbeitskonzept und ein Angebot, die die Grundlage für die abschließende Verhandlung zwischen Auftraggeber und Auftragnehmer bilden.

Besondere Aufmerksamkeit ist dem häufig gespannten Verhältnis zwischen Marktforschung und Werbeagentur beizulegen. Da Marktforscher von Werbungtreibenden oft beauftragt werden, die Güte der von einer Kommunikationsagentur entwickelten bzw. realisierten Strategie zu testen, ist das Entstehen von Konflikten fast unvermeidbar, dies um so mehr, weil die Medienexperten den Marktforschern oftmals die Fähigkeit absprechen, die von ihnen erbrachte kreative Leistung in ihrer Gesamtheit bewerten zu können. Oft werden von Werbungtreibenden durch Marktforschung erlangte Befunde gegen die beauftragte Agentur ins Feld geführt. Daß diese die Validität einer derartigen Studie in Frage stellt, vermag nicht zu verwundern. Umgekehrt zieht mancher Marktforscher die berufliche Qualifikation seiner Agenturkollegen rundherum in Zweifel, was häufig nicht schwerfällt, da Kreativität nur bedingt lehr- und erlernbar ist und auch nicht durch Diplome nachgewiesen werden kann.

Die Vielfältigkeit des solchen Dienstleistungsunternehmen obliegenden Aufgabenbereichs und der Wunsch vieler Unternehmen nach einem ganzheitlichen Kommunikationskonzept haben zur Bildung von **Agenturverbünden** geführt. Innerhalb dieser Gebilde übernehmen häufig **Spezialagenturen** für Werbung, Verkaufsförderung, Öffentlichkeitsarbeit oder Sponsoring die kreative Umsetzung und Durchführung der Kommunikationsstrategie.

1.3.4. Selbstverwaltungsorgane der Werbewirtschaft

Die deutsche Werbewirtschaft verfügt über eine Reihe von berufsständischen Organen, wie z. B. die *Deutsche Public Relations Gesellschaft e. V. (DPRG)* und den *Gesamtverband Werbeagenturen e. V. (GWA),* sowie über mehrere Selbstverwaltungsorgane, die eine ordnungspolitische Funktion wahrnehmen.

(1) *Zentralverband der deutschen Werbewirtschaft ZAW e. V.*

An der Erstellung des Produkts Werbung sind auf der einen Seite die eigentlichen Werbungtreibenden und Kommunikationsagenturen, auf der anderen Seite Spezialberufe, die Marktforschung und Medien beteiligt. Sachwalter der Interessen aller ist der *Zentralverband der deutschen Werbewirtschaft ZAW e. V.*, der versucht, seinen 39 Mitgliedsverbänden freie Entfaltungsmöglichkeiten zu sichern und insbesondere eine staatliche Werberegelung und Aufsicht entbehrlich zu machen. Er vertritt die Werbewirtschaft gegenüber Behörden sowie Gesetzgebungsorganen und organisiert Ausstellungen, Kongresse und Studienreisen.

Ein weiteres Betätigungsfeld ist die Erarbeitung von Leitlinien, die wie das 1983 veröffentlichte *ZAW-Rahmenschema für Werbeträger-Analysen* geeignet sind, die Medientransparenz zu erhöhen und werbungtreibenden Unternehmen objektive Informationen über das Leistungsvermögen der einzelnen Werbeträger zur Verfügung zu stellen. Mit den *ZAW-Richtlinien für redaktionell gestaltete Anzeigen* soll insbesondere einer um sich greifenden Variante der irreführenden Werbung entgegengewirkt werden. Anzeigen in Zeitungen und Zeitschriften sind demnach so zu gestalten, daß sie auch bei oberflächlicher Betrachtung nicht als redaktioneller Beitrag erscheinen. Der *ZAW* bzw. die mit ihm verbundenen Organisationen verfügen mit *ZAW-service, basisdienst, extrablatt, Verlag edition ZAW, Jahrbuch Deutscher Werberat, fax-dienst* und *ZAW-Nachrichten* über ein breites Spektrum an Public Relations-Instrumenten, das sie wirkungsvoll zur Wahrung der Interessen ihrer Mitglieder einzusetzen verstehen.

(2) *Deutscher Werberat*

Der 1972 vom *ZAW* gegründete *Deutsche Werberat* verkörpert eine Einrichtung, der zwölf Mitglieder des *ZAW*-Präsidiums, nicht jedoch Vertreter von Verbraucherorganisationen angehören. In einer Selbstdarstellung wird das Schwergewicht der Arbeit in der Grauzone unerwünschter, durch Aussagegehalt, Adressatenkreis oder Begleitumstände anstößiger Werbung angesiedelt. Die Verfolgung eindeutiger Verstöße gegen das geltende Recht sei hingegen Sache der Gerichte. Gehen Beschwerden ein, die offenkundige Gesetzesverstöße oder rechtlich kompliziert gelagerte Fälle betreffen, bei denen eine Konfliktlösung auf partnerschaftlichem Wege nicht möglich erscheint, wird die *Zentrale zur Bekämpfung unlauteren Wettbewerbs* eingeschaltet.

Der *Werberat* ist vorwiegend in folgenden Bereichen aktiv:

(a) Seit Aufnahme seiner Tätigkeit befaßte sich dieses Organ mit über 5.500 **Beschwerden**, die von Konsumenten, Verbraucherorganisationen, Journalisten, Politikern, Ministerien oder der Werbewirtschaft eingebracht oder in einzelnen Fällen von ihm selbst aufgegriffen worden waren. Einen Überblick über die Struktur der 1992 behandelten Vorgänge vermittelt Tab. 8.3.

Kritiker werten solche Zahlen als negative Bilanz. Bedauerlicherweise werde überdies nur ein Bruchteil beanstandenswerter Werbeaktionen gemeldet, von denen dann zahlreiche zurückgewiesen oder weitergeleitet würden. Wo wirklich einmal eine Beschwerde für gerechtfertigt gehalten werde, sei die Kampagne dann, wenn sie vom *Werberat* gerügt wird, nicht selten ohnedies zu Ende gewesen.

Es hat nicht an Gegenargumenten gefehlt, die im Prinzip darauf hinauslaufen, daß man mit der Anzahl der Beschwerden nicht erfassen könne, inwieweit eine solche Einrichtung vorbeugende Wirkung entfalte. Außerdem sei eine Art freiwilliger Gerichtsbarkeit in einer freiheitlichen Wirtschaftsordnung nahezu immer einer staatlichen Reglementierung vorzuziehen.

(b) Der zweite Tätigkeitsbereich, die **Entwicklung** von **Verhaltensregeln**, reflektiert das Credo des *Deutschen Werberates,* bereits im Vorfeld und nicht erst vor den Schranken der Gerichte tätig zu werden. Die in den siebziger und achtziger Jahren erarbeiteten und regelmäßig aktualisierten **Verhaltensregeln**

Tabelle 8.3.

Struktur der vom *Deutschen Werberat* behandelten Beschwerden	
Beschwerden	258
Werbemaßnahmen betreffend	182
darunter vom *Deutschen Werberat* nicht zu entscheidende Fälle	66
weil: • behaupteter Verstoß gegen geltendes Recht; Weiterleitung an die zuständige Stelle	42
• Werberat nicht zuständig, da keine Wirtschaftswerbung	18
• beschwerdeführender Wettbewerber darauf verwiesen, seine Rechte selbst geltend zu machen	6
tatsächlich zu entscheidende Fälle	116
davon: • Werbungtreibende bereit, Werbemaßnahme nicht mehr zu schalten	62
• öffentliche Rüge	6
• unbegründete Beschwerde	48

Quelle: *Zentralverband der deutschen Werbewirtschaft e. V.* 1993, S. 40.

- für Werbung mit und vor Kindern in Werbefunk und Werbefernsehen sowie
- zur Werbung für alkoholische Getränke

ebenso wie **Entschließungen** zur

- Herabwürdigung und Diskriminierung von Personen,
- Werbung mit Bildmotiven, die Unfallrisiken heraufbeschwören, und
- Werbung für Autoreifen

sowie die **Richtlinie** für redaktionell gestaltete Anzeigen sollen jegliche Fehlentwicklung verhindern und eine verbrauchergerechte Werbung fördern.

Die Verhaltensregeln des *Deutschen Werberates* konstituieren nach einem Urteil des *Kammergerichts Berlin* vom März 1992 inzwischen verbindliches Standesrecht. Infolgedessen müssen Werbungtreibende, die Verhaltensregeln des *Deutschen Werberates* mißachten, damit rechnen, gerichtlich wegen eines Verstoßes gegen § 1 *UWG* auf Unterlassung in Anspruch genommen zu werden.

(c) Durch eine **umfassende Information** nach **innen** und **außen** wird nicht zuletzt versucht, der Kritik an der Funktion des *Werberates,* die sich oftmals auf die eines Feigenblattes beschränke, entgegenzutreten. Dem dienten z. B. Anzeigenkampagnen, in denen potentielle private Beschwerdeführer über die Existenz und Tätigkeit dieses Gremiums unterrichtet wurden.

(3) *Informationsgemeinschaft zur Feststellung der Verbreitung von Werbeträgern e. V. (IVW)*

Auch die 1949 gegründete *IVW* ist eine Tochterorganisation des *ZAW*. Im Rahmen der Selbstverwaltung der Werbewirtschaft kommt ihr die Aufgabe zu, vergleichbare und **objektiv ermittelte Informationen** über die Verbreitung der wichtigsten Werbeträger zu beschaffen und bereitzustellen. Diese gemeinsam von Werbungtreibenden, Werbeagenturen und Werbemittlern getragene Organisation kontrolliert zunächst die **Richtigkeit** der von den Verlagen gemeldeten Auflagen von Printmedien (Tageszeitungen, Fachzeitschriften, Wirtschaftsadreßbücher, Branchenfernsprechbücher – *Gelbe Seiten,* Handbücher), wobei sie jeweils nicht die Druckauflage, sondern die tatsächlich verbreitete Zahl an Exemplaren ausweist. Daneben überwacht sie **Plakatanschlagstellen** und **Verkehrsmittel** als Werbeträger. Nicht zuletzt ermittelt sie **Besucherzahlen** in **Filmtheatern**. Wegen ihrer **Zuverlässigkeit** haben sich die von der *IVW* kontinuierlich publizierten Daten zu einer zentralen Entscheidungsgrundlage für die Mediaplanung entwickelt.

(4) *Arbeitsgemeinschaft Media-Analyse e. V. (AG.MA)*

Zu den Mitgliedern der *Arbeitsgemeinschaft Media-Analyse e. V.* zählen werbungtreibende Unternehmen, Werbeagenturen, Vertreter von Presse und elektronischen Medien. Während sich die *IVW* auf den Nachweis der Höhe der verbreiteten Auflage beschränkt, konzentriert sich die *AG.MA* auf die **Mediennutzung**, die sich in der sog. Reichweite ausdrückt, ferner auf Eigenschaften von Personen, wie z. B. Freizeit- und Einkaufsverhalten, die zur Definition werblicher Zielgruppen herangezogen werden. Auch hinsichtlich der untersuchten Mediengattungen ist der Aktionsradius der *AG.MA* weiter gesteckt.

Da die Wirkung von Werbemaßnahmen maßgeblich von der Gestaltung der Werbemittel und dem zu bewerbenden Produkt abhängt, kann der Kommunikationserfolg letztlich nur von den Werbungtreibenden selbst erforscht werden. Die *AG.MA* will nur analysieren, wer von den Medien wann, wo und wie oft erreicht wird. Genauer gesagt ermittelt sie **Werbeträger-Kontaktchancen**. Die bedeutsamste, von der Werbewirtschaft alljährlich mit Spannung erwartete Publikation dieses Organs ist die *Media-Analyse (MA).*

(5) *Ausstellungs- und Messe-Ausschuß der Deutschen Wirtschaft e. V. (AUMA)*

Neben dem *ZAW* verfügt die Werbewirtschaft über einen weiteren Dachverband, der sich jedoch einer spezifischen Aufgabenstellung, dem Messe- und Ausstellungswesen, widmet. Im Interesse von Ausstellern, Besuchern und Veranstaltern sowie den an entsprechenden Veranstaltungen im Ausland beteiligten Gruppen befaßt er sich auf der Grundlage seiner Verfahrensordnung mit der Koordinierung von Messen und Ausstellungen, vor allem hinsichtlich deren inhaltlicher Ausrichtung, Ort, Größe, Termin, Dauer und Turnus. Insbesondere bei einer erstmals durchgeführten Messe wird der *AUMA* beratend tätig. Es verwundert nicht, daß er alles unternimmt, einem Überhandnehmen derartiger Veranstaltungen entgegenzuwirken.

Eine der *IVW* vergleichbare **Überwachungsfunktion** übernimmt die *Gesellschaft zur freiwilligen Kontrolle von Messe- und Ausstellungszahlen (FKM)*. Sie erhebt vor allem die Zahl der Besucher und Aussteller sowie die Größe der Ausstellungsfläche von Messen.

2. Verhaltenswissenschaftliche Grundlagen

Kommunikationspolitik wird im folgenden nicht als angewandte Kunst verstanden, deren Funktion durch Intuition, Kreativität und Anwendung ästhetischer Gestaltungsprinzipien zu charakterisieren wäre, sondern als **angewandte Verhaltenswissenschaft**, als Sozialtechnik also, die sich Erkenntnisse von Psychologie, Soziologie und Marketing zunutze macht, um **betriebswirtschaftliche Aufgaben** zu erfüllen.

Die Geschichte der Wirtschaftswerbung ist gut dokumentiert, und es liegen zahlreiche historische Belege vor, die einen Buchtitel wie *6000 Jahre Werbung* (vgl. *Buchli* 1962) gerechtfertigt erscheinen lassen. Das vermutlich älteste Nachschlagewerk zur Werbung ist der im Jahre 1804 aufgelegte *Schildweiser der Handlungen und Gewerbe der inneren Kaiserstadt Wien*. Für die anderen Formen der Kommunikationspolitik gibt es nichts Vergleichbares.

Auf die an den ästhetischen Prinzipien der Plakatkunst des Jugendstils orientierte Werbeperiode während des Ersten Weltkriegs und danach folgte deren – unter Gestaltungsgesichtspunkten – krasses Gegenteil, die Zeit der Reklame. Nach ihr ist der Verbraucher problemlos beeinflußbar, sofern es gelingt, seine Aufmerksamkeit für die Werbebotschaft zu wecken. Dies, so meinte man, sei durch eine auffällige „Verpackung" der Werbebotschaft sehr einfach zu erreichen, während inhaltliche Aspekte in den Hintergrund traten.

Theoretische Basis der alle menschliche Individualität mißachtenden Reklamekonzeption war die vor allem durch *Le Bon* (1895) und *Ortega y Gasset* (1947) bekannt gewordene **Massenpsychologie.** Der Massenmensch, gekennzeichnet durch Anonymität, Mangel an persönlicher Verantwortung, Triebhaftigkeit, Gefühlsbetontheit und Bereitschaft zur Unterwerfung unter charismatische Führerpersönlichkeiten, galt als leicht beeinflußbar und als willfähriges Opfer einer einfallslosen „Trommelfeuerwerbung". **Reklame** sollte deshalb keineswegs als veraltete Bezeichnung für Werbung verstanden werden. Der Begriff steht vielmehr für eine an den Prinzipien der Propaganda orientierte Konzeption, die mit stupider Wiederholung und massiven, meist aufdringlichen Beeinflussungsversuchen („Kaufen Sie . . .") viel zu den unleugbaren Statusproblemen der Werbewirtschaft beigetragen hat.

2.1. Der elementen-, gestalt- und ganzheitspsychologische Ansatz

Auch eine andere psychologische Schule, die die Werbelehre in den zwanziger Jahren mitbestimmte, hat viel von ihrer Praxisrelevanz verloren. Die damals am Berliner *Psychologischen Institut* entwickelte **Gestalttheorie** war eine (kritische) Reaktion auf die sog. **Elementenpsychologie.** Nur wer sich das Grundanliegen dieser ersten Form einer wissenschaftlichen Psychologie bewußt macht, wird die Überlegungen der gestalt- bzw. ganzheitspsychologisch orientierten Werbetheoretiker richtig einordnen können.

2.1.1. Der elementenpsychologische Erklärungsansatz

In deutlichem Kontrast zu den bis dahin üblichen philosophischen Diskussionen und metaphysischen Spekulationen (vgl. *Mayer* 1993, S. 64) versuchten Pioniere wie *Wundt,* experimentelle Methoden, die in der Physik und der Physiologie angewandt wurden, für die Untersuchung des menschlichen Erlebens und Verhaltens zu nutzen. Die zentralen Postulate der sog. **Psychophysik** lauteten, daß psychisches Geschehen auf kleinste, unzerlegbare Einheiten („Elemente") wie Empfindungen und Assoziationen zurückzuführen sei und daß zwischen Reiz- und Empfindungsstärke eine proportionale und berechenbare Beziehung bestehe. Analog löste man auch die Werbewirkung in Elemente wie **Sinnes-, Aufmerksamkeits-** oder **Gedächtniswirkung** auf (vgl. *Krautter* 1970, S. 27 ff.). Eine typische Fragestellung jener Zeit lautet: Wenn 100 Personen ein ganzseitiges Inserat beachten, wie viele sind es dann bei vergleichbaren halb- bzw. viertelseitigen Anzeigen?

Indem man Größe, farbliche und textliche Gestaltung sowie Plazierung einer Anzeige isolierte und getrennt bewertete, glaubte man, die **Gesamtwirkung** quasi **durch Addition synthetisieren** zu können. Die aus den auffallendsten Anzeigenelementen komponierte Werbebotschaft sollte dann die gewünschten Empfindungen wecken, während deren stetige Wiederholung feste Assoziationen im Gedächtnis herauszubilden hatte. Dies war der Tenor der elementenpsychologisch ausgerichteten Werbelehre. Wie im Zusammenhang mit der Werbemittel-Gestaltung (vgl. Abschn. 3.5.) detaillierter dargestellt wird, förderte dieser summative Forschungsansatz überwiegend widersprüchliche Untersuchungsergebnisse zutage, was Kritiker vornehmlich auf die **Vernachlässigung** von **Interaktionen** innerhalb der Anzeigenelemente und mit dem Anzeigenumfeld zurückführten.

2.1.2. Der gestalt- und ganzheitspsychologische Erklärungsansatz

In zahlreichen Wahrnehmungsexperimenten konnten *Köhler, Koffka* und *Wertheimer* als bekannteste Vertreter der Gestaltpsychologie belegen, daß sich Einzelwahrnehmungen nicht einfach zu einer Gesamtwahrnehmung aufaddieren lassen, und daß erst das „Ganze", also auch Kontextfaktoren, Erfahrung, Einstellungen, Motivation etc., die Wahrnehmungsleistung begründet (vgl. *Metzger* 1953; *Katz* 1968). Klassisch wurde der Merksatz: „Das Ganze ist mehr als die Summe seiner Teile." Dies bedeutet, daß dem **Ganzen Eigenschaften zukommen,** die **seinen Teilen abgehen** (vgl. *Hofstätter* 1972).

In ihrem **Prägnanzgesetz** bzw. dem **Gesetz der guten Gestalt** formulierten die Gestaltpsychologen ihre Vorstellung von der gestalthaften Wahrnehmungsorganisation, womit eine Tendenz zur besten, einfachsten und stabilsten Strukturierung der Reiz-Umwelt gemeint ist. Offensichtlich gibt es bestimmte Gesetzmäßigkeiten, sog. Organisatoren, die bewirken, daß sich isolierte Wahrnehmungsreize erlebnismäßig zu **Sinnzusammenhängen** zusammenschließen (Prägnanztendenz).

Wahrnehmungsgegenstände, die bestimmte Prägnanzfaktoren, wie Regelmäßigkeit, Symmetrie, Einfachheit oder Geschlossenheit, aufweisen, werden wahrscheinlicher als Figur erlebt, die sich von ihrer Umgebung, dem Grund, abhebt, als Reize, die derartiger Merkmale entbehren. Prägnante Figuren werden demnach schneller und genauer wahrgenommen und erzielen höhere Aufmerksamkeits- und Erinnerungswerte als amorphe Gebilde. Diese Gesetzmäßigkeit gilt für Plakatentwürfe ebenso wie für Produktpackungen oder das Erscheinungsbild einer Einkaufsstätte. Wenn man sich dies vor Augen hält, wird der starke Einfluß, den die Gestaltpsychologie vorübergehend auf die Werbetheorie gewann, verständlich.

Mit Hilfe der aus dem Prägnanzgesetz abgeleiteten **Gestaltgesetze,** deren Anzahl je nach Autor zwischen sieben *(Metzger* 1975) und 114 *(Helson* 1933) variiert, versucht man, die Wirkungsweise der guten Gestalt zu erklären. So besagt etwa das Gesetz der Nähe, daß die Teile eines Reizganzen unter sonst gleichen Umständen nach Maßgabe des kleinsten Abstandes zusammengefaßt werden. Dies bedeutet nichts anderes, als daß Gruppierungen von Elementen als zusammengehörend wahrgenommen werden.

Trotz des ehemals weit verbreiteten Glaubens an die Relevanz der Gestaltgesetze für die Schaffung optischer und akustischer Werbemittel finden heute die zur Prüfung der Gestaltfestigkeit entwickelten Methoden kaum noch Beachtung. Dies hat neben zahlreichen anderen (vgl. z. B. *Hoffmann* 1972; *Gutjahr* 1974; *Stadler / Seeger / Raeithel* 1975; *v. Rosenstiel / Ewald* 1979) insbesondere den Grund, daß sich – theorieimmanent – **kaum allgemeingültige Gestaltungsprinzipien** ableiten ließen; denn wenn das Ganze mehr ist als die Summe seiner Teile, dann führt auch die Veränderung eines Teils zur Veränderung des Ganzen (vgl. Abb. 8.2.). „Die Augen des Männchens sind nur kleine Punkte, sie sind bei beiden Gesichtern völlig gleich. Und doch scheinen die Augen des linken Männchens heiter, die des rechten mißmutig in die Welt zu blicken. Man hätte also unter gestaltpsychologischem Aspekt niemals sagen dürfen: Pünktchen-Augen wirken vergnügt. Wie sie wirken, hängt weitgehend vom Zusammenhang ab" *(v. Rosenstiel 1973, S. 91).*

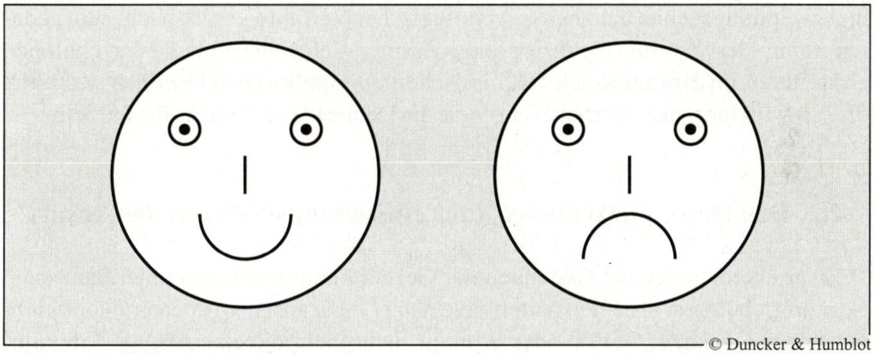

Quelle: *v. Rosenstiel* 1973, S. 91.

Abb. 8.2.: Optische Illustration eines Gestaltgesetzes

Größere Akzeptanz, wenn auch primär im Kontext der Produktgestaltung, genießt noch die **Ganzheitspsychologie,** die häufig in einem Atemzug mit der Gestaltpsychologie genannt und nicht selten mit ihr verwechselt wird. Ihr Schwerpunkt lag auf der **Untersuchung der Gefühle** als ursprünglichen „Komplexqualitäten". *Krueger, Sander* und *Wellek,* die namhaftesten Vertreter dieser Richtung, sahen Gestalten lediglich als Sonderfälle von Ganzheit, als gegliederte Ganzheit, an.

Ein Experiment, als typischer Fall einer **Aktualgenese** bekannt geworden, begründet diese Theorie (vgl. *Sander* 1932). Bei der schrittweisen Darbietung eines anfänglich diffusen, später scharfen Bildes berichten die Probanden zunächst von vagen, gefühlsträchtigen Eindrücken („Vorgestalten"), aus denen sich anschließend die bewußten „Endgestalten" prozeßhaft ausgliedern. Wahrnehmungen sind somit weder unmittelbar gegeben (Gestaltpsychologie), noch setzen sie sich aus Empfindungselementen zusammen (Elementenpsychologie).

Werbespezialisten fanden an diesem Phänomen insofern Gefallen, als sie diese Frühphase des Wahrnehmungsprozesses, die ersten, emotional getönten Anmutungen, als maßgeblich für die Einstellung der Konsumenten zu einer Werbeaktion oder einem Produkt ansahen, selbst wenn diese von nachfolgenden Wahrnehmungsvorgängen und Rationalisierung überlagert werden.

Der **Prozeß** der **Aktualgenese** läuft unter normalen Bedingungen derart schnell ab, daß er **nicht bewußt erlebbar** ist. Erschwert man jedoch durch apparative Vorkehrungen den Aufbau der Wahrnehmung, so wird die Genese, d. h. das Entstehen der Wahrnehmungsgestalt, zeitlich gedehnt und damit analysierbar.

Daß auch die Bedeutung dieser Verfahrensgruppe für die Praxis der Werbemittel-Evaluation insgesamt gesehen stark nachgelassen hat, ist vornehmlich auf die Verbindung zweier Trends zurückzuführen: Zum einen ließ die Verwendung von Warenzeichen, Schutzmarken und ähnlich einfachen optischen Reizen, das primäre Anwendungsgebiet ganzheitspsychologischer Verfahren, stark nach, zum anderen schuf der Zweite Weltkrieg eine Zäsur. Viele maßgebliche Psychologen emigrierten im Dritten Reich aus rassischen oder politischen Gründen, wodurch die Entwicklung der Werbepsychologie in Deutschland zum Stillstand kam.

2.2. Der lern-, motivations- und einstellungstheoretische Ansatz

Zwar überdauerten die Gedanken der Gestalttheoretiker in der amerikanischen Sozialpsychologie, als deren Vater viele *Kurt Lewin* ansehen, doch prägten Stichworte wie Ganzheit, Gefühl oder Struktur nicht mehr die einschlägige Literatur. Die Schlüsselbegriffe des neuen Forschungsparadigmas hießen fortan **Lernen, Motivation, Einstellung** und **Kommunikation.**

2.2.1. Der lerntheoretische Erklärungsansatz

Alle Werbekampagnen sind von der Zielsetzung gekennzeichnet, Lernprozesse auszulösen. Die Umworbenen sollen sich beispielsweise bewußt werden, welche Vorzüge ein bestimmtes Produkt aufweist. Worin die praktische Relevanz der referierten Lerntheorien etwa für die Gestaltung einer Anzeige besteht, soll nur kurz angesprochen werden.

(a) Die Möglichkeit, die **klassische Konditionierung** für Marketingaufgaben heranzuziehen, wurde zwar wiederholt in allgemeiner Form thematisiert, selten jedoch empirisch nachgewiesen (siehe z. B. *Engel / Blackwell / Miniard* 1993). Zu den Ausnahmen zählt eine Untersuchung von *Gorn* (1982), nach der mit angenehmer Musik unterlegte Werbebotschaften dann wirkungsvoller sind, wenn diese in engem zeitlichem Bezug zur Kaufentscheidung gesendet werden. Dabei soll die als angeboren geltende positive Reaktion auf Reize wie Musik, Kleinkinder oder schöne Landschaften auf einen ursprünglich neutralen Stimulus übertragen werden. *Kroeber-Riel* (1992, S. 128 ff.) konnte am Beispiel der fiktiven Produktbezeichnung *Hoba*(-Seife) nachweisen, daß nach einer angemessenen Anzahl von Kopplungen selbst ein solches Kunstwort gewisse Zuwendungsreaktionen auszulösen vermag.

(b) Um die Anwendung des Prinzips der sog. **operanten Konditionierung** handelt es sich, wenn sich in einer Anzeige die Zusicherung findet, die regelmäßige Benutzung der XY-Creme garantiere eine reine Haut; denn es gilt als gesichert, daß Verhalten größtenteils von den davon erwarteten Konsequenzen gesteuert wird, wobei positive Folgen die Wahrscheinlichkeit des Wiederauftretens eines bestimmten Verhaltens erhöhen und negative diese mindern. Das in Werbemaßnahmen zumeist gegebene Nutzenversprechen kann als symbolische bzw. zu antizipierende positive Verstärkung verstanden werden.

(c) **Modell-** bzw. **Imitationslernen** läßt sich am leichtesten mit Hilfe von Fernseh-Spots auslösen. Daß die bewundernden Blicke, die die Bildschirm-Hausfrau von ihrem Bildschirm-Ehemann für das blütenweiße Hemd oder die glänzenden Kacheln erntet, nicht wirkungslos verpuffen, hängt mit diesem Lernprinzip zusammen; denn Verhaltensweisen können auch indirekt übernommen werden. Unter den beschriebenen Bedingungen genügt es, wenn ein Modell stellvertretend handelt und belohnt wird.

(d) **Lernen durch Einsicht** schließlich liegt vor, wenn komplexe Lernvorgänge durch Umstrukturierung bestehender Problemsituationen ermöglicht werden. Dieser dem psychologischen Laien als „Aha-Erlebnis" oder als unvermittelter Einfall vertraute Lerntyp bezieht sich auf das plötzliche Erkennen von Zweck-Mittel-Beziehungen und dürfte, von Ausnahmen abgesehen, für die Werbemittel-Gestaltung nur schwerlich zu nutzen sein.

Die Gedächtnisforschung, ein anderer lerntheoretischer Zweig, erlangte für werbepolitische Entscheidungen größere Bedeutung als die eigentlichen Lerntheorien. Die in vielen Lehrbüchern wiedergegebenen typischen **Lern-** und **Vergessenskurven** (vgl. Abb. 8.3.) ließen sich in entsprechenden Experimenten zwar häufig, jedoch nur unter ganz bestimmter Versuchsanordnung replizieren. Dabei entwickelten die Gedächtnisforscher, um Störeinflüsse durch bekannte Wortassoziationen oder durch die unterschiedliche Geläufigkeit der Begriffe auszuschalten, für ihre Untersuchungen ein spezifisches Lernmaterial, die sog. sinnlosen Silben (z. B. sim).

Naturgemäß lassen sich die hiermit gewonnenen Befunde nicht ohne weiteres auf den Bereich der Werbung und dessen „sinnhaftes Lernmaterial" übertragen. Zudem repräsentieren Kurven (entsprechend Abb. 8.3.) Mittelwerte unzähliger individueller Meßgrößen und täuschen so die Existenz von Gesetzmäßigkeiten vor, die im Einzelfall nicht gegeben sind. Derartige Verläufe kann man deshalb allenfalls als Anhaltspunkte für Entscheidungen ansehen, wie sie etwa im Zusammenhang mit dem **Timing** einer Werbekampagne (vgl. Abschn. 3.7.) und der **Kontrolle** des **Werbeerfolgs** (vgl. Abschn. 4.2.) zu treffen sind. In diesem Kontext ist von besonderem Interesse, daß die plausible Hypothese, wonach sich die Erinnerungsleistung mit zunehmender Häufigkeit der Wiederholung der Werbebotschaft verbessert, nur unter ganz bestimmten Bedingungen als bestätigt angesehen werden kann. Zu diesen zählen insbesondere bestimmte Motive und Einstellungen der Umworbenen.

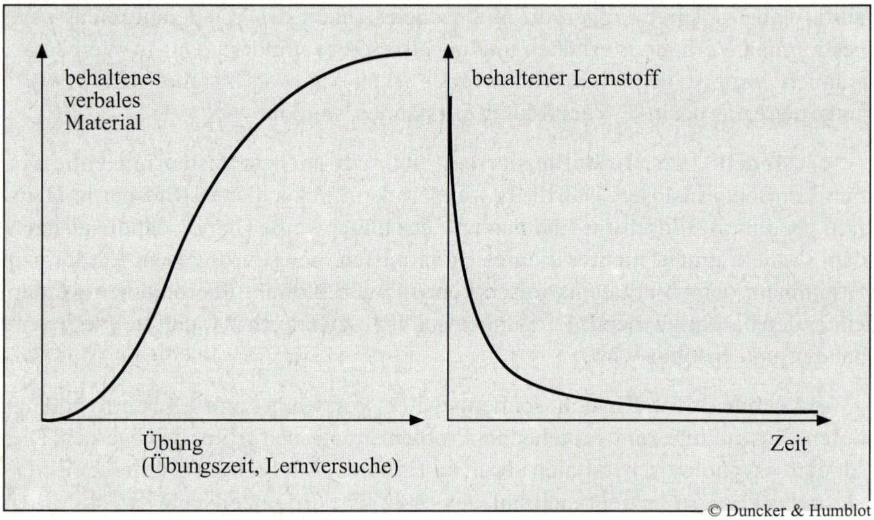

Abb. 8.3.(a): Idealtypischer Verlauf einer Lernkurve

Abb. 8.3.(b): Idealtypischer Verlauf einer Vergessenskurve

2.2.2. Der motivationstheoretische Erklärungsansatz

Den Referenzfall, der in der Literatur gerne dazu herangezogen wird, den zwischen der **Erinnerungswirkung** einer Werbebotschaft und der **Motivation** des Umworbenen bestehenden Zusammenhang darzustellen, bildet eine Person, die gerade dann einer Werbemaßnahme für Bier ausgesetzt ist, wenn sie starken Durst empfindet. Im allgemeinen kann sie sich zu einem späteren Zeitpunkt besser daran erinnern, als wenn sie dieses Bedürfnis nicht verspürt hätte. Die Motivationspsychologie, die sich mit den Ursachen des Verhaltens befaßt, erklärt dies folgendermaßen: Eine motivierte Person interagiert mit einer motivierenden Situation. Wegen der damit einhergehenden Aktivierung der **Wahrnehmungs-** und **Speicherungsprozesse** lassen sich werbliche Informationen besser in diesem Sinne bewältigen.

Selbst eine Kurzbeschreibung der einzelnen Motivationstheorien (vgl. *Heckhausen* 1989) würde den Rahmen eines Marketinglehrbuches sprengen. Deshalb soll hier lediglich auf einige für die Werbepraxis mehr oder minder bedeutsame Spielarten eingegangen werden.

2.2.2.1. Die homöostatischen Motivationstheorien

Der Begriff „Homöostase" wurde von *Cannon* (1932) zur Bezeichnung der selbstgesteuerten und automatischen Gleichgewichtsregulierung der gesamten physiologischen Prozesse eingeführt. Die gleichnamige Theorienrichtung geht davon aus, daß das Individuum versucht, Bedürfnisse zu befriedigen und Spannungen zu reduzieren, um einen Zustand der Ruhe und des Gleichgewichts zu erreichen. Jede Abweichung davon hat Reaktionen zur Folge, die auf die Wiederherstellung des ursprünglichen Zustandes abzielen.

2.2.2.1.1. Der instinkttheoretische Ansatz

Das Instinktkonzept repräsentiert einen der ältesten und bekanntesten Erklärungsansätze der Motivationsforschung. Unter **Instinkt** versteht man angeborene und relativ invariante, d. h. starr ablaufende zielgerichtete Verhaltensweisen. Obwohl es keinen menschlichen Verhaltensbereich geben dürfte, für den die Sozialwissenschaften nicht die situative Bedingtheit und damit Veränderbarkeit vermeintlich instinktmäßig starr ablaufender Verhaltenssequenzen nachgewiesen haben (vgl. *Irle* 1975), gehört es nach wie vor zum Standardrepertoire von Werbemittel-Gestaltern, angebliche **Schlüsselreize,** wie sexuelle Sujets, Nahrungsmittel oder Kinder, als Blickfang für Anzeigen, Plakate oder TV-Spots einzusetzen.

Festzuhalten bleibt, daß sich nach dem heutigen Erkenntnisstand der Werbeerfolg nicht so zwangsläufig einstellt, wie dies die Vertreter des Instinktkonzepts glauben (machen möchten). Richtig ist hingegen, daß derartige Stimuli Schlüsselreize für die sog. **Orientierungsreaktion** sein können, der im Rahmen der aktivationstheoretischen Richtung (vgl. Abschn. 2.2.2.3.) eine wichtige Funktion zukommt. Man versteht darunter eine sich reflexartig einstellende Hinwendung zu bestimmten Umweltreizen. Diese kann jedoch allenfalls als notwendige, nicht aber hinreichende Bedingung für den Werbeerfolg gelten. Über die maßgebliche Qualität des Kontakts des Umworbenen mit der Werbebotschaft entscheiden weitgehend kognitive Prozesse. Eine Angst oder Abscheu auslösende Anzeige wird zweifelsohne hohe Aufmerksamkeitswerte erzielen. Ob sie allerdings ihren Beitrag zum vermehrten Verkauf des beworbenen Produkts zu leisten vermag, erscheint mehr als fraglich.

2.2.2.1.2. Der kognitive Ansatz

Die kognitiven Motivationstheorien erklären das Entstehen von Motivation aus Erkenntnisvorgängen. Das, was Personen **subjektiv** als Handlungsdeterminanten erleben, steht nunmehr im Vordergrund des Interesses. Insbesondere die **Dissonanztheorie,** die sich mit der selektiven Beschaffung bzw. Nutzung von

Informationen befaßt, erschütterte die für ältere wirtschaftswissenschaftliche Abhandlungen typische Annahme vom rationalen Entscheidungsverhalten.

(1) *Festinger* (1957) postuliert in seiner **Theorie** der **kognitiven Dissonanz** ein Motiv zur Vermeidung bzw. Verminderung kognitiver Spannungen (Dissonanzen). Diese entstehen nach dem **Basistheorem** vom **Streben nach Gleichgewicht,** wenn ein durch die individuelle „Psycho-Logik" gebildetes System von Kognitionen instabil wird, weil neue, widersprüchliche Informationen die bisherigen Beziehungen zwischen bestimmten Systemelementen in Frage stellen. Dieser Denkansatz erwies sich als äußerst fruchtbar.

Dissonanz kann letztlich in allen Phasen des **Entscheidungs-** bzw. **Kaufentscheidungsprozesses** auftreten. Von den von *Raffée / Sauter / Silberer (1973)* genannten Situationen sind im Zusammenhang mit Kaufentscheidungen vorrangig drei beachtenswert:

(a) Dissonanz ist vor allem **nach** der **Aufnahme** von **Informationen,** die der bisherigen Erfahrung widersprechen sowie das Informations- und Entscheidungsverhalten in Frage stellen, zu beobachten. Liest beispielsweise ein potentieller Autokäufer einen Testbericht, in dem der ins Auge gefaßte Wagen negativ abschneidet, so verspürt er unter bestimmten Bedingungen Dissonanz.

(b) Unmittelbar **nach** der **Kaufentscheidung** bzw. Produktwahl kommt es in der Regel zu einer Umbewertung der Alternativen zu Lasten der abgelehnten Varianten. Falls auch diese wesentliche Vorzüge aufweisen, stellen sich bei den Konsumenten kognitive Spannungen ein: Hätte ich mich nicht doch besser anders entscheiden sollen? Insbesondere wenn sich mit einer Entscheidung große Anstrengungen verbinden, wie im Falle eines sehr teuren oder nur schwer erhältlichen Produkts, wird die gewählte im Vergleich zu den verworfenen Alternativen in besonderem Maße höher bewertet bzw. als attraktiver angesehen („effort justification"). Das Ausmaß der „postdecision dissonance" hängt dabei hauptsächlich von der

- Wichtigkeit der Entscheidung und
- „kognitiven Überlappung" der Entscheidungsalternativen ab. Weisen diese eine Reihe gemeinsamer kognitiver Elemente auf, sinkt die Nachentscheidungs-Dissonanz; dagegen steigt sie bei geringer Überlappung an.

(c) In der **Phase** der **Produktnutzung** kann sich Dissonanz einstellen, wenn wesentliche mit dem Kauf verknüpfte Erwartungen an das Produkt unerfüllt bleiben.

Verbraucher verfügen jedoch über wirksame **Strategien,** um zum **Gleichgewichtszustand** ihres kognitiven Systems (Konsonanz) **zurückzufinden.** Wenn die sog. Dissonanzstärke eine von Mensch zu Mensch unterschiedliche Toleranzschwelle überschreitet, wird einer der folgenden Auswege gesucht:

(a) Der Betroffene wird sich nach weiteren, **bestätigenden Informationen umsehen,** um das Gefühl, eine richtige Entscheidung getroffen zu haben, zu erhalten. So stellten *Ehrlich* u. a. (1957) in einem allerdings stark kritisierten Feldexperiment fest, daß zwei Drittel der von ihnen beobachteten Autokäufer bevorzugt Anzeigen für das gerade erstandene Fabrikat beachteten. Zumeist geht die Suche nach konsonanten Informationen mit dem Bemühen einher, allem, was die Dissonanz verstärken könnte, aus dem Weg zu gehen.

(b) Beliebt ist auch die Taktik, **dissonante Kognitionen abzuwerten,** indem man die Glaubwürdigkeit der zugrundeliegenden Informationen anzweifelt. So ziehen Raucher die Qualität wissenschaftlicher Untersuchungen, die einen Zusammenhang zwischen Rauchen und Krebserkrankung belegen, zumeist grundsätzlich in Frage.

(c) Dissonanzreduktion durch **Umbewertung** der Wichtigkeit der Kognitionen liegt z. B. dann vor, wenn ein Autofahrer, der seinen Sicherheitsgurt nicht anlegt, die einschlägige Unfallstatistik mit dem Einwand abtut, er fürchte eine Wirbelsäulenverletzung mehr als Gesichts- oder Brustkorbschäden.

(d) Daß Personen ihre **Verhaltensweise ändern,** um Dissonanz abzubauen, dürfte insbesondere bei Kaufentscheidungen eher die Ausnahme sein. Viele Menschen scheuen sich selbst in Fällen extrem schlechter Erfahrung, die sie mit einem Produkt machen mußten, getroffene Entscheidungen durch Umtausch der Ware zu revidieren.

(e) Durch **Vermeidung, Verdrängung** oder **Abwertung** inkonsistenter Informationen läßt sich bereits im Entscheidungsvorfeld das Entstehen kognitiver Dissonanz verhindern.

In welcher Form kann man derlei Erkenntnisse für den Marketingalltag nutzen? Soll Werbung Dissonanz stimulieren, Dissonanzreduktion erleichtern oder das Entstehen von Dissonanz gänzlich verhindern? Sie muß auf jeden Fall vermeiden, daß zu hohe Erwartungen an ein Produkt geweckt werden, weil schlechte Verwendungserfahrung zwangsläufig zu Dissonanz führt. Wegen der fehlenden Steuerbarkeit der davon ausgelösten Prozesse kommt auch die bewußte Erzeugung kognitiver Dissonanz im allgemeinen nicht in Betracht. Die Vorstellung, daß die Reduktionsstrategie dann zum Vorteil des Werbungtreibenden ausfallen müßte, könnte sich allzu leicht als ein Trugschluß erweisen. Allenfalls ein in Analogie zur Immunisierungsstrategie der Medizin als Impftheorie bekannter Versuch zur Stabilisierung von Einstellungen eröffnet hierzu einen Ansatzpunkt (vgl. *McGuire* 1964).

Wenn ein Hersteller in Anzeigen „eingesteht“, der Einbau seines automatischen Garagentoröffners werde bei den Nachbarn vermutlich Vorurteile wecken (unsportlich, bequem, angeberisch etc.), so mindert er keineswegs seine Marktchancen. Auch *Ikea,* das „unmögliche Möbelhaus“, möchte sich natürlich nicht selbst schaden. Vielmehr sollen die Umworbenen, durch diese recht ungewöhnliche Art der Ansprache aufmerksam geworden, selbst nach Gegenargumenten suchen und sich vom Inserenten allenfalls dabei helfen lassen.

Das letzte Beispiel deutet bereits die wesentlichste werbemäßige Verwertungsmöglichkeit des Dissonanzphänomens an: Es kommt darauf an, **konsonanzfördernde Informationen** bereitzustellen bzw. entsprechende Suchaktivitäten bei den Konsumenten selbst auszulösen.

Unstrittig, wenn auch in der Praxis selbst bei höherwertigen Produkten zumeist vernachlässigt, ist hingegen die **Notwendigkeit** der **Nachkaufwerbung.** Solange ein Großteil der Konsumenten nach wichtigen Kaufentscheidungen Dissonanz verspürt, darf deren Umwerbung nicht mit dem Kaufakt enden. Nur zufriedene Kunden entwickeln Produkttreue und betreiben Mund-zu-Mund-Werbung (vgl. Abschn. 3.3.). Dissonanz hingegen geht in der Regel mit Unzufriedenheit einher.

Die zur Aufnahme konsonanter Informationen bereiten Käufer bilden eine ideale Zielgruppe für **Direktwerbung.** In persönlich gehaltenen Briefen läßt sich leicht auf die in der Nachkaufphase üblicherweise auftauchenden Bedenken und Probleme eingehen und beispielsweise auch gezielt auf Maßnahmen von Konkurrenten reagieren. Es ist absehbar, daß interaktive Medien speziell in diesem Zusammenhang Möglichkeiten für eine echte (Zwei-Weg-)Kommunikation eröffnen (vgl. Abschn. 3.3.). Wenn in Zukunft Käufer bei Herstellern oder beim Handel aus eigenem Antrieb Informationen abrufen (können), verliert die mit Hilfe derartiger Medien kommunizierte Werbung den Anstrich der Aufdringlichkeit.

Die hier behandelte, wahrscheinlich bekannteste sozialpsychologische Theorie hat zwar die Aufmerksamkeit auf wichtige psychische Vorgänge nach der Kaufentscheidung gelenkt, doch muß deren praktische Relevanz als begrenzt beurteilt werden.

(2) Die Vertreter der von *Herkner* (1980) umfassend dargestellten **Attributionstheorie** sehen nicht in der Suche nach Konsistenz, sondern in dem Bemühen um Verstehen von Ursache und Wirkung das maßgebliche Verhaltensprinzip. Unterstellt wird dabei ein Motiv, beobachtbare Ereignisse auf diesen zugrundeliegende Sachverhalte zurückzuführen. Genauer gesagt, geht man zum einen von einem Streben nach Einsicht und Wahrheit, zum anderen von dem Verlangen, Erkenntnis anzuwenden, aus, wobei die motivierende Wirkung kognitiver Dissonanz nur als eine der Möglichkeiten zur Erlangung des Ziels gilt. Die sog. **Attribution,** d. h. die **Wahrnehmung** von **Kausalbeziehungen,** ist dabei nicht Selbstzweck, sondern sie entspringt dem Bedürfnis nach Vorhersagbarkeit und Kontrollierbarkeit der Umwelt.

Zu den wichtigsten Anwendungsgebieten der Attributionstheorien zählt die Analyse der wahrgenommenen Determinanten des Leistungsverhaltens. Individuelle Fähigkeit, die Schwierigkeit von Aufgaben, Anstrengung und Zufall (Glück oder Pech) erwiesen sich dabei als die den Erfolg bzw. Mißerfolg verursachenden Faktoren.

Obwohl eine Vielzahl von sozialpsychologischen Experimenten belegt, daß die für ein beobachtetes Ereignis oder Verhalten wahrgenommenen Ursachen weitgehend bestimmen, wie man darauf reagiert (vgl. Abb. 8.4.), werden attributionstheoretische Erkenntnisse auf werbewissenschaftliche Fragestellungen nur zögernd übertragen. Einer Analyse von *Settle / Golden* (1974) zufolge wird z. B. Anzeigen, die das beworbene Produkt bei **allen** angesprochenen Eigenschaften (z. B. Garantiezeitraum, Wartungsaufwand, Farbabstimmung, Ausstattung mit Kopfhörern und Sonnenblende bei einem Farbfernsehgerät) als anderen überlegen darstellen, eine geringere Glaubwürdigkeit zuteil als solchen, die nur bei den wichtigeren Produktmerkmalen eine Führungsposition beanspruchen, bei den weniger bedeutsamen wie Kopfhörern und Sonnenblende dagegen durchaus Unterlegenheit gegenüber Konkurrenzerzeugnissen einräumen.

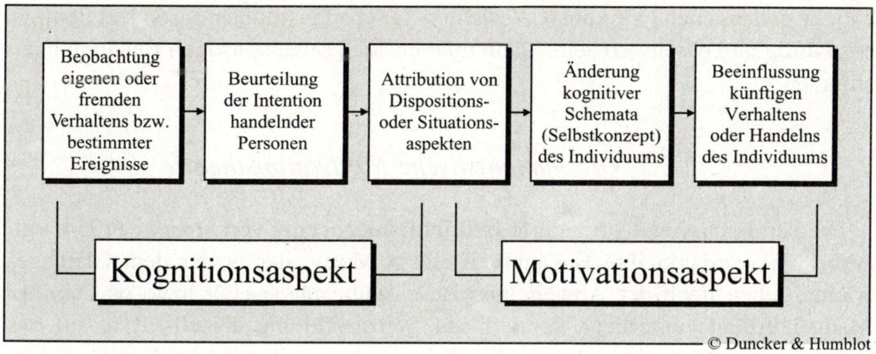

Quelle: *Keller* 1981, S. 334.

Abb. 8.4.: Ablaufschema des Attributionsprozesses

Ein Hauptanliegen einer der Attributionstheorien, der **Korrespondenztheorie** von *Jones / Davis* (1965), ist die Frage der Zuschreibung „innerer" bzw. „äußerer" Ursachen von Ereignissen. Eine sog. interne Attribuierung liegt vor, wenn Eigenschaften des Handelnden als Ereignisursache wahrgenommen werden, während die externe Attribuierung auf situative Bedingungen Bezug nimmt. Die Wahrscheinlichkeit des Auftretens von Verhaltensweisen spielt dabei eine maßgebliche Rolle; denn auf eine Korrespondenz zwischen dem Verhalten einer Person und deren Dispositionen (interne Attribuierung) schließt man im Regelfall nur, wenn die beobachteten Verhaltensweisen ungewöhnlich bzw. selten sind.

Einem Restaurantbesucher beispielsweise schreiben wir nicht generell gute Manieren zu, nur weil er sich in der Öffentlichkeit zu benehmen weiß. Schließlich versucht fast jedermann, dieser Norm gerecht zu werden (situative Erklärung). Hätten wir hingegen unbemerkt Gelegenheit, bei derselben Person gute häusliche Tischmanieren zu entdecken, würden wir vermutlich nicht zögern, auf das Vorliegen einer entsprechenden Eigenschaft zu schließen (dispositionelle Erklärung).

Es sind vornehmlich **neuartige Situationen,** die Attributionsprozesse auslösen (vgl. *Berscheid* u. a. 1976), und ungewöhnliche, von sozialen Normen abweichende Verhaltensweisen, die einen Korrespondenzschluß vom sichtbaren Verhalten auf die verursachende Persönlichkeitseigenschaft zu ziehen erlauben. In diesem Sinne repräsentiert die Werbebotschaft das Verhalten, aus dem die Konsumenten auf die Dispositionen des Auftraggebers schließen. Die üblicherweise anzutreffende Superlativwerbung aktiviert im Regelfall lediglich ein sog. **kausales Schema** *(Kelley* 1973), etwa nach dem Motto „Hersteller preist mit allen Mitteln sein Produkt an", das indessen keinen Rückschluß auf irgendwelche Besonderheiten zuläßt, da ein solches Verhalten als normal gilt. Das Eingestehen einer partiellen Überlegenheit des Mitbewerbers kommt dagegen selten vor und löst deshalb zumeist die folgende Attribution aus: „Wenn jemand bereit ist, der Wahrheit zuliebe den eigenen (Verkaufs-)Absichten zu schaden, muß er besonders vertrauenswürdig und ehrenwert sein. Dann müssen auch seine sonstigen Behauptungen stimmen."

2.2.2.2. *Die humanistische Motivationstheorie*

Die vergleichsweise oft zitierte **Bedürfnishierarchie** von *Maslow* (1954; vgl. Abb. 8.5.) verdankt ihre Bekanntheit einem Motiv, das weder dem Gleichgewichtsstreben noch der Abwehr und Beseitigung physischer bzw. psychischer Mangelzustände unterliegt, sondern auf Selbsterfüllung abstellt, d. h. auf das Bestreben des Menschen, das zu aktualisieren, was in ihm steckt. Den Grundgedanken bezeichnet man als **Prinzip** der **relativen Vorrangigkeit** in der **Motivaktualisierung**: Bevor ein höherrangiges Motiv überhaupt verhaltenswirksam sein kann, müssen die Bedürfnisse der vorgelagerten Dringlichkeitsstufen zumindest in einem gewissen Ausmaß befriedigt sein.

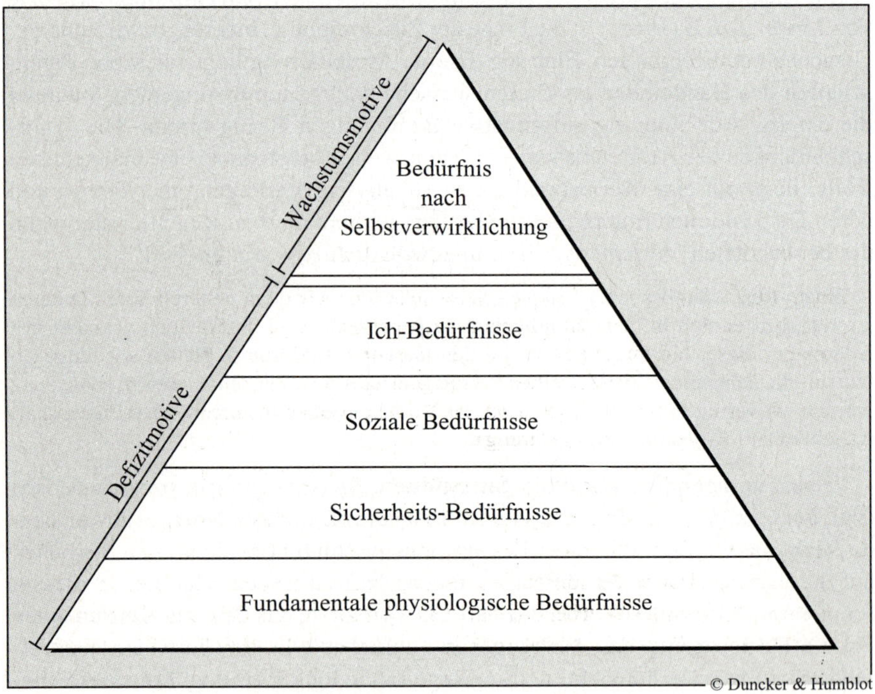

Anmerkungen: **Selbstverwirklichung** (Verlangen nach Selbstfindung und Selbstentfaltung); **Ich-Bedürfnisse** (Verlangen nach Anerkennung, Prestige, Selbstachtung); **soziale Bedürfnisse** (Verlangen nach Geselligkeit, Freundschaft); **Sicherheits-Bedürfnisse** (Verlangen nach langfristiger Befriedigung der physiologischen Bedürfnisse); **physiologische Bedürfnisse** (Verlangen nach Nahrung, Schlaf).

Abb. 8.5.: Bedürfnishierarchie nach *Maslow*

Daß *Maslows* Konzeption trotz einer Reihe fundamentaler Einwände die unter Wirtschaftswissenschaftlern bekannteste Motivationstheorie sein dürfte, wird vornehmlich auf deren hohe **Plausibilität** und **humanistische Engagiertheit** zurückgeführt. Haltbar ist die Hypothese von der Motivabfolge jedoch nicht. Menschen können selbst unter extremen Lebensbedingungen, d. h. auch wenn elementare physiologische Bedürfnisse unerfüllt bleiben, auf Grund religiöser und politischer Überzeugung solidarisches und gemeinschaftsbezogenes Verhalten zeigen und das Ziel der Selbstverwirklichung erreichen. Im übrigen vermag der Ansatz wegen seiner Vagheit und mangelnden Operationalität dem in der Werbung oder Verkaufsförderung Tätigen keine wirksame Entscheidungshilfe zu bieten.

2.2.2.3. Die aktivationstheoretischen Motivationstheorien

Zwei hirnphysiologische Entdeckungen, die des **a**ufsteigenden **r**etikulären **A**ktivations**s**ystems (ARAS; vgl. *Lindsley* 1957) und die des Bekräftigungssystems, haben mit den **Aktivationstheorien** die Entwicklung einer Forschungsrichtung angeregt, der im Marketingbereich beachtliche Bedeutung zukommt (vgl. *Kroeber-Riel* 1992). Aktivierung teilt sich dem Betroffenen selbst als Anspannung und erhöhte Aufmerksamkeit, dem externen Beobachter u. a. als intensiver Wachheitszustand, gespannter Muskeltonus und beschleunigter Bewegungsablauf mit. Die häufig anzutreffende Verallgemeinerung, wonach mit Intensivierung der Aktivierung Reaktionsbereitschaft und Leistungsfähigkeit zunähmen, mag in manchen „primitiven" Verhaltensbereichen, wie Flucht oder Kampf, ihre Berechtigung haben. Im allgemeinen jedoch steigt die Leistungsbereitschaft mit der Aktivierung zunächst an, um ab einem bestimmtem Punkt abzunehmen. Dies hat bereits im Jahre 1908 *Yerkes* und *Dodson* zur Formulierung eines nach ihnen benannten Gesetzes veranlaßt (vgl. Abb. 8.6.).

Jeder, der einmal eine Prüfung absolvierte, weiß, daß je näher der Termin rückt, desto intensiver die als Angst empfundene Aktivierung und desto größer auch die Lernbereitschaft werden. Übersteigt aber die Prüfungsangst ein bestimmtes Niveau, so nehmen sowohl Konzentrations- als auch Lernfähigkeit ab, im Extremfall bis hin zur vollständigen Denkhemmung. Je wichtiger die Prüfung, desto leichter überschreitet man das kritische Aktivierungsniveau.

Vor diesem Hintergrund gelangt *Kroeber-Riel* (1992, S. 77) zu der Feststellung, es sei kaum zu erwarten, daß das üblicherweise benutzte Reizmaterial (Anzeigen, Verpackung usw.) Überaktivierung auslöse. Es ließ sich jedoch verschiedentlich nachweisen, daß man sich an hohe Aufmerksamkeit erregende Anzeigen besonders gut erinnert (vgl. z. B. *Bernhard* 1978). *Wimmer* (1980) ermittelte für eine stark aktivierende Anzeige bereits nach der ersten Darbietung einen um 58% höheren Erinnerungswert als für eine vergleichbare, aber schwach aktivierende Variante.

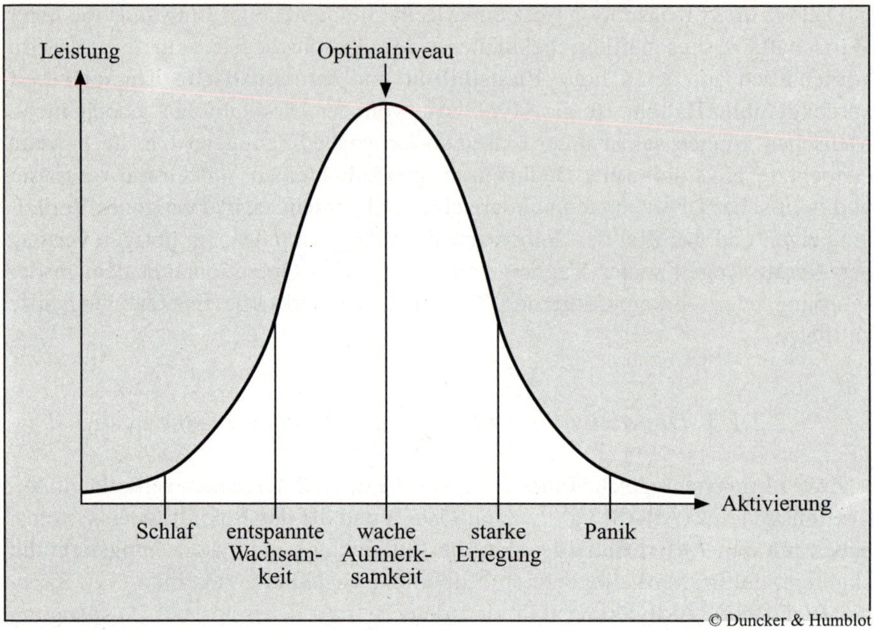

Quelle: *Kroeber-Riel* 1992, S. 76.

Abb. 8.6.: Zusammenhang zwischen Aktivierungs- und Leistungsniveau (Umgekehrte U-Funktion bzw. *Yerkes-Dodson*-Gesetz)

Die aktivierungstheoretische Richtung subsumiert Emotionen, zusammen mit Motiven und Einstellungen, den **Aktivierungsprozessen:** Aktivierend sind danach solche Vorgänge, die mit innerer Erregung und Spannung verbunden sind. Sie versorgen den Organismus mit Energie und treiben ihn an (vgl. *Kroeber-Riel* 1992, S. 49). Auch aus neurophysiologischer Sicht lassen sich Emotion und Motivation nicht auseinanderhalten. Sie seien vielmehr Ausdruck einer einzigen **physiologischen Grunddimension,** deren Auswirkung durch den Begriff **Aktivierung** umschrieben werden könne (vgl. *Guttmann* 1972, S. 187). Dagegen konnte die kognitive Sozialpsychologie nachweisen, daß Motivation und Emotion gleichermaßen und untrennbar aus dem Zusammenwirken von physiologischer Erregung und kognitiver Bewertung der die Erregung verursachenden Situation resultieren (vgl. *Schachter* 1971), wobei nicht die objektive, sondern die **subjektiv wahrgenommene Ursache** gemeint ist.

Schon in der Frühzeit der Werbeforschung führten Untersuchungen über den Zusammenhang zwischen der Art der angesprochenen Motive und der als Gedächtnisleistung definierten Werbewirkung zur Ableitung der sog. *Schwerin*-Kurve (vgl. Abb. 8.7.). An Dinge, die negative Gefühle ansprechen, erinnert man sich danach nur bedingt. Ganz schlecht schneiden neutral gehaltene Botschaften ab. Die beste Gedächtnisleistung erzielt hingegen, was positive Emotionen weckt.

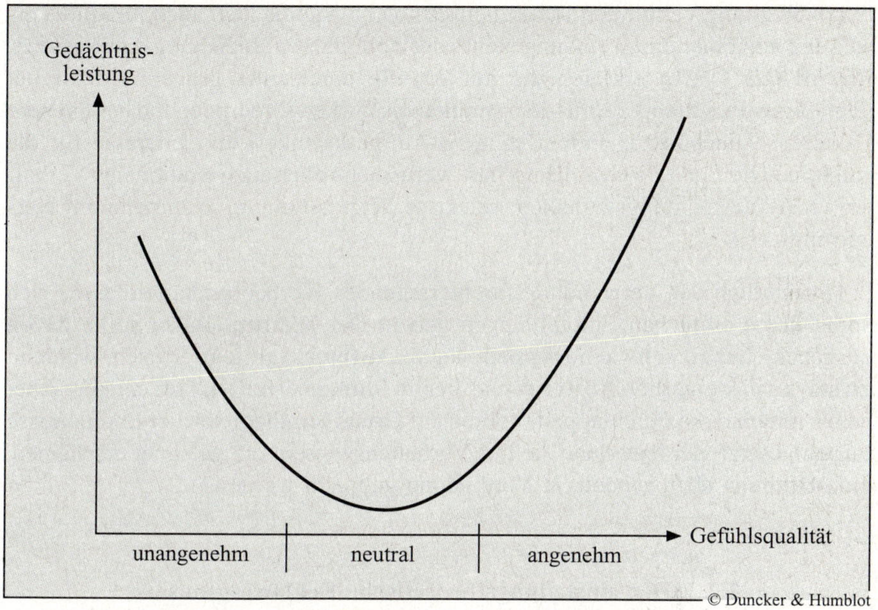

Abb. 8.7.: Gedächtnisleistung in Abhängigkeit von der durch Lernmaterial ausgelösten Gefühlsqualität

Obwohl sich Werbung ursprünglich nur selten der Darstellung von Situationen, die Gefühle der Angst, Furcht, Ungewißheit, Depression oder des Schreckens erzeugen, bediente, entwickelte sich im Gefolge der klassischen Studie von *Janis / Feshbach* (1953) über die Auswirkung furchterregender Kommunikation in der Fachliteratur eine intensive Diskussion. In neuerer Zeit stellt sich die Streitfrage der Zweckmäßigkeit von „fear appeals" dringlicher denn je; denn das Gestaltungselement Furcht entspricht im Falle der immer häufiger durchgeführten **nichtkommerziellen Werbekampagnen** (vgl. Abschn. 3.1.), etwa für Gesundheitsfürsorge oder gegen übermäßiges Trinken, häufig weitgehend dem Werbeobjekt selbst (vgl. *Mayer* 1993, S. 202).

Janis / Feshbach (1953) prüften, wie in ihrer Intensität abgestufte Furchtappelle die Einstellung von Studierenden zur Zahnpflege beeinflussen. Bezogen auf die in der Vorphase erhobenen Werte löste ein starker Appell bei jenen unmittelbar nach einem Vortrag über Mundhygiene mehr Sorgen über den Zustand ihrer Zähne aus als ein gemäßigter und insbesondere als ein nicht furchterregender, denen zwei andere Gruppen ausgesetzt waren. Als nach einer weiteren Woche die Autoren die Probanden nochmals befragten, schlugen die Ergebnisse ins Gegenteil um: Zu einer Verhaltensänderung im

Sinne der zur Zahnpflege gegebenen Empfehlungen kam es bei starker Furcht in 8%, bei mäßiger in 22% und bei Abwesenheit von Furcht in 36% der Fälle.

Die Werbepraxis war lange Zeit davon irritiert, daß Angst die Beeinflußbarkeit durch Werbung vermindert. Zwischenzeitlich hat sich jedoch auch hier die Vorstellung von einer durch ein umgekehrtes U abbildbaren Beziehung durchgesetzt. *Ray / Wilkie* (1970) erklären die mittlerweile unterstellte größere Effektivität gemäßigter Furchtappelle mit dem simultanen Wirken fördernder und hemmender Faktoren: Zunehmende Furcht steigere Aufmerksamkeit und Interesse für die furchtinduzierende (Werbe-)Botschaft, verursache aber auch irrationales Verhalten (z. B. Vermeidungsverhalten, selektive Wahrnehmung, Wahrnehmungsverzerrung).

Hinsichtlich der Verwendung furchterregender Werbebotschaften lassen sich somit keine einfachen Empfehlungen geben. Der Werbepraktiker sollte davon ausgehen, daß **zu schwache Appelle** kaum **Aufmerksamkeit** erregen, während **zu starke** unweigerlich **Abwehr-** und **Vermeidungsverhalten** provozieren. Aber selbst mittelstarke Furchtappelle sollten auf Grund lerntheoretischer Erkenntnisse nur eingesetzt werden, wenn sie mit Verhaltensweisen, die geeignet erscheinen, eine Drohung abzuwenden, in Verbindung gebracht werden.

2.2.3. Der einstellungstheoretische Erklärungsansatz

Einstellungen (Attitüden) werden allgemein als Prädisposition für kognitives Verhalten gedeutet, **Meinungen** als der verbale Ausdruck von Einstellungen definiert. Häufig verwendet man den Begriff der Einstellung auch dazu, eine spezifische Prädisposition gegenüber einem konkreten sozialen Objekt zu kennzeichnen, während mit **Werten** („values“) Prädispositionen zu mehr symbolischen oder abstrakten Konzepten gemeint sind. **Einstellungen** (vgl. dazu auch § 5, Abschn. 2.2.1.2.) beeinflussen **Wahrnehmungs-, Informationsverarbeitungs-, Lern-** und **Gedächtnisprozesse** ebenso wie **Verhalten.** Wenn auch das Ausmaß der Einwirkung umstritten ist, so heben doch Werbemaßnahmen oft darauf ab, bei der Zielgruppe einen Einstellungswandel herbeizuführen; denn gerade im Marketingbereich konnte häufiger als in anderen Sektoren die Hypothese der Existenz eines zwischen Einstellungen und Konsumverhalten bestehenden Zusammenhangs bestätigt werden (vgl. *Axelrod* 1968).

Trotzdem fand die Vielzahl von **Einstellungsänderungs-Theorien,** die es mittlerweile gibt (vgl. z. B. *Hormuth* 1979), in Werbetheorie und -praxis bislang nur geringe Beachtung. Auch wenn die Erhebung von **Einstellungsprofilen** vor und nach einer Kampagne zum Standardrepertoire der Werbewirkungskontrolle zählt, interessiert man sich hier kaum dafür, wie sich gezielt Einstellungsänderungen herbeiführen lassen, deren Ergebnis auch noch als stabil gelten kann.

Wie wichtig indessen eine solche längerfristige Betrachtungsweise wäre, läßt sich am Beispiel des sog. **Sleeper-Effekts** (vgl. *Hovland / Weiss* 1951) demonstrieren. In sozialpsychologischen Experimenten konnte nachgewiesen werden, daß sich unter bestimmten Bedingungen geringe, sofort nach der Beeinflussung festgestellte Meinungsänderungen nach einem längeren Zeitraum (z. B. vier Wochen) verstärken und, umgekehrt, ausgeprägte Veränderungen u. U. nivellieren.

Nach *Sherif / Hovland* (1961) hängt die Eignung einer (Werbe-)Botschaft zur Einstellungsänderung u. a. davon ab, ob diese den **Akzeptanz-** oder den **Ablehnungsbereich** des kognitiven Systems der Zielperson anspricht. Aussagen, die den eigenen Einstellungen mehr oder weniger entsprechen, aktivieren den Akzeptanz-, gegenteilige den Ablehnungsbereich. Zwischen beiden läßt sich ein Übergangs- bzw. Indifferenzbereich vorstellen. Nach der **Assimilations-Kontrast-Theorie** muß dem Werbenden daran gelegen sein, seine Botschaft in die Akzeptanzzone der Zielgruppe zu projizieren. Nur dort wird sie **„assimiliert“.** Spricht sie den Ablehnungsbereich an, fällt die Modifikation der Einstellung geringer aus. Im Extremfall ist sogar ein **Bumerang-Effekt** zu befürchten: Die Einstellung verhärtet bzw. verändert sich weg von der angestrebten Position.

2.3. Die kommunikationstheoretische Ausrichtung der Werbelehre

Das Grundkonzept der kommunikationstheoretisch orientierten Forschung kommt in dem bekannten, erstmals im Jahre 1927 von dem amerikanischen Politologen *Harold D. Lasswell* (1960, S. 117) aufgestellten Kommunikationsmodell **„Who** says **what** in **which** channel to **whom** with **what** effect?“ zum Ausdruck. Abb. 8.8. illustriert die nach ihm benannte Formel.

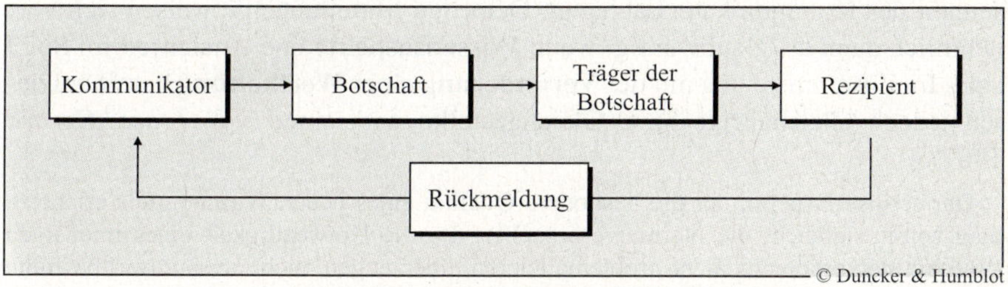

Abb. 8.8.: Allgemeines Kommunikationsmodell

Wenn man heute (Absatz-)Werbung überwiegend als eine spezielle Form der Kommunikation, d. h. als den bewußten Versuch, Menschen durch Einsatz spezifischer Kommunikationsmittel zu einem bestimmten, absatzwirtschaftlichen Zwecken dienenden Verhalten zu bewegen, definiert, so liegt dies daran, daß dieser pragmatische, aber dennoch systematische Forschungsansatz wie kein anderer eine **problemadäquate Strukturierung** des **Erkenntnisobjektes Werbung** ermöglicht. Insgesamt sind in der Kommunikationstheorie fünf grundlegende Richtungen, nämlich die sog. ***Yale*-Studien** zu Kommunikation und Einstellungswandel, **konsistenztheoretische Ansätze** des Einstellungswandels durch Kommunikation (beides sozialpsychologische Erklärungsversuche), das **Meinungsführer-,** das **diffusionstheoretische Konzept** und der **Nutzenansatz** (als Beiträge der Soziologie) zu unterscheiden (vgl. *Schenk* 1978).

2.3.1. Die Kommunikation aus sozialpsychologischer Sicht

(1) Der Kommunikator

Von den zahlreichen Eigenschaften, die man einem Kommunikator zuschreiben kann, fanden vor allem dessen **Glaubwürdigkeit,** die damit zusammenhängende **Durchschaubarkeit** seiner **Absichten,** die ihm entgegengebrachte **Sympathie** und der **Darbietungsstil** der **Kommunikation** Beachtung.

(a) Die Glaubwürdigkeit

Hovland / Weiss (1951) ließen zwei Gruppen von Versuchspersonen fingierte Zeitungsartikel lesen, in denen u. a. die Möglichkeit, in absehbarer Zeit atomgetriebene Unterseeboote zu bauen, diskutiert wurde. Der einen Gruppe nannten sie als Quelle den bekannten amerikanischen Atomphysiker *Oppenheimer,* der anderen die *Prawda.* Wie erwartet, erwies sich die erste Kommunikationsquelle als überzeugender, insbesondere schätzte man sie auch als fairer und vernünftiger in ihrer Argumentation als die Tageszeitung ein, die in der früheren Sowjetunion als Sprachrohr der Regierung fungierte.

Heute weiß man, daß die hier gemeinte Glaubwürdigkeit u. a. vom Sachverstand (Expertentum), aber auch vom Status, von der Autorität und der Entschlossenheit des Kommunikators abhängt. Derartige Mitteilungen erweisen sich vornehmlich dann als glaubwürdig, wenn **Wissensaspekte** und **Ansichten** im Spiel sind. Im Zusammenhang mit der **Veränderung** einer **Werthaltung** kommunizieren jedoch Gleichaltrige bzw. Gleichgestellte wirksamer (vgl. *Jones / Gerard* 1967).

Der seriöse Experte, der die besondere Qualität eines neuen Waschmittels erläutert, mag somit vielleicht die Normalverbraucher, die die Notwendigkeit eines intensiven Waschmittelverbrauchs nicht problematisieren, überzeugen, nicht aber umweltbewußte Konsumenten. Diesen zumeist jüngeren Personen würde besser ein hinsichtlich Alter, Status, Weltanschauung etc. gleichgestellter Kommunikator darlegen, daß in dem neuen Erzeugnis die umweltbelastenden Substanzen bis hin zur Unbedenklichkeit reduziert werden konnten.

(b) Die Durchschaubarkeit der Absichten

Zöge ein Kommunikator aus der Einstellungsänderung des Rezipienten persönlichen Nutzen, so würde dies seine Aufgabe spürbar erschweren. Diese sehr plausible These gilt als empirisch hinreichend bestätigt. Doch läßt sich die Folgerung, in der Werbung nur solche Kommunikatoren einzusetzen, denen keine eigennützigen Motive unterstellt werden können, nicht ohne weiteres in die Tat umsetzen; denn selbst Personen, die sog. **Testimonialwerbung** (vgl. Abschn. 3.5.2.) betreiben, werden, wenigstens nach Ansicht des Großteils des Publikums, in der einen oder anderen Weise für ihren Auftritt entlohnt. Offensichtlich dürfen sich also auch die an sich glaubwürdigen Laien-Kommunikatoren nicht auf die Übermittlung der eigentlichen Werbebotschaft beschränken, sondern sie sollten versuchen, altruistische Motive erkennbar werden zu lassen.

(c) Die Sympathie

Sympathische Kommunikatoren, die sich durch Merkmale wie Freundlichkeit, Warmherzigkeit, angenehmes Erscheinungsbild oder ähnliche Vorzüge auszeichnen, fördern in der Regel die Kommunikationswirkung, während unsympathische häufig wirkungslos bleiben oder gar negative Assoziationen auslösen. Die Werbepraxis hat sich – wiederum überwiegend intuitiv – schon früh des Konzepts des **Sympathieträgers** bemächtigt.

(d) Der Darbietungsstil

Hier verdienen vornehmlich die Ergebnisse von Analysen zur Sprechgeschwindigkeit und zum Sprachstil Beachtung. Danach hat eine langweilige, passive Darbietungsweise weniger Erfolg als ein dynamischer, kraftvoller Stil.

(2) Die Botschaft

Ein Werbetexter sieht sich häufig mit folgendem Konflikt konfrontiert: Soll er nur Argumente einsetzen, die zugunsten des beworbenen Produkts sprechen, und damit Gefahr laufen, daß die Zielgruppe diese als tendenziös, manipulativ und übertrieben, kurz als unglaubwürdig abwertet, oder soll er auch Gegenargumente verwenden und dadurch vielleicht schlafende Hunde wecken? Untersuchungsbefunden zufolge ist die sog. **einseitige Kommunikation** in der Regel dann vorzuziehen, wenn vorhandene Einstellungen lediglich zu bestätigen oder zu verstärken sind. Die **zweiseitige** Kommunikation hingegen erweist sich als überlegen, sofern die Zuhörer bereits Für und Wider eines Themas kennen (vgl. *Hovland / Lumsdaine / Sheffield* 1949).

Für die Festlegung der **Abfolge** der **Argumente** ist es wichtig zu wissen, ob Reihenfolgeeffekte auftreten können. Setzt sich die erste Informationseinheit stärker durch **(Primacy-Effekt)**, etwa weil ihr noch am ehesten Aufmerksamkeit zuteil wird bzw. weil die Zuhörer noch relativ unvoreingenommen sind, oder erweist sich das letzte Argument als das überzeugendere **(Recency-Effekt)**, weil dieses möglicherweise besser im Gedächtnis haften bleibt als die anfänglich dargebotenen Aussagen (vgl. *Hovland / Mandel* 1957)? Offenbar ist ein Recency-Effekt vornehmlich dann zu erwarten, wenn die Argumentationskette zeitlich stark gedehnt und die Einstellung unmittelbar nach Aussendung der letzten Information gemessen werden. Muß eine Werbemaßnahme Argumente enthalten, die sowohl Bedürfnisse wecken sollen als auch Möglichkeiten zu deren Befriedigung aufzeigen, so liegt die zu wählende Reihenfolge nahe. Hinsichtlich der Abfolge von Pro- und Kontra-Argumenten wird es sinnvoll sein, mit schwachen Gegeninformationen zu beginnen, um sich vom Stereotyp der beschönigenden Werbung abzuheben und so Interesse zu wecken, wobei dieses dann mit positiven Aussagen den eigenen Zielen entsprechend genutzt wird.

(3) Das Medium

Unter den unterschiedlichen **Darbietungsformen** gilt persönliche Kommunikation („face to face") im allgemeinen als am wirksamsten, um eine Einstellungsänderung auszulösen, gefolgt von der visuellen (z. B. Fernsehen) und der auditiven (z. B. Funk). Am wenigsten vermag im Durchschnitt die schriftliche Variante (z. B. Zeitschriften) zu überzeugen. Bezieht man die Komplexität der Botschaft in die Überlegung ein, so ergibt sich etwas anderes: *Chaiken / Eagly* (1976) beispielsweise berichten von einer Überlegenheit der schriftlichen Kommunikation, sofern es sich um **anspruchsvolle Aussagen** handelt. Bei leicht verständlichem Material dürfte indessen die visuelle Darbietung erfolgversprechender sein.

(4) Der Rezipient

Bei der hier im Mittelpunkt stehenden Frage, ob es die prinzipiell leicht oder die schwer beeinflußbare Persönlichkeit gibt, muß von der von *McGuire* (1969) vorgebrachten These von der Existenz kompensatorischer Wirkungen ausgegangen werden. Demnach konterkarieren Persönlichkeitsmerkmale wie Dogmatismus oder Selbstwertgefühl wichtige Teilprozesse der Beeinflussung, etwa die Rezeption und Akzeptanz einer Botschaft. Häufig entfalten Persönlichkeitsmerkmale, die deren kognitive Aufnahme und Verarbeitung begünstigen (z. B. Intelligenz), einen negativen Einfluß auf die Bereitschaft, diese auch inhaltlich zu übernehmen (Beeinflussungseffekt), und umgekehrt.

Auch der Beitrag des **Selbstwertgefühls** für die Beeinflußbarkeit von Rezipienten entspricht keinem einfachen Muster. So zeigten sich selbstbewußte Personen von simplen, suggestiven Botschaften recht wenig beeindruckt, dies vermutlich deshalb, weil sie von der Richtigkeit der eigenen Ansichten überzeugt waren. Ihre Bereitschaft, andersgeartete Positionen zu übernehmen, stieg erst dann an, als diese in einer komplexen, argumentativen Verpackung vermittelt wurden. Umgekehrt sprachen wenig selbstbewußte Personen am besten auf einfache Argumente an (vgl. *Stroebe* 1980, S. 344).

2.3.2. Die Kommunikation aus soziologischer Sicht

Ausgangspunkt dieser Forschungsrichtung ist die Erkenntnis, daß nicht ausschließlich psychologische Variablen, wie etwa die Glaubwürdigkeit der Medien, deren Effizienz beeinflussen. Im Rahmen einer umfassenden Kommunikationsforschung sei deshalb die Einbeziehung des sozialen Umfeldes, in dem der Kontakt zwischen Medium und Rezipienten stattfindet, unumgänglich.

2.3.2.1. Das Meinungsführer-Konzept

Von dem Bemühen, die zwischen Massenkommunikation und interpersonaler Kommunikation bestehenden Beziehungen aufzudecken, vermag das Marketing insofern zu profitieren, als sowohl die anonyme als auch die persönliche Kommunikation das Verhalten der Konsumenten maßgeblich zu beeinflussen vermögen. Wie *Lazarsfeld / Berelson / Gaudet* (1968) bei Untersuchung des Einflusses, den die Massenmedien auf den amerikanischen Präsidentschaftswahlkampf des Jahres 1940 ausübten, herausfanden, werden Wähler stärker durch andere Personen, sog. **Meinungsführer,** in ihrer Wahlentscheidung beeinflußt als durch die Massenmedien. Somit liegt es nahe, sich den Kommunikationsprozeß nicht einstufig, d. h. als direkte Beeinflussung der Rezipienten durch den Kommunikator, sondern **zweistufig** vorzustellen („two step flow of communication").

Nach diesem Modell erreichen von den Massenmedien verbreitete Informationen zunächst die sog. **„opinion leaders"**, die die Rolle des Vermittlers zwischen Massenmedien und Rezipienten spielen. Ihnen fallen nicht nur die Übertragungs-, sondern auch eine **Verstärkerfunktion** zu, wodurch sie ihrerseits, im Wege der „face to face communication", auf die als passiv gedachten übrigen Adressaten einer (Werbe-)Botschaft einwirken. Zugleich spielen sie die Rolle eines „gate keeper", indem sie die erhaltenen Informationen filtern und folglich die informelle Kommunikation thematisch kontrollieren.

Die **soziale Distanz** zwischen Meinungsführern und Gefolgsleuten hält sich in einem Rahmen, der die intendierten Übertragungsprozesse zuläßt bzw. ermöglicht. Die Betroffenen sind im übrigen nur dann erfolgreich, wenn sie als kompetent gelten und anscheinend keinen persönlichen Vorteil aus ihrer Funktion ziehen. Sie stammen keineswegs aus einer bestimmten sozialökonomischen Schicht, identifizieren sich weitgehend mit den Gruppennormen und sind im sozialen Beziehungsgeflecht günstig positioniert, so daß gewährleistet ist, daß die Informationssuchenden leicht Zugang zu ihnen finden.

Das Eigenschaftsprofil von Meinungsführern vermag jedoch nicht darüber hinwegzutäuschen, daß deren **Identifikation** zu den zentralen Problemen, die mit dem Konzept verbunden sind, zählt. Als Möglichkeiten zur Spezifizierung der Führerrolle kommen die Beobachtung der Art und Weise, wie Menschen miteinander umgehen und reden, sowie die Ex-post Befragung in Betracht. Bei letzterem Ansatz wird der Kommunikationsprozeß mit Hilfe der subjektiven Wahrnehmung der Beteiligten rekonstruiert, wobei in der Praxis insbesondere soziometrische Tests und Verfahren der Selbsteinschätzung Verwendung finden (vgl. *Kroeber-Riel* 1992, S. 538 ff.).

Weitgehend unstrittig ist, daß Meinungsführerschaft, wie *Katz* (1973, S. 99 ff.) nachwies, kaum je generell, sondern **themenspezifisch** besteht. So wird niemand auf die Idee verfallen, die Meinung eines Heimwerkers, dessen Rat beim Kauf einer Bohrmaschine willkommen ist, beispielsweise auch zu Modefragen einzuholen.

Die massive, empirisch untermauerte Kritik, in deren Rahmen *Bostian* (1970) darauf hinwies, daß von Anfang an niemals ein zweistufiger Kommunikationsfluß, sondern lediglich die Nicht-Existenz eines „one step flow" belegt worden sei, gab zu wiederholter Modifikation des Konzeptes Anlaß. Großen Anklang fand dabei *Troldahls* (1966) Vorstellung von einem **„two cycle flow of communication"** als Weiterentwicklung des Zweistufenmodells. Er plädiert für eine strikte Trennung von Informationsfluß und Beeinflussung. Damit korrespondieren Befunde u. a. von *Deutschman / Danielson* (1960), wonach für ein ganzes Land wichtige Ereignisse der Gesamtheit der Bevölkerung direkt, via Massenmedien, bekannt werden, während sich die – besser unterrichteten – Meinungsführer mit der Vermittlung ergänzender Informationen begnügen.

Die umfangreiche Diskussion um den **Informationsfluß** läßt sich folgendermaßen zusammenfassen: Das Konzept des „one step flow of communication" erscheint angemessen, soweit es um **einfache Lernprozesse,** d. h. die Aufnahme nicht erklärungsbedürftiger Sachverhalte geht (Informationsfluß). Das Modell des „two step flow" dürfte dann überlegen sein, wenn es gilt, die **Veränderung** von **Einstellungen** und **Verhaltensweisen** zu erklären (Beeinflussung). *Troldahls* (1966) „two cycle flow-Modell" verknüpft beide Vorgänge miteinander (vgl. Abb. 8.9.).

Worin besteht die **Marketingrelevanz** des Meinungsführer-Konzepts? Auch wenn man in Rechnung stellt, daß zwischen der Übermittlung von Informationen über das Tagesgeschehen und der Verbreitung von Werbebotschaften erhebliche Unterschiede bestehen, regt dieser Ansatz immerhin dazu an, im Rahmen einer **Zielgruppenstrategie** den unterschiedlichen **Kommunikationsbedürfnissen** der **„followers"** und **„leaders"** Rechnung zu tragen. Das Ineinandergreifen von Massen- und persönlicher Kommunikation dürfte zumindest dann zu beachten sein, wenn teure, selten gekaufte und schwierig zu beurteilende Produkte oder Prestigeartikel beworben werden.

Eine Unternehmung beispielsweise, die Schwimmbecken verkauft, wählte „aus jedem Nachbarschaftsverbund eine Familie aus und überließ ihr ein Schwimmbad zu Selbstkosten, weit unter dem Marktpreis. An diesen günstigen Preis wurde die Bedingung geknüpft, daß die Nachbarn das Schwimmbecken ausprobieren dürfen und daß der ausgewählte Besitzer des Schwimmbeckens alle Nachbarn über Gespräche und Beratungen von seinen Erfahrungen profitieren läßt" *(Kroeber-Riel* 1992, S. 547).

Nicht anders verhält sich ein Hersteller von Geräten im Bereich der Elektronischen Datenverarbeitung, der sich, um im Markt Fuß zu fassen, nach einigen **Referenzkunden** umsieht. Diese erhalten die Anlage u. U. sogar kostenlos zur Verfügung gestellt, nur damit sich der Hersteller bei seinen Verkaufsbemühungen immer wieder auf diese doch so bekannten, mit seinem Produkt höchst zufriedenen Kunden berufen kann. Nur vereinzelt werden diese direkt beim Wort genommen, so etwa, wenn sich ein Interessent für das Angebot des Herstellers an Ort und Stelle von der von den „Vorzeige"-Kunden gemachten positiven Erfahrung überzeugen will.

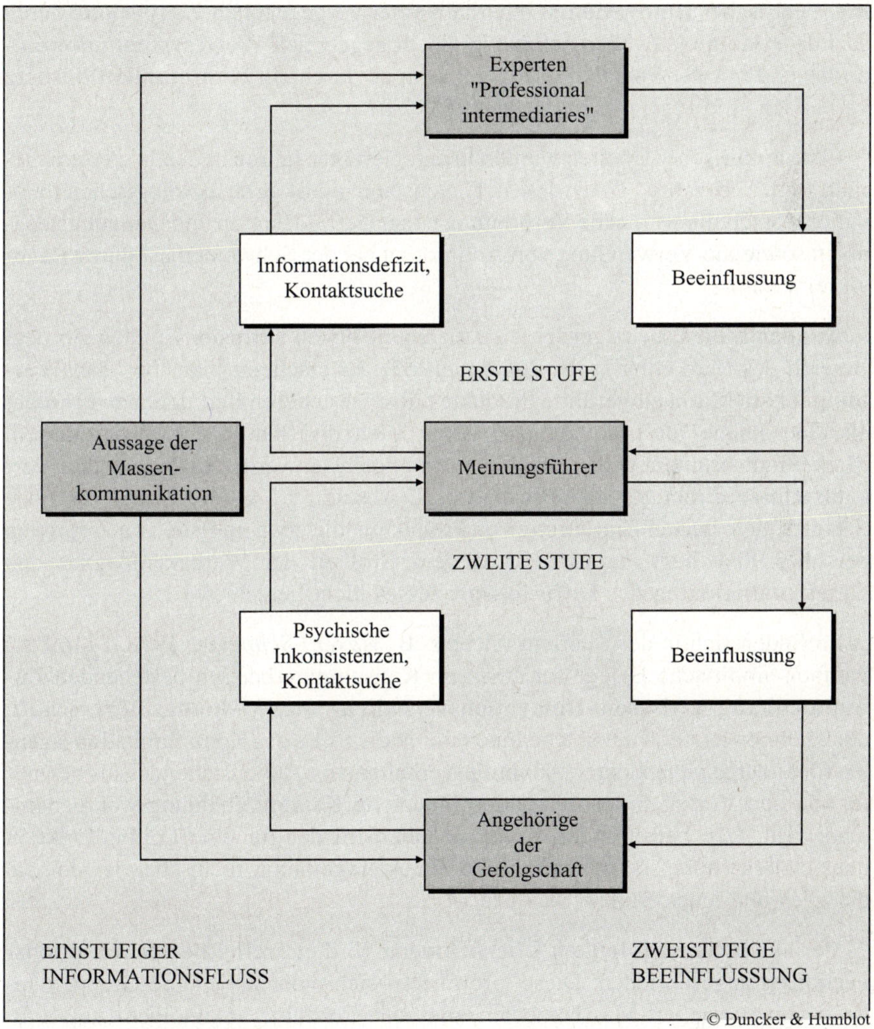

Quelle: *Schenk* 1978, S. 168.

Abb. 8.9.: Modell der einstufigen Informationsvermittlung und der zweistufigen Beeinflussung

2.3.2.2. Das diffusionstheoretische Konzept

Das Konzept der Meinungsführerschaft wurde vor allem von der Diffusionsforschung aufgegriffen. Unter **Diffusion** versteht man, wie in § 10, Abschn. 3.1.2., dargelegt wird, den Prozeß der Ausbreitung innovativer Ideen, Produkte etc. in sozialen Systemen. Eine umfassende Diffusionsstudie zur Untersuchung eines Kommunikationsprozesses müßte folgende Aspekte berücksichtigen: **Übernahme** spezifischer **Innovationen** innerhalb einer vorgegebenen **Zeitperiode** durch **soziale Systeme** jedweder Art, die in einem gegebenen **Wertesystem untereinander** und mit der **Sozialstruktur** der Gruppe durch ein **Kommunikationsnetz** verbunden sind (vgl. *Naschold* 1988, S. 57 f.).

Erste empirische Arbeiten wurden in den vierziger Jahren in den USA durchgeführt (vgl. z. B. *Ryan / Gross* 1943). Gegenstand dieser agrarsoziologischen Innovationsforschung waren die Verbreitung neuer Getreidesorten und Düngungstechniken sowie die Verwendung von Antibiotika bei der Schweinemast durch Landwirte.

Aus den frühen sechziger Jahren datieren die ersten Diffusionsstudien aus dem Bereich des Marketing (z. B. *Zaltman* 1965). Es erscheint plausibel, daß **Werbung** für am Markt eingeführte Produkte teilweise anderen Bedingungen gehorcht als eine solche für Innovationen. Wenn auch die Schuld an „flops" diesem Marketinginstrument genausowenig allein angelastet werden kann, wie ihm Verkaufserfolge direkt zurechenbar sind (vgl. Abschn. 4.2.), deutet doch die hohe Scheiterquote bei der Einführung von Produkten, die etwa im Falle von Zigaretten bei über 90% liegt, darauf hin, daß ein Großteil der Werbekampagnen den **Gesetzmäßigkeiten** des **Diffusionsprozesses** nicht gerecht wird.

So finden sich in der Literatur (siehe z. B. *Mayer / Schneider* 1978, S. 169 ff.) vielfach empirische Belege für einen im Konsumgüterbereich bestehenden **Zusammenhang** zwischen **Innovationsverhalten** und **Meinungsführerschaft**, doch können letztlich nur solche Innovatoren die Rolle des Kommunikationsagenten für andere spielen, deren Adoptionsverhalten von Außenstehenden als bewußte, von den Vorteilen der Innovation induzierte Kaufentscheidung wahrgenommen wird. Den betreffenden Konsumenten wird der für eine Leitbildfunktion unersetzliche hohe sozioökonomische Status eingeräumt, nicht aber denjenigen, die alles und jedes kaufen, was neu ist.

Vor allem den sog. **frühen Übernehmern** wird ein **reflektiertes Adoptionsverhalten** zugeschrieben. Diese informieren sich mehr als andere Gruppen anhand von speziellen Massenmedien, die neue Produkte ankündigen (vgl. z. B. *Lazer / Bell* 1966). Die Betroffenen sind auch besser in die sozialen Systeme eingebunden und entsprechen so in hohem Maße den Vorstellungen von einem meinungsbildenden Innovator, auf den sich die ersten Aktivitäten einer mehrstufig konzipierten Werbekampagne konzentrieren sollten.

Verständlicherweise müssen die Anstrengungen zunächst darauf gerichtet sein, diesen Kreis zum Kauf der Neuheit zu bewegen, wobei eine rationale Ansprache dessen **Argumentationsstil** in aller Regel am besten entspricht. Dadurch werden gleichzeitig die für die Rolle des Informationsmittlers unabdingbaren **Fakten** vermittelt. Die – in der Terminologie der Diffusionsforschung – **frühen** und **späten Mehrheiten** sowie die **Nachzügler** sollten dagegen mittels maßgeschneiderter Werbebotschaften dazu angeregt werden, den **Kontakt** zu den Innovatoren und insbesondere zu den frühen Übernehmern zu suchen. Da ihr Konsumverhalten durch eine mehr oder minder ausgeprägte Scheu vor Risiken charakterisiert ist, dürfte sie vorrangig der Hinweis auf die Möglichkeit, von den Erfahrungen der Frühverwender zu profitieren, motivieren.

2.3.2.3. Das Nutzenkonzept

Die bislang dargestellten kommunikationstheoretischen Ansätze basieren auf dem mechanistischen **Wirkungsparadigma,** d. h. das relevante Verhalten der Menschen wird als Reaktion auf die dargebotenen Medienreize angesehen. Der **Nutzenansatz** trägt dagegen mit seiner Vorstellung von einem aktiven Publikum der dabei vernachlässigten Eigenständigkeit und Zielstrebigkeit der Rezipienten Rechnung (vgl. *Katz / Foulkes* 1962, S. 378). Auch die sorgfältigste, allen „Geheimnissen" der Kommunikationswissenschaft entsprechende Kommunikationsstrategie muß dieser Sichtweise zufolge verpuffen, falls sie nicht auf die Ziele, Bedürfnisse und Erwartungen der Umworbenen eingeht. So berücksichtigt insbesondere die **Gratifikationsforschung** auch die Vorteile, die die Rezipienten aus dem Kontakt mit den Medien ziehen.

Diese Sicht kulminiert im sog. **Escape-Motiv** der **Mediennutzung.** Nach diesem Konzept leiden Menschen in der modernen Industriegesellschaft vielfach unter Entzugserscheinungen und sind durch die Bedingungen des Arbeits- und Produktionsprozesses entfremdet, so daß es ihnen in ihrer Freizeit lohnend erscheint, in die Traumfabrik der Massenmedien einzusteigen: „Escape" wird zu einem zentralen Bedürfnis (vgl. *Schenk* 1978, S. 219).

Sieht man von der diesem Ansatz entgegengebrachten **Kritik** ab – es bleibt vor allem ungeklärt, weshalb Rezipienten bestimmte Bedürfnisse über die Welt um sich herum empfinden und weshalb sie dem Medienangebot weithin die Fähigkeit zuschreiben, diese zu befriedigen –, so sind die **werbepolitischen Konsequenzen,** die aus dem Nutzenkonzept zu ziehen sind, offensichtlich. Es muß ein Anliegen der **Werbegestaltung** sein, wenigstens einige für die jeweilige Zielgruppe relevante Nutzenmotive anzusprechen, um Aussicht auf Erfolg zu haben.

3. Entscheidungsebenen und Entscheidungshilfen

3.1. Das Bezugsobjekt

Als Objekt unternehmerischer Kommunikation lassen sich **Unternehmen, Leistungsangebot, Branche** sowie **gesellschaftliches Anliegen** unterscheiden. Deren kommunikationsbezogene Besonderheiten sollen im folgenden einer differenzierten Betrachtung unterzogen werden.

(1) Steht die **Unternehmung** im Mittelpunkt kommunikativer Aktivitäten, wird vor allem das Ziel verfolgt, Vertrauen in das gesamte Angebot zu schaffen. Auf der Basis eines firmenspezifischen, alle einzelnen kommunikationspolitischen Maßnahmen überlagernden Stils streben viele Unternehmen danach, den im Laufe der Jahre erworbenen Goodwill, der sich in einer positiven Grundhaltung der Umworbenen gegenüber dem Unternehmen ausdrückt, für ihre Marketingaktivitäten zu nutzen. In dem Maße, in dem zu vordergründigen, die Identifikation erleichternden Gestaltungsmaßnahmen, wie unverwechselbarem Design und einheitlicher Sprachregelung, die Ausrichtung der Kommunikationspolitik an der Unternehmensphilosophie tritt, nähert sich das Bündel unternehmensbezogener Kommunikationsaktivitäten dem **Corporate Identity-Ansatz** an.

(2) In den meisten Fällen stehen im Zentrum kommunikationspolitischer Maßnahmen **Produkt, Programm** bzw. **Dienstleistung**. Hierbei ist es vorrangiges Ziel, die Kompetenz des Unternehmens gegenüber der anvisierten Zielgruppe anhand konkreter Leistungsbündel zu demonstrieren und durch eine eindeutige Positionierung des Bezugsobjekts im Wahrnehmungsraum des betreffenden Bedarfsträgers Präferenzen aufzubauen. Zumindest langfristig sollen diese das Nachfrageverhalten in der Weise beeinflussen, daß sich letztere in einer Wahlsituation für das fragliche Produkt entscheiden.

(3) Nicht ganz trennscharf von Formen der Kollektivwerbung (vgl. Abschn. 3.5.2.) lassen sich kommunikative Aktivitäten von **Branchen** unterscheiden. Hiermit wird in der Regel das Ziel verfolgt, Vertrauen in die Aktivität eines ganzen Wirtschaftszweiges zu wecken sowie eine positive Grundhaltung gegenüber diesem in der unternehmenspolitisch relevanten Umwelt zu verankern. Beispiele für derartige kommunikative Aktivitäten bilden Kampagnen der Pharmazeutischen und der Chemischen Industrie, mit deren Hilfe versucht wird, den Beitrag dieser Branchen für das gesellschaftliche Wohlergehen herauszustellen.

(4) Kommunikativen Aktivitäten für **gesellschaftliche Anliegen** können sowohl soziales Engagement als auch die Verfolgung von Unternehmensinteressen zugrundeliegen. Gegenstand dieser Spielart der Kommunikation bilden neben Problemen, die im Verhalten von Mitgliedern der Gesellschaft liegen, auch solche, die in einer Unterversorgung eines Bevölkerungskreises mit Gütern ihren Ausdruck finden. Hierbei unterscheidet man Organisationen, deren eigentlicher Un-

ternehmenszweck die Durchführung derartiger Programme ist, und solche, bei denen diese lediglich Mittel zur Erreichung eines übergeordneten Organisationsziels darstellen. Ersterer Kategorie lassen sich z. B. der *Deutsche Caritas Verband,* die *Welthungerhilfe* sowie die *Deutsche Krebshilfe* zuordnen, während letzterer beispielsweise jene Unternehmen subsumiert werden, die, indem sie einen Beitrag zur Bewältigung ökologischer Herausforderungen leisten, unternehmerische Ziele zu erreichen hoffen.

3.2. Die Zielsetzung

Kommunikationspolitische Maßnahmen verkörpern keinen Selbstzweck, sondern sollen einen Beitrag zur Erreichung der Unternehmens- bzw. Marketingziele leisten. Die von diesen nicht immer eindeutig abzugrenzenden **kommunikativen Ziele**, die von der Mehrzahl der Autoren in einen Teil mit primär **ökonomischem** und einen anderen mit vornehmlich **außerökonomischem** Charakter gegliedert werden, sollen helfen, die im Rahmen der Kommunikationspolitik zu ergreifenden Aktivitäten zu kanalisieren. Ökonomische Ziele lassen sich dabei als unmittelbar auf Kaufhandlungen bezogen, außerökonomische als nur mittelbar darauf gerichtet kennzeichnen. Diese Kategorien stellen somit keine alternativen Wirkungsebenen dar. Vielmehr handelt es sich bei den außerökonomischen Kommunikationszielen um eine Art Vorläufer der ökonomischen Wirkung, die Auslösung des angestrebten Kaufaktes. Gemeinsam bilden beide Kategorien die Basis zur Formulierung von Kriterien zur Kontrolle des Erfolgs kommunikativer Maßnahmen (vgl. Abschn. 4.).

3.2.1. Ökonomische Kommunikationsziele

Im Hinblick darauf, daß der Einsatz kommunikationspolitischer Instrumente hohe Kosten verursacht, kommt Werbung, Verkaufsförderung, Öffentlichkeitsarbeit und Sponsoring **Investitionscharakter** zu. Investitionen haben jedoch nur dann eine Berechtigung, wenn ihnen ein hinreichend großer Ertrag gegenübersteht. Es erscheint aus diesem Grunde verständlich, daß Kommunikationsziele häufig durch monetäre, wirtschaftliche Größen operationalisiert werden.

Eine Diskussion kommunikativer Ziele, ohne sich mit Möglichkeiten zur Messung des jeweiligen Erreichungsgrades zu befassen, erscheint nicht sinnvoll. Als zentrale ökonomische Erfolgsmaßstäbe gelten vor allem der **Kommunikationsertrag**, der aus der kommunikationsbedingten Umsatzänderung resultiert, und der **Kommunikationsgewinn**, der sich als Differenz zwischen der durch die Kommunikationsaktivität erzielten Umsatzänderung und den hierbei angefallenen Kosten ergibt.

Der entscheidende Vorteil derartiger Erfolgsgrößen liegt in der vergleichsweise kostengünstigen Erlangung jener Daten, die für die Kontrolle des Kommunikationserfolges erforderlich sind. Freilich erscheinen derartige Kenngrößen, wie auch die Ausführungen über die ökonometrische Werbewirkungsanalyse (vgl. Abschn. 4.) verdeutlichen werden, als Maßstab der Effektivität kommunikativer Maßnahmen in mehrfacher Hinsicht problematisch, da sich insbesondere folgende gravierende **Zurechnungsprobleme** ergeben.

(1) Vor dem Hintergrund der Überlegung, daß der Absatz einer Unternehmung auf dem kombinierten Einsatz aller Instrumente des Marketing-Mix beruht, können kommunikative Maßnahmen zwar günstige Voraussetzungen für eine Erhöhung des Umsatzes schaffen. Ob aber das hiermit verfolgte Ziel erreicht oder verfehlt wird, ist nicht allein Sache der Kommunikationspolitik, da nur ein aufeinander abgestimmtes **Marketing-Mix** eine optimale Wirkung zu entfalten vermag.

(2) Zudem bereitet es häufig erhebliche Schwierigkeiten, den Umsatz- oder Gewinnbeitrag der Kommunikationspolitik **periodengerecht abzugrenzen**. So könnte sich ein Verbraucher, der heute ein Kommunikationsmittel sieht, zu einem späteren Zeitpunkt, an dem er ein entsprechendes Bedürfnis empfindet, an das beworbene Produkt erinnern und dieses erst dann kaufen. Eine derartige zeitliche Wirkungsverzögerung wird als **Carry over-Effekt** bezeichnet.

Andere Abgrenzungsprobleme treten auf, wenn im betrachteten Zeitraum mehrere Kommunikationsstrategien zum Einsatz gelangen. Dann läßt sich infolge eines möglicherweise auftretenden **Spill over-** bzw. **Ausstrahlungseffekts** der Beitrag, den eine Aktivität zur Zielerreichung leistet, nicht eindeutig isolieren.

Schließlich müssen sog. **Beharrungseffekte** („decay") berücksichtigt werden. Die intendierte Absatzsteigerung tritt weder unmittelbar mit Beginn einer Kampagne ein, noch bildet sie sich unmittelbar mit deren Beendigung zurück (vgl. z. B. *Clarke* 1976). Deshalb verleitet die Nachwirkung vorangegangener kommunikationspolitischer Aktionen zu einer Überschätzung der Effizienz zuletzt getroffener Maßnahmen.

(3) In **Mehrproduktunternehmen** kann der Einsatz von Werbung, Verkaufsförderung, Öffentlichkeitsarbeit und Sponsoring nicht nur beim im Zentrum der Aktivitäten stehenden Objekt zu einer Umsatzänderung führen, sondern beispielsweise auch bei nachfrageverbundenen Gütern oder bei Produkten, die derselben Markenfamilie zuzuordnen sind. Es verwundert somit nicht, daß sich die Wirkung derartiger Maßnahmen kaum einzelnen Aktivitäten zurechnen läßt.

(4) Schließlich kann eine Umsatzänderung auch die **Struktur** der **Produktions-** und **Distributionskosten** verändern, z. B. durch eine Verringerung der Stückkosten bei besserer Auslastung von Anlagen oder durch Erlangung günstigerer Konditionen im Beschaffungsbereich. Dies wird oft zu Gewinnen führen, die

mit kommunikationspolitischen Aktivitäten in einem nur mittelbaren Zusammenhang stehen.

3.2.2. Außerökonomische Kommunikationsziele

Die skizzierten Probleme bei der Operationalisierung ökonomischer Kommunikationsziele haben dazu geführt, daß heute vielfach **außerökonomische Indikatoren**, d. h. nichtmonetäre Kenngrößen herangezogen werden. Dazu zählen beispielsweise die Aktivierung potentieller Konsumenten, die Verbesserung deren Informationsstand, die Schaffung von Sympathie in bezug auf die Unternehmung bzw. deren Angebot sowie die Veränderung von Einstellungen. All dies soll letztlich das Kaufverhalten beeinflussen und damit auch einen Beitrag zur Erreichung der ökonomischen Ziele leisten. Nach Durchsicht der einschlägigen Literatur erstellte *Heuer* (1968) einen Katalog möglicher Ziele, der auszugsweise in Tab. 8.4. wiedergegeben ist.

Tabelle 8.4.

Außerökonomische Kommunikationsziele
• Bekanntmachen eines neuartigen Produkts, einer neuen Marke oder eines neuen Unternehmens • Erhöhung des Bekanntheitsgrades eines bereits vorhandenen Produkts • Beeinflussung bestehender Verbrauchs- oder Verwendungsgewohnheiten in bezug auf ein vorhandenes bzw. einzuführendes Produkt • Information der Bedarfsträger (z. B. über Preisänderungen bei einem Produkt) • Beeinflussung des Produktimage in eine bestimmte Richtung (z. B. Verjüngung, Modernisierung, Anhebung) • Erregung von Neugier, die den Umworbenen in ein Geschäft führen soll, auch wenn zunächst noch keine Kaufabsicht besteht • Vermittlung des Wunsches, anderen Menschen nachzueifern, die das angebotene Produkt bereits besitzen oder verwenden • Erhaltung der Kundentreue • Steigerung des Goodwill gegenüber dem Unternehmen und / oder seinen Produkten bzw. Dienstleistungen • deutliche Abhebung des eigenen Produktes von Konkurrenzerzeugnissen

Quelle: *Heuer* 1968, S. 4 f.

Außerökonomische Kriterien kommunikativer Wirkung sind, wie die Tabelle ausweist, somit meist **psychologischer Art**. Eine Analyse zahlreicher Fallstudien belegt, daß in der Praxis weitaus am häufigsten die Ziele Steigerung des Bekanntheitsgrades und Annäherung an das Idealimage verfolgt werden (vgl. *Hörschgen / Gaiser / Strobel* 1981, S. 14). Als übergeordnetes Kommunikationsziel ist aber letztlich zumeist das Bestreben anzusehen, potentielle Kunden derart zu beeinflussen, daß sie sich in einer Wahlsituation für das beworbene Produkt entscheiden.

Systematisch geordnet werden die wichtigsten Kommunikationsziele in den sog. **Stufenkonzepten** der Kommunikationswirkung, die das gesamte Zielspektrum von der Hinführung eines Verbrauchers zu einem Produkt bis zur abschließenden Kaufhandlung umfassen. So legt die bereits 1898 von *Lewis* formulierte *AIDA*-Regel folgende Aufgaben fest: „to capture **a**ttention, to maintain **i**nterest, to create **d**esire and to get **a**ction" (zit. nach *Jacobi* 1972, S. 55). In der Folgezeit kam es zu zahlreichen Abwandlungen dieses Grundmodells, wobei teilweise das Interesse nicht als Folge, sondern als Voraussetzung von Aufmerksamkeit verstanden *(IADA)* oder eine Wirkungsstufe, „to gain **c**onfidence", hinzugefügt wurde *(AIDCA)*.

Neben der AIDA-Regel existiert eine Vielzahl weiterer, sich mehr oder weniger ähnelnder Stufenmodelle der Kommunikationswirkung. Durch alle zieht sich wie ein roter Faden die Vorstellung, daß der Umworbene von der Konfrontation mit der kommunikativen Botschaft bis zum Kaufentscheid zwischen vier und zehn Wirkungsstufen durchläuft, die eine sog. **Hierarchie** der **Effekte** bilden. Im wesentlichen basieren diese Modelle auf der Überlegung, daß von einem Kommunikationsmittel ein Stimulus ausgeht, der die Intention fördert, die Aufmerksamkeit des anvisierten Bedarfsträgers zu erregen. Ist dies gelungen, so soll die sich anschließende bewußte Wahrnehmung der Botschaft Interesse für die angebotene Ware wecken, woraus sich ein Kaufwunsch entwickeln kann, der schließlich zum Kaufakt führt.

Dieses Rahmenkonzept stieß auf zahlreiche Einwände. Vor allem von seiten der Ganzheits- und Gestaltpsychologie wurde grundsätzliche Kritik gegenüber einem derartigen Modell vorgetragen: „Wirkungsfaktoren der Werbung können nicht in kausalmechanischer Betrachtungsweise gegliedert werden; sie sind in Wechselwirkung miteinander stehende, gleichrangige, wenn auch in konkreten Situationen keinesfalls gleichgewichtige innere Determinanten eines Verhaltens- oder Wahrnehmungsfeldes" *(Jacobi* 1972, S. 58).

Auch wer den ganzheitlichen Standpunkt nicht teilt, wird einräumen, daß es sich bei diesen kognitiv-emotionalen „Kettenreaktionen der Kommunikationswirkung" allenfalls um eine **idealtypische Modellvorstellung** handelt. Zudem wäre es falsch anzunehmen, daß jede Stufe sukzessiv durch ein Kommunikationsmittel angesprochen werden müßte bzw. daß die einzelnen Hierarchieschritte sukzessive durchlaufen würden, bis eine (Kauf-)Verhaltensmanifestation eintritt. Vielmehr variieren und überlagern sich die einzelnen Stufen, z. B. in Abhängigkeit von der Art des Kaufs. So geht etwa dem Impulskauf kein langwieriger Entscheidungsprozeß voraus, und beim Wiederholungskauf kommen nur routinehaft verkürzte

Entscheidungsmuster zum Tragen, die andere Kommunikationsstrategien erfordern als die den Stufenkonzepten zugrundeliegende Annahme eines extensiven Entscheidungsprozesses.

Auch die **Stellung** des beworbenen Erzeugnisses im **Lebenszyklus** präjudiziert geeignete kommunikationspolitische Ziele. Beispielsweise geht es in der Einführungsphase primär darum, die Verbraucher mit der Existenz eines Produktes vertraut zu machen und zu einem Probekauf zu bewegen. Dies zeigt auch, daß Kommunikationsziele einer zeitlichen Eingrenzung bedürfen, und zwar nicht nur hinsichtlich der in verschiedenen Zeitabschnitten zu erreichenden Zielgruppe, sondern auch in bezug auf die jeweils zu übermittelnde Botschaft. So mögen die in der Einführungsphase anzusprechenden Verbraucher insbesondere für Aussagen empfänglich sein, die den innovativen Charakter eines Produktes hervorheben, während sich die in den nachfolgenden Phasen des Lebenszyklus anvisierten sog. Nachzügler eher durch Hinweise auf dessen Bewährung zu einem Kauf motivieren lassen.

Kritik an dem Stufenmodell wird auch in folgender Hinsicht geäußert:

- Eine mögliche Wechselwirkung zwischen den einzelnen Modellstufen wird nicht erfaßt.
- Die für die Entstehung von Produkt- bzw. Markentreue wichtige Nachkaufphase bleibt weitgehend unberücksichtigt. Insbesondere Käufer eines höherwertigen Gutes müssen kommunikativ „nachbetreut" werden. Wenn, bedingt durch die mit dem erworbenen Artikel erlangte Erfahrung und / oder den nicht gewählten Alternativen im nachhinein zugeschriebenen Nutzen, eine kognitive Dissonanz entsteht, sollten Gegenargumente kommuniziert werden, die geeignet sind, dieser Inkongruenz entgegenzuwirken.
- Das Stufenmodell vermittelt den Eindruck, daß die Kaufwahrscheinlichkeit in dem Maße steigt, in dem man sich in der Zielhierarchie nach oben arbeitet. Ein empirischer Beleg für diese Annahme existiert jedoch bislang nicht (vgl. *Hörschgen* 1978, S. 261 f.).

3.3. Das Aktionsfeld

Die Erkenntnis, daß es keine generelle, sondern nur eine **gruppenspezifische Wirksamkeit** kommunikativer Maßnahmen gibt, erklärt die besondere Aufmerksamkeit für (Kommunikations-)Zielgruppen. Vor diesem Hintergrund erscheint es notwendig, bei Entscheidungen bezüglich der Ausgestaltung der Kommunikationspolitik den spezifischen Bedürfnissen einzelner Zielgruppen, Märkte, Marktsegmente bzw. Länder gerecht zu werden (vgl. § 3, Abschn. 1.2.). Auch läßt die vielfach gegebene Marktsättigung Kommunikationsstrategien in den Mittelpunkt des Interesses rücken, die weniger auf eine Marktausweitung als auf eine Verdrängung konkurrierender Unternehmen abzielen. Das Bestreben, dem natürlichen Abschmelzungsprozeß von Stammkunden entgegenzuwirken oder gar Umsatzwachstum zu erzielen, macht es darüber hinaus erforderlich, neue Marktsegmente anzusprechen. Je nach Kommunikationsziel wird man sich dabei abwechselnd oder parallel auf bestimmte Abnehmergruppen, bisherige Nicht-Kunden, Meinungsführer, Bedarfsmultiplikatoren oder auf den eigenen Abnehmern nachgelagerte Märkte konzentrieren. Eine eingehende Analyse der anvisierten Zielgruppen ist somit unabdingbar. Tab. 8.5. vermittelt einen Eindruck von der Komplexität eines derartigen Vorhabens.

Wollte ein Unternehmen all diese Informationen für die von ihm anvisierte Zielgruppe eigenständig erheben, würde es sowohl in finanzieller als auch in personeller Hinsicht schnell an seine Grenzen stoßen. Insbesondere große Verlagsgruppen sind deshalb dazu übergegangen, Studien zu erstellen, die das segmentspezifische Konsumentenverhalten zum Gegenstand haben. Einen Überblick über derartige Untersuchungen vermittelt Tab. 8.6.

Mit Hilfe derartiger Untersuchungen wird versucht, die Streugenauigkeit kommunikativer Aktivitäten zu optimieren und somit den Kommunikationserfolg zu erhöhen. Um Werbung, Verkaufsförderung, Öffentlichkeitsarbeit und Sponsoring den spezifischen Erfordernissen der jeweiligen Organisation entsprechend gestalten zu können, bedarf es jedoch zumeist ergänzender, die spezifische Unternehmenssituation berücksichtigender Informationen. Diese können im Rahmen hierauf gerichteter Marktforschungsaktivitäten erlangt werden (vgl. im einzelnen hierzu § 9).

Unterschiedliche Zielgruppen bedürfen jedoch nicht nur eines spezifischen Mix der Varianten der Kommunikationspolitik, sondern auch Form und Ort der Interaktion müssen sich an deren Bedürfnissen und Gewohnheiten orientieren. Im Hinblick hierauf unterscheidet man die **klassische Medienkommunikation,** die **Direktkommunikation,** die **Kommunikation** am **Point of Purchase** (POP), die **Mund-zu-Mund-Kommunikation** sowie den **persönlichen Verkauf,** der indessen hier eher unter distributionspolitischem Vorzeichen gesehen und entsprechend in § 7, Abschn. 4.2.1., behandelt wird.

(1) Während **klassische** Kommunikationsaktivitäten in den Massenmedien Funk, Fernsehen, Zeitungen und Zeitschriften, um nur die wichtigsten zu nennen (vgl. Abschn. 1.3.2.), **indirekt,** d. h. unter Nutzung technischer Hilfsmittel ein breites, anonymes Publikum zumeist in Form der **Einweg-Kommunikation** ansprechen, zeichnet die letztgenannten Techniken ein mehr oder minder ausgeprägter **direkter Kontakt** zu der Zielgruppe aus.

(2) Abgesehen von der **POP-Kommunikation,** bei der vorwiegend mittels der Verteilung von (Kost-)Proben, aber auch mit Hilfe des in Einzelhandels-

Tabelle 8.5.

Auszug aus einer Checkliste für die Definition von Zielgruppen		
1. Soziodemographische Merkmale		
Geschlecht Alter Bildung Beruf Position / Funktion	Einkommen soziale Schicht soziale Selbstbindung Familienstand Hierarchiestand	Haushalts- / Betriebsgröße Wohn- / Betriebsstandort Region
2. Angebotsbezogene Merkmale		
Produktkenntnis Produktverwender Konkurrenzproduktverwender Intensivverwender Normalverwender Mäßigverwender Plankaufverwender Impulsivkaufverwender jetzige Produktverwender frühere Produktverwender	zufriedene Produktverwender (Stammkunden) unzufriedene Produktverwender (Wechsler) Dauerverwender Saisonverwender sporadische Verwender Weiterverarbeiter industrielle Verwender prospektive Produktverwender	Haushaltsverwender Produktkäufer Produkt-Kauf-Initiatoren Personen mit Kaufabsicht Erstkäufer Wiederholungskäufer Entscheider Ausführende Beeinflusser
3. Diffusions- und Informations-Merkmale		
Innovatoren Fashion Leader Neophile Induktoren Früh-Adoptoren frühe Mehrheit späte Mehrheit	Einstellung zur Werbung a) zur Werbung allgemein b) zur Produktwerbung Nachzügler	Lernmotivation Informationsbedarf Gegner
4. Merkmale des „inneren Handelns"		
Einstellungs-Struktur (dto. für Meinungen und Haltung) hinsichtlich a) Produktbereich allgemein b) Produkt speziell c) Hersteller	Grad der Motivation (Intensität und Richtung der Motivation) a) Nichtmotivierte b) ambivalent Motivierte c) Motivierte	problemrelevante psychologische Faktoren a) fördernde Faktoren b) hemmende Faktoren

Quelle: in Anlehnung an *Bleul* 1982, S. 2134 f.

Tabelle 8.6.

Ausgewählte Studien großer Verlage zur Abgrenzung von Zielgruppen und Identifikation von Verbrauchereinstellungen

Verlagsgruppe Bauer

- Media-Entscheider und Meinungsführer (Interessengebiete von Mediafachleuten und ihre Funktion als Meinungsführer)
- Ost und West — zwei Werbewelten? (Anforderungen an Werbung in den alten und neuen Bundesländern)
- Multioptionales Verhalten bei Leserschaften von Frauenzeitschriften (Konsumverhalten von Leserinnen verschiedener Frauenzeitschriften in ausgewählten Produktkategorien)
- Multidimensionales Verhalten der Leserinnen und Leser von Zeitschriften — Eine Analyse aus der AWA '93 (Der hybride Konsument als Umworbener)
- Kinder und Programmzeitschriften (Medien- und Konsumverhalten von 6- bis 14jährigen in ausgewählten Produktkategorien)

Burda

- Typologie der Wünsche (Konsumdaten aus 90 Produktfeldern mit etwa 1500 Marken; Medianutzung für Zeitschriften, Hörfunk und Fernsehen; ca. 240 qualitative Merkmale, konsumrelevante Einstellungen und Verhaltensweisen)
- Kaufeinflüsse '87 (Marktdaten und Kaufeinflußgewichte für fünf Produktfelder)
- Zenit des Lebens — Freiheitsgrade im Konsum (1987)
- Die Millionen des Mittelstandes — Mittelständische Konsumpotentiale (1987)
- Know-how Convenience (1988)
- Frauenwelten 1 (1993)
- Der grüne Markt (1993)

Spiegel Verlag

- Auto, Verkehr und Umwelt (1993)
- Prozente 5 (Was Bundesbürger trinken, Kauf- und Konsumverhalten,1991)
- Outfit 2 (Kleidung, Accessoires, Duftwässer, 1990)
- Soll und Haben 3 (Einstellungen zum Geld, zu Bankverbindungen, Spar- und Anlageformen, Versicherungen, Bausparverträgen und Immobilien, 1989)
- Geschäftsreisen (1994)
- Innovatoren (1988)
- Der Entscheidungsprozeß bei Investitionsgütern (Beschaffung, Entscheidungskompetenzen, Informationsverhalten, 1982)

Gruner+Jahr

- Leseranalyse Führungskräfte in Wirtschaft und Verwaltung (Informations- und Konsumverhalten der Zielgruppe, 1991)
- Frauen-Typologie
- Wohnen und Leben 3 (1991)
- Bauen und Modernisieren (Planungs- und Entscheidungsverhalten)
- Bad + Sanitär (1988)
- Rund ums Haus (1990)
- Sport, Fitness, Freizeit (1989)
- Uhren + Schmuck (1988)
- High Tech: Foto, Video, PC (1992)
- MARIA (**Mar**keting **I**nformationen für den **A**bsatz von über 500 Produktgruppen)
- Weinprofile (Konsum- und Kommunikationsverhalten westdeutscher Weintrinker, 1993)
- Positionen im Food-Markt (Grundeinstellungen zur Ernährung und Positionen von Produkten und Marken innerhalb definierter Erlebnisfelder, 1990)
- Familienurlaub (Urlaubsverhalten junger Familien)

geschäften benutzten Display-Materials (Hinweisschilder, Plakate, „Regalstopper" usw.) ein unmittelbarer Kontakt zwischen dem betreffenden Unternehmen und der anvisierten Zielgruppe entsteht, kommt es bei den übrigen Kommunikationsstrategien zu einer **Zwei-Weg-Kommunikation**.

(3) Im Rahmen der **Direktkommunikation** erhöht sich durch die Möglichkeit, diese an den Bedürfnissen einzelner Adressaten oder homogener Gruppen von Zielpersonen auszurichten, die Chance für ein direktes Feedback (z. B. Rücksendung einer Antwortkarte, telefonische Anfrage). Waren einige Formen der direkten Kommunikation lange Zeit nur anwendbar, wenn ein Unternehmen über vergleichsweise wenige potentielle Marktpartner verfügt, so hat die sprunghafte Entwicklung der Informations- und Kommunikationstechnologie zu einer beträchtlichen Ausweitung des Einsatzspektrums dieser Interaktionsvariante geführt. Darüber hinaus hatte und hat diese ihren Platz in der Pflege der Beziehung zu besonders wichtigen Geschäftspartnern.

Innovative Formen der **Direktkommunikation** eröffnen sich im Zusammenhang mit den **„Neuen Medien"** (vgl. dazu auch § 7, Abschn. 4.2.2.). Zahlreiche Varianten, wie z. B. Telefax und Bildtelefon, ermöglichen eine **interaktive Kommunikation** zwischen den Kommunikationspartnern. Ein weiteres Charakteristikum besteht darin, daß die Botschaft nicht, wie dies in der Regel bei klassischen Medien der Fall ist, in ein redaktionelles Umfeld eingebunden sein muß. Eine Einschränkung des diesen offenstehenden Spektrums an Einsatzmöglichkeiten ergibt sich jedoch aus den vergleichsweise restriktiven bundesdeutschen Datenschutzbestimmungen, die die Identifikation geeigneter Ansprechpartner erschweren. Sind allerdings soziodemographische Daten oder Anhaltspunkte bezüglich des Kaufverhaltens verfügbar, ermöglichen diese Medien eine relativ **intensive** und **kostengünstige Zielgruppenansprache**. Gleichwohl wird diese Chance dadurch vermindert, daß immer weniger Personen mit der Einbindung ihrer persönlichen Daten in eine für diese Interaktionsform unabdingbare unternehmenseigene Datenbasis einverstanden sind.

Anwendungsmöglichkeiten ergeben sich für diese Medien vor allem auch im Rahmen des **„After Sales-Service"**. Den betreffenden Konsumenten lassen sich mit deren Hilfe in der Nachkaufphase insbesondere solche Informationen vermitteln, die geeignet erscheinen, vor allem beim Erwerb hochwertiger Produkte oftmals auftretende Nachkaufdissonanzen abzubauen. Der unmittelbare Kontakt zwischen den Kommunikationspartnern in Verbindung mit der durch diese Aktivitäten bedingten Nutzenstiftung für den Konsumenten vermag eine Grundlage für dessen langfristige Bindung an das Unternehmen zu schaffen.

(4) Besonders deutlich wird der Charakter der Zwei-Weg-Kommunikation bei der **Mund-zu-Mund-Kommunikation**. Derartige Gespräche z. B. zwischen Freunden oder Bekannten über die Vorzüge eines Produktes gelten als besonders wirkungsvoll, da der Kommunikator im Rahmen einer solchen Interaktion als weitaus glaubwürdiger gilt als etwa Personen in der Fernsehwerbung.

3.4. Das Budget

Grundsätzlich gibt es zwei Möglichkeiten, das Budget für kommunikationspolitische Maßnahmen festzulegen, einen eher heuristischen und einen analytischen Weg.

(1) Wie Umfragen belegen, bedient sich die überwiegende Mehrzahl der Unternehmen heuristischer Methoden, bei denen es sich zumeist um Erfahrungssätze oder einfach strukturierte Entscheidungsregeln handelt.

(a) Das gemessen an der Verwendungshäufigkeit wichtigste Verfahren stellt die Orientierung des Budgetumfangs am Umsatz der Unternehmung (**„percentage of sales method“**; vgl. *Rasmussen* 1952) dar. Dabei wird der einzusetzende Betrag proportional zum Umsatz der Vorperiode bzw. zum erwarteten Wert der kommenden Periode oder zum gemittelten Umsatz mehrerer Planperioden festgelegt. Die Höhe des Prozentsatzes wiederum kann durch die Tradition des Unternehmens vorgegeben oder durch Branchengepflogenheiten bestimmt sein bzw. muß, falls derartige Anhaltspunkte fehlen, intuitiv festgelegt werden. Weiterhin zeigt sich, daß der einmal gewählte Prozentsatz in aller Regel über Jahre hinweg beibehalten wird, wobei den Entscheidungsträgern oftmals nicht mehr bewußt ist, wie dieses Verhältnis früher einmal zustande gekommen ist.

Alle Anzeichen deuten jedoch darauf hin, daß derart **prozyklische Kommunikationsaktivitäten**, die sich an den Konjunkturverlauf anlehnen, sowohl gesamt- als auch einzelwirtschaftlich eher Nachteile als Vorteile mit sich bringen. Unternehmen, die in Zeiten der Rezession ihr Kommunikationsbudget konstant halten oder sogar erhöhen, erzielen regelmäßig überdurchschnittliche Verkaufsergebnisse (vgl. z. B. *Kanner* 1979). Auch Plausibilitätsüberlegungen sprechen dafür, daß sich gerade dann, wenn Konkurrenten ihre Ausgaben für kommunikationspolitische Aktivitäten verringern, die eigene Marktposition mit vergleichsweise geringem Widerstand ausbauen läßt. Überdies kann eine undifferenzierte Anwendung der „percentage of sales method“ bei umsatzstarken Produkten zu überhöhten, bei umsatzschwachen zu zu knappen Budgets führen.

Entgegen allen Erwartungen hat *Schmahl* (1978) festgestellt, daß nicht mehr als 10% der Unternehmen eine antizyklische Strategie verfolgen. 50% machten die Höhe des Kommunikationsetats unmittelbar und etwa 40% indirekt vom Umsatz abhängig, indem sie sich bei der Budgetplanung an den Vorjahreszahlen orientierten. Heute dagegen setzt sich mehr und mehr die Erkenntnis durch, daß sich der Marktanteil in rezessiven Zeiten mit vergleichsweise geringen finanziellen Anstrengungen steigern läßt. Dies konkretisierte sich z. B. in den beträchtlichen Wachstumsraten der Kommunikationsausgaben bedeutender Unternehmen im Rezessionsjahr 1993.

Ein saisonal differenziertes Kommunikationsverhalten läßt sich erfahrungsgemäß ebenfalls nicht rechtfertigen. Nach aller Erfahrung zahlt sich die weit verbreitete Praxis, während der Ferienzeit kommunikative Anstrengungen zu vermindern, nicht aus, weil sich rund 90% der Bundesbürger während der fraglichen Zeit im Inland aufhalten. Es verwundert kaum, daß sich der private Verbrauch mit Ausnahme des Dezembers nahezu gleichmäßig auf alle Monate (jeweils 7-8%) verteilt. Ähnliche Werte gelten für die saisonale Verteilung der verkauften Auflage von Zeitungen und Zeitschriften.

(b) Die Gepflogenheit, das Kommunikationsbudget als eine Art Residualgröße zu betrachten, die nach Abzug aller sonstigen als notwendig erachteten Marketingausgaben vom gesamten Marketingetat verbleibt, wird als **„all you can afford method"** bezeichnet. Dieses Konzept steht jedoch einer geordneten, langfristigen Kommunikationsplanung entgegen und verurteilt diesen Aktionsparameter leicht zur Wirkungslosigkeit, da ein situationsspezifisch verschieden hoher Mindestaufwand getrieben werden muß, um die mit der Kommunikationspolitik verfolgten Ziele erreichen zu können.

(c) Die **Wettbewerbs-Paritäts-Methode** fordert nichts anderes, als daß ein Unternehmen die entsprechenden Aufwendungen der Konkurrenten zum Maßstab seines Handelns macht. Dagegen spricht – neben den Nachteilen, die auch den anderen Verfahren anhaften – vor allem der in der Regel unzureichende Zugang zu hierfür erforderlichen Konkurrenzinformationen. Im übrigen ist, was leicht einzusehen ist, mittel- und langfristig jenes Kommunikationsobjekt vergleichsweise erfolgreicher, bei dem der auf den Umsatz bezogene Kommunikationsaufwand deutlich höher als sein Marktanteil ist **(Werbeanteils-Marktanteils-Methode;** vgl. dazu *Carlberg / Vennemann* 1978).

(d) Bei der **„per unit method"** werden zunächst jene Kommunikationsaktivitäten bestimmt, die pro abzusetzender Produkteinheit zu ergreifen sind. Das Gesamtbudget läßt sich dann als Funktion des projektierten Absatzes und der Kommunikationskosten je Verkaufseinheit darstellen. Angewandt wird dieses Verfahren hauptsächlich in Unternehmen mit homogener Erzeugnisstruktur und bei vergleichsweise stabilem Verlauf der Nachfrage.

Trotz des hohen Kostendrucks, der auf der Mehrzahl der Unternehmen lastet, und ungeachtet der Größenordnung der Beträge, um die es bei der Budgetierung geht, begnügen sich die meisten Werbungtreibenden mit solchen Heuristiken und Daumenregeln bei der Aufstellung ihres Budgets. Entsprechende Äußerungen finden sich bei *Borden* (1942), *Dean* (1951), *Frey* (1955) und *Taplin* (1959). Der Befund gilt gleichermaßen für die Vereinigten Staaten (vgl. *San Augustine / Foley* 1975) und Großbritannien (vgl. *Gilligan* 1977) wie für die Bundesrepublik Deutschland (vgl. *Köhler / Uebele* 1977). Zusammenfassend ergibt sich etwa folgendes Bild: Rund 80% der Unternehmungen bedienen sich der verschiedenen Varianten der Percentage of sales-Methode und etwa 15% der All you can afford-Methode. Maximal 5% nutzen quantitative Modellansätze, wobei es sich zudem meist um vergleichsweise simple Varianten handelt.

(2) Zwar vereinfachen die skizzierten Methoden die Budgetplanung erheblich, doch nehmen sie nur geringen Bezug auf die Marketingziele der Unternehmung. Soll der Marketingetat zumindest annähernd nach dem Wirtschaftlichkeitsprinzip

(Ausgleich des Grenznutzens) auf die einzelnen absatzpolitischen Instrumente verteilt werden, kommt man nicht umhin, Überlegungen darüber anzustellen, welchen Zielbeitrag alternative Kommunikationsbudgets liefern und ob die Verwendung eines Teils der Mittel im Rahmen anderer absatzpolitischer Instrumente nicht einen höheren Zielbeitrag zu erbringen vermag.

Im Rahmen analytischer Ansätze versucht man deshalb, unterschiedliche Kommunikationsbudgets und zugehörige Zielerreichungsgrade funktional miteinander zu verknüpfen. Um etwa eine Steigerung des Bekanntheitsgrades von Produkt X um den Prozentsatz Y in der Planperiode Z zu erreichen, muß die Zielgruppe n-mal einer entsprechenden Botschaft ausgesetzt sein, was einen bestimmten Betrag erforderlich macht. Die damit verbundenen Kosten können im übrigen mit jenen verglichen werden, die beim Einsatz anderer absatzpolitischer Instrumente mit vergleichbarem Effekt (z. B. Erweiterung des Regalraums) anfielen.

Einen sequentiellen, pragmatischen Ansatz stellt die **Ziele- und Aufgaben-Methode** dar, bei der zunächst die Kommunikationsziele zu spezifizieren sind. Im Anschluß hieran werden kommunikative Maßnahmen in Form konkreter Handlungen fixiert. Zur Optimierung eines solchen Maßnahmenbündels bedarf es einer funktionalen Verknüpfung der von einzelnen Aktivitäten zu leistenden Beiträge zur Zielerreichung in Form einer Werbewirkungsfunktion. Das Kommunikationsbudget ergibt sich letztlich als Summe der bei der Realisierung des aus den Zielen abgeleiteten Maßnahmenbündels zu erwartenden Kosten.

Wie bei mikroökonomisch orientierten Ansätzen zu verfahren ist, hat *Weinberg* (1960) in seiner klassischen Studie zur empirischen Bestimmung von **Werbereaktionsfunktionen** demonstriert. Er geht von einer Abhängigkeit der Marktanteilssteigerung von den eigenen Werbeanstrengungen und denen der Konkurrenten aus. Formalisiert wird diese Überlegung in Form der sog. **Werbeaustauschrate** (*e*):

(8.1.) $$e = \frac{W_u}{U_u} : \frac{W_k}{U_k}$$

Die Größe *e* beschreibt das Verhältnis der am Umsatz relativierten Werbeausgaben eines Anbieters (W_u = Werbeausgaben der Unternehmung, U_u = Umsatz der Unternehmung) zu jenen der Konkurrenten (Index *k*). *Weinberg* untersuchte auf **regressionsanalytischem Weg** deren Einfluß auf Marktanteilsveränderungen, wobei er eine signifikante Abhängigkeit diagnostizierte. Unterstellt wurde ein funktionaler Zusammenhang von der Form:

(8.2.) $$\Delta M_u = a \cdot \log e - b$$

Dabei bedeuten:

ΔM_u = Marktanteilsänderung der Unternehmung

a, b = Funktionsparameter

Das Werbebudget (W_u^*), das erforderlich ist, um einen anvisierten Umsatz U_u^* zu erreichen, ergibt sich nach Umformung von Gleichung 8.1. als:

(8.3.) $$W_u^* = e \cdot U_u^* \cdot \frac{W_k}{U_k}$$

Eine Beispielrechnung soll die Vorgehensweise bei diesem Ansatz verdeutlichen. Bei einem Marktvolumen von 100 Mio. DM betrage der Umsatz eines zu betrachtenden Unternehmens 5 Mio. DM. Auf empirischem Wege habe man für die Parameter a in Gleichung 8.2. den Wert 1,5, für b – 0,3 errechnet. Das Marktvolumen werde als konstant unterstellt, das Kommunikationsbudget der konkurrierenden Unternehmen belaufe sich auf 1,5% ihres Umsatzes.

Strebt das betrachtete Unternehmen eine Verteidigung seines Marktanteils an (d. h. $\Delta M_u = 0$), resultiert daraus folgendes:

$$\Delta M_u = 0 = 1{,}5 \log e + 0{,}3.$$

Durch Auflösen nach log e erhält man $\log e = -0{,}2$

$$e = 10^{-0{,}2} = 0{,}63.$$

Das für das Halten des Marktanteils erforderliche Kommunikationsbudget ergibt sich gemäß Gleichung 8.3. als

$$W_u^* = e \cdot U_u^* \cdot \frac{W_k}{U_k} = 0{,}63 \cdot 5 \text{ Mio.} \cdot \frac{1{,}425}{95} \text{ DM} = 47.250 \text{ DM}.$$

Geht man hingegen davon aus, daß die betreffende Organisation eine Erhöhung des Marktanteils von 5% auf 6% anstrebt (d. h. $\Delta M_u = 1$), so ergibt sich ein hierfür erforderliches Budget von 263.578 DM.

Zwar hat dieses Modell überzeugende Ergebnisse geliefert, doch schränken die Fixierung auf ein einziges Ziel (Marktanteil) und die Annahme einer konstanten Kommunikationsqualität seine Übertragbarkeit ein.

In dem klassischen Ansatz von *Dorfman / Steiner* (1961) wird das Aktivitätsniveau im Bereich mehrerer absatzpolitischer Aktionsparameter simultan festgelegt. Unter vereinfachenden Annahmen (z. B. Ein-Produkt-Unternehmen, gegebene Wirkungs- und Kostenfunktion, keine Konkurrenzreaktion) fassen die Autoren die mengenmäßige Nachfrage nach einem Gut als eine Funktion des Preises (p), der Qualität (q) und der Werbung (w) auf:

(8.4.) $$x = f(p, q, w)$$

Die durchschnittlichen Stückkosten (k) des Produktes sind ihrerseits eine Funktion der Menge (x) und der Qualität (q):

(8.5.) $$k = g(x, q)$$

Angestrebt wird eine Maximierung des Gewinns (G):

(8.6.) $$G = p \cdot x - k \cdot x - w \rightarrow \text{Max!}$$

Durch Ableitung und Umformung erhält man die Optimalitätsbedingung:

(8.7.) $$\frac{p}{\varepsilon_p} = \frac{k}{\varepsilon_q} = \frac{p}{\mu}$$

Dabei bedeuten:

ε_p = Preiselastizität der Nachfrage

ε_q = Qualitätselastizität der Nachfrage

μ = Grenzertrag der Werbung

Zum sog. *Dorfman / Steiner*-Theorem gelangt man, indem man die reziproken Werte der Optimalitätsbedingung mit p multipliziert:

(8.8.) $$\varepsilon_p = \frac{\varepsilon_q \cdot p}{k} = \mu$$

Demnach ist das Budget dann optimal, wenn die Preiselastizität der Nachfrage sowohl der Qualitätselastizität als auch dem Grenzertrag der kommunikativen Aktivität entspricht. Damit trifft dieses Theorem eine Aussage zur Substitutionalität der Variablen Preis, Werbung und Qualität.

Neben den bereits genannten Annahmen vermindern realitätsferne Prämissen wie die Stetigkeit der dem Ansatz zugrundeliegenden Funktionen und die Zulässigkeit der Vernachlässigung von Interdependenzbeziehungen zwischen den Instrumenten die Nutzbarkeit von aus diesem Modell zu gewinnenden Einsichten in der Praxis nachhaltig.

Die Komplexität der Modelle zur Optimierung von Budgets sowie die dadurch bedingten Probleme und Kosten bei der Datenbeschaffung und -verarbeitung vermochten Praktiker nicht von ihrer Bevorzugung handgestrickter Verfahren abzubringen. Offensichtlich stößt das Bemühen, immer differenziertere und damit für die Praxis kaum noch handhabbare Budgetierungsmodelle zu entwickeln, auf Widerstand bei den potentiellen Nutzern. Das Bestreben der Analytiker sollte deshalb darauf gerichtet sein, an naiven, aber populären Common Sense-Regeln anzuknüpfen, diese zu formalisieren und schrittweise zu verbessern.

Wie bei allen Versuchen, reale Marktprozesse modellhaft abzubilden, gelingt es auch mit Hilfe analytischer Budgetierungsverfahren nicht, ohne Konstanthaltung wichtiger Rahmenbedingungen simultan mehrere Aktionsparameter zu optimieren. Es wäre aber verfehlt, die dabei gewählte Vorgehensweise grundsätzlich in Frage zu stellen. Vielmehr konnten dadurch grundlegende Einsichten in die Wirkung kommunikativer Maßnahmen gewonnen werden. Diese Erkenntnisse fließen heute zwar nicht im Sinne des angestrebten Totalmodells, wohl aber als partialanalytische Befunde in die konkrete Mediaplanung ein. Neben den bereits erwähnten **Carry over-** und **Spill over-Effekten** sowie der Bedeutung der **zeitlichen Verteilung kommunikativer Maßnahmen** sind dies der **S-förmige Wirkungsverlauf** sowie die von **Marktgegebenheiten** und **Konkurrenzaktivitäten** ausgehenden **Einflüsse**.

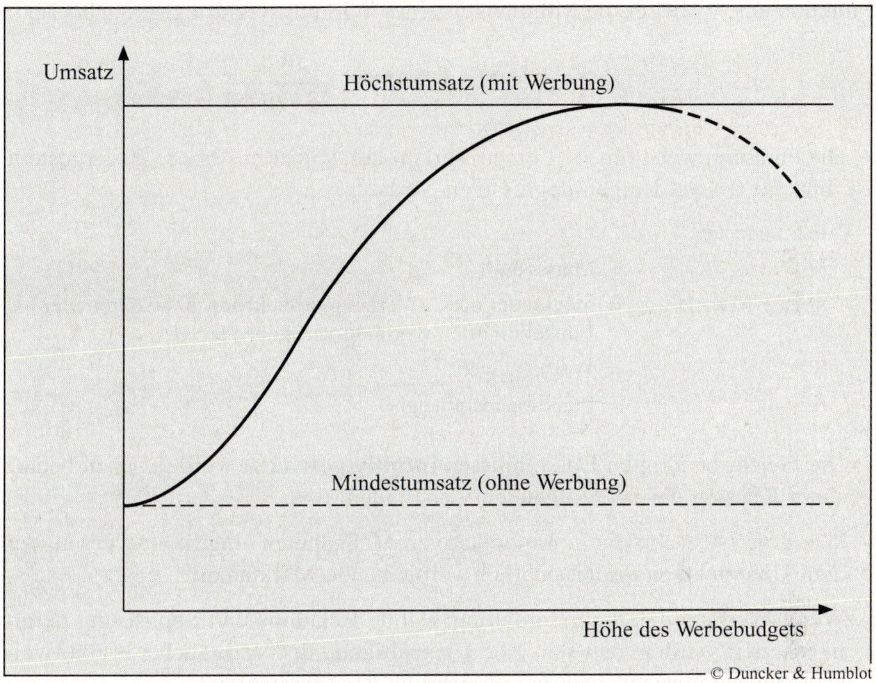

Abb. 8.10.: Hypothetischer Zusammenhang zwischen Wirkung und Höhe des Werbebudgets

So verändert sich z. B. die Umsatzwirkung des Kommunikationsbudgets nicht proportional zu dessen Höhe. Vielmehr erscheint es angebracht, kurzfristig von dem in Abb. 8.10. dargestellten funktionalen Zusammenhang auszugehen. Für diese Art des Kurvenverlaufs spricht unter anderem, daß

- mit steigendem Budget in der Regel effektivere Kommunikationsmittel eingesetzt werden können,
- eine Botschaft von den Umworbenen oftmals erst nach mehreren Kontakten wahrgenommen bzw. behalten wird,
- bei zunehmender Budgethöhe demgegenüber die Anzahl der durch jede zusätzliche Schaltung des Kommunikationsmittels erstmals angesprochenen Mitglieder der Zielgruppe abnimmt,
- ab einer gewissen Kontakthäufigkeit schließlich zu befürchten ist, daß die kommunikative Aktivität die Kaufabsicht eher reduziert als fördert sowie

– ein gewisses Umsatzminimum ohne kommunikationspolitische Maßnahmen erzielbar und eine Umsatzgrenze auch mit diesen nicht zu durchbrechen sind.

Diese Überlegungen wurden von *Little* (1970) in seinem Modell ADBUDG formalisiert. Er verwendet den Marktanteil als Zielgröße und geht von folgender Funktion aus, wobei er die Möglichkeit eines Wirkungsverlustes vernachlässigt:

$$MA = MA_{min} + (MA_{max} - MA_{min}) \frac{(WB)^{\gamma}}{\delta + (WB)^{\gamma}} \tag{8.9.}$$

Die Funktion weist für $\gamma > 1$ einen Verlauf auf, wie er in Abb. 8.10. dargestellt ist, und für $0 \leq \gamma \leq 1$ einen degressiven Verlauf.

Dabei bedeuten:

MA	=	Marktanteil
MA_{max} bzw. MA_{min}	=	maximaler durch Werbung erreichbarer bzw. minimaler bei Einstellung der Werbung verbleibender *MA*
WB	=	Werbebudget
δ, γ	=	Funktionsparameter

Die hierfür benötigten Daten müssen **intuitiv geschätzt** werden. Dazu bedarf es einer Klärung der nachfolgenden vier Fragen:

– Wie groß ist, wenn die kommunikativen Maßnahmen eingestellt werden, der dem Unternehmen voraussichtlich verbleibende Marktanteil?

– Wenn Werbung, Verkaufsförderung, Public Relations und Sponsoring derart intensiviert werden, daß sich eine Übersättigung der Verbraucher ergibt, welches Niveau erreicht dann voraussichtlich der Marktanteil?

– Wie hoch ist jenes Budget zu beziffern, das den derzeitigen Marktanteil zu halten in der Lage ist?

– Um wieviel steigt der Marktanteil, der sich bei einer Anhebung jener Ausgaben um 50% einstellt, die zur Beibehaltung des Marktanteils notwendig sind?

Der große Vorteil des beschriebenen Modells, seine **Einfachheit,** ist zugleich sein größter Nachteil, so daß auch diesem Ansatz Skepsis entgegenzubringen ist:

– Kommunikationsmaßnahmen wirken nicht nur zeitlich verzögert, sondern entfalten je nach Einsatzzeitpunkt auch eine unterschiedliche Wirkung. Beispielsweise kann es sinnvoll erscheinen, in expandierenden Märkten durch starke kommunikative Anstrengungen frühzeitig einen hohen Marktanteil anzustreben, da die Verteidigung einer überragenden Marktstellung in der Regel mit einem geringeren Aufwand an Mitteln verbunden ist als deren Eroberung. Eine hohe Kommunikationsintensität vermag auch potentielle Anbieter am Eintritt in einen Markt zu hindern, wenn diese eventuell zu erwartende Anfangsverluste scheuen.

– Aus dem Rahmen des üblichen fallende Kommunikationsausgaben können auf der anderen Seite die bereits etablierten Konkurrenten auf den Plan rufen. Diese werden versuchen, bei sehr hohem Budget nachzuziehen und dessen Effekt zu kompensieren bzw. bei geringerem Budget die vermeintliche Schwäche des Konkurrenten auszunutzen und evtl. durch Erhöhung des eigenen Kommunikationsbudgets einen spürbaren Marktanteilsgewinn zu realisieren.

3.5. Die Transformation des kommunikationspolitischen Anliegens

3.5.1. Gestaltungsprinzipien

Der der Gestaltungsentscheidung zugrundeliegende kreative Prozeß entzieht sich weitgehend einer wissenschaftlichen Analyse. Dies bedeutet jedoch keinesfalls, daß sich nicht zumindest aus dem der Beobachtung zugänglichen Ergebnis für die Praxis wertvolle Schlüsse ziehen ließen.

Prinzipiell können mit Hilfe der Kommunikationspolitik alle fünf menschlichen Sinne angesprochen werden. In der Praxis konzentrieren sich aber die Bemühungen um eine Kommunikation mit den Marktpartnern in der Regel auf das Hören und Sehen, was unter anderem auf der herausragenden Bedeutung visueller und akustischer Kanäle für die zwischenmenschliche Interaktion beruht. Kommunikationsmittel, die auf das Fühlen, Riechen oder Schmecken einer Botschaft rekurrieren, kommen nur selten zur Anwendung. Noch vergleichsweise häufig finden sich Warenproben, die insbesondere bei einer Produkteinführung trotz hoher Kosten als ein probates Mittel zur Steigerung der Probierkaufrate gelten. Gelegentlich werden auch Geruchsproben eingesetzt, so etwa, wenn eine Anzeige für ein Parfum dessen Duftnote verströmt.

Von dieser Akzentuierung ist auch jene Forschungsrichtung geprägt, die sich mit der Wirkung von Kommunikationsmitteln beschäftigt. Interessierte man sich auf Grund methodischer Schwierigkeiten lange Zeit vorwiegend für die textliche Informationsverarbeitung seitens der Umworbenen, so zog die Analyse der Verarbeitung von durch visuelle Reize dargebotenen Informationen mit Beginn der achtziger Jahre zunehmendes wissenschaftliches Interesse auf sich. Die **Imagery-Forschung**, die darauf zurückgeht, beschäftigt sich mit den im Gedächtnissystem bei der Entstehung, Verarbeitung und Speicherung innerer Bilder stattfindenden Vorgängen (vgl. *Kroeber-Riel* 1993a). Der durch die psychologische Grundlagenforschung erbrachte Nachweis, daß sich bestimmte Sachverhalte besser bildlich als verbal vermitteln und speichern lassen, begründet die steigende Popularität dieses Forschungsansatzes. So lassen sich bestimmte Informationen wie z. B. räumliche Merkmale, funktionelle Zusammenhänge und Farben sprachlich nur begrenzt vermitteln. Ebenso können Emotionen in vielen Fällen einfacher durch

Bilder als durch verbale Stimuli ausgedrückt bzw. ausgelöst werden, wohingegen letztere abstrakte Informationen wirksamer zu vermitteln vermögen. Insbesondere vor diesem Hintergrund erscheint es häufig angebracht, durch einen sprachlichen Hinweis auf für eine Aussage zentrale Bildelemente diese beiden Gestaltungsdimensionen miteinander zu verknüpfen.

Umstritten ist hingegen die Wirkung einer **musikalischen Unterstützung** kommunikativer Maßnahmen. In einer empirischen Untersuchung wiesen *Hagemann / Schürmann* (1988) nach, daß eine Untermalung gesprochener Werbetexte mit Musik die Erinnerungswirkung eines Spots weder kurz- noch langfristig signifikant zu erhöhen vermag. Ein nachhaltiger Effekt konnte nur bei der Sympathie, die dem Produkt von seiten der Hörer zugesprochen wurde, nachgewiesen werden. Musik ist folglich lediglich in der Lage, die Beurteilung von Produkten zu beeinflussen. Daß dennoch viele Spots musikalische Elemente enthalten, liegt insbesondere daran, daß die zu übermittelnde verbale Botschaft durch Konditionierungsprozesse mit diesen verknüpft wird. Dies führt dazu, daß Konsumenten mit einer Melodie eine bestimmte kommunikative Aussage assoziieren (und umgekehrt). Zu denken ist hierbei z. B. an „*Meister Propper* putzt so sauber ...“ und „*Haribo* macht Kinder froh ...“. Dieses Prinzips bedienen sich auch solche Unternehmen, die ihre Spots mit bekannten Musikstücken unterlegen. Praktiziert wird dies beispielsweise von *Opel* mit dem Lied „What a wonderful world“ von *Louis Armstrong*. Um eine entsprechende Konditionierung bei der Zielgruppe zu erreichen, bedarf es jedoch auch hier einer Vielzahl von Kontakten (zum optimalen Timing vgl. Abschn. 3.7.).

Als bislang noch eher exotisches Gestaltungselement gelten **Duftstoffe**, die in Form von Geruchsperlen z. B. auf Anzeigen angebracht und durch Berührung geöffnet werden. Systematische Tests mit verschiedenen Parfüms zeigten, daß sich vor allem Moschus und Vanillin für Zwecke der Werbung eignen.

Worauf kommt es bei der Gestaltung einer **Anzeige** letztendlich an?

(1) Lesewiderstand

Die von *Spiegel* (1970, S. 123) als innerer Lesewiderstand bezeichnete Erkenn- und Lesbarkeit im Sinne typographisch bedingter Hemmnisse (Größe der und Abstände zwischen den Buchstaben, Struktur des Textes, Anzahl und Anordnung von Wörtern und Zeilen usw.) wurde von *Elbracht* (1967) hinsichtlich verschiedener Schrifttypen systematisch untersucht. Dabei zeigte sich, daß jene keinen nennenswerten Einfluß auf die Lesegeschwindigkeit ausübt. Als negativ im Sinne des gewählten Kriteriums erwiesen sich „fette“ Schriftzeichen sowie Negativ- und Kursivschrift. Bekannt ist zudem, daß ein großer Hell-Dunkel-Kontrast von Schrift und Untergrund den **Lesewiderstand** mindert (vgl. *Neibecker* 1981).

(2) Textanordnung

Auch die Textanordnung beeinflußt den Lesewiderstand. So zeigten sich bei *Elbracht* (1967) der Blocksatz bei einer Zeilenbreite von mehr als 6 cm und der

Flattersatz bei Werten darunter als überlegen. *Krautmann* (1981) ermittelte, daß der Zeilenabstand („Durchschuß") nicht mehr als den Aufstrich des Buchstabens n bei dem gewählten Schrifttyp ausmachen dürfe. Die Möglichkeit, mit Hilfe einer kreativen Textanordnung einen zusätzlichen Aufmerksamkeitseffekt zu erzeugen, demonstriert Abb. 8.11.

Das
hier ist
eine Setzspielerei
in Form eines Dreiecks.
Die Idee ist eigentlich nicht
neu, aber es ist doch erstaunlich, daß,
obwohl der Text ziemlich nichtssagend und ohne
jeden Humor ist, fast alle, die ihn nun einmal zu lesen
angefangen haben, nicht aufhören können, bis zu diesem Punkt.

Quelle: *o. V.* 1980, S. 12.

Abb. 8.11.: Aufmerksamkeitssteigerung durch kreative Textanordnung

(3) Satzlänge

Von Werbetexten, insbesondere von Slogans, wird neben Unverwechselbarkeit, Eingängigkeit und leichter Verständlichkeit vornehmlich Kürze gefordert. Während in der deutschen Schriftsprache ein durchschnittlicher Satz aus ungefähr 22 Wörtern besteht, sind es bei Slogans nur 6 (vgl. *Meier* 1967), wobei das Ergebnis grammatikalisch oft nicht als Satz zu kennzeichnen ist.

Ihre häufig durch den Sprachrhythmus noch gesteigerte Eingängigkeit ist allerdings bei Erlangung eines hohen Bekanntheitsgrades leicht der Gefahr der Persiflage ausgesetzt. Beispielsweise wurde aus dem Slogan von *AEG Aus Erfahrung Gut* im Volksmund ein *Alte Elektrische Geräte* oder *Ans Elend Gewöhnt*. Den *Esso*-Leitspruch *Es gibt viel zu tun. Packen wir's an* münzten einige in ein *Es gibt viel zu verdienen. Packen wir's ein* und *Es gibt viel zu tun. Lassen wir's sein* um.

(4) Informationsgehalt

Botschaften sollten die Informationsverarbeitungskapazität der Konsumenten nicht überfordern, da sonst deren kognitive Überlastung droht. Headlines beispielsweise gelten aus dieser Sicht dann als optimal, wenn sie zwischen 60 und 100 bit enthalten. Hierbei verkörpern *e* und *t* 1 bit, *i, a, n* und *m* 2 bit, *s, u, r, w, d, k, g* und *o* 3 bit, *h, v, f, ü, l, ä, p, j, b, x, c, y, z, q, ö* und *ch* schließlich 4 bit (vgl. *Wilkes* 1980).

Dem **„information overload"** fällt insofern eine Schlüsselrolle zu, als alle nachfolgenden Stadien der Informationsverarbeitung von etwaigen Kapazitätsrestriktionen betroffen sind. Die Umworbenen selbst können sich solchen Überforderungen durch Wahrnehmungsvereinfachung, durch selektive Informationsaufnahme, die durch die individuelle Bedürfnishierarchie gesteuert wird, oder durch „aus-dem-Felde-gehen“ bzw. Wahrnehmungsabwehr („perceptual defense“) entziehen.

Der Gestalter von Kommunikationsmitteln hat die Möglichkeit, durch die gezielte Verwendung von Symbolen (z. B. Piktogrammen), Grafiken, Abbildungen oder auch sog. Schlüsselinformationen dem Kapazitätsengpaß auf seiten der Umworbenen Rechnung zu tragen. Solche „Superzeichen“, wie ein Markenname oder ein Qualitätsurteil der *Stiftung Warentest,* können eine Vielzahl von Einzelinformationen ersetzen. Sie werden eher und häufiger als andere Elemente aufgenommen und sind verhaltenswirksamer als die zugehörigen Detailinformationen. Bildelemente sollten deshalb so gestaltet und angeordnet werden, daß sie die Aufmerksamkeit der Adressaten auf die Schlüsselinformationen lenken. Umgekehrt besteht allerdings die Gefahr, durch eine übertriebene Beschränkung der angebotenen Informationsmenge die Wahrnehmenden zu unterfordern und einen Aufmerksamkeitsverlust zu provozieren.

Die Befürchtung, daß die Verwendung von Fachausdrücken in Kommunikationsmitteln die Aufmerksamkeit Umworbener schmälere, kann als eine intuitive Variante der Hypothese von der Informationsüberlastung angesehen werden. Viele hochwertige Produkte, so z. B. solche der Unterhaltungselektronik, lassen sich jedoch nur mit technischer Terminologie angemessen beschreiben. *Anderson / Jolson* (1980) haben den Einfluß solcher Sprachelemente auf die Kommunikationswirkung untersucht und dabei eine Abhängigkeit von dem Ausbildungsstand und der Produktkenntnis festgestellt. Während für Zielgruppen mit niedrigem Bildungsniveau und / oder geringer Produkterfahrung die höchste Kaufbereitschaft ermittelt wurde, wenn eine allgemein verständliche Formulierung verwendet wurde, ließen sich jene mit College-Abschluß und / oder großem Vorwissen am nachhaltigsten von einer Anzeige mit einem hohen Anteil an Fachausdrücken beeinflussen. Offensichtlich sollte man sich bei der Gestaltung von Kommunikationsmitteln nicht an einfachen Faustregeln wie die der Vermeidung von Informationskomplexität orientieren. Erforderlich ist vielmehr eine auf den **individuellen** Fall zugeschnittene **Prüfung**.

(5) Wortpräferenzen

Zumeist entspricht das Ausmaß an Kreativität, z. B. bei der Wortwahl im Rahmen von Werbetexten, nicht annähernd jenem Maß, das zur Erreichung der angestrebten Alleinstellung des beworbenen Objekts erforderlich wäre. Das Ergebnis einer exemplarisch für mehrere Sektoren der Konsumgüterindustrie durchgeführten Überprüfung von 100 Anzeigen dokumentiert Tab. 8.7. Abgesehen vom Kosmetikbereich, in dem zahlreiche Hinweise auf schützende und pflegende Produkteigenschaften für Abwechslung sorgen, und von der funktionalen Sprache der Sparten Foto & Optik sowie Automobile herrscht weithin Monotonie. Ausgesprochen blaß wirken die am häufigsten verwendeten Adjektive „neu“ und „gut“.

Tabelle 8.7.

In Anzeigen vorzugsweise verwendete Wörter, differenziert nach Branchen

Branche	Substantive (außer Firmen- und Markennamen)	Adjektive	Verben (außer Hilfsverben)
Alkoholische Getränke	Jahre, Geschmack, Art, Gast, Glas, Bekömmlichkeit, Welt, Reife	trocken, gut, alt, echt, einzig	trinken, prickeln, schmecken, verstehen, genießen
Herrenkosmetik	Düfte, Männer, Rasur, Haut, Schnupfen, Frische	neu, individuell, gut	geben
Nahrungsmittel	Geschmack, Käse, Salat, Sauce	frisch, fein, gut, gewürzt	schmecken, machen
Mode, Textilien	Beine, Eleganz, Frau, Komposition, Ideen, Masche, Mode, München, Stil, Stück, Qualität	anspruchsvoll, bester, modisch, neu, elegant	brauchen, machen, stehen
Parfüm	Parfüm, Duft, Blüten, Frau, Kreation, Komposition, Faszination, Erfolg	jung, elegant, voll, sinnlich, einzigartig, feminin, anhaltend, verführerisch, sanft, romantisch, kostbar, außergewöhnlich	sagen

Quelle: in Anlehnung an o. V. 1983, S. 84.

(6) Humor und Sex

Seit *E. Springs* während der späten vierziger Jahre in einer extrem ungünstigen Marktkonstellation (starke Konkurrenten, geringer Bekanntheitsgrad, unattraktives Produkt) mit einer auf den Elementen Sex und Humor basierenden Kommunikationskampagne die Kritiker gegen, den wirtschaftlichen Erfolg aber für sich hatte (vgl. *Taylor* 1982), zählt diese Variante zu den umstrittenen Gestaltungsstrategien.

Inzwischen vertritt man die Auffassung, daß durch eine solche Maßnahme zwar der allgemeine Aufmerksamkeitswert eines Kommunikationsmittels gesteigert werden kann, die angestrebte Wirkung aber häufig ausbleibt. *Krauss* (1981) zeigte am Beispiel der Mainzelmännchen des *ZDF*-Werbefernsehens, daß diese wegen des intensiven Eindrucks, den sie hinterlassen, vom Inhalt der Spots ablenken und deren Erinnerungswirkung stören können. Sofern sie die eigentliche Botschaft nicht überlagern, gilt diese Gestaltungsstrategie jedoch als erfolgreich.

(7) Werbemittel-Plazierung

Das Bestreben, Aufmerksamkeit nicht nur durch, sondern auch für eine Botschaft zu erzielen, äußert sich zum einen in der Maxime, Medien mit einer eher geringen **Werbedichte** und einer folglich schwachen Wirkkonkurrenz zu wählen. Zum anderen manifestiert es sich in der Suche nach der günstigsten Plazierung eines Kommunikationsmittels innerhalb des Mediums. Dabei stellen sich u. a. folgende Fragen:

(a) Linke oder rechte Seite?

Die Mehrzahl der wissenschaftlichen Autoren wie auch zahlreiche Verlagsuntersuchungen attestieren auf der rechten Heftseite abgedruckten Anzeigen einen etwas höheren Aufmerksamkeitswert, vor allem, wenn es sich um eine **Plazierung rechts oben** handelt. *Wiele* (1981) warnt jedoch davor, derartige Befunde unkritisch in einem Schema für Plazierungsentscheidungen zu verdichten. Da nachweislich zumeist die bekannten, in der Regel intensiv umworbenen Marken bzw. Produkte die rechte Heftseite belegen, besteht die Gefahr, Ursache und Wirkung zu verwechseln.

(b) Vorderer oder hinterer Heftteil?

Im allgemeinen scheint sich die Intensität der Wahrnehmung von im vorderen und hinteren Teil eines Heftes plazierten Anzeigen zu entsprechen, während der Aufmerksamkeitswert für solche in dessen Mittelteil abfällt. Letztlich hängt dies jedoch vom Leseverhalten des einzelnen ab. Intensivleser sehen sich nahezu das ganze Heft an und kommen folglich mit fast allen Anzeigen in Kontakt. Unbestritten ist jedoch die Sonderstellung der Umschlagseiten. Auf der Rückseite plazierte Anzeigen führen zu einer um 65% höheren Erinnerungsquote als im Innenteil einer Zeitschrift abgedruckte Inserate. Bei den Innenseiten (Umschlagseiten 2 und 3) beträgt der an der Erinnerungsleistung gemessene Zuwachs an Aufmerksamkeit etwa 30% (vgl. *Starch* 1966, S. 55 f.).

Vergleichbare Entscheidungsprobleme stellen sich bei der Schaltung von Spots. Weil ein Großteil des Fernsehpublikums am Ende einer Sendung umschaltet oder seinen Platz verläßt und sich zumeist erst kurz vor Beginn des nächsten Programmteils dem Empfangsgerät wieder zuwendet, sind Werbungtreibende bestrebt, den eigenen Spot kurz vor oder während einer Sendung zu plazieren.

Mayer / Schuhmann (1981) analysierten den Effekt der Plazierungsfaktoren **Position** (Abfolge in einem Werbeblock), **Umfeld** (Einbettung des Spots in ein redaktionelles oder ein werbliches Umfeld) und **Attraktivität** (Aufmerksamkeitswert vorausgehender und nachfolgender Spots) in einem varianzanalytischen Design. Faßt man trotz einer Reihe von Einwänden, die aus methodischer Sicht gegen diesen Ansatz (vgl. z. B. *Soldow / Principe* 1981) vorzubringen sind, die wesentlichen daraus zu ziehenden Schlüsse zusammen, ergibt sich folgendes:

- Ähnlich wie bei den Printmedien erzielen auch bei den elektronischen Kommunikationsträgern Spots, die zuerst ausgestrahlt werden, die besten Erinnerungswerte. Etwas weniger günstig schneidet die Endposition, mit Abstand am schlechtesten das „Mittelfeld“ ab.
- Die Blockung von Spots verschafft größere Aufmerksamkeit als deren Einblendung in Filme oder redaktionelle Programmteile.
- Der Positionseffekt macht sich besonders bei längeren Werbeblocks bemerkbar.

(c) Dicke oder dünne Hefte?

Die Mehrzahl der von Verlagen durchgeführten oder veranlaßten Untersuchungen konstatiert tendenziell eine Überlegenheit dünner Hefte, insbesondere wenn diese nur wenige Anzeigen enthalten.

(d) Einfluß des redaktionellen Umfelds?

Bislang konnte die intuitiv plausible These einer erhöhten Wirksamkeit jener Anzeigen, die in ein thematisch passendes redaktionelles Umfeld eingebunden sind (z. B. Werbung für Reifen im Rahmen eines Berichts über ein Motorsportereignis), weder für das **direkte Umfeld** (= die Doppelseite, auf der sich die Anzeige befindet) noch für das **Parzellenumfeld** (= einschließlich der vorhergehenden und der nachfolgenden Seite) bestätigt werden. Lediglich der positive Effekt eines stimmigen **Heftumfeldes** (= das gesamte Heft) steht außer Frage.

(e) Plazierung von Elementen innerhalb einer Anzeige

Die Analyse des **Blickverhaltens** führte zu dem Ergebnis, daß nur bei Zeitschriften mit weniger als 100 Seiten und weniger als 50 Anzeigen die Betrachtungsdauer eines Inserates durch dessen Plazierung nennenswert beeinflußt werden kann. Während diese Forschungsrichtung der Position eines Inserats auf einer Doppelseite jegliche Bedeutung abspricht, betont sie die Wirksamkeit der Plazierung der einzelnen Elemente innerhalb einer Anzeige. Allerdings sind deren Befunde (z. B. „die obere Hälfte einer Anzeige wird länger betrachtet als die untere, insbesondere links oben“; „Anzeigentexte werden gründlicher gelesen, wenn sie sich unter dem Bildelement befinden“) nicht absolut, sondern, abhängig vom Anzeigentyp, nur als Tendenzaussagen zu verstehen.

Plazierungsfaktoren spielen also für die sog. **Anzeigenresonanz** eine weit geringere Rolle, als dies gewisse zum Standardrepertoire der Mediaplaner gehörende angebliche Erfahrungsregeln (z. B. „rechts oben“) vermuten lassen. Überdies müssen vermeintliche oder tatsächliche Plazierungsvorteile häufig durch Preiszuschläge erkauft werden, insbesondere soweit es die rechte Heftseite sowie Randstreifenplätze betrifft.

(8) Werbemittel-Größe

Das nachhaltige Interesse an dieser Gestaltungsvariablen rührt zunächst von der plausiblen Annahme her, daß große Kommunikationsmittel mehr Aufmerksamkeit erregen als kleine, gleichzeitig aber auch mehr kosten. Die naheliegende Frage nach der Art der **Trade off-Beziehung** zwischen **Kommunikationswirkung** und **Kosten** konnte jedoch bislang nicht verläßlich beantwortet werden.

Im Bestreben um Ermittlung einer bestimmten Relation zwischen Größen- und Aufmerksamkeitszuwachs wurde in Anlehnung an das *Weber-Fechner*sche Gesetz der Sinnesempfindung das sog. Quadratwurzelgesetz der Aufmerksamkeitswirkung formuliert: „Attention value varies with the square root of space“ *(Hotchkiss* 1950, S. 312). Wenn also z. B. 100 Verbraucher eine viertelseitige Anzeige beachten, dann sollte eine vergleichbare ganzseitige bei 200 Konsumenten Aufmerksamkeit erregen.

In zahlreichen Versuchen, dieses Postulat experimentell abzusichern, ergaben sich jedoch widersprüchliche Ergebnisse (vgl. *Klenger / Krautter* 1972, S. 72), was nicht zuletzt auf unterschiedliche Versuchspläne, Stichproben, Kommunikationsobjekte und Auswertungsmethoden zurückzuführen ist. Daß ein positiver Zusammenhang zwischen der Größe der Anzeige und deren Wirkung besteht, dürfte indessen nach den z. B. von *Twedt* (1962), *Troldahl / Jones* (1965) und *Hendon* (1973) mitgeteilten Untersuchungsbefunden feststehen. Auch Studien zur **Blickregistrierung** bestätigen die Wirksamkeit des Gestaltungsfaktors Anzeigengröße: Doppelseitige Inserate werden danach achtmal und ganzseitige viermal solange angesehen wie halbseitige. Bedeutsam ist in jedem Fall die Umfeldabhängigkeit des Größenerlebnisses. Zwei gleich große, inhaltlich und formal vergleichbare Anzeigen erzielen höchst unterschiedliche Aufmerksamkeitswerte, wenn die eine in Halbformat in einer normal dimensionierten Zeitschrift erscheint und die andere eine ganze Seite in einem Organ kleineren Formats einnimmt.

(9) Farbwahl

Farben können im Rahmen der Kommunikation zahlreiche Funktionen übernehmen. Sie ermöglichen eine realitätsnahe Darstellung der Objekte oder erfüllen, wie z. B. im Fall des Grüns einer deutschen Großbank, eine Kennzeichnungs- bzw. Imagefunktion. Das größte Interesse aber wird der vermuteten emotionalen Wirkung von Farben entgegengebracht, obwohl auf Grund widersprüchlicher Untersuchungsergebnisse kein verläßliches Interpretationsmuster zur Verfügung steht (vgl. *Mayer* 1993, S. 146 f.).

Bender (1976, S. 192 f.) verarbeitete 42 einschlägige Untersuchungen und bewertete auf dieser Basis die Möglichkeit einer **Aufmerksamkeitssteigerung** durch den **Gestaltungsfaktor Farbe** positiv. Allerdings konnte wegen Unterschieden bei Versuchsanordnung, Stichprobe, Größe und Format der Kommunikationsmittel sowie wegen der Kontextbedingungen daraus keine hinreichend gesicherte Gestaltungsempfehlung abgeleitet werden. *Hanssens / Weitz* (1980) weisen in diesem Zusammenhang auf die Abhängigkeit von der Art des beworbenen Objekts hin.

Zu den Ausnahmen zählt z. B. der Befund, daß zwar Sympathiewirkung sowie Originalität bei Farbanzeigen in der Regel höher eingeschätzt werden als bei Schwarz-Weiß-Anzeigen, das Umgekehrte jedoch in bezug auf den Informationsgehalt gilt. Die Registrierung des Blickverlaufs und bestimmter physiologischer Variablen, wie z. B. des Hautwiderstandes, macht deutlich, daß farbige Anzeigen nicht länger bzw. nachhaltiger beachtet werden als entsprechende Schwarz-Weiß-Vorlagen, daß sie aber hinsichtlich der Aktivierungs- und Erinnerungswirkung diesen überlegen sind (vgl. *Kroeber-Riel* 1992). Festzustehen scheint auch, daß der Einsatz von Farben die Aufmerksamkeitsleistung erhöht, wenn Farbe und kommunikative Aussage in einem Zusammenhang stehen, wie etwa beim Gelb der Postautos, das zugleich die Kommunikationsmaßnahmen der *Deutschen Bundespost Postdienste* durchzieht.

Daß intuitiv plausible Gestaltungsregeln nur selten empirischen Tests standhielten, liegt abgesehen von der Relativität der Gestaltungsfaktoren – inmitten von Farbanzeigen fällt ein Schwarz-Weiß-Inserat am meisten auf – am Einfluß des beworbenen Objekts. In einem von *Donnahoe* (1965) durchgeführten Experiment erbrachte die Verdoppelung der Anzeigengröße lediglich einen Aufmerksamkeitsgewinn von durchschnittlich 22 %, wenn für hochprozentige alkoholische Getränke geworben wurde, während die Steigerung bei Bier 73 % betrug.

Ob ein Kaufappell die von ihm erwartete Wirkung entfaltet, hängt unabhängig von allen sonstigen Kontextfaktoren vor allem davon ab, ob es gelingt, den folgenden Forderungen Rechnung zu tragen, die sich allesamt in der sog. **Copy-Strategie** fixiert finden. Diese bildet die Basis für die Zusammenarbeit eines Werbungtreibenden und der von diesem beauftragten Werbeagentur.

(1) Der Nutzen, den eine Leistung ihrem Erwerber vermittelt, sollte klar erkennbar sein. Dieser muß wissen, was er davon hat, wenn er das Auto X fährt, die Maschine Y einsetzt oder auf die Bankdienstleistung Z (gegen Entgelt) zurückgreift. Am überzeugendsten wirkt es, wenn der **„buyer benefit"** sogar zu beweisen ist, etwa wenn ein Hersteller für sich in Anspruch nehmen kann, seine Batterie lasse Aufziehpuppen länger laufen als herkömmliche Varianten.

(2) Mit der Nennung des **„reason why"** fordert der Werbungtreibende zum Handeln auf oder er begründet seinen spezifischen Leistungsvorteil, seine „unique selling proposition". Man möge sich das Produkt gerade jetzt besorgen, weil z. B. die Zeit für eine Frühjahrskur gekommen, der Preis derzeit ausgesprochen

günstig oder jenes „jetzt auch in Ihrer Nähe“ zu erhalten sei oder weil man es geschafft habe, in der Forschung einen Durchbruch zu erzielen. Zeichnet sich beispielsweise eine bestimmte Margarinemarke durch einen niedrigen Fettgehalt und einen geringen Cholesterolwert aus, ist dies der Gesundheit des Erwerbers förderlich. Dies kommt anschaulich in dem Markennamen „Du darfst“ (... dieses Produkt unbedenklich verzehren) zum Ausdruck.

(3) Bei all dem gilt es, die Botschaft in geeigneter Weise zu verpacken, den richtigen Ton zu finden. Die **„tonality“**, als Umschreibung für Tonart und Stil, kann z. B. von Rationalität oder Emotionalität, von Zurückhaltung oder Aufdringlichkeit, von Extravaganz oder starker Anlehnung an den kommunikativen Auftritt von Konkurrenten geprägt sein.

3.5.2. Strategische Optionen der Gestaltung kommunikativer Maßnahmen

Die skizzierten Gestaltungsprinzipien vermögen jedoch nur dann zur Entfaltung der mit kommunikationspolitischen Aktivitäten intendierten Wirkung beizutragen, wenn die auf diese Weise generierten Fragmente zu einer widerspruchsfreien Gesamtheit verdichtet werden. Hierzu bedarf es konzeptioneller Leitlinien, an denen man sich bei der Konzipierung kommunikativer Aktivitäten orientiert. Bei deren Festlegung sind insbesondere folgende Aspekte ins Kalkül zu ziehen.

(1) Im Gegensatz zur **informierenden Werbung,** die Bedarfsträger über das Waren- und Dienstleistungsangebot im allgemeinen und bestimmte Produktmerkmale im besonderen unterrichtet, konzentriert sich die **Sympathiewerbung** auf das Wecken positiver Emotionen. Dadurch, daß das betreffende Objekt mit einer schönen Landschaft, dem Lockenkopf eines Kindes, mit Tieren, Pflanzen oder anderen Sympathieträgern gekoppelt wird, wobei auf die Vermittlung von Produktinformationen verzichtet wird, soll eine gegenüber dem eigenen Erzeugnis günstige Einstellung aufgebaut werden, die in ambivalenten bzw. impulsiv gesteuerten Kaufsituationen den Ausschlag geben kann.

In Botschaften, die Bedarfsträger in bezug auf das Kommunikationsobjekt zu informieren beabsichtigen, lassen sich folgende charakteristische Argumentationsformen identifizieren:

(a) Plausible Argumentation

Durch Appelle an den „gesunden Menschenverstand“ sowie eine Bezugnahme auf Tradition und Gewohnheit soll bei einem breiten Bevölkerungskreis spontane Zustimmung erlangt werden.

(b) Moralische Argumentation

Durch die Ansprache von zentralen Werthaltungen und die Präsentation ethischer Vorbilder wird versucht, massiven Meinungswechsel zu bewirken und längerfristig zu stabilisieren.

(c) Rationale Argumentation

Logische und empirische Beweisgründe dienen vornehmlich der Neutralisierung von Botschaften konkurrierender Unternehmen und dem Abbau bzw. der Vermeidung von kognitiver Dissonanz bei Käufern.

(d) Taktische Argumentation

Für die kurzfristige Stabilisierung des Käuferverhaltens eignen sich die Abwertung von Positionen der Konkurrenten, die Widerlegung fiktiver, selbst in die Diskussion gebrachter und deshalb leicht zu entkräftender Argumente gegen den eigenen Standpunkt sowie die Betonung der eigenen Überlegenheit.

(2) Auch die **Leitbildwerbung** versucht, sich das Prinzip des Imagetransfers zunutze zu machen. Insbesondere Persönlichkeiten des öffentlichen Lebens, aber auch Einrichtungen wie bekannte Hotels oder Spielcasinos, oft auch angesehene Formen der Freizeitgestaltung, wie Golf oder Segeln, sollen dem Verbraucher Richtschnur für gehobenes Konsumverhalten sein. Diese Vorgehensweise läßt sich ebenso bei Aktivitäten der Verkaufsförderung und Öffentlichkeitsarbeit anwenden. Mittlerweile setzt sich jedoch mehr und mehr die Erkenntnis durch, daß die Exklusivität des gewählten Umfeldes die gewünschte Übertragung eher behindert als fördert, da das Ideal sehr leicht als unerreichbar und deshalb nicht als nachahmbar empfunden wird.

(3) Bei zwei anderen Formen der unternehmerischen Kommunikation versucht man, diese Inkongruenz zu vermeiden. Wenn beispielsweise in einer Werbeaktion ein Taxichauffeur bekundet, auch nach einer Gesamtfahrleistung von 300.000 km habe ihn sein Gefährt der Marke XY noch keinen Tag im Stich gelassen, so handelt es sich um eine sog. **Testimonialwerbung.** Von **Slice of Life-Technik** spricht man hingegen, wenn in elektronischen Medien diese Werbeform als Spot szenisch gestaltet wird.

Beiden gemeinsam ist die Präsentation zufriedener Produktverwender, mit denen sich die Umworbenen identifizieren können und deren Aussagen ihnen deshalb vergleichsweise glaubwürdig erscheinen. Daß ein Skiweltmeister mit einem neuen Ski gut zurecht kommt, besagt für den Durchschnittssportler wenig, wohl aber, wenn eine(r) wie „Du und ich", womöglich noch etwas außer Atem und mit geröteten Wangen, versichert, nunmehr sei auch für sie bzw. ihn das „Wedeln" keine Hexerei mehr.

Nicht selten kommt es in der Praxis zu einer Kombination von Leitbild- und Testimonial-Werbung. Ein Schauspieler, der in seinen (Fernseh-)Rollen nicht zu einem unnahbaren Idol aufgebaut wird, verfügt, zumal wenn er als normaler Verbraucher auftritt, sowohl über den wünschenswerten Bekanntheitsgrad als auch die notwendige Glaubwürdigkeit.

(4) Als die *Opel AG* einmal in einer Werbeaktion darüber informierte, „wie der *Senator Audi, BMW* und *Mercedes* bezwingt", betrieb sie **vergleichende**,

d. h. auf die Leistungen der Mitbewerber explizit Bezug nehmende **Werbung.** Sofern für eine derartige Maßnahme ein hinreichender Anlaß gegeben ist und der Grundgedanke des Wettbewerbsrechts nicht verletzt wird, läßt die höchstrichterliche Rechtsprechung diese kommunikationspolitische Variante grundsätzlich zu. Die rege Diskussion um Pro und Kontra dieser Werbeform hat *Zentes* (1979) zusammengefaßt.

Danach heißt beispielsweise die *Arbeitsgemeinschaft der Verbraucherverbände e. V. (AGV)* die vergleichende Werbung gut, da sie sich von ihr eine **Steigerung** des **Informationsgehaltes** kommunikationspolitischer Aussagen und damit eine verbesserte Markttransparenz erhofft. Auch dürften sich direkte Leistungsvergleiche im Sinne der Verbraucher vorteilhaft auf die Produktpolitik der Unternehmen auswirken. Die Verbraucher selbst halten, folgt man Umfragen aus dem angloamerikanischen Raum, zu einem guten Drittel Werbevergleiche für nützlicher und glaubwürdiger als konventionelle Werbung; 43 % beurteilen beide Erscheinungsformen gleich.

Bei den Unternehmern bedienen sich die Befürworter der bereits angeführten Argumente, während die Gegner die Gefahr einer **Verwirrung** von **Konsumenten** durch eine drohende Flut widersprüchlicher Informationen, einer Schädigung des unternehmerischen Image infolge möglicher gegenseitiger Herabwürdigung und einer existentiellen Bedrohung des Mittelstandes anführen.

Die Werbewirtschaft bemühte sich über ihren Dachverband, den *ZAW,* darum, der Öffentlichkeit die weitgehende Verträglichkeit der vergleichenden Werbung mit der herrschenden Rechtsprechung nahezubringen. Ihre Motivation dürfte in der Hoffnung liegen, durch den besonderen Informationswert dieser Art von Werbung der gesellschaftspolitischen Kritik begegnen zu können.

Die zu dem hier besprochenen Problembereich vorliegenden Erkenntnisse reflektieren primär nordamerikanische Erfahrungen. Dort praktiziert ein knappes Drittel der werbungtreibenden Unternehmen diese Form der Marktkommunikation. Davon ausgehende, für den Mittelstand schädliche Auswirkungen konnten dabei nicht festgestellt werden, wohl aber durch zunehmenden Wettbewerbsdruck initiierte **Produktverbesserungen**. Effizienzprüfungen auf den üblichen Wirkungsebenen kommunikativer Aktivitäten (z. B. Aufmerksamkeit, emotionale Reaktion) zeigen allerdings ein uneinheitliches Bild, was zu der Vermutung Anlaß gibt, daß vergleichende Werbung nur bei bestimmten Produkten, Marktsegmenten, Gestaltungsformen sowie geeigneten Wettbewerbssituationen zu dem gewünschten Resultat führt (vgl. *Mayer / Schmitt / Völker* 1982).

Lenkt man die Aufmerksamkeit der Umworbenen auf das Angebot von Konkurrenten, kann es insbesondere bei jenen Verbrauchern, die die meist vorsichtig kritisierten Erzeugnisse der Wettbewerber vorziehen, zu einem **Bumerang-Effekt** kommen. Auf Grund einer derartigen Bestärkung Umworbener in ihrer ursprünglichen Präferenz sind mit dem Einsatz der vergleichenden Werbung nicht unerhebliche Risiken verbunden. Diese zu umgehen bzw. ihre Folgen abzuschwächen ist Aufgabe einer sensibel zu handhabenden Gestaltung des

Kommunikationsmittels. So sollten beispielsweise eine aggressive Gegenüberstellung vermieden und glaubhafte Belege für die aufgestellte Behauptung vorgelegt werden. Eine besondere Rolle spielen dabei die Ergebnisse vergleichender Warentests, die in breiten Schichten der Bevölkerung als verläßliche Informationsquelle gelten und sich deshalb als neutrale Instanz eignen.

(5) Ständigen Anlaß zur Diskussion und nicht selten auch zu juristischen Auseinandersetzungen (vgl. Abschn. 5.) geben die **Schleichwerbung** und die **redaktionell gestaltete Werbung**. Während mit ersterer die Nutzung eines Massenmediums für eigene kommunikative Zwecke gemeint ist, und zwar ohne dafür (angemessen) zu bezahlen und sich offen dazu zu bekennen, soll bei der redaktionellen Aufmachung einer Botschaft die Zielgruppe über deren Urheber getäuscht werden. Hier dient die Tarnung überwiegend dem Zweck, durch die Wahl eines „unverdächtigen" Umfeldes eine größere Effizienz der Kommunikationsmaßnahme zu erzielen. Eine solche Intention reflektieren in vielen Fällen auch Sponsoringaktivitäten. Wenn z. B. ein Unternehmen einer großen Tageszeitung eine mehrseitige Druckschrift beifügt, die in Format und Erscheinungsbild dem kommunikativen Umfeld entspricht, aber auch Beiträge enthält, die vornehmlich eine werbliche Absicht verfolgen, geht es allein darum, die Leser im Interesse einer größeren Wirkung zu täuschen. Dem kommt in Funk und Fernsehen die Praxis nahe, mehrere Spots im Stile eines Magazins zusammenzufassen und entsprechend zu gestalten (z. B. mit Moderator).

(6) Die sog. **unterschwellige Werbung** versucht sich gar vor jeglicher bewußter Wahrnehmung zu tarnen. Mitte der fünfziger Jahre ist erstmals und in spektakulärer Weise über diese Werbetechnik berichtet worden, die es angeblich ermöglicht, einen Kaufimpuls auszulösen, ohne daß die Umworbenen dies bemerken. In einem New Yorker Vorortkino seien in das normale Programm in regelmäßigen Abständen werbliche Appelle eingeblendet worden, wobei diese wegen ihrer außerordentlichen Kurzzeitigkeit von den Zuschauern nicht bewußt hätten wahrgenommen werden können. Dies soll während der sechswöchigen Testperiode zu drastischen Absatzsteigerungen bei *Coca-Cola* (18,1 %) und Popcorn (57,7 %), die im Foyer des Filmtheaters angeboten wurden, geführt haben. Damit war die Legende von den „geheimen Verführern" *(Packard* 1957) geboren und mit ihr die Furcht vor den unbegrenzten Manipulationsmöglichkeiten der Werbung.

Obwohl *Koeppler* (1972) und *Brand* (1978) darlegten, daß dieses Experiment wahrscheinlich niemals stattgefunden hat und vermutlich als gelungene Eigenwerbung einer Werbeagentur anzusehen ist, und obwohl bestätigende Befunde zahlreicher Folgeexperimente wegen gravierender Mängel in der Versuchsplanung in Frage zu stellen sind, geistert nach wie vor die Vorstellung von der fast beliebigen Verführbarkeit der Konsumenten durch die Köpfe von Kritikern. Da sich aber, um nur ein Gegenargument zu nennen, die individuellen Wahrnehmungsschwellen der Probanden unterscheiden, wäre in einer Situation, in der ein Stimulus mehreren Personen dargeboten wird, dieser für einen Teil der Betrachter „unter-", für einen anderen aber „überschwellig". Zumindest letztere müßten den Beeinflussungsversuch bemerken. Zudem erscheint es mehr als fraglich, ob es sich hierbei tatsächlich um einen steuerbaren und kommunikativ nutzbaren Vorgang handelt.

Aus sozialpsychologischen Experimenten weiß man aber, daß unaufgeforderte starke und offensichtliche Einflußnahme bei denjenigen, denen diese sog. Persuasion gilt, zu **Reaktanz,** d. h. zum Entstehen psychischer Widerstände führen kann. „Wenn ein Individuum perzipiert, daß eine Bedrohung seiner Verhaltens- und / oder Meinungsfreiheit erfolgt, so daß die Freiheit der Wahl eingeschränkt wird, entsteht psychische Reaktanz. Reaktanz ist ein motivationaler Spannungszustand, der darauf gerichtet ist, sich der drohenden Einengung zu widersetzen oder nach erfolgter Einengung den ursprünglichen Verhaltensspielraum wiederzugewinnen" *(Gniech / Grabitz* 1978, S. 48).

Es erscheint einsichtig, daß kommunikative Botschaften, Verkaufsgespräche etc. wegen der diesen zugrundeliegenden Absicht, die anvisierte Zielgruppe zu beeinflussen, leicht Reaktanz hervorrufen. Dies äußert sich in einem verstärkten Engagement für die von der tatsächlichen oder angedrohten Einschränkung betroffenen Verhaltensweise bzw. Einstellung, wobei dieses um so ausgeprägter ist,

- je stärker der Beeinflussungsdruck empfunden wird,
- je bedeutsamer die bedrohte Verhaltensweise bzw. Meinung für den einzelnen erscheint,
- je mehr die eigene von der kommunizierten Meinung abweicht und
- je größer der Anteil der bedrohten Verhaltensweisen bzw. Meinungen am gesamten Verhaltens- bzw. Meinungsrepertoire ist.

Bei Auftreten von Reaktanz gewinnt insbesondere jene Handlungsalternative, die dem Betroffenen entzogen werden soll, für ihn an Attraktivität. Nicht selten stellt sich sogar ein sog. Bumerang-Effekt ein, und zwar insofern, als die Umworbenen nicht nur auf ihren ursprünglichen Ansichten beharren, sondern diese sogar noch verstärken, sich also noch weiter von der in der Botschaft vertretenen Position entfernen. Offenkundig eröffnet demnach die **unterschwellige Werbung** keine überzeugende Gestaltungsperspektive.

Als eine an Popularität gewinnende, an der Schnittstelle von Schleich- und unterschwelliger Werbung anzusiedelnde Spielart hat das **Product Placement** einige Bedeutung erlangt. Hierbei werden Produkte, vereinzelt auch Dienstleistungen, werbewirksam in Medien wie Fernsehen, Hörfunk, Kino, Theater oder auch Literatur plaziert, wobei die akquisitorische Absicht verschleiert wird, der Auftraggeber dafür aber bezahlen muß. Das „corpus delicti" bildet dabei zumeist eine Requisite, wie z. B. elektronische Geräte der Marke *Philips, Apple* und *Sony* in *James Bond*-Filmen, oder spielt sogar die Hauptrolle, eine Ehre, die z. B. dem *VW Käfer* in mehreren Kinofilmen zuteil wurde.

Das wachsende Interesse Werbungtreibender am Product Placement ist darauf zurückzuführen, daß herkömmliche Kommunikationsbemühungen in verstärktem Maße auf Widerstand stoßen, wenn nicht sogar Reaktanz auslösen. Ferner besteht die Möglichkeit, rechtliche Beschränkungen zu unterlaufen, denen die Ausstrahlung von Spots im Fernsehen oder die Anpreisung bestimmter Güter, wie Alkoholika und Zigaretten, allgemein unterworfen sind. Es spricht auch einiges dafür, daß man mit Product Placement Zielgruppen anzusprechen vermag, die sonst nicht zu erreichen wären, daß man Zapping (= Umschalten der Zuschauer auf einen anderen Kanal, sobald sie Werbung ausgesetzt sind) vermeiden kann und daß durch geschickte Einbindung der fraglichen Produkte in eine Handlung die Werbung generell an Glaubwürdigkeit gewinnt. Bei der Beurteilung des Product Placement ist man jedoch auf Vermutungen angewiesen, da fundierte Untersuchungen in bezug auf dessen Wirkung bislang nicht verfügbar sind. Zudem ist zu befürchten, daß die Adressaten verärgert reagieren, sofern sie erkennen, daß sie für dumm verkauft werden.

(7) Mit der sog. **Time Compression-Methode** eröffnet sich eine Möglichkeit nicht nur zur effizienteren Nutzung teurer und knapper Werbezeit, sondern auch zur Steigerung der Kommunikationswirkung. Dieses Verfahren erlaubt es, die Übermittlung einer Botschaft um bis zu 25% zu beschleunigen, ohne daß sich, was für deren Wirkung wichtig ist, die Stimmlage des Sprechers verändert. Denn ab einer um 20% erhöhten Stimmfrequenz werden diesem Eigenschaften wie nervös, wenig einfühlsam und unglaubwürdig zugeschrieben. Eine in höherem Sprechtempo vorgetragene Botschaft wirkt hingegen überzeugender als eine solche, die sich an der normalen Sprechgeschwindigkeit orientiert (vgl. *Apple / Streeter / Krauss* 1979). Ohne sich ihrer Beeinflussung bewußt zu sein, beurteilen die Hörer bzw. Betrachter entsprechend manipulierter Spots diese als interessanter und unterhaltsamer. Erklärt wird dies damit, daß das für eine Zwei-Wege-Kommunikation ausgelegte menschliche Gehirn durch die herkömmliche Medienansprache nicht ausgelastet und eine mäßige Beschleunigung des Informationsflusses deshalb als angenehm empfunden werden.

(8) Der besondere Reiz einer sog. **Unikatkampagne** liegt darin, daß jede Anzeige bzw. jeder Spot nur einmal geschaltet wird, wodurch die einer derartigen Aktion von seiten der anvisierten Zielgruppe entgegengebrachte Aufmerksamkeit zunimmt. Im Rahmen der dadurch bekannt gewordenen *Jägermeister*-Kampagne erschienen zwischen 1973 und 1983 europaweit mehr als 6.000 solcher Inserate, und auch in jüngerer Zeit wurde diese Variante in Form von TV-Spots („Jägermeister der Woche“) wieder eingesetzt.

(9) Gleichgültig, ob sich kommunikationspolitische Aktivitäten auf die Unternehmung als Ganzes oder einzelne ihrer Produkte beziehen, können jene sowohl

allein als auch gemeinsam mit Partnern initiiert werden. Im Hinblick auf die erheblichen Kosten z. B. von nationalen Kampagnen empfiehlt es sich manchmal, auf Alleinwerbung zu verzichten und eine Form der **Kollektivwerbung** zu betreiben. Bei der sog. **Huckepackwerbung** wird gleichzeitig für mindestens zwei unterschiedliche Produkte verschiedener Hersteller geworben. Soll dieser Strategie Erfolg beschieden sein, muß nicht nur zwischen beiden eine physische bzw. unmittelbar einsichtige psychische Komplementarität bestehen, wie z. B. zwischen Polohemd und Tennisschläger, sondern es müssen auch die Zielgruppen weitgehend übereinstimmen.

Insbesondere bei solchen Anbietern, die homogene Güter vertreiben, kommen kommunikationspolitische Anstrengungen eines einzelnen auch allen übrigen zugute. In diesen Fällen empfiehlt sich eine **Gemeinschaftswerbung** - hier treten die kooperierenden Unternehmen nicht namentlich hervor („Eßt mehr Fisch") – bzw. eine **Sammelwerbung**, bei der die Namen der Beteiligten im Kommunikationsmittel erscheinen („Kommen Sie ins XY-Einkaufszentrum, Sie finden dort die Angebote der Firmen A, B, C"). Sowohl kollektive Werbung als auch mit weiteren, in der Regel nicht konkurrierenden Unternehmen durchgeführte Sponsorships eröffnen die Möglichkeit, nicht nur Kosten zu sparen, sondern bei unveränderter finanzieller Belastung auch solche Trägermedien zu nutzen, die kleineren Betrieben sonst verschlossen blieben.

Um gegen die marktstarken Großbrauereien bestehen zu können, organisierte der *Bundesverband mittelständischer Privatbrauereien* eine Gemeinschaftswerbung, die den besonderen Verhältnissen der Branche Rechnung trug. Da sich die Absatzgebiete mittelständischer Brauereien vielfach überschneiden, wurden drei Werbekonzepte entwickelt. Entschloß sich in einem Überschneidungsgebiet eine Unternehmung beispielsweise für Konzeption A, erhielt sie für diese Gebietsschutz, so daß für die lokalen Konkurrenten nur noch die Konzeptionen B und C zur Verfügung standen.

Bei der **Verbundwerbung** handelt es sich um eine spezifische Form der Kollektivwerbung. Sie verzahnt die jeweiligen Stärken von Herstellern (z. B. Kapital) und Absatzmittlern (z. B. persönliches Verhältnis zu den Kunden).

Im Falle der *Deutschen FIAT AG* z. B. griffen drei Strategien ineinander. Eine nationale Werbekampagne hatte in ihrer Funktion als Dachkampagne die Imagepflege und Steigerung des Bekanntheitsgrades von *FIAT* zu verfolgen. Partnerschaftsanzeigen in regionalen Tageszeitungen sorgten dagegen für einen Bezug zum lokalen Markt. Konkret bestanden diese aus einem werblichen Rumpf und der Händleradresse. Die Kosten für das Grundmotiv übernahm der Hersteller, jene für den den jeweiligen Händler betreffenden Teil wurden von diesem getragen. Im Rahmen einer ergänzenden Händlerwerbung wurde den Distributionspartnern eine Möglichkeit zur Profilierung eingeräumt, ohne daß jene gegen Inhalt und Form der gesamten Verbundwerbung verstoßen mußten. Durch einen zentralisierten Einkauf von Anzeigenraum konnten im übrigen gegenüber einer Einzelbelegung Preisvorteile erlangt werden.

Die zahlreichen Facetten, die bei der Gestaltung kommunikativer Maßnahmen berücksichtigt werden sollten, führen dazu, daß sich auf dieser Ebene zu treffende

Entscheidungen durch eine beträchtliche Komplexität auszeichnen. In der Praxis werden folglich hierbei zunehmend Expertensysteme eingesetzt. Das in diesem Kontext am häufigsten Verwendung findende Computerprogramm *ADCAD* (**Ad**vertising **C**ommunication **A**pproach **D**esigner) wurde von *Burke / Rangaswamy* entwickelt (vgl. *Burke u. a.* 1993). Unter Berücksichtigung der verfolgten Ziele, der anvisierten Zielgruppe und der das Kommunikationsobjekt kennzeichnenden Eigenschaften ermittelt *ADCAD* eine umfassende Kommunikationsstrategie und gibt detaillierte Gestaltungshinweise.

Die Wissensbasis von *ADCAD* setzt sich aus Gestaltungsregeln zusammen, die aus kommunikationstheoretischen Ansätzen (vgl. Abschn. 2.), aus empirischen Studien, Fallbeispielen und dem Wissen von Praktikern abgeleitet wurden. Die lediglich deskriptive, wenn auch vergleichsweise umfassende Kategorisierung isolierter Wissenselemente bildet jedoch zugleich eine zentrale Schwäche dieses Ansatzes. Einem solchen methodischen Konzept kann somit bestenfalls eine die Entscheidungsfindung unterstützende Funktion attestiert werden. Ob ein solches Programm rechnergesteuert Kreativität zu simulieren vermag, erscheint vor diesem Hintergrund fraglich.

Trotz in sich konsistenter Kommunikationskonzepte ist, speziell bei sog. „conglomerates", d. h. bei Unternehmensgruppen, die in mehreren unterschiedlichen Bereichen zugleich tätig sind, häufig festzustellen, daß deren Image entweder durch starke Einseitigkeit geprägt ist oder dieses als diffus empfunden wird. So werden einige Großunternehmen oft fälschlicherweise mit nur einer oder wenigen ihrer Marken, andere wiederum mit ihrem früher einmal angebotenen Leistungsprogramm identifiziert. Bei einer weiteren Gruppe schließlich hat ein unbeteiligter Außenstehender überhaupt keine klare Vorstellung davon, was die Betroffenen herstellen bzw. vertreiben. Von den fraglichen Unternehmen wird das Entstehen derart verzerrter Images oftmals durch eine verwirrende Vielfalt von Produkt- und Firmennamen sowie in Einzelfällen auch durch uneinheitliche Designs, nicht zusammenpassende Farben, Embleme usw. gefördert.

Eine unerwünschte Diskrepanz zwischen dem Selbstbild des Unternehmens aus der Sicht des Managements und dem Eindruck, den die Mitarbeiter oder die interessierte Öffentlichkeit von diesem haben, gibt häufig den Anstoß zu Bemühungen um Schaffung einer einheitlichen und prägnanten Unternehmenspersönlichkeit. Die zu diesem Zweck unternommenen Anstrengungen dienen der Formung einer sog. **Corporate Identity** (CI).

Das CI-Konzept kann als konsequente Weiterentwicklung des Public Relations-Gedankens aufgefaßt werden. Ausschlaggebend hierfür war die häufig gemachte Erfahrung, daß es insbesondere bei einem heterogenen Unternehmensimage nicht genügt, irgendwelche positiven Leistungen einer Unternehmung mittels kommunikativer Maßnahmen herauszustellen. Vielmehr sind das gesamte Erscheinungsbild einer Unternehmung sowie das Verhalten aller Mitarbeiter auf ein definiertes **Soll-Image** hin auszurichten. Hierzu bedarf es der Koordination und Integration aller kommunikativen Maßnahmen (Corporate Communications), des Verhaltens der Mitarbeiter sowie des Unternehmens als Ganzem (Corporate Behavior) und des unternehmerischen Erscheinungsbildes (Corporate Design).

In der Praxis beschränken sich die dem Bereich der Corporate Identity zu subsumierenden Aktivitäten jedoch weithin auf Retuschen am visuellen Auftritt des Unternehmens gegenüber Marktpartnern. Daß hierdurch keine Ursachen, sondern lediglich Symptome latent vorhandener Probleme beseitigt werden können, erscheint offensichtlich. Wird z. B. ein diffuses oder einseitiges Image durch Verwendung verschiedener graphischer Designs für das Firmenlogo und andere betriebsspezifische Zeichen verstärkt, liegt die Notwendigkeit einer Vereinheitlichung klar auf der Hand. Erschöpfte sich eine CI-Strategie in einem solchen Fall in graphischen Korrekturen, würden die Identitätsprobleme nicht gelöst, sondern allenfalls kosmetisch behandelt.

Entsprechende Bemühungen können dabei zum einen nach innen, also auf die Beschäftigten, zum anderen nach außen, d. h. auf die weitere Umgebung der Unternehmung abzielen. Die Entstehung eines umfassenden **Wir-Bewußtseins** versucht beispielsweise der Computer-Hersteller *Hewlett Packard* durch eine Politik der offenen Tür und die Verwendung des Vornamens unter Gesprächspartnern, gleich welcher Hierarchieebene, zu fördern. Dagegen geht es eindeutig um die **Außenwirkung**, wenn man prüft, ob bei (Produkten von) Tochtergesellschaften die Zugehörigkeit zu einem bestimmten Konzern nach außen betont werden soll. Soweit man sich dazu entschließt, ist sorgfältig darauf zu achten, daß es dabei nicht zu einer Imagekollision kommt. Unverträglichkeit in diesem Sinn liegt beispielsweise vor, wenn die Muttergesellschaft Nahrungsmittel und die Tochter Insektizide produzieren.

3.6. Die Auswahl von Mitteln und Trägermedien

3.6.1. Kriterien der Mediaselektion

Das Medienangebot in der Bundesrepublik Deutschland ist eines der breitesten und vielfältigsten in der Welt (vgl. Abschn. 1.3.2.). Vor dem Hintergrund der auf den bisher skizzierten Ebenen getroffenen Entscheidungen müssen deshalb jene Kommunikationsträger ausgewählt werden, die das mit der kommunikationspolitischen Aktivität verfolgte Ziel weitestmöglich zu erreichen versprechen. Um die Rationalität eines derartigen Selektionsprozesses gewährleisten zu können, bedient man sich verschiedener Kriterien.

Für eine systematische Auswahl anhand dieser Kenngrößen bedarf es sowohl umfangreicher marktbezogener als auch vielfältiger betriebsinterner Informationen. Diese, seien es nun Angaben über den Sättigungsgrad des Marktes, die Lebenszyklusphase, in der sich ein Produkt befindet, Aktivitäten der Konkurrenten, wichtige soziodemographische Merkmale der Zielgruppe oder die Verfügbarkeit und Kosten geeigneter Trägermedien, werden im Rahmen der **Marketing-Forschung** beschafft.

Eine Reihe von Institutionen, wie z. B. die *Informationsgemeinschaft zur Feststellung der Verbreitung von Werbeträgern e. V. (IVW)* und die *Arbeitsgemeinschaft Media-Analyse e. V. (AG.MA;* vgl. im einzelnen hierzu Abschn. 1.3.4.), haben sich der Aufgabe angenommen, die benötigten Informationen systematisch und in regelmäßigen Abständen aktualisiert bereitzustellen. Von Interesse ist darüber hinaus auch sekundärstatistisches Material, das von den großen Verlagen veröffentlicht wird. Deren Marktforschung, die ursprünglich allein der eigenen Absatzplanung diente, hat sich zu einer wichtigen Quelle von Entscheidungshilfen für die Anzeigenkunden entwickelt. Von diesen Publikationen werden u. a. folgende Bereiche erfaßt:

- Allgemeine wirtschaftliche Entwicklung, z. B. *Berichte zur konjunkturellen Lage in der Bundesrepublik (Gruner + Jahr)*
- Werbungtreibende, z. B. *Unternehmen, Märkte, Manager (Spiegel Verlag)*
- Anzeigenmotiv-Dienst, z. B. *Finanzpublizität (Finanzanzeigen-Service, Axel Springer Verlag)*
- Presseausschnitt-Dienst, z. B. *SIAM (**S**ystemat**i**sches **A**rchiv**m**aterial, Verlagsgruppe Bauer)*
- Branchen, z. B. *MARIA (**Mar**keting-**I**nformation für den **A**bsatz, Gruner + Jahr)*
- Wirkung kommunikativer Aktivitäten, z. B. *Werbewirkungsfaktoren in Zeitschriften (Axel Springer Verlag)*
- Zielgruppen / Einstellungen der Verbraucher. Hierzu gibt es, wie Tab. 8.6. erkennen läßt, eine Fülle von Daten.

Die Vielzahl und Komplexität der zur Verfügung stehenden Informationen erfordern deren Verdichtung, um die Kommunikationsleistung von Medien transparent und vergleichbar zu machen. Es wurden deshalb Kriterien entwickelt, die eine Entscheidungsfindung unterstützen sollen.

(1) Kosten der Medien

Innerhalb der einzelnen Mediengattungen sowie zwischen diesen variiert die Preisgestaltung erheblich. Bei den gedruckten Trägermedien bilden Flächenanteile den Verrechnungsmaßstab, in Funk und Fernsehen orientiert man sich an der Ausstrahlungszeit und -dauer.

(a) Schaltkosten für **Zeitungsanzeigen** berechnen sich grundsätzlich nach dem sog. Millimeterpreis (Kosten für einen Millimeter), werden aber auch nach Maßgabe des Anzeigenformats fakturiert. Für **Zeitschriften** bildet eine ganzseitige, schwarz / weiß gehaltene Anzeige (1/1 Seite s/w) die Verrechnungsbasis, kleinere Formate bis hin zur 1/64 Seite werden anteilig berechnet (vgl. Tab. 8.8.). Für zahlreiche Sonderinsertionsformen, wie z. B. ausklappbare Seiten (Gatefold-Anzeige), gibt es besondere Preisstufen.

Tabelle 8.8.

Anzeigen- und Tausender-Preis ausgewählter Zeitschriften (1994)		
ZEITSCHRIFT	Anzeigenpreis 1/1 Seite, vierfarbig (in DM)	Tausender-Preis (in DM)
ADAC-Motorwelt	185.200	16,14
Stern	98.840	77,01
TV-Hören und Sehen	91.951	38,62
auto, motor und sport	56.055	111,66
Capital	48.100	183,58
Brigitte	91.988	81,88
Bravo	69.251	53,05
Max	26.164	121,89

So kostet z. B. eine ganzseitige Anzeige in der Publikation *TV-Spielfilm* DM 39.500, sofern diese in schwarz/weiß gehalten ist, bzw. DM 54.200, falls diese farbig sein soll. Beschränkt man sich auf eine halbe Seite, so gehen mit einer Schaltung Kosten in Höhe von DM 19.750 bzw. DM 34.450 einher. Beilagen schlagen je angefangene tausend Exemplare bis 25 g Einzelgewicht mit DM 100, jedes weitere Gramm mit DM 1 zu Buche. Soll der Zeitschrift ein 20seitiger Beihefter beigegeben werden, ist dies je angefangene tausend Exemplare mit DM 145 zu entlohnen.

Um die Vergleichbarkeit der ins Kalkül gezogenen Printmedien und damit die Planung deren Belegung zu erleichtern, wird zusätzlich zu den absoluten Beträgen u. a. der sog. **Tausenderpreis** (Anzeigenpreis × 1.000/verkaufte Auflage) errechnet. Dieser gibt die Relation zwischen dem Preis einer Anzeige und der Auflage wieder. Demgegenüber drückt der **Tausend-Leser-Preis** aus, wieviel für eine Anzeige pro 1.000 Leser der Zeitung bzw. Zeitschrift aufgewandt werden muß. Vom **Tausend-Kontakte-Preis** spricht man, wenn man sich auf die Anzahl der auf Grund der Nutzungsgewohnheiten der Leserschaft möglichen Kontakte zwischen einer Anzeige und der Zielgruppe bezieht. Wird ein Printmedium nur einmal belegt, entsprechen sich Tausend-Kontakte- und Tausend-Leser-Preis.

(b) Sowohl im **Hörfunk** als auch im **Fernsehen** bilden Sekunden, zuweilen auch Fünf-Sekunden-Intervalle, die Berechnungsbasis. Bei diesen Medien ist häufig eine bestimmte Spotlänge fest vorgegeben, wobei der Sekundenpreis in der Regel degressiv abnimmt. Für die Mediaplanung resultiert hieraus und aus dem Umstand, daß für verschiedene Tageszeiten und Wochentage sowie differenziert nach der Größe des Sendegebietes unterschiedliche Grundpreise gelten, ein Entscheidungsproblem mit hoher Komplexität. Analog zu den oben skizzierten Kriterien kann man hier den sog. **Tausend-Hörer-** bzw. **Tausend-Seher-Preis** berechnen (vgl. Tab. 8.9.).

Tabelle 8.9.

Einschalt- und Tausender-Preis von Werbefunk und Werbefernsehen (1994)					
Rundfunkanstalt	**Einschaltpreis 1994 brutto, 30 Sek. (7 bis 8 Uhr; in DM)**	**Tausend-Hörer-Preis (in DM)**	**Fernsehanstalt**	**Einschaltpreis Jahresdurchschnitt 1994 brutto, 30 Sek. (19.00-19.30 Uhr; in DM)**	**Tausend-Kontakte-Preis (in DM)**
BR 1	4.260	3,02	*ARD*	69.000	23,05
HR 1	960	4,00	*PRO 7*	21.909	16,03
HR 3	2.790	5,47	*RTL*	46.750	14,96
NDR 2	6.270	5,14	*SAT 1*	36.958	17,10
SDR 1	1.800	4,37	*ZDF*	61.500	10,25

(c) Die Belegungskosten für **Plakatwerbung** variieren nach Anschlagform (Großfläche, Ganzstelle und Allgemeinstelle) und Streubereich (national, regional, lokal). Das Format weist eine Standardgröße von 54 × 84 cm auf, wobei zwischen 1/4-Bogen und 18/1-Bogen alle Zwischenformen belegbar sind, die sich als ganzzahliges Vielfaches der kleinstmöglichen Fläche darstellen lassen. Anschlagstellen werden in der Regel für die Dauer von zehn Tagen vermietet, die Kosten belaufen sich bei einem 18/1-Plakat auf knapp 10 DM pro Tag und Stelle.

(d) Die Grundlage für die Berechnung der Schaltkosten von Spots im **Kino** stellt deren Länge in Metern dar, die zwischen 20 und 200 m variieren kann. Die Kosten für einen Meter belaufen sich auf bis zu DM 50 pro Woche und Filmtheater. Für einen Film von 30 m (rund eine Minute) Länge, der in allen Kinos der Bundesrepublik Deutschland eine Woche lang ausgestrahlt werden soll, wären somit insgesamt rund DM 500.000 zu entrichten. Bei vertonten und unvertonten Dias ergeben sich die bei einer Schaltung anfallenden Kosten aus der Darbietungsdauer. Hierbei sind pro Sekunde und Filmtheater mindestens DM 72 jährlich ins Kalkül zu ziehen.

(2) Verbreitungsgrad der Medien

(a) Die in Abschn. 1.3.4. vorgestellte *Informationsgemeinschaft zur Feststellung der Verbreitung von Werbeträgern e. V. (IVW)* ermittelt für Zeitungen, Zeitschriften und andere Printmedien Verbreitungszahlen. Hierzu melden die beteiligten Verlagshäuser unmittelbar nach Quartalsende die in den vergangenen drei Monaten verkaufte (nicht gedruckte!) **Auflage**. Diese Angaben werden von Beauftragten der *IVW* in unregelmäßigen Abständen überprüft. Tab. 8.10. vermittelt einen Eindruck von den für ausgewählte Zeitschriften geltenden Gegebenheiten.

Tabelle 8.10.

IVW-geprüfte Auflagenzahlen ausgewählter Zeitschriften für das IV. Quartal 1993

ZEITSCHRIFT	Auflage
ADAC-Motorwelt	11.476.287
Stern	1.283.492
TV-Hören und Sehen	2.381.124
auto, motor und sport	502.023
Capital	262.012
Brigitte	1.123.494
Bravo	1.305.332
Max	214.661

Der im sog. elektronischen Zeitalter überraschend hohe Verbreitungsgrad der Printmedien bestätigt sich in einschlägigen Umfragen. Danach werden 85% der Bevölkerung ab 14 Jahren durch Tageszeitungen und 90% durch Zeitschriften erreicht. Dies erklärt, zusammen mit der hohen Zielgenauigkeit und vergleichsweise unbeschränkten Verfügbarkeit dieser Medien als Kommunikationsträger, deren herausragende Stellung.

(b) Mit der **Anzahl angemeldeter Empfangsgeräte** steht für die elektronischen Medien eine einfache, aber nicht sehr wirksame Orientierungsgröße zur

Verfügung. Ende 1992 waren nach Angaben des *Statistischen Bundesamtes* 35,3 Mio. Rundfunk- und 31,5 Mio. Fernsehgeräte registriert. Zwar besagt auch der Kauf einer Zeitung nicht, daß diese gelesen wird, doch dürfte bei den **elektronischen Medien** die Verfügbarkeit in noch geringerem Maße mit der Nutzung korrelieren, als dies bei den Printmedien der Fall ist. Um die Menge der Hörer bzw. Seher pro Tag ermitteln zu können, wurden deshalb leistungsfähige Instrumente der Funkmedienforschung entwickelt.

So wird seit Anfang 1975 im Auftrag u. a. von *ARD* und *ZDF* regelmäßig quantitative TV-Zuschauerforschung betrieben. Bis Ende 1984 war eine Arbeitsgemeinschaft des *Instituts für Demoskopie,* Allensbach, und des *Infas-Instituts,* Bonn-Bad Godesberg *(Teleskopie),* damit beauftragt. 1985 hat die *GfK* Nürnberg diese Aufgabe übernommen. Deren *Fernsehzuschauer*-Panel besteht aus 3.960 Haushalten, bei denen jeweils ein elektronisches Erfassungsgerät installiert ist. Für jedes Haushaltsmitglied werden bei Eingabe einer persönlichen Identifikationsnummer Fernsehdauer und Senderwahl zeitgenau registriert. Die dabei anfallenden Meßwerte bilden die Basis für Statistiken über die zeitliche Mediennutzung, die als **Einschaltquote** einerseits die Werbewirtschaft, andererseits die für die Programmgestaltung Verantwortlichen interessiert.

Kein anderes Medium sieht sich in der Lage, einen Fernseh-Panel-Werten vergleichbaren Nachweis der eigenen Leistungsfähigkeit zu erbringen. Neben den wöchentlichen und monatlichen Routineauswertungen des Einschaltverhaltens des Gesamtpanels und einzelner (Alters-)Gruppen werden auch qualitative Sonderauswertungen durchgeführt. Hierbei können z. B. Sehverhaltens- mit Einstellungsdaten, die in entsprechenden Studien erhoben wurden, verknüpft werden.

Der Stellenwert, der Hörfunk und Fernsehen als Medium für unternehmerische Kommunikationsaktivitäten beizulegen ist, kann jedoch nur dann realistisch abgeschätzt werden, wenn man sich den hohen Anteil von tatsächlichen Nutzern dieser Medien an der Gesamtbevölkerung sowie die im Vergleich zu anderen Kommunikationsträgern vergleichsweise lange Nutzungsdauer vergegenwärtigt. Tab. 8.11. vermittelt einen Eindruck von der durchschnittlichen Mediennutzungsdauer in Deutschland.

(c) Geradezu grob nehmen sich demgegenüber die Angaben aus, die der ***Fachverband Außenwerbung e. V. (FAW)*** zum Verbreitungsgrad von Plakatträgern machen kann. 1992 gab es in der Bundesrepublik Deutschland 170.353 Großflächen, 1.143 Kleintafeln, 10.382 Ganzstellen, 8.210 4/1 Spezialstellen, 45.537 Allgemeinstellen sowie 25.464 City-Light-Poster (vgl. hierzu und zum folgenden *Zentralverband der deutschen Werbewirtschaft e. V.* 1993).

(d) 1993 wurden in den nahezu 3.700 bundesdeutschen Kinos ca. 125 Mio. Besucher gezählt, wobei allein die zehn meistbesuchten Filme fast 50 Mio. auf sich zogen. Von den 2,39 Mio. wöchentlichen **Kinogängern** ab 14 Jahren gehörten 1993 rund 70% der Altersgruppe der 14- bis 29jährigen an, während der Anteil dieses Segments an der Bevölkerung über 14 Jahren nur gut 26% beträgt.

Tabelle 8.11.

Durchschnittliche Dauer der Mediennutzung im Jahr 1992

Aktivität	Montag-Freitag			Samstag-Sonntag		
	Gesamt (in Minuten)	Tatsächliche Nutzer (%)	Tatsächliche Nutzungsdauer (in Minuten)	Gesamt (in Minuten)	Tatsächliche Nutzer (%)	Tatsächliche Nutzungsdauer (in Minuten)
Fernsehen	156	96,8	161	242	96,3	252
Radio hören	117	82,1	142	127	75,0	174
Schallplatte, CD u. ä. hören	30	45,1	66	46	47,7	96
Videorecorder nutzen	18	24,3	75	33	30,3	110
Zeitungen, Zeitschriften, Illustrierte lesen	71	88,7	80	67	79,2	84
Sach-, Fachbücher lesen	22	30,8	71	21	25,1	85
Romane, Erzählungen, Gedichte lesen	21	34,0	64	29	35,1	81
Computer nutzen	11	12,1	94	9	7,2	120

Quelle: *Stiftung Lesen* 1993, S. 89.

(3) Reichweite der Medien

Um die spezifische Eignung verfügbarer Medien zur Kommunikation mit der anvisierten Zielgruppe abschätzen zu können, bedarf es ergänzender Informationen in bezug auf die Struktur der Leserschaft einzelner Titel. Dieses Aufgabenbereichs hat sich in der Bundesrepublik Deutschland u.a. die *Arbeitsgemeinschaft Media-Analyse e. V. (AG.MA)* angenommen. Die von dieser regelmäßig veröffentlichten Leserschaftsdaten der Mediaanalyse bilden die allgemein akzeptierte Grundlage der Mediaplanung, da sie der Kontrolle wesentlicher im Mediensektor agierender Organisationen (Agenturen, Verlage, Werbungtreibende) unterliegen. Zwar liefern auch die einzelnen Medien eine Vielzahl von Planungsdaten, doch mangelt es diesen häufig an Objektivität und Vergleichbarkeit.

Damit es zu Kommunikation kommen kann, muß der Sender (Kommunikator) den Empfänger (Rezipienten) mit einer Botschaft erreichen. Die Leser pro

Nummer einer Zeitschrift, Hörer bzw. Seher pro Tag, Besucher je Woche (Kino), Anzahl der Personen mit täglichem Außenwerbeträgerkontakt usw. bilden gängige Maßzahlen für potentielle **Kontakte** (Kommunikationsträger-Kontakt).

In der Realität sind die Verhältnisse jedoch komplexer, als man auf den ersten Blick vermutet. In der Praxis werden vor allem folgende Kriterien herangezogen:

(a) Der ***LpN*-Wert** (Leser pro Nummer) erfaßt die Gesamtzahl derer, die in einem Erscheinungsintervall einer Zeitung oder Zeitschrift irgendeine Ausgabe gelesen oder durchgeblättert haben. Nur bei jenen besteht eine Chance, daß sie mit der kommunizierten Botschaft in Berührung kommen. Dieses Kriterium basiert auf der Feststellung des letzten Lesevorgangs und gibt keine Auskunft darüber, ob es während des Erscheinungsintervalls zu einem oder mehreren Kontakten gekommen ist.

(b) Weil Trägermedien üblicherweise nicht nur einmal belegt werden, reicht der *LpN*-Wert als Entscheidungsbasis nicht aus, da er weder über den möglichen Reichweitenanstieg noch über die Intensität der Ansprache bei mehrmaliger Schaltung informiert. Der **K_1-Wert** drückt deshalb die durchschnittliche Leserschaft einer Zeitschrift auf der Basis der Lesehäufigkeit des sog. weitesten Leserkreises aus. Dieser umfaßt all jene Personen, die mindestens eine der letzten zwölf Ausgaben gelesen haben.

(c) Da *LpN*- und K_1-Wert auf methodisch unterschiedliche Weise ermittelt werden, können diese voneinander abweichen. Diese Differenz ist die Folge einer Verzerrung, die durch die ungenaue Schätzung der Befragten in bezug auf ihr Leseverhalten bedingt ist. Deshalb wurde der sog. ***LpA*-Wert** (Leser pro Ausgabe) eingeführt, der ebenfalls die Leserschaft einer durchschnittlichen Ausgabe zu messen versucht. Dieser wird aus dem K_1-Wert und dem *LpN*-Wert in einem aufwendigen Rechenverfahren empirisch ermittelt, was als zentraler Nachteil dieser Kenngröße gilt.

(d) Der ***LpE*-Wert** (Leser pro Exemplar) stellt eine rein rechnerische Größe dar und gibt die durchschnittliche Anzahl jener Personen wieder, die das gleiche Exemplar des betreffenden Printmediums lesen (*LpA*-Wert / verbreitete Auflage).

(e) Dem Wunsch von Werbungtreibenden und Agenturen, eine Annäherung einschlägiger Kriterien an den Kommunikationsmittelkontakt zu erreichen, wurde mit der Einführung des ***LpS*-Wertes** (Leser pro Seite) Rechnung getragen. Dieser bestimmt sich aus der Reichweite des betreffenden Mediums, die mit dem Anteil jener Seiten, die der Rezipient aufschlägt, multipliziert wird. Ein Leser, der beim Durchblättern eines Heftes nur z. B. jede zweite Seite beachtet hat, zählt folglich als ein halber Seitenleser.

(f) Das geographische Gebiet, das durch einen Kommunikationsträger abgedeckt wird, bezeichnet man als **räumliche Reichweite** eines Mediums. Um sog.

Streuverluste zu vermeiden, strebt man eine Deckungsgleichheit von Streu- und Absatzgebiet an.

(g) Die **quantitative Reichweite** (verkaufte Auflage × LpE) gibt an, wie viele Personen in einer Zeiteinheit mit dem jeweiligen Medium in Kontakt kommen. Ob eine Konfrontation mit der kommunikativen Botschaft erfolgt (Kommunikationsmittel-Kontakt), hängt jedoch auch von der Intensität der Nutzung des Mediums durch die anvisierten Bedarfsträger (z. B. deren Leseverhalten) und der Aufmerksamkeitswirkung des Kommunikationsmittels ab. Die Berührung mit dem betreffenden Trägermedium stellt somit eine zwar notwendige, nicht aber hinreichende Bedingung für eine solche mit dem Kommunikationsmittel dar, wobei diese letztendlich ausschlaggebend ist.

(h) Die **qualitative Reichweite** (quantitative Reichweite × Anteil der Zielgruppe an den Nutzern des Mediums) drückt aus, inwieweit ein Medium jenen Personenkreis erreicht, der durch eine kommunikative Maßnahme angesprochen werden soll.

Die hier skizzierten Reichweitenmaße stellen für die zumeist komplexe Mediaentscheidung in der Regel keine ausreichende Informationsgrundlage dar. Vielmehr erfordert die heterogene Struktur der Rezipienten einen auf einer sorgfältigen Analyse beruhenden Vergleich, der eine Differenzierung zwischen Brutto- und Nettoreichweite sowie einfacher, kumulierter und kombinierter Reichweite nahelegt.

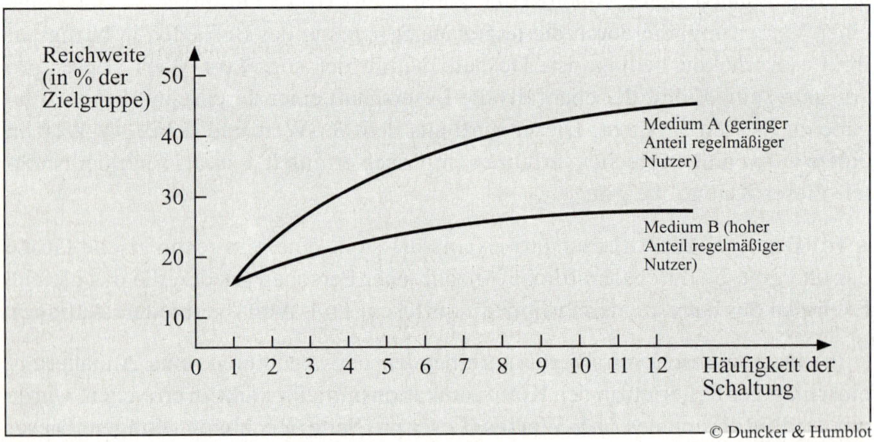

Anmerkung: Es handelt sich um ein Beispiel für den Reichweitenzuwachs, der bei Mehrfachbelegung eines Mediums mit einem geringen Anteil regelmäßiger Nutzer im Vergleich zur Mehrfachbelegung eines Mediums mit einem hohen Anteil regelmäßiger Nutzer realisierbar ist. Der genaue Verlauf der Kumulationskurve hängt u. a. von der Mediengattung ab. Wenn, wie etwa im Falle einer Programmzeitschrift, die Reichweite durch mehrmalige Belegung derselben nur noch unwesentlich ausgedehnt werden kann, bietet sich eine Mehrfachbelegung verschiedener Trägermedien an.

Abb. 8.12.: Kumulierte Reichweite

Sollen, wie dies in der Praxis die Regel ist, mehrere Medien gleichzeitig genutzt werden, interessiert weniger deren **Bruttoreichweite**, d. h. die Summe der Einzelreichweiten, als die jeweilige **Nettoreichweite.** Diese läßt auf Grund der Elimination der sog. externen Überschneidung erkennen, wie viele Personen bei einmaliger Schaltung des Kommunikationsmittels in mehreren Kommunikationsträgern mit diesem Kontakt haben (vgl. Abb. 8.12.).

Mit dem Begriff **Überschneidung** wird die Tatsache angesprochen, daß eine Zielgruppe mit Hilfe verschiedener Trägermedien erreicht werden kann. Dies erschwert die Planung erheblich, da es nunmehr darum geht, diejenige Kombination von Medien zu identifizieren, die ein vorgegebenes Kriterium am besten erfüllt, z. B. insgesamt den geringsten Tausenderpreis aufweist. Solche Überschneidungen des Wirkungsradius von Medien werden für die Bundesrepublik Deutschland beispielsweise von der *Arbeitsgemeinschaft Media-Analyse e. V.* ermittelt.

Eine weitere Möglichkeit, einer kommunikativen Botschaft nachhaltig Gehör zu verschaffen, besteht in der Mehrfachbelegung desselben Trägermediums bzw. derselben Kombination verschiedener Organe. Als **kumulierte Reichweite** bezeichnet man hierbei den prozentualen Anteil jener Personen der Zielgruppe, die bei wiederholter Schaltung des Kommunikationsmittels wenigstens einmal angesprochen werden. Jene ergibt sich durch Bereinigung der Zahl zustande gekommener Kontakte um die der Mehrfachkontakte. Stellt man die über mehrfache Schaltung nach und nach erreichte Reichweite graphisch dar, erhält man eine Kurve mit degressiv steigendem Verlauf (vgl. Abb. 8.12.).

Wie die bisherigen Ausführungen gezeigt haben, stellt die Auswahl des optimalen Streuplans ein komplexes Unterfangen dar. Tab. 8.12. faßt die skizzierten Reichweitenmaße zusammen, die bei der Auswahl von Kommunikationsmitteln und Trägermedien ins Kalkül zu ziehen sind.

Tabelle 8.12.

Quantitative Reichweitenmaße		
	Einfachbelegung	**Mehrfachbelegung**
Ein Kommunikationsträger	Einzelreichweite	Kumulierte Reichweite = Bruttoreichweite – interne Überschneidungen
Mehrere Kommunikationsträger	Kumulierte Reichweite = Bruttoreichweite – externe Überschneidungen	Kombinierte Reichweite = Bruttoreichweite – interne Überschneidungen – externe Überschneidungen

Vergleichsweise schwierig gestaltet sich die Ermittlung der Reichweite bei den Medien der Außenwerbung. Im sog. **Stadtplanverfahren** (vgl. *Hoeltz* 1968) werden repräsentativ ausgewählte Personen nach dem Weg befragt, den sie am Vortage zurücklegten, wobei berücksichtigt wird, ob die Betroffenen sich zu Fuß, mit dem Pkw oder mit der Straßenbahn fortbewegten. Daraus ergeben sich die durchschnittlich erzielbare Reichweite und Kontakthäufigkeit einer bestimmten Anschlagstelle. Auf Beobachtungswerte wird hingegen bei der sog. **Passagezählung** (vgl. *Knauff* 1964) zurückgegriffen, bei der jedoch Mehrfachkontakte als mehrfache Einfachkontakte gezählt werden.

(4) Kommunikationsmittel-Kontakt

Die Reichweitenmaße geben an, wie viele Personen mit dem **Trägermedium** in Berührung kommen. Sie enthalten jedoch keinerlei Information darüber, welcher Anteil der anvisierten Bedarfsträger tatsächlich Kontakt mit dem **Kommunikationsmittel** gehabt hat. Hinweise darauf lassen sich aus der Verhaltensweise der Zielgruppe gewinnen. Als Maßstab für die Intensität, mit der Zeitungen und Zeitschriften durchgesehen werden, können der **Seitenkontakt** (Anteil der aufgeschlagenen Seiten an der Gesamtseitenzahl einer Zeitschrift / Zeitung) und die **Lesetage** (Zahl der Tage innerhalb des Erscheinungsintervalls eines Printmediums, an denen dieses zur Hand genommen wird) verwendet werden. Einen Indikator für die Gründlichkeit des Lesens bildet die sog. **Lesedauer** (jene Zeit, die eine Person einer Ausgabe einer Zeitschrift widmet).

Relativ häufig beschäftigte man sich mit der Frage, ob das Werbefernsehen die ungeteilte Aufmerksamkeit der Zuschauer findet. Zwar stimmen die einzelnen Studien darin überein, daß ein Großteil der Zielgruppe einer Nebenbeschäftigung (z. B. Hausarbeit, Essen, Lesen) nachgeht, doch variieren die dafür genannten Anteilswerte erheblich. Vergleichsweise hoch ist dabei der Prozentsatz bei jüngeren, verheirateten Frauen, die sich ebenso wie ältere, alleinstehende Männer dem Vorabendprogramm überdurchschnittlich intensiv zuwenden.

(5) Kontakthäufigkeit zwischen Umworbenen und Kommunikationsmittel

Da davon auszugehen ist, daß die meisten Botschaften nur flüchtig und desinteressiert wahrgenommen werden und deshalb ein einmaliger Kontakt mit ihnen nicht zur Erreichung des jeweiligen Kommunikationsziels ausreicht, stellt sich die Frage, welches Maß an **Wiederholung kommunikativer Appelle** im einzelnen erforderlich ist. Zudem scheint die von *Homans* (1950) auf den zwischenmenschlichen Bereich bezogene Feststellung, gegenseitige Sympathie hänge nicht zuletzt von der Anzahl der Kontakte ab, auch für den Bereich der Kommunikationspolitik zu gelten. Insbesondere *Engel / Blackwell / Miniard* (1993) wiesen darauf hin, daß sich durch Repetition nicht nur die Bekanntheit einer Marke erhöht, sondern auch deren emotionale Bewertung durch die Umworbenen verbessert.

Diese Erkenntnis spricht dafür, **Mehrfachkontakte** zwischen Kommunikationsmittel und Umworbenem nicht als unvermeidbares Übel eines Streuplanes anzusehen, sondern neben der Nettoreichweite auch die Kontakthäufigkeit sowie -verteilung als Entscheidungskriterien heranzuziehen. Es geht dann darum, bei einem möglichst großen Teil der Zielgruppe eine vorgegebene Anzahl von Kommunikationsmittel-Kontakten mit einer bestimmten zeitlichen Verteilung zu erreichen. Die **qualifizierte Reichweite** berücksichtigt deshalb nur jene Personen der Zielgruppe, die mit einer bestimmten, als optimal erachteten Häufigkeit pro Zeiteinheit mit dem Medium in Berührung kommen. Allerdings ist es nicht möglich anzugeben, wie vieler Kontakte mit dem Trägermedium es genau bedarf, bis die Umworbenen des Kommunikationsmittels gewahr werden. Als erstrebenswert gilt in der Praxis eine Kontakthäufigkeit von 20 bis 40, vereinzelt werden aber auch weniger als 10 Kontakte als ausreichend erachtet.

Ein Streuplan ist in der Regel um so besser, je gleichmäßiger die Anzahl von Kontakten über die Zielgruppe hinweg verteilt ist. In Abb. 8.13. sind zwei **Kontaktverteilungsdiagramme** wiedergegeben, die jeweils einen in dieser Hinsicht günstigen bzw. ungünstigen Streuplan widerspiegeln.

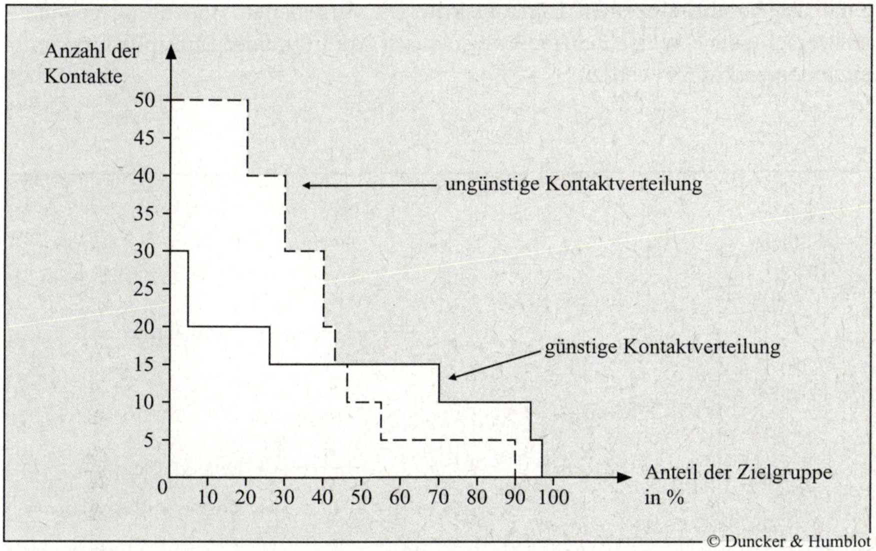

Quelle: *Schweiger* 1975, S. 34.

Abb. 8.13.: Günstige und ungünstige Kontaktverteilung zweier hypothetischer Streupläne

(6) Zielgruppeneignung

Die bislang diskutierten Kriterien gehen von einer Zweiteilung der von einem Trägermedium erreichten Personen im Hinblick auf ihre Zielgruppeneignung aus, d. h. man ordnet einen Bedarfsträger entweder der Zielgruppe zu oder nicht.

In der Regel dürfte ein Mediennutzer aber einen mehr oder weniger großen **Eignungsgrad** als Kommunikationssubjekt (Umworbener) aufweisen.

Dies kann daran liegen, daß Bedarfsumfang sowie Bedarfshäufigkeit einzelner Zielgruppenmitglieder etwa in Abhängigkeit von deren Einkommens- und Besitzverhältnissen variieren, daß ihre Bereitschaft zum Kauf eines bestimmten Produktes von Persönlichkeitsmerkmalen abhängt oder daß sie in einem Produktfeld eine mehr oder weniger wichtige Stellung im Prozeß der Mund-zu-Mund-Kommunikation (Meinungsführerschaft) einnehmen. Es empfiehlt sich deshalb, die über bestimmte Medien erzielbaren **Kommunikationsmittel-Kontakte** nach der Zielgruppeneignung der Umworbenen zu gewichten (Personengewichtung).

Probleme ergeben sich, wenn nur soziodemographische Merkmale bekannt sind, da man in diesem Fall von derartigen Kriterien auf das psychologische Profil der Zielgruppe schließen muß. Weiterhin entbehrt die Bestimmung der zu vergebenden Gewichte nicht eines gewissen Maßes an Willkür, da hier Wirkungszusammenhänge, etwa zwischen Einkommen und Kaufhäufigkeit, unterstellt werden müssen, die häufig nicht empirisch abgesichert sind. Nicht zuletzt können auch die für die einzelnen Eignungskriterien vergebenen Bedeutungsgewichte auf verschiedene Weise, beispielsweise durch Addition oder Multiplikation, miteinander verknüpft werden.

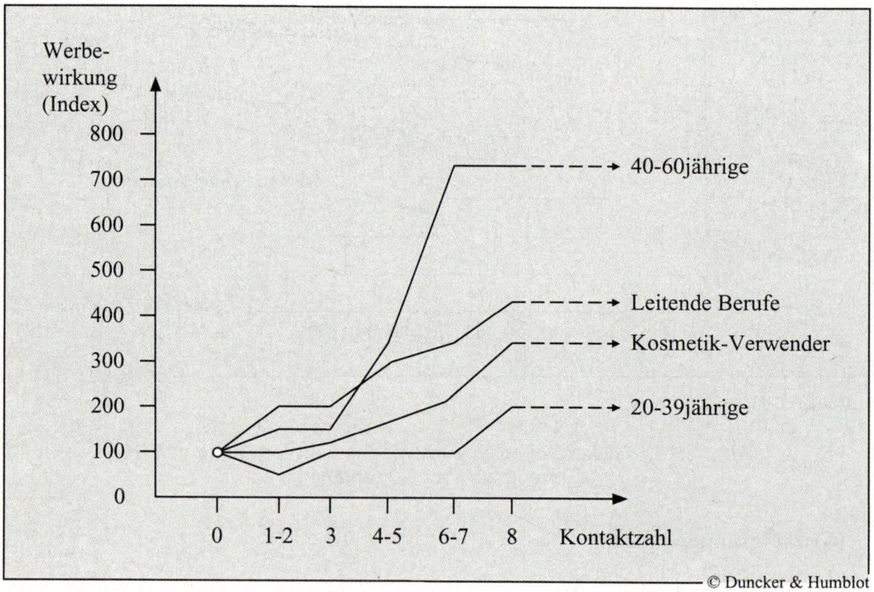

Quelle: *Kopascy / Plathner* 1970, S. 2266.

Abb. 8.14.: Werbewirkungsindex bei unterschiedlichen Zielgruppen

Bei der Bewertung der mit Hilfe eines Mediums erreichten Zielgruppenmitglieder wird es weiterhin von Nutzen sein, deren Wahrnehmungs- und Lernverhalten in Erfahrung zu bringen. Wenn etwa ein Teil von diesen eine größere Bereitschaft zur Aufnahme kommunikativer Botschaften bekundet, kommt jenen Medien eine höhere **Kontaktqualität** zu, die diese Gruppe verstärkt ansprechen. Soll beispielsweise eine Kampagne auf die Vielverwender einer Produktart ausgerichtet werden und ist daneben bekannt, daß die Verwendungsintensität in dem betreffenden Erzeugnisbereich nicht von Alter und Beruf abhängt, so wären angesichts der in Abb. 8.14. ausgewiesenen Werbewirkungsfunktionen jene Trägermedien heranzuziehen, mit denen man die ältere Generation am besten erreicht.

(7) Kontaktqualität

Das Interesse für die Einstellung der Umworbenen in bezug auf die verfügbaren Medien folgt aus der Erkenntnis, daß der Erfolg einer kommunikationspolitischen Aktivität auch davon abhängt, welches **Image** der gewählte **Kommunikationsträger** bei der Zielgruppe genießt. So halten Konsumenten Zeitungen für glaubwürdiger als Hörfunk bzw. Fernsehen (vgl. Tab. 8.13.) und schätzen Tageszeitungen als den besten und glaubwürdigsten Vermittler von **einkaufsrelevanten Informationen** ein.

Tabelle 8.13.

Glaubwürdigkeit kommunikativer Maßnahmen in verschiedenen Medien

„Werbung in ... ist im allgemeinen glaubwürdig und zuverlässig“	Anteil (%) der Zustimmung zu dem Statement
regionale Abonnementzeitungen	49
Fernsehen	30
Anzeigenblätter	23
öffentlich-rechtlicher Hörfunk	20
Zeitschriften / Illustrierte	15
privater Hörfunk	14

Quelle: *Gärtner* 1992, S. 13.

Gleichwohl können wegen der Vielschichtigkeit der intermedialen Gewichtungsprobleme diese oft nur intuitiv gelöst werden. Nicht zuletzt spielen hier Gesichtspunkte eine Rolle, die nur mittelbar die Wirkung kommunikativer Maßnahmen bei Konsumenten betreffen. So werden Fernsehkampagnen u. a. auch deshalb durchgeführt, um Außendienst und Absatzmittler zu motivieren.

3.6.2. Die Struktur von Mediaselektionsmodellen

Nachdem die in Frage kommenden Medien (vgl. Abschn. 1.3.2.) sowie die zentralen Kriterien zu deren Bewertung erläutert wurden, werden nun Modelle skizziert, die die Mediaselektionsentscheidung unterstützen sollen. Bei dieser geht es darum, das vorgegebene Kommunikationsbudget (vgl. Abschn. 3.4.) geeigneten Trägermedien so zuzuweisen, daß dieses möglichst effizient eingesetzt wird. Dabei gilt es, zum einen die spezifische **Eignung** verfügbarer Kommunikationsträger zur Interaktion mit der Zielgruppe zu bewerten und jene auszuwählen (Selektion), die hierfür am besten qualifiziert erscheinen, zum anderen deren **Belegung** und damit die zeitliche Abfolge der kommunikativen Bemühungen in den einzelnen Medien zu planen.

Da das Problem der optimalen Bestimmung und Aufteilung eines Budgets in einem Zug bisher noch nicht befriedigend gelöst wurde, sucht man sukzessive oder iterativ jenen Belegungsmodus für die zuvor auszuwählenden Trägermedien zu identifizieren, der

- bei gegebenem Budget
- die entsprechende Zahl der Kontakte mit dem Kommunikationsmittel,
- die einer bestimmten zeitlichen und personellen Verteilung unterliegen,

maximiert. Hierbei eröffnen sich zwei Aufgabenfelder:

- **Inter-Media-Vergleich** (Auswahl geeigneter Kategorien von Kommunikationsträgern, wie Zeitung, Zeitschrift, Radio und Fernsehen),
- **Intra-Media-Vergleich** (Selektion spezieller Kommunikationsträger, z. B. bestimmte Zeitschriften und Fernsehsender).

Beide Aufgaben werden in der Praxis entweder auf Grund von Erfahrung oder aber mit Hilfe quantitativer Selektionsverfahren bewältigt. *Schweiger* (1975) unterscheidet hierbei Wirtschaftlichkeitsvergleich, Optimierungs-, Evaluierungs- und heuristisches Verfahren, wobei in der Regel die Entscheidung zugunsten einer bestimmten Art von Trägermedien letztlich intuitiv getroffen wird.

(1) Im Rahmen eines **Wirtschaftlichkeitsvergleiches** werden die Medien mit Hilfe des Tausenderpreises oder eines hieraus abgeleiteten Kriteriums beurteilt. Diese relativ einfache Vorgehensweise krankt zum einen daran, daß nur von potentiellen und nicht von tatsächlichen Kontakten ausgegangen wird. Eine derartige Gleichsetzung wäre nur dann gerechtfertigt, wenn alle Medien gleich intensiv genutzt würden, was aber nicht der Fall ist. Kritik fordert zum anderen die Vorgehensweise heraus, alle Käufer, Leser etc. zu berücksichtigen, anstelle lediglich jener Personen, die der Zielgruppe zuzuordnen sind. Zudem werden weder externe noch interne Überschneidungen ins Kalkül gezogen, so daß Erst- und Wiederholungskontakte als gleichwertig angesehen werden, was weder theore-

tisch fundiert noch empirisch abgesichert ist. Die zentrale Schwäche dieses Ansatzes liegt jedoch darin, daß, ausgehend von einer linearen Kontaktbewertungskurve, bei der Ermittlung dieser Maßzahl weder die wünschenswerte Kontaktverteilung noch die Kontaktqualität berücksichtigt werden. Insoweit bietet es sich an, den Wirtschaftlichkeitsvergleich lediglich zur **Vorauswahl** von Medien einzusetzen.

(2) In einfachen **Optimierungsmodellen** wird eine Aufteilung des für kommunikationspolitische Maßnahmen zur Verfügung stehenden Etats zumeist im Wege der **linearen Programmierung** angestrebt, wobei als Kriterium die Reichweite des jeweiligen Mediums dient. Da hierbei trotz der Möglichkeit, Nebenbedingungen zu berücksichtigen (z. B. gewünschte minimale bzw. maximale Einschaltfrequenz, Belegungskapazität der einzelnen Trägermedien), weder Kontaktüberschneidungen und die Kontaktverteilung noch die Kontakthäufigkeit Beachtung finden, stellt dieser Ansatz keinen nachhaltigen Fortschritt gegenüber Verfahren der Wirtschaftlichkeitsrechnung dar. Neben der überaus problematischen Linearitätsannahme trägt auch die Vernachlässigung von Media-Rabatten zur Realitätsferne dieser Vorgehensweise bei.

Auch bei der **nichtlinearen** und der **dynamischen Programmierung** maximiert man die Reichweite unter bestimmten Nebenbedingungen. Für die Wirkung kommunikativer Maßnahmen erscheint es jedoch von erheblicher Relevanz, ob bei gleich hoher Kontaktsumme viele Personen selten oder wenige oft erreicht werden. Ein gravierender Nachteil besteht im übrigen in der Annahme, der Zuwachs der Kommunikationswirkung durch einen Kontakt mit dem Kommunikationsmittel in einem bestimmten Medium sei unabhängig davon, ob zuvor schon ein solcher über andere Trägermedien zustande gekommen ist (vgl. *Little / Lodish* 1969, S. 6 f.). Somit sind auch derartige Optimierungsverfahren nicht in der Lage, einen bedeutsamen Beitrag zur Lösung des Problems der Mediaselektion zu leisten.

(3) Bei den sog. **Evaluierungsverfahren** begnügt man sich damit, nicht den optimalen, sondern einen für das jeweilige Anliegen akzeptabel erscheinenden Mediaplan zu finden. Hierzu wird für jede Variante aus einem Set möglicher Streupläne ein Wirkungsindex ermittelt, der eine nach Zielgruppe und Medium gewichtete Meßzahl darstellt. In einem weiteren Schritt wird jene Variante ausgewählt, für die der höchste Index errechnet wurde und die folglich die vergleichsweise beste Wirkung zu entfalten verspricht. Hierbei bedient man sich häufig computergestützter Simulationsmodelle, die den Erfolg alternativer Mediapläne vor dem Hintergrund rezeptionsbezogener Charakteristika einer repräsentativen Stichprobe der Bevölkerung zufallgesteuert simulieren (vgl. z. B. das Simulationsmodell ***Ad**vertising-**Media-Sim**ulation* von *Gensch* (1969). Errechnet man zudem die Schaltkosten alternativer Streupläne, läßt sich die Auswahl unter Kosten-Nutzen-Gesichtspunkten treffen.

Während in Optimierungsmodellen bei wachsender Parameterzahl die Grenze deren Handhabbarkeit schnell erreicht wird und somit unter Umständen wesentliche Bewertungskriterien unberücksichtigt bleiben müssen, gilt diese Restriktion für Evaluierungsverfahren in aller Regel nicht. Trotz des ihnen immanenten Nachteils, nur tatsächlich vorliegende Pläne bewerten zu können, sind sie deshalb durchaus geeignet, die Suche nach einem zufriedenstellenden Mediaplan zu unterstützen.

(4) Auch mit **heuristischen Verfahren** beabsichtigt man, einen guten, aber nicht notwendigerweise den besten Streuplan zu identifizieren. Neben der von *Durand* (1967) entwickelten **Sequentialmethode** interessieren hier besonders **iterative Verfahren**, die dadurch gekennzeichnet sind, daß von einem intuitiv aufgestellten Streuplan ausgehend schrittweise ein im Sinne des Zielkriteriums besserer Plan entworfen wird.

Bei dem von *Little / Lodish* (1969) entwickelten, in diese Kategorie fallenden „media planning calculus“ *(MEDIAC)* handelt es sich um ein Computerprogramm, das aus einem Marktreaktionsmodell, einem heuristischen Suchverfahren und einem dynamischen Optimierungsprogramm besteht. Dieses verarbeitet Zwischenlösungen der Subprogramme derart, daß der Gewinn des betreffenden Werbungtreibenden maximiert wird. Als Inputdaten fungieren Informationen über die in Frage kommenden Medien, das verfügbare Budget sowie die anvisierte Zielgruppe. Dieses Modell, dessen herausragende Eigenschaft in der Berücksichtigung des Zeit- und damit des Vergessensaspektes zu sehen ist, arbeitet mit gewichteten Kommunikationskontakten. Hierbei nehmen die Gewichte um so stärker ab, je weiter der Kommunikationsmittelkontakt zurückliegt (degressive Kommunikationswirkung).

Da dieses Mediaselektionsmodell analytisch schwer handhabbar ist, haben die Autoren Suchmethoden entwickelt, um zumindest suboptimale Mediapläne bestimmen zu können. Beginnend mit einer Lösung, die intuitiv als sinnvoll angesehen wird, oder mit einer streutechnisch begründeten Mindestbelegung von Trägermedien bindet man jeweils diejenige Aktivität in den Streuplan ein, die bei gegebenem Budget den höchsten Grenzgewinn verspricht. Das Modell wurde später (vgl. *Lodish* 1971) um einige Elemente (Konkurrenzwerbung, saisonale Kaufbereitschaftsschwankungen) erweitert.

Zu den heuristischen Ansätzen zählen auch **Permutationsverfahren**. Beim Modell *CAM-S* (vgl. *Beale / Hughes / Broadbent* 1967) besteht die Zielsetzung darin, einen vorhandenen Mediaplan dadurch zu verbessern, daß aus der „Umgebung“ der Ausgangslösung Varianten davon durch systematische Kombination der Planelemente konstruiert werden.

Allen quantitativen Mediaselektionsverfahren ist gemein, daß sie den aus der Sicht der Praxis wichtigsten Fall (mehrmalige Belegung mehrerer Trägermedien aus unterschiedlichen Medienkategorien) bislang nicht zu bewältigen vermögen. Das Bemühen, die Mediaselektion mit Hilfe einschlägiger Modelle zu objektivieren und zu optimieren, muß folglich als ein Anliegen gekennzeichnet werden, dem nur unzureichend Rechnung getragen werden konnte.

3.7. Das Timing

Die Wirkung kommunikativer Maßnahmen stellt sich nicht unmittelbar mit Aussendung der betreffenden Botschaft ein, sondern unterliegt einer mehr oder minder langen zeitlichen Verzögerung. Es erscheint deshalb unumgänglich, detailliert zu planen, wann die einzusetzenden Kommunikationsmittel geschaltet werden müssen, um die intendierte Wirkung erreichen zu können. Diesem Aufgabenfeld wendet man sich bei der Festlegung der zeitlichen Verteilung kommunikativer Aktivitäten zu (vgl. hierzu z. B. *Hörschgen* 1967).

Das bestmögliche **Timing** einer Kampagne resultiert nicht nur aus der Periodizität des Bedarfs und den Kommunikationsaktivitäten der Konkurrenten, sondern auch aus gedächtnispsychologischen Erkenntnissen. *Zielske* (1959) wandte sich dieser Fragestellung erstmals systematisch zu. In einem anfänglich als bahnbrechend bewerteten, später heftig kritisierten (vgl. z. B. *Simon* 1979; *Trommsdorff* 1981) Feldexperiment mit 5.668 Befragten verglich er die Auswirkung von verteilter und massierter Werbung auf das Behalten der Botschaft.

Dazu bildete er zwei Gruppen von Frauen, die er nach dem Zufallsprinzip aus dem Telefonbuch von Chicago ausgewählt hatte. Dem einen Teil übersandte er drei Monate lang in neutralen Umschlägen jede Woche eine Anzeige für ein Markenprodukt (**massierte Werbung**). Die andere Gruppe erhielt über ein Jahr hinweg dieselbe Anzeige im Abstand von vier Wochen (**verteilte Werbung**). Erstere Variante führte zwar schnell zu einer hohen Erinnerungsquote (63%; vgl. Abb. 8.15.), doch zeigte sich nach Einstellung der Zusendungen bei den Probanden der typische **Vergessensverlauf** (anfänglich steiler Abfall der Erinnerungsleistung, gefolgt von einer asymptotischen Annäherung an den Ausgangswert). Umgekehrt stellte sich bei Strategie II (Abb. 8.15.) das Erinnerungsvermögen nur zögernd ein, steigerte sich aber bis zu einem Höchstwert von 48%.

Sieht man einmal von der besonderen Versuchsanordnung ab, die die externe Validität dieser Untersuchung allenfalls für den Bereich der Direktkommunikation als gegeben erscheinen läßt, so verdeutlichen die ermittelten Daten, daß eine Häufung von Kontakten zu einem raschen, aber flüchtigen Erinnerungserfolg führt, während sich der Bekanntheitsgrad unter der Bedingung verteilter Kontakte nur allmählich bis zu einem mittleren, aber stabilen Niveau steigert. Weitere gravierende Einwände beziehen sich auf die Überführung der wenigen Meßwerte in einen stetigen Kurvenzug sowie den Umstand, daß auf Grund des Untersuchungsdesigns jede Frau nur einmal befragt und dann aus der Stichprobe ausgesondert wurde. Folglich konnten keine individuellen, sondern nur aggregierte Wirkungsverläufe ermittelt werden. Zudem hätte es nahegelegen zu prüfen, ob eine Kombination der beiden Strategien (zu Beginn hoher, dann geringerer, gleichmäßiger Kommunikationsaufwand) eine höhere Wirkung entfaltet oder ob in bezug auf die Umsatzwirkung jene Strategie – auch wegen denkbarer Reaktionen der Konkurrenten – größeren Erfolg verspricht, die zum frühestmöglichen Zeitpunkt einen großen Teil der Zielgruppe zu einem Probekauf zu bewegen versucht.

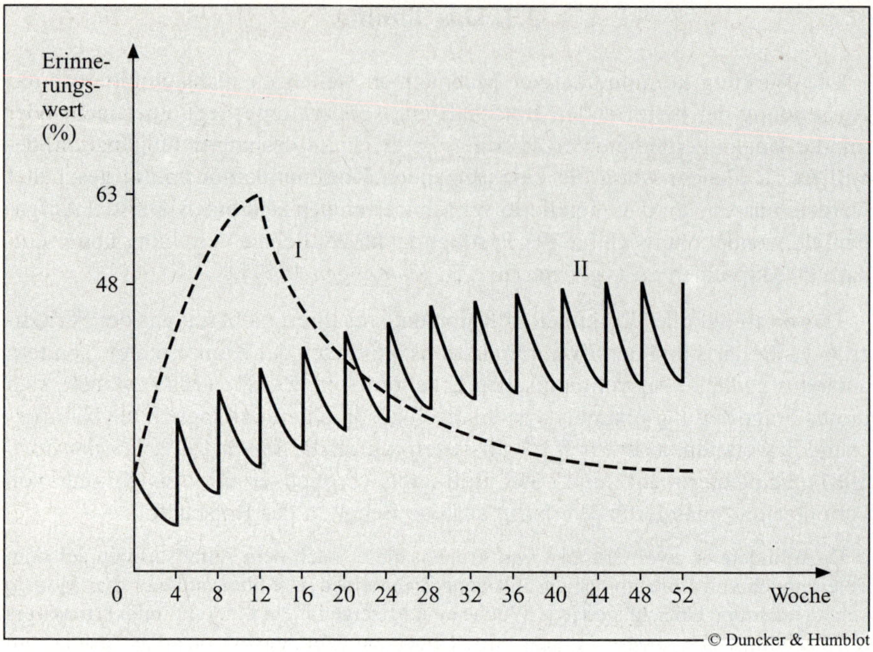

Quelle: *Freter* 1974, S. 121.

Abb. 8.15.: Empirisch ermittelte Erinnerungswirkung alternativer Streupläne von *Zielske*

Was im konkreten Fall am günstigsten ist, läßt sich letztlich nur in **Abhängigkeit** von **Kommunikationsziel** und **-objekt** beantworten. So ist für ein durch einen saisonalen Nachfrageverlauf gekennzeichnetes Produkt in der Regel eine kurzzeitige Erhöhung des Bekanntheitsgrades, für ein saisonal unabhängiges Erzeugnis dagegen ein längerfristiger Erinnerungserfolg anzustreben.

Spätestens seit dem oben beschriebenen Experiment weiß man, daß die Zuwachsrate der Wirkung mit der Anzahl der Kommunikationsmittel-Kontakte abnimmt. Die daran anknüpfende **Wear out-Hypothese** (vgl. *Grass / Wallace* 1969) besagt, daß nach einer bestimmten Anzahl von Kontakten weitere Bemühungen nicht nur wirkungslos bleiben, sondern die Kommunikationswirkung sogar mindern. Dieser Befund wurde zum Wirkungszyklus der Kommunikationspolitik hochstilisiert: Zunächst baut sich die Wirkung auf, erreicht sodann ihren Höhepunkt, um schließlich bis auf ein langfristiges Gleichgewichtsniveau abzufallen.

Im deutschsprachigen Raum hat sich *Wimmer* (1980) eingehend mit der **Abnutzungshypothese** auseinandergesetzt und die Aussagefähigkeit von Wear out-

Experimenten, bei denen eine Botschaft innerhalb von 30 Minuten bis zu zwanzigmal repliziert wird, grundsätzlich in Frage gestellt. Die hierbei zu beobachtende Abnahme der Reaktionsintensität stelle eine normale physiologische Erscheinung („Habituation") dar. Bei realitätsnahen Intervallen zwischen den einzelnen Kontakten trat der Abnutzungseffekt weder bei der Aufmerksamkeitswirkung noch bei der langfristigen Erinnerung an die kommunikative Botschaft auf.

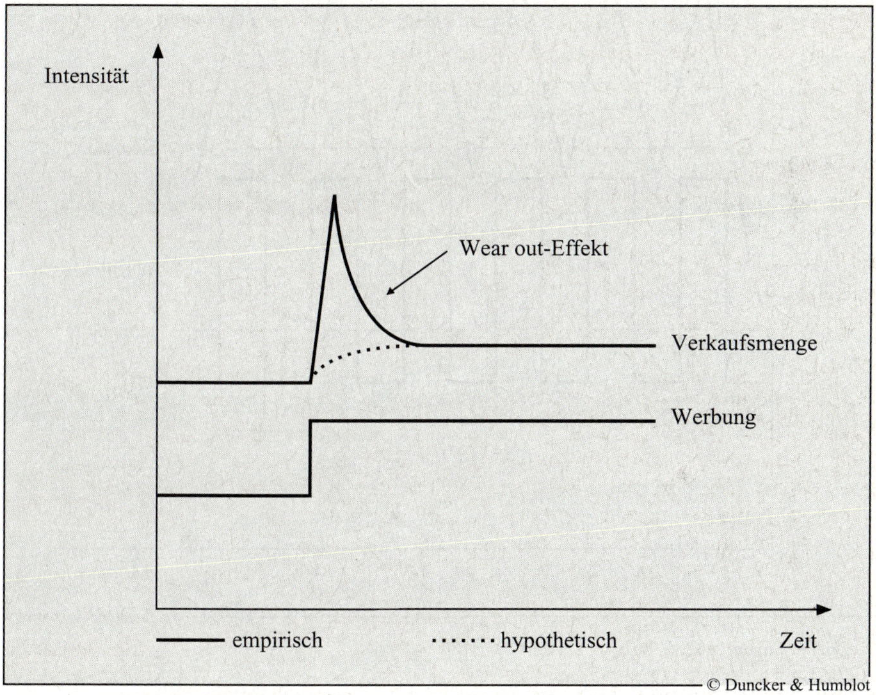

Quelle: *Simon* 1982, S. 353.

Abb. 8.16.: Wear out-Effekt der Werbung

Simon (1982) sieht in bezug auf die ökonomische Kommunikationswirkung (Verkaufsmenge) den Wear out-Effekt als weitgehend bestätigt an und unterstellt den in Abb. 8.16. skizzierten empirischen Zusammenhang. In einschlägigen Prognosemodellen (vgl. zusammenfassend *Little* 1979) wird regelmäßig und fälschlicherweise eine monotone Annäherung, wie diese in der gestrichelten Linie in Abb. 8.16. zum Ausdruck kommt, an das erhöhte Verkaufsniveau unterstellt. Dies versucht *Simon* in seinem Werbewirkungsmodell ADPULS zu vermeiden. Charakteristisch für die von ihm empfohlene sog. **pulsierende Werbung** ist, daß von einem vergleichsweise niedrigen Sockel ausgehend in bestimmten, vor allem von Markterfordernissen vorgegebenen Abständen intensive Werbeimpulse

(„repetitive pulses") ausgelöst werden. Der in Abb. 8.17. schematisierte Zusammenhang, der die Zweckmäßigkeit dieses Verteilungsprinzips unterstreicht, bestätigte sich in mehreren Fällen sowohl bei beschränktem als auch bei unbeschränktem Kommunikationsbudget (vgl. *Simon* 1982).

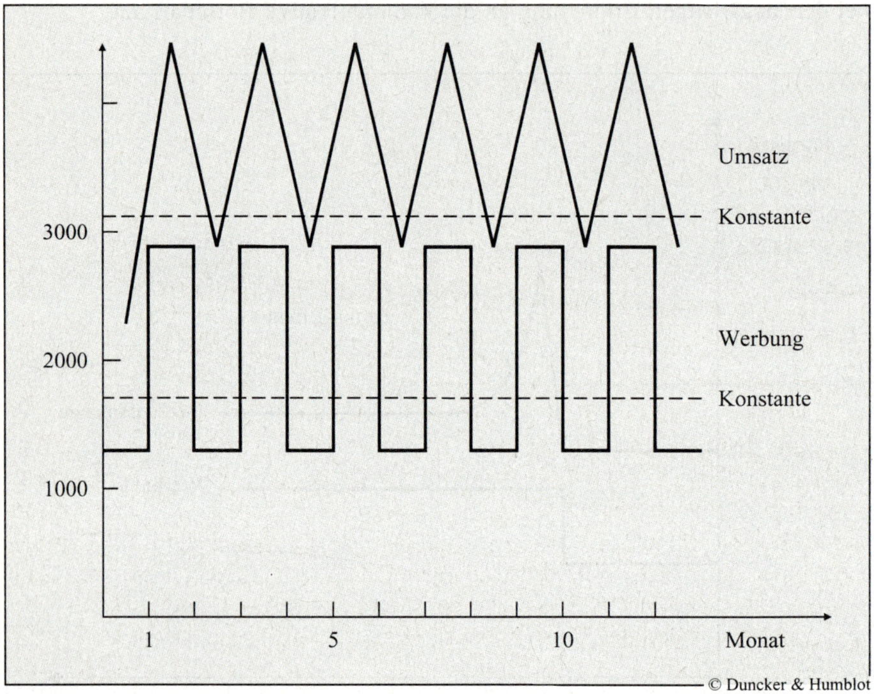

Quelle: *Simon* 1982, S. 361.

Abb. 8.17.: Wirksamkeit pulsierender Werbung

Neben Wiederholungsfrequenz und -dichte geht von weiteren Faktoren der formalen und inhaltlichen Gestaltung kommunikativer Maßnahmen (vgl. Abschn. 3.5.1.) ein beobachtbarer Einfluß auf deren Wirkung aus. Ist auch bei einer emotional ausgerichteten Argumentation ein Wear out-Effekt kaum zu befürchten, stellt sich ein solcher bei rationaler Ansprache in der Regel bereits nach kurzer Zeit ein. Bei Verwendung humoristischer Elemente ist zu beachten, daß diese zwar geeignet erscheinen, Aufmerksamkeit und Sympathie zu erzeugen, doch sind derlei Maßnahmen im allgemeinen früher und stärker von Abnutzung betroffen. Neben diesen Gestaltungsvariablen beeinflußt auch die Zugehörigkeit des Kommunikationsobjekts zu einer Produktkategorie die Wirkung kommunikativer Maßnahmen bei wiederholter Darbietung. So erzeugt eine mehrmalige Schaltung von Anzeigen bei Verbrauchsgütern eine höhere Wirkung in bezug auf die Kommunikationserfolgskriterien Erinnerung und Kaufabsicht, als dies bei Gebrauchsgütern der Fall ist.

4. Die Evaluierung kommunikationspolitischer Aktivitäten

Die Überprüfung, ob sich eine kommunikative Aktivität eignet, das mit ihr verfolgte Ziel zu erreichen (vgl. Abschn. 4.1.), muß von der Kontrolle derartiger Maßnahmen (vgl. Abschn. 4.2.) unterschieden werden. Während bei letzterer versucht wird, den Zielerreichungsgrad **ex post**, d. h. nach Abschluß einer Kampagne festzustellen, gilt es im ersten Fall, wesentliche Wirkungsvoraussetzungen und den mutmaßlichen Erfolg **ex ante**, d. h. vor Aussendung einer Botschaft zu bestimmen.

4.1. Die Eignung von Kommunikationsmitteln

Es sind zahlreiche Vorgehensweisen bekannt, mit deren Hilfe die potentielle Wirkung eines Kommunikationsmittels zu erfassen versucht wird. Gemeinsam ist diesen, daß man von der Prüfung eines hinreichend präzisierten Gestaltungsentwurfs bzw. Konzepts auf dessen voraussichtliche Wirkung schließt. Im Marketing bezeichnet man derartige Verfahren üblicherweise als **Pre-**, in der Werbepsychologie hingegen als **Copytest**. In der Regel werden mehrere Konzepte einer Überprüfung unterzogen. Dies ermöglicht einen Vergleich unterschiedlicher Varianten und bildet somit die Grundlage für die Identifikation der vergleichsweise besten. Da jedoch keine Skala existiert, mit deren Hilfe sich die zu erwartende Wirkung einer kommunikativen Maßnahme normieren ließe, stellt man auf die **relative** Überlegenheit eines der vorliegenden Entwürfe ab. Zeigt ein Gestaltungsentwurf bedeutsame Schwächen, so daß mit einer unzureichenden Wirkung gerechnet werden muß, kommt dieser nicht in Betracht. Zugleich lassen sich jedoch häufig durch sorgfältige Analyse des Testergebnisses auch Anhaltspunkte für eine Verbesserung des geprüften Konzepts identifizieren. Die **Erfolgsprognose** kann so zu einer Optimierung kommunikativer Aktivitäten beitragen.

Von Theoretikern wurde die Bedeutung mit Hilfe derartiger Pretests erlangter Informationen lange Zeit über-, von Praktikern dagegen eher unterschätzt. In den letzten Jahren hat sich die Relation jedoch umgekehrt, so daß sich letztere heute auf breiter Ebene Pretests zuwenden. Erfolgreich verlaufende Versuche bilden jedoch keine Garantie für den späteren Erfolg kommunikativer Maßnahmen, sondern vermindern lediglich die Wahrscheinlichkeit, einen Mißerfolg zu erleiden. So läßt sich z. B. die Entwicklung des zeitlichen Wirkungsverlaufes einer Kampagne, der für die Planung kommunikativer Aktivitäten maßgeblich ist, auf die hier angedeutete Weise kaum simulieren.

Grundsätzlich kann man die einschlägigen Ansätze in zwei Gruppen unterteilen: Von **subjektiven** Verfahren spricht man, wenn die Kommunikationsmittel Individuen zur Begutachtung vorgelegt werden. Dabei kann es sich bei den Betroffenen sowohl um Experten als auch um Laien handeln. Die **Beurteilung** durch **Fachleute** leidet vor allem unter dem Nachteil, daß deren Aussage für die Zielgruppe nicht repräsentativ ist. Zudem entwickeln diese in der Regel eigene Vorstellungen davon, wie ein Kommunikationskonzept möglichst gestaltet sein sollte. Allerdings lassen auch **Konsumentenurteile** nur bedingt einen Rückschluß auf die Qualität eines Kommunikationsmittels zu. Dies gilt insbesondere für die sog. **Meinungsprüfung**, bei der man sich eines Punktbewertungsverfahrens oder der Bildung einer Rangfolge bedient.

Bei der **Konsumenten-Jury** wird – anders als bei der Meinungsprüfung, die in Form einer Einzelbefragung durchgeführt wird – eine Verbrauchergruppe um schriftliche oder mündliche Beurteilung von Kommunikationskonzepten gebeten. Der Haupteinwand dagegen besteht in den hohen Anforderungen, die das Unterfangen an die Testpersonen stellt. Die Einstufung eines Kommunikationsmittels als gut oder schlecht besagt zudem nur wenig über seine Fähigkeit, eine bestimmte Botschaft zu übermitteln. Darüber hinaus können sich Testpersonen in eine Ausnahmesituation versetzt fühlen, was den Aussagewert derartiger subjektiver Befunde zusätzlich beeinträchtigt.

Wie bei der Gestaltung von Kommunikationsmitteln rekurriert man zunehmend auch im Rahmen der Prognose des Kommunikationserfolges auf sog. **Expertensysteme**. Mit deren Hilfe wird versucht, die Beurteilung kommunikationspolitischer Aktivitäten zu versachlichen und die hierfür einzusetzenden finanziellen und zeitlichen Ressourcen gegenüber herkömmlichen Methoden zu vermindern.

Das von *Burke* zur Wirkungsprognose kommunikativer Maßnahmen entwickelte Programm **ADDUCE** beruht auf in Experimenten erlangten empirischen Erkenntnissen (vgl. *Burke* u. a. 1993). Gibt der Anwender Informationen u. a. bezüglich der kommunikativen Stoßrichtung, der Zielgruppe sowie des Bezugsobjekts vor, so generiert das System über Analogieschlüsse eine Lösung für die zugrundeliegende Problemstellung. Eine derartige Vorgehensweise erscheint jedoch problematisch, da insbesondere situative Rahmenbedingungen nicht hinreichend berücksichtigt werden und somit die Zweckmäßigkeit der Empfehlung in Frage gestellt werden muß.

Eine Bewertung der potentiellen Wirkung alternativer Kommunikationskonzepte ermöglicht auch das von *Neibecker* (1990) entwickelte **ESWA** (**E**xpertensystem zur **W**erbewirkungs**a**nalyse). In diesem findet sich theoretisches Wissen zu einem hierarchischen Wirkungsmodell verdichtet. Es erlaubt die Prognose von Indikatoren der Kommunikationswirkung wie z. B. der Kaufabsicht sowie die Berücksichtigung von wahrscheinlichkeitstheoretischen Elementen. Das zentrale Problem dieses Ansatzes liegt in den an die Probanden gestellten hohen Anforderungen. So müssen diese z. B. ein Kommunikationsmittel auf einer 80stufigen Skala bewerten.

Mehrere wissensbasierte Komponenten werden in dem von *Kroeber-Riel* (1993b) entwickelten **CAAS** (**C**omputer **A**ided **A**dvertising **S**ystem), dessen

Grundkonzept in Abb. 8.18. dargestellt ist, zu einem interaktiven System verknüpft.

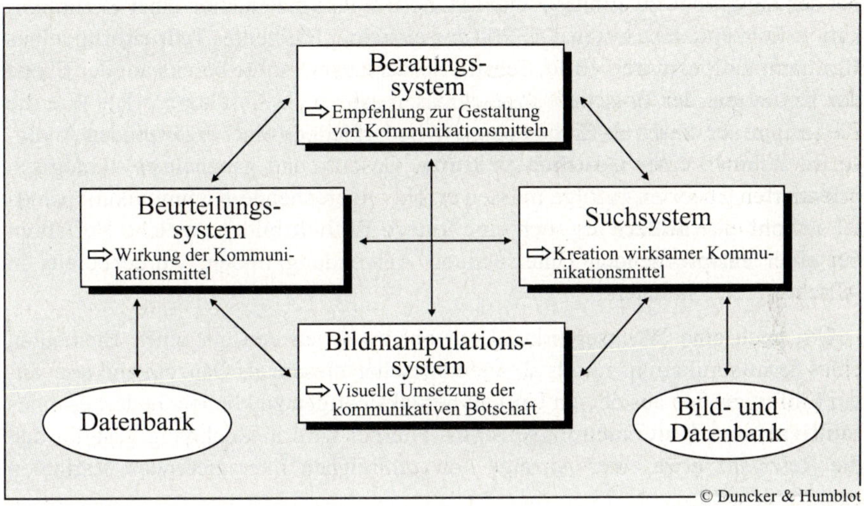

Quelle: *Kroeber-Riel / Behle* 1993, S. 91.

Abb. 8.18.: Komponenten des CAAS

Durch die Verzahnung verschiedener Komponenten nutzt man Wissen von Experten auf jeder Entscheidungsebene, die zwischen der Gestaltung kommunikativer Maßnahmen und deren Test zu durchlaufen ist. Den Ausgangspunkt einer mit Hilfe dieses Systems durchgeführten Simulation kann z. B. ein vorgegebenes Kommunikationsziel bilden. Zunächst hat der Anwender festzulegen, welches Kommunikationsmittel eingesetzt werden soll. Mit Hilfe des Suchsystems wird dieses dann grob skizziert und in einem weiteren Schritt unter Rückgriff auf das Bild- und Textmanipulationssystem zu einem detaillierten Konzept ausgeformt. Im Anschluß daran kann das Beurteilungssystem zur Bewertung dieses Gestaltungsentwurfes herangezogen werden.

Einige Probleme beim Einsatz des CAAS in der Praxis bereiten die noch nicht hinreichend benutzerfreundlich gestaltete Software sowie die nur ungenügend ausgestalteten Erklärungkomponenten. Darüber hinaus fehlen Studien zur Validierung des dem System zugrundeliegenden Modells; zudem werden branchenspezifische Besonderheiten nicht in wünschenswertem Maße berücksichtigt. Überdies erscheint es, wie allgemein beim Einsatz von Expertensystemen im Rahmen der Prognose des Kommunikationserfolges, fraglich, ob sich die Wirkung kommunikativer Maßnahmen mit Hilfe von zwar komplexen, letztendlich jedoch deterministischen Regeln erfassen läßt.

Bei den **objektiven** Verfahren versucht man persönliche Urteile und die damit verbundenen Unzulänglichkeiten zu vermeiden. Sie dienen dazu, mit Hilfe psychotechnischer Prüfverfahren Art und Intensität psychischer Wirkungsvorgänge bei der Zielgruppe zu ermitteln und auf diese Weise die Qualität einer Kommunikationskonzeption zu testen. Die Prüfung einzelner Elemente (**Teilprüfung**) eines Kommunikationsmittels (Bild, Schrift, Sprache usw.) sollte bereits auf der Ebene der Kodierung der Botschaft abgeschlossen sein (vgl. Abschn. 3.5.1.). Wie die Zielgruppe auf dieses als Einheit reagiert, bedarf jedoch einer ergänzenden Analyse im Rahmen einer **Ganzheitsprüfung**. Gestalt- und ganzheitspsychologisch orientierten Theorien zufolge müssen erfolgversprechende Kommunikationsmittel sowohl eine **äußere** als auch eine **innere Einheit** bilden. Welche Verfahren bei einer entsprechenden Untersuchung Anwendung finden, wurde bereits in Abschn. 2.1.2. skizziert.

Um auch eine Wechselwirkung sowohl zwischen den einzelnen Elementen eines Kommunikationsmittels als auch zwischen diesem als Ganzem und relevanten Einflußgrößen aus dessen Umfeld berücksichtigen zu können, bedarf es eines **multivariaten Untersuchungsdesigns**. Hierbei wird in Rechnung gestellt, daß die Resonanz etwa einer Anzeige von zahlreichen interagierenden Variablen beeinflußt wird.

So unterzog *Twedt* (1962) auf der Basis einer vorgeschalteten **Faktorenanalyse** ausgewählte Anzeigenelemente einer multiplen **Regressionsanalyse**, wobei sich Anzeigengröße, Anzahl der verwendeten Farben und Fläche des Bildelements als die wichtigsten Variablen erwiesen. *Troldahl / Jones* (1965) bestimmten den Einfluß von Anzeigengröße, Produktart, flächenbezogener Bild-Text-Relation sowie Anzahl der Themen auf die Anzeigenresonanz (Anzahl der Zuschriften). Anzeigengröße und Produktart erklärten dabei nahezu 60% der Varianz der zu erklärenden Variablen.

In einer umfassenden Untersuchung analysierten *Schweiger / Hruschka* (1978) den zwischen der Anzeigenresonanz und 14 Gestaltungselementen bestehenden Zusammenhang. Bei sieben Variablen ließ sich ein signifikanter Einfluß auf die Wirkung der Anzeige feststellen.

Mit Hilfe der folgenden multiplen linearen Regressionsgleichung konnten 58% der Varianz der Anzeigenresonanz erklärt werden. Hierbei muß allerdings berücksichtigt werden, daß die Fallbeispiele einer Fachzeitschrift entnommen waren. Das Informationsbedürfnis der dafür typischen Leserschaft, die auch im Anzeigenteil keine Werbeslogans, sondern längere, informative Aussagen erwartet, erklärt, weshalb Satzlänge und Bild-Text-Relation eine offenbar untergeordnete und die bei Publikumszeitschriften häufig dominierende Anzeigengröße (diese war nicht unter den sieben wichtigsten Variablen) keine Rolle spielen.

Anzeigenresonanz = 16,46 + 6,86 Anzahl der Zusatzfarben
– 0,83 Häufigkeit der Schaltung
+ 0,33 durchschnittliche Satzlänge
– 0,12 flächenmäßige Bild-Text-Relation
– 13,35, wenn sich auf der betreffenden Doppelseite nur Anzeigen befinden (sonst = 0)
+ 11,18, wenn sich die Anzeige im vorderen Heftteil befindet (sonst = 0)
+ 6,20, wenn sich die Anzeige im Anzeigenteil befindet (sonst = 0)

Den Ausgangspunkt **psychophysiologischer Meßverfahren** (vgl. *Kroeber-Riel* 1992) bildet die Sichtweise, menschliches Verhalten als eine Interaktion dreier meßbarer Reaktionsebenen (motorisch-verhaltensmäßig, subjektiv-kognitiv und organisch-physiologisch) zu interpretieren. Diese Verfahrensgruppe dient der Analyse der von einem Kommunikationsmittel verursachten Aktivierung der Betrachter bzw. Hörer, wobei Aktivierung als eine notwendige Voraussetzung zur Erlangung von Aufmerksamkeit verstanden wird. Deren vorübergehende und selektive Steigerung bewirkt, daß nur relevante Reize beachtet werden, was als eine unerläßliche Eigenschaft informationsverarbeitender Systeme, wie z. B. des Menschen, gekennzeichnet werden kann.

Da die wichtigsten Meßansätze in § 9, Abschn. 3.4.4., behandelt werden, sollen an dieser Stelle lediglich einige zentrale Befunde der für die Gestaltung von Kommunikationsmitteln bedeutsam gewordenen Blickregistrierung thematisiert werden (vgl. *Witt* 1977; *Bernhard* 1978; *Kroeber-Riel* 1992):

- Während einer für die Wahrnehmung einer Konsumgüteranzeige üblichen Betrachtungsdauer von zwei bis drei Sekunden werden durchschnittlich acht Informationseinheiten aufgenommen.
- Bilder in einer Anzeige betrachtet man zeitlich vor den Textelementen (Headline, Fließtext, Firmen- bzw. Markenzeichen), vorausgesetzt, ein Bild nimmt mindestens ein Viertel der Fläche ein und der Textteil fällt gewissermaßen nicht aus dem Rahmen.
- An Anzeigenelemente, die der Leser zuerst, länger oder häufiger als andere betrachtet, erinnert er sich besser.
- Stärker aktivierende Anzeigenelemente werden häufiger fixiert und besser behalten als schwach aktivierende.

4.2. Der Erfolg kommunikativer Maßnahmen

4.2.1. Grundlagen

Die hohen Kosten kommunikativer Maßnahmen und die Bedeutung, die der Kommunikationspolitik für den Unternehmenserfolg zukommt, machen das Bemühen verständlich, den Einsatz dieses Aktionsparameters zu kontrollieren. Bei derartigen Aktivitäten erlangte Informationen dienen dazu, einschlägige Entscheidungen künftig auf eine bessere Grundlage zu stellen. Einigkeit besteht darin, daß sich die Wirkung kommunikativer Aktivitäten nicht auf **einen** Faktor, z. B. den Aufmerksamkeitswert eines Kommunikationsmittels, reduzieren läßt. Sie bildet vielmehr ein hochkomplexes, **multidimensionales Konstrukt**, dessen Bestandteile weitgehend, während die sich zwischen diesen vollziehenden Interaktionen nur ansatzweise bekannt sind.

Bergler (1982) beispielsweise nennt zwölf Bedingungen erfolgreicher Kommunikation, zu denen Unverwechselbarkeit des Kommunikationsstils, Zielgruppenspezifität und Aktualität ebenso wie Glaubwürdigkeit, Prägnanz, Verständlichkeit und Kompetenz zählen. Daneben spielen auch zahlreiche Kontextfaktoren eine Rolle, die sich z. B. bei der Zeitschriftenwerbung u. a. als Leser-Blatt-Bindung, Lesedauer pro Heft, Heftnutzung, Bezugsart oder Leseort konkretisieren lassen.

In kaum einem Bereich sind indessen die Möglichkeiten der Bewertung bzw. Überprüfung von Investitionen derart begrenzt wie bei der Kommunikationspolitik. Der hier bereits einmal zitierte Ausspruch eines amerikanischen Versandhausmagnaten, er wisse zwar, daß die Hälfte seiner Werbeaufwendungen zum Fenster hinausgeworfen sei, nur leider nicht, welche, illustriert, daß man nach wie vor weit davon entfernt ist, hinreichend valide Methoden zur Verfügung stellen zu können. Gleichwohl stehen auf den verschiedenen Ebenen der Kommunikationspolitik **Kontrollinstrumente** zur Verfügung, die die **Evaluation** von **Teilprozessen** ermöglichen. Dabei läßt sich folgende **Arbeitsteilung** beobachten:

- Der Nachweis der Kommunikationsleistung von **Medien** wird vorrangig von diesen selbst und hiermit beauftragten **Dachverbänden** geführt (vgl. Abschn. 1.3.).

- Für die Kontrolle der Wirksamkeit konkreter Kommunikationsmaßnahmen fühlen sich vor allem **Dienstleistungsunternehmen** im Mediensektor zuständig (vgl. Abschn. 1.3.3.).

- Die Messung, inwieweit anvisierte Kommunikationsziele erreicht wurden, d. h. die im folgenden zu behandelnde Kontrolle des Kommunikationserfolges, fällt hauptsächlich in den Zuständigkeitsbereich des jeweiligen **Werbungtreibenden** (vgl. *Hörschgen* 1975).

4.2.2. Die Messung des ökonomischen Kommunikationserfolges

Unternehmen erwarten verständlicherweise von kommunikativen Maßnahmen einen nachhaltigen Beitrag zur Erreichung ihrer ökonomischen Ziele. Als **Maßgrößen** kommen hierbei vor allem **Umsatz**, **Marktanteil** und **Gewinn** in Betracht. Infolge des Mangels an Methoden, die geeignet sind, die zwischen kommunikationspolitischen Aktivitäten und jenen der übrigen absatzpolitischen Instrumente bestehenden Interdependenzen zu quantifizieren, ist eine valide Isolierung des Beitrags einzelner Elemente zur Zielerreichung nur bedingt möglich. Lediglich in Versuchsanordnungen, die Testmarkt-Bedingungen gerecht werden, kann man nachweisen, ob eine Umsatzänderung auf eine Variation des Kommunikationsbudgets zurückzuführen ist oder nicht.

Zu den ersten Fällen, in denen ein unmittelbarer Zusammenhang zwischen Werbung und ökonomischem Erfolg hergestellt werden konnte, zählt ein Streik der Zeitungsverlage in den Vereinigten Staaten in den vierziger Jahren. Dieser führte dazu, daß New York 114 und Cleveland 119 Tage lang ohne Zeitungen blieben. Ob die damit in Verbindung gebrachten Umsatzeinbußen des Immobiliengewerbes (50%), von Theatern und Vergnügungslokalen (30%), Restaurants und Bars (25%) sowie von Warenhäusern (16%) tatsächlich ausschließlich auf den Ausfall dieses wichtigen Werbeträgers zurückzuführen waren oder ob durch einen derart langen Streik nicht auch das allgemeine Konsumklima Schaden genommen hat, sei hier dahingestellt. Das Beispiel verdeutlicht jedoch den für sog. Quasi-Experimente charakteristischen Versuch, sich eine atypische Situation für Analysezwecke zunutze zu machen. Dabei wird allerdings zumeist übersehen, daß, wie im Falle von Streiks, auch andere Einflußfaktoren nicht unverändert bleiben.

4.2.2.1. Der ökonometrische Ansatz

(1) Die Regressionsgleichung

(8.10.) $$Y_t = \alpha + \beta X_t$$

verkörpert die einfachste **Marktreaktionsfunktion**. Hierbei wird eine lineare Abhängigkeit der Variablen Y_t (= Umsatz bzw. Marktanteil zum Zeitpunkt t) von der Variablen X_t (= Kommunikationsaufwendungen) unterstellt. Eine etwaige zeitliche Wirkungsverzögerung bleibt unberücksichtigt, α und β symbolisieren die zu schätzenden Regressionsparameter.

Diese simple Modellierung vermag in aller Regel das Marktgeschehen nur mangelhaft abzubilden. *Topritzhofer / Schmidt* (1978) z. B. erzielten hiermit im Falle des Zigarettenabsatzes in Großbritannien für die Jahre 1955 bis 1968 eine Varianzaufklärung von lediglich 9%, wobei sie sogar als weiteren Aktionsparameter die Preisstellung berücksichtigten ($Y_t = 5{,}19 + 0{,}000073\ X_t - 0{,}5714\ P_t$).

Problematisch an dieser Vorgehensweise sind vor allem die dem Regressionsansatz immanente falsche Vorstellung einer Kausalitität und die Unterstellung, daß der Einfluß von X_t auf Y_t konstant sei, was für kommunikative Maßnahmen im allgemeinen nicht zutrifft. Letzterem Einwand kann man durch Verwendung eines nichtlinearen Funktionstyps begegnen. Der Abnahme des Grenzertrags bei Intensivierung von Marketingmaßnahmen wird man eher durch logarithmische, Exponential- und Potenzfunktionen gerecht:

(8.11.) $$Y_t = Y_{ot} + (Y_t^* - Y_{ot})X_t^{\alpha}(\beta + X_t^{\alpha})^{-1}$$

Dabei bedeuten:

Y_{ot} = Umsatzvolumen, das ohne kommunikative Maßnahmen erreicht wird

Y^* = Sättigungsgrenze des Umsatzes

In der von *Topritzhofer / Schmidt* (1978) durchgeführten Studie verbesserten sich durch Einführung der Degressivitätsannahme ($Y_t = \alpha + \beta \log X_t$) die Ergebnisse jedoch nur unwesentlich.

Auf Zustimmung stößt zunehmend die Überlegung, daß sich das Verhältnis von Kommunikationsbudget und Absatzentwicklung am besten durch einen S-förmigen Verlauf abbilden lasse. Das sog. **Werbeertragsgesetz**, welches einen zunächst zunehmenden und später abnehmenden Grenzertrag postuliert, wird zum einen dadurch begründet, daß erst ab einem bestimmten Budgetumfang erfolgversprechende **Medien belegbar** bzw. die für das Lernen der Botschaft notwendige Kontaktdichte realisierbar sind. Zum anderen verweist man auf **Sättigungstendenzen** wie z. B. den abflachenden Reichweitenzuwachs. Auch die empirisch gestützte Erkenntnis, daß die **Kaufbereitschaft** der Bedarfsträger begrenzt ist und folglich ab einem bestimmten Punkt zusätzliche Kommunikationsaktivitäten wirkungslos bleiben müssen, trägt zu diesem Effekt bei. S-förmige Kurvenverläufe können mit Hilfe einer logistischen ($Y_t = Y^*/[1 + \exp(a - b\,X_t)]$) oder einer *Gompertz*-Funktion ($Y_t = Y^* a^{b^X}$) abgebildet werden.

Da bei der Modellierung von Marktreaktionsfunktionen **Konkurrenzeinflüsse** nur in Ausnahmefällen vernachlässigt werden können, schlägt *Hammann* (1974) folgenden Ansatz vor:

(8.12.) $$Y_t = Y_{ot} + (Y_t^* - Y_{ot})[1 + (X_{Kt}/X_t)^{\gamma}]^{-1}$$

Dabei bedeuten:

X_{Kt} = Kommunikationsausgaben der Konkurrenten zum Zeitpunkt t

γ = Funktionsparameter

Allerdings gilt es hierbei zu bedenken, daß Kommunikationsmaßnahmen von Konkurrenten das eigene Absatzvolumen nicht nur mindern, sondern bedingt durch deren markterweiternden Effekt auch steigern können. Dies bleibt in den skizzierten Ansätzen unberücksichtigt (vgl. *Meffert / Steffenhagen* 1977, S. 172 f.).

(2) Wie bereits in Verbindung mit den ökonomischen Kommunikationszielen dargelegt wurde, hat man bei der Kontrolle der Wirkung einer kommunikativen Aktivität sowohl Verzögerungs- als auch Beharrungseffekte zu berücksichtigen (vgl. Abschn. 3.2.1.). Die intendierte Absatzsteigerung tritt also nicht unmittelbar mit Beginn einer Kampagne ein, und sie bildet sich nicht synchron mit deren Beendigung zurück.

Im Rahmen von Marktreaktionsmodellen versucht man diesem Sachverhalt durch sog. **Lag-Variablen** gerecht zu werden. Im einfachsten Fall ergibt sich folgende Beziehung:

(8.13.) $$Y_t = \alpha + \beta X_{t-s} \quad (s = 1, \ldots, t-1)$$

Die Frage, welcher Funktionstyp sich am besten eignet, die Verteilung der Wirkung einer Kampagne über mehrere Perioden zu berücksichtigen, beantwortete *Fisher* (1925) in anderem Zusammenhang mit dem in Abb. 8.19. wiedergegebenen linearen Verlauf. Demnach nimmt die in $t-1$ am stärksten ausgeprägte Wirkung der unabhängigen Variablen auf die abhängige im Zeitverlauf ($t-2, \ldots, t-s$) stetig ab.

(8.14.) $$Y_t = \alpha + \sum_{s=0}^{\infty} \beta_s X_{t-s}$$

Die entscheidenden Probleme dieses durch lineare Approximation zu spezifizierenden Ansatzes liegen in der iterativ vorzunehmenden Ex post-Bestimmung der Anzahl relevanter „lags" (endliche Kette zu berücksichtigender Perioden) und der in aller Regel gegebenen Multikollinearität der Lag-Variablen. *Topritzhofer / Schmidt* (1978) erzielten bei dem bereits erwähnten Versuch einer modellhaften Abbildung des britischen Zigarettenabsatzes bei Anwendung dieses Funktionstyps immerhin einen auf 27% erhöhten Anteil erklärter Varianz.

Koyck (1954) postulierte einen geometrisch abnehmenden Reaktionsverlauf (unendliche Kette; vgl. Abb. 8.19.). Sein polynomiales Lag-Modell stellt den heute am häufigsten herangezogenen Ansatz dieser Art dar (vgl. *Clarke* 1976):

(8.15.) $$Y_t = \alpha + \beta X_t + \lambda Y_{t-1}$$

Dieses Modell hat die ökonometrisch orientierte Erforschung des Kommunikationserfolgs deshalb so stark beeinflußt, weil alle früheren und noch wirksamen Marketingmaßnahmen dem Term λY_{t-1} subsumiert werden können. Die Erhaltungsrate („retention rate") λ läßt sich dabei als der gewichtete gleitende Durchschnitt aller in einer bestimmten Zeit getätigten (Kommunikations-)Ausgaben verstehen (vgl. *Palda* 1964). Andere Autoren bezeichnen diesen Parameter als Ausdruck des Marktkapitals bzw. des Goodwill eines Unternehmens (vgl. *Nerlove / Arrow* 1962) oder auch als Bekanntheitsgrad (vgl. *Hilse* 1970).

Bass / Clarke (1972) wandten sich gegen die Vorstellung von einer monotonen Abnahme der Wirkungsintensität zeitlich zurückliegender Maßnahmen. In einer empirischen Untersuchung ermittelten sie, daß die Lag-Koeffizienten zunächst steigen und erst dann fallen (vgl. Abb. 8.19.).

Auch wenn die Varianzaufklärung in dem von *Topritzhofer / Schmidt* untersuchten Fall durch Rekurs auf das *Koyck*-Modell erneut erhöht werden konnte, schlossen die Autoren aus dem letztlich immer noch unbefriedigenden Ergebnis, daß außer den Marketing-Mix-Variablen noch andere Einflußfaktoren in das Modell aufgenommen werden müßten. Durch Berücksichtigung volkswirtschaftlicher Einflußgrößen (Bevölkerungszahl, Einkommen, Ausgaben für Konsumgüter) konnte die **Prognosegüte** geringfügig erhöht werden.

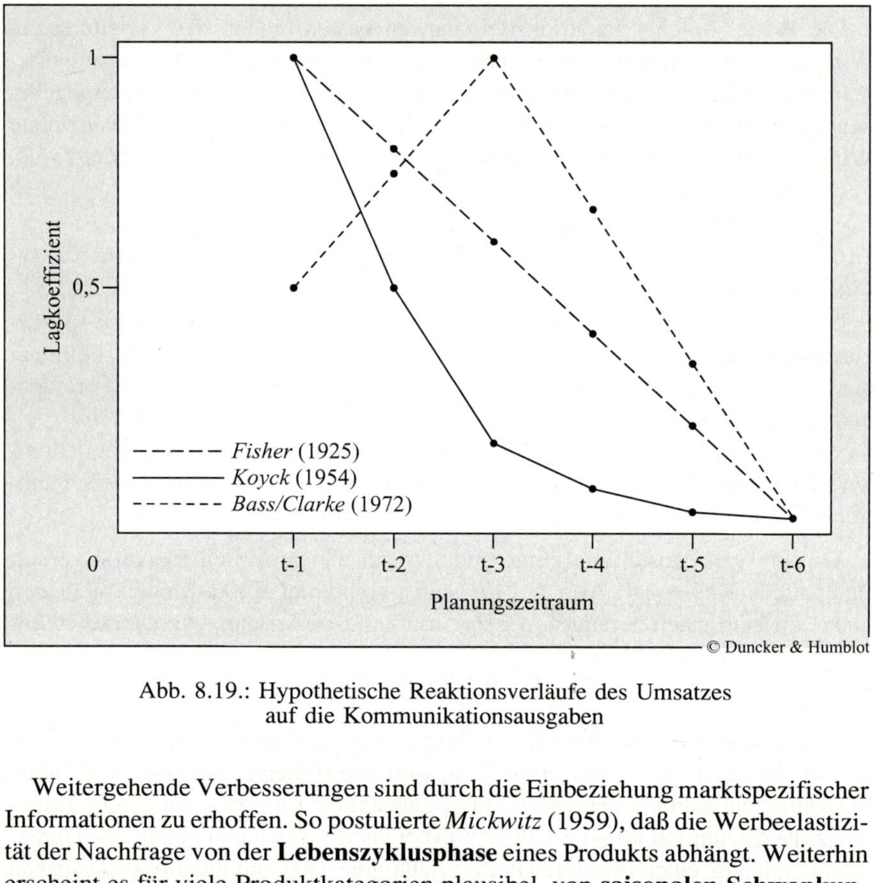

Abb. 8.19.: Hypothetische Reaktionsverläufe des Umsatzes auf die Kommunikationsausgaben

Weitergehende Verbesserungen sind durch die Einbeziehung marktspezifischer Informationen zu erhoffen. So postulierte *Mickwitz* (1959), daß die Werbeelastizität der Nachfrage von der **Lebenszyklusphase** eines Produkts abhängt. Weiterhin erscheint es für viele Produktkategorien plausibel, von **saisonalen Schwankungen** der Kommunikationswirkung auszugehen, und zwar nicht nur bei Getränken oder Speiseeis, sondern z. B. auch bei Zigaretten. Gleichwohl finden sich in der Literatur nur wenige Versuche, durch Integration **adaptiver Elemente** („time varying coefficients") Marktreaktionsmodelle so auszugestalten, daß sie saisonale Reaktionsschwankungen adäquat abbilden. Ökonometrische Modelle sind wegen der Invarianz ihrer Parameter ebensowenig wie andere Zeitreihen-Ansätze (vgl. *Box / Jenkins* 1976) in der Lage, sich wechselnden Marktbedingungen anzupassen. Mittels **Dummy-Variablen** können **saisonale Schwankungen** nur dann berücksichtigt werden, wenn die sie bedingenden Faktoren bekannt und Strukturbrüche dadurch unter Umständen prognostizierbar sind (vgl. *Palda* 1964).

Dies war im Falle des britischen Zigarettenmarktes gegeben, so daß durch Einführung der Dummy-Variablen Saison in das letztlich komplexe semilogarithmische Modell die Vorhersagbarkeit der Marktreaktion entscheidend (Varianzaufklärung 80%) gesteigert werden konnte (vgl. *Topritzhofer / Schmidt* 1978, S. 18). Sind die Strukturbrüche bekannt, so können z. B. auch unter Anwendung der „moving window regression" für a priori zu definierende Zeitsegmente separate saisonale Wirkungskoeffizienten geschätzt werden (vgl. *Wildt* 1975).

Trotz der zahlreichen Studien, in denen die Werbeausgaben-Umsatz-Beziehung ökonometrisch analysiert wurde, konnten bislang keine entscheidenden generalisierbaren Erkenntnisse erlangt werden. Dieses Defizit beruht auf vielfältigen Ursachen. Im Vordergrund steht hierbei die Tatsache, daß der regressionsanalytische Ansatz zu einem atheoretischen „Herumprobieren" verleitet. Durch eine heuristische Ex post-Spezifikation des Modells läßt sich zwar ein nahezu beliebiger Fit erzeugen, doch verkörpert eine derartige Vorhersage letztlich nichts anderes als die Extrapolation von Werten der Vergangenheit in die Zukunft. Zugleich verhindert diese Restriktion, daß man mit Hilfe des skizzierten Ansatzes eine neuartige Entwicklung identifizieren kann.

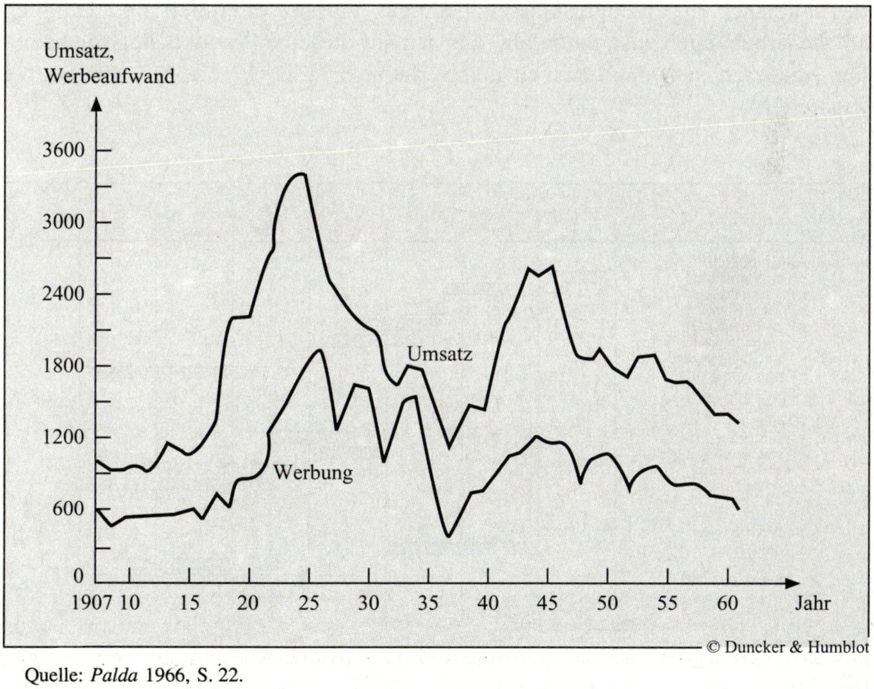

Quelle: *Palda* 1966, S. 22.

Abb. 8.20.: Umsatz und Werbeaufwendungen der *Lydia E. Pinkham Medicine Company* (1907-1960)

Die erstmals von *Palda* (1966) und danach von vielen anderen analysierte Kommunikationspolitik der *Lydia E. Pinkham Medicine Company* weist mehrere atypische Merkmale auf, die dazu führen, daß dieser Fall den an Laborexperimente gestellten Bedingungen weitgehend gerecht wird und insofern ein ideales Forschungsobjekt darstellt (vgl. Abb. 8.20.; *Weiss / Houston / Windal* 1978):

- Der Preis des Produktes („the *Lydia Pinkham* vegetable compound") änderte sich im Verlauf des Analysezeitraumes nur unwesentlich.
- Nahezu das gesamte Budget wurde für Inserate verwendet.
- Die Anzeigengestaltung wurde zwischen 1907 und 1960 nur dreimal geändert (1915, 1926 und 1941).
- Vor allem aber genoß das Erzeugnis eine quasi-monopolistische Stellung.

Ein weiterer Grund für die Stagnation dieser Forschungsrichtung ist in der Unterschiedlichkeit der durchgeführten Untersuchungen hinsichtlich Design, Stichprobe, Umweltkonstellation und Erkenntnisobjekt zu sehen. Dies führt zu sowohl unvergleichbaren als auch äußerst heterogenen Ergebnissen, die deren Verallgemeinerung nicht gerechtfertigt erscheinen lassen. Vor diesem Hintergrund stellte *Clarke* (1976) in einem Übersichtsartikel zur Frage der **Dauer** der **Werbewirkung** resignierend fest, daß die empirisch ermittelte Spannweite von 0,8 bis 1367,7 Monaten reiche. Selbst wenn man die durch die Heterogenität der untersuchten Erzeugnisklassen bedingte Varianz eliminiert und lediglich solche Erhebungen zusammenfaßt, die sich auf dieselbe Produktkategorie beziehen, reduziert sich das Intervall nicht erheblich (z. B. 17 bis 677 Monate bei Zigaretten).

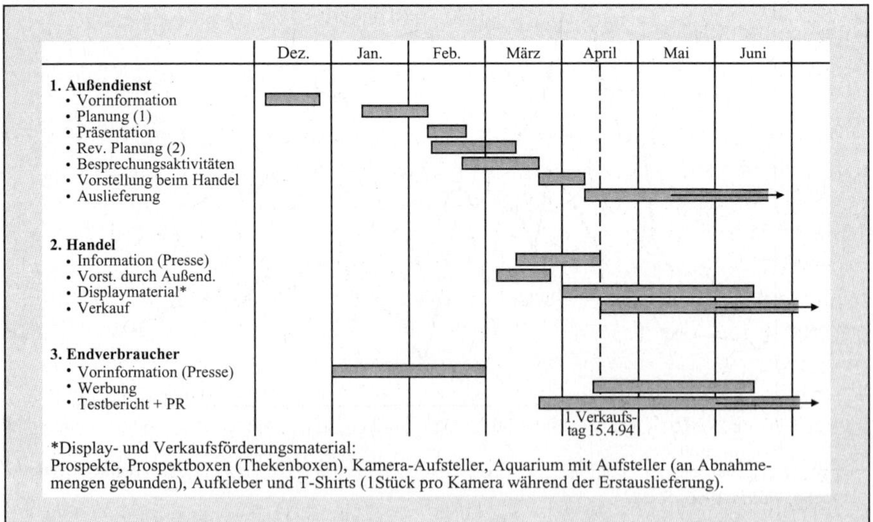

Abb. 8.21.: Zeitplan einer Werbekampagne für eine Produkteinführung

Neben den geschilderten Schwierigkeiten bei der zeitlichen Zuordnung der Wirkung kommunikativer Maßnahmen müssen zudem **Zurechnungsprobleme** beachtet werden, die entstehen, wenn mehrere derartige Aktivitäten gleichzeitig oder sich zeitlich überlappend entfaltet werden. Das in Abb. 8.21. wiedergegebene Ablaufdiagramm einer Einführungskampagne verdeutlicht, daß es zur ökonomischen Quantifizierung der Anteile einzelner Elemente des Kommunikations-Mix am Kommunikationserfolg eines komplexen Ansatzes bedarf.

Eine solche, nur schwer identifizierbare Wechselwirkung zwischen Systemelementen berücksichtigende Forschungsrichtung stellt die sog. **Chaostheorie** dar (vgl. *Feichtinger / Kopel* 1994). Hier geht man von der Vorstellung aus, daß sich derartige Interaktionen mit Hilfe eines nicht-linearen dynamischen Systems modellieren lassen, wobei man unterstellt, daß die zwischen den Elementen bestehenden Beziehungen deterministischen Charakter aufweisen. Das Anliegen dieses Forschungsansatzes für den Bereich der Kommunikationspolitik besteht darin, eine Funktion zu finden, die die Wirkung kommunikativer Aktivitäten abbildet, und diese in ein Modell zu integrieren, das die mit diesem Bereich interagierenden Einflußfelder miteinander verknüpft. Wie schwierig sich solch ein Unterfangen erweist, äußert sich darin, daß es bislang noch nicht gelungen ist, selbst vergleichsweise einfach strukturierte Zusammenhänge in der geschilderten Weise zu bewältigen. Zudem kann die Annahme, daß betriebs- und volkswirtschaftliche Systeme keinen stochastischen Einflüssen unterliegen, keinesfalls als gesichert gelten. Hieraus zu folgern, daß die Chaostheorie keine für die Praxis verwertbaren Erkenntnisse zu generieren vermag, erscheint auf Grund des dieser Forschungsrichtung zugesprochenen Entwicklungspotentials jedoch verfrüht.

4.2.2.2. Experimentelle Ansätze

Angesichts der ökonometrischen Ansätzen innewohnenden Unzulänglichkeiten verdient neben dem sog. *BuBaW*-Verfahren (**B**estellung **u**nter **B**ezugnahme **a**uf **W**erbemittel) und der auf *Starch* (1961) zurückgehenden *Netapps*-Methode („**net ad p**roduced **p**urchase**s**") vor allem der **Gebiets-Verkaufstest** Beachtung. Dazu müssen Städte oder Regionen verfügbar sein, die als Test- bzw. als Kontrollmarkt dienen und hinsichtlich ihrer Strukturmerkmale (weitgehend) der Zielgruppe entsprechen (siehe dazu § 9, Abschn. 3.6.1.2.). Weiterhin muß gewährleistet sein, daß die für den Testmarkt bestimmten Maßnahmen nicht auch auf das Kontrollgebiet ausstrahlen und die beteiligten Einzelhändler während der Testperiode ihre absatzpolitischen Anstrengungen möglichst konstant halten.

Des weiteren sollte die **Testperiode** einerseits ausreichend lang sein, so daß die kommunikationsbedingte Nachfrageänderung am Markt wirksam werden kann. Gleichzeitig muß sie zeitlich begrenzt sein, weil mit zunehmender Dauer Störeinflüsse stärker zum Tragen kommen. Schließlich gilt es, die zeitliche Repräsentativität der Testperiode zu gewährleisten. Der Kommunikationserfolg wird dann definiert als die Differenz zwischen der im beworbenen Testmarkt und der im unbeeinflußten Kontrollmarkt erzielten prozentualen Veränderung des Umsatzes.

Bislang wurden jedoch nur selten (z. B. *Caffyn* 1965; *Tuck / Firth* 1973) alternative Kampagnen unter realistischen, sorgfältig kontrollierten Testmarktbedingungen untersucht. Maßgebend dafür sind nicht nur der damit verbundene vergleichsweise hohe Aufwand, sondern auch die Tatsache, daß zumindest auf oligopolistischen Märkten miteinander konkurrierende Unternehmen ein solches Experiment durch absatzpolitische Gegenmaßnahmen stören werden.

Sind hinsichtlich Sortiment, Bedienungsform, Umsatz und Kundenstruktur vergleichbare Einzelhandelsunternehmen zur Teilnahme bereit, eröffnet sich die Möglichkeit einer Wirkungskontrolle mit Hilfe von **Test**- und **Kontrolläden**. Dieser Ansatz entspricht sowohl hinsichtlich der zu erfüllenden Voraussetzungen als auch der Vor- und Nachteile im wesentlichen dem Gebietsverkaufstest. Ein Vorteil diesem gegenüber liegt in der beträchtlichen Kostenersparnis, die allerdings mit einer durch die wesentlich schmalere Datenbasis bedingten Reduktion des Sicherheitsgrades der Aussagen einhergeht.

Wilkinson / Mason / Paksoy (1982) demonstrierten, wie mit Hilfe eines vollständigen faktoriellen Designs die Interaktion zwischen Marketinginstrumenten in einem Testladen experimentell analysiert werden kann. Durch die systematische Variation der verschiedenen Ausprägungen der Faktoren **Preis** (regulär, reduziert, Einstandspreis), **Display** (normale Regalfläche, verdoppelte Regalfläche, normale Regalfläche plus Sonderdisplay) sowie **Werbung** (Nennung des Produktnamens und des Preises in wöchentlichen Anzeigen, keine Nennung) entstanden 18 realistische Treatment-Kombinationen. Jede Aktion dauerte zwei Wochen. Deren Abfolge, zwischen die jeweils sog. „base weeks" als neutralisierende Puffer geschoben wurden, war zufallsbestimmt.

Eine varianzanalytische Auswertung zeigte, daß der Effekt der Anzeige, der nur bei drei von vier Produkten signifikant war, geringer als die Wirkung der Faktoren Preis und Display ausfiel. Am nachhaltigsten beeinflußte das Sonderdisplay die Verkaufszahlen. Als ineffektivste Varianten erwiesen sich demgegenüber „regulärer Preis / normales Display / keine Werbung", „reduzierter Preis / normales Display / keine Werbung" und „regulärer Preis / normales Display / Werbung". Der mit Abstand größte Verkaufserfolg wurde unter der Bedingung „Einstandspreis / Sonderdisplay / Werbung" erzielt. In dieser Konstellation entfaltete auch die Werbung einen bedeutsamen Einfluß auf die abgesetzte Menge (bei Verzicht auf diesen Aktionsparameter sank das Verkaufsvolumen trotz Sonderdisplay und Einstandspreis um knapp 30 %).

Erst mit Verbreitung der unter der Bezeichnung **Scanning** bekannt gewordenen Form artikelgenauer Datenerfassung am Point of Sale erlangte der Testmarktansatz den ihm heute zukommenden Stellenwert. In der Bundesrepublik Deutschland bieten sowohl die *Gesellschaft für Konsumforschung (GfK)*, Nürnberg, mit ihrem **GfK-BehaviorScan** als auch *Nielsen* mit **Telerim** ein derartiges Testsystem an (siehe dazu § 9, Abschn. 3.4.2.).

4.2.3. Die Messung des außerökonomischen Kommunikationserfolges

Wegen der bei der Messung des ökonomischen Kommunikationserfolges auftretenden Probleme versucht man, ergänzend oder alternativ das Ausmaß der Erreichung von sog. außerökonomischen Kommunikationszielen zu erfassen. Im Laufe der Zeit wurde eine Vielzahl von Methoden entwickelt, von denen jedoch nur ein Teil die Forderung nach Objektivität, Reliabilität und Validität erfüllt.

Abgeleitet aus der Überlegung, daß theoretische Ansätze die Wirkungsweise kommunikationspolitischer Aktivitäten am besten zu erklären vermögen, dient als Gliederungskriterium für die hier vorzustellenden Verfahren das in Abschn. 1.2.1. skizzierte Modell der intrapersonalen Nachrichtenverarbeitung. Als Kriterien für die Perzeption kommen die klassischen Kontaktmaße **Recognition** und **Recall**, als Indikatoren der Apperzeption z. B. Wissen über Produkteigenschaften, Image-Merkmale, Einstellungen sowie Kauf- und Verwendungsinteresse in Betracht. In der Praxis stellt die Erinnerung an eine Botschaft oder an die beworbene Marke das am weitesten verbreitete Effizienzmaß dar, während in der wissenschaftlichen Kommunikationsforschung die Einstellungsmessung dominiert.

4.2.3.1. Die Gedächtniswirkung

Ein Kontakt mit dem Kommunikationsmittel im eigentlichen Sinne besteht erst dann, wenn zu dem mit Reichweitenmaßen darstellbaren physischen und dem mit der Blickregistrierung nachweisbaren perzeptiven der apperzeptive Kontakt hinzukommt. Da die bewußte Wahrnehmung einer Botschaft und der Kaufakt in der Regel zeitlich nicht zusammenfallen, muß die übertragene Information kognitiv gespeichert werden, um das Kaufverhalten beeinflussen zu können. Deshalb zählt die **Gedächtniswirkung** zu den zentralen kommunikativen Erfolgsgrößen.

(1) Bei dem erstmals von *Strong* (1912) eingesetzten Wiedererkennungsverfahren **(Recognition-Test)** geben die Probanden an, wie bekannt ihnen bestimmte Kommunikationsmittel sind. Allgemeine Verbreitung fanden dabei von *Starch* (1966) eingeführte Beurteilungskategorien. Der gleichnamige Test läßt sich folgendermaßen veranschaulichen:

Der Interviewer besucht mit der jeweils letzten Ausgabe einer Zeitschrift einen Teil der etwa 150 nach dem Quota-Verfahren (siehe § 9, Abschn. 3.3.2.) ausgewählten Personen, die als deren Leser identifiziert wurden. Er geht mit jedem Probanden das Blatt durch, wobei er nach jeder Seite, auf der sich eine Anzeige befindet, fragt, ob jener das Inserat wiedererkenne. Dabei werden folgende Maßgrößen verwendet:

- „Noted" (Anzeige gesehen) = Proband gibt an, die Anzeige bereits einmal gesehen zu haben.
- „Seen / associated" (Anzeige global betrachtet) = Proband behauptet, die Anzeige gesehen und Teile davon gelesen zu haben sowie sich an den Namen des beworbenen Objektes zu erinnern.

- „Read most“ (Anzeige gelesen) = Proband bestätigt, mehr als die Hälfte des Textes gelesen zu haben.

Neben erheblichen Problemen bei der Klassifizierung von Aussagen der Befragten schränkt der durch ähnliche Kommunikationsmaßnahmen in anderen Medien bedingte **Carry over-Effekt** die Validität dieses Gedächtnismaßes ein. Besonders nachteilig wirkt sich zudem die **mangelnde Verifizierbarkeit** von Angaben aus. Erfahrungsgemäß tendieren Auskunftspersonen in derartigen Befragungssituationen dazu, sozial erwünschte Antworten zu geben, d. h. entgegen den Gegebenheiten zu behaupten, z. B. eine bestimmte Anzeige wiederzuerkennen.

Die Unzuverlässigkeit dieser Vorgehensweise demonstrierten *Simmons* (1961) und *Marder / David* (1961) experimentell, indem sie bei Lesern und Nichtlesern einer Zeitschrift etwa gleich große Recognition-Quoten ermittelten. *Lucas* (1960) hatte zuvor schon die Eignung dieses Gedächtnismaßes in Zweifel gezogen. Er wies nach, daß die Variation der Zeitspanne zwischen Testzeitpunkt und letztem Lesevorgang bei einer wöchentlich erscheinenden Zeitschrift von einem bis zu 14 Tagen die Wiedererkennensleistung nicht in nennenswertem Umfang beeinflußt.

Um dem entgegenzuwirken, fügt man häufig bei einer zweiten Darbietung vergleichbare, aber „unechte“ Kommunikationsmittel in das fragliche Medium ein. Beim sog. **Folder-Verfahren** werden der auf diese entfallende durchschnittliche Wiedererkennungswert vom Gesamtwert subtrahiert und das Ergebnis als „kontrolliertes“ Recognition-Maß ausgewiesen.

Aus der Vielzahl kritischer Veröffentlichungen folgert *Koeppler* (1974, S. 39), daß eine erhebliche Unsicherheit darüber besteht, was das Recognition-Verfahren eigentlich mißt. Obwohl für den Kommunikationserfolg das Wiedererkennen einer Vorlage und Phänomene wie die diffuse Vorstellung von Bekanntheit, die für die Vertrauensgewinnung äußerst bedeutsam sind (vgl. *Spiegel* 1970), maßgeblicher als das völlige Wiederaufleben von Kommunikationsmaßnahmen im Gedächtnis sein dürften, wird das *Starch*-Verfahren wegen dieser konzeptionellen und meßtechnischen Mängel heute nur noch selten angewandt.

(2) Als weitere Methode zur Kontrolle außerökonomischen Werbeerfolgs gelten sog. **Recall-Tests**, bei denen man solche mit **ungestützter** („unaided recall“) und solche mit **gestützter Erinnerung** („aided recall“) unterscheidet. Bei beiden Varianten gilt es zunächst, jene Personen zu identifizieren, die Leser des jeweiligen Printmediums sind. Diese werden anschließend bei der Unaided Recall-Methode gefragt, inwieweit sie sich an Anzeigen oder Elemente von Inseraten bestimmter Marken erinnern. Bei der Aided Recall-Methode bekommen Testpersonen unvollständige Kommunikationsmittel wie beispielsweise Original-Schriftzüge, Markenzeichen oder Listen mit Produktnamen als Gedächtnisstütze vorgelegt, um die Werbewirkung der Anzeigen zu messen. Eine spezifische Ausprä-

gung des Aided Recall-Verfahrens stellt der von *Gallup* und *Robinson* in den USA entwickelte Impact-Test dar, der in Deutschland vom *Emnid*-Institut angeboten wird (vgl. *Huth / Pflaum* 1991).

Der im Prinzip gleichen Vorgehensweise bedient man sich bei der **Messung** des **Bekanntheitsgrades**, wobei hier zwischen aktivem (spontanem) und passivem (gestütztem) Bekannheitsgrad differenziert wird. Der entscheidende Unterschied besteht darin, daß man sich im Gegensatz zu den klassischen Erinnerungstests nicht auf ein konkretes Werbemedium bezieht.

Eine Frage zur Ermittlung der ersten Kategorie von Wirkung könnte lauten: „Wenn Sie an die Automobilbranche denken, welche Marken fallen Ihnen dabei ein?" Was dabei herauskommt, ist Ausdruck der aktiven Markenbekanntheit. Deren Erhebung wird in der Praxis in der Regel der Ermittlung des passiven Bekanntheitsgrades vorgeschaltet. Als Erinnerungshilfe bei dessen Erhebung dient eine Liste mit Markennamen, wobei die dazu gestellte Frage lauten könnte: „Welche der hier aufgeführten Automobilmarken kennen Sie?"

Der Prüfung der Gedächtnisleistung dient auch das sog. „anglemeter", bei dem alternative Konzepte auf ihren Erinnerungswert hin untersucht werden. Dazu plaziert man das zu begutachtende Objekt so auf einer drehbaren Scheibe, daß der Betrachter nur dessen neutrale Schmalseite sieht. Durch langsames Drehen wird dann mehr und mehr von der maßgeblichen Breitseite sichtbar. Der Blickwinkel, bei dem das Prüfobjekt erkannt wird, fungiert als Kenngröße (vgl. *Spiegel* 1970, S. 101 f.).

Das **aktualgenetische Verfahren** zum Nachweis von Erinnerungsresten basiert auf dem Zusammenwirken von Gedächtnis und Wahrnehmung. Demnach wird ein Objekt u. a. dann identifizierbar, wenn eine tachistoskopisch erschwerte Wahrnehmung auf entsprechende Gedächtnisspuren trifft, selbst wenn weder die vorherrschenden Wahrnehmungsbedingungen noch die Gedächtnisreste für sich genommen jeweils für eine aktive Reproduktion ausgereicht hätten. Als Gedächtnismaß dient die bis zum Einsetzen der Erinnerung erforderliche Präsentationszeit des Stimulus.

Mit dieser Methode kann z. B. geprüft werden, ob eine Marke, die über längere Zeit nicht mehr beworben wurde, wie etwa das Erfrischungsgetränk *Bluna,* noch über Erinnerungswert verfügt. Dazu gibt man zusammen mit dem interessierenden Markennamen ähnlich lange und gegliederte Wörter zum Vergleich vor, wobei jener bei Existenz von Erinnerungsresten als erster identifiziert wird.

Wenn man auf die **Wiedererkennung** abstellt, wird die Gedächtniswirkung einer Botschaft höher eingeschätzt als bei einem Ansatz, der auf ein Erinnerungsmaß rekuriert. Diese Tatsache veranschaulicht Abb. 8.22.

(3) Sieht man von den meßtechnischen Problemen ab, die sich u. a. in vergleichsweise niedrigen Reliabilitätskoeffizienten niederschlagen (vgl. z. B. *Clancy / Kweskin* 1971; *Clancy / Ostlund* 1976), so bleibt als zentrale Frage, was man eigentlich weiß, wenn man z. B. herausgefunden hat, daß der **Bekanntheitsgrad** der *Bild-Zeitung* 98 % beträgt, während es der *Mercedes-Stern* nur auf 85 % bringt.

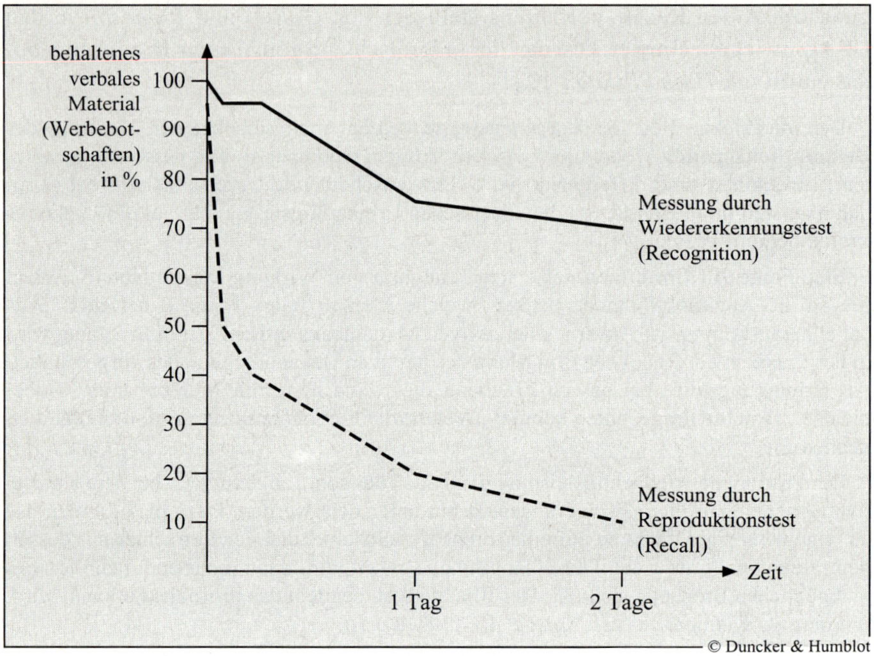

Quelle: in Anlehnung an *Kroeber-Riel* 1992, S. 364.

Abb. 8.22.: Typische Vergessenskurven

Eine Abhängigkeit im Sinne einer direkten **Beziehung** zwischen **Bekanntheitsgrad** und **Kaufbevorzugung**, dem letztlichen Ziel aller Kommunikationsmaßnahmen, konnte bislang nicht nachgewiesen werden. Im Gegenteil, es finden sich mehr empirische Befunde, die dagegen, als solche, die dafür sprechen. Häufig korrelieren sogar hohe Aufmerksamkeits- und Erinnerungswerte eng mit negativen Empfindungen auf seiten der Zielgruppe (vgl. *Bergler* 1965, S. 26 f.). So kann, wie der Fall *Benetton* gezeigt hat, selbst durch Anstoß erregende kommunikative Aktivitäten der Bekanntheitsgrad eines Objektes nachhaltig gesteigert werden. Es ist jedoch zu erwarten, daß sich ein derartiges Vorgehen nicht positiv auf das Kaufverhalten und geradezu imageschädigend auswirkt.

Aus einer Untersuchung von *Gorn / Goldberg* (1980), in der das auf den Bekanntheitsgrad gerichtete Kommunikationsziel bereits nach drei Kontakten mit dem Kommunikationsmittel, die angestrebte Veränderung der Präferenzen aber erst bei einer deutlich höheren Kontaktsumme erreicht wurden, läßt sich ableiten, daß die Erfolgsgrößen **Gedächtnis-** und **Einstellungswirkung** nicht alternativ zu verwenden sind. Vielmehr bildet ein gewisser **Bekanntheitsgrad** eine notwendige, nicht aber hinreichende Voraussetzung für eine Einstellungsänderung und damit einen Teil des übergeordneten (Kommunikations-)Ziels.

4.2.3.2. Die Einstellungswirkung

Um zu überprüfen, ob der Kontakt mit dem Kommunikationsmittel zu einer Veränderung der in der Zielgruppe verankerten Einstellung gegenüber dem Kommunikationsobjekt geführt hat, können sämtliche aus der Einstellungsforschung bekannten und in § 9, Abschn. 3.2., behandelten Meßtechniken verwendet werden. Einen spezifischen Meßansatz für die Erforschung der Kommunikationswirkung gibt es nicht, sofern man von einigen höchst selten eingesetzten Verfahren absieht.

Bei der sog. **Lotteriemethode** beispielsweise darf jede Versuchsperson als Belohnung für ihre Mitarbeit ein Los ziehen, das sie im Falle des Gewinns in den Besitz eines bestimmten Produkts gelangen läßt, wobei die Kategorie, der dieses zu subsumieren ist, nicht jedoch dessen Hersteller festgelegt sind. Aus der Nennung der Marke, die als Belohnung gewünscht wird, läßt sich auf die Einstellung gegenüber den zur Wahl gestellten Varianten schließen.

Obwohl der Begriff Einstellungsänderung zum gängigen Vokabular der Wirkungsforschung zählt, ist man sich darüber einig, daß kommunikative Maßnahmen Einstellungen selten zu ändern vermögen. Zumeist beschränkt sich deren Wirkung darauf, erwünschte, latent vorhandene zu aktivieren und indifferente zu reduzieren. Hinter der Frage, inwieweit kommunikative Maßnahmen bei Umworbenen etwas bewirken können, steht die Annahme, daß ein Einstellungs- auch zu einem Verhaltenswandel führt, wobei mit einer Verschiebung hin zum Positiven die Kaufwahrscheinlichkeit zunimmt (*v. Rosenstiel / Ewald* 1979, S. 149).

Vergegenwärtigt man sich das **Wesen** der **Einstellung**, das sich als erlernte und vergleichsweise dauerhafte Bereitschaft, auf eine bestimmte Reizkonstellation der Umwelt in konsistenter Weise zu reagieren, charakterisieren läßt, wird die entscheidende Überlegung ersichtlich: Ein Produkt, das man grundsätzlich positiv zu bewerten gelernt hat, wird mit größerer Wahrscheinlichkeit erworben als ein anderes, dem etwas Negatives anhaftet.

Unstrittig ist, daß ein Zusammenhang zwischen einer Variation von Einstellungen und einer solchen des Kaufverhaltens besteht (vgl. zusammenfassend *Pinson / Roberto* 1973). Die Richtung der Kausalität läßt sich jedoch nicht immer eindeutig bestimmen. In der Literatur finden sich Belege sowohl für eine durch Einstellungswandlungen bedingte Änderung des Kaufverhaltens (vgl. z. B. *Achenbaum* 1966) als auch für die umgekehrte Wirkungsrichtung (vgl. z. B. *Appel* 1966). Abgesehen von terminologischer und methodischer Inkonsistenz dürften Widersprüche durch die Vernachlässigung von intervenierenden Variablen wie z. B. der des Produkt-Involvement zu erklären sein. Bei Produkten, die durch „**low interest**" gekennzeichnet sind, scheinen Verhaltens- den Einstellungsänderungen, bei Objekten, die „**high interest**“ auf sich ziehen, Einstellungs- beobachtbaren Verhaltensänderungen vorauszugehen. Ob man etwas erwirbt, hängt auch von der Kauffähigkeit (finanzielle Restriktionen) und -möglichkeit (Verfügbarkeit) ab. Ziel zu ergreifender Forschungsaktivitäten muß es folglich sein, jene Bedingungen zu identifizieren, die die Richtung einer Beziehung im Sinne der Kausalität bestimmen.

Die thematisierten Meßprobleme haben das Interesse an Wirkungsindikatoren gefördert, die dem Kaufakt näherstehen. Dies ist z. B. beim Konstrukt der sog. **Kaufintention** der Fall. Zu deren Quantifizierung werden Versuchspersonen gefragt, für welches Element aus einem vorgegebenen Set von Alternativen sie sich entscheiden würden, wenn sie zwischen diesen zu wählen hätten. Eine nach der Präsentation eines Kommunikationsmittels durchgeführte Wiederholung der Messung ermöglicht es, auf die durch die kommunikative Aktivität bedingte Veränderung der Kaufabsicht zu schließen. Auch die Verwendung dieses Indikators zur Kontrolle der Wirkung kommunikativer Aktivitäten kann sich jedoch als problematisch erweisen. So erlaubt die Kontrolle der Kaufabsicht zwar für jene Fälle eine sinnvolle Aussage, in denen das Kaufverhalten kognitiv, nicht jedoch für solche, in denen dieses von impulsivem Verhalten geprägt ist.

4.2.3.3. Multidimensionale Meßansätze

Die bisher genannten Verfahren erfassen jeweils unterschiedliche Dimensionen des Kommunikationserfolges. In der Praxis tendiert man u. a. aus diesem Grund verstärkt dazu, mehrere Methoden miteinander zu kombinieren und den Kommunikationserfolg anhand einer größeren Zahl von Indikatoren zu beurteilen (vgl. *Hörschgen* 1975, S. 285). Eine vom *Axel Springer Verlag* initiierte Studie geht beispielsweise von folgenden Einzelmaßen aus:

- Aktive Markenbekanntheit,
- Werbeerinnerung,
- Kaufverhalten,
- Probierwilligkeit bzw. Kaufbereitschaft sowie
- Einstellung zur Marke.

Eine *Spiegel*-Dokumentation begnügt sich demgegenüber mit drei Kriterien:

- Bekanntheit,
- Image-Komponenten und
- Wissen.

Die von *McGuire* (1978) entwickelte **Kommunikations-Persuasions-Matrix** stellt zwar keinen Meßansatz, wohl aber den bislang umfassendsten Versuch zur

Tabelle 8.14.

Kommunikations-Persuasions-Matrix

Output: Phasen des Beeinflussungsprozesses	**Input: Kommunikationsvariable**	Quelle	Botschaft	Kanal	Empfänger	Ziel
		Glaubwürdigkeit Beliebtheit Macht quantitative Aspekte demographische Merkmale	Appell Stil Komponenten und Organisation quantitative Aspekte	sensorische Übertragungsmodalitäten Massenmedien direkte vs. indirekte Übertragung	demographische Merkmale Persönlichkeitsmerkmale Situationsmerkmale	kognitive vs. Verhaltensziele Produktklassen/Beeinflussungsbereiche zeitliche Stabilität
Begegnung	passives Ausgesetztsein Aufmerksamkeit					
emotionale Reaktion	Erregung affektive Reaktion					
kognitiver Chiffrierprozeß	Aufmerksamkeit Produktwahrnehmung Verstehen/Lernen sich erinnern					
Akzeptanz	Beliebtheit Einstellung/Meinung Einstellungsänderung Eindrucksbildung Entscheidung					
Verhalten	Verhaltensabsicht kaufnahes Verhalten tatsächliches Kaufverhalten Innovationsverhalten Wiederholungskauf anderes Verhalten als Kauf					
Konsolidierung	kognitive Integration Nachkauf-Kommunikation					

Quelle: in Anlehnung an *McGuire* 1978, S. 28.

Systematisierung der Kommunikationswirkung dar (vgl. Tab. 8.14.). In den Spalten finden sich die Kommunikationsvariablen (Input), in den Zeilen die Phasen des Beeinflussungsprozesses (Output). Letztere entsprechen weitgehend den üblichen Kategorien der Stufenmodelle der Kommunikationswirkung, während die Inputvariablen das allgemeine Kommunikationsmodell widerspiegeln.

5. Relevante Rechtsnormen

Regulative wie Verhaltensregeln des *ZAW*, die eine Form freiwilliger Selbstkontrolle darstellen, reichen nicht aus, um Verbraucher vor Irreführung, Ausbeutung etc. zu schützen und der Forderung nach Lauterkeit und Leistungsgerechtigkeit im Wettbewerb zu genügen (vgl. *Drettmann* 1984, S. 3; *Paulus* 1990, S. 25). Auch der Staat ist gefordert. Ein spezielles Gesetz für die Kommunikationspolitik gibt es indessen nicht. Maßgebend ist neben Spezialvorschriften wie dem gesamten Lebens- und Arzneimittelrecht in erster Linie das *UWG*, das gegen eine Reihe von Verfehlungen vorzugehen erlaubt.

(1) Aus § 1 *UWG* als Generalklausel abgeleitet wird das **Verbot** der **sittenwidrigen Werbegestaltung**. Darunter fällt vor allem die direkte, an bestimmte Gefühle appellierende Suggestivwerbung. Verpönt sind danach Werbeaussagen von der Art, daß ein Teil des Erlöses hungernden Kindern in der Dritten Welt zur Verfügung gestellt werde (Mitleidswerbung), aber auch abstoßende Äußerungen, die Angstgefühl, eine Panikstimmung oder Kaufpsychose auslösen. Jede Art von geschmackloser, mitleidheischender, wahrheitswidriger, belästigender, übertriebener, herabsetzender, ausbeutender, rechtsverletzender und marktbehindernder Werbung ist letztlich sittenwidrig (vgl. *Dobbeck* 1991, S. 13 ff.).

Nach der sog. kleinen Generalklausel des § 3 *UWG* unterliegt auch **irreführende Werbegestaltung** einem Verbot. Bei der Beurteilung dessen, ob eine solche vorliegt, hat man auf die Adressaten abzustellen. Diesem Grundsatz folgt auch die *EG-Richtlinie über irreführende Werbung,* die jedoch nicht festlegt, wie groß der Kreis der getäuschten bzw. in diesem Sinne gefährdeten Personen sein muß, um eine Maßnahme dieser Fallgruppe zuordnen zu können. Während einige Mitgliedstaaten auf die Person des Durchschnitts- oder eines „vernünftigen" Betrachters abstellen, liegt in Deutschland der kritische Zustand bereits dann vor, wenn 10 bis 15% der von einer Werbeaussage angesprochenen Personen irregeführt sein können. Maßgebend für die Rechtsprechung ist hierbei die Bedeutung des Sachverhalts, der der Werbung zugrunde liegt, für die Zielgruppe. Je größer das Gewicht der tangierten Interessen, um so strenger sind die Anforderungen im Sinne der Höhe der jeweiligen Irreführungsquote. Wenn es beispielsweise um die Gesundheit geht, genügen bereits 5%. Ob der die Irreführung begründende Umstand einen Kaufentschluß ausgelöst hat oder nicht, ist im übrigen unbeachtlich. Es genügt vielmehr, daß eine werbliche Maßnahme einen Interessenten veranlaßt, sich mit einem bestimmten Angebot zu befassen, das er sonst möglicherweise nicht beachtet hätte.

Der Tatbestand der **Irreführung** ist erfüllt, wenn ein falscher, d. h. der Wirklichkeit nicht entsprechender Eindruck in bezug auf einen bestimmten Objektbereich hervorgerufen oder bestätigt wird, ohne daß der Beeinflußte dies erkennt. Der **falsche Eindruck** muß hierbei die **Ursache** dafür sein, daß ein Betroffener seine Einstellungen ändert oder sich in einer anderen als der geplanten Weise verhält. Im Gegensatz zu einer heftig umstrittenen Studie der *Arbeitsgemeinschaft der Verbraucher* (1974) setzt diese Definition nicht am Inhalt, sondern an der Wirkung einer Werbebotschaft an.

Den Versuch, Irreführung durch direkte Befragung Betroffener auszumachen (z. B. „Fühlen Sie sich durch diese Art von Werbung getäuscht?"), lehnen *Armstrong / Gurol / Russ* (1979, S. 237) mit der Begründung ab, daß, wer immer eine Werbemaßnahme als suspekt empfinde, durch diese nicht manipuliert werden könne. Erfolgversprechender erscheint ihnen der Ansatz, von den Überzeugungen der Zielgruppe bezüglich bestimmter Produkteigenschaften („brand attribute beliefs") auszugehen.

Bei der „normative belief technique" *(Gardner* 1975) wird eine Werbemaßnahme als irreführend eingestuft, wenn sie bewirkt, daß einem bestimmten Erzeugnis ein entschieden besseres Eigenschaftsprofil als der entsprechenden Produktklasse zuerkannt wird. *Armstrong / Russ* (1975) zielen dagegen unmittelbar auf die Werbeaussage ab, wobei die von deren Adressaten wahrgenommene Botschaft von Experten auf ihren Wahrheitsgehalt hin beurteilt wird. Die von ihnen favorisierte „salient belief technique" werde eher dem Umstand gerecht, daß irreführende Werbung auch darin bestehen kann, Produkteigenschaften, die für die Qualität eines Erzeugnisses unerheblich sind, so zu akzentuieren, daß sie für die Umworbenen subjektiv bedeutsam werden.

Schreiber / Espe / Schönfelder (1980) bezeichnen es als eine öffentliche Aufgabe, die sozial unerwünschten Folgen irreführender Werbung durch **Gegenwerbung** auszubalancieren. Unter dieser auch als Gegeninformation bezeichneten Verbraucheraufklärung verstehen *Scherhorn / Wieken* (1976, S. 259) eine Information, „die im Interesse der Verbraucher bereitgehalten oder ausgestrahlt wird, um zu verhindern, daß verschleiernde Informationen der Anbieter die Präferenzen der Nachfrager prägen". Hierzu zählt auch der Warentest, dessen Ergebnisse mehr und mehr für werbliche Zwecke genutzt werden. Ein nicht unerheblicher Teil der Käufer richtet seine Entscheidungen an derartigen Befunden aus; auch der Handel berücksichtigt sie bei seinen Dispositionen. Der lautere Umgang mit Testergebnissen bedingt, daß jemand, der darauf in der Werbung rekurriert, angibt, wie viele Erzeugnisse insgesamt z. B. für „sehr gut" oder „gut" befunden wurden.

Das Wissen über die Wirkung des in den USA populären „corrective advertising" ist recht begrenzt. Empirische Studien deuten auf die Möglichkeit hin, daß durch Gegeninformation ein Bumerang-Effekt insofern ausgelöst wird, als die zum Zweck der Berichtigung verbreiteten Informationen das dubiose Produkt gerade zusätzlich als vorteilhaft darstellen *(vgl. Schreiber / Espe / Schönfelder* 1980, S. 212).

Als weitere Korrekturmaßnahmen werden zuweilen ein Rücktrittsrecht in die Irre geführter Abnehmer und die individuell oder kollektiv (z. B. durch Verbraucherverbände) erhobene Klage auf Leistung von Schadensersatz vorgeschlagen. In der *UWG*-Novelle von 1986 hat der Gesetzgeber in § 13a *UWG* ein Rücktrittsrecht für Verbraucher bei irreführender und zugleich unwahrer Werbung geschaffen. Von der Einführung eines Schadensersatzanspruches ist jedoch wegen angeblicher Schwierigkeiten bei der Schadensberechnung Abstand genommen worden (vgl. *Sack* 1987).

Für Presse und Rundfunk gilt gem. den §§ 1, 3 und 4 *UWG* der **Grundsatz** der **Trennung** von **Werbung** und **Programm**. Insbesondere die öffentlich-rechtlichen Medien können dem von ihnen gem. Art. 5 Abs. 1 S. 2 *GG* geforderten Informationsauftrag nur dann gerecht werden, wenn ihre Neutralität sichergestellt ist. Um eine objektive Berichterstattung zu gewährleisten, sind sie deshalb von privatwirtschaftlichen Interessen freizuhalten. Für den Bereich der **Presse** ist das Trennungsgebot in den landesrechtlichen Pressegesetzen verankert. Darüber hinaus hat der *Zentralverband der deutschen Werbewirtschaft (ZAW)* Werberichtlinien erlassen, die die eindeutige Unterscheidbarkeit von Werbung und redaktionellem Teil verlangen. Für **Rundfunk** und **Fernsehen** fordert § 6 Abs. 3 *Rundfunkstaatsvertrag (RStV)* gleichfalls eine Trennung von Werbung und normalem Programm. **Fernsehwerbung** darf im übrigen grundsätzlich nur in Blöcken zwischen Sendungen ausgestrahlt werden. Sog. Unterbrecherwerbung ist lediglich erlaubt, wenn dies den inneren Zusammenhang und Charakter der Sendung nicht beeinträchtigt.

Aus dem Trennungsgebot ergibt sich das Verbot des Einsatzes **unterschwellig wirkender Werbetechniken**, bei denen eine bewußte Auseinandersetzung des Rezipienten mit der Werbebotschaft durch die extrem kurze Dauer der Informationsübermittlung verhindert werden soll. Unzulässig ist ferner **Schleichwerbung**, d. h. die Erwähnung oder Darstellung von Waren, Namen, Marken oder Tätigkeiten eines Anbieters von Waren in Programmen, „wenn sie zu Werbezwekken vorgesehen ist und die Allgemeinheit hinsichtlich des eigentlichen Zwecks dieser Erwähnung oder Darstellung irreführen kann" (§ 6 Abs. 5 S. 2 *RStV).* Nach dieser weiten Definition kann auch **Product Placement** im Fernsehen unter das Verbot fallen. Wichtige Indizien für eine wettbewerbswidrige Zurschaustellung von Produkten bestehen darin, daß das Product Placement gegen Bezahlung geschieht, die Objekte auffällig herausgestellt werden oder wenn dies dramaturgisch bzw. journalistisch nicht gerechtfertigt erscheint (vgl. dazu *Völkel* 1992, S. 55 ff.).

Auch die Richtlinien für die wettbewerbsrechtliche Beurteilung von **Sponsoring** leiten sich aus dem genannten Grundsatz ab. Für die Finanzierung einer

Fernsehsendung ist Sponsoring sowohl privaten als auch öffentlich-rechtlichen Fernsehanstalten grundsätzlich erlaubt (vgl. § 7 *RStV*). Der Sponsor darf jedoch weder den Programmplatz noch den Inhalt der von ihm geförderten Sendung beeinflussen; er ist zu Beginn und am Ende in vertretbarer Kürze zu offenbaren, allerdings nicht in einer Weise, die eine verkaufsfördernde Wirkung zu entfalten geeignet ist.

Eine andere Art der Unlauterkeit verkörpert die sog. **herabsetzende vergleichende Werbung**. Nach der Rechtsprechung des *BGH* ist Werbung mit Bezugnahme auf bestimmte Mitbewerber oder deren Leistungen dann wettbewerbswidrig, wenn (1) eine unzulässige Anlehnung an den Ruf eines Konkurrenzerzeugnisses vorliegt (Rufausbeutung; z. B. „X ist ebenso gut wie Y"), (2) Konkurrenzprodukte herabgesetzt werden (z. B. „X ist besser als Y") oder (3) eine Gefahr der Irreführung von Verbrauchern besteht. Dem liegt zunächst die Überlegung zugrunde, daß es auch im nichtkommerziellen Alltag als unschicklich betrachtet würde, wenn sich jemand dadurch zu profilieren versuchte, daß er auf die Schwächen seiner Mitmenschen (resp. Mitbewerber) explizit hinweist. Die Rechtsprechung geht sodann davon aus, daß niemand in eigener Sache objektiv urteilen kann, selbst wenn er dies wollte, da ihm die Möglichkeit einer fundierten Überprüfung der Leistungsfähigkeit der Konkurrenzerzeugnisse fehle. Eng damit zusammen hängt ein dritter Aspekt, nämlich daß die vergleichende Werbung die Markttransparenz nicht fördere, sondern eher beeinträchtige, weil es der Lebenserfahrung entspreche, daß ein Werbetreibender mehr oder weniger bewußt nur die Vorteile seiner eigenen Produkte den Nachteilen der Konkurrenzerzeugnisse gegenüberstelle. Dadurch ergebe sich leicht ein schiefes Bild von den Eigenschaften der miteinander verglichenen Waren.

Vergleichende Werbung ist allerdings dann erlaubt, wenn sie (1) auf Mitbewerber oder deren Leistungen lediglich indirekt oder pauschal Bezug nimmt (**allgemeine bezugnehmende Werbung**), (2) dazu dient, einen nach Form oder Inhalt ungerechtfertigten Angriff eines Mitbewerbers abzuwehren, der z. B. selbst gegen das Verbot vergleichender Werbung verstoßen hat (**Abwehrvergleich**), oder wenn sie (3) die Verdeutlichung eines nur auf diese Weise darzustellenden technischen Fortschritts bezweckt (**Fortschrittsvergleich**). Hierunter fällt etwa der Vergleich verschiedener Generationen von elektronischen Datenverarbeitungsanlagen. Eng damit verwandt ist (4) der gleichfalls zulässige **Systemvergleich**, der beispielsweise dann gegeben ist, wenn eine Fluggesellschaft in einer Anzeige vorrechnet, um wieviel preiswerter es doch sei, von Köln nach Berlin zu fliegen, statt mit dem eigenen Wagen zu fahren. Gegen die Hervorhebung der Eigenschaften miteinander konkurrierender Produkte erhebt die Rechtsprechung schließlich auch dann keine Bedenken, wenn dies (5) auf ausdrückliches Verlangen eines Interessenten geschieht (**Auskunftsvergleich**).

Die bislang recht restriktive **Handhabung** der vergleichenden Werbung in der Bundesrepublik Deutschland sah sich starker Kritik ausgesetzt, da der Verzicht auf die Nutzung dieser Möglichkeit zur Verbesserung der Markttransparenz wettbewerbspolitisch unbefriedigend und im Hinblick auf die harten Bandagen, mit denen zuweilen um Marktanteile gerungen wird, auch völlig weltfremd sei. Mit seinem Urteil von 1986 hat der *BGH* die Weichen in Richtung einer großzügigeren Handhabung der vergleichenden Werbung gestellt. Auch in vielen Ländern der *EU* (vormals *EG*) ist diese erlaubt. Der Entwurf einer *EG-Richtlinie* sieht vor, sie unter bestimmten Voraussetzungen grundsätzlich zu gestatten.

Nicht auf Täuschung, sondern auf das Entstehen eines Gefühls der Dankbarkeit und des Verpflichtetseins stellt die **Wertwerbung** ab. Hierbei werden Werte in Gestalt von Sachgütern, Dienstleistungen, Rechten oder Geld, die von den Umworbenen wegen ihrer Nützlichkeit begehrt werden, zu Zwecken der Werbung eingesetzt. Die wichtigsten Erscheinungsformen sind die Werbezugabe, der Werberabatt, die Werbeprämie, das Werbegeschenk, die zu Werbezwecken gewährte unentgeltliche Bewirtung, ferner Werbeproben, Werbepreisausschreiben sowie die Einräumung einer unter dem niedrigsten Fabrikabgabepreis liegenden Entgeltforderung (= Lockvogelangebot).

Die Wertwerbung begegnet – mit Ausnahme der Werbeprobe – starken Vorbehalten von seiten der Wirtschafts- und Verbraucherpolitik, da sie die Markttransparenz und den Leistungswettbewerb beeinträchtige, vom eigentlichen Angebot ablenke, durch Aktivierung eines Dankbarkeitsgefühls mit unfairen Mitteln arbeite und überdies zu einer Verteuerung des Angebots führe (vgl. *Pralle* 1974, Sp. 2299). In rechtlicher Hinsicht unterliegt die Wertwerbung deshalb engen Grenzen, die vor allem durch die *Zugabeverordnung* und das *UWG,* insbesondere dessen §§ 1, 3 und 12, gezogen werden. Die Rechtsprechung ist auf Grund der Existenz einer Reihe unbestimmter Rechtsbegriffe, die sich in diesen Normen finden, überwiegend kasuistischer Natur. Dies führt zwangsläufig zu einer gewissen Unsicherheit der Unternehmen darüber, was im Einzelfall erlaubt ist und was nicht. Keinem Zweifel unterliegt indessen der Grundsatz, daß ein Werbepreisausschreiben nicht in einer Weise gestaltet bzw. organisiert werden darf, die für eine Teilnahme den Kauf des beworbenen Produkts voraussetzt.

(2) Neben der Gängelung der **Gestaltung** gibt es auch eine Vielzahl von Beschränkungen, denen die **Streuung** bzw. **Verbreitung** von **Werbemitteln** unterworfen ist. Während vor allem das Bau- und das Straßenrecht festlegen, was im Bereich der **Außenwerbung** zulässig ist, regeln § 15 *RStV* und Art. 18 *EG-Fernsehrichtlinie,* wie lange pro Tag und Stunde sowie wann genau Werbespots gesendet werden dürfen.

Einschneidenden Restriktionen unterliegt die **Direktwerbung**. Sie ist nach § 1 *UWG* insoweit verboten, als sie einen Umworbenen in eine psychologische Zwangslage versetzt, die ihm die Möglichkeit einer ruhigen, von Sachgründen getragenen Kaufentscheidung nimmt. So ist beispielsweise die Kontaktaufnahme zu Marktpartnern unter Nutzung des Mediums **Telefon** nur bedingt zulässig.

Obwohl durch Werbung per **Telex**, **Teletex** und **Telefax** keine unmittelbare Verbindung zwischen Werbendem und Empfänger hergestellt wird, lehnt sich die Rechtsprechung bei der Bewertung derartiger Medien weitgehend an die für die Telefonwerbung entwickelten Grundsätze an. Diese lassen sich auf die Formel verdichten, daß jene dann nicht zulässig ist, wenn ihr der Angerufene vorher nicht ausdrücklich oder stillschweigend zugestimmt hat. In bezug auf die **Briefkastenwerbung** erscheint die Rechtsprechung wesentlich weniger restriktiv. **Wurfsendungen** sind grundsätzlich zulässig, wenn sie nicht als Privatbriefe getarnt sind und dadurch den Umworbenen zum Lesen verleiten. Wird jedoch durch einen Aufkleber am Briefkasten der Einwurf von solchen Sendungen untersagt, muß dies beachtet werden, unabhängig davon, wer die Zustellung übernimmt.

(3) Weiterhin gibt es eine Reihe von **Produkten** und **Berufsgruppen**, die teils durch Gesetz, teils durch freiwillige Selbstbeschränkung bzw. berufsständische Ordnung einem weitgehenden **Werbeverbot** unterliegen. Davon betroffen sind vor allem solche Erzeugnisse bzw. Leistungen, deren öffentliche Anpreisung geeignet wäre, gesundheitsschädigende bzw. finanziell übermäßig riskante (Kauf-) Entscheidungen auszulösen oder das Schamgefühl der Bevölkerung zu verletzen.

Was die Berufsgruppen betrifft, existieren einschneidende Restriktionen vor allem für die sog. **freien Berufe**, also Ärzte, Anwälte, Architekten, Wirtschaftsprüfer usw., deren Tätigkeit normalerweise nicht nur örtlich gebunden und insofern innerhalb des Wirkungskreises bekannt ist, sondern auch so gut dotiert erscheint, daß sich die Betroffenen eine gewisse Zurückhaltung in ihrer „Öffentlichkeitsarbeit" auferlegen und darauf konzentrieren können, mit ihrer Leistung statt mit fragwürdigen Versprechungen bzw. schwer nachprüfbaren Erfolgsmeldungen für sich zu werben.

(4) Neben dem nationalen kommt auch dem internationalen Recht erhebliche Relevanz für die Werbewirtschaft zu. Für die Bundesrepublik Deutschland sind hierbei insbesondere das Recht der *Europäischen Union* **(Gemeinschaftsrecht)** und damit alle Verordnungen, Richtlinien, Entscheidungen und Empfehlungen, die von Institutionen der *EU* erlassen wurden, von Belang. Da Wettbewerbshandlungen, die mehrere Länder berühren, in jedem grundsätzlich einer eigenständigen rechtlichen Prüfung unterzogen werden (Territorialitätsprinzip), stand die Angleichung von für das ordnungsgemäße Funktionieren des Gemeinsamen Marktes unabdingbar erscheinenden innerstaatlichen Rechtsvorschriften schon bei Unterzeichnung des *Vertrags der Europäischen Wirtschaftsgemeinschaft (EWGV)* auf dem Programm.

Um die Ungleichheit des für die Kommunikationspolitik maßgebenden Rechts in den Mitgliedstaaten zu beseitigen, wurden von der *EU* eine *Richtlinie über irreführende Werbung* und eine weitere zur *Fernsehwerbung* erlassen. Erstere gewährleistet eine Art Mindestniveau für alle. Nationale Normen dürfen daneben aufrechterhalten oder erlassen werden, sofern sie einen weitergehenden Schutz der Verbraucher vorsehen.

Die einzelstaatliche Souveränität wird mit der *EG-Fernsehrichtlinie* bewußt durchbrochen. Entspricht Fernsehwerbung den in jener enthaltenen und den möglicherweise sogar noch strengeren Bestimmungen des eigenen Staates, darf sie in keinem anderen Mitgliedsland beanstandet werden. Dies führt dazu, daß ein deutsches Unternehmen an das wesentlich restriktivere hiesige Recht gebunden bleibt, während ein Konkurrent aus einem großzügiger verfahrenden Staat der *EU* auch in der Bundesrepublik Deutschland nur die Normen seines Heimatlandes und die der *EU* beachten muß. Diese auf eine Diskriminierung von Inländern hinauslaufende Konsequenz hat der *Europäische Gerichtshof* ausdrücklich für rechtens erklärt (siehe *Albrecht* 1990).

Quellen

Achenbaum, A. A., Knowledge is a Thing Called Measurement, in: *Adler, L. / Crespi, I.* (Eds.), Attitude Research at Sea, Chicago, Ill., 1966, pp. 111-126.

Albrecht, U., Grenzüberschreitende Werbung im Lichte der EG-Richtlinien, Bonn 1990.

Anderson, R. E. / Jolson, M. A., Technical Wording in Advertising: Implications for Market Segmentation, in: Journal of Marketing, Vol. 44 (1980), No. 4, pp. 57-66.

Appel, V., Attitude Change: Another Dubious Method for Measuring Advertising Effectiveness, in: *Adler, L. / Crespi, I.* (Eds.), Attitude Research at Sea, Chicago, Ill., 1966, pp. 141-152.

Apple, W. / Streeter, L. A. / Krauss, R. M., Effects of Pitch and Speech Rate on Personal Attributions, in: Journal of Personality and Social Psychology, Vol. 37 (1979), pp. 715-727.

Arbeitsgemeinschaft der Verbraucher (Hrsg.), Formen und Umfang irreführender Werbung in der Bundesrepublik Deutschland und Großbritannien, Köln 1974.

Armstrong, G. M. / Gurol, M. N. / Russ, F. A., Detecting and Correcting Deceptive Advertising, in: Journal of Consumer Research, Vol. 6 (1979), pp. 237-246.

Armstrong, G. M. / Russ, F. A., Detecting Deception in Advertising, in: *Michigan State University* (Ed.), MSU Business Topics, Vol. 23 (1975), pp. 21-32.

Axelrod, J. N., Attitude Measures that Predict Purchase, in: Journal of Advertising Research, Vol. 8 (1968), No. 1, pp. 3-18.

Barnet, S. M. jr., A Global Look at Advocacy Advertising, in: Public Relations Journal, Vol. 31 (1975), No. 11, pp. 18-21.

Bass, F. M. / Clarke, D. G., Testing Distributed Lag Models of Advertising Effect, in: Journal of Marketing Research, Vol. 9 (1972), pp. 298-308.

Beale, E. M. L. / Hughes, B. A. B. / Broadbent, S. R., Bewertung von Mediaplänen mit Hilfe von Computern, in: Forschen, Planen, Entscheiden, 3. Jg. (1967), S. 148-161.

Bender, M., Die Messung des Werbeerfolges in der Werbeträgerforschung, Würzburg 1976.

Bergler, G., Die Glaubwürdigkeit der Werbung, in: *Bergler, G.* (Hrsg.), Werbung und Gesellschaft, Essen 1965, S. 57-75.

Bergler, R., Bedingungen wirksamer Werbung, in: *Zentralausschuß der Werbewirtschaft e. V.* (Hrsg.), ZAW-service, 11. Jg. (1982), Nr. 101, S. 6 f.

Bernhard, U., Blickverhalten und Gedächtnisleistung im visuellen Werbekontakt unter Berücksichtigung von Plazierungseinflüssen, Frankfurt / Main 1978.

Berscheid, E. / Graziano, W. / Monson, T. / Dermer, M., Outcome Dependency: Attention, Attribution, in: Journal of Personality and Social Psychology, Vol. 34 (1976), pp. 978-989.

Bleul, W., Die Typologie der Ziele und Zielplanung, in: *Tietz, B.* (Hrsg.), Die Werbung, Bd. 3, Landsberg am Lech 1982, S. 2126-2150.

Borden, N., The Economic Effects of Advertising, Chicago, Ill., 1942.

Bostian, L. R., The Two-Step Flow Theory: Cross-Cultural Implications, in: Journalism Quarterly, Vol. 47 (1970), pp. 109-117.

Brand, H. W., Die Legende von den „geheimen Verführern", Weinheim 1978.

Brepohl, K., Lexikon der neuen Medien, 3., erw. Aufl., Köln 1984.

Box, G. E. P. / Jenkins, G. M., Time Series Analysis: Forecasting and Control, San Francisco, Cal., 1976.

Buchli, H., 6000 Jahre Werbung, Geschichte der Wirtschaftswerbung und der Propaganda, Bd. 1, Berlin 1962.

Burke, R. / Rangaswamy, A. / Wind, J. / Eliashberg, J., ADCAD – ein Expertensystem zur Auswahl und Umsetzung einer Werbestrategie, in: *Esch, F.-R.* (Hrsg.), Expertensysteme in der Werbung, München 1993, S. 41-79.

Caffyn, J. M., Telpex Testing of TV Commercials, in: Journal of Advertising Research, Vol. 5 (1965), No. 2, pp. 29-37.

Cannon, W. B., The Wisdom of the Body, New York 1932.

Carlberg, P. / Vennemann, P., Wieviel man für Werbung ausgeben muß, in: Blick durch die Wirtschaft, 21. Jg. (1978), Nr. 204, S. 3.

Chaiken, S. / Eagly, A. H., Communication Modality as a Determinant of Message Persuasiveness and Message Comprehensibility, in: Journal of Personality and Social Psychology, Vol. 34 (1976), pp. 605-614.

Clancy, K. J. / Kweskin, D. M., TV Commercial Recall Correlates, in: Journal of Advertising Research, Vol. 11 (1971), No. 2, pp. 18-20.

Clancy, K. J. / Ostlund, L. E., Commercial Effectiveness Measures, in: Journal of Advertising Research, Vol. 16 (1976), No. 1, pp. 29-34.

Clarke, D. G., Econometric Measurement of the Duration of Advertising Effect on Sales, in: Journal of Marketing Research, Vol. 13 (1976), pp. 345-357.

Dean, J., Managerial Economics, Englewood Cliffs, N. J., 1951.

Deutschman, P. J. / Danielson, W., Diffusion of Knowledge of the Major News Story, in: Journalism Quarterly, Vol. 37 (1960), pp. 345-355.

Dobbeck, O., Wettbewerb und Recht, Wiesbaden 1991.

Dohmen, J., Kommunikationsforschung und Außenwerbung, in: ZV + ZV, 70. Jg. (1973), S. 1014.

Donnahoe, A., What is Best Size for a Newspaper Ad?, in: Media / Scope, Vol. 9 (1965), pp. 48 f.

Dorfman, R. / Steiner, P. O., Optimal Advertising and Optimal Quality, in: *Bass, F. M.* (Ed.), Mathematical Models and Methods in Marketing, Homewood, Ill., 1961, pp. 203-219.

Drettmann, F., Wirtschaftswerbung und Meinungsfreiheit, Frankfurt / Main–Bern–New York 1984.

Durand, J., Eine Methode der Auswahl von Werbeträgern: Die Sequentialmethode, in: Forschen, Planen, Entscheiden, 3. Jg. (1967), S. 141-147.

Ehrlich, D. / Guttman, J. / Schönbach, P. / Mills, J., Postdecision Exposure to Relevant Information, in: Journal of Abnormal and Social Psychology, Vol. 54 (1957), pp. 98-102.

Elbracht, D., Erkennbarkeit und Lesbarkeit von Zeitungsschriften, in: Archiv für Drucktechnik, 104. Jg. (1967), Nr. 7, S. 24-32.

Engel, J. F. / Blackwell, R. D. / Miniard, P. W., Consumer Behavior, 7th. Ed., Chicago, Ill., u. a. 1993.

Feichtinger, G. / Kopel, M., Nichtlineare dynamische Systeme und Chaos: Neue Impulse für die Betriebswirtschaftslehre, in: ZfB, 64. Jg. (1994), S. 7-34.

Festinger, L., A Theory of Cognitive Dissonance, Stanford, Cal. 1957.

Fisher, J., Our Unstable Dollar and the So-called Business Cycle, in: Journal of the American Statistical Association, Vol. 20 (1925), pp. 179-202.

Freter, H. W., Mediaselektion. Informationsgewinnung und Entscheidungsmodelle für die Werbeträgerauswahl, Wiesbaden 1974.

Frey, A., How Many Dollars for Advertising?, New York 1955.

Gardner, D. M., Deception in Advertising: A Conceptual Approach, in: Journal of Marketing, Vol. 39 (1975), No. 1, pp. 40-46.

Gärtner, H. D., Regionalpresse Werbeträger Nr. 1, in: Kommunikation, o. Jg. (1992), Nr. 10, S. 10-13.

Gensch, D. H., A Computer Simulation Model for Selecting Advertising Schedules, in: Journal of Marketing Research, Vol. 6 (1969), pp. 203-214.

Gilligan, C., How British Advertisers Get Budgets, in: Journal of Advertising Research, Vol. 17 (1977), No. 1, pp. 47-49.

Gniech, G. / Grabitz, H.-J., Freiheitseinengung und psychologische Reaktanz, in: *Frey, D.* (Hrsg.), Kognitive Theorien der Sozialpsychologie, Bern 1978, S. 48-73.

Gorn, J., The Effects of Music in Advertising on Choice Behavior: A Classical Conditioning Approach, in: Journal of Marketing, Vol. 46 (1982), No. 1, pp. 94-101.

Gorn, G. J. / Goldberg, M. E., Children's Responses to Repetitive Television Commercials, in: Journal of Consumer Research, Vol. 6 (1980), pp. 421-424.

Grass, R. C. / Wallace, W. H., Satiation Effects of TV Commercials, in: Journal of Advertising Research, Vol. 9 (1969), No. 3, pp. 3-8.

Gutjahr, G., Markt- und Werbepsychologie, Teil II, Heidelberg 1974.

Guttmann, J., Einführung in die Neuropsychologie, Bern 1972.

Hagemann, H. W. / Schürmann, P., Der Einfluß musikalischer Untermalung von Hörfunkwerbung auf Erinnerungswirkung und Produktbeurteilung, in: Marketing · ZFP, 10. Jg. (1988), S. 271-276.

Hammann, P., Zur Optimierung des Werbebudgets, in: WiSt, 5. Jg. (1974), S. 211-217.

Hanssens, D. M. / Weitz, B. A., The Effectiveness of Industrial Print Advertisements Across Product Categories, in: Journal of Marketing Research, Vol. 17 (1980), pp. 294-306.

Heckhausen, H., Motivation und Handeln, 2., völlig überarb. u. erg. Aufl., Berlin u. a. 1989.

Helson, H., The Fundamental Proposition of Gestalt Psychology, in: Psychological Review, Vol. 40 (1933), pp. 13-32.

Hendon, D. W., How Mechanical Factors Affect Ad Perception, in: Journal of Advertising Research, Vol. 13 (1973), No. 4, pp. 39-45.

Herkner, W., Attribution. Psychologie der Kausalität, Bern 1980.

Heurer, G. F., Elemente der Werbeplanung, Köln 1968.

Hilse, H., Die Messung des Werbeerfolgs, Tübingen 1970.

Hoeltz, J., Kontakt- und Reichweitenermittlung des Plakatanschlags, in: *Arbeitsgemeinschaft Leseranalyse e. V.* (Hrsg.), Mediaforschung in Deutschland, Festschrift für *K. E. Braunschweig*, Baiersbronn 1968, S. 46-50.

Hörschgen, H., Der zeitliche Einsatz der Werbung, Stuttgart 1967.

– Marketinginstrumente, in: Marketing Enzyklopädie, Bd. 2, München 1974, S. 529-536.

– Die Messung des ökonomischen und des außerökonomischen Werbeerfolges, in: *Bökker, F. / Dichtl, E.* (Hrsg.), Erfolgskontrolle im Marketing, Berlin 1975, S. 273-286.

– Werbeplanung und Werbekontrolle, in: *Grochla, E.* (Hrsg.), Betriebswirtschaftslehre, Teil 2, Betriebsführung, Stuttgart 1978, S. 261-265.

Hörschgen, H. / Gaiser, B. / Strobel, K., Die Werbeerfolgskontrolle in der Industrie, Stuttgart 1981.

Hoffmann, H.-J., Werbepsychologie, Berlin 1972.

Hofstätter, P. R., Psychologie, 2. Aufl., Frankfurt / Main 1972.

Homans, G. C., The Human Group, New York 1950.

Hormuth, S. (Hrsg.), Sozialpsychologie der Einstellungsänderung, Königstein / Ts. 1979.

Hotchkiss, G. B., An Outline of Advertising, 3rd Ed., New York 1950.

Hovland, C. J. / Lumsdaine, A. A. / Sheffield, F. D., Experiments on Mass Communication, Princeton, N. J. 1949.

Hovland, C. J. / Mandell, W., Is there a „Law of Primacy in Persuasion?", in: *Hovland, C. J.* (Ed.), The Order of Presentation, New Haven, Conn., 1957, pp. 13-22.

Hovland, C. J. / Weiss, W., The Influence of Source Credibility on Communication Effectiveness, in: Public Opinion Quarterly, Vol. 15 (1951), pp. 635-650.

Huth, R. / Pflaum, D., Einführung in die Werbung, 5. Aufl., Stuttgart u. a. 1991.

Irle, M., Lehrbuch der Sozialpsychologie, Göttingen 1975.

Jacobi, H., Werbepsychologie, Wiesbaden 1972.

Janis, J. L. / Feshbach, S., Effects of Fear-Arousing Communications, in: Journal of Abnormal and Social Psychology, Vol. 48 (1953), pp. 78-92.

Jones, E. E. / Davis, R. E., From Acts to Dispositions – The Attribution Process in Person Perception, in: *Berkowitz, L.* (Ed.), Advances in Experimental Social Psychology, Vol. 2 (1965), pp. 219-266.

Jones, E. E. / Gerard, H. B., Foundations of Social Psychology, New York 1967.

Kanner, B., ABP Cities Study on Ads During Recession Period, in: Advertising Age, Vol. 50 (1979), p. 4.

Katz, D., Gestaltpsychologie, Basel 1968.

Katz, E., Die Verbreitung neuer Ideen und Praktiken, in: *Schramm, W.* (Hrsg.), Grundfragen der Kommunikationsforschung, 5. Aufl., München 1973.

Katz, E. / Foulkes, D., On the Use of Mass Media as „Escape": Clarification of a Concept, in: Public Opinion Quarterly, Vol. 26 (1962), pp. 377-388.

Keller, J. A., Grundlagen der Motivation, München 1981.

Kelley, H. H., The Process of Causal Attribution, in: American Psychologist, Vol. 28 (1973), pp. 107-128.

Klenger, F. / Krautter, J., Simulation des Käuferverhaltens, Teil I, II und III, Wiesbaden 1972.

Knauff, D., Die Werbeträger der Plakatierung, Diss., Köln 1964.

Köhler, R. / Uebele, H., Planung und Entscheidung im Absatzbereich industrieller Großunternehmen, Aachen 1977.

Koeppler, K., Unterschwellig wahrnehmen – unterschwellig lernen, Stuttgart 1972.

– Werbewirkungen definiert und gemessen, hrsg. i. A. der *Heinrich Bauer Stiftung* von *E. Braunschweig*, Velbert 1974.

Kopascy, A. / Plathner, H. J., Die Wirkung der Werbung kann gemessen werden, in: ZV+ZV, 67. Jg. (1970), S. 2266.

Koyck, L. R., Distributed Lags and Investment Analysis, Amsterdam 1954.

Krauss, W., Insertwirkungen im Werbefernsehen. Eine empirische Untersuchung zum „Mainzelmänncheneffekt", Diss., Saarbrücken 1981.

Krautmann, A., Zur Analyse von Verständlichkeitsproblemen bei der Gestaltung von Gebrauchsanleitungen, Diss., Köln 1981.

Krautter, J., Werbewirkung und Käuferverhalten. Ein Simulationsmodell zur Analyse der Wirkungen der Werbung auf das Käuferverhalten, Diss., Mannheim 1970.

Kroeber-Riel, W., Konsumentenverhalten, 5. Aufl., München 1992.

– Bildkommunikation. Imagerystrategien für die Werbung, München 1993 a.

– Wissensbasierte Computerprogramme zur kreativen Gestaltung und Beurteilung von Werbung, in: Management & Computer, 1. Jg. (1993 b), Heft 3, S. 191 - 198.

Kroeber-Riel, W. / Behle, I., Computer Aided Advertising (CAAS) – Einsatz wissensbasierter Computerprogramme für die Werbung, in: Theorie und Praxis der Wirtschaftsinformatik, 30. Jg. (1993), Nr. 173, S. 87 - 103.

Lasswell, H. D., The Structure and Function of Communication in Society, in: *Schramm, W.* (Ed.), Mass Communications, 2nd. Ed., Urbana, Ill., 1960, pp. 117 - 130.

Lazarsfeld, P. F. / Berelson, B. / Gaudet, H., The People's Choice – How the Voter Makes up his Mind in a Presidential Campaign, 3rd. Ed., New York 1968.

Lazer, W. / Bell, W. E., The Communication Process and Innovation, in: Journal of Advertising Research, Vol. 6 (1966), No. 3, pp. 2 - 7.

Le Bon, G., Psychologie des foules, Paris 1895.

Linsley, D. B., Psychophysiology and Motivation, in: *Jones, M. R.* (Ed.), Nebraska Symposium on Motivation, Lincoln, Neb., 1957, pp. 44 - 105.

Little, J. D. C., Models and Managers: The Concept of a Decision Calculus, in: Management Science, Vol. 16 (1970), pp. 466 - 484.

– Aggregate Advertising Models: The State of the Art, in: Operations Research, Vol. 27 (1979), pp. 629 - 667.

Little, J. D. C. / Lodish, L. M., A Media Planning Calculus, in: Operations Research, Vol. 17 (1969), pp. 1 - 35.

Lodish, L. M., Empirical Studies on Individual Response to Exposure Patterns, in: Journal of Marketing Research, Vol. 8 (1971), pp. 212 - 218.

Lucas, D. B., The ABC's of ARF's PARM, in: Journal of Marketing, Vol. 25 (1960), No. 1, pp. 9 - 20.

Marder, E. / David, M., Recognition of Ad Elements: Recall or Projection?, in: Journal of Advertising Research, Vol. 1 (1961), No. 6, p. 23.

Maslow, A. H., Motivation and Personality, New York 1954.

Mayer, H., Werbepsychologie, 2. Aufl., Stuttgart 1993.

Mayer, H. / Schmitt, R. / Völker, R., Zur Effizienz vergleichender Werbung, in: Jahrbuch der Absatz- und Verbrauchsforschung, 28. Jg. (1982), S. 335 - 359.

Mayer, H. / Schneider, H., Neuere Untersuchungen zur Meinungsführerschaft, in: Jahrbuch der Absatz- und Verbrauchsforschung, 24. Jg. (1978), S. 128 - 174.

Mayer, H. / Schuhmann, G., Positionseffekte bei TV-Spots, in: Jahrbuch der Absatz- und Verbrauchsforschung, 27. Jg. (1981), S. 291 - 304.

McGuire, W. J., Inducing Resistance to Persuasion – Some Contemporary Approaches, in: *Berkowitz, L.* (Ed.), Advances in Experimental Social Psychology, New York 1964, pp. 191 - 229.

– The Nature of Attitudes and Attitudes Change, in: *Lindzey, G. / Aronson, E.* (Eds.), The Handbook of Social Psychology, 2nd. Ed., Vol. 3 (1969), Reading, Mass., pp. 136 - 314.

– The Communication / Persuasion Matrix, in: *Lipstein, B. / McGuire, W. J.* (Eds.), Evaluating Advertising, New York 1978, pp. 27 - 35.

Meffert, H. / Steffenhagen, H., Marketing-Prognosemodelle. Quantitative Grundlagen des Marketing, Stuttgart 1977.

Meier, H., Deutsche Sprachstatistik, Hildesheim 1967.

Metzger, W., Gesetze des Sehens, Frankfurt / Main 1953.

– Psychologie. Die Entwicklung ihrer Grundannahmen seit der Einführung des Experiments, 5. Aufl., Darmstadt 1975.

Mickwitz, G., Marketing and Competition, Helsingfors 1959.

Nashold, F., Kommunikationstheorien, in: *Langenbucher, W. R.* (Hrsg.): Publizistik- und Kommunikationswissenschaft: Ein Textbuch zur Einführung in ihre Teildisziplinen, 2. Aufl., Wien 1988.

Neibecker, B., Der Ernst des Farbenspiels, in: absatzwirtschaft, 24. Jg. (1981), Nr. 6, S. 122-127.

– Werbewirkungsanalyse mit Expertensystemen, Heidelberg 1990.

Nerlove, M. / Arrow, K. J., Optimal Advertising Policy under Dynamic Conditions, in: Economica, Vol. 29 (1962), pp. 129-142.

Ortega y Gasset, J., Der Aufstand der Massen, Stuttgart 1947.

o. V., „Konkrete Poesie" als Werbetechnik, in: Konsum & Verhalten, o. Jg. (1980), Nr. 3, S. 12.

o. V., Werbers Worte, in: absatzwirtschaft, 26. Jg. (1983), Nr. 11, S. 84.

Packard, V., The Hidden Persuaders, New York 1957.

Palda, K. S., The Measurement of Cumulative Advertising Effects, Englewood Cliffs, N. J., 1964.

– The Hypothesis of a Hierarchy of Effects: A Partial Evaluation, in: Journal of Marketing Research, Vol. 3 (1966), pp. 13-24.

Paulus, J., Wirtschaftswerbung und Meinungsfreiheit – Inhalt und Schranken von Art. 5 Abs. 1 S. 1 *Grundgesetz (GG)*, in: Wettbewerb in Recht und Praxis, 36. Jg. (1990), Nr. 1, S. 22-26.

Pinson, C. / Roberto, E. L., Do Attitude Changes Precede Behavior Change?, in: Journal of Advertising Research, Vol. 13 (1973), No. 4, pp. 33-37.

Pralle, P., Wertwerbung, in: *Tietz, B.* (Hrsg.), Handwörterbuch der Absatzwirtschaft, Stuttgart 1974, Sp. 2294-2300.

Raffée, H. / Sauter, B. / Silberer, G., Theorie der kognitiven Dissonanz und Konsumgüter-Marketing, Wiesbaden 1973.

Rasmussen, A., The Determination of Advertising Expenditure, in: Journal of Marketing, Vol. 16 (1952), pp. 439-446.

Ray, M. L. / Wilkie, W. L., Fear: The Potential of an Appeal Neglected by Marketing, in: Journal of Marketing, Vol. 34 (1970), No. 1, pp. 54-62.

Rosenstiel, L. v., Psychologie der Werbung, Rosenheim 1973.

Rosenstiel, L. v. / Ewald, G., Marktpsychologie. Bd. II: Psychologie der absatzpolitischen Instrumente, Stuttgart 1979.

Ryan, B. / Gross, N. C., The Diffusion of Hybrid Seed Corn in Two Iowa Communities, in: Rural Sociology, Vol. 8 (1943), pp. 15-24.

Sack, R., Das Rücktrittsrecht gemäß § 13a *UWG*, in: Betriebs-Berater, Beilage 2, 42. Jg. (1987), S. 1-28.

San Augustine, A. J. / Foley, W. F., How Large Advertisers Get Budgets, in: Journal of Advertising Research, Vol. 15 (1975), No. 5, pp. 11-16.

Sander, F., Funktionale Struktur, Erlebensganzheit und Gestalt, in: Archiv für die gesamte Psychologie, 85. Jg. (1932), S. 237-260.

Schachter, S., Emotion, Obsessity, and Crime, New York 1971.

Schenk, M., Publikums- und Wirkungsforschung, Tübingen 1978.

Scherhorn, G. / Wieken, K., Über die Wirksamkeit von Gegeninformationen für Konsumenten, in: *Specht, K. G. / Wiswede, G.* (Hrsg.), Marketing-Soziologie: Soziale Interaktionen als Determinanten des Marktverhaltens, Berlin 1976, S. 257-266.

Schmahl, H. J., Wechselwirkungen von Konjunktur und Werbung, in: Markenartikel, 40. Jg. (1978), S. 502-510.

Schreiber, K. / Espe, H. / Schönfelder, H., Wirkungsforscher im Dienste des Verbrauchers, in: Interview und Analyse, 7. Jg. (1980), S. 210-214.

Schweiger, G., Mediaselektion: Daten und Modelle, Wiesbaden 1975.

Schweiger, G. / Hruschka, H., Erklärung und Prognose der Anzeigenwirkung: Der Einfluß von Gestaltungsvariablen auf die Werbewirkung, in: Der Markt, 67. Jg. (1978), S. 81-90.

Settle, R. B. / Golden, L. L., Attribution Theory and Advertiser Credibility, in: Journal of Marketing Research, Vol. 11 (1974), pp. 181-185.

Sherif, M. / Hovland, C. J., Social Judgment: Assimilation and Contrast Effects in Communication and Attitude Change, New Haven, Conn., 1961.

Simmons, W. R., Controlled Recognition in the Measurement of Advertising Perception, in: Public Opinion Quarterly, Vol. 25 (1961), pp. 470-471.

Simon, H., ADPULS: An Advertising Model with Wearout and Pulsation, in: Journal of Marketing Research, Vol. 19 (1982), pp. 352-363.

Simon, J. L., What do *Zielske's* Real Data Really Show about Pulsing?, in: Journal of Marketing Research, Vol. 16 (1979), pp. 415-420.

Soldow, G. F. / Principe, V., Response to Commercials as a Function of Program Context, in: Journal of Advertising Research, Vol. 21 (1981), No. 2, pp. 59-65.

Spiegel, B., Werbepsychologische Untersuchungsmethoden, 2., unver. Aufl., Berlin 1970.

Stadler, M. / Seeger, F. / Raeithel, A., Psychologie der Wahrnehmung, München 1975.

Starch, D., Measuring Product Sales Made by Advertising, New York 1961.

– Measuring Advertising Readership and Results, New York 1966.

Stiftung Lesen (Hrsg.), Leseverhalten in Deutschland 1992 / 93, Mainz 1993.

Stroebe, W., Grundlagen der Sozialpsychologie I, Stuttgart 1980.

Strong, E. C. jr., The Effect of Length of Series upon Recognition Memory, in: The Psychological Review, Vol. 19 (1912), pp. 447-462.

Taplin, W., Advertising Appropriation Policy, in: Economica, Vol. 26 (1959), pp. 227-239.

Taylor, J. D., Elliot White Springs – Maverick Ad Leader, in: Journal of Advertising Research, Vol. 11 (1982), No. 2, pp. 40-46.

Topritzhofer, E. / Schmidt, B., Die Formulierung und Ermittlung absatzwirtschaftlicher Reaktionsfunktionen (II), in: Das Wirtschaftsstudium, 7. Jg. (1978), S. 14-19.

Troldahl, L. V., A Field Test of a Manifold „Two-Step Flow of Communication" Model, in: Public Opinion Quarterly, Vol. 30 (1966), pp. 609-623.

Troldahl, V. C. / Jones, R. L., Predictors of Newspaper Advertising Readership, in: Journal of Advertising Research, Vol. 5 (1965), No. 1, pp. 23-28.

Trommsdorff, V., Massierte und verteilte Werbung, Wirtschaftswissenschaftliche Dokumentation, TU Berlin, Diskussionspapier Nr. 60, Berlin 1981.

Tuck, R. T. J. / Firth, J., Can Research Join in the Creative Process? From Market Research to Advertising Strategy and Vice Versa, Papers of the ESOMAR Wapor Congress, 1973.

Twedt, D. W., A Multiple Factor Analysis of Advertising Readership, in: *Frank, R. E. / Kuehn, A. A. / Massy, W. F.* (Eds.), Quantitative Techniques in Marketing Analysis, Homewood, Ill., 1962, pp. 427-438.

Völkel, R., Product Placement aus der Sicht der Werbebranche und seine rechtliche Einordnung, in: Zeitschrift für Urheber- und Medienrecht, 36. Jg. (1992), Nr. 2, S. 55-72.

Weinberg, R. S., An Analytic Approach to Advertising Expenditure Strategy, New York 1960.

Weiss, D. L. / Houston, F. S. / Windal, P., The Periodic Pain of *Lydia E. Pinkham,* in: Journal of Business, Vol. 51 (1978), pp. 91-101.

Wiele, E., Nur für Platzhirsche, in: absatzwirtschaft, 24. Jg. (1981), Nr. 4, S. 109-114.

Wildt, A. R., Seasonality, Specification and Decision Making: Implications for the Estimation of Sales Response Functions, in: *American Marketing Association* (Ed.), Combined Proceedings, Spring and Fall Conferences, Chicago, Ill., 1975, pp. 3-9.

Wilkes, M. W., Aus Werber's „Fehlern" lernen (Folge 4), in: Marketing Journal, 13. Jg. (1980), S. 552.

Wilkinson, J. B. / Mason, J. B. / Paksoy, C. H., Assessing the Impact of Short-Term Supermarket Strategy Variables, in: Journal of Marketing Research, Vol. 19 (1982), pp. 72-86.

Wimmer, R.-M., Wiederholungswirkungen der Werbung, *Gruner & Jahr* Schriftenreihe, Bd. 25, Hamburg 1980.

Witt, D., Blickverhalten und Erinnerung bei emotionaler Anzeigenwerbung – eine experimentelle Untersuchung mit der Methode der Blickaufzeichnung, Diss., Saarbrücken 1977.

Yerkes, R. M. / Dodson, J. D., The Relation of Strength of Stimulus to Rapidity of Habit Formation, in: Journal of Comparative Neurological Psychology, Vol. 18 (1908), pp. 458-482.

Zaltman, G., Marketing: Contributions from the Behavioral Sciences, New York 1965.

Zentes, J., Vergleichende Werbung: Wettbewerbsrechtliche und wirtschaftswissenschaftliche Beurteilung, in: WiSt, 8. Jg. (1979), S. 523-528.

Zentralausschuß der Werbewirtschaft e. V. (Hrsg.), Werbung '81, Bonn 1981.

– Werbung '85, Bonn 1985.

– Werbung in Deutschland 1989, Bonn 1989.

Zentralverband der deutschen Werbewirtschaft e. V. (Hrsg.), Werbung in Deutschland 1993, Bonn 1993.

Zielske, H. A., The Remembering and Forgetting of Advertising, in: Journal of Marketing, Vol. 23 (1959), pp. 239-243.

Weiterführende Literatur

Berndt, R., Computergestützte Mediaplanung, in: *Hermanns, A. / Flegel, V.* (Hrsg.), Handbuch des Electronic Marketing, München 1992, S. 511-531.

Berndt, R. / Hermanns, A. (Hrsg.), Handbuch Marketing-Kommunikation. Strategien – Instrumente – Perspektiven, Wiesbaden 1993.

Birkigt, K. / Stadler, M. M. / Funck, H. J., Corporate Identity, 7. Aufl., Landsberg am Lech 1994.

Hermanns, A., Sport- und Kultursponsoring, München 1989.

Holland, H., Direktmarketing, München 1992.

Hormuth, S., Placement: Eine innovative Kommunikationsstrategie, München 1993.

Kroeber-Riel, W., Strategie und Technik der Werbung. Verhaltenswissenschaftliche Ansätze, 4. Aufl., Stuttgart–Berlin–Köln 1993.

Strothmann, K.-H. / Busche, M. (Hrsg.), Handbuch Messemarketing, Wiesbaden 1992.

Tostmann, T., Die Bedeutung der elektronischen Medien für die Kommunikationspolitik, in: *Hermanns, A. / Flegel, V.* (Hrsg.), Handbuch des Electronic Marketing, München 1992, S. 473-486.

Teil IV

Marketing-Prozeß

§ 9 Marketing-Forschung

1. Grundlagen

1.1. Methodologische Aspekte

Wichtigstes Einsatzgut für die gesamten Marketingaktivitäten bilden **Informationen**. Der immer höhere Stellenwert einer Versorgung der Entscheidungsträger mit aktuellen, genauen und umfassenden Informationen ist nicht zuletzt auf ein wachsendes Bewußtsein der Verantwortlichen hinsichtlich der Wichtigkeit verläßlicher Grundlagen für unternehmerische Entscheidungen zurückzuführen. Der Vorgang der **Gewinnung** und gezielten **Verarbeitung** solcher Informationen bildet das Kernstück der Markt- und Marketing-Forschung. Die zwei Bezeichnungen werden vielfach synonym verwandt, obwohl die Bereiche, auf die sie sich erstrecken, nicht deckungsgleich sind. Während das primäre Anliegen der **Marktforschung** darin besteht, Informationen über die Märkte des Unternehmens aus externen Quellen zu gewinnen, ist der Analysebereich der Marketing-Forschung weiter dimensioniert; er umfaßt zusätzlich die Beschaffung und Auswertung von Daten von interner Seite (z. B. aus dem Rechnungswesen oder der Absatzstatistik) sowie solchen über das Unternehmensumfeld (z. B. rechtliche oder technologische Entwicklung).

In den Sozialwissenschaften herrscht heute weitgehend Übereinstimmung darüber, daß diese einen Beitrag zur besseren Bewältigung des menschlichen Lebens leisten sollen. Ob dies **das** oder nur **ein** Ziel ist, dem sie sich verpflichtet fühlen, sei hier dahingestellt. Einvernehmen besteht jedenfalls auch darüber, daß die Forschung einerseits nicht von kurzfristigen Nützlichkeitserwägungen beherrscht sein, andererseits aber auch nicht die Forderung nach Effizienz aus den Augen verlieren sollte. Aus all dem ergeben sich besonders für den Marketingwissenschaftler, weniger für den in der Marktforschungspraxis Stehenden, Konsequenzen für die Art seiner Arbeit, die hier als Konturen eines Leitbildes verstanden werden sollen:

(1) Ein wesentlicher Aspekt ist das **Postulat theoriegeleiteter Forschung.** Wer sich als Forscher einer Frage zuwendet, tut zunächst gut daran, auf gegebenenfalls vorhandene Theorien zurückzugreifen, die sein Problem vielleicht bereits zu lösen in der Lage sind und insoweit weitere wissenschaftliche Bemühungen entbehrlich machen. Gemeint sind hier – nach gängiger Überzeugung – vor allem sozialwissenschaftliche Theorien, die menschliches Verhalten modellhaft abbilden und erklären, wobei sich diese durch Konsistenz und Geschlossenheit auszeichnen sollen. Sofern eine solche Basis nicht vorhanden ist, erfordert das Streben nach Generalisierbarkeit von Befunden, sie zu entwickeln.

Dem Erkenntnisfortschritt ist durch einen Rekurs auf vorhandene Theorien auch insofern geholfen, als dadurch Hypothesen abgeleitet, erhärtet, präzisiert oder hinsichtlich ihrer Reichweite ausgebaut werden können, sich vielleicht aber auch als Irrwege menschlichen Denkens herausstellen (vgl. dazu auch *Popper* 1991).

(2) Marketing-Forschung ist darüber hinaus **interdisziplinär** ausgerichtet. Während man früher üblicherweise versuchte, Fragestellungen auf ihren sog. ökonomischen Kern zu reduzieren, öffnet sich die neuere Marketing-Forschung bewußt Nachbardisziplinen, allen voran der Psychologie, der Soziologie und der Kommunikationswissenschaft. Wieder andere Fragestellungen bedingen z. B. die Einbeziehung der Rechtswissenschaften oder der Geographie. Im Mittelpunkt der Betrachtung steht dabei stets das Problem, nicht die wissenschaftliche Sparte,

die sich ohnedies kaum jemals zwingend abgrenzen läßt (eine gegensätzliche Position dazu nimmt z. B. *Schneider* 1983, S. 197 ff., ein).

Was dabei ein Marketingwissenschaftler mit der für ihn typischen Ausbildung als Ökonom nicht zu leisten vermag, muß von Fachleuten aus den jeweiligen Disziplinen beigesteuert werden. Der „Einzelkämpfer“ ist deshalb nicht nur häufig von den quantitativen Dimensionen seiner Aufgabe, sondern nicht selten auch von den fachübergreifenden Anforderungen, die diese an ihre Bearbeiter stellt, überfordert.

(3) Marketingwissenschaft unterliegt immer auch **pragmatischen Gesichtspunkten.** Gemeint ist damit lediglich, daß viele Studien von vornherein zum Scheitern verurteilt wären, wenn der verantwortliche Analytiker nicht bereit wäre, die Verletzung, ja sogar Nichterfüllung theoretisch begründeter Forderungen hinzunehmen, sei es, daß diese bei ernsthafter Betrachtung im Forschungsalltag überhaupt nicht einzulösen sind, wie z. B. bestimmte Postulate der Stichprobentheorie, oder sei es, daß der Forscher finanziellen und zeitlichen Restriktionen von einer Art unterliegt, die es ihm einfach nicht erlauben, eine Studie so anzulegen, daß sie an sich erreichbaren höchsten fachlichen Standards bzw. theoretischen Ansprüchen genügt. Dies darf nicht als Freibrief für Verantwortungslosigkeit und Nachlässigkeit in der Arbeitsweise fehlgedeutet werden. Vielmehr liegt es an dem jeweiligen Forscher zu entscheiden, ob er besser auf die Weiterverfolgung einer ins Auge gefaßten Untersuchung verzichtet oder aber der Praxis trotz der erforderlichen Relativierung der zu gewinnenden Befunde zumindest ein Stückchen weiterhelfen zu können glaubt, so daß er die Durchführung der Studie zu verantworten vermag.

(4) Ein letzter Gesichtspunkt ist schließlich die Forderung nach **seriöser Forschung.** Dazu gehört z. B., daß gängige wissenschaftliche und ethische Standards im Rahmen der täglichen Arbeit beachtet werden. Man darf z. B. nicht einen im Wege empirischer Arbeit gewonnenen Befund als repräsentativ für die Gesamtheit der Bundesbürger ausgeben, wenn, wie mehr als einmal geschehen, nur ca. 50 Personen, noch dazu an einem bestimmten Ort, befragt wurden.

Darüber hinaus gilt es **Werturteile** als solche offenzulegen und rational zu diskutieren, statt sie als objektives Ergebnis wissenschaftlicher Deduktion auszuweisen. Die Einbringung von Werturteilen in die Wissenschaft war vielfach Gegenstand kontroverser wisenschaftstheoretischer Diskussionen, die unter dem Begriff „Werturteilsstreit“ zusammengefaßt werden (siehe dazu u. a. *Abel* 1979).

1.2. Organisatorische Voraussetzungen der Informationsgewinnung

Zur Erfüllung der Ziele der Marketing-Forschung bedarf es zunächst der Schaffung geeigneter organisatorischer Voraussetzungen im Unternehmen. Entscheidend sind dabei vor allem die Festlegung der intern wahrzunehmenden bzw. auf externe Stellen zu übertragenden Aufgaben, die institutionelle Einordnung der Marketing-Forschung in die Unternehmensorganisation und der innere Aufbau der Marktforschungsabteilung. Auf Probleme, die mit der Organisation des Informationswesens selbst verbunden sind (vgl. *Hammann / Erichson* 1994), wird in § 12, Abschnitt 2., ausführlich eingegangen.

(1) Bedeutsame Konsequenzen für die **Institutionalisierung** der **Marketing-Forschung** im Rahmen der betrieblichen **Organisation** hat die Entscheidung darüber, in welchem Umfang eine Unternehmung selbst Marketing-Forschung betreiben will oder aber spezielle Dienstleister (Marktforschungsinstitute, Verbände etc.) mit der Wahrnehmung einschlägiger Aufgaben beauftragt. Auf Grund der Heterogenität der in einzelnen Unternehmen anzutreffenden Bedingungen (Branche, Betriebsgröße, Organisationsstruktur, Zeitrahmen, Kostensituation etc.) ist eine sachgerechte „make or buy"-Entscheidung in bezug auf die Marketing-Forschung nur fallspezifisch möglich.

Als Vorteile der **Fremdforschung** gelten insbesondere folgende:

- Vermeidung von Betriebsblindheit der Forscher,
- Verminderung der Gefahr, interessengefärbte oder tendenziöse Auskünfte zu erhalten, und Objektivierung von Befunden,
- Schaffung eines Zugangs zum Wissen von Spezialisten (Statistiker, Psychologen etc.),
- Gewährleistung der Erlangung des neuesten Standes der Forschung sowie
- Kosteneinsparung, mindestens jedoch die Vermeidung eines Blocks von Fixkosten.

Für **Eigenforschung** sprechen:

- Größere Vertrautheit mit dem Forschungsproblem,
- Erleichterung der Einflußnahme auf den Forschungsprozeß,
- Gewinnung von Forschungserfahrung sowie Verbleib von Erkenntnissen im Unternehmen,
- Vermeidung der Gefahr des Auftretens von Indiskretion,
- Wegfall der bei Zusammenarbeit mit externen Instituten gegebenen Kommunikationsprobleme sowie
- Möglichkeit zur Nutzung spezifischer Kenntnisse der Entscheidungsträger.

Generell trifft man insbesondere bei aperiodisch auftretendem Forschungsbedarf häufig Mischformen von betriebsexterner und -interner Trägerschaft an. Kleine und mittlere Unternehmen, die über kein kompetentes Personal oder über nur geringe Erfahrung in der Handhabung derartiger Informationsprobleme verfügen, werden grundsätzlich eher Fremdforschung betreiben als Großbetriebe.

Oft übertragen letztere solche Teile einer Erhebung an externe Stellen, die den Zugriff auf spezialisiertes Personal oder bestimmte sachliche Ressourcen, über die man selbst nicht verfügt, erfordern (z. B. Durchführung persönlicher Interviews, Auswertung größerer Datenbestände auf geeigneten Rechenanlagen). Als Partner fungieren dabei nicht nur Marktforschungsinstitute, sondern auch Werbeagenturen, Verbände und Berater.

(2) Institutionalisiert ist die Marketing-Forschung überwiegend in Form einer **Stabsabteilung** bzw. **Stabsstelle**, die entweder dem Marketingressort oder – weniger häufig – der Geschäftsleitung untersteht. In divisionalisierten Unternehmen verfährt man üblicherweise so, daß produktgruppenbezogene Aufgaben der Absatzforschung in den einzelnen Sparten, übergreifende Tätigkeiten (z. B. die Erstellung bzw. Auswertung von Konjunkturanalysen) dagegen von zentralen Instanzen wahrgenommen werden.

Grundsätzlich wird in Mehr-Sparten-Unternehmen der Grad der **Zentralisation** der Marketing-Forschung jenem der gesamten, übergreifenden Organisation entsprechen. So liegen z. B. wesentliche Vorteile einer **Zentralisierung** in der besseren Koordination und Kontrolle der gesamten Informationsaktivität einer Unternehmung, in einer höheren Wirtschaftlichkeit, in vermehrten Chancen zur Rekrutierung entsprechend qualifizierten Personals und in einem größeren Maß an Unabhängigkeit der Betroffenen von den einzelnen Sparten. Als grundlegende Vorteile einer **dezentralisierten** Marketing-Forschung werden demgegenüber zumeist die vermehrte Flexibilität und Sachkunde der „vor Ort" mit einem Problem befaßten Mitarbeiter genannt.

Die Vielfalt der in der Praxis anzutreffenden Varianten von Gestaltungsformen der Organisation sowie die unterschiedliche personelle und sachliche Ausstattung der Marketing-Forschung in den Betrieben machen generelle Aussagen über die zweckmäßigste Einordnung der Absatzforschung in die Unternehmenshierarchie nahezu unmöglich. Allerdings stellen Ziele wie Unabhängigkeit gegenüber betriebsinternen Einflußgruppen (Werbung, Produktentwicklung, Vertrieb etc.), größtmögliche methodische Flexibilität, Existenz effizienter Kommunikationskanäle zu anderen betrieblichen Stellen sowie Sicherung der Glaubwürdigkeit der Absatzforschung wichtige Orientierungspunkte bei der Lösung dieser organisatorischen Gestaltungsaufgabe dar.

(3) Mit der Zunahme von Umfang und Aufgabenspektrum wächst die Bedeutung einer zweckmäßigen **internen Organisation** der **Marketing-Forschung** als einer Abteilung. Dabei kann auch hier auf Grund der in jedem Einzelfall unterschiedlichen Gegebenheiten, insbesondere bezüglich Ressourcen und organisatorischen Rahmenbedingungen, nicht von einer Idealform der Innenorganisation ausgegangen werden. Vielmehr lassen sich lediglich einzelne **Gestaltungstypen** angeben, die aus der Heranziehung bestimmter Differenzierungskriterien resultieren. In Betracht kommt eine Aufgabenzentralisation vorzugsweise nach:

- **Bezugsobjekten** des Unternehmenserfolges, z. B. Produktgruppen, Sparten, Regionen und Marktsegmenten,
- **Umweltbereichen,** z. B. Konkurrenz-, Bedarfsforschung und Analyse der technologischen Entwicklung,
- **Marketinginstrumenten,** z. B. Werbemittel-, Absatzwege- und Produktforschung, sowie

– **Forschungsmethoden** und **-techniken,** z. B. Sekundär- / Primärforschung, Fragebogenentwicklung und mathematisch-statistischer Datenanalyse.

Um zu einer situationsgerechten Lösung bei der Strukturierung der entsprechenden Abteilung zu gelangen, bedienen sich viele Unternehmen mehrerer der angeführten Kriterien gleichzeitig, so daß sich in der Praxis eine Vielzahl von Mischformen herausgebildet hat.

2. Forschungsziele und Datenbasis

2.1. Die Reichweite von Analysen

Je nach Aufgabenstellung kann in der Marketing-Forschung zwischen explorativen, deskriptiven und kausalen (explikativen) Ansätzen unterschieden werden. Während **explorative** Untersuchungen vornehmlich einer ersten Aufhellung und Strukturierung des interessierenden Problemfeldes dienen, besteht die primäre Aufgabe **deskriptiver** Studien in einer möglichst genauen Erfassung und Beschreibung problemrelevanter Tatbestände. Wichtigstes Ziel von **Kausalanalysen** ist es schließlich, zu einer verläßlichen Erklärung der beobachteten Phänomene zu gelangen und entsprechende Ursache-Wirkungs-Zusammenhänge zu ermitteln, die z. B. als Entscheidungshilfen beim Einsatz der absatzpolitischen Instrumentalvariablen oder auch als Grundlage für Marketingprognosen Verwendung finden können.

2.1.1. Explorative Studien

Explorative Studien sind dem **Entdeckungszusammenhang** einer Untersuchung zuzurechnen. Man führt sie durch, sofern das vorhandene Wissen zum interessierenden Problemkreis noch unzureichend bzw. so unstrukturiert ist, daß das eigentliche Forschungsproblem auf der Grundlage des vorhandenen Kenntnisstandes noch nicht präzise definiert werden kann. Sich für eine **Exploration** zu entscheiden, bietet sich vor allem dann an, wenn

– gegensätzliche und u. U. dem Vorverständnis des Forschers widersprechende Aspekte eines Problems gesammelt werden sollen,
– wenig Literatur zu diesem vorliegt und kaum relevante Gesetzmäßigkeiten bekannt sind,
– man die interessierende Fragestellung möglicherweise auf eine allgemeine, deren Lösung bekannt ist, zurückführen kann (vgl. *Friedrichs* 1990, S. 52).

Diese Art von Studien vermittelt häufig einen ersten fundierten Einblick in die **Struktur** eines Marketingproblems. Die dadurch ermöglichte präzisere Formulierung des Anliegens erweist sich oft sowohl für eine realistische Setzung von Prioritäten als auch für die praktische Steuerung und Kontrolle der nachfolgenden, aufwendigeren Untersuchungsschritte als außerordentlich hilfreich.

Manchmal wird bereits auf Grund einer Exploration deutlich, daß die gewünschten Marketingdaten mit den zur Verfügung stehenden Instrumenten bzw. finanziellen Mitteln überhaupt nicht zu beschaffen sein werden. Im einen wie im anderen Fall können explorative Studien also zur Einsparung von Kosten im Bereich der Marketing-Forschung führen.

Die Auswahl der eingesetzten **Erhebungsverfahren** hängt von der jeweiligen Situation ab. Als Optionen stehen vor allem die Auswertung von sekundären Quellen, die Veranstaltung von Gruppendiskussionen, die Befragung von Experten und die Überprüfung der Gegebenheiten in vergleichbaren Situationen zur Verfügung.

2.1.2. Deskriptive Studien

Oft geht es allein darum, bestimmte Marktgegebenheiten zu erfassen und zu beschreiben, etwa dann, wenn man als Grundlage für die Mediaplanung Informationen über die regionale Verteilung der Bevölkerung benötigt. Solche als **deskriptiv** zu kennzeichnenden Studien stellen eine wichtige Hilfe dar, obwohl sie einen Sachverhalt nicht erklären, sondern lediglich in seiner Grundstruktur widerspiegeln. Dies bedeutet jedoch keineswegs, daß hierbei nicht ein gewisses **hypothesenartiges Vorverständnis** über das interessierende Problem vorliegen muß. Die Planung der Untersuchungsanlage erfordert, ganz im Gegenteil, eine eingehende Auseinandersetzung mit dem Untersuchungsobjekt sowie den zur Verfügung stehenden Methoden. Nur wenn es gelingt, die Vielzahl der zu erhebenden Daten in ein logisches Gerüst einzuordnen, erlangen diese Bedeutung für die Lösung eines Marketingproblems. Die Vorarbeiten zu einer deskriptiven Untersuchung schließen daher auch eine **detaillierte Planung** der Auswahl und Auswertung des Datenmaterials ein.

Die interessierenden Informationen gewinnt man in aller Regel durch Rückgriff auf sog. **sekundärstatistisches Material** sowie **nichtexperimentelle Felderhebungen.** Sofern empirisch gearbeitet wird, bietet es sich geradezu an, auch Fragen von der im nächsten Abschnitt behandelten Art in die Untersuchung einzubeziehen.

2.1.3. Explikative und kausale Studien

Marketingentscheidungen sind fast immer in die Zukunft gerichtet und beruhen auf gewissen Annahmen über die weitere Entwicklung der internen und externen Bestimmungsgründe eines Phänomens. Außerdem benötigt man Informationen über die mit jeder Handlungsalternative mutmaßlich verbundenen Konsequenzen, um jene auswählen zu können, die den höchsten Zielerreichungsgrad verspricht.

Wie in Abschnitt 2.1.2. festgestellt, können bereits Informationen beschreibender Natur gewisse Anhaltspunkte für Prognosen liefern. Grundsätzlich ist jedoch davon auszugehen, daß die Verläßlichkeit von Vorhersagen erst durch eine Verbesserung der Erkenntnisse über den einem Ereignis zugrundeliegenden Ursache-Wirkungs-Zusammenhang spürbar erhöht werden kann. Dabei kommt es darauf an, sowohl die **Bestimmungsgründe** als auch die **Art** der zwischen diesen und dem entscheidungsrelevanten Ereignis bestehenden Verbindung, z. B. dem Kauf eines bestimmten Gutes, zu untersuchen.

Kausale Beziehungen lassen sich gleichwohl, wenn man nicht bestimmte experimentelle Bedingungen schaffen kann, mit empirischen Daten nicht schlüssig beweisen. Der induktive Prozeß der Auswertung und Interpretation erlaubt es lediglich, bestimmte Schlußfolgerungen (Inferenzen) zu ziehen, die jedoch weiterhin einem Fehlbarkeitsrisiko unterworfen sind. Damit stellt sich die Frage, welcher Art das empirische Material sein sollte, um wenigstens brauchbare Hinweise auf bestehende Ursache-Wirkungs-Zusammenhänge zu liefern bzw. entsprechende Hypothesen zu stützen.

Dieses sollte eine **synchrone Variation** der Variablen reflektieren, eine plausible **zeitliche Abfolge** von **Schwankungen** in der vermuteten Reihenfolge erkennen lassen (d. h. der Kausalfaktor x tritt vor der Ergebnisgröße y auf) und die **Elimination** zusätzlicher möglicher **Kausalfaktoren** zulassen (vgl. *Green / Tull* 1982, S. 72 ff.; *Zimmermann* 1977, S. 39 ff.). Die im Rahmen explorativer oder deskriptiver Studien angewandten üblichen Untersuchungsverfahren erlauben zwar, die Variation von Größen, nicht aber das Muster deren zeitlicher Abfolge zu erfassen. Dazu bedarf es anderer Techniken.

Was in diesem Zusammenhang zunächst immer interessiert, ist die Frage, ob es vergleichbare Fälle gegeben hat. Bei dem Versuch, kausale Beziehungen nachzuweisen, liegt deshalb ein Rekurs auf **Daten,** die die **Historie** widerspiegeln, nahe. So wird z. B. jedes absatzorientierte Unternehmen neben Ergebnisgrößen seine in der Vergangenheit getätigten, in der Höhe meist variierenden Marketingausgaben, und zwar differenziert nach Produkten, Gebieten, Medien, Monaten etc., festgehalten haben, so daß sich eine statistische Analyse der erzielten Wirkung (Umsätze, Marktanteile etc.) anbietet. Als Methoden kommen hierzu die **Korrelations-** und die **Regressionsanalyse,** insbesondere aber die **Pfadanalyse** sowie **LISREL** in Betracht (siehe dazu Abschn. 3.5.2.1.).

Als weiteres Verfahren empfiehlt sich die **Cross Lag Correlation**, deren Funktionsweise an einem einfachen Beispiel verdeutlicht werden soll. Wir benötigen dafür folgende Symbole:

E = Einstellung
V = Verhalten
T = Zeitpunkt
H = Zeitraum
R = Korrelationskoeffizient

Der Zusammenhang, den wir untersuchen, läßt sich wie in Abb. 9.1. dargestellt veranschaulichen.

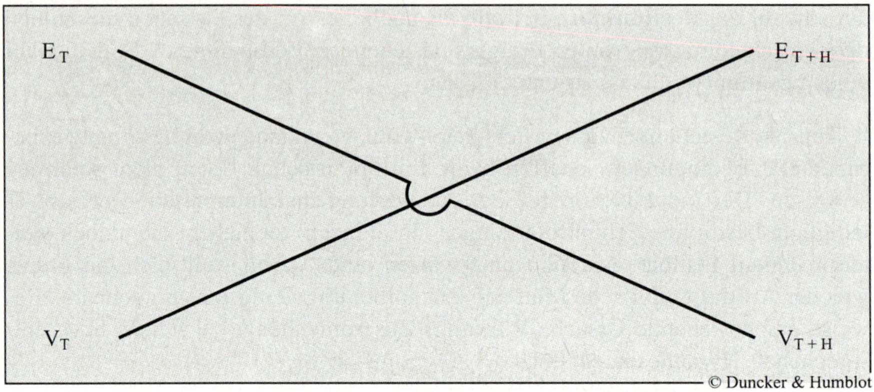

Abb. 9.1.: Logische Struktur der Cross Lag Correlation

Eine kausale Beziehung zwischen den beiden Variablen *E* und *V* wird dann als gegeben angenommen, wenn folgendes gilt:

(9.1.) $$R_{E_T, V_{T+H}} > R_{V_T, E_{T+H}}$$

Liegen solche vergangenheitsbezogenen Daten nicht vor, etwa dann, wenn bei einem neuen Produkt die Anmutungsqualität verschiedener Packungsentwürfe beurteilt werden soll, müssen **Tests** durchgeführt, die interessierenden Daten also erst erzeugt werden. Dem dienen **Experimente,** mit denen man, vereinfacht ausgedrückt, zugleich Wirkung erklären und den zwischen Stimulus und Reaktion ermittelten Zusammenhang auf seine statistische Signifikanz hin überprüfen möchte. Dazu benötigt man **spezielle statistische Tests** (siehe Abschn. 3.5.1, 3.5.2.2.).

Im Gegensatz zu den Naturwissenschaften, bei denen das Ziel des Experimentierens darin besteht, deterministische Kausalität in Form von Gesetzen nachzuweisen, kann bei **Experimenten** im Bereich der Marketing-Forschung, wie bereits angedeutet, wegen der ungleich größeren Zahl möglicher Einflußfaktoren im allgemeinen nur probabilistische Kausalität nachgewiesen werden. Darunter versteht man die Wahrscheinlichkeit, mit der die Variation mindestens eines als unabhängig betrachteten Faktors unter kontrollierten Bedingungen mindestens eine als abhängig erachtete Größe in einer bestimmten Weise verändert. Dieser Bedingung läßt sich nicht selten auch mit bereits vorliegenden Daten Rechnung tragen (Ex post-Experiment).

Experimente sind also in erster Linie durch ihre besondere Struktur gekennzeichnet. Die Güte bzw. Angemessenheit des **Research Design** spielt daher eine herausragende

Rolle, wobei gute Forschungskonzepte vor allem daran zu erkennen sind (vgl. *Kerlinger* 1975, S. 476 ff.), daß sie

- Hypothesen angemessen überprüfen und damit die interessierende(n) Frage(n) zu beantworten erlauben,
- eine umfassende Kontrolle der unabhängigen Variablen gewährleisten und
- unbekannten oder unbeabsichtigten Varianzquellen, z. B. Störgrößen, nur eine sehr geringe Chance einräumen, wirksam zu werden.

Konkret unterscheidet man folgende **Strukturelemente**:

- **Unabhängige Variablen:** Dies sind Faktoren, die im Verlauf einer Untersuchung systematisch variiert und auf ihre Wirkung hin überprüft werden sollen, z. B. Verpackungsentwürfe, Preise und Produktvarianten.
- **Abhängige Variablen:** Hierbei handelt es sich um Größen, an denen die Wirkung der systematisch variierten Faktoren gemessen wird, z. B. Verkaufsmenge, Umsatz, Einstellungswert oder Marktanteil.
- **Störvariablen:** Sie beeinflussen als exogene Wirkungsfaktoren neben den unabhängigen Variablen gleichfalls das Ergebnis (z. B. absatzpolitische Maßnahmen von Konkurrenten während eines Markttests, konjunkturelle Schwankungen oder plötzliche Änderungen des Verbraucherverhaltens, etwa auf Grund einer Gesetzesnovellierung), ohne jedoch beherrschbar zu sein.
- **Untersuchungseinheiten:** Darunter hat man sich diejenigen Objekte vorzustellen, die einem sog. „Treatment" unterworfen werden und insofern als Datenträger zu betrachten sind, z. B. Haushalte, Einzelhandelsgeschäfte, Konsumenten, Medien oder Flächeneinheiten.

Unter den Experimenten gibt es zum einen **Labor-** und **Feldexperimente,** womit das unterschiedliche Umfeld akzentuiert wird, zum anderen läßt sich zwischen **Sukzessivexperimenten,** bei denen zeitlich aufeinanderfolgende Messungen verglichen werden, und **Simultanexperimenten** unterscheiden. Letztere bieten den Vorteil, daß keine Carry over-Effekte, beispielsweise auf Grund von Lernvorgängen, auftreten, die das Ergebnis verzerren. Da es namentlich bei **Feldexperimenten** nicht möglich ist, sämtliche Rahmenbedingungen in den Griff zu bekommen, sollte man sich des Instruments der **Kontrollgruppe** bedienen, d. h. es werden zwei oder mehrere möglichst homogene Versuchsgruppen gebildet, auf die mit Ausnahme der unabhängigen Variablen alle anderen relevanten Faktoren, in unserer Terminologie also Störvariablen, in vermutlich gleicher Weise einwirken. Eine Differenz im Ergebnis wird dann auf die ergriffene Maßnahme, das „Treatment", zurückgeführt.

Im einfachsten Fall, beim sog. **„after only design"**, wird eine Probandengruppe strukturgleich geteilt, wobei die eine Hälfte einem Stimulus ausgesetzt wird, die andere nicht. Unterschiede in den Verhaltensweisen beider Halbgruppen kann man dann – vorbehaltlich gleicher Rahmenbedingungen und homogener Stichprobenstruktur – der Wirkung dieses Reizes zuschreiben.

Im Rahmen des sog. **„before after design"** versucht man, nicht kontrollierbare Störgrößen von der Wirkung bestimmter Maßnahmen zu trennen. Bei der einfachsten Variante, dem *EBA-CBA-Test* (*E* steht für „experimental group", *C* für „control group", *B* für „measurement before exposure" und *A* für „measurement after exposure"), werden wiederholt Beobachtungen oder Befragungen durchgeführt, wobei jedoch nur die Experimentalgruppe zu einer Reaktion veranlaßt wird. Das Resultat (*WR*) ergibt sich dann aus folgender Formel:

(9.2.) $$WR = (M_{EA} - M_{EB}) - (M_{CA} - M_{CB})$$

Dabei bedeuten:

WR = Wirkung eines Reizes (= abhängige Variable)

M_{EA} = Meßwert bei der Experimentalgruppe *E* nach einem Treatment (= unabhängige Variable)

M_{EB} = Meßwert bei der Experimentalgruppe *E* vor einem Treatment

M_{CA} = Meßwert bei der Kontrollgruppe *C* nach dem Test

M_{CB} = Meßwert bei der Kontrollgruppe *C* vor dem Test

Der EBA-CBA-Test hat in der Handelsforschung einige Popularität erlangt. Man ermittelt damit z. B. die Wirkung von Verkaufsförderungsaktionen auf Umsatz, Kundenfrequenz oder Image eines Markenartikels. Neben den skizzierten Spielarten findet sich in der Marketingliteratur eine Reihe weiterer Varianten, auf die jedoch auf Grund ihrer eher geringen praktischen Bedeutung hier nicht eingegangen werden soll (vgl. dazu *Zimmermann* 1977, S. 84 ff.). Die herkömmlichen Ansätze machen in zunehmendem Maße komplizierteren Versuchsanordnungen Platz, die alle als Erweiterungen der traditionellen Untersuchungsanlage gelten können. Ihre Popularität verdanken sie zwei Vorzügen:

(1) Zunächst erlauben sie die gezielte Untersuchung des **Einflusses** von **mehr als einer Veränderlichen** auf **eine** oder **mehrere abhängige Größen.** Jede unabhängige Variable bzw. Variablenkombination wird dabei in jeweils einer nach Zufallsgesichtspunkten gebildeten Experimentalgruppe eingesetzt, wobei die einzelnen Gruppen untereinander als Kontrollgruppen dienen. Durch eine möglichst zufallsgesteuerte Zusammenstellung der Untersuchungseinheiten zu Gruppen und durch eine gleichfalls randomisierte Zuordnung der experimentellen Stimuli zu den einzelnen Versuchsgruppen kann das Entstehen systematischer Fehler verhindert oder wenigstens reduziert werden.

(2) Mit Hilfe sog. **faktorieller Versuchsanordnungen** (siehe Abschn. 3.5.2.2.) besteht außerdem die Möglichkeit, die Wirkung der unabhängigen Variablen auf **statistische Signifikanz** hin zu überprüfen sowie zwischen den einzelnen Erklärungsfaktoren auftretende **Interaktionseffekte** numerisch zu erfassen. Das Potential an Möglichkeiten ist hier ungleich größer als bei einer Versuchsanordnung vom EBA-CBA-Typ, die sich indessen Signifikanztests, z. B. in Form von Mittelwerttests, nicht völlig verschließt.

2.2. Die Informationsquellen

Die Aufbereitung bereits vorhandener, mehr oder minder stark verdichteter Informationen wird üblicherweise **Sekundärforschung**, die Gewinnung von Informationen an ihrem Entstehungsort **Primärforschung** genannt. Bei der Beschaffung von zur Lösung eines Marketingproblems notwendigen Daten kommt **unternehmensinternen Quellen** eine hohe Bedeutung zu, da ihre Nutzung in der Regel einen relativ geringen finanziellen und zeitlichen Aufwand erfordert. Hierbei kann z. B. auf Unterlagen aus dem Rechnungswesen, die Absatzstatistik und Berichte von Außendienstmitarbeitern zurückgegriffen werden.

Die Suche nach Daten wird sich sodann auf **Quellen außerhalb** der **Unternehmung** ausdehnen, wie Veröffentlichungen von Statistischen Ämtern des Bundes, der Länder und der Gemeinden sowie von Forschungsinstituten, ferner auf ausländische bzw. internationale Einrichtungen, Verbandsstatistiken und allgemein zugängliche Untersuchungen von Markt- oder Meinungsforschungsinstituten. Einen Eindruck davon, welche Unterlagen prinzipiell in Betracht kommen, vermittelt Tab. 9.1. Bestimmte Informationen, wie z. B. gesamtwirtschaftliche Größen oder Ergebnisse behördlicher Erhebungen, können überhaupt nur auf sekundärstatistischem Wege erlangt werden.

Einen schnellen Zugriff auf sekundärstatistische Informationen aus dem In- und Ausland gewährleisten externe **Datenbanken**. Zugang zu einer solchen Quelle kann man sich entweder direkt über eine Standleitung (on-line) oder mittels schriftlicher bzw. telefonischer Abfrage (off-line) verschaffen. Aufgrund der Existenz von fast 4.000 solcher Einrichtungen (siehe dazu *Zentes* 1987, S. 102 ff.) ist es oftmals nicht zu vermeiden, sog. Informationsbroker einzuschalten, die über einen entsprechenden Marktüberblick verfügen. Auf dem geschilderten Weg lassen sich Informationen quantitativer und qualitativer Natur zu Volkswirtschaft, Branche, Wirtschafts- und Marktlage, Produkten und Lieferanten erlangen. Vor allem über On-line-Datenbanken kann man sich Informationen in kürzester Zeit beschaffen und, sofern die entsprechende EDV-Ausstattung vorhanden ist, in unternehmensinterne Datenbanken einspeisen. Es eröffnet sich hierbei auch die Möglichkeit, an sog. **Back-data-Informationsquellen** heranzukommen, d. h. an Daten, die bei abgeschlossenen Untersuchungen gewonnen wurden.

Die Vielfalt der Quellen läßt bereits erahnen, welcher Wert einem gut ausgebauten **Marketing-Informationssystem** (siehe dazu § 12, Abschn. 2.) beigemessen werden muß, das die Zugriffszeit zu Informationen stark verkürzt und darüber hinaus eine umfangreiche Speicherkapazität bereitstellt.

Während im Bereich der Sekundärforschung das Hauptaugenmerk auf der Aufbereitung und Analyse vorhandener Informationen liegt, ist es das Anliegen der **Primärforschung,** die für die Lösung eines Problems relevanten Fakten erst zu erheben. Dazu bedient man sich im wesentlichen des in Abschn. 3. zu behandelnden Instrumentariums.

Tabelle 9.1.

Quellen der Sekundärforschung
1. Unternehmensexterne Quellen
1.1. Amtliche Statistik 1.1.1. Quellennachweise der Amtlichen Statistik, herausgegeben vom *Statistischen Bundesamt* 1.1.2. Informationsmaterial des *Statistischen Bundesamtes:* — *Statistisches Jahrbuch für die Bundesrepublik Deutschland* — Monatszeitschrift *Wirtschaft und Statistik* — Sonstige Veröffentlichungen (u. a. Länderberichte, *Der Außenhandel der BRD, Die Industrie der BRD)* 1.1.3. Informationsmaterial der *Statistischen Landesämter:* — Jahrbücher, Monats- und Vierteljahresberichte, die differenzierte Informationen über die einzelnen Regionen liefern 1.1.4. Informationsmaterial der *Statistischen Ämter der Gemeinden* — *Statistisches Jahrbuch Deutscher Gemeinden* (herausgegeben vom *Deutschen Städtetag)* — Informationen über die Struktur von Städten 1.1.5. Informationsmaterial von Ministerien und sonstigen staatlichen Institutionen — Berichte der *Bundesministerien für Wirtschaft, für Finanzen sowie für Ernährung, Landwirtschaft und Forsten* — Informationsmaterial des *Kraftfahrtbundesamtes,* der *Telekom,* der *Deutschen Bahn AG,* der *Bundesbank,* der *Bundesanstalt für Arbeitsvermittlung,* der Verwaltung, z. B. Wetteramt, sowie Behörden der Landes- und Städteplanung 1.2. Informationen von Wirtschaftsverbänden — Branchenstatistiken, -berichte, Betriebsvergleiche — Aufbereitung von Daten amtlicher und nichtamtlicher Quellen 1.3. Informationen von Wirtschaftswissenschaftlichen Instituten — *Deutsches Institut für Wirtschaftsforschung,* Berlin — *Forschungsstelle für den Handel (FfH) e. V.,* Berlin — *Gesellschaft für Konsumforschung,* Nürnberg (Kaufkraftkennzahlen, Absatzpotentialforschung usw.) — *Hamburgisches Weltwirtschafts-Archiv,* Hamburg (Konjunkturforschung) — *Ifo-Institut,* München (Konjunkturforschung, Erforschung von Struktur und Entwicklung einzelner Wirtschaftszweige) — *Institut für Handelsforschung* an der Universität zu Köln (Betriebsvergleiche im Handelsbereich) — *Institut für Weltwirtschaft* an der Universität Kiel

1.4. Informationen aus dem fachlichen und allgemeinen Schrifttum
   1.4.1. Bibliographien
   1.4.2. Fachliteratur
   1.4.3. Firmenveröffentlichungen, insbes. solche von Medien (z. B. über Reichweite und Leserstruktur)
   1.4.4. Zeitungen und Zeitschriften

1.5. Informationen von Absatzhelfern und Werbeträgern
— Kreditinstitute, Zeitungsausschnittbüros, Adressenverlage, Auskunfteien
— Zeitschriftenverlage (Berichte über bestimmte Branchen und Warengruppen, Veröffentlichungen von Untersuchungen über das Kauf- und Informationsverhalten)

1.6. Informationen von internationalen Organisationen
— Statistische Ämter der Europäischen Behörden
— *EFTA, OECD, UNCTAD / GATT*
— *FAO, IWF, Vereinte Nationen, Weltbank*

1.7. Informationen aus amtlichen und nichtamtlichen Statistiken bzw. Veröffentlichungen im Ausland

1.8. Externe Datenbanken

2. Unternehmensinterne Quellen

2.1. Rechnungswesen
2.2. Absatzstatistik
2.3. Berichte der Außendienstmitarbeiter
2.4. Kundenkartei
2.5. Vertriebserfolgsanalyse
2.6. Archiv

3. Ablauf und Methodik empirischer Erhebungen

3.1. Die Planung einer Studie

Jede Art von Marketing-Forschung bedingt einen Problemlösungsprozeß, der sich gedanklich in eine **idealtypische Abfolge** von **Phasen** untergliedern läßt. Eine wichtige Voraussetzung für die Gewinnung von Marketinginformationen bildet eine möglichst umfassende und genaue Planung aller erforderlichen Einzelschritte. Fehler und Versäumnisse, die in diesem Stadium begangen werden, sind oft nur schwer zu beheben und führen im Rahmen der eigentlichen Datengewinnung und -auswertung häufig zu hohen Kosten bzw. einer Beeinträchtigung der Ergebnisse.

Auf Grund der strukturellen Verbundenheit der einzelnen Schritte ist es notwendig, sie stets unter Berücksichtigung vorangehender und nachfolgender Arbeitsgänge zu planen. So erfordert beispielsweise die Entwicklung eines Fragebogens nicht nur eine operationale Definition des Forschungsproblems, sondern auch eine Vorstellung von der Art und Weise, wie die zu erlangenden Daten ausgewertet werden sollen. Idealtypisch ergibt sich folgender Ablauf (siehe hierzu auch Abb. 9.2.):

- Problemformulierung **(Definitionsphase)**
- Konzeptualisierung (**Designphase**)
- Datenerhebung (**Feldphase**)
- Auswertung und Interpretation der Ergebnisse **(Analysephase)**
- Transfer der Ergebnisse (**Kommunikationsphase**).

(1) **Definitionsphase:** Zunächst geht es darum, die in der Regel von einem Entscheidungsträger formulierte Fragestellung in ein **Forschungsproblem** umzusetzen und auf dieser Basis operationale **Erhebungsziele** zu definieren. In diesem Stadium ist es von besonderer Bedeutung, daß der Verantwortliche in der Lage ist, sich nicht nur selbst ein hinreichendes Bild von der Problemstellung zu verschaffen, sondern auch die Vorstellung des Entscheidungsträgers bzw. Auftraggebers von der Problemsituation zu verstehen.

Auf der Grundlage derartiger Vorgaben sowie sonstiger Informationen (Literatur, andere Studien etc.) ist die Problemsituation zu formulieren. Es kommt dabei darauf an, die für deren Bewältigung bedeutsamen betriebsinternen und -externen Variablen festzulegen sowie gleichzeitig zu bestimmen, in welchem Ausmaß diese vom Entscheidungsträger kontrollierbar sind. Häufig zwingt eine lückenhafte Kenntnis der Gegebenheiten dazu, eine explorative Studie („pilot study") vorzuschalten.

(2) **Designphase:** Die Designphase soll zu einem **detaillierten Erhebungsplan** führen, in dem die einzelnen Schritte der Felduntersuchung und, soweit möglich, auch der Datenauswertung vorgezeichnet sind. Im Mittelpunkt steht dabei die theoriegeleitete Gewinnung von Hypothesen. Im Idealfall konkretisiert sich das Ergebnis der ersten beiden Etappen in folgenden Elementen:

- Definition des Entscheidungs- und Forschungsproblems,
- Informationsstand,
- Forschungshypothesen,
- einzusetzende Methoden,
- Dauer des Projekts sowie
- Finanzbedarf.

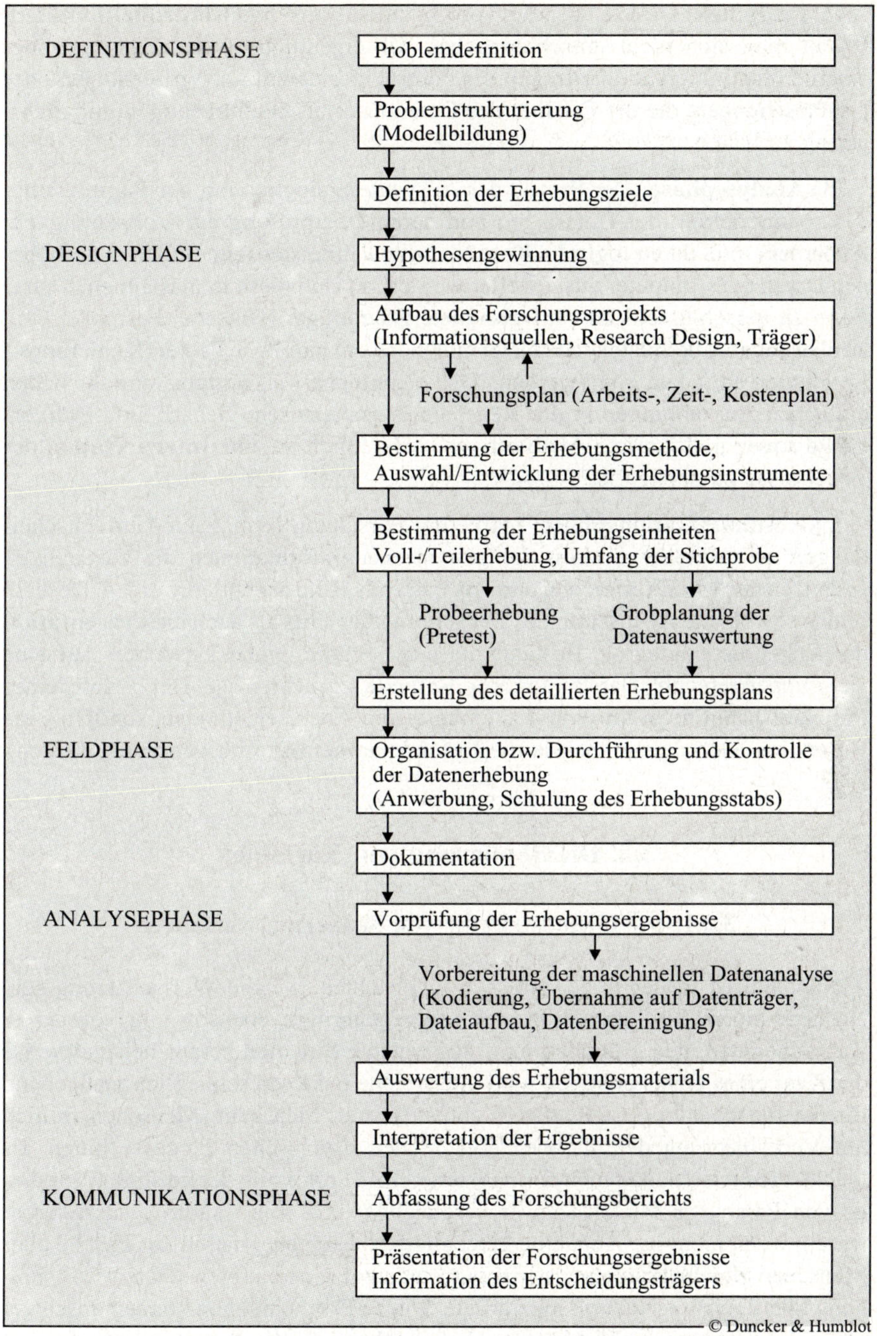
DEFINITIONSPHASE
Problemdefinition
Problemstrukturierung (Modellbildung)
Definition der Erhebungsziele
DESIGNPHASE
Hypothesengewinnung
Aufbau des Forschungsprojekts (Informationsquellen, Research Design, Träger)
Forschungsplan (Arbeits-, Zeit-, Kostenplan)
Bestimmung der Erhebungsmethode, Auswahl/Entwicklung der Erhebungsinstrumente
Bestimmung der Erhebungseinheiten Voll-/Teilerhebung, Umfang der Stichprobe
Probeerhebung (Pretest)
Grobplanung der Datenauswertung
Erstellung des detaillierten Erhebungsplans
FELDPHASE
Organisation bzw. Durchführung und Kontrolle der Datenerhebung (Anwerbung, Schulung des Erhebungsstabs)
Dokumentation
ANALYSEPHASE
Vorprüfung der Erhebungsergebnisse
Vorbereitung der maschinellen Datenanalyse (Kodierung, Übernahme auf Datenträger, Dateiaufbau, Datenbereinigung)
Auswertung des Erhebungsmaterials
Interpretation der Ergebnisse
KOMMUNIKATIONSPHASE
Abfassung des Forschungsberichts
Präsentation der Forschungsergebnisse Information des Entscheidungsträgers

Abb. 9.2.: Phasen der Informationsgewinnung

(3) **Feldphase:** Diese ist geprägt von **Organisations-** und **Kontrollaktivitäten**, soweit man sich nicht entschieden hat, die eigentliche Datenerhebung einer externen Institution zu übertragen. Es kommt hier darauf an, Verzerrungen oder gar Fälschungen, die die Qualität des Datenmaterials beeinträchtigen, möglichst gering zu halten.

(4) **Analysephase:** Der Prozeß der Auswertung beginnt mit der **Paginierung,** d. h. Numerierung der Unterlagen und deren Überprüfung auf Vollständigkeit. Außerdem muß deren logische Konsistenz gewährleistet sein. Sollen die erhobenen Daten per Computer ausgewertet werden, so sind diese in maschinenlesbarer Form zu verschlüsseln und auf geeignete Datenträger (Diskette, Festplatte etc.) zu übertragen. Die entstehende Datei muß noch um mögliche Fehler (Kodierungs-, Lesefehler etc.) bereinigt werden. Die eigentliche Auswertung umfaßt neben einfachen Auszählungen in der Regel inferenzstatistische Schätz- und Prüfvorgänge sowie multivariate Analysen, ehe schließlich an eine **Interpretation** der **Ergebnisse** zu denken ist.

(5) **Kommunikationsphase:** Marketing-Forschung vermag nur dann Entscheidungen zu verbessern, wenn die gewonnenen Informationen die zuständigen Instanzen tatsächlich erreichen und von ihnen als Hilfe akzeptiert werden. Deshalb bilden sowohl die **Abfassung** des **Forschungsberichts** als auch die **Präsentation** der **Ergebnisse** integrale Bestandteile einer Studie, wobei besonders auf eine zielgruppengerechte Darstellung der Befunde zu achten ist. Der Erfolg eines Projektes hängt nicht nur von den eingesetzten Analysemethoden, sondern ganz wesentlich auch davon ab, wie die Befunde aufbereitet und vermittelt werden.

3.2. Die Skalierung von Variablen

3.2.1. Die Grundstruktur von Skalierungsverfahren

Niemand ist in der Lage, direkt zu beobachten, welche Wertschätzung sein Nachbar einem bestimmten Produkt entgegenbringt; ebensowenig vermag er wahrzunehmen, wie gründlich bzw. aus welcher Situation heraus beispielsweise der Kauf eines Gutes erwogen wird und welche Faktoren schließlich maßgebend für die Entscheidung (z. B. den Nichtkauf) sind. Man kann Menschen freilich um Verbalisierung der in ihnen ablaufenden psychischen Prozesse bitten. Es leuchtet jedoch ein, daß nichtformalisierte, freie Protokolle der geistigen Vorgänge von Person zu Person schwer vergleichbar und somit kaum objektivierbar wären, wenn nicht die Annahme gerechtfertigt erschiene, daß in der Psyche aller Menschen **gleiche** Phänomene wirksam sind, wobei deren Intensität bzw. Ausprägung allerdings interindividuell variiert. Solche Erscheinungen können unschwer als nichtbeobachtbare **Merkmale,** als sog. **theoretische Konstrukte** aufgefaßt werden. In die Hypothesen der verhaltensorientierten Marketing-Forschung gehen interindividuelle Unterschiede in den Ausprägungen dieser Merkmale sowohl als **abhängige** als auch als **unabhängige Variablen** ein.

Im ersten Fall betreffen die Hypothesen die Wirkungsweise der absatzpolitischen Instrumente, im letzteren die Erklärung und Vorhersage von erfolgsrelevanten Verhaltensweisen der Marktteilnehmer. So können zur Beschreibung der psychischen Vorgänge, die einer Kaufentscheidung vorausgehen und somit zu deren Erklärung beitragen, Merkmale wie Produktkenntnis, Einstellung zu einer Marke, Beeinflussung durch den Verkäufer, Innovationsfreudigkeit, Markentreue und Extravertiertheit verwendet werden. Eines ist jedoch all diesen Begriffen gemeinsam: Als **theoretische Konstrukte** verschließen sie sich einer direkten Quantifizierung. Da sie jedoch zu Bestandteilen empirisch überprüfbarer Hypothesen werden sollen, ist die Lösung dieses Meßproblems unumgänglich.

Was den Meßvorgang betrifft, gibt es **Objekte,** die **Merkmale** in bestimmten **Ausprägungen** aufweisen. Solche „Objekte" sind Merkmalsträger wie Personen, Gruppen, Ereignisse und Gegenstände. „Merkmal" verkörpert einen Sammelbegriff für Eigenschaften, Verhaltensweisen, Charakteristika u. ä. Durch **Messung** will man zu einem numerischen Wert gelangen, der, einem Objekt zugeordnet, den Ausprägungsgrad des Merkmals bei diesem wiedergibt. Es ist nützlich, dem Meßwert auch eine geometrische Bedeutung zuzuweisen: Ein eindimensionales Merkmal kann einer **Geraden**, ein mehrdimensionales einem **Raum** gleichgesetzt werden, dessen orthogonale Achsen den Komponenten des Merkmals entsprechen. Durch die Zuweisung eines Meßwertes legt man das Objekt auf der Geraden oder, falls mehrere Meßwerte vorliegen, im Raum als **Punkt** fest.

Den Meßwerten entsprechen auf einer Geraden oder im Raum bestimmte **Relationen**, wobei diese größer oder kleiner sind, je nachdem, ob die Punkte weit oder nur wenig auseinanderliegen. Die zentrale Frage der Messung lautet nun, ob auch die einzelnen durch die Zahlenwerte bezeichneten Ausprägungen (bzw. die sie tragenden Objekte) die **gleichen inhaltlichen Relationen** zueinander aufweisen wie ihre Meßwerte. Ist dies der Fall, besteht Einvernehmen, daß beide **isomorph** sind. Dann ist es zulässig, aus den Beziehungen, in denen die Zahlen zueinander stehen, auf solche zwischen Objekten zu schließen. Erscheint dies hingegen nicht vertretbar, können die zwischen Zahlen bestehenden Relationen auch **nicht** als Stellvertreter für solche zwischen den Objekten fungieren.

Auf Grund dieser Überlegungen wird als **Messung** nur jene Zuordnung von Zahlen zu Objekten bezeichnet, bei der bestimmte Relationen zwischen den Zahlenwerten analoge Verhältnisse zwischen den Objekten (bezüglich der gemessenen Merkmale) widerspiegeln. Dies bedeutet allerdings nicht, daß für mit Zahlen versehene Merkmale immer alle Relationen gelten müssen, die auch die zwischen jenen selbst herrschenden Beziehungen prägen. Die Messung kann also auf unterschiedlichem Niveau erfolgen, je nachdem, welche Relationen zwischen den Zahlenwerten für den empirischen Bereich als sinnvoll betrachtet werden dürfen.

So könnten aus der Tatsache, daß in einem Präferenztest Produkt A 140 Punkte und Erzeugnis B nur 70 erzielten, verschiedene Schlüsse gezogen werden. Der einfachste wäre der, daß die beiden Güter nicht gleichermaßen begehrt sind. Man könnte auch behaupten, A sei attraktiver als B oder der wahrgenommene Unterschied zwischen den beiden betrage 70 Punkte. Nicht zuletzt läßt sich postulieren, A sei doppelt so begehrenswert wie B. Welcher dieser Schlüsse zulässig ist, hängt davon ab, welche der vier grundsätzlich möglichen Zahleneigenschaften sachlich sinnvoll interpretiert werden können:

(1) **Identität**: Diese Eigenschaft ist dann gegeben, wenn Zahlen Objekten lediglich unter der Maßgabe zugeordnet werden, daß gleiche Werte identischen, ungleiche dagegen divergierenden Merkmalsausprägungen entsprechen (**Nominalskalenniveau**). Das Merkmal „Geschlecht" z. B. läßt sich nur auf dieser Ebene messen.

(2) **Ordnung:** Sofern neben der Identität eine Ordnung erkennbar ist, repräsentiert die Größer / Kleiner-Relation zwischen den Zahlenwerten auch eine solche bezüglich der Merkmalsausprägungen (**Ordinalskalenniveau**; Beispiel: Schulnoten).

(3) **Additivität:** Gibt zusätzlich noch die Additivität der Zahlen empirisch einen Sinn, heißt dies, daß der Relation der zwischen numerischen Meßwerten bestehenden Differenz die gleiche Relation bezüglich des bei realen Merkmalsausprägungen gegebenen Unterschieds entspricht (**Intervallskalenniveau**; Beispiel: Intelligenzquotient).

(4) **Zahl Null:** Kann man ergänzend zu den obigen Bedingungen noch von der Existenz des Nullpunkts ausgehen, so entspricht die Relation zwischen zwei Meßwerten der gleichen zwischen den Merkmalsausprägungen (**Verhältnisskalenniveau**; Beispiel: Alter in Jahren).

Das Skalenniveau determiniert damit maßgeblich die Interpretationsmöglichkeiten und den Informationsgehalt der gewonnenen Daten; es wirkt sich ferner auf die Art der im Rahmen der Datenanalyse einsetzbaren **statistischen Verfahren** aus (siehe Abschn. 3.5.). Dabei kommt es nicht auf das realisierbare, sondern das **tatsächlich realisierte Skalenniveau** an.

Mißt man etwa das Alter von Untersuchungspersonen in Jahren (Verhältnisskala), so steht dem Forscher für die Kennzeichnung der Altersverteilung eine Reihe von Maßzahlen (Mittelwert, Standardabweichung etc.) zur Verfügung. Wenn man dagegen, was für manche Untersuchungsanliegen durchaus zweckmäßig und ausreichend erscheinen mag, lediglich die drei Altersklassen „bis 17 Jahre", „18-65 Jahre" und „über 65 Jahre" unterscheidet und diesen die Zahlenwerte 1, 2 und 3 zuordnet, so liegt lediglich ordinales Datenniveau vor, was das Spektrum der einsetzbaren statistischen Verfahren von vornherein auf die für dieses Meßniveau geeigneten Verfahren beschränkt.

In den Sozialwissenschaften kann man bei verbalen Angaben grundsätzlich **Nominal-** oder **Ordinalskalenniveau** voraussetzen. Dies hängt mit der bereits in der Sprache verankerten Fähigkeit des Menschen zusammen, zwischen gleich und ungleich (= Begriffsbildung) bzw. größer und kleiner (= Komparativ, Superlativ) zu unterscheiden. Ein höheres Meßniveau läßt sich dagegen ohne Rekurs auf problematische Annahmen über das Antwortverhalten von Menschen nicht ohne weiteres rechtfertigen.

Soll eine Messung nicht zu einer Schätzung werden, benötigt man ein möglichst geeichtes, zuverlässiges und gültiges **Meßinstrument** (zu den Gütekriterien für Meßinstrumente vgl. *Selltiz* u. a. 1972, S. 183 ff.). Hierfür in Frage kommen **Skalen** und **Indizes.** Es handelt sich dabei um Maßstäbe resp. Meßlatten, die einem Merkmalsträger einen Skalen- bzw. Indexwert zuweisen, und zwar entsprechend der konkreten Merkmalsausprägung, die er besitzt. Nun ist dieses Ausmaß aber bei theoretischen Merkmalen nicht direkt erfahrbar. Diese erhalten einen empirischen Bezug erst dadurch, daß **beobachtbare, direkt meßbare Größen** gefunden werden, die als Indikatoren für das Vorhandensein und die Ausprägung eines theoretischen Merkmals dienen. Den Weg vom theoretischen Begriff zum Meßinstrument verdeutlicht Abb. 9.3.

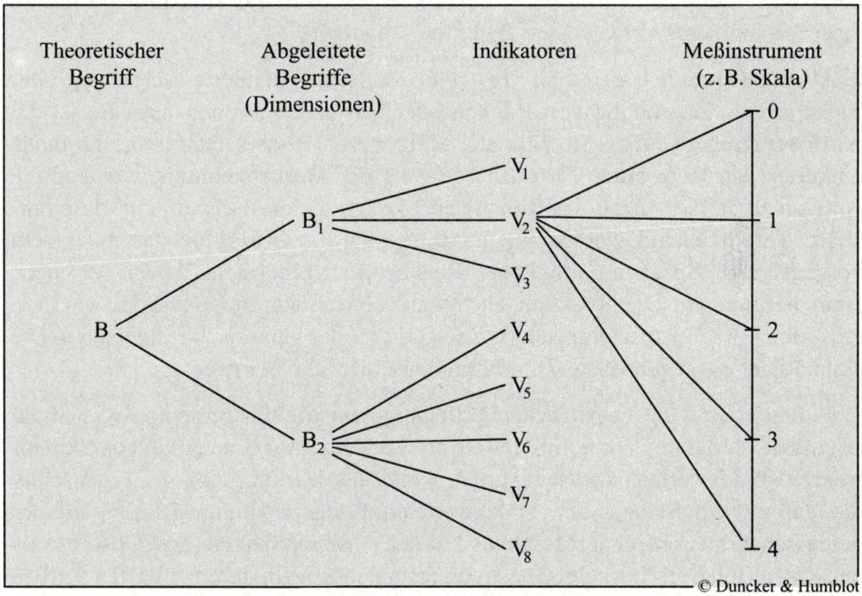

Abb. 9.3.: Operationalisierung eines theoretischen Begriffs

Theoretische Merkmale sind nie Eigenschaften mit direktem empirischem Bezug, wie z. B. Gewicht oder Länge, sondern komplexe, in Merkmalskomponenten bzw. Dimensionen zerlegbare Phänomene. Betrachten wir dazu z. B. die Geschäftstreue als zu operationalisierende Variable. Die Frage nach deren Dimensionen zielt letztlich auf bestimmte Merkmale einer bestimmten Einkaufsstätte und die Beweggründe eines Kunden ab, die ihn veranlassen, diesem Geschäft gegenüber eine loyale Haltung einzunehmen. Ist es die Macht der Gewohnheit? Reizt ihn dessen günstige Preisstellung? Oder verlockt ihn die dort gegebene Möglichkeit, mit Nachbarn zu plaudern?

Solche Antworten stellen **abgeleitete Größen** dar. Wenn wir die als Beispiel herangezogene Dimension mit **Indikatoren** repräsentieren wollen, bieten sich Fragen wie „Welchen Anteil Ihres Budgets geben Sie in diesem Geschäft aus?“ oder „Seit wann kaufen Sie in diesem Geschäft ein?“ an. Mit Hilfe eines für das jeweilige Verfahren spezifischen **Meßverfahrens** strebt man dann an, aus den Ausprägungen der Indikatoren die Ausprägung des theoretischen Merkmals zu erfassen (vgl. Abb. 9.3.).

Als **Indikatoren** für psychische Merkmale interessieren uns im folgenden ausschließlich verbale oder auch mit Hilfe von Apparaten gemessene **physische Reaktionen** von Auskunftspersonen auf Items. Unter einem **Item** versteht man das grundlegende Element einer Skala (eines Tests, Index, Fragebogens). Inhaltlich kann ein Item eine Frage, Aufgabe, Aussage (Statement), Meinung, Beschreibung oder ähnliches verkörpern, kurzum etwas, was die Auskunftsperson zu einer als Indikator verwendeten Reaktion veranlaßt.

Als **Reaktionen** lassen sich vorstellen: zu Items geäußerte Ablehnung oder Zustimmung, Zuordnung von Rängen oder kardinalen Werten usw. So ist die **Aufforderung** „Nennen Sie bitte alle Marken von Feinwaschmitteln, die Ihnen einfallen“ ein **Item** eines Tests zur Messung der Markenkenntnis, während die Antwort, d. h. die Anzahl der genannten Marken, einen Indikator für diese darstellt. Vereinfachend werden wir im folgenden als **Indikator** das mit einem vorgegebenen Spektrum möglicher Reaktionen (mindestens zwei) versehene **Item** bezeichnen. Die Reaktion einer Auskunftsperson auf das Item wird auf eine vom Forscher festzulegende Weise kodiert oder numerisch festgehalten. Die einer Reaktion zugeordnete Zahl bezeichnet man als **Itemwert**.

Nunmehr ist eine begriffliche Festlegung von Meßinstrumenten wie **Skala** oder **Index** möglich: Wir definieren sie als Vorschrift zur Erzeugung von **Skalenwerten** (Indexwerten) aus Itemwerten, wobei die Verknüpfung die Eigenschaft hat, daß aus den Skalen- bzw. Indexwerten auf eine bestimmte Ausprägung des gemessenen theoretischen Merkmals bei der Auskunftsperson geschlossen werden kann. Den nach festgelegten, streng formalen Regeln durchgeführten Aufbau einer Skala bezeichnet man als **Skalierung,** die formalen Regeln bzw. die Anleitung zur Konstruktion von Skalen als **Skalierungsverfahren**. Im Gegensatz zur Skalierung ist die **Indexbildung** Ergebnis eines weniger formalisierten, eher pragmatisch ausgerichteten Versuchs, komplexe Merkmale auf eine **Maßzahl** zu reduzieren.

Wie erinnerlich, haben wir das **Skalierungsverfahren** als formale Regel oder Anleitung zur Konstruktion einer Skala charakterisiert. Als eine **Skala** wurde demgegenüber eine Vorschrift bezeichnet, welche die **Itemwerte** eines Objektes zu einem **Skalenwert** verknüpft, der dem Ausmaß des gemessenen Merkmals entspricht, das das Objekt besitzt. Die Anleitung zur Konstruktion einer Skala muß folglich stets zweierlei enthalten: zum einen das Vorgehen bei der Auswahl der Indikatoren (Items), zum anderen die Art und Weise, wie der Zusammenhang zwischen den Indikatoren (Itemwerten) und der Merkmalsausprägung (Skalenwert) herzustellen ist (Verknüpfungsregel).

Im folgenden wird sich zeigen, daß je nach **Dimensionalität** des gemessenen Merkmals die einem Objekt zugeordneten Zahlenwerte geometrisch wie auch inhaltlich unterschiedlich interpretiert werden. Dies bedarf der Erläuterung:

Zweck der Skalierung ist es, an Hand der Angaben einer Stichprobe von Auskunftspersonen mit Hilfe eines geeigneten Verfahrens eine Skala zu entwikkeln, die als („geeichtes") Meßinstrument zur Messung des Merkmals bei Personen außerhalb der Stichprobe dienen kann. Solche Skalierungsverfahren können auch als **„skalenbildende" Verfahren** bezeichnet werden. Es existieren indessen Spielarten, bei denen eine derartige Zwecksetzung in den Hintergrund tritt. Auch sie streben zwar die Zuordnung von Zahlenwerten zu Objekten gemäß dem Ausmaß des Merkmals an, das sie besitzen, doch verdeutlicht die vorgenommene Zuordnung nur, welche Unterschiede bezüglich der Ausprägungen des gemessenen Merkmals zwischen den Auskunftspersonen innerhalb der Stichprobe bestehen. Solche **„nur-skalierenden" Verfahren** sind unter den im weiteren behandelten Verfahren in der Überzahl.

Ein **Merkmal** ist als **eindimensional** anzusehen, wenn es folgende Bedingung erfüllt: Der größte subjektive Unterschied zwischen drei Objekten muß gleich der Summe der beiden kleineren Differenzen sein (vgl. *Sixtl* 1967, S. 139). Es leuchtet unmittelbar ein, daß diese Restriktion bei der Anordnung aller drei Punkte auf einer Merkmalsgeraden erfüllt ist, wobei die subjektiv wahrgenommenen Unterschiede durch kein anderes Merkmal „verzerrt" werden. Kommt es zu einem derartigen Effekt, verschiebt sich die Lage der Punkte aus dem Kontinuum ins Flächenhafte, wodurch eine Dreiecksrelation entsteht. Deren Darstellung erfordert zwei Dimensionen, das Kontinuum wird zweidimensional.

Wie auch aus Abb. 9.3. ersichtlich, können theoretische Merkmale in Teilmerkmale bzw. Dimensionen zerlegt werden. Hinsichtlich des Begriffs **Dimension** erscheint es angebracht, bereits an dieser Stelle auf drei grundlegende Eigenschaften zu verweisen, die jener in der Literatur allgemein zugeschrieben werden.

Üblicherweise werden die **Komponenten** (= Elementareigenschaften) komplexer Merkmale a priori als **voneinander unabhängig** und als **Achsen** (= Dimensionen) eines **mehrdimensionalen Urteilsraumes** aufgefaßt. Anders herum betrachtet entsteht ein komplexes Merkmal durch Zusammenfügung von Merkmalskomponenten. So verkörpert z. B. der Reifegrad einer Birne eine bestimmte Kombination von Farbe, Konsistenz und Duft, die Schreibfähigkeit einer Sekretärin eine bestimmte Bündelung der Elementareigenschaften Schnelligkeit und Zuverlässigkeit. Ergibt eine statistische Untersuchung, daß manche Merkmalskomponenten miteinander korrelieren, d. h. mehr oder weniger stark voneinander abhängen, können mit Hilfe gewisser Verdichtungsverfahren (z. B. Faktorenanalyse) die untereinander hoch korrelierenden Merkmalskomponenten zu statistischen Ex-post-Dimensionen zusammengefügt werden.

Für unsere Zwecke überaus bedeutsam, da mit der Entwicklung der Skalierungsverfahren untrennbar verbunden, ist die Verwendung des Dimensionsbegriffs in der **Einstellungsforschung.** Ohne auf das theoretische Konstrukt Einstellung an dieser Stelle noch einmal einzugehen, können wir festhalten, daß dieses in der Literatur als ein dauerhaftes, aus drei Komponenten bestehendes System aufgefaßt wird (vgl. *Krech / Crutchfield / Ballachey* 1962, S. 140): **kognitive** (Aspekt: Wissen), **affektive** (Aspekt: Emotion) und **Handlungskomponente** (Aspekt: Handeln). Jene Verfahren, welche bei der Skalierung einer Einstellung Items verwenden, die homogen in bezug auf nur eine (üblicherweise die affektiv-wertende, emotionale) dieser Komponenten sind, werden als **eindimensional** bezeichnet. Wird hingegen auch eine zweite (üblicherweise die kognitive) in das Meßverfahren einbezogen, spricht man von **mehrdimensionalen Skalierungsverfahren.**

Die im folgenden zu behandelnden Skalierungsverfahren lassen sich demnach in drei Gruppen einteilen:

(1) Als **skalierungsähnliche Verfahren** bezeichnet man solche, die keine Vorschrift darüber enthalten, wie die Itemwerte in Skalenwerte „übersetzt" werden sollen. Eine solche Anweisung wird vielmehr im Bewußtsein der Befragten vorausgesetzt, so daß diese die Objekte (bei Selbstbeurteilung sich selbst) gemäß den wahrgenommenen Ausprägungen des Merkmals direkt in ein ordinales oder kardinales Zahlenkontinuum eintragen (**Ratingskala**, **Paarvergleich** und **Rangordnung**).

(2) Für **eindimensionale Skalierungsverfahren** charakteristisch ist die Beschränkung des Skalierungsvorganges und somit der verwendeten Indikatoren auf eine Dimension, im wesentlichen auf die affektiv-wertende Komponente des Einstellungskonstrukts. Alle diese Verfahren zeichnen sich durch das klassische Phasenschema der Skalierung aus: Suche nach Indikatoren, Auswahl von Indikatoren, Interpretation der Reaktion auf Indikatoren, Skalenwert.

(3) Mit **Skalierung mehrdimensionaler Merkmale** assoziiert man ein Bündel von Techniken, denen gemeinsam ist, daß sie keine strenge Homogenität der Indikatoren bezüglich einer Merkmalsdimension anstreben. Dies bedeutet, daß sie explizit die Komplexität der gemessenen Merkmale berücksichtigen, indem sie Indikatoren für mehrere Merkmalsdimensionen in den Skalierungsprozeß einbeziehen. Gleichgültig ist dabei, welche Dimension der letztlich gewonnene Skalenwert aufweist. Neben Verfahren, die mehrdimensionale Merkmale auf ein eindimensionales Zahlenkontinuum abbilden (**Indizes**, **Multiattributivskalie-**

rung), zählen zu dieser Gruppe auch solche, die zur Darstellung komplexer Merkmale mehrdimensionale geometrische Räume aufspannen (**Semantisches Differential, Mehrdimensionale Skalierung**).

3.2.2. Skalierungsähnliche Verfahren

3.2.2.1. Die Rating-Skala

Die Rating-Skala (Beurteilungs-, Schätzskala) kann nicht als Skalierungsverfahren im eigentlichen Sinne angesehen werden. Materiell stellt sie ein Kontinuum von in gleichen Abständen aneinandergefügten numerischen Werten dar, in das eine Auskunftsperson die von ihr an einem Objekt wahrgenommene Merkmalsausprägung einträgt. Gefordert wird hier also eine absolute Größenangabe. Bei Gruppenerhebungen gewinnt man Gesamtwerte durch Summierung oder Durchschnittsbildung. Die einzelnen numerischen Werte der Skala werden oft durch verbale Umschreibung des Intensitätsgrads ergänzt oder ersetzt. Als ein Beispiel für eine Ratingskala kann Abb. 9.4. dienen.

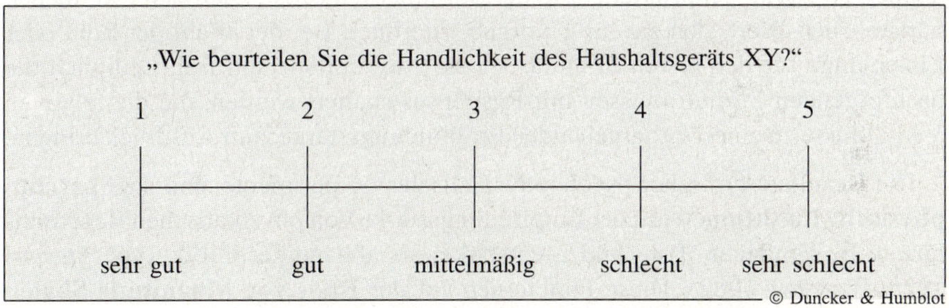

Abb. 9.4.: Beispiel für eine Rating-Skala

Hier wird die Analogie zu dem wohl bekanntesten Rating, den Schulzensuren, deutlich. Ratingskalen werden in der Praxis sehr unterschiedlich ausgestaltet. Die im einzelnen verwendeten Varianten differieren in bezug auf die **Anzahl** der vorgegebenen Ausprägungen (meistens 5 bis 7), die **Anordnung** der numerischen Werte (nur positive Zahlen, Zentrierung positiver und negativer Werte um Null) und deren **optische Hervorhebung** (Farbe, Schrift, Größe geometrischer Figuren). Häufig faßt man solche Items zu einer sog. **Batterie** zusammen, die dann z. B. zur Bildung eines Index herangezogen werden kann.

Der Aufstellung solcher Rating-Batterien geht zumeist kein formaler Prozeß der Itemselektion voraus. Sie ist pragmatisch ausgerichtet. Gemäß der Annahme, daß die fest vorgegebene Aufteilung des Kontinuums eine ähnlich strukturierte subjektive Differenzierung der jeweiligen Merkmalsdimensionen bedingt, wird häufig das **Intervallmeßniveau** der Angaben postuliert. Andere Forscher gehen angesichts der groben Gliederung des Kontinuums plausiblerweise nur von einem ordinalen Meßniveau aus.

Die Rating-Skalierung leidet darüber hinaus an dem weiteren Mangel, daß sie sich in ihrer Differenziertheit nicht an individuell unterschiedliche Wahrnehmungsspektren anpassen kann. Zum einen erlangen eng beieinanderliegende Perzeptionen gleiche, da vorgegebene Skalenwerte, zum anderen können Wahrnehmungen, die jenseits vorhandener Grenzen plaziert werden müßten, nicht mehr skaliert werden (Ceiling- oder End piling-Effekt).

Zuweilen versucht man, eine Methode für die Skalierung einer Wahrnehmung aus der Psychophysik in die Markt- und Meinungsforschung zu übertragen, die nicht mit den der Rating-Skalierung innewohnenden Nachteilen behaftet ist, das Meßniveau einer Verhältnisskala aufweist und zudem eine immanente Validierungsmöglichkeit bietet, die sog. **Magnitude-Skalierung.** Sie geht, im Gegensatz zur Teilungsmessung (Ratingskalen), davon aus, daß ein Subjekt den Grad seiner **Empfindungsintensität** unmittelbar **proportional** in ein **Kontinuum** umsetzen kann, z. B. durch positive ganze Zahlen oder durch die Länge von Linien. Von einer Versuchsperson wird dabei verlangt, daß sie einem Stimulus *X,* der eine doppelt so starke Empfindung wie der Stimulus *Y* auslöst, auch den zweifachen numerischen Wert, den sie für *Y* vorgab, zuordnet. Bei der Wahl der Zahl oder Linienlänge für den ersten Stimulus ist die Auskunftsperson frei. Lediglich die nachfolgenden Stimuli müssen mit Responses skaliert werden, die die relativen Verhältnisse zu einer vorhergehenden Empfindungsstärke zum Ausdruck bringen.

Die Resultate typischer psychophysikalischer Experimente sind sog. **psychophysische Funktionen** mit der Empfindungsstärke von physikalischen Reizkontinua, z. B. Tondauer, Ton- und Lichtstärke, als abhängiger Größe (vgl. *Stevens* 1975; *Wegener* 1982). Diese Funktionen auf der Basis von **Magnitude-Skalen** sind sehr stabil und zuverlässig als Potenzfunktionen mit ganz spezifischen Exponenten (je nach physikalischem Stimulus) darstellbar, und zwar in der allgemeinen Form:

(9.3.) $$R = aS^{\beta}$$

Dabei verkörpern *R* den Vektor der psychischen Reaktion und *S* den der physikalischen Reize, *a* eine Proportionalitätskonstante und β den spezifischen Exponenten einer Stimulusart.

Die **Validität** der Magnitude-Skalierung im Skalenkontinuum läßt sich nun relativ einfach überprüfen: Man konfrontiert Auskunftspersonen mit der Aufgabe, physikalische Reize so einzustellen, daß sie die gleiche Empfindungsintensität aufweisen, d. h. z. B. einen Ton so zu wählen, daß er so laut wie ein dargebotener Lichtreiz hell ist („cross modality matching“, CMM). Kennt man für beide sog. Modalitäten, Ton (*T*) und Licht (*L*), die jeweilige psychophysische Funktion

(9.4.) $$R_T = a_T S_T^{\beta_T} ,$$

(9.5.) $$R_L = a_L S_L^{\beta_L} ,$$

so kann man daraus die Form der Beziehung zwischen den Stimuli S_T und S_L wegen der Gleichheit von R_T und R_L vorhersagen:

(9.6.) $$S_T = (a_L / a_T)^{1/\beta_T} S_L^{\beta_L/\beta_T}$$

Empirisch lassen sich diese CMM-Funktionen sehr gut bestätigen, was auf die hohe Validität dieser Skalierungsmethode hinweist.

Das dargestellte Konzept kann man ebensogut zur Skalierung **nichtphysikalischer** Phänomene wie Einstellung, Zufriedenheit und Präferenz, für die eine objektive Metrik nicht vorliegt, heranziehen. Dabei werden die Auskunftspersonen nach Darbietung der zu skalierenden Reize (z. B. Produktname) aufgefordert, das Verhältnis der von ihnen erlebten Empfindungsstärke hinsichtlich der Reize unter dem Gesichtspunkt der Einstellung, Präferenz etc. in mindestens zwei **Modalitäten** (z. B. Linien und Zahlen) auszudrücken. Verwendet man Modalitäten, deren Exponenten bekannt sind, z. B. Linie (M_L) mit $\beta_L = 1$ und Zahl (M_Z) mit $\beta_Z = 1$, so ist die Beziehung

(9.7.) $$M_L = a M_Z^{\beta_Z/\beta_L} \text{ mit } a = (a_Z / a_L)^{1/\beta_L}$$

vorhersagbar (mit M_L als Vektor der jeweiligen Linienlänge und M_Z als Vektor der Zahlen). Die Prüfung, ob der theoretisch erwartete Exponent β_Z / β_L von seinem empirischen Pendant abweicht, erfolgt **regressionsanalytisch** nach Logarithmieren von (9.7):

(9.8.) $$\log M_L = (\beta_Z / \beta_L) \log M_Z + \log a$$

Weichen empirischer und theoretischer Wert von β_Z / β_L nicht (signifikant) voneinander ab, so kann man die Skalierung als valide bezeichnen. Der Skalenwert für einen Reiz *i* läßt sich anschließend als geometrisches Mittel der Werte beider Modalitäten berechnen:

(9.9.) $$S_i = (M_{L_i}^{\beta_L} \cdot M_{Z_i}^{\beta_Z})^{1/2}$$

Der Validitätstest dient dazu, „schlecht“ skalierende Auskunftspersonen zu erkennen und deren Angaben von einer weiteren Auswertung auszuschließen. Probleme bestehen vor allem im erhebungstechnischen Bereich. So hat sich z. B. eine Einübung der Auskunftspersonen an Hand einer psychophysischen Aufgabe (z. B. die Größe von Kreisen zu skalieren) als zweckmäßig erwiesen, um zu verhindern, daß statt Verhältnisschätzungen nur ordinale Urteile abgegeben werden (vgl. hierzu *Grunert* 1983).

3.2.2.2. Rangordnung und Paarvergleich

Die Problematik, die die Annahme des Intervallskalenniveaus bei Rating-Skalen aufwirft, versucht man oft dadurch zu umgehen, daß man einer Auskunftsperson keine absoluten, sondern nur **ordinale Angaben** (mehr / weniger) abverlangt. Je nach der Form der Reaktion können zwei Typen von Erhebungen unterschieden werden:

- Die Auskunftsperson ordnet *n* Objekte direkt in einer abfallenden oder aufsteigenden **Rangordnung** an, und zwar nach dem Ausmaß, in dem diese ein Merkmal besitzen.
- Aus *n* Objekten gebildete $n(n-1)/2$ Paare werden von der Auskunftsperson daraufhin beurteilt, welches Element das jeweils andere dominiert, das Merkmal also in größerem Ausmaß besitzt. Aus der Häufigkeit der **Dominanz** einzelner Objekte ist (auch bei Intransitivität) die Bildung einer Rangordnung in bezug auf das Merkmal möglich (1. Rang – häufigste Dominanz, 2. Rang – zweithäufigste Dominanz usw.).

Nun interessieren den Forscher jedoch weniger die Rangordnungen jedes einzelnen Probanden als vielmehr deren Aggregation, die die individuellen Besonderheiten ausschaltet und eine sozusagen objektive **Rangordnung** der Objekte repräsentiert. Im einfachsten Fall wäre die Aggregation durch Mittelwertbildung (Durchschnitt oder Median der Rangplätze eines Objekts) möglich. Bei komplexeren Verfahren wird die gemeinsame Rangordnung direkt aus den Paarvergleichen ermittelt, wobei z. B. der auf *Thurstone's* Law of Comparative Judgement (vgl. *Kaas* 1980) basierende Algorithmus den Vorteil bietet, aus ordinalskalierten Angaben **intervallskalierte** Werte für einzelne Objekte zu liefern.

Stellen wir uns vor, jemand muß angeben, welche von zwei Schnüren länger ist, *A* oder *B*. Eine umständliche Person könnte die Länge beider auf einem Metermaß in cm abtragen und die Entscheidung nach folgendem Kriterium treffen: Wenn die Differenz $(B - A)$ positiv ausfällt, ist *B* länger; sofern hingegen $(B - A)$ negativ wird, so ist *A* länger. Nehmen wir nun an, es gibt auch für nicht beobachtbare Merkmale ein solches Metermaß, ein psychologisches Merkmalskontinuum also, auf dem beim Paarvergleich die Auskunftsperson die Objekte *I* und *J* gemäß ihren Merkmalsausprägungen eintragen kann. Dann lautet das Entscheidungskriterium: Wenn die Differenz $(J - I)$ positiv ist, dominiert *J* das Objekt *I* $(J > I)$, während bei negativer Differenz *I* dominiert $(I > J)$.

Der Eintragung liegt keine exakte Messung, sondern die **subjektive** Einschätzung der Merkmalsausprägungen bei den Objekten zugrunde. Unterstellen wir weiter, daß diese die Eintragung begründenden Einschätzungen irgendwie sichtbar gemacht werden können. Dann ist zu erwarten, daß die Schätzwerte für *I* und *J* von Person zu Person variieren.

In Übereinstimmung mit der allgemeinen menschlichen Erfahrung erscheint es zulässig zu postulieren, daß die Schätzwerte einer großen Stichprobe von

Auskunftspersonen normalverteilt sind. Das impliziert aber gleichzeitig die Existenz einer Normalverteilung der subjektiven Schätzwerte der zwischen den Objekten empfundenen Differenzen $(J - I)$; denn die Differenz zweier normalverteilter Größen ist ebenfalls normalverteilt. Für deren Streuung gilt:

$$s_{(J-I)} = \sqrt{s_I^2 + s_J^2 - 2\, r_{IJ}\, s_I\, s_J} \tag{9.10.}$$

Dabei bedeuten:

$s_{(J-I)}$ = Streuung der zwischen den Objekten I und J empfundenen Differenzen

s_I, s_J = Streuung der Schätzwerte (Variation der Objekteintragungen)

r_{IJ} = Korrelationskoeffizient der Schätzwerte

Eine solche Verteilung findet sich in Abb. 9.5. Auf der Abszisse sind die Schätzwerte der empfundenen Differenzen $(J - I)$, auf der Ordinate die Häufigkeit ihres Auftretens abgetragen. Der Wert M unter dem Scheitelpunkt der Glokkenkurve kann gewissermaßen als die „objektive", da häufigste Differenz angesehen werden.

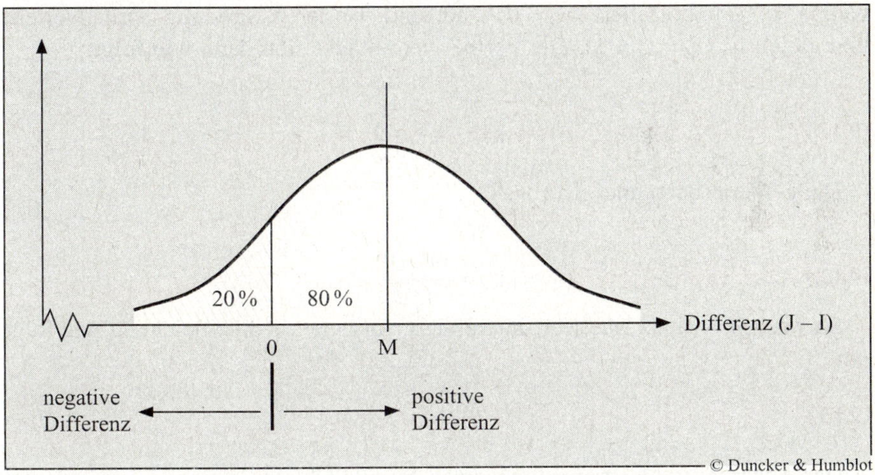

Abb. 9.5.: Verteilung der empfundenen Differenzen zwischen den Objekten I und J

Wenn von einer Stichprobe von Auskunftspersonen alle bezüglich eines interessierenden Merkmals erklären, daß J das Objekt I dominiert, bedeutet dies nichts anderes, als daß 100% der Auskunftspersonen eine positive Differenz $(J - I)$ empfinden. Die bekannte Glockenkurve wölbt sich also nur über dem Bereich der Abszisse, auf dem positive Differenzen abgetragen werden. Urteilen dagegen nur 80%, daß J das Objekt I dominiert $(J > I)$, während 20% von ihnen das Gegenteil empfinden $(I > J)$, so erfaßt die Glockenkurve zum Teil auch jenen Bereich der Abszisse, auf dem negative Differenzen dargestellt sind.

Man kann nun folgende Überlegung anstellen: Wenn es unter der Normalverteilung sowohl Auskunftspersonen mit positiv als auch solche mit negativ empfundenen Differenzen gibt, muß folglich auch eine **Schwelle** existieren, eine Situation, bei der $(J - I) = 0$, bei der also die Objekte als gleich oder verwechselbar empfunden werden. Diese Grenze ist in Abb. 9.5. mit dem Symbol 0 gekennzeichnet.

Die Strecke zwischen dem „objektiven“ Wert M und dem Nullpunkt kann als das zusätzliche Quantum des betreffenden Merkmals interpretiert werden, das ein Objekt gegenüber der Verwechselbarkeit oder Gleichheit auszeichnet. Die Strecke $(M - 0)$ ist somit als Meßwert für den Abstand zwischen den Objekten J und I auf dem Merkmalskontinuum zu verstehen. Ihre Länge könnte in Streuungseinheiten, d. h. als z-Wert (z ist eine nach Maßgabe der *Gauss'*schen Normalverteilung standardisierte Entfernungseinheit) ausgedrückt werden, wenn s_I, s_J und r_{IJ} bekannt wären. Da dies indessen nicht der Fall ist, müssen wir uns mit zwei weiteren Annahmen behelfen: Wir gehen davon aus, daß (a) die (dem Forscher nicht bekannten) Schätzwerte, auf die die Positionen der Objekte auf dem Merkmalskontinuum zurückgehen, für die beiden Objekte voneinander unabhängig, d. h. unkorreliert ($r_{IJ} = 0$) sind, und (b) deren Streuung normalverteilt und gleich ist ($s_I = s_J = s$). Die Formel vereinfacht sich dann wie folgt:

(9.11.) $$s_{(J-I)} = s\sqrt{2}$$

Die z-Werte berechnet man aus:

(9.12.) $$z_{JI} = \frac{(M-0)}{s\sqrt{2}}$$

Da uns $(M - 0)$ als Meßwert interessiert, formen wir die Gleichung wie folgt um:

(9.13.) $$(M-0) = z_{JI} \cdot s\sqrt{2}$$

Der Ausdruck $s\sqrt{2}$ ist annahmegemäß für alle Objekte gleich; daher bedeutet seine Beibehaltung nur die Multiplikation aller Meßwerte mit einer Konstanten. Unter Berücksichtigung des Umstandes, daß **lineare Transformationen** auf dem Intervallskalenniveau zulässig sind, können wir auf diesen Term somit bedenkenlos verzichten.

Bei einer Normalverteilung lassen sich die z-Werte direkt aus der Wahrscheinlichkeit für das Auftreten eines Ereignisses (= relative Häufigkeit) gewinnen. Wir erhalten somit eine Formel, die es uns erlaubt, aus den Anteilen der zwei möglichen Urteile $(J > I)$ und $(I > J)$ die intervallskalierte Entfernung der Objekte voneinander auf dem psychologischen Merkmalskontinuum zu errechnen. Je größer diese Distanz, desto einheitlicher werden die Urteile; je kleiner die Entfernung, desto leichter verwechselbar werden die Objekte, so daß Urteile beider Art vorkommen.

Bei einem konkreten **Paarvergleich** gibt eine Vielzahl von Auskunftspersonen ihr Urteil über alle möglichen Objektepaare ab. Für jedes davon kann nun ermittelt werden, welcher Prozentsatz der Auskunftspersonen z. B. ($J > I$) und welcher dazu komplementäre Anteil von Befragten das Gegenteil, nämlich ($J < I$), sehen (die Beziehung $J = I$ existiert nicht!). In unserem Beispiel geben 80% an, daß J das Objekt I dominiert ($J > I$). Unter Rekurs auf eine Normalverteilungstabelle ist der z_{JI}-Wert mit 0,84 leicht zu ermitteln. Ein positiver z_{JI}-Wert besagt stets, daß das Objekt J das Objekt I, weil von mehr als der Hälfte der Befragten so eingestuft, dominiert. Der Wert z_{IJ}, der auf der komplementären relativen Häufigkeit basiert, ist mit z_{JI} numerisch gleich, unterscheidet sich jedoch im Vorzeichen. Jedes Vergleichspaar ergibt also einen positiven (für das dominierende) und einen negativen (für das dominierte Objekt) z-Wert. Als Ergebnis erhalten wir somit für jedes mögliche Paar eine Angabe darüber, wie weit entfernt voneinander die Objekte auf dem psychologischen Merkmalskontinuum sind (siehe Tab. 9.2.).

Tabelle 9.2.

Matrix der Entfernungen zwischen den Objekten auf dem psychologischen Merkmalskontinuum

Objekt \ Objekt	I	J	K	...
I	–	z_{IJ}	z_{IK}	...
J	z_{JI}	–	z_{JK}	...
K	z_{KI}	z_{KJ}	–	...
⋮	⋮	⋮	⋮	

Um nun auch noch die richtige **Reihenfolge** der Objekte zu erhalten, machen wir uns folgende Überlegung zunutze: Eine **Rangordnung** ist durch die intervallskalierte Ordnung der mittleren Rangabstände reproduzierbar. Darunter versteht man den durchschnittlichen, in Rangplätzen ausgedrückten Abstand jeweils eines Objekts zu allen anderen Objekten einer Menge. Hierzu ein fiktives Beispiel:

Tab. 9.3. gibt die in **Rangplätzen** ausgedrückten Distanzen zwischen fünf Objekten wieder. Die Rangabstände nach unten werden dabei mit Minuszeichen, jene nach oben mit positivem Vorzeichen versehen. So beträgt z. B. die Distanz zwischen *A* und *D* aus der Perspektive des Objektes *A* 3 Ränge, von *D* aus indessen – 3 Ränge.

Tabelle 9.3.

Matrix der Distanzen zwischen fünf rangskalierten Objekten						
Objekt / Objekt	1. *A*	2. *B*	3. *C*	4. *D*	5. *E*	Summe der Distanzen
1. *A*	–	1	2	3	4	10
2. *B*	– 1	–	1	2	3	5
3. *C*	– 2	– 1	–	1	2	0
4. *D*	– 3	– 2	– 1	–	1	– 5
5. *E*	– 4	– 3	– 2	– 1	–	– 10

Addieren wir nun die Rangabstände jedes Objektes zu allen anderen Objekten und dividieren wir die Summe durch die Anzahl der Relationen (in der Tab. 9.3. gleich 4), so erhalten wir den mittleren Abstand eines jeden Objektes zu allen übrigen:

$$\begin{aligned} A &= 2{,}50 \\ B &= 1{,}25 \\ C &= 0 \\ D &= -\,1{,}25 \\ E &= -\,2{,}50 \end{aligned}$$

Interessanterweise wird aber durch diese Werte die ursprüngliche Rangordnung (*A*, *B*, *C*, *D*, *E*) **reproduziert.** Da die *z*-Werte Abstände zwischen Objekten darstellen und darüber hinaus in einer analogen Weise mit Vorzeichen versehen sind (bei Dominanz positives, beim Gegenteil negatives Vorzeichen), kann auch aus ihnen für jedes Objekt der mittlere Abstand zu allen anderen Objekten errechnet werden. Durch Eintragen in ein Kontinuum erhalten wir somit die in den Ordinalurteilen enthaltene Rangordnung der Objekte sowie zusätzlich die intervallskalierten Abstände zwischen den Rängen.

3.2.3. Eindimensionale Skalierungsverfahren

3.2.3.1. Das Verfahren der summierten Schätzungen (Likert-Skalierung)

Die *Likert*-Skala ist ein Verfahren zur eindimensionalen Messung von **Einstellungen.** Die Dimension der Messung betrifft üblicherweise die affektive, emotionale Komponente des Konstrukts Einstellung (zum Einstellungsbegriff aus der Sicht der Marketing-Forschung vgl. *Kroeber-Riel* 1992, S. 161 ff., sowie § 5, Abschn. 2.2.1.2.). Einer Auskunftsperson stellt sie sich als eine Itembatterie dar, wobei die Items verbale Meinungsäußerungen über das Objekt der Einstellung verkörpern. Diese sind zu gleichen Teilen Ausdruck einer positiven wie einer negativen Einstellung zu dem Objekt. Die Reaktion der Auskunftspersonen besteht darin, daß diese zu allen Items in unterschiedlicher Stärke Stellung nehmen, d. h. Zustimmung oder Ablehnung bekunden können. Die typische Form eines Items der *Likert*-Skala gibt Abb. 9.6. wieder.

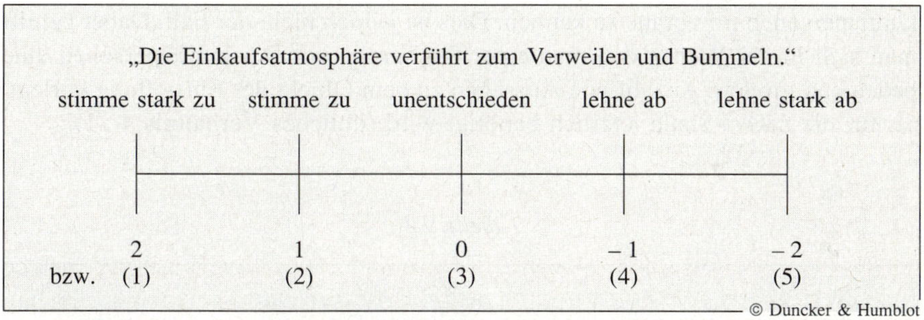

Abb. 9.6.: Beispiel für ein Item einer *Likert*-Skala zur Messung der Einstellung gegenüber einem Einkaufszentrum

Die Items der *Likert*-Skala müssen eine **monotone** Antwortcharakteristik besitzen, was folgendes bedeutet: Je größer (geringer) die Ausprägung des gemessenen Merkmals bei einer Auskunftsperson ist, desto höher ist die Wahrscheinlichkeit, eine zustimmende (ablehnende) Antwort zu erhalten. Auf die Frage „Halten Sie sich für größer als die Person XY?" kann die Wahrscheinlichkeit, daß jemand dem zustimmt, mit wachsender Körpergröße nur steigen (= monotone Antwortcharakteristik). Bei **nichtmonotonen** Items nimmt die Wahrscheinlichkeit, eine zustimmende (ablehnende) Antwort zu erhalten, mit zunehmender (abnehmender) Ausprägung des Merkmals nicht stetig zu, sondern beginnt ab einer bestimmten Ausprägung des Merkmals zu fallen. So wird die Wahrscheinlichkeit, auf die Frage „Halten Sie sich für gleich groß wie die Person XY?" eine positive Antwort zu bekommen, mit wachsender Körpergröße zunächst steigen, ab einer bestimmten Körpergröße jedoch zwangsläufig fallen (= nichtmonotone Antwortcharakteristik). Ein ähnliches Beispiel verkörpert der von einem Erfrischungsgetränk erhoffte Süßegrad, der ab einem bestimmten Punkt nicht weiter zunehmen darf.

Die den einzelnen Items zugeordneten Zahlenwerte werden im Sinne eines gerichteten psychologischen Einstellungskontinuums vergeben. Bezeichnet man bei positiven Aussagen starke Zustimmung mit 5, Zustimmung mit 4 usw., dann muß bei negativen Aussagen starke Zustimmung mit 1, Zustimmung mit 2 usw. gekennzeichnet werden. Entsprechend der Stärke ihrer Reaktion vergibt die Auskunftsperson für jedes Item einen Zahlenwert. Durch Summation erhält man dann den **Gesamtwert** der Einstellung der Auskunftsperson zu dem betreffenden Objekt.

Das wesentliche Problem bei der Konstruktion der Skala liegt in der Selektion der aufzunehmenden Statements. Diese müssen als Ausprägungen eines Einstellungskontinuums gedeutet werden können, also gleichdimensional sein. Darüber hinaus sollen sie zwischen dem positiven und dem negativen Bereich des Einstellungskontinuums gut diskriminieren. Eine Auskunftsperson, die einem positiven Item zustimmt, soll auch real zu dem Objekt eine günstigere Einstellung haben als eine andere, die dasselbe Item ablehnt (und umgekehrt).

Um Items auf ihre **Diskriminierungsfähigkeit** hin überprüfen zu können, wäre es allerdings notwendig, die negative bzw. positive Einstellung der Auskunftspersonen im voraus zu kennen. Dies ist jedoch nicht der Fall. Daher behilft man sich in der Weise, daß man einer Stichprobe von Auskunftspersonen eine bedeutend größere Anzahl von Aussagen zu dem Objekt der Einstellung vorlegt, als für die *Likert*-Skala letztlich benötigt wird (übliches Verhältnis 4 : 1).

Tabelle 9.4.

Beispiel zur Prüfung der Diskriminierungsfähigkeit eines Statements nach der *Likert*-Skalierung

	Untere Gruppe				Obere Gruppe			
Itemausprägung	Item-wert x	Zahl der Nennungen f	$f \cdot x$	$f \cdot x^2$	Item-wert x	Zahl der Nennungen f	$f \cdot x$	$f \cdot x^2$
Stimme stark zu	4	2	8	32	4	20	80	320
Stimme zu	3	4	12	36	3	6	18	54
Unentschieden	2	6	12	24	2	4	8	16
Lehne ab	1	20	20	20	1	4	4	4
Lehne stark ab	0	8	0	0	0	6	0	0
Σ	–	(n_u) 40	52	112	–	(n_o) 40	110	394

Quelle: in Anlehnung an *Mayntz / Holm / Hübner* 1978, S. 56.

Entscheidend für die Aufnahme eines Statements in die endgültige *Likert*-Skala ist letztlich, ob die Werte der einzelnen Statements bei Auskunftspersonen mit sehr hohem Gesamtwert signifikant höher als jene von solchen mit niedrigem Gesamtwert sind. Der dazu einzuschlagende Weg soll an einem Beispiel veranschaulicht werden (vgl. *Mayntz / Holm / Hübner* 1978, S. 56 ff.):

Der Aufbau einer *Likert*-Skala beginnt mit der Generierung einer Vielzahl von Statements, die in einem Pretest einer Stichprobe von Auskunftspersonen im oben beschriebenen Sinne zur Stellungnahme vorgelegt werden. Für alle Betroffenen werden Skalenwerte errechnet. Aus der Gesamtzahl der Auskunftspersonen werden dann die 25% mit den höchsten Gesamtwerten (obere Gruppe) und die 25% der Befragten mit den niedrigsten Gesamtwerten (untere Gruppe) ausgewählt. Wir nehmen an, daß zwischen den Angaben der unteren und jenen der oberen Gruppe bezüglich eines bestimmten Items die in Tab. 9.4. wiedergegebenen Unterschiede bestehen.

Ob der Mittelwert der Itemwerte der oberen Gruppe **signifikant** höher ist als jener der unteren, wird mit Hilfe des ***t*-Tests** geprüft:

(9.14.)
$$t = \frac{\bar{x}_o - \bar{x}_u}{\sqrt{\frac{V_o^2 + V_u^2}{n(n-1)}}}$$

Dabei bedeuten:

$\bar{x}_o, \bar{x}_u$ = mittlerer Itemwert in der oberen (unteren) Gruppe

V_o^2, V_u^2 = Summe der quadrierten Abweichungen vom Mittelwert in der oberen (unteren) Gruppe

n_o, n_u = Zahl der Mitglieder der oberen (unteren) Gruppe (es gilt $n_o = n_u$, da beide jeweils 25% der Stichprobe ausmachen; sie werden daher auch einheitlich als n bezeichnet)

Die mittleren Itemwerte betragen:

$$\bar{x}_o = \frac{110}{40} = 2{,}75$$

$$\bar{x}_u = \frac{52}{40} = 1{,}3$$

V_o^2 und V_u^2 sind mit Hilfe der folgenden Formeln zu errechnen:

(9.15.)
$$V_o^2 = \Sigma f x_o^2 - \frac{(\Sigma f x_o)^2}{n_o}$$

$$V_o^2 = 394 - \frac{110^2}{40} = 91{,}5$$

(9.16.)
$$V_u^2 = \Sigma f x_u^2 - \frac{(\Sigma f x_u)^2}{n_u}$$

$$V_u^2 = 112 - \frac{52^2}{40} = 44{,}4$$

Damit ergibt sich folgendes:

$$t = \frac{2{,}75 - 1{,}3}{\sqrt{\frac{91{,}5 + 44{,}4}{40 \cdot (40 - 1)}}} = 4{,}91$$

In gleicher Weise ermittelt man im Verlauf der Prüfung der Diskriminierungsfähigkeit die *t*-Werte **aller** anderen Statements. Als Items der endgültigen Skala werden dann jene mit den höchsten *t*-Werten aufgenommen. Dabei gibt der Forscher üblicherweise ein **Sicherheitsniveau** von z. B. 95%, 99% oder 99,9% vor, das, in Verbindung mit der Anzahl der Freiheitsgrade, die Berechnung eines theoretischen *t*-Wertes ermöglicht, der von den *t*-Werten der ausgewählten Items **nicht** unterschritten werden darf. An Hand dieses nunmehr geeichten Meßinstruments kann jetzt die Einstellung weiterer Auskunftspersonen zu dem Einstellungsobjekt gemessen werden.

Das **Skalenniveau** der *Likert*-Skala wird in der Literatur unterschiedlich beurteilt. Aus Gründen der Vorsicht gehen einige Autoren von einem ordinalen Niveau sowohl der Item- als auch der Gesamtwerte aus, während ihr andere, gestützt auf zusätzliche Annahmen, Intervallskalenniveau zuschreiben.

3.2.3.2. Das Verfahren der gleich erscheinenden Intervalle (Thurstone-Skalierung)

Auch mit der hier zu behandelnden *Thurstone*-Skala will man Einstellungen **eindimensional** messen. Der Meßvorgang ist aus der Sicht des Probanden dem bei der *Likert*-Skala nicht unähnlich. Die Itembatterie, die dem einzelnen zur Stellungnahme vorgelegt wird, besteht aus einem Satz von 20 bis 30 Elementen. Im Unterschied zur *Likert*-Skala kann ein Befragter einer Äußerung jedoch nur pauschal zustimmen oder sie ablehnen. Dabei ist jedes Statement, ohne daß es die Auskunftsperson weiß, mit einem numerischen Wert verknüpft, der ihr bei einer Antwort „angerechnet" wird.

Die Verknüpfung zwischen Statements und Zahlenwerten stellt das fundamentale Problem der **Skalenkonstruktion** dar. Vom Anspruch der *Thurstone*-Skala her drücken die verbalen Äußerungen unterschiedliche Ausprägungen der Einstellung aus und können als Punkte auf einem Einstellungskontinuum aufgefaßt werden. Welche Statements für welche Punkte des Kontinuums repräsentativ sind, wird auf Grund von **Urteilen** einer Gruppe von **Experten** festgelegt. Wie man dabei konkret vorgeht, soll ein hypothetisches Beispiel veranschaulichen, das sich mit der Messung der Einstellung zur Werbung für Tabakerzeugnisse befaßt.

Das für unseren Referenzfall heranzuziehende Merkmalskontinuum ist an den Extremen durch eine sehr positive resp. sehr negative Einstellung zur Werbung für Tabakerzeugnisse gekennzeichnet, während der mittlere Bereich eine mehr oder weniger neutrale Haltung widerspiegelt. Wir suchen nun nach Aussagen, die sich über das so charakterisierte Einstellungskontinuum gleichmäßig verteilen und somit als verbale Umschreibung einzelner Ausprägungen der Einstellung zur Tabakwerbung verstanden werden können. Um in der Lage zu sein, aus einer Vielzahl von Meinungsäußerungen jene auszuwählen, die die einzelnen Abstufungen möglichst gleichmäßig abdecken, ist es notwendig, jedem Statement auf einem Zahlenkontinuum, das das Gegenstück zum Merkmalskontinuum darstellt, einen numerischen, intervallskalierten Wert zuzuordnen.

Die Konstruktion der Skala beginnt mit der Formulierung einer großen Zahl (100-150) von **nichtmonotonen** Statements über die Tabakwerbung, wie z. B.:

- Mich stört Tabakwerbung nicht.
- Obwohl sie informiert, würde ich Tabakwerbung verbieten.
- Ich finde Tabakwerbung gut, obgleich sie so manchen zum Rauchen verleitet.
- Ich würde Tabakwerbung verbieten, da sie nur der Sicherung der Marktanteile der Branchenriesen dient.

Der Jurorengruppe wird nun ein Einstellungskontinuum vorgelegt, das in elf voneinander gleich weit entfernte, durch Kästchen symbolisierte Ausprägungsgrade (Kategorien) unterteilt ist (Abb. 9.7.).

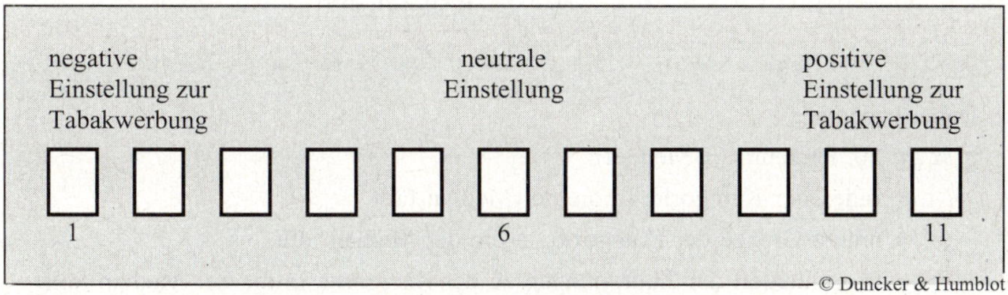

Abb. 9.7.: Reaktionsschema für die Experten-Beurteilung bei der *Thurstone*-Skalierung

Die Experten müssen dabei jedes einzelne Statement folgender Frage unterwerfen: Welche Einstellung zur Tabakwerbung besitzt eine Person, die sich mit dem betreffenden Statement identifiziert? Die Beurteilung wird durch die **Zuordnung** des Statements zu einem der Kästchen kundgetan, wobei sich nach entsprechender Anordnung oft eine Art Normalverteilung über einem der Kästchen einstellt. In Tab. 9.5. sind als Beispiel die absolute, relative und kumulierte Zuordnungshäufigkeit (bei 20 Juroren) des Statements 3 zusammengestellt.

Tabelle 9.5.

Verteilung der Häufigkeit der Zuordnung des Statements 3 zu einzelnen Ausprägungen der Einstellung zur Tabakwerbung (bei 20 Juroren)											
Statement i	1	2	3	4	5	6	7	8	9	10	11
Häufigkeit	g_1=0,5	g_2=1,5	g_3=2,5	g_4=3,5	g_5=4,5	g_6=5,5	g_7=6,5	g_8=7,5	g_9=8,5	g_{10}=9,5	g_{11}=10,5
in absoluten Werten	0	0	0	0	0	1	5	8	4	2	0
in Prozentwerten	0	0	0	0	0	5	25	40	20	10	0
kumuliert in Prozentwerten	0	0	0	0	0	5	30	70	90	100	100

Anmerkung: g_i stellt die untere Grenze der jeweiligen Kategorie dar.

Als den **„objektiven"** Skalenwert eines Statements könnten wir den Mittelwert der Verteilung ansehen. Da die Verwendung des arithmetischen Mittels den Beweis gleicher Breite der Kategorien notwendig machen würde, verwendet man jedoch üblicherweise den Median (= zentralen Wert). Diesen gewinnt man durch Interpolation nach der Formel 9.17.

(9.17.) $$M = P_{50} = g_i + \frac{0{,}50 - P_u}{P_i}$$

Dabei bedeuten:

M = 50. Perzentil (= Median)

i = Index der Kategorie, in die der Median fällt

g_i = untere Grenze der Kategorie, in die der Median fällt

P_i = Prozentanteil der Zuordnungen zu der Kategorie, in die der Median fällt

P_u = kumulierter Prozentanteil der Zuordnungen unterhalb der Kategorie, in die der Median fällt

Für das Statement 3 errechnet sich folgender Skalenwert:

$$M_{(\text{Statement } 3)} = 7{,}5 + \frac{0{,}50 - 0{,}30}{0{,}40} = 8{,}0$$

Entsprechend dem Berechnungsschema bei Statement 3 werden auch die Skalenwerte aller übrigen Aussagen ermittelt. Diese verteilen sich dann irgendwie über das elfstufige Einstellungskontinuum. Welche von ihnen sollen letztlich die *Thurstone*-Skala bilden?

Nicht in Betracht kommen solche, die mehrdeutig sind. Ein ideales Statement müßte von allen Juroren ein und derselben Kategorie zugewiesen werden. Eine große Streuung der Zuordnungen oder gar Zwei- oder Mehrgipfeligkeit geben Anhaltspunkte dafür, daß die Aussage mehrdeutig ist. Als **Maß** der **Eindeutigkeit** wird auf Grund der gleichen Überlegung, die zur Ablehnung des arithmetischen Mittels als Skalenwert führte, die Interquartilsdifferenz (Q) verwendet, d. h. die Differenz zwischen dem 25. und dem 75. Perzentil, die im übrigen möglichst klein sein sollte.

(9.18.) $$Q = C_{75} - C_{25} = \left(g_i + \frac{0{,}75 - P_u}{P_i}\right) - \left(g_i + \frac{0{,}25 - P_w}{P_j}\right)$$

Dabei bedeuten:

Q	=	Interquartilsdifferenz
$C_{75}(C_{25})$	=	75. (25.) Perzentil
$i\,(j)$	=	Index der Kategorie, in die das 75. (25.) Perzentil fällt
g_i	=	untere Grenze der Kategorie, in die das 75. (25.) Perzentil fällt
$P_i(P_j)$	=	Prozentanteil der Zuordnungen zu der Kategorie, in die das 75. (25.) Perzentil fällt
$P_u(P_w)$	=	kumulierter Prozentanteil der Zuordnungen unterhalb der Kategorie, in die das 75. (25.) Perzentil fällt

Die Interquartilsdifferenz des Statements 3 beträgt nach dieser Formel:

$$Q_{(\text{Statement 3})} = \left(8{,}5 + \frac{0{,}75 - 0{,}70}{0{,}20}\right) - \left(6{,}5 + \frac{0{,}25 - 0{,}05}{0{,}25}\right) = 1{,}45$$

Analog werden auch die Interquartilsdifferenzen aller übrigen Elemente errechnet. Als Items der endgültigen *Thurstone*-Skala werden dann ca. 20 Aussagen gewählt, deren Skalenwerte (= Mediane) sich über das psychologische Einstellungskontinuum in möglichst gleichen Abständen verteilen und deren Streuung (= Interquartilsdifferenz) am geringsten ist bzw. eine vom Forscher vorgegebene Obergrenze nicht überschreitet.

Wie erinnerlich, mißt man eine **Einstellung,** indem einer Auskunftsperson der so gewonnene Satz von Aussagen vorgelegt wird. Diese entscheidet sich entweder für die Aussage, mit der sie sich am ehesten identifizieren kann, oder wählt alle Aussagen aus, denen sie zustimmt. Da nunmehr jede davon mit einem numerischen Wert versehen ist, bereitet es keinerlei Schwierigkeiten, jede Person mit einem (Durchschnitts-)Wert zu identifizieren.

Die mittels einer *Thurstone*-Skala erhobenen Urteile von Auskunftspersonen besitzen zunächst nur **Nominalskalenniveau.** Doch gelingt es, wie sich gezeigt hat, diese auf Intervallskalenniveau anzuheben. Gleichwohl ist dabei zu berücksichtigen, daß das Ergebnis bis zu einem gewissen Grad die persönlichen Meinungen und Einstellungen der Juroren widerspiegelt.

3.2.3.3. Die Skalogramm-Analyse (Guttman-Skalierung)

Wie die zuletzt besprochenen Verfahren besteht auch die Skalogramm-Analyse (*Guttman*-Skala) aus einem Satz von Aussagen, die eine Auskunftsperson bestätigen oder ablehnen kann. Es treten jedoch weitere Annahmen hinzu:

(1) Hinter den Items der Skala verbirgt sich gewissermaßen eine **kumulativ homogene Antwortcharakteristik.** Das bedeutet im Idealfall, daß eine Auskunftsperson, die Item 3 zustimmt, eigentlich auch Item 2 und Item 1 als zutreffend anerkannt haben muß. Ein triviales Merkmal dieser Art wäre eine ordinal aufgebaute Altersskala:

1 = älter als 10 Jahre
2 = älter als 20 Jahre
3 = älter als 30 Jahre
4 = älter als 40 Jahre

Wenn wir eine 32jährige Auskunftsperson um ihre Altersangabe nach Maßgabe dieser Unterteilung bitten würden, müßte die Antwort 1110 lauten (Zustimmung = 1, Ablehnung = 0). Keine konsistente Angabe wäre z. B. 1010. Allgemein ausgedrückt sucht man bei der *Guttman*-Skalierung nach einer Ordnung von Aussagen, die bei möglichst allen Personen zu in dem Sinne konsistenten Antwortmustern führt, daß nie eine Null vor einer Eins liegt.

(2) Eine solche Ordnung der Aussagen ermöglicht auch eine Reihung der Auskunftspersonen in der Weise, daß allen, die einem vorgegebenen Item zustimmen, ein höherer Rang zugewiesen wird als jenen, die das Item ablehnen. In dem verwendeten Beispiel würden die einzelnen Antwortsequenzen nach diesem Kriterium folgende Rangplätze erhalten: Rang 5 = 1111, Rang 4 = 1110, . . ., Rang 1 = 0000. In Matrixform zusammengestellt ergibt sich eine idealtypische Struktur als **Antwortmuster** (vgl. Tab. 9.6.).

Die so angeordneten Items, die verschiedene Ausprägungen eines Merkmals verkörpern, bilden die *Guttman*-Skala zur Messung dieses Merkmals. Gelänge in einem realistischen Fall die idealtypische Anordnung, wäre dies ein Hinweis darauf, daß alle Personen **konsistent** urteilen und das Kontinuum **eindimensional** ist. In der Realität wird es allerdings immer sog. nichtskalierbare Typen, d. h. Personen mit inkonsistentem Antwortverhalten geben, ein Umstand, der bei einer entsprechenden Größenordnung entweder zur Elimination der betreffenden Probanden führen muß oder aber die Heranziehung der *Guttman*-Skala als nicht opportun erscheinen läßt. Die Vorgehensweise bei deren Entwicklung soll an Hand eines hypothetischen Beispiels verdeutlicht werden.

Die Kaffeerösterei XY mit eigenen Verkaufsstellen möchte zum Zweck der Messung der Einstellung der Verbraucher zur Marke XY eine *Guttman*-Skala erzeugen. Der Prozeß beginnt damit, daß 12 oder mehr Statements zu der Marke XY formuliert werden. Wir begnügen uns hier mit vier Aussagen:

Tabelle 9.6.

Idealtypische Anordnung der Antwortmuster bei der Skalogramm-Analyse

Rang	Item 1.	2.	3.	4.
1.	0	0	0	0
2.	1	0	0	0
3.	1	1	0	0
4.	1	1	1	0
5.	1	1	1	1

(A) Der Kaffee von XY ist gut verträglich.
(B) Ich kaufe keinen anderen Kaffee als den von XY.
(C) Ich finde die Verkäufer bei XY freundlich.
(D) Man kann bei XY auch andere schöne Sachen erwerben.

Die Aussagen werden, was unrealistisch ist, nur acht Auskunftspersonen zur Stellungnahme vorgelegt. Deren Antworten (in ungeordnetem Zustand) gibt Tab. 9.7. wieder.

Tabelle 9.7.

Ausgangssituation bei einem Fall der *Guttman*-Skalierung

Auskunftsperson	Item A	B	C	D	Häufigkeit der Zustimmung
M	0	1	1	1	3
N	1	1	1	0	3
O	1	1	1	0	3
P	1	1	1	1	4
Q	0	0	1	0	1
R	1	0	1	0	2
S	0	0	0	0	0
T	1	0	0	0	1

Anmerkung: 1 = Zustimmung
0 = Ablehnung

Es gibt verschiedene Methoden, um eine solche Matrix in ein sowohl nach Items als auch nach Auskunftspersonen **rangskaliertes Skalogramm** umzuwandeln. In unserem recht einfachen Fall können wir die Auskunftspersonen nach der Häufigkeit der Zustimmung so anordnen, daß jene mit der geringsten Zahl in die erste Zeile, auf den ersten Rang also, und jene mit der größten in die letzte Zeile verwiesen werden und dazwischen sinngemäß verfahren wird. Personen mit der gleichen Anzahl an positiven Voten erhalten identische Ränge. Danach müssen die Spalten iterativ getauscht werden, bis die entstehende Matrix der idealtypischen Anordnung der Antwortmuster möglichst nahekommt. Das in Tab. 9.8. wiedergegebene Ergebnis dieser Bemühungen läßt indessen noch einige Wünsche offen.

Tabelle 9.8.

Empirisches Ergebnis einer Skalogramm-Analyse

Rang	Auskunftsperson	Item A	Item C	Item B	Item D
1	S	0	0	0	0
2	T	1	0	0	0
2	Q	⓪	①	0	0
3	R	1	1	0	0
4	N	1	1	1	0
4	O	1	1	1	0
4	M	⓪	1	1	①
5	P	1	1	1	1

Inwieweit die angestrebte Annäherung gelungen ist, kann an Hand der Formel $v_{tot} = 1 - e_{tot}/N$ berechnet werden, wobei v_{tot} für den **Reproduktionsgrad,** e_{tot} für die Anzahl der **Reproduktionsfehler** (eingekreiste Felder) und N für die **Anzahl** der **Stellungnahmen** stehen. Für unser Beispiel ergibt sich:

$$v_{tot} = 1 - \frac{4}{32} = 0{,}875$$

Nach *Guttman* soll v_{tot} >0,85 sein. In diesem einfachen Beispiel können wir also davon ausgehen, daß die Reaktionen der Auskunftsperson auf die vorgelegten Fragen eine *Guttman*-Skala „ACBD" entstehen lassen. (Man kann leicht feststellen, daß auch die Anordnung „CABD" zu vier Reproduktionsfehlern und somit zum gleichen v_{tot}-Wert führt.)

Dem Konzept liegt die Überzeugung zugrunde, daß bei einem hohen Koeffizienten v_{tot}, d. h. einem annähernd idealtypischen Antwortmuster der Auskunftspersonen, im wesentlichen **ein** Faktor (eine Dimension) wirksam wird. Einschränkend muß jedoch hinzugefügt werden, daß auch bei hohem Reproduktionsgrad die Fiktion der Eindimensionalität im wesentlichen nur für die zur Skalierung herangezogene Stichprobe gilt.

3.2.4. Die Skalierung mehrdimensionaler Merkmale

3.2.4.1. Die Indexbildung

Auch Indizes (zur Indexbildung vgl. *Besozzi/Zehnpfennig* 1976, S. 9 ff.; *Kerlinger* 1979, S. 953 ff.) stellen Instrumente zur Messung komplexer, nicht beobachtbarer Eigenschaften dar. Der wesentliche Unterschied gegenüber den bisher behandelten Skalierungsverfahren besteht darin, daß die Probleme der **Itemselektion** (Dimensionalität, Verteilung der Items auf dem Dimensionskontinuum, Diskriminierungsfähigkeit u. ä.) und der **Interpretation** der Relationen (Zuordnung von Zahlenwerten zu Merkmalsausprägungen) nach **subjektiven, pragmatischen Gesichtspunkten** und nicht mit Hilfe eines **streng formalisierten Kalküls** gelöst werden.

Die in einen Index aufgenommenen **Indikatoren** können durchaus auch auf **einer** Dimension liegen. Ein solcher Index entspräche dann einer Batterie eindimensionaler Ratingskalen, ähnlich einer *Likert*-Skala, die nicht auf dem dazu zu beschreitenden, streng formalisierten Weg, sondern nach Gutdünken des Forschers zustande kam. Es ist allerdings für die Indexbildung bezeichnend, daß als Indikatoren möglichst verschiedene, voneinander unabhängige Elementareigenschaften bzw. Merkmalskomponenten herangezogen werden. Der Konstrukteur strebt eine bestimmte, meist lineare Verknüpfung der Indikatoren zu einem Indexwert an. Demnach verkörpert ein Index ein eindimensionales **Meßwertkontinuum,** auf das die Kombination von Dimensionsausprägungen eines mehrdimensionalen Raumes nach einer vom Forscher nach sachgemäßem Ermessen festgelegten Vorschrift abgebildet wird.

An dieser Eindimensionalität der Meßgröße setzt die Kritik an, weil letztlich Äpfel und Birnen zusammengezählt werden, um zu erfahren, wie groß der Korb, in dem sie liegen, ist. Weder kennt man die Größe der Früchte, noch weiß man, ob sich alle im Korb befinden. Dem ist entgegenzuhalten, daß dies ein fundamentales, keineswegs verfahrensspezifisches Problem des Messens in den Sozialwissenschaften darstellt. Der Zweck eines Index liegt eben darin, **mehr**dimensionale Merkmale auf **eine** Meßzahl (= Indexwert) zu reduzieren.

Die Vorgehensweise bei der Indexbildung soll kurz am Beispiel der Bindung von Auskunftspersonen an ihren Stadtteil illustriert werden (vgl. hierzu *Friedrichs* 1990, S. 166 f.). Als taugliche Indikatoren erwiesen sich die Wohnzufriedenheit und der Anteil von Bekannten, die in dem Stadtteil leben. Obwohl Wohnzufriedenheit an sich schon ein komplexes Merkmal ist, gehen wir vereinfachend davon aus, daß die Auskunftspersonen ihre Empfindungen auf einer dreistufigen Ratingskala mit den Ausprägungen „niedrig", „mittel" und „hoch" ausdrücken können, denen die Itemwerte 0, 1 und 2 zugeordnet werden. Der Anteil der Bekannten im Stadtteil wird mit < 25 %, 25 - 50 %, > 50 % abgestuft, wobei gleichfalls Itemwerte von 0, 1 und 2 gewählt werden. Die möglichen Kombinationen an Ausprägungen dieser zwei Indikatoren gibt Tab. 9.9. wieder.

Tabelle 9.9.

Merkmalsraum der Bindung von Bewohnern an ihren Stadtteil				
Wohnzufriedenheit		Anteil der Bekannten im Stadtteil (in %)		
		< 25	25-50	> 50
		0	1	2
niedrig	0	a (0)	b (1)	c (2)
mittel	1	d (1)	e (2)	f (3)
hoch	2	g (2)	h (3)	i (4)

Den durch die Matrix verkörperten **Merkmalsraum** hat man nun auf einem eindimensionalen Kontinuum der Stadtteilbindung abzubilden, z. B. durch Summation der Itemwerte. Die der jeweiligen Kombination (= Zellen *a*, . . ., *i*) entsprechende Summe der Itemwerte ist jeder Zelle in der Matrix eingeklammert als numerischer Wert zugeordnet. Dabei wirft die Interpretation der Extremwerte keine Probleme auf. Wer im Stadtteil nicht viele Bekannte hat und sich mit dem Wohnen unzufrieden zeigt (Itemwertsumme 0), kann als weniger gebunden gelten als eine Person, die im Stadtteil sowohl sozial verankert (hoher Bekanntenanteil im Stadtteil) als auch mit ihrem Domizil hochzufrieden ist (Itemwertsumme 4).

Im Mittelbereich gilt es jedoch auf Grund der dort auftretenden **Kompensationseffekte** abzuwägen. Wenn wir die mit *a*, . . ., *i* gekennzeichneten Zellen nach ihren numerischen Äquivalenten auf einem Kontinuum abtragen (vgl. Abb. 9.8.), wird insbesondere über dem Indexwert 2 die Heterogenität der zugeordneten Fälle deutlich. Hier finden sich z. B. neben Auskunftspersonen, die mit dem Wohnwert hochzufrieden sind, ohne jedoch einen größeren Anteil an Bekannten im Stadtteil zu besitzen, auch solche, die gern ein besseres Domizil hätten, aber andererseits sozial gut integriert erscheinen.

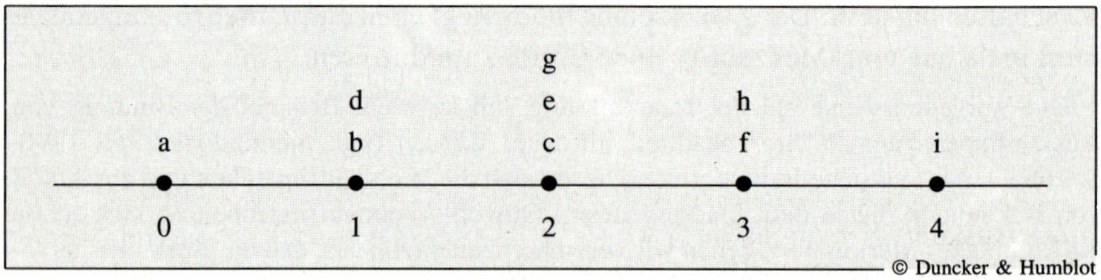

Abb. 9.8.: Merkmalskontinuum mit zugeordneten Matrixzellen (*a*, . . ., *i*) in einem hypothetischen Beispiel

Diese Heterogenität, die bei einer größeren Anzahl von Dimensionen naturgemäß noch wächst, dokumentiert die nur durch Treffen vernünftiger Annahmen und Setzen sinnvoller Werturteile zu überbrückende Willkürlichkeit der Indexmessung.

3.2.4.2. Das Semantische Differential

Beim Semantischen Differential (Eindrucksdifferential, Polaritätenprofil) handelt es sich um ein Verfahren, das zum Zweck der Messung von **Wortbedeutungen** 1952 von *Osgood* entwickelt wurde. Hierdurch erklärt sich sein projektiver, indirekter Charakter. Materiell sieht das Verfahren vor, daß eine Auskunftsperson an Hand einer Batterie von Items das interessierende Objekt beschreiben soll. Die Items verkörpern meist siebenstufige bipolare Ratings, deren Extreme durch jeweils gegensätzliche Eigenschaftswörter (Polarität) wie dynamisch / statisch, warm / kalt, freundlich / feindlich inhaltlich fixiert sind (vgl. Abb. 9.9.).

Die Auskunftsperson gibt durch Ankreuzen irgendeines Feldes des Itemkontinuums an, in welcher Ausprägung sie die jeweilige Eigenschaft mit dem interessierenden Objekt assoziiert. Jede Ausprägung konstituiert einen bestimmten Itemwert. Aus den einzelnen Itemwerten kann dann z. B. durch einfache Mittelwertbildung ein objektivierter Itemwert errechnet werden, der die Lage des beurteilten Objektes in dem **semantischen Raum** beschreibt.

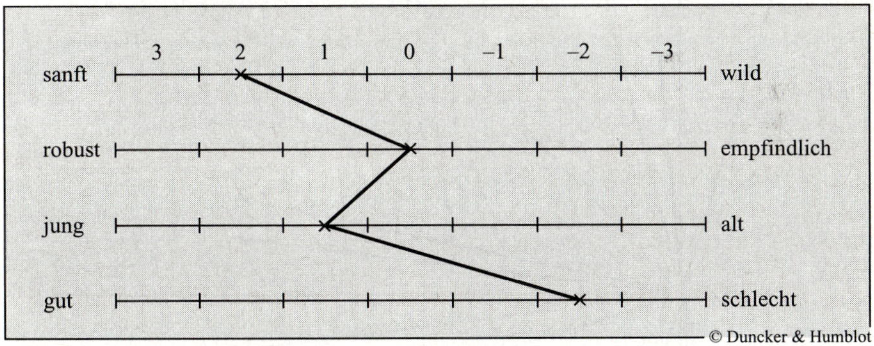

Abb. 9.9.: Items eines Semantischen Differentials

Das Verfahren geht von einigen grundlegenden **Annahmen** aus:

(1) Jedes Item ist als Gerade interpretierbar. Das bedeutet, daß die gegensätzlichen Adjektive extreme Ausprägungen **einer** Dimension verkörpern und zwischen ihnen eine Art neutraler Bereich liegt.

(2) Die numerische Unterteilung des Itemkontinuums erlaubt es, das Urteil einer Auskunftsperson als intervallskaliert anzunehmen, wobei die Richtung der angegebenen Ausprägung vom Nullpunkt für die **Qualität,** die Distanz zum Nullpunkt für die **Intensität** der mit dem Objekt in Verbindung gebrachten Eigenschaft stehen.

(3) Man kann sich die *n* Items als **Koordinaten** eines geometrischen Raumes vorstellen, d. h. als eine Menge von Vektoren.

Viele der Itemgeraden in diesem Bündel **korrelieren** mehr oder weniger stark miteinander. Dies bedeutet, daß sie ein gewisses Maß an Redundanz aufweisen, das sich durch Anwendung bestimmter multivariater Methoden (Faktorenanalyse, Mehrdimensionale Skalierung etc.) ausmerzen läßt. So ist z. B. die Lage des Objekts *O* in Abb. 9.10., die von den Auskunftspersonen mit Hilfe der Vektoren *a, b, c, d, e, f, g* festgelegt wurde, an Hand von nur noch zwei Vektoren *x, y* gleich präzise anzugeben. In empirischen Untersuchungen kristallisieren sich immer wieder drei Dimensionen heraus, die üblicherweise als **Bewertung** (hierzu gehören Items wie gut / schlecht, sozial / unsozial, sympathisch / unsympathisch), **Stärke** (stark / schwach, weich / hart, schwer / leicht etc.) und **Aktivität** (schnell / langsam, passiv / aktiv, dynamisch / statisch etc.) charakterisiert werden.

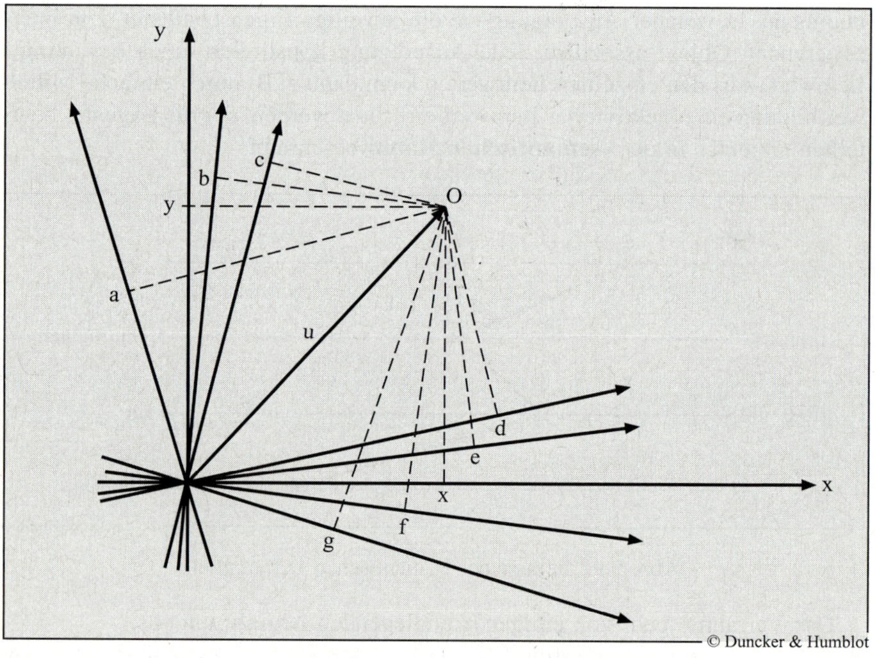

Abb. 9.10.: Flächenhafte Darstellung der Redundanzreduktion beim Semantischen Differential

In der Marketing-Forschung ändert man gewöhnlich das Semantische Differential in der Weise ab, daß an die Stelle der metaphorischen und objektfremden Adjektive Gegensätze von konkreten, objektbezogenen Beschreibungen (Eigenschaften) gesetzt werden, die dem Entscheider im Marketingbereich leicht verständliche Anknüpfungspunkte für praktisches Handeln bieten. In solchen Fällen spricht man besser von **Eigenschafts-** oder **Polaritätenprofilen** (für ein Beispiel siehe Abb. 9.11.).

Der terminologische Bezug zum Begriff **Profil** hängt mit der Möglichkeit zusammen, als Ergebnis der Skalierung durch graphische Verbindung der Itemwerte jedem Beurteilungsobjekt einen auch optisch wahrnehmbaren Kantenzug zuzuweisen. Abgesehen von der Chance zum Vergleich der relativen Lage zweier Kantenzüge zueinander können auf statistischem Wege die allgemeine Ähnlich-

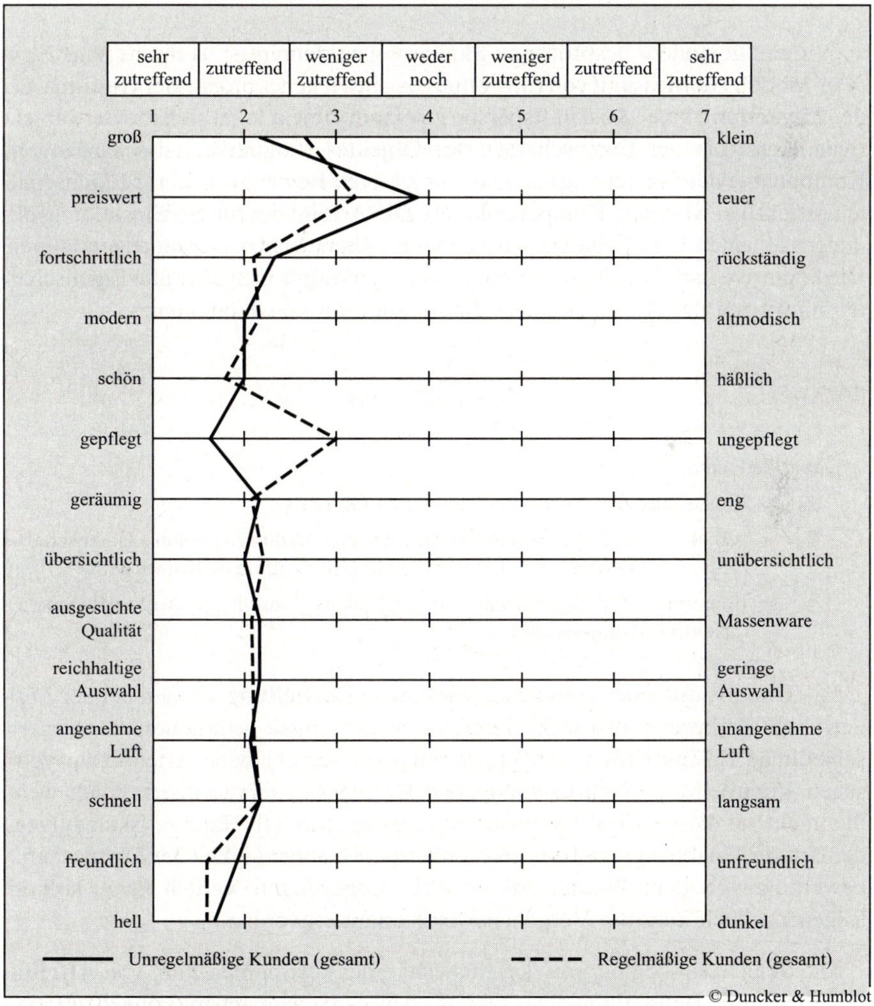

Quelle: *Hörschgen* 1972, S. 433.

Abb. 9.11.: Eigenschaftsprofil eines Einzelhandelsgeschäfts aus der Sicht von Stamm- und Gelegenheitskunden

keit der Urteile (z. B. Image) sowohl in bezug auf Gruppen als auch in bezug auf Objekte sowie die Globaldistanz D zwischen zwei Profilen zum Ausdruck gebracht werden. Als Maß wird üblicherweise $D = \sqrt{\Sigma d_j^2}$ verwendet, wobei d_j die **Distanz** zwischen den Profilen auf dem Item j darstellt. Für die Bestimmung der **globalen Ähnlichkeit** von **Urteilsstrukturen** bietet sich das Instrument der **Korrelationsanalyse** an.

3.2.4.3. Die Multiattributivskalierung

Wie einige andere besprochene Skalierungsverfahren ist auch das sog. *Fishbein*-Modell zur Messung von Einstellungen entwickelt worden. Der **Gesamtwert** der **Einstellung** einer Auskunftsperson zu einem Objekt leitet sich aus der subjektiven **Kenntnis** der Eigenschaften des Objektes (kognitive, wissensbezogene Komponente der Einstellung) und der subjektiven **Bewertung** dieser Eigenschaften (affektive, wertende Komponente) ab. Die Anzahl der für die Einstellungsbildung relevanten Eigenschaften wird dabei als überschaubar gering angenommen. Die kognitive und die affektive Komponente verknüpft man über alle Eigenschaften hinweg in der Art eines Index durch Addition von Produkten:

(9.19.) $$A_{ij} = \sum_{k=1}^{K} B_{ijk} \cdot a_{ijk}$$

Dabei bedeuten:

A_{ij} = Einstellung der Auskunftsperson i zu Objekt j

B_{ijk} = subjektive Wahrscheinlichkeit, mit der die Auskunftsperson i Eigenschaft k $(1, \ldots, K)$ bei Objekt j für vorhanden hält (kognitive Komponente)

a_{ijk} = Bewertung der Eigenschaft k des Objektes j durch die Auskunftsperson i (affektive Komponente)

Die **Dimensionen** des komplexen Merkmals **Einstellung** werden bei der Multiattributivskalierung also nicht durch an einem Objekt wahrgenommene unterschiedliche Eigenschaften, sondern durch zwei verschiedene Arten der psychischen Verarbeitung (Wahrnehmung und Evaluation) repräsentiert. Auch wenn hier nicht auf die zum Teil fraglichen Axiome des Modells (Intervallskalenniveau der Urteile, Unabhängigkeit der Eigenschaften, Unabhängigkeit der Eigenschaftsbewertung von dem Wissen um sie etc.) eingegangen werden kann, soll im folgenden doch kurz die Vorgehensweise erläutert werden.

Die Skalierung beginnt mit der Auswahl einer bestimmten Zahl von **Attributen,** die für die Beurteilung eines Objekts den Ausschlag geben (können). Hierzu führt man häufig eine Voruntersuchung durch, in der Auskunftspersonen nach Merkmalen befragt werden, die sie zur Beurteilung bestimmter Objekte heranziehen. Die ersten spontan genannten und frei assoziierten Eigenschaften werden gewöhnlich zur Skalierung verwandt. Im einzelnen legt man jeder Auskunftsperson zunächst den Teil der Attribute vor, mit deren Hilfe sie das Wissen um die Ausprägung der Eigenschaft bei dem betreffenden Objekt (in Form einer Wahrscheinlichkeit) zum Ausdruck bringen soll (siehe Abb. 9.12.). Darauf folgen Statements, an Hand deren sie die einzelnen Eigenschaften bewertet (siehe Abb. 9.13.).

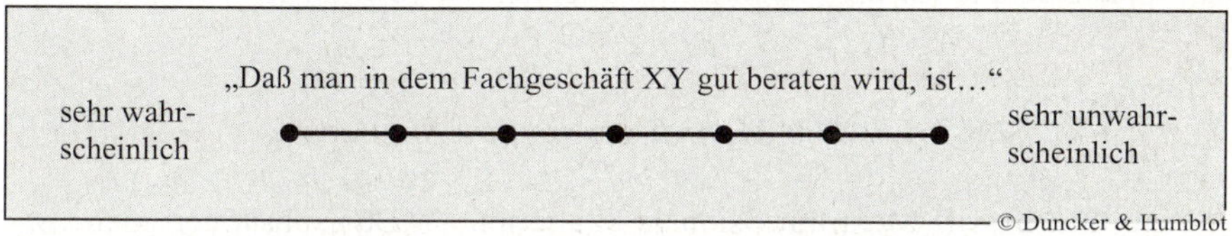

Abb. 9.12.: Beispiel für ein kognitives Item

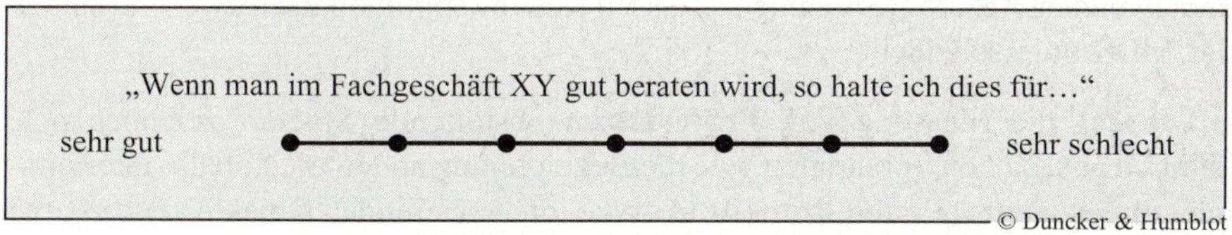

Abb. 9.13.: Beispiel für ein affektiv-wertendes Item

Der Eindruckswert, den man durch Multiplikation der beiden Ratings gewinnt, verkörpert einen Indikator der **subjektiven Einschätzung** der **speziellen Eigenschaft** des Objekts. Entsprechende Eindruckswerte werden für alle als relevant angesehenen Attribute errechnet. Die **Summe** der **Teileindruckswerte** stellt den **Gesamteindruckswert** (= Einstellungsskalenwert) A_{ij} dar.

Die meßtheoretischen **Probleme,** die aus der Erhebung der kognitiven Komponente im Sinne der **Wahrscheinlichkeit** des Vorhandenseins eines Merkmals und der **multiplikativen** Verknüpfung der beiden Elemente erwachsen, werden in einer von *Trommsdorff* (1975) vorgeschlagenen Variante des Modells umgangen. Die summative Verknüpfung der Eindruckswerte für einzelne Attribute zu einem Einstellungsskalenwert wird zwar beibehalten, doch kommt die affektive Komponente des Eindruckswerts nur auf **indirekte Weise** zum Tragen:

(1) Die **Ausprägung** einer **Eigenschaft** bei einem Objekt wird von der Auskunftsperson **direkt** mit einem Rating **eingeschätzt**, und nicht als Wahrscheinlichkeit. („Geben Sie bitte an, wie intensiv der Kunde im Fachgeschäft XY beraten wird.“)

(2) Die Auskunftsperson muß dann die **ideale Ausprägung** der fraglichen Eigenschaft festlegen. („Geben Sie bitte an, wie intensiv der Kunde in einem als ideal empfundenen Fachgeschäft beraten werden soll.“)

(3) Der Eindruckswert wird schließlich auf die Weise ermittelt, daß die **Distanz** zwischen der wahrgenommenen Ausprägung **(kognitive Komponente)** und der **„idealen" Ausprägung** festgestellt wird.

Ein wesentlicher Vorteil, der mit dieser Vorgehensweise verbunden ist, besteht aus der Sicht der praktischen Entscheidungsfindung im Marketing darin, daß man durch Vergleich der **realen Gegebenheiten** mit dem **Idealzustand** unmittelbar Anhaltspunkte für absatzpolitisches Handeln zu gewinnen vermag.

3.2.4.4. Die Mehrdimensionale Skalierung

Dem Oberbegriff Mehrdimensionale Skalierung (MDS) subsumiert man verschiedene Verfahren und Algorithmen, die eine räumliche Repräsentation von Relationen anstreben, die zwischen interessierenden Objekten bestehen. Je nachdem, welcher Art die Beziehung ist, lassen sich erkenntnislogisch zwei Varianten der MDS unterscheiden.

Die auf die Messung von **Präferenzen** abstellende Spielart zeichnet sich dadurch aus, daß die Inputdaten, wie die Bezeichnung andeutet, globale (intervall- oder rangskalierte) Präferenzurteile über die interessierenden Objekte verkörpern. Daneben geht es um die Skalierung von **Ähnlichkeit,** deren **Grundkonzept** hier kurz vorgestellt werden soll (siehe dazu auch *Green / Wind* 1973; *Dichtl / Schobert* 1979). Die mathematische Struktur der MDS wird dagegen an anderer Stelle (siehe Abschn. 3.5.2.7.) behandelt, da sich die formale Vorgehensweise immer mehr von ihrem ursprünglichen Zweck emanzipiert und der Ansatz heute eher als ein mathematisch-statistisches Analyseverfahren betrachtet wird.

Für alle bisher behandelten Skalierungsverfahren gilt, daß den Reaktionen der Auskunftspersonen durch den Forscher eine bestimmte, vergleichbare **Struktur** aufgezwungen wird. Die als Items in die Skalen aufgenommenen **Indikatoren**, mit deren Hilfe Objekte charakterisiert werden, gibt man vor. Dies birgt die Gefahr in sich, daß eine Auskunftsperson ein Objekt einmal an Hand von solchen Attributen oder Merkmalskomponenten wahrnimmt bzw. beurteilt, die für sie in der Realität für die Beurteilung oder Einstellungsbildung unwesentlich sind, andererseits aber solche übersieht, die tatsächlich eine Rolle spielen. Dieses für den Marketingbereich wichtige Informationsproblem kann dadurch gemildert werden, daß, anstatt spezifische Eigenschaften der Objekte vorzugeben, nur deren **Ähnlichkeit** zur Skalierung benutzt wird.

Ähnlichkeit ist ein Merkmal von **Objektepaaren,** die von jeder Auskunftsperson gemäß der Lage der Objekte in einem subjektiven Urteilsraum eingeschätzt wird, wobei die Auskunftsperson deren Zustandekommen nicht zu begründen braucht. Entsprechend ist der Forscher hinsichtlich deren inhaltlicher Konkretisierung bzw. sprachlicher Benennung nicht gezwungen, a priori Hypothesen aufzustellen. Er nimmt jedoch an, daß zum einen die Angabe, welches von zwei Objektepaaren einander ähnlichere Objekte enthält (Ordinalrelation), das Urteilsvermögen der Auskunftspersonen nicht überfordert, und zum anderen, daß die mitgeteilte Ähnlichkeit mit der Lage der Objekte in den subjektiven Urteilsräumen ursächlich zusammenhängt.

Die geometrische Position zweier Objekte reproduziert deren Ähnlichkeit (bzw. Unähnlichkeit), indem identischen Objekten dieselbe Lage zugewiesen wird, einander ähnliche Objekte nahe beieinander und unähnliche entsprechend weit voneinander entfernt liegen. Das Maß der (Un-) Ähnlichkeit ist somit die **geometrische Distanz.** Das Anliegen der Mehrdimensionalen Skalierung besteht darin, Objekte in einem möglichst niedrig dimensionierten geometrischen Raum so anzuordnen, daß die **Rangfolge** der **Distanzen** so weit wie möglich der **Rangfolge** der **in jedem Fall registrierten** (tatsächlichen oder wahrgenommenen) **Ähnlichkeit** entspricht. Dieses Ziel zu erreichen, erfordert die Lösung von zwei Problemen grundsätzlicher Art.

(1) Es muß festgelegt werden, wie die Güte der Entsprechung der zwei Rangordnungen beurteilt werden kann. Trägt man beispielsweise die Rangordnung hinsichtlich der Ähnlichkeit auf der Ordinate, jene der Distanzen auf der Abszisse eines zweidimensionalen Koordinatensystems ab, so müßte die graphische Verbindung der eingetragenen Objektepaare bei einer idealtypischen, vollkommenen Entsprechung eine monoton steigende Funktion bilden. In dem der Abb. 9.14. zugrundeliegenden Fall reproduzieren z. B. die Distanzenränge die Ähnlichkeitsränge nur unvollkommen. Als Maß fungiert allgemein das von *Kruskal* vorgeschlagene **Stress-Kriterium** (siehe dazu *Dichtl / Schobert* 1979, S. 2 f.).

(2) Die Dimensionen des geometrischen Raumes repräsentieren die Merkmalsachsen des **psychologischen Urteilsraumes.** Der Forscher steht also vor der prinzipiellen Frage, wie viele Achsen er für eine ausreichende oder gar gute Beschreibung des psychologischen Raumes als adäquat ansieht. Das Streben nach Anschaulichkeit der Darstellung zwingt ihn zu einer niedrigen Dimensionierung, während eine möglichst gute Entsprechung zwischen der Ähnlichkeits- und der Distanzenrangordnung eine höhere Dimensionierung erforderte.

Dies hängt mit folgendem Phänomen zusammen: Der Spielraum, den man hat, um die Lage eines von mehreren Objekten ohne Verletzung der angestrebten Distanzenrangordnung zu verändern, wird mit abnehmender Zahl an Dimensionen immer kleiner. So läßt sich beispielsweise der Forderung $AC > AB > BC$ in einem zweidimensionalen Raum durch Variation von **Entfernung** und **Richtung** Rechnung tragen, während auf einem eindimensionalen Kontinuum die Möglichkeit der Richtungsänderung entfällt. Umgekehrt kann mit jeder zusätzlichen Dimension die Wiedergabe der Rangordnung verbessert werden, bis sie für n Objekte bei $n - 1$ Dimensionen in vollkommenem Maße gelingt. In einer konkreten Entscheidung muß man stets einen Kompromiß zwischen diesen beiden Bestrebungen schließen.

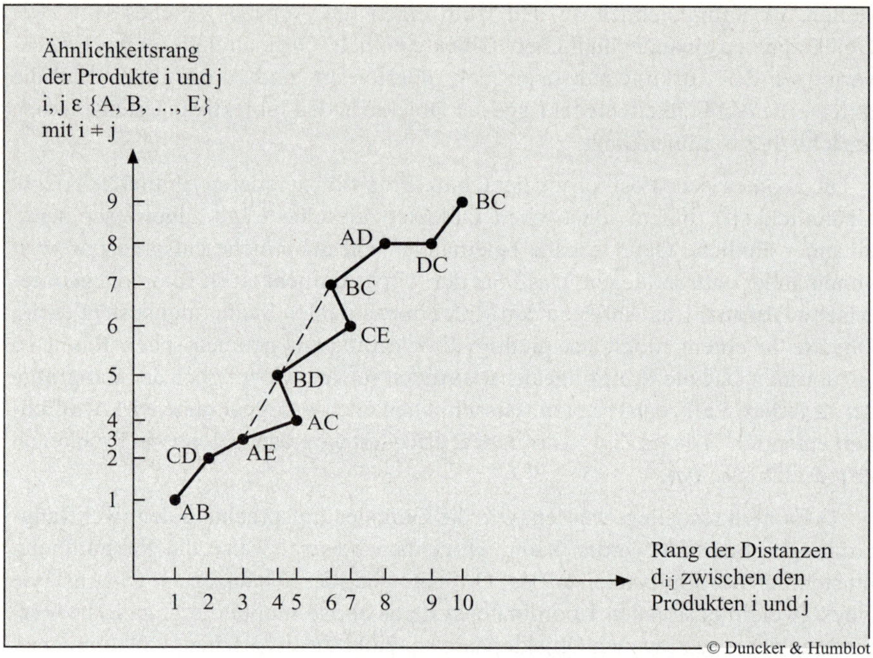

Abb. 9.14.: Unvollkommene monotone Funktion zwischen Distanz- und Ähnlichkeitsrängen

Den Ausgangspunkt der MDS bildet eine von (einer Gruppe von) Auskunftspersonen geäußerte Rangordnung von Objektepaaren, entsprechend dem Ausmaß der wahrgenommenen Ähnlichkeit der Objekte. Als Ergebnis des komplizierten iterativen Rechenverfahrens erhält man einen niedrig dimensionierten Raum, in dem die Objekte Positionen einnehmen, denen intervallskalierte Koordinatenwerte entsprechen (für ein Beispiel siehe Abb. 9.15.).

Zu beachten ist dabei, daß das Skalierungsergebnis ausschließlich die Relationen der Objekte zueinander in bezug auf die Beurteilungskriterien verdeutlicht, dagegen **nichts** über den **inhaltlichen** Charakter der Dimensionen aussagt. Verbal gekennzeichnet werden diese erst **nach** der Skalierung. Dazu bedarf es eines gewissen Maßes an Hintergrundwissen seitens des Forschers oder einer Expertengruppe (interne Analyse).

Zur Interpretation der Achsen ist es aber auch möglich, externe Daten heranzuziehen. Hierbei werden in einer **zusätzlichen** Untersuchung die interessierenden Objekte von den Auskunftspersonen nach Maßgabe einiger vorgegebener Merkmale eingestuft (Rating-Skalen, Rangordnungen), wobei diese auf eine hier nicht zu behandelnde Weise als Vektoren in das Koordinatensystem gelegt werden. Auf Grund deren Entfernung zu den – in unserem Falle zwei – Achsen lassen sich dann letztere verhältnismäßig leicht und zuverlässig umschreiben.

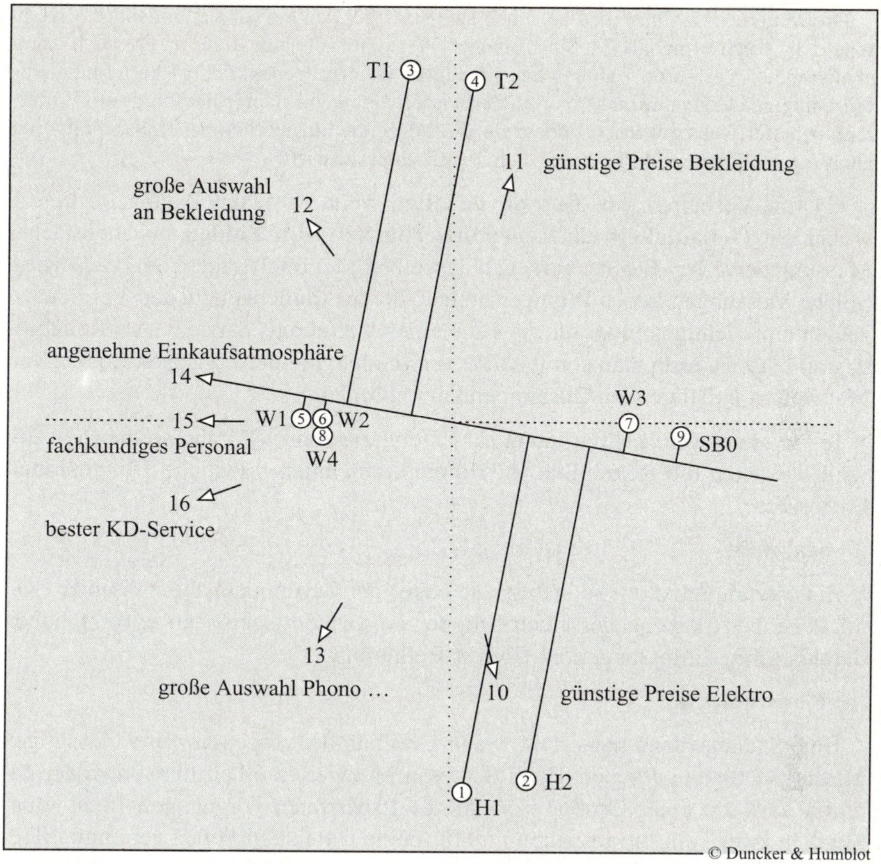

Quelle: *Dichtl / Schobert* 1979, S. 53.

Abb. 9.15.: Zweidimensionaler Imageraum für neun Einzelhandelsunternehmen und sieben extern erhobene Eigenschaftsvektoren

So liegt z. B. in Abb. 9.15. der Fahrstrahl „angenehme Einkaufsatmosphäre" so im Imageraum, daß er sich eng an die Abszisse anschmiegt. Über die sprachlich identische Benennung dieser Achse gibt es deshalb kaum Zweifel. Werden zusätzlich Präferenzordnungen in bezug auf die Objekte erhoben, bietet sich sogar die Möglichkeit, auch noch die Auskunftspersonen im Raum abzubilden.

3.2.5. Gültigkeits- und Zuverlässigkeitsprüfung

Zur Beurteilung der **Güte** von **Skalierungsverfahren** werden in der Sozialforschung üblicherweise drei Konzepte herangezogen, nämlich **Validität** (Gültigkeit), **Reliabilität** (Zuverlässigkeit; siehe dazu z. B. *Selltiz* u. a. 1972, S. 183 ff.; *Holm* 1976, S. 109 ff. und S. 123 ff.) und **Objektivität.**

Die weiteren Ausführungen beziehen sich ausdrücklich auf „skalenbildende“ Verfahren, d. h. solche, die als Meßinstrumente Werte für Objekte liefern. Da auch „nur-skalierende“ Verfahren Zahlenwerte erzeugen, ist eine gedankliche Übertragung von einschlägigen Erkenntnissen nicht sonderlich schwer, wenn auch in der Praxis mit Problemen behaftet. Dies gilt insbesondere für die MDS, die hinsichtlich der Reliabilitäts- wie auch der Validitätsprüfung einige Schwierigkeiten aufwirft.

(1) Ein Verfahren gilt dann als **reliabel,** wenn es exakte Meßwerte liefert, wobei die **Genauigkeit** als **Reproduzierbarkeit** von **Zahlen** bei mehrfacher Messung derselben Eigenschaften an denselben Merkmalsträgern aufgefaßt wird. Solche Messungen lassen Werte entstehen, deren Ähnlichkeit zu den Vergleichszahlen ein wichtiges Indiz für die Güte eines Verfahrens darstellt. Als Reliabilitätsindikatoren kann man somit Maße verwenden, die den zwischen Reihen von Meßwerten existierenden Zusammenhang abbilden.

Je nachdem, welche Anordnung zur Erzeugung von zwei Zahlenreihen gewählt wird, läßt sich die Reliabilität im Hinblick auf unterschiedliche **Dimensionen** überprüfen:

(a) **Stabilität**

Ein Verfahren ist um so stabiler, je enger der Zusammenhang zwischen zwei mit derselben Skala bei derselben Gruppe von Auskunftspersonen zeitverschoben durchgeführten Messungen ist (Retest-Reliabilität).

(b) **Konsistenz**

Eine Skala ist dann konsistent, wenn zwei parallel vorgenommene Messungen gleiche Meßwerte ergeben. Zwei Sets von Meßwerten erhält man entweder dadurch, daß die einer Gruppe von Auskunftspersonen vorgelegten Items einer Skala in zwei Teile aufgespalten und für beide Unterstichproben getrennte Meßwerte errechnet werden, oder durch Messung des gleichen Sachverhalts bei denselben Auskunftspersonen mit einem zweiten, formal gleichen, inhaltlich indessen verschiedenen Meßinstrument (Paralleltest-Reliabilität).

Wenn Reliabilität nicht in dem erwünschten Ausmaß vorliegt, kann dies nicht nur an der Stichprobe, sondern auch an den Indikatoren liegen, die für die Operationalisierung eines Konstrukts verwendet werden. Ein Koeffizient, der die **interne Konsistenz** eines **Tests** mißt, ist **Cronbachs** $\boldsymbol{\alpha}$ $(0 \leq \alpha \leq 1)$. Man geht dabei von der Überlegung aus, daß die im Rahmen eines Skalierungsverfahrens herangezogenen Items hoch miteinander korrelieren müßten, da sie allesamt ein und dasselbe Phänomen messen sollen. Wenn diese standardisiert sind, ist α wie folgt definiert:

$$\alpha = \frac{k\bar{r}}{1 + (k-1)\bar{r}}$$

Dabei bedeuten:

k = Zahl der Items
$\bar{r}$ = durchschnittliche Korrelation aller Items

Besteht ein Test beispielsweise aus 10 Items, die im Umfang von $\bar{r} = 0,5$ miteinander korrelieren, ergibt sich ein Wert von 0,91. Die Reliabilität läßt sich oft dadurch erhöhen, daß man ein paar Items, die weit unter dem bis dahin für $\bar{r}$ ermittelten Wert liegen, aus dem Meßansatz eliminiert.

(2) Das Kriterium der **Validität** zielt auf die Frage ab, ob und wie genau ein Verfahren tatsächlich das mißt, was es zu messen vorgibt. Eine Skala ist also in dem Maße valide, in dem eine (korrelative) Übereinstimmung zwischen den (unbekannten) realen Merkmalswerten und den Meßwerten besteht. Da Skalierungsverfahren jedoch häufig die Erfassung nicht unmittelbar beobachtbarer oder hypothetischer Merkmale anstreben, versucht man in den Sozialwissenschaften in solchen Fällen, Validitätsprobleme indirekt zu lösen, wobei man sich verschiedener Validitätskonzepte (vgl. dazu *Borg / Staufenbiel* 1993, S. 47 ff.) bedient:

(a) **Inhaltsvalidität**

Eine Skala ist dann inhaltsvalide, wenn die zugehörigen Items das zu messende Merkmal begrifflich erfassen. Dies kann entweder offenkundig sein (**„face validity"**) oder es wird von Experten bestätigt (**„expert validity"**).

(b) **Kriteriumsvalidität**

Eine Skala ist dann empirisch valide, wenn die Meßwerte mit einem externen Kriterium hoch korrelieren, das als Indikator für den zu messenden Sachverhalt angesehen wird. Bilden Meßwerte einer anderen, bereits bewährten Skala das Kriterium, so spricht man von **Binnenvalidität.** Die Werte des Indikators können entweder gleichzeitig mit der Messung (**Übereinstimmungsvalidität**) oder nachträglich (z. B. durch Ermittlung des durch die Meßwerte implizierten, vorhergesagten Verhaltens) erhoben werden (**Vorhersagevalidität**).

In der Sozialforschung spielt diese Form der empirischen Validität eine überragende Rolle, obwohl das Konzept nicht frei von Problemen ist. In bestimmten Fällen (Übereinstimmungsvalidität) muß das Außenkriterium nämlich seinerseits an einem Außenkriterium validiert werden, letzteres ebenfalls usw., wodurch es, sofern man nicht an irgendeiner Stelle einem Zirkelschluß erliegt, zu dem von der Wissenschaftstheorie her bekannten unendlichen Regreß kommt, der nur über eine Konvention abgebrochen werden kann.

(c) **Konstruktvalidität**

Die empirische Validität ist gleichbedeutend mit der Übereinstimmung der Meßwerte einer Skala zur Messung eines Sachverhaltes mit den Indikatoren für diesen Sachverhalt. Das eher theorieorientierte Konzept der Konstruktvalidität geht hingegen davon aus, daß das gemessene Konstrukt Bestandteil einer Theorie ist, d. h. eines Satzes nomologischer Aussagen über eine kausale Verknüpfung von theoretischen und beobachtbaren Merkmalen. Da aus den vorliegenden Werten der beobachtbaren Merkmale mit Hilfe der Theorie Werte für das theoretische

Konstrukt abgeleitet bzw. prognostiziert werden können, müssen die Meßwerte einer konstruktvaliden Skala mit den prognostizierten Werten übereinstimmen. Auch hier taucht bei der Verifizierung der nomologischen Aussagen das Problem des unendlichen Regresses auf.

(3) Die **Objektivität** eines Verfahrens ist dann gewährleistet, wenn die gewonnenen Meßwerte unabhängig von der Person des Forschers zustande kommen. Die Gefahr der Beeinflussung der Entstehung oder Deutung von Befunden ist vor allem dort groß, wo einem Auftraggeber an ganz bestimmten, z. B. sog. sozial erwünschten, Ergebnissen liegt.

3.3. Die Auswahl der Merkmalsträger

3.3.1. Grundformen von Auswahlverfahren

Bei der Gewinnung von Primärdaten stellen sich zwei wichtige Fragen: Einmal geht es um das **Auswahlverfahren,** zum anderen um die **Zahl** der auszuwählenden Merkmalsträger. Bei der Befragung von Herstellern oder Händlern besteht oft die Möglichkeit, alle in Betracht kommenden Personen zu berücksichtigen. Eine solche **Vollerhebung,** auch Totalerhebung genannt, wird jedoch in ihrer Durchführung um so schwieriger, je umfangreicher die Grundgesamtheit und je zahlreicher die zu erhebenden Merkmale und deren Ausprägungen sind. Unter **Grundgesamtheit** (Universum, Kollektiv) wird dabei die Gesamtmenge von Elementen verstanden, auf die sich die Untersuchungsbefunde beziehen sollen.

Da finanzielle Gründe und der im allgemeinen sehr große Zeitaufwand die Praktikabilität von Vollerhebungen stark einschränken, bietet es sich an, stellvertretend für alle in Frage kommenden Probanden durch wohlüberlegte Schritte eine Auswahl aus dem Kreis der potentiellen Auskunftspersonen zu treffen, d. h. eine **Teilerhebung** durchzuführen. Die zu Befragenden sollten dabei so herausgefiltert werden, daß sie hinsichtlich der relevanten Untersuchungsmerkmale möglichst repräsentativ sind. Dies bedeutet, daß sich die in der übergeordneten Grundgesamtheit bestehenden Relationen in der Stichprobe wiederfinden müssen. Die Forderung nach Strukturgleichheit (Isomorphie) impliziert die Klärung folgender Fragen:

- Wie geht man bei der Auswahl der Elemente vor, die in die Stichprobe einbezogen werden?
- Wie viele Elemente soll die Stichprobe umfassen?
- Wie verläßlich sind die Ergebnisse von Stichprobenuntersuchungen, d. h. inwieweit geben sie den tatsächlichen Sachverhalt wieder?

Die Forderung nach Isomorphie macht verständlich, daß der gesamte interessierende Personenkreis bei Anlage einer Untersuchung sowohl bezüglich der Anzahl als auch hinsichtlich der Relevanz der Merkmale, wie z. B. Geschlecht, Alter, Beruf und Einkommen, abgegrenzt werden muß. Festlegungen dieser Art bilden die Basis jeder Stichprobenerhebung.

Die Erfüllung der skizzierten Anforderungen ist Voraussetzung für eine Generalisierung der Ergebnisse, d. h. für einen **Inferenz-** bzw. **Repräsentationsschluß** von der Stichprobe auf die Grundgesamtheit. Dieses Problem betrifft sowohl die sog. **Schätzverfahren** als auch die **statistische Prüfung** von **Hypothesen**. Während es im einen Fall z. B. darum geht, für einen unbekannten Parameter der Grundgesamtheit auf Grund von Stichprobendaten ein Intervall zu bestimmen, in dem sich der interessierende Wert mit einer vorgegebenen (hohen) Wahrscheinlichkeit befindet, werden im anderen eine Hypothese über einzelne Werte der Grundgesamtheit (oder auch über deren Verteilungsform insgesamt) aufgestellt und die „Wahrheit" dieser Behauptung an Hand von Stichproben überprüft (vgl. Abschn. 3.5.1.).

Die Bedeutung der Aspekte Auswahl und Umfang im Hinblick auf die Güte von Stichproben verdeutlicht *Adler* (1955, S. 65 ff.) an Hand eines authentischen Beispiels:

Die Zeitschrift *Literary Digest* hatte im Jahre 1936 anläßlich der bevorstehenden Wahl des amerikanischen Präsidenten eine Abstimmung durchgeführt, um das Ergebnis voraussagen zu können. Dabei wurden unter erheblichem finanziellem Aufwand 10 Millionen Stimmzettel verschickt, von denen 2,4 Mio. zurückkamen und ausgewertet wurden. Nach dem Testergebnis zu urteilen schien es, als habe der Republikaner *Landon* die Stimmenmehrheit auf sich vereinigt. Zur gleichen Zeit führte das *Gallup-Institut* eine wesentlich kleinere Erhebung durch, bei der 300.000 Antworten ausgewertet wurden. *Gallup* sagte auf Grund seiner Umfrage den Sieg für den Demokraten *Roosevelt* voraus, der ihn bekanntlich errang.

Dem Laien erscheint es zunächst unverständlich, daß *Gallup* trotz der vergleichsweise bescheidenen Zahl von Interviews der tatsächlichen Stimmenverteilung wesentlich näher kam als der *Literary Digest*. Dessen Fehlprognose wird jedoch verständlich, wenn man sich vor Augen führt, daß die Anschriften für die Befragung Telefonbüchern und Verzeichnissen von Autobesitzern entnommen wurden. Man hatte also, was heute nicht mehr stimmen würde, vornehmlich die wohlhabenderen Volksschichten erfaßt; von einer repräsentativen Umfrage konnte deshalb, selbst wenn man einen hohen Rücklauf unterstellen würde, keine Rede sein.

Das Beispiel macht den geringen Aussagewert deutlich, der nichtrepräsentativen Stichproben im Rahmen üblicher Forschungsdesigns eigen ist. Sofern die Struktur der Grundgesamtheit bekannt ist, sollte die Ziehung von Stichproben nicht unkontrolliert, d. h. losgelöst von jener erfolgen. „Kontrolliert" bedingt aber auch, die Realität im Auge zu behalten. Da eine „ideale" Auswahl aus Kosten- und Zeitgründen kaum jemals möglich sein wird, fragt es sich, wie weit davon abgewichen werden darf, ehe der Anspruch auf wissenschaftliche Vorgehensweise aufgegeben werden muß. Im allgemeinen liegt es im Bestreben eines jeden Marktforschers, jenes Auswahlverfahren anzuwenden, das unter Berücksichtigung der organisatorischen Möglichkeiten und der verfügbaren finanziellen Mittel den geringstmöglichen Fehler erwarten läßt. Praktisch wird bei jeder Auswahl in Kauf genommen, daß die Stichprobenergebnisse um den „wahren" Wert in der Grundgesamtheit streuen.

Wird die Stichprobe nach dem **Zufallsprinzip („random sampling")** gezogen, so kann der Schwankungsbereich nach den Regeln der Wahrscheinlichkeitsrechnung endogen berechnet werden. Das Zufallsprinzip besagt, daß jedes Element der Grundgesamtheit eine **von Null verschiedene, berechenbare Chance** (Wahrscheinlichkeit) haben muß, in die Stichprobe zu gelangen („**dieselbe**" Wahrscheinlichkeit wäre lediglich ein Spezialfall!). Wird die Forderung nach einer präzisierbaren Wahrscheinlichkeit nicht erfüllt, so muß der Fehler exogen, d. h. außerhalb des Verfahrens beurteilt werden. Man spricht daher von **nichtzufallsgesteuerten Auswahlverfahren** einerseits und von Verfahren der **Wahrscheinlichkeitsauswahl** oder **zufallsgesteuerten Stichproben** andererseits.

(1) Nichtzufallsgesteuerte Auswahlverfahren

Wann immer eine Auswahl getroffen wird, die nicht dem Zufallsprinzip unterliegt, ist diese subjektiven Einflüssen ausgesetzt, deren Auswirkung im allgemeinen nicht quantifiziert bzw. abgeschätzt werden kann. Aus diesem Grunde dürfen die aus solchen „Beurteilungsstichproben" gewonnenen Ergebnisse nicht von vornherein, wenn überhaupt, als repräsentativ angesehen werden. Zu den nichtzufallsgesteuerten Auswahlverfahren zählen die **bewußte** und die **willkürliche Auswahl.**

(a) Wie problematisch Aussagen sind, die auf nichtzufallsgesteuerten Stichprobenerhebungen basieren, wird deutlich, wenn man sich die Vorgehensweise im einfachsten Fall, bei der **willkürlichen Auswahl,** vor Augen führt. Diese ist dadurch gekennzeichnet, daß ihr kein expliziter Plan zugrunde liegt, d. h. die zu befragenden Einheiten werden aufs Geratewohl bestimmt. Ein Beispiel dafür wäre die Befragung von Menschen, die zu einer bestimmten Stunde über den Bahnhofsplatz einer Großstadt gehen. Je nach Tageszeit wird man dann in der Mehrzahl Berufstätige, Schüler oder Fernreisende antreffen, deren Urteile aber keineswegs das Meinungsbild der Bewohner der betroffenen Stadt bzw. von deren Umland wiedergeben. Eine solche willkürliche Auswahl führt wegen ihrer Einseitigkeit zu verzerrten Ergebnissen und ist damit praktisch wertlos.

(b) Basiert die Teilerhebung im Gegensatz zu der soeben beschriebenen Vorgehensweise auf der Kenntnis der Struktur einer Grundgesamtheit, so liegt eine **bewußte Auswahl** vor. Im einfachsten Fall, bei der **typischen Auswahl,** wird eine Anzahl charakteristisch erscheinender Elemente als typisch für die Grundgesamtheit herausgegriffen. Dies erscheint immer dann vertretbar, wenn die Grundgesamtheit außerordentlich homogen und es deshalb zu erwarten ist, daß einige wenige Einheiten die gesamte Menge gut repräsentieren. In der vermeintlich eindeutigen Zusammenstellung liegt jedoch zugleich die Schwäche dieses Verfahrens, da vom Variationsspektrum bei den Einzelelementen und deren Veränderungen im Zeitablauf abstrahiert wird.

Einer anderen Form der **bewußten Auswahl,** dem **Quota-Verfahren,** kommt ungleich größere Bedeutung zu. Dessen Anwendung setzt die Kenntnis von befragungsrelevanten Merkmalen und deren Variation in der Grundgesamtheit voraus. Als relevant in diesem Sinne gelten Eigenschaften, die mit den zu erhebenden Größen eng zusammenhängen, bzw. solche, für die eine hohe Korrelation zumindest vermutet werden kann.

Angenommen, ein bedeutsames Unterscheidungsmerkmal ist das Geschlecht, so können, wenn die Grundgesamtheit aus 40% Männern und 60% Frauen besteht, diese Anteile zur Bildung von Quoten herangezogen werden. Man würde dann bei einer Stichprobengröße von 1.000 Personen 400 Männer und 600 Frauen als Probanden bestimmen.

Werden unter Beachtung dieser Vorgabe Menschen nach dem **Zufallsprinzip** ausgewählt, liegt eine **kontrollierte** oder **balancierte** Stichprobe, d. h. im Grunde eine **geschichtete Wahrscheinlichkeitsauswahl** vor. Dies ist hier **nicht** gemeint.

Sofern die Bestimmung der in eine Befragung einzubeziehenden Einheiten völlig in das Ermessen des Interviewers gestellt ist, solange dieser nur die ihm vorgegebenen Quoten erfüllt, handelt es sich um eine **Beurteilungsstichprobe**. In der Praxis werden dem Betroffenen in der Regel drei Merkmale genannt, nämlich Geschlecht, Alter und Beruf des Haushaltsvorstands. Dabei ist einsichtig, daß die Auswahl für ihn immer schwieriger wird, je mehr Quoten er auszuschöpfen hat.

Bei dem nachfolgenden Beispiel (Tab. 9.10.) gehen wir davon aus, daß lediglich drei Interviews durchzuführen sind, wobei der Auftrag lautet: „Bitte befragen Sie drei PKW-Besitzer im Rahmen der unten aufgeführten Quotenmerkmale." Die letzte nicht durchgestrichene Ziffer besagt, wie viele Interviews mit Personen welchen Geschlechts bzw. Alters durchzuführen sind und welchen Beruf der Haushaltsvorstand in wie vielen Fällen haben muß. In unserem Beispiel müssen also 2 Männer und 1 Frau interviewt werden. Von diesen haben 2 zwischen 18 und 29 Jahren und 1 Person zwischen 30 und 49 Jahren alt zu sein. In 2 Fällen muß der Haushaltsvorstand ein Beamter oder Angestellter, in einem Fall ein Arbeiter sein. Alle jedoch müssen einen PKW besitzen.

Die Anwendung des Quota-Verfahrens zur Generierung von Stichproben ist nicht unumstritten. Als maßgebliche Gegenargumente werden neben dem Nachteil, den Auswahlfehler nicht berechnen zu können, insbesondere die bewußte Einflußnahme auf die Festlegung der Quotenmerkmale sowie die kaum kontrollierbare Auswahl der Befragten angeführt. Trotz des subjektiven Gepräges wird jedoch das Quota-Verfahren von Praktikern im allgemeinen geschätzt, weil es sich u. a. durch Einfachheit in Planung und Durchführung auszeichnet, die ihrerseits vergleichsweise geringe Kosten und hohe Flexibilität (rascher Ausgleich von Ausfällen) zur Folge haben.

Tabelle 9.10.

Beispiel für einen Quotenplan	
A. Geschlecht	
männlich	1, 2
weiblich	1, ~~2~~
B. Alter	
18-29 Jahre	1, 2
30-49 Jahre	1, ~~2~~
50 Jahre und älter	~~1~~, ~~2~~
C. Beruf des Hauhaltsvorstands	
Selbständiger	~~1~~, ~~2~~
Beamter, Angestellter	1, 2
Arbeiter	1, ~~2~~

Eine bewußte Auswahl liegt schließlich auch vor, wenn – wie häufig in der Amtlichen Statistik – nur die wesentlichen Untersuchungseinheiten Berücksichtigung finden. Man spricht dann von einer Auswahl nach dem **Konzentrationsprinzip (Cut off-Verfahren).** Damit ist man in der Lage, die Zahl der Untersuchungseinheiten ohne entscheidenden Informationsverlust hinsichtlich des Untersuchungsgegenstandes zu reduzieren. So würde man z. B. bei einer Erhebung, in der es um betriebliche Investitionsentscheidungen und deren Einfluß auf die Konjunktur geht, nur die Unternehmen befragen, die letztlich 80-90% des Geldes ausgeben. Auf diese Weise läßt sich die Untersuchung schneller und kostengünstiger durchführen. Allerdings muß dabei bekannt sein, welche Untersuchungseinheiten im Sinne der Fragestellung als wesentlich anzusehen sind.

(2) Zufallsgesteuerte Auswahlverfahren

Die subjektiven Auswahlverfahren innewohnenden Nachteile werden vermieden, wenn man die Erhebungseinheiten nach dem **Zufallsprinzip** bestimmt. Hierbei gibt es Varianten unterschiedlicher Komplexität, die von der einfachen, einstufigen **Auswahl ohne Schichtung** bis hin zur komplexen, mehrstufigen **Auswahl mit Schichtung** reichen. In allen Fällen ist strenge Zufälligkeit jedoch nicht einfach zu verwirklichen. Da jedes **Element** der **Grundgesamtheit** per definitionem eine bekannte, von Null verschiedene Wahrscheinlichkeit haben muß, in die Stichprobe zu gelangen, kann diese nicht einfach durch wahlloses Herausgreifen einzelner Einheiten gezogen werden. Voraussetzungen für die Bildung einer Stichprobe sind sowohl die Verfügbarkeit eines vollständigen Verzeichnisses der Elemente der Grundgesamtheit als auch eine geeignete, nämlich eine **Zufallsauswahl garantierende Auswahltechnik**.

Die klassische Ziehungstechnik läßt sich am besten durch das **Urnenmodell** veranschaulichen. Nach Maßgabe des Ordnungsmusters der Grundgesamtheit wird jeder in einer Urne befindlichen Kugel ein Element, z. B. eine bestimmte Farbe oder ein Symbol, zugeordnet. Im Rahmen der Ziehung entnimmt man dann dem Behälter eine vorher festgelegte Zahl von Kugeln, wobei die von diesen repräsentierten Elemente die Stichprobe bilden. Die in dieser Form praktizierte Auswahltechnik wird auch als **Lotterieauswahl** bezeichnet. Deren Praktikabilität nimmt jedoch mit zunehmendem Umfang der Grundgesamtheit rapide ab, da sich eine große Zahl von Elementen nicht mehr mit einem einfachen Urnenmodell abbilden läßt bzw. eine Trommel von der Größe, wie sie z. B. bei der Fernsehlotterie verwendet wird, nicht zur Verfügung steht.

Als alternative Selektionstechnik bietet sich die Verwendung von **Zufallszahlen** an, die in Tabellen zusammengestellt sind und quasi eine Urne auf Vorrat bilden. Dazu ordnet man zunächst die Elemente der Grundgesamtheit einem Wertebereich in der Tabelle zu. Aus dieser werden dann etwa im Falle einer Tausenderstichprobe, beginnend bei einer beliebigen Zahl, die ersten 1.000 Ziffernfolgen abgelesen, z. B. 23150, 05541, 48738. Umfaßt die Grundgesamtheit eine zwischen 1.000 und 9.999 liegende Zahl an Einheiten, so wird eine zuvor festgelegte Stelle negiert. In unserem Falle würden daher bei Nichtbeachtung der 1. Stelle die Elemente 3150, 5541, 8738 usw. in die Stichprobe einbezogen.

Sofern keine Zufallszahlentabellen zur Hand sind, bieten sich verschiedene andere Möglichkeiten zur Generierung solcher Zahlen an, so z. B. die **Mid Square-Methode.** Hierbei wird eine beliebige vierstellige Ausgangszahl x quadriert. Die ersten und die letzten Ziffern dieser Zahl werden in einer Weise abgeschnitten, daß als neue Basiszahl wiederum eine vierstellige Zahl entsteht. Der Nachteil dieser Methode besteht darin, daß bei Wahl einer ungünstigen Basiszahl die Zahlenfolge schnell entartet, d. h. daß sich die durch Quadrierung erzeugten Zufallszahlen wiederholen.

Die Auswahl der Probanden durch Zufallszahlen garantiert zweifellos die Einhaltung des Prinzips der strengen Zufälligkeit. Andererseits erfordert sie, insbesondere bei großen Stichproben, einen vergleichsweise hohen Zeit- und Kostenaufwand, der sich allerdings bei der Generierung von Zufallszahlen mit Hilfe der EDV verringern läßt.

Da die Anwendung von Techniken der Zufallsauswahl in vielen Fällen aus technischen oder kostenmäßigen Gründen nicht in Betracht kommt, wird eine Reihe von **Ersatzverfahren** benutzt, die bei Beachtung der in der Grundgesamtheit herrschenden Gegebenheiten die Zufälligkeit der Auswahl weithin garantieren. Hier ist in erster Linie an die **systematische Auswahl mit Zufallsstart** zu denken. Angenommen, aus einer Grundgesamtheit mit $N = 10.000$ Einheiten ist eine Stichprobe von $n = 1.000$ zu ziehen. Jedem Element entspreche eine bestimmte Karteikarte. Zunächst wird dann eine beliebige Karte ausgewählt, die gewissermaßen als Startbasis dient. Daraufhin zieht man jede 10. Folgekarte, bis eine Stichprobe von 1.000 Karten entstanden ist. Man bezeichnet diese Vorgehensweise auch als **Herausgreifen des *n*-ten Falles** im Rahmen einer **Karteiauswahl.** Analog dazu können auch **Buchstaben** (Auswahl aller Fälle mit einem bestimmten Anfangsbuchstaben o. ä.), **Geburtsdaten** oder **Endziffern** (bei einer durchnumerierten Kartei werden alle Karten gezogen, die als letzte Ziffer beispielsweise eine 4 aufweisen) als Auswahlkriterien herangezogen werden.

Die Anspruchslosigkeit der Vorgehensweise bei diesen Techniken darf jedoch nicht über **wichtige Implikationen** hinwegtäuschen. Die geschilderte Stichprobentechnik führt unweigerlich zu einer Verzerrung, wenn das Auswahlprinzip von einer Ordnungscharakteristik der Grundgesamtheit überlagert wird. Des weiteren muß gewährleistet sein, daß die Kartei ein **vollständiges Verzeichnis** aller Einheiten darstellt.

3.3.2. Komplexe Formen der Stichprobenziehung

Komplexe Auswahlverfahren stellen die **geschichtete** und die **mehrstufige Auswahl** dar. Im ersten Fall wird die Grundgesamtheit mit Hilfe festzulegender Merkmale in einzelne Teile, die man als **Schichten** bezeichnet, zerlegt. Aus diesen zieht man dann jeweils eine zufallsgesteuerte Stichprobe, und zwar in der Regel unterschiedlichen Umfangs. Bei diesem Verfahren kommt es entscheidend darauf an, Kriterien zu finden, die die Grundgesamtheit erschöpfend in eine Anzahl homogener Schichten mit möglichst geringer (Innenschicht-)Varianz aufzuspalten erlauben. Dies ermöglicht bei relativ hoher Gesamtvarianz der Stichprobenwerte eine nicht unwesentliche Erhöhung der Schätzgenauigkeit der Parameter einer Verteilung oder aber die Erzielung eines Ergebnisses, das dem mit einer einfachen zufallsgesteuerten Stichprobe erzielbaren nicht nachsteht, jedoch auf einer ungleich geringeren Stichprobengröße beruht.

Angenommen, man möchte für den Fall, daß das Ladenschlußgesetz aufgehoben wird, die Bereitschaft der im Einzelhandel Tätigen ermitteln, unter bestimmten Bedingungen mehrmals in der Woche spätabends zu arbeiten. Die Vermutung erscheint begründet, daß das Ergebnis bei Großunternehmen, im Mittelstand und bei Familienbetrieben unterschiedlich ausfällt. Statt nun aus Hunderttausenden von Firmen streng nach dem Zufallsprinzip eine Stichprobe im Umfang von beispielsweise 2.000 Standesvertretern zu ziehen, würde man die Grundgesamtheit zuerst einmal – etwa nach Maßgabe des Jahresumsatzes – in Schichten zerlegen und innerhalb jeder von ihnen zufallsgesteuert ein Sample entnehmen. Da die Großunternehmen, die den Löwenanteil des Umsatzes auf sich vereinigen, höchstens 1 % aller Arbeitgeber darstellen, wäre sonst nicht gewährleistet, daß auch nur eines von ihnen in die Stichprobe gelangt.

Sofern der Auswahlsatz genau der Bedeutung der Schicht für das Ganze, z. B. dem von dieser erzielten Umsatz im Vergleich zu jenem der Branche entspricht, nennt man dies eine **proportionale Stichprobe**. **Disproportional** ist eine solche, wenn man davon aus gutem Grund abweicht. Man weiß z. B., daß die ganz wenigen Großbetriebe in sich viel verschiedener als ein paar Hunderttausend Tante Emma-Läden sind, was einen Auswahlsatz von vielleicht 10% rechtfertigt, während man sich bei letzteren im Promillebereich bewegt.

Ein häufig zu beobachtendes Strukturphänomen von Grundgesamtheiten bildet deren **hierarchischer Aufbau** (z. B. Individuum, Haushalt, Gemeinde, Land). Diese Tatsache kann man sich für eine **mehrstufige Auswahl** zunutze machen, indem man zunächst beispielsweise auf Landesebene eine Stichprobe von Gemeinden zieht und dann aus den gewählten Kommunen eine Auswahl unter den Haushalten trifft. Auf diese Weise wird die Erhebungsarbeit technisch vereinfacht (räumliche Konzentration, bessere Interviewerbeobachtung usw.), was sich letztlich in einer beträchtlichen Kostenersparnis niederschlägt. Den Vorteilen der Ausnutzung natürlicher Gruppierungen und der relativ einfachen Feldarbeit steht jedoch das Problem einer exakten Berechnung der Auswahlchancen der Einzelelemente gegenüber (für eine ausführliche Darstellung der Eigenschaften von geschichteten und mehrstufigen Auswahlverfahren siehe u. a. *Bausch* 1990, S. 55 ff.; *Menges / Skala* 1973, S. 101 ff.).

Eine andere, häufig angewandte Variante ist das sog. **Klumpenverfahren** („cluster sampling"). Dieses ist dadurch charakterisiert, daß die Erhebungseinheiten aus Gruppen, Bündeln oder Haufen von Elementen bestehen (z. B. Haushalte als Gruppen von Personen, alle Beschäftigten eines Unternehmens). Dazu muß die Grundgesamtheit in eine bestimmte Anzahl von Elementegruppen aufgeteilt werden können. Aus diesen werden dann zufällig oder systematisch einzelne Klumpen ausgewählt, die ihrerseits **vollständig** in die Erhebung einbezogen werden.

Ein entscheidender Vorteil dieser Spielart besteht darin, daß sie in erheblichem Maße Zeit und Kosten sparen hilft. Dies liegt daran, daß jeweils zahlreiche Elemente der Stichprobe räumlich gebündelt auftreten, was immer dann, wenn die Probanden aufgesucht werden müssen, die Wege verkürzt. Sofern die durch Klumpen bezeichneten Elemente die Grundgesamtheit repräsentieren sollen, ist darauf zu achten, daß diese die in der Gesamtheit vorherrschende Heterogenität der Elemente ausreichend widerspiegeln. Wesentliche Determinanten der Güte einer Klumpenauswahl sind daher u. a. Art und Kriterien der Klumpenbildung. Geschieht diese streng nach dem Zufallsprinzip, kann im allgemeinen unterstellt werden, daß sich unerwünschte Gruppierungseinflüsse wechselseitig aufheben. Anderenfalls ist mit dem Auftreten eines sog. **Klumpeneffektes,** d. h. mit einer gegenüber einer reinen Zufallsauswahl starken Verzerrung der Ergebnisse zu rechnen.

Liegt für die Bildung einer Stichprobe keine vollständige Kartei bzw. Datei aller Elemente der Grundgesamtheit vor oder ist diese nur unter hohem Zeit- und Kostenaufwand zu beschaffen, kann die Stichprobe im Wege einer **Gebiets-** oder **Flächenauswahl** systematisch konstruiert werden. Der Grundgedanke dabei besteht darin, daß zunächst eine geographische Region in erhebungsrelevante Teilgebiete aufgespalten wird. Aus diesen werden dann je nach Stichprobenumfang mehrere Regionen ausgewählt, in denen wiederum nach einem der hier geschilderten Verfahren die Auskunftspersonen bestimmt werden.

Oftmals wendet man dabei das sog. **„Random Route“**-Verfahren an, bei dem der Interviewer beispielsweise folgende Anweisung erhält: „Biegen Sie von einem (at random) festgelegten Punkt aus in die 5. Straße nach rechts ein, suchen Sie im 3. Haus links die 2. Wohnung, von unten rechts beginnend, auf und befragen Sie den Haushaltsvorstand. Von dort aus suchen Sie in jedem 2. Haus die 2. Wohnung auf, wiederum von rechts beginnend.“ Der **Zufallsweg** wird entsprechend der Vorgabe so lange fortgesetzt, bis der gewünschte Stichprobenumfang erreicht ist.

Auch bei diesem Verfahren bereiten die Festlegung der Stichprobe (Verfahrensweise bei „Ziehung“ von Fabriken, Bürogebäuden usw. bedarf einer Klärung) und damit die Berechnung der Auswahlwahrscheinlichkeit im allgemeinen erhebliche Schwierigkeiten, so daß es sich häufig nur noch geringfügig von der bewußten Auswahl unterscheidet. Dem stehen indessen mehrere Vorteile in der Durchführung gegenüber: So muß beispielsweise keine umfassende Liste der Elemente der Grundgesamtheit vorhanden sein, was sich wiederum in einer Zeit- und Kostenersparnis niederschlägt.

3.3.3. Stichprobenfehler und Stichprobenumfang

Die Bestimmung einer problemadäquaten Auswahltechnik bildet nur den ersten Schritt auf dem Wege zur Erlangung einer repräsentativen Auswahl. Weitere Determinanten der Güte von Stichprobenergebnissen stellen die **maximal akzeptierbare Irrtumswahrscheinlichkeit** bzw. der **gewünschte Sicherheitsgrad** und der **Stichprobenumfang** dar. Allen **Zufallsstichproben** ist gemeinsam, daß der sog. **Stichprobenfehler** berechnet werden kann, unter dem man die Abweichung eines Stichprobenergebnisses vom wahren, jedoch im allgemeinen unbekannten Wert der Grundgesamtheit versteht. Bei einer einmaligen **Zufallsauswahl** hat man unter sonst gleichen Bedingungen (Konstanz der Streuung der Werte in der Grundgesamtheit und gleichbleibender Sicherheitsgrad der Aussage) eine um so größere Chance, den richtigen Wert zu treffen, je größer der Umfang der Stichprobe ist.

Wollte man beispielsweise das durchschnittliche Monatseinkommen einer bestimmten Bevölkerungsgruppe (Grundgesamtheit $N = 0{,}2$ Mio.) erheben und den – für die Zwecke des Beispiels bekannten – wahren Mittelwert der Grundgesamtheit $\mu = 3.000$ aus Stichproben im Umfang von $n = 2.000$ berechnen, so könnte man erwarten, daß die Mittelwerte der Stichproben $\bar{x}_{j_\mu}$ $(j = 1, \ldots, m)$ mehr oder weniger stark um den wahren Wert μ schwanken. Es läßt sich zeigen, daß die Mittelwerte einer Vielzahl von Stichproben aus ein und derselben Grundgesamtheit normalverteilt sind, und zwar unbeschadet der Verteilung der Grundgesamtheit. (Diese Behauptung beruht auf dem zentralen Grenzwertsatz der Statistik.) Abb. 9.16 gibt den Verlauf der Normalverteilung wieder.

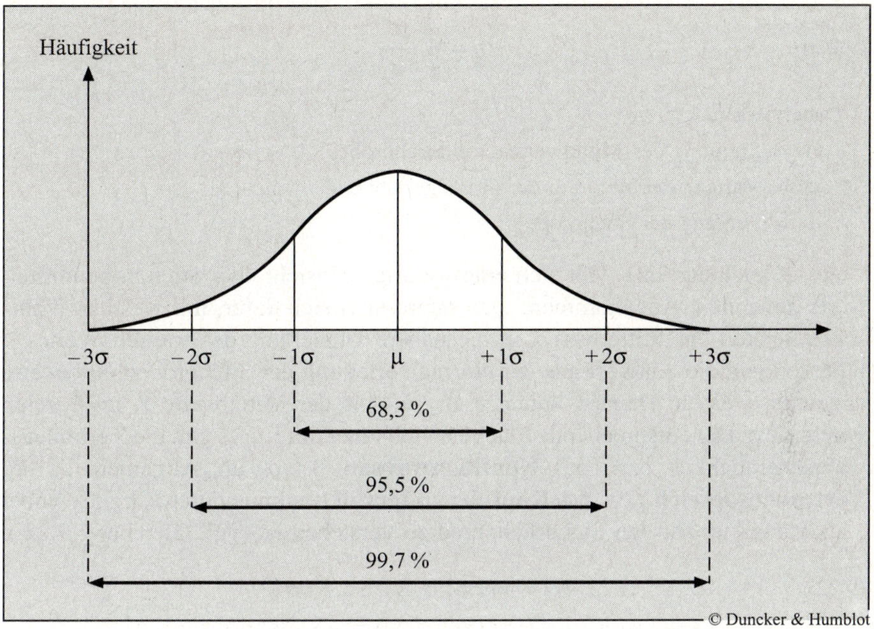

Abb. 9.16.: Normalverteilung mit Mittelwert μ und Standardabweichungen im Bereich $\mu \pm 3\sigma$

Die Fläche unter der Normalverteilung erfaßt die Häufigkeit aller möglichen Stichprobenmittelwerte. Bekanntlich ist die Normalverteilung durch die Parameter Mittelwert (μ) und Standardabweichung (σ) gekennzeichnet. Die Zone im Abweichungsbereich $\pm 1\ \sigma$ um den Mittelwert gibt 68,3% der gesamten Fläche wieder, d. h. 68,3% aller möglichen Stichprobenmittelwerte liegen in diesem Sektor (vgl. Abb. 9.16.). Entsprechendes gilt für $\pm 2\ \sigma$ und $\pm 3\ \sigma$.

Die Streuung der Werte in der **Grundgesamtheit** wird durch folgenden Ausdruck bestimmt:

(9.20.)
$$\sigma = \sqrt{\frac{\sum_{i=1}^{N} (x_i - \mu)^2}{N}}$$

Dabei bedeuten:

σ = Streuung der Werte in der Grundgesamtheit
x_i = Einzelwert aus der Grundgesamtheit
i = Element der Grundgesamtheit ($i = 1, 2, \ldots, N$)
μ = Mittelwert der Grundgesamtheit

Die **Zufallsstreuung** des **Mittelwertes** von **Stichproben** hängt, wie die Gleichung 9.21. zeigt, allein von der Varianz der Werte der Grundgesamtheit und der Stichprobengröße ab.

(9.21.) $$\sigma_{\bar{x}} = \sqrt{\frac{\sigma^2}{n}}$$

Dabei bedeuten:

$\sigma_{\bar{x}}$ = Streuung des Mittelwertes von Stichproben

σ^2 = Varianz der Werte in der Grundgesamtheit

n = Umfang der Stichprobe

Aus Gleichung 9.21. läßt sich eine wichtige Einsicht über Stichprobenmittelwerte gewinnen. Angenommen, man interessiert sich dafür, mit welcher Wahrscheinlichkeit ein Mittelwert $\bar{x}$ in die nähere Umgebung des wahren Wertes μ fällt, so kann die Antwort aus der Normalverteilung der Stichprobenmittelwerte abgeleitet werden. Danach liegen z. B. 95,45% der Mittelwerte $\bar{x}_j$ im Bereich von $\mu \pm 2\,\sigma$. Der entsprechende Flächenanteil unter der Kurve gibt die Vertrauenswahrscheinlichkeit bzw. das **Konfidenzniveau** $(1 - \alpha)$ an. Allgemein ist der **Vertrauensbereich** bzw. das **Konfidenzintervall** bestimmt durch $\bar{x} \pm z\,\sigma_x$, wobei z als Parameter für den Sicherheitsgrad zu verstehen ist (vgl. Gleichung 9.22.).

(9.22.) $$1 - \alpha = W(\bar{x} - z\,\sigma_{\bar{x}} \leq \mu \leq \bar{x} + z\,\sigma_{\bar{x}})$$

Die Wahrscheinlichkeit (W), daß das Zufallsintervall von $\bar{x} - z\,\sigma_{\bar{x}}$ bis $\bar{x} + z\,\sigma_{\bar{x}}$ den wahren Parameterwert für μ einschließt, ist eine Funktion des gewählten Sicherheitsgrades z. Die am häufigsten verwendeten Parameterwerte für z sind mit den zugehörigen Konfidenzniveaus in Tab. 9.11. zusammengestellt.

Tabelle 9.11.

Wahrscheinlichkeitsdichte unter der Normalverteilung in Abhängigkeit vom Sicherheitsgrad

Sicherheitskoeffizient z	Sicherheitsgrad $1 - \alpha$ (in %)	Irrtumswahrscheinlichkeit α (in %)
1,00	68,27	31,73
1,96	95,00	5,00
2,00	95,45	4,55
2,58	99,00	1,00
3,00	99,73	0,27
3,29	99,90	0,10

Bei Erhöhung des **Sicherheitsgrads** resp. Erweiterung des **Vertrauensbereichs** nimmt die Wahrscheinlichkeit, einen falschen Wert für den unbekannten wahren Wert μ anzugeben, ab. Gleichzeitig werden damit ceteris paribus die Angaben über den wahren Wert unpräziser, da der gewählte Streubereich der Stichprobenmittelwerte immer größer wird. Die Zufallsstreuung von Stichprobenparametern (hier: des arithmetischen Mittels) bezeichnet man als **Stichprobenfehler** (e) im engeren Sinne (vgl. Gleichung 9.23.).

(9.23.)
$$e = z \cdot \sigma_{\bar{x}} = \frac{z \cdot \sigma}{\sqrt{n}}$$

Dabei entspricht e dem bei vorgegebener Irrtumswahrscheinlichkeit zu erwartenden **Höchstmaß** des **Zufallsfehlers**. Gleichung 9.23. läßt unmittelbar erkennen, daß bei gleichem Stichprobenumfang (n) und gegebenem σ eine Verbesserung der Sicherheit der Aussage (steigender Wert für z) durch zunehmende Unschärfe der Schätzung (steigender Wert für e) erkauft wird.

Bisher wurde unterstellt, daß die Streuung der Grundgesamtheit bekannt sei. Im allgemeinen ist dies jedoch nicht der Fall, so daß man anstelle der **Standardabweichung** der **Grundgesamtheit** (σ) jene der lediglich einen **Stichprobe** (s), die man zieht, als Schätzgröße verwendet. Voraussetzung für die Verwendung von s ist allerdings, daß es sich nicht um eine sog. kleine Stichprobe handelt, d. h. daß n nicht kleiner als etwa 30 ist.

Eine weitere, bislang stillschweigend getroffene Annahme besteht darin, daß das **Ziehungsschema „mit Zurücklegen"** angewandt wird. Ausgewählte Einheiten werden also vor der nächsten Ziehung wieder in die Urne zurückgelegt. Ist dies nicht der Fall, muß Gleichung 9.21. strenggenommen um einen Korrekturfaktor erweitert werden (vgl. Gleichung 9.24.).

(9.24.)
$$\sigma_{\bar{x}} = \frac{s}{\sqrt{n}} \sqrt{\frac{N-n}{N-1}}$$

Auch wenn man sich in der Praxis in der Regel der Variante **„ohne Zurücklegen"** bedient, vernachlässigt man fast immer den Erweiterungsteil der Formel, da bei sehr großem Umfang der Grundgesamtheit (N) und gleichzeitig sehr kleinem n der Ausdruck unter der Wurzel gegen 1 strebt.

Bei den bisherigen Überlegungen sind der **Stichprobenumfang** (n) generell als hinreichend groß angenommen und sein Einfluß auf die Genauigkeit von Stichprobenaussagen nicht weiter untersucht worden. Eine Betrachtung der Gleichung 9.23. zur Bestimmung des Stichprobenfehlers e zeigt indessen, daß n neben **Sicherheitsgrad** (z) und **Streuung** der **Grundgesamtheit** (σ) bzw. deren Schätzwert (s) die dritte die Güte von Stichprobenergebnissen determinierende Größe darstellt. Von den drei Parametern sind jedoch nur n und z frei wählbar, da σ bzw. s durch die Ausgangsverteilung der Grundgesamtheit bzw. die Streuung der Stichprobe festgelegt ist. Bei Verfügbarkeit eines hinreichend großen Budgets für die Dimensionierung einer Stichprobe wird man üblicherweise den **Sicherheitsgrad** *(z)* festlegen und den zugehörigen **Stichprobenumfang** (*n*) nach Gleichung 9.25., die sich durch Umformung von 9.23. ergibt, ableiten.

(9.25.) $$n = \left(\frac{z\,\sigma}{e} \right)^2$$

Angenommen, das monatliche Durchschnittseinkommen eines bestimmten Bevölkerungsteils soll durch eine Stichprobenerhebung ermittelt werden. Auf Grund von ähnlichen Untersuchungen wird die Streuung auf $\sigma = 50$ DM geschätzt. Gewünscht werden ein Sicherheitsgrad von 95,45 % und ein Stichprobenfehler von maximal ± 10 DM. Nach Gleichung 9.25. ergibt sich dann für den Stichprobenumfang:

$$n = \frac{(2)^2 \cdot (50)^2}{10^2} = 100$$

Daran sieht man, daß der Stichprobenumfang mit wachsendem Sicherheitskoeffizienten überproportional zunimmt und mit fallenden Anforderungen bezüglich des Stichprobenfehlers entsprechend abnimmt. Sind im Rahmen einer Erhebung mehrere Merkmale zu berücksichtigen, empfiehlt es sich, zur Berechnung des Stichprobenumfangs an jenem mit der mutmaßlich größten Streuung anzuknüpfen.

Bei Vorgabe eines bestimmten Budgets ergibt sich die maximal mögliche **Stichprobengröße** unmittelbar aus der entsprechenden Kostenfunktion, die folgende Form hat:

(9.26.) $$K = K_c + k_v \cdot x$$

Dabei bedeuten:

K = Gesamtkosten ≤ vorgegebenem Budget B

K_c = fixe Kosten

k_v = variable Kosten je Untersuchungseinheit

x = Menge ≙ Stichprobenumfang n

Durch Umformung von 9.26. erhält man unmittelbar den Stichprobenumfang gemäß Gleichung 9.27.:

(9.27) $$x \mathrel{\hat{=}} n = \frac{B - K_c}{k_v}$$

Nach Fixierung des Stichprobenumfangs kann sodann unter Berücksichtigung des maximal zulässigen Stichprobenfehlers (*e*) der zugehörige Sicherheitsgrad (*z*) nach entsprechender Umformung aus Gleichung 9.25. berechnet werden.

3.3.4. Nicht berechenbare Fehlerarten

Die Vielfalt der Methoden und die Budgetbegrenzung erfordern im allgemeinen die Entwicklung eines Erhebungsplanes, dessen Charakter naturgemäß vom Untersuchungsziel bestimmt wird. Die Komplexität der Aufgabe und die Fülle der zur Verfügung stehenden Alternativen bringen es mit sich, daß Planung und Durchführung einer zieladäquaten Stichprobenauswahl verschiedenartigen Fehlern unterworfen sein können. Zur Beurteilung der Qualität von Befunden, die auf Stichprobenerhebungen basieren, reicht es daher keineswegs aus, allein den **Stichprobenfehler** zu ermitteln. Vielmehr muß auch mit **Planungs-, systematischen** und **sachlichen Fehlern** gerechnet werden. Alle drei zeichnen sich dadurch aus, daß sie sich im Gegensatz zum **Standardfehler** grundsätzlich einer zahlenmäßigen Bestimmung entziehen.

Planungsfehler resultieren meistens aus einer unpräzisen Definition des Untersuchungsziels, verbunden mit einer unklaren Abgrenzung der Grundgesamtheit, wodurch alle weiteren Bemühungen um Erzielung von Repräsentanz erheblich beeinträchtigt werden. **Systematische Fehler** sind solche, die in der Art oder Durchführung der Untersuchung begründet liegen und gewissermaßen regelmäßig auftreten. Sie ergeben sich etwa aus der Zusammensetzung des Interviewerstabs, der Fragebogengestaltung sowie der Wahl des Stichprobenverfahrens und beeinträchtigen die Validität der Untersuchung entsprechend.

Hiervon zu unterscheiden ist das Problem, die Zuverlässigkeit (Reliabilität) eines Forschungsinstruments abzuschätzen. Darunter versteht man, wie erinnerlich, den Grad der formalen Genauigkeit empirisch ermittelter Daten, den der gewählte Ansatz unabhängig vom Forscher und unter sonst gleichen Bedingungen zu gewährleisten in der Lage ist. Zu den Hemmnissen, die die Reproduzierbarkeit und damit die Reliabilität empirischer Erhebungen in Frage stellen, zählen insbesondere **sachliche Fehler,** die gewissermaßen auf den Einzelfall beschränkt sind. Hier ist in erster Linie an das Fehlen einzelner für Versuchspersonen geforderter Eigenschaften, Ausfälle von Stichprobenelementen und falsche Auskünfte aller Art zu denken.

3.4. Die Gewinnung der Daten

3.4.1. Grundformen der Primärforschung

Die Primärforschung bedient sich für die Zwecke der Erhebung von Daten häufig der **Befragung** und **Beobachtung**. Da das Experiment lediglich einen spezifischen Untersuchungsplan widerspiegelt, erscheint seine mitunter anzutreffende Kennzeichnung als Erhebungsform wenig sinnvoll (siehe dazu Abschn. 2.1.3.).

3.4.1.1. Die Befragung

Eine **Befragung** kann entweder in **mündlicher** oder in **schriftlicher** Form erfolgen. Als Sonderform gilt die **telefonische** Befragung, da sie einerseits die Stichprobenbildung auf Telefonbesitzer beschränkt, andererseits eines Mediums zur Kommunikation bedarf, das durch technische Rahmenbedingungen den Prozeß der Informationsgewinnung beeinflußt. Mündliche und telefonische Befragung werden als **Interview** bezeichnet.

Bezieht sich die Gewinnung von Informationen auf **einen** Gegenstand (ein Produkt, spezifisches politisches Problem usw.), spricht man von einer **Einthemenbefragung**; werden **mehrere** Fragenkomplexe in eine Untersuchung einbezogen, so handelt es sich um eine **Mehrthemen-** oder **Omnibusbefragung.** Da sich, wer Informationen braucht, bei einer Mehrthemenbefragung nur anteilig, nämlich nach Maßgabe der Zahl der gestellten Fragen, an den gesamten Kosten beteiligen muß, erfreut sich diese Befragungsform in der Praxis großer Beliebtheit.

(1) **Mündliche Befragung**

Häufig wird zur Informationsgewinnung im Marketing das **persönliche Interview** eingesetzt. Wenn diesem ein starrer Katalog von Fragen zugrunde liegt, der Interviewer also keinen Einfluß auf den Ablauf der Befragung hat, spricht man von einem **standardisierten Interview.** Diese Methode der Datenerhebung erfreut sich sowohl in der **Konsumgüter-** als auch in der **Meinungsforschung** großer Beliebtheit. Sie macht die Antworten vergleichbar, ein namentlich bei großen Stichproben unabdingbares Erfordernis. Außerdem können auf diese Weise der Einfluß der Interviewer auf die Probanden und somit die Gefahr einer dadurch bedingten Verzerrung der Untersuchungsergebnisse **(Interviewer-Bias)** verringert werden.

Die **Befragungstaktik** wird beim standardisierten Interview allein durch die **Gestaltung** des **Fragebogens** bestimmt (vgl. hierzu Tab. 9.12.). Dabei tritt die mangelnde Anpassungsfähigkeit des standardisierten Interviews an individuelle Befragungssituationen zutage.

Üblicherweise umfaßt ein solchermaßen vorgeschriebenes Erhebungsprogramm vier Gruppen von Fragen: Zunächst versucht man, den Kontakt zwischen Interviewer und Auskunftsperson herzustellen, gewissermaßen das Eis zwischen beiden zu brechen; man nennt solche Fragen deshalb **Kontakt-** oder **Eisbrecherfragen.** Darauf folgen die eigentlichen **Sachfragen,** die den Kern des Interviews bilden. Im Anschluß daran oder mit diesen vermengt werden **Kontroll-** bzw. **Plausibilitätsfragen** gestellt, um die Konsistenz der Antworten, aber auch die Ehrlichkeit des Interviewers zu testen. Abschließend sollen **Fragen** zur **Person,** die in der Regel auf dem sog. Merkmalsblatt am Ende des Fragebogens aufgeführt sind, die Zuordnung der Probanden zu einer auswertungsrelevanten Unterstichprobe ermöglichen.

Daß Probanden gelegentlich mit falschen Angaben aufwarten, illustriert folgendes Beispiel (vgl. *Weaver / Swanson* 1974, S. 69 ff., insbesondere S. 73): In der sog. *Denver Validity Study* wurden Polizisten und Feuerwehrleute, über die Personalakten existierten, angeblich über ihre Meinung zum Wahlrecht von Achtzehnjährigen befragt, während tatsächlich das Interesse demographischen Daten galt. Beim Vergleich der am Telefon geäußerten Altersangabe mit den in den Personalakten enthaltenen Daten ergaben sich bei 8 % der 300 Probanden Abweichungen von mehr als einem Jahr vom tatsächlichen Alter. Von Personen, die älter als 50 Jahre waren, gaben gar nur 82 % ihr Alter richtig an. 4 % machten sich älter, 14 % jünger. Ähnliche Diskrepanzen traten bei der Frage nach dem Einkommen auf.

Wenn Sachfragen in **direkter** Form gestellt werden, sind Verzerrungen zu bedenken, die sich dadurch ergeben können, daß Probanden beispielsweise aus Prestigegründen oder im Hinblick auf (vermeintliche) soziale Erwünschtheit eines Beurteilungsgegenstands falsche Antworten geben. Dies gilt namentlich dann, wenn die Betroffenen glauben, das interessierende Objekt aus gesellschaftlichen oder sonstigen Gründen eigentlich besitzen zu müssen. Man neigt deshalb dazu, Fragen, wo immer möglich, in **indirekter** Form zu stellen, also etwa so: „Wer in Ihrem Haus bzw. in Ihrem Bekanntenkreis besitzt eine Videokamera?" Wenn der Proband sich selbst bei der Beantwortung der Frage nicht nennt, läßt dies – bedingt – den Schluß zu, daß er kein solches Gerät besitzt. Auch bei tabuisierten oder Konventionen unterworfenen Problemen ist die indirekte Fragestellung der direkten vorzuziehen.

Die **Standardisierung** eines Interviews braucht sich nicht nur auf die Fragen, sondern kann sich auch auf die Antworten erstrecken. Sind bei einer Sachfrage keine festen Antwortkategorien vorgegeben (offene Fragen), muß die Antwort vom Interviewer wörtlich notiert werden. Bei geschlossenen Fragen vereinfacht sich das Verfahren insofern, als der Befragte lediglich anzugeben hat, welcher der vorgegebenen Antwortkategorien er (am ehesten) zustimmt.

Bei der Fragenformulierung sollte darauf geachtet werden, daß eine der Zielgruppe adäquate Sprache verwendet wird. Die Klarheit der Fragestellung verlangt, daß sowohl **Homonyme** (gleiche Bezeichnung für verschiedene Gegenstände) als auch **Synonyme** (verschiedene Bezeichnung für den gleichen Gegenstand) vermieden werden. Darüber hinaus ist bei der mündlichen Befragung mit einem gravierenden Störfaktor zu rechnen: Da mündliche Interviews mehrere Stunden dauern können, liegt es nahe, daß das Interesse der Auskunftsperson erlahmt. Es kommt deshalb vor, daß (u. U. sogar bewußt) falsche Antworten gegeben werden. Um diese Gefahr zu vermindern, sollten die Fragen in einer abwechslungsreichen Reihenfolge gestellt werden.

Die **Repräsentanz** mündlicher Befragungen leidet nicht nur unter Beeinflussungsmöglichkeiten des Interviewers, sondern auch unter dem Prozentsatz der Personen, die keine Auskunft geben. Hierbei ist das Auftreten bzw. Verhalten der Interviewer von großer Bedeutung, da diese bei entsprechender Schulung

Tabelle 9.12.

Fragebogen für ein standardisiertes Interview (Ausschnitt)					
Nr.	**Frage**	**Antwort**	**Sp.**	**Code**	**Weiter mit Frage**
13.	Nun eine Frage zu Ihren Wünschen. Gibt es größere Dinge, die Sie oder Ihre Familie noch nicht haben und kaufen wollen, bzw. gibt es Dinge, die Sie eventuell gern kaufen würden, wenn Sie genug Geld hätten? Oder haben Sie keine größeren unerfüllten Wünsche?	Ja, möchte bestimmte Dinge kaufen. Ja, würde eventuell noch bestimmte Dinge kaufen, wenn ich genug Geld hätte. Habe keine größeren Wünsche.	29	9 ( ) 8 ( ) 7 ( ) 6	14
14.	Besitzen Sie selbst oder sonst jemand in Ihrem Haushalt einen oder mehrere Pkw? Ich meine damit auch solche Fahrzeuge, die Sie nicht ständig zur Verfügung haben.	Ja, einen Pkw. Ja, mehrere Pkw, und zwar: ____ (Anzahl) .... Nein, keinen Pkw.	30	1 ( ) .... 9 ( ) 0 ( )	15 24
15.	Von welcher Marke und von welchem Typ ist (sind) diese(r) Pkw? *INT:* Wenn mehrere Pkw im Haushalt vorhanden sind, diese in der Reihenfolge der Zulassungsnummern eintragen!	Zulassungsnummer / Marke / Typ 1. Pkw .... 2. Pkw .... 3. Pkw .... 4. Pkw			16 31-35 36-40 41-45 46-50 51/0
16.	*INT:* Alle folgenden Fragen beziehen sich auf den Wagen, der in Frage 15 an *erster* Stelle steht, also auf den Wagen mit der niedrigsten Zulassungsnummer! Wenn mehrere Wagen im Haushalt vorhanden sind, Hinweis: Wir wollen uns nun nur noch über den ________________ (Marke und Typ des an 1. Stelle eingetragenen Pkw einsetzen) unterhalten.				17
17.	Sind Sie selbst der Eigentümer dieses Wagens?	Ja .... Nein	52	9 ( ) .... 8 ( ) 7 ( )	19 18

Karte II

Nr.	Frage	Antwort	Sp.	Code	Weiter mit Frage
18.	Wer ist als Eigentümer dieses Pkw im Kraftfahrzeugbrief eingetragen? ‖ *INT:* Bei reiner Privatperson Stellung zum Haushaltsvorstand eintragen! ‖	Firma Privatperson als Inhaber einer Firma Reine Privatperson, und zwar: Haushaltsvorstand Ehefrau Sohn, im Haushalt lebend Tochter, im Haushalt lebend Andere Person, im Haushalt lebend	53	9 ( ) 8 ( ) 7 ( ) 6 ( ) 5 ( ) 4 ( ) 3 ( )	19
19.	Wurde dieser Wagen neu oder gebraucht gekauft?	Neu gekauft Gebraucht gekauft	54	9 ( ) 8 ( ) 7 ( )	20
20.	Wann wurde dieser Wagen gekauft?	1993 oder früher In der Zeit vom 1. 1. 94 bis 30. 6. 94 nach dem 1. 7. 94	55	9 ( ) 8 ( ) 7 ( ) 6 ( )	21
21.	Als dieser Wagen gekauft wurde, wurde dafür ein Wagen verkauft, verschrottet oder stillgelegt, wird der vorige Wagen noch gefahren und wurde dieser Wagen zusätzlich angeschafft, oder war vorher gar kein Wagen vorhanden?	Wagen verkauft. Wagen verschrottet. Wagen stillgelegt. Voriger Wagen wird noch gefahren und dieser Wagen wurde zusätzlich gekauft. Vorher kein Wagen vorhanden.	56	9 ( ) 8 ( ) 7 ( ) 6 ( ) 5 ( ) 4 ( )	22
22.	Wieviel wurde ungefähr für den Wagen ausgegeben?	....DM	57-59 60/0		23
23.	Wie wurde dieser Kauf finanziert?	Karte III | 9 3 (x)			

Nr.	Frage	Antwort	A In Anspruch genommen	Betrag DM	B Weiß nicht	Weiter mit Frage
A.	Ich habe hier eine Liste mit verschiedenen Möglichkeiten. Bitte sagen Sie mir zu jeder Möglichkeit, ob sie in Anspruch genommen wurde. ‖ *INT:* Liste D vorlegen! ‖	Speziell für diese Anschaffung angesammelte Ersparnisse	11/9 ( )	 12-14	1 ( ) 0	24
		Allgemeine Ersparnisse	15/9 ( )	 16-18	1 ( ) 0	
B.	‖ *INT:* Für jede genannte Möglichkeit nachfragen: ‖ Können Sie mir zu jeder Finanzierungsart den ungefähren Betrag sagen?	Alten Wagen in Zahlung gegeben	19/9 ( )	 20-22	1 ( ) 0	
		Aus dem laufenden Einkommen	23/9 ( )	 24-26	1 ( ) 0	
		Kredit aufgenommen bei Bank, Teilzahlungsbank, Sparkasse	27/9 ( )	 28-30	1 ( ) 0	
		Ratenzahlung bei Händler, Wechsel	31/9 ( )	 32-34	1 ( ) 0	
		Andere Finanzierungsart, und zwar:	35/9 ( )	 36-38	1 ( )	
		Weiß nicht	39/1 ( ) 0 ( )			

Quelle: *Infratest, M¨nchen.*

die Verweigerungsquote erheblich zu drosseln vermögen. Um den Interviewereinfluß erfassen und somit die Objektivität einer Untersuchung prüfen zu können, wird in einer Kontrollaktion ein Teil der Probanden oftmals entweder nochmals interviewt oder aber einer schriftlichen Nachbefragung unterworfen. Im übrigen versucht man, den Interviewereinfluß dadurch in Grenzen zu halten, daß ein Interviewer jeweils nur 7 - 10 Befragungen durchführt.

Die Kosten eines **persönlichen Interviews** erreichen leicht eine Größenordnung von 200 DM und mehr. Dies ist ein wesentlicher Grund dafür, daß man sich ungeachtet der damit verbundenen methodischen Probleme häufig des sehr viel billigeren **telefonischen Interviews** bedient. Immerhin weist die fernmündliche Befragung gegenüber dem persönlichen Interview insofern einen Vorteil auf, als Interaktionsprozesse zwischen Interviewer und Auskunftsperson, die etwa durch Erscheinungsbild oder Gesten ausgelöst werden, vermieden werden (vgl. dazu *Strobel* 1983). Ein weiterer Pluspunkt liegt darin, daß man an Auskunftspersonen herankommt, die auf anderem Wege schwer zu erreichen wären. Als nachteilig erweist sich jedoch die Tatsache, daß das Antwortverhalten durch die physische Distanz negativ beeinflußt werden kann.

Eine andere Form der mündlichen Befragung stellt das **freie Interview** dar, bei dem der Interviewer durch selbst formulierte Fragen mit jeweils offenen Antwortmöglichkeiten den Ablauf der Informationsgewinnung zu steuern vermag. Diese Methode wendet man häufig bei Gesprächen mit Fachleuten an, deren Befragung unter einer zu strengen Ablaufvorschrift leiden könnte. Hierbei bedient man sich anstatt eines strukturierten Fragebogens eines **Interviewerleitfadens**, auf dem die zu erörternden Problemkreise vermerkt sind, ohne jedoch Reihenfolge und Wortlaut der Fragestellung im einzelnen festzulegen. Beim freien Interview hat der Befragende u. U. großen Einfluß auf die Auskunftsperson, woraus nicht selten eine erhebliche Verzerrung der Antworten resultiert. Dies führt in der Praxis dazu, daß die Anforderungen, die Marktforschungsinstitute an die betroffenen Interviewer stellen, erheblich über denen für andere Formen des Interviews liegen.

In der Motivforschung wird eine abgewandelte Form des freien Interviews, das **Tiefeninterview** (teilweise auch als Exploration bezeichnet), dazu eingesetzt, Anhaltspunkte über tieferliegende Ursachen des Verhaltens von Individuen zu gewinnen. Auch diese Form des Interviews stellt überdurchschnittliche Anforderungen an die Person des Interviewers, was große Institute veranlaßt, dafür nur besonders qualifizierte Kräfte (z. B. Diplom-Psychologen) einzusetzen. Dem Interviewer dient dabei in der Regel ein Explorationsleitfaden als gedankliche Stütze.

Bekannte Verfahren der **Motivforschung** bilden **Projektion** und **Assoziation**, die namentlich zur Erfassung jener Motive des Verbraucherverhaltens herangezogen werden, die, aus welchen Gründen auch immer, nicht im Wege der (direkten) Befragung erhoben werden können.

Der von *Freud* eingeführte Terminus der Projektion bezeichnet die Ersetzung einer (unterdrückten) inneren Wahrnehmung durch eine äußere, was dazu führt, daß die betroffene Person einer Reizgegebenheit, insbesondere anderen Menschen Eigenschaften oder Verhaltensweisen zuschreibt, die ihr selbst zukommen. Eines der Verfahren, die das Vorhandensein eines solchen Mechanismus zugrunde legen, ist eine Variante des sog. **thematischen Apperzeptionstests** (TAT). Der Testperson wird dabei eine Reihe von mehr oder weniger verschwommenen Bildern, die typische Lebens- bzw. Kauf- oder Konsumsituationen darstellen, vorgelegt. Diese wird nun aufgefordert, jeweils zu erzählen, was auf den Bildern geschieht, wie es zu der angedeuteten Situation gekommen ist, wie sich diese fortentwickeln wird usw.

Ein weiteres projektives Verfahren stellt der *Rosenzweig*- oder **Picture Frustration-Test** dar. In einer für die Marketing-Forschung abgewandelten Form besteht er aus karikaturartigen Zeichnungen, in denen sich beispielsweise zwei Personen über einen Markenartikel unterhalten. Der Dialog ist wie bei Comic Strips in großen Sprechblasen wiedergegeben. Allerdings enthalten die Vorlagen nur einen Teil der Argumente, während die Versuchsperson den fehlenden Teil, z. B. die Antwort der zweiten Person, nach Gutdünken in die dafür vorgesehene zweite Sprechblase zu schreiben hat. Man nimmt an, daß der Proband den Karikaturen dabei unbewußt solche Antworten in den Mund legt, die für ihn selbst typisch sind.

Zu den bekanntesten Techniken, die auf dem Prinzip der Assoziation beruhen, zählen der **Wortassoziations-** und der **Satzergänzungstest.** Der erste von beiden besteht im Grunde in einer Aufforderung an die Probanden, zu vorgegebenen „Reizwörtern" jeweils das zu äußern, was ihnen dazu gerade einfällt. Beispielsweise könnten auf „Sommer" die Begriffe Urlaub, Sonne und Italien folgen. Beim Satzergänzungstest werden den Versuchspersonen unvollständige Sätze wie „Der VW *Golf* ist . . .", „Alle Leute, die Sportwagen besitzen, sind . . .", „Ich bin der Meinung, daß man . . . tanken sollte", „Ein *Mercedes* wird hauptsächlich von . . . gefahren", „Immer, wenn ich auf der Autobahn reise, . . ." mit der Bitte um Vervollständigung vorgelegt. In der Regel setzt man die Probanden dabei unter Zeitdruck, damit sie spontan (unreflektiert) antworten (Näheres dazu bei *Hörschgen* 1972, S. 413 ff.).

(2) **Schriftliche Befragung**

Hier erhalten die Probanden Fragebögen zugeschickt, die sie ausgefüllt zurücksenden sollen. Man bedient sich dabei zur Erleichterung der Auswertung und im Interesse einer besseren Vergleichbarkeit der Ergebnisse überwiegend **geschlossener** Fragen, deren Beantwortung sich darauf beschränkt, eine von mehreren vorgegebenen Antwortoptionen anzukreuzen. Im einzelnen unterscheidet man dabei folgende Varianten (siehe dazu auch Tab. 9.13.).

- **Ja / Nein-Fragen;** häufig ist dabei noch eine dritte Variante („weiß nicht" bzw. „weder / noch") vorgesehen.
- **Alternativfragen,** bei denen aus einer Reihe von Antworten eine oder auch mehrere ausgewählt werden können.
- **Zuordnung** von **Rängen** an Vergleichsobjekte, wie sie etwa bei der Reihung von Automobilen auf Grund der von einem Probanden empfundenen unterschiedlichen Attraktivität gefordert wird.

– **Fragen,** die eine **intensitätsmäßige Abstufung** von Zustimmung bzw. Ablehnung oder eine **differenzierte Einschätzung** der Ähnlichkeit bzw. Unähnlichkeit von zwei Objekten erlauben.

Tabelle 9.13.

Beispiele für Frageformen und Meßniveaus			
Frage	Antwortmöglichkeiten	Frageform	Meßniveau
Hören Sie gerne Musik?	□ Ja □ Nein	Ja/Nein-Frage	Nominalskala
Ich höre gerne Musik, weil ich . . .	□ mich dabei entspannen kann. □ dabei besser arbeiten kann. □ dabei träumen kann.	Alternativfrage	Nominalskala
Welche Art von Musik hören Sie am liebsten? Vergeben Sie bitte für die vier Musikarten je einen Rang (1 = am liebsten).	□ klassische Musik □ Unterhaltungsmusik □ Schlager □ experimentelle Musik	Zuordnung von Rängen	Ordinalskala
Klassische Musik ist . . .	unangenehm angenehm □□□□□	Skalierungsfrage (Semantisches Differential)	Intervallskala
Wie alt sind Sie?	□□ Jahre	Skalierungsfrage	Verhältnisskala

Ob man Antwortkategorien vorgibt, richtet sich nach dem Ziel der Informationsgewinnung und dem Differenzierungsvermögen der Versuchspersonen. Geht es lediglich um Zustimmung oder Ablehnung, wird man sich mit Ja / Nein-Fragen begnügen. Soll jedoch Aufschluß über Einstellungen und Meinungen erlangt werden, dürfte man eher zu Skalierungsfragen greifen. Neben **Sachfragen,** die unmittelbar dem Informationszweck dienen, werden in der Regel auch solche **Fragen** gestellt, die sich auf persönliche Daten der Probanden beziehen, wie Geschlecht, Alter, Beruf und Einkommen, um bei der Auswertung der Antworten eine gewisse Differenzierung vornehmen zu können.

Vorteile der schriftlichen Befragung liegen in den vergleichsweise niedrigen Kosten, weiterhin darin, daß ein Proband dann antworten kann, wenn er gerade Zeit hat. Schließlich entfällt die Möglichkeit der Beeinflussung durch den Interviewer, unter der die mündliche Befragung leidet.

Wesentliche **Nachteile** bestehen darin, daß der Anteil nicht zurückgeschickter Fragebögen sehr hoch sein kann. In der Praxis versucht man, die **Rücklaufquote** z. B. durch Auslobung von Preisen, durch persönliche Adressierung der Briefe, durch telefonische Ankündigung der Befragung oder durch Angabe eines „interessanten" Absenders zu erhöhen. Häufig ist es notwendig, Probanden in einer **Nachfaßaktion** an das Ausfüllen der Fragebögen zu erinnern. Die schriftliche Befragung erweist sich dann als weniger problematisch, wenn die Probanden ein persönliches Interesse an einem spezifischen Sachverhalt haben. Diese Befragungsform gelangt vor allem in der Investitionsgüter-Marktforschung zum Einsatz, nicht selten auch bei langlebigen Konsumgütern, wie z. B. Autos, wo es gelingt, Rücklaufquoten von 80% und mehr zu erreichen.

Weitere Probleme ergeben sich aus der Tatsache, daß häufig nur die Teile einer Stichprobe antworten, die über die entsprechende Muße verfügen (z. B. Rentner und Schüler). Da zur Beantwortung der Fragen u. U. sehr viel Zeit aufgewendet werden kann, mangelt es vielfach auch an der im allgemeinen erwünschten Spontaneität. Im übrigen sind die Befragten an kein festes Beantwortungsschema gebunden, was die Heranziehung von Hilfsmitteln wie Plausibilitäts- oder Kontrollfragen, die bei mündlichen Befragungen unschwer eingeflochten werden können, weitgehend verhindert. Auch ist die Gefahr, daß nicht der Adressat, sondern ein anderes Mitglied des Haushalts oder ein Mitarbeiter des eigentlich Interessierenden den Fragebogen ausfüllt, relativ groß. Falls es dazu in erheblichem Maße käme, wäre die Repräsentanz der Stichprobe nicht mehr gegeben.

(3) **Computergestützte Befragung**

Sie ist erst durch die Entwicklung und Verbreitung elektronischer Datenverarbeitungsanlagen möglich geworden. Vor allem in Japan und in den USA wird der Computer bereits seit längerer Zeit im Rahmen der Datenerfassung – und nicht erst bei der Datenauswertung – unterstützend eingesetzt (vgl. *Kroeber-Riel / Neibecker* 1983, S. 193 ff.).

Eine häufig praktizierte Spielart der computergestützten Datenerhebung bildet die **simultane Mehrpersonenbefragung**. Dabei sitzen dem Interviewer bis zu 100 und mehr Menschen gegenüber, die seine Fragen durch Bedienen eines mit einer Datenverarbeitungsanlage verbundenen Geräts beantworten. Statt in einer auf Papier abgebildeten Ratingskala einen bestimmten Wert anzukreuzen, drückt der Proband jetzt die entsprechende Taste oder zeigt mit einem Stift auf einen Punkt auf dem Bildschirm. Seine Reaktion wird unmittelbar erfaßt, gespeichert und weiterverarbeitet.

In seiner Wirksamkeit gesteigert wird das Verfahren dadurch, daß die Fragen den Auskunftspersonen über einen Bildschirm in Gestalt des heimischen Fernsehapparates vorgelegt werden. Die Erfassung der „Antworten" ist dabei zwar technisch etwas aufwendiger, aber, wie auch das Bildschirmtextverfahren erkennen läßt, praktisch durchaus zu bewerkstelligen (Näheres dazu bei *Berekoven / Eckert / Ellenrieder* 1993, S. 111 ff.).

Daß sich mit Hilfe des Computers und neuartiger Kommunikationsformen Daten rasch, sicher und preisgünstig erfassen lassen, liegt auf der Hand. Der entscheidende Vorteil, der damit einhergeht, ist aber ein ganz anderer, nämlich der Umstand, daß mit Hilfe eines Zeitmessers genau registriert werden kann, wie lange es dauert, bis ein Proband reagiert. Die Zeitspanne zwischen dem Aufscheinen einer Frage auf dem Bildschirm und der Eingabe der Antwort wird dabei als Indikator für die **Sicherheit** oder **Überzeugung** gedeutet, mit der der Proband antwortet. Die **Reaktionszeit** zeigt damit zugleich an, inwieweit jemand in seiner Meinung festgelegt bzw. Beeinflussungsversuchen zugänglich ist. Ein anderer Schluß, den man daraus ziehen zu können glaubt, besteht darin, daß ein Proband, der seine Kaufbereitschaft in einem konkreten Fall bekundet, diese Absicht um so eher verwirklicht, je geringer seine Reaktionszeit war.

Eine weitere Verfeinerung des Verfahrens ergibt sich durch sog. **Programmanalysatoren.** Die bereits erwähnten Tastengeräte sind dabei mit einer positiven und einer negativen Signalvorrichtung ausgestattet, die Wertungen mitzuteilen erlauben. Angenommen, eine größere Zahl von Menschen ist mit solchen Apparaten ausgestattet, so können diese, während sie z. B. eine Fernsehsendung verfolgen, einen Schlager hören oder live einer Rede eines Politikers lauschen, unablässig durch Drücken der jeweiligen Taste ihre Zustimmung bzw. Ablehnung bekunden. Durch Aggregation aller von den Probanden ausgelösten positiven und negativen Impulse entsteht ein zweiseitiges Reaktionsprofil, das einen objektivierten „ersten Eindruck", den die Betroffenen gewannen, verkörpert. Hier zeigt sich wiederum ganz deutlich, daß derartige Informationen im Wege konventioneller Befragungsverfahren so gut wie nicht zu erhalten wären.

3.4.1.2. Die Beobachtung

In weit geringerem Umfang als die Befragung wird die **Beobachtung** im Rahmen der Absatzforschung als Methode zur Informationsgewinnung herangezogen. Hierbei handelt es sich um die Erfassung von sinnlich wahrnehmbaren Sachverhalten im Augenblick ihres Auftretens durch andere Personen als die, um deren Verhalten bzw. Eigenschaften es geht *(Becker* 1973, S. 6). Alles, was Gelegenheitscharakter hat, fällt nicht darunter. Als methodisch fundierte Beobachtung wird vielmehr nur eine Vorgehensweise bezeichnet, die

(a) einem bestimmten Forschungszweck dient,

(b) systematisch geplant und nicht vom Zufall gesteuert wird,

(c) aufgezeichnet und auf allgemeine Urteile bezogen wird, nicht aber eine Sammlung von Merkwürdigkeiten darstellt, und

(d) wiederholter Prüfung und Kontrolle hinsichtlich der Gültigkeit, Zuverlässigkeit und Genauigkeit unterworfen wird *(Jahoda / Deutsch / Cook* 1975, S. 77, s. auch *Bortz* 1984, S. 191).

Dieser Definition folgend kann beispielweise das Zählen von Passanten, die vor einem Schaufenster stehen bleiben oder ein Geschäft betreten, nicht unbedingt als Beobachtung im strengen Sinne bezeichnet werden.

Während sich mit Hilfe der Befragung subjektive Sachverhalte, wie Wissen, Einstellungen und Meinungen, erforschen lassen, bleibt all dies dem Beobachter verborgen. Andererseits können nicht alle objektiven Tatsachen, zu denen auch soziodemographische Daten von Versuchspersonen zählen, allein im Wege der Beobachtung erhoben werden. Letztlich sind nur solche objektiven Sachverhalte beobachtbar, die als **physische Aktivität** (z. B. Griff nach einem Produkt) offenbar werden. Einen weiteren Nachteil der Beobachtung gegenüber der Befragung bildet die Schwierigkeit, die Repräsentanz einer Erhebung zu gewährleisten, da für die Beobachtung kontrollierbare Rahmenbedingungen erforderlich sind. Dazu gehört u. a., daß die Versuchspersonen die Stelle, an der die Beobachtung stattfindet, aufsuchen müssen.

Es gibt verschiedene Arten der Beobachtung. Bei der **Feldbeobachtung** wird das Verhalten der Probanden in deren gewohntem Umfeld, z. B. im Supermarkt oder vor einem Schaufenster, registriert. So können sog. **Kundenlaufstudien,** bei denen der Weg von Besuchern durch ein Geschäft auf einem den Grundriß widerspiegelnden Plan festgehalten wird, Aufschluß über deren Verhalten im Hinblick auf besondere Displays usw. geben. Die **Laborbeobachtung** unterliegt demgegenüber einer künstlich geschaffenen Situation. Man verspricht sich dadurch eine Reduktion der Komplexität der Umwelt und größere Stabilität der Rahmenbedingungen.

Eine zweite Differenzierung läßt sich im Hinblick auf die Stellung des Beobachters vornehmen. Bei der **nichtteilnehmenden** Beobachtung widmet sich der Beobachter ausschließlich der Wahrnehmung und Registrierung der Aktionen der Versuchspersonen, während er sich bei der **teilnehmenden** Beobachtung auf der gleichen „Ebene" wie der zu Beobachtende bewegt und durch sein Verhalten u. U. Reaktionen des Probanden provoziert.

Wenn es darum geht, mehrere Aktivitäten der Versuchsperson, die gleichzeitig stattfinden oder unmittelbar aufeinanderfolgen, festzuhalten, ist ein Beobachter auf Grund seiner begrenzten Wahrnehmungsfähigkeit meistens überfordert. Aus diesem Grunde werden in solchen Fällen entweder mehrere Beobachter oder aber videotechnische Geräte zur Registrierung des Probandenverhaltens eingesetzt. Derartige Apparate erlauben durch wiederholtes Abspielen einer Aufzeichnung und dank der Möglichkeit einer Veränderung der Ablaufgeschwindigkeit eine präzise Auswertung der Handlungen der Versuchspersonen.

Beim Einsatz solcher Hilfsmittel hat man in der Bundesrepublik Deutschland das allgemeine Persönlichkeitsrecht zu beachten, das auf die Art. 1 und *2 GG* zurückgeht und durch verschiedene Urteile des *Bundesgerichtshofs* erhärtet wurde. Danach ist es grundsätzlich unzulässig, unbefugt ein Bild von einem anderen anzufertigen. Bei Ton- und Bildaufnahmen gelten die Vorschriften des § 298 *StGB,* nach denen unbefugte

Aufnahme, Gebrauch und Weitergabe des nicht öffentlich gesprochenen Wortes untersagt sind (vgl. *Becker* 1973, S. 34 f.; *Hubmann* 1967, S. 298).

Bei der **Laborbeobachtung** werden häufig technische Hilfsmittel wie die **Schnellgreifbühne**, mit der z. B. der Aufforderungscharakter von Produkten geprüft wird, oder das **Tachistoskop,** das zu einer genau regulierten kurzzeitigen Darbietung visueller Impulse (vor allem von Werbemitteln) dient (siehe dazu Abschn. 3.4.4.2.), herangezogen. Die Vorteile der Laborbeobachtung, nämlich weitgehende Isolierbarkeit und Kontrollierbarkeit der interessierenden Faktoren, müssen durch den Nachteil erkauft werden, daß sich die Probanden ihrer Eigenschaft als Testpersonen bewußt sind und sich deshalb u. U. atypisch verhalten. Immerhin sollen durch Verwendung bestimmter Techniken die Testsituation verschleiert und die Versuchspersonen von der unnatürlichen Lage abgelenkt werden, in der sie sich während der Laborbeobachtung befinden.

Die **Feldbeobachtung** kann in der Regel auf keines der geschilderten Hilfsmittel zurückgreifen, da bei dieser Variante darauf geachtet wird, daß sich die Probanden ihrer Testsituation nicht bewußt werden, sich also im Beobachtungsraum vollkommen natürlich verhalten. Man hofft, bei der Laborbeobachtung auftretende Verzerrungen dadurch weitgehend zu vermeiden.

3.4.2. Die Panelerhebung

In vielen Fällen genügt es nicht, Marktforschungsstudien nur ein einziges Mal durchzuführen, da der Absatz eines Produktes z. B. infolge von Konkurrenzmaßnahmen und Präferenzänderungen der Konsumenten ständigen Schwankungen unterliegt. Zur Analyse dieses Phänomens dient die Panelerhebung, die dadurch gekennzeichnet ist, daß man von einem **gleichbleibenden Kreis** von Untersuchungseinheiten in **regelmäßigen Abständen** zu einem **ganz bestimmten Untersuchungsgegenstand** Daten beschafft.

Die Panelerhebung weist vor allem **kostenmäßige Vorteile** auf, da es nur einmal der Gewinnung eines repräsentativen Sample bedarf. Ferner ist in der Regel die Vergleichbarkeit der Auskünfte größer als bei ständig neu gezogenen Stichproben. In engem Zusammenhang damit steht der Vorzug einer **relativ schnellen Erzeugung** von **Informationen** über rasch wechselnde Marktsituationen, da die Zeit entfällt, die sonst benötigt würde, um eine neue Erhebungsrunde zu organisieren.

Grundsätzlich können Panels auf jeder Stufe des Absatzweges aufgebaut werden. Denkbar sind deshalb **Hersteller-, Großhandels-, Einzelhandels-** und **Verbraucherpanel.** Für absatzwirtschaftliche Probleme Bedeutung erlangt haben das Einzelhandels- und das Verbraucherpanel. Daneben gibt es **Spezialpanels,** wie z. B. ein Ärztepanel, aus dem die Pharmazeutische Industrie die Verschreibungsgewohnheiten der Ärzte bei Medikamenten erschließt.

(1) Verbraucherpanel

Ein **Verbraucherpanel** setzt sich aus einer meist in einem mehrstufigen Verfahren gewonnenen Personengruppe zusammen. Sind die Teilnehmer Einzelpersonen, spricht man von einem **Individualpanel**; stellt der Haushalt die Befragungseinheit dar, handelt es sich um ein **Haushaltspanel**. Kennzeichen beider Spielarten ist die aktive Beteiligung der Probanden, die Ausgabenlisten führen oder ihre Einkäufe mit Hilfe computergestützter Erfassungsinstrumente (z. B. per Handscanner) registrieren müssen. Das **Individualpanel** wird zur Gewinnung von Informationen über den persönlichen Bedarf eingesetzt, während das **Haushaltspanel** Aufschluß über die für den gesamten Haushalt getätigten Einkäufe gibt. Dem Haushaltspanel kommt dabei die vergleichsweise größere Bedeutung zu.

Die Genauigkeit der Datenerfassung hängt von der Gewissenhaftigkeit eines bestimmten Haushaltsmitglieds, meist der Hausfrau, ab. Man achtet deshalb darauf, daß Daten im Wochenrhythmus weitergeleitet werden. Von Interesse bei dieser permanenten Erhebung sind vor allem Angaben über die Zahl der gekauften Produkte, Markennamen oder Hersteller sowie Mitteilungen darüber, wo die Einkäufe getätigt wurden (Fachgeschäft, Warenhaus, Versandhandel usw.).

Da Panelerhebungen auf Grund der notwendigen Betreuung einen hohen fixen Aufwand verursachen, werden sie ausschließlich von Marktforschungsinstituten durchgeführt. Die bekanntesten sind das **Individualpanel** der *GfK Panel Services mbH,* Nürnberg, mit einem Umfang von 10.000 Einzelpersonen sowie zwei **Haushaltspanels** derselben Gesellschaft mit je 7.000 Mitgliedern. Ein nationales Panel mit 6.000 Haushalten wird auch von der *A. C. Nielsen GmbH,* Frankfurt, unterhalten; dieser sog. Single-Source-Ansatz erfaßt nicht nur die Wareneinkäufe, sondern auch die Verkaufsförderungsaktivitäten des Handels sowie – in einer Unterstichprobe von 1.000 Haushalten – das Fernsehverhalten der Panelteilnehmer (Näheres hierzu bei *Milde* 1993, S. 27 ff.). **Regionale Panels,** wie etwa das *GfK*-Panel Saarland mit 1.000 Haushalten, bieten z. B. die Möglichkeit, während eines Markttests die unterschiedliche Akzeptanz neuer Produkte bei verschiedenen Haushaltstypen festzustellen.

Ein elementares Problem stellt die anzustrebende **Repräsentativität** eines Panels dar. Zunächst bereitet es Schwierigkeiten, bei dessen Einrichtung einen repräsentativen Querschnitt von Verbrauchern zur kontinuierlichen Mitarbeit zu gewinnen. Auch die Überwachung und Beibehaltung dieser Stichprobe über einen längeren Zeitraum hinweg bilden ein noch ungelöstes Problem. Letzteres liegt an zwei Phänomenen, an der Panelsterblichkeit und am Paneleffekt. Unter **Panelsterblichkeit** versteht man das im Laufe der Zeit zu beobachtende Abbröckeln der Zahl der Panelteilnehmer. Die zu Beginn gewonnenen Mitglieder sind häufig nicht bereit oder in der Lage, über Jahre hinweg Auskünfte zu erteilen. Ein anderer Teil scheidet auf Grund von Tod oder Ortswechsel aus. Besonders die Angehörigen der obersten sozialen Schicht und Personen, die als Einpersonenhaushalte eingestuft werden, verweigern häufig die Mitarbeit.

Um die Panelsterblichkeit zu verringern, werden gewisse **Anreize** zur Mitwirkung geboten, wobei diese, sofern es sich um regelmäßige finanzielle Zuwendungen handelt, nicht zu hoch sein dürfen, da sonst das Gefühl des Verpflichtetseins oder der Dankbarkeit ein atypisches Einkaufsverhalten auslösen kann. Besser eignet sich deshalb die Berechtigung zur Teilnahme an der Auslosung wertvoller Produkte oder Geldprämien. Der Panelsterblichkeit tritt man auch dadurch entgegen, daß man von vornherein in regelmäßigem Turnus einen Teil der Probanden austauscht.

Der **Paneleffekt** besteht darin, daß sich die Teilnehmer an die Situation gewöhnen, ständig kontrolliert zu werden, und mit bewußter oder unbewußter Verhal-

Tabelle 9.14.

Durch Haushaltspanels zu gewinnende Informationen
A. Gesamtmarkt
1. Anzahl der durchschnittlich einkaufenden Haushalte 2. Menge, die von der betreffenden Artikelgruppe im Durchschnitt pro Haushalt in einer bestimmten Periode erworben wird 3. Höhe des finanziellen Aufwands pro kaufendem Haushalt im interessierenden Zeitraum 4. Marken und Sorten, die auf dem Gesamtmarkt bzw. auf Teilmärkten nachgefragt werden 5. Marktanteil der Hauptmarken 6. Einzelheiten über a) Verpackungsart b) Packungsgröße c) Preis d) bevorzugte Geschmacksrichtung 7. Betriebsformen, in denen Einkäufe getätigt werden
B. Unterschiede im Kaufverhalten der Haushaltungen
1. Bundesland 2. Verkaufsgebiet 3. Ortsgrößenklasse 4. soziologische Gruppe 5. Altersgruppe der einkaufenden Personen 6. Haushaltsgröße
C. Produktspezifisches Kaufverhalten
1. Käuferwanderung bzw. Markentreue 2. Einkaufshäufigkeit 3. pro Einkauf erworbene Menge 4. Mehrfachkäufe 5. Einkaufstag 6. Wirkung bestimmter Werbemaßnahmen

tensänderung reagieren. Die Tatsache, daß die Einkäufe registriert werden müssen, hat zur Folge, daß Panelteilnehmer ihre Besorgungen besser vorbereiten und Spontankäufe unterlassen.

Eine dritte Störquelle, die früher bedeutsam war, spielt demgegenüber heute keine Rolle mehr. Wenn jemand ein bestimmtes Gut über längere Zeit hinweg nicht mehr beschafft hat, kollidiert dies nicht selten mit seinem Prestigebewußtsein. Dies veranlaßt ihn bzw. sie, einen Kauf vorzutäuschen. Die Gefahr des sog. **Overreporting** ist jedoch nur noch dort gegeben, wo Daten von Hand in einen Berichtsbogen eingetragen werden müssen.

Die besonderen Vorteile des **Verbraucherpanels** liegen in der hohen Reagibilität und in der Möglichkeit der differenzierten Auswertung der Antworten nach Maßgabe verschiedener Haushaltstypen. Außerdem bietet es die Möglichkeit, die für den Erwerb bestimmter Produkte bevorzugten Geschäftstypen bzw. Bezugsquellen herauszufinden. Als nachteilig erweist sich die weit verbreitete Scheu der Menschen, sich zum Erwerb tabuisierter Produkte zu bekennen. Daneben werden Käufe, die während der Berufsausübung oder auf Reisen getätigt werden, im **Haushaltspanel** oft nicht registriert, weshalb hierbei auf die Ergebnisse von Individualpanels zurückgegriffen werden muß. Die Kosten der über Verbraucherpanels zu gewinnenden Informationen, wie sie in Tab. 9.14. zusammengestellt sind, betragen – je nach Informationstiefe – zwischen ca. 50.000 DM und 150.000 DM pro Jahr und Warengruppe.

(2) Einzelhandelspanel

Einige der bei dem Verbraucherpanel vorhandenen methodischen Mängel versucht man, durch die **Erfassung** der Verkäufe in **Geschäften** zu überwinden. Besondere Bedeutung hat dabei das **Einzelhandelspanel** erlangt. Auch ein solches wird nur von Marktforschungsinstituten *(GfK Panel Services mbH, A. C. Nielsen GmbH)* installiert und betreut. Die beteiligten Geschäfte werden mit Hilfe einer geschichteten Stichprobe ausgewählt. Beispielsweise erhebt man bei der Überwachung der Einführung eines neuen Produktes die Daten monatlich oder im Abstand von jeweils 14 Tagen. Man rechnet nun wie folgt:

	Lagerbestand zu Beginn der Periode
+	Einkauf bei Großhandel und Herstellern
./.	Lagerbestand am Ende der Periode
=	Endverbraucherabsatz

Soweit die Geschäfte über Scannerkassen verfügen, lassen sich die Verkaufsdaten mittels Datenfernübertragung direkt an das betreuende Marktforschungsinstitut weiterleiten. Hierdurch erübrigt sich nicht nur die sonst notwendige Erhebung der Warenbestände und Verkaufspreise durch Institutsmitarbeiter, sondern es bietet sich auch die Möglichkeit, die benötigten Daten in praktisch beliebiger zeitlicher Detaillierung abzurufen (Näheres hierzu bei *Berekoven / Eckert / Ellenrieder* 1993, S. 148 ff.). Dem Aufbau bundesweit repräsentativer Scanner-Einzelhandelspanels steht allerdings die speziell in den Neuen Bundesländern noch geringe Scannerkassendichte entgegen.

Aus den durch Handelspanels gewonnenen Daten lassen sich auch die **durchschnittliche Lagerdauer** und die **durchschnittliche Umschlagshäufigkeit** von Produkten ermitteln. Weiterhin kann das jeweils erreichte Absatzvolumen mit bestimmten absatzpolitischen Maßnahmen der Unternehmung in Verbindung gebracht und so für die **Erfolgskontrolle** genutzt werden. Allerdings vermitteln die errechneten Absatzzahlen kein völlig zutreffendes Bild der Lage, da bei den bekannten **Einzelhandelspanels** weder Waren- und Versandhäuser noch z. B. *ALDI* vertreten sind. Gleichwohl liefert das Einzelhandelspanel interessante Aufschlüsse über Unterschiede in den Absatzvolumina der erfaßten Geschäftstypen bei **konkurrierenden** Produkten (siehe dazu auch Tab. 9.15.).

Tabelle 9.15.

Durch Einzelhandelspanels zu gewinnende Informationen
A. Entwicklung des gesamten Einzelhandelsumsatzes
B. Absatzverlauf bei ausgewählten Warengruppen
1. Endverbraucherabsatz nach Menge und Wert 2. Einkäufe des Einzelhandels 3. Lagerbestand im Einzelhandel 4. Umschlagsgeschwindigkeit 5. durchschnittlicher Monatsabsatz je Geschäft, das den Artikel führt 6. durchschnittlicher Lagerbestand je Geschäft, das den Artikel vorrätig hält 7. durchschnittlicher Einkauf je Geschäft und Monat 8. Bezugsquelle(n) 9. Zahl der Läden, die den Artikel führen (bezogen auf die Gesamtzahl der in Frage kommenden Läden bzw. Betriebe ergibt sich als Prozentsatz die Distributionsquote) 10. Zahl der Läden, die den Artikel jeweils vorrätig haben, ihn einkauften oder absetzten
C. Auswertung
1. Gesamtmarkt 2. Marken 3. Packungsgrößen 4. Gebiete 5. Ortsgrößenklassen 6. Geschäftstypen
D. Spezialanalysen
1. Ladenwerbung 2. Händlerwerbung

Da beim Handelspanel nicht mit dem Auftreten eines **Paneleffekts** zu rechnen ist, reduziert sich das Problem der Repräsentanz auf die **Panelsterblichkeit**. Wegen der Konzentration im Handel kann bereits die Teilnahmeverweigerung weniger Großbetriebe die Übertragbarkeit der Ergebnisse auf den gesamten Einzelhandel vereiteln. Auch hier werden deshalb Anreize zur Teilnahme geschaffen, die in einem geringen Entgelt, vor allem aber in der Beratung und in der Überlassung von Marktdaten und Informationsschriften bestehen.

Die Frage, ob sich ein Unternehmen des Einzelhandels- oder des Haushaltspanels bedienen soll, läßt sich nicht generell beantworten. Große Unternehmungen der Markenartikelindustrie gewinnen ihre Informationen in der Regel aus beiden Quellen. Im Einzelfall kommt es stark auf das jeweilige Produkt an, über dessen Absatzentwicklung Informationen benötigt werden. Es erscheint beispielsweise nicht sinnvoll, bei Gütern, die erfahrungsgemäß bevorzugt in Verbrauchermärkten, Warenhäusern oder beim Versandhandel gekauft werden, ein Einzelhandelspanel zur Informationsgewinnung heranzuziehen, da diese Betriebsformen darin nicht vertreten sind. Entscheidend für die Wahl des einen oder des anderen Panels wird es daher immer sein, wie groß der Anteil des Marktes ist, den es erfaßt („**coverage**").

3.4.3. Die apparativ unterstützte Erfassung von Zeichen

In der empirischen Sozialforschung existieren eine Reihe von Erhebungsmethoden, die den Einsatz bestimmter, zum Teil aufwendiger technischer Einrichtungen zur Gewinnung empirischer Daten erfordern, jedoch die Datenerfassung erheblich erleichtern. Dazu zählen das **Scanning** und die **Mustererkennung.**

(1) **Scanning**

Zu den wichtigsten Informationen, die im Marketing benötigt werden, gehören jene, die das tatsächliche Kaufgeschehen widerspiegeln. In den Mittelpunkt des Interesses rückt damit die sog. **artikelgenaue Datenerfassung** am **Verkaufspunkt,** am sog. **P**(oint) **O**(f) **S**(ale), die sich nicht nur für den Handel, sondern auch für die Hersteller von Konsumgütern als außerordentlich bedeutsam erweist. Die besondere Brisanz dieser Entwicklung liegt darin, daß die automatisierte Datenerfassung an den Kassen des Einzelhandels, an deren Realisation erst seit Beginn der achtziger Jahre ernsthaft gearbeitet wird, andere Formen der Informationsgewinnung, wie z. B. Handels- und Verbraucherpanel sowie Ad-hoc-Befragung bzw. -Beobachtung, zunehmend obsolet erscheinen läßt. Dies gilt insbesondere dann, wenn die interessierenden Zahlen entweder schon im Augenblick ihres Anfalls oder am Ende eines Tages über eine Telefonleitung oder ein anderes Medium und möglicherweise sogar ohne Zutun des betroffenen Unternehmens an die vorgelagerte(n) Absatzstufe(n) weitergeleitet werden.

Die Frage, auf welche Weise artikelgenaue Verkaufsdaten an der Kasse erfaßt werden sollen, stellt sich nicht nur im Einzelhandel, sondern etwa auch im C & C-Großhandel. Auch dort müssen seit jeher die verkauften Artikel einzeln erfaßt werden, um Rechnungen zu erstellen, wie sie von gewerblichen Abnehmern benötigt werden.

Eine einfache Umstellung traditioneller Kassen in dem Sinne, daß zusätzlich zum Preis die **Artikelnummer** von Hand eingegeben wird, erscheint aus folgenden Gründen unzweckmäßig: Wird die Anzahl der Kassen beibehalten, entstehen längere Wartezeiten, was die Kunden verärgert. Eine Erhöhung der Kassenzahl würde aber unmittelbar die Kosten in die Höhe treiben. Es lag deshalb nahe, nach einer Möglichkeit zu suchen, bei der dem unvermeidlichen zusätzlichen Kostenaufwand für die artikelgenaue Erfassung Rationalisierungsvorteile gegenüberstehen.

Als Alternative zum traditionellen Kassensystem wurde somit das sog. **Price Look Up (PLU)-Verfahren** entwickelt. Dabei steht die Kasse mit einem Computer in Verbindung, in dem der Preis und die Bezeichnung der Ware gespeichert sind. Diese Daten kann man dadurch abrufen, daß lediglich die Nummer des betreffenden Artikels manuell oder automatisch erfaßt wird, die auf diesem zu dessen eindeutiger Identifikation aufgedruckt ist.

Beschleunigen läßt sich der Vorgang der Eingabe von Hand dadurch, daß sog. **Kurz-** oder **Velocity-Codes** verwendet werden. Dabei handelt es sich um unternehmensspezifische Artikelnummern mit variabler Länge. Objekte mit hoher Lagerumschlagshäufigkeit erhalten eine kurze Artikelnummer, sog. Langsamdreher dagegen eine lange. Ein gravierender Nachteil der manuellen Eingabe eines Velocity-Code besteht darin, daß dieser auf das Produkt aufgetragen werden muß, der Vorgang zeitaufwendig ist und überdies eine Fehlerquelle darstellt.

Ein wesentlicher Durchbruch bei der artikelgenauen Datenerfassung am Verkaufspunkt im Einzelhandel wurde mit der Einführung national und sogar international einheitlicher **Artikelnummernsysteme** erzielt. Ein solches System gibt es in den USA mit dem sog. *Universal Product Code (UPC)* seit 1973. Das europäische Pendant dazu bildet die sog. **Europäische Artikelnummer (EAN),** deren Aufbau aus Tab. 9.16. hervorgeht. Es obliegt der *Centrale für Coorganisation (CCG),* einer von Handel und Konsumgüterindustrie gemeinsam getragenen Institution, für alle die **EAN** betreffenden Fragen Richtlinien in Form von Empfehlungen zu erarbeiten.

Eine solche für Hersteller und Handel einheitliche Artikelnummer

- ermöglicht die Integration des Etiketts in die Packungsgestaltung (sog. „integral marking“),
- erleichtert die Identifikation der Ware auf Preislisten, Belegen und im Regal beim Hersteller, im Groß- wie im Einzelhandel und
- verringert die Gefahr der Entstehung von Fehlern beim Datenträgeraustausch.

Tabelle 9.16.

Aufbau der EAN an einem Beispiel			
Länderkennzeichen	Bundeseinheitliche Betriebsnummer	Interne Artikelnummer des Herstellers	Prüfziffer
4 0	1 2 3 4 5	0 0 4 1 5	1
Bundesrepublik Deutschland	z. B. Badische Schmuck-Manufaktur, Karlsruher Str. 1, 75179 Pforzheim	z. B. Damenring, Weißgold 333, 2 echte Smaragde	(99 % Sicherheit bei automatischem Preisabruf)

Die **EAN** wird hauptsächlich mittels **Strich-** oder **Balkencode,** aber auch in **OCR** (Optical Character Recognition)**-Schrift** verschlüsselt. Gleichwohl wäre dies auch per **Magnetcode** möglich. Gelesen und registriert werden die per Strichcode erfaßten Informationen mit Hilfe eines optischen Lesegerätes (**Scanner).** Dazu wird der Artikel über ein Lesefenster geführt oder mit einem Lesestift gestreift, die erfaßte Zahl sodann an einen Computer weitergeleitet, der den Verkauf des Artikels registriert, den Bestand aktualisiert sowie den Preis des Objekts zur Kasse sendet. Bei Verwendung von Magnetcodes werden die Daten mittels eines Magnetlesestifts erfaßt.

Welche der genannten Code-Systeme und der entsprechenden Arten der Datenerfassung zweckmäßig sind, hängt u. a. von Branche, Sortiment und Größe eines Handelsunternehmens ab. Folgende **Entscheidungskriterien** erscheinen dafür maßgebend:

(a) Preis der Etiketten,

(b) Preis der Hardware,

(c) Fehleranfälligkeit sowie

(d) Anzahl der auf einem Etikett zu speichernden Daten.

In der Diskussion um den Nutzen artikelgenauer Datenerfassung am Verkaufspunkt hat sich die Unterscheidung zwischen „hard" und „soft savings" durchgesetzt. Während erstere beobachtbar und vergleichsweise leicht berechenbar sind, gelten „soft savings" als in ihrem Wert schwer bezifferbare Vorteile. Eine Quantifizierung des Nutzens ist dort vergleichsweise mühelos möglich, wo Funktionen kostengünstiger wahrgenommen werden. Sofern jedoch infolge des Einsatzes der Datenerfassung am Verkaufspunkt Aufgaben erfüllt werden, deren Wahrnehmung dem Handelsunternehmen ohne Scanning unter Beachtung des Gebots der

Wirtschaftlichkeit nicht möglich war, stößt solch ein Unterfangen auf beachtliche Schwierigkeiten. Aus diesem Grunde ist es verständlich, daß sich die Anbieter von Datenerfassungssystemen bemühen, die Wirtschaftlichkeit der von ihnen angebotenen Lösungen dadurch nachzuweisen, daß vorrangig die Verbesserung bereits wahrgenommener Funktionen herausgestellt wird. Dabei handelt es sich hauptsächlich um den Bereich des **Personaleinsatzes** und der **Ablauforganisation** in den Handelsbetrieben selbst. Genannt werden hier vor allem folgende „harte" Vorteile:

(a) Verbesserung der Einsatzplanung beim Kassenpersonal und insbesondere bei Aushilfskräften

(b) Verbesserung der Kassierleistung durch

- Vermeidung von Fehlern: Die Kasse meldet durch ein akustisches oder optisches Signal, wenn eine Eingabe falsch oder unvollständig war.
- Erhöhung der Geschwindigkeit des Kassiervorgangs: Infolge des Einbaus von fest im Kassentisch installierten Scannern läßt sich zumeist die Anzahl der Kassen reduzieren.

(c) Vereinfachung der Kassenabrechnung dank weitgehender Automatisierung der Abstimmungsarbeiten

(d) Verbesserung der Kassenkontrolle durch Absicherung gegen Manipulation und Möglichkeit, den Kassiervorgang zu überwachen, ohne permanent neben der Kasse zu stehen

(e) Vereinfachung von Preisaus- und Preisumzeichnung durch Markierung am Regal und PLU-Verfahren bei Massenwaren, die mit einer Artikelnummer versehen sind.

Ungleich schwieriger lassen sich die **„soft savings"** bestimmen. Diese liegen hauptsächlich in der Gewinnung von Informationen, die in unternehmens- und marketingpolitischen Teilbereichen als Entscheidungshilfen herangezogen werden können. Im Verbund mit Datenfernübertragung und Datenträgeraustausch können sie beim Hersteller beispielsweise Logistik, Distribution, Konkurrenzanalyse, Preispolitik, Werbung, Außendienst- und Produktionssteuerung verbessern. Im Handel werden Sortimentsverbundanalysen, Kundensegmentierung, Personaleinsatzplanung, Logistik und Warenbewirtschaftung erleichtert.

Auch ermöglicht nur die direkte Verkaufsdatenerfassung die Bildung eines sog. **geschlossenen Warenwirtschaftssystems.** Ein solches zielt auf die vollständige artikelbezogene Erfassung und Steuerung der Warenbestände und -bewegungen vom Wareneingang bis zum Verkauf der Ware ab. Ebenso bedeutsam sind dabei die Schnelligkeit der Datenerfassung und die dadurch erreichbare Verfügbarkeit aktueller Informationen, für die sich auch Hersteller lebhaft interessieren. Im Bereich der Sortimentskontrolle z. B. lassen sich Kennzahlen wie Lagerumschlagshäufigkeit und Bruttonutzenziffer nicht nur schnell für einzelne Artikel, Artikelgruppen oder größere Sortimentsteile ermitteln, sondern sie basieren auch auf tatsächlichen Beständen statt auf zumeist fehlerhaft fortgeschriebenen Werten.

In jenen Fällen, in denen eine Erhöhung der Bedarfsgerechtigkeit des Sortiments möglich erscheint, kann dadurch eine Verbesserung der Warenpräsenz bei oft gleichzeitiger Verringerung des gebundenen Kapitals erreicht werden.

Einer drohenden Überlastung des Managements durch einen „information overload" läßt sich begegnen, indem anstelle traditioneller Berichtssysteme **Auskunftssysteme** implementiert werden, wobei nur auf solche Artikel(-gruppen) automatisch hingewiesen wird, die der besonderen Aufmerksamkeit der Disponenten bedürfen. Das Vorhandensein eines Auskunftssystems bildet eine wesentliche Voraussetzung für ein konsequentes **Management by Exception.**

Neben Schnelldrehern („Rennern") und Langsamdrehern („Pennern") ist es auf diese Weise auch leicht möglich, **neu ins Sortiment aufgenommenen Produkten** besondere Aufmerksamkeit zu schenken. Deren Erfolgsträchtigkeit kann so schneller und genauer beurteilt werden. Der Vergleich einer größeren Zahl von Produkteinführungen eröffnet überdies reizvolle Möglichkeiten für die Entwicklung bzw. Validierung von Prognosemodellen.

Eine weitere Entlastung der Disponenten im Sinne eines Management by Exception tritt dadurch ein, daß auch im Einzelhandel **Mindestbestände** nicht unterschritten und **Maximalbestände** bzw. **Einkaufslimits** nicht überschritten werden. Im ersteren Fall reagiert das System durch eine vom Computer erstellte Bestellung bzw. durch Ausdrucken eines Bestellvorschlags.

Ein Warenwirtschaftssystem in diesem Sinne wird zu einem wesentlichen Bestandteil eines **integrierten Marketing-Informations-** und **Marketing-Entscheidungssystems.** Impulse aus der Verfügbarkeit von genauen Verkaufsdaten ergeben sich dabei insbesondere für die Marketing-Planung und -Kontrolle. So eröffnet die artikelgenaue Erfassung von abgesetzten Mengen und jeweils gezahlten Preisen die Möglichkeit, den Erfolg von Verkaufsförderungsaktionen unvergleichlich besser als in der Vergangenheit zu kontrollieren.

Während, um ein weiteres Beispiel zu nennen, **Sortimentsverbundanalysen** früher ohne direkte Datenerfassung am Verkaufspunkt nur dadurch möglich waren, daß man die Kassenzettel im Hinblick auf gleichzeitig gekaufte Artikel einer mühevollen und personalintensiven Sonderauswertung unterzog, bereitet dies heute auf Grund von detailliert und automatisch erfaßten Verkaufsdaten einen nur noch geringen Arbeitsaufwand. Auf diesem Wege können Informationen darüber gewonnen werden, welche Produkte nicht nur zufällig häufig zusammen gekauft werden. Daraus lassen sich wertvolle Hinweise für die Plazierung im Laden oder für die Auswahl solcher Sonderangebotsartikel gewinnen, die – gestützt auf einen kalkulatorischen Ausgleich – sinnvollerweise als Zugartikel (Lockvögel) eingesetzt werden.

Damit ist durch eine artikelgenaue Datenerfassung nicht nur eine **Regalplatzoptimierung** erreichbar, sondern es lassen sich auch die kurz- und langfristige **Preiselastizität** testen und möglicherweise sogar Zusammenhänge im Sinne von

Preis-Absatz-Funktionen feststellen. Ebenso denkbar erscheint ein „Herantasten“ an **Preisobergrenzen** für einzelne Produkte, sofern die Marktsituation die gelegentliche Variation einzelner Preise erlaubt.

Eng mit dem Scanning verknüpft ist inzwischen das **POS-Banking.** Dabei werden Magnetstreifen auf *Eurocheque-* oder Kreditkarten elektronisch gelesen und die registrierten Daten per Telefonleitung in wenigen Sekunden an das jeweilige Kreditinstitut übertragen, um zu prüfen, ob die fragliche Summe verfügbar ist. Nach entsprechender Rückmeldung druckt die Kasse des Handelsunternehmens automatisch eine Quittung aus und veranlaßt die Belastung des Girokontos des Kunden. Der Zahlungsvorgang wird auf diese Weise erheblich beschleunigt und vereinfacht. Weit verbreitet ist das POS-Banking mittlerweile auch an Tankstellen.

Ein alternatives Verfahren zur Rationalisierung des Zahlungsvorgangs besteht in der Ausgabe von **Kundenkarten,** auf denen wie bei Telefonkarten eine bestimmte Verfügungssumme als Guthaben gespeichert ist, von der bei jedem Einkaufsakt der entsprechende Betrag abgebucht wird. Zusätzlich lassen sich mit diesem Medium Informationen über das Einkaufsverhalten der Kunden gewinnen, die Handelsunternehmen zur Erhöhung der Bedarfsgerechtigkeit des Angebots und der Geschäftsstättentreue nutzen können.

Angesichts der mit all dem verbundenen positiven Perspektiven vermag es nicht zu überraschen, daß neben den betroffenen **Handelsunternehmen** und den **Banken,** die den Zahlungsverkehr abwickeln, weitere Sektoren der Wirtschaft reges Interesse an der Nutzung derartiger Einrichtungen äußern. So ist die **Konsumgüterindustrie** naturgemäß an zeitnahen Daten über die Absatzentwicklung ihrer Produkte interessiert, um die Wirkung des Einsatzes absatzpolitischer Instrumente besser beurteilen zu können. Fehlentscheidungen, z. B. infolge des sog. Pipeline-Effekts, die wegen unzureichender Informationen über die Akzeptanz der an den Handel gelieferten Produkte beim Letztverbraucher auftreten können, lassen sich auf diese Weise unschwer vermeiden. Im übrigen hat die Industrie erfahren müssen, daß der Handel auf Grund eines ungleich besseren Informationsstandes schlecht und vor allem mittelmäßig verkäufliche Produkte viel schneller identifizieren und gegebenenfalls auslisten kann.

(2) **Mustererkennung**

Eine weitere, aus dem Informatikbereich stammende Methode zur apparativ unterstützten Gewinnung von Daten bildet die **Mustererkennung**. Dabei werden „patterns“ verschiedener Art im Hinblick auf das Vorhandensein bestimmter Merkmale analysiert und anschließend vorher definierten Klassen zugeordnet.

Nach der Art der Verarbeitung lassen sich einfache und komplexe Muster unterscheiden. Erstere können direkt einzelnen Klassen zugewiesen werden. So ist es z. B. möglich, lateinische Buchstaben, auch wenn sie von verschiedenen

Personen geschrieben sind, in 26 Kategorien einzuordnen. Bei komplexen Mustern dagegen besteht das Ziel der Verarbeitung darin, ein „pattern" mit möglichst wenigen unterschiedlichen Symbolen zu beschreiben. Im Gegensatz zu einfachen Mustern, die direkt nach Symbolen klassifiziert werden, sind hier zusätzlich noch die zwischen den Symbolen bestehenden Beziehungen zu identifizieren.

In der Marktforschung wird das Konzept in beschränktem Maße als **Alternative** zu **multivariaten Verfahren** gesehen. Dies ergibt sich aus der Tatsache, daß Muster nichts anderes verkörpern als mehrdimensionale Gebilde, die zu analysieren und zu klassifizieren sind. So können z. B. Typen von Pkw-Käufern nach Maßgabe ihres Bestellverhaltens nicht nur mittels einer Clusteranalyse identifiziert, sondern auch an Hand einzelner Käufermodalitäten als Muster definiert werden. Neue Kunden lassen sich dann einzelnen Vorgaben zuordnen, indem ihre Merkmale mit den für die einzelnen Musterklassen charakteristischen Eigenschaften verglichen werden.

3.4.4. Psychophysiologische Erhebungsverfahren

Es gehört zu den zentralen Anliegen der Marketing-Forschung, die wesentlichen Determinanten des Käuferverhaltens zu ergründen sowie deren Beeinflußbarkeit durch bestimmte Marketingmaßnahmen zu beurteilen. Da jedoch die psychischen Bestimmungsfaktoren des menschlichen Verhaltens einer direkten Beobachtung und Messung nicht zugänglich sind, versucht man, durch die Gewinnung von Daten auf der Verhaltensebene (z. B. Beobachtung des tatsächlichen Einkaufsverhaltens), auf der verbal-subjektiven Ebene (z. B. Befragung von Verbrauchern zur Ermittlung der Einstellungen gegenüber einem Produkt) oder auf der physiologischen Ebene (z. B. Ermittlung der Pupillenweite bei Betrachtung eines Anzeigenfolders) geeignete **Indikatoren** für Veränderungen im Bereich der psychischen Variablen zu gewinnen.

Die Heranziehung solcher Merkmale basiert auf der grundlegenden Annahme, daß ein eindeutiger Zusammenhang zwischen dem physiologischen Geschehen und bestimmten psychischen Vorgängen existiert. Mit deren systematischer Erforschung und mit der Entwicklung entsprechender physiologischer Meßmethoden befaßt sich die **Psychophysiologie** (vgl. dazu *Birbaumer* 1975; *Lanc* 1977). Da die Regelprozesse des menschlichen Körpers sowohl stimulus- und motivationsspezifisch als auch interindividuell unterschiedlich sind, verlangt die Kontrolle der potentiellen Störfaktoren entsprechender Experimente nach einer besonders sorgfältigen Überwachung der Versuchsbedingungen, wodurch sich häufig die Gefahr des Entstehens einer abiotischen Laborsituation ergibt. Dem steht jedoch der unbestreitbare Vorteil der relativ **hohen Objektivität** der psychophysiologischen Erhebungsverfahren gegenüber. Auf einige davon, die in der Praxis der Marketing-Forschung zumindest gelegentlich eingesetzt werden, wird im folgenden eingegangen.

3.4.4.1. Die Messung der Aktivierung anhand der elektrodermalen Reaktion

Unter elektrodermaler Reaktion (EDR), psychogalvanischer Reaktion (PGR), hautgalvanischer Reaktion oder psychogalvanischer Hautreaktion versteht man eine **Änderung** des **Hautwiderstands** durch **bioelektrische Vorgänge.** Sie kann durch eine Vielzahl von Faktoren, insbesondere von emotionalen und unerwarteten Reizen hervorgerufen werden, die auf das Individuum einwirken. Dazu zählen auch absatzpolitische Maßnahmen. In der PGR spiegelt sich primär die subjektiv erlebte Intensität einer Situation wider, der der einzelne ausgesetzt ist. Aussagen über die von ihm – etwa im Zusammenhang mit einer Anzeige oder einem Packungsentwurf – vorgenommene **Bewertung** einer Empfindung (z. B. angenehm – unangenehm) zu treffen, ist jedoch auf diesem Wege nicht möglich (vgl. *Amstad* 1971, S. 84).

Da psychogalvanische Vorgänge das Ausmaß innerer Erregung widerspiegeln, werden sie insbesondere zur Messung der sog. **Aktivierung** herangezogen, die den Organismus mit Energie versorgt und in einen Zustand der Leistungsfähigkeit versetzt. Aktivierung als Grunddimension aller Antriebsprozesse ist von elementarer Bedeutung für das gesamte menschliche Verhalten, also sowohl für den affektiven als auch den kognitiven Bereich (Näheres dazu in § 8, Abschn. 2.2.2.3.).

Die PGR wird im Bereich der Marketing-Forschung vorzugsweise über den *Féré*-Effekt (exosomatische EDR-Methode) gemessen. Dazu läßt man einen schwachen elektrischen Strom durch den Körper fließen, um die von dem Stimulus ausgelösten Schwankungen in der Leitfähigkeit der Haut zu beobachten. Bei der dabei heute überwiegend verwendeten bipolaren Methode werden über zwei aktive Elektroden, die an den Fingern angebracht sind, Veränderungen der jeweiligen elektrischen Spannung erfaßt, die sich bei konstanter Stromstärke direkt proportional zum Leitwiderstand der Haut verhält. Der Umfang des durch einen Stimulus, also z. B. durch einen Anzeigenentwurf, verursachten Ausschlags hängt nun nicht nur von den **reizbedingten bioelektrischen Vorgängen** selbst ab, sondern ist auch eine Funktion des inter- und intraindividuell variierenden sog. **tonischen Widerstandsniveaus** (vgl. *Amstad* 1971, S. 33). Dies wird als Ausdruck des **allgemeinen Aktivierungsniveaus** einer Person zu einem bestimmten Zeitpunkt verstanden. Dabei ist ein relativ niedriges Hautwiderstandsniveau bei wachen, aufmerksamen Personen zu finden, während relativ hohe Werte Dahindösen oder Schlaf signalisieren.

Die damit einhergehenden Niveauschwankungen werden von **phasischen,** meist reizinduzierten Änderungen des Hautwiderstandes überlagert, deren absolute Höhe bei niedrigem Grundniveau kleiner und bei einer höheren Ausgangslage entsprechend größer ist. Naturgemäß klingt die Erregung nach einigen Sekunden ab, wobei sich der Hautwiderstand wieder dem ursprünglichen Niveau nähert.

Aufgezeichnet wird die PGR mittels eines sog. **Polygraphen,** der häufig auch noch andere Funktionen erfüllt. Was dieser in unserem Kontext leistet, ist aus Abb. 9.17. zu erkennen. Abgelesen werden dabei insbesondere die Amplitude, die Dauer oder ein flächenbezogenes Korrelat des Ausschlags.

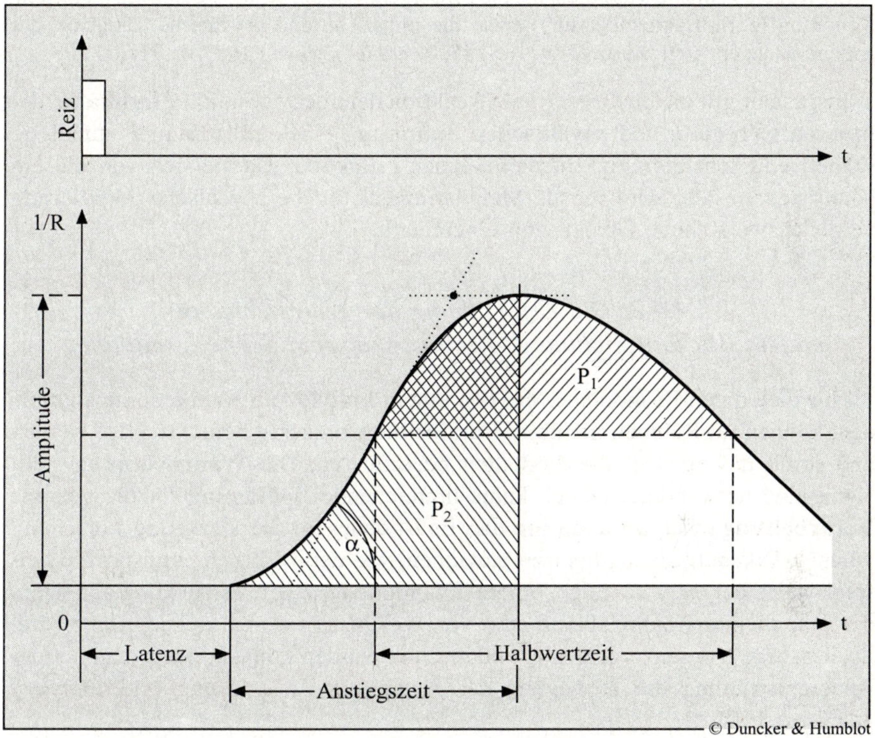

Quelle: *Lanc* 1977, S. 55.

Abb. 9.17.: PGR-Aufzeichnung

Zu den **praktischen Problemen,** die bei der Messung der PGR auftreten, zählen vor allem folgende:

(1) Der **Grundwiderstand** der Haut verschiedener Versuchspersonen **schwankt** bereits bei Verwendung von Elektroden mit wenigen mm Oberfläche zwischen 10.000 und 500.000 Ohm, während sich die **Widerstandsänderungen,** für die man sich eigentlich interessiert, in der Größenordnung von ± 300 Ohm bewegen. Diese ungünstige Relation ist meßtechnisch schwer zu handhaben.

(2) **Externe thermische Umweltbelastung** führt zu Streß, der eine Veränderung der Leitfähigkeit der Haut zur Folge hat. Außerdem wird diese je nach Körperstelle von der Raumtemperatur in unterschiedlichem Maße beeinflußt. Bei sehr hoher oder niedriger Temperatur während des Messens versagt die Methode völlig.

(3) Zu der saisonalen Variation der Hautleitfähigkeit kommen noch **Tageszeitschwankungen** hinzu. Im allgemeinen ist das Leitvermögen in der Nacht kleiner als am Tage; ein Maximum wird während der Mittagszeit erreicht.

(4) Bei **mehrmaliger Verwendung** eines **Reizes** innerhalb eines Versuchs oder in Tagesabständen verringert sich das Ausmaß der PGR.

(5) Weitere situative Variablen, die die Meßergebnisse beeinflussen, sind die **physische** Kondition (z. B. Hauttemperatur) sowie die physische und psychische Tätigkeit, der jemand nachgeht (vgl. *Amstad* 1971, S. 47; *Venables / Martin* 1967, S. 71).

Insgesamt gilt die elektrodermale Reaktion dennoch als subtiler **Indikator** der **inneren Erregung** und **psychischen Spannung** eines Individuums, zumal sie schnell und sensibel experimentelle Reize reflektiert. Da sie sich von diesem kaum steuern läßt, wird ihr als Meßinstrument für die psychische Aktivierung vergleichsweise hohe Objektivität eingeräumt.

3.4.4.2. Die Erforschung der Wahrnehmung mittels Blickaufzeichnung, Tachistoskop und Schnellgreifbühne

Nur diejenigen Phänomene, die von einem Individuum wahrgenommen wurden, können im Rahmen mentaler Verarbeitungsprozesse berücksichtigt werden und somit das tatsächliche Verhalten beeinflussen. Die **Wahrnehmung** stellt somit eine notwendige, jedoch keine hinreichende **Bedingung** für die geistige **Verarbeitung** einer **Information** dar. Es ist daher für die Marketing-Forschung wichtig, Erkenntnisse darüber zu gewinnen, wie der Wahrnehmungsprozeß beispielsweise bei einer Anzeige, einem TV-Spot oder einer Verpackung auf seiten der potentiellen Käufer abläuft und von welchen Faktoren er beeinflußt wird. Da derartige Vorgänge aber nicht beobachtet werden können, nutzt man bei der Blickregistrierung die Bewegung der Augen als Ersatzlösung (vgl. *Böcker / Schwerdt* 1981, S. 353 ff.).

(1) Aus verschiedenen Untersuchungen ist bekannt, daß lediglich solche Elemente der Reizvorlage scharf wahrgenommen werden, die vom Betrachter direkt fixiert werden. Die **Blickaufzeichnung** beruht daher auf der **zentralen Hypothese,** daß fast nur während einer **Fixation** Informationen vom Betrachter einer Reizvorlage aufgenommen werden, nicht dagegen in der Phase, in der das Auge von einem Punkt zum anderen springt (Saccade). Die Fixation eines bestimmten Elements einer visuellen Reizvorlage bildet somit eine notwendige Voraussetzung für dessen weitere mentale Verarbeitung durch den Betrachter.

Die Dauer einer Fixation entspricht der Zeit, die ein Mensch benötigt, um die unmittelbare Umgebung des Fixationspunkts zu identifizieren. Ihre Länge wird durch die physikalische und semantische Komplexität des Reizmaterials auf der einen und das kognitive Leistungsniveau des Individuums auf der anderen Seite bestimmt.

Im Rahmen der Blickaufzeichnung registriert man die Bewegung der Augen bei der Betrachtung einer Vorlage (Anzeige o. ä.), um festzuhalten, welche Reize visuell fixiert werden und welche nicht. Mit ihrer Hilfe lassen sich beispielsweise folgende Fragen beantworten (vgl. *Becker* 1974, S. 40):

- Wird ein bestimmtes Anzeigenelement überhaupt bemerkt?
- Wie lange wird dieses durchschnittlich betrachtet?
- Welche Komponenten werden vernachlässigt?
- Verläuft die Blickfolge der Versuchsperson innerhalb der Anzeige nach der Intention des Werbetreibenden?
- Werden Textelemente gelesen? Wieviel Zeit wird dafür aufgewandt?
- Inwieweit lenkt das Umfeld ab?
- Was geschieht, wenn der Leser einer bestimmten Anzeige zum wiederholten Male begegnet?

Das **Anwendungspotential** der Blickregistrierung ist indessen nicht auf Anzeigen beschränkt, sondern umfaßt die **Wahrnehmung** von **Objekten** schlechthin. So erweist es sich z. B. für den Designer einer Automobilkarosse als überaus aufschlußreich zu wissen, worauf der Blick von potentiellen Käufern zuerst fällt und was diese dann der Reihe nach in Augenschein nehmen.

Es existieren im wesentlichen zwei Wege, das Blickgeschehen zu registrieren. Bei der **Cornea Reflex-Methode** bedient man sich des Phänomens, daß eine auf die Hornhaut des menschlichen Auges projizierte Licht- oder Infrarotstrahlung je nach Veränderung der Blickrichtung unterschiedlich reflektiert wird. Erfaßt man die zurückgesandten Strahlen über Photozellen bzw. Objektive und zeichnet sie unter Verwendung eines Video- oder Schreibgerätes (XY-Plotter, Polygraph) auf, so können der Blickverlauf eines Probanden bei der Betrachtung einer visuellen Reizvorlage festgestellt und damit Häufigkeit und Dauer der Fixation als wichtigste Parameter des Blickverhaltens gemessen werden.

Die Cornea Reflex-Methode gewährleistet eine relativ genaue Erfassung der Blickbewegungen. Dem steht jedoch der Nachteil gegenüber, daß die Erhebungssituation wegen des hohen apparativen Aufwands sowie des experimentellen Charakters des Vorgehens als abiotisch eingeschätzt werden muß. Untersuchungen weisen dennoch, zumindest bei Verwendung stationärer Apparaturen, auf eine hohe Validität des Meßverfahrens hin (vgl. *Hossinger* 1982, S. 126 f.; *Kroeber-Riel* 1992, S. 240 ff.; *Bernhard* 1977, S. 71 ff.).

Bei der sog. **biotischen Methode** der **Blickregistrierung** befindet sich zwischen dem auf einem Lesepult dargebotenen optischen Material und einer Versuchsperson ein halbdurchlässiger Spiegel. Dieser behindert sie beim Lesen nicht, entwirft aber ein Spiegelbild der Augenpartie, das von einer über dem Kopf angebrachten Filmkamera aufgenommen wird.

Das Verfahren wurde vom *Institut für Marktpsychologie*, Mannheim, zur sog. **Mannheimer Blickregistrierung** weiterentwickelt. Dabei wird der Proband in einem Zimmer gefilmt, in dem er auf die Teilnahme an einem Versuch wartet. Während letzterer lediglich als Vorwand dient, um ihn in den Raum zu bringen, konzentriert sich das Interesse des Marktforschers auf das Verhalten im Wartezimmer selbst (Durchblättern von Zeitschriften etc.). In der Literatur werden weitere Varianten beschrieben (vgl. *Becker* 1974, S. 42 f.; *Spiegel* 1970, S. 181 ff.; *Salcher* 1978, S. 107 f.).

(2) Eine zweite Möglichkeit zur Analyse von Wahrnehmungen bietet das **Tachistoskopverfahren.** Dieses baut auf einem Kernsatz der **aktualgenetischen Forschung** auf. Danach sind optische Wahrnehmungen nicht sofort in ihrer gesamten Gestalt da, d. h. dem Betrachter plötzlich präsent, sondern sie entstehen in einer Abfolge von Stufen. Allerdings verläuft dieser Prozeß unter normalen Umständen so schnell, daß er nicht bewußt erlebt und nachvollzogen werden kann (vgl. *v. Rosenstiel / Ewald* 1979, S. 109). Durch eine Lockerung der Reizbindung der einzelnen Elemente einer visuellen Vorlage wird nun versucht, die Wahrnehmung, in deren Verlauf das Individuum die sich anfangs nur in Umrissen abzeichnende Gestalt der Vorlage immer klarer und deutlicher erkennt und interpretiert, beobachtbar zu machen. Erreicht wird dies im wesentlichen durch eine **Erschwerung** der **Wahrnehmungsbedingungen**.

Das Tachistoskop ermöglicht es, Testpersonen visuelles Material in beliebig kurzen bzw. nach und nach längeren Zeitintervallen darzubieten, wobei diese von einer Millisekunde bis hin zu mehreren Sekunden reichen können. Dadurch läßt sich eine relativ präzise Vorstellung davon gewinnen, wie die Wahrnehmung eines Probanden bezüglich der geprüften Reizvorlage entsteht, d. h. welche Wirkung die einzelnen Gestaltungselemente des Materials (Anzeige etc.) auf den kognitiven Prozeß der Wahrnehmung ausüben. Man hofft, auf diese Weise in die tieferen Schichten der Psyche einer Person einzudringen und insbesondere etwas über die spontane Anmutung eines Objekts zu Beginn des Wahrnehmungsprozesses zu erfahren, die noch nicht von umfangreichen psychischen Prozessen überlagert und korrigiert ist (vgl. *v. Rosenstiel / Neumann* 1982, S. 72).

Die Anwendung des tachistoskopischen Verfahrens erscheint also überall dort angezeigt, wo es darum geht, den unmittelbaren Entstehungsprozeß der Wahrnehmung, der sich auf Grund seiner kurzen Dauer der bewußten Kontrolle des Individuums entzieht, zu analysieren. Dies ist z. B. bei Werbemitteln und bei der Produkt- bzw. Packungsgestaltung von Bedeutung (vgl. *Kroeber-Riel* 1992, S. 274).

Für tachistoskopische Untersuchungen in der Marketing-Forschung stehen unterschiedliche technische Apparaturen zur Verfügung (vgl. *Hoffmann* 1976, S. 130 ff.). Das in der Praxis am weitesten verbreitete Gerät ist das **Projektionstachistoskop,** das mit Dias oder Filmen von Anzeigen, Schildern, Packungen usw. arbeitet. Den Versuchspersonen werden dabei zwei Arten von Aufgaben gestellt:

- Sprachliche bzw. zeichnerische Wiedergabe des Gesehenen bzw. Vermittelten oder
- Verbalisierung des mehr gefühlhaften Eindrucks, den die Betroffenen während der Darbietungszeit hatten.

(3) Einer ähnlichen theoretischen Basis wie das Tachistoskop entspringt die Idee der **Schnellgreifbühne.** Hierbei handelt es sich um eine mechanische Vorrichtung, die aus der Wahrnehmung eine Zugriffshandlung werden läßt. Aller-

dings erfordert die Verwendung dieses Geräts von allen daran Beteiligten eine gewisse Übung.

Die Schnellgreifbühne besteht im allgemeinen aus einem größeren Kasten, der eine Öffnung in Augenhöhe der Testperson aufweist und mehreren Produkten oder Packungen nebeneinander Platz bietet. Zu Beginn eines Versuchs ist die Bühne durch eine Vorrichtung (Vorhang, Klappe) abgedeckt, wobei diese durch einen entsprechenden Mechanismus so geöffnet werden kann, daß ein Zugriff zu den dahinter befindlichen Produkten nur für einen Augenblick möglich ist. Die vorgesehene Darbietungszeit wird dabei vom Versuchsleiter über eine Drucktaste festgelegt, die auch die Beleuchtung steuert. Gewissermaßen wenn der Vorhang fällt, hat sich die Testperson blitzschnell für einen oder mehrere der ausgestellten Gegenstände zu entscheiden (vgl. *Hoffmann* 1976, S. 133 f.).

Das Verfahren dient vor allem der **Prüfung** der **Anmutungsqualität** von **Packungen** und der **Beurteilung** des **Preis / Leistungsverhältnisses** verschiedener **Alternativen.** Es kommt aber auch für die Ermittlung der Zusammensetzung eines Warenkorbs vor dem Hintergrund eines begrenzten Budgets in Betracht und verkörpert damit bereits ein Stück **Präferenzforschung**. Auf Grund der notwendigerweise relativ langen Expositionszeit und der hohen Eigenaktivität, die von Probanden bei Tests mit der Schnellgreifbühne verlangt werden, ist das Verfahren jedoch beachtlicher Kritik ausgesetzt (vgl. *Salcher* 1978, S. 123 ff.).

3.4.5. Die Inhaltsanalyse

Die Inhaltsanalyse entstammt der empirischen Sozialforschung und dient dazu, aus Mitteilungen nicht **direkt** erfaßbare Einstellungen, Meinungen und andere hypothetische Konstrukte zu erschließen. In der Marktforschung obliegt ihr die Aufgabe, Material, das auf beliebige Art und Weise übermittelt worden sein darf, auf seine Bedeutung hin zu analysieren (vgl. *Mayring* 1990, S. 11, und *Kriz / Lisch* 1988, S. 123). Es bedarf dazu eines schriftlichen Protokolls, also z. B. der Verfügbarkeit von Bildern, Noten oder Text. Das wichtigste Anwendungsgebiet bildet die Werbeforschung. Beispielsweise können Anzeigen, Plakate, Zeitschriften- und Zeitungsartikel inhaltsanalytisch aufbereitet und dadurch Meinungen sowie sprachliche Ausdrucksgepflogenheiten von Werbetreibenden, Konsumenten etc. erfaßt werden.

Aussagen über das verarbeitete Material implizieren Rückschlüsse auf bestimmte Aspekte der Kommunikation. Dies geschieht auf der Basis der Bildung von Hypothesen zum Kodierungs- und Dekodierungsprozeß, zur Kommunikationssituation sowie zu Erwartungen und Erfahrungen der Kommunikationspartner (vgl. *Kriz / Lisch* 1988, S. 124). Die Analyse läuft dabei systematisch, d. h. theorie- und regelgeleitet ab, um dadurch auch dem Kriterium der intersubjektiven Überprüfbarkeit zu genügen.

Den Kern des inhaltsanalytischen Vorgehens bildet die Anwendung eines Kategoriensystems auf das zu untersuchende Material. Durch die Zuordnung von Text oder Textelementen zu vorher definierten Kategorien soll der für die jeweilige Fragestellung relevante Aussagegehalt für jedermann nachprüfbar erfaßbar und auswertbar werden (vgl. *Zentes* 1992, S. 177).

Im wesentlichen lassen sich zwei Formen der Inhaltsanalyse unterscheiden: Eine erste basiert auf **Auszählen**. Die Häufigkeit des Auftretens von Elementen wird mit jener anderer Elemente verglichen und entsprechend interpretiert (vgl. *Kriz/Lisch* 1988, S. 124 f.). Die zweite Kategorie bilden **Kontingenzanalysen**. Mit diesen läßt sich überprüfen, welche Textelemente wie Begriffe und Wortformen, vor allem Substantive und Adjektive, wie oft im gleichen Zusammenhang auftauchen oder auf eine bestimmte Art besonders häufig miteinander verbunden sind. Für die praktische Durchführung von inhaltsanalytischen Untersuchungen existieren EDV-Programme, die jedoch das Auftreten von Unstimmigkeit bei der Kontexterkennung zumeist nicht zu verhindern vermögen.

3.5. Die Datenanalyse

Mit den bei der Datenanalyse eingesetzten statistischen Methoden verfolgt man das Ziel, die in umfangreichen Untersuchungen gewonnene Fülle von **Einzeldaten** zu **verdichten** und **Struktur aufzudecken**, um dadurch eine substantielle Interpretation der Untersuchungsergebnisse zu ermöglichen. Die folgenden Fragen sind geeignet, Zielsetzung und Aufgaben der Datenanalyse zu verdeutlichen:

- Wie kann die Fülle des vorliegenden Datenmaterials auf das Wesentliche verdichtet werden (**Datenkomprimierung**)?
- Lassen sich zwischen den Daten bestehende Zusammenhänge aufdecken und wie stark sind diese (Analyse von Zusammenhängen mit dem Zweck der **Erklärung** und der **Prognose**; siehe dazu auch Abschn. 3.6.)?
- Ist es zulässig, die gewonnenen Ergebnisse von der Stichprobe auf die übergeordnete Grundgesamtheit zu übertragen (**Repräsentativität** der Ergebnisse)?

3.5.1. Das Verfahrensspektrum

Das zur Verfügung stehende Instrumentarium umfaßt vor allem die Häufigkeitsauszählung mit dem Ziel der Datenverdichtung, univariate Verfahren zur Charakterisierung von Merkmalsverteilungen, bi- und multivariate Verfahren zur Ermittlung von Zusammenhängen sowie statistische Tests zur Überprüfung von Hypothesen über unbekannte Grundgesamtheiten und Verteilungen. Es erscheint an dieser Stelle nicht möglich, mehr als einen Eindruck davon zu vermitteln, worum es bei all dem geht. Gesondert behandelt werden im Abschnitt 3.5.2. die sog. multivariaten Methoden, weil diese in der Marketing-Forschung eine überragende Bedeutung erlangt haben und bei den Fachvertretern der Statistik zumeist nicht die ihnen gebührende Beachtung finden.

(1) Die einfachste Form der Datenaufbereitung und -analyse ist die Berechnung **univariater Maßzahlen**, insbesondere von Mittelwerten und Streuungsmaßen wie z. B. arithmetisches Mittel, Median, Varianz, die zur Beschreibung von Häufigkeitsverteilungen dienen oder als **Verhältniszahlen** jeweils zwei Maßzahlen miteinander verknüpfen (z. B. Prozent-, Beziehungs-, Indexzahlen).

Ein vielseitig verwendbares Auswertungsverfahren stellt auch die **Konfigurationsfrequenzanalyse** dar. Wann immer Auswahlmöglichkeiten bestehen, kann man mit ihrer Hilfe feststellen, welche und damit wie viele Fallgruppen, also Arten von Konstellationen es überhaupt gibt, um dann z. B. zu prüfen, welche davon häufiger als andere vorkommen. Betrachten wir dazu ein Beispiel (für einen realistischen Fall siehe *Dichtl* u. a. 1983, S. 173 ff.):

Ein **Automobilhersteller** bietet für ein bestimmtes Modell zusätzliche **Ausstattungselemente** gegen Aufpreis an. Er sieht sich mit Käufern konfrontiert, die auf jedes Extra verzichten, während andere einige, viele oder gar alle Optionen wahrnehmen. Für die Zwecke der Planung will er wissen, welche Konfigurationen besonders, welche dagegen weniger beliebt sind, welche soundsoviel Prozent aller Bestellungen ausmachen usw.

Wenn n das gesamte Spektrum an Elementen verkörpert, aus dem sich m ($m = 0, 1, 2, \ldots, n-1, n$) auswählen lassen, gibt es

$$\sum_{m=0}^{n} \binom{n}{m} = \sum_{m=0}^{n} \frac{n!}{m!(n-m)!}$$

Möglichkeiten. Die Formel hilft, folgende Frage zu beantworten: Wieviele Auftragsvarianten können überhaupt auftreten? Betrüge $n = 9$, erhielten wir:

$$\binom{9}{0} + \binom{9}{1} + \binom{9}{2} + \ldots + \binom{9}{8} + \binom{9}{9} = (1 + 9 + 36 + 84 + 126)\,2 = 512$$

Den theoretisch denkbaren Konfigurationen läßt sich leicht die jeweils **beobachtete Zahl** von **Fällen** zuordnen, um darauf aufbauend über Verbundangebote, Komplettpreise etc. nachzudenken oder sich auch bei der Beschaffung und Produktion auf den Befund einzustellen.

Diese einfachen Methoden besitzen auf der einen Seite den Vorteil, daß sie einen engen Bezug zum Datenmaterial aufweisen und dadurch z. B. bei dessen Reduktion nur einen geringen Informationsverlust bedingen; auf der anderen Seite liegen ihre Grenzen klar auf der Hand: Sie können nur einzelne Aspekte der gesamten in den Daten enthaltenen Informationen beleuchten. Der Komplexität und Mehrdimensionalität des zur Verfügung stehenden Materials werden sie dadurch nicht gerecht. Gerade im Marketing ist man aber häufig mit Fragen konfrontiert, die sich durch eine isolierte Betrachtung einzelner Variablen nicht beantworten lassen.

(2) Mit **bivariaten Methoden** kann ein zwischen zwei Variablen bestehender Zusammenhang entdeckt und überprüft werden. Die wichtigsten im Marketing angewandten Verfahren dieser Art sind die **Kreuztabellierung** und die **Korrelationsanalyse**. Bei der ersten werden alle möglichen Kombinationen von Merkmalsausprägungen von zwei Variablen in einer Matrix, der sog. **Kreuztabelle**, angeordnet und die Häufigkeit, mit der jede Verknüpfung auftritt, in dieser registriert. Der große Vorteil besteht dabei darin, daß die interessierenden Größen beliebig skaliert sein dürfen. Mit dem Verfahren kann, wie in Tab. 9.17. dargestellt, beispielsweise überprüft werden, ob in einem konkreten Fall zwischen dem Geschlecht und der Markenwahl ein systematischer Zusammenhang besteht. Handelte es sich in dem Demonstrationsbeispiel um echte Zahlen, hieße dies, daß Männer überwiegend (zu 70 Prozent) Marke X kaufen, während 75 Prozent der Frauen Y bevorzugen.

Tabelle 9.17.

Kreuztabelle			
Erworbene Marke	Geschlecht männlich	 weiblich	Σ
X	70 (70%)	50 (25%)	120 (40%)
Y	30 (30%)	150 (75%)	180 (60%)
Σ	100	200	Σ = 300

Zusätzlich zu diesen sog. **bedingten Häufigkeiten** können entsprechende Maße berechnet werden, die den zwischen den beiden untersuchten Variablen bestehenden Zusammenhang auf statistische Signifikanz hin überprüfen. In der Regel kommt dabei der Chi-Quadrat Unabhängigkeitstest zum Einsatz (Näheres hierzu weiter unten).

Die im Wege der **Korrelationsanalyse** zu klärende Frage lautet, welche Stärke der Zusammenhang zwischen zwei (oder auch mehr) Variablen aufweist und in welche Richtung (gleichgerichtet oder entgegengesetzt) der Zusammenhang verläuft. Wichtige Einteilungskriterien zur Systematisierung der Varianten der Korrelationsanalyse bilden dabei das Skalierungsniveau und die Zahl der gleichzeitig analysierten Größen. Korrelationsanalysen können für dichotome, rangskalierte und metrische Variablen durchgeführt werden. Stärke und Richtung des Zusammenhangs werden über je nach Skalenniveau unterschiedlich strukturierte Korrelationskoeffizienten gemessen (im Falle nominalskalierter Variablen spricht man üblicherweise von **Kontingenzkoeffizienten**).

Bivariate Spielarten bilden die **Produkt-Moment-Korrelation** (beide Variablen intervallskaliert), die **punktbiseriale Korrelation** (eine Variable intervall-, die andere dichotom skaliert), der **Kontingenzkoeffizient** (beide nominalskaliert), die **biseriale Rangkorrelation** (eine Variable dichotom-, die andere ordinalskaliert) sowie die **Rangkorrelation** (eine Variable intervall-, die andere ordinalskaliert oder beide Größen ordinalskaliert).

Die **multiple Korrelation** ist dadurch gekennzeichnet, daß **einer** Variablen **mindestens zwei** gegenüberstehen. Wie stark beide Seiten miteinander zusammenhängen, wird durch die Größe R gemessen, die sich als Quadratwurzel des für die multiple Regressionsanalyse (siehe Abschn. 3.5.2.1.) entwickelten Bestimmtheitsmaßes R^2 ergibt. Die **kanonische Korrelation** erlaubt es demgegenüber nachzuweisen, wie intensiv die zwischen **zwei Gruppen** von Variablen bestehenden Beziehungen sind. Im Gegensatz zur Psychologie kommt diese Konstellation im Marketing allerdings höchst selten vor.

Mit der Weiterentwicklung elektronischer Rechenanlagen wurden Mitte der sechziger Jahre die Voraussetzungen dafür geschaffen, große Datenmengen mit vertretbarem Zeit- und Kostenaufwand zu analysieren. **Multivariate Analyseverfahren** eröffnen dadurch die Möglichkeit, das durch eine Vielzahl von Variablen repräsentierte Informationspotential simultan zu verarbeiten und die diesem inhärente Struktur offenzulegen.

(3) **Statistische Testverfahren** dienen dem Ziel, Hypothesen über unbekannte Grundgesamtheiten an Hand einer oder mehrerer Stichproben zu überprüfen. Sie werden immer dann eingesetzt, wenn es gilt, die für eine Teilgesamtheit zutage geförderten Ergebnisse, z. B. den Mittelwert einer Variablen, den zwischen zwei Variablen beobachteten Zusammenhang oder gar eine funktionale Beziehung zwischen mehreren Variablen, daraufhin zu überprüfen, ob ein Ergebnis lediglich auf das Einwirken des Zufalls zurückzuführen ist. Im Rahmen der multivariaten Datenanalyse erlangen Testverfahren ein besonderes Gewicht, da überprüft werden muß, ob die für die Anwendung des jeweiligen Verfahrens notwendigen stichprobenbezogenen Voraussetzungen als gegeben gelten können.

Vielfalt und Einsatzbereich statistischer Prüfverfahren sind insgesamt so groß, daß hier nur die einfachsten Formen diskutiert werden können (eingehend dazu *Bortz* 1994). Die für eine konkrete Fragestellung geeigneten Testverfahren hängen neben dem **Skalenniveau** der in Frage kommenden Variablen von dem **Verteilungstyp** der **Grundgesamtheit** und vom **Stichprobenumfang *n*** ab (vgl. Tab. 9.18.).

Grundsätzlich wird bei einem **Test** auf der Basis einer Stichprobe der Wert einer Statistik bzw. Prüffunktion errechnet und festgestellt, ob dieser in einen vorher festgelegten Ablehnungsbereich fällt. Dies ist dann der Fall, wenn die Wahrscheinlichkeit für das Auftreten des beobachteten Stichprobenergebnisses

Tabelle 9.18.

Ausgewählte Testverfahren					
Parametertest					
Art des Tests	Null-hypothese	Skalenniveau	Voraussetzungen	Prüffunktion	Verteilung der Prüffunktion
Test für den Mittelwert μ der Grundgesamtheit	$\mu = \mu_0$	mindestens intervallskalierte Daten	σ bekannt, normalverteilte Grundgesamtheit, n beliebig **oder** σ bekannt, beliebig verteilte Grundgesamtheit, $n \geq 30$	$Z_{emp} = \frac{\bar{x} - \mu_0}{\sigma / \sqrt{n}}$	Standardnormalverteilung
			σ unbekannt, beliebig verteilte Grundgesamtheit, $n \geq 100$	$Z_{emp} = \frac{\bar{x} - \mu_0}{s / \sqrt{n}}$ mit $s = \sqrt{\frac{1}{n-1} \sum_{i=1}^{n} (x_i - \bar{x})^2}$	Standardnormalverteilung
			σ unbekannt, normalverteilte Grundgesamtheit, $n < 30$	$t_{emp} = \frac{\bar{x} - \mu_0}{s / \sqrt{n}}$	Student-(t-)Verteilung mit $v = n - 1$ Freiheitsgraden
Test für den Anteilswert π der Grundgesamtheit	$\pi = \pi_0$	dichotomskalierte Daten	$n \pi_0 (1 - \pi_0) \geq 9$	$Z_{emp} = \frac{p - \pi_0}{\sqrt{\frac{\pi_0 (1 - \pi_0)}{n}}}$ p = Anteilswert in der Stichprobe	Standardnormalverteilung
Test für die Varianz σ^2	$\sigma^2 = \sigma_0^2$	mindestens intervallskalierte Daten	normalverteilte Grundgesamtheit, μ unbekannt	$\chi^2_{emp} = \frac{(n-1) s^2}{\sigma_0^2}$	χ^2-Verteilung mit $v = n - 1$ Freiheitsgraden
Vergleich zweier Varianzen	$\sigma_1^2 = \sigma_2^2$	verhältnisskalierte Daten	normalverteilte Grundgesamtheiten, μ_1, μ_2 unbekannt	$F_{emp} = \frac{s_1^2}{s_2^2}$	F-Verteilung mit $v_1 = n_1 - 1$ und $v_2 = n_2 - 1$ Freiheitsgraden

Verteilungstest					
Art des Tests	Nullhypothese	Skalenniveau	Voraussetzungen	Prüffunktion	Verteilung der Prüffunktion
Anpassungstest	$V(x) = V_0(x)$ ($V_0(x)$ ist eine genau spezifizierte Verteilung der Grundgesamtheit)	mindestens nominalskalierte Daten	$E_j \geq 5$ für alle $j = 1, \ldots, m$ (bei Gültigkeit der Nullhypothese zu erwartende Häufigkeit in den einzelnen Ausprägungsklassen)	$\chi^2_{emp} = \sum_{j=1}^{m} \frac{(n_j - E_j)^2}{E_j}$ mit m = Anzahl der Ausprägungsklassen (Intervalle) n_j = tatsächliche Anzahl der Beobachtungen im j-ten Intervall	χ^2-Verteilung mit $v = m - 1$ Freiheitsgraden
Unabhängigkeitstest	x, y sind voneinander unabhängig	mindestens nominalskalierte Daten	$E_{ij} \geq 5$ für alle $i = 1, \ldots, k$ und $j = 1, \ldots, l$ (bei Unabhängigkeit zu erwartende Häufigkeit der einzelnen Merkmalskombinationen)	$\chi^2_{emp} = \sum_{i=1}^{k} \sum_{j=1}^{l} \frac{(n_{ij} - E_{ij})^2}{E_{ij}}$ mit n_{ij} = tatsächliche Häufigkeit der Merkmalskombinationen (x_i, y_j)	χ^2-Verteilung mit $v = (k - 1) \cdot (l - 1)$ Freiheitsgraden

unter der Annahme, die sog. **Nullhypothese** treffe zu, kleiner ist als eine vom Forscher vorgegebene **Irrtumswahrscheinlichkeit** α (= Signifikanzniveau, meist 1% oder 5%). Die Feststellung, daß die Nullhypothese zurückzuweisen ist oder nicht, bleibt dabei stets eine Wahrscheinlichkeitsaussage, d. h. durch einen Test läßt sich nicht klären, ob eine Hypothese richtig oder falsch, wahr oder unwahr ist. Stets hat man ein gewisses Fehlentscheidungsrisiko hinzunehmen. Je kleiner man α wählt, desto geringer wird zwar die Wahrscheinlichkeit, H_0 zu Unrecht abzulehnen (**Fehler 1. Art**), desto seltener wird man diese aber auch bei Nichtzutreffen der Nullhypothese ablehnen, d. h. das Ausmaß des **Fehlers 2. Art** steigt.

Generell sind **zwei Arten** von **statistischen Prüfverfahren** zu unterscheiden: Mit sogenannten **Parametertests** werden Hypothesen über unbekannte Parameter einer Grundgesamtheit überprüft, während **Verteilungstests** Annahmen über die unbekannte Verteilungsform einer Grundgesamtheit durchleuchten (vgl. *Bleymüller / Gehlert / Gülicher* 1992, S. 101). Erstere sind der Prüfung der statistischen Signifikanz von **Parametern** gewidmet und ermöglichen so eine Entscheidung darüber, ob ein Unterschied zwischen dem postulierten „wahren Wert" und dem Stichprobenergebnis zufällig oder mit einer bestimmten Wahrscheinlichkeit überzufällig, also statistisch gesichert ist.

Bei Anwendung von Testverfahren im Marketing wird der Begriff der statistischen **Signifikanz** oftmals falsch interpretiert. Kann diese einem Ergebnis bescheinigt werden, ist dies weitgehend unabhängig von dessen praktischer Relevanz und bedeutet lediglich, daß ein Stichprobenbefund mit einer bestimmten Wahrscheinlichkeit nicht nur zufällig von dem bei Gültigkeit der Nullhypothese zu erwartenden Ergebnis abweicht. Aussagen über das Ausmaß, in dem dies der Fall ist, lassen sich allein daraus noch nicht ableiten.

Die bekanntesten Parametertests sind der **t-** und der **F-Test**, die sich jeweils auf verschiedene Größen beziehen können. So gibt es beispielsweise einen **t-Test** für das arithmetische Mittel ebenso wie für den Regressionskoeffizienten (vgl. *Kriz / Lisch* 1988, S. 100 f. und S. 263). Der **F-Test** als Signifikanztest dient dem Vergleich der Varianzen zweier voneinander unabhängiger Stichproben aus normalverteilten Grundgesamtheiten und spielt vor allem bei der Varianzanalyse eine wichtige Rolle (vgl. *Kriz / Lisch* 1988, S. 100 f.). Der t-Test ermöglicht einen Vergleich zweier normalverteilter Stichproben auf der Basis von Mittelwerten und intervallskalierten Daten.

Einen bei ordinalskalierten Daten häufig angewandten Signifikanztest zur Prüfung zweier unabhängiger Stichproben bildet der *Kolmogoroff-Smirnoff*-Test. Hier werden die **kumulierten relativen Häufigkeitsverteilungen** von zwei Stichproben miteinander verglichen (vgl. *Kriz / Lisch* 1988, S. 138).

Mit **Verteilungstests** oder **nichtparametrischen Tests** wird untersucht, ob die in einer Stichprobe beobachtete Verteilung einer Variablen mit für die unbekannte Verteilung der Grundgesamtheit getroffenen Annahmen im Widerspruch steht. Anders formuliert, entscheidet man, ob die Unterschiede zwischen der in der Stichprobe beobachteten und der für die Grundgesamtheit erwarteten Verteilung signifikant sind oder nicht. Da mit einem derartigen Test die Güte der Anpassung einer theoretischen Verteilung an eine empirische überprüft wird, spricht man auch von einem **Anpassungs-** oder **Goodness-of-fit-Test** (vgl. *Bleymüller / Gehlert / Gülicher* 1992, S. 127).

Ein weit verbreitetes Verfahren zur Prüfung von Verteilungshypothesen ist der **Chi-Quadrat Anpassungstest**, der Daten von beliebigem Skalenniveau verarbeiten kann (vgl. *Bleymüller / Gehlert / Gülicher* 1992, S. 127 ff.; *Hochstädter* 1991, S. 632 ff.; *Kriz / Lisch* 1988, S. 138). Die Nullhypothese besagt hier, daß die Grundgesamtheit eine bestimmte Verteilung aufweist. Es gilt dann, die Differenz zwischen der empirisch festgestellten Häufigkeitsverteilung und der angenommenen hypothetischen Verteilung (Nullhypothese) zu berechnen, d. h. es muß geprüft werden, ob die Abweichungen zwischen tatsächlichen und erwarteten Werten als zufällig zu betrachten sind oder ob ein im statistischen Sinne signifikanter Unterschied angenommen werden muß. In der Praxis wird der Test vor allem dazu eingesetzt, zu prüfen, ob die Verteilung der Merkmalswerte der Stichprobe mit einer hypothetisch angenommenen Verteilung, der Verteilung der bekannten Grundgesamtheit oder einem früheren Stichprobenergebnis korrespondiert oder nicht.

Mit dem **Chi-Quadrat Unabhängigkeitstest** läßt sich die Unabhängigkeit zweier nominalskalierter Merkmale voneinander überprüfen (vgl. *Bleymüller / Gehlert / Gülicher* 1992, S. 130 ff., und *Kriz / Lisch* 1988, S. 57 f.). Den Ausgangspunkt bildet dabei eine $k \times l$ Kontingenztabelle, die durch die k Klassen des Merkmals X und die l Klassen des Merkmals Y gebildet wird. Innerhalb der Kontingenztabelle wird die beobachtete Häufigkeit n_{ij} festgehalten, die die Zahl aller Fälle bei n Beobachtungen angibt, bei denen die Ausprägung i von X und die Ausprägung j von Y zusammen auftreten. Die Gültigkeit der Nullhypothese, die von der Unabhängigkeit der beiden Merkmale ausgeht, läßt sich dann mit Hilfe einer Teststatistik überprüfen (zur Vorgehensweise siehe *Bleymüller / Gehlert / Gülicher* 1992, S. 130 ff., und *Hochstädter* 1991, S. 635 ff.).

Angenommen, man interessiert sich bei dem in Tab. 9.17. dargestellten, auf der Basis einer Stichprobe gewonnenen Ergebnis dafür, ob zwischen den Untersuchungsmerkmalen Geschlecht und erworbene Marke ein überzufälliger Zusammenhang existiert, so läßt sich diese Frage mit Hilfe des χ^2-Unabhängigkeitstests beantworten.

Bei jedem Test geht man zunächst davon aus, daß die Nullhypothese gilt. Unter dieser Voraussetzung ist in unserem Beispiel eine Häufigkeitsverteilung zu erwarten, bei der sich die erworbenen Marken X und Y jeweils im Verhältnis von 40 zu 60 Prozent auf Männer und Frauen verteilen. Der empirische χ^2-Wert errechnet sich demnach wie folgt:

$$\chi^2_{emp} = \frac{(70-40)^2}{40} + \frac{(50-80)^2}{80} + \frac{(30-60)^2}{60} + \frac{(150-120)^2}{120} = 56{,}25$$

Legt man in einer Vierfeldertafel (wie Tab. 9.17.) einen der E_{ij}-Werte fest, so ergeben sich die übrigen Häufigkeiten durch die vorgegebenen Randverteilungen. Sie sind daher nicht mehr frei variierbar ($v = (2-1) \cdot (2-1) = 1$ Freiheitsgrad). Da der empirische χ^2-Wert den bei einem Signifikanzniveau von $\alpha = 1\,\%$ und $v = 1$ in der χ^2-Tabelle ausgewiesenen kritischen (bzw. „theoretischen") χ^2-Wert von 6,63 übersteigt, ist davon auszugehen, daß zwischen Männern und Frauen ein signifikanter Unterschied im Hinblick auf ihre Markenpräferenz besteht.

3.5.2. Multivariate Methoden

Die Entwicklung z. B. von Marktanteilen nur auf der Basis **einer** Variablen erklären oder gar prognostizieren zu wollen, käme heute niemandem mehr in den Sinn. Die Akzeptanz eines neuen Produktes hängt ebenso von mehreren Variablen ab wie die Wirkung eines Werbespots. Und um beispielsweise Konsumententypen zu beschreiben, bedarf es der Berücksichtigung einer Vielzahl von Merkmalen. Die **bivariaten Verfahren** verlieren deshalb immer mehr an Bedeutung. Die Komplexität der Phänomene im Marketing zwingt vor allem dazu, die nicht offenliegenden, strukturbildenden Größen gewissermaßen herauszudestillieren und so das Interaktionsgeflecht für die Zwecke der Marketingpolitik transparent zu machen.

Die wohl am weitesten akzeptierte Klassifikation multivariater Verfahren der Datenanalyse orientiert sich daran, ob Abhängigkeit (**Dependenzanalyse**) oder wechselseitige Beziehungen (**Interdependenzanalyse**) der Variablen untersucht werden (vgl. Tab. 9.19.).

Tabelle 9.19.

Klassifikation wichtiger multivariater Verfahren	
Ziel	Verfahren
Analyse von Abhängigkeit (Dependenzanalyse)	Regressionsanalyse Varianzanalyse Diskriminanzanalyse AID-Analyse Conjoint Measurement
Analyse wechselseitiger Beziehungen (Interdependenzanalyse)	Clusteranalyse Faktorenanalyse Mehrdimensionale Skalierung

Während bei der Interdependenzanalyse die Variablenmenge nicht aufgeteilt wird, unterscheidet man bei der Dependenzanalyse zwischen sog. **abhängigen** und sog. **unabhängigen** Variablen. Es wird also davon ausgegangen, daß eine oder mehrere unabhängige Variablen eine oder mehrere abhängige Variablen beeinflussen. Dabei ist allerdings hervorzuheben, daß die empirische Bestätigung solcher Zusammenhänge immer nur eine notwendige, nicht aber eine hinreichende Bedingung für eine Erklärung im kausalen Sinn darstellt. Mathematisch-statistische Methoden können stets nur Hinweise auf die Richtigkeit vermuteter kausaler Zusammenhänge liefern, nicht aber solche – quasi selbständig – aufdecken.

3.5.2.1. Die Regressionsanalyse

3.5.2.1.1. Die Grundform

(1) Die Zielsetzung

Die **Regressionsanalyse** wird überall dort eingesetzt, wo **Richtung** und **Stärke** des **Zusammenhangs** zwischen **mehreren Variablen** ermittelt werden sollen. Dabei kann das Ziel verfolgt werden, sowohl die interessierende Größe vorherzusagen (Prognoseziel) als auch den vermuteten Typus von Zusammenhang in komplexen multivariaten Beziehungen empirisch zu überprüfen (Erklärungsziel). Deshalb spricht man im ersten Fall auch von **Prädiktorvariablen,** die zur Vorhersage eingesetzt werden sollen, und **Kriteriumsvariablen**, die prognostiziert werden sollen. Dabei kann eine Prädiktorvariable (z. B. Höhe der Werbeausgaben) zur Vorhersage einer Kriteriumsvariablen (z. B. Umsatz) geeignet sein, ohne daß zwischen beiden eine kausale Beziehung bestehen muß.

Exemplarisch seien die folgenden Fragestellungen aufgeführt, die sich mit Hilfe der Regressionsanalyse bewältigen lassen:

- Welchen Einfluß haben Verkaufspreis und Werbeausgaben auf den Absatz eines Produkts und wie würde sich eine Preissenkung von 10% bei um 5% verminderten Werbeausgaben auf den Absatz auswirken?
- Welche Produktmerkmale (Preis, Qualität, Design, Markenname etc.) spielen bei der Bewertung eines Produkts durch die Konsumenten eine entscheidende, welche eine nur untergeordnete Rolle?
- Läßt sich die Wirkung einer Anzeige als lineare Funktion von Anzeigengröße, Farbenanzahl und Illustrationsfläche prognostizieren und welche Bedeutung kommt dabei den einzelnen Variablen zu?
- Reicht es aus, die Beziehung zwischen Absatz und Werbung zu untersuchen, oder haben auch Preis und Zahl der Vertreterbesuche eine Bedeutung für den Marketingerfolg?

Das Grundanliegen bei der Regressionsanalyse besteht darin, für eine Prädiktorvariable eine **lineare Funktion** (einfache Regression) oder aber für einen Satz von Prädiktorvariablen eine **Linearkombination** (multiple Regression) zu bestimmen, welche die beste Vorhersage **einer** Kriteriumsvariablen ermöglicht.

Wir wollen hier nur auf den Fall eingehen, daß sowohl die Prädiktorvariable(n) als auch die Kriteriumsvariable zumindest auf Intervallskalenniveau gemessen werden können und die untersuchten Zusammenhänge linearer Art sind. Für Verfahren der **nichtlinearen Regression** sowie die sog. **Dummy-Regression** bei dichotomskalierten Prädiktoren muß auf die Spezialliteratur verwiesen werden (siehe z. B. *Draper / Smith* 1981; *Hüttner* 1989, S. 176 ff.).

(2) Grundlagen und Vorgehensweise

Das Grundprinzip der linearen Regression läßt sich anschaulich an Hand der **einfachen** Regression mit einer Kriteriumsvariablen y und einer Prädiktorvariablen x verdeutlichen. Postuliert man eine lineare Beziehung zwischen den beiden, so besteht das Anliegen darin, eine lineare Funktion $\hat{y}$ (Regressionsgerade) zu bestimmen, die den zwischen diesen Variablen bestehenden Zusammenhang am besten wiedergibt. Als Gradmesser fungiert dabei die **Summe** der **quadrierten Abweichungen** zwischen den beobachteten Werten y und den auf der Regressionsgerade liegenden Werten $\hat{y}_i$ (**Kriterium der kleinsten Quadrate**).

Es gelten also:

(9.28.) $$\hat{y}_i = b_0 + b_1 x_i$$

(9.29.) $$\sum_{i=1}^{n} (y_i - \hat{y}_i)^2 \rightarrow \text{Min!}$$

Dabei bedeuten:

i = Index der Beobachtungen ($i = 1, 2, 3, \ldots, n$)

$\hat{y}_i$ = durch die Regressionsfunktion ermittelter Schätzwert für den Wert der Kriteriumsvariablen y bei Beobachtung i

y_i = beobachteter Wert der Kriteriumsvariablen

x = Prädiktorvariable

b_1 = Regressionskoeffizient

b_0 = Absolutglied

Die Bestimmungsgleichungen für die gesuchten Regressionsparameter b_0 und b_l erhält man, indem man Gleichung 9.28. in 9.29. einsetzt, den resultierenden Ausdruck partiell nach b_0 und b_l differenziert und die beiden Ableitungen gleich Null setzt. Der Regressionskoeffizient b_1 entspricht dabei der Steigung der Regressionsgeraden und gibt an, wie groß die absolute Änderung der Kriteriumsvariablen ist, wenn der Wert der Prädiktorvariablen um **eine Einheit** erhöht wird.

Die Frage nach der Qualität der ermittelten Regressionsfunktion führt zu dem bei sämtlichen Verfahren der Dependenzanalyse zentralen Prinzip der **Zerlegung** der **Gesamtvariation** der **Kriteriumsvariablen** (vgl. Gleichung 9.30.).

Gesamtvariation der Kriteriumsvariablen	=	durch die Regression erklärte Variation	+	nicht erklärte Variation (Restvariation)

(9.30.) $$\sum_{i=1}^{n} (y_i - \bar{y})^2 = \sum_{i=1}^{n} (\hat{y}_i - \bar{y})^2 + \sum_{i=1}^{n} (y_i - \hat{y}_i)^2$$

(9.31.) $$R_{yx}^2 = \frac{\sum_{i=1}^{n} (\hat{y}_i - \bar{y})^2}{\sum_{i=1}^{n} (y_i - \bar{y})^2}, \quad 0 \leq R_{yx}^2 \leq 1$$

Dabei bedeuten:

i = Index der Beobachtungen (i = 1, 2, 3, . . ., n)

$\hat{y}_i$ = durch die Regressionsfunktion ermittelter Schätzwert für den Wert der Kriteriumsvariablen y bei Beobachtung i

y_i = beobachteter Wert der Kriteriumsvariablen

$\bar{y}$ = Mittelwert über alle Beobachtungen

R_{yx}^2 = Bestimmtheitsmaß

Im Wege der Division der durch die Regression erklärten Variation der Kriteriumsvariablen durch deren Gesamtvariation erhält man das sog. **Bestimmtheitsmaß** R_{yx}^2 (vgl. Gleichung 9.31.), das zum Ausdruck bringt, wie gut die Kriteriumsvariable durch die Prädiktorvariable vorhergesagt werden kann bzw. welcher Anteil an der Gesamtvarianz der Kriteriumsvariablen durch die Regressionsgleichung bestimmbar ist. Bei der einfachen Regression entspricht das Bestimmtheitsmaß dem quadrierten bivariaten Korrelationskoeffizienten nach *Bravais-Pearson*. Es ist mit dem quadrierten Regressionskoeffizienten identisch, wenn die Variablen standardisiert sind.

Das an Hand der einfachen Regressionsanalyse dargestellte Grundprinzip des Verfahrens läßt sich unschwer auf den **multivariaten Fall** übertragen, in dem nicht nur eine, sondern mehrere Prädiktoren gleichzeitig die Kriteriumsvariable beeinflussen. Kennzeichen der multiplen Regressionsanalyse ist es, daß sie es erlaubt, den Einfluß zu bestimmen, den jede einzelne Prädiktorvariable getrennt von allen anderen betrachteten Prädiktorvariablen auf die Kriteriumsvariable ausübt.

Die Regressionsgleichung für den allgemeinen Fall der multiplen Regressionsanalyse lautet:

(9.32.) $$\hat{y}_i = b_0 + b_1 x_{1i} + b_2 x_{2i} + \ldots + b_m x_{mi}$$

Dabei bedeuten:

i = Index der Beobachtungen (i = 1, 2, 3, . . ., n)

j = Index der Prädiktoren (j = 1, 2, 3, . . ., m)

$\hat{y}_i$ = durch die Regressionsfunktion ermittelter Schätzwert für den Wert der Kriteriumsvariablen y bei Beobachtung i

b_0 = Absolutglied

$b_1, b_2, \ldots, b_m$ = partielle Regressionskoeffizienten

x_{ji} = beobachteter Wert der Prädiktorvariablen x_j bei Beobachtung i

Die bei der multiplen Regression aufwendigere Bestimmung der Regressionsparameter b_0, b_1, b_2, ..., b_m orientiert sich wiederum an dem Kriterium der kleinsten Quadrate (vgl. die Gleichungen 9.28. und 9.29.).

Die **partiellen Regressionskoeffizienten** geben hierbei an, welche absolute Änderung der Kriteriumsvariablen durch eine Erhöhung der entsprechenden Prädiktorvariablen um eine Einheit zu erwarten ist, wenn der Einfluß aller anderen Prädiktoren ausgeschaltet bzw. konstant gehalten wird. Ein partieller Regressionskoeffizient von $b = -23$ für die Variable Preis würde z. B. bedeuten, daß eine Preiserhöhung um 1 DM einen Absatzrückgang von 23 Mengeneinheiten induziert, wenn alle anderen Variablenausprägungen (z. B. Verkaufsförderung) unverändert bleiben.

Da sich die Regressionskoeffizienten naturgemäß auf verschiedene Maßeinheiten der betrachteten Variablen beziehen (z. B. Preis in DM, Absatz in Mengeneinheiten, Alter in Jahren), lassen sie sich nicht direkt miteinander vergleichen. Um Aussagen über die relative Bedeutung der Prädiktoren im Hinblick auf die Vorhersage bzw. Erklärung der Kriteriumsvariablen machen zu können, bedarf es deshalb der Berechnung **standardisierter Regressionskoeffizienten**, der sog. ***β*-Koeffizienten** (vgl. Gleichung 9.33.).

(9.33.) $$\beta_j = b_j \cdot \frac{s(x_j)}{s(y)}$$

Dabei bedeuten:

β_j = standardisierter (partieller) Regressionskoeffizient für Prädiktorvariable x_j

b_j = partieller Regressionskoeffizient

$s(x_j)$ = Standardabweichung der Prädiktorvariablen x_j

$s(y)$ = Standardabweichung der Kriteriumsvariablen y

Das multiple Bestimmtheitsmaß wird analog zur einfachen Regression berechnet (vgl. Gleichung 9.31.).

Hinsichtlich der Einbeziehung der Prädiktorvariablen in die Regressionsgleichung lassen sich bei der multiplen Regressionsanalyse zwei Grundprinzipien, die simultane und die schrittweise Aufnahme, unterscheiden. Während bei der **simultanen Regressionsanalyse** die Regressionsgleichung unter gleichzeitiger

Berücksichtigung aller Prädiktoren gefunden wird, zeichnen sich die verschiedenen Varianten der **schrittweisen Regression** dadurch aus, daß die Aufnahme in die bzw. der Verbleib in der Regressionsgleichung von der Erfüllung bestimmter vorgegebener Kriterien abhängt. Als solche können sowohl eine vom Analytiker fixierte Hierarchie der Prädiktoren als auch die durch die Vorgabe verschiedener Inklusionsparameter näher spezifizierte zusätzliche Erklärungskraft einer Prädiktorvariablen fungieren. Die schrittweise Vorgehensweise ermöglicht es insbesondere, wechselseitige Abhängigkeit der Prädiktoren und damit eine Verletzung der Modellprämissen frühzeitig aufzudecken und ein hinsichtlich Umfang und Vorhersagegüte optimales Prädiktoren-Set zu bestimmen.

Bei der Anwendung der multiplen Regression ergeben sich häufig Probleme, die aus einer Verletzung der **Prämissen** des **Regressionsmodells** resultieren und deren Nichtbeachtung zu einer gravierenden Fehlinterpretation der Ergebnisse führen kann. Dazu zählen insbesondere folgende:

(a) Für die Abweichung der beobachteten von den durch die Regression vorhergesagten Werten, die **Residuen,** wird unterstellt, daß sie in der Grundgesamtheit **rein zufällig** auftreten und weder voneinander noch von Betrag oder Reihenfolge der Kriteriumsvariablen abhängen. Die Verletzung dieser Prämissen führt zu **Autokorrelation** bzw. zu **Heteroskedastizität** der Residuen, die beide mit Hilfe von speziellen Tests *(Durbin-Watson*-Test, *Geldfeld-Quandt*-Test) und durch visuelle Inspektion der Residualwerte erkannt werden können.

(b) Die Regressionsanalyse unterstellt weiterhin eine **lineare Beziehung** zwischen der Kriteriumsvariablen und den Prädiktoren. Allerdings können aus mehreren Variablen gebildete Prädiktoren als Konstrukte berücksichtigt werden oder durch multiplikative Verknüpfung von Variablen ausgedrückte Interaktionseffekte durch Logarithmieren in die geforderte linear-additive Beziehung transformiert werden.

(c) Das gravierendste Problem stellt jedoch die Verletzung der Prämisse der Unabhängigkeit der Prädiktoren, die sog. **Multikollinearität**, dar. Kommt es dazu, führt dies zu verzerrten und nicht plausiblen Regressionskoeffizienten bzw. im Extremfall sogar zur Unlösbarkeit des Systems der Normalgleichungen. Erste Hinweise auf das Vorliegen von Multikollinearität lassen sich durch Betrachtung der **Interkorrelation** von Prädiktoren und durch Vergleich des multiplen Bestimmtheitsmaßes mit der Summe der für Kriteriums- und Prädiktorvariablen auf bivariater Basis errechneten Bestimmtheitsmaße gewinnen. Als Möglichkeiten zur Beseitigung von Multikollinearität bieten sich die Elimination hochkorrelierender Prädiktorvariablen bis auf eine und die Verdichtung des Prädiktorensets auf voneinander unabhängige übergeordnete Einflußgrößen mit Hilfe der Faktorenanalyse an.

Im Rahmen der Regressionsanalyse wird eine Reihe **statistischer Tests** durchgeführt, um Aussagen über die Übertragbarkeit der Stichprobenergebnisse auf

Tabelle 9.20.

Mengenmäßiger Absatz, Preis, Ausgaben für Verkaufsförderung und Anzahl der Vertreterbesuche in 37 Verkaufsgebieten

Nr. des Verkaufsgebietes	Absatzmenge in Kartons	Preis pro Karton	Verkaufs-förderung in DM	Anzahl der Vertreterbesuche
1	2.585	12,50	2.000	109
2	1.819	10,–	550	107
3	1.647	9,95	1.000	99
4	1.496	11,50	800	70
5	921	12,–	0	81
6	2.278	10,–	1.500	102
7	1.810	8,–	800	110
8	1.987	9,–	1.200	92
9	1.612	9,50	1.100	87
10	1.913	12,50	1.300	79
11	2.118	8,50	1.550	75
12	1.438	12,–	550	106
13	1.834	9,50	1.980	66
14	1.869	9,–	1.600	80
15	1.574	7,–	500	90
16	2.597	11,–	2.000	120
17	2.026	10,–	1.680	95
18	2.016	9,50	1.700	92
9	1.566	10,–	1.400	65
20	2.169	13,–	1.800	90
21	1.996	11,–	1.600	76
22	2.501	8,–	2.000	89
23	2.601	8,50	1.800	108
24	1.277	10,–	460	78
25	1.789	9,–	800	88
26	1.824	11,–	1.460	87
27	1.813	12,–	1.300	103
28	1.513	11,50	600	89
29	1.172	13,–	750	68
30	1.987	9,–	900	106
31	2.056	10,50	1.250	96
32	1.513	9,–	850	78
33	1.756	12,50	950	86
34	2.007	13,–	1.500	125
35	2.079	11,–	1.850	109
36	1.664	9,90	1.200	60
37	1.699	12,50	1.600	79

Quelle: *Backhaus* u. a. 1993, S. 556.

die Grundgesamtheit machen zu können. So lassen sich mit Hilfe eines ***F*-Tests** (siehe dazu Abschn. 3.5.1.) sowohl die Qualität der Regression insgesamt (Test des Bestimmtheitsmaßes) als auch die Zuverlässigkeit jedes einzelnen Regressionskoeffizienten überprüfen. Weitere nützliche Informationen zur Bewertung der Koeffizienten stellen deren **Standardschätzfehler** und **Konfidenzintervall** dar.

(3) Ein Beispiel

Welche Einsichten sich mit Hilfe der Regressionsanalyse gewinnen lassen, sei an Hand eines fiktiven Beispiels verdeutlicht (vgl. *Backhaus* u. a. 1993). Es geht dabei um die Frage, welche der leicht steuerbaren Faktoren Preis, Ausgaben für Verkaufsförderung und Anzahl der Vertreterbesuche im wesentlichen den Absatz eines Produktes in verschiedenen Verkaufsgebieten beeinflussen. Die Ausgangsdaten sind in Tab. 9.20. zusammengestellt. Im konkreten Fall gilt es also, folgende Regressionsgleichung zu bestimmen:

$$\hat{y}_i = b_0 + b_1 x_{1i} + b_2 x_{2i} + b_3 x_{3i}$$

Dabei bedeuten:

$\hat{y}_i$ = Schätzwert für den mengenmäßigen Absatz im Verkaufsgebiet i (i = 1, 2, 3, ..., 37)

x_{1i} = Preis pro Karton in Verkaufsgebiet i in DM

x_{2i} = Ausgaben für Verkaufsförderung in Verkaufsgebiet i in DM

x_{3i} = Anzahl von Vertreterbesuchen in Verkaufsgebiet i

b_0, b_1, b_2, b_3 = Regressionsparameter

Die wichtigsten Informationen, die die schrittweise Regression liefert, finden sich in Tab. 9.21. zusammengefaßt. Dabei sind die Prädiktorvariablen hinsichtlich der Reihenfolge ihrer Aufnahme in die Regressionsgleichung angeordnet. Die ausgewiesenen Regressionskoeffizienten beziehen sich allerdings allein auf die endgültige Regressionsgleichung, in der alle drei Prädiktoren berücksichtigt sind.

Tabelle 9.21.

Ergebnistabelle der schrittweisen Regression für die Daten gemäß Tab. 9.20.

In die Regressionsgleichung aufgenommene Prädiktorvariable	Einfache Korrelation	Multiple Korrelation	Bestimmtheitsmaß	Zuwachs des Bestimmtheitsmaßes	Regressionskoeffizient im 3. Schritt	
					b	β
1. Schritt Verkaufsförderung (x_2)	0,810		0,657	0,657	0,55	0,75
2. Schritt Vertreterbesuche (x_3)	0,507	0,900	0,810	0,153	9,71	0,40
3. Schritt Preis (x_1)	– 0,164	0,920	0,847	0,037	– 45,18 b_0 = 763,65	– 0,19

Im ersten Schritt wird demnach der Prädiktor Ausgaben für Verkaufsförderung in die Regressionsgleichung aufgenommen. Diese erweist sich als signifikant, und es läßt sich bereits ein Anteil von 66% ($R^2 = 0{,}66$) der Gesamtvariation der Absatzmenge über die 37 Verkaufsgebiete binden. Danach kommen als weitere Prädiktoren zunächst die Anzahl der Vertreterbesuche und schließlich der Preis hinzu, wodurch sich das Bestimmtheitsmaß um weitere 15% bzw. 4% auf nunmehr 85% erhöht. Die inferenzstatistische Prüfung der zugehörigen Regressionskoeffizienten zeigt, daß alle drei Variablen einen signifikanten Einfluß auf die Absatzzahlen ausüben. Im vorliegenden, fiktiven Beispiel ist deshalb davon auszugehen, daß bei einer Erhöhung der Ausgaben für Verkaufsförderung um 1 DM bzw. pro zusätzlichem Vertreterbesuch mit einem Anstieg der Absatzmenge um 0,55 bzw. 9,71 Kartons gerechnet werden kann, während eine Preissteigerung um 1 DM eine Reduktion der Absatzmenge um etwa 45 Kartons erwarten läßt.

3.5.2.1.2. Das Logit-Modell

Will man die zwischen kategorialen Variablen bestehende Abhängigkeit untersuchen, bieten sich neben der **Konfigurationsfrequenzanalyse** (vgl. auch Abschn. 3.5.1.) die v. a. in der amerikanischen Literatur verbreiteten **loglinearen Modelle**, insbes. der **Logit-Ansatz** und das rechnerisch aufwendigere **Probit-Verfahren**, an. Ein Beispiel verdeutlicht die Grundidee dieser Modelle (vgl. *Bauer / Herrmann / Huber* 1994). Tab. 9.22. zeigt eine Kontingenztafel, die aus den Variablen Markentreue, Marke und Typ besteht. Die 12 Zellen enthalten Häufigkeitswerte, die n_{111}, n_{112}, ..., n_{223} lauten. Dabei gibt z. B. n_{223} die beobachtete Anzahl der Individuen an (13), die einen Minivan von *Chrysler* fahren und beim nächsten Pkw-Kauf zu einer anderen Marke (z. B. *General Motors)* wechseln.

Tabelle 9.22.

Kontingenztafel mit Rohdaten

Marke	Typ	Markentreue: ja	Markentreue: nein
General Motors	Coupé	$n_{111} = 14$	$n_{211} = 47$
	Limousine	$n_{112} = 98$	$n_{212} = 23$
	Minivan	$n_{113} = 41$	$n_{213} = 11$
Chrysler	Coupé	$n_{121} = 43$	$n_{221} = 34$
	Limousine	$n_{122} = 56$	$n_{222} = 29$
	Minivan	$n_{123} = 26$	$n_{223} = 13$

Ausgehend von den erhobenen Daten lassen sich Hypothesen über den zwischen den Variablen bestehenden Zusammenhang formulieren. Man kann einerseits vermuten, daß die Markentreue, die Marke und der Typ voneinander stochastisch unabhängig sind, oder andererseits von einer statistisch signifikanten Assoziation zwischen diesen Größen ausgehen. Für jede denkbare Hypothese wird zunächst ein **loglineares Modell** konstruiert, mit dem sich die erwarteten Zellfrequenzen (m_{ijk}) bestimmen lassen. Daraufhin stellt man die ermittelten m_{ijk}-Werte den beobachteten Zellhäufigkeiten (n_{ijk}, vgl. Tab. 9.22.) gegenüber und prüft mit einem **Hypothesentestverfahren**, ob die vermutete Zusammenhangsstruktur das reale Geschehen mit einer bestimmten mathematisch-statistischen Genauigkeit repräsentiert.

Methodisch gesehen gehen **loglineare Modelle** von der Idee aus, den natürlichen Logarithmus der erwarteten Zellfrequenzen (ln m_{ijk}) als Summe von Parametern darzustellen. In Analogie zur mehrfaktoriellen Varianzanalyse repräsentieren einige Parameter den Einfluß der Variablen (Haupteffekte), während andere die zwischen diesen Größen existierenden **Interaktionseffekte** verkörpern.

Zum besseren Verständnis erscheint es hilfreich, das sog. **saturierte loglineare Modell** zu erläutern. Dieser Ansatz zeichnet sich dadurch aus, daß alle möglichen Relationen zwischen den interessierenden Größen durch Parameter abgebildet werden. Da kein **Haupt-** oder **Interaktionseffekt** ausgeschlossen wird, errechnet sich ln m_{ijk} folgendermaßen:

(9.34.) $$\ln m_{ijk} = \mu + \mu_{L(i)} + \mu_{M(j)} + \mu_{T(k)} + \mu_{LM(ij)} + \mu_{LT(ik)} + \mu_{MT(jk)} + \mu_{LMT(ijk)}$$

Aus der mehrfaktoriellen Varianzanalyse ist folgende Nebenbedingung bekannt:

(9.35.) $$\sum_i \mu_{L(i)} = \sum_j \mu_{M(j)} = \sum_k \mu_{T(k)} = \sum_{i,j} \mu_{LM(ij)} = \sum_{i,k} \mu_{LT(ik)} = \sum_{j,k} \mu_{MT(jk)} = \sum_{i,j,k} \mu_{LMT(ijk)} = 0$$

Dabei gibt μ den Mittelwert der logarithmierten erwarteten Zellfrequenzen an. Die **Haupteffekte** der Markentreue (L), der Marke (M) und des Typs (T) heißen $\mu_{L(i)}$, $\mu_{M(j)}$ und $\mu_{T(k)}$, wobei z. B. $\mu_{T(k)}$ die durch den Typ k bewirkte Abweichung der Variablen ln m_{ijk} vom Mittelwert μ kennzeichnet. $\mu_{LM(ij)}$, $\mu_{LT(ik)}$ und $\mu_{MT(jk)}$ repräsentieren die **Interaktionseffekte** erster Ordnung, von denen z. B. $\mu_{MT(jk)}$ angibt, inwieweit ln m_{ijk} durch das gleichzeitige Wirksamwerden der Marke j und des Typs k vom Mittelwert μ nebst den **Haupteffekten** $\mu_{M(j)}$ und $\mu_{T(k)}$ abweicht. Der **Interaktionseffekt** zweiter Ordnung wird durch $\mu_{LMT(ijk)}$ abgebildet. Dieser Term erfaßt die verbleibende Abweichung der Variablen ln μ_{ijk} vom **Mittelwert,** von den **Haupteffekten** und den **Interaktionseffekten** erster Ordnung.

Die bisher angestellten Überlegungen konzentrierten sich auf den zwischen den interessierenden Größen existierenden kontingenten Zusammenhang (**Korre-**

lation). In unserem Beispiel liegt es jedoch nahe, die Markentreue in Abhängigkeit von der Marke und vom Typ zu erklären (**Regression**). Zu diesem Zweck wird der **lineare Logit-Ansatz** konstruiert, bei dem die Markentreue als abhängige Variable dient und die Marke sowie der Typ als Prädiktoren fungieren:

$$\text{logit}_{ijk} = \ln\left(\frac{m_{1jk}}{m_{2jk}}\right) = \ln m_{1jk} - \ln m_{2jk} \qquad (9.36.)$$

Setzt man Gleichung (9.34.) in (9.36.) ein, ergibt sich nach einigen Umformungen das saturierte Logit-Modell:

$$\ln\left(\frac{m_{1jk}}{m_{2jk}}\right) = v + v_{M(j)} + v_{T(k)} + v_{MT(jk)}$$

Dabei bedeuten:

$$v = 2\mu_{L(1)},\ v_{M(j)} = 2\mu_{LM(1j)},\ v_{T(k)} = 2\mu_{LT(1k)},\ v_{MT(jk)} = 2\mu_{LMT(1jk)}$$

In vielen Untersuchungen kommt es nicht darauf an, die Realität in all ihren Verästelungen zu rekonstruieren. Vielmehr geht es darum, lediglich die bedeutsamen Relationen zwischen den vorliegenden Variablen offenzulegen. Diesem Zweck dient ein Eliminationsverfahren, mit dem sich das saturierte **Logit-Modell** schrittweise auf die zur Erklärung der Markentreue wichtigen Parameter reduzieren läßt. Im vorliegenden Beispiel erweist sich der Parameter $v_{M(j)}$ als statistisch nicht signifikant. Insofern akzeptieren wir das folgende **Logit-Modell**:

$$\ln\left(\frac{m_{1jk}}{m_{2jk}}\right) = v + v_{T(k)} + v_{MT(jk)} \qquad (9.37.)$$

Die Koeffizienten, die sich bei dem Beispiel ergeben, zeigt Tab. 9.23. Für Individuen, die z. B. eine Limousine von *General Motors* besitzen, gilt folgendes **Logit-Modell**:

$$\ln\left(\frac{m_{112}}{m_{212}}\right) = 2 \cdot 0{,}262 + 2 \cdot 0{,}265 + 2 \cdot 0{,}200 = 1{,}454$$

Hieraus ergibt sich:

$$\frac{m_{112}}{m_{212}} = e^{1{,}454} = 4{,}280$$

Diese Nachfrager neigen offenbar 4,3mal häufiger zum Wiederkauf eines Fahrzeuges von *General Motors* als zum Markenwechsel. Demgegenüber lassen sich Kunden, die ein Coupé dieses Unternehmens fahren, als wechselfreudige Individuen bezeichnen. Da $m_{111}/m_{211} = 0{,}3$ (exp$[2 \cdot 0{,}262 + 2 \cdot (-0{,}505) + 2 \cdot (-0{,}359)]$) lautet, ist 3,3mal häufiger mit einem Wechsel der Marke als mit dem Wiederkauf eines Pkw von *General Motors* zu rechnen.

Tabelle 9.23.

Ergebnis der Parameterschätzung			
Parameter	Koeffizient[a])	Standardfehler	*Z*-Wert
MARKENTREUE (ν)			
Markentreue	0,262	0,057	4,544[b])
MARKENTREUE mit TYP ($\nu_{T(k)}$)			
Markentreue, Coupé	– 0,505	0,079	– 6,375[b])
Markentreue, Limousine	0,265	0,074	3,561[b])
Markentreue, Minivan	0,240	0,096	2,500[b])
MARKENTREUE mit MARKE mit TYP ($\nu_{MT(jk)}$)			
Markentreue, *General Motors,* Coupé	– 0,359	0,080	– 4,510[b])
Markentreue, *General Motors,* Limousine	0,200	0,072	2,776[b])
Markentreue, *General Motors,* Minivan	0,159	0,067	2,373[b])
Markentreue, *Chrysler,* Coupé	0,359	0,080	4,510[b])
Markentreue, *Chrysler,* Limousine	– 0,200	0,072	– 2,776[b])
Markentreue, *Chrysler,* Minivan	– 0,159	0,067	– 2,373[b])

Erläuterungen zur Tabelle:
[a]) Das Softwarepaket SPSS/PC 5.0 liefert lediglich Koeffizienten für μ. Insofern sind die Tabellenwerte mit zwei zu multiplizieren.
[b]) Der Wert ist signifikant bei einer Irrtumswahrscheinlichkeit von 5%.

3.5.2.1.3. Pfadanalyse und Lineare Strukturgleichungssysteme

Bei der multiplen Regressionsanalyse wird für die Prädiktoren **statistische Unabhängigkeit** unterstellt. Demgegenüber signalisiert die in konkreten Anwendungen häufig vorliegende Multikollinearität, daß die zwischen Prädiktoren beobachtbaren Beziehungen kausaler Art sein können.

Ziel der in den Sozialwissenschaften zusehends stärker beachteten Methode der Pfadanalyse ist es, ein a priori nach Maßgabe theoretischer Überlegungen aufgestelltes **hypothetisches Kausalmodell** (Pfadmodell) auf der Basis der für Paare von Modellvariablen ermittelten Korrelationen zu überprüfen. Hierzu werden die vermuteten Abhängigkeiten expliziert und graphisch in Form eines **Pfaddiagramms** dargestellt. Die theoretischen Annahmen bestimmen dabei den Status der Variablen (unabhängig, abhängig, residual) sowie die Richtung des Einflusses. Einfache gerichtete Pfeile stellen direkte Kausalbeziehungen dar, während gekrümmte Doppelpfeile rein korrelative Beziehungen zwischen unabhängigen Variablen signalisieren. Abb. 9.18. zeigt ein Beispiel für ein mehrstufiges multivariates Pfadmodell mit 5 Modellvariablen (Z_1, Z_2, ..., Z_5) und 3 Residualvariablen (R_3, R_4, R_5).

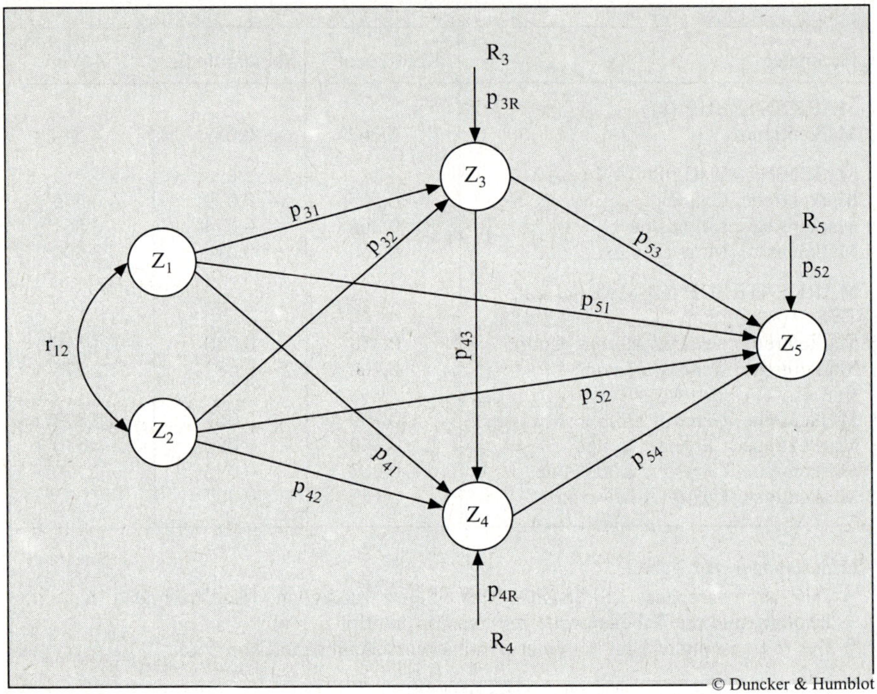

Abb. 9.18.: Pfaddiagramm für ein mehrstufiges multivariates Kausalmodell

Das graphische Pfaddiagramm besitzt in den sog. **Strukturgleichungen** sein mathematisches Äquivalent. Für das Pfeildiagramm in Abb. 9.18. gilt:

(9.38.) $$Z_3 = p_{31}Z_1 + p_{32}Z_2 + p_{3R}R_3$$

(9.39.) $$Z_4 = p_{41}Z_1 + p_{42}Z_2 + p_{43}Z_3 + p_{4R}R_4$$

(9.40.) $$Z_5 = p_{51}Z_1 + p_{52}Z_2 + p_{53}Z_3 + p_{54}Z_4 + p_{5R}R_5$$

Die Wirkung einer Modellvariablen auf eine nachgeordnete Größe läßt sich in einen **direkten** und einen **indirekten**, über zwischengelagerte Variablen verlaufenden Effekt zerlegen. Beispielsweise wirkt Z_1 sowohl direkt auf Z_5 als auch auf zwei indirekten Wegen, nämlich über Z_4 und Z_3.

Der rechnerische Teil der Pfadanalyse besteht in der Ermittlung der **Pfadkoeffizienten** p_{jq} auf der Grundlage der empirischen Korrelationen der Modellvariablen.

Die erforderlichen **Schätzgleichungen** lassen sich aus den Strukturgleichungen nach dem **Expansionstheorem** der Pfadanalyse entwickeln.

Es gilt:

(9.41.) $$r_{ij} = \sum_q p_{jq} r_{iq} \text{ (Expansionstheorem)}$$

Dabei bedeuten:

i, j = Indizes zweier Modellvariablen Z_i, Z_j

r_{ij} = Produkt-Moment-Korrelation zwischen Z_i und Z_j

q = Index, der über alle Variablen läuft, die in der Strukturgleichung von Z_j als determinierende Variablen aufgeführt sind

p_{jq} = Pfadkoeffizient einer durch q bestimmten Variablen auf Variable Z_j

r_{iq} = Produkt-Moment-Korrelation zwischen der Variablen Z_i und einer durch q bestimmten Variablen

Dadurch ergibt sich ein inhomogenes lineares Gleichungssystem, für das sich hier die Darstellung von Lösungsalgorithmen erübrigt. Man erhält so jedenfalls die **Pfadkoeffizienten**, deren Quadrate dem Varianzanteil der jeweiligen determinierenden Variablen entsprechen, der durch diese erklärt wird, sofern alle anderen kausal vorgelagerten Modellvariablen ausgeschaltet bzw. konstant gehalten werden. Bezogen auf die Terminologie der multiplen Regressionsanalyse handelt es sich bei den Pfadkoeffizienten um **Standardpartialregressions-** bzw. **Betagewichte**. In rechnerischer Hinsicht stellt die Pfadanalyse im Prinzip nichts anderes als eine Reihe von multiplen Regressionsanalysen dar.

Mit Nachdruck muß darauf hingewiesen werden, daß die Pfadanalyse nicht in der Lage ist, aus korrelativen Daten stringente kausalanalytische Schlüsse abzuleiten. Sie kann aber bei Vorgabe eines hypothetischen Kausalmodells die erwiesene Korrelation von Modellvariablen dazu benutzen, die postulierten Kausalbeziehungen quantitativ zu spezifizieren bzw. alternative Kausalmodelle bezüglich ihrer Vereinbarkeit mit den korrelierten Daten zu beurteilen.

Weit über die traditionelle Pfadanalyse hinaus geht eine von *Karl G. Jöreskog* (1982) entwickelte Analysetechnik, die unter dem Akronym **LISREL** (= **Li**near **S**tructural **Rel**ations System) bekannt geworden ist. Sie verkörpert eine Kombination von regressions- bzw. pfadanalytischen mit faktorenanalytischen (siehe dazu Abschn. 3.5.2.6.) Elementen. Diese Verbindung gestattet es, in **einem** Untersuchungsschritt nicht nur ein Geflecht von theoretisch hergeleiteten **Kausalbeziehungen**, und zwar direkter, indirekter oder reziproker Art, zwischen relevanten Größen zu untersuchen, sondern darüber hinaus auch unterschiedliche **Meßkonzepte** für die miteinander verknüpften Variablen in die Analyse einzubeziehen.

Mit Hilfe dieses Ansatzes gelingt es, **Meßfehler** zu identifizieren und zu kontrollieren, die die Überprüfung vermuteter **Kausalbeziehungen** verfälschen können. LISREL trägt damit dem Umstand Rechnung, daß viele in der Marketing-Forschung interessierende Variablen **theoretische Konstrukte** darstellen, also nicht direkt beobachtet, sondern erst über die Zuordnung von **Indikatoren** (vgl. dazu Abschn. 3.2.1.) empirisch erfaßt werden können.

Zur Bestimmung der **Parameter** eines solchen Kausalmodells stellt LISREL fünf verschiedene **Schätzverfahren**, darunter die sog. Maximum Likelihood-Methode, zur Verfügung, die unterschiedlichen Skalenniveaus und Verteilungsmerkmalen von Variablen sowie alternativen Stichprobenumfängen gerecht werden. Das Programm liefert auch eine Reihe von Maßen zur Beurteilung der **Genauigkeit** der einzelnen Schätzergebnisse sowie zur Feststellung der **Anpassungsgüte** eines Kausalmodells in seiner Ganzheit an die empirischen Gegebenheiten.

Das Verfahren ist relativ kompliziert, so daß hier nicht mehr als eine rudimentäre Vorstellung davon vermittelt werden kann. Wer damit zu arbeiten wünscht, muß sich die Materie über Spezialveröffentlichungen erschließen. Deutschsprachige Einführungen bieten u. a. *Hildebrandt / Trommsdorff* 1983; *Homburg* 1993 sowie *Förster* u. a., 1984; marketingbezogene Anwendungen finden sich u. a. bei *Bagozzi* 1980, 1982; *Hildebrandt* 1983; *Fritz* 1992 und *Homburg* 1993.

Entscheidende Vorzüge von LISREL liegen einmal in der **ganzheitlichen,** d. h. Meß- und Kausalhypothesen verschmelzenden Natur der **Analysetechnik**, die die Qualität von Erklärungen und Prognosen nachhaltig verbessert, gleichwohl aber nach wie vor als stochastisch gekennzeichnet werden muß. LISREL dient damit auch der Bewältigung von **Komplexität**, und zwar gerade in einer Weise, daß durch die Modellbildung keine allzu große Einbuße an Realitätsnähe hingenommen werden muß. Schließlich zeichnet sich das Verfahren durch **vielseitige Verwendbarkeit** aus, wodurch es auch als Alternative zu herkömmlichen Ansätzen der Wirkungsforschung wie der Regressions- und der Pfadanalyse in Frage kommt.

Restriktionen für den Einsatz von LISREL ergeben sich aus dem Umstand, daß es sich bislang allein zur Untersuchung **linearer** Zusammenhänge eignet. Die Erfahrung im Umgang mit diesem Modelltyp muß zeigen, inwieweit man damit Sachverhalte aus dem Marketing adäquat abbilden kann. Hinzu kommt ein weiteres methodisches Handicap, das sog. **Identifikationsproblem**. Damit ist gemeint, daß keine notwendigen und hinreichenden Bedingungen in allgemeingültiger und praktisch brauchbarer Form dafür angegeben werden können, ob sich die Parameter eines LISREL-Modells eindeutig bestimmen lassen. Zu guter Letzt sind die bisher verfügbaren Maße zur Beurteilung der Modellgüte **nicht** immer **fehlerfrei**.

3.5.2.2. Die Varianzanalyse

(1) Die Zielsetzung

Mit Hilfe der **Varianzanalyse** läßt sich für eine Vielzahl von Versuchsanordnungen (Designs) überprüfen, ob sich unterschiedliche Werte einer (**univariate**

Varianzanalyse) oder mehrerer (**multivariate Varianzanalyse**) abhängigen Variablen auf die Wirkung einer (**einfaktorielle Varianzanalyse**) oder mehrerer (**mehrfaktorielle Varianzanalyse**) unabhängigen Variablen zurückführen lassen. Generelles Ziel varianzanalytischer Untersuchungen ist es zu ermitteln, ob die in Betracht gezogenen **unabhängigen Variablen** bzw. **Faktoren** einzeln oder in kombinierter Form einen statistisch signifikanten Einfluß auf die abhängige(n) Variable(n) ausüben. Während für eine unabhängige Variable **beliebiges Skalenniveau** zulässig ist, muß eine abhängige Variable zumindest **intervallskaliert** sein, um Mittelwert und Varianz bestimmen und interpretieren zu können.

Im Marketing werden Varianzanalysen hauptsächlich zur Überprüfung der **Wirkung** von absatzpolitischen Maßnahmen auf marktbezogene Erfolgsgrößen eingesetzt. Entsprechend der konkreten Problemstellung lassen sich die Daten im Rahmen von Labor- oder Feldexperimenten gewinnen. Die dabei gewählte Vorgehensweise hat etwa gegenüber einfachen Vorher-Nachher-Messungen mit Kontrollgruppe (EBA-CBA-Design) den Vorteil, daß sie es erlaubt, die Wirkung von mehr als einer unabhängigen Variablen zu untersuchen, diese statistisch abzusichern und den Einfluß externer Variablen zu kontrollieren.

Beispielhaft seien einige Fragestellungen angeführt, die mit Hilfe der Varianzanalyse (vgl. Tab. 9.24.) geklärt werden können:

Tabelle 9.24.

Varianten der Varianzanalyse			
Varianzanalyse		Unabhängige Variablen	
		eine	mehrere
Abhängige Variablen	eine	einfaktorielle univariate	mehrfaktorielle univariate
	mehrere	einfaktorielle multivariate	mehrfaktorielle multivariate

- Wie wirken sich alternative Verkaufsförderungsmaßnahmen auf den Marktanteil eines Produktes aus (einfaktorielle univariate Varianzanalyse)?
- Lassen sich Unterschiede in der Markentreue von Konsumenten auf Beruf und Alter zurückführen und welche Interaktionen kennzeichnen diese Einflußfaktoren (zweifaktorielle univariate Varianzanalyse)?
- Welchen Einfluß hat eine Preisänderung auf die Umsatzentwicklung eines Produktes und die Markentreue der Konsumenten (einfaktorielle multivariate Varianzanalyse)?

- Wie beeinflussen Betriebsform und Kaufzeitpunkt innerhalb eines Monats den Absatz eines Markenartikels im Einzelhandel und den Bekanntheitsgrad des fraglichen Produktes (zweifaktorielle multivariate Varianzanalyse)?

(2) Grundlagen und Vorgehensweise

Die Vielzahl möglicher Versuchsanordnungen und die daraus resultierenden voneinander abweichenden Rechentechniken der Varianzanalyse werden abgesehen von der Zahl der betrachteten abhängigen und unabhängigen Variablen dadurch bestimmt,

- ob und in welcher Weise zusätzliche Variationsquellen kontrolliert werden sollen und können (Varianzanalyse gegenüber Kovarianzanalyse, Design mit oder ohne Kontrollgruppe(n)),
- ob Interaktionseffekte zwischen den Faktoren untersucht werden sollen oder zugunsten einer Reduktion der Anzahl notwendiger Beobachtungen vernachlässigbar sind (vollständiges vs. unvollständiges mehrfaktorielles Design),
- ob jede Untersuchungseinheit nicht nur einer, sondern mehreren Messungen unterworfen werden soll (Design ohne Meßwiederholung gegenüber solchem mit Meßwiederholung) und
- ob den einzelnen Faktorstufen(-kombinationen) eine Stichprobe des gleichen Umfangs zugewiesen wird oder nicht (Design mit gleicher oder ungleicher Stichprobengröße).

Das Grundprinzip sämtlicher Verfahrensvarianten der Varianzanalyse besteht in der **Zerlegung** der **Gesamtvariation** der **abhängigen Variablen.** Die unterschiedlichen Ausprägungen der unabhängigen Variablen bzw. Faktoren dienen dabei zur Gruppenbildung im Rahmen eines experimentellen Designs. Das grundsätzliche Vorgehen sei für den Fall einer einfaktoriellen univariaten Varianzanalyse an Hand eines einfachen Zahlenbeispiels erläutert.

Es soll überprüft werden, ob sich $p = 4$ Anzeigenentwürfe (unabhängige Variable) in ihrer Wirkung auf zufällig ausgewählte Konsumenten unterscheiden. Jeder Anzeigenentwurf wurde hierzu jeweils $n = 5$ Konsumenten vorgestellt, wobei anschließend deren Beurteilungen y mit Hilfe einer Ratingskala, die von 0 (= gefällt mir überhaupt nicht) bis 10 (= gefällt mir ausgezeichnet) reicht, gemessen wurden (vgl. Tab. 9.25.). Die durchschnittlichen Beurteilungen zeigen, daß Entwurf Nr. 3 den Testpersonen vergleichsweise am besten zusagt.

Um den Einfluß der Anzeigengestaltung auf die Bewertung durch die Testpersonen statistisch überprüfen zu können, wird angenommen, daß sich die Summe der quadrierten Abweichungen der 20 Urteile (QS) vom Gesamtmittelwert aufteilen läßt in einen im wesentlichen durch die unabhängige Variable (Anzeigengestaltung) verursachten Teil (QS_z) und einen anderen, der primär auf unbekannte Störvariablen zurückzuführen ist bzw. nicht „erklärt“ werden kann (QS_I). Es gilt allgemein:

Tabelle 9.25.

Beurteilung y_{ik} von 4 Anzeigenentwürfen k ($k = 1, \ldots, 4$) durch jeweils 5 Konsumenten i ($i = 1, \ldots, 5$) auf einer von 0 bis 10 reichenden Ratingskala				
Kennwert	Gruppe 1	Gruppe 2	Gruppe 3	Gruppe 4
	Entwurf 1	Entwurf 2	Entwurf 3	Entwurf 4
y_{ik}	1 3 3 2 1	4 3 3 5 0	7 8 4 6 10	3 5 5 5 2
Gruppensumme y_k	10	15	35	20
Gruppenmittelwert $\bar{y}_k$	2	3	7	4
Gesamtmittelwert $\bar{y} = 4$				

(9.42.)

$$QS = QS_Z + QS_I$$

$$\sum_{i=1}^{n} \sum_{k=1}^{p} (y_{ik} - \bar{y})^2 = \sum_{k=1}^{p} n(\bar{y}_k - \bar{y})^2 + \sum_{i=1}^{n} \sum_{k=1}^{p} (y_{ik} - \bar{y}_k)^2$$

Dabei bedeuten:

QS = Summe der Abweichungsquadrate der abhängigen Variablen y_{ik} vom Mittelwert $\bar{y}$ in der gesamten Stichprobe (Gesamtvariation)

QS_Z = Summe der Abweichungsquadrate der Gruppenmittelwerte $\bar{y}_k$ ($k = 1, 2, \ldots, p$) vom Gesamtmittelwert $\bar{y}$ (Variation zwischen den Gruppen)

QS_I = Summe der Abweichungsquadrate der abhängigen Variablen y_{ik}vom jeweiligen Gruppenmittelwert $\bar{y}_k$(Variation innerhalb der Gruppen, Fehlerquadratsumme)

Im Beispiel ergibt sich:

QS = 116

QS_Z = 70

QS_I = 46

Einer auf die 4 Anzeigenentwürfe zurückgeführten Quadratsumme $QS_Z = 70$ steht eine Fehlerquadratsumme $QS_I = 46$ gegenüber; mithin können wir 60,3 % der gesamten Variation der Konsumentenurteile den verschiedenen Anzeigenentwürfen zuschreiben.

Die Abweichungen zwischen den Gruppen lassen sich nun mit Hilfe eines F-Tests daraufhin überprüfen, ob sie wirklich auf einen systematischen Effekt zurückzuführen sind oder ebensogut als zufällige Ergebnisse gelten können. Dieser Test geht von der **Nullhypothese** aus, daß zwischen den einzelnen Gruppen keine Unterschiede bestehen, die Gruppenmittelwerte also gleich sind und sämtliche festgestellten Variationen lediglich von Zufallsschwankungen herrühren. Kann man weiterhin unterstellen, daß letztere bei allen Gruppen in gleichem Umfang auftreten (Varianzhomogenität der Gruppen), so lassen sich als gleichwertige Schätzwerte für die Varianz in der Grundgesamtheit sowohl die Varianz zwischen den Gruppen (MQ_Z) als auch die durchschnittliche Varianz innerhalb der Gruppen (MQ_I) heranziehen.

Es gilt:

(9.43.) $$MQ_Z = \frac{QS_Z}{p-1} \quad \text{und} \quad MQ_I = \frac{QS_I}{p \cdot (n-1)}$$

Die Varianzen MQ_Z und MQ_I kann man aus den Quadratsummen QS_Z bzw. QS_I bestimmen, indem man diese durch die zugehörige Anzahl der **Freiheitsgrade** dividiert. Diese ist festgelegt als die Anzahl der Meßwerte, die bei der Berechnung der einzelnen Quadratsummen frei variieren können.

Relativiert man nun die Varianz zwischen den Gruppen (MQ_Z) an der Fehlervarianz (MQ_I), so läßt sich als Quotient der beiden Varianzen eine Prüfgröße, der sog. **empirische *F*-Wert**, bestimmen:

(9.44.) $$F_{emp} = \frac{MQ_Z}{MQ_I}$$

Dieser empirische F-Wert wird mit dem theoretischen F-Wert verglichen, der sich gemäß der **F-Verteilung** verhält und dessen Ausprägungen in den meisten statistischen Lehrbüchern für ein bestimmtes **Signifikanzniveau** ($\alpha = 1\,\%, 5\,\%$) sowie die entsprechenden Freiheitsgrade tabellarisch zusammengestellt sind. Das Signifikanzniveau gibt dabei die Wahrscheinlichkeit an, mit der der ermittelte F-Wert auch für den Fall, daß die Nullhypothese richtig ist, den theoretischen F-Wert übersteigt. Ein Signifikanzniveau von $\alpha = 1\,\%$ bedeutet also, daß zwischen den Gruppen beobachtete Unterschiede nur mit einer Wahrscheinlichkeit von weniger als 0,01 rein zufällig entstanden sind, falls sich der empirische F-Wert größer als der theoretische F-Wert erweisen sollte.

Für das Beispiel gilt:

$$F_{emp} = \frac{MQ_Z}{MQ_I} = \frac{\frac{70}{3}}{\frac{46}{16}} = \frac{23{,}33}{2{,}88} = 8{,}1$$

Aus der F-Werte-Tabelle entnehmen wir bei einem Signifikanzniveau von $\alpha = 1\,\%$ sowie 3 bzw. 16 Freiheitsgraden als kritischen Wert $F_{crit} = 5{,}29$. Da der empirische

F-Wert größer ist als der kritische F-Wert, läßt sich die Nullhypothese bei einem Signifikanzniveau von $\alpha = 1\,\%$ verwerfen. Die 4 Anzeigenentwürfe unterscheiden sich hinsichtlich ihrer Beurteilung durch die Konsumenten also signifikant.

Es ist offensichtlich, daß es mit **steigender Fehlervarianz** immer schwieriger wird, tatsächliche zwischen den Gruppen bestehende Unterschiede aufzudecken, da sämtliche Schwankungen, die sich nicht der unabhängigen Variablen zuordnen lassen, der Fehlervarianz zugeschrieben werden. Deshalb erweist es sich als bedeutsam, durch eine entsprechende **Konstruktion** des **experimentellen Designs** sicherzustellen, daß keine anderen Variablen einen systematischen Einfluß auf die abhängige Variable ausüben.

Bisher haben wir uns lediglich mit dem einfachsten Fall, der einfaktoriellen univariaten Varianzanalyse, befaßt. Diese wird jedoch der in der Realität angetroffenen Komplexität der Fragestellungen oft nicht gerecht. So erweist es sich gerade im Marketing als unabdingbar, die Wirkung mehrerer unabhängiger Variablen auf eine oder mehrere abhängige Variablen zu überprüfen.

Charakteristisch für **mehrfaktorielle Ansätze** ist die gleichzeitige experimentelle Untersuchung des Einflusses von zwei oder mehr Variablen auf die abhängige Variable. Jede unabhängige Variable bzw. jede Variablenkombination wird in jeweils einer nach Zufallsgesichtspunkten gebildeten Experimentalgruppe eingesetzt, wobei die einzelnen Gruppen untereinander auch als Kontrollgruppen dienen. Durch eine möglichst **zufallsgesteuerte Zusammensetzung** der Untersuchungseinheiten zu Gruppen und durch eine zufällige Zuordnung der experimentellen Stimuli zu den einzelnen Versuchsgruppen soll der Einfluß systematischer Fehler minimiert werden. Mit Hilfe vollständiger mehrfaktorieller Versuchsanordnungen besteht die Möglichkeit, nicht nur die Wirkung der einzelnen unabhängigen Variablen zu überprüfen, sondern auch Interaktionseffekte zwischen den berücksichtigten Einflußfaktoren zu erfassen.

Vollständige mehrfaktorielle Versuchspläne zeichnen sich dadurch aus, daß allen möglichen Faktorstufenkombinationen jeweils eine Zufallsstichprobe zugewiesen wird. Bei einem dreifaktoriellen Versuchsplan mit jeweils 4 Stufen für die Faktoren A, B und C wären strenggenommen $4^3 = 64$ Gruppen erforderlich, um die **Haupteffekte** sowie sämtliche **Interaktionsbeziehungen** überprüfen zu können.

In Analogie zur einfaktoriellen wird auch bei der **mehrfaktoriellen Varianzanalyse** die Gesamtvariation (QS) in Teile aufgespalten, die auf die Faktoren zurückgeführt werden können (Haupteffekte), ferner in Teile, die sich auf Interaktionen zwischen den Faktoren beziehen (Interaktionseffekte), und einen Fehlerteil. Bei zwei Faktoren läßt sich nur **ein** Interaktionseffekt ($A \times B$) überprüfen, während bei einer dreifaktoriellen Varianzanalyse bereits 3 Interaktionseffekte erster Ordnung ($A \times B$, $A \times C$, $B \times C$) und ein Interaktionseffekt zweiter Ordnung ($A \times B \times C$) zu betrachten sind.

Für eine **zweifaktorielle** Varianzanalyse mit den Faktoren A und B und dem Interaktionseffekt $A \times B$ ergibt sich also:

(9.45.) $$QS = QS_A + QS_B + QS_{A \times B} + QS_I$$

Dabei bedeuten:

QS = Quadratsumme insgesamt (Gesamtvariation)

QS_A, QS_B = Quadratsumme für Faktor A resp. B

$QS_{A \times B}$ = Quadratsumme für die Interaktion zwischen A und B

QS_I = Fehlerquadratsumme

Die **statistische Überprüfung** der **Haupteffekte** und ihrer **Interaktionsbeziehungen** erfolgt wie gewohnt durch Überführung der Quadratsummen in Varianzen bzw. Division mit der entsprechenden Anzahl der Freiheitsgrade. Anschließend lassen sich in der bekannten Weise durch Relativierung an der Fehlervarianz sowohl für die Haupteffekte als auch für den Interaktionseffekt empirische F-Werte bestimmen und diese an Hand der theoretischen F-Werte für ein gewähltes **Signifikanzniveau** überprüfen.

Ein gravierender Nachteil vollständiger mehrfaktorieller Versuchspläne besteht darin, daß mit steigender Zahl systematisch variierter Faktoren die Anzahl der Untersuchungseinheiten rapide anwächst. So müßten eigentlich bei 4 Faktoren mit je 3 Faktorstufen bereits $3^4 = 81$ Gruppen gebildet bzw. bei jeweils 10 Untersuchungseinheiten pro Gruppe insgesamt 810 Meßwerte erhoben werden. Zur Reduktion des damit verbundenen Aufwands wurden deshalb **unvollständige Versuchspläne** entwickelt, die nicht sämtliche Faktorstufenkombinationen enthalten. Typisch dafür sind hierarchische Versuchspläne, Lateinisches Quadrat, Griechisch-lateinisches Quadrat und unvollständiges Lateinisches Quadrat (vgl. *Bortz* 1994).

Auch die sog. **multivariate Varianzanalyse** (vgl. *Bortz* 1994), im Englischen *Manova* genannt, basiert auf dem Grundprinzip der Zerlegung der Gesamtvariation. Da diese jetzt für mehrere abhängige Variablen durchzuführen ist und gleichzeitig noch die Kovarianzen der Variablen zu betrachten sind, benötigt man **Quadratsummenmatrizen** anstelle von Quadratsummen. Zur Überprüfung der Gesamtsignifikanz der Ergebnisse setzt man spezielle Tests für Vektoren von Mittelwerten ein, wobei mit Hilfe univariater F-Tests entschieden werden kann, wie die Wirkung der einzelnen Variablen zu bewerten ist.

Was die **Interpretation** varianzanalytischer Ergebnisse betrifft, signalisiert ein statistisch signifikantes Resultat lediglich, daß ein überzufälliger Varianzanteil der abhängigen Variablen durch die unabhängige(n) Variable(n) gebunden wird, was nicht ohne weiteres mit einer Erklärung im Sinne von Kausalität gleichgesetzt werden kann. Weiterhin läßt sich damit nicht angeben, welche Faktorstufen sich hinsichtlich ihres Einflusses auf die abhängige(n) Variable(n) signifikant unterscheiden, welchen Wirkungsgrad sie aufweisen und gegebenenfalls welcher funktionale Zusammenhang zwischen abhängigen und unabhängigen Variablen besteht. Zur Klärung derartiger Fragestellungen stehen spezielle Tests (z. B. Varianten eines sog. Spannweitentests) und die sog. **Multiple Klassifikationsanalyse** zur Verfügung, für deren Erschließung jedoch auf Spezialliteratur (siehe z. B. *Backhaus* u. a. 1993) verwiesen werden muß.

(3) Ein Beispiel

Die Marketingabteilung eines Konsumgüterherstellers möchte in Erfahrung bringen, ob von vier verschiedenen Packungsentwürfen für ein neues Produkt unterschiedliche Absatzerfolge zu erwarten sind. Aus Erfahrung weiß man, daß die Stückzahl auch davon abhängt, in welcher Betriebsform (z. B. Warenhaus, Supermarkt, Discountgeschäft, Verbrauchermarkt) ein solches angeboten wird, und daß sich die in einzelnen Monaten abgesetzten Mengen zum Teil erheblich voneinander unterscheiden.

Die Verantwortlichen entschließen sich, vor der Entscheidung über die endgültige Packungsgestaltung ein Feldexperiment durchzuführen, in dem die drei Faktoren **Packungsgestaltung, Geschäftstyp** und **Zeit** systematisch kontrolliert werden sollen. Aus untersuchungstechnischen Gründen und aus Kostenerwägungen wird jedoch ein vollständiges dreifaktorielles Experimentdesign, das bei jeweils vier Stufen der Faktoren und fünf Untersuchungseinheiten (Geschäften) pro Gruppe insgesamt 320 Einzelmessungen erfordern würde, für die Überprüfung der Zusammenhänge verworfen. Da zudem davon ausgegangen werden kann, daß keine bedeutsamen Interaktionseffekte zwischen den drei Faktoren bestehen, wird als Versuchsplan das sog. **Lateinische Quadrat** gewählt, das es erlaubt, die drei Haupteffekte mit einem minimalen Aufwand zu testen.

Tabelle 9.26.

Versuchsanordnung in Form eines Lateinischen Quadrats, dargestellt am Beispiel von 4 Geschäftstypen (Faktor *A*), 4 Monaten (Faktor *B*) und 4 Grundfarben einer Packung (Faktor *C*)

Faktor *A* Betriebsform / Faktor *B* Monat	a_1 Warenhaus	a_2 Supermarkt	a_3 Discountgeschäft	a_4 Verbrauchermarkt
b_1 Januar	c_1 weiß	c_4 blau	c_2 rot	c_3 grün
b_2 Februar	c_2 rot	c_3 grün	c_1 weiß	c_4 blau
b_3 März	c_3 grün	c_1 weiß	c_4 blau	c_2 rot
b_4 April	c_4 blau	c_2 rot	c_3 grün	c_1 weiß

Die Versuchsanordnung nach dem Lateinischen Quadrat für den konkreten Fall (vgl. Tab. 9.26.) zeichnet sich dadurch aus, daß die mit lateinischen Buchstaben gekennzeichneten Faktoren jeweils die gleiche Anzahl von Stufen aufweisen und im übrigen jede Stufe jedes Faktors mit jeder Stufe der beiden anderen Faktoren genau einmal kombiniert ist. Man spricht auch von einem in bezug auf die Haupteffekte **vollständig ausbalancierten Design**. Im Beispiel ergeben sich im Gegensatz zu den 64 Gruppen eines entsprechenden vollständigen Designs nur mehr 16 Gruppen, für die jeweils **ein** Meßergebnis der abhängigen Variablen „Absatzmenge" vorliegt (vgl. Tab. 9.27.).

Rechengang und Ergebnis der Varianzanalyse sind in den Tab. 9.27. und 9.28. zusammengestellt. Für den Spezialfall eines **Lateinischen Quadrats,** bei dem wie hier für jede untersuchte Kombination der drei Faktoren nur jeweils ein Meßwert ($n = 1$) zur Verfügung steht, läßt sich eine Fehlerquadratsumme nicht berechnen, so daß die Haupteffekte an der sog. **Residualvarianz** getestet werden müssen.

Allein der empirische F-Wert für den Einflußfaktor Packungsfarbe übersteigt mit (89.166,67 / 15.833,33 =) 5,63 den für ein Signifikanzniveau von $\alpha = 5\%$ tabellierten F-Wert von 4,76, so daß die Nullhypothese verworfen werden kann. Nur die Farbgebung der Packung des neuen Produkts hat also einen signifikanten Einfluß auf die abgesetzten Mengen.

Tabelle 9.27.

Absatzmengen für die Faktorkombinationen des Lateinischen Quadrats gem. Tab. 9.26.

Betriebsform / Monat	Warenhaus	Supermarkt	Discountgeschäft	Verbrauchermarkt	Summe
Januar	400	800	500	900	2.600
Februar	500	700	400	600	2.200
März	500	300	700	700	2.200
April	400	400	800	400	2.000
	1.800	2.200	2.400	2.600	9.000

Das **Lateinische Quadrat** bietet die Möglichkeit, mit minimalem Aufwand drei Faktoren zu testen; es vermag jedoch nur schwache Hinweise darauf zu liefern, ob Interaktionseffekte, wie vorausgesetzt, tatsächlich vernachlässigbar sind. Je größer allerdings die Residualquadratsumme ausfällt, desto wahrscheinlicher erscheint die Existenz solcher Effekte und um so weniger ist damit eine eindeutige Interpretation der Haupteffekte möglich.

Tabelle 9.28.

Ergebnisse der Varianzanalyse zum Lateinischen Quadrat gem. Tab. 9.26. und 9.27.				
Quelle der Variation	*QS*	*df*	*MQ*	*F*-Wert
Faktor A (Geschäfte)	87.500	3	29.166,67	1,84
Faktor B (Monate)	47.500	3	15.833,33	1,00
Faktor C (Packungsfarbe)	267.500	3	89.166,67	5,63
Residuum	95.000	6	15.833,33	
Total	497.500	15	33.166,67	

3.5.2.3. Die Diskriminanzanalyse

(1) Die Zielsetzung

Das Verfahren dient, wie es der Name (lat. discriminare = trennen, unterscheiden) bereits andeutet, dazu, **Gruppen** oder **Cluster** von Objekten durch eine **Linearkombination mehrerer unabhängiger Variablen** optimal zu trennen, um dadurch Gruppenunterschiede zu erklären. Neben dem Beitrag, den einzelne Variablen zur Separierung der Gruppen leisten, gibt das Verfahren auch Aufschluß darüber, welcher der Gruppen ein Objekt mit bislang unbekannter Gruppenzugehörigkeit auf Grund seiner Merkmalsausprägungen zuzuordnen ist. Folgende Beispiele sind geeignet, die Fragestellung zu verdeutlichen:

- Ein Hersteller der Automarke A möchte wissen, welcher Unterschied zwischen den Käufern seines Fabrikats und denen der Konkurrenzmarke B besteht (Zwei-Gruppen-Fall).
- Ein Versicherungsunternehmen interessiert sich dafür, durch welche Eigenschaften sich Außendienstmitarbeiter mit großem, mittlerem und geringem Verkaufserfolg kennzeichnen lassen (Drei-Gruppen-Fall).
- Eine Bank will einen Kreditsuchenden danach beurteilen, ob er eher der Gruppe der „sicheren" oder aber jener der „unsicheren" Kreditnehmer zuzuordnen ist.
- Ein Arzt muß in Erfahrung bringen, ob ein Patient auf Grund bestimmter bei diesem festgestellter Symptome in die Gruppe mit risikoreichem oder jene mit risikoarmem Krankheitsverlauf einzuordnen ist, um möglichst frühzeitig die geeignete Therapie einleiten zu können (z. B. bei Hepatitis).

In all diesen Fällen geht man von **a priori definierten Klassen** oder Gruppen aus, die sich als Ausprägungen der abhängigen Variablen kennzeichnen lassen. Aus verfahrenstechnischer Sicht besteht das Anliegen darin, diejenigen Variablen zu identifizieren, die eine möglichst deutliche Trennung der unterschiedlichen Gruppen zugehörigen Elemente ermöglichen und es erlauben, die Gruppenzugehörigkeit noch nicht eingeordneter Objekte mit maximaler Trefferwahrscheinlichkeit anzugeben.

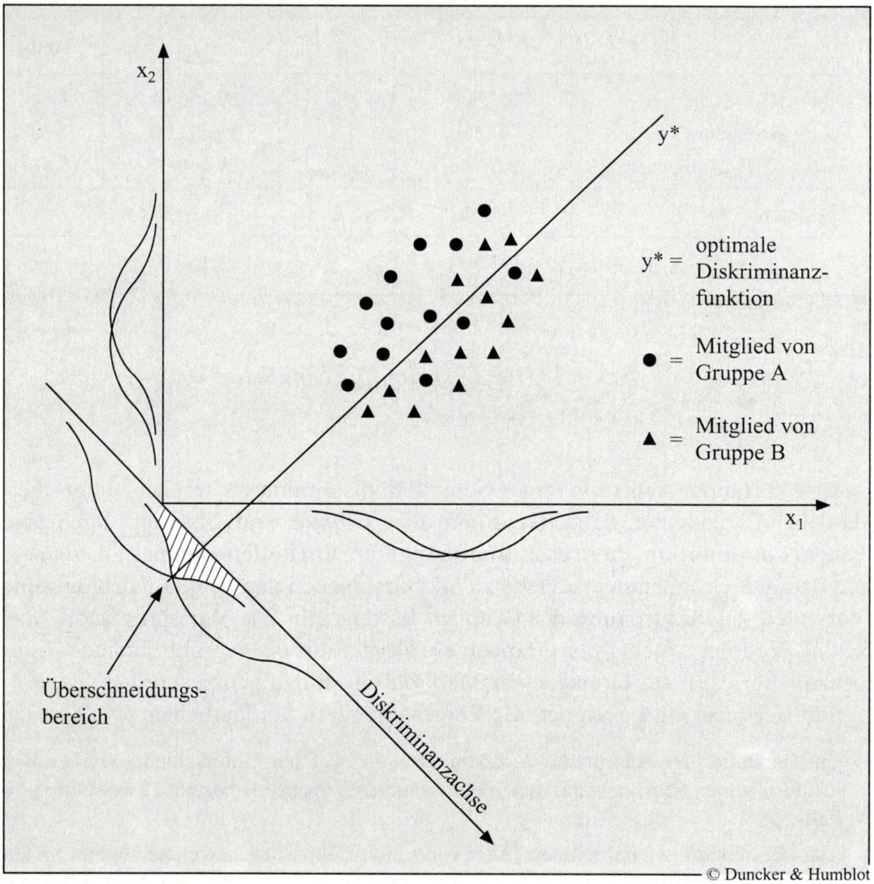

Abb. 9.19.: Struktur des Diskriminanzproblems im Zwei-Gruppen-zwei-Variablen-Fall

(2) Grundlagen und Vorgehensweise

Grundidee und Vorgehensweise der Diskriminanzanalyse finden sich in Abb. 9.19. für den **Zwei-Gruppen-zwei-Variablen-Fall** graphisch dargestellt. Die Mitglieder der Gruppen A und B (z. B. Käufer verschiedener Marken) sind hier gemäß ihren Ausprägungen bei den Variablen x_1 und x_2 in einem von den beiden Variablen aufgespannten Koordinatensystem angeordnet. Betrachtet man die Projektionen der Gruppenmitglieder auf die einzelnen Achsen, so stellt man fest, daß in dem einen wie in dem anderen Fall eine exakte Differenzierung der Gruppenmitglieder nicht möglich bzw. der Überschneidungsbereich der Gruppen auf den zwei Achsen sehr groß ist. Das Problem besteht nun darin, eine Funktion y als Linearkombination der verfügbaren Variablen zu bestimmen, mit deren Hilfe eine deutliche Trennung der Gruppen erzielt werden kann.

Die gesuchte **Diskriminanzfunktion** läßt sich allgemein wie folgt schreiben:

(9.46.) $$y_i = b_1 x_{1i} + b_2 x_{2i} + \ldots b_j x_{ji} + \ldots b_n x_{ni}$$

Dabei bedeuten:

y_i = Wert der Diskriminanzfunktion für Person i (**Diskriminanzwert**)

x_{ji} = **Merkmalswert** des **Individuums** i ($i = 1, \ldots, m$) für die unabhängige Variable j ($j = 1, \ldots, n$)

b_j = **Diskriminanzkoeffizient** der Variablen j
Vorzeichen und relative Größe der b_j-Werte bestimmen den Einfluß der Variablen j. Die absolute Höhe der b_j-Werte wird durch die für x_j verwendete Skala determiniert. Um jeglichen Skalierungseffekt auszuschalten, werden die x_j-Werte üblicherweise normiert, d. h. in Einheiten der jeweiligen Standardabweichung (s_j) ausgedrückt.

Das mathematische Problem besteht nun darin, die Diskriminanzkoeffizienten so zu bestimmen, daß der Abstand zwischen den mittleren Diskriminanzwerten der Gruppen möglichst groß wird (Variation zwischen den Gruppen) und die Diskriminanzwerte der Gruppenmitglieder nur geringfügig um ihren Gruppenmittelwert streuen (Variation innerhalb der Gruppen). Als geeignete Zielfunktion Z im Zwei-Gruppen-Fall läßt sich der Quotient der quadrierten Abweichung der mittleren Diskriminanzwerte beider Gruppen zur Summe der quadrierten Abweichungen innerhalb der Gruppen formulieren (**Diskriminanzkriterium**):

(9.47.) $$Z = \frac{(\bar{y}_A - \bar{y}_B)^2}{\sum_{h=1}^{H} (y_{Ah} - \bar{y}_A)^2 + \sum_{k=1}^{K} (y_{Bk} - \bar{y}_B)^2} \rightarrow \text{Max!}$$

Dabei bedeuten:

$\bar{y}_A (\bar{y}_B)$ = arithmetisches Mittel der Diskriminanzwerte in Gruppe A (B), berechnet aus den zu Gruppe A (B) gehörigen y_i-Werten

$y_{Ah} (y_{Bk})$ = Diskriminanzwert des Individuums h (k), das zur Gruppe A (B) gehört

h = Index der Gruppenelemente von A ($h = 1, \ldots, H$)

k = Index der Gruppenelemente von B ($k = 1, \ldots, K$)

i = Index für alle Individuen ($i = 1, \ldots, h, k, \ldots, m$), d. h. für beide Gruppen ($H + K = m$)

In Abb. 9.19. ist zu erkennen, daß die Projektionen der Gruppenmitglieder auf die **Diskriminanzachse**, die im rechten Winkel zur Diskriminanzfunktion verläuft, zu deutlich voneinander getrennten – hier idealisiert dargestellten –

Häufigkeitsverteilungen führen. Bis auf jeweils drei Elemente aus beiden Gruppen kann die Gruppenzugehörigkeit mit Hilfe der ermittelten Linearkombination der Variablen reproduziert werden.

Zur Berechnung ersetzt man die noch unbekannten Diskriminanzwerte in der Zielfunktion durch die Diskriminanzfunktion (9.46.), so daß nur noch die **Diskriminanzkoeffizienten** b_j und die vorliegenden **Merkmalswerte** x_{ji} in Gleichung (9.47.) in Erscheinung treten. Analog zur Vorgehensweise bei der Regressionsrechnung werden dann zur Maximierung der Zielfunktion alle partiellen Ableitungen nach b_j gebildet und gleich Null gesetzt, so daß man letztlich ein System von Normalgleichungen erhält, aus dem die b_j berechnet werden können. Standardisiert man die Diskriminanzkoeffizienten, indem man sie mit den Standardabweichungen der zugehörigen Prädiktorvariablen multipliziert, so lassen sie sich auch dann, wenn die Ausgangsvariablen ganz verschieden dimensioniert sind, direkt miteinander vergleichen.

Zur Beurteilung der Trennstärke einer Diskriminanzfunktion können spezielle statistische Maße und Tests herangezogen werden, mit deren Hilfe sich die Heterogenität der durch das Verfahren gebildeten Gruppen quantifizieren bzw. die statistische Signifikanz der Gruppenunterschiede überprüfen läßt.

Für die Zuordnung der Individuen bzw. Objekte zu den Gruppen benötigt man neben den individuellen Diskriminanzwerten (vgl. Gleichung 9.46.) noch ein Kriterium, auf Grund dessen über die Gruppenzugehörigkeit entschieden werden kann. Sind z. B. zwei Gruppen annäherungsweise gleich groß und die Konsequenzen einer Fehlzuweisung symmetrisch verteilt, dann läßt sich ein **kritischer Diskriminanzwert** y^* als arithmetisches Mittel der durchschnittlichen Diskriminanzwerte in den beiden vorgegebenen Gruppen angeben.

(9.48.)
$$y^* = \frac{\bar{y}_A + \bar{y}_B}{2}$$

Fälle mit Diskriminanzwerten unterhalb der kritischen Marke werden der einen, solche mit Ausprägungen oberhalb der Grenze der anderen Gruppe zugeordnet. Die Güte des durch das Verfahren erzielten Ergebnisses läßt sich anschließend dadurch bewerten, daß man die tatsächliche Gruppenzugehörigkeit der durch das Verfahren prognostizierten Gruppenzugehörigkeit in einer sog. **Klassifikationsmatrix** gegenüberstellt und den Befund mit dem Ergebnis vergleicht, das bei einer völlig zufälligen Zuordnung zu erwarten gewesen wäre.

Es ist leicht einzusehen, daß die Beschränkung des Ansatzes auf zwei Gruppen den Erfordernissen der Realität zumeist nur unzureichend Rechnung trägt. Die Überlegungen lassen sich jedoch unschwer auf M Gruppen ausweiten. Das **Diskriminanzkriterium** für den allgemeinen Fall lautet wie folgt:

(9.49.)
$$Z = \frac{\sum_{G=1}^{M} H_G(\bar{y}_G - \bar{y})^2}{\sum_{G=1}^{M} \sum_{h=1}^{H_G} (y_{Gh} - \bar{y}_G)^2} \rightarrow \text{Max!}$$

Dabei bedeuten:

$\bar{y}$ = arithmetisches Mittel der Diskriminanzwerte sämtlicher Personen (Gesamtmittelwert)

$\bar{y}_G$ = Mittelwert der Gruppe G ($G = 1, \ldots, M$)

y_{Gh} = Diskriminanzwert des Individuums h in der Gruppe G

H_G = Anzahl der Individuen in Gruppe G

Die Lösung für die Zielfunktion der Mehr-Gruppen-Diskriminanzanalyse (vgl. Gleichung 9.49.) findet man durch Bildung der partiellen Ableitungen für alle Merkmale in der bekannten Weise. Mathematisch entspricht das Vorgehen der Berechnung der Eigenwerte und Eigenvektoren der Matrix, die sich aus dem Produkt der Matrizen der Innergruppen- und Zwischengruppenvariation ergibt. Als Resultat erhält man eine **Anzahl** von **Diskriminanzfunktionen**, die entweder der Zahl der Variablen oder der um 1 verminderten Zahl der Gruppen entspricht, wobei die kleinere von beiden maßgebend ist. Jene werden nach der Höhe ihrer Eigenwerte bzw. ihres Potentials zur Trennung der Gruppen geordnet und jeweils daraufhin überprüft, ob sie einen hinreichenden zusätzlichen Beitrag zu deren Separierung leisten (relativer Eigenwertanteil).

Nach Darstellung der grundsätzlichen Vorgehensweise lassen sich die mit Hilfe der multiplen Diskriminanzanalyse zu bewältigenden **Fragestellungen** wie folgt zusammenfassen:

(a) Besteht zwischen zwei oder mehr a priori definierten Gruppen von Elementen ein **signifikanter Unterschied** hinsichtlich anderer Eigenschaften oder Merkmale als jenen, die zu deren Bildung herangezogen wurden? Auf das Ausgangsbeispiel projiziert würde die Frage lauten: Unterscheiden sich die Anhänger der Marke A von jenen der Marke B signifikant hinsichtlich bestimmter Merkmale wie Einkommen, Status, Sicherheitsbewußtsein usw., die als Determinanten des Wahlverhaltens in Frage kommen?

(b) **Wie groß** ist der **Unterschied** zwischen den Gruppen unter Berücksichtigung aller in die Analyse einbezogenen Eigenschaften der Gruppenmitglieder?

(c) Mit welcher **Linearkombination** von unabhängigen Variablen (**Diskriminanzfunktion**) wird die **optimale Trennung** der interessierenden Gruppen erreicht? Diese Fragestellung zielt auf die Gewichtung der verschiedenen Trennvariablen ab, woraus sich u. U. unmittelbar Rückschlüsse auf die Gestaltung der Marketingkonzeption ziehen lassen.

(d) Welcher der bereits definierten Gruppen muß ein **neu zu klassifizierendes Element** auf Grund seiner Merkmalsstruktur **zugeordnet** werden? Vor einer Frage dieser Art steht etwa ein Automobilhersteller, der zu prüfen hat, ob ein Kfz-Betrieb in das Händlernetz aufgenommen werden soll oder nicht. Falls beispielsweise durch Kriterien wie Umsatz, Standort, Eigenkapital, Servicebereitschaft und Image bestimmte „Güteklassen" determiniert werden, kann bei Vorliegen entsprechender Daten jeder neue „Kandidat" mit einem hohen Maß an Sicherheit der richtigen Kategorie zugewiesen werden, was bei intuitiver Vorgehensweise nicht gewährleistet wäre.

Es sei darauf hingewiesen, daß die ersten drei Fragen im Gegensatz zur vierten interdependent sind und lediglich jeweils einen bestimmten Aspekt hervorheben. Bei bis zu drei Diskriminanzfunktionen besteht auch immer die Möglichkeit, die Ergebnisse graphisch darzustellen. Man erhält dadurch ähnlich wie bei der Faktorenanalyse, der Mehrdimensionalen Skalierung oder der Clusteranalyse ein ein-, zwei- oder dreidimensionales **Marktmodell**, in dem je nach Fragestellung Produkte und / oder Konsumenten mittels ihrer Diskriminanzkoeffizienten positioniert werden können, was häufig zusätzliche Vergleichs- und Interpretationsmöglichkeiten eröffnet.

(3) Ein Beispiel

Das folgende Beispiel ist geeignet, die rechnerische Ermittlung der Diskriminanzfunktion für die einfachste Spielart, den Zwei-Gruppen-zwei-Variablen-Fall, zu verdeutlichen.

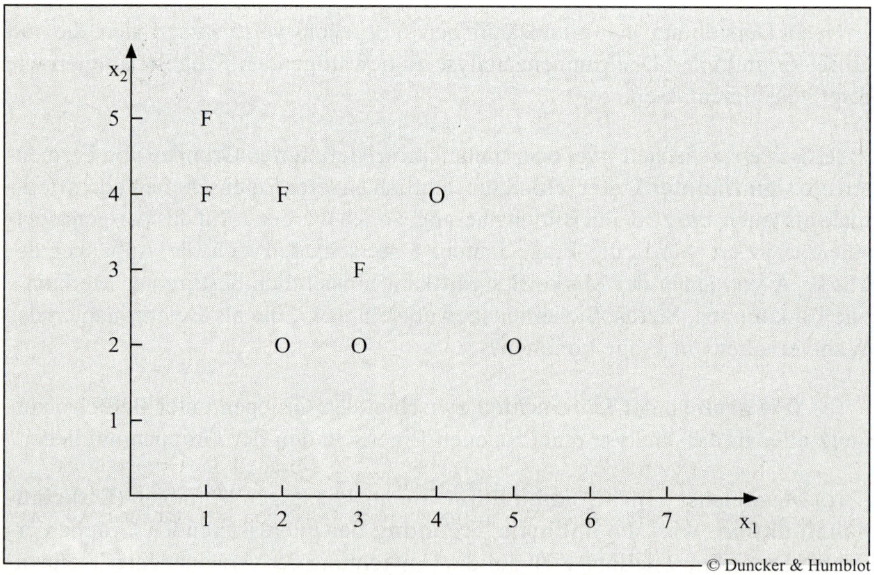

Abb. 9.20.: *Opel*- und *Ford*käufer, charakterisiert durch die Merkmale Einkommen (x_1) und Alter (x_2)

Gesucht sind gewisse Eigenschaften, die eine treffsichere Prognose darüber erlauben, ob eine Person eher einen *Ford* oder einen *Opel* kauft. Das Lösungsverfahren erfordert die Durchführung einer Primärstudie, in deren Rahmen bei einer für die Grundgesamtheit repräsentativen Stichprobe von Eigentümern beider Fahrzeugtypen bestimmte persönliche Merkmale, Einstellungen, Meinungen usw. erhoben werden. Um den Rechenaufwand gering zu halten, wird das Beispiel auf acht Probanden beschränkt, und zwar je vier *Opel*- und *Ford*käufer, die auf Grund ihres Einkommens und ihres Alters in einem Koordinatensystem unschwer abgebildet werden können (vgl. Abb. 9.20.). Daten und Berechnungsschritte sind in Tab. 9.29. zusammengefaßt.

Tabelle 9.29.

Bevorzugte Marke, Alter und Einkommen von acht Automobileigentümern

Proband	O/F	x_1	x_2	$\bar{y}_G$	$(y_{Gi}-\bar{y}_G)^2$	$\Sigma(y_{Gi}-\bar{y}_G)^2$
1	O	2	2	$\frac{14b_1+10b_2}{4}$	$(-1{,}5b_1-0{,}5b_2)^2$	$5b_1^2+2b_1b_2+3b_2^2$
2		3	2		$(-0{,}5b_1-0{,}5b_2)^2$	
3		4	4		$(0{,}5b_1+1{,}5b_2)^2$	
4		5	2		$(1{,}5b_1-0{,}5b_2)^2$	
5	F	1	5	$\frac{7b_1+16b_2}{4}$	$(-0{,}75b_1+b_2)^2$	$2{,}75b_1^2-4b_1b_2+2b_2^2$
6		1	4		$(-0{,}75b_1)^2$	
7		2	4		$(0{,}25b_1)^2$	
8		3	3		$(1{,}25b_1-b_2)^2$	

Dabei bedeuten:

O = Eigentümer eines *Opel*

F = Eigentümer eines *Ford*

x_1 = unabhängige Variable Einkommen

x_2 = unabhängige Variable Alter

$\bar{y}_G$ = Mittelwert der Gruppe $G = \{O;F\}$, berechnet aus den transformierten x_{ji}-Werten

y_{Gi} = transformierter Wert des Individuums i, das Mitglied der Gruppe G ist

Die in Tab. 9.29. berechneten Werte führen nach Einsetzen in Gleichung 9.47. zu folgender Zielfunktion:

$$Z = \frac{(1{,}75b_1 - 1{,}5b_2)^2}{7{,}75b_1^2 - 2b_1b_2 + 5b_2^2} \rightarrow \text{Max!}$$

Da für die Diskriminanzfunktion nur das Verhältnis von b_1 zu b_2 von Interesse ist, kann $b_1 = 1$ gesetzt werden. Nach dieser Vereinfachung wird die Zielfunktion nach b_2 differenziert und gleich Null gesetzt. Der maximale Z-Wert ist dann gegeben, wenn $b_1 = 1$ und $b_2 = -1{,}36$ sind. Die Diskriminanzfunktion lautet demnach:

$$y_i = x_{1i} - 1{,}36 x_{2i} \quad \text{(für alle } i\text{)}$$

Setzt man in diese Diskriminanzfunktion Alter und Einkommen der Probanden ein, so erhält man die in Tab. 9.30. wiedergegebenen Diskriminanzwerte.

Tabelle 9.30.

Diskriminanzwerte der *Opel*- und *Ford*käufer

Proband	*O/F*	Diskriminanzwert	$\bar{y}_G$
1	*O*	– 0,72	$\bar{y}_O = \frac{0{,}4}{4} = 0{,}1$
2		0,28	
3		– 1,44	
4		2,28	
5	*F*	– 5,80	$\bar{y}_F = \frac{-14{,}76}{4} = -3{,}69$
6		– 4,44	
7		– 3,44	
8		– 1,08	

Dabei bedeuten:

O = Eigentümer eines *Opel*

F = Eigentümer eines *Ford*

$\bar{y}_G$ = arithmetisches Mittel der Diskriminanzwerte in Gruppe $G = \{O;F\}$

Als kritischer Wert y^* der Diskriminanzfunktion ergibt sich nach Gleichung 9.48.:

$$y^* = \frac{\bar{y}_O + \bar{y}_F}{2} = \frac{0{,}1 - 3{,}69}{2} = -1{,}795 \approx -1{,}8$$

Probanden mit Diskriminanzwerten kleiner – 1,8 wären also der Gruppe der *Ford*-Käufer, solche mit Werten größer oder gleich – 1,8 jener der *Opel*-Käufer zuzuordnen. Im Beispiel würde lediglich Proband 8 irrtümlicherweise den *Opel*-Käufern zugeschlagen. Die Wahrscheinlichkeit des richtigen Ausweises eines neu hinzutretenden Erwerbers beträgt demnach 7/8 = 87,5%, während wir es, würde die Welt nur aus *Ford*- und *Opel*-

Käufern bestehen, ohne Kenntnis beispielsweise der Marktanteile auf lediglich 50% brächten.

An dieser Stelle zeigt sich vor allem die **prognostische Relevanz** der Diskriminanzanalyse. Sie gibt nicht nur Aufschluß darüber, inwieweit sich die vorgegebene Klassifikation reproduzieren läßt und welchen Beitrag die ausgewählten Variablen dazu leisten, sondern auch Hinweise darauf, welcher der Gruppen ein bislang nicht klassifiziertes Objekt – hier Autokäufer – am zweckmäßigsten zuzuordnen ist. Daß eine „richtige“ Zuweisung neuer Objekte mit Diskriminanzwerten im Bereich um den kritischen Diskriminanzwert herum weniger wahrscheinlich ist als in den Extrembereichen, liegt auf der Hand.

3.5.2.4. Die Kontrastgruppenanalyse (AID)

(1) Die Zielsetzung

Mit der Kontrastgruppenanalyse, die in der Literatur auch als **AID-Analyse** (**A**utomatic **I**nteraction **D**etector) oder **Baumanalyse** bezeichnet wird, strebt man an, eine abhängige Variable dadurch zu erklären, daß die Ausgangspopulation sukzessive in Gruppen aufgeteilt wird, die sich durch bestimmte Merkmalskombinationen auszeichnen, wobei jedes hinzugezogene Merkmal zusätzliches Erklärungspotential erschließt. Die Kontrastgruppenanalyse ist von der ihr eigenen Aufgabenstellung her mit der **schrittweisen multiplen Regression** vergleichbar; sie stellt jedoch an das Meßniveau der unabhängigen Variablen nur geringe und an den funktionalen Zusammenhang zwischen der zu erklärenden und den unabhängigen Variablen überhaupt keine Anforderungen.

(2) Grundlagen und Vorgehensweise

Den Ausgangspunkt des Verfahrens bildet die Annahme, daß für die unterschiedlichen Ausprägungen eines metrischskalierten Merkmals bestimmte andere Merkmale oder Kombinationen davon verantwortlich sind. Das Verfahren geht dabei systematisch die Relevanz einzelner Merkmale für die abhängige Variable durch. Für eine erste Aufteilung der Stichprobe wird dabei das Merkmal herangezogen, welches zu zwei Gruppen führt, die in bezug auf die zu erklärende Variable in sich homogener als die Ausgangsgruppe sind, während sie untereinander den maximalen Unterschied erreichen bzw. **Kontrastgruppen** bilden. Solche Untergruppen werden dann ihrerseits solange weiter aufgeteilt, bis alle dazu einzusetzenden unabhängigen Variablen verbraucht sind, sich durch einen Split nur noch eine unbedeutende zusätzliche Varianzaufklärung erzielen läßt oder die Untergruppen zu klein bzw. zu zahlreich würden, um eine sinnvolle Interpretation zu gewährleisten.

Das Verfahren basiert auf der Methode der kleinsten Quadrate, wobei die Summe der quadrierten Abweichungen vom Mittelwert der abhängigen Variablen

(QS) zerlegt wird in die **Quadratsumme zwischen den Gruppen** (QS_z) und die **Quadratsumme innerhalb der Gruppen** (QS_I). Dies bringt Gleichung 9.50. zum Ausdruck.

$$(9.50.) \qquad QS = QS_Z + QS_I$$

$$\sum_{i=1}^{n_k} \sum_{k=1}^{2} (y_{ik} - \bar{y})^2 = \sum_{k=1}^{2} n_k(\bar{y}_k - \bar{y})^2 + \sum_{i=1}^{n_k} \sum_{k=1}^{2} (y_{ik} - \bar{y}_k)^2$$

Dabei bedeuten:

$\bar{y}$ = Mittelwert der abhängigen Variablen in der Ausgangsgruppe

$\bar{y}_k$ = Mittelwert der abhängigen Variablen in der Gruppe k ($k = 1, 2$)

n_k = Anzahl der Objekte in Gruppe k ($k = 1, 2$)

y_{ik} = Wert der abhängigen Variablen

Beim AID-Konzept handelt es sich deshalb im Grunde um ein varianzanalytisches Verfahren mit dem Ziel der **Maximierung** der **Quadratsumme zwischen den Gruppen** (QS_z), wobei die Hierarchie der erklärenden Faktoren jedoch nicht vorgegeben, sondern quasi automatisch ermittelt wird. Die sukzessive Aufspaltung der Ausgangspopulation führt üblicherweise zu einem sich verzweigenden Baum. Die Erklärungskraft der Splitvariablen ist dabei um so größer, je früher diese zur Trennung der Gruppen herangezogen werden. Die Endgruppen weisen schließlich diejenigen Merkmalskombinationen auf, die im Zusammenspiel bestimmte Ausprägungen der abhängigen Variablen determinieren.

Die Stärken des Verfahrens liegen in der **Aufdeckung** von **Interaktionen** zwischen den Splitvariablen, die in der Asymmetrie des AID-Baumes zum Ausdruck kommen, und in den **geringen Anforderungen** an das Meßniveau der Variablen. (Die Ausgangsgröße muß metrischer Natur sein, da sich sonst keine Varianz ermitteln ließe.) Dem stehen die aus rechentechnischen Gründen erforderliche Beschränkung auf dichotome Splits, die auch bei mehrstufigen Variablen erzwungen werden müssen, sowie das Fehlen von Signifikanztests für die Verzweigungen gegenüber. Aus diesen Gründen empfiehlt es sich, mehrere Programmläufe mit u. U. erzwungenen Splits und vorgegebener Variablenaufteilung durchzuführen, um die Bedeutsamkeit der Endgruppen bewerten zu können.

(3) Ein Beispiel

Die AID-Technik bietet sich im Marketing vor allem für Segmentierungsstudien an, bei denen es bekanntlich gilt, Gruppen zu identifizieren, die bezogen auf ein Kriterium (z. B. Markentreue, Kaufabsicht) möglichst homogen sind. Dabei trägt das Verfahren dem Umstand Rechnung, daß der Erklärungsgehalt einzelner soziodemographischer Variablen oft nicht ausreicht, solche Segmente zu identifizieren, da es ganz bestimmten **Kombinationen** der untersuchten **Variablen** vorbehalten ist, substantielle Unterschiede hinsichtlich der Kriteriumsvariablen aufzudecken.

Ausgangsüberlegung für das folgende Beispiel ist die Frage, welche soziodemographischen Variablen am besten geeignet sind, Unterschiede in der Zufriedenheit von Verbrauchern mit ihrer Versorgungssituation bei Waren des täglichen Bedarfs zu erklären, welche Interaktionsbeziehungen zwischen den Variablen im einzelnen bestehen und welche Kombinationen der Variablen mit einer geringeren Versorgungszufriedenheit einhergehen. Für die abhängige Variable wurde dabei im Rahmen eines multiattributiven Meßansatzes ein Index der Versorgungszufriedenheit (IVZ) entwickelt, mit dessen Hilfe Anfang der achtziger Jahre in einer Reihe von Feldstudien sowohl subjektiven als auch objektiven Aspekten der Versorgung der Bevölkerung mit Waren des täglichen Bedarfs nachgespürt wurde.

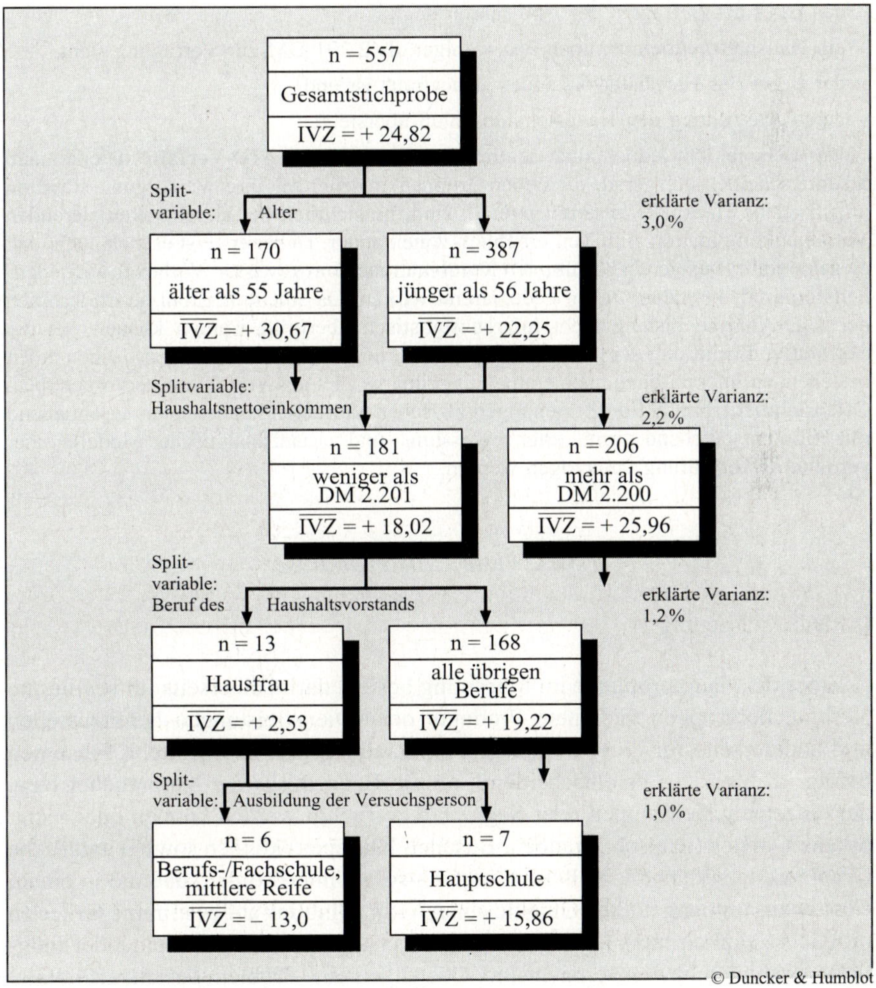

Quelle: eigene Erhebung.

Abb. 9.21.: Ausschnitt aus einer AID-Analyse zur Identifikation subjektiv unterversorgter Verbraucher

Ausgehend von den Zufriedenheitswerten der gesamten Stichprobe ($n = 557$) führte die AID-Analyse bei einer Varianzerklärung von 39,1 % zu insgesamt 45 Endgruppen. Aus Darstellungsgründen wollen wir uns jedoch hier auf eine der sieben Endgruppen beschränken, in der subjektiv unterversorgte Haushalte zusammengefaßt sind. Abb. 9.21. zeigt einen entsprechenden Ausschnitt aus dem Baumdiagramm der AID-Analyse. Dabei sind für jede Aufspaltung die Splitvariablen, deren Beitrag zur Varianzerklärung, die Anzahl der Haushalte, die den Untergruppen zugeordnet wurden, und die Mittelwerte der Kriteriumsvariablen (Versorgungszufriedenheit) in den Untergruppen angegeben.

Wie man an dem Ausschnitt des Baumdiagramms erkennt, ist eine Gruppe unzufriedener Haushalte davon geprägt, daß

- das Alter der Befragten unter 56 Jahren liegt,
- ein Haushaltsnettoeinkommen von weniger als 2.201 DM zur Verfügung steht,
- der Beruf des Haushaltsvorstandes „Hausfrau" ist und
- deren Ausbildung den Hauptschulabschluß übersteigt.

Das Beispiel läßt jedoch auch deutlich die **Grenzen** des **AID-Verfahrens** erkennen. So unterscheiden sich gerade die sieben Gruppen, in denen mit ihrer Versorgungssituation unzufriedene Haushalte zusammengefaßt sind, hinsichtlich der sie charakterisierenden Variablenkombination zum Teil erheblich voneinander. Dabei erweist es sich auch, daß einzelne Splitvariablen in bestimmten Kombinationen mit gewissen Variablen zufriedenheitsfördernd, in anderen aber -reduzierend wirken. Da solche Ergebnisse im Rahmen der AID-Analyse bislang nicht inferenzstatistisch überprüft werden können, sei die explorative Ermittlung der hauptsächlichen Erklärungsvariablen und der zwischen ihnen bestehenden Interaktionen noch einmal als primäres Ziel des Verfahrens hervorgehoben. Offensichtliche Interaktionsbeziehungen zwischen Variablen können dann anschließend mit Hilfe entsprechend formulierter regressions- und varianzanalytischer Modelle einer vertieften Überprüfung unterzogen werden.

3.5.2.5. Die Clusteranalyse

(1) Die Zielsetzung

Eines der Hauptprobleme im Marketing besteht darin, einerseits für bestimmte Verbrauchergruppen geeignete Produkte oder Dienstleistungen bereitzustellen und andererseits für diese die geeigneten **Zielgruppen** zu ermitteln. Für einen Erfolg im Markt ist es entscheidend, ob die Bedürfnisse der Verbraucher bzw. der einzelnen Zielgruppen oder Segmente befriedigt werden können oder nicht. Solche **Cluster** (deutsch: Trauben, Büschel, Klumpen) können sowohl natürliche Gruppierungen darstellen als auch einfach so gebildet werden, daß die in einem Cluster zusammengefaßten Objekte einander im Hinblick auf bestimmte Kriterien möglichst ähnlich bzw. homogen und die verschiedenen Cluster einander möglichst unähnlich bzw. heterogen sind. Das allgemeine Problem besteht also darin, eine gegebene Menge von Objekten auf Grund der zwischen ihnen bestehenden **Proximität** in einzelne Cluster aufzuteilen oder die Objekte zu solchen zusammenzufassen.

(2) Grundlagen und Vorgehensweise

Bei einer Clusteranalyse müssen zu Beginn zwei grundsätzliche Entscheidungen getroffen werden, die Wahl des Proximitätsmaßes und die des Klassifikationsverfahrens.

(a) Als **Proximitätsmaß** kommen grundsätzlich Ähnlichkeits- und Distanzmaße in Betracht. Diese können entweder direkt erhoben werden, etwa durch Befragung, oder aber, indirekt, durch einen Vergleich der Objekte bei einer Anzahl von Eigenschaften berechnet werden. Im zweiten, weitaus häufigeren Fall hängt die Wahl des Proximitätsmaßes entscheidend von dem Skalenniveau der Variablen ab, die die zu gruppierenden Objekte beschreiben. Für die einzelnen Skalentypen (Nominal-, Ordinal-, Intervall-, Verhältnisskala) steht eine kaum mehr überschaubare Zahl von Proximitätsmaßen zur Auswahl, so daß wir hier lediglich auf einige wenige, häufig gebrauchte eingehen können.

Bei **intervallskalierten Merkmalen** greift man in der Regel zu aus der allgemeinen *Minkowski*-**Metrik** ableitbaren Distanzmaßen. Insbesondere die *euklid*ische **Distanz** hat sich hier auf Grund ihrer Robustheit gegenüber teilweise notwendigen Datentransformationen, ihrer leichten Überführbarkeit in Optimalitätskriterien zur Bewertung einer Clusterstruktur und nicht zuletzt deshalb durchgesetzt, weil sie unserer räumlichen Anschauung entspricht und sich einfach berechnen läßt.

Die *euklid*ische Distanz (d_{jk}) zwischen zwei Objekten j und k ist wie folgt definiert:

(9.51.) $$d_{jk} = \sqrt{\sum_i (x_{ij} - x_{ik})^2}$$

Dabei bedeuten:

x_{ij}, x_{ik} = Meßwerte der Objekte j und k auf der Variablen i ($i = 1, 2, \ldots, n$)

Daneben finden auch die **City Block-Distanz,** die als Summe der absoluten Merkmalsdifferenzen definiert ist, sowie die *Mahalanobis*-**Distanz** und der **Korrelationskoeffizient** von *Pearson* häufig Verwendung in Clusteranalysen.

Liegen lediglich **ordinalskalierte Eigenschaften** zur Charakterisierung der Objekte vor, so ergeben sich bei der Bestimmung deren Ähnlichkeit erhebliche Probleme. Abgesehen von der Heranziehung von einigen wenigen für konkrete Anwendungen sinnvollen Maßen werden deshalb Variablen oft auf nominales bzw. dichotomes Skalenniveau zurückgeführt. Vereinzelt wird auch unterstellt, daß es sich um intervallskalierte Daten handelt.

Für die Bestimmung der Proximität bei **Nominalskalenniveau** der Objekteigenschaften lassen sich Distanz- und Ähnlichkeitsmaße verwenden, die für einstufige binäre Merkmale entwickelt wurden, da sich mehrstufige nominale Variablen leicht in binäre Variablen überführen lassen. Dabei ist es allgemein üblich, das Vorhandensein einer Eigenschaft mit 1 und das Nichtvorhandensein mit 0 zu kodieren. Entsprechend kann man sämtliche für einen Vergleich zweier Objekte denkbaren Fälle in einer Vierfeldertafel (vgl. Abb. 9.22.) darstellen.

		Objekt 2	
		'1'	'0'
Objekt 1	'1'	a	b
	'0'	c	d

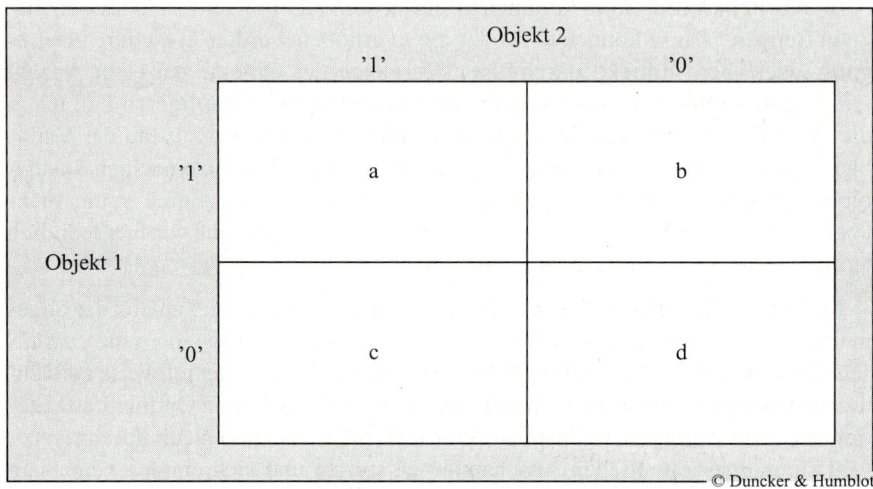

Abb. 9.22.: Vierfeldertafel zum Vergleich zweier Objekte

Durch unterschiedliche Kombination der Größen *a, b, c* und *d* kann man nun eine Vielzahl von Koeffizienten bilden, die sich hauptsächlich darin unterscheiden, in welcher Weise Übereinstimmung bezüglich des Vorhandenseins (*a*) oder Nichtvorhandenseins von Merkmalen (*d*) gewichtet wird. Weite Verbreitung haben u. a. die **quadrierte *euklid*ische Distanz** für **binäre Daten,** der **Simple Matching-Koeffizient** (vgl. *Sokal / Michener* 1958) sowie der **Koeffizient** von ***Jaccard***, der auch als ***Tanimoto*-Koeffizient** bekannt ist (vgl. hierzu *Steinhausen / Langer* 1977), gefunden:

$$d_{jk}^2 = b + c \qquad \text{(quadrierte \textit{euklid}ische Distanz)}$$

$$s_{jk} = \frac{a + d}{a + b + c + d} \qquad \text{(Simple Matching-Koeffizient)}$$

$$t_{jk} = \frac{a}{a + b + c} \qquad \text{(Koeffizient von \textit{Jaccard})}$$

Sofern beispielsweise zwei Produkte nach Maßgabe acht verschiedener binärer Attribute zu vergleichen sind (vgl. Tab. 9.31.), führen die Maßzahlen zu folgenden Ergebnissen:

Tabelle 9.31.

Vorhandensein von acht Attributen bei zwei Produkten								
Produkt	Attribut 1	2	3	4	5	6	7	8
1	1	0	0	1	1	0	1	0
2	0	1	0	1	0	1	1	1

Anmerkung: 1 = vorhanden; 0 = nicht vorhanden

$d_{12}^2 = 5$ (quadrierte *euklid*ische Distanz)

$s_{12} = \frac{3}{8}$ (Simple Matching-Koeffizient)

$t_{12} = \frac{2}{7}$ (Koeffizient von *Jaccard*)

Während sowohl bei der *euklid*ischen Distanz als auch beim Simple Matching-Koeffizienten das übereinstimmende Nichtvorhandensein von Attribut 3 in gleichem Maße wie das gleichzeitige Vorhandensein von Eigenschaft 4 oder 7 bei der Bestimmung der Proximität der beiden Objekte in die Rechnung eingeht, werden beim Koeffizienten von *Jaccard* lediglich solche Attribute berücksichtigt, die bei beiden Objekten tatsächlich vorkommen. Dies ist z. B. dann von Vorteil, wenn Personen etwa u. a. nach Maßgabe der Übereinstimmung im Zivilstand (ledig, verheiratet, verwitwet, geschieden) miteinander verglichen werden sollen, da nur eine der vier Möglichkeiten zutreffen kann. Wird der inneren Verbundenheit von Kriterien nicht Rechnung getragen, so führt dies beim Simple Matching-Koeffizienten zum Ausweis überhöhter Werte, wenn nicht gar zu unsinnigen Ergebnissen. Diese Beispiele mögen genügen, um die Notwendigkeit einer problemgerechten Kodierung und Auswahl von Proximitätsmaßen zu unterstreichen.

(b) Die Entscheidung für ein problemadäquates Proximitätsmaß schränkt die Anzahl der potentiell einsetzbaren **Zuordnungsverfahren** zwar ein, doch determiniert sie nicht deren Auswahl. Hierzu ist zunächst zu entscheiden, ob ein Objekt genau einer oder mehreren Klassen und ob **sämtliche** Objekte den zu bildenden Klassen zugeordnet werden sollen oder nicht. Wir wollen uns hier lediglich mit der Gruppe der **exhaustiv-disjunkten** Verfahren befassen, bei denen jedes Objekt genau **einer** Klasse zugeordnet wird.

Unter dem Kriterium der praktischen Bedeutsamkeit sind aus der Vielzahl der bekannten Varianten die **partitionierenden** und die **hierarchischen** Klassifikationsverfahren hervorzuheben. Vereinfacht ausgedrückt wird bei den zuerst genannten eine Anfangszuordnung der Objekte zu einer vorgegebenen Anzahl Cluster so lange iterativ verbessert, bis eine Zielfunktion, mit der die Heterogenität der gebildeten Klassen berechnet wird, befriedigende Werte annimmt. Eine einmal vorgenommene Zuordnung der Objekte ist also nicht endgültig, sondern sie kann revidiert werden, wenn dadurch eine Verbesserung der Partition erzielt wird.

Bei den **hierarchischen** Verfahren wird dagegen der umgekehrte Weg beschritten, nämlich zu Beginn jedes Objekt als ein Cluster betrachtet, wobei dann sukzessive diejenigen Gebilde zusammengefaßt werden, die einander am ähnlichsten sind bzw. deren Fusionierung den geringsten Homogenitätsverlust bewirkt. Man erhält so eine Hierarchie ineinander geschachtelter Cluster, bis sich am Ende des Klassifikationsprozesses alle Objekte in einer einzigen Klasse befinden. Der Weg dorthin läßt sich anschaulich in Form eines sog. **Dendrogramms** darstellen (vgl. Abb. 9.23.).

Hierarchische Verfahren verfügen über den Vorteil, daß man im Gegensatz zu den partitionierenden darauf verzichten kann, die Klassenzahl von vornherein

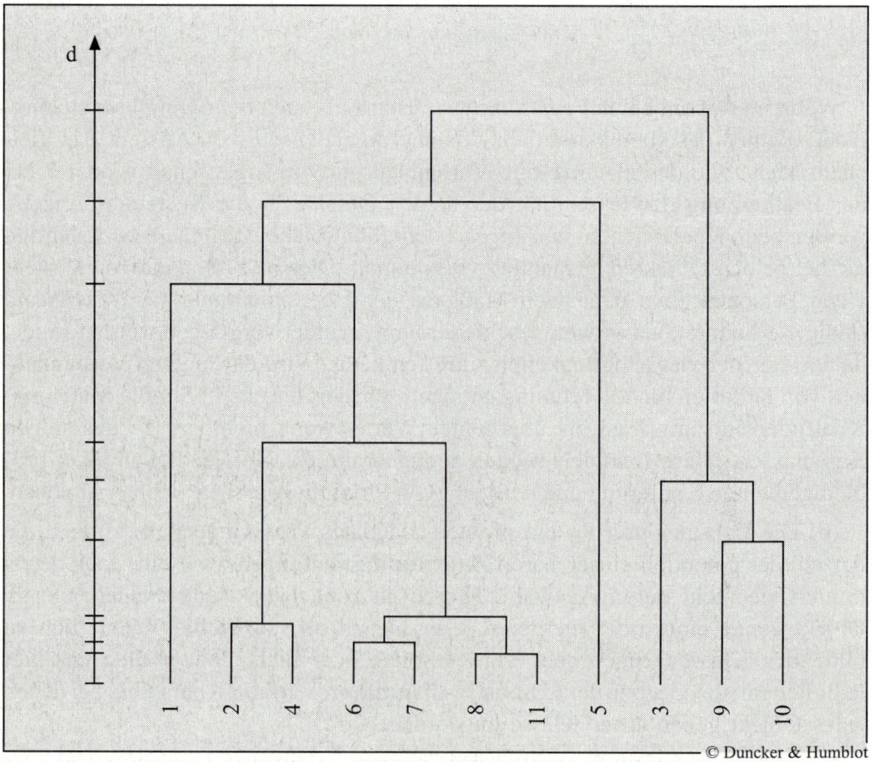

Abb. 9.23.: Dendrogramm und Heterogenitätsindex *d* für 11 Objekte

festzulegen. Sie gestatten es, die Daten gleichsam für sich sprechen zu lassen und dabei insbesondere Objekte zu identifizieren, die wenig Gemeinsamkeit mit den anderen aufweisen. Gegen sie ist indessen einzuwenden, daß sie im Verlauf der Clusterbildung einzelne Objekte irreversibel einer Klasse zuordnen. Dieses Manko besteht nicht bei **partitionierenden Verfahren**, die ihrerseits jedoch durch die Probleme der Bestimmung der geeigneten Klassenzahl und der Konstruktion einer sinnvollen Anfangspartition belastet sind. Aus diesen Gründen ergibt sich die Notwendigkeit, bei der Wahl sowohl des Proximitätsmaßes als auch des Klassifikationsverfahrens behutsam vorzugehen und alternative Verfahren anzuwenden bzw. miteinander zu kombinieren.

(3) Ein Beispiel

An Hand eines authentischen Falls (vgl. *Dichtl* u. a. 1983) soll im folgenden demonstriert werden, wie sich bereits vorhandenes Datenmaterial im Unternehmen durch die Aufbereitung mit Hilfe eines Verfahrens der Clusteranalyse zur Vorbereitung absatzpolitischer Maßnahmen nutzen läßt. Empirische Grundlage der Analyse sind 300 reale Bestellungen eines Pkw-Typs, des *VW Golf L,* aus dem Jahre 1981.

Hierbei repräsentiert jede einzelne Bestellung einen Autokäufer, der sich durch **individuelle Ausstattungswünsche** hinsichtlich seines Fahrzeugs auszeichnet und die angebotene Grundversion durch ergänzende Elemente mehr oder weniger komplettiert. Für den Hersteller ergibt sich daraus ein Konflikt zwischen Marketingzielen, wie der **Ausschöpfung** von **Marktsegmenten** durch ein breit gefächertes Angebot an zusätzlichen Ausstattungsvarianten, und dem Erfordernis einer **optimalen Fertigungssteuerung** und **Materialwirtschaft.**

Vor dem Hintergrund dieses Spannungsfeldes soll eine Clusteranalyse Antwort auf folgende Fragen geben:

- Welche Ausstattungselemente bilden empirische Ausstattungspakete?
- Lassen sich einzelne Käufersegmente hinsichtlich Art und Auswahl der angebotenen Ausstattungselemente identifizieren?

Ziel war also die Gewinnung einer **Typologie** von **Bestellungen** (Käufer) an Hand der erworbenen Mehrausstattung, wobei nur die 10 am häufigsten gewählten betrachtet wurden, und auch nur insoweit, als für diese zum Zeitpunkt der Untersuchung Aufpreise zu entrichten waren. Zu diesem Zwecke wurden die Bestellungen als Vektoren von binären Merkmalen kodiert, wobei die Ausprägung 1 das Vorhandensein der Option in der Bestellung und 0 deren Fehlen signalisieren.

Als Proximitätsmaß fungierte die quadrierte *euklid*ische Distanz; zur Klassenbildung wurde das **hierarchische** Verfahren von *Ward* eingesetzt. Dabei wurden Bestellungen in der Weise zu homogenen Klassen fusioniert, daß, ausgehend von einer Zahl von 300, jeweils diejenigen zusammengefaßt wurden, deren Aggregation den geringsten Zuwachs bei der Fehlerquadratsumme verursachte. Unter dieser versteht man die Summe der quadrierten Distanzen der Bestellungen zum Zentroid der Gruppe, der sie zugeteilt wurden. Das Verfahren ist insbesondere dann von Nutzen, wenn es wie hier gilt, relativ wenige, typische Klassen zu finden. Die Entwicklung des Zuwachses bei der Fehlerquadratsumme führt zur Wahl der 7-Gruppen-Lösung als Klassifikationsergebnis (vgl. Tab. 9.32.).

Tabelle 9.32.

Käufertypen (Cluster) nach Maßgabe ihres Bestellverhaltens							
Cluster-Nr.	C 1	C 2	C 3	C 4	C 5	C 6	C 7
Cluster-Größe in %	24	24	20	13	8	7	4
Durchschnittliche Anzahl gewählter Ausstattungsoptionen	5,7	3,0	5,1	6,7	4,0	5,8	5,8
Ausstattungsoption:							
1. Z 88-Paket	1,0	0,9	1,0	1,0	1,0	0,9	1,0
2. Heckscheibenwischer	1,4	0,6	1,2	1,3	0,2	0,0	1,1
3. Bremskraftverstärker	1,4	0,4	0,9	1,5	0,7	1,3	0,9
4. Sonderreifen	0,7	0,0	1,6	1,5	2,5	1,0	0,2
5. Sonderfarbe	0,1	1,0	1,5	1,4	1,9	0,0	0,8
6. Radio	0,8	0,6	1,6	0,7	0,5	1,5	2,3
7. Halogenscheinwerfer	2,0	0,0	0,1	2,1	0,3	3,2	0,5
8. Außenspiegel	0,0	0,2	0,9	4,7	0,3	1,3	0,3
9. Schiebedach	0,9	0,1	0,0	2,6	0,0	1,4	10,0

Anmerkung: Die Werte der Tabelle geben das Verhältnis der Bestellhäufigkeit der jeweiligen Ausstattungsoption im Cluster zu jener in der Gesamtstichprobe wieder.

Für jedes der Cluster sind prozentualer Bestandteil an der Gesamtstichprobe, durchschnittliche Anzahl der gewählten Optionen und die Verhältnisse angegeben, die sich auf die Bestellhäufigkeit der einzelnen Ausstattungsoptionen im Cluster und in der Gesamtstichprobe beziehen. Eine Verhältniszahl von 1 entspricht demnach einer der Gesamtstichprobe proportionalen Bestellhäufigkeit; bei Werten über 1 (unter 1) wird eine Option häufiger (seltener) verlangt, als dies über alle Bestellungen betrachtet der Fall ist.

Zur Interpretation der sieben Käufertypen:

- C 1 (24%)

  Die in dieser Gruppe zusammengefaßten Bestellungen lassen sich dadurch charakterisieren, daß mit den Optionen 1, 2, 3 und 7 vor allem technisch-funktionalen Aspekten bei der Komplettierung des Fahrzeugs Rechnung getragen, während auf eine besonders luxuriöse Ausstattung verzichtet wird. Dafür spricht nicht zuletzt die sehr geringe Bereitschaft dieser Gruppe, für eine besondere Lackierung zusätzliche Kosten auf sich zu nehmen. Interessant erscheint gerade bei diesem Besteller-Typ der **„Funktionalisten“** die verschwindend geringe Akzeptanz eines zusätzlichen Außenspiegels, der offenbar als unnötig erachtet wird.

- C 2 (24%)

  Mit durchschnittlich drei realisierten Ausstattungsoptionen liegt die zweite Gruppe deutlich unter dem für die Gesamtstichprobe ermittelten Wert von 4,9 Zusatzoptionen. Sogar die ersten drei Kernoptionen werden von diesen **„Wenig-Bestellern“** nur unterdurchschnittlich oft gewählt. Allein die Sonderfarbe erreicht bei dieser fast ein Viertel aller Käufer umfassenden Gruppe den Durchschnittswert.

- C 3 (20%)
  Hier zeigt sich ein recht ausgewogenes Bestellverhalten, wobei die Betroffenen etwa im Gegensatz zur ersten Gruppe bis zu einem gewissen Grad auf Kosten technischer Optionen (z. B. Halogenhauptscheinwerfer) auf zusätzlichen Komfort und optische Akzente Wert legen. Das Bestellverhalten dieser Gruppe könnte unter dem Schlagwort „**Technisches Muß und optisches Plus**“ zusammengefaßt werden.
- C 4 (13%)
  Bei immerhin 13% aller Bestellungen wird nicht an der Ausstattung gespart. Mit Ausnahme des Z 88-Pakets und eines zusätzlichen Radios, das entweder schon vorhanden ist oder anderweitig beschafft wird, erreichen diese **„Viel-Besteller“** überdurchschnittliche Ergebnisse hinsichtlich der betrachteten Optionen.
- Von den restlichen Clustern soll auf C 7 (4%) auf Grund der geringen Fallzahl nicht mehr eingegangen werden. Als Varianten der bereits skizzierten Bestellertypen können die Cluster 5 und 6 angesehen werden, die zusammen noch 15% der Bestellungen auf sich vereinigen. Dabei zeigt C 5 (8%) Parallelen zur Gruppe 2 („Wenig-Besteller“), wobei der besonders häufig auftretende Wunsch nach Sonderbereifung und wie dort eine teurere Lackierung ins Auge fallen. Vergleichbar mit Gruppe 1 („Funktionalisten“) sind die in C 6 (7%) zusammengefaßten Käufer. Im völligen Gegensatz zu diesen hält diese Kundengruppe allerdings einen Heckscheibenwischer nicht für erforderlich, wohl aber einen zusätzlichen Außenspiegel. Es scheint offensichtlich unterschiedliche Anschauungen darüber zu geben, was nun, Heckscheibenwischer oder Zusatzspiegel, die Sicht nach hinten verbessert.

3.5.2.6. Die Faktorenanalyse

(1) Die Zielsetzung

Dem Sammelbegriff Faktorenanalyse wird eine Reihe von Verfahren subsumiert, bei denen es sich – neben der multiplen Regression – um den bekanntesten Ansatz zur Analyse des zwischen einer Menge von Variablen herrschenden Beziehungsgeflechts handelt. Ausgangspunkt sämtlicher faktorenanalytischer Ansätze ist die Vermutung, daß die Komplexität der Beziehungen einer Vielzahl von Variablen auf das Wirken **übergeordneter Faktoren** zurückgeführt bzw. auf diese reduziert werden kann.

Das Grundanliegen läßt sich also präzisieren als der Versuch, unter Abwägung von **Komplexitätsreduktion** und **Informationsverlust** die in einer Datenmatrix enthaltenen Informationen auf wenige Informationsträger bzw. Faktoren zu verdichten. Die zunächst hypothetischen Faktoren werden dabei mit Hilfe des Verfahrens als mathematische Größen identifiziert und später interpretiert. Im einzelnen lassen sich folgende Einsatzmöglichkeiten unterscheiden:

(a) Die Faktorenanalyse eignet sich als Methode zur **Verdichtung** einer komplexen Datenstruktur. Sie erlaubt es, aus einer gegebenen Zahl von m Variablen r unabhängige Faktoren ($r \leqslant m$) zu extrahieren, womit zwar ein Informationsverlust, gleichwohl aber eine erhebliche **Datenreduktion** verbunden ist. In Zusammenhang damit stehen folgende Nutzungsmöglichkeiten: Komprimierung der in Semantischen Differentialen enthaltenen Informationen, Vorstrukturierung der Datenbasis für Clusteranalysen oder Regressionsanalysen durch die Eliminierung von Multikollinearität und Auswahl von Items zur Test- und Fragebogenkonstruktion.

(b) Die Faktorenanalyse dient zur **Identifikation** latenter Verursachungsgründe oder Dimensionen, die die Korrelation zwischen beobachteten oder auf sonstige Art ermittelten Ausprägungen von Variablen determinieren und auf **andere** Weise nur schwer oder überhaupt nicht festzustellen wären.

(c) Die Faktorenanalyse läßt sich zur Überprüfung der **Dimensionalität komplexer Konstrukte** (z. B. Konsumstil, Markentreue) und zur **Generierung** von **Hypothesen** über die Struktur, die den betrachteten Variablen zugrunde liegt, heranziehen.

(d) Die Faktorenanalyse kann **zur Klassifikation** von **Variablen** in voneinander unabhängige Gruppen eingesetzt werden und liefert Informationen darüber, wie gut eine Variable in eine solche Gruppe paßt, was Voraussetzung für die Interpretation einer Variablengruppe ist.

(e) Die Faktorenanalyse ermöglicht die **Klassifikation** von **Personen** bzw. allgemein von **Objekten**, die sich durch eine spezifische Ausprägung einer Reihe von Variablen auszeichnen. Neben Segmentierungsstudien ist in diesem Zusammenhang vor allem an die Erzeugung mehrdimensionaler Produktmarkträume mit Hilfe der Faktorenanalyse zu denken.

(2) Grundlagen und Vorgehensweise

Im folgenden wollen wir auf die Struktur und das Extraktionsverfahren bei den beiden bedeutendsten faktorenanalytischen Ansätzen, der **Hauptkomponentenanalyse** und der **Hauptfaktorenanalyse**, kurz eingehen. Eine umfassende Darstellung findet sich z. B. bei *Überla* (1977). Beide Spielarten unterscheiden sich vor allem hinsichtlich der Annahmen, die bezüglich der Erklärungsfähigkeit der Varianz der einzelnen Variablen im faktorenanalytischen Sinn gemacht werden.

Bei der **Hauptkomponentenanalyse** wird unterstellt, daß die **gesamte Varianz** einer Variablen erklärt werden kann. Die Faktoren werden hier als vollständige Linearkombination aus den Variablen mathematisch exakt berechnet.

Demgegenüber liegt der **Hauptfaktorenanalyse** bzw. dem **Modell mehrerer gemeinsamer Faktoren** die Annahme zugrunde, daß die Varianz einer Variablen zu zerlegen ist in einen Anteil, den diese Variable mit den restlichen Variablen gemeinsam hat (**gemeinsame Varianz**), und in einen anderen, der allein auf die spezifische Variable und einen möglicherweise bei ihr auftretenden Meßfehler zurückzuführen ist (**merkmalseigene Varianz**). Nicht die gesamte, sondern allein die gemeinsame Varianz der Variablen soll durch das Modell der gemeinsamen

Faktoren erklärt werden. Das Hauptproblem bei dieser Methode besteht darin, wie die gemeinsame Varianz der einzelnen Variablen geschätzt werden kann.

Entsprechend diesen Annahmen lassen sich folgende Grundgleichungen aufstellen:

Hauptkomponentenmethode:

(9.52.) $$Z_{ij} = a_{i1} \cdot F_{1j} + a_{i2} \cdot F_{2j} + \ldots + a_{ir} \cdot F_{rj} \quad (r = m)$$

Hauptfaktorenmethode:

(9.53.) $$Z_{ij} = a_{i1} \cdot F_{1j} + a_{i2} \cdot F_{2j} + \ldots + a_{ir} \cdot F_{rj} + d_i \cdot U_{ij}$$

Dabei und im folgenden bedeuten:

i = 1, 2, ..., m Variablen
j = 1, 2, ..., n Personen
l = 1, 2, ..., r Faktoren
Z_{ij} = standardisierter Beobachtungswert von Variable i bei Person j
$a_{i1}, \ldots, a_{ir}$ = Ladung von Variable i auf Faktor F_r
$F_{ij}, \ldots, F_{rj}$ = Faktorenwert für Person j
U_{ij} = merkmalsspezifischer Faktorenwert für Person j
d_i = Faktorladung von Variable i auf den merkmalsspezifischen Faktor U_{ij}

Auf Grund der Unabhängigkeit der Faktoren läßt sich folgender, als **Fundamentaltheorem** der **Faktorenanalyse** bezeichneter Ausdruck herleiten:

(9.54.) $$r_{ik} = \sum_{l=1}^{r} a_{il} \cdot a_{kl}$$

Dabei bedeuten:

i, k = 1, 2, ..., m Variablen
r_{ik} = Korrelation zwischen Variablen i und k
a_{il}, a_{kl} = Ladung der Variablen i und k auf Faktor l

Die **Korrelation** zweier Variablen i und k kann also durch die Summe der Produkte ihrer Ladungen auf den Faktoren reproduziert werden.

An Hand eines einfachen Beispiels mit zwei Variablen i und k und zwei Faktoren F_l und F_2 läßt sich das Fundamentaltheorem der Faktorenanalyse leicht geometrisch veranschaulichen (vgl. Abb. 9.24.).

Die empirisch ermittelte Korrelation r_{ik} zwischen den Variablen i und k wird vom cos γ verkörpert. Nach einem Lehrsatz der Trigonometrie läßt sich hierfür auch schreiben:

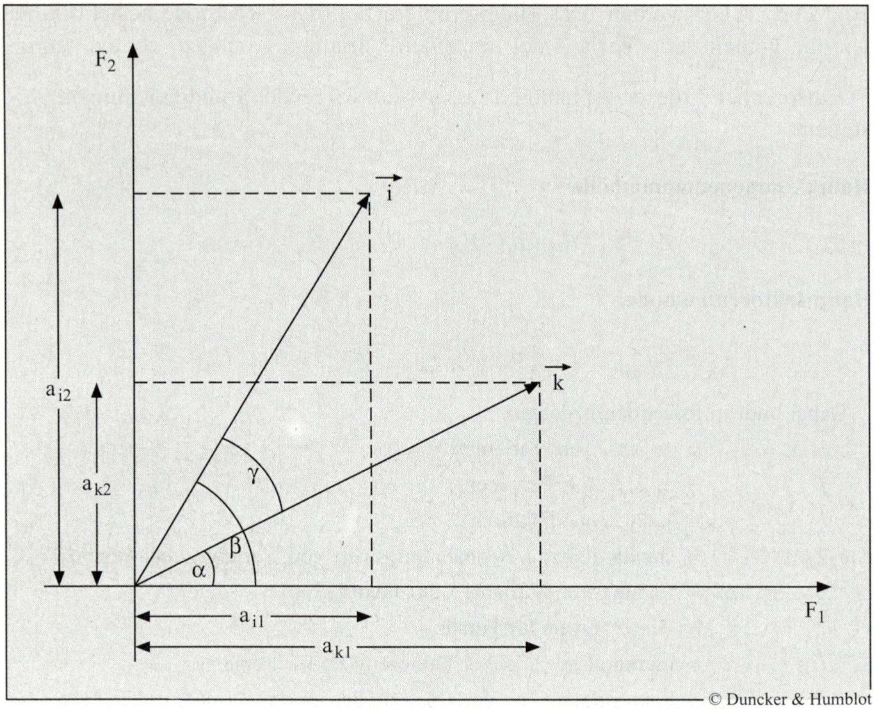

Abb. 9.24.: Geometrische Reproduktion eines Korrelationskoeffizienten r_{ik} im zweidimensionalen Faktorenraum

(9.55.) $$\cos \gamma = \cos(\beta - \alpha) = \cos\alpha \cdot \cos\beta + \sin\alpha \cdot \sin\beta$$

Setzt man in die Gleichung (9.54.) die entsprechenden Werte ein, so ergibt sich:

(9.56.) $$\cos \gamma = \frac{a_{k1}}{\sqrt{a_{k1}^2 + a_{k2}^2}} \cdot \frac{a_{i1}}{\sqrt{a_{i1}^2 + a_{i2}^2}} + \frac{a_{k2}}{\sqrt{a_{k1}^2 + a_{k2}^2}} \cdot \frac{a_{i2}}{\sqrt{a_{i1}^2 + a_{i2}^2}}$$

$$\frac{a_{i1} \cdot a_{k1} + a_{i2} \cdot a_{k2}}{\sqrt{a_{i1}^2 + a_{i2}^2}\ \sqrt{a_{k1}^2 + a_{k2}^2}}$$

Für den Fall, daß die abgebildeten Faktoren (F_1, F_2) die Variablen i und k vollständig erklären und standardisierte Ausgangswerte vorliegen ($\mu = 0$, $\sigma^2 = 1$), können i und k als Einheitsvektoren mit der Länge 1 aufgefaßt werden. Damit gilt:

(9.57.) $$\sqrt{a_{i1}^2 + a_{i2}^2} = 1; \quad \sqrt{a_{k1}^2 + a_{k2}^2} = 1$$

Deshalb reduziert sich (9.56.) zu:

$$r_{ik} = \cos \gamma = a_{i1} \cdot a_{k1} + a_{i2} \cdot a_{k2}$$

Die Korrelation der beiden Variablen kann also in der Weise ausgedrückt werden, daß man die Ladungen der beiden Variablen auf jeden Faktor miteinander multipliziert und alle so erhaltenen Werte addiert.

Zur Lösung der **vier Hauptprobleme** der Faktorenanalyse,

- Schätzung der Kommunalitäten,
- Extraktion der Faktoren,
- Rotation des Faktorenmusters und
- Schätzung der Faktorenwerte,

existiert eine Reihe konkurrierender Lösungsvorschläge (vgl. *Überla* 1977), so daß hier nur auf die gebräuchlichsten Ansätze eingegangen werden kann.

Die Schätzung der **Kommunalität** der Variablen (vgl. Tab. 9.33.) stellt ein bis heute noch nicht befriedigend gelöstes Problem bei dem Modell der Hauptfaktorenanalyse dar. Häufig wird dafür der multiple Korrelationskoeffizient als Näherungswert für den Anteil einer Variablen herangezogen, der durch die restlichen Variablen bzw. durch gemeinsame Faktoren erklärt werden kann.

Als Verfahren zur **Extraktion** der **Faktoren** hat sich die sog. Hauptachsenmethode durchgesetzt, bei der, ausgehend von einem durch die Variablen aufgespannten Raum, ein neuer, möglichst niedrig dimensionierter Raum gesucht wird, dessen Achsen die (gemeinsamen) Faktoren darstellen, und in dem sich die Korrelationen der Variablen abbilden lassen. Als Ergebnis erhält man eine Matrix der Faktorladungen bzw. das sog. **Faktorenmuster**, wie es – im Sinne eines Beispiels – in Tab. 9.33. wiedergegeben ist.

Jede **Faktorladung** stellt dabei einen Korrelationskoeffizienten dar, der angibt, in welchem Ausmaß der Faktor die jeweilige Variable bestimmt. Die Summe der quadrierten Ladungen der Variablen auf einen Faktor ergibt dessen sog. **Eigenwert**. Dividiert man diesen durch die Anzahl der Variablen, so erhält man den Anteil an der Gesamtvarianz der betrachteten Variablen, der durch den entsprechenden Faktor erklärt werden kann. Da die Variablen aus rechentechnischen Gründen standardisiert werden, ist deren Varianz jeweils 1, so daß sich bei sechs Variablen eine Gesamtvarianz von 6 ergibt. Im vorliegenden Falle bedeutet dies, daß der Faktor I bereits (2,89 : 6 ≈) 48% , der Faktor II weitere (1,01 : 6 ≈) 17% der Gesamtvarianz erklärt. Die Summe beider Werte beträgt mithin 65%.

Fragt man umgekehrt, welchen Beitrag die gemeinsamen Faktoren zur Erklärung der Varianz einer bestimmten Variablen leisten, so interessiert man sich für deren **Kommunalität**. Darunter versteht man die Summe der quadrierten Ladungen der Variablen auf die gemeinsamen Faktoren. Diese entspricht nur bei

Tabelle 9.33.

Faktorenmuster in einem konkreten Fall

Variable	Faktor I	Faktor II	Kommunalität h^2
1	0,71	0,40	0,66
2	0,70	0,46	0,70
3	0,70	0,37	0,63
4	0,69	– 0,41	0,64
5	0,65	– 0,43	0,61
6	0,71	– 0,39	0,66
Summe der quadrierten Faktorladungen (= Eigenwert)	2,89	1,01	3,90
Erklärter Anteil an der Gesamtvarianz der Variablen (= Eigenwert/Zahl der Variablen)	0,48	0,17	0,65

der Hauptkomponentenanalyse der Gesamtvarianz der Variablen. Bei reduzierten Faktorenlösungen teilt sich die Gesamtvarianz demgegenüber auf in die Kommunalität und die sog. **Besonderheit** („uniqueness") einer Variablen (vgl. Abb. 9.25.). Schematisch dargestellt ergibt sich etwa für die Variable 1 in Tab. 9.33. das in Abb. 9.25. wiedergegebene Bild.

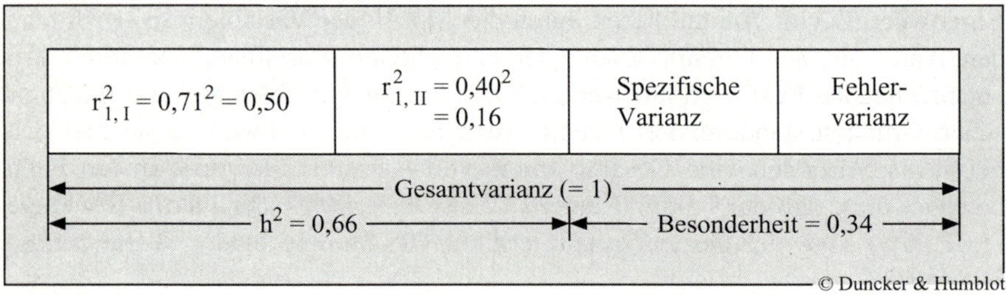

Abb. 9.25.: Komponenten der Gesamtvarianz einer Variablen

Es versteht sich, daß sich die nach Tab. 9.33. verbleibende Varianz von (1 – 0,65 =) 35% durch Extraktion weiterer Faktoren noch vermindern läßt.

Immerhin ist es schon jetzt gelungen, die Ausgangsmatrix von 6×6 Werten auf 6×2 Werte, also auf ein Drittel zu reduzieren und doch nur ca. 35 % an Informationen zu verlieren.

Im Anschluß an die Faktorenextraktion wird eine **Rotation** des erhaltenen Faktorenmusters zur besseren Interpretierbarkeit der Ergebnisse durchgeführt. Insbesondere soll dadurch die interpretative Verknüpfung von Variablen und Faktoren erleichtert werden. Dem Kriterium der Einfachstruktur der Faktoren trägt vor allem die sog. **Varimax-Rotation** Rechnung, bei der die Orthogonalität der Faktoren erhalten bleibt, wobei aber auf verschiedenen Faktoren einige Variablen besonders hoch, andere wiederum niedrig laden bzw. die Varianz der quadrierten Ladungen pro Faktor maximiert wird.

Bei der **Ermittlung** der **Faktorenwerte** schließlich werden die bisherige Betrachtungsebene (Variablen / Faktoren) verlassen und die zwischen Personen oder Objekten bestehenden Beziehungen in den Mittelpunkt gestellt. Dieser im Gegensatz zur bisher behandelten R-Technik auch als **Q-Technik** bezeichnete Ansatz der Faktorenanalyse konzentriert sich also auf die Frage, wie sich die Urteilspersonen durch die ermittelten Faktoren charakterisieren lassen bzw. wie u. U. mehrere Urteilsobjekte (z. B. Produkte) an Hand der Faktoren beurteilt wurden.

Die Faktorenwerte werden dabei meist mit Hilfe eines der multiplen Regression ähnlichen Verfahrens geschätzt. Es gilt:

(9.59.) $$f_{lj} = fs_{1l} \cdot z_{1j} + fs_{2l} \cdot z_{2j} + \ldots + fs_{il} \cdot z_{ij} + \ldots + fs_{ml} \cdot z_{mj}$$

Dabei bedeuten:

f_{lj} = Faktorenwert von Faktor l bei Person (Objekt) j

fs_{il} = Faktorenwertkoeffizient für Variable i ($i = 1, \ldots, m$) und Faktor l

z_{ij} = standardisierter Wert von Variable i bei Person (Objekt) j

Für eine Charakterisierung der Personen bzw. Objekte an Hand weniger Faktorenwerte spricht neben dem Aspekt der Datenreduktion, daß diese nicht redundante und aus allen auf den jeweiligen Faktor hoch ladenden Variablen zusammengefaßte Informationen verkörpern. So lassen sich z. B. zur **Marktsegmentierung** Produktmerkmalsräume ermitteln, deren Achsen wohldefinierte Größen darstellen.

(3) Ein Beispiel

Ausgangspunkt der hier referierten fakorenanalytischen Studie ist die Frage, welche Kriterien bei Konsumenten im Vordergrund stehen, wenn es darum geht, sich für ein Einzelhandelsgeschäft beim Einkauf von Waren des täglichen Bedarfs zu entscheiden. Hierzu wurden insgesamt 154 Verbraucher gebeten, 25 Kriterien an Hand einer siebenstufigen Skala zu bewerten, die von „1 = spielt keine Rolle“ bis „7 = steht im Vordergrund“ reichte. Abb. 9.26. zeigt das über alle Befragten ermittelte Profil der Urteile. Es ist leicht zu erkennen, daß der von den 25 Kriterien aufgespannte Urteilsraum überdimensioniert ist, einzelne Kriterien stärker miteinander verwandt sind als andere und daß sich mithin

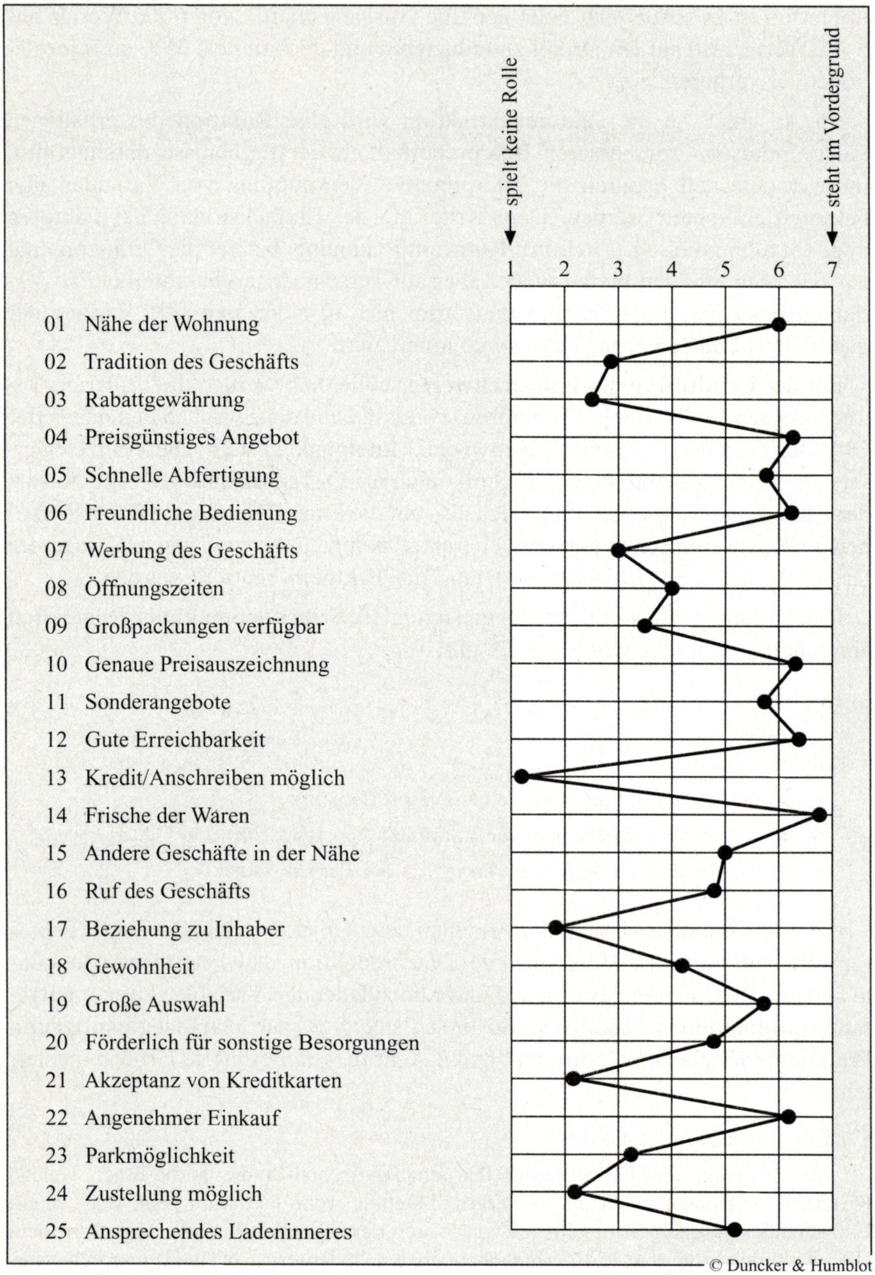

Quelle: eigene Erhebung.

Abb. 9.26.: Durchschnittliches Profil der Wichtigkeit einzelner Kriterien bei der Wahl eines Einzelhandelsgeschäfts ($N = 154$)

die umfangreiche Kriterienliste auf einige wenige Faktoren verdichten lassen sollte. Deshalb wurden die Kriterien miteinander korreliert, die resultierende Matrix nach der Hauptkomponentenmethode verdichtet und die Lösung nach dem Varimax-Kriterium rotiert.

Von den acht nach dem ***Kaiser*-Kriterium** (Eigenwert >1) extrahierten Faktoren, die zusammen 44,7 % der Gesamtvarianz der Variablen erklären, wollen wir uns aus Darstellungsgründen auf die ersten sechs beschränken, auf die bereits ein Varianzanteil von 40,3 % entfällt (vgl. Tab. 9.34.).

Tabelle 9.34.

Struktur und Bedeutung der extrahierten Faktoren

Faktor	Bezeichnung	Charakteristische Variablen	Faktorladung	Varianzerklärung in %	
				Gesamtvarianz	gemeinsame Varianz
I	Preisbewußtsein	genaue Preisauszeichnung preisgünstiges Angebot Sonderangebote	0,75 0,72 0,66	14,7	32,9
II	Bindung an Geschäft	Tradition des Geschäfts Ruf des Geschäfts Gewohnheit Werbung des Geschäfts	0,60 0,55 0,50 0,40	7,6	17,2
III	Einkaufsaufwand	gute Erreichbarkeit Nähe zur Wohnung schnelle Abfertigung	0,68 0,60 0,44	5,6	12,7
IV	Bequemlichkeit des Einkaufs	förderlich für sonstige Besorgungen Öffnungszeiten andere Geschäfte in der Nähe	0,74 0,49 0,48	4,6	10,2
V	Einkaufsatmosphäre	angenehmer Einkauf ansprechendes Ladeninneres freundliche Bedienung	0,83 0,66 0,61	4,2	9,5
VI	Qualität des Sortiments	Frische und Qualität der Waren große Auswahl	0,75 0,34	3,6	8,1
				40,3	90,6

Bei der Auswahl charakteristischer Variablen zur Beschreibung der Faktoren wurde neben der Höhe der Faktorladungen auch die Kommunalität berücksichtigt. Es wäre unsinnig, einen Faktor durch Variablen charakterisieren zu wollen, die zwar hoch auf ihm laden, deren Varianz jedoch überwiegend merkmalsspezifischer Natur ist.

Abschließend sei darauf hingewiesen, daß aus der Reihenfolge der Faktoren nicht auf die Wichtigkeit der in ihnen zum Ausdruck kommenden Grunddimensionen bei der Wahl einer Einkaufsstätte geschlossen werden kann. Beispielsweise lädt das über alle Befragten hinweg als äußerst bedeutsam eingestufte Kriterium „Frische und Qualität der angebotenen Waren“ erst auf dem sechsten Faktor.

3.5.2.7. Die Mehrdimensionale Skalierung (MDS)

(1) Die Zielsetzung

Der Grundgedanke bei der MDS besteht darin, eine Objektmenge nach Maßgabe der sie prägenden Wahrnehmungs- oder Präferenzstruktur räumlich darzustellen. Wer immer sich für eine solche näher interessiert, bemerkt, daß zwischen deren Elementen im Regelfalle vielfältige **Beziehungen** bestehen. So zeichnet zwei bestimmte Produkte aus der Sicht potentieller Käufer ein gewisses Maß an Ähnlichkeit aus, ein Politiker rangiert höher als ein anderer in der Gunst der Wähler, die von einer Maschine zur anderen transportierte Werkstoffmenge ist größer als der Materialfluß zwischen zwei anderen Aggregaten, zwei Artikel werden wesentlich häufiger zusammen gekauft als andere usw.

In den meisten Fällen ist es unmöglich, die Fülle der Zweierbeziehungen – bei n Objekten sind es im Falle symmetrischer Beziehungen genau $\binom{n}{2} = \frac{n(n-1)}{2}$ –, die das jeweils gegebene Maß an „Ähnlichkeit" oder – állgemein ausgedrückt – an Affinität widerspiegeln, ohne Hilfsmittel simultan und logisch konsistent zu ordnen. Als ein solches Instrument erweist sich die räumliche Repräsentation von Relationen mit Hilfe mehrdimensionaler Skalierungsverfahren, von denen bereits in Abschn. 3.2.4.4. die Rede war.

Soll hierzu allein die ordinale Form der Relationen herangezogen werden, so spricht man von **Nichtmetrischer Mehrdimensionaler Skalierung**. Diese ordnet die betrachteten Objekte so in einem möglichst niedrig dimensionierten Raum an, daß die **Rangfolge** der **Distanzen** zwischen den Objekten so gut wie möglich jener der zwischen ihnen bestehenden **Affinität** entspricht.

(2) Grundlagen und Vorgehensweise

Zunächst ist es erforderlich, die zwischen den Objekten vorhandene Affinität zu erfassen. Hierzu können sowohl **Verfahren** der **direkten Ähnlichkeitsmessung**, wie etwa vollständiger Paarvergleich, Tripelvergleich, Sortier- und Ankerpunktverfahren, als auch **Varianten** der **indirekten Ähnlichkeitsmessung,** wobei z. B. aus beobachtetem Urteilsverhalten eine Ähnlichkeit der Objekte abgeleitet wird, zum Einsatz kommen. Ein vollständiger Paarvergleich von fünf Produkten (A, B, C, D, E) führt beispielsweise zu einer Ähnlichkeitsordnung AB > CD > AE > . . . (lies: AB ähnlicher CD ähnlicher AE), die sich leicht in Form einer Matrix darstellen läßt.

Ein Charakteristikum der MDS besteht also darin, daß die Ähnlichkeit der Objekte **ohne vorgegebene Merkmale** beurteilt wird. Im Gegensatz dazu werden bei fast allen anderen gängigen Erhebungs- und Analysetechniken, die im Rahmen der empirischen Forschung Verwendung finden, umfangreiche Kataloge von wohlformulierten Fragen benötigt, deren Konzipierung oftmals mit erheblichen

Schwierigkeiten verbunden ist, weil die von Probanden gegebenen Auskünfte dadurch u. U. präjudiziert werden.

Daß Befragte bei MDS-Studien von ihrem eigenen Relationensystem ausgehen können, erweist sich insbesondere dann von Vorteil, wenn die Beurteilungsmerkmale für die interessierenden Objekte (Produkte, Politiker etc.) allgemein nicht bekannt sind oder aber wenn vermieden werden soll, daß Versuchspersonen durch entsprechende Fragen auf Eigenschaften hingewiesen werden, die sie sonst zur Urteilsbildung nicht herangezogen hätten, während andere, die wirklich wichtig gewesen wären, übersehen bzw. nicht erkannt wurden. Freilich kann auch die MDS kein Relationensystem hervorzaubern, wo ein solches nicht existiert.

Ausgehend von einer Matrix der Affinitätsbeziehungen zwischen den Objekten wird nun in einem iterativen Verfahren versucht, diese so in einem möglichst niedrig dimensionierten Raum zu positionieren, daß gilt:

$$\delta_{ij} > \delta_{kl} \Rightarrow d_{ij} \leq d_{kl} \text{ (Monotoniebedingung)}$$

und

$$\delta_{ij} = \delta_{kl} \Rightarrow d_{ij} = d_{kl}$$

Dabei bedeuten:

δ_{ij} (δ_{kl}) = Affinität der Objekte i und j (k und l)

$d_{ij}(d_{kl})$ = Distanz zwischen den Objekten i und j (k und l)

Die räumliche Darstellung der Ähnlichkeitsbeziehungen baut auf verschiedenen **Axiomen** und **Raummodellen** auf. So bestimmen beispielsweise Distanzaxiome, daß Entfernungen nicht negativ, für nicht identische Punkte größer Null sowie symmetrisch sein müssen und daß die Summe der Abstände zwischen zwei Punkten und einem gemeinsamen dritten Punkt nicht kleiner als die Distanz zwischen den beiden ersten Punkten sein darf (Dreiecksungleichung). Daneben benötigt man weitere Axiome, die die Messung von Abständen in mehrdimensionalen Gebilden regeln.

Bezüglich der Raummodelle ist bisher lediglich eine Variante, die sog. *Minkowski*-**Metrik,** überprüft und als zulässig erklärt worden (vgl. Gleichung 9.60.).

(9.60.) $${}_rd_{ij} = \left[\sum_{t=1}^{v} | x_{it} - x_{jt} |^{r} \right]^{\frac{1}{r}}$$

Dabei bedeuten:

${}_rd_{ij}$ = Distanz zwischen den Punkten (Produkten, Objekten) i und j unter Beachtung des Metrikparameters r

$x_{it}(x_{jt})$ = Koordinatenwert des Punktes $i(j)$ auf der Achse $t(t = 1, \ldots, v)$

r = Metrikparameter ($1 \leq r \leq \infty$)

Geht man z. B. von einem rechtwinkligen Dreieck mit den Seiten $a = 4$, $b = 3$ und $c = ?$ aus, so bestimmt sich c je nach Wahl des **Metrikparameters** wie folgt:

$$r = 1; \qquad c = a^1 + b^1 = 7$$

$$r = 2; \qquad c = \sqrt[2]{a^2 + b^2} = 5$$

$$r = 3; \qquad c = \sqrt[3]{a^3 + b^3} \approx 4{,}5$$

Hierbei handelt es sich essentiell um ein Gewichtungsproblem, das bei einem bekannten Sonderfall, der *euklid*ischen Metrik, auf die seit *Euklid* und *Pythagoras* übliche Weise gelöst wird. Durch die Wahl der Metrik bzw. der relevanten Parameter bemüht man sich, die a priori unbekannte Urteilsstruktur der Versuchspersonen zu antizipieren.

Inwieweit es schließlich gelingt, die Objekte so anzuordnen, daß die geforderten Beziehungen erfüllt sind, signalisiert das Güte- bzw. Zielkriterium des Verfahrens, der sog. **Stress**-Wert (S):

(9.61.) $$S = \sqrt{\frac{\sum_{i<j} (d_{ij} - \hat{d}_{ij})^2}{\sum_{i<j} d_{ij}^2}} \qquad (i, j = 1, \ldots, n)$$

Dabei bedeuten:

d_{ij} = die im Rahmen des Anpassungsprozesses gegenwärtig erreichte Distanz zwischen den Objekten i und j

$\hat{d}_{ij}$ = hypothetischer Distanzwert, welcher eine perfekte Repräsentation der Objekte zur Folge hätte

Das Verfahren versucht, diesen Stress-Wert schrittweise zu verkleinern. Konkret wird eine zunächst **zufällige Startkonfiguration** der Objekte in einem Raum **vorgegebener Dimensionalität** so lange verändert, bis sich keine Verbesserung des Gütemaßes mehr erzielen läßt. Als Faustregel zur Beurteilung der Qualität einer Lösungskonfiguration schlägt *Kruskal* (1964) folgende Einteilung vor:

$S \geq 0{,}2$	schlechte Übereinstimmung
$0{,}2 \geq S \geq 0{,}1$	befriedigende Übereinstimmung
$0{,}1 \geq S \geq 0{,}05$	gute Übereinstimmung
$0{,}05 \geq S \geq 0{,}025$	hervorragende Übereinstimmung
$0{,}025 \geq S \geq 0{,}00$	vollkommene Übereinstimmung

Eine Weiterentwicklung der hier skizzierten Nichtmetrischen Mehrdimensionalen Skalierung stellen die sog. nichtaggregierenden Verfahren dar, welche die Fiktion gleicher Urteilsstruktur für alle Probanden aufheben und damit die Möglichkeit eröffnen, **Wahrnehmungs**- und **Präferenzunterschiede** der Betroffenen herauszufiltern. Liegen nicht nur Ähnlichkeitsdaten, sondern auch Präferenzurteile bezüglich der Objekte vor, so lassen sich durch Spielarten der **mehr-**

dimensionalen Präferenzanalyse darüber hinaus auch Rückschlüsse auf die Idealvorstellung ziehen, die eine Person oder Gruppe etwa bezüglich eines Produktes hat. Mit Hilfe von **Idealprodukt-Modellen** kann man nicht nur reale Objekte, wie z. B. bestimmte Markenerzeugnisse, sondern auch Idealprodukte oder von den Probanden bevorzugte Eigenschaften solcher Güter in Gestalt von Vektoren im Raum abbilden. Daß die Verfügbarkeit derartiger Informationen für die Marketingpolitik eines Unternehmens (z. B. zur Produktgestaltung und Marktanteilsprognose) von beachtlicher Bedeutung ist, liegt auf der Hand.

(3) Ein Beispiel

Das folgende Beispiel illustriert den Standardfall der Analyse von Ähnlichkeitsurteilen mit Hilfe der Nichtmetrischen Mehrdimensionalen Skalierung. Konkret wurden ca. 100 Probanden gebeten, 10 Frankfurter Hotels hinsichtlich ihrer Ähnlichkeit zu bewerten. Ein vollständiger Paarvergleich mit sämtlichen 45 Hotelpaaren führt zu der in Tab. 9.35. wiedergegebenen Ähnlichkeitsrangmatrix.

Tabelle 9.35.

Ähnlichkeitsmatrix von 45 Hotelpaaren

Nr.	Hotel	*Airport Hotel*	*Baseler Hof*	*Esso Motor Hotel*	*Frankfurter Hof*	*Hessischer Hof*	*Hilton*	*Intercontinental*	*Metropol*	*Savigny*	*Savoy*
1	*Airport Hotel*	–	40	5	17	24	2	3	42	34	25
2	*Baseler Hof*		–	38	27	12	33	**45**	5	3	11
3	*Esso Motor Hotel*			–	44	33	23	15	26	29	32
4	*Frankfurter Hof*				–	3	16	13	23	22	23
5	*Hessischer Hof*					–	19	31	21	13	14
6	*Hilton*						–	**1**	41	35	23
7	*Intercontinental*							–	43	37	36
8	*Metropol*								–	10	7
9	*Savigny*									–	4
10	*Savoy*										–

Quelle: eigene Erhebung.

Die Hotels *Hilton* und *Intercontinental* wurden von den Probanden als am meisten, das Paar *Baseler Hof* und *Intercontinental* als am wenigsten ähnlich beurteilt. Dementsprechend erhielten diese Paare den Rang 1 bzw. 45. Die hier vorliegenden ordinalen Meßergebnisse können sich theoretisch durch infinitesimale Distanzdifferenzen unterscheiden, m. a. W. ein Rang von fünf kennzeichnet nicht das doppelte Maß an Ähnlichkeit wie der Rang zehn. Als Ergebnis des Iterationsprozesses erhält man eine Lösungskonfiguration, die in unserem Falle eine räumliche Darstellung der Imagerelationen ermöglicht, wie sie in Abb. 9.27. wiedergegeben ist.

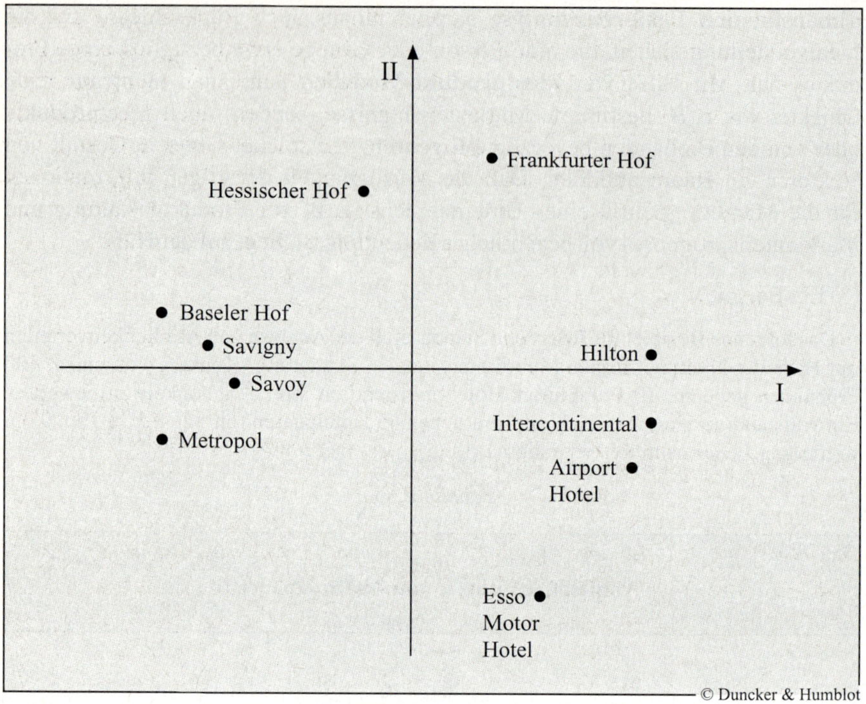

Quelle: in Anlehnung an *Dichtl / Schobert* 1979, S. 68.

Abb. 9.27.: Imageraum für zehn Frankfurter Hotels der Spitzenklasse

Ähnlich wie bei der Faktorenanalyse und verwandten Verfahren ist auch bei der MDS das **Interpretationsproblem** noch nicht völlig zufriedenstellend gelöst. Die Aufgabe besteht darin, den nur formal vorgegebenen Dimensionen (hier: I, II) verbal jenen Inhalt zu geben, den die Versuchspersonen als Merkmal identifiziert haben. Auf Grund der Kenntnis von objektiven Eigenschaften oder subjektiv empfundenen Charakteristika können beispielsweise Eigenschaftsrangreihen, sog. **„property vectors"**, erstellt werden, die bei Korrelierung mit den Dimensionen im allgemeinen konkrete Hinweise auf die inhaltliche Bedeutung der Achsen liefern. Im vorliegenden Fall entschied man sich für Umfang der angebotenen Leistungen (I) und gesellschaftliches Renommée (II).

3.5.2.8. Das Conjoint Measurement (CM)

(1) Die Zielsetzung

Dem Begriff **Conjoint Measurement** (CM) wird eine Reihe von psychometrischen Verfahren subsumiert, die dazu dienen, aus empirisch erhobenen globalen Urteilen über multiattributive Alternativen (z. B. Beschreibungen hypothetischer Produkte) die partiellen Beiträge einzelner Attribute zum Zustandekommen des Globalurteils (z. B. Kaufpräferenz) zu ermitteln. Die zu bewertenden Alternativen konstruiert man dabei durch systematische Kombination von Merkmalsausprägungen einer Reihe von als bedeutsam erkannten Attributen im Rahmen eines experimentellen Designs. Es werden also nicht attributspezifische Einzelurteile zu einem Gesamturteil zusammengefaßt (**kompositioneller Ansatz**), sondern – gerade umgekehrt – aus den Gesamturteilen der jeweilige Beitrag der einzelnen Attribute bzw. deren Ausprägungen herauspartialisiert (**dekompositioneller Ansatz**).

Geht es beispielsweise um die optimale Gestaltung eines neuen Erzeugnisses, so kann man einer Stichprobe von Verbrauchern technisch und wirtschaftlich realisierbare Kombinationen von Ausprägungen etlicher Produkteigenschaften (z. B. verschiedene Packungsentwürfe, Preise oder Designs) in Form von konkreten Entwürfen oder verbalen Beschreibungen vorgeben. Die Probanden haben dann lediglich die Aufgabe, diese z. B. in eine Rangordnung nach Maßgabe ihrer Vorziehenswürdigkeit (z. B. Kaufpräferenz) zu bringen.

Im Gegensatz zur direkten und isolierten Produktbeurteilung bezüglich einzelner Attribute genießt der Conjoint Measurement-Ansatz den Vorteil, daß die Probanden **ganze Produkte** beurteilen bzw. simultan („conjoint") positive und negative Merkmalsausprägungen einer Produktbeschreibung gegeneinander abwägen, bevor sie zu ihrem Urteil gelangen. Neben dieser Realitätsnähe besteht ein weiterer Vorzug des Verfahrens darin, daß **ordinalskalierte Präferenzurteile** in **intervallskalierte Teilpräferenzwerte** für die einzelnen Merkmalsausprägungen transformiert und die Globalurteile ihrerseits auf ein metrisches Skalenniveau angehoben werden können.

(2) Grundlagen und Vorgehensweise

Das Verfahren basiert auf der Grundannahme, daß die globalen Präferenzwerte in merkmalsspezifische Teilpräferenzwerte zerlegt werden können. Gleichzeitig wird eine bestimmte Kombinationsregel vorausgesetzt, nach der die Probanden den **Nutzenbeitrag** jeder Merkmalsausprägung (Teilpräferenzwert) zu einem globalen Präferenzurteil aggregieren. Nach Maßgabe der für die Teilpräferenzwerte unterstellten Kombinationsregel läßt sich die Verfahrensgruppe unterteilen in das **polynomiale** und das im folgenden diskutierte **linear-additive** Conjoint Measurement, das seine Tauglichkeit in einer Vielzahl von Anwendungsfällen unter Beweis gestellt hat (vgl. z. B. *Green / Wind* 1973, S. 43; *Bauer / Herrmann / Mengen* 1994, *Bauer / Thomas* 1983).

Im Falle des **Additiven Conjoint Measurement** (ACM) mit t Variablen ohne Interaktionswirkung versucht das Verfahren, metrischskalierte globale Präferenzwerte Z_j für die m Attributekombinationen („benefit bundles") so zu bestimmen, daß deren Rangordnung mit jener der ordinalskalierten empirischen Präferenzwerte Y_j bestmöglich übereinstimmt. Es soll gelten:

(9.62.) $Y_j < Y_{j'} \Leftrightarrow Z_j \leq Z_{j'}$ (Monotoniebedingung), wobei $j \neq j'$ mit $Z_j = F(Y_j)$ und

(9.63.) $$Z_j = \sum_{p=1}^{t} f_p(x_{jp})$$

Dabei bedeuten:

$Y_j, Y_{j'}$ = ordinalskalierter globaler Präferenzwert für die Attributekombination j, j' ($j, j' = 1, 2, \ldots, m$)

$Z_j, Z_{j'}$ = intervallskalierter globaler Präferenzwert für die Attributekombination j, j' ($j, j' = 1, 2, \ldots, m$)

F = monotone Transformationsfunktion

f_p = Teilpräferenzwertfunktion für Attribut p ($p = 1, 2, \ldots, t$)

x_{jp} = Ausprägung von Attribut p bei Attributekombination j

Den Kern des Conjoint Measurement-Algorithmus bildet eine **multiple monotone Regressionsanalyse.** Dabei werden die Attribute nicht etwa als kontinuierliche Variablen betrachtet, sondern, um die Form ihrer Teilpräferenzwertfunktionen nicht a priori festzulegen, gemäß der Anzahl ihrer Ausprägungen in Dummy-Variablen (0/1-Variablen) zerlegt. In Abb. 9.28. ist eine mögliche, stückweise lineare Teilpräferenzwertfunktion für eine Variable mit 4 Ausprägungen (z. B. verschiedene Verpackungsentwürfe) dargestellt, wobei die β-Koeffizienten (Teilpräferenzwerte) als Regressionskoeffizienten interpretiert werden können.

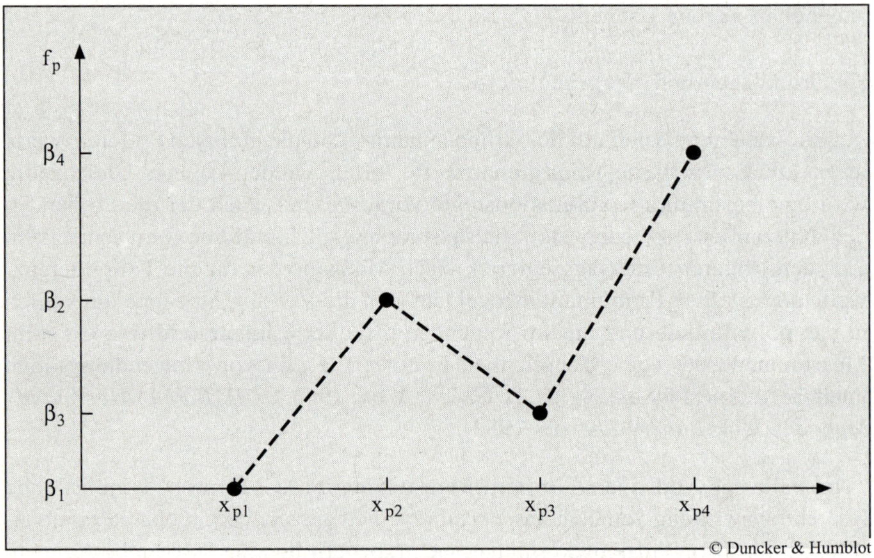

Abb. 9.28.: Teilpräferenzwertfunktion f_p mit β-Werten für eine Variable p mit $k = 4$ Ausprägungen x_{pk}

Ausgehend von beliebigen β-Werten wird mit Hilfe eines iterativen Gradientenverfahrens die beste Approximation der Y_j-Werte durch die Modellwerte Z_j, die sich durch additive Verknüpfung der Teilpräferenzwerte β ergeben, ermittelt. Nach jedem Iterationsschritt erfolgt eine Transformation der Modellwerte Z_j in sog. $\hat{Z}_j$-Werte, und zwar derart, daß die Reihe der $\hat{Z}_j$-Werte eine mindestens schwach monotone Transformation der Datenwerte Y_j darstellt (vgl. hierzu *Thomas* 1979, S. 207). Ein mit dem **Stress-**Wert bei der **Mehrdimensionalen Skalierung** vergleichbares Maß, der sog. **monotone Stress**, fungiert dabei als Zielkriterium und gibt an, inwieweit die geforderte Monotoniebedingung verletzt wird.

(9.64.) $$S = \sqrt{\frac{\sum_{j=1}^{m} (\hat{Z}_j - Z_j(\beta))^2}{\sum_{j=1}^{m} (Z_j(\beta) - \bar{Z}(\beta))^2}} \rightarrow \text{Min!}$$

$$\text{mit } \bar{Z}(\beta) = \frac{1}{m} \sum_{j=1}^{m} Z_j(\beta)$$

Trotz seiner zunehmenden Bedeutung und Akzeptanz bringt auch der Conjoint Measurement-Ansatz nicht zu unterschätzende Nachteile mit sich. Je größer nämlich die Anzahl der Attribute und deren Ausprägungen ist, um so umfangreicher wird die Menge der zu beurteilenden Alternativen und der zu schätzenden Parameter. Bei drei Attributen mit jeweils vier Ausprägungen wären nach einem vollständigen faktoriellen Design bereits $4^3 = 64$ Attributebündel zu beurteilen und 12 Parameter zu schätzen. Die Gefahr, durch eine Überforderung der Versuchspersonen die Fehlervarianz zu erhöhen, ist offenkundig.

Deshalb kommt der Entwicklung von Designs, in denen die Anzahl der zu beurteilenden Alternativen denkbar gering ist und die dennoch alle Haupteffekte und zumindest Interaktionen erster Ordnung zu schätzen erlauben, überragende Bedeutung zu. *Green* (1974) plädiert für die Verwendung **orthogonaler** und **unvollständiger Block-Designs** sowie **mehrstufiger Präsentationsverfahren,** um so den kognitiven Beschränkungen der Versuchspersonen Rechnung zu tragen, ohne dabei die Anzahl der bei einem Präferenzurteil zu berücksichtigenden Attribute reduzieren zu müssen („**full profile procedure**").

Johnson (1974) hingegen schlägt vor, je zwei Attribute miteinander vergleichen zu lassen („**two factor at a time procedure**" bzw. „**trade off procedure**"), wobei alle möglichen Kombinationen durchzuspielen und nach Maßgabe eines Kriteriums zu ordnen sind. Diese Form der Datenerhebung stellt die Befragten zwar vor eine bedeutend einfachere Aufgabe als die vollständige Profilmethode, doch muß, was unrealistisch ist, angenommen werden, daß die Probanden bei jedem Vergleich zweier Stimuli hinsichtlich zwei Attributen alle übrigen Eigenschaften gedanklich konstant halten.

Ein weiteres Problem stellt das **Auftreten unrealistischer Attributekombinationen** dar (z. B. geringer Preis, hoher Komfort und Sportlichkeit bei Automobilen). Zudem resultieren methodische Schwierigkeiten aus der Notwendigkeit, Nutzenwerte zwischen Merkmalsausprägungen linear interpolieren zu müssen, was bei einem im Hinblick auf Handhabbarkeit reduzierten Designumfang zu ungenauen Schätzungen führen muß. Als Alternative zur Interpolation empfehlen *Pekelman / Sen* (1979) Regressionstechniken, die allerdings nur bei kontinuierlichen Variablen eingesetzt werden können.

(3) Ein Beispiel

Das folgende Beispiel (vgl. *Green / Wind* 1975) demonstriert das Leistungspotential des Conjoint Measurement zur Lösung eines der zentralen Probleme im Marketing, der **optimalen Gestaltung** eines **neuen Produktes.** Bei diesem handelt es sich um ein Gerät zur chemomechanischen Entfernung von Flecken auf Tapeten und Polstermöbeln. In Vorstudien habe ein Hersteller insgesamt 5 Attribute als relevant erkannt, die zur Charakterisierung einer Produktkonzeption dienen (vgl. Tab. 9.36.).

Tabelle 9.36.

Relevante Merkmale zur Gestaltung eines neuen Produktes und ihre Ausprägungen

Merkmal	Merkmalsausprägungen
Produktdesign	Design A, Design B, Design C
Produktname	*K2R, GLORY, BISSELL*
Preis in $	1,19; 1,39; 1,59
Gütesiegel	Ja, Nein
Geldrückgabegarantie	Ja, Nein

Bei der Datenerhebung wurde, um die Alternativenzahl in einem zumutbaren Rahmen zu halten, ein sog. orthogonales Feld (vgl. *Green* 1974) als Versuchsplan verwendet. Dadurch konnte die Anzahl der theoretisch möglichen Kombinationen der Merkmalsausprägungen von ($3 \times 3 \times 3 \times 2 \times 2 =$) 108 auf 18 reduziert werden. Tab. 9.37. gibt das verwendete experimentelle Design wieder.

Die befragten Verbraucher haben nun die Aufgabe, die 18 ihnen z. B. auf Karten oder mit Hilfe von Prototypen (Produktdesign!) präsentierten Produktbeschreibungen hinsichtlich ihrer Kaufpräferenz anzuordnen. Was dabei herausgekommen ist, zeigt die letzte Spalte von Tab. 9.37. Die Analyse der Daten mit Hilfe eines Verfahrens des Additiven Conjoint Measurement liefert die in Abb. 9.29. dargestellten Teilpräferenzwertfunktionen für die 5 Merkmale.

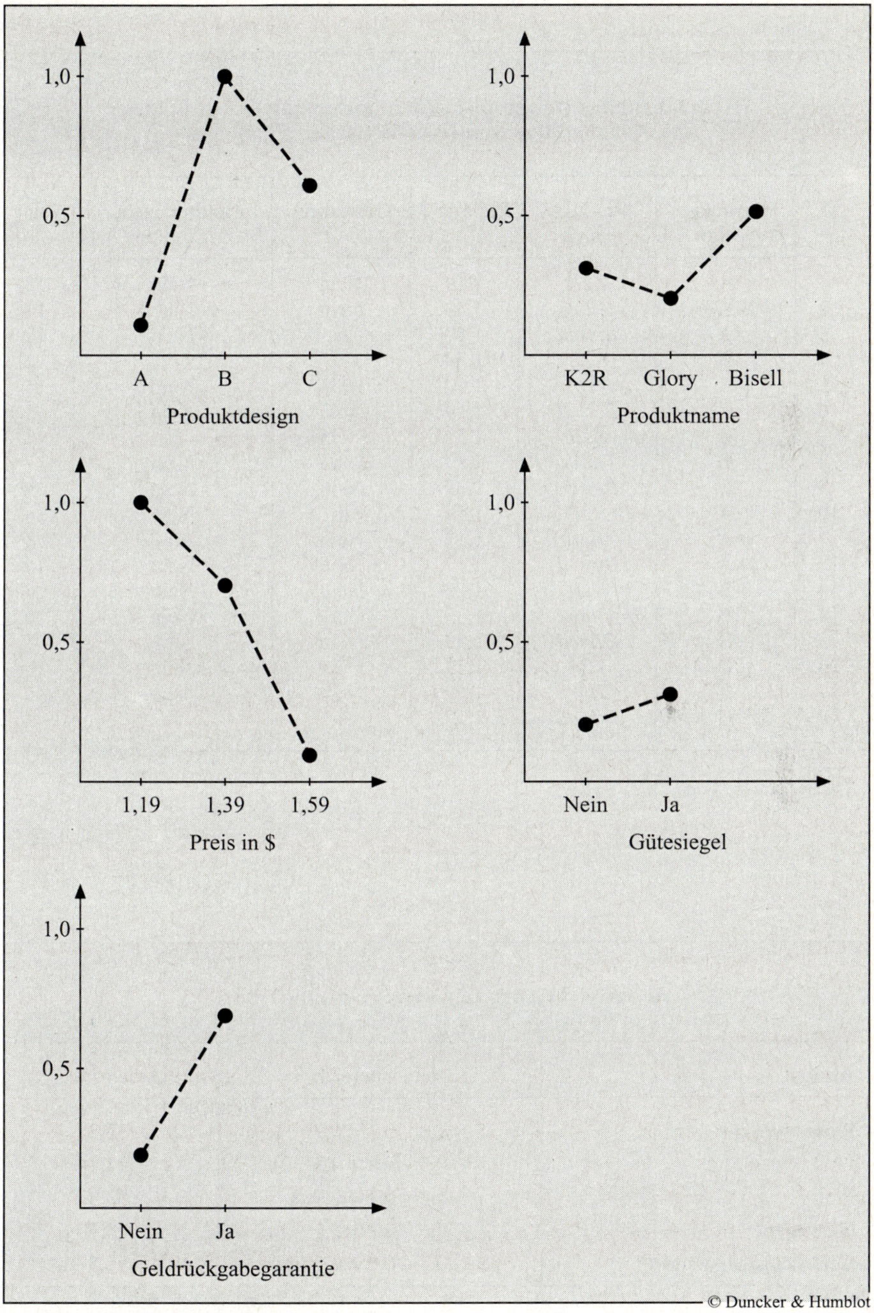

Quelle: *Green / Wind* 1975, S. 110.

Abb. 9.29: Teilpräferenzwertfunktionen für 5 Produktmerkmale

Tabelle 9.37.

Experimentelles Design in Form eines orthogonalen Feldes zur Konstruktion von hypothetischen Produkten

Nr.	Produkt-design	Produkt-name	Preis in $	Gütesiegel	Geldrückgabe-garantie	Rang
1	A	*K2R*	1,19	Nein	Nein	13
2	A	*Glory*	1,39	Nein	Ja	11
3	A	*Bissell*	1,59	Ja	Nein	17
4	B	*K2R*	1,39	Ja	Ja	2
5	B	*Glory*	1,59	Nein	Nein	14
6	B	*Bissell*	1,19	Nein	Nein	3
7	C	*K2R*	1,59	Nein	Ja	12
8	C	*Glory*	1,19	Ja	Nein	7
9	C	*Bissell*	1,39	Nein	Nein	9
10	A	*K2R*	1,59	Ja	Nein	18
11	A	*Glory*	1,19	Nein	Ja	8
12	A	*Bissell*	1,39	Nein	Nein	15
13	B	*K2R*	1,19	Nein	Nein	4
14	B	*Glory*	1,39	Ja	Nein	6
15	B	*Bissell*	1,59	Nein	Ja	5
16	C	*K2R*	1,39	Nein	Nein	10
17	C	*Glory*	1,59	Nein	Nein	16
18	C	*Bissell*	1,19	Ja	Ja	1

Quelle: *Green / Wind 1975, S. 108.*

Tabelle 9.38.

Relative Wichtigkeit der Produktattribute

Attribut	Nutzenbereich	Anteil in %
Produktdesign	1,0 – 0,1 = 0,9	33,3
Produktname	0,5 – 0,2 = 0,3	11,1
Preis	1,0 – 0,1 = 0,9	33,3
Gütesiegel	0,3 – 0,2 = 0,1	3,7
Geldrückgabegarantie	0,7 – 0,2 = 0,5	18,5
	$\Sigma = 2,7$	

Aus den erhaltenen Teilpräferenzwertfunktionen ergibt sich z. B. hinsichtlich der Formgebung, daß Design B den größten Erfolg verspricht. Da die Nutzenwerte über alle Attribute direkt miteinander vergleichbar sind, lassen sich auch Aussagen über die relative Bedeutung der einzelnen Attribute machen, indem man die Nutzenbereiche der Attribute betrachtet (vgl. Tab. 9.38.).

Man erkennt, daß in dem Beispiel das **Produktdesign** und der **Preis** die weitaus wichtigsten Attribute darstellen und zusammen bereits zwei Drittel des gesamten Potentials auf sich vereinigen. Darüber hinaus liefert die Conjoint Measurement-Analyse u. a. folgende Hinweise für die Gestaltung des neuen Produktes:

- Der Artikel müßte den Namen *Bissell* tragen, nach Produktdesign B hergestellt und mit einer Geldrückgabegarantie ausgestattet sein, zu einem Preis von $ 1,19 angeboten werden und ein Gütesiegel aufweisen.
- Durch die Gewährung einer Geldrückgabegarantie kann der mit einer Erhöhung des Verkaufspreises von $ 1,19 auf $ 1,39 verbundene Nutzenverlust von 0,3 Einheiten mehr als wettgemacht werden.

3.6. Prognoseverfahren

Unsere bisherigen Bemühungen konzentrierten sich im wesentlichen darauf zu zeigen, wie man im Rahmen der Marketing-Forschung die wichtigsten Variablen

- identifiziert (Weckung eines Problemverständnisses, Herauslösung der Schlüsselgrößen),
- operationalisiert (Verfahren der Skalierung),
- erhebt (Möglichkeiten der Sekundärforschung, Auswahl der Probanden bei der Primärforschung, Einsatz verschiedener Erhebungstechniken) sowie
- analysiert (Aufbereitung und Auswertung der Daten mit Hilfe mathematisch-statistischer Verfahren), um schließlich die Ergebnisse zu kommentieren und die Befunde zu bewerten.

All dies vollzog sich unter einer historischen Perspektive, also nicht mit explizitem Bezug auf das primäre Anliegen der Marketing-Forschung, nämlich **Informationen** für notwendigerweise **zukunftsorientierte Entscheidungen** bereitzustellen. Dies erfordert eine zumindest kurze Auseinandersetzung mit der **Struktur** und **Problematik** von **Prognosen.** Die Notwendigkeit, etwas vorauszusagen, tritt uns, wie die folgenden Beispiele illustrieren, in ganz verschiedenen Formen entgegen:

(1) Ein Unternehmen gedenkt in nächster Zeit ein neues Erzeugnis auf dem heimischen Markt einzuführen, und macht sich deshalb Gedanken darüber, wie hoch Preis und Werbebudget bemessen sein müssen, um die für das erste und das zweite Jahr anvisierten Stückzahlen tatsächlich erreichen zu können.

(2) Die Abteilung Marktforschung verfolgt den mengenmäßigen Inlandsabsatz für das Produkt XY seit nunmehr 27 Jahren und muß in Kürze, da die gesamte Unternehmensplanung davon abhängt, eine Prognose für die kommenden drei Jahre abgeben.

(3) Die deutsche Markenartikelindustrie setzt sich schon jetzt damit auseinander, in welche Richtung sich das Verbraucherverhalten bis zum Jahre 2010 verändern und wie die deutsche „Handelslandschaft" dann aussehen werden.

Im ersten Fall sind zwei unabhängige Variablen (Preis, Werbebudget) im Spiel, mit deren Hilfe die abhängige Variable (Absatzmenge) zugunsten des Unternehmens beeinflußt werden soll und kann. Was es hierbei zu bestimmen gilt, ist die Art bzw. genaue Form des Zusammenhangs, wobei man annimmt, daß der Befund auch in der unmittelbaren Zukunft noch Bestand haben wird. Gefordert ist also kein Blick in die Zukunft, sondern eine **Wirkungs-** oder **Kausalprognose.**

Die im zweiten Beispiel angedeutete Aufgabe kann im Wege einer sog. **Entwicklungsprognose** gelöst werden. Dabei wird eine sorgfältig fortgeschriebene Zeitreihe im einfachsten Fall aus sich heraus und mit Hilfe von analytischen Methoden in die Zukunft verlängert. Sofern sich in den Rahmenbedingungen, die für die (zumindest jüngere) Vergangenheit galten, nichts Entscheidendes ändert, erscheint eine Vorhersage der Gegebenheiten in dem interessierenden Zeitraum etwa im Wege der **Trendextrapolation** unbedenklich. Einer anderen Vorgehensweise bedarf es, wenn diese wesentliche Voraussetzung nicht erfüllt ist, sowie bei **längerfristigen Prognosen**.

Eine Kombination von Kausal- und Entwicklungsprognose verkörpern Diffusionsmodelle, mit deren Hilfe man aus (Panel-)Daten, die in frühen Stadien der Einführung eines neuen Produktes gewonnen wurden, Aussagen über dessen weitere Erfolgsaussichten abzuleiten versucht.

Während bei den ersten beiden genannten Beispielen grundsätzlich sowohl Zahlen als auch Transformationsregeln verfügbar sind, um von einer festen Basis zu den letztlich interessierenden Größen zu gelangen, ist dies bei der dritten Fragestellung nicht mehr der Fall. Hier geht es um eine von Erfahrung, analytischem Denken und visionärer Kraft gespeiste Antizipation oft in weiter Ferne liegender Umweltzustände, wozu man zwar auch gewisse Hilfsmittel einsetzen kann, aber doch bezüglich der Treffsicherheit der Ergebnisse erheblich im Dunkeln tappt. An die Absicherung solcher **Projektionen** mit den klassischen Mitteln der Validitäts- und Reliabilitätsprüfung ist deshalb nicht zu denken.

Auf Grund der nur vagen Verankerung von Projektionen in der Gegenwart, ihres häufig nur Nominalskalenniveau reflektierenden Gehalts und ihres geringen, zuweilen bis hin zum Denkmodell geschrumpften Verbindlichkeitsgrades werden sie in der Literatur oft auch mit dem Terminus **qualitative Prognosen** belegt, während die weitaus genauer spezifizierten Kausal- und Entwicklungsprognosen als ihre **quantitativen** Gegenstücke gelten.

An dieser Stelle sei darauf hingewiesen, daß nicht wenige Wissenschaftler den **qualitativen Prognosen** skeptisch gegenüberstehen. Sie begründen dies vor allem mit einem Defizit an theoretischer Untermauerung und einem relativ **hohen Grad** an **Subjektivität**, der den zur Verfügung stehenden Verfahren innewohne. Dem lassen sich einige stichhaltige Argumente entgegensetzen: Zum einen wird auch bei den **quantitativen Prognosemethoden** das subjektive Element nicht ausgeschaltet, sondern lediglich auf eine höhere Ebene, nämlich die Stufe der Modellauswahl bzw. -spezifikation verlagert. Andererseits – und dieses Argument erscheint ungleich gravierender – müssen Unternehmen auch dann in der Lage sein, Entscheidungen im Rahmen der langfristigen Marketing-Planung abzusichern, wenn keine ausreichende quantitative Basis vorhanden ist. Dies gilt vor allem angesichts der steigenden Komplexität und Dynamik der Umweltgegebenheiten, für deren Bewältigung derartige Verfahren unverzichtbar erscheinen.

3.6.1. Die Wirkungsprognose

Im Gegensatz zum herkömmlichen Begriffsverständnis, welches das Wort Prognose mit dem Bemühen, einen Blick in die Zukunft zu werfen, verbindet, verwendet man diesen Terminus auch dafür, die **Wirkung** von – z. B. absatzpolitischen – Maßnahmen vorherzusagen. Eine **Preis-Absatz-Funktion** oder jede andere **Marktreaktionsfunktion** reflektieren in diesem Sinne das Ergebnis eines entsprechenden Versuchs. Es erscheint trivial, darauf hinzuweisen, daß auch diese Art von Analyse in die Zukunft gerichtet ist, weil eine mit Blick auf die Realisierung von Marketingzielen unternommene, auf eine Prognose gestützte Aktion immer erst später erkennen läßt, ob das, was man vorausgesagt bzw. angestrebt hat, tatsächlich erreicht werden konnte.

Der entscheidende Unterschied zwischen der **Wirkungs**- und der im Anschluß an diesen Abschnitt zu behandelnden **Entwicklungsprognose** besteht darin, daß bei letzterer die Zeit explizit modelliert wird, sei es als einzige unabhängige Variable wie bei der Zeitreihenanalyse oder sei es in Form eines Index, wie er für die Kennzeichnung von aufeinanderfolgenden Beobachtungswerten benötigt wird, die im Rahmen eines Ansatzes der multiplen Regressionsanalyse verarbeitet werden. Bei beiden Spielarten geht es darum, den Wert der interessierenden (abhängigen) Variablen für den nächsten, übernächsten usw. Zeitraum vorherzusagen.

3.6.1.1. Das methodische Anliegen

Methodisch stützt man sich bei der **Wirkungsprognose** in erster Linie auf die in diesem Kapitel vorgestellten dependenzanalytischen **multivariaten Methoden**, insbesondere auf Regressions-, Pfad- und Diskriminanzanalyse, vor allem aber auf kausalanalytische Ansätze wie LISREL. Wird die Wirkungsanalyse in ein **Experiment** eingebettet, kommen auch **Testverfahren** wie die Varianzanalyse und **interdependenzanalytische** Ansätze wie Mehrdimensionale Skalierung in Betracht. Sofern man zu zwei verschiedenen Zeitpunkten Meßwerte erhebt und dazwischen Testpersonen bzw. -objekte unter kontrollierten Bedingungen einem Stimulus aussetzt, wird sich erfahrungsgemäß die Position eines Produkts in einem z. B. mittels der Mehrdimensionalen Skalierung erzeugten Marktmodell verändern. Was anderes als **Wirkung** verkörpern dabei Richtung und Ausmaß der Bewegung? Voraussetzung dafür ist allerdings, daß es gelingt, entweder die Entstehung von Störeinflüssen zu verhindern oder Faktoren dieser Art zu isolieren und damit zu „kontrollieren", d. h. zu beherrschen. Den Hintergrund dieser Überlegung bildet die Erfahrung, daß für die Wanderung des Punkts P im Raum zwischen t_0 und t_1 allein oder zusätzlich noch ganz andere Faktoren verantwortlich sein können.

3.6.1.2. Produkt-, Markt- und Store-Test

3.6.1.2.1. Der Produkttest

Im Verlauf von **Produkttests** (vgl. *Bauer* 1981) werden ausgewählte Konsumenten um eine Beurteilung von neuen Erzeugnissen oder von einzelnen Attributen (Verpackung, Namensgebung, Preis, Form und dgl. mehr) im Hinblick auf die am Markt zu erwartende Resonanz gebeten. Das Urteil basiert auf einer bloßen Betrachtung oder auch auf einem Ge- bzw. Verbrauch des Testobjekts. Die Auskünfte der Befragten betreffen alle angesprochenen Kategorien sowie u. U. echte, wenn auch unter Laborbedingungen zustande gekommene Kaufentscheidungen.

Beim **Einzeltest** wird nur ein einziges Produkt einer Prüfung unterzogen; die Testperson bewertet dieses auf Grund des ersten Anscheins oder ihrer Erfahrung. Eine Gefahr liegt bei dieser Vorgehensweise darin, daß jene das fragliche Gut besser beurteilt, als es in Wirklichkeit ist, bedingt durch eine gewisse Voreingenommenheit, die durch die Testsituation hervorgerufen wird (kostenloses Überlassen eines Produkts; die Testperson ist auserkoren und zur Beurteilung aufgefordert worden). Diesen Nachteilen begegnet man mit dem **Mehrfachtest,** insbesondere dem parallelen Vergleichstest, bei dem ein Erzeugnis mit ähnlichen Produkten konfrontiert wird.

Beim **Volltest** interessiert man sich für die Akzeptanz des gesamten Objekts, beim **Partialtest** nur für einzelne Komponenten. Um deren Ausstrahlung (Irradiation) auf das gesamte Erzeugnis zu erfassen, bietet sich eine Reihe von Möglichkeiten an. Beim **Eliminationsverfahren** z. B. wird jenes sukzessiv anonymisiert, wobei man es beispielsweise zunächst ohne Preisangabe, dann ohne Herkunftshinweis und schließlich, im Blindtest, nur noch als nackte Ware beurteilen läßt. Wird etwa in einem Volltest ein Markenerzeugnis als „minderwertig / billig" eingestuft und verbessert sich nach Ausschaltung der Komponente Preis dessen Beurteilung, so kann man daraus folgern, daß in diesem Fall der offenbar zu geringe Preis das Urteil der Versuchsperson geprägt hat.

Beim **Substitutionsverfahren** verringert man die Produktkomponenten nicht, sondern variiert sie nur. Das jeweils interessierende Element wird den Probanden in mehreren Varianten zur Begutachtung vorgelegt. Auf diese Weise kann man beispielsweise die von den Verbrauchern am stärksten akzeptierte Farbgebung eines Waschmittels oder die meistpräferierte Duftnote einer Seife herausfinden.

Entschließt man sich, einen **Labor-Markttest** (vgl. *Stoffels* 1989) zu veranstalten, unterzieht man Testpersonen im allgemeinen zunächst einem Vorinterview, wobei u. a. Angaben zu Alter, Beruf, Einkommen, Lebens- und Konsumstil, Markenpräferenz u. ä. erbeten werden. Sodann werden die Betroffenen im Labor einer werblichen Maßnahme für das getestete Produkt sowie für Konkurrenzobjekte ausgesetzt, schließlich zum Einkaufen in einem (Labor-)Supermarkt veranlaßt. Sie erhalten dazu einen gewissen Geldbetrag ausgehändigt, der indessen nicht zum Einkaufen verpflichtet. Personen, die das Testprodukt erwerben, bekommen ein Konkurrenzerzeugnis als Zugabe, die anderen das Testprodukt, um damit Erfahrung sammeln zu können. Nach Ablauf einer gewissen, etwa der normalen Nutzungsdauer entsprechenden Zeit werden die Probanden noch einmal interviewt. Hierbei interessiert, ob die Käufer des Testprodukts dieses wiederzukaufen resp. die Nichtkäufer es nunmehr doch zu erwerben gedenken. Zugleich werden subjektive Urteile über die Produktqualität erfragt.

Vom Produkttest zu unterscheiden ist der **Warentest**. Jener wird vom Anbieter selbst oder von einem von ihm beauftragten Institut vorgenommen; bei seinem Pendant sind es dagegen neutrale Einrichtungen (z. B. *Stiftung Warentest).* Der Warentest wird immer nach Einführung des Produkts in den Markt, der Produkttest meistens vorher durchgeführt. Auch im Hinblick auf den Gegenstand der Prüfung ergeben sich Unterschiede. Beim Warentest will man objektiv erkennbare Eigenschaften feststellen, also Gebrauchseignung, Grundnutzen, Preiswürdigkeit usw. Dagegen erforscht man beim Produkttest Grund- und Zusatznutzen; man stellt also auf vom einzelnen wahrzunehmende bzw. zu empfindende Eigenschaften eines Erzeugnisses ab. Letztlich zeigen sich auch in der Zweckbestimmung Unterschiede. Das Ergebnis eines Warentests wird veröffentlicht; es soll die Markttransparenz erhöhen und die Konsumenten schützen. Das Unterfangen ist somit verbraucherorientiert. Die Befunde aus einem Produkttest werden dagegen geheimgehalten; sie dienen der Entscheidungsfindung der Unternehmung. Das Vorhaben ist also unternehmensorientiert.

3.6.1.2.2. Der Markttest

Der **Markttest** gehört zu den methodisch am weitesten entwickelten Feldexperimenten, die im Rahmen der Marketing-Forschung durchgeführt werden. Insbesondere große Markenartikelhersteller scheuen die Kosten nicht, die beim probeweisen Verkauf von neuen oder veränderten Produkten auf einem abgegrenzten Markt entstehen. Sie sind der Überzeugung, daß nur auf dieser Basis **Prognosen** über die **Wirkung ausgewählter Marketinginstrumente** bzw. von **Konzeptionen** möglich sind. Das Ziel solcher Markttests besteht darin, im Sinne einer letzten Kontrolle vor der nationalen Einführung eines Produktes Erfahrungen und Daten über dessen mutmaßliche Marktgängigkeit, aber auch Informationen über die Wirksamkeit einzelner Marketingmaßnahmen zu sammeln.

Im Gegensatz zum sog. Store-Test, bei dem lediglich das Käuferverhalten als Reaktion auf einzelne absatzpolitische Aktivitäten untersucht wird, soll beim Markttest das gesamte Marktverhalten ergründet werden. Deshalb müssen die auf einem Testmarkt eingeführten Produkte Handelsreife aufweisen. Der **Testmarkt** selbst soll, um repräsentative Informationen zu gewährleisten, räumlich abgrenzbar sein und in seiner **Bevölkerungs-**, **Handels-**, **Wettbewerbs-** und **Infrastruktur** ein verkleinertes Abbild der Grundgesamtheit eines Landes darstellen. So reicht oftmals eine Stadt als Testgebiet nicht aus, da etwa Pendler oder außerhalb der Stadtgrenzen liegende Verbrauchermärkte das Bild verzerren würden. Man bevorzugt deshalb meistens sog. **Agglomerationsräume**.

Um Streuverluste von Werbemaßnahmen zu vermeiden, sollte das **Verbreitungsgebiet** von **Massenmedien**, die als Werbeträger in Frage kommen, möglichst gut mit dem als Test-Region ausgewählten Gebiet übereinstimmen. Dieser Forderung kommen z. B. überregionale Zeitungen und Zeitschriften dadurch entgegen, daß sie die Plazierung einer Anzeige in nur einem Teil ihrer Auflage ermöglichen (Split Run-Verfahren).

Ein aus den genannten Gründen häufig gewählter, aber gerade deswegen zugleich atypischer Testmarkt ist das Saarland. Bei manchen Produkten müssen auch landsmannschaftliche Gegebenheiten bei der Auswahl eines Testmarkts berücksichtigt werden. So würde z. B. eine im Norden der Bundesrepublik Deutschland gelegene Region kaum repräsentative Ergebnisse für die Absatzfähigkeit neuer Teigwaren liefern.

Eine besondere Schwierigkeit bei der Durchführung eines Markttests ergibt sich daraus, daß der **Handel** zur **Mitarbeit** zu gewinnen ist, da im Verlauf eines solchen – häufig auf drei Monate angelegten – Experiments der Erfolg permanent kontrolliert werden muß. Die Bereitschaft zur Mitwirkung leidet vor allem darunter, daß immer dann, wenn zentral, über große Handelsorganisationen eingekauft wird, organisatorische Änderungen erforderlich werden, zu denen sich die Betroffenen häufig nur widerstrebend bereitfinden. Weitere Probleme ergeben sich vor allem dadurch, daß sich die Konkurrenten auf solchen Teilmärkten atypisch verhalten oder aber andere Umwelteinflüsse nicht in ausreichendem Umfang erfaßt und berücksichtigt werden können, wodurch eine Übertragung von Testmarktergebnissen auf den Gesamtmarkt erschwert wird.

Mit der **Durchführung** von Markttests werden in aller Regel **Marktforschungsinstitute** beauftragt, da diese sowohl über das erforderliche Instrumentarium als auch über Personal mit langjähriger einschlägiger Erfahrung verfügen. Wegen der immensen Kosten, die mit solchen Prüfungen einhergehen, wurden billigere Ersatzlösungen mit zwar vergleichbarem Datenanfall, aber geringerer Validität entwickelt, so z. B. der sog. **Mini-Testmarkt** (vgl. *Stoffels* 1989). Hierbei handelt es sich um eine Kombination von Store-Test und Haushaltspanel. Die Verbindung zwischen beiden stellen Kennummern her, die den einzelnen Haushalten zugewiesen werden. Die werbliche Unterstützung des Testproduktes wird dabei in der Weise simuliert, daß die Betroffenen eine Programmzeitschrift erhalten, in die Anzeigen für das Testobjekt eingefügt sind. In begrenztem Umfang ist bei bestimmten Mini-Testmärkten *(GfK BehaviorScan, Nielsen Telerim)* darüber hinaus die Unterstützung des Testproduktes durch TV-Werbung möglich, wodurch sich die Gelegenheit zur Kontrolle dieses kommunikationspolitischen Instruments eröffnet.

3.6.1.2.3. Der Store-Test

Häufig wird vor der Einrichtung oder statt eines Testmarkts ein sog. **Store-Test** durchgeführt, bei dem die in einem Labor nur unzureichend reproduzierbaren Umweltzustände angesichts der realen Bedingungen, die in einem Geschäft gegeben sind, in die Prüfung der Akzeptanz neuer oder modifizierter Produkte einbezogen werden können. Der Erfolg des testweisen Verkaufs von Produkten in ausgewählten Geschäften wird meistens mittels der Methode der **experimentellen Beobachtung** kontrolliert.

Durch entsprechende Versuchsplanung können Absatzänderungen unschwer zu einzelnen Elementen des Marketing-Mix, wie z. B. dem Preis des Produkts, dessen Plazierung oder etwaigen Verkaufsförderungsmaßnahmen (Sales Promotion), in Beziehung gesetzt werden. Dabei werden sämtliche Variablen außer jener bzw. jenen, deren Wirksamkeit durch das Experiment überprüft werden soll, so weit wie möglich konstant gehalten.

Der Vorteil der Variierbarkeit von Teilen des absatzpolitischen Instrumentariums wie auch die gegenüber dem Markttest erheblich geringeren Kosten müssen beim Store-Test mit Nachteilen bezüglich der Validität der Ergebnisse erkauft werden. Da nur einige, meist umsatzstarke Geschäfte ausgewählt werden, können die Resultate nicht repräsentativ sein. Ferner sind bestimmte Elemente des Marketing-Mix, insbesondere die Mediawerbung, bei dieser Vorgehensweise aus naheliegenden Gründen nicht einzusetzen.

Ein Store-Test erstreckt sich in aller Regel auf einen Zeitraum von zwei Monaten, wobei die Testvariable wöchentlich erhoben wird. Je größer das Sample gewählt wird bzw. je höher die Umschlagsgeschwindigkeit der betreffenden Produktgruppe ist, desto stärker kann, vorbehaltlich der Konstanz der Umweltbedingungen, die Beobachtungsdauer reduziert werden.

Was die Zahl der einzubeziehenden Geschäfte anbetrifft, gelangt man zu Größenordnungen von 20 bis 50. Die Schwierigkeit der **Gewinnung** von **Einzelhandelsgeschäften** zur Mitwirkung dürfte hier noch größer als beim Markttest sein, da beim Store-Test oft nachhaltig in die Sortiments- und Preispolitik des Handels eingegriffen werden muß, was von den dafür vorgesehenen Geschäften häufig nicht hingenommen wird.

3.6.2. Die Entwicklungsprognose

Wie erinnerlich, geht man hier von einer gegebenen Zeitreihe aus. Dies setzt voraus, daß sich etwa ein zu untersuchendes Produkt bereits eine bestimmte Zeit lang am Markt befindet. Zumeist weist dabei die Entwicklung der Absatzmenge und z. B. des Deckungsbeitrags im Zeitablauf einen gewissen Grundzug auf, der eine Extrapolation über einige Intervalle hinweg erlaubt oder sogar einen gesetzmäßigen Verlauf im Sinne des **klassischen Lebenszyklus** erkennen läßt. Die Trendverlängerung ist allerdings nur dann gerechtfertigt, wenn man aus gutem Grund davon ausgehen kann, daß die in der Zeitreihe zum Ausdruck kommende Entwicklungsrichtung im Bereich der zu prognostizierenden Werte weder durch eine nachhaltige Änderung der Umweltfaktoren, insbesondere konjunkturelle Bewegungen und Strukturbrüche, noch durch einen grundsätzlichen Wandel der Absatzkonzeption für das betrachtete Produkt gestört wird. Damit ist gleichzeitig der wesentlichste Einwand gegen die unbedachte Anwendung dieses Verfahrens vorgebracht, wobei dieser um so mehr Gewicht erhält, je stärker die konjunkturelle Komponente den Wirtschaftsablauf bestimmt. Daß davon wiederum Marketingkonzeptionen erheblich beeinflußt werden können, versteht sich von selbst.

Für die Bestimmung eines Trends kommen neben der „freihändigen" **zeichnerischen Ermittlung** und der anspruchslosen **Methode der gleitenden Durchschnitte** im wesentlichen folgende Vorgehensweisen in Betracht:

- Einfache Zeitreihenprognose,
- Methode des exponentiellen Glättens sowie
- Rückgriff auf nichtlineare Trend- und Wachstumsfunktionen.

3.6.2.1. Die einfache Zeitreihenprognose

Bei der Betrachtung von Zeitreihen geht man von der Annahme aus, daß eine für den Zeitpunkt $t + p$ zu prognostizierende Variable $\hat{y}$ von Werten dieser Variablen in der Vergangenheit abhängt, d. h. der Wert von $\hat{y}_{t+p}$ wird durch eine Kombination der historischen Werte $y_t, y_{t-1}, \ldots, y_{t-n}, \ldots, y_{t-T}$ erklärt (vgl. Gleichung 9.65.).

(9.65.) $$\hat{y}_{t+p} = f(y_t, y_{t-1}, \ldots, y_{t-n}, \ldots, y_{t-T})$$

Dabei bedeuten:

$\hat{y}_{t+p}$ = zu prognostizierende Größe für den (zukünftigen) Zeitpunkt $(t + p)$

y_t = Gegenwartswert oder letzter verfügbarer y-Wert

y_{t-1} (y_{t-n}) = y-Wert, der eine bzw. n Zeitperioden vor t gemessen wurde

t = in die Betrachtung einbezogener historischer Zeitpunkt (Zeitraum) t $(t = 1, \ldots, T)$

Eine wesentliche **Voraussetzung** für die Anwendung von Zeitreihenverfahren besteht darin, daß die Werte über die Zeit hinweg eine bestimmte Struktur aufweisen. Im einfachsten Falle ist die **Veränderung** der Werte konstant. Die Zeitreihe weist dann einen linearen Trend auf (vgl. Gleichung 9.66.).

(9.66.) $$\hat{y}_t = a + bt$$

Dabei bedeuten:

$\hat{y}_t$ = durch die Trendfunktion ermittelter Schätzwert für t

a = Konstante

b = Steigung der Trendgeraden

t = Beobachtungszeitpunkt oder -periode $(t = 1, \ldots, T)$

Ersetzt man t in Gleichung 9.66. durch eine Variable x, z. B. Werbeaufwendungen, so wird deutlich, daß die **lineare Trendrechnung** eine Sonderform der einfachen **Regressionsanalyse** darstellt. Entsprechend der **Regressionsrechnung** besteht das Problem darin, die **Trendgerade** durch Bestimmung von a und b so festzulegen, daß die Summe der quadrierten Abweichungen der y-Werte von den durch die Trendfunktion bestimmten Größen $\hat{y}$ möglichst klein wird (vgl. Gleichung 9.67.).

(9.67.) $$Z = \sum_{t=1}^{T} (y_t - a - bt)^2 \rightarrow \text{Min!}$$

Durch partielle Differentiation nach den Parametern a und b sowie Auflösung der Differentiationsgleichungen nach y_t erhält man die sog. Normalgleichungen:

(9.68.) $$\Sigma y_t = Ta + b\,\Sigma t$$

$$\Sigma t y_t = a\,\Sigma t + b\,\Sigma t^2$$

Zur Vereinfachung des Rechenvorgangs werden die Werte für t zweckmäßigerweise so gewählt, daß deren Summe 0 ergibt. In diesem Falle bereitet die Auflösung der Gleichungen nach a und b keine Schwierigkeiten (vgl. Gleichung 9.69.):

(9.69.)
$$a = \frac{\Sigma y_t}{T}$$

$$b = \frac{\Sigma t y_t}{\Sigma t^2}$$

Sodann kann der Prognosewert $\hat{y}_{t+p}$ unmittelbar durch Einsetzen des Wertes $(t + p)$ für t aus Gleichung 9.66. errechnet werden.

Die skizzierte Vorgehensweise soll an Hand eines konkreten, hinsichtlich der Daten vereinfachten Beispiels, der Schätzung der Nachfrage nach CNC-Maschinen in einem *EU*-Land für die Jahre 1994-1998, illustriert werden. Für das Intervall 1982 bis 1993 können ohne weiteres Zeitreihen der in Tab. 9.39. wiedergegebenen Art aufgestellt werden.

Tabelle 9.39.

Produktionsstatistik für CNC-Maschinen

Jahr t = 1, . . ., 12	Produktion zu jeweiligen Preisen in Mio. DM	Preisindex Basis 1986	Preisindex Basis 1993	Produktionswert in Mio. DM zu Preisen von 1993
1	2	3	4	5
1982	47,1	96,4	86,5	54,5
1983	53,7	96,2	86,4	62,2
1984	57,0	97,4	87,4	65,2
1985	66,0	97,6	87,6	75,4
1986	73,9	100,0	89,8	82,3
1987	79,0	102,5	91,7	86,2
1988	85,9	105,5	94,7	90,7
1989	90,8	107,3	96,3	94,3
1990	94,0	106,2	95,3	98,6
1991	93,7	106,1	95,2	98,4
1992	99,2	108,2	97,1	102,2
1993	105,0	111,4	100,0	105,0

Spalte 2 enthält die Produktionswerte zu jeweiligen Preisen. Spalte 3 weist die veröffentlichten Preisindizes für Metallbearbeitungsmaschinen aus, die für die Preisentwicklung der CNC-Maschinen als repräsentativ betrachtet werden können. In dieser Zeitreihe ist als Basisjahr 1986 gewählt worden. Für die Zwecke der Prognose empfiehlt es sich, die Indizes auf das Preisniveau von 1993 umzurechnen, indem man jede Zahl durch 1,114 dividiert (Spalte 4). In Spalte 5 ist der Produktionswert auf der Basis der Preise

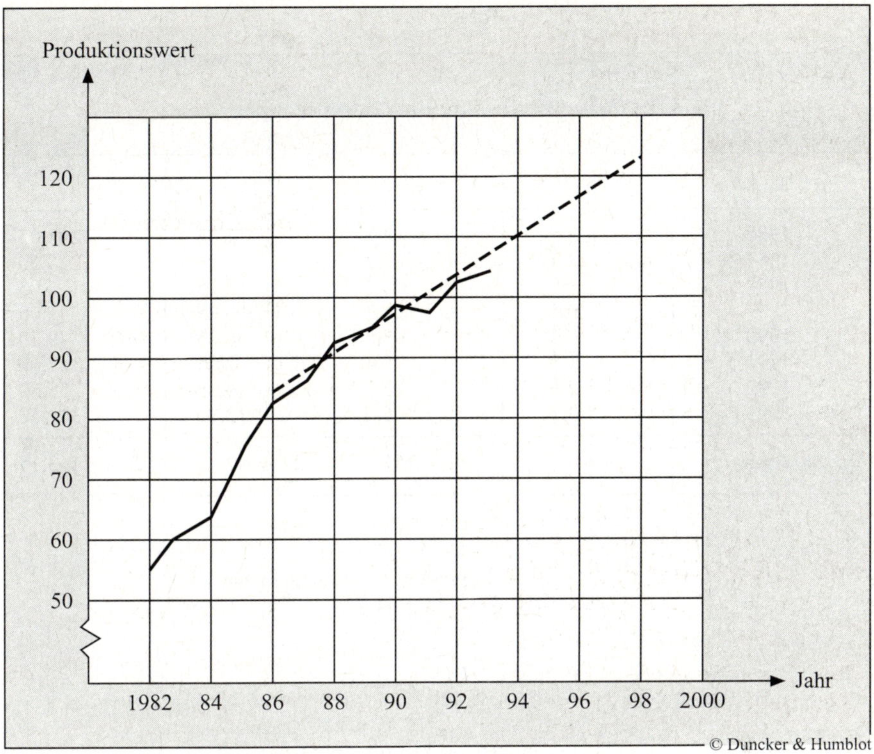

Abb. 9.30.: Produktionswert von CNC-Maschinen im Zeitraum 1982-2000

von 1993 angegeben, der durch Division der Werte der Spalte 2 durch jene von Spalte 4 und Multiplikation des Quotienten mit 100 errechnet wird. Die Werte der Spalte 5 ergeben die in Abb. 9.30. wiedergegebene durchgezogene Linie.

Parallel zu dieser statistischen Analyse werden die maßgeblichen Abnehmer über die voraussichtliche Marktentwicklung befragt. Für die nächsten fünf Jahre erwarten diese ein gleichmäßiges Weiterwachsen der Umsätze, was die Zweckmäßigkeit des Ansatzes unterstreicht. Wie leicht einzusehen, wäre es nicht vertretbar, einen linearen Trend für den ganzen Zeitraum (1982-1998) zu unterstellen. Geht man indessen von 1986 aus, erscheint dies zulässig. In Übereinstimmung mit dem Urteil der Abnehmer wird deshalb für die Jahre 1986 bis 1993 ein linearer Trend zugrunde gelegt, den man bis 1998 extrapoliert. Formale Bedenken gegen diese Vorgehensweise, die in der Kürze der Zeitreihe begründet sind, werden für dieses Beispiel zurückgestellt. Zur Bestimmung der für die Berechnung benötigten Elemente bedient man sich zweckmäßigerweise einer Arbeitstabelle (vgl. Tab. 9.40.).

Nach Gleichung 9.69. erhält man folgende Werte für die Konstanten und z. B. für 1998 die zu prognostizierende Absatzgröße:

Tabelle 9.40.

Rechentabelle zur Bestimmung der Trendparameter				
Jahr	t	y_t	t^2	$t \cdot y_t$
1986	– 3,5	82,3	12,25	– 288,05
1987	– 2,5	86,2	6,25	– 215,50
1988	– 1,5	90,7	2,25	– 136,05
1989	– 0,5	94,3	0,25	– 47,15
1990	0,5	98,6	0,25	49,30
1991	1,5	98,4	2,25	147,60
1992	2,5	102,2	6,25	255,50
1993	3,5	105,0	12,25	367,50
$T = 8$	$\Sigma t = 0$	$\Sigma y_t = 757{,}7$	$\Sigma t^2 = 42$	$\Sigma t y_t = 133{,}15$

$$a = \frac{757{,}7}{8} \approx 94{,}71$$

$$b = \frac{133{,}15}{42} \approx 3{,}17$$

$$\hat{y}_{1998} = 94{,}71 + 3{,}17 \cdot 8{,}5 = 121{,}66$$

Der Produktionswert des Industriezweigs CNC-Maschinen wird demnach für 1998 auf ca. 122 Mio. DM, ausgehend vom Preisniveau des Jahres 1993, geschätzt.

3.6.2.2. Die Grundform des exponentiellen Glättens

Im Rahmen der **Trendberechnung** kommt allen Vergangenheitswerten unabhängig von ihrem Alter das gleiche Gewicht für die zu prognostizierende Größe zu. Es liegt nahe, die evolutionäre Entwicklung des Marktgeschehens durch eine differenzierte Gewichtung der historischen Werte in der Weise zu berücksichtigen, daß der Einfluß älterer Beobachtungen auf die Vorhersage geringer als die Bedeutung jener aus der jüngsten Vergangenheit eingeschätzt wird. Das gilt vor allem dann, wenn ein Wechsel in den Kräften erkennbar wird, die den Wirtschaftsablauf bestimmen, wie es jeweils bei einer Konjunkturwende der Fall ist.

Das bekannteste Gewichtungsprinzip für Zeitreihenanalysen dieser Art stellt die **Methode des exponentiellen Glättens** („**exponential smoothing**") dar. Diese Bezeichnung leitet sich aus der Verwendung eines über die Zeit hinweg konstanten **exponentiellen Gewichtungsfaktors** a $(0 \leq a \leq 1)$ ab, der gewissermaßen eine Diskontierung der Vergangenheitsdaten auf die Gegenwart bewirkt. In der einfachsten Form lautet die Bestimmungsgleichung für die zu prognostizierende Größe $\hat{y}$, z. B. den Umsatz der Periode $t + 1$, wie folgt:

$$\hat{y}_{t+1} = \overline{y}_t = ay_t + (1 - a)\overline{y}_{t-1} \tag{9.70.}$$

Dabei bedeuten:

$\hat{y}_{t+1}$ = prognostizierter Wert (Umsatz)

y_t = Beobachtungswert (Umsatz) der gegenwärtigen Periode (Istwert)

$\bar{y}_t$ = durch Glättung gebildeter Mittelwert (Umsatz) für Periode t

a = Glättungsfaktor

Für die vorhergehenden Perioden gelten analog folgende Beziehungen, die sich aus Gleichung 9.70. durch Zeitverschiebung ergeben:

(9.71.)

$$\text{(a)} \quad \overline{y}_{t-1} = ay_{t-1} + (1 - a)\overline{y}_{t-2}$$

$$\text{(b)} \quad \overline{y}_{t-i} = ay_{t-i} + (1 - a)\overline{y}_{t-i-1}$$

Mit dem schrittweisen Zurückverfolgen des jeweils letzten geglätteten Mittelwerts kann man beliebig lange fortfahren. Letztlich erhält man für $\hat{y}_{t+1}$ eine Bestimmungsgleichung, in der praktisch nur noch die unmittelbar beobachtbaren y_{t-i}-Werte zu Buche schlagen, da $\lim\limits_{i \to \infty} (1 - a)^i = 0$ (vgl. Gleichung 9.72.).

(9.72.)

$$\begin{aligned}
\hat{y}_{t+1} &= ay_t + (1 - a)\overline{y}_{t-1} \\
&= ay_t + (1 - a)[ay_{t-1} + (1 - a)\overline{y}_{t-2}] \\
&= ay_t + a(1 - a)y_{t-1} + (1 - a)^2\overline{y}_{t-2} \\
&= \quad . \quad . \quad + (1 - a)^2[ay_{t-2} + (1 - a)\overline{y}_{t-3}] \\
&= \quad . \quad . \quad + a(1 - a)^2 y_{t-2} + (1 - a)^3\overline{y}_{t-3} \\
&= \quad . \quad . \quad . \quad + (1 - a)^3[ay_{t-3} + (1 - a)\overline{y}_{t-4}] \\
&= \quad . \quad . \quad . \quad + a(1 - a)^3 y_{t-3} + (1 - a)^4\overline{y}_{t-4} \\
&= \quad . \quad . \quad . \quad . \quad . \\
&= \quad . \quad . \quad . \quad . \quad . \\
&= \quad . \quad . \quad . \quad . \quad . \\
\hat{y}_{t+1} &= ay_t + a(1 - a)y_{t-1} + a(1 - a)^2 y_{t-2} + a(1 - a)^3 y_{t-3} + \\
&\quad \ldots + a(1 - a)^i\overline{y}_{t-i} \qquad \text{für } i \to \infty
\end{aligned}$$

Aus dem Ansatz wird deutlich, daß die Wahl eines **aufgabenadäquaten Gewichtungsfaktors** (a) das zentrale Problem der Methode des exponentiellen Glättens darstellt. Die zeitabhängige Wirkung unterschiedlicher Parametergrößen ($a = 0{,}1$ und $a = 0{,}5$) verdeutlicht Abb. 9.31. Die Darstellung läßt erkennen, daß bei einer relativ ungestörten Entwicklung der Vergangenheitswerte die Verwen-

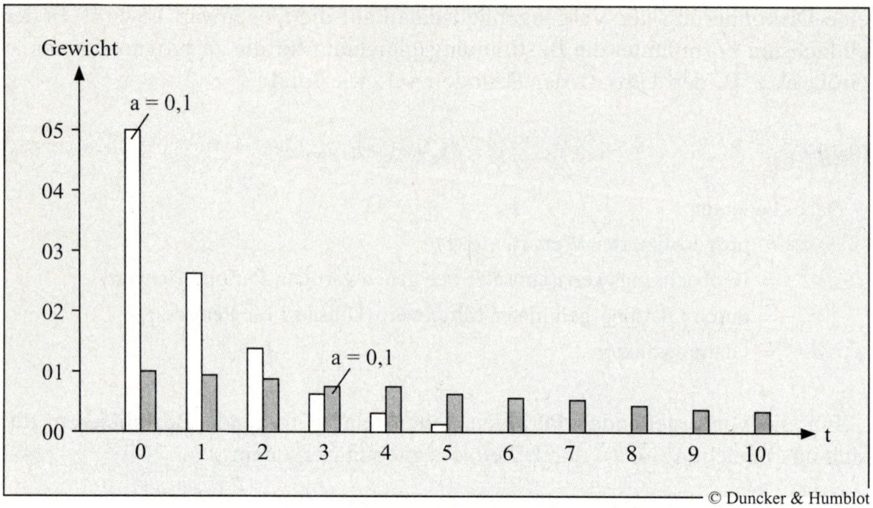

Abb. 9.31.: Zeitliche Verteilung der Glättungsgewichte für zwei Parameterwerte a = 0,1 und 0,5

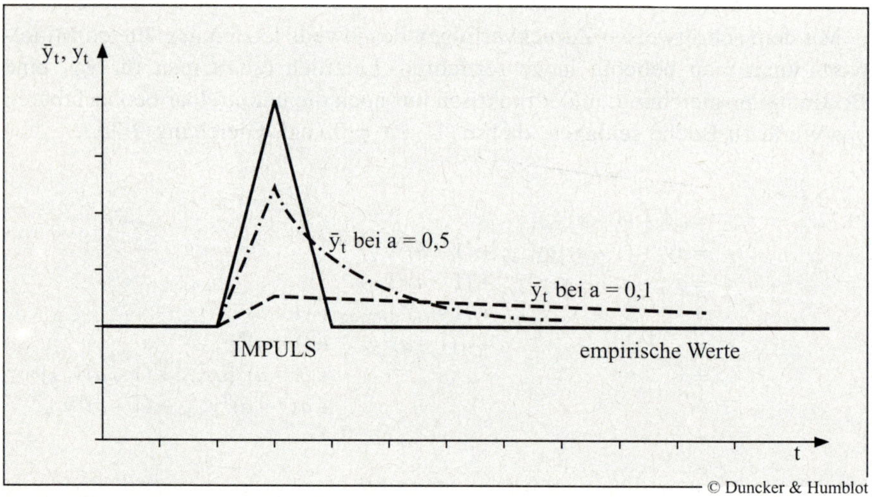

Quelle: *Fiedler* 1967, S. 6.

Abb. 9.32.: Reaktionsverhalten der geglätteten Werte auf einen Impuls bei alternativen Werten des Glättungsfaktors

dung eines kleinen a-Wertes ($0 \le a \le 0{,}2$) angebracht erscheint, da hierdurch weiter zurückliegende Daten auch noch einen gewissen Einfluß ausüben. Soll hingegen die Entwicklung der jüngsten Vergangenheit in stärkerem Maße berücksichtigt werden, so empfiehlt sich die Verwendung eines größeren Gewichts.

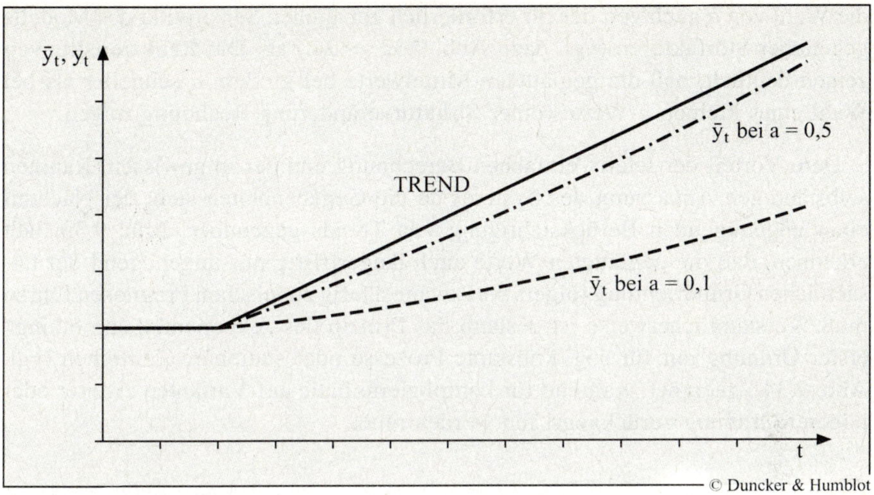

Quelle: *Fiedler* 1967, S. 5.

Abb. 9.33.: Anpassung der geglätteten Werte an eine diskontinuierliche Zeitreihe für alternative Werte des Glättungsfaktors

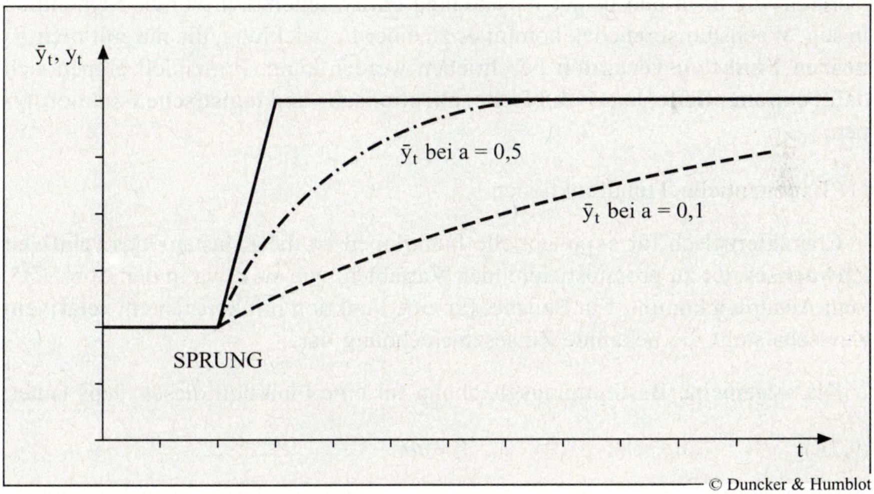

Quelle: *Fiedler* 1967, S. 6.

Abb. 9.34.: Anpassung der geglätteten Werte an einen Knick der Zeitreihe für alternative Werte des Glättungsfaktors

Damit wird auch verständlich, daß für alle praktischen Erfordernisse nur vergleichsweise wenige Vergangenheitswerte verfügbar sein müssen. Unbeschadet der Art und Weise, wie historische Werte berücksichtigt werden sollen, hängt die Wahl von *a* auch von der für erforderlich gehaltenen Sensitivität des Modells gegenüber Störfaktoren (vgl. dazu Abb. 9.32.-9.34.) ab. Die **Reaktionskurven** zeigen deutlich, daß die geglätteten Mittelwerte bei großem *a* schneller als bei Wahl eines kleinen *a*-Wertes einer Strukturveränderung Rechnung tragen.

Dem Vorteil der relativ einfachen Berechnung und der in gewissem Rahmen selbständigen Anpassung des Systems an die Gegebenheiten steht der Nachteil einer ungenügenden Berücksichtigung von Trends gegenüber. Abb. 9.33. läßt erkennen, daß die geglätteten Werte auch längerfristig nur ungenügend der tatsächlichen Grundrichtung folgen, was zwangsläufig zu falschen Prognosen führen muß. Verständlicherweise ist deshalb das Prinzip des „exponential smoothing" erster Ordnung nur für sog. konstante Prozesse oder stationäre Zeitreihen (vgl. Abb. 9.34.) geeignet, während für komplizierte Fälle auf Varianten zweiter oder höherer Ordnung zurückgegriffen werden muß.

3.6.2.3. Nichtlineare Trend- und Wachstumsfunktionen

In vielen Fällen zeigt die Absatzentwicklung eines Produkts keinen linearen, also durch eine konstante Zuwachsrate gekennzeichneten, oder aber stationären Verlauf, wie er in den bisher behandelten Fällen unterstellt wurde. Namentlich in sog. Wachstumsbranchen kommt es zu einer Entwicklung, die nur mit **nichtlinearen Funktionsverläufen** beschrieben werden kann. Prinzipiell eignen sich dafür **exponentielle, logarithmische, parabolische** und **logistische** Funktionstypen.

(1) Exponentielle Trendfunktionen

Charakteristisch für exponentielle Funktionen ist die Konstanz des **relativen Zuwachses** der zu prognostizierenden Variablen, wie sie etwa in der Abb. 9.35. zum Ausdruck kommt. Ein Beispiel für eine Funktion mit konstantem **relativem** Zuwachs stellt die bekannte Zinseszinsrechnung dar.

Die allgemeine Bestimmungsgleichung für eine Funktion dieses Typs lautet:

(9.73.) $$\hat{y}_t = ab^t$$

Dabei bedeuten:

$\hat{y}_t$ = abhängige, zu prognostizierende Variable

a, b = zu bestimmende Parameter

t = Zeit ($t = 1, \ldots, T$)

Durch Logarithmieren und Bildung der Normalgleichungen können die zunächst unbekannten Konstanten *a* und *b* auf verhältnismäßig einfache Weise bestimmt werden.

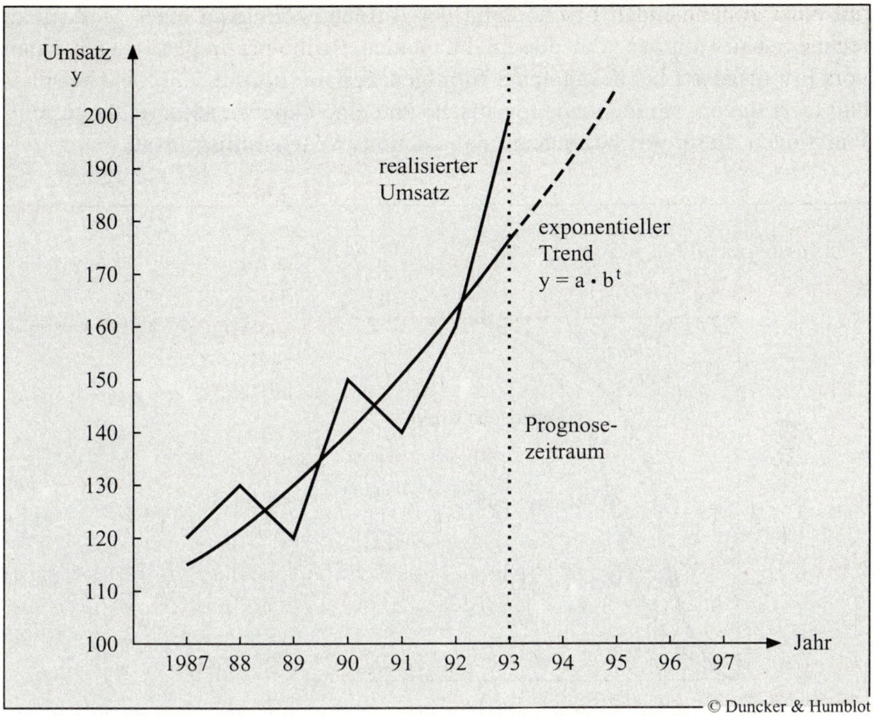

Abb. 9.35.: Beispiel für eine exponentielle Trendfunktion

(2) Parabolische Trends

Die Anwendung **parabolischer Trends** ist im allgemeinen auf relativ kurze Planungszeiträume beschränkt. Dies gilt insbesondere für Parabeln dritter und höherer Ordnung. Die Funktionsgleichung einer Parabel zweiter Ordnung lautet wie folgt:

(9.74.) $$\hat{y}_t = a + bt + ct^2$$

Die Bedeutung der Symbole ist bereits bekannt. Zur Schätzung der Konstanten *a, b* und *c* werden in diesem Falle drei Normalgleichungen aufgestellt, die, in gewohnter Weise nach *a, b* und *c* partiell differenziert, die gesuchten Werte für die Konstanten ergeben.

(3) Logistische Trendfunktionen

In den bisherigen Ausführungen wurde ein stetig wachsender Absatz unterstellt. Die Annahme einer unbegrenzten Aufnahmefähigkeit des Marktes erscheint jedoch nur selten berechtigt; insbesondere über viele Planungsperioden hinweg ist mit einer zunehmenden Erschöpfung der Aufnahmefähigkeit eines Marktes zu rechnen. Kurventypen, die diesem Phänomen Rechnung tragen, zeigen einen vom Ertragsgesetz her bekannten S-förmigen Verlauf. In Abb. 9.36. sind beispielhaft zwei davon, nämlich eine logistische und eine *Gompertz*-Kurve, dargestellt. Funktionen dieser Art bezeichnet man auch als **Wachstumskurven**.

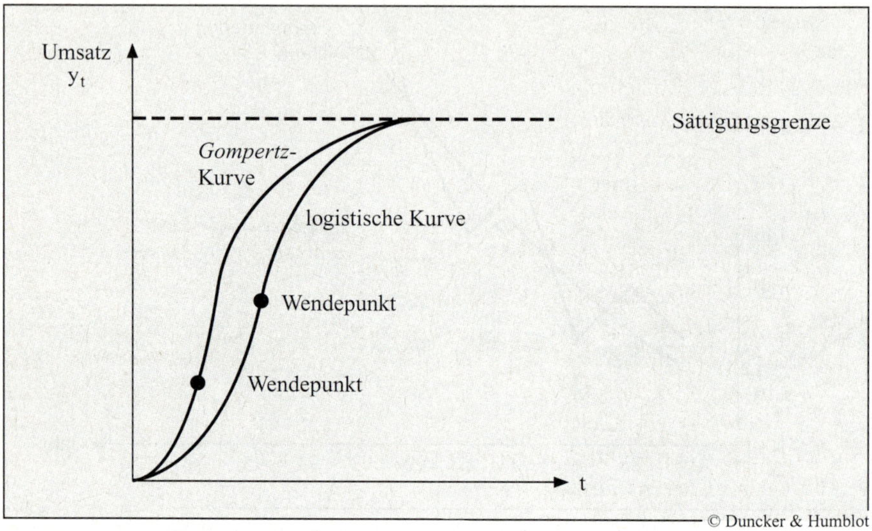

Quelle: *Fiedler* 1967, S. 7.

Abb. 9.36.: Typische Wachstumskurven, dargestellt am Verlauf einer logistischen und einer *Gompertz*-Kurve

Verlaufen Wachstumskurven zu beiden Seiten des Wendepunktes symmetrisch, so spricht man von **logistischen Funktionen**. Den Prototyp einer asymmetrischen Funktion stellt die sog. *Gompertz*-Kurve dar, die durch einen steilen Anstieg, ein relativ lang anhaltendes, annähernd lineares Wachstum und eine langsame Anpassung an das Sättigungsniveau gekennzeichnet ist.

Es hat sich gezeigt, daß das reine Trendverfahren kausallogisch nicht zu befriedigen vermag, da man hier von einer unabhängigen, mehr oder minder eigengesetzlichen Entwicklung der Prognosevariablen in der Zeit ausgeht. Demgegenüber wird bei der linearen ebenso wie bei der nichtlinearen **Regressionsschätzung** der zeitliche Ablauf der untersuchten Größe auf den Einfluß von sachlich übergeordneten Bestimmungsfaktoren zurückgeführt. Welche Größen dabei die stärkste Wirkung auf die zu erklärende Variable ausüben und deshalb am ehesten in das Kalkül einzubeziehen sind, untersucht man im Rahmen der **Korrelationsrechnung**. Vielfach handelt es sich dabei jedoch um Faktoren, über die man nur sog. qualitative Aussagen machen zu können glaubt. Dies ist indessen kein Grund, auf die Heranziehung der Regressionsanalyse zu verzichten. Aber wie groß der mathematisch-statistische Aufwand auch sein mag, der dabei getrieben wird, spiegelt das Ergebnis doch stets nur eine **statistische, stochastische** (= wahrscheinlichkeitsbehaftete) **Kausalität** wider. Das Pendant dazu, die logisch begründete, „wahre", deterministische Kausalität aufzudecken, übersteigt die Möglichkeiten der Wirtschafts- und Sozialwissenschaften.

Eine Prognose, die auf Beobachtungen aufbaut, kann nur dann einen Sinn haben, wenn außer einer definierbaren Ordnung in der Vergangenheit gewisse unveränderliche Beziehungen über die Zeit hinweg bestehen. Die Parameter, die die Abhängigkeit ausdrücken, variieren aber langfristig mit dem Hineinwachsen z. B. eines Produkts in die Sättigung. Sie werden damit zu einer Funktion der Zeit. Es ist deshalb unschwer einzusehen, daß **langfristige Prognosen** immer gewisse Vorstellungen von den **Sättigungsgrenzen** und dem **Zeitpunkt**, zu dem diese erreicht werden, voraussetzen.

Vielfach behilft man sich in diesem Zusammenhang mit einem sog. **Analogieschluß,** der sich in der Praxis großer Beliebtheit erfreut. Bei der Diffusion neuartiger Konsumgüter, z. B. von Videorekordern und elektronischen Kameras, verfolgt man häufig die Entwicklung in einem anderen, dem eigenen strukturgleichen Land, das im Hinblick auf das interessierende Produkt, aus welchen Gründen auch immer, einen relativ gut bestimmbaren zeitlichen Vorlauf aufweist. Die Logik des Verfahrens besteht darin, daß man annimmt, das eigene Land werde wegen der sonst gleichen Ausgangsbedingungen bei der Verbreitung des fraglichen Produkts einen ähnlichen, freilich beschleunigten Entwicklungsprozeß durchmachen. So einleuchtend und nützlich diese Vorgehensweise auch sein mag, so geht sie in ihrer Stringenz doch kaum über eine von Intuition gesteuerte Vorausschau hinaus.

3.6.3. Die Verknüpfung von Wirkungs- und Entwicklungsprognose

Eine bekannte Variante sog. Sättigungsmodelle stellt ein Ansatz von *Bass* dar, der später von einer Reihe von Autoren rezipiert, abgewandelt oder ausgebaut wurde. Er verkörpert insofern eine **Mischform** von Wirkungs- und Entwicklungprognose, als der Verlauf der interessierenden Variablen, z. B. der Nachfrage nach einem bestimmten Produkt, auf bestimmte Modalitäten des **Diffusionsprozesses** zurückgeführt wird. *Bass* (1969) baut auf folgender Vorstellung auf:

Gegeben sei ein **neuartiges Gebrauchsgut**, das für einige Zeit nur von Erstkäufern erworben wird. Es gibt also keinen Ersatzbedarf. Der (Erstkauf-)Absatz einer bestimmten Periode (N'_t) bestimmt sich aus dem noch unbelieferten Käuferreservoir („Bedarfslücke") ($N^* - N_{t-1}$), multipliziert mit der Kaufwahrscheinlichkeit einer bestimmten Periode (h_t):

(9.75.) $$N'_t = h_t(N^* - N_{t-1})$$

Für h_t unterstellt *Bass:* $$h_t = \left(p + q\,\frac{N_{t-1}}{N^*}\right)$$

In Ergänzung zu den bereits definierten Symbolen bedeuten:

N^* = Marktpotential

N_{t-1} = bisherige Gesamtkäufe (Adoptionen) = $\sum_{\tau=1}^{t-1} N'_\tau$

p, q = Parameter

Der Term h_t beschreibt die (bedingte) Wahrscheinlichkeit dafür, daß ein Nachfrager die Innovation im Zeitpunkt t übernimmt, unter der Voraussetzung, daß dies im Zeitraum $t = 0$ bis einschließlich $t - 1$ noch nicht der Fall war. Allgemein determinieren diese Kaufwahrscheinlichkeit diffusionsendogene und -exogene Einflußgrößen (vgl. *Schmalen / Binninger / Pechtl* 1993, S. 517):

- **Diffusionsendogene Stimuli** beruhen in der Regel auf einer positiven Eigendynamik der Nachfrage. Sie werden über den Term $\left(\frac{N_{t-1}}{N^*}\right)$ erfaßt; er bezeichnet den **Produktverbreitungsgrad** (Marktsättigungsgrad), den die Innovation im Zeitpunkt t im gesamten sozialen System gefunden hat. Je mehr Käufer ein Gut bereits erworben haben, um so stärker wird der Druck auf das (noch) unbelieferte Käuferreservoir, den Betroffenen nachzueifern. Jedoch ist auch der umgekehrte Fall, eine negative Eigendynamik, möglich: Je stärker verbreitet ein Produkt ist, ein um so geringerer Kaufanreiz besteht für bestimmte soziale Gruppen; es gibt keinen Snobeffekt mehr (vgl. *Binninger* 1993, S. 38-43).

- **Diffusionsexogene** Faktoren können beispielsweise Anbietervariablen und ökonomische Rahmenbedingungen sein. Sie spiegeln sich in den Parametern p und q wider. Während p alle Komponenten umfaßt, die mit dem sozialen Einfluß nicht in Verbindung stehen, steuert q die Wirkung diffusionsendogener Stimuli. Dann sind deshalb zusätzliche Einflußgrößen, wie z. B. die Stärke der Kommunikationsbeziehungen im sozialen System, zu erfassen. *Bass* bezeichnet p als **Innovations**- und q als **Imitationskoeffizienten**.

Tab. 9.41. gibt exemplarische Absatzverläufe nach dem *Bass*-Modell wieder. Je höher der Innovationskoeffizient (Imitationskoeffizient) ist, um so ausgeprägter exponentiell (logistisch) entwickelt sich der Absatz. Für die Extremfälle $q = 0$ und $p = 0$ erhält man das exponentielle bzw. logistische Modell als Spezialfälle. Eine verhaltenswissenschaftliche Begründung dieses Diffusionsprozesses findet sich bei *Schmalen* (1979, S. 45 ff.).

Tabelle 9.41.

Exemplarische Absatzverläufe nach dem *Bass*-Modell für unterschiedliche Konstellationen von *p* und *q* (N^* = 1.000)								
	Periode							
Parameter	1	2	3	4	5	6	7	kumulierter Absatz
$p = 0{,}2$; $q = 0{,}4$	200,00	224,00	212,89	165,13	103,11	53,32	24,24	982,69
$p = 0{,}2$; $q = 0{,}2$	200,00	192,00	169,27	137,00	102,49	71,76	47,75	920,27
$p = 0{,}4$; $q = 0{,}2$	400,00	288,00	167,73	82,40	36,36	15,18	6,18	995,85

Um die Nachfrage in der Periode t für den **stetigen** Fall formelmäßig abbilden zu können, benötigen wir zusätzlich zu den bereits bekannten Symbolen p, q und N^* noch folgende:

$N(t)$ = die bis zum Beginn des Zeitraumes t abgesetzte Menge
$H(t)$ = bedingte Wahrscheinlichkeit für den Erwerb eines Stückes in t
$f(t)$ = Wahrscheinlichkeit für den Erwerb eines Stückes in t
$F(t)$ = kumulierte Wahrscheinlichkeit für den Erwerb eines Stückes in t

Wir erhalten (nach *Mertens / Falk* 1994, S. 157 ff.):

(9.76.) $$H(t) = \frac{f(t)}{1 - F(t)} = p + \frac{q}{N^*} \cdot N(t)$$

(9.77.) $$N(t) = N^* \cdot F(t)$$

(9.78.) $$F(t) = \frac{N(t)}{N^*}$$

Die in t geäußerte Nachfrage ergibt sich wie folgt:

(9.79.) $$\begin{aligned} N'_t = N^* \cdot f(t) &= N^* \left(p + \frac{q}{N^*} \cdot N(t)\right) \cdot \left(1 - F(t)\right) \\ &= \left(p + q\,\frac{N(t)}{N^*}\right) \cdot \left(N^* - N^* F(t)\right) \\ &= \left(p + q\,\frac{N(t)}{N^*}\right) \cdot \left(N^* - N(t)\right) \end{aligned}$$

Aus Gleichung (9.79.) wird besonders deutlich, daß dem *Bass*-Modell ein homogen strukturiertes Käuferreservoir zugrunde liegt. Der Term $\left(p + q \frac{N(t)}{N^*}\right)$ läßt sich als (lineare) Kaufwahrscheinlichkeit des Durchschnittskäufers auslegen, der sowohl etwas innovativ (p) als auch ein wenig imitativ (q) veranlagt ist: So wächst die Kaufwahrscheinlichkeit mit der Produktverbreitung bzw. dem Marktsättigungsgrad $\left(\frac{N(t)}{N^*}\right)$. Innovations- und Imitationskoeffizient sind als Strukturvariablen für alle Mitglieder des sozialen Systems gleich (vgl. *Schmalen* 1989, S. 218). In diesem Sinne liegt also eine für alle gleiche Verhaltensmischung vor („**mixed influence**"; vgl. *Mahajan / Peterson* 1985, S. 21 f.; *Gatignon / Robertson* 1986, S. 52). Auf aggregierter Basis kann dann N'_t als Erwartungswert für den Absatz in der Periode t betrachtet werden. Ein nach dem *Bass*-Modell charakterisierter Adopter läßt sich deshalb als **Mischadopter** bezeichnen. Der homogene Charakter der Käuferschaft stellt aber zugleich einen der Hauptkritikpunkte am *Bass*-Modell dar.

Den einschließlich des Zeitraums t erreichten **Gesamtabsatz** erhält man durch Lösung der Differentialgleichung erster Ordnung, die Gleichung 9.80. darstellt.

(9.80.)
$$N(t) = N^* = \frac{1 - e^{-(p+q)\cdot t}}{1 + \frac{q}{p} \cdot e^{-(p+q)\cdot t}}$$

Der Ansatz hat seine Bewährungsprobe bei einer Reihe von langlebigen Gebrauchsgütern bestanden, so bei Klimaanlagen, Kühlschränken, Schwarz-Weiß-Fernsehapparaten, elektrischen Rasenmähern (*Bass* 1969) und Scannerkassen (*Gierl* 1992). Wenngleich es zahlreiche schätztechnische Probleme gibt (vgl. dazu *Binninger* 1993, S. 17), liegt sein Reiz darin, daß es möglich ist, aus dem für eine Anzahl von Jahren bekannten Absatzverlauf mit Hilfe eines Modells der (in diesem Buch nicht behandelten) nichtlinearen Regression die Parameter p und q sowie die Sättigungsmenge N^* zu ermitteln (siehe dazu *Bass* 1969).

Er eignet sich überdies dazu, die miteinander verquickten Größen p und q, die zum Teil von den kommunikationspolitischen Bemühungen der Unternehmung bestimmt sind, zu diesen in Beziehung zu setzen. Die zunächst äußerst schmale Datenbasis eröffnet dem Forscher auf diese Weise vielfältige Möglichkeiten einer methodisch raffinierten Verbindung von Wirkungs- und Entwicklungsprognose. Der aus verhaltenswissenschaftlicher Sicht zum Teil problematische Hintergrund (homogene Käuferschaft) des *Bass*-Modells hat in jüngster Zeit zu einigen sinnvollen Erweiterungen geführt (vgl. *Tanny / Derzko* 1988; *Schmalen / Binninger / Pechtl* 1993; *Binninger* 1993).

3.6.4. Die Projektion

„**Projektionen** sind komplexe, wissenschaftlich begründete Voraussagen über Inhalt, Umfang und Richtung von Entwicklungsprozessen, denen reale oder abstrakte Systeme im Zeitablauf unterworfen sind. Sie dienen damit dem Entwurf eines Modells über den künftigen Zustand solcher Systeme" (*Marr* 1974, Sp. 1783). Worum es konkret geht, verdeutlichen am besten einige marketingrelevante Fragestellungen einschlägiger Art:

- Welche Konsequenzen wird das Aufbegehren der Länder der Dritten Welt gegen das sog. Nord-Süd-Gefälle für die westlichen Industrienationen in den nächsten Jahrzehnten zeitigen?
- Wie wird die soziale Ordnung unseres Landes zu Beginn des 21. Jahrhunderts aussehen?
- Wie werden wir uns in zwanzig Jahren ernähren, kleiden, fortbewegen? Wie und wo werden wir wohnen?

Definition und Beispiele machen deutlich, daß Projektionen in dem hier gemeinten (keineswegs unumstrittenen) Sinne sehr **komplexe Phänomene** zum Gegenstand haben, **große Zeiträume** erfassen, eine **wissenschaftliche Vorgehensweise** für sich beanspruchen und verständlicherweise weniger von Unternehmen als von Forschungsinstituten, Verbänden, Ministerien, supranationalen Organisationen etc. durchgeführt werden. Daß sie für die Planung markt- und erwerbswirtschaftlich orientierter Unternehmen von großer Bedeutung sind, auch wenn deren Analyse nicht zu den Alltagspflichten eines Marketingmanagers gehören mag, steht außer Frage.

Man denke etwa an die weitreichenden Konsequenzen, die sich aus einem **spürbaren Bevölkerungsrückgang** für die Anbieter z. B. von Babynahrung, Kinderkleidung, Spielwaren, Fahrrädern und Schulsachen ergeben. Daß davon auch der Bedarf an Kinderärzten, Kindergartenplätzen, Lehrern usw. abhängt, sei hier nur am Rande erwähnt.

Eine ungeheure Herausforderung für unser Vorstellungsvermögen verkörpert auch die Frage, ob wir es uns angesichts einer zunehmenden Umweltverschmutzung und einer von vielen als bedrohlich empfundenen Abhängigkeit von einigen unberechenbaren Ölstaaten leisten können, weiterhin auf den Individualverkehr und insbesondere das mit Rohölderivaten betriebene Kraftfahrzeug als Beförderungsmittel zu setzen. Welche Alternativen sind denkbar, welche Lösungen sollten wir anstreben?

Die letzte Frage macht deutlich, daß eine Projektion rasch zu einer Zielgröße werden, also normative Züge annehmen kann. Symptomatisch ist dies etwa für die technologische Voraussage mittels eines (**inversen**) **Relevanzbaums** (vgl. *Pfeiffer / Staudt* 1974, Sp. 2132 ff.), die auf einer wechselseitigen Durchdringung eines Ziels, Bedarfs oder Problems auf der einen und eines Problemlösungspotentials auf der anderen Seite basiert. Welche Verfahren kommen dafür in Betracht?

Zweifellos wird mit einfachen **Paneluntersuchungen** und **Verbraucherbefragungen** kein großer Erkenntnisgewinn verbunden sein, auch wenn z. B. von

Firmen und anderen Organisationen veranstaltete einschlägige Preisausschreiben oder von Medien initiierte Wettbewerbe gelegentlich erstaunlich viele und originelle Einfälle zutage fördern. Damit hat man sich aber nach wie vor nicht von der naiven Spekulation gelöst. Will man halbwegs systematisch vorgehen, verbleiben nur die **Trendextrapolation** und einige Varianten von sog. **kreativen Techniken**.

Die **Trendverlängerung** stützt sich, wie erinnerlich, auf die Hypothese, daß die Kräfte, die eine Entwicklung bisher geprägt haben, auch künftig walten werden. Es bedarf keiner eingehenden Begründung für die Feststellung, daß die Gegenhypothese um so mehr an Gewicht gewinnt, je größer der Voraussagezeitraum bemessen ist.

Was die **kreativen Techniken** anbetrifft, so sind diese bereits in einem anderen, gleichwohl materiell und strukturell völlig ähnlichen Kontext, nämlich bei der Suche nach neuen, zukunftsweisenden Produkten, behandelt worden (siehe § 5, Abschn. 5.2.1.2.1.).

Ein weiteres in diesem Zusammenhang zu nennendes Verfahren bildet die **Szenario-Technik**. Das Erstellen von Szenarien geht auf *Kahn* und *Wiener* zurück; ihr Einsatz hat eine gewisse Bedeutung im Rahmen der Langfristplanung erlangt. Mit ihrer Hilfe versucht man, auf der Basis der gegenwärtigen Unternehmenssituation den zukünftigen Zustand relevanter externer Einflußfaktoren zu antizipieren und die davon ausgehende mögliche Wirkung auf das Untersuchungsfeld abzuleiten. Nach gängiger Auffassung bedarf es dazu acht aufeinander aufbauender Schritte (vgl. *v. Reibnitz* 1981, S. 38):

(1) Definition und Gliederung des Untersuchungsfelds,
(2) Identifizierung und Strukturierung der wichtigsten das Untersuchungsfeld beeinflussenden Faktoren (Umfeld),
(3) Ermittlung von Entwicklungstendenzen und kritischen Deskriptoren für das Umfeld,
(4) Bildung und Auswahl alternativer, konsistenter Annahmenbündel,
(5) Interpretation der ausgewählten Umfeld-Szenarien,
(6) Einführung und Analyse der Auswirkung nachhaltiger Störereignisse,
(7) Ausarbeitung der Szenarien bzw. Ableitung von Konsequenzen für das Untersuchungsfeld sowie
(8) Konzipierung von Maßnahmen und Erstellung von Plänen für das Unternehmen.

Da es weder möglich noch wirtschaftlich ist, alle denkbaren Zukunftsbilder zu erstellen, werden üblicherweise zwei bis drei unter Zugrundelegung unterschiedlicher (zum Teil extremer) Annahmen erarbeitet, um damit eine gewisse Bandbreite für die mögliche Entwicklung, auf die man sich einzustellen hat, zu erreichen. Das Ergebnis, hier das Beispiel der für die Bundesrepublik Deutschland immer wieder durchgeführten sog. *Shell*-PKW-Studie, könnte sich in einer Übersicht gemäß Tabelle 9.42. niederschlagen, die zwei Trends, nämlich „Neue Horizonte“ und „Fallende Barrieren“ akzentuiert.

Tabelle 9.42.

Kennzahlen der Shell-Pkw-Studie

	1992	2010 Szenario Neue Horizonte		2010 Szenario Fallende Barrieren	
Bevölkerung in Mio.	80,6	87		81	
Wachstum Bruttosozialprodukt real p. a. in %	1,5	Ø 1993-2000 2,0	Ø 2001-2010 3,0	Ø 1993-2000 3,0	Ø 2001-2010 1,9
Pkw-Dichte in Pkw je 1000 Erwachsene	601	701		665	
Pkw-Bestand in Mio. Anteil Diesel Anteil alternativer Antriebsformen (Elektro etc.)	39,1 12,6% 	49 21% 2%		45 20% 3%	
Pkw-Neuzulassungen in Mio.	3,9	Ø 1993-2010 3,43		Ø 1993-2010 3,20	
Durchschnittsverbrauch in Litern pro 100 Kilometer Flotte: Neuzulassungen:	 9,9[a]) 9,5[a])	 8,1 6,5		 7,5 5,8	
Fahrleistung pro Jahr in km	13.000[a])	13.000		10.900	

[a]) Alte Bundesländer.

Quelle: Aktuelle Wirtschaftsanalysen der *Deutschen Shell*-Aktiengesellschaft, 8/93, Heft 24, S. 5.

Einem ähnlichen Zweck dient die sog. ***Delphi*-Methode,** die in der Praxis wahrscheinlich weitestverbreitete qualitative Prognosemethode. Erstmals wurde sie von der *Rand Corporation* eingesetzt. Den Ausgangspunkt bildet die Annahme, daß Experten in ihrem Fachgebiet besonders fundierte Meinungen über die zukünftige Entwicklung zu äußern vermögen. Kennzeichnend für die *Delphi*-Methode ist somit der Einsatz einer größeren Zahl an Fachleuten, von denen jeder sein Urteil zu dem Prognosegegenstand abgibt. Das Ziel besteht letztlich in der Bildung eines Gruppenvotums zu dem interessierenden Sachverhalt. Die Befragung findet in schriftlicher Form, unter Wahrung der Anonymität der Mitwirkenden und beispielsweise nach folgendem Muster statt:

Runde 1: Die Experten erhalten Informationen über das Prognosegebiet und die Vorgehensweise, um dann nach möglichen zukünftigen Ereignissen im relevanten Bereich befragt zu werden.

Runde 2: Den Teilnehmern werden die in der ersten Runde gewonnenen Befunde übersandt. Ihre Aufgabe ist es nunmehr abzuschätzen, innerhalb welcher Zeit bestimmte Ereignisse eintreten könnten.

Runde 3: Die Ergebnisse aus der zweiten Runde werden jetzt allen Beteiligten zugänglich gemacht, die daraufhin ihre eigene Einschätzung korrigieren bzw. Abweichungen begründen.

Runde 4: Die vierte (und jede spätere) Runde verläuft grundsätzlich wie die dritte, d. h. die Teilnehmer erhalten neue Daten sowie eine schriftliche Erläuterung, weshalb Werte divergieren. Irgendwann wird von ihnen eine abschließende Schätzung erbeten. Dies ist die endgültige Prognose.

Das Verfahren weist den Vorzug auf, daß auf Grund der Anonymität der Befragung das Entstehen eines Gruppendrucks vermieden, aber durch den Austausch von Informationen doch eine Konvergenz auseinanderstrebender Meinungen erreicht wird. Gleichwohl werden zuweilen die Starrheit der Vorgehensweise, der hohe Zeitbedarf, der damit verbunden ist, und die Tendenz zu konservativen Schätzungen, die ihr innewohnt, beklagt.

Alle diese Hilfsmittel vermögen indessen nicht über die Tatsache hinwegzutäuschen, daß vor allem im naturwissenschaftlich-technischen Bereich die meisten Ereignisse, insbesondere Erfindungen **nicht** vorausgesagt werden können. Dies reflektiert eine Schwäche und eine Stärke menschlichen Geistes zugleich; denn so gering auf der einen Seite unser Vorhersagevermögen auch ausgeprägt sein mag, so ist doch nicht daran zu zweifeln, daß die Zukunft das ist, was wir aus ihr machen.

3.7. Die Aufbereitung der Befunde

Fast jede Studie wird für Dritte angefertigt, sei es für andere Abteilungen in einem Unternehmen oder sei es für externe Auftraggeber, z. B. Firmen, Behörden oder Gerichte. Dies bedingt, daß ein **Abschlußbericht** erstellt werden muß, der es denjenigen, die einen Nutzen aus der Sache ziehen sollen, leicht macht, sich das verfolgte Anliegen und den Aufbau der Ausarbeitung rasch zu erschließen und sich von der Qualität der Befunde ein Bild zu verschaffen. Sofern es sich um eine gegen Entgelt durchgeführte Arbeit handelt, wird damit auch der Zweck verfolgt, dem Auftraggeber gegenüber nachzuweisen, daß (viel und) ordentliche Arbeit geleistet wurde.

Wie wenige oder viele Seiten auch immer solch ein Abschlußbericht umfaßt, wird er doch stets mindestens folgende **Elemente** enthalten: Titelblatt, das Gegenstand der Studie und deren Urheber ausweist, Vorwort, Inhaltsverzeichnis, Kurzfassung der Ergebnisse, Zielsetzung, die dem Projekt zugrunde lag, Befunde im einzelnen, Tabellenteil, Literatur und andere Informationsquellen, sofern deren Preisgabe nicht gegen Datenschutzbestimmungen verstößt oder eine Probanden gegebene Zusage, von ihnen erhaltene Auskünfte anonym zu verarbeiten, bricht.

Für den sog. eiligen und / oder methodisch nicht interessierten bzw. wenig versierten Leser bedarf es unbedingt einer **Kurzfassung** der **Ergebnisse**, während die darauf **folgenden Teile** dem Fachmann erschöpfend darüber Auskunft geben müssen, welche Fragen genau untersucht werden sollten, welchen man sich tatsächlich zugewandt hat, was dabei herausgekommen ist, welcher Methoden man sich im einzelnen bedient hat, inwieweit die Ergebnisse verallgemeinert werden dürfen, ob es anderweitige methodische Vorbehalte gibt, weshalb bestimmte Aspekte nicht aufgehellt werden konnten, was weiter noch untersucht werden müßte usw.

Wesentliche Hilfsmittel bei der Aufbereitung und Präsentation von Befunden bilden **Tabellen** und **Abbildungen**. Beide müssen in dem Sinne in den Text eingebunden werden, daß jeweils an der richtigen Stelle auf sie verwiesen wird. Dies erleichtert dem Leser die Orientierung, zumal Diagramme in Druckwerken oft nicht an der Stelle stehen können, wo sie aus sachlogischen Gründen eigentlich hingehören.

Tabellen braucht man, um Urdaten oder bereits verdichtete Werte in einer geordneten Form auszuweisen. Oftmals lassen sich so Sachverhalte raumsparend darstellen und von den Adressaten viel leichter und schneller erfassen. In den meisten Fällen erübrigt es sich dann, auch noch verbal wiederzugeben, was jeder Sachkundige bzw. Interessierte einer Tabelle entnehmen kann. Lediglich überraschende, z. B. nicht plausible Befunde oder solche, die im Rahmen der Argumentation eine besondere Rolle spielen, sollten im Textteil hervorgehoben werden. Im übrigen gilt es, wenn Tabellen das Ergebnis des Einsatzes von mathematisch-statistischen oder von Operations-Research-Verfahren darstellen, sorgfältig zwischen der – vordergründig angelegten – **Kommentierung** von Fakten und der – weit darüber hinausgehenden, weil auf Hintergründe, Ursachen etc. abzielenden – **Interpretation** von Ergebnissen zu unterscheiden.

Tabellen, wie sie in diesem Buch in großer Zahl enthalten sind, bestehen aus Zeilen und Spalten, insbesondere einer **Kopfzeile** und einer **Kopfspalte**. Letztere enthalten Gliederungskriterien, wo immer möglich im Singular formuliert, schaffen somit Struktur. Wichtig erscheint dabei, sofern alle in einer Zeile oder Spalte vorkommenden Werte in ein und derselben **Dimension** (z. B. DM oder %) gemessen werden, diese nur **einmal**, und zwar in der Kopfzeile bzw. -spalte aufzuführen. Es gilt der **Grundsatz**, jegliche **Redundanz** zu **vermeiden**.

Für **wie viele Zeilen** und **Spalten** man sich entscheiden soll, hängt, abgesehen von Fällen, in denen dies der Gesetzgeber vorschreibt, wie z. B. bei Bilanzen, davon ab, welches Maß an Komprimierung bzw. Komplexität der Aufgabenstellung angemessen erscheint, wie stark die Zellen jeweils besetzt wären und, ganz allgemein, inwieweit dem Anliegen, **Struktur** hervortreten zu lassen und **Transparenz** zu schaffen, durch eine bestimmte Auffächerung der Befunde Rechnung getragen wird. Ein Verzicht auf einen allzu differenzierten Ausweis erhöht nicht nur die **Akzeptanz**, d. h. die Wahrscheinlichkeit, zur Kenntnis genommen zu werden, sondern auch die Chance, überall dort, wo auf Stichprobenbasis gewonnene Werte ausgewiesen werden, **signifikante Ergebnisse** präsentieren zu können. Dies bedeutet, daß z. B. eine Differenz zwischen mitgeteilten (Mittel-)Werten bis auf eine winzige, numerisch bestimmbare Irrtumswahrscheinlichkeit nicht auf das Walten des Zufalls zurückgeführt werden kann. Es steckt also wirklich „etwas dahinter".

Aus diesem Grund sollte man auch genau prüfen, wie viele **Stellen hinter** dem **Komma** den Lesern zugemutet werden. Bedenkt man zudem, auf welch fragwürdige Weise manche Zahlen zustande kommen, wirkt bereits eine einzige unangebracht, wenn nicht gar lächerlich. Auf jeden Fall aber müssen es bei jeder Zahl gleich viele sein, auch wenn man sich dazu der Ziffer Null bedienen muß.

Eine Tabelle sollte im übrigen oberhalb oder unterhalb des von ihr beanspruchten Raumes **numeriert** und mit einigen **Worten gekennzeichnet** sein, wobei Relativ- oder gar ganze Sätze zu vermeiden sind. Außerdem hat man die **Quelle**, aus der die vermittelten Daten stammen, anzugeben, sei es in Form des Zusatzes „eigene Erhebung" oder sei es durch Nennung der Publikation(en), auf die sie unmittelbar oder letztlich zurückgehen.

Abbildungen prägen sich noch leichter ein als Tabellen. Ein überzeugendes Beispiel dafür bietet die Armbanduhr, bei der sich die digitale Zeitwiedergabe nicht hat durchsetzen können und den herkömmlichen Zeigern weichen mußte. Es gibt hier vielfältige Gestaltungsformen, so z. B. Koordinatensysteme mit Geraden, Kurven, Flächen usw., Kasten-, Kreis-, Säulen-, Kuchen-, Baum-, Flußdiagramm, Profildarstellung sowie die gegenständliche oder idealisierte Wiedergabe von Objekten, wie sie oft von Tageszeitungen zur Veranschaulichung gesamtwirtschaftlicher Sachverhalte benützt wird (z. B. der Größe nach angeordnete schematisierte Autos als Abbild der bedeutendsten Hersteller oder Exporteure von Fahrzeugen).

Hinsichtlich der Verwendung von **Bildelementen** gilt analog, was bereits zur Gestaltung von Tabellen vermerkt wurde: Wenn eine Abbildung einer langen Erläuterung bedarf oder schwerer zu verstehen ist als eine verbale Darstellung eines Sachverhalts, hat sie ihren Zweck verfehlt. Man sollte dann darauf verzichten. Dagegen kann es im Einzelfall durchaus sinnvoll sein, die in einer Tabelle enthaltenen Informationen auch noch graphisch wiederzugeben.

4. Einsatzfelder der Marketing-Forschung

An vielen Stellen in diesem Buch und vor allem in diesem Kapitel ist deutlich geworden, zur Klärung welcher Fragen die Marketing-Forschung benötigt wird. Bei aller Verschiedenheit im Einzelfall lassen sich diese doch letztlich lediglich drei Gruppen zuordnen.

(1) Häufig geht es um die **Operationalisierung** von **theoretischen Konstrukten**. Man bemüht sich im Marketing z. B. um Kundennähe, Kundenbindung und Kundenzufriedenheit, um ein ansprechendes Image für das Unternehmen, eine hohe Anmutungsqualität von Produkten, um eine gediegene Ladenatmosphäre, und ein gutes Betriebsklima. Werden Begriffe dieser Art nicht nur als Signale, gewissermaßen journalistisch und plakativ gebraucht, müssen sie meßbar gemacht werden. Dazu bedarf es des Einsatzes u. a. von Skalierungsverfahren, explorativen Befragungen oder Gruppeninterviews. Nur wenn feststeht, was konkret gemeint ist, lassen sich Befunde unterschiedlicher Herkunft (Querschnittvergleich) und Meßergebnisse aus verschiedenen Perioden (Längsschnittvergleich) sinnvoll einander gegenüberstellen.

(2) Ein zweites Anliegen besteht in der **Ermittlung** und **Prognose** von **Bestandsgrößen**. Man interessiert sich z. B. für das Aufnahmevermögen eines Marktes, wozu man u. a. etwas über die Zahl der Bedarfsträger und deren Verbrauchsintensität wissen muß. Inwieweit ein Unternehmen an der Deckung von Bedarf teilhaben kann, hängt u. a. von den im Rahmen einer Stärken-Schwächen-Analyse oder einer Potentialanalyse gewonnenen Befunden ab. Eine Art negativen Bestand stellt dabei der im Wege einer Gap-Analyse ermittelte Handlungsbedarf dar. Größen dieser Art werden oft dadurch relativiert, daß man sie mit den in früheren Perioden erreichten Werten vergleicht, bestimmten von Konkurrenten erzielten Ergebnissen gegenüberstellt (vgl. **Benchmarking**) oder indem man sie an den eigenen Zielen spiegelt.

Von besonderer Bedeutung sind sodann die Triebkräfte des Marktes, wie sie in § 2 gekennzeichnet wurden, also beispielsweise Art und Größe der hier agierenden Anbieter (Marktanteile), deren Verhaltensweisen und all das, was deren Position in der Zukunft verändern könnte (z. B. Eingehen strategischer Allianzen, eine sich abzeichnende Fusion oder eine Schwächung der Finanzkraft auf Grund einsetzender Verluste). Insbesondere bedarf es dabei auch einer unablässigen Beobachtung der sozio-kulturellen, technologischen und politisch-rechtlichen Gegebenheiten sowie deren Veränderungen.

(3) Verknüpft man Input und Output, Ressourcen und Ergebnis miteinander, betreibt man **Wirkungsanalyse**. Hierbei geht es stets um die Frage: Was geschieht, wenn ...? Ausgelöst werden kann ein „Geschehen" von allen Kräften, die den **Markt** selbst oder dessen **ordnungspolitischen Rahmen** gestalten. Was z. B. ist zu erwarten, wenn ein Anbieter die Qualität bzw. Verpackung seines Produkts, dessen Preis, Vertriebsweg oder die für dieses betriebene Werbung ändert? Was wäre, wenn er dazu überginge, das Erzeugnis im Ausland herzustellen? Inwiefern berührt ihn der in der Gesellschaft zu beobachtende Wertewandel? Stets sorgfältig zu verfolgen hat er auch, inwieweit sich von Wettbewerbern, vom Handel oder vom Gesetzgeber (z. B. Schaffung der *EU,* Deregulierung) getroffene Maßnahmen auf seine Interessen auswirken.

Output, Konsequenzen, Wirkung werden festgemacht an Größen jeder Art, die ein Unternehmen als unmittelbare Ziele anstrebt, also z. B. am Umsatz, Marktanteil oder Deckungsbeitrag, aber auch an Konstrukten wie Image und Bekanntheitsgrad, die vorher noch in geeigneter Weise operationalisiert werden müssen. Derartige Befunde begegnen uns in Gestalt der **Preis-Absatz-Funktion** oder jeder anderen **Response Function**, aber auch in Konzepten wie der **Preis-** und der **Einkommenselastizität** der Nachfrage. Die Basis dafür bilden Daten aus der Vergangenheit oder Experimente (vgl. Produkt-, Preis-, Werbemittel-, Markttest u. a.) und in Verbindung damit die in diesem Kapitel skizzierten multivariaten, namentlich die dependenzanalytischen Verfahren.

Auch die volkswirtschaftliche **Theorie** hat sich dieser Phänomene angenommen, wobei sie etwa die Abhängigkeit des Absatzes bestimmter Güter (-gruppen) von Schwankungen des Volkseinkommens durch das Konzept der **Einkommenselastizität** zum Ausdruck bringt. Dabei setzt man die prozentuale Veränderung des Absatzes eines Gutes zu der sie auslösenden prozentualen Veränderung des (Volks-) Einkommens in Beziehung und erhält so einen sog. **Elastizitätskoeffizienten (ε).**

(9.81.) $$\varepsilon = \frac{dx_i / x_i}{dY / Y} = \frac{dx_i}{dY} \cdot \frac{Y}{x_i}$$

Dabei bedeuten:

ε = Einkommenselastizität

$\frac{dx_i}{x_i}$ = relative Änderung der nachgefragten Menge von Gut i

$\frac{dY}{Y}$ = relative Änderung des Volkseinkommens

Die **Nachfrage** nach einer Ware, deren ε-Wert zwischen 0 und 1 liegt, gilt als **unelastisch,** während darüberliegende Koeffizienten eine **elastische** Nachfrage signalisieren. Ähnliche Elastizitätskoeffizienten sind auch für die **Preisempfindlichkeit** eines Gutes sowie für die **zwischenstaatlichen Handelsbeziehungen** entwickelt worden.

Die gewählte Dreiteilung darf nicht darüber hinwegtäuschen, daß es zwischen den genannten Bereichen vielfältige **Querverbindungen** gibt. Beispielsweise muß ein Meßkonzept für ein theoretisches Konstrukt wie Kundenzufriedenheit so angelegt sein, daß man weiß, von welchen beeinflußbaren Facetten diese geprägt wird. Welcher Korrektur es konkret im Einzelfall bedarf, ist Gegenstand der Wirkungsanalyse. Immer dann, wenn anschließend gegengesteuert wird, führt die Aufdeckung einer derartigen Beziehung zu einer Veränderung der entsprechenden Bestandsgröße, oft sogar zu einer Art **Kettenreaktion**. Beispielsweise erhöht eine erfolgreiche Werbekampagne den Marktanteil und nicht selten auch das Marktvolumen, im übrigen auch Image und Bekanntheitsgrad.

Systematik sollte nicht um ihrer selbst willen betrieben werden. Über den mit ihr unweigerlich verbundenen didaktischen Nutzen hinaus vermag die hier gewählte Struktur die Kreativität und das Leistungsvermögen des Forschers zu stimulieren, da sie konzeptionelle und methodische Parallelen, aber auch Unterschiede aufdeckt, die ihn vor dem Beschreiten von Irrwegen bewahren oder Abkürzungen erkennen lassen. Insofern lohnt sich dann doch solch eine Sichtweise.

Quellen

Abel, B., Kritischer Rationalismus und das Wertfreiheitsprinzip, in: *Raffée, H. / Abel, B.* (Hrsg.), Wissenschaftstheoretische Grundfragen der Verhaltenswissenschaften, München 1979, S. 215-234.

Adler, M. K., Moderne Marktforschung, Stuttgart 1955.

Agresti, A., Categorical Data Analysis, New York 1990.

Aldrich, J. H. / Nelson, F. D., Linear Probability, Logit, and Probit Models, Newbury Park, Ca., 1984.

Amstad, P., Die galvanische Hautreaktion in der Werbe- und Marktdiagnostik, Diss., Freiburg (Schweiz) 1971.

Backhaus, K. / Erichson, B. / Plinke, W. / Weiber, R., Multivariate Analysemethoden, 7., vollst. überarb. und erw. Aufl., Berlin u. a. 1993.

Bagozzi, R. P., Causal Models in Marketing, New York 1980.

– (Ed.), Special Issue on Causal Modeling, in: Journal of Marketing Research, Vol. 19 (1982), p. 403.

Bass, F. M., A New Product Growth Model for Consumer Durables, in: Management Science, Vol. 15 (1969), pp. 215-227.

Bauer, E., Produkttests in der Marketingforschung, Göttingen 1981.

Bauer, H. H. / Herrmann, A. / Huber, F., Die Erfassung der Markentreue im Automobilmarkt mit loglinearen Modellen, in: WiSt, 23. Jg. (1994), S. 434-439.

Bauer, H. H. / Herrmann, A. / Mengen, A., Eine Methode zur gewinnmaximalen Produktgestaltung auf der Basis des Conjoint Measurement, in: ZfB, 64. Jg. (1994), S. 81-94.

Bauer, H. H. / Thomas, U., Die Präferenzen von Arbeitnehmern gegenüber Tarifvertragskomponenten – Eine empirische Analyse mit Hilfe des Conjoint Measurement, in: ZfbF, 35. Jg. (1983), S. 200-228.

Bausch, T., Stichprobenverfahren in der Marktforschung, München 1990.

Becker, W., Beobachtungsverfahren in der demoskopischen Marktforschung, Stuttgart 1973.

– Zum Einsatz von Blickregistrierungsverfahren in der Werbeforschung, in: GFM – Mitteilungen zur Markt- und Absatzforschung, 20. Jg. (1974), Heft 2/3, S. 39-46.

Berekoven, L. / Eckert, W. / Ellenrieder, P., Marktforschung, 6., aktualisierte Aufl., Wiesbaden 1993.

Bernhard, U., Die Bedeutung und Verwendung der Blickregistrierung für den Werbepretest, in: *Hartmann, K. D. / Koeppler, K.* (Hrsg.), Fortschritte der Marktpsychologie, Bd. 1, Frankfurt 1977.

Besozzi, C. / Zehnpfennig, H., Methodologische Probleme der Index-Bildung, in: *Koolwijk, J. v. / Wieken-Mayser, M.* (Hrsg.), Techniken der empirischen Sozialforschung, Bd. 5, Testen und Messen, München 1976.

Binninger, F.-M., F&E- und Marketingmanagement im integrierten Produktlebenszyklus, Regensburg 1993.

Birbaumer, N., Physiologische Psychologie, Berlin u. a. 1975.

Bleymüller, J. / Gehlert, G. / Gülicher, H., Statistik für Wirtschaftswissenschaftler, 8., überarb. Aufl., München 1992.

Böcker, F. / Schwerdt, A., Die Zuverlässigkeit von Messungen mit dem Blickaufzeichnungsgerät NAC Eye-Mark-Recorder 4, in: Zeitschrift für experimentelle und angewandte Psychologie, Bd. 28 (1981), S. 353-373.

Böhler, H., Marktforschung, 2. Aufl., Stuttgart u. a. 1992.

Borg, I. / Staufenbiel, T., Theorien und Methoden der Skalierung, 2. Aufl., Bern u. a. 1993.

Bortz, J., Lehrbuch der empirischen Forschung, Berlin u. a. 1984.

– Statistik für Sozialwissenschaftler, 4., vollst. überarb. Aufl., Berlin u. a. 1994.

Demaris, A., Logit Modeling: Practical Applications, Newbury Park, Ca., 1992.

Deutsche Shell AG (Hrsg.), Motorisierung in Deutschland: Mehr Senioren fahren länger Auto – Shell Szenarien des Pkw-Bestands und der Neuzulassungen bis zum Jahr 2010 mit einem Ausblick auf das Jahr 2020, 1993, Heft 24.

Dichtl, E. / Schobert, R., Mehrdimensionale Skalierung, München 1979.

Dichtl, E. / Raffée, H. / Beeskow, W. / Köglmayr, H.-G., Faktisches Bestellverhalten als Grundlage einer optimalen Ausstattungspolitik bei Pkw-Modellen, in: ZfbF, 35. Jg. (1983), S. 173-196.

Draper, N. R. / Smith, H., Applied Regression Analysis, 2nd Ed., New York 1981.

Fiedler, J., Exponential Smoothing – ein Prognoseverfahren zur Bedarfs- und Absatzbestimmung, in: Forschen – Planen – Entscheiden, o. Jg. (1967), Heft 3, S. 3-8.

– Prognosemethoden für die Bestands- und Absatzentwicklung neuer Produkte, in: Forschen – Planen – Entscheiden, o. J. (1967), Heft 1, S. 2-8.

Förster, F. / Fritz, W. / Silberer, G. / Raffée, H., Der LISREL-Ansatz der Kausalanalyse und seine Bedeutung für die Marketing-Forschung, in: ZfB, 54. Jg. (1984), S. 346-367.

Friedrichs, J., Methoden der empirischen Sozialforschung, 14. Aufl., Opladen 1990.

Fritz, W., Marktorientierte Unternehmensführung und Unternehmenserfolg, Stuttgart 1992.

Gatignon, H. A. / Robertson, T. S., Integration of Consumer Theory and Diffusion Models – New Research Directions, in: *Mahajan, V. / Wind, Y.* (Eds.): Innovation Diffusion Models of New Product Acceptance, Cambridge, Mass., 1986, pp. 37-59.

Gierl, H., Eine Erklärung der Preislagenwahl bei Konsumgütern, Berlin 1992.

Green, P. E., On the Design of Choice Experiments Involving Multifactor Alternatives, in: Journal of Consumer Research, Vol. 1 (1974), pp. 61-68.

Green, P. E. / Tull, D. S., Methoden und Techniken der Marketingforschung, dt. Übersetzung der 4. Aufl., von *Köhler, R.* und Mitarbeitern, Stuttgart 1982.

Green, P. E. / Wind, Y., Multiattribute Decisions in Marketing, Hinsdale, Ill., 1973.

–/– New Way to Measure Consumers' Judgements, in: Harvard Business Review, Vol. 53 (1975), No. 4, pp. 107-117.

Grunert, K. G., Magnitude-Skalierung, in: Marketing · ZFP, 5. Jg. (1983), S. 108-112.

Hammann, P. / Erichson, B., Marktforschung, 3. Aufl., Stuttgart–New York 1994.

Hildebrandt, L., Konfirmatorische Analysen von Modellen des Konsumentenverhaltens, Berlin 1983.

Hildebrandt, L. / Trommsdorff, V., Konfirmatorische Analysen in der empirischen Forschung, in: *Forschungsgruppe Konsum und Verhalten* (Hrsg.), Innovative Marktforschung, Würzburg–Wien 1983, S. 139-160.

Hochstädter, D., Statistische Methodenlehre, 7. Aufl., Frankfurt / Main 1991.

Hörschgen, H., Verbrauchs- und Konkurrenzanalyse, in: *Nieschlag, R. / Eckardstein, D. v.* (Hrsg.), Der Filialbetrieb als System – das *Cornelius Stüssgen-Modell,* Köln 1972, S. 413-444.

Hoffmann, H.-J., Psychologie und Massenkommunikation. Planung, Durchführung und Analyse öffentlicher Beeinflussung, Berlin–New York 1976.

Holm, K. (Hrsg.), Die Befragung 4, München 1976.

Homburg, C., Closeness to the Customer in Industrial Markets: Towards a Theory-Based Understanding of Measurement, Organizational Antecedents and Performance Outcomes, Institute for the Study of Business Markets, The Pennsylvania State University, Report 5-1993.

Hossinger, H. P., Pretests in der Marktforschung, Würzburg 1982.

Hubmann, H., Das Persönlichkeitsrecht, 2. Aufl., Köln 1967.

Hüttner, M., Informationen für Marketing-Entscheidungen, München 1979.

– Prognoseverfahren und ihre Anwendung, Berlin 1986.

– Grundzüge der Marktforschung, 4. Aufl., Berlin–New York 1989.

Jahoda, M. / Deutsch, M. / Cook, S. W., Beobachtungsverfahren, in: *König, R.* (Hrsg.), Beobachtung und Experiment in der Sozialforschung, 8. Aufl., Köln 1975, S. 77-96.

Jöreskog, K. G., The LISREL Approach to Causal Model-Building in the Social Sciences, in: *Jöreskog, K. G. / Wold, H.* (Eds.), Systems under indirect Observation, Part 1, Amsterdam 1982, pp. 81-100.

Johnson, R. M., Trade-off Analysis of Consumer Values, in: Journal of Marketing Research, Vol. 11 (1974), pp. 121-127.

Kaas, K. P., Thurstone's „Law of Comparative Judgement", in: WiSt, 9. Jg. (1980), S. 233-235.

Kerlinger, F. N., Grundlagen der Sozialwissenschaften, Bd. 1, übertragen und bearbeitet von *Conrad, W. / Strittmatter, P.* (Hrsg.), Weinheim / Basel 1975.

– Grundlagen der Sozialwissenschaften, Bd. 2, übertragen und bearbeitet von *Conrad, W. / Strittmatter, P.* (Hrsg.), Weinheim–Basel 1979.

Krech, D. / Crutchfield, R. S. / Ballachey, E. L., The Individual in Society, New York 1962.

Kriz, J. / Lisch, R., Methoden-Lexikon für Mediziner, Psychologen, Soziologen, München u. a. 1988.

Kroeber-Riel, W., Konsumentenverhalten, 5., überarb. und ergänzte Aufl., München 1992.

Kroeber-Riel, W. / Neibecker, B., Elektronische Datenerhebung: Computergestützte Interviewsysteme, in: *Forschungsgruppe Konsum und Verhalten* (Hrsg.), Innovative Marktforschung, Würzburg–Wien 1983, S. 193-208.

Kromrey, H., Empirische Sozialforschung, 3. Aufl., Opladen 1986.

Kruskal, J. B., Multidimensional Scaling by Optimizing Goodness of Fit to a Nonmetric Hypothesis, in: Psychometrika, Vol. 29 (1964), pp. 1-27.

Lanc, O., Psychologische Methoden, Stuttgart u. a. 1977.

Mahajan, V. / Peterson, R. A., Models for Innovation Diffusion, Beverly Hills, Ca., etc. 1985.

Malhotra, N. K., The Use of Linear Logit Models in Marketing Research, in: Journal of Marketing Research, Vol. 21 (1984), pp. 20-31.

Marr, R., Projektionen im Handel, in: *Tietz, B.* (Hrsg.), HWA – Handwörterbuch der Absatzwirtschaft, Stuttgart 1974, Sp. 1783-1791.

Mayntz, R. / Holm, K. / Hübner, P., Einführung in die Methoden der empirischen Soziologie, 5. Aufl., Opladen 1978.

Mayring, P., Qualitative Inhaltsanalyse, 2. Aufl., Weinheim 1990.

Meffert, H., Marketingforschung und Käuferverhalten, 2. Aufl., Wiesbaden 1992.

Menges, G. / Skala, H. J., Grundriß der Statistik, Teil 2: Daten, ihre Gewinnung und Verarbeitung, Opladen 1973.

Mertens, P. / Falk, J., Mittel- und langfristige Absatzprognose auf der Basis von Sättigungsmodellen, in: *Mertens, P.* (Hrsg.), Prognoserechnung, 5. Aufl., Heidelberg 1994.

Milde, H., Single Sourcing – Ein neuer Ansatz in der Marketing-Forschung macht Einkaufsentscheidungen transparent, in: planung & analyse, 20. Jg. (1993), Heft 1, S. 24-29.

Pekelman, D. / Sen, S. K., Measurement and Estimation of Conjoint Utility Functions, in: Journal of Consumer Research, Vol. 5 (1979), pp. 263-271.

Pfeiffer, W. / Staudt, E., Voraussage, technologische, in: *Tietz, B.* (Hrsg.), HWA – Handwörterbuch der Absatzwirtschaft, Stuttgart 1974, Sp. 2130-2140.

Popper, K. R., Auf der Suche nach einer besseren Welt, 6. Aufl., München 1991.

Reibnitz, U. v., So können auch Sie die Szenario-Technik nutzen, in: Marketing Journal, 14. Jg. (1981), Heft 1, S. 37-41.

Rosenstiel, L. v. / Ewald, G., Marktpsychologie, Bd. 2, Stuttgart u. a. 1979.

Rosenstiel, L. v. / Neumann, P., Einführung in die Markt- und Werbepsychologie, Darmstadt 1982.

Salcher, E., Psychologische Marktforschung, Berlin–New York 1978.

Schmalen, H., Marketing-Mix für neuartige Gebrauchsgüter, Wiesbaden 1979.

– Das Bass-Modell zur Diffusionsforschung, in: ZfbF, 41. Jg. (1989), S. 210-226.

Schmalen, H. / Binninger, F.-M. / Pechtl, H., Diffusionsmodelle als Entscheidungshilfe zur Planung absatzpolitischer Maßnahmen bei Neuprodukteinführungen – Modelltheoretische Implikationen einer empirischen Untersuchung, in: DBW, 53. Jg. (1993), S. 513-527.

Schneider, D., Marketing als Wirtschaftswissenschaft oder Geburt einer Marketingwissenschaft aus dem Geiste des Unternehmerversagens?, in: ZfbF, 35. Jg. (1983), S. 197-223.

Selltiz, C. / Jahoda, M. / Deutsch, M. / Cook, S., Untersuchungsmethoden der Sozialforschung, Bd. 1, Neuwied – Darmstadt 1972.

Sixtl, F., Meßmethoden der Psychologie, Weinheim 1967.

Snider, J. G. / Osgood, Ch. E., Semantic Differential Technique. A Sourcebook, Chicago, Ill., 1967.

Sokal, R. R. / Michener, C. D., A Statistical Method for Evaluating Systematic Relationships, in: *The University of Kansas* (Ed.), Science Bulletin, Vol. 38 (1958), pp. 1409-1438.

Spiegel, B., Werbepsychologische Untersuchungsmethoden, 2. Aufl., Berlin 1970.

Steinhausen, D. / Langer, K., Clusteranalyse, Berlin–New York 1977.

Stevens, S. S., Psychophysics: Introduction to its Perceptual, Neural, and Social Prospect, New York 1975.

Stoffels, J., Der elektronische Minimarkttest, Wiesbaden 1989.

Strobel, K., Die Anwendbarkeit der Telefonumfrage in der Marktforschung, Frankfurt / Main 1983.

Tanny, S.M. / Derzko, N. A., Innovators and Imitators in Innovation Diffusion Modelling, in: Journal of Forecasting, Vol. 7 (1988), pp. 225-234.

Thomas, L., Conjoint Measurement als Instrument der Absatzforschung, in: Marketing · ZFP, 1. Jg. (1979), S. 199-211.

Trommsdorff, V., Die Messung von Produktimages für das Marketing, Köln u. a. 1975.

Überla, K., Faktorenanalyse, Nachdruck der 2. Aufl., Berlin u. a. 1977.

Venables, P. M. / Martin, J., Skin Resistance and Skin Potential, in: *Venables, P. M. / Martin, J.* (Eds.), A Manual of Psychophysical Methods, Amsterdam 1967.

Weaver, C. N. / Swanson, C. L.,Validity of Reported Date of Birth, Salary and Seniority, in: Public Opinion Quarterly, Vol. 38 (1974), pp. 79-80.

Wegener, B. (Ed.), Social Attitudes and Psychophysical Measurement, Hillsdale, N. J. 1982.

Zentes, J., EDV-gestütztes Marketing, Berlin 1987.

– Grundbegriffe des Marketing, 3., durchges. Aufl., Stuttgart 1992.

Zimmermann, E., Das Experiment in den Sozialwissenschaften, Stuttgart 1977.

Weiterführende Literatur

Gaul, W. / Baier, D., Marktforschung und Marketing-Management: Computerbasierte Entscheidungsunterstützung, 2., durchges. Aufl., München 1994.

Homburg, Ch. / Giering, A., Konzeptualisierung und Operationalisierung komplexer Konstrukte – Ein Leitfaden für die Marketingforschung, in: Marketing · ZFP, 18. Jg. (1996), S. 5-24.

Meyer, P. W., Markt- und Meinungsforschung, Augsburg 1987.

Mühlbacher, H., Multivariate Verfahren und ihre Anwendung im Marketing, Linz 1978.

Schiller, K., Loglineare Modellierung mit dem Abschlußtest: Ein Instrument für die empirische Marketingforschung, München 1986.

Unger, F., Marktforschung: Grundlagen, Methoden und praktische Anwendungen, Heidelberg 1989.

Weis, H. C. / Steinmetz, P., Marktforschung, 2. Aufl., Kiel 1995.

§ 10 Marketing-Planung

1. Grundlagen

1.1. Das Anliegen der Marketing-Planung

Die Notwendigkeit einer systematischen Planung nimmt angesichts der wachsenden Dynamik und Komplexität des Umwelt- und Unternehmensgeschehens stark zu. Verstärkte Umweltturbulenzen erfordern den Abbau starrer Planungsautomatismen zugunsten flexibler Konzepte, die es ermöglichen, auf die sich rasch ändernden Bedingungen angemessen zu reagieren. Vor allem der **Marketing-Planung** kommt in diesem Zusammenhang besondere Bedeutung zu. Sie stellt einen wesentlichen Bestandteil der Unternehmensplanung dar und wird zu deren Kernstück, wenn sich der Absatzbereich zum Engpaßsektor der Unternehmensaktivitäten entwickelt. Dann bildet die **Marketing-Planung** die **Grundlage** für die **anderen betrieblichen Teilpläne**, wie Beschaffungs-, Produktions- und Finanzplan.

Marketing-Planung bedeutet das systematische und rationale Durchdringen des künftigen Markt- und Unternehmensgeschehens mit dem Zweck, daraus Richtlinien für das Verhalten im Marketingbereich abzuleiten. Dieser informationsverarbeitende, willensbildende Prozeß läßt sich – wie die Unternehmensplanung im allgemeinen – durch gewisse logisch und chronologisch differenzierbare Phasen kennzeichnen (vgl. Abb. 10.1.):

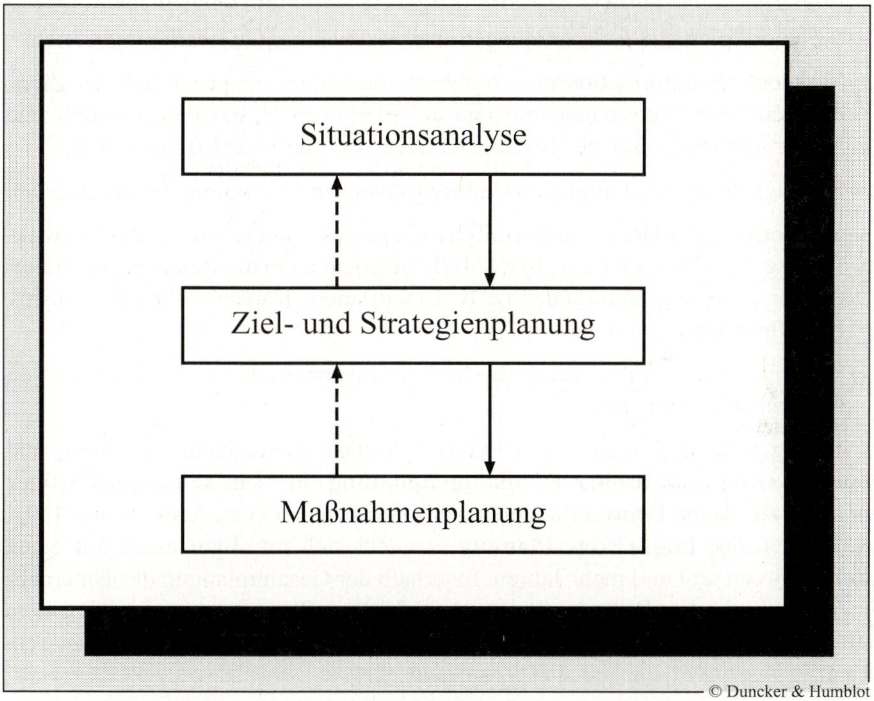

Abb. 10.1.: Prozeß der Marketing-Planung

- Man beginnt mit der Analyse der gegenwärtigen und zukünftigen Situation des Unternehmens, seines Marktes und seines Umfeldes (**Situationsanalyse**).
- Sodann sind, darauf aufbauend, Ziele festzulegen und Strategien zu deren Erreichung zu generieren (**Ziel-** und **Strategienplanung**).
- Den Abschluß bildet die Auswahl der Instrumentenkombination, die die bestmögliche Umsetzung der Strategien im Hinblick auf die Zielerreichung erhoffen läßt (**Maßnahmenplanung**).

Nicht immer wird in dieser – idealtypischen – Weise geplant. Oft führt eine reizvolle Idee auf der Maßnahmenebene dazu, daß die Planung am „falschen" Ende beginnt. In diesem Fall dienen die Phasen Situationsanalyse sowie Ziel- und Strategienplanung zur Überprüfung der ins Auge gefaßten Aktivität. Allerdings besteht bei dieser Vorgehensweise die Gefahr, daß dann nicht mehr das ganze Spektrum der u. U. vorhandenen Möglichkeiten in Betracht gezogen wird, sondern die nachfolgenden Planungsphasen durch die unternehmerische Idee präjudiziert werden.

Unabhängig davon, wodurch sich im Einzelfall der Anstoß ergibt, vermag die **Marketing-Planung** grundsätzlich folgendes zu bewirken:

- Sie fördert ziel- und zukunftsorientiertes Denken und Handeln.
- Sie koordiniert die Entscheidungen und Maßnahmen im Marketingbereich.
- Sie dient der Information der Organisationsmitglieder hinsichtlich der Ziele, der geplanten Aktivitäten und des erforderlichen Ressourceneinsatzes und erfüllt somit wesentliche Voraussetzungen für eine konstruktive Kritik.
- Sie trägt zur Identifikation von Chancen sowie zur Erkennung von Risiken bei.
- Sie motiviert die Organisationsmitglieder, zumal dann, wenn von der Verwirklichung der Unternehmens- bzw. Marketingziele auch die Realisierung individueller Ziele der Mitarbeiter (z. B. Einkommen, Karriere, Prestige) positiv beeinflußt wird.
- Sie schafft die Voraussetzung für die Leistungsbeurteilung und Kontrolle von Organisationseinheiten.

Häufig wird in Literatur und Praxis zwischen **strategischer Planung** und **operativer** bzw. **taktischer Maßnahmenplanung** einerseits sowie **langfristiger** und **kurzfristiger Planung** andererseits unterschieden (vgl. *Kreikebaum* 1991, S. 125 ff.). Die **langfristige Planung** erstreckt sich im allgemeinen auf einen Zeitraum von drei und mehr Jahren. Innerhalb der Gesamtplanung des Unternehmens stellt sie den **Rahmen** für die **kurzfristige Planung** dar, die mit einem Zeithorizont von in der Regel einem Jahr ungleich konkreter und präziser sein kann.

Bei der Unterscheidung zwischen **strategischer Planung** und **Maßnahmenplanung** steht nicht die zeitliche Dimension, sondern das hierarchische Über- bzw. Unterordnungsverhältnis der beiden Planungsstufen im Vordergrund. Dabei konzentriert sich die strategische Planung auf die Entwicklung von grundsätzlichen Konzepten zur Sicherung der Erfolgsquellen eines Unternehmens. Ausgehend von einer präzisen Festlegung der Tätigkeitsfelder, die sowohl das Leistungsangebot als auch eine grobe Marktbestimmung umfaßt, fixiert diese in einem ersten Schritt die qualitativen und quantitativen Marketingziele wie Image, Umsatz, Marktanteil etc. (vgl. hierzu ausführlich § 3). In Abstimmung mit diesen vollzieht sich der zweite wichtige Aufgabenbereich der strategischen Marketing-planung, nämlich die Fixierung strategischer Stoßrichtungen, insbesondere um eine „Generallinie" für die Gestaltung des Marketing-Mix zu erhalten. Konkrete Ausprägungen dieses Strebens nach Wettbewerbsvorteilen sind beispielsweise die Erringung und Sicherung der Qualitätsführerschaft oder die Gewährleistung von Markt- und Kundennähe (hierzu eingehend § 4).

Die Maßnahmenplanung ist inhaltlich ungleich stärker detailliert und präziser als die ihr vorgelagerte strategische Planung. Dabei werden **operationale Vorgaben** und **Aktionspläne** erarbeitet, insbesondere hinsichtlich der konkreten Ausgestaltung der absatzpolitischen Instrumente und deren Kombination zu einem zielführenden Marketing-Mix. Des weiteren umfaßt sie die Zuweisung von Ressourcen an die einzelnen Organisationseinheiten (Budgetierung). Darüber hinaus können von ihr Impulse für eine **Revision** der **strategischen Planung** ausgehen, vor allem dann, wenn die tatsächlichen und die geplanten Ergebnisse von Marketingmaßnahmen erheblich voneinander abweichen.

1.2. Die organisatorische Verankerung der Marketing-Planung

Planung verkörpert eine **entscheidungsbezogene** Aktivität. Somit sind prinzipiell alle Entscheidungsträger im Marketing mit Planungsaufgaben befaßt. In welchem Ausmaß dies geschieht, hängt vom Inhalt der Planung, von den angewandten Methoden und von der Organisationsstruktur des Unternehmens bzw. der Marketingabteilung ab. Im allgemeinen obliegt die **strategische Planung** dem **Top-Management**, während die **operative Maßnahmenplanung** eher den **Funktionsbereichsleitern** (Werbung, Verkauf etc.) zugeordnet werden kann.

Die zunehmenden Anforderungen an die Planung und die wachsende Kompliziertheit der einschlägigen Verfahren führen indessen oft zu einer Überforderung der zumeist dem Tagesgeschäft verhafteten Entscheidungsträger bei der Erfüllung von Planungsaufgaben. Aus diesem Grunde sind den Betroffenen in vielen Unternehmen **spezielle Stabsstellen** bzw. **Stabsabteilungen** zugeordnet. In Klein- und Mittelbetrieben erhalten allenfalls die Geschäftsleitung oder die Marketingbereichsleitung eine entsprechende Unterstützung. In größeren, komplexer strukturierten Unternehmen hingegen gibt es im allgemeinen neben einer zentralen mit Marketing-Planung befaßten Abteilung weitere, mit speziellen Planungsaufgaben betraute Stäbe, so z. B. in den einzelnen Geschäftssparten, Funktionsbereichen (Werbung, Verkauf etc.), Filialen sowie Tochter- und Auslandsgesellschaften. Die Aufgaben der **„Zentralen Marketing-Planung"** bestehen dann insbesondere in der **Koordination** der Marketingpläne und der **planerischen Abstimmung** des Marketing mit anderen Unternehmensbereichen.

Die personelle Ausstattung der Stabsstellen bzw. -abteilungen hängt von den Anforderungen an die Planung und von den verwendeten Planungsverfahren ab. Während in kleinen und mittelgroßen Unternehmen oftmals lediglich ein oder zwei qualifizierte

Mitarbeiter (z. B. Direktions- oder Bereichsleiterassistenten) zur Verfügung stehen, sind es in Großunternehmen nicht selten einige Hundert.

Bei größeren Planungsabteilungen stellt sich das Problem der **internen Strukturierung**. Als Kriterien hierfür kommen vor allem Funktionen (z. B. Information und Dokumentation, Planerstellung und Administration, Planüberwachung), Produkte bzw. Projekte sowie Absatzmärkte (z. B. Europa, USA) in Betracht. Welche Form der Innenorganisation der Planungsabteilung letztlich gewählt wird, ist eine Frage der spezifischen internen und externen Bedingungen der einzelnen Unternehmung (vgl. dazu die Ausführungen zur Marketing-Organisation in § 12, Abschn. 1., und § 3, Abschn. 1.3.).

Neben den Instanzen, die **laufend** mit Planungsaufgaben betraut sind, gibt es auch solche, die nur fallweise damit befaßt sind, in erster Linie sog. **Planungskomitees** (siehe dazu auch § 12, Abschn. 1.3.). Dabei handelt es sich um Gremien, denen die Lösung spezieller Planungsprobleme, z. B. die Erstellung von Szenarien oder die Bewältigung überraschend aufgetretener Störungen, übertragen ist. Derartige Komitees setzen sich aus Ressortspezialisten (Marktforschern, Werbefachleuten, Juristen etc.) und Planungsexperten zusammen. Verfügt das Unternehmen selbst nicht über die erforderlichen Fachkräfte, müssen zwangsläufig externe Berater hinzugezogen werden.

Insbesondere die seit den siebziger Jahren stark zunehmende **Komplexität** und **Instabilität** der Umweltentwicklung sind für viele Unternehmen zu einem evidenten Problem geworden. Diskontinuität in Politik, Energieversorgung, Technologie, Konsumentenverhalten, Abgabenbelastung usw. zwingt Unternehmen – je nach dem Grad der individuellen Betroffenheit – oft zu einschneidenden Anpassungsmaßnahmen, die flexible Planungssysteme voraussetzen.

Werden solche Veränderungen erst in Form von Planabweichungen oder anderen, bereits eingetretenen Störereignissen wahrgenommen, besteht die Handlungsmöglichkeit des Unternehmens lediglich in einem **„after fact approach“** (*Ansoff* 1976 und 1984). Die Effizienz solcher nachträglichen Reaktionsprozesse hängt dabei wesentlich von der Flexibilität der Organisation und der Erfahrung der Führungskräfte im Krisenmanagement ab.

Grundidee eines **„before fact approach“** ist die sog. Früherkennung. Umweltveränderungen treten selten völlig überraschend auf. In der Regel lassen sich durch permanente und sensible Beobachtung der Gegebenheiten außerhalb eines Unternehmens bereits lange vorher gewisse Anzeichen des Wandels erkennen. Je früher solche Tendenzen wahrgenommen, systematisch aufgezeichnet und bewertet werden, desto besser sind die Aussichten, Bedrohungen durch geeignete Maßnahmen abwehren und Chancen konsequent nutzen zu können. Einer rechtzeitigen Identifikation potentieller Problemfelder ist daher große Bedeutung beizumessen. Als Ansatzpunkt zur Problemerkennung erscheint ein sog. Früherkennungssystem für **„schwache Signale“** besonders geeignet, aber auch die Intuition wachsamer und erfahrener Mitarbeiter kann wichtige Hinweise auf mögliche Probleme liefern.

Ausgelöst durch das *Ansoff*-Konzept der **„weak signals“** wird in der Literatur eine Vielzahl von Ansätzen zur organisatorischen und materiellen Handhabung des immer evidenter werdenden Diskontinuitätenproblems vorgestellt. Eine Übersicht über sich anbietende Reaktionsmöglichkeiten gibt Abb. 10.2.

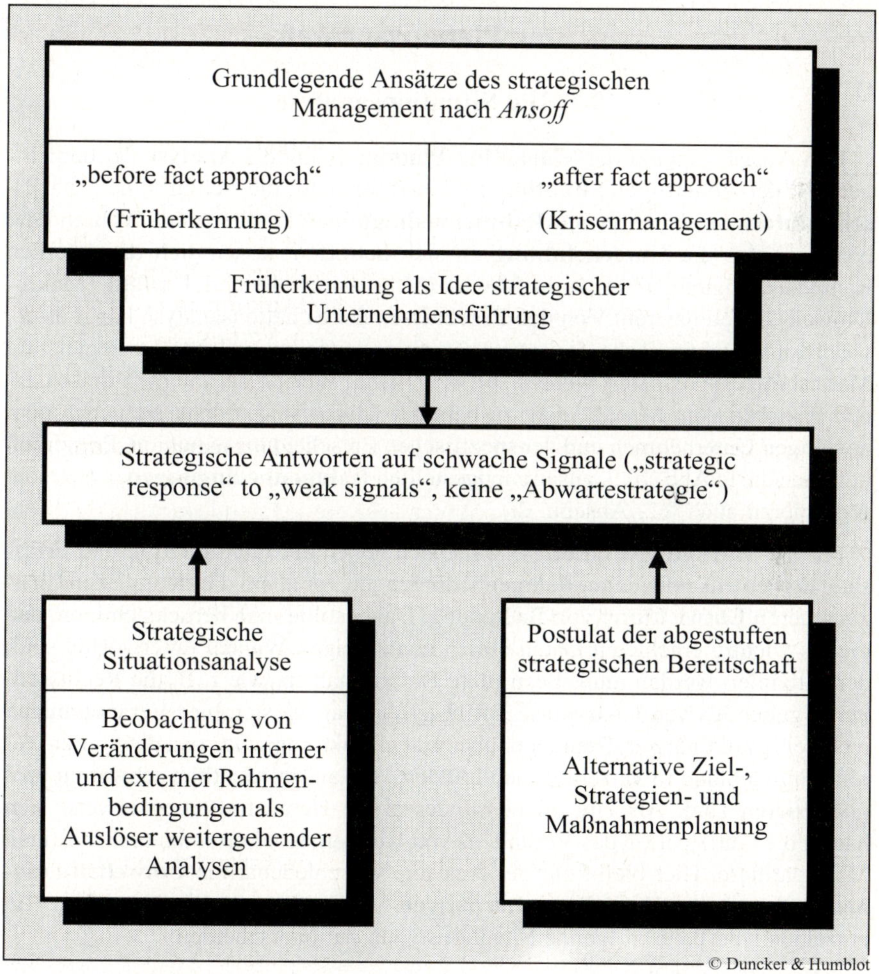

Quelle: in Anlehnung an *Wiedmann* 1989, S. 304.

Abb. 10.2.: Konzeption des strategischen Management in Zeiten zunehmender Umweltturbulenzen

Die von der Wissenschaft und von Beratungsunternehmen mit den Begriffen **Frühwarn-, Früherkennungs-, Frühaufklärungs-** oder **Frühindikatoren-**

system belegten Ansätze (vgl. *Müller* 1986 und die dort angegebene Literatur; *Köhler* 1993, S. 49 ff.) haben bislang wegen ihrer großen Komplexität allerdings wenig Verbreitung in der Unternehmenspraxis gefunden. Dazu mag auch die schwere Operationalisierbarkeit des Begriffs „weak signal" beigetragen haben. Weitere Gründe liegen in der mangelnden Akzeptanz seitens der Mitarbeiter sowie in deren begrenzter Fähigkeit zur Erkennung und Interpretation derartiger Signale.

2. Der Planungsprozeß

2.1. Die Situationsanalyse

Den Ausgangspunkt der **Marketing-Planung** bildet die **Analyse** der derzeitigen und der zukünftigen **Situation** des Unternehmens, die sich in seinen spezifischen **internen** und **externen Rahmenbedingungen** konkretisiert. Während die erstgenannten die **Unternehmung** an sich betreffen, lassen sich die externen Rahmenbedingungen weiter in **Markt** (Mikro-Umwelt) und **Umfeld** (Makro-Umwelt) differenzieren. Von den Ergebnissen der Situationsanalyse hängt es ab, welche unternehmerische Zielsetzung verfolgt sowie mit welchen Strategien und Maßnahmen sie realisiert werden soll bzw. kann. Welche der internen und externen Faktoren vom Management zu berücksichtigen sind, richtet sich nach dem jeweiligen Unternehmen und der spezifischen Entscheidungssituation. Prinzipiell kommen die in Abb. 10.3. zusammengestellten **Rahmenbedingungen** in Betracht (vgl. hierzu auch § 2, Abschn. 2.).

Für die **Marketing-Planung** erweist sich neben der Identifikation und Erfassung der jeweils relevanten Rahmenbedingungen vor allem die richtige Einschätzung deren **Entwicklung** von Bedeutung. Dabei sollte man berücksichtigen, daß die als wichtig erachteten Daten einem unablässigen Wandel unterworfen sind, der antizipiert werden muß. Bestimmte Determinanten, wie z. B. die Rechtsordnung, gelten als vergleichsweise gut überschaubar, da sich hier Veränderungen rechtzeitig ankündigen. Demgegenüber gibt es Faktoren, wie etwa die konjunkturelle Entwicklung in verschiedenen Ländern, die außerordentlich schwer zu prognostizieren sind. Als eine nicht minder große Herausforderung erweist sich häufig die Antizipation des Verhaltens von Kunden, Konkurrenten und sonstigen Marktpartnern. Hier bleibt nur der Ausweg, verschiedenartige **Umweltsituationen** und mehrere **Verhaltensalternativen** in die Planung einzubeziehen. Im einzelnen sind dabei folgende Situationstypen zu unterscheiden:

(1) Ein Sonderfall liegt vor, wenn alle Umweltbedingungen bekannt (= vollkommene Information) und eindeutig (= nur eine einzige Konstellation ist relevant) sind. Dieser Sachverhalt wird als **deterministischer Fall** bezeichnet.

(2) Eine **Entscheidung unter Unsicherheit** ist dann gegeben, wenn keinerlei Anhaltspunkte über die Wahrscheinlichkeit des Eintritts der berücksichtigten Umweltkonstellationen vorhanden sind (= **verteilungsfreier Fall**).

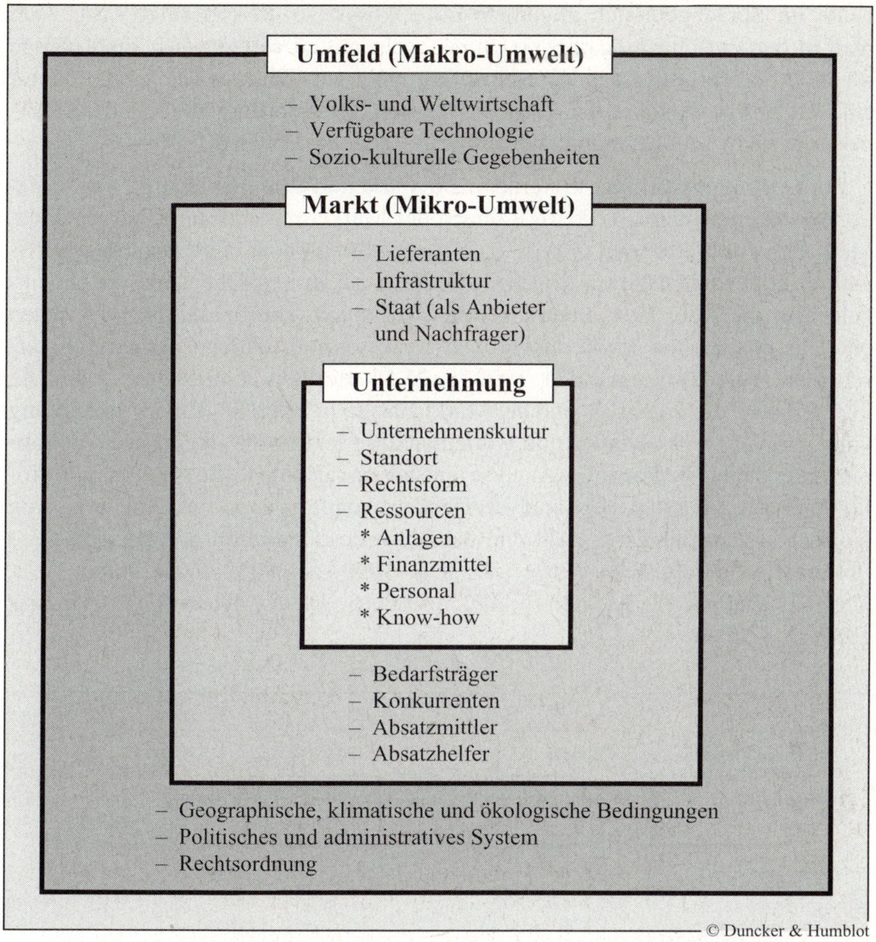

Abb. 10.3.: Rahmenbedingungen absatzpolitischer Entscheidungen

(3) Von einer **Entscheidung unter Risiko** spricht man, wenn sich objektive oder subjektive Wahrscheinlichkeiten für die einzelnen Umweltsituationen angeben lassen (= **stochastischer Fall**). Objektiv ist eine Wahrscheinlichkeit dann, wenn sie auf logischen Überlegungen oder Tests beruht, die normalerweise von jedermann und beliebig oft durchgeführt werden können. Eine subjektive Wahrscheinlichkeit beruht demgegenüber auf Meinungen, Vermutungen oder Expertisen (von Sachverständigen), die sich ihrerseits auf wissenschaftliche Analysen oder Intuition stützen können.

„Umwelt" war ursprünglich der Inbegriff all jener Faktoren, die im Rahmen einer Entscheidung beachtet werden mußten, vom Entscheidungsträger selbst aber nicht unmittelbar bzw. kurzfristig beeinflußt werden konnten. Da der Begriff heute im Sprachgebrauch allgemein mit Ökosystem gleichgesetzt wird, wich man in der Entscheidungstheorie immer mehr auf **„Umfeld"** aus. Eine völlige Identität der Termini ist indessen insofern nicht gegeben, als das „Umfeld" nur eine Art Restposten, also den Teil der „Umwelt" im ursprünglichen Sinne verkörpert, der nicht schon durch andere Begriffe abgedeckt wird.

Zur Gewinnung der über Unternehmen, Markt und Umfeld benötigten Informationen stehen prinzipiell die im Rahmen der Marketing-Forschung dargestellten Methoden zur Verfügung (vgl. § 9). In der Unternehmens- und Beratungspraxis wurden ergänzend dazu spezifische Hilfsmittel zur strategischen Analyse entwikkelt, über die Abb. 10.4. einen Überblick vermittelt. Hierbei läßt sich zwischen bereichsspezifischen sowie integrativen Analyse- und Planungsverfahren unterscheiden (vgl. *Hörschgen* u. a. 1993, S. 25 f.). Bei den erstgenannten kommen insbesondere die Potential- und die Marktanalyse in Betracht. Eine Verknüpfung von Unternehmens-, Markt- und Umfeldanalyse leisten die integrativen Verfahren, unter denen die Portfolio-Analyse eine herausragende Rolle spielt (zur Portfolio-Analyse, die nicht nur Analysezwecken, sondern auch der Ableitung von Normstrategien dient, vgl. Abschn. 3.1.3.; weiterführend zu den Analyse- und Prognoseverfahren siehe *Hörschgen* u. a. 1993, S. 28 ff., *Kreikebaum* 1991, S. 60 ff., *Pümpin* 1992, S. 86 ff., *Voigt* 1992, S. 319 ff., *Wiedmann/ Kreutzer* 1989, S. 87 ff.).

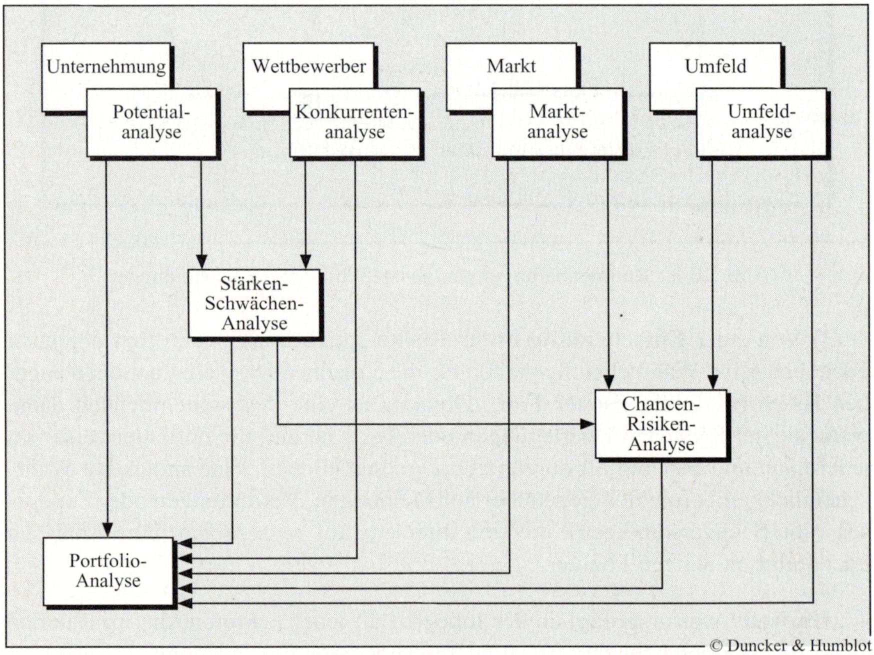

Abb. 10.4.: System der strategischen Situationsanalyse

Bislang wurde davon ausgegangen, daß sich die Umweltsituation autonom, d. h. ohne Einflußnahme des Unternehmens, entwickelt. Betriebe passen sich jedoch im allgemeinen der Umweltsituation nicht nur an, sondern sie versuchen auch, diese insbesondere durch den Einsatz des absatzpolitischen Instrumentariums zu beeinflussen. Bei der Beurteilung der Entwicklung der betrieblichen Umwelt ist deshalb auch die Wirkung alternativer marketingpolitischer Maßnahmen auf die Umwelt zu berücksichtigen.

Die **Prognose** der **Umweltentwicklung** im allgemeinen und der Wirkung **absatzpolitischer Maßnahmen** im besonderen stellt den neuralgischen Punkt der gesamten **Marketing-Planung** dar. Dies hat seinen Grund darin, daß es keine allgemeingültige, umfassende Theorie über die Art von Ursache-Wirkungszusammenhängen für den interessierenden Bereich gibt. Bemerkenswert erscheint die Tatsache, daß die Markt- bzw. Absatzforschung oft nicht einmal auf dem Boden einer gesicherten **Theorie** geringer Reichweite zu arbeiten vermag, sondern sich mit der Anwendung problemspezifischer **Techniken** behelfen muß. Damit sind Verfahren und Hilfsmittel jeder Art gemeint, die der Erfassung, Aufbereitung, Verarbeitung, Verdichtung, Übermittlung, Speicherung und Reproduktion von Informationen dienen.

2.2. Die Ziel- und Strategienplanung

Die Ziel- und Strategienplanung baut auf den im Rahmen der Situationsanalyse gewonnenen Daten auf. Die unternehmensindividuelle Vorgehensweise bei der Informationsaufnahme und die planerische Umsetzung werden dabei wesentlich von der jeweiligen Unternehmenskultur und -philosophie beeinflußt.

Mit **Unternehmenskultur** umschreibt man die „Persönlichkeit" eines Unternehmens hinsichtlich der spezifischen, historisch gewachsenen Denkschemata und Problemlösungsmuster. Sie umfaßt so unterschiedliche Bereiche wie Tradition im Führungsverhalten, überlieferte Geschäftspraktiken oder die Organisationsstruktur (vgl. *Hauser* 1985, S. 14; zur Theorie der Unternehmenskultur vgl. *Heinen* 1987 sowie *Drepper* 1992). Eine durch diese Merkmale beschriebene Unternehmenskultur wird durch die individuelle Geschichte des Unternehmens, seine führenden Persönlichkeiten sowie seine spezifische Umwelt geprägt (vgl. *Hentze / Brose / Kammel* 1993, S. 141). Als wesentliches Element für die Entstehung und Stabilisierung einer eigenständigen Unternehmenskultur kann dabei die Bestätigung bestimmter Handlungsweisen, Typen von Organisationsstruktur etc. durch wirtschaftliche Erfolge angesehen werden. Die dadurch geförderte **Tradierung** von **Erfolgsmustern** birgt aber auch die Gefahr in sich, daß die notwendige Sensibilität für die Wahrnehmung einsetzender Veränderungen bei den erfolgsbestimmenden Faktoren verlorengeht (vgl. *Steinmann / Schreyögg* 1991, S. 546 f.).

Die **Unternehmensphilosophie** läßt sich als jener Teil der Unternehmenskultur verstehen, der die Wertbasis unternehmerischen Denkens und Handels umfaßt. Diese findet ihren Ausdruck im Ziel- und Wertesystem sowie in den Standards und Verhaltensleitlinien eines Unternehmens. Die tatsächliche Umsetzung in konkretes Unternehmensgeschehen im Sinne eines „collective programming of the mind" (*Hofstede* 1980, S. 13) ist dagegen der Unternehmenskultur zuzurechnen (vgl. *Wiedmann / Kreutzer* 1989, S. 76).

Unternehmenskultur und -philosophie bedürfen im Rahmen der Ziel- und Strategienplanung besonderer Beachtung, da es sich hierbei um **konstitutive Denk-** und **Problemlösungsmuster** eines Unternehmens handelt. Insbesondere bei sich unablässig wandelnden Umweltbedingungen hängen dessen Zukunftschancen mehr denn je davon ab, ob sich mit diesen langjährig verfestigten Denk- und Problemlösungsmustern neuen Herausforderungen mit Erfolg begegnen läßt.

Die individuelle Kultur und Philosophie eines Unternehmens, seine Ressourcen sowie die **spezifischen externen Rahmenbedingungen** determinieren weitgehend die inhaltliche Ausgestaltung der Ziel- und Strategienplanung (vgl. Abb. 10.5.).

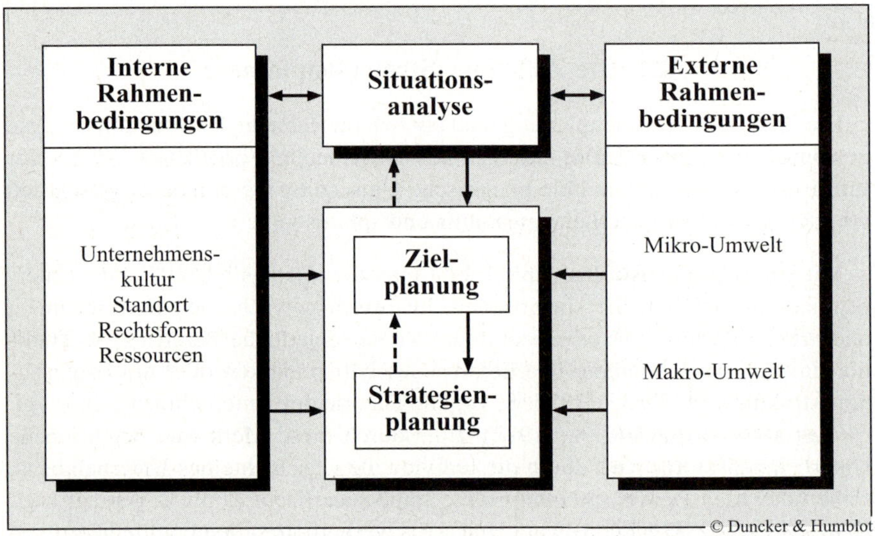

Abb. 10.5.: Einflußfaktoren der Ziel- und Strategienplanung

(1) Unter einem **Ziel** versteht man einen angestrebten, künftigen Zustand der Realität, den ein Unternehmen auf der Basis der in der Situationsanalyse ermittelten internen und externen Rahmenbedingungen definiert. Ein solches kann in Form eines Oberziels für das gesamte Unternehmen oder als beliebiges Subziel für jede nachrangige Hierarchieebene formuliert werden. Bei der Festlegung ist

zum einen zu beachten, daß dieses nach Inhalt, Ausmaß und zeitlichem Bezug möglichst genau bestimmt wird. Zum anderen dürfen die einzelnen Vorgaben nicht isoliert voneinander betrachtet werden, sondern man hat stets das Beziehungsgeflecht als ganzes zu berücksichtigen. Grundsätzlich können drei Arten von **Zielbeziehungen** auftreten (siehe Abb. 10.6.).

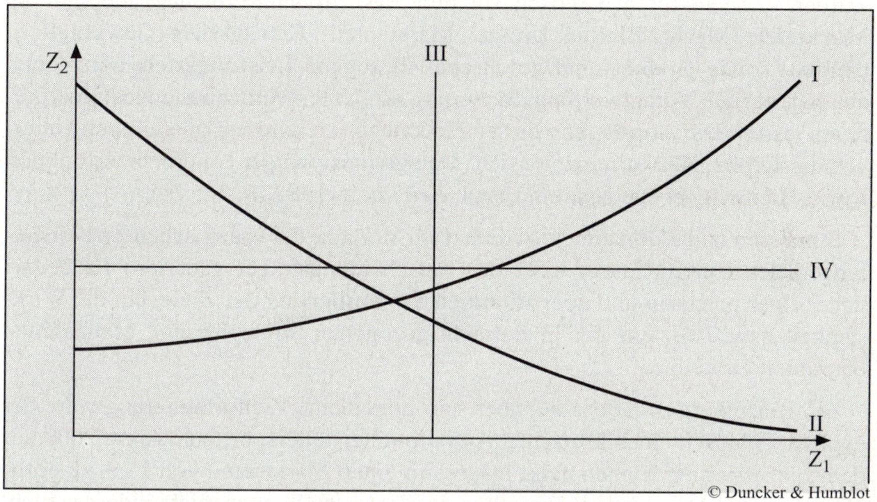

Abb. 10.6.: Zielbeziehungen

- **Komplementäre Zielbeziehung** (I): Die Realisierung des Zieles Z_1 fördert die Verwirklichung des Zieles Z_2 (z. B. positives Firmenimage und Umsatz).
- **Konfliktäre Zielbeziehung** (II): In dem Maß, in dem Ziel Z_1 erreicht wird, geht dies zu Lasten des Zieles Z_2 (z. B. Streben nach technischer Perfektion und Rentabilität).
- **Indifferente Zielbeziehung** (III, IV): Das Ziel Z_1 wird völlig unabhängig von Z_2 erreicht (z. B. Erhöhung des Umsatzes im Geschäftsbereich 1 und Steigerung der Wiederkaufrate im Geschäftsbereich 2).

Daneben unterscheidet man auch zwischen **Ober-** und **Unterzielen** sowie **Haupt-** und **Nebenzielen**. Solch eine Einteilung ist von einer Mittel-Zweck-Beziehung geprägt, d. h. ein bestimmtes Ziel hat im Hinblick auf die Realisation eines übergeordneten Zieles Mittelcharakter. Den Unterzielen kommt dabei die Aufgabe zu, die Oberziele des Unternehmens im Hinblick auf die einzelnen Funktions- und Entscheidungsbereiche hin konkreter zu definieren, als dies bei den umfassenden Oberzielen selbst möglich ist. Dagegen drückt die Einteilung in **Haupt-** und **Nebenziele** eine Gewichtung seitens des Entscheidungsträgers im Hinblick auf die Priorität der Zielerreichung aus.

Eine Orientierung allein am Gewinn – als häufig genanntem **Zielinhalt** – würde die oberste Maxime unternehmerischen Handelns nur unvollständig beschreiben. Typischerweise tritt vielmehr eine multidimensionale Zielsetzung auf, wobei die Prioritäten in Abhängigkeit von Veränderungen der internen und externen Rahmenbedingungen (z. B. Wechsel von Führungspersönlichkeiten, Konjunktur, gesellschaftliche Forderungen) flexibel bestimmt werden können.

In einer empirischen Untersuchung von Unternehmenszielen in der Industrie wurden diese faktorenanalytisch auf drei Basisgrößen verdichtet, die sich als **Marktziele** (Macht / Einfluß, Umsatz, Marktanteil), **Ertragsziele** (Gewinn, Rentabilität) sowie produkt- und gesellschaftsbezogene **Leistungsziele** (Angebotsqualität, soziale Verantwortung, Sicherung des Unternehmenbestandes) interpretieren lassen. Die Ausprägung dieser Zielkategorien wird vor allem durch Unternehmensgröße, Konkurrenzintensität, Delegationsgrad der Unternehmerfunktion sowie Hierarchieebene bestimmt (vgl. *Fritz* u. a. 1985, S. 375 ff.).

Strategien und Maßnahmen werden nach Vorgabe der spezifischen Zielvorstellungen des Unternehmens bzw. der Entscheidungsträger generiert. Es bedarf daher einer **präzisen** und **operationalen Formulierung** der **Ziele**, um die Wirksamkeit bzw. Effizienz der in Betracht gezogenen Strategien und Maßnahmen beurteilen zu können.

Ein Beispiel für eine exakte, aber sehr allgemeine Zielformulierung wäre der explizite Wunsch eines deutschen Automobilherstellers, bis zum Jahre 2000 auf dem Europäischen Binnenmarkt insgesamt einen Marktanteil von 15% zu erreichen. Eine solche pauschale Fixierung der Zielvorstellungen reicht indessen nicht aus, um sämtliche Prozesse in den einzelnen Teilbereichen zu steuern und zu koordinieren. Es erweist sich deshalb als erforderlich, den Betroffenen eindeutige, operational formulierte Verhaltensanweisungen vorzugeben. So war beispielsweise dem für die Entwicklung und Einführung eines bestimmten Erzeugnisses verantwortlichen Produktmanager eines deutschen Waschmittelkonzerns die Aufgabe übertragen worden, mit Hilfe der Werbung folgendes zu erreichen:

- **Bekanntheitsgrad**: Das für einen speziellen Verwendungszweck konzipierte Produkt sollte am Ende des ersten Jahres 75% aller Hausfrauen bekannt sein.
- **Probiereranteil**: 30% aller Hausfrauen sollten den Artikel im selben Zeitraum erprobt haben.
- **Stammverbraucher(innen)anteil**: Innerhalb derselben Frist sollten 12% aller Hausfrauen zu Stammverbraucherinnen geworden sein.

Es besteht kein Zweifel, daß die Wahl der Ziele vielerlei **Restriktionen** unterliegt, die u. a. durch **Konsumentenwünsche, Konkurrentenverhalten** oder **Unternehmensressourcen** bedingt sind. Wesentliche Restriktionen, die vielen Unternehmen nicht bewußt sind, stellen die **Unternehmenskultur** und **-philosophie** dar. So wird ein Anbieter auf Grund seiner Tradition nicht ohne weiteres aus seinem angestammten Wirtschaftszweig ausbrechen. Er dürfte in der Regel auch eine spezifische Kompetenz bei der Versorgung einzelner Abnehmergruppen bzw. Bevölkerungsschichten erlangt haben.

Ausdruck einer bestimmten **ethischen Grundhaltung** wäre z. B. der Grundsatz, keine alkoholischen Getränke zu führen oder – als Werbeagentur – keine Aufträge von Zigarettenherstellern zu übernehmen. Unter Berücksichtigung solcher Begrenzungen könnte eine unternehmerische Zielsetzung im konkreten Fall wie folgt lauten: Versorgung der deutschen Haushalte mit neuzeitlichen Produkten, die das Bedürfnis nach Reinhaltung von Körper und Bekleidung befriedigen, die Umwelt schonen und eine Massenfabrikation erlauben.

Ein nicht nur marketingspezifisches Problem bei der Festlegung von Zielen besteht in der **Identifikation** von Konflikten, die dadurch gekennzeichnet sind, daß eine bestimmte Maßnahme die Erreichung mindestens eines Zieles fördert, gleichzeitig aber die mindestens eines anderen beeinträchtigt oder gefährdet. Die Schwierigkeiten im Umgang mit solchen Beziehungen liegen darin begründet, daß sich die Auswirkung der Verfolgung verschiedener Ziele zum einen sachlich und zum anderen zeitlich nicht immer genau beurteilen läßt. Dieses Dilemma bildet einen spezifischen Ansatzpunkt für den Einsatz von Entscheidungshilfen (Punktwertverfahren, mathematische Entscheidungsmodelle etc.), da diese häufig zu einer stärkeren Durchdringung der Zielbeziehungen führen. Für die Lösung von **Zielkonflikten** gibt es nur folgende Möglichkeiten:

(a) Der Idealfall liegt dann vor, wenn es gelingt, alle Teilziele auf **ein** Oberziel (z. B. Gewinn, Kosten) zurückzuführen, dessen Optimierung dann zumeist keine Probleme aufwirft.

(b) Der Unternehmer kann versuchen, die unterschiedliche Bedeutung einzelner Ziele – möglicherweise auf Grund von durch Stabsstellen erarbeiteten Analysen – abzuwägen, um im Anschluß daran eine bewußte Entscheidung zugunsten einer der drei folgenden Alternativen zu treffen, nämlich

- **ein Ziel** zu **maximieren** bzw. zu **minimieren**, während **alle übrigen Ziele vernachlässigt** werden,
- **ein Ziel** zu **maximieren** bzw. zu **minimieren**, während die **übrigen Ziele** als **Begrenzungsfaktoren** in den Lösungsansatz einbezogen werden, oder
- konkurrierende Ziele durch ein neues **Wertesystem** in Form einer Nutzenfunktion zu ersetzen (dazu ausführlich *Voigt* 1992, S. 272 ff.).

(2) **Strategien** sind mittel- bis langfristig wirkende Grundsatzentscheidungen mit Intrumentalcharakter. Ihnen kommt die Aufgabe zu, nachgeordnete Entscheidungen und den Mitteleinsatz eines Unternehmens im Bereich des Marketinginstrumentariums an den Bedarfs- und Wettbewerbsbedingungen sowie am vorhandenen Leistungspotential auszurichten und auf die Erreichung der Ziele hin zu kanalisieren. Diesen Zusammenhang veranschaulicht Abb. 10.7.

Die Generierung und Formulierung von Strategien stellen einen primär kreativen Prozeß dar. Der gestalterische Handlungsspielraum wird dabei durch unternehmensinterne und -externe Rahmenbedingungen eingegrenzt. Eine gewisse Hilfe in dieser wichtigen Phase der Marketing-Planung bietet die Orientierung an den folgenden **strategischen Dimensionen**, die bei der inhaltlichen Beschreibung einer Strategie Berücksichtigung finden können (siehe dazu auch §§ 3 und 4):

- Räumliche Abgrenzung des Marktes (lokal, regional, national, international)
- Vertrautheit mit dem Markt (alter, verwandter, neuer Markt)
- Art der Marktbearbeitung (differenziert, undifferenziert)
- Primärer Leistungsinhalt (Qualität, Verfügbarkeit, Kundennähe, Preis)
- Primäres Ziel (Umsatz, Rentabilität)
- Einstellung zu den Wettbewerbern (aggressiv, defensiv)
- Einstellung zur Kooperation (befürwortend, ablehnend)
- Einstellung zur Innovation (Vorreiter, Nachzügler).

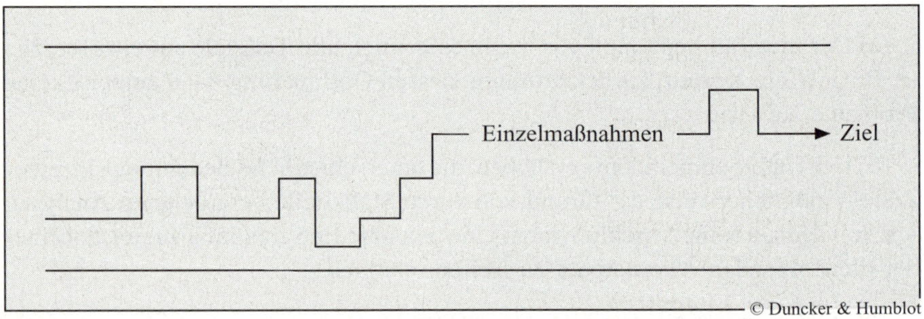

Abb. 10.7.: Strategiekanal

Bei der Ableitung einer konkreten Strategie können entsprechend den situativen Erfordernissen alle Dimensionen gleichgewichtig in eine Strategie einfließen oder aber eine davon dominiert alle anderen, z. B. Kostenführerschaft oder Internationalisierung. Durch diese Hervorhebung werden zudem eine bessere **Kommunizierbarkeit** und damit ein hohes Maß an **Identifikation** der Führungskräfte und Mitarbeiter erreicht. Weiterhin vermag sich das Unternehmen auf diese Art und Weise zu profilieren und sich so von den Konkurrenten bzw. deren Angebot positiv abzuheben („differential advantage“, „unique selling proposition“). Aber auch in diesen Fällen geht es keineswegs allein um die Festlegung einer eindimensionalen Strategie, sondern um eine sinnvolle, in sich geschlossene **Kombination** verschiedener **strategischer Dimensionen** unter **Vorherrschaft** eines **zentralen Aspekts** (vgl. zu den wichtigsten strategischen Dimensionen § 3, Abschn. 1.2., sowie § 4).

2.3. Die Maßnahmenplanung

Die Strategien bedürfen als globale Handlungsrichtlinien zu ihrer Umsetzung der Konkretisierung durch die Maßnahmenplanung. Hierbei gilt es, die zur Zielerreichung erforderlichen Mittel und Aktivitäten in dem durch die Strategien vorgegebenen Rahmen detailliert festzulegen. Ähnlich wie in der vorausgehenden Phase der Ziel- und Strategienplanung wird der Gestaltungsspielraum auf der Maßnahmenebene nicht nur durch die unmittelbar vorgelagerte Stufe des Planungsprozesses, sondern auch durch die Ergebnisse der Situationsanalyse bzw. die spezifischen internen und externen Rahmenbedingungen determiniert. Im wesentlichen geht es in dieser Phase um die Auswahl und Ausgestaltung der absatzpolitischen Instrumente, um die Bereitstellung und Aufteilung der notwendigen finanziellen Mittel sowie um die Festlegung des Aktivitätsniveaus bei den einzelnen Instrumenten und deren Zusammenfügung zu einem zieladäquaten, möglichst optimalen Marketing-Mix.

2.3.1. Die Bestimmung des Budgets

Jegliche Art der Planung konkretisiert sich letztlich in einem Budget. Unter Budgetierung versteht man die Erstellung von in **Geldeinheiten quantifizierten Vorgaben** für die einzelnen Organisationseinheiten des Unternehmens (z. B. Funktionsbereiche, Sparten, Abteilungen, Stellen). Im einzelnen kommen dafür Leistungs- und Kostengrößen in Betracht. In Anlehnung an die Gepflogenheiten der Praxis spricht man bei Leistungsgrößen von **Leistungsvorgaben** und bei Kostengrößen von **Budgets.** Sie gelten für einen bestimmten Planungs- bzw. Budgetierungszeitraum.

Der Sinn der **Budgetierung** besteht vor allem in der verbindlichen Fixierung von operationalen Zielen für die einzelnen Organisationseinheiten und der damit eng verbundenen Zuordnung von Verantwortungsbereichen. Da die Richtwerte für die einzelnen Organisationseinheiten konsistent sein müssen, dient die Budgetierung, insbesondere in größeren Unternehmen, auch der Koordination der Teilpläne.

Im Marketing stellt man im allgemeinen ein Budget auf, das zumindest Plangrößen für den Gesamtbereich enthält. Häufig begnügt man sich jedoch damit nicht, sondern budgetiert auch innerhalb einzelner Organisationseinheiten, wie z. B. in der Marktforschungs-, Werbe- und Verkaufsförderungsabteilung. Vielfach neigt man dazu, bis auf die Ebene der Stellen bzw. Abteilungen hinunter, die für Produkte bzw. Produktgruppen, Kunden und geographische Regionen (z. B. Europa, USA) verantwortlich sind, gesondert Leistungs- oder Kostenvorgaben auszuweisen.

Dabei kann man auf zweierlei Weise vorgehen. Bei der sog. **Top-down-Methode** verläuft der Weg im Prinzip von oben nach unten. Beim **Bottom-up-**

Verfahren hingegen erarbeiten die einzelnen Organisationseinheiten Vorschläge, die so lange untereinander und mit den Vorgesetzten diskutiert werden müssen, bis eine konsensfähige Gesamtvorgabe zustande kommt (vgl. *Diller* 1980, S. 123). Während die Top-down-Spielart vor allem den zeitraubenden und konfliktträchtigen Abstimmungsprozeß umgeht, ist das Bottom-up-Verfahren mit dem Vorteil verbunden, daß sich die Beteiligung untergeordneter Organisationseinheiten an der Entscheidungsfindung positiv auf deren Motivation zur Erreichung der angestrebten Ziele auswirkt. In der Praxis findet sich daher häufig eine Kombination beider Varianten.

Unabhängig von der Methodik gilt es zu entscheiden, ob die Vorgaben für den Budgetierungszeitraum starr oder flexibel gestaltet werden sollen. Flexibilität erscheint dann zweckmäßig, wenn die Erwartungen hinsichtlich der Umweltentwicklung recht unsicher sind (vgl. hierzu Abschnitt 1.2.). Man kann in solchen Fällen beispielsweise für unterschiedliche Umweltkonstellationen alternative Leistungs- und / oder Kostengrößen festlegen.

Für die Budgetierung kommen vor allem Umsatz, Marktanteil, Gewinn und Deckungsbeitrag als **Leistungsvorgaben** in Betracht. Wie man im einzelnen vorgehen kann, sei am Beispiel der Einführung eines Markenartikels veranschaulicht. Es handelt sich dabei um ein Spezialwaschmittel, das von seinem Hersteller nach Abschluß der Testphase in der gesamten Bundesrepublik Deutschland vertrieben werden sollte. Der Markt befand sich in dem geschilderten Fall fest in Händen dieses Unternehmens und zweier weiterer Anbieter, die zusammen über 90% Marktanteil auf sich vereinigten. Das ins Auge gefaßte Produktfeld der Spezial- und Feinwaschmittel war bereits mit einem halben Dutzend namhafter Marken der führenden Unternehmen besetzt (vgl. Tab. 10.1.).

Wir gehen dabei von dem in Tab. 10.1. dargestellten Kalkulationsschema aus, das der Planung der innerhalb von drei Jahren erzielbaren Deckungsbeiträge des Produkts „XY" dient. Die relativ kurze Frist, die der Beurteilung der **Erfolgsträchtigkeit** dieses Erzeugnisses zugrunde liegt, erklärt sich daraus, daß der maximale Marktanteil bei Waschmitteln, wie Branchenkenner bestätigen, im allgemeinen bereits nach 12 bis 18 Monaten erreicht wird. Dies dürfte ein klares Indiz dafür sein, welch eminente Bedeutung unter diesen Umständen der Einführungswerbung zukommt, was im übrigen auch durch die Zahlenrelationen in Tab. 10.1. bestätigt wird.

Es empfiehlt sich, die Überlegungen, die zu den einzelnen Werten in dieser Tabelle geführt haben, zeilenweise nachzuvollziehen:

(1) Das gesamte **Marktvolumen** wird auf Grund der auf dem **Testmarkt** gewonnenen Erfahrungen sowie weiterer umfassender Analysen geschätzt, und zwar ohne Berücksichtigung der im einzelnen ins Auge gefaßten absatzpolitischen Maßnahmen. Offenkundig stagniert der Gesamtbedarf, so daß die Marketingkonzeption eindeutig auf die Konkurrenten und den Handel gerichtet sein muß.

Tabelle 10.1.

Planung der Deckungsbeiträge eines neuen Markenartikels					
Zeile	Bezeichnung	Testmarkt 1994 (effektiv)	1995 (geschätzt)	1996 (geschätzt)	1997 (geschätzt)
1	Gesamtmarkt in jato	8.700	38.000	38.000	38.000
2	Marktanteil „XY“ in %	14	14	17	16
3	Marktanteil „XY“ in jato	1.220	5.320	6.460	6.080
4	Pipeline in jato	350	1.080	–	–
5	Absatzvolumen „XY“ in jato	1.570	6.400	6.460	6.080
6	∅ Verbraucherpreis / t in DM	4.300	4.300	4.300	4.300
7	Umsatz zu Verbraucherpreisen in 1.000 DM	6.750	27.520	27.780	26.140
8	./. 30% Handelsspanne in 1.000 DM	2.030	8.260	8.340	7.840
9	Herstellerumsatz in 1.000 DM	4.720	19.260	19.440	18.300
10	. / . alle direkt zurechenbaren Kosten außer Werbung (etwa 35% vom Erlös) in 1.000 DM	2.360	9.630	9.720	9.150
11	DB I in 1.000 DM	2.360	9.630	9.720	9.150
12	./. Werbeaufwendungen in 1.000 DM	2.500	10.000	8.000	6.000
13	DB II pro Jahr in 1.000 DM	./. 140	./. 370	1.720	3.150
14	DB II kumuliert in 1.000 DM	./. 140	./. 510	1.210	4.360

(2) Die **Marktanteile** werden wiederum auf Grund von Marktanalysen geschätzt, wobei folgende Gesichtspunkte von vorrangiger Bedeutung sind: Spezifische Problemlösung, die der Hausfrau durch das Produkt geboten wird; Marktstellung des Anbieters bei den übrigen Waschmitteln; Absatzentwicklung des Produktes „XY“ in anderen Ländern, in denen es von Schwestergesellschaften vertrieben wird; Höhe der Rabatte an den Handel; Ausmaß der Werbeaufwendungen; Niveau des Verbraucherpreises gegenüber vergleichbaren Konkurrenzprodukten sowie Art und Umfang sonstiger absatzpolitischer Maßnahmen, die geplant sind.

(3) Der Marktanteil für „XY" in jato (=Jahrestonnen) ergibt sich durch Multiplikation der Werte in den Zeilen (1) und (2).

(4) Die Menge, die zur Auffüllung der Läger des Handels benötigt wird, die also den sog. **Pipeline-Effekt** verursacht, hängt allgemein vom Goodwill ab, über den das Unternehmen bei den verschiedenen Gruppierungen des Handels (Großbetriebsformen, Freiwillige Ketten, Genossenschaften usw.) verfügt, speziell jedoch von der Höhe der Handelsspanne und der Werbeaufwendungen.

(5) Das Absatzvolumen für „XY" in jato erhält man durch Addition der Werte in den Zeilen (3) und (4).

(6) Der zu wählende Verbraucherpreis steht in engem Zusammenhang mit der Pakkungsgröße, die möglichst aus einer vorhandenen Reihe (z. B. 300 g, 1 kg oder 5 kg Füllgewicht) stammen und genügend „display" bieten, d. h. Aufmerksamkeit auf sich ziehen soll. Als entscheidend erweist sich, daß ein Preis / Mengenverhältnis erreicht wird, das gegenüber den Relationen vergleichbarer Konkurrenzprodukte und eigener Erzeugnisse vorteilhaft erscheint. Andererseits darf der Wert auch nicht spürbar darunter liegen, da das Unternehmen sonst gegen die in Oligopolen im allgemeinen herrschende Preisdisziplin verstoßen bzw. einer Umlenkung der Nachfrage von anderen Erzeugnissen auf das neue Produkt Vorschub leisten würde.

(7) Die voraussichtlichen Erlöse ergeben sich durch Multiplikation der Werte in den Zeilen (5) und (6).

(8) Die Höhe der Handelsspanne richtet sich nach der vom Konzern bei anderen Produkten verfolgten Rabattpolitik sowie nach dem einschlägigen Verhalten der beiden bedeutendsten Wettbewerber.

(9) Durch Subtraktion der Handelsspanne (8) vom Umsatz zu Verbraucherpreisen (7) erhalten wir den Herstellerumsatz.

(10) Unter den direkt zurechenbaren Kosten, die wir hier mangels Verfügbarkeit der Ergebnisse der Plankostenrechnung mit 35 % vom Erlös veranschlagen, sind etwa Herstellungskosten, Frachten, Lagerkosten und Skonti (nicht jedoch die Werbekosten) zu verstehen, die von der Menge abhängen und vom Produkt-Manager kaum zu beeinflussen sind.

(11) Die Verminderung des geschätzten Herstellerumsatzes um die direkt zurechenbaren Kosten, ausgenommen die Werbung, führt zum Deckungsbeitrag I (DB I).

(12) Der Werbeetat bildet in gewissem Sinne eine Residualgröße, weil er am ehesten Manipulationen zugänglich erscheint. Er richtet sich nach den Zielen, die mit dem Produkt erreicht werden sollen, dem Konkurrenzdruck und der Höhe des DB I. Im übrigen dient der Posten Werbung auch der Verrechnung gewisser Erlösminderungen.

Die Zeilen (13) und (14) kommen in analoger Weise zustande. Zu beachten ist dabei, daß die hier ausgewiesenen Werte keinesfalls in voller Höhe Gewinn, sondern gewissermaßen eine Dispositionsmasse verkörpern, aus der zunächst die nicht direkt zurechenbaren Kosten zu decken sind und erst in zweiter Linie ein Gewinnfonds gespeist werden kann.

An dieser Stelle ist der Punkt erreicht, an dem die Ergebnisse der Planung in Frage gestellt werden. Das heißt, daß man gezwungen ist, die variablen Elemente des Schemas (Marktanteil, Verbraucherpreis, Handelsspanne, Werbeaufwendungen) erneut zu untersuchen, in ihrer wechselseitigen Abhängigkeit zu erfassen, miteinander abzustimmen und zu modifizieren, falls das für die Aufnahme eines Produktes im Rahmen einer Konzernrichtlinie postulierte Ziel nicht erreicht wird. Dieses könnte im vorliegenden Fall wie folgt lauten:

- Der DB II muß ab dem zweiten Jahr nach Einführung des Produkts mindestens 2 Mio. DM pro Jahr betragen.
- Der DB II muß in demselben Intervall einen Wert von mindestens 10% vom Umsatz erreichen.
- Die Anlaufverluste, gemessen in der Dimension DB II, müssen nach spätestens zwei Jahren kompensiert sein.

Die beiden ersten Teilziele werden im vorliegenden Fall offenbar nicht erreicht, so daß in der oben beschriebenen Weise vorgegangen werden muß. Wenn das Projekt „XY" nicht spontan aufgegeben wird, hängt dies mit der Einsicht zusammen, daß es angesichts der Unsicherheit der Daten meistens nicht mit einer Entscheidung im Sinne eines „Ja" oder „Nein" getan ist. In der Regel wird man nicht umhin können, sich vor einer etwaigen Verwerfung eines Vorhabens weitere Informationen zu beschaffen.

Neben der Vorgabe von Leistungsgrößen ist es erforderlich, den Organisationseinheiten auch die zur Erfüllung ihrer Aufgaben notwendigen **finanziellen Ressourcen** zuzuteilen. Dies geschieht in Form von **Budgets**. Vielfach erscheint sogar im Rahmen der Budgetierung eine Beschränkung darauf unumgänglich, weil es nicht oder nur mit unverhältnismäßig hohem Aufwand möglich wäre, Leistungsgrößen für Marktforschungsabteilung, Planungsstäbe oder Designer festzulegen.

Bei der Bestimmung der Budgethöhe werden unterschiedliche Verfahren herangezogen. Oft gibt man nur soviel Geld für Werbung aus, wie man glaubt, sich leisten zu können („all-you-can-afford"-Methode). Ein wegen seiner Einfachheit in der Praxis häufig eingesetzter Ansatz besteht darin, das Budget am erwarteten Umsatz auszurichten. Man nennt dies „percentage of sales"-Methode. Orientiert man sich dabei an dem, was in einem Wirtschaftszweig üblich ist, spricht man von Wettbewerbs-Paritäts-Methode („competitive parity"-Methode). Der Rekurs auf Prozentwerte vom jeweiligen Umsatz erscheint allerdings problematisch, da bei rückläufigem Geschäftsgang zwangsläufig auch die Marketingaktivitäten reduziert würden, während genau das Gegenteil geboten wäre.

Vorzuziehen ist daher die **zielorientierte Festlegung** von Budgets, weil diese insbesondere die das Ergebnis beeinflussende Wirkung des Einsatzes der Marketinginstrumente berücksichtigt. Ausgehend von den Marketingzielen werden dabei die zur Zielerreichung erforderlichen Maßnahmen bestimmt und der damit verbundene Bedarf an finanziellen Ressourcen ermittelt. Bei dieser Vorgehensweise besteht gleichwohl wiederum die Gefahr, daß man der Begrenztheit der Inputfaktoren nicht ausreichend Rechnung trägt und die Budgetansätze zu hoch veranschlagt. Der naheliegende Kompromiß besteht deshalb in einer Verquickung beider Ansätze.

2.3.2. Die Gestaltung des Marketing-Mix

2.3.2.1. Die Problematik einer analytischen Bestimmung

Bevor das Marketing-Mix festgelegt werden kann, muß man eine Entscheidung hinsichtlich des **Aktivitätsniveaus,** d. h. der Gesamtheit aller absatzpolitischen Anstrengungen treffen. Die jeweiligen **Zielvorstellungen** und **Strategien** der Unternehmung sowie das **Aktivitätsniveau** im Absatzbereich hängen eng miteinander zusammen. Sie sind gewissermaßen einem System kommunizierender Röhren vergleichbar, deren Pegelstände sich aus zwingenden physikalischen Gründen nur „im Gleichschritt" verändern können. Bei Auswahl und Dosierung der absatzpolitischen Instrumente hat man sowohl sachliche als auch zeitliche Aspekte zu berücksichtigen.

Sind die **absatzpolitischen Instrumente** ausgewählt, mit denen das Unternehmen zu operieren gedenkt, gilt es, sich darüber Gedanken zu machen, wie sich die einzelnen Marketinginstrumente in konkrete **Maßnahmen** transformieren lassen (vgl. hierzu die Ausführungen zu den absatzpolitischen Instrumenten in den §§ 5 bis 8). Dabei präjudizieren zum einen die erläuterten strategischen Überlegungen, zum anderen nicht selten auch Tradition und Branchengepflogenheiten Auswahl, Gewichtung und Ausgestaltung der Aktionsparameter.

Bei der Aufteilung der Aktivitäten nach Zeitintervallen stellen sich vor allem folgende Fragen:

Wie sollen die Maßnahmen bzw. Mittel auf die einzelnen **Intervalle** bzw. **Planungsperioden** verteilt werden? Dabei ist etwa das Problem von Belang, ob zyklisch oder antizyklisch geworben werden soll, allgemein: wie man sich gegenüber Nachfrageschwankungen, die auf die verschiedensten Ursachen zurückzuführen sind, verhalten soll. Dabei kommen drei grundlegende Verhaltensweisen in Betracht, nämlich

- sich den Bewegungen anzupassen,
- sie zu glätten oder
- sie nach Möglichkeit noch zu verstärken und weitgehend für eigene Zwecke auszunützen.

In diesem Zusammenhang wird vor allem auch die Frage bedeutsam, **wann** geplante Maßnahmen **realisiert** werden müssen, um die gewünschte Wirkung zu entfalten. Dabei ist besonders zu berücksichtigen, daß die etwa von der klassischen Preistheorie angenommene unendlich schnelle Reaktionsgeschwindigkeit von Nachfragern und Anbietern in der Praxis (abgesehen von Auktionen und Börsen) nie gegeben ist. Für unseren Fall heißt dies, daß zwischen Impuls und Wirkung eine gewisse **Zeit** verstreicht, der man bei der Detailplanung Rechnung zu tragen hat. Läuft beispielsweise eine Werbekampagne auf vollen Touren, während die Ware noch nicht verfügbar ist, so resultieren daraus eine Vergeudung von Werbeanstrengungen und ein Verlust an Goodwill bei den Kunden, da diese u. U. enttäuscht und verärgert sind. Gelingt es also nicht, alle Maßnahmen zeitlich aufeinander abzustimmen, so besteht die Gefahr, daß deren Wirkung zum Teil verpufft, wenn nicht gar den Konkurrenten dadurch die Möglichkeit eröffnet wird, Gegenmaßnahmen zu ergreifen.

Wie bereits angedeutet, steht das **Marketing-Management** im Bereich der **operativen Planung** letztlich vor der Aufgabe, die absatzpolitischen Instrumente so zu kombinieren, daß die vorgegebenen Ziele bestmöglich erreicht werden. Die Lösung dieses Optimierungsproblems ist allerdings sowohl theoretisch als auch praktisch im allgemeinen außerordentlich schwierig. **Probleme** bereiten vor allem

- die Vielzahl der Kombinationsmöglichkeiten absatzpolitischer Instrumente,
- das Auftreten von Interdependenzen zwischen den Maßnahmen,
- das Entstehen von Ausstrahlungseffekten,
- die Unsicherheit der Wirkung absatzpolitischer Aktivitäten sowie
- praktische Restriktionen, z. B. zeitlicher und finanzieller Art.

(1) Betrieben marktwirtschaftlicher Prägung steht gewöhnlich eine Fülle absatzpolitischer Handlungsweisen offen. Daraus resultiert eine große Zahl möglicher **Marketing-Mixes.** Im Falle einer einmaligen Entscheidung, deren Rahmen durch lediglich vier absatzpolitische Maßnahmen mit jeweils 10 möglichen Abstufungen oder Varianten gebildet wird, ergeben sich nicht weniger als $10^4 = 10.000$ verschiedene Kombinationsmöglichkeiten. Es liegt nahe, daß angesichts dieser Zahl nur ein Bruchteil aller in Frage kommenden Instrumentalkombinationen einer näheren Prüfung unterzogen werden kann.

Bedenkt man weiter, daß jede Kombinationsmöglichkeit zu einem jeweils anderen Ergebnis führt, je nachdem, welche Konstellation von **Umweltfaktoren** eintritt, so kann man sich unschwer vorstellen, in welche Größenordnung das Problem hineinwächst. Es bedarf deshalb eines großen Maßes an Sachkenntnis, Erfahrung und Mut, um aus der großen Zahl von Handlungsalternativen und Einflußfaktoren nach Maßgabe deren mutmaßlicher Problemrelevanz eine sinnvolle Auswahl zu treffen.

(2) Bei der Gestaltung des Marketing-Mix ist weiter zu berücksichtigen, daß zwischen den einzelnen Instrumenten wechselseitige Abhängigkeit besteht. Dabei können die Beziehungen zwischen den Instrumentalvariablen **substitutiver** oder **komplementärer** Art sein.

Substitution liegt vor, wenn sich die einzelnen Instrumente gegenseitig vollständig oder teilweise ersetzen. So können beispielsweise an die Stelle der Außendienstaktivität zumindest teilweise kommunikative Maßnahmen treten, weil durch

Werbung vorverkaufte Produkte einen vergleichsweise reduzierten Außendiensteinsatz (z. B. verminderte Besuchshäufigkeit, geringere Zahl an eingesetzten Verkäufern) erfordern.

Komplementarität gewährleistet, daß sich einzelne Instrumente in ihrer Wirkung gegenseitig ergänzen. Dies ist beispielsweise dann der Fall, wenn die Einführung eines neuen Produktes durch entsprechende kommunikationspolitische Maßnahmen gefördert wird.

Die Beachtung der bestehenden Verflechtungen erscheint außerordentlich wichtig. Gleichwohl erweist es sich als ein schwieriges Unterfangen, die jeweils auftretenden Interdependenzen vollständig zu erfassen und hinsichtlich ihrer Wirkung zu quantifizieren.

(3) Ein gravierendes Problem besteht auch in der **Abgrenzung** des **Wirkungsbereichs** absatzpolitischer Maßnahmen bzw. in der Abschätzung der Größe der sog. **Ausstrahlungseffekte**. In der amerikanischen Literatur wird dieses Phänomen anschaulich als **Spill over- Effekt** bezeichnet, womit zum Ausdruck gebracht werden soll, daß eine Maßnahme über den anvisierten Zielbereich hinaus eine positive oder negative Wirkung entfaltet (wörtlich: überfließen läßt, verschüttet).

Grundsätzlich sind dabei zwei Möglichkeiten zu unterscheiden: Einmal können die eintretenden Effekte für das Unternehmen schädlich, also **unerwünscht** sein. Hierbei wiederum kann es sich um einen echten **Zielkonflikt** handeln, und zwar insofern, als die auf einem anderen Gebiet getroffenen absatzwirtschaftlichen Maßnahmen in ihrer Wirkung beeinträchtigt werden, oder aber um eine **Vergeudung** von **Vertriebsanstrengungen,** die vielleicht vermeidbar ist, jedoch aus praktischen Gründen in Kauf genommen wird.

Der andere Fall ist dann gegeben, wenn positive, also erwünschte Ausstrahlungseffekte **mit Absicht erzeugt** oder – bei zwangsläufigem Auftreten – **bewußt in den Dienst der Unternehmungspolitik gestellt** werden. Was diese formalen Unterscheidungen in der Praxis bedeuten, sei an Hand einiger typischer Beispiele illustriert:

(a) Eine Aktion zur Förderung des Absatzes eines bestimmten Produktes ist gleichzeitig geeignet, den **Absatz komplementärer Erzeugnisse** zu **beleben** und die **Chancen substitutiver Produkte** zu **beeinträchtigen**. Außerdem kann der parallele Vertrieb mehrerer Güterarten über **eine** Absatzorganisation zu Einsparungen im Bereich der Vertriebskosten und damit zu einer Steigerung der Wettbewerbsfähigkeit beitragen.

Nicht selten wird man einen Kunden bei einem Produkt als „interessant" einstufen, während er bei einem anderen eigentlich einer rigoros gehandhabten Abnehmerselektion zum Opfer fallen müßte. Die Konzentration der Betrachtung auf **ein** Produkt würde hier also u. U. zu unerwünschten Begleiterscheinungen führen.

Dagegen wird dieser Ausstrahlungseffekt in vollem Maße bei sog. **Produkt-** oder **Markenfamilien** genutzt, wie sie vor allem in der Kosmetikbranche anzutreffen sind. Hier werden die verschiedenen Markenartikel unter **einem** Markennamen vertrieben, um alle am Goodwill des Hauses oder des ursprünglich einzigen vorhandenen Produktes teilhaben zu lassen.

Ähnlich ist auch der Wunsch nach dem **„one stop shopping"** zu beurteilen, von dem vor allem diejenigen Betriebsformen des Einzelhandels profitieren, die „alles unter einem Dach" anbieten. Angesichts der immer stärker werdenden Parkplatznot und des immer größeren Hanges zur Bequemlichkeit kauft der Kunde nicht ungern dort ein, wo er seinen ganzen Bedarf auf einmal decken und überdies mühelos parken kann. Aus der Sicht des Unternehmens stellt sich das Phänomen also in der Weise dar, daß bestimmte Betriebsformen ihren Erfolg zum großen Teil der **Verbundwirkung** ihres **Sortiments** und ihres Kundendienstes verdanken. Auch hier erschiene eine isolierte Beobachtung eines einzigen Produktmarktes oder einer Warengruppe wenig sinnvoll.

(b) Ähnlich liegen die Verhältnisse bei einem Vergleich der verschiedenen **Unternehmungsbereiche** aus der Sicht der Unternehmungsführung. Zwar ist man sich heute weitgehend darüber einig, daß im Zeitalter des Überangebotes und des Auftragsmangels langfristig der **Absatz(-sektor)** den Richt- und Angelpunkt des Betriebsgeschehens bildet, doch kann kurzfristig die ausschließliche Berücksichtigung von Marketingzielen zu **verhängnisvollen Folgen** führen.

Dieser Fall ist u. a. dann gegeben, wenn im Grunde positiv zu bewertende Aufträge nur unter Inkaufnahme von Überstunden bzw. von Überbeschäftigung im Produktionsbereich ausgeführt werden können oder die Sicherstellung einer hohen Lieferbereitschaft erhebliche finanzielle Ressourcen durch den Aufbau zusätzlicher Lagerkapazität bindet. Hier zeigt sich die Notwendigkeit einer vom Absatz ausgehenden integrativen Planung von Vertrieb, Produktion, Forschung und Entwicklung, Beschaffung sowie Finanzierung und Investition. Zweifellos handelt es sich in diesen Fällen um echte Zielkonflikte.

Ein **positiver Ausstrahlungseffekt** im obigen Sinne liegt dann vor, wenn z. B. angestrebte Absatzerfolge zu Kostendegression im Produktionsbereich führen oder, umgekehrt, wenn etwa technische Erfindungen oder Verbesserungen eine Senkung des Produktpreises und damit möglicherweise höhere Umsätze nach sich ziehen. In diesem Fall entfaltet eine Verbesserung in beiden Bereichen eine positive Wirkung auf den jeweils anderen Bereich, so daß es nicht zu **Zielkonflikten** kommt. Solchen Ausstrahlungseffekten sollte in der Planung von Anfang an Rechnung getragen werden.

(c) Abgesehen davon, daß man sich in der Betriebspraxis häufig der eigentlichen **Zielgruppen** und **Zielbereiche** nicht bewußt ist, ergeben sich hier kaum überwindbare Schwierigkeiten bei der **Abgrenzung** des **Wirkungsbereiches** einer **absatzpolitischen Entscheidung**. Bekannt ist das Problem aus der **Wer-**

bung, vor allem aus der Mediaplanung. Das Bestreben geht hier dahin, möglichst nur jene Kreise anzusprechen, die als Käufer in Frage kommen. Auch in der Preistheorie ist diese Überlegung von Belang, und zwar im Rahmen der **Preisdifferenzierung,** deren Wirksamkeit u. a. davon abhängt, daß die unterschiedlich behandelten Märkte (Abnehmergruppen) nicht in Kontakt zueinander treten (können). Ganz besonders gilt dies für das häufig praktizierte **Export-Dumping,** bei dem ein Rückfluß der Ware ins Inland nach Kräften verhindert bzw. unmöglich gemacht werden muß. Wesentliche Gründe dafür, daß es praktisch unmöglich ist, den als relevant erkannten Zielbereich gegenüber Einflüssen von außerhalb zu immunisieren, liegen in der Mobilität der Bevölkerung, in der großen Reichweite und den Einwirkungsmöglichkeiten der Massenmedien (Fernsehen, Radio, Zeitschriften, Zeitungen), in der Effizienz des Transportwesens sowie in der Aktivität nachgelagerter Wirtschaftsstufen.

(d) Eine Art **zeitlicher Streuwirkung** ist darin bedingt, daß eine Unternehmung über ein sog. **akquisitorisches Potential** verfügt, d. h. über ein bestimmtes Maß an Goodwill, das die positive Resonanz von Entscheidungen früherer Perioden widerspiegelt und oft lange Zeit vorhält. Praktisch bedeutet dies, daß der Widerhall einer in der Planperiode getroffenen guten Entscheidung potenziert, während der einer schlechten abgeschwächt wird. Bildhaft gesprochen kann also eine Unternehmung etwa bei Unfähigkeit eines neuen Managements oder bei Nachlassen der Absatzbemühungen noch eine gewisse Zeit lang von ihrem positiven Image zehren, ohne einen abrupten Rückschlag zu erleiden. Im Laufe der Zeit werden sich jedoch immer mehr Abnehmer der vorhandenen negativen Faktoren bewußt, so daß der daraus resultierende Vertrauensschwund eine Einschränkung oder gar einen Abbruch der Geschäftsbeziehungen mit dieser Unternehmung zur Folge hat. Die Darlegungen gelten sinngemäß auch für den umgekehren Fall eines **negativen** Marktkapitals, wie viele Beispiele in der Praxis bestätigen.

Für das Phänomen der teilweisen oder völligen Verlagerung von Reaktionen in die folgende(n) Periode(n) findet sich in der amerikanischen Literatur die Bezeichnung **Carry over-Effekt.** Ein solcher tritt z. B. dann auf, wenn der Goodwill, den eine Krankenversicherungsanstalt durch bevorzugte Behandlung von Studierenden erzeugt, auch in deren späterem Berufsleben noch nachwirkt oder wenn die Markentreue von Teenager-Kunden bis ins Twen-Alter und darüber hinaus anhält. Allerdings kommt es im Laufe der Zeit im allgemeinen zu einer zunehmenden Abschwächung der Wirkung, was man **Decay-Effekt** nennt. Ein typisches Beispiel für derartige Zerfallserscheinungen sind die bekannten Wirkungsverluste im Bereich der Werbung, die vornehmlich mit der Reizüberflutung und Vergeßlichkeit der Menschen zusammenhängen. Damit dürfte klar geworden sein, daß eine Unternehmung kaum in der Lage ist, die akquisitorische Potenz bestimmter absatzpolitischer Maßnahmen zeitlich in den von der Marketing-Planung abgesteckten Rahmen „hineinzupressen", weshalb es also auch hier zu teils erwünschten, teils unerwünschten Ausstrahlungseffekten kommt.

(4) Die Konsequenzen, die mit einer Marketingentscheidung verbunden sind, können meist nur schwer prognostiziert werden. Im allgemeinen ist es nur möglich, **mehrwertige, unscharfe Erwartungen** zu formulieren. Dies macht die Beurteilung alternativer Marketingmaßnahmen und das Auffinden eines auch nur annähernd optimalen Marketing-Mix außerordentlich schwierig.

(5) In der Praxis kommen zu den endogenen Problemen beim Auffinden der Optimalkombination der absatzpolitischen Instrumente in der Regel noch einige **exogene Restriktionen** hinzu. Insbesondere erschweren für Entscheidungssituationen typische **Zeit-** und **Ressourcenbeschränkungen** (z. B. Zeitknappheit bei der Entscheidungsfindung, Engpässe bei den finanziellen Mitteln und beim Personal) die Lösung des Optimierungsproblems zusätzlich.

2.3.2.2. Typische Erscheinungsformen

Wie im vorigen Abschnitt schon angedeutet, determinieren neben Unternehmenszielen und -strategien zahlreiche Umfeldfaktoren die konkrete Auswahl, Gewichtung und Ausgestaltung der absatzpolitischen Instrumente. Aus der Vielzahl der Determinanten sollen im folgenden zwei besonders wichtige, nämlich (1) das **wirtschaftliche Aktionsfeld** sowie (2) die **Wettbewerbssituation** des Unternehmens exemplarisch herausgegriffen und ihr Einfluß auf die absatzpolitischen Aktionsparameter untersucht werden.

(1) Tab. 10.2. illustriert die Relevanz des wirtschaftlichen Aktionsfeldes eines Unternehmens für den Einsatz spezifischer **absatzpolitischer Instrumente.** Als Beispiele werden dabei die Bereiche **Rohstoffe, Investitionsgüter** und **Markenartikel,** der **Handel** und das sonstige **Dienstleistungsgewerbe** herausgegriffen.

Zweifellos handelt es sich bei diesen Beispielen um grobe Vereinfachungen, die im Einzelfall u. U. sogar widerlegt werden können, doch läßt Tab. 10.2. zumindest folgende Schlüsse zu:

- Verschiedenen Leistungsbereichen (Aktionsfeldern) steht eine Vielzahl von Instrumentalvariablen zur Verfügung, wie z. B. dem Handel. Andere dagegen verfügen nur über vergleichsweise wenige Instrumente, wie etwa Rohstoffgewinnungsbetriebe und das Dienstleistungsgewerbe.
- Auch die absatzpolitischen Aktionsparameter differieren in ihrer Eignung. So werden Lieferungs- und Zahlungsbedingungen nur in wenigen Bereichen offensiv eingesetzt, während Kundendienst und Werbung fast überall zum Zuge kommen.

Exakte Aussagen über die Ausgestaltung und Gewichtung der einzelnen Aktionsparameter sind jedoch erst bei Kenntnis der Wirkung der einzelnen Handlungsweisen möglich. Es geht hier also zunächst um eine **Bestandsaufnahme** der überhaupt möglichen **Handlungsalternativen**. Auf der Basis dieser Informationen kann dann versucht werden festzustellen, welchen Erfolgsbeitrag jede einzelne Variante bei Vorherrschen einer bestimmten Konstellation von Bedingungsfaktoren zu erbringen verspricht.

Tabelle 10.2.

Einsatzschwerpunkte der absatzpolitischen Instrumente in verschiedenen Aktionsfeldern

Aktionsparameter	Aktionsfeld				
	Rohstoff	Investitionsgut	Markenartikel	Handel	Dienstleistung
Produktpolitik	X	X	X	(X)	X
Programmpolitik		(X)	(X)	X	X
Garantieleistung		X	X	X	
Kundendienst	X	X	(X)	X	X
Preispolitik	(X)	X	X	X	X
Rabattpolitik	X		X	X	
Lieferungs- und Zahlungsbedingungen		X		(X)	
Kreditgewährung	X	X		(X)	
Absatzwegewahl		(X)	X		
Vertrieb und Verkauf	X	X	X	X	X
Distributionslogistik	X	X	X	X	
Werbung	(X)	(X)	X	X	X
Verkaufsförderung	X		X	X	(X)
Öffentlichkeitsarbeit	X	(X)	X		X
Sponsoring			X	(X)	(X)

Legende: X = große Bedeutung im jeweiligen Aktionsfeld, (X) = mittlere Bedeutung.

(2) Großen Einfluß auf die konkrete Ausgestaltung des Marketing-Mix besitzt des weiteren die spezifische **Wettbewerbssituation**, in der sich ein Unternehmen befindet. Diese hängt neben den sie determinierenden Wettbewerbskräften (dazu genauer Abschn. 3.1.4. dieses Kapitels) vor allem davon ab, in welcher Phase sich der Markt, auf dem die Unternehmung tätig ist, befindet. Idealtypisch betrachtet durchlaufen Märkte ebenso wie Produkte bestimmte Lebenszyklen, die man, grob vereinfachend, in die Einführungs-, Wachstums-, Stagnations- und Schrumpfungsphase unterteilen kann (vgl. zu diesem Konzept ausführlicher *Meffert* 1994). Hieraus lassen sich u. a. folgende Erkenntnisse ableiten (vgl. auch Abb. 10.8.):

– In der **Einführungsphase** sind nur wenige Pionierunternehmen auf dem Markt tätig. Da die Technologie in der Regel noch nicht ausgereift ist und zudem

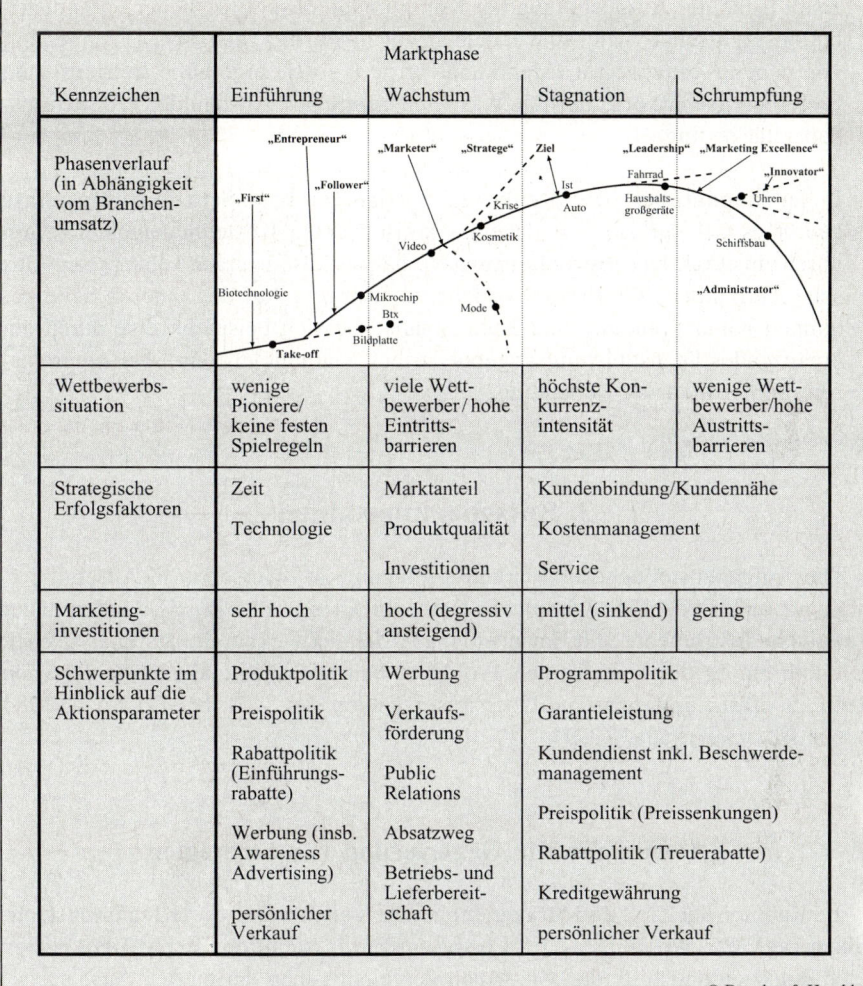

Kennzeichen	Marktphase Einführung	Wachstum	Stagnation	Schrumpfung
Phasenverlauf (in Abhängigkeit vom Branchenumsatz)	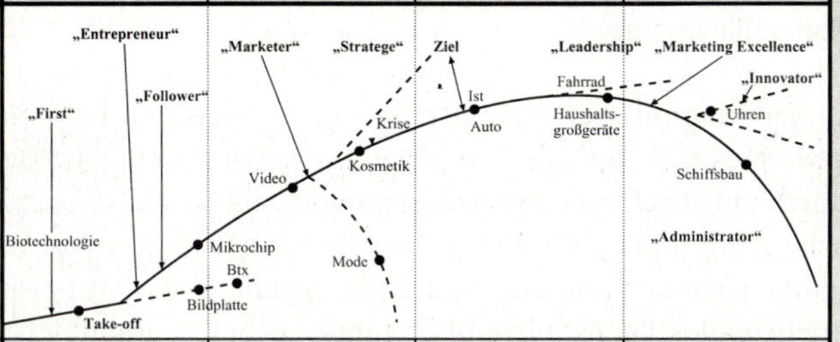			
Wettbewerbssituation	wenige Pioniere/ keine festen Spielregeln	viele Wettbewerber / hohe Eintrittsbarrieren	höchste Konkurrenzintensität	wenige Wettbewerber/hohe Austrittsbarrieren
Strategische Erfolgsfaktoren	Zeit Technologie	Marktanteil Produktqualität Investitionen	Kundenbindung/Kundennähe Kostenmanagement Service	
Marketinginvestitionen	sehr hoch	hoch (degressiv ansteigend)	mittel (sinkend)	gering
Schwerpunkte im Hinblick auf die Aktionsparameter	Produktpolitik Preispolitik Rabattpolitik (Einführungsrabatte) Werbung (insb. Awareness Advertising) persönlicher Verkauf	Werbung Verkaufsförderung Public Relations Absatzweg Betriebs- und Lieferbereitschaft	Programmpolitik Garantieleistung Kundendienst inkl. Beschwerdemanagement Preispolitik (Preissenkungen) Rabattpolitik (Treuerabatte) Kreditgewährung persönlicher Verkauf	

Quelle: in Anlehnung an *Meffert* (1989), S. 280.

Abb. 10.8.: Phasen und zentrale Merkmale des Markt-Lebenszyklus

meist in mehreren Varianten vorliegt, stellt die Produktpolitik den bedeutsamsten Aktionsparameter dar. Verstärkte Aufmerksamkeit sollte in diesem Zusammenhang dem Timing einer Produkteinführung sowie der Schaffung eines dominanten Designs geschenkt werden.

– In der **Wachstumsphase**, die den meisten Handlungsempfehlungen in der Marketingliteratur zugrunde liegt, bedarf es für ein erfolgreiches Agieren weiterhin hoher, wenn auch degressiv steigender Marketingaufwendungen, die in erster Linie der Ausgestaltung der Kommunikationspolitik dienen. Aus distributionspolitischer Sicht sind daneben vor allem die verstärkte Erschließung von neuen Absatzwegen (Mehrkanalvertrieb) sowie eine hohe Betriebs- und Lieferbereitschaft erforderlich, was wiederum einen Ausbau der Produktionskapazität bedingt.

- In der **Stagnations-** bzw. **Reife-** und **Sättigungs-** bzw. **Schrumpfungsphase** bedarf es auf der einen Seite eines konsequenten Kostenmanagements, um durch ein attraktives Preis / Leistungsverhältnis (also in erster Linie preispolitische Aktivitäten) Wettbewerbvorteile zu erlangen. Auf der anderen Seite gewinnen Kundenbindung und Kundennähe, die sich beispielsweise durch ein ergänzendes Dienstleistungsangebot, insbes. Garantieleistung, realisieren lassen, immer mehr an Bedeutung.

3. Entscheidungshilfen

Die Aufgabenstellung der Marketing-Planung ist, wie schon in Abschn. 1.1. anklang, außerordentlich komplexer Natur. In Theorie und Praxis wurden daher zahlreiche Instrumente und Entscheidungshilfen entwickelt, die zur analytischen Durchdringung der anstehenden Probleme beitragen (vgl. hierzu *Kreikebaum* 1991, S. 60 ff.; umfangreiche Übersichten finden sich z. B. bei *Trux* u. a. 1984 sowie *Hörschgen* u. a. 1993).

3.1. Modelle zur Generierung von Strategien

Im Rahmen der Ziel- und Strategienplanung stellen neben den Kreativitätstechniken (vgl. § 5, Abschn. 5.2.1.2.) insbesondere in sich konsistente **Denkraster** eine Entscheidungshilfe dar. Sie gehen von einer genau definierten Ausgangssituation aus und basieren auf der Beobachtung der Wirtschaftspraxis, Ergebnissen empirischer Erhebungen oder theoretischen Überlegungen.

Zwei der im folgenden darzustellenden Konzepte, die Produkt-Markt-Matrix von *Ansoff* sowie die Wettbewerbsmatrix von *Porter,* wurden vor dem historischen Hintergrund ganz bestimmter Marktsituationen entwickelt. Daher helfen sie vor allem dann bei der Generierung und Evaluierung von Strategien, wenn die **Konstellation** des **Marktes**, in der ein Unternehmen agiert, mit den Grundannahmen für das jeweilige Denkmodell, wachsender bzw. gesättigter Markt, übereinstimmt. Aber auch für den Fall, daß jene nicht zutreffen, können Konzepte dieser Art auf Grund ihrer Fähigkeit, komplexe Sachverhalte sinnvoll zu strukturieren, von Nutzen bei der Entwicklung von Strategien sein.

3.1.1. Die Produkt-Markt-Matrix

Zur Generierung von Strategien in **Wachstumsmärkten** eignet sich besonders ein von *Ansoff* vorgeschlagenes Denkschema (vgl. *Ansoff* 1965, S. 130 ff.). Den Ausgangspunkt der Überlegungen bildet dabei das Auftreten einer Ziellücke („gap") zwischen der Soll- und Ist-Entwicklung des Unternehmens (vgl. Abb. 10.9.).

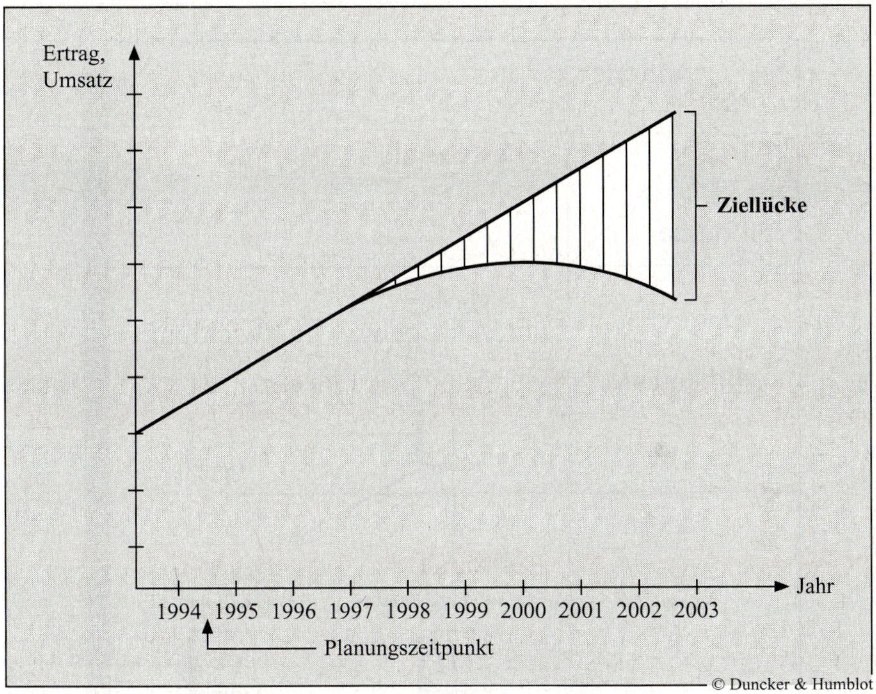

Abb. 10.9.: Beispiel für eine Ziellücke

Ein solcher Zustand weist darauf hin, daß sich die Ziele des Unternehmens mit den bisher verfolgten Strategien nicht mehr erreichen lassen (zur Gap-Analyse vgl. z.B. *Becker* 1993, S. 348 ff.). Wenn jene in dieser Situation nicht aufgegeben oder nach unten korrigiert werden sollen, müssen neue strategische Alternativen gesucht werden. Welcher Handlungsrahmen einem Unternehmen dabei zur Verfügung steht, zeigt die von *Ansoff* entwickelte **Produkt-Markt-Matrix** auf (vgl. Abb. 10.10.). Der strategische Handlungsspielraum wird durch das produkt- und marktbezogene Gestaltungspotential begrenzt, wobei sich für ein Unternehmen mit Wachstumsambitionen die vier grundlegenden Optionen Marktdurchdringung, Marktentwicklung, Produktentwicklung und Diversifikation ergeben.

(1) Bei der **Marktdurchdringung** oder **Marktpenetration** handelt es sich um eine Strategie, bei der durch Intensivierung der Marketingbemühungen den derzeitigen Produkten auf den gegenwärtig bearbeiteten Märkten zu mehr Erfolg verholfen werden soll. Damit bezweckt man zum einen eine Stabilisierung bzw. Vergrößerung des **Marktanteils,** zum anderen eine Ausweitung des **Marktvolumens**. Welche Maßnahmen dafür in Betracht kommen, wurde bereits in § 1, Abschn. 1.1.3., dargestellt.

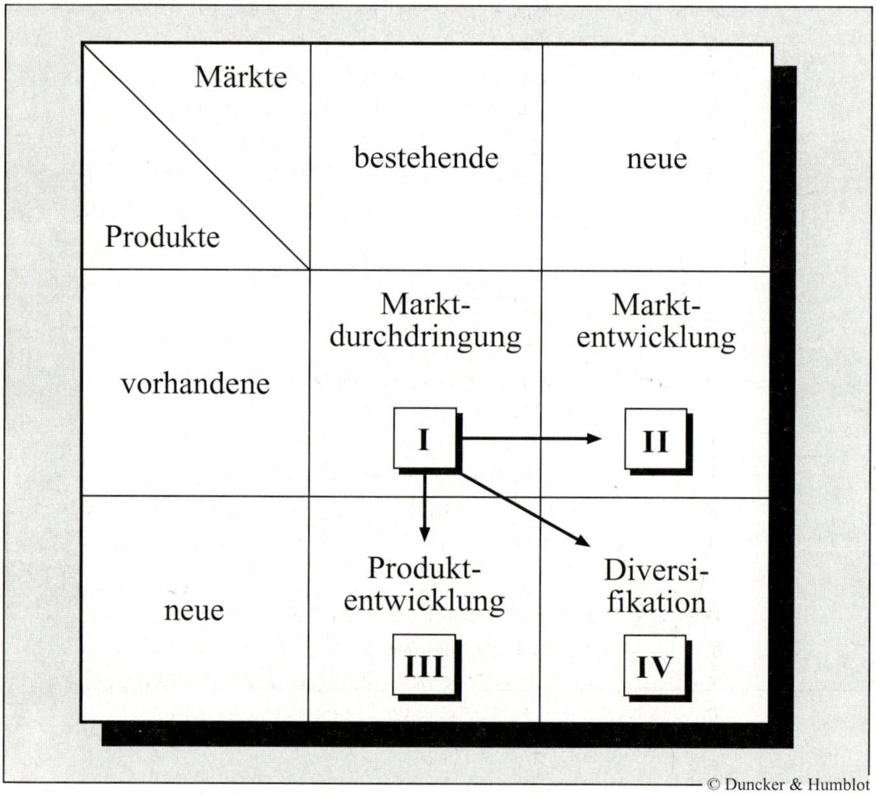

Quelle: in Anlehnung an *Ansoff* 1966, S. 132.

Abb. 10.10.: Produkt-Markt-Matrix

(2) Durch die Strategie der **Marktentwicklung** will man mit den vorhandenen Produkten neue Märkte erschließen. Dieser Ansatz geht davon aus, daß ein Unternehmen auf Grund seiner individuellen historischen Entwicklung zunächst ein bestimmtes, angestammtes Terrain versorgt, das dann im Lauf der Zeit nach und nach ausgedehnt wird, und zwar vor allem in geographischer Hinsicht und mit Blick auf neue Kundengruppen (vgl. *Kotler/Bliemel* 1992, S. 66).

(3) Die Strategie der **Produktentwicklung** oder **Produktinnovation** zielt auf die Sicherung des Unternehmenswachstums durch Anbieten neuer Erzeugnisse bzw. Leistungen auf derzeit bearbeiteten Märkten ab (vgl. hierzu auch die Ausführungen zur Produktinnovation in § 5, Abschnitt 5.2.1.). Der Begriff der **Innovation** umspannt dabei sog. echte Innovationen, d. h. Marktneuheiten, die es ursprünglich überhaupt nicht gab (z. B. Sofortbild-Kamera), quasi-neue Produkte, die an vorhandenen Erzeugnissen anknüpfen (z. B. Diätmargarine, Klappfahrrad), sowie Me-too-Produkte, die lediglich für das jeweilige Unternehmen eine Innovation darstellen, sich aber nur wenig von anderen, bereits am Markt befindlichen Varianten unterscheiden. Da sie kaum Vorteile gegenüber konkurrierenden Gütern aufweisen, kann man sie auch als Pseudo-Neuheiten bezeichnen.

(4) Die Strategie der **Diversifikation** kennzeichnet das Ausbrechen eines Unternehmens aus traditionellen Betätigungsfeldern. Gründe hierfür können u. a. in der Stagnation der Nachfrage auf den vertrauten Märkten, in dem Wunsch nach Risikostreuung, in finanzwirtschaftlichen Erfordernissen oder in dem Streben nach Sicherung der Liefer- bzw. Absatzbasis bestehen. Das Produktionsprogramm bzw. Sortiment wird dabei um bedarfsverwandte oder sonstige Produkte und Leistungen ausgeweitet, die in keinem direkten Zusammenhang mit dem bisherigen Betätigungsfeld der Unternehmung stehen (vgl. hierzu die Ausführungen zur Diversifikation in § 5, Abschn. 5.3.).

Wie verschiedene Studien belegen, ist das mit den vier Strategiealternativen verbundene Risiko nicht als gleich zu beurteilen. Vielmehr nimmt es vor allem entsprechend den geringer werdenden Chancen, synergetische Effekte zu realisieren, von der Marktdurchdringung über die Markt- bzw. die Produktentwicklung bis hin zur Diversifikation kontinuierlich zu. Die Entscheidung, ob eine Unternehmung eher zur Markt- oder besser zur Produktentwicklung tendieren sollte, hängt von deren Ressourcen und Risikobereitschaft ab. Bei einem risikoscheuen, aber kapitalkräftigen Unternehmen erscheint es zweckmäßig, wegen der höheren Erfolgswahrscheinlichkeit auf Produktentwicklung zu setzen, während sich ein kapitalschwächeres Unternehmen auf Grund der geringeren Ressourcenbindung vorzugsweise für die Marktentwicklung entscheiden sollte.

An dem Ansatz von *Ansoff* werden vor allem dessen historisch bedingte einseitige Wachstumsorientierung und dessen Beschränkung auf lediglich zwei Dimensionen kritisiert. Das Konzept entstand Mitte der sechziger Jahre. Im Vergleich zu den folgenden Jahrzehnten wurde damals auf den meisten Märkten hoher Umsatzzuwachs erzielt. So verwundert es auch nicht, daß der Ansatz jedem Unternehmen eine **Wachstumsorientierung** unterstellt.

Die zwar anschauliche Zurückführung der strategischen Handlungsmöglichkeiten auf die Dimensionen Produkt und Markt bedeutet letztlich doch eine Einschränkung des strategischen Gestaltungsrahmens auf nur **zwei**, wenn auch wichtige **Faktoren**. Dies erscheint nur dann unproblematisch, wenn in einem Wirtschaftszweig zum Planungszeitpunkt gerade von diesen beiden die entscheidenden Impulse für den Unternehmenserfolg ausgehen. Vielfach kommt aber anderen Dimensionen, wie Technologieführerschaft und Kundennähe, größere Bedeutung zu.

Beispielsweise erlaubt ein von *Abell / Hammond* entwickelter dreidimensionaler Bezugsrahmen (vgl. *Abell / Hammond* 1979, S. 389 ff.; *Abell* 1980, S. 16 ff. und 169 ff.) die explizite Berücksichtigung weiterer Gestaltungsdimensionen. Der **strategische Handlungsrahmen** wird dabei durch die Koordinaten „customer groups", „customer functions" und „alternative technologies" wiedergegeben. Was die einzelnen Funktionen bedeuten können, illustriert *Köhler* anhand eines anschaulichen Beispiels für ein Verlagsunternehmen (vgl. Abb. 10.11.). Die dreidimensionale Betrachtungsweise eignet sich besonders zur Identifizierung bzw. Generierung neuartiger strategischer Gestaltungsmöglichkeiten, beispielsweise zur Ableitung von Ökostrategien (etwa papierlose Kommunikation).

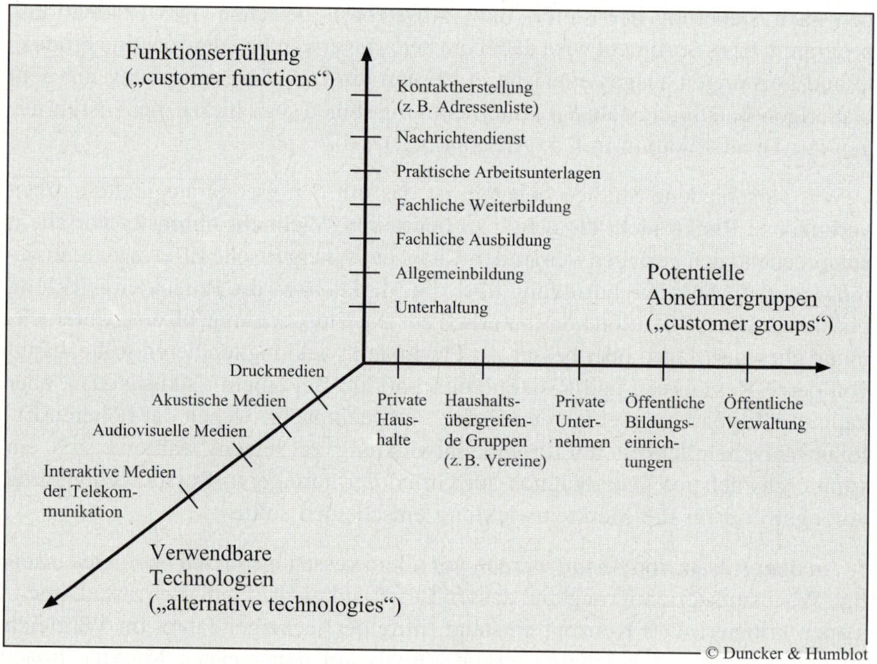

Quelle: in Anlehnung an *Köhler* 1993, S. 26.

Abb. 10.11.: Dreidimensionaler strategischer Handlungsrahmen

3.1.2. Der Produkt-Lebenszyklus

Im Zusammenhang mit Markenartikeln wurde erstmals der „Lebensweg“ von Produkten untersucht, den diese zwischen Einführung in den und Ausscheiden aus dem Markt zurücklegen. Dieser wird in der Literatur als **Lebenszyklus** bezeichnet (nicht zu verwechseln mit Produktzyklus; siehe dazu § 3, Abschn. 1.1.). In ihm manifestieren sich Mode-, Geschmacks- und Stilwandlungen ebenso wie der technische Fortschritt und die technische wie auch psychologische Veralterung. Lebenszyklen lassen sich nicht nur bei einzelnen Marken und Produktarten nachweisen, sondern auch bei Materialien (z. B. Naturprodukten, Kunststoffen), Farben, Formen und Verarbeitungsweisen.

Im Grunde ist der **Produkt-Lebenszyklus** (vgl. Abb. 10.12.) ein zeitbezogenes **Marktreaktionsmodell,** in dem als abhängige Variable unternehmerische Erfolgsgrößen wie Absatz, Umsatz, Deckungsbeitrag oder Gewinn auftreten, in dem aber zugleich als einzige (!) unabhängige, d. h. erklärende Variable die Zeit fungiert. Von einem **Produkt-Lebenszyklus-Modell** spricht man, wenn ein spezifisches Muster in der zeitlichen Entwicklung dieser Erfolgsgrößen erkennbar ist. Das Anliegen der Verwender solcher Modelle besteht dann zumeist in einer vergleichenden Gegenüberstellung von Produkt-Lebenszyklen, die für eine Produktkategorie (=Markt) insgesamt gelten, bzw. solchen, die typisch für Einzelprodukte dieser Kategorie sind, und dem Absatzverlauf eines ganz bestimmten Erzeugnisses.

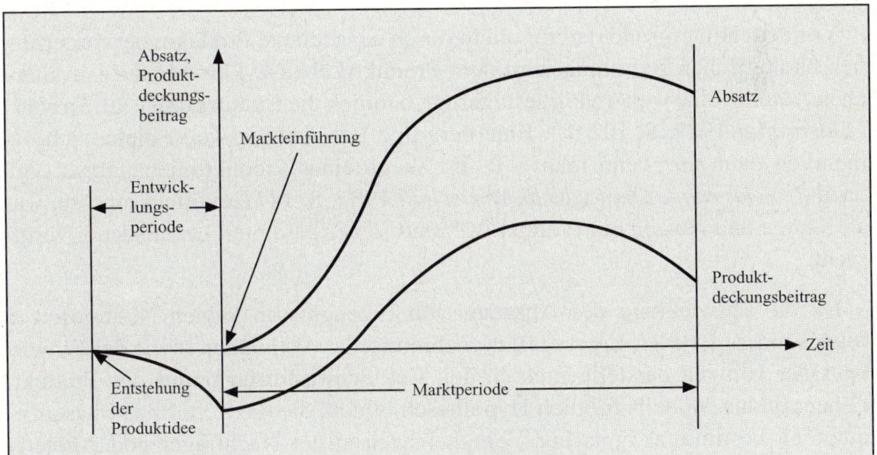

Abb. 10.12.: Idealtypische Form des Produkt-Lebenszyklus

Um die Handhabung von Produkt-Lebenszyklus-Modellen zu erleichtern, geht man von einer Abfolge voneinander deutlich differierender **Phasen** aus. Deren Zahl bewegt sich zwischen vier und sechs. So läßt sich die Grundstruktur eines Produkt-Lebenszyklus-Modells mit beispielweise fünf Stufen wie folgt interpretieren:

Nach Abschluß der Phase der **Entwicklung** sowie der technischen und kommerziellen **Erprobung**, in der Kosten, aber keine Erlöse anfallen, wird das neue Produkt eingeführt. Der Markterfolg stellt sich indessen nur allmählich ein: Geringen, zunächst nur träge wachsenden Umsätzen, die das Resultat von Probekäufen sind, stehen beträchtliche Investitionen in den Auf- resp. Ausbau der Produktions- und Vertriebsorganisation gegenüber. Nach und nach werden immer mehr Verbraucher auf das Produkt aufmerksam. Wenn dieses eine echte Problemlösung darstellt, kommen zu den immer stärker um sich greifenden Probekäufen zunehmend auch Wiederholungskäufe hinzu. In der **Wachstumsphase** weitet sich der Absatz stark aus, so daß die Zone positiver Deckungsbeiträge rasch erreicht wird.

Der Wendepunkt der Absatzkurve markiert den Übergang in die **Reifephase**. Das Absatzvolumen nimmt noch zu, doch verringern sich die Zuwachsraten. Gleichwohl werden gerade jetzt die höchsten Deckungsbeiträge erwirtschaftet. In der **Sättigungsphase** kommt die absolute Absatzausdehnung zum Stillstand. Dabei braucht die Sättigungsgrenze keineswegs parallel zur Zeitachse zu verlaufen, sondern kann infolge eines Bevölkerungswachstums oder verstärkten Pro-Kopf-Konsums durchaus noch eine bescheidene Expansion zulassen. Die Stagnation des Absatzes wirkt sich auf die Höhe der Deckungsbeiträge negativ aus. Die Sättigungsphase leitet über zur **Degenerationsphase**, wo ein Absatzrückgang und ein bedrohlicher Deckungsbeitragsverfall auch durch einen intensiveren Einsatz der marketingpolitischen Instrumente nicht mehr aufzuhalten sind.

Vor dem Hintergrund der vor allem durch ausgediente Produkte hervorgerufenen ökologischen Belastung wird dem Produkt-Lebenszyklus-Modell von manchen Autoren eine weitere Phase angefügt, nämlich die **Entsorgung** (vgl. *Strebel / Hildebrandt* 1989, S. 102 ff.). Eine derartige Betrachtungsweise bietet sich namentlich dann an, wenn man z. B. im Wege einer Produktlinienanalyse (vgl. dazu *Projektgruppe Ökologische Wirtschaft* 1987, S. 147) ermitteln möchte, was an Kosten und Nutzen ein Produkt während seiner gesamten Lebensdauer verursacht.

Da die Entwicklung des Absatzes von Erzeugnissen keinen Naturgesetzen folgt, sondern stets das Ergebnis unternehmerischer Aktivitäten sowie des Einwirkens der Umwelt darstellt, müssen den **Erklärungshintergrund** des Produkt-Lebenszyklus-Modells folglich Hypothesen bilden, die die Zeit- bzw. Phasenbedingtheit bestimmter typischer Verhaltensweisen der Nachfrager und Anbieter betreffen.

Für die **Angebotsseite** wird beispielsweise argumentiert, daß den einzelnen Phasen im Lebenszyklus von Produkten jeweils charakteristische Marketingstrategien, Marktstrukturen, Unternehmertypen und Wettbewerbsbeziehungen entsprächen (vgl. *Heuß* 1965; *Scheuing* 1972). Auf diese Weise kann man z. B. die „Absatzexplosion“ in der Wachstumsphase plausibel erklären: Angelockt durch

Wachstums- und Gewinnchancen treten neue Anbieter auf den Markt. Die so bewirkte Steigerung der Modellvielfalt, die Produktdifferenzierung wie auch die nunmehr insgesamt erhöhten Werbeanstrengungen tragen – zum Nutzen aller – zur beständigen Erschließung von immer neuen Käuferschichten bei. Auch Erscheinungen, die z. B. für die Degenerationsphase als symptomatisch angesehen werden, lassen sich so plausibel deuten. Mit zunehmender Sättigung höhlen der im Kampf um Marktanteile einsetzende intensive Preis-, Werbe-, Qualitäts- und Servicewettbewerb die Ertragslage der Unternehmen aus. Grenzbetriebe verlassen den Markt, die Anbieterzahl sinkt wieder.

Hypothesen über das Verhalten der **Nachfrageseite** heben beispielsweise auf die Entwicklung der Preiselastizität der Nachfrage während des Produkt-Lebenszyklus ab oder, wie im Fall der **Diffusionstheorie**, auf Gesetzmäßigkeiten, die bei der Ausbreitung von Innovationen, z. B. neuen Produkten und neuen Ideen, in sozialen Systemen zu beobachten sind. Da das Konzept der Diffusion (vgl. *Gierl* 1987; *Rogers* 1962) die zeitliche Entwicklung der Zahl derjenigen, die eine Innovation übernehmen, zum Gegenstand hat, liegt seine Übertragung auf den Produkt-Lebenszyklus, der auf die zeitliche Entwicklung kumulierter Kaufentscheidungen abzielt, durchaus nahe.

Der Verlauf der Diffusion eines neuen Produktes im sozialen System seiner potentiellen Nachfrager wird dementsprechend als durch die **statistische Verteilung** der individuellen **Adoptionszeit** bestimmt betrachtet. Als Adoptions- oder Übernahmezeit bezeichnet man die zeitliche Verzögerung, mit der ein Individuum im Vergleich zum ersten Übernehmer eine Neuerung übernimmt.

Die Adoptionszeit ist das Ergebnis eines individuellen Kaufentscheidungsprozesses; sie wird von einer Vielzahl von Größen geprägt, etwa der Art des Produktes, den Kommunikationskanälen wie auch psychischen und soziodemographischen Faktoren. Für die Verteilung der individuellen Adoptionszeit nimmt man üblicherweise die Form einer **Glockenkurve** an, aus der eine S-förmig verlaufende kumulierte Diffusionskurve resultiert (vgl. Abb. 10.13.).

Der Diffusionsprozeß wird durch Innovatoren (erste Käufer) in Gang gesetzt. Je nach Persönlichkeitsstruktur (z. B. Risikoneigung), sozialem Status, Einkommen und sozialer Einbindung (Grad der Beeinflußbarkeit durch Meinungsführer) folgen dann mit mehr oder weniger ausgeprägter Verzögerung andere Konsumenten. Welche Typen damit assoziiert und welche Anteile an der Gesamtbevölkerung diesen zugeschrieben werden, ist gleichfalls Abb. 10.13. zu entnehmen (vgl. *Rogers* 1962, S. 161 ff.).

Das Entwicklungsmuster, das sich aus dem Produkt-Lebenszyklus ergibt, eröffnet folgende **Verwendungsmöglichkeiten**:

- Zunächst liegt es nahe, dieses Instrument zur Prognose des zukünftigen Absatzverlaufs heranzuziehen. Hierzu bedarf es der Konkretisierung des Bezugsobjekts des Produkt-Lebenszyklus (für welches Produkt auf welchem Markt) sowie der Spezifikation eines entsprechenden mathematischen Modells (vgl. hierzu z. B. *Potucek* 1984, S. 85).

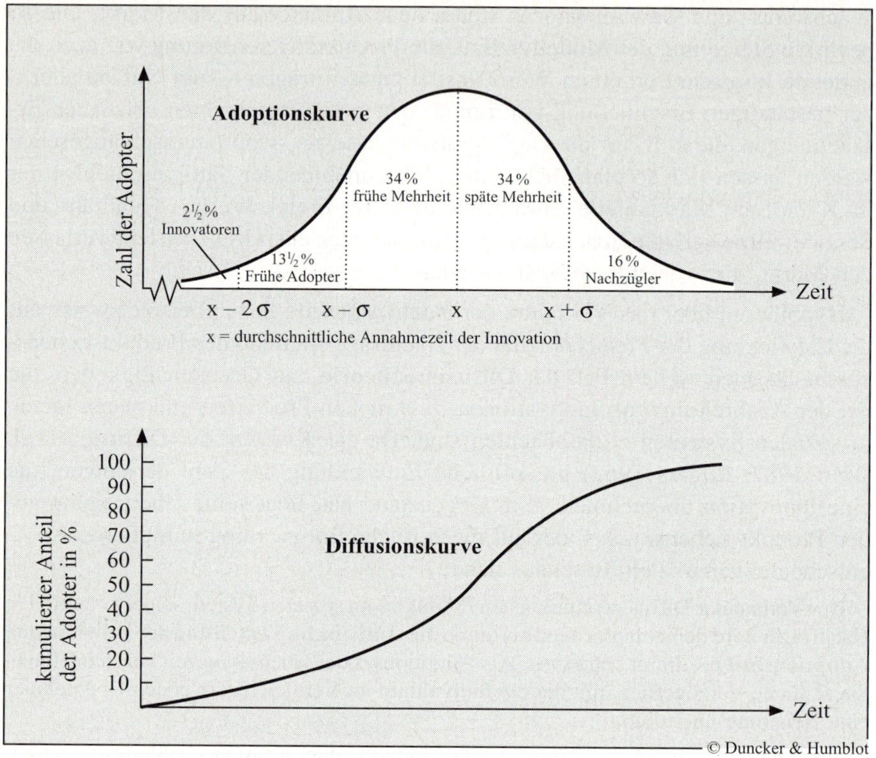

Abb. 10.13.: Typische Adoptions- und Diffusionskurve

– Des weiteren kann dieser als Entscheidungshilfe bei der Generierung von Strategien sowie beim Einsatz des absatzpolitischen Instrumentariums herangezogen werden. So ordnet man z. B. bezogen auf die Produktpolitik den einzelnen Phasen folgende Strategien zu: Einführungsphase → Produktinnovation; Wachstumsphase → Produktmodifikation; Reifephase → Produktdifferenzierung; Sättigungsphase → Produktmodifikation, Produktdifferenzierung und Diversifikation; Degenerationsphase → Produkteliminierung (vgl. dazu eingehend *Becker* 1993, S. 535 ff.; *Böcker* 1994, S. 210 ff.).

– Hilfreich kann der Produkt-Lebenszyklus-Gedanke im Marketing auch insofern sein, als die Einsicht in die hier skizzierten Gesetzmäßigkeiten dazu beitragen kann, dem Entstehen einer überalterten Programmstruktur entgegenzuwirken (vgl. *Dichtl* 1970, S. 69 f.).

Das Konzept des Produkt-Lebenszyklus hat indessen auch einige **Kritik** auf sich gezogen:

– Es besitzt keine normative Kraft, da eine ausreichende theoretische Fundierung fehlt. Die Befunde zur Diffusion von Innovationen sind nur eingeschränkt auf das Marketing übertragbar. Die eigentliche Grundlage des Produkt-Lebenszyklus bildet somit eine induktiv gewonnene Verallgemeinerung empirischer Beobachtungen.

- Eng damit verbunden sind Vorbehalte gegenüber dem idealtypischen S-förmigen und eingipfeligen Verlauf des Produkt-Lebenszyklus. In der Praxis kommt es im Gegensatz dazu zu einer Vielzahl davon abweichender Kurvenverläufe.
- Als störend erweist sich auch eine gewisse Willkür bei der Abgrenzung der einzelnen Phasen, dies insbesondere deswegen, weil ein bestimmter Verlauf der Ableitung von Handlungsempfehlungen zugrunde gelegt wird. Vor allem die Annahme einer normalverteilten Umsatzänderungsrate aller Produkte erwies sich als unrealistisch.

3.1.3. Der Portfolioansatz

(1) Bei der **Portfolio-Analyse** wird – in Analogie zur Bestimmung eines optimalen Wertpapierportefeuilles im Finanzbereich – ein Unternehmen als ein Portfolio, d. h. als eine Gesamtheit von sog. **Strategischen Geschäftseinheiten (SGE)** aufgefaßt (Näheres dazu in § 3, Abschn. 1.3.). Trotz einer Vielzahl von mit ihr verbundenen Problemen und theoretischen Vorbehalten, auf die im einzelnen noch einzugehen sein wird, verkörpert die **Portfolio-Analyse** heute eines der am häufigsten eingesetzten Instrumente der strategischen Planung (vgl. *Kreikebaum* 1991, S. 90 f.). Ihre **Hauptvorteile** sind darin zu sehen, daß sie es zum einen ermöglicht, die in der Regel komplexen strategischen Probleme eines Unternehmens gedanklich zu strukturieren und zu visualisieren. Zum anderen eignet sich die Portfolio-Analyse als Denkraster zur Generierung von Strategien, wobei das vornehmlich mit dem Tagesgeschäft beschäftigte Management angeregt wird, sich mit der Zukunft des Unternehmens auseinanderzusetzen (vgl. *Kirsch* 1980, S. 67; *Hörschgen* u. a. 1993, S. 61 ff.).

Das erste, von der *Boston Consulting Group* entwickelte sog. Marktwachstum-Marktanteil-Portfolio beruht hauptsächlich auf dem **Produkt-Lebenszyklus** (vgl. Abschn. 3.1.2.) sowie der **Erfahrungskurve** (vgl. dazu § 4, Abschn. 2.2.2.). Die grundlegenden Einsichten, die letztere vermittelt, wurden später im Rahmen einer breit angelegten Untersuchung zur Identifikation strategischer Erfolgsfaktoren, im sog. **PIMS-Projekt**, bestätigt, aber auch um wichtige Aspekte ergänzt. Alle weiteren Portfolio-Spielarten bauen auf dem Marktwachtstum-Marktanteil-Portfolio auf, weshalb die genannten Konzepte sowie das PIMS-Projekt als das empirische Fundament der Portfolio-Ansätze angesehen werden können.

(a) Das **Erfahrungskurvenkonzept**, das bereits in § 4, Abschn. 2.2.2., behandelt wurde, postuliert, daß sich bei jeder Verdoppelung des **kumulierten Absatzes** eines Produktes ein **Kostenreduzierungspotential** von ca. 20 bis 30% ergibt (vgl. *Henderson* 1984, S. 19). Es verdeutlicht vor allem die spezifische Relevanz zweier Basisgrößen, nämlich des Marktanteils und des Marktwachstums. Daraus lassen sich zwei grundlegende Empfehlungen für Unternehmen ableiten:

- **Ausbau** des **Marktanteils,** da unter der Voraussetzung, daß kumulierte Produktionsmenge und Marktanteil miteinander positiv korrelieren, ein Unternehmen mit höherem Marktanteil grundsätzlich ein größeres Kostensenkungspotential besitzt.
- **Bevorzugung** von **Märkten** mit **Wachstum,** da sich hier die kumulierte Produktionsmenge relativ einfach verdoppeln läßt, während es auf stagnierendem oder gar schrumpfendem Markt sehr schwierig ist, Vergleichbares zustande zu bringen. Dies liegt daran, daß in diesem Fall jeder Umsatzzuwachs direkt zu Lasten von Wettbewerbern geht, während eine Vergrößerung des Marktanteils auf einem wachsenden Markt von diesen u. U. überhaupt nicht wahrgenommen wird.

Die Erfahrungskurve sieht sich der Kritik ausgesetzt, daß sie lediglich ein Kostensenkungs**potential** eröffne, dessen Ausschöpfung von den Fähigkeiten des Managements abhängt. Zudem erscheint es oftmals fraglich, ob sich das Unterfangen auch in einen Wettbewerbsvorteil umsetzen läßt. Insbesondere bei prestigeträchtigen Artikeln kann eine Steigerung der Menge zum Verlust eines exklusiven Produktimages führen. Unter bestimmten Bedingungen, etwa wenn man einen Kostenvorsprung gegenüber Konkurrenten verteidigen kann, erscheint es möglich, von der Erfahrungskurve zu profitieren, während sich unter anderen, z. B. bei preisunelastischer Nachfrage, kein nachhaltiger Vorteil daraus ziehen läßt (vgl. *Ghemawat* 1985).

(b) Das *Strategic Planning Institute,* Cambridge, Mass., geht in seinem **PIMS (Profit Impact of Market Strategies)** genannten, seit Anfang der siebziger Jahre verfolgten Projekt der Frage nach, welche **Faktoren** für die unterschiedliche Rentabilität von Unternehmen bzw. SGE verantwortlich sind und wie der Return on Investment (ROI) auf **Strategieänderungen** bzw. **veränderte Marktbedingungen** reagiert. Auf breiter empirischer Basis werden dabei die zwischen 37 **strategischen Einflußfaktoren** (z. B. Marktanteil, Produktqualität, Ausgaben für F&E, Grad der Diversifizierung) und insbesondere der **Rentabilität (ROI)** sowie dem **Cash Flow** bestehenden Beziehungen untersucht. Heute sind an dem Projekt rund 300 Unternehmen mit über 3.000 SGE aus einer Reihe von Wirtschaftszweigen beteiligt. Die in diesem Rahmen gewonnenen Befunde bestätigen den zwischen Marktanteil und ROI vermuteten Zusammenhang. Mit zunehmendem Marktanteil geht tendenziell eine höhere Kapitalverzinsung (vor Steuern) einher.

Daneben konnte auch eine positive Auswirkung der **Qualität** der erbrachten Marktleistung sowie der **Produktivität** bei deren Erstellung auf ROI und Cash Flow nachgewiesen werden. Dagegen scheint zwischen dem **Investitionsvolumen** für eine SGE und dem ROI eine eindeutig negative Beziehung zu bestehen.

Jedoch korreliert keine andere Kenngröße so stark mit dem ROI und dem Cash Flow wie der Marktanteil. Somit stellt dieser ohne Zweifel einen zentralen Schlüsselfaktor des Unternehmenserfolgs dar. Maßgebend für den nachhaltigen Einfluß des Marktanteils auf den ROI sind im wesentlichen dieselben Gründe, die schon zur Erklärung des Erfahrungskurveneffekts herangezogen wurden (vgl. § 4, Abschn. 2.2.2.).

(2) In der Wirtschaftspraxis wird mit einer Reihe unterschiedlicher Portfolio-Konzepte gearbeitet. Als bekannteste Variante kann das **Marktwachstum-Marktanteil-Portfolio** gelten. Bei diesem finden sich die SGE in einer **Vier-Felder-Matrix** nach Maßgabe der im Erfahrungskurvenkonzept als wesentlich erachteten Faktoren **Marktanteil** und **Marktwachstum** abgebildet. Der erstgenannte wird hier im allgemeinen als Quotient aus dem Marktanteil des Unternehmens und jenem des stärksten Konkurrenten dargestellt, weil diese Größe besser als der absolute Wert geeignet erscheint, die Wettbewerbssituation einer SGE zu kennzeichnen.

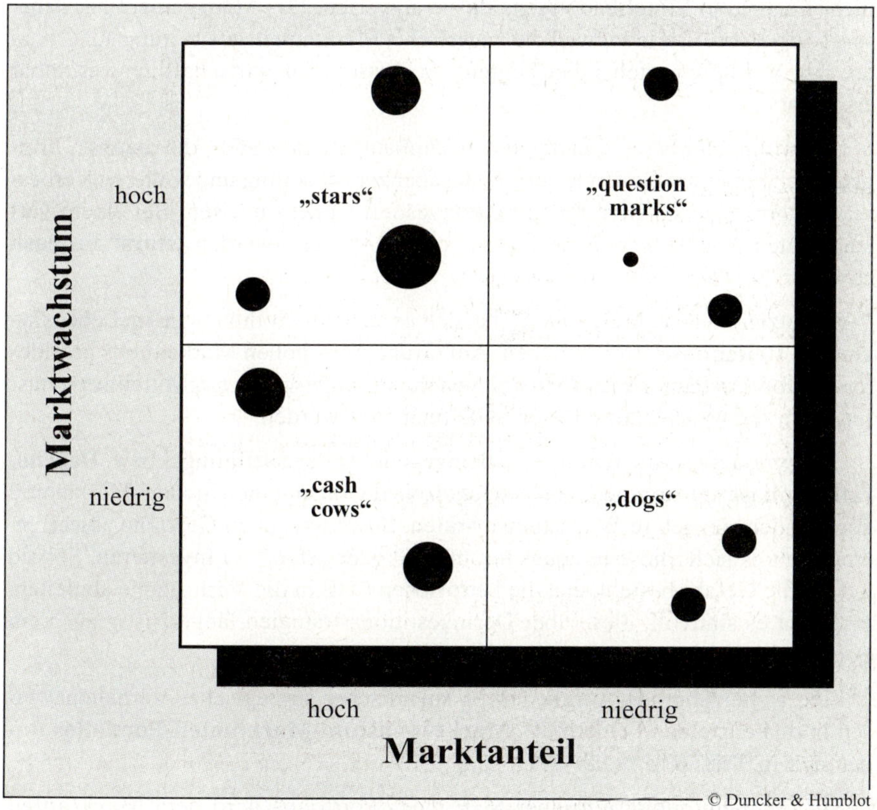

Abb. 10.14.: Marktwachstum-Marktanteil-Portfolio

Der unterschiedlichen Bedeutung der einzelnen SGE, gemessen etwa am Umsatz oder am Deckungsbeitrag, trägt man durch verschieden große Kreise Rechnung. Dadurch kann eine mögliche Unausgewogenheit des Portfolios auch schon optisch besser erkannt werden. Anhand ihrer Postition in der Vier-Felder-Matrix lassen sich vier Grundtypen von SGE unterscheiden, die in der Portfolio-Terminologie anschaulich als **„question marks"**, **„stars"**, **„cash cows"** und **„dogs"** bezeichnet werden (vgl. Abb. 10.14.).

Für die SGE, die im rechten oberen Quadranten der Matrix positioniert sind (**„question marks"**), finden sich auch die Bezeichnungen „Nachwuchsprodukte" oder „wild cats". Hierbei handelt es sich um Erzeugnisse, die noch in der **Einführungsphase** des Lebenszyklus stehen. Sie versprechen starkes Wachstum, weisen aber erst einen geringen Marktanteil auf. Deshalb wird man versuchen, mit Hilfe von Offensivstrategien eine Marktanteilsausweitung zu erreichen, um von dem **Erfahrungskurveneffekt** profitieren zu können. Ihre Förderung ist vor allem notwendig, um auch in Zukunft ertragreiche Erzeugnisse im Leistungsprogramm zu haben. Allerdings muß berücksichtigt werden, daß diese SGE meistens weit mehr finanzielle Mittel benötigen, als sie abwerfen. Das Management hat daher sorgfältig zu prüfen, inwieweit die angestrebte Marktanteilsausweitung auf Grund der zur Verfügung stehenden begrenzten Ressourcen wirtschaftlich vertretbar erscheint.

Die im linken oberen Quadranten zusammengefaßten SGE, die **„stars"**, bringen im allgemeinen Gewinne hervor, die aber zur Sicherung und weiteren Verbesserung ihrer eigenen Marktposition reinvestiert werden müssen. Bei einem verlangsamten Wachstum oder bei Stagnation des Absatzes werden **„stars"** zu **„cash cows"**.

Bei letzteren, den „Melkkühen", handelt es sich um Produkte, die im Lebenszyklus die **Reifephase** erreicht haben. Auf Grund ihres hohen Marktanteils profitieren sie von Kostenvorteilen. Mit den von ihnen erwirtschafteten Mittelüberschüssen kann das Wachstum anderer SGE finanziert werden.

„Dogs" oder „lahme Enten" sind demgegenüber der **Sättigungs-** bzw. **Degenerationsphase** zuzuordnen. Sie verfügen weder über einen hohen Marktanteil noch finden sie sich in Wachstumsmärkten. Soweit sie noch Gewinne abwerfen, empfiehlt es sich, diese in „question marks" oder „stars" zu investieren. Sobald jedoch die Gefahr besteht, daß die betroffenen SGE in die Verlustzone abgleiten, erscheint es sinnvoll, diese über Desinvestitionsstrategien längerfristig aus dem Portfolio zu entfernen.

Eine weiterführende Aufgliederung spezifischer strategischer Verhaltensweisen in den einzelnen Feldern des **Marktwachstum-Marktanteil-Portfolios** findet sich in Tab. 10.3.

Bei der Beurteilung einzelner SGE eines Portfolios wird dem **Marktanteil** von der *Boston Consulting Group* die Schlüsselfunktion zugewiesen. Er spiegelt den Absatz und somit auch das **Kostensenkungspotential** eines Unternehmens im Vergleich zu seinen Konkurrenten wider. Ein Anbieter, der Marktanteile dazugewinnt, erhöht dabei nicht nur sein eigenes Kostensenkungspotential, sondern behindert darüber hinaus auch den Erfahrungszuwachs seiner Wettbewerber, so daß sich deren Kosten- und Gewinnsituation relativ verschlechtern (vgl. *Henderson* 1984, S. 45 ff., 55; *Roventa* 1981, S. 140).

Tabelle 10.3.

Strategische Verhaltensweisen für das Marktwachstum-Marktanteil-Portfolio				
Strategisches Element	Portfolio-Kategorie			
	Question Marks	Stars	Cash Cows	Dogs
Zielvorstellung	Selektiver Abbau bzw. Ausbau des Marktanteils	Halten bzw. leichter Ausbau des Marktanteils	Halten bzw. leichter Abbau des Marktanteils	Abbau des Marktanteils
Investitionen	Hoch: Erweiterungsinvestition oder Verkauf	Hoch: Reinvestition des Netto-Cash Flow	Gering: ausschließlich Rationalisierungs- und Ersatzinvestitionen	Minimal: Verkauf von Anlagen bei Gelegenheit, möglicherweise Stillegung
Risiko	Akzeptieren		Einschränken	Stark reduzieren

Quelle: in Anlehnung an *Dunst* 1983, S. 100.

Die Möglichkeiten der Marktanteilsausweitung einzelner SGE müssen, worauf schon im Kontext des Erfahrungskurvenkonzepts hingewiesen wurde, in engem Zusammenhang mit den jeweiligen Nachfragegegebenheiten gesehen werden. In wachsenden Märkten steigt der **kumulierte Absatz** eines Produktes in der Regel rasch an. Konkurrenten, deren Marktanteil sinkt, leisten vergleichsweise wenig Widerstand, da sie zum Teil selbst noch erheblichen Umsatzzuwachs erzielen. In stagnierenden Märkten hingegen führt der Zugewinn von Marktanteil zu einer Verringerung des absoluten Absatzes der Mitanbieter, so daß eine Verschärfung des Wettbewerbs, z. B. in Form von Preiskämpfen, befürchtet werden muß. Daher empfiehlt es sich, vorrangig in Wachstumsmärkten nach einer Marktanteilsausweitung zu streben.

Zudem muß berücksichtigt werden, daß die Erlangung und Sicherung eines hohen Marktanteils erhebliche Mittel für die Erweiterung der Produktionskapazität, für Marketingmaßnahmen usw. erfordern. Sich in Wachstumsmärkten zu engagieren, erscheint deshalb nur dann ratsam, wenn ein Unternehmen auch längerfristig über die notwendigen Mittel verfügt, um die angestrebte Ausweitung des Marktanteils durchstehen zu können. Der Portfolio-Gedanke sieht für diese Problemstellung vor, daß zur Finanzierung der in Wachstumsmärkten operierenden, Kapital bindenden Geschäftseinheiten genügend **andere SGE** vorhanden sein sollten, die die erforderlichen Mittelüberschüsse erwirtschaften.

Der Vorteil des **Marktwachstum-Marktanteil-Portfolios** liegt vor allem in seiner einfachen Handhabbarkeit. Bedingt durch die Tatsache, daß die beiden Erfolgsfaktoren **Marktwachstum** und **Marktanteil** in der Regel ohne großen Aufwand erfaßt werden können, lassen sich die einzelnen SGE schnell und einfach in der Portfolio-Matrix positionieren. Jedoch weist dieses Konzept auch eine Reihe von **Schwächen** auf:

- Die SGE werden, wie schon an anderer Stelle ausgeführt, nur auf Grund der zwei genannten Kriterien beurteilt. Im Rahmen des PIMS-Projekts durchgeführte Studien haben zwar die Bedeutung dieser beiden Größen für den Erfolg von SGE bestätigt, darüber hinaus aber noch drei Dutzend **weitere Einflußfaktoren**, wie z. B. Produktqualität, Marketingaufwendungen und Investitionsintensität, identifiziert (vgl. *Neubauer* 1992, S. 283 ff.).

- Etwas grobschlächtig erscheint auch die Verwendung einer **Vier-Felder-Matrix.** Die Dichotomisierung der beiden Achsen in „hoch“ und „niedrig“ erlaubt es nicht, Produkte bzw. Produktlinien in mittleren Positionen treffend zu beurteilen. Nicht zuletzt dieser Aspekt führte zu Modifikationen des Ansatzes, deren bedeutendste die nächste hier dargestellte verkörpert.

(3) Das **Marktattraktivität-Wettbewerbsvorteil-Portfolio** wurde von der *General Electric Company* und dem Beratungsunternehmen *McKinsey* entwikkelt. Vom Konzept der *Boston Consulting Group* unterscheidet es sich formal durch eine differenziertere Strukturierung des **Portfolios** mit Hilfe einer **Neun-Felder-Matrix** (siehe Abb. 10.15.).

Inhaltlich werden die Faktoren Marktwachstum und Marktanteil durch Marktattraktivität und Wettbewerbsvorteil ersetzt. Die **Markt-** oder **Branchenattraktivität** ihrerseits fügt sich aus Marktwachstum, Marktqualität, Versorgungslage bezüglich der Ressourcen und sonstiger Umweltsituation zusammen. Der **relative Wettbewerbsvorteil** wird ebenfalls an Hand mehrerer Kriterien beurteilt. Im wesentlichen unterscheidet man relative Marktposition, relatives Produktionspotential, relatives Forschungs- und Entwicklungspotential sowie relative Qualifikation der Führungskräfte und Mitarbeiter.

Um die Position einer SGE im Portfolio zu ermitteln, kommt es darauf an, die jeweils relevanten Faktoren beider Dimensionen zu bestimmen, sie hinsichtlich ihrer Bedeutung für die SGE zu gewichten und sie entsprechend den Gege-

Tabelle 10.4.

Ermittlung der Marktattraktivität			
Zentrale Fragestellungen: 1) In welchem Ausmaß wird die Marktattraktivität der SGE von den einzelnen Kriterien beeinflußt? (Spalte 1) (3 = sehr stark; 2 = stark; 1 = schwach) 2) Wie ist die Marktattraktivität der SGE im Hinblick auf jedes einzelne Kriterium zu beurteilen? (Spalte 2) (5 = sehr positiv; 4 = positiv; 3 = weder noch; 2 = negativ; 1 = sehr negativ)			
	Spalte 1	Spalte 2	Spalte 3
Kriterium	Gewichtung (1 bis 3)	Beurteilung (1 bis 5)	Punktwerte (Spalte 1 × Spalte 2)
1) Marktwachstum und Marktgröße 2) Marktqualität – Rentabilität der Branche – Spielraum für die Preispolitik – Technologisches Niveau und Innovationspotential – Schutzfähigkeit von technischem Know-how – Investitionsintensität – Wettbewerbsintensität und -struktur – Anzahl und Struktur potentieller Abnehmer – Eintrittsbarrieren für neue Anbieter – Variabilität der Wettbewerbsbedingungen – Substitutionsmöglichkeiten . . . 3) Energie- und Rohstoffversorgung – Störanfälligkeit in der Versorgung – Beeinträchtigung der Wirtschaftlichkeit des Produktionsprozesses durch Energie- und Rohstoffpreise – Existenz alternativer Rohstoffe und Energieträger . . . 4) Umfeldsituation – Konjunkturabhängigkeit – Inflationsauswirkung – Abhängigkeit von der Gesetzgebung – Abhängigkeit von Einstellungen der Öffentlichkeit – Risiko staatlicher Eingriffe . . .			
$\text{Koordinatenwert} = \frac{\text{Gesamtpunktzahl}}{\text{Summe der Gewichte}}$	Summe Gewichte		Gesamtpunktzahl

Tabelle 10.5.

Ermittlung des relativen Wettbewerbsvorteils

Zentrale Fragestellungen:
1) In welchem Ausmaß wird der relative Wettbewerbsvorteil der SGE von den einzelnen Kriterien beeinflußt? (Spalte 1)
(3 = sehr stark; 2 = stark; 1 = schwach;)
2) Wie ist der relative Wettbewerbsvorteil der SGE im Hinblick auf jedes einzelne Kriterium zu beurteilen? (Spalte 2)
(5 = sehr positiv; 4 = positiv; 3 = weder noch; 2 = negativ; 1 = sehr negativ)

	Spalte 1	Spalte 2	Spalte 3
Kriterium	Gewichtung (1 bis 3)	Beurteilung (1 bis 5)	Punktwerte (Spalte 1 × Spalte 2)
1) Relative Marktposition (im Vergleich zum stärksten Wettbewerber) – Marktanteil und dessen Entwicklung – Größe und Finanzkraft der Unternehmung – Wachstumsrate der Unternehmung – Rentabilität – Risiko (Grad der Etabliertheit im Markt) – Marketingpotential 2) Relatives Produktionspotential (in bezug auf die erreichte oder geplante Marktposition) – Innovationsfähigkeit und technisches Know-how – Lizenzbeziehungen – Anpassungsfähigkeit der Anlagen an wechselnde Marktbedingungen – Erhaltung des Marktanteils mit der gegenwärtigen und im Aufbau befindlichen Kapazität – Standortvorteile – Steigerungspotential der Produktivität – Umweltfreundlichkeit des Produktionsprozesses – Lieferbedingungen, Kundendienst usw. – Erhaltung des gegenwärtigen Marktanteils unter den voraussichtlichen Versorgungsbedingungen ⋮ 3) Relatives Forschungs- und Entwicklungspotential – Stand der Grundlagen- und der angewandten Forschung – Innovationspotential und -kontinuität ⋮ 4) Relative Qualifikation der Führungskräfte und Mitarbeiter – Professionalität und Urteilsfähigkeit – Innovationsklima – Qualität des Führungssystems ⋮			
$\text{Koordinatenwert} = \frac{\text{Gesamtpunktzahl}}{\text{Summe der Gewichte}}$	Summe Gewichte		Gesamtpunktzahl

benheiten von Unternehmen, Markt und Umfeld zu beurteilen. Wie dies mit Hilfe von Punktbewertungsverfahren (vgl. § 5, Abschn. 5.2.1.2.2.) geschehen kann, zeigen die Tabellen 10.4 und 10.5; hierbei sollen die aufgelisteten Beurteilungskriterien (vgl. *Hinterhuber* 1992, S. 114 ff.) zur Ermittlung von Marktattraktivität und relativem Wettbewerbsvorteil als Anregungen für die konkrete Gestaltung eines Bewertungsschemas dienen (vgl. dazu im einzelnen *Hörschgen* 1983, S. 20 ff.).

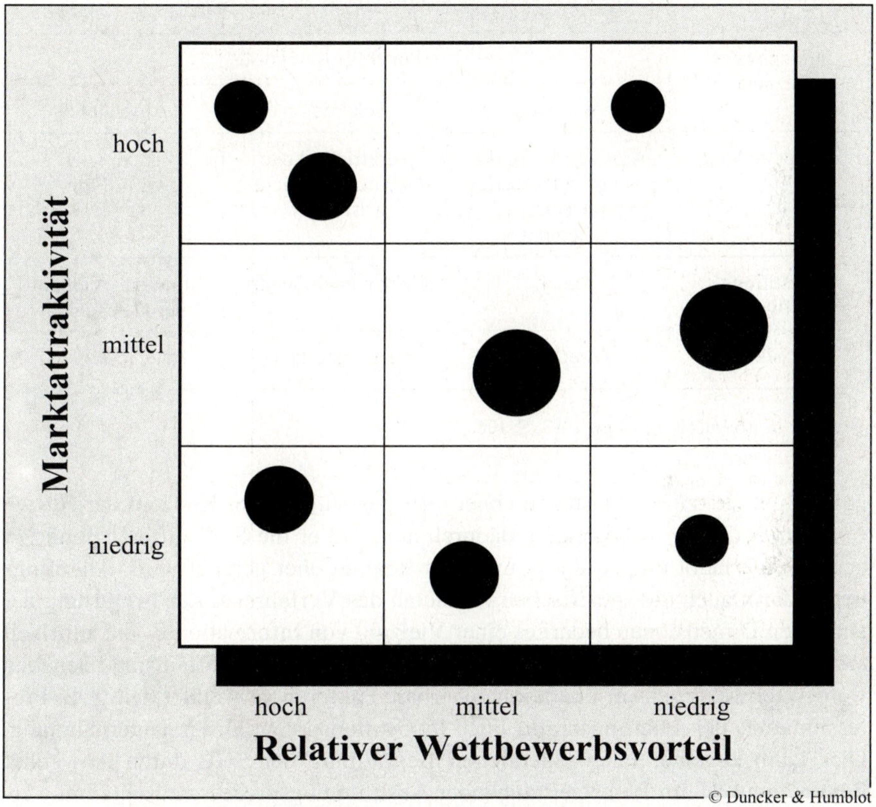

Abb. 10.15.: Marktattraktivität-Wettbewerbsvorteil-Portfolio

Das **Marktattraktivität-Wettbewerbsvorteil-Portfolio** erlaubt, ähnlich dem Ansatz der *Boston Consulting Group,* die Ableitung strategischer Rahmenempfehlungen: Für diejenigen SGE, die sich im rechten oberen Bereich der Matrix befinden, sind Investitions- und Wachstumsstrategien zu verfolgen. Bei SGE, die in der linken unteren Zone positioniert sind, liegt eine Abschöpfungs- oder Desinvestitionsstrategie nahe. Für SGE, die in den diagonal von links oben nach rechts unten angeordneten Geschäftsfeldern auftauchen, muß das Management situativ entscheiden, ob es sich lohnt, in diese SGE weiter zu investieren, oder ob es zweckmäßiger erscheint, eine Abschöpfungs- oder gar Desinvestitionsstrategie zu verfolgen (siehe Tab. 10.6.).

Tabelle 10.6.

Strategische Verhaltensweisen für das Marktattraktivität-Wettbewerbsvorteil-Portfolio			
Strategisches Element	Portfolio-Kategorie		
	Wachsen	Selektieren	Abschöpfen
Zielvorstellung	Ausbau der Marktposition mit Ausrichtung auf langfristigen Gewinn	kurzfristig hohe Gewinne, mittlerer Cash Flow	maximaler Cash Flow
Investitionsaufwand	hoch	selektiv hoch/niedrig	minimal: Verkauf bei Gelegenheit
Risiko	akzeptieren	einschränken	stark reduzieren

Quelle: in Anlehnung an *Dunst* 1983, S. 106.

Der hier skizzierte Ansatz zeichnet sich gegenüber dem Konzept der *Boston Consulting Group* insbesondere dadurch aus, daß er die SGE differenzierter zu beurteilen erlaubt und so der komplexen Realität eher gerecht wird. Allerdings liegen darin auch die spezifischen Probleme des Verfahrens. Zur Ermittlung der einzelnen Dimensionen bedarf es einer Vielzahl von Informationen, die zum Teil nicht oder nur mühsam und auf kostspielige Weise zu beschaffen sind. Daneben werden teilweise schwer operationalisierbare Faktoren verwendet, wie z. B. Professionalität der Führungskräfte oder Innovationspotential der Unternehmung. Dies kann zu einer unterschiedlichen Beurteilung der SGE durch Anwender führen, die u. U. im Wege zeitraubender Abstimmungsprozesse ausgeräumt werden müssen (vgl. *Roventa* 1981, S. 160; *Mauthe / Roventa* 1982, S. 200).

(4) Trotz der unbestrittenen Bedeutung des Portfolio-Ansatzes stößt dieser auch auf Kritik:

- Erfahrungskurve, Produkt-Lebenszyklus-Konzept sowie PIMS-Projekt, die die Portfolio-Methode empirisch stützen, basieren ausschließlich oder primär auf leicht **quantifizierbaren Größen**. Dagegen werden schwer faßliche Faktoren, wie z. B. die Qualität des Managements oder eine leistungsorientierte Unternehmensphilosophie, die oft dahinterstehen, nicht berücksichtigt (vgl. dazu *Gabele* 1980, S. 64 f.; *Unger* 1985, S. 220 f.).

- Die Prämisse der Existenz homogener **Strategischer Geschäftseinheiten** als Planungsbasis kann als weitgehend unrealistisch angesehen werden, da hierbei die in der Realität auftretende, häufig große Interdependenz zwischen den einzelnen Produkten bzw. Produktlinien einer Unternehmung unberücksichtigt bleibt (vgl. *Robens* 1985, S. 192).

- Bei Zugrundelegung einer nur noch schwer handbabbaren Menge von **Kriterien** zur Beurteilung der SGE, wie sie u. a. von *Hinterhuber (1992)* vorgeschlagen wird, kann es leicht dazu kommen, daß die in einer Branche zu einer bestimmten Zeit wirklich entscheidenden Kriterien nicht ihrer Bedeutung entsprechend gewürdigt werden.

- Beim Portfolio-Konzept wird dem **Wettbewerb** ausschließlich in der Weise Rechnung getragen, daß die relative Stärke eines Betriebes im Vergleich zu dessen potentestem Wettbewerber beurteilt wird. Dadurch bleiben neu in den Markt eintretende Unternehmen, aggressive kleinere Konkurrenten sowie die Möglichkeit einer völligen Veränderung der Wettbewerbssituation durch technologische Innovationen außer Betracht. Letzterem wird in neuerer Zeit durch sog. Technologie-Portfolios Rechnung getragen (vgl. *Pfeiffer* u. a. 1982; *Wolfrum* 1992).

- Fragwürdig erscheint auch die Ableitung von **Normstrategien** aus der Position einer SGE in der Matrix; denn die Bereiche, denen sich bestimmte Empfehlungen zuordnen lassen, sind nicht eindeutig voneinander abgrenzbar (vgl. *Becker* 1993, S. 366).

- Der Portfolio-Ansatz verkörpert letztlich ein **statisches** Konzept (vgl. *Robens* 1985, S. 199). Er bildet lediglich **einen** vorzugebenden Planungszeitraum ab. Zudem wird **Unsicherheit** bei der Positionierung der einzelnen SGE in der Portfolio-Matrix, z. B. auf Grund divergierender Urteile der am Planungsprozeß Beteiligten oder im Hinblick auf die Haltbarkeit einzelner Annahmen, kaum berücksichtigt (vgl. *Roventa* 1981, S. 185 f.).

Auf Grund der am Portfolio-Konzept geäußerten Kritik, manchen von der Praxis beklagten Umsetzungsproblemen sowie vor dem Hintergrund der Anfang der achtziger Jahre populär gewordenen Wettbewerbsstrategien von *Porter* (vgl. dazu Abschn. 3.1.4.) wurden zahlreiche andere, mitunter konkurrierende Konzepte entwickelt, so z. B. die **Wettbewerbsvorteils-Matrix** von der *Boston Consulting Group,* das **Strategische Spielbrett** von *McKinsey* oder die **Outpacing Strategies** von *Gilbert / Strebel* (eine zusammenfassende Übersicht dazu findet sich bei *Hörschgen* u. a. 1993, S. 157 ff.). In welchem Maße diese – von Unternehmensberatern oft auch zu Profilierungszwecken entwickelten und propagierten – Analyseinstrumente in der Praxis Anhänger gefunden haben, läßt sich nur schwer beurteilen.

3.1.4. Die Wettbewerbsmatrix

Die historischen Wurzeln des von *Porter* propagierten Konzepts der Wettbewerbsstrategie liegen in den Jahren 1975-80, einer Phase des nachlassenden Wachstums oder gar der Stagnation bzw. Schrumpfung in vielen Wirtschaftszweigen. War in den Zeiten fast ungehinderter Expansion primär die **Befriedigung** der **Kundenbedürfnisse** im Mittelpunkt unternehmerischen Denkens gestanden, gewannen nunmehr die sog. **Wettbewerbskräfte** des Marktes an Bedeutung. Aufbauend auf Erkenntnissen der Industrieökonomik entwickelte *Porter* zunächst ein Modell zur Analyse der Struktur von Branchen, um so die Wettbewerbssituation einschätzen und darauf aufbauend das Gewinnpotential abschätzen zu können (vgl. *Porter* 1992a , S. 25 ff.). Das Bild prägen fünf **Triebkräfte** des **Wettbewerbs**, nämlich Konkurrenten, nachfragemächtige Abnehmer, potente Lieferanten, neue Wettbewerber und Ersatzprodukte (vgl. Abb. 10.16.).

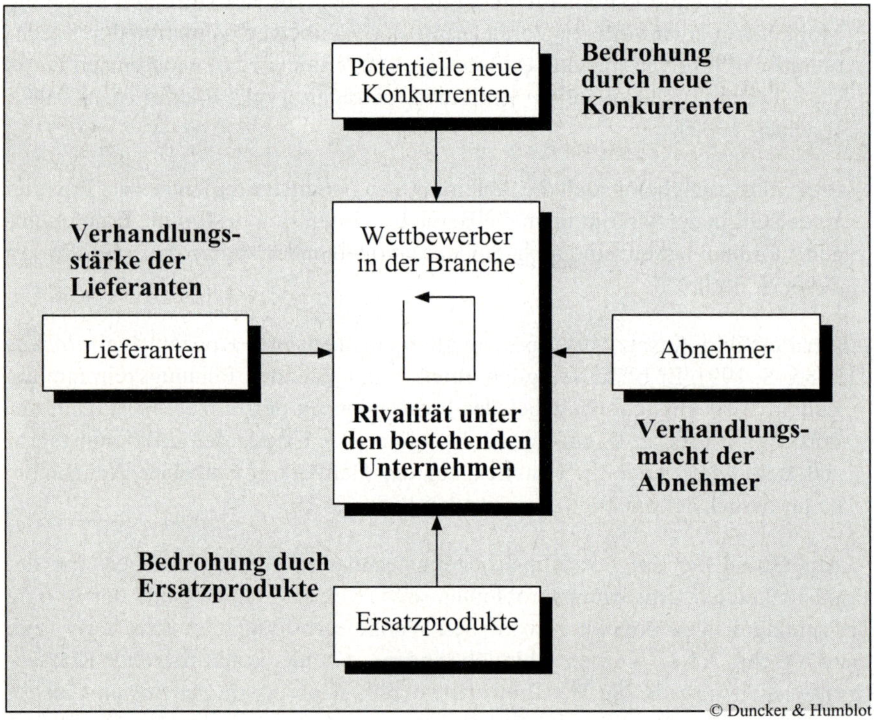

Quelle: *Porter* 1992a, S. 26.

Abb. 10.16.: Die fünf Wettbewerbskräfte nach *Porter*

Die skizzierten Kräfte erfordern eine starke **Wettbewerbsposition** des Unternehmens in seinem Wirtschaftszweig, um einen im Vergleich zu den Konkurrenten höheren Ertrag auf das investierte Kapital zu erzielen. Dazu sind nach *Porter* Überlegungen auf zwei Ebenen anzustellen. Zunächst geht es um die Erlangung eines **strategischen Vorteils**. Darunter versteht er eine aus der Sicht der Käufer **herausragende Leistung** des Unternehmens im Vergleich zur Konkurrenz (vgl. *Simon* 1988, S. 464 f.). *Porter* unterscheidet dabei zwei Arten, nämlich **Differenzierung** durch die **Einzigartigkeit** der **Leistung** oder **Profilierung** durch möglichst geringe **Kosten** und damit verbundene niedrige Endabnehmerpreise.

Daneben muß das strategische Zielobjekt, d. h. das **Ausmaß** der **Marktbearbeitung** festgelegt werden. Aufgrund seiner Analysen sieht der Autor vor allem für große, marktanteilsstarke auf der einen und kleinere, spezialisierte Unternehmen auf der anderen Seite langfristig eine Chance zur Erreichung einer attraktiven Rentabilität. Er warnt davor, eine Mittelposition einzunehmen oder beizubehalten (Gefahr des „stuck in the middle"), und empfiehlt allen Unternehmen, deren Ressourcen oder Fähigkeiten nicht ausreichen, eine führende Stellung durch niedrige Kosten oder Differenzierung zu erreichen, sich – eventuell auch durch Aufgabe erreichter Positionen – auf Marktsegmente zu konzentrieren, in denen das Unternehmen eine vorteilhafte Position einnehmen kann. Der zwischen Marktanteil und Rentabilität bestehende Zusammenhang wird von *Porter* durch eine U-förmige Kurve verdeutlicht (vgl. Abb. 10.17.). Er verneint also die Existenz einer tendenziell linearen Beziehung, wie sie im PIMS-Projekt ermittelt worden ist, und führt dafür, wie wir im folgenden sehen werden, gute Gründe ins Feld.

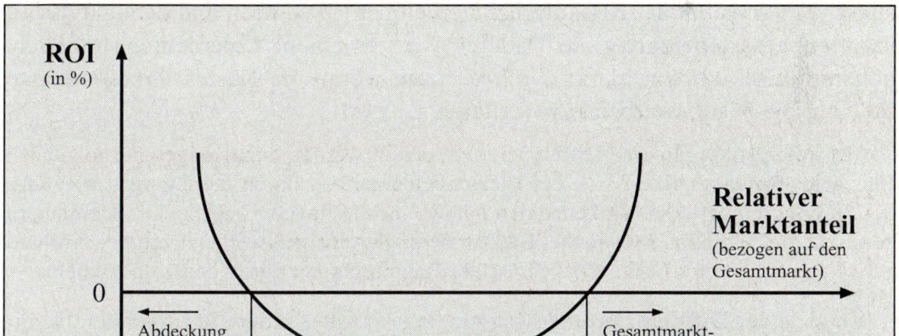

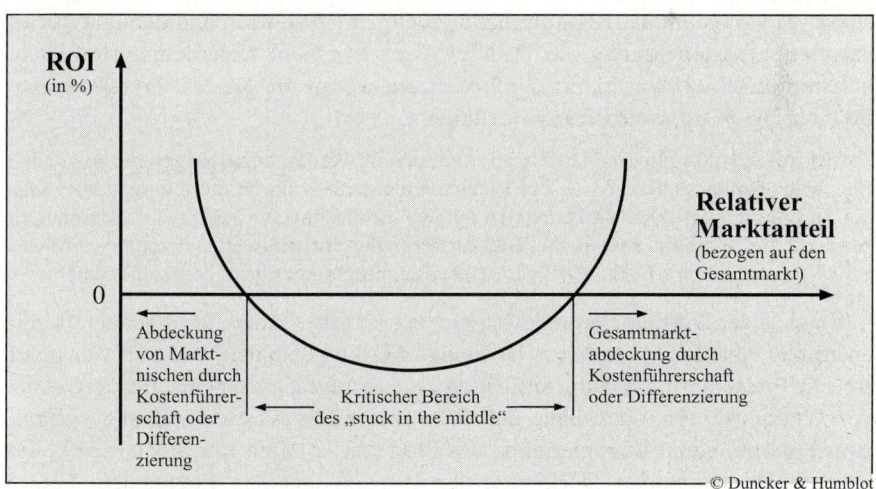

Quelle: in Anlehnung an *Porter* 1992a, S. 73.

Abb. 10.17.: Zwischen Rentabilität und Marktanteil bestehender Zusammenhang

Führt man nun die beiden erwähnten Betrachtungsebenen zusammen, so erhält man die sog. **Wettbewerbsmatrix** von *Porter* (vgl. Abb. 10.18.). Diese läßt erkennen, daß ein Unternehmen dann Wettbewerbsvorteile zu erlangen vermag, wenn es sich auf eine der drei nachfolgenden Strategien konzentriert:

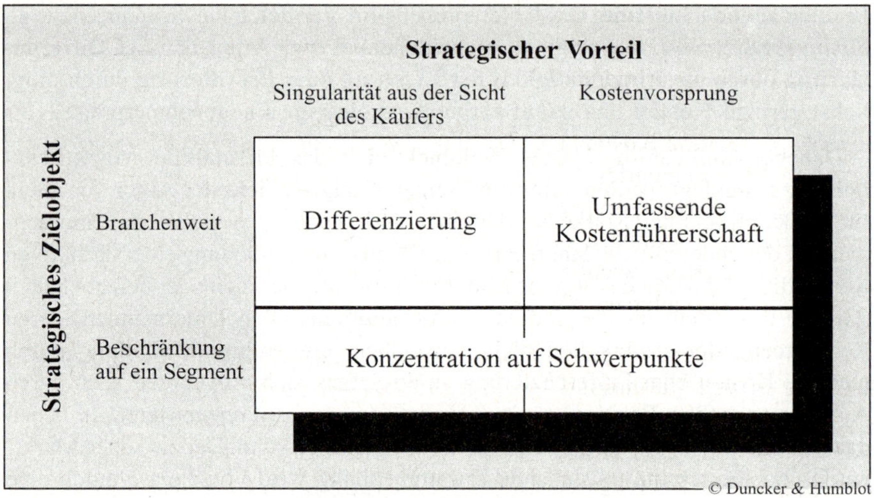

Quelle: *Porter* 1992 a, S. 67.

Abb. 10.18.: Wettbewerbsmatrix nach *Porter*

(1) **Differenzierung**: Hierbei versucht man, ein Produkt oder eine Dienstleistung vom Angebot der Konkurrenzunternehmen abzuheben und damit etwas zu schaffen, was **einzigartig** ist. Dadurch wird es einem Unternehmen möglich, höhere Preise auf dem Markt durchzusetzen, womit die Kosten ihre dominante Stellung als Wettbewerbsfaktor verlieren.

Auf welchen Wegen eine Differenzierung erzielt werden kann, zeigen die folgenden Beispiele: *Braun* profiliert sich bei Elektro-Kleingeräten durch das Design, *Mercedes* bei PKW durch das dem Markennamen innewohnende Image, *Cray* bei Großcomputern durch die Technologie, *Litamin* bei Badezusätzen durch einen werbewirksamen Aufhänger (Nährschutzlotion) oder *Caterpillar* bei Baumaschinen durch den Kundendienst.

Vorteile der Differenzierungsstrategie liegen insbesondere in folgenden Bereichen: Die Abnehmer werden z. B. an eine Marke gebunden; dadurch verringert sich die Preisempfindlichkeit, und die erhöhte Ertragsspanne gewährleistet Schutz vor Wettbewerbern, auch ohne daß man über einen Kostenvorsprung verfügt. Abnehmertreue und Einzigartigkeit des Produkts schaffen Eintrittsbarrieren, die höheren Ertragsspannen erleichtern den Umgang mit den Lieferanten. Ferner wird die Nachfragemacht durch das Fehlen von Alternativen gemildert. Schließlich besteht auf Grund der hohen Kundenloyalität ein wirksamer Schutz vor Ersatzprodukten.

Als Voraussetzung für die erfolgreiche Anwendung dieser Strategie werden von *Porter* ein exklusiver Ruf und die Bereitschaft zu kostenintensiven Profilierungsmaßnahmen, wie z. B. ausgedehnte Forschung, exzellentes Produktdesign, Verwendung von Materialien von hoher Qualität oder intensive Kundenbetreuung, angesehen. Aber auch bei der Differenzierungsstrategie sollte der damit einhergehende Aufwand nicht ganz außer acht gelassen werden, da sich die Nachfrager bei ihrer Beschaffungsentscheidung an einem adäquaten Preis / Leistungsverhältnis orientieren.

(2) **Umfassende Kostenführerschaft**: Die Kernidee besteht hier darin, durch primär kostenorientiertes Denken und Handeln in einem Unternehmen einen umfassenden **Kostenvorsprung** in einem Sektor herauszuholen und zu verteidigen. Trotz der Dominanz dieser Sichtweise dürfen allerdings andere für den Unternehmenserfolg wichtige Leistungsdimensionen wie Qualität und Service nicht außer acht gelassen werden.

Die entscheidende Voraussetzung für das Erreichen von Kostenführerschaft bildet nach dem Erfahrungskurvenkonzept ein hoher Marktanteil oder die Existenz anderer erheblicher Vorteile (z. B. günstiger Zugang zu Rohstoffen). Daneben erfordert sie den Aufbau von Produktionsanlagen effizienter Größe, das Ausnutzen der Erfahrungskurve sowie eine strenge Kontrolle der für Forschung und Entwicklung, Service, Außendienst, Werbung, Distribution usw. zu tätigenden Ausgaben.

Porter sieht mit dieser Strategie folgende Vorteile verbunden: Das Unternehmen mit den niedrigsten Kosten eines Wirtschaftszweiges erzielt auch dann noch Gewinn, wenn dort die Wettbewerbskräfte sehr stark sind und die Konkurrenten auf Grund des Wettbewerbsdrucks bereits keine Überschüsse mehr erwirtschaften. Der Kostenvorsprung schützt das Unternehmen auch vor nachfragemächtigen Kunden, weil diese mittelfristig die Einkaufspreise höchstens bis auf das Niveau des zweiteffizientesten Konkurrenten drücken können. Des weiteren schaffen niedrige Kosten hohe Eintrittsbarrieren in den Markt und gewährleisten Handlungsspielraum, falls Ersatzprodukte auf den Markt kommen.

(3) **Konzentration auf Schwerpunkte**: Die Kernidee liegt dabei in der gezielten Beschränkung der Marktbearbeitung auf eine oder mehrere Nischen, um hier Kostenführerschaft, Differenzierung oder beides zusammen zu erreichen. **Marktnischen** in dem damit gemeinten Sinne können bestimmte Abnehmergruppen, Teile des Produktprogramms oder geographisch abgegrenzte Teilmärkte bilden.

Die Strategie der Konzentration auf Schwerpunkte beruht auf zwei Prämissen: Zum einen sollte gewährleistet sein, daß ein Unternehmen ein eng begrenztes Marktsegment wirkungsvoller bearbeiten kann als die Konkurrenten, die sich im Gesamtmarkt dem Wettbewerb stellen. Zum anderen sollten sich die bei der Kostenführerschaft bzw. der Differenzierung diskutierten Vorteile gegenüber den fünf Wettbewerbskräften auch bei Beschränkung auf ein bestimmtes Segment realisieren lassen.

Bei allen Vorteilen, die die konsequente Ausrichtung an einer der drei Normstrategien *Porters* mit sich bringt, muß sich doch jedes Unternehmen der erheblichen Risiken bewußt sein, die den einzelnen Optionen innewohnen (vgl. *Porter* 1992a, S. 74 ff.). Grundsätzlich birgt die Verfolgung jeder Strategie zwei unterschiedliche Gefahren in sich, nämlich das Mißlingen ihrer Umsetzung und den Verlust des strategischen Wettbewerbsvorteils in dem jeweiligen Wirtschaftszweig (siehe dazu auch Tab. 10.7.).

Tabelle 10.7.

Den Strategien von *Porter* innewohnende Risiken		
Differenzierung	Kostenführerschaft	Konzentration auf Schwerpunkte
• Kostenunterschied zwischen Qualitäts- und Kostenführer wird so groß, daß den Kunden der finanzielle Vorteil wichtiger als der Qualitätsvorsprung wird. • Bedarf der Abnehmer nach differenzierten Leistungen sinkt. • Nachahmung vermindert erkennbaren Leistungsunterschied.	• Technologische Veränderungen schaffen Investitionsruinen und entwerten Lernprozesse. • Weg, um zu niedrigen Kosten zu gelangen, steht auch Konkurrenten offen. • Auf notwendige Produkt- oder Marketinginnovationen wird wegen ausschließlicher Konzentration auf die Kosten verzichtet. • Es kommt zu unvorhersehbarer Kostensteigerung, z. B. im Rohstoffbereich.	• Ausmaß des Preisunterschiedes auf Teil- und Gesamtmarkt übersteigt in einer von den Bedarfsträgern nicht mehr akzeptierten Weise die bestehende Qualitätsdifferenz. • Bedürfnisse im Teil- und Gesamtmarkt gleichen sich an. • Konkurrenten bieten eher bedarfsadäquate Produkte an.

Quelle: nach *Porter* 1992a, S. 74 ff.

In einer Weiterentwicklung seines Konzepts hat sich *Porter* auch damit auseinandergesetzt, wie sich eindeutige **Wettbewerbsvorteile** gegenüber Wettbewerbern erreichen lassen (vgl. *Porter* 1992 b, *Porter / Millar* 1985). Er betrachtet dabei ein Unternehmen als **Wertschöpfungskette** („value chain"), womit dieses Konzept einen neuartigen Ansatz zur Unternehmensanalyse darstellt, der sich nicht mehr an Aspekte wie Funktionen oder Sparten klammert, sondern – eben –

die Wertschöpfung in den Mittelpunkt des Interesses rückt (Näheres dazu in § 1, Abschn. 1.1.1.).

3.2. Gleichgewichtsmodelle

Zur Lösung des im Bereich der Maßnahmenplanung anstehenden Optimierungsproblems wurden in Wissenschaft und Praxis unterschiedliche Modelle entwickelt, die die in der Wirtschaftspraxis weit verbreitete Gepflogenheit, Planungsprobleme intuitiv oder durch Erfahrung zu lösen, ersetzen, zumindest aber ergänzen sollen. Da Marketingmaßnahmen im allgemeinen mit Kosten verbunden sind, stellt sich Entscheidungsträgern zwangsläufig die Frage, unter welchen Bedingungen die Erlöse aus absatzpolitischen Aktionen die damit verbundenen Kosten übersteigen, so daß Gewinne erwirtschaftet werden. Um dies zu klären, greift man häufig zur **Break even-Analyse**, die als bevorzugte Entscheidungshilfe bei der Erfolgs- bzw. Gewinnplanung angesehen wird.

Bei Verfolgung dieser Zielsetzung werden die Kosten und Erlöse in Abhängigkeit von einer bestimmten Einfluß- bzw. Bezugsgröße, beispielsweise der Ausbringungsmenge, einander gegenübergestellt. Auf diese Weise kann anschaulich gezeigt werden, wie sich ein unterschiedlicher Intensitätsgrad der Inputvariablen auswirkt. Konkret interessiert vor allem die Frage, wie viele Stücke eines Erzeugnisses abgesetzt werden müssen, um die durch Entwicklung, Herstellung und Vertrieb entstandenen Kosten zu decken. Der Schnittpunkt, bei dem die anfallenden Kosten und Erlöse gleich hoch sind, wird als **Break even-Point, Nutzen-, Gewinnschwelle** oder **Deckungspunkt** bezeichnet (vgl. zur Ermittlung der kritischen Größe § 7, Abschn. 4.3.1.).

Die Break even-Analyse kann leicht unterschiedlichen Bedürfnissen angepaßt werden. So ist es beispielsweise möglich, mit nichtlinearen Kosten- und Erlösfunktionen zu arbeiten. Häufig wird auch anstelle des Gewinns der Deckungsbeitrag als Zielgröße verwendet.

Das Verfahren eignet sich beispielsweise dafür zu entscheiden, ob ein Bauteil im Unternehmen hergestellt oder von außen beschafft werden soll (sog. **„make or buy"-Entscheidung**), der Einsatz von Reisenden dem von Handelsvertretern vorzuziehen ist (vgl. *Dichtl / Raffée / Niedetzky* 1981) oder die Übertragung von Aufgaben im Bereich der Werbung an eine Agentur Vorteile gegenüber der Unterhaltung einer entsprechenden Abteilung mit sich bringt.

Oft wird die **Break even-Analyse** auch zur Beurteilung von Preis- und Vertriebskostenänderungen eingesetzt. Da eine Preissenkung eine Verringerung der Stückerlöse nach sich zieht, stellt sich die Frage, wie viele Einheiten mehr abgesetzt werden müssen, um den Gesamterlös mindestens konstant zu halten. Ähnlich ist die Situation bei Vertriebskostensteigerungen (z. B. erhöhten Aufwendungen für kommunikationspolitische Maßnahmen); auch hier will man wissen, welcher Output erreicht werden muß, damit sich der zusätzliche Aufwand lohnt.

Neben diesen allesamt auf die Beschäftigung abstellenden Anwendungen kann man sich noch eine Vielzahl weiterer Entscheidungsbereiche vorstellen, in denen zum Teil andere Bezugsgrundlagen auftreten. So dient die **raumbezogene** Break even-Analyse beispielsweise zur Klärung der Frage, wie groß das Einzugsgebiet eines Standortes sein muß, damit angesichts bestimmter Fixkosten für die Errichtung und den Betrieb einer Filiale Gewinne erwartet werden können. Im Rahmen **zeitbezogener** Analysen geht es etwa um die Festlegung möglichst günstiger Lieferfristen. Einerseits nämlich gilt die Verkürzung der Lieferzeit aus absatzpolitischer Sicht als erstrebenswert, weil dadurch u. U. zusätzlicher Umsatz erzielt wird, während andererseits die z. B. durch höhere Lagerhaltung verursachten Kosten steigen. Die Break even-Analyse dient hier dazu, jene Marke zu ermitteln, an der sich Mehrerlös und Mehrkosten die Waage halten.

Beim Einsatz der **Break even-Analyse** sollte man sich jedoch einiger ihr innewohnender Restriktionen bewußt sein:

- Kosten und Erlöse werden in Abhängigkeit von einer einzigen Einflußgröße, z. B. der Ausbringungsmenge, gesehen. Dies stellt in vielen Fällen eine zu starke Vereinfachung des realen Sachverhalts dar.
- Kosten- und Erlösfunktionen werden als voneinander unabhängig interpretiert. Es besteht jedoch fraglos ein Zusammenhang zwischen beiden, da Marketingmaßnahmen, die die Erlöse steigern sollen, im allgemeinen auch Kosten verursachen (z. B. durch Intensivierung der Werbung oder Verbesserung der Distribution). Dieser Zusammenhang wird aber von der Break even-Analyse nicht erfaßt.
- Auch läßt diese die Entwicklung **nach** dem Erreichen der Gewinnschwelle unbeachtet. Hieraus kann ein Fehlurteil resultieren, z. B. weil die Gewinnschwelle rasch erreicht wird, danach aber auf Grund von Nachfrageverschiebungen oder Kostensteigerungen Verluste erwirtschaftet werden.
- Die als gegeben unterstellten Erlös- und Kostenfunktionen kann man in der Praxis oft nicht ermitteln, weil z. B. keine Möglichkeit für die Durchführung empirischer Untersuchungen besteht.

Trotz dieser Mängel ist die **Break even-Analyse** ein weit verbreitetes und häufig angewandtes Verfahren der **Marketing-Planung.** Gründe hierfür liegen vor allem in der verhältnismäßig einfachen Grundstruktur und in der großen Adaptionsfähigkeit des Verfahrens.

3.3. Optimierungsmodelle

3.3.1. Die Netzwerkanalyse

Ein Kennzeichen jeder Art betrieblicher Planung besteht darin, daß der Detailliertheitsgrad der Ergebnisse von den dispositiven zu den ausführenden Tätigkeiten hin immer mehr zunimmt, wobei in demselben Maße monetäre Vorgabewerte von konkreten Handlungsanweisungen ergänzt werden. Trotz erhöhter Komplexität sollten Aktionspläne, die alle für einen bestimmten Zweck bzw. innerhalb einer Kampagne zu treffenden Maßnahmen umfassen, sicherstellen, daß weder etwas dem Zufall überlassen wird noch die **Einzelaktionen** der Geschlossenheit sowie der Ziel- und Strategieorientierung entbehren. Als besonders geeignet hat sich hierfür die **Netzplantechnik** herausgestellt. Ihre auch in der Praxis weite Verbreitung ist vor allem auf ihre relativ einfache Struktur sowie ihre nahezu universelle Anwendbarkeit zurückzuführen.

Den Ausgangspunkt der Netzplantechnik bildet die systematische Zerlegung eines konkreten Projekts in einzelne **Teilkomplexe.** Der für deren Bewältigung erforderliche Zeitbedarf läßt sich schätzen, ebenso wie deren Zuordnung zueinander in Gestalt eines aus der Elektrotechnik bekannten Netzwerks dargestellt werden kann. Als Ergebnis erhält der Planer ein relativ anspruchsloses Modell vom zeitlichen Ablauf des gesamten Vorhabens. In einigen Varianten wird auch der Ressourcenbedarf erfaßt.

Der entscheidende Vorzug gegenüber traditionellen Planungsverfahren (z. B. *Gantt'* scher Planungsbogen, Balkendiagramm) besteht in der konsequenten **Trennung** von **Ablauf-, Zeit-** und **Kostenplanung.** Zu Beginn jeder Untersuchung ist dabei zunächst genau zu prüfen, aus welchen **„Tätigkeiten"** (Fällen einer Entscheidung, Lieferzeit, Ausbildung von Personal usw.) ein Projekt im einzelnen besteht. Das hierzu notwendige systematische Vorgehen gewährleistet bereits ein sonst kaum angestrebtes und erreichtes Maß an Vollständigkeit.

Daran schließt sich die Phase der **logischen Zuordnung** der einzelnen Schritte zueinander an. Man untersucht bei jeder Aktivität, welche Tätigkeiten ihr unmittelbar vorausgehen und welche ihr nachgelagert sind. Die Liste der auszuführenden Teilaufgaben ist nun unter Beachtung der erkannten logischen Abhängigkeiten und unter Verwendung der formalen Ausdruckselemente der Graphentheorie (Knoten, Kanten) in die Gestalt eines **Netzwerks** zu bringen, das die Interdependenz der einzelnen Tätigkeiten optisch hervortreten läßt (vgl. Abb. 10.19., wo dies an Hand der Phasenfolge bei der Einführung eines neuen Produkts dargestellt ist).

Auf die **Ablaufplanung,** als deren sichtbarer Ausdruck das fertige Diagramm anzusehen ist, folgt die **Zeitplanung.** Hier wird nun der für jede Aktivität zu veranschlagende Zeitbedarf von sachkundigen Mitarbeitern geschätzt. Eine Ver-

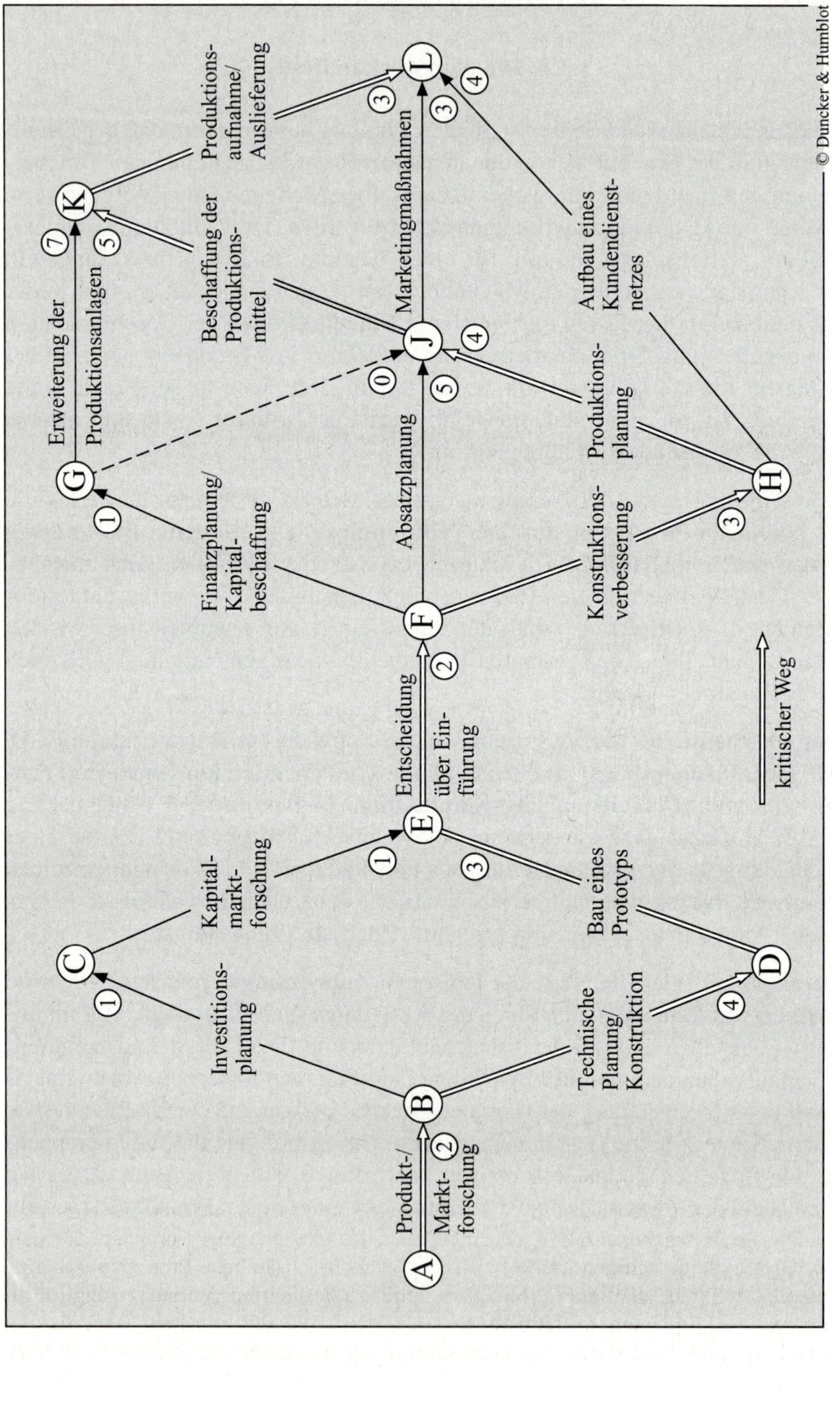

Abb.10.19.: Phasenfolge bei der Einführung eines neuen Produktes

knüpfung mit dem Zeitbedarf Null bezeichnet man als **Scheinaktivität** oder **Scheintätigkeit**. Die Ziele der Zeitanalyse bestehen im einzelnen darin, die **frühestmöglichen** und die **spätestzulässigen Anfangs-** und **Endtermine** für jede Tätigkeit im voraus festzulegen. In den Fällen, in denen beide Wertepaare divergieren, hat man bei Bestimmung der Starttermine einen gewissen Spielraum zur Verfügung, der als **Schlupf** oder **Pufferzeit** bezeichnet wird.

Bei der Ermittlung des sog. **gesamten Schlupfes** geht man von dem Grenzfall aus, daß alle einer Aktivität vorausgehenden Tätigkeiten zum frühestmöglichen und alle nachfolgenden zum spätestzulässigen Zeitpunkt eingeleitet werden. Der Planer interessiert sich also dafür, wie groß der vorhandene Spielraum notfalls wäre, wenn die gesamten auf einem Weg vorhandenen Zeitreserven infolge einer Störung an dieser Stelle eingesetzt werden müßten. Um den sog. **freien Schlupf** hingegen kann der Beginn einer Tätigkeit verschoben werden, ohne daß der frühestmögliche Start der folgenden Aktivität(en) gefährdet wird. Im Gegensatz zum ersten Beispiel ist dieser Fall dadurch gekennzeichnet, daß keinerlei Vorgriff auf Kapazitätsreserven nachfolgender Tätigkeiten erfolgt. Es liegt nahe, die Pufferzeiten als maßgebliche Komponente der jeweils anfallenden Leerkosten zu interpretieren, durch deren Abbau sich möglicherweise beträchtliche Einsparungen erzielen lassen.

Ein zweites, nicht minder wichtiges Anliegen der Zeitplanung besteht darin, den sog. **kritischen Weg** durch das Netz, d. h. jene Folge von Tätigkeiten, die den **größten Zeitaufwand** erfordert, zu finden. Damit ist gleichzeitig die für die Durchführung des gesamten Projekts notwendige Zeitspanne bestimmt. Als **kritisch** wird dieser Weg aus zwei Gründen charakterisiert, einmal weil jede nicht geplante Verzögerung bei Tätigkeiten auf diesem längsten Pfad eine Verschiebung des Endtermins in gleichem Umfang bewirkt, andererseits deswegen, weil mit dem Eintritt eines solchen Falles in der Regel eine Erhöhung der Gesamtkosten des Projekts einhergeht.

Die Struktur- und Zeitplanung sollen an einem konstruierten **Rechenbeispiel** verdeutlicht werden. Gedacht sei an die **Einführung** eines neu zu entwickelnden **Investitionsgutes**, für dessen Fertigung sich eine Erweiterung der vorhandenen Kapazität als erforderlich erweise. Die einzelnen Phasen des Projektablaufs (Strukturplanung) mögen in der in Abb. 10.19. angedeuteten Weise zusammenhängen.

An der Graphik fällt die strenge Zweiteilung des Projekts auf, der folgende Überlegungen zugrunde liegen: Im Bereich der Ereignisse A bis E werden die Marktverhältnisse sondiert, ein neues Produkt entwickelt und dessen Gewinnträchtigkeit für den Fall der Aufnahme der Produktion und des Vertriebs ermittelt. Die Aktivität E-F kennzeichnet die Entscheidung darüber, ob die Vorbereitungsarbeiten fortgesetzt werden sollen oder nicht. Die sich – gegebenenfalls – anschließenden Tätigkeiten zielen vornehmlich darauf ab, das Produkt zur völligen Marktreife zu entwickeln, zusätzliche Produktionsanlagen zu erstellen und die benötigten Produktionsmittel zu beschaffen. Voraussetzung für die Vornahme der geplanten Investitionen ist allerdings die Aufbringung ausreichender finanzieller Mittel, was durch die Aktivität F-G angedeutet wird. Schließlich sind alle jene absatzpolitischen Maßnahmen zu treffen, die für eine erfolgreiche Einführung des Produktes unabdingbar erscheinen.

Welche Tätigkeiten im konkreten Falle als wesentlich erachtet werden und wie sie im einzelnen zu verknüpfen sind, hängt in entscheidendem Maße von den Zielen, der Organisation, der Genauigkeit der Planung und dem Umfeld einer Unternehmung ab. Zweifellos kann es sich hier nur um ein vereinfachtes Modell handeln, das den Erfordernissen der Wirklichkeit aus Gründen mangelnder Homomorphie nicht Rechnung zu tragen vermag. Immerhin dürfte es aber einen Eindruck davon vermitteln, wie bei Erstellung eines Ablaufdiagramms in der Praxis vorzugehen ist.

Frühest- und spätestmögliche Start- und Endtermine für jede Tätigkeit, gesamter und freier Schlupf sowie der Verlauf des **kritischen Weges,** der hier 26 Zeiteinheiten umfaßt, ergeben sich sodann aus Tab. 10.8. (Zeitplanung).

Tabelle 10.8.

Termine, Schlupfzeiten und kritischer Weg

Aktivität \ Zeitstruktur	Symbole	Dauer	Start		Ende		Schlupf		Verlauf des kritischen Weges
			frühest	spätest	frühest	spätest	gesamt	frei	
Marktforschung	A - B	2	0	0	2	2	0	0	A - B
Investitionsplanung	B - C	1	2	7	3	8	5	0	
Technische Planung/Konstruktion	B - D	4	2	2	6	6	0	0	B - D
Kapitalmarktforschung	C - E	1	3	8	4	9	5	5	
Bau eines Prototyps	D - E	3	6	6	9	9	0	0	D - E
Entscheidung über Einführung	E - F	2	9	9	11	11	0	0	E - F
Finanzplanung/Kapitalbeschaffung	F - G	1	11	15	12	16	4	0	
Konstruktionsverbesserung	F - H	3	11	11	14	14	0	0	F - H
Absatzplanung	F - J	5	11	13	16	18	2	2	
Scheinaktivität	G - J	0	12	18	12	18	6	6	
Erweiterung der Produktionsanlagen	G - K	7	12	16	19	23	4	4	
Produktionsplanung	H - J	4	14	14	18	18	0	0	H - J
Aufbau des Kundendienstnetzes	H - L	4	14	22	18	26	8	8	
Beschaffung der Produktionsmittel	J - K	5	18	18	23	23	0	0	J - K
Marketingmaßnahmen	J - L	3	18	23	21	26	5	5	
Aufnahme der Produktion/Auslieferung	K - L	3	23	23	26	26	0	0	K - L

Die Entwicklung der Netzwerktechnik kann keinesfalls als abgeschlossen gelten. Sowohl die **Critical Path Method (CPM)** als auch die **Program Evaluation and Review Technique (PERT),** die bekanntesten Varianten, werden insofern abgewandelt, als man sie den speziellen Bedürfnissen und Gegebenheiten einzelner Wirtschaftszweige und Branchen anpaßt. Praktische Bedeutung hat vor allem **RAMPS (Resource Allocation and Multi Project Scheduling)** erlangt. Dieses

Verfahren trägt einer Reihe von Zielen gleichzeitig Rechnung, wie z. B. die Projektzeit zu minimieren, die Kapazitätsausnutzung zu maximieren, möglichst viele Aktivitäten konkurrierender Vorhaben gleichzeitig zu bearbeiten, denkbar wenige Aktivitäten zu unterbrechen und Arbeitsstauung zu verhindern *(Mertens* 1964, S. 398). Das Problem der Zielkonflikte wird dabei durch ein differenziertes Konzept der Vorrangsteuerung gelöst.

3.3.2. Höherstrukturierte Optimierungsmodelle

Die Entwicklung leistungsfähiger Datenverarbeitungsanlagen erwies sich in den vergangenen Jahrzehnten als Ansporn dafür, komplizierte Marketingprobleme nicht mehr intuitiv, sondern mit Hilfe mathematischer Modelle zu lösen. Unter einem **Modell** versteht man ein vereinfachtes Abbild der Wirklichkeit, das der Analyse leichter als die Realität zugänglich ist und überdies die Chance eröffnet, Eingriffe in ein System vorzunehmen, die am „lebenden" Objekt nicht möglich oder zu teuer wären. Im Rahmen dieses Abschnittes interessieren in erster Linie sog. **Entscheidungsmodelle**, also Modelle, wie sie bereits verschiedentlich in den §§ 5-8 angesprochen wurden, die im Rahmen eines genau definierten Bezugssystems effiziente oder gar optimale Werte von Aktionsvariablen abzuleiten erlauben. Der Anreiz einer Entscheidungsvorbereitung mit Hilfe formaler Modelle wird vor allem mit folgenden **Vorteilen** begründet:

(1) Die Abbildung eines Tatbestandes in einem Modell zwingt zu einer relativ vollständigen und präzisen Formulierung eines Entscheidungsproblems. Alle verfügbaren Informationen über Art und Wahrscheinlichkeit des Eintritts relevanter Ereignisse werden explizit erfaßt und ausgewertet.

(2) Die einer Entscheidung zugrundeliegenden Prämissen werden offengelegt, dokumentiert und damit einer Kontrolle zugänglich gemacht. Im Vorfeld werden eine Problemdiskussion und später ein Lernen aus etwaigen Fehlschlägen eher möglich, als wenn die Entscheidung intuitiv getroffen worden wäre.

(3) Die Chancen und Risiken, die mit einer Entscheidung verbunden sind, werden nach Maßgabe des jeweiligen Informationsstandes bestimmt und ausgewiesen. Damit verbunden ist die Möglichkeit, die Entscheidungsbefugnisse untergeordneter Instanzen nach der Höhe des festgestellten Risikos zu beschränken.

(4) Durch die Hilfe der Elektronischen Datenverarbeitung wird es möglich, auch bei sehr komplexen Problemen vorteilhafte Lösungen zu finden oder zumindest die Zahl der in die engere Wahl kommenden Alternativen drastisch zu verringern.

Den Vorteilen stehen allerdings auch gravierende **Nachteile** gegenüber: So wirken die hohen Kosten, die mit der Entwicklung und Implementierung mathematischer Marketingmodelle verbunden sein können, oftmals abschreckend. In ganz besonderem Maße gilt dies für die Formalisierung selten zu treffender Entscheidungen. In der Regel gibt es auch Schwierigkeiten bei der Validierung solcher Ansätze, da keine objektiven Prüfkriterien dafür zur Verfügung stehen, ob ein Problem hinreichend detailliert erfaßt und abgebildet ist (Homomorphieproblem). Damit verbunden ist schließlich die meistens auf mangelnde Kommunikation zwischen Modellbauer und Modellbenutzer(n) zurückzuführende geringe Akzeptanz, die den auf solche Weise generierten Handlungsempfehlungen durch das Management häufig zukommt.

Entscheidungsmodelle können grundsätzlich nicht nur im Rahmen der Maßnahmen-, sondern auch bei der **Ziel-** und **Strategienplanung** zum Einsatz kommen. Auf Grund der meist noch höheren Komplexität der Beziehungen sowie schlechteren Operationalisierbarkeit und Strukturierbarkeit sowie der größeren Bedeutung schwer quantifizierbarer Faktoren bei strategischen Entscheidungen liegt ihr Anwendungsfeld jedoch vorrangig im Bereich der **Maßnahmenplanung**.

Um einen gewissen Eindruck von den Möglichkeiten, die eine stark formalisierte Planung zur Lösung komplexer Marketing-Probleme eröffnet, zu vermitteln, seien kurz einige **wichtige Fragestellungen** skizziert, für die sich in der – überwiegend angelsächsischen – Fachliteratur erprobte Lösungsverfahren finden.

(1) Produktpolitik

- (Re-)Positionierung von Produkten im Rahmen eines Marktmodells zum Zweck der Aufdeckung von Marktnischen oder der Erhöhung des Marktanteils
- Verteilung der Mittel für Forschung und Entwicklung auf einzelne neu zu entwickelnde Produkte
- Bewertung von Produktvorhaben oder bereits auf dem (Test-)Markt befindlichen Erzeugnissen
- Ermittlung des unter Markt- und Kostenerfordernissen bestmöglichen Zeitpunkts für die Einführung eines neuen Produktes
- Bestimmung des Produktionsprogramms bzw. Sortiments unter Berücksichtigung von Kapazitätsrestriktionen und Verbundeffekten
- Festlegung der Zahl der Ausstattungsvarianten (z. B. bei Autos) unter absatz- und kostenwirtschaftlichen Gesichtspunkten
- Entscheidung für oder gegen ein Diversifikationsvorhaben bzw. verschiedene Diversifikationsstrategien
- Dimensionierung der Garantieleistung nach Inhalt und Dauer.

(2) Preispolitik

- Ermittlung des gewinnmaximalen Preises bei verschiedenen Marktkonstellationen

- Preisbestimmung bei gespaltenen Märkten oder Angebotsbündelung
- Gestaltung von Preisänderungen im Zeitablauf angesichts ungewisser Reaktionen der Konkurrenten
- Bestimmung des Preisgebotes bei Submissionen („competitive bidding")
- Konstruktion von Rabattstaffeln.

(3) Distributionspolitik

- Entwicklung eines Transportsystems zur Überbrückung des Raums zwischen Lieferstätten und Bedarfspunkten (Transportmodell)
- Standortwahl für Zwischenläger
- Zuweisung von Artikeln zu Standorten innerhalb eines (Großraum-)Lagers
- Dimensionierung von Umschlagseinrichtungen
- Emittlung des kürzesten Rundreiseweges („traveling salesman problem")
- Planung des Fuhrparkeinsatzes
- Vergleich der Ergiebigkeit von Absatzkanälen und Lieferwegen
- Bestimmung der optimalen Auftragsgröße
- Nachweis des Einflusses der Lieferzeit auf die Annahmeverweigerung bei Sendungen von Versandhäusern
- Zuordnung von Mitarbeitern des Außendienstes zu bestimmten Verkaufsbezirken
- Besuchspolitik von Mitarbeitern des Außendienstes (Welche Kunden / Nichtkunden sind zu besuchen? Mit welcher Häufigkeit? An welchen Tagen? Mit welcher Intensität sind die einzelnen Kunden / Nichtkunden zu bearbeiten?)
- Konzipierung von Leistungslohn- und Informationssystemen für Verkäufer unter Motivations- und Effizienzgesichtspunkten
- Planung der Anzahl und Betriebszeit von Checkout-Kassen in Supermärkten und Cash & Carry-Betrieben.

(4) Kommunikationspolitik

- Fixierung des Werbebudgets
- Selektion der Werbemedien
- Bestimmung der anzustrebenden Kontakthäufigkeit pro Zielgruppe
- Festlegung des Timings in der Werbung
- Auswahl von Entwürfen für Anzeigen(-Kampagnen)
- Bestimmung vorteilhafter Sales Promotion-Aktionen.

Angesichts der Fülle von Fragestellungen, die in den einzelnen Bereichen regelmäßig zur Entscheidung anstehen, erscheint es am aussichtsreichsten, die Lösung des umfassenden Marketing-Mix-Problems über eine modulare Zusammenfügung von **Partialmodellen** anzustreben; denn das Bemühen um Entwicklung von **Totalmodellen** zwingt zu einem relativ hohen Aggregationsgrad, was zahlreiche Detailprobleme unter den Tisch fallen läßt. Zweifellos wird man dabei differenziert vorgehen, d. h. versuchen, den für jede organisatorische Bezugsebene adäquaten Verdichtungsgrad bei Informationen sowie Komplexitätsgrad bei Modellen zu erreichen.

Allgemein sind **Marketingentscheidungen** durch folgende **Eigenschaften** gekennzeichnet:

- Die **Struktur** der Probleme ist außerordentlich **komplexer Natur**.
- Zwischen (fast) allen Bezugs- bzw. Betrachtungsebenen besteht **Interdependenz** (Ausstrahlungseffekte).
- Die **Reaktionsfunktionen** („response functions“) verlaufen in der Regel **nichtlinear**.
- Die vorhandenen **Zusammenhänge** sind oftmals **zeitlich verzögert** (dynamische Relationen; „lagged relationships“).
- Es existiert **Zielantinomie**, d. h. eine zu treffende Maßnahme wirkt sich auf mindestens ein Ziel der Unternehmung oder eines Organisationsmitglieds positiv, auf mindestens ein anderes negativ aus.
- Häufig fehlt es an objektiven Daten, so daß auf mehr oder minder vage **Schätzungen**, **Einholung** von **Expertisen** usw. ausgewichen werden muß.

Die hier nur kurz umrissenen Eigenarten von Marketingproblemen waren der Verbreitung formaler Ansätze auf diesem Sektor wenig förderlich. Die Entwicklung ist durch eine Art Polarisierung gekennzeichnet, und zwar insofern, als man fortwährend zwischen einfach strukturierten, für Entscheidungen untauglichen Modellen auf der einen und relativ kompliziert angelegten Ansätzen auf der anderen Seite hin und her schwankte, die mit unrealistischen Datenanforderungen verbunden oder analytisch nicht lösbar sind. Ein wesentlicher Fortschritt war das Aufkommen von **Simulationsmodellen**, welche nicht nur die Sensitivität von Lösungen (d. h. das Ausmaß der Abhängigkeit des Ergebnisses von bestimmten Parametern), sondern auch die Wirkung verschiedener absatzpolitischer Maßnahmen auf unterschiedliche Ziele abzuschätzen erlauben und oft einen Weg weisen, analytisch nicht ableitbare funktionale Beziehungen auf empirischem Weg zu bestimmen.

Ausgehend von der Erkenntnis, daß sich der praktische Nutzen eines Marketingmodells allein aus dessen Fähigkeit ableitet, den Prozeß der unternehmerischen Entscheidungsfindung zu verbessern, postulierte *J. D. C. Little* (1977) eine

Reihe von Grundsätzen für die Modellkonstruktion, die das ausmachen, was man heute **Decision Calculus** nennt. Damit war der entscheidende Durchbruch in dem Bemühen um Steigerung der Effizienz der Marketing-Planung mit Hilfe formalisierter Kalküle gelungen.

Im Gegensatz zu sog. **realsystemorientierten Modellen** strebt man bei solchen des **Decision Calculus-Typs** eine Nachbildung des menschlichen Entscheidungsverhaltens an, indem der als relevant erachtete Ausschnitt der zur Verfügung stehenden Daten, Meinungen und Erwartungen so abgegrenzt wird, daß das formale Gebilde ein objektiviertes und vollständiges Abbild des unternehmerischen Denkprozesses darstellt. Das Konzept verkörpert deshalb vor allem ein Programm zur konsistenten, schnellen und zuverlässigen Verarbeitung der einem Entscheidungsträger zur Verfügung stehenden Informationen. Im Extremfall wird hierbei ein numerisches Ergebnis ermittelt, dem **keine einzige** auf **sekundär-** oder **primärstatistischer Basis gewonnene Zahl** zugrunde liegt.

Die dem **Decision Calculus-Ansatz** inhärenten Modellanforderungen sind vor allem folgende:

- **Einfachheit:** Ein Modell muß leicht verständlich sein. Dabei wird in Kauf genommen, daß es selbst wesentliche Aspekte vernachlässigt.
- **Benutzungssicherheit:** Es muß gewissermaßen narrensicher sein, darf also keine schlechten oder offenkundig unsinnigen Lösungen vorschlagen.
- **Prüfbarkeit:** Das Ergebnis muß einfach nachzuprüfen sein, um das Vertrauen des Managements in die Lösung zu stärken.
- **Adaptionsfähigkeit:** Das Modell muß ohne Schwierigkeiten an neue Informationen und Denkmuster angepaßt werden können.
- **Vollständigkeit:** Es muß so konstruiert sein, daß sich alle als relevant erachteten Facetten eines Problems, insbesondere auch Meinungen von Managern, erfassen lassen.
- **Kommunikationsfähigkeit:** Das Modell muß den Benutzer in die Lage versetzen, möglichst unmittelbar mit ihm zu kommunizieren.

Die zuletzt genannte Anforderung signalisiert zugleich die Schwelle einer neuen Ära im Bereich der computerunterstützten Marketing-Planung, die unter der Bezeichnung **Mensch-Maschine-Kommunikation** bekannt geworden ist (vgl. hierzu § 12, Abschn. 2.). Diese erscheint für das Marketing insofern bedeutsam, als hier viele Entscheidungsprobleme der Lösung bedürfen, bei denen einerseits „harte" Daten ausgewertet und mancherlei Berechnungen durchgeführt werden müssen, während man andererseits auf die Berücksichtigung von Qualitäten wie Intuition und Erfahrung, Risikobereitschaft und Detailwissen des Marketingmanagers nicht verzichten kann.

Eine Eigentümlichkeit und zugleich ein entscheidender Vorzug der Mensch-Maschine-Kommunikation besteht darin, daß immer dann, wenn bei derartigen Problemstellungen, die einer präzisen Beschreibung und einer programmierbaren, automatisierbaren Optimierung nicht unmittelbar zugänglich sind, offenbar unsinnige Resultate ausgewiesen werden, der Spezialist Gelegenheit hat, seine Schätzungen zu revidieren und sie erneut in den Rechner einzugeben. Sofern auch nach mehrmaliger Veränderung der Input-Daten keine plausiblen Ergebnisse zutage gefördert werden, hat dies zur Folge, daß das **Modell modifiziert** werden muß. Dies stellt insofern ein gravierendes Ereignis dar, als dem Marketingmanager bewußt wird, daß er seine Entscheidungen offensichtlich auf Grund eines schlechten „internen Modells" gefällt hat. Diese Überlegungen dokumentieren, daß **Modellbildung** und **Modellbenutzung** einen **Lernprozeß** verkörpern, der zu einem bislang ungeahnten Maß an Intelligenzverstärkung beizutragen vermag.

3.4. Expertensysteme

Ein entscheidender Ansatzpunkt für die Erringung von Wettbewerbsvorteilen besteht, wie an vielen Stellen in diesem Buch dargelegt, darin, daß man in der Lage ist, seinen Kunden maßgeschneiderte Lösungen zu bieten. Für Aufgaben dieser Art bedient man sich in zunehmendem Maße sog. Expertensysteme. Unter diesen wissensbasierten Konzepten, die eine Weiterentwicklung der Decision Support-Systeme darstellen *(Zentes* 1991, S. 194), versteht man im allgemeinen Computerprogramme, die – ähnlich wie menschliche Experten – in der Lage sind, in klar abgegrenzten Anwendungsbereichen (Marketing-)Probleme zu lösen *(Mentzer/ Ghandi* 1992, S. 73). Ermöglicht wurde diese Art von Computereinsatz durch eine neuartige Programmierweise, mit deren Hilfe Wissen in einer speziellen Struktur verankert wird, wobei dessen Verknüpfung eine Problemlösungskomponente besorgt *(Scheer/ Steinmann* 1988, S. 146). Derartige Systeme bestehen in der Regel aus den in Abb. 10.20. wiedergegebenen Bausteinen.

Im Mittelpunkt eines Expertensystems befindet sich eine **Wissenskomponente**, die sich aus Fakten und Regeln zusammensetzt. Die erstgenannten repräsentieren allgemein zugängliches Fachwissen. Unter Regeln bzw. Heuristiken faßt man Erfahrung, Daumenregeln, Vermutungen etc., über die kompetente Leute verfügen, zusammen. Auch solches vages Wissen kann in Expertensystemen explizit verarbeitet werden *(Esch/ Muffler* 1989, S. 146).

Je nach Art der Wissenspräsentation, d. h. je nach Informationsdarstellung und -verarbeitung, werden Fakten und Regeln mit Hilfe logischer Operationen, Produktionsregeln oder semantischer Netzwerke verknüpft, wobei man letztere wiederum in Frames und Objekt-Attribut-Wert-Tripel trennt (genaueres dazu bei *Mentzer/Ghandi* 1992, S. 74 ff.). **Produktionsregeln** bilden die am häufigsten angewandte Art der Wissensrepräsentation. Sie bestehen üblicherweise aus einem Bedingungs- und einem Ausführungs- oder Folgerungsteil bzw. aus einer Wenn- und einer Dann-Komponente. Einfachheit und Einheitlichkeit kennzeichnen die Benutzerfreundlichkeit derartiger regelbasierter Systeme *(Neibecker* 1993, S. 356).

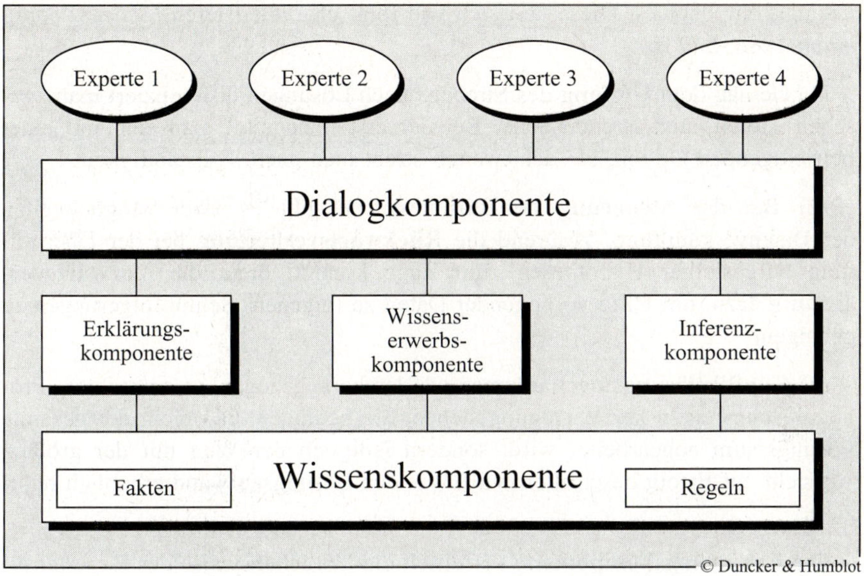

Quelle: *Scheer / Steinmann* 1988, S. 8.

Abb. 10.20.: Komponenten eines Expertensystems

Wissen wird auch in Form sogenannter **semantischer Netze,** insbesondere sog. **Frames** dargestellt. In seiner ursprünglichen Form handelt es sich hierbei um graphische Netzwerke aus Knoten und gerichteten Kanten. Knoten repräsentieren im allgemeinen Objekte, die Kanten die zwischen diesen bestehenden bipolaren Beziehungen (assoziatives Netz). Dabei ergibt sich die Möglichkeit, daß hierarchisch nachgelagerte Objekte die Eigenschaften der ihnen übergeordneten Klassen erben. Der entscheidende Vorteil semantischer Netze liegt in der starken Strukturierung und der dadurch erreichten höheren Effizienz der Wissensverarbeitung. Allerdings erweist sich die Ergänzung semantischer Netze um zusätzliche Wissenselemente im nachhinein als vergleichsweise schwierig. Aus diesem Grund sind Expertensysteme auf der Basis semantischer Netze in erster Linie für Wissensgebiete mit eindeutiger Terminologie und klarer Strukturierung geeignet (*Jucken* 1990, S. 22).

Bei höher entwickelten Netzwerken unterteilt man das Gesamtwissen in unterschiedliche **Frames**, die Definitionen von Objekten oder Ereignissen verkörpern. Sie enthalten sog. **Slots** für sämtliche mit einem Objekt assoziierten Informationen sowie **Zeiger** auf andere Frames oder Regelgruppen (*Neibecker* 1993, S. 356). An jeden derartigen Slot können mehrere Prozeduren angehängt werden, die zur Ausführung gelangen, wenn sich die Werte der Slots ändern. Auf diese Weise ist es möglich, die Slots und damit auch die Frames schon bei der Benutzung des Systems automatisch um Informationen zu ergänzen, Wissen zu löschen oder zu verändern.

Die Verknüpfung der vom Benutzer eingegebenen Probleme mit den Fakten und Regeln der Wissensbasis leistet die **Inferenzkomponente** (auch Problemlösungskomponente). Diese läßt sich wie folgt charakterisieren *(Scheer / Steinmann* 1988, S. 9 ff.):

(1) Gemäß dem **Umfang** des Strebens nach Lösungen differenziert man zwischen Tiefen- und Breitensuche. Bei der ersten begnügt man sich mit einer befriedigenden Option, bei der zweiten strebt man nach Vollständigkeit.

(2) Bei der **Steuerung** der Lösungssuche gibt es zwei Möglichkeiten der Datenverknüpfung. Während die **Rückwärtsverkettung** bei der Überprüfung aufgestellter Hypothesen zum Zuge kommt, dient die **Vorwärtsverkettung** dazu, mit Hilfe vorliegender Daten zu (eigenen) Schlußfolgerungen zu gelangen.

(3) **Konfliktlösungsmechanismen** werden herangezogen, wenn mehrere Problemlösungsregeln zur Verfügung stehen. Sie bedingen, daß nicht der gesamte Lösungsraum abgearbeitet wird, sondern lediglich der Weg mit der größten Aussicht auf Erfolg beschritten wird, was den Lösungsaufwand erheblich reduziert.

Die **Erklärungskomponente** vermittelt die Vorgehensweise des Expertensystems bei der Problemlösung. Dem Knowledge-Engineer dient sie vor allem zur Fehleranalyse, während der Benutzer mit ihrer Hilfe die Plausibilität seiner Problemlösung kontrollieren kann *(Esch / Muffler* 1989, S. 146).

Mit Hilfe der **Wissenserwerbskomponente** wird neues Wissen im System gespeichert und aufbereitet. Sie kann sehr unterschiedlich ausgestaltet sein und reicht von einfachen Texteditoren zum Editieren der Regelbasis über On-line-Verknüpfungen mit externen Datenbanken bis hin zu Komponenten, die bei der Interaktion mit dem Expertensystem automatisch neues Wissen ableiten und in die Wissensbasis einstellen.

Die **Dialogkomponente** schließlich ermöglicht die Interaktion des Benutzers mit dem Expertensystem. Sie entspricht dem, was im letzten Abschnitt zur Mensch-Maschine-Kommunikation dargelegt wurde.

Wie bereits angedeutet, ist der Einsatz von Expertensystemen auf Themenstellungen begrenzt, die besondere Anforderungen erfüllen (vgl. hierzu im einzelnen z. B. *Zelewski* 1991, S. 239 ff.). Zunächst bedarf es eines klar definierten Wissensbereichs, bei dem konventionelle Entscheidungsmethoden und Allgemeinwissen wenig weiterhelfen, da z. B. die Anzahl der Lösungsalternativen sehr groß ist. Dieser Fall gilt im Marketingbereich als gegeben, da zum einen die einzelnen Marketinginstrumente leicht voneinander abgegrenzt werden können und zum anderen eine entsprechende Vielfalt an Handlungsalternativen besteht (ähnlich *Esch / Muffler* 1989, S. 147).

Des weiteren lohnt sich der Einsatz von Expertensystemen nur dann, wenn im anvisierten Bereich wichtige, sich häufig wiederholende Entscheidungen getroffen werden, zumal die Systeme hohe Anfangsinvestitionen sowie beachtlichen Aufwand zur Pflege („updating") erfordern. So binden in der Mediaplanung Entscheidungen Mittel in relativ großem Umfang, insbesondere dann, wenn man sich internationale Kampagnen der Markenartikelindustrie vor Augen führt. Nicht zuletzt ist der erfolgreiche Einsatz eines Expertensystems im Marketing daran gekoppelt, daß es im Unternehmen Fachleute gibt, die bereit und in der Lage sind, am Aufbau dieser Systeme mitzuarbeiten, da sonst deren kontinuierliche Anpassung und Pflege nicht gewährleistet wären.

Erscheint dies gewährleistet, bringen **Expertensysteme** im Marketing viele **Vorteile** mit sich. Zunächst ist das in ihnen gespeicherte Wissen immer vorhanden und relativ leicht übertragbar, was im Gegensatz dazu bei Fachleuten nicht unbedingt der Fall erscheint, da diese zum einen das Unternehmen verlassen können und zum anderen zu teuer sind, als daß man sie fortwährend zu Schulungsveranstaltungen entsenden würde. Außerdem unterliegen gerade Marketingexperten häufig extremen Zeitrestriktionen, was die Entscheidungsqualität beeinträchtigt. Auch spielen Faktoren wie Tagesform und persönliches Befinden eine nicht unerhebliche Rolle. Die Ergebniskonstanz von Expertensystemen ist allerdings als ambivalent zu bewerten, da kreative Lösungen bei neuartigen Problemen nur schwer gefunden werden können, insbesondere weil jenen Intuition und ganzheitliche Problembetrachtung, die Experten auszeichnet, fehlen. Des weiteren bestehen auch Hindernisse auf dem Weg zur Akzeptanz solcher Systeme, da insbesondere selbstbewußte, erfahrene Mitarbeiter eine erhebliche Abneigung gegen derartige elektronische Assistenten empfinden (zu systemimmanenten Problemen vgl. *Zelewski* 1991).

Es zeichnet sich ab, daß Expertensysteme u. a. in folgenden Bereichen von Nutzen sind: Das größte Einsatzpotential eröffnet sich bei der **Diagnose** der genauen **Bedarfskonstellation** eines Interessenten und bei der darauffolgenden **Ausarbeitung** eines darauf abgestimmten **Angebots** (vgl. *Mertens* 1988, S. 32 f.; *Mertens / Lödel* 1993, S. 175 f.). So lassen sich beispielsweise rasch die Implikationen einer Konstruktionsänderung für Bauzeit und Preis des Endprodukts ermitteln sowie Angebote in verschiedenen Sprachen erstellen. In ähnlicher Weise wären Berater von Banken, Bausparkassen, Versicherungsgesellschaften und Krankenkassen zumeist hoffnungslos überfordert, wenn sie gewissermaßen nur auf Bleistift und Papier gestützt Angebote zu unterbreiten hätten, die der Einkommens- und Vermögenssituation, den Sparzielen, dem Sicherheitsbedürfnis und den in jedem Einzelfall gegebenen bzw. bereits wahrgenommenen Möglichkeiten zur Steuersenkung Rechnung zu tragen haben.

Eine große Entlastung erhofft man sich auch im Bereich der **Werbung**, wo bei der Budgetierung der Mittel, der Mediaselektion und der Gestaltung der Werbemittel Probleme auftreten, deren Lösung sich sowohl für die menschliche Intuition als auch für mathematische Modelle als äußerst schwierig erweist. Expertensysteme helfen hier dem Menschen bei der Bewältigung übergroßer

Komplexität (ausführlich dazu *Neibecker* 1993, S. 353 ff., sowie *Kroeber-Riel / Behle* 1993, S. 87 ff.).

Nicht zuletzt werden Instrumente und Methoden, die für die **Strategische Planung** entwickelt wurden (Näheres dazu beispielsweise bei *Gaul / Baier* 1993), mit **Expertensystemen** kombiniert bzw. in diese integriert. Dadurch soll der Umgang mit jenen erleichtert, d. h. der Benutzer an die Möglichkeiten, die ihm offenstehen, herangeführt, vor Klippen gewarnt und in seinem Bemühen um deren Überwindung unterstützt werden.

Quellen

Abell, D. F., Defining the Business, The Starting Point of Strategic Planning, Englewood Cliffs, N. J., 1980.

Abell, D. F. / Hammond, J. S., Strategic Market Planning, Englewood Cliffs, N. J., 1979.

Ansoff, H. J., Corporate Strategy, New York 1965.

– Management-Strategie, München 1966.

– Die Bewältigung von Überraschungen – Strategische Reaktionen auf schwache Signale, in: ZfbF, 28. Jg. (1976), S. 129-152.

– Implanting Strategy Management, Englewood Cliffs, N. J., 1984.

Becker, J., Grundlagen der Marketing-Konzeption, 5., verb. u. erg. Aufl., München 1993.

Böcker, F., Marketing, 5., überarb. Aufl., Stuttgart 1994.

Dichtl, E., Die Beurteilung der Erfolgsträchtigkeit eines Produktes als Grundlage der Gestaltung des Produktionsprogramms, Berlin 1970.

Dichtl, E. / Raffée, H. / Niedetzky, H.-M., Reisende oder Handelsvertreter, München 1981.

Diller, H. (Hrsg.), Marketingplanung, München 1980.

Drepper, C., Unternehmenskultur: Selbstbeobachtung und Selbstbeschreibung im Kommunikationssystem Unternehmen, Frankfurt / Main u. a. 1992.

Dunst, K., Portfolio Management. Konzeption für die strategische Unternehmensplanung, 2., verb. Aufl., Berlin u. a. 1983.

Esch, F.-R. / Muffler, T., Expertensysteme im Marketing, in: Marketing · ZfP, 11. Jg. (1989), S. 145-152.

Fritz, W. / Förster, F. / Raffée, H. / Silberer, G., Unternehmensziele in Industrie und Handel, in: DBW, 45. Jg. (1985), S. 375-394.

Gabele, E., Kritik einer Strategie, in: Wirtschaftswoche, 34. Jg. (1980), Nr. 45, 7.11.1980, S. 62-69.

Gaul, W. / Baier, D., Marktforschung und Marketing Management – Computerbasierte Entscheidungsunterstützung, München 1993.

Ghemawat, P., Strategieplanung mit der Erfahrungskurve, in: Harvardmanager, o. Jg. (1985), Nr. 4, S. 33-39.

Gierl, H., Die Erklärung der Diffusion technischer Produkte, Berlin 1987.

Hauser, E., Unternehmenskultur, Analyse und Sichtbarmachung an einem praktischen Beispiel, Bern 1985.

Heinen, E., Unternehmenskultur, Perspektiven für Wissenschaft und Praxis, München–Wien 1987.

Henderson, B. D., Die Erfahrungskurve in der Unternehmensstrategie, 2. Aufl., Frankfurt / Main–New York 1984.

Hentze, J. / Brose, P. / Kammel, A., Unternehmensplanung – Eine Einführung, 2. Aufl., Bern u. a. 1993.

Heuß, E., Allgemeine Markttheorie, Tübingen-Zürich 1965.

Hinterhuber, H., Strategische Unternehmensführung, Bd 1: Strategisches Denken, 5., neubearb. u. erw. Aufl., Berlin u. a. 1992.

Hörschgen, H., Strategische Marketingplanung im Elektro-Großhandel, München 1983.

Hörschgen, H., u. a., Marketing-Strategien – Konzepte zur Strategienbildung im Marketing, 2. Aufl., Ludwigsburg–Berlin 1993.

Hofstede, G., Culture Consequences – International Differences in Work Related Values, Beverly Hills, Ca., 1980.

Jucken, H., Expertensysteme zur Analyse strategischer Marketingprobleme, Bern 1990.

Kirsch, W., Marketing und Idee des strategischen Management, in: *Meffert, H.* (Hrsg.), Marketing im Wandel, Wiesbaden 1980, S. 63-76.

Köhler, R., Beiträge zum Marketing-Management – Planung, Organisation, Controlling, 3., erw. Aufl., Stuttgart 1993.

Kotler, Ph. / Bliemel, F., Marketing-Management. Analyse, Planung, Umsetzung und Steuerung, 7., vollst. neubearb. u. erw. Aufl., Stuttgart 1992.

Kreikebaum, H., Strategische Unternehmensplanung, 4., erw. Aufl., Stuttgart u. a. 1991.

Kroeber-Riel, W. / Behle, I., Computer Aided Advertising (CAAS) – Einsatz wissensbasierter Computerprogramme für die Werbung, in: Handbuch der modernen Datenverarbeitung, Theorie und Praxis der Wirtschaftsinformatik, 30. Jg. (1993), Heft 173, S. 87-103.

Little, J. D. C., Modelle und Manager: Das Konzept des Decision Calculus, in: *Köhler, R. / Zimmermann, H.-J.* (Hrsg.), Entscheidungshilfen im Marketing, Stuttgart 1977, S. 122-147.

Mauthe, K. D. / Roventa, P., Versionen einer Portfolio-Analyse auf dem Prüfstand. Ein Ansatz zur Auswahl und Beurteilung strategischer Analysemethoden, in: ZfO – Zeitschrift für Organisation, 51. Jg. (1982), S. 191-204.

Meffert, H., Marketing in unterschiedlichen Marktsituationen, in: *Bruhn, M.* (Hrsg.), Handbuch des Marketing, München 1989, S. 277-306.

– Marketing Management – Analysen, Strategie, Implementierung, Wiesbaden 1994.

Mentzer, J. T. / Ghandi, N., Expert Systems in Marketing: Guidelines for Development, in: Journal of the Academy of Marketing Science, Vol. 20 (1992), No. 1, pp. 71-80.

Mertens., P., Netzwerktechnik als Instrument der Planung, in: ZfB, 34. Jg. (1964), S. 382-407.

– Expertensysteme in den betrieblichen Funktionsbereichen – Chancen, Erfolge, Mißerfolge, in: *Scheer, A.-W.* (Hrsg.), Betriebliche Expertensysteme I, Wiesbaden 1988, S. 29-66.

Mertens, P. / Lödel, D., Ein wissensbasiertes hypermediales Angebotsunterstützungssystem, in: Management & Computer, 1. Jg. (1993), S. 175-181.

Müller, G., Strategische Frühaufklärung – Stand der Forschung und Typologie der Ansätze, in: Marketing · ZFP, 8. Jg. (1986), S. 248-255.

Neibecker, B., Expertensysteme zur Werbemittelgestaltung, in: *Berndt, R. / Hermanns, A.* (Hrsg.), Handbuch Marketing-Kommunikation, Wiesbaden 1993, S. 353-378.

Neubauer, F. F., Das PIMS-Programm und Portfolio-Management, in: *Hahn, D. / Taylor, B.* (Hrsg.), Strategische Unternehmensplanung – Strategische Unternehmensführung: Stand und Entwicklungstendenzen, 6., aktualis. Aufl., Heidelberg 1992, S. 283-310.

Pfeiffer, W. / Metze, G. / Schneider, W. / Amler, R., Technologie-Portfolio zum Management strategischer Zukunftsgeschäftsfelder, Göttingen 1982.

Porter, M. E., Wettbewerbsstrategie – Methoden zur Analyse von Branchen und Konkurrenten, 7. Aufl., Frankfurt / M. 1992a.

– Wettbewerbsvorteile – Spitzenleistungen erreichen und behaupten, 3. Aufl., Frankfurt / M.–New York 1992b.

Porter, M. E. / Millar, V. E., How Information Gives you Advantage, in: Harvard Business Review, Vol. 63 (1985), No. 4, pp. 149-160.

Potucek, V., Produkt-Lebenszyklus, in: WiSt, 13. Jg. (1984), S. 83-86.

Projektgruppe Ökologische Wirtschaft, Produktlinienanalyse – Bedürfnisse, Produkte und ihre Folgen, Köln 1987.

Pümpin, C., Strategische Erfolgspositionen – Methodik der dynamischen strategischen Unternehmensführung, Bern u. a. 1992.

Robens, H., Schwachstellen der Portfolio-Analyse, in: Marketing · ZFP, 7. Jg. (1985), S. 191-200.

Rogers, E. M., Diffusion of Innovations, London 1962.

Roventa, P., Portfolio-Analyse und strategisches Management, 2., durchges. Aufl., München 1981.

Scheer, A. W. / Steinmann, D., Einführung in den Themenbereich Expertensysteme, in: *Scheer, A. W.* (Hrsg.), Betriebliche Expertensysteme I, Wiesbaden 1988, S. 5-27.

Scheuing, E. E., Das Marketing neuer Produkte, Wiesbaden 1972.

Simon, H., Management strategischer Wettbewerbsvorteile, in: ZfB, 58. Jg. (1988), S. 461-480.

Steinmann, H. / Schreyögg, G., Management – Grundlagen der Unternehmensführung, Konzepte, Funktionen, Fallstudien, 3. Aufl., Wiesbaden 1993.

Strebel, H. / Hildebrandt, T., Produktlebenszyklus und Rückstandszyklen – Konzept eines erweiterten Lebenszyklusmodells, in: Zeitschrift für Organisation, 58. Jg. (1989), S. 101-106.

Trux, W. / Müller, G. / Kirsch, W., Das Management strategischer Programme, 2. Halbband, München 1984.

Unger, F., Kritische Anmerkungen zu ausgewählten Ansätzen strategischer Unternehmensplanung, Teil 1: Die Portfolio-Analyse, in: Markenartikel, 47. Jg. (1985), S. 218-228.

Voigt, K.-I., Strategische Planung und Unsicherheit, Wiesbaden 1992.

Wiedmann, K.-P. / Kreutzer, R., Strategische Marketingplanung – Ein Überblick, in: *Raffée, H. / Wiedmann, K.-P.* (Hrsg.), Strategisches Marketing, 2. Aufl., Stuttgart 1989, S. 61-141.

Wolfrum, B., Grundgedanke, Formen und Aussagewert von Technologieportfolios, in: Das Wirtschaftsstudium, 21. Jg. (1992), S. 312-320 und S. 403-407.

Zelewski, S., Kritische Faktoren beim Einsatz von Expertensystemen, in: ZfB, 61. Jg. (1991), S. 237-258.

Zentes, J., Informationssysteme im Marketing, in: Marketing · ZFP, 13. Jg. (1991), S. 191-195.

Weiterführende Literatur

Aaker, D. A., Strategisches Markt-Management – Wettbewerbsvorteile erkennen, Märkte erschließen, Strategien entwickeln, Wiesbaden 1989.

Ansoff, H. J., The New Corporate Strategy, New York u. a. 1988.

Aurich, W., Schroeder, H.-U., Unternehmensplanung im Konjunkturverlauf, 2. Aufl., München 1977.

Bea, F. X. / Haas, J., Strategisches Management, Stuttgart–Jena 1995.

Bradley, F., International Marketing Strategy, 2nd ed., New York u. a. 1995.

Czepiel, J. A., Competitive Marketing Strategy, Englewood Cliffs, N. J., 1992.

Dichtl, E., Strategische Optionen im Marketing (1./2. Aufl.: Der Weg zum Käufer), 3., neubearb. Aufl., München 1994.

Dülfer, E., Internationales Management in unterschiedlichen Kulturbereichen, 3., vollst. überarb. u. erw. Aufl., München 1995.

Esch, F.-R. / Kroeber-Riel, W. (Hrsg.), Expertensysteme für die Werbung, München 1994.

Hammer, R. M., Strategische Planung und Frühaufklärung, 2. Aufl., München u. a. 1992.

Hinterhuber, H., Strategische Unternehmensführung, Bd. 2, Strategisches Handeln, Direktiven, Organisation, Umsetzung, Unternehmenskultur, strategisches Controlling, strategische Führungskompetenz, 5., neubearb. Aufl., Berlin u. a. 1992.

Homburg, Ch., Modellgestützte Unternehmensplanung, Wiesbaden 1991.

Koppelmann, U., Produktmarketing – Entscheidungsgrundlage für Produktmanager, 4., vollst. überarb. u. erw. Aufl., Berlin u. a. 1993.

Krallmann, H., Expertensysteme im Unternehmen. Möglichkeiten – Grenzen – Anwendungsbeispiele, 2., unveränd. Aufl., Berlin 1988.

Meffert, H., Interpretation und Aussagewert des Produktlebenszykluskonzeptes, in: *Hammann, P. / Kroeber-Riel, W. / Meyer, C. W.* (Hrsg.), Neuere Ansätze der Marketingtheorie, Festschrift zum 80. Geburtstag von *Otto R. Schnutenhaus,* Berlin 1974, S. 84-134.

Meyer, P. W. / Mattmüller, R. (Hrsg.), Strategische Marketingoptionen, Stuttgart u. a. 1993.

Pepels, W., Strategieentwicklung im Marketing, Augsburg 1992.

Scheer, A.-W. (Hrsg.), Betriebliche Expertensysteme I, Wiesbaden 1988.

– (Hrsg.), Betriebliche Expertensysteme II, Wiesbaden 1989.

Schoeffler, S. / Buzzell, R. D. / Heany, D. F., Impact of Strategic Planning on Profit Performance, in: Harvard Business Review, Vol. 52 (1974), No. 2, pp. 137-145.

Specht, G., Portfolioansätze als Instrument zur Unterstützung strategischer Programmentscheidungen, in: *Corsten, H.* (Hrsg.), Handbuch Produktionsmanagement, Wiesbaden 1994, S. 93-114.

§ 11 Marketing-Kontrolle

1. Die Aufgabe

1.1. Notwendigkeit und Gegenstand der Erfolgskontrolle

Jegliches menschliche Handeln bedarf der Kontrolle. Der Bedeutung des englischen Begriffs „control" entsprechend geht es dabei um zweierlei, nämlich zum einen um **Überwachung** und **Beaufsichtigung**, zum anderen um **Beherrschung, Regelung** und **Steuerung**, wobei in beiden Fällen Vorgänge, Prozesse und Ergebnisse sowohl registriert als auch bewertet werden müssen. Dazu bedarf es der Verfügbarkeit entsprechender **Meßverfahren** und der Existenz von Standards, Normen oder sonstigen Vorgaben. Im Kern verkörpert die Kontrolle eine Abfolge von **Soll-Ist-Vergleichen**, die alle in einem Unternehmen getroffenen (und unterlassenen) strategischen und operativen Maßnahmen permanent begleiten. Die Marketing-Kontrolle dient vorrangig folgenden vier Funktionen:

(1) Ein Unternehmen hat ein legitimes Interesse daran zu erfahren, ob das erreicht wurde, was man sich im Rahmen der (Marketing-)Planung vorgenommen hatte. Haben sich **Umsatz, Gewinn, Marktanteil, Bekanntheitsgrad** der Produkte, **Image** etc. den Vorstellungen entsprechend entwickelt?

Da zwischen tatsächlich eingetretenen und erwarteten Werten praktisch immer eine Diskrepanz besteht, ist mit dem Grundanliegen unweigerlich die weitere Frage verbunden, worauf beobachtete **Abweichungen** zurückzuführen sind. Liegt es am Umfeld, das sich anders als antizipiert verhalten hat, oder sind Faktoren im Unternehmen selbst dafür verantwortlich?

Nicht davon zu trennen ist die Überlegung, ob sich der planwidrige Verlauf des Geschehens nicht vielleicht doch hätte voraussehen lassen. Dieser Möglichkeit werden wir uns an anderer Stelle in diesem Abschnitt zuwenden.

(2) Völlig unabhängig davon, ob die gesetzten Ziele erreicht wurden oder nicht, ist zu prüfen, welcher Preis dafür entrichtet werden mußte. Welche Wege wurden beschritten, wieviel Mittel eingesetzt? Ist dabei dem Postulat der **Wirtschaftlichkeit** Rechnung getragen worden? Dabei zeigen sich in aller Regel automatisch **Schwachstellen** im Konzept oder bei dessen Umsetzung. Oftmals tritt dabei auch zutage, daß leichtfertig **Chancen** vertan wurden.

Die Frage nach der Wirtschaftlichkeit zu stellen erübrigt sich weder dort, wo es um monetäre Unternehmens- bzw. Marketingziele, also etwa um Umsatz und Gewinn geht, noch bei Größen wie Marktanteil und Image. Dies liegt daran, daß man einen ganz bestimmten Deckungsbeitrag oder auch angepeilte Stückzahlen, Marktanteile etc. unter Einsatz sowohl höherer als auch geringerer Aufwendungen erreichen kann. Man hat hierbei also essentiell **Relationen** im Auge, wie sie Produktivitätskonzepte widerspiegeln, und weniger **Differenzen**, z. B. die Spanne zwischen Erlös und Kosten.

(3) Die Marketing-Kontrolle muß notwendigerweise auch sicherstellen, daß im betrieblichen Alltag bestimmte **Nebenbedingungen** beachtet werden. Dabei ist in erster Linie an **gesetzliche Regelungen**, aber auch an **ethische Normen**, u. U. sogar schriftlich niedergelegte **Unternehmensleitlinien, Budgetvorgaben** und **organisatorische Anweisungen** zu denken.

Beispielsweise ist das deutsche Außenwirtschaftsrecht Anfang der neunziger Jahre in einschneidender Weise verschärft worden. Eine der Neuerungen bestand darin, daß seitdem ein Mitglied der obersten Unternehmensebene (Vorstand, Geschäftsführung etc.) persönlich für alle Exportgeschäfte Verantwortung trägt und dementsprechend als Individuum für jede Art von Verstößen gegen Exportverbote haftet. Der Gefahr, bis zu 15 Jahren hinter Gitter zu wandern, wird sich niemand aussetzen, der nicht darauf vertrauen kann, daß er über alle sensitiven Vorgänge unterrichtet ist. Der Einrichtung eines wirksamen **Kontrollsystems** bedarf es aber auch deswegen, weil der Gesetzgeber – aus anderen Gründen – dies fordert.

(4) Ein zentrales Anliegen der Marketing-Kontrolle besteht sodann darin, Befunde, wie sie sich aus den Prüfschritten (1) und (2) ergeben, mit dem **Prozeß** der Planung zu verknüpfen. Wenn wir von einer doppelten Dichotomie in dem

Sinne ausgehen, daß letzterer der Aufgabe angemessen war oder nicht und die erwarteten Ergebnisse ebenfalls eingetreten sind oder nicht, gibt es folgende vier Beziehungsfelder:

(a) Unproblematisch erscheint der Fall, der dadurch gekennzeichnet ist, daß Fehler bei der Planung nicht begangen wurden und sich die Resultate im Rahmen dessen bewegen, was vorausgesagt worden war. Hier wäre nichts weiter zu unternehmen.

(b) Zu Abweichungen gegenüber Plangrößen kann es kommen, auch wenn sich die für Planung und Ausführung von Maßnahmen Verantwortlichen nichts vorzuwerfen haben. Selbst hohe Kompetenz und der Einsatz eines Arsenals von Hilfsmitteln vermögen nicht zu verhindern, daß sich eben vieles nicht vorhersehen läßt.

(c) Wenn das erwartete Ergebnis erzielt wurde, impliziert dies nicht zwangsläufig, daß der Weg, der dorthin hätte führen sollen, richtig war. Möglicherweise haben sich die Gegebenheiten im relevanten Zeitraum geändert, so daß sich am Ende trotz Versäumnissen und Fehlern, die begangen wurden, doch noch alles zum besten gewandt hat. Das Gefühl, mit einem blauen Auge davongekommen zu sein, wird die Verantwortlichen zumeist davon abhalten, Konsequenzen aus der offenkundigen Fehlleistung zu ziehen.

(d) Zu weiterreichenden Überlegungen Anlaß gibt der vierte Fall. Wenn das erwartete **Ergebnis nicht eingetreten** ist, kann dies auch daran liegen, daß sich der gewählte **Weg** als **untauglich** erwies oder aber das **falsche Ziel** gesetzt wurde.

Vielfältige Ursachen mögen dafür maßgebend sein. Möglicherweise war das Problem, das zur Lösung anstand, nicht präzise genug erkannt und definiert worden; vielleicht war man bei dem Versuch, dies zu bewältigen, auch von Prämissen ausgegangen, die der Wirklichkeit nicht standhielten. Die Datenbasis kann unzureichend gewesen sein, oder aber die Verantwortlichen haben aus den Informationen, die ihnen zur Verfügung standen, falsche Schlüsse gezogen.

Hätte man beispielsweise die Meßlatte höherlegen können, schlösse sich daran eine Kette weiterer Überlegungen an. Entsprechend falsch dimensioniert waren dann höchstwahrscheinlich auch verschiedene Budgets; es hätte u. U. auch ganz anderer Marketingmaßnahmen bedurft usw.

Die bewußte Verschmelzung von Planungsprozeß, Kontrolle und Versorgung mit einschlägigen Informationen bezeichnet man heute oft als **Marketing-Controlling**. Die Marketing-Kontrolle, die uns in diesem Kapitel beschäftigt, erlangt damit eine weit über den Einzelfall hinausgehende Dimension und wird so automatisch mit der Marketing-Forschung (§ 9), Marketing-Planung (§ 10) und Marketing-Organisation (§ 12) verzahnt. Der Akzent liegt hierbei auf der Schaffung aufgabenadäquater Rahmenbedingungen in verfahrenstechnischer und organisatorischer Hinsicht, nicht auf der vorgangsbezogenen Ergebnis- und Abweichungskontrolle.

Ein Teil der hierbei zu bewältigenden Aufgabe wird mit einem gleichfalls aus dem angelsächsischen Bereich stammenden Begriff belegt, nämlich **Marketing-Audit**. Darunter versteht man die umfassende, systematische und regelmäßige **Revision** von Marketingzielen und -strategien, insbesondere von Maßnahmenplänen und Prämissen, sowie von Marketing-Planung, -Kontrolle und -Organisation (vgl. *Kotler / Gregor / Rodgers* 1977, S. 27; *Kiener* 1978, S. 68). Den Bezugspunkt können dabei sowohl institutionelle als auch funktionelle Aspekte des Marketing bilden. Wie bei der ergebnisorientierten Marketing-Kontrolle geht es methodisch auch hier um die **Festlegung** von **Standards**, die **Ermittlung** von **Abweichungen** und deren **Analyse**. Diese dient dazu, frühzeitig eine sich abzeichnende Fehlentwicklung aufzudecken. Das Marketing-Audit erfüllt somit eine **Überwachungsfunktion**, die das Unternehmen in die Lage versetzt, auf Veränderungen der Marketingumwelt frühzeitig zu reagieren.

Der Audit-Gedanke wird in jüngster Zeit auch auf andere Bereiche übertragen. Anwendungsfelder liegen beispielsweise beim **Qualitäts-Audit** in der Zertifizierung von Qualitätssicherungssystemen im Rahmen der **DIN ISO 9000** Normen oder im **Öko-Audit** hinsichtlich des Beitrags eines Unternehmens zum Umweltschutz bzw. des **Socio-Audits** im Hinblick auf die Sozialverträglichkeit unternehmerischen Handelns.

1.2. Methodische Grundlagen

Zu einem wesentlichen Teil konkretisiert sich Kontrolle darin, Ist- mit Sollwerten zu vergleichen. An welchen Größen man dabei inhaltlich anknüpft, hängt davon ab, welche Ebenen, Dimensionen oder Kriterien des Erfolgs man hierbei im Auge hat. Der Behandlung dieser Frage wird der gesamte zweite Abschnitt gewidmet sein, während Probleme, die mit der Operationalisierung von Konstrukten, also schwer faßbaren Begriffen verbunden sind, im Kapitel zur Marketing-Forschung (§ 9), insbesondere in dem Abschnitt über die Skalierung von Variablen, erörtert wurden. In jedem Fall also müssen Plandaten mit empirischen Befunden verglichen werden. Worin kann die Bezugsbasis bestehen?

Im einfachsten Fall knüpft man am **Abschneiden** in der **letzten** bzw. in **früheren Perioden** an. Wer seinen Gewinn, Umsatz, Marktanteil etc. gegenüber dem vergangenen Jahr um 10% zu steigern vermochte, während sich Kollegen oder Konkurrenten mit einem Minus abfinden mußten, war offensichtlich erfolgreich. Zeitreihen zu erzeugen und zu analysieren bedingt gleichwohl, daß sich das Umfeld des Unternehmens im Laufe der Monate oder Jahre nicht wesentlich verändert hat.

Eine weitere wichtige Möglichkeit besteht darin, **Standards** zu entwickeln, an denen das tatsächliche Abschneiden gemessen wird. Diese können z. B. aus dem Ergebnis von Potentialanalysen hervorgehen oder am Erfolg vergleichbarer Produkte, an der Performance von Konkurrenten („benchmarking“) oder an

Branchennormen orientiert sein. Auch hier ist indessen nie auszuschließen, daß, wie der Altmeister der deutschen Betriebswirtschaftslehre, *Eugen Schmalenbach* (1934, S. 263), häufig beobachtet hat, „Schlendrian mit Schlendrian" verglichen wird.

Kaum überraschend wirft auch die Ermittlung des **Ist-Zustands** Probleme auf. Wer immer die Aufgabe wahrnimmt, ist in starkem Maße auf die Auskunfts- und Kooperationsbereitschaft auch von solchen Leuten angewiesen, denen u. U. später Unterlassungen und Fehler vorgehalten werden müssen. Es verwundert deshalb nicht, daß Betroffene oft in erheblichem Maße Widerstand leisten, der so weit gehen kann, daß sie die Kontrolle vereiteln. Um dies zu verhindern, empfiehlt es sich, alle, die in ein entsprechendes Vorhaben einbezogen sind, rechtzeitig dafür zu gewinnen.

Neben der Kontrastierung von Soll und Ist gibt es noch eine zweite Dichotomie, nämlich die **Abnehmer-** und die **Anbieterorientierung**. Wenn man sich vergegenwärtigt, daß die Marketing-Kontrolle früher fast nur auf der Basis von Daten durchgeführt wurde, die das betriebliche Rechnungswesen und, weit später, eine Stabsstelle Absatzstatistik bereitzustellen vermochten, wird verständlich, daß die Betrachtungsweise in jeder Hinsicht anbieterzentriert war. Man interessierte sich vorrangig für Stückzahlen, Kosten und Erlöse, also betriebliche Bestandsdaten. Die gesamte Tätigkeit war – wie bei der **Markt-** im Gegensatz zur explikativ angelegten **Marketing-Forschung – deskriptiv ausgerichtet**. Die Lage hat sich schlagartig verändert, als sich die Marketingforscher für das Käufer-, insbesondere das Konsumentenverhalten zu interessieren begannen. Mit der Ablösung des **S**timulus-**R**esponse-Ansatzes durch das **S**timulus-**O**rganismus-**R**esponse-Paradigma traten Wirkungskategorien ins Blickfeld, mit denen man vorher nichts anzufangen gewußt hätte.

Davon blieb auch die Marketing-Kontrolle nicht unberührt. Man entdeckt nun in vielen Fällen, weshalb z. B. die von einer Maßnahme oder Aktion erhoffte Wirkung nicht eingetreten ist, erkennt, ob es sich dabei um eine **zufällige** (Wert innerhalb des Toleranzfeldes) bzw. **einmalige** (Ausrutscher) oder möglicherweise doch um eine **„ernste" Angelegenheit**, gar einen Trendbruch handelt.

Damit einher geht die Erlangung eines **zeitlichen Informationsvorsprungs** insofern, als man von Einstellungs- und Verhaltensänderungen lange, ehe sich diese in „harten" Unternehmensdaten niederschlagen, erfährt und darauf reagieren kann. Die – rückwärts gerichtete – Suche nach den Ursachen einer bereits eingetretenen Enttäuschung weicht einer vorausschauenden Perspektive, der Alternative nämlich, das Unheil noch zu verhindern, also etwa den Grund für aufkeimende Unzufriedenheit von Kunden mit all ihren denkbaren Konsequenzen aufzudecken und an der Wurzel zu bekämpfen, oder aber die Folgen abzufedern, beispielsweise indem man für einen mindestens teilweisen Ausgleich des Umsatzausfalls an anderer Stelle sorgt.

1.3. Die organisatorische Verankerung

Die Wahrnehmung von Kontrollfunktionen im Marketing setzt die Schaffung geeigneter organisatorischer Grundlagen voraus. Dabei müssen Vorkehrungen in folgender Hinsicht getroffen werden:

(1) Da die Kontrolle neben der Analyse, Planung und Organisation eine zentrale Management-Funktion darstellt, kommt deren **generelle Ausgliederung** nicht in Betracht. Gleichwohl können Aufgabenkomplexe oder gelegentlich anfallende Prüfvorgänge an **unternehmensexterne Organe** übertragen werden. So erscheint es durchaus sinnvoll, z. B. Studien zur Zufriedenheit von Abnehmern von Instituten, die auf die Klärung derartiger Fragen spezialisiert sind, durchführen zu lassen.

Immer bedeutsamer wird in neuerer Zeit das **Beratungswesen**, das sich nicht eindeutig einer bestimmten Management-Funktion zuordnen läßt. Wenn aber Spezialisten von außen in ein Unternehmen gerufen werden, um dort gegen Entgelt herauszufinden, ob die strategische Stoßrichtung des Unternehmens stimmt, wo Schwachstellen im Vertriebsbereich liegen, an welchen Stellen sich synergetische Effekte erzielen ließen usw., ist dies nichts anderes als ein Stück Marketing-Kontrolle.

Derlei Aufgaben an Außenstehende zu übertragen, erscheint mit folgenden **Vorteilen** verbunden: Die Betroffenen verfügen zumeist über einige Kompetenz auf dem jeweiligen Gebiet; sie erliegen auch nicht der Gefahr der Betriebsblindheit und können anders als ein Mitarbeiter eines Unternehmens Problembereiche identifizieren, ohne über Sanktionen besorgt zu sein oder gar um ihre Existenz fürchten zu müssen. Außerdem läßt sich so entsprechende Personalkapazität sehr flexibel hinzukaufen.

Gegen deren **Einschaltung** – und **für** die Wahrnehmung entsprechender Aufgaben durch **interne Kräfte** – spricht, daß Berater beachtliche Honorare fordern und auch noch andere Kosten verursachen, wobei sie sich oft erst mühsam mit Unternehmensinterna vertraut machen müssen. Hinzu kommt, daß Kommunikationsprobleme zu überwinden sind und ein Transfer von firmenbezogenem, im Beratungsprozeß erworbenem Know-how an Wettbewerber kaum verhindert werden kann.

(2) Wer soll für die Kontrolle im Unternehmen zuständig sein? Je nach Art und Gewicht einer Angelegenheit werden damit die Aufgabenträger selbst, deren Vorgesetzte, spezifische Kontrollorgane, wie z. B. Controlling-Abteilung und Konzernrevision, oder die Unternehmensleitung befaßt sein.

Mit zunehmender Größe eines Unternehmens und seiner Marketing-Organisation steigt auch das Maß an wünschenswerter **Spezialisierung**, so daß, unabhängig von der Existenz von Kapazitätsrestriktionen, schon von daher die Schaffung einer für die Marketing-Kontrolle zuständigen Stelle bzw. Abteilung naheliegt. In diesem Fall ist zu klären, wo diese angesiedelt werden soll. Da die Marketing-Kontrolle einerseits besondere Vertrautheit mit den spezifischen Problemen des

Marketing und eine enge Zusammenarbeit mit dem Top Management erfordert, andererseits aber auch auf die Unterstützung durch andere kontrollierende Instanzen des Unternehmens angewiesen ist, gibt es keine Patentlösung im Sinne einer ganz bestimmten Zuordnung.

Entschließt man sich, die Kontrolle in die Marketing-Organisation einzubinden, verkürzen sich die Kommunikationskanäle. Auf der anderen Seite birgt diese Lösung die Gefahr in sich, daß die fragliche Instanz personell so stark integriert wird, daß eine objektive Kontrolle nicht mehr gewährleistet erscheint. Die Ausgestaltung in Form von **Stabsstellen** erschiene insofern von Vorteil, als dadurch die einheitliche Ausrichtung der gesamten unternehmerischen Kontroll- bzw. Informationstätigkeit sichergestellt wäre. Dagegen sprechen indessen die u. U. große Distanz der Kontrollträger zu den Problemen des Marketing, das Entstehen langer Kommunikationswege zwischen Marketing-Kontrolle und Top Management sowie der Umstand, daß, ähnlich wie bei unternehmensexternen Aufgabenträgern, die Prüfer als Außenstehende empfunden und nicht gerade mit offenen Armen empfangen werden.

Eine Kompromißlösung besteht darin, daß man die Marketing-Kontrolle **fachlich** der Leitung der **zentralen Kontrollinstanz, disziplinarisch** jedoch dem Leiter der **Marketingabteilung** unterstellt (vgl. *Kiener* 1980, S. 300 f.). Diese Situation ist typisch für die sog. Matrix-Organisation, die in § 12 näher behandelt wird.

(3) Unabhängig von deren Einbettung in die Unternehmensorganisation stellt sich abschließend die Frage nach der zweckmäßigsten **internen Organisation** der **Kontrollabteilung**. Auch hier gibt es auf Grund der unterschiedlichen Bedingungen, denen diese in den einzelnen Unternehmen unterworfen ist, keine Ideallösung. Gleichwohl bietet sich eine Reihe von Gestaltungskriterien an, so z. B. Produktgruppen, Kundensegmente, Absatzgebiete und Funktionen. Im übrigen sollten die Prüfeinheiten so dimensioniert sein, daß sie mit der Weisungsbefugnis bzw. dem Verantwortungsbereich von Stelleninhabern übereinstimmen, und der Aggregationsgrad der Kontrollinformationen jeweils so gewählt werden, daß dieser der Hierarchieebene des Empfängers entspricht.

2. Dimensionen und Methoden

2.1. Die abnehmerorientierte Meßebene

2.1.1. Die Kundenzufriedenheit

Marketing im Sinne einer marktorientierten Führungskonzeption stellt, wie in diesem Buch immer wieder betont, die Probleme und Wünsche derzeitiger und potentieller Kunden in den Mittelpunkt betrieblicher Überlegungen. Dieser Denkhaltung folgend bildet die Befriedigung der Bedürfnisse der Betroffenen die Grundlage für den langfristigen Unternehmenserfolg. Solange Kundenzufriedenheit als fundamentales Ziel der Marketingpolitik postuliert wird, wäre eigentlich zu erwarten, daß das Ausmaß der Bedürfnisbefriedigung als Effizienzmaßstab unternehmerischer Aktivitäten herangezogen wird. Überraschenderweise ist jedoch festzustellen, daß Kundenzufriedenheit als Zielkomponente bzw. als Kontrollgröße bis Ende der sechziger Jahre in der theoretischen Diskussion kaum explizit auftauchte. Bis zu diesem Zeitpunkt wurde die Bedürfnisadäquanz des Leistungsangebots überwiegend anhand von Umsatz- und Gewinngrößen kontrolliert (vgl. *McNeal / Lamb* 1979, S. 41 ff.).

Da es diese traditionellen Maßstäbe bzw. Kenngrößen der Bedürfnisbefriedigung nicht erlauben, die Ursachen möglicher Unzufriedenheit aufzudecken, mußten zwangsläufig neue Konzepte entwickelt werden. Nicht zuletzt auf Grund einer sich zunehmend verstärkenden **Konsumerismusbewegung** setzt sich die Marketing-Forschung seit Mitte der siebziger Jahre mit der Zufriedenheit von Konsumenten intensiv auseinander (vgl. *Bruhn* 1982, S. 9 ff.). Trotzdem besteht noch immer ein gravierendes Defizit hinsichtlich der theoretischen und empirischen Beschäftigung mit diesem Konstrukt, wie Befunde der **Erfolgsfaktorenforschung** zeigen. So stellen nahezu alle einschlägigen Studien auf finanzielle (z. B. Anlagevermögen, Eigenkapital, Umsatzrendite, Cash Flow) und marketingpolitische (Marktanteil, Deckungsbeitrag, Produktqualität etc.) Erfolgsindikatoren ab, ohne die Zufriedenheit der Konsumenten zu berücksichtigen (vgl. *Albach* 1984, S. 56 ff.; *Buzzell / Gale* 1989; *Harrigan* 1980; *Patt* 1988; *Peters / Waterman* 1984; *Töpfer* 1984, S. 49 ff.). Lediglich eine Untersuchung von *Booz, Allen* und *Hamilton,* die die Ermittlung strategischer Erfolgsfaktoren in der EDV-Branche zum Ziel hatte, berücksichtigt die Kundenzufriedenheit als Erfolgsindikator (vgl. *o. V.* 1985, S. 136 ff.).

Will sich ein Unternehmen das Konstrukt Kundenzufriedenheit erschließen, wirft dies folgende Fragen auf:

- Was ist konkret darunter zu verstehen?
- Welche Konsequenzen zeitigt Unzufriedenheit?
- Wie läßt sich Zufriedenheit der Konsumenten messen?
- Auf welchem Aggregationsniveau kann bzw. soll Kundenzufriedenheit erfaßt werden?

(1) Die Zufriedenheit der Kunden bildet das Ergebnis eines komplexen **Informationsverarbeitungsprozesses**, in dessen Mittelpunkt die aus einem **Soll-Ist-Vergleich** resultierende Bewertung der Kaufsituation steht. Den Maßstab zur Beurteilung der wahrgenommenen objektiven Gegebenheiten (= Ist-Wert) liefern Erwartungen (= Soll-Wert, Anspruchsniveau), die auf Grund eigener und von anderen gemachten Erfahrungen permanent modifiziert werden (vgl. *Lingenfelder / Schneider* 1991, S. 109 ff.).

Die Vielzahl der Objekte, auf die sich die Zufriedenheit beziehen kann, führt zu unterschiedlichen Formen des Konstrukts. Betrachtet man im Sinne eines **statischen Ansatzes** den derzeitigen Zustand des Käufers bzw. Verbrauchers, so kann zwischen Zufriedenheit mit dem Wirtschaftssystem, bestimmten Branchen (= Makro-Zufriedenheit), einem Hersteller, dessen Produkt(en) sowie einzelnen Eigenschaften davon (= Mikro-Zufriedenheit) unterschieden werden (vgl. *Meffert / Bruhn* 1981, S. 598). In **dynamischer Sicht** hingegen wird Zufriedenheit im Zeitablauf, d. h. über die Phasen des Konsumprozesses (Vorkauf-, Kauf- und Nachkaufphase) hinweg analysiert (vgl. *Renoux* 1973, S. 59).

Kritiker dieser Forschungsrichtung weisen darauf hin, daß zwischen dem Zufriedenheitskonzept und anderen verhaltenswissenschaftlichen Ansätzen, wie beispielsweise der Einstellungs-, Präferenz-, Bedürfnis- und Wahrnehmungsforschung, unverkennbar Gemeinsamkeiten bestehen (vgl. *Böcker* 1986, S. 543 ff.; *Hansen / Schoenheit* 1987, S. 16). So definieren z. B. einige Autoren Zufriedenheit als spezielle Form der Einstellung oder verwenden gar beide Begriffe synonym (vgl. *Czepiel / Rosenberg* 1977, S. 93; *Westbrook / Cote* 1980, S. 577), während andere Forscher **Einstellung** und **Zufriedenheit** für gänzlich verschiedene Konstrukte halten (vgl. *Day* 1982; *Haines* 1979, S. 450). Derartige definitorische Unklarheiten werden zuweilen zum Anlaß genommen, dem Konzept der Kundenzufriedenheit eine diffuse theoretische Basis zu unterstellen und dem damit verbundenen Forschungszweig gar jegliche wissenschaftliche Existenzberechtigung abzusprechen. Angesichts dieser Kritik erscheint es zweckmäßig, die Konstrukte Einstellung und Zufriedenheit voneinander abzugrenzen.

Beiden Konzepten gemeinsam sind die Orientierung an der **Drei-Komponenten-Theorie** (Untergliederung des Konstrukts in eine affektive, kognitive und konative Komponente) sowie ein **multiattributiver Charakter** (vgl. *Bruhn* 1985, S. 302 f.). Bedeutsame Unterschiede bestehen jedoch hinsichtlich der folgenden Eigenschaften (vgl. *Kaas / Runow* 1987, S. 85 ff.; *Runow* 1982, S. 85 ff.):

Zeitliche Stabilität: Während Einstellung als relativ konstante und damit dauerhafte Bewertung eines Objektes aufgefaßt wird, kann (Un-)Zufriedenheit einem raschen Wandel unterliegen.

Produkterfahrung: Der Zustand der (Un-)Zufriedenheit basiert auf konkreten Kauf- und Nutzungserfahrungen, während Einstellungen durchaus antizipierenden und damit stark spekulativen Charakter aufweisen können.

Verhaltensrelevanz: Im Gegensatz zu Einstellung, deren Eignung zur Erklärung und Prognose des Käuferverhaltens oft angezweifelt wird, zeichnet sich Zufriedenheit durch große Verhaltensnähe aus.

Die Konstrukte Einstellung und Zufriedenheit schließen sich somit gegenseitig keineswegs aus. Vielmehr ist es ein Anliegen der Zufriedenheitsforschung, einen zusätzlichen Beitrag zur Erklärung des Konsumentenverhaltens zu liefern, insbesondere durch gezielte Informationen zu Ursachen und Formen von Käuferreaktionen, wenn die Betroffenen mit einem Produkt, Kauf oder Anbieter nicht zufrieden sind.

(2) Für ein Unternehmen erscheinen vor allem die Konsequenzen von Bedeutung, die ein Käufer auf Grund der von ihm empfundenen Übereinstimmung bzw. Divergenz von Erwartungen und tatsächlich Erreichtem zieht. Ist er zufrieden, stellt dies die Basis für **Kundenbindung** bzw. **Kundentreue** sowie **positive Mund-zu-Mund-Kommunikation** im sozialen Umfeld und die damit verbundene Diffusion positiver Erfahrung dar. Bei Unzufriedenheit hingegen fallen beim betroffenen Unternehmen neben Aufwendungen für die Befriedigung gelegentlich auftretender Regreßansprüche insbesondere Opportunitätskosten im Sinne entgangener Erlöse an. Verantwortlich dafür sind

- **Abwanderung**, d. h. der Kunde wechselt das Unternehmen bzw. die Marke,
- **negative Mund-zu-Mund-Werbung**, d. h. er bringt seine Unzufriedenheit mit den Leistungen des Unternehmens in seinem sozialen Umfeld zum Ausdruck, sowie
- **Beschwerden** gegenüber Unternehmen und / oder Dritten wie z. B. Verbraucherschutzeinrichtungen, Schiedsstellen und Medien (vgl. *Hirschman* 1974).

Gleichwohl löst nicht jedes negative Erlebnis eine Verhaltensreaktion aus. Unternimmt ein Kunde trotz Verärgerung nichts, besteht die Gefahr, daß sich ein Unternehmen der mangelnden Bedürfnisgerechtigkeit des Angebots nicht oder zu spät bewußt wird und das Ausbleiben von Kritik fälschlicherweise als Zustimmung interpretiert.

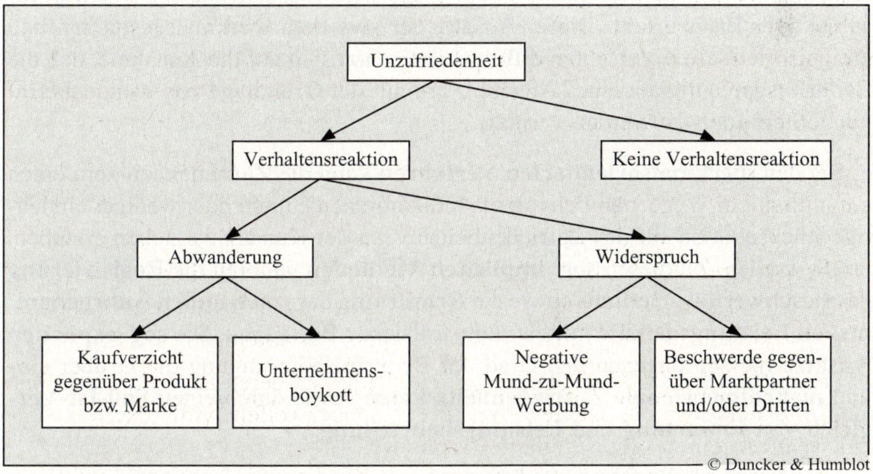

Abb. 11.1.: Verhaltensreaktionen eines Kunden bei Unzufriedenheit

Aus den in Abb. 11.1. zusammengefaßten möglichen Folgen von Unzufriedenheit wird deutlich, daß regelmäßige Untersuchungen ein Anliegen des strategischen Controlling darstellen müßten, weil entsprechende Befunde im Sinne eines **Frühindikators** die Überprüfung des derzeit erreichten sowie des für die Zukunft angestrebten Niveaus der Kunden- bzw. Marktorientierung eines Unternehmens ermöglichen.

(3) Die Eignung des Konstrukts Kundenzufriedenheit für die Marketing-Kontrolle hängt in entscheidendem Maße von dessen Operationalisierung ab. Die Festlegung geeigneter Indikatoren ist untrennbar mit der Frage, welches Erhebungsverfahren herangezogen werden soll, verknüpft. Nach *Andreasen* (1982, S. 183 ff.) lassen sich grundsätzlich zwei Ansätze zur Messung von (Un-)Zufriedenheit unterscheiden:

Objektive Verfahren: Sie werden in der Unternehmenspraxis am häufigsten eingesetzt. „Objektiv" bedeutet in diesem Zusammenhang, daß Größen, die nicht auf der Einschätzung von Betroffenen beruhen, beobachtet werden. Beispielsweise verwenden Unternehmen **Umsatz-** und **Marktanteilszahlen** sowie die **Loyalitätsrate** als Basis für die Ermittlung der Zufriedenheit ihrer Kunden. Weiterhin werden **Äußerungen** von **Verbrauchern** bzw. **Käufern** gegenüber **Unternehmen** und **Dritten** systematisch analysiert. Auch die statistische Erfassung des Auftretens von **Gewährleistungsansprüchen**, die **Reparaturhäufigkeit** etc. liefern erste Hinweise auf die Existenz von Leistungsdefiziten und damit auf mögliche Ursachen von Unzufriedenheit.

Subjektive Verfahren: Auf Grund der mangelnden Validität objektiver Kriterien, die auf eine individuell unterschiedliche Perzeption einer gleichartigen Konsumsituation zurückzuführen sein mag, wird die Zufriedenheit häufig auf subjektiver Basis erfaßt. Dieser Ansatz, der zwischen merkmalsgestützten und ereignisorientierten Verfahren differenziert, stützt sich auf die Annahme, daß die Bedürfnisgerechtigkeit eines Angebots nur auf der Grundlage von Kundenbefragungen ermittelt zu werden vermag.

Bei den **merkmalsorientierten Verfahren** kann die Zufriedenheit zum einen auf indirektem Wege, nämlich mittels Indikatoren, die mehr oder weniger eindeutige Rückschlüsse auf das Zufriedenheitsniveau der Kunden zu ziehen erlauben, erfaßt werden. Zu diesen sog. **impliziten Methoden** gehören die **Registrierung** des **Beschwerdeverhaltens** sowie die **Ermittlung** der von **Kunden wahrgenommenen Leistungsdefizite** mittels standardisierter Befragung. Die sog. **expliziten Ansätze** messen dagegen den Grad der Bedürfnisbefriedigung direkt über **ein-** und **mehrdimensionale Zufriedenheitsskalen** sowie durch einen **Soll-Ist-Vergleich** von **Erwartung** und **Leistungsbeurteilung**.

Als Beispiel für Verfahren zur Erfassung von Kundenzufriedenheit, die auf einem Soll-Ist-Vergleich basieren, dient die SERVQUAL-Doppelskala. Aufbauend auf den Dimensionen Beurteilung von stofflichen Surrogaten („tangibles"), Einhaltung des Leistungsversprechens („reliability"), Leistungswille des Anbieters („responsiveness"), Leistungskompetenz („assurance") sowie Bereitschaft zur Auseinandersetzung mit individuellen Kundenwünschen („empathy") entwickelten *Parasuraman / Zeithaml / Berry* (1988, S. 5 ff.) einen standardisierten Fragebogen, der für einen branchenübergreifenden Einsatz gedacht ist. Für jedes Item werden die Erwartung („so sollte es sein") und die Wahrnehmung („so ist es bei der Unternehmung XY") auf einer *Likert*-Skala erfaßt.

Auf der Basis eines Soll-Ist-Vergleichs lassen sich dann Aussagen über die Kundenzufriedenheit bzw. Qualität einer Leistung treffen: Stimmen beide Werte überein oder übersteigt die Wahrnehmung die Erwartung, kann von einer zufriedenstellenden bzw. hohen Qualität ausgegangen werden. Übertrifft hingegen der Erwartungs- den Wahrnehmungswert, läßt die Qualität zu wünschen übrig.

Kritisch ist hierzu anzumerken, daß bei der Erfassung von Kundenerwartungen mittels einer *Likert*-Skala die Gefahr einer sog. Anspruchsinflation besteht. Wenn Befragte keinerlei Restriktionen unterliegen, neigen sie dazu, ihre Vorstellungen hochzuschrauben. Dies führt zu einer unzureichenden Differenzierung der Erwartungen bezüglich einzelner Leistungseigenschaften sowie zu einem Auseinanderklaffen von Erwartungs- und Wahrnehmungswerten. Folglich zeitigt die Anwendung der SERVQUAL-Doppelskala tendenziell das Ergebnis, daß die generelle Leistungsqualität nicht zufriedenstellend sei. Eine derartige Interpretation von Befunden stellt die Zweckmäßigkeit dieses Verfahrens grundsätzlich in Frage. Allerdings zeigen empirische Untersuchungen, daß die Methode durchaus geeignet ist, Unterschiede hinsichtlich Erwartungshaltung und Wahrnehmung zwischen Mitarbeitern eines Anbieters und Käufern herauszuarbeiten. Zudem lassen sich so Diskrepanzen zwischen verschiedenen Kundensegmenten identifizieren (vgl. *Haller* 1993, S. 24; *Hentschel* 1990).

Mit solchermaßen standardisierten, merkmalsgestützten Aktionen zur Bestimmung der Kundenzufriedenheit erfaßt man im Regelfall weder alle relevanten Merkmale noch ist davon auszugehen, daß sie das reale Qualitätserleben in der empfundenen Intensität angemessen abbilden. Einmal deshalb, zum anderen wegen des Episodencharakters der Anbieter-Kunde-Interaktion, der insbesondere Dienstleistungen charakterisiert, erscheint es zweckmäßig, den Kenntnisstand durch die **Ermittlung** von **Problemen** zu verbessern, die Kunden irritieren und ihr Qualitätsurteil bestimmen. Dazu können weitere Verfahren eingesetzt werden, von denen der Methode der kritischen Ereignisse besondere Bedeutung zukommt (vgl. *Hentschel* 1992; *Stauss / Hentschel* 1993, S. 115 ff.). Ein Beispiel dafür wurde in § 4, Abschnitt 2.1.2., referiert.

Durch die Methode der **kritischen Ereignisse** gelangt ein Anbieter zu Schlüsselinformationen, die er beim Einsatz standardisierter, merkmalsgestützter Fragen u. U. nicht bekommen würde. Es empfiehlt sich daher, diese Technik vor allem dann einzusetzen, wenn es gilt, einen ersten Anhaltspunkt für die Entwicklung von Attributlisten zu erhalten. Zu kritisieren sind dabei jedoch die Aufwendigkeit der Methode sowie der für die Auswertung der Ergebnisse zu veranschlagende hohe Zeitbedarf, weswegen das Instrument für die regelmäßige Erfassung von Kundenzufriedenheit kaum in Frage kommt (vgl. *Haller* 1993, S. 32). Abb. 11.2. faßt die bekanntesten Ansätze für die Ermittlung der Kundenzufriedenheit zusammen.

Objektive Verfahren	Subjektive Verfahren
• Erfassung von – Umsatz – Marktanteil – Kundenloyalität • Analyse von Verbraucheräußerungen gegenüber Unternehmen und Dritten • Statistische Erfassung der Häufigkeit des Auftretens von Gewährleistungsansprüchen und Reparaturen • Durchführung von Qualitätskontrollen (z. B. Werkstatt-Tests, Testkäufe)	• Merkmalsgestützte Verfahren – Implizite Messung * Erfassung des Beschwerdeverhaltens * Repräsentative Ermittlung der von Kunden wahrgenommenen Leistungsdefizite – Explizite Messung * Erfassung enttäuschter Erwartungen – Ex ante-ex post-Messung – Ex post-Messung * Messung mit Zufriedenheitsskala – Eindimensionale Messung – Mehrdimensionale Messung • Ereignisorientiertes Verfahren – Methode der kritischen Ereignisse

Quelle: in Anlehnung an *Andreasen* 1982, S. 184; *Standop / Hesse* 1985, S. 4.

Abb. 11.2.: Verfahren zur Ermittlung der Kundenzufriedenheit

(4) Nach dem Aggregationsgrad können für die Zwecke der Erfassung grundsätzlich drei Ebenen der Kundenzufriedenheit unterschieden werden: Anbieter, Branche und Gesamtwirtschaft (vgl. *Meyer / Dornach* 1992, S. 125 ff.).

Anbieterspezifische Kundenzufriedenheitsuntersuchungen beziehen sich ausschließlich auf das Leistungsangebot eines Unternehmens. Der **Nutzen** derartiger Analysen liegt insbesondere in der

- kontinuierlichen Überprüfung des eigenen Leistungsangebots,
- frühzeitigen Feststellung der Veränderung von Kundenerwartungen,
- Festigung interner Qualitätssicherungsprogramme,
- Motivation der Mitarbeiter, die Informationen über die eigene Leistungskraft oder die ihrer Abteilung bzw. Organisationseinheit erhalten, sowie
- Aufspürung von Ansatzpunkten zur Entwicklung einer kundenorientierten Kommunikationsstrategie, falls hohe Kundenzufriedenheit ermittelt werden konnte (vgl. *Meyer / Dornach* 1992, S. 120 f.).

Ein gravierendes Defizit **anbieterspezifischer Zufriedenheitsuntersuchungen** äußert sich darin, daß Befunde zwar Veränderungen im Zeitablauf sowie zwischen einzelnen Unternehmenseinheiten bestehende Unterschiede ausweisen, aber der Relativierung an Daten von Konkurrenten entbehren. Hier können **branchenspezifische Zufriedenheitsstudien** Abhilfe schaffen. Beispielsweise nutzt die Automobilindustrie dieses Instrument, um permanent Technik und Servicepolitik zu verbessern und dies auch nach außen zu tragen. So liefert der von *J. D.*

Power entwickelte Customer Satisfaction Index (CSI) seit 1981 im jährlichen Abstand Informationen über die Zufriedenheit von Haltern der verschiedenen Automarken in den USA (vgl. *Taylor* 1992, S. 77).

Derartige Inter-Branchen-Vergleiche können auch länderübergreifend durchgeführt werden. Beispielsweise werden im Rahmen der sogenannten ECS (European Consumer Satisfaction)-Studien bezogen auf Fahrzeug, Kaufabwicklung, Auslieferung und Kundendienst über 40 Zufriedenheitswerte käuferspezifisch und länderübergreifend für alle bedeutenden Pkw-Marken erhoben. Die Befunde ermöglichen es europaweit operierenden Anbietern, die nationalen Märkte mit ihren spezifischen Besonderheiten differenziert zu analysieren und entsprechende Marketing-Strategien zu entwickeln (vgl. *European Consumer Law Group* 1989, S. 485 ff.).

Schließlich ist noch auf **Zufriedenheitsuntersuchungen** hinzuweisen, die auf **nationaler Ebene** angesiedelt sind. Angeregt vom Schwedischen Modell, vom sog. Swedish Customer Satisfaction Barometer (vgl. *Fornell* 1992, S. 19), werden einschlägige Studien u. a. in den USA, Japan und Deutschland durchgeführt (vgl. *Meyer / Dornach* 1992, S. 128 f.). Zwar kommt diesen im Rahmen der Marketing-Kontrolle eine eher untergeordnete Bedeutung zu, doch erhält man hierdurch erste Hinweise auf Wettbewerbsfähigkeit, Markt- und Kundenorientierung sowie Qualitätsstandards einzelner Branchen.

2.1.2. Das Beschwerdeverhalten

Wichtige Einsichten dazu, wie sich das Auftreten eines Unternehmens auf dem Markt verbessern läßt, vermitteln auch von Kunden, Lieferanten und der Öffentlichkeit im weitesten Sinne vorgebrachte Beschwerden. Obwohl das Nachkaufverhalten von **Konsumenten**, für das wir uns an dieser Stelle primär interessieren, in Gestalt der kognitiven Dissonanz schon frühzeitig das Interesse der Marketingwissenschaft auf sich gezogen hat (vgl. *Raffée / Sauter / Silberer* 1973), gewann die **Beschwerdeforschung** erst im Zuge der für das Marketing mittlerweile charakteristischen konsequenten Kundenorientierung an Bedeutung (vgl. *Stauss* 1989, S. 42). Inzwischen liegen zahlreiche theoretische und empirische Befunde zu den **Determinanten** des **Beschwerdeverhaltens** ebenso wie zum erfolgssteigernden Charakter einer systematisch betriebenen **Beschwerdepolitik** vor (siehe u. a. *Bruhn* 1982; *Graf* 1992; *Hansen / Schoenheit* 1987; *Riemer* 1986; *Runow* 1982).

Im Mittelpunkt der folgenden Überlegungen stehen Unmutsäußerungen von Verbrauchern. Als Ausdruck von Unzufriedenheit werden solche gegenüber Handel, Herstellern oder Institutionen wie Verbraucherschutzverbänden, Schiedsstellen und Medien vorgebracht. Stets geht es dabei darum, auf vermeintliche oder tatsächliche **Mißstände** aufmerksam zu machen und deren Behebung zu erwirken. Da es bereits vor einem Kaufabschluß Grund zur Klage geben kann (z. B. unfreundliche Bedienung, unzulängliche Beratung, ungünstige Öffnungszeit), überschreiten diese den Rahmen rechtlich begründeter **Reklamationen**. Für letztere ist charakteristisch, daß der Verkäufer für Sachmängel nach den §§ 459 ff. *BGB* haftet. Sie sind also als Sonderfall der Beschwerde aufzufassen (vgl. *Riemer* 1986).

Um Klagen von Kunden angemessen einordnen und beurteilen zu können, benötigt ein Unternehmen detaillierte Kenntnisse über deren Verhalten. Dieses kann sich darin äußern, daß jemand mehr oder weniger deutlich seinem Mißmut Luft macht oder aber aus Unkenntnis, einer Fehleinschätzung der Lage heraus oder wegen vermeintlicher Aussichtslosigkeit des Unterfangens darauf verzichtet. Ob es zum einen oder zum anderen kommt, hängt im wesentlichen von drei Arten von **Bestimmungsgründen** ab (vgl. *Hansen / Jeschke* 1991, S. 205 ff.):

(1) Unzufriedene Kunden wägen ab, ob der mit dem Vorbringen einer Beschwerde mutmaßlich verbundene **Erfolg** (Wiederherstellung der Funktionsfähigkeit des erworbenen Produkts, Erlangung eines neuen Stücks, Rückerstattung oder nachträgliche Minderung des Kaufpreises, in der Maßregelung eines Mitarbeiters liegende Genugtuung etc.) die damit verbundene Mühe lohnt (z. B. Telefon-, Porto- und Fahrtkosten; physische und psychische Anstrengungen). Liegen beide zu dicht beieinander, scheut man den Aufwand. In empirischen Untersuchungen hat sich gezeigt, daß sich unzufriedene Abnehmer oft von dem hohen zeitlichen und finanziellen Einsatz, dem Fehlen einer Erfolgsgarantie und dem mit der Äußerung einer Beschwerde verbundenen Ärger abhalten lassen, entsprechende Schritte zu unternehmen (vgl. *Goodman* u. a. 1987, S. 168 ff.). Wer z. B. erkennen muß, daß der Lieferant am längeren Hebel sitzt, dürfte sich bald in die Ausweglosigkeit des Unterfangens fügen.

(2) Käufer überwinden ihre Hemmschwellen um so häufiger, je bedeutsamer ein **Problem** für sie erscheint, je klarer es sich um einen offenkundigen **Mangel** handelt und je präziser die **Ursache** der Unzufriedenheit lokalisiert werden kann. Klagen beziehen sich deshalb überwiegend darauf, daß neue Produkte Mängel aufweisen oder alte nicht sachgemäß repariert bzw. gewartet wurden. Grund zur Unzufriedenheit bilden dabei nicht nur die Enttäuschung darüber, daß eine Leistung nicht den Erwartungen gemäß ausgefallen ist, sondern auch der Prozeß deren Erbringung. Wenn z. B. jemand schon im Vorfeld unfreundlich behandelt wurde, nach seiner Überzeugung zu lange warten mußte oder auch für einen Mißstand (mit-)verantwortlich gemacht wurde, führt dies eher dazu, daß man das fragliche Geschäft künftig nicht mehr aufsucht und im übrigen bei Dritten Dampf abläßt, als sich beim Urheber zu beklagen (vgl. *Andreasen* 1982, S. 189; *Weinhold / Baumgartner* 1982, S. 73).

(3) Neben **soziodemographischen** Größen wie Alter, Geschlecht, Bildung und Beruf sind es vor allem der Psyche zu subsumierende Züge des einzelnen, die sein Beschwerdeverhalten determinieren. Es leuchtet ein, daß eher solche Leute

die Kraft und den Mut aufbringen, sich zu äußern, die als Meinungsführer fungieren, selbstsicher sind, Verantwortung für andere empfinden, über fundierte Produktkenntnisse sowie einschlägige Informationen und Erfahrung im Umgang mit Kontrahenten verfügen (vgl. *Bearden / Teal* 1983; *Bruhn* 1982, S. 145; *Oliver* 1981, S. 25 ff.; *Thieme* 1987). Anders betrachtet äußert sich somit nur ein begrenzter, keineswegs repräsentativer Ausschnitt der Abnehmer, was zwangsläufig dazu führt, daß Unternehmen ein falsches Bild der Lage erhalten.

Hat sich jemand zu einer Beschwerde durchgerungen, wird er bzw. sie sorgfältig prüfen, inwieweit dieser Rechnung getragen wurde. Das **Ergebnis** prägt in entscheidendem Maße die **Haltung**, die ein Kunde dem betroffenen Unternehmen gegenüber in der Zukunft einnimmt. Wie sehr es sich auf Lieferantenseite lohnt, den von Abnehmern geäußerten Unmut ernst zu nehmen, geht u. a. daraus hervor, daß diese in ihrem persönlichen Umfeld ungleich häufiger auf schlechte Erfahrungen, die sie mit einem Unternehmen gemacht haben, als auf gute zu sprechen kommen. Ein Anbieter wäre schlecht beraten, sich damit zufrieden zu geben, daß er weiß, wer sich weswegen beschwert hat. Die sich darin manifestierende defensive Haltung muß einer offensiven Platz machen, weil man damit sogar einen Vorsprung gegenüber Wettbewerbern gewinnen kann.

Zunächst sollte man Abnehmer ermutigen, Unzufriedenheit, sofern vorhanden, auch wirklich zu äußern. Davon profitieren beide Seiten. Dazu kann man z. B., wie in Hotels üblich, Formulare auslegen, die zur Aufnahme von Lob und Tadel bestimmt sind, Meckerkästen anbringen, ein für Anrufer kostenfrei zu benützendes Beschwerdetelefon einrichten, eine Leistungsgarantie gewähren („Sie erhalten Ihr Geld zurück, wenn . . .") oder Kundenzufriedenheit öffentlich zur Chefsache erklären. Beispielsweise hat der Automobilhersteller *Audi* Anfang der neunziger Jahre jedem Erwerber seines Spitzenmodells *Audi V8* ein Mitglied des Vorstands als „Paten" zugeordnet.

Die Vielfalt möglicher Quellen der Unzufriedenheit und der Umstand, daß es immer wieder Querulanten gibt, machen es erforderlich, daß jede Beschwerde einer Prüfung unterzogen wird. Erst so läßt sich feststellen, ob zu Recht Klage geführt wird und wer genau dafür verantwortlich ist. Gilt das Verlangen eines Kunden als berechtigt, muß der Fall unverzüglich in einer angemessenen Weise reguliert werden, dies auch deswegen, um weiteren Schaden zu vermeiden, beispielsweise der Gefahr entgegenzuwirken, daß ein Betroffener andere in seinem Umfeld mit dem Bazillus der Enttäuschung infiziert.

Fehlverhalten bei personenbezogenen Dienstleistungen, beispielsweise bei der Beratung, läßt sich im nachhinein nur schwer oder überhaupt nicht mehr kompensieren. Hier bietet es sich an, den Mitarbeitern an der Verkaufsfront weitreichende Vollmachten einzuräumen, um sie so zu befähigen, z. B. Ware problemlos umzutauschen oder kleine Geschenke und Servicegutscheine auszugeben.

Um dem Entstehen von Unzufriedenheit in der Zukunft vorzubeugen und auf berechtigte Beschwerden angemessen reagieren zu können, ist, was immer auf ein Unternehmen an Klagen, Unmut etc. zukommt, zu erfassen und auszuwerten. Entsprechende **Analysen** stützen sich auf **Kriterienkataloge**, die an der Person des Beschwerdeführers, den betroffenen Produkten bzw. Dienstleistungen und den Ursachen für Mißstände anknüpfen. Es versteht sich, daß oft erst ein gehäuftes Auftreten von Reklamationen und Unmutsäußerungen eine fundierte Untersuchung erlaubt. Was immer dabei herauskommt, muß den **Stellen** innerhalb und außerhalb eines Unternehmens nahegebracht werden, die am ehesten bzw. als erste in der Lage sind, Abhilfe zu schaffen.

Das Ziel einer richtig verstandenen Beschwerdepolitik kann nur darin bestehen, Kundenklagen nicht als leidiges Übel, sondern, im Gegenteil, als Chance zu begreifen, offenkundig vorhandene oder sich abzeichnende Mißstände abzustellen. Die Praxis ist, wie man tagtäglich erfährt, davon noch weit entfernt. Dies mag auch damit zusammenhängen, daß die mit einer bewußt betriebenen Beschwerdepolitik verbundenen Vorteile (Umsatzsicherung durch Kundenbindung, Mund-zu-Mund-Werbung zufriedener Kunden etc.) nur schwer zu quantifizieren sind, während die diesen gegenüberstehenden Kosten (z. B. Zahlung aus Kulanzgründen, Gewährung von Geschenken, Verzicht auf Berechnung von Werkstattleistungen) relativ genau erfaßt werden können. Dieser Zwiespalt führt häufig zu einer verhängnisvollen Fehleinschätzung sowohl einzelner Vorfälle als auch des in einem bewußt betriebenen Beschwerdemanagement liegenden Erfolgspotentials (vgl. *Hansen / Hoffmann* 1991).

Zusätzliche Widrigkeiten resultieren daraus, daß innerhalb eines Unternehmens häufig die Voraussetzungen dafür fehlen, mit Kundenklagen angemessen umzugehen. Diese werden zumeist als lästig und als imageschädlich eingestuft. Sie deuten in den Augen der Betroffenen auf Fehlleistungen des Lieferanten hin, die nur ungern akzeptiert und, wenn schon, als unvermeidbar hingestellt werden. Daß bei Vorherrschen einer derartigen Einstellung kaum etwas besser wird und Chancen ungenutzt bleiben, liegt auf der Hand.

2.2. Die anbieterbezogene Meßebene

2.2.1. Die Intensität der Marktorientierung

Im Mittelpunkt des Marketing steht die **Marktorientierung**. Eine wesentliche Funktion der Marketing-Kontrolle besteht deswegen darin, deren **Intensität** zu messen und vorhandene **Defizite** aufzudecken. Dazu bedarf es eines relativ breiten Ansatzes, der z. B. Unternehmenskultur, Ziele, Strategien, Aufbau- und Ablauforganisation einbezieht.

Wie bei einer Kontrolle von konkreten Ergebnissen geht es methodisch auch hier um die Festlegung von Standards, die Ermittlung dessen, was tatsächlich erreicht wurde, und die Analyse festgestellter Abweichungen. Oft läßt sich bereits in dieser frühen Phase eine sich abzeichnende Fehlentwicklung erkennen, mit der Möglichkeit, Gegenmaßnahmen zu treffen.

Das zentrale Problem liegt in der Fixierung von Vorgaben, mithin also in der Festlegung dessen, was sein soll. Die Basis dafür bilden allgemeine Marketingprinzipien, allen voran die **Kundenorientierung**. Angesichts der zunehmenden Sättigung von Märkten spielt daneben die **Konkurrenzorientierung** eine wichtige Rolle. Insbesondere Großunternehmen werden darüber hinaus unablässig die **gesamtwirtschaftlichen Gegebenheiten** im Blick behalten, um rechtzeitig agieren zu können, statt später reagieren zu müssen.

Um diese noch sehr unspezifischen Merkmale der Marktorientierung messen zu können, bedarf es weiterer, abgeleiteter **Kriterien** und geeigneter **Indikatoren**. Diese lassen sich – unter Berücksichtigung von Besonderheiten des zu untersuchenden Unternehmens – aus der Marketingtheorie herausfiltern. Es erweist sich dabei als zweckmäßig, die normative, strategische und operative Seite des Marketing-Managements voneinander zu trennen. Abb. 11.3. zeigt an einem authentischen Beispiel aus der Chemischen Industrie, wie man die **Kundenorientierung** begrifflich konkretisieren kann (dazu und zu weiteren Facetten der Marktorientierung samt Ermittlungskonzept siehe *Braun* 1991, S. 53 ff.). Umgesetzt in ein entsprechendes **Erhebungsinstrumentarium** bilden solche Größen zugleich Grundlage und Gerüst für die Messung der Marktorientierung einer Unternehmung.

Die gewünschten Auskünfte erhält man zum einen durch eine Dokumentenanalyse, zum anderen durch Befragung von Führungskräften und Mitarbeitern, meistens auch von Kunden und Nichtkunden. Der letztlich erhaltene Befund verkörpert ein **Profil** der **Marktorientierung** eines Unternehmens mit dem Schwergewicht auf der Kunden- und Konkurrenzorientierung.

Zwecks Erhärtung der Ergebnisse empfiehlt es sich, Indikatoren aus der Sicht mehr als einer **Bezugsgruppe** zu analysieren. Interessiert man sich beispielsweise dafür, inwieweit das Marketing eines Unternehmens vom **Zielgruppendenken** geprägt ist, würde man die dafür Verantwortlichen zunächst das anvisierte Kundensegment definieren lassen, anschließend das Ergebnis einer Art Korrespondenztest bei den Mitarbeitern unterwerfen (lassen sich diese von denselben Vorstellungen leiten?), um sich sodann die Umsetzung auf der Kundenebene anzusehen. Eine andere Möglichkeit bietet die Einbeziehung von Wettbewerbern, deren Leistungen im Sinne eines „benchmarking" als Gradmesser für den Erfolg der eigenen Bemühungen dienen können.

Die Heterogenität der Gegebenheiten hinsichtlich Produkten, Kunden, Wettbewerbern, Absatzmittlern, Rechtsnormen usw. hat bislang verhindert, eine umfassende Liste von Indikatoren zu entwickeln, die jedweden in der Praxis anzutreffenden Situationen gerecht wird. Man vermag zwar auf bewährte Batterien von Items und Indikatoren zurückzugreifen, kann aber einstweilen auf eine fallspezifische Anpassung und Erweiterung einer Vorlage nicht verzichten.

Indikatoren im Bereich Unternehmensphilosophie und -kultur
• Postulierung der Marktorientierung in Unternehmensleitsätzen oder vergleichbaren Dokumenten • Verankerung der Marktorientierung im kulturellen Netz des Unternehmens, z. B. in – Anekdoten oder Legenden, die im Unternehmen kursieren – symbolischen Handlungen von Vorgesetzten – Werthaltung und persönlicher Zielsetzung der Mitarbeiter – Einstellungs- oder Beförderungskriterien
Indikatoren im Bereich strategisches Management
• Verankerung der Marktorientierung im Zielsystem der Unternehmung, insbes. – in Marketingplänen, Strategiepapieren etc. – im Denken der Top-Führungskräfte • Implementierung von Strategien der Marktorientierung, z. B. – Zielgruppenbildung – Flexibilität in Produktion und Logistik
Indikatoren im Bereich operatives Management
• Effizienz des Marketinginformationsmanagements, insbes. – Beschaffung von Marketinginformationen – Weitergabe von Marketinginformationen – Verwendung von Marketinginformationen • Marktorientierter Einsatz des Marketing-Mix, z. B. im Rahmen der – Bestimmung von Preisen und Konditionen – Differenzierung von Produkten – Gestaltung von Serviceleistungen – Festlegung von Lieferstandards
Indikatoren im Bereich Organisation
• Marketingorientierung der Aufbauorganisation, insbes. – Rang des Marketing in der Aufbauorganisation – Existenz spezieller Organisationseinheiten wie Produkt- und Key-Account-Management sowie Marktforschungsabteilung • Zuständigkeit der Marketingabteilung in kundenrelevanten Fragen, insbes. bei – Strategischer Planung – Produktentwicklung und Sortimentsgestaltung – Preis- und Konditionenfestsetzung – Werbung und Verkaufsförderung

Abb. 11.3.: Indikatoren der Marktorientierung

Die Marktorientierung eines Unternehmens wird man im Gegensatz z. B. zu Umsätzen und Kosten nur in größeren Abständen einer Prüfung unterziehen. Dabei kommt man fast nicht ohne **externe Spezialisten** aus, da sich die auf der obersten Unternehmensebene angesiedelten Manager nicht selbst in einer angemessenen Weise unter die Lupe nehmen können. Es verwundert deshalb nicht, daß diese Art von Aufgabe, wenn auch oft auf Einzelaspekte begrenzt, einen

Schwerpunkt der Tätigkeit von **Unternehmensberatern** bildet. Soweit dabei die Unterstützung durch die letztlich Verantwortlichen nicht gesichert ist oder der Betriebsrat die Mitarbeiter zur Auskunftsverweigerung anhält, stellt ein derartiges Unterfangen eine gewaltige Fehlinvestition dar, der nicht einmal Alibicharakter zukommt.

2.2.2. Die Wahrnehmung von Marktchancen

Wieviel ein Unternehmen, ein Betriebsbereich und insbesondere die Marketingabteilung erreicht haben, hängt, ungeachtet der Zweckmäßigkeit des von den Verantwortlichen zur Zielerreichung gewählten Wegs, von zwei Faktoren ab, vom **Potential** und von der **Kapazität**. Zwangsläufig resultiert daraus die Frage, was sozusagen von beiden Polen her möglich gewesen wäre. Diesen Begrenzungsfaktoren entsprechend läßt sich eine Fülle von potential- und kapazitätsorientierten Kennzahlen vorstellen.

Inwieweit ist es beispielsweise gelungen, schlummernde Nachfrage zu wecken, Kaufkraft abzuschöpfen und die Preisbereitschaft der Abnehmer zu aktivieren? Wie hoch sind Penetrations- (= Zahl der Wiederholungskäufer / Zahl der potentiellen Käufer) und Wiederkaufrate (= Zahl der Wiederholungskäufer / Zahl der tatsächlichen Käufer), wie hoch Distributionsquote und Bekanntheitsgrad? Es versteht sich, daß, wenn immer Rate, Quote und Grad im Spiel sind, logischerweise 100% die Grenze bilden, das Leistungslimit ansonsten aber nicht von vornherein festgelegt ist.

Kapazitätsorientierte Kennzahlen unterscheiden sich von den genannten Beispielen lediglich dadurch, daß der Blick zwar noch immer auf den Erfolg, aber nun nicht mehr auf **Marktpartner**, sondern auf **Inputfaktoren** fixiert ist. Bei Hotels z. B. interessiert die Belegungsrate, bei Fluggesellschaften der Sitzladefaktor. (Zur ersten Kategorie gehört dagegen die nicht minder bedeutsame Größe, die den Anteil der sog. Vollzahler zum Ausdruck bringt.) Steht der Außendienst auf dem Prüfstand, wird man nachrechnen, welcher Prozentsatz des gesamten Auftragsbestands seinen Akquisitionsbemühungen zu verdanken ist. Geht es um Liefergeschwindigkeit und Servicebereitschaft, weiß man, daß diesen zwar technische und organisatorische Grenzen gesetzt sind, aber hohe Werte vom Markt honoriert werden.

Letztlich indessen interessiert nichts mehr als der erzielte **Umsatz**; er verkörpert den klassischen Maßstab für den Unternehmenserfolg schlechthin. Zu beachten ist dabei gleichwohl, daß eine unterdurchschnittliche Entwicklung in einem Bereich (Produktgruppe, Absatzgebiet etc.) durch entsprechend günstigere Werte an anderer Stelle kompensiert wird. Außerdem verraten Zahlen allein nichts über die **Ursachen** eines möglicherweise nicht plankonformen Abschneidens.

Erste Hinweise darauf erhält man durch **Aufgliederung globaler Werte**, etwa nach Zeitintervallen, Produktgruppen, Artikeln, Ländern, Kundengruppen und

Einzelabnehmern. Im Gegensatz zu anderen Kontrollgrößen lassen sich die erforderlichen Werte relativ rasch und kostengünstig aus internen Quellen gewinnen, soweit das Unternehmen über ein leistungsfähiges Rechnungswesen und eine zumindest rudimentär ausgebildete Abteilung Marketing-Forschung verfügt.

Allerdings ist damit ein anderes Problem noch nicht gelöst. Als günstig oder ungünstig beurteilte Zahlen können zumeist nicht allein auf solche Marketingmaßnahmen zurückgeführt werden, die im betrachteten Zeitraum getroffen wurden. Es kommt zu **Spill over-** und **Carry over-Effekten**, die die an einer Bezugsgröße gemessene Wirkung verzerren, während analog dazu heute getroffene und unverzüglich verwirklichte Entscheidungen das wirtschaftliche Ergebnis nicht nur der laufenden, sondern auch späterer Perioden beeinflussen. Diesem Umstand ist bei der Beurteilung von Ursache und Wirkung Rechnung zu tragen.

Der ergänzend herangezogene **Marktanteil** relativiert den Umsatz am **Marktvolumen**. Dadurch gewinnt man ein Bild von der Marktposition und damit von der Bedeutung eines Unternehmens im Vergleich zu anderen. Informationen dieser Art bedarf es, weil steigende Umsätze über den Umstand hinwegtäuschen können, daß sich der Gesamtmarkt noch etwas stärker ausgeweitet hat. Trotz Erreichens von im Vergleich zur Vergangenheit höheren Werten hätte das Unternehmen also an Boden verloren.

Durch Überprüfung des Marktanteils lassen sich erste Hinweise darauf gewinnen, ob eine **Umsatzänderung** eher auf **externe Faktoren** oder auf den **eigenen Einsatz** zurückzuführen ist. Wird das Erlösziel nicht erreicht, der Marktanteil jedoch gehalten oder sogar gesteigert, sollte dies daran liegen, daß der Wirtschaftszweig einem ungünstigen externen Einfluß ausgesetzt war. Umgekehrt deutet das Fallen des Marktanteils auf das Vorhandensein von Schwachstellen bei der betrieblichen Arbeit hin. Beide Interpretationen unterliegen dem Vorbehalt, daß sich an Art und Zahl der Wettbewerber nichts wesentliches geändert hat.

Der Marktanteil als Steuerungsgröße hat an Bedeutung gewonnen, als nachgewiesen werden konnte, daß Betriebe mit beachtlichen Werten im Vergleich zu ihren Konkurrenten über ein höheres Kostensenkungspotential verfügen und damit wettbewerbsfähiger sind (vgl. *Roventa* 1981). Im Rahmen der Marktwachstum-Marktanteil-Variante der Portfolio-Analyse wird er aus diesem Grund zu einem zentralen Ansatzpunkt für die Beurteilung des Abschneidens der Strategischen Geschäftseinheiten (vgl. § 10, Abschn. 3.1.3.). Seine Überwachung liefert somit wichtige Informationen für die strategische Planung.

Der Marktanteil kann sowohl für größere Gebilde (Sparte, Land etc.) als auch für Teile davon (Produktgruppe, Kundengruppe, Absatzgebiet etc.) ausgewiesen werden. Je höher der Differenzierungsgrad, desto größer erscheint die Chance, Verlustquellen aufzudecken.

Die Ermittlung des Marktanteils bedarf einer soliden **Informationsgrundlage**. Der erzielte Umsatz ist problemlos der Absatzstatistik zu entnehmen, während das Marktvolumen auf sekundär- oder primärstatistischem Wege geschätzt werden muß. Validität und Aussagekraft der erhaltenen Werte hängen in entscheidendem Maße von der Beachtung des **Homogenitätsprinzips** ab, d. h. daß Zähler und Nenner zeitlich, räumlich und produktmäßig aufeinander abgestimmt sind. Namentlich dann, wenn externe Quellen herangezogen werden, ist dies zumeist nicht gewährleistet. Es läßt sich dann nicht vermeiden, im Interesse der unabdingbaren Kongruenz der Daten das eigene Rechenwerk den für die externen Quellen bestimmenden Erfassungsmerkmalen anzupassen.

2.2.3. Der Erfolgsbeitrag von Leistungssegmenten

Um die **Ergiebigkeit** der eingesetzten **Mittel** und die **Effektivität** des Managements insgesamt zu beurteilen, genügt es, Umsatz und Kosten auf Unternehmensebene zueinander in Beziehung zu setzen bzw. die eine von der anderen Größe abzuziehen. Dieser Aggregationsgrad wird gewählt, wenn man das Jahresergebnis mit jenem früherer Perioden, die Position eines Betriebs im Vergleich zu Konkurrenten oder z. B. einen Anhaltspunkt für dessen wahren Wert gewinnen will, etwa weil ihn jemand aufzukaufen trachtet. Ein weitergehender Informationsnutzen, vor allem ein Ansatzpunkt für die Verbesserung betrieblicher Prozesse, ist damit nicht verbunden. Um einen solchen zu gewinnen, bedarf es eines differenzierten Vorgehens, das durch die in den folgenden Abschnitten dargestellten vier Stufen gekennzeichnet ist.

2.2.3.1. Die Bildung von Leistungssegmenten

Die Grundidee besteht darin, transparent zu machen, wo man bei seinem Bemühen um Erfolg Werte über und solche unter dem Durchschnitt erreicht hat. Dies erlaubt es, den Gründen dafür nachzugehen und in der Periode, für die geplant wird, möglicherweise Stärken auszubauen und Schwächen auszumerzen. Man identifiziert dazu eine Reihe von Größen, von denen man weiß oder vermutet, daß sie den im relevanten Zeitraum erzielten Erfolg beeinflußt haben. Im Idealfall erscheint es möglich, ein System von Bestimmungsfaktoren zu finden, die die Grundsatzentscheidungen, die das Unternehmen getroffen (vgl. § 3), und die Wege, die es zur Erlangung von Wettbewerbsvorteilen eingeschlagen hat (vgl. §§ 4-8), widerspiegeln. Es versteht sich, daß das Bild unvollkommen bliebe, würden nicht auch die Kosten einbezogen. Davon wird im nächsten Abschnitt die Rede sein. Außerdem muß man, wenn den gewonnenen Befunden praktische Bedeutung für die Zukunft zukommmen soll, von einer Konstanz der Umweltbedingungen im vorgegebenen Zeitraum ausgehen können.

Wir wollen uns bei den weiteren Überlegungen auf Zielkategorien monetärer Art, also Umsatz, Kosten, Gewinn und Deckungsbeitrag konzentrieren, wobei diese in einer einheitlichen Währung gemessen werden sollen (z. B. DM). Es wird sich zeigen, daß es schwierig genug ist, allein schon für solche Größen praktikable Kontrollkonzepte zu entwickeln.

Bereits in den fünfziger Jahren hatte die Wirtschaftspraxis einen Stand erreicht, der es ihr erlaubte, auf jeder Rechnung Stückzahl und Preis pro Einheit, Artikelcode, Kundennummer, Absatzgebiet, Reisendenbezirk, Liefermodus, in Rechnung gestellte Transportkosten, Zeitpunkt der Warenübergabe sowie steuerliche Spezifika (z. B. Mehrwertsteuer- oder Verbrauchsteuersatz) zu erfassen. Daraus ließ sich ableiten, in welchem Maße jeder Artikel, Kunde, Mitarbeiter des Außendienstes etc. zum Gesamtumsatz beigetragen oder diesen wie im Fall von Steuern aufgebläht hat.

Zu einem entscheidenden Durchbruch hat die Entwicklung sog. **relationaler Datenbanken** geführt, deren Funktion an einem fiktiven Beispiel verdeutlicht werden soll. Ein Unternehmen habe in einem bestimmten Zeitraum 1.000 Aufträge abgewickelt, bei denen jeweils Stückzahl, Artikelnummer, Preis pro Einheit, Abnehmer (Kundennummer), zuständiger Reisender und Lieferzeitpunkt festgehalten werden. Tabelle 11.1. zeigt einen Ausschnitt aus der Datenbasis.

Tabelle 11.1.

Kennwerte von 1.000 ausgeführten Aufträgen						
Stückzahl	Artikel-nummer	Preis pro Einheit (in DM)	Umsatz (in DM)	Kunden-nummer	Reisender Nr.	Liefer-datum
10	10 536	7,80	78,–	102 560	17	2. 1. 94
12	10 538	8,30	99,60	111 540	15	3. 1. 94
25	11 220	12,40	310,–	89 552	20	4. 1. 94
.	.	.	.	.	.	.
.	.	.	.	.	.	.
.	.	.	.	.	.	.
.	.	.	.	.	.	.
.	.	.	.	.	.	.
20	15 530	15,–	300,–	141 260	12	31. 3. 94
Summe			1.870.000			

Eine relationale Datenbank setzt im Gegensatz zu traditionellen Konzepten der Datenorganisation keine Hierarchie von Strukturierungsgrößen voraus, sondern erlaubt jede **beliebige Verknüpfung** von **Kriterien**. Dies bedeutet, daß man sich nun nicht mehr mit dem Ausweis summarischer, auf eindimensional definierte Schichten des Gesamtmarkts bezogener Anteile zufriedengeben muß, sondern z. B. zeigen kann, wie sich das Umsatzvolumen bei einem Reisenden, einem Kunden oder in einem genau fixierten Zeitraum aufgliedert, mehr noch: wie z. B. das Bild bei Abnehmer 102 560 zwischen 15. und 31. Januar 1994 aussieht. Es ist überdies leicht möglich, z. B. durch sinnvolle Zusammenfassung von Reisendenbezirken zu **Gebieten** zu gelangen sowie durch Aggregation identischer Kundenummern und Liefertermine **Auftragsgrößen** zu ermitteln und diese zu analysieren.

Die Flexibilität und Eleganz der technischen Lösung täuschen leicht darüber hinweg, daß auch die **Umsatzseite** nicht frei von **Zurechnungsproblemen**, gleichwohl nicht in einem der Kostenrechnung vergleichbaren Maße davon betroffen ist. Sie lassen sich einmal dadurch neutralisieren, daß man sich stets vergegenwärtigt, welche Informationen tatsächlich zur Verfügung stehen, zum anderen durch Differenzierung des Erfassungsschemas. Diese findet ihre Grenze dort, wo der damit verbundene zusätzliche Aufwand, wobei ein solcher, wie erinnerlich, bei Speicherung jedes einzelnen Auftrags anfällt, durch den zu erzielenden Erkenntnisgewinn nicht mehr gerechtfertigt erscheint.

Wenn z. B. eine bestimmte Lieferung dem Reisenden mit der Kenn-Nr. 17 zugerechnet wird, kann es sich in Wirklichkeit um einen **Überweisungsauftrag** handeln, den letztlich sein Kollege und einige Leute aus dem Innendienst des Unternehmens hereingeholt haben. Vielleicht auch ist der entscheidende Anstoß, daß es zu einem Abschluß kam, bereits im vergangenen Jahr anläßlich einer **Messe** gegeben worden. Bei Zuerkennung von Provision und Beurteilung des Ergebnisses spezieller Akquisitionsbemühungen wird man dem Rechnung tragen müssen. Wird gar, wie im Nahrungsmittelhandel üblich, die Grundlage für Geschäfte mit Zehntausenden von Einzelhändlern in Form von **Jahresabschlüssen** gelegt, die zwischen Handelszentralen und Geschäftsleitung der Lieferanten getätigt werden, oder wird die Ware von einem Handelskonzern für die gesamte Bundesrepublik nur noch an zwei **Lägern** entgegengenommen, sind das „Absatzgebiet" allenfalls noch von logistischem Interesse und der Beitrag des einzelnen Reisenden zum Zustandekommen eines Auftrags faktisch unbedeutend. Das Kontrollkonzept muß dann, um sich nicht selbst auszuhebeln, entsprechend umgestaltet werden.

2.2.3.2. Die Zuordnung von Kosten

Eine noch so feine Auffächerung von Leistungen auf der Absatzseite bliebe ein Torso, würde diese nicht um die **Kostenkomponente** ergänzt. Diese zerfällt in drei Bestandteile: **Erlösminderungen**, z. B. für Rabatte und Skonti, die häufig als „Kosten" verbucht werden, damit man sich einen Überblick über ihr Volumen zu verschaffen vermag, ferner Kosten für **Garantie-** und andere **Gewährleistungsfälle** ebenso wie **WKZ** (= Werbekostenzuschüsse), die Abnehmern bzw. dem Handel gewährt werden und entweder zu einer Umsatzverkürzung oder zu einer Auszahlung führen, schließlich **Kosten** im **landläufigen Sinne**. Was hierunter im einzelnen fällt, hängt allein davon ab, wo die Grenzen des Ressorts Marketing gezogen werden. Im einzelnen könnte es etwa um die in Abb. 11.4. dargestellten Elemente gehen.

Marketing-Forschung	Personal Extern durchgeführte Studien Datenbankrecherchen Markttests Unterhaltung eines Informationssystems
Marketing-Planung	Expertensysteme Weiterbildung Beratung durch externe Kräfte
Produktentwicklung	Forschung und Entwicklung Patente und Warenzeichen
Marketingkommunikation	Werbung Public Relations Verkaufsförderung Sponsoring
Auftragserlangung	Außendienst (Gehälter, Personalzusatzkosten, Provisionen, Spesen)
Auftragsabwicklung	Auftragsbearbeitung Verpackung Transport Beiträge, Gebühren, Steuern, Zölle Finanzierung Rechtsberatung
Kundendienst	Personal Material Versand

Abb. 11.4.: Arten von Marketingkosten

Das zentrale Anliegen besteht darin, alle diese **Komponenten** direkt oder indirekt den **Erfolgssegmenten**, von deren Zustandekommen im letzten Abschnitt die Rede war, zuzurechnen. Diese Forderung kann man nur außerordentlich schwer erfüllen, weil Maßnahmen, die sich in Kosten niederschlagen, praktisch immer weit über die Produkte, Zielgebiete oder z. B. Zeitintervalle, die man im Auge hat, hinauswirken. Eine Aufteilung des Erfolgs ist dabei nur unter Einführung heroischer Annahmen und oft sogar nicht ohne Willkür möglich.

Zuweilen lassen sich jedoch allein schon aus der isolierten Betrachtung der **Aufwandsseite** Hinweise auf das Bestehen von Schwachstellen gewinnen. Man bildet dazu **Kennzahlen** folgender Art und vergleicht die Werte mit jenen aus der Vergangenheit, solchen von anderen Betriebsteilen oder mit sonstigen Bezugsgrößen:

- Kosten der Auftragsbearbeitung pro Auftrag oder Auftragszeile
- Kosten der Fakturierung pro ausgestellter Rechnung oder Warenposition
- Kosten pro abgesandter Mahnung
- Verpackungskosten pro Erzeugnis-, Verpackungs- oder Gewichtseinheit
- Auslieferungskosten pro Tonnenkilometer, Lieferung oder Abnehmer

2.2.3.3. Die Ermittlung des Nettoerfolgs

Je nach der Art der Kostenrechnung, für die man sich entscheidet, erhält man pro Erfolgssegment ein **Nettoergebnis** oder einen **Deckungsbeitrag**. Der ersten Möglichkeit liegt die Vorstellung zugrunde, daß jedes Segment einen Teil der Kosten zu absorbieren hat, daß jedes Absatzgebiet, jede Produktgruppe, jeder Absatzweg ein eigenes „Geschäft" bildet, das seinen Anteil an den allgemeinen Geschäftskosten tragen und auf lange Sicht einen Gewinn erwirtschaften muß. Ist dies nicht der Fall, so wird die Unternehmensleitung gewarnt und zu weiteren, genaueren Untersuchungen über die Konsequenzen eines Verzichts auf dieses Erfolgssegment oder zu einer Änderung der Verhältnisse angehalten. Man unterstellt dabei, daß es möglich ist, für die im Marketingbereich anfallenden **Gemeinkosten Verrechnungsschlüssel** zu finden, nach denen jene verursachungsgerecht auf die Erfolgssegmente verteilt werden können.

Akzeptiert man diese Prämisse, so ergibt sich nach Abzug der gesamten Marketingkosten von den Erlösen beispielsweise der **Nettoerfolg** einer **Produktgruppe**, der durch Vergleich mit **anderen Gruppen,** dem **erwarteten Erfolg** oder **Ergebnissen** aus der **Vergangenheit** Hinweise auf die jeweiligen relativen Stärken oder Schwächen geben kann. In vielen Fällen will man dabei gleichzeitig eine Grundlage für die langfristige Preispolitik finden, d. h. ausreichend hohe Zuschlagssätze für die Marketinggemeinkosten ermitteln.

Gerade für **Produktgruppen-** und **Absatzgebietsvergleiche** erscheint ein solches Vorgehen akzeptabel, da diesen Segmenten relativ viele Kostenarten direkt zurechenbar sind, so beispielsweise jene für Werbung, Verkaufsförderung, Kundendienst und die Organisation. Dies gilt vor allem dann, wenn die Erzeugnisse unterschiedlichen Sparten angehören und auf verschiedenen Märkten angeboten werden. Die Grundstruktur einer solchen Ergebnisrechnung mit drei Produktgruppen A, B und C könnte etwa folgendermaßen aussehen:

Man unterteilt zunächst die Marketingkosten nach **Funktionsbereichen**. Je detaillierter dabei die Gliederung ist, je mehr Funktionskostenstellen also gebildet werden, desto aussagefähigere Ergebnisse lassen sich erzielen. Für unser Beispiel sei die Dreiteilung der Marketingaktivität in **Akquisition, Auftragsabwicklung** sowie **Verwaltung** gewählt.

Für jede der betroffenen Funktionsstellen wird nun ermittelt, welche der verschiedenen Marketingkostenarten, die die Produktgruppen verursachen, diesen direkt zugerechnet werden können bzw. welche über Schlüsselgrößen verteilt werden müssen. Auf diese Weise erhält man die für die Ergebnisrechnung nötigen Kosteninformationen, wobei diese in unserem Fall vereinfacht etwa das in Tab. 11.2. dargestellte Aussehen haben.

Tabelle 11.2.

Erfolgsrechnung auf Vollkostenbasis			
	A	B	C
I. Bruttoumsatz	....	....	....
./. Rabatte, Skonti und sonstige Erlösschmälerungen	....	....	....
II. Nettoerlös	....	....	....
./. Herstellkosten	....	....	....
III. Bruttoerfolg ohne Einbeziehung von Marketingkosten	....	....	....
./. direkt zurechenbare Kosten der Akquisition	....	....	....
./. direkt zurechenbare Kosten der Auftragsabwicklung	....	....	....
./. direkt zurechenbare Kosten der Verwaltung	....	....	....
IV. Produktgruppenbeitrag	....	....	....
./. geschlüsselte anteilige Marketinggemeinkosten	....	....	....
V. Nettoerfolg	....	....	....

Eine solche Rechnung beruht auf der Vorstellung, daß die **Marketinggemeinkosten** verursachungsgerecht verteilt werden können. Jede Schlüsselung echter Gemeinkosten birgt gleichwohl die Gefahr in sich, daß Gewinne oder Verluste nur „auf dem Papier" ausgewiesen werden, da das eine Erfolgssegment mit einem zu hohen, das andere mit einem zu geringen Anteil an Gemeinkosten belastet sein kann. Selektionsentscheidungen z. B. lassen sich keinesfalls auf einer solchen Basis treffen, zumal vor allem bei kleinen Erfolgssegmenten (z. B. Kundengruppen) mit einer Elimination die dazugehörigen Marketinggemeinkosten in der Regel nur in begrenztem Umfange und zudem nur allmählich abgebaut werden können. Es ist daher erforderlich, eine Form der Teilkostenrechnung zu Hilfe zu nehmen (siehe dazu auch § 6, Abschn. 3.2.2.1.).

Die **Deckungsbeitragsrechnung** verzichtet auf die Berücksichtigung der Kostenteile, die dem Kalkulationsobjekt nicht direkt zugerechnet werden können. Vom Gesamterlös werden stufenweise bestimmte Positionen abgezogen und auf diese Weise Deckungsbeiträge ermittelt. Diese sagen aus, in welchem Maße die Kalkulationsobjekte zur **Deckung** der **nicht verrechneten Kosten** sowie zum **Gewinn** beitragen. Der Erkenntnisgewinn wird weiter erhöht, wenn **Grenzkosten** zum Einsatz kommen, d. h. nur die Belastung in die Berechnung der Deckungsbeiträge eingeht, die bei einer Eliminierung des jeweils betrachteten Erfolgssegments tatsächlich wegfiele.

Es handelt sich dabei um eine kurzfristige Betrachtung; denn man geht davon aus, daß die nicht verrechneten Marketinggemeinkosten vorderhand nicht abbaufähig sind. Deshalb eignet sich die Deckungsbeitragsrechnung innerhalb der Erfolgssegmentrechnung insbesondere als **Informationsinstrument** für **taktische Entscheidungen**, vor allem aber als Grundlage für eine mögliche **Selektion** bestimmter Artikel. Für die **Produktgruppenrechnung** könnte das Kalkulationsschema etwa gemäß Tab. 11.3. aussehen.

Tabelle 11.3.

Deckungsbeitragsrechnung nach Produktgruppen			
	A	B	C
I. Nettoumsatz	....	....	....
./. Herstellkosten	....	....	....
./. direkt zurechenbare Marketingkosten, aufgeteilt nach verschiedenen Marketingfunktionen	....	....	....
II. Beitrag der Produktgruppe zur Deckung der nicht direkt zurechenbaren Marketingkosten und zum Gewinn	....	....	....

Von dem um die Herstellkosten bereinigten Nettoumsatz werden demnach stufenweise die Funktionskosten abgezogen; als Ergebnis erhält man für jede Produktgruppe einen bestimmten Deckungsbeitrag. Man kann dabei entweder die gesamten **Marketingeinzelkosten** oder auch nur die **-grenzkosten** in die Rechnung einbeziehen. Im ersten Fall gewinnt man einen Überblick über die **Rangfolge** der einzelnen **Produktgruppen** nach Maßgabe des erzielten **Erfolgs**, im zweiten gewisse **Aufschlüsse** hinsichtlich der **Konsequenzen** einer **Elimination** bestimmter **Erzeugnisse** aus dem Produktionsprogramm.

Besonders wichtig erscheint es, im Rahmen der Erfolgsrechnung sog. **spezifische Deckungsbeiträge** auszuweisen, da dadurch die Ergiebigkeit bestimmter Segmente ermittelt werden kann und dem Entscheidungsträger wertvolle Hinweise für die Aufteilung des Budgets auf Marketingaktivitäten geliefert werden. Es handelt sich dabei um Kennzahlen, bei denen der objekt- oder periodenbezogene Deckungsbeitrag zu den in Anspruch genommenen **Leistungs-** oder **Einsatzeinheiten** eines **Engpaßfaktors** in Beziehung gesetzt wird. Allerdings ergeben sich bei derartigen Ansätzen die bekannten Zurechnungsprobleme, die die praktische Brauchbarkeit einer solchen Ergiebigkeitsrechnung einschränken. Ein spezifischer Deckungsbeitrag, bezogen auf die akquisitorischen Marketingkosten, gibt beispielsweise an, wieviel DM an Deckungsbeitrag der Einsatz von 1 DM akquisitorischer Kosten in einem Erfolgssegment erbringt, wie „ergiebig" diese Mark also dort ist. Ähnliche Aufschlüsse vermittelt ein Vergleich verschiedener Deckungsbeiträge mit dem Nettoumsatz, der Kunden- bzw. Auftragszahl oder von 1 DM, die in die Werbung investiert wurde. Insgesamt gesehen stellen die durch derartige Berechnungen ermittelten **Kennzahlen Bausteine** für die **Beurteilung** der **Erfolgsträchtigkeit** verschiedener Segmente dar; sie sind daher für eine umfassende Marketing-Planung unentbehrlich.

Tabelle 11.4.

Deckungsbeitragsrechnung nach Aufträgen und Verkaufsbezirken

Kenngröße	Erfolgsbeitrag (in 1.000 DM)		
	B_1	B_2	B_3
Nettoumsatz	1.406,4	820,4	845,8
./. Skonti, Herstellkosten	1.084,4	594,4	624,4
Artikelbeitrag	322,0	226,0	221,4
./. Fracht	88,0	42,0	49,4
./. sonstige direkte Kosten der Auftragsabwicklung	7,2	4,8	5,4
Auftragsbeitrag	226,8	179,2	166,6
./. direkt den Verkaufsgebieten zurechenbare Kosten	22,0	4,0	6,6
Bezirksbeitrag	204,8	175,2	160,0
Summe der Bezirksbeiträge		540,0	

Das hier referierte Beispiel soll nur einige der möglichen Rechnungen verdeutlichen. Dabei wird von einem Unternehmen ausgegangen, das in den **Absatzgebieten G_1, G_2**

und G_3 mit jeweils einer Verkaufsniederlassung Umsätze erzielt. Die Absatzgebiete sind weiter unterteilt in die **Verkaufsbezirke $B_1, \ldots B_n$**, die von je einem Vertreter bearbeitet werden, wobei hier nur das Absatzgebiet G_1 zahlenmäßig entwickelt und analysiert wird.

Geht man in diesem Fall von der **Bezugsgrößenhierarchie** Aufträge – Verkaufsbezirke – Absatzgebiete – Gesamtumsatz aus, so lassen sich auf der untersten Stufe die Fracht- und alle zusätzlichen Kosten, die mit der Abwicklung der Kundenaufträge verbunden sind und sich mit der Anzahl der bearbeiteten Aufträge automatisch ändern, letzteren direkt zurechnen. Zieht man diese Kosten vom Artikelbeitrag (= Nettoumsatz ./. Herstellkosten ./. Skonti) ab, erhält man den Auftragsbeitrag (siehe Tab. 11.4.).

Aus Tab. 11.5. wird u. a. ersichtlich, daß ein Kunde im Verkaufsbezirk B_1 1.134,– DM zur Abdeckung der übrigen noch nicht verrechneten Marketingkosten und zum Gewinn beisteuert. Im Gegensatz dazu wirft ein Abnehmer in B_3 nur 476,– DM für diese Zwecke ab, obwohl der Auftragsbeitrag in % vom Nettoumsatz mit 19,70 noch um 3,56 Prozentpunkte höher liegt als im Bezirk 1. Dies könnte darauf hindeuten, daß man sich bemühen muß, im Bezirk 3 die durchschnittliche Auftragsgröße zu erhöhen. Andererseits zeigt die Kennzahl „Bezirksbeitrag in% vom Nettoumsatz", daß Bezirk 1 zwar den weitaus größten Umsatzanteil aufweist, aber im Vergleich zu Bezirk 2 und 3 wenig ergiebig ist.

Tabelle 11.5.

Spezifische Deckungsbeiträge einzelner Verkaufsbezirke

	Erfolgsbeitrag (in 1.000 DM)		
Kenngröße	B_1	B_2	B_3
Auftragsbeitrag (in 1.000 DM)	226,80	179,20	166,60
(1) in % vom Nettoumsatz	16,13	21,84	19,70
(2) je Auftrag* (in DM)	113,40	119,47	92,55
(3) je Kunde** (in DM)	1.134,00	597,33	476,00
Bezirksbeitrag (in 1.000 DM)	204,80	175,20	160,00
in % vom Nettoumsatz	14,56	21,36	18,92
* Anzahl der Aufträge	2.000	1.500	1.800
** Anzahl der Kunden	200	300	350

Der Bezirksbeitrag errechnet sich durch Abzug der den einzelnen Verkaufsbezirken direkt zurechenbaren Kosten (z. B. Vertreterfixum, lokale Werbung, Auslieferungslager) von den Auftragsbeiträgen. Man erkennt, daß nach Maßgabe dieses Kriteriums z. B. Bezirk 3 gegenüber Bezirk 2 etwas schlechtere Ergebnisse erbringt als bei Betrachtung der Artikelbeiträge, bei denen beide Bezirke fast gleich stark erscheinen. Durch Zusammenfassung der Bezirksbeiträge erhält man unter Abzug der den Absatzgebieten direkt zurechenbaren Kosten (im wesentlichen die von der Verkaufsniederlassung getroffenen Maßnahmen) den sog. Gebietsbeitrag (vgl. Tab. 11.6.). Dieser zeigt, daß das Absatzgebiet 3, das hier nicht aufgegliedert wurde, fast doppelt soviel zur Deckung der noch nicht verrechneten Kosten beisteuert wie Gebiet 1. Ob allerdings die Ergiebigkeit von Gebiet 3 zu den Gebieten 1 und 2 in derselben Relation steht, müßte wiederum durch Berechnung von spezifischen Deckungsbeiträgen geprüft werden.

Tabelle 11.6.

Deckungsbeitragsrechnung nach Absatzgebieten			
	Erfolgsbeitrag (in 1.000 DM)		
Kenngröße	G_1	G_2	G_3
Summe der Bezirksbeiträge	540	870	980
./. direkte Kosten der Gebiete (Verkaufsniederlassungen)	150	132	210
Gebietsbeitrag	390	738	770

2.2.3.4. Der Ausweis der Ergebnisveränderung

Eine wichtige Steuerungsgröße der Unternehmung bildet, wie wir sehen, der Deckungsbeitrag, der z. B. für Produkte, Erzeugnisgruppen, Verkaufsbezirke, Vertriebswege, Länder, Unternehmensteile etc. ermittelt werden kann. Noch aussagekräftiger als jede statische Größe dieser Art ist jedoch die gegenüber der letzten Periode eingetretene **Veränderung**. Wie sich diese zusammensetzt, soll am Beispiel der **Deckungsbeitragsflußrechnung** demonstriert werden. Die fragliche Größe wird nach Maßgabe folgender Formel in acht Teileffekte zerlegt:

$$\Delta DB = U_p + U_x + U_{px} + U_s - K_k - K_K - K_{kK} - K_s$$

Dabei und im folgenden bedeuten:

ΔDB = Änderung des Deckungsbeitrages
U_p = Preiseffekt
U_x = Mengeneffekt
U_{px} = Preis-Mengen-Effekt
U_s = Umsatzstruktureffekt
K_k = Stückkosteneffekt
K_K = Gesamtkosteneffekt
K_{kK} = Kosten-Mengen-Effekt
K_s = Kostenstruktureffekt

Tabelle 11.7.

Berechnung und Interpretation der mit Hilfe der Deckungsbeitragsflußrechnung zu quantifizierenden Effekte		
Effekt	**Berechnungsformel**	**Interpretation**
Preiseffekt	$U_p = \sum_{i=1}^{n} x_{i,t-1} \cdot (p_{i,t} - p_{i,t-1})$	durch Preisvariation bedingte Umsatzänderung.
Mengeneffekt	$U_x = \sum_{i=1}^{n} (x_{i,t} - x_{i,t-1}) \cdot \bar{p}_{t-1}$	Teil der Umsatzänderung, der auf die Variation der Absatzmenge zurückzuführen ist.
Preis-Mengen-Effekt	$U_{px} = \sum_{i=1}^{n} (x_{i,t} - x_{i,t-1}) \cdot (p_{i,t} - p_{i,t-1})$	durch gleichzeitige Variation von Absatzmenge und Verkaufspreis verursachte, über den Preis- und Mengeneffekt hinausgehende Umsatzänderung.
Umsatzstruktureffekt	$U_s = \sum_{i=1}^{n} (U_{i,t} - U_{i,t-1}) - U_p - U_x - U_{px}$	Teil der Umsatzänderung, der durch Veränderung der Absatzstruktur determiniert wird.
Stückkosteneffekt	$K_k = \sum_{i=1}^{n} x_{i,t-1} \cdot (k_{i,t} - k_{i,t-1})$	durch Stückkostenvariation bedingte Kostenänderung.
Gesamtkosteneffekt	$K_K = \sum_{i=1}^{n} (x_{i,t} - x_{i,t-1}) \cdot \bar{k}_{t-1}$	Teil der Kostenänderung, der auf die Variation der Produktionsmenge zurückzuführen ist.
Kosten-Mengen-Effekt	$K_{kK} = \sum_{i=1}^{n} (x_{i,t} - x_{i,t-1}) \cdot (k_{i,t} - k_{i,t-1})$	durch gleichzeitige Variation von Stückkosten und Produktionsmenge verursachte, über den Stückkosten- und Gesamtkosteneffekt hinausgehende Kostenänderung.
Kostenstruktureffekt	$K_s = \sum_{i=1}^{n} (K_{i,t} - K_{i,t-1}) - K_k - K_K - K_{kK}$	Teil der Kostenänderung, der durch Veränderung der Absatzstruktur determiniert wird.

Dabei bedeuten:

$x_{i,t}$, $p_{i,t}$, $k_{i,t}$ = Absatzmenge, Stückpreis und Stückkosten des *i*-ten Artikels in Periode *t*

$\bar{p}_t$ = Durchschnittspreis der einer Bezugsgröße zuzurechnenden Artikel in Periode *t*

$\bar{k}_t$ = Durchschnittsstückkosten der einer Bezugsgröße zuzurechnenden Artikel in Periode *t*

$K_{i,t}$ = Kosten des Artikels *i* in Periode *t*

$U_{i,t}$ = Umsatz des Artikels *i* in Periode *t*

n = Anzahl der einer Bezugsgröße zurechenbaren Artikel

Quelle: *Lingenfelder / Thomas* 1987, S. 533.

Wie man die einzelnen Effekte ermittelt und wie sie ökonomisch zu interpretieren sind, ist Tabelle 11.7. zu entnehmen.

Betrachten wir dazu ein einfaches **Beispiel**, bei dem wir uns überdies nur die **Umsatzseite** ansehen wollen. Bezüglich der **Kosten** wäre analog zu verfahren.

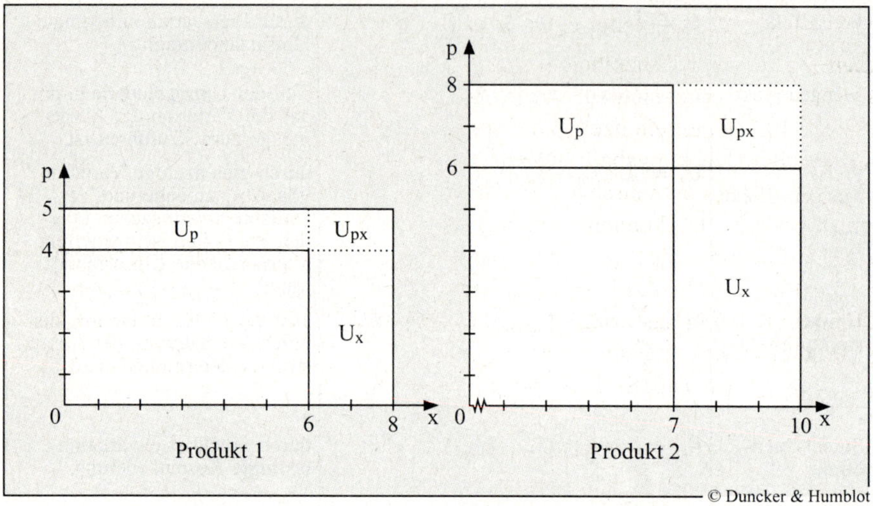

Abb. 11.5.: Beispiel für die Deckungsbeitragsflußrechnung

Der Umsatz nimmt um (5 · 8 – 4 · 6) + (6 · 10 – 8 · 7) = 20 Einheiten zu, wobei sich diese Zahl auch durch Addition der vier folgenden Effekte ergibt:

$$U_p = 6 \cdot (5-4) + 7 \cdot (6-8) = -8;$$

$$U_x = (2+3) \cdot \frac{4+8}{2} = 30;$$

$$U_{px} = (8-6) \cdot (5-4) + (10-7) \cdot (6-8) = -4;$$

$$U_s = (40-24) + (60-56) - (-8) - (-4) - 30 = 2.$$

Der Umsatzstruktureffekt resultiert hier, da weder ein Produkt hinzugekommen noch ein solches weggefallen ist, allein aus dem Umstand, daß der Mengeneffekt U_x auf der Basis eines ungewichteten Durchschnittspreises der Vorperiode (hier mit dem Wert 6) errechnet wurde. Ginge man von einem gewichteten Mittelwert (mit dem Wert 6,4) aus, wäre jener Null.

$$U_x' = 2 \cdot 4 + 3 \cdot 8 = (2+3)\, 6{,}4 = 32.$$

Entsprechend dem Konzept des Deckungsbeitrags kann **Struktur** ganz Verschiedenes bedeuten. In dem hier vermittelten Illustrationsbeispiel waren es **Produkte**, in dem folgenden Fall, der auf authentischen Zahlen beruht, sind es **Vertriebswege**. Hier zeigt sich auch, daß sich beide Kriterien leicht kombinieren lassen.

Die Daten beziehen sich auf einen Abfüller von *Pepsi Cola,* der **alkoholfreie Getränke** in unterschiedlicher **Verpackung** und mit ganz verschiedenen **Füllmengen** vertreibt (Einzelheiten dazu bei *Lingenfelder / Thomas* 1987, S. 532 ff.). Der Anbieter stützt sich auf vier **Vertriebswege**, nämlich Großhandel, Gaststätten, den Lebensmitteleinzelhandel und Kantinen. Wie sich die in der Bezugsperiode erzielten Deckungsbeiträge auf sieben ausgewählte Produkte verteilen, ist Tabelle 11.8. zu entnehmen. Daß einiger Anlaß zur Besorgnis besteht, kann man aus Tabelle 11.9. erkennen; denn mit Ausnahme von Artikel 4 haben sich sämtliche Deckungsbeiträge gegenüber der Vorperiode verschlechtert. Als besonders problematisch fällt Artikel 7 auf, der, was hier nicht ausgewiesen ist, mengen- und umsatzmäßig das zweitwichtigste Element der Produktpalette darstellt. Was sich im einzelnen abgespielt hat, geht aus den Tabellen 11.10. und 11.11. hervor, deren Saldo die Tabelle 11.9. bildet.

Tabelle 11.8.

Bedeutung ausgewählter Artikel und ihrer Vertriebswege hinsichtlich des Deckungsbeitrags

Artikel	Vertriebsweg					Artikelanteil am Gesamtdeckungsbeitrag des Unternehmens (in %)
	Großhandel	Gaststätten	LEH	Kantinen	Gesamt	
	Anteil am Deckungsbeitrag je Artikel (in %)					
1 (0,2 l MW-Flasche)	89,4	5,4	3,3	1,9	100	0,7
2 (0,33 l MW-Flasche)	32,5	4,1	0,9	62,5	100	3,7
3 (1,5 l MW-Flasche)	0,8	1,0	98,2	0,0	100	3,5
4 (0,5 l MW-Flasche)	20,9	1,7	1,5	75,9	100	0,7
5 (1,0 l MW-Flasche)	23,7	30,8	43,1	2,4	100	7,6
6 (1,0 l EW-Flasche)	– 19,3	– 3,5	119,7	3,1	100	0,0
7 (0,33 l Dose)	0,5	– 3,5	104,8	– 1,8	100	– 3,7

Basis: kumulierter Deckungsbeitrag 10 / 85 - 10 / 86, gerundete Werte.

Anmerkung: MW = Mehrweg
EW = Einweg
LEH = Lebensmitteleinzelhandel

Tabelle 11.9.

Analyse der Deckungsbeitragsänderung für die betrachteten Artikel				
Artikel	Deckungsbeitragsänderung (in %)		Quelle der Deckungsbeitragsänderung (in %)	
			Umsatzentwicklung	Kostenentwicklung
1 (0,2 l MW-Flasche)	– 1,8	=	+ 20,7	– 22,5
2 (0,33 l MW-Flasche)	– 15,0	=	– 61,7	+ 46,7
3 (1,5 l MW-Flasche)	– 20,4	=	– 79,7	+ 59,3
4 (0,5 l MW-Flasche)	+ 10,0	=	+ 47,5	– 37,5
5 (1,0 l MW-Flasche)	– 19,6	=	+ 73,8	– 93,4
6 (1,0 l EW-Flasche)	– 453,2	=	+ 5767,4	– 6.220,6
7 (0,33 l Dose)	– 281,4	=	+ 371,2	– 652,6

Vergleichsperioden: 10 / 84 - 10 / 85 und 10 / 85 - 10 / 86, gerundete Werte.
Basis: je Betrachtungszeitraum kumulierter Deckungsbeitrag.

Tabelle 11.10.

Analyse der Umsatzänderung für die betrachteten Artikel						
Artikel	Umsatzänderung (in %)		Quelle der Umsatzänderung (in %)			
			Preiseffekt	Mengeneffekt	Umsatzstruktureffekt	Preis-Mengen-Effekt
1 (0,2 l MW-Flasche)	+ 20,7	=	– 2,6	+ 23,7	– 0,3	– 0,1
2 (0,33 l MW-Flasche)	– 61,7	=	– 0,6	– 58,0	– 3,2	+ 0,1
3 (1,5 l MW-Flasche)	– 79,7	=	+ 1,5	– 80,7	– 0,3	– 0,2
4 (0,5 l MW-Flasche)	+ 47,5	=	+ 1,9	+ 49,1	– 3,7	+ 0,2
5 (1,0 l MW-Flasche)	+ 73,8	=	– 20,2	+ 105,8	– 8,2	– 3,6
6 (1,0 l EW-Flasche)	+ 5.767,4	=	– 90,6	+ 7142,9	– 379,4	– 905,5
7 (0,33 l Dose)	+ 371,2	=	– 198,1	+ 659,7	– 11,5	– 78,9

Vergleichsperioden: 10 / 84 - 10 / 85 und 10 / 85 - 10 / 86, gerundete Werte.
Basis: je Betrachtungszeitraum kumulierter Umsatz.

Man erkennt, daß z. B. bei **Artikel 1** der Umsatz um 20,7 % ausgeweitet werden konnte, während gleichzeitig die Kosten um 22,5 % stiegen. Dabei ist der Durchschnittspreis geringfügig gefallen (Preiseffekt = -2,6 %) und die Stückkosten haben nahezu im gleichen Umfang zugenommen (Stückkosteneffekt = 2,7 %). Die Absatzmenge ist gewachsen (Mengeneffekt = 23,7 %), während die mengenbedingten Kosten ebenfalls, aber in einem vergleichsweise geringeren Maße stiegen (Gesamtkosteneffekt von 20,0%). Das unbefriedigende Ergebnis ist also auf den Preis- und den Stückkosteneffekt zurückzuführen.

Tabelle 11.11.

Analyse der Kostenänderung für die betrachteten Artikel						
Artikel	Kosten-änderung (in %)	Quelle der Kostenänderung (in %)				
		Stück-kosten-effekt	Gesamt-kosten-effekt	Kosten-Struktur-effekt	Kosten-Mengen-Effekt
1 (0,2 l MW-Flasche)	+ 22,5 =	+ 2,7	+ 20,0	− 0,3	+ 0,1
2 (0,33 l MW-Flasche)	− 46,7 =	+ 0,7	− 46,8	− 0,6	± 0,0
3 (1,5 l MW-Flasche)	− 59,3 =	+ 6,3	− 64,6	± 0,0	− 1,0
4 (0,5 l MW-Flasche)	+ 37,5 =	− 3,1	+ 41,4	− 0,5	− 0,3
5 (1,0 l MW-Flasche)	+ 93,4 =	+ 5,8	+ 88,1	− 1,6	+ 1,1
6 (1,0 l EW-Flasche)	+ 6.220,6 =	+ 14,8	+ 6.142,9	− 85,0	+ 147,9
7 (0,33 l Dose)	+ 652,6 =	+ 24,6	+ 619,9	− 1,7	+ 9,8

Vergleichsperioden: 10 / 84 - 10 / 85 und 10 / 85 - 10 / 86, gerundete Werte.

Basis: je Betrachtungszeitraum kumulierte Kosten.

„+" = Kostensteigerung; „–" = Kostenreduktion.

Ein ähnliches Bild ergibt sich beim Hauptumsatzträger, bei **Artikel 5**, wo die Stückzahl (Mengeneffekt = 105,8%) über eine Preissenkung (Preiseffekt = – 20,2%) beträchtlich ausgeweitet werden konnte, gleichzeitig aber die Gesamtkosten spürbar und die Stückkosten geringfügig zugenommen haben. Blicken wir auf die Absatzwege in Tabelle 11.8. zurück, fragt man sich, ob sich das Problem durch eine stärkere Differenzierung des Preises lösen läßt.

Artikel 7 schließlich wird nahezu ausschließlich über den Nahrungsmittelhandel vertrieben. Hier wie auch bei Artikel 6, der allerdings so gut wie keine Bedeutung erlangt, wurde offenbar Preisschleuderei betrieben, was zwar den Umsatz ausweitete, sich aber angesichts einer fast doppelt so großen Kostenänderung keineswegs auszahlte. Falls sich hier keine höheren Entgelte durchsetzen lassen, wird man auf den Absatz dieses Produkts in der Zukunft wohl verzichten müssen.

Neben Konzepten von der Art, wie sie zuletzt skizziert wurden, gibt es eine unübersehbare Zahl weiterer Möglichkeiten, Informationen aufzubereiten. *Mertens / Griese* (1991, S. 87 ff.) beispielsweise unterscheiden nicht weniger als 15 Ansatzpunkte für eine sinnvolle **Strukturierung** von **Daten** allein im, wie sie es nennen, **Marketing** und **Vertrieb**. All dies wäre ohne den in den letzten Jahren in der Wirtschaftsinformatik erzielten Fortschritt undenkbar gewesen.

Wichtige Impulse sowohl für die Planung als auch für die Kontrolle im Marketing haben deshalb **Wirtschaftsinformatiker** und **Software Häuser** gegeben. ·Allein schon der Wettbewerbsdruck, unter dem letztere stehen, sorgt dafür, daß die Entwicklung nicht abreißt. Das **Informationsangebot** wird sich deshalb ständig vergrößern, wobei immer noch **komfortablere Lösungen** gefunden werden.

Quellen

Albach, H., Schumpeter auf der Spur, in: Wirtschaftswoche, 38. Jg. (1984), Heft 30, S. 56-58.

Andreasen, A. R., Verbraucherzufriedenheit als ein Beurteilungsmaßstab für die unternehmerische Marktleistung, in: *Hansen, U. / Stauss, B. / Riemer, M.* (Hrsg.), Marketing und Verbraucherpolitik, Stuttgart 1982, S. 182-195.

Bearden, W. O. / Teel, J. E., Selected Determinants of Consumer Satisfaction and Complaint Reports, in: Journal of Marketing Research, Vol. 10 (1983), pp. 21-28.

–/– An Investigation of Personal Influences on Consumer Complaining, in: Journal of Retailing, Vol. 56 (1980), pp. 3-20.

Böcker, F., Präferenzforschung als Mittel marktorientierter Unternehmensführung, in: ZfbF, 38. Jg. (1986), S. 543-574.

Braun, I., Struktur und Einsatz eines diagnostischen Instrumentariums zur Aufdeckung von Marketingdefiziten – Diam, München 1991.

Bruhn, M., Konsumentenzufriedenheit und Beschwerden, Frankfurt/Main–Bern 1982.

– Konsumentenzufriedenheit und Beschwerden, in: Das Wirtschaftsstudium, 14. Jg. (1985), S. 300-307.

Buzzell, R. D. / Gale, B. T., Das PIMS-Programm, Wiesbaden 1989.

Czepiel, J. A. / Rosenberg, L. J., The Study of Consumer Satisfaction – Adressing the „So What" Question, in: *Hunt, H. K.* (Ed.), Conceptualization and Measurement of Consumer Satisfaction and Dissatisfaction, Cambridge, Mass., 1977, pp. 92-119.

Day, R. L., The Next Step: Commonly Accepted Constructs for Satisfaction Research, Paper presented at the Seventh Annual Conference on Consumer Satisfaction, Dissatisfaction and Complaining Behavior, Knoxville, Tenn., 1982.

European Consumer Law Group, Servicing of Cars and Electrical Goods, in: Journal of Consumer Policy, Vol. 12 (1989), pp. 485-517.

Fornell, C., A National Customer Satisfaction Barometer: The Swedish Experience, in: Journal of Marketing, Vol. 56 (1992), No. 1, pp. 6-21.

Goodman, J. / Malech, A. / Marra, T., Beschwerdepolitik unter Kosten / Nutzen-Gesichtspunkten: Lernmöglichkeiten aus den USA, in: *Hansen, U. / Schoenheit, I.* (Hrsg.), Verbraucherzufriedenheit und Beschwerdeverhalten, Frankfurt/Main u. a. 1987.

Graf, K., Die Behandlung von Verbraucherbeschwerden in Unternehmen, Berlin 1990.

Haines, G. H., Three Papers on Consumer Satisfaction / Dissatisfaction: A Comment, in: *Wilkie, W. L.* (Ed.), Advances in Consumer Research, Vol. 7 (1979), Ann Arbor, Mich., pp. 450-452.

Haller, S., Methoden zur Beurteilung von Dienstleistungsqualität – Überblick zum State of the Art –, in: ZfbF, 45. Jg. (1993), S. 19-40.

Hansen, H. R., Wirtschaftsinformatik I, 6., neu bearb. und stark erw. Aufl., Stuttgart / Jena 1992.

Hansen, U. / Hofmann, A., Kosten-Nutzen-Analyse von Beschwerdemanagement-Systemen, Lehr- und Forschungsbericht der Abteilung Markt und Konsum, Universität Hannover, Hannover 1989.

Hansen, U. / Jeschke, K., Beschwerdemanagement für Dienstleistungsunternehmen: Beispiel des Kfz-Handels, in: *Bruhn, M. / Stauss, B.* (Hrsg.), Dienstleistungsqualität, Konzepte – Methoden – Erfahrungen, Wiesbaden 1991, S. 199-223.

–/– Die Beschwerdepolitik des Kfz-Handels, in: Thexis, 8. Jg. (1991), Nr. 2, S. 41-46.

Hansen, U. / Schoenheit, I. (Hrsg.), Verbraucherzufriedenheit und Beschwerdeverhalten, Frankfurt/Main u. a. 1987.

Harrigan, K. R., Strategies for Declining Business, Lexington, Mass.–Toronto 1980.

Hentschel, B., Die Messung wahrgenommener Dienstleistungsqualität mit SERVQUAL. Eine kritische Auseinandersetzung, in: Marketing · ZFP, 12. Jg. (1990), S. 230-240.

– Dienstleistungsqualität aus Kundensicht. Vom merkmals- zum ereignisorientierten Ansatz, Wiesbaden 1992.

Hirschman, A. O., Abwanderung und Widerspruch, Tübingen 1974.

Kaas, K. P. / Runow, H., Wie befriedigend sind die Ergebnisse der Forschung zur Verbraucherzufriedenheit?, in: *Hansen, U. / Schoenheit, I.* (Hrsg.), Verbraucherzufriedenheit und Beschwerdeverhalten, Frankfurt / Main u. a. 1987.

Kotler, Ph. / Gregor, W. / Rodgers, W., The Marketing Audit Comes of Age, Wiederabdruck mit einem ergänzenden Kommentar der Autoren, in: Sloan Management Review, Vol. 30 (Winter 1989), pp. 42-62.

Kiener, J., Marketing-Controlling, Darmstadt 1980.

Lingenfelder, M. / Schneider, W., Die Kundenzufriedenheit. Bedeutung, Meßkonzept und empirische Befunde, in: Marketing · ZFP, 13. Jg. (1991), S. 109-119.

Lingenfelder, M. / Thomas, U., Die Deckungsbeitragsflußrechnung als Analyseinstrument im Marketing, in: WiSt, 16. Jg. (1987), S. 531-536.

McNeal, J. U. / Lamb, Ch. W. jr., Consumer Satisfaction as a Measurement of Marketing Effectiveness, in: Akron Business and Economic Review, Vol. 10 (1979), No. 2 (Spring), pp. 41-45.

Meffert, H. / Bruhn, M., Beschwerdeverhalten und Zufriedenheit von Konsumenten, in: DBW, 41. Jg. (1981), S. 597-613.

–/– Griesgram im Griff, in: absatzwirtschaft, 22. Jg. (1979), Nr. 3, S. 106-108.

Mertens, P. / Griese, J., Integrierte Informationsverarbeitung 2 – Planungs- und Kontrollsysteme in der Industrie, 6., völlig neu bearb. und erw. Aufl., Wiesbaden 1991.

Meyer, A. / Dornach, F., Feedback für strategische Vorteile, in: absatzwirtschaft, 35. Jg. (1992), Sondernummer Oktober, S. 120-135.

o. V., Die Informationsindustrie auf dem Prüfstand, in: absatzwirtschaft, 28. Jg. (1985), Nr. 10, S. 136-143.

Oliver, R. L., Measurement and Evaluation of Satisfaction Processes in Retail Settings, in: Journal of Retailing, Vol. 57 (1981), pp. 25-48.

– Theoretical Bases of Consumer Research: Review, Critique and Future Directions, in: *Lamb, Ch. W. jr. / Dunne, P. M.* (Eds.), Theoretical Developments in Marketing, Chicago, Ill. 1980, pp. 206-210.

Parasuraman, A. / Zeithaml, V. / Berry, L. L., SERVQUAL: A Multiple-Item Scale for Measuring Consumer Perceptions of Service Quality, in: Journal of Retailing, Vol. 64 (1988), pp. 5-37.

Patt, P.-J., Strategische Erfolgsfaktoren im Einzelhandel, Frankfurt / Main u. a. 1988.

Peters, T. J. / Waterman, R. H., Auf der Suche nach Spitzenleistungen, Landsberg am Lech 1984.

Raffée, H. / Sauter, B. / Silberer, G., Theorie der kognitiven Dissonanz und Konsumgüter-Marketing, Wiesbaden 1973.

Renoux, Y., The Interface with Consumers, in: *Holloway, R. J. / Hancock, R. S.* (Eds.), The Environment of Marketing-Management, 3rd Ed., New York etc. 1973, pp. 442-448.

– Consumer Dissatisfaction and Public Policy, in: *Allvine, F. C.* (Ed.), Policy and Marketing Practices, Chicago, Ill., 1973, pp. 53-63.

Riemer, M., Beschwerdemanagement, Frankfurt/Main–New York 1986.

Roventa, P., Portfolio-Analyse und Strategisches Management, 2., durchges. Aufl., München 1981.

Runow, H., Zur Theorie und Messung der Verbraucherzufriedenheit, Frankfurt/Main 1982.

Schmalenbach, E., Selbstkostenrechnung und Preispolitik, Leipzig 1934.

Standop, D. / Hesse, H. W., Zur Messung der Kundenzufriedenheit mit Kfz-Reparaturen, Osnabrück 1985.

Stauss, B., Beschwerdepolitik als Instrument des Dienstleistungsmarketing, in: Jahrbuch der Absatz- und Verbrauchsforschung, 35. Jg. (1989), S. 41-62.

Stauss, B. / Hentschel, B., Messung von Kundenzufriedenheit. Merkmals- oder ereignisorientierte Beurteilung von Dienstleistungsqualität, in: Marktforschung & Management, 37. Jg. (1993), S. 115-121.

Taylor III, A., More Power to J. D. Power, in: Fortune, May 18, 1992, p. 77.

Thieme, U., Verbraucherinteresse und die Funktion der Nachfrageermittlung des Einzelhandels in der BRD, Frankfurt/Main 1987.

Töpfer, A., Erfolgsfaktoren des strategischen Marketing in deutschen Unternehmen, in: *Wieselhuber, N. / Töpfer, A.* (Hrsg.), Handbuch Strategisches Marketing, Landsberg am Lech 1984, S. 49-66.

Weinhold, H. / Baumgartner, R., Konsumentenzufriedenheit, Uttwill 1982.

Westbrook, R. A. / Cote, J. A., An Exploratory Study of Non-Product-Related Influences upon Consumer Satisfaction, in: *Olson, J. D.* (Ed.), Advances in Consumer Research, Vol. 7 (1980), Ann Arbor, Mich., pp. 577-581.

Weiterführende Literatur

Albers, S., Ursachenanalyse von marketingbedingten IST-SOLL-Deckungsbeitragsabweichungen, in: ZfB, 62. Jg. (1992), S. 199-223.

Becker, W., Funktionsprinzipien des Controlling, in: ZfB, 60. Jg. (1990), S. 295-318.

Böcker, F. / Dichtl, E. (Hrsg.), Erfolgskontrolle im Marketing, Berlin 1975.

Böcker, F., Ganzheitliche Marketing-Kontrolle, in: WiSt, 20. Jg. (1991), S. 106-113.

– Marketing-Kontrolle, Stuttgart u. a. 1988.

Burmann, Ch., Konsumentenzufriedenheit als Determinante der Marken- und Händlerloyalität, in: Marketing · ZFP, 13. Jg. (1991), S. 249-258.

Diller, H., Produkt-Management und Marketing-Informationssysteme, Berlin 1975.

Döpke, U., Strategisches Marketing-Controllership, Frankfurt/Main 1986.

Droege, W. P. J., Marketing-Audit, in: *Raffée, H. / Wiedmann, K.-P.* (Hrsg.), Strategisches Marketing, 2. Aufl., Stuttgart 1989, S. 169-185.

Ehrmann, H., Marketing-Controlling, 2. Aufl., Ludwigshafen 1995.

Finkenrath, R., Mehr Erfolg durch gewinnorientiertes Marketing und Marketing-Controlling, Landsberg am Lech 1985.

Greipl, E., Bestimmung und Würdigung von Marktanteilen, in: *Böcker, F. / Dichtl, E.* (Hrsg.), Erfolgskontrolle im Marketing, Berlin 1975, S. 101-115.

Grögl, P., Marketing-Controlling, Wien 1988.

Hahn, D., PuK – Planung und Kontrolle, Planungs- und Kontrollsysteme, Planungs- und Kontrollrechnung, 4., vollst. überarb. u. erw. Aufl., Wiesbaden 1994.

Heigl, A., Controlling – Interne Revision, 2., neu bearb. und erw. Aufl., Stuttgart 1989.

Heinzelbecker, K., Informationsversorgung im Marketing-Controlling. Ein praxisorientiertes Konzept, in: Controlling, 3. Jg. (1991), S. 244-251.

Hörschgen, H., Kontrolle des Werbeerfolgs, in: *Böcker, F. / Dichtl, E.* (Hrsg.), Erfolgskontrolle im Marketing, Berlin 1975, S. 273-286.

Hörschgen, H. / Gaiser, B. / Strobel, K., Die Werbeerfolgskontrolle in der Industrie, Stuttgart 1981.

Hörschgen, H. / Kachel, H., Größenbedingte Vor- und Nachteile mittelständischer Einzelhandelsunternehmen im Absatzbereich, in: *Treis, B.* (Hrsg.), Der mittelständische Einzelhandel im Wettbewerb, München 1981, S. 77-127.

Horváth, P., Controlling, 5., überarb. Aufl., München 1994.

– Controllingkonzeptionen für die Zukunft, Trends und Visionen, Stuttgart 1991.

– Organisationsprüfung, in: *Frese, E.* (Hrsg.), Handwörterbuch der Organisation, 3., völlig neu gest. Aufl., Stuttgart 1992, Sp. 1602-1618.

Kellinghusen, G. / Wübbenhorst, K. L., Strategisches Controlling: Überwindung der Lükke zwischen operativem und strategischem Management, in: DBW, 49. Jg. (1989), S. 709-716.

Köhler, R., Beiträge zum Marketing-Management: Planung, Organisation, Controlling, 3., erw. Aufl., Stuttgart 1993.

Kühn, R. / Fasnacht, R., Strategisches Audit im Marketing, in: Thexis, 9. Jg. (1992), Nr. 5, S. 4-10.

Liebl, W. F., Marketing-Controlling: Theorie, Praxis, Möglichkeiten, Wiesbaden 1989.

Maier, H., Controlling – Eine entscheidende Einflußgröße für die Organisation, in: Zeitschrift Führung + Organisation, 59. Jg. (1990), S. 189 f.

Mann, R., Praxis Strategisches Controlling, 5. Aufl., Landsberg am Lech 1989.

McClure, N. R. / Kiecker, P., Explaining Differences in Individuals' Propensity to Complain, in: *American Marketing Association* (Eds.), 1992 AMA Educators' Proceedings, Enhancing Knowledge Development in Marketing, Vol. 3 (1992), pp. 79-84.

Meissner, H. G. / Auerbach, H., Euro-Marketing-Controlling, in: Controlling, 2. Jg. (1990), S. 232-239.

Oliva, T. A. / Oliver, R. L. / MacMillan, I. C., A Catastrophe Model for Development Service Satisfaction Strategies, in: Journal of Marketing, Vol. 56 (1992), No. 3, pp. 83-95.

Palloks, M., Marketing-Controlling: Konzeption zur entscheidungsbezogenen Informationsversorgung des operativen und strategischen Marketing-Management, Frankfurt / Main 1991.

Peemöller, V. H., Controlling. Grundlagen und Einsatzgebiete, 2. Aufl., Herne 1992.

Preissler, P. R., Controlling, 6., durchges. Aufl., München 1995.

Risak, J. / Deyhle, A. / Eschenbach, R., Controlling. State of the Art und Entwicklungstendenzen, 2., durchges. Aufl., Wiesbaden 1992.

Sieberts, H., Absatzwirtschaftliche Kennzahlen, in: *Tietz, B.* (Hrsg.), Handwörterbuch der Absatzwirtschaft, ungek. Sonderausgabe, Stuttgart 1992, Sp. 995-1001.

Sjurts, I., Kontrolle, Controlling und Unternehmensführung, Wiesbaden 1995.

Varadarajan, P. R. / Clark, T. / Pride, W. M., Controlling the uncontrollable: Managing your Market Environment, in: Sloan Management Review, Vol. 33 (Winter 1992), pp. 39-47.

Zahn, E., Marketing- und Vertriebscontrolling, 3. Aufl., Landsberg am Lech 1991.

Ziegenbein, K., Controlling, 5. Aufl., Ludwigshafen 1995.

Zündorf, W., Kontroll-Management aus absatzpolitischer Sicht, Bergisch-Gladbach u. a. 1989.

Teil V

Die Verankerung des Marketing in der Unternehmung

§ 12 Marketing-Organisation

1. Menschen und Tätigkeiten als Objekte der Organisation

1.1. Die Marketingfunktion als Element der Unternehmensorganisation

Historisch betrachtet wird die zunehmende Bedeutung der Marketingfunktion einer Unternehmung auch von ihrer Organisationsform reflektiert. Die Entwicklung durchlief **vier Phasen**:

(1) In der ersten erwies sich die Veräußerung der produzierten Güter und Dienste als vergleichsweise einfach. Marketing, sofern man in diesem Stadium überhaupt schon davon sprechen kann, beschränkte sich weitgehend auf die Rolle der **Distribution**. Die Produzenten unterhielten zwar bereits Verkaufsabteilungen, doch spielten andere Teilfunktionen des Marketing, wie z. B. Marktforschung, Absatzplanung und Werbung, noch keine besondere Rolle. Produktgestaltung und Budgetierung waren den Aufgabenbereichen anderer Abteilungen zugeordnet.

Im Zuge der Expansion der Märkte und Intensivierung der Konkurrenz traten neue Probleme auf, die der Verkaufsleiter nicht mehr im Alleingang zu lösen vermochte. Man ging deshalb dazu über, bestimmte **Funktionen** auszugliedern und zu eigenen **Abteilungen** auszugestalten. Diese Teilbereiche (z. B. Werbung) wurden ihrerseits Führungskräften unterstellt, die hierarchisch dem Verkaufsleiter gleichgeordnet waren. Wie eine solche Organisation aussieht, zeigt Abb. 12.1. In den USA herrschte diese Art der Marketing-Organisation bis zum Beginn des Zweiten Weltkrieges vor, in Deutschland bis Mitte der fünfziger Jahre.

(2) In der zweiten Entwicklungsphase führte ein besseres Verständnis der mit dem Absatz zusammenhängenden Probleme zu entscheidenden organisatorischen Veränderungen. Eine erste Auswirkung der neuen Denkweise ist zum einen darin zu sehen, daß alle **Absatzaktivitäten** einer **einzigen** für die Absatzaufgaben verantwortlichen **Führungskraft** zugewiesen werden, die jedoch häufig den Titel „Verkaufsleiter" trägt. Zum anderen werden absatzbezogene Tätigkeiten, die zuvor anderen Unternehmensbereichen zugeordnet waren, wie z. B. Verkäuferschulung, Kundendienst und Absatzprognose, in diese **neu geschaffene Abteilung** eingegliedert.

Dieses Organisationskonzept (vgl. Abb. 12.2.) war typisch für die Phase verstärkter Absatzbemühungen, die von den Unternehmungen nach der Deckung des kriegsbedingten Nachholbedarfs entfaltet wurden. In Amerika beobachtete man diese Konzeption bis weit in die fünfziger, in Deutschland bis in die sechziger Jahre hinein.

(3) Das dritte Stadium des Prozesses ist dadurch gekennzeichnet, daß sich eine **Marketingabteilung** herausbildet, die auf einer Ebene mit dem Produktions-,

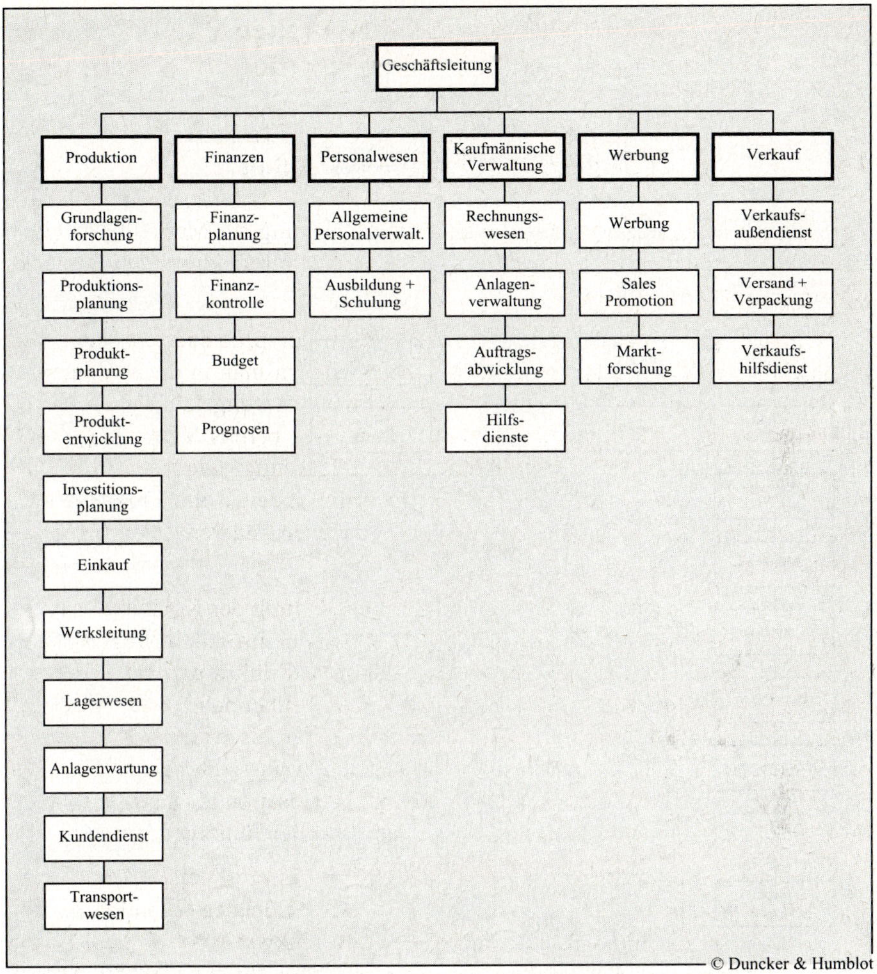

Abb. 12.1.: Produktionsorientierte Unternehmensorganisation

Finanz-, Personal- und Verwaltungsressort steht. In dieser Phase wird in zunehmendem Maße die zentrale Rolle erkannt, die das Marketing für die Erreichung der unternehmerischen Ziele spielt.

Wie Abb. 12.3. zeigt, ist der Integrationsprozeß durch zwei wesentliche Veränderungen gekennzeichnet. Zum einen werden weitere, bislang noch anderen Unternehmensbereichen vorbehaltene Funktionen, wie z. B. Produktplanung, Produktentwicklung und Preisgestaltung, unter die Verantwortung des Marketing-Chefs gestellt, zum anderen entschließt man sich, spezielle Marketingdienste (z. B. Public Relations) im Rahmen dieses Ressorts zu verselbständigen oder auch auszugliedern (z. B. Verkäuferschulung). Die Situation hat sich auch inso-

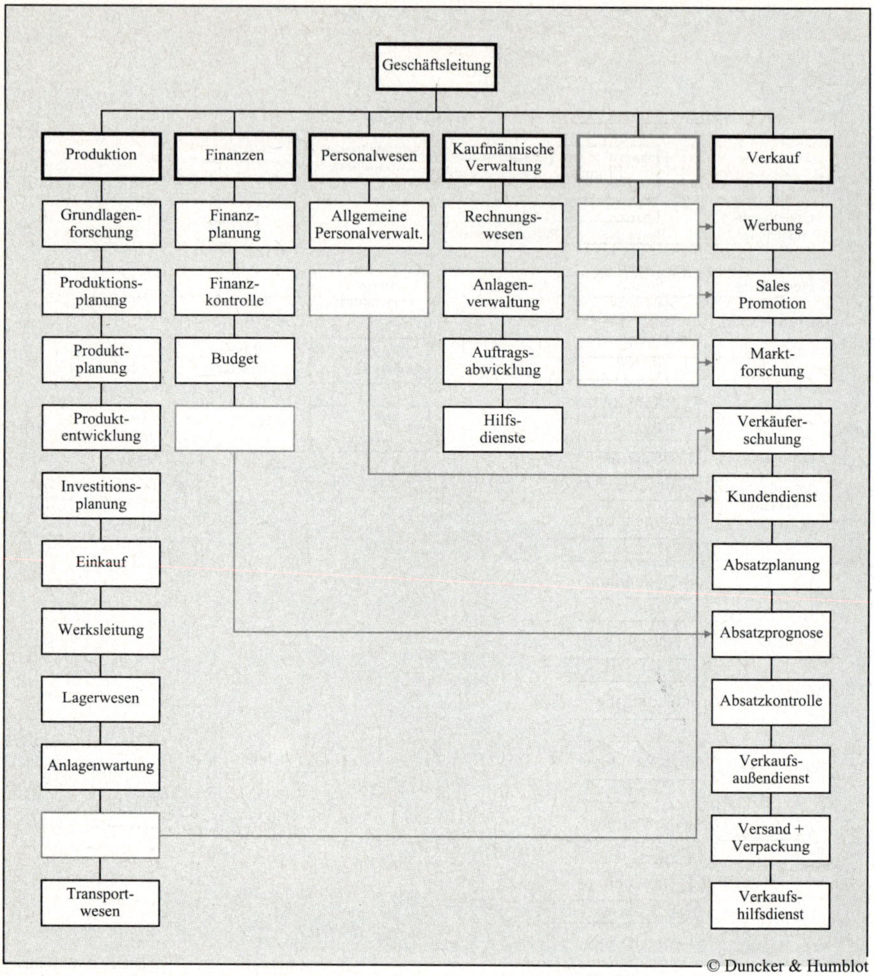

Abb. 12.2.: Verkaufsorientierte Organisation der Absatzaktivitäten

fern geändert, als etwa Entscheidungen bezüglich Aussehen, Verpackung und Name eines Produktes im Verantwortungsbereich nicht mehr des Produktions-, sondern des Marketingleiters liegen.

Verständlicherweise vermag dieser seine Pflichten nur in enger Zusammenarbeit mit den anderen Ressortleitern zu erfüllen. Dennoch besteht bei einer solchen Aufgabenverteilung stets die Gefahr, daß jede Abteilung ihre eigenen Ziele verfolgt und die einzelnen Bereiche mehr oder weniger isoliert voneinander operieren. Von einer optimalen Kombination der produktiven Kräfte ist man hier noch weit entfernt; die Bedeutung des Marketing als einer Maxime (vgl. § 1, Abschn. 1.1.2.) tritt nicht klar genug zutage.

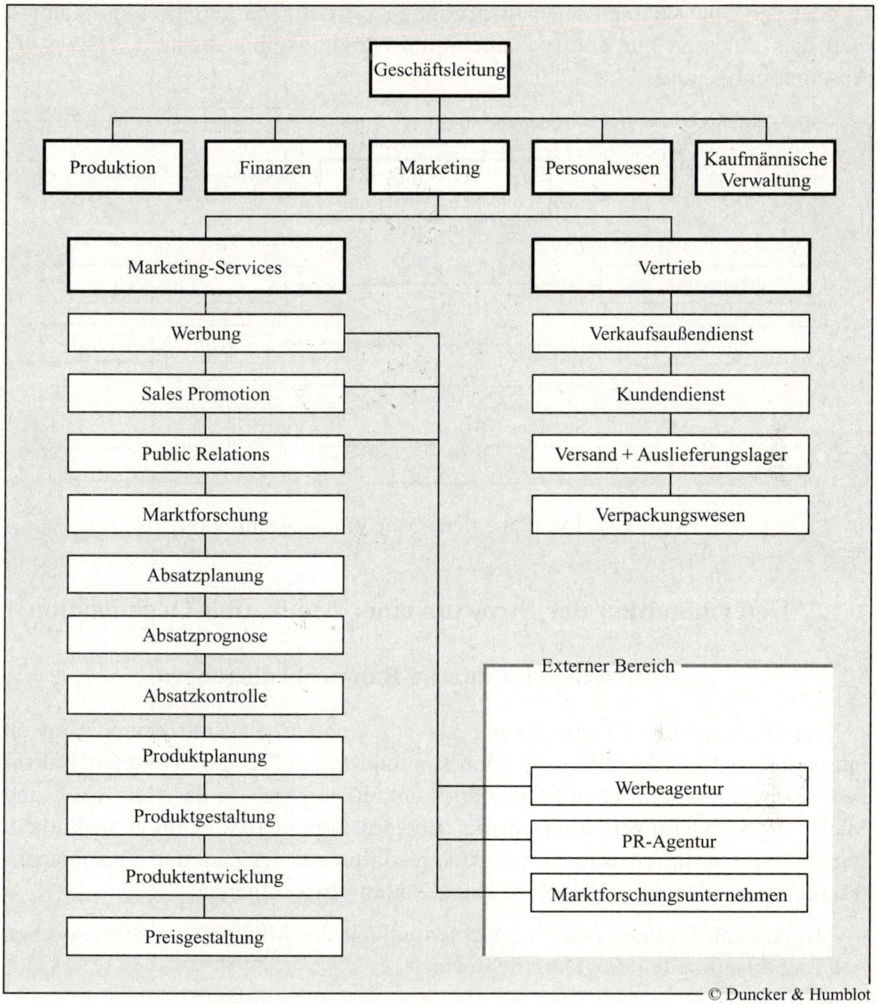

Abb. 12.3.: Marketingorientierte Organisation der Absatzaktivitäten

(4) Ein letzter Schritt wird vollzogen, wenn sich auch hierarchisch sämtliche Unternehmensbereiche an den Erfordernissen des Marketing orientieren. Dieses ist dann nicht mehr als **eine**, sondern als **die** Hauptfunktion der Unternehmung zu betrachten. Das **Ganze** wird zu einer **Marketing-Organisation**. Konkret kann man sich dies in der Weise vorstellen, daß die anderen Funktionsbereiche dem Marketingbereich unterstellt werden oder aber daß die Marketingabteilung eine beratende Funktion gegenüber den Trägern der übrigen Aufgabenkomplexe der Unternehmung übernimmt. Ein solches Konzept kann die in Abb. 12.4. skizzierte Struktur aufweisen. In abgeschwächter, faktisch nicht weniger wirksamer Form wird dies in all den Fällen erreicht, in denen der Firmeninhaber ein „Verkäufertyp“

ist oder der Unternehmensleiter ursprünglich aus dem Marketingressort stammt. Daß dies indessen nur eine von mehreren Möglichkeiten darstellt, zeigen die Abschnitte 1.3. und 1.4.

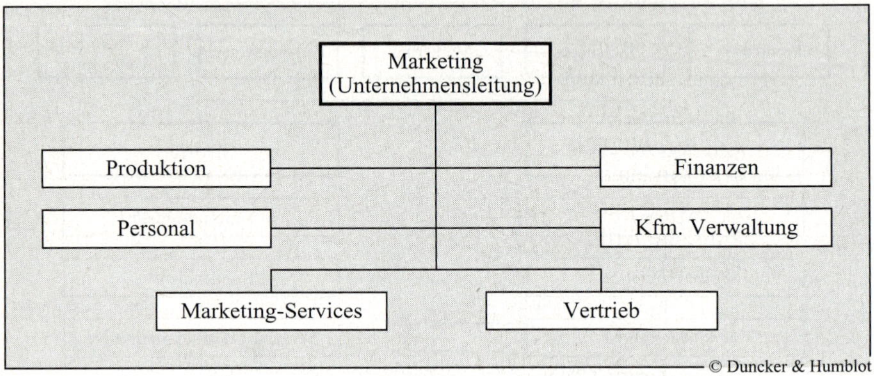

Abb. 12.4.: Vollintegrierte Marketing-Organisation

1.2. Determinanten der Struktur einer Marketing-Organisation

1.2.1. Externe und interne Rahmenbedingungen

Versteht man die Unternehmung als ein Gebilde, das mit seiner Umwelt interagiert, so muß deren Organisation zumindest zum Teil durch **externe Faktoren** determiniert sein. Deren Dynamik konkretisiert sich in der Häufigkeit und Stärke von Änderungen sowie in der Regelmäßigkeit bzw. Unregelmäßigkeit, mit der diese auftreten. Ihre Komplexität resultiert aus der Zahl und Verschiedenartigkeit der relevanten Faktoren. Dazu zählen etwa folgende:

- Art, Anzahl, Umfang und Unterschiedlichkeit der Märkte bzw. Strategischen Geschäftseinheiten des Unternehmens
- Phase des Lebenszyklus der Produkte
- Anzahl, Bedarfsstruktur, Kaufkraft, Einkaufsverhalten der Kunden
- Existenz unternehmensexterner Absatzorgane
- Wettbewerbssituation
- Rechtsnormen
- politische und gesellschaftliche Verhältnisse
- technologische Entwicklung.

Auf Grund von in empirischen Untersuchungen gewonnenen Befunden ist davon auszugehen, daß man großer Umweltdynamik durch **Dezentralisation** von **Entscheidungen** leichter gerecht wird. Namentlich auf Märkten, die eine schnelle Reaktion auf Preisänderungen erfordern, scheinen entsprechend organisierte Unternehmen erfolgreicher zu sein, insbesondere wenn sie über eine produktorientierte Organisation (siehe Abschn. 1.3.2.1.) verfügen (vgl. *Kieser* 1974, S. 311 f.; *Köhler* 1984, S. 99).

Neben den externen hat man bei der Eingliederung und Strukturierung der Marketing-Organisation auch eine Reihe von **internen Faktoren** zu berücksichtigen. So werden z. B. durch früher getroffene Entscheidungen bzw. faktische Gegebenheiten im Unternehmen Rahmenbedingungen geschaffen, die nicht ohne weiteres zu überwinden sind. Zu denken ist dabei z. B. an Ziele, Alter und Größe einer Unternehmung, deren Kapazität und finanzielles Polster, die Qualifikation ihrer Mitarbeiter, die Art, Anzahl und Heterogenität ihrer Produkte sowie verfügbare Vertriebskanäle.

1.2.2. Ziele der Organisationsgestaltung

Da es sich bei der Organisationsgestaltung um eine zweckorientierte Aktivität handelt, die vor allem darin besteht, die Effektivität der Unternehmenstätigkeit sicherzustellen bzw. zu verbessern (vgl. *Schanz* 1982, S. 49), liegt es an sich nahe, Kriterien für die Strukturierung aus dem Zielsystem der Unternehmung abzuleiten. Dieser Weg ist allerdings oft verbaut, weil die Unternehmensziele zu häufigen Veränderungen unterworfen sind. Darüber hinaus tragen sie nicht selten Widersprüche in sich. Schließlich besteht kein hinreichend starker Zusammenhang zwischen ihnen und bestimmten Organisationsformen. Man behilft sich deshalb mit **drei Arten** von relativ allgemein gehaltenen **Anforderungen**:

(1) Zunächst ist zu gewährleisten, daß jede **organisatorische Regelung** in technisch-ökonomischer Hinsicht eine sach- bzw. problemnahe **Aufgabenerfüllung** zuläßt, die Steuerung der Unternehmung erleichtert und den Koordinationsaufwand minimiert.

(2) Daneben ist Flexibilität gefordert, weil ohne ausgeprägte Anpassungsfähigkeit einer Organisationsform das langfristige Überleben einer Unternehmung nicht gewährleistet wäre (vgl. *Schanz* 1982, S. 67). Eine wichtige Voraussetzung dafür bildet das Vorhandensein von **organisatorischem Überschuß** („slack"), da dieser eine Unternehmung in die Lage versetzt, sich ohne nennenswerte zeitliche Verzögerung auf die jeweiligen Marktverhältnisse einzustellen. Er begegnet uns z. B. in Form von Mitarbeitern in Wartestellung oder freier Maschinenkapazität. Führt eine Organisationsform zudem zur Realisierung von Synergieeffekten, so können von ihren Mitgliedern zusätzliche Aufgaben mit ähnlichen Anforderungen wahrgenommen werden, ohne daß damit eine proportionale Kostensteigerung einhergeht. Dies ist beispielsweise dann der Fall, wenn ein Produktmanager ohne erkennbaren Mehraufwand statt einem mehrere Produkte betreut.

(3) Schließlich muß auch noch **Erfordernissen** der **Mitarbeiter** Rechnung getragen werden, weil diese einen moralischen Anspruch auf eine menschenwürdige Tätigkeit haben.

Abschließend stellt sich die Frage, welche besonderen **Anforderungen** an die **Organisationsstruktur** sich aus dem Marketing ergeben. Geht man davon aus, daß dem Absatzbereich zentrale Bedeutung für das Überleben der Unternehmung zukommt, ist durch eine entsprechende **Ablauforganisation** sicherzustellen, daß sämtliche betrieblichen Teilbereiche zumindest ihre Ziele auf das Marketingkonzept ausrichten.

1.3. Grundtypen der Marketing-Organisation

Auf Grund der ungeheuren Vielfalt an denkbaren bzw. in der Praxis existierenden Organisationsformen erscheint es zweckmäßig, die Diskussion auf einige Grundtypen zu beschränken (vgl. dazu auch § 7). Man knüpft dabei an jenen Kriterien an, die für die Strukturierung der Marketing-Organisation auf der **ersten Hierarchiestufe** maßgebend sein können. Ob jene tief oder flach ist, als aufgebläht oder „schlank" („lean management") gilt, stellt eine Frage dar, auf die an dieser Stelle nicht näher eingegangen werden kann.

1.3.1. Die Funktionenorientierung

Eine von **Funktionen geprägte Organisation** ist dadurch gekennzeichnet, daß gleichartige oder ähnliche **Verrichtungen** (z. B. Marktforschung, Werbung, Sales Promotion) zusammengefaßt werden (siehe Abb. 12.5.). Dadurch wird es möglich, an jeder Stelle Spezialisten einzusetzen, wodurch eine qualifizierte Aufgabenerfüllung gewährleistet ist. Die damit verbundene Bündelung homogener Verrichtungen führt zu einer Standardisierung und Routinisierung betrieblicher Prozesse. Durch die relativ enge Abgrenzung des Aufgabengebiets werden überdies der relevante Umweltbereich und das von dort ausgehende Störungspotential verkleinert. Insgesamt kann von einer relativ hohen Effizienz der Arbeit ausgegangen werden.

Gleichwohl besteht bei zu weitgehender Spezialisierung die Gefahr, daß sich innerhalb der einzelnen Abteilungen **funktionenspezifische Werte** und **Ziele** herausbilden (Abteilungsdenken). Darüber hinaus erfordert ein **hoher Grad** an **Arbeitsteilung** einen beträchtlichen Aufwand an horizontaler Koordination, da mehrere Stellen auf ein Objekt (Produkt, Marktsegment etc.) einwirken. Die zuständige Instanz kann dabei allenfalls eine bereichsinterne Abstimmung sicherstellen. Die Lösung von darüber hinausgehenden Aufgaben (z. B. die am Markt ausgerichtete Koordination aller Aufgabenträger) bleibt der oberhalb der betroffenen Funktionen angesiedelten Hierarchieebene überlassen. Die damit in der Regel

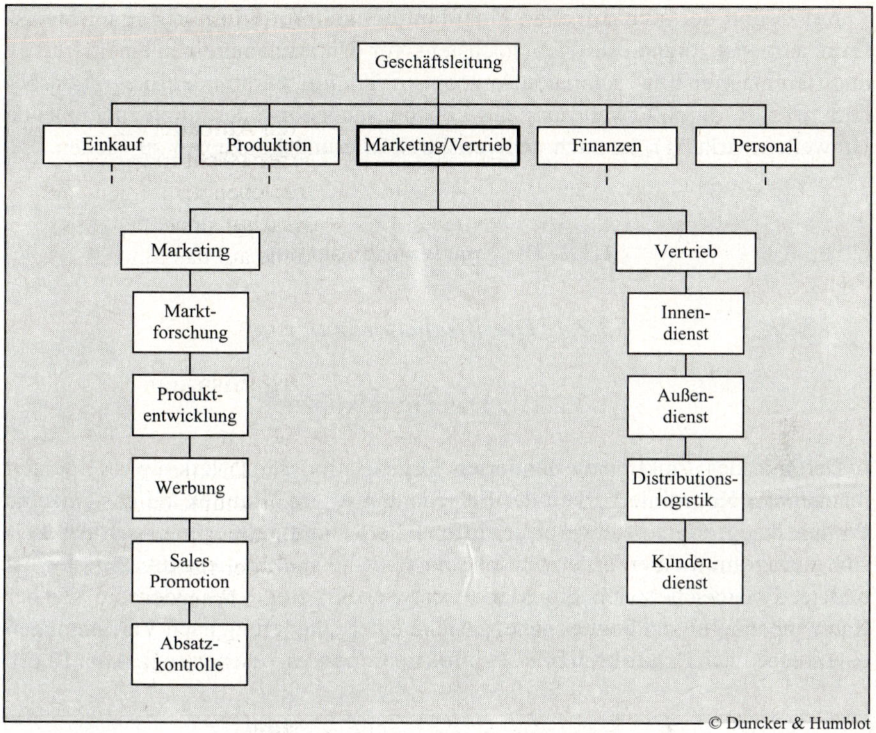

Abb. 12.5.: Funktionenorientierte Organisation

verbundene Entscheidungszentralisation bei der Unternehmensleitung ist mit erheblichen Belastungen für diese verbunden. Auf Grund der angedeuteten Probleme erscheint es deshalb bei einer funktionenorientierten Marketing-Organisation nicht immer gewährleistet, daß die unternehmerischen Maßnahmen im Hinblick auf einzelne Produkte oder Märkte hinreichend aufeinander abgestimmt sind.

Hinsichtlich der für Organisationen unabdingbaren **Anpassungsfähigkeit** zeigt sich, daß diese Art von Gebilde zwar in der Lage ist, auf mengenmäßige Nachfrageschwankungen zu reagieren, doch der für die Bewältigung schwieriger Herausforderungen nötige organisationale Überschuß fehlt, da die weitgehende Standardisierung der Tätigkeiten die Ressourcen mehr oder weniger auszuschöpfen erlaubt. Bedingt durch all diese Faktoren werden **fällige Anpassungsentscheidungen** im Vergleich zu anderen Organisationsformen relativ spät gefällt.

Betrachtet man die Wirkung der funktionenorientierten Organisationsform auf die **Mitarbeiter**, so sind sowohl die Einheitlichkeit der Auftragserteilung als auch die personelle Zuordnung eindeutig gegeben. Dagegen erscheint infolge der starken Aufteilung der Tätigkeiten für den einzelnen der Endzweck seiner Arbeit nicht immer ersichtlich.

Auf Grund der **strukturellen Unzulänglichkeiten**, die diese Organisationsform aufweist, eignet sie sich höchstens für Unternehmen mit einem relativ undifferenzierten bzw. schmalen Angebotsprogramm. Nimmt der Integrationsbedarf zu (z. B. durch Erweiterung des Leistungsangebots oder durch zunehmende Umwelteinwirkung), ist nach anderen Strukturierungskonzepten zu suchen.

1.3.2. Die Spartenorientierung

1.3.2.1. Die Produktorientierung

1.3.2.1.1. Das Grundkonzept

Der mit der funktionenorientierten Organisationsform verknüpfte Nachteil mangelnder Koordinierbarkeit der Entscheidungen im Hinblick auf das einzelne Produkt wiegt um so schwerer, je differenzierter und heterogener sich das Leistungsprogramm einer Unternehmung darstellt, je stärker diese diversifiziert ist und je dynamischer sich die Märkte entwickeln. Bei Vorhandensein solcher Rahmenbedingungen liegt es nahe, anstelle einer Gliederung nach Verrichtungen eine solche nach **Produkten** bzw. **Produktgruppen** vorzusehen (vgl. Abb. 12.6.).

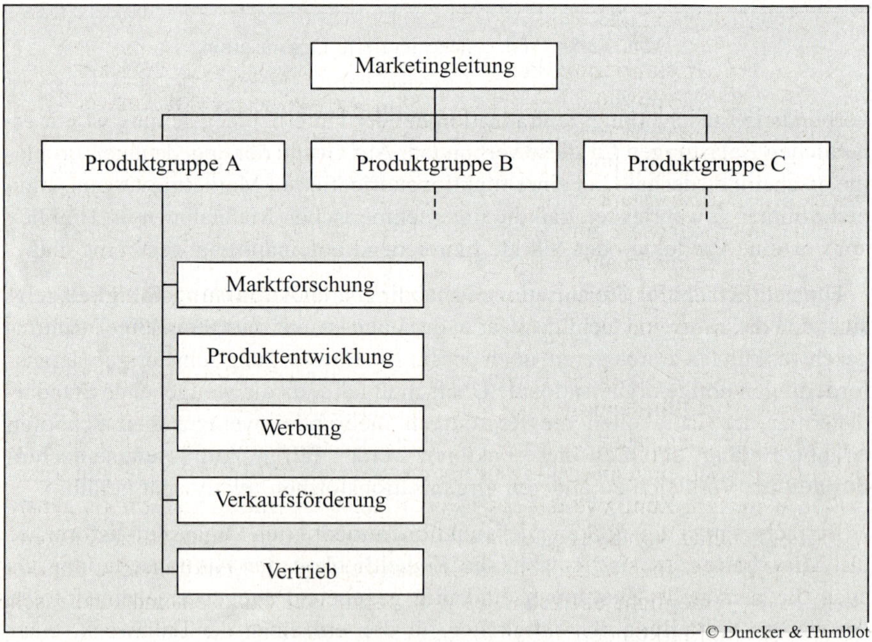

Abb. 12.6.: Produktorientierte Organisationsform

Die auf diese Weise gebildeten relativ homogenen Produktkomplexe (Divisions, Geschäftsbereiche, Sparten), die unmittelbar unter der Marketingleitung angesiedelt sind, zeichnen sich durch weitgehende Autonomie innerhalb der Gesamtunternehmung aus. Ist die Ressortleitung auch für den wirtschaftlichen Erfolg verantwortlich, bildet ihr Verantwortungsbereich ein **Profit Center**. Voraussetzung einer derartigen Gliederung ist allerdings, daß für jede Sparte bzw. Division ein **identifizierbares Marktsegment** existiert und die einzelnen **Bereiche heterogen** genug erscheinen. Nur dann sind die jeweiligen wirtschaftlichen Ergebnisse diesen präzise genug zurechenbar.

Mit der dezentralen Unternehmenssteuerung, wie sie hierin zum Ausdruck kommt, geht eine erhebliche **Entlastung** der **Marketingleitung** einher. Ihr verbleiben im wesentlichen die **Steuerung** und **Kontrolle** der **Geschäftsbereiche**, wobei sie der Verteilung der Ressourcen besondere Beachtung schenken muß. Das Ausmaß der Entlastung hängt von der Anzahl und Bedeutung der Funktionen ab, die sinnvollerweise in die einzelnen **Sparten** verlagert werden können.

Eine durchgängige Zuordnung der Funktionen zu Produktgruppen wird sich nur in den seltensten Fällen empfehlen, da dies **Parallelarbeit** und die Vorhaltung **überhöhter Kapazität** bedeuten würde. Außerdem wäre in diesen Fällen die einheitliche Erfüllung bestimmter Aufgaben, z. B. die Schaffung einer **Corporate Identity**, nicht sichergestellt. Deshalb werden Funktionen, die für mehrere oder alle Divisionen bzw. Produktgruppen in gleicher Weise anfallen, an zentraler Stelle zusammengefaßt.

Bei diesem Strukturierungskonzept steht der Marketingleitung vergleichsweise mehr Zeit für eine produkt- und marktorientierte **langfristige Planung** zur Verfügung. Darüber hinaus ist die **Zuständigkeit** eindeutig geregelt. Auf Grund der Entscheidungsdezentralisation richten sich die oberen und mittleren Managementebenen relativ stark an den übergeordneten unternehmerischen Erfolgskriterien aus. Im Gegensatz zur funktionalen Organisation spielt sich die **Koordination** hier nicht mehr auf der obersten Führungsebene, sondern innerhalb der einzelnen Geschäftsbereiche ab, was mit Vorteilen hinsichtlich der Länge der Informationswege und der erreichbaren Produkt- bzw. Marktkenntnis einhergeht.

Die **divisionale Strukturierungsform** läßt sich hinsichtlich ihrer Möglichkeiten, sich **Umweltänderungen anzupassen** (strategische Flexibilität), positiv beurteilen. Dies liegt zum einen an der Dezentralisation der Entscheidungen, die jeweils lediglich einzelne, relativ autonome und isolierte Teile der Gesamtorganisation betreffen. Zum zweiten erweist sich diese Organisationsform als günstig für das Entstehen von **Synergie**, da die Gliederung nach Produkten bzw. Erzeugnisgruppen von einer weitgehenden Spezialisierung auf Marktbereiche flankiert wird. Dies ermöglicht ein schnelles Aufspüren von Chancen und eine rasche Reaktion auf Marktänderungen. Drittens weist diese Organisationsform einen strukturbedingten **organisationalen Überschuß** auf, da hier die Neigung besteht, in einzelnen Funktionsbereichen die Zahl der Stellen zu vermehren. Neben diesen Vorzügen verbessern die leicht **lösbaren Koordinationsprobleme** und das vergleichsweise **geringe Konfliktpotential** die Möglichkeiten zur strategischen Anpassung.

Persönliche Bedürfnisse der Mitarbeiter werden hier insofern befriedigt, als innerhalb der Sparten der Zweck der eigenen Tätigkeit klar erkennbar ist und somit die Chance besteht, sich mit dem Endprodukt zu identifizieren.

1.3.2.1.2. Das Produktmanagement

Ein Ansatz zur Überwindung der spezifischen Abstimmungsprobleme, die bei der funktionenorientierten Organisationsform auftreten, liegt darin, einer herausgehobenen Stelle, dem Produktmanager, im Rahmen einer ansonsten nach wie vor nach **Verrichtungsarten** gegliederten Aufbauorganisation die gesamte Verantwortung für ein Erzeugnis zu übertragen. Dies stellt insofern einen Fortschritt dar, als spezifische Koordinationsprobleme überwunden werden, ohne daß die Vorteile einer funktionalen Spezialisierung verlorengehen. Generell strebt man mit der Einrichtung des **Produktmanagements** an, Güter bzw. die Leistungen, die am Markt angeboten werden, zum Bezugspunkt bei der Koordination aller Marketingmaßnahmen zu machen. Dies erweist sich überall dort als unabdingbar, wo Unternehmen in ganz verschiedenen und zudem vielen Geschäftsfeldern tätig sind.

Allgemein ist der Produktmanager, u.U. von einem Assistenten oder einem Team unterstützt, zuständig für die **Entwicklung** und **Durchsetzung** der Marketingstrategie für ein Produkt bzw. eine Produktgruppe, und zwar prinzipiell von der Konzipierung eines Erzeugnisses bis hin zu dessen Elimination aus dem Angebot. Im einzelnen widmet er sich vorrangig folgenden **Aufgaben**:

- Beobachtung und Analyse des Marktes sowie Prognose dessen Entwicklung
- Planung und Koordination erzeugnisbezogener Ziele und Maßnahmen
- Erarbeitung von Vorschlägen für Qualitätsverbesserung, Neupositionierung etc.
- permanente Überprüfung des Marketingerfolgs.

Es gibt drei Möglichkeiten, das **Produktmanagement** in der Unternehmensorganisation zu verankern:

(1) Die organisationstechnisch klarste Lösung besteht darin, das Produktmanagement, wie unter 1.3.2.1.1. dargestellt, als **Linienfunktion** auszugestalten (siehe Abb. 12.6.). Dieser Weg kommt jedoch nur in Betracht, wo ein Erzeugnis bzw. eine Gütergruppe vom Umsatz her eine so große Bedeutung erlangt oder aber räumlich getrennt von anderen hergestellt bzw. vertrieben wird, daß es sich

von dieser Warte aus geradezu anbietet, sie als Strategische Geschäftseinheit, Division oder gar quasi-selbständige Unternehmenseinheit zu betrachten. In letzter Konsequenz müssen dann für jeden derartigen „Strang" in der Unternehmensorganisation separate operative Einheiten (z. B. Vertrieb) und Servicestellen (z. B. Marktforschung) unterhalten werden.

(2) Als hybride Form stellt sich das Produktmanagement dar, wenn es in Form von **Stabsstellen** der Marketing- bzw. Unternehmensleitung unterstellt wird (siehe Abb. 12.7.). Hiermit ist insofern ein eindeutiger Vorteil verbunden, als es in der Organisation nunmehr eine Instanz gibt, die sich, wie auch immer jene strukturiert sein mag, ausschließlich und letztverantwortlich um alle Belange eines Erzeugnisses oder einer Produktgruppe kümmert. Gleichwohl leidet diese Lösung unter dem Dilemma, daß den Planungs-, Koordinations- und Kontrollpflichten des Stelleninhabers keine entsprechende Weisungsbefugnis gegenübersteht. Dies liegt daran, daß man einen wichtigen Grundsatz der Führungsorganisation, nämlich das **Einlinienprinzip**, beibehalten und eine **Mehrfachunterstellung** der in den einzelnen Funktionsbereichen tätigen Mitarbeiter vermeiden will. Konsequenterweise ist der Produktmanager deshalb allein auf sein Fachwissen und seine Überzeugungsfähigkeit angewiesen.

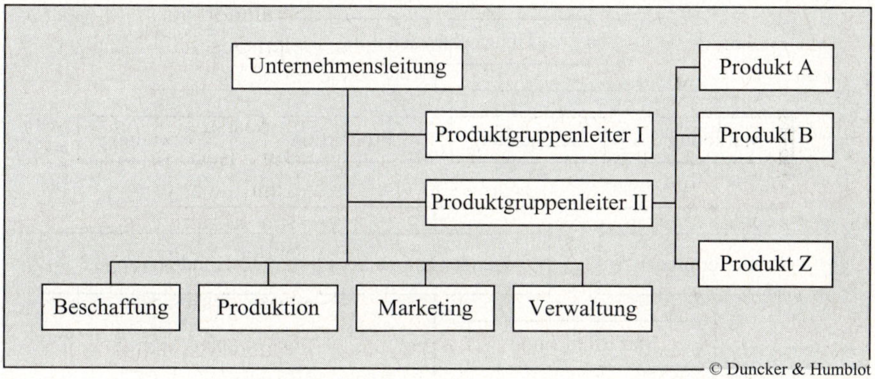

Abb. 12.7.: Produktmanagement als Stab der Unternehmensleitung

Da er in kritischen Fällen der Unterstützung seines Vorgesetzten bedarf, wird die mit der Einführung des Produktmanagements angestrebte Entlastung der Marketing- bzw. Unternehmensleitung nur bedingt erreicht. Hinzu kommt, daß die Koordinationsfunktion auf die Marketinginstrumente beschränkt bleibt, statt das gesamte Unternehmen zu erfassen. Tendenziell wird letzteres jedoch dann erreicht, wenn das Produktmanagement weit oben in der Unternehmenshierarchie angesiedelt, beispielsweise also direkt der Geschäftsleitung unterstellt ist. Am Ende bleibt jedoch auch hierbei das Kompetenzdilemma ungelöst.

(3) Eine weitere Gestaltungsform stellt die **Matrix-Organisation** dar, die in Abschn. 1.3.3. behandelt wird. Dieser Möglichkeit bedienen sich ausschließlich Großunternehmen.

Insgesamt ist davon auszugehen, daß durch die Institution des Produktmanagements die Planung verbessert, die Anpassungsfähigkeit an Marktveränderungen erhöht und die Zusammenarbeit unter den verschiedenen Bereichen der Unternehmen gefördert werden. Fehlt es indessen an der erforderlichen Unterstützung durch übergeordnete Stellen, schlägt der Vorteil leicht in einen Mangel an Motivation und letztlich in Resignation seitens der betroffenen Produktmanager um.

1.3.2.2. Die Kundenorientierung

Während die produktorientierte Organisationsform der Heterogenität des Leistungsprogramms Rechnung zu tragen versucht, stellt die kundenorientierte Variante auf große **Verschiedenartigkeit** bei den **Nachfragern** ab. Sie zeichnet sich dadurch aus, daß bestimmten Stellen die Betreuung **festgelegter Abnehmergruppen** (z. B. Endabnehmer, Großbetriebsformen des Einzelhandels, Großhandel) obliegt (Kunden- oder Markt-Management, vgl. Abb. 12.8.).

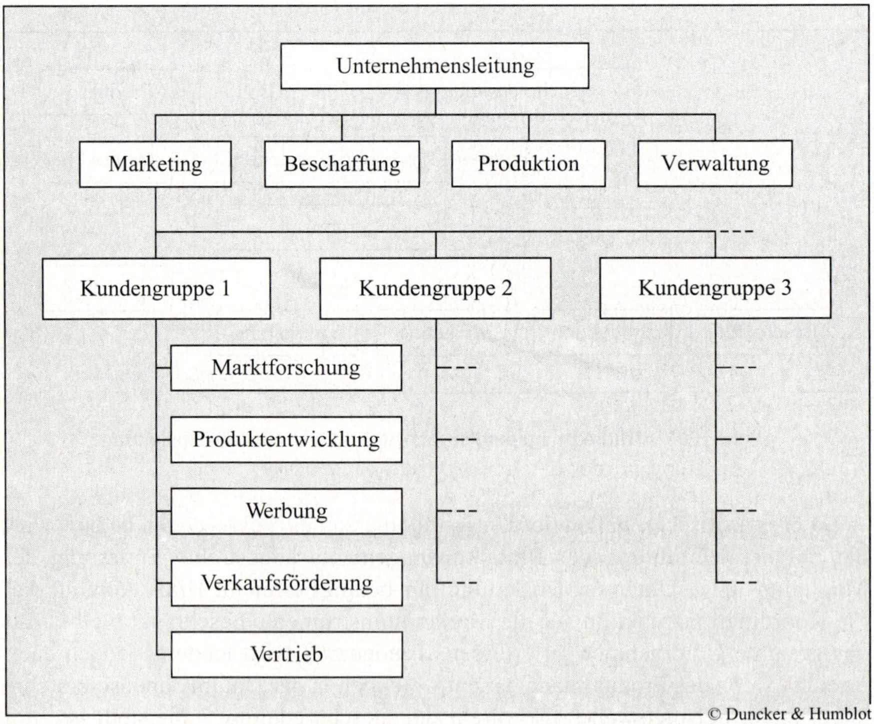

Abb. 12.8.: Kundenorientierte Organisationsform

Die Aufteilung kann so weit gehen, daß ein **Key-Account-Manager** für die Betreuung eines einzigen, allerdings bedeutsamen **Abnehmers** (Key-Account oder „Schlüsselkunde") zuständig ist (**Key-Account-** bzw. **Großkunden-Management**). Diese Form der kundenorientierten Organisation gewährleistet eine wesentlich intensivere Betreuung vor allem von Abnehmern mit entsprechender Nachfragemacht (siehe Abb. 12.9.). Die gesamten zwischen Hersteller und einem Handelsunternehmen bestehenden Beziehungen kristallisieren sich im Interaktionsfeld von Key-Account-Manager und Einkäufer bzw. Buying-Center (vgl. dazu auch § 7, Abschn. 4.3.2.). Die kundenzentrierte Form der Organisation erscheint jedoch nur dann zweckmäßig, wenn die einzelnen Marktsegmente oder auch Abnehmer genügend groß sind und sich z. B. hinsichtlich Abnahmemenge und Einkaufspraktiken erheblich voneinander unterscheiden.

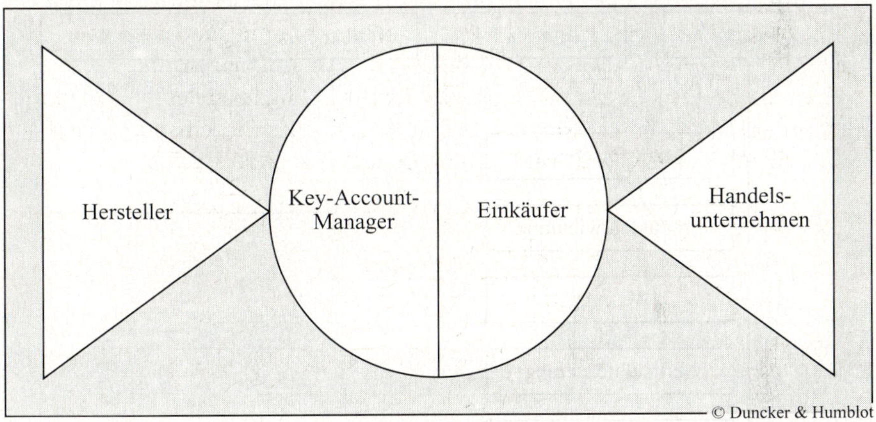

Abb. 12.9.: Key-Account-Management

Die wesentlichste **Aufgabe** des Kundenmanagements besteht darin, die zwischen Anbieter und Abnehmern bestehenden Beziehungen zu pflegen und zu fördern, und zwar im Hinblick auf sämtliche Artikel (eingehend dazu *Diller* 1993, S. 6 ff.). Dazu gehört auch, daß die Anforderungen eines Kunden an vorhandene Produkte sowie dessen Wünsche hinsichtlich der Entwicklung neuer Erzeugnisse aufgegriffen und den davon betroffenen unternehmerischen Teilbereichen nahegebracht werden. Diese Organisationsform ermöglicht somit eine weitestgehende **Ausrichtung** der Marketingaktivität an den **Abnehmern** und entspricht damit in hohem Maße Marketingerfordernissen.

1.3.2.3. Die Gebietsorientierung

Die **gebietsorientierte Organisationsform** (siehe Abb. 12.10.) kommt vorwiegend für solche Unternehmungen in Betracht, die – wie etwa Markenartikelhersteller – über ein großes Absatzgebiet verfügen oder sich einem regional oder nach Ländern höchst **unterschiedlichen Abnehmerverhalten** gegenübersehen. Dieser Fall ist regelmäßig bei international tätigen Unternehmen gegeben. Aber auch im Inland wird der Verkauf häufig nach geographischen Gesichtspunkten gegliedert, wobei zur Gebietsabgrenzung Bundesländer, Regierungsbezirke, Landkreise, *Nielsen*-Gebiete usw. verwendet werden. Allerdings sind ausschließlich an geographischen Gesichtspunkten orientierte **Organisationskonzepte** in der Praxis selten anzutreffen.

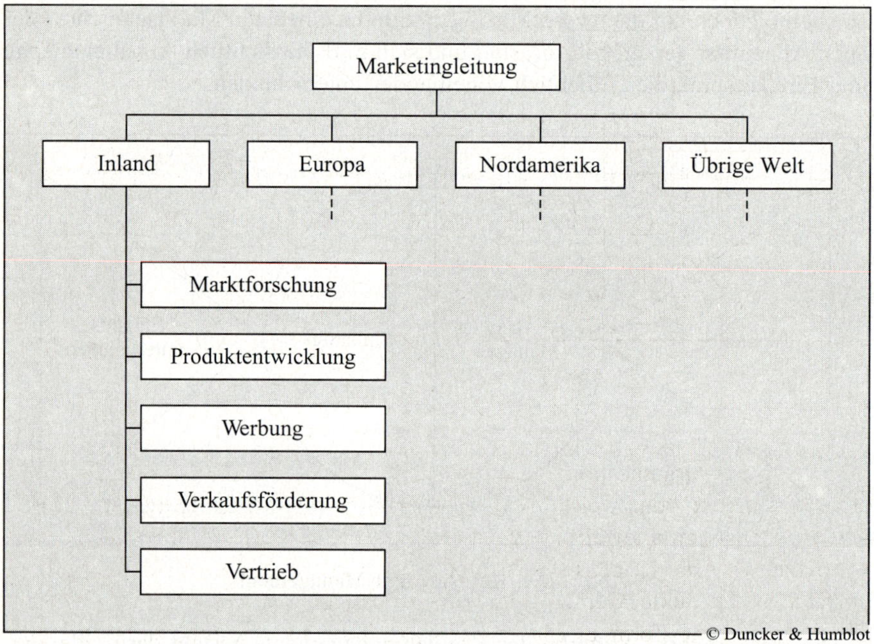

Abb. 12.10.: Gebietsorientierte Organisationsform

Ähnlich dem Key-Account-Manager bei der kundenorientierten Gestaltung der Organisation gibt es hier sog. **Gebietskoordinatoren**. Es kann sich dabei lediglich um eine Stabsstelle, in gewichtigeren Fällen allerdings auch um ein Vorstandsressort mit entsprechendem Unterbau handeln.

1.3.3. Matrix- und Tensor-Organisation

Mehrdimensionale Organisationsformen entstehen durch parallele Verwendung von mehr als einem Strukturierungskriterium auf ein und derselben hierarchischen Ebene. Im Falle von zwei Gestaltungsfaktoren spricht man von **Matrix-**, bei drei, vier usw. von **Tensor-Organisation**.

Die Matrix-Organisation entstand aus dem Bemühen heraus, die spezifischen Nachteile eindimensionaler Organisationsformen zu kompensieren. Vorläufer bildeten das Anfang der fünfziger Jahre in der amerikanischen Luft- und Raumfahrtindustrie eingeführte **Projektmanagement** sowie das daraus entwickelte Konzept des **Produktmanagements**.

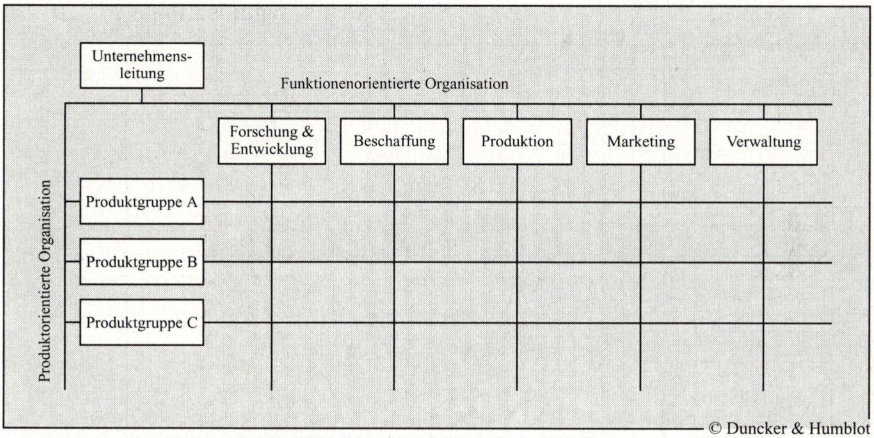

Abb. 12.11.: Matrix-Organisation

Eine Matrix-Organisation ist, wie bereits angedeutet, gekennzeichnet durch die Überlagerung von zwei Weisungssystemen, d. h. für die einzelne Stelle (Abteilung, Person) sind jeweils zwei gleichrangige Instanzen zuständig und verantwortlich (vgl. Abb. 12.11.). Als Strukturierungskriterien fungieren dabei zumeist Funktionen, Produkte, Gebiete oder Kunden. Ein illustratives Beispiel einer solchen Organisationsform in der Praxis verkörpert das Unternehmen *ABB* (vgl. Abb. 12.12.), das durch eine divisionale und eine regionale Komponente gekennzeichnet ist (vgl. *v. Koerber* 1993, S. 1060 ff.).

Wie schon an anderer Stelle (siehe 1.3.2.1.2.) betont, verfolgt man mit dem **Produktmanagement** das Ziel, die Erzeugnisse als eigentliche Erfolgsträger der Unternehmung in den Mittelpunkt aller absatzpolitischen Bemühungen zu stellen und dadurch gleichzeitig die Unternehmensleitung zu entlasten. Durch dessen Verankerung in einer **Matrix-Organisation** entgeht man Problemen, wie sie bei der Ausformung als **Stabsstelle** häufig auftreten. Gleichwohl müssen dazu mehrere **Voraussetzungen** vorliegen:

(1) Die zur Lösung anstehenden Probleme sind komplex und erfordern den gemeinsamen Einsatz von Spezialisten aus verschiedenen Abteilungen. Deren Zusammenarbeit bedingt eine genaue Verteilung von Befugnissen und Verantwortung.

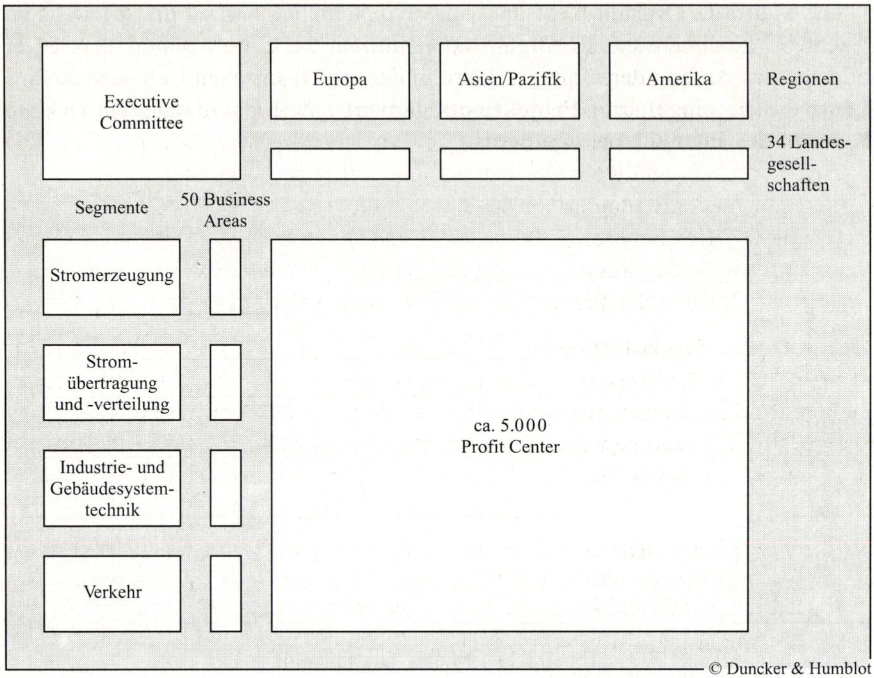

Abb. 12.12.: Matrix-Organisation der *ABB*

(2) Auf Grund der Gegebenheiten müssen die betroffenen Mitarbeiter eine ausgeprägte Fähigkeit zur Kommunikation und Kooperation besitzen und in hohem Maße Konflikte ertragen und austragen können. Da die Anforderungen an die Stelleninhaber in dieser Hinsicht größer als bei einer Einlinien-Organisation sind, setzt ein funktionierendes Produktmanagement in einem Unternehmen ein entsprechendes personelles Potential voraus; insbesondere müssen die finanziellen Voraussetzungen gegeben sein, um geeignete Kräfte anzuwerben und zu halten.

(3) Letztlich bedarf es auch einer bestimmten Grundeinstellung in der Unternehmensleitung; denn nur wenn das Marketingkonzept die Unternehmensphilosophie widerspiegelt, ist sichergestellt, daß das Produktmanagement in der Unternehmung akzeptiert wird.

Als Produktspezialist und Funktionengeneralist muß der Stelleninhaber alle absatzpolitischen Entscheidungen in Übereinstimmung mit **Linien-Managern** (Funktionenspezialisten und Produktgeneralisten) treffen, damit bei dem Bemühen, angemessene Problemlösungen zu finden, nicht nur Expertenwissen genutzt wird, sondern auch gesamtunternehmerische Interessen angemessen berücksichtigt werden.

Bei der Matrix-Organisation können Entscheidungen auf direktem Wege, d. h. ohne **Informations-** und **Kommunikationsverlust,** und zwar von Spezialisten getroffen werden. Andererseits beschwören aber Überschneidungen in der Weisungskompetenz z. B. zwischen **Funktionen-** und **Produktmanagern** zwangsläufig und institutionell bedingt Konflikte herauf, die zwar die Chance zu produktiven Such-, Lern- und Kommunikationsprozessen insbesondere im Rahmen der Entwicklung neuer Erzeugnisse eröffnen, aber nicht selten auch die Zusammenarbeit der Beteiligten belasten. Das Produktmanagement scheint sich indessen, wie auch immer in die Organisation eingebettet, allen ihm innewohnenden Schwierigkeiten zum Trotz in der Praxis großer Beliebtheit zu erfreuen.

Eine **Tensor-Organisation** ist, wie bereits ausgeführt, durch die Überlagerung von drei oder mehr Weisungssystemen charakterisiert. Die *BASF* beispielsweise hat sich für diese Form entschieden, weil dadurch die Zusammenarbeit auf allen Ebenen des Unternehmens gefördert werde. Die insgesamt 10 Vorstandsressorts sind jeweils zuständig für Unternehmens-, Länder-, Zentral- und Funktionsbereiche:

- **Unternehmensbereiche** erarbeiten für die ihnen zugeordneten Produkte weltweite strategische Konzepte, planen Investitionen, legen Preispolitik und länderübergreifend die Marketingpolitik fest, kontrollieren die Warenströme und betreiben die Produktion.
- **Länderbereiche** steuern das Geschäft der *BASF*-Gruppengesellschaften in einem Land oder einer Region. Sie erarbeiten Länderkonzepte und sind verantwortlich für den Absatz der Produkte.
- **Zentralbereiche** und **Zentralabteilungen** gewährleisten die weltweite Koordination bestimmter Funktionen wie Rechnungswesen oder zentrale Forschung in allen Gruppengesellschaften.
- **Funktionsbereiche** erbringen wichtige Serviceleistungen, z. B. in Gestalt von Umweltschutz, Personal und Werkstechnik, insbesondere für den Standort Ludwigshafen.

1.4. Gestaltungsformen in der Praxis

Was in Abschnitt 1.3. an Gestaltungsformen für die Aufbauorganisation dargestellt wurde, ist weithin als idealtypisch zu werten. Die Realität sieht zumeist ganz anders aus. Es lassen sich folgende Entwicklungslinien entdecken:

(1) Zunächst werden die vier genannten **Strukturierungskriterien** (Funktionen, Produkte, Kunden, Gebiete) nicht jeweils nur einmal eingesetzt, sondern von einer **Hierarchiestufe** zur nächsten immer weiter **aufgefächert**. Beginnt man beispielsweise mit einem Unternehmensteil (Division), folgen Produktgruppen, Produkte und u. U. sogar Varianten davon (Sorten). In ähnlicher Weise braucht es bei Heranziehung geographischer Kategorien nicht z. B. bei Nordamerika oder Europa als Gebieten zu bleiben; die Differenzierung kann über Länder, Sprachgebiete und Regionen bis hinunter zu Landkreisen fortgeführt werden.

(2) Wenn zwei oder gar drei Kriterien auf **einer** Hierarchieebene herangezogen werden, entstehen **Mischtypen**. Sofern mehrere Strukturierungsvariablen, und zwar von Stufe zu Stufe oder gar auf ein und derselben Ebene eingesetzt werden, erhält man eine praktisch nicht mehr eingrenzbare **Vielfalt** möglicher **Organisationsformen**. Im Zeitalter des Lean Management weist die Entwicklung indessen eindeutig in Richtung kleinerer, schlagkräftiger Einheiten (mit Gewinnverantwortung), die naturgemäß weniger tief gegliedert sein müssen. Man spricht von **flacher Hierachie**. „Schlank" wird eine Organisation dann, wenn alles, was sie schwerfällig macht, ausgegliedert oder abgestoßen wird. Hier gibt es weniger Instanzen, kürzere Entscheidungswege und mehr Eigenverantwortung.

(3) Oft unterliegt ein Unternehmen ganz spezifischen Herausforderungen, die nicht nur für seine finanzielle Sphäre, sondern auch für dessen Aufbau- und Ablauforganisation einen tiefen Einschnitt bedeuten. Dies ist etwa dann der Fall, wenn eine Beteiligung an oder eine Fusion mit einem anderen Unternehmen anstehen. Ähnlich weitreichende Konsequenzen zeitigt eine Entscheidung, ein neues Land als Exportmarkt zu erschließen, wobei dort eine Vertriebsorganisation und vielleicht sogar ein Werk aufzubauen sind. Vor einer noch ungleich schwierigeren Aufgabe stand man, als sich abgezeichnet hatte, daß die *Europäische Union* Wirklichkeit werden würde.

Herausforderungen dieser Art ist die **Primärorganisation** nicht gewachsen. Welche Stelle in einem Unternehmen sollte dafür auch alleinverantwortlich zuständig sein, da doch alle Abteilungen von gewichtigen Ereignissen dieser Art betroffen sind? Es bedarf deshalb geeigneter Lösungen, die man als Erscheinungsformen der **dualen Organisation** kennzeichnet.

Diese sind zunächst davon geprägt, daß kein neues Personal angeheuert werden muß und jeder in ein Vorhaben einzubindende Mitarbeiter seinen Platz in der Primärorganisation hat. Es kommt indessen für jeden, der einbezogen wird, Neues hinzu: Man schafft **Ausschüsse** und **Komitees** (= leitende Ausschüsse), gründet **Arbeitskreise** und **Teams**, setzt, wenn rasch Abhilfe gefunden werden muß, **„task forces"** ein, etabliert ein **Projektmanagement**, richtet **Qualitätszirkel** ein und erhofft sich viel von **Innovationskreisen**. Mindestens einem permanenten oder ad hoc geschaffenen Gremium dieser Art gehört heute fast jeder Manager an.

(4) Nicht zuletzt gibt es in jedem Unternehmen zu der in Organigrammen und Memoranden fixierten **formalen Organisation** ein Pendant **informeller** Art. Sie vereint Gruppen von Menschen, zwischen denen sich auf Grund der täglichen Arbeit, gemeinsam ausgeübten Hobbys, privaten Kontakten etc. Bindungen entwickelt haben, die es erlauben, Informationen auszutauschen, Pannen zu beheben und „krumme" Fälle zu erledigen, ohne auf den Instanzenweg und „Direktiven von oben" Rücksicht nehmen zu müssen. Wer z. B. auch privat miteinander verkehrt, kann leicht über Abteilungsgrenzen oder auch mehrere Hierarchiestufen

hinweg Kontakte unterhalten. **Informale Organisation** wird in den meisten Unternehmen ihres zumeist positiven Effektes wegen nicht nur geduldet, sondern sogar gefördert.

2. Marketing-Informationssysteme

2.1. Zwecksetzung und Struktur von Marketing-Informationssystemen

Ein Marketingmanager wird täglich mit einer Vielzahl von Nachrichten konfrontiert, deren Inhalt allerdings nur zu einem geringen Teil gerade anstehende Probleme tangiert. Auf seinem Schreibtisch treffen zum Beispiel die Panelberichte eines Marktforschungsinstituts mit Zeitungsmeldungen über neue **gesetzliche Bestimmungen**, Berichten des Außendienstes über besondere Bemühungen der **Konkurrenten, Konjunkturprognosen** von Forschungsinstituten, **innerbetrieblichen Berichten**, Briefen wichtiger **Abnehmer**, die ihre Wünsche darlegen, und vielen anderen für seine Arbeit potentiell relevanten Informationen zusammen. Darüber hinaus ergeben sich fast täglich aus Besprechungen und privaten Gesprächen neue Perspektiven, die für die verschiedensten Absatzprobleme wichtig erscheinen.

Diese Informationsflut führt in vielen Fällen keineswegs zu besser fundierten, sondern im Gegenteil nicht selten sogar zu schlechteren Marketingentscheidungen, weil es dem Manager bei der Fülle von Meldungen u. U. nicht möglich ist, Wichtiges von Unwichtigem zu trennen, weil ferner die Glaubwürdigkeit mancher Informationen nicht gewährleistet, deren Gültigkeitsbereich unklar oder bestimmte Informationen verzerrt dargestellt sind. All dies kann zur Folge haben, daß bei einer so gearteten Nachrichtenversorgung die für eine Entscheidung bedeutsamen Informationen nicht zum relevanten Zeitpunkt, im notwendigen Umfang oder in der für das anstehende Problem richtigen Aufbereitung zur Verfügung stehen, so daß es dann zu der paradoxen Situation einer **Informationsarmut** im **Informationsüberfluß** kommt.

Hier sollen **Marketing-Informationssysteme (MAIS)** Abhilfe schaffen. Deren Aufgabe besteht darin, durch Einrichtungen und Verfahren, die eine schnelle und rationelle Datenverarbeitung ermöglichen, durch richtige Kanalisation des Informationsflusses, vor allem aber durch Filterung und Verdichtung der eingehenden Informationen sowie durch geordnete Speicherung und Weitergabe der Datenmengen die skizzierte Informationsproblematik zu entschärfen. Dazu bedarf es weniger einer denkbar großen als einer möglichst aussagefähigen, d. h. redundanzarmen und vor allem unmittelbar problembezogenen Informationsmenge am richtigen Ort und zum richtigen Zeitpunkt. Darüber hinaus muß bei allen Entscheidungsträgern Klarheit hinsichtlich der verfügbaren Informationsquellen, der Träger informatorischer Aufgaben und der eigenen Informationsrechte und -pflichten bestehen. Dieser Aspekt ist insbesondere für die Strukturierung des internen Informationsflusses von großer Bedeutung, der in vertikaler und horizontaler Richtung, d. h. zwischen den und innerhalb der verschiedenen Hierarchiestufen einer Organisation verläuft.

Ein MAIS kann somit als eine planvoll entwickelte und geordnete Gesamtheit von organisatorischen Regelungen bezüglich der Träger informatorischer Aufgaben, der Informationswege zwischen ihnen, der Informationsrechte und -pflichten sowie der Methoden und Verfahren der Informationsbearbeitung in diesem Gefüge, mit dessen Hilfe der Informationsbedarf des am Marketingprozeß beteiligten Managements befriedigt werden soll, definiert werden. Unter den Begriff **Bearbeitung** fallen dabei alle Vorgänge der **Beschaffung, Bereitstellung, Analyse, Aufbereitung, Interpretation, Speicherung** und **Abgabe** von Informationen.

Da die Fülle der für Marketingentscheidungen notwendigen Fakten die menschliche Informationsverarbeitungs- und -speicherungskapazität in der Regel übersteigt, gehören zu den Trägern informatorischer Aufgaben in MAIS heute praktisch unabdingbar **elektronische Datenverarbeitungsanlagen**. Mit ihrer Hilfe können die Speicherung von Informationen zentralisiert, die Aufbereitung flexibel und individuell gehandhabt und der Austausch beschleunigt werden. Die Effizienz des Gesamtsystems erhöht sich dadurch in qualitativer (Datengenauigkeit), quantitativer (Datenumfang und -verdichtung) und zeitlicher (Schnelligkeit der Datenbereitstellung) Hinsicht.

Begünstigt durch Fortschritte im Bereich der EDV-Technologie herrschte bis Anfang der siebziger Jahre eine regelrechte MAIS-Euphorie. **Vollintegrierte Gesamtsysteme** („total system approach") sollten in allen funktionalen Bereichen und auf sämtlichen hierarchischen Ebenen eine ausreichende Versorgung des Marketing-Managements mit Führungsinformationen sicherstellen. Man versuchte, dieses Ziel auf der einen Seite durch eine weitgehende Zentralisierung des Informationswesens in hyperkomplexen Datenbanken, die kaum noch wirtschaftlich handhabbar waren, zu erreichen. Auf der anderen Seite wurden umfassende (Global-)Modelle (z. B. DEMON, SPRINTER, BRANDAID) entwickelt (vgl. *Gaul / Both* 1990), um die Konsequenzen ins Auge gefaßter Marketingstrategien zu simulieren und auf dieser Basis die optimale Lösung zu finden. Es gelang jedoch nur selten, in diese Marktmodelle alle wichtigen Aspekte zu integrieren. Darüber hinaus waren solche Globalansätze auch auf Grund von Wirtschaftlichkeitserfordernissen und Problemen bei der Datenbeschaffung zum Scheitern verurteilt.

Schwierigkeiten beim Projektmanagement von **Totalsystemen** und Widerstände seitens der (potentiellen) Benutzer haben dazu beigetragen, daß inzwischen bei der Entwicklung von MAIS eine Ernüchterung eingetreten ist. Man beschränkt sich bei der Realisierung vorderhand auf **Subsysteme** für **Teilbereiche** des **Marketing**, z. B. Außendienststeuerung, Warenwirtschaft und Werbung (eingehend dazu *Spang / Scheer* 1992). Bei derartigen Teilsystemen, die sich relativ schnell einrichten lassen, sind die Kosten / Nutzen-Relationen wesentlich besser quantifizierbar. Zudem können die Anwender in einem weitaus höheren Maß an der Entwicklung beteiligt werden, was sich in der Regel in einer verbesserten Akzeptanz niederschlägt. Allerdings sollten die einzelnen Komponenten in einen **Rahmenplan**, in dem die zeitliche Priorität der einzelnen Projekte, die Verknüpfungsbeziehungen zwischen ihnen etc. konkretisiert sind, eingebettet werden, damit in späteren Ausbauphasen die **Integration** der **Teilsysteme** in ein **umfassendes Gesamtsystem** vereinfacht, wenn nicht überhaupt erst ermöglicht wird.

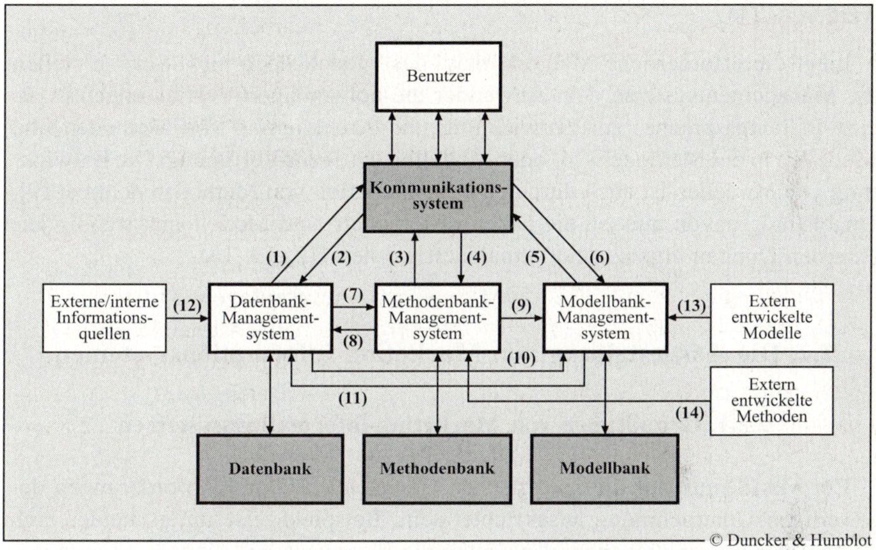

Abb. 12.13.: Elemente und Struktur eines MAIS

Abb. 12.13. vermittelt einen Eindruck vom **Aufbau** eines **computergestützten MAIS**. Dieses setzt sich aus vier **Grundkomponenten**, nämlich Daten-, Methoden-, Modellbank und Kommunikationssystem zusammen. In der **Datenbank** werden in strukturierter Form die für Marketingentscheidungen notwendigen inner- und außerbetrieblichen Informationen (Daten) gesammelt. Die **Methodenbank** enthält in programmierter Form mathematisch-statistische Verfahren zur Weiterverarbeitung der Daten. Die **Modellbank** umfaßt Optimierungskalküle zur Unterstützung des Marketing-Managements. Um den Anwendern die Arbeit mit dem System zu erleichtern (z. B. die Verknüpfung von Daten und Methoden bzw. Modellen) und für den Systemverwalter die Wartung und Pflege des MAIS zu vereinfachen, werden die Daten-, Methoden- und Modellbank jeweils durch ein **Managementsystem** ergänzt.

Bei der Ausgestaltung des **Kommunikationssystems** geht es zunächst um die adäquate Hardware-Ausstattung, wie z. B. PC und Drucker. Außerdem muß Software (Programme) entworfen werden, die den Mitarbeitern der Marketingabteilung eine möglichst **benutzerfreundliche** Kommunikation zwischen Mensch und Maschine ermöglicht. Bei der **Nutzung** eines MAIS ruft ein Anwender im einfachsten Fall Informationen aus der Datenbank ab (1) oder ergänzt diese mit subjektiven Urteilen des Managements (2), wie z. B. Wahrscheinlichkeitsschätzungen. In anderen Situationen ist es u. U. zweckmäßig, das so erschließbare Wissen mit Methoden (3) oder Modellen (5) aufzubereiten. Dazu müssen diese spezifiziert und mit Daten aus der Datenbank (7, 10) versorgt werden. Die dabei erhaltenen Ergebnisse können wieder in letzterer abgelegt werden (8,11).

Liegt die erforderliche Methode bzw. das Modell noch nicht vor, so stellen die Managementsysteme dem Anwender die notwendigen Vorrichtungen (z. B. eine Planungssprache) zur Entwicklung und Archivierung von Methoden und Modellen in der Methoden- (4) oder Modellbank (6) zur Verfügung. Die Entwicklung von Modellen ist auch durch eine Kombination von Methoden denkbar (9). Unabhängig davon müssen die Daten-, Methoden- und Modellbank ständig aus externen Quellen ergänzt und aktualisiert werden (12, 13, 14).

2.2. Die Ausgestaltung von Marketing-Informationssystemen

2.2.1. Grundtypen von Marketing-Informationssystemen

Ein MAIS muß auf die spezifischen Gegebenheiten und Anforderungen der jeweiligen Unternehmung ausgerichtet sein. Beispielsweise unterscheiden sich sowohl der Informationsbedarf als auch die Planungsarbeit eines Produktmanagers von Kosmetika von denen eines Marketingleiters in einem Stahlwerk ganz erheblich. Die MAIS in den jeweiligen Unternehmungen werden deshalb spezifische Wesenszüge aufweisen. Im Hinblick auf die unterschiedlichen Managementfunktionen, deren Ausübung ein MAIS unterstützen soll, lassen sich grundsätzlich **Dokumentations-, Planungs-** und **Kontrollsysteme** unterscheiden.

2.2.1.1. Das Dokumentationssystem

Dokumentationssysteme („information retrieval systems") können so geartet sein, daß die gewünschten Daten bei Auftreten eines entsprechenden Informationsbedarfs von einem Marketingmanager jederzeit und ohne großen Aufwand abgerufen werden können. Zu denken ist hierbei z. B. an Branchen- und Konkurrenzanalysen, Marktforschungsberichte und Hintergrundwissen zu neuen Konkurrenzprodukten. Derartige Informationen liegen meist in Form von **Texten** bzw. **Dokumenten** vor und sind daher **qualitativer** Natur, d. h. sie bestehen aus Worten einer Sprache, deren jeweilige Bedeutung sich erst aus dem Kontext ergibt.

Dieser Sachverhalt hat weitreichende Konsequenzen für die **elektronische Speicherung** dieser Elemente in Datenbanken. Organisation, Pflege sowie Wiederauffinden solcher Partikel in sog. **Textdatenbanken** lassen sich nicht auf Grund von sog. **Ordnungskriterien (Schlüssel)**, wie z. B. Kundennummer, Auftragsnummer oder Absatzsegment, bewerkstelligen, sondern dazu bedarf es eines umfassenden **Deskriptoren-** bzw. **Indexierungssystems (Schlüsselwörtersystem)**, mit Hilfe dessen der Inhalt der betreffenden Dokumente charakterisiert werden kann (vgl. *Mertens / Griese* 1993, S. 10 f.).

Die **manuelle Klassifikation** von **Dokumenten** an Hand eines **Deskriptorensystems** ist zum einen relativ zeit- und kostenintensiv und zum anderen vielfach ungenau, womit sich zwangsläufig beim Wiederauffinden der Informationen Probleme ergeben. Daher erlangten bis zum Beginn der siebziger Jahre Dokumentationssysteme im Marketing nur geringe Bedeutung. Dies änderte sich erst mit der Entwicklung solcher Varianten, die sowohl eine **computergestützte Erschließung** von **Dokumenten**, d. h. eine **automatische Vergabe** von **Deskriptoren (Schlüsselwörtern)**, als auch **computergestützte Recherchen**, d. h. einen **Vergleich mittels Deskriptoren formulierter Suchanfragen** mit dem **Speicherinhalt**, ermöglichten (vgl. *Mertens / Griese* 1993, S. 11 ff.).

Diesen Anforderungen werden z. B. die Softwareprodukte *STAIRS* (Storage and Information Retrieval System) von *IBM* und *GOLEM II* von *Siemens* gerecht. Ihr Einsatz bewirkt, daß mit Hilfe der EDV die Effektivität der Dokumentation qualitativer Daten auf elektronischen Speichermedien, d. h. die Aktualität, Vollständigkeit und Genauigkeit der bereitzustellenden Informationen, entscheidend verbessert werden kann.

Obgleich mit diesen Systemen die softwaremäßigen Voraussetzungen für leistungsfähige Dokumentationssysteme für qualitative Daten geschaffen sind, scheitert deren Übernahme bislang insbesondere in kleinen und mittelgroßen Unternehmen an Wirtschaftlichkeitserfordernissen. Die Ursache dafür ist in dem hohen Aufwand zu sehen, der mit der Dokumentenbeschaffung, der maschinellen Aufbereitung und der Pflege der Datenbestände verbunden ist. Einen Ausweg stellt die **Nutzung überbetrieblicher Systeme** dar.

Weltweite Datennetze erlauben es Interessenten, im **Time Sharing-Verfahren** auf **Datenbanken** von **Informationsmittlern**, z. B. *Dialog Information Services, Lockheed Information System* und *System Development Corporation*, zuzugreifen. Die für das Marketing relevanten Datenbanken enthalten z. B. Marktinformationen (Versorgungsgrad, Anbieterstruktur, Branchen, Produkte usw.) über fast alle Länder der Erde sowie spezielle Informationen über einzelne Unternehmen (potentielle Konkurrenten), wie z. B. Anschrift, Produktionsprogramm, neue Produkte und Werbeaktivitäten.

Für die laufende **Aktualisierung** der **Datenbestände** werden u. a. Zeitschriften und Zeitungen ausgewertet sowie Studien von Marktforschungsinstituten und Tagungsberichte verarbeitet. Es ist leicht einsichtig, daß diese für international tätige Unternehmen besonders wichtigen Informationen auf herkömmlichem Wege nur unvollständig und allenfalls mit einem wesentlich höheren Kosten- und Zeitaufwand beschafft werden könnten. Außerdem bieten derartige Dokumentationssysteme auch nicht unmittelbar an Marketingentscheidungen beteiligten Stellen, wie z. B. der Absatzforschung oder einer technischen Abteilung, eine wertvolle Arbeitshilfe.

Für die Schaffung und Nutzung eines Dokumentationssystems bedarf es lediglich eines **PC** und eines **Anschlusses** an ein **öffentliches Datennetz**. Zum einen ist dabei eine **einmalige, retrospektive Recherche**, in der alle bis zu diesem Zeitpunkt zu einer bestimmten Fragestellung gespeicherten Informationen durchsucht werden, denkbar, zum anderen kann über einen **Recherchen-Dauerauftrag** – man spricht in diesem Fall von **Selective Dissemination of Information (SDI)** – jeder Neuzugang zu einem bestimmten Thema verfügbar gemacht werden. Insbesondere im letztgenannten Fall sind detaillierte **Informationsbedarfsprofile** unabdingbare Voraussetzung für eine adäquate Informationsversorgung. Die technische Weiterentwicklung der Systeme, z. B. durch den Ausbau der zur Verfügung stehenden weltweiten Datennetze, ferner die inhaltliche Ausweitung der Datenbanken externer Informationsanbieter sowie die zunehmende Stellenspezialisierung im Marketingbereich werden dazu beitragen, daß der selektiven Informationsversorgung in Zukunft ein noch größerer Stellenwert zukommt.

2.2.1.2. Das Planungssystem

Planungssysteme erfordern im Vergleich zu Dokumentationssystemen eine wesentlich stärkere **Ausrichtung** auf die **spezifischen Informationsbedürfnisse** der an der Entscheidungsvorbereitung beteiligten Organisationsmitglieder. Die Erfahrung zeigt, daß beispielsweise bestimmte Standardberichte in Gestalt von Vertriebsstatistiken, Produktionskennzahlen oder Paneldaten den Planungsprozeß nicht wesentlich beschleunigen oder verbessern. Zu unterschiedlich sind die Problemstellung, Ausgangssituation, Marktverhältnisse und Aktionsmöglichkeiten, aber auch das Informationsverhalten der Systembenutzer, als daß ein standardisiertes Berichtssystem hier wesentliche Unterstützung gewähren könnte.

Das wichtigste **Kriterium** bei der **Ausgestaltung elektronischer Planungssysteme** bildet deshalb deren **Flexibilität**. Nur wenn es möglich ist, die dem Planungsträger selbst relevant erscheinenden Informationen in der von ihm gewünschten Form möglichst kurzfristig abzurufen und in der von ihm als notwendig erachteten Art und Weise aufzugliedern sowie miteinander zu verknüpfen, verspricht eine elektronische Unterstützung der Marketing-Planung Erfolg. Die **Flexibilität** des **Planungssystems** und die **Verknüpfbarkeit** der **Daten** hängen allerdings vom **Umfang** und der **Struktur** der **Daten-, Methoden-** und **Modellbank** ab.

Ein am Planungsprozeß, beispielsweise an der Festlegung des Werbeetats, beteiligter Manager möchte in der Regel sein Problem von verschiedenen Seiten her anpacken. Es ist denkbar, daß dieser Auskunft sowohl über Budgets in früheren Perioden und die von Konkurrenten als auch über die mutmaßliche Auswirkung auf Umsatz, Zahl neu gewonnener Abnehmer, Bekanntheitsgrad oder Image des zu bewerbenden Produkts wünscht. Vermutet er, daß die Werbewirkung auch von der konjunkturellen Lage abhängt, wird er zusätzlich Prognosen über die gesamtwirtschaftliche Entwicklung zu erhalten trachten. In unserem Beispiel sollte der Manager auch die Konsequenzen alternativer Werbebudgets bzw. Formen der Aufteilung im Wege der Simulation aufdecken können. Es versteht sich, daß dadurch die Entscheidungsqualität verbessert wird. Freilich müßten in diesem Fall die mit unterschiedlichen Werbemaßnahmen verbundenen Erfolgsgrößen in der Modellbank abgebildet sein.

Neben der Flexibilität wird für Planungssysteme häufig auch noch deren **Dialogfähigkeit** gefordert. In **interaktiven Planungssystemen** kommuniziert der Marketing-Manager direkt mit dem Computer. Man spricht daher auch von **Mensch-Maschine-Kommunikation**. Charakteristisch für interaktives Arbeiten ist das schrittweise Vorgehen bei der Problemlösung; die Aufgabe muß also zu Beginn der Untersuchung noch nicht abschließend definiert und strukturiert sein. Auf diese Weise wird ein zunächst zielloses Stöbern in den Datenbeständen möglich, das u. U. kreative Prozesse, beispielsweise im Hinblick auf die Entwicklung neuer Produkte, die Ansprache bisher vernachlässigter Marktsegmente oder die Änderung der Verpackung, einleitet bzw. unterstützt. Diese Arbeitsweise stellt gewisse Anforderungen an die Datensicherheit und den Datenschutz. Es muß u. a. gewährleistet sein, daß jeder Anwender nur auf den für ihn relevanten Bestand zurückgreifen und nur diesen gegebenenfalls verändern kann (vgl. *Hansen* 1992, S. 592).

Voraussetzung für ein effektives Arbeiten im Dialog sind relativ kurze Antwortzeiten der EDV-Anlage. Diese Bedingung ist beim Einsatz von komplexeren Analyse- und Prognoseverfahren, die lange Rechenzeiten erfordern, nicht immer gegeben. Gleichwohl erweist sich die **Mensch-Maschine-Kommunikation** insbesondere bei Planungsproblemen mit folgenden Eigenschaften als vorteilhaft (vgl. *Mertens / Griese* 1993, S. 8 f.):

- Die **Inputdaten** für ein Planungsmodell sind nicht in der Datenbank gespeichert, sondern müssen in einem ersten Arbeitsschritt generiert werden. Charakteristisch hierfür ist das der Werbemittelplanung dienende ADBUDG-Modell von *Little* (vgl. § 8, Abschn. 3.4.).
- Das **Planungsmodell** muß erst entwickelt werden. Durch das interaktive Arbeiten wird der Anwender gezwungen, seine Vorstellungen zu präzisieren und das Modell an Hand dessen Reaktion auf jede Veränderung der Inputdaten schrittweise an die Wirklichkeit anzupassen.

- Der **Planungsprozeß** ist schlecht strukturiert, so daß er mit Hilfe eines verhältnismäßig unsystematischen Probierverfahrens bewältigt werden muß.
- Das **Planungsproblem** läßt sich nicht standardisieren, sondern tritt jedesmal in einer anderen Variante auf, so daß sich die Formalisierung in Gestalt eines fertigen Programms nicht lohnt.
- Die **Handlungskonsequenzen** verschiedener **Marketingmaßnahmen**, die mit Hilfe eines Planungsmodells gewonnen werden, dienen unmittelbar als Entscheidungsgrundlage. Man spricht in diesem Fall von **Konferenzsystemen**.

2.2.1.3. Das Kontrollsystem

Kontrollsysteme dienen der **Berichterstattung** über Produktionsumfang, Lagerbestand, Vertriebskosten, Umsätze, Deckungsbeiträge usw., deren Überwachung eine wesentliche Grundlage für anstehende Marketingentscheidungen darstellt. Sie sollen die Informationsempfänger über die Verhältnisse in ihrem Arbeitsbereich informieren, so daß jene jederzeit die Lage übersehen, rechtzeitig auf Veränderungen reagieren und rasch fundierte Entscheidungen treffen können.

Kontrollsysteme können als Berichtssysteme oder als Abfrage- bzw. Auskunftssysteme ausgestaltet sein. Von **Berichtssystemen** spricht man dann, wenn die EDV-Anlage dem Anwender automatisch Informationen zur Verfügung stellt. Dies kann zum einen **zeitbezogen** geschehen, d. h. der Marketingmanager erhält in periodischen Abständen **Standardberichte**. Zum anderen ist auch denkbar, daß **ereignisbezogen** sog. **Ausnahmeberichte** erstellt werden. Dies ist dann der Fall, wenn die Abweichungen zwischen tatsächlichen und an Hand von Erfahrungen vorgegebenen (Durchschnitts-)Ergebnissen **(Meldesysteme)** oder wenn die Abweichungen zwischen tatsächlichen und erwarteten bzw. prognostizierten Ergebnissen **(Warnsysteme)** bestimmte festgelegte Toleranzgrenzen übersteigen. Existieren quantifizierbare Zwischenziele, deren Überprüfung bereits in einem frühen Stadium des Realisierungsprozesses Anhaltspunkte dafür liefert, ob ein bestimmtes Planziel erreicht wird oder nicht, so lassen sich Warnsysteme zu sog. **Frühwarnsystemen** ausbauen.

Im Gegensatz dazu geht bei **Abfrage-** bzw. **Auskunftssystemen** die Initiative zur Berichterstattung vom Anwender aus. Dadurch wird gewährleistet, daß keine überflüssigen Papiere produziert und stets nur aktuelle Informationen abgerufen werden. Im einzelnen lassen sich Auskunftssysteme mit **Standardabfrage (starre Systeme)** und solche mit **freier Abfrage (flexible Systeme)** unterscheiden. Bei letzteren kann der Benutzer spezifizieren, welche Merkmale die gesuchte Information auf sich vereinigen soll, während er bei starren Systemen lediglich **Standardberichte** abzurufen vermag. Flexible Systeme sind zwar wesentlich aufwendiger, weisen aber den Vorzug auf, daß der Manager seinen Informationsbedarf nicht schon im voraus, d. h. beim Entwurf der Standardberichte genau spezifizieren muß. Auskunftssysteme erfordern – im Gegensatz zu Berichtssystemen – eine **On-line-Verbindung** zwischen **Datenbestand** und **Anwender;** sie sollten daher nur als **Dialogsysteme** realisiert werden.

Um beispielsweise auf Grund von Marktveränderungen, Fehlplanung oder Konkurrenzmaßnahmen auftretende Marketingprobleme, aber auch sich abzeichnende Marktchancen möglichst rasch zu erkennen, erfordern Kontrollsysteme ein hohes Maß an **Aktualität** der **Daten**. So werden zur Umsatzüberwachung in vielen Unternehmungen mit elektronischen Kontrollsystemen die Zahlen täglich oder zumindest wöchentlich an die jeweiligen Kontrollinstanzen gemeldet. Dieser Sachverhalt und die sich immer mehr durchsetzende Gepflogenheit, den Entscheidungsträgern bis hin zur obersten Führungsspitze alles Wissenswerte in Form von Computerausdrucken zur Verfügung zu stellen, führt nicht selten zu „Zahlenfriedhöfen" und damit zu der bereits angesprochenen **Informationsarmut im Informationsüberfluß.** Von einer entscheidungsorientierten Informationsversorgung kann dann nicht mehr die Rede sein.

Erste Ansatzpunkte zur Gewährleistung einer solchen stellen die **Elimination irrelevanter Berichte**, die **Ausmerzung** von **Doppelarbeit** sowie die **formale Verbesserung** der **Gestaltung** von **Berichten** dar. Das letztgenannte Ziel läßt sich u. a. durch Vereinheitlichung der Formate, Hervorhebung außergewöhnlicher Datenkonstellationen und Auflockerung von Texten durch Tabellen und Computergraphiken erreichen. Daneben kann diesem Erfordernis durch eine **abgestufte Informationsverdichtung** Rechnung getragen werden.

Umfaßt der Benutzerkreis eines elektronischen Kontrollsystems verschiedene Hierarchiestufen der Unternehmung, so erweist sich eine **hierarchische Verdichtung** der einzelnen Datenbestände als sinnvoll. Mit Hilfe eines **Klassifikationsschlüssels** werden den unteren Ebenen der Marketing-Organisation regelmäßig Einzelheiten über bestimmte Kunden oder Artikel mitgeteilt, während Abteilungs- und Bereichsleiter aggregierte Zahlen für einzelne Kundengruppen, Absatzgebiete oder Produktgruppen erhalten. Die Unternehmungsleitung schließlich wird nur noch über den Gesamtumsatz automatisch informiert (vgl. Abb. 12.14.).

Jedem Betroffenen bleibt es dabei unbenommen, bei Bedarf stärker aufgefächerte Berichte vom Kontrollsystem anzufordern. Zu derartigen Anfragen kommt es üblicherweise dann, wenn größere Planabweichungen auftreten oder bestimmte Aktionen (z. B. die Wirkung einer Verkaufsförderungsaktion) überwacht werden sollen. Dabei lassen sich bei einer entsprechend gestalteten Datenbankstruktur auch Informationen verschiedenen Verdichtungsgrades miteinander kombinieren (z. B. Kundengruppen und Artikel, Absatzgebiete und Produkte).

Im Gegensatz zu der hierarchischen Komprimierung, die im wesentlichen auf einer Summierung von Einzelinformationen basiert, wird bei **Melde- und Warnberichtssystemen** eine **Informationsverdichtung** durch **Selektion** erreicht. Solche Ausnahmeberichte werden nur in besonderen Situationen erstellt, d. h. sobald nicht mehr hinnehmbare Abweichungen zwischen Ziel- und Istgrößen auftreten.

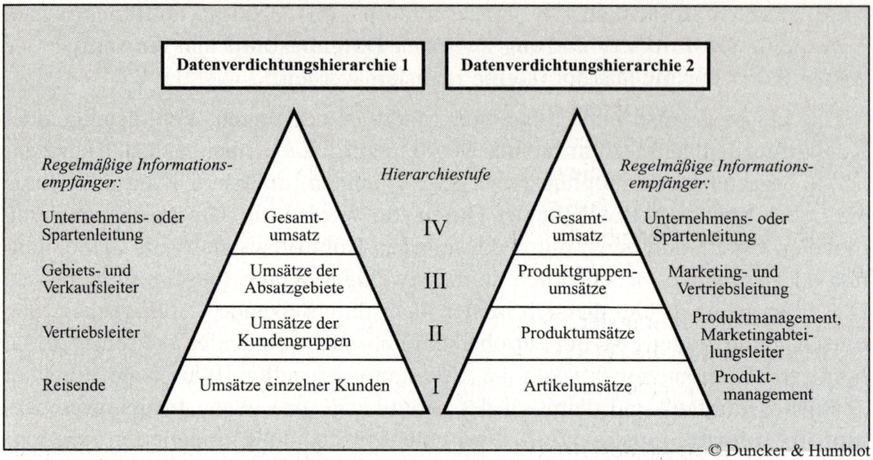

Abb. 12.14.: Beispiel für hierarchische Datenverdichtung

In solchen Fällen werden für eine bestimmte Größe, z. B. den Planumsatz, die maximal tolerierbare Abweichung absolut oder relativ angegeben bzw. z. B. die fünf Artikel mit der höchsten Abweichung vom Planumsatz als „Ausnahme" herausgefiltert. Als methodisches Hilfsmittel kann bei der Ermittlung von Produktrangstufen die ABC-Analyse herangezogen werden (siehe dazu § 5, Abschn. 3.2.1.1.).

Ausnahmeberichtssysteme sind eng verwandt mit dem Führungskonzept des **Management by Exception**. Für die Festlegung der Ausnahmesituation erweist sich die explizite Zielvorgabe als erforderlich (Management by Objectives). Hier deutet sich eine Überlagerung von Kontroll- und Planungssystemen an, da die Zielvorgabe das Ergebnis eines Planungsprozesses darstellt. Planungssysteme übernehmen daher für Kontrollsysteme in Form von Ausnahmeberichtssystemen gewisse Steuerungsfunktionen.

So vorteilhaft das Arbeiten mit Ausnahmeberichtssystemen zu sein scheint, so haften ihm doch gewichtige **Unzulänglichkeiten** an. Zum einen erscheint das bloße Aufzeigen von Abweichungen führungspolitisch bedenklich, zum anderen muß nach Aufdeckung von Abweichungen im Rahmen der Ursachenforschung letztlich doch auf die übrigen Daten zurückgegriffen werden (vgl. *Mertens* 1981, S. 350). In der Praxis werden deshalb oft beide Ansätze miteinander kombiniert, d. h. Berichte werden periodisch erstellt, wobei aber Ausnahmesituationen besonders gekennzeichnet sind.

2.2.2. Die Dimensionierung eines Marketing-Informationssystems

Ausgehend von den skizzierten Funktionen und Formen von MAIS lassen sich die konkreten Gestaltungsaufgaben beim Aufbau solcher Systeme nunmehr wie folgt zusammenfassen. In einer Art **Bedarfsprofil** sind Art, Umfang, Verdichtungsgrad und zeitliche Dimension (Aktualität) der in der **Datenbank** eines MAIS zu speichernden Informationen festzulegen. Als Ausgangspunkt dient die möglichst genau umrissene Aufgabenstellung der Systembenutzer; denn durch die Bereitstellung entsprechender Informationen soll gerade die sachgerechte Erfüllung der Pflichten, die diesen obliegen, gewährleistet werden. Das Bedarfsprofil stellt neben dem **Nutzungsverhalten** der Anwender (z. B. Zeitpunkt, Art und Umfang der Datenbankabfragen) eine wesentliche Determinante der Datenbankstruktur dar.

Bei der Entwicklung der **Methoden-** und der **Modellbank** müssen jene Verfahren, die sich für die Weiterverarbeitung der (Roh-)Daten am besten eignen, ausgewählt sowie eine geeignete Organisationsform gefunden werden. Eine reine Anhäufung von Techniken wird der Sache nicht gerecht, da diejenigen, die damit umgehen sollen, in der Regel alles andere als Spezialisten sind. Auf dieses Benutzerprofil ist auch das **Kommunikationssystem** auszurichten, das die Rahmenbedingungen für eine möglichst **benutzerfreundliche** Kommunikation zwischen Mensch und Maschine zu schaffen hat.

2.2.2.1. Inhalt, Umfang und Struktur der Datenbank

Eine **Datenbank (Data Base)** ist definiert als eine im allgemeinen große Anzahl von Daten, die in Dateien aufbewahrt und von einem Datenbankmanagementsystem gemeinsam verwaltet werden (vgl. *Hansen* 1992, S. 114). Unter einer **Marketingdatenbank** versteht man eine strukturierte Sammlung von Daten, aus der sich entscheidungsrelevante Marketinginformationen gewinnen lassen. Aus Gründen der Praktikabilität werden dabei von jenen Redundanzfreiheit, Strukturflexibilität, Unabhängigkeit sowie breite Verwendbarkeit gefordert (vgl. hierzu z. B. *Heinzelbecker* 1977, S. 144 ff., und die dort angegebene Literatur).

Redundanzfreiheit liegt dann vor, wenn jede Marketinginformation in der Datenbank nur einmal vorhanden ist. Dadurch wird der erforderliche Speicherplatz minimiert, und es läßt sich nicht nur Dateninkonsistenz, die bei Mehrfachspeicherung unvermeidlich ist, umgehen, sondern es wird auch die Aktualisierung der Daten („updating") auf diese Weise vereinfacht. Da es jedoch im Hinblick auf das Antwortzeitverhalten des Systems wesentlich effizienter sein kann, bestimmte Informationen mehrfach zu speichern, wird die Maximalforderung nach Redundanzfreiheit zunehmend zugunsten einer **Redundanzarmut** gelockert.

Lassen sich die Informationen in beliebiger Weise miteinander verknüpfen, spricht man von **Strukturflexibilität**. Um dies zu erreichen, ist beim Aufbau der Datenbank darauf zu achten, daß sich die Strukturierung der Datenelemente nicht zu stark am derzeitigen Informationsbedarf des Marketing-Managements orientiert. Auch bei veränderten Bedingungen, die z. B. durch neue Produkte, Zielgruppen oder Absatzwege ausgelöst werden, sollte die Datenbank allen Informationsbedürfnissen gerecht werden.

Beim Einsatz von EDV-Systemen unter Verzicht auf eine Datenbank organisiert jeder Anwender seinen Datenbestand hinsichtlich Formatierung, Speichermedium, Zugriffsmethode etc. selbst. Diese Organisationsform bedingt zwangsläufig Mehrfachspeicherung, die die Datenaktualisierung erschwert. Außerdem ziehen bereits Formatänderungen bei den Eingabedaten Modifikationen des Programms nach sich. Mit Hilfe von Datenbanken läßt sich dagegen die **Unabhängigkeit** von Daten und Anwendungsprogrammen realisieren. Der Anwender in der Marketingabteilung muß bei Analysen Daten nur inhaltlich spezifizieren und kann daher selbst mit geringen EDV-Kenntnissen diese mittels einer Vielzahl von Analyseprogrammen auswerten, die in der Methodenbank verfügbar sind.

In Datenbanken werden die Datenbestände von Nutzern aus verschiedenen Organisationsbereichen zusammengefaßt, d. h. Inhalt und Aufbau einer Datenbank müssen am Informationsbedürfnis der unterschiedlichsten Benutzergruppen ausgerichtet werden. Dieser Sachverhalt ist gemeint, wenn man von **breiter Verwendbarkeit** spricht.

Das **Datenbank-Managementsystem („data base management system")** stellt die Software zum Aufbau, zur Kontrolle und zur Veränderung der Datenbank dar (vgl. *Hansen* 1992, S. 557). Es bietet programmtechnische Hilfsmittel für Aufbau und Wartung. Letzterer bedarf es in zweifacher Hinsicht: Erstens muß der gespeicherte Datenbestand ständig aktualisiert werden („updating"). Zweitens kann von Zeit zu Zeit eine Reorganisation der Datenbankstruktur erforderlich werden, wenn dem Kriterium der Strukturflexibilität nicht hinreichend Rechnung getragen wurde.

In die meisten Datenbank-Managementsysteme ist die Abfragesprache Structured-Query-Language (SQL) von *IBM* integriert, die im Gegensatz zu problemorientieren Programmiersprachen (COBOL, FORTRAN, ALGOL, PL / I etc.) weitgehend an die Umgangssprache angelehnt ist und somit beim Anwender im Falle von Abfragen nur geringe Programmierkenntnisse voraussetzt. Dieser Vorzug erleichtert dem Entscheidungsträger in der Marketingabteilung, der in der Regel kein EDV-Fachmann ist, die Kommunikation mit der Datenbank.

Nicht zuletzt enthalten Datenbank-Managementsysteme umfassende **Vorrichtungen** zur **Datensicherung**, worunter alle Vorkehrungen und Verfahren zur Gewährleistung von Datensicherheit (Schutz der Datenbasis vor einer Zerstörung, sei sie mutwillig oder durch Systemfehler) und Datenschutz (Schutz vor unberechtigtem Zugriff) fallen.

Wollte ein Unternehmen ein Datenbank-Managementsystem selbst entwickeln, wäre dies mit einem sehr hohen Personal- und Programmieraufwand verbunden. Daher zieht man in der Praxis aus Wirtschaftlichkeitsüberlegungen heraus den Fremdbezug häufig einer Eigenentwicklung vor. Dafür spricht auch die damit verbundene **Obsoleszenz-Gefahr**, da die Hersteller von Datenbank-Managementsystemen diese ständig verbessern und so z. B. die Möglichkeiten, die leistungsfähigere Rechenanlagen oder neue Speichermedien bieten, voll ausnutzen. Der Markt offeriert eine Vielzahl an Softwarepaketen für Datenbank-Managementsysteme, z. B. *IMS, SQL / DS* und *DB2 (IBM), UDS (SNI), VAX-Rdb / VMS (DEC), ORACLE (Oracle), CA-DATACOM / DB (Computer Associates), SUPRA (Cincom Systems), SYBASE (Sybase), INFORMIX (Informix Software)* und *ADABAS (Software AG)*.

Da Art und Umfang der Aufgaben des Marketing-Managements einer Unternehmung je nach Wirtschaftsstufe, Branche und Betriebstyp große Unterschiede aufweisen, sind **Informationsbedarfsprofile** nur im Einzelfall hinreichend genau zu spezifizieren. Deshalb wird man bei der Festlegung des Datenbankinhalts in jedem Falle mit einer **Informationsbedarfsanalyse** beginnen, mit deren Hilfe die für die Systemzwecke relevanten Informationen festzustellen sind.

Im Rahmen einer **deduktiven Informationsbedarfsanalyse** werden zunächst die von den künftigen Systembenutzern zu erfüllenden Aufgaben untersucht und daran anschließend die dafür erforderlich erscheinenden Informationen logisch abgeleitet. Im Gegensatz dazu gewinnt man bei **induktiver Vorgehensweise** die benötigten Arten von Information durch Befragung der Betroffenen und durch Beobachtung deren Arbeitsweise, wobei die Befunde in Form von sog. **Entscheidungstabellen** dargestellt werden können.

Es zeigt sich häufig, daß Manager ihren Informationsbedarf selbst nicht exakt definieren können oder aus Sicherheitsgründen einen zu großen Rahmen abstekken. Außerdem werden durch ein solches Vorgehen möglicherweise Fehler, die in der Vergangenheit im Informationswesen gemacht wurden, auf das neue MAIS übertragen. Andererseits kann auf die Mitwirkung der späteren Systembenutzer bei Festlegung des Datenbankinhalts nicht verzichtet werden, da deren Informations- und Entscheidungsverhalten über die Relevanz bestimmter Informationen entscheiden. Aus diesem Grunde werden in der Praxis induktive und deduktive Informationsbedarfsanalysen meistens miteinander gekoppelt.

Die Erfahrung zeigt, daß es wenig sinnvoll ist, das Augenmerk allzu sehr auf die vollständige Erfassung aller auch nur möglicherweise relevanten Daten zu richten. Zweckmäßiger erscheint vielmehr ein Bemühen um sinnvolle Selektion von Informationen im Hinblick auf ihre Aussagefähigkeit. Ein „data collection approach", bei dem die Systementwicklung mit dem Sammeln und Speichern der Fakten in der Datenbank beginnt, ohne daß vorher präzise Vorstellungen über deren Verwendung gewonnen wurden, ist nicht empfehlenswert. Ein solches Vorgehen führt in aller Regel zu einer Überdimensionierung der Datenbank und behindert das Bemühen um Überwindung der datenorientierten hin zur problemorientierten Ausrichtung des Informationswesens. Daraus ergibt sich auch, daß die **Ausgestaltung** der **Datenbank** keine einmalige, sondern eine **permanente Aufgabe** darstellt und die ständige Beobachtung der Nutzung aller gespeicherten Informationen nach der Systemimplementierung einschließen muß.

Da sich, wie erwähnt, bezüglich des Inhalts von Marketingdatenbanken keine allgemeingültigen Feststellungen treffen lassen, sondern jeweils auf den angestrebten Systemzweck und die spezifischen Informationsbedürfnisse der Systembenutzer Rücksicht zu nehmen ist, wird in Tab. 12.1. lediglich ein grober Überblick über die wichtigsten **Elemente** einer für Dokumentations-, Kontroll- und Planungszwecke konzipierten Datenbank vermittelt. Aus ihr geht hervor, daß

Tabelle 12.1.

Ausgestaltung von Datenbanken in MAIS		
Dokumentationssystem	Kontrollsystem	Planungssystem
I. Interne Daten: – Stammdaten der Kunden, Lieferanten und Absatzmittler – Stammdaten der Erzeugnisse – Freie und gebundene Faktorkapazität – Lagerbestände – Ergebnisse technischer Versuche – Umsätze, aufgegliedert nach Regionen, Absatzwegen, Absatzmittlern und anderen zweckentsprechenden Kriterien – Außendienstberichte II. Externe Daten: – Institutsberichte (z. B. Paneldaten) – Pressemeldungen – Gutachten – Volkswirtschaftliche Stammdaten – Patente, Lizenzen – Konkurrenzverhalten – Politische, rechtliche, kulturelle, geographische und technische Umwelt der Unternehmung – Auslandsmarkt	I. Absatzergebnisse (Auftragseingang, Menge, Umsatz, Deckungsbeitrag, Marktanteil, Distributionsquote, Bekanntheitsgrad) im Soll-Ist-Vergleich, aufgegliedert nach – Artikeln – Kunden(gruppen) – Absatzregionen – Vertriebsbereichen bzw. Vertriebsorganen – Absatzmittlern – psychologisch definierten Marktsegmenten – Preisklassen II. Vertriebskosten im Soll-Ist-Vergleich, aufgegliedert nach den in I. genannten Kriterien III. Vom Vertrieb getroffene Maßnahmen (Anzahl der Kundenbesuche, Werbe- und Verkaufsförderungsmaßnahmen, Auslieferung)	I. Absatzergebnisse und Vertriebskosten (vgl. I und II bei Kontrollsystem) mit besonderer Betonung der Planabweichungen sowie der zeitlichen Entwicklung während der vergangenen Perioden II. Stammdaten der Kunden und Absatzmittler (Anzahl, Größe, Zahlungsverhalten) III. Stammdaten der Erzeugnisse (Artikelübersicht, Umsatzanteile) IV. Konkurrenzdaten (z. B. Werbeaufwendungen, Marktanteile, neue Produkte, Preise, Promotions) V. Paneldaten (Haushalts-, Einzelhandels- oder Sonderpanels, soweit deren Ergebnisse nicht bereits in I. enthalten sind) VI. Sonstige quantitative Daten der Marktforschung (Testmarktberichte, Sonderanalysen, Marktprognosen, Ergebnisse von Marktsegmentierungsstudien, Marktpotentialstudien) VII. Zeitreihen makroökonomischer Größen (Bruttosozialprodukt, Preisindex, Export, Sparquote) VIII. Freie und gebundene Faktorkapazität, Lagerbestand, Auftragsbestand IX. Mögliche Marketingaktionen

Dokumentationssysteme weniger der Abbildung betrieblicher Prozesse und Erfolge als vielmehr einer systematischen Sammlung und Speicherung von **Hintergrunddaten** dienen, die oft **qualitativer Natur** sind und zu einem beträchtlichen Teil aus **unternehmensexternen Quellen** stammen.

Im Mittelpunkt von **Kontrollsystemen** stehen dagegen **unternehmensinterne Informationen,** d. h. es geht hier um die Absatzanstrengungen und -erfolge der Unternehmung. Dabei müssen neben Istwerten auch Plan- und Durchschnittsgrößen verfügbar sein. Nur dadurch wird eine realistische Einschätzung des Periodenerfolgs möglich.

In **Planungssystemen** erscheint darüber hinaus noch die Vorhaltung von Zeitreihen **mikro-** und **makroökonomischer Daten** wichtig, da sie sowohl für eine Prognose der Entwicklung in der Zukunft als auch für eine Analyse von in der Vergangenheit beobachteten Wirkungszusammenhängen die Basis bilden. Weiterhin enthalten Planungssysteme im Vergleich zu Kontrollsystemen eine umfangreichere Palette an **externen Informationen**, insbesondere über Struktur und Verhalten von Käufern, Konkurrenten und Absatzmittlern. Erhebliche Bedeutung im Hinblick auf die kurzfristige Absatzplanung werden in vielen Branchen auch **Daten** über **freie Produktions-, Transport-** und **Personalkapazität** besitzen.

Tab. 12.1. macht deutlich, daß der Umfang der in einer Marketingdatenbank enthaltenen Informationen sehr groß sein kann, zumal – insbesondere bei Planungssystemen – die jeweiligen Fakten über einen längeren Zeitraum hinaus vorliegen sollten, um Trends erkennen und Prognosen erstellen zu können. Daher erscheint es angebracht, nur die **internen** Daten zentral in der Unternehmung zu verwalten, da sich dadurch der Aufwand für deren Aktualisierung und Speicherung minimieren läßt. Die Fülle der **externen** Daten (Paneldaten, mikro- und makroökonomische Zeitreihen etc.) führt zu beträchtlichen Speicherplatzproblemen, die zwar u. U. durch eine Aggregation der Einzelinformationen zu Kennzahlen zu überwinden sind. Jedoch würde man dadurch einen erheblichen Informationsverlust in Kauf nehmen und das Spektrum der Methoden und Modelle, mit denen die verfügbaren Daten weiterverarbeitet werden können, drastisch einschränken.

Die einfachste Lösung besteht deshalb darin, externe Daten bei deren Anbietern fallweise abzurufen, d. h. über die Fernübertragung direkt auf deren Datenbanken zuzugreifen. Werden logisch zusammengehörende Marketingdaten physisch auf mehrere in einem Netz verbundene Rechner bzw. Datenbanken verteilt, spricht man von **verteilten Datenbanksystemen** (vgl. *Hansen* 1992, S. 603; *Schüring* 1991, S. 55; *Link / Hildebrand* 1993, S. 44). Abb. 12.15. illustriert eine mögliche Konfiguration.

Der zentrale Unternehmensrechner ist durch das Fernsprech- oder *Datex*netz mit den Rechenanlagen der Marktforschungsinstitute und sonstigen Institutionen verbunden. Bei Auftreten eines Informationsbedarfs werden die betreffenden Informationen von den

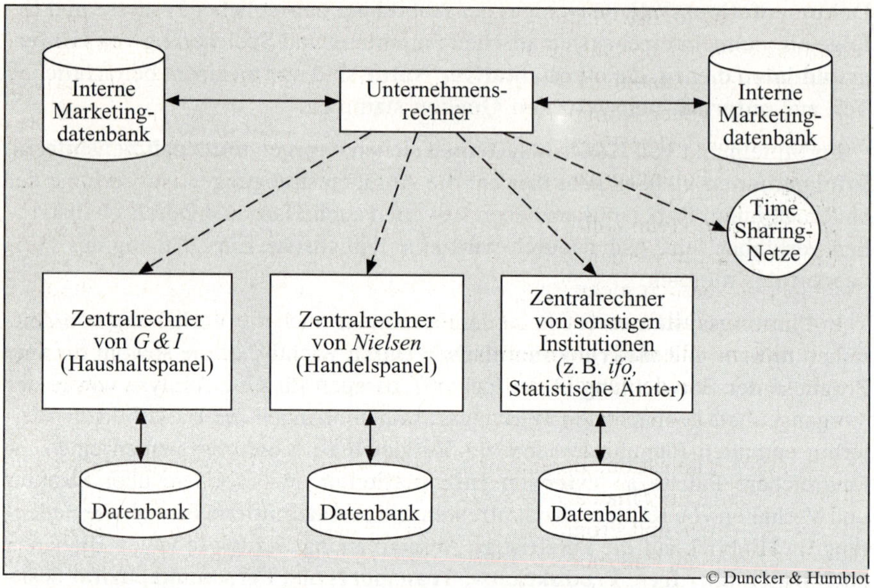

Abb. 12.15.: Verteiltes Datenbanksystem

Datenbanken der Institute abgerufen, in einer internen Marketingdatenbank des Unternehmens gespeichert, gegebenenfalls mit internen Daten verknüpft und schließlich ausgewertet. Typische Beispiele verkörpern die *ifo*-Konjunkturtestdatenbank, das Datenbanksystem des *Statistischen Bundesamtes* sowie mit Blick auf Auslandsmärkte die Datenbank *PROMT* (Predicasts Overview of Markets and Technology) der Firma *Predicasts.*

2.2.2.2. Die Ausgestaltung von Methoden- und Modellbank

Die in der Marketingdatenbank verfügbar gehaltenen Informationen liegen überwiegend in disaggregierter Form vor und sind folglich wenig aussagekräftig. Sie müssen daher weiterverarbeitet (verknüpft, verdichtet etc.) werden, um Entscheidungsrelevanz zu erlangen. Die dazu erforderlichen Methoden sind in programmierter Form in der **Methodenbank** gespeichert. Dazu gehören auf der einen Seite **einfache Verfahren**, die sich auf arithmetische Operationen beschränken, wie z. B. Summen-, Durchschnittsbildung, Prozentuierung und die Bildung von Indizes. Hinzu kommen solche zur Anfertigung von Histogrammen, mehrdimensionalen Charts und Computerplots. Auf der anderen Seite sind insbesondere bei der Ausgestaltung von Methodenbanken für Planungssysteme komplexere statistische Auswertungsverfahren erforderlich, allen voran die **multivariaten Verfahren**.

Besonderer Stellenwert kommt ferner der **Zeitreihenanalyse** zu, und zwar mit ihren **klassischen** (ungewichtete und gewichtete gleitende Durchschnitte, Trendextrapolation, „exponential smoothing“ usw.) und **modernen** Varianten (autoregressive Methode, *Box-Jenkins-Technik* und Spektralanalyse). Eine gewisse Auswahlfülle ist schon deshalb anzustreben, weil in einer Ära zunehmender Diskontinuität auf den Absatzmärkten, wie sie z. B. von Strukturveränderungen infolge des Einsatzes neuer Kommunikationstechniken hervorgerufen wird, die Zeitreihen immer speziellere Formen annehmen. Dadurch wird zwangsläufig das Spektrum der im Planungsprozeß benötigten Prognosemethoden erweitert.

Unabhängig davon sollte beim Einsatz moderner Varianten eine gewisse Zurückhaltung geübt werden, da sie nicht zwangsläufig zu mehr Genauigkeit verhelfen, aber wesentlich mehr Rechenzeit als die klassischen Verfahren benötigen. Dies gilt namentlich auch für Techniken des **Operations Research,** von denen im Marketing allenfalls der **Netzplantechnik**, etwa bei der Einführung neuer Produkte oder bei der Durchführung von Werbekampagnen, eine gewisse Bedeutung zukommt.

Die zur Organisation, Benutzung und Sicherung der Methoden erforderliche Software bezeichnet man als **Methodenbank-Managementsystem**. Die Organisation (Speicher- und Programmiertechnik) der Verfahren in der Methodenbank sollte es zulassen, daß diese **flexibel** eingesetzt, d. h. nahezu beliebig verknüpft werden können. Beispielsweise kann es für einen Produktmanager interessant sein, die Daten aus einer Umfrage mit Hilfe der Faktorenanalyse zu verdichten und die Ergebnisse anschließend mit der Cluster- oder AID-Analyse weiter zu untersuchen, um homogene Marktsegmente zu erhalten.

Unabhängig davon müssen Vorkehrungen für eine leichte **Erweiterbarkeit** der Methodenbank getroffen werden. Zum einen werden von externer Seite ständig vorhandene Algorithmen verbessert sowie neue Verfahren entwickelt, zum anderen sollten auch solche einbezogen werden, die der Systembenutzer selbst entwirft. Charakteristisch dafür sind Heuristiken, die dieser bei einer intensiven Auseinandersetzung mit einem Spezialproblem entwickelt und für später auftretende, ähnlich gelagerte Fälle verfügbar haben will.

Der Benutzer eines MAIS ist in der Regel ein Marketingfachmann mit einer Grundausbildung in Statistik. Will man für diesen Anwendertyp durch eine entsprechend ausgestaltete EDV-Unterstützung die Voraussetzung dafür schaffen, daß er eine Datenbank mit einer Vielzahl von zum Teil sehr komplexen Verfahren quasi per Knopfdruck nutzen kann, so muß man durch Bereitstellung weitreichender Hilfen dafür sorgen, daß eine fehlerhafte Anwendung von vornherein weitgehend ausgeschlossen ist. Die **Unterstützung** des **Methodenbanknutzers** kann sich dabei auf folgende Teilgebiete erstrecken (vgl. dazu *Mertens/ Griese* 1993, S. 24 f.):

(1) Methodendokumentation

Für den Anwender sollte eine interaktiv nutzbare, z. B. alphabetisch geordnete Dokumentation aller verfügbaren Methoden bereitstehen. Auf Grund der zu bewältigenden Vielfalt bietet sich eine **hierarchische Abstufung** eines solchen Auskunftssystems an, wie es z. B. beim Software-Produkt *METHAPLAN* von *Siemens* der Fall ist. Hier werden dem Anwender in Stufe 1 ein Überblick über die implementierten Methodenklassen (Basisstatistiken, Zeitreihenanalyse, Simulation, Matrizenrechnung etc.) sowie grobe Hinweise auf die bereitstehenden Techniken gegeben. Stufe 2 liefert ein genaues Verzeichnis aller Elemente einer Methodenklasse. In Stufe 3 schließlich werden die einzelnen Verfahren genau beschrieben. Neben einer theoretischen Kurzdarstellung findet der ungeübte Anwender auch Angaben über Rechenzeit und Speicherplatzbedarf sowie Anwendungsbeispiele.

Einen Teil der Methodendokumentation bildet schließlich das **Informationserschließungssystem**, das nach dem gewünschten Verfahren mit Hilfe von Deskriptoren, die das Untersuchungsproblem charakterisieren, zu suchen erlaubt. So könnte z. B. die Beschreibung der Spektralanalyse u. a. mit den Stichworten Zykluslänge, Trend, Saison und Konjunktur gefunden werden.

(2) Hilfen bei der Methodenauswahl

Das Spektrum der denkbaren computergestützten Auswahlhilfen reicht von einer **einfachen Methodendokumentation** bis hin zur **automatischen Festlegung** des **Analyseverfahrens** durch die Methodenbank. Im letzteren Fall wählt das System eine für die Problemlösung geeignete Option aus oder schlägt dem Anwender zumindest eine Gruppe von einsetzbaren Methoden vor. Als Grundlage der maschinellen Auswahl dienen die Art der zu bewältigenden Aufgabe, die vom Anwender entweder an Hand entsprechender Vorschriften frei eingegeben oder im Dialog mit dem Computer von diesem sukzessive „erfragt“ wird, und die Qualität der zu untersuchenden Daten. Diese kann aus der Stichprobengröße bzw. der Zeitreihenlänge und der Verteilung, der Zahl der Ausprägungen und dem Skalenniveau der zu untersuchenden Variablen abgeleitet werden.

Diese Vorgehensweise setzt voraus, daß in der Datenbank die betreffenden Informationen in sog. **Merkmalsstammsätzen** gespeichert sind. Diese sind im übrigen oft so gekennzeichnet, daß ein Anwender von der Methodenbank vor dem Einsatz einer Methode gewarnt oder daß ihm die Nutzung gar verboten wird, wenn die erforderliche Datengrundlage nicht gegeben ist.

Daneben sollte die Methodenauswahl auch von den **Kosten** für Rechenzeit, Speicherplatzbedarf etc. abhängig gemacht werden. Dadurch ließe sich verhindern, daß durch eine zu großzügige Anwendung rechenintensiver Verfahren kostbare Computerkapazität vergeudet wird.

(3) Methodenablaufsteuerung

Bei vielen Verfahren müssen neben den Variablen noch **Parameter** angegeben werden wie z. B. der Glättungsfaktor beim „exponential smoothing“ oder die minimale Gruppengröße bei der AID. Um zu verhindern, daß ein wenig versierter Anwender solche Verfahren meidet, bei denen er über keinerlei Erfahrung verfügt, sollten ihm auf Anfrage vom System **Standardwerte** zur Verfügung gestellt werden.

(4) Interpretationshilfen

Vielfach sind unter Einsatz komplexer Verfahren gewonnene Ergebnisse schwer zu interpretieren. Dem Anwender müssen daher Interpretationshilfen angeboten werden. Bei solchen **statischer** Art werden die Ergebnisse (Kennwerte) durch Textkonserven ergänzt, die im wesentlichen Lehrbuchwissen enthalten. Beispielsweise wird erklärt, wie der Stresswert, ein Gütemaßstab der Mehrdimensionalen Skalierung, konstruiert ist und welche numerischen Werte als exzellent, gut, . . ., sehr schlecht zu beurteilen sind.

Im Gegensatz dazu gehen **dynamische** Interpretationshilfen auf die jeweilige Datensituation ein. Sie sind insoweit von Interesse, als es keine allgemeingültigen Regeln für die Ergebnisinterpretation gibt. Beispielsweise ist der maximale Wert des Produkt-Moment-Korrelationskoeffizienten nur dann gleich 1, wenn die untersuchten Variablen normalverteilt sind. Das Programm würde auf diesen Sachverhalt hinweisen und gegebenenfalls auch den maximal möglichen Koeffizienten bereitstellen.

Während in der **Methodenbank** gewissermaßen **Rechentechniken** gesammelt werden, enthält die **Modellbank** alle **Marketingmodelle,** die in programmierter Form rechenbare Sachzusammenhänge abbilden und zur Unterstützung von Marketingentscheidungen dienen. Es ist umstritten, ob in MAIS eine organisatorische Trennung zwischen Modell- und Methodenbank vollzogen werden soll, zumal die Bausteine der Methodenbank als Input für Marketingmodelle dienen. Mit zunehmendem Umfang einer Modellbank, aber auch auf Grund des Wunsches der Anwender nach bequemer **Modelladaption** (z. B. bei Decision Calculus-Modellen) und **Modellintegration** (Verarbeitungsfähigkeit von Zwischen- und Endergebnissen in weiteren Modellen) erscheint dies häufig unumgänglich.

2.2.2.3. Die Ausgestaltung des Kommunikationssystems

Wie erinnerlich, werden bei reinen Berichtssystemen von der EDV-Anlage in gewissen Zeitabständen oder auf Grund bestimmter Ereignisse automatisch **Standardberichte** erstellt, also ohne daß ein Signal an das System notwendig wäre. Die Ausgestaltung des **Kommunikationssystems** beschränkt sich in diesem Fall auf die Festlegung von Form, Inhalt und Empfänger(n) der Standardberichte sowie der zeitlichen Abstände bzw. der Ausnahmesituationen, in denen jene erstellt werden.

Als **programmtechnische Hilfsmittel** lassen sich dabei **Berichtsgeneratoren** einsetzen, die es erlauben, mit wenigen Befehlen Inhalt und Form von Berichten zu definieren. Reicht der vorgegebene Rahmen nicht aus, wie dies z. B. bei einer Ursachenanalyse auf Grund einer unerwartet hohen Planabweichung der Fall sein kann, so müssen die Verantwortlichen mit dem System kommunizieren und weitere Informationen abrufen (**Auskunftssysteme**). Auch bei solchen Planungsprozessen, die sich nur bedingt standardisieren lassen, wird der Anwender auf eine Kommunikation mit der EDV-Anlage nicht verzichten können.

Grundsätzlich läßt sich eine computergestützte Marketing-Planung im traditionellen Stapelbetrieb (**Batch**; „off-line") oder im Dialog (**Mensch-Maschine-Kommunikation**; „on-line") realisieren. Für eine **Dialoglösung** spricht, daß sich der Kontakt zwischen Manager und Methode bzw. Modell intensiviert und verbessert. Ein Interessent mit geringen Mathematikkenntnissen wird in der Regel komplexe Methoden und Modelle nur zögernd einsetzen, zumal deren algorithmische Struktur auch von Fachleuten nicht immer einfach zu ergründen ist. Dieser Nachteil läßt sich dadurch beheben oder zumindest abschwächen, daß man dem Manager „on-line" die Möglichkeit eröffnet, die betrachtete Methode bzw. das interessierende Modell mit den verschiedensten Eingabedaten durchzuspielen, wodurch ihm ein Gefühl von deren bzw. dessen Funktions- und Reaktionsweise vermittelt wird. Wenn er sich gar noch relativ leicht ein Bild von der Plausibilität der Ergebnisse verschaffen kann, indem er diese mit seiner subjektiven Einschätzung vergleicht, wird seine Abneigung gegen die Arbeit mit Methoden und Modellen abnehmen.

Während bei einer Problembearbeitung **„on-line"** das Ergebnis quasi sofort zur Verfügung steht, wird diese beim **Batch-Betrieb** laufend unterbrochen, weil die konzipierten Programmteile vor ihrer Abarbeitung immer wieder in eine mehr oder weniger lange Warteschlange eingereiht werden. Daneben geht noch Zeit dadurch verloren, daß der Output vom Rechenzentrum zum Manager transportiert werden muß, wobei sich dieser auch ständig neu in die Materie eindenken muß. Auf Grund der beachtlichen Verbreitung von Arbeitsplatzrechnern (PCs, Workstations), die eine interaktive Arbeitsweise erfordern, herrscht deshalb heute bei rechnergestützten MAIS der Dialogbetrieb vor.

Die Erfahrung zeigt, daß der **On-Line-Betrieb** den Planungsprozeß qualitativ verändert. Manager, die ihre Probleme im Batch-Betrieb bewältigen, trachten danach, überhaupt eine passable Lösung zu finden. Demgegenüber fördern On-Line-Systeme die Tendenz, mehrere Möglichkeiten durchzuspielen und dadurch Entscheidungen stärker abzusichern. Deren Qualität wird aber auch dadurch gesteigert, daß durch die ständige Rückkopplung Lernprozesse ausgelöst und Zusammenhänge in einer Weise transparent gemacht werden, wie dies im Batch-Betrieb nie gelingen könnte. Dieser Aspekt wiegt um so schwerer, als Marketingprobleme oft schlecht strukturiert sind und nur durch schrittweise Reduktion von Komplexität bewältigt werden können. Dabei gestattet eine **Dialoglösung** dem Marketingmanager, alle Gedanken, Einfälle oder Vorstellungen, die im Suchprozeß auftauchen, unmittelbar auszutesten. Bei der direkten **Mensch-Maschine-Kommunikation** lassen sich also die spezifischen Fähigkeiten des Menschen

(Spontaneität, Kreativität, Flexibilität, Assoziationsfähigkeit, Lernfähigkeit usw.) und die des Computers (Schnelligkeit, Genauigkeit, Verarbeitungskapazität usw.) in optimaler Weise miteinander kombinieren.

In bezug auf die **Software** erweisen sich **On-Line-Systeme** zwangsläufig als **aufwendig**. Zusätzlich sind noch Einrichtungen erforderlich, um die **Kommunikation** zwischen Mensch und Maschine möglichst **benutzerfreundlich** zu gestalten. Davon hängt die **Akzeptanz** des **Gesamtsystems** ab.

Das Spektrum der Anwender eines Marketing-Informationssystems reicht vom Anfänger, der u. U. noch nie empirisch gearbeitet hat, bis hin zum Methodenspezialisten oder Modellkonstrukteur. Um die Arbeit für den einen nicht zu langweilig zu gestalten, während der andere bereits überfordert erscheint, ist der **Dialog** an den **spezifischen Fähigkeiten** der verschiedenen **Benutzergruppen** auszurichten. Die MAIS-Software sollte daher zu Beginn jeder Dialogsitzung eine Abfrage enthalten, die den Benutzer dazu auffordert, den gewünschten **Arbeitsmodus** zu wählen. Ferner ist auf einen möglichst **einfachen Eingabemodus** hinzuarbeiten.

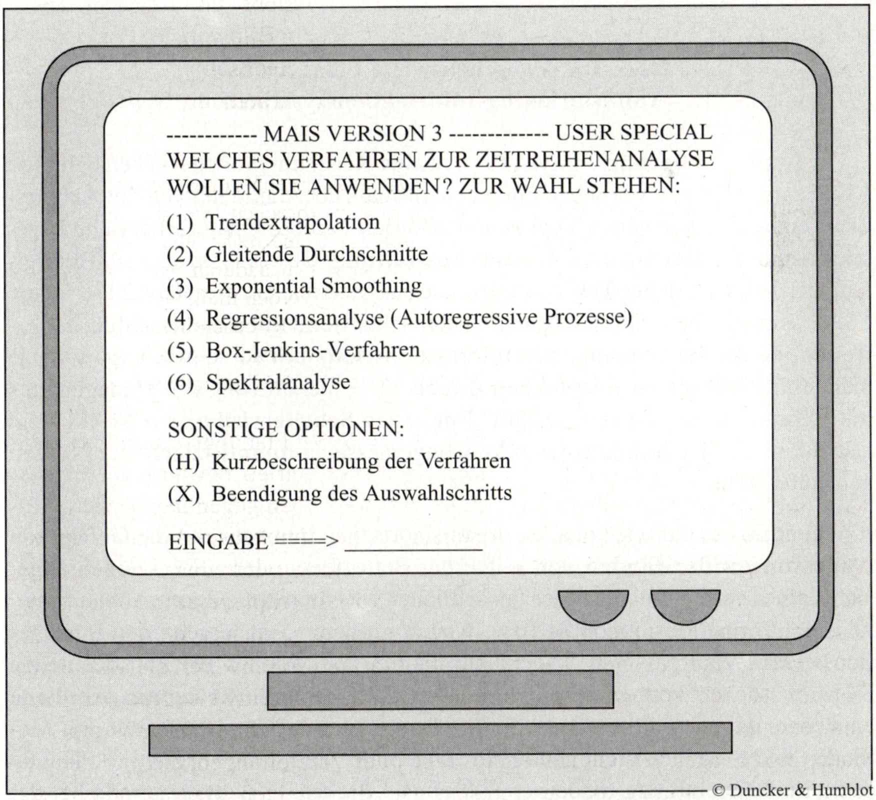

------------ MAIS VERSION 3 ------------- USER SPECIAL
WELCHES VERFAHREN ZUR ZEITREIHENANALYSE
WOLLEN SIE ANWENDEN? ZUR WAHL STEHEN:
(1) Trendextrapolation
(2) Gleitende Durchschnitte
(3) Exponential Smoothing
(4) Regressionsanalyse (Autoregressive Prozesse)
(5) Box-Jenkins-Verfahren
(6) Spektralanalyse
SONSTIGE OPTIONEN:
(H) Kurzbeschreibung der Verfahren
(X) Beendigung des Auswahlschritts
EINGABE ====> ____________

Abb. 12.16.: Beispiel zur Anwendung der Menütechnik

Einen Ansatzpunkt in dieser Richtung stellt die sog. **Menütechnik** dar. Dabei wird der Anwender vom Programm geführt, d. h. es wird ihm ein Überblick über die jeweils wählbaren Optionen gegeben (vgl. Abb. 12.16.). Sobald er sich für eine Alternative entschieden hat, erhält er ein neues Angebot mit detaillierteren Nutzungsmöglichkeiten. Zur Reduzierung des Eingabeaufwands und der damit verbundenen Fehlermöglichkeiten sollten in den Dialogablauf auch **Programmfunktionstasten** integriert werden, damit ständig wiederkehrende Befehle, wie z. B. die Herstellung von Hardcopies von Graphiken oder Tabellen, einfach und schnell erteilt werden können.

Nicht zuletzt muß ein umfangreiches Bündel von interaktiv abrufbaren **Einrichtungen** zur **Benutzerschulung** bereitstehen. Dazu gehören Informationen, die speziell auf die jeweilige Aktivitätsstufe zugeschnitten sind und bei Schwierigkeiten aufgerufen werden können (selbsterklärende Programme), ebenso wie eine Übersicht und Beschreibung aller derzeit nutzbaren Daten, Methoden und Modelle. Dadurch wird erreicht, daß der anfangs unerfahrene Anwender durch die ständige Nutzung geschult und immer besser mit dem System vertraut wird.

2.2.3. Die Vorgehensweise beim Aufbau von Marketing-Informationssystemen

Die **Implementierung** von **MAIS** ist in aller Regel mit großen Risiken behaftet. Als zeitaufwendiges Vorhaben bindet sie oftmals über Jahre hinweg die **Arbeitskraft** eines umfangreichen **Teams** und erfordert darüber hinaus erhebliche **Investitionen** in die **Hard-** und **Software-Ausstattung**. Obwohl Ansätze zur Beurteilung der **Wirtschaftlichkeit** von Informationssystemen existieren, wird sich eine exakte Kosten / Nutzen-Abwägung in den seltensten Fällen als durchführbar erweisen, da die Bestimmung des Informationswerts um so schwieriger wird, je mehr ein MAIS seinen eigentlichen Zweck, die Unterstützung des Managements mit Führungsinformationen, erfüllt. Ein erstes **Scheiterrisiko** von MAIS liegt also darin, daß den **hohen Kosten kein** angemessener **quantifizierbarer Nutzen** gegenübersteht.

Weiterhin besteht wie bei allen organisatorischen Innovationen die Gefahr von **Anpassungswiderständen** von seiten der Betroffenen, deren Reaktionen angesichts einer vermeintlichen oder tatsächlichen Machteinbuße durch Abbau bestehender Informationsmonopole bzw. wegen größerer Transparenz des Informationswesens vom passiven Widerstand bis hin zum offenen Boykott des neuen Systems reichen können. Freilich werden auch dadurch **Akzeptanzprobleme** entstehen, daß viele Führungskräfte für das computergestützte Arbeiten mit Methoden und Modellen nicht genügend ausgebildet sind. Eine sorgfältige Planung unter Berücksichtigung moderner Führungstechniken ist deshalb gerade bei der Entwicklung und Implementierung von MAIS unumgänglich.

Grundsätzlich empfiehlt es sich, alle späteren **Benutzerkreise** eines MAIS an jeder Phase der Systementwicklung zu **beteiligen** und die Verantwortung nicht völlig an ein Team von EDV-Spezialisten zu delegieren. Denkbar ist weiterhin die **Hinzuziehung externer Berater**. Durch ständige Kommunikation zwischen den EDV-Fachleuten und dem Marketing-Management in Projektteams gelingt es am ehesten, alle Benutzerwünsche bei der Systemgestaltung zu berücksichtigen. Gleichzeitig verhindert die Integration der Anwender in den Entwicklungsprozeß, daß bei diesen falsche Erwartungen hinsichtlich der Leistungsfähigkeit des Systems geweckt werden.

Werden **mehrere MAIS** eingerichtet, empfiehlt sich die Schaffung **zentraler Projektteams**. Diese Organisationsform fördert eine **Koordination** der **Subsysteme**, wodurch sich die Gefahr des Entstehens von sog. **Insellösungen**, die kaum aufeinander abgestimmt sind, verringern läßt. Während und nach der Implementierungsphase sind darüber hinaus gezielte Maßnahmen zu treffen, um die **Akzeptanz** des **Gesamtsystems** und die **Nutzung** der geschaffenen **Informationskapazität** zu gewährleisten. Die Palette möglicher Anreize reicht hier von der intensiven Schulung des Managements in der Systemnutzung bis hin zu speziellen Werbemaßnahmen in innerbetrieblichen Medien (Rundschreiben, Artikel in Hauszeitschrift).

Besonderes Augenmerk muß auf die **Anpassungs-** und **Ausbaufähigkeit** eines MAIS gelegt werden. Zum einen nämlich wird ein gerade implementiertes System in den seltensten Fällen allen Ansprüchen gerecht und zum anderen bedarf ein solches einer ständigen Anpassung an die entstehenden Entscheidungs- und Problemsituationen. Außerdem ist der Informationsbedarf im Marketingbereich derart vielfältig, daß den Bedürfnissen des Marketing-Managements oft schneller durch die Entwicklung mehrerer Systeme Rechnung getragen werden kann, die dann in weiteren Ausbaustufen zu einer „großen Lösung" verschmolzen werden.

Ein derartiges Vorgehen setzt zumindest grobe Vorstellungen vom angestrebten Endzustand voraus. Dies gilt insbesondere für den Aufbau umfassender **Management-Informationssysteme (MIS)**, innerhalb deren das MAIS neben Finanz-, Produktions-, Personal- und anderen Informationssystemen nur ein Teilsystem darstellt. Da derartige „totale" Informationssysteme aus entwicklungstechnischen und betriebsbedingten Gründen nicht in einem Schritt realisiert werden können, muß bei der sukzessiven Ausgestaltung der Teilsysteme auf eine weitgehende **Verknüpfbarkeit** geachtet werden, damit die betrieblichen Informationsprozesse später über die Bereichsgrenzen hinweg koordiniert ablaufen können.

In der Praxis dominiert beim Aufbau von MAIS der sog. **„bottom up approach"**, bei dem zunächst die gesamte operative und dispositive Ebene des Marketing durch die EDV erfaßt und transparent gemacht wird. Die eigentlichen Führungsinformationen für Kontroll- und Planungszwecke werden demgegenüber erst in späteren Phasen, und zwar von den unteren zu den oberen Hierarchieebenen voranschreitend einbezogen. Im Gegensatz dazu wird beim sog. **„top**

down approach" zuerst der Informationsbedarf der höheren Hierarchiestufen zu befriedigen versucht, selbst wenn die dazu benötigten Daten noch nicht vollständig von der operativen und dispositiven Ebene bereitgestellt werden können, sondern gesondert erhoben und eingegeben werden müssen.

Quellen

Diller, H., Key Account Management: Alter Wein in neuen Schläuchen?, in: thexis, 10. Jg. (1993), Heft 3, S. 6-16.

Hansen, H. R., Wirtschaftsinformatik I. Einführung in die betriebliche Datenverarbeitung, 6., neubearb. und stark erw. Aufl., Stuttgart–Jena 1992.

Heinzelbecker, K., Partielle Marketing-Informationssysteme, Frankfurt / Main 1977.

Kieser, A., Der Einfluß der Umwelt auf die Organisationsstruktur der Unternehmung, in: Zeitschrift für Organisation, 43. Jg. (1974), S. 302-314.

Köhler, R., Marketingplanung in Abhängigkeit von Umwelt- und Organisationsmerkmalen – Ergebnisse empirischer Studien, in: *Mazanec, J. / Scheuch, F.* (Hrsg.), Marktorientierte Unternehmungsführung, Wien 1984, S. 98-102.

Koerber, E. v., Geschäftssegmentierung und Matrixstruktur im internationalen Großunternehmen – Das Beispiel ABB, in: Zfbf, 45. Jg. (1993), S. 1060-1067.

Link, J. / Hildebrand, V., Database Marketing und Computer Aided Selling – Strategische Wettbewerbsvorteile durch neue informationstechnologische Systemkonzeptionen, München 1993.

Mertens, P., Planung, Kontrolle und Management-Informations-Systeme, in: *Steinmann, H.* (Hrsg.), Planung und Kontrolle, München 1981, S. 349-369.

Mertens, P. / Griese, J., Integrierte Informationsverarbeitung 2 – Planungs- und Kontrollsysteme in der Industrie, 7., aktualisierte und überarb. Aufl., Wiesbaden 1993.

Schanz, G., Organisationsgestaltung – Struktur und Verhalten, München 1982.

Schüring, H., Database Marketing – Einsatz von Datenbanken für Direktmarketing, Verkauf und Werbung, Landsberg am Lech 1991.

Spang, S. / Scheer, A.-W., Zum Entwicklungsstand von Marketing-Informationssystemen, in: Zfbf, 44. Jg. (1992), S. 183-208.

Weiterführende Literatur

Bauer, H. H., Marketing-Organisation, in: *Wittmann, W.*, u. a. (Hrsg.), Handwörterbuch der Betriebswirtschaft, Bd. 2, Teilbd. 2, 5., völlig neu gest. Aufl., Stuttgart 1993, Sp. 2733-2751.

Bleicher, K., Organisation – Strategien, Strukturen, Kulturen, 2., überarb. Aufl., Wiesbaden 1991.

Bleicher, K., Organisation, in: *Bea, F. X. / Dichtl, E. / Schweitzer, M.* (Hrsg.), Allgemeine Betriebswirtschaftslehre, Bd. 2, Führung, 6., neubearb. Aufl., Stuttgart–Jena 1993, S. 103-186.

Both, M., Computergestützte Entscheidungshilfen im Marketing. Die Integration informationsorientierter, modellorientierter und wissensbasierter Ansätze im Rahmen eines Systems zur Unterstützung der Analyse von Marketingdaten, Frankfurt / Main 1989.

Bromann, P., Strategische Organisationsentwicklung in Marketing und Vertrieb, Landsberg am Lech 1990.

Brombacher, R., Entscheidungsunterstützungssysteme für das Marketing-Management – Gestaltungs- und Implementierungsansatz für die Konsumgüterindustrie, Berlin–Heidelberg 1988.

Diller, H., Produkt-Management und Marketing-Informationssysteme, Berlin 1975.

– Entwicklungstrends und Forschungsfelder der Marketingorganisation, in: Marketing · ZFP, 13. Jg. (1991), S. 156-163.

Frese, E., Grundlagen der Organisation. Konzept – Prinzipien – Strukturen, 6., überarb. Aufl., Wiesbaden 1995.

– (Hrsg.), Handwörterbuch der Organisation, 3., völlig neu gest. Aufl., Stuttgart 1992.

Gaul, W. / Baier, D., Marktforschung & Marketingmanagement – Computerbasierte Entscheidungsunterstützung, 2., durchges. Aufl., München 1994.

Gaul, W. / Both, M., Computergestütztes Marketing, Berlin–Heidelberg 1990.

Heinzelbecker, K., Marketing-Informationssysteme, Stuttgart 1985.

Kieser, A. / Kubicek, H., Organisation, 3., völlig neu bearb. Aufl., Berlin u. a. 1992.

Köhler, R., Beiträge zum Marketing-Management – Planung, Organisation, Controlling, 3., erw. Aufl., Stuttgart 1993.

Kotler, P. / Bliemel, F. W., Marketing-Management – Analyse, Planung, Umsetzung und Steuerung, 8., vollst. neubearb. u. erw. Aufl., Stuttgart 1995.

Niedereichholz, J., Datenbanksysteme, in: *Wittmann, W.*, u. a. (Hrsg.), Handwörterbuch der Betriebswirtschaft, Bd. 2., Teilbd. 1, 5., völlig neu gest. Aufl., Stuttgart 1993, Sp. 681-693.

Reber, G. / Strehl, F. (Hrsg.), Matrix-Organisation – Klassische Beiträge zu mehrdimensionalen Organisationsstrukturen, Stuttgart 1988.

Scheer, A.-W., Wirtschaftsinformatik. Referenzmodelle für industrielle Geschäftsprozesse, 6., durchges. Aufl., Berlin–Heidelberg 1995.

– EDV-orientierte Betriebswirtschaftslehre, 4. Aufl., Berlin–Heidelberg 1990.

Welge, Martin K., Unternehmensführung, Bd. 2, Organisation, Stuttgart 1987.

Zahn, E., Informationstechnologie und Informationsmanagement, in: *Bea, F. X. / Dichtl, E. / Schweitzer, M.* (Hrsg.), Allgemeine Betriebswirtschaftslehre, Bd. 2, Führung, 6., neubearb. Aufl., Stuttgart–Jena 1993, S. 225-290.

Zentes, J., EDV-gestütztes Marketing – Ein informations- und kommunikationsorientierter Ansatz, Berlin–Heidelberg 1987.

Glossar

Die etwa 600 Begriffe, die im folgenden definiert werden, verkörpern gewissermaßen den Grundwortschatz des MARKETING. Auf Synonyma wird dabei mit „s." (siehe), auf übergeordnete Stichworte mit „→" verwiesen.

ABC-Analyse
Verfahren, das eine bestehende Grundgesamtheit (z. B. Produkte / Programme, Kunden, Länder, Lieferanten, Außendienstmitarbeiter) hinsichtlich bestimmter Kriterien wie Umsatz oder Rentabilität in drei Klassen einteilt. Angestrebt wird dabei die Identifikation beispielsweise derjenigen Produkte bzw. Programme, die am meisten (Klasse A), durchschnittlich (B) oder wenig (C) zum Unternehmenserfolg beitragen.

Absatz
Betriebliche Hauptfunktion, die alle Tätigkeiten umfaßt, die dazu bestimmt sind, die von einem Unternehmen geschaffenen Leistungen am Markt zu verwerten.

Absatz, direkter
Form des Absatzes, bei dem ein Hersteller sein(e) Erzeugnis(se) ohne Einschaltung des Handels vertreibt.

Absatz, indirekter
Form des Absatzes, bei dem der Handel in den Absatzweg eines Herstellers eingeschaltet ist.

Absatzforschung
s. Marketing-Forschung

Absatzhelfer
Rechtlich selbständige Person bzw. Institution, die an der Anbahnung von Kontakten zwischen den einzelnen Gliedern der Absatzkette und am Durchfluß der Ware durch den Distributionskanal beteiligt ist, ohne Wiederverkäufer zu sein.

Absatzmittler
Wirtschaftlich und rechtlich selbständige Institution im Absatzkanal, die im eigenen Namen und auf eigene Rechnung Güter kauft und weiterverkauft.

Absatzpotential
Anteil am Marktpotential, den ein Unternehmen als maximal erreichbar erachtet.

Absatzsegmentrechnung
Variante der → Vertriebserfolgsrechnung, die darauf abzielt, durch Aufschlüsselung von Leistungen und Kosten auf bestimmte Bezugsgrößen (z. B. Abnehmergruppen, Absatzgebiete, Produkte, Absatzkanäle) zu Aussagen bezüglich der Produktivität von Marketingbemühungen zu gelangen.

Absatzvolumen
Von einem Unternehmen in einem Bezugszeitraum realisierte Absatzmenge.

Absatzweg
Weg, über den die Erzeugnisse eines Anbieters an die Bedarfsträger gelangen.

Absatzwirtschaft
Betriebliche Organe (z. B. Reisende) und externe Institutionen (z. B. Absatzmittler, Einkaufsabteilungen der Abnehmer), die damit befaßt sind, die Spannungen, die zwischen Produktion und Konsumtion herrschen, zu überwinden, sowie die Maßnahmen, die dazu ergriffen werden.

Abschöpfungsstrategie
s. Skimming Pricing

After Only Design
→ Versuchsanordnung, bei der eine Probandengruppe in zwei Hälften geteilt und die eine einem Stimulus ausgesetzt wird, die andere nicht. Die interessierenden Variablen in den beiden Segmenten werden dabei nach Wirksamwerden des Reizes gemessen.

After-Sales-Service
Gesamtheit an → Dienstleistungen, die in oder nach der Ver- bzw. Gebrauchsphase eines Produktes erbracht werden. Sie setzen Kundennähe voraus und erhöhen die Kundenbindung.

Agentur-System
Zwischen Hersteller und Handelsunternehmen geschlossener Vertrag, der dieses bestimmten Weisungen des ersteren unterwirft, ihm dafür aber ökonomische Vorteile einräumt.

AID-Analyse (Automatic Interaction Detector)
s. Kontrastgruppenanalyse

AIDA-Formel
Stufenmodell der Werbewirkung, das – geprägt von dem analytischen Ansatz der Elementenpsychologie – von einer phasenhaften Entwicklung der Werbewirkung ausgeht. Es umfaßt die Stufen **A**ttention – **I**nterest – **D**esire – **A**ction.

Aided Recall
Form des → Recall-Tests.

Akquisition
Bemühungen, die darauf gerichtet sind, im Interesse der Erzielung von Geschäftsabschlüssen Kontakte zu Abnehmern anzubahnen bzw. zu festigen.

Aktionsparameter
Instrument, das zur Lösung konkreter Aufgabenstellungen (z. B. Verkauf von Produkten) zur Verfügung steht. Im Bereich der Absatzwirtschaft versteht man darunter zumeist die absatzpolitischen Instrumente.

Aktualgenese
Prozeß der Wahrnehmung, der über verschiedene Stufen, nämlich von einem gefühlsmäßig gefärbten Gewahrwerden oder Ahnen bis hin zu einem zunehmend klärenden, gegenständlichen Erfassen bzw. Bewußtwerden verläuft. Dieser Vorgang läuft so schnell ab, daß er nicht bewußt gesteuert werden kann.

All you can afford method
Verfahren der → Werbebudgetplanung, bei dem das Werbebudget als eine Art Residualgröße betrachtet wird, die nach Abzug aller sonstigen als notwendig erachteten Marketingausgaben vom gesamten Marketingetat verbleibt.

Angebotsprogramm
Gesamtheit aller Sach- und Dienstleistungen, die ein Unternehmen auf dem Markt absetzen bzw. erbringen will.

Anmutung
Erste Phase des Wahrnehmungsprozesses, in der sich positive und negative Stimmungen und Gefühle gegenüber dem wahrgenommenen Gegenstand herausbilden.

Anspruchsniveau
Ein vom Individuum als verbindlich erachtetes Maß der Zielerreichung, das der Reduktion von prinzipiell möglichen Entscheidungsalternativen dient.

Artikelnummernsystem
Numerisches Ordnungssystem zur Erfassung und Identifizierung von Objekten. Beispiele dafür bilden die Europäische Artikelnummer (EAN) oder der amerikanische „Universal Product Code" (UPC). Systeme dieser Art sind Voraussetzung für die Rationalisierung des Warenflusses zwischen Industrie, Handel und Verbrauchern (Logistik), insbesondere aber für geschlossene Warenwirtschaftssysteme, die die Bestandsermittlung und das Bestellwesen erleichtern, Inventurdifferenzen reduzieren sowie die Abfertigung der Kunden an den Kassen mit Hilfe verschiedenartiger Erfassungsgeräte beschleunigen.

Attributionstheorie
Aussagensystem, das in dem Streben nach Einsicht in Ursache-Wirkungs-Zusammenhänge das maßgebliche Verhaltensprinzip sieht. Dabei wird das Motiv unterstellt, beobachtbare Ereignisse auf diesen zugrundeliegende Sachverhalte zurückzuführen.

Aufmerksamkeit
Bereitschaft eines Individuums, Reize (z. B. Anweisungen oder Informationen) aus seiner Umwelt aufzunehmen.

Ausstellung
Marktveranstaltung, die sich an die breite Öffentlichkeit oder an Fachkreise mit dem Ziel wendet, zu informieren, aufzuklären, zu belehren und zu werben; teilweise kommt es auch zu Warenverkäufen. Ausstellungen finden im allgemeinen nicht regelmäßig und nicht immer wieder am selben Ort statt.

Auswahl, bewußte
Nicht durch Zufall gesteuertes Verfahren der Stichprobenziehung, bei dem die Entscheidung darüber, ob ein Element der Grundgesamtheit in die Stichprobe kommt oder nicht, auf Grund der Kenntnis der Struktur der Grundgesamtheit getroffen wird.

Auswahl, geschichtete
Verfahren der Stichprobenziehung, bei dem die Grundgesamtheit in einzelne Teile (Schichten) zerlegt wird, innerhalb derer dann jeweils eine (von Schicht zu Schicht zumeist unterschiedlich dimensionierte) Zufallsstichprobe gezogen wird.

Auswahl, mehrstufige
Verfahren der Ziehung einer Stichprobe, das durch eine Aneinanderreihung von Auswahlakten gekennzeichnet ist. Dabei besteht die Auswahleinheit der vorhergehenden Stufe jeweils aus einer Menge von Elementen der nachfolgenden Ebene.

Auswahl, typische
Verfahren der Stichprobenziehung, bei dem die Erhebung auf relativ wenige, charakteristisch erscheinende Elemente der Grundgesamtheit beschränkt wird. Es setzt die Kenntnis

der Verteilung derjenigen Merkmale in der Grundgesamtheit, nach denen die „typischen“ Elemente definiert werden, voraus (→ Auswahl, bewußte).

Außendienst
Gesamtheit der unternehmensinternen und -externen Personen, die überwiegend außerhalb des Unternehmenssitzes mit der Anbahnung und Abwicklung von Aufträgen beschäftigt sind. Zum Außendienst zählen hauptsächlich Reisende und Handelsvertreter.

Bedarf
Auf ein konkretes Objekt gerichtetes Bedürfnis. Bedarfsobjekte können Produkte bzw. Produktarten, Marken oder Gruppen von als vergleichbar angesehenen Marken sein. Hinsichtlich der Bedarfsträger wird zwischen dem ursprünglichen Bedarf privater Verbraucher und dem abgeleiteten Bedarf gewerblicher Abnehmer unterschieden.

Bedienungsform
Ausgestaltung der Serviceleistungen des Verkaufspersonals in Handels- und Dienstleistungsbetrieben. Dabei kann zwischen vollständiger Bedienung durch Mitarbeiter des Unternehmens, reiner Selbstbedienung durch die Kunden sowie Zwischenformen wie Vor- oder Selbstwahl und Teilselbstbedienung unterschieden werden. Die Wahl der Bedienungsform beeinflußt auf Grund der davon bestimmten Personalkosten in erheblichem Maße die Preissetzung eines Unternehmens.

Bedürfnis
Autonom entstehende oder durch Sozialisation gelernte Antriebskräfte im Innern des Menschen, die sowohl von aktivierenden als auch von kognitiven Kräften gekennzeichnet sind. Bedürnisse sind handlungswirksame, aber unspezifische Antriebsempfindungen, damit also auf kein konkretes Objekt der Bedürfnisbefriedigung (Produktart, Produkt, Marke) gerichtet.

Bedürfnishierarchie
Aussagensystem, das die menschliche Motivationsstruktur zu erklären versucht. Grundgedanke ist das Prinzip der relativen Vorrangigkeit in der Motivaktualisierung, wobei z. B. *Maslow* als einer der bekanntesten Autoren zwischen fundamentalen physiologischen Bedürfnissen (Hunger, Schlaf), Sicherheits-Bedürfnissen, sozialen Bedürfnissen (Geselligkeit, Freundschaft), Ich-Bedürfnissen (Anerkennung, Prestige) sowie dem Bedürfnis nach Selbstverwirklichung unterscheidet. Nach diesem Konzept werden höherrangige Motive erst dann verhaltenswirksam, wenn jene auf vorgelagerten Dringlichkeitsstufen weitgehend befriedigt sind.

Before After Design
→ Versuchsanordnung, bei der die interessierende Variable vor und nach Wirksamwerden eines Reizes gemessen wird.

Befragung
Methode der → Primärforschung zur Erhebung von Daten. Sie kann entweder in schriftlicher oder in mündlicher Form erfolgen; eine Sonderform stellt die telefonische Befragung dar. Die mündliche und die telefonische Variante werden auch als Interview bezeichnet.

Benchmarking
Vergleich der von einem Unternehmen erbrachten bzw. zu erbringenden Leistungen oder von dessen Arbeitsabläufen mit einem oder mehreren als vorbildlich erachteten Betrieben, die dem eigenen oder auch einem anderen Wirtschaftszweig angehören können. Man bedient sich dazu zumeist bestimmter Kennzahlen.

Beobachtung
Methode der → Primärforschung zur Erhebung von Daten. Sie ist gekennzeichnet durch eine systematische Erfassung von sinnlich wahrnehmbaren Phänomenen, z. B. von Verhaltensweisen oder Eigenschaften von Personen durch den Beobachter.

Betriebsform
Erscheinungsform des Groß- oder Einzelhandels, die durch unterschiedliche Ausprägungen von Größe, Standort, Sortiment, Preispolitik, Zielgruppe usw. gekennzeichnet ist.

Betriebsformen, Dynamik der
Gesetzmäßigkeit der Veränderung, der Unternehmen des Groß- und Einzelhandels im Laufe der Zeit unterliegen, bedingt durch Wandlungen in der Umwelt und dadurch ausgelöste Innovationen bei der unternehmens-, speziell absatzpolitischen Konzeption.

Binnenhandelspolitik
Gesamtheit der staatlichen Maßnahmen, die die wirtschaftspolitischen Rahmenbedingungen für Handelsbetriebe festlegen.

Black Box-Modell
s. S-R-Ansatz

Blickaufzeichnung
Registrierung der Augenbewegungen bei der Betrachtung einer Vorlage (Anzeige o. ä.), hauptsächlich um festzuhalten, welche Teile der Vorlage visuell fixiert werden und welche nicht.

Bonus
Form des Preisnachlasses, den ein Abnehmer am Ende einer Bezugsperiode für alle bis dahin getätigten Einkäufe erhält.

Brainstorming
Spezielle Form einer Gruppensitzung, in der kreative Leistungen erbracht werden sollen. Grundprinzipien bilden das Aufgreifen und spontane Weiterspinnen von Ideen nach bestimmten Regeln, um bisher nicht erkannte Lösungsmöglichkeiten eines Problems zutage zu fördern (→ Kreativitätstechnik).

Break even-Analyse
Entscheidungshilfe der Erfolgs- bzw. Gewinnplanung, welche die mit bestimmten Maßnahmen verbundenen Kosten und Erlöse einer Bezugsgröße, z. B. der Ausbringungsmenge, gegenüberstellt. Der Schnittpunkt von Kosten- und Erlöskurve bestimmt jene Referenzgröße, die erreicht werden muß, um in die Gewinnzone zu gelangen (Break even-Point).

Briefing
Schriftliche oder mündliche Darlegung, bisweilen auch Abstimmung der Aufgabenstellung durch den Auftraggeber z. B. gegenüber bzw. mit einer Werbeagentur oder einem Marktforschungsinstitut. Es enthält in komprimierter Form Informationen über Produkte, Märkte, Ressourcen und Ziele des Auftraggebers.

Budget
Betrag, der zur Erreichung von (z. B. Marketing-) Zielen auf Unternehmens-, Abteilungs- oder Ressortebene eingesetzt werden soll oder darf.

Business Marketing
→ Marketing erwerbswirtschaftlicher Unternehmen.

Buying Center
Gruppe interagierender Organisationsmitglieder, die über die Beschaffung von Investitionsgütern entscheiden. Elemente des Buying Center sind: Buyer (Einkäufer), User (Benutzer), Decider (Entscheider), Gate-Keeper (Informationsselektierer) und Influencer (Beeinflusser).

Carry over-Effekt
Teilweise oder völlige Verlagerung der Wirkung von (Marketing-)Maßnahmen in spätere Perioden.

Cash & Carry (C & C)
Betriebsform des → Großhandels, die vornehmlich im Wege der Selbstbedienung ein breites Sortiment von Gütern anbietet. Der Käufer muß bar bezahlen und die Zusammenstellung (Kommissionierung) sowie den Transport der Ware selbst übernehmen.

Category Management
Konzept, bei dem Hersteller und Händler gemeinsam Marketingziele und -strategien für einen Warenbereich (Category) bestimmen und zu realisieren versuchen. Ziel ist die Steigerung der Umsatz- und Ertragsleistung im jeweiligen Bereich.

Chancen-Risikenanalyse
Verfahren der strategischen → Situationsanalyse, das darauf abzielt, Befunde der Markt-, Umwelt- und Stärken-Schwächenanalyse zu verknüpfen, um darauf aufbauend Chancen und Risiken für ein Unternehmen frühzeitig zu erkennen.

Checkliste
Merkmalskatalog, der eine systematische Prüfung von Planungs- bzw. Entscheidungsproblemen unter Vollständigkeits- und Reihenfolgegesichtspunkten gestattet.

Club-System
Bindung von Bedarfsträgern an ein Unternehmen über die Mitgliedschaft in einem Club. Diese verpflichtet zur Zahlung eines zumeist geringfügigen Beitrags, berechtigt die Betroffenen aber, Leistungen in Anspruch zu nehmen, die anderen nicht oder nur zu ungünstigeren Bedingungen zugänglich sind.

Cluster Sampling
s. Klumpenverfahren

Clusteranalyse
Gruppe statistischer Verfahren der → Datenanalyse, die eine gegebene Menge von Objekten auf Grund der zwischen diesen bestehenden Ähnlichkeit in einzelne Klumpen aufteilen bzw. zu Gruppen zusammenfassen. Die Cluster sollen hinsichtlich bestimmter Kriterien intern möglichst homogen und extern möglichst heterogen sein.

Competitive parity method
s. Wettbewerbs-Paritäts-Methode

Computer Aided Selling (CAS)
Wahrnehmung von Vertriebsaufgaben unter Verwendung mobiler Computer (Laptops).

Conjoint Measurement (CM)
Gruppe statistischer Verfahren, die dazu dienen, aus empirisch erhobenen Präferenzurteilen, Rangreihen usw. den Beitrag einzelner Attribute von Objekten zum Zustandekommen des Globalurteils (z. B. Kaufpräferenz) zu ermitteln.

Convenience Good
→ Gut, bei dem die Verbraucher bestrebt sind, den Beschaffungsaufwand zu minimieren (z. B. Lebensmittel und sonstige Güter des täglichen Bedarfs).

Convenience Store
Betriebsform des → Einzelhandels, die sich durch Wohnungsnähe, ein begrenztes Sortiment von Nahrungs- und Genußmitteln ebenso wie anderen Waren des kurzfristigen Bedarfs und ein hohes Maß an Service, z. B. lange Öffnungszeiten (nur im Ausland), charakterisieren läßt.

Corporate Identity
Ausdruck eines spezifischen, von Konkurrenten klar unterscheidbaren Selbstverständnisses eines Unternehmens. Dieses äußert sich in dem Erscheinungsbild (Corporate Design), den kommunikativen Maßnahmen (Corporate Communications) und im Verhalten aller Mitarbeiter, von der untersten Ebene bis hinauf zu den Führungskräften (Corporate Behaviour).

Cross Cultural Target Groups
Vorrangig über psychologische Variablen identifizierbare Gruppen von Bedarfsträgern, die verschiedenen Kulturkreisen angehören, aber dennoch ein hohes Maß an Gemeinsamkeit aufweisen und sich von daher bei bestimmten Produkten länderübergreifend als Zielmärkte eignen bzw. anbieten.

Customizing
Bereitschaft eines Unternehmens, seinen Kunden weithin oder völlig indiviualisierte Lösungen, und zwar auch bei Gütern, die sog. Massenbedarf decken, bereitzustellen. Das Customizing bildet den Gegenpol zur Standardisierung.

Cut-off-Verfahren
s. Konzentrationsprinzip

Data-Base-Marketing
Rechnergestützte Bearbeitung eines Marktes auf der Basis von systematisch erfaßten und aufbereiteten Adressen und / oder Bedarfsdaten tatsächlicher bzw. potentieller Nachfrager.

Daten
1. Sachverhalte bei Problemen, die vom Entscheider nicht verändert werden können oder sollen, aber ihrerseits die Wirksamkeit der von ihm getroffenen Maßnahmen beeinflussen.
2. Zahlenmäßig registrierte Merkmalsausprägungen von Untersuchungsobjekten.

Datenanalyse
Auswertung von bei Untersuchungsobjekten festgestellten Merkmalsausprägungen durch Einsatz statistischer Methoden. Die Datenanalyse dient mittelbar der Lagebeurteilung und Entscheidungsfindung, unmittelbar der Verdichtung von Zahlenmaterial und der Aufdeckung von Zusammenhängen, Abhängigkeiten und Struktur. Nach der Anzahl der simultan untersuchten Variablen werden uni-, bi- und multivariate Analyseverfahren unterschieden.

Datenbank
Aufbauelement eines Informationssystems, in dem in strukturierter Form für Entscheidungen notwendige inner- und außerbetriebliche Informationen gesammelt und abrufbereit gehalten werden.

Decay-Effekt
Im Zeitablauf nachlassende Wirkung von (Marketing-)Maßnahmen.

Decision Calculus
Grundsätze für die Konstruktion von Entscheidungsmodellen, die die Effizienz der Marketing-Planung erhöhen. Sie umfassen vor allem Einfachheit, Benutzungssicherheit, Prüfbarkeit, Anpassungsfähigkeit, Vollständigkeit und Kommunikationsfähigkeit.

Deckungsbeitrag
Teil des Umsatzes, der nach Abzug der einem Bezugsobjekt (z. B. Produkt, Bezirk, Reisenden, Absatzweg) direkt zurechenbaren Kosten zur Deckung aller anderen Kosten und u.U. als Gewinn verbleibt.

Deckungsbeitragsflußrechnung
Verfahren zur Analyse der Veränderung eines Deckungsbeitrags gegenüber der Vorperiode. Der Betrag, der sich durch Abzug der direkt zurechenbaren oder auch variablen Kosten vom Erlös ergibt, wird auf beiden Ebenen in eine wertbestimmte, eine mengenbezogene, eine kombinierte Komponente und u.U. einen Struktureffekt zerlegt.

Degenerationsphase
Abschnitt des → Produkt-Lebenszyklus, der durch Rückgang von Absatz und Deckungsbeitrag gekennzeichnet ist.

Delphi-Methode
Qualitatives → Prognoseverfahren auf der Basis einer Expertenbefragung, bei dem die Einzelantworten der Befragten ausgewertet, zusammengefaßt und den Betroffenen in anonymer, meist gebündelter Form zugänglich gemacht werden. Dieser Vorgang wird mit einer gegebenenfalls präzisierten Fragestellung üblicherweise mehrmals wiederholt, um auf diese Weise ein Gruppenurteil zu dem interessierenden Sachverhalt zu erhalten.

Demarketing
Konzeption des → Marketing, die auf eine Reduzierung der Nachfrage nach bestimmten Gütern (z. B. Tabakwaren, Rohöl, Strom) abzielt.

Desk Research
s. Sekundärforschung

Dienstleistung
Verrichtung an oder zum Nutzen von Menschen, die manuell oder maschinell erbracht wird, aber weder auf Vorrat bereitgestellt und gelagert noch transportiert oder weiterveräußert werden kann. Eine primäre Dienstleistung bildet den Kern einer Austauschbeziehung, während eine sekundäre das Warengeschäft oder die primäre Dienstleistung flankiert.

Differenzierung
Verhaltensweise eines Unternehmens, die darauf abzielt, die eigenen Produkte oder Dienstleistungen von denen der Konkurrenten abzuheben und damit in dem betroffenen Wirtschaftszweig ein nahezu einzigartiges Angebot („unique selling proposition", „differential advantage") zu schaffen.

Diffusion
Prozeß der Ausbreitung innovativer Ideen, Produkte usw. in sozialen Systemen. Die für die einzelnen Phasen typischen „Adopter" („Übernehmer") werden als Innovatoren, frühe Übernehmer, frühe Mehrheit, späte Mehrheit und schließlich Nachzügler bezeichnet.

DIN ISO 9000 ff.
Normensystem, das für die Gewährleistung hoher Produktqualität Maßstäbe setzt und zeigt, wie die Standards erreicht werden können.

Direktexport
Form der Belieferung ausländischer Märkte, bei der ein Anbieter mit seinen ausländischen Kunden unmittelbar, d. h. ohne im Inland einen Ausfuhrhändler einzuschalten, in Kontakt tritt.

Discounter
Betriebsform des → Einzelhandels, bei der vornehmlich im Wege der Selbstbedienung ein auf raschen Umschlag ausgerichtetes Sortiment zu niedrigen Preisen angeboten und auf Nebenleistungen weitgehend verzichtet wird.

Diskriminanzanalyse
Multivariates Verfahren, dessen Grundanliegen darin besteht, vorgegebene Gruppen von Objekten durch eine Kombination mehrerer unabhängiger Variablen optimal zu trennen, um dadurch zwischen jenen bestehende Unterschiede zu erklären. Zudem soll Aufschluß darüber erhalten werden, welcher der Teilgruppen eine Untersuchungseinheit mit bislang unbekannter Gruppenzugehörigkeit auf Grund ihrer Merkmalsausprägungen zuzuordnen ist.

Distanzmaß
Im Rahmen der → Datenanalyse (z. B. Clusteranalyse, Multidimensionale Skalierung) zur Bestimmung der Affinität (Ähnlichkeit) von Untersuchungsobjekten eingesetztes Maß.

Distribution
Bereich wirtschaftlicher Tätigkeit, der den Austausch von Waren und Dienstleistungen zwischen Wirtschaftseinheiten betrifft. Man unterscheidet zwischen akquisitorischer und physischer Distribution.

Distribution, akquisitorische
Gesamtheit aller Maßnahmen im Bereich der Distributionspolitik, die in dem Bestreben um Anbahnung und Festigung von Kontakten zu Abnehmern getroffen werden können.

Distribution, physische
(Körperlicher) Transfer von Gütern vom Anbieter zum Nachfrager. Dabei gilt es, einen Kompromiß zwischen Lieferservice für den Kunden und Liefer- bzw. Bereitstellungskosten auf seiten des Lieferanten zu finden.

Distributionskanal
s. Absatzweg

Distributionspolitik
Ergebnis oder Prozeß der Festlegung der strategischen Dimensionen jener betrieblichen Aktivitäten, die dazu dienen, eine Leistung vom Ort ihrer Entstehung unter Überbrückung

von Raum und Zeit an die Bedarfsträger heranzubringen. Die Distributionspolitik umfaßt vor allem die Wahl der Absatzwege, die Gestaltung des Vertriebs sowie die Schaffung eines Logistiksystems (→ Instrument, absatzpolitisches).

Diversifikation
Ausweitung des Produktionsprogramms bzw. Sortiments auf bedarfsverwandte oder andere, nur in lockerem Zusammenhang mit dem bisherigen Angebot stehende Leistungen.

Diversifizierung
s. Diversifikation

Dokumentationssystem
Teil eines (Marketing-)Informationssystems, das es erlaubt, potentiell wichtige Informationen so zu speichern, daß diese bei Auftreten eines entsprechenden Bedarfs ohne großen Aufwand abgerufen werden können.

Dual use
Eignung eines Produktes sowohl für zivile als auch für militärische Zwecke (z. B. Kraftfahrzeuge und Einrichtungen der Telekommunikation).

Einführungsphase
Abschnitt des → Produkt-Lebenszyklus, in dem ein neues Produkt auf den Markt gebracht wird. Sie ist meist durch negative Deckungsbeiträge und ein zunächst geringes Umsatzwachstum gekennzeichnet.

Einkaufsgremium
s. Buying Center

Einkaufszentrum
Räumliche Konzentration von Einzelhandels- und Dienstleistungsbetrieben verschiedener Art und Größe, die entweder innerhalb von größeren Kommunen an Hauptstraßen bzw. Marktplätzen (in der Regel gewachsen) oder an deren Peripherie (in der Regel geplant) gelegen sind.

Einstellung
Bereitschaft zur positiven oder negativen Bewertung eines Meinungsgegenstands, die sich im Wege eines individuellen Lernprozesses entwickelt und im Zeitablauf oft, gelegentlich auch in Richtung Indifferenz wandelt. Einstellungen können sich sowohl auf physische (z. B. Produkte, Personen) als auch auf psychische Objekte (z. B. Weltanschauungen, Tugenden) beziehen.

Einzelhandel
1. Beschaffung und Weiterveräußerung von Waren, und zwar zumeist an Endverbraucher (Einzelhandel im funktionalen Sinn).
2. Unternehmen bzw. Institutionen, die ausschließlich oder überwiegend Einzelhandelsfunktionen wahrnehmen (Einzelhandel im institutionellen Sinn).

Einzeltest
Form des → Produkttests, bei dem nur ein einziges Objekt einer Prüfung unterzogen wird.

Elektrodermale Reaktion (EDR)
s. Psychogalvanische Reaktion (PGR)

Elementenpsychologie
Zweig der Psychologie, der versucht, die Gesamtwirkung eines Reizes durch additive Zusammensetzung der durch einen Reiz bedingten Empfindungen und Assoziationen zu erklären. Dabei wird unterstellt, daß zwischen Reiz und Empfindungsstärke ein berechenbarer, proportionaler Zusammenhang besteht. Nicht zuletzt wegen widersprüchlicher Forschungsergebnisse gilt dieser Ansatz heute als überholt.

Emotion
Psychische Erregung, die ein Individuum als positiv oder negativ empfindet, wie z. B. Freude, Angst, Sympathie oder Ekel.

Entscheidung
Wahl zwischen mehreren Optionen im Hinblick auf die Erreichung von Zielen.

Erfahrungskurvenkonzept
Ansatz, der einen empirisch belegten Zusammenhang zwischen der Erfahrung, gemessen am kumulierten Absatz eines Produkts, und dem Verlauf der Stückkosten herstellt. Für verschiedene Wirtschaftszweige ist nachgewiesen worden, daß sich bei jeder Verdoppelung der kumulierten Absatzmenge ein Kostenreduzierungspotential von ca. 20 bis 30% ergibt. Dessen Ausschöpfung setzt voraus, daß alle Kostensenkungsmöglichkeiten (z. B. Fixkostendegression, Lerneffekte) konsequent genutzt werden.

Erfolgsfaktor
In einem Unternehmen oder dessen Umfeld verankerte Bestimmungsgröße für das positive Abschneiden im Wettbewerbsgeschehen.

Erhebung
Gewinnung von Informationen bei sämtlichen Elementen der Grundgesamtheit (Vollerhebung) oder bei einer Auswahl davon (Teilerhebung bzw. Stichprobe).

Erinnerungsverfahren
s. Recall-Test

Europäische Artikelnummer (EAN)
Teil eines speziellen → Artikelnummernsystems.

Evoked Set (of Alternatives)
Menge an Marken oder Objekten, die einem Verbraucher bzw. Bedarfsträger in einer Kaufsituation bewußt sind.

Experiment
Untersuchung, bei der festgestellt werden soll, wie sich die Veränderung einer oder mehrerer (unabhängiger) Variablen auf eine oder mehrere (abhängige) Größen auswirkt.

Experimental Design
s. Versuchsanordnung

Expertensystem
Rechnergestütztes, interaktives betriebliches Informationssystem, das in der Lage ist, komplexe (Marketing-)Probleme auf der Basis von kontextbezogenen Informationen, Verknüpfungsregeln und in ihm verankerten logischen Operationen zu lösen.

Exploration
Voruntersuchung, die einer ersten Aufhellung und Strukturierung des eigentlichen Forschungsproblems im Rahmen empirischer Erhebungen dient.

Exponential Smoothing
s. Exponentielles Glätten

Exponentielles Glätten
Quantitatives → Prognoseverfahren, bei dem ein Gewichtungsfaktor verwendet wird, der den Einfluß jüngerer Beobachtungswerte für die Vorhersage relativ stärker berücksichtigt als den älterer Werte.

Fachhandel
Gruppe von Betriebsformen des → Einzelhandels, deren Sortiment auf eine bestimmte Branche (z. B. Textilien, Sportartikel, Autozubehör) ausgerichtet und tief gegliedert ist. Eine verwandte Erscheinungsform stellt der Spezialhandel dar, der sich sortimentsmäßig auf einen Ausschnitt des Fachhandelsangebots (z. B. Hüte, Tennisartikel, Auto-Hifi-Zubehör) beschränkt.

Fachmarkt
Betriebsform des → Einzelhandels, die zwischen Fachgeschäft (hinsichtlich Sortiment) auf der einen und Verbrauchermarkt (hinsichtlich Standort, äußerem Erscheinungsbild, Preisniveau) auf der anderen Seite angesiedelt ist. Beispiele hierfür bilden Baumärkte, Drogeriemärkte und Garten-Center.

Factory Outlet
Fabrikverkaufsstelle, über die ein Hersteller insbesondere Überhang-, Auslauf- oder leicht fehlerhafte Ware zu beträchtlich niedrigeren Preisen, als sie im Handel verlangt werden, an Letztverbraucher abgibt.

Faktorenanalyse
Gruppe multivariater Verfahren zur Untersuchung des zwischen einer Menge von Variablen herrschenden Beziehungsgeflechts. Ausgangspunkt sämtlicher faktorenanalytischer Ansätze ist die Vermutung, daß die Komplexität der Beziehungen durch Verknüpfung der interessierenden Größen mit – zunächst unbekannten – übergeordneten Faktoren reduziert bzw. aufgelöst werden kann (→ Datenanalyse).

Field Research
s. Primärforschung

Filialunternehmung
Betriebsform des → Groß- oder → Einzelhandels, die aus mindestens fünf getrennten Verkaufsstellen besteht. Ab zehn Verkaufstellen gilt ein solches Unternehmen nach einer Konvention als Großbetriebsform des Handels.

***Fishbein*-Modell**
Mehrdimensionales → Skalierungsverfahren zur Messung von Einstellungen. Aus der subjektiven Kenntnis der Eigenschaften eines Objekts (kognitive Komponente) und deren Bewertung (affektive Komponente) wird der Gesamtwert der Einstellungen einer Auskunftsperson zum Untersuchungsgegenstand ermittelt.

Flächenauswahl
s. Gebietsauswahl

Franchising
Vertikales Vertriebssystem, bei dem ein Kontraktgeber (Franchisor) auf der Grundlage einer langfristig angelegten Kooperation rechtlich selbständig bleibenden Kontraktneh-

mern (Franchisees) gegen Entgelt das Recht einräumt, Waren und / oder Dienstleistungen unter Nutzung von Namen, Warenzeichen usw. des Franchisegebers anzubieten.

Freiwillige Gruppe
s. Freiwillige Kette

Freiwillige Kette
Kooperationsform, bei der sich Groß- und Einzelhandelsbetriebe meist einer Branche zur gemeinsamen Bewältigung unternehmerischer Aufgaben vorwiegend unter einheitlichem Organisationszeichen zusammenschließen.

Frühwarnsystem
Einrichtung zur systematischen, vorausschauenden Aufdeckung von Umweltveränderungen, um potentielle Problemfelder für das Unternehmen frühzeitig identifizieren und Risiken durch geeignete Maßnahmen rechtzeitig abwehren bzw. Chancen konsequent nutzen zu können.

Ganzheitspsychologie
Zweig der Psychologie, der davon ausgeht, daß sich die gesamte menschliche Wahrnehmungsleistung nicht durch einzelne Elemente zusammensetzen läßt, sondern daß auch Kontextfaktoren, Erfahrungen, Einstellungen usw. die Wahrnehmung eines Individuums beeinflussen. Dies bedeutet, daß dem Ganzen Eigenschaften zukommen, die seine Teile nicht besitzen.

Garantieleistung
Versprechen eines Herstellers bezüglich Haltbarkeit, Funktionsfähigkeit usw. eines Produkts, wobei Umfang und Frist variabel gestaltet werden können (→ Produktpolitik).

Gattungsmarke
→ Konsumgut, das durch eine bewußt schlicht gehaltene Verpackung und einen niedrigen Preis gekennzeichnet ist und dessen Erscheinungsbild nicht von einer Marke geprägt wird.

Gebietsauswahl
Verfahren der Stichprobenziehung, bei dem zunächst eine Untersuchungsregion in erhebungsrelevante Teilgebiete aufgespalten wird, von denen einzelne in die Untersuchung einbezogen werden. In diesen werden dann alle oder einzelne interessierende Elemente (z. B. Personen, Haushalte, Unternehmen) befragt oder beobachtet.

Gebrauchsgut
→ Konsumgut, das zur mehrmaligen bzw. längerfristigen Verwendung bestimmt ist.

Gedächtniswirkung
Art und Intensität der kognitiven Speicherung angebotener Informationen. Sie zählt zu den zentralen Erfolgsgrößen im Rahmen der Kommunikationspolitik, da die bewußte Wahrnehmung einer Werbebotschaft und der Kaufakt in der Regel zeitlich nicht zusammenfallen und deshalb die werbliche Information verfügbar und abrufbereit sein muß, um das Kaufverhalten zu beeinflussen.

Gemeinschaftswarenhaus
Betriebsform des → Einzelhandels mit allen Charakteristika eines Warenhauses, dessen Abteilungen jedoch von selbständigen Händlern geführt werden.

Generics
s. Gattungsmarke

Geschäftsbedingungen
Vorformulierte Klauseln, die ein Unternehmen den von ihm abgeschlossenen Verträgen zugrunde zu legen pflegt. Sie regeln beispielsweise Lieferungs- und Zahlungsmodalitäten, Gewährleistung, Haftung und Gerichtsstand.

Gestaltpsychologie
Zweig der Psychologie, der sich am Prägnanzgesetz bzw. am Gesetz der guten Gestalt orientiert. Dies bedeutet, daß Individuen Wahrnehmungsgegenstände mit größerer Wahrscheinlichkeit als einheitliche Figur erkennen, wobei diese höhere Aufmerksamkeits- und Erinnerungswerte erreichen, wenn bestimmte Prägnanzfaktoren wie Regelmäßigkeit, Symmetrie, Einfachheit oder Geschlossenheit gegeben sind.

Global Marketing
Ausrichtung der unternehmerischen Absatzbemühungen auf den Weltmarkt, wobei man durch eine Vereinheitlichung der Produkte und Prozesse erhebliche Einsparungen und dadurch eine Steigerung der Wettbewerbsfähigkeit zu erzielen erhofft.

Global Sourcing
Von dem Bemühen um Kostensenkung geleitete Ausweitung der Beschaffungsaktivitäten eines Unternehmens auf den gesamten Weltmarkt.

Globalisierung
Strategie, die auf eine weltweite Ausdehnung und Steigerung der Effizienz unternehmerischer Aktivitäten durch Standardisierung der Marktbearbeitung abzielt.

Großhandel
1. Beschaffung und Weiterveräußerung von Waren an Wiederverkäufer (Einzelhändler), Weiterverarbeiter (Industrie, Handwerk), sonstige Verarbeiter (Gaststätten, Kantinen) oder andere Großverbraucher (Behörden) (Großhandel im funktionalen Sinn).
2. Institution, die Waren einkauft und sie entweder unverändert oder nach nicht nennenswerter Be- bzw. Verarbeitung an die unter 1. genannten Gruppen absetzt (Großhandel im institutionellen Sinn).

Großmarkt
Marktveranstaltung zum Absatz von Gütern landwirtschaftlicher Erzeuger, von Importeuren und Großhändlern an nachgeordnete Großhändler, Einzelhändler, Großverbraucher, Verarbeiter usw. Gehandelt werden dort vor allem einheimisches Obst, Gemüse, Südfrüchte, Seefische und Blumen, also vorzugsweise leicht verderbliche Waren.

Grundgesamtheit
Menge der Objekte, die die Erhebungsbasis bilden und auf die sich die in einer Untersuchung gewonnenen Befunde beziehen sollen.

Gruppe, soziale
Menge von Individuen, zwischen denen relativ dauerhafte zwischenmenschliche Beziehungen bestehen und die häufig ein starkes Zusammengehörigkeitsgefühl (Wir-Bewußtsein) aufweisen.

Gut
Gegenstand, der direkt oder indirekt Nutzen stiftet, deshalb begehrt ist, nachgefragt wird und wegen seiner Knappheit in der Regel nur zu einem bestimmten Preis erlangt werden kann.

Guttman-Skalierung
Eindimensionales → Skalierungsverfahren zur Messung von Einstellungen, bei dem Probanden ihre Urteile durch pauschale Zustimmung zu oder Ablehnung von verbalen Äußerungen zum Meinungsgegenstand kundtun sollen. Dabei werden die Statements so ausgewählt, daß in einer Rangfolge der Items die Zustimmung zu bzw. Ablehnung von einer Aussage die Zustimmung bzw. Ablehnung bezogen auf alle rangniedrigeren Aussagen umschließt. Der Rangplatz des höchsten Statements, dem eine Auskunftsperson zustimmt, repräsentiert dann deren Einstellungswert.

Halo-Effekt
Einfluß der allgemeinen Einstellung zu einem Objekt auf die Wahrnehmung einzelner Objektattribute. Im realen Beurteilungsverhalten äußert sich der Halo-Effekt (engl. „halo" = Heiligenschein) z. B. darin, daß man bei Gütern, die man schätzt, auch jede ihrer Eigenschaften für gut hält.

Handel
1. Wirtschaftliche Tätigkeit des An- und Verkaufs von Waren, wobei diese nicht oder kaum be- bzw. verarbeitet werden (Handel im funktionalen Sinn).
2. Selbständige Einrichtungen, die ausschließlich oder überwiegend Handelsfunktionen wahrnehmen (Handel im institutionellen Sinn).

Handelsfunktion
Leistung, die der Handel im Rahmen der Warendistribution aus einzel- und / oder gesamtwirtschaftlicher Sicht erbringt. Als Handelsfunktionen gelten z. B. die Anpassung der Güter an die Anforderungen und Wünsche der Abnehmer bezüglich Qualität, Menge sowie Zeit und Ort der Bereitstellung (Qualitäts-, Mengen-, Zeit- und Raumüberbrükkungssfunktion), die Akquisition von Kunden (Markterschließungsfunktion) sowie die Kreditierungs- und Beratungsfunktion gegenüber Lieferanten und Abnehmern.

Handelsmarke
Waren- oder Firmenzeichen, mit dem ein Handelsbetrieb oder eine Handelsorganisation Waren versieht, um die so gekennzeichneten Artikel exklusiv zu vertreiben (→ Markenartikel).

Handelsvertreter
→ Absatzhelfer, der ständig damit betraut ist, für mindestens eine andere Unternehmung Geschäfte zu vermitteln oder abzuschließen. Der Handelsvertreter agiert in fremdem Namen und erwirbt kein Eigentum an der Ware, ist also von den damit verbundenen Risiken (Verderb, modische Veralterung, Preisbewegungen usw.) nicht betroffen.

Hautgalvanische Reaktion
s. Psychogalvanische Reaktion (PGR)

Herstellermarke
Warenzeichen oder Firmenkennzeichen, mit dem ein Hersteller seine Erzeugnisse versieht (→ Markenartikel).

High Interest Product
Produkt, dem ein Bedarfsträger auf Grund seiner Art und seines Preises hohes Interesse entgegenbringt.

Homomorphie
Strukturähnlichkeit von Mengen bzw. Systemen.

Hypothese, statistische
Annahme über eine oder mehrere Grundgesamtheiten, die anhand einer oder mehrerer Stichproben überprüft wird. Je nach dem Gegenstand der Untersuchung kann sich jene auf die Verteilung einer interessierenden Größe in der Grundgesamtheit, auf die Ausprägung von Kennwerten dieser Verteilung oder auf Relationen, die zwischen zwei oder mehreren Grundgesamtheiten bestehen, beziehen.

Image
Gesamtheit aller (richtigen und falschen) Vorstellungen, Einstellungen, Kenntnisse, Erfahrungen, Wünsche, Gefühle usw., die Menschen (Einzelpersonen oder Personengruppen) mit einem bestimmten Meinungsgegenstand verbinden. Das Image charakterisiert ein Bezugsobjekt ganzheitlich, also insbesondere mit allen als relevant erachteten Einstellungsdimensionen.

Imagetransfer
Übertragung des → Images eines Bezugsobjekts auf ein anderes, um an dessen (positiver) Wirkung teilzuhaben.

Incentive
Anreiz, mit dessen Hilfe die Motivation, bestimmte Dinge zu tun und andere zu unterlassen, verstärkt werden soll. Incentives werden insbesondere im Bereich der Außendienstmotivation eingesetzt, z. B. in Form von Reisen.

Incoterms (International Commercial Terms)
Normierte Lieferbedingungen, die Streitfällen auf Grund von unklaren Regelungen entgegenwirken und insbesondere den Gefahrenübergang und die Verteilung der Kosten im internationalen Handel regeln.

Index
Instrument zur Messung mehrdimensionaler Merkmale, mit dem man mehrere für das Merkmal als relevant erachtete Indikatoren auf eine einzige Meßzahl zu komprimieren vermag. Ein Index wird nicht nach streng formalisierten Regeln, sondern nach Maßgabe von Plausibilitätsüberlegungen gebildet.

Indikator
Hilfsgröße zur Operationalisierung von Begriffen oder Gewinnung von Anhaltspunkten für die Entwicklung nicht bekannter Größen.

Information
Nachricht, die für den Empfänger Neuigkeitswert besitzt und ihn zur besseren Erfüllung seiner Aufgaben befähigt.

Information Retrieval System
s. Dokumentationssystem

Informationsbedarfsanalyse
Instrument bzw. Methodik zur Ermittlung des objektiven und / oder subjektiven Bedarfs an Informationen.

Informationsverarbeitung
Psychischer oder maschineller Vorgang der Verknüpfung und Bewertung vorhandener Informationen (Informationsverarbeitung im engeren Sinn). Im weiteren Sinn umfaßt dieser Prozeß außerdem die Informationsaufnahme und -speicherung.

Instrument, absatzpolitisches
Mittel zur Beeinflussung der Austauschpartner. Herkömmlicherweise rechnet man dazu die im einzelnen bei der Produkt-, Preis-, Distributions- und Kommunikationspolitik gegebenen Möglichkeiten.

Inter-Media-Selektion
Auswahl geeigneter Werbeträgerarten, wie z. B. Tageszeitung, Illustrierte, Funk und Fernsehen, aus den in Betracht kommenden Mediengattungen (→ Mediaplanung).

Interaktion
Prozeß wechselseitiger Einwirkung von Elementen (z. B. Personen, Produkte, Variablen).

Internationalisierungsstrategie
Planmäßige Bearbeitung von Auslandsmärkten auf der Grundlage von für die einzelnen Länder entwickelten Konzepten.

Intervallskala
→ Skala, bei der die Abstände zwischen den den Untersuchungsobjekten zugeordneten Zahlenwerten auch jenen zwischen den Ausprägungen des erhobenen Merkmals (z. B. Intelligenzquotient, Kalenderzeit) entsprechen. Da der Nullpunkt der Intervallskala nicht vorgegeben ist, sondern vom Forscher oft willkürlich festgelegt wird (z. B. bei Testskalen), dürfen Meßwertverhältnisse nur unter Beachtung ganz bestimmter Regeln gedeutet werden. Beispielsweise bedeutet ein Intelligenzquotient von 120 nicht eine doppelt so hohe Intelligenz wie 60.

Interview
Mündliche oder telefonische → Befragung von Probanden.

Interviewer-Bias
Validitätsmäßige Beeinträchtigung einer Befragungssituation bzw. Verzerrung von Befragungsergebnissen, die von dem vom Interviewer auf den Probanden ausgehenden Einfluß herrührt. Dieser gefährdet die → Validität einer Erhebung.

Intra-Media-Selektion
Auswahl von Werbeträgern innerhalb einer bestimmten Mediengattung, z. B. Zeitschriften (→ Mediaplanung).

Investitionsgut
→ Gut, das von gewerblichen Verwendern für die Herstellung von Erzeugnissen oder die Erbringung von Dienstleistungen benötigt wird.

Irradiation
Effekt bei der Beurteilung von Wahrnehmungsobjekten, der dadurch gekennzeichnet ist, daß die Einschätzung einer Eigenschaft, eines Merkmals usw. auf die anderer Kriterien ausstrahlt.

Isomorphie
Strukturgleichheit von Mengen bzw. Systemen.

Item
Aufbauelement einer Skala (eines Tests, eines Index, eines Fragebogens u.ä.), das die Auskunftsperson zu einer als Indikator verwendbaren Reaktion veranlassen soll.

Joint Venture
Gemeinschaftunternehmen, bei dem sich jeweils mindestens ein inländischer und ein ausländischer Beteiligter zusammenschließen.

Juniorwarenhaus
Betriebsform des → Einzelhandels, die sich sortimentsmäßig auf Waren weniger Preisstufen, und zwar der unteren Kategorien beschränkt.

Just-in-Time
Form der Belieferung mit Rohstoffen, Zwischenprodukten oder Enderzeugnissen, die in dem Sinne bedarfssynchron verläuft, daß der Abnehmer auf eine eigene Lagerhaltung verzichten kann. Da dies eine Qualitätskontrolle beim (nicht: durch den) Käufer praktisch verhindert, hat dieser – auch im Hinblick darauf, daß er Sachmängel geltend machen kann – geeignete Vorkehrungen bereits am Ort der Herstellung zu treffen.

K_1-Wert
Kennzahl aus der Werbeträgerforschung, die die durchschnittliche Leserschaft einer Zeitung bzw. Zeitschrift über die Lesehäufigkeit des sog. weitesten Leserkreises mißt; diese schließt alle Personen ein, die mindestens eine der letzten (z. B. 12) Ausgaben eines Titels gelesen haben.

Kaffeefahrt
Ein- oder mehrtätige Ausflugsreise, die aus der Sicht des Veranstalters primär Werbe- oder Verkaufszwecken dient.

Kaufabsicht
Hypothetisches Konstrukt, das angibt, für wie wahrscheinlich ein Interessent unter Berücksichtigung der Kaufsituation (Verfügbarkeit eines entsprechenden Angebots, Besitz von Geld usw.) den Erwerb eines Gutes hält. Die Kaufabsicht drückt somit die subjektive Beurteilung der gesamten Verhaltenssituation aus.

Kaufentscheidung
s. Kaufentscheidungsprozeß

Kaufentscheidung, habituelle
Gewohnheitsmäßige Kaufentscheidung auf der Grundlage früher gemachter Erfahrungen. Die Entscheidungsfindung wird nur in geringem Maße kognitiv gesteuert; der geistige Aufwand reduziert sich beim Kauf auf die Identifikation der Marke.

Kaufentscheidung, impulsive
Kaufentscheidung, die durch die unmittelbare Situation bedingt spontan, d. h. ungeplant und ohne kognitive Steuerung getroffen wird.

Kaufentscheidung, intensive
Kaufentscheidung, die erst nach sorgfältiger Prüfung aller in Betracht gezogener Alternativen zustande kommt.

Kaufentscheidung, limitierte
Weitgehend rationale Kaufentscheidung, bei der der Käufer nur solange nach Alternativen sucht, bis ein Produkt gefunden ist, das seinen auf der Grundlage von Erfahrung gebildeten Ansprüchen genügt.

Kaufentscheidungsprozeß
Art und Weise, wie sich die Entscheidung, eine Leistung zu erwerben, herausbildet. Nach Dauer und Umfang der kognitiven Kontrolle solcher Prozesse lassen sich intensive, limitierte, habituelle und impulsive Kaufentscheidungen unterscheiden.

Käufermarkt
Marktsituation, die von einer starken Machtposition der Nachfrager gegenüber den Anbietern geprägt ist.

Kaufhaus
Dem Warenhaus ähnliche Betriebsform des → Einzelhandels, deren Sortiment aber weniger breit ist und hauptsächlich die Bereiche Textilien, Bekleidung und Einrichtungsgegenstände umfaßt, während Nahrungs- und Genußmittel fehlen.

Kaufkraft
Geldbetrag, der Nachfragern für Einkaufszwecke zur Verfügung steht.

Kaufrisiko, Theorie des wahrgenommenen
Konzept zur Erklärung des Kaufverhaltens, wonach jemand die Konsequenzen seiner Kaufhandlung nicht genau abzuschätzen vermag und deshalb zur Vermeidung materieller und immaterieller Schäden das Kaufrisiko zu vermindern oder abzubauen sucht (z. B. durch den Erwerb bekannter, ihm vertrauter Marken).

Kaufverbund
Kauf mehrerer Artikel bei einer Gelegenheit bzw. in einer Einkaufsstätte, wobei den betroffenen Produkten oft nicht mehr Gemeinsamkeit innewohnt, als daß sie umständehalber zusammen angeboten bzw. erworben werden.

Kennzahl, betriebliche
Zahl, die einen wichtigen, meßbaren Sachverhalt aus Unternehmen oder Umwelt in komprimierter Form wiedergibt. Beispiele hierfür bilden der Umsatz pro qm Verkaufsfläche oder die Distributionsquote.

Key-Account-Management
Betreuung eines oder mehrerer für ein Unternehmen besonders bedeutsamer Kunden durch eine in der → Marketing-Organisation als zentrale Schaltstelle fungierende Instanz.

Kleinpreisgeschäft
s. Juniorwarenhaus

Klumpenverfahren
Auswahlverfahren, bei dem die Erhebungseinheiten aus Gruppen oder Haufen von Elementen bestehen. Sein Einsatz setzt voraus, daß die Grundgesamtheit entsprechend aufgeteilt werden kann. Dabei gilt es, aus der Menge aller Klumpen einzelne auszuwählen, die dann vollständig in die Erhebung einbezogen werden.

Kognitive Dissonanz
Konfliktäre Beziehung zwischen einzelnen Wahrnehmungen, Überzeugungen oder Werten einer Person. Bei der für das Marketing relevanten Nachkaufdissonanz empfindet jemand nach dem Erwerb eines Gutes Zweifel über die Richtigkeit der Entscheidung,

die darin zum Ausdruck kommen, daß nunmehr die Vorzüge der nicht gewählten Optionen überbewertet und die des Kaufgegenstandes auf Grund von nicht voll erfüllten Erwartungen, Bemerkungen Dritter etc. in Frage gestellt werden.

Kollektivwerbung
Gemeinsame Werbung mehrerer Werbungtreibender bzw. Anbieter.

Kommissionär
→ Absatzhelfer, der in eigenem Namen und für fremde Rechnung mit dem Ein- und Verkauf von Waren (oder Wertpapieren) befaßt ist. Die Vergütung für seine Tätigkeit besteht im allgemeinen in einer umsatzabhängigen Kommission oder Provision.

Kommunikation
Übermittlung von Informationen von einem Sender an einen Empfänger.

Kommunikationspolitik
Gesamtheit aller Entscheidungen, die die bewußte Gestaltung der marktgerichteten Informationen eines Unternehmens betreffen und die Bereiche Werbung, Verkaufsförderung (Sales Promotion), Öffentlichkeitsarbeit (Public Relations) und Sponsoring umfassen (→ Instrument, absatzpolitisches).

Kompensationsgeschäft
Zahlungsform, bei der der Lieferant für seine Absatzleistung nicht Geld, sondern gleichfalls Güter, Dienste oder Rechte erhält.

Konditionen
s. Geschäftsbedingungen

Konditionierung, klassische
→ Lernen durch wiederholtes, gleichzeitiges Wirksamwerden zweier Stimuli, wobei der eine immer eine bestimmte Reaktion hervorruft (unbedingter Reiz), während der andere für das Individuum zunächst bedeutungslos ist (neutraler Reiz). Durch die zeitliche Nähe der beiden Stimuli erlernt das Individuum die Signalbedeutung des ursprünglich neutralen Reizes, der dadurch ebenfalls zum Auslöser der entsprechenden Reaktion wird.

Konditionierung, operante
Durch die Konsequenzen des eigenen Verhaltens bedingtes → Lernen, wobei positive Folgen die Wahrscheinlichkeit des Wiederauftretens einer bestimmten Verhaltensweise erhöhen und negative diese mindern.

Konkurrent
Marktteilnehmer, der sich mit seinem Angebot um die Deckung eines von potentiellen Abnehmern zumindest als ähnlich empfundenen Bedarfs bewirbt.

Konkurrentenanalyse
Verfahren der strategischen → Situationsanalyse, dessen Aufgabe darin besteht, entscheidungsrelevante und möglichst umfassende Informationen über tatsächliche und potentielle Wettbewerber, wie z. B. deren Stärken und Schwächen, erkennbare Strategien und Marktstellung, zu sammeln und auszuwerten.

Konsum
Verwendung oder Verzehr von wirtschaftlichen Gütern zur Befriedigung menschlicher Bedürfnisse.

Konsumentensouveränität
Ordnungspolitisches Prinzip, wonach die Wirtschaft ihre Impulse letztlich von den Verbrauchern erhält, so daß sich die Anbieter bei der Bereitstellung von Gütern und Dienstleistungen zumindest längerfristig nach den Konsumentenwünschen richten müssen.

Konsumentenverhalten
Aktionen und Reaktionen von Endverbrauchern beim Kauf bzw. Ge- und Verbrauch von Leistungen, die am Markt angeboten werden.

Konsumerismus
Gesellschaftliche Strömung, die die Stellung der Verbraucher als Marktpartei zu stärken versucht und deren Belange, wie z. B. Verbesserung des Rechtsschutzes oder Verfügbarkeit zuverlässiger Markt- und Produktinformationen, zu artikulieren und durch Einwirkung auf Entscheidungsträger durchzusetzen trachtet.

Konsumfreiheit
Entscheidungsspielraum, über den ein Verbraucher bei der Auswahl von Gütern und Dienstleistungen aus dem vorhandenen Angebot verfügt.

Konsumgenossenschaft
Organisationsform des → Einzelhandels, die sich in erster Linie mit dem Vertrieb von Nahrungs- und Genußmitteln sowie verwandten Waren des täglichen Bedarfs befaßt. Sie war ursprünglich auf Initiative von Verbrauchern entstanden, die sich von den etablierten Anbietern ausgebeutet fühlten und ihre Lebenshaltung durch billigere bzw. effizientere Warenversorgung zu verbessern trachteten. Teilweise haben die Konsumgenossenschaften ihr Tätigkeitsfeld auch auf die Produktion ausgedehnt.

Konsumgut
→ Gut, das Letztverbrauchern in erster Linie zur Befriedigung ihrer materiellen Bedürfnisse dient.

Kontaktfaktor
Maßstab zur Beurteilung des Ausmaßes, in dem Zeitungen bzw. Zeitschriften von Käufern oder Lesern durchgesehen werden. Er gibt den Anteil der aufgeschlagenen Seiten am Gesamtumfang einer Zeitung bzw. Zeitschrift wieder.

Kontrastgruppenanalyse (AID)
Multivariates Verfahren zur Aufdeckung der zwischen einer abhängigen und mehreren unabhängigen Variablen gegebenen Beziehungsstruktur. Der Leitgedanke besteht darin, durch sukzessive Zweiteilung der Ausgangspopulation Gruppen von Merkmalsträgern zu bilden, die sich durch bestimmte Kombinationen von Merkmalsausprägungen auszeichnen. Als Trennkriterium fungiert dabei jeweils diejenige unabhängige Variable, die ein Maximum an Varianz der abhängigen Größe erklärt.

Kontrolle
Laufende, systematische Überprüfung und Beurteilung aller unternehmerischen Funktionen, Strukturen und Prozesse. Im Kern verkörpert die Kontrolle einen Soll-Ist-Vergleich.

Kontrollgruppe
Teilgruppe in einem → Experiment, die keinem „Treatment“ ausgesetzt wird und dadurch Anhaltspunkte für die Beurteilung der Wirkung einer Maßnahme in der Experimentalgruppe liefert.

Kontrollsystem
Gesamtheit der Überwachungs- und Steuerungseinrichtungen, die der Berichterstattung über inner- und außerbetriebliche Gegebenheiten, wie z. B. Umsatz, Lagerbestand und Zahl der Kunden, dienen.

Konzentration
Prozeß oder Ergebnis der Zusammenballung von Marktanteilen, Marktmacht etc.

Konzentrationsprinzip
Verfahren der Stichprobenbildung, bei dem man die für das Untersuchungsziel wesentlichen bzw. wichtigsten Elemente der Grundgesamtheit herausgreift (→ Auswahl, bewußte).

Kooperation
Freiwillige, oft vertraglich geregelte Zusammenarbeit rechtlich und wirtschaftlich selbständiger Unternehmen zum Zwecke der Verbesserung ihrer Leistungsfähigkeit.

Kooperationsstrategie
Systematische Zusammenarbeit mit in- und / oder ausländischen Unternehmen, um durch Nutzung von Synergie wirtschaftliche Vorteile zu erlangen.

Korrelationsanalyse
Ermittlung des Zusammenhangs, der zwischen Variablen besteht. Mit dem Begriff werden auch die dazu eingesetzten Verfahren belegt.

Kosten
In Geldeinheiten bewerteter Verzehr von Produktionsfaktoren (z. B. Sachmittel, Arbeit), soweit sie zur Erstellung oder Vermarktung betrieblicher Leistungen dienen.

Kostenführerschaft
Marktposition eines Unternehmens, die durch einen Kostenvorsprung gegenüber den Konkurrenten gekennzeichnet ist. Das Erreichen der Kostenführerschaft erfordert einen hohen relativen Marktanteil oder andere erhebliche Vorteile (z. B. günstigen Zugang zu Rohstoffen) sowie die konsequente Ausschöpfung des vorhandenen Rationalisierungspotentials.

Kostenfunktion
Mathematische oder graphische Abbildung der Abhängigkeit der Kostenhöhe von einer oder mehreren Einflußgrößen. Sie dient der Erklärung und Prognose von Kosten.

Kovarianzanalyse
Statistisches Verfahren, das eine Verbindung von Regressions- und Varianzanalyse darstellt und in der Marketing-Forschung dazu dient, Störeinflüsse in Versuchsanordnungen, die durch experimentelle Kontrolle nicht erfaßt worden sind, auszuschalten.

Kreativitätstechnik
Methode zur Anregung und Förderung der Fähigkeit, Ideen oder originelle neue Lösungsmöglichkeiten für ein Problem hervorzubringen. Man unterscheidet zwischen systematisch-logischen (z. B. morphologische Methode) und intuitiv-kreativen Verfahren (z. B.

Brainstorming, Synektik). Üblicherweise werden derartige Techniken von bzw. bei Gruppen angewandt, um das schöpferische Potential mehrerer Personen für Problemlösungen (z. B. Generierung von Produktideen) auszunutzen.

Kreditgewährung
Option im Rahmen der → Preispolitik, die sich auf die Einräumung von Zahlungszielen an Abnehmer erstreckt.

Kultur
System von Leitvorstellungen, das sich im Rahmen des menschlichen Zusammenlebens entwickelt hat und einer großen Zahl von Individuen gemeinsam ist. Es umschließt neben Denkmustern und Verhaltensweisen (immaterielle Kultur) auch materielle Ergebnisse menschlichen Handelns (materielle Kultur, z. B. Kunst).

Kundenbindung
Bemühen eines Unternehmens, Abnehmer mit ökonomischen, sozialen, technischen oder juristischen Mitteln an sich zu binden.

Kundendienst
Gesamtheit aller Dienstleistungen, die ein Anbieter offeriert, um den Erwerb und / oder den Gebrauch der Hauptleistung zu erleichtern bzw. zu ermöglichen. Man unterscheidet dabei zwischen technischem (z. B. Installation, Wartung, Reparatur) und kaufmännischem Kundendienst (z. B. Beratung, Zustellung von Waren; → Produktpolitik).

Kundenlaufstudie
Ermittlung des Weges, den Kunden in einem Geschäft zurücklegen, durch Beobachtung.

Kundenzufriedenheit
Ergebnis eines Informationsverarbeitungsprozesses, in dessen Rahmen Vorkauf-, Kauf- und Nachkaufphase einem Soll-Ist-Vergleich unterzogen werden. Der Beurteilung der wahrgenommenen Gegebenheiten liegen Erwartungen zugrunde, die die Bezugsperson auf Grund der von ihr selbst oder anderen gemachten Erfahrung entwickelt hat.

Labor-Testmarkt
Basis für einen → Markttest, der in einem dafür eingerichteten Studio bzw. bei einer Marktforschungsgesellschaft unter genau kontrollierten Bedingungen durchgeführt wird. Dem Nachteil mangelnder Realitätsnähe, der vor allem in der unvermeidlichen Ausklammerung der Mediawerbung liegt, stehen beachtliche Zeit- und Kostenvorteile gegenüber.

Lean Management
Schlagwort für ein Umdenken in der Unternehmensführung, das darauf abzielt, durch Teamorientierung und konsequente Abflachung der Hierarchie Motivationsreserven freizusetzen und Rationalisierungspotential auszuschöpfen.

Leasing
Form der Absatz- und Beschaffungsfinanzierung, bei der eine Art Miet- oder Pachtvertrag geschlossen wird. Leasing kommt insbesondere für Objekte mit längerer Nutzungsdauer in Betracht. Ein wesentlicher Unterschied zur reinen Vermietung oder Verpachtung besteht in der Möglichkeit, nach Vertragsablauf das Objekt bei ermäßigten Raten weiter zu benutzen oder käuflich zu erwerben.

Leistung
1. Gesamtheit aller nutzbringenden Komponenten materieller oder ideeller Natur, die ein Nachfrager mit einem Angebot assoziiert.

2. Waren oder Dienste, die ein Unternehmen hervorbringt und vermarktet.
3. In Geldeinheiten bewertetes Ergebnis der unternehmerischen Tätigkeit (→ Wertschöpfung).

Leitbildwerbung
Einsatz von Personen des öffentlichen Lebens (= Leitbilder) im Rahmen der Werbung, um die Umworbenen zu veranlassen, deren Verhalten nachzuahmen oder deren Empfehlungen zu folgen.

Lernen
Psychischer Vorgang, der primär auf Erfahrung oder Übung beruht und tendenziell dauerhaft die Wahrscheinlichkeit verändert, mit der jemand in bestimmter Weise auf von ihm wahrgenommene Reize reagiert.

Lernen am Modell
→ Lernen durch Nachahmung der Verhaltensweise z. B. einer anderen Person (= Modell).

Lernen durch Einsicht
→ Lernen durch geistige Bewältigung vorhandener Problemsituationen, insbesondere durch Assoziation von Ursachen und Konsequenzen.

Lernkurve
Graphische Darstellung der Abhängigkeit des Lernerfolgs einer Person oder Organisation vom Übungsaufwand.

Lieferungs- und Zahlungsbedingungen
Teilbereich der → Geschäftsbedingungen.

***Likert*-Skalierung**
Eindimensionales → Skalierungsverfahren zur Messung von Einstellungen, bei dem Probanden ihr Urteil durch unterschiedlich starke Zustimmung zu oder Ablehnung von verbalen Äußerungen zum Meinungsgegenstand angeben sollen. Der Gesamtwert der Einstellung einer Auskunftsperson zum Einstellungsobjekt ergibt sich aus der Addition der Skalenwerte aller Items.

Local Content
Vor allem von Entwicklungs- und Schwellenländern verwendete Zielgröße, mit der die von einem ausländischen Hersteller im Gastland zu erreichende Wertschöpfungsquote festgelegt wird.

Lockvogelangebot
Sonderangebot, das in der Öffentlichkeit den Eindruck außergewöhnlicher Leistungsfähigkeit eines Einzelhandelsgeschäfts hervorrufen soll. Dies führt insbesondere dann zu einer Irreführung von Verbrauchern, wenn solchermaßen herausgestellte Artikel nur in unzureichender Menge vorhanden sind, wenn sie ausschließlich dazu dienen, Kunden zum Erwerb anderer – teurerer – Waren zu veranlassen, oder wenn der objektiv falsche Eindruck erweckt wird, das gesamte Angebot sei ähnlich preisgünstig kalkuliert.

Logit Modell
Basis für ein regressionsanalytisches Verfahren (→ Regressionsanalyse) zur Bestimmung der zwischen einer nominal- oder ordinalskalierten abhängigen Variablen und einer oder mehreren unabhängigen Größen bestehenden Beziehung.

Low Interest Product
Erzeugnis, dem ein Verbraucher auf Grund seiner Art und seines Preises nur geringes Interesse entgegenbringt.

LpA-Wert (Leser pro Ausgabe)
Kennzahl aus der Werbeträgerforschung, die die Zahl der Personen, die im Durchschnitt eine Ausgabe einer Zeitung oder Zeitschrift lesen, angibt. Sie errechnet sich aus dem LpN-Wert und der Nutzungswahrscheinlichkeit des jeweiligen Mediums.

LpE-Wert (Leser pro Exemplar)
Kennzahl aus der Werbeträgerforschung, die sich durch Division des LpA-Werts durch die verbreitete Auflage einer Zeitung oder Zeitschrift ergibt.

LpN-Wert (Leser pro Nummer)
Kennzahl aus der Werbeträgerforschung, die die Zahl der Personen angibt, die in einem Erscheinungsintervall einer Zeitung oder Zeitschrift irgendeine Ausgabe gelesen oder durchgeblättert haben.

LpS-Wert (Leser pro Seite)
Kennzahl aus der Werbeträgerforschung, die durch Multiplikation des Reichweitenwerts einer Zeitung oder Zeitschrift mit deren Seitennutzungswahrscheinlichkeit errechnet wird.

Magnitude-Skalierung
Methode der Registrierung von Reaktionen, bei der die Probanden ihre zustimmende oder ablehnende Haltung wesentlich feiner differenzieren können, als dies bei verbalen Antwortkategorien bzw. numerischen Vorgaben (z. B. in Form einer Rating-Skala) möglich wäre. Man geht dabei davon aus, daß ein Proband die Intensität seiner Empfindungen proportional zu deren Intensität in Zahlen, die Länge einer Linie oder die Höhe bzw. Dauer eines Tons umzusetzen vermag.

Makler
→ Absatzhelfer, der Geschäfte für andere vermittelt, Gelegenheiten zum Abschluß von Verträgen nachweist und die Interessen beider Vertragsparteien zu wahren hat. Er wird meist nur fallweise (z. B. im Immobilienhandel oder bei Wertpapieren) eingesetzt.

Makro-Umwelt
Gesamtheit der Faktoren und Bedingungen, die den Rahmen für die Entscheidungen aller oder einer großen Zahl von Unternehmen in einem geographischen Raum bilden und durch Maßnahmen des einzelnen Marketing-Managers nicht oder nur unwesentlich beeinflußt werden können. Dazu zählen vor allem der ökonomische, technologische, politisch-rechtliche, sozio-kulturelle und physische Datenkranz unternehmerischen Handelns.

Markenartikel
Produkt, das mit einem seine Herkunft kennzeichnenden Merkmal (z. B. Namen, Bildzeichen) versehen ist und durch gleichbleibende Aufmachung und Menge, unveränderte oder verbesserte Qualität, Verbraucherwerbung, hohen Bekanntheitsgrad und weite Verbreitung im Absatzmarkt charakterisiert ist. Man unterscheidet zwischen Hersteller- und Handelsmarke, wobei letztere nur in den Verkaufsstellen bestimmter Handelsunternehmen bzw. Handelsgruppen erhältlich ist; ferner gibt es Dienstleistungsmarken, Gattungsmarken und vielerlei Unterformen der hier genannten Kategorien.

Markenbildung
Instrument der → Produktpolitik, mit dessen Hilfe den Abnehmern eine „Produktpersönlichkeit" bzw. Marke angeboten werden soll, die leicht im Gedächnis behalten und zum identifizierbaren Einstellungsobjekt gemacht werden kann.

Markenfamilie
Gruppe von Produkten, die unter einer einzigen Marke (Dachmarke) vertrieben werden. Dabei sollen alle Erzeugnisse vom Goodwill dieser bekannten, am Markt gut eingeführten Marke profitieren.

Market Research
s. Marktforschung

Marketing
Grundhaltung, die durch konsequente Ausrichtung aller unmittelbar und mittelbar den Markt berührenden Entscheidungen an dessen Erfordernissen (Marketing als Maxime) gekennzeichnet ist. Dies soll durch Schaffung von Präferenzen mittels gezielter Maßnahmen (Marketing als Mittel) sowie durch eine systematische, moderne Analysetechniken nutzende Entscheidungsfindung (Marketing als Methode) erreicht werden.

Marketing, Generic Concept of
Weit gefaßte Konzeption des → Marketing, die die zielorientierte Anbahnung, Erleichterung, Abwicklung und Bewertung des Austauschs von ideellen oder materiellen Werten (z. B. Waren, Dienstleistungen, Informationen, Rechte, Gefühle) zwischen zwei Parteien zum Gegenstand hat.

Marketing, Human Concept of
Ethische Verankerung des → Marketing, die die Bereitschaft der Unternehmer impliziert, soziale Verantwortung zu tragen, auch wenn diese nicht genau konkretisierbar ist.

Marketing, Internationales
Form des → Marketing, bei der sich die Absatzbemühungen eines Unternehmens über nationale Grenzen hinweg erstrecken.

Marketing-Audit
Instrument zur Beurteilung der Arbeitsweise bzw. Effizienz des Marketing-Managements in einer Organisation und zur Überprüfung des Entstehens bzw. Ablaufs von Marketingmaßnahmen, um system- und planungsbedingte Risiken sowie eine Fehlentwicklung frühzeitig erkennen zu können.

Marketing-Controlling
Führungsfunktion, die die Gestaltung der organisatorischen Basis für die Marketing-Planung und -Kontrolle, die Bereitstellung entscheidungsgerechter Planungs- und Kontrollinstumente, die informatorische Unterstützung der Planungs- und Kontrollprozesse sowie deren Koordination umschließt.

Marketing-Forschung
Gewinnung und Analyse von Informationen, die zur Identifikation und Lösung von Marketingproblemen von Bedeutung sein können. Sie liefert die Grundlage für die Erarbeitung, Implementierung und Kontrolle von Marketingkonzeptionen bzw. -entscheidungen. Die Marketing-Forschung umschließt die Beschaffung und Auswertung von Informationen sowohl aus internen als auch aus externen Quellen.

Marketing-Forschungsprozeß
Problemlösungsprozeß, der sich idealtypisch in die Phasen Problemformulierung, Konzeptualisierung, Datenerhebung, Auswertung und Interpretation sowie Transfer der Ergebnisse untergliedern läßt.

Marketing-Informationssystem (MAIS)
Gesamtheit der organisatorischen Vorkehrungen und Regelungen bezüglich der Träger informatorischer Aufgaben, der Informationswege zwischen ihnen, der Informationsrechte und -pflichten sowie der Verfahren zur Beschaffung, Bereitstellung, Aufbereitung, Analyse, Interpretation, Speicherung und Abgabe von Informationen, mit deren Hilfe der Informationsbedarf des am Marketingprozeß beteiligten Managements befriedigt werden soll. Auf Grund der Fülle der für Marketingentscheidungen notwendigen Informationen sind dabei elektronische Datenverarbeitungsanlagen unabdingbar.

Marketing-Kontrolle
Ständige, systematische und unvoreingenommene Prüfung und Beurteilung des Status quo und der Vorgänge im Marketingbereich (→ Kontrolle).

Marketing-Logistik
s. Distribution, physische

Marketing-Management
1. Anordnungsberechtigte Personen, die Träger von Marketingentscheidungen in einer Organisation sind.
2. Wahrnehmung von Führungsaufgaben im Marketingbereich.

Marketing-Mix
Von einem Unternehmen bzw. einer Organisation zu einem bestimmten Zeitpunkt festgelegte Auswahl, Gewichtung und Ausgestaltung der absatzpolitischen Instrumente.

Marketing-Organisation
1. Unternehmensverständnis, das Marketing als Hauptfunktion betrachtet und die anderen betrieblichen Funktionen dessen Erfordernissen unterordnet.
2. Gesamtheit der formalen Regelungen, nach denen der Marketingbereich zur Erfüllung seiner Aufgaben in einer Institution strukturiert ist (→ Organisation).

Marketing-Planung
Systematisches und rationales Durchdringen des künftigen Markt- und Unternehmensgeschehens mit dem Zweck, daraus Richtlinien für das Verhalten im Marketingbereich abzuleiten (→ Planung).

Marketingentscheidung
Wahl zwischen Optionen im Hinblick auf die Erreichung von Marketingzielen (→ Entscheidung).

Marketingmodell
Vereinfachte Abbildung eines realen Tatbestands bzw. Sachverhalts im Bereich des Marketing (→ Modell).

Marketingstrategie
Langfristig orientierte Grundsatzentscheidung zur Erreichung der Marketingziele, die auf die Bedarfs- und Wettbewerbssituation sowie das Leistungspotential des Unternehmens ausgerichtet ist (→ Strategie).

Marketingziel
Angestrebter, künftiger Zustand, der vor allem durch den Einsatz der absatzpolitischen Instrumente erreicht werden soll (→ Ziel).

Markt
Realer oder imaginärer Ort, an dem das Angebot an und die Nachfrage nach bestimmten Leistungen aufeinandertreffen.

Marktadäquanz
Angemessenheit des Angebots in dem Sinne, daß eine Leistung den Vorstellungen der Zielgruppe entspricht.

Marktanalyse
1. Ergebnis der Gewinnung von Informationen über Gegebenheiten auf einem Markt.
2. Verfahren der strategischen → Situationsanalyse, dessen Ziel in der Gewinnung möglichst umfassender Informationen über Struktur und Entwicklung gegenwärtiger und potentieller Marktpartner eines Unternehmens (vor allem Kunden und Absatzmittler) besteht.

Marktanteil
Verhältnis des von einem Unternehmen im Bezugszeitraum mit einer bestimmten Absatzleistung realisierten Umsatzes zum gesamten Marktvolumen.

Marktdurchdringung
s. Marktpenetration

Marktentwicklung
Bemühen eines Unternehmens um die Gewinnung bisher nicht erreichter Bedarfsträger.

Marktforschung
Zielbewußte Untersuchung eines konkreten Marktes, ob auf der Beschaffungs- oder der Absatzseite.

Marktkanal
s. Absatzweg

Marktpenetration
Einsatz eines Bündels von Maßnahmen, mit denen dem derzeitigen Angebot eines Unternehmens auf den gegenwärtig bearbeiteten Märkten zu mehr Erfolg verholfen werden soll. Ziele sind zum einen die Erhaltung bzw. der Ausbau des Marktanteils, zum anderen die Vergrößerung des Marktvolumens.

Marktpotential
Maximale Absatzmenge, die unter gegebenen Bedingungen von den Anbietern einer bestimmten Absatzleistung im Bezugszeitraum realisiert werden kann. Die Größe gibt damit die Aufnahmefähigkeit eines Marktes wieder.

Marktreaktionsfunktion
Mathematische oder graphische Abbildung der Wirkung einer intensitätsmäßigen Variation eines oder mehrerer Aktionsparameter des Marketing.

Marktsegmentierung
Aufteilung eines Marktes in homogene Teile. Segmentierungskriterien können z. B. geographische, biologische, sozio-demographische, psychologische oder organi-

satorische Merkmale der Abnehmer sowie deren beobachtbares Informations- und Kaufverhalten sein.

Markttest

Probeweiser Verkauf eines neuen oder veränderten Produktes auf einem räumlich abgegrenzten Markt mit dem Ziel der Gewinnung von Daten über die mutmaßliche Marktgängigkeit oder über die Wirksamkeit einzelner Marketingmaßnahmen vor der Einführung auf einem großräumigen, z. B. nationalen Markt.

Marktveranstaltung

Institutionalisierte Gelegenheit für die Gewinnung von Informationen über die Marktlage, für die Herstellung und Pflege von Kontakten zu Abnehmern und Lieferanten sowie für die Anbahnung und den Abschluß von Geschäften. Beispiele für Marktveranstaltungen bilden Jahrmärkte, Messen, Ausstellungen, Auktionen und Warenbörsen.

Marktvolumen

Absatzmenge, die von allen Anbietern einer bestimmten Leistung im Bezugszeitraum realisiert wird.

Mediaplanung

Verteilung des Werbebudgets auf geeignete Werbeträger (= Medien) im Hinblick auf die Erreichung der angestrebten Werbeziele. Dabei gilt es, zum einen deren Eignung zur Kommunikation mit der Zielgruppe zu bestimmen und die bestgeeigneten Werbeträger auszuwählen, zum anderen deren Belegung und zugleich die zeitliche Abfolge der Werbebemühungen in den einzelnen Medien festzulegen (→ Werbeprogrammplanung).

Mehrdimensionale Skalierung (MDS)

Gruppe multivariater Verfahren, die eine räumliche Repräsentation von zwischen interessierenden Objekten bestehenden Relationen (hinsichtlich Wahrnehmung, Vorziehenswürdigkeit oder objektiver Leistung) anstreben.

Mehrfachtest

Form des → Produkttests, bei dem ein Erzeugnis ähnlichen Produkten gegenübergestellt und gemeinsam mit diesen geprüft wird.

Meinungsführer

Person in einer sozialen Gruppe, der hinsichtlich bestimmter Problemstellungen bzw. Themen von den übrigen Mitgliedern der Gruppe Kompetenz zugeschrieben wird. Man weiß, daß der „opinion leader" auf die Ansichten, Einstellungen und Verhaltensweisen der Menschen um ihn herum sowohl in fachlicher Hinsicht als auch in bezug auf sozioemotionale Aspekte einen bestimmenden Einfluß ausübt.

Messe

Zeitlich begrenzte Veranstaltung mit Marktcharakter, die das Leistungsvermögen eines oder mehrerer Wirtschaftszweige demonstriert. Sie findet im allgemeinen in regelmäßigem Turnus am selben Ort statt. Der Zutritt ist grundsätzlich Fachbesuchern vorbehalten.

Methodenbank

Element eines Informationssystems, in dem Algorithmen zur Weiterverarbeitung der in einer Datenbank enthaltenen Informationen gespeichert sind.

Mikro-Umwelt

Gesamtheit der Institutionen und Organisationen, mit denen ein Unternehmen bei Erfüllung seiner Aufgaben mittelbar oder unmittelbar interagiert. Dazu zählen vor allem Abnehmer, Wettbewerber, Lieferanten und Absatzmittler.

Mini-Testmarkt
Basis für einen → Markttest, bei dem man sich, um Zeit und Kosten zu sparen, jeweils auf eine nur geringe Zahl von Geschäften und / oder Haushalten stützt.

Mobile Datenerfassung (MDE)
Erfassung von produktbezogenen Informationen in Lägern, Ladenräumen etc. mittels tragbaren elektronischen Geräten in der Absicht, jene anschließend über das Fernsprech- oder ein Datennetz an einen Zentralrechner zu übertragen.

Modell
Vereinfachtes Abbild der Realität, das der Analyse leichter als die Wirklichkeit zugänglich ist und die Chance bietet, in ein System in einer Art und Weise einzugreifen, wie dies am Original nicht oder nur unter Hinnahme erheblicher Kosten möglich wäre.

Modellbank
Element eines Informationssystems, das Modelle enthält, die in programmierter Form rechenbare Zusammenhänge abbilden und zur Unterstützung von Entscheidungen eingesetzt werden können.

Mogelpackung
Form der → Verpackung eines Konsumgutes, die beträchtlich über das für die Aufnahme der Füllmenge notwendige Maß hinausgeht. Definitionsgemäß liegt dem eine Täuschungsabsicht zugrunde.

Morphologische Methode
Systematisch-logisches Verfahren zur Gewinnung von Ideen, wobei ein Problem zunächst in jene Komponenten zerlegt wird, die dessen Lösung beeinflussen (intensionale Merkmale). Für diese werden dann verschiedene Gestaltungsvarianten (extensionale Merkmale) gesucht und in einer Matrix angeordnet. Durch die Ausschöpfung sämtlicher Kombinationsmöglichkeiten erhält man entsprechend viele prinzipiell in Frage kommende Problemlösungen (→ Kreativitätstechnik).

Motiv
Mangel, der den Organismus veranlaßt, nach Mitteln und Wegen zu suchen, die geeignet erscheinen, diesen Zustand zu beseitigen. Man unterscheidet primäre (physiologische) Motive, wie z. B. Hunger, Durst, Furcht und Sexualität, sowie sekundäre (soziale) Motive, wie z. B. Prestige, Macht oder Selbstverwirklichung.

Motivation
Wirksamwerden eines oder mehrerer Motive.

Multiattributivskalierung
s. *Fishbein*-Modell

Multivariate Methode
Typ eines statistischen Verfahrens, bei dem die zwischen mindestens drei Variablen bestehenden Beziehungen simultan untersucht werden.

Nachbarschaftsladen
s. Convenience Store

Nachfrage
Konkretisierung des Bedarfs durch Beschaffungsdispositionen. Durch diese werden knappe Ressourcen des Bedarfsträgers (Geldmittel, Zeit, psychische und physische Energie) dem Objekt, auf das sich der Bedarf richtet, zugewiesen.

Nachfragemacht
Fähigkeit von Abnehmern, die eigenen Interessen auch gegen den Willen der betroffenen Lieferanten durchzusetzen.

Netzwerktechnik
Methodisches Hilfsmittel der Planung, bei dem ein Projekt systematisch in Arbeitsschritte zerlegt wird, die jeweils eine bestimmte Zeit beanspruchen und in Gestalt eines aus der Elektrotechnik bekannten Netzwerks angeordnet werden. Als Ergebnis erhält der Planer ein Modell vom zeitlichen Ablauf des gesamten Vorhabens und, je nach Variante, auch von der mit diesem verbundenen Belastung der Ressourcen.

Neue Medien
Kommunikationsmittel, die durch Weiterentwicklung traditioneller Telekommunikationsmittel entstanden sind. Dazu gehören beispielsweise Video- und Bildschirmtext, Telefax sowie Satelliten- und Kabelfernsehen.

Nischenstrategie
s. Schwerpunktstrategie

No Names
s. Gattungsmarke

Nominalskala
→ Skala, bei der ein dem Untersuchungsobjekt zugeordnetes Symbol lediglich die Gleichheit bzw. Ungleichheit hinsichtlich des erhobenen Merkmals (z. B. Geschlecht) zum Ausdruck bringt. Sie dient somit der Etablierung von Klassen, denen die Objekte entsprechend den relevanten Merkmalsausprägungen (z. B. männlich / weiblich) zugewiesen werden.

Non-Business Marketing
→ Marketing nichtkommerzieller Institutionen (z. B. öffentliche Unternehmen, Parteien, Theater, Museen, Bildungseinrichtungen).

Norm
Regel für das individuelle Verhalten, die von Gruppen entwickelt wird und für deren Mitglieder verbindlich ist.

Nutzen
Maß an Bedürfnisbefriedigung, das ein Individuum durch die Verwendung oder den Verzehr eines Gutes bzw. die Inanspruchnahme einer Dienstleistung erfährt.

Objective and task method
s. Ziele- und Aufgabenmethode

Objektivität
Im Kontext des Marketing Kriterium zur Beurteilung einer Meßmethode, das dann erfüllt ist, wenn ein Befund völlig losgelöst von der Person eines bestimmten Forschers zustande kommt.

Obsoleszenz
Künstliche Veralterung eines Produkts. Man unterscheidet zwischen „built in obsolescence“, worunter man den vorzeitigen Ausfall eines Produkts durch mangelnde Ausschöpfung der technisch an sich gegebenen Möglichkeiten bis hin zum Einbau von Sollbruchstellen versteht, und „planned obsolescence“, d. h. der bewußten technischen oder psychologischen Veralterung (z. B. durch die Mode), die zum vorzeitigen Ersatz eines eigentlich noch gebrauchsfähigen Gutes führt.

Odd Pricing
Setzen eines gebrochenen Preises (z. B. DM 0,99).

Off-price-Store
An verkehrs- und kostengünstigen Standorten, also außerhalb der traditionellen Einkaufszonen zu findende Betriebsform des → Einzelhandels, die Markenartikel mittlerer bis hoher Qualität mit beträchtlichen Preisabschlägen anbietet. Es handelt sich dabei oft um Überhang-, Auslauf- oder leicht fehlerhafte Ware.

Öffentlichkeitsarbeit
s. Public Relations

Öko-Audit
Auf Ökobilanzen und andere Hilfsmittel rekurrierende Überprüfung des Ausmaßes, in dem sich ein Unternehmen Umweltbelangen verpflichtet fühlt.

One Stop Shopping
Verhaltensweise von Verbrauchern, die Güter des täglichen Bedarfs nicht Artikel für Artikel in unterschiedlichen Geschäften erwerben, sondern Verbundkäufe tätigen, d. h. in einer einmal aufgesuchten Einkaufsstätte nahezu alles kaufen, was sie benötigen. Ursachen hierfür liegen in der menschlichen Bequemlichkeit, dem Streben nach Reduzierung der Beschaffungskosten sowie dem Hang zu Impulskäufen.

Operations Research
s. Unternehmensforschung

Opinion Leader
s. Meinungsführer

Ordinalskala
→ Skala, bei der einer Größer / Kleiner-Relation zwischen den Zahlenwerten auch eine solche zwischen den Ausprägungen des interessierenden Merkmals (z. B. Examensnoten, formaler Bildungsabschluß) entspricht, der Abstand zwischen den zwei Objekten zugeordneten Zahlen aber nicht als Abbild der Distanz zwischen den Merkmalsausprägungen gedeutet werden darf. Es entsteht m.a.W. eine Rangreihe.

Organisation
Gesamtheit der formalen Regelungen, nach denen ein soziales System zur Erfüllung von Aufgaben strukturiert wird, sowie das Ergebnis dieses gestalterischen Prozesses.

Paarvergleich
Methode zur Erhebung von Urteilen über zwischen Untersuchungsobjekten bestehende Beziehungen, wobei den Probanden jeweils zwei gleichzeitig zur Bewertung vorgelegt werden.

Packung s. Verpackung

Panel
Stichprobe von Einzelpersonen, Haushalten, Unternehmen etc., bei denen über einen längeren Zeitraum hinweg regelmäßig zum gleichen Erhebungsgegenstand Daten beschafft werden.

Paneleffekt
Verzerrung von Panelinformationen, die darauf zurückzuführen ist, daß sich die Probanden an die Situation gewöhnen, ständig kontrolliert zu werden, und mit bewußter oder unbewußter Verhaltensänderung (z. B. systematischer Kauf neuer Produkte, konsequente Vermeidung von Spontankäufen) reagieren.

Panelerhebung
Regelmäßige Beschaffung von Daten bei einer gleichbleibenden Personengruppe (z. B. Individual- bzw. Haushaltspanel) bzw. wiederholte Registrierung der Absatzentwicklung in einer als repräsentativ erachteten Zahl von Unternehmen (z. B. Einzelhandelspanel).

Panelsterblichkeit
Abnahme der Zahl der Panelmitglieder im Zeitablauf, die durch Verweigerung der Mitarbeit, Ortswechsel, Tod usw. bedingt ist.

Partialtest
Form des → Produkttests, bei dem die Akzeptanz nur einzelner Komponenten eines Erzeugnisses geprüft wird.

Partygeschäft
Absatz von Konsumgütern über Treffen, zu denen eine Gastgeberin Freundinnen, Nachbarinnen und Bekannte einlädt. Sie erhält für ihre Absatzbemühungen eine vom Umsatz abhängige Vergütung.

Penetrationspreisstrategie
Wettbewerberorientierte Niedrigpreispolitik bei der Einführung neuer Produkte in den Markt, deren Ziel darin besteht, rasch ein großes Kundenpotential zu erschließen, „economies of scale" zu nutzen sowie potentielle Konkurrenten abzuschrecken.

Per unit method
Verfahren der → Werbebudgetplanung, das von dem pro Produkteinheit oder Auftrag notwendigen Werbevolumen ausgeht. Der Gesamtetat ergibt sich dann durch Multiplikation der projektierten Stückzahl mit den Werbekosten je Verkaufseinheit.

Percentage of sales method
Verfahren der → Werbebudgetplanung, bei dem der Budgetumfang am Umsatz des Unternehmens ausgerichtet wird. Dabei wird der einzusetzende Betrag proportional zum Umsatz der Vorperiode, zum erwarteten Wert der kommenden Periode oder zum gemittelten Umsatz mehrerer Referenzzeiträume festgelegt.

Personal Selling
s. Verkauf, persönlicher

Pfadanalyse
Korrelative Überprüfung eines nach Maßgabe theoretischer Überlegungen aufgestellten Kausalmodells (Pfadmodells), wobei die zwischen bestimmten Variablen jeweils vermutete Abhängigkeit expliziert und graphisch in Form eines Pfaddiagramms dargestellt wird.

Planung

Systematisches und rationales Durchdenken des künftigen Geschehens vor dem Hintergrund bestimmter Ziele. Nach Aufgabenbereich und Zeithorizont kann zwischen operativer und strategischer Planung unterschieden werden, wobei letztere langfristig angelegt ist (im allgemeinen auf drei oder mehr Jahre) und den Rahmen für die operative (Maßnahmen-)Planung bildet.

Planungssystem

1. Geordnete Menge der im Rahmen der Erfüllung von Planungsaufgaben anfallenden Tätigkeiten, wie Situationsanalyse, Zielformulierung sowie Festlegung von Strategien und Maßnahmen.
2. Gesamtheit der im Rahmen eines (Marketing-)Informationssystems zur Erfüllung von Planungsaufgaben einsetzbaren Entscheidungshilfen.

Point of Purchase (Point of Sale)

Ort, an dem ein Kauf bzw. Verkauf getätigt wird.

Polaritätenprofil

Variante des → Semantischen Differentials, bei der an die Stelle von metaphorischen und objektfremden Adjektiven gegensätzliche, objektbezogene Eigenschaften treten, die leicht verständliche Anknüpfungspunkte für praktisches Handeln bieten.

Portfolio-Analyse

Verfahren der strategischen → Situationsanalyse, mit dem die gegenwärtige Marktposition jeder Strategischen Geschäftseinheit (SGE) eines Unternehmens sowie deren Entwicklungsmöglichkeiten untersucht und visualisiert werden können. Daneben eignet sich der Portfolio-Ansatz als Denkraster zur Gewinnung von Strategien, mit dessen Hilfe das Management eines Unternehmens entscheiden kann, welche SGE ausgebaut, welche erhalten und welche abgebaut werden sollen.

Position, soziale

Platz, den eine Person in ihrem sozialen Umfeld einnimmt.

Potentialanalyse

Verfahren der strategischen → Situationsanalyse, bei dem die Ressourcen eines Unternehmens (z. B. Kompetenz, Produktionsmöglichkeiten, Kapitalkraft) im Hinblick auf deren Verfügbarkeit, Ausmaß und Relevanz für strategische Entscheidungen überprüft werden.

Pre-Sales-Service

Gesamtheit an → Dienstleistungen, die von einem Unternehmen vor Abschluß eines Kaufvertrags erbracht werden. Dazu zählen u.a. die Mithilfe bei der Feststellung des genauen Bedarfs, die Schaffung von Transparenz über die dem Nachfrager zugänglichen Optionen, die Bereitstellung von Produktinformationen und die Vermittlung von Finanzierungshilfen.

Preis

1. Gesamtheit aller Kosten und Mühen, die dem Nachfrager aus der Inanspruchnahme einer Leistung erwachsen.
2. Betrag, der für eine Ware oder Dienstleistung gefordert bzw. entrichtet wird.

Preis, gebrochener

Preis eines Produktes knapp unter einem glatten Betrag (z. B. DM 1,98, DM 9,95, DM 99,90), um damit den Eindruck besonderer Vorteilhaftigkeit hervorzurufen (→ Odd Pricing).

Preis-Absatz-Funktion
Geometrisches Abbild des Zusammenhangs zwischen möglichen Preisen einer Leistung und der bei diesen jeweils zu erwartenden Absatzmenge.

Preisbindung, vertikale
Von gewerblichen Abnehmern eingegangene Verpflichtung, bestimmte Endverkaufspreise einzuhalten. Die sog. Preisbindung der zweiten Hand ist in der Bundesrepublik Deutschland seit dem 1. Januar 1974 bis auf eine Ausnahme (Verlagserzeugnisse) verboten.

Preisdifferenzierung
Fordern unterschiedlicher Preise durch einen Anbieter für ein und dieselbe Leistung. Gebräuchliche Differenzierungskriterien sind Zeit, Gebiet, Kundengruppe, Verwendungszweck und Abnahmemenge.

Preisempfehlung
Rechtlich unverbindlicher Vorschlag eines Anbieters gegenüber seinen Abnehmern hinsichtlich des Preises, den diese beim Wiederverkauf für eine von ihm gelieferte Ware fordern sollen.

Preisfindung
Ermittlung der Höhe des Entgelts für die von einer Institution oder Person angebotene Leistung. Je nach der gewählten Blickrichtung kann zwischen kosten-, abnehmer- und wettbewerberorientierter Preisfindung unterschieden werden.

Preisführerschaft
Leitfunktion eines oder mehrerer Unternehmen bei der Festlegung des Marktpreises. Man unterscheidet zwischen einer dominierenden Preisführerschaft, die auf Marktmacht beruht, und einer barometrischen, die gewissermaßen reihum wahrgenommen wird und auf das Bestreben der – zumeist gleich starken – Konkurrenten zurückgeht, keinen ruinösen Preiswettbewerb aufkommen zu lassen.

Preispolitik
Gesamtheit aller Entscheidungen, die der zielorientierten Gestaltung des Preis / Leistungsverhältnisses dienen. Die Preispolitik umschließt die erstmalige Festsetzung und spätere Änderung von Preisen, die Preisdifferenzierung und Preisempfehlung, die Rabattgewährung, die Gestaltung der Zahlungsbedingungen sowie den Bereich der Kreditgewährung und des Leasing (→ Instrument, absatzpolitisches).

Preisuntergrenze
Höhe des Entgelts für eine betriebliche Leistung, bei dessen Unterschreitung es geboten erscheint, auf deren Erbringung zu verzichten. Je nach betrieblicher Zielsetzung kann zwischen finanz-, absatz- und kostenwirtschaftlichen sowie kurz- und langfristigen Preisuntergrenzen unterschieden werden.

Pretest
1. Instrument zur Überprüfung der Wirksamkeit geplanter absatzpolitischer Maßnahmen vor ihrem Einsatz auf dem Markt.
2. Phase im Ablauf einer empirischen Erhebung, in der ein Forschungsplan durch eine Voruntersuchung an einer begrenzten Zahl von Fällen überprüft wird.

Primacy-Effekt
Hypothese der Kommunikationsforschung, daß sich in bestimmten Fällen das zuerst genannte Argument, mit dem eine Person konfrontiert wird, am stärksten durchsetzt, weil diesem möglicherweise mehr Aufmerksamkeit zuteil wird als später dargebotenen Informationen.

Primärforschung
Originäre Gewinnung von für die Lösung eines Problems relevanten Informationen mittels Befragung bzw. Beobachtung.

Product Placement
Werblich motivierte, durch Zahlung eines Entgelts erreichte Einbeziehung von eindeutig erkennbaren Markenerzeugnissen in Fernsehsendungen, Filme, Theateraufführungen oder Bücher.

Produkt-Lebenszyklus
Marktreaktionsmodell, in dem als abhängige Variable eine unternehmerische Erfolgsgröße wie Absatz, Umsatz, Deckungsbeitrag oder Gewinn auftritt, als unabhängige dagegen allein die Zeit fungiert. Der Produkt-Lebenszyklus zerfällt in die Phasen Markteinführung, Wachstum, Reife, Sättigung und Degeneration.

Produkt-Markt-Matrix
Denkraster zur Gewinnung von Strategien in wachsenden Märkten, bei dem die Handlungsmöglichkeiten auf die grundlegenden produkt- und marktbezogenen Optionen Marktdurchdringung, Marktentwicklung, Produktentwicklung und Diversifikation reduziert sind.

Produktdifferenzierung
Modifikation eines Gutes in der Weise, daß neben das ursprüngliche noch ein abgewandeltes Modell tritt.

Produktelimination
Aussonderung eines Erzeugnisses, vor allem weil es den Unternehmenszielen nicht mehr förderlich erscheint, aus dem Angebotsprogramm.

Produktentwicklung
s. Produktinnovation

Produktfamilie
s. Markenfamilie

Produktinnovation
Neuerung im Leistungsprogramm eines Unternehmens. Der Handlungsspielraum reicht dabei von dem Angebot solcher Produkte, die sich nur in ihrer äußeren Gestalt oder in einer etwas modifizierten Funktionserfüllung von ähnlichen, bereits am Markt befindlichen Alternativen unterscheiden, bis hin zur Entwicklung von Erzeugnissen, die ein Bedürfnis befriedigen, für das es bisher überhaupt noch keine Problemlösung gab (z. B. Airbag).

Produktmanagement
Form der → Marketing-Organisation, bei der die Erzeugnisse als eigentliche Erfolgsträger des Unternehmens in den Mittelpunkt aller absatzpolitischen Bemühungen gestellt und deshalb zum strukturbestimmenden Kriterium erhoben werden.

Produktpolitik
Gesamtheit aller Entscheidungen, die das Leistungsangebot eines Unternehmens betreffen. Die Produktpolitik erstreckt sich auf die Gestaltung der Produktbeschaffenheit und der Verpackung, die Markenbildung sowie auf die Wahl des Produktionsprogramms (Industrie) bzw. Sortiments (Handel), die Gewährung von Garantien und die Erbringung von Kundendienstleistungen (→ Instrument, absatzpolitisches).

Produktpositionierung
Marketingpolitische Maßnahmen, die zur Erlangung einer insbesondere im Hinblick auf Konkurrenzprodukte als günstig erachteten Stellung eines Erzeugnisses in der Einschätzung der Verbraucher ergriffen werden.

Produktqualität
Gesamtheit der Eigenschaften, die die Eignung eines Erzeugnisses für die beabsichtigte Verwendung bestimmen. Je nach den Gegebenheiten gehören dazu die Gebrauchs- und Funktionstüchtigkeit, Lebensdauer, Funktionssicherheit, Wirtschaftlichkeit, Zuverlässigkeit, Umweltfreundlichkeit usw.

Produkttest
Experiment, bei dem ausgewählte Konsumenten um eine Beurteilung von marktreifen Erzeugnissen oder von einzelnen Produktattributen (z. B. Verpackung, Name, Preis) gebeten werden. Die Urteilsabgabe basiert dabei auf einer bloßen Betrachtung oder auch auf dem Ge- bzw. Verbrauch des Testobjekts.

Produktvariation
Bewußte Veränderung der Eigenschaften, die ein am Markt befindliches Erzeugnis auszeichnen.

Produktzyklus
Paradigma der Außenhandelstheorie, das bezüglich der Bereitstellung eines Gutes im In- und Ausland eine Phasenfolge postuliert (Innovation, Export, Imitation, Import, Repatriierung).

Produzentenhaftung
Rechtliche Verpflichtung des Herstellers, für Schäden an Eigentum, Leben, Körper oder Gesundheit der Verwender bzw. Verbraucher einzustehen, die aus der Nutzung bzw. dem Verbrauch eines von ihm in den Verkehr gebrachten (fehlerhaften) Erzeugnisses entstanden sind.

Profit Center
Nach Produkten, Abnehmergruppen oder Regionen abgegrenzter Geschäftsbereich eines Unternehmens, dessen Management gegenüber der nächsthöheren Hierarchieebene Gewinnverantwortung trägt, ansonsten aber (fast) alle Freiheit eines unabhängigen Unternehmers genießt.

Prognose
Auf Erfahrung bzw. Beobachtungen oder theoretischen Erkenntnissen beruhende Aussage über künftige Ereignisse. Man unterscheidet zwischen Entwicklungsprognose, bei der eine Zeitreihe in die Zukunft verlängert wird, ohne daß das Unternehmen den zu prognostizierenden Sachverhalt (z. B. die Entwicklung der Einwohnerzahl im Absatzgebiet) beeinflussen könnte oder wollte, und Wirkungsprognose, bei der die voraussichtliche Konsequenz einer zu treffenden Maßnahme ermittelt wird.

Prognoseverfahren
Methode zur Erarbeitung von Vorhersagen. Man unterscheidet zwischen quantitativen Methoden, die auf mathematischen Kalkülen beruhen und auf eine numerische Fixierung der zu prognostizierenden Größe(n) abzielen, und qualitativen Verfahren, die auf der Basis von Erfahrung und Intuition Zukunftseinschätzungen liefern.

Projektmanagement
Form der Sekundärorganisation (→ Marketing-Organisation), die man wählt, um ein für die Unternehmung bedeutsames Spezialproblem (Übernahme eines aufgekauften Unternehmens, Entwicklung eines Produktes mit völlig neuartiger Technologie etc.) zu lösen. Das Organ besteht in der Regel aus Mitgliedern verschiedener Abteilungen und löst sich nach Erledigung der ihm übertragenen Aufgabe auf.

Prozeß, aktivierender
Psychischer Vorgang, der mit einer inneren Erregung, Anspannung oder Unruhe verbunden ist, eine Person mit Energie versorgt und in einen Zustand der Handlungsbereitschaft versetzt.

Prozeß, kognitiver
Psychischer Vorgang, durch den eine Person sich selbst und die Umwelt erkennt und ihr Verhalten willentlich steuert.

Psychogalvanische Reaktion (PGR)
Änderung des Hautwiderstands durch bioelektrische Prozesse, die den Grad der Aktivierung eines Individuums widerspiegeln und vor allem von emotionalen oder unerwarteten Reizen hervorgerufen werden.

Public Relations (PR)
Teilbereich der → Kommunikationspolitik, der die systematische Gestaltung und Pflege der Beziehungen eines Unternehmens bzw. einer Organisation zur Öffentlichkeit umschließt. Das Ziel besteht darin, Lieferanten, Abnehmern, Mitarbeitern, Aktionären, Gläubigern usw. ein positives Bild des Unternehmens bzw. der Organisation zu vermitteln und eine Atmosphäre des Verständnisses und Vertrauens zu schaffen.

Pull-Strategie
Vornehmlich von Konsumgüterherstellern angewandte Methode, um den Handel mit Hilfe eines durch intensive Endverbraucherwerbung ausgelösten Nachfragesogs zur Führung eines neuen Erzeugnisses zu veranlassen bzw. Auslistungstendenzen bei eingeführten Produkten entgegenzuwirken.

Punktbewertungsverfahren
Hilfsmittel zur Objektivierung der Entscheidungsfindung. Dabei werden zunächst die relevanten Beurteilungskriterien gesammelt und gewichtet, sodann die interessierenden Optionen nach Maßgabe der einzelnen Kriterien eingestuft und abschließend die gewichteten Teilurteile zu einem Gesamtwert verdichtet. Punktbewertungsverfahren werden im Marketing z. B. bei der Auswahl von Produktideen oder bei der Begutachtung von Standorten eingesetzt.

Pupillometrie
Verfahren zur Messung von Veränderungen des Durchmessers der Pupille, das vorwiegend zur Ermittlung der emotionalen Wirkung von Produkten herangezogen wird.

Push-Strategie
Vornehmlich von Konsumgüterherstellern angewandte Methode, um den Handel durch massive Umwerbung zur Führung eines neuen Erzeugnisses zu veranlassen oder Auslistungstendenzen bei eingeführten Produkten entgegenzuwirken. Dabei werden die Betroffenen durch attraktive Rabatte, Werbekostenzuschüsse usw. zur Abnahme möglichst großer Produktmengen zu bewegen versucht.

Quality Circle
Informelle Arbeitsgruppe, bei der sich Mitarbeiter unterschiedlicher Hierarchiestufen im Rahmen von zwanglosen Zusammenkünften am oder fern vom Arbeitsplatz gemeinsam Gedanken darüber machen, wie sich Erzeugnisse, Leistungsprozeß oder soziale Beziehungen verbessern lassen.

Quota-Verfahren
Verfahren der Stichprobenziehung, bei dem die Auswahl der Elemente proportional zur Verteilung bestimmter Merkmale (z. B. Alter, Geschlecht) in der Grundgesamtheit erfolgt. Es beruht auf der Annahme, daß bei einer Übereinstimmung von Stichprobe und Grundgesamtheit im Hinblick auf die Streuung der vorgegebenen Merkmale die Auswahl auch in bezug auf den Untersuchungsgegenstand als repräsentativ gelten kann (→ Auswahl, bewußte).

Rabatt
Nachlaß auf den allgemein geforderten Verkaufspreis, mit dem bestimmte Leistungen des Käufers, wie z. B. hohe Bezugsmenge oder Kontinuität der Geschäftsbeziehungen, honoriert werden können.

Rabattpolitik
Gesamtheit von Entscheidungen, die den zielorientierten Einsatz von Preisnachlässen als ein Mittel der preispolitischen Feinsteuerung betreffen (z. B. Aufstellen von Rabattstaffeln; → Preispolitik).

Rabattspreizung
Nicht auf Gegenleistung, sondern auf Nachfragemacht des Handels beruhende Gewährung von Preisnachlässen, die weniger marktstarken Vertretern dieses Wirtschaftszweiges nicht eingeräumt werden. Die Rechtsprechung qualifiziert diesen Tatbestand als Nichtleistungswettbewerb.

Rack Jobber
Regal-Großhändler, der bestimmte Waren in Handelsbetrieben (vorzugsweise Supermärkten und Verbrauchermärkten, aber auch in C&C-Lägern) auf von diesen zur Verfügung gestellten Flächen anbietet.

Random Sampling
s. Zufallsauswahl

Rating
Einordnung eines Objekts auf einem durch Zahlen, Begriffe, Bilder usw. abgestuften Merkmalskontinuum.

Reaktanz
(Trotz-)Reaktion eines Individuums auf eine als übermäßig empfundene Beeinflussung, insbesondere auf eine befürchtete Beschneidung seiner Meinungs- oder Verhaltensfreiheit.

Recall-Test
Methode zur Messung der Gedächtniswirkung von Werbemitteln. Man unterscheidet zwischen Verfahren, bei denen auf die Bereitstellung von Erinnerungshilfen verzichtet („unaided recall") und der Proband beispielsweise danach gefragt wird, ob er sich einer Anzeige in einer bestimmten Ausgabe einer Zeitschrift entsinnen kann, und solchen, bei denen z. B. eine Liste mit Markennamen als Gedächtnisstütze vorgelegt wird („aided recall").

Recency-Effekt
Hypothese der Kommunikationsforschung, daß sich in bestimmten Fällen das zuletzt genannte Argument, mit dem eine Person konfrontiert wird, als das überzeugendste erweist, weil dieses möglicherweise besser als zuvor dargebotene Informationen im Gedächtnis haften bleibt.

Recognition-Test
Methode zur Messung der Gedächtniswirkung von Werbemitteln, bei der die Wiedererkennung z. B. bestimmter in Zeitschriften erschienener Anzeigen untersucht wird. Dabei blättert ein Interviewer mit Auskunftspersonen die zu testende Ausgabe durch und stellt fest, ob jene die betreffenden Inserate gesehen bzw. gelesen haben.

Recycling
Form der Entsorgung, bei der Abfälle und nicht marktfähige Materialien erneut in irgendeiner Form in den Produktionsprozeß eingeschleust werden.

Regressionsanalyse
Statistisches Verfahren zur Bestimmung der Abhängigkeit einer zu erklärenden Variablen von einer (einfache Regression) oder mehreren (multiple Regression) erklärenden bzw. unabhängigen Größen. Dabei wird eine Verknüpfung gesucht, die den zwischen den Variablen bestehenden Zusammenhang möglichst gut wiedergibt und die dadurch auch zur Vorhersage der interessierenden Zielgröße herangezogen werden kann.

Reichweite
Anzahl bzw. Anteil der Personen, die mit einem oder mehreren Werbeträgern in Kontakt kommen. Man unterscheidet zwischen räumlicher, quantitativer, qualitativer, kumulierter und kombinierter Reichweite.

Reichweite, kombinierte
Zahl der Personen, die bei Mehrfachbelegung mehrerer Werbeträger mindestens einmal angesprochen werden.

Reichweite, kumulierte
Anteil der Zielgruppe, der bei wiederholter Schaltung einer Werbebotschaft in einem Medium wenigstens einmal angesprochen wird.

Reichweite, qualitative
Maß dafür, inwieweit ein Werbeträger genau jenen Personenkreis erreicht, der von einer Werbemaßnahme erfaßt werden soll.

Reichweite, quantitative
Zahl der Personen, die in einer Zeiteinheit mit einem Medium in Kontakt kommen.

Reichweite, räumliche
Geographisches Gebiet, das durch einen Werbeträger abgedeckt wird.

Reifephase
Abschnitt des → Produkt-Lebenszyklus, in dem der Absatz zwar noch steigt, aber degressive Zuwachsraten aufweist. Hier werden die höchsten Deckungsbeiträge erzielt.

Reisender
Angestellter eines Unternehmens im Außendienst, der Geschäftsbeziehungen zu tatsächlichen und potentiellen Kunden unterhält bzw. knüpft.

Relaunch
Wiedereinführung eines Produkts nach dessen Umgestaltung oder schlagartig einsetzende Intensivierung der Marketingbemühungen für ein in der Stagnations- oder Degenerationsphase des → Produkt-Lebenszyklus befindliches Erzeugnis.

Reliabilität
Kriterium zur Beurteilung der Güte von Meßmethoden. Ein Verfahren gilt dann als reliabel, wenn die ermittelten Werte bei Erhebung durch verschiedene Personen oder bei Wiederholung des Meßvorgangs bestenfalls geringfügig streuen.

Repräsentativität
Kriterium für die Verallgemeinerungsfähigkeit von Ergebnissen, die im Rahmen einer Stichprobenerhebung gewonnen wurden. Der Idealzustand ist dann erreicht, wenn die Verteilung aller interessierenden Merkmale in der Stichprobe mit jener in der Grundgesamtheit übereinstimmt.

Retrodistribution
Rückführung von Verpackungsmaterial an Handel oder Hersteller nach Entnahme bzw. Verwendung des Inhalts mit dem Ziel einer umweltfreundlichen Verwertung (Wiederverwendung, Aufbereitung) oder Entsorgung.

Rolle, soziale
Bündel von Erwartungen, die Gruppenmitglieder gegenüber Positionsinhabern hegen. Rollenerwartungen prägen u.a. den Konsumstil und somit das Konsumentenverhalten.

S-O-R-Ansatz
Konzept zur Erklärung des Konsumentenverhaltens, nach dem für das menschliche Verhalten nicht nur objektiv beobachtbare Stimuli, sondern auch nicht direkt beobachtbare, psychische Prozesse (z. B. Wahrnehmung, Motivation) im Innern des **O**rganismus maßgebend sind, die zwischen **S**timulus (z. B. Werbeappell) und **R**eaktion (z. B. Kaufentscheidung) wirksam werden.

S-R-Ansatz
Konzept zur Erklärung des Konsumentenverhaltens, das sich auf die Analyse von objektiv beobachtbaren **S**timuli und damit korrespondierenden **R**eaktionen beschränkt. Danach wird z. B. das Markenwahlverhalten allein durch Reize erklärt, die im Augenblick wirken oder schon früher aufgetreten sind, wobei das Individuum als „Black Box" angesehen wird und die in ihm ablaufenden psychischen Prozesse außer Betracht bleiben.

Sales Promotion
s. Verkaufsförderung

Sättigungsphase
Abschnitt des → Produkt-Lebenszyklus, in dem der Absatz nicht mehr zu steigern ist und die Deckungsbeiträge zurückgehen.

SB-Warenhaus
Betriebsform des → Einzelhandels, die durch eine Verkaufsfläche von mindestens 3.000 qm, ein umfassendes Sortiment, das vorwiegend im Wege der Selbstbedienung angeboten wird, ein üblicherweise niedriges Preisniveau sowie einen weitgehenden Verzicht auf Nebenleistungen gekennzeichnet ist.

Scanning
Computergestütztes Verfahren der artikelgenauen Datenerfassung am Verkaufspunkt, das mit Hilfe optischer Belegleser, sog. Scanner, vollelektronisch die Artikelnummer (z. B. in Form des als Balkencode auf dem Produkt angebrachten EAN-Code) liest, zusätzlich Zahlungsbelege ausstellt und die Bestandskonten fortschreibt.

Schätzverfahren
Statistische Methode, deren Aufgabe darin besteht, auf Grund eines Stichprobenergebnisses für unbekannte Parameter der Grundgesamtheit einen numerischen Wert zu bestimmen (Punktschätzverfahren) oder ein Intervall anzugeben, in dem die interessierende Größe mit einer bestimmten, vorgegebenen Wahrscheinlichkeit liegt (Intervallschätzverfahren).

Schicht, soziale
Gruppe von Menschen, die den gleichen Status aufweisen. Für die Schichtzugehörigkeit des einzelnen sind Aspekte wie Bildungsgrad, Stellung im Beruf, Einkommenshöhe, Besitz- und Wohnverhältnisse maßgebend.

Schleichwerbung
Entfaltung werblicher Bemühungen, die von den Adressaten nicht als solche erkennbar sein sollen und zumeist so geartet sind, daß dem dafür Verantwortlichen keine oder kaum Kosten entstehen.

Schnellgreifbühne
Mechanische Vorrichtung, mit der vor allem die Anmutungsqualität und die Wahrnehmung des Preis / Leistungsverhältnisses von Produkten durch Versuchspersonen geprüft werden können.

Schwerpunktstrategie
Konzentration der Marktbearbeitung auf eines oder wenige Aktionsfelder (z. B. ausgewählte Abnehmersegmente, bestimmte Teile des Produktionsprogramms oder geographisch abgegrenzte Märkte), um hier Kostenführerschaft oder Differenzierung oder beides zusammen zu erreichen.

Screening
Prozeß der Vorselektion von zur Auswahl stehenden Optionen mit Hilfe von Bewertungsverfahren. Bei der Entwicklung eines neuen Produkts schließt sich die Screening-Phase direkt an die Ideenfindung an.

Segment of one-Management (SOOM)
Form der Marktbearbeitung, bei der jeder Kunde als eigenständiges Segment betrachtet wird.

Sekundärforschung
Gewinnung von für die Lösung eines Problems relevanten Informationen durch Beschaffung und Analyse bereits vorhandener, zu anderen bzw. unspezifischen Zwecken erhobener Daten.

Selbstbedienung
Spezielle → Bedienungsform.

Semantisches Differential
Mehrdimensionales → Skalierungsverfahren zur Messung von Einstellungen, bei dem die Auskunftspersonen das Urteilsobjekt auf einem Satz meist siebenstufiger Merkmalskontinua, deren Pole mit gegensätzlichen Eigenschaften (z. B. gut – schlecht, sanft – wild) umschrieben sind, einstufen.

Service
s. Kundendienst

Shopping Center
Als Einheit geplantes, zumeist an der Peripherie größerer Kommunen gelegenes → Einkaufszentrum.

Shopping Good
→ Gut, das ein Konsument relativ selten und erst nach sorgfältigem Vergleich von Preis und Qualität erwirbt.

Signifikanztest
Statistisches Verfahren, mit dessen Hilfe überprüft werden kann, ob ein Stichprobenbefund mit einer Annahme über unbekannte Parameter oder die Verteilung der Grundgesamtheit (= Nullhypothese) aus wahrscheinlichkeitstheoretischer Sicht verträglich ist oder nicht.

Situationsanalyse
1. Prozeß oder Ergebnis der Gewinnung von Informationen über Rahmenbedingungen einer Entscheidung.
2. Phase der strategischen Planung, deren Zielsetzung in der Gewinnung und Auswertung von Informationen über die derzeitigen und künftigen internen wie externen Rahmenbedingungen, unter denen ein Unternehmen tätig ist, besteht. Man bedient sich dabei Methoden der Marktforschung sowie spezifischer Verfahren, wie z. B. der Potentialanalyse, Stärken / Schwächenanalyse und Portfolio-Analyse.

Skala
Abbildungsvorschrift, die die Zuordnung von Symbolen (im allgemeinen Zahlen) zu Untersuchungsobjekten entsprechend den Ausprägungen des gemessenen Merkmals regelt.

Skalenniveau
Informationsgehalt der von einer Skala gelieferten (Zahlen-)Werte. Je nachdem, welche Eigenschaften bzw. zwischen den Zahlen bestehenden Relationen auf die Untersuchungsobjekte inhaltlich sinnvoll übertragbar sind, unterscheidet man zwischen Nominal-, Ordinal-, Intervall- und Verhältnisskalenniveau. So repräsentieren z. B. bei einem ordinal-

bzw. rangskalierten Merkmal (Güteklasse bei Lebensmitteln, Präferenzurteil einer Auskunftsperson o.ä.) die den Untersuchungseinheiten zugeordneten Werte lediglich Rangplätze, nicht aber das Ausmaß, in dem eine Eigenschaft vorhanden ist.

Skalierungsverfahren
Formalisierte Methode zur Konstruktion von Skalen. Die zu erhebenden Merkmale werden dabei häufig als komplexe, in einzelne Merkmalsdimensionen zerlegbare Phänomene angesehen (z. B. das theoretische Konstrukt „Einstellung“). Nach der Anzahl der in das Meßverfahren einbezogenen Merkmalskomponenten unterscheidet man zwischen ein- und mehrdimensionalen Skalierungsverfahren.

Skalogramm-Analyse
s. *Guttman*-Skala

Skimming Pricing
Preispolitische Strategie bei Einführung eines neuen Produkts, die dadurch gekennzeichnet ist, daß anfänglich ein hohes Entgelt verlangt wird, das dann mit zunehmender Erschließung des Marktes und Ausweitung der Produktionskapazität sukzessive gesenkt wird.

Slice-of-life-Technik
Szenische Nachbildung einer Situation aus dem Alltag in einem Werbespot, in dem ein Mitglied der Zielgruppe anderen gegenüber seine Zufriedenheit mit einem bestimmten Produkt zum Ausdruck bringt und jeder Anschein von Anpreisung oder gar Aufdringlichkeit vermieden wird.

Social Marketing
→ Marketing für bestimmte Ideen oder Anliegen, die zum Nutzen der Gesellschaft verfolgt werden (sollten). Ein Beispiel hierfür bildet der Einsatz von Marketing-Knowhow zur Reduktion des Zigaretten- oder Alkoholkonsums.

Societal Marketing
Spielart des → Social Marketing, bei der das gesellschaftliche Anliegen nicht im Mittelpunkt der Überlegungen und Bemühungen steht, sondern eine – oftmals gleichwohl bedeutsame – Restriktion bei der Verfolgung einzelwirtschaftlicher Ziele darstellt.

Socio-Audit
Überprüfung aller Aktivitäten eines Unternehmens im Hinblick auf deren Verträglichkeit mit Belangen des sozialen Umfeldes (Kunden, Lieferanten, Kommune, Mitarbeiter und deren Familien etc.).

Sonderangebot
Preispolitische Maßnahme, bei der einzelne Waren zu einem meist stark reduzierten Preis offeriert und werblich besonders herausgestellt werden. Angestrebt werden damit die Erhöhung der Verkaufsmenge oder die Profilierung gegenüber Konkurrenten.

Sortiment
Gesamtheit aller von einem Handelsbetrieb angebotenen Waren.

Sortimentsbreite
Vielfalt der von einem Handelsbetrieb geführten unterschiedlichen Warenbereiche. Man unterscheidet zwischen schmalen Sortimenten mit wenigen und breiten mit einer Vielzahl von Warengruppen.

Sortimentstiefe
Vielfalt der von einem Handelsbetrieb innerhalb eines Warenbereichs geführten Artikel, die von Typen, Größen, Farben, Qualitätsstufen usw. bestimmt wird. Es stehen sich flache Sortimente mit wenigen und tiefe mit einer Fülle von Alternativen gegenüber.

Sortimentsverbund
Spezielle Ausprägung eines → Verbundeffekts.

Sozialtechnik
Konzeption bzw. Methode zur Beeinflussung des menschlichen Verhaltens.

Specialty Good
→ Gut, das in größeren Abständen gekauft wird, spezielle Bedürfnisse befriedigt und dadurch beachtliche Kaufanstrengungen durch die Konsumenten rechtfertigt.

Spezialhandel
Variante des → Fachhandels.

Spill-over-Effekt
Ausweitung der Wirkung einer (Marketing-)Maßnahme über den anvisierten Zielbereich hinaus.

Split-Run-Verfahren
Plazierung einer Anzeige lediglich in einem Teil der Auflage einer Zeitung oder Zeitschrift, um Streuverluste zu vermeiden.

Sponsoring
Förderung einer Person oder Institution durch Zuwendung von Mitteln oder Erbringung von Dienstleistungen in der Erwartung, dafür eine die eigenen Marketingziele unterstützende Gegenleistung zu erhalten. Am bekanntesten sind Sport-, Kultur- und Sozio-Sponsoring.

Standort
Geographischer Ort, an dem ein Unternehmen Leistungen erstellt oder anbietet.

Standortpolitik
Gesamtheit aller Entscheidungen, die die zielorientierte Wahl und Sicherung des Standorts betreffen. Die Standortpolitik ist von besonderer Bedeutung für diejenigen Wirtschaftszweige, die sich mit ihrem Angebot direkt an die Verbraucher wenden (Einzelhandel, Gastronomie, Kreditinstitute, Reisebüros, konsumorientierte Handwerksbetriebe wie Bäcker und Fleischer usw.). Parallel dazu stellt sich die Frage, welche Leistungen an welcher Stelle eines Unternehmens (Geschäft, Dienstleistungszentrum usw.) erbracht bzw. angeboten werden sollen (innerbetriebliche Standortpolitik).

Stärken / Schwächenanalyse
Verfahren der strategischen → Situationsanalyse, mit dessen Hilfe durch Vergleich wesentlicher Vor- und Nachteile eines Unternehmens mit jenen der wichtigsten Konkurrenten sein spezifischer Handlungsspielraum ermittelt werden soll.

Status
Wertschätzung, die einer Person in ihrem Umfeld auf Grund ihrer sozialen Position entgegengebracht wird. Der Begriff wird oft auch völlig wertfrei gebraucht (z. B. Status eines Fluggastes in dem Sinne, daß er sich auf der Warteliste befindet).

Stichprobe
Teilmenge aus einer Gesamtheit von Objekten, über die eine Untersuchung Aussagen liefern soll.

Store-Test
Probeweiser Verkauf von neuen oder modifizierten Produkten in ausgewählten Geschäften, um die Akzeptanz bei den Verbrauchern oder die Wirkung einzelner absatzpolitischer Maßnahmen unter realen Bedingungen zu ermitteln.

Strategie
Mittel- bis langfristig wirkende Grundsatzentscheidung mit Instrumentalcharakter. Ihr kommt die Aufgabe zu, einen Orientierungsrahmen für nachgeordnete Entscheidungen zu schaffen und damit den Einsatz unternehmerischer Aktivitäten auf die Erreichung der Ziele hin zu kanalisieren.

Strategische Allianz
Zeitlich befristete und inhaltlich genau umgrenzte Zusammenarbeit von mehreren Unternehmen, die sogar Konkurrenten sein können, mit dem Ziel des „burden sharing" oder der Schaffung eines anderen Wettbewerbsvorteils für die daran Beteiligten.

Strategische Geschäftseinheit (SGE)
Tätigkeitsfeld, das sich nach Produkt(en), Kunden und Wettbewerbern nachhaltig von allen anderen Aktivitätsbereichen eines Unternehmens unterscheidet.

Streckengeschäft
Distributionsform, bei der sich der (Groß-)Händler im wesentlichen auf die Wahrnehmung dispositiver Funktionen beschränkt, indem er bestellte Waren vom Hersteller direkt an die Auftraggeber liefern läßt. Das Streckengeschäft spielt überall dort eine bedeutende Rolle, wo Massengüter umgeschlagen werden, bei denen Fracht- und Manipulationskosten stark ins Gewicht fallen.

Supermarkt
Betriebsform des → Einzelhandels, die auf einer Verkaufsfläche von mindestens 400 qm vornehmlich im Wege der Selbstbedienung neben einem vollen Nahrungs- und Genußmittelsortiment auch andere Waren des täglichen Bedarfs (Non Food) anbietet. Die Nachfrager erhalten hier keine Beratung.

Synektik
→ Kreativitätstechnik, bei der ein Ausgangsproblem (z. B. die Gewinnung von Produktideen) über die Bildung von Analogien zu anderen Lebensbereichen schrittweise verfremdet wird. Stößt man dabei auf eine interessante Lösung, werden deren Strukturelemente durch eine als „force fit" bezeichnete, gewaltsame Rückbesinnung auf das Ausgangsproblem auf dieses übertragen.

Synergie
Zusammenwirken von Kräften, die in gleicher Richtung wirken und sich in der Kombination verstärken.

Szenario-Technik
Qualitatives → Prognoseverfahren zur Entwicklung in sich konsistenter Zukunftsbilder (= Szenarien). Man versucht dabei, auf der Basis der gegenwärtigen Situation den Endzustand des Prognosegegenstands unter verschiedenartigen Rahmenbedingungen zu antizipieren und davon ausgehend mögliche Konsequenzen für das Untersuchungsfeld abzuleiten.

Tachistoskop
Technische Einrichtung, die eine extrem kurzzeitige Darbietung visueller Impulse erlaubt. Dabei werden die Bedingungen systematisch variiert, um eine Vorstellung davon zu gewinnen, wie die einzelnen Gestaltungselemente der Reizvorlage den kognitiven Prozeß der Wahrnehmung beeinflussen. Mit Hilfe des Tachistoskops können z. B. die Anmutungsleistung von Produkten und die Eignung von Werbemitteln getestet werden.

Tausenderpreis
Maßstab für die kommunikative Leistungsfähigkeit eines Mediums, wobei z.B. Anzeigenkosten und Auflagenhöhe zueinander in Beziehung gesetzt werden. Die Kennzahl drückt aus, wieviel es kostet, 1.000 Leser, Hörer oder Seher zu erreichen bzw. qualifizierte, zielgruppenbezogene Kontakte herzustellen.

Technologie
Gesamtheit der einem Hersteller prinzipiell zur Verfügung stehenden technischen Verfahren und Prozesse.

Technologieorientierung
Systematische Ausrichtung des Leistungspotentials eines Unternehmens an produkt- und verfahrensbezogener Technik, um dadurch strategische Erfolgspositionen aufzubauen. Diese Strategie ist vor allem in solchen Wirtschaftszweigen von Bedeutung, in denen Forschung und Entwicklung eine große Rolle spielen und insoweit auch beachtliche Chancen eröffnen.

Teleshopping
Anbieten und Erwerben von Ware im Wege von Fernseh-Spots oder speziellen, vorrangig Verkaufszwecken dienenden Shows, wobei auf dem Bildschirm periodisch eingeblendete Telefonnummern zum Bestellen animieren bzw. den Erwerb ermöglichen sollen.

Test, statistischer
Verfahren zur Überprüfung von Hypothesen über eine oder mehrere Grundgesamtheiten anhand einer oder mehrerer Zufallsstichproben.

Testimonialwerbung
Einsatz wirklicher oder angeblicher höchstzufriedener Verwender von Produkten im Rahmen der Werbung, um die Umworbenen zu veranlassen, deren Verhalten nachzuahmen oder deren Empfehlungen zu folgen.

***Thurstone*-Skalierung**
Eindimensionales → Skalierungsverfahren zur Messung von Einstellungen, bei dem ein Proband sein Urteil durch pauschale Zustimmung zu oder Ablehnung von verbalen Äußerungen zum Meinungsgegenstand kundtut. Dabei repräsentiert jedes Statement einen bestimmten, auf der Grundlage von Expertenurteilen gebildeten und der Auskunftsperson nicht bekannten Wert auf einem Einstellungskontinuum. Der Gesamtwert der Einstellung ergibt sich dann aus dem Durchschnitt der Skalenwerte derjenigen Statements, denen der Proband zugestimmt hat.

Timing
Präzise zeitliche Festlegung von Maßnahmen bzw. Abläufen zum Zweck der Steigerung deren Wirksamkeit.

Total Quality Management (TQM)
Führungskonzept, das die Gewährleistung eines hohen Leistungsstandards anstrebt und von dem Grundsatz geprägt ist, überall dort, wo in einem Unternehmen Werte geschaffen werden, Fehler von vornherein zu vermeiden, statt solche später beheben zu müssen.

Transaktionskostentheorie
Aussagensystem zur Beschreibung, quantitativen Bewertung und Erklärung von Austauschprozessen (Transaktionen), das darauf abzielt, die Entscheidung darüber zu erleichtern, welche Aufgaben von einem Unternehmen, dem Markt oder von kooperativen Zwischenformen übernommen werden sollen. Das Entscheidungskriterium bilden die Kosten, die dadurch entstehen, daß durch Transaktionen bedingte Verträge der Anbahnung, Erfüllung und oft auch der Anpassung an veränderte Gegebenheiten sowie der Überwachung hinsichtlich ihrer Einhaltung bedürfen.

Trend
Grundrichtung einer Entwicklung über lange Zeit hinweg, die aus vergangenheitsbezogenen Daten erkennbar ist.

Trendextrapolation
Quantitatives → Prognoseverfahren, bei dem die langfristige Entwicklungsrichtung einer Zeitreihe über den Beobachtungszeitraum hinaus als unverändert gültig erachtet wird.

Trendfunktion
Empirische Funktionsgleichung, die den langfristigen Verlauf einer Zeitreihe mehr oder weniger gut repräsentiert und zur Schätzung der in die Zukunft fallenden Werte herangezogen werden kann.

Trendfunktion, exponentielle
Form einer → Trendfunktion, die durch eine gleichbleibende relative Veränderung (Wachstumsrate) der interessierenden Variablen gekennzeichnet ist.

Trendfunktion, lineare
Form einer → Trendfunktion, die durch eine gleichbleibende absolute Veränderung (Wachstumsrate) der interessierenden Variablen gekennzeichnet ist.

Trendfunktion, logistische
Form einer → Trendfunktion, die einen S-förmigen Verlauf aufweist, wobei die Wachstumskurve zu beiden Seiten des Wendepunkts symmetrisch verläuft.

***Trommsdorff*-Modell**
Konzept zur Einstellungsmessung, bei dem die Auskunftsperson zum einen die subjektiv wahrgenommenen Ausprägungen von Eigenschaften des Meinungsgegenstands, zum anderen die im Idealfall zu erwartenden Ausprägungen anzugeben hat. Aus dem Vergleich von realer Einschätzung und Idealzustand lassen sich Anhaltspunkte für absatzpolitische Maßnahmen ableiten.

Umweltanalyse
Verfahren der strategischen → Situationsanalyse, in dessen Mittelpunkt die Identifikation und Untersuchung der ökonomischen, sozio-kulturellen, politisch-rechtlichen, technologischen und physischen Rahmenbedingungen (= Makro-Umwelt) unternehmerischer Entscheidungen stehen.

Unaided Recall
Form des → Recall-Tests.

Unique Selling Proposition (USP)
Nutzenversprechen exklusiver Art, das ein Anbieter ins Feld führt, um sich von seinen Wettbewerbern abzuheben und sich diesen gegenüber einen Vorteil im Konkurrenzkampf zu verschaffen.

Universal Product Code (UPC)
Spezielle Form eines → Artikelnummernsystems.

Unternehmensethik
Gesamtheit der sittlichen und moralischen Grundsätze, die das Handeln eines Unternehmens bestimmen bzw. leiten sollten.

Unternehmensforschung
Wissenschaft, die sich mit der Vorbereitung von Entscheidungen zur Gestaltung und Steuerung soziotechnischer Systeme mit Hilfe mathematischer Methoden befaßt. Im Rahmen des Marketing können Verfahren der Unternehmensforschung vor allem für die Planung des Einsatzes der absatzpolitischen Instrumente herangezogen werden.

Unternehmenskultur
„Persönlichkeit" eines Unternehmens, die sich in spezifischen, historisch gewachsenen Denk- und Problemlösungsmustern (z. B. langjährig verfestigte Verhaltensmuster und Tradition im Führungsverhalten) manifestiert.

Unternehmensphilosophie
Teil der → Unternehmenskultur, der die Wertebasis unternehmerischen Denkens und Handelns bildet und beispielsweise in Oberzielen des Unternehmens und seinen Verhaltensregeln zum Ausdruck kommt.

Validität
Kriterium zur Beurteilung der Güte von Meßmethoden. Ein Verfahren gilt dann als valide, wenn es tatsächlich das mißt, was es zu messen vorgibt.

Variable
Operational definiertes Merkmal von Untersuchungsobjekten, das mehrere Ausprägungen annehmen kann.

Variable, abhängige
→ Variable, die im Untersuchungszusammenhang annahmegemäß durch eine oder mehrere andere Variablen erklärt werden kann bzw. soll.

Variable, intervenierende
→ Variable, von der man glaubt, daß sie den zwischen bestimmten Variablen bestehenden Zusammenhang beeinflußt. Im Rahmen der Verhaltensforschung werden intervenierende Variablen wie Einstellungen oder Emotionen zur Aufhellung nicht beobachtbarer Prozesse, die in der Verbraucherpsyche ablaufen, herangezogen.

Variable, unabhängige
→ Variable, von der man annimmt, daß sie im Untersuchungszusammenhang auf eine oder mehrere andere, abhängige Variablen einwirkt.

Varianzanalyse
Statistisches Verfahren, mit dessen Hilfe überprüft werden kann, ob unterschiedliche Ausprägungen einer (univariate Varianzanalyse) oder mehrerer (multivariate Varianzana-

lyse) unabhängigen Variablen eine (einfaktorielle Varianzanalyse) oder mehrere (mehrfaktorielle Varianzanalyse) abhängige Variablen in signifikanter Weise beeinflussen.

Verbrauchermarkt

Betriebsform des → Einzelhandels mit mindestens 1.000 qm Verkaufsfläche und einem breiten Sortiment, dessen Kern Nahrungs- und Genußmittel bilden. Meist dient der Preis als bevorzugter Wettbewerbsparameter. Als Standort werden wegen der vergleichsweise niedrigen Grundstückspreise und der meist günstigen Verkehrsverhältnisse Randlagen der Städte und Ballungsräume bevorzugt.

Verbraucherpolitik

Gesamtheit aller staatlichen Programme und Entscheidungen, die darauf gerichtet sind, Verbrauchern zu einer stärkeren Position gegenüber Anbietern zu verhelfen.

Verbraucherschutz

Gesamtheit aller von seiten des Staates getroffenen Maßnahmen, die die Verbraucher vor Praktiken von Anbietern privater und öffentlicher Güter wie Irreführung, Übervorteilung, Gefährdung von Leib und Leben usw. bewahren sollen.

Verbraucherschutzeinrichtung

Institution, die sich als Sachverwalterin der Interessen der Verbraucher versteht und u.a. die Öffentlichkeit über einschlägige Vorgänge informiert und Konsumenten berät.

Verbraucherverband

Koalition von Verbrauchern oder Interessenverbänden, die das Ziel verfolgen, sich gegenüber Anbietern oder deren Verbänden eine stärkere Position zu verschaffen, als sie ein einzelner erringen könnte, und diese im Marktgeschehen zu ihren Gunsten einzusetzen.

Verbrauchsgut

→ Konsumgut, das zum Verzehr oder zur einmaligen Verwendung bestimmt ist.

Verbundeffekt

Nachfrage-, Bedarfs- oder Kaufverflechtung zwischen Teilen des Angebotsprogramms bzw. Sortiments. Bei bestimmten Waren, wie z. B. Kaffee und Kaffeefiltern, ergibt sich eine solche schon aus deren komplementärem Charakter.

Verfahren der gleich erscheinenden Intervalle

s. *Thurstone*-Skalierung

Verfahren der summierten Schätzungen

s. *Likert*-Skalierung

Verhältnisskala

→ Skala, bei der die Relationen zwischen den den Untersuchungsobjekten zugeordneten Zahlenwerten auch als Relationen zwischen den Ausprägungen des erhobenen Merkmals (z. B. Einkommen, monatliche Absatzmenge) gedeutet werden können. Die Verhältnisskala verfügt über einen eindeutigen Nullpunkt und ist deswegen allen Rechenoperationen zugänglich.

Verkauf, persönlicher

Akquisition von Kunden und Erlangung von Aufträgen durch unmittelbare, nicht mediale Einwirkung auf potentielle oder tatsächliche Abnehmer.

Verkäufermarkt

Marktsituation, die von einer starken Machtposition der Anbieter gegenüber den Nachfragern geprägt ist.

Verkaufsförderung
Teilbereich der → Kommunikationspolitik, mit dessen Hilfe der Absatz kurzfristig und unmittelbar stimuliert werden soll. Je nach Adressatenkreis unterscheidet man zwischen Verbraucher-, Außendienst- und Händler-Promotions.

Verkaufsorganisation
Gesamtheit der unternehmensinternen und -externen Kräfte und Einrichtungen, die sich um die Anbahnung und Abwicklung von Aufträgen bemühen und dabei auch Informationen über das Marktgeschehen sammeln. Dazu zählen u.a. Geschäftsleitung, Verkaufsabteilung, Reisende und Verkaufsniederlassungen auf der einen sowie Handelsvertreter, Kommissionäre, Makler und Syndikate auf der anderen Seite.

Verpackung
Äußere Umhüllung eines Erzeugnisses, die in erster Linie dem Zweck dient, es verkäuflich zu machen sowie bei Transport und Lagerung vor Beschädigung bzw. Verderb zu schützen. Darüber hinaus wird die Verpackung für Werbezwecke und Mitteilungen an die Verbraucher (Gebrauchsanweisungen) verwandt.

Versandhandel
Betriebsform des → Einzelhandels, bei der Waren durch Medien, vor allem mit Hilfe von Katalogen, oder Vertreter angeboten und dem Käufer nach Bestellung durch die Post oder auf andere Weise zugestellt werden.

Versuchsanordnung
Anlage eines Experiments. Ziel dabei ist es, mögliche Störgrößen zu eliminieren, die neben den vom Versuchsleiter bewußt variierten Faktoren ebenfalls einen Einfluß auf den interessierenden Sachverhalt ausüben können.

Vertragshändler
Rechtlich selbständiger Händler, der sich langfristig dazu verpflichtet, die Erzeugnisse eines Herstellers zu führen, deren Absatz zu fördern und, in der Regel, auf das Angebot von Konkurrenzprodukten zu verzichten. Üblicherweise gewährt der Hersteller dem Händler dafür das Alleinvertriebsrecht für ein bestimmtes Gebiet.

Vertrieb
1. Inbegriff der Maßnahmen, die ein Anbieter trifft, um seine Leistungen in den Verfügungsbereich der Nachfrager zu bringen. Die dabei zu bewältigenden Aufgaben sind organisatorischer, akquisitorischer und logistischer Art (Vertrieb im funktionalen Sinn).
2. Organisatorische Einheit, die sich aus internen Aufgabenträgern und u.U. auch Absatzhelfern zusammensetzt und die Aufgaben des Vertriebs im funktionalen Sinne erfüllt (Vertrieb im institutionalen Sinn).

Vertriebsbindung
Vereinbarung, bei der sich ein Wiederverkäufer verpflichtet, die von seinem Vertragspartner bezogene (Marken-)Ware nur an bestimmte Abnehmer weiterzuveräußern.

Vertriebserfolgsrechnung
Instrument zur Kontrolle der durch den Absatz von Leistungen im Markt bedingten Kosten und Erlöse.

Vertriebskosten
Jede Art von Werteverzehr, der dadurch verursacht ist, daß Erzeugnisse im Markt abgesetzt werden. Dazu zählen neben den reinen Verkaufskosten (z. B. Außendienst,

Versand und Sales Promotion) auch die Kosten der Vertriebsverwaltung und -führung (z. B. für Fakturierung und Mahnwesen).

Vertriebsweg
s. Absatzweg

Volltest
Form des → Produkttests, bei dem die Akzeptanz eines Erzeugnisses in seiner Gesamtheit geprüft wird.

Wachstumsphase
Abschnitt des → Produkt-Lebenszyklus, in dem sich der Absatz stark ausweitet und positive Deckungsbeiträge erwirtschaftet werden.

Wahrnehmung
Psychischer Vorgang, der die Aufnahme und Verarbeitung von Reizen umfaßt.

Wahrnehmung, selektive
Psychischer Vorgang der Auswahl von Stimuli aus der Gesamtheit der auf ein Individuum einwirkenden Reize, wobei diejenigen ausgesondert werden, die nicht der Bedarfs- oder Interessensituation des Individuums entsprechen.

Warenhaus
Betriebsform des → Einzelhandels, die, zumeist in Stadtzentren gelegen, ein in Einzelfällen weit über 100.000 Artikel umfassendes Sortiment unter einem Dach anbietet. Den Kern des Angebots bilden Textilien und Bekleidung, wenngleich Hartwaren, Einrichtungsgegenstände, Sportartikel sowie Nahrungs- und Genußmittel an Bedeutung gewinnen.

Warenwirtschaftssystem, geschlossenes
Form der meist computergestützten Warenbewirtschaftung im Handel, die auf die vollständige artikelbezogene Erfassung und Steuerung der Waren- und Geldbewegungen sowie der entsprechenden Bestände vom Eingang bis zum Verkauf der Ware abzielt.

Wear-out-Effekt
Empirisch nachweisbares Phänomen, daß sich bestimmte, für die Zwecke der unternehmerischen → Kommunikation eingesetzte Instrumente im Laufe der Zeit abnutzen bzw. verschleißen.

Weiße Produkte
s. Gattungsmarke

Werbeanteils-Marktanteils-Methode
Verfahren der → Werbebudgetplanung, bei dem die Höhe des Werbeetats am eigenen Marktanteil orientiert wird.

Werbebotschaft
Kern einer Werbeaussage, die der Werbungtreibende in Form von Schrift, Bild oder Ton an die Zielgruppe übermittelt.

Werbebudget
Etat, der für werbliche Bemühungen in einer Periode zur Verfügung steht.

Werbebudgetplanung
Zielorientierte Festlegung der Mittel, die für Werbezwecke zur Verfügung stehen (→ Werbeprogrammplanung).

Werbeerfolg
Ausmaß der durch eine Werbemaßnahme erreichten Werbeziele (z. B. Stimulierung der Nachfrage, Imageverbesserung, Erhöhung des Bekanntheitsgrads eines Produkts).

Werbeerfolgskontrolle
Überprüfung durchgeführter Werbemaßnahmen im Hinblick auf den Realisierungsgrad der angestrebten Werbeziele. Man unterscheidet zwischen einer ökonomischen Werbeerfolgskontrolle, die sich auf Größen wie Umsatz oder Gewinn bezieht, und einer außerökonomischen Variante, die auf Bekanntheitsgrad, Image usw. abstellt.

Werbeerfolgsprognose
Aussage über die Wirkung, die eine kommunikative Maßnahme vermutlich entfaltet.

Werbemittel
Ausgestaltung bzw. Kombination von Kommunikationsmitteln (z. B. Wort, Bild, Ton, Symbol), mit denen eine Werbebotschaft dargestellt wird, also etwa Anzeige, Rundfunkspot oder Plakat.

Werbeplanung
Systematische Vorausbestimmung zukünftigen Verhaltens im Bereich der Werbung, im allgemeinen für die Dauer eines Jahres.

Werbeprogrammplanung
Zielorientierte Festlegung der werbepolitischen Aktionsparameter. Entscheidungsvariablen sind dabei vor allem die Höhe des Werbebudgets und dessen Verteilung auf einzelne Werbeträger.

Werbeträger
Medium, durch das ein Werbemittel an die Umworbenen herangetragen werden kann (Fernsehsendung, Zeitung, Zeitschrift, Anschlagsäule usw.).

Werbeziel
Zweck bzw. Zustand, der mit kommunikativen Maßnahmen erreicht werden soll. Man unterscheidet zwischen ökonomischen Werbezielen, die sich auf Größen wie Umsatz oder Gewinn beziehen, und außerökonomischen Werbezielen, die auf Bekanntheitsgrad, Image usw. abstellen.

Werbung
Bewußter Versuch, Menschen durch den Einsatz spezifischer Kommunikationsmittel zu einem bestimmten, absatzwirtschaftlichen Zwecken dienenden Verhalten zu bewegen (→ Kommunikationspolitik).

Werbung, unterschwellige
Form der → Kommunikation, die durch extrem kurzzeitige Darbietung von Reizen die bewußte Aufnahme und Verarbeitung einer Werbebotschaft verhindert.

Werbung, vergleichende
Auf Leistungen von Mitbewerbern explizit Bezug nehmende Form der → Kommunikation.

Wertanalyse
Verfahren, das dem Zweck dient, bei einem Objekt (z. B. Erzeugnis) die von diesem erbrachten Funktionen und die damit einhergehenden Kosten zu identifizieren und zu bewerten, um darauf aufbauend durch Elimination bzw. Austausch von Elementen Kosten

zu reduzieren sowie Verbesserungen bei der Funktionserfüllung zu erzielen. Im Marketing wird die Wertanalyse im Rahmen der Produktentwicklung eingesetzt.

Wertkette
Abbildung des Leistungsprozesses, der sich in einem Unternehmen vollzieht, als eine Abfolge von sich gegenseitig bedingenden Stufen, auf denen jeweils ein Mehr-Wert geschaffen, d. h. aufeinander aufbauend eine marktfähige Leistung erzeugt wird. Man erhofft sich davon einen besseren Zugang zu Rationalisierungsquellen und Differenzierungsmöglichkeiten.

Wertschöpfung
Das im Rahmen der betrieblichen Tätigkeit in einem Referenzzeitraum erwirtschaftete, in Geldeinheiten gemessene Ergebnis abzüglich aller von außerhalb des Unternehmens bezogener Leistungen (Roh-, Hilfs- und Betriebsstoffe, Zwischenprodukte und Dienstleistungen).

Wertwerbung
Form der → Kommunikation, die Sachgüter, Geld, Dienstleistungen oder Rechte, die von den Umworbenen begehrt werden, bewußt einsetzt und dabei auf das Entstehen eines Gefühls der Dankbarkeit und des Verpflichtetseins abzielt.

Wettbewerb
Rivalitätsbeziehung zwischen Wirtschaftssubjekten, die dadurch bedingt ist, daß jeder der Betroffenen mit seinem Angebot bei Bedarfsträgern zum Zuge kommen will.

Wettbewerber
s. Konkurrent

Wettbewerbs-Paritäts-Methode
Verfahren der → Werbebudgetplanung, bei dem die Höhe des Werbeetats an den entsprechenden Ausgaben der maßgeblichen Konkurrenten ausgerichtet wird.

Wettbewerbsanalyse
s. Konkurrentenanalyse

Wettbewerbsmatrix
Denkraster zur Generierung konkurrenzorientierter Strategien, wobei der strategische Handlungsspielraum auf die grundlegenden Optionen Differenzierung, Kostenführerschaft und Konzentration auf Schwerpunkte begrenzt wird.

Wettbewerbsvorteil
In der Faktorausstattung oder in den Fähigkeiten von Mitarbeitern und Management begründete Überlegenheit eines Unternehmens gegenüber Konkurrenten bei einer Leistungsdimension (Qualität, Kundennähe, Kosten etc.).

Wiedererkennungsverfahren
s. Recognition-Test

Yield Management
Inbegriff von Maßnahmen zur Steigerung des vor allem im Dienstleistungsbereich (z. B. Hotellerie, Luftfahrt) mit einer bestimmten Kapazität erzielbaren Ertrags. Die – zeitbezogen – atomistische Betrachtung des Leistungspotentials (Beherbergungsvermögen pro

Nacht, Zahl der pro Flug verfügbaren Sitzplätze etc.) motiviert zur Wahrnehmung aller Möglichkeiten, um vorhandene Ressourcen stärker auszulasten, als bei einem Verzicht auf diese Strategie zu erwarten wäre.

Zeitreihe
Menge von zeitlich geordneten Beobachtungswerten über einen bestimmten Sachverhalt, wobei die Abstände zwischen den Erhebungszeitpunkten gewöhnlich gleich groß sind.

Zeitreihenanalyse
Zerlegung von Längsschnittdaten über einen bestimmten Sachverhalt (Zeitreihe) in ihre Komponenten (Trend, periodische Schwankungen und Zufallseinflüsse), um darauf aufbauend dessen Entwicklung zu prognostizieren.

Zeitwettbewerb
Bemühen eines Unternehmens, durch Erlangung eines zeitlichen Vorsprungs, z. B. bei der Einführung eines neuen Produktes oder bei der Erschließung eines neuen regionalen Marktes, einen Wettbewerbsvorteil gegenüber Konkurrenten zu erringen.

Ziel
Angestrebter Zustand, den ein Unternehmen zumeist auf der Basis von in einer Situationsanalyse ermittelten internen und externen Rahmenbedingungen definiert. Ziele sollten nach Inhalt, Ausmaß und zeitlichem Bezug möglichst genau bestimmt werden, um die Entwicklung von Strategien und Maßnahmen sowie die Kontrolle der Zielerreichung zu erleichtern.

Ziele- und Aufgaben-Methode
Verfahren der → Werbebudgetplanung, bei dem zunächst ein Werbeziel spezifiziert, sodann die dafür erforderlichen Maßnahmen festgelegt und schließlich die für deren Durchführung benötigten finanziellen Mittel geschätzt werden.

Zielgruppe
Segment des Marktes, auf das Wirtschaftssubjekte, Organisationen etc. ihre akquisitorischen Bemühungen zu konzentrieren bestrebt sind.

Zielsystem
In sich konsistentes Bündel von Zielen, die eine Person, Institution etc. gleichzeitig erreichen will. Dabei können die einzelnen Ziele gleichrangig oder hierarchisch angeordnet sein.

Zufallsauswahl
Verfahren der Stichprobenbildung, bei dem jedes Element der Grundgesamtheit eine bestimmte, gleichwohl nicht dieselbe, aber eine von Null verschiedene Wahrscheinlichkeit aufweisen muß, um in die Stichprobe zu gelangen.

Stichwortverzeichnis

Zur Erleichterung des Auffindens von Stichwörtern sind einige Begriffe sowohl in alphabetischer Reihenfolge als auch in ihrem sachlichen Zusammenhang aufgenommen. Fett markierte Seitenangaben kennzeichnen jene Textpassagen, in denen sich eine Definition bzw. nähere Beschreibung des betreffenden Begriffs befindet.